ᐧᐋᐱᓅᑖᐦᒡ ᒉᐃᒥᔅ ᐯᐃ ᐄᔨᔨᐅᔨᒧᐧᐃᓐ
ᐊᑎᒫᐲᔨᒻ

Dictionnaire du cri de l'Est de la Baie James
Dialecte du Nord

FRANÇAIS–CRI

Édition 2012

Publié par:
Programmes cris, Commission scolaire crie
C.P. 270
Chisasibi (Québec) J0M 1E0 Canada

Dans le cadre du projet eastcree.org [subventionné par le Conseil de Recherche en Sciences Humaines du Canada, subvention #856-2009-008 à M-O. Junker, Carleton University]

ISBN **978-1-927039-40-3**

ᑳᓃᑳᓂᔅᑭᐦᒃ	**Coordonnatrice**
ᒥᕇ-ᐅᑎᓪ ᔪᓐᑭᕐ	Marie-Odile Junker
ᑳ ᒫᒨᓯᓂᐦᐊᒡ	**Rédactrices**
ᓘᓰ ᐧᐹᐱᔥ-ᐧᓵᓪᑦ	Luci Bobbish-Salt
ᐋᓕᔅ ᑕᕝ	Alice Duff
ᒥᕇ-ᐅᑎᓪ ᔪᓐᑭᕐ	Marie-Odile Junker
ᒫᕐᑭᕇᑦ ᒫᑫᓐᓰ	Marguerite MacKenzie

Données de publication de la Bibliothèque nationale du Canada
Luci Bobbish-Salt
Alice Duff
Marie-Odile Junker
Marguerite MacKenzie

Waapinuutaahch cheimis pei iiyiyiuyimuwin - atimaapiisim - 2
Dictionnaire du cri de l'Est de la Baie James (Dialecte du Nord): français-cri.

Inclut une introduction à la langue, de l'information grammaticale et des définitions pour plus de 15000 mots cris de l'Est (dialecte du Nord), avec plus de 28000 sous-entrées en français.

ISBN **978-1-927039-40-3**

2. Cri- langue - dialecte - cri de l'Est - Baie James- dictionnaire - bilingue. 2. titre

Imprimé par: Lulu.com

ᐧᐋᐱᓅᑖᐦᒡ ᒉᐄᒥᔅ ᐯᐃ ᐄᔨᔨᐅᔨᒧᐧᐃᓐ ᐊᑎᒫᐲᔨᒻ

Dictionnaire du cri de l'Est de la Baie James
Dialecte du Nord

FRANÇAIS–CRI

Édition 2012

ᑳᓃᑳᓂᐡᑭᐦᒃ	**Coordonnatrice**
ᒥᓖ-ᐅᑎᓪ ᔪᓐᑭᕐ	Marie-Odile Junker
ᑳ ᒫᒨᔨᓂᐦᐊᒡ	**Rédactrices**
ᓘᔩ ᐧᐹᐱᔥ-ᓵᓪᑦ	Luci Bobbish-Salt
ᐋᓕᔅ ᑕᕝ	Alice Duff
ᒥᓖ-ᐅᑎᓪ ᔪᓐᑭᕐ	Marie-Odile Junker
ᒫᕐᑭᕖᑦ ᒫᑫᓐᔩ	Marguerite MacKenzie
ᑳ ᐧᐄᒥᐦᐄᐧᐋᑦ ᑳᒥᒫᐦᒑᐅᔨᓂᐦᐄᒫᐱᔥᔥᒡ ᐋᐦ ᐲᐦᑎᑖᐱᔥᐦᒑᑦ ᒫᐧᑳᔥᐤᐦ	**Assistance technique, Scripts d'exportation de la banque de données**
ᑌᓛᔩ ᑎᕐᑯᓅ	Delasie Torkornoo

Cette version a été publiée par: Les programmes cris, Commission scolaire crie
C.P. 270, Chisasibi, Baie James (Québec) J0M 1E0 Canada
Télécopieur: 819-855-2724
dans le cadre du projet eastcree.org [subventionné par le Conseil de Recherche en Sciences Humaines du Canada, subvention #856-2009-008 à M-O. Junker, Université Carleton]

Ajouts et corrections peuvent être envoyés aux rédactrices à l'adresse ci-dessus ou par courriel: ayimuwin@eastcree.org

Données de publication:
Luci Bobbish-Salt, Alice Duff, Marie-Odile Junker et Marguerite MacKenzie (réd.) (2012) *Dictionnaire du cri de l'Est de la Baie James (Dialecte du Nord): français-cri*. Commission scolaire crie.

ISBN 978-1-927039-40-3

Éditions précédentes (électroniques 2007–2010)

ᑳ ᒫᒨᓯᓂᐦᐋᒡ	Rédacteurs et rédactrices
ᓘᓰ ᐧᐹᐱᔥ-ᐧᓵᓪᑦ	Luci Bobbish-Salt (2004–2010)
ᐋᓖᔅ ᑕᕪ	Alice Duff (2008–2010)
ᐁᓪᓰ ᑕᕪ	Elsie Duff (2004–2007)
ᐱᓪ ᔮᓂᓯᕕᒡ	Bill Jancewicz (2004)
ᒥᓃ-ᐅᑎᓪ ᔭᐣᑫᕐ	Marie-Odile Junker (2004–2010)
ᒫᕐᑭᓃᑦ ᒫᑫᓐᓰ	Marguerite MacKenzie (2004–2010)

ᓂᐑᐦ ᒌᐦᑳᔮᐱᒫᓈᓂᒡ
Remerciements

ᓂᐑᐦ ᒌᐦᑳᔮᐱᒫᓈᓂᒡ ᐊᓂᒌ ᒋᓵᔨᔨᐅᒡ ᑳ ᐹᒋ ᐑᑎᐱᒥᔨᒥᐦᒡ ᒫᒄ ᑳ ᐱᒦᐦᑭᒍᒋᐦᒡ ᐅᔮ ᒥᓯᓂᐦᐄᑭᓂᔨᐤ, ᐅᒌ ᒫᒃ :
Nous tenons à remercier toutes les personnes ressources et aînées qui nous ont aidé à créer ce dictionnaire au fil des années, en particulier:

ᐁᓪᓰ ᑕᕪ	ᒋᓵᓰᐲ	Elsie Duff - Chisasibi
ᐦᐋᓃ ᑕᕪ	ᒋᓵᓰᐲ	Harry Duff - Chisasibi
ᐄᑎᕝ ᓵᒻ	ᒋᓵᓰᐲ	Edith Sam - Chisasibi
ᒥᕌᔮ ᓯᐱᔨᐤ	ᒋᓵᓰᐲ	Maria Scipio - Chisasibi
ᐦᐋᓃ ᓯᐱᔨᐤ	ᒋᓵᓰᐲ	Harry Scipio - Chisasibi
ᓵᒥᔫᓪ ᐯᕐᔅᑭᓐ	ᒋᓵᓰᐲ	Samuel Bearskin - Chisasibi
ᒫᕐᑭᓇᑦ ᐯᕐᔅᑭᓐ	ᒋᓵᓰᐲ	Margaret Bearskin - Chisasibi
ᐧᐹᐲ ᓂᑳᐳ	ᒋᓵᓰᐲ	Bobby Neacappo - Chisasibi
ᐧᒑᕐᒌ ᓯᓅᐧᐹᐃ	ᒋᓵᓰᐲ	Georgie Snowboy - Chisasibi
ᒣᓃ ᐲ. ᐧᒑᕐᒋᔥᑮᔥ	ᐑᒥᓂᒌ	Mary B. Georgekish - Wemindji
ᓕᓐᑖ ᕕᓯᑎᕐ	ᐑᒥᓂᒌ	Linda Visitor - Wemindji
ᕕᕌᓐᓯᔅ ᕕᓯᑎᕐ	ᐑᒥᓂᒌ	Frances Visitor - Wemindji
ᒉᐃᒥᔅ ᑳᐚᐱᑦ	ᐚᐱᒫᑯᔥᑐᐃ	James Kawapit - Whapmagoostui
ᒫᑮ ᓅᑖᐦᒋᑿᓐ	ᐚᐱᒫᑯᔥᑐᐃ	Maggie Natachequon - Whapmagoostui
ᐋᓐᑎᕈ ᓅᑖᐦᒋᑿᓐ	ᐚᐱᒫᑯᔥᑐᐃ	Andrew Natachequon - Whapmagoostui
ᒌᒦ ᐧᒑᕐᒡ	ᐚᐱᒫᑯᔥᑐᐃ	Jimmy George - Whapmagoostui
ᕖᕌ	ᐚᐱᒫᑯᔥᑐᐃ	Vera George - Whapmagoostui

ᓂᐧᐋᐦ ᓂᔅᑯᒫᓈᓂᒡ ᐅᔩ ᐋᑎ ᒥᓯᓈᓯᒡ ᐄᔑᔑᐤ ᒋᔅᑯᑎᒫᒑᐧᐃᓐ ᐋ ᐅᐦᒋ ᐱᒥᐱᔑᐦᑖᑭᓂᐧᐃᒡ :
Pour leur soutien indéfectible, nous remercions chaleureusement:

ᑌᐃᓰ ᐯᕒᔅᑭᓐ-ᐦᐁᕈᑎᔦᕒ — Daisy Bearskin-Herodier, Coordonnatrice des programmes cris

ᐋᐃᑖ ᑭᓪᐱᓐ — Ida Gilpin, Directrice de l'Éducation

ᑳ ᒥᓯᓈᐱᔅᑭᐦᐋᒫᑦ ᑳ ᐧᐋᔮᔨᐦᑎᐦᒃ ᒫ ᐋᔓᓈᑯᓂᔨᒡ ᐅᔥᒡ — **Graphisme et photo de la couverture**

ᑫᐃᑦ ᒥᓯᓐ — Kate Missen

ᓂᐧᐋᐦ ᓂᔅᑯᒫᓈᓂᒡ SIL International ᐋᓐ ᑑᓪᐧᐹᑭᔅ ᑳ ᐋᔓᓂᐦᑳᑖᒡ ᐋᓂᑎᐦ ᐋ ᐅᐦᒋ ᐧᐋᒋᐦᐋᐧᐋᐱᔨᒡ ᐋᐦ ᐋᔨᔨᐅᔥᑖᒡ ᐋᐦ ᒥᓯᓂᐦᐋᑭᓂᐧᐃᒡ ᐋᐦ ᒌᐦ ᐹᒋ ᐧᐋᒋᐦᐋᐧᐋᒡ ᑭᔮᐦ ᒫᒃ ᑳᕐᓚᑎᓐ ᔫᓂᕙᕐᓯᑏ ᑳ ᐃᔓ ᐧᐋᒋᐦᐋᐧᐋᒡ᙮
Nous remercions SIL International pour le logiciel Toolbox et pour leur aide dans le développement des systèmes de clavier et des caractères syllabiques, ainsi que l'Université Carleton pour leur infrastructure et leur soutien à la recherche.

ᓃᔥᑕᒻ ᐋᔨᒧᐧᐃᓐ
Préface

ᓂᒧᐃ ᒫᒃ ᒋᑭ ᒋᐱᐦᒋᐱᔨᐤ ᐆ ᐋᐱᑎᓰᐧᐃᓐ, ᑳᒋᒡ ᒋᑭ ᐱᒥᐱᔨᐤ ᐋᔥᒄ ᒥᔥᒌᐦ ᐋ ᐃᔓᓈᑯᐦᒡ ᒫ ᐋᐱᑎᓲᔥᑖᑭᓂᐧᐃᒡ᙮ « Il n'y a aucune raison que ce travail s'arrête, il va continuer car il reste tant à faire », disait Luci Bobbish-Salt dans l'introduction à l'édition cri-anglais de 2004. En effet, le travail a continué, et c'est avec plaisir que nous vous présentons aujourd'hui la première édition imprimée en français. En 2004 nous avons publié simultanément les versions imprimées cri-anglais et les versions électroniques en ligne cri-anglais et anglais-cri. En 2007, nous avons eu le plaisir de publier en ligne et en format électronique téléchargeable les versions cri-français et français-cri. En 2008, une édition électronique sur CD, en 2010, une nouvelle édition en ligne, et maintenant, une série de 8 volumes, disponibles dans différents formats. Cette édition contient bien des corrections, mises à jour et nouveaux mots, comme ᓂᐧᑖᐱᐦᒋᑭᓐ nitwaapihchikin 'ordinateur', et ᓂᐧᑖᐱᐦᒋᓂᔥ nitwaapihchikinish 'ordinateur portable', mots qui témoignent de la vitalité et de la capacité de la langue crie à s'adapter aux réalités du 21e siècle. L'équipe s'est déjà lancée dans la prochaine édition, qui inclura plus de mots particuliers à certaines communautés et comprendra une organisation thématique complète. L'équipe éditoriale est ravie de recevoir vos commentaires et suggestions à ayimuwin@eastcree.org. Vous aussi, vous pouvez faire partie de la prochaine édition!

INTRODUCTION

Table des matières

Le cri de l'Est de la Baie James

Cette section situe le cri de l'Est comme langue autochtone, présente le système d'écriture et quelques aspects de la grammaire, nécessaires pour comprendre les informations données dans le corps de ce dictionnaire bilingue français-cri.

Situation dans la famille linguistique

Le cri de l'Est de la Baie James (appelé cri de l'Est par les linguistes) appartient au continuum dialectal cri-innu (montagnais)-naskapi qui s'étend du Labrador sur la côte atlantique jusqu'aux montagnes rocheuses en Alberta. Les dialectes principaux de ce continuum, d'Ouest en Est, sont: le cri des plaines (Alberta et Saskatchewan), le cri des bois (Saskatchewan et Manitoba), le cri des marais (Manitoba et Ontario), le cri de Moose (Ontario), l'atikamekw, le cri de l'Est, le naskapi de l'Ouest (Québec) et l'Innu/Montagnais (Québec et Labrador). Ces dialectes trouvent tous leur origine dans une langue parlée il y plusieurs centaines d'années, que les linguistes appellent le cri commun, un membre de la famille de langues algonquiennes. Le cri est apparenté au mi'kmaq, au maliseet-passamaquoddy, à l'ojibwe, au meskwakie (Fox), au menominee, au pied-noir (Blackfoot), à l'arapaho, et à plusieurs autres langues algonquiennes. La prononciation des mots change régulièrement d'un dialecte à l'autre, de sorte que les dialectes se distinguent selon leur usage de la consonne *y, th, n, l* ou *r* dans certains mots:

	moi	**toi**	**lui/elle**	**il vente**
cri des plaines	ᓃᔭ *niiya*	ᑮᔭ *kiiya*	ᐑᔭ *wiiya*	ᔫᑎᐣ *yôtin*
cri des bois	ᓃᖬ *niitha*	ᑮᖬ *kiitha*	ᐑᖬ *wiitha*	ᖪᑎᐣ *thôtin*
cri des marais	ᓃᓇ *niina*	ᑮᓇ *kiina*	ᐑᓇ *wiina*	ᓅᑎᐣ *nôtin*
cri de Moose	ᓃᓚ *niila*	ᑮᓚ *kiila*	ᐑᓚ *wiila*	ᓘᑎᐣ *lôtin*
atikamekw	ᓃᕋ *niira*	ᑮᕋ *kiira*	ᐑᕋ *wiira*	ᕉᑎᐣ *rôtin*
cri de l'Est	ᓃᔨ *niiyi*	ᒌᔨ *chiiyi*	ᐑᔨ *wiiyi*	ᔫᑎᐣ *yuutin*
naskapi de l'Ouest	ᓃᔾ *niiy*	ᒌᔾ *chiiy*	ᐑᔾ *wiiy*	ᔫᑎᐣ *yuutin*
innu (montagnais de l'Ouest)	ᓃᓪ *niil*	ᒌᓪ *tshiil*	ᐑᓪ *uiil*	ᓘᑎᐣ *luutin*
innu (montagnais de l'Est et naskapi de l'Est)	ᓃᐣ *niin*	ᒌᐣ *tshiin*	ᐑᐣ *uiin*	ᓅᑎᐣ *nuutin*

Les dialectes se répartissent également en deux groupes, de l'Est et de l'Ouest, dépendant de leur usage des consonnes *k* ou *ch/tsh* avant les voyelles *e, i, ii:*

	C'est long	**Quoi**	**C'est chaud**	**toi**	**vous**
cri des plaines	ᑭᐧᓈᐤ *kinwaaw*	ᑫᐧᑳᐣ *kekwaan*	ᑭᓯᑌᐤ *kisitew*	ᑮᔭ *kiiya*	ᑮᐧᔮᐤ *kiiywaaw*
cri des bois	ᑭᐧᓈᐤ *kinwaaw*	ᑫᐧᑳᐣ *kekwaan*	ᑭᓯᑌᐤ *kisitew*	ᑮᖬ *kiitha*	ᑮᐧᖭᐤ *kiithwaaw*
cri des marais	ᑭᐧᓈᐤ *kinwaaw*	ᑫᐧᑳᐣ *kekwaan*	ᑭᓯᑌᐤ *kisitew*	ᑮᓇ *kiina*	ᑮᐧᓈᐤ *kiinwaaw*
cri de Moose	ᑭᐧᓈᐤ *kinwaaw*	ᑫᐧᑳᐣ *kekwaan*	ᑭᓯᑌᐤ *kisitew*	ᑮᓚ *kiila*	ᑮᐧᓛᐤ *kiilwaaw*
atikamekw	ᑭᐧᓈᐤ *kinwaaw*	ᑫᐧᑳᐣ *kekwaan*	ᑭᓯᑌᐤ *kisitew*	ᑮᕋ *kiira*	ᑮᐧᕌᐤ *kiirwaaw*
cri de l'Est	ᒋᐧᓈᐤ *chinwaau*	ᒑᐧᑳᐣ *chaakwaan*	ᒋᔑᑌᐤ *chishiteu*	ᒌᔨ *chiiyi*	ᒌᔨᐧᐋᐤ *chiiyiwaau*
naskapi de l'Ouest	ᒋᐧᓈᐤ *chinwaaw*	ᒑᐧᑳᐣ *chaakwaan*	ᒋᓯᑖᐤ *chisitaaw*	ᒌᐩ *chiiy*	ᒌᔨᐧᐋᐤ *chiiyiwaaw*
innu (montagnais de l'Ouest)	ᒋᐧᓈᐤ *tshinuaau*	ᒉᐧᑳᐣ *tshekuaan*	ᒋᔑᑌᐤ *tshishiteu*	ᒌᓪ *tshiil*	ᒌᐧᓛᐤ *tshiiluaau*
innu (montagnais de l'Est et naskapi de l'Est)	ᒋᐧᓈᐤ *tshinuaau*	ᒉᐧᑳᐣ *tshekuaan*	ᒋᔑᑌᐤ *tshishiteu*	ᒌᓐ *tshiin*	ᒌᐧᓈᐤ *tshiinuaau*

(Note: le syllabique utilisé dans les tableaux ci-dessus est le syllabique de l'Est. Celui de l'Ouest est un peu différent).

Dialectes cri-innu-naskapi

cri commun

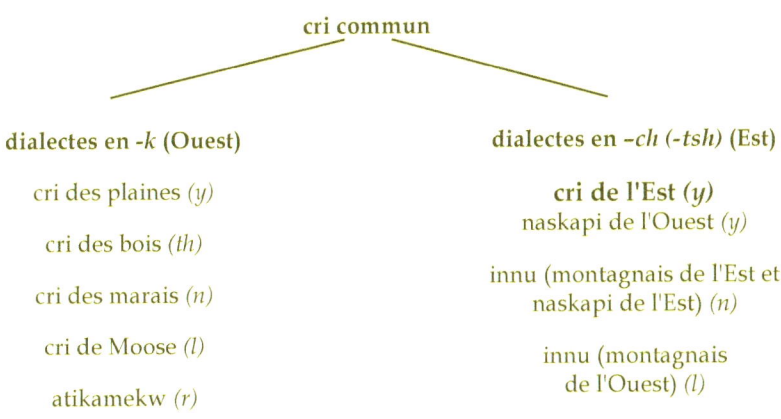

dialectes en *-k* (Ouest)

cri des plaines *(y)*

cri des bois *(th)*

cri des marais *(n)*

cri de Moose *(l)*

atikamekw *(r)*

dialectes en *-ch (-tsh)* (Est)

cri de l'Est *(y)*
naskapi de l'Ouest *(y)*

innu (montagnais de l'Est et naskapi de l'Est) *(n)*

innu (montagnais de l'Ouest) *(l)*

Carte des dialectes cri-innu-naskapi

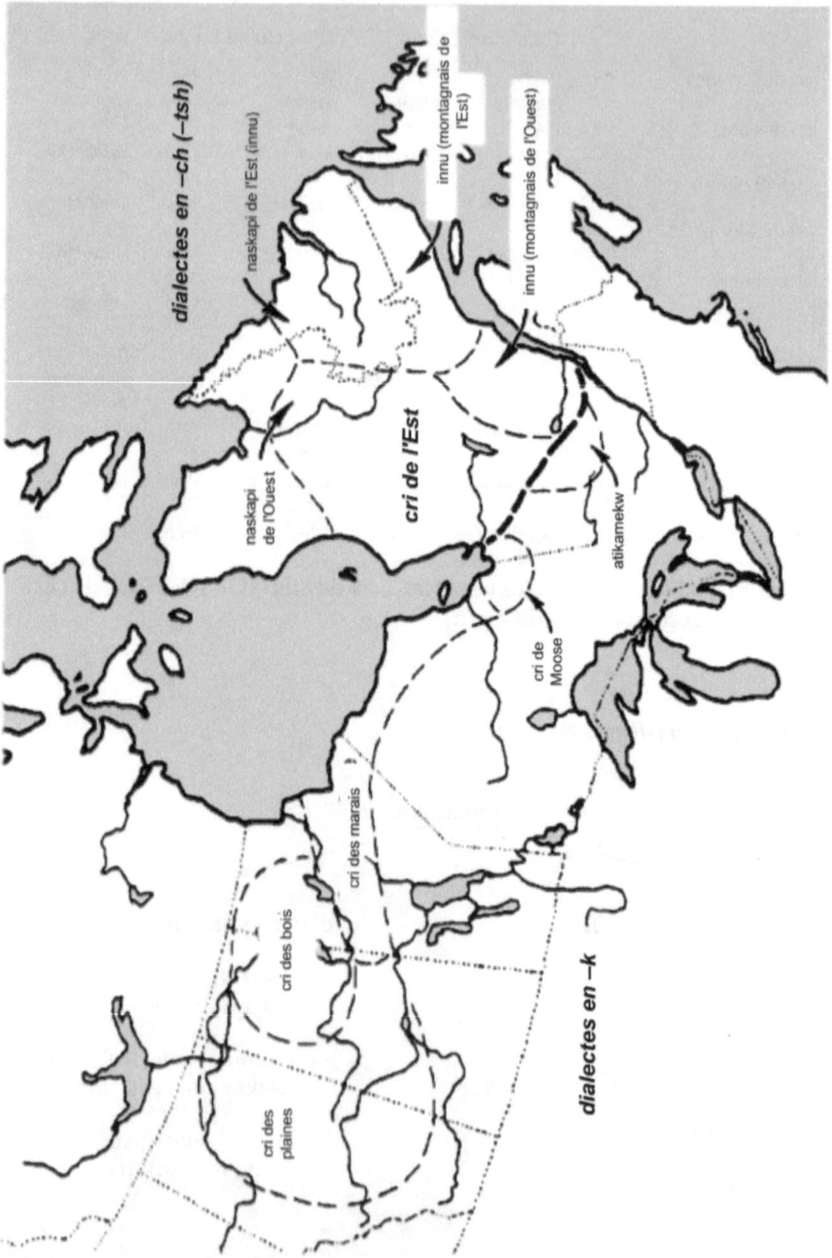

Dialectes du cri de l'Est

Le cri de l'Est se divise en deux dialectes principaux, celui du Sud et celui du Nord. Ils diffèrent dans leur prononciation et leur orthographe, ainsi que dans leur vocabulaire et sur certains points de grammaire. Le dialecte du Nord ne prononce pas la voyelle *e*, représentée dans les symboles syllabiques ᐁ, ᐯ, ᑌ, ᒉ, ᑫ, ᒣ, ᓀ, etc. Celle-ci est remplacée par la voyelle qui s'écrit *aa* en roman et qui se retrouve dans les symboles syllabiques ᐋ ᐹ ᑖ ᑳ ᒑ ᒫ ᓵ ᔖ ᓈ ᔮ. (Les noms propres font exception). Le dialecte du Nord inclut les communautés de Whapmagoostui (Poste-de-la-Baleine), Chisasibi (Fort George), and Wemindji (Vieux-Comptoir). Le dialecte du Sud se divise entre deux sous-dialectes, celui de la côte, qui inclut les communautés de: Eastmain, Waskaganish, et Nemaska (Nemiscau) et celui de l'intérieur, avec: Mistissini, Oujé-Bougoumou et Waswanipi. On connaît un certain nombre de différences entre ces dialectes, mais beaucoup de recherche reste à faire dans ce domaine.

Carte des communautés cries de l'Est

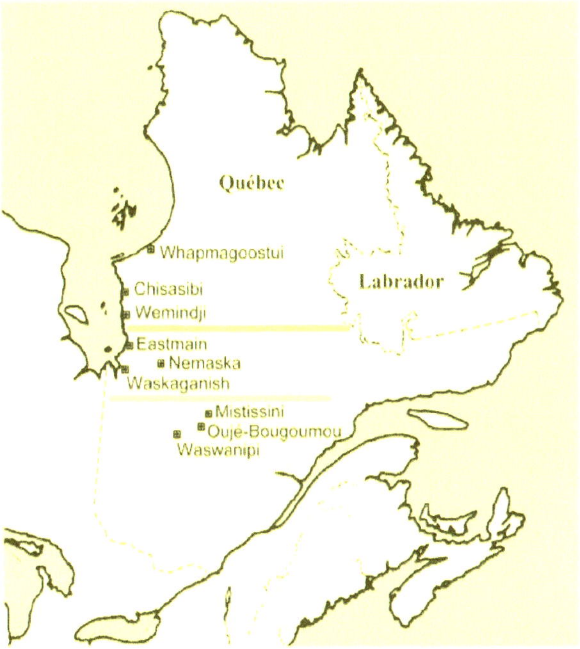

Système d'écriture

Les Cris lisent et écrivent avec un système d'écriture syllabique qui s'inspire du système créé par James Evans, un prêtre méthodiste au service des Ojibwés et des Cris de l'Ontario et du Manitoba dans les années 1820–1840. Une version modifiée de ce système est aussi utilisée par les Inuits. Le système cri est complètement *pointé*: on utilise un point au-dessus des symboles pour indiquer la longueur des voyelles. De plus, un point à gauche du symbole indique un *w* avant la voyelle, un petit cercle en position finale indique un *w* ou un *u* consonnantique à la fin d'un mot, le (") est un symbole pour *h*. De plus, le cri de l'Est a aussi un symbole pour indiquer le son *kw* en fin de mot, un son qui n'est pas prononcé dans les dialectes de l'Ouest.

L'ordre de tri des mots cris suit l'ordre des symboles syllabiques dans le tableau, de gauche à droite et de haut en bas, avec les voyelles courtes précédant les voyelles longues.

Tableau d'écriture syllabique – cri de l'Est de la Baie James

ᐁ		ᐃ	ᐄ	ᐅ	ᐆ	ᐊ	ᐋ		ᐤ	ᐦ
e		*i*	*ii*	*u*	*uu*	*a*	*aa*		*u*	*h*
ᐌ		ᐎ	ᐐ	ᐒ	ᐔ	ᐗ	ᐙ			
we		*wi*	*wii*	*wu*	*wuu*	*wa*	*waa*			
ᐯ	ᐺ	ᐱ	ᐲ	ᐳ	ᐴ	ᐸ	ᐹ	ᑆ	ᑉ	
pe	*pwe*	*pi*	*pii*	*pu*	*puu*	*pa*	*paa*	*pwaa*	*p*	
ᑌ	ᑗ	ᑎ	ᑏ	ᑐ	ᑑ	ᑕ	ᑖ	ᑣ	ᑦ	
te	*twe*	*ti*	*tii*	*tu*	*tuu*	*ta*	*taa*	*twaa*	*t*	
ᑫ	ᑴ	ᑭ	ᑮ	ᑯ	ᑰ	ᑲ	ᑳ	ᒀ	ᒃ	ᒄ
ke	*kwe*	*ki*	*kii*	*ku*	*kuu*	*ka*	*kaa*	*kwaa*	*k*	*kw*
ᒉ	ᒒ	ᒋ	ᒌ	ᒍ	ᒎ	ᒐ	ᒑ	ᒞ	ᒡ	
che	*chwe*	*chi*	*chii*	*chu*	*chuu*	*cha*	*chaa*	*chwaa*	*ch*	
ᒣ	ᒬ	ᒥ	ᒦ	ᒧ	ᒨ	ᒪ	ᒫ	ᒸ	ᒻ	
me	*mwe*	*mi*	*mii*	*mu*	*muu*	*ma*	*maa*	*mwaa*	*m*	
ᓀ	ᓉ	ᓂ	ᓃ	ᓄ	ᓅ	ᓇ	ᓈ	ᓍ	ᓐ	
ne	*nwe*	*ni*	*nii*	*nu*	*nuu*	*na*	*naa*	*nwaa*	*n*	
ᓓ	ᓜ	ᓕ	ᓖ	ᓗ	ᓘ	ᓚ	ᓛ	ᓨ	ᓪ	
le	*lwe*	*li*	*lii*	*lu*	*luu*	*la*	*laa*	*lwaa*	*l*	
ᓭ	ᓶ	ᓯ	ᓰ	ᓱ	ᓲ	ᓴ	ᓵ	ᔂ	ᔅ	
se	*swe*	*si*	*sii*	*su*	*suu*	*sa*	*saa*	*swaa*	*s*	
ᔐ	ᔗ	ᔑ	ᔒ	ᔓ	ᔔ	ᔕ	ᔖ	ᔣ	ᔥ	
she	*shwe*	*shi*	*shii*	*shu*	*shuu*	*sha*	*shaa*	*shwaa*	*sh*	
ᔦ	ᔯ	ᔨ	ᔩ	ᔪ	ᔫ	ᔭ	ᔮ	ᔻ	ᔾ	
ye	*ywe*	*yi*	*yii*	*yu*	*yuu*	*ya*	*yaa*	*ywaa*	*y*	
ᕃ	ᐧᕃ	ᕆ	ᕇ	ᕈ	ᕉ	ᕋ	ᕌ	ᕍ	ᕐ	
re	*rwe*	*ri*	*rii*	*ru*	*ruu*	*ra*	*raa*	*rwaa*	*r*	
ᕓ	ᐧᕓ	ᕕ	ᕖ	ᕗ	ᕘ	ᕙ	ᕚ	ᐧᕚ	ᕝ	
ve	*vwe*	*vi*	*vii*	*vu*	*vuu*	*va*	*vaa*	*vwaa*	*v, f*	
ᕞ	ᐧᕞ	ᕠ	ᕡ	ᕢ	ᕣ	ᕤ	ᕥ	ᕦ	ᕪ	
the	*thwe*	*thi*	*thii*	*thu*	*thuu*	*tha*	*thaa*	*thwaa*	*th*	

Réforme de l'orthographe

Depuis la toute première publication du dictionnaire cri-anglais en 1987 (*Cree Dictionary: Eastern James Bay Dialects* [1987]) plusieurs changements ont été apportés à l'orthographe des mots. En général, l'orthographe a été modifiée pour se rapprocher d'une forme plus ancienne de la langue et des autres dialectes du cri. Par exemple, le symbole ᐃ a été remplacé par ᔨ dans des mots comme ᐃᑌᔨᐦᑕᒻ. Il y maintenant plus de différences entre la façon d'orthographier les mots dans les dialectes du Nord et du Sud. L'orthographe des mots du Nord reflète mieux la manière dont parlent les aînés, avec moins de contractions dans les mots, surtout à la fin des verbes. Bien que l'orthographe ne soit pas aussi proche de la prononciation des jeunes locuteurs, les changements régularisent mieux l'orthographe des suffixes. La version la plus récente d'un manuel d'orthographe en anglais (Spelling Manual) peut-être téléchargée du site www.eastcree.org.

Représentation en orthographe romane

Le cri de l'Est ne s'écrit généralement pas en lettres romanes comme le français et l'anglais sauf dans des cas où il coexiste avec le syllabique (comme ce dictionnaire) ou dans de rares documents destinés aussi aux gens qui ne lisent pas le syllabique (une version de la Bible a été publiée en orthographe romane standard), ou encore dans les applications qui n'offrent pas le syllabique, comme les systèmes de messageries textuelles des téléphones. Les gens qui savent lire en cri, lisent en syllabique.

Il est néanmoins très pratique d'avoir un système consistant pour représenter le cri avec une écriture romane. Le système partiellement phonémique du ***Tableau d'écriture syllabique*** (ci-dessus) est utilisé pour la représentation en roman des entrées du dictionnaire, suite au mot d'entrée en syllabique. Il existe deux manières de représenter la longueur des voyelles en orthographe romane: un accent circonflexe ou un macron: *a* "a-bref", *â* "a-long", ou les voyelles doubles: *a* "a-bref", *aa* "a-long". Cette publication fait usage des voyelles doubles pour représenter la longueur des voyelles.

Pour un guide de la prononciation des caractères syllabiques, consultez le tableau de syllabique sonore interactif téléchargeable sur le site eastcree.org: http://www.eastcree.org/keyboard.html.

Pour un guide général de la prononciation en cri, consultez la section *Les sons du cri de l'Est* (*The Sounds of East Cree*) du site eastcree.org.

Système de clavier pour le syllabique

Il existe deux systèmes pour taper en syllabique. Le premier système a pour origine les machines à écrire pour le cri, avec lesquelles chaque touche du clavier correspondait à un symbole. On avait besoin d'apprendre la disposition particulière des touches sur clavier, mais ensuite, on pouvait taper assez vite. Ce clavier est arrangé de façon à ce que la première rangée de touches corresponde à la série de syllabiques en *e*, la suivante à la série en *i*, etc. Ce système exige l'emploi de touches spéciales (Majuscule, Contrôle, etc.) en même temps que d'autres touches pour obtenir la durée des voyelles ou certaines orientations de caractères.

L'autre système combine l'alphabet français ou anglais et le clavier d'ordinateur. On a besoin de connaître la correspondance entre une combinaison de lettres romanes et un caractère syllabique donné, comme on peut le voir dans le tableau d'écriture syllabique. Il faut aussi être familier avec un clavier d'ordinateur standard utilisé pour les langues officielles (anglais ou français). Le système permet qu'on tape les mots cris en lettres romanes, mais ce qu'on voit sur l'écran est le mot en syllabique, au fur et mesure qu'on le tape. Par exemple, si on tape *kaa* ça donne ᑳ. Un des avantages de ce système est que le clavier n'a pas besoin d'être modifié (ni touches spéciales, ni nouvelles étiquettes sur les touches) et qu'on n'a pas besoin de mémoriser un nouveau clavier. C'est le système le plus populaire en usage aujourd'hui.

Pour en savoir plus: www.eastcree.org/cree/en/resources/cree-fonts/

Points de grammaire

La structure du cri est assez différente de celle du français et de l'anglais. Une certaine conscience de ces différences sera utile pour consulter ce dictionnaire.

Le genre

Le genre est une distinction importante en français, et elle l'est aussi en cri. La différence est que le genre en français consiste en une distinction masculin-féminin, alors qu'en cri, on distingue l'***animé*** et l'***inanimé***.

Dans la classe des animés on compte les choses ayant des référents animés comme les gens, les animaux, les êtres vivants (dont les arbres et certaines plantes), mais aussi des choses et des objets, comme les voitures, la peau de caribou, le pain et le motoneige.

Dans le dictionnaire le genre des noms est indiqué par les lettres **na** pour *nom animé* et **ni** pour ***nom*** *inanimé*. Le genre du verbe est aussi indiqué de cette manière avec **a** et **i**. Voir la section des ***Abréviations***, ci-dessous pour en savoir plus.

La transitivité

Les ***verbes*** servent à décrire des actions ou des états. La personne ou la chose qui fait l'action est appelé un **agent**. S'il y a quelqu'un ou quelque chose qui reçoit ou est affecté par l'action, on l'appelle le **patient**.

Si un verbe a un patient, on l'appelle un verbe ***transitif***, parce que l'action "transite" entre l'agent et le patient. Par exemple dans la phrase française 'Anne lance la balle', *Anne* est l'agent et *la balle* est le patient. L'action *lance* passes **(transite)** de l'agent au patient.

Les verbes qui n'ont pas de patient sont appelés des verbes ***intransitifs***. Par exemple dans la phrase française 'Anne court.' *Anne* est l'agent, *court* est l'action, mais il n'y a pas de patient.

Les quatre classes de verbes en cri se distinguent selon que le verbe est *transitif* or *intransitif*, et ensuite par le genre (animé ou inanimé) des participants.

Verbe Transitif Animé (vta)

Ces verbes ont un patient qui est affecté par l'action (ce qui fait qu'ils sont transitifs) et ce patient est un nom animé. C'est pourquoi on les appelle verbes transitifs animés. Les lettres **vta** veulent dire *verbe, transitif animé* et c'est ce qui est indiqué avec ces verbes dans le dictionnaire.

ᐙᐱᒫᐤ waapimaau **vta** ◆ il/elle la/le voit (animé, par exemple: une raquette, un ami)

Verbe Transitif Inanimé (vti)

Ces verbes ont aussi un patient affecté par l'action (ce qui fait qu'ils sont transitifs), mais leur patient est un nom **inanimé**. Ils sont notés **vti** pour *verbe, transitif inanimé.*

ᐙᐱᐦᑎᒼ waapihtim **vti** ◆ il/elle le voit

Verbe Animé Intransitif (vai)

Puisque ces verbes n'ont pas de patient, on dit qu'ils sont **intransitifs**. C'est le genre du sujet qui compte: la personne ou la chose qui fait l'action est un nom **animé**. C'est pourquoi ils sont notés **vai** pour *verbe, animé intransitif.*

ᓂᐹᐤ nipaau **vai** ◆ il/elle dort

ᒥᐦᑯᓲ mihkusuu **vai** ◆ il/elle/c'est rouge (animé, par exemple une mitaine)

Verbe Inanimé Intransitif (vii)

Ici le genre de la chose qui fait l'action est **inanimé** (ou il n'y a pas d'agent, comme pour les verbes impersonnels de météo) et il n'y a pas de patient pour l'action. Ces verbes sont notés **vii** pour *verbe, inanimé intransitif.*

ᒋᒧᐎᓐ chimuwin **vii** ◆ il pleut

ᒥᐦᒁᐤ mihkwaau **vii** ◆ c'est rouge

Voir la section des ***Abréviations***, ci-dessous dans le ***Guide du Dictionnaire*** pour en savoir plus.

Classification des mots

Comme les autres langues de la famille algonquienne, le cri a seulement quatre classes de mots ou parties du discours: des ***noms***, des mots qui désignent des êtres et des choses; des ***pronoms*** qui remplacent des noms; des ***verbes***, des mots qui décrivent des actions et des états; et des ***particules***, qui incluent l'équivalent de conjonctions ('et', 'mais'), prépositions ('sous') et adverbes ('vraiment'). Le français et l'anglais ont beaucoup plus de parties du discours (des prépositions, des adverbes, des adjectifs, des déterminants) que le cri. Alors que la complexité du français et de l'anglais se situe au niveau de la **phrase**, la complexité du cri se retrouve plutôt au niveau interne du **mot**. En cri, un **verbe** seul peut toujours former une **phrase**. On voit bien ceci dans les définitions du dictionnaire: toutes les traductions des verbes cris sont des phrases complètes.

Guide d'utilisation du dictionnaire

Pour bien pouvoir utiliser le dictionnaire, il est important de comprendre comment l'information est organisée et présentée.

Nomenclature

Les pages du dictionnaires sont arrangées en deux colonnes et chaque entrée comprend les informations suivantes:

(1) mot d'entrée en français [**apparemment**]

(2) mot cri en écriture syllabique et romane [ᐋᒋᒃ aachik]

(3) information grammaticale [**p,évaluative**]

(4) définition(s) en français [apparemment]

(5) exemple pour certains mots avec traduction en français

apparemment(1)

ᐋᒋᒃ aachik(2) **p,évaluative**(3) ◆ apparemment(4) ▪ ᐋᒋᒃ ᒦᓐ ᑳ ᒥᔮᑯᐱᓈ ᐊᓂᔮ ᐊᑳᐑ ᒦᓐ ᒥᔨ ᑳ ᐄᑎᒃ᙮ aachik miin kaa miyaakupinaa aniyaa akaawii miin miyi kaa iitik. ▪ *Apparemment elle/il le lui avait donné quand je lui avais dit de ne pas le lui redonner.*(5)

Mot d'entrée

Pour créer le dictionnaire français-cri, des mots-clés en français correspondant au sens des définitions en français des mots cris servent de mot d'entrée. Sous le mot d'entrée en français, les mots cris apparaissent dans l'ordre suivant: d'abord les mots dont le mot clé est unique, avec les noms avant les particules et les verbes; puis les mots cris de sens plus complexe, qui ont plus d'un mot-clé français. Finalement, les mots cris sont classés dans l'ordre alphabétique de l'écriture romane.

Dans l'exemple ci-dessous, le mot d'entrée français *cuillère* a trois mots cris correspondants. Le premier, **ᐋᒥᐦᒁᓐ** aamihkwaan correspond exactement à *cuillère*. Le second, un nom, a un sens plus complexe et se retrouvera également sous l'entrée *bois*. Le dernier est un verbe qui a aussi un sens plus complexe.

cuillère

ᐋᒥᐦᒁᓐ aamihkwaan **na** ◆ une cuillère

ᒥᔥᑎᒁᒥᐦᒁᓐ mishtikwaamihkwaan **na** ◆ une cuillère en bois

ᐱᓯᐦᐊᒥᐦᒁᓈᐤ pisihamihkwaanaau **vta** ◆ il/elle coupe du bois pour fabriquer une cuillère en bois

Mots cris

Les mots cris sont donnés d'abord en syllabique, puis en orthographe romane. Le mot cri consiste en la forme la plus simple du mot; par exemple, si c'est un *nom,* on donnera la forme au singulier, sauf si le mot est utilisé uniquement ou le plus souvent au pluriel. Si c'est un *verbe,* on donnera la troisième personne du singulier de l'indicatif présent de l'indépendant. Par exemple, vous ne trouverez pas le mot cri ᓂᒌ ᐚᐱᒫᐏᒡ nichii waapimaawich 'je les ai vus' dans le dictionnaire, mais plutôt, le mot ᐚᐱᒫᐤ waapimaau 'il/elle le/la voit'. Ce choix est fait parce que la forme infinitive n'existe pas en cri et que la forme de la troisième personne ne comporte aucun préfixe personnel et est la plus simple en inflection ou suffixes. Toutes les autres formes du verbe cri peuvent se construire à partir de celle-ci en appliquant les règles appropriées de préfixation et de suffixation.

Comme c'est indiqué ci-dessus dans la section sur le système d'écriture on utilise le voyelles doubles pour représenter les voyelles longues *(ii, uu, aa)* dans l'orthographe romane. Cette orthographe a l'avantage d'indiquer également les touches du clavier à taper pour obtenir les caractères syllabiques.

Dialecte

Une indication de l'usage particulier d'un mot dans une communauté ou une aire dialectale se trouve parfois entre **[crochets]** avant la définition. Le dialecte du Nord inclut les communautés de **Whapmagoostui, Chisasibi** et **Wemindji** .

Information grammaticale et abréviations utilisées

La partie du discours du mot français n'est pas indiquée. La partie du discours du mot cri est toujours notée, comme c'est indiqué dans la section sur les points de grammaire. Les tables suivantes offrent une liste complète des abréviations données pour les mots cris.

Noms

na.......................... nom animé
nad .... nom animé, dépendant
nap .... nom animé participe/nominalisation
ni........................... nom inanimé
nid .... nom inanimé dépendant
nip .... nom inanimé participe/nominalisation

Les noms animés (**na**) font leur pluriel avec le suffixe *-ich* et leur obviatif avec le suffixe *-h*.

Un très petit nombre de noms peuvent avoir le genre ***animé*** et le genre ***inanimé***. Ils feront l'objet de deux entrées (ᒥᔥᑎᒄ mishtikw **na** 'un arbre', ᒥᔥᑎᒄ mishtikw **ni** 'un bâton').

Les ***noms animés dépendants*** (**nad**) sont des noms qui ont toujours un préfixe personnel. Ils réfèrent aux parties du corps et aux termes de parenté. Quand ils sont utilisés à la troisième personne, les **nad** se terminent avec un *-h* (marque d'obviatif). On les a traduit au singulier dans le dictionnaire bien qu'ils puissent être singulier ou pluriel, 'son fils' ou 'ses fils'.

Les termes de parenté ont été entrés dans le dictionnaire trois fois, avec des préfixes pour 'mon/ma', 'ton/ta' and 'son/sa' étant donné leur fréquence d'usage: ᓂᑳᐐ nikaawii, ᒋᑳᐐ chikaawii, ᐅᑳᐐᐦ ukaawiih.

Les ***noms animés participes (nominalisations)*** (**nap**) sont des verbes qui sont utilisés comme noms. Ils commencent avec *kaa-* et finissent avec le suffixe verbal du conjonctift *-t*, *-k* ou *-ch*.

Les ***noms inanimés*** (**ni**) font leur pluriel avec le suffixe *-h* et leur obviatif singulier avec le suffixe *-iyiu*.

Les ***noms inanimés dependents*** (**nid**) sont des noms inanimés qui ont toujours un préfixe personnel. Ils réfèrent presque toujours aux parties du corps.

Les ***noms inanimés participes (nominalisations)*** (**nip**) sont des verbes utilisés comme noms. Ils commencent par *kaa-* et se terminent par un suffixe verbal du conjonctif *-ch.*

Verbes

- **vai** .... verbe animé intransitif
- **vai+o** .... verbe animé intransitif plus objet
- **vii** .... verbe inanimé intransitif
- **vta** .... verbe transitif animé
- **vti** .... verbe transitif inanimé

Verbes animés intransitifs (**vai**): Ces verbes regroupent plusieurs catégories. La plupart de ces verbes ne prennent pas d'objet (nipaau 'il/elle dort'), mais certains en acceptent. Ceux qui forment leur passif en *–kaniuu* au lieu de *–niu* sont codés **vai+o** (ushihtaau 'il/elle le fait').

Forme active		*Type de verbe*	*Forme passive*	
ᓂᐹᐤ	nipaau	**vai**	ᓂᐹ**ᓂ**	nipaa**niu**
ᐅᔑᐦᑖᐤ	ushihtaau	**vai+o**	ᐅᔑᐦᑖ**ᑭᓂᐆ**	ushihtaa**kiniuu**

Ces verbes diffèrent aussi dans la voyelle finale du radical. Pour ceux qui se terminent en *-uu* (ᑑ ᐴ ᑰ ᒎ ᒨ ᓅ ᔔ ᔫ), la voyelle du radical n'est pas visible, c'est pourquoi ils sont codés en **-u,** ou **–wi (-iwi, -iiwi, -aawi, -uwi)**.

Indépendant	*Voyelle du radical*	*Conjonctif*
nikim**uu**	**u**	aa nikim**ut**
sischiiuu	**wi**	aa sischii**wit**
niiipuu	**wi**	aa niipu**wit**

Verbes intransitifs inanimés (**vii**): Pour ces verbes, le sujet est toujours inanimé (ᒥᐦᒁᐤ mihkwaau 'c'est rouge', ᒥᔅᐳᓐ mispun 'il neige'). Ils diffèrent selon la voyelle du radical. Pour ceux qui se terminent en *-uu* (ᑑ ᐴ ᑰ ᒎ ᒨ ᓅ ᔔ ᔫ), la voyelle du radical n'est pas visible, c'est pourquoi ils sont aussi codés en **-u,** ou **-wi (-iwi, -iiwi, -aawi, -uwi)**.

Verbes transitifs animés (**vta**): Ce sont des verbes comme ᐚᐱᒫᐤ waapimaau 'il/elle la/le voit' où une personne, un animal ou une chose animée agit sur une autre personne, un animal ou une chose animée (grammaticalement animée).

Verbe transitif inanimé (**vti**): Ce sont des verbes qui se terminent en -*im* ou-*ham* dans le dialecte du Nord. Une personne ou une chose animée agit sur une chose inanimée (ᐙᐱᐦᑎᒼ waapihtim 'il/elle le voit'). Il existe quelques verbes de la classe **vti** qui ne prennent pas d'objet (ᒫᐦᐋᒼ maaham 'il/elle descend la rivière en bateau').

Particules, Préverbes et Pronoms

p............................ particule
preverb................. préverbe
pro .... pronom

Les particules (**p**) sont des mots invariables. Elles sont sous-catégorisées pour leur valeur sémantique comme le **lieu,** le **temps,** etc. Voir la liste complète ci-dessous.

Les préverbes (**préverbe**) se trouvent devant les verbes et peuvent se combiner.

Les pronoms (**pro**) servent parfois à remplacer les noms. Ceux-ci sont sous-catégorisés en: **pronom personnel, focus, démonstratif** etc. Voir la liste complète ci-dessous.

Suite à l'abréviation de particule **p**, précédée par une virgule, on trouve les sous-catégories de particules suivantes:

affirmative	mot pour dire 'oui' ou pour montrer qu'on est d'accord
conjunction	mot pour joindre des phrases ou des mots: 'mais, ou, et'
dém, (focus,) lieu	mot pour montrer ou pointer, mots appelés 'démonstratifs'
emphatique	mot qui ajoute de l'importance aux autres mots
évaluative	mot qui indique un jugement sur une situation, 'évidemment, sans doute'
interjection	mot qu'on dit quand on s'exclame, ou mot de politesse 'bonjour, merci'
lieu	mot qui indique la situation, l'emplacement ou la direction
manièrer	mot qui indique la manière de faire quelque chose
negative	mot pour dire 'non'
nombre	mot pour exprimer des nombres
quantité	mots de quantité comme 'quatre livres, trois fois, beaucoup'
question	mot pour interroger comme 'quand' et le marqueur de question oui-non: aa
temps	mot pour indiquer le temps ou la durée

Suite à l'abréviation de pronom pro, précédée par une virgule, on trouve les sous-catégories de pronoms suivants:

absent	pronom absentatif, pour une personne ou une chose disparue
alternatif	pronom alternatif, utilisé pour référer à un ou une autre.
dém	pronom démonstratif
dubitatif	pronom dubitatif, utilisé pour s'interroger sur l'identité d'une personne ou d'une chose
focus	pronom focus, utilisé pour attirer l'attention d'une personne ou d'une chose
hésitation	pronom d'hésitation ou de pause quand on fait une pause dans la phrase
indéfini	pronom indéfini, utilisé quand on n'est pas sûr de l'identité de quelqu'un ou de quelque chose
question	pronom interrogatif, utilisé pour demander 'qui' ou 'quoi'
personel emphatique	pronom personnel, utilisé pour mettre de l'emphase 'moi, toi, lui, elle, etc.'

Suite à la partie du discours, on trouvera les indications suivantes, séparées par des virgules:

pl	pluriel
dim	diminutif, utilisé quand une personne ou une chose est plus petit-e que normal
inverse	agent et patient inversés, utilisé pour certaines formes transitives
pej	péjoratif, indiquant que quelque chose est vieux et usé
recip	réciproque, utilisé quand les gens se font des choses les uns aux autres
redup	réduplication de la première syllabe du mot indiquant la répétition d'une action ou sa continuité
reflex	réflexif, utilisé quand on se fait quelque chose à soi-même, par exemple 'se laver'
voc	vocatif, utilisé avec les termes de parenté pour interpeller les gens

Les dernières abréviations qu'on trouve avec les parties du discours indiquent la forme morphologique sous-jacente de la racine ou ses variations morpho-phonémiques, toujours précédées par un tiret. Pour les **noms**, on indique la voyelle utilisée avant un suffixe locatif *(-hch)* ou le marqueur du possessif*(-m)*: **-im, iim, -aam**, etc. Pour les **verbes vai** et **vii** se terminant en *-uu,* on indique la voyelle du radical: **-u, -wi (-iwi, -iiwi, -aawi, -uwi).**

Exemples d'information grammaticale dans le dictionnaire

Voici à titre d'exemples, quelques abréviations grammaticales du dictionnaire:

> ᐃᔥᒁᑳᐴᐎᒡ ishkwaakaapuuwich **vai pl -uwi** ◆ les grosses vagues s'arrêtent aux rapides, c'est la fin d'une file de gens, d'arbres

L'information grammaticale de ce mot est: **v**erbe **a**nimé **i**ntransitif; **pl**uriel; radical en **-uwi.**

> ᐊᓂᔮ aniyaa **pro,dém,absent** ◆ feu ...

L'information grammaticale de ce mot est: **pro**nom, **dém**onstratif, **absent**atif.

D'autres abréviations peuvent se trouver dans les définitions, comme les suivantes:

ex.	exemple
lit.	littéralement

Définitions

Dans le dictionnaire, les définitions en français ont une forme particulière, choisies pour refléter le sens du mot cri. La majorité des mots cris sont des verbes, ce que reflète leur définition. Il n'y a pas de distinction de genre féminin-masculin en cri, mais il y a un genre animé-inanimé. Par convention, nous représentons un sujet animé de troisième personne par: **il/elle** et un sujet inanimé par: **ça, c', il**.

Dans certains cas, comme 'elle accouche' ou 'il a une barbe', la définition ne donne que le féminin ou le masculin, mais il faut savoir que, même dans ces cas, le mot cri n'indique pas explicitement le féminin ou le masculin.

Pour les compléments d'objets, nous donnons, par convention **la/le** pour les objets animés et **le** ou **ça** pour les objets inanimés. Ainsi les quatre types de verbes seront traduits selon les conventions suivantes:

ᓅᑎᒫᐤ nuutimaau **vii** ◆ c'est arrondi

ᑯᐃᔥᑯᔑᐤ kuishkushiu **vai** ◆ il/elle siffle

ᐛᐱᐦᑎᒻ waapihtim **vti** ◆ il/elle le voit

ᐛᐱᒫᐤ waapimaau **vta** ◆ il/elle la/le voit

Les noms dans les définitions en français sont normalement précédés de l'article indéfini, afin d'indiquer le genre du mot français:

ᐑᔥᑭᒑᓂᔥ wiishkichaanish **na** ◆ un geai du Canada

De nombreux mots qui décrivent des endroits ou des formes, ou encore le temps, sont exprimés par des verbes en cri. Ceci veut dire que la définition aura la forme d'une phrase complète, comme pour les autres verbes:

ᓅᑎᒫᐤ nuutimaau **vii** ◆ c'est arrondi

ᐱᔅᑯᑎᓈᐤ piskutinaau **vii** ◆ c'est une colline élevée, une montagne

ᒋᒧᐎᓐ chimuwin **vii** ◆ il pleut

Les termes scientifiques (en latin) sont donnés pour un certain nombre d'animaux, d'oiseaux, de poissons, d'insectes et de plantes. Ces termes ne résultent pas d'une rigoureuse identification scientifique. Ces termes se trouvent en italiques:

ᐑᔥᑭᒑᓂᔥ wiishkichaanish **na** ◆ un geai du Canada *Perisoreus canadensis*

Exemples

Les exemples cris sont traduits en français tantôt au masculin, tantôt au féminin, ceci afin d'alléger le texte.

Resources

Un certain nombre de ressources existent, surtout en anglais, pour aider les professeur-e-s et les élèves avec l'orthographe, la grammaire et la lecture en cri. La plupart de ces ressources sont téléchargeables gratuitement sur le site www.eastcree.org:

Structures comparées du cri de l'Est et du français

Manuels d'orthographe (*Spelling Manuals for Northern and Southern Dialects*)

Vocabulaire ressource (*Resource Book for classroom terms used in the elementary grades*)

Outils informatiques pour le syllabique (*Cree syllabic fonts and keyboards for typing in Cree*)

Pages de grammaire et de prononciation

Catalogue de livres et de matériel éducatif en langue crie

Banque de données d'histoire orales en cri avec fichiers sons téléchargeables

Dictionnaire en ligne avec moteurs de recherche avancés, fichiers sons et images

Jeux, leçons et exercices de langue interactifs

Voici d'autres sites qui peuvent être utiles:

www.atlas-ling.ca

www.cscree.qc.ca

www.creeculture.ca

www.gcc.ca

www.sil.org/computing/toolbox/

www.collectionscanada.ca/naskapi/

www.tshakapesh.ca

www.jeux.tshakapesh.ca

www.innu-aimun.ca/dictionnaire

2

22

ᐊᓯᓃᔥ asiniish ni dim ◆ une balle de 22

25 cents

ᐹᔨᑯᔑᑳᑯᔮᓐ paayikushikaakuyaan na ◆ vingt-cinq cents ou un quart de quelque chose, lit. 'une peau de mouffette'

?

?

ᐋ aa p,question ◆ mot interrogatif ■ ᐊᑳᐑ ᓈᓯᐹᐦ ᐋ᙮ ❖ ᔖᔥ ᐋ ᒋᐑᐦ ᒫᒌᓐ᙮ ■ akaawii naasipaah aa. ❖ shaash aa chiwiih maachiin. ■ *Ne vas pas à la rivière, d'accord?* ❖ *Veux-tu y aller maintenant?*

a

à bord

ᐲᐦᑐᑎᐨ piihtutich p,lieu ◆ à bord, dans un canot ■ ᐲᐦᑐᑎᐨ ᓂᒌᐦ ᐅᐦᑎᓈᓐ ᑳ ᐑᓂᐦᑖᔮᓐ ᓂᒨᐦᑯᒫᓐ᙮ ■ piihtutich nichiih uhtinaan kaa winihtaayaan nimuuhkumaan. ■ *J'ai trouvé le couteau que j'avais perdu dans le canot.*

ᐴᓯᐚᐱᓈᐤ puusiwaapinaau vta ◆ il/elle le/la jette à bord d'un véhicule

ᐴᓯᐚᐱᓂᒼ puusiwaapinim vti ◆ il/elle le jette à bord d'un véhicule

à bout de souffle

ᐃᔮᔪᐏᑖᐦᑎᒼ iyaayuwitaahtim vti ◆ il/elle est à bout de souffle

à ce moment

ᐃᔥᐱᔑ ishpishi p,temps ◆ à ce moment-là, quand ■ ᒑ ᐃᔥᐱᔑ ᑎᑯᔑᓂᒁ, ᒑ ᒫᒌᐅᐦᒄ ᑎᑯᔑᐦᑳ᙮ ■ chaa ishpishi tikushinikwaa, chaa maachiiuhkw tikushihkaa. ■ *On s'en ira quand elle/il décidera de rentrer.*

à côté

ᐋᐱᒫᐤ aapimaau p,lieu ◆ juste à côté ■ ᐋᐱᒫᐤ ᐊᓂᑖᐦ ᐊᓐ ᐙᔅᑳᐦᐄᑭᓐ ᐋᑯᑖᐦ ᑳ ᐄᔑ ᐋᑯᔑᒧᔮᓐ᙮ ■ aapimaau anitaah an waaskaahiikin aakutaah kaa iishi aakushimuyaan. ■ *Je me suis caché juste à côté de la maison.*

ᐋᑎᐦᑎᐦᐊᒼ aatihtiham vti ◆ il/elle tire à côté

ᐊᑎᐦᑎᐦᐚᐤ atihtihwaau vta ◆ il/elle lui tire à côté

ᐹᔓᓈᑯᓐ paashunaakun vii ◆ c'est à côté

ᐅᐚᔨᐱᔥᑎᒼ uwaayipishtim vti ◆ il/elle s'assied à côté de quelque chose, il/elle se met à la tâche

ᐅᐚᔨᐱᔥᑎᐚᐤ uwaayipishtiwaau vta ◆ il/elle s'assied à côté de lui/d'elle

à l'aise,

ᐅᐚᓐᐦ uwaanh p,manière ◆ à l'aise, facilement ■ ᓈᔥᒡ ᐅᐚᓐᐦ ᐋᐦ ᐃᔨᐦᑎᔮᓐ ᑳᐦ ᒌᔑᐦᑐᑎᒫᓐ ᓂᑖᐱᑎᓰᐎᓐ᙮ ■ naashch uwaanh aah iyihtiyaan kaah chiishihtutimaan nitaapitisiiwin. ■ *Je peux faire ce que je veux maintenant parce que j'ai fini mon travail.*

à l'endroit

ᐋᑎᒋᓂᔥᑖᐤ aatichinishtaau vai ◆ il/elle le pose à l'endroit sur le dos

à mi-chemin

ᓅᒼ nuum p,lieu ◆ à mi-chemin ■ ᓅᒼ ᓈᑖᐦ ᐄᔑ ᐐᒑᐤ᙮ ■ nuum naataah iishi wiichaau. ■ *Marche avec lui jusqu'à mi-chemin!*

à moins que

ᐋᑳ aakaa p,négative ◆ ne...pas, non, à moins que... ■ ᓂᒧᐃ ᒋᑭ ᒌᐦ ᐐᐦᑎᒫᑎᓐ ᐋᑳ ᑎᑯᔑᓂᔩᓈ᙮ ■ nimui chiki chiih wiihtimaatin aakaa tikushiniyinaa. ■ *Je ne peux pas te le dire à moins que tu ne viennes ici.*

à moitié plein

ᐋᐱᐦᑎᐎᔅᒋᓈᐹᔮᐤ aapihtiwischinaapaayaau vii ◆ c'est à moitié plein (d'un liquide)

à moitié séché

ᐋᐱᐦᑎᐚᐦᑭᑎᓲ aapihtiwaahkitisuu vai -u ◆ il/elle est à moitié séché-e

à part

ᐄᒑ iichaa p,lieu ◆ séparé, à part ■ ᐄᒑ ᐊᓂᑖᐦ ᓂᒌᐦ ᐐᒋᓈᓐ ᓃᔮᓐ᙮ ■ iichaa anitaah nichiih wiichinaan niiyaan. ■ *Nous vivions séparés des autres.*

à partir de

ᐃᔅᑯᓈᒃ iskunaak p,temps ◆ depuis cette fois-là, à partir de ce moment-là ■ ᑳ ᐙᔖᒥᔥᑯᔨᐟ ᑳ ᒧᐚᐟ ᐊᒥᔅᒄᐦ ᐋᑯᑎᐦ ᐃᔅᑯᓈᒃ ᓂᒥ ᒦᓐ ᐅᐦᒋ ᒧᐚᐤ᙮ ■ kaa waashaamishkuyit kaa muwaat amiskwh aakutih iskunaak nimi miin uhchi muwaau. ■ *La dernière fois qu'elle/il a mangée du castor, elle/il en a trop mangé, alors elle/il n'en a plus mangé depuis.*

à peine

ᒑᒋᔥᒡ chaachishch p,manière ◆ à peine, de justesse, tout juste ■ ᒥᒄ ᒑᒋᔥᒡ ᓂᒌᐦ ᒑᔅᑭᐚᐤ ᐊᓐ ᓂᑐᐦᑯᔨᓐ ᑳ ᐐᐦ ᐙᐱᒥᒃ᙮ ■ mikw chaachishch nichiih chaaskiwaau an nituhkuyin kaa wiih waapimik. ■ *J'ai réussi à voir le docteur de justesse, je voulais le voir avant qu'il ne parte.*

ᒦᐦᒀᒡ miihkwaach p,quantité ◆ à peine (utilisé seulement à la forme négative) ■ ᓂᒥ ᒦᐦᒀᒡ ᓅᐦᒋ ᒌᐦ ᓂᐹᓐ ᑖᐱᔅᑳᒡ᙮ ■ nimi miihkwaach nuuhchi chii nipaan taapiskaach. ■ *J'ai à peine dormi la nuit dernière.*

ᒑᒋᔥᒋᐱᔨᐤ chaachishchipiyiu vai ◆ il/elle suffit à peine, ça (animé) suffit à peine

ᐳᐎᓈᔑᓐ puwinwaashin vai ◆ il/elle est à peine visible à travers la neige, le brouillard, la brume, etc.

ᒑᒋᔥᒋᐱᔨᐤ chaachishchipiyiu vii ◆ c'est à peine suffisant, c'est tout juste assez

à pied

ᐊᑎᒧᐏᑖᐤ atimuwitaau vai, vai+o ◆ il/elle s'éloigne à pied avec une charge sur son dos (en s'éloignant de celui ou de celle qui parle) ■ ᐊᑎᒧᐏᑖᐤ ᐊᓂᔮ ᒦᒋᒥᔨᐤ ᑳ ᐊᔑᒥᒃ᙮ ■ atimuwitaau aniyaa miichimiyiu kaa ashimik. ■ *il/elle s'éloigne à pied en transportant sur son dos la charge de nourriture que je lui ai donnée.*

à sec

ᐃᔨᐦᑭᔥᑖᐤ iyihkishtaau vii ◆ ça se retrouve à sec et en hauteur

ᐃᔨᐦᑭᓲ iyihkisuu vai -u ◆ il/elle émerge de l'eau, il/elle se retrouve à sec et en hauteur

à tâtons

ᓈᓂᑐᓈᐤ **naanitunaau** vta redup ◆ il/elle le/la cherche à tâtons

ᓈᓂᑐᓂᒼ **naanitunim** vti redup ◆ il/elle le cherche à tâtons

à-coups

ᓂᒋᐱᔨᐤ **nichipiyiu** vai ◆ il/elle arrête de bouger, ne sort pas en douceur

à-pic

ᒌᔅᒋᓵᑳᐤ **chiischisaakaau** vii ◆ c'est une falaise, c'est à-pic

ᒌᔅᒋᓯᑳᐱᔅᑳᐤ **chiischisikaapiskaau** vii ◆ c'est une falaise rocheuse bien à-pic

abaisser

ᐃᔮᔑᐦᐊᒼ **iyaashiham** vti ◆ il/elle l'abaisse avec quelque chose

ᔮᔖᐱᐦᒑᓈᐤ **yaashaapihchaanaau** vta ◆ il/elle l'abaisse avec une corde

ᐃᔮᔖᐱᐦᒑᓂᒼ **iyaashaapihchaanim** vti ◆ il/elle le fait descendre, l'abaisse (filiforme)

ᐃᔮᔑᓈᐤ **iyaashinaau** vta ◆ il/elle le/la baisse (ex. pantalon), l'abaisse

ᐃᔮᔑᐱᑎᒼ **iyaashipitim** vti ◆ il/elle l'abaisse rapidement

ᓃᐦᑖᐱᐦᒑᐱᑖᐤ **niihtaapihchaapitaau** vta ◆ il/elle l'abaisse en tirant dessus (filiforme)

ᓃᐦᑖᐱᐦᒑᐱᑎᒼ **niihtaapihchaapitim** vti ◆ il/elle l'abaisse en tirant dessus (filiforme)

ᐱᒋᔥᑖᐱᐦᒑᓂᒼ **pichishtaapihchaanim** vti ◆ il/elle le fait descendre, l'abaisse avec une corde

ᐱᒋᔅᑖᐱᐦᒑᓈᐤ **pichistaapihchaanaau** vta ◆ il/elle le/la fait descendre, l'abaisse avec une corde

ᔮᔖᐱᐦᒑᓂᒼ **yaashaapihchaanim** vti ◆ il/elle l'abaisse, le fait descendre à la corde

ᐃᔮᔑᐱᑖᐤ **iyaashipitaau** vta ◆ il/elle l'abaisse rapidement; le poisson tire sur l'appât et le crochet

abandonné

ᒥᑐᑭᐦᑉ **mitukihp** ni ◆ un campement abandonné

ᒥᑐᑭᐦᐱᔅᒌ **mitukihpischii** ni pej ◆ un vieux campement abandonné

abandonner

ᐙᐹᔨᒫᐤ **waapaayimaau** vta ◆ il/elle l'abandonne

ᐋᑎᑳᒫᔑᒫᐤ **aatikaamaashimaau** vta ◆ il/elle l'abandonne de l'autre coté d'une étendue d'eau sans aucun moyen de traverser

ᒧᐎᐱᐹᒥᔥᑳᐤ **muwipipaamishkaau** vai ◆ il/elle abandonne temporairement son domicile après s'être préparé-e pour l'hiver

ᓂᑭᑖᐤ **nikitaau** vta ◆ il/elle l'abandonne, le/la laisse

ᓂᑭᑎᐦᐅᑰ **nikitihukuu** vai -u ◆ le véhicule les abandonne, les laisse sur place

ᓂᑭᑎᒼ **nikitim** vti ◆ il/elle l'abandonne, le laisse, quitte la ville

ᓂᑭᑎᒧᐙᐤ **nikitimuwaau** vta ◆ il/elle le/la laisse à sa charge, à ses bons soins

ᐙᐹᔨᐦᑎᒼ **waapaayihtim** vti ◆ il/elle l'abandonne, il/elle pardonne

abattre

ᑭᐎᑭᐦᐊᒼ **kiwikiham** vti ◆ il/elle l'abat

ᑭᐎᑭᐦᐙᐤ **kiwikihwaau** vta ◆ il/elle l'abat (arbre)

ᐱᒥᐙᐱᐦᐊᒼ **pimiwaapiham** vti ◆ il/elle l'abat

ᑭᐎᐦᐙᐤ **kiwihwaau** vta ◆ il/elle l'abat (l'arbre)

ᑭᐎᑭᐦᑎᒼ **kiwikihtim** vti ◆ il/elle le ronge et l'abat

ᓃᔑᐱᑖᐤ **niishipitaau** vta ◆ il/elle l'abat, le/la rabat, le/la baisse

ᐱᓂᑎᐙᐦᐙᐤ **pinitiwaahwaau** vta ◆ il/elle fait tomber les plumes de l'oiseau en l'abattant

abattu

ᓃᐦᑖᔑᐤ **niihtaashiu** vai ◆ il/elle est abattu-e ou jeté-e par terre par le vent

ᑭᐎᐦᐄᑭᓐ **kiwihiikin** na ◆ un arbre abattu, tombé

ᑭᐎᑭᒫᑭᓐ **kiwikimaakin** na -um ◆ un arbre abattu rongé par un castor

ᒫᒀᔨᒨ **maakwaayimuu** vai -u ◆ il/elle se sent découragé-e, abattu-e, déprimé-e

abdomen

ᐅᔥᑭᑏ **ushkitii** nid ◆ son abdomen, son sternum avec la viande dessus

abeille

ᐋᒨ *aamuu* na -uum ◆ une abeille

abîmé

ᐋᐦᒀᒋᐱᔨᐤ **aahkwaachipiyiu** vii ◆ c'est très abîmé, c'est une affaire très sérieuse

ᐲᑯᓈᑯᓯᐤ **piikunaakusiu** vai ◆ il/elle a l'air cassé, tout abîmé, en loques

ᐃᔮᔪᐎᓐ **iyaayuwin** vii ◆ c'est abîmé, perdu, renversé

ᐃᔮᔪᐎᓯᐤ **iyaayuwisiiu** vai ◆ il/elle est abîmé-e, perdu-e, renversé-e

ᒋᔅᑎᒫᒋᓈᑯᓐ **chistimaachinaakun** vii ◆ ça semble mal fait, abîmé, usé; ça fait pitié

abîmer

ᐃᔮᔪᐎᐦᑎᐙᐤ **iyaayuwihtiwaau** vta ◆ il/elle le/la lui abîme

ᓂᔑᐎᓈᒋᔥᑎᒧᐙᐤ **nishiwinaachishtimuwaau** vta ◆ il/elle le/la lui abîme entièrement

ᐲᑳᐹᐅᔮᐤ **piikwaapaauyaau** vta ◆ il/elle l'abîme avec de l'eau

ᐲᑳᐹᐙᐤ **piikwaapaawaau** vii ◆ c'est abîmé avec du liquide

ᐅᔑᑯᐦᑖᐤ **ushikuhtaau** vai ◆ il/elle l'abîme de sorte que ça ne marche plus

ᐋᐦᒀᒋᐱᔨᐦᐋᐤ **aahkwaachipiyihaau** vta ◆ il/elle l'abîme en l'utilisant, le détruit en le portant ■ ᐋᐦᒀᒋᐱᔨᐦᐋᐤ ᐅᐱᔨᒌᓯᒼᐦ᙮ ■ aahkwaachipiyihaau upiyichiisimh. ■ *Il a fait un gros trou dans son pantalon.*

ᐋᐦᒁᑎᐦᐚᐤ *aahkwaatihwaau* vta ◆ il/elle le/la détruit en frappant, l'abîme beaucoup avec quelque chose

ᐋᑎᐦᐅᑖᐤ *aatihutaau* vii ◆ c'est abîmé d'avoir frotté contre quelque chose

ᐃᔮᔪᐏᐦᑖᐤ *iyaayuwihtaau* vai+o ◆ il/elle renverse, abîme

ᐲᒁᐹᐅᑖᐤ *piikwaapaautaau* vai ◆ il/elle le casse, l'abîme avec du liquide

ᐅᔑᑯᐦᑎᑖᐤ *ushikuhtitaau* vai ◆ il/elle l'abîme en le cognant contre quelque chose de sorte que ça ne marche plus

ᐃᔮᔪᐙᔥᑎᓐ *iyaayuwaashtin* vii ◆ c'est abîmé, détruit par la force du vent

ᓯᓂᒁᐱᔅᑳᐦᐋᓐ *sinikwaapiskaahaan* vii ◆ c'est abîmé d'avoir frotté contre du rocher

ᐃᔮᔪᐏᐦᐋᐤ *iyaayuwihaau* vta ◆ il/elle le/la tue, l'abîme, le/la gâte, le/la renverse

abîmer (s')

ᒫᔅᑖᔅᑯᐦᑎᑖᐤ *maastaaskuhtitaau* vai ◆ il/elle s'use, s'abîme en restant accroché-e aux tiges et buissons

abondance

ᒥᐦᒑᑎᐏᒡ *mihchaatiwich* vai pl ◆ il y en a beaucoup, en abondance

ᐱᔮᓰᔅᑳᐤ *piyaasiiskaau* vii ◆ il y a des oies en abondance

ᐋᐦᒋᑯᔅᑳᐤ *aahchikuskaau* vii ◆ il y a beaucoup de phoques par ici

ᑳᑯᔅᑳᐤ *kaakuskaau* vii ◆ il y beaucoup de porcs-épics par ici

ᑯᑭᒫᔅᑳᐤ *kukimaaskaau* vii ◆ il y a beaucoup de truites par ici

ᐱᔮᔅᑳᐤ *piyaaskaau* vii ◆ il y a beaucoup de lagopèdes par ici

ᐙᐱᒫᑯᔅᑳᐤ *waapimaakuskaau* vii ◆ il y a beaucoup de baleines par ici

ᐙᐳᔓᔅᑳᐤ *waapushuskaau* vii ◆ il y a beaucoup de lièvres par ici

abondant-e

ᒥᐦᒑᑎᐤ *mihchaatiu* vai ◆ il/elle abonde, est abondant-e

abonder

ᒥᐦᒑᑎᐤ *mihchaatiu* vai ◆ il/elle abonde, est abondant-e

ᐙᔪᒋᐱᔨᐤ *waayuchipiyiu* vai ◆ il/elle abonde, il n'en manque pas (animé)

ᐙᔪᒋᐱᔨᐤ *waayuchipiyiu* vii ◆ ça abonde, il n'en manque pas

aborder

ᐊᒁᐱᔨᐤ *akwaapiyiu* vii ◆ il arrive au rivage, il aborde le rivage

aboyer

ᒥᒋᓯᒧᑎᒼ *michisimutim* vti ◆ il/elle aboie, jappe contre ça

ᒥᒋᓯᒨ *michisimuu* vai -u ◆ il/elle aboie

abri

ᑎᐱᓂᐏᐦᐅᓲ *tipiniwihusuu* vai reflex -u ◆ il/elle se construit un abri contre le vent

ᐏᒋᔥᑎᑯᓂᐦᐊᒼ *wichishtikuniham* vti ◆ il/elle lui fait un abri

ᐑᐦᒁᔅᒋᓂᒼ *wiihkwaaschinim* vti ◆ il/elle le met à l'abri (se dit d'un piège)

ᐊᐱᐦᑯᐃ *apihkui* ni ◆ de quoi recouvrir un abri, un revêtement pour abri

ᐊᐱᐦᒁᓱᓐ *apihkwaasun* ni ◆ de quoi recouvrir l'abri

ᒫᓂᔥᒑᓂᔒᐅᑭᒥᒄ *maanishchaanishiiukimikw* ni ◆ une étable, un abri pour dormir

ᒥᑐᑎᓵᓈᒋᓂᑭᒥᒄ *mitutisaanaachinikimikw* ni ◆ une cabane bâtie avec des perches recourbées ou fléchies

ᐳᔅᒋᓈᐅᑭᒥᒄ *puschinaaukimikw* ni ◆ un abri fait de jeunes arbres

ᐋᐱᒧᑎᓐ *aapimutin* vii ◆ c'est à l'abri du vent

ᐊᐱᐦᒁᑎᒼ *apihkwaatim* vti ◆ il/elle recouvre l'abri

ᐊᐱᐦᒁᐤ *apihkwaau* vai ◆ il/elle place une couverture sur l'abri

ᒫᓄᑳᓲ *maanukaasuu* vai reflex -u ◆ il/elle se construit un abri

ᒫᓄᑭᐙᐤ *maanukiwaau* vta ◆ il/elle lui fait ou lui bâtit un abri

ᑎᐱᓂᐙᔑᒨ *tipiniwaashimuu* vai -u ◆ il/elle se met à l'abri du vent

ᑎᐱᓂᐙᔮᔥᑯᔑᒨ *tipiniwaayaashkushimuu* vai -u ◆ il/elle se met à l' abri du vent dans les arbres

ᑰᓂᑭᒥᒄ *kuunikimikw* ni ◆ un igloo, un iglou

ᒥᑐᑎᓵᓈᒋᓈᐦᑎᒄᐦ *mitutisaanaachinaahtikwh* ni pl ◆ des perches recourbées ou fléchies utilisées pour la structure d'une cabane, d'un abri

ᐏᒋᔥᑎᑯᓂᐦᐄᑭᓐ *wichishtikunihiikin* ni ◆ un abri comme un porche utilisé pour l'entrée d'une habitation d'hiver

abrité

ᐏᒋᔥᑎᒁᐤ *wichishtikwaau* vii ◆ c'est un endroit abrité

ᐏᒋᔥᑎᑯᓈᔅᒁᔮᐤ *wichishtikunaaskwaayaau* vii ◆ c'est un endroit abrité par les arbres

abriter

ᑎᐱᓂᐙᐦᐊᒼ *tipiniwaaham* vti ◆ il/elle l'abrite du vent

ᑎᐱᓂᐙᔥᑭᒼ *tipiniwaashkim* vti ◆ il/elle l'abrite du vent

abriter (s')

ᐏᒋᔥᑎᑯᔑᒨ *wichishtikushimuu* vai -u ◆ il/elle s'abrite

abrupte

ᒌᔅᑳᐱᔅᑳᐤ *chiiskaapiskaau* vii ◆ c'est une falaise abrupte

absence

ᒨᔅᑭᐙᑖᐤ *muuskiwaataau* vta ◆ il/elle pleure pour l'avoir, pleure pour lui/elle pendant son absence

absent

ᐄᐢᐱᐦᑎᔑᒨ *iispihtishimuu* vai -u ◆ il/elle s'attend à être absent-e pour un certain temps

ᐄᑎᓂᐦᐆ *iitinihuu* vai -u ◆ il/elle est absent-e depuis quelque temps

ᐃᐢᐱᐦᑎᓂᐦᐆ *ispihtinihuu* vai -u ◆ il/elle est absent-e pour un certain temps (la durée doit être spécifiée)

abus

ᒥᓂᐦᒁᐃᐧᓐ *minihkwaawin* ni ◆ l'alcoolisme, l'abus d'alcool, la boisson (au sens négatif)

abuser

ᓂᓈᐦᑳᒋᐦᐋᐤ *ninaahkaachihaau* vta ◆ il/elle le/la maltraite, abuse de lui/d'elle

ᒥᒑᐱᒋᐦᐋᐤ *michaapichihaau* vta ◆ il/elle l'emploie mal, en abuse (animé)

accablé

ᓈᔥᑖᔨᒨ *naashtwaayimuu* vai -u ◆ il/elle est accablé-e de douleur, a beaucoup de chagrin

accessible

ᓂᓈᐦᐹᒦᐤ *ninaahpaamiiu* vai redup ◆ il/elle se rend prêt-e et accessible

ᓂᓈᐦᐹᒥᑳᐴ *ninaahpaamikaapuu* vai redup -uwi ◆ il/elle est prêt-e et accessible

accidentellement

ᐱᔥᑎᐦᐊᒻ *pishtiham* vti ◆ il/elle le heurte accidentellement

ᐱᔥᑎᒫᐤ *pishtimaau* vta ◆ il/elle le/la mord, mange, boit par accident

accompagner

ᓂᐢᑭᐙᐦᐊᒻ *niskiwaaham* vti ◆ il/elle l'accompagne quand il/elle chante

ᐐᒋᐱᔩᒫᐤ *wiichipiyimaau* vta ◆ il/elle l'accompagne dans un véhicule à part

ᐐᑎᐦᐅᒫᐤ *wiitihumaau* vta ◆ il/elle l'accompagne dans un canot à part

ᐐᒋᐦᐄᐙᐤ *wiichihiiwaau* vai ◆ il/elle aide, accompagne les gens en voyage; il/elle est son témoin pour un mariage

accord

ᐅᐢᒋᓂᐢᑯᒧᐃᐧᓐ *uschiniskumuwin* ni ◆ un nouvel accord

ᓂᐢᑯᒥᑐᐃᐧᒡ *niskumituwich* vai pl recip -u ◆ ils/elles sont d'accord

ᓂᐢᑯᒥᑐᐃᐧᓐ *niskumituwin* ni ◆ un accord, une entente entre deux ou plusieurs personnes

ᓂᐢᑯᒧᐃᐧᓐ *niskumuwin* ni ◆ une entende, un accord

ᓂᐦᐋᒋᐦᐄᑰ *nihaachihiikuu* vai -u ◆ il/elle est d'accord avec lui/elle, lui fait plaisir

ᓂᐦᐋᔨᐦᑎᒻ *nihaayihtim* vti ◆ il/elle est d'accord, veut le faire

ᓈᒥᐢᒁᔨᔥᑎᐙᐤ *naamiskwaayishtiwaau* vta ◆ il/elle lui fait un signe de la tête pour montrer son accord

ᓂᐦᐄᐙᐦᐄᑰ *nihiiwaahiikuu* vai -u ◆ il/elle est satisfait-e, content-e, est d'accord

accord (être d')

ᐐᒌᑖᔨᐦᑎᒧᒫᐤ *wiichiitaayihtimumaau* vta ◆ il/elle est d'accord avec lui/elle

accordéon

ᑳᓰᐱᐢᒋᐱᑖᑭᓂᐎᒡ *kaasiipischipitaakiniwich* nip ◆ un accordéon

accoster

ᐊᒁᐱᔨᐤ *akwaapiyiu* vai ◆ il/elle va vers le rivage, accoste

ᓵᐢᒋᒨ *saaschimuu* vai -u ◆ il/elle (en canot) accoste sur le rivage, il/elle pose la tête sur le rivage

ᓵᐢᒋᐱᔨᐦᐋᐤ *saaschipiyihaau* vta ◆ il/elle le/la fait accoster

ᑭᐹᔮᐦᐅᑰ *kipaayaahukuu* vai -u ◆ il/elle est forcé-e d'accoster à cause des grands vents

ᓂᐦᐄᑯᐦᑎᓐ *nihiikuhtin* vii ◆ un bateau accoste, arrive au port

ᓵᐢᒋᐱᔨᐤ *saaschipiyiu* vii ◆ le canot accoste sur le rivage

accouchement

ᒨᔑᐦᐆ *muushihuu* vai -u ◆ il/elle ressent quelque chose, des émotions, des sensations, des contractions durant l'accouchement

accoucher

ᐚᐱᒫᐅᓲ *waapimaausuu* vai -u ◆ elle accouche

ᐱᓈᑎᐦᒄ *pinaatihkw* na -shiim ◆ une caribou femelle en train d'accoucher

accoupler (s')

ᐐᐆ *wiiuu* vai -uwi ◆ il/elle s'accouple (ex. chien)

ᐱᒧᐦᑖᔮᑰ *pimuhtaayaakuu* vai -uwi ◆ le porc-épic se promène à la recherche d'un partenaire pour s'accoupler en automne

ᐐᒋᔥᑎᒨ *wiichishtimuu* vai -u ◆ le chien/la chienne s'accouple

ᐐᑖᐳᔔ *wiitaapushuu* vai -u ◆ le lièvre s'accouple

ᐐᑎᒥᐢᑰ *wiitimiskuu* vai -u ◆ le castor s'accouple

ᒋᐦᑳᐃᐧᔮᐦᐄᑐᐃᐧᒡ *chihkaawiyaahiituwich* vai pl recip -u ◆ les porcs-épics se piquent en s'accouplant

accroché

ᐱᔂᐱᐦᒑᐦᑎᓐ *piswaapihchaahtin* vii ◆ c'est accroché à quelque chose

ᐱᔂᐱᐦᒑᔑᓐ *piswaapihchaashin* vai ◆ il/elle (filiforme) est accroché-e à quelque chose

ᐱᔂᐱᐦᒑᔥᑭᒻ *piswaapihchaashkim* vti ◆ il/elle est accroché-e, emmêlé-e à lui/elle (filiforme)

ᐱᔂᐱᐦᒑᔥᑭᐙᐤ *piswaapihchaashkiwaau* vta ◆ il/elle est accroché-e, emmêlé-e à lui/elle (filiforme)

accrocher

ᐋᒋᐦᑎᓐ *aachihtin* vii ◆ c'est accroché à quelque chose

ᐋᒋᐦᑎᑖᐤ aachihtitaau vai ◆ il/elle l'accroche à quelque chose

ᓂᒋᒧᔑᒫᐤ nichimushimaau vai ◆ il/elle reste accroché-e à quelque chose

ᐱᔂᐱᐦᒑᐦᑎᑖᐤ piswaapihchaahtitaau vai ◆ il/elle l'accroche (filiforme) à quelque chose

ᓯᑭᒧᐦᑖᐤ sikimuhtaau vai ◆ il/elle l'y accroche, l'y attache

ᐅᒋᒁᓲ uchikwaasuu vai -u ◆ il/elle se fait accrocher par quelque chose

ᐅᒋᒁᑎᐦᐊᒼ uchikwaatiham vti ◆ il/elle l'accroche

ᐅᒋᒁᑎᐦᐙᐤ uchikwaatihwaau vta ◆ il/elle l'y accroche

ᐋᒋᔑᒫᐤ aachishimaau vta ◆ il/elle l'accroche à quelque chose

ᐹᑯᑖᐢᑯᐦᑎᑖᐤ paakutaaskuhtitaau vai ◆ il/elle se l'accroche en passant et ça se déchire

ᐹᑯᑖᐢᑯᔑᒫᐤ paakutaaskushimaau vta ◆ il/elle se l'accroche en passant et il/elle se déchire (ex. son pantalon)

ᑎᐦᑯᒥᑰ tihkumikuu vai -u ◆ il/elle (ex. un piège, une clé à molette) accroche et le retient

ᐅᑖᔑᔥᑭᒼ utaashishkim vti ◆ il/elle se l'accroche involontairement au pied, à la jambe

ᐊᑭᐦᒌᑭᐦᑎᒼ akihchiikihtim vti ◆ il/elle fabrique un crochet (pour une théière sur le feu); il/elle pose une ligne de pêche de nuit en attachant la ligne à un crochet sur un poteau

accrocher (s')

ᒥᒋᒧᐦᑎᑖᐤ michimuhtitaau vai ◆ il/elle s'accroche à quelque chose

ᐱᔂᐱᐦᒑᔑᒫᐤ piswaapihchaashimaau vta ◆ il/elle le fait s'accrocher (filiforme) à quelque chose

ᓯᒋᐱᔨᐤ sichipiyiu vai ◆ il/elle s'accroche à quelque chose

ᓯᒋᐱᔨᐤ sichipiyiu vii ◆ ça s'accroche à quelque chose

ᑳᐦᒋᒋᐱᑖᐤ kaahchichipitaau vta ◆ il/elle le/la saisit, s'accroche à lui/à elle quand il/elle passe

ᒥᒋᒦᐤ michimiiu vai ◆ il/elle s'accroche, décide de rester

ᓯᒋᐦᑎᓐ sichihtin vii ◆ ça s'accroche, s'emmêle à quelque chose

ᓯᑭᒨ sikimuu vai -u ◆ il/elle est collé-e à quelque chose, s'accroche à quelque chose

accroupir (s')

ᐅᑎᐦᑎᐱᐤ utihtipiu vai ◆ il/elle s'accroupit

accumuler

ᒫᐅᒋᐦᑖᐤ maauchihtaau vai+o ◆ il/elle accumule les choses

ᒫᐅᒋᐦᐋᐤ maauchihaau vta ◆ il/elle les ramasse, accumule, met de côté ▪ ᒫᐅᒋᐦᐋᐤ ᓂᐢᒃᐦ ᒑ ᓃᔓᑳᐳᐏᔨᒡᐦ ᐅᑯᓯᔅᐦ. ▪ maauchihaau niskh chaa niishukaapuwiyichh ukusish. ▪ *Elle/il met de côté des oies pour le mariage de son fils.*

accumuler (s')

ᒫᐅᒋᐦᐅᒥᑭᓐ maauchihumikin vii ◆ ça s'accumule

ᒫᐅᒋᐦᐆ maauchihuu vai -u ◆ il/elle s'accumule, se reproduit

acéré

ᑳᔖᐱᑖᐤ kaashaapitaau vai ◆ il/elle a les dents pointues, acérées ▪ ᓈᔥᑖᐹᐦ ᑳᔖᐱᑖᐤ ᒋᓄᔖᐤ. ▪ naashtaapwaah kaashaapitaau chinushaau. ▪ *Le brochet a des dents très pointues.*

ᒌᓈᐱᑖᐤ chiinaapitaau vai ◆ il/elle a des dents pointues, tranchantes, acérées

achats

ᐅᑎᓂᑭᓐᐦ utinikinh ni pl ◆ ses achats

acheter

ᐅᑎᓂᒑᐤ utinichaau vai ◆ il/elle achète

ᐅᑎᓈᐤ utinaau vta ◆ il/elle le/la prend, l'achète

ᐅᑎᓂᒫᓲ utinimaasuu vai -u ◆ il/elle prend, achète pour elle/lui-même

ᒥᓯᓂᐦᐄᒑᐤ misinihiichaau vai ◆ il/elle écrit, achète à crédit

ᐅᑎᓂᒼ utinim vti ◆ il/elle le prend, communie à l'église, l'achète

acquérir

ᑖᐱᔮᐙᐤ taapiyaawaau vta ◆ il/elle atteint sa limite de quelque chose (animé, ex. le quota de castor), en acquiert assez

acquitter

ᑎᐱᐦᐋᒫᒑᔥᑎᒫᒑᐤ tipihaamaachaashtimaachaau vai ◆ il/elle effectue un paiement pour quelqu'un d'autre, honore sa dette pour lui/elle

acte

ᒥᔨᐙᐦᐋᐤ miyiwaahaau vta ◆ il/elle l'éloigne par ses actes, son attitude

actif

ᐋᔨᒥᓯᐤ aayimisiu vai ◆ il/elle est occupé-e, il est actif, elle est active ▪ ᒫᒁᒡ ᐋᔨᒥᓯᔨᐅᐦ ᐊᓂᔮᐦ ᐅᑎᐚᔑᔒᒼᐦ. ▪ maakwaach aayimisiyiuh aniyaah utiwaashishiimh. ▪ *Son enfant est à l'âge où elle/il s'intéresse à tout.*

action

ᒥᒋᔥᑐᑎᒧᐎᓐ michishtutimuwin ni ◆ un péché, une mauvaise action

Action de Grâce

ᓂᓈᐢᑯᒧᐏᒌᔑᑳᐤ ninaaskumuwichiishikaau vii redup ◆ c'est l'Action de Grâce

activité

ᐋᑖᑯᓈᔑᓐ aataakunaashin vai ◆ des signes de son activité peuvent se voir dans la neige

ᐄᔑᓂᒫᐦᑖᐤ iishinimaahtaau vai ◆ il/elle laisse des traces de son activité

ᓂᒫᐦᐋᐤ nimaahaau vta ◆ il/elle voit des traces de son activité

activité animale

ᐅᓯᐱᐦᑖᐤ usipihtaau vai+o ◆ il/elle observe le mouvement de l'eau en quête d'activité animale

adhérer

ᓯᑭᒨ sikimuu vii -u ◆ ça adhère à quelque chose; c'est suspendu à quelque chose

admirable

ᒋᔥᑖᔨᐦᑖᑯᐦᑖᐤ chishtaayihtaakuhtaau vai ◆ il/elle le glorifie, le rend admirable

admiration

ᒋᔥᑖᔨᐦᑖᑯᐦᐋᐤ chishtaayihtaakuhaau vta ◆ il/elle le/la glorifie, le/la rend digne d'admiration

admire

ᓂᐦᐄᓂᒼ nihiinim vti ◆ il/elle l'admire; il/elle pose ou replace un collet

admirer

ᓂᐦᐄᓂᐧᐋᐤ nihiiniwaau vta ◆ il/elle admire son apparence

adoptif

ᐧᐄᒌᔩᐦᑳᐅᓐᐦ wiichiiyihkaaunh nad ◆ son demi-frère ou sa demi-soeur, son cousin ou sa cousine, son frère adoptif, sa soeur adoptive

adorable

ᔑᐧᐋᔨᐦᑖᑯᓯᐤ shiwaayihtaakusiu vai ◆ il/elle est adorable

adorer

ᓂᐧᐃᒌᔥᑎᐧᐋᐤ niwichiishtiwaau vta ◆ il/elle lui fait la révérence, la/le salue; il/elle se prosterne devant elle/lui pour l'adorer

adroitement

ᑭᒑᐦᑖᐅᓈᐤ kichaahtaaunaau vta ◆ il/elle le/la tient adroitement

adulte

ᒋᓵᒥᐢᒄ chisaamiskw na -um ◆ un castor adulte

ᒋᓵᒨᔅ chisaamuus na -um ◆ un orignal adulte

ᒋᔖᓈᐹᐤ chishaanaapaau na -m ◆ un homme adulte

ᐃᔮᐹᐅᑎᐦᒄ iyaapaautihkw na -um ◆ un caribou mâle au printemps en migration vers le nord et dont les bois commencent à poindre

ᒌᔖᐹᐆ chiishaapaauu vai -aawi ◆ c'est un homme adulte

ᒋᔖᔮᐦᑎᒄ chishaayaahtikw na -um ◆ un arbre adulte, mature

ᒋᔖᔨᔨᐤ chishaayiyiu na -im ◆ un vieil homme, un homme adulte, un vieillard

ᒋᓵᒥᐢᑯᔥᑖᐤ chisaamiskushtaau vii ◆ c'est une hutte construite par un castor adulte

ᒦᓄᐧᐃᔥᑎᓈᐤ miinuwishtinaau vai ◆ il/elle (caribou mâle de cinq ans) recommence à manger après la saison du rut en octobre

ᐅᔥᑭᐦᐆ ushkihuu vai -u ◆ il (caribou mâle adulte) perd le velours de sa ramure en septembre

adultère

ᐅᐱᔑᐧᑳᑎᓰᐤ upishikwaatisiiu na ◆ un personne qui commet l'adultère

ᐅᐱᔑᐧᑳᑎᐢᐧᑳᐤ upishikwaatiskwaau na ◆ une femme adultère

aéré (mal)

ᑭᐢᑭᑖᐧᒫᐤ kiskitaamwaau vii ◆ c'est mal aéré (ex. chambre, bâtiment)

aérer

ᒋᔑᔮᔥᑎᒫᐤ chishiyaashtimaau vta ◆ il/elle l'aère

affaibli

ᐧᐋᓵᒥᐦᑭᑖᐤ waasaamihkitaau vai ◆ il/elle est affaibli-e par le manque de nourriture

affaiblir

ᐧᐋᓵᒥᐦᑭᐦᑎᐦᐋᐤ waasaamihkihtihaau vta ◆ il/elle l'affame et l'affaiblit

affaires

ᐋᐱᒋᐦᑖᐧᐃᓐᐦ aapichihtaawinh ni pl ◆ des affaires, des choses utiles, des vêtements

ᓈᑎᒋᔥᑎᐦᒋᒎ naatichishtihchikuu vai -u ◆ il/elle a cherché ses affaires qu'il/elle avait mises en réserve

ᐱᒋᔥᐧᑖᐤ pichishtwaau vai ◆ il/elle ramasse ses affaires avant de déménager son campement

affamé

ᑳᔑᐦᑭᑖᐤ kaashihkitaau vai ◆ il/elle a toujours faim, est toujours affamé-e

affamer

ᐧᐋᓵᒥᐦᑭᐦᑎᐦᐋᐤ waasaamihkihtihaau vta ◆ il/elle l'affame et l'affaiblit

affecté

ᓂᔥᑐᑖᐦᐋᐤ nishtutaahaau vai ◆ il/elle est facilement affecté-e

affection

ᔑᐧᐋᔨᐦᒋᒑᐧᐃᓐ shiwaayihchichaawin ni ◆ de l'affection, de l'amour

ᐅᑖᐦᑯᓯᐧᐃᓐ utaahkusiwin ni ◆ sa maladie, son affection (au sens d'une altération de la santé)

ᒋᔖᐧᐋᑐᑎᐧᐋᐤ chishaawaatutiwaau vta ◆ il/elle lui témoigne de l'affection

ᔑᐧᐋᔨᒫᐤ shiwaayimaau vta ◆ il/elle lui témoigne de l'affection; il/elle l'aime profondément

affectueux

ᔑᐧᐋᔨᐦᒋᒑᐤ shiwaayihchichaau vai ◆ il est affectueux, elle est affectueuse, il/elle aime

affiler

ᑳᔑᐦᑖᐤ kaashihtaau vai+o ◆ il/elle l'aiguise, l'affile

ᒌᐳᐦᑖᐤ chiipuhtaau vai ◆ il/elle l'affile, le taille en pointe

ᓯᓂᑯᐦᐄᒑᐤ sinikuhiichaau vai ◆ il/elle affile, affûte, aiguise

ᒌᓈᐱᐢᒋᐦᑎᑖᐤ chiinaapischihtitaau vai ◆ il/elle le frotte (métal, pierre) pour en affiler ou aiguiser la pointe

ᒌᓈᐱᐢᒋᐳᑖᐤ chiinaapischiputaau vai+o ◆ il/elle le scie, l'affile, l'aiguise (métal, pierre) en pointe

ᒌᓈᔅᑯᑎᐦᑖᐤ *chiinaaskutihtaau* vai+o ◆ il/elle le frotte ou lime (long et rigide) pour en affiler la pointe

ᒌᓂᐳᑖᐤ *chiiniputaau* vai+o ◆ il/elle l'affile, le lime ou le scie en pointe

affleurement

ᓈᔮᐱᔅᑳᐤ *naayaapiskaau* vii ◆ c'est une pointe de rocher, la pointe d'un affleurement

ᐹᐦᐹᒋᐱᔅᒋᓂᑳᐤ *paahpaachipischinikaau* vii ◆ c'est une île rocheuse (d'affleurements rocheux)

affleurement rocheux

ᒋᑳᔮᐱᔅᑳᐤ *chikaayaapiskaau* vii ◆ c'est un défilé dans un affleurement rocheux

affleurer

ᐹᐦᐹᒋᐱᔅᑳᐤ *paahpaachipiskaau* vii ◆ c'est un affleurement rocheux arrondi et exposé

affreux

ᒥᒋᓈᑯᐦᑖᐤ *michinaakuhtaau* vai ◆ il/elle lui donne l'air affreux

ᒥᒋᓈᑯᓯᐤ *michinaakusiu* vai ◆ il a l'air affreux, elle a l'air affreuse

affût

ᐊᔑᐙᐱᐦᑎᒼ *ashiwaapihtim* vti ◆ il/elle est à l'affût de quelque chose, il/elle le guette

ᐊᔑᐙᐱᒫᐤ *ashiwaapimaau* vta ◆ il/elle l'attend et le/la guette, il/elle est à l'affût de quelqu'un

ᐊᔑᐙᐱᐤ *ashiwaapiu* vai ◆ il/elle est à l'affût

ᐊᔑᐙᐱᐅᓈᓐ *ashiwaapiunaan* ni ◆ un affût, un endroit où l'on s'embusque pour observer le gibier, un poste d'observation

affûte

ᒌᓂᐦᑖᐤ *chiinihtaau* vai+o ◆ il/elle le rend pointu, l'affûte

affûter

ᑳᔑᐦᑖᐤ *kaashihtaau* vai+o ◆ il/elle l'aiguise, l'affile

ᓯᓂᑯᐦᐄᒑᐤ *sinikuhiichaau* vai ◆ il/elle affile, affûte, aiguise

agaçant

ᐃᔮᔅᑯᐦᐄᐙᐤ *iyaaskuhiiwaau* vai ◆ il/elle est agaçant-e de par ses actions, son état

ᐃᔮᔅᑯᐦᐄᐙᐤ *iyaaskuhiiwaau* vii ◆ c'est agaçant

agacer

ᐱᒫᔨᐦᑎᒼ *pimaayihtim* vti ◆ il/elle l'agace avec ça, lui fait quelque chose

ᐱᒫᔨᒫᐤ *pimaayimaau* vta ◆ il/elle l'agace, lui fait quelque chose

ᐅᐦᑳᐦᐋᐤ *uhkaahaau* vta ◆ il/elle l'agace

ᐅᐦᑳᓯᐦᑎᐙᐤ *uhkaasihtiwaau* vta ◆ il/elle trouve agaçant le bruit de voix qu'il/elle fait

ᐅᐦᑳᓰᐤ *uhkaasiiu* vai ◆ il/elle est facilement agacé-e

ᑭᔅᒑᔨᐦᑎᒥᐦᐋᐤ *kischaayihtimihaau* vta ◆ il/elle l'embête, fait en sorte qu'il/elle soit agacé-e

ᒥᑯᔥᑳᒋᐦᐋᐤ *mikushkaachihaau* vta ◆ il/elle l'agace constamment

ᐅᐦᑳᓯᐦᑖᑯᓯᐤ *uhkaasihtaakusiu* vai ◆ il/elle fait un son de voix qui est très agaçant

ᐅᐦᑳᓯᐦᑎᒼ *uhkaasihtim* vti ◆ il/elle trouve son bruit agaçant, il/elle est blessé par ce qu'elle entend

ᐅᐦᑳᒥᑰ *uhkaamikuu* vai -u ◆ le bruit qu'il fait l'offense, l'agace

âge

ᐃᐦᑎᐦᑐᐱᐳᐧᓈᓰᒥᑭᓐ *ihtihtupipunwaasiimikin* vii ◆ ça a X ans

ᐃᐦᑎᐦᑐᐱᐳᐧᓈᓯᐤ *ihtihtupipunwaasiu* vai ◆ il/elle a X ans

ᐃᔅᐱᐦᑎᓰᐤ *ispihtisiiu* vai ◆ il a ... ans, il est âgé de...

ᐐᒋᒌᒫᐤ *wiichichiimaau* vta ◆ il/elle a le même âge que lui/elle

ᐐᒋᔅᐱᐦᑎᓰᒫᐤ *wiichispihtisiimaau* vta ◆ il/elle a le même âge que lui/elle

ᐹᔨᑯᐱᐳᐧᓈᓯᐤ *paayikupipunwaasiu* vai ◆ il/elle a un an

âgé

ᒋᔖᔨᐦᑭᐦᑎᒼ *chishaayihkihtim* vti ◆ il/elle est la personne la plus âgée du camp; il est le chef parce qu'il est le plus vieux; elle est la chef parce qu'elle est la plus vieille

âgé de

ᐃᔅᐱᐦᑎᓰᐤ *ispihtisiiu* vai ◆ il a ... ans, il est âgé de...

âgée

ᒋᔖᔨᔨᐆ *chishaayiyiuu* vai -iwi ◆ il est vieux, elle est vieille, c'est une personne âgée

ᑰᐦᑯᒥᓈᔥ *kuuhkuminaash* na -im ◆ une vieille femme, une femme âgée, une grand-mère

agenouiller (s')

ᓃᐱᔅᑰ *niipiskuu* vai -u ◆ il/elle s'agenouille

ᐅᒋᐦᒌᑯᓂᐱᔥᑎᐙᐤ *uchihchiikunipishtiwaau* vta ◆ il/elle se met à genoux, s'agenouille devant lui/elle

ᐅᒋᐦᒌᑯᓂᐱᐤ *uchihchiikunipiu* vai ◆ il/elle se met à genoux, s'agenouille

agent

ᐐᒋᐦᐄᐙᐅᒋᒫᐤ *wiichihiiwaauchimaau* na ◆ un agent des Affaires indiennes, représentant du gouvernement fédéral

agile

ᑭᒑᔥᑎᐲᐤ *kichaashtipiiu* vai ◆ il/elle se déplace rapidement, est agile

ᑭᒑᔥᑎᐱᐱᔨᐦᐆ *kichaashtipipiyihuu* vai -u ◆ il/elle est rapide, agile

ᓂᐦᑖᐙᐦᑎᐐᐤ *nihtaawaahtiwiiu* vai ◆ il/elle grimpe avec agilité

agir

ᑯᒁᑖᔨᒫᐤ *kukwaataayimaau* vta ◆ il/elle pense à lui faire quelque chose; à faire quelque chose à cause de lui/d'elle

ᐱᐦᐱᐦᒋᔨᐦᑎᐤ *pihpihchiyihtiu* vai ◆ il/elle agit par erreur, inconsciemment

ᑯᐧᑳᑕᔮᔨᒧᑎᐧᐋᐤ kukwaataayimutiwaau vta ◆ il/elle pense à essayer de lui faire quelque chose
ᒥᒫᑎᓂᐧᐃᑯᒋᓐ mimaatiniwikuchin vai redup ◆ il/elle se déplace, agit lentement

agité

ᓂᓂᐦᒌᐤ ninihchiiu vai redup ◆ il/elle est anxieux/anxieuse, agité-e parce qu'il/elle s'attend à ce qu'il arrive quelque chose

agiter

ᐹᐦᐹᐅᐱᐦᐧᑳᔮᔥᑎᓐ paahpaaupihkwaayaashtin vii redup ◆ c'est agité par le vent
ᐧᐋᐧᐋᐱᔨᐦᑖᐤ waawaapiyihtaau vai redup ◆ il/elle l'agite d'avant en arrière
ᐧᐋᐧᐋᓯᐱᔨᐦᑖᐤ waawaasipiyihtaau vai redup ◆ il/elle l'agite, le fait briller
ᓂᒥᐦᐊᒻ nimiham vti ◆ il/elle agite son poing vers ça en signe de colère
ᓂᒥᐦᐧᐋᐤ nimihwaau vta ◆ il/elle agite son poing vers lui/elle en signe de colère
ᐧᐋᔥᑎᐦᐄᒑᐤ waashtihiichaau vai ◆ il/elle fait signe, agite la main

agneau

ᒫᓂᔥᒑᓂᔥ maanishchaanish na -im ◆ un agneau, un mouton *Ovis aries*

agonie

ᐧᐋᐧᐄᓯᒑᔨᐦᑎᒧᐧᐃᓐ waawiisichaayihtimuwin ni redup ◆ la douleur, la souffrance, l'agonie

agréable

ᒥᔪᐦᑖᑯᓐ miyuhtaakun vii ◆ c'est agréable à l'oreille
ᒨᒋᑭᓐ muuchikin vii ◆ c'est le fun, c'est agréable
ᒥᐧᔮᔑᐤ mywaashiu vii ◆ c'est bon, beau, joli, agréable, utile, bien fait
ᒥᐧᔮᐧᐋᐦᑎᓐ mywaawaahtin vii ◆ ça a un bon rythme, c'est agréable à entendre
ᒥᐧᔮᔨᐦᑖᑯᓐ mywaayihtaakun vii ◆ c'est un temps agréable, une atmosphère agréable
ᒥᔪᓂᑯᓰᐤ miyunikusiiu vai ◆ il/elle est facile à manipuler, agréable à toucher

ah oui?

ᒌᔖᒡ chiishaach p,évaluative ◆ ah oui? voyons voir (expression de doute, sujette à vérification) ▪ ᒌᔖᒡ ᒫ, ᓂᑭ ᐧᐋᐱᐦᑖᓐ. ▪ chiishaach maa, niki waapihtaan. ▪ *Ah oui? Voyons voir.*

aide

ᐋᐱᒋᐦᐋᑭᓐ aapichihaakin na ◆ un aide, une personne qui aide
ᐧᐄᒋᐦᐄᐧᐋᓯᐤ wiichihiiwaasiu na -iim ◆ un/une aide
ᓈᓂᑖᔑᒧᑎᐧᐋᐤ naanitaashimutiwaau vta ◆ il/elle lui demande de l'aide
ᐧᐄᒋᐦᐄᐧᐋᐧᐃᓐ wiichihiiwaawin ni ◆ de l'aide, du soutien, de l'assistance

aider

ᐧᐄᒋᐦᐋᐤ wiichihaau vta ◆ il/elle l'aide
ᐧᐄᒋᐦᐄᐧᐋᐱᔨᐤ wiichihiiwaapiyiu vii ◆ ça aide
ᐧᐄᒋᐦᐄᐧᐋᐤ wiichihiiwaau vii ◆ ça aide
ᓂᐦᐄᐱᔨᐦᐋᐤ nihiipiyihaau vta ◆ il/elle l'aide pour que ça marche pour lui/elle
ᐱᓯᑰᓈᐤ pisikuunaau vta ◆ il/elle l'aide à se lever
ᐧᐄᒋᐦᑖᐤ wiichihtaau vai+o ◆ il/elle y aide, y contribue
ᐅᐧᐋᔪᐧᐃᐦᐋᐤ uwaayuwihaau vta [Wemindji] ◆ il/elle l'aide à se remettre d'une mauvaise santé ou de malchance
ᐧᐄᒋᐦᐄᐧᐋᐤ wiichihiiwaau vai ◆ il/elle aide, accompagne les gens en voyage; il/elle est son témoin pour un mariage

aigle

ᒥᒋᓯᐤ michisiu na -iim ◆ un aigle royal *Aquila chrysaetos*
ᒥᔥᑎᓯᐤ mistisiu na -iim ◆ un aigle à tête blanche *Haliaeetus leucocephalus*

aigle-pêcheur

ᑯᓯᒫᓵᐤ kusimaasaau na -m ◆ un balbuzard pêcheur, un aigle-pêcheur*Pandion haliaetus*

aigre

ᔒᐅᐦᑎᓐ shiiuhtin vii ◆ ça tourne, ça devient aigre
ᔒᐧᐋᑭᒥᐦᑎᓐ shiiwaakimihtin vii ◆ ça devient aigre (liquide)
ᔒᐅᒫᑯᓐ shiiumaakun vii ◆ ça a une odeur aigre
ᐧᐄᓯᑳᑭᒥᐤ wiisikaakimiu vii ◆ c'est un liquide aigre, amer
ᐧᐄᓯᑭᓐ wiisikin vii ◆ c'est aigre, amer
ᐧᐄᓯᑳᐦᑭᐦᑖᐤ wiisikaahkihtaau vii ◆ ça a un goût aigre à cause de la chaleur
ᐧᐄᓯᑳᐱᓯᔅᑖᐤ wiisikaapisistaau vii ◆ ça a un goût aigre à cause de la chaleur
ᔒᐅᒫᑯᓯᐤ shiiumaakusiu vai ◆ il/elle a une odeur aigre, sure

aigreurs

ᐧᐄᓂᑖᐤ wiinitaau vai ◆ il/elle fait un rôt puant qui provient d'aigreurs d'estomac

aiguille

ᔕᐹᓂᑭᓐ shaapunikin ni ◆ une aiguille à coudre, une aiguille hypodermique
ᐃᐦᐄᐱᐦᑳᓈᐦᑎᒄ ihiipihkaanaahtikw na ◆ une aiguille ou une navette pour fabriquer le filet de pêche
ᓅᑎᒥᐦᑯᒄ nuutimihkukw ni ◆ une aiguille à coudre
ᐧᐋᐳᔓᔮᓂᒥᐦᒄ waapushuyaanimihkw na ◆ une aiguille pour tisser la fourrure de lièvre pour faire des couvertures et des vêtements
ᑳᐧᐋᔥᑎᑳᐤ kaawaashtikaau vii ◆ les aiguilles du branchage sont piquantes
ᑖᐱᓯᑯᐦᐊᒻ taapisikuham vti ◆ il/elle l'enfile par quelque chose, enfile une aiguille
ᐊᐦᑏᔕᐹᓂᑭᓐ ahtiishaapunikin ni ◆ une aiguille pour lacer la peau de castor sur un cadre pour la faire sécher
ᐊᒥᐦᒄ amihkw na ◆ une aiguille à lacer les raquettes

ᐊᔅᒋᒥᓈᔮᐲᐅᒥᐦᒄ aschiminaayaapiiumihkw ni ◆ une aiguille pour lacer ou tisser la partie médiane des raquettes

ᒌᔥᑎᐦᐄᑭᓐ chiishtihiikin ni ◆ une fourchette, une aiguille hypodermique, un instrument pour percer

ᔑᐙᐦᑯᒄ shiwaahkukw ni ◆ une aiguille à coudre le cuir

ᒋᐦᑳᐏᔮᐤ chihkaawiyaau vai ◆ il/elle est piqué-e par une aiguille de porc-épic

ᑖᐦᒋᑭᓈᔑᓐ taahchikinaashin vai ◆ l'aiguille de porc-épic touche un os dans le corps

ᑖᐱᓯᑯᐦᐙᐤ taapisikuhwaau vta ◆ il/elle l'enfile (ex. des perles), il/elle enfile un poisson sur un bâton par ses branchies, il/elle l'attache (ex. un chien) à un poteau

ᑖᔥᑖᐳᐦᐙᐤ taashtaapuhwaau vai ◆ il/elle va et vient avec l'aiguille pendant le tissage

ᐐᐧᔮᔑᐦᑯᐏᐏᒡ wiiywaashihkuwiwich vai pl -uwi ◆ les aiguilles d'épinette sèches ont l'air d'être passées au feu

ᐊᑎᐱᓯᒥᐦᒄ atipisimihkw ni ◆ une aiguille pour lacer ou tisser la partie avant et arrière des raquettes

aiguilles

ᒷᔑᐦᒁᑖᑭᓂᐆ mwaashihkwaataakiniuu vai -iwi ◆ c'est un arbre dont les aiguilles sont mangées par des animaux ou des oiseaux

ᔑᐦᑖᑯᓈᐹᐦᑎᑯᒡ shihtaakunaapaahtikuch na pl -im ◆ des aiguilles qui proviennent des branchages

aiguiser

ᑳᔥᑭᒋᐳᑖᐤ kaashkichiputaau vai+o ◆ il/elle aiguise la lame (s'utilise avec un autre mot indiquant qu'on est près ou loin du bord) ▪ ᐙᐦᔨᐤ ᑳᔥᑭᒋᐳᑖᐤ ᐊᓂᔮ ᒌᑭᐦᐄᑭᓂᔨᐤ ᒑ ᑎᐦᑯᓂᐦᒃ. ✣ ᒌᐦᒡ ᑳᔥᑭᒋᐳᑖᐤ ᐊᓂᔮ ᒌᑭᐦᐄᑭᓂᔨᐤ ᒑ ᑎᐦᑯᓂᐦᒃ. ▪ waahyiu kaashkichiputaau aniyaa chiikihiikiniyiu chaa tihkunihk. ✣ chiihch kaashkichiputaau aniyaa chiikihiikiniyiu chaa tihkunihk. ▪ *Elle a aiguisé la hâche qu'elle allait emporter loin du bord de la lame.* ✣ *Il a aiguisé la hâche qu'elle allait emporter proche du bord de la lame.*

ᑳᔪᐏᐦᐊᒻ kaayuwiham vti ◆ il/elle l'aiguise bien

ᑖᔑᐦᐊᒻ taashiham vti ◆ il/elle l'aiguise

ᑖᔑᐦᐊᒧᐙᐤ taashihamuwaau vta ◆ il/elle l'aiguise pour lui/elle

ᑖᔑᐦᐄᑭᓐ taashihiikin ni ◆ une pierre à aiguiser, un instrument d'affûtage

ᒌᔅᒋᒥᓂᐳᑖᐤ chiischiminiputaau vta ◆ il/elle aiguise le bord et le/la rend très coupante

ᓯᓯᐳᑖᐤ sisiputaau vai+o redup ◆ il/elle l'aiguise, le lime

ᓯᓯᐳᔮᐤ sisipuyaau vai redup ◆ il/elle l'aiguise, le/la lime

ᓯᓂᑯᐦᐄᒑᐤ sinikuhiichaau vai ◆ il/elle affile, affûte, aiguise

ᒌᓈᐱᔅᒋᐦᑎᑖᐤ chiinaapischihtitaau vai ◆ il/elle le frotte (métal, pierre) pour en affiler ou aiguiser la pointe

ᒌᓈᐱᔅᒋᐳᑖᐤ chiinaapischiputaau vai+o ◆ il/elle le scie, l'affile, l'aiguise (métal, pierre) en pointe

aile

ᐅᑎᐦᑭᑯᓐ utihkikun nid -im ◆ son aile

ᐹᐦᐹᐙᐦᒑᐤ paahpaawaahchaau vai redup ◆ il/elle (ex. un oiseau) se déplace en battant des ailes

ᐱᔅᑯᑎᐙᓵᐙᓐᐦ piskutiwaasaawaanh ni pl ◆ des têtes et des ailes de volaille sauvage plumée

ᐅᑎᐦᑯᑭᓂᒑᑭᓐ utihkukinichaakin ni ◆ l'os de son aile

ᒋᓌᐦᒑᐤ chinwaahchaau vai ◆ il/elle a de longues plumes sur les ailes

ᒥᓂᑯᓈᐱᒋᒑᐤ minikunaapichichaau vai ◆ il/elle déplume surtout les ailes d'un grand oiseau tué à la chasse

ᒥᓂᑯᓈᐱᑖᐤ minikunaapitaau vta ◆ il/elle lui arrache les grandes plumes de ses ailes

ᓂᓂᐳᑎᐦᑯᑭᓈᐦᐙᐤ niniputihkukinaahwaau vta redup ◆ il/elle lui brise, casse les deux ailes

ᐹᐦᐹᐙᐦᒑᐱᐦᑖᐤ paahpaawaahchaapihtaau vai redup ◆ il/elle (ex. un oiseau) court en battant des ailes pour s'envoler

ᒦᑯᓐ miikun na ◆ des plumes ou une aile d'oie utilisée comme balai

ᑭᔅᑭᑎᐦᑯᓈᐦᐙᐤ kiskitihkunaahwaau vta ◆ il/elle tire sur un oiseau qui tombe avec une aile cassée

ᐱᔅᑯᑎᐙᓵᐙᓈᐳᐃ piskutiwaasaawaanaapui ni ◆ du bouillon obtenu en cuisant des têtes et des ailes d'oie plumée

ailes

ᒥᓂᑎᐦᑯᑯᓈᔙᐤ minitihkukunaashwaau vta ◆ il/elle lui coupe les ailes

ailleurs

ᐋᐦᒋᒁᔥᑯᐦᑎᐤ aahchikwaashkuhtiu vai ◆ il/elle saute d'un endroit à l'autre

ᐋᐦᒋᐱᑖᐤ aahchipitaau vta ◆ il/elle le/la déplace ailleurs

ᐋᐦᒋᐱᑎᒻ aahchipitim vti ◆ il/elle le déplace ailleurs

ᐋᐦᒋᔑᓐ aahchishin vai ◆ il/elle va se recoucher ailleurs

ᐋᐦᑎᐦᐱᑖᐤ aahtihpitaau vta ◆ il/elle l'attache ailleurs

ᐋᐦᑎᐦᐱᑎᒻ aahtihpitim vti ◆ il/elle l'attache ailleurs

ᐋᐦᑎᑯᐦᑎᑖᐤ aahtikuhtitaau vai ◆ il/elle le déplace ailleurs dans l'eau

ᐋᐦᑎᑯᑖᐤ aahtikutaau vai+o ◆ il/elle le suspend ailleurs

ᐋᐦᑐᐦᑎᐦᐙᐤ aahtuhtihaau vta ◆ il/elle l'emporte ailleurs à pied

ᐋᐦᑐᐦᑎᑖᐤ aahtuhtitaau vai ◆ il/elle l'emporte ailleurs à pied

ᐋᐦᒋᔥᑖᐤ aahchishtaau vii ◆ c'est ailleurs, ça a changé de place

ᐋᐦᑐᒑᐤ *aahtuchaau* vai ◆ il/elle déménage, va s'installer ailleurs

ᐋᐦᑐᐦᑖᐤ *aahtuhtaau* vai ◆ il/elle va ailleurs à pied

ᑯᑎᑯᓃᐤ kutikuniiu vai ◆ il/elle passe la nuit ailleurs

aimer

ᓵᒋᐦᐋᐤ *saachihaau* vta ◆ il/elle l'aime

ᓵᒋᐦᐄᐚᐤ *saachihiiwaau* vai ◆ il/elle aime

ᓵᒋᐦᑖᐤ *saachihtaau* vai+o ◆ il/elle l'aime

ᑳᔑᐚᔨᐦᒋᒑᑦ kaashiwaayihchichaat nap ◆ quelqu'un de miséricordieux qui vous aime

ᐋᑎᐚᓯᓂᒼ *aatiwaasinim* vti ◆ il/elle n'en aime pas l'apparence

ᒥᔪᐦᑎᒼ miyuhtim vti ◆ il/elle aime bien l'écouter, en aime le son ▪ ᒌᐦ ᒥᔪᐦᑎᒼ ᐊᓂᔮ ᓂᑭᒧᓂᔨᐤ ᑳ ᐹᐦᑎᐦᒃ᙮ ▪ chiih miyuhtim aniyaa nikimuniyiu kaa paahtihk. ▪ *Il a aimé la chanson qu'il a entendu.*

ᒥᔪᐦᑎᐚᐤ miyuhtiwaau vta ◆ il/elle aime bien l'écouter, aime le son qu'il/elle fait

ᒥᐧᔮᔨᐦᑎᒼ miywaayihtim vti ◆ il/elle l'aime, est content-e

ᒥᐧᔮᔨᒫᐤ miywaayimaau vta ◆ il/elle l'aime bien

ᔑᐚᔨᒫᐤ *shiwaayimaau* vta ◆ il/elle lui témoigne de l'affection; il/elle l'aime profondément

ᐐᐦᒋᒥᓈᐤ wiihchiminaau vai ◆ il/elle aime les baies

ᐐᐦᒋᐧᐹᐤ wiihchipwaau vta ◆ il/elle en aime le goût

ᐐᐦᒋᔅᑎᒼ wiihchistim vti ◆ il/elle en aime le goût

ᐋᑎᐚᓯᓂᐚᐤ *aatiwaasiniwaau* vta ◆ il/elle n'aime pas son apparence, la désapprouve

ᒥᔪᐏᓂᐚᐤ miyuwiniwaau vta ◆ il/elle aime son apparence; il/elle trouve qu'il/elle a de l'allure

ᐐᐦᒋᔅᑎᒷᐤ wiihchistimwaau vta ◆ il/elle aime sa cuisine, sa nourriture

ᒥᔪᒫᒫᐤ miyumaamaau vta ◆ il/elle aime son odeur

ainsi

ᐋᔑ *aashi* préverbe ◆ de cette façon; ainsi; de cette manière; comme ça (from *aa(h) ishi*) ▪ ᒫᓈᑖᐦ ᐋᔑ ᐲᐦᒋᒑᑦ ᑳ ᐅᔥᑳᔨᒡ ᐚᔅᑳᐦᐄᑭᓂᔨᐤ ᑳ ᒥᔮᑭᓂᐅᐏᑦ᙮ ▪ maanaataah aashi piihchichaat kaa ushkaayich waaskaahiikiniyiu kaa miyaakiniuwit. ▪ *Elle emménage dans la nouvelle maison qu'ils lui ont donnée.*

ainsi que

ᒥᐦᒋᒫ mihchimaa p,conjonction ◆ et, ainsi que, de même que ▪ ᓂᒥ ᒋᔨᐙ ᐅᐦᒋ ᐃᐦᑖᐎᒡ ᐐᒋᐙᐦᒡ ᒥᐦᒋᒫ ᐅᑎᐚᔑᔒᒻᐦ ᓂᒥ ᐅᐦᒋ ᐃᐦᑖᔨᐅᐦ᙮ ▪ nimi chiyiwaa uhchi ihtaawich wiichiwaahch mihchimaa utiwaashishiimh nimi uhchi ihtaayiuh. ▪ *Ils n'étaient pas chez eux, de même que leurs enfants.*

air

ᔪᐚᐤ yuwaau vii ◆ l'air s'en échappe

ᐄᔅᐹᐦᒑᐚᐱᐦᐊᒼ iispaahchaawaapiham vti ◆ il/elle le jette dans les airs

ᐄᔅᐹᐦᒑᐚᐱᐦᐚᐤ iispaahchaawaapihwaau vta ◆ il/elle le/la jette dans les airs

ᓂᔮᐅᒋᑯᑖᐤ niyaauchikutaau vii ◆ c'est suspendu en l'air

ᐲᐦᑎᑖᐅᑎᓐ piihtitaautin vii ◆ l'air froid entre dans l'habitation

ᔫᐦᔫᐦᑎᒼ yuuhyuuhtim vti redup ◆ il/elle suce l'air au travers

ᔪᐏᐱᑖᐤ yuwipitaau vta ◆ il/elle laisse rentrer l'air sur lui/elle

ᔪᐏᐱᑎᒼ yuwipitim vti ◆ il/elle laisse rentrer l'air

ᔪᐏᐱᔨᐦᑖᐤ yuwipiyihtaau vai ◆ il/elle laisse sortir l'air, le dégonfle

ᓂᑎᐦᐅᔮᐤ nitihuyaau vta ◆ il/elle l'emmène en amont de la rivière par voie d'eau ou voie aérienne

aire

ᐄᔮᔑᐦᑎᔅᑳᐤ iiyaashihtiskaau vii ◆ c'est une aire de sapins baumiers

ᐄᔨᔮᐦᑎᑯᔅᑳᐤ iiyiyaahtikuskaau vii ◆ c'est une aire d'épinettes noires

ᐱᐹᔅᑯᑖᐅᐦᑳᐤ pipaaskutaauhkaau vii redup ◆ c'est une aire, une région de collines

ᑖᐦᑖᔅᒋᔅᑳᐤ taahtaaschiskaau vii ◆ c'est une aire de grands pins gris

ᐚᐱᔥᑖᓂᓈᑯᓐ waapishtaaninaakun vii ◆ c'est une aire qui semble habitée par des martres

ᐑᐳᔅᑳᐤ wiipuskaau vii ◆ c'est une aire qui a été ravagée par un feu de forêt

ᐏᔥᒁᔅᑳᐤ wishkwaaskaau vii ◆ c'est une aire de bouleaux

ᒫᒥᐦᑳᔅᒁᔮᐤ maamihkaaskwaayaau vii ◆ c'est une aire boisée avec de grands arbres

ᐲᐦᑖᔅᒁᔮᐤ piihtaaskwaayaau vii ◆ c'est une aire boisée longue à traverser

ᔒᐹᔮᔅᒋᔅᑳᐤ *shiipaayaaschiskaau* vii ◆ c'est une aire de pins gris sans sous-bois

ᑎᐚᑯᓂᑳᐤ tiwaakunikaau vii ◆ c'est une aire dégagée recouverte de la neige

ᑎᐚᐱᔅᑳᐤ tiwaapiskaau vii ◆ c'est une aire dégagée sur un terrain caillouteux

ᑎᐚᐅᐦᑳᐤ tiwaauhkaau vii ◆ c'est une aire dégagée sur un terrain caillouteux ou vallonné

ᑎᐏᓯᒁᐤ tiwisikwaau vii ◆ c'est une aire ouverte de glace qui flotte sur l'eau

ᐅᔥᑳᐦᑎᑳᐤ ushkaahtikaau vii ◆ c'est une aire d'arbres qui ont poussé récemment

ᐅᔥᑳᐦᑎᑯᔅᑳᐤ ushkaahtikuskaau vii ◆ c'est une aire d'arbustes

ᐅᔥᑳᐳᓯᔅᑖᐤ ushkaapusistaau vii ◆ c'est une aire brûlée récemment

ᐧᐋᐱᔥᑖᓈᐢᐧᑳᔮᐤ waapishtaanaaskwaayaau vii ◆ c'est une aire d'arbres à longues branches. lit. 'peau de martre'

ᐧᐃᔨᐹᔮᐤ wiyipaayaau vii ◆ c'est une aire qui est inondée quand la neige fond au printemps

ᐧᐃᐦᒋᑯᑎᓱᐧᐃᓐ wihchikutisuwin ni -m ◆ une aire où on écorche et découpe les caribous.

airelle

ᓂᐢᒋᒥᓈᐦᑎᒄ nischiminaahtikw ni ◆ un buisson d'airelle myrtille *Gaylussacia sp.*

ᓂᒋᑯᒥᓈᐦᑎᒄ nichikuminaahtikw ni ◆ un buisson d'airelles, de myrtilles

airs

ᐅᐦᐱᐦᐅᑖᐤ uhpihutaau vai+o ◆ il/elle s'élève dans les airs avec lui/elle

aise

ᒋᐦᑳᐧᐋᑖᔨᒨ chihkaawaataayimuu vai -u ◆ il/elle se sent inconfortable, ne se sent pas à l'aise (toujours utilisé à la forme négative) ■ ᓈᔥᒡ ᐋᑳ ᒋᐦᑳᐧᐋᑖᔨᒧᑦ ᐋᐦ ᒥᐦᒑᑎᔨᒡᐦ ᐊᐧᐋᔑᔥᐦ ᐋᐦ ᐃᔨᐦᑖᑦ. ■ naashch aakaa chihkaawaataayimut aah mihchaatiyichh awaashish-h aah iyihtaat. ■ *Elle/il ne se sent pas à l'aise avec tous ces enfants autour d'elle.*

ᒥᐧᔮᔨᒧᐦᐋᐤ miywaayimuhaau vta ◆ il/elle le/la met à l'aise

aisselle

ᐅᑎᐦᑯᐃ utihkui nid ◆ son aisselle, le dessous de son bras

ajouter

ᐋᓂᐢᑯᑖᐱᐦᒑᔑᒫᐤ aaniskutaapihchaashimaau vta ◆ il/elle lui en ajoute avec de la ficelle ou de la corde

ᒋᔨᑭᐧᐃᓂᒼ chiyikiwinim vti ◆ il/elle y ajoute quelque chose

ᑎᑯᐦᐋᐤ tikuhaau vta ◆ il/elle l'ajoute à ce qu'elle a déjà donné ou à ce qu'elle a déjà

ᑎᑯᐦᑖᐤ tikuhtaau vai ◆ il/elle l'ajoute à ce qu'il/elle a déjà

ᐋᓂᔥᑭᐧᐃᔥᑖᐤ aanishkiwishtaau vai ◆ il/elle en pose en y ajoutant

ᐊᐢᐹᐳᐧᐋᐤ aspaapuwaau vai ◆ il/elle ajoute quelque chose au liquide pour le rendre plus nutritif

ᒦᔑᐦᐊᒼ miishiham vti ◆ il/elle lui en ajoute, le rapièce

ᓂᐲᐦᑭᐦᑎᒼ nipiihkihtim vti ◆ il/elle y ajoute de l'eau

ᐲᐦᑎᐧᐃᐱᐦᐧᑳᐤ piihtiwipihkwaau vai ◆ il/elle ajoute un autre recouvrement pour l'habitation

ᐴᓂᒼ puunim vti ◆ il/elle ajoute du bois sur le feu

ᔔᑳᐦᑭᐦᑎᒼ shuukaahkihtim vti ◆ il/elle utilise du sucre dessus ou dedans

ᔔᑳᐦᑭᐦᑎᐧᐋᐤ shuukaahkihtiwaau vta ◆ il/elle utilise du sucre dessus ou dedans (animé)

ᑎᐱᒋᐦᑎᒼ tipichihtim vti ◆ il/elle le compte, l'additionne

ᑎᐱᒋᒫᐤ tipichimaau vta ◆ il/elle compte, ajoute

ᑑᒥᐦᐋᐤ tuumihaau vta ◆ il/elle y (animé) ajoute de la graisse, du gras, le/la rend riche et grasse

ᓅᐢᒋᐦᑖᐤ nuuschihtaau vai+o ◆ il/elle fait un autre essai pour tuer le castor au même endroit, il/elle y ajoute

ᐲᐦᑎᐧᐃᐦᑖᐤ piihtiwihtaau vai+o ◆ il/elle y ajoute un étage supérieur

ᑑᒥᐦᑭᐧᐋᓂᒌᐤ tuumihkiwaanichiiu vai ◆ il/elle ajoute de la graisse ou du gras à un poisson cuit

ajusté

ᔒᐦᒋᐦᑎᓐ shiihchihtin vii ◆ c'est bien ajusté, serré

ajuster

ᐄᔑᐦᑎᓐ iishihtin vii ◆ ça s'ajuste d'une certaine façon

ᒦᑖᐧᑳᔮᐢᑯᐦᑎᓐ miitaakwaayaaskuhtin vii ◆ le poteau, la planche s'ajuste mal à cause de sa forme

ᑖᐱᒧᐦᐋᐤ taapimuhaau vta ◆ il/elle l'ajuste

ᑖᐱᒧᐦᑖᐤ taapimuhtaau vai ◆ il/elle l'ajuste

ᐊᐢᐱᐦᐊᒼ aspiham vti ◆ il/elle ajuste quelque chose dessus pour qu'il s'ajuste mieux

ᐊᐢᐱᐦᐧᐋᐤ aspihwaau vta ◆ il/elle ajuste quelque chose dessus pour mieux l'ajuster

ᒌᐅᔑᓐ chiiushin vai ◆ ça s'ajuste bien, ce n'est pas trop serré

ᑯᑎᒧᐦᐋᐤ kutimuhaau vta ◆ il/elle l'essaie pour voir si il/elle va rentrer, va s'ajuster

ᒥᔪᔥᑭᒼ miyushkim vti ◆ ça lui convient bien, il/elle s'y ajuste bien

ᓯᑭᐢᑳᐤ sikiskaau vii ◆ c'est bien couvert, bien ajusté

ᑖᐱᐦᑎᓐ taapihtin vii ◆ ça rentre dedans, ça s'ajuste

ᑖᐱᐦᑎᑖᐤ taapihtitaau vai ◆ il/elle le fait rentrer dedans, le fait s'ajuster

ᑖᐱᔑᒫᐤ taapishimaau vta ◆ il/elle l'ajuste, le/la fait rentrer dedans

ᑖᐱᔑᓐ taapishin vai ◆ il/elle rentre dedans, s'ajuste bien

ᐧᐃᔥᑎᐧᐃᒨ wishtiwimuu vai -u ◆ il/elle est mal ajusté-e

ᐧᐃᔥᑎᐧᐃᒨ wishtiwimuu vii -u ◆ c'est mal ajusté

ᓰᐦᑎᓈᐤ siihtinaau vta ◆ il/elle le/la tient bien serré-e; il/elle s'ajuste bien à son doigt, à sa main

ᑖᑭᐦᑎᐦᐊᒼ taakihtiham vti ◆ il/elle rentre complètement dedans, s'ajuste parfaitement

ᑖᑭᓯᐢᑭᒼ taakisiskim vti ◆ son pied rentre complètement dedans, s'ajuste parfaitement

ᑖᐱᑯᐢᒑᐤ taapikuschaau vai ◆ il/elle ajuste la barre transversale de la raquette

ᑯᐃᐢᑯᒧᐦᑖᐤ kuiskumuhtaau vai ◆ il/elle le place, le pose ou l'installe dessus; il/elle l'ajuste, l'aligne

ajuster (s')

ᔒᐦᑖᔥᑯᔑᓐ **shiihtaashkushin** vai ◆ il/elle (long et rigide) s'ajuste bien avec l'autre

ᓂᐦᐋᐚᔅᑯᐱᔨᐤᐦ **nihaawaaskupiyiuh** vii pl ◆ ils s'ajustent (long et rigide), se mettent en place

ᓃᐦᐄᑎᓐ **niihiitin** vii ◆ ça s'ajuste parfaitement

ᔒᐦᒋᔑᓐ **shiihchishin** vai ◆ il/elle s'ajuste bien

ᓰᐦᑎᐏᔑᓐ **siihtiwishin** vai ◆ il/elle s'ajuste bien entre les deux

albinos

ᐚᐹᐦᒋᒄ **waapaahchikw** na -um ◆ un phoque blanc, albinos

ᐚᐱᒥᔅᒄ **waapimiskw** na -um ◆ un castor blanc, albinos

ᐚᐱᑎᐦᒄ **waapitihkw** na -um ◆ un caribou blanc, albinos

alcool

ᐑᐦᒋᐹᐤ **wiihchipaau** vai ◆ il/elle aime boire de l'alcool

ᒥᓂᐦᒁᐎᓐ **minihkwaawin** ni ◆ l'alcoolisme, l'abus d'alcool, la boisson (au sens négatif)

alcoolique

ᒥᓂᐦᒁᓯᐤ **minihkwaasiu** na -iim ◆ un ivrogne, un soûlon, un soûlard, un poivrot, un alcoolique

alène

ᐅᔥᑳᒋᐦᒄ **ushkaachihkw** ni -um ◆ une alène, un perçoir

alerte

ᓂᐦᐄᒧᔨᓰᐤ **nihiimuyisiiu** vai ◆ il/elle est très alerte, conscient-e de ce qui va se passer

ᐚᔅᑭᒫᔨᒫᐤ **waaskimaayimaau** vta ◆ il/elle pense que quelqu'un est alerte

ᐚᔅᑭᒫᔨᒨ **waaskimaayimuu** vai -u ◆ il/elle est alerte, conscient-e

ᐚᔅᑭᒫᔨᐦᑎᒻ **waaskimaayihtim** vti ◆ il/elle est alerte, pense clairement

alerter

ᑎᑳᔥᑖᐏᔮᐤ **tikaashtaawiyaau** vta ◆ il/elle l'alerte de sa présence sans faire exprès

ᐱᔂᐤ **piswaau** vta ◆ il/elle alerte l'animal par son odeur

aligné

ᒦᔥᑯᔑᓐ **miishkushin** vai ◆ il/elle est aligné-e avec un autre objet dans sa ligne de vue

aligner

ᓃᐱᑖᔮᔅᑯᐦᐚᐤ **niipitaayaaskuhwaau** vta ◆ il/elle les aligne sur un bâton

ᒫᒦᓄᐱᑖᐤ **maamiinupitaau** vta ◆ il/elle continue à le/la guider pour le/la réaligner

ᒫᒦᓄᐱᑎᒻ **maamiinupitim** vti ◆ il/elle ne cesse de le réaligner

ᑯᐃᔅᑯᒧᐦᐋᐤ **kuiskumuhaau** vta ◆ il/elle le/la place dessus ou dedans bien droit-e; il/elle l'aligne

ᑯᐃᔅᑯᒧᐦᑖᐤ **kuiskumuhtaau** vai ◆ il/elle le place, le pose ou l'installe dessus; il/elle l'ajuste, l'aligne

aliment

ᒑᒋᔖᐹᔮᐅᒦᒋᒻ **chaachishaapaayaaumiichim** ni ◆ de la nourriture pour le petit déjeuner

allaitement

ᐴᓂᓅᔖᓂᐦᐋᐤ **puuninuushaanihaau** vta ◆ elle le sèvre, arrête de l'allaiter

ᐴᓂᓅᔖᓂᐤ **puuninuushaaniu** vai ◆ il/elle est sevré-e (d'avoir été nourri-e au sein)

allaiter

ᓅᔖᓂᐦᐋᐅᓲ **nuushaanihaausuu** vai -u ◆ il/elle allaite son bébé, son petit

ᓅᔖᓂᐦᐋᐤ **nuushaanihaau** vta ◆ il/elle lui donne le sein, l'allaite

ᒍᒍ **chuuchuu** vai -u [Wemindji] ◆ il/elle est nourri-e au sein, au biberon

alléger

ᔮᐦᒋᐦᑖᐤ **yaahchihtaau** vai+o ◆ il/elle l'allège

ᔮᐦᒋᑎᐦᐋᐤ **yaahchitihaau** vta ◆ il/elle l'allège

ᐲᐅᑖᐹᐤ **piiutaapaau** vai ◆ il/elle tire une charge trop lourde pour lui/elle ce qui fait qu'il/elle doit alléger sa charge en route

aller

ᓈᓂᑑ **naanituu** préverbe redup ◆ aller faire

ᓂᑑ **nituu** préverbe ◆ aller faire

ᐄᑐᐦᑖᐤ **iituhtaau** vai ◆ il/elle y va

ᐊᐅᒑᐚᐱᔨᐤ **auchaawaapiyiu** vai ◆ il/elle va de l'autre côté de la pointe en véhicule

ᐊᐅᒑᐚᐤ **auchaawaau** vai ◆ il/elle marche jusqu'à l'autre côté de la pointe

ᒌᒫᐤ **chiimaau** vta ◆ il/elle va avec lui/elle en véhicule

ᐄᒋᓈᐦᐊᒻ **iichinaaham** vti ◆ il/elle va en véhicule d'un endroit à l'autre

ᐄᒋᓈᐦᐚᐤ **iichinaahwaau** vta ◆ il/elle va en véhicule de l'un à l'autre

ᐄᑎᔥᑭᒻ **iitishkim** vti ◆ il/elle va dans une certaine direction ■ ᓈᔥᑎᔨᒡ ᐹᔨᑯᓂᐦᒡ ᐄᑎᔥᑭᒻ ᐊᐦ ᔫᑎᓂᔨᒡ, ᓈᔥᑎᔨᒡ ᑯᐃᔅᑯᐱᐦᑖᐤ᙮ ■ naashtiyich paayikunihch iitishkim aah yuutiniyich, naashtiych kuiskupihtaau. ■ *Il (le chien de tête) allait toujours dans la même direction en gardant le vent du même côté de son corps, il courait toujours dans la bonne direction.*

ᐄᔨᒋᓈᔥᑭᐚᐤ **iiyichinaashkiwaau** vta ◆ il/elle va chez chacun d'eux, chacune d'elles

ᐃᔮᔓᐏᑭᒥᒑᔥᑭᒻ **iyaashuwikimichaashkim** vti redup ◆ il/elle va d'une habitation à l'autre

ᑯᐃᔅᒁᐱᐦᒑᐱᔨᐦᐋᐤ **kuiskwaapihchaapiyihaau** vta ◆ il/elle le/la fait aller tout droit

ᑯᑖᐚᔅᑯᐦᐊᒻ **kutaawaaskuham** vti ◆ il/elle va dans le bois

ᒫᒧᐏᐱᔨᐦᐅᐏᒡ **maamuwipiyihuwich** vai pl -u ◆ ils/elles vont ensemble, se déplacent ensemble

ᓈᒋᐲᔑᐳᔮᑭᓈᐤ **naachipiishipuyaakinaau** vai ◆ il/elle va chercher des poissons à la frayère

ᓈᒥᒧᓂᐱᔨᐤ **naamimunipiyiu** vai ◆ il/elle va au gré du vent

ᓈᓈᑖᐤ **naanaataau** vta redup ◆ il/elle va de l'un-e à l'autre

ᓈᑖᐤ naataau vta ◆ il/elle va vers lui/elle

ᓈᑎᑳᓯᐱᔨᐤ naatikaasipiyiu vai ◆ il/elle va vers le rivage en véhicule

ᓂᐦᐋᑳᒋᐱᔨᐤ nihaakaachipiyiu vai ◆ il/elle va ou vient doucement en véhicule

ᓂᐦᐄᔥᑭᐧᐋᐤ nihiishkiwaau vta ◆ il/elle lui va bien, lui convient bien

ᓃᑳᓂᐦᑎᐦᐋᐤ niikaanihtihaau vta ◆ il/elle le/la fait aller en tête

ᓂᑐᐧᐃᐧᐋᐱᐦᑎᒼ nituwiwaapihtim vti ◆ il/elle va le voir

ᓂᑐᐧᐃᐧᐋᐱᒫᐤ nituwiwaapimaau vta ◆ il/elle va le/la voir

ᐱᒥᒋᐱᔨᐤ pimichipiyiu vai ◆ il/elle va latéralement

ᐱᒥᒋᐱᔨᐤ pimichipiyiu vii ◆ ça va latéralement

ᔒᐸᐱᔨᐤ shiipaapiyiu vai ◆ il/elle va sous quelque chose

ᑎᐦᑯᐦᒋᐱᔨᐤ tihkuhchipiyiu vai ◆ il/elle va au sommet de quelque chose

ᑎᐦᑯᐦᒋᐱᔨᐤ tihkuhchipiyiu vii ◆ ça va au sommet de quelque chose

ᐅᐦᑖᒋᒨ uhtaachimuu vai -u ◆ il/elle raconte où il/elle est allé ou où il/elle a été

ᐐᒑᐧᐋᐤ wiichaawaau vta ◆ il/elle va avec lui

ᐋᐦᑐᐦᑖᐤ aahtuhtaau vai ◆ il/elle va ailleurs à pied

ᒋᔑᔮᔥᑎᓐ chishiyaashtin vii ◆ ça va vite (en bateau)

ᐄᔅᐱᔨᐦᑖᐤ iispiyihtaau vai ◆ il/elle le fait marcher, bouger, l'emporte en véhicule

ᐃᔅᐱᔨᐤ ispiyiu vai ◆ il/elle va quelque part, voyage, se déplace

ᑳᐦᒌᐧᐋᐦᑖᐤ kaahchiiwaahtaau vai ◆ il/elle va et vient à pied

ᐱᒥᒋᐱᔨᐦᐋᐤ pimichipiyihaau vta ◆ il/elle le/la fait aller latéralement

ᐱᒥᒋᐱᔨᐦᑖᐤ pimichipiyihtaau vai ◆ il/elle le/la fait aller latéralement

ᐱᓱᐱᔨᐦᑖᐤ pisupiyihtaau vai ◆ il/elle le fait aller doucement, le fait lentement

ᐧᐃᓂᐱᔨᐤ winipiyiu vai ◆ il/elle conduit, va dans le mauvais sens

ᒑᒋᔖᐹᐱᔨᐤ chaachishaapaapiyiu vai ◆ il/elle part tôt le matin en véhicule

ᐄᑖᐦᒑᐦᐊᒼ iitaahchaaham vti ◆ il/elle va de ce côté en véhicule, il/elle tire, lance de ce côté de quelque chose

ᐄᑖᐦᒑᐦᐧᐋᐤ iitaahchaahwaau vta ◆ il/elle va de ce côté de lui/d'elle en véhicule, il/elle tire, lance de ce côté de lui/d'elle

ᐃᔅᐱᔨᐤ ispiyiu vii ◆ ça bouge, va quelque part, arrive, se passe

aller (s'en)

ᒋᐦᒋᐱᔨᐦᐋᐤ chihchipiyihaau vta ◆ il/elle le/la démarre; il/elle s'en va avec lui/elle en véhicule

ᐄᒑᐧᐄᐤ iichaawiiu vai ◆ il/elle s'en va, part

ᓈᔥᐱᒌᐤ naashpichiiu vai ◆ il/elle s'en va et ne revient pas

ᒫᒌᐤ maachiiu vai ◆ il/elle part, s'en va, s'éloigne à pied

aller mal

ᐧᐃᔥᑎᐧᐃᓈᑯᓐ wishtiwinaakun vii ◆ il y a quelque chose qui cloche, qui ne va pas

ᐧᐃᔥᑎᐧᐃᓈᑯᓯᐤ wishtiwinaakusiu vai ◆ il/elle a quelque chose qui cloche, qui ne va pas

alligator

ᑳᔥᑭᑖᑖᒄ kaashkitaataakw na -um ◆ un lézard, un alligator, un crocodile

alller

ᑳᐦᒌᐧᐋᐤ kaahchiiwaau vai ◆ il/elle va et vient

allongé

ᔖᑭᐧᐃᑭᒥᒄ shaakiwikimikw ni ◆ une habitation de forme allongée

ᒥᑎᒫᔑᓐ mitimaashin vai ◆ il/elle est allongé-e près de quelque chose

ᐐᔥᑭᒑᓂᒋᐧᐋᐦᑊ wiishkichaanichiwaahp ni -im [Whapmagoostui] ◆ un wigwam, une tipi, une habitation de forme allongée

ᔖᒋᑳᑖᔑᓐ shaachikaataashin vai ◆ il/elle est allongé-e les jambes qui dépassent de quelque chose

ᔖᒋᔥᑳᔑᓐ shaachishkwaashin vai ◆ il/elle est allongé-e avec la tête qui sort de quelque chose

allonger

ᒋᓄᐦᐋᐤ chinuhaau vta ◆ il/elle l'allonge

ᒋᓄᐦᑖᐤ chinuhtaau vai ◆ il/elle l'allonge

ᒋᓄᐱᔨᐦᑖᐤ chinupiyihtaau vai ◆ il/elle l'allonge

ᒋᓈᐹᒋᓈᐤ chinwaapaachinaau vta ◆ il/elle l'allonge (filiforme)

ᒋᓈᔅᑯᐦᐋᐤ chinwaaskuhaau vta ◆ il/elle l'allonge (long et rigide)

ᒋᓄᐱᔨᐤ chinupiyiu vii ◆ ça allonge, ça se rallonge

ᒋᓈᐹᒋᓂᒼ chinwaapaachinim vti ◆ il/elle l'allonge (filiforme), le rallonge (ex. un discours, un conte)

ᒥᔪᔑᒫᐤ miyushimaau vta ◆ il/elle l'allonge confortablement

ᓂᐦᐋᑯᓈᔑᓐ nihaakunaashin vai ◆ il/elle est allongé-e dans la neige la fourrure dans la bonne direction

ᔑᐦᑖᑯᔨᐧᐋᐱᔨᐦᐅ shihtwaakuyiwaapiyihuu vai -u ◆ il/elle allonge le cou

ᔑᐦᑖᔥᑯᔑᓐ shihtwaashkushin vai ◆ il/elle est allongé-e tout droit de tout son long

ᔑᒥᒋᔑᒫᐤ shimichishimaau vta ◆ il/elle l'allonge avec la tête relevée

ᒨᐦᑭᒋᔑᔑᓐ muuhkichishishin vai ◆ il/elle est allongé-e avec les fesses qui sortent

allonger (s')

ᒦᔥᑯᒋᔑᓐ miishkuchishin vai ◆ il/elle va s'allonger ,se coucher ailleurs

ᒋᔮᒫᐅᔑᓐ chiyaamaaushin vai ◆ il/elle se couche, s'allonge tranquillement

ᔑᒥᒋᔑᓐ **shimichishin** vai ◆ il/elle s'étend, s'allonge en position assise

allume-cigarette

ᓯᐢᑭᐦᐋᒫᓱᐙᑭᓐ **siskihaamaasuwaakin** ni ◆ un allume-cigarette, un briquet

allumer

ᓯᐢᒋᐦᑎᑖᐤ **sischihtitaau** vai ◆ il/elle l'allume d'une autre source

ᑯᑎᐙᑭᓂᐦᒑᐤ **kutiwaakinihchaau** vai ◆ il/elle fait du petit bois pour allumer le feu

ᓯᐢᑭᐦᐊᒼ **siskiham** vti ◆ il/elle y met le feu

ᓯᐢᑭᐦᐧᐋᐤ **siskihwaau** vai ◆ il/elle le met en feu

ᐙᔥᑖᓈᐤ **waashtaanaau** vta ◆ il/elle allume ses lumières

ᐙᔥᑖᐱᑎᒼ **waashtaapitim** vti ◆ il/elle allume la lumière

allumer (s')

ᒥᔑᐦᑖᔮᔥᑖᐱᔫ **mishihtaayaashtaapiyiu** vai ◆ le feu, la lumière s'allume partout

ᐙᔥᑖᐱᔫ **waashtaapiyiu** vii ◆ ça s'allume, clignote

allumette

ᒫᒌᐢ **maachiis** na -im ◆ une allumette, de l'anglais 'matches'

ᓯᐢᒋᔑᒫᐤ **sischishimaau** vta ◆ il/elle frotte une allumette dessus

ᔮᔩᔑᒫᐤ **yaayishimaau** vta ◆ il/elle allume une allumette dessus, le/la frotte en passant

allure

ᒥᔪᐎᓂᐙᐤ **miyuwiniwaau** vta ◆ il/elle aime son apparence; il/elle trouve qu'il/elle a de l'allure

alors

ᒫᒃ **maak** p,conjonction ◆ alors, comme, maintenant que ▪ ᒫᒃ ᒑ ᒥᐧᔮᔩᐦᑎᐦᒃ ᑳ ᐅᔥᑳᔨᒡ ᐅᐹᐢᒋᓯᑭᓐ× ▪ maak chaa miywaayihtihk kaa ushkaayich upaaschisikin. ▪ *Elle/Il sera content-e, maintenant qu'elle/il a un nouveau fusil.*

alouette

ᐅᒋᐦᒋᐱᔑᔒᔥ **uchihchipishiish** na -im ◆ une alouette hausse-col, une alouette cornue *Eremophila alpestris*

alourdir

ᐱᒋᔥᑎᐦᐊᒼ **pichishtiham** vti ◆ il/elle met quelque chose dessus pour l'alourdir

ᐱᒋᐢᑎᐦᐄᑭᓐ **pichistihiikin** ni ◆ quelque chose utilisé pour alourdir quelque chose d'autre

ᐱᒋᐢᑎᐱᐦᒀᐦᐄᑭᓐᐦ **pichistipihkwaahiikinh** ni pl ◆ des poteaux utilisés pour alourdir les recouvrements de l'habitation

ᐱᒋᔥᑎᐦᐧᐋᐤ **pichishtihwaau** vta ◆ il/elle met quelque chose de lourd sur lui/elle pour l'empêcher de bouger

ᐱᒥᒋᔥᑐᐦᑭᓈᓐ **pimichishtuhkinaan** ni ◆ un poteau utilisé pour alourdir la toile de la porte du tipi

ᐱᒋᔥᑎᐱᐦᒀᐦᐊᒼ **pichishtipihkwaaham** vti ◆ il/elle alourdit le recouvrement avec des poteaux

alterner

ᒫᒦᔥᑯᑎᓈᐤ **maamiishkutinaau** vta ◆ il/elle le/la change plusieurs fois, il/elle alterne de l'un-e à l'autre

ᔑᑯᒫᐦᑎᐙᐤ **shikumaahtiwaau** vai ◆ il/elle mange du poisson et des baies en alternant

amarrer

ᒫᑯᐱᒋᒑᐤ **maakupichichaau** vai ◆ il/elle attache, amarre

âme

ᐊᐦᒑᐦᒄ **ahchaahkw** na ◆ une âme, un esprit, un pompon sur un chapeau ou une tuque

amélanche

ᒋᔖᔮᑯᒥᓐᐦ **chishaayaakuminh** ni pl -im ◆ des amélanches, lit. 'baie d'ours', des petites poires *esp. Amelanchier*

ᐅᑐᒥᓂᒡ **utuminich** na pl -im ◆ une amélanche *Amelanchier sanguinea,*

amélanchier

ᐅᑐᒥᓈᐦᑎᒄ **utuminaahtikw** ni ◆ un amélanchier sanguin *Amelanchier sanguinea*

améliorer

ᒥᔪᐎᓈᑯᐦᐋᐤ **miyuwinaakuhaau** vta ◆ il/elle améliore son apparence, l'embellit, le/la décore

ᑎᒀᐦᑎᓐ **tikwaahtin** vii ◆ on laisse de la nourriture reposer pendant la nuit pour en améliorer la saveur

amener

ᐄᑐᐦᑎᐦᐋᐤ **iituhtihaau** vta ◆ il/elle l'amène, l'apporte (animé) là-bas

ᓈᑎᑳᒫᐦᑎᐦᐋᐤ **naatikaamaahtihaau** vta ◆ il/elle l'amène au rivage à pied

ᓈᑎᑳᒫᐦᐅᔮᐤ **naatikaamaahuyaau** vta ◆ il/elle l'amène en direction du rivage en canot, à la nage

ᓈᑎᑳᒫᐱᔨᐦᐋᐤ **naatikaamaapiyihaau** vta ◆ il/elle l'amène au rivage en canot, à la nage

ᐹᔑᐙᐤ **paashiwaau** vta ◆ il/elle l'apporte, l'amène

ᐅᑖᐱᐦᒑᐱᑎᒼ **utaapihchaapitim** vti ◆ il/elle le tire à lui/elle avec quelque chose de filiforme

amer

ᐐᓯᒋᓯᐤ **wiisichisiu** vai ◆ il/elle a un goût amer, il/elle pique, comme une brûlure

ᐐᓯᑳᐦᑭᓯᒼ **wiisikaahkisim** vti ◆ il/elle le brûle pour que ça ait un goût amer

ᐐᓯᑳᑭᒥᐤ **wiisikaakimiu** vii ◆ c'est un liquide aigre, amer

ᐐᓯᑳᐢᑯᑖᐤ **wiisikaaskutaau** vai+o ◆ il/elle (ex. du bouillon) a un goût amer parce qu'on l'a trop cuit

ᐐᓯᑭᓐ **wiisikin** vii ◆ c'est aigre, amer

Américain

ᒥᔑᒧᐦᑯᒫᓐ **mishimuhkumaan** na -im ◆ une personne qui vient des États Unis, lit. 'un grand couteau'

ami

ᐅᑐᑖᒼᐦ ututaamh nad ◆ son ami, son amie, ses amis, ses amies, sa parenté

ᐐᒋᒋᔖᔨᔨᔥᐦ wiichichishaayiyish-h nad ◆ son vieil ami, son mari

ᐐᒋᒋᔖᔨᔨᐤᐦ wiichichishaayiyiuh nad ◆ son mari, son ami

ᐱᐹᐐᒑᐙᐤ pipaawiichaawaau vta redup ◆ il/elle marche autour avec lui/elle, il/elle l'a pour ami

ᐅᐐᒑᐙᑭᓂᑐᑎᐙᐤ uwiichaawaakinitutiwaau vta ◆ il/elle le/la considère comme un ami/une amie, un partenaire/une partenaire

ᐅᐐᒑᐙᑭᓂᐤ uwiichaawaakiniu vai ◆ il/elle a un compagnon ou une compagne, un-e ami-e, un-e partenaire

amical

ᐅᑐᑖᒥᒧᐙᐤ ututaamimuwaau vta ◆ il/elle se fait facilement des amis, est amical

amitié

ᐅᑐᑖᒧᐚᐎᓐ ututaamuwaawin ni ◆ une amitié

amonceler

ᒥᒑᑭᒋᔥᑎᓐ michaakichishtin vii ◆ la neige est dure, amoncelée par le vent, la tempête

amonceler (s')

ᐄᑖᑭᒋᐦᑎᓐ iitaakichihtin vii ◆ la neige s'amoncelle d'une certaine façon

amont

ᐃᔨᔨᒫᒋᐎᓐ iyiyimaachiwin p,lieu ◆ en amont du rapide

ᓂᑎᒥᐦᒡ nitimihch p,lieu ◆ en amont de la rivière ■ ᓈᑖᐦ ᓂᑎᒥᐦᒡ ᐋᑯᑖᐦ ᑳ ᐅᔑᐦᑖᑭᓂᐎᒡ ᓂᑐᐦᑯᔨᓂᑭᒥᒄ. ■ naataah nitimihch aakutaah kaa ushihtaakiniwich nituhkuyinikimikw. ■ *La clinique fut construite en amont de la rivière.*

ᓂᑎᐦᐋᔑᐤ nitihaashiu vai ◆ il/elle vogue vers l'amont, remonte le courant

ᑯᓯᔅᐱᐦᐅᑖᐤ kusispihutaau vai+o ◆ il/elle l'emporte en amont, à l'intérieur des terres en canot, en avion

ᓂᑎᐦᐄᐦᐅᑖᐤ nitihiihutaau vai+o ◆ il/elle l'emporte en canot vers l'amont

ᓂᑎᐦᐄᐱᔨᐦᐋᐤ nitihiipiyihaau vta ◆ il/elle l'emmène en amont de la rivière, en véhicule

ᓂᑎᔨᔅᑯᐱᒋᐤ nitiyiskupichiu vai ◆ il/elle déplace son campement d' hiver en longeant la rivière gelée en amont

ᑯᓯᔅᐱᐦᑎᑖᐤ kusispihtitaau vai ◆ il/elle l'emporte en amont, vers l'intérieur des terres, le fait débarquer

ᓂᑎᐦᐄᐱᐦᑖᐤ nitihiipihtaau vai ◆ il/elle remonte la rivière en courant

ᓂᑎᐦᐄᐱᔨᐦᑖᐤ nitihiipiyihtaau vai ◆ il/elle l'emporte en remontant la rivière en véhicule

ᓂᑎᐦᐄᐱᔨᐤ nitihiipiyiu vai ◆ il/elle remonte la rivière en véhicule, en nageant

ᓂᑎᐦᐄᔅᑰ nitihiiskuu vai -u ◆ il/elle remonte la rivière sur la glace

ᓂᑎᐦᐄᔅᑯᐦᑖᐤ nitihiiskuhtaau vai ◆ il/elle remonte la rivière à pied sur la glace

ᓂᑎᐦᐄᔅᑯᑖᐹᐤ nitihiiskutaapaau vai ◆ il/elle remonte la rivière sur la glace en tirant une charge

ᓂᑎᔨᔅᑯᐱᐦᑖᐤ nitiyiskupihtaau vai ◆ il/elle remonte la rivière en courant sur la glace

ᓂᑎᐦᐄᔅᑯᐦᑎᑖᐤ nitihiiskuhtitaau vai ◆ il/elle remonte la rivière à pied sur la glace en le portant

amorce

ᐊᔥᒍᒋᓂᔥ ashchuchinish na ◆ une amorce (sur une cartouche de fusil)

ᒫᐦᑎᔅ maahtis na [Whapmagoostui] ◆ un détonateur, une amorce, une capsule détonante (sur une cartouche de fusil)

amour

ᓵᒋᐦᐄᐚᐎᓐ saachihiiwaawin ni ◆ de l'amour

ᒋᓵᐙᑎᓰᐎᓐ chisaawaatisiiwin ni ◆ tendresse, amour

ᔑᐚᔨᐦᒋᒑᐎᓐ shiwaayihchichaawin ni ◆ de l'affection, de l'amour

ᔑᐚᔨᐦᒋᒑᐤ shiwaayihchichaau vai ◆ il est affectueux, elle est affectueuse, il/elle aime

amoureuse

ᐅᑎᔥᒁᔑᔒᒼᐦ utishkwaashishiimh nad ◆ son amoureuse, sa petite amie

amoureux

ᐅᑇᔨᒼᐦ upwaayimh nad ◆ son amoureux, son fils (de l'anglais 'boy')

amovible

ᐱᒥᑖᔥᑯᔥᑖᑭᓐᐦ pimitaashkushtaakinh ni pl ◆ des étendoirs à viande amovibles

ample

ᒌᐅᔥᑭᒼ chiiushkim vti ◆ il/elle le porte ample

ᒌᐅᔥᑭᐙᐤ chiiushkiwaau vta ◆ il/elle le/la porte ample

ᔒᑯᔮᑭᐱᐤ shiikuyaakipiu vai ◆ il/elle est vide, dégonflé-e, trop ample

ampoule

ᐱᑯᔑᑖᔑᓐ pikushitaashin vai ◆ il/elle a une ampoule au pied

ᐱᐦᑯᓃᐤ pihkuniiu vai ◆ il/elle a une ampoule, l'écorce de l'arbre peut facilement s'enlever au printemps

ᐲᐦᑐᐹᐱᔨᐤ piihtupaapiyiu vai ◆ il/elle a une ampoule, une cloque

ᐲᐦᑐᐹᐱᔨᐤ piihtupaapiyiu vii ◆ ça a une ampoule, une cloque

amputer

ᒋᒥᑳᑖᐤ chimikaataau vai ◆ il/elle a une jambe en moins, est amputé-e de la jambe

amusant

ᒨᒋᒑᔨᐦᑖᑯᓯᐤ muuchichaayihtaakusiu vai ◆ il/elle est quelqu'un de drôle, d'amusant-e

amuser
ᐱᐱᑯᓯᐦᑖᑯᓯᐤ pipikusihtaakusiu vai redup ◆ il/elle nous amuse parce qu'il/elle dit ou chante

amuser (s')
ᓅᒋᐦᑖᐤ nuuchihtaau vai+o ◆ il/elle s'amuse avec

ᐱᐱᑯᒌᐦᑭᒻ pipikuchiihkim vti redup ◆ il/elle s'amuse avec

ᐱᐱᑯᒌᐦᑭᐧᐋᐤ pipikuchiihkiwaau vta redup ◆ il/elle s'amuse avec elle/lui

ᒥᐧᔮᔨᐦᑎᒥᐦᐄᓲ miywaayihtimihiisuu vai reflex -u ◆ il/elle s'amuse, se fait plaisir

ᒨᒋᑭᐦᑖᐤ muuchikihtaau vai ◆ il/elle s'amuse bien, a du plaisir, du fun

amygdales
ᐧᐃᔨᐦᒄᐦ wiyihkwh nad ◆ ses amygdales

an
ᓂᔥᑐᐱᐳᓐᐦ nishtupipunh p,temps ◆ trois ans

ᐹᔨᑯᐱᐳᓐᐦ paayikupipunh p,temps ◆ un an ■ ᓈᔥᑎᔨᒡ ᐹᔨᑯᐱᐳᓐᐦ ᒌᐦ ᐊᔑᓂᐧᐋᐦᑖᐤ ᐊᓂᔮ ᑳ ᓂᑎᐧᐋᔨᐦᑎᐦᒃ᙮ ■ naashtiyich paayikupipunh chiih ashiniwaahtaau aniyaa kaa nitiwaayihtihk. ■ *Elle a attendu toute une année pour sa commande.*

ᐃᐦᑎᐦᑐᐱᐳᐧᓈᓰᒥᑭᓐ ihtihtupipunwaasiimikin vii ◆ ça a X ans

ᐃᐦᑎᐦᑐᐱᐳᐧᓈᓯᐤ ihtihtupipunwaasiu vai ◆ il/elle a X ans

ᓃᔓᐱᐳᐧᓈᓰᒥᑭᓐ niishupipunwaasiimikin vii ◆ ça a deux ans

ᓃᔓᐱᐳᐧᓈᓯᐤ niishupipunwaasiu vai ◆ il/elle a deux ans

ᓂᔥᑐᐱᐳᐧᓈᓰᒥᑭᓐ nishtupipunwaasiimikin vii ◆ ça a trois ans

ᓂᔥᑐᐱᐳᐧᓈᓯᐤ nishtupipunwaasiu vai ◆ il/elle a trois ans

ᐹᔨᑯᐱᐳᐧᓈᓯᐤ paayikupipunwaasiu vai ◆ il/elle a un an

an dernier
ᐱᐳᓂᐦᒡ pipunihch p,temps ◆ l'hiver dernier, l'an dernier ■ ᐱᐳᓂᐦᒡ ᐄᔮᒄ ᓈᔥᑎᔨᒡ ᑳᐦ ᐧᐋᐱᒫᑦ ᑯᐃᐦᑯᐦᐋᒑᐤᐦ᙮ ■ pipunihch iiyaakw naashtiyich kaah waapimaat kuihkuhaachaauh. ■ *L'hiver dernier c'était la première fois qu'il a vu un carcajou.*

ancien
ᐧᐋᔥᑭᒑᐳᓯᔅᑖᔅᒌᐆ waashkichaapusistaaschiiuu vii -iiwi ◆ il y a des traces d'un ancien feu de forêt

ᒥᒥᓈᐳᔅᑖᔅᒌᐆ miminaapustaaschiiuu vii redup -iiwi ◆ il y a des traces d'un ancien feu de forêt ici et là

ᑭᐧᐃᑑ kiwituu vai -uwi ◆ il est très vieux, ancien; elle est très vieille, ancienne

ancienne
ᑭᐧᐃᑑ kiwituu vai -uwi ◆ il est très vieux, ancien; elle est très vieille, ancienne

ancre
ᐴᓂᓯᓈᐹᓱᐧᐃᓐ puunisinaapaasuwin ni ◆ une ancre

ᐊᓯᓈᐲ *asinaapii* ni ◆ un plomb pour le filet à poisson, une ancre de pierre pour un piège placé sous l'eau

ᐴᓂᓯᓈᒋᑭᓐ puunisinaachikin ni ◆ une roche ou un bâton attaché à une corde pour ancrer ou arrimer quelque chose

ᐴᓂᓯᓈᐹᓱᐧᐃᓈᔮᐲ puunisinaapaasuwinaayaapii ni ◆ une corde ou une chaîne d'ancre

ᒥᔅᑎᓯᓈᐲ mistisinaapii ni -m ◆ une ancre de pierre pour le filet de pêche

ancré
ᒥᔥᑭᐧᐃᑳᐴ mishkiwikaapuu vai -uwi ◆ il/elle est bien ancré-e, solidement en place

ancrer
ᐱᒋᔥᑖᑭᐦᐄᑭᓐᐦ pichishtaakihiikinh ni pl ◆ des poteaux pour ancrer le revêtement du bas de l'habitation sur son pourtour

ᐱᒋᔥᑎᐦᐄᑭᓐᐦ pichishtihiikinh ni pl ◆ des poids pour ancrer le recouvrement de l'habitation

ᐴᓂᓯᓈᐹᑖᐤ puunisinaapaataau vta ◆ il/elle l'arrime, l'ancre

ᐴᓂᓯᓈᐹᑎᒻ puunisinaapaatim vti ◆ il/elle l'arrime, l'ancre

anesthésier
ᓂᐹᐦᐋᐤ nipaahaau vta ◆ il/elle l'anesthésie, l'endort

anesthésique
ᑳᓂᐹᐦᐅᐧᐋᒡ kaanipaahuwaach nip ◆ un anesthésique

anglais
ᐧᐋᒥᔥᑎᑯᔒᐅᔨᒧᐧᐃᓐ waamishtikushiiuyimuwin ni ◆ la langue anglaise

ᐧᐋᒥᔥᑎᑯᔒᐅᔥᑖᐤ waamishtikushiiushtaau vai ◆ il/elle écrit en anglais

ᐧᐋᒥᔥᑎᑯᔒᐅᔥᑖᐤ waamishtikushiiushtaau vii ◆ c'est écrit en anglais

ᐧᐋᒥᔥᑎᑯᔒᐅᔨᒥᐤ waamishtikushiiuyimiu vai ◆ il/elle parle anglais

angle
ᐊᔑᐧᐋᓯᐤ *ashiwaasiu* vai ◆ il/elle a trois côtés ou plus, trois angles ou plus

animal
ᐄᑖᒥᒑᔒᔥ iitaamichaashiish na dim ◆ un fétus d'animal

ᓂᐧᑳᑖᑭᓐ nikwaataakin na ◆ un animal pris au collet

ᓈᓂᑐᐧᐃᐦᑖᐤ *naanituwihtaau* vai redup ◆ il/elle cherche les traces d'un animal

ᐹᑖᓯᐲᐤ paataasipiiu vii ◆ ça indique la présence d'animaux (ex. le mouvement de l'eau du trou dans la glace)

ᐊᐅᐦᑳᓐ *auhkaan* na ◆ un animal sauvage qui a été apprivoisé, un animal domestique; un animal sauvage (se dit à Waapmagoostui)

ᒋᔅᑐᐦᐋᐤ chistuhaau vta ◆ il/elle l'appelle (par ex. un orignal, un oiseau)

ᒋᑐᐦᐋᐤ chituhaau vta ◆ il/elle appelle un animal, un oiseau

ᐄᐧᑖᐦᑭᐦᑎᐧᐋᐤ iitwaahkihtiwaau vta ◆ il/elle crie après lui/elle, émet différents sons pour diriger les chiens (de traîneau), pour imiter les cris d'animaux ou d'oiseaux

ᓰᓂᒑᒧᐧᐋᐤ siinichaamuwaau vai ◆ il/elle nettoie les boyaux de l'animal

animal domestique

ᐊᐅᐦᒑᐤ auhchaau vai ◆ il/elle possède un animal domestique

anneau

ᑖᐱᓯᔅᒑᐦᐱᓱᓐ taapisischaahpisun na ◆ un anneau (pour le doigt)

ᐱᒫᑐᔪᐤ pimaatuyiu vai ◆ il y a un anneau autour du soleil (utilisé avec 'loin' ou 'près')

ᒨᓂᐦᐋᐱᑖᓐ muunihaapitaan ni ◆ un anneau de bébé qui perce ses dents

année

ᒥᐦᒑᑐᐱᐳᓐᐦ mihchaatupipunh p,temps ◆ de nombreuses années

ᐄᔅᐱᐦᑖᔮᐤ iispihtaayaau vii ◆ c'est une certaine saison de l'année

ᐃᔅᑭᓂᐱᐳᓐᐦ iskinipipunh p,temps ◆ toute l'année, tout l'hiver ■ ᐋᑯᑖᐦ ᑳᐦ ᐃᐦᑖᑦ ᓈᑖᐦ ᐅᓂᑑᐦᐆᔅᒌᐦᒡ ᐃᔅᑭᓂᐱᐳᓐᐦ. ■ aakutaah kaah ihtaat naataah unituuhuuschiihch iskinipipunh. ■ *Il passe toute l'année sur sa ligne de trappe.*

ᓅᐦᑖᐱᐳᓐᐦ nuuhtaapipunh p,temps ◆ avant la fin de l'année prévue ou de l'hiver prévu ■ ᓅᐦᑖᐱᐳᓐ ᓂᒌᐦ ᐹᒋ ᒌᐧᐋᐱᔨᓈᓐ ᑳᐦ ᐋᐦᑯᓯᑦ ᓂᑳᐧᐄ. ■ nuuhtaapipunh nichiih paachi chiiwaapiyinaan kaah aahkusit nikaawii. ■ *Nous avions prévus d'être absents pour une année, mais nous sommes revenus plus tôt que prévu parce que ma mère est tombée malade.*

ᐲᔑᐱᐳᓐ piishipipun vii ◆ c'est un long hiver, une longue année

ᐅᔅᒋᐱᐳᓐ uschipipun vii ◆ c'est le début de l'hiver; c'est le début de l'année

anniversaire

ᑎᐱᔥᑭᒻ tipishkim vti ◆ il/elle a son anniversaire, sa fête

ᑎᐱᔥᑭᒧᐧᐋᐃᐦᑯᓈᐤ tipshkimuwaaihkunaau na ◆ un gâteau d'anniversaire, de fête

annoncer

ᐹᑖᒋᒧᔥᑎᐧᐋᐤ paataachimushtiwaau vta ◆ il/elle annonce à quelqu'un la mort de quelqu'un

ᐹᑖᒋᒨ paataachimuu vai -u ◆ il/elle arrive pour l'annoncer, pour annoncer la mort de quelqu'un

ᑖᐧᐹᒋᒋᐧᐃᓐ taapwaachichiwin vii ◆ le bruit des rapides annonce du mauvais temps

annonceur

ᐊᔨᒧᐧᐋᔮᐲᐅᒋᒫᐤ ayimuwaayaapiiuchimaau na -iim ◆ un annonceur ou une annonceuse radio, un directeur ou une directrice de station de radio

anormal

ᒫᒪᐦᒌᔑᓂᐦᑖᐅᒋᐤ maamaahchiishinihtaauchiu vai ◆ il/elle pousse de façon anormale

antérieur

ᐅᓃᑳᓂᒫᒄ uniikaanimaakw ni ◆ la partie antérieure d'un poisson, l'avant du poisson

ᐅᐱᐦᒋᒌ upihchikii ni ◆ un côté antérieur du renard ou du lynx

anti-acides

ᑳᐅᐦᑖᐱᔨᐦᒡ kaauhtaapiyich nip ◆ des sels purgatifs, des sels de fruits, des anti-acides

anus

ᐊᒥᔅᑯᒋᔥᒡ amiskuchisch ni -im ◆ l'anus d'un castor

ᐧᐄᑐᐃ wiitui ni -uum ◆ un anus de castor incluant le gras tout autour

ᐅᒋᔥᒡ uchisch nid ◆ son rectum, son anus, ses fesses

anxieux

ᓂᓂᐦᒌᐤ ninihchiiu vai redup ◆ il/elle est anxieux/anxieuse, agité-e parce qu'il/elle s'attend à ce qu'il arrive quelque chose

aorte

ᐧᑳᔥᐧᑳᔥᑯᐦᑎᐹᐤ kwaashkwaashkuhtipaau ni -m ◆ l'artère principale à la sortie du coeur, l'aorte

août

ᐅᐦᐱᐦᐆᐲᓯᒻ uhpihuupiisim na ◆ le mois d'août

apercevoir(s')

ᐅᐱᑎᐧᐋᒥᔅᑳᐤ upitiwaamiskaau vii ◆ le fond onduleux de la rivière s'aperçoit

aplanir

ᐱᔅᑭᐦᐄᐱᐤ piskihiipiu vai ◆ il/elle aplanit le sol pour une habitation

ᓂᐱᒋᐦᑯᑎᒻ nipichihkutim vti ◆ il/elle le rabote bien lisse, l'aplanit

aplatir

ᓂᐱᒋᐦᐋᐤ nipichihaau vta ◆ il/elle l'aplatit

ᓂᐱᒋᓈᐤ nipichinaau vta ◆ il/elle l'aplatit à la main

ᓂᐱᒋᓂᒻ nipichinim vti ◆ il/elle l'aplatit à la main

ᓂᐱᑭᐦᐊᒻ nipikiham vti ◆ il/elle l'aplatit avec quelque chose

ᓂᐱᑭᐦᐧᐋᐤ nipikihwaau vta ◆ il/elle l'aplatit avec quelque chose

ᓯᐦᐳᐦᐊᒻ sihpuham vti ◆ il/elle l'aplatit avec quelque chose

ᓯᐦᐳᐦᐧᐋᐤ sihpuhwaau vta ◆ il/elle l'aplatit avec quelque chose

ᓯᐦᐳᓈᐤ sihpunaau vta ◆ il/elle l'aplatit avec les mains

ᓯᐦᐳᓂᒻ sihpunim vti ◆ il/elle l'aplatit avec les mains

ᔑᐦᑐᐦᐧᐋᐤ shihtuhwaau vta ◆ il/elle l'aplatit en le/la lissant

ᑎᐦᑎᑯᐦᑖᐤ tihtikuhtaau vai ◆ il/elle l'égalise, l'aplatit

ᑎᑯᐦᐊᒻ tikuham vti ◆ il/elle met quelque chose dessus, l'aplatit, le presse avec quelque chose

apogée

ᒌᔑᐱᒌᐤ chiishipichiiu vii ◆ c'est la saison où les plantes et les arbres sont à leur apogée

apparaître

ᓵᒋᐱᔨᐤ saachipiyiu vai ◆ il/elle apparaît

ᓵᒋᐱᔨᐤ saachipiyiu vii ◆ ça apparaît

ᓵᒋᔑᓐ saachishin vai ◆ il/elle apparaît

ᓅᑯᓰᔥᑎᐙᐤ nuukusiishtiwaau vta ◆ il/elle lui apparaît comme dans une vision

ᓵᒑᐙᔮᐳᑖᐤ saachaawaayaaputaau vii ◆ ça apparaît porté le courant

ᓵᒑᐙᔮᑎᒂᐤ saachaawaayaatikwaau vii ◆ le rapide apparaît

ᓵᒋᐢᑎᓐ saachistin vii ◆ ça dépasse et apparaît

appareil photo

ᒥᓯᓈᐱᐢᑭᐦᐄᑭᓐ misinaapiskihiikin ni ◆ un appareil photo, une caméra, une photo ■ ᓂᒌᐦ ᐎᓂᒋᐢᒋᓯᓐ ᓂᒥᓯᓈᐱᐢᑭᐦᐄᑭᓐ ᑳ ᓃᔓᑳᐳᐎᓈᓂᐎᒡ᙮ ■ nichiih winichischisin nimisinaapiskihiikin kaa niishukaapuwinaaniwich. ■ *J'ai oublié ma caméra quand je suis allé au mariage.*

apparemment

ᐋᒋᒃ aachik p,évaluative ◆ apparemment ■ ᐋᒋᒃ ᒦᓐ ᑳ ᒥᔮᑯᐱᓈ ᐊᓂᔮ ᐊᑳᐐ ᒦᓐ ᒥᔩ ᑳ ᐄᑎᒃ᙮ ■ aachik miin kaa miyaakupinaa aniyaa akaawii miin miyi kaa iitik. ■ *Apparemment elle/il le lui avait donné quand je lui avais dit de ne pas le lui redonner.*

apparence

ᒥᒋᓂᒻ michinim vti ◆ il/elle n'aime pas son apparence

ᐋᐦᒋᓈᑯᓯᐤ aahchinaakusiu vai ◆ il/elle a changé d'apparence

ᐋᑎᐙᓯᓂᒻ aatiwaasinim vti ◆ il/elle n'en aime pas l'apparence

ᒥᒋᓂᐙᐤ michiniwaau vta ◆ il/elle n'aime pas son apparence, son apparence lui déplaît

ᓂᒋᐢᑭᐏᓈᑯᓐ nichiskiwinaakun vii ◆ ça a l'air faible

ᓂᐦᐄᓈᑯᐦᐋᐤ nihiinaakuhaau vta ◆ il/elle arrange son apparence

ᐋᑎᐙᓯᓂᐙᐤ aatiwaasiniwaau vta ◆ il/elle n'aime pas son apparence, la désapprouve

ᒥᔪᐏᓂᐙᐤ miyuwiniwaau vta ◆ il/elle aime son apparence; il/elle trouve qu'il/elle a de l'allure

ᒫᒫᐦᒌᔑᓈᑯᓐ maamaahchiishinaakun vii ◆ ça a plusieurs couleurs, plusieurs parties, plusieurs apparences différentes

ᒫᒫᐦᒌᔑᓈᑯᓯᐤ maamaahchiishinaakusiu vai ◆ il/elle a plusieurs couleurs, plusieurs parties, plusieurs apparences

apparenter

ᐙᐦᑯᒫᐤ waahkumaau vta ◆ il/elle lui est apparenté-e

apparier

ᐑᒋᐦᑖᓯᑭᐦᑎᒻ wiichihtaasikihtim vti ◆ il/elle les apparie (chaussettes)

appartenir

ᑎᐹᔨᐦᑖᑯᓐ tipaayihtaakun vii ◆ ça lui appartient, ça en fait partie

ᑎᐹᔨᐦᑖᑯᓯᐤ tipaayihtaakusiu vai ◆ il/elle appartient à un certain groupe, est gouverné-e par un certain groupe

appât

ᑯᔅᒑᔨᐤ kuschaayiu ni ◆ un appât, une esche, une amorce

ᑯᔅᒑᔮᐦᑭᐦᑎᒻ kuschaayaahkihtim vti ◆ il/elle appâte l'hameçon ou le piège

ᓂᒫᐲᓃᑳᓂᒫᒄ nimaapiiniikaanimaakw ni ◆ la partie avant d'un appât (poisson)

ᔒᑭᐙᔮᐱᓂᑭᓐ shiikiwaayaapinikin ni ◆ un vieil appât sur une ligne de pêche de nuit

ᒥᓯᑯᔅᒑᐤ misikuschaau vai ◆ il/elle pose une ligne de pêche de nuit pour un gros poisson en utilisant une carpe entière comme appât

appâter

ᒦᒋᒫᐦᑎᑯᐦᒑᐤ miichimaahtikuhchaau vai ◆ il/elle prépare de la nourriture pour appâter pour le castor

appâts

ᑯᔅᒑᔮᐦᒑᐤ kuschaayaahchaau vai ◆ il/elle fait des appâts pour les hameçons et les pièges

appeau

ᔒᔒᐱᐦᑳᓐ shiishiipihkaan na ◆ un appelant à canards, un appeau, une chanterelle, un appeleur; une canardière

appelant

ᐋᐱᑯᔒᔥ aapikushiish na -im ◆ une souris, un appelant en forme de souris, un morceau de fourrure attaché à un fil et traîné sur le sol pour chasser le harfang des neiges (une chouette blanche)

ᔒᔒᐱᐦᑳᓐ shiishiipihkaan na ◆ un appelant à canards, un appeau, une chanterelle, un appeleur; une canardière

appeler

ᑖᐱᑖᐻᑖᐤ taapitaapwaataau vta redup ◆ il/elle l'appelle de manière répétée

ᑖᐱᑖᐻᐤ taapitaapwaau vai redup ◆ il/elle appelle de manière répétée

ᐋᐱᒥᐱᑖᐤ aapimipitaau vta ◆ il/elle appelle le gibier

ᒋᔅᑐᐦᐄᒋᔥᒂᐤ chistuhiichishkwaau vai ◆ il/elle appelle le rat musqué

ᒋᔅᑐᐦᐄᒧᔂᐤ chistuhiimuswaau vai ◆ il/elle appelle l'orignal

ᒋᔅᑐᐦᐄᔅᒑᐤ chistuhiischaau vai ◆ il/elle appelle l'outarde, les oies, les bernaches du Canada

ᐃᔑᓂᐦᑳᑖᐤ ishinihkaataau vta ◆ il/elle l'appelle, le/la nomme

ᐃᔑᓂᐦᑳᑎᒻ ishinihkaatim vti ◆ il/elle l'appelle, le nomme

ᓈᓅᓱᐏᑖᐻᑖᐤ naanuusuwitaapwaataau vta redup ◆ il/elle court et continue à l'appeler

ᓂᑐᒫᐤ nitumaau vta ◆ il/elle l'invite chez lui/elle; il/elle l'appelle pour qu'il/elle vienne

ᐙᐑᐦᐋᐤ waawiihaau vta redup ◆ il/elle les appelle par leur nom

ᒋᔅᑐᐦᐋᐤ chistuhaau vta ◆ il/elle l'appelle (par ex. un orignal, un oiseau)

ᒋᑐᐦᐋᐤ chituhaau vta ◆ il/elle appelle un animal, un oiseau

ᑖᐹᑖᐤ taapwaataau vta ◆ il/elle l'appelle, publie les bancs de leur mariage

appeler (s')

ᐃᔑᓂᐦᑳᑖᐤ ishinihkaataau vii ◆ ça s'appelle, c'est nommé

appétissant

ᒥᔪᒫᐦᑎᒼ miyumaahtim vti ◆ il/elle en trouve l'odeur appétissante, en aime l'odeur

ᒧᔥᑖᓂᓈᑯᓐ mushtaaninaakun vii ◆ ça me plait, ça a l'air appétissant

ᒧᔥᑖᓂᓈᑯᓯᐤ mushtaaninaakusiu vai ◆ il/elle est attirant-e, appétissant-e

appliquer

ᑑᒥᐦᒀᓃᓲ tuumihkwaaniisuu vai reflex -u ◆ il/elle applique de la crème, de la pommade sur son visage

appliquer (s')

ᐋᐦᑭᒫᔨᐦᑎᒼ aahkimaayihtim vti ◆ il/elle s'applique

ᐋᐦᑭᒦᐦᑭᒼ aahkimiihkim vti ◆ il/elle s'applique bien à quelque chose

apporter

ᐄᑐᐦᑎᑖᐤ iituhtitaau vai ◆ il/elle l'apporte là-bas

ᐄᑐᐦᑎᑎᐙᐤ iituhtitiwaau vta ◆ il/elle le lui apporte

ᐹᑖᐤ paataau vai+o ◆ il/elle l'apporte

ᐹᑎᐦᐅᑖᐤ paatihutaau vai+o ◆ il/elle l'apporte à la nage, en avion, en canot

ᐹᑎᐦᐅᔮᐤ paatihuyaau vta ◆ il/elle l'apporte par eau ou par air

ᐹᑎᐙᐤ paatiwaau vta ◆ il/elle l'apporte pour lui/elle

ᐄᑐᐦᑎᐦᐋᐤ iituhtihaau vta ◆ il/elle l'amène, l'apporte (animé) là-bas

ᓈᓂᐹᐦᑐᐐᑳᓯᐦᑎᑖᐤ naanipaahtuwikaasihtitaau vai ◆ il/elle l'apporte le long du rivage en barbotant

ᓈᑎᑳᒫᐱᔨᐦᑖᐤ naatikaamaapiyihtaau vai ◆ il/elle l'apporte au rivage, à terre en véhicule

ᓃᒫᐤ niimaau vai ◆ il/elle apporte quelque chose qu'elle va manger plus tard

ᐹᔑᐙᐤ paashiwaau vta ◆ il/elle l'apporte, l'amène

ᐹᑖᐦᐋᓐ paataahan vii ◆ c'est apporté par le courant

ᐹᑖᐳᑖᐤ paataaputaau vii ◆ c'est apporté ici par le courant

ᓈᑎᑳᔅᑯᐦᑎᑖᐤ naatikaaskuhtitaau vai ◆ il/elle l'apporte sur le rivage, sur la terre à pied sur la glace

ᔮᔮᐙᔮᑎᑳᓯᐦᑎᑖᐤ yaayaawaayaatikaasihtitaau vai ◆ il/elle l'apporte le long du rivage en pataugeant

apprécier

ᒋᐦᒋᐦᐋᐤ chihchihaau vta ◆ il/elle commence à le/la faire, il/elle lui donne quelque chose qu'il/elle apprécie vraiment

apprendre

ᒋᔅᑯᑎᒫᓲ chiskutimaasuu vai reflex -u ◆ il/elle apprend, apprend tout-e seul-e

ᒋᔅᒋᓂᐙᐱᐤ chischiniwaapiu vai ◆ il/elle apprend comment faire en regardant ■ ᒥᒄ ᒌᐦ ᒋᔅᒋᓂᐙᐱᐤ ᐋᔪᐏᒄ ᐙᐦᒋ ᒌᐦ ᒋᔅᒑᔨᐦᑎᐦᒃ ᐊᓂᑖᐦ ᒑ ᐃᐦᑐᑎᐦᒃ. ■ mikw chiih chischiniwaapiu aayuwikw waahchi chiih chischaayihtihk anitaah chaa ihtutihk. ■ *Elle/Il apprend comment le faire en regardant les autres le faire.*

ᒋᔅᑯᑎᒧᐙᐤ chiskutimuwaau vta ◆ il/elle lui apprend quelque chose, lui donne le caribou qu'il/elle a tué

ᓅᓱᓈᐦᐄᒑᐤ nuusunaahiichaau vai ◆ il/elle apprend en observant et en essayant

approcher

ᐹᑣᐅᑎᒼ paatwaautim vti ◆ il/elle approche en émettant des bruits de voix

ᐹᑣᐙᐦᑎᓐ paatwaawaahtin vii ◆ la pluie approche et on peut l'entendre

ᐹᑣᐙᐱᔨᐤ paatwaawaapiyiu vai ◆ il/elle fait du bruit en approchant du locuteur

ᐹᑖᔥᑎᒥᔥᑳᐤ paataashtimishkaau vai ◆ il/elle s'approche en pagayant ou à la nage (vers celui qui parle)

ᐹᑣᐙᔑᓐ paatwaawaashin vai ◆ il/elle approche et on entend ses pas

ᐹᑣᐙᑖᐦᑎᒼ paatwaawaataahtim vti ◆ il/elle approche et on entend son souffle

ᐹᑣᐙᑖᒨ paatwaawaataamuu vai -u ◆ il/elle approche et le chasseur entend son souffle

ᓲᓲᔅᑯᓐ suusuuskun vii ◆ le mauvais temps approche si on en croit les nuages

approcher (s')

ᓈᑎᔪᔥᑖᒋᒑᐤ naatiyushtaachichaau vai ◆ il/elle s'approche du gibier ou des oiseaux à pas de loup

ᓈᑎᔪᔥᑎᐙᐤ naatiyushtiwaau vta ◆ il/elle s'approche de lui/d'elle à pas de loup, comme un chasseur s'approche du gibier

ᓈᑎᔪᔥᑎᒼ naatiyushtim vti ◆ il/elle s'en approche à pas de loup; il/elle rampe jusque là

ᐹᐱᐦᑖᒥᑭᓐ paapihtaamikin vii ◆ ça vient, s'approche ■ ᒫᒀᒡ ᐹᐱᐦᑖᒥᑭᓐ ᑳᐱᐹᒥᐦᔮᒥᑭᐦᐨ. ■ maakwaach paapihtaamikin kaapipaamihyaamikihch. ■ *L'avion vient par ici maintenant (sur le sol).*

approvisionner (s')

ᒧᐙᐱᐤ muwaapiu vai ◆ il/elle va s'approvisionner en véhicule

appui renversé

ᐊᒋᒋᑳᐴ *achichikaapuu* vai -uwi ◆ il/elle fait un appui renversé sur la tête, il/elle fait le poirier

appuyer

ᐋᔓᔑᒫᐤ *aashushimaau* vta ◆ il/elle l'appuie contre quelque chose

ᐋᓰᑐᐦᑎᑖᐤ *aasiituhtitaau* vai ◆ il/elle l'appuie sur quelque chose

ᐋᓰᑐᔑᒫᐤ *aasiitushimaau* vta ◆ il/elle l'appuie sur quelque chose

ᐋᓰᑐᔑᓐ *aasiitushin* vai ◆ il/elle est appuyé-e sur quelque chose

ᐋᔅᐱᑎᔑᓐ *aaspitishin* vai ◆ il/elle s'appuie sur quelque chose (de long et rigide), sur un dossier

ᐊᑯᔅᒑᐅᒋᓂᒻ *akuschaauchinim* vti ◆ il/elle appuie un morceau de bois qui brûle contre quelque chose, contre un tas de bois de chauffage

ᐃᔨᐦᒑᔮᒋᐦᑎᓐ *iyihchaayaachihtin* vii ◆ ça s'appuie contre quelque chose, ce qui montre le contour de sa forme

ᒫᑯᔥᑭᒻ *maakushkim* vti ◆ il/elle presse dessus avec son pied ou son corps

ᒫᑯᔥᑭᐙᐤ *maakushkiwaau* vta ◆ il/elle lui presse dessus avec son pied ou son corps

ᐊᐦᒑᐱᐦᒁᐦᑎᑖᐤ *ahchaapihkwaahtitaau* vai ◆ il/elle le fait se gonfler, bomber en appuyant quelque chose dessus

ᐊᒁᐱᔅᒋᓂᒑᐤ *akwaapischinichaau* vta ◆ il/elle appuie du métal brûlant sur quelque chose (d'animé) (par ex. sur la peau du porc-épic pour enlever les piquants et le poils)

ᐊᒁᐱᔅᒋᓂᒻ *akwaapischinim* vti ◆ il/elle l'appuie en pressant contre du métal brûlant

appuyer (s')

ᐋᔒᑐᔑᒧᑎᒻ *aashiitushimutim* vti ◆ il/elle s'appuie dessus

ᐋᔒᑐᔑᒧᑎᑎᐙᐤ *aashiitushimutitiwaau* vta ◆ il/elle s'appuie sur lui/elle

ᐋᔓᔑᒨ *aashushimuu* vai -u ◆ il/elle s'appuie contre quelque chose

ᐋᔓᔑᒧᐙᐤ *aashushimuwaau* vta ◆ il/elle s'appuie sur lui/elle

ᐋᔓᔑᓐ *aashushin* vai ◆ il/elle s'appuie contre quelque chose

ᐋᓰᑐᔑᒨ *aasiitushimuu* vai -u ◆ il/elle s'appuie contre quelque chose, en étant assis

ᐋᓰᑑ *aasiituu* vai -u ◆ il/elle s'appuie sur quelque chose pour se lever

ᐋᓱᐦᑎᓐ *aasuhtin* vii ◆ ça s'appuie sur quelque chose

ᐃᔨᐦᒑᔮᒋᔑᓐ *iyihchaayaachishin* vai ◆ il/elle s'appuie contre quelque chose, ce qui montre le contour de sa forme

après

ᓂᓈᓂᓱᓂᐙᐤ *ninaanisuniwaau* vai ◆ il/elle lui court après

après cette fois-là

ᐋᔥᑎᒦᐦᒑ *aashtimiihchaa* p,temps ◆ depuis ce temps-là, après cette fois-là ■ ᐋᔥᑎᒦᐦᒑ ᒦᓐ ᓂᒌᐦ ᐚᐱᒫᐤ× ■ aashtimiihchaa miin nichiih waapimaau. ■ *Je l'ai revu à nouveau après cette fois-là.*

après-demain

ᐊᐅᓯᐚᐱᐦᒑ *ausiwaapihchaa* p,temps ◆ le surlendemain, après-demain ■ ᐊᐅᓯᐚᐱᐦᒑ ᐄᔮᒄ ᒋᐦᒋᐙ ᒑ ᑎᒥᐦᒋᔮᓐ× ■ ausiwaapihchaa iiyaakw chihchiwaa chaa timihchiyaan. ■ *Je vais commencer à emballer mes affaires après-demain.*

après-midi

ᒀᔅᑯᑯᒋᓐ *kwaaskukuchin* vai ◆ le soleil est après son mi-chemin, c'est l'après-midi

ᐅᑖᑯᔑᒌᔑᑳᐤ *utaakushichiishikaau* vii ◆ c'est tard dans l'après-midi, c'est en fin d'après-midi

araignée

ᐃᐦᐄᐱᐦᒑᓯᐤ *ihiipihchaasiu* na -iim [Wemindji] ◆ une araignée, lit. 'qui fait des filets'

arbre

ᒥᔥᑎᒄ *mishtikw* na -m ◆ un arbre

ᒋᒦᔅᑳᓐ *chimiiskaan* ni ◆ une souche, la base d'un arbre

ᒋᒥᓂᔅᑭᑑᐦᑎᒄ *chiminiskituuhtikw* ni -m ◆ un arbre sec, cassé; une souche d'arbre

ᑳᐱᔨᐦᑖᔮᔅᑯᓯᑦ *kaapiyihtaayaaskusit* nap ◆ un arbre qui est plus grand que les autres

ᑭᔅᒋᒁᐦᐙᐤ *kischikwaahwaau* na ◆ n'importe quelle écorce d'arbre utilisée pour faire des contenants ou des couvertures de tipi

ᒥᔥᒋᑯᔑᔥ *mishchikushish* na dim ◆ un petit arbre

ᒥᔅᑎᑯᐱᒋᐤ *mistikupichiu* na -iim ◆ de la résine

ᓈᐦᑖᐙᐳᔅᒋᐦᑎᒄ *naahtaawaapuschihtikw* na ◆ un arbre très brûlé

ᓂᒥᑎᐦᐄᒑᐙᐦᑎᒄ *nimitihiichaawaahtikw* na ◆ un arbre sur lequel un orignal ou un caribou a frotté sa ramure

ᐲᓯᒧᐦᑖᐤ *piisimuhtaau* na -m ◆ un champignon qui pousse sur les arbres

ᐱᔥᑯᐦᒌᐦᑎᒄ *pishkuhchiihtikw* ni ◆ un arbre tombé, abattu, déraciné, desséché

ᐳᔅᒋᓈᐅᑭᒥᒄ *puschinaaukimikw* ni ◆ un abri fait de jeunes arbres

ᐴᓈᒁᐦᑎᐙᐤ *puunaakwaahtiwaau* ni ◆ un arbre qui a été grignoté par un porc-épic l'année dernière ou il y a plus longtemps encore

ᐴᔅᒋᓈᐤ *puuschinaau* na ◆ un jeune arbre qui a été coupé

ᐎᑎᑖᓯᒄ *wititaasikw* ni ◆ un arbre qui n'a pas les qualités nécessaires pour fabriquer des instruments parce qu'il est trop dur à sculpter, de couleur brune et parce qu'il se tord en séchant

ᐎᔮᔅᒌ *wiyaaschii* ni -im ◆ le milieu d'un arbre, la partie médiane d'un arbre

ᐋᔥᑎᐦᑖᔮᐦᑎᒄ aashtihtaayaahtikw p,lieu ◆ du côté ensoleillé de l'arbre ■ ᐋᑯᑖᐦ ᑳᐦ ᐊᑯᓰᒡ ᒥᔥᑎᑯᐦᔮᐅᒡ ᐊᓂᑖᐦ ᐋᔥᑎᐦᑖᔮᐦᑎᒄ. ■ aakutaah kaah akusiich mishtikuhyaauch anitaah aashtihtaayaahtikw. ■ *Les perdrix étaient perchées du coté ensoleillé de l'arbre.*

ᐊᐅᑳᐦᑎᒄ aukaahtikw p,lieu ◆ du côté ombragé de l'arbre là où le soleil ne brille pas ■ ᐋᑯᑎᐦ ᑳ ᒋᑭᒧᑦ ᐲᔑᒧᔥ ᐊᓂᑎᐦ ᐊᐅᑳᐦᑎᒄ. ■ aakutih kaa chikimut piishimush anitih aukaahtikw. ■ *Les champignons ont poussé du côté ombragé de l'arbre.*

ᐊᐅᓵᐦᑎᒄ ausaahtikw p,lieu ◆ de l'autre côté de l'arbre ■ ᓈᔥᒡ ᐋᐦ ᒌᐦ ᐱᒌᐎᑦ ᐊᐅᓵᐦᑎᒄ ᐊᓐ ᒥᓂᐦᐄᒄ. ■ naashch aah chiih pichiiwit ausaahtikw an minihiikw. ■ *Cette épinette blanche a beaucoup de sève de l'autre côté.*

ᔒᐹᔮᐦᑎᒄ shiipaayaahtikw p,lieu ◆ sous un arbre ■ ᔒᐹᔮᐦᑎᒄ ᓂᒌᐦ ᒦᒋᓱᓈᓐ ᑳ ᑯᑎᐚᔮᐦᒡ. ■ shiipaayaahtikw nichiih miichisunaan kaa kutiwaayaahch. ■ *On a mangé sous un arbre quand on s'est reposé.*

ᐋᑭᐚᔥᑯᔑᒫᐤ aakiwaashkushimaau vta ◆ il/elle le/la cache derrière un arbre

ᐋᑭᐚᔥᑯᔑᒨ aakiwaashkushimuu vai -u ◆ il/elle se cache derrière un arbre

ᐋᑭᐚᔅᑯᐦᑎᓐ aakiwaaskuhtin vii ◆ c'est caché derrière un arbre

ᒋᑭᓯᔅᑳᔅᑯᓯᐤ chikisiskaaskusiu vai ◆ il/elle (ex. un arbre) est vert-e, pas sec ou sèche

ᒋᒥᓂᔅᒋᐱᔨᐤ chiminischipiyiu vai ◆ il (se dit d'un arbre mort) est sec et se casse

ᐄᔅᐱᑯᓰᐤ iispikusiiu vai ◆ il/elle est haut-e dans l'arbre

ᐃᔮᔥᑎᐚᔅᑯᐦᑖᐤ iyaashtiwaaskuhtaau vai ◆ on le/la voit marcher parmi les arbres

ᐃᔮᔥᑎᐚᔅᑯᐱᔨᐤ iyaashtiwaaskupiyiu vai ◆ on le/la voit bouger parmi les arbres

ᑭᑳᓏᔅᒁᔮᐤ kikaanwaaskwaayaau vii ◆ c'est une aire de grands arbres

ᑭᑖᐦᒁᔅᒁᔮᐤ kitaahkwaaskwaayaau vii ◆ c'est une aire d'arbres assez courts

ᒥᓈᔅᒁᐤ minaaskwaau vii ◆ c'est un bouquet d'arbres

ᒥᓈᔅᒁᔮᐤ minaaskwaayaau vii ◆ c'est un bouquet d'arbres

ᒥᔅᒑᒁᔅᒁᔮᐤ mischaakwaaskwaayaau vii ◆ il y a des arbres dans le marécage

ᒧᔑᔓᐎᐦᐊᒻ mushishuwiham vti ◆ il/elle dégage cet endroit de ses arbres et buissons

ᒸᔑᐦᒁᑖᑭᓂᐆ mwaashihkwaataakiniuu vai -iwi ◆ c'est un arbre dont les aiguilles sont mangées par des animaux ou des oiseaux

ᓂᐱᑖᔮᑎᐦᑯᓂᐆ nipitaayaatihkuniuu vai -iwi ◆ il y a des branches d'un seul côté de l'arbre

ᐱᒫᔅᒁᔮᐤ pimaaskwaayaau vii ◆ c'est une ligne d'arbres

ᐱᐱᓵᐚᔮᔅᑯᐦᑎᓐ pipisaawaayaaskuhtin vii redup ◆ son écho se propage à travers les arbres

ᐱᐳᐚᔮᔥᑯᔑᓐ pipuwaayaashkushin vai redup ◆ il/elle est debout à moitié caché par les arbres, mais encore visible

ᐱᔑᑳᐳᐎᐎᒡ pishikaapuwiwich vai pl -uwi ◆ c'est une fine rangée d'arbres

ᐴᔅᒋᓈᐦᑭᐦᑎᒻ puuschinaahkihtim vti ◆ il/elle coupe et place un jeune arbre pour marquer sa position, sa direction

ᐴᔅᒋᓈᐦᑭᐦᑎᐚᐤ puuschinaahkihtiwaau vta ◆ il/elle coupe et place un jeune arbre pour marquer sa position, sa direction

ᓵᓯᑳᐳᔑᔥᑖᐤ saasikaapushishtaau vii ◆ c'est une zone d'arbres encore dressés après un feu de forêt

ᔒᐹᓈᑯᓱᐎᒡ shiipaanaakusuwich vai pl -u ◆ le sol autour des arbres est dégagé, il n'y a pas de buissons sous les arbres

ᐅᔖᔮᔅᒁᔮᐤ ushaayaaskwaayaau vii ◆ c'est une crête avec des arbres

ᐚᐱᔅᒋᒀᐦᑭᐦᐄᒑᐤ waapischikwaahkihiichaau vai ◆ il/elle marque les arbres, fait des flaches sur les arbres

ᐚᐱᔅᒋᒀᑭᐦᐚᐤ waapischikwaakihwaau vai ◆ il/elle marque l'arbre, fait une flache sur l'arbre

ᐎᒋᔥᑎᑯᓈᔅᒁᔮᐤ wichishtikunaaskwaayaau vii ◆ c'est un endroit abrité par les arbres

ᐑᐦᐱᑐᓂᔅᒋᓯᐤ wiihpitunischisiu vai ◆ l'arbre est creux

ᐋᐱᔅᑯᑎᑯᓂᔅᒋᑦ aapiskutikunischit na ◆ un balai de sorcière dans un arbre (une boule de buissons sur les branches d'un arbre)

ᒋᔖᔮᐦᑎᒄ chishaayaahtikw na -um ◆ un arbre adulte, mature

ᑭᐎᐦᐄᑭᓐ kiwihiikin na ◆ un arbre abattu, tombé

ᑭᐎᑭᒫᑭᓐ kiwikimaakin na -um ◆ un arbre abattu rongé par un castor

ᒥᔥᑎᑯᐱᒋᐤ mishtikupichiu na ◆ de la résine, de la sève

ᓂᐚᔮᐱᒨ niwaayaapimuu na ◆ un arbre qui ploie sous le poids de la neige

ᐱᔅᑯᑎᓂᔅᒋᐿᑭᓐ piskutinischipwaakin na ◆ le pied d'un arbre dont le porc-épic a mangé toute l'écorce

ᐱᔨᐦᑖᐚᐳᔅᒋᐦᑎᒄ piyihtaawaapuschihtikw na -im ◆ un arbre dont toutes les branches ont brûlé

ᔑᐦᑖᐦᑯᓂᒡ shihtaahkunich na pl -im ◆ des branches, des branchages d'arbre

ᐅᔥᑳᐦᑎᒄ ushkaahtikw na -um ◆ un arbuste, un arbrisseau

ᐚᓵᐦᑎᐚᐤ waasaahtiwaau na ◆ la partie blanche d'un arbre dont l'écorce a été rongée par un porc-épic

ᒌᐦᑳᐦᑎᒄ chiihkaahtikw p,lieu ◆ près d'un mur ou d'un arbre ■ ᓈᑎᐦ ᒌᐦᑳᐦᑎᒄ ᐋᑯᑎᐦ ᑳ ᐊᔥᑖᔨᒡ ᐊᓂᔮ ᐅᐎᓂᐦᐄᑭᓐ. ■ naatih chiihkaahtikw aakutih kaa ashtaayich aniyaa uwinihiikin. ■ *Son piège était tout près de l'arbre.*

ᐄᑖᒫᔮᐦᑎᒄ iitaamaayaahtikw p,lieu ◆ sous les buissons, sous les arbres, au fond des bois ▪ ᓈᔥᒡ ᐊᓂᑖᐦ ᐄᑖᒫᔮᐦᑎᒄ ᐋᑯᑎᐦ ᑳ ᒋᒥᑖᒡ ᐅᒥᐦᑐᑳᓂᐙᐤ᙮ ▪ naashch anitaah iitaamaayaahtikw aakutih kaa chimitaach umihtukaaniwaau. ▪ *Ils installèrent leur campement d'hiver au fond des bois.*

ᓂᔮᐅᑖᐦᑎᒄ niyaautaahtikw p,lieu ◆ à mi-chemin sur le tronc, sur l'arbre ▪ ᓂᔮᐅᑖᐦᑎᒄ ᐊᓂᔮᐦ ᒥᓂᐦᐄᒄᐦ ᐋᑯᑎᐦ ᑳ ᐊᑯᓰᑦ ᐊᓐ ᐋᓂᑯᒑᔥ᙮ ▪ niyaautaahtikw aniyaah minihiikwh aakutih kaa akusiit an aanikuchaash. ▪ *Cet écureuil se tenait à mi-chemin sur le tronc de l'épinette blanche.*

ᐹᔥᑖᐦᑎᒄ paashtaahtikw p,lieu ◆ de l'autre côté des arbres, des buissons ▪ ᐹᔥᑖᐦᑎᒄ ᓈᑖᐦ ᐋᑯᑖᐦ ᑳ ᑖᐱᒀᑦ᙮ ▪ paashtaahtikw naataah aakutaah kaa taapikwaat. ▪ *Il pose ses collets de l'autre côté des arbres.*

ᐄᔅᐹᔅᒁᔮᐤ iispaaskwaayaau vii ◆ c'est une zone de terrain en hauteur avec de grands arbres

ᒫᒥᐦᑳᔅᒁᔮᐤ maamihkaaskwaayaau vii ◆ c'est une aire boisée avec de grands arbres

ᒥᒫᓈᔅᒁᔮᐤ mimaanaaskwaayaau vii redup ◆ il y a des bouquets d'arbres ici et là

ᒥᓂᐦᐄᔅᒋᐙᐤ minihiischiwaau vai ◆ il/elle recueille de la gomme des arbres

ᒥᓂᔅᑎᒁᔅᒁᔮᐤ ministikwaaskwaayaau vii ◆ c'est un bouquet d'arbres isolé

ᓂᔮᔥᑎᐎᑳᐳᐎᐎᒡ niyaashtiwikaapuwiwich vai pl -uwi ◆ il y a une ligne étroite d'arbres, de vagues dans les rapides

ᐹᐦᐲᐦᑎᐙᔮᔅᒁᔮᐤ paahpiihtiwaayaaskwaayaau vii redup ◆ des clairières alternent avec des bouquets d'arbres

ᐹᓯᐦᑭᐙᔮᔅᑯᓯᐤ paasihkiwaayaaskusiu vai ◆ l'arbre a des cercles de croissance

ᐱᔮᐹᐤ piyaapaau vii ◆ l'eau arrive jusqu'aux racines de l'arbre

ᔒᐹᔅᒁᔮᐤ shiipaaskwaayaau vii ◆ c'est une zone d'arbres sans sous-bois

ᓯᓂᒁᔅᑯᔑᒨ sinikwaaskushimuu vai -u ◆ il/elle frotte contre un bâton ou un arbre

ᑖᐦᑖᔮᔅᒁᔮᐤ taahtaayaaskwaayaau vii ◆ ces grands arbres n'ont pas de branches basses

ᑎᐏᑭᐦᐊᒼ tiwikiham vti ◆ il/elle coupe les buissons et les arbres

ᐅᓵᔮᔅᒁᔮᐤ usaayaaskwaayaau vii ◆ c'est une zone de grands arbres

ᐅᔥᑳᐦᑎᑳᑭᒫᐤ ushkaahtikaakimaau vii ◆ c'est un lac entouré d'arbustes

ᐅᔥᑳᐦᑎᑳᐤ ushkaahtikaau vii ◆ c'est une aire d'arbres qui ont poussé récemment

ᐅᔥᑳᐦᑎᑯᔅᑳᐤ ushkaahtikuskaau vii ◆ c'est une aire d'arbustes

ᐙᐱᔥᑖᓈᔅᒁᔮᐤ waapishtaanaaskwaayaau vii ◆ c'est une aire d'arbres à longues branches, lit. 'peau de martre'

ᐱᔥᑯᐦᒌ pishkuhchii ni ◆ un arbre tombé, déraciné, une crosse de fusil

ᐏᓂᔅᑯᐦᑎᒄ winiskuhtikw ni -um ◆ le sommet de l'arbre, le bout du morceau de bois

ᒥᐦᒋᐦᑭᐙᔮᔅᑯᓯᐤ mihchihkiwaayaaskusiu vai ◆ l'arbre a des cercles de croissance assez espacées

ᐲᔑᐦᑭᐙᔮᔅᑯᓯᐤ piishihkiwaayaaskusiu vai ◆ l'arbre a des cercles de croissances qui sont rapprochés, serrés

ᐱᔅᑯᑎᓂᔅᒋᐿᐤ piskutinischipwaau vta ◆ il/elle (ex. porc-épic) mange toute l'écorce sur le pied de l'arbre

ᒋᔁᐙᔮᔥᑯᔑᓐ chishwaawaayaashkushin vai ◆ il/elle est bruyant-e en marchant entre les arbres et les buissons

ᒥᒫᓈᐦᑭᓱᐎᒡ mimaanaahkisuwich vai pl redup -u ◆ il y a des bouquets d'arbres épargnés par le feu de ci de là

ᐹᐦᐲᐦᑎᐙᔮᔅᑯᐱᒋᐤ paahpiihtiwaayaaskupichiu vai redup ◆ il/elle déplace son campement d'hiver d'une clairière jusqu'au couvert des arbres

arbrisseau

ᐅᔥᑳᐦᑎᒄ ushkaahtikw na -um ◆ un arbuste, un arbrisseau

arbuste

ᒦᓈᐦᑎᒄ miinaahtikw ni -um ◆ un arbuste fruitier

ᒦᓂᔖᐦᑎᒄ miinishaahtikw ni ◆ un arbuste fruitier

ᐅᔥᑳᐦᑎᒄ ushkaahtikw na -um ◆ un arbuste, un arbrisseau

ᐅᔥᑳᐦᑎᒀᔑᐦᑎᒡ ushkaahtikwaashihtich na pl ◆ des branchages d'arbuste

ᐅᔥᑳᐦᑎᑳᑭᒫᐤ ushkaahtikaakimaau vii ◆ c'est un lac entouré d'arbustes

ᐅᔥᑳᐦᑎᑳᐤ ushkaahtikaau vii ◆ c'est une aire d'arbres qui ont poussé récemment

ᐅᔥᑳᐦᑎᑯᔅᑳᐤ ushkaahtikuskaau vii ◆ c'est une aire d'arbustes

arc

ᐊᐦᒑᐲ ahchaapii na ◆ un arc, un ressort, un archet

arc-en-ciel

ᐐᑯᐲᔖᑭᓐ wiikupiishaakin ni ◆ un arc-en-ciel

ᐅᐎᑎᓵᒫᔅᑰ uwitisaamaaskuu vai -uwi ◆ les rayons de chaque côté du soleil sont étroits et ont les couleurs de l'arc-en-ciel

arcade sourcilière

ᐅᔥᒌᔑᑯᑭᓐ ushchiishikukin nid ◆ son arcade sourcilière

archet

ᐊᐦᒑᐲ ahchaapii na ◆ un arc, un ressort, un archet

ardeur

ᓂᔥᑯᔥᑎᒼ nishkushtim vti ◆ il/elle se défend, le fait avec ardeur

ardillon

ᓂᐦᑐᑭᓐ nihtukin ni ◆ un barbillon, l'ardillon d'un harpon

arête

ᐅᔖᑭᓐ" ushaakinh na ◆ le morceau d'un grand poisson découpé par le dos et les côtés incluant la chair et les arêtes

ᒌᓂᑖᐅ"ᑳᐤ chiinitaauhkaau vii ◆ c'est une arête pointue

argent

ᔓᐧᐃᔮᓐ shuwiyaan na -im ◆ de l'argent

ᓂᑑᔓᐧᐃᔮᓂᐧᐋᐤ nituushuwiyaaniwaau vta ◆ il/elle lui demande de l'argent

ᐅᔓᐧᐃᔮᓂᒥᐤ ushuwiyaanimiu vai ◆ il/elle a de l'argent

ᔓᐧᐃᔮᓈᐱᔥᑯᔥ shuwiyaanaapishkush na -im ◆ une pièce de monnaie, un sou

ᓂᑑᔓᐧᐃᔮᓈᑎᒻ nituushuwiyaanaatim vti ◆ il/elle cherche de l'argent dedans

ᐄᔥᑯ"ᐧᐋᐤ iishkuhwaau vta ◆ il/elle part sans les tuer tous, en prend mais en laisse un peu, il lui reste de l'argent

ᓅ"ᑖ"ᐧᐋᐤ nuuhtaahwaau vta ◆ il/elle tire trop court et le/la rate; il/elle n'a pas assez d'argent pour payer

argile

ᓯᔅᒋᐤ sischiu ni -iim ◆ de la boue, de l'argile

ᐱᒥᔅᒋᐧᐃᑳᐤ pimischiwikaau vii ◆ c'est une ligne de boue ou d'argile

ᔑᔓᔅᒋᐧᐃᒋᓈᐤ shishuschiwichinaau vta redup ◆ il/elle le/la frotte avec de la boue, de l'argile

ᐧᐋᐱᔅᒋᐧᐃᒋᓯᐤ waapischiwichisiu vai ◆ c'est de la boue blanche, de l'argile blanche

ᐧᐃᔨᐱᔅᒋᐧᐃᒋᓯᐤ wiyipischiwichisiu vai ◆ il/elle est en boue noire, en argile noire

ᐧᐃᔨᐱᔅᒋᐧᐃᑳᐤ wiyipischiwikaau vii ◆ c'est de la boue noire, de l'argile noire

arlequin

ᓅᒋᐹᐅᔥᑎᑯᐧᐋᓯᐤ nuuchipaaushtikuwaasiu na -iim ◆ un canard arlequin, un arlequin plongeur *Histrionicus histrionicus*

arme

ᐄᑖᔅᐱᓂᓱᐧᐋᒑᐤ iitaaspinisuwaachaau vai ◆ il/elle l'utilise comme arme

ᐅᐧᐹᒥ"ᑳᒋᑭᓐ upwaamihkaachikin ni ◆ un chien de verrou d'arme

ᐅ"ᑎᑖᔅᐱᓂᓱᐧᐋᒑᐤ uhtitaaspinisuwaachaau vai [Wemindji] ◆ il/elle l'utilise comme arme

ᑑᒫᐱᔅᒋᓂᑭᓐ tuumaapischinikin ni ◆ de l'huile d'arme à feu, de l'huile à fusil

armée

ᓂᑐᐱᔨᐤ nitupiyiu vai ◆ il/elle est soldat-e, il/elle s'engage dans l'armée, il/elle fait la guerre

armer

ᔒ"ᒋᔥᑖᓂᒻ shiihchishtaanim vti ◆ il/elle arme le fusil

arpenter

ᑎᐱ"ᐋᔅᒑᐤ tipihaaschaau vai ◆ il/elle mesure le pays, arpente le terrain

arpenteur

ᑎᐱ"ᐋᔅᒑᓯᐤ tipihaaschaasiu na -iim ◆ un arpenteur, une arpenteuse

arpenteuse

ᑎᐱ"ᐋᔅᒑᓯᐤ tipihaaschaasiu na -iim ◆ un arpenteur, une arpenteuse

arraché

ᒋᒥᑳᑖᐱᔨᐤ chimikaataapiyiu vai ◆ il/elle (ex. pantalon) a une jambe arrachée

arracher

ᒥᓂᐱᑖᐤ minipitaau vta ◆ il/elle l'arrache

ᐱ"ᐧᑳᐱᑖᐤ pihkwaapitaau vta ◆ il/elle en arrache un morceau

ᒑᒋᑯᐱᑖᐤ chaachikupitaau vta ◆ il/elle l'enlève, l'arrache, le/la fait glisser de quelque chose

ᒑᒋᑯᐱᑎᒻ chaachikupitim vti ◆ il/elle l'enlève, l'arrache, le fait glisser de quelque chose

ᒋᒫᒋᐱᑖᐤ chimaachipitaau vta ◆ il/elle en arrache un morceau (animé, étalé)

ᒋᒫᒋᐱᑎᒻ chimaachipitim vti ◆ il/elle en arrache un morceau (étalé)

ᒋᒥ"ᑎᒻ chimihtim vti ◆ il/elle l'arrache d'un coup de dent

ᒥᓈᐱᑖᐱᒋᒑᐤ minaapitaapichichaau vai ◆ il/elle arrache des dents

ᒥᓈᐱᑖᐱᑖᐤ minaapitaapitaau vta ◆ il/elle lui arrache une dent ou les dents

ᒥᓂᐱᑎᒻ minipitim vti ◆ il/elle l'arrache

ᓃᐧᔖᐹᒋᐱᑖᐤ niishwaapaachipitaau vta ◆ il/elle en arrache deux (animé, filiforme)

ᓃᐧᔖᐹᒋᐱᑎᒻ niishwaapaachipitim vti ◆ il/elle en arrache deux (filiforme)

ᐱᔥᑯᐱᑖᐤ pishkupitaau vta ◆ il/elle le/la plume, déplume, lui arrache les poils

ᐱᔥᑯᐱᑎᒻ pishkupitim vti ◆ il/elle le plume, le déplume ou en arrache les poils

ᐱᔥᑯᑎᐧᐋᐱᑖᐤ pishkutiwaapitaau vta ◆ il/elle lui arrache les cheveux, les poils (se dit d'un corps humain)

ᔮᐃ"ᐅᑖᐤ yaaihutaau vai+o [Whapmagoostui] ◆ il/elle (se dit d'un poisson) arrache la ligne de pêche de nuit remontée sans se faire attraper sur le crochet

ᔮᔨᑳᔥᑯᔑᒫᐤ yaayikaashkushimaau vta ◆ il/elle en arrache un morceau en l'attrapant sur quelque chose

ᔮᔨᑳᔅᑯ"ᑎᑖᐤ yaayikaaskuhtitaau vai ◆ il/elle en arrache une bande en l'attrapant sur quelque chose

ᒥᓂᑯᓈᐱᑖᐤ minikunaapitaau vta ◆ il/elle lui arrache les grandes plumes de ses ailes

arranger

ᓃ"ᐄᐱᔨ"ᑖᐤ niihiipiyihtaau vai ◆ il/elle fait en sorte que ça s'arrange bien, il/elle l'arrange, le corrige

ᐊᐧᐋᑎᑯ"ᐄᑭᓈ"ᑎᒃ awaatikuhiikinaahtikw ni ◆ une perche utilisée pour arranger le recouvrement du haut du tipi

ᐊᐧᐋᑎᑯᐦᐄᒑᐤ **awaatikuhiichaau** vai ◆ il/elle arrange le haut du recouvrement de l'habitation, le haut de la toile du tipi
ᓂᐦᐋᐧᐋᐱᐦᒑᓈᐤ **nihaawaapihchaanaau** vta ◆ il/elle l'arrange (filiforme), le/la met en ordre
ᓂᐦᐋᐧᐋᐱᐦᒑᓂᒼ **nihaawaapihchaanim** vti ◆ il/elle l'arrange (filiforme), le met en ordre
ᓂᐦᐋᐧᐋᐱᐦᑳᑖᐤ **nihaawaapihkaataau** vta ◆ il/elle l'arrange en l'attachant
ᓂᐦᐋᐧᐋᐱᐦᑳᑎᒼ **nihaawaapihkaatim** vti ◆ il/elle l'arrange en l'attachant
ᓂᐦᐄᓈᑯᐦᐋᐤ **nihiinaakuhaau** vta ◆ il/elle arrange son apparence
ᓂᐦᐄᐱᔫ **nihiipiyiu** vii ◆ ça s'arrange bien
ᐹᐦᐲᒥᑳᒫᔮᐱᐦᒑᓂᒼ **paahpiimikaamaayaapihchaanim** vti redup ◆ il/elle arrange les cordes en zigzag
ᐅᐧᐋᔮᒋᐱᑖᐤ **uwaayaachipitaau** vta ◆ il/elle l'arrange, l'étend (animé, étalé)
ᐊᑯᐦᐄᒑᐤ **akuhiichaau** vai ◆ il/elle ajuste la toile au sommet du tipi pour que le feu à l'intérieur brûle bien
ᓈᐦᐋᐅᐋᔅᑎᒋᐱᑎᒼ **naahaauaastichipitim** vti ◆ il/elle arrange les branchages du sol du tipi
ᐅᑖᐹᓂᐦᒑᐤ **utaapaanihchaau** vai ◆ il/elle arrange le fardeau pour le haler
ᐅᑖᐹᓂᐦᑭᐦᑎᒼ **utaapaanihkihtim** vti ◆ il/elle l'arrange pour le haler
ᐅᑖᐹᓂᐦᑭᐦᑎᐧᐋᐤ **utaapaanihkihtiwaau** vta ◆ il/elle l'arrange pour le/la haler
ᐅᑖᐹᓂᐦᑭᐧᐋᐤ **utaapaanihkiwaau** vta ◆ il/elle lui arrange un fardeau pour qu'il puisse le haler
ᐅᐧᐋᔮᑯᓈᐦᐊᒼ **uwaayaakunaaham** vti ◆ il/elle arrange nivelle la neige avec un outil
ᐅᐧᐋᔮᑯᓈᓂᒼ **uwaayaakunaanim** vti ◆ il/elle arrange, nivelle la neige à la main
ᐅᐧᐋᔮᑯᓂᒋᔥᑭᒼ **uwaayaakunichishkim** vti ◆ il/elle arrange, nivelle la neige avec son pied ou son corps
ᐅᐧᐋᔮᐹᓂᑭᐦᑎᐧᐋᐤ **uwaayaapaanikihtiwaau** vta ◆ il/elle arrange la corde sur un traîneau
ᐅᐧᐋᔮᐅᐦᑭᐦᐊᒼ **uwaayaauhkiham** vti ◆ il/elle arrange, nivelle le sol avec quelque chose
ᐅᐧᐋᔮᐹᓂᐦᐋᐤ **uwaayaapaanihaau** vta ◆ il/elle arrange l'ordre des chiens de traîneau, il/elle arrange la corde d'un traîneau pour que quelqu'un d'autre le tire

arranger (s')
ᐅᐧᐋᔑᓈᑯᐦᐄᓲ **uwaashinaakuhiisuu** vai reflex -u ◆ il/elle arrange son apparence, s'arrange
ᓂᐦᐄᐱᔫ **nihiipiyiu** vai ◆ ça s'arrange bien, les choses tournent bien pour lui/elle
ᐅᑖᐹᓂᐦᑳᓲ **utaapaanihkaasuu** vai reflex -u ◆ il/elle s'arrange son fardeau pour le haler

arrête
ᒋᐱᐦᒋᐦᐋᐤ **chipihchihaau** vta ◆ il/elle l'arrête ▪ ᒌᐦ ᒋᐱᐦᒋᐦᐋᐤ ᐅᑖᓂᔅᐦ ᑳ ᐧᐄᐦ ᒋᐦᒋᐱᔩᔨᐦ× ▪ chiih chipihchihaau utaanish kaa wiih chihchipiyiyichh. ▪ *Elle/Il a empêché sa fille de partir.*
ᒧᔅᒋᐦᑭᐧᐋᓈᐤ **muschihkiwaanaau** vta ◆ il/elle enlève les arrêtes du poisson cuit
ᐅᔂᓯᒁᐤ **ushaasikwaau** vii ◆ c'est une arrête de glace
ᐅᔂᔮᑯᓂᑳᐤ **ushaayaakunikaau** vii ◆ c'est une arrête de neige
ᐅᔅᑭᓂᐤ **uskiniu** vai ◆ il/elle contient beaucoup d'os, d'arrêtes
ᐅᔂᑖᐅᐦᑭᐦᐊᒼ **ushaataauhkiham** vti ◆ il/elle marche sur une arrête, une crête
ᐅᔂᔮᑭᒋᔅᑎᓐ **ushaayaakichistin** vii ◆ c'est un amoncellement de neige soufflée qui forme une arrête

arrêté
ᓂᑳᔮᔥᑎᓐ **nikaayaashtin** vii ◆ c'est arrêté par la force du vent

arrête de glace
ᐅᓵᓯᒁᐤ **usaasikwaau** vii ◆ c'est une arrête, une crête de glace

arrête rocheuse
ᐅᔂᔮᐱᔅᑭᐦᐊᒼ **ushaayaapiskiham** vti ◆ il/elle marche sur une arrête rocheuse
ᐅᔂᔮᑎᒦᐤ **ushaayaatimiiu** vii ◆ c'est un récif, une arrête rocheuse sous l'eau

arrêter
ᓂᒋᑳᐴ **nichikaapuu** vai -uwi ◆ il/elle arrête de marcher
ᓂᒋᓂᒼ **nichinim** vti ◆ il/elle l'arrête à la main
ᓂᑳᐦᐊᒼ **nikaaham** vti ◆ il/elle l'arrête en mettant quelque chose contre lui
ᓂᑳᐦᐧᐋᐤ **nikaahwaau** vta ◆ il/elle l'arrête en mettant quelque chose contre lui/elle
ᓂᑳᓈᐤ **nikaanaau** vta ◆ il/elle arrête ses mouvements avec ses mains
ᓂᑳᓂᒼ **nikaanim** vti ◆ il/elle arrête ses mouvements à la main
ᓂᑳᐱᐦᒑᓈᐤ **nikaapihchaanaau** vta ◆ il/elle l'arrête (animé, filiforme) de la main
ᓂᑳᐱᑖᐤ **nikaapitaau** vta ◆ il/elle l'arrête quand il/elle passe
ᓂᑳᐱᑎᒼ **nikaapitim** vti ◆ il/elle l'arrête de bouger en tirant dessus
ᓂᑳᔮᔅᑯᐦᐊᒼ **nikaayaaskuham** vti ◆ il/elle l'arrête avec un bâton ou en utilisant quelque chose de long et rigide contre lui
ᓂᑳᔮᔅᑯᐦᐧᐋᐤ **nikaayaaskuhwaau** vta ◆ il/elle l'arrête avec un bâton ou en utilisant quelque chose de long et rigide contre lui/elle
ᓅᒌᐤ **nuuchiiu** vai ◆ il/elle s'arrête de faire quelque chose
ᐴᓂᐦᐋᐤ **puunihaau** vta ◆ il/elle l'arrête (ex. le tabac)
ᐴᓂᐦᑖᐤ **puunihtaau** vai+o ◆ il/elle l'arrête

ᐊᔖᐚᔥᑎᐦᐊᒧᐚᐤ ashaawaashtihamuwaau vta ◆ il/elle lui fait signe d'arrêter

ᒋᒥᑖᓐ chimitaan vii ◆ il arrête de pleuvoir

ᒋᐱᐦᒋᐦᑖᐤ chipihchihtaau vai+o ◆ il/elle l'arrête, l'éteint ■ ᓲᐦᒃ ᑯᒋᐦᑖᐤ ᒑ ᒋᐱᐦᒋᐦᑖᑦ ᒥᓂᐦᒁᐎᓂᔨᐤ ᐅᑎᐦᑖᐎᓂᐙᐦᒡ᙮ ■ suuhk kuchihtaau chaa chipihchihtaat minihkwaawiniyiu utihtaawiniwaahch. ■ *Elle essaie vraiment d'arrêter l'alcoolisme dans son village.*

ᒋᐱᐦᒋᒫᐤ chipihchimaau vta ◆ il/elle l'arrête en criant, en émettant des bruits vocaux

ᒋᐱᐦᒋᓈᐤ chipihchinaau vta ◆ il/elle l'arrête avec les mains, l'éteint

ᒋᐱᐦᒋᓂᒻ chipihchinim vti ◆ il/elle l'arrête avec les mains, l'éteint ■ ᒋᐱᐦᒋᓐᐦ ᒫ ᐊᓐ ᐊᔨᒧᐚᔮᐲ᙮ ■ chipihchinh maa an ayimuwaayaapii. ■ *Eteins cette radio!*

ᒋᐱᐦᒋᐱᔨᐦᐋᐤ chipihchipiyihaau vta ◆ il/elle l'arrête, l'éteint

ᒋᐱᐦᒋᐱᔨᐦᑖᐤ chipihchipiyihtaau vai ◆ il/elle l'arrête, l'empêche de bouger, l'éteint

ᒋᐱᐦᑎᐚᐅᐦᐋᐅᓲ chipihtiwaauhaausuu vai -u ◆ il/elle arrête les pleurs du bébé

ᓈᔥᐱᒋᐱᔨᐤ naashpichipiyiu vii ◆ ça continue sans s'arrêter

ᓂᒋᐱᔨᐤ nichipiyiu vii ◆ ça arrête de bouger; ça ne sort pas bien

ᓂᑳᐱᐦᑳᑎᒻ nikaapihkaatim vti ◆ il/elle l'arrête, le retient en l'attachant

ᓂᑳᔮᑯᓈᐦᐊᒻ nikaayaakunaaham vti ◆ il/elle l'arrête en mettant de la neige contre lui

ᓂᑳᔮᑯᓈᐦᐙᐤ nikaayaakunaahwaau vta ◆ il/elle l'arrête en mettant de la neige contre lui/elle

ᐴᓈᐱᑎᓰᐤ puunaapitisiiu vai ◆ il/elle arrête de travailler

ᐴᓃᐤ puuniiu vai ◆ il/elle l'arrête

ᒋᐱᐦᒌᐤ chipihchiiu vai ◆ il/elle s'arrête, s'éteint, cesse (de fonctionner, de marcher, de bouger, de courir) ■ ᐹᔓᒡ ᓈᑎᐦ ᓃᒋᓈᐦᒡ ᒌᐦ ᒋᐱᐦᒌᐤ᙮ ■ paashuch naatih niichinaahch chiih chipihchiiu. ■ *Elle s'est arrêtée près de notre maison.*

ᒋᐱᐦᑎᐚᐤ chipihtiwaau vai ◆ il/elle arrête de pleurer, de parler, d'émettre un son vocal

ᓂᒋᐱᔨᐤ nichipiyiu vai ◆ il/elle arrête de bouger, ne sort pas en douceur

ᓂᑳᔮᔑᐤ nikaayaashiu vai ◆ il/elle est arrêté-e par la force du vent

arrêter (s')

ᒋᐱᐦᒋᐱᔨᐤ chipihchipiyiu vii ◆ ça s'arrête de marcher

ᓂᑳᐱᔨᐤ nikaapiyiu vai ◆ il/elle s'arrête

ᓂᑳᐱᔨᐤ nikaapiyiu vii ◆ ça s'arrête tout seul

ᒋᐱᐦᒋᑳᐴ chipihchikaapuu vai -uwi ◆ il/elle s'arrête, s'immobilise ■ ᒌᐦ ᒋᐱᐦᒋᑳᐴ ᐊᓂᑎᐦ ᒫᔅᑭᓈᐦᒡ ᐋᐦ ᐋᔑᓂᐙᐦᐋᑦ ᒑ ᐅᑎᐦᑎᑯᑦ᙮ ■ chiih chipihchikaapuu anitih maaskinaahch aah aashiniwaahaat chaa utihtikut. ■ *Elle/Il s'est arrêté-e sur la route pour attendre qu'elle le rattrape.*

ᒋᐱᐦᒋᐱᔨᐤ chipihchipiyiu vai ◆ il/elle s'arrête (en véhicule), il/elle cesse de marcher

ᒋᐱᐦᑎᐚᐅᐦᐋᐤ chipihtiwaauhaau vta ◆ il/elle le/la fait s'arrêter de pleurer

ᓈᔥᐱᒋᐱᐦᑖᐤ naashpichipihtaau vai ◆ il/elle, ça (animé) marche sans pouvoir s'arrêter

ᓅᐦᑖᑳᔑᐚᐤ nuuhtaakaashiwaau vai ◆ une famille n'est pas capable de suivre le groupe, s'arrête pour camper avant les autres

arrière

ᐊᔖᐦᐊᒻ ashaaham vti ◆ il/elle le fait reculer (le canot) en pagayant en marche arrière

ᐊᔖᐱᐦᑖᐤ ashaapihtaau vai ◆ il/elle court en marche arrière, à l'envers

ᐊᔖᐱᑖᐤ ashaapitaau vta ◆ il/elle la/le tire en arrière

ᐊᔖᐱᑎᒻ ashaapitim vti ◆ il/elle le tire en arrière

ᐊᔖᐱᔨᐦᐋᐤ ashaapiyihaau vta ◆ il/elle le/la conduit en marche arrière

ᒌᐱᑎᓈᐤ chiipitinaau vta ◆ il/elle le tire en arrière

ᔖᔑᑭᒌᐤ shaashikichiiu vai ◆ il/elle se penche en arrière

ᔖᔑᑭᑎᓂᒻ shaashikitinim vti ◆ il/elle le courbe en arrière

ᑖᔅᑎᒋᔅᒁᔨᐤ taastichiskwaayiu vai ◆ il/elle met la tête en arrière

ᔮᐦᐄᑭᒋᐱᑖᐤ yaahiikichipitaau vta ◆ il/elle le/la courbe, replie vers l'arrière

ᔮᐦᐄᑭᒋᐱᔨᐤ yaahiikichipiyiu vii ◆ c'est plié vers l'arrière

ᔮᐦᐄᑭᑖᔅᑯᐱᑖᐤ yaahiikitaaskupitaau vta ◆ il/elle le/la courbe, replie vers l'arrière

ᔮᐦᐄᑭᑎᓈᐤ yaahiikitinaau vta ◆ il/elle le/la courbe, replie vers l'arrière à la main

ᐅᑖᐦᒑᑎᐦᑯᐦᒡ utaahchaatihkuhch p,lieu ◆ à l'arrière du canot, du bateau, à la poupe ■ ᐅᑖᐦᒑᑎᐦᑯᐦᒡ ᐋᑯᑖᐦ ᑳ ᒋᒥᑖᑦ ᐅᐹᔅᒋᑭᓐ᙮ ■ utaahchaatihkuhch aakutaah kaa chimitaat upaaschikin. ■ *Il a placé son fusil à l'arrière du canot.*

ᐙᔅᒀᐦᑖᒥᔥᑐᐎᑯᐦᒡ waaskwaahtaamishtuwikuhch p,lieu [Whapmagoostui] ◆ l'arrière, le fond de la hutte de castor opposée à l'entrée

ᓈᓂᑭᓯᒌᐤ naanikisichiiu vai ◆ il/elle reste en arrière, résiste

ᓈᓂᑳᑯᓈᔑᒨ naanikaakunaashimuu vai -u ◆ il/elle reste en arrière en se laissant traîner dans la neige

arrière grand-parent

ᐋᓂᔥᑭᐎᔑᐤ aanishkiwishiu na ◆ un arrière grand-parent, un arrière petit-enfant

ᐋᓂᔅᑯᑖᐹᓐ aaniskutaapaan na ◆ un arrière grand-parent, un bisaïeul, une bisaïeule, un arrière petit-enfant

arrière petit-enfant

ᐋᓂᔥᑭᐎᔑᐤ aanishkiwishiu na ◆ un arrière grand-parent, un arrière petit-enfant

ᐋᓂᔅᑯᑖᐹᓐ *aaniskutaapaan* na ◆ un arrière grand-parent, un bisaïeul, une bisaïeule, un arrière petit-enfant

arrière-

ᓂᑖᓂᔥᑭᐐᔒᒻ *nitaanishkiwishiim* nad ◆ mon arrière-grand-père ou grand-mère

arrière-arrière-grand-mère

ᓂᑖᓂᔅᑯᑖᐹᒻ *nitaaniskutaapaam* nad ◆ mon arrière-arrière-grand-père ou grand-mère

arrière-arrière-grand-père

ᓂᑖᓂᔅᑯᑖᐹᒻ *nitaaniskutaapaam* nad ◆ mon arrière-arrière-grand-père ou grand-mère

arrière-fond

ᐊᓯᐹᒋᔑᓐ *asipaachishin* vai ◆ on le/la voit avec de l'eau en arrière-fond

arrière-grand-mère

ᓂᑖᓂᔥᑭᐐᔒᒻ *nitaanishkiwishiim* nad ◆ mon arrière-grand-père ou grand-mère

arrière-grand-parent

ᐅᑖᓂᔥᑰᔒᒥᐙᐤᐦ *utaanishkuushiimiwaauh* nad ◆ leur(s) arrière-grand(s)-parent(s), leur arrière-petit-fils, leur arrière-petite-fille, leurs arrière-petits-enfants

arrière-grand-père

ᓂᑖᓂᔥᑭᐐᔒᒻ *nitaanishkiwishiim* nad ◆ mon arrière-grand-père ou grand-mère

arrière-petits-enfants

ᐅᑖᓂᔥᑰᔒᒥᐙᐤᐦ *utaanishkuushiimiwaauh* nad ◆ leur(s) arrière-grand(s)-parent(s), leur arrière-petit-fils, leur arrière-petite-fille, leurs arrière-petits-enfants

arrière-plan

ᐊᓯᐹᒋᐦᑎᓐ *asipaachihtin* vii ◆ c'est une silhouette avec de l'eau en arrière-plan

arrimer

ᐴᓂᓯᓈᐹᑖᐤ *puunisinaapaataau* vta ◆ il/elle l'arrime, l'ancre

ᐴᓂᓯᓈᐹᑎᒻ *puunisinaapaatim* vti ◆ il/elle l'arrime, l'ancre

ᐐᔨᐦᐱᑖᐤ *wiyihpitaau* vta ◆ il/elle l'attèle, il/elle l'arrime (ex. un traîneau), il/elle l'attache à une ficelle pour le faire rôtir

arrive

ᒥᑖᐹᐱᒋᐤ *mitaapaapichiu* vai ◆ il/elle arrive d'un voyage de l'intérieur des terres en hiver

arrivée

ᐊᔥᑐᐙᐤ *ashtuwaau* vta ◆ il/elle a préparé à manger avant son arrivée

arriver

ᑎᑯᔑᓐ *tikushin* vai ◆ il/elle arrive à pied

ᐋᐱᒥᐱᔨᐤ *aapimipiyiu* vai ◆ il/elle arrive par ici en véhicule, il/elle vole vers ici

ᒑᓯᔅᑭᒻ *chaasiskim* vti ◆ il/elle y arrive à l'heure, à temps (par ex. à une réunion) ■ ᒑᑳᐟ ᓂᒥ ᐅᐦᒋ ᒑᓯᔅᑭᒻ ᐊᑖᐙᐅᑭᒥᑯᔨᐤ ᐋᐦ ᐋᐱᐦᐄᑭᓂᐐᔨᒡ᙮ ■ chaakaat nimi uhchi chaasiskim ataawaaukimikuyiu aah aapihiikiniwiyich. ■ *Elle/Il n'a presque pas réussi à arriver à temps au magasin.*

ᐄᔅᐱᔨᐤ *iispiyiu* vii ◆ ça arrive d'une certaine façon

ᒫᑖᒫᐤ *maataamaau* vta ◆ il/elle arrive à un chemin

ᒥᔑᑳᐤ *mishikaau* vai ◆ il/elle arrive en canot

ᒥᑖᐹᐦᑎᐦᐋᐤ *mitaapaahtihaau* vta ◆ il/elle arrive à une étendue d'eau avec lui/elle

ᒥᑖᐹᐦᑎᑖᐤ *mitaapaahtitaau* vai ◆ il/elle arrive à l'eau avec, l'apporte au bord de l'eau

ᒥᑖᐹᓯᐦᑖᐤ *mitaapaasihtaau* vai ◆ il/elle arrive à l'étendue d'eau portageant son canot sur les épaules

ᒧᔑᐱᔨᐤ *mushipiyiu* vii ◆ ça arrive doucement (toujours utilisé la forme négative)

ᓈᑎᑳᒫᐱᔨᐐᒡ *naatikaamaapiyiwich* vai pl ◆ ils/elles arrivent sur rivage

ᐹᒋᔥᑖᒋᒧ *paachishtaachimuu* vai -u ◆ il/elle arrive en rampant

ᐹᒋᔥᑖᐹᐤ *paachishtaapaau* vai ◆ il/elle arrive en le/la tirant

ᐹᐱᐦᑖᐤ *paapihtaau* vai ◆ il/elle arrive en courant

ᐹᐱᐦᑛᐤ *paapihtwaau* vai ◆ il/elle arrive avec en courant

ᐹᐱᐦᔮᐤ *paapihyaau* vai ◆ il/elle arrive en volant, par avion

ᐹᐱᔨᐦᐋᐤ *paapiyihaau* vta ◆ il/elle arrive avec lui/elle en véhicule, il/elle le/la vomit

ᐹᐱᔨᐦᑖᐤ *paapiyihtaau* vai ◆ il/elle arrive avec en véhicule, il/elle le vomit

ᐹᐱᔨᐤ *paapiyiu* vai ◆ il/elle arrive en véhicule, la marée monte

ᓵᒋᔥᑐᐐᔥᑭᒻ *saachishtuwishkim* vti ◆ il/elle arrive sur un lac en marchant sur un cours d'eau gelé

ᔖᐦᑯᒋᐱᔨᐤ *shaahkuchipiyiu* vii ◆ ça arrive même si c'était improbable

ᐅᑎᐦᒋᐱᔨᐤ *utihchipiyiu* vai ◆ il/elle arrive ici en véhicule

ᐅᑎᐦᒋᐱᔨᐤ *utihchipiyiu* vii ◆ ça se passe, ça arrive à destination

ᐐᔮᔑᓐ *wiyaashin* p,évaluative ◆ ça compte, ça se passe (normalement utilisé à la forme négative) ■ ᑖᐸ ᒋᑭ ᐐᔮᔑᓐ ᑳᒋᒡ ᐋᐦ ᒥᔥᑭᐐᑎᐦᒡ᙮ ■ taapaa chiki wiyaashin kaachich aah mishkiwitihch. ■ *Il n'arrivera rien tant qu'on le garde gelé.*

ᐋᑎᔥᑭᒻ *aatishkim* vti ◆ il/elle arrive en avance; il/elle le marque de son pied ou de son corps ■ ᐐ ᐋᑎᔥᑭᒻ ᐋᐦᒷᔮᐦ ᐹᐱᐦᔮᒥᑭᓂᔨᒡ᙮ ■ wii aatishkim aahmwaayaah paapihyaamikiniyich. ■ *Elle/il veut arriver avant l'avion.*

ᒥᑖᐹᐱᐦᑖᐤ *mitaapaapihtaau* vai ◆ il/elle arrive au rivage, en courant ou en véhicule à roues

ᒥᑖᐹᐱᔨᐤ *mitaapaapiyiu* vai ◆ il/elle arrive sur une zone d'eau ou de glace en véhicule

ᒥᑖᐸᐤ **mitaapaau** vai ◆ il/elle arrive à une étendue d'eau ou de glace pendant son voyage

ᐹᑤᐙᐱᐦᑖᐤ **paatwaawaapihtaau** vai ◆ il/elle arrive en courant et on entend ses pas

ᐅᑎᐦᑎᐦᐙᐤ **utihtihwaau** vta ◆ il/elle atteint sa cible, arrive chez quelqu'un par véhicule

ᐃᔅᐱᔨᐤ **ispiyiu** vii ◆ ça bouge, va quelque part, arrive, se passe

ᒥᑖᐹᐦᔮᐤ **mitaapaahyaau** vai ◆ il/elle s'envole vers une étendue d'eau ou de glace; il/elle arrive en avion de l'intérieur des terres

ᑖᐹᔥᒌᔑᓐ **taapaashchiishin** vai ◆ il/elle arrive au bon moment, le/la rencontre par hasard

ᑖᐹᔑᔥᒌᔑᓐ **taapaashishchiishin** vai ◆ il/elle arrive à un moment opportun, le/la rencontre sur son chemin

arrondi

ᓅᑎᒫᐱᓯᔅᒋᓯᐤ **nuutimaapisischisiu** vai ◆ il/elle est arrondi-e (minéral)

ᓅᑎᒫᐱᔅᑳᐤ **nuutimaapiskaau** vii ◆ c'est arrondi (minéral)

ᓅᑎᒫᔅᑯᓐ **nuutimaaskun** vii ◆ c'est arrondi (long et rigide)

ᓅᑎᒫᔅᑯᓯᐤ **nuutimaaskusiu** vai ◆ il/elle est arrondi-e (long et rigide)

ᓅᑎᒫᐤ **nuutimaau** vii ◆ c'est arrondi

ᐴᑐᐙᒋᓯᐤ **puutuwaachisiu** vai ◆ c'est arrondi (étalé)

ᓅᑎᒥᐦᑖᐤ **nuutimihtaau** vai+o ◆ il/elle lui donne une forme arrondie

ᓅᑎᒥᑭᓂᒑᐦᑎᓐ **nuutimikinichaahtin** vii ◆ la lame est arrondie

ᓅᑎᒥᐱᔩᐎᒡ **nuutimipiyiwich** vai pl ◆ les vagues sont arrondies, ne déferlent pas

ᐹᓈᔮᐤ **paanaayaau** vii ◆ c'est arrondi au fond

ᓅᑎᒥᑎᓈᐤ **nuutimitinaau** vii ◆ le sommet de la montagne est arrondi

arrondir

ᐴᑎᐙᒋᐦᐋᐤ **puutiwaachihaau** vta ◆ il/elle étire la fourrure mais la rend trop arrondie sur les côtés

arroser

ᓯᓂᐿᑎᐦᐊᒼ **sinipwaatiham** vti ◆ il/elle l'arrose

ᓯᓂᐿᑎᐦᐙᐤ **sinipwaatihwaau** vta ◆ il/elle l'arrose

artère

ᐅᑖᐦᐋᔮᐲ **utaahaayaapii** nid ◆ son artère

ᒥᐦᒁᔮᐲ **mihkwaayaapii** ni ◆ une veine, une artère

ᒀᔥᒀᔥᑯᐦᑎᐹᐤ **kwaashkwaashkuhtipaau** ni -m ◆ l'artère principale à la sortie du coeur, l'aorte

articulation

ᐋᓂᔅᑭᐎᑭᓈᓐ **aaniskiwikinaan** ni ◆ une articulation (entre deux os)

ᐋᓂᔅᑭᐎᑭᓂᑎᐦᒑᓐ **aaniskiwikinitihchaan** ni ◆ une articulation du doigt

ᒥᑐᑭᓐ **mitukin** nid ◆ une articulation de hanche

ᐅᐱᐦᒑᐦᑭᑭᓂᑭᓐ **upihchaahkikinikin** nid ◆ son articulation de la hanche

ᐅᑑᑭᓂᑭᓐ **utuukinikin** nid ◆ son articulation de la hanche

ᑯᑎᑯᔅᒑᐙᔑᒼ **kutikuschaawaashim** vti ◆ il/elle le coupe aux ligaments des articulations

ᑎᔑᐱᔑᑭᓂᐆ **tishipishikiniuu** vti, passif -iwi ◆ il/elle est coupé-e à l'articulation, à la jointure

ᑎᔑᐱᔑᒼ **tishipishim** vti ◆ il/elle est coupé-e à l'articulation, à la jointure

ascenseur

ᑳᐃᔅᒁᐦᑎᐙᐱᔨᒡ **kaaiskwaahtiwaapiyich** nip ◆ un ascenseur

ᑳᐃᔅᒁᐦᑎᐐᐱᔩᓈᓂᐎᒡ **kaaiskwaahtiwiipiyinaaniwich** nip [Whapmagoostui] ◆ un ascenseur (qui descend), un escalier roulant

asperger

ᐅᔃᐦᐊᒼ **uswaaham** vti ◆ il/elle l'asperge

ᐅᔃᐦᐙᐤ **uswaahwaau** vta ◆ il/elle l'asperge

asphyxié

ᒋᒧᑖᒫᐦᐱᓲ **chimutaamaahpisuu** vai -u ◆ il/elle est asphyxié-e par la fumée

asphyxier

ᒋᒧᑖᒫᐦᑭᔃᐤ **chimutaamaahkiswaau** vta ◆ il/elle l'asphyxie avec du feu

asphyxier (s')

ᒋᒧᑖᒫᐦᑭᓲ **chimutaamaahkisuu** vai -u ◆ il/elle meurt d'asphyxie

aspirer

ᐅᑎᐦᑎᒼ **utihtim** vti ◆ il/elle l'aspire

ᐅᑎᒫᐤ **utimaau** vta ◆ il/elle l'aspire

aspirine

ᒥᔥᑎᒁᓂᑐᐦᑯᔩᓐ **mishtikwaanituhkuyin** ni -im ◆ de l'aspirine, lit. 'remède pour la tête'

assemblement

ᒋᔥᑐᐎᐦᐄᑭᓐ **chishtuwihiikin** ni ◆ l'assemblement des poteaux au sommet du tipi

assembler

ᒫᒧᐎᐦᐋᐤ **maamuwihaau** vta ◆ il/elle les assemble

ᒫᒧᐎᐦᑖᐤ **maamuwihtaau** vai+o ◆ il/elle les assemble

ᒫᒧᐎᔥᑖᐤ **maamuwishtaau** vai ◆ il/elle l'assemble, le rédige

ᓂᔥᑎᐎᐦᐋᐤ **nishtiwihaau** vta ◆ il/elle l'assemble, le/la monte

ᒥᒋᒌᐦᒁᐦᓂᒼ **michichiihkwaahnim** vti ◆ il/elle l'assemble mal (ex. un mocassin) , fait des plis inégaux

ᓃᔂᑭᒧᐦᐋᐤ **niishwaakimuhaau** vta ◆ il/elle en suspend deux (animé, étalé); il/elle assemble deux peaux de rat musqué, l'une dans l'autre

asseoir

ᔑᒥᑎᐱᐦᐋᐤ **shimitipihaau** vta ◆ il/elle le/la relève en l'asseyant

ᐊᑎᒥᐱᐤ **atimipiu** vai ◆ il/elle est assis-e le dos tourné

ᐄᑎᐱᐤ **iitipiu** vai ◆ il/elle est assis-e d'une certaine façon ▪ ᐧᐋᓴ ᔖᔥ ᓈᐅᔥ ᐄᑎᐱᐤ ᐅᑎᐦ ▪ waasaa shaash naaush iitipiu utih. ▪ *Elle est assise ici depuis longtemps.*

ᐹᔨᑯᐱᐤ **paayikupiu** vai ◆ il/elle est assis-e seul-e

ᐴᐦᑎᐱᐤ **puuhtipiu** vai ◆ il/elle est assis-e à l'intérieur (ex. dans une boîte), il/elle est assis-e sur un trou (ex. trou de la toilette)

ᔩᐹᐱᐤ **shiipaapiu** vai ◆ il/elle est assis-e sous quelque chose

ᐧᐋᐧᐋᑭᐱᐤ **waawaakipiu** vai redup ◆ il/elle est assis-e drapé-e de quelque chose (étalé)

ᐧᐄᑎᐱᐦᑎᔮᐤ **wiitipihtiyaau** vta ◆ il/elle l'assoit à côté de quelqu'un

ᐅᐦᐱᒫᔥᑖᐤ **uhpimaashtaau** vai ◆ il/elle est assis-e sur une inclinaison

ᐅᐧᐋᔨᐦᐋᐤ **uwaayihaau** vta ◆ il/elle le/la met en place, le/la prépare, l'assoit

ᐧᐃᑎᔅᑭᐧᐃᐱᐤ **witiskiwipiu** vai ◆ il/elle est assis-e, placé-e devant, en face

ᑖᐦᑖᐱᔅᑭᐱᐤ **taahtaapiskipiu** vai ◆ il/elle est assis-e, perché-e, posé-e au sommet des rochers

ᐅᐦᐱᒫᐱᐤ **uhpimaapiu** vai ◆ il/elle est assis-e penché-e d'un côté

asseoir (s')

ᐊᐱᔥᑎᒼ **apishtim** vti ◆ il/elle s'assoit à côté de ça

ᐊᐱᔥᑎᐧᐋᐤ **apishtiwaau** vta ◆ il/elle s'assoit à côté de lui/d'elle

ᐊᐱᐤ **apiu** vai ◆ il/elle s'assoit

ᐊᑐᑎᐱᐤ **atutipiu** vai ◆ il/elle s'assoit dessus

ᓂᐦᐋᐱᔥᑎᒼ **nihaapishtim** vti ◆ il/elle s'assoit pour faire quelque chose

ᐱᐹᑎᑯᐱᐤ **pipaatikupiu** vai redup ◆ il/elle s'assoit les jambes repliés, à genoux assis-e

ᑖᐦᑎᐱᐤ **taahtipiu** vai ◆ il/elle s'assoit sur quelque chose

ᐅᐧᐋᔨᐦᐄᓲ **uwaayihiisuu** vai reflex -u ◆ il/elle s'assied

ᐧᐄᑎᐱᐦᑎᒼ **wiitipihtim** vti ◆ il/elle s'assoit avec ça

ᐧᐄᑎᐱᔥᑎᒼ **wiitipishtim** vti ◆ il/elle s'assoit avec, à coté

ᐋᓂᐱᐤ **aanipiu** vai ◆ il/elle s'assoit au fond de quelque chose

ᐋᔥᑎᒫᔥᑖᐱᐤ **aashtimaashtaapiu** vai ◆ il/elle s'assoit au soleil

ᐋᔓᐧᐃᑳᒫᐤ **aashuwikaamaau** vai ◆ il/elle traverse l'habitation pour aller s'asseoir

ᐊᔥᑎᐱᐤ **ashtipiu** vai ◆ il/elle s'assoit avec les autres

ᐊᑎᒥᐱᔥᑎᒼ **atimipishtim** vti ◆ il/elle s'assoit en lui tournant le dos

ᐊᑎᒥᐱᔥᑎᐧᐋᐤ **atimipishtiwaau** vta ◆ il/elle s'assoit en lui tournant le dos

ᒑᔥᑎᓈᑎᐱᐤ **chaashtinaatipiu** vai ◆ il/elle est bien assis-e, solidement ou en sécurité

ᒌᑳᔅᑯᐱᐤ **chiikaaskupiu** vai ◆ il /elle est assis-e près d'un mur, d'un arbre

ᒫᒧᐧᐃᐱᐧᐃᒡ **maamuwipiwich** vai pl ◆ ils/elles s'assoient toutes/tous ensemble

ᓈᓈᑎᐱᔥᑎᐧᐋᐤ **naanaatipishtiwaau** vta redup ◆ il/elle va s'asseoir plus près de lui/d'elle; il/elle se rapproche vers lui/elle

ᓈᑎᐱᐤ **naatipiu** vai ◆ il/elle va s'asseoir plus près

ᐱᑎᑯᔥᑭᒼ **pitikushkim** vti ◆ il/elle s'assoit dessus, le retient de son poids

ᐱᑎᑯᔥᑭᐧᐋᐤ **pitikushkiwaau** vta ◆ il/elle s'assoit sur lui/elle, le/la retient de son poids

ᐱᔨᔩᐦᑖᐱᐤ **piyiyihtaapiu** vai ◆ il/elle s'assoit là où on la/le remarque

ᐅᑖᔥᑎᒥᐱᔥᑎᒼ **utaashtimipishtim** vti ◆ il/elle s'assoit face à ça

ᐅᑖᔥᑎᒥᐱᔥᑎᐧᐋᐤ **utaashtimipishtiwaau** vta ◆ il/elle s'assoit face à lui/elle

ᐅᑖᔥᑎᒥᐱᐤ **utaashtimipiu** vai ◆ il/elle s'assoit face à cette direction

ᐧᐋᔅᑳᐱᔥᑖᑐᐧᐃᒡ **waaskaapishtaatuwich** vai pl recip -u ◆ ils/elles s'assoient ensemble en cercle

ᐧᐄᔅᒁᔮᑭᐱᐤ **wiiskwaayaakipiu** vai ◆ il/elle est assis-e avec quelque chose enroulé autour de lui/d'elle

ᐱᐦᑳᓂᐱᐤ **pihkaanipiu** vai ◆ il/elle est assis-e, posé-e à part

ᔑᔖᐅᐦᑐᐱᐤ **shishaauhtupiu** vai ◆ il/elle s'assoit en étirant les jambes

ᑖᐦᑎᑯᓰᐤ **taahtikusiiu** vai ◆ il/elle s'assoit, se perche au sommet de quelque chose (ex. le toit, la cache)

assez

ᑖᐱᒋᔑᐧᐃᒡ **taapichishiwich** vai pl ◆ il y en a assez, ils/elles sont assez nombreux

ᒋᐳᔅᒋᒫᐤ **chipuschimaau** vta ◆ il/elle a juste assez de laçage pour finir les raquettes

ᑭᐧᓈᐹᒋᓈᐤ **kinwaapaachinaau** vta ◆ il/elle lui donne juste assez de nourriture pour le/la garder vivante

ᔑᔥᑭᒋᐦᐄᑯ **shishkichihiikuu** vai -u ◆ il/elle en a assez, en a marre, n'est plus intéressé-e

ᔑᔥᑭᒋᐦᑎᐧᐋᐤ **shishkichihtiwaau** vta ◆ il/elle en a assez de l'écouter

ᓯᔅᑭᒌᐤ **siskichiiu** vai ◆ il/elle est fatigué-e de faire quelque chose; il/elle en a assez de faire quelque chose

ᓯᔅᑭᒋᒧᐧᐋᐤ **siskichimuwaau** vta ◆ il/elle en a assez d'en manger (animé)

ᑖᐱᒑᔨᐦᑎᒼ **taapichaayihtim** vti ◆ il/elle pense que c'est assez, il/elle est content-e avec

ᑖᐱᒑᔨᒧ **taapichaayimuu** vai -u ◆ il/elle pense que c'est assez, il/elle a confiance en lui/elle

ᑖᐱᐦᑳᒨ taapihkwaamuu vai-u ◆ il/elle a assez dormi

ᑖᐱᒦᒋᓲ taapimiichisuu vai-u ◆ il/elle a assez mangé

ᑖᐱᔅᒋᓂᐦᐋᐤ taapischinihaau vta ◆ il/elle a de la place pour lui/elle, il/elle a assez de place pour le mettre dedans

ᑖᐱᔥᑳᑐᐎᒡ taapishkaatuwich vai pl recip -u ◆ il y a assez de place pour tout le monde

ᑖᐱᔮᐤ taapiyaau vai ◆ il/elle a assez de ce dont il/elle a besoin, il/elle en a assez pour couvrir ses besoins

ᑖᐳᐦᑎᓂᒧᐙᐤ taapuhtinimuwaau vta ◆ il/elle lui en fournit assez

ᑭᑖᐹᐱᐦᑎᒻ kitaapaapihtim vti ◆ il/elle en voit assez, il/elle a une vue complète (de la chose)

ᓯᔅᑭᒋᑳᐴ siskichikaapuu vai-uwi ◆ il/elle en a assez d'être debout, il/elle est fatigué-e d'être debout

ᓯᔅᑭᒋᒦᒋᐤ siskichimiichiu vai ◆ il/elle en a assez d'en manger, il/elle est fatigué-e d'en manger

ᓯᔅᑭᑎᐱᐤ siskitipiu vai ◆ il/elle en a assez d'être assis-e, il/elle est fatigué-e d'être assis-e

ᑖᐱᐱᔫ taapipiyiu vai ◆ il/elle se met en place, il y en a assez pour tout le monde

ᑖᐱᐱᔫ taapipiyiu vii ◆ ça se met en place, il y en a assez pour tout le monde

ᒑᒋᔥᒋᐱᔫ chaachishchipiyiu vii ◆ c'est à peine suffisant, c'est tout juste assez

assiette

ᐎᔮᑭᓐ wiyaakin ni ◆ un plat, une assiette, une poêle à frire

assis

ᐊᔅᐱᐱᐤ aspipiu vai ◆ il/elle est assis-e sur quelque chose

ᑭᔮᐅᑎᐱᐤ kiyaautipiu vai ◆ il/elle est assis-e sans bouger

ᑯᐃᔅᑯᐱᐤ kuiskupiu vai ◆ il/elle est assis-e bien droit-e

ᓰᑎᐎᐱᐤ siitiwipiu vai ◆ il/elle est juste assis-e là

ᐊᔅᒋᐱᐤ aschipiu vai ◆ il/elle est fatigué-e d'être assis-e

ᐄᔑᐅᑖᔥᑎᒥᐱᐤ iishiutaashtimipiu vai ◆ il/elle est assis-e face à une certaine direction

ᐄᑎᐱᐤ iitipiu vai ◆ il/elle est assis-e d'une certaine façon ■ ᐙᓵ ᔖᔥ ᓈᐅᔥ ᐄᑎᐱᐤ ᐅᑎᐦ. ■ waasaa shaash naaush iitipiu utih. ■ *Elle est assise ici depuis longtemps.*

ᐃᔮᔅᑯᐱᐤ iyaaskupiu vai ◆ il/elle est fatigué d'être assis

ᐃᔮᔪᐎᐱᐤ iyaayuwipiu vai ◆ il/elle est fatigué-e d'être assis

ᑯᐃᔥᑎᑭᒫᐱᐎᒡ kuishtikimaapiwich vai pl ◆ ils/elles sont assis-es tout autour de l'habitation

ᒁᔅᒋᐱᐤ kwaaschipiu vai ◆ il/elle se retourne assis-e

ᒥᐦᑭᐱᐤ mihkipiu vai ◆ il/elle prend beaucoup de place quand il/elle est assis-e

ᒥᓂᐦᒁᐅᐱᐤ minihkwaaupiu vai ◆ il/elle boit assis-e

ᒥᔪᐱᐤ miyupiu vai ◆ il/elle est bien assis-e, assis-e confortablement

ᒧᔥᑖᑯᓈᐱᐤ mushtaakunaapiu vai ◆ il/elle est assis-e directement sur la neige

ᒨᔥᑖᑯᓂᑭᐱᐤ muushtaakunikipiu vai ◆ il/elle est assis-e dans la neige

ᓃᔥᑖᒧᐦᒑᐤ niishtaamuhchaau vai ◆ il/elle est assis-e à l'avant du canot

ᓃᔓᐱᐎᒡ niishupiwich vai pl ◆ il y en a deux qui sont assis-es

ᓂᔥᑐᐱᐎᒡ nishtupiwich vai pl ◆ il y en a trois qui sont assis-es

ᓂᐙᐱᐤ niwaapiu vai ◆ il/elle est assis-e penché-e ou courbé-e en avant

ᐲᐦᑤᐅᐱᐤ piihtwaaupiu vai ◆ il/elle est assis-e là en fumant

ᔕᒫᔥᑎᐱᐤ shaamaashtipiu vai ◆ il/elle est assis-e les genoux relevés

ᔒᐱᐱᐤ shiipipiu vai ◆ il/elle est assis-e plus longtemps que d'habitude

ᓰᐦᑭᑎᐱᐤ siihkitipiu vai ◆ il/elle a froid en étant assis-e

ᐅᒋᒫᐅᐱᐤ uchimaaupiu vai ◆ il/elle reste assis comme le patron

ᐙᒋᐱᔅᑯᓈᐱᐤ waachipiskunaapiu vai ◆ il/elle est assis-e tout bossu

ᐙᔅᑳᐱᔥᑎᐙᐎᒡ waaskaapishtiwaawich vta pl ◆ ils/elles sont assis en cercle autour de lui/d'elle ■ ᒌᐦ ᐙᔅᑳᐱᔥᑎᐙᐎᒡ ᐅᐦᑯᒧᐙᐦ ᐋᐦ ᑎᐹᒋᒧᔥᑖᑯᒡ. ■ chiih waaskaapishtiwaawich uhkumuwaauh aah tipaachimushtaakuch. ■ *Elles se sont assises autour de leur grand-mère alors qu'elle racontait des histoires.*

ᐙᔅᑳᐱᐎᒡ waaskaapiwich vai pl ◆ ils/elles sont assis autour de quelque chose, en cercle

ᔮᔮᐦᑎᐱᐤ yaayaahtipiu vai ◆ il/elle remue assis-e

ᔫᔅᑭᐱᐤ yuuskipiu vai ◆ il/elle est assis-e, posé-e sur quelque chose de doux

ᒌᔅᑳᔅᑯᐱᐤ chiiskaaskupiu vai ◆ il/elle est assis-e sur une surface dure et ça lui fait mal

ᒋᔮᒫᐅᐱᐤ chiyaamaaupiu vai ◆ il/elle est assis immobile, silencieux/silencieuse

ᐃᔮᔅᑭᐎᐱᐤ iyaaskiwipiu vai ◆ il/elle est déjà assis là, posé là, tout prêt

ᑳᐦᑭᐹᐱᐤ kaahkipaapiu vai ◆ il/elle est assis-e les jambes écartées

ᒦᔥᑯᒋᐱᔨᐦᐅ miishkuchipiyihuu vai-u ◆ il/elle est assis-e à la place de quelqu'un d'autre, il/elle change de place avec lui/elle

ᓃᐱᑖᐱᐧᐃᒡ niipitaapiwich vai pl ◆ ils sont assis, placés en rang, elles sont assises, placées en rang

ᓯᔅᑭᑎᐱᐤ siskitipiu vai ◆ il/elle en a assez d'être assis-e, il/elle est fatigué-e d'être assis-e

ᐅᐦᐱᒫᔥᑖᐤ uhpimaashtaau vai ◆ il/elle est assis-e sur une inclinaison

ᐧᐃᑎᔅᑭᐧᐃᐱᐤ witiskiwipiu vai ◆ il/elle est assis-e, placé-e devant, en face

ᐅᐦᐱᒫᐱᐤ uhpimaapiu vai ◆ il/elle est assis-e penché-e d'un côté

assistance

ᐧᐄᒋᐦᐄᐧᐋᐧᐃᓐ wiichihiiwaawin ni ◆ de l'aide, du soutien, de l'assistance

assister

ᓂᔥᑎᐧᐄᐤ nishtiwiiu vai ◆ il/elle assiste à une réunion

assombrir (s')

ᐅᑳᔥᑖᐱᔩᐤ ukaashtaapiyiu vii ◆ ça devient noir tout à coup, ça s'assombrit soudainement

assommer

ᒌᔥᐧᑳᐦᐧᐋᐤ chiishkwaahwaau vta ◆ il/elle l'assomme

assommer (s')

ᒌᔥᐧᑳᔑᓐ chiishkwaashin vai ◆ il/elle s'assomme

assouplir

ᔫᔅᒋᐦᐋᐤ yuuschihaau vta ◆ il/elle l'assouplit

ᔫᔅᒋᓈᐤ yuuschinaau vta ◆ il/elle l'assouplit à la main

ᔫᔅᒋᓂᒼ yuuschinim vti ◆ il/elle l'assouplit à la main

ᐊᐅᔅᑖᔅᑯᐦᐄᑭᓈᐦᑎᒄ austaaskuhiikinaahtikw ni ◆ un bâton utilisé pour étirer et assouplir les bottes en peau de phoque

ᒥᒥᑯᐱᑖᐤ mimikupitaau vta redup ◆ il/elle le/la frotte pour l'assouplir

ᒥᒥᑯᐱᑎᒼ mimikupitim vti redup ◆ il/elle le frotte pour l'assouplir

ᒥᓯᐳᔮᐤ misipuyaau vta ◆ il/elle frotte la peau pour l'assouplir en la faisant glisser sur une corde attachée à un poteau du tipi

ᔑᑯᓂᒼ shikunim vti ◆ il/elle le manie jusqu'à ce qu'il s'assouplisse

ᐊᐅᔥᑖᔅᑯᐦᐊᒼ aushtaaskuham vti ◆ il/elle assouplit et étirer des bottes de peau de phoque avec un bâton

ᒥᒥᑯᓈᐤ mimikunaau vta redup ◆ il/elle le/la frotte, l'assouplit, le/la lave à la main

assujettir

ᒥᒋᒥᐦᐧᐋᐤ michimihwaau vta ◆ il/elle l'attache, l'assujettit

ᓈᔅᐱᑎᒧᐦᑖᐤ naaspitimuhtaau vai ◆ il/elle le fixe, l'assujettit de façon permanente

assurance

ᐋᔨᒋᑳᐳᐧᐃᐦᑖᐤ aayichikaapuwihtaau vai+o ◆ il/elle se tient debout avec assurance

assure-toi

ᔮᔨᑖ yaayitaa p,manière ◆ assure-toi de, assurez-vous de, n'oublie pas, n'oubliez pas ■ ᔮᔨᑖ ᒋᐴᐦ ᒋᓵᐱᓯᔅᒋᓵᐧᐋᓐ ᐧᐃᔨᐧᐄᓈ× ■ yaayitaa chipuuh chisaapisichisaawaan wiyiwiinaa. ■ *Assure-toi d'avoir bien éteint le fourneau quand tu partiras!*

ᔮᔨᑖᐃ yaayitaai p,manière ◆ assure-toi de, assurez-vous de, n'oublie pas, n'oubliez pas ■ ᔮᔨᑖᐃ ᓂᑎᐧᐋᐱᐦᑦ ᐊᓂᐦᐄ ᑰᓂᐦᐄᑭᓐᐦ ᑳ ᐧᐃᓂᒋᔅᒋᓯᔨᓐ× ❖ ᔮᔨᑖᐃ ᐊ ᐧᐄᔨ ᑭᑎ ᓂᑎᐧᐋᐱᒫᐤ ᐊᓂᔮᐦ ᐧᐋᓵᐦᑎᐧᐋᐤᐦ ᑳ ᐧᐋᐱᒥᒥᑦᐦ× ■ yaayitaai nitiwaapiht anihii kuunihiikinh kaa winichischisiyin. ❖ yaayitaai aa wiiyi kiti nitiwaapimaau aniyaah waasaahtiwaauh kaa waapimimith. ■ *N'oublie pas d'aller chercher tes pièges que tu avais oublié.* ❖ *Est-ce bien sûr que c'est elle qui doit aller voir ces arbres rongés par un porc-épic?*

asticot

ᐅᔅᐧᑳᐤ uskwaau na -aam ◆ une larve, un asticot

ᐅᔅᐧᑳᐧᐋᑖᐤ uskwaawaataau vta ◆ il/elle (ex. mouche) pond ses oeufs sur lui/elle, lui dépose ses larves, asticots dessus

ᐅᔅᐧᑳᐧᐋᑎᒼ uskwaawaatim vti ◆ il/elle (ex. mouche) pond ses oeufs dessus, y dépose ses larves, ses asticots

atlas

ᐅᑎᐱᔅᑯᐦᒑᐤ utipiskuhchaau nid ◆ sa première vertèbre, son atlas

atmosphère

ᒥᐧᔮᔨᐦᑖᑯᓐ miywaayihtaakun vii ◆ c'est un temps agréable, une atmosphère agréable

ᐱᒋᔅᑭᓐ pichiskin vii ◆ l'atmosphère est bleue et brumeuse quand il fait chaud

attaché

ᐋᓂᔅᑭᐧᐋᔅᑯᒨ aaniskiwaaskumuu vii -u ◆ c'est attaché à un autre (bâton)

ᐋᓂᔅᑭᐧᐋᔅᑯᔑᓐ aaniskiwaaskushin vai ◆ il/elle est attaché-e par un autre (bâton)

ᒫᑯᐱᑖᐤ maakupitaau vii ◆ c'est attaché

ᒋᑭᒨ chikimuu vai -u ◆ il /elle est attaché-e, coincé-e

ᒫᒧᐧᐋᐱᐦᑳᓱᐧᐃᒡ maamuwaapihkaasuwich vai pl -u ◆ ils/elles sont attaché-e-s ensemble

ᒫᒧᐧᐋᐱᐦᑳᑖᐤᐦ maamuwaapihkaataauh vii pl ◆ ces choses sont attachées ensemble

ᓃᐧᔖᐱᐦᑳᓱᐧᐃᒡ niishwaapihkaasuwich vai pl -u ◆ ils/elles sont attaché-e-s ensemble

ᓃᐧᔖᐱᐦᑳᑖᐤᐦ niishwaapihkaataauh vii pl ◆ il y a deux choses attachées ensemble

ᔑᑳᐱᐦᑳᓲ shikaapihkaasuu vai -u ◆ il/elle est attaché-e à quelque chose, est en laisse

attache

ᐧᐋᔥᐱᒋᔥᑖᐹᓐ waashpichishtaapaan ni -um ◆ des attaches de traîneau

attacher

ᐋᓂᔅᒑᔮᐱᐦᑳᑖᐤ aanischaayaapihkaataau vta ◆ il/elle les attache l'un après l'autre

ᐋᓂᔅᒑᔮᐱᐦᑳᑎᒼ aanischaayaapihkaatim vti ◆ il/elle les attache l'un après l'autre

ᐋᓂᔅᑭᐚᐱᐦᒑᓈᐤ **aaniskiwaapihchaanaau** vta ◆ il/elle lui attache un autre morceau de ligne après (filiforme)

ᐋᓂᔅᑭᐚᐱᐦᒑᓂᒻ **aaniskiwaapihchaanim** vti ◆ il/elle y (filiforme) attache un autre morceau

ᐋᔑᐚᐱᐦᑳᑖᐤ **aashiwaapihkaataau** vta ◆ il/elle l'attache de l'un à l'autre

ᐋᔑᐚᐱᐦᑳᑎᒻ **aashiwaapihkaatim** vti ◆ il/elle l'attache de l'un à l'autre

ᐊᒁᐱᐦᑳᓲ **akwaapihkaasuu** vai -u ◆ il/elle y est attaché

ᐊᒁᐱᐦᑳᑖᐤ **akwaapihkaataau** vii ◆ ça y est attaché

ᐊᔥᑖᔅᒁᐦᐱᑖᐤ **ashtaaskwaahpitaau** vta ◆ il/elle l'attache à quelque chose de long et rigide

ᒋᔑᑳᐱᐦᑳᓲ **chishikaapihkaasuu** vai -u ◆ il/elle est attaché-e à quelque chose ■ ᒫᓂᑎᐦ ᒌᔥᑖᑭᐦᐄᑭᓂᐦᒡ ᒑᔑᑳᐱᐦᑳᓱᑦ ᐊᓐ ᐊᒋᒧᔑᔥ. ■ maanitih chiishtaakihiikinihch chaashikaapihkaasut an achimushish. ■ *Le chiot est attaché au piquet de tente.*

ᐄᑖᐱᐦᑳᓲ **iitaapihkaasuu** vai -u ◆ il/elle est attaché-e d'une certaine façon

ᐄᑖᐱᐦᑳᑖᐤ **iitaapihkaataau** vta ◆ il/elle l'attache d'une certaine façon

ᐄᑖᐱᐦᑳᑖᐤ **iitaapihkaataau** vii ◆ c'est attaché d'une certaine façon

ᐄᑖᐱᐦᑳᑎᒻ **iitaapihkaatim** vti ◆ il/elle l'attache d'une certaine façon

ᑯᐃᔅᒁᐱᐦᑳᑎᒻ **kuiskwaapihkaatim** vti ◆ il/elle l'attache correctement

ᒫᑯᐱᓲ **maakupisuu** vai -u ◆ il/elle est attaché-e, lié-e

ᒫᑯᐱᑖᐤ **maakupitaau** vta ◆ il/elle l'attache

ᒫᑯᐱᑎᒻ **maakupitim** vti ◆ il/elle l'attache

ᒥᒋᒫᐱᔅᑭᐦᐊᒻ **michimaapiskiham** vti ◆ il/elle l'attache avec quelque chose (minéral)

ᒥᒋᒫᐱᔅᑭᐦᐚᐤ **michimaapiskihwaau** vta ◆ il/elle l'attache avec quelque chose (minéral)

ᒥᒋᒥᐦᐊᒻ **michimiham** vti ◆ il/elle l'attache avec quelque chose

ᒥᒋᒧᐦᐚᐤ **michimuhwaau** vta ◆ il/elle l'attache avec quelque chose

ᓂᒋᒧᐦᑎᑖᐤ **nichimuhtitaau** vai ◆ il/elle l'attache à quelque chose

ᔑᑳᐱᐦᑳᑎᒻ **shikaapihkaatim** vti ◆ il/elle l'attache à quelque chose

ᔑᒥᑖᐱᐦᑳᑖᐤ **shimitaapihkaataau** vta ◆ il/elle l'attache pour qu'il/elle soit porté-e sur son dos

ᑎᐦᑎᐱᐦᐱᑖᐤ **tihtipihpitaau** vta redup ◆ il/elle l'attache

ᑎᐦᑎᐱᐦᐱᑎᒻ **tihtipihpitim** vti redup ◆ il/elle l'attache

ᐎᔨᐦᐱᑎᒻ **wiyihpitim** vti ◆ il/elle l'attache de la façon qui lui convient

ᐋᒋᓂᔅᑭᐦᐋᐤ **aachiniskihaau** vta ◆ il/elle lui attache les pattes avant sur la poitrine

ᐋᐦᑎᐦᐱᑖᐤ **aahtihpitaau** vta ◆ il/elle l'attache ailleurs

ᐋᐦᑎᐦᐱᑎᒻ **aahtihpitim** vti ◆ il/elle l'attache ailleurs

ᐋᓂᔅᑭᐚᐹᒋᓈᐤ **aaniskiwaapaachinaau** vta ◆ il/elle le/la (filiforme) rallonge à la main, il/elle attache des ficelles ou de la corde pour le/la rallonger

ᐋᓂᔅᑭᐚᐹᒋᓂᒻ **aaniskiwaapaachinim** vti ◆ il/elle attache deux ficelles ensembles pour le rallonger

ᐋᓂᔅᑯᑖᐱᐦᒑᐦᑎᑖᐤ **aaniskutaapihchaahtitaau** vai ◆ il/elle y attache un autre morceau pour le rallonger

ᐋᔥᑐᓈᔮᐱᐦᒑᐦᑎᑖᐤ **aashtunaayaapihchaahtitaau** vai ◆ il/elle l'attache en l'enroulant et le croisant

ᐋᔥᑐᓈᔮᔅᑯᒧᐦᑖᐤ **aashtunaayaaskumuhtaau** vai ◆ il/elle attache des bâtons en croix

ᐋᔥᑐᓈᔮᔅᑯᒨ **aashtunaayaaskumuu** vii -u ◆ c'est attaché en croix (bâtons)

ᐋᑎᓂᔅᒑᐦᐱᑖᐤ **aatinischaahpitaau** vta ◆ il/elle lui attache les pattes pour l'empêcher de s'échapper

ᐊᒋᐚᐱᐦᑳᑖᐤ **achiwaapihkaataau** vta ◆ il/elle le/la raccourcit en l'attachant

ᐊᒋᐚᐱᐦᑳᑎᒻ **achiwaapihkaatim** vti ◆ il/elle le raccourcit en l'attachant

ᐊᔥᑖᐱᐦᑳᑖᐤ **ashtaapihkaataau** vta ◆ il/elle l'attache avec le reste

ᐊᔥᑖᐱᐦᑳᑎᒻ **ashtaapihkaatim** vti ◆ il/elle l'attache avec les autres, avec le reste

ᐊᔥᑖᔅᒁᐦᐱᑎᒻ **ashtaaskwaahpitim** vti ◆ il/elle l'attache (étalé) à quelque chose de long et rigide

ᐊᓯᐦᐱᑖᐤ **asihpitaau** vta ◆ il/elle les attache ensemble, en botte ou en bouquet

ᐊᓯᐦᐱᑎᒻ **asihpitim** vti ◆ il/elle les attache ensemble, en botte ou en bouquet

ᒌᔥᑖᑭᐦᐊᒻ **chiishtaakiham** vti ◆ il/elle attache les cordes de la tente aux poteaux

ᒌᑎᐚᐱᐦᑳᑖᐤ **chiitiwaapihkaataau** vta ◆ il/elle le/la fixe bien en place en l'attachant

ᒌᑎᐚᐱᐦᑳᑎᒻ **chiitiwaapihkaatim** vti ◆ il/elle le fixe bien en place en l'attachant

ᒋᑭᒨ **chikimuu** vii -u ◆ c'est attaché, coincé

ᒋᐻᐱᐦᑳᑖᐤ **chipwaapihkaataau** vta ◆ il/elle le/la ferme en l'attachant

ᒋᐻᐱᐦᑳᑎᒻ **chipwaapihkaatim** vti ◆ il/elle le ferme en l'attachant

ᒋᔑᑳᐱᐦᐋᐤ **chishikaapihaau** vta ◆ il/elle l'attache avec une laisse à quelque chose ■ ᒋᔑᑳᐱᐦᐋᐤ ᐊᓂᔮᐦ ᐅᑎᐚᔑᔒᒻᐦ ᐋᑳ ᓂᑎᐚᔨᒫᑦ ᒑ ᐃᔅᒁᓱᔨᒡᐦ. ■ chishikaapihaau aniyaah utiwaashishiimh aakaa nitiwaayimaat chaa iskwaasuyichh. ■ *Elle a mis une laisse à son enfant pour qu'il ne soit pas brûlé par le feu.*

ᒋᔑᑳᐱᐦᑳᑖᐤ **chishikaapihkaataau** vta ◆ il/elle le/la met en laisse

ᐄᑎᒨ **iitimuu** vai -u ◆ ça colle, c'est attaché d'une certaine façon

ᐃᔮᓂᐢᑭᐧᐋᐱᐦᑳᑖᐤ iyaaniskiwaapihkaataau vta ◆ il/elle les attache l'un à l'autre

ᐃᔮᓂᐢᑭᐧᐋᐱᐦᑳᑎᒻ iyaaniskiwaapihkaatim vti redup ◆ il/elle les attache l'un à l'autre (filiforme)

ᑯᐃᐢᐧᑳᐱᐦᑳᑖᐤ kuiskwaapihkaataau vta ◆ il/elle l'attache correctement

ᒫᑯᐱᒋᒑᐤ maakupichichaau vai ◆ il/elle attache, amarre

ᒫᑯᐱᑎᓯᓈᐹᐤ maakupitisinaapaau vai ◆ il/elle attache les flotteurs au filet de pêche

ᒫᒧᐧᐋᐱᐦᑳᑖᐤ maamuwaapihkaataau vta ◆ il/elles les attache, les noue ensemble

ᒫᒧᐧᐋᐱᐦᑳᑎᒻ maamuwaapihkaatim vti ◆ il/elle les attache ensemble

ᒫᐅᓯᐧᑳᐱᐦᑳᑖᐤ maausikwaapihkaataau vta ◆ il/elle les attache ensemble

ᒫᐅᓯᐧᑳᐱᐦᑳᑎᒻ maausikwaapihkaatim vti ◆ il/elle les attache ensemble

ᒥᒋᒫᐱᐦᑳᑖᐤ michimaapihkaataau vta ◆ il/elle le/la retient en l'attachant

ᒥᒋᒫᐱᐦᑳᑎᒻ michimaapihkaatim vti ◆ il/elle le retient en l'attachant

ᒥᒋᒥᐦᐧᐋᐤ michimihwaau vta ◆ il/elle l'attache, l'assujettit

ᒥᒫᐦᒋᐧᑳᐱᐢᑭᐦᐊᒻ mimaahchikwaapiskiham vti ◆ il/elle l'attache avec du métal (ex. une chaîne)

ᓂᐦᐋᐧᐋᐱᐦᑳᑖᐤ nihaawaapihkaataau vta ◆ il/elle l'arrange en l'attachant

ᓂᐦᐋᐧᐋᐱᐦᑳᑎᒻ nihaawaapihkaatim vti ◆ il/elle l'arrange en l'attachant

ᓃᐧᔖᑭᐦᐱᑖᐤ niishwaakihpitaau vta ◆ il/elle en attache deux (animé, étalé) ensemble

ᓃᐧᔖᑭᐦᐱᑎᒻ niishwaakihpitim vti ◆ il/elle en attache deux (étalé) ensemble

ᓃᐧᔖᐱᐦᑳᑖᐤ niishwaapihkaataau vta ◆ il/elle en attache deux (animé) ensemble

ᓃᐧᔖᐱᐦᑳᑎᒻ niishwaapihkaatim vti ◆ il/elle en attache deux ensemble

ᓂᔥᑎᐧᐋᐱᐦᒑᐦᑎᑖᐤ nishtiwaapihchaahtitaau vai ◆ il/elle empile les choses (filiforme) en les attachant

ᓂᔥᐧᑖᐱᐦᑳᑖᐤ nishtwaapihkaataau vta ◆ il/elle attache les trois (animé) ensemble

ᓂᔥᐧᑖᐱᐦᑳᑖᐤᐦ nishtwaapihkaataauh vii pl ◆ il y en a trois qui sont attachés ensemble

ᓂᔥᐧᑖᐱᐦᑳᑎᒻ nishtwaapihkaatim vti ◆ il/elle attache trois choses ensemble

ᐲᒥᑳᒫᔮᐱᐦᑳᑖᐤ piimikaamaayaapihkaataau vta ◆ il/elle l'attache en diagonale

ᐲᒥᑳᒫᔮᐱᐦᑳᑎᒻ piimikaamaayaapihkaatim vti ◆ il/elle l'attache en biais

ᐱᓯᐢᑖᐱᐦᑳᑖᐤ pisistaapihkaataau vta ◆ il/elle l'attache autour de quelque chose

ᐱᓯᐢᑖᐱᐦᑳᑎᒻ pisistaapihkaatim vti ◆ il/elle l'attache autour de quelque chose

ᐱᐧᔮᐱᐢᑯᐦᑭᐦᑎᐧᐋᐤ piywaapiskuhkihtiwaau vta ◆ il/elle y attache un morceau de métal

ᐱᐧᔮᐱᐢᑯᐦᑯᐦᑎᒻ piywaapiskuhkuhtim vti ◆ il/elle y attache un morceau de métal

ᐴᓈᐹᒋᓈᐤ puunaapaachinaau vta ◆ il/elle l'attache pour l'empêcher de dévier du sentier en descendant

ᐴᓈᐹᒋᓂᒻ puunaapaachinim vti ◆ il/elle attache la charge pour l'empêcher de dévier du sentier en descendant

ᓯᒋᑳᑖᐦᐱᑖᐤ sichikaataahpitaau vta ◆ il/elle l'attache par la jambe

ᓯᒋᐧᑳᔮᐱᐦᑳᑖᐤ sichikwaayaapihkaataau vta ◆ il/elle l'attache autour du cou

ᓰᐦᑖᐱᐦᑳᑖᐤ siihtaapihkaataau vta ◆ il/elle l'attache bien serré-e

ᓰᐦᑖᐱᐦᑳᑎᒻ siihtaapihkaatim vti ◆ il/elle l'attache bien serré

ᓰᐦᑎᐦᐱᑖᐤ siihtihpitaau vta ◆ il/elle l'attache en serrant bien

ᓰᐦᑎᐦᐱᑎᒻ siihtihpitim vti ◆ il/elle l'attache en serrant bien

ᓰᐧᑖᐱᐦᑳᑖᐤ siitwaapihkaataau vta ◆ il/elle l'attache pour le/la rassembler

ᓰᐧᑖᐱᐦᑳᑎᒻ siitwaapihkaatim vti ◆ il/elle l'attache pour le rassembler

ᓯᑭᐦᐊᒻ sikiham vti ◆ il/elle l'attache à quelque chose, le visse dessus

ᓯᑭᐦᐧᐋᐤ sikihwaau vta ◆ il/elle l'attache à quelque chose, le visse dessus

ᑖᑎᐱᒨ taatipimuu vii -u ◆ ça va, c'est attaché tout autour

ᑎᐦᑎᐹᐱᐦᑳᑖᐤ tihtipaapihkaataau vta redup ◆ il/elle entoure la ficelle autour de lui/d'elle pour l'attacher

ᑎᐦᑎᐹᐱᐦᑳᑎᒻ tihtipaapihkaatim vti redup ◆ il/elle entoure la ficelle autour pour l'attacher

ᐅᑖᐱᐦᑳᑖᐤ utaapihkaataau vta ◆ il/elle le/la tire et l'attache à quelque chose

ᐅᑖᐱᐦᑳᑎᒻ utaapihkaatim vti ◆ il/elle le tire et l'attache à quelque chose

ᐅᐧᐋᔮᐱᐦᑳᑖᐤ uwaayaapihkaataau vta ◆ il/elle l'attache correctement

ᐅᐧᐋᔮᐱᐦᑳᑎᒻ uwaayaapihkaatim vti ◆ il/elle l'attache correctement

ᐧᐋᐦᑖᐱᐦᑳᓲ waahtaapihkaasuu vai -u ◆ il/elle est attaché-e pas trop serré-e

ᐧᐋᐦᑖᐱᐦᑳᑖᐤ waahtaapihkaataau vii ◆ c'est attaché pas trop serré

ᐧᐋᐦᑖᐱᐦᑳᑎᒻ waahtaapihkaatim vti ◆ il/elle l'attache pas trop serré

ᐧᐃᔮᐱᐦᑳᑖᐤ wiyaapihkaataau vta ◆ il/elle l'attache correctement, il/elle le prépare tout attaché

ᔮᐃᔩᓯᓈᑯᐦᐋᐤ yaaiyisinaakuhaau vta ◆ il/elle l'attache, le fixe

ᔮᐃᔩᑖᐱᐦᑳᑖᐤ yaaiyitaapihkaataau vta ◆ il/elle l'attache solidement

ᔮᐃᔩᑖᐱᐦᑳᑎᒻ yaaiyitaapihkaatim vti ◆ il/elle l'attache bien serré

ᐊᓯᐧᑳᐦᐱᒋᑭᓈᔮᐲ asikwaahpichikinaayaapii ni
◆ une ficelle pour attacher les oies ensemble

ᓯᒋᔅᑎᐱᐦᐧᑳᓈᔮᐲ sichistipihkwaanaayaapii ni
◆ une cordelette pour attacher la toile de tente

ᐊᓯᐧᑳᐦᐱᑖᐤ asikwaahpitaau vta ◆ il/elle attache les oies ensemble par le cou

ᒋᐳᑐᓈᐦᐱᑏᓲ chiputunaahpitiisuu vai reflex -u
◆ il/elle attache quelque chose pour couvrir sa propre bouche

ᑭᔥᑐᓈᐦᐱᑖᐤ kishtunaahpitaau vta ◆ il/elle attache la gueule du chien pour l'empêcher d'aboyer

ᓂᐧᐹᐱᐦᑳᑖᐤ nipwaapihkaataau vta ◆ il/elle l'attache plié-e en deux

ᓂᐧᐹᐱᐦᑳᑎᒼ nipwaapihkaatim vti ◆ il/elle l'attache plié en deux

ᔑᒥᑖᐱᐦᑳᑎᒼ shimitaapihkaatim vti ◆ il/elle l'attache pour le porter sur son dos

ᑖᐱᓯᑯᐦᐧᐋᐤ taapisikuhwaau vta ◆ il/elle l'enfile (ex. des perles), il/elle enfile un poisson sur un bâton par ses branchies, il/elle l'attache (ex. un chien) à un poteau

ᑎᑎᐱᓈᐱᐦᑳᑖᐤ titipinaapihkaataau vta redup
◆ il/elle l'attache dessus en l'emballant, en l'enroulant autour

ᑎᑎᐱᓈᐱᐦᑳᑎᒼ titipinaapihkaatim vti redup
◆ il/elle l'attache dessus en l'emballant, en l'enroulant plusieurs fois autour

ᐧᐄᔅᐧᑳᔮᒋᔥᑎᐦᐧᑳᓈᐦᐱᑖᐤ
wiiskwaayaachishtihkwaanaahpitaau vta
◆ il/elle lui attache un foulard autour de la tête

ᐧᐃᔨᐦᐱᑖᐤ wiyihpitaau vta ◆ il/elle l'attèle, il/elle l'arrime (ex. un traîneau), il/elle l'attache à une ficelle pour le faire rôtir

ᔮᐃᔨᒋᐦᐋᐤ yaaiyichihaau vta ◆ il/elle l'attache, le fixe solidement

ᐧᐋᑳᐦᐧᑲᓂᑭᓐ waakaahkwaanikin ni ◆ un bâton est attaché à la partie avant du cadre de la raquette ou du traîneau et est tiré pour en courber la forme

attacher (s')

ᒫᑯᐱᑏᓲ maakupitiisuu vai reflex -u ◆ il/elle s'attache, se lie

attaches

ᐊᑎᒥᓐ atimin ni ◆ les attaches de la raquette, les fixations de la raquette

ᐊᐱᐹᐦᐄᑭᓐ apipaahiikin na ◆ une des attaches sur le bord d'un filet de pêche

attaquer

ᑯᓯᐧᑳᔨᒧᑎᒼ kusikwaayimutim vti ◆ il/elle l'attaque

ᑯᓯᐧᑳᔨᒧᑎᐧᐋᐤ kusikwaayimutiwaau vta
◆ il/elle l'attaque

ᑯᓯᐧᑳᔨᒨ kusikwaayimuu vai -u ◆ il/elle attaque

atteindre

ᐅᑎᐦᑖᐤ utihtaau vai+o ◆ il/elle l'atteint à pied

ᐅᑎᐦᑎᐦᐊᒼ utihtiham vti ◆ il/elle l'atteint par véhicule

ᑯᑎᐦᐄᒑᐤ kutihiichaau vai ◆ il/elle essaie d'atteindre la cible en tirant

ᒥᔓᑖᐤ mishutaau vai+o ◆ il/elle atteint la cible

ᒥᔓᑎᒼ mishutim vti ◆ il/elle atteint la cible

ᑖᐅᒑᐳᐦᐧᐋᐤ taauchaapuhwaau vta ◆ il/elle lui frappe l'oeil, l'atteint dans l'oeil

ᐧᑖᑯᐧᐃᐧᓈᐦᐊᒼ twaakuwinwaaham vti ◆ il/elle atteint le dernier rapide, en descendant la rivière

ᐅᑎᐦᑎᐦᐅᔮᐤ utihtihuyaau vta ◆ il/elle atteint sa destination avec lui/elle par l'eau ou par l'air

ᒥᔑᑳᒫᐱᔨᐤ mishikaamaapiyiu vai ◆ il/elle traverse jusqu'à l'autre côté d'une étendue d'eau en véhicule

ᒥᔑᑳᔅᑯᐱᒋᐤ mishikaaskupichiu vai ◆ il/elle atteint l'autre côté d'une étendue de glace en déplaçant son campement d'hiver

ᐹᑎᒫᐦᐧᐋᐤ paatimaahwaau vta ◆ il/elle (son coup) l'atteint mais il ne meurt que plus tard

ᐱᔥᐱᓂᑖᐤ pishpinitaau vta ◆ il/elle le/la met en danger, en vient presque à lui causer des dommages sérieux, l'atteint presque (ex. un orignal)

ᐱᔥᐱᓂᑎᒼ pishpinitim vti ◆ il/elle le fait à peine, l'atteint presque

ᐱᓯᔅᒎ pisischuu vai -u ◆ il/elle est atteint-e par des étincelles qui jaillissent du feu

ᑖᐅᑳᑖᐦᐧᐋᐤ taaukaataahwaau vta ◆ il/elle le frappe sur la jambe, l'atteint à la jambe

ᑖᐅᐱᑐᓈᐦᐧᐋᐤ taaupitunaahwaau vta ◆ il/elle le/la frappe sur le bras, l'atteint au bras

ᑖᐅᓯᑖᐦᐧᐋᐤ taausitaahwaau vta ◆ il/elle le frappe sur le pied, l'atteint au pied

ᑖᐧᐋᒋᐱᔅᑯᓈᐦᐧᐋᐤ taawaachipiskunaahwaau vta
◆ il/elle le/la frappe sur le dos, l'atteint au dos

ᐧᑖᑯᐧᐃᐧᓈᐳᔨᐤ twaakuwinwaapuyiu vai
◆ il/elle atteint le bout du rapide

ᐅᐦᑎᐧᑖᐧᐋᐱᔨᐦᐋᐤ uhtitwaawaapiyihaau vta
◆ il/elle fait en sorte que son bruit (animé) atteigne cette distance

ᐅᑎᐦᑖᐱᓲ utihtaapisuu vai -u ◆ l'odeur de la fumée, la fumée l'atteint

ᐅᑎᐦᑎᐦᐧᐋᐤ utihtihwaau vta ◆ il/elle atteint sa cible, arrive chez quelqu'un par véhicule

ᐅᑎᐦᐧᑖᐧᐋᑭᐦᐄᒑᐤ utihtwaawaakihiichaau vai
◆ il/elle fait en sorte de ses bruits de hache atteignent une certaine distance

ᐅᑎᐦᐧᑖᐧᐋᐱᔨᐦᑖᐤ utihtwaawaapiyihtaau vai
◆ il/elle fait en sorte que le bruit atteigne cette distance

ᐅᑎᐦᐧᑖᐧᐋᑖᐤ utihtwaawaataau vai ◆ la détonation atteint cette distance

ᐎᑎᐦᑎᒻ **witihtim** vti ◆ il/elle l'atteint à pied, il/elle le happe en le mordant, le suce (ex la moelle des os)

ᒥᔑᑳᒫᐦᐊᒻ **mishikaamaaham** vti ◆ il/elle atteint l'autre côté d'une étendue d'eau à la nage ou en pagayant

atteler

ᐎᔨᐦᐱᑖᐤ **wiyihpitaau** vta ◆ il/elle l'attèle, il/elle l'arrime (ex. un traîneau), il/elle l'attache à une ficelle pour le faire rôtir

attendre

ᐋᔅᑭᒧᐙᐤ **aaskimuwaau** vta ◆ il/elle attend qu'il/elle passe par là

ᐊᔑᓂᐙᐦᐋᐤ **ashiniwaahaau** vta ◆ il/elle l'attend

ᐊᔑᓂᐙᐦᑖᐤ **ashiniwaahtaau** vai+o ◆ il/elle l'attend

ᐊᔑᓂᐙᓯᐤ **ashiniwaasiu** vai ◆ il/elle attend ■ ᒫᓈᑖᐦ ᒫᔅᑭᓈᐦᒡ ᐊᔑᓂᐙᓯᑦ. ■ maanaataah maaskinaahch aashiniwaasit. ■ *Elle/Il attend sur la route.*

ᐄᔅᐲᐦᑎᐙᔨᐦᑎᒻ **iispiihtiwaayihtim** vti ◆ il/elle l'attend aux environs de telle heure

ᐃᔅᐱᐦᑎᐙᔨᒫᐤ **ispihtiwaayimaau** vta ◆ il/elle l'attend à un certain moment

ᐹᔂᔨᐦᑎᒻ **paashwaayihtim** vti ◆ il/elle l'attend

ᐹᔂᔨᒫᐤ **paashwaayimaau** vta ◆ il/elle l'attend

ᑳᐱᑦ **kaapit** p,temps ◆ pas encore, attends que..., attendez que... ■ ᑳᐱᑦ ᐐ ᒫᑎᐅᐦ ᐹᑎᔥ ᒋᐦᒋᐗ ᒥᔥᑭᐎᒋᒑ. ■ kaapit wii maatiuh paatish chihchiwaa mishkiwichichaa. ■ *Ne gratte pas encore le gras de la peau, attends que ça soit complètement gelé!*

ᒫᔑᐐᐦ **maashiwiih** p,manière ◆ sans rien attendre

ᐊᔑᐙᐱᐤ **ashiwaapiu** vai ◆ il/elle est à l'affût

ᐊᔅᑭᒧᐙᐤ **askimuwaau** vta ◆ il/elle attend couché qu'il/elle arrive

ᐊᔅᑭᐙᐦᒋᒁᐱᐤ **askiwaahchikwaapiu** vai ◆ il/elle attend couché que la loutre apparaisse

ᓂᑑᐱᑯᔑᐦᑖᐤ **nituupikushihtaau** vai ◆ il/elle va attendre dans l'espoir de recevoir de la nourriture

ᐱᒁᐦᐋᐤ **pikwaahaau** vta ◆ il/elle le fait attendre tout anxieux

ᐴᒫᐦᐋᐤ **puumaahaau** vta ◆ il/elle l'attend impatiemment parce qu'il/elle est en retard

ᐴᒫᐦᑖᐤ **puumaahtaau** vai+o ◆ il/elle l'attend impatiemment parce qu'il/elle est en retard (ex. l'avion)

ᐴᒫᐤ **puumaau** vai ◆ il/elle est fatigué-e d'attendre

ᑎᐱᐦᑎᐙᐤ **tipihtiwaau** vai ◆ il/elle attend et écoute d'abord ce qu'il/elle a à dire

ᐊᔅᑭᐎᐦᐄᐹᐤ **askiwihiipaau** vai ◆ il/elle attend assis que le castor apparaisse, il/elle attend assis près du filet de pêche

ᓂᑎᐙᔨᐦᑖᑯᓯᐤ **nitiwaayihtaakusiu** vai ◆ il/elle est désirée, désirable, on attend cela de lui/d'elle

attendu

ᐐᐦᑳᑦ **wiihkaat** p,manière ◆ attendu, mais qui n'a pas lieu ■ ᐐᐦᑳᑦ ᑳ ᑎᑯᔑᐦᒑ ᐋᐱᐦᑖᒌᔑᑳᔨᒑ ᐋᔪᐎᒄ ᔖᔥ ᒑ ᒫᒌᑦ. ■ wiihkaat kaa tikushihchaa aapihtaachiishikaayichaa aayuwikw shaash chaa maachiit. ■ *Si elle ne vient pas à midi, ça voudra dire qu'elle est déjà partie*

attention

ᒥᓈᒋᒫᐤ **minaachimaau** vta ◆ il/elle fait attention à ce qu'il/elle lui dit

ᓂᓈᑭᓯᓂᒻ **ninaakisinim** vti ◆ il/elle fait attention à son apparence

ᓰᑎᐤ **siitiu** p,manière ◆ lentement, avec précaution, en faisant attention ■ ᓰᑎᐤ ᒥᒄ ᐋᐦ ᐃᔨᐦᑐᑎᐙᑭᓂᐎᑦ ᐋᑯᑎᐦ ᒥᒄ ᒑ ᒌᐦ ᐃᐦᑎᒃ. ■ siitiu mikw aah iyihtutiwaakiniwit aakutih mikw chaa chiih ihtik. ■ *Tu dois faire attention à ce que tu fais et à ce que tu lui dis et ensuite elle sera bien.*

ᔮᒁᐦ **yaakwaah** p,interjection ◆ attention! gare à toi! ■ ᔮᒁᐦ, ᒋᑭ ᐴᐦᒋᐱᔨᓐ ᐊᓐ ᐋᐦ ᐱᑯᓈᔮᒡ. ■ yaakwaah, chiki puuhchipiyin an aah pikunaayaach. ■ *Attention, tu vas tomber dans ce trou!*

ᒋᐦᑳᐙᒋᐦᐋᐤ **chihkaawaachihaau** vta ◆ il/elle ne fait pas attention à lui/elle (toujours utilisé à la forme négative)

ᒥᓈᑖᐹᐅᑖᐤ **minaataapaautaau** vai ◆ il/elle fait attention à ne pas le mouiller

ᓈᓈᑭᒋᐦᐋᐤ **naanaakichihaau** vta redup ◆ il/elle s'occupe de lui/d'elle, le/la remarque, fait attention à lui/elle

ᓂᓈᑭᓯᓂᐙᐤ **ninaakisiniwaau** vta ◆ il/elle fait bien attention à son apparence, à ses activités parce qu'il/elle est attiré-e par lui/elle

ᓂᑗᐙᓯᔅᒑᐤ **nitwaawaasischaau** vai ◆ il/elle tire un coup en l'air pour attirer l'attention

ᐲᐳᑖᐦᐊᒧᐙᐤ **piiputaahamuwaau** vta ◆ il/elle fait de la fumée pour attirer l'attention

ᐲᐳᑖᓂᒻ **piiputaanim** vti ◆ il/elle fait de la fumée pour attirer l'attention

attentivement

ᓈᑭᔑᒋᐦᑎᒻ **naakishichihtim** vti ◆ il/elle écoute attentivement ce qui est dit

ᓈᑭᔑᔥᒋᐦᐋᐤ **naakishishchihaau** vta ◆ il/elle écoute attentivement ce qu'il/elle a à dire

atterrir

ᑗᐦᐅᒥᑭᓐ **twaahumikin** vii ◆ ça atterrit

ᑗᐦᐅᑖᐤ **twaahutaau** vai+o ◆ il/elle le fait atterrir

ᑗᐦᐆ **twaahuu** vai -u ◆ il/elle atterrit

ᑗᐦᐅᔮᐤ **twaahuyaau** vta ◆ il/elle le/la fait atterrir

ᐅᔂᐹᒋᔑᓐ **ushwaapaachishin** vai ◆ il/elle fait des éclaboussures en atterrissant dans l'eau

ᐅᔂᔮᐅᐦᒋᔑᓐ **ushwaayaauhchishin** vai ◆ il/elle fait gicler le sable en atterrissant

atterrissage
ᐱᐹᒥᐦᔮᐅᒫᐢᑭᓂᐤ pipaamihyaaumaaskiniu ni ◆ une piste d'atterrissage

attirant
ᒧᐡᑖᓂᓈᑯᓯᐤ mushtaaninaakusiu vai ◆ il/elle est attirant-e, appétissant-e

attirant-e
ᒥᔪᐎᓈᑯᐦᐄᓲ miyuwinaakuhiisuu vai reflex -u ◆ il/elle se rend attirant-e

attirer
ᒧᐡᑖᓂᐙᐤ mushtaaniwaau vta ◆ il/elle est attirée par lui/elle, le/la convoite, le/la trouve attirant-e
ᓂᓈᑭᓯᓂᐙᐤ ninaakisiniwaau vta ◆ il/elle fait bien attention à son apparence, à ses activités parce qu'il/elle est attiré-e par lui/elle
ᐅᒋᐳᔮᐤ uchipuyaau vta ◆ il/elle l'attire avec de la nourriture
ᒨᐡᑎᐙᐤ muushtiwaau vta ◆ il/elle fait de la fumée pour attirer son attention

attiser
ᐋᐦᑖᐢᒋᒑᐅᑭᐦᐊᒼ aahtaaschichaaukiham vti ◆ il/elle attise le feu
ᐋᐦᑖᐢᒑᐅᑭᐦᐙᐤ le netschaaukihwaau vta ◆ il/elle l'attise, il/elle le/la tisonne (par exemple les braises d'un feu ou d'un poêle)

attitude
ᒥᔩᐙᐦᐋᐤ miyiwaahaau vta ◆ il/elle l'éloigne par ses actes, son attitude

attraction
ᓱᐦᒋᐱᔩᐦᐆ suhchipiyihuu vai -u ◆ il/elle se déplace avec une grande force, a une forte attraction

attraper
ᐋᒋᔑᓐ aachishin vai ◆ il/elle est attrapé-e et gardé-e là
ᑳᐦᒋᔥᑎᓈᐤ kaahchishtinaau vta ◆ il/elle l'attrape
ᑳᐦᒋᔥᑎᓂᒼ kaahchishtinim vti ◆ il/elle l'attrape
ᓂᑹᑖᐤ nikwaataau vta ◆ il/elle l'attrape au collet
ᓂᐎᑎᓈᐤ niwitinaau vta ◆ il/elle l'attrape à la main (par ex. animé, une balle)
ᓂᐎᑎᓂᒼ niwitinim vti ◆ il/elle l'attrape à la main
ᐋᔑᑯᒫᐱᐦᒑᔥᑭᒼ aashikumaapihchaashkim vti ◆ il/elle se fait attraper dans tous les collets
ᒑᔥᑎᓂᒼ chaashtinim vti ◆ il/elle l'attrape juste à temps ■ ᐋᑎᐑ ᒑᔥᑎᓂᒼ ᐊᓂᔮ ᐆᑐᑦ ᑳ ᐚᐹᐦᐋᓂᔩᐨ. ■ aatiwii chaashtinim aniyaa uutut kaa waapaahaaniyich. ■ *Il a réussi à rattraper son canot juste alors qu'il commençait à partir.*
ᐃᐢᐱᐦᑖᐢᑯᓲ ispihtaaskusuu vai -u ◆ l'animal est pris au piège durant la journée, peu après que le piège ait été posé
ᒁᐱᐦᐄᒑᐤ kwaapihiichaau vai ◆ il/elle attrape un poisson dans un filet profond, il/elle le ramasse
ᒥᒥᐦᒌᐱᑖᐤ mimihchiipitaau vai redup ◆ il/elle attrape un gros poisson dans un filet
ᒥᒥᔪᐱᑖᐤ mimiyupitaau vai redup ◆ il/elle attrape des poissons qui sont gros et en bonne santé dans son filet de pêche
ᓈᒋᐱᐦᑣᐤ naachipihtwaau vai ◆ il/elle va l'attraper en courant
ᓅᑎᒫᓵᐤ nuutimaasaau vai ◆ il/elle attrape du poisson
ᐹᔨᑯᐱᑖᐤ paayikupitaau vai ◆ il/elle attrape un poisson dans son filet, en retire un
ᐱᓯᓐ pisin vai ◆ il/elle attrape quelque chose dans l'oeil
ᐱᑎᐦᐅᑖᐤ pitihutaau vii ◆ c'est attrapé dans un filet de pêche
ᐱᑎᓈᐤ pitinaau vta ◆ il/elle tente de l'attraper
ᓯᒋᑲᐱᑖᐤ sichikwaapitaau vta ◆ il/elle l'attrape par le cou
ᐅᒋᑹᑖᐤ uchikwaataau vta ◆ il/elle l'attrape avec un crochet
ᐅᒋᑹᑎᒼ uchikwaatim vti ◆ il/elle l'attrape avec un crochet
ᐊᑹᐱᒋᒑᐤ akwaapichichaau vai ◆ il/elle attrape des poissons dans la frayère avec un filet
ᒋᒧᐦᑳᐢᑯᐦᐊᒧᐙᐤ chimuhkaaskuhamuwaau vta ◆ il/elle fait en sorte que le poisson se fasse attraper dans le filet en remuant l'eau avec un poteau ou une rame
ᐃᐢᐱᐦᑖᓂᒁᓲ ispihtaanikwaasuu vai -u ◆ le lièvre est attrapé au collet pendant la journée, peu après que le collet ait été installé
ᓂᔥᑐᐱᑖᐤ nishtupitaau vta ◆ il/elle attrape trois poissons dans son filet; il/elle en retire trois
ᓅᑖᒧᐙᐤ nuutaamuwaau vai ◆ il/elle attrape du poisson en train de frayer
ᐱᓲ pisuu vai -u ◆ il/elle attrape son odeur, son odeur de fumée
ᐱᑎᐦᐅᔮᐤ pitihuyaau vta ◆ il/elle l'attrape dans un filet à castor, un filet de pêche
ᑖᐱᑯᐦᐙᐤ taapikuhwaau vta ◆ il/elle le prend au collet, l'attrape (ex. une perdrix) avec une boucle de fil de fer sur un bâton
ᐙᔪᑎᐦᐱᓂᑖᐤ waayutihpinitaau vta ◆ il/elle en attrape, en ramasse tout plein
ᐋᐦᑯᐱᐦᐄᑰ aahkupihiikuu vta inverse -u ◆ il/elle a du mal à attraper et à tuer le porc-épic qui était entré dans un trou, dans sa tanière
ᐱᓯᑯᓈᐤ pisikunaau vta ◆ il/elle l'attrape avec ses griffes, ses serres (ex. oiseau de proie), il/elle le/la rend collant
ᐱᓯᑯᓂᒼ pisikunim vti ◆ il/elle l'attrape avec ses griffes, il/elle le rend collant
ᐱᑎᐦᐊᒼ pitiham vti ◆ il/elle est attrapé dans un filet de pêche, il/elle manque de le frapper

ᐅᔥᑭᐦᐄᐸᓂᒫᑰ ushkihiipaanimaakuu vai -u ◆ c'est le premier poisson attrapé dans un filet de pêche neuf et qui porte chance (le poisson porte-bonheur)

attraper (s')

ᐱᔂᐹᒋᐦᑎᑖᐤ piswaapaachihtitaau vai ◆ il/elle le fait s'attraper

au cas où

ᒥᔑᐤ mishiu p,conjonction ◆ si, au cas où ■ ᒥᔑᐤ ᒋᔅᒑᔨᐦᑎᐦᑳ ᐋᐦ ᐴᓯᓈᓂᐑᔨᒡ ᒑᔥᑎᓈᔥ ᑭᑎ ᐑᐦ ᐑᒋᐦᐄᐚᐤ. ■ mishiu chischaayihtihkaa aah puusinaaniwiyich chaashtinaash kiti wiih wiichihiiwaau. ■ *Si elle apprend que nous sommes sorties en canot, elle voudra sans doute venir aussi.*

au fond

ᓃᐦᑖᐦᒡ niihtaahch p,lieu ◆ sous, en dessous, au fond ■ ᐊᓂᑖᐦ ᓃᐦᑖᐦᒡ ᑖᔑᐱᑖᑭᓂᐦᒡ ᐋᑯᑎᐦ ᐋᔥᑖᒡᐦ ᓅᓂᐦᐄᑭᓐᐦ. ■ anitaah niihtaahch taashipitaakinihch aakutih aashtaachh nuunihiikinh. ■ *Mes pièges sont posés sous la cachette.*

au large

ᑖᐎᒡ taawich p,lieu ◆ au large ■ ᓈᔥᒡ ᓈᑖᐦ ᑖᐎᒡ ᒥᓂᔥᑎᑯᐦᒡ ᐋᑯᑎᐦ ᐚᒋᒡ. ■ naashch naataah taawich minishtikuhch aakutih waachich. ■ *Ils vivent sur une île dans la baie, au large.*

au lieu de

ᑖᐱᑳ taapikaa p,conjonction ◆ parce que, au lieu de ■ ᑯᔖᑳ ᒌᔩ ᓂᑎᐚᐱᒻ ᑖᐱᑳ ᓃᔩ ᓂᑭ ᓂᑎᐚᐱᒫᐤ. ■ kushaakaa chiiyi nitiwaapim taapikaa niiyi niki nitiwaapimaau. ■ *Tu n'as pas besoin de le chercher parce que je vais y aller et le prendre.*

au milieu

ᐋᐱᐦᑎᐚᐦᑎᒄ aapihtiw=aahtikw p,lieu ◆ au milieu de (long et rigide) ■ ᐊᓂᑎᐦ ᐋᐱᐦᑎᐚᐦᑎᒄ ᐋᑯᑎᐦ ᑳ ᒋᑭᒧᒡ ᒌᔅᑖᔅᒁᓐ. ■ anitih aapihtiwaahtikw aakutih kaa chikimuch chiistaaskwaan. ■ *Il y avait un clou au milieu de la planche.*

au moins

ᐋᑎᐑ aatiwii p,évaluative ◆ au moins, heureusement ■ ᐋᑎᐑ ᒥᑖᐦᑐ ᐹᔑᐚᐤ ᓂᔅᑲᐦ. ■ aatiwii mitaahtu paashiwaau niskh. ■ *Elle/il a rapporté à la maison au moins dix oies.*

ᐋᔩᐚᐦᒡ aayiwaahch p, manière ◆ essaie au moins

ᒑᔑᐚᑦ chaashiwaat p,évaluative ◆ depuis, au moins, heureusement que..., ■ ᐑᔩ ᒑᔑᐚᑦ ᒌᐦ ᒋᔅᒑᔩᒫᐤ ᐊᓂᔮ ᑳ ᐑᐦ ᒋᔅᑐᐦᑖᔩᒡᐦ. ■ wiiyi chaashiwaat chiih chischaayimaau aniyaa kaa wiih chistuhtaayichh. ■ *Heureusement que c'était elle qui savait qu'elle avait décidé de partir!*

au-delà

ᐊᐅᓵᐤ ausaau p,lieu ◆ de l'autre côté de la pointe ■ ᐊᐅᓵᐤ ᐄᑖᐦᒑ ᒌᐦ ᐑᒋᐎᒡ. ■ ausaau iitaahchaa chiih wiichiwich. ■ *Ils vivaient de l'autre côté de la pointe.*

ᐹᔑᒡ paashich p,location ◆ par-dessus, au-delà ■ ᓈᑖᐦ ᐹᔑᒡ ᐚᔥᑳᐦᐄᑭᓂᔑᐦᒡ ᐋᑯᑖᐦ ᑳ ᐄᔑ ᐚᐱᓈᑦ ᐊᓂᔮᐦ ᑐᐦᐚᓐᐦ. ■ naataah paashich waashkaahiikinishihch aakutaah kaa iishi waapinaat aniyaah tuhwaanh. ■ *Il a lancé la balle par-dessus la petite maison.*

ᐋᔂᔥᑭᒻ aaswaashkim vti ◆ il/elle va au-delà de ça, le dépasse

au-dessus

ᓃᒫᔅᑯᔑᓐ niimaaskushin vai ◆ il/elle est étendu-e ou couché-e sans vraiment toucher le fond

ᐅᔅᑖᐱᔅᒡ ustaapisch p,lieu ◆ à l'extérieur de, au-dessus de (minéral) ■ ᐅᔥᑖᐱᔅᒡ ᒌᐦ ᑎᑭᔂᐤ ᐊᓂᔮᐦ ᐅᑖᐃᐦᑯᓈᒻᐦ. ■ ushtaapisch chiih tikiswaau aniyaah utaaihkunaamh. ■ *Elle a fait cuire la bannique sur le dessus du poêle.*

ᓃᒫᔅᑯᐦᑎᓐ niimaaskuhtin vii ◆ c'est étendu au-dessus, mais ne touche pas le fond

ᓃᒥᑯᑖᐤ niimikutaau vai+o ◆ il/elle le suspend juste au-dessus de quelque chose

ᓃᒥᑯᑖᐤ niimikutaau vii ◆ c'est suspendu juste au-dessus de quelque chose

ᓃᒥᑯᔮᐤ niimikuyaau vta ◆ il/elle le/la suspend au-dessus de quelque chose

ᐱᓯᔅᑖᐹᑭᐦᐋᐤ pisistaapaakihaau vta ◆ il/elle le/la place (filiforme) au-dessus de quelque chose

ᐱᓯᔅᑖᐹᑭᔥᑖᐤ pisistaapaakishtaau vai ◆ il/elle le place (filiforme) au-dessus de quelque chose

ᐱᓯᔅᑖᐱᐦᒑᐦᑎᑖᐤ pisistaapihchaahtitaau vai ◆ il/elle le place (filiforme) au-dessus de quelque chose

ᐎᒋᔥᑎᑯᓈᐹᓲ wichishtikunaapaasuu vai -u ◆ le soleil a un anneau au-dessus de lui

ᐃᔥᐱᒥᐦᒡ ishpimihch p,lieu ◆ en haut, au-dessus, au ciel, dans les cieux ■ ᐃᔥᐱᒥᐦᒡ ᓈᑎᐦ ᒥᔥᑎᑯᐦᒡ ᐊᑯᑖᐦ ᐊᓂᐦᐄ ᒋᔖᔮᑯᑭᓐᐦ. ■ ishpimihch naatih mishtikuhch akutaah anihii chishaayaakukinh. ■ *Suspends les os de l'ours là-haut dans cet arbre!*

ᑎᐱᔥᑯᒡ tipishkuch p,lieu ◆ en face, devant ou au-dessus ■ ᓈᐦᐋᐤ ᑎᐱᔥᑯᒡ ᒌᐦ ᐹᒋ ᐱᒥᐦᔮᒥᑭᓐ ᑳᐚᐱᑭᑐᔫᐱᔩᒡ. ■ naahaau tipishkuch chiih paachi pimihyaamikin kaawaapikitushuupiyich. ■ *L'hélicoptère a volé juste au-dessus.*

ᐋᐦᑯᐃᐦᑎᐎᓂᒻ aahkuihtiwinim vti ◆ il/elle les tient l'un au-dessus l'autre

ᐹᔥᒋᐱᑎᒻ paashchipitim vti ◆ il/elle le jette par-dessus, au-dessus de quelque chose

ᑖᑖᐅᔥᑯᑖᑯᔮᐤ taataaushkutaakuyaau vta ◆ il/elle le/la suspend directement au-dessus du feu

aube

ᐹᑖᐱᓐ paataapin vii ◆ c'est le point du jour, l'aube

ᐚᐱᓐ waapin vii ◆ c'est l'aube

ᐊᑎᐦᒋᓈᐤ atihchinaau vii ◆ c'est l'aube, tôt le matin

ᒥᐦᒁᐱᓐ mihkwaapin vii ◆ c'est une aube rouge

ᐚᐱᓂᐦᐊᒻ waapiniham vti ◆ il/elle voyage en canot jusqu'à l'aube

ᐚᐱᓂᐦᑖᐤ waapinihtaau vai ◆ il/elle marche jusqu'à l'aube

ᐚᐱᓂᑳᐴ waapinikaapuu vai -uwi ◆ il/elle se tient là jusqu'à l'aube

·ᐋᓵᔮᐱᓐ waasaayaapin vii ◆ la lueur de l'aube est visible

ᐱᒋᔥᑭᓈᐱᔑᐤ pichishkinaapishiu vii dim ◆ le ciel est bleu à l'aube

ᐅᐧᐃᒋᓈᑯᓐ uwichinaakun vii ◆ c'est l'aube, la pointe du jour, le crépuscule, la brunante

ᐧᐃᔨᐧᐋᐱᓐ wiyiwaapin vii ◆ c'est la première lueur du jour

audace

ᓯᓱᐦᒋᒨ sisuhchimuu vai -u ◆ il/elle parle avec audace

audible

ᑖᐱᐦᑖᑯᓯᐤ taapihtaakusiu vai ◆ il/elle est audible à une grande distance

ᐹᐦᑖᑯᓐ paahtaakun vii ◆ c'est audible, ça s'entend

ᑖᐱᐦᑖᑯᓐ taapihtaakun vii ◆ c'est audible, on peut l'entendre partout

ᐧᐋᔅᑭᒥᐦᑖᑯᓯᐤ waaskimihtaakusiu vai ◆ sa voix est claire, audible

augmenter

ᐄᐦᒋᐦᐋᐤ iihchihaau vta ◆ il/elle l'augmente, lui en rajoute

ᐄᐦᒋᐦᑖᐤ iihchihtaau vai+o ◆ il/elle le fait augmenter, en ajoute

ᐄᐦᒋᐦᐆ iihchihuu vai -u ◆ il/elle augmente (ex. de l'argent à la banque)

ᐄᐦᒋᐱᔨᐤ iihchipiyiu vai ◆ il/elle augmente

ᐄᐦᒋᐱᔨᐤ iihchipiyiu vii ◆ ça augmente

ᐄᐦᑭᒋᐦᑎᒼ iihkichihtim vti ◆ il/elle en augmente la valeur, le prix

ᐄᐦᑭᒋᒫᐤ iihkichimaau vta ◆ il/elle en augmente la valeur, le prix

ᐄᔅᑯᐱᔨᐤ iiskupiyiu vii ◆ ça augmente

ᐅᔑᐦᐅᒥᑭᓐ ushihumikin vii ◆ ça augmente

ᐄᔅᑯᐱᔨᐤ iiskupiyiu vai ◆ il/elle prend du poids, augmente

ᐧᑳᐦᑯᑖᓂᒼ kwaahkutaanim vti ◆ il/elle augmente le feu

ᐄᐦᑭᒋᔅᑎᒼ iihkichistim vti ◆ il/elle en augmente le prix, la durée

ᐄᐦᑭᒋᔅᑎᒧᐧᐋᐤ iihkichistimuwaau vta ◆ il/elle en augmente le prix, la durée pour lui/elle

ᓈᓈᒥᒌᒼ naanaamichiim p,manière ◆ peu à peu ▪ ᓈᓈᒥᒌᒼ ᓂᒥ ᐃᐦᑖᐧᐃᒡ ᓂᔅᑭᒡ ᑖᐧᑲᒋᓂᔨᒡᐦ. ▪ naanaamichiim nimi ihtaawich niskich taakwaachiniyichh. ▪ *Les oies diminuent en nombre peu à peu tous les automnes.*

ᓈᓈᓂᒌᒼ naanaanichiim p,manière ◆ peu à peu ▪ ᓈᓈᓂᒌᒼ ᒌᐦ ᔫᑎᓐ ᓂᑎᐦᐱᒫᔑᐦᑖᓐ. ▪ naanaanichiim chiih yuutin nitihpimaashihtaan. ▪ *La force du vent augmente peu à peu alors que nous naviguons.*

ᐹᑎᐹᐱᔨᐤ paatipaapiyiu vii ◆ le niveau d'eau augmente dans la rivière à cause de la pluie, de la fonte des neiges au printemps; la marée va et vient à des intervalles plus rapides que d'habitude

augure

ᐱᐹᐧᐋᐤ pipaawaau vai ◆ il/elle est de bon augure

aujourd'hui

ᐊᓅᐦᒡ anuuhch p,temps ◆ maintenant, aujourd'hui ▪ ᐊᓅᐦᒡ ᓂᑭ ᓂᑎᐧᐋᐱᒫᐤ ᓂᔅᑖᔅ. ▪ anuuhch niki nitiwaapimaau nistaas. ▪ *Je vais aller voir mon frère aîné aujourd'hui.*

ᑳᔑᑳᒡ kaashikaach p,temps ◆ aujourd'hui, pendant toute la journée ▪ ᓈᔥᒡ ᐋᐦ ᒌᐦ ᒋᔅᒋᓰᑎᑖᑖᓐ ᐊᓅᐦᒡ ᑳᔑᑳᒡ. ▪ naashch aah chiih chischisiititaataan anuuhch kaashikaach. ▪ *J'ai pensé à toi pendant toute la journée.*

aulne

ᐅᑐᔅᐲ utuspii ni ◆ un aulne rugueux *Alnus rugosa*

ᐅᑐᔅᐱᔅᑳᐤ utuspiskaau vii ◆ c'est une zone d'aulnes, il y a beaucoup d'aulnes

auriculaire

ᐅᒋᔥᐧᑳᒋᐦᒌᔥ uchishkwaachihchiish nid dim ◆ son auriculaire, son petit doigt

aurore

ᐃᔥᐱᐦᑖᐱᔑᐤ ishpihtaapishiu vii dim ◆ c'est l'aurore, c'est à un certain niveau du lever du soleil

aurore boréale

ᒥᒫᐦᐧᑳᐅᐱᔨᐅᐦ mimaahkwaaupiyiuh vii pl ◆ l'aurore boréale devient rouge

ᐧᐋᔅᑐᐧᐃᔅᑯᓐ waastuwiskun vii ◆ il y a une aurore boréale

aussi

ᐋᔨᐅᐦ aayiuh p,conjonction ◆ aussi ▪ ᐋᔨᐅᐦ ᒦᒋᒥᔨᐤ ᒌᐦ ᒥᔮᑭᓂᐤ ᑳ ᑎᐱᔥᑭᐦᒃ. ▪ aayiuh miichimiyiu chiih miyaakiniu kaa tipishkihk. ▪ *Il a aussi reçu de la nourriture pour son anniversaire.*

ᑭᔮᐦ kiyaah p,conjonction ◆ et, aussi ▪ ᒫᑮ ᑭᔮᐦ ᒌᐦ ᐧᐄᒋᐦᐄᐧᐋᐤ ᑳ ᓃᒥᓈᓂᐧᐃᔨᒡ. ▪ maakii kiyaah chiih wiichihiiwaau kaa niiminaaniwiyich. ▪ *Maggie s'est elle aussi jointe à la danse.*

aussitôt

ᔑᔥᒋᑯᒡ shishchikuch p,manière ◆ aussitôt ▪ ᓈᔥᒡ ᔑᔥᒋᑯᒡ ᐋᐦ ᒌᐦ ᐅᐦᒋ ᓅᑯᐦᒡ ᒨᔥᑖᐤ ᑳ ᒋᔅᑐᒡ ᓂᒥᔅᒋᐅᒡ. ▪ naashch shishchikuch aah chiih uhchi nuukuhch muushtaau kaa chistuch nimischiuch. ▪ *La fumée s'éleva aussitôt que la foudre eût frappé.*

autochtone

ᓈᒋᐧᐋᐤ naachiwaau na -aam ◆ une personne autochtone

ᐄᔨᔨᐅᓈᑯᓐ iiyiyiunaakun vii ◆ ça a l'air autochtone

ᐄᔨᔨᐅᓈᑯᓯᐤ iiyiyiunaakusiu vai ◆ il/elle a l'air autochtone

ᐄᔨᔨᐅᑭᒥᑯ iiyiyiukimikw ni ◆ un centre de l'amitié autochtone

ᐄᔨᔨᐅᔅᐧᑳᐤ iiyiyiuskwaau na -aam ◆ une femme crie, une autochtone, une Crie

ᐄᔨᔨᐅᓂᐦᑳᓲ iiyiyiunihkaasuu vai -u ◆ il/elle porte un nom autochtone

ᐄᔨᔨᐅᓂᐦᑳᑖᐤ iiyiyiunihkaataau vii ◆ ça a un nom autochtone

ᐄᔨᔨᐤ iiyiyiu na -yim ◆ une personne autochtone, un être humain, une personne crie

ᐄᔨᔨᐅᔨᒧᐧᐃᓐ iiyiyiuyimuwin ni ◆ le cri, une langue autochtone

ᐄᔨᔨᐅ **iiyiyiuu** vai -iwi ◆ il/elle est en vie; il est né, elle est née; c'est un autochtone, c'est une autochtone

ᐄᔨᔨᐅᔨᒥᐤ **iiyiyiuyimiu** vai ◆ il/elle parle le cri, une langue autochtone

automne

ᑎᒀᒋᐦᑖᐤ **tikwaachihtaau** vai+o ◆ il/elle passe l'automne à un certain endroit

ᑎᒀᒋᓐ **tikwaachin** vii ◆ c'est l'automne

ᑎᒀᒋᐢᑖᐅᑭᒥᒄ **tikwaachistaaukimikw** ni ◆ une hutte d'automne

ᐊᐅᓯᑎᒀᑯᐦᒡ **ausitikwaakuhch** p,temps ◆ l'automne il y a deux ans ■ ᓈᔥᒡ ᐋᐦ ᒌᐦ ᓂᐱᐦᐋᑭᓂᐐᑦ ᐱᔮᓯᐤ ᐊᐅᓯᑎᒀᑯᐦᒡ᙮ ■ naashch aah chiih nipihaakiniwit piyaasiu ausitikwaakuhch. ■ *On a ramassé beaucoup d'oies l'automne il y a deux ans.*

ᐃᐢᑭᓂᑎᒀᒋᓐᐦ **iskinitikwaachinh** p,temps ◆ tout l'automne ■ ᐃᐢᑭᓂᑎᒀᒋᓐᐦ ᓂᒌᐦ ᐃᐢᐱᔨᓈᓐ ᐊᓂᐦᐄ ᒦᓂᔥᐦ ᑳ ᒫᐅᒋᐦᑖᔮᐦᒡ᙮ ■ iskinitikwaachinh nichiih ispiyinaan anihii miinish-h kaa maauchihtaayaahch. ■ *Les baies que nous avons ramassées tous ont duré tout l'automne.*

ᐲᓯᑎᒀᒋᓐ **piisitikwaachin** vii ◆ c'est un automne long

ᑎᒀᒋᓂᔑᐤ **tikwaachinishiu** vai ◆ il/elle est forcé-e de passer l'automne à un certain endroit

ᑎᒀᑭᐱᐤ **tikwaakipiu** vai ◆ il/elle passe l'automne à un certain endroit

ᐅᐢᒋᑎᒀᒋᓐ **uschitikwaachin** vii ◆ c'est le début de l'automne

ᐐᒋᔥᑎᒀᑭᐲᒫᐤ **wiichishtikwaakipiimaau** vta ◆ il/elle passe l'automne avec lui/elle

ᑯᑎᑯᓂᒋᒋᐎᑖᐤ **kutikunichichiwitaau** na -shiim [Whapmagoostui] ◆ un caribou mâle âgé de quatre ans en automne

ᑯᑎᑯᓂᐱᔖᒋᐦᑯᔥ **kutikunipishaachihkush** na -um [Whapmagoostui] ◆ une caribou femelle âgée de trois ans en automne

ᐹᔓᑎᒀᒋᓐ **paashutikwaachin** vii ◆ c'est un automne bref; cet automne ne dure pas longtemps

ᐅᔥᑭᑎᔑᐤ **ushkitishiu** vii dim ◆ le premier gel en automne

ᒦᓄᐱᔨᐤ **miinupiyiu** vii ◆ ça casse (ex. de la glace sur la rivière) en automne après la première gelée

ᐊᔥᑐᐐᓵᒫᐦᑎᑯᒡ **ashtuwisaamaahtikuch** na pl -um ◆ du bois coupé pour les cadres de raquettes au printemps et gardé sous terre jusqu'à l'automne

autonomie

ᑎᐹᔨᒦᓱᐎᓐ **tipaayimiisuwin** ni ◆ la liberté, l'autonomie, l'auto-détermination

autoritaire

ᓂᓈᐹᐅᔑᐤ **ninaapaaushiu** vai ◆ il/elle est autoritaire, effronté-e, hardi-e

autorité

ᑎᐹᔨᐦᒋᒑᐎᓐ **tipaayihchichaawin** ni ◆ une règle, une autorité

autour

ᒑᐦᒑᐦᒄ **chaahchaahkw** na ◆ un autour des palombes *Accipiter gentilis*

ᑖᑎᑉ **taatip** p,lieu ◆ tout autour ■ ᒥᓯᐙ ᑖᑎᑉ ᒌᐦ ᐊᔥᑖᐤ ᐊᐢᒋᔨᐤ ᐊᓂᑎᐦ ᒦᒋᐙᐦᐱᐦᒡ᙮ ■ misiwaa taatip chiih ashtaau aschiyiu anitih miichiwaahpihch. ■ *Il pose de la mousse tout autour de l'habitation.*

ᐙᐢᑳ **waaskaa** p,lieu ◆ autour ■ ᒥᓯᐙ ᐙᐢᑳ ᐊᓂᑎᐦ ᒦᒋᐙᐦᐱᐦᒡ ᒌᐦ ᒋᒥᓱᐎᒡ ᒥᔥᑎᑯᒡ᙮ ■ misiwaa waaskaa anitih miichiwaahpihch chiih chimisuwich mishtikuch. ■ *Il y avait des arbres tout autour du tipi.*

ᒌᓂᒀᓂᔥᑭᐙᐤ **chiinikwaanishkiwaau** vta ◆ il/elle marche tout autour de lui/d'elle

ᑯᐃᔥᑎᑳᒫᐱᔨᐤ **kuishtikaamaapiyiu** vai ◆ il/elle fait le tour de l'habitation

ᑯᐃᔥᑎᑳᒫᐱᔨᐤ **kuishtikaamaapiyiu** vii ◆ ça passe autour de l'habitation

ᑯᐃᔥᑎᑳᒫᔥᑖᐤ **kuishtikaamaashtaau** vai ◆ il/elle le place tout autour de l'habitation

ᑯᐃᔥᑎᑳᒫᐢᑯ **kuishtikaamaaskuu** vai -u ◆ il/elle fait le tour du lac à pied sur la glace

ᑯᐃᔥᑎᑭᒫᐱᐎᒡ **kuishtikimaapiwich** vai pl ◆ ils/elles sont assis-es tout autour de l'habitation

ᐱᓯᐢᑖᐱᐦᑳᑖᐤ **pisistaapihkaataau** vta ◆ il/elle l'attache autour de quelque chose

ᐱᓯᐢᑖᐱᐦᑳᑎᒼ **pisistaapihkaatim** vti ◆ il/elle l'attache autour de quelque chose

ᑖᑎᐱᒨ **taatipimuu** vii -u ◆ ça va, c'est attaché tout autour

ᑖᑎᐱᐱᔨᐤ **taatipipiyiu** vai ◆ il/elle conduit autour de quelque chose

ᑖᑎᐱᔥᑭᒼ **taatipishkim** vti ◆ il/elle marche tout autour

ᑖᑎᐱᔥᑭᐙᐤ **taatipishkiwaau** vta ◆ il/elle marche tout autour de lui/d'elle

ᐙᔥᑳᔥᑖᐤ **waashkaashtaau** vii ◆ c'est placé tout autour

ᐙᐢᑳᐦᐋᐤ **waaskaahaau** vta ◆ il/elle les place tout autour

ᐙᐢᑳᐦᑖᐤ **waaskaahtaau** vai ◆ il/elle marche autour de quelque chose

ᐙᐢᑳᑳᐳᐎᔥᑎᒧᒡ **waaskaakaapuwishtimuch** vti pl ◆ ils/elles se tiennent autour de ça ■ ᒌᐦ ᐙᐢᑳᑳᐳᐎᔥᑎᒧᒡ ᐃᔥᑯᑖᔨᐤ ᐋᐦ ᒌᐦ ᔒᐦᑭᒋᒡ᙮ ■ chiih waaskaakaapuwishtimuch ishkutaayiu aah chiih shiihkichich. ■ *Ils se tiennent autour du feu parce qu'ils avaient très froid.*

ᐙᐢᑳᑳᐳᐎᔥᑎᐙᐎᒡ **waaskaakaapuwishtiwaawich** vta pl ◆ ils/elles se tiennent autour de lui/d'elle

ᐙᐢᑳᒀᑎᒼ **waaskaakwaatim** vti ◆ il/elle coud tout autour

ᐙᐢᑳᒧᐦᐋᐤ **waaskaamuhaau** vta ◆ il/elle le/la met autour de quelque chose

ᐙᐢᑳᒧᐦᑖᐤ **waaskaamuhtaau** vai ◆ il/elle le met autour

ᐙᐢᑳᒨ **waaskaamuu** vii -u ◆ ça tourne autour, est tout autour

ᐧᐋᔅᑳᐱᔨᐤ waaskaapiyiu vii ◆ ça se déplace autour de ça en véhicule

ᐧᐋᔅᑳᐳᔮᐤ waaskaapuyaau vta ◆ il/elle scie tout autour

ᐧᐋᔅᑳᔑᒻ waaskaashim vti ◆ il/elle découpe autour de ça

ᐧᐋᔅᑳᔥᑭᒻ waaskaashkim vti ◆ il/elle marche tout autour

ᐧᐋᔅᑳᔥᑭᐧᐋᐤ waaskaashkiwaau vta ◆ il/elle marche, va autour de lui/d'elle

ᐧᐋᔅᑳᔥᑖᐤ waaskaashtaau vai ◆ il/elle les place tout autour

ᐧᐋᔅᑳᔥᑖᐤ waaskaashtaau vii ◆ c'est placé tout autour

ᐧᐋᔅᑳᔥᑎᐦᐊᒻ waaskaashtiham vti ◆ il/elle le coud tout autour

ᐧᐋᔅᑳᔥᑎᐦᐧᐋᐤ waaskaashtihwaau vta ◆ il/elle le/la coud tout autour

ᐧᐋᔅᑳᔮᐦᑭᐦᑖᐤ waaskaayaahkihtaau vii ◆ le feu brûle autour d'un objet

ᐧᐄᔥᐧᑳᔮᒋᔥᑎᐦᐊᒻ wiishkwaayaachishtiham vti ◆ il/elle coud autour d'un objet placé dans un morceau de tissu, de peau

ᑯᐃᔥᑎᑳᒻ kuishtikaam p,lieu ◆ tout autour du lac ou de l'habitation ■ ᓈᔥᑎᔨᒡ ᑯᐃᔥᑎᑳᒻ ᒌᐦ ᓅᑯᓯᐧᐃᒡ ᐅᔅᒋᐦᑖᓯᐅᒡ᙮ ■ naashtiyich kuishtikaam chiih nuukusiwich uschihtaasiuch. ■ *Il y avait des nénuphars tout autour du lac.*

ᒌᓂᐧᑳᓂᐱᐦᑖᐤ chiinikwaanipihtaau vai ◆ il/elle court en rond, court tout autour, fait le tour en courant

ᒌᐧᐋᑳᐴ chiiwaakaapuu vai -uwi ◆ il/elle en fait le tour debout, tourne autour debout

ᑯᐃᔥᑎᑳᒫᐦᐅᑖᐤ kuishtikaamaahutaau vai+o ◆ il/elle lui fait faire le tour du lac en pagayant

ᑯᐃᔥᑎᑳᒫᐱᐦᑖᐤ kuishtikaamaapihtaau vai ◆ il/elle court autour du lac, de l'étang, de l'habitation

ᑯᐃᔥᑎᑳᒫᐱᔨᐦᑖᐤ kuishtikaamaapiyihtaau vai ◆ il/elle le fait passer à ceux et celles qui sont assis en cercle, elle/il le conduit autour d'une étendue d'eau

ᑯᐃᔥᑎᑳᒫᔅᑯᐱᒋᐤ kuishtikaamaaskupichiu vai ◆ il/elle fait le tour du lac sur la glace en déplaçant son campement d'hiver

ᑯᐃᔥᑎᑳᒫᑖᐹᐤ kuishtikaamaataapaau vai ◆ il/elle tire une charge autour du lac

ᓈᓃᐹᐦᑖᐤ naaniipaahtaau vai redup ◆ il/elle marche autour la nuit

ᐧᐋᔥᑳᔥᑖᐤ waashkaashtaau vai ◆ il/elle le met, le place tout autour

ᐧᐋᔅᑳᔑᓂᒡ waaskaashinich vai pl ◆ ils/elles sont couché-e-s autour, en cercle

ᑯᐃᔥᑎᑳᒫᐧᐋᔖᐧᐋᐤ kuishtikaamaawaashaawaau vai ◆ il/elle fait le tour d'une baie, contourne la baie

ᑖᑎᐱᐦᐊᒻ taatipiham vti ◆ il/elle pagaie, vole, nage tout autour

autre

ᑯᑎᒋᔨᐤ kutichiyiu pro,alternatif ◆ l'autre (obviatif inanimé, voir *kutik*) ■ ᒦᓐ ᑯᑎᒋᔨᐤ ᐹᑖᐤ ᓃᐱᑖᔮᔅᑯᐦᐄᑭᓈᐦᑎᑯᔨᐤ᙮ ■ miin kutichiyiu paataau niipitaayaaskuhiikinaahtikuyiu. ■ *Il apporta un autre poteau pour construire la suspension de son foyer dans le tipi.*

ᐧᑳᔥᑖᐦ kwaashtaah p,lieu ◆ de l'autre côté, d'une autre façon, dans l'autre sens ■ ᓈᑖᐦ ᐧᑳᔥᑖᐦ ᐄᑖᐦᒑ ᐋᑯᑖᐦ ᑳ ᓃᐳᐧᐃᑦ᙮ ■ naataah kwaashtaah iitaahchaa aakutaah kaa niipuwit. ■ *Elle/il se tenait de l'autre côté.*

ᐋᐧᐋᔨᐦᑎᒻ aawaayihtim vti ◆ il/elle le prend pour un autre ■ ᐋᐧᐋᔨᐦᑎᒻ ᐧᐄᔨ ᐋᐦ ᐅᑑᑎᑦ ᑳ ᐧᐋᐱᐦᑎᐦᒃ ᓈᓯᐹᑎᒥᐦᒡ᙮ ■ aawaayihtim wiiyi aah utuutit kaa waapihtihk naasipaatimihch. ■ *Il croit que c'est son canot qu'il a vu près du rivage.*

ᐋᐧᐋᔨᒫᐤ aawaayimaau vta ◆ il/elle le/la prend pour un-e autre ■ ᑳ ᐧᐋᐱᒫᑦ ᐊᓂᔮᐦ ᓈᐹᐅᐦ ᐅᐦᑖᐧᐄᐦ ᒌᐦ ᐋᐧᐋᔨᒫᐤ᙮ ■ kaa waapimaat aniyaah naapaauh uhtaawiih chiih aawaayimaau. ■ *Il croyait que l'homme qu'il avait vu était son père*

ᐃᔨᐦᑎᓐ iyihtin vii ◆ c'en est un autre

ᐄᑖᐦᒑᑳᒻ iitaahchaakaam p,lieu ◆ de l'autre côté (de la rivière, de l'habitation) ■ ᐧᑳᔥᑖᐦ ᐄᑖᐦᒑᑳᒻ ᒌᐦ ᐱᒥᓯᐦᑖᐤ ᐊᓂᔮ ᓰᐲᔨᐤ᙮ ❖ ᓈᑖᐦ ᐧᑳᔥᑖᐦ ᐄᑖᐦᒑᑳᒻ ᐊᑯᔨᒡ ᐊᓂᒌ ᒋᓂᔥᑭᒫᔥᑖᑯᒥᒡ᙮ ■ kwaashtaah iitaahchaakaam chiih pimisihtaau aniyaa siipiiyiu. ❖ naataah kwaashtaah iitaahchaakaam akuyich anichii chinishkimaashtaakumich. ■ *Il porte de son canot sur ses épaules de l'autre côté de la rivière.* ❖ *Suspends tes peaux d'oies de l'autre côté de l'habitation!*

ᑯᑎᒃ kutik pro,alternatif ◆ autre, un-e autre (animé) ■ ᒦᓐ ᑯᑎᒃ ᐊᐧᐋᓐ ᓂᑎᐧᐋᔨᐦᑖᑯᓯᐤ ᒑ ᐊᐧᑳᓯᐱᑎᐦᒃ ᐆᑎᔨᐤ᙮ ■ miin kutik awaan nitiwaayihtaakusiu chaa akwaasipitihk uutiyiu. ■ *On a besoin de quelqu'un d'autre pour tirer le canot sur la rive.*

ᐋᐦᑯᐃᐦᑎᐧᐃᐱᐤ aahkuihtiwipiu vai ◆ il/elle est placé-e sur l'autre

ᐋᐦᑯᐃᐦᑎᐧᐃᔥᑭᐧᐋᐤ aahkuihtiwishkiwaau vta ◆ il/elle en enfile un autre (vêtement)

ᐋᔓᐧᐃᐲᐦᒋᒑᐤ aashuwipiihchichaau vai ◆ il/elle va d'une habitation dans une autre

ᐊᔥᑎᐱᐤ ashtipiu vai ◆ il/elle s'assoit avec les autres

ᐃᔨᐦᑎᓰᐤ iyihtisiiu vai ◆ il/elle se comporte autrement, c'est un-e autre

ᐃᔨᐦᑎᐧᐋᓂᐆ iyihtiwaaniuu vai -iwi ◆ il/elle est d'une autre race

ᓈᓈᑖᐤ naanaataau vta redup ◆ il/elle va de l'un-e à l'autre

ᓅᐦᑖᐦᑭᑖᐤ nuuhtaahkitaau vai ◆ il/elle a faim et mange avant les autres

ᐊᑳᒥᐦᒡ akaamihch p,lieu ◆ de l'autre côté d'un cours d'eau ■ ᓈᔥᒡ ᐋᐦ ᐋᑎᔅᒌᑦ ᐧᐋᐳᔥ ᓈᑖᐦ ᐊᑳᒥᐦᒡ᙮ ■ naashch aah aatischiit waapush naataah akaamihch. ■ *Il y a plein de sentiers de lièvres de l'autre côté de la rivière.*

ᐊᐅᓵᐅᐦᒡ **ausaauhch** p,lieu ◆ de l'autre côté de la montagne ■ ᑳ ᒧᐧᐃᓱᔮᐦᒡ ᐋᑯᑖᐦ ᓈᐦᔥ ᑳ ᒥᐦᒑᒡᐦ ᒦᓂᔥᐦ ᐊᓂᑖᐦ ᐊᐅᓵᐅᐦᒡ ■ kaa muwisuyaahch aakutaah naashch kaa mihchaach-h miinish-h anitaah ausaauhch. ■ *Quand on est allé cueillir des baies, il y en avait plein de l'autre côté de la montagne.*

ᐹᔥᑖᐦᑎᒄ **paashtaahtikw** p,lieu ◆ de l'autre côté des arbres, des buissons ■ ᐹᔥᑖᐦᑎᒄ ᓈᑖᐦ ᐋᑯᑖᐦ ᑳ ᑖᐱᑳᐧᑦ ■ paashtaahtikw naataah aakutaah kaa taapikwaat. ■ *Il pose ses collets de l'autre côté des arbres.*

ᐋᔓᐧᐃᑎᓐ **aashuwitin** vii ◆ ça gèle jusqu'à l'autre côté

ᒦᔥᑯᒋᑳᐳᐧᐃᐦᐋᐤ **miishkuchikaapuwihaau** vta ◆ il/elle en met un autre (ex. un poêle) à sa place

ᓈᑎᑳᒫᔮᐅᐦᑳᐤ **naatikaamaayaauhkaau** vii ◆ c'est une pointe de sable qui atteint presque l'autre rive

ᓅᔅᒋᐦᑖᐤ **nuuschihtaau** vai+o ◆ il/elle fait un autre essai pour tuer le castor au même endroit, il/elle y ajoute

ᐱᔑᔥᑖᐧᐋᐤ **pishishtaawaau** vai ◆ il/elle marche de l'autre côté de la pointe, de la colline

ᔖᐹᐧᐋᐧᐋᐤ **shaapwaawaau** vai ◆ il/elle se rend de l'autre côté de la pointe

autre côté

ᐊᐅᓵᐧᐋᐱᔨᐤ **ausaawaapiyiu** vai [Wemindji] ◆ il/elle va de l'autre côté en véhicule

ᐊᑳᒫᐅᐦᒡ **akaamaauhch** p,lieu ◆ de l'autre côté de la prochaine crête ■ ᐊᑳᒫᐅᐦᒡ ᓂᒌᐦ ᐄᔑ ᐋᐦᑐᒑᓈᓐ ■ akaamaauhch nichiih iishi aahtuchaanaan. ■ *On a déplacé notre camp de l'autre côté de la prochaine crête.*

ᐊᑳᒥᒋᐦᒋᑭᒦᐦᒡ **akaamichihchikimiihch** p,lieu ◆ de l'autre côté de l'océan ■ ᐊᑳᒥᒋᐦᒋᑭᒦᐦᒡ ᒌᐦ ᐅᐦᒌᐤ ᐊᓐ ᓈᐹᐤ ■ akaamichihchikimiihch chiih uhchiiu an naapaau. ■ *Cet homme est venu de l'autre côté de l'océan.*

ᐊᑳᒥᓵᑭᐦᐄᑭᓂᐦᒡ **akaamisaakihiikinihch** p,lieu ◆ de l'autre côté du lac ■ ᓈᑖᐦ ᐊᑳᒥᓵᑭᐦᐄᑭᓂᐦᒡ ᐋᑯᑖᐦ ᑳ ᒋᒥᑖᔨᒡ ᐧᐄᔨᐧᐋᐤ ᐧᐄᒋᐧᐋᐤ ■ naataah akaamisaakihiikinihch aakutaah kaa chimitaayich wiiyiwaau wiichiwaau. ■ *Leur habitation était située de l'autre côté du lac.*

ᐊᑳᒥᔥᑯᑖᐦᒡ **akaamishkutaahch** p,lieu ◆ de l'autre côté du feu par rapport au locuteur ou à la locutrice ■ ᐋᑯᑖᐦ ᐅᐦᒋ ᑭᓂᐧᐋᐱᒼ ᓂᑖᐃᐦᑯᓈᒼ ᓈᑖᐦ ᐊᑳᒥᔥᑯᑖᐦᒡ ■ aakutaah uhchi kiniwaapim nitaaihkunaam naataah akaamishkutaahch. ■ *Surveille ma bannique par l'autre côté du feu (qui nous sépare).*

ᐊᐅᒑᐤ **auchaau** p,lieu ◆ de l'autre côté de la pointe ■ ᐊᐅᒑᐤ ᐃᔅᐱᔪᐧᐃᒡ ᐊᓂᒌ ᑳ ᓂᑑᐦᐅᒡ ■ auchaau ispiyuwich anichii kaa nituuhuch. ■ *Les chasseurs sont allés de l'autre côté de la pointe.*

ᔖᐹᐤ **shaapwaau** p,lieu ◆ de l'autre côté d'une pointe

ᐧᐋᔅᑿᐦᑖᒥᐦᒡ **waaskwaahtaamihch** p,lieu ◆ le fond de l'habitation situé face à la porte, l'autre côté de l'habitation situé en face de la porte ■ ᐧᐋᔅᑿᐦᑖᒥᐦᒡ ᐋᑯᑖᐦ ᐄᑎᔑᐦᐧᐃᒡ ᐊᓂᒌ ᒫᓂᑖᐅᒡ ■ waaskwaahtaamihch aakutaah iitishihwich anichii maanitaauch. ■ *Dis aux visiteurs d'entrer jusqu'au fond!*

ᐊᐅᒑᐧᐋᐦᐊᒼ **auchaawaaham** vti ◆ il/elle pagaie jusqu'à l'autre côté de la pointe

ᐊᐅᒑᐧᐋᐱᔨᐤ **auchaawaapiyiu** vai ◆ il/elle va de l'autre côté de la pointe en véhicule

autrefois

ᐹᒡ **paach** p,temps ◆ il y a longtemps; autrefois

autrement

ᐃᔨᐦᑖᐦᐸᐦ **iyihtaahp-h** p,manière ◆ autrement, totalement différent ■ ᓈᔥᒡ ᐃᔨᐦᑖᐦᐸᐦ ᐋ ᐃᔑ ᐊᔨᒥᑦ ᑳ ᑎᐹᒋᒧᓈᓂᐧᐃᔨᒡ ■ naashch iyihtaahph aa ishi ayimit kaa tipaachimunaaniwiyich. ■ *Il parla de quelque chose de complètement différent pendant qu'on racontait l'histoire.*

aval

ᒫᐦᐋᐳᑰ **maahaapukuu** vai -u ◆ il/elle dérive en aval

ᒫᐦᐋᐳᑖᐤ **maahaaputaau** vii ◆ ça dérive en aval

ᒫᐦᐋᔑᐤ **maahaashiu** vai ◆ il/elle fait voile dans la direction du courant, vers l'aval

ᒫᐦᐋᑎᑯᔥᑎᓐ **maahaatikushtin** vii ◆ le vent souffle dans la direction du courant, vers l'aval

ᒫᐦᐄᓂᒑᐤ **maahiinichaau** vai ◆ il/elle dirige le canot, le tire sur l'eau peu profonde en aval

ᒫᐦᐄᐱᐦᑖᐤ **maahiipihtaau** vai ◆ il/elle court en aval

ᒫᐦᐄᐱᔨᐦᐋᐤ **maahiipiyihaau** vta ◆ il/elle l'emmène en aval de la rivière en véhicule

ᒫᐦᐄᐱᔨᐤ **maahiipiyiu** vai ◆ il/elle descend le courant, va en aval à la nage, en véhicule

ᒫᐦᐅᑖᐧᐋᐤ **maahutaawaau** vta ◆ il/elle l'emporte en aval de la rivière pour lui/elle en véhicule

ᒫᐦᐅᑎᐧᐋᐤ **maahutiwaau** vta ◆ il/elle l'emporte en aval de la rivière pour lui/elle

ᒫᐦᐅᔮᐤ **maahuyaau** vta ◆ il/elle l'emmène en aval de la rivière en véhicule

ᒫᔨᔅᑯᐦᑖᐤ **maayiskuhtaau** vai ◆ il/elle descend la rivière à pied vers l'aval sur la glace

ᒫᔨᔅᑯᐦᑎᑖᐤ **maayiskuhtitaau** vai ◆ il/elle l'emporte en aval sur la glace

ᒫᔨᔅᑰ **maayiskuu** vai -u ◆ il/elle va en aval sur la glace

ᒫᐦᐄᐱᒋᐤ **maahiipichiu** vai ◆ il/elle déplace son campement d'hiver en aval de la rivière

ᒫᐦᐄᐱᔨᐦᑖᐤ **maahiipiyihtaau** vai ◆ il/elle descend le courant, va en aval en véhicule

ᐹᑖᐳᑎᐧᐋᐤ **paataaputiwaau** vai ◆ la nourriture du castor flotte en aval

ᒫᔨᔅᑯᐱᒋᐤ **maayiskupichiu** vai ◆ il/elle va vers l'aval du cours d'eau en déplaçant son campement d'hiver

avalanche

ᓃᐦᑎᒋᐙᔮᑯᓈᐱᔨᐤ niihtichiwaayaakunaapiyiu vii ◆ c'est une avalanche

avaler

ᑯᐦᒋᐱᔨᐦᐋᐤ kuhchipiyihaau vta ◆ il/elle l'avale d'un coup, l'engloutit

ᑯᐦᒋᐱᔨᐦᑖᐤ kuhchipiyihtaau vai ◆ il/elle avale vite, l'engloutit, l'avale d'un trait

ᑯᐦᑎᓯᐦᒁᔨᐤ kuhtisihkwaayiu vai ◆ il/elle avale son crachat

ᑯᐦᔮᐤ kuhyaau vta ◆ il/elle l'avale; il/elle attrape du poisson avec sa ligne de pêche nocturne ■ ᒌᐦ ᑯᐦᔮᐤ ᐊᓂᔮᐦ ᐱᒋᐤᐦ ᑳ ᐊᔑᒥᑦ᙮ ■ chiih kuhyaau aniyaah pichiuh kaa ashimit. ■ *Il a avalé la gomme que tu lui as donné.*

ᒥᓯᐙᐱᔨᐦᐋᐤ misiwaapiyihaau vta ◆ il/elle l'avale tout entier

ᒥᓯᐙᐱᔨᐦᑖᐤ misiwaapiyihtaau vai ◆ il/elle l'avale tout entier

ᒌᔥᒑᔨᔥᑯᔨᐤ chiishchaayishkuyiu vai ◆ il/elle le sent qui bloque son œsophage après avoir avalé de la nourriture

ᑯᐦᑎᒼ kuhtim vti ◆ il/elle l'avale, il/elle (un poisson) emporte l'hameçon d'une ligne de pêche nocturne

ᑯᓵᐹᔮᐦᐅᑖᐤ kusaapaayaahutaau vii ◆ c'est avalé par les vagues

avance

ᒫᑎᔨᒡ maatiyich p,temps ◆ en avance

ᓂᔮᑭᓐᐦ niyaakinh p,temps ◆ en avance, à l'avance ■ ᓂᔮᑭᓐᐦ ᒫ ᐑᐦᑎᒨᐦ ᐙᐦ ᒋᔅᑐᐦᑖᔨᓐᐦ᙮ ■ niyaakinh maa wiihtimuuh waah chistuhtaayinh. ■ *Préviens-moi (Dis-moi le à l'avance) quand tu veux sortir!*

ᐱᔅᑐᐏᐦᐅᑖᓱᐏᓐᐦ pistuwihutaasuwinh ni pl ◆ des choses emportées à l'avance en canot, en avion

ᓂᔮᒃ niyaak p,temps ◆ en avance

ᐋᑎᔥᑭᐙᐤ aatishkiwaau vta ◆ il/elle est en avance sur lui/elle, il/elle le/la marque de son pied ou de son corps

ᐃᔮᔅᑭᐙᔨᐦᑎᒼ iyaaskiwaayihtim vti ◆ il/elle pense à l'avance, planifie

ᐃᔮᔅᑭᐏᔥᑖᐤ iyaaskiwishtaau vai+o ◆ il/elle l'a tout prêt à l'avance

ᐃᔮᔅᑭᐏᔥᑖᐤ iyaaskiwishtaau vii ◆ c'est prêt à l'avance

ᓃᑳᓈᔮᐱᐦᑎᒼ niikaanaayaapihtim vti ◆ il/elle sait à l'avance que quelque chose va arriver

ᓃᑳᓂᒋᔅᒑᔨᐦᑎᒼ niikaanichischaayihtim vti ◆ il/elle en sait quelque chose avant que ça arrive

ᓃᑳᔮᐱᐦᑎᒼ niikaayaapihtim vti [Whapmagoostui] ◆ il/elle sait à l'avance qu'on trouvera de la nourriture (des animaux ou des poissons)

ᐱᔅᑐᐏᐦᐅᑖᓲ pistuwihutaasuu vai -u ◆ il/elle emporte des choses à l'avance en canot, en avion

ᐱᔅᑐᐏᐦᐅᔮᐤ pistuwihuyaau vta ◆ il/elle l'emmène à l'avance par voie d'eau ou voie aérienne

ᐋᑎᔥᑭᒼ aatishkim vti ◆ il/elle arrive en avance; il/elle le marque de son pied ou de son corps ■ ᐐ ᐋᑎᔥᑭᒼ ᐋᐦᒷᔮᐦ ᐹᐱᐦᔮᒥᑭᓂᔨᒡ᙮ ■ wii aatishkim aahmwaayaah paapihyaamikiniyich. ■ *Elle/il veut arriver avant l'avion.*

avancer

ᓃᑳᓂᐱᔨᐤ niikaanipiyiu vii ◆ ça avance

ᐃᔨᔨᒥᐱᔨᐤ iyiyimipiyiu vai ◆ il/elle avance, se déplace, voyage contre le vent en véhicule

ᐃᔨᔨᒥᐱᔨᐤ iyiyimipiyiu vii ◆ ça avance, se déplace, voyage contre le vent

ᓈᓂᑳᔥᑭᒼ naanikaashkim vti ◆ il/elle l'empêche d'avancer avec son pied ou son corps

ᓈᓂᑭᐦᐊᒼ naanikiham vti ◆ il/elle empêche le canot d'avancer trop vite

ᓃᑳᓂᐱᔨᐤ niikaanipiyiu vai ◆ il/elle avance, va en avant

ᓵᒋᔥᑭᒼ saachishkim vti ◆ il/elle avance là où c'est dégagé

ᒦᔥᑭᐙᐤ miishkiwaau vta ◆ il/elle avance, prend injustement la place de façon déplacée

ᒥᑖᐱᐤ mitaapiu vai ◆ un groupe reste en arrière alors que les autres avancent vers un autre camp

avant

ᐋᐦᒷᔮᐦ aahmwaayaah p,temps ◆ avant, auparavant ■ ᓂᐑᐦ ᐄᑐᐦᑖᓐ ᐊᑖᐙᐅᑭᒥᑯᐦᒡ ᐋᐦᒷᔮᐦ ᒋᐱᐦᐄᑭᓂᐏᒡ᙮ ■ niwiih iituhtaan ataawaaukimikuhch aahmwaayaah chipihiikiniwich. ■ *Je veux aller au magasin avant qu'il ferme.*

ᐅᓃᑳᓂᒫᒄ uniikaanimaakw ni ◆ la partie antérieure d'un poisson, l'avant du poisson

ᐱᑎᒫ pitimaa p,temps ◆ tout d'abord, avant ■ ᐱᑎᒫ ᓂᑭ ᒦᒋᓱᓐ ᐄᔮᒄ ᒑ ᑎᑯᔑᓂᔮᓐ᙮ ■ pitimaa niki miichisun iiyaakw chaa tikushiniyaan. ■ *Tout d'abord je vais manger, ensuite je viendrai te voir.*

ᒑᐦᑳᐱᑖᐤ chaahkaapitaau vai ◆ il/elle a les dents en avant

ᒋᓏᐦᒁᐤ chinwaahkwaau vai ◆ la partie courbée de la raquette en avant

ᒨᐦᒋᒋᐱᔨᐤ muuhchichipiyiu vai ◆ il/elle tombe en avant

ᓃᑳᓂᐱᔨᐤ niikaanipiyiu vai ◆ il/elle avance, va en avant

ᓂᐙᐑᐤ niwaawiiu vai ◆ il/elle se penche en avant

ᐱᒋᔥᑐᐏᐦᐅᔮᐤ pichishtuwihuyaau vta ◆ il/elle l'emmène en avant avant de lever le camp

ᓃᔥᑖᒧᔥᑳᒑᐤ niishtaamushkaachaau ni ◆ la peau qui couvre les pattes avant du caribou, de l'orignal

ᓂᒫᐲᓃᑳᓂᒫᒄ nimaapiiniikaanimaakw ni ◆ la partie avant d'un appât (poisson)

ᓃᑳᓂᐦᒡ niikaanihch p,temps ◆ à l'avenir, devant, en avant ■ ᐐᔨᐙᐤ ᓃᑳᓂᐦᒡ ᒌᐦ ᐃᐦᑖᐏᒡ ᑳ ᑯᓯᔅᐱᐦᐊᒧᒋᐦᐟ᙮ ■ wiiyiwaau niikaanihch chiih ihtaawich kaa kusispihamuchiht. ■ *Ils étaient devant nous quand nous remontions la rivière.*

ᓅᐦᑖᔒᔥ nuuhtaashiish p,temps ◆ avant, pas assez, manquer un peu ■ ᐊᔮᐱᒡ ᓅᐦᑖᔒᔥ ᓂᒥ ᐅᐦᒋ ᒌᐦ ᓂᐱᐦᐋᐤ ᐊᓂᔮᐦ ᐅᑎᒥᔅᑯᒻᐦ ᑳ ᒥᔮᑭᓂᐏᐟ᙮ ■ ayaapich nuuhtaashiish nimi uhchi chiih nipihaau aniyaah utimiskumh kaa miyaakiniwit. ■ *Il ne pouvait pas atteindre son quota de castor, il lui en manquait un peu.*

ᒌᔥᑎᐦᐋᑯᐦᑎᓐ chiishtihaakuhtin vii ◆ l'avant du canot est bas par rapport à la surface de l'eau

ᒨᐦᒋᒋᐙᐱᓈᐤ muuhchichiwaapinaau vta ◆ il/elle la/le pousse et la/le fait tomber en avant

ᓂᐙᐱᔨᐦᐆ niwaapiyihuu vai -u ◆ il/elle se penche en avant, se courbe

ᓂᐙᐱᔨᐤ niwaapiyiu vai ◆ il/elle se penche en avant, oscille vers l'avant

ᐅᑖᐦᒁᐱᒋᑭᓈᔮᐲ utaahkwaapichikinaayaapii ni ◆ une corde utilisée pour garder l'avant des raquettes ou du traîneau courbé vers le haut

ᓂᐙᐱᐦᑖᐤ niwaapihtaau vai ◆ il/elle court penché-e ou courbé-e en avant

avant en arrière (d')

ᐙᐙᐱᔨᐦᑖᐤ waawaapiyihtaau vai redup ◆ il/elle l'agite d'avant en arrière

ᐙᐑᐱᑳᐴ waawiipikaapuu vai -uwi ◆ il/elle se balance debout d'avant en arrière

avant-hier

ᐅᔥᑖᑯᔒᐦᒡ ushtaakushiihch p,temps ◆ avant-hier, l'avant-veille ■ ᐅᔥᑖᑯᔒᐦᒡ ᒌᐦ ᐙᐱᒫᐦᑖᑯᐱᓐ ᒨᔅᐦ᙮ ■ ushtaakushiihch chiih waapimaahtaakupin muus-h. ■ *Il a vu un orignal avant-hier.*

avare

ᐊᓵᒋᐦᑖᐤ asaachihtaau vai+o ◆ il/elle est avare

ᐊᓯᓵᒋᓰᐤ asisaachisiiu vai ◆ il/elle est avare

ᒫᐃᓰᐤ maaisiiu vai ◆ il/elle est avare, radin-e

avec

ᒋᔨᑭᐤ chiyikiu p,conjonction ◆ avec, accompagné-e de ■ ᐊᑎᐦᑭᒫᑯᒡ ᓂᒌᐦ ᐱᑎᐦᐅᔮᓈᓐ ᒋᔨᑭᐤ ᒫᒃ ᓂᒫᐲᒡ᙮ ■ atihkimaakuch nichiih pitihuyaanaan chiyikiu maak nimaapiich. ■ *Nous avons attrapé du corégone dans notre filet avec des meuniers.*

ᒋᒡ chich p,manière ◆ avec, y compris ■ ᑎᐦᑯᓂᒻ ᐊᓂᔮ ᐅᒌᑭᐦᐄᑭᓐ ᒋᒡ ᑭᔮᐦ ᐊᓂᔮ ᐑᐅᑖᔮᐲ᙮ ■ tihkunim aniyaa uchiikihiikin chich kiyaah aniyaa wiiutaayaapii. ■ *Il a pris sa hâche avec sa corde pour porter sa charge.*

ᒌᒫᐤ chiimaau vta ◆ il/elle va avec lui/elle en véhicule

ᐑᒑᐙᐤ wiichaawaau vta ◆ il/elle va avec lui

ᓈᓃᔓᐦᑖᐤ naaniishuhtaau vai redup ◆ il/elle marche avec lui/elle, ils/elles marchent en couple

avenir

ᒋᔅᒋᐙᐦᐄᒑᐤ chischiwaahiichaau vai ◆ il/elle dit l'avenir

ᓃᑳᓂᐦᒡ niikaanihch p,temps ◆ à l'avenir, devant, en avant ■ ᐐᔨᐙᐤ ᓃᑳᓂᐦᒡ ᒌᐦ ᐃᐦᑖᐏᒡ ᑳ ᑯᓯᔅᐱᐦᐊᒧᒋᐦᐟ᙮ ■ wiiyiwaau niikaanihch chiih ihtaawich kaa kusispihamuchiht. ■ *Ils étaient devant nous quand nous remontions la rivière.*

ᓂᐦᑖᐅᑎᐙᐱᐤ nihtaautiwaapiu vai ◆ il/elle est capable de voir l'avenir ou de voir loin

ᒥᑎᓂᓵᐙᐤ mitinisaawaau vai ◆ il/elle tient l'omoplate ou le sternum d'un animal tout près du feu pour voir si elle/il brûle pour pouvoir prédire l'avenir (par ex. où se trouve le gibier, si des visiteurs vont venir)

averse

ᒋᒧᐎᓂᐹᔥᑖᓐ chimuwinipaashtaan vii ◆ c'est une averse

ᒥᒫᓂᐹᔥᑖᓐ mimaanipaashtaan vii redup ◆ il y a des averses de pluie

ᒥᒫᓂᐎᐦᑖᓐ mimaaniwihtaan vii redup ◆ il y a des averses de neige

ᐱᐹᒫᑯᓂᒋᐱᔨᐤ pipaamaakunichipiyiu vii redup ◆ il y a des averses de neige

ᒋᔂᑖᓐ chishwaataan vii ◆ il pleut fort, il pleut averse

avertir

ᐃᔮᒁᒥᒫᐤ iyaakwaamimaau vta ◆ il/elle le/la prévient, l'avertit

aveugle

ᑭᔥᑳᐱᐤ kishkaapiu vai ◆ il/elle souffre de cécité des neiges

ᐎᔮᓵᐲᐤ wiyaasaapiiu vai ◆ il/elle commence à devenir aveugle à cause de la neige, à souffrir d'une ophtalmie des neiges, d'une cécité des neiges

avide

ᐋᔅᐳᓂᓰᐤ aaspunisiiu vai ◆ il/elle est avide

avidité

ᐲᔑᔨᔨᐦᑭᐦᐆ piishiyiyihkihuu vai -u ◆ il/elle mange avec avidité

avion

ᑳᐱᒥᐦᔮᒥᑭᐦᒡ kaapimihyaamikihch nip -kinum/-kinim ◆ un avion

avis

ᒁᔅᒑᔨᐦᑎᒼ kwaaschaayihtim vti ◆ il/elle change d'avis à ce sujet

ᐴᓈᔮᔨᐦᑎᒼ puunaayaayihtim vti ◆ il/elle cesse d'y penser, il/elle change d'avis à propos de ça

avocat

ᑎᐹᔅᑯᓂᒑᓯᐤ tipaaskunichaasiu na -iim ◆ un juge, un avocat, une homme ou une femme de loi

avoir

ᐃᔮᐤ iyaau vai+o ◆ il/elle l'a

ᐃᔮᐙᐤ iyaawaau vta ◆ il/elle l'a

avoir du mal

ᐋᔨᒥᐦᐆ aayimihuu vai -u ◆ il/elle a du mal, il/elle éprouve des difficultés ■ ᐋᑯᐦ ᒫᒃ ᐃᔮᔨᒥᐦᐅᑦ ᐋᑳ ᐅᐦᒋ ᐃᔮᐱᓯᐦᑎᐧᐋᑦ ᐅᐦᑯᒼ ᑳ ᐊᔨᒥᐦᐄᑯᑦ᙮ ■ aakuh maak iyaayimihut aakaa uhchi iyaapisihtiwaat uhkum kaa ayimihiikut. ■ *Maintenant elle a du mal parce qu'elle n'a pas écouté les conseils de sa grand-mère.*

ᐅᐧᐋᓂᑖᐦᑎᒼ uwaanitaahtim vti ◆ il/elle a du mal à reprendre son souffle

avoir hâte

ᐱᐧᑳᔨᐦᑎᒼ pikwaayihtim vti ◆ il/elle a hâte de.../que quelque chose arrive ■ ᐱᐧᑳᔨᐦᑎᒼ ᒑ ᒦᒋᓱᑦ᙮ ■ pikwaayihtim chaa miichisut. ■ *Il a hâte de manger.*

ᐱᐧᑳᔨᒫᐤ pikwaayimaau vta ◆ il/elle a hâte qu'il/elle fasse quelque chose, le/la voie

avoir l'air

ᐄᑎᐦᑖᑯᓯᐤ iitihtaakusiu vai ◆ il/elle a l'air, est compris d'une certaine façon

ᐄᔑᓈᑯᓯᐤ iishinaakusiu vai ◆ il/elle paraît, semble, a l'air de...

avoir l'habitude

ᐄᔨᑭᔨᒥᐦᑖᐤ iiyikiyimihtaau vai+o ◆ il/elle a l'habitude de le faire

avoir le temps

ᐃᔥᐱᔒᐦᑭᐧᐋᐤ ishpishiihkiwaau vta ◆ il/elle a le temps de le faire pour elle/lui

ᐄᔥᐱᔒᐦᑭᒼ iishpishiihkim vti ◆ il/elle a le temps de le faire, le temps pour ça

ᐄᔥᐱᔒᐤ iishpishiiu vai ◆ il/elle a le temps de le faire

ᐃᔮᔥᐱᔒᐤ iyaashpishiiu vai ◆ il/elle a le temps de le faire ■ ᑖᐹ ᐃᔮᔥᐱᔒᐤ ᒑ ᒌᐦ ᒦᒋᓱᑦ᙮ ■ taapaa iyaashipishiiu chaa chiih miichisut. ■ *Elle n'a pas le temps de manger.*

ᐄᔥᐱᔑᐦᐋᐤ iishpishihaau vta ◆ il/elle est capable de prendre soin de lui, d'elle, il/elle a le temps de s'occuper de lui/elle

avoir lieu

ᐃᔨᓐ iyin vii ◆ ça a lieu, ça se passe

avril

ᓂᔅᒋᐲᓯᒼ nischipiisim na ◆ le mois d'avril

b

babiche

ᐊᔅᒋᒥᓈᔮᐲ aschiminaayaapii ni ◆ de la babiche épaisse (du lacet de peau) pour la partie de la raquette où repose le pied

ᐊᑎᐲ atipii na ◆ du fil ou de la babiche utilisé pour tisser l'avant et l'arrière de la raquette

ᐊᔥᑖᔥᑯᔖᐧᐋᐤ ashtaashkushaawaau vai ◆ il/elle coupe la babiche sur un morceau de bois

ᐊᔅᑖᔅᑯᔖᐧᐋᐤ astaaskushaawaau vai ◆ il/elle fait de la babiche avec un couteau et une peau drapée sur un morceau de bois

ᐧᐋᔖᐹᐤ waashaapaau vai ◆ il/elle fait de la babiche, de la cordelette de peau avec un outil

ᐱᓯᔅᑖᔅᒁᓐ pisistaaskwaan ni ◆ la babiche qui maintient le tissage central au cadre de la raquette

ᓯᒥᑖᐱᐦᒑᓂᑭᓐ simitaapihchaanikin ni ◆ de la babiche lacée en zigzag sur la barre transversale supérieure de la raquette

ᐱᓯᔅᑖᔅᒁᐤ pisistaaskwaau vai ◆ il/elle lace, tisse la babiche jusqu'à la section médiane du cadre de la raquette

ᐧᐋᐧᐋᑳᐱᐦᒑᔂᐤ waawaakaapihchaashwaau vai redup ◆ il/elle coupe la babiche de travers

babysitting

ᑭᓂᐧᐋᔨᒫᐅᓲ kiniwaayimaausuu vai -u ◆ il/elle fait du babysitting, il/elle garde des enfants

bâche

ᐊᑯᓂᐦᐄᐅᑖᓐ akunihiiutaan ni ◆ une bâche pour le canot

ᐊᑯᓂᐦᐄᐅᑖᒋᒫᓐ akunihiiutaachimaan ni ◆ une bâche pour protéger les affaires dans le canot

ᐧᐄᔅᒁᑖᐹᓐ wiiskwaataapaan ni ◆ une bâche sur une charge de traîneau

ᐹᔥᑳᔑᐤ paashkaashiu vai ◆ sa couverture, sa bâche est emportée par le vent

ᐹᔥᑳᔥᑎᓐ paashkaashtin vii ◆ le vent emporte la bâche

bacon

ᐹᔑᑰᐦᑰᔑᐧᐋᓐ paashikuuhkuushiwaan na ◆ du lard, du bacon tranché

bagarre

ᒫᓯᐦᒑᐧᐃᓐ maasihchaawin ni ◆ une bagarre

ᐋᔨᐧᐋᔨᒨ aayiwaayimuu vai -u ◆ il/elle commence une bagarre

baguette

ᐄᐦᑭᐦᐄᐱᐦᒁᓐ iihkihiipihkwaan ni ◆ une baguette pour remplir les cartouches de fusil

ᔑᔑᒁᑎᑭᐦᐄᑭᓈᐦᑎᒄ shishikwaatikihiikinaahtikw ni ◆ une baguette ou un refouloir sur un ancien fusil

ᑖᐧᐋᐦᐄᑭᓈᐦᑎᒄ taawaahiikinaahtikw ni ◆ une baguette de tambour

baie

ᐧᐄᓂᐹᑯᐦᒡ wiinipaakuhch p,lieu ◆ dans la baie au large ■ ᓈᔥᑖᐧᐹᐦ ᒌᐦ ᒫᒥᓯᒋᔅᑎᐧᐃᒡ ᑭᔥᑭᓂᒡ ᓈᑖᐦ ᐧᐄᓂᐹᑯᐦᒡ ᑳ ᐱᒥᐱᔨᔮᐦᒡ᙮ ■ naashtaapwaah chiih maamisichistiwich kishkinich naataah wiinipaakuhch kaa pimipiyiyaahch. ■ *Les vagues étaient énormes alors que nous voyagions dans la baie au large.*

ᒥᐦᒋᐧᐋᔖᐤ mihchiwaashaau vii ◆ la baie est grande

ᐲᐦᒋᐧᐋᔖᐤ piihchiwaashaau vii ◆ c'est dans la baie

ᐧᐋᔖᐤ waashaau vii ◆ c'est une baie

ᐧᐋᔑᐦᐋᐤ waashihaau vii ◆ c'est une baie

ᒦᓂᔥ miinish ni ◆ une baie

ᔮᑎᐧᐋᑭᒦ yaatiwaakimii ni ◆ une baie sur un lac

ᐊᐅᑭᑲᒫᐙᔖᐤ **aukikaamaawaashaau** p,lieu ◆ du côté sud de la baie là où le soleil ne brille pas ■ ᐊᓂᑖᐦ ᐊᐅᑭᑲᒫᐙᔖᐤ ᐋᑯᑖᐦ ᑳ ᐅᐦᑎᓈᐦᑎᒀᓂᐐᒡ ■ anitaah aukikaamaawaashaau aakutaah kaa uhtinaahtikwaaniwich. ■ *Des arbres ont été coupés du côté sud de la baie.*

ᐋᔥᑎᐦᑖᑲᒫᐙᔖᐤ **aashtihtaakaamaawaashaau** vii ◆ c'est le côté nord de la baie

ᐋᔥᑎᐦᑖᐙᔮᐤ **aashtihtaawaayaau** vii ◆ c'est une étendue de terre du côté ensoleillé de la baie, de l'île ■ ᓈᑖᐦ ᐋᐦ ᐋᔥᑎᐦᑖᐙᔮᒡ ᐋᑯᑖᐦ ᑳᐦ ᐊᐧᑳᔮᐦᐊᒡ ᐊᓐ ᒋᔖᒌᒫᓐ ■ naataah aah aashtihtaawaayaach aakutaah kaah akwaayaahach an chishaachiimaan. ■ *Ce gros bateau avait fait naufrage du côté ensoleillé de la baie.*

ᐊᐱᔑᐙᔖᔑᐤ **apishiwaashaashiu** vii dim ◆ la baie est petite

ᒌᓂᐙᔑᐦᐊᐤ **chiiniwaashihaau** vii ◆ c'est une baie pointue

ᐄᒑᓯᐤ **iichaasiu** vai [Wemindji] ◆ il/elle sort de la baie

ᒧᓵᐅᔅᒋᐙᐤ **musaauschiwaau** vai ◆ il/elle sort dans la baie

ᐙᔑᐦᐋᑯᓈᐦᐊᒼ **waashihaakunaaham** vti ◆ il/elle creuse la neige en forme de baie

ᐙᔑᐦᐄᔮᑲᐅ **waashihiiyaakaauu** vii -aawi ◆ le bord de la baie est sablonneux

ᐑᐦᑿᐙᔖᐤ **wiihkwaawaashaau** vii ◆ c'est la fin de la baie

ᐙᔖᐙᑎᓐ **waashaawaatin** vii ◆ le bord de la baie est gelé

ᐋᔥᑎᐦᑖᐤ **aashtihtaau** p,lieu ◆ sur la côte nord, du côté ensoleillé de la baie, de l'île ■ ᐋᔥᑎᐦᑖᐤ ᒌᐦ ᐊᐧᑳᔮᐦᐅᑯᐦᑖᑯᐱᓐ ᐊᓐ ᐋᐦᒋᒃ ᑳ ᒥᔅᑭᐙᑭᓂᐐᑦ ■ aashtihtaau chiih akwaayaahukuhtaakupin an aahchikw kaa miskiwaakiniwit. ■ *On a trouvé un phoque échoué sur la côte nord de la baie.*

ᑯᐄᔥᑎᑲᒫᐙᔖᐙᐤ **kuishtikaamaawaashaawaau** vai ◆ il/elle fait le tour d'une baie, contourne la baie

baie d'Hudson

ᐑᓂᐹᒄ **wiinipaakw** ni ◆ la baie James et la baie d'Hudson

Baie James

ᐑᓂᐹᑯ **wiinipaakuu** na -m ◆ un Cri, une Crie de la côte de la Baie James

baie James

ᐑᓂᐹᒄ **wiinipaakw** ni ◆ la baie James et la baie d'Hudson

baies

ᐋᐱᑯᔒᔑᐅᒥᓐᐦ **aapikushiishiuminh** ni pl ◆ des baies, lit. 'des baies de souris', entreposées par les souris

ᐊᔅᒌᒥᓐᐦ **aschiiminh** ni pl ◆ des camarines noires *Empetrum nigrum*

ᐊᑎᒌᔥᐦ **atichiish-h** na ◆ des baies qui commencent juste à pousser, qui ne sont pas encore mûres

ᐄᔨᑭᒥᓐᐦ **iiyikiminh** ni pl ◆ des gadelles rouges *Ribes triste*, lit. 'des baies de grenouilles'

ᑳᐦᑳᒌᒥᓐᐦ **kaahkaachiiminh** ni pl ◆ des baies de genièvre *Juniperus communis*, lit. 'des fruits du corbeau'

ᒦᓂᔥ **miinish** ni ◆ une baie

ᒦᓂᔖᐳᐃ **miinishaapui** ni -um ◆ du jus de baies

ᒦᓂᐎᑦ **miiniwit** ni -um ◆ un sac de baies

ᒥᔥᑯᒥᔒᐅᒥᓐᐦ **mishkumishiiuminh** ni pl ◆ des baies de sorbier *Sorbus decora*

ᒧᐎᓱᐙᑭᓐ **muwisuwaakin** ni ◆ un récipient pour les baies

ᓂᒫᓯᔑᑯᒥᓐ **nimaasishikumin** ni -m ◆ du poisson désossé mélangé avec des baies

ᐹᔅᒋᐎᓵᐙᓐ **paaschiwisaawaan** ni ◆ de la confiture de baies

ᐱᒥᐦᒑᔑᑯᒥᓐ **pimihchaashikumin** ni -im ◆ du pemmican, une mixture très nutritive de viande animale, de foie ou de chair de poisson séchée et pulvérisée avec de la graisse animale fondue et des baies sauvages

ᐱᒥᐦᑳᓂᔑᑯᒥᓐ **pimihkaanishikumin** ni -im ◆ du pemmican au baies sauvages, une mixture très nutritive de viande animale ou de chair de poisson séchée et pulvérisée avec de la graisse animale fondue et des baies sauvages

ᓵᔅᑯᓈᓂᔑᑯᒥᓐ **saaskunaanishikumin** ni ◆ des entrailles de poisson frites and mélangées avec des baies

ᔑᑯᒥᓐ **shikumin** ni ◆ du poisson dont on a retiré les arrêtes qu'on a mélangé avec des baies

ᐅᒦᓂᒼ **umiinim** nid ◆ sa verrue, sa baie

ᐅᔅᑯᓂᔑᑯᒥᓐ **uskunishikumin** ni ◆ du foie cuit et écrasé avec des baies

ᐙᐦᑯᔑᑯᒥᓐ **waahkushikumin** ni ◆ des oeufs de poisson mélangés avec des baies

ᐑᔥᑭᒑᓂᒥᓐᐦ **wiishkichaaniminh** ni pl ◆ une sorte de baies, lit. 'des baies de geai du Canada'

ᓅᔓᒥᓂᒡ **niishuminich** p,quantité pl ◆ deux baies

ᐊᑎᒌᐅᐦ **atichiiluh** vii pl ◆ les baies ne sont pas mûres

ᐊᑎᐦᑖᐅᐦ **atihtaauh** vii pl ◆ les baies mûrissent, prennent de la couleur

ᒋᔨᑭᐙᐎᓱ **chiyikiwaawisuu** vai -u ◆ il/elle ramasse des baies de toutes sortes

ᐃᔮᐱᔑᒥᓂᒋᔑᔑᐎᒡ **iyaapishiminichishishiwich** vai pl dim ◆ les baies sont petites

ᐃᔮᐱᔑᒥᓂᑳᔑᐅᐦ **iyaapishiminikaashiuh** vii pl ◆ les baies sont petites

ᒥᐦᒋᒥᓂᒋᓯᓯᐎᒡ **mihchiminichisusiwich** vai pl ◆ ce sont de grosses baies (animé)

ᒦᓈᐳᐦ **miinaapuuh** vii pl -uwi ◆ les baies sont juteuses

ᒦᓂᔔᒫᔮᐤ **miinishuumaayaau** vai ◆ il/elle a des crottes pleines de baies (par ex. un ours)

ᒥᒥᐦᒋᒥᓂᒋᓯᐧᐃᒡ **mimihchiminichisiwich** vai pl redup ◆ les baies sont grosses

ᒥᒥᐦᒋᒥᓂᑳᐤᐦ **mimihchiminikaauh** vii pl redup ◆ les baisses sont grosses

ᒥᔪᒥᓂᒋᓯᐧᐃᒡ **miyuminichisiwich** vai pl ◆ les baies (animé) sont mûres et on peut les ramasser

ᒥᔪᒥᓂᑳᐤᐦ **miyuminikaauh** vii pl ◆ les baies sont mûres, prêtes à être cueillies

ᒥᐧᔮᐅᓲ **miywaausuu** vai -u ◆ il/elle ramasse des baies sans autres feuilles ou débris

ᒧᐧᐃᐦᑖᐤ **muwihtaau** vta ◆ il/elle ramasse des baies pour lui/elle

ᒧᐧᐃᓲ **muwisuu** vai -u ◆ il/elle ramasse des baies

ᓈᓂᑑᒥᓈᐤ **naanituuminaau** vai redup ◆ il/elle va chercher des baies

ᓈᑎᐦᐊᒥᓲ **naatihamisuu** vai -u ◆ il/elle va ramasser des baies en véhicule

ᓃᔓᒥᓂᒋᓯᐧᐃᒡ **niishuminichisiwich** vai pl ◆ ce sont deux baies, il y a deux baies

ᓃᔓᒥᓂᑳᐤᐦ **niishuminikaauh** vii pl ◆ il y a deux baies

ᐹᓂᐦᐋᒥᓲ **paanihaamisuu** vai -u ◆ il/elle ramasse des baies en enlevant la neige

ᐹᔅᒋᐧᐃᓵᐧᐋᐤ **paaschiwisaawaau** vai ◆ il/elle fait de la confiture de baies

ᐹᓯᒥᓈᐤ **paasiminaau** vai ◆ il/elle fait sécher les baies

ᐹᔨᑯᒥᓂᑳᐤ **paayikuminikaau** vii ◆ il y a une seule baie

ᐱᐹᔨᐦᑖᒧᐧᐃᒡ **pipaayihtaamuwich** vai pl redup -u ◆ les baies poussent de-ci de-là

ᔒᑯᐹᑖᐦᑭᑎᑖᐤᐦ **shiikupaataahkititaauh** vii pl ◆ les baies sont séchées par le soleil

ᔑᑯᐦᑳᐤᐦ **shikuhkaauh** vii pl ◆ les baies sont bien mûres

ᔑᐧᑳᐤᐦ **shikwaauh** vii pl ◆ les baies sont bien mûres

ᐧᐋᐹᔥᑎᐦᑖᐤ **waapaashtihtaau** vai+o ◆ il/elle laisse le vent emporter les parties sèches des baies en les versant de haut dans un autre contenant

ᐧᐄᐦᒋᒥᓈᐤ **wiihchiminaau** vai ◆ il/elle aime les baies

ᒦᓈᐦᑎᒄ **miinaahtikw** ni -um ◆ un arbuste fruitier

ᒦᓂᔖᐦᑎᒄ **miinishaahtikw** ni ◆ un arbuste fruitier

ᐹᓯᒥᓈᓐᐦ **paasiminaanh** ni pl ◆ de petits fruits séchés, des baies séchées

ᐃᔮᐦᑯᓯᑖᒥᓈᐤ **iyaahkusitaaminaau** vai [Chisasibi] ◆ il/elle est malade d'avoir mangé trop de baies

ᒥᒑᐅᓲ **michaausuu** vai -u ◆ il/elle ramasse des baies avec des débris

ᒥᒧᔑᐦᑭᐦᐄᒥᓈᑖᐤ **mimushihkihiiminaataau** vta ◆ il/elle en sort les baies, les raisins (animé, par ex. de la bannique)

ᒨᒥᓈᐤ **muuminaau** vai ◆ il/elle ramasse et mange des baies

ᐹᐦᐹᔨᑯᒥᓂᒋᓂᔑᐤ **paahpaayikuminichinishiu** vai redup ◆ il/elle ramasse des baies une à la fois

ᔒᑯᐧᐃᒥᓈᐤ **shiikuwiminaau** vta ◆ il/elle vide les baies dans un grand récipient

ᔑᑯᒫᐤ **shikumaau** vta ◆ il/elle mélange du poisson sans arrêtes avec des baies

ᐧᐄᐦᑳᐴᐦ **wiihkaapuuh** vii pl -uwi ◆ les baies sont sucrées et juteuses

ᓈᓈᒌᔨᐦᑖᐧᐋᐤ **naanaachiiyihtaawaau** vai redup ◆ il/elle va d'un endroit dégagé à l'autre pour chercher des baies au printemps

ᐹᐦᐹᔨᑯᑎᐦᑖᐤᐦ **paahpaayikutihtaauh** vii pl redup ◆ les baies changent de couleur de-ci de-là

ᐹᐦᐹᔨᑯᑎᓱᐧᐃᒡ **paahpaayikutisuwich** vai pl redup -u ◆ ils/elles changent de couleur de-ci de-là (les baies)

ᔑᑯᒫᐦᑎᐧᐋᐤ **shikumaahtiwaau** vai ◆ il/elle mange du poisson et des baies en alternant

baigner (se)

ᐱᒥᔑᓐ **pimishin** vai ◆ il/elle se couche; le phoque se baigne au soleil; il/elle est enterré là

baignoire

ᑎᐱᔮᑭᓐ **tipiyaakin** ni -im [Wemindji] ◆ une baignoire, de l'anglais 'tub'

ᐧᐋᐅᔮᐦᑖᑭᓐ **waauyaahtaakin** ni -im ◆ une baignoire, un baril

bailler

ᓈᓂᐹᔨᐧᐋᐤ **naanipaayiwaau** vai ◆ il/elle baille

baisser

ᐊᒋᐧᐋᑭᐦᐊᒻ **achiwaakiham** vti ◆ il/elle le baisse (étalé)

ᓃᐦᑖᑭᐦᐊᒻ **niihtaakiham** vti ◆ il/elle le baisse (étalé)

ᓃᐦᑖᐹᒋᓂᒻ **niihtaapaachinim** vti ◆ il/elle le baisse avec une corde

ᓃᐦᑖᐱᐦᒑᓈᐤ **niihtaapihchaanaau** vta ◆ il/elle le/la baisse (filiforme)

ᓃᐦᑖᐱᐦᒑᓂᒻ **niihtaapihchaanim** vti ◆ il/elle le baisse (filiforme)

ᓃᐦᑎᓈᐤ **niihtinaau** vta ◆ il/elle l'abaisse, le/la baisse à la main

ᓃᐦᑎᓂᒻ **niihtinim** vti ◆ il/elle l'abaisse, le baisse à la main

ᓃᑳᐱᐦᒑᓂᒻ **niikaapihchaanim** vti ◆ il/elle le baisse quand il est suspendu par une ficelle

ᐊᒋᔥᑖᐧᐃᓂᐢᐧᑳᔨᐤ **achishtaawiniskwaayiu** vai ◆ il/elle baisse la tête

ᐄᐦᑳᐹᐱᔨᐤ **iihkaapaapiyiu** vii ◆ le niveau d'eau baisse

ᐃᔮᔑᓈᐤ **iyaashinaau** vta ◆ il/elle le/la baisse (ex. pantalon), l'abaisse

ᐃᔮᔑᐱᔨᐦᐆ **iyaashipiyihuu** vai -u ◆ il/elle baisse, diminue

ᐃᔮᔑᐱᔩᐤ iyaashipiyiu vai ◆ il/elle baisse, sa valeur diminue
ᐃᔮᔑᐱᔩᐤ iyaashipiyiu vii ◆ ça baisse, ça diminue
ᓃᔑᐱᑎᒻ niishipitim vti ◆ il/elle le rabat, le baisse
ᓃᔑᐱᔩᐤ niishipiyiu vai ◆ il/elle diminue, baisse
ᐙᐦᑎᒋᐦᑖᓲ waahtichihtaasuu vai -u ◆ il/elle baisse ses prix
ᐙᐦᑎᒋᐦᑎᒻ waahtichihtim vti ◆ il/elle en baisse le prix
ᔽᐱᔩᐤ ywaapiyiu vii ◆ la glace baisse à cause du niveau d'eau
ᐄᐦᑭᒋᐤ iihkichiu vai ◆ le barrage de castor est abîmé et fait baisser le niveau d'eau
ᐄᐦᑭᑎᓐ iihkitin vii ◆ le niveau d'eau d'une étendue d'eau baisse et gèle
ᓃᐦᑖᑯᓈᐦᐊᒻ niihtaakunaaham vti ◆ il/elle fait baisser le niveau de la neige
ᓃᐦᑎᔅᒁᐦᐙᐤ niihtiskwaahwaau vta ◆ il/elle lui fait baisser la tête de déception, en le/la frappant ou en lui tirant dessus

baisser (se)

ᑎᐱᔒᔥᑎᒻ tipishiishtim vti ◆ il/elle se baisse rapidement pour chercher à l'esquiver
ᑎᐱᔒᔥᑎᐙᐤ tipishiishtiwaau vta ◆ il/elle se baisse rapidement pour chercher à l'esquiver
ᑎᐱᓰᐤ tipisiiu vai ◆ il/elle se baisse rapidement

balai

ᒋᓯᐦᐄᑭᓐ chisihiikin ni [Chisasibi] ◆ un balai
ᒋᓯᐦᐄᑭᓈᐦᑎᒄ chisihiikinaahtikw ni [Whapmagoostui] ◆ un balai
ᐙᐱᐦᐄᑭᓐ waapihiikin ni [Wemindji] ◆ un balai
ᒋᓯᐦᐄᑭᓈᐦᑎᒄ chisihiikinaahtikw ni ◆ un manche à balai
ᒦᑯᓐ miikun na ◆ des plumes ou une aile d'oie utilisée comme balai

balai de sorcière

ᒌᐙᑎᓈᔅᒄ chiiwaatinaaskw na -um ◆ un balai de sorcière, un buisson de branches qui se développe sur un arbre
ᐱᔅᑯᑎᓂᔅᑭᐦᐙᑭᓐ piskutiniskihwaakin na -um ◆ un balai de sorcière, un buisson de branches qui se développe sur un arbre
ᐅᔥᑎᒁᓈᔅᒄᐦ ushtikwaanaaskwh ni pl -um ◆ un balai de sorcière, un buisson de branches qui se développe sur un arbre
ᐋᐱᔅᑯᑎᑯᓂᔅᒋᑦ aapiskutikunischit na ◆ un balai de sorcière dans un arbre (une boule de buissons sur les branches d'un arbre)

balance

ᑎᐹᐹᔥᑯᒋᑭᓐ tipaapaashkuchikin ni ◆ une livre, une balance pour peser

balancer

ᐙᐙᐹᐱᐦᒑᓈᐤ waawaapaapihchaanaau vta redup ◆ il/elle le/la balance (filiforme)
ᐙᐙᐹᐱᐦᒑᓂᒻ waawaapaapihchaanim vti redup ◆ il/elle le balance (filiforme)
ᐙᐙᐹᐱᐦᒑᐱᔨᐦᑖᐤ waawaapaapihchaapiyihtaau vai redup ◆ il/elle le balance au bout d'une corde
ᒫᒫᐱᐦᒑᓈᐤ maamaapihchaanaau vta ◆ il/elle le/la balance dans un hamac, sur une balançoire
ᐙᐹᐱᐦᒑᐦᐊᒻ waapaapihchaaham vti ◆ il/elle le frappe avec quelque chose pour le faire se balancer
ᐙᐹᐱᐦᒑᐦᐙᐤ waapaapihchaahwaau vta ◆ il/elle le/la frappe avec quelque chose pour qu'il/elle se balance
ᐙᐹᐱᐦᒑᐱᑖᐤ waapaapihchaapitaau vta ◆ il/elles ne le/la tire pas et ne le/la balance pas correctement
ᐙᐹᐱᐦᒑᐱᑎᒻ waapaapihchaapitim vti ◆ il/elle le tire et le balance
ᐙᐙᐹᔑᐤ waawaapaashiu vai redup ◆ il/elle se balance, oscille dans le vent
ᒌᓂᒁᓂᐱᔩᐦᑖᐤ chiinikwaanipiyihtaau vai ◆ il/elle le balance; le fait tourner, tournoyer, tourbillonner, virevolter

balancer (se)

ᒫᒫᐱᓲ maamaapisuu vai -u ◆ il/elle se balance
ᐙᐹᐱᐦᒑᐑᐤ waapaapihchaawiiu vai ◆ il/elle se balance à une corde
ᑯᔕᐙᐙᑯᑖᐤ kushaawaakutaau vii ◆ ça se balance suspendu à quelque chose
ᐙᐙᐹᐱᐦᒑᐱᔨᐦᐋᐤ waawaapaapihchaapiyihaau vta redup ◆ il/elle ne se balance pas doucement dans le hamac
ᐙᐙᐲᐤ waawaapiiu vai redup ◆ il/elle se balance, oscille
ᐙᐑᐱᑳᐳᐤ waawiipikaapuu vai -uwi ◆ il/elle se balance debout d'avant en arrière
ᐙᐙᐹᔥᑎᓐ waawaapaashtin vii redup ◆ ça se balance, ça oscille dans le vent

balançoire

ᒫᒫᐱᓱᓐ maamaapisun ni ◆ une balançoire, un hamac

balayer

ᒋᓯᐦᐄᒑᐤ chisihiichaau vai ◆ il/elle balaye ou balaie
ᐙᐱᐦᐊᒻ waapiham vti ◆ il/elle le balaie
ᒌᓂᒁᓂᐙᐱᐦᐊᒻ chiinikwaaniwaapiham vti ◆ il/elle le balaie en cercle
ᒌᓂᒁᓂᐙᐱᐦᐙᐤ chiinikwaaniwaapihwaau vta ◆ il/elle le/la balaie en cercle
ᒥᓂᐙᐱᐦᐊᒻ miniwaapiham vti ◆ il/elle le balaie, le brosse
ᒥᓂᐙᐱᐦᐙᐤ miniwaapihwaau vta ◆ il/elle le/la balaie, le/la brosse
ᐙᐱᐦᐄᒑᐤ waapihiichaau vai [Wemindji] ◆ il/elle balaie le plancher
ᐙᐱᐦᐙᐤ waapihwaau vta ◆ il/elle le/la balaie, le/la passe

ᐧᐋᐱᐧᑳᑎᐦᐄᒑᐤ waapikwaatihiichaau vai
◆ il/elle balaie l'air de sa ramure
ᒨᔖᔮᑯᓈᐦᐊᒻ mushaayaakunaaham vti
◆ il/elle balaie la neige pour le dégager
ᓃᐦᑎᒋᐧᐋᐱᐦᐧᐋᐤ niihtichiwaapihwaau vta
◆ il/elle le/la balaie d'un geste et le/la fait tomber
ᐧᐋᐱᐦᐋᑯᓈᐤ waapihaakunaau vai ◆ il/elle balaie, pellète la neige
ᐧᐋᐱᐧᑳᑎᐦᐊᒻ waapikwaatiham vti ◆ il/elle le balaie, le rejette avec sa ramure
ᐧᐋᐱᐧᑳᑎᐦᐧᐋᐤ waapikwaatihwaau vta ◆ il/elle le balaie, le rejette avec sa ramure

balayures
ᐧᐋᐱᐦᐄᑭᓐᐦ waapihiikinh ni pl ◆ des balayures

balbuzard
ᑯᓯᒫᓵᐤ kusimaasaau na -m ◆ un balbuzard pêcheur, un aigle-pêcheur *Pandion haliaetus*

baleine
ᒥᐢᑎᒫᑯ mistimaakw na -um ◆ une grande baleine foncée
ᐧᐋᐱᔥᑳᐱᒫᑯ waapishkaapimaakw na -im ◆ une baleine à peau blanche, un béluga *Delphinapterus leucas*
ᒥᔥᑖᐱᒫᑯ mishtaapimaakw na -um ◆ une baleine boréale *Balaena mysticetus*
ᐧᐋᐱᒫᑯᔑᑯᓃ waapimaakushikunii ni ◆ une queue de baleine
ᐧᐋᐱᒫᑯᔑᔥ waapimaakushish na -kumish ◆ un bébé baleine
ᐧᐋᐱᒫᑯᔥᑎᐧᑳᓐ waapimaakushtikwaan ni
◆ une tête de baleine
ᐧᐋᐱᒫᑯᐢᑯᓐ waapimaakuskun ni ◆ un foie de baleine
ᐧᐋᐱᒫᑯᐢᑎᐢ waapimaakustis ni ◆ un tendon de baleine
ᐧᐋᐱᒫᑯᑎᒋᔓ waapimaakutichishii ni ◆ un intestin de baleine
ᐧᐋᐱᒫᑯᑏ waapimaakutii ni ◆ un estomac de baleine
ᐧᐋᐱᒫᑯᐧᐄᔪ waapimaakuwiiyu na ◆ de la graisse de baleine
ᐧᐋᐱᒫᑯᐧᐃᔮᐢ waapimaakuwiyaas ni ◆ de la viande de baleine
ᐧᐋᐱᒫᑯᔮᓐ waapimaakuyaan na ◆ de la peau de baleine
ᒨᐧᐋᐱᒫᐧᑳᐤ mwaapimaakwaau vai ◆ il/elle mange de la baleine
ᐱᒫᐳᔫᐤ pimaapuyiu vai ◆ il/elle chasse la baleine
ᐅᐧᐋᐱᒫᑯᒥᐦᑭᐧᐋᐤ uwaapimaakumihkiwaau vta
◆ il/elle lui confie la baleine qui vient d'être tuée
ᐅᐧᐋᐱᒫᑯᒥᐤ uwaapimaakumiu vai ◆ on lui confie, il/elle est responsable de la baleine qui vient d'être tuée
ᐅᐧᐄᐦᑾᒥᐦᑭᐧᐋᐤ uwiihkwaamihkiwaau vta [Whapmagoostui] ◆ il/elle lui confie la baleine qui a été abattue
ᒥᔥᑖᐱᒫᑯᔑᔥ mishtaapimaakushish na -um
◆ une jeune baleine boréale *Balaena mysticetus*
ᐧᐋᐱᒫᑯ waapimaakw na -um ◆ une baleine blanche, un béluga *Delphinapterus leucas*
ᓵᓵᐱᒫᐧᑳᐤ saasaapimaakwaau vai ◆ il/elle fait fondre du gras de baleine
ᐧᐋᐱᒫᑯᐢᑳᐤ waapimaakuskaau vii ◆ il y a beaucoup de baleines par ici
ᐧᐄᔮᐱᒫᐧᑳᐤ wiiyaapimaakwaau vai ◆ il/elle écorche et découpe une baleine
ᐅᔑᑯᓃ ushikunii nid ◆ le bout de sa queue (pour un poisson ou une baleine)

balise
ᐅᐦᑎᑖᐢᑯᐧᐋᐱᓂᑭᓐ uhtitaaskuwaapinikin na
◆ une balise faite avec un jeune arbre pour montrer qu'il y a un campement là

balle
ᐊᔪᐧᐃᓂᐧᐃᐟ ayuwiniwit ni ◆ une balle de fourrures
ᒋᓵᓯᓃ chisaasinii ni -m ◆ une cartouche, une balle de fusil
ᑑᐦᐧᐋᓐ tuuhwaan na ◆ une balle, un ballon
ᐅᑎᐦᑖᐧᐃᐟ utihtaawit ni ◆ sa balle de fourrure
ᐊᓯᓃᔥ asiniish ni dim ◆ une balle de 22
ᒍᐦᐧᐋᓂᔥ chuuhwaanish na dim ◆ une boule, une petite balle
ᒫᐦᒋᓯᓈᔮᐦᑭᓲ maahchisinaayaahkisuu vai -u
◆ il/elle utilise toutes les balles, cartouches
ᑑᐦᐧᐋᐤ tuuhwaau vai ◆ il/elle joue au ballon, à la balle
ᐊᓯᓃ asinii ni ◆ une roche, un caillou, un plomb, une balle de fusil

ballon
ᑑᐦᐧᐋᓐ tuuhwaan na ◆ une balle, un ballon
ᑑᐦᐧᐋᐤ tuuhwaau vai ◆ il/elle joue au ballon, à la balle

ballot
ᓃᔓᒥᓂᐢᑳᐅᐦ niishuminiskaauh vii pl ◆ il y a deux ballots complets
ᓈᐅᒥᓂᐢᑳᐤ naauminiskaau p,quantité ◆ quatre ballots
ᓂᐢᑭᒫᔥᑖᑯᐧᐃᐟ niskimaashtaakuwit ni ◆ un ballot de peaux d'oie séchées
ᒥᓂᐢᑳᐤ miniskaau vii ◆ c'est un ballot, un rouleau de tissu
ᐧᐄᐢᐧᑳᔮᑭᐦᐱᑖᐤ wiiskwaayaakihpitaau vta
◆ il/elle l'emballe et le/la ficelle en un ballot
ᐧᐄᐢᐧᑳᔮᑭᐦᐱᑖᐤ wiiskwaayaakihpitaau vii
◆ c'est emballé et ficelé en un ballot

banane
ᑳᐧᐋᑳᐢᑯᐦᒡ kaawaakaaskuhch nip ◆ une banane

banc
ᒥᓈᐅᐦᑯ minaauhkw ni ◆ un banc de sable
ᓃᐦᑎᒋᐧᐋᔮᑯᓈᐱᔫ niihtichiwaayaakunaapiyiu vai
◆ il/elle descend sur un banc de neige

ᑖᐧᐹᑖᐤ *taapwaataau* vta ◆ il/elle l'appelle, publie les bancs de leur mariage

banc de neige

ᐃᔥᐹᑭᒋᐦᑎᓐ *ishpaakichihtin* vii ◆ c'est un banc de neige élevé

bandage

ᒥᒌᐧᐋᒋᓐ *michiiwaachin* ni ◆ un bandage

bande

ᐹᓯᓯᓈᓲ *paasisinaasuu* vai -u ◆ il/elle a une raie dessus

ᑳᑎᑎᐱᓈᐱᐦᒑᐱᔩᔑᒡᐦ *kaatitipinaapihchaapiyishichh* nap pl [Whapmagoostui] ◆ une cassette, une bande magnétique en cassette pour enregistrer

ᒥᑐᓈᐲ *mitunaapii* ni ◆ des bandes de peau qui vont du trou pour les orteils à la barre transversale de la raquette

ᑯᐃᔑᐧᐋᑯᓂᑳᐤ *kuishiwaakunikaau* vii ◆ c'est une fine bande de neige

ᑯᐃᔑᐧᐃᔅᒋᐧᐃᑳᐤ *kuishiwischiwikaau* vii ◆ c'est une fine bande de boue

ᒥᑐᓈᐲᐦᒑᐤ *mitunaapiihchaau* vai ◆ il/elle fait se rejoindre les bandes de peau et le trou des orteils sur la barre de traverse de la raquette

ᐹᓯᓯᐧᑳᐤ *paasisikwaau* vii ◆ c'est une fine bande de glace

ᐅᒋᒫᐦᑳᓂᔑᔒᐅ *uchimaahkaanishishiiuu* vai -iiwi ◆ il est conseiller de bande, elle est conseillère de bande

ᔮᐃᒋᐱᔩᐤ *yaaichipiyiu* vii redup ◆ c'est déchiré en bandes

ᔮᐃᑳᐹᔑᒼ *yaaikaapaashim* vti redup ◆ il/elle le coupe en bandes

ᔮᔩᑳᐹᑳᐱᐤ *yaayikaapaakaapiu* vai ◆ il/elle est dans les bandes, les bandelettes

ᔮᔩᑳᔅᑯᐦᑎᑖᐤ *yaayikaaskuhtitaau* vai ◆ il/elle en arrache une bande en l'attrapant sur quelque chose

ᐧᐋᔅᑳᔮᐹᔑᑭᓐ *waaskaayaapaashikin* ni ◆ une bande découpée autour du bord de la peau, de la fourrure

ᐧᐋᔅᑳᔮᐹᐧᔖᐤ *waaskaayaapaashwaau* vta ◆ il/elle coupe une bande autour des bords de la peau, de la fourrure

bandelette

ᐧᐄᔮᐧᔖᐤ *wiiyaashwaau* vta ◆ il/elle le/la découpe en bandelettes (ex. de la peau de lapin)

ᔮᔩᒋᐱᑖᐤ *yaayichipitaau* vta ◆ il/elle en coupe une bandelette

ᔮᔩᒋᐱᑎᒼ *yaayichipitim* vti ◆ il/elle en coupe une bandelette

ᔮᔩᑳᐹᑳᐱᐤ *yaayikaapaakaapiu* vai ◆ il/elle est dans les bandes, les bandelettes

ᔮᔩᑳᐱᐦᒑᐱᑖᐤ *yaayikaapihchaapitaau* vta ◆ il/elle le/la déchire en bandelettes

ᔮᔩᑳᐱᐦᒑᐱᑎᒼ *yaayikaapihchaapitim* vti ◆ il/elle le déchire en bandelettes

ᔮᔩᑭᐦᐊᒼ *yaayikiham* vti ◆ il/elle le coupe en bandelettes avec une hache

bander

ᐋᑭᐧᐋᐱᐦᐧᑳᐦᐱᑖᐤ *aakiwaapihkwaahpitaau* vta ◆ il/elle lui bande les yeux

banique

ᒌᔥᑎᐦᐋᐃᐦᑯᓈᐤ *chiishtihaaihkunaau* na -aam ◆ de la banique cuite sur un bâton sur le feu

ᐧᐋᐦᐧᑳᐃᐦᑯᓈᐤ *waahkwaaihkunaau* ni -aam ◆ de la banique faite avec des oeufs de poisson

ᐋᐃᐦᑯᓈᐦᒑᐤ *aaihkunaahchaau* vai ◆ il/elle fait de la banique, du gâteau

ᐧᒫᐃᐦᑯᓈᐧᐋᐤ *mwaaihkunaawaau* vai ◆ il/elle mange de la banique, du bannock, du gâteau

ᐋᐃᐦᑯᓈᔥ *aaihkunaash* na ◆ un petit morceau de banique, de gâteau

ᐋᐃᐦᑯᓈᐤ *aaihkunaau* na -aam ◆ de la banique, du banock, du gâteau

ᐊᒥᔅᐧᑳᐃᐦᑯᓈᐤ *amiskwaaihkunaau* ni -aam ◆ de la banique (une sorte de pain) faite avec de la graisse de castor

ᒦᓂᔖᐃᐦᑯᓈᐤ *miinishaaihkunaau* na -aam ◆ de la banique avec des raisins secs ou des groseilles sèches

ᐱᐹᑎᑯᓈᐤ *pipaatikunaau* vta redup ◆ il/elle pétrit la pâte pour la banique, pour le pain

ᐋᐦᒋᐧᑳᐃᐦᑯᓈᐤ *aahchikwaaihkunaau* na -aam ◆ de la banique à la graisse de phoque

bannique

ᔔᒥᓂᔖᐃᐦᑯᓈᐤ *shuuminishaaihkunaau* na [Wemindji] ◆ de la bannique aux raisins

ᒌᔥᑎᐦᐋᐃᐦᑯᓈᐦᒑᐤ *chiishtihaaihkunaahchaau* vai ◆ il/elle fait de la banique sur un bâton

bannock

ᐋᐃᐦᑯᓈᐤ *aaihkunaau* na -aam ◆ de la banique, du banock, du gâteau

ᐋᐦᒋᐧᑳᐃᐦᑯᓈᐤ *aahchikwaaihkunaau* na -aam ◆ de la banique à la graisse de phoque

banque

ᔓᐧᐃᔮᓂᑭᒥᒄ *shuwiyaanikimikw* ni ◆ une banque

banquier

ᔓᐧᐃᔮᓂᒋᒫᐤ *shuwiyaanichimaau* na -m ◆ un banquier

baptême

ᓰᑭᐦᐋᐦᑖᒑᐧᐃᓐ *siikihaahtaachaawin* ni ◆ un baptême

baptiser

ᓰᑭᐦᐋᐦᑖᐅᓲ *siikihaahtaausuu* vai -u ◆ il/elle fait baptiser son bébé

ᓰᑭᐦᐋᐦᑎᐧᐋᐤ *siikihaahtiwaau* vta ◆ il/elle le/la baptise

barbe

ᒦᔥᑐᐧᐋᓐᐦ *miishtuwaanh* ni pl ◆ des moustaches, une barbe

ᐅᒦᔥᑐᐧᐋᓐᐦ *umiishtuwaanh* nad ◆ ses moustaches, sa barbe

ᒦᔥᑐᐙᐤ miishtuwaau vai ◆ il/elle a une barbe, une moustache, des moustaches

ᓵᑭᐙᐤ saakiwaau vai ◆ sa fourrure, sa barbe commence à pousser

ᑭᑳᓌᔅᑯᔥᑎᐙᐤ kikaanwaaskushtiwaau vai ◆ il/elle a une longue moustache, barbe

barboter

ᒧᓵᐅᑳᓯᐤ musaaukaasiu vai ◆ il/elle va dans l'eau en barbotant

ᓅᓯᐹᐤ nuusipaau vai ◆ il/elle barbote dans l'eau

ᓈᓂᐹᐦᑐᐎᑳᓯᐦᑎᑖᐤ naanipaahtuwikaasihtitaau vai ◆ il/elle l'apporte le long du rivage en barbotant

ᓈᑎᑳᓯᐦᑖᐤ naatikaasihtaau vai ◆ il/elle l'emporte vers le rivage en barbotant

barbouiller

ᒥᓯᐦᑯᐦᐊᒼ misihkuham vti ◆ il/elle le barbouille avec quelque chose

ᒥᓯᐦᑯᐦᐙᐤ misihkuhwaau vta ◆ il/elle le/la barbouille avec quelque chose

ᒥᓯᐦᑯᔥᑭᒼ misihkushkim vti ◆ il/elle le barbouille avec le pied ou le corps (laisse des traces, de la saleté)

ᒥᓯᐦᑯᔥᑭᐙᐤ misihkushkiwaau vta ◆ il/elle le/la barbouille avec le pied ou le corps

ᒥᓯᑯᔥᑖᐤ misikushtaau vai ◆ il/elle le barbouille (écriture)

ᔑᔓᐦᒁᓈᐤ shishuhkwaanaau vta redup ◆ il/elle lui barbouille la figure avec

ᒥᓯᐦᑯᓯᓂᐦᐊᒼ misihkusiniham vti ◆ il/elle le barbouille en coloriant ou en écrivant

ᒥᓯᐦᑯᓯᓂᐦᐙᐤ misihkusinihwaau vta ◆ il/elle le/la barbouille en coloriant ou en écrivant

barbouiller (se)

ᔑᔓᐦᒁᓃᓲ shishuhkwaaniisuu vai reflex redup -u ◆ il/elle s'en barbouille le visage

baril

ᑰᐦᑰᔑᐎᐦᑎᒄ kuuhkuushiwihtikw ni -um ◆ un baril de lard

ᐙᐅᔮᐦᑖᑭᓐ waauyaahtaakin ni -im ◆ une baignoire, un baril

ᐙᐅᔮᐦᑖᑭᓈᐦᑎᒄ waauyaahtaakinaahtikw ni -um ◆ un baril en bois

baromètre

ᓂᑐᒋᑭᓐ nituchikin ni ◆ un baromètre

barrage

ᐙᔮᐱᔅᒋᓂᑭᓐ waayaapischinikin ni ◆ un barrage de pêche

ᐅᔅᑯᑎᒼ uskutim ni ◆ un barrage, un barrage de castor

ᑯᐃᔅᒁᐦᑎᓐ kuiskwaahtin vii ◆ c'est un barrage tout droit

ᑎᐙᐱᔅᒋᓂᒼ tiwaapischinim vti ◆ il/elle le dégage (rocher) comme pour construire un barrage

ᐘᐙᑳᐦᑎᓐ waawaakaahtin vii redup ◆ c'est un barrage courbé, incurvé

ᐲᔑᐳᔮᑭᓐ piishipuyaakin ni ◆ un endroit où on attrape des poissons en train de frayer, un barrage pour capturer les poissons en train de frayer

ᐅᔅᑯᑎᒥᔅᒌ uskutimischii ni pej ◆ un vieux barrage de castor

ᐄᔥᐱᐦᑎᓐ iishpihtin vii ◆ le barrage de castor est élevé

ᓈᑤᐹᒋᓂᒼ naatwaapaachinim vti ◆ deux barrages de castors sont près de la hutte parce qu'il y a une autre hutte pas loin

ᐹᑯᐹᔥᑳᑐᐎᒡ paakupaashkaatuwich vai pl recip -u ◆ ils/elles remplissent le barrage à poisson et font surface

barrage de castor

ᐄᔥᒁᐦᑎᓐ iishkwaahtin vii ◆ c'est le bout, la fin du barrage de castor

ᐄᐦᑭᒋᐤ iihkichiu vai ◆ le barrage de castor est abîmé et fait baisser le niveau d'eau

ᐄᔥᒋᔥᑎᓐ iishchishtin vii ◆ le niveau d'eau monte à cause du barrage de castor

barre

ᓃᔥᑖᒥᑯᔅᑯᔅᒡ niishtaamikuskusch ni ◆ la barre transversale avant des raquettes

ᓃᔥᑖᒥᑯᔅᑯᔅᒑᐦᑎᒄ niishtaamikuskuschaahtikw ni ◆ la barre transversale avant des raquettes

ᒥᓈᐅᐦᑳᐤ minaauhkaau vii ◆ c'est une barre de sable

ᐱᒫᐅᐦᑳᐤ pimaauhkaau vii ◆ c'est une barre de sable

ᑖᑖᐱᑯᔅᒑᐤ taataapikuschaau vai ◆ il/elle met en place la barre transversale des raquettes

ᑯᔅᑯᔅᒡ kuskusch ni ◆ la barre transversale d'une raquette

ᐱᒥᑖᔅᑯᐳᑖᑭᓐᐦ pimitaaskuputaakinh ni pl ◆ les barres de traverse sur un traîneau, un toboggan

ᑖᐱᑯᔅᒑᐤ taapikuschaau vai ◆ il/elle ajuste la barre transversale de la raquette

barre transversale

ᐊᐱᐦᑭᓐ apihkin na ◆ la barre transversale d'un canot

barrer

ᐋᑖᐱᔅᒋᓈᐤ aataapischinaau vta ◆ il/elle barre la porte (la ferme à clé) pour lui en interdire l'accès

ᐋᑖᐱᔅᒋᓂᒼ aataapischinim vti ◆ il/elle le cadenasse, le barre

ᐋᑖᐱᔅᒋᐱᔨᐤ aataapischipiyiu vai ◆ il/elle est enfermé-e à clé, barré-e en-dedans

ᐋᑖᐱᔅᒋᐱᔨᐤ aataapischipiyiu vii ◆ c'est barré, fermé à clé

barres de cuisson

ᐊᒀᐚᓂᐱᔓᐃᐦ akwaawaanipishuih ni -m ◆ des barres transversales au-dessus du feu dans le tipi pour faire cuire la nourriture

barrette

ᒥᒋᒧᐙᐦᐄᑭᓐ michimuwaahiikin ni ◆ une barrette à cheveux

barricade

ᒋᐹᔅᑯᒧᐦᐋᐤ chipaaskumuhaau vta ◆ il/elle l'utilise comme barricade ■ ᒥᔥᑎᒄᐦ ᒌᐦ ᒋᐹᔅᑯᒥᐦᐋᐤ ᐊᓂᑎᐦ ᐅᒋᔥᑐᐦᑭᓂᐦᒡ᙮ ■ mishtikwh chiih chipaaskumihaau anitih uchishtuhkinihch. ■ *Il a utilisé un arbre comme barricade pour sa porte.*

ᒋᐹᔅᑯᒧᐦᑖᐤ chipaaskumuhtaau vai ◆ il/elle l'utilise comme barricade ■ ᒥᔥᑎᑯᔨᐤ ᒌᐦ ᒋᐹᔅᑭᒧᐦᑖᐤ ᐅᐙᓵᓂᐦᑖᑭᓂᒥᐦᒡ᙮ ■ mishtikuyiu chiih chipaaskimuhtaau uwaasaanihtaakinimihch. ■ *Il a barricadé la fenêtre avec une planche.*

ᒥᒫᐦᒋᒁᐱᔅᑭᐦᐙᐤ mimaahchikwaapiskihwaau vta ◆ il/elle lui passe les menottes; il/elle l'empêche de s'échapper en utilisant des roches comme barricade

barrière

ᒋᐹᑭᒧᐦᐋᐤ chipaakimuhaau vta ◆ il/elle dresse une barrière (animé, étalé)

ᒋᐹᑭᒧᐦᑖᐤ chipaakimuhtaau vai ◆ il/elle le met comme barrière (étalé)

ᒋᐹᐹᑭᒧᐦᐋᐤ chipaapaakimuhaau vta ◆ il/elle en fait une barrière (animé, filiforme)

ᒋᐹᐹᑭᒧᐦᑖᐤ chipaapaakimuhtaau vai ◆ il/elle fait une barrière avec une corde, une ficelle

bas

ᑎᐱᐦᑖᐤ tipihtaau vii ◆ c'est bas

ᒥᑖᔅ mitaas ni ◆ un bas, une chaussette, un chausson, une socquette

ᐲᐧᔮᔑᑭᓐᐦ piiywaashikinh ni pl ◆ des chaussettes, des bas

ᐅᔓᑭᓐ ushukin nid ◆ le bas de son dos

ᒋᓌᑯᑯᑖᐤ chinwaakukutaau vai+o ◆ il/elle l'a suspendu assez bas

ᒋᓌᑯᑯᔮᐤ chinwaakukuyaau vta ◆ il/elle le/la laisse suspendu-e assez bas/basse

ᓃᐦᒋᒋᒁᔥᑯᐦᑎᐤ niihchichikwaashkuhtiu vai ◆ il/elle saute en bas

ᓃᔑᐱᔨᐦᐆ niishipiyihuu vai -u ◆ il/elle glisse vers le bas

ᑎᐱᐦᑎᓰᐤ tipihtisiiu vai ◆ il est bas, elle est basse

ᑎᐱᐦᑎᐎᓐ tipihtiwin vii ◆ le brouillard est bas

ᐋᔮᓈᔮᔑᐤ aayaanaayaashiu vii dim ◆ cette pointe de terre est très basse

ᒌᔥᑎᐦᐋᑯᐦᑎᓐ chiishtihaakuhtin vii ◆ l'avant du canot est bas par rapport à la surface de l'eau

ᐃᔮᓂᑖᐅᐦᑳᐤ iyaanitaauhkaau vii ◆ c'est une pente de terre étroite et basse

ᐹᐦᐹᑯᓈᔅᑯᓐ paahpaakunaaskun vii ◆ le niveau de la neige sur la glace est bas

ᐳᔅᑖᓯᐦᐋᐤ pustaasihaau vta ◆ il/elle lui enfile ses chaussettes, ses bas

ᔖᐦᑎᐙᔮᐤ shaahtiwaayaau vii ◆ le type a une grande ouverture en haut parce que la toile est basse sur le cadre

ᔖᔮᑭᔥᑖᐤ shaayaakishtaau vii ◆ la toile n'est pas fermée autour du bas du tipi

ᑖᐦᑖᔮᔅᒁᔮᐤ taahtaayaaskwaayaau vii ◆ ces grands arbres n'ont pas de branches basses

ᑎᐱᐦᑎᑯᒋᓐ tipihtikuchin vai ◆ il/elle vole bas, est suspendu assez bas

ᑎᐱᐦᑎᔅᑭᒥᑳᐤ tipihtiskimikaau vii ◆ la terre est basse, le terrain est bas

ᐚᐦᑎᑖᐙᐤ waahtitaawaau vai ◆ il/elle a des ventes, des prix assez bas

bas (trop)

ᐚᓵᒫᔥᑎᐙᐤ waasaamaashtiwaau vii ◆ le feu est trop bas, sur le point de s'éteindre

basculer

ᒁᑎᐱᐙᐱᐦᐊᒼ kwaatipiwaapiham vti ◆ il/elle le fait basculer, le renverse

ᒁᑎᐱᐙᐱᐦᐙᐤ kwaatipiwaapihwaau vta ◆ il/elle le/la renverse, le/la fait basculer de force en utilisant quelque chose

ᒁᑎᐱᐙᐱᓂᒼ kwaatipiwaapinim vti ◆ il/elle le fait basculer, le renverse

basse

ᑎᐱᐦᑎᓰᐤ tipihtisiiu vai ◆ il est bas, elle est basse

bassin

ᐅᐱᐦᒋᑮ upihchikii ni [Wemindji] ◆ son bassin

bâtard

ᐱᑯᑐᔖᓐ pikutushaan na ◆ un bâtard, un enfant né en dehors du mariage

ᐱᑯᑐᔖᓂᐆ pikutushaaniuu vai -iwi ◆ c'est un bâtard, une bâtarde, un enfant né hors des liens du mariage

ᐱᑯᑐᔖᐤ pikutushaau vai ◆ elle enfante sans être mariée, elle enfante d'un bâtard

bâtarde

ᐱᑯᑐᔖᓂᐆ pikutushaaniuu vai -iwi ◆ c'est un bâtard, une bâtarde, un enfant né hors des liens du mariage

bateau

ᒌᒫᓐ chiimaan ni ◆ un bateau, un navire

ᒋᔥᑖᔥᑎᓐ chishtaashtin vii ◆ ça s'éloigne (en bateau)

ᑖᑎᐹᐙᔮᔑᐤ taatipaawaayaashiu vai ◆ il/elle en fait le tour en bateau

ᓃᔥᑖᒧᑎᐦᑯᐦᒡ niishtaamutihkuhch p,lieu ◆ la proue d'un bateau ou d'un canot

ᒋᔑᔮᔥᑎᓐ chishiyaashtin vii ◆ ça va vite (en bateau)

ᑯᔅᑯᔅᒑᐱᔨᐦᑖᐤ kuskuschaapiyihtaau vai ◆ il/elle fait tanguer le canot, le bateau

ᓈᑎᒫᓵᐦᐊᒼ naatimaasaaham vti ◆ il/elle va pêcher en canot, en bateau

ᐐᔨᑯᐦᑎᑖᐤ wiyikuhtitaau vai ◆ il/elle met le bateau, le canot à l'eau

bâtir

ᒫᓄᑭᐙᐤ **maanukiwaau** vta ◆ il/elle lui fait ou lui bâtit un abri

ᐏᔮᔅᑯᔥᑖᐤ **wiyaaskushtaau** vai ◆ il/elle bâtit les fondations d'un bâtiment

ᐐᔥᑎᐦᒑᐤ **wiishtihchaau** vai ◆ le castor, le rat musqué bâtit sa hutte

bâton

ᒥᔥᒋᑯᔥ **mishchikush** ni -iim ◆ un petit bâton

ᒥᔥᑎᒄ **mishtikw** ni -m ◆ un bâton

ᐋᑖᔅᑯᐦᐄᑭᐣᐦ **aataaskuhiikinh** ni pl ◆ les bâtons qui maintiennent une pile de bois de chaque côté

ᐋᑖᔅᑯᐦᐄᐅᑖᓈᐦᑎᒄ **aataaskuhiiutaanaahtikw** ni ◆ un bâton qui soutient une étagère

ᐊᐧᐹᓈᔅᒄ **apwaanaaskw** ni ◆ un bâton pour faire rôtir quelque chose sur le feu de camp ou le poêle

ᐊᐅᔅᑖᔅᑯᐦᐄᑭᓈᐦᑎᒄ **austaaskuhiikinaahtikw** ni ◆ un bâton utilisé pour étirer et assouplir les bottes en peau de phoque

ᒌᐱᑖᔅᑯᐦᐄᑭᓈᐦᑎᒄ **chiipitaaskuhiikinaahtikw** ni -m ◆ un bâton ou pieu où on fixe un oiseau mort comme leurre

ᒌᐱᑎᐦᐋᐹᐣ **chiipitihaapaan** ni -m ◆ un bâton pour garder un collet ouvert

ᒋᒧᐦᑳᔅᑯᐦᐄᑭᐣ **chimuhkaaskuhiikin** ni ◆ un bâton pour effrayer le poisson et le faire prendre dans un filet

ᒋᓯᑳᔅᑯᐦᐄᑭᓈᐦᑎᒄ **chisikaaskuhiikinaahtikw** ni ◆ un bâton pour maintenir un piège dans le sol

ᑯᐦᑯᑖᐦᐄᑭᓈᐦᑎᒄ **kuhkutaahiikinaahtikw** ni ◆ un bâton qui maintient le cadre de raquette ouvert durant le séchage

ᓃᐱᓰᐦᑎᒄ **niipisiihtikw** ni -m ◆ un bâton de saule sec

ᓂᐧᑳᑭᓈᐦᑎᒄᐦ **nikwaakinaahtikwh** ni pl ◆ des bâtons de chaque côté du piège

ᓂᐧᑳᑭᓈᔅᒄ **nikwaakinaaskw** na ◆ un bâton duquel pend un collet

ᐱᒥᑖᐦᑯᓈᑭᐣ **pimitaahkunaakin** ni ◆ un bâton duquel on pend un collet

ᓰᐧᑖᔅᑯᐦᐄᑭᐣ **siitwaaskuhiikin** ni ◆ un bâton ou pieu servant d'étai, de montant, de béquille ou de support

ᑑᐦᑳᐹᑭᐦᐄᑭᓈᐦᑎᒄ **tuuhkaapaakihiikinaahtikw** ni ◆ un bâton pour garder le trou de la pointe du pied ouvert quand on tresse les raquettes

ᐅᐲᑭᐦᑎᐧᐋᔮᐦᑎᒄ **upiikihtiwaayaahtikw** ni ◆ un bâton dont l'écorce a été rongée par un castor

ᐐᑐᔮᔅᑯᓂᑭᐣ **wiituyaaskunikin** ni ◆ un bâton frotté avec du musc placé à côté d'un piège

ᒌᔥᑎᐦᐋᐃᐦᑯᓈᐦᒑᐤ **chiishtihaaihkunaahchaau** vai ◆ il/elle fait de la banique sur un bâton

ᒋᑭᓯᔅᑳᔅᑯᐣ **chikisiskaaskun** vii ◆ c'est un morceau de bois pour le feu pas encore sec, un bâton encore vert

ᓃᒫᔅᑯᐦᐊᒼ **niimaaskuham** vti ◆ il/elle le retient avec un bâton

ᓃᒫᔅᑯᐦᐙᐤ **niimaaskuhwaau** vta ◆ il/elle le/la retient avec un bâton

ᔒᐹᔅᑯᐦᐊᒼ **shiipaaskuham** vti ◆ il/elle l'étire avec un bâton

ᔒᐹᔪᐏᑳᔅᑯᐦᐙᐤ **shiipaayuwikaaskuhwaau** vta ◆ il/elle l'étire avec un bâton

ᑑᐦᑳᔅᑯᐦᐊᒼ **tuuhkaaskuham** vti ◆ il/elle l'élargit, l'ouvre avec un bâton

ᑑᐦᑳᔅᑯᐦᐙᐤ **tuuhkaaskuhwaau** vta ◆ il/elle l'élargit, l'ouvre avec un bâton

ᐅᑖᔅᑯᐦᐊᒼ **utaaskuham** vti ◆ il/elle le tire à elle/lui avec un bâton

ᐅᑖᔅᑯᐦᐙᐤ **utaaskuhwaau** vta ◆ il/elle le/la tire à elle/lui avec un bâton

ᐙᐹᔅᑯᐦᐊᒼ **waapaaskuham** vti ◆ il/elle l'enlève du chemin en utilisant un bâton

ᐙᐹᔅᑯᐦᐙᐤ **waapaaskuhwaau** vta ◆ il/elle l'enlève du chemin en utilisant un bâton

ᐏᔮᔅᑯᐦᐊᒼ **wiyaaskuham** vti ◆ il/elle le met sur un bâton pour le faire rôtir

ᓃᐱᑖᔮᔅᑯᐦᐄᑭᓈᐦᑎᒄ **niipitaayaaskuhiikinaahtikw** ni ◆ un bâton sur lequel on suspend du poisson ou de la viande pour les cuire ou les faire sécher

ᓂᒫᓯᐧᐹᓈᔅᒄ **nimaasipwaanaaskw** ni -um ◆ un bâton fendu en deux pour faire rôtir le poisson

ᐲᒥᐹᑖᔅᑯᐦᐄᑭᓈᐦᑎᒄ **piimipaataaskuhiikinaahtikw** ni ◆ un bâton, une perche pour essorer la peau

ᐐᐦᐧᑳᔅᒋᓂᑭᐣ **wiihkwaaschinikin** ni ◆ la fin d'une rangée de bâtons dans un piège en filet pour attraper les castors

ᓂᔥᐧᑖᐦᑎᒄ **nishtwaahtikw** p,quantité ◆ trois bâton, poteau (long et rigide)

ᐱᒌᐧᐋᔅᑯᐣ **pichiiwaaskun** vii ◆ le bâton a de la résine dessus, est collant

ᐴᐦᑎᑖᐅᓈᔮᔅᑯᐦᐙᐤ **puuhtitaaunaayaaskuhwaau** vta ◆ il/elle lui met un bâton dans la bouche, dans la gueule

ᓰᐦᑖᔅᑯᐦᑎᐣ **siihtaaskuhtin** vii ◆ c'est serré entre des choses longues et rigides

ᓯᓂᐧᑳᔅᑯᔑᒨ **sinikwaaskushimuu** vai -u ◆ il/elle frotte contre un bâton ou un arbre

ᐏᓂᑳᑖᔮᔅᑯᐦᐊᒼ **winikaataayaaskuham** vti ◆ il/elle le porte avec un bâton sur ses épaules

ᐏᓂᑳᑖᔮᔅᑯᐦᐙᐤ **winikaataayaaskuhwaau** vta ◆ il/elle le/la porte avec un bâton sur ses épaules

ᐋᑭᑐ **aakitu** na ◆ un bâton courbé utilisé pour découvrir des tunnels de castor sous la glace

ᓰᐧᑖᔅᑯᐦᐙᐤ **siitwaaskuhwaau** vta ◆ il/elle l'étaie, la/le cale avec un objet long et rigide, lui pose un support

bâton de filet de pêche

ᒌᔥᑎᐦᐄᐹᓐ chiishtihiipaan ni ◆ un bâton pour ancrer le bout d'un filet de pêche

bâton de pêche

ᐅᒋᒀᒋᑭᓈᐦᑎᒄ uchikwaachikinaahtikw ni -um ◆ une canne à pêche, un bâton de pêche

bâton indicateur

ᒋᔅᑭᐦᐄᑭᓐ chiskihiikin ni ◆ un bâton indicateur, qui indique où se trouve un campement

ᒋᔅᑭᐦᐄᒑᐤ chiskihiichaau vai ◆ il/elle pose un bâton indicateur

ᐹᔓᒋᔅᑭᐦᐄᒑᐤ paashuchiskihiichaau vai ◆ il/elle met un bâton indiquant que son campement n'est pas loin

ᐐᒋᒑᔅᑭᐦᐄᒑᐤ wiichichaaskihiichaau vai ◆ il/elle place un bâton indiquant qu'il/elle a déjà installé le campement

batte de baseball

ᐅᑖᒥᐦᐄᑭᓈᐦᑎᒄ utaamihiikinaahtikw ni ◆ une batte de baseball

battre

ᐹᐦᐹᐋᐦᒑᐤ paahpaawaahchaau vai redup ◆ il/elle (ex. un oiseau) se déplace en battant des ailes

ᐱᐦᑭᐦᐊᓐ pihkihan vii ◆ il bat (ex. le coeur)

ᒫᑯᐦᐋᐤ maakuhaau vta ◆ il/elle l'emporte sur lui/elle, le/la vainc, le/la bat

ᐹᐦᐹᐋᐦᒑᐱᐦᑖᐤ paahpaawaahchaapihtaau vai redup ◆ il/elle (ex. un oiseau) court en battant des ailes pour s'envoler

battre (se)

ᒫᓯᐦᒑᐤ maasihchaau vai ◆ il/elle se bat, lutte

ᒨᐦᒌᔥᑎᐙᐤ muuhchiishtiwaau vta ◆ il/elle commence à se battre, à se disputer avec lui/elle

ᒫᔑᐦᑖᐤ maashihtaau vai+o ◆ il/elle se bat, se débat, lutte avec

baume

ᒌᒑᓯᑭᓐ chiichaasikin ni ◆ un baume

bavarder

ᒥᒫᔮᒋᒨ mimaayaachimuu vai -u ◆ il/elle bavarde, fait des commérages

baver

ᐱᒋᓯᐦᒁᐤ pichisihkwaau vai ◆ il/elle bave

bavette

ᐱᒋᓯᐦᒁᐅᔮᓐ pichisihkwaauyaan ni ◆ une bavette

beau

ᒥᔪᒌᔑᑳᐤ miyuchiishikaau vii ◆ il fait beau aujourd'hui, il y a du beau temps

ᒥᔪᐦᑖᑯᓯᐤ miyuhtaakusiu vai ◆ il/elle est beau/belle à entendre ■ ᒌᐦ ᒥᔪᐦᑖᑯᓯᐤ ᑳ ᓂᑭᒧᑦ ᑳ ᓂᔥᑎᐐᓈᓂᐎᔨᒡ. ■ chiih miyuhtaakusiu kaa nikimut kaa nishtiwiinaaniwiyich. ■ *Il a bien chanté à la réunion.*

ᒥᔪᑖᔥᑎᒥᐦᒁᐤ miyutaashtimihkwaau vai ◆ il/elle a un beau visage

ᒥᔪᑎᓈᐤ miyutinaau vii ◆ la montagne est belle

ᒥᔪᐙᔮᐤ miyuwaayaau vii ◆ la fourrure est belle

ᒥᔪᐎᓈᑯᐦᑖᐤ miyuwinaakuhtaau vai ◆ il/elle lui donne l'air beau/belle, soigné-e

ᒥᔫᒋᓯᐤ miywaachisiu vai ◆ il/elle est beau/belle, utile (étalé)

ᒥᔫᐦᑎᑭᐙᐤ miywaahtikiwaau vai ◆ il/elle a une belle fourrure

ᒥᔫᑭᓐ miywaakin vii ◆ c'est beau, utile (étalé)

ᒥᔫᐱᓐ miywaapin vii ◆ c'est une belle matinée, bien dégagée

ᒥᔫᐱᓯᔅᒋᓯᐤ miywaapisischisiu vai ◆ il est beau, elle est belle, il/elle est utile

ᒥᔫᐱᔅᑳᐤ miywaapiskaau vii ◆ c'est beau, utile (minéral)

ᒥᔪᒌᔑᑭᓂᐦᐊᒧᒡ miyuchiishikinihamuch vti pl ◆ les sons du tonnerre annoncent le beau temps, un temps dégagé

ᒥᔪᔑᔑᐤ miyushishiu vai ◆ il est bon, beau; elle est bonne, belle; il/elle est joli-e; il/elle est bon/bonne à l'usage (se dit d'une peau d'orignal ou d'un certain type d'arbre)

ᒥᔪᐎᓈᑯᓯᐤ miyuwinaakusiu vai ◆ il est beau, elle est belle, il/elle a l'air en bonne santé

ᒥᔫᒥᔅᑳᑭᒫᐤ miywaamiskaakimaau vii ◆ le fond du lac est beau

ᐳᐎᔅᒁᐤ puwiskwaau vii ◆ il y a des signes annonciateurs de beau temps après une tempête

beau frère

ᐐᔥᑖᒫᐤ wiishtaamaau na ◆ la belle-soeur d'une femme, le beau frère d'un homme, un cousin croisé ou une cousine croisée (une personne du même sexe qui est la descendante d'un frère de la mère ou d'une soeur du père)

beau-fils

ᐅᓂᐦᐋᒋᒻᐦ unihaachimh nad ◆ son beau-fils (le mari de sa fille), son neveu (le fils de son frère (pour une femme) ou le fils de sa soeur (pour un homme)

beau-frère

ᒌᔥᑖᐤ chiishtaau na ◆ ta belle-soeur (si tu es une femme), ton beau-frère (si tu es un homme), ton cousin croisé ou ta cousine croisée (une personne du même sexe que toi qui est la descendante du frère de ta mère ou de la soeur de ton père)

ᒌᑎᒧᔅ chiitimus nad ◆ ton beau-frère ou ta belle-soeur, ton cousin croisé ou ta cousine croisée (une personne du sexe opposé au tien qui est la descendante du frère de ta mère ou de la soeur de ton père)

ᓃᔥᑖᐤ niishtaau na ◆ ma belle-soeur (si je suis une femme), mon beau-frère,(si je suis une femme) mon cousin croisé ou ma cousine croisée (une personne du même sexe que moi qui est la descendante du frère de ma mère ou de la soeur de mon père)

ᓃᑎᒧᔅ niitimus nad ◆ mon beau-frère, ma belle-soeur, mon cousin croisé ou ma cousine croisée (une personne du sexe opposé au mien qui est la descendante du frère de ma mère ou de la soeur de mon père)

ᐧᐄᔥᑖᐤᐦ wiishtaauh nad ◆ sa belle-soeur (si elle est une femme), son beau-frère (s'il est un homme), son cousin croisé ou sa cousine croisée (une personne du même sexe qui est la descendante du frère de sa mère ou de la soeur de son père)

ᐧᐄᑎᒧᔅᐦ wiitimus-h nad ◆ sa belle-soeur ou son beau-frère, son cousin croisé ou sa cousine croisée (une personne du sexe opposé au sien qui est la descendante du frère de sa mère ou de la soeur de son père)

ᐧᐄᑎᒧᓯᒫᐤ wiitimusimaau nad ◆ une belle-soeur, un beau-frère, un cousin croisé ou une cousine croisée (une personne du sexe opposé au sien qui est la descendante du frère de sa mère ou de la soeur de son père)

ᐧᐄᑎᒧᓯᐤ wiitimusiu vai ◆ il l'a comme belle-soeur, elle l'a comme beau-frère, il l'a comme cousine (croisée), elle l'a comme cousin (croisé)

beau-père

ᒋᓯᔅ chisis nad ◆ ton oncle (le frère de ta mère, le mari de la soeur de ton père), ton beau-père (le père de ton mari ou de ta femme)

ᒋᓯᓯᓂᐤ chisisiniu na ◆ notre oncle (le frère de notre mère, le mari de la soeur de notre père), notre beau-père (le père du mari ou de la femme)

ᑰᐦᑯᒥᔅ kuuhkumis nad ◆ ton oncle (le frère de ton père, le mari de la soeur de ta mère), ton beau-père (le mari de ta mère qui n'est pas ton père)

ᑰᐦᑯᒥᓯᓂᐤ kuuhkumisiniu na ◆ notre oncle (le frère de notre père, le mari de la soeur de notre mère), notre beau-père (le mari de notre mère)

ᓂᓯᔅ nisis nad ◆ mon beau-père (le père de mon époux ou épouse), mon oncle (relation de sexe opposé à celui de mon parent- le frère de ma mère, le mari de la soeur de mon père)

ᓂᓯᓵ nisisaa nad voc ◆ (mon) beau-père! (le père de l'époux ou de l'épouse), (mon) oncle! (relation de sexe opposé à celui de mon parent -le frère de ma mère, le mari de la soeur de mon père)

ᓅᐦᑯᒥᔅ nuuhkumis nad ◆ mon oncle (relation du même sexe que celui de mon parent- le frère de mon père, le mari de la soeur de ma mère), mon beau-père (le mari de ma mère)

ᓅᐦᑯᒥᓵ nuuhkumisaa nad voc ◆ (mon) beau-père! (mon) oncle! (le frère de mon père, le mari de la soeur de ma mère)

ᐅᐦᑯᒥᔅᐦ uhkumis-h nad ◆ son oncle (le frère de sa mère, le mari de la soeur de la mère), son beau-père (le mari de la mère)

ᐅᐦᑯᒥᓯᒫᐤ uhkumisimaau nad ◆ un oncle (le frère de la mère, le mari de la soeur de la mère), un beau-père (le mari de la mère)

ᐅᓯᔅᐦ usis-h nad ◆ son beau-père (le père de son époux ou épouse), son oncle (relation de sexe opposé à celui de son parent- le frère de sa mère, le mari de la soeur de son père)

ᐅᓯᓯᒫᐤ usisimaau nad ◆ un beau-père (le père de l'époux ou de l'épouse), un oncle (relation de sexe opposé à celui du parent- le frère de la mère, le mari de la soeur du père)

ᐅᐦᑯᒥᓯᒫᐅ uhkumisimaauu vai -aawi ◆ c'est un oncle (le frère de la mère, le mari de la soeur du père), c'est un beau-père (le mari de la mère)

beaucoup

ᒌᒥᓈ chiiminaa p,quantité ◆ beaucoup ■ ᓈᔥᒡ ᒌᒥᓈ ᐋᐦ ᒌᐦ ᐹᑖᑦ ᒥᐦᑦᐦ᙮ ■ naashch chiiminaa aah chiih paataat miht-h. ■ *Elle/il a apporté beaucoup de bois pour le feu.*

ᐋᔪᓯᓈᑯᓐ aayusinaakun vii ◆ il y a l'air d'en avoir beaucoup

ᒥᐦᒑᓐᐦ mihchaanh vii ◆ il y en a beaucoup ■ ᓄᐧᐃᒡ ᒥᐦᒑᓐᐦ ᒦᒋᐧᐋᐦᑊᐦ ᒥᓂᔥᑎᑯᐦᒡ᙮ ■ nuwich mihchaanh miichiwaahph minishtikuhch. ■ *Il y a beaucoup de type sur l'île.*

ᒥᐦᒑᑐᐦᐋᐤ mihchaatuhaau vta ◆ il/elle en fait beaucoup, en attrape beaucoup, en place beaucoup (animé)

ᒥᐦᒑᑐᐦᑖᐤ mihchaatuhtaau vai ◆ il/elle en fait beaucoup, en reçoit beaucoup

ᒥᐦᒑᐧᑖᒋᓯᐧᐃᒡ mihchaatwaachisiwich vai pl ◆ il y en a beaucoup (étalé)

ᒥᐦᒑᐧᑖᐹᒋᓯᐧᐃᒡ mihchaatwaapaachisiwich vai pl ◆ il y en a beaucoup (filiforme)

ᒥᐦᒑᐧᑖᐱᔅᒋᓯᐧᐃᒡ mihchaatwaapischisiwich vai pl ◆ il y en a beaucoup (minéral)

ᒥᐦᒑᐧᑖᔅᑯᓯᐧᐃᒡ mihchaatwaaskusiwich vai pl ◆ il y en a beaucoup (long et rigide, ex. arbres, planches)

ᐲᓵᐤ piisaau vii ◆ il y en a beaucoup; sa texture est fine

ᐧᐋᔪᒋᐦᑖᐤ waayuchihtaau vai+o ◆ il/elle en a beaucoup

ᒥᐦᒑᑐᐱᐳᓐᐦ mihchaatupipunh p,temps ◆ de nombreuses années

ᒥᔥᑏᐦ mishtiih p,quantité ◆ beaucoup de, plusieurs ■ ᓈᔥᒡ ᒥᔥᑏᐦ ᐋᐦ ᒌᐦ ᐹᒋ ᐊᔑᒥᑯᐧᐃᔮᐦᒡ ᒋᔖᔮᑯᒦᒋᒻ᙮ ■ naashch mishtiih aah chiih paachi ashimikuwiyaahch chishaayaakumiichim. ■ *On nous a donné beaucoup de viande d'ours.*

ᓄᐧᐃᒡ nuwich p,manière ◆ très, beaucoup ■ ᓄᐧᐃᒡ ᓂᒌᐦ ᒥᐧᔮᔨᐦᑎᒧᐧᐋᓐ ᑳ ᐧᐋᐱᒥᒃ ᒦᓐ ᐋᐦ ᒥᔪᐱᒫᑎᓰᑦ᙮ ■ nuwich nichiih miywaayihtimwaan kaa waapimik miin aah miyupimaatisiit. ■ *J'étais très contente de le voir à nouveau en forme.*

ᐊᒥᔅᑯᔅᑳᐤ amiskuskaau vii ◆ il y a beaucoup de castors par ici

ᐃᔮᐧᑳᐦᑎᒻ iyaakwaahtim vti ◆ il/elle en mange beaucoup de manière à ne pas partager avec les autres

ᒥᐦᒑᑎᓈᓂᐅ mihchaatinaaniuu vii,impersonnel -iwi ◆ il y a beaucoup de gens

ᒥᐦᒑᑎᐧᐃᒡ mihchaatiwich vai pl ◆ il y en a beaucoup, en abondance

ᒥᐦᒑᐧᑖᐹᑭᒧᐦᑖᐤ mihchaatwaapaakimuhtaau vai ◆ il/elle en suspend beaucoup

ᓂᒫᓯᐧᐃᓐ nimaasiwin vii ◆ il y a beaucoup de poissons

ᔒᐲᔑᔅᑳᐤ shiipiishiskaau vii ◆ il y a beaucoup de ruisseaux

ᓲᐦᒋᐱᔨᐤ suuhchipiyiu vii ◆ ça a beaucoup de force

ᐅᔖᐅᐦᒑᔒᔅᑳᐤ ushaauhchaashiiskaau vai ◆ il y a beaucoup de renards roux par ici

ᐋᐦᒋᑯᔅᑳᐤ aahchikuskaau vii ◆ il y a beaucoup de phoques par ici

ᑳᑯᔅᑳᐤ kaakuskaau vii ◆ il y beaucoup de porcs-épics par ici

ᑯᑭᒫᔅᑳᐤ kukimaaskaau vii ◆ il y a beaucoup de truites par ici

ᐱᔮᔅᑳᐤ piyaaskaau vii ◆ il y a beaucoup de lagopèdes par ici

ᓵᑭᐦᐄᑭᓂᔅᑳᐤ saakihiikiniskaau vii ◆ c'est une zone avec beaucoup de lacs

ᓯᑳᓂᑳᐤ sikaanikaau vii ◆ il y a beaucoup d'îles rapprochées

ᐧᐋᒋᓈᑭᓂᔅᑳᐤ waachinaakiniskaau vii ◆ c'est une zone de mélèzes

ᐧᐋᐱᒫᑯᔅᑳᐤ waapimaakuskaau vii ◆ il y a beaucoup de baleines par ici

ᐧᐃᓂᔥᑭᒻ winishkim vti ◆ ça fait beaucoup de traces

ᒥᐦᒑᐧᑖᐹᑭᒧᐧᐃᒡ mihchaatwaapaakimuwich vai pl -u ◆ il y en a plusieurs tendu-e-s, suspendu-e-s; beaucoup sont tendu-e-s, suspendu-e-s (filiforme)

ᐧᐋᐳᔓᔅᑳᐤ waapushuskaau vii ◆ il y a beaucoup de lièvres par ici

bébé

ᐊᒥᔥᑯᔑᔥ amishkushish na -um ◆ un bébé castor *Castor canadensis*

ᐊᐱᔥᑖᐦᒋᑯᔑᔥ apishtaahchikushish na ◆ un bébé phoque

ᐅᐹᑯᑎᐦᐹᓈᓂᔥ upaakutihpaanaanish ni ◆ la fontanelle, la partie molle du crâne d'un bébé

ᐅᔥᑭᐧᐋᔑᔥ ushkiwaashish na -iim ◆ un nouveau-né, un bébé

ᐧᐋᐱᒫᑯᔑᔥ waapimaakushish na -kumish ◆ un bébé baleine

ᑎᐦᑯᓈᐅᓲ tihkunaausuu vai -u ◆ il/elle tient un bébé

ᐊᐱᔥᑖᐦᒋᑯᔮᓂᔥ apishtaahchikuyaanish na ◆ une peau de bébé phoque

ᐊᔅᐱᐦᐱᐦᓱᓐ aspihpihsun ni ◆ une couverture pour envelopper le bébé dans son sac

ᐊᐧᐋᔑᔥᒌᔥ awaashishchiish ni -im ◆ de la mousse de sphaigne, lit.'de la mousse à bébé'

ᐊᑯᒋᐤ akuchiu vai ◆ ça gèle en s'attachant à quelque chose (se dit aussi d'un bébé pas encore né attaché à la paroi utérine)

ᒨᓂᐦᐋᐱᑖᓐ muunihaapitaan ni ◆ un anneau de bébé qui perce ses dents

bébé phoque

ᐋᐦᒋᑯᔑᔥ aahchikushish na -kumish ◆ un bébé phoque

bec

ᐅᔅᑯᑦ uskut nid ◆ son nez, son bec

ᐅᔅᑯᑎᒑᑭᓐ uskutichaakin ni ◆ un bec d'oiseau

ᒋᐦᑭᑎᐦᐊᒻ chihkitiham vti ◆ il/elle lui donne un coup de bec (se dit d'un oiseau)

ᒋᐦᑭᑎᐦᐧᐋᐤ chihkitihwaau vta ◆ il/elle lui donne un coup de bec (se dit d'un oiseau)

ᒋᓄᑯᑖᐤ chinukutaau vai ◆ il/elle a un long bec, a le nez long

ᒋᐧᓈᐹᒋᑯᑖᐤ chinwaapaachikutaau vai ◆ il/elle a le nez long, un long bec

ᒥᐦᒋᑯᑖᐤ mihchikutaau vai ◆ il/elle a un grand nez, un grand bec

bec-scie

ᐅᓯᒄ usikw na -um ◆ un harle huppé, un bec-scie à poitrine rousse, (canard) *Mergus serrator*

bécosse

ᒦᓰᐅᑭᒥᒄ miisiiukimikw ni ◆ des toilettes, des cabinets, des latrines, une fosse d'aisance, une bécosse, une toilette extérieure

bedaine

ᐴᒋᒑᐤ puuchichaau vai ◆ il/elle a une bedaine

beignet

ᐴᒋᓂᔑᔥ puuchinishish na dim dim ◆ un beignet

bel

ᒥᐧᔮᐹᐆ miywaapaauu vai -aawi ◆ c'est un bel homme

belette

ᓯᐦᑯᔅ sihkus na -im ◆ une hermine, une belette *Mustela erminea*

ᓯᐦᑯᓯᐎᓂᐦᐄᒑᐤ sihkusiwinihiichaau vai ◆ il/elle pose un piège à belette

belle

ᐴᐦᑖᐱᒥᓈᑯᓐ puuhtaapiminaakun vii ◆ c'est une belle vue parce qu'il n'y a pas d'obstacles

ᒥᔪᐎᓈᑯᓯᐤ miyuwinaakusiu vai ◆ il est beau, elle est belle, il/elle a l'air en bonne santé

ᒥᔪᔅᒁᐤ miyuskwaau vai ◆ c'est une belle femme, il/elle a le teint clair

belle-fille

ᐅᓂᐦᐋᑭᓂᔅᒁᒻᐦ unihaakiniskwaamh nad ◆ sa belle-fille (la femme de son fils), sa nièce (la fille de son frère (pour une femme) ou de sa soeur (pour un homme))

ᐅᓂᐦᐋᑭᓂᔅᒁᒥᐤ unihaakiniskwaamiu vai ◆ il/elle a une belle-fille (l'épouse de son fils), une nièce croisée (la fille de son frère pour une femme ou la fille de sa soeur pour un homme)

belle-mère

ᒋᓯᑯᔅ chisikus nad ◆ ta tante (la femme du frère de ta mère, la soeur de ton père), ta belle-mère (la mère de ton mari ou de ta femme)

ᒋᓯᑯᓯᐙᐤ chisikusiwaau na ◆ votre tante (la femme du frère de votre mère, la soeur de votre père), votre belle-mère (la mère de vos époux ou épouses)

ᒋᑑᓯᔅ chituusis nad ◆ ta tante (la soeur de ta mère, la femme du frère de ton père), ta belle-mère (la femme de ton père qui n'est pas ta mère)

ᓂᓯᑯᔅ nisikus nad ◆ ma belle-mère (la femme du père de mon mari ou de ma femme), ma tante (la soeur de mon père ou la femme du frère de ma mère)

ᓂᓯᑯᓵ nisikusaa nad voc ◆ belle-mère! (la femme du père de mon mari ou de ma femme), tante! (la soeur de mon père, la femme du frère de ma mère)

ᓂᑑᓯᔅ nituusis nad ◆ ma tante (la soeur de ma mère, la femme du frère de mon père), ma belle-mère (la femme de mon père qui n'est pas ma mère)

ᓂᑑᓯᓵ nituusisaa nad voc ◆ belle-mère! (la femme de mon père qui n'est pas ma mère), tante! (la soeur de ma mère, la femme du frère de mon père)

ᐅᓯᑯᔅᐦ usikus-h nad ◆ sa belle-mère (la mère de son mari ou de sa femme), sa tante (la femme du frère de sa mère, la soeur de son père)

ᐅᓯᑯᓯᒫᐤ usikusimaau nad ◆ une belle-mère (la mère du mari ou de la femme), une tante (la femme du frère de la mère, la soeur du père)

ᐅᑐᓯᔅᐦ utusis-h nad ◆ sa belle-mère (la femme de son père qui n'est pas sa mère), sa tante (la soeur de sa mère, la femme du frère de son père)

ᐅᑐᓯᓯᒫᐤ utusisimaau nad ◆ une belle-mère (la femme du père qui n'est pas la mère), une tante (la soeur de la mère, la femme du frère du père)

belle-soeur

ᒌᔥᑖᐤ chiishtaau na ◆ ta belle-soeur (si tu es une femme), ton beau-frère (si tu es un homme), ton cousin croisé ou ta cousine croisée (une personne du même sexe que toi qui est la descendante du frère de ta mère ou de la soeur de ton père)

ᒌᑎᒧᔅ chiitimus nad ◆ ton beau-frère ou ta belle-soeur, ton cousin croisé ou ta cousine croisée (une personne du sexe opposé au tien qui est la descendante du frère de ta mère ou de la soeur de ton père)

ᓃᔥᑖᐤ niishtaau na ◆ ma belle-soeur (si je suis une femme), mon beau-frère,(si je suis une femme) mon cousin croisé ou ma cousine croisée (une personne du même sexe que moi qui est la descendante du frère de ma mère ou de la soeur de mon père)

ᓃᑎᒧᔅ niitimus nad ◆ mon beau-frère, ma belle-soeur, mon cousin croisé ou ma cousine croisée (une personne du sexe opposé au mien qui est la descendante du frère de ma mère ou de la soeur de mon père)

ᐑᔥᑖᒫᐤ wiishtaamaau na ◆ la belle-soeur d'une femme, le beau frère d'un homme, un cousin croisé ou une cousine croisée (une personne du même sexe qui est la descendante d'un frère de la mère ou d'une soeur du père)

ᐑᔥᑖᐤᐦ wiishtaauh nad ◆ sa belle-soeur (si elle est une femme), son beau-frère (s'il est un homme), son cousin croisé ou sa cousine croisée (une personne du même sexe qui est la descendante du frère de sa mère ou de la soeur de son père)

ᐑᑎᒧᔅᐦ wiitimus-h nad ◆ sa belle-soeur ou son beau-frère, son cousin croisé ou sa cousine croisée (une personne du sexe opposé au sien qui est la descendante du frère de sa mère ou de la soeur de son père)

ᐑᑎᒧᓯᒫᐤ wiitimusimaau nad ◆ une belle-soeur, un beau-frère, un cousin croisé ou une cousine croisée (une personne du sexe opposé au sien qui est la descendante du frère de sa mère ou de la soeur de son père)

ᐌᑎᒧᓯᐤ wiitimusiu vai ◆ il l'a comme belle-soeur, elle l'a comme beau-frère, il l'a comme cousine (croisée), elle l'a comme cousin (croisé)

béluga

ᐙᐱᒫᒄ waapimaakw na -um ◆ une baleine blanche, un béluga *Delphinapterus leucas*

béquille

ᓯᔅᑭᐦᐅᓐ siskihun ni ◆ une canne, une béquille

ᓯᔅᑭᐦᐆ siskihuu vai -u ◆ il/elle marche avec une canne, des béquilles

ᓯᔅᑭᐦᐅᐚᒑᐤ siskihuwaachaau vai ◆ il/elle utilise quelque chose comme canne, comme béquille

berce

ᐑᐦᐹᔅᒄ wiihpaaskw ni -um ◆ une berce commune *Heracleum lanatum*

bercer

ᐙᐙᐱᐱᑖᐤ waawaapipitaau vta ◆ il/elle le/la berce

ᐙᐙᐱᐱᑎᒼ waawaapipitim vti redup ◆ il/elle le berce, le balance à la main

ᐙᐙᐱᔩᐦᐋᐤ waawaapiyihaau vta redup ◆ il/elle le/la berce

ᑯᔅᑯᔅᒑᐱᔩᐦᐋᐤ kuskuschaapiyihaau vta ◆ il/elle le/la berce dans le canot

berceuse

ᒫᒫᐦᐋᐤ maamaahaau vta ◆ il/elle lui chante une berceuse

berge

ᐅᐱᑖᐅᐦᑳᐤ upitaauhkaau vii ◆ il y a un défilé entre les dunes de sable ou les berges de terre

ᒧᓵᐅᑳᓯᐦᑎᑖᐤ musaaukaasihtitaau vai ◆ il/elle le tire de la berge en marchant dans l'eau

berger

ᒫᓂᔥᒑᓂᔒᐅᐄᔨᔫ maanishchaanishiiuiiyiyiu na -iim ◆ un berger, une bergère

bergère

ᒫᓂᔥᒑᓂᔒᐅᐄᔨᔫ maanishchaanishiiuiiyiyiu na -iim ◆ un berger, une bergère

bernache

ᐃᔨᐙᐳᐙᐤ iyiwaapuwaau na -aam ◆ une bernache cravant *Branta bernicla*

ᓂᔅᒃ nisk na ◆ une bernache du Canada, une outarde, une oie sauvage *Branta canadensis*

ᔑᑳᐹᔥᒀᐦ shikaapaashkwh ni pl -im ◆ de l'herbe à bernache, la zostère marine *Zostera marina*

ᓂᔥᒋᔑᔥ nishchishish na ◆ un oison, le petit de l'oie, de la bernache *Branta canadensis*

besoin

ᑯᔨᑎᒫᐅᓰᐤ kuyitimaausiiu vai ◆ il/elle est dans le besoin

ᓂᓂᐦᐋᐑᐦᑭᐙᐤ ninihaawiihkiwaau vta redup ◆ il/elle prend soin de ses besoins

ᒋᔅᑎᒫᑎᓰᐤ chistimaatisiiu vai ◆ il/elle est dans le besoin, est pauvre

ᑖᐱᔮᐤ taapiyaau vai ◆ il/elle a assez de ce dont il/elle a besoin, il/elle en a assez pour couvrir ses besoins

bête

ᒌᔥᒀᔑᐤ chiishkwaashiu vai ◆ il/elle est bête, idiot-e, ridicule

beurre

ᐱᑦ pit na ◆ du beurre, de l'anglais 'butter'

biais

ᐲᒥᐦᑯᑎᒼ piimihkutim vti ◆ il/elle le taille de biais

ᐲᒥᑳᒫᐦᐋᐤ piimikaamaahaau vta ◆ il/elle le/la place de biais

ᐲᒥᑳᒫᑭᐱᐤ piimikaamaakipiu vai ◆ il/elle est placé-e de biais (étalé)

ᐲᒥᑳᒫᒨᐦᐋᐤ piimikaamaamuhaau vta ◆ il/elle le/la met de biais

ᐲᒥᑳᒫᒨᐦᑖᐤ piimikaamaamuhtaau vai ◆ il/elle le met de biais

ᐲᒥᑳᒫᓈᐤ piimikaamaanaau vta ◆ il/elle le /la tient de biais

ᐲᒥᑳᒫᓂᒼ piimikaamaanim vti ◆ il/elle le tient de biais

ᐲᒥᑳᒫᐱᐦᒑᐦᐋᐤ piimikaamaapihchaahaau vta ◆ il/elle le place (filiforme) de biais

ᐲᒥᑳᒫᐱᐦᒑᓂᒼ piimikaamaapihchaanim vti ◆ il/elle le place de biais (filiforme)

ᐲᒥᑳᒫᐱᐦᒑᐱᑖᐤ piimikaamaapihchaapitaau vta ◆ il/elle le tire (filiforme) en biais

ᐲᒥᑳᒫᐱᐦᒑᐱᑎᒼ piimikaamaapihchaapitim vti ◆ il/elle le tire (filiforme) en biais

ᐲᒥᑳᒫᔑᒼ piimikaamaashim vti ◆ il/elle le coupe en biais

ᐲᒥᑳᒫᔥᑖᐤ piimikaamaashtaau vai ◆ il/elle le place de biais

ᐲᒥᑳᒫᔥᑖᐤ piimikaamaashtaau vii ◆ c'est placé de biais

ᐲᒥᑳᒫᔖᐤ piimikaamaashwaau vta ◆ il/elle le/la coupe en biais

ᐲᒥᑳᒫᓯᐤ piimikaamaasiu vai ◆ il/elle est placé-e de biais

ᐲᒥᑳᒫᔮᒋᐱᑖᐤ piimikaamaayaachipitaau vta ◆ il/elle le/la tire de biais

ᐲᒥᑳᒫᔮᒋᐱᑎᒼ piimikaamaayaachipitim vti ◆ il/elle le tire (étalé) de biais

ᐲᒥᑳᒫᔮᐱᐦᑳᑎᒼ piimikaamaayaapihkaatim vti ◆ il/elle l'attache en biais

ᐲᒥᑳᒫᔮᐤ piimikaamaayaau vii ◆ c'est placé en biais

ᐲᒥᑳᐴ piimikaapuu vai -uwi ◆ il/elle se tient debout de biais

ᐲᒥᑳᐴ piimikaapuu vii -uwi ◆ ça se tient de biais

ᐲᒥᑳᐳᐑᐦᑖᐤ piimikaapuwihtaau vai+o ◆ il/elle le met debout de biais

ᐅᔥᒀᐦᑎᓐ ushkwaahtin vii ◆ ça rebondit dans la mauvaise direction, en biais

biais (en)

ᐲᒥᑯᒋᓐ piimikuchin vai ◆ il/elle est suspendu-e en biais

biberon

ᒎᒎ chuuchuu ni -m [Wemindji] ◆ un biberon

ᓅᓈᒋᑭᓐ nuunaachikin ni ◆ la tétine du biberon

ᒎᒎᔥ chuuchuush ni -im [Wemindji] ◆ un mamelon (sein, biberon)

ᒎᒎ chuuchuu vai -u [Wemindji] ◆ il/elle est nourri-e au sein, au biberon

bibitte

ᐅᑖᒥᐦᒁᓂᓯᐤ utaamihkwaanisiu na -iim ◆ un coléoptère, une blatte orientale

ᐊᒥᔥᑯᔒᔥ amishkushiish na -im ◆ un insecte noire (une bibitte noire) qui vit dans l'eau

Bible

ᒋᐦᒋᒥᓯᓂᐦᐄᑭᓐ chihchimisinihiikin ni -m ◆ la Bible

bicyclette

ᑳᑎᐦᑎᐱᔥᑭᐙᑭᓂᐎᑦ kaatihtipishkiwaakiniwit nap ◆ une bicyclette, un vélo

bidon

ᐱᒦᐅᐎᑦ pimiiuwit ni ◆ un bidon d'essence

bien

ᒌᐦᑳᓈᑯᓯᐤ chiihkaanaakusiu vai ◆ il/elle se voit bien, on le/la voit bien ▪ ᒌᐦᑳᓈᑯᓯᐤ ᐋᐦ ᐙᐱᓯᑦ ᐊᓂᑖᐦ ᐋᐦ ᓃᐱᓰᐎᔨᒡ ᐋᐦ ᐱᒧᐦᑖᑦ᙮ ▪ chiihkaanaakusiu aah waapisit anitaah aah niipisiiwiyich aah pimuhtaat. ▪ *On la voit bien en train de marcher dans le bois parce qu'elle est habillée en blanc.*

ᒌᐦᑳᓂᒻ chiihkaanim vti ◆ il/elle le voit bien, clairement, tout de suite

ᒥᔪᒋᔅᒑᔨᐦᑎᒻ miyuchischaayihtim vti ◆ il/elle le connait bien

ᒥᔪᒋᔅᒑᔨᒫᐤ miyuchischaayimaau vta ◆ il/elle le/la connait bien

ᒥᔪᐦᒁᒨ miyuhkwaamuu vai -u ◆ il/elle dort bien

ᒥᔪᐦᑖᐤ miyuhtaau vai ◆ il/elle le fait bien, le rend beau ▪ ᓄᐎᒡ ᒥᔪᐦᑖᐤ ᐙᐳᔮᓂᔨᐤ ᑳ ᐅᔑᐦᑖᑦ᙮ ▪ nuwich miyuhtaau waapuyaaniyiu kaa ushihtaat. ▪ *Elle a fabriqué une belle couverture.*

ᒥᔪᒁᑖᐤ miyukwaataau vta ◆ il/elle le/la coud bien

ᒥᔪᒁᑎᒻ miyukwaatim vti ◆ il/elle le coud bien

ᒥᔪᒥᐦᒋᐦᐆ miyumihchihuu vai -u ◆ il/elle se sent bien

ᒥᔪᒦᒋᓲ miyumiichisuu vai -u ◆ il/elle mange bien

ᒥᔪᓂᐦᑖᐅᒋᓐ miyunihtaauchin vii ◆ ça pousse bien

ᒥᔪᐹᔮᐤ miyupaayaau vii ◆ c'est bien sur l'eau (on peut aussi le dire après la débâcle pour dire qu'il n'y a plus de glace dans l'eau et qu'on peut voyager)

ᒥᔪᐱᔨᐤ miyupiyiu vai ◆ il/elle va bien, marche bien

ᒥᔪᐱᔨᐤ miyupiyiu vii ◆ ça va bien, ça marche bien

ᒥᔪᐳᑖᐤ miyuputaau vii ◆ c'est bien scié

ᒥᔪᐳᑖᐤ miyuputaau vai+o ◆ il/elle le voit bien

ᒥᔪᔥᑭᐙᐤ miyushkiwaau vta ◆ il/elle lui convient bien

ᒥᔪᑐᑖᒑᐤ miyututaachaau vai ◆ il/elle traite bien les gens

ᒥᔪᑐᑎᐙᐤ miyututiwaau vta ◆ il est bon, elle est bonne avec lui/elle; il/elle le/la traite bien

ᒥᐧᔮᐹᐎᒋᒑᐤ miywaapaawichichaau vai ◆ il/elle réussit à bien faire le lavage

ᒥᐧᔮᐱᑎᓰᐤ miywaapitisiiu vai ◆ il/elle travaille bien

ᒥᐧᔮᔨᒫᐤ miywaayimaau vta ◆ il/elle l'aime bien

ᓂᐦᐋᐱᐦᑎᒻ nihaapihtim vti ◆ il/elle le voit bien

ᓂᐦᐄᐱᔨᐤ nihiipiyiu vii ◆ ça s'arrange bien

ᓂᐦᑖᐙᐤ nihtaawaau vai ◆ il/elle parle bien, le bébé peut bien parler maintenant

ᔒᐦᒋᔑᓐ shiihchishin vai ◆ il/elle s'ajuste bien

ᓰᐦᑖᐱᐦᒑᓈᐤ siihtaapihchaanaau vta ◆ il/elle le/la tend bien (filiforme)

ᓰᐦᑖᐱᐦᒑᓂᒻ siihtaapihchaanim vti ◆ il/elle le tend bien (filiforme)

ᓰᐦᑖᐱᐦᒑᐱᑖᐤ siihtaapihchaapitaau vta ◆ il/elle le/la tend bien (filiforme)

ᓰᐦᑖᐱᐦᒑᐱᑎᒻ siihtaapihchaapitim vti ◆ il/elle le tend bien (filiforme)

ᓰᐦᑎᓂᒻ siihtinim vti ◆ il/elle le tient en serrant bien

ᓰᐦᑎᔅᒋᓂᐦᐋᐤ siihtischinihaau vta ◆ il/elle l'emballe en serrant bien

ᓰᐦᑎᔮᒋᐱᑎᒻ siihtiyaachipitim vti ◆ il/elle le tend en serrant bien (étalé)

ᓯᑭᔅᒋᓰᐤ sikischisiiu vai ◆ il/elle est bien fermé-e

ᔮᐃᔨᒋᐦᑖᐤ yaaiyichihtaau vai+o ◆ il/elle le met bien en place, le fixe bien

ᔮᐃᔨᒋᑳᐳᐎᐦᑖᐤ yaaiyichikaapuwihtaau vai+o ◆ il/elle met bien en place

ᔮᐃᔨᒋᔑᓐ yaaiyichishin vai ◆ il/elle est bien posé-e

ᔮᐃᔨᑖᔥᑯᔥᑖᐤ yaaiyitaashkushtaau vii ◆ c'est bien placé (long et rigide)

ᔮᐃᔨᑎᒧᐦᑖᐤ yaaiyitimuhtaau vai ◆ il/elle le place bien dessus

ᔮᐃᔨᑎᒨ yaaiyitimuu vai -u ◆ il/elle est bien en place

ᒌᐦᑳᓈᑯᐦᐋᐤ chiihkaanaakuhaau vta ◆ il/elle le/la rend bien visible, il/elle le/la met en évidence ▪ ᓈᔥᒡ ᐋᐦ ᐅᐦᒋ ᒌᐦᑳᓈᑯᐦᐋᑦ ᓂᔅᒃᐦ ᑳ ᐱᒥᐱᔨᐦᐋᑦ᙮ ▪ naashch aah uhchi chiihkaanaakuhaat niskh kaa pimipiyihaat. ▪ *Il a bien mis en évidence qu'il avait tué une oie.*

ᒌᐦᑳᓂᐙᐤ chiihkaaniwaau vta ◆ il/elle le/la voit bien, clairement ▪ ᓈᔥᒡ ᐋᐦ ᒌᐦ ᒌᐦᑳᓂᐙᑦ ᐅᐦᑯᒻᐦ ᐊᓂᑖᐦ ᑳ ᓂᔥᑎᐑᓈᓂᐎᔨᒡ᙮ ▪ naashch aah chiih chiihkaaniwaat uhkumh anitaah kaa nishtiwiinaaniwiyich. ▪ *Elle pouvait bien voir et identifier sa grand-mère à la réunion.*

ᐃᔪᔅᒋᐹᒥᒌᐤ iyuschipaamichiiu vii ◆ ça pousse bien à cause de l'humidité

ᒥᐧᔮᒋᒫᐤ miywaachimaau vta ◆ il/elle dit du bien de lui/d'elle; il/elle fait l'éloge de quelqu'un ou quelque chose (animé)

ᓂᐦᐋᐱᐤ nihaapiu vai ◆ il/elle voit bien ou clairement

ᓂᐦᐄᐱᔨᐤ nihiipiyiu vai ◆ ça s'arrange bien, les choses tournent bien pour lui/elle

ᐱᐱᑳᓯᔅᒌᔨᐦᑐᑎᒻ pipikaasischiiyihtutim vti ◆ il/elle est capable de le faire, il/elle le fait presque sans effort

ᔮᐃᔨᒋᔥᑖᐤ yaaiyichishtaau vai ◆ il/elle le pose bien, le met bien en place

ᒥᔪᐦᑭᓲ miyuhkisuu vai -u ◆ il/elle se sent bien de boire, ça lui fait du bien de boire; c'est bien cuit (animé), il/elle est bien cuit-e

bien assez

ᐙᔪᒋᐦᐋᐤ waayuchihaau vta ◆ il/elle n'en manque pas, en a bien assez

ᐙᔪᑎᓐ waayutin vii ◆ il y en a bien assez

ᐙᔪᑎᓰᐤ waayutisiiu vai ◆ il y en a bien assez (animé)

ᐙᔪᒋᒦᒋᓲ waayuchimiichisuu vai -u ◆ il/elle a bien assez à manger, ne manque pas de nourriture

ᐙᔪᒋᐱᔨᐤ waayuchipiyiu vai ◆ il/elle abonde, il n'en manque pas (animé)

ᐙᔪᒋᐱᔨᐤ waayuchipiyiu vii ◆ ça abonde, il n'en manque pas

bien en vue

ᐙᒧᐦᒡ waamuhch p,manière ◆ à la vue de tous, bien en vue ■ ᓈᔥᒡ ᐙᒧᐦᒡ ᐋᐦ ᒌᐦ ᒋᒥᑖᒡ ᐊᓂᔮ ᐅᒫᐦᑮᒥᐙᐤ, ᔮᔨᑖ ᐋᐦ ᐙᐱᐦᑎᒧᒋᐦᑦ᙮ ■ naashch waamuhch aah chiih chimitaach aniyaa umaahkiimiwaau, yaayitaa aah waapihtimuchiht. ■ *Ils plantèrent leur tente bien en vue pour qu'on ne les rate pas.*

bien fait

ᒫᔮᐤ maayaau p,interjection ◆ c'est bien fait pour lui/elle, il/elle ne l'as pas volé ■ ᒫᔮᐤ ᓈᔥᒡ ᐋᑳ ᐅᐦᒋ ᒌᐦ ᐲᑯᐦᐊᒥᓐ ᐊᓐ ᐙᓵᓂᐦᑖᑭᓐ᙮ ■ maayaau naashch aakaa uhchih chiih piikuhamin an waasaanihtaakin. ■ *C'est bien fait pour toi si tu n'as pas réussi à briser cette fenêtre.*

bien que

ᐋᑦ aat p,conjonction ◆ bien que ■ ᐊᔮᐱᒡ ᓈᔥᒡ ᐱᔅᒑᐙᐤ ᐋᑦ ᒨᔥ ᒦᒋᓱᑦ᙮ ■ ayaapich naashch pischaawaau aat muush miichisut. ■ *Il ne prend pas de poids, bien qu'elle/il mange tout le temps.*

bien sûr

ᑭᔨᐻ kiyipwaa p,affirmative ◆ oui, bien sûr, évidemment ■ ᑭᔨᐻ ᒑ ᐐᒋᐦᐄᐙᔮᓐ ᐋᐦ ᐱᒥᓂᐙᓂᐎᒡ᙮ ■ kiyipwaa chaa wiichihiiwaayaan aah piminiwaaniwich. ■ *Bien sûr, je vais aider à faire la cuisine.*

bien vu

ᐃᔥᐹᔨᐦᑖᑯᓯᐤ ishpaayihtaakusiu vai ◆ il/elle est respecté-e, bien vu-e

bien-être social

ᐄᔥᐱᔑᐴ iishpishipuu vai -u ◆ il/elle reçoit sa part de nourriture; il/elle reçoit le montant de son allocation de bien-être social

bientôt

ᐐᐱᒡ wiipich p,temps ◆ bientôt, tôt ■ ᓈᔥᒡ ᐐᐱᒡ ᐋᐦ ᒌᐦ ᐎᓂᔥᑳᔮᓐ ᒑᒋᔖᑉ᙮ ■ naashch wiipich aah chiih winishkaayaan chaachishaap. ■ *Je me suis levé très tôt le matin.*

bière

ᑳᐲᔥᑖᐅᐱᔨᔑᒡ kaapiishtaaupiyishich nip ◆ de la bière

bilboquet

ᑖᐱᐦᐋᒋᐙᓐ taapihaachiwaan na ◆ un bilboquet esquimau

bille

ᓅᑎᒥᐦᑎᑳᐤ nuutimihtikaau vii ◆ c'est une bille de bois ronde entière

biscuit

ᐋᐃᐦᑯᓈᔑᔥ aaihkunaashish na -m ◆ un biscuit

ᒥᔥᑭᐙᐃᐦᑯᓈᐤ mishkiwaaihkunaau na -m ◆ un biscuit de pilote, un biscuit dur

bizarre

ᒫᓂᑖᐙᔨᐦᑖᑯᓯᐤ maanitaawaayihtaakusiu vai ◆ il/elle a l'air bizarre

ᒥᔅᑳᑎᑯᓐ miskaatikun vii ◆ c'est bizarre

ᒫᒥᔅᑳᑖᔨᒫᐤ maamiskaataayimaau vta ◆ il/elle pense qu'il/elle est bizarre, stupéfiant-e

ᒫᓂᑖᐅᐦᑖᑯᓯᐤ maanitaauhtaakusiu vai ◆ il/elle parle d'une drôle de façon, de façon bizarre

ᒫᓂᑖᐙᔨᐦᑖᑯᓐ maanitaawaayihtaakun vii ◆ c'est étrange, bizarre

ᒥᒫᐦᑖᐅᔥᑖᐤ mimaahtaaushtaau vai ◆ il/elle le dispose d'une drôle de façon

ᒥᔅᑳᑎᑯᓰᐤ miskaatikusiiu vai ◆ il/elle est bizarre; il/elle se comporte de façon étrange, bizarrement

ᒫᒥᔅᑳᑖᔨᐦᑎᒻ maamiskaataayihtim vti ◆ il/elle pense que c'est surprenant, bizarre, étonnant

blaguer

ᐅᐎᔨᑘᐤ uwiyitwaau vai ◆ il/elle blague, dit des choses drôles

ᐎᔥᑦ wisht p,manière ◆ pour taquiner ■ ᓈᔥᒡ ᐎᔥᑦ ᐋᐦ ᒌᐦ ᐑᐦ ᐃᐦᑐᑎᐙᑦ ᐊᓂᔮᐦ ᐅᒥᔅᐦ᙮ ■ naashch wisht aah chiih wiih ihtutiwaat aniyaah umis-h. ■ *Il le faisait vraiment pour taquiner sa grande soeur.*

ᐅᐑᔑᐦᐋᐤ uwiishihaau vta ◆ il/elle lui joue des tours, lui fait une blague

blâmé

ᐋᓌᔨᐦᑖᑯᓯᐤ aanwaayihtaakusiu vai ◆ il/elle en est blâmé, tenu responsable

blâmer

ᐊᑖᒫᔨᐦᑎᒧᐙᐤ ataamaayihtimuwaau vta ◆ il/elle le/la tient responsable de ça, le/la blâme

ᐄᑖᔥᑎᐦᐧᐃᔮᐤ iitaashtihwiyaau vta ◆ il/elle le lui reproche, le/la blâme pour ça ■ ᐊᔮᐱᒡ ᐄᑖᔥᑎᐦᐧᐃᔮᐤ ᐋᐦ ᒌᐦ ᐲᑯᐦᐊᒥᔨᒡᐦ ᐊᓂᔮ ᐧᐋᓵᓂᐦᑖᑭᓂᔨᐤ ᐋᑦ ᐋᑳ ᐅᐦᒋ ᐧᐋᐱᒫᑦ᙮ ■ ayaapich iitaashtihwiyaau aah chiih piikuhamiyich-h aniyaa waasaanihtaakiniyiu aat aakaa uhchi waapimaat. ■ *Il lui reproche d'avoir brisé la fenêtre bien qu'elle ne l'ait pas vu le faire.*

blanc

ᐧᐋᐹᒋᓯᐤ waapaachisiu vai ◆ il est blanc, elle est blanche (étalé)

ᐧᐋᐹᑭᓐ waapaakin vii ◆ c'est blanc (étalé)

ᐧᐋᐹᐹᒋᓯᐤ waapaapaachisiu vai ◆ il est blanc, elle est blanche (filiforme)

ᐧᐋᐹᐹᑭᓐ waapaapaakin vii ◆ c'est blanc (filiforme)

ᐧᐋᐹᐱᓯᔅᒋᓯᐤ waapaapisischisiu vai ◆ il est blanc, elle est blanche (minéral)

ᐧᐋᐹᐱᔅᑳᐤ waapaapiskaau vii ◆ c'est blanc (minéral)

ᐧᐋᐹᔅᑯᓐ waapaaskun vii ◆ c'est blanc (long et rigide)

ᐧᐋᐹᐤ waapaau vii ◆ c'est blanc

ᐧᐋᐱᓯᐤ waapisiu vai ◆ il est blanc, elle est blanche

ᐄᔨᑎᐦᑭᒫᒄ iiyitihkimaakw na -um ◆ un poisson blanc pêché en eaux intérieures

ᐧᐋᐹᐳᐧᐃᓈᓐ waapaapuwinaan ni ◆ le blanc de l'oeil

ᐧᐋᐱᔥᑎᒻ waapishtim na ◆ un chien blanc

ᐧᐋᐱᔅᒄ waapiskw na -um ◆ un ours blanc *Ursus maritimus*

ᒥᓂᐦᐄᑯᔅᑳᐤ minihiikuskaau vii ◆ c'est un boisé d'épinettes blanches

ᐅᐧᐋᐱᔥᑖᐤ uwaapishtaau vii ◆ ça a du blanc dessus (étalé)

ᐅᐧᐋᐱᓯᑖᐤ uwaapisitaau vai ◆ il/elle a les pieds blancs

ᐧᐋᐹᑭᒥᐤ waapaakimiu vii ◆ c'est blanc (liquide)

ᐧᐋᐹᑯᓂᑳᐤ waapaakunikaau vii ◆ cette aire est blanche de neige

ᐧᐋᐹᓯᔅᒑᐤ waapaasischaau vai ◆ les rayons de soleil sont blancs

ᐧᐋᐹᔅᑭᑎᓐ waapaaskitin vii ◆ c'est gelé tout blanc

ᐧᐋᐹᐅᐦᑳᐤ waapaauhkaau vii ◆ c'est du sable blanc

ᐧᐋᐹᔨᐧᐋᐤ waapaayiwaau vai ◆ il/elle a la queue blanche

ᐧᐋᐱᐦᒑᐧᐋᐤ waapihchaawaau vai ◆ il/elle a la chair blanche

ᐧᐋᐱᐦᑖᐤ waapihtaau vai+o ◆ il/elle le rend blanc

ᐧᐋᐱᐦᑎᒋᓯᐤ waapihtichisiu vai ◆ il est blanc, elle est blanche (se dit de bois utile)

ᐧᐋᐱᐦᑎᑳᐤ waapihtikaau vii ◆ c'est du bois blanc (se dit de bois utile)

ᐧᐋᐱᐦᐆ waapihuu vai -u ◆ il/elle s'habille en blanc

ᐧᐋᐱᑯᓈᐤ waapikunaau vai ◆ il/elle a des plumes blanches

ᐧᐋᐱᑯᔨᐧᐋᐤ waapikuyiwaau vai ◆ il/elle a le cou blanc

ᐧᐋᐱᓈᑯᓐ waapinaakun vii ◆ ça semble blanc, ça a l'air blanc

ᐧᐋᐱᓈᑯᓯᐤ waapinaakusiu vai ◆ il/elle semble blanc, il/elle a l'air blanc

ᐧᐋᐱᔑᑭᔮᐤ waapishikiyaau vai ◆ il/elle a la peau blanche

ᐧᐋᐱᔥᑎᐧᑳᓈᐤ waapishtikwaanaau vai ◆ il/elle a les cheveux blancs

ᐧᐋᐱᓯᓈᓯᐤ waapisinaasiu vai ◆ il/elle a un dessin blanc dessus

ᐧᐋᐱᓯᓈᑖᐤ waapisinaataau vii ◆ ça a une marque blanche dessus

ᐧᐋᐱᓯᓂᐦᐊᒻ waapisiniham vti ◆ il/elle fait un dessin blanc dessus

ᐧᐋᐱᓯᓂᐦᐧᐋᐤ waapisinihwaau vta ◆ il/elle fait une marque blanche dessus

ᐧᐋᓵᒋᓯᐤ waasaachisiu vai ◆ il/elle (étalé) est blanc et se voit de loin que le soleil brille dessus

ᐧᐋᓵᒋᔅᑖᐤ waasaachistaau vii ◆ c'est blanc (étalé) et se voit de loin quand le soleil brille dessus

ᐧᐋᐹᐹᑭᒋᐤ waapaapaakichiu vii ◆ ça gèle tout blanc, ça se lyophilise (filiforme)

ᐧᐋᐱᔅᒋᐧᐃᒋᓯᐤ waapischiwichisiu vai ◆ c'est de la boue blanche, de l'argile blanche

ᐧᐋᐱᔅᒋᐧᐃᑳᐤ waapischiwikaau vii ◆ c'est un onguent blanc, de la crème

ᐧᐋᐱᔖᐤ waapishaau vai ◆ l'intérieur de la fourrure est blanc, quand la fourrure est d'excellente qualité

ᐧᐋᓵᒋᐧᐃᓐ waasaachiwin vii ◆ la couleur blanche de l'eau indique qu'il y a un rapide

ᐧᐄᔖᑭᒋᐤ wiishaakichiu vai ◆ la peau de bête commence à geler, à se lyophiliser et devient blanche

Blanc

ᐧᐋᒥᔥᑎᑯᔒᐤ waamishtikushiiu na -iim ◆ un homme blanc, un Blanc

blanc (à)

ᒨᔑᔓᐧᐃᑭᐦᐊᒻ muushishuwikiham vti ◆ il/elle le coupe à blanc

blanche

ᐧᐋᐱᔥᑭᑖᐤ waapishkitaau vai ◆ il/elle a de la fourrure blanche sur la poitrine

ᐧᐋᐱᒫᒄ waapimaakw na -um ◆ une baleine blanche, un béluga *Delphinapterus leucas*

blanchir

ᐧᐋᐹᑭᐦᐊᒻ waapaakiham vti ◆ il/elle le blanchit en le frappant (étalé)

ᐧᐋᐹᑭᐦᐧᐋᐤ waapaakihwaau vta ◆ il/elle le/la blanchit en le/la frappant (étalé)

ᐧᐋᐱᐦᐋᐤ waapihaau vta ◆ il/elle le blanchit, l'éclaircit

blasphémateur
ᐅᐹᔥᑖᒧ upaashtaamuu na ◆ un blasphémateur, une blasphématrice, un diffamateur, une diffamatrice
blasphémer
ᐹᔥᑖᒧ paashtaamuu vai -u ◆ il/elle blasphème
blessé
ᒥᔖᑭᓐ mishwaakin na ◆ un blessé, un animal blessé ■ ᑖᐸ ᓅᐦᒋ ᒥᔅᑭᐙᐤ ᐊᓐ ᒥᔖᑭᓐ. ■ taapaa nuuhchi miskiwaau an mishwaakin. ■ *Je n'ai pas trouvé celui qui était blessé.*
ᒥᔖᑭᓂᐅ mishwaakiniuu vai -iwi ◆ il/elle est touché-e et blessé-e
blesser
ᐋᐦᑯᐦᐋᐤ aahkuhaau vta ◆ il/elle le/la blesse, lui fait mal (physiquement ou émotionnellement)
ᒥᔖᑭᓂᐦᒑᐤ mishwaakinihchaau vai ◆ il/elle le blesse ■ ᒌᐦ ᒥᔖᑭᓂᐦᒑᐤ ᓂᔅᒃᐦ ᑳ ᐹᔅᒋᔂᑦ. ■ chiih mishwaakinihchaau niskh kaa paaschiswaat. ■ *Elle/Il a blessé l'oie sur laquelle il/elle a tiré.*
ᒥᔖᑭᓂᐦᑳᑖᐤ mishwaakinihkaataau vta ◆ il/elle le/la blesse
ᐅᔑᑯᐦᐆ ushikuhuu vai -u ◆ il/elle se blesse
ᐅᔑᑯᔑᒫᐤ ushikushimaau vta ◆ il/elle le/la blesse en le/la laissant tomber ou en le/la jetant
ᐐᓯᒋᓂᒼ wiisichinim vti ◆ il/elle se blesse la main avec la pression d'un outil qu'il/elle utilise
ᐃᔮᔑᐦᐙᐤ iyaashihwaau vta ◆ il/elle tire et le/la blesse ce qui le/la fait s'abaisser doucement vers le sol
ᐃᔮᔅᐱᓂᑖᐤ iyaaspinitaau vta ◆ visiblement il/elle l'a blessé-e physiquement d'une certaine façon
ᐅᐦᑳᒫᐤ uhkaamaau vta ◆ il/elle le blesse, l'offense parce qu'il/elle dit
ᐅᔑᑯᐦᐋᐤ ushikuhaau vta ◆ il/elle le/la blesse profondément
ᐅᔑᑯ ushikuu vai -u ◆ il/elle le/la blesse en tirant dessus
ᐐᓯᒋᐦᑎᑖᐤ wiisichihtitaau vai ◆ il/elle se blesse en se cognant
ᐐᓯᒋᓈᐤ wiisichinaau vta ◆ il/elle le/la blesse en l'empoignant avec force
ᐐᓯᒋᔑᒫᐤ wiisichishimaau vta ◆ il/elle le/la blesse en le/la faisant tomber
ᐎᔑᑯᔑᒫᐤ wishikushimaau vta ◆ il/elle le/la blesse en le/la laissant tomber du véhicule sur lequel il/elle le/la transporte
ᐎᔮᔥᑐᑎᐙᐤ wiyaashtutiwaau vta ◆ il/elle le/la blesse, lui cause du tort d'une certaine façon, le/la répare
blesser (se)
ᔖᐅᓈᐤ shaaunaau vai ◆ il/elle se blesse facilement
ᐅᔑᑯᐦᐄᓱ ushikuhiisuu vai reflex -u ◆ elle fait une fausse couche, il/elle se blesse
ᐅᔑᑯᒨ ushikumuu vai -u ◆ il/elle se blesse en toussant
ᐅᔑᑯᐱᔨᐦᐆ ushikupiyihuu vai -u ◆ il/elle se blesse en bougeant, il/elle se surmène
ᐅᔑᑯᔑᓐ ushikushin vai ◆ il/elle se blesse en tombant
ᐋᐦᑯᔑᔑᓐ aahkushishin vai [Wemindji] ◆ il/elle s'est blessé en tombant, en frappant quelque chose
bleu
ᐱᒋᔅᑭᓈᐱᔅᑳᐤ pichiskinaapiskaau vii ◆ c'est bleu, vert (minéral)
ᐱᒋᔅᑭᓈᓯᔅᒑᐤ pichiskinaasischaau vai ◆ les rayons du soleil sont bleus ce qui amène le beau temps
ᐱᒋᔅᑭᓈᐤ pichiskinaau vii ◆ c'est bleu, vert
ᐱᒋᔅᑭᓂᓯᐤ pichiskinisiu vai ◆ il/elle est bleu-e, vert-e
ᐱᐱᒋᔅᑭᓈᐱᐤ pipichiskinaapiu vai redup ◆ il/elle a les yeux bleus
ᐅᑐᒋᓯᐤ utuchisiu vai ◆ il/elle a des bleus, est contusionné
ᐱᒋᔥᑭᓈᐱᔑᐤ pichishkinaapishiu vii dim ◆ le ciel est bleu à l'aube
ᐱᒋᔅᑭᓐ pichiskin vii ◆ l'atmosphère est bleue et brumeuse quand il fait chaud
ᐅᑐᒋᔑᓐ utuchishin vai ◆ il/elle tombe et se fait des bleus
ᐅᑐᑭᐦᐙᐤ utukihwaau vta ◆ il/elle le/la frappe et le/la contusionne, lui fait un bleu
bleu foncé
ᐊᐱᐦᑖᐤ apihtaau vii ◆ c'est bleu foncé, le ciel est sombre
bleuet
ᓂᒋᑯᒥᓐᐦ nichikuminh ni pl ◆ une sorte de bleuets
ᐄᔨᒥᓈᐦᑎᒄ iiyiminaahtikw ni ◆ un buisson de bleuets *Vaccinium sp*
ᓂᔅᒋᒥᓂᒡ nischiminich na pl ◆ une espèce de bleuets; l'airelle myrtille, le bleuet du Canada *Gaylussacia sp.*
bleuets
ᐄᔨᒥᓐᐦ iiyiminh ni pl -im ◆ des bleuets *Vaccinium sp.*
bleuir
ᐊᐱᐦᒋᐱᔨᐤ apihchipiyiu vai ◆ il/elle bleuit dans le visage, son visage bleuit
blizzard
ᓂᔅᒁᒌᐙᑎᓐ niskwaachiiwaatin vii ◆ il y a un soudain blizzard qui vient du Nord
ᐲᐎᓐ piiwin vii ◆ c'est une tempête de neige, c'est le blizzard
blocage
ᐅᑎᒥᐦᐄᐙᐤ utimihiiwaau vai ◆ c'est (animé) un blocage, une limitation
ᐅᑎᒥᐦᐄᐙᐤ utimihiiwaau vii ◆ c'est un blocage, une limitation

blond

ᐅᔖᐅᔥᑎ·ᑳᓈᐤ ushaaushtikwaanaau vai ◆ il est blond, elle est blonde, il/elle a les cheveux blonds

blonds

ᐅᔖᐅ·ᐋᒑᐤ ushaauwaachaau vai ◆ il est blond, elle est blonde, il/elle a les cheveux blonds

bloqué

ᒋᐳᔅᒋ·ᐚᐤ chipuschiwaau vii ◆ c'est bloqué par de la boue, de la gomme, du gras

ᒋ·ᐹᐤ chipwaau vii ◆ c'est fermé, bloqué

ᒋᐳᓯᑳᐤ chipusikaau vii ◆ c'est bloqué par les buissons

ᒋᐳᓯ·ᑳᐤ chipusikwaau vii ◆ c'est bloqué par la glace

ᒋᐳᓯᐤ chipusiu vai ◆ il/elle est bouché-e ou bloqué-e

ᒋ·ᐹᐱᔅᑳᐤ chipwaapiskaau vii ◆ c'est bloqué par des roches

ᒥᒋᒥᐱᔨᐤ michimipiyiu vii ◆ ça reste coincé, bloqué

ᒥᒋᒨᐦᑎᓐ michimuhtin vii ◆ c'est coincé, bloqué

ᓅᐦᑖᐱᐳᓂᔑᐤ nuuhtaapipunishiu vai ◆ il/elle est prise là par la venue de l'hiver avant d'atteindre sa destination

bloquer

ᐋᑯᔥᑭᔥᑖᐤ aakushkishtaau vai ◆ il/elle lui en bloque l'accès avec quelque chose

ᐋᑯᔅᑭᐦᐊᒼ aakuskiham vti ◆ il/elle en bloque l'accès avec quelque chose

ᒋᐱᔥᑳᒑᐤ chipishkaachaau vai ◆ il/elle bloque le chemin

ᒋᐱᔥᑳᑰ chipishkaakuu vai -u ◆ il/elle lui bloque le chemin ■ ᐋᔪ·ᐃᒄ ᒑᐱᔥᑳᑯᑦ ᐋᐦ ·ᐄᐦ ᐴᓯᑦ ᐋᑳ ᐅᐦᒋ ᐋᔨᑦ ᒑ·ᑳᐎᔨᐤ ᒑ ᓃᒫᑦ ■ aayuwikw chaapishkaakut aah wiih puusit aakaa uhchi iyaat chaakwaayiu chaa niimaat. ■ *Il était empêché de partir (en canot) parce qu'il manquait de provisions.*

ᒋᐱᔥᑭᒼ chipishkim vti ◆ il/elle le bloque, est en travers du chemin

ᒋᐱᔥᑭ·ᐚᐤ chipishkiwaau vta ◆ il/elle le/la bloque, est en travers de son chemin

ᒋᐳᐦᑎᓐ chipuhtin vii ◆ ça bloque quelque chose

ᒋᐳᔅᒋ·ᐚᐤ chipuschiwaau vai ◆ il/elle est bloqué-e avec (par ex. de la gomme dans les intestins)

ᒋᐳᔅᒋ·ᐃᒋᓈᐤ chipuschiwichinaau vta ◆ il/elle le/la bloque avec de la boue, du gras gélifié, de la gomme, à l'aide de ses mains

ᒋᐳᔅᒋ·ᐃᒋᓂᒼ chipuschiwichinim vti ◆ il/elle le bloque avec de la boue, de la gomme, du gras gélifié, à l'aide de ses mains

ᒋᐳᔅᒋ·ᐃᑖᐤ chipuschiwitaau vai ◆ il/elle le remplit et le bloque avec de la boue, de la gomme, du gras figé

ᒋᐳᔑᓐ chipushin vai ◆ il/elle bloque quelque chose, est coincé-e dans un trou

ᒋᐳᔥᑭ·ᐚᐤ chipushkiwaau vta ◆ il/elle lui bloque le passage

ᒋ·ᐹᔅᑯᐦᐊᒼ chipwaaskuham vti ◆ il/elle le bloque avec un bâton, avec quelque chose de long et rigide

ᒋ·ᐹᔅᑯᐦ·ᐚᐤ chipwaaskuhwaau vta ◆ il/elle le/la bloque avec quelque chose (long et rigide)

ᓈᓂᒋᔥᑭ·ᐚᐤ naanichishkiwaau vta ◆ il/elle le/la bloque, est dans son chemin

ᓂᑳᔥᑭᒼ nikaashkim vti ◆ il/elle lui bloque le passage avec son pied ou son corps

ᓂᑳᔥᑭ·ᐚᐤ nikaashkiwaau vta ◆ il/elle lui bloque le passage avec son pied ou son corps

ᐋᑳᓯᑯᓯᐤ aakaasikusiu vai ◆ il/elle est bloqué-e par la glace pendant son voyage

ᐋᑳᓯ·ᑳᐤ aakaasikwaau vii ◆ c'est bloqué par la glace

ᐋᑎᑳᒫᔑᓐ aatikaamaashin vai ◆ sa traversée est bloquée par une étendue d'eau

ᐋᑎᑳᒫᔮᐤ aatikaamaayaau vii ◆ il n'y a pas moyen de traverser cette étendue d'eau sans canot, bateau ou radeau

ᒋᐱᑳᐴ chipikaapuu vai -uwi ◆ il/elle bloque le chemin

ᒋᐱᔥ·ᑳᐦᑎ·ᐋᐱᐤ chipishkwaahtiwaapiu vai ◆ il/elle est assis-e et bloque l'entrée

ᒋᐳᓯᑳ·ᐋᔑᓐ chipusikaawaashin vai ◆ il/elle est bloqué-e par les buissons

ᒋ·ᐹᑯᓈᐤ chipwaakunaau vai ◆ il/elle est bloqué-e par la neige

ᒋ·ᐹᑯᓈᐤ chipwaakunaau vii ◆ c'est bloqué par la neige

ᒋ·ᐹᐱᔥᑭᔥᑖᐤ chipwaapishkishtaau vii ◆ il y a un rocher qui bloque le passage

ᒋ·ᐹᐅᐦᑳᐦᐋᓐ chipwaauhkaahaan vii ◆ c'est bloqué par du sable lavé par les vagues

ᒋ·ᐹᐅᐦ·ᑳᐤ chipwaauhkwaau vii ◆ c'est bloqué par du sable

ᓈᓂᑳᔥᑭ·ᐚᐤ naanikaashkiwaau vta ◆ il/elle continue à lui bloquer le chemin, à le/la dissuader

ᐅᑳᔥᑖᐦᑎᓐ ukaashtaahtin vii ◆ ça bloque la lumière, empêche la lumière de passer

ᐅᑳᔥᑖᔥᑭᒼ ukaashtaashkim vti ◆ il/elle bloque la lumière

ᐋᑭ·ᐋᐱᔅᑳᐤ aakiwaapiskaau vii ◆ la vue est bloquée par des roches

ᒌᔥᒑᔩᔥᑯᔨᐤ chiishchaayishkuyiu vai ◆ il/elle le sent qui bloque son œsophage après avoir avalé de la nourriture

ᒋᐱᔥᑯᔩᐹᐤ chipishkuyipaau vai ◆ il/elle a du liquide qui lui bloque la gorge

ᒋᐳᒋᐤ chipuchiu vai ◆ il/elle a de la graisse de caribou durcie qui lui bloque la gorge

blottir (se)

ᓯᓂᔅᒋᑳᐴ sinischikaapuu vai -uwi ◆ il/elle se tient blotti-e, pelotonné-e

blouse

ᐱᓛᐅᔅ **pilaaus** ni ◆ une blouse, de l'anglais 'blouse'

bobine

ᓵᐹᔥᑯᔑᓐ ***saapaashkushin*** vai ◆ il/elle est enroulé-e sur une bobine (utilisé seulement à la forme négative) ■ ᑖᐹ ᒥᔪᐱᔨᐅ ᓂᑭᔅᒋᑲᐧᓵᓲᐱᔨᒼ ᐊᑳ ᔕᐹᔥᑯᔑᐦᒃ ᑭᔅᒋᑲᐧᓵᓲᓈᔮᐲ. ■ taapaa miyupiyiu nikischikwaasuupiyim aakaa shaapaashkushihk kischikwaasuunaayaapii. ■ *Ma machine à coudre ne marche pas bien parce que le fil n'est pas enroulé assez serré sur la bobine.*

boire

ᒥᓂᐦᐋᐤ **minihaau** vta ◆ il/elle lui donne à boire

ᒥᓂᐦᑳᐧᑎᑎᒼ **minihkwaatitim** vti ◆ il/elle le boit

ᒥᓂᐦᑳᐧᐤ **minihkwaau** vai ◆ il/elle boit

ᒥᓂᐦᑳᐧᐋᐧᒑᐤ **minihkwaawaachaau** vai ◆ il/elle s'en sert pour boire

ᓈᓂᑐᐏᐳᐋᐧᐤ **naanituwipuwaau** vta redup ◆ il/elle va lui chercher quelque chose à boire

ᐐᒋᒥᓂᐦᑳᐧᒫᐤ **wiichiminihkwaamaau** vta ◆ il/elle boit avec lui/elle

ᔮᔮᐳᐋᐧᐤ ***yaayaapuwaau*** vai ◆ il/elle boit quelque chose

ᐊᒋᐋᐧᐳᐏᑭᐦᐊᒧᐋᐧᐤ **achiwaapuwikihamuwaau** vta ◆ il/elle diminue la quantité de liquide en lui donnant à boire

ᑳᐧᔥᑎᑯᐦᑎᒼ **kwaashtikuhtim** vti ◆ il/elle le boit à grand bruit

ᒫᑎᓂᐋᐧᐹᐤ **maatiniwaapaau** vai ◆ il/elle sert à boire

ᒥᓂᐦᐄᐋᐧᐤ **minihiiwaau** vai ◆ il/elle sert, offre à boire

ᒥᓂᐦᑳᐧᒑᐤ **minihkwaachaau** vai ◆ il/elle l'utilise pour boire

ᒥᓂᐦᑳᐧᐅᐱᐤ **minihkwaaupiu** vai ◆ il/elle boit assis-e

ᒧᔥᑖᑭᒥᐦᑎᒼ **mushtaakimihtim** vti ◆ il/elle le boit sec

ᒧᔥᑖᑭᒥᒫᐤ **mushtaakimimaau** vta ◆ il/elle le boit sec, la boit non-diluée

ᓯᔅᒋᑳᐧᑭᒥᐦᑎᒼ **sischikwaakimihtim** vti ◆ il/elle le boit et réalise que c'est très chaud

ᐐᐦᒋᐹᐤ **wiihchipaau** vai ◆ il/elle aime boire de l'alcool

ᐱᔥᑎᐦᑎᒼ **pishtihtim** vti ◆ il/elle mord, mange, boit accidentellement

ᒥᔪᐦᑭᓲ **miyuhkisuu** vai -u ◆ il/elle se sent bien de boire, ça lui fait du bien de boire; c'est bien cuit (animé), il/elle est bien cuit-e

ᐱᔥᑎᒫᐤ **pishtimaau** vta ◆ il/elle le/la mord, mange, boit par accident

bois

ᐅᑎᑖᓯᒄ **utitaasikw** na ◆ une couche de bois difficile à sculpter situé dans l'écorce interne, quelquefois juste sur un côté

ᒥᔥᑎᑰ **mishtikuu** vai -uwi ◆ il/elle est fait-e en bois, c'est du bois (animé)

ᒥᔪᐦᑎᑳᐤ **miyuhtikaau** vii ◆ le bois pour le feu est bon

ᐋᑖᔅᑯᐦᐄᑭᓈᐦᑎᒄ **aataaskuhiikinaahtikw** ni ◆ un loquet en bois

ᐊᑯᑖᐹᓐ **akutaapaan** ni ◆ le crochet de bois attaché au poteau du tipi avec une corde pour suspendre les casseroles

ᐊᑳᐧᔅᑯᐹᓐ **akwaaskupaan** na -im ◆ une pelle à neige en bois

ᐊᐳᔮᐦᑎᒄ **apuyaahtikw** na -um ◆ du bois pour faire une pagaie

ᒋᑭᔑᔥᑳᐦᑎᒄ **chikishishkaahtikw** ni -um ◆ du bois vert

ᑳᑯᒧᐋᐧᑭᓐ **kaakumuwaakin** na -um ◆ du bois pour le feu grignoté par un porc-épic

ᑭᔅᑭᔅᒑᐦᑎᒄ **kiskischaahtikw** na -um ◆ du bois pourri (utilisé pour tanner les peaux)

ᒥᐦᑦ **miht** ni -im ◆ du bois pour le feu

ᒥᓂᐦᐄᑯᐦᑎᒄ **minihiikuhtikw** na -um ◆ une épinette blanche sèche, encore debout; de l'épinette blanche pour bois de chauffage, bois de feu, bois à brûler

ᒥᔥᑎᑯᑭᒥᒄ **mishtikukimikw** ni ◆ un bâtiment, une structure en bois

ᒥᔥᑎᑯᐏᑦ **mishtikuwit** ni ◆ une boîte en bois

ᒥᔥᑎᒁᒥᐦᑳᐧᓐ **mishtikwaamihkwaan** na ◆ une cuillère en bois

ᒥᔅᑎᑯᑭᒥᒄ **mistikukimikw** ni ◆ une maison ou cabane de bois, une hutte

ᓂᐱᑳᐦᑎᒄ **nipikaahtikw** na/ni ◆ une planche en bois

ᐹᐦᑯᐦᑎᒄᐦ **paahkuhtikwh** ni pl ◆ du bois sec

ᐲᐦᑯᑖᑭᓐᐦ **piihkutaakinh** ni pl ◆ des copeaux de bois

ᐲᐅᑭᐦᐄᑭᓐᐦ **piiukihiikinh** ni pl ◆ des copeaux, des éclats de bois obtenus avec une hache

ᐲᐅᐳᒋᑭᓐᐦ **piiupuchikinh** ni pl ◆ des copeaux de bois

ᐲᐅᔅᑭᐦᐄᑖᓐᐦ **piiuskihiitaanh** ni pl ◆ des copeaux de bois obtenus avec une hache

ᐅᑖᐹᓈᔅᒁᐦᑎᒄ **utaapaanaaskwaahtikw** na ◆ du bois pour un traîneau, un toboggan

ᐚᔥᑖᓂᒫᑭᓈᐦᑎᒄ **waashtaanimaakinaahtikw** ni -um ◆ un chandelier en bois

ᐚᐅᔮᐦᑖᑭᓈᐦᑎᒄ **waauyaahtaakinaahtikw** ni -um ◆ un baril en bois

ᐐᐳᔅᑳᔅᒋᐦᑎᒄ **wiipuskaaschihtikw** ni -um ◆ un arbre brûlé, du bois d'un feu de forêt

ᐐᔅᒌᐦᑎᒄ **wiischiihtikw** ni -u ◆ du bois pourri

ᒫᒁᔮᐦᑎᒄ **maakwaayaahtikw** p,lieu ◆ au fond des bois ■ ᒫᒁᔮᐦᑎᒄ ᐊᓂᑖᐦ ᒌᐦ ᒋᒥᑖᐏᒡ ᐅᒥᐦᑐᑳᓂᐚᐤ. ■ maakwaayaahtikw anitaah chiih chimitaawich umihtukaaniwaau. ■ *Ils ont construit leur hutte d'hiver au fond des bois.*

ᓈᐅᐦᑎᒡ **naauhtich** p,quantité ◆ quatre morceaux de bois

ᓃᔓᐦᑎᒡ **niishuhtich** p,quantité ◆ deux morceaux de bois

bois

ᓃᔓᒥᐦᑎᑳᓐᐦ niishumihtikaanh p,quantité ◆ deux cordes de bois

ᓂᔥᑐᐦᑎᒡ nishtuhtich p,quantité ◆ trois morceaux de bois

ᐱᑯᑎᐢᑭᒥᒡ pikutiskimich p,lieu ◆ au fond des bois ■ ᐊᓂᑖᐦ ᓂᑎᐑ ᐱᑯᑎᐢᑭᒥᒡ ᐋᑯᑎᐦ ᑳ ᐙᐱᒫᑦ ᐊᓂᔮᐦ ᐋᐦ ᒥᐢᑳᓯᓈᑯᓯᔩᐦ ᒥᔥᑎᒄᐦ. ■ anitaah nitiwii pikutiskimich aakutih kaa waapimaat aniyaah aah miskaasinaakusiyich-h mishtikwh. ■ *C'est au fond des bois qu'elle/il a vu un arbre bizarre.*

ᐊᒁᐱᐦᑎᐙᐦᑎᓐ akwaapihtiwaahtin vii ◆ le bois ne brûle pas bien et nous enfume

ᐊᔥᒋᑭᐦᐊᒻ ashchikiham vti ◆ il/elle le coupe sur quelque chose en bois

ᐊᐢᑖᐢᑯᐦᐄᒑᐤ astaaskuhiichaau vai ◆ il/elle les maintient contre du bois

ᐊᐢᑖᐢᑯᐦᐙᐤ astaaskuhwaau vta ◆ il/elle le/la maintient contre quelque chose en bois

ᐊᐢᑖᐢᑯᓈᐤ astaaskunaau vta ◆ il/elle le/la maintient contre quelque chose en bois

ᐊᐢᑖᐢᑯᓂᒻ astaaskunim vti ◆ il/elle le maintient contre quelque chose (de long et rigide)

ᒌᓂᐦᑎᒋᓯᐤ chiinihtichisiu vai ◆ il/elle est pointu-e (bois utile)

ᒌᔥᒋᐳᒋᒑᐤ chiishchipuchichaau vai ◆ il/elle scie du bois

ᒋᓄᐦᑎᑳᐤ chinuhtikaau vii ◆ c'est un long morceau de bois de chauffage

ᐄᑖᒥᑎᐦᑯᓂᐆ iitaamitihkuniuu vai -iwi ◆ il y a des noeuds dans le bois à l'intérieur de l'arbre

ᐃᔥᒁᔥᒑᐅᒋᓂᒻ ishkwaashchaauchinim vti ◆ il/elle rassemble le bois qui n'est pas brûlé dans le feu

ᑯᐃᐢᑯᐦᑎᒋᓯᐤ kuiskuhtichisiu vai ◆ il/elle est droit-e (ex. bois)

ᑯᐃᐢᑯᐦᑎᑳᐤ kuiskuhtikaau vii ◆ le bois est bien droit

ᑯᑖᐙᐢᑯᐦᐊᒻ kutaawaaskuham vti ◆ il/elle va dans le bois

ᑯᑎᐙᑭᓂᐦᒑᐤ kutiwaakinihchaau vai ◆ il/elle fait du petit bois pour allumer le feu

ᒫᐦᐄᑯᔥᑖᐤ maahiikushtaau vta ◆ il/elle n'empile pas le bois correctement ce qui pourrait porter malchance à la chasse

ᒫᔥᑎᐦᒋᓲ maashtihchisuu vai -u ◆ il/elle utilise tout son bois pour le feu

ᒥᐦᑎᐆ mihtiuu vii -iwi ◆ c'est du bois pour le feu, du bois de chauffage

ᒥᔩᒧᐎᐦᑎᒋᓯᐤ miyimuwihtichisiu vai ◆ il/elle est humide (bois)

ᒥᔩᒧᐎᐦᑎᑳᐤ miyimuwihtikaau vii ◆ le bois est humide

ᒥᔪᐦᑎᑭᑎᓐᐦ miyuhtikitinh vii pl ◆ le bois pour le feu se fend facilement quand il est gelé

ᒥᔪᑳᐢᑯᓐ miyukaaskun vii ◆ c'est (du bois) mou

ᒥᔪᑳᐢᑯᓯᐤ miyukaaskusiu vai ◆ il est mou, elle est molle (bois)

ᒥᐧᔮᐢᒁᔮᐤ miywaaskwaayaau vii ◆ il y a beaucoup de bois pour différents usages

ᓈᑣᑭᐦᐄᒑᐤ naatwaakihiichaau vai ◆ il/elle fend du bois

ᓃᔓᐦᑎᑳᐤᐦ niishuhtikaauh vii pl ◆ il y a deux morceaux de bois pour le feu

ᓂᑯᐦᑖᐤ nikuhtaau vai ◆ il/elle fend du bois

ᓂᐱᒋᐢᑎᑰ nipichistikuu vii -uwi ◆ il y a un plancher en bois dedans

ᓂᐱᑖᔥᑭᓈᐤ nipitaashkinaau vai ◆ il n'a qu'un seul bois (se dit de sa ramure)

ᓂᔥᑎᐎᓵᐅᒋᓂᒻ nishtiwisaauchinim vti ◆ il/elle met les bouts pas encore brûlés du bois dans le feu

ᐹᐦᑯᐦᑎᑳᐤ paahkuhtikaau vii ◆ le bois est sec

ᐲᐦᑯᑖᒑᐤ piihkutaachaau vai ◆ il/elle créé des copeaux de bois avec son rabot ou son couteau croche

ᐲᐦᑎᐙᐢᑯᐦᑎᓐ piihtiwaaskuhtin vii ◆ le bois (ex. le grain du bois) est en couches

ᐲᑯᑎᐆ piikutiuu vii -iwi ◆ c'est du bois pourri

ᐲᑯᑎᐎᐦᑎᑰ piikutiwihtikuu vai -uwi ◆ c'est du bois pourri (animé)

ᐲᑯᑎᐎᐦᑎᑰ piikutiwihtikuu vii -uwi ◆ c'est du bois pourri

ᐲᒥᐦᑎᒋᓯᐤ piimihtichisiu vai ◆ il/elle (bois) est tordu

ᐲᒥᐦᑎᑳᐤ piimihtikaau vii ◆ le bois est tordu

ᐲᐅᑭᐦᐄᒑᐤ piiukihiichaau vai ◆ il/elle fait des copeaux de bois

ᐱᑯᓈᐦᑎᒋᓯᐤ pikunaahtichisiu vai ◆ il/elle (en bois) a un trou dedans

ᐱᑯᓈᐦᑎᑳᐤ pikunaahtikaau vii ◆ c'est un morceau de bois troué

ᐱᓯᐦᐊᒻ pisiham vti ◆ il/elle coupe du bois pour ça

ᐴᓂᒻ puunim vti ◆ il/elle ajoute du bois sur le feu

ᔖᐻᐢᑯᐱᔨᐦᑖᐤ shaapwaaskupiyihtaau vai ◆ il/elle le fait traverser (filiforme) quelque chose en bois

ᑖᐦᑖᔥᑯᔥᑖᐤ taahtaashkushtaau vai ◆ il/elle le charge sur quelque chose en bois

ᑖᐢᒋᐦᑎᒋᓯᐤ taaschihtichisiu vai ◆ il/elle (bois) est fendu

ᑖᐢᒋᐦᑎᑳᐤ taaschihtikaau vii ◆ le bois est fendu

ᑖᔥᑭᐦᐊᒻ taashkiham vti ◆ il/elle le fend (bois)

ᑖᔥᑭᐦᐄᒑᐤ taashkihiichaau vai ◆ il/elle fend du bois

ᑎᐎᑭᐦᐄᒑᐤ tiwikihiichaau vai ◆ il/elle défriche le bois

ᐅᑖᒫᔥᑯᔑᓐ utaamaashkushin vai ◆ il/elle heurte quelque chose en bois

ᐙᐱᐦᑎᒋᓯᐤ waapihtichisiu vai ◆ il est blanc, elle est blanche (se dit de bois utile)

ᐧᐋᐱᐦᑎᑳᐤ waapihtikaau vii ◆ c'est du bois blanc (se dit de bois utile)

ᐋᔥᑭᓐ aashkin na ◆ les bois (de cervidés), la ramure

ᐊᑭᐦᒌ akihchii ni ◆ un crochet de bois ou de métal pour suspendre les casseroles au-dessus du feu

ᐊᓵᒫᐦᑎᒄ asaamaahtikw na -um ◆ le bois utilisé pour les cadres de raquettes

ᐊᔅᐹᑭᐦᐄᑭᓐ aspaakihiikin ni ◆ un morceau de bois le long du bord extérieur du canot, du papier carbone

ᐄᑖᒫᐦᑎᑯᐱᒋᐤ iitaamaahtikupichiu na -iim ◆ de la sève d'arbre, de la gomme liquide dans le bois

ᑳᑯᐦᑎᒄᐦ kaakuhtikwh ni pl ◆ du bois spécialement utilisé pour flamber le porc-épic

ᑯᑎᐧᐋᑭᓐᐦ kutiwaakinh ni pl ◆ du petit bois, du bois d'allumage

ᑯᑎᐧᐋᑭᓂᐦᑎᒄ kutiwaakinihtikw ni ◆ du petit bois, du bois d'allumage

ᐹᔅᒑᒧᐧᐋᑭᓈᐦᑎᒄ paaschaamuwaakinaahtikw ni ◆ un morceau de bois creux utilisé pour sécher le sang du caribou

ᐅᑖᑭᐧᐋᐳᐦᐧᑳᐧᐃᓂᑭᓐᐦ utaakiwaapuhkwaawinikinh ni pl ◆ une ramure de caribou qui tombe un peu

ᐅᑖᑯᐦᐧᑳᐧᐃᓂᑭᓐᐦ utaakuhkwaawinikinh ni pl ◆ une ramure de caribou qui tombe un peu

ᐅᑖᔥᑭᓐᐦ utaashkinh nad ◆ ses bois, sa ramure

ᐧᐋᒋᓈᑭᓂᐦᑎᒄ waachinaakinihtikw ni ◆ du bois de mélèze séché

ᐧᐄᓵᐦᑖᐤ wiisaahtaau ni -m ◆ du bois mort (n'importe quel arbre) qui a été piqué par un pic-bois

ᔮᔮᐦᑎᒄ yaayaahtikw p,lieu ◆ à la lisière du bois, de la forêt ■ ᐊᓂᑎᐦ ᔮᔮᐦᑎᒄ ᐋᑯᑎᐦ ᑲ ᐱᒥᒧᒡ ᒋᔖᔮᑯᒫᔅᑭᓂᐤ᙮ ■ anitih yaayaahtikw aakutih kaa pimimuch chishaayaakumaaskiniu. ■ *Il y avait un sentier d'ours à la lisière de la forêt.*

ᒑᒋᔖᐹᐦᐄᑯᐦᑖᐤ chaachishaapaahiikuhtaau vai ◆ il/elle ramasse du bois pour le feu tôt le matin

ᒋᒥᐦᐄᒑᐤ chimihiichaau vai ◆ il/elle fend ou coupe du bois

ᐄᔅᑯᐦᑎᑳᐤ iiskuhtikaau vii ◆ le bois mesure...(par ex. 1m)

ᐧᑳᑎᐱᓵᐅᒋᐱᔨᐤ kwaatipisaauchipiyiu vii ◆ le morceau de bois dans le feu roule et tombe

ᒥᐦᒋᐹᒥᒌᐤ mihchipaamichiiu vai ◆ c'est un bois au grain large

ᒥᓯᐦᑎᒋᓯᐤ misihtichisiu vai ◆ ce morceau de bois est grand

ᓈᓂᑑᑭᔅᒑᐦᑎᐧᑳᐤ naanituukischaahtikwaau vai redup ◆ il/elle va chercher du bois pourri pour fumer les peaux

ᓂᔥᑎᐧᐃᔖᐅᑭᐦᐊᒼ nishtiwishaaukiham vti ◆ il/elle rassemble les bouts de bois pas encore brûlés

ᓅᑖᐦᑎᐧᑳᐤ nuutaahtikwaau vai ◆ il/elle fait de la coupe de bois, bûche

ᐱᐦᑯᑖᐅᐦᑎᑳᐤ pihkutaauhtikaau vii ◆ il y a des cendres sur le sol, le bois

ᐲᐦᑖᐦᐊᒼ piihtaaham vti ◆ il/elle jette du bois de chauffage à l'intérieur

ᐱᓯᐦᐊᐧᑳᔅᑯᐹᓈᐤ pisihakwaaskupaanaau vta ◆ il/elle coupe du bois pour une pelle à neige

ᐱᓯᐦᐊᒥᐦᐧᑳᓈᐤ pisihamihkwaanaau vta ◆ il/elle coupe du bois pour fabriquer une cuillère en bois

ᐱᓯᐦᐊᐳᔮᐤ pisihapuyaau vta ◆ il/elle coupe du bois pour des pagaies

ᐱᓯᐦᐊᔥᑐᔨᐤ pisihashtuyiu vai ◆ il/elle coupe du bois pour un canot

ᐱᓯᐦᐄᒑᐤ pisihiichaau vai ◆ il/elle coupe du bois pour fabriquer des outils de chasse

ᐱᓯᐦᐄᓵᒫᐤ pisihiisaamaau vai ◆ il/elle coupe du bois pour des raquettes

ᐱᓯᐦᐄᑖᐹᓈᔅᐧᑳᐤ pisihiitaapaanaaskwaau vai ◆ il/elle cherche du bois pour un toboggan ou un traîneau

ᔑᐦᐧᑖᔥᑭᓈᐤ shihtwaashkinaau vai ◆ il/elle a les bois droits

ᓰᐦᑖᔅᐧᑳᔮᐤ siihtaaskwaayaau vii ◆ les bois sont denses, la forêt est dense

ᓰᐱᔅᒋᐦᑎᑳᐤ siipischihtikaau vii ◆ c'est difficile de fendre le bois

ᓯᑳᔅᐧᑳᔮᐤ sikaaskwaayaau vii ◆ c'est dense avec du bois, des saules

ᑖᐦᑖᔅᑯᐱᔨᐤ taahtaaskupiyiu vai ◆ il/elle se déplace ou tombe sur le bois

ᑖᐦᑖᔅᑯᐱᔨᐤ taahtaaskupiyiu vii ◆ ça se déplace ou tombe sur le bois

ᐧᐋᐹᔥᑯᔑᓐ waapaashkushin vai ◆ il/elle est repoussé-e en arrière en frappant du bois, il/elle rebondit sur du bois

ᐊᔅᐱᐦᐱᒋᑭᓐ aspihpichikin ni ◆ un morceau de bois pour protéger la lame d'un couteau croche

ᐧᐃᓂᔅᑯᐦᑎᒄ winiskuhtikw ni -um ◆ le sommet de l'arbre, le bout du morceau de bois

ᑳᔅᐱᐦᐄᑯᐦᑖᐤ kaaspihiikuhtaau vai ◆ il/elle fend du bois et le son du bois indique qu'il fait extrêmement froid

ᐧᐋᒋᓂᒥᔅᑯᐦᑐᔮᐤ waachinimiskuhtuyaau vai ◆ il/elle courbe du saule, de jeunes arbres pour fabriquer un cadre pour faire sécher la peau de castor

ᐊᔥᑐᐧᐃᓵᒫᐦᑎᑯᒡ ashtuwisaamaahtikuch na pl -um ◆ du bois coupé pour les cadres de raquettes au printemps et gardé sous terre jusqu'à l'automne

ᐱᓯᐦᐊᔒᐹᐦᑖᑭᓈᐤ pisihashiipaahtaakinaau vta ◆ il/elle coupe du bois pour fabriquer un cadre ou une forme pour étendre les peaux

bois d'allumage
ᑯᑎᐙᑭᓐᐦ kutiwaakinh ni pl ◆ du petit bois, du bois d'allumage

ᑯᑎᐙᑭᓂᐦᑎᒄ kutiwaakinihtikw ni ◆ du petit bois, du bois d'allumage

bois de bouleau
ᐎᔅᑯᐃᔮᐦᑎᒄ wishkuiyaahtikw ni ◆ du bois de bouleau

bois de chauffage
ᐊᑯᔅᒑᐅᒋᓂᒼ akuschaauchinim vti ◆ il/elle appuie un morceau de bois qui brûle contre quelque chose, contre un tas de bois de chauffage

bois de coeur
ᐅᑯᔑᔑᒫᐙᐦᑎᒄ ukushishimaawaahtikw ni -um ◆ du bois parfait, du bois de coeur

bois flotté
ᐊᒁᐦᐏᓂᐦᑎᒄ akwaahwinihtikw ni -im ◆ du bois flotté

bois parfait
ᐅᑯᔑᔑᒫᐙᐦᑎᒄ ukushishimaawaahtikw ni -um ◆ du bois parfait, du bois de coeur

bois sec
ᐐᐦᐱᐦᑎᒋᓯᐤ wiihpihtichisiu vai ◆ il/elle (ex. bois sec) est creux

boisé
ᒥᓈᔅᑯᑎᓈᐤ minaaskutinaau vii ◆ c'est une montagne boisée

ᒥᔅᒑᒁᐦᑎᑯᔅᑳᐤ mischaakwaahtikuskaau vii ◆ c'est un boisé dans un marécage

ᒥᔥᑎᑰ mishtikuu vii -uwi ◆ c'est boisé, c'est une île boisée

ᒥᔥᑎᒁᔅᒋᓂᑳᐤ mishtikwaaschinikaau vii ◆ c'est une île boisée

ᓈᔮᔅᒁᔮᐤ naayaaskwaayaau vii ◆ c'est une pointe boisée

ᐱᓵᔅᒁᔮᐤ pisaaskwaayaau vii ◆ c'est un passage, un défilé boisé

ᐅᐹᔅᒁᔮᐤ upaaskwaayaau vii ◆ c'est un défilé boisé

ᒫᒥᐦᑳᔅᒁᔮᐤ maamihkaaskwaayaau vii ◆ c'est une aire boisée avec de grands arbres

ᐲᐦᑖᔅᒁᔮᐤ piihtaaskwaayaau vii ◆ c'est une aire boisée longue à traverser

boisée
ᐱᔅᒁᔅᒁᔮᐤ piskwaaskwaayaau vii ◆ c'est une élévation boisée

boisson
ᒥᔥᑭᐙᑭᒥᐤ mishkiwaakimiu vii ◆ c'est une boisson forte, un liquide fort

ᓂᔥᑤᑭᒥᐤ nishtwaakimiu vii ◆ c'est une boisson riche

ᒥᓂᐦᒁᐎᓐ minihkwaawin ni ◆ l'alcoolisme, l'abus d'alcool, la boisson (au sens négatif)

boîte
ᒥᔥᑎᑯᐎᑦ mishtikuwit ni ◆ une boîte en bois

ᐹᔨᑯᐎᑦ paayikuwit ni ◆ une boîte, un carton

boîte de conserve
ᔒᑯᐎᑖᐦᒋᐳᐎᓐ shiikuwitaahchipuwin ni ◆ des boîtes de conserve vides

boîte en papier
ᒥᓯᓂᐦᐄᑭᓈᒋᓂᐎᑦ misinihiikinaachiniwit ni ◆ du carton, une boîte en papier

boiter
ᒫᔅᒋᐱᔨᐤ maaschipiyiu vai ◆ il/elle boite

ᐅᒫᔅᒋᑳᑖᓐ umaaschikaataan nid ◆ sa jambe boiteuse

ᒫᔅᒋᓯᐤ maaschisiu vai ◆ il/elle est difforme, a une malformation, il/elle boite

bol
ᔔᑳᐅᐎᑦ shuukaauwit ni ◆ un bol de sucre, de l'anglais 'sugar'

bomber
ᐊᐦᒑᐱᐦᒁᐦᑎᑖᐤ ahchaapihkwaahtitaau vai ◆ il/elle le fait se gonfler, bomber en appuyant quelque chose dessus

ᒨᐦᑳᔅᑭᒋᐤ muuhkaaskichiu vai ◆ il/elle bombe, se renfle à cause du liquide gelé qu'il/elle contient

bon
ᒥᔂᐹᑭᓐ miywaapaakin vii ◆ c'est bon (filiforme)

ᒥᔂᐤ miywaau vii ◆ c'est bon, bien

ᒋᔥᑖᐱᒋᐦᐋᐤ chishtaapichihaau vta ◆ il/elle fait bon usage de lui/d'elle

ᒥᔪᐦᐋᐤ miyuhaau vta ◆ il/elle le/la fait bien; il/elle en fait un bon, une bonne, un beau, une belle ▪ ᓈᔥᒡ ᐋᐦ ᒌᐦ ᒥᔪᐦᐋᑦ ᐊᓵᒼᐦ ᑳ ᐅᔑᐦᐋᑦ. ▪ naashch aah chiih miyuhaat asaamh kaa ushihaat. ▪ *Il fabrique une bonne paire de raquettes.*

ᒥᔪᒫᑯᐦᐋᐤ miyumaakuhaau vta ◆ il/elle le/la fait sentir bon

ᒥᔪᒫᑯᐦᐄᓲ miyumaakuhiisuu vai reflex -u ◆ il/elle se fait sentir bon, il/elle se parfume

ᒥᔪᒫᑯᐦᑖᐤ miyumaakuhtaau vai ◆ il/elle le fait sentir bon

ᒥᔪᒫᑯᓐ miyumaakun vii ◆ ça sent bon

ᒥᔪᒫᑯᓯᐤ miyumaakusiu vai ◆ il/elle sent bon

ᒥᔪᒫᔥᑖᐤ miyumaashtaau vii ◆ ça sent bon quand ça cuit, quand ça brûle

ᒥᔪᒥᔮᐤ miyumiyaau vta ◆ il/elle lui donne quelque chose d'utile, de bon

ᒥᔪᒨ miyumuu vii -u ◆ c'est un bon sentier, une bonne route

ᒥᔪᓯᐤ miyusiu vai ◆ il/elle est bon/bonne, utile

ᒥᔪᔅᐱᑯᓐ miyuspikun vii ◆ ça a bon goût

ᒥᔪᔅᐱᑯᓯᐤ miyuspikusiu vai ◆ il/elle a bon goût, goûte bon

ᒥᔪᑐᑖᒥᒫᐤ miyututaamimaau vta ◆ il/elle est en bons termes avec lui/elle

ᒥᔪᑐᑎᐙᐤ miyututiwaau vta ◆ il est bon, elle est bonne avec lui/elle; il/elle le/la traite bien

ᒥᔂᒋᒨ miywaachimuu vai -u ◆ il/elle annonce de bonnes nouvelles

ᒥᔂᐹᒋᓯᐤ miywaapaachisiu vai ◆ il/elle est bon/bonne, utile (filiforme)

ᓂᐦᐄᑎᓐ **nihiitin** vii ◆ c'est un bon vent; il y en a juste assez et il souffle dans la bonne direction

ᓂᔑᔥᑤᐤ **nishishtwaau** vii ◆ ça a bon goût

ᓂᔥᑐᓰᐤ **nishtusiiu** vai ◆ il/elle a bon goût

ᐱᐹᐙᐤ **pipaawaau** vai ◆ il/elle est de bon augure

ᐑᐦᑳᑭᒥᐤ **wiihkaakimiu** vii ◆ ça a bon goût

ᒥᔪᒧᐦᑖᐤ **miyumuhtaau** vai ◆ il/elle crée un bon chemin, le met correctement

ᒥᔪᔑᔑᐤ **miyushishiu** vai ◆ il est bon, beau; elle est bonne, belle; il/elle est joli-e; il/elle est bon/bonne à l'usage (se dit d'une peau d'orignal ou d'un certain type d'arbre)

ᒥᔼᒋᒧᔥᑎᐙᐤ **miywaachimushtiwaau** vta ◆ il/elle lui donne de bonnes nouvelles

ᒥᔼᔑᐤ **miywaashiu** vii ◆ c'est bon, beau, joli, agréable, utile, bien fait

ᓂᔥᑐᐦᑭᐙᐤ **nishtuhkiwaau** vai ◆ le poisson a bon goût

ᓂᔥᑐᑭᓈᐤ **nishtukinaau** vai ◆ ses os ont bon goût

ᒥᔪᒫᒫᐤ **miyumaamaau** vta ◆ il/elle aime son odeur

ᒥᔪᒫᓲ **miyumaasuu** vai -u ◆ il/elle sent bon en cuisant, en brûlant

ᒥᔪᒫᓵᐙᐤ **miyumaasaawaau** vai ◆ l'odeur de sa cuisine, de sa pipe, de son tabac, de sa cigarette sent bon

bonbon

ᓰᐅᑏᐢ **siiutiis** ni -im ◆ un bonbon, de l'anglais 'sweeties'

bondir

ᐎᔨᐑᒀᔥᑯᐦᑎᐤ **wiyiwiikwaashkuhtiu** vai ◆ il/elle bondit hors de quelque chose

ᒀᔥᑯᐦᑎᑎᒼ **kwaashkuhtitim** vti ◆ il/elle bondit sur quelque chose

ᒥᐦᑭᐦᑯᔮᓂᒼ **mihkihkuyaanim** vti ◆ il/elle fait bondir les flammes en ajoutant du carburant

ᐋᔓᐎᒀᔥᒁᐱᔨᐦᐆ ***aashuwikwaashkwaapiyihuu*** vai -u ◆ il/elle traverse en bondissant d'un endroit à l'autre

bonheur

ᒫᒦᐙᓯᐤ **maamiiwaasiu** vai ◆ il/elle exprime son bonheur, sa gratitude, sa reconnaissance

bonjour

ᐙᒋᔮᐦ **waachiyaah** p,interjection ◆ bonjour, salut (expression utilisée pour saluer quelqu'un, de l'anglais 'what cheer') ▪ ᐙᒋᔮᐦ, ᓂᒥᔼᔨᐦᑖᓐ ᒦᓐ ᐋᐦ ᐙᐱᒥᑖᓐ᙮ ▪ waachiyaah, nimiywaayihtaan miin aah waapimitaan. ▪ *Bonjour, je suis content de te revoir.*

bonne prise

ᓱᐦᑭᓐ **suhkin** vii ◆ ça a une bonne prise (ex. un piège)

bonne vue

ᐙᒥᓈᑯᓐ **waaminaakun** vii ◆ c'est une bonne vue, on y voit loin à l'horizon

bonnet

ᓂᐹᐅᔥᑐᑎᓐ **nipaaushtutin** ni ◆ un bonnet de nuit

bonnet de nuit

ᓂᐹᐅᔥᑐᑎᓐ **nipaaushtutin** ni ◆ un bonnet de nuit

bord

ᓂᒥᑖᐤ **nimitaau** p,lieu ◆ au bord de quelque chose ▪ ᓂᒥᑖᐤ ᓈᑖᐦ ᐃᔥᑯᑖᐦᒡ ᐄᐢᐱᔨᐅᐦ ᒑ ᐊᐅᓱᔨᓐ᙮ ▪ nimitaau naataah ishkutaahch iispiyiuh chaa ausuyin. ▪ *Approche-toi du feu pour te réchauffer.*

ᔮᔮᐙᔮᐱᐦᒑᐦᑎᓐ **yaayaawaayaapihchaahtin** vii ◆ c'est là le long du bord (filiforme)

ᐱᑐᑖ **pitutaa** p,lieu ◆ à côté de, au bord de ▪ ᐊᓂᑖᐦ ᐱᑐᑖ ᒫᐢᑭᓈᐦᒡ ᐋᑯᑖᐦ ᑳ ᒥᐢᑭᐙᑦ ᐊᓂᔮᐦ ᔫᔮᓈᐱᔥᑯᔥᐦ᙮ ▪ anitaah pitutaa maaskinaahch aakutaah kaa miskiwaat aniyaah shuuyaanaapishkushh. ▪ *Elle a trouvé la pièce au bord de la route.*

ᔮᔮᐱᐢᒡ **yaayaapisch** p,lieu ◆ au bord d'un rocher ▪ ᐊᓂᑎᐦ ᔮᔮᐱᐢᒡ ᐋᑯᑎᐦ ᑳ ᑤᐦᐅᑦ ᑯᓯᒫᓵᐤ᙮ ▪ anitih yaayaapisch aakutih kaa twaahut kusimaasaau. ▪ *Le balbuzard pêcheur atterrit au bord du rocher.*

ᐃᐢᒀᒥᑖᐅᐦᑳᐤ **iskwaamitaauhkaau** vii ◆ c'est le bord du rivage, de la berge (d'une étendue d'eau)

ᑳᔖᐤ **kaashaau** vii ◆ ça un bord tranchant

ᒥᑖᐹᔮᐤ **mitaapaayaau** vii ◆ c'est au bord d'une étendue d'eau

ᓈᔮᑭᓐ **naayaakin** vii ◆ c'est une pointe au bord de quelque chose d'étalé

ᐹᐦᑎᐙᔥᑭᒼ **paahtiwaashkim** vti ◆ il/elle marche sur le bord d'une rivière ou d'une route

ᓵᐦᒁᔮᐤ ***saahkwaayaau*** vii ◆ c'est évasé, ça a un bord

ᓵᐢᒋᔑᓐ ***saaschishin*** vai ◆ il/elle est couché-e tout près du bord

ᐙᐢᑳᔥᑎᐦᐊᑎᒼ **waaskaashtihatim** vti ◆ il/elle y coud un bord

ᐙᐢᑳᑎᓐ **waaskaatin** vii ◆ il y a de la glace le long du bord d'une étendue d'eau

ᔮᔮᐙᓯᒁᐤ ***yaayaawaasikwaau*** vii ◆ il y a de la glace le long du bord de l'eau

ᔮᔮᐙᔮᐹᑭᒧᐦᑖᐤ ***yaayaawaayaapaakimuhtaau*** vai ◆ il/elle l'enfile (filiforme) le long du bord

ᔮᔮᐙᔮᐹᑭᒨ ***yaayaawaayaapaakimuu*** vii -u ◆ c'est enfilé le long du bord (filiforme)

ᔮᔮᐙᔮᐱᐦᒑᔑᓐ ***yaayaawaayaapihchaashin*** vai ◆ il/elle est étendu-e le long du bord

ᔮᔨᐱᐦᑖᐤ ***yaayipihtaau*** vai ◆ il/elle court le long du bord

ᐙᐢᑳᔮᐹᔑᑭᓐ **waaskaayaapaashikin** ni ◆ une bande découpée autour du bord de la peau, de la fourrure

ᒌᑭᐦᒡ **chiikihch** p,lieu ◆ près du bord intérieur d'un tipi ▪ ᓈᔥᒡ ᐊᓂᑖᐦ ᒌᑭᐦᒡ ᐋᑯᑖᐦ ᑳ ᐱᒋᐢᑎᓈᑦ ᐊᓂᔮᐦ ᐅᒋᔖᔮᑯᐱᒦᒼᐦ᙮ ▪ naashch anitaah chiikihch aakutaah kaa pichistinaat aniyaah uchishaayaakupimiimh. ▪ *Elle/il a mis sa graisse d'ours près du bord intérieur du tipi.*

ᐄᑖᒫᐦᑎᑯᐱᔑᒫᐤ iitaamaahtikupishimaau vai ◆ il/elle met de la ficelle sur le bord de la raquette en passant par le trou à l'intérieur du cadre

ᓈᓯᐹᐦᑎᑖᐤ naasipaahtitaau vai ◆ il/elle l'emporte jusqu'au bord de l'eau

ᐚᔖᐚᑎᓐ waashaawaatin vii ◆ le bord de la baie est gelé

ᐚᔅᑳᔮᐹᔑᒼ waaskaayaapaashim vti ◆ il/elle coupe les bords de la peau, de la fourrure

ᐑᐦᒁᓯᒁᐤ wiihkwaasikwaau vii ◆ c'est le bord de la glace, c'est tout couvert de glace

ᔮᔮᐱᔅᑭᐦᐊᒼ yaayaapiskiham vti ◆ il/elle marche sur le bord du rocher

ᓈᐅᐦᑳᐤ naauhkaau vii ◆ il y a une pointe au bord de la colline, de la montagne

ᐚᐦᐄᑖᐅᐦᒌᐤ waahiitaauhchiiu vii ◆ la glace se brise sur les bords d'une étendue d'eau

bord (à)

ᐴᔑᒋᔑᐦᐊᒼ puushichishiham vti ◆ il/elle l'envoie à bord

bord de l'eau

ᐋᔅᑯᐹᔮᐨ aaskupaayaach p,lieu ◆ le bord de l'eau ▪ ᐋᔅᑯᐹᔮᔨᐨ ᐋᑯᑎᐦ ᑳ ᒋᔥᑖᐹᐅᑖᐟ ᐅᑎᔅᒋᐦᒄ. ▪ aaskupaayaayich aakutih kaa chishtaapaautaat utischihkw. ▪ *Il a lavé sa casserole au bord de l'eau.*

ᒋᓯᐹᑯᐦᒡ chisipaakuhch p,lieu ◆ au bord de l'eau (dans l'eau) ▪ ᒋᓯᐹᑯᐦᒡ ᒌᐦ ᐊᑯᐦᒋᒫᐤ ᐊᓂᔮᐦ ᐅᒨᓱᔮᓐᐦ. ▪ chisipaakuhch chiih akuhchimaau aniyaah umuusuyaanh. ▪ *Il faisait tremper ses peaux d'orignal au bord de l'eau.*

ᔑᔓᑎᐹᐨ shishutipaach p,lieu ◆ au bord de l'eau (dans l'eau) ▪ ᓈᑎᐦ ᔑᔓᑎᐹᐨ ᐋᑯᑎᐦ ᑳ ᓅᒋᔥᑖᐟ ᓂᐲᔨᐤ. ▪ naatih shishutipaach aakutih kaa nuuchishtaat nipiiiyiu. ▪ *Elle/Il a joué dans l'eau près du rivage.*

ᒥᑖᐹᐦᑎᑖᐤ mitaapaahtitaau vai ◆ il/elle arrive à l'eau avec, l'apporte au bord de l'eau

ᓈᓯᐹᑎᒥᐦᒡ naasipaatimihch p,lieu ◆ au bord de l'eau, près de l'eau ▪ ᓈᔥᒡ ᐋᐦ ᒥᐦᒑᑎᒡ ᒋᔮᔥᑯᒡ ᓈᑖᐦ ᓈᓯᐹᑎᒥᐦᒡ. ▪ naashch aah mihchaatich chiyaashkuch naataah naasipaatimihch. ▪ *Il y a beaucoup de mouettes au bord de l'eau.*

bord extérieur

ᓂᔮᐅᑖᔥᑎᒡ niyaautaashtich p,lieu ◆ endroit situé entre le bord extérieur d'une habitation et son foyer ▪ ᐊᑎᑎᐤ ᓈᑎᐦ ᓂᔮᐅᑖᔥᑎᒡ ᐱᐦᑯᓂᒋᔥᒁᐦ. ▪ atitiu naatih niyaautaashtich pihkunichishkwaah. ▪ *Dépiaute les rats musqués plus près du centre!*

border

ᐲᐦᑎᑳᒥᑭᓐ piihtikaamikin vii ◆ deux grandes étendues de terre ferme bordent cette étendue d'eau

bordure

ᐱᔑᒫᓐ pishimaan ni ◆ la cordelette de bordure à laquelle se tisse le reste de la raquette

boréale

ᒥᔥᑖᐱᒫᒄ mishtaapimaakw na -um ◆ une baleine boréale *Balaena mysticetus*

ᒥᔥᑖᐱᒫᑯᔑᔥ mishtaapimaakushish na -um ◆ une jeune baleine boréale *Balaena mysticetus*

bosquet

ᔖᐙᔥᑯᔥᑭᒼ shaapwaashkushkim vti ◆ il/elle traverse un bosquet

bosse

ᐊᐦᒑᔮᒋᔑᓐ ahchaayaachishin vai ◆ il/elle fait une bosse quand il/elle est couvert avec quelque chose (étalé)

ᐱᐹᔅᒁᐤ pipaaskwaau vii redup ◆ il y a des bosses

ᐱᔅᑯᓯᐤ piskusiu vai ◆ il/elle a une bosse

ᐱᔅᒁᐤ piskwaau vii ◆ ça a une bosse, fait une bosse

ᐱᐹᔅᑯᔅᑭᒥᑳᐤ pipaaskuskimikaau vii redup ◆ c'est un sol plein de bosses

ᐱᐹᔅᒁᑯᓂᑳᐤ pipaaskwaakunikaau vii redup ◆ c'est de le neige pleine de bosses

ᐱᐹᔅᒁᐅᐦᑳᐤ pipaaskwaauhkaau vii redup ◆ c'est du sable plein de bosses

ᐱᔅᑯᓯᒁᐤ piskusikwaau vii ◆ il y a une bosse sur la glace

ᐱᔅᑯᔅᑎᐦᒑᐤ piskustihchaau vii ◆ c'est une élévation, le terrain forme une bosse

ᐱᔅᑯᑖᐅᑭᐦᐚᐤ piskutaaukihwaau vta ◆ il/elle le/la frappe et lui fait un grosse bosse

ᐱᔅᒁᑯᓂᑳᐤ piskwaakunikaau vii ◆ c'est une bosse dans la neige

ᐱᐹᔅᑯᓯᐤ pipaaskusiu vai redup ◆ il/elle a des bosses, des rondeurs, des bourrelets

ᐱᔅᑯᔅᒑᑳᐤ piskuschaakaau vii ◆ c'est une bosse, une élévation dans le muskeg

bosses

ᐱᐹᔅᑯᔅᒋᐏᑳᐤ pipaaskuschiwikaau vii redup ◆ il y a des bosses boueuses par ici

bossu

ᐚᒋᐱᔅᑯᓈᐤ waachipiskunaau vai ◆ il/elle est bossu-e

ᐚᒋᐱᔅᑯᓈᐱᐤ waachipiskunaapiu vai ◆ il/elle est assis-e tout bossu

botte

ᐄᔅᒌᒫᐅᐋᔅᒋᓯᓐᐦ iischiimaauaschisinh ni pl ◆ des bottes en peau de phoque

ᑳᒥᒦᐅᒁᑖᔑᒡᐦ kaamimiiukwaataashichh nip pl ◆ des bottes en peau de phoque

ᐴᐦᒋᔥᑳᑭᓐᐦ puuhchishkaakinh ni pl ◆ des bottes en peau de phoque courtes

ᐅᐲᔽᐅᑳᐟᐦ upiiywaaukaat-h ni pl ◆ des bottes en peau de phoque avec le poil laissé sur la partie qui couvre les jambes

ᐚᐱᒫᑯᔮᓂᔅᒋᓯᓐᐦ waapimaakuyaanischisinh na ◆ des bottes en peau de baleine

ᐊᓯᐦᐱᑖᐤ asihpitaau vta ◆ il/elle les attache ensemble, en botte ou en bouquet

ᐊᓯᐦᐱᑎᒼ asihpitim vti ◆ il/elle les attache ensemble, en botte ou en bouquet

ᒥᐢᒋᓯᓂᐆ mischisiniuu vai -iwi ◆ c'est (animé) la partie de la peau de phoque utilisée pour faire des bottes
ᑳᐙᐱᓯᑖᐙᔮᒡᐦ kaawaapisitaawaayaachh nip pl ◆ des bottes en peau de phoque avec des semelles légèrement colorées
ᒥᐢᒋᓯᓈᒋᓐᐦ mischisinaachinh ni pl ◆ des semelles découpées pour faire des bottes en peau de phoque
ᒥᐢᒋᓯᓐᐦ mischisinh ni pl ◆ des chaussures, des bottes, des mocassins
ᐹᔨᑯᒥᓂᐦᐱᐦᓱᐎᒡ paayikuminihpihsuwich na pl ◆ une botte d'oies attachées les unes aux autres par le cou
ᐊᓯᓈᐤ asinaau vta ◆ il/elle les tient en botte dans sa main, en prend une poignée
ᐱᐳᓂᐢᒋᓯᓐᐦ pipunischisinh ni pl ◆ des bottes, chaussures, mocassins d'hiver
ᐹᔨᑯᒥᓂᐢᑳᐤ paayikuminiskaau vii ◆ il y a une botte, un paquet, une liasse, un fagot
ᐲᐦᑎᐏᑳᑎᒼ piihtiwikwaatim vti ◆ il/elle coud des bottes en peau de phoque de façon à les rendre imperméable
ᐅᔥᑭᐢᒋᓈᐤ ushkischinaau vai ◆ il/elle a des bottes neuves, des chaussures neuves, des mocassins neufs

bottes

ᐋᐦᒋᒁᐢᒋᓯᓐᐦ aahchikwaaschisinh ni pl ◆ des bottes en peau de phoque
ᐊᐅᔥᑖᐢᑯᐦᐊᒻ aushtaaskuham vti ◆ il/elle assouplit et étirer des bottes de peau de phoque avec un bâton

bouche

ᐅᑐᓐ utun nid ◆ sa bouche
ᓯᐢᑭᒨ siskimuu vai -u ◆ il/elle le met dans sa bouche
ᓯᐢᑭᒧᔮᐤ siskimuyaau vta ◆ il/elle met quelque chose dans sa bouche
ᐲᐦᒋᑯᓈᐤ piihchikunaau p,lieu ◆ dans la bouche ▪ ᓈᐦᐋᐤ ᒌᐦ ᐲᐦᒋᑯᓈᐙᐱᑖᐤ ᐊᓂᔮ ᒦᓂᔑᔨᐅ. ▪ naahaau chiih piihchikunaawaapitaau aniyaa miinishiyiu. ▪ *Il/Elle jeta la baie directement dans sa bouche.*
ᐋᐳᐎᑖᐦᑎᒼ aapuwitaahtim vti ◆ il/elle le fait dégeler dans sa bouche
ᒌᔥᐳᑯᓈᐙᔥᑯᔨᐤ chiishpukunaawaashkuyiu vai ◆ il/elle a la bouche pleine
ᒋᐳᑐᓈᐦᐱᓲ chiputunaahpisuu vai -u ◆ il/elle a quelque chose qui lui couvre la bouche
ᒋᐳᑐᓈᓈᐤ chiputunaanaau vta ◆ il/elle couvre la bouche de quelqu'un avec la main
ᒋᔥᑖᐹᐅᒋᑯᓈᐙᐤ chishtaapaauchikunaawaau vai ◆ il/elle se rince la bouche
ᓂᑐᑯᓈᐙᓈᐤ nitukunaawaanaau vta ◆ il/elle tâte l'intérieur de sa bouche avec ses doigts
ᓂᑐᑯᓈᐙᐱᑖᐤ nitukunaawaapitaau vta ◆ il/elle tâte l'intérieur de sa bouche avec ses doigts
ᐹᐦᑯᑯᓈᐙᐤ paahkukunaawaau vai ◆ sa bouche est sèche
ᐲᐦᒋᑯᓈᐙᐱᑖᐤ piihchikunaawaapitaau vta ◆ il/elle le/la jette dans la bouche de quelqu'un
ᐲᐦᒋᑯᓈᐙᔥᑳᑰ piihchikunaawaashkaakuu vai -u ◆ il/elle rentre dans sa bouche
ᐲᔥᑖᐅᑖᒨ piishtaautaamuu vai -u ◆ il/elle mousse à la bouche
ᐴᐦᑎᑎᑖᐅᓈᓈᐤ puuhtititaaunaanaau vta ◆ il/elle met ses doigts dans la bouche de quelqu'un d'autre
ᑖᐅᑎᐤ taautiu vai ◆ il/elle ouvre la bouche
ᑖᐅᑐᓈᓈᐤ taautunaanaau vta ◆ il/elle garde la bouche ouverte
ᑖᐅᑐᓈᔨᐤ taautunaayiu vai ◆ il/elle ouvre la bouche
ᐋᐳᐎᑖᒫᐤ aapuwitaamaau vta ◆ il/elle le/la réchauffe, le/la fait dégeler avec sa bouche
ᒋᐳᑐᓈᐦᐱᑏᓲ chiputunaahpitiisuu vai reflex -u ◆ il/elle attache quelque chose pour couvrir sa propre bouche
ᒋᐳᑐᓈᓃᓲ chiputunaaniisuu vai reflex -u ◆ il/elle se couvre la bouche avec la main
ᐴᐦᑎᑖᐅᓈᔮᐢᑯᐦᐙᐤ puuhtitaaunaayaaskuhwaau vta ◆ il/elle lui met un bâton dans la bouche, dans la gueule
ᐴᐦᑎᑎᑖᐅᓈᓃᓲ puuhtititaaunaaniisuu vai reflex -u ◆ il/elle se met le doigt, la main dans la bouche
ᔑᔑᑯᑖᐅᓈᐦᐙᐤ shishikutaaunaahwaau vta ◆ il/elle lui donne un coup dans la bouche ou la gueule avec quelque chose
ᑖᐅᑐᓈᐦᒁᒨ taautunaahkwaamuu vai -u ◆ il/elle dort la bouche ouverte
ᑖᐅᑐᓈᐦᐱᓲ taautunaahpisuu vai -u ◆ le lièvre est pris au collet autour de la bouche
ᑎᐦᑯᐦᑎᒼ tihkuhtim vti ◆ il/elle le tient dans ses dents, dans sa bouche
ᑎᐦᑯᒫᐤ tihkumaau vta ◆ il/elle le/la tient dans ses dents, dans sa bouche
ᑑᒥᔥᒀᒋᐴ tuumishkwaachipuu vai -u ◆ il/elle a le menton graisseux et la bouche graisseuse d'avoir mangé de la nourriture grasse

bouché

ᒋᐹᐃᒁᐤ chipaaikwaau vai ◆ son nez est bouché
ᒋᐳᓯᐤ chipusiu vai ◆ il/elle est bouché-e ou bloqué-e
ᒋᐙᔨᒁᐤ chipwaayikwaau vai ◆ il/elle a le nez bouché
ᑭᒑᐱᐦᑖᐱᔨᐤ kichaapihtaapiyiu vai ◆ il/elle a les oreilles bouchées

bouchée

ᓯᐢᑭᒧᓈᓐ siskimunaan ni ◆ une bouchée
ᐱᐦᒀᐦᑎᒼ pihkwaahtim vti ◆ il/elle en prend une bouchée
ᐱᐦᒀᒫᐤ pihkwaamaau vta ◆ il/elle en mange une bouchée

ᓯᐢᑭᒧᔑᐤ siskimushiu vai ◆ il/elle en prend une petite bouchée

boucher

ᓰᐦᑎᐧᐃᐦᐄᑭᓐ siihtiwihiikin ni ◆ de quoi boucher les fentes

ᐋᑯᔥᑭᐧᐋᐤ aakushkiwaau vta ◆ il/elle lui bouche la vue

ᑭᒑᐱᐦᑖᐦᐆ kichaapihtaahuu vai -u ◆ il/elle se bouche les oreilles avec quelque chose

ᒋᐧᐹᐱᐦᒑᐱᔨᐤ chipwaapihchaapiyiu vii ◆ c'est refermé (ex. la maille de la raquette), le tuyau est bouché

bouchon

ᒋᐱᐦᐄᑭᓐ chipihiikin ni ◆ un couvercle, un capuchon, un bouchon ■ ᑖᐹ ᒧᔮᒥᐦᑎᓐ ᐊᓐ ᒋᐱᐦᐄᑭᓐ. ■ taapaa muyaamihtin an chipihiikin. ■ *Ce capuchon ne va pas bien.*

boucle

ᐧᐋᐅᔮᔮᐹᒋᓈᐤ waauyaayaapaachinaau vta ◆ il/elle forme une boucle avec lui/elle (filiforme)

ᐧᐋᐅᔮᔮᐹᒋᓂᒼ waauyaayaapaachinim vti ◆ il/elle forme une boucle avec ça (filiforme)

ᑖᐱᔖᐦᐅᓐ taapishaahun na ◆ une boucle d'oreille

ᒌᔑᐱᑎᒼ chiishipitim vti ◆ il/elle le fait glisser dans une boucle en tirant

ᐧᐃᔮᐱᐦᒑᓂᒼ wiyaapihchaanim vti ◆ il/elle en fait une boucle pour un piège

ᑖᐱᑯᐦᐧᐋᐤ taapikuhwaau vta ◆ il/elle le prend au collet, l'attrape (ex. une perdrix) avec une boucle de fil de fer sur un bâton

ᑑᐦᑳᐱᐦᒑᓈᐤ tuuhkaapihchaanaau vta ◆ il/elle en tient une boucle ouverte

ᑑᐦᑳᐱᐦᒑᓂᒼ tuuhkaapihchaanim vti ◆ il/elle en tient une boucle ouverte

ᑖᐱᓯᑯᓈᐤ taapisikunaau vta ◆ il/elle passe son doigt ou sa main dans l'anneau, dans la boucle de quelque chose (animé)

ᑖᐱᓯᑯᓂᒼ taapisikunim vti ◆ il/elle passe son doigt ou sa main dans l'anneau, dans la boucle de quelque chose (ex. une ficelle)

boucler

ᓂᓂᑭᐧᐋᐱᔨᐦᑖᐤ ninikiwaapiyihtaau vai redup ◆ il/elle le frise, le fait boucler

ᑎᐱᐱᔨᐤ tipipiyiu vii ◆ c'est rempli, la boucle est bouclée

boue

ᓯᐢᒌᐅᐦᐋᐤ sischiiuhaau vta ◆ il/elle met de la boue sur lui/elle avec les mains

ᓯᐢᒌᐅᐦᑖᐤ sischiiuhtaau vai ◆ il/elle le rend boueux, le salit de boue involontairement

ᓯᐢᒌᐅᓈᐤ sischiiunaau vta ◆ il/elle met de la boue sur lui/elle avec les mains

ᓯᐢᒌᐅᓂᒼ sischiiunim vti ◆ il/elle met de la boue dessus avec ses mains

ᓯᐢᒌᐧᐋᐢᑯᓂᒼ sischiiwaaskunim vti ◆ il/elle met de la boue dessus (long et rigide) avec les mains

ᓯᓱᐢᒋᐧᐃᑭᐦᐊᒼ sisuschiwikiham vti ◆ il/elle met de la boue dessus

ᓯᓱᐢᒋᐧᐃᑭᐦᐧᐋᐤ sisuschiwikihwaau vta ◆ il/elle met de la boue sur lui/elle

ᓯᐢᒋᐤ sischiu ni -iim ◆ de la boue, de l'argile

ᒌᐢᒋᐧᐃᑳᐤ chiischiwikaau vii ◆ la boue est lisse, glissante

ᒌᔥᒋᐧᐃᒋᔑᓐ chiishchiwichishin vai ◆ il/elle glisse sur la boue

ᒋᑭᒧᐢᒋᐧᐋᐤ chikimuschiwaau vai ◆ il/elle est embourbé-e

ᒋᐢᑖᐅᐢᒋᐧᐋᐱᔨᐤ chistaauschiwaapiyiu vii ◆ ça sombre dans la boue

ᑯᐃᔑᐧᐃᐢᒋᐧᐃᑳᐤ kuishiwischiwikaau vii ◆ c'est une fine bande de boue

ᑯᑖᐅᐢᒋᐧᐋᐱᔨᐤ kutaauschiwaapiyiu vai ◆ il/elle s'enfonce dans la boue

ᑯᑖᐅᐢᒋᐧᐃᒋᓈᐤ kutaauschiwichinaau vta ◆ il/elle le pousse dans la boue à la main

ᑯᑖᐅᐢᒋᐧᐃᒋᓂᒼ kutaauschiwichinim vti ◆ il/elle le pousse dans la boue à la main

ᑯᑖᐅᐢᒋᐧᐃᒋᔑᓐ kutaauschiwichishin vai ◆ il/elle s'enfonce dans la boue

ᒥᐢᑭᐧᐃᐢᒋᐧᐃᑳᐤ miskiwischiwikaau vii ◆ c'est de la boue durcie

ᒥᔪᒋᐢᒋᐧᐃᑳᐤ miyuchischiwikaau vii ◆ c'est de la boue molle

ᐱᐦᐧᑳᐢᒋᐧᐃᒋᓈᐤ pihkwaaschiwichinaau vta ◆ il/elle prend un morceau de boue dans la main

ᐱᐦᐧᑳᐢᒋᐧᐃᒋᓂᒼ pihkwaaschiwichinim vti ◆ il/elle marche en accumulant de la boue sur ses chaussures

ᐱᓯᐢᒋᐧᐃᑳᐤ pisischiwikaau vii ◆ c'est une tranchée dans la boue

ᔓᐢᒋᐧᐃᒋᓈᐤ shuschiwichinaau vta ◆ il/elle frotte de la boue dessus (animé, étalé)

ᔓᐢᒋᐧᐃᒋᓂᒼ shuschiwichinim vti ◆ il/elle frotte de la boue dessus

ᓯᐢᒌᐅᐦᑎᓐ sischiiuhtin vii ◆ ça se recouvre de boue en tombant, en touchant quelque chose

ᓯᐢᒌᐅᔑᓐ sischiiushin vai ◆ il/elle se fait recouvrir de boue en tombant sur ou en touchant quelque chose de boueux

ᓯᐢᒌᐅᑎᐧᐋᐤ sischiiutiwaau vai ◆ sa fourrure est boueuse

ᐱᐦᐧᑳᐢᒋᐧᐃᑭᐦᐊᒼ pihkwaaschiwikiham vti ◆ il/elle en coupe un morceau (de boue)

ᐱᒥᐢᒋᐧᐃᑳᐤ pimischiwikaau vii ◆ c'est une ligne de boue ou d'argile

ᔑᔓᐢᒋᐧᐃᒋᓈᐤ shishuschiwichinaau vta redup ◆ il/elle le/la frotte avec de la boue, de l'argile

ᐧᐋᐱᐢᒋᐧᐃᒋᓯᐤ waapischiwichisiu vai ◆ c'est de la boue blanche, de l'argile blanche

ᐧᐃᔨᐱᐢᒋᐧᐃᒋᓯᐤ wiyipischiwichisiu vai ◆ il/elle est en boue noire, en argile noire

ᐧᐃᔨᐱᐢᒋᐧᐃᑳᐤ wiyipischiwikaau vii ◆ c'est de la boue noire, de l'argile noire

bouée

ᐋᐦᒋᑯᐦᑳᓐ *aahchikuhkaan* na ◆ une bouée (balise navale), un phoque gonflé, un phoque empaillé

ᐊᔥᐱᒋᑯᐹᓐᐦ *ashpichikupaanh* ni pl ◆ des fils pour les bouées et les plombs

boueuse

ᐙᔨᔅᒋᐧᐃᑳᐤ *waayischiwikaau* vii ◆ c'est une tranchée dans une zone boueuse

boueuses

ᐱᐹᔅᑯᔅᒋᐧᐃᑳᐤ *pipaaskuschiwikaau* vii redup ◆ il y a des bosses boueuses par ici

boueux

ᓯᔅᒌᐆ *sischiiuu* vai -iiwi ◆ il est boueux, elle est boueuse

ᓯᔅᒌᐆ *sischiiuu* vii -iiwi ◆ c'est boueux

ᒋᒧᔅᒋᐧᐃᑳᐤ *chimuschiwikaau* vii ◆ c'est un endroit humide et boueux

ᓈᔅᒋᐧᐃᑳᐤ *naaschiwikaau* vii ◆ c'est une pointe boueuse

ᓯᔅᒌᐙᑭᒥᐤ *sischiiwaakimiu* vii ◆ l'eau est boueuse

ᐙᔑᐦᐄᔅᒋᐧᐃᑳᐤ *waashihiischiwikaau* vii ◆ c'est boueux autour du bord de la pointe

ᓯᔅᒌᐙᒥᔅᑳᐤ *sischiiwaamiskaau* vii ◆ l'étendue d'eau à un fond boueux

bouger

ᐋᐦᒌᐤ *aahchiiu* vai ◆ il/elle bouge

ᐋᐦᒋᐱᔨᐦᐋᐤ *aahchipiyihaau* vta ◆ il/elle le/la bouge, le/la déplace

ᐋᐦᒋᐱᔨᐦᑖᐤ *aahchipiyihtaau* vai ◆ il/elle le fait bouger

ᐋᐦᒋᐱᔨᐤ *aahchipiyiu* vai ◆ il/elle bouge tout-e seul-e

ᐋᐦᒋᐱᔨᐤ *aahchipiyiu* vii ◆ ça bouge, ça se déplace

ᐋᐦᑖᔅᑯᐱᔨᐤ *aahtaaskupiyiu* vai ◆ il/elle (long, en bois) bouge

ᐋᐦᑖᔅᑯᐱᔨᐤ *aahtaaskupiyiu* vii ◆ ça (long, en bois) bouge

ᐋᐦᑎᐦᐊᒼ *aahtiham* vti ◆ il/elle le bouge avec quelque chose

ᐋᐦᑎᐦᐙᐤ *aahtihwaau* vta ◆ il/elle le/la bouge avec quelque chose

ᐄᔅᐱᔨᐦᐆ *iispiyihuu* vai -u ◆ il/elle bouge son corps

ᐋᐦᒋᑳᐴ *aahchikaapuu* vai -uwi ◆ il/elle se déplace debout

ᐋᐦᑖᑭᒥᐱᔨᐤ *aahtaakimipiyiu* vii ◆ un liquide bouge

ᐋᐦᑎᐦᐋᐤ *aahtihaau* vta ◆ il/elle le/la bouge, le/la déplace

ᐋᐦᑎᔅᒁᓈᐤ *aahtiskwaanaau* vta ◆ il/elle lui bouge la tête

ᐋᐦᑎᔅᒁᔨᐤ *aahtiskwaayiu* vai ◆ il/elle bouge la tête

ᐋᐹᐄᐤ *aapaawiiu* vai ◆ il/elle se réchauffe en bougeant

ᐊᔨᒥᑐᓈᔨᐤ *ayimitunaayiu* vai ◆ il/elle bouge ses lèvres comme si il/elle parlait

ᐃᔮᐦᑎᐱᐤ *iyaahtipiu* vai ◆ il/elle s'arrête de temps en temps, bouge de temps à autre

ᐃᔮᔥᑎᐙᔅᑯᐱᔨᐤ *iyaashtiwaaskupiyiu* vai ◆ on le/la voit bouger parmi les arbres

ᒥᒫᐦᒋᑯᔥᑭᒼ *mimaahchikushkim* vti ◆ il/elle l'empêche de bouger avec son pied ou son corps

ᒥᒫᐦᒋᑯᔥᑭᐙᐤ *mimaahchikushkiwaau* vta ◆ il/elle l'empêche de bouger avec son pied ou son corps

ᒥᐧᔮᑭᒥᐱᔨᐤ *miywaakimipiyiu* vii ◆ l'eau bouge tout doucement

ᐲᒋᒋᑭᓈᐱᔨᐤ *piichichikinaapiyiu* vai ◆ il/elle se détache et se met à bouger

ᐲᒋᒋᑭᓈᐱᔨᐤ *piichichikinaapiyiu* vii ◆ ça se détache et se met à bouger

ᐲᒋᒋᐱᔨᐤ *piichichipiyiu* vai ◆ il/elle est détaché-e, bouge de temps en temps

ᐲᒋᒋᐱᔨᐤ *piichichipiyiu* vii ◆ c'est détaché, ça bouge de temps en temps

ᐲᒋᔥᑎᓂᒼ *piichishtinim* vti ◆ il/elle le bouge lentement mais progressivement

ᔓᐧᐃᓂᒼ *shuwinim* vti ◆ il/elle peut le bouger ou le casser à la main

ᔓᐧᐃᔥᑭᒼ *shuwishkim* vti ◆ il/elle réussit à le casser, à le bouger avec son pied ou son corps

ᔓᐧᐃᔥᑭᐙᐤ *shuwishkiwaau* vta ◆ il/elle réussit à le/la casser, à le/la bouger avec son pied ou son corps

ᐙᐙᑳᐱᐦᒑᐱᔨᐦᐆ *waawaakaapihchaapiyihuu* vai redup -u ◆ ça bouge en se tortillant (ex. serpent)

ᔮᔮᐦᒌᒥᑭᓐ *yaayaahchiimikin* vii ◆ ça bouge, remue

ᔮᔮᐦᒌᐤ *yaayaahchiiu* vai redup ◆ il/elle bouge, remue

ᔮᔮᐦᒋᐱᑖᐤ *yaayaahchipitaau* vta ◆ il/elle le/la remue, le/la bouge

ᔮᔮᐦᒋᐱᑎᒼ *yaayaahchipitim* vti ◆ il/elle le remue, le bouge

ᔮᔮᐦᒋᐱᔨᐤ *yaayaahchipiyiu* vai redup ◆ il/elle bouge, remue tout-e seul-e

ᔮᔮᐦᒋᐱᔨᐤ *yaayaahchipiyiu* vii ◆ ça bouge, remue

ᐋᐦᑎᔥᑭᐙᐤ *aahtishkiwaau* vta ◆ il/elle change de vêtements, il/elle le bouge avec son pied ou son corps

ᐄᔅᐱᔨᐦᑖᐤ *iispiyihtaau* vai ◆ il/elle le fait marcher, bouger, l'emporte en véhicule

ᓂᒋᐱᔨᐤ *nichipiyiu* vai ◆ il/elle arrête de bouger, ne sort pas en douceur

ᓂᐧᐃᑎᐦᐙᐤ *niwitihwaau* vta ◆ il/elle lui tire dessus quand il/elle bouge, passe en volant

ᐧᐃᔫᔑᐙᔮᔥᑎᓐ *wiyuushiwaayaashtin* vii ◆ le feu bouge avec la brise

ᐃᔅᐱᔨᐤ *ispiyiu* vii ◆ ça bouge, va quelque part, arrive, se passe

ᐅᓯᐱᐱᔨᐤ usipipiyiu vai ◆ l'eau bouge à cause de l'activité d'un castor, d'un rat musqué ou d'une loutre

bougie

ᑳᐱᒦᐧᐋᔅᑯᐦᒡ kaapimiiwaaskuhch nip ◆ une bougie de cire

ᐃᔥᑯᑖᐤ ishkutaau ni -aam ◆ une pile, du feu, une bougie (de véhicule) ▪ ᐹᔨᒄ ᐃᔥᑯᑖᐤ ᐋᐱᑎᓐ ᐊᓂᑎᐦ ᓂᐲᓯᒧᐦᑳᓂᒥᐦᒡ᙮ ▪ paayikw ishkutaau aapitin anitih nipiisimuhkaanimihch. ▪ *Ma montre fonctionne avec une pile.*

ᐧᐋᔥᑖᓂᒫᑭᓐ waashtaanimaakin ni ◆ une lampe, une lumière, une bougie

bouillie

ᐊᔫᒥᓈᐳᐃ ayuuminaapui ni -m ◆ du gruau, de la bouillie d'avoine

bouillir

ᒋᑳᒋᐧᐃᓯᒼ chikaachiwisim vti ◆ il/elle le fait bouillir en y ajoutant quelque chose

ᐄᐦᑳᒋᐧᐃᐦᑖᐤ iihkaachiwihtaau vii ◆ le liquide réduit par ébullition

ᐄᐦᑭᓯᐹᓯᒼ iihkisipaasim vti ◆ il/elle le fait bouillir jusqu'à ce qu'il ne reste que le gras

ᐱᑳᐦᐋᐤ pikaahaau vta ◆ il/elle le/la cuit en le/la faisant bouillir

ᐱᑳᐦᑖᐤ pikaahtaau vai+o ◆ il/elle le cuit en le faisant bouillir

ᐅᐦᑖᐤ uhtaau vii ◆ ça bout

ᐅᓲ usuu vai -u ◆ il/elle bout

ᐅᐧᓵᐤ uswaau vta ◆ il/elle le/la fait bouillir

ᐋᒫᒋᐧᐃᐦᑖᐤ aamaachiwihtaau vii ◆ ça bout et ça déborde

ᐋᒫᒋᐧᐃᓲ aamaachiwisuu vai -u ◆ il/elle bout et déborde

ᐄᑖᒋᐧᐃᐦᑖᐤ iitaachiwihtaau vii ◆ ça bout pendant un certain temps ▪ ᓃᐧᔂᐤ ᑭᔮᐦ ᒫᒃ ᒦᓐ ᐋᐱᐦᑎᐤ ᐋᐦ ᒌᓂᐧᑳᓂᐦᑖᑦ ᐄᑖᒋᐧᐃᐦᑖᐤᐦ ᐊᓂᐦᐄ ᐅᔅᑭᓐᐦ᙮ ▪ niishwaau kiyaah maak miin aapihtiu aah chiinikwaanihtaat iitaachiwihtaauh anihii uskinh. ▪ *Ça fait deux heures et demi que les os bouillent.*

ᐧᑳᔥᐧᑳᔥᐧᑳᔮᒋᐧᐃᐦᑖᐤ kwaashkwaashkwaayaachiwihtaau vii redup ◆ ça bout et ça déborde

ᐧᑳᔥᐧᑳᔥᐧᑳᔮᒋᐧᐃᓲ kwaashkwaashkwaayaachiwisuu vai redup -u ◆ il/elle bout et remonte à la surface (par ex. des beignets)

ᒫᔥᑖᒋᐧᐃᐦᑖᐤ maashtaachiwihtaau vii ◆ ça bout, s'évapore complètement

ᒥᔑᑯᐦᒋᒫᐤ mishikuhchimaau vta ◆ il/elle le/la fait bouillir entier/entière

ᒥᓯᐧᐋᔮᒋᐧᐃᓯᒼ misiwaayaachiwisim vti ◆ il/elle le fait bouillir entier

ᒥᓯᐧᐋᔮᒋᐧᐃᐧᓵᐤ misiwaayaachiwiswaau vta ◆ il/elle le/la fait bouillir entier

ᐹᐦᐧᑳᒋᐧᐃᐦᑖᐤ paahkwaachiwihtaau vii ◆ ça réduit par ébullition

ᐹᐦᐧᑳᒋᐧᐃᓯᒼ paahkwaachiwisim vti ◆ il/elle le réduit par ébullition

ᐹᐦᐧᑳᒋᐧᐃᓲ paahkwaachiwisuu vai -u ◆ il/elle se réduit par ébullition

ᐹᐦᐧᑳᒋᐧᐃᐧᓵᐤ paahkwaachiwiswaau vta ◆ il/elle le/la fait réduire par ébullition

ᐹᐦᐧᑳᐱᓯᔅᒋᓯᒼ paahkwaapisischisim vti ◆ il/elle le sèche (minéral) sous l'effet de la chaleur, le fait réduire par ébullition

ᐹᔥᑖᒋᐧᐃᐦᑖᐤ paashtaachiwihtaau vii ◆ ça déborde

ᐹᔥᑖᒋᐧᐃᓲ paashtaachiwisuu vai -u ◆ il/elle bout et déborde

ᐱᐦᔮᐧᑳᒋᐧᐃᐦᑖᐤ pihyaakwaachiwihtaau vii ◆ ça épaissit en bouillant

ᐱᐦᔮᐧᑳᒋᐧᐃᓲ pihyaakwaachiwisuu vai -u ◆ il/elle épaissit en bouillant

ᑖᐹᒋᐧᐃᓯᒼ taapaachiwisim vti ◆ il/elle le refait bouillir, le rebouillit

ᑖᐹᒋᐧᐃᐧᓵᐤ taapaachiwiswaau vta ◆ il/elle le/la refait bouillir, le/la rebouillit

ᑖᔥᑳᒋᐧᐃᓲ taashkaachiwisuu vai -u ◆ il/elle se fend par ébullition

ᐅᓵᐧᑳᐤ usaakwaau vta ◆ il/elle cuit le porc-épic en le faisant bouillir

ᐅᓵᐱᒫᐧᑳᐤ usaapimaakwaau vai ◆ il/elle fait bouillir de la viande de baleine

ᐅᓵᐧᐋᐤ usaawaau vai ◆ il/elle fait bouillir des oeufs

ᐅᔖᔑᐹᐤ ushaashipaau vai ◆ il/elle cuit des canards en les faisant bouillir

ᐅᓯᒋᔖᔮᐧᑳᐤ usichishaayaakwaau vai ◆ il/elle fait bouillir de la viande d'ours

ᐅᓯᒫᓵᐤ usimaasaau vai ◆ il/elle fait bouillir du poisson

ᐅᓯᒥᔅᐧᑳᐤ usimiskwaau vai ◆ il/elle cuit le castor en le faisant bouillir

ᐹᐦᑳᔮᒋᐧᐃᐦᑖᐤ paahkaayaachiwihtaau vii ◆ ça éclate et s'ouvre par ébullition

ᐹᐦᑳᔮᒋᐧᐃᓲ paahkaayaachiwisuu vai -u ◆ il/elle éclate et s'ouvre par ébullition

ᐲᔥᑖᐧᐋᒋᐧᐃᐦᑖᐤ piishtaawaachiwihtaau vii ◆ ça bout pour former de l'écume, de la mousse

ᐅᓵᐦᒋᐧᑳᐤ usaahchikwaau vta ◆ il/elle cuit le phoque, la loutre en le/la faisant bouillir

ᐅᓯᑭᓈᐤ usikinaau vai ◆ il/elle fait bouillir des os pour le bouillon

bouilloire

ᑏᐅᔅᒋᐦᒄ tiiuschihkw ni ◆ une bouilloire

ᐊᔅᒋᐦᒄ aschihkw ni ◆ une bouilloire, un seau

ᔒᔒᐱᔅᒋᐦᒄ shiishiipischihkw ni ◆ une bouilloire munie d'un bec verseur courbé, une marmite pour cuire le canard

ᐲᐦᑖᔅᒋᐦᐧᑳᔑᓐ piihtaaschihkwaashin vai ◆ il/elle est dans une bouilloire, dans un pot

bouillon

ᒨᔥᑭᒦᐦᒑᐤ muushkimiihchaau vai ◆ il/elle fait du bouillon

ᒨᔥᑭᒥᔮᒋᐧᐃᓯᒼ muushkimiyaachiwisim vti ◆ il/elle fait du bouillon avec quelque chose

ᒨᔥᑭᒥᔮᒋᐧᐃᓲ muushkimiyaachiwisuu vai -u
◆ c'est du bouillon fait de la cuisson de viande ou de poisson
ᒨᔥᑭᒥᔮᒋᐧᐃᔐᐤ muushkimiyaachiwiswaau vai
◆ il/elle fait du bouillon avec
ᐋᐦᒋᐧᑳᐳᐃ aahchikwaapui ni ◆ du bouillon de phoque
ᐊᒥᐢᐧᑳᐳᐃ amiskwaapui ni ◆ du bouillon de castor
ᐊᑎᐦᐧᑳᐳᐃ atihkwaapui ni ◆ du bouillon de caribou
ᒋᔖᔮᐧᑳᐳᐃ chishaayaakwaapui ni ◆ du bouillon d'ours
ᑳᐧᑳᐳᐃ kaakwaapui ni ◆ du bouillon de porc-épic
ᒥᐦᒑᔑᐧᐋᐳᐃ mihchaashiwaapui ni ◆ du bouillon de renard
ᒥᔥᑎᑯᐦᔮᐧᐋᐳᐃ mishtikuhyaawaapui ni ◆ du bouillon de tétras
ᒨᔥᑭᒦ muushkimii ni -m ◆ du bouillon, de la sauce
ᒨᔂᐳᐃ muuswaapui ni ◆ du bouillon d'orignal
ᒫᐧᑳᐳᐃ mwaakwaapui ni ◆ du bouillon de huard
ᓂᒋᐧᑳᐳᐃ nichikwaapui ni ◆ du bouillon de loutre
ᓂᒫᐧᐋᐳᐃ nimaawaapui ni -uum ◆ du bouillon d'esturgeon
ᓂᐢᑳᐳᐃ niskaapui ni ◆ du bouillon d'oie
ᐱᐦᐧᑳᔑᑭᓈᐳᐃ pihkwaashikinaapui ni -m ◆ du bouillon épaissi avec de la farine
ᐱᔑᐧᐋᐳᐃ pishiwaapui ni ◆ du bouillon de lynx
ᐱᔮᐧᐋᐳᐃ piyaawaapui ni -m ◆ du bouillon de lagopède
ᔒᔒᐹᐳᐃ shiishiipaapui ni ◆ du bouillon de canard
ᐅᓯᑭᓈᐳᐃ usikinaapui ni ◆ du bouillon d'os bouillis
ᐧᐋᐦᑯᓈᐳᐃ waahkunaapui ni ◆ du bouillon de lichen, de la soupe de lichen
ᐧᐋᐱᐦᔮᐧᐋᐳᐃ waapihyaawaapui ni ◆ du bouillon de lagopède des saules
ᐧᐃᒋᔥᐧᑳᐳᐃ wichishkwaapui ni -im ◆ du bouillon de rat musqué
ᐊᐦᒑᐤ ahchaau vai ◆ il/elle casse des os pour faire du bouillon
ᐱᒥᓵᐧᐋᐤ pimisaawaau vai ◆ il/elle a de la graisse à la surface de son bouillon
ᐱᔑᔥᑖᑯᓈᐦᑭᐦᑎᒼ pishishtaakunaahkihtim vti
◆ il/elle ajoute de la neige à la casserole pour refroidir le bouillon
ᓵᓵᐳᐧᐋᑎᒼ saasaapuwaatim vti ◆ il/elle ajoute de la graisse au bouillon fait de sang de caribou, au bouillon de duodénum de lagopède
ᐅᑳᐦᑳᒋᐧᐋᐳᐃ ukaahkaachiwaapui ni -um ◆ du bouillon fait de duodénum de lagopède
ᐅᑯᓂᐦᐧᑳᐳᐃ ukuunihkwaapui ni -um ◆ du bouillon fait de neige aspergée de sang de caribou
ᐅᔥᑎᐧᑳᓈᐳᐃ ushtikwaanaapui ni ◆ du bouillon de têtes de poisson
ᐧᐄᑐᔮᐳᐃ wiituyaapui ni ◆ du bouillon fait des glandes du castor situées sous le castoreum
ᐱᐦᐧᑳᔑᑭᓈᐳᐦᒑᐤ pihkwaashikinaapuhchaau vai
◆ il/elle fait du bouillon épaissi avec de la farine
ᐲᐧᑳᑭᒥᐅ piikwaakimiu vii ◆ le bouillon est épais et riche
ᐅᓯᑭᓈᐤ usikinaau vai ◆ il/elle fait bouillir des os pour le bouillon
ᐱᒥᑖᐤ pimitaau vii ◆ il y a de la graisse qui flotte à la surface du bouillon de viande ou de poisson
ᐱᐢᑯᑎᐧᐋᓵᐧᐋᓈᐳᐃ piskutiwaasaawaanaapui ni
◆ du bouillon obtenu en cuisant des têtes et des ailes d'oie plumée

bouillon de brochet
ᒋᓄᔑᐧᐋᐳᐃ chinushaawaapui ni ◆ du bouillon de brochet

bouillon de doré
ᐅᑳᐧᐋᐳᐃ ukaawaapui ni -um ◆ du bouillon de doré jaune

bouillon de lièvre
ᐧᐋᐳᔕᐳᐃ waapushwaapui ni -im ◆ du bouillon de lièvre

bouillon de meunier
ᓂᒫᐲᐧᐋᐳᐃ nimaapiiwaapui ni ◆ du bouillon de meunier, de carpe, de goujon

bouillon de poisson
ᓂᒫᓵᐳᐃ nimaasaapui ni -m ◆ du bouillon de poisson

bouillon de rogue
ᐧᐋᐦᐧᑳᐳᐃ waahkwaapui ni ◆ du bouillon de rogue

bouillon de truite
ᑯᑭᒫᐧᐋᐳᐃ kukimaawaapui ni ◆ du bouillon de truite grise, de touladi
ᒫᓯᒫᑯᓵᐳᐃ maasimaakusaapui ni ◆ du bouillon de truite mouchetée, d'omble de fontaine

bouillonner
ᒫᒨᔥᒋᐦᑭᐧᐋᒋᐧᐃᓐ maamushchihkiwaachiwin vii
◆ l'eau bouillonne par en dessous

boulanger
ᐲᔂᔮᐃᐦᑯᓈᐦᒑᓯᐅ piiswaayaaihkunaahchaasiu na -iim ◆ un boulanger, lit. 'celui qui fait du pain'

boule
ᐋᐱᐢᑯᑎᑯᓂᔅᒋᐨ aapiskutikunischit na ◆ un balai de sorcière dans un arbre (une boule de buissons sur les branches d'un arbre)
ᒍᐦᐧᐋᓂᔥ chuuhwaanish na dim ◆ une boule, une petite balle
ᒌᓂᐧᑳᓈᔮᐱᐦᒑᔑᓐ chiinikwaanaayaapihchaashin vai ◆ il/elle est couché-e roulé-e en boule

bouleau

ᐧᐃᔥᑯᐃ wishkui na -uaam ◆ un bouleau *Betula papyrifera*, de l'écorce de bouleau

ᐧᐃᔥᐧᑳᐹᒥᔒᐦ wishkwaapaamishiih na -um ◆ un saule qui ressemble à un bouleau

ᒥᓂᐦᑯᒨ minihkumuu vai -u ◆ il/elle pèle l'écorce d'un bouleau

ᓈᑐᔥᑯᔮᐤ naatushkuyaau vta ◆ il/elle va chercher de l'écorce de bouleau

ᐧᐃᔥᐧᑳᔅᑳᐤ wishkwaaskaau vii ◆ c'est une aire de bouleaux

ᒥᒫᐦᑖᐅᑭᐦᑎᒼ mimaahtaaukihtim vti ◆ il/elle fait des dessins sur l'écorce de bouleau en la mordant

ᒥᓂᑯᐹᐤ minikupaau vai ◆ il/elle ramasse de l'écorce de bouleau pour en faire de la corde

ᒥᒫᐦᑖᐅᐦᑎᐧᐋᐤ mimaahtaauhtiwaau vai ◆ il/elle mord l'écorce de bouleau pour faire des motifs

bouquet

ᐹᔨᑯᒥᓂᐦᐱᑖᐤ paayikuminihpitaau na ◆ un bouquet, une gerbe, une botte (de choses animées attachées ensemble)

ᒥᓈᔅᐧᑳᐤ minaaskwaau vii ◆ c'est un bouquet d'arbres

ᒥᓈᔅᐧᑳᔮᐤ minaaskwaayaau vii ◆ c'est un bouquet d'arbres

ᒥᓂᔥᑎᑯᐦᑯᐹᐤ minishtikuhkupaau vii ◆ c'est un bouquet de saules dans une étendue d'eau

ᒥᒫᓈᔅᐧᑳᔮᐤ mimaanaaskwaayaau vii redup ◆ il y a des bouquets d'arbres ici et là

ᒥᒫᓂᐦᑯᐹᐤ mimaanihkupaau vii redup ◆ il y a des bouquets de saules ici et là

ᒥᓂᔅᑎᐧᑳᔅᐧᑳᔮᐤ ministikwaaskwaayaau vii ◆ c'est un bouquet d'arbres isolé

ᐹᐦᐲᐦᑎᐧᐋᔮᔅᐧᑳᔮᐤ paahpiihtiwaayaaskwaayaau vii redup ◆ des clairières alternent avec des bouquets d'arbres

ᒥᒫᓈᐦᑭᓱᐧᐃᒡ mimaanaahkisuwich vai pl redup -u ◆ il y a des bouquets d'arbres épargnés par le feu de ci de là

bourdon

ᐅᔅᑭᓈᒨ uskinaamuu na -uum ◆ un bourdon

bourgeon

ᓵᒋᐱᒌᐤ saachipichiiu vii ◆ les bourgeons éclosent au printemps

ᐧᐋᐱᑯᓃᐤ waapikuniiu vii ◆ les bourgeons poussent, éclosent

ᓵᒋᐱᑭᓐ saachipikin vii ◆ les feuilles commencent juste de sortir des bourgeons et elles sont à peine visibles

bourre

ᒋᐱᐦᐊᐳᐧᐋᓐ chipihapuwaan ni ◆ une bourre pour la cartouche du fusil de chasse

bourrelet

ᐱᐹᔅᑯᓯᐤ pipaaskusiu vai redup ◆ il/elle a des bosses, des rondeurs, des bourrelets

bourse

ᔓᐧᐃᔮᓂᐧᐃᑦ shuwiyaaniwit ni ◆ un sac à main, une bourse, une sacoche; un portefeuille

boussole

ᑳᒌᐧᐋᑎᑯᐱᔨᑦ kaachiiwaatikupiyit nap ◆ une boussole

bout

ᐄᔥᐧᑳᔮᓂᐦᒡ iishkwaayaanihch p,lieu ◆ au bout ▪ ᐹᒋ ᓃᐦᑎᓂᒡ ᐊᓂᒌ ᐄᔥᐧᑳᔮᓂᐦᒡ ᑳ ᐊᑯᒋᐦᒡ ᓂᓂᒫᔥᑖᑯᒥᒡ. ▪ paachi niihtinich anichii iishkwaayaanihch kaa akuchihch ninimaashtaakumich. ▪ *Prends ces poissons fumés qui sont suspendus au bout!*

ᐧᐃᓂᔅᐧᑳᔅᑯᓐ winiskwaaskun vii ◆ c'en est le bout (long et rigide)

ᐧᐃᓂᔅᐧᑳᔅᑯᓯᐤ winiskwaaskusiu vai ◆ il/elle en est le bout (long et rigide)

ᐲᐦᒋᑭᒋᔖᓐ piihchikichishaan ni ◆ le bout du gros intestin rempli de graisse, séché et cuit

ᐧᐃᓂᔅᐧᑳᐦᑎᒄ winiskwaahtikw ni -um ◆ le bout d'un canot

ᔖᐳᐦᑎᐧᐋᔮᐤ shaapuhtiwaayaau vii ◆ c'est ouvert aux deux bouts

ᐧᐄᐦᐧᑳᑭᒫᐤ wiihkwaakimaau vii ◆ c'est l'autre bout du lac

ᐧᐃᓂᔅᑯᓯᐤ winiskusiu vai ◆ il/elle en est le bout, la fin

ᐧᐃᓂᔅᐧᑳᐤ winiskwaau vii ◆ c'en est le bout, la fin

ᒥᑖᐹᓈᓂᐦᒡ mitaapaanaanihch p,lieu ◆ au bout du portage, à la fin du portage

ᐄᔨᐦᑖᐤ iiyihtaau vii ◆ des bouts de terre visibles quand la neige fond au printemps

ᐲᐦᑖᔅᑭᒥᑳᐤ piihtaaskimikaau vii ◆ c'est un long bout de terre

ᔖᔥᒋᔑᓐ shaashchishin vai ◆ il/elle est étendu-e avec un bout sur le rivage

ᑖᐦᒋᑭᔥᐧᑳᐅᒋᐤ taahchikishkwaauchiu vai ◆ il/elle a froid au bout des doigts

ᐧᑖᑯᐧᐃᐧᓈᐳᔨᐤ twaakuwinwaapuyiu vai ◆ il/elle atteint le bout du rapide

ᐧᐃᓂᔅᑯᒨ winiskumuu vii -u ◆ c'est le bout, la fin de la route

ᐅᔑᑯᓃ ushikunii nid ◆ le bout de sa queue (pour un poisson ou une baleine)

ᐧᐃᓂᔅᑯᐦᑎᒄ winiskuhtikw ni -um ◆ le sommet de l'arbre, le bout du morceau de bois

bout de terrain

ᐃᔅᐱᐦᑖᐧᐋᔮᐤ ispihtaawaayaau vii ◆ une pointe de terre a une certaine taille, mesure...

bout du poisson

ᐧᐄᑐᔨᒫᐧᑳᓐ wiituyimaakwaan ni -uum ◆ la partie juste avant la queue du poisson

bouteille

ᐱᐧᔮᐱᔅᑯᔮᑭᓐ piywaapiskuyaakin ni ◆ une bouteille ou un pot de verre

bouton

ᓯᒋᐹᓱᓐ sichipaasun na ◆ un bouton

ᓯᒋᐹᑎᒼ **sichipaatim** vti ◆ il/elle ferme les boutons

ᐲᒥᓂᑭᓐ **piiminikin** ni ◆ un bouton de porte

ᓯᒋᐹᒋᑭᓐ **sichipaachikin** ni ◆ un bouton à pression

ᑑᐦᑑᐱᓰ **tuuhtuupisii** na -m ◆ un jeu de bouton sur fil

boutonner

ᓯᒋᐹᑖᐤ **sichipaataau** vta ◆ il/elle le/la boutonne, le/la ferme

boutons

ᐱᐹᔥᑯᔖᐱᔩᐤ **pipaashkushaapiyiu** vai redup ◆ il/elle a des boutons sur la peau, il/elle a la chair de poule

boxer

ᐱᔅᑎᔅᑭᒼ **pistiskim** vti ◆ il/elle lui rentre dedans, le/la boxe accidentellement

ᐱᔅᑎᔅᑭᐚᐤ **pistiskiwaau** vta ◆ il/elle lui rentre dedans, le/la boxe accidentellement

boxeur

ᒫᓯᐦᒑᓯᐤ **maasihchaasiu** na -iim ◆ un boxeur, un combattant, une combattante

boyau

ᓰᓂᒑᒧᐚᐤ **siinichaamuwaau** vai ◆ il/elle nettoie les boyaux de l'animal

braise

ᐅᑖᔥᒑᐅᑭᐦᐊᒼ **utaashchaaukiham** vti ◆ il/elle rassemble les braises, les charbons ardents

brancard

ᑖᐦᑎᓂᑭᓐ **taahtinikin** ni ◆ un brancard

branchage

ᐲᒁᔮᔅᑎᒋᓯᐤ **piikwaayaastichisiu** vai ◆ c'est un arbre touffu, au branchage bien dense

branchages

ᒋᔖᔮᐦᑎᒁᔑᐦᑎᒡ **chishaayaahtikwaashihtich** na pl ◆ les branchages d'un arbre adulte

ᐋᐱᑎᐦᐋᔥᑖᓂᒡ **aapitihaashtaanich** na pl ◆ des piles de branchages posées sur les côtés de l'entrée de l'habitation

ᐋᐱᑎᐦᐋᔥᑖᓂᑭᓈᐦᑎᒄᐦ **aapitihaashtaanikinaahtikwh** ni pl ◆ des bâtons pour retenir les branchages sur les côtés de l'entrée de l'habitation

ᐄᔮᐦᑎᒁᔑᐦᑎᒡ **iiyaahtikwaashihtich** na pl ◆ des branchages d'épinettes noires

ᐄᔮᔑᐦᑎᒡ **iiyaashihtich** na pl ◆ des branchages de sapin baumier

ᒫᔅᒌᔅᒁᔥᑎᒡ **maaschiiskwaashtich** na pl ◆ des branchages de cèdre

ᒥᓂᐦᐄᒁᔑᐦᑎᒡ **minihiikwaashihtich** na pl ◆ des branchages d'épinette blanche

ᒥᔅᒑᒁᔑᐦᑎᒡ **mischaakwaashihtich** na pl ◆ des branchages d'un arbre provenant d'un marécage

ᒥᔮᐦᐹᐦᑯᓐᐦ **miyaahpaahkunh** ni pl ◆ des branchages séchés

ᔑᐦᑖᐦᑯᓂᒡ **shihtaahkunich** na pl -im ◆ des branches, des branchages d'arbre

ᔑᐦᑖᑯᓈᐹᐦᑎᑯᒡ **shihtaakunaapaahtikuch** na pl -im ◆ des aiguilles qui proviennent des branchages

ᐅᔅᒋᔅᑳᐙᔑᐦᑎᒡ **uschiskaawaashihtich** na pl -im ◆ des branchages de pin

ᐅᔥᑳᐦᑎᒁᔑᐦᑎᒡ **ushkaahtikwaashihtich** na pl ◆ des branchages d'arbuste

ᐋᐦᑎᓈᔅᒑᐤ **aahtinaaschaau** vai ◆ il/elle change les branchages sur le sol ■ ᐚᐱᓂᔩᒑ ᑭᑎ ᐋᐦᑎᓈᔅᒑᐤ᙮ ■ waapiniyichaa kiti aahtinaaschaau. ■ *Il changera les branchages demain.*

ᐊᓈᔅᒑᐤ **anaaschaau** vai ◆ il/elle recouvre le sol de branches, de branchages de sapin

ᑭᐎᐦᐚᔑᐦᑕᑖᐤ **kiwihwaashihtaataau** vai+o ◆ il/elle coupe l'arbre pour en recueillir les branches

ᒥᒥᓈᔑᐦᑖᐤ **miminaashihtaau** vai redup ◆ il/elle ramasse des branchages

ᒥᒥᐧᔮᔥᑎᒋᓯᐎᒡ **mimiywaashtichisiwich** vai pl redup ◆ les branchages conviennent bien pour le sol

ᓈᐦᐋᐅᐋᔅᑎᒋᐱᑎᒼ **naahaauaastichipitim** vti ◆ il/elle arrange les branchages du sol du tipi

ᓈᑖᔑᐦᑖᐦᐊᒼ **naataashihtaaham** vti ◆ il/elle va ramasser des branchages en véhicule

ᓈᑖᔑᐦᑖᐤ **naataashihtaau** vai ◆ il/elle va ramasser des branches

ᓂᐦᐋᐚᔥᑎᒋᓂᒼ **nihaawaashtichinim** vti ◆ il/elle réarrange correctement les branchages sur le sol

ᐚᔅᑳᓈᔅᒑᐤ **waaskaanaaschaau** vai ◆ il/elle dispose des branchages tout autour du mur intérieur de l'habitation

ᐚᒋᓈᑭᓈᐹᔑᐦᑯᒡ **waachinaakinaapaashihkuch** na pl ◆ des branchages de mélèze ou d'un grand arbre

ᑰᓂᐚᔅᑎᒋᓯᐎᒡ **kuuniwaastichisiwich** vai pl ◆ les branchages sont recouverts de neige

ᒥᓈᐦᑎᑳᐤ **minaahtikaau** vii ◆ c'est un endroit recouvert de branchages

ᐱᓂᐚᔮᐦᑎᑭᐦᐊᒼ **piniwaayaahtikiham** vti ◆ il/elle hache et étale les branches d'un jeune arbre pour en recouvrir le sol de son habitation

ᐱᓂᐚᔮᐦᑎᑭᐦᐄᒑᐤ **piniwaayaahtikihiichaau** vai ◆ il/elle hache les branches d'un jeune arbre pour en recouvrir le sol de son habitation

branche

ᒋᔖᔮᐦᑎᒁᔑᐦᑎᒡ **chishaayaahtikwaashihtich** na pl ◆ les branchages d'un arbre adulte

ᒥᐦᑖᔪᔨ **mihtaayuyi** na ◆ de la neige qui pend des branches des arbres

ᒥᔥᑯᒥᔒᐚᐦᑎᒄ **mishkumishiiwaahtikw** ni -um ◆ des branches ou du bois de sorbier

ᒥᔮᐦᐹᐦᑯᓂᐦᑎᒄ **miyaahpaahkunihtikw** na -im ◆ un arbre aux branches sèches

ᒌᑳᐦᑎᐙᐦᐚᐤ **chiikaahtiwaahwaau** vta ◆ il/elle coupe les branches de l'arbre

ᒌᑳᐦᑎᐧᐋᑭᐦᐊᒼ chiikaahtiwaakiham vti ◆ il/elle enlève les branches de l'arbre à la hache ■ ᓈᐅᔥ ᒌᐦ ᐃᐦᑖᐤ ᑳ ᒌᑳᐦᑎᐧᐋᐦᐋᒃ ᐊᓂᔮᐦ ᐊᐱᔓᐃᐦ. ■ naaush chiih ihtaau kaa chiikaahtiwaahaak aniyaah apishuih. ■ *Ça lui a pris longtemps pour enlever les branches des poteaux du tipi.*

ᒌᑳᐦᑎᐧᐋᑭᐦᐧᐋᐤ chiikaahtiwaakihwaau vta ◆ il/elle lui enlève ses branches (se dit d'un arbre) ■ ᒌᐦᑳᐦᑎᐧᐋᑭᐦᐧᐋᐤ ᐊᓂᔮᐦ ᒥᔥᒋᑯᔑᔥᐦ ᒑ ᐅᔑᐦᑖᑦ ᐊᐧᐹᓈᔅᒄᐦ. ■ chiihkaahtiwaakihwaau aniyaah mishchikushishh chaa ushihtaat apwaanaaskwh. ■ *Il a enlevé les branches de ces petits arbres pour en faire des broches à rôtir.*

ᓈᓈᐧᑖᔮᔅᑎᒋᓈᐤ naanaatwaayaastichinaau vai redup ◆ il/elle casse des branches à la main

ᓂᓈᐱᑳᒧᐧᐃᒡ ninaapikaamuwich vai pl -u ◆ les branches de cet arbre poussent à plat

ᓂᐱᑖᔮᑎᐦᑯᓂᐆ nipitaayaatihkuniuu vai -iwi ◆ il y a des branches d'un seul côté de l'arbre

ᓯᑭᑎᐦᑯᓂᐆ sikitihkuniuu vai -iwi ◆ l'arbre est touffu, a beaucoup de branches

ᑖᐱᑎᐧᐋᐦᑎᑳᐤ taapitiwaahtikaau vii ◆ il y a des branches régulières sur le sol

ᐋᐱᑎᐦᐋᔥᑖᓂᒡ aapitihaashtaanich na pl ◆ des piles de branchages posées sur les côtés de l'entrée de l'habitation

ᐋᐱᑎᐦᐋᔥᑖᓂᑭᓈᐦᑎᒄᐦ aapitihaashtaanikinaahtikwh ni pl ◆ des bâtons pour retenir les branchages sur les côtés de l'entrée de l'habitation

ᐄᔮᐦᑎᐧᑳᔑᐦᑎᒡ iiyaahtikwaashihtich na pl ◆ des branchages d'épinettes noires

ᐄᔮᔑᐦᑎᒡ iiyaashihtich na pl ◆ des branchages de sapin baumier

ᒫᔅᒌᔅᐧᑳᔥᑎᒡ maaschiiskwaashtich na pl ◆ des branchages de cèdre

ᒥᓂᐦᐄᐧᑳᔑᐦᑎᒡ minihiikwaashihtich na pl ◆ des branchages d'épinette blanche

ᒥᔅᒑᐧᑳᔑᐦᑎᒡ mischaakwaashihtich na pl ◆ des branchages d'un arbre provenant d'un marécage

ᒥᔮᐦᐹᐦᑯᓐᐦ miyaahpaahkunh ni pl ◆ des branchages séchés

ᐱᔩᐦᑖᐧᐋᐳᔅᒋᐦᑎᒄ piyihtaawaapuschihtikw na -im ◆ un arbre dont toutes les branches ont brûlé

ᔑᐦᑖᐦᑯᓂᒡ shihtaahkunich na pl -im ◆ des branches, des branchages d'arbre

ᔑᐦᑖᑯᓈᐹᐦᑎᑯᒡ shihtaakunaapaahtikuch na pl -im ◆ des aiguilles qui proviennent des branchages

ᐅᔅᒋᔅᑳᐧᐋᔑᐦᑎᒡ uschiskaawaashihtich na pl -im ◆ des branchages de pin

ᐅᔥᑳᐦᑎᐧᑳᔑᐦᑎᒡ ushkaahtikwaashihtich na pl ◆ des branchages d'arbuste

ᐧᐄᓯᒋᐱᐧᑳᐦᑎᒄᐦ wiisichipikwaahtikwh ni pl -um ◆ un buisson de thé du labrador

ᐋᐦᑎᓈᔅᒑᐤ aahtinaaschaau vai ◆ il/elle change les branchages sur le sol ■ ᐧᐋᐱᓂᔩᒑ ᑭᑎ ᐋᐦᑎᓈᔅᒑᐤ. ■ waapiniyichaa kiti aahtinaaschaau. ■ *Il changera les branchages demain.*

ᐊᓈᔅᒑᐤ anaaschaau vai ◆ il/elle recouvre le sol de branches, de branchages de sapin

ᒌᐦᑳᐦᑎᐧᐋᐦᐊᒼ chiihkaahtiwaaham vti ◆ il/elle en enlève les branches à la hache

ᒌᑳᐦᑎᐧᐋᐦᐊᒼ chiikaahtiwaaham vti ◆ il/elle enlève les branches de l'arbre à la hache

ᑭᐧᐃᐦᐧᐋᔑᐦᑖᑖᐤ kiwihwaashihtaataau vai+o ◆ il/elle coupe l'arbre pour en recueillir les branches

ᒥᒥᓈᔑᐦᑖᐤ miminaashihtaau vai redup ◆ il/elle ramasse des branchages

ᒥᒥᐧᔮᔥᑎᒋᓯᐧᐃᒡ mimiywaashtichisiwich vai pl redup ◆ les branchages conviennent bien pour le sol

ᓈᐦᐋᐅᐋᔅᑎᒋᐱᑎᒼ naahaauaastichipitim vti ◆ il/elle arrange les branchages du sol du tipi

ᓈᑖᔑᐦᑖᐦᐊᒼ naataashihtaaham vti ◆ il/elle va ramasser des branchages en véhicule

ᓈᑖᔑᐦᑖᐤ naataashihtaau vai ◆ il/elle va ramasser des branches

ᓂᐦᐋᐧᐋᔥᑎᒋᓂᒼ nihaawaashtichinim vti ◆ il/elle réarrange correctement les branchages sur le sol

ᑖᐦᑖᔮᔅᐧᑳᔮᐤ taahtaayaaskwaayaau vii ◆ ces grands arbres n'ont pas de branches basses

ᐧᐋᐱᔥᑖᓈᔅᐧᑳᔮᐤ waapishtaanaaskwaayaau vii ◆ c'est une aire d'arbres à longues branches, lit. 'peau de martre'

ᐧᐋᔅᑳᓈᔅᒑᐤ waaskaanaaschaau vai ◆ il/elle dispose des branchages tout autour du mur intérieur de l'habitation

ᐧᐋᒋᓈᑭᓈᐹᔑᐦᑯᒡ waachinaakinaapaashihkuch na pl ◆ des branchages de mélèze ou d'un grand arbre

ᑰᓂᐧᐋᔅᑎᒋᓯᐧᐃᒡ kuuniwaastichisiwich vai pl ◆ les branchages sont recouverts de neige

ᒥᓈᐦᑎᑳᐤ minaahtikaau vii ◆ c'est un endroit recouvert de branchages

ᐱᓂᐧᐋᔮᐦᑎᑭᐦᐊᒼ piniwaayaahtikiham vti ◆ il/elle hache et étale les branches d'un jeune arbre pour en recouvrir le sol de son habitation

ᐱᓂᐧᐋᔮᐦᑎᑭᐦᐄᒑᐤ piniwaayaahtikihiichaau vai ◆ il/elle hache les branches d'un jeune arbre pour en recouvrir le sol de son habitation

branches

ᓈᒋᒥᔮᐦᐹᐦᑯᓈᐤ naachimiyaahpaahkunaau vai ◆ il/elle va chercher des branches sèches

branchies

ᐧᐃᐦᒌᒄᐦ wihchiikwh ni pl -m ◆ les branchies du poisson

branler

ᒌᐅᐱᔨᐅ chiiupiyiu vii ◆ c'est lâche, desserré, ça branle

bras

ᓂᐱᑖᐱᑐᓈᐤ nipitaapitunaau vai ◆ il/elle n'a qu'un seul bras

ᐅᐢᐱᑐᓂᑖᓐᐦ uspitunitaanh nad ◆ son bras (pour du grand gibier) rattaché à l'épaule

ᐋᐱᐦᑎᐧᐃᐱᑐᓐ aapihtiwipitun p,lieu ◆ la moitié du bras ■ ᐋᐱᐦᑎᐧᐃᐱᑐᓐ ᒌᐦ ᐃᔥᐱᔑ ᐊᑯᐦᑎᑖᐤ. ■ aapihtiwipitun chiih ishpishi akuhtitaau. ■ *Elle/Il a trempé son bras à moitié dans l'eau.*

ᓂᒥᐦᑎᓂᐢᒡ nimihtinisch p,lieu ◆ sur le bras gauche

ᑭᑳᓄᐱᑐᓈᐤ kikaanupitunaau vai ◆ il/elle a de longs bras

ᑭᑖᐦᑯᐱᑐᓈᐤ kitaahkupitunaau vta ◆ il/elle a les bras courts

ᓈᑖᐧᐱᑐᓈᐦᐧᐋᐤ naatwaapitunaahwaau vta ◆ il/elle coupe le bras de quelqu'un avec un instrument ou une machine

ᓵᓵᒋᐱᑐᓈᐤ saasaachipitunaau vai ◆ il/elle a les bras nus

ᔒᐱᓂᐢᒑᔨᐤ shiipinischaayiu vai ◆ il/elle étend le bras

ᓰᐦᑎᐧᐃᑎᐦᑳᐧᐦᑎᒼ siihtiwitihkwaahtim vti ◆ il/elle le tient sous son bras

ᓰᐦᑎᐧᐃᑎᐦᑳᐧᒫᐤ siihtiwitihkwaamaau vta ◆ il/elle le/la tient sous son bras

ᓰᐱᓂᐢᒑᔨᐤ siipinischaayiu vai ◆ il/elle étire les bras

ᑖᐦᒋᐱᑐᓈᐅᒋᐤ taahchipitunaauchiu vai ◆ il/elle a froid au bras

ᑎᐱᓂᐢᑳᑖᐤ tipiniskaataau vta ◆ il/elle le/la mesure avec son bras

ᑎᐱᓂᐢᑳᑎᒼ tipiniskaatim vti ◆ il/elle le mesure avec son bras

ᐧᐋᐅᒋᓂᒼ waauchinim vti ◆ il/elle met ses bras tout autour

ᐄᐢᑯᐱᑐᓈᐤ iiskupitunaau vai ◆ son bras a...(par ex. 30 cm) de long

ᐃᔮᐱᔑᔥᑯᐱᑐᐦᔑᐤ iyaapishaashkupituhshiu vai ◆ il/elle a les bras maigres

ᐃᔮᐱᔑᔥᑯᐱᑐᓈᔑᐤ iyaapishaashkupitunaashiu vai dim [Wemindji] ◆ il/elle a les bras maigres

ᒫᐢᒋᐱᑐᓈᐤ maaschipitunaau vai ◆ il/elle est estropié-e du bras, a un bras difforme

ᓈᑖᐧᐱᑐᓈᔑᓐ naatwaapitunaashin vai ◆ il/elle tombe et se casse le bras

ᑖᐱᓯᑯᑐᐢᑯᓈᐦᑎᒼ taapisikutuskunaahtim vti ◆ il/elle le porte dans le creux de son bras

ᑖᐅᐱᑐᓈᐦᐧᐋᐤ taaupitunaahwaau vta ◆ il/elle le/la frappe sur le bras, l'atteint au bras

ᐧᐋᐅᒋᑯᔨᐧᐋᓈᐤ waauchikuyiwaanaau vta ◆ il/elle met ses bras autour de son cou

bras de rivière

ᔒᐹᔥᑎᒄ shiipaashtikw ni -um ◆ un bras de rivière parallèle

brasier

ᓵᑳᔥᑖᐱᔨᐤ saakaashtaapiyiu vii ◆ la lumière du brasier se voit au-dessus des arbres

brasser

ᒋᔥᑎᑯᐦᐊᒼ chishtikuham vti ◆ il/elle le remue, le brasse

ᒋᐢᐱᐦᐧᐋᐤ chispihwaau vta ◆ il/elle le/la mélange, brasse, remue (par ex. de la pâte) avec quelque chose

brave

ᓱᐦᒋᐢᑖᐦᐋᐤ suhchistaahaau vai ◆ il/elle est brave, courageux/courageuse, n'est pas affecté-e par ses émotions

bréchet

ᑯᑖᐢᒋᑭᓈᔑᐧᐋᐤ kutaaschikinaashwaau vta ◆ il/elle l'ouvre en tranchant au niveau du bréchet

bref

ᐹᔓᓃᐱᓐ paashuniipin vii ◆ c'est un été bref; cet été ne dure pas longtemps

ᐹᔓᐱᐳᓐ paashupipun vii ◆ c'est un hiver bref; cet hiver ne dure pas longtemps

ᐹᔓᓰᑯᓐ paashusiikun vii ◆ c'est un printemps bref; ce printemps ne dure pas longtemps

ᐹᔓᑎᒁᒋᓐ paashutikwaachin vii ◆ c'est un automne bref; cet automne ne dure pas longtemps

bretelle

ᐱᔮᐢᒑᔮᐲᐦ piyaaschaayaapiih ni pl ◆ des bretelles, de l'anglais 'braces'

breuvage

ᓂᔑᔥᑖᐧᑭᒥᐦᑖᐤ nishishtwaakimihtaau vai+o ◆ il/elle prépare un riche breuvage, donne un goût riche au breuvage

brillant

ᐧᐋᓵᐢᑯᓯᐤ waasaaskusiu vai ◆ il/elle (long et rigide) est lisse et brillant

ᐧᐋᓵᐢᑯᑖᐤ waasaaskutaau vii ◆ c'est (long et rigide) lisse et brillant

ᓵᐹᔥᑖᐤ saapaashtaau vii ◆ c'est fort, brillant; ça brille très fort (toujours utilisé à la forme négative) ■ ᓄᐧᐃᒡ ᓂᒥ ᓵᐹᔥᑖᔨᐤ ᐊᓂᔮ ᐅᐧᐋᔥᑖᓂᒫᑭᓐ. ■ nuwich nimi saapaashtaayiu aniyaa uwaashtaanimaakin. ■ *Sa lampe ne brille pas beaucoup.*

brille

ᐧᐋᓵᐱᓯᐢᒋᓯᐤ waasaapisischisiu vai ◆ il/elle brille (minéral)

ᓰᐧᐋᓯᐢᒑᐤ siiwaasischaau vai ◆ le soleil brille fort

ᒥᓯᐦᑖᔮᐢᒑᐤ misihtaayaaschaau vai ◆ le soleil brille partout

ᒋᐦᒋᐱᔮᓯᐢᒑᐤ chihchipiyaasischaau vai ◆ le soleil brille un jour où le ciel est dégagé

briller

ᒋᐦᑳᔥᑖᐤ chihkaashtaau vii ◆ ça brille de mille feux, ça donne de la lumière, le soleil brille

ᒌᐦᑳᔮᔥᑎᐙᐤ chiihkaayaashtiwaau vai ◆ il/elle brille, étincelle ■ ᓄᐧᐃᒡ ᒌᐦ ᒌᐦᑳᔮᔥᑎᐙᐤ ᑎᐱᔅᑳᓂᐲᓯᒻ ᑖᐱᔅᑳᔨᒡ᙮ ■ nuwich chiih chiihkaayaashtiwaau tipiskaanipiisim taapiskaayich. ■ *La lune brillait la nuit dernière.*

ᐙᔖᔮᐱᓯᔅᒋᓯᐤ waashaayaapisischisiu vai ◆ il/elle brille (minéral)

ᒋᒋᐱᔮᐱᔥᑭᑯᒋᓐ chichipiyaapishkikuchin vii ◆ la lune brille dans la nuit claire

ᒋᐦᑳᓯᔅᒑᐤ chihkaasischaau vai ◆ le soleil l'éclaire, le frappe de ses rayons, brille dessus

ᒥᐦᒀᐙᓯᒻ mihkwaawaasim vti ◆ le soleil brille partout

ᒥᐧᔮᔥᑎᐙᐤ miywaashtiwaau vai ◆ il/elle brille fort

ᐲᓯᒨ piisimuu vai -uwi ◆ le soleil brille encore avant de se coucher

ᐱᐹᐦᑭᐦᑭᐧᐃᔅᑯᓐ pipaahkihkiwiskun vii redup ◆ le soleil brille de façon intermittente

ᐱᐱᐙᓯᔅᒑᐤ pipiwaasischaau vai ◆ le soleil commence à briller à travers les nuages

ᐱᔮᑭᔥᑳᔥᑎᐙᐤ piyaakishkaashtiwaau vai ◆ le soleil brille fort

ᓵᐦᑖᓯᒻ saahtaasim vti ◆ il/elle brille dessus (par ex. le soleil)

ᓵᐦᑖᑖᐤ saahtaataau vii ◆ ça brille bien (ex. le feu)

ᓵᐦᑖᔮᐱᓯᔅᑖᐤ saahtaayaapisistaau vii ◆ ça brille (minéral) à la lumière

ᓵᑳᔥᒑᐤ saakaashchaau vii ◆ le soleil brille dessus

ᓵᐳᐙᓯᒻ saapuwaasim vti ◆ il/elle brille à travers quelque chose

ᔖᐧᐹᔥᑖᐤ shaapwaashtaau vii ◆ ça brille au travers

ᔖᐧᐹᔥᑎᐙᐤ shaapwaashtiwaau vii ◆ la lumière brille et traverse quelque chose

ᐙᓵᐱᓯᔅᑖᐤ waasaapisistaau vii ◆ ça brille fort (minéral)

ᐙᓯᐦᑯᐦᐋᒻ waasihkuham vti ◆ il/elle le fait briller

ᐙᓯᐦᑯᔥᑖᐤ waasihkushtaau vii ◆ ça brille au soleil

ᐙᓯᐦᑯᓲ waasihkusuu vai -u ◆ il/elle brille au soleil

ᐙᓯᑭᓈᓲ waasikinaasuu vai -u ◆ on peut voir ses os briller au soleil

ᐙᓯᓲ waasisuu vai -u ◆ il/elle brille au soleil

ᐙᐅᔮᔅᒑᐤ waauyaaschaau vai ◆ le soleil brille de manière circulaire

ᐘᐙᓯᐱᔨᐦᑖᐤ waawaasipiyihtaau vai redup ◆ il/elle l'agite, le fait briller

ᐋᑭᐙᔥᑖᐦᑎᓐ aakiwaashtaahtin vii ◆ c'est là où le soleil brille jamais

ᐋᑭᐧᐃᔅᒁᐤ aakiwiskwaau vii ◆ le soleil brille à travers les nuages

ᐳᐙᓯᔅᒑᐤ puwaasischaau vai ◆ le soleil brille à travers de fins nuages

ᓵᐹᔥᑖᐤ saapaashtaau vii ◆ c'est fort, brillant; ça brille très fort (toujours utilisé à la forme négative) ■ ᓄᐧᐃᒡ ᓂᒥ ᓵᐹᔥᑖᔨᐤ ᐊᓂᔮ ᐅᐙᔥᑖᓂᒫᑭᓐ᙮ ■ nuwich nimi saapaashtaayiu aniyaa uwaashtaanimaakin. ■ *Sa lampe ne brille pas beaucoup.*

ᓵᐳᐙᔅᒑᐤ saapuwaaschaau vai ◆ le soleil brille à travers quelque chose

ᔖᐳᐙᓵᔮᐤ shaapuwaasaayaau vii ◆ la lumière arrive, brille au travers

ᐙᓯᐱᐤ waasipiu vai ◆ ça brille au loin à cause du soleil

ᐙᓯᔅᑖᐤ waasistaau vii ◆ ça brille au loin à cause du soleil

ᐙᔅᑭᒫᐱᔅᒋᐦᑖᐤ waaskimaapischihtaau vai+o ◆ il/elle l'éclaircit, le fait briller, le cire (minéral)

ᐙᔅᑭᒫᐱᔅᑭᐦᐙᐤ waaskimaapiskihwaau vta ◆ il/elle l'éclaircit, le/la fait briller, le/la cire (minéral)

ᐅᓵᐙᔅᒋᒑᐤ usaawaaschichaau vai ◆ le soleil brille d'un jaune vif, ce qui annonce un temps froid

briller (faire)

ᐙᔅᑭᒫᐱᔅᑭᐦᐋᒻ waaskimaapiskiham vti ◆ il/elle le fait bien briller (minéral)

brin

ᓂᔥᑐᐱᐦᑳᓐ nishtupihkaan ni ◆ une natte à trois brins

brique

ᐊᓯᓃᐦᑳᓐ asiniihkaan ni ◆ une brique, un plâtre

briquet

ᓯᔅᑭᐦᐋᒫᓱᐙᑭᓐ siskihaamaasuwaakin ni ◆ un allume-cigarette, un briquet

brise

ᐃᔪᐙᐱᔨᐤ iyuwaapiyiu vii ◆ il y a de la brise (utilisé avec un préverbe)

ᐃᔪᐙᔮᔑᐤ iyuwaayaashiu vii dim ◆ il y a une petite brise, une brise légère

ᑳᐅᐹᒋᐦᑎᓐ kaaupaachihtin vii ◆ une brise légère fait des ondulations sur l'eau

ᒧᔖᐙᑎᓐ mushaawaatin vii ◆ c'est une brise de terre

ᑎᐦᒋᔨᐙᔮᔥᑎᒦᓲ tihchiyiwaayaashtimiisuu vai reflex -u ◆ il/elle se refroidit avec une brise fraîche

ᑎᐦᒋᔨᐙᐱᔨᔑᐤ tihchiyiwaapiyishiu vii dim ◆ il y a un vent frais, une brise fraîche

ᐑᔓᐙᔮᔥᑎᓐ wiishuwaayaashtin vii ◆ le feu se déplace avec la brise

ᐎᔫᔑᐙᔮᔥᑎᓐ wiyuushiwaayaashtin vii ◆ le feu bouge avec la brise

brisé

ᐲᒁᔥᑎᓐ piikwaashtin vii ◆ c'est brisé, tordu par la force du vent

briser

ᐊᒋᐎᐱᑖᐤ achiwipitaau vta ◆ il/elle le/la raccourcit en le/la brisant

ᐊᒋᐎᐱᑎᒻ achiwipitim vti ◆ il/elle le raccourcit en le brisant

ᐹᐦᑳᐱᔨᐧᐃᒡ paahkaapiyiwich vai pl ◆ les vagues sur l'eau se brisent

ᐲᐧᑳᐦᐊᓐ piikwaahan vii ◆ c'est brisé par le vent et les vagues

ᐲᐧᑳᐦᐅᑰ piikwaahukuu vai -u ◆ il/elle est brisé-e par le vent et les vagues

ᐱᔨᔥᑯᒋᐧᐃᓐ piyishkuchiwin vii ◆ l'eau brise et traverse quelque chose

ᐧᑖᐱᔨᐤ twaapiyiu vii ◆ la glace brise

ᐧᑖᔥᑭᒻ twaashkim vti ◆ il/elle brise la glace avec son pied ou son corps

ᓈᐧᑖᔮᐢᑯᐦᑎᑖᐤ naatwaayaaskuhtitaau vai ◆ il/elle brise le manche de la hache en s'en servant

ᓂᓈᓂᔑᐱᔨᐤ ninaanishipiyiu vii redup ◆ ça se brise et se répand dans toutes les directions, c'est complètement détruit

ᓂᓂᐳᑭᐢᒋᐦᑎᒥᓈᐦᐧᐋᐤ ninipukischihtiminaahwaau vta redup ◆ il/elle lui casse, brise les deux omoplates

ᓂᓂᐳᑎᐦᑯᑭᓈᐦᐧᐋᐤ niniputihkukinaahwaau vta redup ◆ il/elle lui brise, casse les deux ailes

ᓂᓂᐳᑎᐦᑎᒥᓈᐦᐧᐋᐤ niniputihtiminaahwaau vta redup ◆ il/elle lui casse, brise les épaules avec quelque chose

ᐧᑖᐢᑯᐹᑭᐦᐊᒻ twaaskupaakiham vti ◆ il/elle brise une fine couche de glace avec quelque chose

briser (se)

ᐲᑰ piikuu vai -u ◆ la glace se brise

ᐧᐋᐦᐄᑖᐅᐦᒌᐤ waahiitaauhchiiu vii ◆ la glace se brise sur les bords d'une étendue d'eau

broche

ᓯᑭᐧᐹᓈᐦᑎᒄ sikipwaanaahtikw ni ◆ une broche utilisée pour faire rôtir le gibier ou la volaille

brochet

ᒋᓄᔖᐤ chinushaau na -m ◆ un brochet, un grand brochet *Esox lucius*

ᒌᒋᓂᑭᓐ chiichinikin ni ◆ du gras de brochet frit et mélangé avec de la farine

ᒋᓄᔖᐅᔥᑎᐧᑳᓐ chinushaaushtikwaan ni ◆ une tête de brochet

ᒋᓄᔖᐧᐋᐳᐃ chinushaawaapui ni ◆ du bouillon de brochet

ᓂᒫᐲᐅᔥᑎᐧᑳᓐ nimaapiiushtikwaan ni ◆ une tête de brochet

ᒌᔥᐳᐦᐊᒻ chiishpuham vti ◆ il/elle le remplit de nourriture (réfère à la bosse sur l'os sonore d'un brochet qui annonce une pêche fructueuse)

brochet maillé

ᐅᒑᔔᒫᒄ uchaashuumaakw na ◆ un brochet maillé *Esox niger*

brochette

ᒋᐧᐹᔥᑯᔥᑎᐦᐄᑭᓐ chipwaashkushtihiikin ni ◆ une brochette ou broche pour fermer la cavité d'un animal éviscéré

ᒋᐧᐹᔥᑯᔥᑎᐦᐄᑭᓈᐦᑎᒄ chipwaashkushtihiikinaahtikw ni ◆ une broche ou brochette de bois pour fermer la cavité d'un animal éviscéré

ᒋᐧᐹᐢᑯᐦᐄᑭᓈᐦᑎᒄ chipwaaskuhiikinaahtikw ni ◆ une broche, une brochette pour fermer la cavité d'un animal ou d'un oiseau quand on le rôtit

ᒋᐧᐹᔥᑯᔥᑎᐦᐧᐋᐤ chipwaashkushtihwaau vta ◆ il/elle ferme l'ouverture avec une brochette (un animal, un oiseau à rôtir)

broder

ᒥᒫᐦᑖᐧᐋᐹᒋᔥᑎᐦᐊᒻ mimaahtaawaapaachishtiham vti ◆ il/elle le brode

ᒥᓯᓂᔥᑎᐦᐄᒑᐤ misinishtihiichaau vai ◆ il/elle brode

ᒥᔑᓂᔥᑎᐦᐄᑭᓈᔮᐲ mishinishtihiikinaayaapii na ◆ du fil à broder

broderie

ᒥᓯᓂᔥᑎᐦᐄᑭᓐ misinishtihiikin ni ◆ de la broderie

bronzé

ᓰᑯᓂᐦᐧᑳᐤ siikunihkwaau vai ◆ il/elle a le visage bronzé au printemps

brosse

ᓯᓂᑯᐦᑎᑭᐦᐄᑭᓐ sinikuhtikihiikin ni ◆ une brosse à récurer

brosser

ᔮᔨᓂᒻ yaayinim vti ◆ il/elle le brosse avec les mains

ᔮᔨᐱᑖᐤ yaayipitaau vta ◆ il/elle le/la brosse rapidement avec la main

ᔮᔨᐱᑎᒻ yaayipitim vti ◆ il/elle le brosse rapidement avec la main

ᒥᓂᐧᐋᐱᐦᐊᒻ miniwaapiham vti ◆ il/elle le balaie, le brosse

ᒥᓂᐧᐋᐱᐦᐧᐋᐤ miniwaapihwaau vta ◆ il/elle le/la balaie, le/la brosse

ᐱᐦᐳᐧᐋᑯᓂᑭᐦᐊᒻ pihpuwaakunikiham vti redup ◆ il/elle le brosse pour enlever la neige

ᐳᐧᐋᑯᓂᑭᐦᐅᓲ puwaakunikihusuu vai reflex -u ◆ il/elle se brosse la neige pour se l'enlever

ᐱᐦᐳᐧᐃᐦᐊᒻ pihpuwiham vti redup ◆ il/elle l'enlève en brossant, en frappant

ᐱᐦᐳᐧᐃᐦᐧᐋᐤ pihpuwihwaau vta redup ◆ il/elle lui enlève la neige ou le sable, il/elle le/la nettoie en le frappant

ᔮᔨᓈᐤ yaayinaau vta ◆ il/elle le /la brosse avec les mains, il/elle vérifie le filet de pêche

brosser (se)

ᐱᐦᐳᐧᐃᐦᐅᓲ pihpuwihusuu vai reflex redup -u ◆ il/elle l'enlève en se brossant

ᐱᓈᑯᓈᐦᐊᒧᐧᐋᐤ pinaakunaahamuwaau vta ◆ il/elle se brosse (avec un instrument) pour faire tomber la neige sur quelqu'un d'autre

ᐱᐦᐳᐧᐋᑯᓂᑭᐦᐅᓱ pihpuwaakunikihusuu vai reflex redup -u ◆ il/elle se brosse pour enlever la neige

brouillard

ᑮᔥᑮᐧᐎᓐ kishkiwin vii ◆ il y a du brouillard

ᑮᔥᑮᐧᐎᓂᐱᔨᐤ kishkiwinipiyiu vai ◆ il/elle traverse le brouillard

ᑮᔥᑮᐧᐎᓂᐱᔨᐤ kishkiwinipiyiu vii ◆ le brouillard arrive

ᒋᓰᐱᔨᐤ chisiipiyiu vii ◆ ça se découvre, le brouillard se lève

ᑮᔥᑮᐧᐎᐦᑭᒥᐤ kishkiwihkimiu vii ◆ il y a du brouillard sur l'eau

ᑮᔥᑮᐧᐎᓂᐹᔥᑖᓐ kishkiwinipaashtaan vii ◆ il y a du brouillard et il bruine

ᑎᐱᐦᑎᐧᐎᓐ tipihtiwin vii ◆ le brouillard est bas

ᑮᔥᑮᐧᐎᓈᐱᓐ kishkiwinaapin vii ◆ c'est un matin brumeux, un matin de brouillard

ᐲᒋᔖᔮᔥᑎᓐ piichishaayaashtin vii ◆ il y a du brouillard ou de la brume apportée par le vent

ᐱᔥᐧᑳᐱᔨᐤ piskwaapiyiu vii ◆ le brouillard tombe brusquement, le vent se lève brusquement, la neige se met brusquement à tomber

brouillon

ᓅᒼ nuum p,lieu ◆ à mi-chemin ▪ ᓅᒼ ᓈᑖᐦ ᐄᔑ ᐧᐄᒑᐤ. ▪ nuum naataah iishi wiichaau. ▪ *Marche avec lui jusqu'à mi-chemin!*

broussaille

ᔒᐹᔮᔅᐧᑳᔮᐤ shiipaayaaskwaayaau vii ◆ c'est une forêt sans sous-bois

broussailles

ᔒᐹᔮᐤ shiipaayaau vii ◆ il n'y a pas de sous-bois, de broussailles; il y a un ruisseau, de l'eau qui traverse un terrain entouré d'eau

bruant

ᐧᐋᐱᐦᐄᑯᔒᔥ waapihiikushiish na -im ◆ un bruant des neiges *Plectrophenax nivalis*

ᒋᒧᐧᐎᓂᐱᔮᔒᔥ chimuwinipiyaashiish na ◆ lit. 'oiseau de pluie', un bruant, un pinson (désigne plusieurs espèces de bruants, de pinsons)

ᐲᒋᑮᔥᑭᔒᔥ piichikiishkishiish na -im ◆ un bruant chanteur, un pinson chanteur *Melospiza melodia*

bruiner

ᑮᔥᑮᐧᐎᓂᐹᔥᑖᓐ kishkiwinipaashtaan vii ◆ il y a du brouillard et il bruine

bruit

ᒋᔅᐧᑖᐧᐋᔥᑭᒼ chistwaawaashkim vti ◆ il/elle lui fait faire un bruit avec son pied ou son corps

ᒥᐧᑖᔮᐱᔅᑭᐦᐄᒑᐤ mitwaayaapiskihiichaau vai ◆ il/elle fait du bruit avec (minéral)

ᐹᐦᑖᑯᐦᑖᐤ paahtaakuhtaau vai ◆ il/elle lui fait faire du bruit

ᐊᑎᒪᐧᐋᐧᐋᐱᔨᐤ atimwaawaapiyiu vai ◆ il/elle s'en va et on l'entend le faire ▪ ᔖᔥ ᒌᐦ ᑎᐱᔅᑳᔨᐤ ᐄᔮᒄ ᑳ ᐊᑎᒪᐧᐋᐧᐋᐱᔨᑦ. ▪ shaash chiih tipiskaayiu iiyaakw kaa atimwaawaapiyit. ▪ *C'était déjà la nuit quand nous l'avons entendue partir en voiture.*

ᐊᑎᒪᐧᐋᐧᐋᐱᔨᐤ atimwaawaapiyiu vii ◆ ça s'en va et on l'entend

ᒌᐦᑳᐧᐋᒋᐧᐎᓐ chiihkaawaachiwin vii ◆ il y a un bruit de rapides au loin, on entend les rapides au loin

ᒌᔥᐧᑳᒫᐤ chiishkwaamaau vta ◆ il/elle le/la rend fou/folle avec le bruit qu'il/elle fait

ᒋᒧᐦᒋᔑᓂᒡ chimuhchishinich vai pl ◆ les vagues font du bruit en déferlant

ᒋᐱᐦᒋᒫᐤ chipihchimaau vta ◆ il/elle l'arrête en criant, en émettant des bruits vocaux

ᒋᔖᐧᐋᐦᐧᑳᒨ chishwaawaahkwaamuu vai -u ◆ il/elle ronfle fort, bruyamment

ᒋᔖᐧᐋᐦᑖᐤ chishwaawaahtaau vai ◆ il/elle est bruyant-e en remuant ou en faisant quelque chose

ᒋᔖᐧᐋᐦᑎᐧᐋᐤ chishwaawaahtiwaau vai ◆ il/elle mâche bruyamment

ᒋᔖᐧᐋᐦᐧᐋᐤ chishwaawaahwaau vta ◆ il/elle fait beaucoup de bruit en le/la frappant

ᒋᔖᐧᐋᔑᓐ chishwaawaashin vai ◆ il/elle fait beaucoup de bruit en marchant ou en tombant

ᐄᑗᐦᑳᓱ iitwaahkaasuu vai -u [Wemindji] ◆ il/elle émet une certaine sorte de bruit avec sa voix

ᐄᑗᐅᐦᐋᐤ iitwaauhaau vta ◆ il/elle le/la fait faire des bruits de voix

ᐄᑗᐅᑎᒼ iitwaautim vti ◆ il/elle fait des bruits avec sa voix

ᐄᑗᐧᐋᐦᐊᒼ iitwaawaaham vti ◆ il/elle fait du bruit avec quelque chose, avec son traîneau, ses raquettes, en voyageant en hiver

ᐄᑗᐧᐋᐦᑖᐤ iitwaawaahtaau vai ◆ il/elle fait beaucoup de bruit

ᐄᑗᐧᐋᐦᐧᐋᐤ iitwaawaahwaau vta ◆ il/elle le/la frappe et ce qui est frappé fait du bruit

ᐄᑗᐧᐋᐱᑎᒼ iitwaawaapitim vti ◆ il/elle fait du bruit avec ses mains ou ses pieds, avec plusieurs coups de fusil

ᐧᑳᔥᑎᑯᐦᑎᒼ kwaashtikuhtim vti ◆ il/elle le boit à grand bruit

ᒥᑗᐦᑎᓐ mitwaahtin vii ◆ ça sonne, ça fait du bruit en tombant

ᒥᑗᑖᓐ mitwaataan vii ◆ il y un bruit de pluie

ᒥᑗᔨᐧᐋᐤ mitwaayiwaau vii ◆ c'est le bruit du vent qu'on entend

ᐹᑗᐧᐋᐱᔨᐤ paatwaawaapiyiu vai ◆ il/elle fait du bruit en approchant du locuteur

ᐹᑗᐧᐋᐱᔨᐤ paatwaawaapiyiu vii ◆ ça fait du bruit en allant vers le locuteur

ᐲᒋᐢᑳᓯᐦᑖᑯᐦᑖᐤ **piichiskaasihtaakuhtaau** vai ◆ le bruit qu'il/elle fait est ennuyeux

ᐱᒂᑎᒻ **pimwaatim** vti ◆ il/elle fait du bruit avec sa voix en passant

ᐱᒷᐙᔑᓐ **pimwaawaashin** vai ◆ il/elle fait un bruit en marchant tout près

ᐱᐱᑯᐦᑖᐏᒡ **pipikuhtaawich** vai pl redup ◆ ils/elles font du bruit quand leurs pagaies frappent le canot ▪ ᔖᔥ ᐹᒋ ᐱᐱᑯᐦᑖᐏᒡᐧ ᔖᔥ ᐹᒋ ᓈᑎᑳᒫᐦᐊᒧᒋᒑᓂᒌᐧ ▪ shaash paachi pipikuhtaawich. shaash paachi naatikaamaahamuchichaanichii. ▪ *Tu peux maintenant entendre le bruit de leurs pagaies sur le canot. Ils doivent être près de la grève.*

ᐱᔨᔨᐦᑖᐙᑭᐦᐄᒑᐤ **piyiyihtaawaakihiichaau** vai ◆ il/elle fait des bruits de hache assez forts

ᓲᐦᒁᐙᒋᐏᓐ **suuhkwaawaachiwin** vii ◆ il y a un bruit fort de rapides

ᐅᐦᑳᓯᐦᑖᑯᓯᐤ **uhkaasihtaakusiu** vai ◆ il/elle fait un son de voix qui est très agaçant

ᐅᐦᑎᑗᐙᐦᐊᒻ **uhtitwaawaaham** vti ◆ il/elle fait du bruit de là-bas en frappant quelque chose

ᐅᐦᑎᑗᐙᐱᔨᐤ **uhtitwaawaapiyiu** vii ◆ c'est de là que provient le bruit

ᐏᑎᐦᑗᐙᐱᔨᐤ **witihtwaawaapiyiu** vai ◆ son bruit retentit jusque là

ᐏᑎᐦᑗᐙᐱᔨᐤ **witihtwaawaapiyiu** vii ◆ son bruit retentit jusque là (se dit de quelque chose d'inanimé)

ᐊᐦᑎᑚᑎᒻ **ahtitwaatim** vti ◆ le bruit qu'il/elle émet (sa voix) provient d'une certaine direction

ᐋᒫᐙᑭᐦᐙᐤ **amaawaakihwaau** vta ◆ il/elle effraie et éloigne le gibier avec ses bruits de hache

ᒋᔒᐙᐦᐊᒻ **chishwaawaaham** vti ◆ il/elle fait un bruit fort en le frappant

ᒋᔒᐙᐦᑎᑖᐤ **chishwaawaahtitaau** vai ◆ il/elle tombe, frappe, fait beaucoup de bruit avec

ᑯᔥᑖᒋᒫᐤ **kushtaachimaau** vta ◆ il/elle lui fait peur avec des bruits vocaux

ᑯᓯᒁᐙᔑᓐ **kusikwaawaashin** vai ◆ le bruit de ses pas indique qu'il/elle est lourd-e

ᒥᒥᑗᓯᑯᑎᓐ **mimitwaasikutin** vii redup ◆ il y a des bruits de glace qui craque à cause du froid extrême

ᒥᒥᑘᔮᐦᑯᓈᐅᑎᓐ **mimitwaayaahkunaautin** vii redup ◆ il y a des bruits de neige qui crisse dehors à cause du froid extrême

ᐹᐦᑳᒋᐏᓐ **paahkaachiwin** vii ◆ l'eau fait soudain un bruit éclatant quand les vagues se brise dans le rapide

ᐲᔨᐦᑖᐙᒋᐏᓐ **piiyihtaawaachiwin** vii ◆ il y a un bruit de rapides au loin

ᓵᒋᒫᐤ **saachimaau** vta ◆ il/elle l'effraie par les bruits vocaux qu'il/elle fait

ᓵᒋᒥᑯ **saachimikuu** vai-u ◆ il/elle est terrorisé-e par le bruit que ça fait, le son que ça émet

ᔖᔖᐙᐱᔨᐤ **shaashaawaapiyiu** vii ◆ ça fait un grand bruit métallique, un bruit de ferraille qui résonne

ᐅᐦᑳᒥᑯ **uhkaamikuu** vai-u ◆ le bruit qu'il fait l'offense, l'agace

ᐅᐦᑎᐦᑗᐙᐦᐙᐤ **uhtihtwaawaahwaau** vta ◆ il/elle (ex tambour) résonne, fait du bruit quand il/elle le frappe là-bas

ᐅᐦᑎᑚᑎᒻ **uhtitwaatim** vti ◆ le bruit qu'elle fait avec sa voix provient de là-bas

ᐅᐦᑎᑗᐙᐱᔨᐦᐋᐤ **uhtitwaawaapiyihaau** vta ◆ il/elle fait en sorte que son bruit (animé) atteigne cette distance

ᐅᑎᐦᑗᐙᐦᐄᒑᐤ **utihtwaawaahiichaau** vai ◆ le bruit qu'elle fait en frappant provient de cette direction

ᐅᑎᐦᑗᐙᑭᐦᐄᒑᐤ **utihtwaawaakihiichaau** vai ◆ il/elle fait en sorte de ses bruits de hache atteignent une certaine distance

ᐅᑎᐦᑗᐙᐱᔨᐦᑖᐤ **utihtwaawaapiyihtaau** vai ◆ il/elle fait en sorte que le bruit atteigne cette distance

ᐅᑎᐦᑗᐙᐳᒋᒑᐤ **utihtwaawaapuchichaau** vai ◆ il/elle fait en sorte que le bruit de sa scie atteigne cette distance

ᒥᑖᐦᑎᑖᐤ **mitwaahtitaau** vai ◆ il/elle fait sonner une cloche, il/elle le laisse tomber et ça fait du bruit

ᐱᐱᒁᐤ **pipikwaau** vai redup ◆ le bruit des pagaies qui frappent le canot, le bruit de la glace qu'on teste qui signifie qu'elle est fine ▪ ᔖᔥ ᐹᒋ ᐱᐱᒁᐤ ᔖᔥ ᒥᔑᑳᒋᒑᓂᒌᐧ ▪ shaash paachi pipikwaau shaash mishikaachichaanichii. ▪ *Tu peux entendre le bruit des pagaies sur le canot, ils doivent être en train d'arriver.*

ᒋᔒᐙᔮᔥᑯᔑᓐ **chishwaawaayaashkushin** vai ◆ il/elle est bruyant-e en marchant entre les arbres et les buissons

bruit de pas

ᐊᑎᒷᐙᔑᓐ **atimwaawaashin** vai ◆ il/elle s'en va et on entend ses pas

bruits vocaux

ᐊᑎᒂᑎᒻ **atimwaatim** vti ◆ il/elle s'éloigne en marchant et en émettant des bruits vocaux

brûlant

ᐋᐦᒁᑭᒥᑖᐤ **aahkwaakimitaau** vii ◆ c'est un liquide brûlant

ᐙᓵᔮᐱᓯᐢᒋᓯᐤ **waasaayaapisischisiu** vai ◆ il/elle est chauffé-e au rouge, brûlant-e

ᐊᒁᐱᐢᒋᓂᒑᐤ **akwaapischinichaau** vta ◆ il/elle appuie du métal brûlant sur quelque chose (d'animé) (par ex. sur la peau du porc-épic pour enlever les piquants et le poils)

brûlé

ᓈᐦᑖᐙᐳᐢᒋᐦᑎᒄ **naahtaawaapuschihtikw** na ◆ un arbre très brûlé

ᐃᔥᒁᑖᐅᒫᑯᓐ **ishkwaataaumaakun** vii ◆ ça sent le brûlé

ᐃᔥᒁᑖᐅᒫᑯᓯᐤ ishkwaataaumaakusiu vai ◆ il/elle sent le brûlé

ᓂᐱᑖᔮᐦᑭᐦᑖᐤ nipitaayaahkihtaau vii ◆ c'est brûlé d'un côté

ᐐᔥᑯᑐᐏᔥᑖᐤ wiishkutuwishtaau vii ◆ ça sent le brûlé

ᐱᔨᐦᑖᐙᐳᔅᒋᐦᑎᒄ piyihtaawaapuschihtikw na -im ◆ un arbre dont toutes les branches ont brûlé

ᓂᔥᑎᐏᔖᐅᑭᐦᐊᒻ nishtiwishaaukiham vti ◆ il/elle rassemble les bouts de bois pas encore brûlés

ᐅᔥᑳᐳᓯᔅᑖᐤ ushkaapusistaau vii ◆ c'est une aire brûlée récemment

ᐐᒋᔥᑖᒫᐅᔥᑖᐤ wiichishtaamaaushtaau vii ◆ ça sent le tabac brûlé

ᐐᓈᐱᓯᔅᑖᐤ wiinaapisistaau vii ◆ la casserole sent parce que la nourriture a brûlé pendant qu'on cuisinait

ᐐᐱᒋᐏᔮᓂᔥᑖᐤ wiipichiwiyaanishtaau vii ◆ ça sent le tissu brûlé, la toile brûlée

ᑭᔥᑳᐹᔮᔑᐤ kishkaapaayaashiu vai ◆ il/elle a les yeux brûlés par le vent

brûle

ᒁᐦᑯᑖᐤ kwaahkutaau vii ◆ le feu brûle bien et émet de la chaleur

brûlé (à moitié)

ᐄᔅᒁᐦᑭᓲ iiskwaahkisuu vai -u ◆ il/elle est à moitié brûlé-e

brûlé (partiellement)

ᐄᔅᒁᐦᑭᔂᐤ iiskwaahkiswaau vta ◆ il/elle en laisse un peu qui n'est pas brûlé, il lui en reste qui n'est pas brûlé

brûler

ᒌᒧᑖᐦᑭᐦᑖᐤ chiimutaahkihtaau vii ◆ ça brûle et personne ne s'en aperçoit

ᐄᔥᒁᑖᐤ iishkwaataau vii ◆ ça brûle

ᐄᔅᒁᔂᐤ iiskwaaswaau vta ◆ il/elle le/la brûle

ᐄᑖᐦᑭᓯᒻ iitaahkisim vti ◆ il/elle en brûle une certaine quantité (ex. du bois, de l'essence)

ᐄᑖᐦᑭᓲ iitaahkisuu vai -u ◆ il/elle brûle d'une certaine façon (utilisé avec un préverbe)

ᐄᑖᐦᑭᔂᐤ iitaahkiswaau vta ◆ il/elle le/la brûle d'une certaine façon (utilisé avec un préverbe) ■ ᓈᔥᒡ ᐃᔮᒻᐦ ᐋᐦ ᐄᑖᐦᑭᔂᑦ ᐊᓂᔮᐦ ᐅᑎᔅᒡᐦ ᐹᔓᒡ ᒋᓵᐱᔅᒋᓵᐙᓂᐦᒡ ᐋᐦ ᒌᐦ ᐊᑯᔮᑦ᙮ ■ naashch iyaamh aah iitaahkiswaat aniyaah utischh paashuch chisaapischisaawaanihch aah chiih akuyaat. ■ *Il/elle a brûlé un grand trou dans ses mitaines parce qu'elle les a accrochées trop près du poêle.*

ᐃᔅᒁᐦᑭᓯᒻ iskwaahkisim vti ◆ il/elle en laisse qui n'est pas brûlé

ᐃᔅᒁᓯᒑᐤ iskwaasichaau vai ◆ il/elle brûle quelque chose

ᐃᔅᒁᓯᒻ iskwaasim vti ◆ il/elle le brûle

ᑭᐙᐦᑭᐦᑖᐤ kiwaahkihtaau vii ◆ ça brûle, c'est réduit en cendres

ᑭᐙᐦᑭᓲ kiwaahkisuu vai -u ◆ il/elle brûle, est réduit-e en cendres

ᐋᐦᒁᑖᐦᑭᓯᒻ aahkwaataahkisim vti ◆ il/elle le brûle gravement ■ ᓄᐏᒡ ᐋᐦᒁᐦᑖᐦᑭᓯᒻ ᐊᓂᔮ ᐅᒫᐦᑮᒻ ᐊᓅᐦᒌᐦᒑ ᑳ ᐅᔥᑳᔨᒡ᙮ ■ nuwich aahkwaahtaahkisim aniyaa umaahkiim anuuhchiihchaa kaa ushkaayich. ■ *Il a brûlé un grand trou dans sa nouvelle tente.*

ᐊᑯᐦᑭᐦᑖᐤ akuhkihtaau vii ◆ ça brûle et colle à quelque chose

ᐊᒁᐱᓯᔅᒋᓯᐤ akwaapisischisiu vai ◆ il/elle touche du métal brûlant et se brûle

ᐊᒁᐱᓯᔅᑖᐤ akwaapisistaau vii ◆ c'est contre du métal et ça brûle

ᒌᐦᒌᐦᒁᑭᐦᑖᐤ chiihchiihkwaakihtaau vii ◆ ça brûle complètement, ça se réduit en cendres

ᑳᒌᒫᔖᐤ kaachiimaashaau vii ◆ le feu brûle lentement

ᑳᒌᒫᔑᐙᐤ kaachiimaashiwaau vii ◆ le feu commence à brûler petit à petit

ᑭᔥᑭᔥᑳᔖᐤ kishkishkaashaau vii ◆ le feu brûle bien, forme de belles flammes

ᒥᔮᐦᑭᐦᑖᐤ miyaahkihtaau vii ◆ ça sent le brûlé, ça sent la cuisine

ᓂᐱᑖᔮᐦᑭᓲ nipitaayaahkisuu vai -u ◆ il/elle est brûlé-e d'un côté

ᐱᐦᑭᐦᓲ pihkihsuu vai -u ◆ il/elle est roussi-e, brûlé-e légèrement

ᐱᐦᑭᐦᑖᐤ pihkihtaau vii ◆ c'est roussi, brûlé légèrement

ᐱᑯᓈᔮᐦᑭᐦᑖᐤ pikunaayaahkihtaau vii ◆ le feu brûle un trou dedans

ᐱᔅᑳᐹᐦᑭᐦᓯᒻ piskaapaahkihsim vti ◆ il/elle le brûle (filiforme) pour le couper

ᐱᔅᑳᐹᐦᑭᐦᔂᐤ piskaapaahkihswaau vta ◆ il/elle le/la brûle et le/la coupe (filiforme)

ᐚᔅᑳᔮᐦᑭᐦᑖᐤ waaskaayaahkihtaau vii ◆ le feu brûle autour d'un objet

ᐐᓯᑳᐦᑭᓯᒻ wiisikaahkisim vti ◆ il/elle le brûle pour que ça ait un goût amer

ᐐᓯᑳᐦᑭᔂᐤ wiisikaahkiswaau vta ◆ il/elle le/la brûle pour le/la faire souffrir

ᐐᓯᑳᔥᑖᐤ wiisikaashtaau vii ◆ ça brûle au soleil

ᐏᔨᐹᐦᑭᐦᑖᐤ wiyipaahkihtaau vii ◆ ça brûle tout noir

ᐏᔨᐹᐦᑭᓯᒻ wiyipaahkisim vti ◆ il/elle le brûle jusqu'à ce qu'il soit tout noir

ᐏᔨᐹᐦᑭᓲ wiyipaahkisuu vai -u ◆ il/elle brûle jusqu'à ce qu'il/elle soit toute noire

ᐏᔨᐹᐦᑭᔂᐤ wiyipaahkiswaau vta ◆ il/elle le/la brûle

ᐋᐦᒁᑖᐦᑭᔂᐤ aahkwaataahkiswaau vta ◆ il/elle la brûle gravement, elle tire et perce un grand trou dedans

ᒋᔨᐹᐦᑭᓲ chiyipaahkisuu vai -u ◆ il/elle brûle, cuit vite

ᒥᔮᐦᑭᓲ miyaahkisuu vai -u ◆ il/elle sent le brûlé, on le/la sent qui cuit

ᓈᑗᔮᐦᑭᐦᓲ naatwaayaahkihsuu vai -u ◆ il/elle brûle et se casse en deux

ᐱᑯᓈᔮᐦᑭᐦᓲ **pikunaayaahkihsuu** vai -u ◆ le feu brûle un trou dedans (animé), l'animal a un trou dans sa fourrure due au coup de fusil

ᓱᐦᒋᒫᓵᐙᐤ **suhchimaasaawaau** vai ◆ il/elle le brûle et ça sent fort

ᓱᐦᒋᒫᔥᑖᐤ **suhchimaashtaau** vii ◆ ça brûle et ça sent fort

ᓱᐦᒋᒫᓲ **suhchimaasuu** vai -u ◆ il/elle (ex. cigare) sent fort quand il/elle brûle

ᒥᔪᒫᓲ **miyumaasuu** vai -u ◆ il/elle sent bon en cuisant, en brûlant

brûlure

ᒨᔅᒁᐦᑭᓲ **muuskwaahkisuu** vai -u ◆ il/elle pleure à cause d'une brûlure

ᐑᓯᑳᐦᑭᓲ **wiisikaahkisuu** vai -u ◆ il/elle a une brûlure qui la/le pique

brûlures d'estomac

ᐅᔥᑭᓈᔨᒥᐦᒋᐦᐆ **ushkinaayimihchihuu** vai -u ◆ il/elle a des brûlures d'estomac

brume

ᐲᒋᔖᐦᑭᒥᐤ **piichishaahkimiu** vii ◆ la brume s'élève au-dessus de l'eau

ᐲᒋᔖᔮᐤ **piichishaayaau** vii ◆ ça s'élève au-dessus de l'eau (ex. brume)

ᐲᔂᐦᑎᓐ **piiswaahtin** vii ◆ il y a de la brume qui provient de la cascade

ᐹᑎᑖᒨ **paatitaamuu** vii -u ◆ il y a de la brume dans l'air qui amènera un temps froid, habituellement durant le printemps

ᐲᒋᔖᔮᔥᑎᓐ **piichishaayaashtin** vii ◆ il y a du brouillard ou de la brume apportée par le vent

brumeux

ᑭᔥᑭᐎᓈᐱᓐ **kishkiwinaapin** vii ◆ c'est un matin brumeux, un matin de brouillard

ᐱᒋᔅᑭᓐ **pichiskin** vii ◆ l'atmosphère est bleue et brumeuse quand il fait chaud

brun

ᐑᔅᑯᔥᑖᔮᒋᓯᐤ **wiiskushtaayaachisiu** vai ◆ il/elle est gris-e, brun-e (étalé)

ᐑᔅᑯᔥᑖᔮᑭᓐ **wiiskushtaayaakin** vii ◆ c'est gris, brun (étalé)

ᐎᔨᔅᑯᔥᑖᔮᒋᓯᐤ **wiyiskushtaayaachisiu** vai ◆ il/elle est brun-e, gris-e (étalé)

ᒥᐦᑭᐦᑖᐅᔅᒄ **mihkihtaauskw** na -um ◆ un ours noir, un ours brun *Ursus americanus*

ᐅᓵᐅᔅᒄ **usaauskw** na -um [Wemindji] ◆ un ours brun, un ours noir *Ursus americanus*

ᐅᓵᐅᓈᑯᓯᐤ **usaaunaakusiu** vai [Wemindji] ◆ ça a l'air vert, jaune, brun

ᐅᓵᐅᓯᐤ **usaausiu** vai ◆ il/elle est vert-e, jaune, brun-e

ᐅᓵᐚᑭᒥᐤ **usaawaakimiu** vii ◆ c'est jaune, brun (liquide)

brunante

ᐅᐎᒋᓈᑯᓐ **uwichinaakun** vii ◆ c'est l'aube, la pointe du jour, le crépuscule, la brunante

bruyamment

ᒌᐦᑳᐚᐦᑎᐙᐤ **chiihkaawaahtiwaau** vai ◆ il/elle mâche bruyamment ■ ᓄᐎᒡ ᒌᐦᑳᐚᐦᑎᐙᐤ ᐊᓐ ᐊᒥᔅᒄ ᐋᐦ ᒦᒋᓱᑦ ■ nuwich chiihkaawaahtiwaau an amiskw aah miichisut. ■ *On peut entendre mâcher bruyamment le castor qui mange.*

ᒌᐦᑳᐚᔑᓐ **chiihkaawaashin** vai ◆ il/elle marche bruyamment

ᒋᔂᐚᐦᑎᒻ **chishwaawaahtim** vti ◆ il/elle le mâche bruyamment

ᒋᔂᐚᑭᐦᐊᒻ **chishwaawaakiham** vti ◆ il/elle le hache bruyamment

ᒋᔂᐚᑭᐦᐄᒑᐤ **chishwaawaakihiichaau** vai ◆ il/elle hache bruyamment

ᒋᔂᐚᑭᐦᐙᐤ **chishwaawaakihwaau** vta ◆ il/elle le/la hache bruyamment

ᒋᔂᐚᒫᐤ **chishwaawaamaau** vta ◆ il/elle le/la mâche bruyamment

ᐄᑤᐚᒫᐤ **iitwaawaamaau** vta ◆ il/elle le mâche bruyamment

bruyant

ᒋᔂᐚᐱᔨᐤ **chishwaawaapiyiu** vii ◆ c'est bruyant, fort

ᐄᑤᒥᑭᓐ **iitwaamikin** vii ◆ c'est bruyant, ça retentit d'une certaine façon

ᒌᔥᒁᔮᔨᐦᑖᑯᓐ **chiishkwaayaayihtaakun** vii ◆ c'est confus, bruyant

ᒋᔂᐚᐦᑖᐤ **chishwaawaahtaau** vai ◆ il/elle est bruyant-e en remuant ou en faisant quelque chose

ᒋᔂᐚᐦᑎᓐ **chishwaawaahtin** vii ◆ ça tombe en faisant du bruit, ça sonne fort

ᒋᔂᐚᑖᐤ **chishwaawaataau** vii ◆ le fusil émet un coup bruyant

ᒋᔂᐚᔮᔥᑯᔥᑎᓐ **chishwaawaayaashkushtin** vii ◆ le vent fait du bruit en passant dans les arbres et les buissons

ᒋᔂᐚᔮᔥᑎᓐ **chishwaawaayaashtin** vii ◆ c'est bruyant quand le vent le traverse

ᐄᑤᐚᐦᑖᐤ **iitwaawaahtaau** vai ◆ il/elle fait beaucoup de bruit

ᑖᐻᐱᔨᐤ **taapwaapiyiu** vii ◆ c'est bruyant (ex. une sirène), ça retentit

ᒋᔂᐚᒋᐎᓐ **chishwaawaachiwin** vii ◆ le son de l'eau est fort, l'eau est bruyante

ᒋᔂᐚᔮᔅᑯᐦᑎᓐ **chishwaawaayaaskuhtin** vii ◆ c'est bruyant quand ça frotte les arbres ou les buissons

ᒋᔂᐚᔮᔥᑯᔑᓐ **chishwaawaayaashkushin** vai ◆ il/elle est bruyant-e en marchant entre les arbres et les buissons

bûche

ᒋᒥᐳᒋᑭᓐ **chimipuchikin** ni ◆ une scie à bûches

ᐋᒥᓵᐅᒋᐱᔨᐤ *aamisaauchipiyiu* vii ◆ une bûche en feu roule hors du foyer

ᒁᑎᐱᓵᐅᒋᓂᒻ **kwaatipisaauchinim** vti ◆ il/elle retourne la bûche brûlante

ᒥᒥᔑᐦᑎᒁᐤ **mimishihtikwaau** vai redup ◆ il/elle coupe de grosses bûches pour le feu

ᓂᔅᑎᐧᐃᓵᐅᒋᓂᒻ nistiwisaauchinim vti ◆ il/elle rassemble les bûches brûlantes

ᓯᐦᒑᔮᔅᒑᐅᒋᓂᒻ sihchaayaaschaauchinim vti ◆ il/elle étale les bûches incandescentes avec quelque chose

bûcher

ᓅᑖᐦᑎᒁᐤ nuutaahtikwaau vai ◆ il/elle fait de la coupe de bois, bûche

buée

ᐲᒋᔆᐹᐱᔨᐤ piichishaapiyiu vai ◆ il/elle fait de la vapeur, est plein de vapeur, est embué

ᐲᒋᔆᐹᑖᐤ piichishaataau vii ◆ il y a de la vapeur d'eau, de la buée

buisson

ᒌᐧᐋᑎᓈᔅᒄ chiiwaatinaaskw na -um ◆ un balai de sorcière, un buisson de branches qui se développe sur un arbre

ᐄᔨᑭᒥᓈᐦᑎᒄ iiyikiminaahtikw ni ◆ un buisson de gadelles rouges des marais *Ribes triste*

ᐄᔨᒥᓈᐦᑎᒄ iiyiminaahtikw ni ◆ un buisson de bleuets *Vaccinium sp*

ᓂᔅᒋᒥᓈᐦᑎᒄ nischiminaahtikw ni ◆ un buisson d'airelle myrtille *Gaylussacia sp.*

ᐱᔅᑯᑎᓂᔅᑭᐦᐧᐋᑭᓐ piskutiniskihwaakin na -um ◆ un balai de sorcière, un buisson de branches qui se développe sur un arbre

ᔑᑳᐱᔒᔥ shikaapishiish ni -im [Wemindji] ◆ un tout petit ruisseau bordé de buissons

ᐅᔥᑎᒁᓈᔅᑿᐦ ushtikwaanaaskwh ni pl -um ◆ un balai de sorcière, un buisson de branches qui se développe sur un arbre

ᐧᐄᓯᒋᒥᓈᐦᑎᒄ wiisichiminaahtikw ni ◆ un buisson de canneberges

ᒋᐳᓯᑳᐤ chipusikaau vii ◆ c'est bloqué par les buissons

ᒋᐳᓯᑳᐧᐋᔑᓐ chipusikaawaashin vai ◆ il/elle est bloqué-e par les buissons

ᑯᑖᐧᐋᔅᑯᐱᔨᐤ kutaawaaskupiyiu vai ◆ il/elle se réfugie dans les buissons, les arbres

ᒥᒋᐱᑯᔅᑳᐤ michipikuskaau vii ◆ c'est un endroit de buissons épais

ᒥᔫᐦᑯᐹᐤ miyuhkupaau vii ◆ c'est une rivière bordée de buissons

ᐱᔑᐦᑳᐹᐤ pishihkaapaau vii ◆ il y a de gros saules, buissons de chaque coté (ex. du ruisseau)

ᐱᔅᑯᑳᐴᐦ piskukaapuuh vii pl -uwi ◆ les buissons forment un monticule

ᒥᔅᒑᑯᒥᓈᐦᑎᒄ mischaakuminaahtikw ni ◆ un buisson de canneberges des marais *Vaccinium oxycoccus, oxycoccus palustris*

ᓂᒋᑯᒥᓈᐦᑎᒄ nichikuminaahtikw ni ◆ un buisson d'airelles, de myrtilles

ᐄᑖᒫᔮᐦᑎᒄ iitaamaayaahtikw p,lieu ◆ sous les buissons, sous les arbres, au fond des bois ■ ᓈᔥᒡ ᐊᓂᑖᐦ ᐄᑖᒫᔮᐦᑎᒄ ᐋᑯᑎᐦ ᑳ ᒋᒥᑖᒡ ᐅᒥᐦᑐᑳᓂᐧᐋᐤ. ■ naashch anitaah iitaamaayaahtikw aakutih kaa chimitaach umihtukaaniwaau. ■ *Ils installèrent leur campement d'hiver au fond des bois.*

ᒌᐧᔕᐧᐋᔮᔅᑯᐦᑎᓐ chishwaawaayaaskuhtin vii ◆ c'est bruyant quand ça frotte les arbres ou les buissons

ᐄᑯᐦᑯᐹᐤ iikuhkupaau vii ◆ c'est un endroit où les buissons, les saules sont si épais que le ruisseau commence à disparaître

ᓃᐱᓯᐦᑯᐹᐤ niipisihkupaau vii ◆ c'est un ruisseau bordé de buissons épais

ᐱᓯᐦᑯᐹᐤ pisihkupaau vii ◆ ça (ex. un ruisseau) a des saules épais, des buissons de chaque côté

ᓯᑭᐦᑯᐹᐤ sikihkupaau vii ◆ c'est un ruisseau, une rivière bordée de buissons épais

ᑎᐧᐃᑭᐦᐊᒻ tiwikiham vti ◆ il/elle coupe les buissons et les arbres

ᒌᐧᔕᐧᐋᔮᔥᑯᔑᓐ chishwaawaayaashkushin vai ◆ il/elle est bruyant-e en marchant entre les arbres et les buissons

buissonneux

ᐲᐧᑳᔮᐤ piikwaayaau vii ◆ c'est dense, buissonneux, épais

buissons

ᔒᐹᔮᒋᔥᑎᒄ shiipaayaachishtikw p,lieu ◆ sous les buissons, les branches ■ ᓈᔥᒡ ᐋᐦ ᑭᒋᔥᑎᒧᒡᐦ ᐧᐋᐳᔑᒫᐅᐦ ᐊᓂᑖᐦ ᔒᐹᔮᒋᔥᑎᒄ. ■ naashch aah kichishtimuch-h waapushimaauh anitaah shiipaayaachishtikw. ■ *Il y a des sentiers de lièvre bien fréquentés sous les buissons.*

ᒋᐱᐦᑯᐹᐤ chipihkupaau vii ◆ c'est un endroit où les buissons, les arbustes, les saules sont devenus si épais que le ruisseau commence à disparaître

bulle

ᐱᐲᔂᐱᔨᐤ pipiiswaapiyiu vii redup ◆ ça fait des bulles

ᒥᒨᔅᒋᒋᐧᐃᓐ mimuuschichiwin vii ◆ de l'eau sort de terre en faisant des bulles

ᐲᔂᐱᔨᐤ piiswaapiyiu vai ◆ il/elle fait des bulles, se gonfle

ᐲᔂᐱᔨᐤ piiswaapiyiu vii ◆ ça fait des bulles, ça gonfle

bureau

ᒥᓯᓂᐦᐄᒑᐅᑭᒥᒄ misinihiichaaukimikw ni ◆ un bureau de poste, un bureau (un lieu de travail)

burin

ᐊᓯᓱᐃ asisui ni ◆ un burin à glace

busard

ᓄᒋᐦᔮᐧᐋᓯᐤ nuchihyaawaasiu na -iim ◆ un busard des marais, un busard Saint-Martin *Circus cyaneus*, un faucon gerfaut *Falco rusticolus*

ᐱᐳᓂᓯᐤ pipunisiu na -iim ◆ un faucon gerfaut *Falco rusticolus*, un busard Saint-Martin *Circus cyaneus*

buse

ᓵᐦᑯᑎᒻ saahkutim na -um ◆ une buse pattue *Buteo lagopus*, une buse à queue rousse *Buteo jamaicensis*

bush

ᓯᑳᐤ sikaau vii ◆ la forêt, le bush est dense ■ ᓈᔥᒡ ᐋᐦ ᓯᑳᒡ ᐊᓂᑖᐦ ᐙᐦ ᐄᑐᐦᑖᔨᐦᒄ. ■ naashch aah sikaach anitaah waah iituhtaayihkw. ■ *La forêt est très dense là où nous voulions aller.*

but

ᑭᓂᐙᑎᒁᐤ kiniwaatikwaau vai ◆ il/elle garde les buts

ᑭᓂᐙᑎᒁᓯᐤ kiniwaatikwaasiu na -iim ◆ un gardien de but, une gardienne de but

butte

ᔮᐅᑖᐅᐦᑳᐤ yaautaauhkaau vii ◆ la colline, la montage, la butte à l'air difficile à gravir, à escalader

C

c'est elle

ᐋᐃ aai p,interjection ◆ c'est d'elle/de lui qu'il s'agit (expression utilisée avec le nom de quelqu'un ou de quelque chose) ■ ᐋᐃ, ᑳ ᐄᑎᒃ ᒣᕇ. ■ aai, kaa iitik merii. ■ *C'est d'elle qu'il s'agit, Marie.*

c'est lui

ᐋᐃ aai p,interjection ◆ c'est d'elle/de lui qu'il s'agit (expression utilisée avec le nom de quelqu'un ou de quelque chose) ■ ᐋᐃ, ᑳ ᐄᑎᒃ ᒣᕇ. ■ aai, kaa iitik merii. ■ *C'est d'elle qu'il s'agit, Marie.*

c'est pourquoi

ᐋᔪᐎᒄ aayuwikw p,conjonction ◆ c'est pourquoi ■ ᐊᐦᑯᓯᐤ ᐋᔪᐎᒄ ᐙᐦᒋ ᐊᑳ ᑎᑯᔑᐦᒃ. ■ aahkusiu aayuwikw waahchi aakaa tikushihk. ■ *Il est malade c'est pourquoi il n'est pas là.*

ça

ᐊᓂᔮ aniyaa pro,dém ◆ celui-là, celle-là, cela, ça, ce, cet, cette (obviatif inanimé, voir *an*) ■ ᔖᔥ ᐹᔥᑖᔨᐤ ᐊᓂᔮ ᐅᑖᔅ. ■ shaash paashtaayiu aniyaa utaas.

ᐊᓂᔮᔨᐤ aniyaayiu pro,dém ◆ celui-là, celle-là, cela, ça, ce, cet, cette (inanimé obviatif, voir *an*) ■ ᐋᔪᐎᒄ ᐊᓂᔮᔨᐤ ᐑᒋᐙᐤ ᑳ ᐅᐙᔑᐦᑖᑭᓂᐎᔨᑯᐱᓈ. ■ aayuwikw aniyaayiu wiichiwaau kaa uwaashihtaakiniwiyikupinaa. ■ *Oui, c'est bien leur maison qui a été rénovée.*

ᐊᓐ an pro,dém ◆ celui-là, celle-là, cela, ça, ce, cet, cette, voilà (animé ou inanimé) ■ ᐑᐱᒡ ᒑᒋᔖᐹᔮᔨᒑ ᒑ ᒁᐱᒑᑦ ᐊᓐ ᐃᔥᒁᔑᔥ. ■ wiipich chaachishaapaayaayichaa chaa kwaapichaat an ishkwaashish. ■ *Cette fille-là ira chercher de l'eau très tôt le matin.*

ᓈ naa pro,dém ◆ celui-là là-bas, celle-là là-bas, cela, ça, ce, cet, cette (inanimé) (voir *maanaa*) ■ ᐹᑖᐦ ᒫ ᓈ ᓂᔖᐳᓂᑭᓂᐎᑦ. ■ paataah maa naa nishaapunikiniwit. ■ *Apporte-moi mon panier de couture qui est là-bas.*

ça rebondit

ᒁᔥᒁᐦᑎᓐ kwaashkwaahtin vii ◆ ça rebondit

ça va

ᐋᑯᔥ aakush p,affirmative ◆ ça ne fait rien, c'est pas grave, ça va ■ ᐋᑯᔥ ᐋᑯᑖᐦ ᒑ ᐄᔑᓈᑯᐦᒡ. ■ aakush aakutaah chaa iishinaakuhch. ■ *Ça va, laisse-le comme il est.*

ᐋᑯᑖᐦ aakutaah p,dém, focus,lieu ◆ d'accord, ça va, là-bas ■ ᐋᑯᑖᐦ, ᔖᔥ ᒥᔪᐱᔨᐤ. ❖ ᐋᑯᑖᐦ ᓈᑖᐦ ᑳ ᐄᑐᐦᑖᔮᓐ. ■ aakutaah, shaash miyupiyiu. ❖ aakutaah naataah kaa iituhtaayaan. ■ *D'accord ça marche bien maintenant.* ❖ *Je suis allé là-bas.*

cabane

ᒥᔅᑎᑯᑭᒥᒄ mistikukimikw ni ◆ une maison ou cabane de bois, une hutte

ᒥᑐᑎᓵᓐ mitutisaan ni ◆ une suerie, une cabane à suer

ᒥᑐᑎᓵᓈᒋᓂᑭᒥᒄ mitutisaanaachinikimikw ni ◆ une cabane bâtie avec des perches recourbées ou fléchies

ᒥᑐᑎᓵᓈᒋᓈᐦᑎᒄᐦ mitutisaanaachinaahtikwh ni pl ◆ des perches recourbées ou fléchies utilisées pour la structure d'une cabane, d'un abri

cabane d'entreposage

ᐊᔅᑖᓲᑭᒥᒄ astaasuukimikw ni ◆ un entrepôt, une cabane d'entreposage

câble

ᓂᒁᓈᔮᐲ nikwaanaayaapii ni -m ◆ du câble à collet

ᓯᑭᐺᓈᔮᐲ sikipwaanaayaapii ni -m ◆ un câble à rôtir

câble de démarrage

ᐅᒋᐱᒋᑭᓈᔮᐲ uchipichikinaayaapii ni ◆ un câble de traction, utilisé pour tirer un canot par-dessus les rapides ou pour démarrer un moteur

câble de traction

ᐅᒋᐱᒋᑭᓈᔮᐲ uchipichikinaayaapii ni ◆ un câble de traction, utilisé pour tirer un canot par-dessus les rapides ou pour démarrer un moteur

caca

ᒦᓰᐤ miisiiu vai ◆ il/elle va à la selle; il/elle fait caca; il/elle chie

ᐎᔨᐐᐤ wiyiwiiu vai ◆ il/elle en sort, il/elle défèque, fait caca

cache

ᑖᔑᐱᑖᑭᓐ taashipitaakin ni ◆ une cache sur une plateforme

ᐅᐚᔨᑯᑖᐤ uwaayikutaau vai+o ◆ il/elle le range correctement dans une cache, commence à le suspendre

caché

ᐋᒧᑎᐦᒄ aamutihkw na -um ◆ un caribou qui se cache après avoir été effrayé par les humains

ᑭᔮᐅᒡ kiyaauch p,lieu ◆ dans un endroit caché, dans une cachette ■ ᓂᒥ ᒋᔩᐙ ᐅᐦᒋ ᒥᔅᑭᒼ ᐊᓂᔮ ᐅᑎᐦᑏᔖᐳᓂᑭᓐ ᓈᔥᒡ ᑭᔮᐅᒡ ᐋᐦ ᒌᐦ ᐃᐦᑎᑎᒥᑯᐱᓈ. ■ nimi chiyiiwaa uhchi miskim aniyaa utihtiishaapunikin naashch kiyaauch aah chiih ihtitimikupinaa. ■ *Elle ne réussissait pas à trouver son aiguille de laçage pour les peaux parce qu'elle l'avait mise dans une cachette.*

ᐋᑭᐙᔅᒑᐤ aakiwaaschaau vii ◆ le soleil est caché

ᐋᑭᐙᐢᑯᐦᑎᓐ aakiwaaskuhtin vii ◆ c'est caché derrière un arbre
ᐱᐳᐙᔮᔥᑯᔑᓐ pipuwaayaashkushin vai redup ◆ il/elle est debout à moitié caché par les arbres, mais encore visible
ᒥᐦᐄᐦᑮᓈᒧᑎᐦᒄ mihiihkinaamutihkw na -um ◆ un caribou qui se cache après avoir été effrayé par des loups
ᐋᑭᐙᐅᐦᒡ aakiwaauhch p,lieu ◆ du côté caché de la montagne

cachemire

ᑳᐅᐙᐳᔓᑎᔩᔥᑖᒡ kaauwaapushutiyishtaach nip ◆ du tissu avec un motif cachemire

cacher

ᐋᑭᐎᐱᔨᐦᐋᐤ aakiwipiyihaau vta ◆ il/elle le/la cache derrière quelque chose
ᐋᑯᐦᐊᒻ aakuham vti ◆ il/elle le cache
ᐋᑯᐦᐙᐤ aakuhwaau vta ◆ il/elle se cache derrière quelque chose
ᑳᑖᐤ kaataau vai+o ◆ il/elle le cache
ᑳᔮᐤ kaayaau vta ◆ il/elle le/la cache
ᐅᔑᒧᐦᑎᔮᐤ ushimuhtiyaau vta ◆ il/elle le/la cache de lui/d'elle
ᐅᔑᒧᐦᑎᔩᐙᐤ ushimuhtiyiwaau vai ◆ il/elle le cache des autres
ᐊᔥᑎᐦᒋᑯᓂᐎᐟ ashtihchikuniwit ni ◆ un récipient pour ce qu'on va conserver, cacher ou laisser
ᐋᑭᐙᐱᓈᐤ aakiwaapinaau vta ◆ il/elle lui cache les yeux avec les mains, l'ours empêche quelqu'un de voir sa tanière (on dit que l'ours lui cache les yeux pour l'empêcher de voir)
ᐋᑭᐙᔥᑯᔑᒫᐤ aakiwaashkushimaau vta ◆ il/elle le/la cache derrière un arbre
ᐋᑭᐎᑯᒋᓐ aakiwikuchin vai ◆ il/elle pend caché
ᐋᑭᐎᑯᑖᐤ aakiwikutaau vii ◆ ça pend caché
ᐋᑯᔮᑭᐦᐙᐤ aakuyaakihwaau vta ◆ il/elle le/la suspend (étalé) devant elle/lui pour le/la cacher
ᐊᒋᔥᑎᐙᐤ achishtiwaau vii ◆ la pente nous cache le rapide en aval
ᐊᔥᑎᐦᒋᑰ ashtihchikuu vai -u ◆ il/elle entrepose, cache, laisse
ᑳᒋᐱᔨᐦᐋᐤ kaachipiyihaau vta ◆ il/elle le/la cache vite
ᑳᒋᐱᔨᐦᑖᐤ kaachipiyihtaau vai ◆ il/elle le cache vite
ᐊᔥᑎᐦᒋᑯᓐᐦ ashtihchikunh ni pl ◆ des choses entreposées, cachées, laissées
ᐋᑭᐙᔥᑖᐦᑎᓐ aakiwaashtaahtin vii ◆ c'est là où le soleil brille jamais
ᐋᑭᐙᓯᔅᒑᐤ aakiwaasischaau vai ◆ le soleil est caché derrière les nuages
ᐋᑭᐎᔅᑳᐤ aakiwiskwaau vii ◆ le soleil brille à travers les nuages
ᐊᔥᑎᐦᒋᑯᓂᐦᒑᐤ ashtihchikunihchaau vai ◆ il/elle prépare quelque chose pour le cacher ou l'entreposer

cacher (se)

ᐋᑭᐎᐱᔨᐦᑖᐤ aakiwipiyihtaau vai ◆ il/elle se cache derrière quelque chose
ᐋᑭᐎᐱᔨᐦᐆ aakiwipiyihuu vai -u ◆ il/elle va se cacher derrière quelque chose
ᐋᑯᔑᒫᐤ aakushimaau vta ◆ il/elle se cache de lui ou d'elle
ᑳᔖᔥᑎᒻ kaashuushtim vti ◆ il/elle s'en cache
ᑳᔖᔥᑎᐙᐤ kaashuushtiwaau vta ◆ il/elle se cache pour qu'il/elle ne la voit pas
ᑳᓲ kaasuu vai -u ◆ il/elle se cache
ᐅᔑᒫᐤ ushimaau vta ◆ il/elle se cache de lui/d'elle
ᐅᔑᒨ ushimuu vai -u ◆ il/elle se cache
ᐋᑭᐙᔥᑯᔑᒨ aakiwaashkushimuu vai -u ◆ il/elle se cache derrière un arbre
ᐋᑯᔑᒨ aakushimuu vai -u ◆ il/elle se cache derrière quelque chose

cachette (en)

ᐎᓂᒧᒡ winimuch p,manière ◆ en secret, en cachette, en douce ■ ᐎᓂᒧᒡ ᒦᒋᓱ ᒫᒀᒡ ᐋ ᐄᔮᔅᑭᐐᓈᓂᐎᔨᒡ. ■ winimuch mimiichisuu maakwaach aah iyaaskiwiinaaniwiyich. ■ *Il mangeait en douce pendant que les gens se préparaient à partir.*

cadavre

ᒥᔨᐤ miyiu ni ◆ un cadavre

cadeau

ᒥᔨᐙᐎᓐ miyiwaawin ni ◆ un cadeau

cadenas

ᐋᑖᐱᔅᒋᓂᑭᓐ aataapischinikin ni ◆ un cadenas, une serrure

cadenasser

ᐋᑖᐱᔅᒋᓂᒻ aataapischinim vti ◆ il/elle le cadenasse, le barre

cadet

ᒋᔒᒻ chishiim nad ◆ ton jeune frère ou frère cadet, ta jeune soeur ou soeur cadette

cadre

ᐋᐦᒋᑯᒥᔅᑯᐦᑐᐃ aahchikumiskuhtui ni -m ◆ un cadre pour étendre la peau de phoque
ᐊᓵᒫᐦᑎᑯᒡ asaamaahtikuch na pl -m ◆ des cadres de raquettes
ᒋᓵᒥᔅᑯᐦᑐᐃ chisaamiskuhtui ni ◆ un cadre pour étendre et faire sécher la fourrure d'un castor adulte
ᒋᔥᑐᐦᑮᓈᐦᑎᒄ chishtuhkinaahtikw ni -um ◆ un cadre de porte
ᐙᐅᔮᐱᑭᓐ waauyaapikin vii ◆ le cadre pour faire sécher les peaux de castor est rond
ᐊᐦᑏᔖᐳᓂᑭᓐ ahtiishaapunikin ni ◆ une aiguille pour lacer la peau de castor sur un cadre pour la faire sécher
ᐊᒥᔥᑯᐦᒎᔥ amishkuhchuush ni -uum ◆ un cadre plus petit pour faire sécher la peau d'un jeune castor
ᐊᒥᔅᑯᐦᑐᐃ amiskuhtui ni -m ◆ un cadre pour étendre et faire sécher la peau de phoque ou de castor

ᐊᓵᒫᐦᑎᒄ *asaamaahtikw* na -um ◆ le bois utilisé pour les cadres de raquettes

ᓯᒋᐱᑎᐦᑖᑭᓈᔮᐲ *sichipitihtaakinaayaapii* ni ◆ une ficelle pour attacher la peau sur un cadre pour la faire sécher

ᐄᑖᒫᐦᑎᑯᐱᔑᒫᐤ *iitaamaahtikupishimaau* vai ◆ il/elle met de la ficelle sur le bord de la raquette en passant par le trou à l'intérieur du cadre

ᒥᓈᐢᑯᓈᐤ *minaaskunaau* vai ◆ il/elle détache la fourrure séchée du cadre ou de la forme

ᓯᒋᐱᑖᐤ *sichipitaau* vta ◆ il/elle étire la peau sur le cadre

ᐧᐋᒋᓂᓵᒫᐤ *waachinisaamaau* vai ◆ il/elle courbe des cadres de raquettes

ᒫᑯᐱᑎᒥᐢᑯᐦᑐᔮᓐ *maakupitimiskuhtuyaan* ni ◆ une ficelle pour attacher ensemble un cadre pour faire sécher la peau de castor

ᐱᔑᒫᐤ *pishimaau* vai ◆ il/elle met la cordelette de bordure sur le cadre de la raquette

ᐧᐋᒋᓂᒥᐢᑯᐦᑐᔮᐤ *waachinimiskuhtuyaau* vai ◆ il/elle courbe du saule, de jeunes arbres pour fabriquer un cadre pour faire sécher la peau de castor

ᐊᔥᑐᐧᐃᓵᒫᐦᑎᑯᒡ *ashtuwisaamaahtikuch* na pl -um ◆ du bois coupé pour les cadres de raquettes au printemps et gardé sous terre jusqu'à l'automne

ᐱᓯᐦᐊᔒᐹᐦᑖᑭᓈᐤ *pisihashiipaahtaakinaau* vta ◆ il/elle coupe du bois pour fabriquer un cadre ou une forme pour étendre les peaux

cafarder

ᒥᒫᔮᒋᒧᔥᑎᐧᐋᐤ *mimaayaachimushtiwaau* vta ◆ il/elle cafarde auprès de lui/d'elle

café

ᐧᑳᐦᐲ *kwaahpii* ni -m ◆ du café, de l'anglais 'coffee'

caillot

ᐅᑐᐃ *utui* nid ◆ son caillot de sang

caillou

ᐊᓯᓃ *asinii* na ◆ une roche, un caillou

ᒥᐦᒑᐱᐢᑳᐤ *mihchaapiskaau* vii ◆ le caillou, le rocher est grand

ᒥᓂᓵᒄ *minisaakw* ni -um ◆ une île de sable ou de cailloux

ᐅᐢᑭᐦᑖᒥᓐ *uskihtaamin* ni -im ◆ un noyau, un caillou, une graine

ᐊᓯᓃ *asinii* ni ◆ une roche, un caillou, un plomb, une balle de fusil

caillouteux

ᐊᓯᓃᐅᐢᑭᒥᑳᐤ *asiniiuskimikaau* vii ◆ c'est un sol rocailleux, caillouteux

ᐊᓯᓃᐧᐋᒥᐢᑳᐤ *asiniiwaamiskaau* vii ◆ ça a un fond rocailleux, caillouteux (se dit d'un plan d'eau)

ᑎᐧᐋᐱᐢᑳᐤ *tiwaapiskaau* vii ◆ c'est une aire dégagée sur un terrain caillouteux

ᑎᐧᐋᐅᐦᑳᐤ *tiwaauhkaau* vii ◆ c'est une aire dégagée sur un terrain caillouteux ou vallonné

caissier

ᐅᑎᓂᑭᐦᐄᐧᐋᓯᐤ *utinikihiiwaasiu* na -iim ◆ un caissier

calculs biliaires

ᐅᑎᓯᓃᒥᐤ *utisiniimiu* vai ◆ il/elle a des calculs biliaires, des balles ou de la grenaille pour le fusil

cale

ᑯᐦᑯᑖᐦᐧᐋᐤ *kuhkutaahwaau* vta ◆ il/elle met une cale entre le cadre de la raquette pour former la largeur avant de placer les barres transversales avant et arrière

caleçon

ᐲᐦᑎᐧᐃᐱᔨᒌᓵᓐ *piihtiwipiyichiisaan* na ◆ un caleçon, une culotte, une petite culotte, des bobettes, un boxer, un slip; un sous-vêtement long

calendrier

ᐲᓯᒨᓯᓂᐦᐄᑭᓐ *piisimuusinihiikin* ni ◆ un calendrier

ᑎᐱᐦᐄᐲᓯᐧᒫᓐ *tipihiipiisimwaan* ni [Whapmagoostui] ◆ un calendrier

caler

ᓰᐧᑖᐢᑯᐦᐧᐋᐤ *siitwaaskuhwaau* vta ◆ il/elle l'étaie, la/le cale avec un objet long et rigide, lui pose un support

calfeutrer

ᐱᐦᐧᑳᐢᒑᐤ *pihkwaaschaau* vai ◆ il/elle coupe et retire des morceaux de mousse presque gelés du sol (pour les utiliser comme couches de bébé ou pour calfeutrer un abri)

calme

ᐃᐧᔮᔥᑎᓐ *iywaashtin* vii ◆ c'est calme (pour le vent), il ne vente pas fort

ᒌᐦᑳᐧᐋᐤ *chiihkaawaau* vii ◆ c'est calme et tranquille, là où on peut entendre l'écho

ᒋᔮᒫᐅᓰᐤ *chiyaamaausiiu* vai ◆ il/elle est tranquille, calme

ᒋᔮᒫᐅᑎᐱᐢᑳᐤ *chiyaamaautipiskaau* vii ◆ c'était une nuit calme et tranquille

ᐄᔥᑖᔮᑭᒥᐱᔨᐤ *iishtaayaakimipiyiu* vii ◆ l'eau devient toute calme

ᑯᔥᐧᑳᐧᐋᑎᓰᐤ *kushkwaawaatisiiu* vai ◆ il/elle est calme, tranquille

ᒥᐧᔮᑭᒥᔑᐤ *miywaakimishiu* vii dim ◆ l'eau est calme

ᒥᐧᔮᑭᒥᐤ *miywaakimiu* vii ◆ l'eau est calme

ᓯᑭᒫᓯᓈᑯᓐ *sikimaasinaakun* vii ◆ ça a l'air calme, tranquille

ᓯᑭᒫᓯᓈᑯᓯᐤ *sikimaasinaakusiu* vai ◆ il/elle a l'air calme, tranquille

ᓯᑭᒫᑎᐱᐤ *sikimaatipiu* vai ◆ il/elle reste tranquille

ᒋᔮᒻ chiyaam p,manière ◆ silencieusement, calmement, paisiblement ■ ᒋᔮᒻ ᒥᒄ ᒑ ᐊᔨᒥᐦᐄᑦ, ᓂᒥ ᒋᑭ ᒋᐧᔖᐧᐋᐦᑭᐦᑎᐧᐋᐤ. ■ chiyaam mikw chaa ayimihiit, nimi chiki chishwaawaahkihtiwaau. ■ *Parle-lui tout doucement, ne lève pas la voix!*

ᒋᔮᒫᐤ chiyaamaau p,manière ◆ silencieux, calme, tranquille ■ ᒨᔥ ᒌᐦ ᒋᔮᒫᐧᐋᔨᐦᑖᑯᓐ ᐊᓂᑖᐦ ᑳ ᓂᔥᑐᒑᔑᔮᐦᒡ. ■ muush chiih chiyaamaawaayihtaakun anitaah kaa nishtuchaashiyaahch. ■ *C'était toujours tranquille quand on campait tous seuls.*

ᐋᐱᒫᐳᑖᐤ aapimaaputaau vii ◆ ça dérive vers une zone d'eau calme

ᒌᐧᐋᔮᐤ chiiwaayaau vii ◆ c'est calme et tranquille, là où on peut entendre l'écho

ᒋᔮᒪᐧᐋᔨᐦᑖᑯᓐ chiyaamaawaayihtaakun vii ◆ c'est silencieux, calme, tranquille

ᐄᔥᑖᔮᑭᒥᐦᑎᓐ iishtaayaakimihtin vii ◆ le liquide se dépose, est calme

ᐄᔥᑖᔮᑭᒥᐤ iishtaayaakimiu vii ◆ le liquide se dépose, est calme

ᐃᐧᔮᔥᑎᓈᑭᒥᐤ iywaashtinaakimiu vii ◆ l'eau est calme, stagnante

ᐲᐦᑎᔅᐧᑳᔮᐤ piihtiskwaayaau vii ◆ c'est une longue section droite d'eau calme de la rivière entre les rapides

ᔔᔑᐧᐋᑭᒥᐤ shuushiwaakimiu vii ◆ l'eau est calme, lisse

ᓯᑭᒫᑎᓰᐤ sikimaatisiiu vai ◆ il/elle a un tempérament paisible, calme

ᑳᐅᑭᒥᐤ kaaukimiu vii ◆ la surface de l'eau est encore calme, mais on perçoit les signes du vent qui se lève

calmes

ᐋᐱᒫᐳᑰ aapimaapukuu vai -u ◆ il/elle dérive jusqu'à des eaux calmes

camarade

ᐅᒌᒪᑭᓂᐤ uchiimaakiniu vai ◆ il/elle a un ou une camarade dans un véhicule

camarine

ᒦᓂᑭᔑᐤᐦ miinikishiuh ni pl ◆ une camarine noire *Empetrum nigrum*

camarines noires

ᐊᔅᒌᒥᓐᐦ aschiiminh ni pl ◆ des camarines noires *Empetrum nigrum*

caméra

ᒥᓯᓈᐱᔅᑭᐦᐄᑭᓐ misinaapiskihiikin ni ◆ un appareil photo, une caméra, une photo ■ ᓂᒌᐦ ᐧᐃᓂᒋᔅᒋᓯᓐ ᓂᒥᓯᓈᐱᔅᑭᐦᐄᑭᓐ ᑳ ᓃᔓᑳᐳᐧᐃᓈᓂᐧᐃᒡ. ■ nichiih winichischisin nimisinaapiskihiikin kaa niishukaapuwinaaniwich. ■ *J'ai oublié ma caméra quand je suis allé au mariage.*

camion

ᐅᔅᒋᑖᐸᓈᔅᐧᑳᐤ uschitaapaanaaskwaau vai ◆ il/elle a une voiture neuve, un camion neuf, un traîneau neuf

camisole

ᐲᐦᑎᐧᐃᐱᒋᐧᐃᔮᓈᓐ piihtiwipichiwiyaanaan ni ◆ un maillot de corps, un tricot de corps, une camisole

camp

ᓈᒋᐱᒌᔥᑎᐧᐋᐤ naachipichiishtiwaau vii ◆ il/elle se rend à son camp en hiver

ᐧᐃᒋᑳᒋᓈᓂᐆ wichikaachinaaniuu vii,impersonnel -iwi ◆ on installe le camp là où toute la viande du caribou est découpée et préparée

campement

ᒥᔥᑳᔑᐤ mishkaashiu vai ◆ il/elle trouve un endroit pour installer son campement

ᑭᐹᓈᓂᔅᒌ kipaanaanischii ni ◆ un campement, un campement d'été

ᒥᑐᑭᐦᑊ mitukihp ni ◆ un campement abandonné

ᒥᑐᑭᐦᐱᔅᒌ mitukihpischii ni pej ◆ un vieux campement abandonné

ᐅᐦᑎᑖᔅᑯᐧᐋᐱᓂᑭᓐ uhtitaaskuwaapinikin na ◆ une balise faite avec un jeune arbre pour montrer qu'il y a un campement là

ᐋᐦᑎᐦᐆ aahtihuu vai -u ◆ il/elle déplace son campement (par véhicule)

ᐃᔮᐦᑐᒑᐤ iyaahtuchaau vai ◆ il/elle déplace son campement de temps en temps en voyageant.

ᒫᓂᒑᐤ maanichaau vai ◆ il/elle établit son campement

ᓈᓂᑖᔑᐤ naanitaashiu vai ◆ il/elle cherche une bonne place pour établir son campement

ᓈᐅᑖᐅᓰᐧᐃᒡ naautaausiiwich vai pl ◆ il y a quatre familles dans un campement, une habitation

ᐹᔨᑯᑭᒥᒋᓯᐤ paayikukimichisiu vai ◆ il y a une habitation dans ce campement

ᑖᐳᒑᐤ taapuchaau vai ◆ il/elle réutilise le même campement une autre année

ᑎᔅᑭᒥᔅᑯᐱᒋᐤ tiskimiskupichiu vai ◆ il/elle traverse tout droit sur la glace en déplaçant son campement d'hiver

ᐧᐃᑎᐦᑐᑳᑎᒫᓂᐆ witihtukaatimaaniuu vii,impersonnel -iwi ◆ tout le campement arrive là où sont les caribous

ᐋᐦᒋᐱᒋᐤ aahchipichiu vai ◆ il/elle déplace son campement en hiver

ᒋᐦᒋᐱᒋᐤ chihchipichiu vai ◆ il/elle part pour son campement d'hiver

ᐄᔥᐱᒋᐤ iishpichiu vai ◆ il/elle déplace son campement en hiver

ᑯᐃᔥᑎᑳᒫᔅᑯᐱᒋᐤ kuishtikaamaaskupichiu vai ◆ il/elle fait le tour du lac sur la glace en déplaçant son campement d'hiver

ᒫᐦᐄᐱᒋᐤ maahiipichiu vai ◆ il/elle déplace son campement d'hiver en aval de la rivière

ᒥᑳᐃᐱᐤ mikaaipiu vai ◆ il/elle dégage la neige avant d'établir son campement

ᒥᔑᑳᔅᑯᐱᒋᐤ mishikaaskupichiu vai ◆ il/elle atteint l'autre côté d'une étendue de glace en déplaçant son campement d'hiver

ᓈᓯᐹᐱᒋᐤ naasipaapichiu vai ◆ il/elle déplace son campement d'hiver vers la côte

ᓈᑐᑳᑎᒫᓂᐆ naatukaatimaaniuu vii,impersonnel -iwi ◆ on déplace le campement pour suivre les caribous

ᓃᑳᓂᐱᒋᐤ niikaanipichiu vai ◆ il/elle part en avant en déplaçant son campement d'hiver

ᓂᑭᒋᐱᒌᔥᑎᐙᐤ nikichipichiishtiwaau vta ◆ il/elle quitte son campement d'hiver pour aller vivre ailleurs

ᓂᓈᐦᑳᒋᑳᐴ ninaahkaachikaapuu vai -uwi ◆ il/elle ne peut pas déplacer son campement d'hiver parce qu'il/elle est malade

ᓂᑎᔨᔅᑯᐱᒋᐤ nitiyiskupichiu vai ◆ il/elle déplace son campement d' hiver en longeant la rivière gelée en amont

ᐹᐱᒋᐤ paapichiu vai ◆ il/elle retourne de son campement d'hiver à pied

ᐱᒋᐤ pichiu vai ◆ il/elle part pour son campement d'hiver

ᐅᑖᐦᒑᐱᒋᐤ utaahchaapichiu vai ◆ il est le dernier/elle est la dernière du groupe quand on déplace le campement d'hiver

ᒌᐙᐱᒋᐤ chiiwaapichiu vai ◆ il/elle revient en déplaçant son campement d'hiver ■ ᐊᓂᑖᐦ ᒦᓐ ᒌᐦ ᐄᔑ ᒌᐙᐱᒋᐤ ᐊᓂᑖᐦ ᑳ ᐊᐦᑎᑖᔨᒫᑦ ᐅᓃᒋᐦᐄᒄᐦ᙮ ■ anitaah miin chiih iishi chiiwaapichiu anitaah kaa ahtitaayimaat uniichihiikwh. ■ *Elle retourna à l'endroit où elle pensait qu'étaient restés ses parents.*

ᑯᐃᔥᑎᑳᒫᐱᒋᐤ kuishtikaamaapichiu vai ◆ il/elle suit le littoral pour déplacer son campement d'hiver

ᑯᓯᔅᐱᒋᐤ kusispichiu vai ◆ il/elle voyage à l'intérieur des terres en déplaçant son campement d'hiver

ᒁᔅᒑᐙᐱᒋᐤ kwaaschaawaapichiu vai ◆ il/elle voyage jusqu'à une autre étendue d'eau en déplaçant son camp d'hiver

ᒫᔨᔅᑯᐱᒋᐤ maayiskupichiu vai ◆ il/elle va vers l'aval du cours d'eau en déplaçant son campement d'hiver

ᒧᓵᔅᑯᐱᒋᐤ musaaskupichiu vai ◆ il/elle sort sur la glace, déplace son campement d'hiver

ᒧᔖᔥᑯᐱᒋᐤ mushaashkupichiu vai ◆ il/elle déplace son campement d'hiver en traversant un lac gelé ou une rivière gelée

ᓈᑎᑳᓯᐱᒋᐤ naatikaasipichiu vai ◆ il/elle rejoint le rivage à pied en déplaçant son campement d'hiver

ᓈᑎᑳᔅᑯᐱᒋᐤ naatikaaskupichiu vai ◆ il/elle déplace son campement d'hiver en traversant la glace jusqu'à la terre ferme

ᓃᐹᐱᒋᐤ niipaapichiu vai ◆ il/elle déplace son campement d'hiver pendant la nuit

ᐱᒋᔥᑤᐤ pichishtwaau vai ◆ il/elle ramasse ses affaires avant de déménager son campement

ᐲᒥᑳᒫᔅᑯᐱᒋᐤ piimikaamaaskupichiu vai ◆ il/elle déplace son campement d'hiver en traversant la glace en diagonale

ᐱᒥᔅᑯᐱᒋᐤ pimiskupichiu vai ◆ il/elle déplace son campement d'hiver en passant sur la glace

ᐱᐲᐦᒌᐤ pipiihchiiu vai redup ◆ il/elle parcourt une grande distance avant d'installer son campement d'hiver

ᐱᔨᔅᑯᑎᒫᐦᑯᓈᐱᒋᐤ piyiskutimaahkunaapichiu vai ◆ il/elle fait la trace en déplaçant son campement d'hiver

ᐴᐦᒋᔥᑎᒁᐱᒋᐤ puuhchishtikwaapichiu vai ◆ il/elle déplace son campement d'hiver en longeant une rivière gelée

ᐴᐦᑖᔥᑎᒁᐱᒋᐤ puuhtaashtikwaapichiu vai ◆ il/elle déplace son campement d'hiver en longeant une rivière gelée

ᔖᔼᑭᐦᐄᑭᓂᐱᒋᐤ shaashwaakihiikinipichiu vai ◆ il/elle passe sur la neige mouillée, la neige fondante en déplaçant son campement d'hiver

ᔖᔼᑭᐦᐄᐱᒋᐤ shaashwaakihiipichiu vai ◆ il/elle passe sur la neige mouillée, la neige fondante en déplaçant son campement d'hiver

ᔑᔓᑎᔥᑯᐱᒋᐤ shishutishkupichiu vai ◆ il/elle déplace son campement d'hiver en longeant le rivage

ᑖᑎᐹᐙᔅᑯᐱᒋᐤ taatipaawaaskupichiu vai ◆ il/elle contourne un obstacle en déplaçant son campement d'hiver

ᐑᒋᐱᒌᒫᐤ wiichipichiimaau vta ◆ il/elle voyage avec elle/lui en déplaçant son campement d'hiver

ᔮᔮᐙᓯᑯᐱᒋᐤ yaayaawaasikupichiu vai ◆ il/elle déplace son campement d'hiver en longeant le rivage gelé à pied

ᔮᔮᐙᔅᑯᐱᒋᐤ yaayaawaaskupichiu vai ◆ il/elle déplace son campement d'hiver en longeant le rivage gelé à pied

ᐹᐦᐲᐦᑎᐙᔮᔅᑯᐱᒋᐤ paahpiihtiwaayaaskupichiu vai redup ◆ il/elle déplace son campement d'hiver d'une clairière jusqu'au couvert des arbres

campement d'hiver

ᒥᑖᔅᑯᐱᒋᐤ mitaaskupichiu vai ◆ il/elle se déplace, déplace son campement d'hiver sur un lac ou une rivière gelée

camper

ᓅᑎᐱᐤ nuutipiu vai ◆ il/elle campe une ou deux nuits pendant son voyage avant d'atteindre sa destination

canadien

ᑳᐦᓈᑖᐦ ᑎᐹᔨᐦᒋᒑᓯᐤ kaahnaataah tipaayihchichaasiu na -iim ◆ le gouvernement fédéral, le gouvernement canadien

canal

ᓰᐲᐦᑳᓐ siipiihkaan ni -m ◆ un canal

ᔒᐹᔥᑎᒄ shiipaashtikw ni -um ◆ un bras de rivière parallèle

ᐅᐹᐤ upaau vii ◆ c'est un canal étroit

ᐅᐱᒋᐎᓐ upichiwin vii ◆ c'est un chenal dans un courant rapide

canard

ᐄᔨᔑᑊ iiyiship na ◆ n'importe quel canard vivant à l'intérieur des terres

ᔒᔑᑊ shiishiip na -im ◆ un canard

ᔮᔨᔑᑊ yaayiship na -im ◆ un canard siffleur d'Amérique *Anas americana*

ᐋᐦᐋᐙᔒᔥ aahaawaashiish na ◆ un canard kakawi *Clangula hyemalis*

ᒌᔥᒋᔑᐱᔑᔥ chiishchishipishish na -im ◆ une sarcelle à ailes vertes, une sarcelle d'hiver (un canard) *Anas crecca*

ᐄᔨᑯᐃᔥᑯᔑᐹᑎᒼ iiyikuishkushipaatim na -um ◆ une macreuse à bec jaune, (canard) *Melanitta nigra*

ᑳᐃᔨᑭᔅᒋᑯᑖᑦ kaaiyikischikutaat na -im ◆ un canard souchet *Anas clypeata*, lit. 'celui qui a un large bec'

ᑯᐃᔥᑯᔑᐹᑎᒼ kuishkushipaatim na ◆ une macreuse à bec jaune, (canard) *Melanitta nigra*

ᒥᐦᑭᐦᑖᔑᑊ mihkihtaaship na -im ◆ un canard malard ou colvert *Anas platyrhynchos*

ᒥᔑᔑᑊ mishiship na -im ◆ un eider à duvet, un eider commun, (canard) *Somateria mollissima*

ᒥᔅᑎᓯᒄ mistisikw na -um ◆ un grand harle, un grand bec-scie (canard) *Mergus merganser*

ᓅᒋᐹᐅᔥᑎᑯᐙᓯᐤ nuuchipaaushtikuwaasiu na -iim ◆ un canard arlequin, un arlequin plongeur *Histrionicus histrionicus*

ᐱᔥᑯᔑᑊ pishkuship na ◆ un canard qui mue

ᔒᔑᐹᐳᐃ shiishiipaapui ni ◆ du bouillon de canard

ᔒᔑᐱᒫᔥᑖᒄ shiishiipimaashtaakw na -im ◆ de la peau de canard séchée

ᐅᒥᓂᒄ uminikw na -um ◆ un canard pilet, un pilet à longue queue *Anas acuta*

ᒁᔑᐹᐤ mwaashipaau vai ◆ il/elle mange du canard

ᐅᔖᔑᐹᐤ ushaashipaau vai ◆ il/elle cuit des canards en les faisant bouillir

ᐐᔒᔒᐱᒋᓯᐤ wiishiishiipichisiu vai ◆ il/elle sent le canard

ᒁᐦᐙᑭᓐ kwaahwaakin na -im ◆ un petit fuligule , un petit morillon *Aythya affinis* ou un fuligule milouinan, un grand morillon *Aythya Marila*

ᔒᔑᐱᐦᑳᓐ shiishiipihkaan na ◆ un appelant à canards, un appeau, une chanterelle, un appeleur; une canardière

ᔒᔑᐱᔅᒋᐦᒄ shiishiipischihkw ni ◆ une bouilloire munie d'un bec verseur courbé, une marmite pour cuire le canard

ᓰᓰᒋᓯᐤ siisiichisiu na -iim ◆ un canard guillemot noir, un guillemot à miroir *Cepphus grylle*

ᐅᓯᒄ usikw na -um ◆ un harle huppé, un bec-scie à poitrine rousse, (canard) *Mergus serrator*

ᐅᔒᔒᐱᒥᐦᑭᐙᐤ ushiishiipimihkiwaau vta ◆ il/elle tue un canard et le lui donne

canif

ᒨᐦᑯᒫᓂᔥ muuhkumaanish ni ◆ un canif

canne

ᓯᔅᑭᐦᐅᓐ siskihun ni ◆ une canne, une béquille

ᓯᔅᑭᐦᐆ siskihuu vai -u ◆ il/elle marche avec une canne, des béquilles

ᓯᔅᑭᐦᐅᐙᒑᐤ siskihuwaachaau vai ◆ il/elle utilise quelque chose comme canne, comme béquille

canne à pêche

ᐅᒋᒀᒋᑭᓈᐦᑎᒄ uchikwaachikinaahtikw ni -um ◆ une canne à pêche, un bâton de pêche

canneberge

ᐐᓯᒋᒥᓈᓐᐦ wiisichiminaanh ni pl ◆ des canneberges, lit. 'des baies aigres'

ᐐᓯᒋᒥᓐᐦ wiisichiminh ni pl ◆ des canneberges, lit. 'des baies aigres'

ᒥᔅᒑᑯᒥᓐᐦ mischaakuminh ni pl ◆ des airelles des marais, des canneberges des marais *Vaccinium oxycoccus, oxycoccus palustris*, lit.'baies de marais'

ᐐᓯᒋᒥᓈᐦᑎᒄ wiisichiminaahtikw ni ◆ un buisson de canneberges

ᒥᔅᒑᑯᒥᓈᐦᑎᒄ mischaakuminaahtikw ni ◆ un buisson de canneberges des marais *Vaccinium oxycoccus, oxycoccus palustris*

canneberges

ᒨᓱᒥᓐᐦ muusuminh ni -im ◆ des canneberges *Viburnum sp.*

cannibal

ᐊᑑᔥ atuush na -im ◆ un cannibal, un monstre géant

cannibale

ᐊᒑᓐ achaan na -im ◆ un cannibale géant, un monstre

canon

ᐹᔅᒋᓯᑭᓈᐱᔅᒄ paaschisikinaapiskw ni ◆ un canon de fusil

ᐲᐦᑖᐱᔅᒡ piihtaapisch p,lieu ◆ l'intérieur du canon d'un fusil

ᑳᓃᔓᑎᓈᐙᔮᒡ kaaniishutinaawaayaach nip -m ◆ un fusil à deux canons

ᑳᐹᔨᑯᑎᓈᐙᔮᒡ kaapaayikutinaawaayaach nip -m ◆ un fusil à un seul canon

ᑳᐅᐦᑎᐎᑳᐎᒡ kaauhtiwikaawich nip ◆ un fusil à deux canons

ᒌᔅᑖᐱᔅᑭᐦᐊᒼ chiistaapiskiham vti ◆ il/elle nettoie l'intérieur du canon d'un fusil

ᒋᑳᐦᑯᓂᑖᐤ chikaahkunitaau vai ◆ il/elle coince quelque chose dans le canon du fusil

canon de fusil

ᒋᔅᑖᐱᔅᑭᐦᐄᑭᓐ chistaapiskihiikin ni ◆ un outil pour nettoyer le canon d'un fusil

ᒋᔅᑖᐱᔅᑭᐦᐄᑭᓈᐦᑎᒄ chistaapiskihiikinaahtikw ni ◆ un long outil pour nettoyer le canon d'un fusil

ᐊᑯᐱᐦᒀᐤ akupihkwaau vii ◆ le canon de son fusil est sale et plein de poudre

canot

ᐆᑦ uut ni ◆ un canot

ᐊᑯᓂᐦᐄᐅᑖᒋᒫᓐ akunihiiutaachimaan ni ◆ une bâche pour protéger les affaires dans le canot

ᐊᓈᐢᑭᓐ anaaskin na ◆ l'ossature du canot

ᐊᐱᐦᑭᓐ apihkin na ◆ la barre transversale d'un canot

ᐊᔥᑐᔨᐅᑭᒥᒄ ashtuyiukimikw ni ◆ une usine à canots

ᒥᐦᒁᓈᐦᑎᒄ mihkwaanaahtikw ni ◆ le plat-bord d'un canot

ᐹᐢᑖᐱᐢᒋᓂᑭᓐ paastaapischinikin ni ◆ un endroit dans les rapides où on porte le canot par-dessus les rochers

ᐚᒋᓈᐤ waachinaau na -m ◆ l'ossature du canot

ᐑᔓᑖᔒᔥ wiishutaashiish ni ◆ un morceau de tissu, de peau pour s'asseoir au fond du canot

ᐎᓂᐢᒁᐦᑎᒄ winiskwaahtikw ni -um ◆ le bout d'un canot

ᐎᔥᒁᐅᑦ wishkwaauut ni ◆ un canot d'écorce de bouleau

ᐋᐱᐦᑖᑎᑯᐦᒡ aapihtaatikuhch p,lieu ◆ au milieu du canot ■ ᒌᐦ ᐱᑯᓈᔮᐤ ᐋᐱᐦᑖᑎᑯᐦᒡ ᐊᓐ ᐆᑦ᙮ ■ chiih pikunaayaau aapihtaatikuhch an uut. ■ *Il y avait un trou au milieu du canot.*

ᓈᐅᑎᒡ naautich p,quantité ◆ quatre canots

ᐋᒧᑖᐱᔨᐤ aamutaapiyiu vai ◆ il/elle tombe du canot parce qu'il tangue

ᐋᒧᑖᐱᔨᐤ aamutaapiyiu vii ◆ ça tombe du canot parce qu'il tangue

ᐊᔥᑐᔨᐤ ashtuyiu vai ◆ il/elle fabrique un canot

ᒌᐚᐦᐅᑖᐤ chiiwaahutaau vai+o ◆ il/elle le rapporte en canot

ᒌᐚᐦᐅ chiiwaahuu vai -u ◆ il/elle rentre, retourne en canot

ᑭᐱᐦᑎᒻ kipihtim vti ◆ il/elle fait encore du canot malgré la fine couche de glace à la surface de l'eau

ᑯᓯᐢᒑᐱᔨᐤ kusischaapiyiu vii ◆ le canot se déporte sur un côté à cause du poids

ᑯᐢᑯᐢᒑᐱᔨᐦᐋᐤ kuskuschaapiyihaau vta ◆ il/elle le/la berce dans le canot

ᑯᐢᑯᐢᒁᐤ kuskuskwaau vii ◆ le canot risque de se renverser

ᑯᑎᐱᔥᑭᐚᐤ kutipishkiwaau vta ◆ il/elle le/la renverse dans un canot, il/elle le/la renverse avec son pied ou son corps

ᒫᐦᐄᓂᒑᐤ maahiinichaau vai ◆ il/elle dirige le canot, le tire sur l'eau peu profonde en aval

ᒫᑖᒫᐦᐊᒻ maataamaaham vti ◆ il/elle arrive à une rivière en canot

ᒥᔑᑳᐤ mishikaau vai ◆ il/elle arrive en canot

ᒥᔓᑎᑳᐤ mishutikaau vii ◆ un gros canot

ᒧᔖᐅᐦᐅᔮᐤ mushaauhuyaau vta ◆ il/elle l'emmène en canot

ᓈᑎᓂᒑᐤ naatinichaau vai ◆ il/elle va chercher un canot pour le porter sur ses épaules

ᓈᑐᑖᐤ naatutaau vta ◆ il/elle va là où il/elle a laissé son canot en automne et le rapporte au printemps

ᓃᔥᑖᒧᐦᒑᐤ niishtaamuhchaau vai ◆ il/elle est assis-e à l'avant du canot

ᓃᔓᑎᒋᓯᐎᒡ niishutichisiwich vai pl ◆ il y en a deux qui voyagent en canot

ᓂᔥᑎᐦᐋᐱᐦᒑᐱᑎᒻ nishtihaapihchaapitim vti ◆ il/elle fait remonter le rapide au canot à la ligne

ᓂᔥᑐᐦᑭᒧᒡ nishtuhkimuch vti pl ◆ il y en a trois dans un canot, ils sont trois ensemble

ᓂᐢᑎᓂᒑᐤ nistinichaau vai ◆ il/elle dirige le canot vers l'amont en passant l'eau peu profonde

ᐹᑖᐳᔨᐤ paataapuyiu vai ◆ il/elle arrive au rapide en canot

ᐹᑎᓂᒑᐤ paatinichaau vai ◆ il/elle arrive en portant un canot sur ses épaules

ᐲᐦᑎᐦᐅᑯᓐ piihtihukun vii ◆ c'est loin en canot

ᐱᔥᑎᐦᑎᒻ pishtihtim vti ◆ il/elle répare un trou dans un canot

ᐱᔥᑎᐦᑜᐤ pishtihtwaau vai ◆ il/elle répare un canot

ᐴᓯᒋᐎᓐ puusichiwin vii ◆ l'eau rentre dans le canot lors du voyage

ᓵᐢᒋᒨ saaschimuu vii -u ◆ le canot est remonté sur la plage

ᓰᑳᐦᐅᑖᐤ siikaahutaau vii ◆ l'eau gicle dans le canot

ᐚᐱᓂᐦᐊᒻ waapiniham vti ◆ il/elle voyage en canot jusqu'à l'aube

ᐊᐢᐹᑭᐦᐄᑭᓐ aspaakihiikin ni ◆ un morceau de bois le long du bord extérieur du canot, du papier carbone

ᐱᔥᑎᐦᑜᐋᑭᓐ pishtihtwaawaakin ni ◆ une trousse de réparation pour canot

ᐑᔮᐅᐦᑭᐦᐄᑭᓐ wiiyaauhkihiikin ni ◆ une plate-forme en terre ou en sable pour la construction du canot

ᔨᐦᑳᐢᑯᐦᐄᑭᓈᐦᑎᒄ yihkaaskuhiikinaahtikw ni ◆ une perche utilisée pour pousser le canot

ᓃᔥᑖᒧᑎᐦᑯᐦᒡ niishtaamutihkuhch p,lieu ◆ la proue d'un bateau ou d'un canot

ᓃᔥᑖᒧᑎᑯᐦᒡ niishtaamutikuhch p,lieu ◆ la proue, l'avant du canot ou du bateau ■ ᐊᓂᑖᐦ ᓃᔥᑖᒧᑎᑯᐦᒡ ᐋᑯᑎᐦ ᑳ ᒋᒥᑖᑦ ᐅᐹᐢᒋᓯᑭᓐᐦ᙮ ■ anitaah niishtaamutikuhch aakutih kaa chimitaat upaaschisikinh. ■ *Elle/Il met ses fusils à l'avant du canot.*

ᐅᑖᐦᒑᑎᐦᑯᐦᒡ utaahchaatihkuhch p,lieu ◆ à l'arrière du canot, du bateau, à la poupe ■ ᐅᑖᐦᒑᑎᐦᑯᐦᒡ ᐋᑯᑖᐦ ᑳ ᒋᒥᑖᑦ ᐅᐹᐢᒋᑭᓐ᙮ ■ utaahchaatihkuhch aakutaah kaa chimitaat upaaschikin. ■ *Il a placé son fusil à l'arrière du canot.*

ᐋᒧᑖᔥᑭᒼ aamutaashkim vti ◆ il/elle le sort du canot en poussant dessus

ᐋᒧᑖᔥᑭᐧᐋᐤ aamutaashkiwaau vta ◆ il/elle le/la sort du canot en le/la poussant

ᒌᔥᑎᐦᐋᑯᐦᑎᓐ chiishtihaakuhtin vii ◆ l'avant du canot est bas par rapport à la surface de l'eau

ᒋᔅᑖᑯᐦᑎᓐ chistaakuhtin vii ◆ le canot est enfoncé dans l'eau à cause d'une charge assez lourde

ᐄᐦᑳᔥᑎᒨ iihkaashtimuu vai ◆ il/elle monte la voile sur le canot

ᐄᑎᓯᐦᑖᐤ iitisihtaau vai ◆ il/elle porte le canot sur ses épaules dans une certaine direction

ᑯᔅᑯᔅᒑᐱᔨᐦᑖᐤ kuskuschaapiyihtaau vai ◆ il/elle fait tanguer le canot, le bateau

ᓈᓯᐹᓯᐦᑖᐤ naasipaasihtaau vai+o ◆ il/elle porte son canot sur ses épaules en direction de l'eau

ᓈᑎᒫᓵᐦᐊᒼ naatimaasaaham vti ◆ il/elle va pêcher en canot, en bateau

ᓂᑎᐦᐄᐦᐅᑖᐤ nitihiihutaau vai+o ◆ il/elle l'emporte en canot vers l'amont

ᓂᑎᐧᐋᐦᒋᑳᐧᐦᐊᒼ nitiwaahchikwaaham vti ◆ il/elle chasse le phoque en canot

ᐹᔑᐦᐅᔑᐤ paashihushiu vai ◆ il/elle voyage en canot sur une petite distance

ᐹᔅᐹᔅᒋᓯᑯᐱᑎᒼ paaspaaschisikupitim vti redup ◆ il/elle fait passer son canot au-dessus de gros morceaux de glace en voyageant en eau libre au printemps

ᐱᒥᑎᑳᓯᐦᑎᑖᐤ pimitikaasihtitaau vai ◆ il/elle tire le canot en pataugeant

ᐱᓯᐦᐊᔥᑐᔨᐤ pisihashtuyiu vai ◆ il/elle coupe du bois pour un canot

ᓵᔅᒋᐱᔨᐦᑖᐤ saaschipiyihtaau vai ◆ il/elle le ramène au rivage (se dit d'un canot)

ᔖᑯᑎᒋᐱᔨᐦᐋᐤ shaakutichipiyihaau vta ◆ sa pagaie va sous le canot

ᐧᐋᐧᐋᑭᔥᑳᐧᐦᐊᒼ waawaakishkwaaham vti redup ◆ il/elle fait du canot sur une rivière sinueuse

ᐧᐃᓂᒑᑎᐧᐃᑖᐤ winichaatiwitaau vta ◆ il/elle porte le canot sur ses épaules avec quelque chose d'autre sur son dos

ᐧᐃᓂᒑᐤ winichaau vai ◆ il/elle porte le canot sur ses épaules

ᐧᐃᔨᑯᐦᑎᑖᐤ wiyikuhtitaau vai ◆ il/elle met le bateau, le canot à l'eau

ᔮᔮᐅᐦᐅᑖᐤ yaayaauhutaau vai+o ◆ il/elle emporte quelque chose le long du rivage en canot

ᔮᔮᐅᐦᐅᔮᐤ yaayaauhuyaau vai ◆ il/elle l'emmène (animé) le long du rivage en canot ou en bateau ■ ᔮᔮᐅᐦᐅᔮᐤ ᐅᒥᔅᐦ. ■ yaayaauhuyaau umis-h. ■ *Elle emmène sa grande soeur en canot le long du rivage.*

ᑯᓯᔅᐱᐦᐊᒼ kusispiham vti ◆ il/elle remonte la rivière, va à l'intérieur des terres en canot

ᑯᓯᔅᐱᐦᐅᔮᐤ kusispihuyaau vta ◆ il/elle l'emmène en amont de la rivière, à l'intérieur des terres par voie aérienne ou par voie d'eau

ᓂᑎᐦᐅᑖᓲ nitihutaasuu vai -u ◆ il/elle emporte des provisions vers l'intérieur des terres en canot

canoteur

ᓃᔥᑖᒧᐦᒑᓯᐤ niishtaamuhchaasiu na -iim ◆ la personne assise à l'avant du canot

cap

ᒥᒋᔥᑖᐧᐋᔮᐤ michishtaawaayaau vii ◆ c'est une pointe, un cap

capable

ᐋᔪᑖᔨᒫᐤ aayutaayimaau vta ◆ il/elle le/la croit capable de faire quelque chose

ᒋᔑᐧᐋᔨᒦᓲ chishiwaayimiisuu vai reflex -u ◆ il/elle pense qu'il/elle est capable

ᒋᓯᓯᐧᐃᓈᑯᓯᐤ chisisiwinaakusiu vai ◆ il/elle a l'air capable

ᑭᔅᒋᐦᑖᐤ kischihtaau vai+o ◆ il/elle est capable de le faire, sait comment le faire

ᑭᔅᒋᐦᐆ kischihuu vai -u ◆ il/elle est capable, sait comment le faire

ᐱᑳᓯᔅᒌᐦᑭᒼ pikaasischiihkim vti ◆ il/elle est capable de s'en occuper (ex. son travail)

ᒑᔥᑎᓈᑖᔮᔨᒫᐤ chaashtinaataayaayimaau vta ◆ il/elle est certain-e qu'il/elle est capable de le faire

ᒋᔑᔑᐅᐧᐋᔨᒫᐤ chishishiuwaayimaau vta ◆ il/elle pense qu'il/elle est capable

ᒋᓯᓯᐧᐃᓰᐤ chisisiwisiiu vai ◆ il/elle est capable, fort-e

ᑭᔅᒋᐦᐋᐤ kischihaau vta ◆ il/elle est capable de le faire, réussit à le/la faire l'écouter

ᑭᔅᒋᐦᐅᐱᔨᐤ kischihupiyiu vii ◆ ça fait le travail, ça en a la capacité

ᓈᐹᐅᒑᔨᐦᑖᑯᓯᐤ naapaauchaayihtaakusiu vai ◆ il/elle est pleine de ressources, est bien capable

ᐱᑳᓯᔅᒌᐦᑭᐧᐋᐤ pikaasischiihkiwaau vta ◆ il/elle est capable de s'en occuper

ᐱᑳᓯᔅᒌᐤ pikaasischiiu vai ◆ il/elle est capable de prendre ses responsabilités

ᑖᐱᒑᔨᒦᓲ taapichaayimiisuu vai reflex -u ◆ il/elle pense qu'il/elle est capable de faire quelque chose

ᐧᐋᐧᐋᒌᐤ waawaachiiu vai redup ◆ il/elle est capable de faire quelque chose

ᒋᔑᔑᐧᐋᐹᐤ chishishiwaapaau na -m ◆ un homme capable, bien portant, en santé, fort

ᐄᔅᐲᐦᑖᔨᒫᐤ iispiihtaayimaau vta ◆ il/elle s'attend à ce qu'il/elle en soit capable; il/elle s'attend à ce qu'il/elle va prendre un certain temps

ᐱᑳᓯᔅᒑᔨᒫᐤ pikaasischaayimaau vta ◆ il/elle pense qu'il/elle peut s'en occuper, qu'il/elle est capable

ᐱᑳᓯᔅᒑᔨᒨ pikaasischaayimuu vai -u ◆ il/elle croit qu'il peut s'en s'occuper

ᐱᐱᑳᓯᔅᒌᔨᐦᑐᑎᒻ pipikaasischiiyihtutim vti ◆ il/elle est capable de le faire, il/elle le fait presque sans effort

ᐄᔥᐱᔑᐦᐋᐤ iishpishihaau vta ◆ il/elle est capable de prendre soin de lui, d'elle, il/elle a le temps de s'occuper de lui/elle

capacité

ᑭᔅᒋᐦᐅᐧᐃᓐ kischihuwin ni ◆ une capacité, un pouvoir

ᐄᔥᐱᔒᐦᑳᓱᒥᑭᓐ iishpishiihkaasumikin vii ◆ ça a la capacité d'avancer, de marcher de lui-même

ᐄᔥᐱᔒᒥᑭᓐ iishpishiimikin vii ◆ ça a la capacité de ..., le pouvoir de ...

ᐄᔅᐲᐦᑖᔨᐦᑖᑯᓯᐤ iispiihtaayihtaakusiu vai ◆ on la/le considère comme ayant presque la même capacité

ᑭᔅᒋᐦᐅᐱᔨᐤ kischihupiyiu vii ◆ ça fait le travail, ça en a la capacité

ᔑᐦᒁᔨᐦᑎᒻ shihkwaayihtim vti ◆ il/elle doute de ses capacités

ᔑᐦᒁᔨᒫᐤ shihkwaayimaau vta ◆ il/elle doute de ses capacités

cape

ᐊᔅᐱᑯᓐ aspikun ni -m ◆ une cape

capelan

ᑖᐅᒌᓂᒫᑯᔥ taauchiinimaakush na -im ◆ un petit poisson mangé par les bélugas, un capelan *Mallotus villosus*

capitaine

ᒌᒫᓂᒋᒫᐤ chiimaanichimaau na -m ◆ un capitaine (de navire)

capote

ᐊᔅᐱᒋᓈᑭᓐ aspichinaakin ni ◆ un étui à fusil, une capote (un préservatif)

capsule

ᒫᐦᑎᔅ maahtis na [Whapmagoostui] ◆ un détonateur, une amorce, une capsule détonante (sur une cartouche de fusil)

capuchon

ᒋᐱᐦᐄᑭᓐ chipihiikin ni ◆ un couvercle, un capuchon, un bouchon ▪ ᑖᐹ ᒨᔮᒥᐦᑎᓐ ᐊᓐ ᒋᐱᐦᐄᑭᓐ. ▪ taapaa muyaamihtin an chipihiikin. ▪ *Ce capuchon ne va pas bien.*

ᐧᐃᔥᑭᑎᐦᒁᔥᑐᑎᓐ wishkitihkwaashtutin ni ◆ le capuchon attaché au manteau en peau de caribou d'un enfant

carabine

ᒋᓵᓯᓃᐅᐹᔅᒋᓯᑭᓐ chisaasiniiupaaschisikin ni ◆ une carabine 30-30

ᑳᒌᓈᔥᑯᔑᒡ kaachiinaashkushich nip -m ◆ une carabine pour gros gibier

ᑳᒋᔥᐋᐧᐋᑖᒡ kaachishwaawaataach nip ◆ une carabine pour le gros gibier

ᑳᐱᔑᒥᒍᐋᒑᔑᒡ kaapishimichwaachaashich nip ◆ une carabine de 22

ᑳᐱᔥᐋᐧᐋᒑᔑᒡ kaapishwaawaachaashich nip ◆ une carabine de 22

ᐱᔮᔒᔑᐅᐹᔥᒋᔑᑭᓂᔥ piyaashiishiupaashchishikinish ni ◆ une carabine

caractère

ᒥᐧᔮᑎᓰᐤ miywaatisiiu vai ◆ il/elle est honnête, a bon caractère

caractéristique

ᐄᑎᔅᑭᒥᑳᐤ iitiskimikaau vii ◆ le paysage a certaines caractéristiques

carburant

ᐲᐦᒋᐱᒫᐤ piihchipimaau vai ◆ il/elle fait le plein, remplit le récipient avec de la graisse ou du carburant

carcajou

ᑯᐃᐦᑯᐦᐋᒑᐤ kuihkuhaachaau na -m ◆ un carcajou *Gulo gulo*

caresser

ᔮᔨᐦᒁᓈᐤ yaayihkwaanaau vta ◆ il/elle lui caresse le visage

ᔮᔨᔅᒁᓈᐤ yaayiskwaanaau vta ◆ il/elle lui carresse la tête

cargaison

ᐴᓯᐦᑖᓱᐧᐃᓐ puusihtaasuwin ni ◆ un cargaison, un chargement

caribou

ᐊᑎᐦᑯᐧᐄᔮᔅ atihkuwiyaas ni ◆ de la viande de caribou

ᐊᑎᐦᒄ atihkw na -um ◆ un caribou

ᐅᐧᐄᔨᐦᐋᑭᓐᐦ uwiiyihaakinh nad ◆ son caribou abattu, qu'un autre lui a donné

ᐋᒧᑎᐦᒄ aamutihkw na -um ◆ un caribou qui se cache après avoir été effrayé par les humains

ᐋᑎᒋᓈᐱᐦᐄᑭᓂᐧᐃᔥᑎᒁᓐ aatichinaapihiikiniwishtikwaan ni -u ◆ la tête d'un caribou retournée de haut en bas, ouverte au couteau et évidée

ᐊᒋᐦᑯᔑᔥ achihkushish na -um ◆ un caribou âgé d'un an

ᐊᐦᒑᑎᐦᒄ ahchaatihkw na -u ◆ une caribou enceinte

ᐊᑎᐦᑯᑭᒥᒄ atihkukimikw ni -m ◆ la place des caribous, une haute montagne couverte de poil de caribou blanc (légende)

ᐊᑎᐦᑯᑭᓐ atihkukin ni ◆ un os de caribou

ᐊᑎᐦᑯᔮᓐ atihkuyaan na ◆ une peau de caribou

ᐊᑎᐦᒁᐹᐤ atihkwaapaau na -aam ◆ un homme qui tue facilement les caribous

ᐊᑎᐦᒁᐳᐃ atihkwaapui ni ◆ du bouillon de caribou

ᒋᔑᐱᔥᒁᐅᑎᐦᒄ chishipishkwaautihkw na -um ◆ une caribou femelle sans ramure

ᑳᐦᑳᓈᓯᑭᓐ kaahkaanaasikin na ◆ une peau de caribou dont les poils ont été enlevés et qui est séchée sans avoir été tannée

ᒦᔥᑎᐦᑯᐃ miishtihkui na ◆ une peau de caribou

ᐹᐱᐦᑖᐅᑎᐦᒄ paapihtaautihkw na -um ◆ un caribou en migration

ᓯᒋᒫᐅᑎᐦᒄ sichimaautihkw na -um ◆ un caribou au mois d'août quand ses poils sont sur le point de tomber et qu'il est dévoré par les moustiques

ᐅᒫᔨᑎᐦᒄᐦ umaayitihkwh ni pl ◆ ses crottes (pour un caribou)

ᐅᒥᒑᐤ umichaau ni ◆ un ensemble de traces dans la neige, sur le sol là où le caribou a mangé

ᐅᔕᐅᒋᐦᑯᔥ ushaauchihkush na -um ◆ un bébé caribou âgé d'un mois (entre mai et juin)

ᐅᔥᒋᑎᐦᑯᔥ ushchitihkush na -shiim ◆ un caribou âgé d'un an

ᐅᔥᑳᒑᐅᐑᐦᒀᔮᐤ ushkaachaauwiihkwaayaau ni -m ◆ un sac fait de peaux de pattes de caribou

ᐅᔥᑳᒑᐅᐎᑦ ushkaachaauwit ni -um ◆ un sac fait de peau de pattes de caribou

ᐅᑖᐱᓄᐎᑖᓂᑭᓂᒡ utaapinuwitaanikinich na pl ◆ les os avant du crâne du caribou, le museau

ᐙᐱᑎᐦᒄ waapitihkw na -um ◆ un caribou blanc, albinos

ᐎᑎᑎᐦᑯᒫᐤ wititihkumaau ni ◆ un sentier de caribou

ᐎᔮᐦᒡᐦ wiyaahchh nad -um ◆ ses parasites (ceux du caribou)

ᐋᐱᓄᐎᑖᐤ aapinuwitaau vai ◆ il/elle évide le crâne du caribou

ᐋᐅᒋᑯᑎᓲ aauchikutisuu vai -u ◆ il/elle fait plusieurs voyages pour rapporter le caribou tué au camp

ᒋᐢᑯᑎᒧᐙᐤ chiskutimuwaau vta ◆ il/elle lui apprend quelque chose, lui donne le caribou qu'il/elle a tué

ᒥᒥᔾᐚᐢᑯᐎᑖᐤ mimiywaaskuwitaau vai redup ◆ il (un caribou adulte mâle) a une longue ramure courbée sans presque aucune branche

ᒹᑎᐦᒀᐤ mwaatihkwaau vai ◆ il/elle mange du caribou

ᓈᓂᑑᑎᐦᒀᐤ naanituutihkwaau vai redup ◆ il/elle chasse le caribou

ᓈᑐᔫ naatuyiu vai ◆ il/elle va tuer le caribou là ou où ils sont

ᓄᐎᑎᐦᒀᐤ nuwitihkwaau vai ◆ il/elle chasse le caribou

ᓯᓯᒋᐎᑖᐤ sisichiwitaau vai redup ◆ il/elle (se dit d'un caribou mâle adulte) a une ramure courbée avec plusieurs branches

ᐅᐎᑳᐦᑳᒌᐙᔥᑭᓈᐤ uwikaahkaachiiwaashkinaau vai ◆ il (animé, caribou mâle adulte) a une ramure avec beaucoup de branches

ᐎᑎᐦᑐᑳᑎᒫᓂᐅ witihtukaatimaaniuu vii,impersonnel -iwi ◆ tout le campement arrive là où sont les caribous

ᐋᐱᐦᐄᑭᓄᐎᑖᓂᔥᑎᒀᓐ aapihiikinuwitaanishtikwaan ni ◆ le contenu du crâne du caribou

ᐊᐱᔖᒋᐦᑯᔥ apishaachihkush na -um ◆ une caribou femelle âgée de deux ans

ᐊᔥᑎᔖᓐ ashtishwaan na -shiim ◆ un caribou enterré dans la neige après avoir été dépecé et éviscéré

ᐊᑎᐦᑯᒦᒋᒻ atihkumiichim ni ◆ les parties comestibles du caribou, lit. 'de la nourriture de caribou'

ᒋᐱᔮᐦᒑᐅᐲᔕᑭᓐ chipiyaahchaaupiishaakin na -um ◆ une peau de caribou trouée par des parasites

ᒋᐎᑖᔥ chiwitaash na -shiim ◆ un caribou mâle de deux ans en hiver

ᑳᒋᒑᑎᐦᒄ kaachichaatihkw na -um ◆ un fétus de caribou extra-utérin

ᒥᐦᐄᐦᑭᓈᒧᑎᐦᒄ mihiihkinaamutihkw na -um ◆ un caribou qui se cache après avoir été effrayé par des loups

ᒦᔥᑎᐦᒀᑯᐦᑉ miishtihkwaakuhp ni ◆ un manteau en peau de caribou dont les poils n'ont pas été rasés

ᒥᔥᑎᐦᑭᓐ mishtihkin ni ◆ un manteau en peau de caribou dont les poils n'ont pas été rasés

ᐹᓯᐦᒀᓐ paasihkwaan ni ◆ du sang de caribou séché

ᐲᔕᑭᓂᐱᐦᑯᐃ piishaakinipihkui ni -m ◆ un recouvrement pour l'habitation fait de peau de caribou ou d'orignal

ᐱᓈᑎᐦᒄ pinaatihkw na -shiim ◆ une caribou femelle en train d'accoucher

ᐱᐳᓈᔥᑭᒋᐦᑯᔥ pipunaashkichihkush na ◆ un orignal ou un caribou âgé d'un an

ᐱᐳᓂᑎᐦᑯᔥ pipunitihkush na ◆ un orignal ou un caribou âgé d'un an

ᐱᔥᑯᔒᐙᑯᐦᑉ pishkushiiwaakuhp na ◆ un vieux manteau en peau de caribou dont les poils commencent à tomber

ᐳᓈᔥᑭᒋᐦᑯᔥ punaashkichihkush na -shiim ◆ un caribou d'un ou deux ans qui quitte sa mère quand elle a son prochain petit au printemps

ᑎᒥᐦᒋᐱᓯᑭᓐ timihchipisikin ni -u ◆ un paquet de viande de caribou désossée provenant de la tête, du poitrail et des côtes

ᐅᒋᔥᑎᐑᔥᑖᓂᐲᐑᐦ uchishtiwiishtaanipiiwiih nad -um ◆ les poils qui poussent dans la fente du sabot (du caribou)

ᐅᒫᓂᔒᔥ umaanishiish na -im ◆ un fétus d'orignal, de caribou

ᐅᒥᐦᔪᐎᑏᐦ umihyuwitiih nad ◆ le velours de ses bois (animé, caribou, orignal) au milieu de l'été

ᐅᒥᓂᑑᒻᐦ uminituumh nad ◆ ses parasites dans la région du nez (pour un orignal, un caribou)

ᐅᒥᔥᒁᐙᓐ umishkwaawaan nid [Wemindji] ◆ la partie musclée de sa patte inférieure (se dit d'un caribou ou d'un orignal)

caribou femelle

ᐅᐲᐧᑳᑯᑖᑭᓐʺ **upiikwaakutaakinh** ni ◆ les longs poils du caribou situés sous son menton

ᐅᐢᒋᔮᐹᔒᔑᔥ **uschiyaapaashiishish** na -shiim ◆ un caribou mâle de deux ans

ᐅᔥᑳᒑᐤʺ **ushkaachaauh** nad ◆ la peau de ses pattes (se dit d'un caribou ou d'un orignal)

ᐅᔥᑳᒑᐅᔮᓂᑳᑦʺ **ushkaachaauyaanikaat-h** na ◆ des mitasses faites de peau de pattes de caribou

ᐅᑖᑭᐧᐋᐳʺᐧᑳᐧᐃᓂᑭᓐʺ **utaakiwaapuhkwaawinikinh** ni pl ◆ une ramure de caribou qui tombe un peu

ᐅᑖᑯʺᐧᑳᐧᐃᓂᑭᓐʺ **utaakuhkwaawinikinh** ni pl ◆ une ramure de caribou qui tombe un peu

ᐅᐧᐃᔨᐹᔮᑯᓂʺᑖᐅᔥᑭᔩʺ **uwiyipaayaakunihtaaushkishiih** na ◆ le petit ongle du côté extérieur de son sabot (ex. un caribou)

ᐧᐋᐅᔮᓂᑭᓐ **waauyaanikin** ni ◆ le gras qui entoure l'intestin grêle du caribou

ᐧᐄᑯʺᑯᐧᐋᐅʺᒄʺ **wiikuhkuwaauhkwh** nad ◆ sa croupe (caribou, orignal)

ᐧᐄᔖᒄ **wiishaakw** na -um ◆ un caribou mâle âgé de quatre ans en octobre

ᐧᐄᔨᔥᑦʺ **wiiyisht-h** nid pl ◆ ses pattes (pour un orignal, caribou)

ᐋᑎᒋᓈᐱʺᐄᑭᓂᐧᐃᔥᑎᐧᑳᓂᑭᐧᐋᑭᓂᐆ **aatichinaapihiikiniwishtikwaanikiwaakiniuu** vai -iwi ◆ il reçoit un paquet/l'emballage de viande fait d'une tête de caribou qui a été retournée, ouverte et évidée (traditionnellement donné au jeune homme)

ᒌᐅᐧᐃʺᑖᐤ **chiiuwihtaau** vai ◆ le caribou quitte cet endroit après avoir perdu le velours de ses cornes et part à la recherche d'une femelle

ᒋᐱᔮʺᒑᐤ **chipiyaahchaau** vai ◆ la peau de caribou est marquée, a des trous dus à des parasites

ᐧᒫᔨᔑᔥᑖᐤ **mwaayishishtaau** vai ◆ il/elle mange des pieds de caribou

ᓈᑐᑳᑎᒫᓂᐆ **naatukaatimaaniuu** vii,impersonnel -iwi ◆ on déplace le campement pour suivre les caribous

ᓃᔒʺᐋᐤ **niishiihaau** vai ◆ un caribou mâle qui a fini son rut

ᐱʺᑯᓂᒑᐤ **pihkunichaau** vai ◆ il/elle le dépiaute (un animal à fourrure)

ᐱʺᑯᓂᑎʺᐧᑳᐤ **pihkunitihkwaau** vai ◆ il/elle dépiaute un caribou

ᐧᐄᔨᑎʺᐧᑳᐤ **wiiyitihkwaau** vai ◆ il/elle écorche et découpe le caribou

ᐧᐃᔥᑎᒫᐤ **wishtimaau** vai ◆ il/elle voit des traces, des signes de caribou, d'orignal mais ne les tue pas, rentre chez lui pour informer les autres

ᐋᐱʺᑎᐧᐃᑎʺᒄ **aapihtiwitihkw** na -shiim ◆ un caribou mâle âgé de quatre ans en été

ᐊᑎʺᑯᔮᓂᐱʺᐧᑳᓱᓐ **atihkuyaanipihkwaasun** ni ◆ une peau de caribou pour recouvrir l'habitation

ᒌᑎᐧᐃʺᐄᑭᓂᑳᑦ **chiitiwihiikinikaat** ni ◆ l'os de la patte arrière d'un certain caribou mâle, qu'on fend en deux, dont on enlève la moelle pour la donner à manger seulement à des hommes âgés, et qui est ensuite rattaché ensemble et conservé

ᒥᔪᓈʺᐄᑭᓐ **miyunaahiikin** na -u ◆ un caribou mâle, incapable d'être en rut parce qu'il a été vaincu par un mâle plus fort

ᐅᐱᓯᐢᒋᐧᐃᓃ **upisischiwinii** nid ◆ ses intestins (pour un orignal, un caribou, un ours)

ᐅᐢᑳᐢᒋᑭᓈᐅᒄ **uskaaschikinaaukw** nid ◆ sa poitrine et son ventre (pour un caribou ou un orignal)

ᐧᐃʺᒋᑯᑎᓱᐧᐃᓐ **wihchikutisuwin** ni -m ◆ une aire où on écorche et découpe les caribous,

ᐧᐄᐧᑳᐳᑖᑭᓐ **wiikwaaputaakin** na ◆ sa peau qui pend sous la gorge (se dit d'un orignal ou d'un caribou)

ᒌʺᑐᓈᑭᓂᐆ **chiihtunaakiniuu** vta,passif -iwi ◆ il/elle (une peau d'orignal, de caribou) a été tanné-e mais qui a besoin d'être retanné-e

ᒋᑭᐧᐋᓈᐤ **chikiwaanaau** vta ◆ il/elle laisse les poils sur la peau du caribou

ᑯᑎᑯᓂᑎʺᑯᐧᐃᔑᐤ **kutikunitihkuwishiu** vai [Whapmagoostui] ◆ c'est une caribou femelle âgée de trois ans au début de l'hiver

ᒦᓄᐧᐃᔥᑎᓈᐤ **miinuwishtinaau** vai ◆ il/elle (caribou mâle de cinq ans) recommence à manger après la saison du rut en octobre

ᐲʺᑖᔨᑯᑎᓲ **piihtaayikutisuu** vai -u ◆ il/elle rentre la viande de caribou dans l'habitation

ᐱᐢᒋᑯʺᑎᔥᐧᑳᐱᑖᐤ **pischikuhtishkwaapitaau** vta ◆ il/elle lui coupe la gorge tout de suite après l'avoir tué (orignal, caribou) pour empêcher le contenu de l'estomac de monter vers la tête

ᐅᐱᐢᑯᑏ **upiskutii** ni ◆ un estomac de caribou, d'orignal, de castor, d'ours

ᐅᔥᑭʺᐆ **ushkihuu** vai -u ◆ il (caribou mâle adulte) perd le velours de sa ramure en septembre

caribou femelle

ᓅᔖᑎʺᒄ **nuushaatihkw** na -um ◆ une caribou femelle adulte

ᑯᑎᑯᓂᐱᔖᒋʺᑯᔥ **kutikunipishaachihkush** na -um [Whapmagoostui] ◆ une caribou femelle âgée de trois ans en automne

ᐅᐱᔖᒋʺᑯᒥᔥʺ **upishaachihkumishh** nad ◆ sa jeune femelle caribou âgée d'un an qui ne la quitte pas quand elle a son prochain bébé au printemps

caribou mâle

ᓈᐹᑎᐦᒄ naapaatihkw na -um ◆ un caribou mâle

ᐐᑎᑳᐅᑎᐦᒄ wiitikaautihkw na -shiim [Whapmagoostui] ◆ un caribou mâle

ᒋᐎᑖᐤ chiwitaau na ◆ un caribou mâle âgé de cinq ans en octobre qui perd ses bois plus tard que d'habitude

ᐃᔮᐹᔒᔥ iyaapaashiish na dim ◆ un caribou mâle âgé de deux ans au début de l'automne

ᐃᔮᐹᐅᑎᐦᒄ iyaapaautihkw na -um ◆ un caribou mâle au printemps en migration vers le nord et dont les bois commencent à poindre

ᐱᓂᐤ piniu na -m ◆ un caribou mâle âgé de cinq ans en janvier quand il perd ses bois

ᑯᑎᑯᓂᒋᒋᐎᑖᐤ kutikunichichiwitaau na -shiim [Whapmagoostui] ◆ un caribou mâle âgé de quatre ans en automne

ᑯᑎᑯᓂᔮᐹᔒᔥ kutikuniyaapaashiish na -shiim [Chisasibi] ◆ un caribou mâle âgé de trois ans au début de l'hiver quand il a encore ses bois

ᐅᒥᑎᑰ umitikuu na -uum ◆ un caribou mâle âgé de quatre ans en été

carouge

ᒋᐦᒋᑭᔨᐤ chihchikiyiu na -m ◆ un carouge à épaulettes *Agelaius phoeniceus*, un quiscale rouilleux *Euphagus carolinus*

carpe noire

ᓂᒫᐲ nimaapii na -m ◆ un meunier noir, une carpe noire *Catostomus commersoni*

carré

ᑭᒌᐦᒑᐦᑖᐤ kichiihchaahtaau vai+o ◆ il/elle le rend carré

ᑭᒌᐦᒑᑭᐦᐙᐤ kichiihchaakihwaau vta ◆ il/elle le/la hache en carrés

ᑭᒌᐦᒑᓯᐤ kichiihchaasiu vai ◆ il/elle est carré-e

ᑭᒌᐦᒑᔮᒋᓯᐤ kichiihchaayaachisiu vai ◆ il/elle est carré-e (étalé)

ᑭᒌᐦᒑᔮᑭᓐ kichiihchaayaakin vii ◆ c'est carré

ᑭᒌᐦᒑᔮᐱᓯᔅᒋᓯᐤ kichiihchaayaapisischisiu vai ◆ il/elle est carré-e (minéral)

ᑭᒌᐦᒑᔮᐱᔅᑳᐤ kichiihchaayaapiskaau vii ◆ c'est carré (minéral)

ᑭᒌᐦᒑᔮᔅᑯᓐ kichiihchaayaaskun vii ◆ c'est carré (long et rigide)

ᑭᒌᐦᒑᔮᔅᑯᓯᐤ kichiihchaayaaskusiu vai ◆ il/elle est carré-e (long et rigide)

ᑭᒌᐦᒑᔮᐤ kichiihchaayaau vii ◆ c'est carré

ᑭᔥᑭᒑᐤ kishkichaau vii [Whapmagoostui] ◆ c'est carré

ᑭᒌᐦᒑᐦᐋᐤ kichiihchaahaau vta ◆ il/elle le/la hache carré

ᑭᒌᐦᒑᔑᒼ kichiihchaashim vti ◆ il/elle le découpe en carré

ᑭᒌᐦᒑᔙᐤ kichiihchaashwaau vta ◆ il/elle le/la découpe en carré

ᑭᒌᐦᒑᔮᒋᐱᑎᒼ kichiihchaayaachipitim vti ◆ il/elle le déchire (étalé) en carré

ᑭᒌᐦᒑᔮᒋᔑᒼ kichiihchaayaachishim vti ◆ il/elle le coupe (étalé) en carré

ᑭᒌᐦᒑᔮᒋᔙᐤ kichiihchaayaachishwaau vta ◆ il/elle le/la coupe (étalé) en carré

ᑭᒌᐦᒑᔮᐱᓯᔅᒋᓯᒼ kichiihchaayaapisischisim vti ◆ il/elle le coupe (minéral) en carré

ᑭᒌᐦᒑᔮᐱᓯᔅᒋᓷᐤ kichiihchaayaapisischiswaau vta ◆ il/elle le/la coupe (minéral) en carré

ᑭᒌᐦᒑᐳᑖᐤ kichiihchaaputaau vai+o ◆ il/elle le scie, le lime carré, il/elle scie les quatre côtés droits d'un tronc

ᑭᒌᐦᒑᐳᔮᐤ kichiihchaapuyaau vta ◆ il/elle le/la scie, le/la lime carré

carrément

ᑎᐱᔥᑯᑎᔑᒼ tipishkutishim vti ◆ il/elle le coupe carrément tout droit

ᑎᐱᔥᑯᑎᔙᐤ tipishkutishwaau vta ◆ il/elle le/la coupe carrément tout droit

carte

ᐊᔅᒌᐅᓯᓂᐦᐄᑭᓐ aschiiusinihiikin ni ◆ une carte

ᒥᓯᓂᐦᐄᑭᓂᔥ misinihiikinish ni ◆ un petit livre, un livret, une carte

ᑖᐃᒫᓐ taaimaan na ◆ une carte à jouer

ᑖᐃᒫᐤ taaimaau vai ◆ il/elle joue aux cartes

ᒫᑎᓂᐙᐤ maatiniwaau vai ◆ il/-elle sert à manger, distribue les cartes, distribue quelque chose ■ ᐐᔨ ᒌᐦ ᐄᑖᑭᓂᐤ ᒑ ᒫᑎᓂᐙᐟ ᒥᑯᔖᓂᔨᐤ. ■ wiiyi chiih iitaakiniu chaa maatiniwaat mikushaaniyiu. ■ *On lui avait dit de servir la nourriture à la fête.*

cartilage

ᑳᔥᑳᔥᑭᐦᑎᐙᓐ kaashkaashkihtiwaan ni ◆ du cartilage

ᐅᒌᔅᐳᐦᐙᒫᒑᐅᑭᓐᐦ uchiispuhwaamaachaaukinh nad ◆ le cartilage de ses côtes, le bout du sternum

carton

ᒥᓯᓂᐦᐄᑭᓈᒋᓂᐎᑦ misinihiikinaachiniwit ni ◆ du carton, une boîte en papier

ᐹᔨᑯᐎᑦ paayikuwit ni ◆ une boîte, un carton

cartouche

ᒋᓵᓯᓃ chisaasinii ni -m ◆ une cartouche, une balle de fusil

ᐲᐦᒋᐱᐦᒁᓐ piihchipihkwaan ni ◆ une cartouche de fusil

ᐲᓯᓯᓃ piisisinii ni ◆ une cartouche, un plomb (pour la chasse)

ᐲᐦᒋᐱᐦᒁᐤ piihchipihkwaau vai ◆ il/elle prépare des cartouches pour le fusil de chasse

ᒋᐱᐦᐊᐳᐙᓐ chipihapuwaan ni ◆ une bourre pour la cartouche du fusil de chasse

ᒫᐦᒋᓯᓈᔮᐦᑭᓲ maahchisinaayaahkisuu vai -u ◆ il/elle utilise toutes les balles, cartouches

cartouchière

ᐲᐦᒋᓯᓈᓐ piihchisinaan ni ◆ une giberne, une cartouchière

cascade

ᐱᐦᒋᐦᑎᓐ **pihchihtin** vii ◆ ça tombe, c'est une cascade

ᐲᔂᐦᑎᓐ **piiswaahtin** vii ◆ il y a de la brume qui provient de la cascade

casquette

ᐊᔥᑐᑎᓐ **ashtutin** ni ◆ un chapeau, une casquette

ᒥᔥᑭᔒ **mishkishii** na ◆ une visière, une visière de casquette

cassé

ᓈᑤᑳᑖᐱᔩᐤ **naatwaakaataapiyiu** vai ◆ il/elle a la jambe cassée

ᐲᑯᓈᑯᓯᐤ **piikunaakusiu** vai ◆ il/elle a l'air cassé, tout abîmé, en loques

casser

ᒋᒥᓈᐤ **chiminaau** vta ◆ il/elle en casse un morceau à la main (animé)

ᓈᑤᐦᐊᒼ **naatwaaham** vti ◆ il/elle le casse en deux avec quelque chose

ᓈᑤᐦᐙᐤ **naatwaahwaau** vta ◆ il/elle le/la casse en deux avec quelque chose

ᓈᑤᓈᐤ **naatwaanaau** vta ◆ il/elle le/la casse en deux

ᓈᑤᓂᒼ **naatwaanim** vti ◆ il/elle le casse à la main

ᓈᑤᔑᒫᐤ **naatwaashimaau** vta ◆ il/elle le/la casse en le/la jetant ou le/la frappant contre quelque chose

ᓈᑤᔥᑭᒼ **naatwaashkim** vti ◆ il/elle le casse (long et rigide) avec son pied ou son corps

ᓈᑤᔥᑭᐙᐤ **naatwaashkiwaau** vta ◆ il/elle le/la casse en deux (long et rigide) avec son pied ou son corps

ᐱᐦᒁᓂᒼ **pihkwaanim** vti ◆ il/elle en casse un morceau

ᐲᑯᐦᐄᒑᐤ **piikuhiichaau** vai ◆ il/elle casse des choses

ᐲᑯᐦᑎᓐ **piikuhtin** vii ◆ ça casse en tombant et en cognant contre quelque chose

ᐲᑯᐦᑎᑖᐤ **piikuhtitaau** vai ◆ il/elle le casse en le frappant, en le laissant tomber sur quelque chose

ᐲᑯᐦᐙᐤ **piikuhwaau** vta ◆ il/elle le/la casse avec quelque chose

ᐲᑯᓂᒼ **piikunim** vti ◆ il/elle le casse avec ses mains

ᐲᑯᐱᒋᒑᐤ **piikupichichaau** vai ◆ il/elle casse tout

ᐲᑯᐱᔩᐤ **piikupiyiu** vai ◆ il/elle casse, est cassé-e

ᐲᑯᐱᔩᐤ **piikupiyiu** vii ◆ c'est cassé, ça casse

ᐲᑯᔑᒫᐤ **piikushimaau** vta ◆ il/elle le/la casse en le laissant tomber ou en le frappant contre quelque chose

ᐲᑯᔑᓐ **piikushin** vai ◆ il/elle se casse en tombant ou en se cognant contre quelque chose

ᐲᑯᔥᑭᒼ **piikushkim** vti ◆ il/elle le casse avec son pied ou son corps

ᐲᑯᔥᑭᐙᐤ **piikushkiwaau** vta ◆ il/elle le/la casse avec son pied ou son corps

ᐱᔅᑳᐹᑭᐦᐊᒼ **piskaapaakiham** vti ◆ il/elle le casse (filiforme) en le frappant avec quelque chose

ᒋᒥᓂᒼ **chiminim** vti ◆ il/elle en casse un morceau avec la main

ᑭᔥᑭᒋᐱᑖᐤ **kishkichipitaau** vta ◆ il/elle se courbe et se casse net

ᑭᔥᑭᒋᐱᔩᐦᑖᐤ **kishkichipiyihtaau** vai ◆ il/elle le plie et le plie jusqu'à ce qu'il casse

ᑭᔥᑭᒋᐱᔩᐤ **kishkichipiyiu** vii ◆ c'est fendu donc ça se casse bien

ᑭᔅᑭᒋᐱᔩᐦᐋᐤ **kiskichipiyihaau** vta ◆ il/elle le/la courbe et le/la fait se casser net

ᑭᔅᑭᑎᓂᒼ **kiskitinim** vti ◆ il/elle le courbe et le fait se casser

ᓈᓈᑤᔮᔅᑎᒋᓈᐤ **naanaatwaayaastichinaau** vai redup ◆ il/elle casse des branches à la main

ᓈᑤᑳᑖᐦᐙᐤ **naatwaakaataahwaau** vta ◆ il/elle lui casse la jambe, la patte avec quelque chose

ᓈᑤᑳᑖᓈᐤ **naatwaakaataanaau** vta ◆ il/elle lui casse la jambe, la patte avec la main

ᓈᑤᑳᑖᓂᒼ **naatwaakaataanim** vti ◆ il/elle en casse le pied (ex. d'une table) avec la main

ᓈᑤᑳᑖᐱᔩᐤ **naatwaakaataapiyiu** vii ◆ ça a un pied cassé (ex. une chaise, une table)

ᓈᑤᐱᔩᐤ **naatwaapiyiu** vii ◆ ça se casse en deux

ᓈᑤᔮᐦᑭᐦᑖᐤ **naatwaayaahkihtaau** vii ◆ c'est cassé en deux par le feu

ᓈᑤᔮᐱᑖᐦᐙᐤ **naatwaayaapitaahwaau** vta ◆ il/elle se casse une dent, les dents

ᐱᐦᒁᐦᐙᐤ **pihkwaahwaau** vta ◆ il/elle en casse un morceau avec un outil

ᐱᐦᒁᐱᔩᐦᐋᐤ **pihkwaapiyihaau** vta ◆ il/elle le/la casse net, le/la détache

ᐱᐦᒁᐱᔩᐦᑖᐤ **pihkwaapiyihtaau** vai ◆ il/elle en détache un morceau, en casse un morceau

ᐱᐦᒁᔑᒫᐤ **pihkwaashimaau** vta ◆ il/elle le/la laisse tomber et en casse un morceau

ᐱᐦᒁᔥᑭᒼ **pihkwaashkim** vti ◆ il/elle en casse un morceau avec son corps ou son pied

ᐱᐦᒁᔥᑭᐙᐤ **pihkwaashkiwaau** vta ◆ il/elle en casse un morceau avec son corps ou son pied

ᐱᐦᒁᓯᑯᔥᑭᒼ **pihkwaasikushkim** vti ◆ il/elle casse un morceau de glace avec son pied ou son corps

ᐱᐦᒁᓯᑯᔥᑭᐙᐤ **pihkwaasikushkiwaau** vta ◆ il/elle en casse un morceau avec son pied ou son corps

ᐲᑯᐦᐊᒼ **piikuham** vti ◆ il/elle le paie, le casse avec quelque chose

ᐲᑯᐦᑭᐦᓲ **piikuhkihsuu** vai -u ◆ il/elle est cassé-e par la chaleur

ᐲᑯᐦᑭᐦᑖᐤ **piikuhkihtaau** vii ◆ c'est cassé par la chaleur

ᐲᑯᐦᑎᒻ piikuhtim vti ◆ il/elle le casse avec ses dents

ᐲᑯᑭᐦᐊᒻ piikukiham vti ◆ il/elle le casse avec une hache

ᐲᑯᑭᐦᐙᐤ piikukihwaau vta ◆ il/elle le/la casse avec une hache

ᐲᑯᒫᐤ piikumaau vta ◆ il/elle le/la casse avec ses dents

ᐲᑯᓈᐤ piikunaau vta ◆ il/elle fait de la monnaie, du change, il/elle le/la casse avec ses mains

ᐲᑯᐱᑎᒻ piikupitim vti ◆ il/elle le déchire, le casse

ᐲᑯᐳᑖᐤ piikuputaau vai+o ◆ il/elle le casse avec une scie

ᐲᑯᐳᔮᐤ piikupuyaau vta ◆ il/elle le/la casse avec une scie

ᐲᑯᔥᑎᒀᓈᐦᐙᐤ piikushtikwaanaahwaau vta ◆ il/elle lui casse la tête en la frappant

ᐲᒀᐹᐅᑖᐤ piikwaapaautaau vai ◆ il/elle le casse, l'abîme avec du liquide

ᐲᒀᐳᑰ piikwaapukuu vai -u ◆ il/elle est cassé-e par le courant

ᐲᒀᐳᑖᐤ piikwaaputaau vii ◆ c'est cassé par le courant

ᐲᒀᔥᑭᒋᐤ piikwaashkichiu vai ◆ il/elle casse en gelant

ᐲᓯᐦᐊᒻ piisiham vti ◆ il/elle le casse en petits morceaux

ᐲᓯᐦᑎᑖᐤ piisihtitaau vai ◆ il/elle le laisse tomber et ça se casse en petits morceaux

ᐲᓯᐦᐙᐤ piisihwaau vta ◆ il/elle le/la casse en petits morceaux

ᐱᔥᑯᒑᐦᐊᒻ pishkuchaaham vti ◆ il/elle le casse et l'ouvre (ex. un sac) avec quelque chose

ᐱᔅᑳᐹᑭᐦᐙᐤ piskaapaakihwaau vta ◆ il/elle le casse en le frappant

ᐴᔥᑯᐱᔨᐤ puushkupiyiu vai ◆ il/elle se casse en deux

ᐴᔥᑯᔥᑭᒻ puushkushkim vti ◆ il/elle le casse en deux avec son pied ou son corps

ᐴᔥᑯᔥᑭᐙᐤ puushkushkiwaau vta ◆ il/elle le/la casse en deux avec son pied ou son corps

ᔖᔖᑯᐦᐊᒻ shaashaakuham vti redup ◆ il/elle le casse en petits morceaux

ᔖᔖᑯᐦᐙᐤ shaashaakuhwaau vta redup ◆ il/elle le/la casse en petits morceaux

ᔖᐅᐦᐋᐤ shaauhaau vta ◆ il/elle le/la maltraite, alors il/elle casse facilement

ᔒᐱᐦᑎᓐ shiipihtin vii ◆ ça ne se casse pas facilement quand on le laisse tomber

ᔓᐎᐦᐙᐤ shuwihwaau vta ◆ il/elle peut le/la casser, le/la tuer

ᔓᐎᓈᐤ shuwinaau vta ◆ il/elle peut le/la déplacer ou le/la casser à la main

ᔓᐎᓂᒻ shuwinim vti ◆ il/elle peut le bouger ou le casser à la main

ᔓᐎᔥᑭᒻ shuwishkim vti ◆ il/elle réussit à le casser, à le bouger avec son pied ou son corps

ᔓᐎᔥᑭᐙᐤ shuwishkiwaau vta ◆ il/elle réussit à le/la casser, à le/la bouger avec son pied ou son corps

ᒋᒥᐱᑎᒻ chimipitim vti ◆ il/elle le déchire, le détache, le casse net

ᓈᑛᑯᑖᔑᓐ naatwaakutaashin vai ◆ il/elle tombe et se casse le nez

ᓈᑛᐱᑖᐤ naatwaapitaau vta ◆ il/elle le/la casse en tirant, en pliant

ᓈᑛᐱᑎᒻ naatwaapitim vti ◆ il/elle le casse en deux en le tirant, en le pliant

ᓈᑛᐱᑐᓈᔑᓐ naatwaapitunaashin vai ◆ il/elle tombe et se casse le bras

ᓈᑛᔮᐱᑖᔑᓐ naatwaayaapitaashin vai ◆ il/elle tombe et se casse une dent

ᓈᑛᔮᔥᑎᓐ naatwaayaashtin vii ◆ ça casse en deux à cause de la force du vent

ᓂᓂᐳᑭᔅᒋᐦᑎᒥᓈᐦᐙᐤ ninipukischihtiminaahwaau vta redup ◆ il/elle lui casse, brise les deux omoplates

ᓂᓂᐳᑎᐦᑯᑭᓈᐦᐙᐤ niniputihkukinaahwaau vta redup ◆ il/elle lui brise, casse les deux ailes

ᓂᓂᐳᑎᐦᑎᒥᓈᐦᐙᐤ niniputihtiminaahwaau vta redup ◆ il/elle lui casse, brise les épaules avec quelque chose

ᐹᐦᑳᐦᑎᑖᐤ paahkaahtitaau vai ◆ il/elle le laisse tomber pour l'ouvrir en le cassant

ᐹᐦᑳᓈᐤ paahkaanaau vta ◆ il/elle le/la fait éclater, le/la casse pour l'ouvrir avec ses mains

ᐹᐦᑳᓂᒻ paahkaanim vti ◆ il/elle le fait éclater, le casse pour l'ouvrir avec ses mains

ᐱᐦᒋᑳᔅᑯᐦᑎᑖᐤ pihchikaaskuhtitaau vai ◆ le manche de sa hache est presque cassé

ᐱᐦᒀᐦᐊᒻ pihkwaaham vti ◆ il/elle en détache, casse un morceau avec un outil

ᐱᐦᒀᐦᑎᑖᐤ pihkwaahtitaau vai ◆ il/elle en casse un morceau en le laissant tomber ou en le frappant sur quelque chose

ᐱᐦᒀᓈᐤ pihkwaanaau vta ◆ il/elle en casse un morceau à la main, il/elle casse le bord de la glace en marchant

ᐱᐦᒀᔮᐅᐦᒋᔥᑭᒻ pihkwaayaauhchishkim vti ◆ il/elle en casse un morceau de sol sablonneux avec son corps ou son pied

ᐲᒀᑯᐦᑖᐤ piikwaakuhtaau vii ◆ quelque chose tombe et se casse à cause du dégel

ᐱᔅᑯᒑᐦᑎᓐ piskuchaahtin vii ◆ ça tombe et ça s'ouvre en se cassant

ᐱᔅᑯᒑᐦᐙᐤ piskuchaahwaau vta ◆ il/elle le/la frappe et l'ouvre en le cassant

ᐴᔥᑯᔑᓐ puushkushin vai ◆ il/elle tombe et se casse en deux

ᔖᐅᓐ shaaun vii ◆ c'est fragile, ça casse facilement

ᑖᑐᔥᑯᒋᒫᑎᑎᒼ taatushkuchimaatitim vti
◆ il/elle casse la glace en pagayant

ᑭᔅᑭᑎᐦᑯᓈᐦᐚᐤ kiskitihkunaahwaau vta
◆ il/elle tire sur un oiseau qui tombe avec une aile cassée

ᒦᓄᐱᔩᐤ miinupiyiu vii ◆ ça casse (ex. de la glace sur la rivière) en automne après la première gelée

ᐱᐦᒁᔮᑯᓂᒋᔥᑭᒼ pihkwaayaakunichishkim vti
◆ il/elle casse, détache un morceau de neige en donnant des coups de pied ou avec son pied ou son corps

ᑤᐱᑖᐤ twaapitaau vai ◆ il/elle casse la glace, la croûte de neige en passant

ᔮᔩᔅᑯᑖᐤ yaayiskutaau vii ◆ la glace casse et se détache du bord d'une étendue d'eau

casser (se)

ᓈᑤᔑᓐ naatwaashin vai ◆ il/elle tombe et se casse (long et rigide)

ᐅᔑᑯᐱᔩᐤ ushikupiyiu vii ◆ ça se casse, ça ne marche plus (se dit d'un patin de traîneau, d'une partie d'une machine)

ᒋᒫᐳᑖᐤ chimaaputaau vii ◆ ça se casse et se fait emporter

ᑳᔅᐱᐱᔩᐤ kaaspipiyiu vii ◆ ça se casse facilement à cause du froid

ᑭᔥᑭᒋᐱᑎᒼ kishkichipitim vti ◆ il/elle se courbe et se casse

ᓈᑤᐦᑎᑖᐤ naatwaahtitaau vai ◆ il/elle heurte contre quelque chose et il/elle se casse (long et rigide)

ᓈᑤᓂᔅᒋᐱᔩᐤ naatwaanischipiyiu vai ◆ l'arbre se casse à la cime

ᓈᑤᐱᔩᐤ naatwaapiyiu vai ◆ il/elle se casse en deux

ᓂᓈᐦᑳᒋᐱᔩᐤ ninaahkaachipiyiu vai ◆ il/elle tombe tout le temps en panne, se casse sans arrêt

ᓂᓈᐦᑳᒋᐱᔩᐤ ninaahkaachipiyiu vii ◆ ça tombe toujours en panne, ça se casse tout le temps

ᐱᐦᒁᐱᔩᐤ pihkwaapiyiu vai ◆ il/elle se casse net, se détache

ᐱᐦᒁᐱᔩᐤ pihkwaapiyiu vii ◆ ça se casse net, se détache

ᐱᐦᒁᓯᑯᐱᔩᐤ pihkwaasikupiyiu vai ◆ la glace se casse net

ᐴᔥᑯᐱᔩᐤ puushkupiyiu vii ◆ ça se casse en deux

ᔖᐅᐦᑖᐤ shaauhtaau vai ◆ il/elle est brutal-e avec, alors ça se casse facilement

ᑳᔅᐱᔑᓐ kaaspishin vai ◆ il/elle se casse facilement quand il/elle est gelé-e ou froid-e

ᑳᔅᐱᓰᐤ kaaspisiiu vai ◆ il/elle se casse facilement, est friable, fragile

ᓈᑤᔮᐦᑭᐦᓲ naatwaayaahkihsuu vai -u ◆ il/elle brûle et se casse en deux

ᓈᑤᔮᔑᐤ naatwaayaashiu vai ◆ il/elle se casse sous la force du vent

ᓂᓈᓂᔑᐱᔩᐤ ninaanishipiyiu vai redup ◆ il/elle se casse et se disperse dans toutes les directions, est complètement détruit

ᔖᐅᓰᐤ shaausiiu vai ◆ il/elle est fragile, se casse facilement

ᑳᔅᐱᑎᓐ kaaspitin vii ◆ ça se casse facilement quand c'est froid ou gelé

casser(se)

ᑳᔅᐹᐤ kaaspaau vii ◆ ça se casse facilement, c'est friable, fragile, très sec

casserole

ᐊᑎᐦᑖᔅᒋᐦᒁᐴ atihtaaschihkwaapuu vai -u
◆ il/elle mange directement de la casserole

ᓂᐱᑭᔅᒋᐦᒄ nipikischihkw ni ◆ une marmite, un chaudron, une casserole en fonte

cassette

ᑳᑎᑎᐱᓈᐱᐦᒑᐱᔩᔑᐦᐦ
kaatitipinaapihchaapiyishichh nap pl
[Whapmagoostui] ◆ une cassette, une bande magnétique en cassette pour enregistrer

cassonade

ᐅᔖᐅᔫᑳᐤ ushaaushuukaau ni -m ◆ de la cassonade, du sucre brun, de l'anglais 'sugar'

castor

ᐊᒥᔅᒄ amiskw na -um ◆ un castor *Castor canadensis*

ᐋᐳᑎᓈᐤ aaputinaau na -m ◆ un castor apprêté en le désossant de manière à laisser la viande en un seul morceau, recousu, retourné, gonflé pour qu'il soit rond et cuit suspendu à une cordelette

ᐊᐦᑏ ahtii na ◆ une peau de castor

ᐊᒁᐚᓐ akwaawaan ni -m ◆ de la viande de castor découpée en fines lanières et mise à sécher sur l'étendoir

ᐊᒥᔥᑯᔑᔥ amishkushish na -um ◆ un bébé castor *Castor canadensis*

ᐊᒥᔅᑯᒋᒁᒋᑭᓐ amiskuchikwaachikin ni ◆ un crochet à castor

ᐊᒥᔅᑯᒋᔅᒡ amiskuchisch ni -im ◆ l'anus d'un castor

ᐊᒥᔅᑯᐦᐄᐲ amiskuhiipii ni -uum ◆ un filet utilisé pour tuer le castor

ᐊᒥᔅᑯᐦᑳᓐ amiskuhkaan na ◆ une sculpture représentant un castor

ᐊᒥᔅᑯᐦᐱᓐ amiskuhpin ni -m ◆ les poumons du castor

ᐊᒥᔅᑯᑳᐦᑳᒋᐤ amiskukaahkaachiu na -m ◆ le gros intestin du castor

ᐊᒥᔅᑯᑭᓐ amiskukin ni ◆ un os de castor

ᐊᒥᔅᑯᒫᐃ amiskumaai ni -m ◆ les excréments du castor

ᐊᒥᔅᑯᒥᐦᒄ amiskumihkw ni -m ◆ du sang de castor

ᐊᒥᔅᑯᓂᒁᓐ amiskunikwaan ni ◆ un collet à castor

ᐊᒥᔅᑯᐱᒦ amiskupimii ni -iim ◆ de la graisse de castor

ᐊᒥᔅᑯᓵᑭᐦᐄᑭᓐ amiskusaakihiikin ni -m ◆ un lac où il y a des castors

ᐊᒥᔅᑯᔅᒋᐦᒄ amiskuschihkw ni ◆ un pot de castor bouilli

ᐊᒥᔅᑯᔥᑎᐧᑳᓂᑭᓐ amiskushtikwaanikin ni ◆ un crâne de castor

ᐊᒥᔅᑯᔅᑯᓐ amiskuskun ni -m ◆ du foie de castor

ᐊᒥᔅᑯᑎᑖᒥᔨᐤᐦ amiskutitaamiyiuh ni pl ◆ les entrailles du castor

ᐊᒥᔅᑯᑎᔨᑭᓐ amiskutiyikin na ◆ une omoplate de castor

ᐊᒥᔅᑯᑐᑎᐦᑯᐦᓯᐅᒡ amiskututihkuhsiuch na pl -iim ◆ des reins de castor

ᐊᒥᔅᑯᐧᐄᓯᐳᐃ amiskuwiisipui ni -um ◆ la vésicule biliaire du castor

ᐊᒥᔅᑯᐧᐄᔪ amiskuwiiyu na -m ◆ du gras de castor

ᐊᒥᔅᑯᐧᐃᓂᐦᐄᑭᓐ amiskuwinihiikin ni -m ◆ un piège à castor

ᐊᒥᔅᑯᐧᐃᔮᔅ amiskuwiyaas ni ◆ de la viande de castor

ᐊᒥᔅᑯᔮᓐ amiskuyaan na ◆ une fourrure de castor

ᐊᒥᔅᐧᑳᐱᐨ amiskwaapit ni -m ◆ une dent de castor

ᐊᒥᔅᐧᑳᐳᐃ amiskwaapui ni ◆ du bouillon de castor

ᐊᒥᔅᐧᑳᔪᐃ amiskwaayui ni -uum ◆ une queue de castor

ᒋᓵᒥᔅᒄ chisaamiskw na -um ◆ un castor adulte

ᑯᑎᑯᓂᒥᔅᒄ kutikunimiskw na -shiim ◆ un castor de quatre ans

ᑯᑎᑯᓂᐱᑎᒥᔅᒄ kutikunipitimiskw na -um ◆ un castor de trois ans qui entre dans sa quatrième année

ᐧᑳᔅᐧᑳᐳᑎᓈᐤ kwaaskwaaputinaau na -m [Whapmagoostui] ◆ un castor préparé en retirant les os pour que la chair soit d'une seule pièce et cuit sur un fil à feu libre

ᒦᒋᒫᐦᑎᒄ miichimaahtikw ni -im ◆ de la nourriture pour le castor

ᓈᓈᑖᒥᔅᒄ naanaataamiskw na -um ◆ un castor rare, au long corps et avec des dents tordues

ᓈᐹᒥᔅᒄ naapaamiskw na -um ◆ un castor mâle

ᓈᐧᑖᔅᒋᓂᑭᓐ naatwaaschinikin ni ◆ un tunnel fermé à plusieurs endroits pour trapper le castor

ᓅᓵᒥᔅᒄ nuusaamiskw na -um ◆ une castor femelle

ᐹᓵᔨᐧᐋᓐ paasaayiwaan ni -m ◆ une queue de castor ouverte en deux et suspendue pour la faire sécher

ᐱᐦᑖᐤ pihtaau na -um ◆ un castor flambé

ᐱᑎᒥᔅᒄ pitimiskw na -um ◆ un castor de trois ans

ᐳᐃᐧᐋᔑᔥ puiwaashish na -m ◆ un castor de deux ans

ᓰᐱᑖᔮᔅᑯᐦᐄᑭᓐ siipitaayaaskuhiikin ni ◆ une méthode pour cuire un castor désossé en l'étirant en forme carrée avec quatre bâtons

ᓰᐱᑖᔮᔅᑯᐦᐄᐧᐹᓐ siipitaayaaskuhiipwaan ni [Wemindji] ◆ une méthode pour cuire un castor désossé en l'étirant en forme carrée avec quatre bâtons

ᐅᒋᒥᐦᑎᐧᐋᐤᐦ uchimihtiwaauh ni pl ◆ des morceaux bois de bouleau, de peuplier, etc. grignotés par un castor pour se nourrir

ᐅᐦᑖᔅᐧᑳᐤ uhtaaskwaau ni -aam ◆ un sentier créé par un castor en transportant des arbres abattus et de la nourriture vers sa hutte

ᐅᒫᒥᐦᒑᐧᑖᑖᓂᑭᓐ umaamihchaatwaataanikin ni -im ◆ la partie inférieure de l'intestin grêle du castor

ᐅᒫᓂᐦᑑᒑᑭᓐ umaanihtuuchaakin ni ◆ l'os du bassin (du pelvis) du castor

ᐅᔅᒋᐱᑎᒥᔅᒄ uschipitimiskw na -um ◆ un castor de trois ans au début de l'automne

ᐅᔅᑯᑎᒻ uskutim ni ◆ un barrage, un barrage de castor

ᐅᑎᐦᑏᐦ utihtiih nad ◆ sa fourrure de castor, sa peau de castor

ᐧᐋᐱᒥᔅᒄ waapimiskw na -um ◆ un castor blanc, albinos

ᐧᐋᑎᔑᔥ waatishish na dim -im ◆ jeune castor, castor d'un an

ᐧᐃᒋᐦᑭᓐᐦ wichihkinh ni pl ◆ la réserve de nourriture d'un castor

ᐧᐃᐦᑎᑖᔅᐧᑳᐤ wihtitaaskwaau ni ◆ un sentier de castor bien marqué

ᐧᐄᑐᐃ wiitui ni -uum ◆ un anus de castor incluant le gras tout autour

ᐊᐦᒑᒥᔅᑰ ahchaamiskuu vai -uwi ◆ elle (castor) est enceinte

ᐊᒥᔅᑯᔅᑳᐤ amiskuskaau vii ◆ il y a beaucoup de castors par ici

ᐊᒥᔅᑯᐧᐃᓂᐦᐄᒑᐤ amiskuwinihiichaau vai ◆ il/elle pose un piège à castor

ᑯᑎᒥᔅᐧᑳᐤ kutimiskwaau vai ◆ il/elle a goûté du castor

ᒥᓂᔅᒋᐧᑳᓈᐦᑭᓲ minischikwaanaahkisuu vai -u ◆ il/elle est cuit-e si tendre que la tête se détache (par ex. un castor)

ᒧᒥᔅᐧᑳᐤ mumiskwaau vai ◆ il/elle mange du castor

ᓂᐱᐦᐋᒥᔅᐧᑳᐤ nipihaamiskwaau vii ◆ c'est facile pour lui/elle de tuer le castor

ᓂᑖᓯᐱᐦᑖᐤ nitaasipihtaau vai+o ◆ il/elle observe le mouvement de l'eau pour voir s'il y a des castors

ᓂᑑᒥᔅᐧᑳᐤ nituumiskwaau vai ◆ il/elle chasse le castor

ᐱᐦᑯᓂᒥᔅᐧᑳᐤ pihkunimiskwaau vai ◆ il/elle dépiaute un castor

ᐱᐦᑖᒥᔅᒁᐤ **pihtaamiskwaau** vai ◆ il/elle flambe le castor pour enlever la fourrure

ᓵᑭᐦᐊᒻ **saakiham** vti ◆ le castor sort de sa hutte à la nage

ᓱᔅᑯᔅᒋᓂᒻ **suskuschinim** vti ◆ il/elle attache le piège de castor sur un bâton fourchu et le penche pour le mettre dans l'eau

ᑖᐱᒥᔅᒁᐤ **taapimiskwaau** vai ◆ il/elle a assez mangé de castor, il/elle s'est gavé de castor

ᑖᑐᔮᑭᐦᐛᐤ **taatuyaakihwaau** vai ◆ il/elle découpe la peau de castor de la queue à la lèvre supérieure

ᐅᓯᒥᔅᒁᐤ **usimiskwaau** vai ◆ il/elle cuit le castor en le faisant bouillir

ᐅᑎᒥᔅᑯᒥᐦᑭᐛᐤ **utimiskumihkiwaau** vta ◆ il/elle lui confie un castor

ᐑᑎᒥᔅᑰ **wiitimiskuu** vai -u ◆ le castor s'accouple

ᐑᔨᒥᔅᑯᔥᑖᐤ **wiiyimiskushtaau** vii ◆ ça sent le castor qui cuit

ᐋᑯᔨᐦᑐᐎᒫᐤ **aakuyihtuwimaau** ni -uum ◆ une hutte de castor à deux étages

ᐊᐦᑖᐅᐎᑦ **ahtaauwit** ni [Wemindji] ◆ un sac à peaux de castor

ᐊᒥᔅᑯᐚᔥᑖᓂᒫᑭᓐ **amiskuwaashtaanimaakin** ni -m ◆ une lampe à la graisse de castor

ᐊᒥᔅᑯᔮᓂᑯᐦᑉ **amiskuyaanikuhp** ni ◆ un manteau en peau de castor

ᐊᒥᔅᑯᔮᓂᔥᑐᑎᓐ **amiskuyaanishtutin** ni -m ◆ un chapeau en peau de castor

ᐊᒥᔅᑯᔮᓂᔅᑎᓯᒡ **amiskuyaanistisich** na pl -m ◆ des mitaines (des moufles) en peau de castor

ᐊᒥᔅᒁᐃᐦᑯᓈᐤ **amiskwaaihkunaau** ni -aam ◆ de la banique (une sorte de pain) faite avec de la graisse de castor

ᐊᑎᐦᑖᑯᐦᑉ **atihtaakuhp** ni [Whapmagoostui] ◆ un manteau en peau de castor

ᒋᔥᑖᑭᓈᐦᑎᒄ **chishtaakinaahtikw** ni ◆ un poteau, une perche pour fermer une rivière pour attraper un castor

ᑳᒋᒑᒥᔅᒄ **kaachichaamiskw** na -um ◆ un fétus de castor extra-utérin, un castor géant assez rare

ᑳᐎᔨᐦᒁᑯᐦᑎᒁᔑᒡ **kaawiyihkwaakuhtikwaashich** nap pl ◆ des raquettes en forme de queue de castor

ᐹᐦᑭᒥᓂᑭᓐ **paahkiminikin** ni ◆ un trou dans la glace où la surface de l'eau est dégagée pour détecter l'activité des castors

ᐱᑯᔥᑭᑖᔑᑭᓐ **pikushkitaashikin** ni -m ◆ la partie de devant du castor avec la queue, pour pouvoir la cuire ou la suspendre pour la sécher

ᐅᒥᐦᒑᑣᑖᓐ **umihchaatwaataan** ni -aam [Whapmagoostui] ◆ la partie inférieure de l'intestin grêle du castor

ᐅᓃᔥᒃ **uniishk** na -im ◆ de la viande de castor du haut de la poitrine

ᐅᔅᑯᑎᒥᔅᒌ **uskutimischii** ni pej ◆ un vieux barrage de castor

ᐚᑦ **waat** ni -im ◆ un tunnel de castor, de rat musqué

ᐑᐦᒀᔅᒋᓂᑭᓐ **wiihkwaaschinikin** ni ◆ la fin d'une rangée de bâtons dans un piège en filet pour attraper les castors

ᐑᔑᓈᐤ **wiishinaau** na -m ◆ le castoréum du castor ou du rat musqué

ᐑᔑᓈᐚᐳᐃ **wiishinaawaapui** ni -uum ◆ du castoréum, une sécrétion d'une glande du castor, utilisée en médecine (le castor l'utilise pour rendre sa fourrure imperméable)

ᐑᔥᑦ **wiisht** ni -im ◆ une hutte de rat musqué, de castor

ᐑᔥᑎᔅᒌ **wiishtischii** ni pej ◆ une vieille hutte de castor vide

ᐑᑐᔮᐳᐃ **wiituyaapui** ni ◆ du bouillon fait des glandes du castor situées sous le castoreum

ᐚᔅᒀᐦᑖᒥᔥᑐᐎᑯᐦᒡ **waaskwaahtaamishtuwikuhch** p,lieu [Whapmagoostui] ◆ l'arrière, le fond de la hutte de castor opposée à l'entrée

ᐊᔅᑭᐎᐦᐄᐹᐤ **askiwihiipaau** vai ◆ il/elle attend assis que le castor apparaisse, il/elle attend assis près du filet de pêche

ᒋᓵᒥᔅᑯᔥᑖᐤ **chisaamiskushtaau** vii ◆ c'est une hutte construite par un castor adulte

ᐃᐦᑎᑐᔥᑎᐚᓯᐎᒡ **ihtitushtiwaasiwich** vai pl ◆ les castors ont un certain nombre de huttes

ᐄᔥᐱᐦᑎᓐ **iishpihtin** vii ◆ le barrage de castor est élevé

ᒫᔅᑎᔅᑯᔮᐤ **maastiskuyaau** vai ◆ il/elle a tué tous les castors dans la hutte

ᒥᔅᑭᐎᒥᔅᒁᐤ **miskiwimiskwaau** vai ◆ il/elle découvre des huttes de castor

ᒧᒥᔅᑯᐦᐄᐛᐤ **mumiskuhiiwaau** vai ◆ il/elle fournit du castor pour nourrir les gens

ᓈᓂᑑᒥᔅᒁᐤ **naanituumiskwaau** vai redup ◆ il/elle va chercher des huttes de castor

ᓈᑤᐹᒋᓂᒻ **naatwaapaachinim** vti ◆ deux barrages de castors sont près de la hutte parce qu'il y a une autre hutte pas loin

ᓂᐦᑖᐅᓲᐦᒀᐦᐊᒻ **nihtaausuuhkwaaham** vti ◆ il/elle tape sur la glace et trouve que c'est facile de détecter les tunnels de castor au son que fait la glace

ᓂᔥᑐᑖᐹᐤ **nishtutaapaau** vai ◆ il/elle rapporte le castor, la loutre à la maison en le traînant

ᓂᑐᓂᒥᔅᒁᐤ **nitunimiskwaau** vai ◆ il/elle tâtonne sous l'eau à la recherche du castor

ᓅᑎᒥᔅᒁᐤ **nuutimiskwaau** vai ◆ il/elle chasse, trappe le castor

ᐹᑖᐳᑎᐛᐤ **paataaputiwaau** vai ◆ la nourriture du castor flotte en aval

ᐱᐦᑯᓂᔑᓈᐚᓈᐤ pihkunishinaawaanaau vai ◆ il/elle enlève les glandes sexuelles du castor (avec lesquelles on fabrique le castoréum)

ᐲᐦᑎᐑᒫᐤ piihtiwiimaau vii ◆ c'est une hutte de castor à deux niveaux

ᐱᑯᒑᓂᒥᐢᒁᐤ pikuchaanimiskwaau vai ◆ il/elle retire les intestins du castor

ᐱᒥᔨᐚᔮᐤ pimiyiwaayaau vii ◆ le tunnel du castor, du rat musqué est par là

ᐱᑎᒁᔨᐚᐤ pitikwaayiwaau vai ◆ il/elle a une large queue (ex. castor)

ᓰᐱᑖᔮᐢᑯᐦᐚᐤ siipitaayaaskuhwaau vta ◆ il/elle désosse le castor et l'étire avec des bâtons pour le rôtir

ᐅᑖᑯᐦᐊᒻ utaakuham vti ◆ il/elle chasse le castor en canot ou à pied le soir

ᐅᑖᑯᔨᔥᑭᒻ utaakuyishkim vti ◆ il/elle chasse le castor, le rat musqué à pied

ᐅᐑᔥᑎᒥᐦᑭᐚᐤ uwiishtimihkiwaau vai ◆ il/elle lui confie la loge de castor

ᐅᐑᔥᑎᒥᐤ uwiishtimiu vai ◆ il/elle est en charge de la loge de castor

ᐚᐢᑳᐢᒋᓂᒻ waaskaaschinim vti ◆ il/elle fait un cercle avec des perches autour du piège en laissant un espace pour que le castor puisse nager

ᐑᔨᒥᐢᑯᒋᓯᐤ wiiyimiskuchisiu vai ◆ il/elle goûte et sent le castor

ᐑᔨᒥᐢᑯᑭᓐ wiiyimiskukin vii ◆ ça goûte et ça sent le castor

ᐑᔨᒥᐢᒁᐤ wiiyimiskwaau vai ◆ il/elle écorche et découpe un castor

ᐋᑭᑐ aakitu na ◆ un bâton courbé utilisé pour découvrir des tunnels de castor sous la glace

ᐊᒥᐢᑯᒫᒌ amiskumaachii ni -m ◆ le contenu de l'estomac et de l'intestin du castor

ᒫᑯᐱᑎᒥᐢᑯᐦᑐᔮᓐ maakupitimiskuhtuyaan ni ◆ une ficelle pour attacher ensemble un cadre pour faire sécher la peau de castor

ᐅᐹᒥᔥᑖᐤ upaamishtaau ni ◆ une hutte de castor avec une entrée sur le côté

ᐅᐢᐴᐦᑭᓐ uspuuhkin ni ◆ un tibia de phoque, de castor

ᐹᔨᑯᔥᑎᐤ paayikushtiu p,quantité ◆ un famille de castors, une hutte de castor

ᓃᔓᒧᔖᐚᔮᐤ niishumushaawaayaau vii [Whapmagoostui] ◆ il y a deux ouvertures dans le tunnel de castor

ᓃᔓᓵᑭᐦᐋᑖᐚᔮᐤ niishusaakihaataawaayaau vii ◆ il y a deux ouvertures dans le tunnel de castor

ᓃᔓᑖᐹᐤ niishutaapaau vai ◆ il/elle ramène deux castors, deux loutres à la maison, il/elle en traîne deux

ᓂᑑᒥᐢᒀᒋᒫᐤ nituumiskwaachimaau vai ◆ il/elle explore l'endroit pour compter le nombre de huttes de castor

ᓲᐦᒁᐦᐊᒻ suuhkwaaham vti ◆ il/elle vérifie avec son ciseau à glace si ça sonne creux là où il aurait des tunnels de castor sous la glace

ᐚᐢᒁᐦᑖᒥᐑᔥᑎᐅ waaskwaahtaamiwiishtiuu vii -iwi ◆ c'est le fond (l'arrière à l'intérieur) de la hutte de castor situé à l'opposé de l'entrée ■ ᐋᐦ ᐚᐢᒁᐦᑖᒥᐑᔥᑎᐎᒡ ■ aah waaskwaahtaamiwiishtiwich ■ *le fond (l'arrière à l'intérieur) de la hutte de castor situé à l'opposé de l'entrée*

ᐚᑎᐦᒑᐤ waatihchaau vai ◆ le castor, le rat musqué creuse un tunnel le long de la rive

ᐑᔥᑎᐦᒑᐤ wiishtihchaau vai ◆ le castor, le rat musqué bâtit sa hutte

ᐅᐱᐢᑯᑏ upiskutii ni ◆ un estomac de caribou, d'orignal, de castor, d'ours

ᑰᓂᔥᑎᐦᒑᐤ kuunishtihchaau vai ◆ il/elle (ex. castor, rat musqué) construit sa hutte tard en automne avec de la boue et de la neige

ᓃᔓᐎᑖᐤ niishuwitaau vai ◆ il/elle porte deux choses, castors, loutres, renards sur son dos

ᓂᔥᑐᐎᑖᐤ nishtuwitaau vai ◆ il/elle porte trois castors, loutres, renards sur son dos

ᓂᑑᓂᒫᐦᑖᐤ nituunimaahtaau vai+o ◆ il/elle examine le piège à castor pour voir s'il y a des traces de la présence des castors autour du piège

ᐱᓯᐦᐊᒑᔪᐎᓯᒻ pisihachaayuwisim vti ◆ il/elle retire la première peau de la queue du castor ou du rat musqué avec de la chaleur ou de l'eau chaude

ᓵᔨᐚᐢᒑᐤ saayiwaaschaau vai ◆ il/elle tue un castor après avoir détruit les tunnels et la hutte

ᐅᓯᐱᐱᔨᐤ usipipiyiu vai ◆ l'eau bouge à cause de l'activité d'un castor, d'un rat musqué ou d'une loutre

ᔮᐦᔮᐅᑖᑎᐦᒑᐤ yaahyaautaatihchaau vai ◆ le rat musqué, le castor construit des tunnels sinueux

castoréum

ᐑᔑᓈᐤ wiishinaau na -m ◆ le castoréum du castor ou du rat musqué

ᐑᔑᓈᐚᐳᐃ wiishinaawaapui ni -uum ◆ du castoréum, une sécrétion d'une glande du castor, utilisée en médecine (le castor l'utilise pour rendre sa fourrure imperméable)

ᐱᐦᑯᓂᔑᓈᐚᓈᐤ pihkunishinaawaanaau vai ◆ il/elle enlève les glandes sexuelles du castor (avec lesquelles on fabrique le castoréum)

catalinette

ᐅᔥᒌᔑᑯᒥᓈᐦᑎᒄ ushchiishikuminaahtikw na -um ◆ une ronce pubescente, une catherinette, une catalinete, une mûre du Canada *Rubus pubescens*

catalogue

ᓂᑐᓯᓂᐦᐄᒑᐅᓯᓂᐦᐄᑭᓐ **nitusinihiichaausinihiikin** ni ◆ un catalogue

ᓂᑎᓱᓂᐦᐄᒑᐤ **nitisunihiichaau** vai ◆ il/elle passe une commande par catalogue

ᓂᑐᓯᓂᐦᐊᒻ **nitusiniham** vti ◆ il/elle le commande par catalogue

ᓂᑐᓯᓂᐦᐊᒧᐙᐤ **nitusinihamuwaau** vta ◆ il/elle le commande par catalogue pour lui/elle

ᓂᑐᓯᓂᐦᐙᐤ **nitusinihwaau** vta ◆ il/elle le/la commande par catalogue

catherinette

ᐅᔥᒌᔑᑯᒥᓈᐦᑎᒄ **ushchiishikuminaahtikw** na -um ◆ une ronce pubescente, une catherinette, une catalinete, une mûre du Canada *Rubus pubescens*

catholique

ᐲᐦᒷᐦᑭᔑᐤ **piihchwaahkishiu** na -m ◆ une personne de foi catholique, un ou une catholique

ᐲᐦᒷᐦᑭᔑᐅᑭᒥᒄ **piihchwaahkishiukimikw** ni -m ◆ une mission catholique

cauchemar

ᑯᔥᑖᒋᐦᑯᔑᐤ **kushtaachihkushiu** vai ◆ il/elle a un cauchemar

cause

ᐊᑖᒫᔨᐦᑎᒻ **ataamaayihtim** vti ◆ il/elle le voit comme la cause

causer

ᒥᒋᐦᑐᑎᒻ **michihtutim** vti ◆ il/elle fait du mal, cause du tort

ᒥᒋᔥᑐᑎᐙᐤ **michishtutiwaau** vta ◆ il/elle lui cause du tort

ᒥᒥᔑᐦᐋᐤ **mimishihaau** vta redup ◆ il/elle lui cause des ennuis par ses actions

ᐅᔥᑖᐱᔨᐦᑖᐤ **ushtaapiyihtaau** vai ◆ il/elle cause des problèmes

ᐏᔥᑖᐱᔨᐦᐋᐤ **wishtaapiyihaau** vta ◆ il/elle lui cause des problèmes

cave

ᐄᑖᒥᔅᑭᒥᒄ **iitaamiskimikw** ni ◆ une cave, un cellier

cavité

ᐱᑯᒑᓂᑭᓐ **pikuchaanikin** ni ◆ la cavité de laquelle les intestins viennent d'être retirés

ᐅᑎᓂᑯᑏ **utinikutii** ni ◆ le revêtement interne de la cavité du corps du porc-épic

ce

ᐊᓂᔮᔨᐤᐦ **aniyaayiuh** pro,dém ◆ celui-là, celle-là, ce, cet, cette, ceux-là, celles-là, ces (voir *an*) ■ ᐹᔑᐏᒻ ᒫ ᐊᓂᔮᔨᐤᐦ ᐅᑎᒥᔅᑯᒻᐦ ᓂᑭ ᐱᐦᑯᓂᒫᔨᐤᐦ᙮ ■ paashiwim maa aniyaayiuh utimiskumh niki pihkunimaayiuh.

ᐅᔮ **uyaa** pro,dém ◆ celui-ci, celle-ci, ceci, ce, cet, cette (inanimé obviatif, voir *uu*)

ᐅᔮᔨᐤ **uyaayiu** pro,dém ◆ celui-ci, celle-ci, ceci, ce, cet, cette (inanimé obviatif, voir *uu*) ■ ᐋᔪᐏᒄ ᐅᔮᔨᐤ ᐑᔨ ᑳ ᐅᔑᐦᑖᑦ ᒫᐦᑮᔨᐤ᙮ ■ aayuwikw uyaayiu wiiyi kaa ushihtaat maahkiiyiu. ■ *Ceci est la tente qu'elle a faite.*

ᐅᔮᔨᐤᐦ **uyaayiuh** pro,dém ◆ celui-ci, celle-ci, ce, cet, cette (obviatif animé), ceux-ci, celles-ci, ces (inanimé ou obviatif animé) (voir *uu*) ■ ᐋᔪᐏᑯᓐᐦ ᐅᔮᔨᐤᐦ ᑳ ᐏᓂᐦᐊᑦ ᐅᑭᔅᒄᐦ᙮ ■ aayuwikunh uyaayiuh kaa winihat ukiskwh. ■ *Voici celles de ses flèches qu'il a perdu.*

ᐊᓂᔮ **aniyaa** pro,dém ◆ celui-là, celle-là, cela, ça, ce, cet, cette (obviatif inanimé, voir *an*) ■ ᔖᔥ ᐹᔥᑖᔨᐤ ᐊᓂᔮ ᐅᑖᔅ᙮ ■ shaash paashtaayiu aniyaa utaas.

ᐊᓂᔮᔨᐤ **aniyaayiu** pro,dém ◆ celui-là, celle-là, cela, ça, ce, cet, cette (inanimé obviatif, voir *an*) ■ ᐋᔪᐏᒄ ᐊᓂᔮᔨᐤ ᐑᒋᐙᐤ ᑳ ᐅᐙᔑᐦᑖᑭᓂᐏᔨᑯᐱᓈ᙮ ■ aayuwikw aniyaayiu wiichiwaau kaa uwaashihtaakiniwiyikupinaa. ■ *Oui, c'est bien leur maison qui a été rénovée.*

ᐆ **uu** pro,dém ◆ celui-ci, celle-ci, ceci, ce, cet, cette, voici (animé ou inanimé) ■ ᐋᐅᒄ ᒫᒃ ᐆ ᓂᑎᑯᐦᑉ ᒐ ᒋᒋᔥᑭᒫᓐ ᓃᔓᑳᐳᐏᓈᓂᐏᒐ᙮ ■ aaukw maak uu nitikuhp chaa chichishkimaan niishukaapuwinaaniwichaa. ■ *C'est cette robe que je vais porter au mariage.*

ᐊᓐ **an** pro,dém ◆ celui-là, celle-là, cela, ça, ce, cet, cette, voilà (animé ou inanimé) ■ ᐑᐱᒡ ᒑᒋᔖᐹᔮᔨᒑ ᒐ ᒁᐱᒑᑦ ᐊᓐ ᐃᔥᒁᔑᔥ᙮ ■ wiipich chaachishaapaayaayichaa chaa kwaapichaat an ishkwaashish. ■ *Cette fille-là ira chercher de l'eau très tôt le matin.*

ᓈ **naa** pro,dém ◆ celui-là là-bas, celle-là là-bas, cela, ça, ce, cet, cette (inanimé) (voir *maanaa*) ■ ᐹᑖᐦ ᒫ ᓈ ᓂᔖᐳᓂᑭᓂᐏᑦ᙮ ■ paataah maa naa nishaapunikiniwit. ■ *Apporte-moi mon panier de couture qui est là-bas.*

ceci

ᒫᐤ **maau** pro,dém ◆ le/la voici! voici celui-ci, voici celle-ci, voici (animé ou inanimé, accompagné d'un geste de la main ou en pointant les lèvres) (voir *maau*) ■ ᒫᐤ ᒋᔖᔮᑯᐱᒦ ᑳ ᓂᑎᐙᔨᒥᑦ ᐋᐦ ᐱᒥᐦᑳᓂᐦᒑᔨᓐ᙮ ■ maau chishaayaakupimii kaa nitiwaayimit aah pimihkaanihchaayin. ■ *Voici la graisse d'ours pour le pemmican que tu prépares.*

ᐅᔮ **uyaa** pro,dém ◆ celui-ci, celle-ci, ceci, ce, cet, cette (inanimé obviatif, voir *uu*)

ᐅᔮᔨᐤ **uyaayiu** pro,dém ◆ celui-ci, celle-ci, ceci, ce, cet, cette (inanimé obviatif, voir *uu*) ■ ᐋᔪᐏᒄ ᐅᔮᔨᐤ ᐑᔨ ᑳ ᐅᔑᐦᑖᑦ ᒫᐦᑮᔨᐤ᙮ ■ aayuwikw uyaayiu wiiyi kaa ushihtaat maahkiiyiu. ■ *Ceci est la tente qu'elle a faite.*

ᐆ **uu** pro,dém ◆ celui-ci, celle-ci, ceci, ce, cet, cette, voici (animé ou inanimé) ■ ᐋᐅᒄ ᒫᒃ ᐆ ᓂᑎᑯᐦᑉ ᒐ ᒋᒋᔥᑭᒫᓐ ᓃᔓᑳᐳᐏᓈᓂᐏᒐ᙮ ■ aaukw maak uu nitikuhp chaa chichishkimaan niishukaapuwinaaniwichaa. ■ *C'est cette robe que je vais porter au mariage.*

cécité

ᐏᔮᓵᐲᐤ **wiyaasaapiiu** vai ◆ il/elle commence à devenir aveugle à cause de la neige, à souffrir d'une ophtalmie des neiges, d'une cécité des neiges

cécité des neiges

ᑭᔥᑳᐱᐤ **kishkaapiu** vai ◆ il/elle souffre de cécité des neiges

cèdre

ᒫᐢᒌᐢᐠ maaschiisk na -im ◆ un cèdre du Canada *Thuja occidentalis*

ᒫᐢᒌᐢᒁᔥᑎᒡ maaschiiskwaashtich na pl ◆ des branchages de cèdre

ceinture

ᐱᐦᑯᐦᑖᐦᐅᓐ pihkuhtaahun na ◆ un ceinture

ᐱᐦᑯᐦᑖᐦᐆ pihkuhtaahuu vai -u ◆ il/elle porte une ceinture

cela

ᒫᓈ maanaa pro,dém ◆ le/la voilà là-bas! voilà là-bas (inanimé, accompagné d'un geste de la main ou en pointant les lèvres) ■ ᒫᓈ ᓈᑖᐦ ᑳ ᐊᔥᑖᐑᒡ ᑳ ᐅᔥᑳᒡ ᓂᐹᓂᔅᒋᐦᒄ. ■ maanaa naataah kaa ashtaawich kaa ushkaach nipaanischihkw. ■ *Voilà là-bas ma nouvelle poêle à frire!*

ᒫᓐ maan pro,dém ◆ le/la voilà! voilà celui-là, voilà celle-là, voilà (animé ou inanimé, accompagné d'un geste de la main ou en pointant les lèvres) (voir *maan*) ■ ᒫᓐ ᒦᒋᐚᐦᑊ ᒑ ᐋᐱᒋᐦᑖᔨᐦᒄ ᐋᐦ ᓯᑭᐼᔨᐦᒄ. ■ maan miichiwaahp chaa aapichihtaayihkw aah sikipwaayihkw. ■ *On va utiliser le tipi que voilà pour faire rôtir les oies.*

ᒫᓂᔮ maaniyaa pro,dém ◆ le/la voilà! voilà celui-là, voilà celle-là, voilà (obviatif inanimé, accompagné d'un geste de la main ou en pointant les lèvres) (voir *maan*) ■ ᒫᓂᔮ ᑳ ᐊᔥᑧᑦ ᒦᒋᒥᔨᐤ. ■ maaniyaa kaa ashtwaat miichimiyiu. ■ *Voilà de la nourriture qu'elle a préparée pour les autres.*

ᒫᓂᔮᔨᐤ maaniyaayiu pro,dém ◆ le/la voilà! voilà celui-là, voilà celle-là, voilà (obviatif inanimé, accompagné d'un geste de la main ou en pointant les lèvres) (voir *maan*)

ᐊᓂᔮ aniyaa pro,dém ◆ celui-là, celle-là, cela, ça, ce, cet, cette (obviatif inanimé, voir *an*) ■ ᔖᔥ ᐹᔥᑖᔨᐤ ᐊᓂᔮ ᐅᑖᔅ. ■ shaash paashtaayiu aniyaa utaas.

ᐊᓂᔮᔨᐤ aniyaayiu pro,dém ◆ celui-là, celle-là, cela, ça, ce, cet, cette (inanimé obviatif, voir *an*) ■ ᐋᔪᐎᒄ ᐊᓂᔮᔨᐤ ᐑᒋᐗᐤ ᑳ ᐅᐚᔑᐦᑖᑭᓂᐎᔨᑯᐱᓈ. ■ aayuwikw aniyaayiu wiichiwaau kaa uwaashihtaakiniwiyikupinaa. ■ *Oui, c'est bien leur maison qui a été rénovée.*

ᐊᓐ an pro,dém ◆ celui-là, celle-là, cela, ça, ce, cet, cette, voilà (animé ou inanimé) ■ ᐑᐱᒡ ᒑᒋᔖᐹᔮᔨᒑ ᒑ ᒁᐱᒑᑦ ᐊᓐ ᐃᔥᒁᔑᔥ. ■ wiipich chaachishaapaayaayichaa chaa kwaapichaat an ishkwaashish. ■ *Cette fille-là ira chercher de l'eau très tôt le matin.*

ᓈ naa pro,dém ◆ celui-là là-bas, celle-là là-bas, cela, ça, ce, cet, cette (inanimé) (voir *maanaa*) ■ ᐹᑖᐦ ᒫ ᓈ ᓂᔖᐳᓂᑭᓂᐎᑦ. ■ paataah maa naa nishaapunikiniwit. ■ *Apporte-moi mon panier de couture qui est là-bas.*

célibataire

ᐱᔑᔑᒁᐹᐆ pishishikwaapaauu vai -aawi ◆ il est célibataire, c'est un célibataire

celle-ci

ᒫᐤ maau pro,dém ◆ le/la voici! voici celui-ci, voici celle-ci, voici (animé ou inanimé, accompagné d'un geste de la main ou en pointant les lèvres) (voir *maau*) ■ ᒫᐤ ᒋᔖᔮᑯᐱᒦ ᑳ ᓂᑎᐚᔨᒥᑦ ᐋᐦ ᐱᒥᐦᑳᓂᐦᒑᔨᓐ. ■ maau chishaayaakupimii kaa nitiwaayimit aah pimihkaanihchaayin. ■ *Voici la graisse d'ours pour le pemmican que tu prépares.*

ᐅᔮ uyaa pro,dém ◆ celui-ci, celle-ci, ceci, ce, cet, cette (inanimé obviatif, voir *uu*)

ᐅᔮᔨᐤ uyaayiu pro,dém ◆ celui-ci, celle-ci, ceci, ce, cet, cette (inanimé obviatif, voir *uu*) ■ ᐋᔪᐎᒄ ᐅᔮᔨᐤ ᐑᔨ ᑳ ᐅᔑᐦᑖᑦ ᒫᐦᑮᔨᐤ. ■ aayuwikw uyaayiu wiiyi kaa ushihtaat maahkiiyiu. ■ *Ceci est la tente qu'elle a faite.*

ᐆ uu pro,dém ◆ celui-ci, celle-ci, ceci, ce, cet, cette, voici (animé ou inanimé) ■ ᐋᐅᒄ ᒫᒃ ᐆ ᓂᑎᑯᐦᑊ ᒑ ᒋᒋᔥᑭᒫᓐ ᓃᔓᑳᐳᐎᓈᓂᐎᒑ. ■ aaukw maak uu nitikuhp chaa chichishkimaan niishukaapuwinaaniwichaa. ■ *C'est cette robe que je vais porter au mariage.*

celle-là

ᐊᓂᔮᔨᐅᐦ aniyaayiuh pro,dém ◆ celui-là, celle-là, ce, cet, cette, ceux-là, celles-là, ces (voir *an*) ■ ᐹᔑᐎᒼ ᒫ ᐊᓂᔮᔨᐅᐦ ᐅᑎᒥᔅᑯᒼᐦ ᓂᑭ ᐱᐦᑯᓂᒫᔨᐅᐦ. ■ paashiwim maa aniyaayiuh utimiskumh niki pihkunimaayiuh.

ᒫᓐ maan pro,dém ◆ le/la voilà! voilà celui-là, voilà celle-là, voilà (animé ou inanimé, accompagné d'un geste de la main ou en pointant les lèvres) (voir *maan*) ■ ᒫᓐ ᒦᒋᐚᐦᑊ ᒑ ᐋᐱᒋᐦᑖᔨᐦᒄ ᐋᐦ ᓯᑭᐼᔨᐦᒄ. ■ maan miichiwaahp chaa aapichihtaayihkw aah sikipwaayihkw. ■ *On va utiliser le tipi que voilà pour faire rôtir les oies.*

ᒫᓈᐦ maanaah pro,dém ◆ le/la voilà là-bas! tout là-bas il y a celui-là, celle-là (animé, accompagné d'un geste de la main ou en pointant les lèvres) (voir *maanaah*) ■ ᒫᓈᐦ ᐃᔥᒁᔑᔥ ᑳ ᐅᑎᓈᑭᓂᐎᑦ ᒑ ᐊᔨᒥᑦ. ■ maanaah ishkwaashish kaa utinaakiniwit chaa ayimit. ■ *Voilà là-bas la fille qui a été choisie pour parler.*

ᒫᓂᔮ maaniyaa pro,dém ◆ le/la voilà! voilà celui-là, voilà celle-là, voilà (obviatif inanimé, accompagné d'un geste de la main ou en pointant les lèvres) (voir *maan*) ■ ᒫᓂᔮ ᑳ ᐊᔥᑧᑦ ᒦᒋᒥᔨᐤ. ■ maaniyaa kaa ashtwaat miichimiyiu. ■ *Voilà de la nourriture qu'elle a préparée pour les autres.*

ᒫᓂᔮᔨᐤ maaniyaayiu pro,dém ◆ le/la voilà! voilà celui-là, voilà celle-là, voilà (obviatif inanimé, accompagné d'un geste de la main ou en pointant les lèvres) (voir *maan*)

ᒫᓂᔮᐦ maaniyaah pro,dém ◆ le/la voilà! voilà celui-là, celle-là, cela (obviatif animé); les voilà là-bas! voilà ceux-là, celles-là (obviatif pluriel animé ou inanimé) (accompagné d'un geste de la main ou en pointant les lèvres) (voir *maan*) ■ ᒫᓂᔮᐦ ᔖᔥ ᑳᐦ ᒌᔑᐦᐋᑦ ᐊᒁᐢᑯᐹᓐᐦ. ■ maaniyaah shaash kaah chiishihaat akwaaskupaanh. ■ *La voilà, la pelle qu'il a déjà fini.*

ᒫᓂᔮᔨᐤᐦ **maaniyaayiuh** pro,dém ◆ le/la voilà! voilà celui-là, celle-là, cela (obviatif animé); les voilà là-bas! voilà ceux-là, celles-là (obviatif pluriel animé ou inanimé) (accompagné d'un geste de la main ou en pointant les lèvres) (voir *maan*) ■ ᒫᓂᔮᔨᐤᐦ ᐃᐦᐄᐲᐦ ᑳ ᐄᑖᔨᒫᑦ ᒑ ᑎᐦᑯᓈᑦ. ■ maaniyaayiuh ihiipiih kaa iitaayimaat chaa tihkunaat. ■ *Voilà là-bas le filet de pêche qu'elle/il voulait emporter.*

ᐊᓂᔮ **aniyaa** pro,dém ◆ celui-là, celle-là, cela, ça, ce, cet, cette (obviatif inanimé, voir *an*) ■ ᔖᔥ ᐹᔥᑖᔨᐤ ᐊᓂᔮ ᐅᑖᔅ. ■ shaash paashtaayiu aniyaa utaas.

ᐊᓂᔮᔨᐤ **aniyaayiu** pro,dém ◆ celui-là, celle-là, cela, ça, ce, cet, cette (inanimé obviatif, voir *an*) ■ ᐋᔪᐧᐃᒄ ᐊᓂᔮᔨᐤ ᐧᐄᒋᐧᐋᐤ ᑳ ᐅᐧᐋᔑᐦᑖᑭᓂᐧᐃᔨᑯᐱᓈ. ■ aayuwikw aniyaayiu wiichiwaau kaa uwaashihtaakiniwiyikupinaa. ■ *Oui, c'est bien leur maison qui a été rénovée.*

ᐊᓐ **an** pro,dém ◆ celui-là, celle-là, cela, ça, ce, cet, cette, voilà (animé ou inanimé) ■ ᐧᐄᐱᒡ ᒑᒋᔖᐹᔮᔨᒑ ᒑ ᐧᑳᐱᒑᑦ ᐊᓐ ᐃᔥᐧᑳᔑᔥ. ■ wiipich chaachishaapaayaayichaa chaa kwaapichaat an ishkwaashish. ■ *Cette fille-là ira chercher de l'eau très tôt le matin.*

ᓈ **naa** pro,dém ◆ celui-là là-bas, celle-là là-bas, cela, ça, ce, cet, cette (inanimé) (voir *maanaa*) ■ ᐹᑖᐦ ᒫ ᓈ ᓂᔖᐳᓂᑭᓂᐧᐃᑦ. ■ paataah maa naa nishaapunikiniwit. ■ *Apporte-moi mon panier de couture qui est là-bas.*

celles-ci

ᐅᒋ **uchi** pro,dém ◆ ceux-ci, celles-ci, ces (animé, voir *uu*) ■ ᐄᔑᓈᑯᓂᔨᐤ ᒑ ᒋᔥᑖᔨᒥᐦᑯᒡ ᐅᒋ ᒫᓂᑖᐅᒡ. ■ iishinaakuniyiu chaa chishtaayimihkuch uchi maanitaauch. ■ *Il faut honorer ces visiteurs.*

ᐅᒌ **uchii** pro,dém ◆ ceux-ci, celles-ci, ces (animé, voir *uu*) ■ ᐄᔑᓈᑯᓂᔨᐤ ᒑ ᒋᔥᑖᔨᒥᐦᑯᒡ ᐅᒌ ᒫᓂᑖᐅᒡ. ■ iishinaakuniyiu chaa chishtaayimihkuch uchii maanitaauch. ■ *Il faut honorer ces visiteurs.*

ᐅᐦᐄ **uhii** pro,dém ◆ celles-ci, ceux-ci, ces (inanimé, voir *uu*) ■ ᑖᐹ ᓂᓂᓯᑐᐧᐃᓈᓐ ᐅᐦᐄ ᒑᐧᑳᓂᐦᐄ. ■ taapaa ninisituwinaan uhii chaakwaanihii. ■ *Je ne reconnais pas ces choses.*

ᐅᔮᔨᐤᐦ **uyaayiuh** pro,dém ◆ celui-ci, celle-ci, ce, cet, cette (obviatif animé), ceux-ci, celles-ci, ces (inanimé ou obviatif animé) (voir *uu*) ■ ᐋᔪᐧᐃᑯᓐᐦ ᐅᔮᔨᐤᐦ ᑳ ᐧᐃᓂᐦᐊᑦ ᐅᑭᔅᒄᐦ. ■ aayuwikunh uyaayiuh kaa winihat ukiskwh. ■ *Voici celles de ses flèches qu'il a perdu.*

celles-là

ᐊᓂᒌ **anichii** pro,dém ◆ ceux-là, celles-là, ces, voilà (animé pluriel, voir *an*) ■ ᐊᑯᔨᒡ ᒫ ᐊᓂᒌ ᐱᔨᒌᓯᒡ ᐧᐃᔨᐧᐄᑎᒥᐦᒡ. ■ akuyich maa anichii piyichiisich wiyiwiitimihch. ■ *Suspend ces pantalons dehors!*

ᒫᓂᒌ **maanichii** pro,dém ◆ les voilà! voilà ceux-là, celles-là (animé pluriel, accompagné d'un geste de la main ou en pointant les lèvres) (voir *maan*) ■ ᒫᓂᒌ ᒫᒃ ᓃᒦᓯᐅᒡ ᑳ ᓂᑐᒫᑭᓂᐅᐧᐃᒡ. ■ maanichii maak niimiisiuch kaa nitumaakiniuwich. ■ *Voilà les danseurs qui ont été invités.*

ᒫᓂᐦᐄ **maanihii** pro,dém ◆ les voilà! voilà ceux-là, celles-là (inanimé pluriel, accompagné d'un geste de la main ou en pointant les lèvres) (voir *maan*) ■ ᒫᓂᐦᐄ ᒥᓯᓂᐦᐄᑭᓐᐦ ᐋᐦ ᐄᔨᔨᐅᔥᑖᒡᐦ. ■ maanihii misinihiikinh aah iiyiyiushtaach-h. ■ *Ces livres-là sont écrits en cri.*

ᒫᓈᒌ **maanaachii** pro,dém ◆ les voilà là-bas! tout là-bas il y a ceux-là, celles-là (animé pluriel, accompagné d'un geste de la main ou en pointant les lèvres) (voir *maanaah*) ■ ᒫᓈᒌ ᓈᐹᔑᔑᒡ ᑳ ᓈᓂᑎᐧᐋᐱᒫᑭᓂᐅᐧᐃᒡ. ■ maanaachii naapaashishich kaa naanitiwaapimaakiniuwich. ■ *Les voilà là-bas ces garçons qu'on cherchait.*

ᒫᓈᐦᐄ **maanaahii** pro,dém ◆ les voilà là-bas! tout là-bas il y a ceux-là, celles-là (inanimé pluriel, accompagné d'un geste de la main ou en pointant les lèvres) (voir *maanaa*) ■ ᒫᓈᐦᐄ ᐆᑦᐦ ᑳ ᐅᐧᐋᔑᐦᑖᑭᓂᐧᐃᒡᐦ. ■ maanaahii uuth kaa uwaashihtaakiniwichh. ■ *Voilà là-bas les canots qui ont été réparés.*

ᓈᒌ **naachii** pro,dém ◆ les voilà là-bas! tout là-bas il y a ceux-là, celles-là (animé pluriel, accompagné d'un geste de la main ou en pointant les lèvres) (voir *maanaah*) ■ ᐋᐅᑯᓂᒡ ᓈᒌ ᐊᐧᐋᔑᔑᒡ ᑳ ᐹᑖᒡ ᐊᓂᔮᐦ ᒦᓂᔥᐦ. ■ aaukunich naachii awaashishich kaa paataach aniyaah miinishh.

ᓈᐦᐄ **naahii** pro,dém ◆ les voilà là-bas! tout là-bas il y a ceux-là, celles-là (inanimé pluriel, accompagné d'un geste de la main ou en pointant les lèvres) (voir *maanaa*) ■ ᐹᑖᐦ ᒫ ᓈᐦᐄ ᐊᒥᔅᑯᐦᑐᐃᐦ ᑳ ᒌᔑᐦᑖᑭᓂᐧᐃᒡᐦ. ■ paataah maa naahii amiskuhtuih kaa chiishihtaakiniwichh. ■ *Apporte ces cadres à peaux de castor par là, ceux qui sont déjà faits!*

ᒫᓂᔮᐦ **maaniyaah** pro,dém ◆ le/la voilà! voilà celui-là, celle-là, cela (obviatif animé); les voilà là-bas! voilà ceux-là, celles-là (obviatif pluriel animé ou inanimé) (accompagné d'un geste de la main ou en pointant les lèvres) (voir *maan*) ■ ᒫᓂᔮᐦ ᔖᔥ ᑳᐦ ᒌᔑᐦᐋᑦ ᐊᐧᑳᔅᑯᐹᓐᐦ. ■ maaniyaah shaash kaah chiishihaat akwaaskupaanh. ■ *La voilà, la pelle qu'il a déjà fini.*

ᒫᓂᔮᔨᐤᐦ **maaniyaayiuh** pro,dém ◆ le/la voilà! voilà celui-là, celle-là, cela (obviatif animé); les voilà là-bas! voilà ceux-là, celles-là (obviatif pluriel animé ou inanimé) (accompagné d'un geste de la main ou en pointant les lèvres) (voir *maan*) ■ ᒫᓂᔮᔨᐤᐦ ᐃᐦᐄᐲᐦ ᑳ ᐄᑖᔨᒫᑦ ᒑ ᑎᐦᑯᓈᑦ. ■ maaniyaayiuh ihiipiih kaa iitaayimaat chaa tihkunaat. ■ *Voilà là-bas le filet de pêche qu'elle/il voulait emporter.*

cellier

ᐄᑖᒥᔅᑭᒥᒄ iitaamiskimikw ni ◆ une cave, un cellier

celui-ci

ᒫᐤ maau pro,dém ◆ le/la voici! voici celui-ci, voici celle-ci, voici (animé ou inanimé, accompagné d'un geste de la main ou en pointant les lèvres) (voir *maau*) ▪ ᒫᐤ ᒋᔖᔮᑯᐱᒦ ᑳ ᓂᑎᐧᐋᔨᒥᑦ ᐋᐦ ᐱᒥᐦᑳᓂᐦᒑᔨᓐ᙮ ▪ maau chishaayaakupimii kaa nitiwaayimit aah pimihkaanihchaayin. ▪ *Voici la graisse d'ours pour le pemmican que tu prépares.*

ᐅᔮ uyaa pro,dém ◆ celui-ci, celle-ci, ceci, ce, cet, cette (inanimé obviatif, voir *uu*)

ᐅᔮᔨᐤ uyaayiu pro,dém ◆ celui-ci, celle-ci, ceci, ce, cet, cette (inanimé obviatif, voir *uu*) ▪ ᐋᔪᐧᐃᒄ ᐅᔮᔨᐤ ᐧᐄᔨ ᑳ ᐅᔑᐦᑖᑦ ᒫᐦᑮᔨᐤ᙮ ▪ aayuwikw uyaayiu wiiyi kaa ushihtaat maahkiiyiu. ▪ *Ceci est la tente qu'elle a faite.*

ᐆ uu pro,dém ◆ celui-ci, celle-ci, ceci, ce, cet, cette, voici (animé ou inanimé) ▪ ᐋᐅᒄ ᒫᒃ ᐆ ᓂᑎᑯᐦᑉ ᒑ ᒋᒋᔥᑭᒫᓐ ᓃᔓᑳᐳᐧᐃᓈᓂᐧᐃᒑ᙮ ▪ aaukw maak uu nitikuhp chaa chichishkimaan niishukaapuwinaaniwichaa. ▪ *C'est cette robe que je vais porter au mariage.*

celui-là

ᐊᓂᔮᔨᐤᐦ aniyaayiuh pro,dém ◆ celui-là, celle-là, ce, cet, cette, ceux-là, celles-là, ces (voir *an*) ▪ ᐹᔑᐧᐃᒼ ᒫ ᐊᓂᔮᔨᐤᐦ ᐅᑎᒥᔅᑯᒻᐦ ᓂᑭ ᐱᐦᑯᓂᒫᔨᐤᐦ᙮ ▪ paashiwim maa aniyaayiuh utimiskumh niki pihkunimaayiuh.

ᒫᓐ maan pro,dém ◆ le/la voilà! voilà celui-là, voilà celle-là, voilà (animé ou inanimé, accompagné d'un geste de la main ou en pointant les lèvres) (voir *maan*) ▪ ᒫᓐ ᒦᒋᐧᐋᐦᑉ ᒑ ᐋᐱᒋᐦᑖᔨᐦᒄ ᐋᐦ ᓯᑭᐧᐹᔨᐦᒄ᙮ ▪ maan miichiwaahp chaa aapichihtaayihkw aah sikipwaayihkw. ▪ *On va utiliser le tipi que voilà pour faire rôtir les oies.*

ᒫᓈᐦ maanaah pro,dém ◆ le/la voilà là-bas! tout là-bas il y a celui-là, celle-là (animé, accompagné d'un geste de la main ou en pointant les lèvres) (voir *maanaah*) ▪ ᒫᓈᐦ ᐃᔥᐧᑳᔑᔥ ᑳ ᐅᑎᓈᑭᓂᐧᐃᑦ ᒑ ᐊᔨᒥᑦ᙮ ▪ maanaah ishkwaashish kaa utinaakiniwit chaa ayimit. ▪ *Voilà là-bas la fille qui a été choisie pour parler.*

ᒫᓂᔮ maaniyaa pro,dém ◆ le/la voilà! voilà celui-là, voilà celle-là, voilà (obviatif inanimé, accompagné d'un geste de la main ou en pointant les lèvres) (voir *maan*) ▪ ᒫᓂᔮ ᑳ ᐊᔥᐧᑖᑦ ᒦᒋᒥᔨᐤ᙮ ▪ maaniyaa kaa ashtwaat miichimiyiu. ▪ *Voilà de la nourriture qu'elle a préparée pour les autres.*

ᒫᓂᔮᔨᐤ maaniyaayiu pro,dém ◆ le/la voilà! voilà celui-là, voilà celle-là, voilà (obviatif inanimé, accompagné d'un geste de la main ou en pointant les lèvres) (voir *maan*)

ᒫᓂᔮᐦ maaniyaah pro,dém ◆ le/la voilà! voilà celui-là, celle-là, cela (obviatif animé); les voilà là-bas! voilà ceux-là, celles-là (obviatif pluriel animé ou inanimé) (accompagné d'un geste de la main ou en pointant les lèvres) (voir *maan*) ▪ ᒫᓂᔮᐦ ᔖᔥ ᑳᐦ ᒌᔑᐦᐋᑦ ᐊᐧᑳᔅᑯᐹᓐᐦ᙮ ▪ maaniyaah shaash kaah chiishihaat akwaaskupaanh. ▪ *La voilà, la pelle qu'il a déjà fini.*

ᒫᓂᔮᔨᐤᐦ maaniyaayiuh pro,dém ◆ le/la voilà! voilà celui-là, celle-là, cela (obviatif animé); les voilà là-bas! voilà ceux-là, celles-là (obviatif pluriel animé ou inanimé) (accompagné d'un geste de la main ou en pointant les lèvres) (voir *maan*) ▪ ᒫᓂᔮᔨᐤᐦ ᐃᐦᐄᐲᐦ ᑳ ᐄᑖᔨᒫᑦ ᒑ ᑎᐦᑯᓈᑦ᙮ ▪ maaniyaayiuh ihiipiih kaa iitaayimaat chaa tihkunaat. ▪ *Voilà là-bas le filet de pêche qu'elle/il voulait emporter.*

ᐊᓂᔮ aniyaa pro,dém ◆ celui-là, celle-là, cela, ça, ce, cet, cette (obviatif inanimé, voir *an*) ▪ ᔖᔥ ᐹᔥᑖᔨᐤ ᐊᓂᔮ ᐅᑖᔅ᙮ ▪ shaash paashtaayiu aniyaa utaas.

ᐊᓂᔮᔨᐤ aniyaayiu pro,dém ◆ celui-là, celle-là, cela, ça, ce, cet, cette (inanimé obviatif, voir *an*) ▪ ᐋᔪᐧᐃᒄ ᐊᓂᔮᔨᐤ ᐧᐄᒋᐧᐋᐤ ᑳ ᐅᐧᐋᔑᐦᑖᑭᓂᐧᐃᔨᑯᐱᓈ᙮ ▪ aayuwikw aniyaayiu wiichiwaau kaa uwaashihtaakiniwiyikupinaa. ▪ *Oui, c'est bien leur maison qui a été rénovée.*

ᐊᓐ an pro,dém ◆ celui-là, celle-là, cela, ça, ce, cet, cette, voilà (animé ou inanimé) ▪ ᐧᐄᐱᒡ ᒑᒋᔖᐹᔮᔨᒑ ᒑ ᐧᑳᐱᒑᑦ ᐊᓐ ᐃᔥᐧᑳᔑᔥ᙮ ▪ wiipich chaachishaapaayaayichaa chaa kwaapichaat an ishkwaashish. ▪ *Cette fille-là ira chercher de l'eau très tôt le matin.*

ᓈ naa pro,dém ◆ celui-là là-bas, celle-là là-bas, cela, ça, ce, cet, cette (inanimé) (voir *maanaa*) ▪ ᐹᑖᐦ ᒫ ᓈ ᓂᔖᐳᓂᑭᓂᐧᐃᑦ᙮ ▪ paataah maa naa nishaapunikiniwit. ▪ *Apporte-moi mon panier de couture qui est là-bas.*

cendre

ᐱᔮᐱᐦᒄ piyaapihkw ni ◆ de la cendre

ᐱᐦᑯᑖᐅᐦᑖᐤ pihkutaauhtaau vai ◆ il/elle met des cendres dessus

ᐱᐦᑯᑖᐧᐋᐱᔅᑳᐤ pihkutaawaapiskaau vii ◆ c'est couvert de cendres (minéral)

ᐱᐦᑯᑖᐧᐋᔅᑯᓐ pihkutaawaaskun vii ◆ ça a des cendres dessus

ᐱᔮᐱᐦᑯᐦᑖᐤ piyaapihkuhtaau vai ◆ il/elle met des cendres dessus

ᒌᐦᒌᐦᐧᑳᑭᐦᑖᐤ chiihchiihkwaakihtaau vii ◆ ça brûle complètement, ça se réduit en cendres

ᐧᐄᐱᐦᑯᑖᐅᑭᓐ wiipihkutaaukin vii ◆ ça sent la cendre

ᐱᐦᑯᑖᐤ pihkutaau ni -aam ◆ de la cendre, de la suie, un foyer

ᐱᐦᑯᑖᐅᐦᑎᑳᐤ pihkutaauhtikaau vii ◆ il y a des cendres sur le sol, le bois

ᑎᐦᑳᐅᐦᑳᐤ tihkaauhkaau vii ◆ c'est du sable froid, des cendres froides

cendrier

ᒋᔥᑖᒫᐅᔮᑭᓐ chishtaamaauyaakin ni ◆ un cendrier

cent

ᒥᑖᐦᑐᒥᑎᓂᐤ mitaahtumitiniu p,nombre ◆ cent

ᐹᔨᐧᑳᐅᒥᑖᐦᑐᒥᑎᓂᐤ paayikwaaumitaahtumitiniu p,nombre ◆ cent

ᒥᑖᐦᑐᒥᑎᓂᐧᐋᐦᑏ mitaahtumitiniwaahtii ni ◆ cent dollars

ᐴᔥᑯᐦᑏ puushkuhtii na ◆ cinquante cents, lit. 'une demi-peau de castor'

ᑯᐧᑖᐧᓵᐅᒥᑖᐦᑐᒥᑎᓂᐤ kutwaaswaaumitaahtumitiniu p,nombre [Wemindji] ◆ six cents

ᒫᒥᑖᐦᑐᒥᑎᓂᐤ maamitaahtumitiniu p,quantité ◆ cent chacun

ᐹᔨᑯᔥᑖᐤ ᑎᐦᑖᐤ ᒥᑖᐦᑐᒥᑎᓂᐤ paayikushtaau tihtaau mitaahtumitiniu p,nombre ◆ neuf cents

centre

ᐱᓯᔅᑖᔅᐧᑳᓐ pisistaaskwaan ni ◆ la babiche qui maintient le tissage central au cadre de la raquette

centre de l'amitié

ᐄᔨᔨᐅᑭᒥᒄ iiyiyiukimikw ni ◆ un centre de l'amitié autochtone

cercle

ᒌᓂᐧᑳᓂᐧᐋᐱᐦᐊᒻ chiinikwaaniwaapiham vti ◆ il/elle le balaie en cercle

ᒌᓂᐧᑳᓂᐧᐋᐱᐦᐧᐋᐤ chiinikwaaniwaapihwaau vta ◆ il/elle le/la balaie en cercle

ᐧᐋᔅᑳᑳᐳᐧᐃᐦᐋᐤ waaskaakaapuwihaau vta ◆ il/elle les place en cercle

ᐧᐋᔅᑳᑳᐳᐧᐃᐦᑖᐤ waaskaakaapuwihtaau vai+o ◆ il/elle les place en cercle

ᐧᐋᔅᑳᑳᐳᐧᐃᐧᐃᒡ waaskaakaapuwiwich vai pl -uwi ◆ ils/elles se tiennent debout en cercle

ᐧᐋᔅᑳᐱᔥᑖᑐᐧᐃᒡ waaskaapishtaatuwich vai pl recip -u ◆ ils/elles s'assoient ensemble en cercle

ᐧᐋᔅᑳᐱᔥᑎᐧᐋᐧᐃᒡ waaskaapishtiwaawich vta pl ◆ ils/elles sont assis en cercle autour de lui/d'elle ▪ ᒌᐦ ᐧᐋᔅᑳᐱᔥᑎᐧᐋᐧᐃᒡ ᐅᐦᑯᒧᐧᐋᐤᐦ ᐋᐦ ᑎᐹᒋᒧᔥᑖᑯᒡ᙮ ▪ chiih waaskaapishtiwaawich uhkumuwaauh aah tipaachimushtaakuch. ▪ *Elles se sont assises autour de leur grand-mère alors qu'elle racontait des histoires.*

ᐧᐋᔅᑳᐱᐧᐃᒡ waaskaapiwich vai pl ◆ ils/elles sont assis autour de quelque chose, en cercle

ᐧᐋᔅᑳᔑᒫᐤ waaskaashimaau vta ◆ il/elle les dispose en cercle

ᐧᐋᔅᑳᓯᓂᐦᐄᒑᐤ waaskaasinihiichaau vai ◆ il/elle dessine des cercles

ᐧᐋᐅᔮᐦᑯᑖᐤ waauyaahkutaau vta ◆ il/elle le/la taille en cercle

ᐧᐋᐅᔮᐦᑯᑎᒻ waauyaahkutim vti ◆ il/elle le taille en cercle

ᐧᐋᐅᔮᒧᐦᐋᐤ waauyaamuhaau vta ◆ il/elle le/la place en formant un cercle

ᐧᐋᐅᔮᒧᐦᑖᐤ waauyaamuhtaau vai ◆ il/elle dispose les choses en cercle

ᐧᐋᐅᔮᓂᒻ waauyaanim vti ◆ il/elle le courbe pour former un cercle

ᐧᐋᐅᔮᐱᒋᓂᒻ waauyaapichinim vti ◆ il/elle courbe le bois en cercle

ᐧᐋᐅᔮᐳᑖᐤ waauyaaputaau vai+o ◆ il/elle le scie en cercle

ᐧᐋᐅᔮᐳᔮᐤ waauyaapuyaau vai ◆ il/elle le scie en cercle

ᐧᐋᐅᔮᓯᓂᐦᐊᒻ waauyaasiniham vti ◆ il/elle dessine un cercle dessus

ᐧᐋᐅᔮᓯᓂᐦᐄᒑᐤ waauyaasinihiichaau vai ◆ il/elle dessine des cercles

ᐧᐋᐅᔮᓯᓂᐦᐧᐋᐤ waauyaasinihwaau vta ◆ il/elle dessine un cercle sur lui/elle

ᐧᐋᐅᔮᔮᒋᔑᒻ waauyaayaachishim vti ◆ il/elle le découpe en un cercle

ᐧᐋᐅᔮᔮᐹᒋᐦᑎᓐ waauyaayaapaachihtin vii ◆ c'est disposé en cercle (filiforme)

ᐧᐋᐅᔮᔮᐹᒋᔑᓐ waauyaayaapaachishin vai ◆ il/elle est disposé-e en cercle (filiforme)

ᐧᐋᐅᔮᔮᐹᑭᐦᐋᐤ waauyaayaapaakihaau vta ◆ il/elle le/la place (filiforme) en cercle

ᐧᐋᐅᔮᔮᐹᑭᐱᐤ waauyaayaapaakipiu vai ◆ il/elle (filiforme) est disposé en cercle

ᐧᐋᐅᔮᔮᐹᑭᔥᑖᐤ waauyaayaapaakishtaau vai ◆ il/elle le place (filiforme) en cercle

ᐧᐋᐅᔮᔮᐹᑭᔥᑖᐤ waauyaayaapaakishtaau vii ◆ c'est placé en cercle (filiforme)

ᐧᐋᐅᔮᔮᐱᒋᓈᐤ waauyaayaapichinaau vta ◆ il/elle le /la courbe en un cercle (ex. du bois)

ᐧᐋᐅᔮᔮᐱᔅᒋᓈᐤ waauyaayaapischinaau vta ◆ il/elle le /la courbe (minéral) pour former un cercle

ᐧᐋᐅᔮᔮᐱᔅᒋᓂᒻ waauyaayaapischinim vti ◆ il/elle le courbe (minéral) pour former un cercle

ᐹᓯᐦᑭᐧᐋᔮᔅᑯᓯᐤ paasihkiwaayaaskusiu vai ◆ l'arbre a des cercles de croissance

ᐧᐋᔅᑳᔅᒋᓂᒻ waaskaaschinim vti ◆ il/elle fait un cercle avec des perches autour du piège en laissant un espace pour que le castor puisse nager

ᐧᐋᔅᑳᔑᓂᒡ waaskaashinich vai pl ◆ ils/elles sont couché-e-s autour, en cercle

ᐧᐋᔅᑳᔮᑐᔨᐤ waaskaayaatuyiu vai ◆ il y a un cercle autour du soleil de la lune qui indique qu'il va pleuvoir ou neiger

ᐧᐋᐅᔮᔥᑖᐤ waauyaashtaau vai ◆ il/elle écrit dans un cercle, il/elle le place dans un cercle

ᐧᐋᐅᔮᔥᑖᐤ waauyaashtaau vii ◆ c'est placé, écrit, marqué dans un cercle

ᒥᐦᒋᐦᑭᐧᐋᔮᔅᑯᓯᐤ mihchihkiwaayaaskusiu vai ◆ l'arbre a des cercles de croissance assez espacées

ᐲᔑᐦᑭᐙᔮᐢᑯᓯᐤ piishihkiwaayaaskusiu vai ◆ l'arbre a des cercles de croissances qui sont rapprochés, serrés

cercueil

ᒌᐲᒥᔥᑎᑯᐎᑦ chiipiimishtikuwit ni ◆ un cercueil

cérémonie

ᓵᒋᑯᑖᑭᒨ saachikutaakimuu vai ◆ il/elle a sa cérémonie de première prise (de chasse ou de pêche; une cérémonie pour la première prise d'un enfant où la machoire d'un poisson ou le bec d'un petit oiseau est planté dans du pemmican ou du flan et mangé pendant une fête) ■ ᐅᑖᑯᔒᐦᒡ ᒌᐦ ᓵᒋᑯᑖᑭᒨ ᑫᐃᑦᓕᓐ᙮ ■ utaakushiihch chiih saachikutaakimuu keitlin. ■ *Hier, Catelyn a eu sa cérémonie de première prise.*

ᐎᔨᐑᐦᑎᐦᐋᐅᓱᓈᓂᐆ wiyiwiihtihaausunaaniuu vii,impersonnel -iwi ◆ il y a une cérémonie de la première marche

ᑯᓵᐱᐦᑎᒻ kusaapihtim vti ◆ il/elle fait une cérémonie dans la tente tremblante

certain

ᐄᔑ iishi préverbe ◆ d'une certaine façon, dans une certaine direction, à un certain moment ■ ᓈᑖᐦ ᐄᔑ ᓂᑎᒥᐦᒡ ᒌᐦ ᐄᔑᒋᒫᐎᒡ᙮ ■ naataah iishi nitimihch chiih iishichimaawich. ■ *Ils ont pagayé dans leur canot en remontant le courant.*

ᒑᔥᑎᓈᐦᐆ chaashtinaahuu vai -u ◆ il/elle en est sûr-e, certain-e ■ ᒥᑎᑐᓐ ᒑᔥᑎᓈᐦᐆ ᒑ ᑖᐙᐦᑖᑯᑦ ᐊᓂᔮ ᑳ ᐄᑖᑦ᙮ ■ mititun chaashtinaahuu chaa taapwaahtaakut aniyaa kaa iitaat. ■ *Elle/Il est sûr-e qu'elle croira ce qu'il lui a dit.*

ᒑᔥᑎᓈᑖᔮᔨᐦᑎᒻ chaashtinaataayaayihtim vti ◆ il/elle en est certain-e, sûr-e ■ ᒑᔥᑎᓈᑖᔮᔨᐦᑎᒻ ᒑ ᒥᔮᑭᓂᐎᑦ ᐊᓂᔮ ᐋᐱᑎᓰᐎᓂᔨᐤ ᑳ ᓂᑎᐚᔨᐦᑎᐦᒃ᙮ ■ chaashtinaataayaayihtim chaa miyaakiniwit aniyaa aapitisiiwiniyiu kaa nitiwaayihtihk. ■ *Elle/il est sûre qu'elle/ilobtiendra le travail qu'elle/il voulait.*

ᒑᔥᑎᓈᑖᔮᔨᒫᐤ chaashtinaataayaayimaau vta ◆ il/elle est certain-e qu'il/elle est capable de le faire

ᒑᔥᑎᓈᑎᓐ chaashtinaatin vii ◆ c'est certain, c'est ferme

ᒑᐢᑎᓈᓯᐦᑎᒻ chaastinaasihtim vti ◆ il/elle est certain-e que c'est ce qu'il/elle a entendu

ᑖᐙᐦ taapwaah p,manière ◆ vraiment, c'est vrai, c'est sûr, c'est certain ■ ᑖᐙᐦ ᒨᔥ ᑎᐦᑳᔮᐤ᙮ ❖ ᑖᐙᐦ, ᒋᐦᒋᐚ ᒋᑎᑎᓐ᙮ ■ taapwaah muush tihkaayaau. ❖ taapwaah, chihchiwaa chititin. ■ *C'est vrai, le temps est toujours très froid.* ❖ *Oui, je dis vraiment la vérité.*

certainement

ᒫᔑᐎᐦᐋᑳ maashiwihaakaa p,évaluative ◆ certainement, sûrement

ᔖᐦᑯᒡ shaahkuch p,manière [Wemindji] ◆ sûrement, certainement, pour sûr

ᒑᔥᑎᓈᔥ chaashtinaash p,évaluative ◆ c'est sûr, sûrement, certainement ■ ᒑᔥᑎᓈᔥ ᒋᑭ ᒌᒋᓱᐙᓈᓂᐅ ᑎᑯᔑᐦᑳ ᑳ ᓂᑑᐦᐅᑦ᙮ ■ chaashtinaash chiki miichisuwaanaaniu tikushihkaa kaa nituuhut. ■ *C'est sûr qu'on va manger quand il reviendra de la chasse.*

cerveau

ᐅᑎᐦᑉ utihp nid ◆ son cerveau

cervelle

ᐅᑎᐦᐹᐳᐃ utihpaapui ni -um ◆ un liquide fait avec de la cervelle animale, écrasée et bouillie, et utilisée pour ramollir les peaux de caribou ou d'orignal

ᓅᑎᐦᐹᐤ nuutihpaau vai ◆ il/elle extrait et mange la cervelle d'un animal ou d'un oiseau

ᔑᔓᓂᑎᐦᐹᑖᐤ shishunitihpaataau vta redup ◆ il/elle frotte de la cervelle dessus pour le tanner

cervidé

ᐅᐱᐢᑯᓂᑳᑦ upiskunikaat nid ◆ la partie inférieure de sa patte antérieure (pour un cervidé)

ᐅᑖᐦᒑᑳᑦ utaahchaakaat nid ◆ la patte arrière (patte postérieure) d'un cervidé

ᐑᐢ wiis ni -im ◆ le gras autour du grand intestin d'un cervidé

cervidés

ᐋᔥᑭᓐ aashkin na ◆ les bois (de cervidés), la ramure

ᐅᑖᔥᑭᓐᐦ utaashkinh nad ◆ ses bois, sa ramure

ces

ᐊᓂᒌ anichii pro,dém ◆ ceux-là, celles-là, ces, voilà (animé pluriel, voir *an*) ■ ᐊᑯᔨᒡ ᒫ ᐊᓂᒌ ᐱᔨᒌᓯᒡ ᐎᔨᐑᑎᒥᐦᒡ᙮ ■ akuyich maa anichii piyichiisich wiyiwiitimihch. ■ *Suspend ces pantalons dehors!*

ᐅᒋ uchi pro,dém ◆ ceux-ci, celles-ci, ces (animé, voir *uu*) ■ ᐄᔑᓈᑯᓂᔨᐤ ᒑ ᒋᔥᑖᔨᒥᐦᑯᒡ ᐅᒋ ᒫᓂᑖᐅᒡ᙮ ■ iishinaakuniyiu chaa chishtaayimihkuch uchi maanitaauch. ■ *Il faut honorer ces visiteurs.*

ᐅᒌ uchii pro,dém ◆ ceux-ci, celles-ci, ces (animé, voir *uu*) ■ ᐄᔑᓈᑯᓂᔨᐤ ᒑ ᒋᔥᑖᔨᒥᐦᑯᒡ ᐅᒌ ᒫᓂᑖᐅᒡ᙮ ■ iishinaakuniyiu chaa chishtaayimihkuch uchii maanitaauch. ■ *Il faut honorer ces visiteurs.*

ᐅᐦᐄ uhii pro,dém ◆ celles-ci, ceux-ci, ces (inanimé, voir *uu*) ■ ᑖᐹ ᓂᓂᓯᑐᐎᓈᓐ ᐅᐦᐄ ᒑᒁᓂᐦᐄ᙮ ■ taapaa ninisituwinaan uhii chaakwaanihii. ■ *Je ne reconnais pas ces choses.*

ᐅᔮᔨᐅᐦ uyaayiuh pro,dém ◆ celui-ci, celle-ci, ce, cet, cette (obviatif animé), ceux-ci, celles-ci, ces (inanimé ou obviatif animé) (voir *uu*) ■ ᐋᔪᐎᑯᓐᐦ ᐅᔮᔨᐅᐦ ᑳ ᐎᓂᐦᐊᑦ ᐅᑭᐢᒄᐦ᙮ ■ aayuwikunh uyaayiuh kaa winihat ukiskwh. ■ *Voici celles de ses flèches qu'il a perdu.*

cesser

ᒋᐱᐦᒋᐱᔨᐤ chipihchipiyiu vai ◆ il/elle s'arrête (en véhicule), il/elle cesse de marcher

ᐴᓃᐤ puuniiu vai ◆ il/elle l'arrête

ᒋᐱᐦᒌᐤ **chipihchiiu** vai ◆ il/elle s'arrête, s'éteint, cesse (de fonctionner, de marcher, de bouger, de courir) ■ ᐹᔓᒡ ᓈᑎᐦ ᓃᒋᓈᐦᒡ ᒌᐦ ᒋᐱᐦᒌᐤ᙮ ■ paashuch naatih niichinaahch chiih chipihchiiu. ■ *Elle s'est arrêtée près de notre maison.*

ᐴᓈᔮᔨᐦᑎᒼ **puunaayaayihtim** vti ◆ il/elle cesse d'y penser, il/elle change d'avis à propos de ça

cet

ᐅᔮ **uyaa** pro,dém ◆ celui-ci, celle-ci, ceci, ce, cet, cette (inanimé obviatif, voir *uu*)

ᐅᔮᔨᐤ **uyaayiu** pro,dém ◆ celui-ci, celle-ci, ceci, ce, cet, cette (inanimé obviatif, voir *uu*) ■ ᐋᔪᐎᒄ ᐅᔮᔨᐤ ᐐᔨ ᑳ ᐅᔑᐦᑖᑦ ᒫᐦᑮᔨᐤ᙮ ■ aayuwikw uyaayiu wiiyi kaa ushihtaat maahkiiyiu. ■ *Ceci est la tente qu'elle a faite.*

ᐅᔮᔨᐤᐦ **uyaayiuh** pro,dém ◆ celui-ci, celle-ci, ce, cet, cette (obviatif animé), ceux-ci, celles-ci, ces (inanimé ou obviatif animé) (voir *uu*) ■ ᐋᔪᐎᑯᓐᐦ ᐅᔮᔨᐤᐦ ᑳ ᐎᓂᐦᐊᑦ ᐅᑭᔅᑯᐦ᙮ ■ aayuwikunh uyaayiuh kaa winihat ukiskwh. ■ *Voici celles de ses flèches qu'il a perdu.*

ᐊᓂᔮ **aniyaa** pro,dém ◆ celui-là, celle-là, cela, ça, ce, cet, cette (obviatif inanimé, voir *an*) ■ ᔖᔥ ᐹᔥᑖᔨᐤ ᐊᓂᔮ ᐅᑖᔅ᙮ ■ shaash paashtaayiu aniyaa utaas.

ᐊᓂᔮᔨᐤ **aniyaayiu** pro,dém ◆ celui-là, celle-là, cela, ça, ce, cet, cette (inanimé obviatif, voir *an*) ■ ᐋᔪᐎᒄ ᐊᓂᔮᔨᐤ ᐐᒋᐙᐤ ᑳ ᐅᐙᔑᐦᑖᑭᓂᐎᔨᑯᐱᓈ᙮ ■ aayuwikw aniyaayiu wiichiwaau kaa uwaashihtaakiniwiyikupinaa. ■ *Oui, c'est bien leur maison qui a été rénovée.*

ᐆ **uu** pro,dém ◆ celui-ci, celle-ci, ceci, ce, cet, cette, voici (animé ou inanimé) ■ ᐋᐅᒄ ᒫᒃ ᐆ ᓂᑎᑯᐦᑉ ᒑ ᒋᒋᔥᑭᒫᓐ ᓃᔓᑳᐳᐎᓈᓂᐎᒑ᙮ ■ aaukw maak uu nitikuhp chaa chichishkimaan niishukaapuwinaaniwichaa. ■ *C'est cette robe que je vais porter au mariage.*

ᐊᓐ **an** pro,dém ◆ celui-là, celle-là, cela, ça, ce, cet, cette, voilà (animé ou inanimé) ■ ᐐᐱᒡ ᒑᒋᔖᐹᔮᔨᒑ ᒑ ᒁᐱᒑᑦ ᐊᓐ ᐃᔥᒁᔑᔥ᙮ ■ wiipich chaachishaapaayaayichaa chaa kwaapichaat an ishkwaashish. ■ *Cette fille-là ira chercher de l'eau très tôt le matin.*

ᓈ **naa** pro,dém ◆ celui-là là-bas, celle-là là-bas, cela, ça, ce, cet, cette (inanimé) (voir *maanaa*) ■ ᐹᑖᐦ ᒫ ᓈ ᓂᔖᐳᓂᑭᓂᐎᑦ᙮ ■ paataah maa naa nishaapunikiniwit. ■ *Apporte-moi mon panier de couture qui est là-bas.*

cette

ᐅᔮ **uyaa** pro,dém ◆ celui-ci, celle-ci, ceci, ce, cet, cette (inanimé obviatif, voir *uu*)

ᐅᔮᔨᐤ **uyaayiu** pro,dém ◆ celui-ci, celle-ci, ceci, ce, cet, cette (inanimé obviatif, voir *uu*) ■ ᐋᔪᐎᒄ ᐅᔮᔨᐤ ᐐᔨ ᑳ ᐅᔑᐦᑖᑦ ᒫᐦᑮᔨᐤ᙮ ■ aayuwikw uyaayiu wiiyi kaa ushihtaat maahkiiyiu. ■ *Ceci est la tente qu'elle a faite.*

ᐅᔮᔨᐤᐦ **uyaayiuh** pro,dém ◆ celui-ci, celle-ci, ce, cet, cette (obviatif animé), ceux-ci, celles-ci, ces (inanimé ou obviatif animé) (voir *uu*) ■ ᐋᔪᐎᑯᓐᐦ ᐅᔮᔨᐤᐦ ᑳ ᐎᓂᐦᐊᑦ ᐅᑭᔅᑯᐦ᙮ ■ aayuwikunh uyaayiuh kaa winihat ukiskwh. ■ *Voici celles de ses flèches qu'il a perdu.*

ᐊᓂᔮ **aniyaa** pro,dém ◆ celui-là, celle-là, cela, ça, ce, cet, cette (obviatif inanimé, voir *an*) ■ ᔖᔥ ᐹᔥᑖᔨᐤ ᐊᓂᔮ ᐅᑖᔅ᙮ ■ shaash paashtaayiu aniyaa utaas.

ᐊᓂᔮᔨᐤ **aniyaayiu** pro,dém ◆ celui-là, celle-là, cela, ça, ce, cet, cette (inanimé obviatif, voir *an*) ■ ᐋᔪᐎᒄ ᐊᓂᔮᔨᐤ ᐐᒋᐙᐤ ᑳ ᐅᐙᔑᐦᑖᑭᓂᐎᔨᑯᐱᓈ᙮ ■ aayuwikw aniyaayiu wiichiwaau kaa uwaashihtaakiniwiyikupinaa. ■ *Oui, c'est bien leur maison qui a été rénovée.*

ᐆ **uu** pro,dém ◆ celui-ci, celle-ci, ceci, ce, cet, cette, voici (animé ou inanimé) ■ ᐋᐅᒄ ᒫᒃ ᐆ ᓂᑎᑯᐦᑉ ᒑ ᒋᒋᔥᑭᒫᓐ ᓃᔓᑳᐳᐎᓈᓂᐎᒑ᙮ ■ aaukw maak uu nitikuhp chaa chichishkimaan niishukaapuwinaaniwichaa. ■ *C'est cette robe que je vais porter au mariage.*

ᐊᓐ **an** pro,dém ◆ celui-là, celle-là, cela, ça, ce, cet, cette, voilà (animé ou inanimé) ■ ᐐᐱᒡ ᒑᒋᔖᐹᔮᔨᒑ ᒑ ᒁᐱᒑᑦ ᐊᓐ ᐃᔥᒁᔑᔥ᙮ ■ wiipich chaachishaapaayaayichaa chaa kwaapichaat an ishkwaashish. ■ *Cette fille-là ira chercher de l'eau très tôt le matin.*

ᓈ **naa** pro,dém ◆ celui-là là-bas, celle-là là-bas, cela, ça, ce, cet, cette (inanimé) (voir *maanaa*) ■ ᐹᑖᐦ ᒫ ᓈ ᓂᔖᐳᓂᑭᓂᐎᑦ᙮ ■ paataah maa naa nishaapunikiniwit. ■ *Apporte-moi mon panier de couture qui est là-bas.*

ceux-ci

ᐅᒋ **uchi** pro,dém ◆ ceux-ci, celles-ci, ces (animé, voir *uu*) ■ ᐄᔑᓈᑯᓂᔨᐤ ᒑ ᒋᔥᑖᔨᒥᐦᑯᒡ ᐅᒋ ᒫᓂᑖᐅᒡ᙮ ■ iishinaakuniyiu chaa chishtaayimihkuch uchi maanitaauch. ■ *Il faut honorer ces visiteurs.*

ᐅᒌ **uchii** pro,dém ◆ ceux-ci, celles-ci, ces (animé, voir *uu*) ■ ᐄᔑᓈᑯᓂᔨᐤ ᒑ ᒋᔥᑖᔨᒥᐦᑯᒡ ᐅᒌ ᒫᓂᑖᐅᒡ᙮ ■ iishinaakuniyiu chaa chishtaayimihkuch uchii maanitaauch. ■ *Il faut honorer ces visiteurs.*

ᐅᐦᐄ **uhii** pro,dém ◆ celles-ci, ceux-ci, ces (inanimé, voir *uu*) ■ ᑖᐹ ᓂᓂᓯᑐᐎᓈᓐ ᐅᐦᐄ ᒑᒀᓂᐦᐄ᙮ ■ taapaa ninisituwinaan uhii chaakwaanihii. ■ *Je ne reconnais pas ces choses.*

ᐅᔮᔨᐤᐦ **uyaayiuh** pro,dém ◆ celui-ci, celle-ci, ce, cet, cette (obviatif animé), ceux-ci, celles-ci, ces (inanimé ou obviatif animé) (voir *uu*) ■ ᐋᔪᐎᑯᓐᐦ ᐅᔮᔨᐤᐦ ᑳ ᐎᓂᐦᐊᑦ ᐅᑭᔅᑯᐦ᙮ ■ aayuwikunh uyaayiuh kaa winihat ukiskwh. ■ *Voici celles de ses flèches qu'il a perdu.*

ceux-là

ᐊᓂᐦᐄ **anihii** pro,dém ◆ ceux-là, celles-là, ces (inanimé pluriel, voir *an*) ■ ᐲᐦᑎᑭᑖᐦ ᒫ ᐊᓂᐦᐄ ᐊᑯᔥᑐᔮᑭᓐᐦ᙮ ■ piihtikitaah maa anihii akushtuyaakinh. ■ *Rentre ces flotteurs-là pour le filet!*

ᐊᓂᒌ anichii pro,dém ◆ ceux-là, celles-là, ces, voilà (animé pluriel, voir *an*) ■ ᐊᑯᔩᒡ ᒫ ᐊᓂᒌ ᐱᔩᒌᓯᒡ ᐧᐃᔩᐧᐄᑎᒥᐦᒡ᙮ ■ akuyich maa anichii piyichiisich wiyiwiitimihch. ■ *Suspend ces pantalons dehors!*

ᒫᓂᒌ maanichii pro,dém ◆ les voilà! voilà ceux-là, celles-là (animé pluriel, accompagné d'un geste de la main ou en pointant les lèvres) (voir *maan*) ■ ᒫᓂᒌ ᒫᒃ ᓃᒦᓯᐅᒡ ᑳ ᓂᑐᒫᑭᓂᐅᐧᐃᒡ᙮ ■ maanichii maak niimiisiuch kaa nitumaakiniuwich. ■ *Voilà les danseurs qui ont été invités.*

ᒫᓂᐦᐄ maanihii pro,dém ◆ les voilà! voilà ceux-là, celles-là (inanimé pluriel, accompagné d'un geste de la main ou en pointant les lèvres) (voir *maan*) ■ ᒫᓂᐦᐄ ᒥᓯᓂᐦᐄᑭᓐᐦ ᐋᐦ ᐄᔩᔨᐅᔥᑖᒡᐦ᙮ ■ maanihii misinihiikinh aah iiyiyiushtaach-h. ■ *Ces livres-là sont écrits en cri.*

ᒫᓈᒌ maanaachii pro,dém ◆ les voilà là-bas! tout là-bas il y a ceux-là, celles-là (animé pluriel, accompagné d'un geste de la main ou en pointant les lèvres) (voir *maanaah*) ■ ᒫᓈᒌ ᓈᐸᔑᔑᒡ ᑳ ᓈᓂᑎᐧᐋᐱᒫᑭᓂᐅᐧᐃᒡ᙮ ■ maanaachii naapaashishich kaa naanitiwaapimaakiniuwich. ■ *Les voilà là-bas ces garçons qu'on cherchait.*

ᒫᓈᐦᐄ maanaahii pro,dém ◆ les voilà là-bas! tout là-bas il y a ceux-là, celles-là (inanimé pluriel, accompagné d'un geste de la main ou en pointant les lèvres) (voir *maanaa*) ■ ᒫᓈᐦᐄ ᐆᑦ ᑳ ᐅᐧᐋᔑᐦᑖᑭᓂᐧᐃᒡᐦ᙮ ■ maanaahii uuth kaa uwaashihtaakiniwichh. ■ *Voilà là-bas les canots qui ont été réparés.*

ᓈᒌ naachii pro,dém ◆ les voilà là-bas! tout là-bas il y a ceux-là, celles-là (animé pluriel, accompagné d'un geste de la main ou en pointant les lèvres) (voir *maanaah*) ■ ᐊᐅᑯᓂᒡ ᓈᒌ ᐊᐧᐋᔑᔑᒡ ᑳ ᐹᑖᒡ ᐊᓂᔮᐦ ᒦᓂᔥᐦ᙮ ■ aaukunich naachii awaashishich kaa paataach aniyaah miinishh.

ᓈᐦᐄ naahii pro,dém ◆ les voilà là-bas! tout là-bas il y a ceux-là, celles-là (inanimé pluriel, accompagné d'un geste de la main ou en pointant les lèvres) (voir *maanaa*) ■ ᐹᑖᐦ ᒫ ᓈᐦᐄ ᐊᒥᐢᑯᐦᑐᐃᐦ ᑳ ᒌᔑᐦᑖᑭᓂᐧᐃᒡᐦ᙮ ■ paataah maa naahii amiskuhtuih kaa chiishihtaakiniwichh. ■ *Apporte ces cadres à peaux de castor par là, ceux qui sont déjà faits!*

ᒫᓂᔮᐦ maaniyaah pro,dém ◆ le/la voilà! voilà celui-là, celle-là, cela (obviatif animé); les voilà là-bas! voilà ceux-là, celles-là (obviatif pluriel animé ou inanimé) (accompagné d'un geste de la main ou en pointant les lèvres) (voir *maan*) ■ ᒫᓂᔮᐦ ᔖᔥ ᑳᐦ ᒌᔑᐦᐋᑦ ᐊᒁᐢᑯᐹᓐᐦ᙮ ■ maaniyaah shaash kaah chiishihaat akwaaskupaanh. ■ *La voilà, la pelle qu'il a déjà fini.*

ᒫᓂᔮᔨᐅᐦ maaniyaayiuh pro,dém ◆ le/la voilà! voilà celui-là, celle-là, cela (obviatif animé); les voilà là-bas! voilà ceux-là, celles-là (obviatif pluriel animé ou inanimé) (accompagné d'un geste de la main ou en pointant les lèvres) (voir *maan*) ■ ᒫᓂᔮᔨᐅᐦ ᐄᐦᐄᐱᐦ ᑳ ᐄᑖᔨᒫᑦ ᒑ ᑎᐦᑯᓈᑦ᙮ ■ maaniyaayiuh ihiipiih kaa iitaayimaat chaa tihkunaat. ■ *Voilà là-bas le filet de pêche qu'elle/il voulait emporter.*

chabot de profondeur

ᑳᐦᑭᔮᐦᒁᐤ kaahkiyaahkwaau na -m ◆ un chabot de profondeur (poisson) *Myoxocephalus quadricorni*

chacun

ᐹᐦᐹᔨᒄ paahpaayikw p,quantité redup ◆ un par un, chacun ■ ᐹᐦᐹᔨᒄ ᒫᓐ ᐅᔑᔑᒥᔥᐦ ᒌᐦ ᐧᐄᒑᐧᐋᐤ ᐋᐦ ᒧᐧᐋᐱᐢ᙮ ■ paahpaayikw maan ushishimish-h chiih wiichaawaau aah muwaapit. ■ *Elle a emmené chacun de ses enfants en voyage dans le sud.*

ᒫᒥᑖᐦᑐ maamitaahtu p,manière ◆ dix chacun, dix par dix

ᒫᒥᑖᐦᑐᒥᑎᓂᐤ maamitaahtumitiniu p,quantité ◆ cent chacun

ᐄᔨᒋᓈᔥᑭᐧᐋᐤ iiyichinaashkiwaau vta ◆ il/elle va chez chacun d'eux, chacune d'elles

chagrin

ᐃᔮᔪᐧᐃᒧ iyaayuwimuu vai -u ◆ il/elle éprouve un grand chagrin, il/elle est fatigué-e, épuisé-e d'avoir utilisé sa voix, sa gorge à force de pleurer, de chanter, de rire

ᒥᔑᒫᔨᐦᑎᒼ mishimaayihtim vti ◆ il/elle a de la peine, du chagrin

ᓈᔥᑤᔨᐦᑎᒼ naashtwaayihtim vti ◆ il/elle est écrasé-e de chagrin

ᓈᔥᑤᔨᒧ naashtwaayimuu vai -u ◆ il/elle est accablé-e de douleur, a beaucoup de chagrin

chaîne

ᐴᓂᓯᓈᐹᓲᐧᐃᓈᔮᐲ puunisinaapaasuwinaayaapii ni ◆ une corde ou une chaîne d'ancre

ᐱᒥᑎᓈᐤ pimitinaau vii ◆ il y a une chaîne de montagne

ᐱᒥᑎᑎᓈᐤ pimititinaau vii ◆ une chaîne de montagnes qui traverse une région

chair

ᐧᐋᐱᐦᒑᐧᐋᐤ waapihchaawaau vai ◆ il/elle a la chair blanche

ᓯᑯᔨᐢᑯᓈᓐ sikuyiskunaan ni ◆ du foie de morue cuit et mélangé avec de la chair

ᓈᔥᑤᒧ naashtwaamuu vai -u ◆ il/elle a la chair tendre après avoir frayé ■ ᒌᐦ ᓈᔥᑤᒧ ᓂᒫᔅ ᑳ ᒥᐢᑭᐧᐃᒃ ᐊᓂᑖᐦ ᐋᐦ ᔮᔮᐧᐋᔮᔨᒡ᙮ ■ chiih naashtwaamuu nimaas kaa miskiwik anitaah aah yaayaawaayaayich. ■ *J'ai trouvé un poisson le long du rivage qui avait frayé et qui avait la chair bien tendre.*

ᓂᐱᐦᐊᒫᐤ nipihamaau vai ◆ le poisson a la chair tendre après avoir frayé

ᐧᐋᐢᑭᒥᓰᐤ waaskimisiiu vai ◆ la chair et la peau d'un poisson sont claires

ᓈᐦᑖᒋᐧᐃᓈᐤ naashtaachiwinaau vai ◆ il/elle la chair tendre à cause du courant fort (se dit d'un poisson)

chair de poisson

ᐅᐦᑭᐧᐋᐤ uhkiwaau na -m ◆ de la chair de poisson

ᐄᑎᐦᑭᐧᐋᐤ iitihkiwaau vai ◆ la chair de poisson a une certaine apparence

ᔫᐦᐄᑭᓂᒡ yuuhiikinich na pl -im ◆ viande ou chair de poisson séchée et pulvérisée

chair de poule

ᐱᐹᔥᑯᔖᐱᔨᐤ pipaashkushaapiyiu vai redup ◆ il/elle a des boutons sur la peau, il/elle a la chair de poule

chaise

ᑖᐦᑎᐱᐧᐃᓐ taahtipiwin ni ◆ une chaise

châle

ᐊᔅᐱᑯᐧᐃᓐ aspikuwin ni ◆ quelque chose qu'on utilise comme un châle

ᔒᐧᐋᓐ shwaan na ◆ un châle

ᐊᔅᐱᑰ aspikuu vai -u ◆ il/elle porte quelque chose comme un châle, il/elle se couvre les épaules avec quelque chose

chaleur

ᐋᐳᐧᐃᑖᐤ aapuwitaau vii ◆ ça dégèle avec de la chaleur

ᐊᐱᓵᐧᐋᐤ apisaawaau vai ◆ ça émet de la chaleur (par exemple, le poêle)

ᐹᐦᒁᐱᓯᔅᒋᔐᐤ paahkwaapisischiswaau vta ◆ il/elle le/la sèche (minéral) avec de la chaleur

ᐹᔥᑖᓈᐦᑭᑎᓲ paashtaanaahkitisuu vai -u ◆ il/elle est fendu-e par la chaleur

ᐹᔥᑖᓈᐦᑭᑎᑖᐤ paashtaanaahkititaau vii ◆ ça sèche et craque, fendu par la chaleur

ᐱᐦᑯᑎᐦᑭᐦᓲ pihkutihkihsuu vai -u ◆ il/elle se dégage sous l'effet de la chaleur

ᐱᐦᑯᑎᐦᑭᐦᑖᐤ pihkutihkihtaau vii ◆ ça se dégage sous l'effet de la chaleur

ᐲᑯᐦᑭᐦᓲ piikuhkihsuu vai -u ◆ il/elle est cassé-e par la chaleur

ᐲᑯᐦᑭᐦᑖᐤ piikuhkihtaau vii ◆ c'est cassé par la chaleur

ᐱᑯᓲ pikusuu vai -u ◆ il/elle est réchauffé-e par la chaleur du feu, du poêle

ᐹᒋᒋᔑᓐ pwaachichishin vai ◆ il/elle pourrit là à cause de la chaleur

ᓵᐦᑖᔮᐱᓯᔅᒋᓯᐤ saahtaayaapisischisiu vai ◆ il/elle luit, rougeoie à cause de la chaleur

ᔒᐱᐦᑭᐦᑖᐤ shiipihkihtaau vii ◆ ça met longtemps à cuire, ça résiste à la chaleur

ᐅᐧᐋᓂᐦᑭᐦᓲ uwaanihkihsuu vai -u ◆ il/elle trouve la chaleur insupportable

ᐧᐋᒋᐦᑭᐦᑖᐤ waachihkihtaau vii ◆ c'est courbé par la chaleur

ᐧᐋᒋᐦᑭᓲ waachihkisuu vai -u ◆ il/elle se courbe sous l'effet de la chaleur

ᐧᐋᓵᒫᐱᓯᔅᒋᓯᐤ waasaamaapisischisiu vai ◆ la chaleur est trop forte pour ça (minéral)

ᐧᐋᓵᒫᐱᓯᔅᑖᐤ waasaamaapisistaau vii ◆ c'est devient trop chaud à cause de la chaleur

ᐧᐄᓂᐦᑭᐦᓲ wiinihkihsuu vai -u ◆ ça pourrit à cause de la chaleur

ᐧᐄᓂᐦᑭᐦᑖᐤ wiinihkihtaau vii ◆ ça pourrit à cause de la chaleur

ᒁᐦᑯᑖᐤ kwaahkutaau vii ◆ le feu brûle bien et émet de la chaleur

ᐹᒋᒋᐦᑭᓲ pwaachichihkisuu vai -u ◆ il/elle (animal) sent la pourriture à cause de la chaleur

ᐹᒋᒋᑭᐦᑖᐤ pwaachichikihtaau vii ◆ ça sent la pourriture à cause de la chaleur

ᐧᐄᓯᑳᐦᑭᐦᑖᐤ wiisikaahkihtaau vii ◆ ça a un goût aigre à cause de la chaleur

ᐧᐄᓯᑳᐱᓯᔅᑖᐤ wiisikaapisistaau vii ◆ ça a un goût aigre à cause de la chaleur

ᔒᐱᐦᑭᓲ shiipihkisuu vai -u ◆ il/elle prend longtemps à cuire, résiste à la chaleur

chamanisme

ᒥᑖᐅᐧᐃᓐ mitaauwin ni ◆ le chamanisme ou shamanisme, la conjuration

chambre

ᐋᐱᔑᔥᒑᒡ aapishishchaach nip ◆ une chambre, une pièce ■ ᐊᓂᑖᐦ ᐋᐱᔑᔥᒑᒡ ᐱᒋᔅᑎᓐᐦ ᐊᓐ ᓂᐹᐧᐃᓐ. ■ anitaah aapishishchaach pichistinh an nipaawin. ■ *Mets le lit dans la chambre!*

ᓂᐹᐅᑭᒥᒄ nipaaukimikw ni ◆ une chambre à coucher, un hôtel

ᐱᔑᔥᒑᔑᐤ pishishchaashiu vii dim ◆ c'est une petite chambre

chambre à coucher

ᐅᐱᔑᔥᒑᒻ upishishchaam nid ◆ sa chambre à coucher

champignon

ᐲᔑᒧᔥ piishimush na ◆ un champignon

ᐲᓯᒧᐦᑖᐤ piisimuhtaau na -m ◆ un champignon qui pousse sur les arbres

chance

ᑭᒫ kimaa p,manière ◆ avec un peu de chance, avec espoir, on espère que...

ᑎᐹᔅᒋᐤ tipaaschiu p ◆ par chance, par pure coïncidence

ᐧᐃᔨᒋᐦᐋᐤ wiyichihaau vta ◆ il/elle le/la gaspille, n'a pas saisi la chance de ce qu'il/elle lui offrait

ᐱᐹᐅᒫᒁᐤ pipaaumaakwaau vai redup ◆ il/elle chante pour avoir bonne chance tout en pêchant ou en installant un filet

chandail

ᑳᓂᒌ kaanichii ni -m ◆ un chandail, un gilet, un pull-over, un tricot

ᔒᐹᒋᐱᔫᐧᐃᑯᐦᑊ shiipaachipiyuwikuhp ni ◆ un chandail, un maillot, un gilet, un pull-over

chandelier

ᐧᐋᔥᑖᓂᒫᑭᓈᐦᑎᒄ waashtaanimaakinaahtikw ni -um ◆ un chandelier en bois

changer

ᐋᐦᒋᐦᐋᐤ aahchihaau vta ◆ il/elle le/la change

ᐋᐦᒋᐦᑖᐤ aahchihtaau vai+o ◆ il/elle le change

ᐋᐦᒋᓈᑯᐦᐋᐤ aahchinaakuhaau vta ◆ il/elle lui change son apparence

ᐋᐦᒋᓈᑯᐦᐄᓲ aahchinaakuhiisuu vai reflex -u ◆ il/elle change d'apparence

ᐋᐦᒋᓈᑯᐦᑖᐤ aahchinaakuhtaau vai ◆ il/elle en change l'apparence, l'aspect

ᐋᐦᒋᓈᑯᓐ aahchinaakun vii ◆ ça a changé d'apparence

ᐋᐦᑎᓈᐤ aahtinaau vta ◆ il/elle change de place, de position, l'heure (sur la montre) ■ ᐋᐦᑎᓈᐤ ᐲᓯᒧᐦᑳᓐᐦ. ■ aahtinaau piisimuhkaanh. ■ *// change l'heure sur la montre.*

ᒁᔅᒋᓈᑯᐦᐄᓲ kwaaschinaakuhiisuu vai reflex -u ◆ il/elle change d'apparence

ᒁᔅᒋᓈᑯᐦᑖᐤ kwaaschinaakuhtaau vai ◆ il/elle change d'apparence

ᒁᔅᒋᓈᑯᓐ kwaaschinaakun vii ◆ son apparence a changée

ᒁᔅᒋᓈᑯᓯᐤ kwaaschinaakusiu vai ◆ son apparence a changée

ᒫᒦᔥᑯᑎᓂᒻ maamiishkutinim vti ◆ il/elle le change plusieurs fois

ᐋᐦᒋᐦᐆ aahchihuu vai -u ◆ il/elle change de vêtements

ᐋᐦᒋᓈᑯᓯᐤ aahchinaakusiu vai ◆ il/elle a changé d'apparence

ᐋᐦᒋᓂᐦᑳᓲ aahchinihkaasuu vai -u ◆ il/elle change de nom

ᐋᐦᒋᓂᐦᑳᑖᐤ aahchinihkaataau vii ◆ son nom a changé

ᐋᐦᒋᐱᒋᐧᐃᔮᓈᐤ aahchipichiwiyaanaau vai ◆ il/elle change de chemise

ᐋᐦᒋᐱᔨᒌᓵᐤ aahchipiyichiisaau vai ◆ il/elle change de pantalon

ᐋᐦᒋᔅᑖᓯᔮᓂᐦᐋᐤ aahchistaasiyaanihaau vta ◆ il/elle change sa couche

ᐋᐦᑖᐳᑖᐤ aahtaaputaau vii ◆ ça change de place à cause du courant

ᐋᐦᑎᒧᐦᐋᐤ aahtimuhaau vta ◆ il/elle le/la remplace, le/la change

ᐋᐦᑎᒧᐦᑖᐤ aahtimuhtaau vai ◆ il/elle le change, le remplace avec quelque chose d'autre

ᐋᐦᑎᓂᒻ aahtinim vti ◆ il/elle le change de place à la main

ᐋᐦᑎᔥᑭᒧᔮᐤ aahtishkimuyaau vta ◆ il/elle le/la change de vêtements

ᐋᐦᑎᓯᓂᐦᐄᑭᓂᐅ aahtisinihiikiniuu vii -iwi ◆ c'est changé (se dit de quelque chose d'écrit)

ᒁᔅᒑᐧᐋᐦᐊᒻ kwaaschaawaaham vti ◆ il/elle pagaie d'une rivière à l'autre ou d'un lac à l'autre

ᒁᔅᒑᔨᐦᑎᒻ kwaaschaayihtim vti ◆ il/elle change d'avis à ce sujet

ᒁᔅᒌᔒᑳᐤ kwaaschichiishikaau vii ◆ le temps change pendant la journée

ᒁᔅᒋᐱᒫᑎᓰᐤ kwaaschipimaatisiiu vai ◆ il/elle change son mode de vie

ᒁᔅᑳᔅᑯᐳᔮᐤ kwaaskaaskupuyaau vta ◆ il/elle change sa pagaie de côté en canot

ᒁᔅᑳᔮᐤ kwaaskaayaau vii ◆ la saison change

ᒁᔅᑭᐧᐋᐤ kwaaskiwaau vai ◆ sa voix change

ᒁᔅᑯᐳᔮᐤ kwaaskupuyaau vai ◆ il/elle change sa pagaie d'un côté du canot à l'autre

ᒫᒦᔥᑯᑎᓈᐤ maamiishkutinaau vta ◆ il/elle le/la change plusieurs fois, il/elle alterne de l'un-e à l'autre

ᒦᔥᑯᒋᐱᔨᐤ miishkuchipiyiu vai ◆ il/elle change de place avec quelque chose, il/elle change de place

ᒦᔥᑯᒋᔥᑭᒻ miishkuchishkim vti ◆ il/elle change de vêtements, change ce qu'elle porte

ᐅᐧᐃᓂᒨ uwinimuu vai -u ◆ il/elle change de sujet parce qu'il/elle ne veut pas en parler

ᐋᐦᒋᔥᑖᐤ aahchishtaau vii ◆ c'est ailleurs, ça a changé de place

ᐋᐦᒋᔅᑭᑎᒻ aahchiskitim vti ◆ il/elle change d'emploi, de job, de place

ᐋᐦᑖᐳᐦᒑᐤ aahtaapuuhchaau vai ◆ il/elle change son eau de lavage

ᐋᐦᑎᓈᔅᒑᐤ aahtinaaschaau vai ◆ il/elle change les branchages sur le sol ■ ᐧᐋᐱᓂᔨᒑ ᑭᑎ ᐋᐦᑎᓈᔅᒑᐤ. ■ waapiniyichaa kiti aahtinaaschaau. ■ *// changera les branchages demain.*

ᐋᐦᑎᔅᒑᓂᒧᐧᐋᐤ aahtischaanimuwaau vta ◆ il/elle change la mousse qui sert de couche au bébé

ᐋᐦᑎᔥᑭᐧᐋᐤ aahtishkiwaau vta ◆ il/elle change de vêtements, il/elle le bouge avec son pied ou son corps

ᐋᐦᑎᓯᓂᐦᐊᒻ aahtisiniham vti ◆ il/elle est le change en écrivant, le réécrit

ᐋᐦᑎᐧᐋᐤ aahtiwaau vai ◆ il/elle change de pelage ou la couleur de sa fourrure

ᒁᔅᒋᓃᐱᓐ kwaaschiniipin vii ◆ c'est la fin de l'été, lit. 'la saison change'

ᒁᔅᑭᑳᒫᐱᔨᐤ kwaaskikaamaapiyiu vai ◆ il/elle se rend de l'autre côté de la rivière en utilisant un bateau à moteur, un canot à moteur

ᒥᐦᑰᔑᐤ mihkuushaau vii ◆ les feuilles changent de couleur en automne

ᒦᔥᑯᒋᐱᔨᐦᐆ miishkuchipiyihuu vai -u ◆ il/elle est assis-e à la place de quelqu'un d'autre, il/elle change de place avec lui/elle

ᐹᐦᐹᔨᑯᑎᐦᑖᐤᐦ paahpaayikutihtaauh vii pl redup ◆ les baies changent de couleur de-ci de-là

ᐹᐦᐹᔨᑯᑎᓱᐧᐃᒡ paahpaayikutisuwich vai pl redup -u ◆ ils/elles changent de couleur de-ci de-là (les baies)

ᐳᓈᔮᔨᐦᑎᒼ **puunaayaayihtim** vti ◆ il/elle cesse d'y penser, il/elle change d'avis à propos de ça

changer (se)

ᐋᐦᒋᔥᑭᒼ **aahchishkim** vti ◆ il/elle le déplace avec son pied ou son corps, il/elle va se changer (changer de vêtements)

chanson

ᓂᑭᒧᓐ **nikimun** ni ◆ une chanson

ᓂᑭᒨᓯᓂᐦᐄᑭᓐ **nikimuusinihiikin** ni ◆ un livre de chant, de chansons

chansons à réponses

ᓂᔅᑭᐧᐋᐦᐊᒫᒑᐤ **niskiwaahamaachaau** vai ◆ il/elle chante des répons, des chansons à réponses

chant

ᓂᑭᒨᓯᓂᐦᐄᑭᓐ **nikimuusinihiikin** ni ◆ un livre de chant, de chansons

chanter

ᓂᑭᒧᐦᐋᐤ **nikimuhaau** vta ◆ il/elle chante à propos de lui/d'elle

ᓂᑭᒧᐦᑖᐤ **nikimuhtaau** vai ◆ il/elle chante à propos de ça

ᓂᑭᒨ **nikimuu** vai -u ◆ il/elle chante

ᓂᑭᒨᔥᑎᒼ **nikimuushtim** vti ◆ il/elle chante pour ça

ᓂᑭᒨᔥᑎᐧᐋᐤ **nikimuushtiwaau** vta ◆ il/elle chante pour lui/elle

ᓂᔅᒁᐦᐊᒧᐧᐋᐤ **niskwaahamuwaau** vta ◆ il/elle chante avec lui/elle

ᐱᑯᓄᐧᐃᐦᐊᒼ **pikunuwiham** vti ◆ il/elle chante par coeur

ᒫᒫᐦᐋᐤ **maamaahaau** vta ◆ il/elle lui chante une berceuse

ᓂᔅᑭᐧᐋᐦᐋᒫᑐᐧᐃᒡ **niskiwaahaamaatuwich** vai pl recip -u ◆ ils/elles se mettent à chanter avec, se joignent au chant

ᓂᔅᑭᐧᐋᐦᐊᒫᒑᐤ **niskiwaahamaachaau** vai ◆ il/elle chante des répons, des chansons à réponses

ᐱᐹᐅᒫᒁᐤ **pipaaumaakwaau** vai redup ◆ il/elle chante pour avoir bonne chance tout en pêchant ou en installant un filet

chaos

ᒋᐦᑳᐧᐋᒋᐱᔨᐤ **chihkaawaachipiyiu** vai ◆ les choses vont d'une extrême à l'autre, ne sont pas toujours les mêmes, il y a du chaos (toujours utilisé à la forme négative) ■ ᓈᔥᑖᐹᐦ ᓂᒥ ᒋᐦᑳᐧᐋᒋᐱᔨᐤ ᒑᒁᓐ ᐊᑲ ᓈᑭᑎᐧᐋᔨᐦᑎᐦᒃ ᐊᐧᐋᓐ ᐅᑖᐱᑎᓰᐧᐃᓐ. ■ naashtaapwaah nimi chihkaawaachipiyiu chaakwaan aakaa naakitiwaayihtihk awaan utaapitisiiwin. ■ *Les choses vont mal quand les gens ne font pas attention à leur travail.*

chapeau

ᒋᑭᔥᑐᑎᓈᐤ **chikishtutinaau** vai ◆ il/elle porte son chapeau

ᐊᔥᑐᑎᓐ **ashtutin** ni ◆ un chapeau, une casquette

ᒋᒧᐧᐃᓂᔥᑐᑎᓐ **chimuwinishtutin** ni ◆ un chapeau de pluie, un suroît

ᒥᔥᑯᔩᐅᔥᑐᑎᓐ **mishkushiiushtutin** ni ◆ un chapeau de paille

ᐳᔅᒋᔥᑐᑎᓂᐦᐄᓱ **puschishtutinihiisuu** vai reflex -u ◆ il/elle met un chapeau

ᐳᔥᒋᔥᑐᑎᓂᐦᐋᐤ **pushchishtutinihaau** vta ◆ il/elle lui met son chapeau

ᐅᔥᑭᔥᑐᑎᓈᐤ **ushkishtutinaau** vai ◆ il/elle a un chapeau neuf

ᐊᒥᔅᑯᔮᓂᔥᑐᑎᓐ **amiskuyaanishtutin** ni -m ◆ un chapeau en peau de castor

ᒋᒋᑳᐧᐃᓐ **chichikaawin** ni -um ◆ un chapeau de cowboy, un chapeau avec une visière

chapitre

ᐱᔅᑭᑎᓯᓂᐦᐄᑭᓐ **piskitisinihiikin** ni ◆ un chapitre, une partie séparée de quelque chose d'écrit ou d'imprimé

chaque

ᒫᔑᑯᒼ **maashikum** p,quantité ◆ tous, toute, chaque ■ ᒫᔑᑯᒼ ᐧᐃᔮᐱᒥᐦᒃ ᑏᐧᐋᐦᒡ ᓂᐹᒋᐧᐋᒋᔮᒥᒄ. ■ maashikum wiyaapimihk tiiwaahch nipaachiwaachiyaamikw. ■ *Chaque fois que je le vois, il me serre la main tout de suite.*

ᔑᐧᓈᔨᐤ **shinwaayiu** p,lieu ◆ de chaque côté de la fourrure d'un animal ■ ᓈᐦᐋᐤ ᔑᐧᓈᔨᐤ ᐋᑯᑎᐦ ᒥᔮᑯᐱᑖᑭᓂᐧᐃᑦ ᐊᒥᔅᑯᔮᓐ. ■ naahaau shinwaayiu aakutih miyaakupitaakiniwit amiskuyaan. ■ *La peau de castor est attachée de chaque côté sur le cadre.*

chaque fois

ᐋᔑᑯᒼ **aashikum** p,temps ◆ chaque fois ■ ᐋᔑᑯᒼ ᐹᒋ ᑎᑯᔑᓐ ᒫᑯᔕᐋᓂᐧᐃᔨᒡᐦ. ■ aashikum paachi tikushin maakushaaniwiyich-h. ■ *Elle/Il vient chaque fois qu'il y a une fête.*

charbon

ᑭᐦᒋᔅᑖᐤ **kihchistaau** ni ◆ du charbon

ᐧᐃᔨᐹᔥᒑᐅᑭᐦᐊᒼ **wiyipaashchaaukiham** vti ◆ il/elle le noircit avec du charbon

ᐧᐃᔨᐹᔥᒑᐅᑭᐦᐧᐋᐤ **wiyipaashchaaukihwaau** vta ◆ il/elle le/la noircit avec du charbon

ᐅᑖᔥᒑᐅᑭᐦᐊᒼ **utaashchaaukiham** vti ◆ il/elle rassemble les braises, les charbons ardents

charbon de bois

ᐃᔥᒁᔥᒑᐤ **ishkwaashchaau** ni ◆ du charbon de bois

ᐧᐄᔨᒑᐱᓈᐤ **wiiyichaapinaau** vta ◆ il/elle met du charbon de bois, du maquillage sur les yeux de quelqu'un

ᐧᐃᔨᒑᐱᓈᐤ **wiyichaapinaau** vta ◆ il/elle lui met du charbon de bois, du maquillage pour les yeux

charge

ᐧᐄᐅᑎᐦᑭᐦᑎᒼ **wiiutihkihtim** vti ◆ il/elle en fait une charge pour ça (inanimé)

ᐧᐄᐅᑎᐦᑭᐧᐋᐤ **wiiutihkiwaau** vta ◆ il/elle en fait une charge pour lui/elle

ᐧᐄᐅᔑᐧᐃᓐ **wiiushiwin** ni ◆ une charge portée sur le dos

ᐳᐦᒋᐧᐃᑖᐤ **puhchiwitaau** vai ◆ il/elle met sa charge sur son dos

ᓲᐦᑳᐹᐤ **suuhkaapaau** vai ◆ il/elle tire la charge presque sans effort

ᒋᔖᔨᐦᑭᐦᑎᒻ chishaayihkihtim vti ◆ il/elle est la personne la plus âgée du camp; il est le chef parce qu'il est le plus vieux; elle est la chef parce qu'elle est la plus vieille

ᒋᔅᑖᑯᐦᑎᓐ chistaakuhtin vii ◆ le canot est enfoncé dans l'eau à cause d'une charge assez lourde

ᑯᓯᑯᑖᐹᓈᔅᒁᐤ kusikutaapaanaaskwaau vai ◆ il/elle a une lourde charge sur son traîneau, son toboggan

ᑯᓯᑯᐎᑖᐤ kusikuwitaau vai ◆ il/elle porte une lourde charge sur son dos

ᓈᓃᑳᐱᐦᒑᔥᑭᐙᐤ naaniikaapihchaashkiwaau vta redup ◆ il/elle (un toboggan, une charge qu'elle/il tire) lui pèse légèrement dessus

ᐲᐅᑖᐹᐤ piiutaapaau vai ◆ il/elle tire une charge trop lourde pour lui/elle ce qui fait qu'il/elle doit alléger sa charge en route

ᓱᐦᒋᔥᑳᐅᔑᐤ suhchishkaaushiu vai ◆ il/elle est capable de porter de lourdes charges sur son dos

ᐑᐅᔑᐤ wiiushiu vai ◆ il/elle porte une charge sur son dos

ᐑᐅᑎᐦᑳᓲ wiiutihkaasuu vai reflex -u ◆ il/elle prépare sa charge, emballe ses affaires, sa nourriture, etc.

chargé

ᒋᒋᐱᐦᒁᔮᐤ chichipihkwaayaau vii ◆ le fusil est chargé

ᒋᒋᐱᐦᒁᓂᒻ chichipihkwaanim vti ◆ il/elle garde son fusil chargé

chargement

ᐴᓯᐦᑖᓱᐎᓐ puusihtaasuwin ni ◆ un cargaison, un chargement

charger

ᐴᓯᐦᑖᓱᒥᑭᓐ puusihtaasumikin vii ◆ ça charge le véhicule, le remplit

ᐴᓯᐦᑖᓲ puusihtaasuu vai -u ◆ il/elle charge des choses dedans

ᐴᓯᐦᑖᐤ puusihtaau vai+o ◆ il/elle le charge dans un canot, une voiture, un bateau

ᐲᐦᑖᓲ piihtaasuu vai -u ◆ il/elle charge des affaires dans des contenants

ᐳᐦᒋᐎᑎᐦᐋᐤ puhchiwitihaau vta ◆ il/elle le charge sur son dos pour qu'il/elle puisse le porter ▪ ᐳᐦᒋᐎᑎᐦᐋᐤ. ▪ puhchiwitihaau. ▪ *Marie le charge sur le dos de Jean pour qu'il puisse le porter.*

ᐴᓯᐦᐋᐤ puusihaau vta ◆ il/elle le/la charge dans un véhicule, l'emmène en voiture

ᑖᐦᑖᔥᑯᔥᑖᐤ taahtaashkushtaau vai ◆ il/elle le charge sur quelque chose en bois

charnel

ᒥᒋᓂᑎᐙᔨᐦᑎᒧᐎᓐ michinitiwaayihtimuwin ni ◆ de la luxure, un désir charnel

charnu

ᐲᒁᓰᐤ piikwaasiiu vai ◆ il/elle (animal) est charnu, il/elle (arbre) est épais

charpentier

ᒥᔥᑎᑯᓈᐹᐤ mishtikunaapaau na -m ◆ un charpentier, lit. 'homme de bois

chasse

ᐊᐱᐎᓐ apiwin ni ◆ un poste d'affût

ᓃᒥᐦᑯᒫᓈᓐ niimihkumaanaan ni ◆ un couteau de chasse

ᓂᑑᐦᐆᐦᑳᓲ nituuhuuhkaasuu vai -u ◆ il/elle fait semblant d'aller à la chasse

ᐱᑯᓵᔨᐦᒋᑭᓐ pikusaayihchikin ni ◆ un instrument de chasse ou de piégeage

ᒌᐦᑳᐅᓈᑯᐦᑖᐤ chiihkaaunaakuhtaau vai ◆ il/elle garde son équipement de chasse bien en vue

chasse-neige

ᑳᐙᐱᐦᐋᑯᓈᑦ kaawaapihaakunaat nap ◆ un conducteur de chasse-neige

chasser

ᓂᑑᐦᐋᐤ nituuhaau vta ◆ il/elle le/la chasse

ᓂᑑᐦᐅᑎᑎᒻ nituuhutitim vti ◆ il/elle le chasse

ᓂᑑᐦᐆ nituuhuu vai -u ◆ il/elle chasse

ᓂᑑᐦᔮᐙᐤ nituuhyaawaau vai ◆ il/elle chasse le lagopède

ᐑᒋᓂᑐᐦᐅᒫᐤ wiichinituhumaau vta ◆ il/elle chasse avec lui/elle

ᐊᒫᐦᐋᐤ amaahaau vta ◆ il/elle l'effraie et le/chasse par sa présence

ᓈᓂᑎᐙᒁᐤ naanitiwaakwaau vai redup ◆ il/elle va chasser le porc-épic

ᓈᓂᑎᐙᐳᔙᐤ naanitiwaapushwaau vai redup ◆ il/elle va chasser le lièvre

ᓈᓂᑎᐙᔨᐦᒋᒑᐤ naanitiwaayihchichaau vai redup ◆ il/elle chasse le gros gibier, cherche quelque chose du regard

ᓈᓂᑑᐦᔮᐙᐤ naanituuhyaawaau vai redup ◆ il/elle chasse le lagopède

ᓈᓂᑑᒨᐧᓵᐤ naanituumuuswaau vai redup ◆ il/elle va chasser l'orignal

ᓈᓂᑑᑎᐦᒁᐤ naanituutihkwaau vai redup ◆ il/elle chasse le caribou

ᓂᑎᐙᔅᒑᐱᔨᐤ nitiwaaschaapiyiu vai ◆ il/elle sort chasser l'oie en véhicule

ᓂᑎᐙᔅᒑᐤ nitiwaaschaau vai ◆ il/elle va chasser l'oie

ᓂᑑᒥᔅᒁᐤ nituumiskwaau vai ◆ il/elle chasse le castor

ᓂᑑᐹᔅᒋᓯᒑᐤ nituupaaschisichaau vai ◆ il/elle va à la chasse à l'oie

ᓂᑑᔅᒑᐤ nituuschaau vai ◆ il/elle va à la chasse à l'oie

ᓂᑐᐎᒋᔖᔮᒁᐤ nituwichishaayaakwaau vta ◆ il/elle chasse l'ours

ᓅᒋᒋᔥᒁᑎᒻ nuuchichishkwaatim vti ◆ il/elle chasse le rat musqué dans ce cours d'eau

ᓅᑖᔑᐧᒫᒁᐤ nuutaashimwaakwaau vai ◆ il/elle chasse les huards à gorge rousse

ᓄᐎᑎᐦᒁᐤ nuwitihkwaau vai ◆ il/elle chasse le caribou

ᐱᒫᐳᔨᐤ pimaapuyiu vai ◆ il/elle chasse la baleine

ᐱᐹᐦᑖᐤ pipaahtaau vai redup ◆ il/elle chasse en route pendant son déplacement

ᓈᓂᑑᒋᔖᔮᐧᑳᐤ naanituuchishaayaakwaau vai ◆ il/elle chasse l'ours, cherche un ours

ᓂᑎᐧᐋᐦᒋᐧᑳᐦᐊᒻ nitiwaahchikwaaham vti ◆ il/elle chasse le phoque en canot

ᓂᑎᐧᐋᐦᒋᐧᑳᐤ nitiwaahchikwaau vta ◆ il/elle chasse le phoque, la loutre

ᓂᑑᒥᔥᑎᑯᐦᔮᐧᐋᐤ nituumishtikuhyaawaau vai ◆ il/elle chasse le tétras

ᓅᑖᐦᒋᐧᑳᐤ nuutaahchikwaau vai ◆ il/elle chasse le phoque ou la loutre

ᓅᑎᒥᐢᐧᑳᐤ nuutimiskwaau vai ◆ il/elle chasse, trappe le castor

ᐅᑖᑯᐦᐊᒻ utaakuham vti ◆ il/elle chasse le castor en canot ou à pied le soir

ᐅᑖᑯᐦᐄᒋᔥᐧᑳᐦᐊᒻ utaakuhiichishkwaaham vti ◆ il/elle chasse le rat musqué avec un fusil, en canot ou à pied, en fin d'après-midi ou le soir

ᐧᐋᓵᐢᑯᓈᔥᑎᓐ waasaaskunaashtin vii ◆ le vent chasse les nuages

ᓅᒋᒥᔥᑎᑯᐦᔮᐧᐋᐤ nuuchimishtikuhyaawaau vai ◆ il/elle chasse la "perdrix" (le tétras, la gélinotte)

ᓅᑖᐦᑎᐢᑯᐧᐋᐤ nuutaahtiskuwaau vai ◆ il/elle chasse tétras à queue fine, la gélinotte à queue fine

chasser à pied

ᐅᑖᑯᔨᔥᑭᒻ utaakuyishkim vti ◆ il/elle chasse le castor, le rat musqué à pied

chasseur

ᓂᐦᑖᐅᒥᓂᐦᐆ nihtaauminihuu vai -u ◆ c'est un chasseur très compétent; c'est une chasseuse très compétente

ᓈᐹᐅᓈᑯᓯᐤ naapaaunaakusiu vai ◆ il a l'air mignon, viril, a l'air d'un bon chasseur, d'un bon pourvoyeur

chat

ᐴᔒ puushii na ◆ un chat *Felis domesticus*, de l'anglais 'pussy'

chatouille

ᓈᔥᐧᑖᔨᒧᐦᐋᐤ naashtwaayimuhaau vta ◆ il/elle le/la chatouille à mort

chatouiller

ᒌᑭᒋᓈᐤ chiikichinaau vta ◆ il/elle le/la chatouille ■ ᐊᑳᐧᐄ ᒦᓐ ᒌᑭᒋᓐ ᒋᔒᒻ᙮ ■ akaawii miin chiikichin chishiim. ■ *Ne chatouille pas ton petit frère ou ta petite soeur.*

chatouilleux

ᒋᔨᒋᓯᐤ chiyichisiu vai ◆ ça le/la gratte, ça le/la démange, il est chatouilleux, elle est chatouilleuse

chaud

ᐋᐦᐧᑳᐱᓯᐢᒋᓯᐤ aahkwaapisischisiu vai ◆ il/elle est très chaud-e (minéral)

ᐋᐦᐧᑳᐱᓯᐢᑖᐤ aahkwaapisistaau vii ◆ c'est très chaud (minéral)

ᐋᐳᐧᐃᒌᔑᑳᐤ aapuwichiishikaau vii ◆ il fait chaud

ᒌᔓᓯᐤ chiishusiu vai ◆ il/elle est chaud-e (se dit d'un vêtement), il/elle garde chaud ■ ᒌᔓᓯᐤ ᐧᐋᐳᔓᔮᓐ ᐋᐦ ᐱᐳᓂᔨᒡ ᐋᐦ ᒋᒋᔥᑭᐧᐋᑭᓂᐧᐃᑦ᙮ ■ chiishusiu waapushuyaan aah pipuniyich aah chichishkiwaakiniwit. ■ *Porter de la fourrure de lièvre en hiver vous garde bien au chaud.*

ᒌᔓᐧᐋᐤ chiishuwaau vii ◆ c'est chaud ■ ᓈᔥᒡ ᐋᐦ ᒌᔓᐧᐋᒡ ᒥᐦᑐᑳᓐ ᐋᐦ ᐧᐄᒋᓈᓂᐧᐃᒡ ᐋᐦ ᒫᐧᑳᐱᐳᐦᒡ᙮ ■ naashch aah chiishuwaach mihtukaan aah wiichinaaniwich aah maakwaapipuhch. ■ *Au milieu de l'hiver, une hutte d'hiver est un abri très chaud.*

ᒋᓵᐱᓯᐢᒋᓲ chisaapisischisuu vai -u ◆ il/elle est chaud-e (minéral)

ᒋᓵᐱᓯᐢᑖᐤ chisaapisistaau vii ◆ c'est chaud (minéral) ■ ᒋᓵᐱᓯᐢᑖᒑ ᐊᓐ ᐊᓯᓃ ᐄᔮᒄ ᒑ ᐅᑎᓂᒥᓐ᙮ ■ chisaapisistaachaa an asinii iiyaakw chaa utinimin. ■ *Prends la pierre seulement quand elle est chaude!*

ᒋᓯᓲ chisisuu vai -u ◆ il/elle est chaud-e, il/elle a chaud

ᐊᑯᐱᑎᒧᐧᐋᐧᐃᓐ akupitimuwaawin ni ◆ une compresse chaude

ᐋᐳᐧᐋᑭᒥᑖᐤ aapuwaakimitaau vii ◆ le liquide est chaud

ᒌᔓᓃᓲ chiishuniisuu vai reflex -u ◆ il/elle se garde au chaud en s'emmitouflant

ᒌᔓᔥᑭᒻ chiishushkim vti ◆ il/elle le garde au chaud avec son pied ou son corps

ᒌᔓᔥᑭᐧᐋᐤ chiishushkiwaau vta ◆ il/elle le/la garde au chaud avec son pied ou son corps ■ ᒌᔓᔥᑭᐧᐋᐤ ᒫᐧᑳᒡ ᐋᐦ ᓂᐹᔨᒡᐦ᙮ ■ chiishushkiwaau maakwaach aah nipaayich-h. ■ *Il la garde au chaud (avec son corps) pendant qu'elle dort.*

ᒌᔔᐦᐆ chiishuuhuu vai -u ◆ il/elle s'habille chaudement ■ ᐧᐋᓵ ᒌᔓᐦᐆ ᐅᔮ ᑳ ᐃᔥᐱᔑ ᒥᔪᒌᔑᑳᔨᒡ᙮ ■ waasaa chiishuhuu uyaa kaa ishpishi miyuchiishikaayich. ■ *Elle est habillée trop chaudement pour si une belle journée.*

ᒌᔓᐧᐃᑯᓂᐦᐊᒻ chiishuwikuniham vti ◆ il/elle le recouvre pour le garder au chaud

ᒌᔓᐧᐃᑯᓂᐦᐧᐋᐤ chiishuwikunihwaau vta ◆ il/elle le/la recouvre pour le/la garder au chaud

ᒌᔓᐧᐃᑯᓃᐤ chiishuwikuniiu vai ◆ il/elle se garde au chaud en se couvrant

ᒌᔥᐧᐋᑭᒥᑖᐤ chiishwaakimitaau vii ◆ le liquide est chaud

ᒋᔑᑖᐤ chishitaau vii ◆ il fait chaud, c'est une journée chaude

ᒋᔑᑖᐅᐦᐊᒫᐤ chishitaauhamaau vai ◆ il/elle le mange chaud

ᒋᔑᑖᐅᓃᐱᓐ chishitaauniipin vii ◆ c'est un été chaud

ᐃᔥᐹᔥᑖᐱᔨᐤ ishpaashtaapiyiu vii ◆ la journée devient plus chaude

ᒨᐢᑯᐦᑭᓲ muuskuhkisuu vai -u ◆ il/elle pleure parce qu'il fait trop chaud

ᓯᔅᒋᐙᑭᒥᐦᑎᒼ sischikwaakimihtim vti ◆ il/elle le boit et réalise que c'est très chaud

ᐙᓵᒥᐦᑭᓲ waasaamihkisuu vai -u ◆ il/elle a trop chaud, est trop cuit

ᐙᓵᔮᐱᓯᔅᒋᓯᐤ waasaayaapisischisiu vai ◆ il/elle est chauffé-e au rouge, brûlant-e

ᐊᐹᔮᓂᐦᐊᒧᒡ apwaayaanihamuch vti pl ◆ les sons du tonnerre annoncent un temps chaud et humide

ᒋᓵᔅᒑᐤ chisaaschaau vii ◆ les rayons du soleil sont chauds

ᒋᔑᑖᐅᑭᔥᑭᐎᓐ chishitaaukishkiwin vii ◆ un temps chaud approche si on en croit les nuages

ᓯᓈᔨᐙᓯᒼ sinaayiwaasim vti ◆ il/elle a laissé la queue (de castor, de porc-épic, de rat musqué) trop longtemps dans l'eau chaude ce qui rend difficile d'enlever la couche externe

ᓯᓂᐙᓯᒼ siniwaasim vti ◆ il/elle l'a laissé dans l'eau chaude trop longtemps pour pouvoir facilement retirer les plumes de la tête et des ailes d'une volaille, la couche externe des pieds de castor ou d'ours, la queue de castor ou de rat musqué

chaud (trop)

ᐙᓵᒫᐱᓯᔅᒋᓯᐤ waasaamaapisischisiu vai ◆ la chaleur est trop forte pour ça (minéral)

ᐙᓵᒫᐱᓯᔅᑖᐤ waasaamaapisistaau vii ◆ c'est devient trop chaud à cause de la chaleur

ᐙᓵᒥᐦᑭᐦᑖᐤ waasaamihkihtaau vii ◆ c'est trop chaud, trop cuit

chaude

ᒋᔖᔥᑖᐤ chishaashtaau vii ◆ c'est une journée chaude, claire, au ciel dégagé

chaudement

ᒌᔓᐦᐋᐤ chiishuhaau vta ◆ il/elle l'habille chaudement

chaudron

ᓂᐱᑭᔅᒋᐦᒄ nipikischihkw ni ◆ une marmite, un chaudron, une casserole en fonte

chauffage

ᒋᓄᐦᑎᑳᐤ chinuhtikaau vii ◆ c'est un long morceau de bois de chauffage

ᒥᐦᑎᐆ mihtiuu vii -iwi ◆ c'est du bois pour le feu, du bois de chauffage

ᐲᐦᑖᐦᐊᒼ piihtaaham vti ◆ il/elle jette du bois de chauffage à l'intérieur

chauffé à blanc

ᐚᔅᑖᔮᐱᓯᔅᒋᓯᐤ waastaayaapisischisiu vai ◆ il/elle est rouge (minéral), chauffé-e à blanc

ᐚᔅᑖᔮᐱᓯᔅᑖᐤ waastaayaapisistaau vii ◆ c'est rouge (minéral), chauffé à blanc

chauffe-poignet

ᑎᐦᑎᐱᔑᒫᓂᒡ tihtipishimaanich na pl ◆ des chauffe-poignets en fourrure de lièvre faits pour garder les poignets chauds

chauffer

ᐋᐳᐙᐱᔅᒋᑖᐤ aapuwaapischitaau vii ◆ ça chauffe (minéral)

ᐋᐳᐙᐱᓯᔅᒋᓯᐤ aapuwaapisischisiu vai ◆ il/elle chauffe (minéral)

ᐋᐳᐚᔅᑯᓯᐤ aapuwaaskusiu vai ◆ il/elle chauffe (long et rigide)

ᐋᐳᐚᔅᑯᑖᐤ aapuwaaskutaau vii ◆ ça chauffe (long et rigide)

ᒋᓵᑭᒥᓯᒼ chisaakimisim vti ◆ il/elle le fait chauffer (liquide)

ᒋᓯᓯᒼ chisisim vti ◆ il/elle le fait chauffer, le réchauffe

ᒋᓯᔂᐤ chisiswaau vta ◆ il/elle le/la réchauffe, le/la chauffe

ᑖᐱᐦᑭᐦᑖᐤ taapihkihtaau vii ◆ c'est vraiment cuit, ça chauffe toute l'habitation

ᐚᔅᑖᔮᐱᓯᔅᒋᓯᒼ waastaayaapisischisim vti ◆ il/elle le fait chauffer au rouge (minéral)

ᐚᔅᑖᔮᐱᓯᔅᒋᔂᐤ waastaayaapisischiswaau vta ◆ il/elle le fait chauffer au rouge (minéral)

chauffeur

ᑳᐱᒥᐱᔨᐦᑖᑦ kaapimipiyihtaat nap ◆ le chauffeur, le conducteur, la conductrice

chausser

ᐃᔨᑎᒫᑎᔅᒋᓈᐤ iyitimaatischinaau vai ◆ il/elle s'est chaussé de travers, a mis ses chaussures sur le mauvais pied

chaussette

ᒥᑖᔅ mitaas ni ◆ un bas, une chaussette, un chausson, une socquette

ᐲᔂᔑᑭᓐᐦ piiywaashikinh ni pl ◆ des chaussettes, des bas

ᒥᑖᓯᐦᒑᐤ mitaasihchaau vai ◆ il/elle tricote des chaussettes

ᐳᔅᑖᓯᐦᐋᐤ pustaasihaau vta ◆ il/elle lui enfile ses chaussettes, ses bas

chaussure

ᒥᔅᒋᓯᓂᔥᒌᔥᐦ mischisinishchiishh na pej ◆ de vieilles chaussures ▪ ᓈᔥᒡ ᐋᑳ ᐐᐦ ᐋᑎᐙᔨᐦᑎᐦᒃ ᐊᓂᔮᐦ ᐅᒥᔅᒋᓯᓂᔥᒌᔥᐦ. ▪ naashch aakaa wiih aatiwaayihtihk aniyaah umischisinishchiishh. ▪ *Il ne semble pas pouvoir se débarrasser de ses vieilles chaussures.*

ᒋᑭᓯᔅᒋᓯᓈᐤ chikisischisinaau vai ◆ il/elle porte ses chaussures

ᐹᔨᑯᔅᒋᓯᓐ paayikuschisin ni ◆ une paire de chaussures

ᐲᔖᑭᓂᔅᒋᓯᓐᐦ piishaakinischisinh ni pl ◆ des chaussures de cuir

ᑎᐦᑯᔅᑳᒋᑭᓐ tihkuskaachikin ni ◆ une semelle de chaussure

ᒋᑭᔑᔥᒋᓯᓈᔑᓐ chikishishchisinaashin vai ◆ il/elle se couche les chaussures aux pieds

ᒋᑭᓯᔅᒋᓈᐦᒁᒨ chikisischinaahkwaamuu vai -u ◆ il/elle dort les chaussures aux pieds

ᐳᔅᑎᓯᔅᒋᓂᐦᐋᐤ pustisischinihaau vta ◆ il/elle lui met ses chaussures

ᐳᔅᑎᓯᔅᒋᓯᓈᐤ **pustisischisinaau** vai ◆ il/elle met ses chaussures

ᐊᔅᐹᐹᐙᓐᐦ **aspaapaawaanh** ni pl ◆ un vêtement ou une chaussure imperméable

ᒥᔅᒋᓯᓐᐦ **mischisinh** ni pl ◆ des chaussures, des bottes, des mocassins

ᒥᔅᑎᑯᔅᒋᓯᓐᐦ **mistikuschisinh** ni pl ◆ des chaussures en cuir avec des semelles dures, lit. 'chaussures en bois'

ᓃᔓᔅᒋᓯᓐ **niishuschisin** ni ◆ deux paires de mocassins découpés pas encore cousus; deux paires de chaussures

ᐅᑎᔅᐹᐹᐙᓐᐦ **utispaapaawaanh** nid pl ◆ ses vêtements imperméables, ses chaussures

ᐱᐳᓂᔅᒋᓯᓐᐦ **pipunischisinh** ni pl ◆ des bottes, chaussures, mocassins d'hiver

ᐱᔮᒫᐅᐊᔅᒋᓯᓈᐤ **piyaamaauaschisinaau** vai ◆ il/elle porte deux chaussures différentes, de taille différente

ᐅᔥᑭᔅᒋᓈᐤ **ushkischinaau** vai ◆ il/elle a des bottes neuves, des chaussures neuves, des mocassins neufs

chauve

ᐙᔖᔮᑎᐦᐹᐤ **waashaayaatihpaau** vai ◆ il/elle est chauve

chauve-souris

ᐱᐦᒁᒌᔥ **pihkwaachiish** na ◆ une chauve-souris *Chiroptera*

chavirer

ᑯᑎᐲᐤ **kutipiiu** vai ◆ il/elle chavire (en canot, en bateau)

ᑯᑎᐱᐱᔨᐤ **kutipipiyiu** vai ◆ il/elle se renverse, chavire

chef

ᐅᒋᒫᐦᑳᓐ **uchimaahkaan** na -im ◆ un ou une chef

ᐅᒋᒫᐦᑳᓂᐆ **uchimaahkaaniuu** vai -iwi ◆ il/elle est chef, c'est le/la chef

ᒥᔥᑎᑯᓈᐹᐅᒋᒫᐤ **mishtikunaapaauchimaau** na ◆ un ou une chef de construction, chef des travaux

ᐅᔅᒋᓃᒋᐅᒋᒫᐦᑳᓐ **uschiniichiuchimaahkaan** na ◆ le chef des jeunes, la chef des jeunes

ᓃᑳᓂᔥᑭᒼ **niikaanishkim** vti ◆ il en est le chef, elle en est la cheffe, il/elle en est le/la leader

ᓃᑳᓂᔥᑭᐙᐤ **niikaanishkiwaau** vta ◆ il est leur chef, elle est leur cheffe, il/elle est à la tête d'un groupe, est leur leader

ᐅᒋᒫᐦᑳᓂᐦᒑᐤ **uchimaahkaanihchaau** vai ◆ il/elle l'élit comme chef

ᐅᒋᒫᐦᑳᓂᔅᒂᐤ **uchimaahkaaniskwaau** na -aam ◆ la femme du chef, l'épouse du chef

ᐅᒋᒫᐤ **uchimaau** na -aam ◆ un ou une chef, un patron, une patronne, un directeur, une directrice

ᐅᒋᒫᐦᑳᓲ **uchimaahkaasuu** vai -u ◆ il/elle fait semblant d'être le chef, se comporte comme le chef, joue au chef

chef intérimaire

ᑳᑭᓂᐙᐳᒑᑦ **kaakiniwaapuchaat** nap ◆ un ou une chef intérimaire, un surveillant ou une surveillante

chemin

ᐊᑳᒥᔅᑭᓂᐤ **akaamiskiniu** p,lieu ◆ de l'autre côté du chemin, de la route ■ ᒌᐦ ᑭᐎᑭᒫᐤ ᒥᔥᑎᒄᐦ ᐊᒥᔅᒄ ᓈᑖᐦ ᐊᑳᒥᔅᑭᓂᐤ. ■ chiih kiwikimaau mishtikwh amiskw naataah akaamiskiniu. ■ *Le castor a abattu un arbre de l'autre côté de la route.*

ᐋᔨᒧᐦᑖᐤ **aayimuhtaau** vai ◆ il/elle est dans mon chemin en train de rentrer et sortir ■ ᓈᔥᒡ ᐋᐦ ᐋᔨᒧᐦᑖᑦ ᐋᐦ ᐑᐦ ᒋᔥᑖᐹᐅᒋᑭᒥᒀᐎᒡ. ■ naashch aah aayimuhtaat aah wiih chishtaapaauchikimikwaawich. ■ *J'essaie de laver le plancher et elle est dans mon chemin.*

ᒋᐱᑳᐴ **chipikaapuu** vai -uwi ◆ il/elle bloque le chemin

ᐃᔨᒋᔥᑎᐎᒨ **iyichishtiwimuu** vii -u ◆ le chemin fait une fourche

ᒫᔅᑭᓈᐦᒑᐤ **maaskinaahchaau** vai ◆ il/elle fait la piste, crée un chemin

ᒫᑖᒫᐤ **maataamaau** vta ◆ il/elle arrive à un chemin

ᓈᓃᑳᓂᐱᔨᐦᐆ **naaniikaanipiyihuu** vai redup -u ◆ il/elle se fraye son chemin devant les autres

ᒥᔪᒧᐦᑖᐤ **miyumuhtaau** vai ◆ il/elle crée un bon chemin, le met correctement

ᐱᐦᒋᒥᑎᒫᐤ **pihchimitimaau** vai ◆ il/elle suit le mauvais chemin

ᐎᓂᔑᒫᐤ **winishimaau** vta ◆ il/elle lui fait perdre son chemin, s'égarer

ᒌᐙᐱᔨᐦᐆ **chiiwaapiyihuu** vai -u ◆ il/elle fait demi-tour, rebrousse chemin, revient sur ses pas

ᒌᐙᐱᔨᐤ **chiiwaapiyiu** vai ◆ il/elle revient, fait demi-tour en véhicule, rebrousse chemin

cheminée

ᐊᑯᐦᑎᔥᒁᔮᐲ **akuhtishkwaayaapii** na ◆ une cheminée, un tuyau de poêle

ᐅᑯᐦᑎᔥᒁᔮᐲᒻᐦ **ukuhtishkwaayaapiimh** nad ◆ sa cheminée, son tuyau de poêle

ᒋᓵᐱᓯᔅᒋᓵᐙᓐ **chisaapisischisaawaan** na ◆ un poêle, un fourneau, une cheminée, un foyer

chemise

ᐱᒋᐎᔮᓐ **pichiwiyaan** ni ◆ une chemise, du tissu

ᐋᐦᒋᐱᒋᐎᔮᓈᐤ **aahchipichiwiyaanaau** vai ◆ il/elle change de chemise

chemise de nuit

ᓂᐹᐅᔮᓐ **nipaauyaan** ni ◆ une chemise de nuit

chenal

ᐱᒫᑎᒦᐤ **pimaatimiiu** vii ◆ c'est un chenal

ᒥᓈᐙᑎᒼ **minaawaatim** vti ◆ c'est un rétrécissement, un chenal dans un lac créé par deux pointes de terre

ᐱᓵᑎᒦᐤ **pisaatimiiu** vii ◆ il y a un chenal sous l'eau

ᔑᐹᐧᐋᒋᐧᐃᓐ shiipaawaachiwin vii ◆ le courant, la marée dégage un nouveau chenal

ᐅᐹᔑᐤ upaashiu vii ◆ c'est un goulet, un chenal étroit sur une étendue d'eau

ᐧᐋᐧᐋᑳᔮᐤ waawaakaayaau vii redup ◆ c'est un chenal sinueux

ᑖᐱᐢᑯᑖᑎᒦᐤ taapiskutaatimiiu vii ◆ le chenal est droit, le niveau d'eau est le même

ᐅᐱᒋᐧᐃᓐ upichiwin vii ◆ c'est un chenal dans un courant rapide

ᐧᐋᐧᐋᑳᑎᒦᐤ waawaakaatimiiu vii redup ◆ le chenal serpente sous l'eau

chenille

ᒨᐦᑖᐤ muuhtaau na ◆ une chenille

chercher

ᑯᔨᑎᐧᐋᐱᐦᑎᒻ kuyitiwaapihtim vti ◆ il/elle le cherche sans le trouver

ᑯᔨᑎᐧᐋᐱᒫᐤ kuyitiwaapimaau vta ◆ il/elle le/la cherche sans le/la trouver

ᓈᓂᑎᐧᐋᐱᐦᑎᒻ naanitiwaapihtim vti redup ◆ il/elle le cherche

ᓈᓂᑎᐧᐋᐱᒫᐤ naanitiwaapimaau vta redup ◆ il/elle le/la cherche

ᓈᓂᑎᐧᐋᔨᐦᑎᒻ naanitiwaayihtim vti redup ◆ il/elle le cherche

ᓈᓂᑎᐧᐋᔨᒫᐤ naanitiwaayimaau vta redup ◆ il/elle le/la cherche

ᓈᑎᐦᐊᒻ naatiham vti ◆ il/elle va le chercher en véhicule

ᓈᑎᐦᐧᐋᐤ naatihwaau vta ◆ il/elle va le/la chercher en véhicule

ᓈᑐᐧᐃᑖᐤ naatuwitaau vta ◆ il/elle va chercher quelque chose pour la/le rapporter

ᓈᑐᐧᐃᑖᐤ naatuwitaau vai ◆ il/elle va chercher quelque chose pour le rapporter

ᓂᑎᐧᐋᐱᐦᑎᒻ nitiwaapihtim vti ◆ il/elle va le chercher

ᑯᔨᑎᐧᐋᔨᐦᑎᒻ kuyitiwaayihtim vti ◆ il/elle le cherche en vain

ᐧᑳᐱᒑᐤ kwaapichaau vai ◆ il/elle porte de l'eau, va chercher de l'eau

ᐧᑳᐱᑭᐧᐋᐤ kwaapikiwaau vta ◆ il/elle va lui chercher de l'eau

ᓈᒋᑯᓈᐤ naachikunaau vai ◆ il/elle va chercher de la neige

ᓈᒋᒦᒋᒫᐤ naachimiichimaau vai ◆ il/elle va chercher de la nourriture

ᓈᒋᒥᔮᐦᐹᐦᑯᓈᐤ naachimiyaahpaahkunaau vai ◆ il/elle va chercher des branches sèches

ᓈᒋᐱᐦᐋᐤ naachipihaau vta ◆ il/elle court le/la chercher

ᓈᒋᔥᑖᐹᐤ naachishtaapaau vai ◆ il/elle va le chercher en le tirant

ᓈᓂᑐᒫᐦᒋᒑᐤ naanitumaahchichaau vai redup ◆ il/elle cherche en reniflant, par l'odeur

ᓈᓂᑐᓈᐤ naanitunaau vta redup ◆ il/elle le/la cherche à tâtons

ᓈᓂᑐᓂᒻ naanitunim vti redup ◆ il/elle le cherche à tâtons

ᓈᓂᑐᐱᔨᔥᑎᐧᐋᐤ naanitupiyishtiwaau vta redup ◆ il/elle tourne dans tous les sens à sa recherche

ᓈᓂᑑᒥᓈᐤ naanituuminaau vai redup ◆ il/elle va chercher des baies

ᓈᓂᑑᐢᒑᐤ naanituuschaau vai redup ◆ il/elle cherche des oies

ᓈᓂᑑᑐᔮᓲ naanituutuyaasuu vai reflex redup -u ◆ il/elle se cause des problèmes

ᓈᑎᐹᐦᐊᒻ naatipaaham vti ◆ il/elle va chercher de l'eau en véhicule

ᓈᑎᐢᒑᐤ naatischaau vai ◆ il/elle va chercher de la mousse

ᓂᑯᑎᓲ nikutisuu vai -u ◆ il/elle va chercher sa proie à l'endroit où il l'a tuée

ᓂᑎᐧᐋᐱᒫᐤ nitiwaapimaau vta ◆ il/elle va le/la chercher, le/la voir

ᓂᑎᐧᐋᐱᐤ nitiwaapiu vai ◆ il/elle cherche des gens dont on attend le retour

ᓂᑎᐧᐋᐧᐋᐦᐊᒻ nitiwaawaaham vti ◆ il/elle va chercher des oeufs en canot

ᓂᑐᒫᐦᑎᒻ nitumaahtim vti ◆ il/elle le cherche à l'odeur

ᓂᑑᔓᐧᐃᔮᓈᑎᒻ nituushuwiyaanaatim vti ◆ il/elle cherche de l'argent dedans

ᐅᐦᑎᐦᐄᐹᐤ uhtihiipaau vai ◆ il/elle va chercher de l'eau là-bas

ᓈᓂᑐᒑᓂᒧᐧᐋᐤ naanituchaanimuwaau vai ◆ il/elle lui cherche les poux sur la tête

ᓈᓂᑐᒫᐦᑎᒻ naanitumaahtim vti redup ◆ il/elle le cherche à l'odeur, le renifle

ᓈᓂᑑᒋᔖᔮᐧᑳᐤ naanituuchishaayaakwaau vai ◆ il/elle chasse l'ours, cherche un ours

ᓈᓂᑑᑭᐢᒑᐦᑎᐧᑳᐤ naanituukischaahtikwaau vai redup ◆ il/elle va chercher du bois pourri pour fumer les peaux

ᓈᓂᑑᒥᐢᐧᑳᐤ naanituumiskwaau vai redup ◆ il/elle va chercher des huttes de castor

ᓈᓂᑑᐱᒋᐧᐋᐤ naanituupichiwaau vai redup ◆ il/elle va chercher de la gomme d'épinette

ᓈᑎᒋᔥᑎᐦᒋᑰ naatichishtihchikuu vai -u ◆ il/elle a cherché ses affaires qu'il/elle avait mises en réserve

ᓂᑐᓂᒥᐢᐧᑳᐤ nitunimiskwaau vai ◆ il/elle tâtonne sous l'eau à la recherche du castor

ᓂᐧᑖᑭᒥᓈᐤ nitwaakiminaau vai ◆ il/elle tâtonne sous l'eau pour le trouver

ᓅᐦᑖᔥᑭᐧᐋᐤ nuuhtaashkiwaau vta ◆ il/elle va le/la chercher mais s'en retourne avant de l'avoir rejoint-e

ᓅᑎᐦᑯᒫᐤ nuutihkumaau vai ◆ il/elle vérifie s'il/elle a des poux, il/elle lui cherche les poux

ᐅᑖᑯᔑᐅᓂᑯᐦᑖᐤ utaakushiunikuhtaau vai ◆ il/elle cherche du feu de bois le soir

ᓈᓈᒌᔨᐦᑖᐙᐤ *naanaachiiyihtaawaau* vai redup ◆ il/elle va d'un endroit dégagé à l'autre pour chercher des baies au printemps

cheval

ᐊᐦᐋᔅ *aahaas* na -im ◆ un cheval, de l'anglais 'horse'

chevalet de sciage

ᐋᓈᑤᐳᒋᒑᓂᐎᒡ *aanaatwaapuchichaaniwich* nip ◆ un chevalet de sciage

chevalier

ᔖᔖᔑᐤ *shaashaashiu* na -iim ◆ un grand chevalier à pattes jaunes *Tringa melanoleuca*, ou un petit chevalier à pattes jaunes *Tringa flavipes*

cheveux

ᐅᔥᑎᒁᓂᐲᐐ *ushtikwaanipiiwii* nid ◆ ses cheveux

ᓵᒋᐱᑤᓐ *saachipitwaan* ni ◆ une natte (de cheveux)

ᒋᔑᐱᔥᒁᐤ *chishipishkwaau* vai ◆ il/elle se coupe les cheveux tout court

ᒥᐦᑯᔥᑎᒁᓈᐤ *mihkushtikwaanaau* vai ◆ il/elle a les cheveux roux

ᓲᐦᑳᔅᑭᐙᐤ *suuhkaaskiwaau* vai ◆ il/elle a les cheveux épais

ᑖᔥᑭᐙᐦᐊᒫᐤ *taashkiwaahamaau* vai ◆ il/elle a une raie dans ses cheveux

ᑖᔥᑭᐙᐦᐊᒧᐙᐤ *taashkiwaahamuwaau* vta ◆ il/elle lui fait la raie (dans les cheveux)

ᐅᔖᐅᔥᑎᒁᓈᐤ *ushaaushtikwaanaau* vai ◆ il est blond, elle est blonde, il/elle a les cheveux blonds

ᐅᔖᐅᐙᒑᐤ *ushaauwaachaau* vai ◆ il est blond, elle est blonde, il/elle a les cheveux blonds

ᐙᐱᔥᑎᒁᓈᐤ *waapishtikwaanaau* vai ◆ il/elle a les cheveux blancs

ᐎᔨᐱᔥᑎᒁᓈᐤ *wiyipishtikwaanaau* vai ◆ il/elle a les cheveux noirs

ᑑᒥᔅᑯᐎᓐ *tuumiskuwin* ni ◆ de la pommade pour les cheveux, de la brillantine, un tonique pour le cuir chevelu

ᑑᒧᐙᒑᐎᓐ *tuumuwaachaawin* ni ◆ de la pommade pour les cheveux, de la brillantine, un tonique pour le cuir chevelu

ᓂᓂᑭᐙᔥᑎᒁᓈᐤ *ninikiwaashtikwaanaau* vai redup ◆ il/elle a les cheveux frisés, il/elle frise

ᐲᑯᐙᔥᑎᒁᓈᐤ *piikuwaashtikwaanaau* vai ◆ il/elle a les cheveux épais, touffus

ᐱᓂᐙᐤ *piniwaau* vai ◆ il/elle perd sa fourrure, ses cheveux

ᓯᑭᐙᐱᔨᐤ *sikiwaapiyiu* vai ◆ sa fourrure est emmêlée, ses cheveux sont emmêlés

ᑑᒥᔅᒁᓈᐤ *tuumiskwaanaau* vta ◆ il/elle lui graisse la tête, met de la crème pour les cheveux sur lui/elle

ᐱᔥᑯᑎᐙᐱᔨᐤ *pishkutiwaapiyiu* vai ◆ il/elle perd ses cheveux, ses poils, sa fourrure

ᐱᓯᐙᓯᒼ *pisiwaasim* vti ◆ il/elle met le feu à de la fourrure ou à des cheveux

cheville

ᐋᒋᑳᐦᑯᐦᒃ *aachikaahkuhk* nip ◆ sa cheville ou son poignet

ᐱᔅᑯᐦᑯᓈᓐ *piskuhkunaan* ni ◆ une cheville ou un poignet

ᐅᐦᑯᓐ *uhkun* nid ◆ sa cheville, son poignet

ᐙᔅᑳᐦᑯᓈᔅᒋᓯᓐ *waaskaahkunaaschisin* ni ◆ la partie supérieure d'un mocassin autour de la cheville

ᑯᑎᐦᑯᓈᐐᐤ *kutihkunaawiiu* vai ◆ il/elle se foule la cheville

chevreuil

ᐙᐙᔥᑳᔑᐤ *waawaashkaashiu* na -iim ◆ un cerf de Virginie, un chevreuil, un cerf à queue blanche *Odocoileus virginianus*

chic

ᒫᒫᐦᒡ *maamaahch* p,manière ◆ différent-e, chic ■ ᓈᔥᒡ ᒫᒫᐦᒡ ᐋᐦ ᐄᔑᓈᑯᐦᒡ ᐊᓐ ᐙᔅᑳᐦᐄᑭᓐ ᑳᐦ ᐙᐱᐦᑎᔨᑯᐎᔮᐦᒡ. ■ naashch maamaahch aah iishinaakuhch an waaskaahiikin kaah waapihtiyikuwiyaahch. ■ *La maison qu'on nous a montré était très chic.*

chicouté

ᔑᑯᑖᐅᐦ *shikutaauh* ni pl -m ◆ des chicoutés, des plaquebières, des baies de ronce petit-mûrier *Rubus chamaemorus*

ᔑᑯᑖᐅᒥᓈᐦᑎᒄ *shikutaauminaahtikw* ni ◆ une chicouté, une plaquebière, une ronce petit-mûrier *Rubus chamaemorus*

chien

ᐊᑎᒼ *atim* na ◆ un chien *Canis lupus familiaris*

ᐅᑖᒻᐦ *utaamh* nad ◆ son chien

ᓈᐹᔥᑎᒼ *naapaashtim* na ◆ un chien mâle

ᐙᐱᔥᑎᒼ *waapishtim* na ◆ un chien blanc

ᒥᐦᐄᐦᑭᓂᓈᑯᓯᐤ *mihiihkininaakusiu* vai ◆ c'est un chien gris, lit.'il/elle a l'air d'un loup'

ᓅᒋᔥᑎᒻᐙᐤ *nuuchishtimwaau* vai ◆ il/elle travaille avec des chiens

ᐐᒋᔥᑎᒨ *wiichishtimuu* vai -u ◆ le chien/la chienne s'accouple

ᐐᔥᑎᒧᒋᓯᐤ *wiishtimuchisiu* vai ◆ il/elle sent le chien mouillé

ᐐᔥᑎᒧᑭᓐ *wiishtimukin* vii ◆ ça sent le chien mouillé

ᐊᑎᒧᑖᓂᐙᐤ *atimutaaniwaau* vai ◆ il/elle fait cuire de la nourriture pour les chiens

ᑭᔥᑐᓈᐦᐱᑖᐤ *kishtunaahpitaau* vta ◆ il/elle attache la gueule du chien pour l'empêcher d'aboyer

ᐅᐙᔮᐹᓂᐦᐋᐤ *uwaayaapaanihaau* vta ◆ il/elle arrange l'ordre des chiens de traîneau, il/elle arrange la corde d'un traîneau pour que quelqu'un d'autre le tire

chienne

ᓅᔖᔥᑎᒼ *nuushaashtim* na ◆ une chienne

ᐊᐦᒑᔥᑎᒨ *ahchaashtimuu* vai -u ◆ elle (une chienne) est enceinte

chier
ᒦᓰᐤ miisiiu vai ◆ il/elle va à la selle; il/elle fait caca; il/elle chie

chiot
ᐊᒋᒧᔑᔥ achimushish na ◆ un chiot

chirurgien
ᒫᒋᔑᒑᓯᐤ maachishichaasiu na -iim ◆ un chirurgien, une chirurgienne

chirurgienne
ᒫᒋᔑᒑᓯᐤ maachishichaasiu na -iim ◆ un chirurgien, une chirurgienne

Chisasibi
ᒋᓵᓰᐲ chisaasiipii ni -m ◆ le village ou la communauté de Chisasibi, une grande rivière ■ ᒋᓵᓰᐲᐦᒡ ᐅᐦᒌᐤ ᐊᓐ ᐃᔅᒁᐤ. ■ chisaasiipiihch uhchiiu an iskwaau. ■ *Cette femme est de Chisasibi.*

ᒋᓵᓰᐲᐅᐄᔨᔨᐤ chisaasiipiuiiyiyiu na ◆ une personne qui vient de Chisasibi

chocolat
ᒀᑭᓕᐟ chwaakilit ni ◆ du chocolat, de l'anglais 'chocolat'

ᒀᑭᓂᐟ chwaakinit ni [Whapmagoostui] ◆ du chocolat, de l'anglais 'chocolat'

choisir
ᐅᐙᔮᐱᒫᐤ uwaayaapimaau vta ◆ il/elle le choisit

ᐙᐚᐱᐦᑎᒧᐙᐤ waawaapihtimuwaau vta redup ◆ il/elle regarde et le choisit pour lui/elle

ᐐᔮᔨᒫᐤ wiyaayimaau vta ◆ il/elle le/la choisit

ᑖᐅᓈᐤ taaunaau vta ◆ il/elle le/la gagne dans un tirage, il/elle le/la choisit au hasard

ᑖᐅᓂᒻ taaunim vti ◆ il/elle le gagne dans un tirage, il/elle le choisit au hasard

ᑖᐅᓯᓂᐦᐙᐤ taausinihwaau vta ◆ il/elle vote pour lui/elle, choisit son nom en écrivant quelque chose

ᐅᐙᔮᐱᐦᑎᒻ uwaayaapihtim vti ◆ il/elle le choisit, le vise

choisir (se)
ᐙᐚᐱᐦᑎᒫᓲ waawaapihtimaasuu vai reflex redup -u ◆ il/elle se le/la choisit

chose
ᒑᒁᓐ chaakwaan ni -im ◆ une chose ■ ᐹᑖᐦ ᒫ ᒑᒁᓐ ᒑ ᐋᐱᒋᐦᑖᔮᓐ. ■ paataah maa chaakwaan chaa aapichihtaayaan. ■ *Donne-moi une chose que je puisse utiliser.*

ᒑᒀᔨᐤ chaakwaayiu ni ◆ une chose (obviatif singulier)

ᒑᒁᓂᔥᒌᔥ chaakwaanishchiish ni pej -im ◆ quelque chose de vieux, d'usé, une vieille chose

ᓈᐙᒡ naawaach p,quantité ◆ quatre choses (étalé)

ᓃᔓᑯᑖᐤ niishukutaau vai+o ◆ il/elle suspend deux choses

choses
ᐊᔥᑎᐦᒋᑯᓐᐦ ashtihchikunh ni pl ◆ des choses entreposées, cachées, laissées

chouette
ᒌᐹᐦᔮᔥ chiipaahyaash na -im ◆ une petite nyctale ou une chouette limard *Aegolius acadicus*

ᑳᐱᐹᓂᐦᒁᐦᒑᐟ kaapipaanihkwaahchaat nap ◆ une sorte de chouette ou de faucon. lit. 'celle/celui qui bat des ailes'

ᐲᐦᐲᒋᓯᐤ piihpiichisiu na -iim ◆ une nyctale boréale (une chouette) *Aegolius funereus*

ᐅᐦᐆᒥᓯᐤ uhuumisiu na -iim ◆ une chouette en général, aussi utilisé pour un grand-duc *Bubo virginianus*

chute
ᒌᔥᑳᐱᔅᒑᒋᐎᓐ chiishkaapischaachiwin vii ◆ c'est une chute au-dessus des rochers

ᒌᔅᑳᐱᔅᒋᒋᐎᓐ chiiskaapischichiwin vii ◆ c'est un courant, un rapide au-dessus d'un rocher élevé, un courant qui chute brutalement

ᑭᔥᑭᒑᒋᒋᐎᓐ kishkichaachichiwin vii ◆ c'est une chute raide sur des rapides

chute d'eau
ᑭᔥᑭᔖᒋᒋᐎᓐ kishkishaachichiwin vii ◆ c'est un chute d'eau

ᑭᔅᒋᒑᒋᒋᐎᓐ kischichaachichiwin vii ◆ c'est une chute d'eau raide et élevée

ᑭᔅᒋᐱᐦᒋᐦᑎᓐ kischipihchihtin vii ◆ c'est une chute d'eau soudainement raide et élevée

ᑭᔅᒋᓵᒋᐎᓐ kischisaachiwin vii ◆ c'est une chute d'eau raide et élevée

cible
ᑯᑎᐦᐄᒑᐤ kutihiichaau vai ◆ il/elle essaie d'atteindre la cible en tirant

ᒥᔓᑖᐤ mishutaau vai+o ◆ il/elle atteint la cible

ᒥᔓᑎᒻ mishutim vti ◆ il/elle atteint la cible

ᒷᔥᑎᐦᐄᒑᐤ mwaashtihiichaau vai ◆ il/elle manque sa cible de peu, de justesse

ᓂᐏᑎᐦᐄᒑᐤ niwitihiichaau vai ◆ il/elle tire sur une cible mobile

ᐅᑎᐦᑎᐦᐙᐤ utihtihwaau vta ◆ il/elle atteint sa cible, arrive chez quelqu'un par véhicule

cicatrice
ᐅᒥᑭᔖᐤ umikishaau vai ◆ il/elle a une cicatrice

ᐙᔅᑖᔅᒋᐦᒁᐤ waastaaschihkwaau vai ◆ il/elle a des tâches blanches sur le visage de ses cicatrices qui pèlent

ciel
ᒌᔑᒄ chiishikw ni -um ◆ le ciel

ᒋᐦᒋᒌᔑᒄ chihchichiishikw ni -um ◆ le ciel, le paradis

ᐊᐱᐦᑖᐤ apihtaau vii ◆ c'est bleu foncé, le ciel est sombre

ᓵᐳᐙᓵᔮᐤ saapuwaasaayaau vii ◆ le ciel commence à se dégager

ᐙᓵᐱᔨᐤ waasaapiyiu vii ◆ le ciel se dégage

ᒥᐦᒀᐅᔅᒁᐤ mihkwaauskwaau vii ◆ c'est un ciel rouge, il y a des nuages rouges

ᓈᓃᐳᐎᓂᐱᐦᑖᐤ naaniipuwinipihtaau vai ◆ il y a un reflet de terre dans le ciel

ᐱᒋᔥᑭᓈᐱᔑᐤ pichishkinaapishiu vii dim ◆ le ciel est bleu à l'aube

ᐙᔅᑭᒥᓈᑯᓐ waaskiminaakun vii ◆ le ciel a l'air dégagé

ᒋᐦᒋᐱᔮᓯᔅᒑᐤ chihchipiyaasischaau vai ◆ le soleil brille un jour où le ciel est dégagé

ciel bleu

ᐙᓵᔅᑯᓐ waasaaskun vii ◆ c'est une journée claire au ciel bleu

cieux

ᐃᔥᐱᒥᐦᒡ ishpimihch p,lieu ◆ en haut, au-dessus, au ciel, dans les cieux ▪ ᐃᔥᐱᒥᐦᒡ ᓈᑎᐦ ᒥᔥᑎᑯᐦᒡ ᐊᑯᑖᐦ ᐊᓂᐦᐄ ᒋᔖᔮᑯᑭᓐᐦ᙮ ▪ ishpimihch naatih mishtikuhch akutaah anihii chishaayaakukinh. ▪ *Suspends les os de l'ours là-haut dans cet arbre!*

cigarette

ᑳᒋᓯᑳᐦᑭᓱᑦ kaachisikaahkisut nap ◆ une cigarette

ᐲᐦᑎᐦᐊᒧᐚᐤ piihtihamuwaau vta ◆ il/elle lui donne du tabac, une cigarette

ᒥᔪᒫᓵᐚᐤ miyumaasaawaau vai ◆ l'odeur de sa cuisine, de sa pipe, de son tabac, de sa cigarette sent bon

cil

ᐅᒦᓂᔑᐚᔮᐲᐅᓈᓐᐦ umiinishiwaayaapiiunaanh nad ◆ ses cils

cime

ᓈᑤᓂᔅᒋᐱᔨᐤ naatwaanischipiyiu vai ◆ l'arbre se casse à la cime

ᑖᐱᓂᔅᒁᑯᓰᐤ taapiniskwaakusiiu vai ◆ l'oiseau se perche à la cime de l'arbre

ᑖᐱᓂᔅᒁᑯᑖᐤ taapiniskwaakutaau vii ◆ c'est suspendu à la cime de l'arbre

ciment

ᓯᔅᒌᐦᑳᓈᐱᔅᒄ sischiihkaanaapiskw ni ◆ du métal pour retenir le ciment

cimetière

ᒌᐲᑭᒥᒄ chiipiikimikw ni ◆ un cimetière

cinq

ᓂᔮᔪ niyaayu p,nombre ◆ cinq

ᓂᔮᔨᓐᐦ niyaayinh vii pl ◆ il y en a cinq

ᓂᔮᔨᐎᒡ niyaayiwich vai pl ◆ il y en a cinq

ᓂᔮᔽᐤ niyaaywaau p,quantité ◆ cinq fois

cinq ans

ᒋᐎᑖᐤ chiwitaau na ◆ un caribou mâle âgé de cinq ans en octobre qui perd ses bois plus tard que d'habitude

ᐱᓂᐤ piniu na -m ◆ un caribou mâle âgé de cinq ans en janvier quand il perd ses bois

cinq cents

ᓂᔮᔽᐅᒥᑖᐦᑐᒥᑎᓂᐤ niyaaywaaumitaahtumitiniu p,nombre ◆ cinq cents

cinquante

ᓂᔮᔪᒥᑎᓂᐤ niyaayumitiniu p,nombre ◆ cinquante

ᐴᔥᑯᐦᑏ puushkuhtii na ◆ cinquante cents, lit. 'une demi-peau de castor'

circoncire

ᒋᔥᒋᓂᐚᒋᔙᐤ chishchiniwaachishwaau vta ◆ il/elle le circoncit; il/elle le/la marque en le/la coupant

circulaire

ᐚᐅᔮᐦᑖᐤ waauyaahtaau vai+o ◆ il/elle le rend circulaire

ᐚᐅᔮᓯᐤ waauyaasiu vai ◆ il/elle est circulaire

ᐚᐅᔮᔅᑯᓐ waauyaaskun vii ◆ c'est circulaire (long et rigide)

ᐚᐅᔮᔮᐹᑭᓐ waauyaayaapaakin vii ◆ c'est circulaire (filiforme)

ᐚᐅᔮᔮᐱᓯᔅᒋᓯᐤ waauyaayaapisischisiu vai ◆ il/elle (minéral) est circulaire

ᐚᐅᔮᔮᐱᔅᑳᐤ waauyaayaapiskaau vii ◆ c'est circulaire (minéral)

ᐚᐅᔮᔮᔅᑯᓯᐤ waauyaayaaskusiu vai ◆ il/elle est circulaire (long et rigide)

ᐚᐅᔮᔮᐤ waauyaayaau vii ◆ c'est circulaire

ᐚᐅᔮᐦᐋᐤ waauyaahaau vta ◆ il/elle lui donne une forme circulaire

ᐚᐅᔮᒨ waauyaamuu vii -u ◆ c'est circulaire (ex. une route)

ᐚᐅᔮᔅᒑᐤ waauyaaschaau vai ◆ le soleil brille de manière circulaire

ᐚᐅᔮᔮᐹᒋᓯᐤ waauyaayaapaachisiu vai ◆ il/elle (filiforme) est circulaire

circulation

ᒋᑆᐱᐦᒑᐱᔨᐤ chipwaapihchaapiyiu vai ◆ il/elle a la circulation sanguine coupée, la circulation de son sang est restreinte

cire

ᑳᐱᒦᐚᔅᑯᐦᒡ kaapimiiwaaskuhch nip ◆ une bougie de cire

cirer

ᐙᓯᐦᑯᐦᐚᐤ waasihkuhwaau vta ◆ il/elle le/la cire

ᐙᔅᑭᒫᐱᔅᒋᐦᑖᐤ waaskimaapischihtaau vai+o ◆ il/elle l'éclaircit, le fait briller, le cire (minéral)

ᐙᔅᑭᒫᐱᔅᑭᐦᐚᐤ waaskimaapiskihwaau vta ◆ il/elle l'éclaircit, le/la fait briller, le/la cire (minéral)

cisco

ᓅᑎᒦᐚᓯᐤ nuutimiiwaasiu na -iim ◆ un cisco, un corégone *Coregonus artedii*

ᓅᑎᒥᔨᐚᓯᐤ nuutimiyiwaasiu na -iim ◆ un cisco de lac *Coregonus artedii*

ᐅᓯᑯᐊᑎᐦᑭᒫᒄ usikuatihkimaakw na -um ◆ un grand poisson (un cisco ou un corrégone) très nourrissant

ciseau

ᓲᐦᒁᐦᐊᒼ suuhkwaaham vti ◆ il/elle vérifie avec son ciseau à glace si ça sonne creux là où il aurait des tunnels de castor sous la glace

ciseaux

ᓯᓯᔅ sisis ni -im ◆ des ciseaux, de l'anglais 'scissors'

ᑖᔅᒋᔙᐤ taaschishwaau vta ◆ il/elle l'ouvre en le fendant avec un couteau, en le coupant avec des ciseaux

clair

ᐱᔮᑭᔅᒋᓈᑯᓐ piyaakischinaakun vii ◆ ça a l'air clair

ᐙᓵᔮᐱᔅᑳᐤ waasaayaapiskaau vii ◆ c'est clair (minéral)

ᐙᔖᔮᐱᔅᑳᐤ waashaayaapiskaau vai ◆ il/elle est clair-e (minéral)

ᒌᐦᑳᐦᑖᑯᓯᐤ chiihkaahtaakusiu vai ◆ il/elle s'entend bien ■ ᓂᒧᐃ ᐅᐦᒋ ᒌᐦᑳᐦᑖᑯᓯᐤ ᑳ ᐐᐦ ᐊᔨᒥᐦᐄᒋᐦᑦ ᐊᔨᒧᐙᔮᐲᐦᒡ᙮ ■ nimui uhchi chiihkaahtaakusiu kaa wiih ayimihiichiht ayimuwaayaapiihch. ■ *On ne l'entendait pas bien quand on a voulu lui parler à la radio.*

ᒌᐦᑳᐙᐱᔨᐤ chiihkaawaapiyiu vai ◆ il/elle émet un son clair

ᒌᐦᑳᐙᐱᔨᐤ chiihkaawaapiyiu vii ◆ ça fait un son clair

ᐙᐱᑭᒥᐱᔨᐤ waapikimipiyiu vai ◆ l'eau est claire, ce qui signifie que le vent va tomber

ᐙᐱᐱᔨᐎᒡ waapipiyiwich vai pl ◆ les vagues sont de couleur claire

ᐙᔖᑭᒫᐤ waashaakimaau vii ◆ l'eau est claire

ᐙᔖᓯᒀᐤ waashaasikwaau vii ◆ la glace est claire

ᐙᔖᔮᑭᒥᐤ waashaayaakimiu vii ◆ c'est de l'eau claire

ᐙᔅᑭᒫᐤ waaskimaau vii ◆ c'est une belle journée, bien claire

ᐙᔅᑭᒥᓈᑯᓯᐤ waaskiminaakusiu vai ◆ il/elle semble clair

ᒌᐦᑳᓈᑯᓐ chiihkaanaakun vii ◆ c'est clair, évident, très visible ■ ᓄᐎᒡ ᒌᐦᑳᓈᑯᓐ ᐋᐦ ᐱᐦᒋᑯᓈᐙᔨᓐ᙮ ■ nuwich chiihkaanaakun aah pihchikunaawaayin. ■ *C'est évident d'après la couleur de ta bouche que tu as mangé de la confiture.*

ᒌᐦᑳᐙᐱᔨᐦᐋᐤ chiihkaawaapiyihaau vta ◆ il/elle lui fait produire un son clair

ᒌᐦᑳᐙᐱᔨᐦᑖᐤ chiihkaawaapiyihtaau vai ◆ il/elle le fait émettre un son clair

ᒨᔖᑭᒥᓯᐤ muushaakimisiu vai ◆ c'est un liquide fluide, clair (animé)

ᐙᓵᔅᑯᓐ waasaaskun vii ◆ c'est une journée claire au ciel bleu

ᐙᓵᔅᑯᓂᔨᐙᐤ waasaaskuniyiwaau vii ◆ c'est une journée claire et venteuse

ᐙᓵᔮᒥᔅᑳᐤ waasaayaamiskaau vii ◆ le fond de l'eau se voit bien

ᐙᔖᔅᒋᐎᑳᐤ waashaaschiwikaau vii ◆ c'est clair (ex. onguent)

ᐙᔅᑭᒥᐦᑖᑯᓯᐤ waaskimihtaakusiu vai ◆ sa voix est claire, audible

ᐙᔅᑭᒥᓈᑯᓐ waaskiminaakun vii ◆ le ciel a l'air dégagé

ᒥᔪᔥᒀᐅᔑᐤ miyushkwaaushiu vai ◆ c'est une jolie fille, elle a le teint clair

ᒥᔪᔅᒀᐤ miyuskwaau vai ◆ c'est une belle femme, il/elle a le teint clair

ᐙᔅᑭᒥᓰᐤ waaskimisiiu vai ◆ la chair et la peau d'un poisson sont claires

clair de lune

ᒌᔑᑳᔥᑖᐤ chiishikaashtaau vii ◆ c'est le clair de lune, ça brille comme en plein jour

claire

ᐙᓵᑎᐱᔅᑳᐤ waasaatipiskaau vii ◆ c'est une nuit claire

ᒋᔖᔥᑖᐤ chishaashtaau vii ◆ c'est une journée chaude, claire, au ciel dégagé

clairement

ᒌᐦᑳᐦᑖᑯᓐ chiihkaahtaakun vii ◆ ça s'entend bien, clairement ■ ᐊᔮᐱᒡ ᒌᐦ ᒌᐦᑳᐦᑖᑯᓐ ᒋᔥᑐᐦᒋᑭᓐ ᐋᑦ ᐙᐦᔨᐤ ᒌᐦ ᐃᐦᑖᔮᐦᒡ᙮ ■ ayaapich chiih chiihkaahtaakun chishtuhchikin aat waahyiu chiih ihtaayaahch. ■ *On pouvait bien entendre la musique, même si on était loin.*

ᐱᔮᐦᑭᔅᑳᐱᐦᑖᐤ piyaahkiskaapihtaau vii ◆ il y a de la fumée qui monte et ça se voit clairement

ᐱᔮᑭᔅᒋᓂᒼ piyaakischinim vti ◆ il/elle le voit clairement

ᐱᔮᑭᔅᒋᓂᐙᐤ piyaakischiniwaau vta ◆ il/elle le/la voit clairement

ᐱᔨᔨᐦᑖᔮᐱᐦᑎᒼ piyiyihtaayaapihtim vti ◆ il/elle voit le tout clairement

ᒌᐦᑳᓂᐙᐤ chiihkaaniwaau vta ◆ il/elle le/la voit bien, clairement ■ ᓈᔥᒡ ᐋᐦ ᒌᐦ ᒌᐦᑳᓂᐙᑦ ᐅᐦᑯᒻᐦ ᐊᓂᑖᐦ ᑳ ᓂᔥᑎᐐᓈᓂᐎᔨᒡ᙮ ■ naashch aah chiih chiihkaaniwaat uhkumh anitaah kaa nishtiwiinaaniwiyich. ■ *Elle pouvait bien voir et identifier sa grand-mère à la réunion.*

ᓂᐦᐋᐱᐤ nihaapiu vai ◆ il/elle voit bien ou clairement

ᐱᔮᑭᔅᒋᐦᑖᑯᓐ piyaakischihtaakun vii ◆ c'est facile à comprendre, à entendre, on l'entend clairement

ᐱᔮᑭᔅᒋᐦᑖᑯᓯᐤ piyaakischihtaakusiu vai ◆ il/elle est facile à comprendre, à entendre, on l'entend clairement

ᐱᔨᔨᐦᑖᐙᐤ piyiyihtaawaau vii ◆ le son s'entend clairement, ça s'entend bien

ᐱᔨᔨᐦᑖᔮᐱᒫᐤ piyiyihtaayaapimaau vta ◆ il/elle le/la voit complètement et clairement

ᐙᔅᑭᒫᔨᐦᑎᒼ waaskimaayihtim vti ◆ il/elle est alerte, pense clairement

clairière

ᔒᐳᐙᔥᑖᔮᐤ shiipuwaashtaayaau vii ◆ c'est une clairière dans les arbres de sorte qu'on voit de l'autre côté

ᑎᐙᔅᒀᔮᐤ tiwaaskwaayaau vii ◆ c'est une aire ouverte, une clairière dans la forêt

ᑎᐎᐦᐱᔅᒋᓂᑭᓐ tiwihpischinikin ni ◆ une clairière qui traverse une aire rocailleuse

ᓵᑳᔅᑯᐱᔨᐤ saakaaskupiyiu vii ◆ ça débouche dans une clairière (ex. un ruisseau)

ᑎᐎᐦᐱᔅᒋᓂᒼ tiwihpischinim vti ◆ il/elle fait une clairière à travers une zone rocailleuse

ᐹᐦᐲᐦᑎᐙᔮᔅᒁᔮᐤ paahpiihtiwaayaaskwaayaau vii redup ◆ des clairières alternent avec des bouquets d'arbres

ᓵᑳᔅᑯᐱᐦᑖᐤ saakaaskupihtaau vai ◆ il/elle s'élance en courant dans la clairière

ᐹᐦᐲᐦᑎᐙᔮᔅᑯᐱᒋᐤ paahpiihtiwaayaaskupichiu vai redup ◆ il/elle déplace son campement d'hiver d'une clairière jusqu'au couvert des arbres

clapoter

ᒥᓂᑭᐦᐅᑐᐎᒡ minikihutuwich vai pl recip -u ◆ les vagues clapotent

claque

ᓵᓯᓂᐆ saasiniuu vii -iwi ◆ c'est utilisé pour faire l'empeigne ou la claque (la partie supérieure du mocassin située sur le dessus du pied)

claquer

ᒥᒥᑣᔮᐱᑖᔑᓐ mimitwaayaapitaashin vai redup ◆ il/elle claque des dents

ᐙᐐᐹᐦᐱᔥᑭᓈᐅᒋᐤ waawiipaahpishkinaauchiu vai ◆ il/elle claque des dents (de froid)

ᐙᐐᐹᐦᐱᔅᒋᑭᓈᐱᔨᐤ waawiipaahpischikinaapiyiu vai ◆ sa mâchoire bouge vite de haut en bas ou de droite à gauche, sa mâchoire tremble

classe

ᐋᐦᑖᐳᑖᐤ aahtaaputaau vii ◆ ça change de place à cause du courant

ᐱᒥᔅᑯᐱᒋᐤ pimiskupichiu vai ◆ il/elle déplace son campement d'hiver en passant sur la glace

clavicule

ᐅᓈᔮᔅᒋᑭᓈᓐ unaayaaschikinaan nid ◆ l'endroit où ses clavicules se rejoignent (caribou, orignal)

ᐅᐱᒥᑖᔥᑯᔥᑖᑭᓐ upimitaashkushtaakin nid ◆ sa clavicule

clavicules

ᐅᐱᔅᒁᔅᒋᑭᓐ upiskwaaschikin nid ◆ l'endroit où ses clavicules se rejoignent

clé

ᐋᐱᐦᐄᑭᓐ aapihiikin ni ◆ une clé, un ouvre-boîte

ᓈᔅᐱᑖᐱᐦᐊᒼ naaspitaapiham vti ◆ il/elle le ferme à clé

clé à molette

ᑎᐦᑯᒧᒋᑭᓐ tihkumuchikin ni ◆ une clé à molette, des tenailles, un étau

clément

ᒋᔅᑎᒫᒑᔩᐦᒋᒑᐤ chistimaachaayihchichaau vai ◆ il/elle est compatissant-e, clément-e

cligner

ᐱᓯᒁᐱᐱᔨᐦᐆ pisikwaapipiyihuu vai -u ◆ il/elle cligne de l'oeil, bat des paupières

ᒌᐦᒌᐹᐱᐤ chiihchiipaapiu vai ◆ il/elle cligne de l'oeil, il/elle a un spasme ou un tic à l'oeil

ᔒᐅᐦᑳᐱᐤ shiiuhkaapiu vai ◆ il/elle cligne de l'oeil, fait un clin d'oeil

clignoter

ᐹᐦᐱᓯᐦᑳᔥᑖᐱᔨᐤ paahpisihkaashtaapiyiu vii redup ◆ la lumière clignote

ᐙᔥᑖᐱᔨᐤ waashtaapiyiu vii ◆ ça s'allume, clignote

clin

ᔒᐅᐦᑳᐱᐤ shiiuhkaapiu vai ◆ il/elle cligne de l'oeil, fait un clin d'oeil

clin d'oeil

ᔒᐅᐦᑳᐱᒫᐤ shiiuhkaapimaau vta ◆ il/elle lui fait un clin d'oeil

clipet

ᐅᐦᐱᐦᐅᒋᑭᓂᔥ uhpihuchikinish ni -l ◆ un clipet, un petit crochet sur le piège qui le maintient en place

cloche

ᔖᔖᐙᐦᑎᑖᑭᓐ shaashaawaahtitaakin ni ◆ une cloche

ᒥᑣᐦᑎᑖᐤ mitwaahtitaau vai ◆ il/elle fait sonner une cloche, il/elle le laisse tomber et ça fait du bruit

clocher

ᐎᔥᑎᐎᓈᑯᓐ wishtiwinaakun vii ◆ il y a quelque chose qui cloche, qui ne va pas

ᐎᔥᑎᐎᓈᑯᓯᐤ wishtiwinaakusiu vai ◆ il/elle a quelque chose qui cloche, qui ne va pas

cloque

ᐲᐦᑐᐹᐱᔨᐤ piihtupaapiyiu vai ◆ il/elle a une ampoule, une cloque

ᐲᐦᑐᐹᐱᔨᐤ piihtupaapiyiu vii ◆ ça a une ampoule, une cloque

clôture

ᒫᓂᔅᑳᐦᑎᒄ maaniskaahtikw ni ◆ une clôture

ᐙᔅᑳᒫᓂᔅᒋᐆ waaskaamaanischiuu vii -iwi ◆ il y a une clôture tout autour

ᒫᓂᔅᑳᐦᑎᒁᐦᑎᒄ maaniskaahtikwaahtikw ni -um ◆ un poteau de clôture

clôturer

ᐙᔅᑳᒫᓂᔅᒋᐦᑭᐦᑎᒼ waaskaamaanischihkihtim vti ◆ il/elle l'entoure d' une clôture, le clôture

ᐙᔅᑳᒫᓂᔅᒋᐦᑭᐦᑎᐙᐤ waaskaamaanischihkihtiwaau vta ◆ il/elle l'entoure d' une clôture, le/la clôture

clou

ᒌᔅᑖᔅᒁᓐ chiistaaskwaan ni -im ◆ un clou

clouer

ᒋᐦᒋᔖᐅᐦᐊᒼ chihchishaauham vti ◆ il/elle le cloue, l'enfonce

ᒌᔅᑖᔅᑯᐦᒋᒑᐤ chiistaaskuhchichaau vai ◆ il/elle le cloue

ᒌᔅᑖᔅᑯᐦᑎᒼ chiistaaskuhtim vti ◆ il/elle le cloue

ᒌᔅᑖᔅᑯᐦᐙᐤ chiistaaskuhwaau vta ◆ il/elle le/la cloue

ᐊᑯᐦᑎᑭᐦᐊᒼ akuhtikiham vti ◆ il/elle le cloue dessus

ᐊᑯᐦᑎᑭᐦᐙᐤ akuhtikihwaau vta ◆ il/elle le/la cloue dessus

coccyx

ᐅᓱᐙᑭᓐ usuwaakin ni -im ◆ le coccyx

cochon

ᑰᐦᑰᔥ kuuhkuush na -im ◆ un cochon, du porc salé

ᑰᐦᑰᔑᐧᐃᔑᑮ kuuhkuushiwishikii na -kaam ◆ une peau de cochon

coeur

ᐅᑖᐃᐦ utaaih nid ◆ son coeur

ᐋᐦᒋᑯᑖᐃᐦ aahchikutaaih ni -um ◆ un coeur de phoque

ᒥᔥᑭᐧᐃᑖᐦᐋᐤ mishkiwitaahaau vai ◆ il/elle a un coeur de pierre, c'est un ou une sans-coeur

ᐱᐦᑭᐦᐊᓐ pihkihan vii ◆ il bat (ex. le coeur)

ᔑᐧᐃᑖᐦᐋᐤ shiwitaahaau vai ◆ il/elle a le coeur tendre

ᐧᑳᔥᐧᑳᔥᑯᐦᑎᐹᐤ kwaashkwaashkuhtipaau ni -m ◆ l'artère principale à la sortie du coeur, l'aorte

ᐧᐋᔅᑭᒥᑖᐦᐋᐤ waaskimitaahaau vai ◆ il/elle a le coeur pur, il/elle fait attention quand il pense

cogner

ᐅᔑᑯᐦᑎᑖᐤ ushikuhtitaau vai ◆ il/elle l'abîme en le cognant contre quelque chose de sorte que ça ne marche plus

ᐱᔥᑯᔥᑐᓈᔥᑭᐧᐋᐤ pishkushtunaashkiwaau vta ◆ il/elle le/la cogne et le/la fait saigner du nez

cogner (se)

ᓯᔅᒋᑯᓂᒻ sischikunim vti ◆ il/elle se cogne la main dedans accidentellement

ᓯᔅᒋᑯᔥᑭᒻ sischikushkim vti ◆ il/elle s'y cogne

ᑖᐅᔑᒫᐤ taaushimaau vta ◆ il/elle le fait se cogner contre quelque chose

ᓯᔅᒋᑯᔥᑭᐧᐋᐤ sischikushkiwaau vta ◆ il/elle se cogne à lui/elle en marchant

ᑖᐅᔥᑎᐧᑳᓈᔑᓐ taaushtikwaanaashin vai ◆ il/elle se cogne la tête contre quelque chose

ᐧᐄᓯᒋᐦᑎᑖᐤ wiisichihtitaau vai ◆ il/elle se blesse en se cognant

ᐱᔥᑯᔥᑐᓈᔑᓐ pishkushtunaashin vai ◆ il/elle se cogne le nez et saigne du nez

coiffer

ᐋᐳᑎᐧᐋᐦᐋᒫᐤ aaputiwaahaamaau vai ◆ il/elle coiffe ses cheveux en arrière

coiffer (se)

ᐅᐧᐋᔨᐧᐋᐦᐊᒫᐤ uwaayiwaahamaau vai ◆ il/elle se coiffe, se peigne les cheveux

coiffure

ᐄᑎᐧᐋᐦᐊᒫᐤ iitiwaahamaau vai ◆ il/elle coiffe ses cheveux d'une certaine façon, se fait une certaine coiffure

coin

ᒌᐦᒑᐦᑎᒋᓯᐤ chiihchaahtichisiu vai ◆ le morceau de bois a un coin

ᒌᐦᒑᐦᑎᑳᐤ chiihchaahtikaau vii ◆ ça a un coin (se dit de bois utile)

ᒌᐦᒑᔮᐤ chiihchaayaau vii ◆ c'est un coin

ᐧᐋᔑᔨᐦᑎᑳᐤ waashiyihtikaau vii ◆ les planches, les murs forment un coin

ᑎᑖᑭᓐ titaakin ni ◆ un coin utilisé pour bien faire tenir la lame de la hache sur le manche, pour fendre le bois

ᓈᐦᑎᑳᐤ naahtikaau vii ◆ ça a un coin, une pointe (du bois utile)

coincé

ᐋᑐᐧᐃᐦᐆ aatuwihuu vai -u ◆ il/elle est coincé-e

ᒥᒋᒥᐱᔨᐤ michimipiyiu vai ◆ il/elle est coincé-e dans une certaine position

ᒥᒋᒧᔑᓐ michimushin vai ◆ il/elle est coincé-e dans une certaine position

ᐋᑎᐧᐃᐦᐋᐤ aatiwihaau vta ◆ il/elle ne peut pas le sortir de là parce qu'il/elle est coincé

ᒋᑭᒨ chikimuu vai -u ◆ il /elle est attaché-e, coincé-e

ᒥᒋᒥᐱᔨᐤ michimipiyiu vii ◆ ça reste coincé, bloqué

ᒥᒋᒧᐦᑎᓐ michimuhtin vii ◆ c'est coincé, bloqué

ᓵᐧᑳᔅᑯᐦᑎᓐ saakwaaskuhtin vii ◆ c'est coincé au milieu (long et rigide)

ᒋᑭᒧᐹᒋᔑᓐ chikimupaachishin vai ◆ il/elle est coincé-e dans la neige fondue sur la glace

ᓰᐦᑎᐧᐃᐦᑎᓐ siihtiwihtin vii ◆ c'est coincé dans une crevasse, une fissure étroite

ᒥᒋᒧᐹᒋᔑᓐ michimupaachishin vai ◆ il/elle est coincé-e, pris-e dans la neige molle sur la glace

ᒥᒍᒥᐹᒋᔑᓐ michumipaachishin vai ◆ il/elle est prise, coincé-e dans la neige molle sur la glace

coincer

ᐋᑐᐧᐃᐦᐋᐤ aatuwihaau vta ◆ il/elle le/la coince ■ ᐋᑐᐧᐃᐦᐋᐤ ᐊᓂᔮᐦ ᓂᑖᐱᓯᔅᒑᐦᐱᓱᓐᐦ ᑳ ᑯᒋᔥᑭᐧᐋᑦ. ■ aatuwihaau aniyaah nitaapisischaahpisunh kaa kuchishkiwaat. ■ *Il a essayé ma bague et l'a coincé sur son doigt.*

ᓂᒋᒧᐦᑎᓐ nichimuhtin vii ◆ ça se coince

ᓂᒋᒧᔑᓐ nichimushin vai ◆ il/elle se fait coincer

ᐋᑎᐧᐃᐦᑖᐤ aatiwihtaau vai+o ◆ il/elle ne peut pas sortir ça de là parce que c'est coincé

ᒌᔥᒑᔨᔥᑳᑰ chiishchaayishkaakuu vai -u ◆ il/elle a un morceau de nourriture coincé dans son œsophage

ᒋᑭᒨ chikimuu vii -u ◆ c'est attaché, coincé

ᒋᐱᔥᑯᔪᒥᑭᓐ chipishkuyumikin vii ◆ la glace est coincée et bloque l'écoulement de l'eau de la rivière

ᐊᔅᑖᒥᔅᑭᐦᐧᐋᐤ astaamiskihwaau vta ◆ il/elle le/la coince (par exemple un castor) au fond de l'eau avec quelque chose

ᒋᑳᐦᑯᓂᑖᐤ chikaahkunitaau vai ◆ il/elle coince quelque chose dans le canon du fusil

ᑎᐦᑯᑎᐦᒑᐦᐅᓲ tihkutihchaahusuu vai reflex -u ◆ il/elle se coince le doigt, la main

ᑎᐦᑯᑎᐦᒑᐦᐙᐤ tihkutihchaahwaau vta ◆ il/elle lui coince le doigt, la main

coincer (se)

ᐋᑐᐎᐦᑖᐤ aatuwihtaau vai ◆ il/elle se coince ▪ ᐋᑐᐎᐦᑖᐤ ᐅᔥᑎᒁᓐ ᐊᓂᑖᐦ ᐋᐦ ᐱᑯᓈᔮᔨᒡ. ▪ aatuwihtaau ushtikwaan anitaah aah pikunaayaayich. ▪ *Sa tête est coincée dans le trou.*

ᒋᐱᔑᓐ chipishin vai ◆ il/elle se coince dans quelque chose

ᒥᒋᒧᔑᒫᐤ michimushimaau vta ◆ il/elle le fait se coincer dans quelque chose

coïncidence

ᑎᐹᔅᒋᐤ tipaaschiu p ◆ par chance, par pure coïncidence

coïncider

ᑖᐅᐱᔨᐤ taaupiyiu vii ◆ ça déborde, ça coïncide avec un autre évènement

col

ᐅᐱᑐᐎᑎᓈᐤ upituwitinaau vii ◆ c'est un défilé, un col dans la montagne

coléoptère

ᐅᑖᒥᐦᒁᓂᓯᐤ utaamihkwaanisiu na -iim ◆ un coléoptère, une blatte orientale

colère

ᒋᔑᐎᔨᐦᑎᐤ chishiwiyihtiu vai ◆ il/elle le fait avec colère

ᓲᐦᒌᐙᓯᐤ suhchiiwaasiu vai ◆ il/elle fait une colère, a un accès de colère

ᒋᔑᐙᐦᐋᐤ chishiwaahaau vta ◆ il/elle le/la fâche, le/la met en colère ▪ ᒌᐦ ᒋᔑᐙᐦᐋᐤ ᐋᑳ ᐅᐦᒋ ᐄᑐᐦᑖᐙᑦ ᑳ ᓂᑐᒥᑯᑦ. ▪ chiih chishiwaahaau aakaa uhchi iituhtaawaat kaa nitumikut. ▪ *Il l'a fâché parce qu'il n'est pas venu quand il l'a invité.*

ᒋᔑᐙᔒᔥᑎᐙᐤ chishiwaashiishtiwaau vta ◆ il/elle est fâché-e avec lui/elle, il/elle est en colère contre lui/elle

ᒋᔑᐎᑭᓂᐙᐱᒫᐤ chishiwikiniwaapimaau vta ◆ il/elle lui jette un coup d'oeil irrité, le/la regarde avec colère

ᒋᔒᒧ chishiimuu vai -u ◆ il/elle parle avec colère, d'un ton fâché

ᓂᒥᐦᐊᒻ nimiham vti ◆ il/elle agite son poing vers ça en signe de colère

ᓂᒥᐦᐙᐤ nimihwaau vta ◆ il/elle agite son poing vers lui/elle en signe de colère

ᓯᔅᒋᑯᒌᐙᓯᐤ sischikuchiiwaasiu vai ◆ il/elle se fâche soudainement, se met soudain en colère

ᐧᐄᔮᔥᑖᔨᐦᑎᒻ wiyaashtaayihtim vti ◆ il/elle est en colère, pense que quelque chose ne va pas avec ça, est mécontent de ça

coléreux

ᔖᑯᔨᐙᓯᐤ shaakuyiwaasiu vai ◆ il est coléreux, elle est coléreuse; il/elle s'emporte facilement

collant

ᐱᓯᑯᓰᐤ pisikusiiu vai ◆ il/elle est collant-e

ᐱᓯᒁᐤ pisikwaau vii ◆ c'est collant

ᐱᒌᐅ pichiiuu vai ◆ il/elle est collant-e, gluant-e ▪ ᓈᔥᑖᐹ ᐱᒌᐅ ᐊᓐ ᒥᔥᑎᒁᒥᐦᒁᓐ ᑳ ᒥᔨᑯᐎᔮᓐ. ▪ naashtaapwaa pichiiuu an mishtikwaamihkwaan kaa miyikuwiyaan. ▪ *La cuillère en bois que j'ai prise est toute gluante.*

ᐱᒌᐅ pichiiuu vii ◆ c'est collant, gluant

ᓰᐱᔅᒋᓯᐤ siipischisiu vai ◆ il/elle est élastique, collant-e et gluant-e

ᐱᒌᐙᔅᑯᓐ pichiiwaaskun vii ◆ le bâton a de la résine dessus, est collant

ᓰᐱᔅᑳᐤ siipiskaau vii ◆ ça s'étire, c'est collant et gluant

ᐱᓯᑯᓈᐤ pisikunaau vta ◆ il/elle l'attrape avec ses griffes, ses serres (ex. oiseau de proie), il/elle le/la rend collant

ᐱᓯᑯᓂᒻ pisikunim vti ◆ il/elle l'attrape avec ses griffes, il/elle le rend collant

collation

ᓯᓈᑭᐤ sinaakiu vai ◆ il/elle prend une collation, un goûter, de l'anglais 'snack'

collé

ᐱᓯᑯᔑᓐ pisikushin vai ◆ il/elle est collé-e dessus

ᐊᒁᔅᑭᑎᓐ akwaaskitin vii ◆ c'est gelé et collé à quelque chose

colle

ᐱᓯᑯᐦᐄᑭᓐ pisikuhiikin ni ◆ de la colle, du ruban adhésif

coller

ᒋᑭᒧᐦᐋᐤ chikimuhaau vta ◆ il/elle le/la colle dessus

ᒋᑭᒧᐦᑖᐤ chikimuhtaau vai ◆ il/elle le colle dessus

ᐱᓯᑯᐦᑎᓐ pisikuhtin vii ◆ ça colle

ᐱᓯᑯᐦᐙᐤ pisikuhwaau vta ◆ il/elle le/la colle avec quelque chose

ᐊᑯᐦᑭᐦᑖᐤ akuhkihtaau vii ◆ ça brûle et colle à quelque chose

ᐊᒁᐦᑭᑎᓲ akwaahkitisuu vai -u ◆ il/elle est collé-e à quelque chose par la chaleur ou la sécheresse

ᐊᒁᐦᑭᑎᑖᐤ akwaahkititaau vii ◆ c'est séché et collé à quelque chose

ᐊᒁᑯᓈᐤ akwaakunaau vii ◆ la neige colle à ça

ᐄᑎᒧ iitimuu vai -u ◆ ça colle, c'est attaché d'une certaine façon

ᐱᓯᑯᐦᐊᒻ pisikuham vti ◆ il/elle les colle ensemble

ᐱᓯᑯᐦᐄᒑᐤ pisikuhiichaau vai ◆ il/elle les colle ensemble

ᐱᓯᑯᔅᒋᐙᐤ pisikuschiwaau vai ◆ il/elle a de la résine collé sur lui/elle

ᐱᓯᑯᔅᒋᐎᒋᓈᐤ pisikuschiwichinaau vta ◆ il/elle le/la colle avec de la résine

ᐱᓯᑯᔅᒋᐎᒋᓂᒻ pisikuschiwichinim vti ◆ il/elle le colle avec de la résine

ᓯᑭᒧ sikimuu vai -u ◆ il/elle est collé-e à quelque chose, s'accroche à quelque chose

ᐅᑎᐦᐊᒻ utiham vti ◆ il/elle le fait sortir, le gagne, le colle, ferme l'ouverture dans le tissage des raquettes

collet

ᓂᒁᓐ nikwaan ni ◆ un collet

ᐊᒥᐢᑯᓂᒁᓐ amiskunikwaan ni ◆ un collet à castor

ᐊᔑᔓᓈᐹᓐ ashishunaapaan ni ◆ quelque chose pour durcir la cordelette d'un collet pour le garder ouvert

ᒌᒑᔮᐳᔥ chiichaayaapush na -um ◆ un lièvre pris au collet par les pattes arrières (postérieures)

ᒌᐱᑎᐦᐋᐹᓐ chiipitihaapaan ni -m ◆ un bâton pour garder un collet ouvert

ᒌᐢᑭᒫᐳᔥ chiiskimaapush na -um ◆ un lièvre pris au collet et tué instantanément

ᑳᑯᓂᒁᓐ kaakunikwaan ni ◆ un collet pour porc-épic

ᒥᐦᒑᔑᐅᓂᒁᓐ mihchaashiunikwaan ni ◆ un collet à renard

ᓂᒁᑭᓈᐢᒄ nikwaakinaaskw na ◆ un bâton duquel pend un collet

ᓂᒁᓈᔮᐲ nikwaanaayaapii ni -m ◆ du câble à collet

ᓂᒁᑖᑭᓐ nikwaataakin na ◆ un animal pris au collet

ᐱᒥᑖᐦᑯᓈᑭᓐ pimitaahkunaakin ni ◆ un bâton duquel on pend un collet

ᐱᔑᐅᓂᒁᓐ pishiunikwaan ni ◆ un collet de lynx

ᐱᔮᐅᓂᒁᓐ piyaaunikwaan ni ◆ un collet de lagopède

ᓯᒋᐱᐢᑯᓈᔮᐳᔥ sichipiskunaayaapush na -um ◆ un lièvre pris au collet par le dos

ᓯᒋᔔᑭᓈᔮᐳᔥ sichishuukinaayaapush na -um ◆ un lièvre pris au collet par le bas du dos

ᓯᒋᐢᑎᐏᑮᔮᐳᔥ sichistiwikiyaapush na -um ◆ un lièvre pris au collet par les oreilles

ᓯᒋᑎᐦᒑᔮᐳᔥ sichitihchaayaapush na -um ◆ un lièvre pris au collet par les pattes avants (antérieures)

ᐚᐳᔓᓂᒁᓐ waapushunikwaan ni ◆ un collet de lièvre

ᐋᔑᑯᒫᐱᐦᒑᔥᑭᒻ aashikumaapihchaashkim vti ◆ il/elle se fait attraper dans tous les collets

ᓈᑎᒁᐤ naatikwaau vai ◆ il/elle vérifie ses collets

ᓂᒁᓲ nikwaasuu vai -u ◆ il/elle est pris-e dans un collet

ᐱᔑᐅᑖᐱᒁᐤ pishiutaapikwaau vai ◆ il/elle pose des collets de lynx

ᑖᐱᑯᐦᐊᒻ taapikuham vti ◆ il/elle met un noeud coulant, un collet dessus

ᑖᐱᒁᐤ taapikwaau vai ◆ il/elle pose des collets

ᐅᓂᒁᓂᐦᑭᐚᐤ unikwaanihkiwaau vta ◆ il/elle pose un collet pour lui/elle

ᐚᐱᒁᑭᓐ waapikwaakin ni ◆ une perche de collet à ressort

ᐋᐦᑎᑯᑖᐤ aahtikutaau vii ◆ c'est suspendu ailleurs, ça bouge en étant suspendu, le collet a été déplacé par l'animal

ᐃᐢᐱᐦᑖᓂᒁᓲ ispihtaanikwaasuu vai -u ◆ le lièvre est attrapé au collet pendant la journée, peu après que le collet ait été installé

ᒥᓂᒁᐤ minikwaau vai ◆ il/elle retire ou enlève les collets

ᓂᐦᐄᓂᒻ nihiinim vti ◆ il/elle l'admire; il/elle pose ou replace un collet

ᐱᓈᔮᐹᒋᔥᑭᒻ pinaayaapaachishkim vti ◆ il/elle dérange le fil de fer du collet

ᑖᐹᐢᑯᓂᒻ taapaaskunim vti ◆ il/elle pose son collet à lièvre à la même place qu'avant

ᑖᐱᑯᐦᐚᐤ taapikuhwaau vta ◆ il/elle le prend au collet, l'attrape (ex. une perdrix) avec une boucle de fil de fer sur un bâton

ᑖᐅᑐᓈᐦᐱᓲ taautunaahpisuu vai -u ◆ le lièvre est pris au collet autour de la bouche

ᐚᐱᒁᑭᓂᑭᐦᑎᒻ waapikwaakinikihtim vti ◆ il/elle prend un lièvre au collet avec une perche et du fil

colline

ᐹᑖᐅᐦᑳᐤ paataauhkaau vii ◆ cette colline fait face au locuteur

ᐱᒥᑖᐅᐦᑳᐤ pimitaauhkaau vii ◆ c'est une colline

ᐋᐱᐦᑎᐚᐅᐦᒡ aapihtiwaauhch p,lieu ◆ à mi-chemin du sommet de la colline ■ ᐋᑯᑎᐦ ᑳ ᐊᐱᔮᓐ ᓈᑎᐦ ᐋᐱᐦᑎᐚᐅᐦᒡ ᑳᐦ ᐃᐦᑖᔮᓐ᙮ ■ aakutih kaa apiyaan naatih aapihtiwaauhch kaah ihtaayaan. ■ *Je me suis assis quand je suis arrivé à mi-chemin du sommet de la colline.*

ᐊᔑᐚᑖᐅᐦᑳᐤ ashiwaataauhkaau vii ◆ le sommet de la colline forme une crête

ᒋᑳᔨᐚᐅᐦᑳᐤ chikaayiwaauhkaau vii ◆ la colline devient plus étroite, rétrécit

ᐄᔨᐹᔮᐅᐦᑳᐤ iiyipaayaauhkaau vii ◆ la colline est inclinée

ᐃᔥᒁᔮᐅᐦᑳᐤ ishkwaayaauhkaau vii ◆ c'est la fin de la colline

ᓃᐦᑎᒋᐚᑖᐅᐦᑳᐤ niihtichiwaataauhkaau vii ◆ la colline descend en pente douce

ᐲᐦᑖᐅᐦᑳᐤ piihtaauhkaau vii ◆ c'est une longue colline

ᐱᐹᐢᑯᑖᐅᐦᑳᐤ pipaaskutaauhkaau vii redup ◆ c'est une aire, une région de collines

ᐱᐢᑯᓂᑳᐤ piskunikaau vii ◆ l'île a une colline

ᐅᐱᑎᐚᐅᐦᑳᐤ upitiwaauhkaau vii ◆ c'est un défilé, un passage étroit entre les collines

ᐙᐚᑭᑖᐅᐦᑳᐤ waawaakitaauhkaau vii redup ◆ c'est une colline tortueuse

ᑤᒥᐦᒡ twaamihch p,lieu ◆ au pied de la colline, montagne

ᐋᒫᐅᐦᒋᐦᑎᓐ aamaauhchihtin vii ◆ le lac s'écoule des deux cotés d'une montagne ou d'une colline

ᐋᔑᐧᐋᐅᑭᐦᐊᒼ **aashiwaaukiham** vti ◆ il/elle marche d'une montagne à l'autre, d'une colline à l'autre

ᐊᑎᒫᐅᐦᑳᐤ **atimaauhkaau** vii ◆ il y a une montagne ou une colline au loin

ᓈᐅᐦᑭᑖᐅᐦᑳᐤ **naauhkitaauhkaau** vii ◆ c'est une dépression soudaine et escarpée dans une colline

ᐱᔅᐧᑳᐳᓯᔅᑎᑖᐤ **piskwaapusistitaau** vii ◆ c'est une montagne ou une colline rocheuse

ᔑᒥᑖᐅᐦᑳᐤ **shimitaauhkaau** vii ◆ la colline s'élève en pente douce

ᑳᐦᒋᔅᑖᐅᐦᒋᔅᑎᓐ **kaahchistaauhchistin** vii ◆ il y a une montagne ou une colline à mi-chemin le long du lac

ᒥᑖᐹᔮᐅᐦᑳᐤ **mitaapaayaauhkaau** vii ◆ c'est le pied d'une colline au bord d'un lac ou d'une rivière

ᓈᐅᐦᑳᐤ **naauhkaau** vii ◆ il y a une pointe au bord de la colline, de la montagne

ᐱᔅᑯᑖᐅᐦᑳᐤ **piskutaauhkaau** vii ◆ c'est une colline élevée, une pointe de sable

ᑖᑎᐹᐅᐦᑭᐦᐊᒼ **taatipaauhkiham** vti ◆ il/elle fait le tour de la montagne, de la colline

collision

ᑖᐧᐋᐳᑰ **taawaapukuu** vai -u ◆ il/elle entre en collision avec des rochers en descendant le rapide

colombe

ᐅᒦᒦᐤ **umiimiiu** na ◆ une colombe

colonne vertébrale

ᐅᔓᑭᐦᑭᓂᑭᓐ **ushukihkinikin** nid ◆ le bas de sa colonne vertébrale

ᐅᑎᐦᐹᐅᑭᓈᔮᐲ **utihpaaukinaayaapii** nid [Whapmagoostui] ◆ sa colonne vertébrale

ᐅᐧᐋᐅᑭᓂᑭᓐ **uwaaukinikin** nid ◆ sa colonne vertébrale

ᐅᐧᐋᐅᑭᓂᑭᓈᔮᐲ **uwaaukinikinaayaapii** nid ◆ sa colonne vertébrale

ᐧᐋᐅᑭᓂᑭᓐ **waaukinikin** nid ◆ sa colonne vertébrale

coloré

ᒥᐦᑯᓯᓈᓲ **mihkusinaasuu** vai -u ◆ il/elle est coloré-e en rouge, écrit-e en rouge

colorié

ᒥᐦᑯᓯᓈᑖᐤ **mihkusinaataau** vii ◆ c'est écrit en rouge, colorié en rouge

colorier

ᒥᓯᐦᑯᓯᓂᐦᐊᒼ **misihkusiniham** vti ◆ il/elle le barbouille en coloriant ou en écrivant

ᒥᓯᐦᑯᓯᓂᐦᐧᐋᐤ **misihkusinihwaau** vta ◆ il/elle le/la barbouille en coloriant ou en écrivant

combattant

ᒫᓯᐦᒑᓯᐤ **maasihchaasiu** na -iim ◆ un boxeur, un combattant, une combattante

combattre

ᓂᑐᔥᑭᐧᐋᐤ **nitushkiwaau** vta ◆ il/elle va le/la combattre, le/la gronder

ᒫᔑᐦᐋᐤ **maashihaau** vta ◆ il/elle le/la combat, lutte avec lui/elle

combien

ᑖᓐ ᐃᔥᐱᔥ **taan ishpish** p,quantité ◆ combien ▪ ᑖᓐ ᐃᔥᐱᔥ ᒑ ᓂᑎᐧᐋᔨᒥᐧᑖᐤ ᐱᐦᐧᑳᔑᑭᓂᒡ ᐋᐦ ᐅᔑᐦᐄᑦ ᐴᑎᓐ᙮ ▪ taan ishpish chaa nitiwaayimitwaau pihkwaashikinich aah ushihiit puutin. ▪ *Combien de farine te faudra-t-il pour le pouding à la vapeur?*

ᑖᓐ ᑎᐦᑐ **taan tihtu** p,quantité ◆ combien ▪ ᑖᓐ ᑎᐦᑐ ᓂᔅᑭᒡ ᒑ ᓯᑭᐧᐹᔨᓐ᙮ ▪ taan tihtu niskich chaa sikipwaayin. ▪ *Combien d'oies ferez-vous rôtir sur le feu?*

ᑎᐦᑐ **tihtu** p,quantité ◆ voir *taan tihtu*

ᐃᔥᐱᔥ **ishpish** p,quantité ◆ combien, une certaine quantité ▪ ᑖᓐ ᐃᔥᐱᔥ ᑳ ᒥᔨᔅᒃ ᔓᐧᐃᔮᓐᐦ᙮ ▪ taan ishpish kaa miyisk shuwtyaanh. ▪ *Combien d'argent t'a-t-elle/il donné?*

ᑖᓐ ᑎᐦᐧᑖᐤ **taan tihtwaau** p,quantité ◆ combien de fois? ▪ ᑖᓐ ᑎᐦᐧᑖᐤ ᔖᔥ ᑳ ᐧᐄᒑᐧᐃᑦ ᐋᐦ ᓃᒥᓈᓂᐧᐃᔨᒡ᙮ ▪ taan tihtwaau shaash kaa wiichaawit aah niiminaaniwiyich. ▪ *Combien de fois avez-vous déjà dansé avec lui/elle?*

ᑎᐹᐱᒫᐤ **tipaapimaau** vta ◆ il/elle regarde pour voir combien il/elle en a fait, jusqu'où il/elle est allée

comestible

ᐊᑎᐦᑯᒦᒋᒼ **atihkumiichim** ni ◆ les parties comestibles du caribou, lit. 'de la nourriture de caribou'

ᑳᑯᒦᒋᒼ **kaakumiichim** ni ◆ les parties comestibles du porc-épic, lit. 'nourriture de porc-épic'

ᓂᔅᒋᒦᒼ **nischimiim** ni ◆ les parties comestibles de l'oie, lit. 'de la nourriture d'oie'

commande

ᓂᑎᓱᓂᐦᐄᒑᐤ **nitisunihiichaau** vai ◆ il/elle passe une commande par catalogue

ᓂᑐᓯᓂᐦᐄᒑᐤ **nitusinihiichaau** vai ◆ il/elle passe une commande par correspondance

commander

ᐧᐃᔨᔓᐧᐋᑖᐤ **wiyishuwaataau** vta ◆ il/elle le/la commande, lui donne des ordres

ᐄᑎᔓᐧᐋᐤ **iitishuwaau** vai ◆ il/elle commande, instruit

ᓂᑐᓯᓂᐦᐊᒼ **nitusiniham** vti ◆ il/elle le commande par catalogue

ᓂᑐᓯᓂᐦᐊᒧᐧᐋᐤ **nitusinihamuwaau** vta ◆ il/elle le commande par catalogue pour lui/elle

ᓂᑐᓯᓂᐦᐧᐋᐤ **nitusinihwaau** vta ◆ il/elle le/la commande par catalogue

ᐧᐄᔓᐧᐋᑎᒼ **wiishuwaatim** vti ◆ il/elle commande, donne des ordres

ᐧᐃᔨᔓᒫᐤ **wiyishumaau** vta ◆ il/elle lui donne des ordres, le commande, donne des instructions sur lui/elle

ᐅᒋᒫᐦᑭᑎᐧᐋᐤ **uchimaahkitiwaau** vta ◆ il/elle le/la commande, supervise, est plus haut placé-e que lui/elle

comme

ᐋ ᐃᔑ aa ishi préverbe ◆ comme, d'une certaine manière (forme changée de ishi, utilisée avec les verbes au conjonctif)

ᒧᐦᒡ muhch p,manière ◆ comme il est, elle est; ni recouvert, ni emballé ▪ ᒧᐦᒡ ᐊᓂᑎᐦ ᒥᒄ ᐲᐦᑖᐦ ᐊᓐ ᐐᔮᑭᓐ ᒥᓯᓂᐦᐄᑭᓈᒋᓂᐎᑎᐦᒡ. ▪ muhch anitih mikw piihtaah an wiyaakin misinihiikinaachiniwitihch. ▪ *Mets juste l'assiette comme elle est dans la boîte!*

ᒧᔮᒻ muyaam p,manière ◆ tout comme, pareil, pareille ▪ ᐊᒁᑖᔨᒥᒃ ᐙᔥ ᐊᓐ ᐃᔥᒁᔑᔥ ᒧᔮᒻ ᐋᐦ ᐋᐦᑯᓯᑦ. ▪ akwaataayimik waash an ishkwaashish muyaam aah aahkusit. ▪ *C'est comme si cette fille était malade.*

ᒫᒃ maak p,conjonction ◆ alors, comme, maintenant que ▪ ᒫᒃ ᒑ ᒥᐧᔮᔨᐦᑎᐦᒃ ᑳ ᐅᔥᑳᔨᒡ ᐅᐹᔅᒋᓯᑭᓐ. ▪ maak chaa miywaayihtihk kaa ushkaayich upaaschisikin. ▪ *Elle/Il sera content-e, maintenant qu'elle/il a un nouveau fusil.*

ᒹᐦᒡ mwaahch p,manière ◆ juste comme; exactement pareil, pareille ▪ ᒹᐦᒡ ᐊᒁᓯᓈᑯᓯᑦ ᑳ ᐄᓯᓈᑯᓰᑯᐱᓈᓂᐦᐄ ᐊᓂᔮᐦ ᐅᑖᓂᔥᑭᐎᔒᒼᐦ. ▪ mwaahch akwaasinaakusit kaa iisinaakusiikupinaanihii aniyaah utaanishkiwishiimh. ▪ *Elle/il est la copie conforme de sa grand-mère.*

commencer

ᐋᑎ aati préverbe ◆ commencer à (variante de *ati*, utilisée avec les verbes au conjonctif)

ᐊᑎ ati préverbe ◆ commencer à

ᒋᐦᒋᐦᑖᐤ chihchihtaau vai+o ◆ il/elle commence à le faire

ᒋᐦᒌᐤ chihchiiu vai ◆ il/elle commence à faire quelque chose

ᒫᒌᐦᑭᒻ maachiihkim vti ◆ il/elle commence à faire quelque chose

ᒫᒌᐦᑭᐙᐤ maachiihkiwaau vta ◆ il/elle le/la commence (ex des raquettes)

ᒨᐦᒌᔥᑎᒻ muuhchiishtim vti ◆ il/elle commence à le faire

ᒋᐦᒋᐦᐋᐤ chihchihaau vta ◆ il/elle commence à le/la faire, il/elle lui donne quelque chose qu'il/elle apprécie vraiment

ᒋᐦᒋᓂᐙᐤ chihchiniwaau vai ◆ il/elle commence à cuisiner

ᒋᐦᒋᐱᔨᐤ chihchipiyiu vii ◆ c'est lundi, ça commence

ᒋᐦᒋᑖᒋᒨ chihchitaachimuu vai -u ◆ il/elle (bébé) commence à ramper

ᒋᐦᑖᒋᒨ chihtaachimuu vai -u ◆ il/elle commence à raconter une histoire

ᓵᒋᓂᐦᑖᐅᒋᓐ saachinihtaauchin vii ◆ ça commence à pousser (ex. de l'herbe)

ᒑᒋᔖᐹᐑᐤ chaachishaapaawiiu vai ◆ il/elle commence tôt le matin

ᒋᐦᒋᐱᔨᐦᑖᐤ chihchipiyihtaau vai ◆ il/elle le démarre (un moteur); il/elle part avec; il/elle commence quelque chose

ᒋᐦᒋᔅᒋᒫᐤ chihchischimaau vta ◆ il/elle commence à tisser les raquettes

ᒋᔥᑖᐳᔨᐤ chistaapuyiu vai ◆ il/elle commence à descendre le rapide

ᒋᐦᒋᒋᒫᐤ chihchichimaau vai ◆ il/elle commence à pagayer, à s'éloigner à la nage

ᒋᔥᑖᔥᑎᐦᑖᐤ chishtaashtihtaau vai+o ◆ il/elle commence à partir en bateau, à mettre les voiles, à prendre le large

comment

ᑖᓂᑖᐦ taanitaah p,question, lieu,manière ◆ où, comment ▪ ᑖᓂᑖᐦ ᒫᒃ ᒑ ᐄᑎᔎᒃ ᓂᒫᓯᒫᔥᑖᒄ ᐋᐦ ᐅᔑᐦᐄᒃ. ▪ taanitaah maak chaa iitishuk nimaasimaashtaakw aah ushihiik. ▪ *Comment est-ce que je coupe le poisson si je veux le fumer?*

ᓂᑎᐑ nitiwii p,manière ◆ n'importe où, n'importe comment, pas aussi bien ▪ ᒥᒄ ᓂᑎᐑ ᒌᐦ ᐄᔑᓈᑯᐦᐋᐤ ᐊᓂᔮᐦ ᐅᑎᓵᒼᐦ ᓈᔥᒡ ᐋᐦ ᒌᐦ ᐐᐦ ᒋᔨᐲᑦ. ▪ mikw nitiwii chiih iishinaakuhaau aniyaah utisaamh naashch aah chiih wiih chiyipiit. ▪ *Elle/Il n'a pas fabriqué ses raquettes aussi bien qu'il aurait dû parce qu'elle/il était pressé-e.*

ᑖᓐ taan p,question ◆ quoi, lequel, laquelle, lesquels, lesquelles, comment, où ▪ ᑖᓐ ᐊᓐ ᐃᔥᒁᔑᔥ ᒑ ᐐᒋᐦᐄᐙᑦ ᐋᐦ ᓈᑖᔑᐦᑖᓂᐎᔨᒡ. ▪ taan an ishkwaashish chaa wiichihiiwaat aah naataashihtaaniwiyich. ▪ *Où est la fille qui va aider à chercher les branchages d'épinette?*

commérage

ᐲᒋᔥᒁᐤ piichishkwaau vai ◆ il/elle parle beaucoup, répand des commérages

ᐲᒋᔥᒁᐅᐦᐄᐙᐤ piichishkwaauhiiwaau vta ◆ il/elle s'attire les commérages

ᐲᒋᔥᒁᑖᐤ piichishkwaataau vta ◆ il/elle potine, répand des commérages à son sujet

ᐲᒋᔥᒁᐅᐦᐋᐤ piichishkwaauhaau vta ◆ il/elle le/la fait potiner, répandre des commérages à son sujet

ᐲᒋᔥᒁᐅᐦᐄᑰ piichishkwaauhiikuu vai -u ◆ il/elle potine, fait circuler des commérages

commérages

ᒥᒫᔮᒋᒨ mimaayaachimuu vai -u ◆ il/elle bavarde, fait des commérages

commerçant

ᐊᑖᐙᓯᐤ ataawaasiu na -iim ◆ un commerçant, un marchand

commettre

ᒥᒋᐱᑖᐤ michipitaau vta ◆ il/elle le/la détourne du droit chemin et lui fait commettre une faute

commis

ᐅᒋᒫᔑᔥ uchimaashish na dim -iim ◆ un ou une commis de magasin

ᐅᒋᒫᔑᔒᐤ uchimaashishiiu vai -iiwi ◆ il/elle est commis, c'est un-e commis

ᐅᒋᒫᔑᔒᐅᑭᒥᒄ uchimaashishiiukimikw ni ◆ une résidence, une maison pour les commis

commode

ᑭᐱᑦ kipit ni -im ◆ un placard, une étagère, une commode, de l'anglais 'cupboard'

communier

ᐅᑎᓂᒼ **utinim** vti ◆ il/elle le prend, communie à l'église, l'achète

compact

ᓂᐦᐋᐅᐱᔨᐤ **nihaaupiyiu** vai ◆ il/elle reprend sa forme, est compacte

ᓂᐦᐋᐅᐱᔨᐤ **nihaaupiyiu** vii ◆ ça reprend sa forme, c'est compact

ᓂᐦᐋᐙᐤ **nihaawaau** vii ◆ ça ne prend pas beaucoup de place; c'est petit, compact

ᓈᐦᐋᐐᐤ **naahaawiiu** vai ◆ il/elle emballe de façon compacte et ordonnée

ᓰᐦᑎᔅᒋᓈᐤ **siihtischinaau** vai ◆ il/elle est emballé-e serré-e, de façon compacte

ᓰᐦᑎᔅᒋᓂᑖᐤ **siihtischinitaau** vai ◆ il/elle l'emballe en serrant bien

compagne

ᐐᒋᔅᒁᐅᐦ **wiichiskwaauh** nad ◆ sa compagne (se dit de deux femmes)

compagnon

ᐅᐐᒑᐙᑭᓂᐤ **uwiichaawaakiniu** vai ◆ il/elle a un compagnon ou une compagne, un-e ami-e, un-e partenaire

comparer

ᑎᐱᐦᑎᑖᐤ **tipihtitaau** vai ◆ il/elle en compare la taille avec quelque chose d'autre

ᑎᐱᔑᒫᐤ **tipishimaau** vta ◆ il/elle le/la mesure en utilisant quelque chose pour comparer

compassion

ᒋᓵᐙᑎᓰᐤ **chisaawaatisiiu** vai ◆ il/elle a de la compassion

ᒋᔅᑎᒫᒋᓈᒑᐤ **chistimaachinaachaau** vai ◆ il/elle considère les autres avec compassion

ᒋᔅᑎᒫᒋᔅᑎᐙᐤ **chistimaachistiwaau** vta ◆ il/elle est pris-e de compassion en entendant ce qu'il/elle a à dire

ᒋᔅᑎᒫᒑᔨᐦᒋᒑᐐᓐ **chistimaachaayihchichaawin** ni ◆ la compassion, la pitié

ᒋᔅᑎᒫᒑᔨᒧᐙᐤ **chistimaachaayimuwaau** vai ◆ il/elle fait preuve de compassion, il/elle éprouve de la pitié

compatissant

ᒋᔅᑎᒫᒑᔨᐦᒋᒑᐤ **chistimaachaayihchichaau** vai ◆ il/elle est compatissant-e, clément-e

compétent

ᐋᔪᓯᓈᑯᓯᐤ **aayusinaakusiu** vai ◆ il/elle a l'air très compétent dans ce qu'il fait

ᓂᐦᑖᐅᒥᓂᐦᐆ **nihtaauminihuu** vai -u ◆ c'est un chasseur très compétent; c'est une chasseuse très compétente

complet

ᒥᓯᐙᔮᒋᓯᐤ **misiwaayaachisiu** vai ◆ il est entier, complet; elle est entière, complète

ᑭᑖᐹᐱᐦᑎᒼ **kitaapaapihtim** vti ◆ il/elle en voit assez, il/elle a une vue complète (de la chose)

complètement

ᑖᑭᔥ **taakish** p,manière ◆ complètement ■ ᔮᔨᑖ ᑖᑭᔥ ᑳᓰᓐᐦ ᐊᓐ ᐐᔮᑭᓐ᙮ ■ yaayitaa taakish kaasiinh an wiyaakin. ■ *Svp, assure-toi de complètement nettoyer ce bol.*

ᒥᑎᑐᓐ **mititun** p,manière ◆ complètement, entièrement ■ ᒥᑎᑐᓐ ᓅᑯᓂᔨᐤ ᐅᓵᒋᐦᐄᐙᐐᓐ ᐐᔮᐱᒫᒡᐦ ᐅᔑᔑᒥᔥᐦ᙮ ■ mititun nuukuniyiu usaachihiiwaawin wiyaapimaachh ushishimishh. ■ *On peut voir l'amour qu'elle porte à ses petits enfants quand elle/il les voit.*

ᓈᓂᑎᒼ **naanitim** p,temps ◆ complètement, tout en une fois ■ ᓈᔥᑎᔨᒡ ᓈᓂᑎᒼ ᒌᐦ ᒌᔑᐦᑐᑎᒼ ᐊᓂᔮ ᐅᑖᐱᑎᓰᐐᓐ᙮ ■ naashtiyich naanitim chiih chiishihtutim aniyaa utaapitisiiwin. ■ *Elle/il a terminé tout son travail en une fois.*

ᒋᒥᑭᐦᐊᒼ **chimikiham** vti ◆ il/elle le coupe complètement

ᓂᔑᐐᓈᑎᓐ **nishiwinaatin** vii ◆ c'est complétement détruit

ᐱᔑᔑᑯᐱᔨᐦᐋᐤ **pishishikupiyihaau** vta ◆ il/elle le/la vide complètement

ᐱᔑᔑᑯᐱᔨᐦᑖᐤ **pishishikupiyihtaau** vai ◆ il/elle le vide complètement

ᓵᐹᔅᑭᑎᐦᑖᐤ **saapwaaskitihtaau** vai+o ◆ il/elle le gèle complètement

ᔖᐹᔥᑭᒋᐤ **shaapwaashkichiu** vai ◆ il/elle est complètement gelé-e

ᐱᔨᔨᐦᑖᔮᐱᒫᐤ **piyiyihtaayaapimaau** vta ◆ il/elle le/la voit complètement et clairement

ᑖᑭᐦᑎᐦᐊᒼ **taakihtiham** vti ◆ il/elle rentre complètement dedans, s'ajuste parfaitement

ᐐᐦᒁᔮᑯᓈᐤ **wiihkwaayaakunaau** vii ◆ c'est complètement couvert de neige

ᐐᐦᒁᔮᑯᓈᐤ **wiihkwaayaakunaau** vai ◆ il/elle est complètement couvert-e de neige

ᒥᒋᓐ **michin** p,manière ◆ exactement, complètement, du début à la fin ■ ᓈᔥᒡ ᒥᒋᓐ ᐋᐦ ᐐᐦ ᒋᔅᒑᔨᐦᑎᐦᒃ ᑖᓂᑖᐦ ᐋᐦ ᐃᐦᑐᑖᑭᓂᐐᔨᒡ᙮ ■ naashch michin aah wiih chischaayihtihk taanitaah aah ihtutaakiniwiyich. ■ *Il veut savoir exactement comment c'est fait, du début à la fin.*

ᒧᔖᔮᐱᔅᑭᒨ **mushaayaapiskimuu** vai -u ◆ le soleil ou la lune est complètement sorti-e

ᑖᑭᓯᔅᑭᒼ **taakisiskim** vti ◆ son pied rentre complètement dedans, s'ajuste parfaitement

compléter

ᑖᑭᔑᐦᑖᐤ **taakishihtaau** vai+o ◆ il/elle le complète, est là jusqu'à la fin

compliquer

ᐎᔥᑎᐎᔮᐤ **wishtiwiyaau** vta ◆ il/elle lui fait la vie dure, lui complique la tâche

compliquer (se)

ᐎᔥᑎᐎᔨᓲ **wishtiwiyisuu** vai reflex -u ◆ il/elle se complique la tâche

comporter (se)

ᐃᔨᐦᑎᓰᐤ **iyihtisiiu** vai ◆ il/elle se comporte autrement, c'est un-e autre

ᒥᒋᔥᒁᔑᔑᐤ **michishkwaashishiiuu** vai -iiwi ◆ elle se comporte mal, en fille gâtée-e

ᐅᒋᒫᐦᑳᓱᐧ uchimaahkaasuu vai -u ◆ il/elle fait semblant d'être le chef, se comporte comme le chef, joue au chef

ᒥᒋᐧᐋᔑᔒᐅ michiwaashishiiuu vai -iiwi ◆ il/elle se comporte mal, en enfant gâté-e

comprendre

ᓂᓯᑐᐦᑎᒼ nisituhtim vti ◆ il/elle le comprend

ᓂᓯᑎᐧᐋᔨᐦᑎᒼ nisitiwaayihtim vti ◆ il/elle le comprend, le reconnaît

ᓂᓯᑐᐦᑖᑯᓯᐤ nisituhtaakusiu vai ◆ sa voix est reconnaissable, compréhensible, on sait ce qu'il/elle veut dire

ᓂᓯᑐᐦᑎᐧᐋᐤ nisituhtiwaau vta ◆ il/elle le/la comprend; il/elle reconnaît sa voix

ᐱᔮᑭᐢᒋᐦᑖᑯᓐ piyaakischihtaakun vii ◆ c'est facile à comprendre, à entendre, on l'entend clairement

ᐱᔮᑭᐢᒋᐦᑖᑯᓯᐤ piyaakischihtaakusiu vai ◆ il/elle est facile à comprendre, à entendre, on l'entend clairement

ᐧᐃᓂᐦᑎᒼ winihtim vti ◆ il/elle le comprend mal, de travers

ᐧᐃᓂᐦᑎᐧᐋᐤ winihtiwaau vta ◆ il/elle le/la comprend mal, de travers

compresse

ᐊᑯᐹᑎᓂᒧᐧᐋᐤ akupaatinimuwaau vta ◆ il/elle lui met une compresse

ᐊᑯᐱᑎᒧᐧᐋᐧᐃᓐ akupitimuwaawin ni ◆ une compresse chaude

ᐊᑯᐹᑎᓂᒼ akupaatinim vti ◆ il/elle soigne avec une compresse

ᐊᑯᐱᑎᒫᐤ akupitimaau vai ◆ il/elle porte un plâtre, une compresse

ᐊᑯᐱᑎᒧᐧᐋᐤ akupitimuwaau vai ◆ il/elle lui met un plâtre, une compresse

compresser

ᒫᑯᐦᐄᑭᓐ maakuhiikin ni ◆ un poids pour compresser des choses

ᔑᔕᐧᐹᓈᐤ shishaapwaanaau vta ◆ il/elle compresse du mélange à tanner (de la cervelle) dans la peau de caribou, d'orignal pour la ramollir

compresser (se)

ᒫᑯᐱᔨᐤ maakupiyiu vii ◆ ça se compresse

comprimer

ᒫᑯᐦᐊᒼ maakuham vti ◆ il/elle le comprime

ᒫᑯᐦᐄᒑᐤ maakuhiichaau vai ◆ il/elle comprime des contenants, des paquets

ᒫᑯᐦᐧᐋᐤ maakuhwaau vta ◆ il/elle le/la comprime

ᔪᐧᐃᒑᓈᐤ yuwichaanaau vta ◆ il/elle le/la comprime, le/la dégonfle à la main

ᔪᐧᐃᒑᓂᒼ yuwichaanim vti ◆ il/elle le comprime, le dégonfle à la main

ᐧᔮᓈᐤ ywaanaau vta ◆ il/elle le/la comprime, le/la presse

ᐧᔮᓂᒼ ywaanim vti ◆ il/elle le comprime, le presse

comprimer (se)

ᒫᑯᐱᔨᐤ maakupiyiu vai ◆ il/elle se comprime

compris

ᐄᑎᐦᑖᑯᓐ iitihtaakun vii ◆ ça a l'air, c'est compris d'une certaine façon

ᐄᑎᐦᑖᑯᓯᐤ iitihtaakusiu vai ◆ il/elle a l'air, est compris d'une certaine façon

compris (y)

ᒋᐨ chich p,manière ◆ avec, y compris ■ ᑎᐦᑯᓂᒼ ᐊᓂᔮ ᐅᒌᑭᐦᐄᑭᓐ ᒋᐨ ᑭᔮᐦ ᐊᓂᔮ ᐧᐄᐅᑖᔮᐲ. ■ tihkunim aniyaa uchiikihiikin chich kiyaah aniyaa wiiutaayaapii. ■ *Il a pris sa hâche avec sa corde pour porter sa charge.*

compte

ᑎᐱᓯᓂᐦᐄᒑᐤ tipisinihiichaau vai ◆ il/elle fait un inventaire, les comptes

compte-goutte

ᐱᐦᒋᑭᐧᐃᓂᑭᓐ pihchikiwinikin ni ◆ un compte-goutte, des gouttes pour les yeux, du collyre

compter

ᐊᒋᐦᑖᓱᐧ achihtaasuu vai -u ◆ il/elle compte

ᐊᒋᐦᑎᒼ achihtim vti ◆ il/elle compte des choses

ᒥᒥᔒᑐᑎᐧᐋᐤ mimishiitutiwaau vta redup ◆ il/elle compte sur lui/elle pour quelque chose

ᒥᒥᔒᐤ mimishiiu vai redup ◆ il/elle compte dessus

ᑎᐱᒋᔥᑎᒧᐧᐋᐤ tipichishtimuwaau vta ◆ il/elle le compte, l'ajoute pour lui/elle

ᐊᔥᑎᒋᐦᑎᒼ ashtichihtim vti ◆ il/elle le compte avec le reste

ᐊᔥᑎᒋᒫᐤ ashtichimaau vta ◆ il/elle le/la compte avec le reste

ᑎᐱᒋᐦᑎᒼ tipichihtim vti ◆ il/elle le compte, l'additionne

ᑎᐱᒋᒫᐤ tipichimaau vta ◆ il/elle compte, ajoute

ᐧᐃᔮᔑᓐ wiyaashin p,évaluative ◆ ça compte, ça se passe (normalement utilisé à la forme négative) ■ ᑖᐹ ᒋᑭ ᐧᐃᔮᔑᓐ ᑳᒋᐨ ᐋᐦ ᒥᔥᑭᐧᐃᑎᐦᐨ. ■ taapaa chiki wiyaashin kaachich aah mishkiwitihch. ■ *Il n'arrivera rien tant qu'on le garde gelé.*

ᓂᑑᒥᐢᒁᒋᒫᐤ nituumiskwaachimaau vai ◆ il/elle explore l'endroit pour compter le nombre de huttes de castor

comptoir

ᐱᒥᒋᔥᑎᑳᐤ pimichishtikaau vii ◆ c'est un comptoir, lit. 'quelque chose en bois posé en travers'

concevoir

ᐄᑎᓯᓂᐦᐊᒼ iitisiniham vti ◆ il/elle écrit, conçoit d'une certaine façon

ᐄᑎᓯᓂᐦᐄᒑᐤ iitisinihiichaau vai ◆ il/elle écrit au sujet de certaines choses, conçoit

ᐅᐹᔨᒥᔑᐤ upwaayimishiu vai ◆ elle conçoit un garçon, il/elle a un garçon

ᐅᑖᓂᔑᔑᐤ utaanishishiu vai ◆ il/elle a une fille, elle conçoit une fille

ᐄᑎᓯᓂᐦᐧᐋᐤ iitisinihwaau vta ◆ il/elle l'écrit, le/la conçoit, l'identifie d'une certaine façon

ᐅᑯᔑᔑᐤ **ukushishiu** vai ◆ elle est enceinte, conçoit, enfante

ᐄᑎᓯᓈᑖᐤ **iitisinaataau** vii ◆ c'est écrit, numéroté, marqué, conçu

concierge

ᐙᐱᐦᐄᒑᓯᐤ **waapihiichaasiu** na -iim [Wemindji] ◆ un ou une concierge, un portier, un balayeur

condamner

ᐄᑖᐢᑯᓈᐤ **iitaaskunaau** vta ◆ il/elle le/la tient, le/la pointe d'une certaine façon (se dit de quelque chose d'animé long et rigide), il/elle le/la condamne, promeut, rétrograde

conducteur

ᐱᒥᐱᔨᐦᑖᓯᐤ **pimipiyihtaasiu** na -iim ◆ un conducteur, une conductrice, celle ou celui qui conduit ■ ᓈᔥᒡ ᐋᐦ ᒌᐦ ᐐᐦ ᓂᐹᑦ ᓂᐱᒥᐱᔨᐦᑖᓰᒥᓈᓐ ᑳ ᒧᐙᐱᐎᒋᐦᑦ. ■ naashch aah chiih wiih nipaat nipimipiyihtaasiiminaan kaa muwaapiwichiht. ■ *Quand on est allé magasiner notre chauffeur avait envie de dormir.*

conducteur de chasse-neige

ᑳᐙᐱᐦᐋᑯᓈᑦ **kaawaapihaakunaat** nap ◆ un conducteur de chasse-neige

conducteur de pelle rétrocaveuse

ᑳᒧᓈᐅᐦᑭᐦᐄᒑᑦ **kaamunaauhkihiichaat** nap ◆ le conducteur d'une pelle rétrocaveuse

conducteur, conductrice

ᑳᐱᒥᐱᔨᐦᑖᑦ **kaapimipiyihtaat** nap ◆ le chauffeur, le conducteur, la conductrice

conductrice

ᐱᒥᐱᔨᐦᑖᓯᐤ **pimipiyihtaasiu** na -iim ◆ un conducteur, une conductrice, celle ou celui qui conduit ■ ᓈᔥᒡ ᐋᐦ ᒌᐦ ᐐᐦ ᓂᐹᑦ ᓂᐱᒥᐱᔨᐦᑖᓰᒥᓈᓐ ᑳ ᒧᐙᐱᐎᒋᐦᑦ. ■ naashch aah chiih wiih nipaat nipimipiyihtaasiiminaan kaa muwaapiwichiht. ■ *Quand on est allé magasiner notre chauffeur avait envie de dormir.*

conduire

ᐋᔨᒥᐱᔨᐤ **aayimipiyiu** vai ◆ il/elle est toujours en train de conduire ■ ᓄᐎᒡ ᐃᔮᔨᒥᐱᔨᐤ ᑳ ᐃᔥᐱᔑ ᐅᔅᒋᓯᔨᐦᒡᐦ ᐅᑖᐹᓈᔅᒀᐦ. ■ nuwich iyaayimipiyiu kaa ishpishi uschisiyich-h utaapaanaaskwh. ■ *Il est toujours en train de conduire depuis qu'il a eu son nouveau camion.*

ᒋᔑᐱᔨᐦᑖᐤ **chishipiyihtaau** vai ◆ il/elle conduit vite

ᐊᔖᐱᔨᐦᐋᐤ **ashaapiyihaau** vta ◆ il/elle le/la conduit en marche arrière

ᒋᔑᐱᔨᐦᐋᐤ **chishipiyihaau** vta ◆ il/elle le/la conduit vite, le/la jette vite

ᑯᐃᔅᑯᐱᔨᐤ **kuiskupiyiu** vai ◆ il/elle va tout droit, elle/il conduit tout droit

ᒥᔮᐅᐱᔨᐦᐋᐤ **miyaaupiyihaau** vta ◆ il/elle le/la conduit au-delà d'un certain point

ᓃᔓᐱᔨᐎᒡ **niishupiyiwich** vai pl ◆ il y en a deux qui conduisent, dans des véhicules séparés

ᐲᒋᔥᑎᐦᐊᒻ **piichishtiham** vti ◆ il/elle le conduit vite, le bouge plus vite que prévu

ᐱᒥᐱᔨᐦᐋᐤ **pimipiyihaau** vta ◆ il/elle le/la conduit dans un véhicule, il/elle le/la fait tomber (se dit d'un oiseau atteint et tué)

ᐱᔅᒑᐱᔨᐤ **pischaapiyiu** vai ◆ il/elle quitte accidentellement la route, dévie de sa route pour en emprunter une autre en conduisant

ᐱᓱᐱᔨᐦᐋᐤ **pisupiyihaau** vta ◆ il/elle le/la conduit lentement

ᑖᑎᐱᐱᔨᐤ **taatipipiyiu** vai ◆ il/elle conduit autour de quelque chose

ᑯᐃᔥᑎᑳᒫᐱᔨᐦᑖᐤ **kuishtikaamaapiyihtaau** vai ◆ il/elle le fait passer à ceux et celles qui sont assis en cercle, elle/il le conduit autour d'une étendue d'eau

ᑯᐃᔥᑎᑳᒫᔅᑯᐱᔨᐤ **kuishtikaamaaskupiyiu** vai ◆ il/elle conduit autour du lac sur la glace

ᒥᔮᐅᐱᔨᐦᑖᐤ **miyaaupiyihtaau** vai ◆ il/elle le dépasse en voiture, est en retard au travail, à son rendez-vous

ᐱᒥᒋᔅᒋᓂᐙᐱᔨᐤ **pimichischiniwaapiyiu** vai ◆ il/elle conduit avec le vent qui souffle de côté

ᐱᒥᐱᔨᐦᑖᐤ **pimipiyihtaau** vai ◆ il/elle le conduit, vérifie ses opérations (ex. pour son entreprise)

ᐎᓂᐱᔨᐤ **winipiyiu** vai ◆ il/elle conduit, va dans le mauvais sens

ᒌᓂᑾᓂᐱᔨᐦᐋᐤ **chiinikwaanipiyihaau** vta ◆ il/elle le conduit en cercle, en rond; il/elle fait tourner son partenaire de danse

conduite

ᓅᒑᔨᐦᑎᒻ **nuuchaayihtim** vti ◆ il/elle le respecte par sa conduite

ᓅᒑᔨᒫᐤ **nuuchaayimaau** vta ◆ il/elle le/la respecte par sa conduite

condylure

ᓈᓯᐹᑎᓂᔅᒑᓯᐤ **naasipaatinischaasiu** na -iim ◆ un condylure étoilé *Condylura cristata*

confesser

ᐐᐦᑎᒻ **wiihtim** vti ◆ il/elle le dit, le confesse

confiance

ᐊᔓᑎᒫᒑᐎᓐ **ashutimaachaawin** ni ◆ le fait d'être digne confiance

ᓱᐦᒑᔨᐦᑎᒻ **suhchaayihtim** vti ◆ il/elle fait confiance à ça

ᔮᐃᔨᑎᓰᐤ **yaaiyitisiiu** vai ◆ il/elle est digne de confiance

ᐋᑎᐙᔨᒨ **aatiwaayimuu** vai -u ◆ il/elle manque de confiance

ᑖᐱᒑᔨᒨ **taapichaayimuu** vai -u ◆ il/elle pense que c'est assez, il/elle a confiance en lui/elle

ᔮᐃᔨᑖᔨᐦᑎᒻ **yaaiyitaayihtim** vti ◆ il/elle a confiance que ce sera sauf, sécure

ᔮᐃᔨᑖᔨᒫᐤ **yaaiyitaayimaau** vta ◆ il/elle a confiance qu'il/elle sera sauf/sauve

confiance (faire)

ᑖᐹᐅᒑᔨᐦᑎᒻ **taapwaauchaayihtim** vti ◆ il/elle lui fait confiance

confiant
ᓱᐦᒑᔨᒨ suhchaayimuu vai -u ◆ il/elle est confiant-e, est plein-e de détermination
ᐚᐚᒌᐤ waawaachiiu vai redup ◆ il/elle est capable de faire quelque chose

confier
ᐊᔪᑎᒫᒑᐤ ashutimaachaau vai ◆ il/elle confie quelque chose à quelqu'un
ᐊᔪᑎᒧᐗᐤ ashutimuwaau vta ◆ il/elle lui confie
ᐅᑎᒥᔅᑯᒥᐦᑭᐗᐤ utimiskumihkiwaau vta ◆ il/elle lui confie un castor
ᐅᐙᐱᒫᑯᒥᐦᑭᐗᐤ uwaapimaakumihkiwaau vta ◆ il/elle lui confie la baleine qui vient d'être tuée
ᐅᐙᐱᒫᑯᒥᐤ uwaapimaakumiu vai ◆ on lui confie, il/elle est responsable de la baleine qui vient d'être tuée
ᐅᐑᐦᒁᒥᐦᑭᐗᐤ uwiihkwaamihkiwaau vta [Whapmagoostui] ◆ il/elle lui confie la baleine qui a été abattue
ᐅᐑᔥᑎᒥᐦᑭᐗᐤ uwiishtimihkiwaau vai ◆ il/elle lui confie la loge de castor

confiture
ᐹᔅᒋᐏᓵᐚᓐ paaschiwisaawaan ni ◆ de la confiture de baies
ᐹᔅᒋᐏᓵᐚᐤ paaschiwisaawaau vai ◆ il/elle fait de la confiture de baies

confondre
ᐱᔥᑖᐙᔨᐦᑎᒼ pishtaawaayihtim vti ◆ il/elle le prend pour quelque chose d'autre, le confond avec quelque chose d'autre
ᐱᔥᑖᐙᔨᒫᐤ pishtaawaayimaau vta ◆ il/elle le/la prend pour quelqu'un d'autre, le/la confond avec quelqu'un d'autre
ᒌᔥᒁᔮᔨᐦᑖᑯᓯᐤ chiishkwaayaayihtaakusiu vai ◆ il/elle les confond, crée de la confusion par ses actions

confortable
ᒥᐛᔨᒧᐦᐄᑯ miywaayimuhiikuu vai -u ◆ ça le rend confortable
ᒥᐛᔨᒧᐦᐄᓱ miywaayimuhiisuu vai reflex -u ◆ il/elle s'installe confortablement
ᒥᐛᔨᒨ miywaayimuu vai -u ◆ il/elle est confortable, il/elle se sent à l'aise
ᒥᐛᔨᒨᒥᑭᓐ miywaayimuumikin vii ◆ c'est confortable (ex. une maison)
ᒥᔪᐱᐤ miyupiu vai ◆ il/elle est bien assis-e, assis-e confortablement
ᒥᔪᔑᒫᐤ miyushimaau vta ◆ il/elle l'allonge confortablement
ᒥᔪᔑᓐ miyushin vai ◆ il/elle est étendu-e confortablement
ᓂᐦᐄᔑᓐ nihiishin vai ◆ il/elle s'étend confortablement

confus
ᒌᔥᒁᔮᔨᐦᑎᒼ chiishkwaayaayihtim vti ◆ il/elle a beaucoup de choses à l'esprit, il/elle a l'esprit confus
ᒌᔥᒁᔮᔨᐦᑖᑯᓐ chiishkwaayaayihtaakun vii ◆ c'est confus, bruyant
ᒌᔥᒁᔮᔨᐦᑎᒥᐦᐄᑯ chiishkwaayaayihtimihiikuu vai -u ◆ il/elle/ça le rend fou, la rend folle, le/la rend confus-e

confusion
ᒌᔥᒁᔮᔨᐦᑖᑯᓯᐤ chiishkwaayaayihtaakusiu vai ◆ il/elle les confond, crée de la confusion par ses actions

congélateur
ᒥᔅᑯᒥᐅᑭᒥᒄ miskumiukimikw ni ◆ un congélateur, une glacière
ᒥᔅᑯᒦᐅᑭᒥᒄ miskumiiukimikw ni ◆ un réfrigérateur, un frigo, un congélateur, un dépôt de glace

congeler
ᒥᔥᑭᐏᑎᒫᐤ mishkiwitimaau vta ◆ il/elle le/la congèle
ᐋᐦᒁᔥᑭᒋᐤ aahkwaashkichiu vai ◆ il/elle est bien gelé-e, congelé-e
ᐋᐦᒁᔅᑭᑎᒫᐤ aahkwaaskitimaau vta ◆ il/elle le/la gèle bien, le/la congèle
ᐋᐦᒁᔅᑭᑎᓐ aahkwaaskitin vii ◆ c'est bien gelé, c'est congelé
ᐋᐦᒁᑖᔅᑭᑎᐦᑖᐤ aahkwaataaskitihtaau vai+o ◆ il/elle le gèle bien, il/elle le congèle
ᒥᔥᑭᐏᑎᐦᑖᐤ mishkiwitihtaau vai+o ◆ il/elle le gèle, le congèle

congère
ᐅᔕᔮᑭᒋᔅᑎᓐ ushaayaakichistin vii ◆ c'est un amoncellement de neige soufflée qui forme une arrête

conjurateur
ᑳᑯᓵᐱᐦᑎᐦᒃ kaakusaapihtihk nap ◆ un conjurateur, la personne qui parle aux esprits dans la tente à deviner?
ᒥᑖᐤ mitaau na -m ◆ un conjureux, une conjureuse; un conjurateur, une conjuratrice

conjurer
ᒥᑖᐙᑎᓰᐤ mitaawaatisiiu vai ◆ il/elle pratique la conjuration
ᒥᑖᐤ mitaau na -m ◆ un conjureux, une conjureuse; un conjurateur, une conjuratrice
ᒥᑖᐅᐎᓐ mitaauwin ni ◆ le chamanisme ou shamanisme, la conjuration
ᐴᐎᐦᑎᑖᐤ puuwihtitaau vai ◆ il/elle sent la conjuration contre elle/lui
ᐳᐎᔑᒫᐤ puwishimaau vta ◆ il/elle sent que quelqu'un est en train de conjurer contre lui/elle
ᓂᐱᐦᐋᔨᒫᐤ nipihaayimaau vta ◆ il/elle le/la tue par ses pensées, en conjurant

connaissance
ᒋᔅᒑᔨᐦᑎᒧᐎᓐ chischaayihtimuwin ni ◆ de l'information, des connaissances
ᐋᐱᓰᐙᔨᐦᑎᒼ aapisiiwaayihtim vti ◆ il/elle reprend ses esprits, reprend connaissance

connaître
ᒋᔅᒑᔨᐦᑎᒻ **chischaayihtim** vti ◆ il/elle le connaît
ᒋᔅᒑᔨᒫᐤ **chischaayimaau** vta ◆ il/elle le/la connaît
ᒋᔅᒑᔨᐦᑖᑯᐦᐋᐤ **chischaayihtaakuhaau** vta ◆ il/elle le/la fait connaître aux autres
ᒋᔅᒑᔨᐦᑖᑯᐦᐄᓲ **chischaayihtaakuhiisuu** vai reflex -u ◆ il/elle se fait connaître des autres
ᐄᔨᑭᔮᔮᔨᐦᑎᒻ **iiyikiyaayaayihtim** vti ◆ il/elle connait bien ça; il/elle est habitué à ça, il/elle y est habitué-e, ça lui est familier
ᒥᔪᒋᔅᒑᔨᐦᑎᒻ **miyuchischaayihtim** vti ◆ il/elle le connait bien
ᒥᔪᒋᔅᒑᔨᒫᐤ **miyuchischaayimaau** vta ◆ il/elle le/la connait bien
ᔖᐳᒋᔅᒑᔨᐦᑎᒻ **shaapuchischaayihtim** vti ◆ il/elle le connaît parfaitement
ᔖᐳᓂᒻ **shaapunim** vti ◆ il/elle le connaît parfaitement

connu
ᒌᐦᑳᔮᔨᐦᑖᑯᓐ **chiihkaayaayihtaakun** vii ◆ c'est bien connu
ᒌᐦᑳᔮᔨᐦᑖᑯᓯᐤ **chiihkaayaayihtaakusiu** vai ◆ il/elle est connu-e
ᒋᔅᒑᔨᐦᑖᑯᓐ **chischaayihtaakun** vii ◆ c'est connu
ᒋᔅᒑᔨᐦᑖᑯᓯᐤ **chischaayihtaakusiu** vai ◆ il/elle est connu-e

conquérir
ᔖᐦᑯᒋᐦᑖᐤ **shaahkuchihtaau** vai+o ◆ il/elle le surmonte, le conquiert, le gagne

conscient
ᒌᐦᑳᐦᐄᑯ **chiihkaahiikuu** vai -u ◆ il/elle est parfaitement conscient-e de tout ce qui l'entoure
ᒥᐦᑖᔨᐦᑎᒻ **mihtaayihtim** vti ◆ il/elle est conscient-e de son aide, en est conscient-e
ᒥᐦᑖᔨᒫᐤ **mihtaayimaau** vta ◆ il/elle est conscient-e de ce qu'il/elle fait, ressent, peut faire
ᒧᐃᓰᐤ **muisiiu** vai ◆ il/elle est conscient-e de la venue de quelqu'un
ᓂᐦᐄᒧᔨᓰᐤ **nihiimuyisiiu** vai ◆ il/elle est très alerte, conscient-e de ce qui va se passer
ᐱᓯᔅᒑᔨᐦᑎᒻ **pisischaayihtim** vti ◆ il/elle en est conscient, s'en soucie
ᐱᓯᔅᒑᔨᒫᐤ **pisischaayimaau** vta ◆ il/elle est conscient de quelque chose à propos de lui/d'elle, se soucie de lui/d'elle (utilisé à la forme négative) ▪ ᓂᒥ ᒋᔨᐙ ᐱᓯᔅᒑᔨᒫᐤ ᐊᓂᔮᐦ ᐅᒋᓴᐱᓯᔅᒋᓴᐙᓐᐦ ᓈᔥᒡ ᐊᐦ ᐊᒁᐱᐦᑎᐚᐱᔨᔨᒡᐦ᙮ ▪ nimi chiyiwaa pisischaayimaau aniyaah uchisaapisischisaawaanh naashch aah akwaapihtiwaapiyiyich-h. ▪ *Elle/Il n'est pas conscient-e de la quantité de fumée qu'elle répand autour d'elle.*
ᐱᓯᔅᒋᐦᑎᐙᐤ **pisischihtiwaau** vta ◆ il/elle est conscient de se répéter
ᐙᔅᑭᒫᔨᒨ **waaskimaayimuu** vai -u ◆ il/elle est alerte, conscient-e
ᐊᒥᑎᓲ **amitisuu** vai -u ◆ il/elle est conscient-e de la présence d'un esprit

conseil
ᐃᔮᒁᒧᐙᐎᓐ **iyaakwaamuwaawin** ni ◆ un conseil portant sur la sécurité

conseiller
ᑭᒑᔅᒋᒧᐙᐤ **kichaaschimuwaau** vai ◆ il/elle prêche, donne des conseils
ᒫᒦᓄᒫᐤ **maamiinumaau** vta ◆ il/elle le/la dirige verbalement, lui donne des conseils
ᐅᒋᒫᐦᑳᓂᔑᔒᐅ **uchimaahkaanishishiiuu** vai -iiwi ◆ il est conseiller de bande, elle est conseillère de bande
ᑭᒑᔅᒋᒫᐤ **kichaaschimaau** vta ◆ il/elle lui donne des conseils, des instructions, il/elle le/la sermonne

conseiller de bande
ᐅᒋᒫᐦᑳᓂᔑᔥ **uchimaahkaanishish** na -iim ◆ un conseiller ou une conseillère de bande,

conseillère de bande
ᐅᒋᒫᐦᑳᓂᔑᔥ **uchimaahkaanishish** na -iim ◆ un conseiller ou une conseillère de bande,

consentir
ᓂᐦᐋᔨᐦᑎᒥᐦᐋᐤ **nihaayihtimihaau** vta ◆ il/elle lui fait plaisir en consentant, en donnant son accord
ᓂᔅᑯᒫᐤ **niskumaau** vta ◆ il/elle le/la remercie, lui donne son consentement
ᓂᔅᑯᒨ **niskumuu** vai -u ◆ il/elle est d'accord; il/elle consent; il/elle est reconnaissant-e

conséquence
ᐎᓂᐦᑤᓲ **winihtwaasuu** vai reflex -u ◆ il/elle souffre des conséquences de ses actions

considéré
ᐄᔥᐹᔨᐦᑖᑯᓐ **iishpaayihtaakun** vii ◆ c'est bien considéré
ᓃᑳᓈᔮᔨᐦᑖᑯᓯᐤ **niikaanaayaayihtaakusiu** vai ◆ il/elle est bien considéré-e

considérer
ᐄᔅᐲᐦᑖᔨᐦᑖᑯᓐ **iispiihtaayihtaakun** vii ◆ on considère que c'est d'une certaine façon
ᐄᔅᐲᐦᑖᔨᐦᑖᑯᓯᐤ **iispiihtaayihtaakusiu** vai ◆ on la/le considère comme ayant presque la même capacité
ᐄᑎᒋᒫᐤ **iitichimaau** vta ◆ il/elle le/la considère d'une certaine façon, il/elle l'évalue à un certain prix
ᒥᔼᐱᒫᐤ **miywaapimaau** vta ◆ il/elle le/la favorise; il/elle le/la considère bien

constamment
ᒥᑯᔥᑳᒋᐦᐋᐤ **mikushkaachihaau** vta ◆ il/elle l'agace constamment
ᐑᓯᓱᐹᒋᐦᑎᓐ **wiisisupaachihtin** vii ◆ le vent souffle presque constamment comme on peut le voir en observant la surface de l'eau

constipé
ᒋᐱᑭᐦᒑᐤ chipikihchaau vai ◆ il/elle est constipé-e

construction
ᒥᔥᑎᑯᓈᐹᐅᒋᒫᐤ mishtikunaapaauchimaau na ◆ un ou une chef de construction, chef des travaux
ᐑᔮᐅᐦᑭᐦᐄᑭᐣ wiiyaauhkihiikin ni ◆ une plate-forme en terre ou en sable pour la construction du canot

construire
ᒫᒫᐦᒌᑖᔥᑯᔖᐙᐤ maamaahchiitaashkushaawaau vai ◆ il/elle le taille, le sculpte, le construit de différentes façons
ᐄᔅᐱᐦᑎᐦᐊᒼ iispihtiham vti ◆ il/elle tire depuis une certaine distance, il/elle construit l'habitation d'une certaine hauteur
ᑰᓂᔥᑎᐦᒑᐤ kuunishtihchaau vai ◆ il/elle (ex. castor, rat musqué) construit sa hutte tard en automne avec de la boue et de la neige
ᔮᐦᔮᐅᑖᑎᐦᒑᐤ yaahyaautaatihchaau vai ◆ le rat musqué, le castor construit des tunnels sinueux

construire (se)
ᒫᓄᑳᓲ maanukaasuu vai reflex -u ◆ il/elle se construit un abri

construit
ᑎᐱᓂᐧᐃᐦᐄᑭᐣ tipiniwihiikin ni ◆ un abri construit par quelqu'un

contact
ᑖᐦᒋᐦᑎᑖᐤ taahchihtitaau vai ◆ il/elle le place en contact avec quelque chose

contaminer
ᐐᓈᑭᒥᐦᐋᐤ wiinaakimihaau vta ◆ il/elle le/la contamine (se dit d'un liquide)
ᐐᓈᑭᒥᐦᑖᐤ wiinaakimihtaau vai+o ◆ il/elle le contamine (se dit d'un liquide)

contenant
ᐲᐦᑖᓱᐙᑭᐣ piihtaasuwaakin ni ◆ un récipient, un contenant, un conteneur
ᑳᔅᒋᓈᐙᐦᔮᐙᓂᐧᐃᐟ kaaschinaawaahyaawaaniwit ni ◆ un contenant rempli de lagopède séché et désossé qui a été fendu sur le devant
ᒦᐧᐃᐟ miiwit ni ◆ une valise, un sac, un contenant
ᐲᐦᒋᓱᐧᐃᔮᐤ piihchisuwiyaau vta ◆ il/elle le/la met dans un récipient, un contenant

contenants
ᐲᐦᑖᓲ piihtaasuu vai -u ◆ il/elle charge des affaires dans des contenants

contenir
ᐃᔮᐧᐃᐣ iyaawin vii ◆ ça ne contient qu'une petite quantité, il n'y en a pas assez
ᐃᔮᐅᓰᐤ iyaausiiu vai ◆ il/elle peut seulement en contenir une petite quantité ou un petit nombre, il/elle peut seulement en nourrir un certain nombre

content
ᒥᐧᔮᔨᐦᑎᒼ miywaayihtim vti ◆ il/elle l'aime, est content-e
ᒥᐧᔮᔨᐦᑎᒥᐦᐋᐤ miywaayihtimihaau vta ◆ il/elle le/la rend content-e, heureux, heureuse
ᒥᐧᔮᔨᐦᑎᒧᐧᐃᓈᑯᓯᐤ miywaayihtimuwinaakusiu vai ◆ il/elle a l'air content-e, satisfait-e
ᑖᐱᒑᔨᐦᑎᒼ taapichaayihtim vti ◆ il/elle pense que c'est assez, il/elle est content-e avec
ᓂᐦᐄᐙᐦᐄᑰ nihiiwaahiikuu vai -u ◆ il/elle est satisfait-e, content-e, est d'accord

contente
ᑖᐱᐦᒑᔨᒨ taapihchaayimuu vai -u ◆ il/elle est content-e de ce qu'il/elle a

contenter
ᑖᐹᔨᐦᑎᒥᐦᐋᐤ taapaayihtimihaau vta ◆ il/elle le/la contente

contenter (se)
ᑖᐹᔨᐦᑎᒥᐦᐄᑰ taapaayihtimihiikuu vai -u ◆ il/elle se contente de ça, en est satisfait
ᑖᐹᔨᐦᑎᒼ taapaayihtim vti ◆ il/elle est satisfait-e, se contente de ça
ᑖᐱᐦᒑᔨᒨ taapihchaayimuu vai -u ◆ il/elle est content-e de ce qu'il/elle a

contenu
ᐅᒫᒌ umaachii nid -iim ◆ le contenu de son estomac
ᓈᓂᑐᓂᒑᐤ naanitunichaau vai ◆ il/elle fouille le contenu d'un contenant
ᐋᐱᐦᐄᑭᓄᐧᐃᑖᓂᔥᑎᒁᐣ aapihiikinuwitaanishtikwaan ni ◆ le contenu du crâne du caribou
ᐲᔥᒑᒧᐧᐃᑭᐦᐙᐤ piishchaamuwikihwaau vta ◆ il/elle atteint l'animal ou l'oiseau dans l'estomac ce qui fait que son contenu se déverse
ᐊᒥᔅᑯᒫᒌ amiskumaachii ni -m ◆ le contenu de l'estomac et de l'intestin du castor

contenu de l'estomac de poisson
ᐅᑖᒫᑭᐣ utaamaakin ni ◆ le contenu de l'estomac d'un poisson

conteur
ᑎᐹᒋᒧᓯᐤ tipaachimusiu na -iim ◆ un messager, une messagère, un conteur, une conteuse

continu
ᓈᓂᑎᒫᑎᓈᐤ naanitimaatinaau vii ◆ c'est une chaîne de montagnes continue

continuellement
ᐄᑤᐙᒧᑎᐙᐤ iitwaawaamutiwaau vta ◆ il/elle lui parle pendant longtemps, sans arrêt

continuer
ᓈᔥᐱᒋᐱᔨᐤ naashpichipiyiu vai ◆ il/elle continue sans pouvoir s'arrêter
ᐋᓂᔅᒑ aanischaa p,manière ◆ à suivre, de façon continue ■ ᐋᑯᑖᐦ ᐙᐦᒋ ᒌᐦ ᑭᓂᐙᔨᐦᑖᑯᐦᒡᐦ ᐋᑎᔫᐦᑳᓐᐦ ᐋᓂᔅᒑ ᐋᐦ ᒌᐦ ᐑᐦᑖᑭᓂᐧᐃᒡᐦ. ■ aakutaah waahchi chiih kiniwaayihtaakuhchh aatiyuuhkaanh aanischaa aah chiih wiihtaakiniwichh. ■ *Les légendes ont été préservées parce qu'elles ont été transmises de façon continue.*

ᓈᔥᐱᒋᐱᔨᐅ naashpichipiyiu vii ◆ ça continue sans s'arrêter

contour

ᐃᔩᐦᒑᔮᒋᐦᑎᓐ iyihchaayaachihtin vii ◆ ça s'appuie contre quelque chose, ce qui montre le contour de sa forme

ᓂᐦᒋᒋᓯᐅ nihchichisiu vai ◆ il/elle est visible dans ses contours

ᑖᐱᓯᓂᐦᐙᐤ taapisinihwaau vta ◆ il/elle en trace le contour

ᓂᐦᒋᑳᐤ nihchikaau vii ◆ on en voit le contour, la silhouette

ᑖᐱᓯᓂᐦᐊᒻ taapisiniham vti ◆ il/elle le copie, en trace le contour

contourner

ᐐᒫᐦᐙᐤ wiimaahwaau vta ◆ il/elle le/la contourne en véhicule

ᐐᒫᔥᑭᒻ wiimaashkim vti ◆ il/elle le contourne

ᐐᒫᔥᑭᐙᐤ wiimaashkiwaau vta ◆ il/elle le/la contourne

ᒌᓂᑾᓂᔥᑭᒻ chiinikwaanishkim vti ◆ il/elle le contourne à pied

ᑯᐃᔥᑎᑳᒫᐱᔨᐦᐋᐤ kuishtikaamaapiyihaau vta ◆ il/elle le/la passe à ceux et celles qui sont assis en cercle; il/elle lui fait contourner une étendue d'eau en véhicule

ᓵᒑᐙᐤ saachaawaau vai ◆ il/elle contourne la pointe

ᐐᒫᐦᐊᒻ wiimaaham vti ◆ il/elle le contourne en véhicule pour l'éviter

ᐐᒫᐱᐦᑖᐤ wiimaapihtaau vai ◆ il/elle le contourne en courant pour l'éviter

ᐐᒫᐱᔩᔥᑎᒻ wiimaapiyishtim vti ◆ il/elle le contourne pour l'éviter

ᒥᓂᐢᑎᑯᒋᐎᓐ ministikuchiwin vii ◆ le courant contourne l'île

ᑖᑎᐹᐦᐊᒻ taatipaaham vti ◆ il/elle le contourne en pagayant, à la nage

ᑖᑎᐹᐙᐱᐦᑖᐤ taatipaawaapihtaau vai ◆ il/elle contourne la pointe en courant

ᑖᑎᐹᐙᐱᔩᐤ taatipaawaapiyiu vai ◆ il/elle contourne la pointe en voiture

ᐐᒫᒧᐦᑖᐤ wiimaamuhtaau vai ◆ il/elle évite un obstacle en le faisant contourner par le sentier

ᑯᐃᔥᑎᑳᒫᐙᔖᐙᐤ kuishtikaamaawaashaawaau vai ◆ il/elle fait le tour d'une baie, contourne la baie

ᑖᑎᐹᐙᐢᑯᐱᒋᐤ taatipaawaaskupichiu vai ◆ il/elle contourne un obstacle en déplaçant son campement d'hiver

contraction

ᒫᑎᒥᐦᒋᐦᐅ maatimihchihuu vai -u ◆ elle sent les contractions de l'accouchement qui commence

contractions

ᒨᔑᐦᐅ muushihuu vai -u ◆ il/elle ressent quelque chose, des émotions, des sensations, des contractions durant l'accouchement

contre

ᓂᑎᐦᐄᒋᐎᓐ nitihiichiwin vii ◆ l'eau va contre le courant

ᐃᔩᐦᒑᔮᒋᔑᓐ iyihchaayaachishin vai ◆ il/elle s'appuie contre quelque chose, ce qui montre le contour de sa forme

contribuer

ᐐᒋᐦᑖᐤ wiichihtaau vai+o ◆ il/elle y aide, y contribue

contrôler

ᑎᐹᔨᒫᐤ tipaayimaau vta ◆ il/elle le/la contrôle, a le dernier mot à son sujet

contusion

ᐅᑐᑳᐱᐤ utukaapiu vai ◆ il/elle a un oeil au beurre noir

ᐅᑐᒋᔑᓐ utuchishin vai ◆ il/elle tombe et se fait des bleus

contusionner

ᐅᑐᒋᓯᐅ utuchisiu vai ◆ il/elle a des bleus, est contusionné

ᐅᑐᑳᐳᐦᐙᐤ utukaapuhwaau vta ◆ il/elle lui fait un oeil au beurre noir

ᐅᑐᑭᐦᐙᐤ utukihwaau vta ◆ il/elle le/la frappe et le/la contusionne, lui fait un bleu

convaincre

ᔖᐦᑯᒋᐦᐄᐙᐤ shaahkuchihiiwaau vai ◆ il/elle est convaincant-e

ᐃᔩᐦᑭᒥᐦᐋᐤ iyihkimihaau vta ◆ il/elle le/la force à faire quelque chose

convenable

ᒥᒥᔦᔥᑎᒋᓯᐎᒡ mimiywaashtichisiwich vai pl redup ◆ les branchages conviennent bien pour le sol

convenir

ᓂᐦᐄᔥᑳᑯ nihiishkaakuu vai -u ◆ ça lui convient, lui va bien

ᒥᔪᔥᑭᒻ miyushkim vti ◆ ça lui convient bien, il/elle s'y ajuste bien

ᒥᔪᔥᑭᐙᐤ miyushkiwaau vta ◆ il/elle lui convient bien

ᓂᐦᐄᔥᑭᐙᐤ nihiishkiwaau vta ◆ il/elle lui va bien, lui convient bien

convergence

ᓂᔥᑎᐙᐤ nishtiwaau vii ◆ c'est la rencontre de cours d'eau

convertir (se)

ᒁᐢᑳᑎᓰᐤ kwaaskaatisiiu vai ◆ il/elle se convertit à Dieu, change sa vie

convoiter

ᒧᔥᑖᓂᒻ mushtaanim vti ◆ il/elle le convoite

ᒧᔥᑖᓂᐙᐤ mushtaaniwaau vta ◆ il/elle est attirée par lui/elle, le/la convoite, le/la trouve attirant-e

coordonner

ᐎᔨᐱᔨᐦᑖᐤ wiyipiyihtaau vai ◆ il/elle le dirige, l'organise, le coordonne

copeau

ᐲᐦᑯᑖᑭᓐᐦ piihkutaakinh ni pl ◆ des copeaux de bois

ᐲᐅᑭᐦᐄᑭᓐᐦ piiukihiikinh ni pl ◆ des copeaux, des éclats de bois obtenus avec une hache

ᐲᐅᐳᒋᑭᓐᐦ piiupuchikinh ni pl ◆ des copeaux de bois

ᐲᐅᔅᑭᐦᐄᑖᓐᐦ piiuskihiitaanh ni pl ◆ des copeaux de bois obtenus avec une hache

ᐲᐦᑯᑖᒑᐤ piihkutaachaau vai ◆ il/elle créé des copeaux de bois avec son rabot ou son couteau croche

ᐲᐅᑭᐦᐄᒑᐤ piiukihiichaau vai ◆ il/elle fait des copeaux de bois

ᐱᓂᐦᑯᑖᒑᐤ pinihkutaachaau vai ◆ il/elle laisse des restes autour d'elle/de lui après avoir raboté du bois, il/elle laisse des copeaux

ᐱᓂᑭᐦᐊᒻ pinikiham vti ◆ il/elle laisse des copeaux après avoir fendu du bois

copeaux

ᐅᐲᐦᑯᑖᑭᓂᒻᐦ upiihkutaakinimh nid pl ◆ ses copeaux de bois utilisés sur le sol de sa hutte (ex. castor)

copier

ᑖᐱᓯᓂᐦᐊᒻ taapisiniham vti ◆ il/elle le copie, en trace le contour

coquillage

ᐋᔥᑭᓂᔥ aashkinish na -im ◆ un coquillage

coquille

ᐹᔥᑭᐦᐋᐙᐤ paashkihaawaau vai ◆ il/elle craque la coquille de l'oeuf

coquille d'oeuf

ᐅᔅᑭᓈᐙᓐ uskinaawaan ni -im ◆ une coquille d'oeuf

corbeau

ᑳᐦᑳᒋᐤ kaahkaachiu na -iim ◆ un grand corbeau *Corvus corax*

corbeille à papier

ᐙᐱᓂᒑᐅᔅᒋᐦᒄ waapinichaauschihkw ni ◆ une poubelle, une corbeille à papier

corde

ᐄᔅᒁᐱᐦᒑᐱᒋᑭᓈᔮᐲ iiskwaapihchaapichikinaayaapii ni -m ◆ une corde utilisée pour remonter la voile sur un bateau

ᐋᐦᒋᒀᔮᐲ aahchikwaayaapii ni -um ◆ une corde en peau de phoque

ᐊᐱᐦᒀᓱᓈᔮᐲ apihkwaasunaayaapii ni -m ◆ une corde ou une ficelle sur la couverture de l'habitation

ᒌᔥᑖᑭᐦᐄᑭᓈᔮᐲ chiishtaakihiikinaayaapii ni ◆ une corde de tente

ᒋᔑᑳᐹᐏᓐ chishikaapaawin ni ◆ une ficelle, une corde, une laisse

ᒋᔥᑖᐹᐅᒋᑭᓈᔮᐲ chishtaapaauchikinaayaapii ni ◆ une corde à linge

ᐃᔅᒁᐱᐦᒑᐱᒋᑭᓐ iskwaapihchaapichikin ni ◆ la corde d'un poteau sur lequel on hisse un drapeau

ᒦᐎᑖᔮᐲ miiwitaayaapii ni ◆ une sangle, une corde

ᔖᒀᐹᓐ shaakwaapaan ni ◆ les cordes latérale d'un traîneau ou toboggan , une corde

ᔖᔥᑎᒀᔮᐲ shaashtikwaayaapii ni -m ◆ une corde épaisse

ᓃᔓᒥᐦᑎᑳᓐᐦ niishumihtikaanh p,quantité ◆ deux cordes de bois

ᐋᐦᒋᒀᔮᐲᐦᒑᐤ aahchikwaayaapiihchaau vai ◆ il/elle fabrique une corde en peau de phoque

ᐋᔑᐙᐱᐦᒑᐑᐤ aashiwaapihchaawiiu vai ◆ il/elle traverse en tirant sur une corde

ᐃᔮᔖᐱᐦᒑᓈᐤ iyaashaapihchaanaau vta ◆ il/elle le/la fait descendre avec une corde

ᒥᔥᑭᐎᑖᐹᔑᒑᐤ mishkiwitaapaashichaau vai ◆ il/elle fabrique de la corde, de la cordelette avec de la peau gelée

ᐱᒋᔥᑖᐱᐦᒑᐑᐤ pichishtaapihchaawiiu vai ◆ il/elle se fait descendre avec une corde

ᐲᔖᑭᓈᐲᐦᒑᐤ piishaakinaapiihchaau vai ◆ il/elle fabrique une corde de peau, de cuir

ᐅᐦᐹᐱᐦᒑᐱᑖᐤ uhpaapihchaapitaau vta ◆ il/elle le/la hisse avec une corde

ᒋᐿᔅᐱᒋᑭᓐ chipwaaspichikin ni ◆ une corde, un cordon, une ficelle pour fermer un sac

ᐲᔖᑭᓈᐲ piishaakinaapii ni ◆ une corde ou une ficelle de cuir

ᐲᑐᐃ piitui ni -uum ◆ une corde de trait ou une boucle avant sur un traineau ou un toboggan

ᐋᔑᐙᐱᐦᒑᐱᑖᐤ aashiwaapihchaapitaau vta ◆ il/elle le/la fait traverser en tirant sur une corde

ᐋᔑᐙᐱᐦᒑᐱᑎᒻ aashiwaapihchaapitim vti ◆ il/elle le fait traverser en tirant sur une corde

ᒑᑖᐹᐤ chaataapaau vai ◆ il/elle s'enlève la corde du traîneau, du toboggan

ᓃᔙᐱᐦᒑᐦᑎᓐ niishwaapihchaahtin vii ◆ c'est une double corde

ᐅᑖᐱᐦᒑᐱᑎᒻ utaapihchaapitim vti ◆ il/elle le tire à lui/elle avec quelque chose de filiforme

ᐅᐙᔮᐹᓂᑭᐦᑎᐙᐤ uwaayaapaanikihtiwaau vta ◆ il/elle arrange la corde sur un traîneau

ᐅᑖᐦᒀᐱᒋᑭᓈᔮᐲ utaahkwaapichikinaayaapii ni ◆ une corde utilisée pour garder l'avant des raquettes ou du traîneau courbé vers le haut

corde à linge

ᒋᔥᑖᐹᐅᒋᑭᓈᐦᑎᒄ chishtaapaauchikinaahtikw ni ◆ un poteau de corde à linge

cordelette

ᒫᒫᐱᓱᓈᔮᐲ maamaapisunaayaapii ni ◆ une cordelette de hamac

ᐱᔑᒫᓐ pishimaan ni ◆ la cordelette de bordure à laquelle se tisse le reste de la raquette

ᓯᒋᔅᑎᐱᐦᒁᓈᔮᐲ sichistipihkwaanaayaapii ni ◆ une cordelette pour attacher la toile de tente

ᒨᓱᔮᓈᔮᐲ muusuyaanaayaapii ni ◆ de la ficelle, de la cordelette en peau d'orignal

ᐱᔑᒫᐤ pishimaau vai ◆ il/elle met la cordelette de bordure sur le cadre de la raquette

cordon

ᒥᔅᒋᓯᓈᔮᐲ mischisinaayaapii ni ◆ un cordon de mocassin, un lacet de chaussure

ᓯᐳᐦᐱᑖᐤ sipuhpitaau vta ◆ il/elle le/la ferme avec un cordon

ᓯᐳᐦᐱᑎᒼ sipuhpitim vti ◆ il/elle le ferme avec un cordon

cordonnier, cordonnière

ᒥᔅᒋᓯᓂᐦᒑᓯᐤ mischisinihchaasiu na -iim ◆ un cordonnier, une cordonnière (la personne qui fait des mocassins, des bottes, des chaussures)

corégone

ᐊᑎᐦᑭᒫᒄ atihkimaakw na -um ◆ un grand corégone, un corégone de lac (un poisson blanc)*Coregonus clupeaformis*

cormoran

ᑳᐦᑳᐦᒌᔑᑊ kaahkaahchiiship na -im ◆ un cormoran à aigrettes *Phalacrocorax auritus*

corne

ᒥᒥᔒᔅᑯᐧᐃᑖᐤ mimiywaaskuwitaau vai redup ◆ il (un caribou adulte mâle) a une longue ramure courbée sans presque aucune branche

ᒌᐅᐧᐃᐦᑖᐤ chiiuwihtaau vai ◆ le caribou quitte cet endroit après avoir perdu le velours de ses cornes et part à la recherche d'une femelle

corniche rocheuse

ᐅᔖᔮᐱᔅᑳᐤ ushaayaapiskaau vii ◆ c'est une corniche rocheuse

corps

ᐅᔨᐤ uyiu nid ◆ son corps

ᒋᓄᔨᐧᐋᐤ chinuyiwaau vai ◆ il/elle a le corps long

ᐄᑖᔅᑯᔨᐧᐋᐤ iitaaskuyiwaau vai ◆ son corps a une certaine forme

ᐃᔨᒋᐦᑎᐧᐃᓰᐤ iyichihtiwisiiu vai ◆ il/elle fourche, la partie inférieure du corps

ᓯᑭᔅᒋᓂᒼ sikischinim vti ◆ il/elle enterre un corps

ᓂᒥᐦᑎᓂᐦᒡ nimihtinihch p,lieu ◆ sur le côté gauche du corps

ᐲᐦᒋᔨᐤ piihchiyiu p,lieu ◆ à l'intérieur du corps, en usage interne ▪ ᐊᓂᑖᐦ ᐲᐦᒋᔨᐤ ᐋᑯᑎᐦ ᑳ ᐧᐃᔮᔥᑐᑖᑯᑦ ᐊᓂᔮ ᒑᒁᔨᐤ ᑳ ᒦᒋᑦ. ▪ anitaah piihchiyiu aakutih kaa wiyaashtutaakut aniyaa chaakwaayiu kaa miichit. ▪ *Ce qu'elle a mangé l'a affectée.*

ᐃᔅᑯᔨᐧᐋᐤ iskuyiwaau vai ◆ il/elle mesure...(par ex. 1m 65cm)

ᐧᐋᐧᐋᒋᑭᔅᑭᒫᐧᐋᐤ waawaachikiskimaawaau vai ◆ il/elle a une petite tête et un corps bien rond (se dit d'un poisson)

corpulence

ᒥᐦᒑᔅᑯᔨᐧᐋᐤ mihchaaskuyiwaau vai ◆ il/elle est de forte corpulence, a le tronc large

corpulent

ᐱᑎᑯᓯᐤ pitikusiu vai ◆ il/elle est corpulent-e, trapu-e

correct

ᑯᐃᔅᑯᓈᑯᓐ kuiskunaakun vii ◆ ça a l'air correct

ᑯᐃᔅᒄ kuiskw p,manière ◆ correct, exact, juste, droit-e ▪ ᑭᔩᐧᐹ ᑯᐃᔅᒄ ᑳ ᐃᐦᑐᑎᒥᑯᐱᓈ ᐊᓂᔮ ᑳ ᐃᔑ ᑯᒁᒋᐦᐋᑭᓂᐧᐃᑦ. ▪ kiyiipwaa kuiskw kaa ihtutimikupinaa aniyaa kaa ishi kukwaachihakiniwit. ▪ *Il a bien fait son test, correctement.*

ᒫᒧᔮᒼ maamuyaam p,manière redup ◆ correctement, de façon correcte ▪ ᑏᐧᐋᐦᒡ ᒑᔅᒑᔨᒫᒡ ᐋᑳ ᒫᒧᔮᒼ ᔖᔥ ᐋᐦ ᐃᔨᐦᑎᔨᒡᐦ. ▪ tiiwaahch chaaschaayimaach aakaa maamuyaam shaash aah iyihtiyichh. ▪ *Elles surent immédiatement qu'il n'était un peu dérangé d'esprit.*

ᒨᔮᒥᐱᔨᐦᑖᐤ muyaamipiyihtaau vai ◆ il/elle met la bonne somme, est ponctuel-le à son rendez-vous

correctement

ᒫᒧᔮᒼ maamuyaam p,manière redup ◆ correctement, de façon correcte ▪ ᑏᐧᐋᐦᒡ ᒑᔅᒑᔨᒫᒡ ᐋᑳ ᒫᒧᔮᒼ ᔖᔥ ᐋᐦ ᐃᔨᐦᑎᔨᒡᐦ. ▪ tiiwaahch chaaschaayimaach aakaa maamuyaam shaash aah iyihtiyichh. ▪ *Elles surent immédiatement qu'il n'était un peu dérangé d'esprit.*

ᒑᔥᑎᓈᒋᔥᑖᐤ chaashtinaachishtaau vii ◆ c'est bien en place, posé ou placé correctement ▪ ᒑᔅᑎᓈᑎᔥᑖᐦ ᐊᓐ ᐱᔩᐧᐹᐱᔅᑯᔮᑭᓐ ᓂᒥ ᒋᑭ ᐱᐦᒋᔅᑎᓐ. ▪ chaastinaatishtaah an piywaapiskuyaakin nimi chiki pihchistin. ▪ *Place le pot correctement pour qu'il ne tombe pas.*

ᑯᐃᔅᒁᐱᐦᑳᑖᐤ kuiskwaapihkaataau vta ◆ il/elle l'attache correctement

ᐱᒥᑖᑯᐧᐃᐱᔨᐦᐋᐤ pimitaakuwipiyihaau vta ◆ il/elle le/la tient (ex. pagaie) correctement, pas de travers

ᐅᐧᐋᔮᐱᐦᑳᑖᐤ uwaayaapihkaataau vta ◆ il/elle l'attache correctement

ᐅᐧᐋᔮᐱᐦᑳᑎᒼ uwaayaapihkaatim vti ◆ il/elle l'attache correctement

ᐅᐧᐋᔨᑯᓂᐦᐊᒼ uwaayikuniham vti ◆ il/elle le recouvre correctement

ᐅᐧᐋᔨᑯᓂᐦᐧᐋᐤ uwaayikunihwaau vta ◆ il/elle le/la recouvre correctement

ᐅᐧᐋᔨᑯᔮᐤ uwaayikuyaau vta ◆ il/elle le/la suspend correctement pour qu'il soit prêt/elle soit prête

ᐧᐃᔮᐱᐦᑳᑖᐤ wiyaapihkaataau vta ◆ il/elle l'attache correctement, il/elle le prépare tout attaché

ᒥᔪᒧᐦᑖᐤ miyumuhtaau vai ◆ il/elle crée un bon chemin, le met correctement

ᐅᐙᔨᔑᒫᐤ uwaayishimaau vta ◆ il/elle le/la couche, l'étend correctement

corrégone

ᐅᓯᑯᐊᑎᐦᑭᒫᒀ usikuatihkimaakw na -um ◆ un grand poisson (un cisco ou un corrégone) très nourrissant

correspondance

ᓂᑐᓯᓂᐦᐄᒑᐤ nitusinihiichaau vai ◆ il/elle passe une commande par correspondance

corriger

ᒧᔮᒥᐦᐊᒼ muyaamiham vti ◆ il/elle le corrige; l'horloge est à l'heure

corset

ᒌᑎᐙᔅᑯᔨᐙᐦᐅᓱᐎᓐ chiitiwaaskuyiwaahusuwin ni ◆ un corset, une gaine

côté

ᐋᔥᑎᒥᑖᐦ aashtimitaah p,lieu ◆ de ce côté ■ ᐋᔥᑎᒥᑖᐦ ᒋᒥᑖᐤ ᓃᒋᓈᓐ. ■ aashtimitaah chimitaau niichinaan. ■ *Notre maison est de ce côté.*

ᐄᑖᐦᒑ iitaahchaa p,lieu ◆ de ce côté-ci, de ce côté-là (employé avec un démonstratif), d'un certain côté ■ ᒫᐅᑖᐦ ᐄᑖᐦᒑ ᑳ ᐅᐦᑎᐦᐄᐸᔮᓐ ᐋᐦ ᒥᔫᐙᒡ ᐋᐦ ᐅᐦᒋ ᒀᐱᐦᐄᑭᓂᐎᒡ. ❖ ᐊᐙᓐ ᐸᒥᐱᔨᐦᑖᑦ ᐊᓂᔮ, ᑭᔮᐦ ᒫᒃ ᐅᑖᐦ ᐄᑖᐦᒑ ᐙᒥᔥᑎᑯᔒᓈᐦᒡ ᐙᐦᒋ ᐱᒥᐱᔨᑳ ᐊᓐ ᒑᒀᓐ. ■ maautaah iitaahchaa kaa uhtihiipaayaan aah miywaach aah uhchi kwaapihiikiniwich. ❖ awaan paamipiyihtaat aniyaa, kiyaah maak utaah iitaahchaa waamishtikushiinaahch waahchi pimipiyikwaa an chaakwaan. ■ *Je suis allé/e chercher de l'eau de ce côté parce que c'était plus facile.* ❖ *Qui dirige? Est-ce dirigé du coté de l'homme blanc?*

ᓂᒋᓯᒑ nichisichaa p,lieu ◆ de côté

ᐱᒥᒡ pimich p,lieu ◆ latéralement ■ ᐊᓂᑖᐦ ᐱᒥᒡ ᐋᑯᑖᐦ ᑳ ᐃᔅᐱᔨᒡ ᐊᓐ ᐆᑦ ᑳ ᐑᐦ ᑭᐹᔮᐦᒡ. ■ anitaah pimich aakutaah kaa ispiyich an uut kaa wiih kipaayaahch. ■ *Le canot s'est déplacé latéralement alors que nous essayions d'aborder sur le rivage.*

ᐅᐦᐱᒫ uhpimaa p,lieu ◆ sur le côté, à côté ■ ᐊᓂᑖᐦ ᐅᐦᐱᒫ ᐋᑯᑖᐦ ᑳ ᐅᐦᒋ ᒋᑭᒧᒡ ᐊᓐ ᐲᒥᐦᐄᑭᓐ. ■ anitaah uhpimaa aakutaah kaa uhchi chikimuch an piimihiikin. ■ *La vis était attachée sur le côté.*

ᐊᑐᔅᑭᐎᓯᐤ atuskiwisiu vai ◆ il/elle a des côtés (par exemple un traîneau)

ᐄᔨᐹᐱᔨᐤ iiyipaapiyiu vii ◆ ça va vers un côté

ᐅᐱᐦᒋᑮ upihchikii ni ◆ un côté antérieur du renard ou du lynx

ᐋᐱᒥᔥᒀᐦᒡ aapimishkwaahch p,lieu ◆ de l'autre côté de la porte ■ ᑳ ᐲᐦᒋᒑᑦ ᑏᐙᐦᒡ ᐊᓂᑖᐦ ᐋᐱᒥᔥᒀᐦᒡ ᐄᔑ ᐅᐙᔨᐱᐤ. ■ kaa piihchichaat tiiwaahch anitaah aapimishkwaahch iishi uwaayipiu. ■ *Elle s'est assise de l'autre côté de la porte aussitôt qu'elle est entrée.*

ᐋᔥᑎᒫᔥᑖᐤ aashtimaashtaau p,lieu ◆ du côté ensoleillé ■ ᐊᓂᑖᐦ ᐋᐦ ᐋᔥᑎᒫᔥᑖᔨᒡ ᐊᑯᔨᒡ ᐊᓂᒌ ᓂᒫᓯᒡ. ■ anitaah aah aashtimaashtaayich akuyich anichii nimaasich. ■ *Suspends le poisson à sécher du côté ensoleillé!*

ᐋᔥᑎᒫᐤ aashtimaau p,lieu ◆ de ce côté de la pointe ■ ᒌᐦ ᒥᔖᐤ ᔖᐳᐦᑎᐙᓐ ᐋᔥᑎᒫᐤ. ■ chiih mishaau shaapuhtiwaan aashtimaau. ■ *Il y avait un phare de ce côté de la pointe.*

ᐋᔥᑎᒥᐦᑎᒡ aashtimihtich p,lieu ◆ de ce côté du tas de bois ■ ᐋᔥᑎᒥᐦᑎᒡ ᒌᐦ ᐲᑯᐦᐊᒼ ᒥᐦᑦ. ■ aashtimihtich chiih piikuham mihth. ■ *Il fendait du bois de ce côté du tas de bois.*

ᐊᐅᓵᐦᑎᒀ ausaahtikw p,lieu ◆ de l'autre côté de l'arbre ■ ᓈᔥᒡ ᐋᐦ ᒌᐦ ᐱᒌᐐᑦ ᐊᐅᓵᐦᑎᒀ ᐊᓐ ᒥᓂᐦᐄᒀ. ■ naashch aah chiih pichiiwit ausaahtikw an minihiikw. ■ *Cette épinette blanche a beaucoup de sève de l'autre côté.*

ᐊᐅᓵᓂᒡ ausaanich p,lieu ◆ de l'autre côté de l'île ■ ᐊᐅᓵᓂᒡ ᓈᑖᐦ ᒌᐦ ᐅᐦᒋ ᑭᐹᐎᒡ ᐑᔨᐙᐤ. ■ ausaanich naataah chiih uhchi kipaawich wiiyiwaau. ■ *L'autre canot plein de gens a touché terre de l'autre côté de l'île.*

ᒌᐙᑎᓅᑖᐦᒡ chiiwaatinuutaahch p,lieu ◆ du côté nord ■ ᒌᐙᑎᓅᑖᐦᒡ ᒌᐦ ᐅᐦᒋᐱᔪᐎᒡ ᐊᓂᒌ ᐃᔅᒁᐅᒡ ᑳ ᐹᒋ ᓂᑭᒧᒡ. ■ chiiwaatinuutaahch chiih uhchipiyuwich anichii iskwaauch kaa paachi nikimuch. ■ *Cette femme qui chantait venait du Nord.*

ᐄᑖᐦᒑᑳᒼ iitaahchaakaam p,lieu ◆ de l'autre côté (de la rivière, de l'habitation) ■ ᒁᔥᑖᐦ ᐄᑖᐦᒑᑳᒼ ᒌᐦ ᐱᒥᓯᐦᑖᐤ ᐊᓂᔮ ᓰᐱᔨᐤ. ❖ ᓈᑖᐦ ᒁᔥᑖᐦ ᐄᑖᐦᒑᑳᒼ ᐊᑯᔨᒡ ᐊᓂᒌ ᒋᓂᔥᑭᒫᔥᑖᑯᒥᒡ. ■ kwaashtaah iitaahchaakaam chiih pimisihtaau aniyaa siipiiyiu. ❖ naataah kwaashtaah iitaahchaakaam akuyich anichii chinishkimaashtaakumich. ■ *Il porte de son canot sur ses épaules de l'autre côté de la rivière.* ❖ *Suspends tes peaux d'oies de l'autre côté de l'habitation!*

ᐄᑎᐤ iitiu p,lieu ◆ des deux côtés ■ ᐄᑎᐤ ᓂᒌᐦ ᒥᓯᓂᐦᐊᒫᓐ ᐅᑎᓯᓂᐦᑳᓱᐎᓐ ᐊᓂᑎᐦ ᒥᓯᓂᐦᐄᑭᓈᒋᓂᐎᑎᐦᒡ. ■ iituu nichiih misinihamwaan utisinihkaasuwin anitih misinihiikinaachiniwitihch. ■ *J'ai écrit son nom des deux côtés de la boîte.*

ᑭᓈᒡ kinaach p,lieu ◆ mis de côté, en réserve ■ ᔮᔨᑖ ᑭᓈᒡ ᐃᐦᑎᑦ ᐊᓐ ᒋᒨᐦᑯᑖᑭᓐ. ■ yaayitaa kinaach ihtith an chimuuhkutaakin. ■ *Prend soin de garder ton couteau croche.*

ᑭᐱᐦᒌᔨᐙᐤ kipihchiiyiwaau p,lieu ◆ au vent, du côté du vent

ᓈᒥᒧᓐ naamimun p,lieu ◆ le coté sous le vent ■ ᓈᒥᒧᓐ ᓂᒌᐦ ᐄᑎᑯᐦᑎᑖᓐ ᐆᑦ ᑳ ᓈᑎᐦᐄᐹᑦ ᓅᐦᑖᐐ. ■ naamimun nichiih iitikuhtitaan uut kaa naatihiipaat nuuhtaawii. ■ *J'ai dirigé le canot du côté sous le vent pendant que mon père vérifiait le filet.*

ᓂᐱᑖ nipitaa p,lieu ◆ d'un côté ■ ᒌᐦ ᓈᑣᔥᑭᐙᐦᑖᑯᐱᓐ ᓂᐱᑖ ᐅᑎᓵᒼᐦ. ■ chiih naatwaashkiwaahtaakupin nipitaa utisaamh. ■ *Elle/il a cassé sa raquette d'un côté.*

ᓂᐱᑖᑳᒼ nipitaakaam p,lieu ◆ un des côtés de l'habitation ■ ᒥᒀ ᓂᐱᑖᑳᒼ ᒌᐦ ᐊᓈᔅᒑᐦᑖᑯᐱᓐ. ■ mikw nipitaakaam chiih anaaschaahtaakupin. ■ *Elle avait déposé les branches d'épinette sur un des côtés de l'habitation seulement.*

ᓂᐱᑖᐢᑭᓂᐤ **nipitaaskiniu** p,lieu ◆ un des côtés de la route ■ ᐅᑖᐦ ᓂᐱᑖᐢᑭᓂᐤ ᐋᑯᑎᐦ ᒥᒄ ᑳ ᓂᐦᑖᐅᒋᒡ ᐅᔥᒌᔑᑯᒥᓂᒡ᙮ ■ utaah nipitaaskiniu aakutih mikw kaa nihtaauchich ushchiishikuminich. ■ *Les mûre ne poussaient que sur un des côtés de la route.*

ᐹᔥᑖᐅᐦᒡ **paashtaauhch** p,lieu ◆ de l'autre côté de la montagne, de la colline ■ ᓈᑖᐦ ᐹᔥᑖᐅᐦᒡ ᐋᑯᑖᐦ ᑳ ᐱᔥᑯᓂ·ᒫ·ᑳᑦ᙮ ■ naataah paashtaauhch aakutaah kaa pishkunimwaakwaat. ■ *Elle a plumé le huard de l'autre côté de la colline.*

ᐱᑐᑖ **pitutaa** p,lieu ◆ à côté de, au bord de ■ ᐊᓂᑖᐦ ᐱᑐᑖ ᒫᐢᑭᓈᐦᒡ ᐋᑯᑖᐦ ᑳ ᒥᐢᑭ·ᐋᑦ ᐊᓂᔮᐦ ᔔᔮᓈᐱᔥᑯᔥᐦ᙮ ■ anitaah pitutaa maaskinaahch aakutaah kaa miskiwaat aniyaah shuuyaanaapishkushh. ■ *Elle a trouvé la pièce au bord de la route.*

ᐅᐦᐱᒫᔥ·ᑳᐦᒡ **uhpimaashkwaahch** p,lieu ◆ à côté de l'entrée ■ ᐊᓂᑖᐦ ᐅᐦᐱᒫᔥ·ᑳᐦᒡ ᐋᑯᑖᐦ ᑳ ᐹᒋ ᐱᒋᐢᑎᓈᑯᐱᓈ ᐊᓂᔮᐦ ᑳᒄᐦ᙮ ■ anitaah uhpimaashkwaahch aakutaah kaa paachi pichistinaakupinaa aniyaah kaakwh. ■ *Il avait déposé le porc-épic à côté de l'entrée.*

ᐋᔥᑎᒫᔮᐤ **aashtimaayaau** vii ◆ c'est du côté ensoleillé

ᐊᔑ·ᐋᓯᐤ **ashiwaasiu** vai ◆ il/elle a trois côtés ou plus, trois angles ou plus

ᐄᒑᒋᔑᓈᐤ **iichaachishinaau** vta ◆ il/elle le/la pousse de côté

ᐄᒑᒋᔑᓂᒼ **iichaachishinim** vti ◆ il/elle le repousse de côté

ᐄᒑ·ᑳᔥᑯᐦᑎᐤ **iichaakwaashkuhtiu** vai ◆ il/elle saute à côté

ᐄᒑᓂᒧ·ᐋᐤ **iichaanimuwaau** vta ◆ il/elle se déplace de côté pour lui/elle

ᐄᒑᐱᐦᑖᐤ **iichaapihtaau** vai ◆ il/elle court à côté

ᐄᒑᐱᐤ **iichaapiu** vai ◆ il/elle se déplace de côté tout en étant assis

ᐄᒑᐱᔨᐦᐆ **iichaapiyihuu** vai -u ◆ il/elle se déplace de côté

ᐄᒑᔥᑖᐤ **iichaashtaau** vai ◆ il/elle le déplace de côté

ᐄᒑ·ᐋᐱᓈᐤ **iichaawaapinaau** vta ◆ il/elle le/la jette de côté

ᐄᒑ·ᐋᐱᓂᒼ **iichaawaapinim** vti ◆ il/elle le jette de côté

ᐄᒑ·ᐋᐱᔥᑭᒼ **iichaawaapishkim** vti ◆ il/elle le pousse de côté avec son corps ou son pied

ᐄᒑ·ᐋᐱᔥᑭ·ᐋᐤ **iichaawaapishkiwaau** vta ◆ il/elle le/la pousse de côté avec son pied/corps

ᐄᑖᐦᒑᔥᑭᒼ **iitaahchaashkim** vti ◆ il/elle marche de ce côté de quelque chose

ᐄᑖᐦᒑᔥᑭ·ᐋᐤ **iitaahchaashkiwaau** vta ◆ il/elle marche de ce côté de lui/d'elle ■ ᐅᑖᐦ ᐊᑎᒫᐲᓯᒼ ᒌᐦ ᐄᑖᐦᒑᔥᑭ·ᐋᐤ ᐊᓂᔮᐦ ᑳ ᓈᑎᔫᔥᑎ·ᐋᑦ ᐱᔮᐅᐦ᙮ ■ utaah atimaapiisim chiih iitaahchaashkiwaau aniyaah kaa naatiyuushtiwaat piyaauh. ■ *Elle/il s'est approché du lagopède par le côté nord pour pouvoir lui tirer dessus.*

ᐄᑎ·ᐃᔑᓂᒡ **iitiwishinich** vai pl ◆ ils/elles sont couché-e-s de chaque côté

ᐃᔑ·ᐋᔮᐤ **ishiwaayaau** vii ◆ ça a quatre côtés droits

·ᑳᐢᒋᐱᔨᐦᐋᐤ **kwaaschipiyihaau** vta ◆ il/elle le/la retourne de l'autre côté

·ᑳᐢᒋᔑᒫᐤ **kwaaschishimaau** vta ◆ il/elle retourne quelqu'un qui est couché pour que cette personne fasse face à l'autre côté

ᒫᐅᒋᐦᑎᒫᓲ **maauchihtimaasuu** vai reflex -u ◆ il/elle se le/la garde, se le/la met de côté

ᒫᐅᒋᐦᑎᒧ·ᐋᐤ **maauchihtimuwaau** vta ◆ il/elle le met de côté pour lui/elle

ᒥᓈᒋᔥᑎ·ᐋᐤ **minaachishtiwaau** vta ◆ il/elle le met de côté pour lui/elle

ᒥᔮᐅᐱᔨᐤ **miyaaupiyiu** vii ◆ ça passe à côté

ᓈᒋᑳᐳ·ᐃᔥᑎᒼ **naachikaapuwishtim** vti ◆ il/elle va se tenir à côté

ᓈᒥᒧᓈᐤ **naamimunaau** vii ◆ c'est sous le vent, le côté sous le vent

ᓂᐦᐋᐢ·ᑖᓲ **nihaastwaasuu** vai reflex -u ◆ il/elle se met des choses de côté pour les utiliser plus tard

ᓂᐱᑖᔮᐦᑭᐦᑖᐤ **nipitaayaahkihtaau** vii ◆ c'est brûlé d'un côté

ᓂᐱᑖᔮᐦᑭᓲ **nipitaayaahkisuu** vai -u ◆ il/elle est brûlé-e d'un côté

ᐹᔓᓈᑯᓐ **paashunaakun** vii ◆ c'est à côté

ᐱᐢᒑ·ᑳᔥᑯᐦᑎᐤ **pischaakwaashkuhtiu** vai ◆ il/elle saute sur le côté

ᔔᔥᑯᐱᔨᐤ **shuushkupiyiu** vii ◆ ça glisse à côté

ᑎ·ᐄᔥᑎ·ᐋᐤ **tiwiishtiwaau** vta ◆ il/elle se met de côté pour le/la laisser passer

ᐅᐦᐱᒫᔑᒫᐤ **uhpimaashimaau** vta ◆ il/elle le/la couche sur le côté

ᐅᐦᐱᒫᔑᓐ **uhpimaashin** vai ◆ il/elle est couché-e sur le côté

·ᐄᑎᐱᐦᑎᔮᐤ **wiitipihtiyaau** vta ◆ il/elle l'assoit à côté de quelqu'un

ᐋᑭ·ᐋᐅᐦᒡ **aakiwaauhch** p,lieu ◆ du côté caché de la montagne

ᐋᔥᑎᒫᐱᐢᒡ **aashtimaapisch** p,lieu ◆ de ce côté d'une pointe rocheuse ■ ᒥᐦᒑᑐ ᓂᒌᐦ ·ᐋᐱᒫ·ᐃᒡ ᒋᔖᔮᑯᒡ ᐋᔥᑎᒫᐱᐢᒡ᙮ ■ mihchaatu nichiih waapimaawich chishaayaakuch aashtimaapisch. ■ *J'ai vu beaucoup d'ours de ce côté de la pointe rocheuse.*

ᐋᔥᑎᒫᐅᐦᒡ **aashtimaauhch** p,lieu ◆ de ce côté de la crête, de la montagne ■ ᓂᒧᐃ ᓅᑯᓯᐤ ᐲᓯᒼ ᐋᔥᑎᒫᐅᐦᒡ᙮ ■ nimui nuukusiu piisim aashtimaauhch. ■ *Le soleil ne brille pas de ce côté de la montagne.*

ᐊᑳᒥᐦᒡ **akaamihch** p,lieu ◆ de l'autre côté d'un cours d'eau ■ ᓈᔥᒡ ᐋᐦ ᐋᑎᐢᒌᑦ ·ᐋᐳᔥ ᓈᑖᐦ ᐊᑳᒥᐦᒡ᙮ ■ naashch aah aatischiit waapush naataah akaamihch. ■ *Il y a plein de sentiers de lièvres de l'autre côté de la rivière.*

ᐊᑎᒫᔮᐱᑎᑯᐦᒡ atimaayaapitikuhch p,lieu ◆ du côté de la hache qui ne coupe pas ■ ᐋᑎᐐ ᐊᑎᒫᔮᐱᑎᑯᐦᒡ ᒌᐦ ᐄᑎᓂᒧᐦᑖᑯᐱᓐ ᐊᓂᔮ ᐅᒌᑭᐦᐄᑭᓐ ᐙᐦᒋ ᐋᑳ ᒋᐦᒋᐙ ᐅᐦᒋ ᒋᒧᐦᐅᓱᑦ. ■ aatiwii atimaayaapitikuhch chiih iitinimuhtaakupin aniyaa uchiikihiikin waahchi aakaa chihchiwaa uhchi chimuhusut. ■ *Elle a failli se couper avec la hache, mais heureusement elle la tenait avec la lame à l'envers.*

ᐊᐅᑭᑎᓈᐦᒡ aukitinaahch p,lieu ◆ du côté ombragé d'une montagne ou d'une colline ■ ᐊᑎᑎᐤ ᑎᐦᑳᔮᔑᐤ ᐊᐅᑭᑎᓈᐦᒡ. ■ atitiu tihkaayaashiu aukitinaahch. ■ *Il fait plus frais du côté ombragé de la montagne.*

ᐊᐅᓵᐅᐦᒡ ausaauhch p,lieu ◆ de l'autre côté de la montagne ■ ᑳ ᒨᐎᓱᔮᐦᒡ ᐋᑯᑖᐦ ᓈᔥᒡ ᑳ ᒥᐦᒑᒡᐦ ᒦᓂᔥᐦ ᐊᓂᑖᐦ ᐊᐅᓵᐅᐦᒡ. ■ kaa muwisuyaahch aakutaah naashch kaa mihchaach-h miinish-h anitaah ausaauhch. ■ *Quand on est allé cueillir des baies, il y en avait plein de l'autre côté de la montagne.*

ᒌᓈᐱᑎᑯᐦᒡ chiinaapitikuhch p,lieu ◆ du côté coupant d'une lame de hache

ᐄᑎᐏᑳᒼ iitiwikaam p,lieu ◆ des deux côtés d'un cours d'eau; des deux côtés de l'habitation ■ ᐄᑎᐏᑳᒼ ᒌᐦ ᐊᔥᑖᐤ ᐅᐎᓂᐦᐄᑭᓐᐦ ᐊᓂᔮ ᓵᑭᐦᐄᑭᓂᔨᐤ. ❖ ᐄᑎᐏᑳᒼ ᒌᐦ ᐐᒋᐦᑖᐙᑯᐱᓐ ᐊᓂᔮ ᒦᒋᐙᐦᐱᔨᐤ. ■ iitiwikaam chiih ashtaau uwinihiikinh aniyaa saakihiikiniyiu. ❖ iitiwikaam chiih wiichihtaawaakupin aniyaa miichiwaahpiyiu. ■ *Elle/Il plaça ses pièges de chaque côté du lac.* ❖ *Les gens avaient vécu des deux côtés de l'habitation.*

ᓂᒥᐦᑎᓂᐦᒡ nimihtinihch p,lieu ◆ sur le côté gauche du corps

ᐹᔥᑖᐦᑎᒄ paashtaahtikw p,lieu ◆ de l'autre côté des arbres, des buissons ■ ᐹᔥᑖᐦᑎᒄ ᓈᑖᐦ ᐋᑯᑖᐦ ᑳ ᑖᐱᒁᑦ. ■ paashtaahtikw naataah aakutaah kaa taapikwaat. ■ *Il pose ses collets de l'autre côté des arbres.*

ᐱᑐᑖᔅᑭᓂᐤ pitutaaskiniu p,lieu ◆ sur le côté du sentier ou de la route ■ ᐱᑐᑖᔅᑭᓂᐤ ᒌᐦ ᐊᔥᑖᐤ ᐊᓂᔮᐦ ᐅᒥᐦᑎᒻᐦ ᑳ ᒋᒫᐦᒃ. ■ pitutaaskiniu chiih ashtaau aniyaah umihtimh kaa chimaahk. ■ *Il a mis du bois qu'il a coupé sur le côté de la route.*

ᔑᓌᔨᐤ shinwaayiu p,lieu ◆ de chaque côté de la fourrure d'un animal ■ ᓈᐦᐋᐤ ᔑᓌᔨᐤ ᐋᑯᑎᐦ ᒥᔮᑯᐱᑖᑭᓂᐏᑦ ᐊᒥᔅᑯᔮᓐ. ■ naahaau shinwaayiu aakutih miyaakupitaakiniwit amiskuyaan. ■ *La peau de castor est attachée de chaque côté sur le cadre.*

ᐋᔓᐎᑎᓐ aashuwitin vii ◆ ça gèle jusqu'à l'autre côté

ᒑᐦᑳᔥᑯᔥᑭᒼ chaahkaashkushkim vti ◆ il/elle lève son autre côté (long et rigide) en posant le pied dessus

ᒑᐦᑳᔥᑯᔥᑭᐙᐤ chaahkaashkushkiwaau vta ◆ il/elle lui lève l'autre côté (long et rigide) en posant le pied dessus

ᐄᒑᑳᐴ iichaakaapuu vai -uwi ◆ il/elle se déplace de côté en étant debout

ᐄᒑᓂᒼ iichaanim vti ◆ il/elle le pousse de côté d'un coup de coude

ᒁᔅᑭᑳᒫᐦᐊᒼ kwaaskikaamaaham vti ◆ il/elle pagaie pour aller de l'autre coté de la rivière

ᒁᔅᑭᑳᒫᐱᔨᐤ kwaaskikaamaapiyiu vai ◆ il/elle se rend de l'autre côté de la rivière en utilisant un bateau à moteur, un canot à moteur

ᒥᔑᑳᒫᐱᔨᐤ mishikaamaapiyiu vai ◆ il/elle traverse jusqu'à l'autre côté d'une étendue d'eau en véhicule

ᓂᐦᐋᐅᐦᐋᐤ nihaauhaau vta ◆ il/elle le/la réarrange, le/la range, le/la met de côté

ᓂᐦᐋᐅᓈᐤ nihaaunaau vta ◆ il/elle le/la met de côté, le/la range

ᓂᐦᐋᐅᓂᒼ nihaaunim vti ◆ il/elle le met de côté, le range

ᓂᐱᑖᑯᑖᐤ nipitaakutaau vii ◆ ça pend d'un côté

ᐹᔅᒋᐦᑖᔮᔥᑎᓐ paaschihtaayaashtin vii ◆ c'est emporté, soufflé de côté par le vent

ᐱᒥᒋᔅᒋᓂᐙᐱᔨᐤ pimichischiniwaapiyiu vai ◆ il/elle conduit avec le vent qui souffle de côté

ᐱᒥᒋᔥᒋᓂᐙᔥᑭᒼ pimichishchiniwaashkim vti ◆ il/elle marche avec le vent de son côté

ᐱᐹᐦᑎᐙᔮᔥᑯᔥᑭᒼ pipaahtiwaayaashkushkim vti redup ◆ il/elle marche à côté d'une rivière, d'une route tout près des arbres

ᐱᔑᔥᑖᐙᐤ pishishtaawaau vai ◆ il/elle marche de l'autre côté de la pointe, de la colline

ᐅᐦᐱᒫᔥᒁᔑᓐ uhpimaashkwaashin vai ◆ il/elle est couché-e la tête sur le côté

ᐅᐦᐱᒫᔅᒁᔨᐤ uhpimaaskwaayiu vai ◆ il/elle penche la tête de côté

ᐅᐦᐱᒫᔮᔑᐤ uhpimaayaashiu vai ◆ il/elle est poussé-e, renversé-e sur son côté par le souffle du vent

ᐅᐦᐱᒫᔮᔥᑎᓐ uhpimaayaashtin vii ◆ ça se fait renverser sur le côté par le souffle du vent ■ ᒌᐦ ᐅᐦᐱᒫᔮᔥᑎᓐ ᐊᓐ ᓂᑑᑎᓈᓐ ᑖᐱᔅᑳᒡ. ■ chiih uhpimaayaashtin an nituutinaan taapiskaach. ■ *Notre canot s'est fait renverser sur le côté par le souffle du vent la nuit dernière.*

ᐅᐹᒥᔥᑖᐤ upaamishtaau ni ◆ une hutte de castor avec une entrée sur le côté

ᐄᒑᓈᐤ iichaanaau vta ◆ il/elle le pousse du coude, le/la déplace de côté

ᐄᑖᐦᒑᐦᐊᒼ iitaahchaaham vti ◆ il/elle va de ce côté en véhicule, il/elle tire, lance de ce côté de quelque chose

ᐄᑖᐦᒑᐦᐙᐤ iitaahchaahwaau vta ◆ il/elle va de ce côté de lui/d'elle en véhicule, il/elle tire, lance de ce côté de lui/d'elle

ᐄᑎᐏᐱᑎᒼ iitiwipitim vti ◆ il/elle le pousse vers les côtés, le tire, le déchire de chaque côté

ᒫᐅᒋᐦᐋᐤ **maauchihaau** vta ◆ il/elle les ramasse, accumule, met de côté ■ ᒫᐅᒋᐦᐋᐤ ᓂᔅᒃᐦ ᒑ ᓃᔑᑳᐳᐄᔨᒡᐦ ᐅᑯᓯᔅᐦ. ■ maauchihaau niskh chaa niishukaapuwiyichh ukusish. ■ *Elle/il met de côté des oies pour le mariage de son fils.*

ᔖᐹᐋᐤ **shaapwaawaau** vai ◆ il/elle se rend de l'autre côté de la pointe

ᐅᐦᐱᒫᐱᐤ **uhpimaapiu** vai ◆ il/elle est assis-e penché-e d'un côté

ᒥᔑᑳᒫᐦᐊᒻ **mishikaamaaham** vti ◆ il/elle atteint l'autre côté d'une étendue d'eau à la nage ou en pagayant

côte

ᐅᔅᐱᒑᑭᓐ **uspichaakin** nid ◆ sa côte

ᔮᔮᐋᐲᔨᐦᑖᐤ **yaayaawaapiyihtaau** vai ◆ il/elle l'emporte le long de la côte en véhicule

ᐅᒋᐱᓯᐋᓯᐅᐦ **uchipisiwaasiuh** nad ◆ le muscle de la partie inférieure de sa patte (pour un caribou, un orignal), le muscle du dessous des côtes (pour l'ours)

ᐄᓂᐹᑰ **wiinipaakuu** na -m ◆ un Cri, une Crie de la côte de la Baie James

ᓈᓯᐹᐱᒋᐤ **naasipaapichiu** vai ◆ il/elle déplace son campement d'hiver vers la côte

coté

ᑭᔥᑭᒑᐳᑖᐤ **kishkichaaputaau** vai+o [Whapmagoostui] ◆ il/elle scie droit les quatre cotés d'un tronc

côte à côte

ᓃᔖᐹᑭᒧᐃᒡ **niishwaapaakimuwich** vai pl -u ◆ il y en a deux (filiforme) suspendu-e-s côte à côte

ᓃᔂᔅᑯᑳᐳᐄᐦᐋᐤ **niiswaaskukaapuwihaau** vta ◆ il/elle met les deux (animé, long et rigide) côte à côte

ᓃᔂᔅᑯᒨᐦ **niiswaaskumuuh** vii pl ◆ il y en a deux côte à côte (long et rigide)

ᓃᔂᔅᑯᒧᐃᒡ **niiswaaskumuwich** vai pl -u ◆ ils/elles sont l'un-e à côté de l'autre

ᒫᑖᐳᐦᑖᐃᒡ **maataapuhtaawich** vai pl ◆ ils/elles marchent côte à côte

ᓃᔖᐹᑭᒨᐦ **niishwaapaakimuuh** vii pl ◆ il y en a deux enfilés (filiforme) côte à côte

ᓃᔂᔅᑯᑳᐳᐄᐦᑖᐤ **niiswaaskukaapuwihtaau** vai+o ◆ il/elle dresse deux choses (long et rigide) côte à côte

côté gauche

ᐅᓂᒥᐦᒌᐄᓂᐦᒡ **unimihchiiwinihch** p,lieu ◆ de son côté gauche (à lui ou à elle, animé) ■ ᐅᑖᐦ ᐅᓂᒥᐦᒌᐄᓂᐦᒡ ᐋᑯᑖᐦ ᐄᑖᐦᒑ ᑳ ᐊᑯᔥᑎᓂᔨᒡ. ■ utaah unimihchiiwinihch aakutaah iitaahchaa kaa akushtiniyich. ■ *Le toit fuyait et dégoulinait de son côté gauche.*

côte nord

ᐋᔥᑎᐦᑖᐤ **aashtihtaau** p,lieu ◆ sur la côte nord, du côté ensoleillé de la baie, de l'île ■ ᐋᔥᑎᐦᑖᐤ ᒌᐦ ᐊᐧᔮᔮᐦᐅᑯᐦᑖᑯᐱᓐ ᐊᓐ ᐋᐦᒋᒄ ᑳ ᒥᔅᑮᐧᐋᑭᓂᐃᐟ. ■ aashtihtaau chiih akwaayaahukuhtaakupin an aahchikw kaa miskiwaakiniwit. ■ *On a trouvé un phoque échoué sur la côte nord de la baie.*

côté nord

ᐋᔥᑎᐦᑖᑳᒻ **aashtihtaakaam** p,lieu ◆ du côté nord par rapport au locuteur ou à la locutrice ■ ᒥᐦᒑᑐᐃᒡ ᐋᔥᑭᓂᔑᒡ ᐋᔥᑎᐦᑖᑳᒻ. ■ mihchaatuwich aashkinishich aashtihtaakaam. ■ *Il y a beaucoup de coquillages du côté nord.*

ᐋᔥᑎᐦᑖᑳᒫᓯᐦᑖᐤ **aashtihtaakaamaasihtaau** vai ◆ il/elle fait son portage du côté nord de la rivière, du lac

côté opposé

ᐄᑎᐃᐦᐱᑎᒻ **iitiwihpitim** vti ◆ il/elle le noue des côtés opposés

côté sud

ᐊᐅᑭᑳᒫᔮᒋᐃᐧᓐ **aukikaamaayaachiwin** p,lieu ◆ du côté sud du rapide ■ ᐊᓂᑖᐦ ᐊᐅᑭᑳᒫᔮᒋᐃᐧᓐ ᐋᑯᑖᐦ ᐄᑖᐦᒑ ᑳ ᑭᐹᔮᐦᒡ. ■ anitaah aukikaamaayaachiwin aakutaah iitaahchaa kaa kipaayaahch. ■ *On s'est retrouvé du côté sud du rapide.*

côtés

ᐄᑎᐃᔥᑳᐦᒡ **iitiwishkwaahch** p,lieu ◆ des deux côtés de la porte ■ ᐄᑎᐃᔥᑳᐦᒡ ᒋᑭ ᐄᒋᐃᒡ ᐊᓂᒌ ᓃᔓ ᒋᔮᔨᔥᑳᔑᒡ. ■ iitiwishkwaahch chiki wiichiwich anichii niishu chishaayishkwaashich. ■ *Les deux vieilles femmes vivront des deux côtés de la porte.*

côtes

ᐅᒋᐱᐦᐅᓐ **uchipihun** nid ◆ ses vertèbres cervicales avec deux côtes attachées

ᐅᔅᑳᔅᒋᑭᓐ **uskaaschikin** ni ◆ os et viande de la poitrine ou de l'avant d'un orignal, d'un caribou, ou d'un ours

cou

ᐅᑯᔨᐤ **ukuyiu** nid ◆ son cou

ᐊᐱᔖᐹᒋᑯᔨᐋᔑᐤ **apishaapaachikuyiwaashiu** vai dim ◆ il/elle a un cou maigre

ᒌᑎᐋᑯᔨᐋᐤ **chiitiwaakuyiwaau** vai ◆ il/elle a un torticolis

ᒋᓈᑯᔨᐋᐤ **chinwaakuyiwaau** vai ◆ il/elle a un long cou

ᐲᒥᑳᓈᐤ **piimikwaanaau** vta ◆ il/elle lui tord le cou

ᔑᐦᑖᑯᔨᐋᐲᔨᐦᐅ **shihtwaakuyiwaapiyihuu** vai -u ◆ il/elle allonge le cou

ᓯᒋᑳᓈᐤ **sichikwaanaau** vta ◆ il/elle le/la tient par le cou

ᓯᒋᑳᐱᑖᐤ **sichikwaapitaau** vta ◆ il/elle l'attrape par le cou

ᓯᒋᑳᔮᐱᐦᑳᑖᐤ **sichikwaayaapihkaataau** vta ◆ il/elle l'attache autour du cou

ᑖᐋᐹᒋᑯᔨᐋᐦᐋᐤ **taawaapaachikuyiwaahwaau** vta ◆ il/elle le/la frappe sur le cou

ᑎᐦᑳᑯᔨᐋᐤ **tihkwaakuyiwaau** vai ◆ il/elle a le cou court

ᐋᐱᑯᔨᐋᐤ **waapikuyiwaau** vai ◆ il/elle a le cou blanc

ᐹᔨᑯᒥᓂᐦᐱᐦᓱᐃᒡ **paayikuminihpihsuwich** na pl ◆ une botte d'oies attachées les unes aux autres par le cou

ᐅᐧᐄᐧᑳᐳᑖᑭᓐ uwiikwaaputaakin nid ◆ la peau détendue sous son cou (se dit d'un caribou ou d'un orignal)

ᐊᓯᐧᑳᐦᐱᑖᐤ asikwaahpitaau vta ◆ il/elle attache les oies ensemble par le cou

ᑖᐱᔥᑭᒼ taapishkim vti ◆ il/elle le porte autour de son cou, par-dessus son épaule; ça lui va bien

ᑖᐱᔥᑭᐧᐋᐤ taapishkiwaau vta ◆ il/elle le porte autour de son cou, par dessus son épaule, il/elle lui va bien (ex. vêtement)

ᐧᐊᐅᒋᑯᔩᐧᐋᓈᐤ waauchikuyiwaanaau vta ◆ il/elle met ses bras autour de son cou

couche

ᐋᓯᔮᓐ aasiyaan ni ◆ une couche

ᐋᐦᑯᐃᐦᑎᐧᐋᐱᓯᔅᒋᐦᑎᓐ aahkuihtiwaapisischihtin vii ◆ c'est fait de couches successives

ᐋᐦᑯᐃᐦᑎᐧᐋᐱᓯᔅᒋᔑᓐ aahkuihtiwaapisischishin vai ◆ il/elle est fait-e de couches successives

ᓂᔥᐧᑖᒋᐦᑖᐤ nishtwaachihtaau vai+o ◆ il/elle en met trois couches

ᐹᐦᐲᐦᑎᐧᐋᒋᐦᑎᓐ paahpiihtiwaachihtin vii redup ◆ c'est en couches (étalé)

ᐹᔩᐧᑳᒋᐦᑎᑖᐤ paayikwaachihtitaau vai ◆ il/elle en utilise une couche

ᐹᔩᐧᑳᒋᔑᒫᐤ paayikwaachishimaau vta ◆ il/elle met une couche dessus

ᐲᐦᑎᐧᐋᒋᐦᑎᓐ piihtiwaachihtin vii ◆ une autre couche y est ajouté (étalé)

ᐲᐦᑎᐧᐋᒋᐦᑎᑖᐤ piihtiwaachihtitaau vai ◆ il/elle met une autre couche (étalé)

ᐲᐦᑎᐧᐋᐤ piihtiwaau vii ◆ c'est en couches, il y en a un par-dessus l'autre

ᐲᐦᑎᐧᐃᓰᐤ piihtiwisiiu vai ◆ il/elle est disposé-e en couches

ᐋᐦᒋᔅᑖᓯᔮᓂᐦᐋᐤ aahchistaasiyaanihaau vta ◆ il/elle change sa couche

ᐋᐦᑯᐃᐦᑎᐧᐃᓈᐤ aahkuihtiwinaau vta ◆ il/elle le/la tient en couches successives

ᒋᔅᐱᒋᔑᒫᐤ chispichishimaau vta ◆ il/elle applique plusieurs couches, épaisseurs sur lui/elle

ᓂᒋᑯᐧᐃᔪᔅᐧᑳᐤ nichikuwiyuskwaau vii ◆ il y a de petites couches de nuages bleus et roses

ᓃᐧᔖᒋᐦᑎᓐᐦ niishwaachihtinh vii pl ◆ il y en a deux couches (étalé)

ᓂᔥᐧᑖᒋᔑᒫᐤ nishtwaachishimaau vta ◆ il/elle en met, en utilise trois couches

ᓂᔮᔥᑎᐧᐃᑯᐦᐆ niyaashtiwikuhuu vai -u ◆ il/elle porte une couche de vêtements

ᐹᐦᐹᐧᑳᑯᓂᑳᐤ paahpaakwaakunikaau vii ◆ il y a une fine couche de neige

ᐹᐦᐲᐦᑎᐧᐋᐤ paahpiihtiwaau vii redup ◆ c'est disposé en couches, a plusieurs niveaux

ᐹᐦᐲᐦᑎᐧᐃᑯᐦᐆ paahpiihtiwikuhuu vai redup -u ◆ il/elle porte plusieurs couches de vêtements

ᐹᐦᐲᐦᑎᐧᐃᔥᑭᒼ paahpiihtiwishkim vti redup ◆ il/elle porte plusieurs couches

ᐹᓯᔅᒑᐤ paasischaau vai ◆ il/elle fait sécher de la mousse pour les couches de bébé

ᐲᐦᑎᐧᐋᒋᔥᑭᐧᐋᐤ piihtiwaachishkiwaau vta ◆ il/elle en porte une autre couche (animé)

ᐲᐦᑎᐧᐋᔅᑯᐦᑎᓐ piihtiwaaskuhtin vii ◆ le bois (ex. le grain du bois) est en couches

ᐲᐦᑎᐧᐋᐧᐋᒋᓈᐤ piihtiwaawaachinaau vta ◆ il/elle en enroule une autre couche (étalé) autour de lui, d'elle

ᐲᐦᑎᐧᐋᐧᐋᒋᓂᒼ piihtiwaawaachinim vti ◆ il/elle en enroule une autre couche (étalé) autour

ᐲᐦᑎᐧᐋᔮᒋᔥᑭᒼ piihtiwaayaachishkim vti ◆ il/elle porte une autre couche

ᐲᐦᑎᐧᐃᑯᓃᐤ piihtiwikuniiu vai ◆ il/elle est recouvert-e d'une autre couche (ex. de couvertures)

ᐲᐦᑎᐧᐃᒧᐦᑖᐤ piihtiwimuhtaau vai ◆ il/elle enfile une autre couche par-dessus

ᐲᐦᑎᐧᐃᔑᒼ piihtiwishim vti ◆ il/elle en coupe, en tranche une couche

ᐲᐦᑎᐧᐃᔥᑭᒼ piihtiwishkim vti ◆ il/elle en porte plusieurs couches, le porte en-dessous

ᐲᐦᑎᐧᐃᔥᑭᐧᐋᐤ piihtiwishkiwaau vta ◆ il/elle en porte plusieurs couches, le/la porte en-dessous

ᐲᐦᑎᐧᐃᔥᑖᐤ piihtiwishtaau vai ◆ il/elle le dispose en couches

ᐲᐦᑐᐱᑖᐤ piihtupitaau vta ◆ il/elle lui enlève une couche, le/la pèle

ᐱᐱᑭᔅᑯᓐ pipikiskun vii ◆ il y a une fine couche de nuages

ᐱᐱᑭᑎᓐ pipikitin vii ◆ l'étendue d'eau est recouverte d'une fine couche de glace

ᐧᐃᒋᔅᑎᓯᒄ wichistisikw na -i ◆ la dernière couche de glace

ᐋᐦᑯᐃᐦᑎᐧᐃᔑᒫᐤ aahkuihtiwishimaau vta ◆ il/elle le/la place, le/la dépose en couches successives

ᐋᐦᑯᐃᐦᑎᐧᐃᔥᑭᒼ aahkuihtiwishkim vti ◆ il/elle enfile une autre couche de vêtements

ᐋᐦᑎᔅᒑᓂᒧᐧᐋᐤ aahtischaanimuwaau vta ◆ il/elle change la mousse qui sert de couche au bébé

ᐃᔮᐦᑯᐃᐦᑎᐧᐃᑯᐦᐆ iyaahkuihtiwikuhuu vai -u ◆ il/elle porte plusieurs couches de vêtements

ᓃᐧᔖᒋᔥᑭᒼ niishwaachishkim vti ◆ il/elle en porte deux couches

ᓂᔥᐧᑖᒋᔥᑭᒼ nishtwaachishkim vti ◆ il/elle porte trois couches, trois épaisseurs

ᓂᔥᐧᑖᒋᔥᑭᐧᐋᐤ nishtwaachishkiwaau vta ◆ il/elle en porte trois couches, trois épaisseurs

ᐱᐦᐧᑳᐦᐊᔅᒑᐤ pihkwaahaschaau vai ◆ il/elle découpe un morceau de mousse gelée pour les couches du bébé et en enlève la neige

ᐋᐦᑐᐹᔮᐤ piihtupaayaau vii ◆ il y a de l'eau entre deux couches de glace
ᐋᐦᑐᓯᑯᒋᐎᓐ piihtusikuchiwin vii ◆ l'eau coule entre deux couches de glace
ᑎᐦᒑᒋᔥᑭᐙᐤ tihtwaachishkiwaau vta ◆ il/elle en porte un certain nombre de couches (animé)
ᑎᐦᒑᒋᓯᐎᒡ tihtwaachisiwich vai pl ◆ il y en a un certain nombre de couches (étalé, animé)
ᑎᐦᒑᑭᓐᐦ tihtwaakinh vii pl ◆ il en y a un certain nombre de couches (étalé)
ᒖᔥᑯᐹᒋᔑᓐ twaashkupaachishin vai ◆ il/elle s'enfonce en traversant la couche supérieure de deux couches de glace
ᒖᔅᑯᐹᑭᐦᐊᒼ twaaskupaakiham vti ◆ il/elle brise une fine couche de glace avec quelque chose
ᐱᐦᑯᓵᒋᑭᒥᐅ pihkusaachikimiu vii ◆ il y a de l'eau libre après qu'une fine couche de glace s'est brisée
ᐱᐦᒁᔅᒑᐤ pihkwaaschaau vai ◆ il/elle coupe et retire des morceaux de mousse presque gelés du sol (pour les utiliser comme couches de bébé ou pour calfeutrer un abri)
ᑎᐦᒑᒋᔥᑭᒼ tihtwaachishkim vti ◆ il/elle enfile un certain nombre de couches, en met un certain nombre sur le corps

couché

ᐊᔅᒋᔑᓐ aschishin vai ◆ il/elle est fatigué-e d'être couché-e
ᐊᔅᑭᒧᐙᐤ askimuwaau vta ◆ il/elle attend couché qu'il/elle arrive
ᒁᑎᐱᐱᔩᐦᐆ kwaatipipiyihuu vai-u ◆ il/elle se retourne couché-e
ᒥᑎᒫᔑᓐ mitimaashin vai ◆ il/elle est allongé-e près de quelque chose
ᓃᐱᑖᔑᓂᒡ niipitaashinich vai pl ◆ ils/elles sont couché-e-s, étendu-e-s en rang
ᐋᐦᑎᐦᐙᔑᒨ piihtihwaashimuu vai-u ◆ il/elle est couché-e enroulé-e dedans (ex. dans son sac de couchage)
ᓵᔅᒋᔑᓐ saaschishin vai ◆ il/elle est couché-e tout près du bord
ᑎᐦᑯᐦᒋᔑᓐ tihkuhchishin vai ◆ il/elle est couché-e au sommet de quelque chose
ᐑᔥᑎᐎᔑᓐ wishtiwishin vai ◆ il/elle est inconfortable en étant couché-e
ᔫᔅᒋᔑᓐ yuuschishin vai ◆ il/elle est couché-e sur quelque chose de doux
ᐋᐱᐦᑎᐎᓃᐦᑎᒋᐙᐤ aapihtiwiniihtichiwaau vai ◆ le soleil est à moitié couché, il/elle est à moitié descendu-e
ᐱᒥᑖᔅᑯᔑᓐ pimitaaskushin vai ◆ il/elle est couché-e en travers de quelque chose, de tout son long et horizontalement

coucher

ᐊᒋᒋᔑᓐ achichishin vai ◆ il/elle est couché-e, allongé-e la tête vers le bas
ᑭᐎᔑᒧᓂᐦᐋᐤ kiwishimunihaau vta ◆ il/elle le/la met au lit, le/la couche
ᐋᐦᒋᔑᒫᐤ aahchishimaau vta ◆ il/elle le/la déplace pour le/la coucher ailleurs
ᐋᓂᔑᓐ aanishin vai ◆ il/elle est couché-e, à plat, il/elle tombe malade et reste couché-e pendant longtemps ou meurt
ᐋᔑᐙᔥᑯᔑᓐ aashiwaashkushin vai ◆ il/elle est posé-e en travers (se dit de quelque chose en forme de bâton)
ᐋᔥᑎᒫᔥᑖᔑᒫᐤ aashtimaashtaashimaau vta ◆ il/elle le mets, le couche au soleil
ᐋᔥᑎᒫᔥᑖᔑᓐ aashtimaashtaashin vai ◆ il/elle est couché-e au soleil
ᐋᑎᒋᓂᔑᒫᐤ aatichinishimaau vta ◆ il/elle le couche sur le dos
ᐋᑎᒋᓂᔑᓐ aatichinishin vai ◆ il/elle est couché-e sur le dos
ᐋᑎᒋᓂᔥᒁᔑᓐ aatichinishkwaashin vai ◆ il/elle est couché-e sur le dos
ᐊᔥᐱᔑᓐ ashpishin vai ◆ il/elle est couché-e sur un endroit élevé, sur un lit
ᐊᑎᒥᔑᓐ atimishin vai ◆ il/elle est couché-e le dos tourné
ᐊᐅᑳᔥᑖᔑᓐ aukaashtaashin vai ◆ il/elle est couché-e à l'ombre
ᐄᑎᐎᔑᓂᒡ iitiwishinich vai pl ◆ ils/elles sont couché-e-s de chaque côté
ᒃᐚᔅᒋᓐ kwaaschin vai ◆ il/elle se retourne couché-e
ᒫᒧᐎᔑᒫᐤ maamuwishimaau vta ◆ il/elle les couche ensemble
ᒧᔥᑖᑯᓈᔑᓐ mushtaakunaashin vai ◆ il/elle est couché-e, allongé-e directement sur la neige
ᓈᑎᔅᒁᐙᐤ naatiskwaawaau vta ◆ il se glisse à l'intérieur pour coucher avec une femme
ᐱᒫᔥᑯᔑᓐ pimaashkushin vai ◆ il/elle est couché-e de tout son long
ᐱᒥᔅᑯᔑᓐ pimiskushin vai ◆ il/elle est couché-e sur la glace
ᐱᔑᔥᑖᐱᐦᒑᔑᓐ pishishtaapihchaashin vai ◆ il/elle est couché-e, posé-e par-dessus quelque chose
ᐅᐦᐱᒫᔑᒫᐤ uhpimaashimaau vta ◆ il/elle le/la couche sur le côté
ᐅᐦᐱᒫᔑᓐ uhpimaashin vai ◆ il/elle est couché-e sur le côté
ᐅᑎᐦᑖᒥᒧᓂᔑᓐ utihtaamimunishin vai ◆ il/elle est couché-e sur son ventre
ᐙᐙᒋᔑᓐ waawaachishin vai redup ◆ il/elle est couché-e drapé-e dans quelque chose
ᐙᐙᒋᔑᓂᒡ waawaachishinich vai pl redup ◆ ils/elles sont couchés ensemble sous la même couverture
ᐋᐦᑯᐃᐦᑎᐎᔑᓂᒡ aahkuihtiwishinich vai pl ◆ ils/elles sont couché-es l'un sur l'autre, empilés; ils/elles sont couché-es l'une sur l'autre, empilé-es

ᒑᐦᑳᔥᒁᔑᒫᐤ chaahkaashkwaashimaau vta ◆ il/elle le/la couche avec la tête relevée
ᒑᐦᑳᔅᒁᔑᓐ chaahkaaskwaashin vai ◆ il/elle est couché-e la tête levée
ᒌᓂᒁᓈᔮᐱᐦᒑᔑᓐ chiinikwaanaayaapihchaashin vai ◆ il/elle est couché-e roulé-e en boule
ᐃᔮᔅᑯᔑᓐ iyaaskushin vai ◆ il/elle a mal partout à force de rester couché-e, à force de voyager en véhicule
ᐃᔮᔪᐎᔑᓐ iyaayuwishin vai ◆ il/elle a mal partout à force d'être couché-e, à cause de son voyage en véhicule
ᑳᐦᑭᐹᔑᓐ kaahkipaashin vai ◆ il/elle est couché-e les jambes écartées
ᓃᐦᒋᒋᐗᐤ niihchichiwaau vai ◆ le soleil se couche; il/elle descend, redescend
ᑎᔅᑭᒫᔅᑯᔑᓐ tiskimaaskushin vai ◆ il/elle posé en travers tout droit (long et rigide); il/elle est couché en travers
ᐅᐦᐱᒫᔥᒁᔑᓐ uhpimaashkwaashin vai ◆ il/elle est couché-e la tête sur le côté
ᐅᐙᔨᔑᒫᐤ uwaayishimaau vta ◆ il/elle le/la couche, l'étend correctement
ᐙᐱᓂᔑᓐ waapinishin vai ◆ il/elle reste couché, dort jusqu'au matin
ᐙᔅᑳᔑᓂᒡ waaskaashinich vai pl ◆ ils/elles sont couché-e-s autour, en cercle
ᒌᐙᔥᑭᒼ chiiwaashkim vti ◆ il/elle rentre à la maison en dépassant un certain point de repère; il/elle lui fait faire face dans l'autre direction avec son pied ou son corps; le soleil commence à se coucher; le vent suit le soleil

coucher (se)

ᐄᔑᔑᓐ iishishin vai ◆ il/elle se couche d'une certaine façon
ᐱᔅᑖᐱᐦᒑᔑᒧᑎᑎᒼ pistaapihchaashimutitim vti ◆ il/elle se couche en travers
ᐅᐙᔨᔑᓐ uwaayishin vai ◆ il/elle est prêt-e à se coucher, se couche
ᒋᑭᔑᔥᒋᓯᓈᔑᓐ chikishishchisinaashin vai ◆ il/elle se couche les chaussures aux pieds
ᐃᔥᐱᔑᒨ ishpishimuu vai ◆ il/elle l'utilise comme matelas; il/elle se couche dessus
ᑭᐎᔑᒨ kiwishimuu vai-u ◆ il/elle va se coucher, va au lit
ᑯᐃᑎᐎᔑᓐ kuituwishin vai ◆ il/elle n'a nulle part où se coucher
ᑯᔨᑎᐎᔑᒫᐤ kuyitiwishimaau vta ◆ il/elle n'a nulle part où le/la coucher
ᐱᐦᒋᔑᒨ pihchishimuu vai-u ◆ le soleil se couche
ᐱᔥᑯᔮᒋᔑᒫᐤ pishkuyaachishimaau vta ◆ il/elle le/la couche en l'enveloppant dans quelque chose d'étalé
ᐱᔅᑖᐱᐦᒑᔑᒧᑎᑎᐙᐤ pistaapihchaashimutitiwaau vta ◆ il/elle se couche en travers de lui/elle
ᐙᑳᐱᐦᒑᔑᓐ waakaapihchaashin vai ◆ il/elle se couche courbé en deux
ᐋᑯᓈᐦᒁᔑᓐ akunaahkwaashin vai ◆ il/elle se couche le visage recouvert
ᒋᔮᒫᐅᔑᓐ chiyaamaaushin vai ◆ il/elle se couche, s'allonge tranquillement
ᐱᒥᔑᓐ pimishin vai ◆ il/elle se couche; le phoque se baigne au soleil; il/elle est enterré là
ᐱᔥᑯᔮᒋᔑᓐ pishkuyaachishin vai ◆ il/elle se couche enveloppé-e de quelque chose d'étalé, sous une couverture

coucher de soleil

ᓃᐦᑎᒋᐗᐤ niihtichiwaau vai ◆ il/elle descend à pied; le soleil se couche

couches

ᐋᑯᐃᐦᑎᐙᐱᓯᔅᒋᔑᓐ aakuihtiwaapisischishin vai ◆ il/elle est disposé-e en couches (minéral)

coude

ᐅᑐᔅᑯᓐ utuskun nid ◆ son coude
ᑖᐦᒋᔥᑐᔥᑯᓈᔑᓐ taahchishtushkunaashin vai ◆ il/elle se heurte le coude
ᑖᐦᒋᑐᔅᑯᓈᐅᒋᐤ taahchituskunaauchiu vai ◆ il/elle a le coude froid
ᑑᔅᑯᐦᐙᐤ tuuskuhwaau vta ◆ il/elle lui donne un coup de coude

coudée

ᓃᔓᓂᔅᒡ niishunisch p,quantité ◆ deux coudées (filiforme)
ᓂᔥᑐᓂᔅᒡ nishtunisch p,quantité ◆ trois coudées

couder

ᐱᐦᒋᓂᒼ pihchinim vti ◆ il/elle le plie, le coude

coudre

ᐋᓂᔥᑭᐄᔥᑎᐦᐋᒼ aanishkiwishtiham vti ◆ il/elle y coud un morceau pour le rallonger
ᐋᓂᔅᑭᐄᔥᑎᐦᐙᐤ aaniskiwishtihwaau vta ◆ il/elle le/la coud à un-e autre pour le/la rallonger
ᐊᑯᔥᑎᐦᐊᒼ akushtiham vti ◆ il/elle le coud à quelque chose
ᐊᑯᔥᑎᐦᐙᐤ akushtihwaau vta ◆ il/elle le/la coud à quelque chose
ᐊᔥᒋᒁᑖᐤ ashchikwaataau vta ◆ il/elle le/la coud sur quelque chose
ᐊᔥᒋᒁᑎᒼ ashchikwaatim vti ◆ il/elle le coud à quelque chose
ᑭᔅᒋᒁᓲ kischikwaasuu vai-u ◆ il/elle coud, fait de la couture
ᑭᔅᒋᒁᑖᐤ kischikwaataau vta ◆ il/elle le/la coud
ᑭᔅᒋᒁᑎᒼ kischikwaatim vti ◆ il/elle le coud
ᒥᔪᒁᓲ miyukwaasuu vai-u ◆ il/elle sait bien coudre
ᔖᔒᐹᐱᑎᒼ shaashiipaapitim vti ◆ il/elle le coud à la main

ᐅ·ᐃᒋᑯᒧᔥᑎᐦᐊᒼ **uwichikumushtiham** vti [Whapmagoostui] ◆ il/elle coud et n'aplatit pas couture

ᐅ·ᐃᒋ·ᒫᔥᐱᒋᐱᑎᒼ **uwichimwaashpichipitim** vti ◆ il/elle coud et n'aplatit pas la couture

·ᐋᐢᑳ·ᑳᑖᐤ **waaskaakwaataau** vta ◆ il/elle coud tout autour de lui/d'elle

·ᐋ·ᐋᒋᔥᑎᐦᐊᒼ **waawaachishtiham** vti redup ◆ il/elle le coud tout de travers

ᑭᐢᒋ·ᑳᓱ·ᐃᓈᔮᐲ **kischikwaasuwinaayaapii** na -m ◆ du fil à coudre

ᓅᑎᒥᐦᑯᒄ **nuutimihkukw** ni ◆ une aiguille à coudre

ᐋᓂᐢᑭ·ᐃ·ᑳᑖᐤ **aaniskiwikwaataau** vta ◆ il/elle le/la rallonge en le/la cousant à un autre morceau

ᐋᓂᐢᑭ·ᐃ·ᑳᑎᒼ **aaniskiwikwaatim** vti ◆ il/elle le rallonge en le cousant à un autre morceau

ᐊᒋ·ᐃ·ᑳᑖᐤ **achiwikwaataau** vta ◆ il/elle le/la raccourcit ou rapetisse en cousant

ᐊᒋ·ᐃ·ᑳᑎᒼ **achiwikwaatim** vti ◆ il/elle le raccourcit en cousant

ᒌᔑ·ᑳᑖᐤ **chiishikwaataau** vta ◆ il/elle a finit de le/la coudre

ᒌᔑ·ᑳᑎᒼ **chiishikwaatim** vti ◆ il/elle finit de le coudre ■ ᔖᔥ ᒋᑭ ᒌᔑ·ᑳᑎᒼ ᐊᓂᔮ ·ᐋᐳᔮᓂᔨᐤ ᑳ ᐱᒦᐦᑭᐦᒃ× ■ shaash chiki chiishikwaatim aniyaa waapuyaaniyiu kaa pimiihkihk. ■ *Elle finit de coudre la couverture sur laquelle elle travaillait.*

ᒋᐱ·ᑳᑖᐤ **chipikwaataau** vta ◆ il/elle le/la ferme par une couture

ᒋᐱ·ᑳᑎᒼ **chipikwaatim** vti ◆ il/elle le ferme par une couture

ᒋᐳᔥᑎᐦ·ᐋᐤ **chipushtihwaau** vta ◆ il/elle le/la ferme par une couture

ᒋᐳᑎᐦᒋᑭᓈᐱᑖᐤ **chiputihchikinaapitaau** vta ◆ il/elle ferme les trous des pattes par une couture sur la peau

ᑯᐃᐢᑯ·ᑳᑖᐤ **kuiskukwaataau** vta ◆ il/elle le/la coud bien droit-e

ᑯᐃᐢᑯ·ᑳᑎᒼ **kuiskukwaatim** vti ◆ il/elle le coud bien droit

ᒫᒧ·ᐃ·ᑳᑖᐤ **maamuwikwaataau** vta ◆ il/elles les coud ensemble

ᒫᒧ·ᐃ·ᑳᑎᒼ **maamuwikwaatim** vti ◆ il/elle les coud ensemble

ᒥᒋᒌᐦ·ᑳᐦᓂᒼ **michichiihkwaahnim** vti ◆ il/elle l'assemble mal (ex. un mocassin) , fait des plis inégaux

ᒥᒋ·ᑳᓱ **michikwaasuu** vai -u ◆ il/elle coud mal, en faisant de gros points

ᒦᒋᔑᔥᑎᐦᐄᒑᐤ **miichishishtihiichaau** vai ◆ il/elle coud des perles

ᒥᔪ·ᑳᑖᐤ **miyukwaataau** vta ◆ il/elle le/la coud bien

ᒥᔪ·ᑳᑎᒼ **miyukwaatim** vti ◆ il/elle le coud bien

ᓂᐦᑖᐅ·ᑳᓱ **nihtaaukwaasuu** vai -u ◆ il/elle sait comment faire des choses en couture, il/elle sait coudre

ᓃᐹ·ᑳᓱ **niipaakwaasuu** vai -u ◆ il/elle coud la nuit

ᓂ·ᐹᒋᔥᑎᐦᐊᒼ **nipwaachishtiham** vti ◆ il/elle fait l'ourlet, coud un pli dedans

ᓂ·ᐹᒋᔥᑎᐦ·ᐋᐤ **nipwaachishtihwaau** vta ◆ il/elle coud un pli dedans (animé)

ᓂᔥᑎ·ᐃᔥᑎᐦᐊᒼ **nishtiwishtiham** vti ◆ il/elle les coud ensemble

ᓂᔥᑎ·ᐃᔥᑎᐦ·ᐋᐤ **nishtiwishtihwaau** vta ◆ il/elle les coud ensemble

ᐱᐦᒌᐦ·ᑳᐦᐊᒼ **pihchiihkwaaham** vti ◆ il/elle coud l'avant des mocassins, fait des fronces

ᐲᐦ·ᑖᒋᔥᑎᐦᐊᒼ **piihtwaachishtiham** vti ◆ il/elle coud une doublure dedans

ᐲᐦ·ᑖᒋᔥᑎᐦ·ᐋᐤ **piihtwaachishtihwaau** vta ◆ il/elle coud une doublure dedans (animé, ex des mitaines)

ᐲᒥ·ᑳᑖᐤ **piimikwaataau** vta ◆ il/elle le/la coud de travers

ᐲᒥ·ᑳᑎᒼ **piimikwaatim** vti ◆ il/elle le coud de travers

ᐱᔮᒫᐅ·ᑳᑖᐤ **piyaamaaukwaataau** vta ◆ il/elle coud les mauvais morceaux ensembles

ᐱᔮᒫᐅ·ᑳᑎᒼ **piyaamaaukwaatim** vti ◆ il/elle coud les mauvais morceaux ensembles

ᔖᔒᐹᐱᐦᒑᐱᑎᒼ **shaashiipaapihchaapitim** vti ◆ il/elle le tisse, le fait rentrer et sortir

ᐅ·ᐋᔑ·ᑳᑖᐤ **uwaashikwaataau** vta ◆ il/elle le raccommode

ᐅ·ᐋᔑ·ᑳᑎᒼ **uwaashikwaatim** vti ◆ il/elle le raccommode

·ᐋᐢᑳ·ᑳᑎᒼ **waaskaakwaatim** vti ◆ il/elle coud tout autour

·ᐋᐢᑳᔥᑎᐦᐊᒼ **waaskaashtiham** vti ◆ il/elle le coud tout autour

·ᐋᐢᑳᔥᑎᐦᐊᑎᒼ **waaskaashtihatim** vti ◆ il/elle y coud un bord

·ᐋᐢᑳᔥᑎᐦ·ᐋᐤ **waaskaashtihwaau** vta ◆ il/elle le/la coud tout autour

·ᐋ·ᐋᒋ·ᑳᑖᐤ **waawaachikwaataau** vta redup ◆ il/elle le/la coud tout de travers

·ᐋ·ᐋᒋ·ᑳᑎᒼ **waawaachikwaatim** vti redup ◆ il/elle le coud tout de travers

·ᐋ·ᐋᒋᐢᑎᐦᐊᒼ **waawaachistiham** vti redup ◆ il/elle coud un emballage tout autour

·ᐋ·ᐋᒋᐢᑎᐦ·ᐋᐤ **waawaachistihwaau** vta redup ◆ il/elle coud un emballage tout autour de lui/elle

·ᐄᐦ·ᑳᔥᑎᐦᐊᒼ **wiihkwaashtiham** vti ◆ il/elle le coud en forme de sac

·ᐄᐦ·ᑳᔥᑎᐦ·ᐋᐤ **wiihkwaashtihwaau** vta ◆ il/elle le/la coud en forme de sac

·ᐄᔥ·ᑳᔮᒋᔥᑎᐦᐊᒼ **wiishkwaayaachishtiham** vti ◆ il/elle coud autour d'un objet placé dans un morceau de tissu, de peau

ᔮᐃᔨᒋ·ᑳᑖᐤ **yaaiyichikwaataau** vta ◆ il/elle le/la coud solidement

ᔮᐃᔨᒋ·ᑳᑎᒼ **yaaiyichikwaatim** vti ◆ il/elle le coud solidement

ᔑᐙᐦᑯᒄ **shiwaahkukw** ni ◆ une aiguille à coudre le cuir

ᒋᔥᒋᓂᐙᒋᒁᑖᐤ **chishchiniwaachikwaataau** vta ◆ il/elle coud une marque, une étiquette dessus (animé)

ᒋᔥᒋᓂᐙᒋᒁᑎᒻ **chishchiniwaachikwaatim** vti ◆ il/elle coud une marque, une étiquette dessus

ᐱᐦᒌᐦᒁᓂᒑᐤ **pihchiihkwaanichaau** vai ◆ il/elle plie, fronce, fait des fronces en cousant

ᔖᐳᔥᑎᐦᐊᒻ **shaapushtiham** vti ◆ il/elle le perce, le fait traverser en cousant

ᔖᐳᔥᑎᐦᐙᐤ **shaapushtihwaau** vta ◆ il/elle le/la perce, le/la fait traverser en cousant

ᐲᐦᑎᐏᒁᑎᒻ **piihtiwikwaatim** vti ◆ il/elle coud des bottes en peau de phoque de façon à les rendre imperméable

couenne

ᓰᑯᓵᑭᓐ **siikusaakin** na -im ◆ ce qui reste du gras frit, couenne rissolée

coulant

ᔫᑭᐦᐊᓐ **shuukihan** vii ◆ c'est épais et coulant

couler

ᐋᒥᐱᐦᑖᐤ **aamipihtaau** vai ◆ il/elle coule de quelque chose

ᒋᐱᐦᑖᔑᑭᐆ **chipihtaashikiuu** vii -iwi ◆ ça (ex. du sang, du liquide) arrête de saigner, de couler ■ ᐋᔥᒄ ᓂᒥ ᒋᐱᐦᒋᑖᔑᑭᐏᔨᐤ ᑳ ᒫᑎᓱᓱᑦ᙮ ■ aashkw nimi chipihchitaashikiwiyiu kaa maatisusut. ■ *Le saignement ne s'est pas arrêté sur sa blessure.*

ᐄᔅᐱᐦᑖᒥᑭᓐ **iispihtaamikin** vii ◆ ça coule, s'écoule par là

ᑯᐃᔅᑯᒋᐏᓐ **kuiskuchiwin** vii ◆ l'eau coule tout droit

ᒁᔅᑳᒫᔮᒋᐏᓐ **kwaaskaamaayaachiwin** vii ◆ les rapides coulent d'un côté à l'autre

ᒥᔪᑰ **miyukuu** vii -uwi ◆ ça coule bien (liquide)

ᓈᔅᐱᑖᑎᒧᐙᐱᔨᐤ **naaspitaatimuwaapiyiu** vii ◆ ça coule jusqu'au fond

ᐹᐦᐹᓈᒥᔅᒑᒋᐏᓐ **paahpaanaamischaachiwin** vii redup ◆ l'eau coule entre les rochers

ᐹᔅᒋᒋᐏᓐ **paaschichiwin** vii ◆ les rapides coulent au-dessus de quelque chose

ᐹᔅᒋᑭᒥᒋᐏᓐ **paaschikimichiwin** vii ◆ la rivière coule

ᐲᒥᒋᐏᓐ **piimichiwin** vii ◆ l'eau coule de manière sinueuse

ᓵᒋᒋᐏᓐ **saachichiwin** vii ◆ ça coule de quelque chose, c'est l'entrée d'un lac

ᔒᐹᐙᐹᐤ **shiipaawaapaau** vii ◆ de l'eau coule dans le passage

ᔒᐹᔮᔑᑭᐏᐦᑖᐤ **shiipaayaashikiwihtaau** vai+o ◆ il/elle fait couler l'eau à travers quelque chose

ᔫᐱᒥᔨᐤ **shuupimiyiu** vai ◆ il/elle coule, dégouline, comme de la crème glacée fondue

ᓰᐦᑎᐙᐱᔅᒑᒋᐏᓐ **siihtiwaapischaachiwin** vii ◆ le rapide coule entre une zone étroite de rochers

ᑯᓵᐹᐦᐊᒻ **kusaapaaham** vti ◆ il/elle le fait couler en jetant quelque chose dessus ou en tirant dessus

ᑯᓵᐹᐦᐙᐤ **kusaapaahwaau** vta ◆ il/elle le/la fait couler en jetant quelque chose dessus ou en tirant dessus

ᐲᐦᑐᓯᑯᒋᐏᓐ **piihtusikuchiwin** vii ◆ l'eau coule entre deux couches de glace

ᔒᐹᔥᑎᑯᒋᐏᓐ **shiipaashtikuchiwin** vii ◆ la rivière coule entre des îles; il y a des rapides entre les îles

ᔮᑳᐙᒥᔅᑰ **yaakaawaamiskuu** vii -uwi ◆ la rivière coule dans un lit de sable

ᓵᒌᐆ **saachiiuu** vii -iiwi ◆ c'est un ruisseau coulant dans un lac, c'est l'entrée d'un lac

ᔖᔒᐹᔥᑭᒥᒋᐏᓐ **shaashiipaashkimichiwin** vii ◆ c'est un petit ruisseau qui coule sur et sous la terre

ᐅᔅᑎᓯᑯᒋᐏᓐ **ustisikuchiwin** vii ◆ l'eau coule à la surface de la glace ■ ᔖᔥ ᒌᐦ ᐅᔅᑎᓯᑯᒋᐏᓐ ᑳ ᐹᒋ ᒫᑖᔥᑎᒁᐱᒋᔮᐦᒡ ᓰᐲᐦᒡ᙮ ■ shaash chiih ustisikuchiwin kaa paachi maataashtikwaapichiyaahch siipiihch. ■ *Il y avait déjà de l'eau à la surface de la glace quand nous y sommes arrivés à la rivière.*

couleur

ᐊᑎᐦᑖᐅᐦ **atihtaauh** vii pl ◆ les baies mûrissent, prennent de la couleur

ᓂᒋᑯᐃᔨᑯᔅᑯᓐ **nichikuiyikuskun** vii ◆ les nuages sont de couleur rose et bleue

ᐑᓯᓱᓈᑯᓐ **wiisisunaakun** vii ◆ c'est tape-à-l'oeil, c'est d'une couleur éclatante

ᐋᐦᑎᐙᐤ **aahtiwaau** vai ◆ il/elle change de pelage ou la couleur de sa fourrure

ᒥᐦᑰᔖᐤ **mihkuushaau** vii ◆ les feuilles changent de couleur en automne

ᐹᔖᐱᔅᑳᐤ **paashaapiskaau** vii ◆ le rocher a de fines veines d'une autre couleur

ᒫᒫᐦᒌᔑᓈᑯᓐ **maamaahchiishinaakun** vii ◆ ça a plusieurs couleurs, plusieurs parties, plusieurs apparences différentes

ᒫᒫᐦᒌᔑᓈᑯᓯᐤ **maamaahchiishinaakusiu** vai ◆ il/elle a plusieurs couleurs, plusieurs parties, plusieurs apparences

ᐹᐦᐹᔨᑯᑎᐦᑖᐅᐦ **paahpaayikutihtaauh** vii pl redup ◆ les baies changent de couleur de-ci de-là

ᐹᐦᐹᔨᑯᑎᓱᐎᒡ **paahpaayikutisuwich** vai pl redup -u ◆ ils/elles changent de couleur de-ci de-là (les baies)

coup

ᐋᐱᑎᓂᐦᐙᐤ **aapitinihwaau** vta ◆ il/elle le/la tue d'un seul coup

ᒋᐦᑳᐱᓈᐤ **chihkaapinaau** vta ◆ il/elle lui donne un coup dans l'oeil

ᒋᐦᑭᑎᐦᐊᒻ **chihkitiham** vti ◆ il/elle lui donne un coup de bec (se dit d'un oiseau)

ᒋᐦᑭᑎᐦᐙᐤ **chihkitihwaau** vta ◆ il/elle lui donne un coup de bec (se dit d'un oiseau)

ᒌᔅᑭᐦᐊᒼ **chiiskiham** vti ◆ il/elle lui enfonce le doigt dedans, lui donne un petit coup

ᒌᔅᑭᐦᐙᐤ **chiiskihwaau** vta ◆ il/elle lui enfonce le doigt dedans, il/elle (par ex. un chien) lui donne un petit coup de dent

ᑑᔅᑯᐦᐙᐤ **tuuskuhwaau** vta ◆ il/elle lui donne un coup de coude

ᑯᔥᒁᐙᓲ **kushkwaawaasuu** vai -u ◆ il/elle est effrayé-e par un coup de fusil

ᔑᔑᑯᑖᐅᓈᐦᐙᐤ **shishikutaaunaahwaau** vta ◆ il/elle lui donne un coup dans la bouche ou la gueule avec quelque chose

ᑖᐦᑎᐦᒋᔥᑭᒼ **taahtihchishkim** vti redup ◆ il/elle lui donne des coups de pied

ᑖᐦᑎᐦᒋᔥᑭᐙᐤ **taahtihchishkiwaau** vta redup ◆ il/elle lui donne des coups de pied

ᐙᐱᔥᑭᐙᐤ **waapishkiwaau** vta ◆ il/elle lui donne un coup de pied, le/la frappe et le/la repousse avec son corps

coup d'oeil

ᒌᒧᓵᐱᒫᐤ **chiimusaapimaau** vta ◆ il/elle lui jette un coup d'oeil, le/la surveille sans qu'il/elle le sache

ᒌᔅᒋᓵᐱᐦᑎᒼ **chiischisaapihtim** vti ◆ il/elle lui jette un coup d'oeil

ᐙᔥᑖᔮᐱᐦᑎᒼ **waashtaayaapihtim** vti ◆ il/elle y jette un coup d'oeil

coup de coude

ᐄᒑᓂᒼ **iichaanim** vti ◆ il/elle le pousse de côté d'un coup de coude

ᐄᒑᓈᐤ **iichaanaau** vta ◆ il/elle le pousse du coude, le/la déplace de côté

coup de dent

ᒋᒥᐦᑎᒼ **chimihtim** vti ◆ il/elle l'arrache d'un coup de dent

coup de feu

ᑯᔥᒁᐙᑖᐤ **kushkwaawaataau** vii ◆ c'est un coup de feu qui fait sursauter

coup de fusil

ᐊᒫᐙᔂᐤ **amaawaaswaau** vta ◆ il/elle l'effraie et le fait s'enfuir avec son coup de fusil

ᐄᑤᐙᐱᑎᒼ **iitwaawaapitim** vti ◆ il/elle fait du bruit avec ses mains ou ses pieds, avec plusieurs coups de fusil

ᐄᑤᐙᔅᒋᒑᐤ **iitwaawaaschichaau** vai ◆ il/elle tire des coups de fusil de façon répétée

ᔮᐙᐙᑖᐤ **yaawaawaataau** vii ◆ c'est un coup de fusil qu'on entend au loin

ᐊᐦᑤᐙᓯᔅᒑᐤ **ahtwaawaasischaau** vai ◆ le son de son coup de fusil provient d'une certaine direction

ᑯᔥᒁᐙᔂᐤ **kushkwaawaaswaau** vta ◆ il/elle le/la surprend, le/la fait sursauter en tirant au fusil

coup de pied

ᐲᐦᑎᑖᔥᑭᒼ **piihtitaashkim** vti ◆ il/elle le fait rentrer à coups de pied

ᔖᑯᑎᐦᒋᔥᑭᒼ **shaakutihchishkim** vti ◆ il/elle lui donne un coup de pied sous quelque chose

ᔖᑯᑎᐦᒋᔥᑭᐙᐤ **shaakutihchishkiwaau** vta ◆ il/elle lui donne un coup de pied sous quelque chose

ᔒᐹᑎᐦᒋᔥᑭᒼ **shiipaatihchishkim** vti ◆ il/elle lui donne un coup de pied sous quelque chose

ᔒᐹᑎᐦᒋᔥᑭᐙᐤ **shiipaatihchishkiwaau** vta ◆ il/elle lui donne un coup de pied dessous

ᑎᐦᒋᔥᑳᒋᒑᐤ **tihchishkaachichaau** vai ◆ il/elle donne des coups de pied

ᑎᐦᒋᔥᑭᒼ **tihchishkim** vti ◆ il/elle lui donne un coup de pied

ᑎᐦᒋᔥᑭᐙᐤ **tihchishkiwaau** vta ◆ il/elle lui donne un coup de pied

ᑖᐦᑎᐦᒋᔥᑭᒼ **taahtihchishkim** vti redup ◆ il/elle lui donne des coups de pied

ᑖᐦᑎᐦᒋᔥᑭᐙᐤ **taahtihchishkiwaau** vta redup ◆ il/elle lui donne des coups de pied

ᐱᐦᒀᔮᑯᓂᒋᔥᑭᒼ **pihkwaayaakunichishkim** vti ◆ il/elle casse, détache un morceau de neige en donnant des coups de pied ou avec son pied ou son corps

coup de tonnerre

ᐋᔑᐦᒀᐎᐨ **aashihkwaawich** vai pl ◆ les coups de tonnerre sont très rapprochés, lit. 'ils crient'

coupant

ᑳᔖᐱᔅᑳᐤ **kaashaapiskaau** vii ◆ c'est coupant ■ ᐊᑳᐑ ᒫᒋᔓᒄᐦ ᐊᓐ ᐊᓯᓃ ᓈᔥᑖᐹᐦ ᑳᔖᐱᔅᑳᐤ᙮ ■ akaawii maachishukwh an asinii naashtaapwaah kaashaapiskaau. ■ *Ne te coupe pas sur ce rocher coupant.*

ᐱᒁᐦᑎᓐ **pikwaahtin** vii ◆ ça coupe bien, c'est coupant

ᒌᔅᒋᒥᓂᐳᑖᐤ **chiischiminiputaau** vta ◆ il/elle aiguise le bord et le/la rend très coupante

ᑳᔓᑖᐅᓰᐤ **kaashutaausiiu** vai ◆ il/elle est coupant-e, piquant-e

ᒌᓈᐱᑎᑯᐦᒡ **chiinaapitikuhch** p,lieu ◆ du côté coupant d'une lame de hache

coupé

ᒋᒫᐹᒋᓯᐤ **chimaapaachisiu** vai ◆ il/elle est coupé-e (filiforme)

ᒋᒫᐹᑭᓐ **chimaapaakin** vii ◆ c'est coupé (filiforme)

ᒋᒫᐱᔅᑳᐤ **chimaapiskaau** vii ◆ c'est coupé trop court (minéral)

ᒋᒫᔅᑯᓐ **chimaaskun** vii ◆ c'est coupé (long et rigide)

ᒋᒫᔅᑯᓯᐤ **chimaaskusiu** vai ◆ il/elle est coupé-e (long et rigide)

ᒋᒫᐱᓯᔅᒋᓯᐤ **chimaapisischisiu** vai ◆ il/elle est coupé-e trop court-e (minéral)

ᔖᔩᐚᑭᓐ **shaayiwaakin** vii ◆ c'est du tissu non-coupé ou non-cousu

couper

ᐋᐦᒁᑎᓱᓲ **aahkwaatisusuu** vai reflex -u ◆ il/elle se coupe profondément avec un instrument

ᒋᒥᔑᑳᒑᐤ chimishikaachaau vai ◆ il/elle coupe des choses avec

ᒋᒥᔑᒼ chimishim vti ◆ il/elle le coupe

ᒋᒥᔑᒧᐙᐤ chimishimuwaau vta ◆ il/elle le coupe pour lui/elle

ᒋᓄᑭᐦᐙᐤ chinukihwaau vta ◆ il/elle le/la coupe en long

ᒫᑎᔑᒼ maatishim vti ◆ il/elle le coupe

ᒫᑎᔣᐤ maatishwaau vta ◆ il/elle le/la coupe

ᓈᑣᔣᐤ naatwaashwaau vta ◆ il/elle le/la coupe en deux

ᐱᐦᑯᔨᔪᔖᐙᐤ pihkuyiyushaawaau vta ◆ il/elle coupe le gras de la peau

ᐱᐹᔑᔑᒼ pipaashishim vti redup ◆ il/elle le coupe

ᐱᔥᒋᔣᐤ pishchishwaau vta ◆ il/elle le/la coupe (filiforme)

ᐱᔅᑳᐱᐦᒑᔑᒼ piskaapihchaashim vti ◆ il/elle le coupe

ᔮᐃᑳᐱᐦᒑᔑᒼ yaaikaapihchaashim vti redup ◆ il/elle le coupe en bandes

ᐋᐦᒁᒋᔑᒼ aahkwaachishim vti ◆ il/elle le coupe gravement

ᐊᒋᐎᔑᒼ achiwishim vti ◆ il/elle le réduit, le diminue en coupant

ᐊᒋᐎᔣᐤ achiwishwaau vta ◆ il/elle le/la réduit en coupant

ᐊᔥᒋᑭᐦᐊᒼ ashchikiham vti ◆ il/elle le coupe sur quelque chose en bois

ᐊᔥᑖᔥᑯᔖᐙᐤ ashtaashkushaawaau vai ◆ il/elle coupe la babiche sur un morceau de bois

ᐊᔅᐱᐦᑎᑭᐦᐙᐤ aspihtikihwaau vta ◆ il/elle le/la coupe, le/la hache, en plaçant en dessous quelque chose en bois

ᒌᑳᐦᑎᐙᐦᐙᐤ chiikaahtiwaahwaau vta ◆ il/elle coupe les branches de l'arbre

ᒌᓂᔑᒼ chiinishim vti ◆ il/elle le coupe en pointe

ᒌᓂᔣᐤ chiinishwaau vta ◆ il/elle le/la coupe en pointe

ᒌᔖᐙᐤ chiishaawaau vai ◆ il/elle détache la viande de l'os en la coupant

ᒋᒫᐤ chimaau vii ◆ c'est raccourci

ᒋᒥᐦᐋᐦᑎᒁᐤ chimihaahtikwaau vai ◆ il/elle coupe des perches

ᒋᒥᐦᐊᒼ chimiham vti ◆ il/elle le tranche, le coupe (se dit du bois)

ᒋᒥᐦᐅᓲ chimihusuu vai reflex -u ◆ il/elle se coupe avec une hache

ᒋᒥᑳᑖᔣᐤ chimikaataashwaau vta ◆ il/elle lui coupe la jambe

ᒋᒥᑳᑖᐙᔣᐤ chimikaataawaashwaau vta ◆ il/elle coupe les jambes du pantalon

ᒋᒥᑭᐦᐊᒼ chimikiham vti ◆ il/elle le coupe complètement

ᒋᒥᑭᐦᑎᒁᐦᐊᒫᐤ chimikihtikwaahamaau vai ◆ il/elle coupe sa frange assez courte

ᒋᒥᑭᐦᐙᐤ chimikihwaau vta ◆ il/elle le/la coupe trop court-e

ᒋᒥᔑᑯᔑᒫᐤ chimishikushimaau vta ◆ il/elle le/la fait se couper avec la glace

ᒋᒥᔥᑎᒁᓈᔣᐤ chimishtikwaanaashwaau vta ◆ il/elle lui coupe la tête

ᒋᒥᔥᑎᒁᓈᐤ chimishtikwaanaau vai ◆ sa tête est coupée

ᒋᒥᔣᐤ chimishwaau vta ◆ il/elle le/la coupe trop court-e

ᒋᒥᓯᑯᐦᑎᑖᐤ chimisikuhtitaau vai ◆ il/elle le fait se couper par la glace

ᒋᔥᒋᓂᐙᒋᔑᒼ chishchiniwaachishim vti ◆ il/elle le/la marque en coupant

ᒋᔥᐱᒋᔑᒼ chishpichishim vti ◆ il/elle le coupe épais

ᒋᔥᐱᒋᔣᐤ chishpichishwaau vta ◆ il/elle le coupe épais, la coupe épaisse

ᐄᔑᑭᐦᐊᒼ iishikiham vti ◆ il/elle le coupe, le fend d'une certaine façon

ᐄᔥᑯᔑᒼ iishkushim vti ◆ il/elle en laisse un peu non coupé, il/elle en coupe une certaine longueur

ᐄᔥᑯᔣᐤ iishkushwaau vta ◆ il/elle en coupe une certaine longueur, en laisse une partie non-coupée

ᑭᒌᐦᒑᔅᑭᒥᑭᐦᐊᒼ kichiihchaaskimikiham vti ◆ il/elle coupe à la hache un carré de mousse gelée

ᑭᒌᐦᒑᔮᒋᔑᒼ kichiihchaayaachishim vti ◆ il/elle le coupe (étalé) en carré

ᑭᒌᐦᒑᔮᒋᔣᐤ kichiihchaayaachishwaau vta ◆ il/elle le/la coupe (étalé) en carré

ᑭᒌᐦᒑᔮᐱᓯᔅᒋᓯᒼ kichiihchaayaapisischisim vti ◆ il/elle le coupe (minéral) en carré

ᑭᒌᐦᒑᔮᐱᓯᔅᒋᔃᐤ kichiihchaayaapisischiswaau vta ◆ il/elle le/la coupe (minéral) en carré

ᑭᐎᐦᐙᐤ kiwihwaau vta ◆ il/elle l'abat (l'arbre)

ᑯᒋᔑᒼ kuchishim vti ◆ il/elle le teste en coupant

ᑯᐃᔅᑯᔑᒼ kuiskushim vti ◆ il/elle le coupe bien droit

ᑯᐃᔅᑯᔣᐤ kuiskushwaau vta ◆ il/elle le/la coupe bien droit-e

ᑯᐃᔅᒁᐹᒋᔑᒼ kuiskwaapaachishim vti ◆ il/elle le coupe droit (filiforme)

ᑯᐃᔅᒁᐹᒋᔣᐤ kuiskwaapaachishwaau vta ◆ il/elle le/la coupe droit-e (filiforme)

ᑯᑎᑯᔅᒑᐙᔑᒼ kutikuschaawaashim vti ◆ il/elle le coupe aux ligaments des articulations

ᑯᑎᔣᐤ kutishwaau vta ◆ il/elle le/la teste en coupant

ᒫᒫᒋᔑᒼ maamaachishim vti ◆ il/elle le coupe en morceaux

ᒫᒫᑎᔣᐤ maamaatishwaau vta ◆ il/elle le/la coupe en petits morceaux

ᒫᒧᐎᔣᐤ maamuwishwaau vta ◆ il/elle les coupe tous ensemble

ᒥᒫᐦᑖᐅᔑᒼ mimaahtaaushim vti ◆ il/elle le coupe dans des formes variées

ᒥᒫᐦᑖᐅᐧᔖᐤ **mimaahtaaushwaau** vta ◆ il/elle le/la coupe dans des formes variées
ᒥᒪᐦᑖᐧᐊᒋᔑᒼ **mimaahtaawaachishim** vti ◆ il/elle le coupe (étalé) de différentes façons
ᒥᒫᐦᑖᐧᐊᒋᐧᔖᐤ **mimaahtaawaachishwaau** vta ◆ il/elle le coupe (étalé) de différentes façons
ᒥᒥᔑᐦᑎᐧᑳᐤ **mimishihtikwaau** vai redup ◆ il/elle coupe de grosses bûches pour le feu
ᒥᓂᑲᑖᐧᔖᐤ **minikaataashwaau** vta ◆ il/elle lui coupe les jambes
ᒥᓂᑭᐦᐊᒼ **minikiham** vti ◆ il/elle le coupe en morceaux, le hache
ᒥᓂᑭᐦᐧᐋᐤ **minikihwaau** vta ◆ il/elle le/la coupe en morceaux, le/la hache
ᒥᓂᔑᒼ **minishim** vti ◆ il/elle le détache en le coupant
ᒥᓂᔥᑎᐧᑳᓈᐧᔖᐤ **minishtikwaanaashwaau** vta ◆ il/elle lui coupe la tête
ᒥᓂᐧᔖᐤ **minishwaau** vta ◆ il/elle le/la détache en coupant, le/la coupe
ᒥᓂᑎᐦᑯᑯᓈᐧᔖᐤ **minitihkukunaashwaau** vta ◆ il/elle lui coupe les ailes
ᒨᔑᔓᐧᐃᑭᐦᐊᒼ **muushishuwikiham** vti ◆ il/elle le coupe à blanc
ᓈᓂᐱᑖᐦᐧᐋᐤ **naanipitaahwaau** vai ◆ il/elle coupe le gras du dos du gros gibier
ᓈᐧᑖᑭᐦᐊᒼ **naatwaakiham** vti ◆ il/elle le coupe à la hache
ᓈᐧᑖᑭᐦᐧᐋᐤ **naatwaakihwaau** vta ◆ il/elle le/la coupe à la hache
ᓈᐧᑖᐱᑐᓈᐦᐧᐋᐤ **naatwaapitunaahwaau** vta ◆ il/elle coupe le bras de quelqu'un avec un instrument ou une machine
ᓈᐧᑖᔑᒼ **naatwaashim** vti ◆ il/elle le coupe en deux
ᐱᐦᐧᑳᔑᒼ **pihkwaashim** vti ◆ il/elle en coupe un morceau
ᐱᐦᐧᑳᔑᒧᐧᐋᐤ **pihkwaashimuwaau** vta ◆ il/elle en coupe un morceau pour lui
ᐱᐦᐧᑳᐧᔖᐤ **pihkwaashwaau** vta ◆ il/elle en coupe un morceau
ᐲᐦᑎᐧᐃᐧᔖᐤ **piihtiwishwaau** vta ◆ il/elle le/la coupe en fine tranches, en découpe une couche
ᐲᐧᑲᔖᐧᐋᐤ **piikwaashaawaau** vai ◆ il/elle coupe les morceaux en couches ou en tranches épaisses
ᐲᐧᑳᔑᒼ **piikwaashim** vti ◆ il/elle le coupe en tranches épaisses (ex. de la viande)
ᐲᐧᑳᐧᔖᐤ **piikwaashwaau** vta ◆ il/elle le/la coupe (ex. un animal) en tranches épaisses
ᐲᒥᑲᒫᔑᒼ **piimikaamaashim** vti ◆ il/elle le coupe en biais
ᐲᒥᑲᒪᐧᔖᐤ **piimikaamaashwaau** vta ◆ il/elle le/la coupe en biais
ᐲᓯᑎᑭᐦᐄᒑᐤ **piisitikihiichaau** vai ◆ il/elle coupe le bois en petit morceau, il/elle hache du bois
ᐲᐅᐦᑎᑭᐦᐄᒑᐤ **piiuhtikihiichaau** vai ◆ il/elle coupe du petit bois
ᐲᐅᔖᐧᐋᐤ **piiushaawaau** vai ◆ il/elle coupe, laissant des restes
ᐲᐅᔑᒼ **piiushim** vti ◆ il/elle le coupe, laissant des restes
ᐲᐅᐧᔖᐤ **piiushwaau** vta ◆ il/elle le/la coupe, laissant des restes
ᐱᐹᓯᑯᔅᒑᔑᒼ **pipaasikuschaashim** vti redup ◆ il/elle le détache en coupant
ᐱᐹᓯᑯᔅᒑᐧᔖᐤ **pipaasikuschaashwaau** vta redup ◆ il/elle le/la détache en coupant
ᐱᐱᒋᔑᒼ **pipichishim** vti ◆ il/elle le coupe fin
ᐱᐱᒋᐧᔖᐤ **pipichishwaau** vta ◆ il/elle le/la coupe fine
ᐱᔅᒋᑭᐦᐧᐋᐤ **pischikihwaau** vta ◆ il/elle le/la coupe (filiforme) avec une hache
ᐱᓯᐦᐊᒼ **pisiham** vti ◆ il/elle coupe du bois pour ça
ᐱᔅᑳᐹᐦᑭᐦᓯᒼ **piskaapaahkihsim** vti ◆ il/elle le brûle (filiforme) pour le couper
ᐱᔅᑳᐹᐦᑭᐦᐧᓵᐤ **piskaapaahkihswaau** vta ◆ il/elle le/la brûle et le/la coupe (filiforme)
ᐱᔅᑳᐱᐦᒑᐧᔖᐤ **piskaapihchaashwaau** vta ◆ il/elle le/la coupe (filiforme) et le/la détache
ᐱᔅᑭᐦᑎᒼ **piskihtim** vti ◆ il/elle le/la coupe (filiforme) avec ses dents
ᐱᔅᑭᒫᐤ **piskimaau** vta ◆ il/elle le/la coupe (filiforme) avec ses dents
ᐴᔥᑯᔑᒼ **puushkushim** vti ◆ il/elle le coupe en deux
ᐴᔥᑯᐧᔖᐤ **puushkushwaau** vta ◆ il/elle le/la coupe en deux
ᔖᑭᐧᐃᔑᒼ **shaakiwishim** vti ◆ il/elle le coupe étroit
ᔖᑭᐧᐃᐧᔖᐤ **shaakiwishwaau** vta ◆ il/elle le/la coupe étroit-e
ᔒᐅᔥᑯᓈᔑᓐ **shiiushkunaashin** vai ◆ il/elle se fait couper le souffle
ᑖᑐᔑᒼ **taatushim** vti ◆ il/elle l'ouvre en le coupant avec des ciseaux, un couteau
ᑖᑐᐧᔖᐤ **taatushwaau** vta ◆ il/elle l'ouvre en le/la coupant
ᑎᐱᔥᑯᑎᔑᒼ **tipishkutishim** vti ◆ il/elle le coupe carrément tout droit
ᑎᐱᔥᑯᑎᐧᔖᐤ **tipishkutishwaau** vta ◆ il/elle le/la coupe carrément tout droit
ᑎᔑᐱᔑᑭᓂᐆ **tishipishikiniuu** vti, passif -iwi ◆ il/elle est coupé-e à l'articulation, à la jointure
ᑎᔑᐱᔑᒼ **tishipishim** vti ◆ il/elle est coupé-e à l'articulation, à la jointure
ᐅᔖᑭᓂᐦᒑᐧᔖᐤ **ushaakinihchaashwaau** vai ◆ il/elle coupe le poisson par le dos pour en enlever les filets, avant que le poisson entier avec ses arêtes soit suspendu pour être fumé
ᐧᐋᔅᑳᐧᔖᐤ **waaskaashwaau** vta ◆ il/elle le coupe en rond

ᐧᐋᐧᐋᑳᐱᐦᒑᔑᒻ waawaakaapihchaashim vti redup ◆ il/elle le coupe (filiforme) de travers

ᐧᐄᔮᐧᔖᐤ wiiyaashwaau vta ◆ il/elle le/la découpe en bandelettes (ex. de la peau de lapin)

ᐧᐃᓂᔑᒻ winishim vti ◆ il/elle le coupe de travers

ᐧᐃᓂᐧᔖᐤ winishwaau vta ◆ il/elle le/la coupe de travers

ᔮᐃᒋᔑᒻ yaaichishim vti redup ◆ il`elle le coupe, le scie en bandes

ᔮᐃᑳᐹᔑᒻ yaaikaapaashim vti redup ◆ il/elle le coupe en bandes

ᔮᔨᒋᐱᑖᐤ yaayichipitaau vta ◆ il/elle en coupe une bandelette

ᔮᔨᒋᐱᑎᒻ yaayichipitim vti ◆ il/elle en coupe une bandelette

ᔮᔨᒋᐳᔮᐤ yaayichipuyaau vta ◆ il/elle le/la scie en morceaux

ᔮᔨᒋᐧᔖᐤ yaayichishwaau vta ◆ il/elle le/la coupe en morceaux

ᔮᔨᑳᐹᐧᔖᐤ yaayikaapaashwaau vta ◆ il/elle le/la coupe en morceaux

ᔮᔨᑳᐱᐦᒑᐧᔖᐤ yaayikaapihchaashwaau vta ◆ il/elle le/la coupe en morceaux

ᔮᔨᑭᐦᐊᒻ yaayikiham vti ◆ il/elle le coupe en bandelettes avec une hache

ᐊᑎᒫᔮᐱᑎᑯᐦᒡ atimaayaapitikuhch p,lieu ◆ du côté de la hache qui ne coupe pas ■ ᐋᑎᐧᐄ ᐊᑎᒫᔮᐱᑎᑯᐦᒡ ᒌᐦ ᐄᑎᓂᒧᐦᑖᑯᐱᓐ ᐊᓂᔮ ᐅᒌᑭᐦᐄᑭᓐ ᐧᐋᐦᒋ ᐋᑳ ᒋᐦᒋᐧᐋ ᐅᐦᒋ ᒋᒧᐦᐅᓱᑦ. ■ aatiwii atimaayaapitikuhch chiih iitinimuhtaakupin aniyaa uchiikihiikin waahchi aakaa chihchiwaa uhchi chimuhusut. ■ *Elle a failli se couper avec la hache, mais heureusement elle la tenait avec la lame à l'envers.*

ᐋᐦᐧᑳᒋᑭᐦᐧᐋᐤ aahkwaachikihwaau vta ◆ il/elle le/la coupe gravement avec une hache

ᐋᐱᔅᑎᒋᔑᒻ aapistichishim vti ◆ il/elle ouvre la couture en la coupant

ᐋᐱᔅᑎᒋᐧᔖᐤ aapistichishwaau vta ◆ il/elle ouvre la couture en la coupant

ᒌᐦᒌᔑᔑᒻ chiihchiishishim vti ◆ il/elle détache la viande de l'os en la coupant

ᒋᒥᐦᐄᒑᐤ chimihiichaau vai ◆ il/elle fend ou coupe du bois

ᒋᒥᑎᐦᒑᐤ chimitihchaau vai ◆ il/elle a le doigt ou la main coupée

ᒋᓄᐦᑎᑭᐦᐊᒻ chinuhtikiham vti ◆ il/elle le coupe en long

ᒋᔥᒋᓂᐧᐋᒋᐧᔖᐤ chishchiniwaachishwaau vta ◆ il/elle le circoncit; il/elle le/la marque en le/la coupant

ᑭᐧᐃᐦᐧᐋᔑᐦᑖᑖᐤ kiwihwaashihtaataau vai+o ◆ il/elle coupe l'arbre pour en recueillir les branches

ᓂᐱᒋᑭᐦᐊᒻ nipichikiham vti ◆ il/elle le coupe à plat, bien lisse

ᓂᐱᒋᑭᐦᐧᐋᐤ nipichikihwaau vta ◆ il/elle le/la coupe à plat, bien lisse

ᓂᐧᐹᒋᔑᒻ nipwaachishim vti ◆ il/elle le coupe quand il est plié en deux

ᓂᐧᐹᒋᐧᔖᐤ nipwaachishwaau vta ◆ il/elle le/la coupe quand il/elle est plié-e en deux

ᓅᑖᐦᑎᐧᑳᐤ nuutaahtikwaau vai ◆ il/elle fait de la coupe de bois, bûche

ᐱᐦᒋᑭᐦᐊᒻ pihchikiham vti ◆ il/elle le coupe, le hache par erreur

ᐱᐦᒋᑭᐦᐧᐋᐤ pihchikihwaau vta ◆ il/elle le/la coupe, le/la hache par erreur

ᐱᐦᐧᑳᔅᒋᐧᐃᑭᐦᐊᒻ pihkwaaschiwikiham vti ◆ il/elle en coupe un morceau (de boue)

ᐱᓯᐦᐊᐧᑳᔅᑯᐹᓈᐤ pisihakwaaskupaanaau vta ◆ il/elle coupe du bois pour une pelle à neige

ᐱᓯᐦᐊᒥᐦᐧᑳᓈᐤ pisihamihkwaanaau vta ◆ il/elle coupe du bois pour fabriquer une cuillère en bois

ᐱᓯᐦᐊᐳᔮᐤ pisihapuyaau vta ◆ il/elle coupe du bois pour des pagaies

ᐱᓯᐦᐊᔥᑐᔨᐤ pisihashtuyiu vai ◆ il/elle coupe du bois pour un canot

ᐱᓯᐦᐄᒑᐤ pisihiichaau vai ◆ il/elle coupe du bois pour fabriquer des outils de chasse

ᐱᓯᐦᐄᓵᒫᐤ pisihiisaamaau vai ◆ il/elle coupe du bois pour des raquettes

ᐴᔥᑯᐦᐧᐋᐤ puushkuhwaau vta ◆ il/elle le tranche, coupe à travers les vagues en canot

ᑖᑖᐅᐧᔖᐤ taataaushwaau vta ◆ il/elle le coupe pour le diviser en parties égales

ᑎᐧᐃᑭᐦᐊᒻ tiwikiham vti ◆ il/elle coupe les buissons et les arbres

ᐧᐋᔅᑳᔮᐹᔑᒻ waaskaayaapaashim vti ◆ il/elle coupe les bords de la peau, de la fourrure

ᐧᐋᔅᑳᔮᐹᐧᔖᐤ waaskaayaapaashwaau vta ◆ il/elle coupe une bande autour des bords de la peau, de la fourrure

ᐧᐋᐧᐋᑳᐱᐦᒑᐧᔖᐤ waawaakaapihchaashwaau vai redup ◆ il/elle coupe la babiche de travers

ᐱᐦᐧᑳᔅᒑᐤ pihkwaaschaau vai ◆ il/elle coupe et retire des morceaux de mousse presque gelés du sol (pour les utiliser comme couches de bébé ou pour calfeutrer un abri)

ᐱᔅᒋᑯᐦᑎᔥᐧᑲᐱᑖᐤ pischikuhtishkwaapitaau vta ◆ il/elle lui coupe la gorge tout de suite après l'avoir tué (orignal, caribou) pour empêcher le contenu de l'estomac de monter vers la tête

ᐱᓯᐦᐊᔒᐹᐦᑖᑭᓈᐤ pisihashiipaahtaakinaau vta ◆ il/elle coupe du bois pour fabriquer un cadre ou une forme pour étendre les peaux

couper (se)

ᐋᐦᐧᑳᑎᐧᔖᐤ aahkwaatishwaau vta ◆ il/elle se coupe profondément et la blessure est grave

ᒫᑎᔓᓲ maatishusuu vai reflex -u ◆ il/elle se coupe

ᐹᐦᑳᔑᓐ paahkaashin vai ◆ il/elle tombe et se coupe

ᐋᐦᒁᒋᑭᐦᐅᓲ **aahkwaachikihusuu** vai reflex -u ◆ il/elle se coupe gravement avec une hache

couple

ᓈᓃᔓᐦᑖᐤ **naaniishuhtaau** vai redup ◆ il/elle marche avec lui/elle, ils/elles marchent en couple

coups de fusil

ᐋᐦᒋᒁᐚᔅᒑᐤ **aahchikwaawaaschaau** vai ◆ il/elle tire au fusil sur un phoque et on entend les coups de feu

courageux

ᓱᐦᒋᔅᑖᐦᐋᐤ **suhchistaahaau** vai ◆ il/elle est brave, courageux/courageuse, n'est pas affecté-e par ses émotions

courant

ᐋᒥᒋᐎᓐ **aamichiwin** vii ◆ c'est là où le courant commence à descendre

ᐋᐱᒧᒋᐎᓐ **aapimuchiwin** vii ◆ le courant ralentit

ᐊᔖᔮᐳᑰ **ashaayaapukuu** vai -u ◆ le courant l'emporte

ᐊᔖᔮᐳᑖᐤ **ashaayaaputaau** vii ◆ le courant l'emporte

ᒌᓂᒁᓈᔮᒋᒋᐎᓐ **chiinikwaanaayaachichiwin** vii ◆ c'est un courant tourbillonnant

ᒋᔑᒋᐎᓐ **chishichiwin** vii ◆ c'est un courant rapide ■ ᓈᔥᑖᑇᐦ ᒋᔑᒋᐎᓐ ᐅᑎᐦ ᑎᐱᔥᑯᒡ ᐊᐦ ᐑᒋᔮᐦᒡ× ■ naashtaapwaah chishichiwin utih tipishkuch aah wiichiyaahch. ■ *Le courant est rapide juste devant notre campement.*

ᑭᐙᐳᑰ **kiwaapukuu** vai -u ◆ il/elle tombe et est emporté-e par le courant

ᑭᐙᐳᑖᐤ **kiwaaputaau** vii ◆ ça tombe et c'est emporté par le courant

ᒫᐦᐄᐱᔨᐤ **maahiipiyiu** vai ◆ il/elle descend le courant, va en aval à la nage, en véhicule

ᒧᔖᐙᔮᐳᑰ **mushaawaayaapukuu** vai -u ◆ il/elle dérive avec le courant, la marée

ᒧᔖᐙᔮᐳᑖᐤ **mushaawaayaaputaau** vii ◆ ça dérive avec le courant, la marée

ᓈᑎᑳᒫᒋᐎᓐ **naatikaamaachiwin** vii ◆ c'est un courant du large

ᓃᐦᑎᒋᐙᐱᐦᑖᐤ **niihtichiwaapihtaau** vai ◆ il/elle descend en courant

ᓂᑎᐦᐄᒋᐎᓐ **nitihiichiwin** vii ◆ l'eau va contre le courant

ᐹᒋᔥᑖᒋᐎᓐ **paachishtaachiwin** vii ◆ les rapides coulent, le courant coule dans cette direction

ᐹᑖᐦᐊᓐ **paataahan** vii ◆ c'est apporté par le courant

ᐹᑖᐳᑖᐤ **paataaputaau** vii ◆ c'est apporté ici par le courant

ᐲᑿᐳᑯ **piikwaapukuu** vai -u ◆ il/elle est cassé-e par le courant

ᐲᑿᐳᑖᐤ **piikwaaputaau** vii ◆ c'est cassé par le courant

ᐲᔥᑖᐅᒋᐎᓐ **piishtaauchiwin** vii ◆ l'eau forme de l'écume à cause du courant rapide

ᐲᔥᑖᐙᒋᐎᓐ **piishtaawaachiwin** vii ◆ le courant créé de l'écume dans l'eau

ᐲᔥᑖᐙᑭᒥᒋᐎᓐ **piishtaawaakimichiwin** vii ◆ le courant créé de l'écume dans l'eau

ᐱᒫᐦᐅᑖᐤ **pimaahutaau** vai+o ◆ il/elle flotte, emporté par le courant

ᓵᒑᐙᔮᐳᑯ **saachaawaayaapukuu** vai -u ◆ la pression du courant le/la fait surgir en pleine vue

ᓵᒑᐙᔮᐳᑖᐤ **saachaawaayaaputaau** vii ◆ ça apparaît porté le courant

ᔒᐹᐙᒋᐎᓐ **shiipaawaachiwin** vii ◆ le courant, la marée dégage un nouveau chenal

ᔔᔑᐙᑭᒥᒋᐎᓐ **shuushiwaakimichiwin** vii ◆ le courant est lisse

ᓲᐦᒋᒋᐎᓐ **suuhchichiwin** vii ◆ ça a un courant fort

ᓲᐦᑳᒋᐎᓐ **suuhkaachiwin** vii ◆ c'est un courant fort

ᐅᒋᐳᑰ **uchipukuu** vai -u ◆ il/elle est emporté-e par le courant

ᐏᐦᒋᒋᐎᓐ **wihchichiwin** vii ◆ le courant s'écoule de là

ᒌᔅᑳᐱᔅᒋᒋᐎᓐ **chiiskaapischichiwin** vii ◆ c'est un courant, un rapide au-dessus d'un rocher élevé, un courant qui chute brutalement

ᒋᔅᑖᒋᐎᓐ **chistaachiwin** vii ◆ c'est là où le courant est le plus fort, c'est la veine principale du courant

ᐃᔮᐅᐦᑳᔮᐦᐊᓐ **iyaauhkaayaahan** vii ◆ c'est englouti par le courant

ᒫᐦᐄᐱᔨᐦᑖᐤ **maahiipiyihtaau** vai ◆ il/elle descend le courant, va en aval en véhicule

ᒥᓂᔅᑎᑯᒋᐎᓐ **ministikuchiwin** vii ◆ le courant contourne l'île

ᒨᔅᒋᒋᐎᓐ **muuschichiwin** vii ◆ le courant d'eau est fort par en-dessous

ᓂᔮᔥᑎᐏᐱᔨᐤ **niyaashtiwipiyiu** vai ◆ le courant n'est vif qu'au milieu de la rivière

ᐱᐦᒁᔮᐳᑖᐤ **pihkwaayaaputaau** vii ◆ c'est emporté par le courant, un morceau en est détaché par le courant

ᐲᒥᑳᒫᔮᐳᑯ **piimikaamaayaapukuu** vai -u ◆ il/elle se fait emporter de coté par le courant

ᐱᔨᔨᐦᑖᐙᒋᐎᓐ **piyiyihtaawaachiwin** vii ◆ le courant d'eau s'entend clairement

ᔓᐹᐱᔨᐤ **shupaapiyiu** vii ◆ c'est un courant rapide et lisse

ᔔᐹᐱᔨᐤ **shuupaapiyiu** vai ◆ l'eau a des courants rapides intermittents

ᑖᑐᓯᑯᒋᐎᓐ **taatusikuchiwin** vii ◆ le courant crée une fente dans la glace

ᐃᔮᒥᔅᑳᐦᐊᓐ **iyaamiskaahan** vii ◆ c'est enterré avec les galets par le courant d'eau

ᑭᐱᐦᑖᒋᐎᓐ **kipihtaachiwin** vii ◆ le courant fort du rapide frappe la rive

ᒨᔥᒋᑭᐧᐋᒋᒋᐧᐃᓐ muushchikiwaachichiwin vii ◆ il y a un courant fort qui émerge par en dessous
ᓂᔥᑎᐦᐊᒼ nishtiham vti ◆ il/elle remonte la rivière en pagayant dans un courant fort ou dans des rapides
ᓈᔥᑖᒋᐧᐃᓈᐤ naashtaachiwinaau vai ◆ il/elle la chair tendre à cause du courant fort (se dit d'un poisson)

courant rapide

ᐅᐱᒋᐧᐃᓐ upichiwin vii ◆ c'est un chenal dans un courant rapide

courbaturé

ᒌᑎᐧᐋᔅᑯᓯᐤ chiitiwaaskusiu vai ◆ il/elle est raide, courbaturé-e

courbe

ᐧᐋᐧᐋᑳᐹᑭᐦᐋᐤ waawaakaapaakihaau vta redup ◆ il/elle le/la place (filiforme) en courbe
ᐧᐋᐧᐋᑳᐹᑭᐱᐤ waawaakaapaakipiu vai redup ◆ il/elle est disposé-e en courbe
ᐧᐋᐧᐋᑳᐹᑭᔥᑖᐤ waawaakaapaakishtaau vai redup ◆ il/elle le place (filiforme) en courbe
ᐧᐋᐧᐋᑳᐹᑭᔥᑖᐤ waawaakaapaakishtaau vii redup ◆ c'est disposé (filiforme) en courbe
ᐹᒫᑎᒦᐤ paamaatimiiu vii ◆ le même niveau d'eau fait une courbe

courbé

ᓂᐧᐋᔑᓐ niwaashin vai ◆ il/elle est étendu-e courbé-e en deux
ᐱᐦᑳᐤ pihkaau vii ◆ c'est courbé
ᐧᐋᒋᓯᐤ waachisiu vai ◆ il/elle est courbé-e
ᐧᐋᑳᐹᒋᓯᐤ waakaapaachisiu vai ◆ il/elle est courbé-e (filiforme)
ᐧᐋᑳᐹᑭᓐ waakaapaakin vii ◆ c'est courbé (filiforme)
ᐧᐋᑳᐱᓯᔅᒋᓯᐤ waakaapisischisiu vai ◆ il/elle est courbé-e (minéral)
ᐧᐋᑳᐱᔅᑳᐤ waakaapiskaau vii ◆ c'est courbé (minéral)
ᐧᐋᑳᔅᑯᓐ waakaaskun vii ◆ c'est courbé (long et rigide)
ᐧᐋᑳᔅᑯᓯᐤ waakaaskusiu vai ◆ il/elle est courbé-e (long et rigide)
ᐧᐋᑳᐤ waakaau vii ◆ c'est courbé
ᓂᐧᐋᐱᐤ niwaapiu vai ◆ il/elle est assis-e penché-e ou courbé-e en avant
ᓂᐧᐋᔮᔑᐤ niwaayaashiu vai ◆ il/elle est courbé-e par le vent (par ex. un arbre)
ᐧᐋᒋᐦᑭᐦᑖᐤ waachihkihtaau vii ◆ c'est courbé par la chaleur
ᐧᐋᑳᐦᐧᑳᐤ waakaahkwaau vii ◆ la partie avant de la raquette est courbée
ᐧᐋᑳᔥᑭᒋᐤ waakaashkichiu vai ◆ il/elle est courbé-e par le gel
ᐧᐋᑳᔅᑭᑎᓐ waakaaskitin vii ◆ c'est courbé par le gel
ᐧᐋᑳᔩᐧᐋᐤ waakaayiwaau vai ◆ il/elle a la queue courbée
ᐧᐋᐧᐋᑳᐦᑎᓐ waawaakaahtin vii redup ◆ c'est un barrage courbé, incurvé
ᐧᐋᔩᐧᔮᐤ waayiywaau vii ◆ c'est courbé, en demi-cercle
ᓂᐧᐋᑳᐴ niwaakaapuu vai -uwi ◆ il/elle est debout penché-e ou courbé-e en avant
ᓂᐧᐋᐱᐦᑖᐤ niwaapihtaau vai ◆ il/elle court penché-e ou courbé-e en avant

courber

ᓂᐧᐋᔮᔅᑯᐦᐊᒼ niwaayaaskuham vti ◆ il/elle le courbe avec quelque chose (long et rigide)
ᓂᐧᐋᔮᔅᑯᐦᐧᐋᐤ niwaayaaskuhwaau vta ◆ il/elle le/la courbe avec quelque chose (long et rigide)
ᐧᐋᒋᓈᐤ waachinaau vta ◆ il/elle le/la courbe
ᐧᐋᒋᓂᒼ waachinim vti ◆ il/elle le courbe
ᐧᐋᒋᔥᑭᒼ waachishkim vti ◆ il/elle le courbe avec son pied ou son corps
ᐧᐋᒋᔥᑭᐧᐋᐤ waachishkiwaau vta ◆ il/elle le/la courbe avec son pied ou son corps
ᐧᐋᑳᐱᐦᒑᓈᐤ waakaapihchaanaau vta ◆ il/elle le/la courbe à la main (filiforme)
ᐧᐋᑳᐱᐦᒑᓂᒼ waakaapihchaanim vti ◆ il/elle le courbe à la main (filiforme)
ᑭᔥᑭᒋᐱᑖᐤ kishkichipitaau vta ◆ il/elle se courbe et se casse net
ᑭᔅᑭᒋᐱᔨᐦᐋᐤ kiskichipiyihaau vta ◆ il/elle le/la courbe et le/la fait se casser net
ᑭᔅᑭᑎᓂᒼ kiskitinim vti ◆ il/elle le courbe et le fait se casser
ᔕᔑᑭᑎᓂᒼ shaashikitinim vti ◆ il/elle le courbe en arrière
ᐧᐋᒋᐦᐋᐤ waachihaau vta ◆ il/elle le/la courbe, lui donne une forme crochue
ᐧᐋᒋᐱᑖᐤ waachipitaau vta ◆ il/elle le/la courbe en tirant
ᐧᐋᒋᐱᑎᒼ waachipitim vti ◆ il/elle le courbe en tirant
ᐧᐋᑳᐦᑭᑎᓲ waakaahkitisuu vai -u ◆ il/elle se courbe en séchant, il/elle sèche courbé
ᐧᐋᑳᐱᐦᒑᔑᓐ waakaapihchaashin vai ◆ il/elle se couche courbé en deux
ᐧᐋᐅᔮᓈᐤ waauyaanaau vta ◆ il/elle le/la courbe
ᐧᐋᐅᔮᓂᒼ waauyaanim vti ◆ il/elle le courbe pour former un cercle
ᐧᐋᐅᔮᐱᒋᓂᒼ waauyaapichinim vti ◆ il/elle courbe le bois en cercle
ᐧᐋᐅᔮᔮᐱᒋᓈᐤ waauyaayaapichinaau vta ◆ il/elle le /la courbe en un cercle (ex. du bois)
ᐧᐋᐅᔮᔮᐱᔅᒋᓈᐤ waauyaayaapischinaau vta ◆ il/elle le /la courbe (minéral) pour former un cercle
ᐧᐋᐅᔮᔮᐱᔅᒋᓂᒼ waauyaayaapischinim vti ◆ il/elle le courbe (minéral) pour former un cercle
ᔮᐦᐄᑭᒋᐱᑖᐤ yaahiikichipitaau vta ◆ il/elle le/la courbe, replie vers l'arrière
ᔮᐦᐄᑭᑖᔅᑯᐱᑖᐤ yaahiikitaaskupitaau vta ◆ il/elle le/la courbe, replie vers l'arrière

ᔮ"ᐂᑭᑎᓈᐤ *yaahiikitinaau* vta ◆ il/elle le/la courbe, replie vers l'arrière à la main

ᓈᐧᑖᐱᑎᒼ *naatwaapitim* vti ◆ il/elle le casse en deux en le tirant, en le pliant

ᐙᒋᓂᓵᒫᐤ *waachinisaamaau* vai ◆ il/elle courbe des cadres de raquettes

ᐙᑳ"ᑳᓂᑭᓐ *waakaahkwaanikin* ni ◆ un bâton est attaché à la partie avant du cadre de la raquette ou du traîneau et est tiré pour en courber la forme

ᐙᒋᓂᒥᔅᑯ"ᑐᔮᐤ *waachinimiskuhtuyaau* vai ◆ il/elle courbe du saule, de jeunes arbres pour fabriquer un cadre pour faire sécher la peau de castor

courber (se)

ᐱ"ᒋᐱᔨᐅ *pihchipiyiu* vai ◆ il/elle se courbe

ᐱ"ᒋᐱᔨᐅ *pihchipiyiu* vii ◆ ça se courbe

ᐙᒋᐱᔨᐅ *waachipiyiu* vai ◆ il/elle se courbe

ᐙᒋᐱᔨᐅ *waachipiyiu* vii ◆ ça se courbe

ᑭᔥᑭᒋᐱᑎᒼ *kishkichipitim* vti ◆ il/elle se courbe et se casse

ᒨ"ᑳ"ᑭᑎᓲ *muuhkaahkitisuu* vai -u ◆ il/elle se courbe en séchant

ᐙᒋ"ᑭᓲ *waachihkisuu* vai -u ◆ il/elle se courbe sous l'effet de la chaleur

ᐙᑳ"ᑭᑎᑖᐤ *waakaahkititaau* vii ◆ ça se courbe en séchant, ça sèche courbé

ᓂᐙᐱᔨ"ᐦᐆ *niwaapiyihuu* vai -u ◆ il/elle se penche en avant, se courbe

coureur

ᓈᓅᒌᔅᑲᐙᐤ *naanuuchiiskwaawaau* vta redup ◆ c'est un don Juan, un coureur de jupons

courir

ᐋᔓᐧᐃᑭᒥᒑᐱ"ᑖᐤ *aashuwikimichaapihtaau* vai ◆ il/elle court jusqu'à l'autre maison ▪ ᐋᔓᐧᐃᑭᒥᒑᐱ"ᑖᐤ ᒑ ᐐ"ᑎ"ᒃ ᐋ" ᐄᑖᒋᒧᓈᓂᐐᔨᒡ. ▪ aashuwikimichaapihtaau chaa wiihtihk aah iitaachimunaaniwiyich. ▪ *Il court jusqu'à l'autre maison pour leur apporter les nouvelles.*

ᒋ"ᒋᐱ"ᑤᐤ *chihchipihtwaau* vai ◆ il/elle part en courant avec lui/elle

ᐄᔅᐱ"ᑖᐤ *iispihtaau* vai ◆ il/elle court là-bas

ᐐᒋᐱ"ᑖᒫᐤ *wiichipihtaamaau* vta ◆ il/elle court avec lui

ᐋᔓᐧᐃᐱ"ᑖᐤ *aashuwipihtaau* vai ◆ il/elle traverse en courant

ᐋᔖᐱ"ᑖᐤ *ashaapihtaau* vai ◆ il/elle court en marche arrière, à l'envers

ᐊᑎᒥᐱ"ᑖᐤ *atimipihtaau* vai ◆ il/elle court en sens inverse

ᐊᑎᒥᐱᑖᐤ *atimipitaau* vta ◆ il/elle le/la rattrape en courant

ᒋ"ᒋᐱ"ᑖᐤ *chihchipihtaau* vai ◆ il/elle part en courant

ᒋᑭᓵᒫᐱ"ᑖᐤ *chikisaamaapihtaau* vai ◆ il/elle court les raquettes aux pieds

ᐄᒑᐱ"ᑖᐤ *iichaapihtaau* vai ◆ il/elle court à côté

ᑯᓯᔅᐱ"ᑖᐤ *kusispihtaau* vai ◆ il/elle court vers le rivage

ᑯᑖᐙᔅᑯᐱ"ᑤᐤ *kutaawaaskupihtwaau* vai ◆ il/elle s'enfuit, se réfugie dans la forêt en le/la portant (animé ou inanimé)

ᒫᒌᐱ"ᑖᐤ *maachiipihtaau* vai ◆ il/elle court vite

ᒫ"ᐄᐱ"ᑖᐤ *maahiipihtaau* vai ◆ il/elle court en aval

ᒫᒧᐧᐃᐱ"ᑖᐐᒡ *maamuwipihtaawich* vai pl ◆ ils/elles courent tous ensemble

ᒧᔖᔥᑭᑖᐱ"ᑖᐤ *mushaashkitaapihtaau* vai ◆ il/elle court tout nu

ᓈᒋᐱ"ᐋᐤ *naachipihaau* vta ◆ il/elle court le/la chercher

ᓈᒋᐱ"ᑤᐤ *naachipihtwaau* vai ◆ il/elle va l'attraper en courant

ᓈᓅᓱᐧᐃᑖᐹᑖᐤ *naanuusuwitaapwaataau* vta redup ◆ il/elle court et continue à l'appeler

ᓈᓯᐹᐱ"ᑖᐤ *naasipaapihtaau* vai ◆ il/elle court jusqu'au rivage

ᓈᑎᑳᒫᐱ"ᑖᐤ *naatikaamaapihtaau* vai ◆ il/elle court jusqu'au rivage

ᓈᑎᑳᓯᐱ"ᑖᐤ *naatikaasipihtaau* vai ◆ il/elle court dans l'eau vers le rivage

ᓃ"ᒋᒋᐙᐱ"ᑖᐤ *niihchichiwaapihtaau* vai ◆ il/elle descend en courant

ᓂᒥᑖᓯᐱ"ᑖᐤ *nimitaasipihtaau* vai ◆ il/elle court jusqu'au rivage

ᓂᓈᓂᓱᓂᐙᐤ *ninaanisuniwaau* vai ◆ il/elle lui court après

ᓂᓅᑎᒫᐱ"ᑖᐤ *ninuutimaapihtaau* vai ◆ il/elle court dans la neige sans ses raquettes

ᐹᐱ"ᑖᐤ *paapihtaau* vai ◆ il/elle arrive en courant

ᐹᐱ"ᑤᐤ *paapihtwaau* vai ◆ il/elle arrive avec en courant

ᐹᔥᑖᒋᔑᒨ *paashtaachishimuu* vai -u ◆ il/elle court dans la mauvaise direction dans sa hâte à s'échapper

ᐲ"ᑎᑖᐱ"ᑖᐤ *piihtitaapihtaau* vai ◆ il/elle rentre en courant

ᐱᑭᔥᑎᐙᐱ"ᑖᐤ *pikishtiwaapihtaau* vai ◆ il/elle court à l'eau

ᐱᒥᐱ"ᑤᐤ *pimipihtwaau* vai ◆ il/elle le porte en courant

ᐱᒥᔅᑯᐱ"ᑖᐤ *pimiskupihtaau* vai ◆ il/elle court sur la glace

ᐱᐹᒫ"ᑎᐐᐱ"ᑖᐤ *pipaamaahtiwiipihtaau* vai redup ◆ il/elle court partout sur un poteau (ex. les poteaux d'une tente)

ᐱᐹᒥᐱ"ᑖᐤ *pipaamipihtaau* vai redup ◆ il/elle court partout

ᐱᐹᒥᑎᔑ"ᐙᐤ *pipaamitishihwaau* vta redup ◆ il/elle lui court après, l'envoie partout

ᐱᓯᑖᐅ"ᒋᐱ"ᑖᐤ *pisitaauhchipihtaau* vai ◆ il/elle court le long de la tranchée

ᓵᒋᐱ"ᑖᐤ *saachipihtaau* vai ◆ il/elle se met bien en vue en courant

ᔖᑭᒋᐙᐱ"ᑖᐤ *shaakichiwaapihtaau* vai ◆ il/elle le remonte en courant

ᔖᐳᐦᑎᐙᐱᐦᑖᐤ shaapuhtiwaapihtaau vai ◆ il/elle court sans s'arrêter, passe en courant

ᔒᐹᐱᐦᑖᐤ shiipaapihtaau vai ◆ il/elle court en-dessous, dans un tunnel

ᑎᔅᑭᒥᐱᐦᑖᐤ tiskimipihtaau vai ◆ il/elle traverse tout droit en courant

ᐎᔨᐐᐱᐦᑖᐤ wiyiwiipihtaau vai ◆ il/elle sort en courant

ᔮᔮᐙᐱᐦᑖᐤ yaayaawaapihtaau vai ◆ il/elle court le long du rivage

ᔮᔮᐙᓯᑯᐱᐦᑖᐤ yaayaawaasikupihtaau vai ◆ il/elle court le long du rivage sur la glace

ᔮᔨᐱᐦᑖᐤ yaayipihtaau vai ◆ il/elle court le long du bord

ᒌᓂᐧᑳᓂᐱᐦᑖᐤ chiinikwaanipihtaau vai ◆ il/elle court en rond, court tout autour, fait le tour en courant

ᒌᐙᐱᐦᐧᑖᐤ chiiwaapihtwaau vai ◆ il/elle revient avec en courant, il/elle le rapporte à la maison

ᑳᐦᑭᐹᐱᐦᑖᐤ kaahkipaapihtaau vai ◆ il/elle court les jambes écartées

ᑯᐃᔥᑎᑳᒫᐱᐦᑖᐤ kuishtikaamaapihtaau vai ◆ il/elle court autour du lac, de l'étang, de l'habitation

ᑯᐃᔥᑎᑳᒫᔅᑯᐱᐦᑖᐤ kuishtikaamaaskupihtaau vai ◆ il/elle court autour du lac sur la glace

ᒥᑖᐹᐱᐦᑖᐤ mitaapaapihtaau vai ◆ il/elle arrive au rivage, en courant ou en véhicule à roues

ᒥᑎᒫᐱᐦᑖᐤ mitimaapihtaau vai ◆ il/elle suit la route, le sentier en courant

ᓈᑎᑳᔅᑯᐱᐦᑖᐤ naatikaaskupihtaau vai ◆ il/elle court vers le rivage sur la glace

ᐱᑎᐦᐊᒫᐱᐦᑖᐤ pitihamaapihtaau vai ◆ il/elle quitte la route, le sentier en courant

ᓵᑳᔅᑯᐱᐦᑖᐤ saakaaskupihtaau vai ◆ il/elle s'élance en courant dans la clairière

ᑖᑎᐹᐙᐱᐦᑖᐤ taatipaawaapihtaau vai ◆ il/elle contourne la pointe en courant

ᑎᔅᑭᒥᑳᓯᐱᐦᑖᐤ tiskimikaasipihtaau vai ◆ il/elle traverse tout droit en courant dans l'eau peu profonde

ᐎᔨᐐᐱᐦᐧᑖᐤ wiyiwiipihtwaau vai ◆ il/elle sort en courant en le/la portant, le/la tenant

ᓃᑳᓂᐱᐦᑖᐤ niikaanipihtaau vai ◆ il/elle court devant, prend la tête

ᓂᑎᐦᐄᐱᐦᑖᐤ nitihiipihtaau vai ◆ il/elle remonte la rivière en courant

ᓂᐙᐱᐦᑖᐤ niwaapihtaau vai ◆ il/elle court penché-e ou courbé-e en avant

ᓂᑎᔨᔅᑯᐱᐦᑖᐤ nitiyiskupihtaau vai ◆ il/elle remonte la rivière en courant sur la glace

couronne

ᒋᔥᒍᒋᒫᐅᔥᑐᑎᓐ chishchuchimaaushtutin ni ◆ une couronne

courroie

ᑭᒋᓰᐦᐱᑎᒥᓈᐱᑭᓐ kichisiihpitiminaapikin vii ◆ le froid fait crisser les courroies de la raquette quand on marche

cours d'eau

ᐲᒥᑳᒼ piimikaam p,lieu ◆ une diagonale sur un cours d'eau ■ ᓈᑖᐦ ᐲᒥᑳᒼ ᐋᑯᑖᐦ ᑳ ᐃᔑ ᑎᔅᑭᒥᐦᐊᒫᐦᒡ ᑳ ᓈᑏᐦᑎᐧᑳᐦᐊᒫᐦᒡ᙮ ■ naataah piimikaam aakutaah kaa ishi tiskimihamaahch kaa naatiihtikwaahamaahch. ■ *Nous avons traversé la rivière en diagonale pour aller chercher du bois.*

ᐊᑳᒥᐦᒡ akaamihch p,lieu ◆ de l'autre côté d'un cours d'eau ■ ᓈᔥᒡ ᐋᐦ ᐋᑎᔅᒌᑦ ᐙᐳᔥ ᓈᑖᐦ ᐊᑳᒥᐦᒡ᙮ ■ naashch aah aatischiit waapush naataah akaamihch. ■ *Il y a plein de sentiers de lièvres de l'autre côté de la rivière.*

ᐄᑎᐎᑳᒼ iitiwikaam p,lieu ◆ des deux côtés d'un cours d'eau; des deux côtés de l'habitation ■ ᐄᑎᐎᑳᒼ ᒌᐦ ᐊᔥᑖᐤ ᐅᐎᓂᐦᐄᑭᓐᐦ ᐊᓂᔮ ᓵᑭᐦᐄᑭᓂᔨᐤ᙮ ❖ ᐄᑎᐎᑳᒼ ᒌᐦ ᐐᒋᐦᑖᐙᑯᐱᓐ ᐊᓂᔮ ᒦᒋᐙᐦᐱᔨᐤ᙮ ■ iitiwikaam chiih ashtaau uwinihiikinh aniyaa saakihiikiniyiu. ❖ iitiwikaam chiih wiichihtaawaakupin aniyaa miichiwaahpiyiu. ■ *Elle/Il plaça ses pièges de chaque côté du lac.* ❖ *Les gens avaient vécu des deux côtés de l'habitation.*

course

ᑯᐧᑳᒋᔅᑭᑎᐦᐅᑐᐎᒡ kukwaachiskitihutuwich vai pl recip -u ◆ ils/elles font la course avec des véhicules

court

ᑎᐦᑯᓯᐤ tihkusiu vai ◆ il/elle est court-e

ᑎᐦᐧᑳᒋᓯᐤ tihkwaachisiu vai ◆ il/elle est court-e (étalé)

ᑎᐦᐧᑳᑭᓐ tihkwaakin vii ◆ c'est court (étalé)

ᑎᐦᐧᑳᐹᒋᓯᐤ tihkwaapaachisiu vai ◆ il/elle est court-e (filiforme)

ᑎᐦᐧᑳᐹᑭᓐ tihkwaapaakin vii ◆ c'est court (filiforme)

ᑎᐦᐧᑳᐱᓯᔅᒋᓯᐤ tihkwaapisischisiu vai ◆ il/elle est court-e (minéral)

ᑎᐦᐧᑳᐱᔅᑳᐤ tihkwaapiskaau vii ◆ c'est court (minéral)

ᑎᐦᐧᑳᔅᑯᓐ tihkwaaskun vii ◆ c'est court (long et rigide)

ᑎᐦᐧᑳᔅᑯᓯᐤ tihkwaaskusiu vai ◆ il/elle est court-e (long et rigide)

ᑎᐦᐧᑳᐤ tihkwaau vii ◆ c'est court

ᒋᒫᐱᓯᔅᒋᓯᐤ chimaapisischisiu vai ◆ il/elle est coupé-e trop court-e (minéral)

ᒋᒥᑭᐦᐙᐤ chimikihwaau vta ◆ il/elle le/la coupe trop court-e

ᒋᒥᐧᔖᐤ chimishwaau vta ◆ il/elle le/la coupe trop court-e

ᒋᔑᐱᔥᐧᑳᐤ chishipishkwaau vai ◆ il/elle se coupe les cheveux tout court

ᑭᑖᐦᑯᐱᑐᓈᐤ kitaahkupitunaau vta ◆ il/elle a les bras courts

ᑭᑖᐦᐧᑳᔅᐧᑳᔮᐤ kitaahkwaaskwaayaau vii ◆ c'est une aire d'arbres assez courts

ᐹᔓᔑᐤ **paashushiu** vii dim ◆ ce portage est court
ᐱᑎᒀᐤ **pitikwaau** vii ◆ c'est court et épais, petit et trapu
ᑎᐦᑯᓂᒀᔮᐤ **tihkunikwaayaau** vii ◆ ça a des manches courtes
ᑎᐦᒀᑯᔨᐙᐤ **tihkwaakuyiwaau** vai ◆ il/elle a le cou court
ᑎᑖᐦᑯᑳᑖᐤ **titaahkukaataau** vai ◆ il/elle a les jambes courtes
ᑎᑎᑯᔅᒑᐤ **titikuschaau** vai ◆ la partie de la raquette sur laquelle on met le pied est trop courte pour lui/elle
ᐊᐱᔕᐦᑯᔑᔑᐤ **apishaashkushishiu** vii dim ◆ c'est petit, c'est court et fin (se dit de quelque chose de long et rigide) ■ ᓈᐦᑖᐙᐦ ᐊᐱᔕᐦᑯᔑᔑᐤ ᓂᒥᐦᑎᑯᒥᓈᓐ ■ naashtaapwaah apishaashkushishiu nimishtikuminaan. ■ *Notre arbre est très petit.*
ᐹᔓᓃᐱᓐ **paashuniipin** vii ◆ c'est un été bref; cet été ne dure pas longtemps
ᐹᔓᐱᐳᓐ **paashupipun** vii ◆ c'est un hiver bref; cet hiver ne dure pas longtemps
ᐹᔓᓰᑯᓐ **paashusiikun** vii ◆ c'est un printemps bref; ce printemps ne dure pas longtemps
ᐹᔓᑎᒀᒋᓐ **paashutikwaachin** vii ◆ c'est un automne bref; cet automne ne dure pas longtemps

courte

ᑎᐦᒀᔨᐙᐤ **tihkwaayiwaau** vai ◆ il/elle a une queue courte
ᐹᔓᒌᔑᑳᔑᐤ **paashuchiishikaashiu** vii dim ◆ c'est une journée courte
ᐹᔓᑎᐱᔥᑳᔑᐤ **paashutipishkaashiu** vii dim ◆ c'est une nuit courte

cousin

ᓃᒋᔕᓂᔥ **niichishaanish** na dim ◆ mon petit frère, ma petite soeur, mon frère cadet, ma soeur cadette, mon cousin ou ma cousine
ᐧᐄᒋᔕᓂᔑᒫᐤ **wiichishaanishimaau** nad ◆ un petit frère, une petite soeur, un cousin plus jeune, une cousine plus jeune
ᒌᒌᔨᔨᐤ **chiichiiyiyiu** nad ◆ ton frère, ta soeur, ton cousin ou ta cousine parallèle (le fils ou la fille de la soeur de ta mère ou du frère de ton père), ton frère cri, ta soeur crie, ton compagnon humain, ta compagne humaine
ᒌᒋᔕᓐ **chiichishaan** nad ◆ ton frère ou ta soeur, ton cousin ou ta cousine parallèle (le fils ou la fille du frère de ton père ou de la soeur de ta mère)
ᒌᐦᑖᐤ **chiishtaau** na ◆ ta belle-soeur (si tu es une femme), ton beau-frère (si tu es un homme), ton cousin croisé ou ta cousine croisée (une personne du même sexe que toi qui est la descendante du frère de ta mère ou de la soeur de ton père)
ᒌᑎᒧᔅ **chiitimus** nad ◆ ton beau-frère ou ta belle-soeur, ton cousin croisé ou ta cousine croisée (une personne du sexe opposé au tien qui est la descendante du frère de ta mère ou de la soeur de ton père)
ᓃᒌᔨᔨᐤ **niichiiyiyiu** nad ◆ mon frère, ma soeur, mon cousin ou ma cousine parallèle (le fils ou la fille de la soeur de ma mère ou du frère de mon père), mon frère cri, ma soeur crie, mon compagnon humain, ma compagne humaine
ᓃᒋᔕᓐ **niichishaan** nad ◆ mon frère ou ma soeur, mon cousin ou ma cousine parallèle (le fils ou la fille du frère de mon père ou de la soeur de ma mère)
ᓃᐦᑖᐤ **niishtaau** na ◆ ma belle-soeur (si je suis une femme), mon beau-frère,(si je suis une femme) mon cousin croisé ou ma cousine croisée (une personne du même sexe que moi qui est la descendante du frère de ma mère ou de la soeur de mon père)
ᓃᑎᒧᔅ **niitimus** nad ◆ mon beau-frère, ma belle-soeur, mon cousin croisé ou ma cousine croisée (une personne du sexe opposé au mien qui est la descendante du frère de ma mère ou de la soeur de mon père)
ᐧᐄᒌᔨᐦᑳᐅᓐᐦ **wiichiiyihkaaunh** nad ◆ son demi-frère ou sa demi-soeur, son cousin ou sa cousine, son frère adoptif, sa soeur adoptive
ᐧᐄᒌᔨᔨᐅᐦ **wiichiiyiyiuh** nad ◆ son frère, sa soeur, son cousin ou sa cousine parallèle (le fils ou la fille de la soeur de sa mère ou du frère de son père), son frère cri, sa soeur crie, son compagnon humain, sa compagne humaine
ᐧᐄᒋᔕᓐᐦ **wiichishaanh** nad ◆ son frère ou sa soeur, son cousin ou sa cousine parallèle (le fils ou la fille du frère de son père ou de la soeur de sa mère)
ᐧᐄᒋᔕᓂᒫᐤ **wiichishaanimaau** nad ◆ un frère ou une soeur, un cousin ou une cousine parallèle (le fils ou la fille du frère du père ou de la soeur de la mère)
ᐧᐄᐦᑖᒫᐤ **wiishtaamaau** na ◆ la belle-soeur d'une femme, le beau frère d'un homme, un cousin croisé ou une cousine croisée (une personne du même sexe qui est la descendante d'un frère de la mère ou d'une soeur du père)
ᐧᐄᐦᑖᐅᐦ **wiishtaauh** nad ◆ sa belle-soeur (si elle est une femme), son beau-frère (s'il est un homme), son cousin croisé ou sa cousine croisée (une personne du même sexe qui est la descendante du frère de sa mère ou de la soeur de son père)

ᐐᑎᒧᔅᐦ wiitimus-h nad ♦ sa belle-soeur ou son beau-frère, son cousin croisé ou sa cousine croisée (une personne du sexe opposé au sien qui est la descendante du frère de sa mère ou de la soeur de son père)

ᐐᑎᒧᓯᒫᐤ wiitimusimaau nad ♦ une belle-soeur, un beau-frère, un cousin croisé ou une cousine croisée (une personne du sexe opposé au sien qui est la descendante du frère de sa mère ou de la soeur de son père)

ᐐᑎᒧᓯᐤ wiitimusiu vai ♦ il l'a comme belle-soeur, elle l'a comme beau-frère, il l'a comme cousine (croisée), elle l'a comme cousin (croisé)

cousine

ᓃᒋᔖᓂᔥ niichishaanish na dim ♦ mon petit frère, ma petite soeur, mon frère cadet, ma soeur cadette, mon cousin ou ma cousine

ᐐᒋᔖᓂᔑᒫᐤ wiichishaanishimaau nad ♦ un petit frère, une petite soeur, un cousin plus jeune, une cousine plus jeune

ᒌᒌᔨᔨᐤ chiichiiyiyiu nad ♦ ton frère, ta soeur, ton cousin ou ta cousine parallèle (le fils ou la fille de la soeur de ta mère ou du frère de ton père), ton frère cri, ta soeur crie, ton compagnon humain, ta compagne humaine

ᒌᒋᔖᓐ chiichishaan nad ♦ ton frère ou ta soeur, ton cousin ou ta cousine parallèle (le fils ou la fille du frère de ton père ou de la soeur de ta mère)

ᒌᔥᑖᐤ chiishtaau na ♦ ta belle-soeur (si tu es une femme), ton beau-frère (si tu es un homme), ton cousin croisé ou ta cousine croisée (une personne du même sexe que toi qui est la descendante du frère de ta mère ou de la soeur de ton père)

ᒌᑎᒧᔅ chiitimus nad ♦ ton beau-frère ou ta belle-soeur, ton cousin croisé ou ta cousine croisée (une personne du sexe opposé au tien qui est la descendante du frère de ta mère ou de la soeur de ton père)

ᓃᒌᔨᔨᐤ niichiiyiyiu nad ♦ mon frère, ma soeur, mon cousin ou ma cousine parallèle (le fils ou la fille de la soeur de ma mère ou du frère de mon père), mon frère cri, ma soeur crie, mon compagnon humain, ma compagne humaine

ᓃᒋᔖᓐ niichishaan nad ♦ mon frère ou ma soeur, mon cousin ou ma cousine parallèle (le fils ou la fille du frère de mon père ou de la soeur de ma mère)

ᓃᔥᑖᐤ niishtaau na ♦ ma belle-soeur (si je suis une femme), mon beau-frère,(si je suis une femme) mon cousin croisé ou ma cousine croisée (une personne du même sexe que moi qui est la descendante du frère de ma mère ou de la soeur de mon père)

ᓃᑎᒧᔅ niitimus nad ♦ mon beau-frère, ma belle-soeur, mon cousin croisé ou ma cousine croisée (une personne du sexe opposé au mien qui est la descendante du frère de ma mère ou de la soeur de mon père)

ᐐᒌᔨᐦᑳᐅᓐᐦ wiichiiyihkaaunh nad ♦ son demi-frère ou sa demi-soeur, son cousin ou sa cousine, son frère adoptif, sa soeur adoptive

ᐐᒌᔨᔨᐅᐦ wiichiiyiyiuh nad ♦ son frère, sa soeur, son cousin ou sa cousine parallèle (le fils ou la fille de la soeur de sa mère ou du frère de son père), son frère cri, sa soeur crie, son compagnon humain, sa compagne humaine

ᐐᒋᔖᓐᐦ wiichishaanh nad ♦ son frère ou sa soeur, son cousin ou sa cousine parallèle (le fils ou la fille du frère de son père ou de la soeur de sa mère)

ᐐᒋᔖᓂᒫᐤ wiichishaanimaau nad ♦ un frère ou une soeur, un cousin ou une cousine parallèle (le fils ou la fille du frère du père ou de la soeur de la mère)

ᐐᔥᑖᒫᐤ wiishtaamaau na ♦ la belle-soeur d'une femme, le beau frère d'un homme, un cousin croisé ou une cousine croisée (une personne du même sexe qui est la descendante d'un frère de la mère ou d'une soeur du père)

ᐐᔥᑖᐅᐦ wiishtaauh nad ♦ sa belle-soeur (si elle est une femme), son beau-frère (s'il est un homme), son cousin croisé ou sa cousine croisée (une personne du même sexe qui est la descendante du frère de sa mère ou de la soeur de son père)

ᐐᑎᒧᔅᐦ wiitimus-h nad ♦ sa belle-soeur ou son beau-frère, son cousin croisé ou sa cousine croisée (une personne du sexe opposé au sien qui est la descendante du frère de sa mère ou de la soeur de son père)

ᐐᑎᒧᓯᒫᐤ wiitimusimaau nad ♦ une belle-soeur, un beau-frère, un cousin croisé ou une cousine croisée (une personne du sexe opposé au sien qui est la descendante du frère de sa mère ou de la soeur de son père)

ᐐᑎᒧᓯᐤ wiitimusiu vai ♦ il l'a comme belle-soeur, elle l'a comme beau-frère, il l'a comme cousine (croisée), elle l'a comme cousin (croisé)

coussin
ᐊᐢᐱᐱᐧᐃᓐ aspipiwin ni ◆ un coussin, quelque chose pour s'asseoir dessus
coussinet
ᐧᐃᔨᑳᐢᒋᑖᓐᐦ wiyikaaschitaanh nid pl ◆ les durillons sur ses pieds, les coussinets de ses pattes (se dit d'un castor)
cousu
ᔖᔨᐧᐋᑭᓐ shaayiwaakin vii ◆ c'est du tissu non-coupé ou non-cousu
couteau
ᒨᐦᑯᒫᓐ muuhkumaan ni ◆ un couteau
ᐊᔑᐧᐋᐳᐧᐋᑭᓐ ashiwaapuwaakin ni -im ◆ un couteau utilisé pour détacher la viande des os en mangeant
ᒋᔥᑖᒫᐅᐦᑯᒫᓂᔥ chishtaamaauhkumaanish ni ◆ un couteau à tabac
ᒨᐦᑯᒫᓈᐦᑎᒄ muuhkumaanaahtikw ni ◆ un manche de couteau
ᒨᐦᑯᒫᓈᐱᐢᒄ muuhkumaanaapiskw ni ◆ une lame de couteau
ᒨᐦᑯᒫᓂᐧᐃᑦ muuhkumaaniwit ni ◆ un étui à couteau
ᓃᒥᐦᑯᒫᓈᓐ niimihkumaanaan ni ◆ un couteau de chasse
ᑖᑐᔮᑭᐦᐄᑭᓐ taatuyaakihiikin ni ◆ un couteau à écorcher
ᐊᔒᐦᑯᒫᐤ ashiihkumaau vii ◆ ça (le couteau) s'émousse vite en coupant ou dépeçant ■ ᓈᔥᒡ ᓂᔮᒋᔥᑦ ᐋᐦ ᐊᔒᐦᑯᒫᔨᒡ ᐅᒨᐦᑯᒫᓐ ᑳ ᐧᐄᔨᑎᐦᒀᑦ. ■ naashch niyaachisht aah ashiihkumaayich umuuhkumaan kaa wiiyitihkwaat. ■ *Son couteau s'émoussa vite alors qu'elle/il dépeçait le caribou.*
ᐊᔑᐧᐋᐳ ashiwaapuu vai -u ◆ il/elle mange en utilisant son couteau à détacher la viande des os
ᐊᔅᑖᔅᑯᔖᐧᐋᐤ astaaskushaawaau vai ◆ il/elle fait de la babiche avec un couteau et une peau drapée sur un morceau de bois
ᐹᐱᑯᔑᒻ paapikushim vti ◆ il/elle le pèle au couteau
ᐹᐱᑯᔥᐧᐋᐤ paapikushwaau vta ◆ il/elle le/la pèle au couteau
ᒨᐦᑯᑖᑭᓈᐦᑎᒄ muuhkutaakinaahtikw ni ◆ un manche de couteau croche
ᐲᐦᒋᐦᑯᒫᓈᓐ piihchihkumaanaan ni ◆ un étui à couteau, un fourreau
ᐹᐦᐹᔑᔥᐧᐋᐤ paahpaashishwaau vta redup ◆ il/elle le/la tranche, le/la marque au couteau
ᐱᐱᑭᑤᐤ pipikitwaau vii ◆ le fil de la lame du couteau, de la hache est fin
ᑖᔅᒋᔥᐧᐋᐤ taaschishwaau vta ◆ il/elle l'ouvre en le fendant avec un couteau, en le coupant avec des ciseaux
ᐧᐃᔨᐦᑯᑎᒻ wiyihkutim vti ◆ il/elle le façonne, le taille avec un couteau, un couteau croche
couteau croche
ᐄᔨᐦᑯᑖᑭᓐ iiyihkutaakin ni ◆ un couteau croche
ᒨᐦᑯᑖᑭᓐ muuhkutaakin ni ◆ un couteau croche
ᒨᐦᑯᑖᑭᓈᐱᐢᒄ muuhkutaakinaapiskw ni ◆ la lame d'un couteau croche
ᐊᐢᐱᐦᐱᒋᑭᓐ aspihpichikin ni ◆ un morceau de bois pour protéger la lame d'un couteau croche
ᐧᐃᔨᐦᑯᑖᐤ wiyihkutaau vta ◆ il/elle le/la façonne, taille avec un couteau croche, le/la rabote
coûter
ᐄᑎᒋᐦᑖᑯᓐ iitichihtaakun vii ◆ ça coûte X
ᐄᑎᒋᐦᑖᑯᓯᐤ iitichihtaakusiu vai ◆ il/elle coûte X
ᐋᔨᒥᓐ aayimin vii ◆ c'est difficile, ça coûte trop cher
coutume
ᐃᔨᐦᑎᐧᐃᓐ iyihtiwin ni ◆ une coutume, une façon de faire, une manière
couture
ᐋᐱᔥᑎᒋᐱᔨᐦᐋᐤ aapishtichipiyihaau vta ◆ il/elle en déchire la couture tout en le portant
ᐋᐱᔥᑎᒋᔥᑭᒻ aapishtichishkim vti ◆ il/elle en déchire la couture tout en le portant
ᐋᐱᔥᑎᒋᔥᑭᐧᐋᐤ aapishtichishkiwaau vta ◆ il/elle le déchire au niveau de la couture en le portant
ᐋᐱᐢᑎᒋᓈᐤ aapistichinaau vta ◆ il/elle ouvre la couture de quelque chose (d'animé)
ᐋᐱᐢᑎᒋᓂᒻ aapistichinim vti ◆ il/elle ouvre, défait la couture
ᐋᐱᐢᑎᒋᐱᑖᐤ aapistichipitaau vta ◆ il/elle déchire la couture de quelque chose (d'animé)
ᐋᐱᐢᑎᒋᐱᑎᒻ aapistichipitim vti ◆ il/elle déchire la couture
ᐋᐱᐢᑎᒋᐱᔨᐤ aapistichipiyiu vai ◆ sa couture se défait
ᐋᐱᐢᑎᒋᐱᔨᐤ aapistichipiyiu vii ◆ sa couture se défait
ᒋᐳᔥᑎᐦᐊᒻ chipushtiham vti ◆ il/elle le ferme par une couture
ᐋᐱᐢᑎᒋᔑᒻ aapistichishim vti ◆ il/elle ouvre la couture en la coupant
ᐋᐱᐢᑎᒋᔥᐧᐋᐤ aapistichishwaau vta ◆ il/elle ouvre la couture en la coupant
couvent
ᐊᔨᒥᐦᐋᐢᒁᐅᑭᒥᒄ ayimihaaskwaaukimikw na -m ◆ un couvent
couvercle
ᐊᑯᓈᐳᐧᐋᐦᐊᒻ akunaapuwaaham vti ◆ il/elle recouvre le liquide avec un couvercle
ᐊᑯᓈᐳᐧᐋᐦᐄᑭᓐ akunaapuwaahiikin ni ◆ un couvercle de pot, de bouilloire, quelque chose pour couvrir un liquide

ᒋᐱᐦᐄᑭᓐ chipihiikin ni ◆ un couvercle, un capuchon, un bouchon ■ ᑖᐹ ᒨᔮᒥᐦᑎᓐ ᐊᓐ ᒋᐱᐦᐄᑭᓐ. ■ taapaa muyaamihtin an chipihiikin. ■ *Ce capuchon ne va pas bien.*

couvert

ᐃᔮᐱᒥᔨᐧᐋᐤ iyaapimiyiwaau vii ◆ c'est un endroit couvert

ᔒᐦᑖᔑᐤ shiihtaashiu vii ◆ le ciel couvert

ᓰᐦᑎᐢᐧᑳᐤ siihtiskwaau vii ◆ le ciel est couvert

ᐄᔨᑯᐢᑯᓐ iiyikuskun vii ◆ le ciel est couvert de nuages, le temps est couvert

ᓯᑭᐢᑳᐤ sikiskaau vii ◆ c'est bien couvert, bien ajusté

ᐅᑳᔥᑖᔮᐤ ukaashtaayaau vii ◆ c'est couvert, sombre

ᐧᐄᐢᑯᑖᓂᓯᐢᒋᒻ wiiskutaanisischim vti ◆ les poteaux et les rabats au sommet du tipi sont couverts de suie

ᐧᐄᐦᐧᑳᓯᐧᑳᐤ wiihkwaasikwaau vii ◆ c'est le bord de la glace, c'est tout couvert de glace

ᐧᐄᐦᐧᑳᔮᑯᓈᐤ wiihkwaayaakunaau vii ◆ c'est complètement couvert de neige

ᐧᐄᐦᐧᑳᔮᑯᓈᐤ wiihkwaayaakunaau vai ◆ il/elle est complètement couvert-e de neige

couverture

ᐧᐋᐳᔮᓐ waapuyaan ni ◆ une couverture

ᐊᐱᐦᐧᑳᓱᓐ apihkwaasun ni ◆ de quoi recouvrir l'abri

ᐊᐱᐦᐧᑳᓱᓈᔮᐲ apihkwaasunaayaapii ni -m ◆ une corde ou une ficelle sur la couverture de l'habitation

ᓂᐹᑭᓐ nipaakin ni ◆ une couverture, un sac de couchage

ᐧᐋᐳᔓᔮᓂᐹᑭᓐ waapushuyaanipaakin na ◆ une couverture en fourrure de lièvre

ᐊᐱᐦᐧᑳᐤ apihkwaau vai ◆ il/elle place une couverture sur l'abri

ᐹᐢᒋᐱᑖᐤ paaschipitaau vta ◆ il/elle le/la découvre, lui retire sa couverture

ᐹᐢᒋᐱᑎᒻ paaschipitim vti ◆ il/elle en retire la couverture

ᐅᐧᐋᑎᑯᓃᐤ uwaatikuniiu vai ◆ il/elle se recouvre et arrange ses couvertures pour dormir

ᐧᐋᐧᐋᒋᔑᓂᒡ waawaachishinich vai pl redup ◆ ils/elles sont couchés ensemble sous la même couverture

ᐊᐱᐦᐧᑳᓐ apihkwaan ni ◆ une couverture pour le toit, l'habitation

ᐊᐢᐱᐦᐱᐦᓱᓐ aspihpihsun ni ◆ une couverture pour envelopper le bébé dans son sac

ᐱᔥᑯᔮᒋᔑᓐ pishkuyaachishin vai ◆ il/elle se couche enveloppé-e de quelque chose d'étalé, sous une couverture

couvre-chaussure

ᐋᐦᑯᐃᐦᑎᐧᐃᐊᐢᒋᓈᓐᐦ aahkuihtiwiaschinaanh ni pl ◆ des couvre-chaussures

ᐋᐦᑯᐃᐦᑎᐧᐃᐊᐢᒋᓈᐤ aahkuihtiwiaschinaau vai ◆ il/elle porte des couvre-chaussures

couvrir

ᐊᑯᓂᐦᐊᒻ akuniham vti ◆ il/elle le couvre

ᐊᑯᓂᐦᐧᐋᐤ akunihwaau vta ◆ il/elle le/la couvre

ᒌᔓᐧᐃᑯᓃᐤ chiishuwikuniiu vai ◆ il/elle se garde au chaud en se couvrant

ᒋᐳᑐᓈᐦᐱᓲ chiputunaahpisuu vai -u ◆ il/elle a quelque chose qui lui couvre la bouche

ᒋᐳᑐᓈᓈᐤ chiputunaanaau vta ◆ il/elle couvre la bouche de quelqu'un avec la main

ᐄᐢᐧᑳᑯᒨ iiskwaakumuu vai -u ◆ il/elle (étalé) en couvre une certaine surface

ᐄᐢᐧᑳᑯᒨ iiskwaakumuu vii -u ◆ ça (étalé) en couvre une certaine surface

ᐊᑯᓈᐳᐧᐋᐦᐄᑭᓐ akunaapuwaahiikin ni ◆ un couvercle de pot, de bouilloire, quelque chose pour couvrir un liquide

ᒋᐳᑐᓈᐦᐱᑏᓲ chiputunaahpitiisuu vai reflex -u ◆ il/elle attache quelque chose pour couvrir sa propre bouche

ᒋᐳᑐᓈᓃᓲ chiputunaaniisuu vai reflex -u ◆ il/elle se couvre la bouche avec la main

ᐄᔨᐹᑎᒻ iiyipaatim vti ◆ il/elle couvre le trou dans la glace avec des branchages et de la neige pour que la glace n'épaississe pas en hiver, en été il/elle arrose le piège pour masquer l'odeur humaine

couvrir (se)

ᐋᑯᐦᐧᑳᓃᓲ aakuhkwaaniisuu vai reflex -u ◆ il/elle se couvre le visage avec les mains

ᐄᔨᑯᐱᔨᐤ iiyikupiyiu vii ◆ le temps se couvre

cowboy

ᒋᒋᑳᐧᐃᓐ chichikaawin ni -um ◆ un chapeau de cowboy, un chapeau avec une visière

crachat

ᓯᐦᑯᐧᐃᓐ sihkuwin ni ◆ de la salive, un crachat

ᑯᐦᑎᓯᐦᐧᑳᔨᐤ kuhtisihkwaayiu vai ◆ il/elle avale son crachat

cracher

ᐋᒥᑖᐦᑎᒻ aamitaahtim vti ◆ il/elle le crache

ᐋᐳᐦᑭᑖᐦᐱᔨᐦᐆ aapuhkitaahpiyihuu vai -u ◆ il/elle le crache, le recrache

ᐋᐳᐦᑭᑖᐦᑎᒻ aapuhkitaahtim vti ◆ il/elle le crache, le recrache

ᓯᐦᑰ sihkuu vai -u ◆ il/elle crache

ᓯᐦᐧᑳᑖᐤ sihkwaataau vta ◆ il/elle lui crache dessus

ᓯᐦᐧᑳᑎᒻ sihkwaatim vti ◆ il/elle crache dessus

ᐹᑯᒥᐦᐧᑳᐤ paakumihkwaau vai ◆ il/elle crache du sang

ᓱᐧᐃᐦᑯᑖᒨ suwihkutaamuu vai -u ◆ il/elle crache du sang

craindre

ᑯᔥᑖᐤ kushtaau vta ◆ il/elle a peur de lui/elle, il/elle le/la craint

ᓂᓂᒌᔥᑎᒻ ninichiishtim vti redup ◆ il/elle a peur de le faire

crampe
ᐅᒋᐱᑎᑯ **uchipitikuu** vai -u ◆ il/elle a une crampe, une crise

crâne
ᐅᔥᑎᒁᓂᑭᓐ **ushtikwaanikin** nid ◆ son crâne
ᐊᒥᔅᑯᔥᑎᒁᓂᑭᓐ **amiskushtikwaanikin** ni ◆ un crâne de castor
ᒋᔖᔮᑯᔥᑎᒁᓂᑭᓐ **chishaayaakushtikwaanikin** ni ◆ un crâne d'ours
ᐅᑖᐱᓄᐧᐃᑖᓂᑭᓂᒡ **utaapinuwitaanikinich** na pl ◆ les os avant du crâne du caribou, le museau
ᐋᐱᐦᐄᑭᓄᐧᐃᑖᓂᔥᑎᒀᓐ **aapihiikinuwitaanishtikwaan** ni ◆ le contenu du crâne du caribou

crâne d'ours
ᑑᒥᑭᓂᒋᓂᒻ **tuumikinichinim** vti ◆ il/elle offre de la graisse à l'Esprit en en frottant sur le crâne d'un ours

craquement
ᒥᒥᑤᐱᔨᐤ **mimitwaapiyiu** vai redup ◆ il/elle émet des craquements
ᓵᓵᐦᒁᐱᔨᐤ **saasaahkwaapiyiu** vai ◆ la glace émet des craquements
ᒥᑤᔮᔥᑭᒋᐤ **mitwaayaashkichiu** vai ◆ il/elle émet un craquement à cause du froid

craquer
ᐹᔅᒋᐦᑎᑖᐤ **paaschihtitaau** vai ◆ il/elle le fend, le craque
ᐹᔅᒋᓈᐤ **paaschinaau** vta ◆ il/elle le/la craque, l'ouvre avec ses mains
ᐹᔅᒋᓂᒻ **paaschinim** vti ◆ il/elle le craque, l'ouvre avec ses mains
ᐹᔅᒋᔥᑭᐧᐋᐤ **paaschishkiwaau** vta ◆ il/elle le/la craque, l'ouvre avec son pied ou son corps
ᐹᔥᑭᐦᐋᐧᐋᐤ **paashkihaawaau** vai ◆ il/elle craque la coquille de l'oeuf
ᐹᔥᑎᔑᑯᔑᒫᐤ **paashtishikushimaau** vta ◆ il/elle le/la fend, craque en le/la tapant sur la glace
ᒥᒥᑤᓯᑯᑎᓐ **mimitwaasikutin** vii redup ◆ il y a des bruits de glace qui craque à cause du froid extrême
ᐹᔅᒋᐦᑎᑖᐤ **paaschihtitaau** vai ◆ il/elle le craque, l'ouvre en le faisant tomber
ᐹᔥᑭᐦᑎᒻ **paashkihtim** vti ◆ il/elle l'ouvre en le craquant avec ses dents
ᐹᔥᑭᒫᐤ **paashkimaau** vta ◆ il/elle l'ouvre en le craquant avec ses mains ou ses dents

craquer (se)
ᐱᒫᓈᐱᔨᐤ **pimaanaapiyiu** vii ◆ ça se craque, se fend (long et rigide)
ᐱᒫᓈᐱᔨᐤ **pimaanaapiyiu** vai ◆ il/elle se craque, se fend (long et rigide)

cravate
ᑖᐱᔥᑳᑭᓐ **taapishkaakin** na ◆ une écharpe, un foulard, une cravate, un fichu

crayon
ᒥᓯᓂᐦᐄᑭᓈᐦᑎᒄ **misinihiikinaahtikw** ni ◆ un crayon, un stylo

crédit
ᒥᓯᓂᐦᐄᒑᐤ **misinihiichaau** vai ◆ il/elle écrit, achète à crédit

créer
ᑭᔅᑭᒧᐦᑖᐤ **kiskimuhtaau** vai ◆ il/elle créé un raccourci sur un sentier
ᒥᓯᓂᐦᐋᐹᐤ **misinihaapaau** vai ◆ il/elle crée un motif en tissant
ᒌᔥᒀᔮᔩᐦᑖᑯᓯᐤ **chiishkwaayaayihtaakusiu** vai ◆ il/elle les confond, crée de la confusion par ses actions

crème
ᑑᒥᐦᒁᓈᐤ **tuumihkwaanaau** vta ◆ il/elle met de la crème, de la pommade sur le visage de quelqu'un d'autre
ᑑᒥᔅᒁᓈᐤ **tuumiskwaanaau** vta ◆ il/elle lui graisse la tête, met de la crème pour les cheveux sur lui/elle
ᑑᒥᑎᐦᒑᓃᓲ **tuumitihchaaniisuu** vai reflex -u ◆ il/elle se met de la crème, un onguent sur les mains
ᐧᐋᐱᔅᒋᐧᐃᑳᐤ **waapischiwikaau** vii ◆ c'est un onguent blanc, de la crème
ᑑᒥᐦᒁᓃᓲ **tuumihkwaaniisuu** vai reflex -u ◆ il/elle applique de la crème, de la pommade sur son visage

crème glacée
ᑳᑎᐦᒋᓯᑦ **kaatihchisit** ni ◆ de la crème glacée

crêpe
ᐹᓂᑮᒃ **paanikiik** na -im ◆ une crêpe, de l'anglais 'pancake'
ᐋᐦᒋᑯᐹᓂᑮᒃ **aahchikupaanikiik** na -im ◆ une crêpe frite dans de la graisse de phoque

crêpe de poisson
ᓂᒫᓵᐃᐦᑯᓈᐤ **nimaasaaihkunaau** na -m [Whapmagoostui] ◆ une crêpe de poisson
ᐅᐦᑭᐧᐋᐧᐋᐃᐦᑯᓈᐤ **uhkiwaawaaihkunaau** na -m ◆ une crêpe de poisson

crêpe de rogue
ᐧᐋᐦᑯᐹᓂᑮᒃ **waahkupaanikiik** na -im ◆ une crêpe de rogue

crépiter
ᒥᒥᑤᔮᐦᑭᐦᑖᐤ **mimitwaayaahkihtaau** vii redup ◆ le feu crépite
ᐱᔥᐱᔑᔥᑖᐤ **pishpishishtaau** vii ◆ le feu crépite, jette des étincelles

crépuscule
ᐊᐅᑳᐤ **aukaau** vii ◆ c'est le crépuscule; c'est la tombée du jour
ᒥᐦᒁᐅᑖᑯᔑᐤ **mihkwaautaakushiu** vii ◆ c'est un ciel rouge le soir, après le coucher du soleil
ᐅᐧᐃᒋᓈᑯᓐ **uwichinaakun** vii ◆ c'est l'aube, la pointe du jour, le crépuscule, la brunante

crête
ᐅᔖᔮᐤ **ushaayaau** vii ◆ c'est une crête
ᐅᔖᔮᐅᐦᑳᐤ **ushaayaauhkaau** vii ◆ c'est une crête
ᒋᔥᒋᓂᐧᐋᒋᐦᒋᑭᓐ **chishchiniwaachihchikin** ni ◆ un repère, une marque, une balise, une crête

ᐊᑳᒫᐅᐦᒡ **akaamaauhch** p,lieu ◆ de l'autre côté de la prochaine crête ■ ᐊᑳᒫᐅᐦᒡ ᓂᒌᐦ ᐄᔑ ᐋᐦᑐᒑᓈᓐ. ■ akaamaauhch nichiih iishi aahtuchaanaan. ■ *On a déplacé notre camp de l'autre côté de la prochaine crête.*

ᐊᔑᐚᑖᐅᐦᑳᐤ **ashiwaataauhkaau** vii ◆ le sommet de la colline forme une crête

ᓈᑖᐅᐦᑭᐦᐊᒻ **naataauhkiham** vti ◆ il/elle marche vers la crête

ᐅᔖᑎᓈᐤ **ushaatinaau** vii ◆ c'est la crête d'une montagne

ᐅᔖᔮᔅᒀᔮᐤ **ushaayaaskwaayaau** vii ◆ c'est une crête avec des arbres

ᐋᔥᑎᒫᐅᐦᒡ **aashtimaauhch** p,lieu ◆ de ce côté de la crête, de la montagne ■ ᓂᒧᐃ ᓅᑯᓯᐤ ᐲᓯᒻ ᐋᔥᑎᒫᐅᐦᒡ. ■ nimui nuukusiu piisim aashtimaauhch. ■ *Le soleil ne brille pas de ce côté de la montagne.*

ᐅᔖᑖᐅᐦᑭᐦᐊᒻ **ushaataauhkiham** vti ◆ il/elle marche sur une arrête, une crête

crête de glace

ᐅᓵᓯᒁᐤ **usaasikwaau** vii ◆ c'est une arrête, une crête de glace

crête de sable

ᒌᑭᑖᐅᐦᒡ **chiikitaauhch** p,lieu ◆ près d'une crête de sable, une colline ■ ᓈᔥᒡ ᐊᓂᑖᐦ ᒌᑭᑖᐅᐦᒡ ᐋᑯᑎᐦ ᑳ ᐹᒋ ᐃᔨᐚᔑᔮᐦᒡ ᑳ ᓈᒋᐎᑖᔮᐦᒡ. ■ naashch anitaah chiikitaauhch aakutih kaa paachi iyiwaashiyaahch kaa naachiwitaayaahch. ■ *Nous nous sommes reposés tout près d'une crête de sable quand nous sommes allés chercher du bois.*

crête sablonneuse

ᐄᔥᒁᑖᐅᐦᑳᐤ **iishkwaataauhkaau** vii ◆ c'est la fin d'une crête sablonneuse

creuser

ᒨᓂᐦᐄᒑᐤ **muunihiichaau** vai ◆ il/elle creuse

ᒨᓂᐦᐄᑳᒑᐤ **muunihiikaachaau** vai ◆ il/elle creuse avec

ᐹᑯᒋᐱᑖᐤ **paakuchipitaau** vta ◆ il/elle creuse un trou dedans avec ses mains ou ses pattes

ᐱᑯᓈᓂᒻ **pikunaanim** vti ◆ il/elle creuse un trou dedans avec ses mains

ᐱᑯᓈᓯᐤ **pikunaasiu** vai ◆ il/elle creuse un trou dedans (animé)

ᐱᓵᒥᔅᒋᐱᑎᒻ **pisaamischipitim** vti ◆ il/elle creuse un trou dans la terre, le sable sous l'eau

ᐱᓯᑖᐅᐦᒋᔥᑭᒻ **pisitaauhchishkim** vti ◆ il/elle creuse une tranchée dans la terre ou le sable

ᐚᔑᐦᐋᑯᓈᐦᐊᒻ **waashihaakunaaham** vti ◆ il/elle creuse la neige en forme de baie

ᐚᔨᐦᐊᒻ **waayiham** vti ◆ il/elle le creuse, y fait une entaille

ᐚᔨᐦᑯᑖᐤ **waayihkutaau** vta ◆ il/elle creuse un trou dedans

ᐚᔨᐦᐚᐤ **waayihwaau** vta ◆ il/elle le/la creuse, y fait une entaille

ᒨᓂᑖᐅᐦᑭᐦᐊᒻ **muunitaauhkiham** vti ◆ il/elle creuse dans le sol, dans le sable

ᒨᓂᑖᐅᐦᑭᐦᐄᒑᐤ **muunitaauhkihiichaau** vai ◆ il/elle creuse dans le sable, dans le sol avec quelque chose

ᐱᓵᒥᔅᑭᐦᐊᒻ **pisaamiskiham** vti ◆ il/elle creuse un trou, une tranchée dans le sol, dans le sable

ᐚᑎᐦᒑᐤ **waatihchaau** vai ◆ le castor, le rat musqué creuse un tunnel le long de la rive

creuser (se)

ᑯᑖᐚᑯᓂᒌᐤ **kutaawaakunichiiu** vai ◆ il/elle se creuse un terrier, un trou dans la neige, se réfugie sous la neige

creux

ᐚᔨᓯᐤ **waayisiu** vai ◆ ça a un creux, une entaille

ᐑᐦᐹᐱᓯᔅᒋᓯᐤ **wiihpaapisischisiu** vai ◆ il/elle a un creux au centre (minéral)

ᐑᐦᐹᐱᔅᑳᐤ **wiihpaapiskaau** vii ◆ c'est creux au centre (minéral)

ᐑᐦᐹᔅᑯᓐ **wiihpaaskun** vii ◆ c'est creux (long et rigide)

ᐑᐦᐹᔅᑯᓯᐤ **wiihpaaskusiu** vai ◆ il est creux, elle est creuse (long et rigide)

ᐑᐦᐹᐤ **wiihpaau** vii ◆ c'est creux au centre

ᐑᐦᐱᓰᐤ **wiihpisiiu** vai ◆ il est creux, elle est creuse

ᐑᐦᐱᔅᑭᒥᑳᐤ **wiihpiskimikaau** vii ◆ il y a un creux dans la terre, dans la mousse

ᒨᑖᔮᐤ **muutaayaau** vii ◆ c'est un creux, une dépression profonde

ᐚᐃᑭᐦᐊᒻ **waaikiham** vti ◆ il/elle taille un creux dans le sol

ᐚᐃᑭᐦᐄᒑᐤ **waaikihiichaau** vai ◆ il/elle taille un creux dans le sol

ᐚᐃᐱᔨᐤ **waaipiyiu** vii ◆ ça a un creux, une dépression

ᐚᔮᐱᔅᑳᐤ **waayaapiskaau** vii ◆ la roche est creuse

ᐚᔮᐤ **waayaau** vii ◆ il y a un creux, une dépression dans le sol, c'est entaillé

ᐑᐦᐹᑯᓈᔥᑭᒻ **wiihpaakunaashkim** vti ◆ il/elle fait un creux dans la neige avec son pied ou son corps

ᐑᐦᐹᑯᓂᑳᐤ **wiihpaakunikaau** vii ◆ il y a un creux dans la neige

ᐑᐦᐹᔥᑭᒋᐤ **wiihpaashkichiu** vai ◆ il/elle est gelé-e avec un creux dedans

ᐑᐦᐹᔅᑭᑎᓐ **wiihpaaskitin** vii ◆ c'est gelé avec un creux dedans

ᐑᐦᐹᑎᐦᑯᑎᒻ **wiihpaatihkutim** vti ◆ il/elle taille un creux dedans

ᐑᐦᐱᐦᑎᒋᓯᐤ **wiihpihtichisiu** vai ◆ il/elle (ex. bois sec) est creux

ᐑᐦᐱᑐᓂᔅᒋᓯᐤ **wiihpitunischisiu** vai ◆ l'arbre est creux

ᑖᐱᓯᑯᑐᔅᑯᓈᐦᑎᒻ **taapisikutuskunaahtim** vti ◆ il/elle le porte dans le creux de son bras

crevasse

ᓰᐦᑎᐧᐃᐱᔩᐤ *siihtiwipiyiu* vii ◆ ça tombe dans une crevasse, une fissure

ᐹᔥᑖᐱᐢᒋᐱᔩᐤ *paashtaapischipiyiu* vii ◆ il y a une crevasse, une fente (minéral)

ᐹᔥᑖᐱᐢᒋᐱᔩᐤ *paashtaapischipiyiu* vai ◆ il/elle a une crevasse, une fente (minéral, ex. un rocher)

ᓰᐦᑎᐧᐋᐱᐢᑳᐤ *siihtiwaapiskaau* vii ◆ c'est une crevasse dans un rocher, un endroit étroit entre les rochers

ᓰᐦᑎᐧᐃᐱᔩᐤ *siihtiwipiyiu* vai ◆ il/elle tombe dans une fissure, une crevasse

ᑖᐢᒋᓯᐧᑳᐤ *taaschisikwaau* vii ◆ c'est une crevasse, une fente dans la glace

ᑖᐢᒋᓯᓈᒋᐱᔩᐤ *taaschisinaachipiyiu* vai ◆ il/elle a une fente, une crevasse (ex. un rocher)

ᓰᐦᑎᐧᐃᐦᑎᓐ *siihtiwihtin* vii ◆ c'est coincé dans une crevasse, une fissure étroite

ᑖᐢᒋᓵᑳᐤ *taaschisaakaau* vii ◆ il y a une crevasse, une fente dans un affleurement rocheux

crevassé

ᑖᐢᒋᓯᓈᒋᐱᔩᐤ *taaschisinaachipiyiu* vii ◆ c'est fendu, crevassé (minéral)

crever

ᐱᔨᐢᑯᐹᒌᐤ *piyiskupaachiiu* vai ◆ le bébé crève sa poche des eaux pendant qu'il nait

cri

ᐄᔨᔨᐅᔨᒧᐧᐃᓐ *iiyiyiuyimuwin* ni ◆ le cri, une langue autochtone

ᐄᔨᔨᐅᔨᒥᐤ *iiyiyiuyimiu* vai ◆ il/elle parle le cri, une langue autochtone

Cri

ᐄᔨᔨᐤ *iiyiyiu* na -yim ◆ une personne autochtone, un être humain, une personne crie

ᐧᐄᓂᐹᑰ *wiinipaakuu* na -m ◆ un Cri, une Crie de la côte de la Baie James

Crie

ᐄᔨᔨᐅᐢᐧᑳᐤ *iiyiyiuskwaau* na -aam ◆ une femme crie, une autochtone, une Crie

crier

ᐃᔮᔑᐦᐧᑳᑖᐤ *iyaashihkwaataau* vta redup ◆ il/elle l'engueule, lui crie dessus de façon répétée

ᑖᒋᐧᑳᐅᐦᐋᐤ *taachikwaauhaau* vta [Wemindji] ◆ il/elle le/la fait crier

ᐋᔑᐦᐧᑳᐤ *aashihkwaau* vai ◆ il/elle hurle, crie

ᐋᔑᐦᐧᑳᐅᐦᐋᐤ *aashihkwaauhaau* vta ◆ il/elle le/la fait crier, hurler

ᐊᐧᐹᒨ *apwaamuu* vai -u ◆ il/elle crie si fort qu'elle transpire

ᐃᔮᔑᐦᐧᑳᐤ *iyaashihkwaau* vai ◆ il/elle hurle, crie de façon répétée

ᑖᒋᐧᑳᐤ *taachikwaau* vai [Wemindji] ◆ il/elle crie, hurle, pousse un cri perçant

ᑖᐧᐹᐤ *taapwaau* vai ◆ il/elle dit la vérité, pousse un cri

ᐄᐧᑖᐦᑭᐦᑎᐧᐋᐤ *iitwaahkihtiwaau* vta ◆ il/elle crie après lui/elle, émet différents sons pour diriger les chiens (de traîneau), pour imiter les cris d'animaux ou d'oiseaux

crique

ᔒᐲᔑᔥ *shiipiishish* ni -im ◆ un ruisseau, un courant, un cours d'eau, un crique

crise

ᐅᒋᐱᑎᑰ *uchipitikuu* vai -u ◆ il/elle a une crampe, une crise

crissement

ᒥᐧᑖᔮᐦᑯᓈᐅᑎᓐ *mitwaayaahkunaautin* vii ◆ la neige émet un crissement à cause du froid

crisser

ᑭᒋᓰᐱᓂᒼ *kichisiipinim* vti ◆ il/elle fait crisser la glace en marchant dessus

ᒋᔒᐱᒋᐤ *chishiipichiu* vai ◆ il/elle fait crisser la neige en marchant

ᑭᒋᓰᐦᐱᑎᒥᓈᐱᑭᓐ *kichisiihpitiminaapikin* vii ◆ le froid fait crisser les courroies de la raquette quand on marche

ᒥᒥᐧᑖᔮᐦᑯᓈᐅᑎᓐ *mimitwaayaahkunaautin* vii redup ◆ il y a des bruits de neige qui crisse dehors à cause du froid extrême

cristal de roche

ᐧᐃᔨᐧᔮᐱᐢᐠᐤ *wiyiywaapiskw* ni ◆ un quartz, un cristal de roche

critiquer

ᐋᐧᓈᔨᐦᒋᒑᐤ *aanwaayihchichaau* vai ◆ il/elle critique les gens

ᐃᔮᑐᐧᐃᐦᐋᐤ *iyaatuwihaau* vta ◆ il/elle le/la critique

ᑭᑖᐱᒫᐤ *kitaapimaau* vta ◆ il/elle le/la critique bien fort en parlant, le/la sermonne, il/elle argumente avec ou contre lui ▪ ᓈᔥᒡ ᐋᐦ ᒌᐦ ᐧᐄᐦ ᑭᑖᐱᒫᐟ ᐃᐢᑯᑎᒃ ᑳ ᐧᐋᐱᒫᐟ ᐋᐦ ᒌᐦ ᐹᐦᑎᒥᐧᐋᐟ ᑖᓐ ᑳ ᐄᑖᒋᒥᑯᐟ ▪ naashch aah chiih wiih kitaapimaat iskutik kaa waapimaat aah chiih paahtimwaat taan kaa iitaachimikut. ▪ *Elle l'a bien sermonné quand elle l'a vu après avoir entendu ce qu'il avait dit d'elle.*

croc-en-jambe

ᐊᒋᒋᑳᑖᔥᑭᐧᐋᐤ *achichikaataashkiwaau* vta ◆ il/elle lui fait un croche-pied, un croc-en-jambe

croche

ᐲᒫᐤ *piimaau* vii ◆ c'est tordu, croche

ᒨᐦᑯᑖᑭᓈᐦᑎᐠᐤ *muuhkutaakinaahtikw* ni ◆ un manche de couteau croche

croche-pied

ᐊᒋᒋᑳᑖᔥᑭᐧᐋᐤ *achichikaataashkiwaau* vta ◆ il/elle lui fait un croche-pied, un croc-en-jambe

crochet

ᐅᒋᐧᑳᒋᑭᓐ *uchikwaachikin* ni ◆ un crochet

ᐊᑯᑖᐹᓐ *akutaapaan* ni ◆ le crochet de bois attaché au poteau du tipi avec une corde pour suspendre les casseroles

ᐊᒥᐢᑯᒋᐧᑳᒋᑭᓐ *amiskuchikwaachikin* ni ◆ un crochet à castor

ᓃᐱᓰᐅᑭᐦᒌ niipisiiukihchii ni ◆ un crochet de saule pour suspendre les marmites au-dessus du feu

ᓯᑭᐧᐹᑭᓐ sikipwaakin ni ◆ le crochet au bout de la ligne à rôtir

ᐅᒋᐧᑳᒋᑭᓈᐱᔅᒄ uchikwaachikinaapiskw ni -um ◆ du métal pour des crochets

ᐅᒋᐧᑳᑖᑭᓐ uchikwaataakin na -im ◆ un poisson attrapé avec un crochet

ᐋᒋᔑᒫᐤ aachishimaau vta ◆ il/elle l'accroche à quelque chose

ᐋᔖᒋᑭᒫᐤ aashaachikimaau vii ◆ c'est un lac en forme de crochet

ᐋᔖᑳᔅᑯᓐ aashaakaaskun vii ◆ sa fourche (par exemple la fourche d'un poteau) est utilisée comme crochet

ᐋᔖᑳᔅᑯᓯᐤ aashaakaaskusiu vai ◆ l'arbre a une fourche utilisée comme crochet

ᐅᒋᐧᑳᑎᒻ uchikwaatim vti ◆ il/elle l'attrape avec un crochet

ᐊᑭᐦᒌ akihchii ni ◆ un crochet de bois ou de métal pour suspendre les casseroles au-dessus du feu

ᐅᐦᐱᐦᐅᒋᑭᓂᔥ uhpihuchikinish ni -i ◆ un clipet, un petit crochet sur le piège qui le maintient en place

ᐊᑭᐦᒌᑭᐦᑎᒻ akihchiikihtim vti ◆ il/elle fabrique un crochet (pour une théière sur le feu); il/elle pose une ligne de pêche de nuit en attachant la ligne à un crochet sur un poteau

crocheter

ᐅᒋᐧᑳᑖᐤ uchikwaataau vta ◆ il/elle l'attrape avec un crochet

ᐧᐃᓈᐹᑭᐦᐋᒻ winaapaakiham vti ◆ il/elle fait une faute en laçant, en tissant, en tricotant ou en crochetant quelque chose

crochu

ᐧᐋᒋᐦᑖᐤ waachihtaau vai+o ◆ il/elle le rend crochu

ᐧᐋᒋᐦᐋᐤ waachihaau vta ◆ il/elle le/la courbe, lui donne une forme crochue

ᐧᐋᒋᑯᑖᐤ waachikutaau vai ◆ il/elle a le nez de travers, le nez crochu

ᐧᐋᑳᔅᑯᑎᐦᒑᐤ waakaaskutihchaau vai ◆ il/elle a les doigts crochus

crocodile

ᒥᔑᑳᔥᑭᑖᑖᒄ mishikaashkitaataakw na -um ◆ un crocodile

ᑳᔥᑭᑖᑖᒄ kaashkitaataakw na -um ◆ un lézard, un alligator, un crocodile

croire

ᐋᐧᓈᐦᑎᐧᐋᐤ aanwaahtiwaau vta ◆ il/elle ne le croit pas

ᑖᐧᐹᔮᔨᐦᑎᒻ taapwaayaayihtim vti ◆ il/elle croit

ᑖᐧᐹᔮᔨᒫᐤ taapwaayaayimaau vta ◆ il/elle croit en lui/elle

ᐋᐧᓈᐦᑎᒻ aanwaahtim vti ◆ il/elle ne veut pas le croire, il/elle le dénie

ᐋᐧᓈᔨᐦᑖᑯᓐ aanwaayihtaakun vii ◆ ce n'est pas cru, c'est dénié

ᐄᑖᔨᒫᐤ iitaayimaau vta ◆ il/elle pense à lui/elle d'une certaine façon, il/elle croit qu'il/elle (animé)..., il/elle pense qu'il/elle (animé)... ■ ᐄᑖᔨᒫᐤ ᐧᐋᔥ ᐊᓂᔮᐦ ᐋᐦ ᐋᐦᑯᓰᔨᒡᐦ ᐧᐋᓵ ᐋᑳ ᐧᐄᐦ ᒦᒋᓱᔨᒡᐦ. ■ iitaayimaau waash aniyaah aah aahkusiyich-h waasaa aakaa wiih miichisuyich-h. ■ *Il croit qu'elle est malade parce qu'elle ne veut rien manger.*

ᐃᔮᐱᓯᐦᑎᐧᐋᐤ iyaapisihtiwaau vta ◆ il/elle lui obéit, le/la croit

ᐱᐹᐧᐋᔮᔮᔨᐦᑎᒻ pipaawaayaayihtim vti ◆ il/elle croit que c'est un bon présage pour lui/elle

ᐱᐹᐧᐋᔮᔮᔨᒫᐤ pipaawaayaayimaau vta ◆ il/elle croit que c'est un bon présage pour lui/elle

ᐱᑳᓯᔅᒑᔨᒫᐤ pikaasischaayimaau vta ◆ il/elle pense qu'il/elle peut s'en occuper, qu'il/elle est capable

ᐱᑳᓯᔅᒑᔨᒨ pikaasischaayimuu vai -u ◆ il/elle croit qu'il peut s'en s'occuper

ᐃᔮᐅᑖᔨᒫᐤ iyaautaayimaau vta ◆ il/elle pense qu'il/elle fait des choses inutiles ■ ᓂᑎᔮᐅᑖᔨᒫᐤ ᒫᕆ ᒦᓐ ᑳ ᐃᐦᑐᑎᐦᒃ. ■ nitiyaautaayimaau Marie miin kaa ihtutihk. ■ *Je crois que Marie n'avait pas besoin de le refaire.*

croisé

ᒌᔥᑖᐤ chiishtaau na ◆ ta belle-soeur (si tu es une femme), ton beau-frère (si tu es un homme), ton cousin croisé ou ta cousine croisée (une personne du même sexe que toi qui est la descendante du frère de ta mère ou de la soeur de ton père)

ᒌᑎᒧᔅ chiitimus nad ◆ ton beau-frère ou ta belle-soeur, ton cousin croisé ou ta cousine croisée (une personne du sexe opposé au tien qui est la descendante du frère de ta mère ou de la soeur de ton père)

ᓃᔥᑖᐤ niishtaau na ◆ ma belle-soeur (si je suis une femme), mon beau-frère.(si je suis une femme) mon cousin croisé ou ma cousine croisée (une personne du même sexe que moi qui est la descendante du frère de ma mère ou de la soeur de mon père)

ᓃᑎᒧᔅ niitimus nad ◆ mon beau-frère, ma belle-soeur, mon cousin croisé ou ma cousine croisée (une personne du sexe opposé au mien qui est la descendante du frère de ma mère ou de la soeur de mon père)

ᐧᐄᔥᑖᒫᐤ wiishtaamaau na ◆ la belle-soeur d'une femme, le beau frère d'un homme, un cousin croisé ou une cousine croisée (une personne du même sexe qui est la descendante d'un frère de la mère ou d'une soeur du père)

ᐧᐄᔥᑖᐤᐦ wiishtaauh nad ◆ sa belle-soeur (si elle est une femme), son beau-frère (s'il est un homme), son cousin croisé ou sa cousine croisée (une personne du même sexe qui est la descendante du frère de sa mère ou de la soeur de son père)

ᐧᐄᑎᒧᔅᐦ wiitimus-h nad ◆ sa belle-soeur ou son beau-frère, son cousin croisé ou sa cousine croisée (une personne du sexe opposé au sien qui est la descendante du frère de sa mère ou de la soeur de son père)

ᐧᐄᑎᒧᓯᒫᐤ wiitimusimaau nad ◆ une belle-soeur, un beau-frère, un cousin croisé ou une cousine croisée (une personne du sexe opposé au sien qui est la descendante du frère de sa mère ou de la soeur de son père)

ᐧᐄᑎᒧᓯᐤ wiitimusiu vai ◆ il l'a comme belle-soeur, elle l'a comme beau-frère, il l'a comme cousine (croisée), elle l'a comme cousin (croisé)

croiser

ᐋᔥᑐᓈᔥᑖᐤ aashtunaashtaau vii ◆ c'est placé croiser

ᐋᔥᑐᓈᔮᐹᑭᒧᐦᑖᐤ aashtunaayaapaakimuhtaau vai ◆ il/elle forme un "X" avec de la corde

ᐋᔥᑐᓈᔮᔥᑯᔥᑖᐤ aashtunaayaashkushtaau vai ◆ il/elle croise un poteau sur l'autre

ᐋᔥᑐᓈᔮᐤ aashtunaayaau vii ◆ c'est croisé

ᐋᔥᑐᓈᔥᑖᐤ aashtunaashtaau vai ◆ il/elle écrit un "X", il/elle vote, il/elle le place croisé

ᐋᔥᑐᓈᔮᐱᐦᒑᐦᑎᑖᐤ aashtunaayaapihchaahtitaau vai ◆ il/elle l'attache en l'enroulant et le croisant

croissance

ᐹᓯᐦᑭᐧᐋᔮᔅᑯᓯᐤ paasihkiwaayaaskusiu vai ◆ l'arbre a des cercles de croissance

ᒥᐦᒋᐦᑭᐧᐋᔮᔅᑯᓯᐤ mihchihkiwaayaaskusiu vai ◆ l'arbre a des cercles de croissance assez espacées

ᐲᔑᐦᑭᐧᐋᔮᔅᑯᓯᐤ piishihkiwaayaaskusiu vai ◆ l'arbre a des cercles de croissances qui sont rapprochés, serrés

croix

ᐊᔥᑖᔮᐦᑎᒄ ashtaayaahtikw na -um ◆ une croix, un crucifix

ᐋᔥᑐᓈᔮᔅᑯᒧᐦᑖᐤ aashtunaayaaskumuhtaau vai ◆ il/elle attache des bâtons en croix

ᐋᔥᑐᓈᔮᔅᑯᒨ aashtunaayaaskumuu vii -u ◆ c'est attaché en croix (bâtons)

crosse

ᐱᔥᑯᐦᒌ pishkuhchii ni ◆ un arbre tombé, déraciné, une crosse de fusil

crotte

ᒦᓂᔔᒫᔮᐤ miinishuumaayaau vai ◆ il/elle a des crottes pleines de baies (par ex. un ours)

crottes

ᒫᔮᐦᐧᑳᓐᐦ maayaahkwaanh ni pl ◆ des crottes

ᐅᒫᔨᑎᐦᒄᐦ umaayitihkwh ni pl ◆ ses crottes (pour un caribou)

croupe

ᐅᑑᑦᐦ utuut-h nad ◆ le gras de sa croupe (caribou, orignal)

ᐧᐄᑯᐦᑯᐧᐋᐅᐦᒄᐦ wiikuhkuwaauhkwh nad ◆ sa croupe (caribou, orignal)

croustillant

ᑳᔥᑳᔥᒋᐦᑭᔔᔑᐤ kaashkaashchihkishuushiu vai ◆ la peau est cuite bien croustillante

croûte

ᐅᒥᒌᐤ umichiiu vai ◆ il/elle a des croûtes

ᐧᑖᐱᑖᐤ twaapitaau vai ◆ il/elle casse la glace, la croûte de neige en passant

croyable

ᑖᐧᐸᐅᒑᔨᐦᑖᑯᓐ taapwaauchaayihtaakun vii ◆ c'est croyable

croyance

ᑖᐧᐹᔮᔨᐦᑎᒧᐧᐃᓐ taapwaayaayihtimuwin ni ◆ une croyance, la foi

croyant

ᐅᑖᐧᐹᔮᔨᐦᑎᒼ utaapwaayaayihtim na ◆ un croyant, une croyante

cru

ᒋᑭᓯᔅᒌᐤ chikisischiiu vai ◆ il/elle est cru-e

ᒋᑭᓯᔅᒋᓰᐤ chikisischisiiu vai ◆ il/elle est cru-e, pas cuit-e

ᐊᔅᒋᐴ aschipuu vai -u ◆ il/elle mange quelque chose de cru

ᒋᑭᔑᔥᑳᐤ chikishishkaau vii ◆ c'est cru, pas cuit

crucifix

ᐊᔥᑖᔮᐦᑎᒄ ashtaayaahtikw na -um ◆ une croix, un crucifix

cruel

ᒫᔮᑎᓰᐤ maayaatisiiu vai ◆ il/elle est cruel/cruelle, diabolique

crues

ᐃᐦᒋᐹᐱᔨᐤ ihchipaapiyiu vii ◆ ça déborde à cause de la pluie, des crues de printemps

cuillère

ᐋᒥᐦᐧᑳᓐ aamihkwaan na ◆ une cuillère

ᒥᔥᑎᐧᑳᒥᐦᐧᑳᓐ mishtikwaamihkwaan na ◆ une cuillère en bois

ᓂᔥᐧᑖᒥᐦᐧᑳᓐ nishtwaamihkwaan p,quantité ◆ trois cuillerées

ᐱᓯᐦᐊᒥᐦᐧᑳᓈᐤ pisihamihkwaanaau vta ◆ il/elle coupe du bois pour fabriquer une cuillère en bois

cuillerée

ᓂᔥᐧᑖᒥᐦᐧᑳᓐ nishtwaamihkwaan p,quantité ◆ trois cuillerées

ᐹᔨᐧᑳᒥᐦᐧᑳᓐ paayikwaamihkwaan p,quantité ◆ une cuillerée à soupe

ᐹᔨᐧᑳᒥᐦᐧᑳᓂᔥ paayikwaamihkwaanish p,quantité ◆ une cuillerée à thé, à café

cuir

ᐲᔖᑭᓂᑯᐦᑉ piishaakinikuhp ni ◆ un manteau de cuir, une peau tannée

ᐲᔖᑭᓂᔅᒋᓯᓐᐦ piishaakinischisinh ni pl ◆ des chaussures de cuir

ᐲᔖᑭᓂᐢᑎᓯᒡ piishaakinistisich na pl ◆ des mitaines de cuir, de peau

ᐲᔖᑭᓈᐲᐦᒑᐤ piishaakinaapiihchaau vai ◆ il/elle fabrique une corde de peau, de cuir

ᒥᐢᑎᑯᐢᒋᓯᓐᐦ mistikuschisinh ni pl ◆ des chaussures en cuir avec des semelles dures, lit. 'chaussures en bois'

ᐲᔖᑭᓐ piishaakin ni ◆ du cuir, de la peau tannée

ᐲᔖᑭᓈᐲ piishaakinaapii ni ◆ une corde ou une ficelle de cuir

ᔑᐙᐦᑯᒄ shiwaahkukw ni ◆ une aiguille à coudre le cuir

cuire

ᒋᑭᔑᔥᑭᑖᓂᐙᐤ chikishishkitaaniwaau vai ◆ il/elle ne les cuit pas assez

ᑎᑭᓯᒻ tikisim vti ◆ il/elle le cuit

ᑎᑭᔂᐤ tikiswaau vta ◆ il/elle le/la cuit

ᓰᐱᑖᔮᐢᑯᐦᐄᑭᓐ siipitaayaaskuhiikin ni ◆ une méthode pour cuire un castor désossé en l'étirant en forme carrée avec quatre bâtons

ᓰᐱᑖᔮᐢᑯᐦᐄᐹᓐ siipitaayaaskuhiipwaan ni [Wemindji] ◆ une méthode pour cuire un castor désossé en l'étirant en forme carrée avec quatre bâtons

ᑭᓯᐢᒋᓯᒻ kisischisim vti ◆ il/elle le cuit jusqu'à ce qu'il soit tendre

ᑭᓯᐢᒋᓯᒧᐙᐤ kisischisimuwaau vta ◆ il/elle le cuit bien tendre pour lui/elle

ᑭᓯᐢᒋᓲ kisischisuu vai -u ◆ il/elle est cuit-e bien tendre

ᑭᓯᐢᒋᔂᐤ kisischiswaau vta ◆ il/elle le/la cuit jusqu'à ce qu'il/elle soit tendre

ᑭᓯᐢᑖᐤ kisistaau vii ◆ c'est cuit bien tendre

ᒫᒫᔨᐦᑭᓯᒻ maamaayihkisim vti ◆ il/elle le cuit en partie

ᒥᐦᑭᔥᑳᐤ mihkishkaau vii ◆ c'est cuit saignant

ᑖᐱᐦᑭᐦᑖᐤ taapihkihtaau vii ◆ c'est vraiment cuit, ça chauffe toute l'habitation

ᐙᐱᐦᑭᓯᒻ waapihkisim vti ◆ il/elle ne cuit pas assez la viande

ᐙᐱᐦᑭᔂᐤ waapihkiswaau vta ◆ il/elle ne cuit pas assez la viande

ᐎᔮᐃᐦᑯᓈᐅᔥᑖᐤ wiyaaihkunaaushtaau vii ◆ ça sent la bannique, le gâteau en train de cuire

ᐎᔮᐢᑯᐦᐙᐤ wiyaaskuhwaau vta ◆ il/elle le prépare pour le cuire sur un bâton

ᓃᐱᑖᔮᐢᑯᐦᐄᑭᓈᐦᑎᒄ niipitaayaaskuhiikinaahtikw ni ◆ un bâton sur lequel on suspend du poisson ou de la viande pour les cuire ou les faire sécher

ᐊᑎᒧᑖᓂᐙᐤ atimutaaniwaau vai ◆ il/elle fait cuire de la nourriture pour les chiens

ᒋᔨᐹᐦᑭᓲ chiyipaahkisuu vai -u ◆ il/elle brûle, cuit vite

ᒥᔮᐦᑭᓲ miyaahkisuu vai -u ◆ il/elle sent le brûlé, on le/la sent qui cuit

ᑖᔥᑯᑖᐙᑯᑖᐤ taashkutaawaakutaau vai ◆ il/elle cuit de la viande sur le feu à feu ouvert

ᑖᔥᑯᑖᐙᑯᔮᐤ taashkutaawaakuyaau vta ◆ il/elle le/la cuit à feu direct

ᒥᔪᒫᓲ miyumaasuu vai -u ◆ il/elle sent bon en cuisant, en brûlant

ᔒᐱᐦᑭᓲ shiipihkisuu vai -u ◆ il/elle prend longtemps à cuire, résiste à la chaleur

cuisine

ᑭᒋᓐ kichin ni ◆ une cuisine, de l'anglais 'kitchen'

ᐱᒥᓂᐙᓐ piminiwaan ni ◆ la cuisine, l'art culinaire

ᒥᔮᐦᑭᐦᑖᐤ miyaahkihtaau vii ◆ ça sent le brûlé, ça sent la cuisine

ᐐᐦᒋᐢᑎᒣᐤ wiihchistimwaau vta ◆ il/elle aime sa cuisine, sa nourriture

ᒥᔪᒫᓵᐙᐤ miyumaasaawaau vai ◆ l'odeur de sa cuisine, de sa pipe, de son tabac, de sa cigarette sent bon

cuisiner

ᐄᑎᑖᓂᐙᐤ iititaaniwaau vai ◆ il/elle cuisine d'une certaine façon

ᓂᐦᑖᐅᑖᓂᐙᐤ nihtaautaaniwaau vai ◆ il/elle fait bien la cuisine

ᐱᒥᓂᐙᒑᐤ piminiwaachaau vai ◆ il/elle l'utilise pour cuisiner (ex. casserole)

ᐱᒥᓂᐙᐤ piminiwaau vai ◆ il/elle cuisine

ᐱᒥᓂᐎᓲ piminiwisuu vai reflex -u ◆ il/elle se fait la cuisine

ᐱᒥᓂᐎᑖᐤ piminiwitaau vta ◆ il/elle lui fait la cuisine, cuisine pour lui/elle

ᒋᐦᒋᓂᐙᐤ chihchiniwaau vai ◆ il/elle commence à cuisiner

ᐄᐢᐲᐦᑖᔨᒦᓲ iispiihtaayimiisuu vai reflex -u ◆ il/elle pense qu'il/elle va prendre un certain temps pour faire quelque chose, il/elle cuisine juste assez pour lui/elle-même.

cuissardes

ᑳᑭᒑᒋᐹᒫᐙᔮᒡᐦ kaakichaachipwaamaawaayaachh nip pl [Whapmagoostui] ◆ des cuissardes

ᑳᑭᒑᒋᐹᒫᔮᒡᐦ kaakichaachipwaamaayaachh nip pl ◆ des cuissardes

cuisse

ᐅᐹᒻ upwaam nid ◆ sa cuisse

ᒥᒥᐦᒋᐹᒫᐤ mimihchipwaamaau vai redup ◆ il/elle a de grosses cuisses

ᐅᒋᔥᑎᒁᐅᒄᐦ uchishtikwaaukwh nad ◆ la viande de sa cuisse avec la rotule attachée

cuisson

ᒥᓂᐦᐄᐱᒫᓐ minihiipimaan ni ◆ de la graisse obtenue par la cuisson

ᐲᔂᔮᒋᐎᐦᑖᐤ piishwaayaachiwihtaau vii ◆ il se forme de la mousse, de l'écume à la surface de la nourriture lors de la cuisson

cuit

ᒌᔑᐦᑭᓲ chiishihkisuu vai -u ◆ il/elle est bien cuit-e

ᒌᔑᑭᐦᑖᐤ chiishikihtaau vii ◆ c'est vraiment cuit

ᑎᑭᔥᑖᐤ tikishtaau vii ◆ c'est cuit

ᑎᑭᓲ tikisuu vai -u ◆ il/elle est cuit-e, c'est cuit (animé)

ᐲᐦᒋᔩᔪᑭᐦᐄᑭᓐ piihchiyiyukihiikin ni ◆ un intestin d'animal rempli de gras et suspendu à sécher, puis cuit avant d'être mangé

ᑯᒋᐢᒋᓂᐙᑎᒼ kuchischiniwaatim vti ◆ il/elle vérifie pour voir si c'est cuit

ᒫᔨᐦᑭᐦᑖᐤ maayihkihtaau vii ◆ c'est partiellement cuit

ᐙᓵᒥᐦᑭᐦᑖᐤ waasaamihkihtaau vii ◆ c'est trop chaud, trop cuit

ᐙᓵᒥᐦᑭᓲ waasaamihkisuu vai -u ◆ il/elle a trop chaud, est trop cuit

ᒥᔪᐦᑭᓲ miyuhkisuu vai -u ◆ il/elle se sent bien de boire, ça lui fait du bien de boire; c'est bien cuit (animé), il/elle est bien cuit-e

cuivre

ᑳᒥᐦᒁᐱᔥᒋᔑᐟ kaamihkwaapishchishit nap -shim [Whapmagoostui] ◆ du cuivre, un sou

ᑳᐅᔖᐙᐱᔥᒋᔑᐟ kaaushaawaapishchishit nap -shim ◆ du cuivre, un sou

ᑭᐢᑭᑎᒧᐢᒋᐦᒄ kiskitimuschihkw na ◆ un seau de cuivre

cul nu

ᒧᔖᑭᒋᔒᐤ mushaakichishiiu vai ◆ il/elle a le cul nu, les fesses à l'air

cul-de-sac

ᐑᐦᒁᔑᓐ wiihkwaashin vai ◆ il/elle arrive à un cul-de-sac

ᐑᐦᒁᒨ wiihkwaamuu vii -u ◆ c'est le bout de la route, du sentier, c'est un cul-de-sac

ᐑᐦᒁᔮᐤ wiihkwaayaau vii ◆ c'est le fond du tunnel, un cul-de-sac

culotte

ᐲᐦᑎᐏᐱᔨᒌᓵᓐ piihtiwipiyichiisaan na ◆ un caleçon, une culotte, une petite culotte, des bobettes, un boxer, un slip; un sous-vêtement long

cultiver

ᓂᐦᑖᐅᒋᐦᒑᐤ nihtaauchihchaau vai ◆ il/elle cultive quelque chose, fait pousser quelque chose

ᓂᐦᑖᐅᒋᐦᐋᐤ nihtaauchihaau vta ◆ il/elle le/la cultive (des baies), le/la préserve

ᓂᐦᑖᐅᒋᐦᑖᐤ nihtaauchihtaau vai+o ◆ il/elle le fait pousser, le cultive

cursive

ᐙᐙᑭᔥᑖᐤ waawaakishtaau vai redup ◆ il/elle écrit à la main en cursive

ᐙᐙᑭᔥᑖᐤ waawaakishtaau vii redup ◆ c'est écrit à la main en cursive

ᐙᐙᑭᓯᓂᐦᐊᒼ waawaakisiniham vti redup ◆ il/elle écrit en lettres cursives, en cursive

cutané

ᒥᐦᑯᔖᐱᔩᐤ mihkushaapiyiu vai ◆ il/elle a la peau rouge; il/elle a une éruption cutanée

cycle

ᑯᑖᐅᐢᒑᐤ kutaauschaau vai ◆ il/elle (animal) se raréfie pendant quelques années, forme un cycle, lit. ' va sous la terre'

cygne

ᐙᐱᓯᐤ waapisiu na -iim ◆ un cygne siffleur *Olor columbianus*

cylindre

ᓅᑎᒫᐢᑯᔨᐙᔮᐤ nuutimaaskuyiwaayaau vii ◆ c'est de forme cylindrique

d

d'abord

ᐅᔥᑭᒡ ushkich p,temps ◆ d'abord, la première fois ▪ ᓈᔥᒡ ᐋᐦ ᒌᐦ ᑯᔥᒁᐳᒧᔮᓐ ᐅᔥᑭᒡ ᑳ ᐙᐱᒥᒃ᙮ ▪ naashch aah chiih kushkwaapumuyaan ushkich kaa waapimik. ▪ *J'étais très surprise la première fois que je l'ai vu.*

d'accord

ᐋᑯᐦ aakuh p,interjection ◆ d'accord ▪ ᐋᑯᐦ ᒫᒃ ᒫᒌᑖᐤ᙮ ▪ aakuh maak maachiitaau. ▪ *D'accord, allons-y.*

ᐋᑯᑖᐦ aakutaah p,dém, focus,lieu ◆ d'accord, ça va, là-bas ▪ ᐋᑯᑖᐦ, ᔖᔥ ᒥᔪᐱᔩᐤ᙮ ❖ ᐋᑯᑖᐦ ᓈᑖᐦ ᑳ ᐄᑐᐦᑖᔮᓐ᙮ ▪ aakutaah, shaash miyupiyiu. ❖ aakutaah naataah kaa iituhtaayaan. ▪ *D'accord ça marche bien maintenant.* ❖ *Je suis allé là-bas.*

ᐋᑰᐦᐅᑦ aakuuhut p,affirmative ◆ oui d'accord, vas-y! (expression de l'accord pour agir) ▪ ᐋᑰᐦᐅᑦ, ᐃᐦᑐᑎᐦᑖᐤ ᐊᓐ ᑳ ᐑᐦ ᐃᐦᑐᑎᒥᐦᒄ᙮ ▪ aakuuhut, ihtutihtaau an kaa wiih ihtutimihkw. ▪ *Oui d'accord, allons faire ce que nous voulions faire.*

d'où

ᐙᐦᒋ waahchi préverbe ◆ d'où, de là (forme changée du *uhchi*, utilisée avec les verbes au conjonctif) ▪ ᐋᑯᑖᐦ ᐊᓂᑖᐦ ᐙᐦᒋ ᐑᔓᒫᑭᓂᐏᑦ ᓂᑐᐦᑯᔨᓂᑭᒥᑯᐦᒡ᙮ ▪ aakutaah anitaah waahchi wiishumaakiniwit nituhkuyinikimikuhch. ▪ *Elle a reçu ses instructions de l'hôpital.*

damer

ᒫᒫᑯᐦᐋᐤ maamaakuhaau vta ◆ il/elle dame la neige

ᒫᒫᒁᑯᓈᔥᑭᒼ maamaakwaakunaashkim vti redup ◆ il/elle dame la neige

ᒫᒁᑯᓂᒋᐱᔩᐤ maakwaakunichipiyiu vii ◆ la neige est bien tassée, damée

danger

ᓵᓵᐦᒁᐱᔩᐤ saasaahkwaapiyiu vii ◆ les sons d'une rivière ou d'un lac récemment gelées indiquent que traverser cette rivière ou ce lac n'est pas sans danger

ᐱᔥᐱᓂᑖᐤ pishpinitaau vta ◆ il/elle le/la met en danger, en vient presque à lui causer des dommages sérieux, l'atteint presque (ex. un orignal)

dangereux

ᑯᔥᑖᑖᔮᔨᐦᑖᑯᓯᐤ kushtaataayaayihtaakusiu vai ◆ il/elle est dangereux/dangereuse de par ses actes

ᑯᔥᑖᑎᑯᓐ kushtaatikun vii ◆ c'est dangereux

ᑯᔥᑖᑎᑯᓰᐤ kushtaatikusiiu vai ◆ il est dangereux, elle est dangereuse

ᑯᔅᐱᓈᑎᑯᓐ kuspinaatikun vii ◆ c'est dangereux

ᐋᐦᒁᓯᓈᑯᓯᐤ aahkwaasinaakusiu vai ◆ il/elle a l'air malveillant, dangereux

ᐋᐦᒁᑖᔨᐦᑖᑯᓐ aahkwaataayihtaakun vii ◆ on pense que c'est dangereux, nocif

ᐋᐦᒁᑖᔨᐦᑖᑯᓯᐤ aahkwaataayihtaakusiu vai ◆ on pense qu'il/elle est dangereux, nocif

ᒫᔮᑎᓐ maayaatin vii ◆ c'est diabolique, dangereux

ᐋᐦᒁᓯᓈᑯᓐ aahkwaasinaakun vii ◆ ça semble dangereux, nocif

ᐋᐦᒁᑎᓰᐤ aahkwaatisiiu vai ◆ il/elle est malveillant-e; il est dangereux, nocif, elle est /dangereuse, nocive; il/elle fait les choses en maître

ᐃᔮᐦᒁᐱᔅᑳᐤ iyaahkwaapiskaau vii ◆ ce sont des rochers élevés et dangereux, c'est une montagne aux pentes très raides

dans

ᐲᐦᒡ piihch p,lieu ◆ dans quelque chose ■ ᐲᐦᒡ ᐅᐙᑭᑎᒥᐦᒡ ᒌᐦ ᐅᐦᑎᓈᐤ ᑖᐱᓯᔅᒑᐦᐱᓱᓐᐦ ᓈᔅᒡ ᐋᐦ ᒥᔪᔑᔑᔨᒡᐦ. ■ piihch upwaakitimihch chiih uhtinaau taapisischaahpisunh naashch aah miyushishiyich-h. ■ *Il a trouvé une belle bague dans sa poche.*

ᐃᔨᔨᒻ iyiyim p,lieu ◆ face au vent ■ ᐃᔨᔨᒻ ᐄᑖᐦᒑ ᐄᑎᑯᐦᑎᑖᐦ ᐆᑦ. ■ iyiyim iitaahchaa iitikuhtitaah uut. ■ *Place le canot face au vent!*

ᐲᐦᒋᑯᓈᐤ piihchikunaau p,lieu ◆ dans la bouche ■ ᓈᐦᐋᐤ ᒌᐦ ᐲᐦᒋᑯᓈᐙᐱᑖᐤ ᐊᓂᔮ ᒦᓂᔑᔨᐤ. ■ naahaau chiih piihchikunaawaapitaau aniyaa miinishiyiu. ■ *Il/Elle jeta la baie directement dans sa bouche.*

ᐲᐦᑎᐦᐊᒻ piihtiham vti ◆ il/elle le met dans quelque chose

ᐲᐦᑎᐦᐙᐤ piihtihwaau vta ◆ il/elle le/la met dans quelque chose, lui donne une deuxième portion de nourriture

danse

ᓃᒥᐦᐄᐙᐤ niimihiiwaau vai ◆ il/elle fait une danse

ᒌᓂᒁᓂᐱᔨᐦᐋᐤ chiinikwaanipiyihaau vta ◆ il/elle le conduit en cercle, en rond; il/elle fait tourner son partenaire de danse

danser

ᓃᒥᐦᐋᐤ niimihaau vta ◆ il/elle le/la fait danser

ᓃᒦᔥᑎᒧᐙᐤ niimiishtimuwaau vta ◆ il/elle danse à sa place

ᓃᒥᔥᑎᐙᐤ niimishtiwaau vta ◆ il/elle danse devant lui/elle

ᓃᒥᐤ niimiu vai ◆ il/elle danse

ᐙᐙᐱᑭᒋᔖᔑᒨ waawaapikichishaashimuu vai redup -u ◆ il/elle danse en pivotant ses hanches

ᓃᒦᔥᑎᒻ niimiishtim vti ◆ il/elle danse en l'honneur de quelque chose

ᔖᔥᑳᔥᑖᐱᔨᐤ shaashkaashtaapiyiu vii ◆ les flammes dansent

davantage

ᐃᔨᐙᒡ iyiwaach p,quantité ◆ extra, davantage, plus ■ ᐃᔨᐙᒡ ᓂᒌᐦ ᒥᔮᐤ ᔓᐏᔮᓐᐦ ᐊᓂᔮ ᑳ ᐃᔥᐱᔥ ᓂᑎᐙᔨᒫᑦ. ■ iyiwaach nichiih miyaau shuwiyaanh aniyaa kaa ishpish nitiwaayimaat. ■ *Je lui ai donné plus d'argent qu'il ne voulait.*

dé

ᐴᐦᑎᓂᑭᓐ puuhtinikin na ◆ un dé à coudre

de ci de là

ᒥᒫᓂᐦᐋᐤ mimaanihaau vta redup ◆ il/elle les place de ci de là

ᒥᒫᓂᑳᐳᐏᐦᑖᐤ mimaanikaapuwihtaau vai+o redup ◆ il/elle les dispose de ci de là

ᒥᒫᓂᑯᑖᐤ mimaanikutaau vai+o redup ◆ il/elle suspend quelque chose de ci de là

ᒥᒫᓂᐱᐏᒡ mimaanipiwich vai pl redup ◆ ils/elles sont placé-e-s de ci de là

ᒥᒫᓂᔥᑖᐤ mimaanishtaau vai redup ◆ il/elle les place de ci de là, à plusieurs endroits

ᒥᔅᑎᐙᑯᐦᒋᓐ mistiwaakuhchin vai ◆ il/elle flotte de ci de là

ᒥᒫᓂᑳᐳᐏᐏᒡ mimaanikaapuwiwich vai pl redup -uwi ◆ ils/elles se tiennent de ci de là, en groupe

ᒥᒫᓈᐦᑭᓱᐏᒡ mimaanaahkisuwich vai pl redup -u ◆ il y a des bouquets d'arbres épargnés par le feu de ci de là

de toutes façons

ᐋᐃᐙᐦᒡ aaiwaahch p,évaluative ◆ quoiqu'il en soit, de toutes façons, essaie quand même ■ ᐋᐃᐙᐦᒡ ᒫ ᐑᐦ ᑭᒑᔅᒋᒻ. ■ aaiwaahch maa wiih kichaaschim. ■ *Au moins essaie quand même et conseille-le/la.*

de travers

ᐃᔨᑎᒫᑎᔅᒋᓈᐤ iyitimaatischinaau vai ◆ il/elle s'est chaussé de travers, a mis ses chaussures sur le mauvais pied

ᐧᐃᔥᑎᐏᓂᐙᐤ wishtiwiniwaau vta ◆ il/elle trouve qu'il/elle n'a pas l'air bien (habillé), il/elle lui semble avoir quelque chose qui cloche

de-ci de-là

ᐹᐦᐹᔨᑯᑎᐦᑖᐅᐦ paahpaayikutihtaauh vii pl redup ◆ les baies changent de couleur de-ci de-là

ᐹᐦᐹᔨᑯᑎᓱᐏᒡ paahpaayikutisuwich vai pl redup -u ◆ ils/elles changent de couleur de-ci de-là (les baies)

de-ci-de-là

ᐱᐹᔨᐦᑖᒨᐦ pipaayihtaamuuh vii pl redup ◆ ils/elles poussent de-ci de-là, sont suspendus de-ci de-là

débâcle
ᒫᒋᔥᑎᓐ maachishtin vii ◆ la glace se brise et commence à descendre la rivière; c'est la débâcle
ᓰᐦᒋᓯᑳᐤ siihchisikwaau vii ◆ la glace retourne au rivage après la débâcle

déballer
ᐋᐱᐦᐙᔮᒋᓈᐤ aapihwaayaachinaau vta ◆ il/elle le/la déballe
ᐋᐱᐦᐙᔮᒋᓂᒻ aapihwaayaachinim vti ◆ il/elle le déballe ■ ᐋᐱᐦᐙᔮᒋᓂᒻ ᑳ ᒥᔮᑭᓂᐧᐃᑦ ■ aapihwaayaachinim kaa miyaakiniwit. ■ *Il déballe les cadeaux qu'il a reçus.*
ᐋᐱᐦᐙᔮᒋᐱᑎᒻ aapihwaayaachipitim vti ◆ il/elle le déballe rapidement
ᑯᐃᑯᓂᒑᐤ kuikunichaau vai ◆ il/elle le décharge, le déballe

débarquer
ᑭᐹᐤ kipaau vai ◆ il/elle débarque
ᑭᐹᐱᐦᑖᐤ kipaapihtaau vai ◆ il/elle débarque en vitesse
ᑯᔅᐱᐤ kuspiu vai ◆ il/elle débarque, va vers l'intérieur des terres
ᑯᓯᔅᐱᐦᑎᑖᐤ kusispihtitaau vai ◆ il/elle l'emporte en amont, vers l'intérieur des terres, le fait débarquer

débarrasser (se)
ᐧᐃᔨᐧᐄᐧᐋᐱᐦᐊᒻ wiyiwiiwaapiham vti ◆ il/elle s'en débarrasse, le rejette
ᐧᐃᔨᐧᐄᐧᐋᐱᐦᐧᐋᐤ wiyiwiiwaapihwaau vta ◆ il/elle se débarrasse de lui/d'elle, le/la rejette
ᐧᐋᐱᓈᐤ waapinaau vta ◆ il/elle s'en débarrasse, il/elle se sépare de lui, le/la divorce

débattre (se)
ᔕᔑᐧᐋᐹᐤ shaashiwaapaau vai ◆ il/elle se débat contre quelque chose de filiforme auquel il/elle est attaché-e
ᒫᔑᐦᑖᐤ maashihtaau vai+o ◆ il/elle se bat, se débat, lutte avec

débit
ᐱᒥᒋᐧᐃᓐ pimichiwin vii ◆ il y a un débit d'eau

déborder
ᐋᒥᔅᒋᓈᐤ aamischinaau vii ◆ c'est trop rempli et ça déborde avec quelque chose de solide
ᐹᔥᑖᐳᐧᐋᐤ paashtaapuwaau vii ◆ ça déborde
ᐹᔥᑖᐳᐧᐃᑖᐤ paashtaapuwitaau vai ◆ il/elle le fait déborder
ᑖᐅᐱᔨᐤ taaupiyiu vai ◆ il/elle déborde
ᐋᒫᒋᐧᐃᐦᑖᐤ aamaachiwihtaau vii ◆ ça bout et ça déborde
ᐋᒫᒋᐧᐃᓱ aamaachiwisuu vai -u ◆ il/elle bout et déborde
ᐊᔅᒋᐳᑖᐤ aschiputaau vai+o ◆ il/elle le fait déborder, cause une inondation
ᐃᔮᒥᔅᒋᓂᐦᐋᐤ iyaamischinihaau vta ◆ il/elle en remplit le récipient il le fait déborder
ᐧᑳᔥᑳᔥᐧᑳᔮᒋᐧᐃᐦᑖᐤ kwaashkwaashkwaayaachiwihtaau vii redup ◆ ça bout et ça déborde
ᐹᔥᑖᒋᐧᐃᐦᑖᐤ paashtaachiwihtaau vii ◆ ça déborde
ᐹᔥᑖᒋᐧᐃᓱ paashtaachiwisuu vai -u ◆ il/elle bout et déborde
ᑖᐅᐱᔨᐤ taaupiyiu vii ◆ ça déborde, ça coïncide avec un autre évènement
ᒋᔅᑖᔅᑯᐱᔨᐤ chistaaskupiyiu vii ◆ l'eau déborde sur la glace
ᐃᐦᒋᐹᐱᔨᐤ ihchipaapiyiu vii ◆ ça déborde à cause de la pluie, des crues de printemps

déboucher
ᓵᑳᔅᑯᐱᔨᐤ saakaaskupiyiu vii ◆ ça débouche dans une clairière (ex. un ruisseau)

debout
ᐊᑎᒥᑳᐳ atimikaapuu vai -uwi ◆ il/elle est debout le dos tourné
ᐄᔑᑳᐳ iishikaapuu vai -uwi ◆ il/elle est debout d'une certaine façon
ᓃᐳ niipuu vai -uwi ◆ il/elle est debout
ᓃᐳᐧᐃᐦᐋᐤ niipuwihaau vta ◆ il/elle le/la met debout
ᓂᔥᑐᑳᐳᐧᐃᐦᐋᐤ nishtukaapuwihaau vta ◆ il/elle en place trois (long et rigide) debout
ᓰᑎᐧᐃᑳᐳ siitiwikaapuu vai -uwi ◆ il/elle est juste debout là
ᐋᐦᒋᑳᐳ aahchikaapuu vai -uwi ◆ il/elle se déplace debout
ᐋᔥᑎᒫᔥᑖᑳᐳ aashtimaashtaakaapuu vai -uwi ◆ il/elle est debout au soleil
ᐋᔨᒋᑳᐳᐧᐃᐦᐋᐤ aayichikaapuwihaau vta ◆ il/elle le/la met fermement debout
ᐋᔨᒋᑳᐳᐧᐃᐦᑖᐤ aayichikaapuwihtaau vai+o ◆ il/elle se tient debout avec assurance
ᐊᔕᑳᐳ ashaakaapuu vai -uwi ◆ il/elle recule debout
ᐊᑎᒥᑳᐳᐧᐃᔥᑎᒻ atimikaapuwishtim vti ◆ il/elle est debout en lui tournant le dos
ᐊᑎᒥᑳᐳᐧᐃᔥᑎᐧᐋᐤ atimikaapuwishtiwaau vta ◆ il/elle est debout en lui tournant le dos
ᒋᒥᔮᐤ chimiyaau vta ◆ il/elle le/la dresse, le/la met debout
ᐃᔮᔅᑯᑳᐳ iyaaskukaapuu vai -uwi ◆ il/elle est fatigué d'être debout
ᐃᔮᔪᐧᐃᑳᐳ iyaayuwikaapuu vai -uwi ◆ il/elle est fatigué-e d'être debout
ᑯᐃᔅᑯᑳᐳ kuiskukaapuu vai -uwi ◆ il/elle se tient droit-e debout
ᐧᑳᔅᒋᑳᐳ kwaaschikaapuu vai -uwi ◆ il/elle fait demi-tour debout
ᒫᒧᐧᐃᑳᐳᐧᐃᐦᐋᐤ maamuwikaapuwihaau vta ◆ il/elle les fait tenir debout ensemble
ᐲᐦᑣᐅᑳᐳ piihtwaaukaapuu vai -uwi ◆ il/elle reste debout en fumant
ᐲᒥᑳᐳ piimikaapuu vai -uwi ◆ il/elle se tient debout de biais

ᐲᒥᑳᐳᐧᐃᐦᑖᐤ piimikaapuwihtaau vai+o ◆ il/elle le met debout de biais

ᔒᐱᑳᐴ shiipikaapuu vai -uwi ◆ il/elle reste longtemps debout sans se fatiguer

ᔒᐱᑳᐳᐧᐃᐧᐃᒡ shiipikaapuwiwich vai pl -uwi ◆ ils/elles restent longtemps debout

ᑖᐦᒋᑳᐴ taahchikaapuu vai -uwi ◆ il/elle se tient debout au sommet de quelque chose

ᑖᐱᑳᐳᐧᐃᐦᐋᐤ taapikaapuwihaau vta ◆ il/elle a de la place pour le placer debout

ᑎᑯᑳᐳᐧᐃᐦᐋᐤ tikukaapuwihaau vta ◆ il/elle le place debout, verticalement avec les autres

ᑎᑯᑳᐳᐧᐃᐦᑖᐤ tikukaapuwihtaau vai+o ◆ il/elle le place debout, verticalement avec les autres

ᑎᐱᔥᑯᒋᑳᐴ tipishkuchikaapuu vai -uwi ◆ il/elle est debout, il/elle est placé-e tout-e droit-e

ᑎᐱᔥᑯᒋᑳᐳᐧᐃᐦᐋᐤ tipishkuchikaapuwihaau vta ◆ il/elle le/la place verticalement, le/la met debout tout droit

ᑎᐱᔥᑯᒋᑳᐳᐧᐃᐦᑖᐤ tipishkuchikaapuwihtaau vai+o ◆ il/elle le place verticalement, le met debout tout droit

ᑎᐱᔥᑯᑎᓈᐤ tipishkutinaau vta ◆ il/elle le/la place verticalement, le/la met debout avec ses mains

ᑎᐱᔥᑯᑎᓂᒼ tipishkutinim vti ◆ il/elle le place verticalement, le met debout avec ses mains

ᑎᐱᔥᑯᑎᐱᐤ tipishkutipiu vai ◆ il/elle est placé-e verticalement, mis-e debout

ᐅᐦᐱᒫᑳᐴ uhpimaakaapuu vai -uwi ◆ il/elle est debout penché sur le côté

ᐅᑖᔥᑎᒥᑳᐳᐧᐃᔥᑎᐧᐋᐤ utaashtimikaapuwishtiwaau vta ◆ il/elle est debout face à lui/elle

ᐅᐧᐋᔨᑳᐴ uwaayikaapuu vai -uwi ◆ il/elle est prêt-e, debout ou dressé-e

ᐧᐃᔥᑎᐧᐃᑳᐴ wishtiwikaapuu vai -uwi ◆ il/elle inconfortable en étant debout

ᐧᐃᑎᔅᑭᐧᐃᑳᐴ witiskiwikaapuu vai -uwi ◆ il/elle est debout face à ça

ᐧᐃᑎᔅᑭᐧᐃᑳᐳᐧᐃᔥᑖᑐᐧᐃᒡ witiskiwikaapuwishtaatuwich vai pl recip -u ◆ ils/elles sont debout face à face

ᒌᑳᔅᑯᑳᐴ chiikaaskukaapuu vai -uwi ◆ il/elle se tient, est debout près d'un mur, d'un arbre

ᒌᐱᒋᑳᐳᐧᐃᐦᑖᐤ chiipichikaapuwihtaau vai+o ◆ il/elle le dresse, le met debout, le monte

ᒌᐱᒋᔥᑖᐤ chiipichishtaau vai ◆ il/elle le met droit debout, le redresse

ᐄᒑᑳᐴ iichaakaapuu vai -uwi ◆ il/elle se déplace de côté en étant debout

ᑳᐦᑭᐹᑳᐴ kaahkipaakaapuu vai -uwi ◆ il/elle est debout les jambes écartées

ᓂᐧᐋᑳᐴ niwaakaapuu vai -uwi ◆ il/elle est debout penché-e ou courbé-e en avant

ᓯᔅᑭᒋᑳᐴ siskichikaapuu vai -uwi ◆ il/elle en a assez d'être debout, il/elle est fatigué-e d'être debout

ᑎᐦᑯᐦᒋᑳᐴ tihkuhchikaapuu vai -uwi ◆ il/elle se tient au sommet de quelque chose

ᑎᑯᑳᐴ tikukaapuu vai -uwi ◆ il/elle le place avec le groupe, il/elle le joint avec les autres, debout ou verticalement

ᒑᔥᑎᓈᒋᑳᐴ chaashtinaachikaapuu vai -uwi ◆ il/elle demeure ferme, se tient ou reste solidement debout

déboutonner

ᒋᓯᐱᓈᐤ chisipinaau vta ◆ il/elle le/la déboutonne, l'ouvre

ᒋᓯᐱᓂᒼ chisipinim vti ◆ il/elle le déboutonne, l'ouvre

débraillé

ᒥᒥᒋᐦᐆ mimichihuu vai redup -u ◆ il/elle est vêtu-e de guenilles, s'habille mal, est débraillé-e

débris

ᒥᒋᐳᑰ michipukuu vai -u ◆ il/elle a des débris secs sur lui/elle

ᒥᒑᐅᓲ michaausuu vai -u ◆ il/elle ramasse des baies avec des débris

débrouiller (se)

ᓈᑭᑎᐧᐋᔨᒦᓲ naakitiwaayimiisuu vai reflex -u ◆ il/elle se soigne bien, se débrouille bien

ᐱᐹᔨᑎᑖᒌᐦᑳᓲ pipaayititaachiihkaasuu vai reflex -u ◆ il/elle se débrouille tout seul, fait les choses de manière indépendante

début

ᐊᑯᐧᑖᔥᑎᓂᐤ akutwaashtiniu p,lieu ◆ au début du rapide ■ ᓈᑎᐦ ᐊᑯᐧᑖᔥᑎᓂᐤ ᐋᑯᑎᐦ ᑳ ᑯᑎᐧᐋᔮᐦᒡ᙮ ■ naatih akutwaashtiniu aakutih kaa kutiwaayaahch. ■ *On a construit un feu au début du rapide.*

ᐅᒋᒋᐧᐃᓐ uchichiwin vii ◆ c'est le début, le haut du rapide

ᐅᐦᐱᓂᑭᓂᐆ uhpinikiniuu vti,passive -iwi ◆ c'est le début du portage, c'est soulevé, ramassé ■ ᐋᐦ ᐅᐦᒋ ᐅᐦᐱᓂᑭᓂᐧᐃᒡ ■ aah uhchi uhpinikiniwich ■ *c'est le début du portage. lit. 'c'est là que c'est ramassé*

ᐅᔅᒋᒥᔪᔅᑭᒥᐤ uschimiyuskimiu vii ◆ c'est le début du printemps

ᐅᔅᒋᑎᐧᑳᒋᓐ uschitikwaachin vii ◆ c'est le début de l'automne

ᐅᔥᑭᑯᒋᓐ ushkikuchin vai ◆ c'est le début du mois

ᐅᔅᒋᐱᐳᓐ uschipipun vii ◆ c'est le début de l'hiver; c'est le début de l'année

ᒥᒋᓐ michin p,manière ◆ exactement, complètement, du début à la fin ■ ᓈᔥᒡ ᒥᒋᓐ ᐋᐦ ᐧᐄᐦ ᒋᔅᒑᔨᐦᑎᐦᒃ ᑖᓂᑖᐦ ᐋᐦ ᐃᐦᑐᑖᑭᓂᐧᐃᔨᒡ᙮ ■ naashch michin aah wiih chischaayihtihk taanitaah aah ihtutaakiniwiyich. ■ *Il veut savoir exactement comment c'est fait, du début à la fin.*

ᓅᐦᑖᐱᐳᓂᔑᐤ nuuhtaapipunishiu vai ◆ il/elle est prise là par la venue de l'hiver avant d'atteindre sa destination

décanter

ᐋᔥᑎᐙᐱᔨᒋᐦᑎᓐ aashtiwaapiyichihtin vii ◆ c'est un liquide décanté

ᐋᔥᑎᐙᐱᔨᒋᐦᑎᑖᐤ aashtiwaapiyichihtitaau vai ◆ il/elle laisse les sédiments se déposer au fond du récipient, il/elle le décante, le fait décanter

décembre

ᒥᑯᔖᒌᔑᑭᓂᐲᓯᒼ mikushaachiishikinipiisim na ◆ le mois de décembre, lit. 'le mois de fête'

décevoir

ᓃᐦᑎᐢᒁᐦᐙᐤ niihtiskwaahwaau vta ◆ il/elle lui fait baisser la tête de déception, en le/la frappant ou en lui tirant dessus

décharger

ᐊᒁᓈᓲ akwaanaasuu vai ◆ il/elle décharge un véhicule

ᐊᒁᓈᐤ akwaanaau vta ◆ il/elle le/la décharge d'un véhicule

ᐊᒁᓂᒼ akwaanim vti ◆ il/elle le décharge d'un véhicule

ᑯᐃᑯᓂᒑᐤ kuikunichaau vai ◆ il/elle le décharge, le déballe

déchet

ᐙᐱᓂᒑᐎᓐ waapinichaawin ni ◆ des déchets, les vidanges

déchiré

ᐋᐦᒁᒋᐱᔨᐤ aahkwaachipiyiu vai ◆ il/elle est déchiré-e, réduit-e en lambeaux

ᔮᐃᒋᐱᔨᐤ yaaichipiyiu vai redup ◆ il/elle est déchiré-e en lambeaux

ᔮᐃᑳᔑᐤ yaaikaashiu vai redup ◆ il/elle est fendu-e, déchiré-e par le vent (étalé)

déchirer

ᒋᒫᒋᐱᔨᐤ chimaachipiyiu vai ◆ il/elle est déchiré-e (étalé)

ᒋᒫᒋᐱᔨᐤ chimaachipiyiu vii ◆ c'est déchiré (étalé)

ᒋᒥᐱᑖᐤ chimipitaau vta ◆ il/elle le/la déchire trop court-e

ᐹᑯᑖᔥᑯᔑᒫᐤ paakutaashkushimaau vta ◆ il/elle le/la déchire en restant accroché sur quelque chose de long et rigide

ᐲᑯᐱᑖᐤ piikupitaau vta ◆ il/elle le/la déchire

ᐲᒁᒋᓈᐤ piikwaachinaau vta ◆ il/elle le/la déchire (étalé) avec ses mains

ᐲᒁᒋᐱᑖᐤ piikwaachipitaau vta ◆ il/elle le/la déchire

ᐲᒁᒋᐱᑎᒼ piikwaachipitim vti ◆ il/elle le déchire (étalé)

ᐲᒁᔥᑯᔑᒫᐤ piikwaashkushimaau vta ◆ il/elle le/la déchire sur quelque chose en le portant

ᐋᐦᒁᑖᐢᑯᐦᑎᑖᐤ aahkwaataaskuhtitaau vai ◆ il/elle déchire un grand trou dedans (par exemple son manteau) sur quelque chose de long et rigide

ᐋᐦᒁᑖᐢᑯᔑᒫᐤ aahkwaataaskushimaau vta ◆ il/elle déchire un grand trou dedans sur quelque chose de long et rigide

ᐋᐱᔥᑎᒋᐱᔨᐦᐋᐤ aapishtichipiyihaau vta ◆ il/elle en déchire la couture tout en le portant

ᐋᐱᔥᑎᒋᔥᑭᒼ aapishtichishkim vti ◆ il/elle en déchire la couture tout en le portant

ᐋᐱᔥᑎᒋᔥᑭᐙᐤ aapishtichishkiwaau vta ◆ il/elle le déchire au niveau de la couture en le portant

ᐋᐱᐢᑎᒋᐱᑖᐤ aapistichipitaau vta ◆ il/elle déchire la couture de quelque chose (d'animé)

ᐋᐱᐢᑎᒋᐱᑎᒼ aapistichipitim vti ◆ il/elle déchire la couture

ᑭᒌᐦᒑᔮᒋᐱᑎᒼ kichiihchaayaachipitim vti ◆ il/elle le déchire (étalé) en carré

ᐹᐦᑳᔮᒋᓈᐤ paahkaayaachinaau vta ◆ il/elle le/la fait sortir en déchirant son sac (étalé), il/elle déchire la poche des eaux d'un nouveau né pour le faire sortir

ᐹᑯᑖᐢᑯᐦᐊᒼ paakutaaskuham vti ◆ il/elle fait un trou dedans en le déchirant avec quelque chose (long et rigide)

ᐹᑯᑖᐢᑯᐦᑎᑖᐤ paakutaaskuhtitaau vai ◆ il/elle se l'accroche en passant et ça se déchire

ᐹᑯᑖᐢᑯᐦᐙᐤ paakutaaskuhwaau vta ◆ il/elle fait un trou dedans en le/la déchirant avec quelque chose (long et rigide)

ᐹᑯᑖᐢᑯᔑᒫᐤ paakutaaskushimaau vta ◆ il/elle se l'accroche en passant et il/elle se déchire (ex. son pantalon)

ᐲᑯᐱᑎᒼ piikupitim vti ◆ il/elle le déchire, le casse

ᐲᒁᒋᓂᒼ piikwaachinim vti ◆ il/elle déchire (étalé, ex. du papier) avec ses mains

ᐴᔥᑯᐱᑖᐤ puushkupitaau vta ◆ il/elle le/la déchire en deux

ᐴᔥᑯᐱᑎᒼ puushkupitim vti ◆ il/elle le déchire en deux

ᑖᑖᐙᒋᐱᑎᒼ taataawaachipitim vti ◆ il/elle le déchire (étalé) au milieu

ᑖᑐᐱᑖᐤ taatupitaau vta ◆ il/elle l'ouvre en le déchirant

ᑖᑐᐱᑎᒼ taatupitim vti ◆ il/elle l'ouvre en le déchirant

ᔮᐃᒋᐱᔨᐤ yaaichipiyiu vii redup ◆ c'est déchiré en bandes

ᔮᔨᒋᔥᑭᒼ yaayichishkim vti ◆ il/elle le déchire en le portant

ᔮᔨᑳᐱᐦᒑᐱᑖᐤ yaayikaapihchaapitaau vta ◆ il/elle le/la déchire en bandelettes

ᔮᔨᑳᐱᐦᒑᐱᑎᒼ yaayikaapihchaapitim vti ◆ il/elle le déchire en bandelettes

ᔮᔨᑳᔥᑎᓐ yaayikaashtin vii ◆ le vent le fend, le déchire (étalé)
ᒌᑳᐙᔑᒫᐤ chiikaawaashimaau vta ◆ il/elle déchire le tissage le long du bord intérieur de la raquette
ᒋᒥᐱᑎᒼ chimipitim vti ◆ il/elle le déchire, le détache, le casse net
ᑖᑐᔥᑭᒼ taatushkim vti ◆ il/elle le/la déchire en le/la portant, l'ouvre en marchant dessus ou en s'appuyant dessus
ᑖᑐᔥᑭᐗᐤ taatushkiwaau vta ◆ il/elle le/la déchire en le/la portant, l'ouvre en marchant dessus ou en s'appuyant dessus
ᐄᑎᐎᐱᑎᒼ iitiwipitim vti ◆ il/elle le pousse vers les côtés, le tire, le déchire de chaque côté

déchirer (se)

ᒋᓰᔅᒋᐱᔨᐤ chisiischipiyiu vai ◆ la peau de l'animal se déchire parce que les trous sont trop fins et trop rapprochés quand on la place sur le cadre

déchirure

ᐹᑯᑖᐅᑭᓈᐱᔨᐤ paakutaaukinaapiyiu vai ◆ il/elle a un trou, un déchirure à l'arrière
ᐹᑯᑖᐅᑭᓈᐱᔨᐤ paakutaaukinaapiyiu vii ◆ ça a un trou, une déchirure à l'arrière

décidé

ᒋᔑᐙᔨᒫᐤ chishiwaayimaau vta ◆ il/elle est décidé-e à le/la trouver, à le/la tuer, à le/la remettre à sa place

décider

ᐎᔮᔨᐦᑎᒼ wiyaayihtim vti ◆ il/elle prend une décision à son sujet
ᐎᔮᔨᐦᑎᒧᐙᐤ wiyaayihtimuwaau vta ◆ il/elle décide, planifie pour lui/elle

déclencher

ᐱᑎᒥᑰ pitimikuu vai -u ◆ il/elle a déclenché le piège sans se faire attraper
ᐎᔮᐦᑭᐦᓯᒑᐤ wiyaahkihsichaau vai ◆ il/elle déclenche la dynamite
ᐱᐦᒋᐦᑎᑖᐤ pihchihtitaau vai ◆ il/elle le laisse tomber, déclenche le piège

décoincer

ᐐᐦᑯᑎᐦᐊᒼ wiihkutiham vti ◆ il/elle le décoince en utilisant quelque chose
ᐐᐦᑯᑎᐦᐙᐤ wiihkutihwaau vta ◆ il/elle le /la décoince en utilisant quelque chose
ᐐᐦᑯᒋᐱᑖᐤ wiihkuchipitaau vta ◆ il/elle le/la tire, le/la décoince

décoincer (se)

ᐐᐦᑯᒌᐤ wiihkuchiiu vai ◆ il/elle se libère, se décoince

décoller (se)

ᐱᐦᑯᒋᐱᔨᐤ pihkuchipiyiu vai ◆ il/elle s'enlève, se décolle
ᐱᐦᑯᒋᐱᔨᐤ pihkuchipiyiu vii ◆ ça se décolle, s'enlève

décoloré

ᐙᐱᑖᐅᓯᐤ waapitaausiu vai ◆ il/elle est décoloré-e
ᐙᐱᑖᐙᐤ waapitaawaau vii ◆ c'est décoloré

déconnecté

ᓂᓈᓂᔥ ninaanish p,lieu redup ◆ dans tous les sens, tout détaché, partout ■ ᒥᒄ ᓂᓈᓂᔥ ᒌᐦ ᐄᑎᔥᑖᐤ ᒑᑳᐙᔨᐤ ᑳ ᐲᑳᐹᐦᒃ ᐅᐱᒥᐱᔨᒥᔥ. ■ mikw ninaanish chiih iitishtaau chaakwaayiu kaa piikwaapaahk upimipiyimish. ■ *Il y avait des morceaux partout, quand elle/il a démonté son moteur.*

décoration

ᐱᔑᐙᐳᒋᑭᓐᐦ pishiwaapuchikinh ni pl ◆ des décorations faites de fil sur les raquettes

décoré

ᒥᒫᐦᑖᐅᓈᑯᓯᐤ mimaahtaaunaakusiu vai ◆ il/elle est décoré-e, sophistiqué-e

décorer

ᒥᒫᐦᑖᐅᓈᑯᓐ mimaahtaaunaakun vii ◆ c'est décoré, sophistiqué
ᒥᔪᐎᓈᑯᐦᐊᐤ miyuwinaakuhaau vta ◆ il/elle améliore son apparence, l'embellit, le/la décore

découpé

ᒋᒫᒋᓯᐤ chimaachisiu vai ◆ il /elle est découpé-e (étalé)
ᒋᒫᑭᓐ chimaakin vii ◆ c'est découpé (étalé)

découper

ᒌᐦᒌᔑᔥᐙᐤ chiihchiishishwaau vta ◆ il/elle découpe l'excès de gras de la peau
ᐲᑯᔑᒼ piikushim vti ◆ il/elle le découpe
ᐲᑯᔥᐙᐤ piikushwaau vta ◆ il/elle le/la découpe
ᐎᔨᔑᒑᐤ wiyishichaau vai ◆ il/elle découpe
ᐎᔨᔑᒼ wiyishim vti ◆ il/elle le découpe
ᐎᔨᔥᐙᐤ wiyishwaau vta ◆ il/elle le/la découpe
ᑭᒌᐦᒑᔑᒼ kichiihchaashim vti ◆ il/elle le découpe en carré
ᑭᒌᐦᒑᔥᐙᐤ kichiihchaashwaau vta ◆ il/elle le/la découpe en carré
ᒥᒫᐦᑖᐅᐦᑯᑖᒑᐤ mimaahtaauhkutaachaau vai ◆ il/elle découpe ou taille des motifs
ᐱᑯᓈᔑᒼ pikunaashim vti ◆ il/elle découpe un trou dedans
ᑖᑐᔮᑭᐦᐙᐤ taatuyaakihwaau vai ◆ il/elle découpe la peau de castor de la queue à la lèvre supérieure
ᐙᔅᑳᔑᒼ waaskaashim vti ◆ il/elle découpe autour de ça
ᐙᐅᔮᔥᐙᐤ waauyaashwaau vta ◆ il/elle le/la découpe en rond
ᐙᐅᔮᔮᒋᔑᒼ waauyaayaachishim vti ◆ il/elle le découpe en un cercle
ᐐᒥᑎᔑᒼ wiimitishim vti ◆ il/elle en découpe un morceau
ᐐᒥᑎᔥᐙᐤ wiimitishwaau vta ◆ il/elle en découpe un morceau (de quelque chose d'animé)
ᐐᔨᐦᐊᐤ wiiyihaau vta ◆ il/elle l'écorche et le/la découpe

ᐋᐳᑎᔹᐤ **aaputishwaau** vai ◆ il/elle découpe la viande de l'animal en commençant par le postérieur
ᑯᐃᔅᒁᐹᒋᔖᐚᐤ **kuiskwaapaachishaawaau** vai ◆ il/elle découpe du laçage pour raquette en lignes droites
ᐱᐦᒁᐦᐊᔅᒑᐤ **pihkwaahaschaau** vai ◆ il/elle découpe un morceau de mousse gelée pour les couches du bébé et en enlève la neige
ᐐᔮᐱᒫᒁᐤ **wiiyaapimaakwaau** vai ◆ il/elle écorche et découpe une baleine
ᐐᔮᐳᔹᐤ **wiiyaapushwaau** vai ◆ il/elle écorche et découpe un lièvre
ᐐᔨᒋᔖᔮᒁᐤ **wiiyichishaayaakwaau** vai ◆ il/elle écorche et découpe un ours
ᐐᔨᒥᔅᒁᐤ **wiiyimiskwaau** vai ◆ il/elle écorche et découpe un castor
ᐐᔨᒨᔂᐤ **wiiyimuuswaau** vai ◆ il/elle écorche et découpe un orignal
ᐐᔨᑎᐦᒁᐤ **wiiyitihkwaau** vai ◆ il/elle écorche et découpe le caribou
ᐧᐃᐦᒋᑯᑎᓱᐎᓐ **wihchikutisuwin** ni -m ◆ une aire où on écorche et découpe les caribous,
ᑯᐃᔅᑯᐦᑯᑖᒑᐤ **kuiskuhkutaachaau** vai ◆ il/elle le taille, le découpe ou le sculpte bien droit
ᐐᔮᐦᒋᒁᐤ **wiiyaahchikwaau** vai ◆ il/elle écorche et découpe le phoque, la loutre

découragé

ᒫᒁᔨᐦᑎᒼ **maakwaayihtim** vti ◆ il/elle se sent découragé-e, démoralisé-e, déprimé-e
ᒫᒁᔨᒨ **maakwaayimuu** vai -u ◆ il/elle se sent découragé-e, abattu-e, déprimé-e

décourager (se)

ᐐᓱᐦᔂᔨᒫᐤ **wiisuhswaayimaau** vta ◆ il/elle pense qu'il/elle commence bien mais se décourage

découvert

ᒧᔖᓂᒼ **mushaanim** vti ◆ il/elle le garde découvert
ᒧᔖᔥᑖᐤ **mushaashtaau** vii ◆ c'est placé, c'est étendu à découvert
ᒧᔖᐦᑎᓐ **mushaahtin** vii ◆ c'est étendu à découvert, exposé
ᒧᔖᑯᔨᐚᐤ **mushaakuyiwaau** vai ◆ il/elle a le nez découvert
ᒧᔖᔑᓐ **mushaashin** vai ◆ il/elle est couché-e découvert, sans protection
ᒧᔖᔮᔅᒋᑭᓈᐤ **mushaayaaschikinaau** vai ◆ il/elle a la poitrine découverte
ᐹᔅᒋᐦᒁᔑᒫᐤ **paaschihkwaashimaau** vta ◆ il/elle le couche à terre avec le visage découvert
ᐹᔥᑭᑖᔥᑎᓐ **paashkitaashtin** vii ◆ c'est découvert par le vent

découvrir

ᒥᔅᑭᐚᐦᑖᐤ **miskiwaahtaau** vai+o ◆ il/elle le découvre
ᒧᔖᓈᐤ **mushaanaau** vta ◆ il/elle le/la retient découvert-e, il/elle le/la découvre
ᒧᔖᔥᑎᓐ **mushaashtin** vii ◆ le vent le découvre
ᐹᔑᒋᔥᑭᒼ **paashichishkim** vti ◆ il/elle le découvre (enlève ce qui le recouvre) avec son pied ou son corps
ᐹᓯᔅᒋᓈᐤ **paasischinaau** vta ◆ il/elle le/la découvre (enlève ce qui couvre)
ᐹᓯᔅᒋᓂᒼ **paasischinim** vti ◆ il/elle le découvre (enlève ce qui couvre)
ᒥᔅᑭᐚᐦᐋᐤ **miskiwaahaau** vta ◆ il/elle le/la trouve, le/la découvre
ᒧᔖᐱᑖᐤ **mushaapitaau** vta ◆ il/elle le/la découvre, dénude
ᒨᔅᑳᐅᐦᑭᔥᑎᓐ **muuskaauhkishtin** vii ◆ c'est découvert du sable par le vent
ᐹᔅᒋᐦᒁᓈᐤ **paaschihkwaanaau** vai ◆ il/elle découvre son visage
ᐹᔅᒋᐦᒁᔨᐤ **paaschihkwaayiu** vai ◆ il/elle se découvre le visage
ᐹᔅᒌᐤ **paaschiiu** vai ◆ il/elle découvre l'habitation (au sens d'enlever la couverture)
ᐹᔥᒋᔥᑭᐚᐤ **paashchishkiwaau** vta ◆ il/elle le/la découvre avec le pied ou le corps, il/elle le/la dépasse
ᐹᔥᑭᑖᔑᐤ **paashkitaashiu** vai ◆ il/elle est découvert-e par le vent (ex. un traîneau)
ᐹᔅᑭᑖᔥᑎᓐ **paaskitaashtin** vii ◆ c'est découvert par le vent
ᒥᔅᑭᐎᒥᔅᒁᐤ **miskiwimiskwaau** vai ◆ il/elle découvre des huttes de castor
ᒨᔅᑳᐅᐦᑳᔑᐤ **muuskaauhkaashiu** vai ◆ il/elle est découvert-e du sable par le vent

découvrir (se)

ᒧᔖᐱᑏᓲ **mushaapitiisuu** vai reflex -u ◆ il/elle se découvre, se dénude

décroître

ᔮᔑᐱᔨᐤ **yaashipiyiu** vii ◆ ça descend, décroît
ᔮᔑᐱᔨᐤ **yaashipiyiu** vai ◆ il/elle descend, décroît

déçu

ᒋᔑᐹᔨᐦᑎᒼ **chishipaayihtim** vti ◆ il/elle est decu-e, se sent seul-e

déculotté

ᔖᐦᒋᐚᐤ **shaahchiwaau** vai ◆ il/elle est nu-e, déculotté-e

dédain

ᔒᑳᑖᔨᒫᐤ **shiikaataayimaau** vta ◆ il/elle éprouve du dédain, du mépris envers lui/elle

dedans

ᐲᐦᑎᑭᒥᐦᒡ **piihtikimihch** p,lieu ◆ dedans, à l'intérieur (de la maison) ■ ᐊᓂᑖᐦ ᐲᐦᑎᑭᒥᐦᒡ ᐋᑯᑖᐦ ᑳ ᒨᐦᑯᑖᒑᑦ ᓈᔥᒡ ᐋᐦ ᒌᐦ ᐄᐹᑎᓂᔨᐦᒡ᙮ ■ anitaah piihtikimihch aakutaah kaa muuhkutaachaat naashch aah chiih iipaatiniyich. ■ *C'est dedans qu'elle a fait ses sculptures à cause du mauvais temps.*
ᐋᐦᑯᐃᐦᑎᐎᐲᐦᒋᐦᔑᓐ **aahkuihtiwipiihchihshin** vai ◆ il/elle est dans quelque chose qui est dans quelque chose d'autre

ᐋᐦᑯᐃᐦᑎᐧᐃᐲᐦᒋᐦᑎᓐ *aahkuihtiwipiihchihtin* vii ◆ c'est dans quelque chose qui est dans quelque chose d'autre

ᑭᓄᐧᐃᐦᐆ *kinuwihuu* vai -u ◆ il/elle reste dedans et ne fait aucune activité de plein-air

ᐲᐦᒋᐦᑎᓐ *piihchihtin* vii ◆ c'est dans quelque chose, dedans

ᐲᐦᒋᔑᒨ *piihchishimuu* vai -u ◆ il/elle se glisse dedans (ex dans un sac de couchage)

ᐲᐦᒋᔑᓐ *piihchishin* vai ◆ il/elle est dedans

ᐋᐦᑯᐃᐦᑎᐧᐃᐲᐦᑎᐦᐊᒼ *aahkuihtiwipiihtiham* vti ◆ il/elle le met dans quelque chose puis met le tout dans quelque chose d'autre

ᐋᐦᑯᐃᐦᑎᐧᐃᐲᐦᑎᐦᐧᐋᐤ *aahkuihtiwipiihtihwaau* vta ◆ il/elle le/la met dans quelque chose puis met le tout dans quelque chose d'autre

ᐃᔮᑭᐧᑖᐱᐦᑎᒼ *iyaakitwaapihtim* vti redup ◆ il/elle continue à regarder dedans (par exemple un trou, un tunnel –pour voir ce qu'il y a dedans)

ᐃᔮᑯᓯᐧᑳᔮᐱᐦᑎᒼ *iyaakusikwaayaapihtim* vti redup ◆ il/elle continue à regarder dedans (par exemple un trou, un tunnel – pour voir ce qu'il y a dedans)

ᐲᐦᒋᔑᒫᐤ *piihchishimaau* vta ◆ il/elle le met douillettement, bien au chaud dedans

ᐲᐦᒋᓱᐧᐃᑖᐤ *piihchisuwitaau* vai ◆ il/elle le met dedans

ᐲᐦᒋᐧᐋᐱᐦᐧᐋᐤ *piihchiwaapihwaau* vta ◆ il/elle le/la fait glisser dedans

ᐲᐦᒋᔮᑭᐧᐋᐤ *piihchiyaakiwaau* vii ◆ du sable est rentré dedans

ᐲᐦᒋᔮᑭᐧᐃᑖᐤ *piihchiyaakiwitaau* vai ◆ il/elle met du sable dedans

ᐲᐦᑎᐦᐧᐋᔑᒨ *piihtihwaashimuu* vai -u ◆ il/elle est couché-e enroulé-e dedans (ex. dans son sac de couchage)

ᐱᔩᐢᑯᐱᔩᐤ *piyiskupiyiu* vai ◆ il/elle passe tout seul dedans

ᐴᐦᒋᐱᔩᐤ *puuhchipiyiu* vai ◆ il/elle tombe dedans

ᐴᐦᒋᐱᔩᐤ *puuhchipiyiu* vii ◆ ça tombe dedans

ᐴᐦᒋᓱᐧᐃᔮᐤ *puuhchisuwiyaau* vta ◆ il/elle le/la met dans quelque chose

ᒥᒥᒋᐦᐋᒫᐤ *mimichihamaau* vai redup ◆ il/elle marche avec les pieds en dedans

ᐲᐦᒋᓱᐧᐃᔮᐤ *piihchisuwiyaau* vta ◆ il/elle le/la met dans un récipient, un contenant

ᐲᐦᑖᐢᒋᐦᐧᑳᔑᓐ *piihtaaschihkwaashin* vai ◆ il/elle est dans une bouilloire, dans un pot

ᐲᐦᑎᑖᔮᑯᓈᐱᔩᐤ *piihtitaayaakunaapiyiu* vii ◆ la neige tombe dedans

ᐱᔩᐢᑯᐱᔩᐤ *piyiskupiyiu* vii ◆ ça passe tout seul dedans, ça traverse tout seul, le fond en est arraché

ᐴᐦᑎᓈᐤ *puuhtinaau* vta ◆ il/elle met le doigt ou la main dedans (animé)

ᐴᐦᑎᓂᒼ *puuhtinim* vti ◆ il/elle met le doigt ou la main dedans (inanimé)

ᓰᐦᑖᑯᓈᐦᐊᒼ *siihtaakunaaham* vti ◆ il/elle tasse bien la neige dedans

ᓰᐦᑖᑯᓈᐦᐧᐋᐤ *siihtaakunaahwaau* vta ◆ il/elle tasse bien la neige dedans (animé)

ᐲᐦᑖᔩᑯᑎᓲ *piihtaayikutisuu* vai -u ◆ il/elle rentre la viande de caribou dans l'habitation

défaire

ᐋᐱᐦᐧᐋᔥᑖᓂᒼ *aapihwaashtaanim* vti ◆ il/elle le défait, le déroule (filiforme)

ᒋᓯᐱᓂᒼ *chisipinim* vti ◆ il/elle le déboutonne, l'ouvre

ᐋᐱᐦᑯᒫᐤ *aapihkumaau* vta ◆ il/elle le/la défait, le/la dénoue avec ses dents

ᐋᐱᐦᑯᓈᐤ *aapihkunaau* vta ◆ il/elle défait ses liens, le/la libère

ᐱᔑᑯᓈᐤ *pishikunaau* vta ◆ il/elle le/la défait, détache, disloque

ᐱᔑᑯᓂᒼ *pishikunim* vti ◆ il/elle le défait, détache, disloque

défaire (se)

ᐋᐱᐱᔩᐤ *aapipiyiu* vai ◆ ça se défait, se dénoue

ᐋᐱᐱᔩᐤ *aapipiyiu* vii ◆ ça se déroule, se défait

défait

ᐋᐱᐢᑎᒋᐱᔩᐤ *aapistichipiyiu* vai ◆ sa couture se défait

ᐋᐱᐢᑎᒋᐱᔩᐤ *aapistichipiyiu* vii ◆ sa couture se défait

ᒌᐅᐱᔩᐤ *chiiupiyiu* vai ◆ il/elle est défait-e, desserré-e

défaut

ᐋᐧᓈᐱᐦᑎᒼ *aanwaapihtim* vti ◆ il/elle lui trouve des torts, des défauts

ᐋᐧᓈᐱᒫᐤ *aanwaapimaau* vta ◆ il/elle lui trouve des torts, des défauts

ᒫᔑᒧᔥᑎᐧᐋᐤ *maashimushtiwaau* vta ◆ il/elle lui donne de mauvaises nouvelles; il/elle lui dit quels sont ses défauts

défendeur

ᓂᑐᑎᒫᔥᑎᒫᒑᓯᐤ *nitutimaashtimaachaasiu* na -iim ◆ un défenseur, une défenseuse (d'une cause), une ou une avocate, un partisan, une partisane

défendeuse

ᓂᑐᑎᒫᔥᑎᒫᒑᓯᐤ *nitutimaashtimaachaasiu* na -iim ◆ un défenseur, une défenseuse (d'une cause), une ou une avocate, un partisan, une partisane

défendre

ᒋᐢᑎᐦᐊᒧᐧᐋᐤ *chistihamuwaau* vta ◆ il/elle lui défend de faire quelque chose

ᓈᑎᒫᒑᐤ *naatimaachaau* vai ◆ il/elle défend

ᓈᑎᒧᐧᐋᐤ *naatimuwaau* vta ◆ il/elle le/la défend, prend sa défense, prend son parti

ᐊᔩᒦᔥᑎᒧᐧᐋᐤ *ayimiishtimuwaau* vta ◆ il/elle prend sa défense, parle en son nom

ᒋᐢᐹᐙᑖᐤ chispaawaataau vta ◆ il/elle prend sa défense, le/la gâte
ᒋᐢᐹᐙᐅᓱ chispaawaausuu vai -u ◆ il/elle prend la défense de ses enfants, les gâte

défendre (se)
ᓂᔥᑯᔥᑎᒻ nishkushtim vti ◆ il/elle se défend, le fait avec ardeur

défense
ᒋᐢᐱᓂᑎᒧᐙᐤ chispinitimuwaau vta ◆ il/elle prend sa défense

déféquer
ᓂᔥᐹᒌᐤ nishpaachiiu vai ◆ il/elle défèque accidentellement en pétant
ᐧᐃᔨᐑᐤ wiyiwiiu vai ◆ il/elle en sort, il/elle défèque, fait caca

déferlante
ᐲᔑᔨᐙᑳᐳᐎᐎᒡ piishiyiwaakaapuwiwich vai pl -uwi ◆ il y a de grosses vagues déferlantes dans le rapide

déferler
ᐊᒀᐱᔨᐎᒡ akwaapiyiwich vai pl ◆ les vagues déferlent sur le rivage
ᐄᔨᑯᓂᓰᐎᒡ iiyikunisiiwich vai pl ◆ les vagues déferlent
ᐅᔂᔑᓂᒡ ushwaashinich vai pl ◆ les vagues déferlent sur la rive en giclant

déficient
ᓅᐦᑖᐱᔨᐦᐋᐤ nuuhtaapiyihaau vta ◆ il/elle le/la rend déficient-e, le/la fait ne pas réussir

défilé
ᒋᑳᔮᐱᐢᑳᐤ chikaayaapiskaau vii ◆ c'est un défilé dans un affleurement rocheux
ᐱᓵᐢᒀᔮᐤ pisaaskwaayaau vii ◆ c'est un passage, un défilé boisé
ᐅᐹᐢᒀᔮᐤ upaaskwaayaau vii ◆ c'est un défilé boisé
ᐅᐱᑎᐙᐅᐦᑳᐤ upitiwaauhkaau vii ◆ c'est un défilé, un passage étroit entre les collines
ᐅᐱᑐᐎᐢᒑᑳᐤ upituwischaakaau vii ◆ c'est un défilé dans la fondrière
ᐱᓵᐱᐢᑳᐤ pisaapiskaau vii ◆ c'est un passage entre les rochers, un défilé
ᐅᐱᑖᐅᐦᑳᐤ upitaauhkaau vii ◆ il y a un défilé entre les dunes de sable ou les berges de terre
ᐅᐱᑐᐎᑎᓈᐤ upituwitinaau vii ◆ c'est un défilé, un col dans la montagne

déformé
ᒫᐢᑳᐹᒋᓯᐤ maaskaapaachisiu vai ◆ il/elle est déformé-e (filiforme)
ᒫᐢᑳᐹᑭᓐ maaskaapaakin vii ◆ c'est déformé (filiforme)
ᒫᐢᑳᐢᑯᓐ maaskaaskun vii ◆ c'est déformé (long et rigide)
ᒫᐢᑳᐢᑯᓯᐤ maaskaaskusiu vai ◆ il/elle est déformé-e (long et rigide)

défouler (se)
ᒥᐦᑐᓈᐦᑖᐤ mihtunaahtaau vai ◆ il/elle se défoule sur quelque chose

défricher
ᑎᐧᐃᑭᐦᐄᒑᐤ tiwikihiichaau vai ◆ il/elle défriche le bois

défunt
ᐊᓂᔮ aniyaa pro,dém ◆ le défunt, la défunte ■ ᓅᐧᐃᒡ ᒌᐦ ᒥᔮᔨᐦᑖᑯᓯᐤ ᐊᓂᔮ ᓂᑳᐑ ■ nuwich chiih miywaayihtaakusiu aniyaa nikaawii. ■ *Ma défunte mère était très gentille.*
ᓂᑳᐑᔑᐱᓐ nikaawiishipin nad ◆ ma défunte mère
ᓂᒧᔓᒥᐱᓐ nimushumipin nad ◆ feu mon grand-père, mon défunt grand-père

dégagé
ᐹᐦᐹᑯᑖᑯᐦᑖᐤ paahpaakutaakuhtaau vii redup ◆ le sol est dégagé ici et là au printemps parce que la neige a fondu
ᓵᒋᔥᑭᒻ saachishkim vti ◆ il/elle avance là où c'est dégagé
ᔒᐹᓈᑯᓱᐎᒡ shiipaanaakusuwich vai pl -u ◆ le sol autour des arbres est dégagé, il n'y a pas de buissons sous les arbres
ᑎᐙᑯᓂᑳᐤ tiwaakunikaau vii ◆ c'est une aire dégagée recouverte de la neige
ᑎᐙᐱᐢᑳᐤ tiwaapiskaau vii ◆ c'est une aire dégagée sur un terrain caillouteux
ᑎᐙᐅᐦᑳᐤ tiwaauhkaau vii ◆ c'est une aire dégagée sur un terrain caillouteux ou vallonné
ᐙᐢᑭᒥᓈᑯᓐ waaskiminaakun vii ◆ le ciel a l'air dégagé
ᒋᐦᒋᐱᔮᓯᐢᒑᐤ chihchipiyaasischaau vai ◆ le soleil brille un jour où le ciel est dégagé
ᒋᔖᔥᑖᐤ chishaashtaau vii ◆ c'est une journée chaude, claire, au ciel dégagé
ᓈᓈᒌᔨᐦᑖᐙᐤ naanaachiiyihtaawaau vai redup ◆ il/elle va d'un endroit dégagé à l'autre pour chercher des baies au printemps

dégager
ᐱᐦᑯᑎᐦᐊᒻ pihkutiham vti ◆ il/elle le dégage (ex. quelque chose qui était pris gelé dans le sol)
ᐱᐦᑯᑎᐦᐙᐤ pihkutihwaau vta ◆ il/elle le/la dégage (ex. quelque chose qui était pris gelé dans le sol)
ᐱᐦᑯᑎᓈᐤ pihkutinaau vta ◆ il/elle le/la dégage à la main (quelque chose qui était coincé)
ᐱᐦᑯᑎᓂᒻ pihkutinim vti ◆ il/elle le dégage (quelque chose qui était coincé)
ᑎᐄᔥᑖᐤ tiwishtaau vai ◆ il/elle dégage cet endroit
ᒧᔑᔔᐃᐦᐊᒻ mushishuwiham vti ◆ il/elle dégage cet endroit de ses arbres et buissons
ᓵᐦᑖᐱᔨᐤ saahtaapiyiu vii ◆ il fait jour, le temps se dégage
ᑎᐙᐱᐢᒋᓂᒻ tiwaapischinim vti ◆ il/elle le dégage (rocher) comme pour construire un barrage

ᑎᐧᐃᔥᑖᓱ tiwishtaasuu vai -u ◆ il/elle dégage un endroit en mettant les choses de côté
ᒥᑳᐃᐱ° mikaaipiu vai ◆ il/elle dégage la neige avant d'établir son campement
ᒧᔮᔮᑯᓈᐦᐊᒼ mushaayaakunaaham vti ◆ il/elle balaie la neige pour le dégager
ᑎᐧᐋᑯᓈᔥᑭᐧᐋ° tiwaakunaashkiwaau vta ◆ il/elle dégage un endroit dans la neige, en marchant

dégager (se)

ᐱᐦᑯᑎᐦᑭᐦᓱ pihkutihkihsuu vai -u ◆ il/elle se dégage sous l'effet de la chaleur
ᐱᐦᑯᑎᐦᑭᐦᑖ° pihkutihkihtaau vii ◆ ça se dégage sous l'effet de la chaleur
ᓵᐳᐧᐋᓵᔮ° saapuwaasaayaau vii ◆ le ciel commence à se dégager
ᐧᐋᓵᐱᔨ° waasaapiyiu vii ◆ le ciel se dégage
ᐧᐋᓵᔅᑯᓂᐱᔨ° waasaaskunipiyiu vii ◆ ça se dégage, se transforme en une journée claire et ensoleillée

dégât

ᐧᐃᐦᔮᐱᑖ° wihyaapitaau vta ◆ il/elle le/la gâche, en fait un gros dégât
ᐧᐃᐦᔮᐱᑎᒼ wihyaapitim vti ◆ il/elle le gâche, en fait un gros dégât

dégel

ᐲᑲᐧᑯᐦᑖ° piikwaakuhtaau vii ◆ quelque chose tombe et se casse à cause du dégel

dégeler

ᐋᐳᐧᐃᐱᔨᐦᐋ° aapuwipiyihaau vta ◆ il/elle le/la fait dégeler
ᐋᐳᐧᐃᐱᔨᐦᑖ° aapuwipiyihtaau vai ◆ il/elle le fait dégeler
ᐋᐳᐧᐃᐱᔨᐦᑖ° aapuwipiyihtaau vai+o ◆ Il/elle le fait dégeler. ■ ᐋᐳᐧᐃᐱᔨᐦᑖ° ᐅᒦᒋᒼ. ■ aapuwipiyihtaau umiichim. ■ *Elle fait dégeler sa nourriture.*
ᐋᐳᐧᐃᐱᔨ° aapuwipiyiu vai ◆ il/elle dégèle ■ ᔖᔥ ᐋᐳᐧᐃᐱᔨ° ᐊᓐ ᓂᓂᔅᒋᒼ. ■ shaash aapuwipiyiu an ninischim. ■ *Mon oie est déjà dégelée.*
ᐋᐳᐧᐃᓯᒼ aapuwisim vti ◆ il/elle le dégèle
ᐋᐳᐧᐃᔅᐧᐋ° aapuwiswaau vta ◆ il/elle le/la fait dégeler avec de la chaleur
ᔫᒥᐱᔨ° shuumipiyiu vai ◆ il/elle est un petit peu dégelé-e
ᐋᐹᓈ° aapaanaau vta ◆ il/elle le/la fait fondre, le/la dégèle avec ses mains
ᐋᐳᐧᐃᓂᒼ aapuwinim vti ◆ il/elle le fait fondre ou dégeler avec ses mains
ᐋᐳᐧᐃᔥᑭᐧᐋ° aapuwishkiwaau vta ◆ il/elle le/la réchauffe, le/la fait dégeler avec son pied ou son corps
ᐋᐳᐧᐃᑖᐦᑎᒼ aapuwitaahtim vti ◆ il/elle le fait dégeler dans sa bouche
ᐋᐳᐧᐃᑖ° aapuwitaau vii ◆ ça dégèle avec de la chaleur
ᔫᒥᐱᔨᔑ° shuumipiyishiu vai dim ◆ il/elle est un petit peu dégelé-e
ᐋᐳᐧᐃᐱᔨ° aapuwipiyiu vii ◆ le temps se réchauffe, il dégèle
ᐋᐳᐧᐃᑖᒫ° aapuwitaamaau vta ◆ il/elle le/la réchauffe, le/la fait dégeler avec sa bouche

dégonflé

ᔒᑯᔮᑭᐱ° shiikuyaakipiu vai ◆ il/elle est vide, dégonflé-e, trop ample

dégonfler

ᔒᑯᔮᑭᔥᑖ° shiikuyaakishtaau vii ◆ c'est dégonflé
ᔪᐧᐃᒑᓈ° yuwichaanaau vta ◆ il/elle le/la comprime, le/la dégonfle à la main
ᔪᐧᐃᒑᓂᒼ yuwichaanim vti ◆ il/elle le comprime, le dégonfle à la main
ᔪᐧᐃᐱᔨᐦᑖ° yuwipiyihtaau vai ◆ il/elle laisse sortir l'air, le dégonfle

dégonfler (se)

ᔪᐧᐃᒑᐱᔨ° yuwichaapiyiu vai ◆ il/elle se dégonfle
ᔪᐧᐃᒑᐱᔨ° yuwichaapiyiu vii ◆ ça se dégonfle

dégouliner

ᔫᐱᒥᔨ° shuupimiyiu vai ◆ il/elle coule, dégouline, comme de la crème glacée fondue

dégourdi astucieux

ᐄᐧᐹᐦᑳ° iipwaahkaau vai ◆ il/elle est intelligent-e, dégourdi-e, astucieux/astucieuse

dégoûtant

ᐧᐄᓈᔨᐦᑖᑯᓐ wiinaayihtaakun vii ◆ c'est détestable, dégoûtant
ᐧᐄᓈᔨᐦᑖᑯᓯ° wiinaayihtaakusiu vai ◆ il/elle est détestable, dégoûtant-e

dégoûter

ᐅᐦᑳᓯᓂᐧᐋ° uhkaasiniwaau vta ◆ son apparence, ses actions le/la dégoûte
ᐅᐦᑳᑖᔮᔨᐦᑎᒼ uhkaataayaayihtim vti ◆ il/elle le déteste, ça le/la dégoûte
ᐅᐦᑳᑎᒼ uhkaatim vti ◆ il/elle le déteste, ça le/la dégoûte

dégoutter

ᐹᐦᐱᐦᒋᑭᐅ paahpihchikiuu vii redup -iwi ◆ ça dégoutte, ça coule goutte à goutte

dégraisser

ᒥᓂᐦᐄᐱᒫᑎᒼ minihiipimaatim vti ◆ il/elle le dégraisse

dehors

ᑯᑎᐧᐃᓱᐧᐃᓐ kutiwisuwin ni ◆ un feu extérieur à coté d'un abri pour passer la nuit
ᐧᐃᔨᐧᐄᑎᒥᐦᒡ wiyiwiitimihch p,lieu ◆ dehors, en plein air ■ ᐧᐃᔨᐧᐄᑎᒥᐦᒡ ᒌᐦ ᐧᐄᔨᐦᐋᐧᐃᒡ ᐊᓂᔮᐦ ᐊᑎᐦᒄ ᑳ ᓂᐱᐦᐋᒡ. ■ wiyiwiitimihch chiih wiiyihaawich aniyaah atihkwh kaa nipihaach. ■ *Dehors, elles/ils découpèrent le caribou qu'elles/ils avaient tué.*
ᐧᐃᔨᐧᐄᑎᒥᔥᑳᐧᐦᒡ wiyiwiitimishkwaahch p,lieu ◆ dehors devant l'entrée, le seuil de la porte ■ ᐧᐃᔨᐧᐄᑎᒥᔥᑳᐧᐦᒡ ᐋᑯᑎᐦ ᑳ ᐹᒋ ᒋᒥᔮᑦ ᐅᑎᓵᒻᐦ. ■ wiyiwiitimishkwaahch aakutih kaa paachi chimiyaat utisaamh. ■ *Il a laissé ses raquettes dehors juste devant l'entrée.*

ᑯᑎᐧᐃᓱ kutiwisuu vai-u ◆ il/elle fait un feu dehors là où il/elle passe la nuit

ᒧᔖᐦᑲᐧᒧ mushaahkwaamuu vai-u ◆ il/elle passe la nuit dehors

ᓵᐦᑲᐧᐦᐊᒼ saahkwaaham vti ◆ il/elle l'évase, le tourne en dehors

ᐧᐃᔨᐧᐄᐦᑎᐦᐋᐤ wiyiwiihtihaau vta ◆ il/elle l'emmène dehors

ᐧᐃᔨᐧᐄᐦᑎᑖᐤ wiyiwiihtitaau vai ◆ il/elle l'emporte dehors

ᐧᐃᔨᐧᐄᔥᑭᒼ wiyiwiishkim vti ◆ il/elle le pousse dehors avec son pied ou son corps

ᐧᐃᔨᐧᐄᔥᑭᐧᐋᐤ wiyiwiishkiwaau vta ◆ il/elle le/la pousse dehors avec son pied ou son corps

ᐧᐃᔨᐧᐄᑎᔑᓂᒼ wiyiwiitishinim vti ◆ il/elle le pousse au dehors

ᐧᐃᔨᐧᐄᐧᐋᐱᓈᐤ wiyiwiiwaapinaau vta ◆ il/elle le/la jette dehors

ᐧᐃᔨᐧᐄᐧᐋᐱᓂᒼ wiyiwiiwaapinim vti ◆ il/elle le jette dehors

ᐧᐃᔨᐧᐄᐧᐋᐱᔥᑭᒼ wiyiwiiwaapishkim vti ◆ il/elle le met à la porte, le jette dehors

déjà

ᔖᔥ shaash p,temps ◆ déjà ▪ ᔖᔥ ᒥᐠᐤ ᓂᒥ ᐃᐦᑖᐤ ᑳ ᐧᐄᐦ ᓵᒋᐧᐋᐱᒥᐠ ▪ shaash mikw nimi ihtaau kaa wiih saachiwaapimik. ▪ *Elle/il était déjà partie quand je suis allé-e la voir.*

déjeuner

ᒑᒋᔖᐹᓈᐦᑲᐧᐋᐤ chaachishaapaanaahkwaau vai ◆ il/elle prend ou mange son déjeuner (Canada), petit déjeuner (France)

délicieux

ᐧᐄᐦᒋᔅᑎᐤ wiihchistiu vai ◆ il est délicieux, elle est délicieuse, c'est délicieux (animé)

ᐧᐄᐦᑭᓐ wiihkin vii ◆ c'est délicieux

demain

ᒑᒋᔖᐹᔮᒑ chaachishaapaayaachaa p,temps ◆ demain matin, quand ce sera le matin

ᐧᐋᐱᐦᒑ waapihchaa p,temps ◆ demain, lit. 'quand ce sera le matin' ▪ ᐧᐋᐱᐦᒑ ᓂᑭ ᐋᓈᔅᒑᓈᓐ ᓂᒦᒋᐧᐋᐦᐱᒥᔑᓈᓐ ▪ waapihchaa niki anaaschaanaan nimiichiwaahpimishinaan. ▪ *Demain, nous recouvriront de branchages le sol de notre tipi.*

demander

ᑯᒁᒋᒫᐤ kukwaachimaau vta ◆ il/elle lui demande

ᓂᑎᐧᐋᔨᐦᑎᒫᒑᔥᑎᒧᐧᐋᐤ nitiwaayihtimaachaashtimuwaau vta ◆ il/elle demande quelque chose à quelqu'un

ᓈᓂᑖᔑᒧᑎᐧᐋᐤ naanitaashimutiwaau vta ◆ il/elle lui demande de l'aide

ᑖᔥᑎᑳᒋᔨᑖᐤ taashtikaachiyitaau vai ◆ il/elle lui demande l'impossible

ᑯᒁᒋᐦᒑᒧ kukwaachihchaamuu vai-u ◆ il/elle pose une question, demande quelque chose

demander (se)

ᐄᔥ iish p,interjection ◆ je me demande où, quoi, comment, pourquoi ▪ ᐄᔥ ᑖᓂᑎᐦ ᔖᔥ ᐃᐦᑖᐧᐃᒡ ᐊᓂᔮᐦᑳ ᑳ ᒋᐦᒋᐱᔨᔨᒡ ▪ iish taanitih shaash ihtaawich aniyaahkaa kaa chihchipiyiyich. ▪ *Je me demande où ils sont maintenant, ceux qui sont partis.*

ᐋᑎᐲᔥᒄ aatipiishkw p,conjonction ◆ je me demande si... (expression de doute) ▪ ᐋᑎᐲᔥᒄ ᒦᒋᓱ ᐅᔮ ᓅᔑᔑᒥᔥ ᑳ ᐳᓯᑦ ▪ aatipiishkw miichisuu uyaa nuushishimish kaa puusit. ▪ *Je me demande si mon petit-fils qui est parti en canot a mangé quelque chose ce matin.*

démanger

ᒋᔨᒋᓯᑖᐤ chiyichisitaau vai ◆ son pied le/la démange

ᒋᔨᑭᒋᔑᐄᐤ chiyikichishiiu vai ◆ ses fesses le/la démangent ▪ ᒋᔨᑭᒋᔑᐄᐤ ᓂᑖᒼ ᐋᐦ ᐅᒥᓂᑑᔑᒥᑦ ▪ chiyikichishiiu nitaam aah uminituushimit. ▪ *Mon chien a les fesses qui le démangent parce qu'il a des vers.*

ᒋᔨᒋᓯᐤ chiyichisiu vai ◆ ça le/la gratte, ça le/la démange, il est chatouilleux, elle est chatouilleuse

démanteler

ᐹᔑᑯᓈᑯᐦᑖᐤ paashikunaakuhtaau vai ◆ il/elle s'en dispense, l'a démonté, démantelé en un rien de temps

ᐲᒁᐱᐦᐊᒼ piikwaapiham vti ◆ il/elle le démonte (ex. un moteur), le démantèle

ᐲᒁᔥᑎᒫᐤ piikwaashtimaau vta ◆ il/elle lui tire dessus et le démantèle

démarrer

ᒋᐦᒋᐱᔨᐦᐋᐤ chihchipiyihaau vta ◆ il/elle le/la démarre; il/elle s'en va avec lui/elle en véhicule

ᒋᐦᒋᐱᔨᐤ chihchipiyiu vai ◆ il/elle part en véhicule, il/elle démarre

ᒋᐦᒋᐱᔨᐦᑖᐤ chihchipiyihtaau vai ◆ il/elle le démarre (un moteur); il/elle part avec; il/elle commence quelque chose

démêler

ᐋᐱᐱᑎᒼ aapipitim vti ◆ il/elle le démêle

ᒥᔦᐧᐋᐱᐦᒑᓈᐤ miywaapihchaanaau vta ◆ il/elle le/la démêle (filiforme)

ᒥᔦᐧᐋᐱᐦᒑᓂᒼ miywaapihchaanim vti ◆ il/elle le démêle (filiforme)

ᐋᐱᐱᑖᐤ aapipitaau vta ◆ il/elle le/la démêle, le/la dénoue

démembrer

ᐧᐄᔨᐦᑖᐤ wiiyihtaau vai ◆ il/elle le démembre, découpe la viande en morceaux

déménager

ᐋᐦᑎᐱᐤ aahtipiu vai ◆ il/elle se déplace, va s'asseoir ailleurs, déménage

ᐋᐦᑐᒑᐤ aahtuchaau vai ◆ il/elle déménage, va s'installer ailleurs

ᐱᒋᔥᑖᐤ pichishtwaau vai ◆ il/elle ramasse ses affaires avant de déménager son campement

demeurer

ᒑᔥᑎᓈᒋᑳᐴ chaashtinaachikaapuu vai -uwi ◆ il/elle demeure ferme, se tient ou reste solidement debout

demi-cercle

ᐙᔨᔪᑭᒫᐤ waayiyukimaau vii ◆ c'est un lac en demi-cercle

ᐙᔨᔪᓯᒁᐤ waayiyusikwaau vii ◆ il y a un demi-cercle de glace autour d'une pointe

ᐙᔨᔽᐤ waayiywaau vii ◆ c'est courbé , en demi-cercle

demi-frère

ᐐᒌᔨᐦᑳᐅᓐᐦ wiichiiyihkaaunh nad ◆ son demi-frère ou sa demi-soeur, son cousin ou sa cousine, son frère adoptif, sa soeur adoptive

demi-soeur

ᐐᒌᔨᐦᑳᐅᓐᐦ wiichiiyihkaaunh nad ◆ son demi-frère ou sa demi-soeur, son cousin ou sa cousine, son frère adoptif, sa soeur adoptive

demi-tour

ᒌᐙᑳᐳᐏᔥᑎᐙᐤ chiiwaakaapuwishtiwaau vta ◆ il/elle fait demi-tour, vers ou en s'éloignant de quelqu'un qui est debout

ᒌᐙᐱᔨᐤ chiiwaapiyiu vii ◆ ça fait demi-tour, ça vire de bord

ᒌᐙᔮᔅᑯᐦᐊᒻ chiiwaayaaskuham vti ◆ il/elle lui fait faire demi-tour (se dit d'un canot)

ᒁᔅᒋᑳᐴ kwaaschikaapuu vai -uwi ◆ il/elle fait demi-tour debout

ᒁᔅᒋᑳᐳᐏᔥᑎᐙᐤ kwaaschikaapuwishtiwaau vta ◆ il/elle fait demi-tour pour lui faire face, debout

ᒌᐙᐱᔨᐦᐆ chiiwaapiyihuu vai -u ◆ il/elle fait demi-tour, rebrousse chemin, revient sur ses pas

ᒌᐙᐱᔨᐤ chiiwaapiyiu vai ◆ il/elle revient, fait demi-tour en véhicule, rebrousse chemin

démonter

ᑭᐏᓈᐤ kiwinaau vta ◆ il/elle le/la démonte à la main

ᑭᐏᓂᒻ kiwinim vti ◆ il/elle le démonte à la main

ᓂᓈᓂᔑᐱᑎᒻ ninaanishipitim vti redup ◆ il/elle le démonte, le sépare

ᓂᓈᓂᔥᑎᓈᐤ ninaanishtinaau vta redup ◆ il/elle le/la démonte, le/la sépare

ᐲᒁᐱᐦᐊᒻ piikwaapiham vti ◆ il/elle le démonte (ex. un moteur), le démantèle

démoralisé

ᒫᒁᔨᐦᑎᒻ maakwaayihtim vti ◆ il/elle se sent découragé-e, démoralisé-e, déprimé-e

dénier

ᐋᓌᐦᑎᒻ aanwaahtim vti ◆ il/elle ne veut pas le croire, il/elle le dénie

ᐋᓌᔨᐦᑖᑯᓐ aanwaayihtaakun vii ◆ ce n'est pas cru, c'est dénié

dénouer

ᐋᐱᐦᑯᐱᔨᐤ aapihkupiyiu vii ◆ ça se dénoue tout seul

ᐋᐱᐦᑯᓂᒻ aapihkunim vti ◆ il/elle le dénoue, le libère

ᐋᐱᐦᑯᐱᑎᒻ aapihkupitim vti ◆ il/elle le dénoue rapidement

ᐋᐱᐱᑖᐤ aapipitaau vta ◆ il/elle le/la démêle, le/la dénoue

ᐋᐱᐦᑯᒫᐤ aapihkumaau vta ◆ il/elle le/la défait, le/la dénoue avec ses dents

ᐋᐱᐦᑯᓈᐤ aapihkunaau vta ◆ il/elle défait ses liens, le/la libère

ᐋᐱᐦᑯᐱᑖᐤ aapihkupitaau vta ◆ il/elle le/la libère rapidement

dénouer (se)

ᐋᐱᐱᔨᐤ aapipiyiu vai ◆ ça se défait, se dénoue

dense

ᐱᐦᔮᑯᓯᐤ pihyaakusiu vai ◆ il est épais, elle est épaisse, il/elle est dense

ᓵᓯᑳᔅᒁᐤ saasikaaskwaau vii ◆ c'est une forêt très dense

ᓯᑳᔅᒁᐤ sikaaskwaau vii ◆ c'est une zone de végétation très dense

ᐲᒁᔮᔅᑎᒋᓯᐤ piikwaayaastichisiu vai ◆ c'est un arbre touffu, au branchage bien dense

ᐲᒁᔮᐤ piikwaayaau vii ◆ c'est dense, buissonneux, épais

ᓰᐦᑖᔅᒁᔮᑭᒫᐤ siihtaaskwaayaakimaau vii ◆ le lac est entouré d'une forêt dense

ᓰᐦᑖᔅᒁᔮᐤ siihtaaskwaayaau vii ◆ les bois sont denses, la forêt est dense

ᓯᑳᔅᒁᔮᐤ sikaaskwaayaau vii ◆ c'est dense avec du bois, des saules

ᓯᑳᐤ sikaau vii ◆ la forêt, le bush est dense ■ ᓈᔥᒡ ᐋᐦ ᓯᑳᒡ ᐊᓂᑖᐦ ᐙᐦ ᐄᑐᐦᑖᔨᐦᒄ ■ naashch aah sikaach anitaah waah iituhtaayihkw. ■ *La forêt est très dense là où nous voulions aller.*

ᓯᑯᔅᒋᔅᑳᐤ sikuschiskaau vii ◆ c'est une zone de pins dense

dent

ᒥᒥᔽᐱᑖᐤ mimiywaapitaau vai redup ◆ il/elle a de belles dents

ᐊᒥᔅᒁᐱᑦ amiskwaapit ni -m ◆ une dent de castor

ᒋᔖᔮᒁᐱᑦ chishaayaakwaapit ni -m ◆ une dent d'ours

ᐅᐑᐦᒁᐱᑦ uwiihkwaapit nid ◆ sa molaire

ᐋᐱᐦᑯᐦᑎᒻ aapihkuhtim vti ◆ il/elle le détache avec ses dents

ᒑᐦᑳᐱᑖᐤ chaahkaapitaau vai ◆ il/elle a les dents en avant

ᑭᑳᓌᐱᑖᐤ kikaanwaapitaau vai ◆ il/elle a de longues dents

ᒫᒁᐱᔅᒋᑭᓈᔨᐤ maakwaapischikinaayiu vai ◆ il/elle serre les dents

ᒥᒋᒥᐦᑎᒻ michimihtim vti ◆ il/elle le retient avec les dents

ᒥᒋᒥᒫᐤ **michimimaau** vta ◆ il/elle le/la retient avec les dents
ᒥᒥᐦᑳᐱᑖᐤ **mimihkaapitaau** vai redup ◆ il/elle a de grandes dents
ᒥᒥᑘᔮᐱᑖᔑᓐ **mimitwaayaapitaashin** vai redup ◆ il/elle claque des dents
ᒥᓈᐱᑖᐱᒋᒑᐤ **minaapitaapichichaau** vai ◆ il/elle arrache des dents
ᒥᓈᐱᑖᐱᑖᐤ **minaapitaapitaau** vta ◆ il/elle lui arrache une dent ou les dents
ᓈᑘᔮᐱᑖᐦᐗᐤ **naatwaayaapitaahwaau** vta ◆ il/elle se casse une dent, les dents
ᐹᐱᑯᔖᑭᐦᑎᒼ **paapikushaakihtim** vti ◆ il/elle le pèle avec ses dents
ᐹᐱᑯᔖᑭᒫᐤ **paapikushaakimaau** vta ◆ il/elle le/la pèle, lui enlève la peau avec ses dents
ᐲᑯᐦᑎᒼ **piikuhtim** vti ◆ il/elle le casse avec ses dents
ᐲᑯᒫᐤ **piikumaau** vta ◆ il/elle le/la casse avec ses dents
ᐱᔅᑭᐦᑎᒼ **piskihtim** vti ◆ il/elle le/la coupe (filiforme) avec ses dents
ᐱᔅᑭᒫᐤ **piskimaau** vta ◆ il/elle le/la coupe (filiforme) avec ses dents
ᓵᑳᐱᑖᐤ **saakaapitaau** vai ◆ il/elle fait ses dents, il/elle perce ses dents
ᓵᔮᐱᑖᔨᐤ **saayaapitaayiu** vai ◆ il/elle montre les dents
ᑖᔥᑭᒫᐤ **taashkimaau** vta ◆ il/elle le/la fend avec ses dents
ᐅᐑᓈᐱᑖᐤ **uwiinaapitaau** vai ◆ il/elle a de mauvaises dents
ᐙᐑᐹᐦᐱᔥᑭᓈᐅᒋᐤ **waawiipaahpishkinaauchiu** vai ◆ il/elle claque des dents (de froid)
ᐄᑎᐦᑎᒼ **iitihtim** vti ◆ il/elle l'entend, le comprend d'une certaine façon, elle le marque d'une certaine façon avec ses dents
ᑳᔖᐱᑖᐤ **kaashaapitaau** vai ◆ il/elle a les dents pointues, acérées ■ ᓈᔥᑖᐹᐧᐦ ᑳᔖᐱᑖᐤ ᒋᓄᔖᐤ. ■ naashtaapwaah kaashaapitaau chinushaau. ■ *Le brochet a des dents très pointues.*
ᓈᑘᔮᐱᑖᔑᓐ **naatwaayaapitaashin** vai ◆ il/elle tombe et se casse une dent
ᓵᑭᑖᐦᑎᒼ **saakitaahtim** vti ◆ il/elle le tient qui dépasse entre ses dents
ᑎᐦᑯᐦᑎᒼ **tihkuhtim** vti ◆ il/elle le tient dans ses dents, dans sa bouche
ᑎᐦᑯᒫᐤ **tihkumaau** vta ◆ il/elle le/la tient dans ses dents, dans sa bouche
ᐙᐑᐹᐦᐱᔅᒋᑭᓈᐱᔨᐤ **waawiipaahpischikinaapiyiu** vai ◆ sa mâchoire bouge vite de haut en bas ou de droite à gauche, sa mâchoire tremble
ᒨᓂᐦᐋᐱᑖᓐ **muunihaapitaan** ni ◆ un anneau de bébé qui perce ses dents
ᒌᓈᐱᑖᐤ **chiinaapitaau** vai ◆ il/elle a des dents pointues, tranchantes, acérées
ᐹᔥᑭᐦᑎᒼ **paashkihtim** vti ◆ il/elle l'ouvre en le craquant avec ses dents
ᐹᔥᑭᒫᐤ **paashkimaau** vta ◆ il/elle l'ouvre en le craquant avec ses mains ou ses dents

dentier

ᒦᐱᑎᐦᑳᓐᐦ **miipitihkaanh** ni pl ◆ des fausses dents, un dentier

dentiste

ᓅᑖᐱᑖᓯᐤ **nuutaapitaasiu** na -iim ◆ un ou une dentiste

dents

ᐋᐱᐦᑯᒫᐤ **aapihkumaau** vta ◆ il/elle le/la défait, le/la dénoue avec ses dents

dénudé

ᒧᔑᐙᐤ **mushiwaau** vii ◆ c'est stérile, dénudé

dénuder

ᒧᔖᐱᑎᒼ **mushaapitim** vti ◆ il/elle en enlève la couverture, le dénude
ᒧᔖᐱᑖᐤ **mushaapitaau** vta ◆ il/elle le/la découvre, dénude

dénuder (se)

ᒧᔖᐱᑏᓲ **mushaapitiisuu** vai reflex -u ◆ il/elle se découvre, se dénude

dépareillé

ᐱᔮᒫᐅᓐ **piyaamaaun** vii ◆ c'est dépareillé
ᐱᔮᒫᐅᔥᑭᒼ **piyaamaaushkim** vti ◆ il/elle en porte deux dépareillées (ex. chaussures)
ᐱᔮᒫᐅᔥᑭᐙᐤ **piyaamaaushkiwaau** vta ◆ il/elle en porte une paire dépareillée
ᐱᔮᒫᐅᓰᐤ **piyaamaausiiu** vai ◆ il/elle est dépareillé-e
ᐱᔮᒫᐅᔅᑎᓵᐤ **piyaamaaustisaau** vai ◆ il/elle porte des mitaines dépareillées
ᐱᔮᒫᐅᓈᐤ **piyaamaaunaau** vta ◆ il/elle en tient, prend, donne deux qui ne forment pas une paire (ex. bas, bottes), il/elle prend le mauvais

dépasse

ᓵᒋᐹᑳᐳ **saachipaakaapuu** vai -uwi ◆ il/elle dépasse dans l'eau

dépasser

ᐋᓵᔥᑭᐙᐤ **aaswaashkiwaau** vta ◆ il/elle le dépasse en marchant sans le voir
ᐊᑎᒥᐦᐙᐤ **atimihwaau** vta ◆ il/elle le rattrape et le dépasse en véhicule
ᒥᔮᐅᐦᐊᒻ **miyaauham** vti ◆ il/elle le dépasse en véhicule
ᒥᔮᐅᐦᐙᐤ **miyaauhwaau** vai ◆ il/elle le/la dépasse en voiture
ᐹᔥᒋᐱᔩᐤ **paashchipiyiu** vai ◆ il/elle dépasse, tombe par-dessus quelque chose, va au-delà d'une certaine quantité (de temps ou d'argent)
ᐹᔥᒋᐱᔩᐤ **paashchipiyiu** vii ◆ ça dépasse, tombe par-dessus quelque chose, va au-delà d'une certaine quantité (de temps ou d'argent)
ᓵᒋᔑᒫᐤ **saachishimaau** vta ◆ il/elle le/la fait dépasser
ᓵᑳᐹᒋᐦᑎᓐ **saakaapaachihtin** vii ◆ ça dépasse (filiforme)

ᓵᑲᐹᒋᔑᒫᐤ saakaapaachishimaau vta ◆ il/elle le/la fait dépasser

ᓵᑲᐹᒋᔑᓐ saakaapaachishin vai ◆ il/elle (animé, filiforme) dépasse

ᓵᑳᔅᑯᐦᑎᓐ saakaaskuhtin vii ◆ ça dépasse de quelque chose (long et rigide)

ᓵᑳᔅᑯᔑᓐ saakaaskushin vai ◆ il/elle dépasse (long et rigide) de quelque chose

ᐊ·ᓵᔥᑭᒻ aaswaashkim vti ◆ il/elle va au-delà de ça, le dépasse

ᒋᒥᑖᐤ chimitaau vii ◆ ça dépasse, c'est dressé

ᐃᔮᐦᑭᒫᔨᒨ iyaahkimaayimuu vai -u ◆ il/elle pousse pour dépasser

ᐃᔨ·ᐋᒋᐦᑎᓐ iyiwaachihtin vii ◆ il y en a plus que nécessaire, ça dépasse

ᐃᔨ·ᐋᒋᐱᔨᐤ iyiwaachipiyiu vai ◆ il/elle dépasse la norme, est de reste, il/elle a des restes

ᐃᔨ·ᐋᑯᒋᓐ iyiwaakuchin vai ◆ il/elle dépasse, a une frange

ᐃᔨ·ᐋᑯᑖᐤ iyiwaakutaau vii ◆ ça dépasse, ça a une frange

ᒥᔮᔥᑭ·ᐋᐤ miyaashkiwaau vta ◆ il/elle le/la dépasse

ᒥᔮᐅᐱᔨᐦ·ᐋᐤ miyaaupiyihaau vta ◆ il/elle le/la conduit au-delà d'un certain point

ᒥᔮᐅᐱᔨᐤ miyaaupiyiu vai ◆ il/elle dépasse, passe

ᐹᔥᒋᔥᑭ·ᐋᐤ paashchishkiwaau vta ◆ il/elle le/la découvre avec le pied ou le corps, il/elle le/la dépasse

ᓵᒋᐦᑎᑖᐤ saachihtitaau vai ◆ il/elle le fait sortir, dépasser

ᓵᒋᐹᑯᐦᒋᒫᐤ saachipaakuhchimaau vta ◆ il/elle le/la met dans l'eau en laissant dépasser une partie

ᓵᒋᐹᐱᐤ saachipaapiu vai ◆ il/elle dépasse de l'eau, en étant assis

ᓵᒋᐹᔥᑖᐤ saachipaashtaau vai ◆ il/elle le place dans l'eau avec une partie qui dépasse

ᓵᒋᐹᐤ saachipaau vai ◆ il/elle dépasse de l'eau

ᓵᒋᐹᐤ saachipaau vii ◆ ça dépasse de l'eau

ᓵᒋᐱᑎᒻ saachipitim vti ◆ il/elle le tire pour qu'il dépasse

ᓵᒋᔅᑯᒫᐤ saachiskumaau vai ◆ il/elle dépasse de la glace

ᓵᒋᔅᑯᒫᐤ saachiskumaau vii ◆ ça dépasse de la glace

ᓵᒋᔅ·ᑳᑳᐳ saachiskwaakaapuu vai -uwi ◆ il/elle est debout avec la tête qui dépasse

ᓵᒋᔅ·ᑳᐱᐤ saachiskwaapiu vai ◆ il/elle est assis-e avec la tête qui dépasse

ᓵᒋᔅᑎᓐ saachistin vii ◆ ça dépasse et apparaît

ᓵᑭᑖᒫᐤ saakitaamaau vta ◆ il/elle le/la tient qui dépasse entre ses dents

ᓵᓵᑯᑯᒋᓐ saasaakukuchin vai ◆ son jupon dépasse

ᔖᐳᐦᑎ·ᐋᔥᑭ·ᐋᐤ shaapuhtiwaashkiwaau vta ◆ il/elle le/la dépasse en marchant

ᔒᐦᒋ·ᐃᔮᐤ shiihchiwiyaau vai ◆ il/elle le/la dépasse, fait mieux que lui/elle

ᐊ·ᓵᐦᐊᒻ aaswaaham vti ◆ il/elle tire, lance et le dépasse

ᒥᔮᐅᐱᔨᐦᑖᐤ miyaaupiyihtaau vai ◆ il/elle le dépasse en voiture, est en retard au travail, à son rendez-vous

ᓵᒋᐹᑯᐦᑎᓐ saachipaakuhtin vii ◆ c'est dans l'eau avec un morceau qui dépasse

ᓵᒋᐹᑯᐦᑎᑖᐤ saachipaakuhtitaau vai ◆ il/elle le met dans l'eau avec un bout qui dépasse

ᓵᒋᐹᔥᑖᐤ saachipaashtaau vii ◆ c'est dans l'eau avec un morceau qui dépasse

ᓵᑭᑖᐦᑎᒻ saakitaahtim vti ◆ il/elle le tient qui dépasse entre ses dents

ᔖᒋᑳᑖᔑᓐ shaachikaataashin vai ◆ il/elle est allongé-e les jambes qui dépassent de quelque chose

ᐹᔥᑎᐦᐊᒻ paashtiham vti ◆ il/elle l'enjambe, le dépasse, tire par-dessus

ᐹᔥᑎᐦ·ᐋᐤ paashtihwaau vta ◆ il/elle le/la dépasse, l'enjambe, lui tire par-dessus

ᓵᒋᔅ·ᑳᐤ saachiskwaau vai ◆ il/elle fait dépasser sa tête de quelque chose; le soleil se dévoile par intervalles

dépecer

·ᐄᐦ·ᑳᓈᐤ wiihkwaanaau vta ◆ il/elle éviscère, nettoie le lagopède en pelant la peau de haut en bas sans la déchirer

dépêcher (se)

ᑭᒑᔨᐱᔨᐦᑳᓲ kichaayipiyihkaasuu vai reflex -u ◆ il/elle se dépêche de faire les choses lui/elle-même

ᐃᔮᓯᐦᒋᒫᐤ iyaasihchimaau vta ◆ il/elle lui dit de se dépêcher

dépiauter

ᐱᐦᑯᓈᐤ pihkunaau vta ◆ il/elle le/la dépiaute

ᐱᐦᑯᓂᒻ pihkunim vti ◆ il/elle le dépiaute

ᐱᐦᑯᓈᐱᔑ·ᐋᐤ pihkunaapishiwaau vai ◆ il/elle dépiaute un lynx

ᐱᐦᑯᓈᐱᔥᑖᓂ·ᐋᐤ pihkunaapishtaaniwaau vta ◆ il/elle dépiaute une martre

ᐱᐦᑯᓈᐳ·ᔖᐤ pihkunaapushwaau vai ◆ il/elle dépiaute un lièvre

ᐱᐦᑯᓂᒑᑭ·ᐋᐤ pihkunichaakiwaau vai ◆ il/elle dépiaute un pékan

ᐱᐦᑯᓂᒋᑳᔑ·ᐋᐤ pihkunichikaashiwaau vai ◆ il/elle dépiaute un vison

ᐱᐦᑯᓂᒋᔖᔮ·ᑳᐤ pihkunichishaayaakwaau vai ◆ il/elle dépiaute un ours

ᐱᐦᑯᓂᒋᔥ·ᑳᐤ pihkunichishkwaau vta ◆ il/elle dépiaute un rat musqué

ᐱᐦᑯᓂᐦᒑᔑ·ᐋᐤ pihkunihchaashiwaau vai ◆ il/elle dépiaute un renard

ᐱᐦᑯᓂᒥᐦᐄᐦᑭᓈᐤ pihkunimihiihkinaau vai ◆ il/elle dépiaute un loup

ᐱᐦᑯᓂᒥᐢᒁᐤ pihkunimiskwaau vai ◆ il/elle dépiaute un castor

ᐱᐦᑯᓈᐦᒋᒁᐤ pihkunaahchikwaau vai ◆ il/elle dépiaute une loutre ou un phoque

ᐱᐦᑯᓂᒑᐤ pihkunichaau vai ◆ il/elle le dépiaute (un animal à fourrure)

ᐱᐦᑯᓂᑎᐦᒁᐤ pihkunitihkwaau vai ◆ il/elle dépiaute un caribou

déplacer

ᐋᐦᒋᑳᐳᐎᐦᐋᐤ aahchikaapuwihaau vta ◆ il/elle le/la déplace pour le/la dresser ailleurs

ᐋᐦᒋᑳᐳᐎᐦᑖᐤ aahchikaapuwihtaau vai+o ◆ il/elle le déplace pour qu'il se dresse ailleurs

ᐋᐦᒋᔥᑖᐤ aahchishtaau vai ◆ il/elle le déplace

ᐄᐢᐱᑖᐤ iispitaau vta ◆ il/elle le/la déplace d'une certaine façon

ᐋᐦᒋᐱᑖᐤ aahchipitaau vta ◆ il/elle le/la déplace ailleurs

ᐋᐦᒋᐱᑎᒼ aahchipitim vti ◆ il/elle le déplace ailleurs

ᐋᐦᒋᔑᒫᐤ aahchishimaau vta ◆ il/elle le/la déplace pour le/la coucher ailleurs

ᐋᐦᒋᔥᑭᒼ aahchishkim vti ◆ il/elle le déplace avec son pied ou son corps, il/elle va se changer (changer de vêtements)

ᐋᐦᑎᐦᐋᐤ aahtihaau vta ◆ il/elle le/la bouge, le/la déplace

ᐋᐦᑎᐦᐆ aahtihuu vai -u ◆ il/elle déplace son campement (par véhicule)

ᐋᐦᑎᑯᐦᑎᑖᐤ aahtikuhtitaau vai ◆ il/elle le déplace ailleurs dans l'eau

ᐊᒫᐦᐄᐹᑎᒼ amaahiipaatim vti ◆ il/elle n'attrape plus de poisson par ici alors il/elle doit déplacer le filet de pêche

ᐄᒑᔥᑖᐤ iichaashtaau vai ◆ il/elle le déplace de côté

ᐄᐢᐱᑎᒼ iispitim vti ◆ il/elle le déplace d'une certaine façon, ça goûte comme quelque chose d'autre pour lui/elle ■ ᒧᔮᒼ ᑏᐦᐨ ᐄᐢᐱᑎᒼ ᐊᓂᔮ ᐅᓂᐲᒼ. ■ muyaam tiihch iispitim aniyaa unipiim. ■ *Son eau goûte le thé selon lui.*

ᐃᔮᐦᑐᒑᐤ iyaahtuchaau vai ◆ il/elle déplace son campement de temps en temps en voyageant.

ᒁᔥᒁᐱᑎᒼ kwaashkwaapitim vti ◆ il/elle le déplace et le fait se retourner

ᐱᔨᐢᑯᐱᔨᐦᐋᐤ piyiskupiyihaau vta ◆ il/elle le/la fait traverser en le/la déplaçant

ᔓᐎᓈᐤ shuwinaau vta ◆ il/elle peut le/la déplacer ou le/la casser à la main

ᓱᐦᒋᐱᔨᐦᐋᐤ suhchipiyihaau vta ◆ il/elle le/la déplace avec force

ᓱᐦᒋᐱᔨᐦᑖᐤ suhchipiyihtaau vai ◆ il/elle le déplace avec force

ᐚᐱᔥᑭᒼ waapishkim vti ◆ il/elle le frappe, le déplace, le repousse du pied

ᔮᔮᐦᑎᐦᐊᒼ yaayaahtiham vti ◆ il/elle le remue, le déplace en utilisant quelque chose

ᔮᔮᐦᑎᐦᐚᐤ yaayaahtihwaau vta ◆ il/elle le/la remue, le/la déplace avec quelque chose

ᔮᔮᐦᑎᔥᑭᒼ yaayaahtishkim vti ◆ il/elle le remue, le déplace avec son pied ou son corps

ᔮᔮᐦᑎᔥᑭᐚᐤ yaayaahtishkiwaau vta ◆ il/elle le/la remue, le/la déplace avec son pied ou son corps

ᔮᔮᐚᐱᔨᐤ yaayaawaapiyiu vii ◆ ça se déplace le long du rivage

ᐋᐦᒋᐱᒋᐤ aahchipichiu vai ◆ il/elle déplace son campement en hiver

ᐋᐦᑎᑯᑖᐤ aahtikutaau vii ◆ c'est suspendu ailleurs, ça bouge en étant suspendu, le collet a été déplacé par l'animal

ᐋᐦᑎᐢᑯᐦᐊᒼ aahtiskuham vti ◆ il/elle déplace ses lignes de pêche nocturne en hiver

ᐋᑎᐢᒁᐦᐄᐹᐤ aatiskwaahiipaau vai ◆ il/elle déplace son filet de pêche en hiver

ᐊᒫᐦᐄᐹᐤ amaahiipaau vii ◆ il n'y a plus de poissons à attraper par ici ce qui fait qu'on doit déplacer le filet de pêche ■ ᓂᑭ ᐋᐦᑎᓂᐦᐄᐹᓐ ᔖᔥ ᐊᒫᐦᐄᐹᐤ ᐅᑎᐦ ᓂᒫᐢ᙮ ■ niki aahtinihiipaan shaash amaahiipaau utih nimaas. ■ *Je vais déplacer mon filet ailleurs parce qu'il n'y a plus de poissons à attraper par ici.*

ᐄᔥᐱᒋᐤ iishpichiu vai ◆ il/elle déplace son campement en hiver

ᓈᑐᑳᑎᒫᓂᐆ naatukaatimaaniuu vii,impersonnel -iwi ◆ on déplace le campement pour suivre les caribous

ᐄᒑᓈᐤ iichaanaau vta ◆ il/elle le pousse du coude, le/la déplace de côté

ᒁᐢᒑᐚᐱᒋᐤ kwaaschaawaapichiu vai ◆ il/elle voyage jusqu'à une autre étendue d'eau en déplaçant son camp d'hiver

ᒫᔨᐢᑯᐱᒋᐤ maayiskupichiu vai ◆ il/elle va vers l'aval du cours d'eau en déplaçant son campement d'hiver

ᒥᑖᐢᑯᐱᒋᐤ mitaaskupichiu vai ◆ il/elle se déplace, déplace son campement d'hiver sur un lac ou une rivière gelée

ᒧᔖᔥᑯᐱᒋᐤ mushaashkupichiu vai ◆ il/elle déplace son campement d'hiver en traversant un lac gelé ou une rivière gelée

ᓈᑎᑳᓯᐱᒋᐤ naatikaasipichiu vai ◆ il/elle rejoint le rivage à pied en déplaçant son campement d'hiver

ᓈᑎᑳᐢᑯᐱᒋᐤ naatikaaskupichiu vai ◆ il/elle déplace son campement d'hiver en traversant la glace jusqu'à la terre ferme

ᓃᐹᐱᒋᐤ niipaapichiu vai ◆ il/elle déplace son campement d'hiver pendant la nuit

ᐴᐦᒋᔥᑎᒁᐱᒋᐤ puuhchishtikwaapichiu vai ◆ il/elle déplace son campement d'hiver en longeant une rivière gelée

ᐴᐦᑖᔥᑎᒀᐱᒋᐤ *puuhtaashtikwaapichiu* vai ◆ il/elle déplace son campement d'hiver en longeant une rivière gelée

ᔑᔓᑎᔥᑯᐱᒋᐤ *shishutishkupichiu* vai ◆ il/elle déplace son campement d'hiver en longeant le rivage

ᑖᑎᐸᐙᔅᑯᐱᒋᐤ *taatipaawaaskupichiu* vai ◆ il/elle contourne un obstacle en déplaçant son campement d'hiver

ᐑᒋᐱᒌᒫᐤ *wiichipichiimaau* vta ◆ il/elle voyage avec elle/lui en déplaçant son campement d'hiver

ᔮᔮᐙᓯᑯᐱᒋᐤ *yaayaawaasikupichiu* vai ◆ il/elle déplace son campement d'hiver en longeant le rivage gelé à pied

ᔮᔮᐙᔅᑯᐱᒋᐤ *yaayaawaaskupichiu* vai ◆ il/elle déplace son campement d'hiver en longeant le rivage gelé à pied

ᐹᐦᐲᐦᑎᐙᔮᔅᑯᐱᒋᐤ *paahpiihtiwaayaaskupichiu* vai redup ◆ il/elle déplace son campement d'hiver d'une clairière jusqu'au couvert des arbres

déplacer (se)

ᐄᒑᐱᔨᐦᐆ *iichaapiyihuu* vai -u ◆ il/elle se déplace de côté

déplacer (se)

ᐋᐦᒋᐱᐦᑖᒥᑭᓐ *aahchipihtaamikin* vii ◆ ça se déplace

ᐋᐦᑎᐱᐤ *aahtipiu* vai ◆ il/elle se déplace, va s'asseoir ailleurs, déménage

ᐄᒑᓂᒧᐙᐤ *iichaanimuwaau* vta ◆ il/elle se déplace de côté pour lui/elle

ᐄᒑᐱᐤ *iichaapiu* vai ◆ il/elle se déplace de côté tout en étant assis

ᒥᒫᑎᓂᐙᔮᐦᒌᐤ *mimaatiniwaayaahchiiu* vai redup ◆ il/elle se déplace lentement

ᓰᐦᑎᐎᔑᒨ *siihtiwishimuu* vai -u ◆ il/elle se déplace entre les deux

ᓱᐦᒋᐱᔨᐤ *suhchipiyiu* vai ◆ il/elle se déplace avec force

ᓱᐦᒋᐱᔨᐤ *suhchipiyiu* vii ◆ ça se déplace avec force

ᐙᔅᑳᐱᔨᐤ *waaskaapiyiu* vii ◆ ça se déplace autour de ça en véhicule

ᐄᒑᑳᐴ *iichaakaapuu* vai -uwi ◆ il/elle se déplace de côté en étant debout

ᐃᔅᐱᔨᐤ *ispiyiu* vai ◆ il/elle va quelque part, voyage, se déplace

ᒥᒫᑎᓂᐎᑯᒋᓐ *mimaatiniwikuchin* vai redup ◆ il/elle se déplace, agit lentement

ᓈᒋᐱᒌᔥᑎᐙᐤ *naachipichiishtiwaau* vii ◆ il/elle se rend à son camp en hiver

ᔖᔞᑭᐦᐊᒼ *shaashwaakiham* vti ◆ il/elle se déplace sur de la neige mouillée

ᓱᐦᒋᐱᔨᐦᐆ *suhchipiyihuu* vai -u ◆ il/elle se déplace avec une grande force, a une forte attraction

ᑖᐦᑖᔅᑯᐱᔨᐤ *taahtaaskupiyiu* vai ◆ il/elle se déplace ou tombe sur le bois

ᑖᐦᑖᔅᑯᐱᔨᐤ *taahtaaskupiyiu* vii ◆ ça se déplace ou tombe sur le bois

ᐑᔓᐙᔮᔥᑎᓐ *wiishuwaayaashtin* vii ◆ le feu se déplace avec la brise

déplaire

ᐋᓌᔨᐦᑎᒼ *aanwaayihtim* vti ◆ ça lui déplaît (à lui ou à elle)

ᒥᒑᔨᒫᐤ *michaayimaau* vta ◆ il/elle ne l'aime pas; il/elle/ça (animé) lui déplaît

ᒥᒋᓂᐙᐤ *michiniwaau* vta ◆ il/elle n'aime pas son apparence, son apparence lui déplaît

déplaisant

ᒥᒑᔨᐦᑖᑯᓯᐤ *michaayihtaakusiu* vai ◆ il/elle est déplaisant-e

ᒥᒑᔨᐦᑖᑯᓐ *michaayihtaakun* vii ◆ c'est désagréable, déplaisant

déplier

ᔑᐦᑐᐱᔨᐤ *shihtupiyiu* vii ◆ ça se déplie, s'étire, se redresse

ᔑᐦᑘᒋᓈᐤ *shihtwaachinaau* vta ◆ il/elle le/la déplie (étalé)

ᔑᐦᑘᒋᓂᒼ *shihtwaachinim* vti ◆ il/elle le déplie (étalé)

ᔑᐦᑘᒋᐱᑖᐤ *shihtwaachipitaau* vta ◆ il/elle le/la déplie en tirant dessus (étalé)

ᔑᐦᑘᒋᐱᑎᒼ *shihtwaachipitim* vti ◆ il/elle le déplie en tirant dessus (étalé)

ᔑᐦᑘᒋᐱᔨᐤ *shihtwaachipiyiu* vai ◆ il/elle s'étend, se déplie (étalé)

déplier (se)

ᔑᐦᑐᐱᔨᐤ *shihtupiyiu* vai ◆ il/elle se déplie, s'allonge, s'étire

déployer

ᒥᓯᐦᑖᔥᑖᐤ *misihtaashtaau* vii ◆ c'est étendu, déployé

déplumer

ᒥᓂᑯᓈᐱᒋᒑᐤ *minikunaapichichaau* vai ◆ il/elle déplume surtout les ailes d'un grand oiseau tué à la chasse

déporter (se)

ᑯᓯᔅᒑᐱᔨᐤ *kusischaapiyiu* vii ◆ le canot se déporte sur un côté à cause du poids

déposer

ᐋᔑᐙᔅᑯᔑᒫᐤ *aashiwaaskushimaau* vta ◆ il/elle le/la dépose en travers

ᐄᑎᒧᐦᐋᐤ *iitimuhaau* vta ◆ il/elle le/la dépose d'une certaine manière

ᐄᑎᒧᐦᑖᐤ *iitimuhtaau* vai+o ◆ il/elle le/la dépose d'une certaine manière

ᐃᔨᐦᐋᐤ *iyihaau* vta ◆ il/elle le/la dépose

ᐱᒫᔥᑯᔥᑖᐤ *pimaashkushtaau* vai ◆ il/elle le dépose (long et rigide)

ᐱᒫᔅᑯᐦᐋᐤ *pimaaskuhaau* vta ◆ il/elle le/la dépose (long et rigide)

ᐱᔑᔥᑖᐱᐦᒑᔑᒫᐤ *pishishtaapihchaashimaau* vta ◆ il/elle le/la dépose (filiforme) en travers de quelque chose

ᐋᓂᔥᑖᐤ *aanishtaau* vii ◆ c'est déposé au fond

ᐋᔑᐙᔅᑯᒧᐦᑖᐤ **aashiwaaskumuhtaau** vai ◆ il/elle le dépose en travers (quelque chose de long et rigide)

ᐄᔑᔑᒫᐤ **iishishimaau** vta ◆ il/elle le/la place, le/la dépose dans une certaine position

ᐃᔮᓂᔅᑭᐙᑭᐦᐋᐤ **iyaaniskiwaakihaau** vta redup ◆ il/elle les dépose l'un à côté de l'autre en les superposant un peu (étalé)

ᑯᐃᔅᑯᔥᑖᐤ **kuiskushtaau** vai ◆ il/elle le dépose bien droit

ᑯᐃᔅᒁᐹᑭᐦᐋᐤ **kuiskwaapaakihaau** vta ◆ il/elle le/la dépose bien droit-e (filiforme)

ᑯᐃᔅᒁᔅᑯᔑᒫᐤ **kuiskwaaskushimaau** vta ◆ il/elle le/la dépose droit-e

ᒫᒧᐙᔥᑯᔑᒫᐤ **maamuwaashkushimaau** vta ◆ il/elle les dépose ensemble (long et rigide, ex. des planches de bois)

ᒫᒧᐙᔅᑯᔥᑖᐤ **maamuwaaskushtaau** vai ◆ il/elle les dépose ensemble (long et rigide, ex. des bâtons)

ᔖᔑᑭᑎᔑᒫᐤ **shaashikitishimaau** vta ◆ il/elle le/la dépose sur le dos

ᔑᐦᑐᔑᒫᐤ **shihtushimaau** vta ◆ il/elle le/la dépose tout-e droit-e

ᓰᑎᐎᐦᐋᐤ **siitiwihaau** vta ◆ il/elle le/la dépose avec précaution

ᐅᑎᐦᑖᒥᒧᓂᔑᒫᐤ **utihtaamimunishimaau** vta ◆ il/elle le/la dépose sur son ventre

ᐎᔮᔅᑯᐦᑎᑖᐤ **wiyaaskuhtitaau** vai ◆ il/elle le dépose pour les fondations

ᐎᔮᔅᑯᔑᒫᐤ **wiyaaskushimaau** vta ◆ il/elle le/la dépose comme fondations

ᔮᐃᔨᑖᔥᑯᔑᒫᐤ **yaaiyitaashkushimaau** vta ◆ il/elle le/la dépose, l'étend bien

ᔮᐃᔨᑖᔥᑯᔥᑖᐤ **yaaiyitaashkushtaau** vai ◆ il/elle le dépose bien en place (long et rigide)

ᐋᐦᑯᐃᐦᑎᐎᔑᒫᐤ **aahkuihtiwishimaau** vta ◆ il/elle le/la place, le/la dépose en couches successives

ᐃᔮᓂᔅᑭᐙᑭᔥᑖᐤ **iyaaniskiwaakishtaau** vai+o redup ◆ il/elle les dépose l'un à côté de l'autre on les superposant un peu (étalé)

ᒧᓵᔅᑯᐦᑎᑖᐤ **musaaskuhtitaau** vai ◆ il/elle le sort et le dépose sur la glace

ᐱᒋᔅᑎᓂᒑᐤ **pichistinichaau** vai ◆ il/elle fait un don en argent, dépose le canot pour se reposer durant un long portage

déposer (se)

ᐃᔶᑯᓈᐱᔨᐤ **iywaakunaapiyiu** vii ◆ la neige se dépose et recouvre le sol, de l'eau qui n'est pas encore gelée

ᐄᔥᑖᔮᑭᒥᐦᑎᓐ **iishtaayaakimihtin** vii ◆ le liquide se dépose, est calme

ᐄᔥᑖᔮᑭᒥᐤ **iishtaayaakimiu** vii ◆ le liquide se dépose, est calme

dépôt

ᐅᐦᑥᔮᑭᒥᐦᐊᒻ **uhpwaayaakimiham** vti ◆ il/elle remue le dépôt (au fond d'un liquide)

ᒥᔅᑯᒦᐅᑭᒥᒄ **miskumiiukimikw** ni ◆ un réfrigérateur, un frigo, un congélateur, un dépôt de glace

dépression

ᐙᐃᐱᔨᐤ **waaipiyiu** vii ◆ ça a un creux, une dépression

ᐙᐃᑎᓈᐤ **waaitinaau** vii ◆ c'est une vallée, une dépression dans la montagne

ᐙᔮᒋᐎᓐ **waayaachiwin** vii ◆ la surface de l'eau a une dépression causée par un tourbillon

ᓈᐅᐦᑭᑖᐅᐦᑳᐤ **naauhkitaauhkaau** vii ◆ c'est une dépression soudaine et escarpée dans une colline

déprimé

ᒫᒁᔨᐦᑎᒻ **maakwaayihtim** vti ◆ il/elle se sent découragé-e, démoralisé-e, déprimé-e

ᒫᒁᔨᒨ **maakwaayimuu** vai -u ◆ il/elle se sent découragé-e, abattu-e, déprimé-e

depuis

ᐃᔅᐱᓐ **ispin** p,temps ◆ depuis ■ ᐋᔪᐎᒄ ᐃᔅᐱᓐ ᓂᒥ ᐅᐦᒋ ᑎᑯᔑᓐ ᑳ ᐃᔥᐱᔑ ᒋᔅᑐᑎᒃ᙮ ■ aayuwikw ispin nimi uhchi tikushin kaa ishpishi chistutik. ■ *Il n'est jamais revenu depuis que je l'ai grondé.*

ᐋᔥᑎᒦᐦᒑ **aashtimiihchaa** p,temps ◆ depuis ce temps-là, après cette fois-là ■ ᐋᔥᑎᒦᐦᒑ ᒦᓐ ᓂᒌᐦ ᐙᐱᒫᐤ᙮ ■ aashtimiihchaa miin nichiih waapimaau. ■ *Je l'ai revu à nouveau après cette fois-là.*

ᐃᔥᑯᑎᒃ **ishkutik** p,temps ◆ depuis, quand ■ ᐃᔥᑯᑎᒃ ᑳ ᐄᑖᔨᒥᑯᑦ ᐅᒧᔓᒻᐦ ᑯᐃᔅᒄ ᒑ ᒌᐦ ᓈᑭᑎᐙᔨᐦᑎᐦᒃ ᐹᔅᒋᑭᓂᔨᐤ ᐄᔮᒄ ᑳ ᒥᔮᑭᓂᐎᑦ᙮ ■ ishkutik kaa iitaayimikut umushumh kuiskw chaa chiih naakitiwaayihtihk paaschikiniyiu iiyaakw kaa miyaakiniwit. ■ *On ne lui a donné de fusil que quand son grand-père était sûr qu'elle/il était capable de s'en servir avec soin.*

ᐃᔅᑯᓈᒃ **iskunaak** p,temps ◆ depuis cette fois-là, à partir de ce moment-là ■ ᑳ ᐙᔖᒥᔥᑯᔨᑦ ᑳ ᒧᐙᑦ ᐊᒥᔅᒄᐦ ᐋᑯᑎᐦ ᐃᔅᑯᓈᒃ ᓂᒥ ᒦᓐ ᐅᐦᒋ ᒧᐙᐤ᙮ ■ kaa waashaamishkuyit kaa muwaat amiskwh aakutih iskunaak nimi miin uhchi muwaau. ■ *La dernière fois qu'elle/il a mangée du castor, elle/il en a trop mangé, alors elle/il n'en a plus mangé depuis.*

ᐃᔅᑯᑎᒃ **iskutik** p,temps ◆ depuis, quand ■ ᓈᔥᒡ ᐋᐦ ᒌᐦ ᒥᔶᔨᐦᑎᒧᒡ ᐃᔅᑯᑎᒃ ᑳ ᑎᑯᔑᐦᒃ᙮ ■ naashch aah chiih miywaayihtimuch iskutik kaa tikushihk. ■ *J'étais très content-e quand elle/il est rentré-e à la maison.*

ᒑᔑᐙᑦ **chaashiwaat** p,évaluative ◆ depuis, au moins, heureusement que..., ■ ᐑᔨ ᒑᔑᐙᑦ ᒌᐦ ᒋᔅᒑᔨᒫᐤ ᐊᓂᔮ ᑳ ᐑᐦ ᒋᔅᑐᐦᑖᔨᒡᐦ᙮ ■ wiiyi chaashiwaat chiih chischaayimaau aniyaa kaa wiih chistuhtaayichh. ■ *Heureusement que c'était elle qui savait qu'elle avait décidé de partir!*

déraciné

ᐱᔥᑯᐦᒌᐦᑎᒄ **pishkuhchiihtikw** ni ◆ un arbre tombé, abattu, déraciné, desséché

ᐱᔥᑯᐦᒌ **pishkuhchii** ni ◆ un arbre tombé, déraciné, une crosse de fusil

déraciner
ᒨᓂᒑᐱᐦᒋᐦᐊᒻ muunichaapihchiham vti ◆ il/elle le déracine

ᒨᓂᒑᐱᐦᒋᐱᔨᐤ muunichaapihchipiyiu vai ◆ il/elle se déracine, est déraciné-e

déraciner (se)
ᒨᓂᒑᐱᐦᒋᐱᔨᐤ muunichaapihchipiyiu vai ◆ il/elle se déracine, est déraciné-e

déranger
ᐋᔨᒦᐦᑭᒻ aayimiihkim vti ◆ il/elle n'arrête pas de le déranger

ᒌᔥᐧᑳᐦᐋᐤ chiishkwaahaau vta ◆ il/elle le/la dérange avec ses actions

ᒥᑯᔥᑳᒋᐦᑖᐤ mikushkaachihtaau vai+o ◆ il/elle ne le laisse pas tranquille, le dérange

ᐋᔨᒦᐦᑭᐧᐋᐤ aayimiihkiwaau vta ◆ il/elle n'arrête pas de s'occuper de lui/elle, de le/la déranger ■ ᒨᔥ ᐋᔨᒦᐦᑭᐧᐋᐤ ᐅᔒᒥᔥ᙮ ■ muush aayimiihkiwaau ushiimish. ■ *Elle est toujours en train de déranger son petit frère ou sa petite soeur.*

ᒥᑯᔥᑳᒋᒫᐤ mikushkaachimaau vta ◆ il/elle le/la dérange constamment en lui parlant, en le/la questionnant

ᐧᐃᓈᒋᐦᐋᐤ winaachihaau vta ◆ il/elle le/la détruit, dérange

ᐧᐃᓈᒋᐦᑖᐤ winaachihtaau vai+o ◆ il/elle détruit, dérange

ᐱᓈᔮᐹᒋᔥᑭᒻ pinaayaapaachishkim vti ◆ il/elle dérange le fil de fer du collet

dériver
ᐱᒫᐦᐅᑰ pimaahukuu vai -u ◆ il/elle dérive

ᐱᒫᐦᐅᑖᐤ pimaahutaau vii ◆ c'est déplacé par les vagues, ça dérive

ᐧᐋᐹᐦᐅᑰ waapaahukuu vai -u ◆ il/elle dérive, va à la dérive

ᐧᐋᐹᐦᐅᑖᐤ waapaahutaau vii ◆ ça dérive

ᐧᐋᐹᐦᐅᔮᐤ waapaahuyaau vta ◆ il/elle le laisse dériver

ᒫᐦᐋᐳᑰ maahaapukuu vai -u ◆ il/elle dérive en aval

ᒫᐦᐋᐳᑖᐤ maahaaputaau vii ◆ ça dérive en aval

ᒧᔖᐧᐋᔮᐳᑰ mushaawaayaapukuu vai -u ◆ il/elle dérive avec le courant, la marée

ᒧᔖᐧᐋᔮᐳᑖᐤ mushaawaayaaputaau vii ◆ ça dérive avec le courant, la marée

ᐱᒫᐦᐊᓐ pimaahan vii ◆ c'est déplacé, dérivé par le vent

ᐋᐱᒫᐳᑰ aapimaapukuu vai -u ◆ il/elle dérive jusqu'à des eaux calmes

ᐋᐱᒫᐳᑖᐤ aapimaaputaau vii ◆ ça dérive vers une zone d'eau calme

dernier
ᒫᐦᒋᒡ maahchich p,temps ◆ dernier ■ ᐋᐅᒄ ᒫᐦᒋᒡ ᒑ ᑖᐧᐹᓂᐧᐃᒡ ᐊᔨᒥᐦᐊᐅᒌᔑᑲᒑ᙮ ■ aaukw maahchich chaa taapwaaniwich ayimihaauchiishikaachaa. ■ *On lira les derniers bans de mariage dimanche.*

ᓈᐱᐦᒡ naapihch p,temps ◆ l'été dernier

ᓃᐱᓂᐦᒡ niipinihch p,temps ◆ l'été dernier ■ ᐋᔪᐧᐃᒄ ᑳ ᒥᑖᐦᑐᐱᐳᐧᓈᓯᑦ ᓃᐱᓂᐦᒡ᙮ ■ aayuwikw kaa mitaahtupipunwaasit niipinihch. ■ *Elle/il a eu dix ans l'été dernier.*

ᐧᐹᐳᐦᒡ pwaapuhch p,temps ◆ l'hiver dernier, l'an dernier, l'an passé ■ ᓂᒌᐦ ᐧᐄᒋᐦᐄᐧᐋᓐ ᑳ ᓂᔥᑎᐧᐄᓈᓂᐧᐃᒡ ᐱᔥᑎᐦᐹᐲᐦᒡ ᐧᐹᐳᐦᒡ᙮ ■ nichiih wiichihiiwaan kaa nishtiwiinaaniwich pishtihpaapiihch pwaapuhch. ■ *L'hiver dernier, j'étais au rassemblement du lac Burton.*

ᓵᑯᐦᒡ saakuhch p,temps ◆ au printemps dernier

ᓰᑯᓂᐦᒡ siikunihch p,temps ◆ le printemps dernier ■ ᓈᔥᒡ ᐋᐦ ᒌᐦ ᓂᐱᐦᐋᑭᓂᐧᐃᑦ ᓂᔅᒃ ᓰᑯᓂᐦᒡ᙮ ■ naashch aah chiih nipihaakiniwit nisk siikunihch. ■ *On a tué beaucoup d'oies le printemps dernier.*

ᐃᔥᐧᑳᑯᐦᑎᓐ ishkwaakuhtin vii ◆ c'est la dernière île

ᐱᐳᓂᐦᒡ pipunihch p,temps ◆ l'hiver dernier, l'an dernier ■ ᐱᐳᓂᐦᒡ ᐄᔮᒄ ᓈᔥᑎᔨᒡ ᑳᐦ ᐧᐋᐱᒫᑦ ᑯᐃᐦᑯᐦᐋᒑᐅᐦ᙮ ■ pipunihch iiyaakw naashtiyich kaah waapimaat kuihkuhaachaauh. ■ *L'hiver dernier c'était la première fois qu'il a vu un carcajou.*

ᐅᑖᐦᒑᐱᒋᐤ utaahchaapichiu vai ◆ il est le dernier/elle est la dernière du groupe quand on déplace le campement d'hiver

dernier nom
ᐃᓯᓂᔅᐳᐧᐃᐦᔮᑭᓂᐆ isinispuwihyaakiniuu vta,passif -iwi ◆ son nom de famille, son dernier nom est...

dernière
ᑖᐱᔅᑳᒡ taapiskaach p,temps ◆ la nuit dernière

ᐧᐃᒋᔅᑎᓯᒄ wichistisikw na -i ◆ la dernière couche de glace

dérober
ᒋᒧᑎᒧᐧᐋᐤ chimutimuwaau vta ◆ il/elle le/la vole

dérouler
ᐋᐳᐦᐧᐋᔥᑖᐦᑎᐦᐋᐤ aapuhwaashtaahtihaau vta ◆ il/elle le/la déroule tout en marchant

ᐋᐳᐦᐧᐋᔥᑖᐦᑎᑖᐤ aapuhwaashtaahtitaau vai ◆ il/elle le déroule en s'en éloignant

ᐋᐳᐦᐧᐋᔥᑖᓈᐤ aapuhwaashtaanaau vta ◆ il/elle le/la déroule

ᐋᐱᐦᐧᐋᔥᑖᓂᒻ aapihwaashtaanim vti ◆ il/elle le défait, le déroule (filiforme)

ᐋᐱᓈᐤ aapinaau vta ◆ il/elle le/la déroule, dévide

ᐋᐱᓂᒻ aapinim vti ◆ il/elle le déroule, le dévide

ᓃᐦᑎᐦᐅᑖᐤ niihtihutaau vai+o [Chisasibi] ◆ il/elle déroule la ligne de pêche de nuit sans se faire attraper dans le crochet

dérouler (se)
ᐋᐳᐦᐧᐋᐦᑎᓐ aapuhwaahtin vii ◆ ça se déroule en tombant

ᒫᔮᐅᒑᔨᐦᑎᒻ maayaauchaayihtim vti ◆ il/elle pense que les choses se déroulent comme il/elle voulait

ᐋᐱᐱᔨᐤ aapipiyiu vii ◆ ça se déroule, se défait

derrière

ᐧᐃᔥᑖᐦ **wishtaah** p,lieu ◆ derrière quelque chose

ᐅᑖᐦᒑᐱᔨᐤ **utaahchaapiyiu** vai ◆ il/elle suit derrière en véhicule

ᐅᑖᐦᒑᐱᔨᐤ **utaahchaapiyiu** vii ◆ ça suit derrière en véhicule

ᐋᑭᐤ **aakiu** p,lieu ◆ derrière, hors de vue ■ ᐋᑯᑖᐦ ᓈᑖᐦ ᐱᒋᔅᑎᓐᐦ ᐋᑭᐤ. ■ aakutaah naataah pichistinh aakiu. ■ *Mets le là-bas, hors de ma vue!*

ᐊᐅᓯᐦᑎᒡ **ausihtich** p,lieu ◆ derrière le tas de bois dehors ■ ᐊᓂᑖᐦ ᐊᐅᓯᐦᑎᒡ ᐋᑯᑖᐦ ᑳ ᒫᑯᐱᑖᑦ ᐊᓂᔮᐦ ᐅᑖᒻᐦ. ■ anitaah ausihtich aakutaah kaa maakupitaat aniyaah utaamh. ■ *Il a attaché son chien derrière le tas de bois.*

ᐋᑯᔑᒨ **aakushimuu** vai -u ◆ il/elle se cache derrière quelque chose

ᐊᐅᓵᐧᐋᔮᐱᐦᑎᒻ **ausaawaayaapihtim** vti [Wemindji] ◆ il/elle le voit disparaître derrière quelque chose

ᐅᑖᐦᒑᐤ **utaahchaau** vai ◆ il/elle marche derrière

ᐅᑖᐦᒡ **utaahch** p,lieu ◆ derrière, en arrière, dans le passé ■ ᐊᓂᑖᐦ ᐅᑖᐦᒡ ᐋᑯᑖᐦ ᑳ ᐅᐦᒋ ᐱᒧᐦᑖᑦ ᐧᐄᔨ ᐊᓐ ᓈᐹᐤ. ■ anitaah utaahch aakutaah kaa uhchi pimuhtaat wiiyi an naapaau. ■ *Cet homme marchait en arrière.*

ᑯᑖᐧᐄᐤ **kutaawiiu** vai ◆ il/elle se réfugie, creuse un trou, le soleil se cache derrière les nuages

désagréable

ᐄᐹᑖᔨᐦᑖᑯᓐ **iipaataayihtaakun** vii ◆ le temps est désagréable

ᒥᒑᔨᐦᑖᑯᓐ **michaayihtaakun** vii ◆ c'est désagréable, déplaisant

ᓵᔅᒑᔨᐦᑎᒻ **saaschaayihtim** vti ◆ il/elle frissonne parce qu'il/elle trouve ça désagréable

ᓵᔅᒑᔨᒫᐤ **saaschaayimaau** vta ◆ il/elle frissonne parce qu'il/elle le/la trouve désagréable

ᐧᐃᔅᑖᓯᒫᑯᓐ **wistaasimaakun** vii ◆ l'odeur est désagréable

ᐧᐃᔅᑖᓯᒫᑯᓯᐤ **wistaasimaakusiu** vai ◆ son odeur est désagréable

ᐄᐹᑎᓐ **iipaatin** vii ◆ le temps est mouillé et désagréable

désagréger (se)

ᐱᓂᐱᔨᐤ **pinipiyiu** vii ◆ ça se désagrège

désapprouver

ᐅᐦᑳᓯᓂᒻ **uhkaasinim** vti ◆ il/elle désapprouve ce qu'il/elle voit

ᒋᔑᐧᐋᐱᒨ **chishiwaapimuu** vai -u ◆ il/elle désapprouve ce qu'un-e autre fait, ce qu'il voit le fâche, ce qu'elle voit la fâche

ᐹᔑᒁᔨᒫᐤ **paashikwaayimaau** vta ◆ il/elle est mécontent-e de ses actes, désapprouve ses actes

ᐋᑎᐧᐋᓯᓂᐧᐋᐤ **aatiwaasiniwaau** vta ◆ il/elle n'aime pas son apparence, la désapprouve

désastre

ᓂᔑᐧᐃᓈᒋᒫᐤ **nishiwinaachimaau** vta ◆ il/elle le/la prévient d'un désastre à venir et il a lieu

descendre

ᐋᒦᐤ **aamiiu** vai ◆ il/elle en descend

ᐃᔮᔖᐱᐦᒑᐧᐄᐤ **iyaashaapihchaawiiu** vai ◆ il/elle se fait descendre avec une corde

ᓃᐦᒋᒋᐧᐋᐦᑎᐦᐋᐤ **niihchichiwaahtihaau** vta ◆ il/elle le/la descend

ᓃᐦᑎᒋᐧᐋᐦᑎᑖᐤ **niihtichiwaahtitaau** vai ◆ il/elle le descend

ᓃᔖᐦᑎᐧᐄᐤ **niishaahtiwiiu** vai ◆ il/elle descend l'escalier, l'échelle

ᔮᔒᐤ **yaashiiu** vai ◆ il/elle descend

ᓃᐦᑖᐱᐦᒑᐱᒋᑭᓐ **niihtaapihchaapichikin** ni ◆ une ligne ou un câble pour descendre quelque chose

ᐋᒥᒋᐧᐃᓐ **aamichiwin** vii ◆ c'est là où le courant commence à descendre

ᐃᔮᔖᐱᐦᒑᓈᐤ **iyaashaapihchaanaau** vta ◆ il/elle le/la fait descendre avec une corde

ᐃᔮᔖᐱᐦᒑᓂᒻ **iyaashaapihchaanim** vti ◆ il/elle le fait descendre, l'abaisse (filiforme)

ᐃᔮᔑᓂᒻ **iyaashinim** vti ◆ il/elle le fait descendre de quelque chose à la main

ᐃᔮᔑᑎᔑᓂᒻ **iyaashitishinim** vti ◆ il/elle le fait descendre de quelque chose à la main

ᒫᐦᐊᒻ **maaham** vti ◆ il/elle descend la rivière en canot, il/elle descend la rivière à la nage

ᒫᐦᐄᐱᔨᐤ **maahiipiyiu** vii ◆ ça descend la rivière

ᒫᔨᔥᑭᒻ **maayishkim** vti ◆ il/elle descend la rivière en la longeant à pied

ᓈᓯᐹᐱᔨᐤ **naasipaapiyiu** vii ◆ ça descend vers une étendue d'eau

ᓈᓯᐹᐤ **naasipaau** vai ◆ il/elle descend au rivage

ᓃᐦᒋᒋᐧᐋᐱᐦᑖᐤ **niihchichiwaapihtaau** vai ◆ il/elle descend en courant

ᓃᐦᒋᒋᐧᐋᐱᔨᐤ **niihchichiwaapiyiu** vai ◆ il/elle descend en voiture, descend

ᓃᐦᑖᒥᒋᐧᐋᐤ **niihtaamichiwaau** vai ◆ il/elle descend de la montagne

ᓃᐦᑎᒋᐧᐋᒋᐧᐃᓐ **niihtichiwaachiwin** vii ◆ ça descend en volant

ᓃᐦᑎᒋᐧᐋᐦᑎᐦᐋᐤ **niihtichiwaahtihaau** vta ◆ il/elle le/la descend, l'emmène en bas

ᓃᐦᑎᒋᐧᐋᐱᐦᑖᐤ **niihtichiwaapihtaau** vai ◆ il/elle descend en courant

ᓃᐦᑎᒋᐧᐋᔮᐤ **niihtichiwaayaau** vii ◆ c'est une pente qui descend

ᓃᔖᐦᑎᐧᐋᐱᔨᐤ **niishaahtiwaapiyiu** vai ◆ il/elle descend en glissant le long de quelque chose, glisse jusqu'en bas

ᓃᔖᐦᑎᐧᐋᐱᔨᐤ **niishaahtiwaapiyiu** vii ◆ ça descend en glissant le long de quelque chose

ᓃᔑᐱᔨᐤ niishipiyiu vii ◆ ça descend, diminue

ᐹᔥᑎᑖᐅᐦᑭᐦᐊᒻ paashtitaauhkiham vti ◆ il/elle marche sur une arrête et descend de l'autre côté de la montagne

ᐱᒋᔥᑖᐱᐦᒑᐧᐄᐤ pichishtaapihchaawiiu vai ◆ il/elle se fait descendre avec une corde

ᐲᐅᑎᒻ piiutim vti ◆ il/elle descend, franchit le rapide

ᔔᔓᐧᐃᐦᐧᑳᐱᔨᐦᐆ shuushiwihkwaapiyihuu vai -u ◆ il/elle descend en glissant

ᔔᔓᐧᐃᐦᐧᑳᐱᔨᐦᐋᐤ shuushuwihkwaapiyihaau vta ◆ il/elle le/la pousse pour qu'il/elle descende en glissant

ᔮᔖᐱᐦᒑᓂᒻ yaashaapihchaanim vti ◆ il/elle l'abaisse, le fait descendre à la corde

ᔮᔑᐱᔨᐤ yaashipiyiu vii ◆ ça descend, décroît

ᔮᔑᐱᔨᐤ yaashipiyiu vai ◆ il/elle descend, décroît

ᔮᔑᑎᔑᓈᐤ yaashitishinaau vta ◆ il/elle le/la passe en le/la descendant

ᒋᔅᑖᐳᔨᐤ chistaapuyiu vai ◆ il/elle commence à descendre le rapide

ᒫᐦᐄᐱᑎᒻ maahiipitim vti ◆ il/elle le laisse descendre la rivière à la ligne en flottant

ᒫᐦᐄᐱᔨᐦᑖᐤ maahiipiyihtaau vai ◆ il/elle descend le courant, va en aval en véhicule

ᒫᐦᔮᐱᐦᒑᓂᒻ maahyaapihchaanim vti ◆ il/elle lui fait descendre la rivière en flottant (se dit d'un canot), en le tenant avec une ligne tout en marchant le long du rivage

ᒫᔨᔅᑯᐦᑎᐦᐋᐤ maayiskuhtihaau vta ◆ il/elle lui fait descendre la rivière sur la glace

ᒫᔨᔅᑯᐱᐦᑖᐤ maayiskupihtaau vai ◆ il/elle descend la rivière sur la glace

ᒥᑖᐅᐦᐊᒻ mitaauham vti ◆ il/elle descend la rivière en pagayant

ᓈᓯᐹᑎᑎᐧᐋᐤ naasipaatitiwaau vta ◆ il/elle descend au rivage pour le/la rencontrer

ᓃᐦᒋᒋᐧᐋᐤ niihchichiwaau vai ◆ le soleil se couche; il/elle descend, redescend

ᓃᐦᒋᒋᐧᐋᔮᐳᑰ niihchichiwaayaapukuu vai -u ◆ il/elle descend la pente en flottant

ᓃᐦᑖᐦᑎᐧᐋᐱᔨᐤ niihtaahtiwaapiyiu vii ◆ ça descend l'escalier, tombe d'une marche à l'autre

ᓃᐦᑎᒋᐧᐋᐱᔨᐤ niihtichiwaapiyiu vai ◆ il/elle tombe, descend en roulant

ᓃᐦᑎᒋᐧᐋᔮᑯᓈᐱᔨᐤ niihtichiwaayaakunaapiyiu vai ◆ il/elle descend sur un banc de neige

ᔔᔥᐧᑳᒥᔅᒋᐱᔨᐤ shuushkwaamischipiyiu vii ◆ ça descend une pente de rocher en glissant en hiver

ᒫᔨᔅᑯᑖᐹᐤ maayiskutaapaau vai ◆ il/elle descend la rivière en tirant quelque chose sur la glace

ᓃᐦᑎᒋᐧᐋᐤ niihtichiwaau vai ◆ il/elle descend à pied; le soleil se couche

descendu

ᐋᐱᐦᑎᐧᐃᓃᐦᑎᒋᐧᐋᐤ aapihtiwiniihtichiwaau vai ◆ le soleil est à moitié couché, il/elle est à moitié descendu-e

déséquilibrer

ᑯᑎᑯᐱᑖᐤ kutikupitaau vta ◆ il/elle lui fait perdre l'équilibre, le/la déséquilibre

déshabillé

ᒧᔖᔥᑭᑖᐱᐤ mushaashkitaapiu vai ◆ il/elle est assis-e déshabillé-e, nu-e

déshabiller

ᒥᐧᒫᓯᐦᒌᐤ mimwaasihchiiu vai ◆ il/elle se déshabille

ᒧᔖᔥᑭᑖᓈᐤ mushaashkitaanaau vta ◆ il/elle le/la déshabille

déshabiller (se)

ᑭᒑᐦᒌᐤ kichaahchiu vai ◆ il/elle se déshabille

désir

ᒥᒋᓂᑎᐧᐋᔨᐦᑎᒧᐧᐃᓐ michinitiwaayihtimuwin ni ◆ de la luxure, un désir charnel

désirable

ᒧᔥᑖᓈᔮᔨᐦᑖᑯᓐ mushtaanaayaayihtaakun vii ◆ c'est désirable

ᒧᔥᑖᓈᔮᔨᐦᑖᑯᓯᐤ mushtaanaayaayihtaakusiu vai ◆ il/elle est désirable

ᒥᒫᔪᐧᐃᐦᐋᐤ mimaayuwihaau vta ◆ il/elle lui semble désirable

ᓂᑎᐧᐋᔨᐦᑖᑯᓯᐤ nitiwaayihtaakusiu vai ◆ il/elle est désirée, désirable, on attend cela de lui/d'elle

désiré

ᓂᑎᐧᐋᔨᐦᑖᑯᓯᐤ nitiwaayihtaakusiu vai ◆ il/elle est désirée, désirable, on attend cela de lui/d'elle

désirer

ᒥᒫᔪᐧᐃᐦᐄᑰ mimaayuwihiikuu vai -u ◆ c'est désirable pour lui/elle ■ ᒥᒫᔪᐧᐃᐦᐄᑰ ᒑ ᑭᐱᓯᒫᑦ ᐊᓂᔮᐦ ᐧᐄᒋᔖᓐᐦ ᒦᓐ ᓃᐱᓂᔨᒑ᙮ ❖ ᓈᔥᑖᐧᐹᐦ ᒥᒫᔪᐧᐃᐦᐄᑰ ᐊᓂᔮ ᐅᑎᔨᐤ ᑳ ᐧᐋᐱᐦᑎᐦᒃ᙮ ■ mimaayuwihiikuu chaa kipisimaat aniyaah wiichishaanh miin niipiniyichaa. ❖ naashtaapwaah mimaayuwihiikuu aniyaa utiyiu kaa waapihtihk. ■ *Il désire visiter sa soeur (ou son frère) l'été prochain.* ❖ *Elle aimerait bien avoir ce canot qu'elle a vu.*

ᒧᔥᑖᓈᔮᔨᐦᑎᒻ mushtaanaayaayihtim vti ◆ il/elle le désire

ᒧᔥᑖᓈᔮᔨᒫᐤ mushtaanaayaayimaau vta ◆ il/elle le/la désire, le/la convoite

ᐧᐋᐦ waah préverbe ◆ vouloir, intention, désir (forme changée de *wii*, utilisée avec les verbes au conjonctif) ■ ᐋᑯᑖᐦ ᐊᓂᑖᐦ ᐧᐋᐦ ᐄᑐᐦᑖᑦ ᐅᑳᐧᐄᐦ ᐋᐦ ᐃᔨᐦᑖᔨᒡᐦ᙮ ■ aakutaah anitaah waah iituhtaat ukaawiih aah ihyitaayichh. ■ *Il veut aller là où est sa mère.*

ᐧᐄᐦ wiih préverbe ◆ vouloir, désirer, avoir l'intention (employé avec des verbes à l'indépendant, quand le sujet de vouloir et de l'action voulue est le même)

ᒥᒫᔪᐧᐃᐦᐋᐤ mimaayuwihaau vta ◆ il/elle lui semble désirable

désobéir

ᐋᔪᐦᒄ **aayuhkw** p,manière ◆ malgré l'interdit, en désobéissant ▪ ᐋᔪᐦᒄ ᒫᒌᐤ ᑳ ᐑᔨᐑᐦ ᑳ ᐄᑖᑭᓂᐑᐟ. ▪ aayuhkw maachiiu kaa wiyiwiih kaa iitaakiniwit. ▪ *Il est sorti en désobéissant.*

désolé

ᒥᐦᒋᔨᐙᓯᐤ **mihchiyiwaasiu** vai ◆ il/elle est désolé-e, il/elle se repent ▪ ᓈᔥᒡ ᐋᐦ ᒌᐦ ᒥᐦᒋᔨᐙᓯᐟ ᐋᑳ ᐱᑎᒫ ᐅᐦᒋ ᒫᒥᑐᓈᔨᐦᑎᒥᐦᐄᑯᐟ ᐊᓂᔮ ᑳ ᐃᔑ ᐑᐦᑎᒧᐙᐟ. ▪ naashch aah chiih mihchiyiiwaasit aakaa pitimaa uhchi maamitunaayihtimihiikut aniyaa kaa ishi wiihtimuwaat. ▪ *Il/elle était désolé-e de ne pas avoir d'abord réfléchi à ce qu'il allait lui dire.*

ᒥᐦᒋᔨᐙᔮᔨᐦᑎᒻ **mihchiyiwaayaayihtim** vti ◆ il/elle en est désolé-e, s'en repentit

désordre

ᐄᐹᑎᐱᐤ **iipaatipiu** vai ◆ il/elle est placé-e au milieu du désordre

désossée

ᒌᔖᐙᓐ **chiishaawaan** ni ◆ de la viande désossée

désosser

ᐋᐱᓵᐙᐤ **aapisaawaau** vai ◆ il/elle désosse la viande

ᒥᓂᑭᓈᔖᐙᐤ **minikinaashaawaau** vai ◆ il/elle désosse un animal

ᒥᓂᑭᓈᔑᒻ **minikinaashim** vti ◆ il/elle le désosse

ᒥᓂᑭᓈᔂᐤ **minikinaashwaau** vta ◆ il/elle le/la désosse

dessécher

ᐹᐦᑯᔑᓐ **paahkushin** vai ◆ il/elle s'est desséché-e là

ᒫᔥᑖᒋᐏᓲ **maashtaachiwisuu** vai -u ◆ il/elle s'évapore, se dessèche

ᒋᐚᐦᑭᑎᓲ **chipwaahkitisuu** vai -u ◆ il/elle se referme à cause de la sécheresse, il/elle meurt de faim

dessécher (se)

ᐹᐦᑯᔥᑖᐤ **paahkushtaau** vii ◆ ça se dessèche

desserré

ᒌᐅᐱᔨᐤ **chiiupiyiu** vai ◆ il/elle est défait-e, desserré-e

ᒌᐅᐱᔨᐤ **chiiupiyiu** vii ◆ c'est lâche, desserré, ça branle

dessin

ᒥᒫᐦᑖᐅᐦᑯᑖᐤ **mimaahtaauhkutaau** vta ◆ il/elle grave des dessins sur lui/elle

ᒥᒫᐦᑖᐅᐦᑯᑎᒻ **mimaahtaauhkutim** vti ◆ il/elle grave des dessins dessus

ᐙᐱᓯᓈᓯᐤ **waapisinaasiu** vai ◆ il/elle a un dessin blanc dessus

ᐙᐱᓯᓂᐦᐊᒻ **waapisiniham** vti ◆ il/elle fait un dessin blanc dessus

ᐄᑖᐅᐦᑳᐹᐙᐤ **iitaauhkaapaawaau** vii ◆ c'est un dessin laissé sur le sable par le mouvement de l'eau

ᒥᒫᐦᑖᐅᑭᐦᑎᒻ **mimaahtaaukihtim** vti ◆ il/elle fait des dessins sur l'écorce de bouleau en la mordant

dessiner

ᐹᓯᓯᓂᐦᐊᒻ **paasisiniham** vti ◆ il/elle dessine une ligne

ᐲᒥᑳᒫᓯᓂᐦᐊᒻ **piimikaamaasiniham** vti ◆ il/elle dessine une ligne en diagonale

ᐚᔅᑳᓯᓂᐦᐄᒑᐤ **waaskaasinihiichaau** vai ◆ il/elle dessine des cercles

ᐚᐅᔮᓯᓂᐦᐊᒻ **waauyaasiniham** vti ◆ il/elle dessine un cercle dessus

ᐚᐅᔮᓯᓂᐦᐄᒑᐤ **waauyaasinihiichaau** vai ◆ il/elle dessine des cercles

ᐚᐅᔮᓯᓂᐦᐙᐤ **waauyaasinihwaau** vta ◆ il/elle dessine un cercle sur lui/elle

dessous

ᑎᐱᔒᔥ **tipishiish** p,lieu ◆ en dessous ▪ ᑎᐱᔒᔥ ᐊᓂᑖᐦ ᐱᒫᐹᑭᒧᐦᑖᐦ ᐲᔖᑭᓈᐲ ᒑ ᐊᑯᑖᔨᓐ ᐊᓂᐦᐄ ᒋᒑᑳᓂᒻᐦ ᑳ ᓂᐲᐏᒡᐦ. ▪ tipishiish anitaah pimaapaakimuhtaah piishaakinaapii chaa akutaayin anihii chichaakwaanimh kaa nipiiwichh. ▪ *Passe une corde en dessous pour y suspendre tes vêtements mouillés!*

ᔖᑯᐦᑎᓐ **shaakuhtin** vii ◆ c'est placé en dessous

ᔖᑯᐦᐙᐤ **shaakuhwaau** vta ◆ il/elle le/la met sous quelque chose

ᔖᑯᐱᔨᐦᐋᐤ **shaakupiyihaau** vta ◆ il/elle le/la met dessous

ᔖᑯᔮᒋᓂᒻ **shaakuyaachinim** vti ◆ il/elle met ses mains sous quelque chose d'étalé

ᑯᑖᐅᐦᐙᐤ **kutaauhwaau** vta ◆ il/elle le/la pousse dessous avec un outil

ᔖᑯᐦᐋᐹᐙᐤ **shaakuhaapaawaau** vii ◆ de l'eau coule en-dessous

ᔖᑯᐦᐊᒻ **shaakuham** vti ◆ il/elle le met dessous, entre quelque chose

ᔖᑯᓈᐤ **shaakunaau** vta ◆ il/elle met les mains directement sous lui/elle

ᔖᑯᓂᒻ **shaakunim** vti ◆ il/elle met ses mains directement dessous, le rentre, le borde

ᔖᑯᔑᒫᐤ **shaakushimaau** vta ◆ il/elle le/la glisse dessous

ᔖᑯᑎᐦᒋᔥᑭᒻ **shaakutihchishkim** vti ◆ il/elle lui donne un coup de pied sous quelque chose

ᔒᐹᒋᔑᓈᐤ **shiipaachishinaau** vta ◆ il/elle le/la pousse sous quelque chose

ᔒᐹᒋᔑᓂᒻ **shiipaachishinim** vti ◆ il/elle le pousse dessous

ᔒᐹᐦᐊᒻ **shiipaaham** vti ◆ il/elle marche en dessous

ᔒᐹᐦᐙᐤ **shiipaahwaau** vta ◆ il/elle passe dessous (animé, par ex. un arbre) en marchant

ᔒᐹᓈᐤ **shiipaanaau** vta ◆ il/elle le/la pousse dessous à la main

ᔒᐹᐱᑖᐤ **shiipaapitaau** vta ◆ il/elle le/la tire dessous

ᔒᐹᐱᑎᒻ **shiipaapitim** vti ◆ il/elle le tire dessous

ᔒᐹᐱᔨᐤ **shiipaapiyiu** vii ◆ ça passe en dessous de quelque chose

ᔒᐹᔥᑭᒼ shiipaashkim vti ◆ il/elle passe en dessous, au travers
ᔒᐹᔥᑭᐙᐤ shiipaashkiwaau vta ◆ il/elle passe sous lui/elle
ᔒᐹᑎᐦᒋᔥᑭᐙᐤ shiipaatihchishkiwaau vta ◆ il/elle lui donne un coup de pied dessous
ᑖᐦᑖᔅᑯᐦᐄᑭᓐ taahtaaskuhiikin ni ◆ quelque chose placé en-dessous pour garder les choses au sec
ᒨᔅᒋᒋᐏᓐ muuschichiwin vii ◆ le courant d'eau est fort par en-dessous
ᔒᐹᔮᔥᑎᓐ shiipaayaashtin vii ◆ le vent souffle en dessous
ᒨᔥᒋᑭᐙᒋᒋᐏᓐ muushchikiwaachichiwin vii ◆ il y a un courant fort qui émerge par en dessous

dessus

ᓵᓯᓐᐦ saasinh ni pl ◆ des dessus de mocassins
ᑎᐦᑯᐦᒡ tihkuhch p,lieu ◆ sur le dessus ■ ᑎᐦᑯᐦᒡ ᓈᑎᐦ ᐊᔥᑖᐤ, ᓂᒥ ᒋᑭ ᐅᑎᐦᑎᓂᒼ. ■ tihkuhch naatih ashtaau, nimi chiki utihtinim. ■ *Mets-le sur le dessus là où elle/il peut l'atteindre!*
ᐊᑯᐦᑎᑭᐦᐊᒼ akuhtikiham vti ◆ il/elle le cloue dessus
ᐊᑯᐦᑎᑭᐦᐙᐤ akuhtikihwaau vta ◆ il/elle le/la cloue dessus
ᒋᐦᑳᓯᔅᒑᐤ chihkaasischaau vai ◆ le soleil l'éclaire, le frappe de ses rayons, brille dessus
ᐃᔥᐱᔑᒨ ishpishimuu vai ◆ il/elle l'utilise comme matelas; il/elle se couche dessus
ᑯᓂᐆ kuuniuu vii -iwi ◆ il y a de la neige dessus
ᑯᓂᐙᔅᑯᓐ kuuniwaaskun vii ◆ c'est recouvert de neige, il y a de la neige dessus (long et rigide)
ᐹᔥᑖᐦᑎᐑᐤ paashtaahtiwiiu vai ◆ il/elle grimpe dessus
ᐳᔅᑖᔅᑯᐦᑎᑖᐤ pustaaskuhtitaau vai ◆ il/elle le met (long et rigide) sur quelque chose
ᑖᐅᔥᑭᒼ taaushkim vti ◆ il/elle tombe dessus par hasard
ᑖᐅᔥᑭᐙᐤ taaushkiwaau vta ◆ il/elle lui tombe dessus, le/la rencontre par hasard

destination

ᓅᒥᑳᐴ nuumikaapuu vai -uwi ◆ il/elle marche et s'arrête avant d'arriver à sa destination
ᐅᑎᐦᑎᐦᐅᔮᐤ utihtihuyaau vta ◆ il/elle atteint sa destination avec lui/elle par l'eau ou par l'air
ᓅᑎᐱᐤ nuutipiu vai ◆ il/elle campe une ou deux nuits pendant son voyage avant d'atteindre sa destination

destruction

ᓂᔑᐃᐧᓈᒋᐦᐄᐙᐏᓐ nishiwinaachihiiwaawin ni ◆ une destruction

détaché

ᐲᒋᒋᐱᔨᐤ piichichipiyiu vai ◆ il/elle est détaché-e, bouge de temps en temps
ᐲᒋᒋᐱᔨᐤ piichichipiyiu vii ◆ c'est détaché, ça bouge de temps en temps
ᓂᓈᓂᔥ ninaanish p,lieu redup ◆ dans tous les sens, tout détaché, partout ■ ᒥᒄ ᓂᓈᓂᔥ ᒌᐦ ᐄᑎᔥᑖᐤ ᒑᒁᔨᐤ ᑳ ᐲᒁᐹᐦᒄ ᐅᐱᒥᐱᔨᒥᔥ. ■ mikw ninaanish chiih iitishtaau chaakwaayiu kaa piikwaapaahk upimipiyimish. ■ *Il y avait des morceaux partout, quand elle/il a démonté son moteur.*

détacher

ᑭᒑᒥᐱᑖᐤ kichaamipitaau vta redup ◆ il/elle tire dessus pour qu'il/elle se détache (morceau par morceau)
ᐱᔑᑯᐱᑖᐤ pishikupitaau vta ◆ il/elle le fait se détacher
ᐱᔑᑯᐱᑎᒼ pishikupitim vti ◆ il/elle le détache
ᐋᐱᐦᑯᐦᑎᒼ aapihkuhtim vti ◆ il/elle le détache avec ses dents
ᒋᒥᒫᐤ chimimaau vta ◆ il/elle le/la détache en mordant
ᑭᒑᒥᐱᑎᒼ kichaamipitim vti redup ◆ il/elle tire dessus pour que ça se détache morceau par morceau
ᒥᓈᐱᐦᒑᐱᑖᐤ minaapihchaapitaau vta ◆ il/elle le détache et l'enlève (filiforme) en tirant
ᒥᓂᔑᒼ minishim vti ◆ il/elle le détache en le coupant
ᒥᓂᔕᐧᐤ minishwaau vta ◆ il/elle le/la détache en coupant, le/la coupe
ᐱᐦᒁᑭᐦᐊᒼ pihkwaakiham vti ◆ il/elle en détache un morceau à la hache
ᐱᐦᒁᑭᐦᐊᒧᐙᐤ pihkwaakihamuwaau vta ◆ il/elle en détache un morceau pour lui/elle à la hache
ᐱᐦᒁᑭᐦᐙᐤ pihkwaakihwaau vta ◆ il/elle en détache un morceau à la hache
ᐱᐦᒁᐱᔨᐦᐋᐤ pihkwaapiyihaau vta ◆ il/elle le/la casse net, le/la détache
ᐱᐦᒁᐱᔨᐦᑖᐤ pihkwaapiyihtaau vai ◆ il/elle en détache un morceau, en casse un morceau
ᐲᒋᒋᑭᓈᐱᑎᒼ piichichikinaapitim vti ◆ il/elle tire dessus ce qui fait que les joints se détachent
ᐱᐹᓯᑯᔅᒑᔑᒼ pipaasikuschaashim vti redup ◆ il/elle le détache en coupant
ᐱᐹᓯᑯᔅᒑᔕᐧᐤ pipaasikuschaashwaau vta redup ◆ il/elle le/la détache en coupant
ᐱᔅᑳᐱᐦᒑᔕᐧᐤ piskaapihchaashwaau vta ◆ il/elle le/la coupe (filiforme) et le/la détache
ᐱᔩᔅᑯᐦᐊᒼ piyiskuham vti ◆ il/elle en détache le fond avec quelque chose
ᒌᐦᒌᔑᔑᒼ chiihchiishishim vti ◆ il/elle détache la viande de l'os en la coupant
ᒌᔕᐧᐋᑎᒼ chiishaawaatim vti ◆ il/elle détache la viande de l'os en la coupant
ᒋᒥᐱᑎᒼ chimipitim vti ◆ il/elle le déchire, le détache, le casse net

ᒥᓈᔅᑯᓈᐤ **minaaskunaau** vai ◆ il/elle détache la fourrure séchée du cadre ou de la forme
ᐱᐦᒀᐦᐊᒼ **pihkwaaham** vti ◆ il/elle en détache, casse un morceau avec un outil
ᐱᐦᒁᐱᑎᒼ **pihkwaapitim** vti ◆ il/elle ramasse, détache de la mousse de sphaigne
ᐱᐦᒁᑖᐅᐦᒋᐱᔨᐤ **pihkwaataauhchipiyiu** vii ◆ un morceau de terre sablonneuse se détache
ᐱᔑᑯᓈᐤ **pishikunaau** vta ◆ il/elle le/la défait, détache, disloque
ᐱᔑᑯᓂᒼ **pishikunim** vti ◆ il/elle le défait, détache, disloque
ᐱᐦᒁᔮᑯᓂᒋᔥᑭᒼ **pihkwaayaakunichishkim** vti ◆ il/elle casse, détache un morceau de neige en donnant des coups de pied ou avec son pied ou son corps

détacher (se)

ᐋᐱᐦᑯᓃᓲ **aapihkuniisuu** vai reflex -u ◆ il/elle se détache tout-e seul-e, lui/elle-même
ᐋᐱᐦᑯᐱᔨᐦᐆ **aapihkupiyihuu** vai -u ◆ il/elle se détache (en remuant)
ᐲᑯᐎᑖᐱᔨᐤ **piikuwitaapiyiu** vai ◆ le ballot sur son dos se détache
ᐲᑯᐎᑖᐱᔨᐤ **piikuwitaapiyiu** vii ◆ la charge qui est dessus, la boîte, le contenant se détache
ᐱᔑᑯᐱᔨᐤ **pishikupiyiu** vai ◆ il/elle se détache tout seul
ᐱᔑᑯᐱᔨᐤ **pishikupiyiu** vii ◆ ça se détache tout seul
ᐹᐱᑯᓯᐦᐄᒑᔅᑯᐱᔨᐤ **paapikusihiichaaskupiyiu** vai ◆ l'écorce de l'arbre se détache
ᐱᐦᑯᐦᐆ **pihkuhuu** vai -u ◆ il/elle est libre, se détache
ᐱᐦᑯᑖᐦᑭᐦᑖᐤ **pihkutaahkihtaau** vii ◆ ça se détache en séchant
ᐱᐦᑯᑖᐦᑭᑎᓲ **pihkutaahkitisuu** vai -u ◆ ça se détache en séchant
ᐱᐦᒁᐱᔨᐤ **pihkwaapiyiu** vai ◆ il/elle se casse net, se détache
ᐱᐦᒁᐱᔨᐤ **pihkwaapiyiu** vii ◆ ça se casse net, se détache
ᐲᒋᒋᑭᓈᐱᔨᐤ **piichichikinaapiyiu** vai ◆ il/elle se détache et se met à bouger
ᐲᒋᒋᑭᓈᐱᔨᐤ **piichichikinaapiyiu** vii ◆ ça se détache et se met à bouger
ᐱᐦᒁᔮᑯᓂᒋᐱᔨᐤ **pihkwaayaakunichipiyiu** vii ◆ un morceau de neige se détache
ᔮᔨᔅᑯᑖᐤ **yaayiskutaau** vii ◆ la glace casse et se détache du bord d'une étendue d'eau

déteindre

ᐊᑎᐦᑖᐅᐱᔨᐤ **atihtaaupiyiu** vai ◆ il/elle déteint
ᐊᑎᐦᑖᐅᐱᔨᐤ **atihtaaupiyiu** vii ◆ ça déteint

détendre

ᔖᔖᐐᐤ **shaashaawiiu** vai ◆ il/elle travaille, bouge et ses muscles se détendent

détendu

ᐅᐐᒁᐳᑖᑭᓐ **uwiikwaaputaakin** nid ◆ la peau détendue sous son cou (se dit d'un caribou ou d'un orignal)

détente

ᐅᒋᐱᒋᑭᓐ **uchipichikin** ni ◆ la détente d'un fusil, le starter, le démarreur

détermination

ᓲᐦᒑᔨᒨ **suhchaayimuu** vai -u ◆ il/elle est confiant-e, est plein-e de détermination

déterminé

ᒋᔑᐧᐋᔨᐦᑎᒼ **chishiwaayihtim** vti ◆ il/elle est déterminé-e à agir, a envie de le faire
ᐐᐐᔅᐧᐋᔨᒧᑎᒼ **wiiwiiswaayimutim** vti ◆ il/elle est sûr-e qu'il/elle sera celui/celle qui peut le faire, il/elle est trop déterminé-e

déterrer

ᒨᓂᐦᐊᒼ **muuniham** vti ◆ il/elle le déterre avec un outil
ᒨᓂᐦᐧᐋᐤ **muunihwaau** vta ◆ il/elle le/la déterre avec un outil
ᒨᓂᔅᑭᒥᒋᓈᐤ **muuniskimichinaau** vta ◆ il/elle le/la déterre du sol, de la mousse, à la main
ᒨᓂᔅᑭᒥᒋᓂᒼ **muuniskimichinim** vti ◆ il/elle le déterre du sol, de la mousse, à la main
ᒨᔅᒋᔅᑭᒥᑭᐦᐊᒼ **muuschiskimikiham** vti ◆ il/elle le déterre de la mousse avec un outil
ᒨᔅᑳᐅᐦᑭᐦᐊᒼ **muuskaauhkiham** vti ◆ il/elle le déterre avec un outil
ᒨᔅᑳᐅᐦᑭᐦᐧᐋᐤ **muuskaauhkihwaau** vta ◆ il/elle le/la déterre avec un outil
ᒨᓈᑯᓈᐦᐊᒼ **muunaakunaaham** vti ◆ il/elle le déterre de la neige avec un outil
ᒨᓈᑯᓂᒋᓈᐤ **muunaakunichinaau** vta ◆ il/elle le/la déterre de la neige à la main
ᒨᓈᑯᓂᑭᐦᐧᐋᐤ **muunaakunikihwaau** vta ◆ il/elle le/la déterre de la neige avec un outil
ᒨᓈᐅᐦᒋᓈᐤ **muunaauhchinaau** vta ◆ il/elle le/la déterre du sable à la main
ᒨᓈᐅᐦᒋᓂᒼ **muunaauhchinim** vti ◆ il/elle le déterre du sable à la main
ᒨᓈᐅᐦᑭᐦᐊᒼ **muunaauhkiham** vti ◆ il/elle le déterre du sable avec un outil
ᒨᓈᐅᐦᑭᐦᐧᐋᐤ **muunaauhkihwaau** vta ◆ il/elle le/la déterre du sable, du gravier avec un outil
ᒨᔅᒋᔅᑭᒥᑭᐦᐧᐋᐤ **muuschiskimikihwaau** vta ◆ il/elle le/la déterre de la mousse, avec un instrument
ᒨᔅᑳᑯᓈᐦᐊᒼ **muuskaakunaaham** vti ◆ il/elle le déterre de la neige
ᒨᔅᑳᐅᐦᒋᓂᒼ **muuskaauhchinim** vti ◆ il/elle le déterre du sable à la main
ᒨᔅᑳᐅᐦᒋᔥᑭᒼ **muuskaauhchishkim** vti ◆ il/elle le déterre du sable avec le pied ou le corps
ᒨᔅᑳᐅᐦᒋᔥᑭᐧᐋᐤ **muuskaauhchishkiwaau** vta ◆ il/elle le/la déterre du sable, du sol avec le pied
ᒨᔅᑳᐅᐦᒋᓈᐤ **muuskaauhchinaau** vta ◆ il/elle le/la déterre du sable, du sol avec un outil

détestable

ᐐᓈᔨᐦᑖᑯᓐ **wiinaayihtaakun** vii ◆ c'est détestable, dégoûtant

ᐧᐄᓈᔨᐦᑖᑯᓯᐤ wiinaayihtaakusiu vai ◆ il/elle est détestable, dégoûtant-e

déteste

ᐅᐦᑳᑖᔮᔨᐦᑎᒻ uhkaataayaayihtim vti ◆ il/elle le déteste, ça le/la dégoûte

détester

ᐅᐦᑳᑎᒻ uhkaatim vti ◆ il/elle le déteste, ça le/la dégoûte

détirer (se)

ᔑᐹᒋᐱᔩᐤ shiipaachipiyiu vai ◆ ça se détire
ᔑᐲᐤ shiipiiu vai ◆ il/elle se détire

détonateur

ᒫᐦᑎᔅ maahtis na [Whapmagoostui] ◆ un détonateur, une amorce, une capsule détonante (sur une cartouche de fusil)

détonation

ᒥᐧᑖᑖᐤ mitwaataau vii ◆ c'est la détonation d'un fusil qu'on entend
ᐅᐦᑎᐧᑖᐧᐋᑖᐤ uhtitwaawaataau vai ◆ la détonation provient de cette direction
ᐅᑎᐦᐧᑖᐧᐋᑖᐤ utihtwaawaataau vai ◆ la détonation atteint cette distance

détourner

ᐄᒑᔅᑳᐧᔩᐤ iichaaskwaayiu vai ◆ il/elle détourne la tête
ᐧᐃᓂᐱᑖᐤ winipitaau vta ◆ il/elle le/la détourne du droit chemin
ᒥᒋᐱᑖᐤ michipitaau vta ◆ il/elle le/la détourne du droit chemin et lui fait commettre une faute

détrempé

ᒋᒧᔅᒋᓯᐤ chimuschisiu vai ◆ il/elle est mouillé-e, trempé-e, détrempé-e

détremper

ᒋᒧᔥᑳᐤ chimushkaau vii ◆ c'est détrempé, mouillé

détruire

ᓂᔑᐧᐃᓈᒋᐦᐋᐤ nishiwinaachihaau vta ◆ il/elle le/la détruit
ᓂᔑᐧᐃᓈᒋᐦᐄᑯ nishiwinaachihiikuu vai -u ◆ ça le/la détruit
ᓂᔑᐧᐃᓈᒋᐦᐄᐧᐋᐤ nishiwinaachihiiwaau vai ◆ il/elle détruit la vie
ᓂᔑᐧᐃᓈᒋᐦᐄᐧᐋᐤ nishiwinaachihiiwaau vii ◆ ça détruit la vie
ᓂᔑᐧᐃᓈᒋᐦᑖᐤ nishiwinaachihtaau vai+o ◆ il/elle le détruit
ᓂᔑᐧᐃᓈᒋᐦᐆ nishiwinaachihuu vai reflex -u ◆ il/elle se détruit avec son mode de vie
ᐋᐦᐧᑳᑎᐦᐊᒼ aahkwaatiham vti ◆ il/elle le détruit en le frappant, l'abîme avec quelque chose, il/elle gagne beaucoup d'argent, a un gros salaire ■ ᓄᐧᐃᒡ ᐋᐦᐧᑳᑎᐦᐊᒼ ᑳ ᐃᔥᐱᔑ ᐃᔨᐦᒡ ᐋᐱᑎᓰᐦᐟ. ■ nuwich aahkwaatiham kaa ishpishi iyihch aapitisiit. ■ *Elle/Il gagne maintenant beaucoup d'argent depuis qu'elle/il a changé de travail.*
ᐋᐦᐧᑳᑎᐦᐧᐋᐤ aahkwaatihwaau vta ◆ il/elle le/la détruit en frappant, l'abîme beaucoup avec quelque chose

ᐧᐃᓈᒋᐦᐋᐤ winaachihaau vta ◆ il/elle le/la détruit, dérange
ᐧᐃᓈᒋᐦᑖᐤ winaachihtaau vai+o ◆ il/elle détruit, dérange
ᐄᔮᔫᐧᐋᔥᑎᓐ iyaayuwaashtin vii ◆ c'est abîmé, détruit par la force du vent
ᓂᓈᓂᔑᐱᔨᐤ ninaanishipiyiu vai redup ◆ il/elle se casse et se disperse dans toutes les directions, est complètement détruit
ᓂᓈᓂᔑᐱᔨᐤ ninaanishipiyiu vii redup ◆ ça se brise et se répand dans toutes les directions, c'est complètement détruit
ᓵᔨᐧᐋᔅᒑᐤ saayiwaaschaau vai ◆ il/elle tue un castor après avoir détruit les tunnels et la hutte

détruit

ᓂᔑᐧᐃᓈᑎᓰᐤ nishiwinaatisiiu vai ◆ il/elle est détruit-e
ᓂᔑᐧᐃᓈᑎᓐ nishiwinaatin vii ◆ c'est complètement détruit
ᐧᐃᓈᑎᓐ winaatin vii ◆ c'est perdu, détruit

dette

ᒥᓯᓂᐦᐄᒑᐱᔨᐤ misinihiichaapiyiu vai ◆ il/elle n'a pas assez d'argent pour payer sa facture
ᐲᑯᓯᓂᐦᐋᒧᐧᐋᐤ piikusinihaamwaau vta ◆ il/elle paie ses dettes, efface ce qu'il/elle a écrit
ᐲᑯᓯᓂᐦᐄᒑᐤ piikusinihiichaau vai ◆ il/elle paie ses dettes, efface quelque chose

deux

ᓃᔓ niishu p,nombre ◆ deux
ᓃᔂᒡ niishwaach p,quantité ◆ deux choses (étalé)
ᓃᔂᐱᔅᒡ niishwaapisch p,quantité ◆ deux (minéral)
ᓃᔑᓐᐦ niishinh vii pl ◆ il y en a deux
ᓃᔑᐧᐃᒡ niishiwich vai pl ◆ il y en a deux (animé)
ᓃᔂᒋᓯᐧᐃᒡ niishwaachisiwich vai pl ◆ ils/elles sont deux (étalé)
ᓃᔂᑭᓐᐦ niishwaakinh vii pl ◆ il y en a deux (étalé)
ᓃᔂᐹᑭᓐᐦ niishwaapaakinh vii pl ◆ il y en a deux (filiforme)
ᓃᔂᐱᔅᑭᒨᐦ niishwaapiskimuuh vii pl ◆ il y en a deux (minéral)
ᓃᔂᔅᑯᓐᐦ niiswaaskunh vii pl ◆ il y en a deux
ᓃᔂᔅᑯᓯᐧᐃᒡ niiswaaskusiwich vai pl ◆ ils/elles sont deux, il y en a deux (animé) (long et rigide)
ᐄᑎᐤ iitiu p,lieu ◆ des deux côtés ■ ᐄᑎᐤ ᓂᒌᐦ ᒥᓯᓂᐦᐊᒧᐧᐋᓐ ᐅᑎᓯᓂᐦᑳᓱᐧᐃᓐ ᐊᓂᑎᐦ ᒥᓯᓂᐦᐄᑭᓈᒋᓂᐧᐃᑎᐦᒡ. ■ iituu nichiih misinihamwaan utisinihkaasuwin anitih misinihiikinaachiniwitihch. ■ *J'ai écrit son nom des deux côtés de la boîte.*

ᐃᔮᔂᑎᐱᐢᑳᐤᐦ **iyaaswaatipiskaauh** p,temps [Wemindji] ◆ une nuit sur deux ■ ᒥᒄ ᐃᔮᔂᑎᐱᐢᑳᐤᐦ ᓂᒌᐦ ᑯᑎᐧᐋᓈᓐ ᐋᐦ ᑎᐱᐢᑳᒡ ᐊᑲ ᓈᔥᒡ ᐅᐦᒋ ᑎᐦᑳᔮᒡ᙮ ■ mikw iyaaswaatipiskaauh nichiih kutiwaanaan aah tipiskaach aakaa naashch uhchi tihkaayaach. ■ *Nous n'avons eu besoin de faire un feu qu'une nuit sur deux puisqu'il ne faisait pas très froid.*

ᓃᔓᐦᑎᒡ **niishuhtich** p,quantité ◆ deux morceaux de bois

ᓃᔓᐦᑏ **niishuhtii** p,quantité ◆ deux dollars

ᓃᔓᒀᐱᓂᑭᓐ **niishukwaapinikin** p,quantité ◆ deux poignées

ᓃᔓᒥᒋᐦᒋᓐ **niishumichihchin** p,quantité ◆ deux pouces

ᓃᔓᒥᓂᒡ **niishuminich** p,quantité pl ◆ deux baies

ᓃᔓᒥᓯᑦ **niishumisit** p,quantité ◆ deux pieds

ᓃᔓᓂᔅᒡ **niishunisch** p,quantité ◆ deux coudées (filiforme)

ᓃᔓᐢᑭᑎᔮᒌ **niishuskitiyaachii** p,quantité ◆ deux paquets

ᓃᔓᑎᐹᐹᔥᑯᒋᑭᓐ **niishutipaapaashkuchikin** p,quantité ◆ deux livres

ᓃᔓᑎᐱᐢᑳᐤᐦ **niishutipiskaauh** p,temps ◆ deux nuits

ᓃᐧᔖᐦᑎᒄ **niishwaahtikw** p,quantité ◆ deux bâtons, poteaux, arbres

ᓃᐧᔖᐢᒋᐦᒄ **niishwaaschihkw** p,quantité ◆ deux seaux

ᓃᐧᔖᐤ **niishwaau** p,quantité ◆ deux fois

ᓃᐧᔖᐅᒋᔖᒥᑖᐦᑐᒥᑎᓂᐤ **niishwaauchishaamitaahtumitiniu** p,nombre ◆ deux mille

ᓈᐧᑖᐱᔨᐤ **naatwaapiyiu** vai ◆ il/elle se casse en deux

ᓈᐧᑖᐱᔨᐤ **naatwaapiyiu** vii ◆ ça se casse en deux

ᓈᐧᑖᔑᒻ **naatwaashim** vti ◆ il/elle le coupe en deux

ᓃᔓᒌᔑᑳᐤᐦ **niishuchiishikaauh** vii pl ◆ c'est deux jours

ᓃᔓᐦᐋᐤ **niishuhaau** vta ◆ il/elle le/la divise en deux parties, en fait deux

ᓃᔓᐦᒋᓂᐢᒑᐤ **niishuhchinischaau** vai ◆ il/elle se sert des deux mains pour faire quelque chose

ᓃᔓᐦᑖᐤ **niishuhtaau** vai ◆ il/elle le divise en deux parties, en fait deux

ᓃᔓᐦᑎᑳᐤᐦ **niishuhtikaauh** vii pl ◆ il y a deux morceaux de bois pour le feu

ᓃᔓᑭᒫᐤᐦ **niishukimaauh** vii pl ◆ il y a deux lacs

ᓃᔓᑭᒥᒋᓯᐧᐃᒡ **niishukimichisiwich** vai pl ◆ il y a deux habitations dans un campement

ᓃᔓᑯᐦᒋᒫᐤ **niishukuhchimaau** vta ◆ il/elle en met deux (animé) dans un liquide

ᓃᔓᑯᐦᑎᑖᐤ **niishukuhtitaau** vai ◆ il/elle met deux choses dans l'eau

ᓃᔓᑯᔮᐤ **niishukuyaau** vta ◆ il/elle en suspend deux (animé)

ᓃᔓᒥᓈᔥᑖᐤᐦ **niishuminaashtaauh** vii pl ◆ il y en a deux piles

ᓃᔓᒥᓂᒋᓯᐧᐃᒡ **niishuminichisiwich** vai pl ◆ ce sont deux baies, il y a deux baies

ᓃᔓᒥᓂᑳᐤᐦ **niishuminikaauh** vii pl ◆ il y a deux baies

ᓃᔓᓈᐤ **niishunaau** vta ◆ il/elle en tient deux ensemble

ᓃᔓᐱᐳᐧᓈᓰᒥᑭᓐ **niishupipunwaasiimikin** vii ◆ ça a deux ans

ᓃᔓᐱᐳᐧᓈᓯᐤ **niishupipunwaasiu** vai ◆ il/elle a deux ans

ᓃᔓᐱᐧᐃᒡ **niishupiwich** vai pl ◆ il y en a deux qui sont assis-es

ᓃᔓᐱᔨᐧᐃᒡ **niishupiyiwich** vai pl ◆ il y en a deux qui conduisent, dans des véhicules séparés

ᓃᔓᔥᑖᐤᐦ **niishushtaauh** vii pl ◆ il y en a deux là

ᓃᔓᔥᑎᒁᐤᐦ **niishushtikwaauh** vii pl ◆ il y a deux rivières

ᓃᔓᑖᐅᓰᐧᐃᒡ **niishutaausiiwich** vai pl ◆ il y a deux familles qui habitent ensemble dans un campement ou une habitation

ᓃᔓᑎᐹᐹᔥᑯᒋᑭᓈᔮᐤ **niishutipaapaashkuchikinaayaau** vii ◆ ça pèse deux livres

ᓃᔓᑎᐱᐢᒁᐤ **niishutipiskwaau** vai ◆ il/elle reste sorti-e deux nuits

ᓃᐧᔖᒋᐦᑎᓐᐦ **niishwaachihtinh** vii pl ◆ il y en a deux couches (étalé)

ᓃᐧᔖᒋᓈᐤ **niishwaachinaau** vta ◆ il/elle en tient deux (étalé)

ᓃᐧᔖᒋᓂᒻ **niishwaachinim** vti ◆ il/elle en tient deux (étalé)

ᓃᐧᔖᒋᔥᑭᐧᐋᐤ **niishwaachishkiwaau** vta ◆ il/elle en porte deux couches (animé)

ᓃᐧᔖᐦᐊᒻ **niishwaaham** vti ◆ il/elle en touche deux à la fois

ᓃᐧᔖᐦᐧᐋᐤ **niishwaahwaau** vta ◆ il/elle en touche deux (animé) à la fois

ᓃᐧᔖᑭᐦᐊᒻ **niishwaakiham** vti ◆ il/elle utilise deux voiles

ᓃᐧᔖᑭᐦᐱᑖᐤ **niishwaakihpitaau** vta ◆ il/elle en attache deux (animé, étalé) ensemble

ᓃᐧᔖᑭᐦᐱᑎᒻ **niishwaakihpitim** vti ◆ il/elle en attache deux (étalé) ensemble

ᓃᐧᔖᑭᑯᑖᐤ **niishwaakikutaau** vai+o ◆ il/elle en suspend deux (étalé)

ᓃᐧᔖᑭᒧᐦᑖᐤ **niishwaakimuhtaau** vai ◆ il/elle en place deux (étalé)

ᓃᐧᔖᐹᒋᐱᑖᐤ **niishwaapaachipitaau** vta ◆ il/elle en arrache deux (animé, filiforme)

ᓃᐧᔖᐹᒋᐱᑎᒻ **niishwaapaachipitim** vti ◆ il/elle en arrache deux (filiforme)

ᓃᐧᔖᐹᒋᓯᐧᐃᒡ **niishwaapaachisiwich** vai pl ◆ il y en a deux (filiforme), il y a deux tuyaux de poêle

ᓃᐧᔖᐹᑭᐦᐋᐤ **niishwaapaakihaau** vta ◆ il/elle en met deux (animé, filiforme) ensemble

ᓃᐧᔖᐹᑭᒨᐦ **niishwaapaakimuuh** vii pl ◆ il y en a deux enfilés (filiforme) côte à côte

ᓃᐧᔖᐹᑭᔥᑖᐤ **niishwaapaakishtaau** vai ◆ il/elle place deux choses (filiforme)

ᓃᐧᔖᐹᑭᔥᑖᐤᐦ **niishwaapaakishtaauh** vii pl ◆ deux sont placés (filiforme)

ᓃᐧᔖᐱᐦᑳᑖᐤᐦ **niishwaapihkaataauh** vii pl ◆ il y a deux choses attachées ensemble

ᓃᐧᔖᐱᐦᑳᑎᒼ **niishwaapihkaatim** vti ◆ il/elle en attache deux ensemble

ᓃᐧᔖᐱᔥᑭᔥᑖᐤ **niishwaapishkishtaau** vai ◆ il/elle place deux choses (minéral), trappe

ᓃᐧᔖᐱᔅᑳᐤᐦ **niishwaapiskaauh** vii pl ◆ il y en a deux (minéral), il y a deux pièges

ᓃᐧᔖᐱᔅᑭᐦᐋᐤ **niishwaapiskihaau** vta ◆ il/elle en place deux (animé, minéral) ensemble

ᓃᐧᔖᐱᔅᑭᒧᐦᐋᐤ **niishwaapiskimuhaau** vta ◆ il/elle en met deux, en utilise deux (animé, minéral)

ᓃᐧᔖᔅᒋᐦᐧᑳᔮᐤ **niishwaaschihkwaayaau** vii ◆ il y en a deux seaux pleins

ᓃᐧᔖᔥᑭᒋᐧᐃᒡ **niishwaashkichiwich** vai pl ◆ les deux sont gelés/gelées ensemble

ᓃᐧᔖᔥᑯᔑᓂᒡ **niishwaashkushinich** vai pl ◆ les deux sont étendus/étendues ensemble

ᓃᐧᓵᔅᑯᒧᐦᑖᐤ **niiswaaskumuhtaau** vai ◆ il/elle en place deux ensemble (long et rigide)

ᐴᔥᑯᐱᑖᐤ **puushkupitaau** vta ◆ il/elle le/la déchire en deux

ᐴᔥᑯᐱᑎᒼ **puushkupitim** vti ◆ il/elle le déchire en deux

ᐴᔥᑯᐱᔨᐤ **puushkupiyiu** vai ◆ il/elle se casse en deux

ᐴᔥᑯᐱᔨᐤ **puushkupiyiu** vii ◆ ça se casse en deux

ᐴᔥᑯᔑᒼ **puushkushim** vti ◆ il/elle le coupe en deux

ᐴᔥᑯᔥᑭᒼ **puushkushkim** vti ◆ il/elle le casse en deux avec son pied ou son corps

ᐴᔥᑯᔥᑭᐧᐋᐤ **puushkushkiwaau** vta ◆ il/elle le/la casse en deux avec son pied ou son corps

ᐴᔥᑯᐧᔖᐤ **puushkushwaau** vta ◆ il/elle le/la coupe en deux

ᑳᓃᔓᑎᓈᐧᐋᔮᒡ **kaaniishutinaawaayaach** nip -m ◆ un fusil à deux canons

ᑳᐅᐦᑎᐧᐃᑳᐧᐃᒡ **kaauhtiwikaawich** nip ◆ un fusil à deux canons

ᓃᔓᔅᒋᓯᓐ **niishuschisin** ni ◆ deux paires de mocassins découpés pas encore cousus; deux paires de chaussures

ᐄᑎᐧᐃᔥᐧᑳᐦᒡ **iitiwishkwaahch** p,lieu ◆ des deux côtés de la porte ■ ᐄᑎᐧᐃᔥᐧᑳᐦᒡ ᒋᑭ ᐧᐄᒋᐧᐃᒡ ᐊᓂᒌ ᓃᔓ ᒋᔖᔨᔥᐧᑲᔑᒡ᙮ ■ iitiwishkwaahch chiki wiichiwich anichii niishu chishaayishkwaashich. ■ *Les deux vieilles femmes vivront des deux côtés de la porte.*

ᓃᔓᑎᐹᔅᑯᓂᑭᓐ **niishutipaaskunikin** p,quantité ◆ deux verges, mètres

ᓃᔓᑎᐱᐦᐄᑭᓐ **niishutipihiikin** p,quantité ◆ deux miles, deux gallons

ᓃᔓᔨᒡ **niishuyich** p,manière ◆ à deux places, de deux façons

ᑖᐱᔥᑯᓐ **taapishkun** p,manière ◆ tous les deux, en même temps ■ ᑖᐱᔥᑯᓐ ᒌᐦ ᐅᓈᐹᒥᐧᐃᒡ ᐅᒥᔅᐦ᙮ ■ taapishkun chiih unaapaamiwich umish. ■ *Elle s'est mariée en même temps que sa soeur aînée.*

ᓈᐧᑖᔮᐦᑭᐦᓲ **naatwaayaahkihsuu** vai -u ◆ il/elle brûle et se casse en deux

ᓈᐧᑖᔮᔥᑎᓐ **naatwaayaashtin** vii ◆ ça casse en deux à cause de la force du vent

ᓃᔓᑭᔥᐧᑳᐤ **niishukishkwaau** vai ◆ son sabot, son ongle est divisé en deux

ᓃᔓᓂᒼ **niishunim** vti ◆ il/elle en tient deux ensemble

ᓃᐧᔖᒋᔥᑭᒼ **niishwaachishkim** vti ◆ il/elle en porte deux couches

ᓃᐧᔖᐹᐧᐃᐧᐃᒡ **niishwaapaawiwich** vai pl -aawi ◆ il y a deux frères, deux hommes

ᓃᐧᔖᐱᐦᒑᐦᑎᓐ **niishwaapihchaahtin** vii ◆ c'est une double corde

ᓃᐧᔖᐱᔅᒋᔥᑭᒼ **niishwaapischishkim** vti ◆ il/elle est pris dans deux pièges

ᓂᐧᐹᒋᔑᒼ **nipwaachishim** vti ◆ il/elle le coupe quand il est plié en deux

ᓂᐧᐹᒋᐧᔖᐤ **nipwaachishwaau** vta ◆ il/elle le/la coupe quand il/elle est plié-e en deux

ᓂᐧᐹᑭᐦᐋᐤ **nipwaakihaau** vta ◆ il/elle le/la place plié-e en deux

ᓂᐧᐹᑭᔥᑖᐤ **nipwaakishtaau** vii ◆ c'est placé plié en deux

ᓂᐧᐹᑯᑯᑖᐤ **nipwaakukutaau** vii ◆ c'est suspendu plié en deux

ᓂᐧᐹᑯᑯᔮᐤ **nipwaakukuyaau** vta ◆ il/elle le/la suspend plié-e en deux

ᓂᐧᐹᐱᐦᑳᑖᐤ **nipwaapihkaataau** vta ◆ il/elle l'attache plié-e en deux

ᓂᐧᐹᐱᐦᑳᑎᒼ **nipwaapihkaatim** vti ◆ il/elle l'attache plié en deux

ᓂᐧᐹᔅᑯᐦᐊᒼ **nipwaaskuham** vti ◆ il/elle l'épingle quand il est plié en deux

ᓂᐧᐹᔅᑯᐦᐧᐋᐤ **nipwaaskuhwaau** vta ◆ il/elle l'épingle quand il est plié en deux

ᐴᔥᑯᔑᓐ **puushkushin** vai ◆ il/elle tombe et se casse en deux

ᓃᔓᐦᑖᐧᐃᒡ **niishuhtaawich** vai pl ◆ c'est un double mariage, ils/elles sont deux à marcher ensemble

ᓃᔓᒧᐧᔖᐧᐋᔮᐤ **niishumushaawaayaau** vii [Whapmagoostui] ◆ il y a deux ouvertures dans le tunnel de castor

ᓃᔓᓵᑭᐦᐋᑖᐧᐋᔮᐤ **niishusaakihaataawaayaau** vii ◆ il y a deux ouvertures dans le tunnel de castor

ᓃᔓᑖᐹᐤ **niishutaapaau** vai ◆ il/elle ramène deux castors, deux loutres à la maison, il/elle en traîne deux

ᓃᔓᐎᑖᐤ **niishuwitaau** vai ◆ il/elle porte deux choses, castors, loutres, renards sur son dos

deux ans

ᐃᔮᐹᔒᔥ **iyaapaashiish** na dim ◆ un caribou mâle âgé de deux ans au début de l'automne

ᐱᑖᑯᔑᔥ **pitaakushish** na ◆ un porc-épic âgé de deux ans

ᐳᐎᐚᔑᔥ **puiwaashish** na -m ◆ un castor de deux ans

ᐳᐎᐚᔮᐦᒋᒄ **puiwaayaahchikw** na -m ◆ un phoque de deux ans

ᐊᐅᓯᓃᐱᓂᐦᒡ **ausiniipinihch** p,temps ◆ il y a deux étés, l'été d'il y a deux ans ▪ ᓈᔥᒡ ᐋᐦ ᒌᐦ ᒥᐦᒑᒡᐦ ᒨᔥᑖᐤᐦ ᐅᔮ ᐊᐅᓯᓃᐱᓂᐦᒡ ᐊᓂᑖᐦ ᐊᒋᔥᑑ᙮ ▪ naashch aah chiih mihchaach-h muushtaauh uyaa ausiniipinihch anitaah achishtuu. ▪ *Il y avait plein de feu de forêt dans l'Ouest il y a deux étés.*

ᐊᐅᓯᐱᐳᓂᐦᒡ **ausipipunihch** p,temps ◆ l'hiver d'il y a deux ans, il y a deux hivers ▪ ᐊᐅᓯᐱᐳᓂᐦᒡ ᐋᔪᐎᒄ ᒫᐦᒋᒡ ᑳ ᐹᒋ ᑭᐱᓯᑦ ᐅᑖᐦ ᒋᓵᓰᐲᐦᒡ᙮ ▪ ausipipunihch aayuwikw maahchich kaa paachi kipisit utaah chisaasiipiihch. ▪ *L'hiver il y a deux ans était la dernière fois qu'elle/il est venu à Chisasibi.*

ᐊᐅᓯᓰᑯᓂᐦᒡ **ausisiikunihch** p,temps ◆ le printemps d'il y a deux ans ▪ ᐊᐅᓯᓰᑯᓂᐦᒡ ᐋᑯᑎᐦ ᑳ ᐎᔨᐑᑦ ᐊᓐ ᒫᐦᒋᒡ ᓅᔑᔑᒥᔥ᙮ ▪ ausisiikunihch aakutih kaa wiyiwiit an maahchich nuushishimish. ▪ *Mon dernier petit-enfant a eu sa cérémonie de première marche au printemps il y a deux ans.*

ᐊᐅᓯᑎᒀᑯᐦᒡ **ausitikwaakuhch** p,temps ◆ l'automne il y a deux ans ▪ ᓈᔥᒡ ᐋᐦ ᒌᐦ ᓂᐱᐦᐋᑭᓂᐎᑦ ᐱᔮᓯᐤ ᐊᐅᓯᑎᒀᑯᐦᒡ᙮ ▪ naashch aah chiih nipihaakiniwit piyaasiu ausitikwaakuhch. ▪ *On a ramassé beaucoup d'oies l'automne il y a deux ans.*

ᐊᐱᔖᒋᐦᑯᔥ **apishaachihkush** na -um ◆ une caribou femelle âgée de deux ans

ᒋᐎᑖᔥ **chiwitaash** na -shiim ◆ un caribou mâle de deux ans en hiver

ᐳᓈᔥᑭᒋᐦᑯᔥ **punaashkichihkush** na -shiim ◆ un caribou d'un ou deux ans qui quitte sa mère quand elle a son prochain petit au printemps

ᐅᔅᒋᔮᐹᔒᔑᔥ **uschiyaapaashiishish** na -shiim ◆ un caribou mâle de deux ans

deux cents

ᓃᔂᐅᒥᑖᐦᑐᒥᑎᓂᐤ **niishwaaumitaahtumitiniu** p,nombre ◆ deux cents

deux-coups

ᓃᔓᑎᓈᐙᔮᐤ **niishutinaawaayaau** vii ◆ c'est un fusil à deux-coups

devant

ᐅᔅᑭᐦᑎᒄ **uskihtikw** ni ◆ l'avant de la raquette

ᓃᑳᓐ **niikaan** p,lieu ◆ devant, en avant ▪ ᒨᔥ ᐐᔨ ᓃᑳᓐ ᐃᐦᑖᐤ ᐋᐦ ᒋᔅᑯᑎᒧᐙᑭᓂᐎᑦ᙮ ▪ muush wiiyi niikaan ihtaau aah chiskutimuwaakiniwit. ▪ *Elle est toujours la première à l'école.*

ᒌᓈᐦᒁᐤ **chiinaahkwaau** vai ◆ il/elle (un toboggan, une raquette) a le devant pointu

ᐱᑯᔥᑭᑖᔑᑭᓐ **pikushkitaashikin** ni -m ◆ la partie de devant du castor avec la queue, pour pouvoir la cuire ou la suspendre pour la sécher

ᐅᔅᑭᐦᑎᒄ **uskihtikw** nid ◆ son front, l'avant de la raquette

ᓃᑳᓂᐦᒡ **niikaanihch** p,temps ◆ à l'avenir, devant, en avant ▪ ᐐᔨᐙᐤ ᓃᑳᓂᐦᒡ ᒌᐦ ᐃᐦᑖᐎᒡ ᑳ ᑯᓯᔅᐱᐦᐊᒧᒋᐦᑦ᙮ ▪ wiiyiwaau niikaanihch chiih ihtaawich kaa kusispihamuchiht. ▪ *Ils étaient devant nous quand nous remontions la rivière.*

ᓃᔥᑖᒧᑎᑯᐦᒡ **niishtaamutikuhch** p,lieu ◆ la proue, l'avant du canot ou du bateau ▪ ᐊᓂᑖᐦ ᓃᔥᑖᒧᑎᑯᐦᒡ ᐋᑯᑎᐦ ᑳ ᒋᒥᑖᑦ ᐅᐹᔅᒋᓯᑭᓐᐦ᙮ ▪ anitaah niishtaamutikuhch aakutih kaa chimitaat upaaschisikinh. ▪ *Elle/Il met ses fusils à l'avant du canot.*

ᑎᐱᔥᑯᒡ **tipishkuch** p,lieu ◆ en face, devant ou au-dessus ▪ ᓈᐦᐋᐤ ᑎᐱᔥᑯᒡ ᒌᐦ ᐹᒋ ᐱᒥᐦᔮᒥᑭᓐ ᑳᐙᐱᑭᑐᔔᐱᔨᒡ᙮ ▪ naahaau tipishkuch chiih paachi pimihyaamikin kaawaapikitushuupiyich. ▪ *L'hélicoptère a volé juste au-dessus.*

ᓃᑳᓂᐦᑖᐤ **niikaanihtaau** vai ◆ il/elle marche en tête, devant

ᓃᑳᓂᐦᔮᐤ **niikaanihyaau** vai ◆ il/elle vole en tête, en avant

ᓃᑳᓃᐤ **niikaaniiu** vai ◆ il/elle est en tête, le premier ou la première, devant des autres

ᐎᑎᔅᑭᐎᐱᐤ **witiskiwipiu** vai ◆ il/elle est assis-e, placé-e devant, en face

ᓃᑳᓂᐱᐦᑖᐤ **niikaanipihtaau** vai ◆ il/elle court devant, prend la tête

déverser

ᐲᔥᒑᒧᐎᑭᐦᐙᐤ **piishchaamuwikihwaau** vta ◆ il/elle atteint l'animal ou l'oiseau dans l'estomac ce qui fait que son contenu se déverse

déverser (se)

ᒧᔖᐙᒋᐎᓐ **mushaawaachiwin** vii ◆ l'eau se déverse dans une plus grande étendue d'eau

dévider

ᐋᐱᓈᐤ **aapinaau** vta ◆ il/elle le/la déroule, dévide

ᐋᐱᓂᒻ **aapinim** vti ◆ il/elle le déroule, le dévide

dévier

ᐱᔅᒑᐤ **pischaau** vai ◆ il/elle dévie de la route, du chemin, du sentier

ᐱᔅᒑᐱᔨᐦᐆ **pischaapiyihuu** vai -u ◆ il/elle dévie soudainement de son chemin, du chemin emprunté par la horde (se dit d'un orignal, d'un caribou)

ᐱᔅᒑᐱᔨᐤ **pischaapiyiu** vai ◆ il/elle quitte accidentellement la route, dévie de sa route pour en emprunter une autre en conduisant

ᐴᓈᐹᒋᓈᐤ puunaapaachinaau vta ◆ il/elle l'attache pour l'empêcher de dévier du sentier en descendant

ᐴᓈᐹᒋᓂᒻ puunaapaachinim vti ◆ il/elle attache la charge pour l'empêcher de dévier du sentier en descendant

ᐙᔪᐱᔨᐦᐆ waayupiyihuu vai -u ◆ il/elle prend tout à coup un tournant, dévie

dévoiler (se)

ᓵᒋᐢᒁᐤ saachiskwaau vai ◆ il/elle fait dépasser sa tête de quelque chose; le soleil se dévoile par intervalles

devoir

ᐙᔥ ᐆ waash uu p,discours ◆ devoir, pour résultat ■ ᐙᔥ ᐆ ᐱᑎᒫ ᓂᑭ ᐋᐦᒋᐦᐅᓐ ᐋᐦᒷᔮᐦ ᒌᐦ ᐄᑐᐦᑖᔮᓐ ᐑᔮᔥᑖᐦ. ❖ ᐙᔥ ᐆ ᒦᓐ ᓂᑭ ᐱᒫᐹᐅᑖᓐ ᐊᓂᐦᐄ ᓂᒌᔥᑖᐹᐅᒋᑭᓐᐦ. ■ waash uu pitimaa niki aahchihun aahmwaayaah chiih iituhtaayaan wiyaashtaah. ❖ waash uu miin niki pimaapaautaan anihii nichishtaapaauchikinh. ■ *Je dois changer mes vêtements avant d'aller quelque part.* ❖ *Je dois relaver cette brassée de linge.*

dévorer

ᒋᑎᒷᐤ chitimwaau vta ◆ il/elle le/la dévore

ᒋᑖᐤ chitaau vai+o ◆ il/elle le dévore, le mange tout entier

ᐅᑳᓯᒋᒥᑎᑎᒻ ukaasichimititim vti ◆ il/elle dévore avec voracité

dévot

ᐊᔨᒥᐦᐋᐙᑎᓰᐤ ayimihaawaatisiiu vai ◆ il/elle est pratiquant-e, dévot-e

devrais

ᓂᐱᐦ nipih préverbe ◆ devrais, pourrais (utilisé seulement avec la première personne de verbes indépendants)

devrait

ᒋᐱᐦ chipih préverbe ◆ devrais, devrait; voudrais, voudrait (utilisé seulement avec la deuxième ou troisième personne de verbes indépendants) ■ ᔖᔥ ᒋᐱᐦ ᑭᐎᔑᒨ ᐅᔮ ᔖᔥ ᐋᐦ ᐄᔥᐱᔑᐱᔨᔨᒡ. ■ shaash chipih kiwishimuu uyaa shaash aah iishpishipiyiyich. ■ *Elle/il devrait être au lit à cette heure.*

diable

ᒥᒋᒥᓂᑑ michiminituu na -m ◆ le diable, un esprit malfaisant

diabolique

ᒥᒋᔥᑖᐦᐋᐤ michishtaahaau vai ◆ il/elle est diabolique

ᒫᔮᑎᓐ maayaatin vii ◆ c'est diabolique, dangereux

ᒫᔮᑎᓰᐤ maayaatisiiu vai ◆ il/elle est cruel/cruelle, diabolique

ᒥᒋᐙᓐ michiwaan na ◆ une personne malfaisante, diabolique, quelqu'un de méchant

diacritique

ᒋᐦᑭᔥᑖᐤ chihkishtaau vii ◆ ça a des signes diacritiques (se dit d'un caractère syllabique)

ᒋᐦᑭᔥᑖᐤ chihkishtaau vai ◆ il/elle met des signes diacritiques sur les caractères syllabiques

diagonale

ᐲᒥᑲᒻ piimikaam p,lieu ◆ une diagonale sur un cours d'eau ■ ᓈᑖᐦ ᐲᒥᑲᒻ ᐊᑯᑖᐦ ᑳ ᐃᔑ ᑎᐢᑭᒥᐦᐊᒫᐦᒡ ᑳ ᓈᑏᐦᑎᒁᐦᐊᒫᐦᒡ. ■ naataah piimikaam aakutaah kaa ishi tiskimihamaahch kaa naatiihtikwaahamaahch. ■ *Nous avons traversé la rivière en diagonale pour aller chercher du bois.*

ᐲᒥᑲᒫᐦᑎᑖᐤ piimikaamaahtitaau vai ◆ il/elle fait traverser quelque chose en diagonale

ᐲᒥᑲᒫᐱᔨᐦᐋᐤ piimikaamaapiyihaau vta ◆ il/elle le/la traverse en diagonale en véhicule

ᐲᒥᑲᒫᐱᔨᐤ piimikaamaapiyiu vai ◆ il/elle traverse en diagonale en véhicule

ᐲᒥᑲᒫᔥᑭᒻ piimikaamaashkim vti ◆ il/elle le traverser à pied en diagonale

ᐲᒥᑲᒫᓯᓂᐦᐊᒻ piimikaamaasiniham vti ◆ il/elle dessine une ligne en diagonale

ᐲᒥᑲᒫᐢᑯᐦᑎᑖᐤ piimikaamaaskuhtitaau vai ◆ il/elle les place (long et rigide) en diagonale

ᐲᒥᑲᒫᔮᒋᓈᐤ piimikaamaayaachinaau vta ◆ il/elle le/la plie (étalé) en diagonale

ᐲᒥᑲᒫᔮᒋᓂᒻ piimikaamaayaachinim vti ◆ il/elle le plie (étalé) en diagonale

ᐲᒥᑲᒫᔮᐱᐦᑳᑖᐤ piimikaamaayaapihkaataau vta ◆ il/elle l'attache en diagonale

ᐲᒥᑲᒫᔮᐢᑯᒧᐦᐋᐤ piimikaamaayaaskumuhaau vii ◆ c'est installé en diagonale (long et rigide)

ᐲᒥᑲᒫᔮᐢᑯᒧᐦᑖᐤ piimikaamaayaaskumuhtaau vai ◆ il/elle l'installe en diagonale (long et rigide)

ᐲᒥᑲᒫᔮᐢᑯᒨ piimikaamaayaaskumuu vai -u ◆ il/elle est monté-e en diagonale (long et rigide)

ᐲᒥᑲᒫᔮᐢᑯᒨ piimikaamaayaaskumuu vii -u ◆ c'est monté en diagonale (long et rigide)

ᐲᒥᑲᒫᐢᑯᐦᑎᐦᐋᐤ piimikaamaaskuhtihaau vta ◆ il/elle le/la fait traverser la glace à pied en diagonale

ᐲᒥᑲᒫᐢᑰ piimikaamaaskuu vai -u ◆ il/elle traverse la glace en diagonale

ᐲᒥᑲᒫᐢᑯᐱᒋᐤ piimikaamaaskupichiu vai ◆ il/elle déplace son campement d'hiver en traversant la glace en diagonale

dialecte

ᐄᔥᒌᔑᐙᐎᓐ iishchiishwaawin ni ◆ un dialecte, la parole, une langue, un sens

diamètre

ᒥᐦᒑᐢᑯᐃᐙᔮᐤ mihchaaskuiwaayaau vii ◆ ça a un grand diamètre

ᐴᑐᐙᐹᑭᓐ puutuwaapaakin vii ◆ c'est d'un grand diamètre (filiforme)

ᐴᑐᐙᐱᐢᑳᐤ puutuwaapiskaau vii ◆ c'est large, d'un grand diamètre (minéral)

diaphragme
ᐅᐱᔥᑖᐦᐅᔫᐦ upishtaahuyuuh nad ◆ son diaphragme (partie du corps)

diarrhée
ᒫᒦᓰᐤ maamiisiiu vai ◆ il/elle a la diarrhée
ᒫᒫᒋᔥᑭᑖᐤ maamaachishkitaau vai ◆ il/elle a des maux de ventre dues à la diarrhée

Dieu
ᑖᐹᔨᐦᒋᒑᐟ taapaayihchichaat nap ◆ Dieu
ᒋᔖᒥᓂᑑ chishaaminituu na -m ◆ Dieu, le Grand Esprit
ᑎᐹᔨᐦᒋᒑᓯᐤ tipaayihchichaasiu na -iim ◆ un gouverneur, une gouverneure, un dirigeant, une dirigeante, le gouvernement, Dieu

diffamateur
ᐅᐹᔥᑖᒨ upaashtaamuu na ◆ un blasphémateur, une blasphématrice, un diffamateur, une diffamatrice

différence d'âge
ᐄᔅᐱᓵᐱᐦᑐᐎᒡ iispisaapihtuwich vai pl recip -u ◆ ils/elles sont à une certaine distance l'un de l'autre, leur différence d'âge est telle

différent
ᐋᐦᒌᐅᐦ aahchiiuh p,manière [Wemindji] ◆ différent ■ ᐋᐦᒌᐅᐦ ᐃᓯᓈᑯᓯᐤ ᑳ ᐃᓯᓈᑯᓯᑦ ᒫᐦᒋᒡ ᑳ ᐙᐱᒥᒃ᙮ ■ aahchiiuh isinaakusiu kaa isinaakusit maahchich kaa waapimik. ■ *Elle/il semble différent-e depuis la dernière fois que je l'ai vu-e.*
ᐃᔨᐦᒡ iyihch p,manière ◆ différent, tout autre ■ ᓈᔥᒡ ᐃᔨᐦᒡ ᐋᐦ ᐃᓯᓈᑯᓯᑦ ᑳ ᐃᔥᐱᔑ ᒥᔪᐱᒫᑎᓰᑦ᙮ ■ naashch iyihch aah isinaakusit kaa ishpishi miyupimaatisiit. ■ *Il a l'air tout autre depuis que sa santé s'est améliorée.*
ᐲᑐᔥ piitush p,manière ◆ complètement différent ■ ᓈᔥᒡ ᐲᑐᔥ ᐋᐦ ᐄᑖᔨᐦᑖᑯᓯᑦ ᐋᐦ ᐄᑖᔨᐦᑖᑯᓯᔨᒡᐦ ᐊᓂᔮᐦ ᐐᒌᔨᔨᐤᐦ᙮ ■ naashch piitush aah iitaayihtaakusit aah iitaayihtaakusiyich-h aniyaah wiichiiyiyiuh. ■ *Il est complètement différent de son frère.*
ᒫᒫᐦᒡ maamaahch p,manière ◆ différent-e, chic ■ ᓈᔥᒡ ᒫᒫᐦᒡ ᐋᐦ ᐄᔑᓈᑯᐦᒡ ᐊᓐ ᐙᔅᑳᐦᐄᑭᓐ ᑳᐦ ᐙᐱᐦᑎᔨᑯᐎᔮᐦᒡ᙮ ■ naashch maamaahch aah iishinaakuhch an waaskaahiikin kaah waapihtiyikuwiyaahch. ■ *La maison qu'on nous a montré était très chic.*
ᓂᓈᐦᑭᐤ ninaahkiu p,manière redup ◆ varié, différent ■ ᓂᓈᐦᑭᐤ ᐋᐦ ᐄᓯᓈᑯᓯᒡ ᓂᒫᓯᒡ ᓂᒌᐦ ᐱᑎᐦᐅᔮᓈᓐ᙮ ■ ninaahkiu aah iisinaakusich nimaasich nichiih pitihuyaanaan. ■ *Nous avons attrapé différentes sortes de poissons dans notre filet.*
ᒥᒫᐦᑖᐙᒋᓈᐤ mimaahtaawaachinaau vta ◆ il/elle le/la plie (étalé) de différentes façons
ᒥᒫᐦᑖᐙᒋᓂᒻ mimaahtaawaachinim vti ◆ il/elle le plie (étalé) de différentes façons
ᒥᒫᐦᑖᐙᒋᔑᒻ mimaahtaawaachishim vti ◆ il/elle le coupe (étalé) de différentes façons
ᒥᒫᐦᑖᐙᒋᔙᐤ mimaahtaawaachishwaau vta ◆ il/elle le coupe (étalé) de différentes façons
ᒫᒫᐦᒌᔑᓈᑯᓐ maamaahchiishinaakun vii ◆ ça a plusieurs couleurs, plusieurs parties, plusieurs apparences différentes

différente
ᐱᔮᒫᐅᐊᔅᒋᓯᓈᐤ piyaamaauaschisinaau vai ◆ il/elle porte deux chaussures différentes, de taille différente

difficile
ᐋᔨᒫᓯᓈᑯᓐ aayimaasinaakun vii ◆ ça semble difficile
ᐋᔨᒫᓯᓈᑯᓯᐤ aayimaasinaakusiu vai ◆ il/elle semble difficile
ᐎᔥᑎᐎᓐ wishtiwin vii ◆ c'est difficile à faire
ᐋᔨᒫᒡ aayimaach p,lieu ◆ dans un endroit difficile ■ ᓈᔥᒡ ᐋᔨᒫᒡ ᐋᐦ ᐃᔨᐦᑖᑦ ᐊᓐ ᐊᒥᔅᒄ᙮ ■ naashch aayimaach aah iyihtaat an amiskw. ■ *Ce castor est dans un endroit difficilement accessible.*
ᐋᔨᒥᓐ aayimin vii ◆ c'est difficile, ça coûte trop cher
ᒁᐦᒁᔖᐤ kwaahkwaashaau vii ◆ c'est un terrain sur lequel il est difficile de marcher à cause des bosses et des zones marécageuses
ᒥᒋᐙᓂᐆ michiwaaniuu vai -iwi ◆ il/elle est pénible, difficile
ᐎᔥᑎᐑᐤ wishtiwiiu vai ◆ il/elle trouve ça difficile à faire à cause des circonstances
ᐋᐦᒁᓯᓈᑯᓐ aahkwaasinaakun vii ◆ ça semble dangereux, nocif
ᓰᐱᔅᒋᐦᑎᑳᐤ siipischihtikaau vii ◆ c'est difficile de fendre le bois

difficulté
ᓂᓈᐦᑳᑖᐙᑯᓈᐤ ninaahkaataawaakunaau vai ◆ il/elle a de la difficulté à marcher dans la neige

difforme
ᒫᔅᒋᓂᐦᑖᐅᒋᓐ maaschinihtaauchin vii ◆ ça ne pousse pas bien, c'est difforme
ᒫᔅᒋᓂᐦᑖᐅᒋᐤ maaschinihtaauchiu vai ◆ il/elle est difforme, estropié-e
ᒫᔅᑭᓐ maaskin vii ◆ c'est difforme, estropié
ᒫᔅᒋᑳᑖᐤ maaschikaataau vai ◆ il/elle est estropié-e de la jambe, a une jambe difforme
ᒫᔅᒋᐱᑐᓈᐤ maaschipitunaau vai ◆ il/elle est estropié-e du bras, a un bras difforme
ᒫᔅᒋᓯᐤ maaschisiu vai ◆ il/elle est difforme, a une malformation, il/elle boite
ᒫᔅᒋᑎᐦᒑᐤ maaschitihchaau vai ◆ il/elle a les mains difformes, estropiées

diluer
ᐄᐦᒋᔑᔥᑎᑖᐤ iihchishishtitaau vai ◆ il/elle le dilue avec de l'eau
ᐄᐦᑳᐹᐅᑖᐤ iihkaapaautaau vai [Whapmagoostui] ◆ il/elle le dilue

ᔔᒋᔑᔥᑖᐤ shuuchishishtaau vai ◆ il/elle le dilue, y ajoute de l'eau

ᔔᒋᔥᑎᒫᐤ shuuchishtimaau vta ◆ il/elle le/la dilue, lui ajoute de l'eau dedans, lui verse de l'eau dessus

dimanche

ᐊᔨᒥᐦᐋᐅᒌᔑᑳᐤ ayimihaauchiishikaau vii ◆ c'est dimanche, lit. 'le jour de prières'

ᒋᔖᔨᒥᐦᐋᐅᒌᔑᑳᐤ chishaayimihaauchiishikaau vii ◆ c'est le dimanche de Pâques, lit. 'un grand jour de prières'

diminuer

ᐊᒋᐧᐃᐦᐋᐤ achiwihaau vta ◆ il/elle le/la diminue

ᐊᒋᐧᐃᐦᑖᐤ achiwihtaau vai+o ◆ il/elle le diminue

ᐊᒋᐧᐃᐦᐧᐋᐤ achiwihwaau vta ◆ il/elle le/la fait diminuer en en enlevant (ex. de la neige) ou en en dépensant (ex. de l'argent)

ᐊᒋᐧᐋᐳᐧᐃᑭᐦᐊᒻ achiwaapuwikiham vti ◆ il/elle diminue la quantité de liquide à la louche

ᐊᒋᐧᐋᐳᐧᐃᑭᐦᐊᒧᐧᐋᐤ achiwaapuwikihamuwaau vta ◆ il/elle diminue la quantité de liquide en lui donnant à boire

ᐊᒋᐧᐃᐦᐊᒻ achiwiham vti ◆ il/elle le fait diminuer en en enlevant; il/elle le fait diminuer avec quelque chose

ᐊᒋᐧᐃᐦᑎᒻ achiwihtim vti ◆ il/elle le diminue en mangeant

ᐊᒋᐧᐃᒫᐤ achiwimaau vta ◆ il/elle le/la diminue en mangeant

ᐊᒋᐧᐃᓈᐤ achiwinaau vta ◆ il/elle le/la réduit, le/la diminue à la main

ᐊᒋᐧᐃᓂᒻ achiwinim vti ◆ il/elle le réduit, le diminue à la main

ᐊᒋᐧᐃᐱᔨᐤ achiwipiyiu vai ◆ il/elle raccourcit, il/elle diminue

ᐃᔮᔑᐱᔨᐦᐆ iyaashipiyihuu vai -u ◆ il/elle baisse, diminue

ᐃᔮᔑᐱᔨᐤ iyaashipiyiu vai ◆ il/elle baisse, sa valeur diminue

ᐃᔮᔑᐱᔨᐤ iyaashipiyiu vii ◆ ça baisse, ça diminue

ᒫᐦᒋᐱᔨᐤ maahchipiyiu vai ◆ il/elle est fini-e, diminue, il n'y en a plus (animé)

ᒫᐦᒋᐱᔨᐤ maahchipiyiu vii ◆ c'est fini, utilisé; ça diminue

ᓃᔑᐱᔨᐤ niishipiyiu vai ◆ il/elle diminue, baisse

ᓃᔑᐱᔨᐤ niishipiyiu vii ◆ ça descend, diminue

ᔪᐧᐃᐱᔨᐤ yuwipiyiu vii ◆ l'enflure diminue, l'air sort, ça se dégonfle

ᐊᒋᐧᐃᐦᑯᑖᐤ achiwihkutaau vta ◆ il/elle le/la réduit, le/la diminue en sculptant

ᐊᒋᐧᐃᐦᑯᑎᒻ achiwihkutim vti ◆ il/elle le réduit, le diminue en sculptant

ᓃᒋᓂᒻ niichinim vti ◆ il/elle relâche sa prise, diminue sa vitesse

ᓈᓈᒥᒌᒻ naanaamichiim p,manière ◆ peu à peu ▪ ᓈᓈᒥᒌᒻ ᓂᒥ ᐃᐦᑖᐧᐃᒡ ᓂᔅᑭᒡ ᑖᐧᒑᒋᓂᔨᒡᐦ᙮ ▪ naanaamichiim nimi ihtaawich niskich taakwaachiniyichh. ▪ *Les oies diminuent en nombre peu à peu tous les automnes.*

ᓈᓈᓂᒌᒻ naanaanichiim p,manière ◆ peu à peu ▪ ᓈᓈᓂᒌᒻ ᒌᐦ ᔫᑎᓐ ᓂᑎᐦᐱᒫᔑᐦᑖᓐ᙮ ▪ naanaanichiim chiih yuutin nitihpimaashihtaan. ▪ *La force du vent augmente peu à peu alors que nous naviguons.*

dire

ᐄᑖᐤ iitaau vta ◆ il/elle lui dit, il/elle dit de lui/d'elle ▪ ᐋᐤ ᐊ ᐋᐦ ᐃᐦᑐᑎᐧᐋᑦ ᐊᐧᐋᓐ ᐅᔒᒻᐦ ᑳ ᐃᑐᐦᑎᐧᐃᑦ ᑳ-ᐋᐧᓈᑦ, ᐄᑖᑭᓂᐤ ᒋᔖᔨᔨᔥᐧᑳᔥ᙮ ▪ aau aa aah ihtutiwaat awaan ushiimh kaa ituhtiwit kaa-aanwaat, iitaakiniu chishaayiyishkwaash. ▪ *Est-ce bien ce que quelqu'un fait à ses jeunes frères et soeurs comme Kaa-anwat? demandèrent-ils à la vieille femme.*

ᐃᔨᐤ iyiu vai ◆ il/elle dit

ᐐᐦᑎᒫᒑᐤ wiihtimaachaau vai ◆ il/elle le dit aux autres

ᐐᐦᑎᒧᐧᐋᐤ wiihtimuwaau vta ◆ il/elle le lui dit

ᒋᐳᑐᓈᐦᐧᐋᐤ chiputunaahwaau vta ◆ il/elle le/la fait taire par ce qu'il/elle dit

ᒋᔅᒋᐧᐋᐦᐄᒑᐤ chischiwaahiichaau vai ◆ il/elle dit l'avenir

ᐃᔮᓯᐦᒋᒫᐤ iyaasihchimaau vta ◆ il/elle lui dit de se dépêcher

ᒥᒑᒋᒫᐤ michaachimaau vta ◆ il/elle dit du mal de lui/d'elle

ᒥᒑᔨᒧᒫᐤ michaayimumaau vta ◆ il/elle dit du mal de lui/d'elle

ᒥᒑᔨᒧᑎᒻ michaayimutim vti ◆ il/elle en dit du mal

ᒥᐦᐄᑯᒦᓲ mihiikumiisuu vai reflex -u ◆ il/elle s'attire la malchance par ses paroles

ᓂᓈᐹᐧᐋᒋᒫᐤ ninaapaawaachimaau vta ◆ il/elle dit de lui qu'il est doué, lit. 'il/elle parle de lui comme d'un vrai homme'

ᐐᐦᐄᓲ wiihiisuu vai reflex -u ◆ il/elle dit son (propre) nom

ᐐᐦᑎᒻ wiihtim vti ◆ il/elle le dit, le confesse

ᐧᐃᓂᔥᑳᒋᔑᐦᐧᐋᐤ winishkaachishihwaau vta ◆ il/elle lui dit de se lever

ᐄᑖᒋᒫᐤ iitaachimaau vta ◆ il/elle dit quelque chose de lui; il/elle raconte, rapporte à son sujet ▪ ᑳᐦ ᐄᑖᒋᒧᑦ ᐊᓂᔮ ᓅᐦᑖᐧᐄ ᐹᔨᒄ ᐧᐄᒌᔨᔨᐅᐦ ᐋᐦ ᒌᐦ ᐧᐄᒋᒫᑦ, ᐋᐦᐋᑳ ᐅᐦᒋ ᒌᐦ ᐅᐦᒋ ᒦᒋᓱᐧᐋᑦ ᐊᓂᑦ ᐋᔨᐦᑖᔨᒡᐦ᙮ ▪ kaah iitaachimut aniyaa nuuhtaawii paayikw wiichiiyiyiuh aah chiih wiichimaat, aahaakaa uhchi chiih uhchi miichisuwaat anith aayihtaayichh. ▪ *Feu mon père m'a raconté qu'un de ses frères avec qui il vivait était incapable de rapporter quoi que ce soit à manger.*

ᑭᒑᔨᐱᒫᐤ kichaayipimaau vta ◆ il/elle lui dit en vitesse ce qu'il/elle fait

ᒥᐧᔮᒋᒫᐤ miywaachimaau vta ◆ il/elle dit du bien de lui/d'elle; il/elle fait l'éloge de quelqu'un ou quelque chose (animé)

ᐧᐋᐧᐊᐱᔅᐧᑳᔨᔥᑎᐧᐋᐤ waawaapiskwaayishtiwaau vta redup ◆ il/elle lui dit non de la tête

ᐧᐋᐧᐊᐱᔅᐧᑳᔨᐤ waawaapiskwaayiu vai redup ◆ il/elle dit non de la tête

direct

ᑯᐃᔅᒄ kuiskw p,manière ◆ correct, exact, juste, droit-e ▪ ᑭᔩᐧᐸ ᑯᐃᔅᒄ ᑲ ᐃᐦᑐᑎᒥᑯᐱᓈ ᐊᓂᔭ ᑲ ᐃᔑ ᑯᐧᑳᒋᐦᐊᑭᓂᐧᐃᑦ᙮ ▪ kiyiipwaa kuiskw kaa ihtutimikupinaa aniyaa kaa ishi kukwaachihakiniwit. ▪ *Il a bien fait son test, correctement.*

ᑖᔥᑯᑖᐧᐋᑯᔮᐤ taashkutaawaakuyaau vta ◆ il/elle le/la cuit à feu direct

directement

ᒧᔖ mushaa p,manière ◆ libre, nu, carrément, directement ▪ ᒧᔖ ᓂᒌᐦ ᐧᐄᐦᑎᒧᐧᐋᐤ ᐊᓂᔭ ᑲ ᐄᑖᒋᒫᑭᓂᐧᐃᑦ᙮ ▪ mushaa nichiih wiihtimuwaau aniyaa kaa iitaachimaakiniwit. ▪ *Je lui ai dit carrément ce que j'avais entendu de lui.*

directeur

ᑳᑎᐹᔨᐦᑎᐦᒃ kaatipaayihtihk nap ◆ un directeur, une directrice, un dirigeant, une dirigeante

ᐅᒋᒫᔅᐧᑳᐤ uchimaaskwaau na -aam ◆ la femme du directeur

ᐧᐃᔨᔓᐧᐋᓯᐤ wiyishuwaasiu na -iim ◆ le directeur du district de la Companie de la Baie d'Hudson, lit. 'celui qui dirige'

ᐊᔨᒧᐧᐋᔮᐲᐅᒋᒫᐤ ayimuwaayaapiiuchimaau na -iim ◆ un annonceur ou une annonceuse radio, un directeur ou une directrice de station de radio

ᐅᒋᒫᐅᑭᒥᒄ uchimaaukimikw ni ◆ la maison du directeur/de la directrice, du patron/de la patronne

directeur, directrice

ᐅᒋᒫᐤ uchimaau na -aam ◆ un ou une chef, un patron, une patronne, un directeur, une directrice

direction

ᐊᑐᐦᐄᑭᓐ atuhiikin ni ◆ une marque indiquant la direction à prendre

ᓃᐳᐧᐋᐱᔅᒋᓂᑭᓐ niipuwaapischinikin ni ◆ une marque indiquant la direction à prendre

ᒌᐧᐋᓂᒼ chiiwaanim vti ◆ il/elle le tourne dans l'autre direction avec les mains, il/elle le retourne

ᐄᔑᑳᐳᐧᐃᐧᐃᒡ iishikaapuwiwich vai pl -uwi ◆ la direction des vagues

ᐄᔑᐅᑖᔥᑎᒥᐱᐤ iishiutaashtimipiu vai ◆ il/elle est assis-e face à une certaine direction

ᐄᑖᐱᐦᑖᐤ iitaapihtaau vii ◆ la fumée va dans une certaine direction ▪ ᓈᔥᑎᔨᒡ ᓂᒥ ᐸᒋ ᐄᑖᐱᐦᑖᐤ ᐅᑖᐦ ᐋᐦ ᒌᐦ ᐅᐦᒋᑳᐳᐧᐃᐦᐋᑦ ᐊᓂᔮᐦ ᒥᔥᑎᒄᐦ᙮ ▪ naashtiyich nimi paachi iitaapihtaau utaah aah chiih uhchikaapuwihaat aniyaah mishtikwh. ▪ *La fumée ne venait pas dans sa direction, parce qu'il avait installé des arbres là (pour en faire un abri).*

ᐄᑖᔑᐤ iitaashiu vai ◆ il/elle vogue, se fait emporter par le vent dans une certaine direction ▪ ᑭᔥᑭᓂᒡ ᐋᔅᐱᔨᔨᒡ ᐋᐅᑯᓂᒡ ᑳᓂᐧᐋᐱᒫᑭᓂᐅᐧᐃᒡ, ᐊᐦᐊᑲ ᓈᔥᑎᔨᒡ ᐧᐋᐱᐦᑎᐦᒃ ᐊᐧᐋᐣ ᑕᓂᑖᐦ ᒐ ᐄᑖᔑᑦ᙮ ▪ kishkinich aaspiyiych aaukunich kaaniwaapimaakiniuwich, aahaakaa naashtiyich waapihtihk awaan taanitaah chaa iitaashit. ▪ *Le mouvement des vagues (qui sont très hautes) est observé, quand quelqu'un ne peut pas voir du tout la direction dans laquelle naviguer.*

ᐄᑎᔑᓈᐤ iitishinaau vta ◆ il/elle le/la pousse par là, dans cette direction

ᐄᑎᔥᑭᒼ iitishkim vti ◆ il/elle va dans une certaine direction ▪ ᓈᔥᑎᔨᒡ ᐹᔨᑯᓂᐦᒡ ᐄᑎᔥᑭᒼ ᐊᐦ ᔫᑎᓂᔨᒡ, ᓈᔥᑎᔨᒡ ᑯᐃᔅᑯᐱᐦᑖᐤ᙮ ▪ naashtiyich paayikunihch iitishkim aah yuutiniyich, naashtiych kuiskupihtaau. ▪ *Il (le chien de tête) allait toujours dans la même direction en gardant le vent du même côté de son corps, il courait toujours dans la bonne direction.*

ᐃᔮᔥᑐᓈᐱᔨᐤᐦ iyaashtunaapiyiuh vii pl ◆ ils/elles (inanimés, par ex des canots) s'en vont dans des directions opposées

ᐃᔮᔥᑐᓈᐱᔨᐧᐃᒡ iyaashtunaapiyiwich vai pl ◆ ils/elles s'en vont dans des directions opposées

ᓂᐦᐄᐧᐋᔑᓐ nihiiwaashin vai ◆ il/elle est allongé-e avec la fourrure dans la bonne direction

ᐹᑖᔥᑎᒧᐦᑖᐤ paataashtimuhtaau vai ◆ il/elle marche dans cette direction

ᐅᐦᑎᓐ uhtin vii ◆ le vent vient de cette direction

ᐅᐦᑎᐧᑖᐧᐊᐦᐊᒼ uhtitwaawaaham vti ◆ il/elle fait du bruit de là-bas en frappant quelque chose

ᐅᐦᑎᐧᑖᐧᐋᐱᔨᐤ uhtitwaawaapiyiu vii ◆ c'est de là que provient le bruit

ᐅᔥᐧᑳᐦᐊᒼ ushkwaaham vti ◆ il/elle le fait rebondir, s'en aller dans la mauvaise direction

ᐅᔥᐧᑳᐦᐧᐋᐤ ushkwaahwaau vta ◆ il/elle le/la fait rebondir, s'en aller dans la mauvaise direction

ᐊᐦᐧᑖᐧᐋᓯᔅᒑᐤ ahtwaawaasischaau vai ◆ le son de son coup de fusil provient d'une certaine direction

ᐊᐦᐧᑖᐧᐋᑖᒨ ahtwaawaataamuu vai -u ◆ on entend son souffle provenir d'une certaine direction

ᐄᑎᓯᐦᑖᐤ iitisihtaau vai ◆ il/elle porte le canot sur ses épaules dans une certaine direction

ᒦᓄᐱᑖᐤ miinupitaau vta ◆ il/elle le/la tire, le/la place dans la bonne direction

ᓂᐧᐋᔮᐱᐦᑖᐱᔨᐤ niwaayaapihtaapiyiu vii ◆ la fumée va dans cette direction

ᓂᐧᐋᔮᐱᐦᑖᐤ niwaayaapihtaau vii ◆ le feu et la fumée vont dans une même direction

ᐅᐦᑎᐧᑖᐧᐋᑖᐤ uhtitwaawaataau vai ◆ la détonation provient de cette direction

directrice

ᐧᐃᔨᔓᐧᐋᓯᐤ wiyishuwaasiu na -iim ◆ le directeur du district de la Companie de la Baie d'Hudson, lit. 'celui qui dirige'

dirigeant

ᑳᑎᐹᔨᐦᑎᐦᒃ kaatipaayihtihk nap ◆ un directeur, une directrice, un dirigeant, une dirigeante

ᑎᐹᔨᐦᒋᒑᓯᐤ tipaayihchichaasiu na -iim ◆ un gouverneur, une gouverneure, un dirigeant, une dirigeante, le gouvernement, Dieu

diriger

ᐄᑖᐢᑯᐦᐊᒻ iitaaskuham vti ◆ il/elle le dirige par là

ᒦᓄᐦᐊᒻ miinuham vti ◆ il/elle le dirige dans la bonne direction

ᒦᓄᐦᐧᐋᐤ miinuhwaau vta ◆ il/elle le/la dirige dans la bonne direction

ᑎᐦᑯᐦᐊᒧᐧᐋᐤ tihkuhamuwaau vta ◆ il/elle le dirige pour lui/elle

ᒋᐢᒋᓄᐦᑎᐦᐋᐤ chischinuhtihaau vta ◆ il/elle le/la guide, le/la dirige

ᒫᒦᓄᒫᐤ maamiinumaau vta ◆ il/elle le/la dirige verbalement, lui donne des conseils

ᒦᓂᐧᐋᐢᑯᐦᐊᒻ miiniwaaskuham vti ◆ il/elle le redresse, le dirige en utilisant un bâton comme support

ᒧᔖᐧᐋᔮᐢᑯᐦᐊᒻ mushaawaayaaskuham vti ◆ il/elle le dirige pour l'éloigner du rivage

ᓈᑎᑳᒫᔮᐢᑯᐦᐊᒻ naatikaamaayaaskuham vti ◆ il/elle le dirige vers le rivage

ᓂᐢᑎᓂᒑᐤ nistinichaau vai ◆ il/elle dirige le canot vers l'amont en passant l'eau peu profonde

ᑎᐦᑯᐦᐊᒻ tihkuham vti ◆ il/elle le dirige, le gouverne

ᐧᐃᔨᐱᔨᐦᑖᐤ wiyipiyihtaau vai ◆ il/elle le dirige, l'organise, le coordonne

diriger (se)

ᓈᑎᒻ naatim vti ◆ il/elle se dirige vers ça

ᓈᑎᑳᒫᐱᔨᐤ naatikaamaapiyiu vai ◆ il/elle se dirige vers le rivage en véhicule

disjoindre

ᑯᑎᑯᔥᒑᔓᐤ kutikushchaashwaau vta ◆ il/elle le/la disjoint en coupant

ᑯᑎᑯᔥᑭᒻ kutikushkim vti ◆ il/elle le disjoint avec son pied ou son corps

ᑯᑎᑯᓈᐤ kutikunaau vta ◆ il/elle le/la disjoint, le/la disloque à la main

ᑯᑎᑯᓂᒻ kutikunim vti ◆ il/elle le disloque, le disjoint à la main

ᑯᑎᑯᐱᑎᒻ kutikupitim vti ◆ il/elle le disloque, disjoint en tirant

ᑯᑎᑯᐱᔨᐤ kutikupiyiu vii ◆ c'est disjoint, disloqué

disloquer

ᑯᑎᑯᐱᔨᐤ kutikupiyiu vai ◆ il/elle est disloqué-e

ᑯᑎᑯᓈᐤ kutikunaau vta ◆ il/elle le/la disjoint, le/la disloque à la main

ᑯᑎᑯᓂᒻ kutikunim vti ◆ il/elle le disloque, le disjoint à la main

ᑯᑎᑯᐱᑎᒻ kutikupitim vti ◆ il/elle le disloque, disjoint en tirant

ᑯᑎᑯᐱᔨᐤ kutikupiyiu vii ◆ c'est disjoint, disloqué

ᑯᑎᑯᐢᒑᐱᔨᐤ kutikuschaapiyiu vai ◆ son genou n'arrête pas de se disloquer

ᐱᔑᑯᓈᐤ pishikunaau vta ◆ il/elle le/la défait, détache, disloque

ᐱᔑᑯᓂᒻ pishikunim vti ◆ il/elle le défait, détache, disloque

disparaître

ᐋᑭᐧᐃᐱᔨᐤ aakiwipiyiu vai ◆ il/elle disparaît

ᐋᑭᐧᐃᐱᔨᐤ aakiwipiyiu vii ◆ ça disparaît

ᐹᔑᑯᓈᑯᓐ paashikunaakun vii ◆ ça disparaît de sa vue

ᐹᔑᐧᑳᐱᐦᑎᒻ paashikwaapihtim vti ◆ il/elle le voit disparaître de sa vue

ᐊᐅᓵᐧᐋᔮᐱᐦᑎᒻ ausaawaayaapihtim vti [Wemindji] ◆ il/elle le voit disparaître derrière quelque chose

ᒨᔖᐧᐋᐱᔨᐧᐃᒡ muushaawaapiyiwich vai pl ◆ les vagues disparaissent

ᒥᓈᐦᑭᐦᑖᐤ minaahkihtaau vii ◆ les traces disparaissent dans la neige fondante

dispersé

ᐱᐲᐅᐱᔨᐤ pipiiupiyiu vai redup ◆ il/elle est dispersé-e

ᐱᐲᐅᐱᔨᐤ pipiiupiyiu vii redup ◆ c'est dispersé

ᒥᒫᓐ mimaan p,lieu redup ◆ ici et là, dispersé ■ ᒥᒄ ᒥᒫᓐ ᒌᐦ ᓂᐦᑖᐅᒋᓐᐦ ᒦᓂᔥᐦ ᑳ ᒧᐧᐃᓱᔮᓐ. ■ mikw mimaan chiih nihtaauchinh miinishh kaa muwisuyaan. ■ *Quand je suis allé ramasser des baies, elles ne poussaient qu'ici et là.*

disperser

ᒥᓯᐦᑖᐱᔨᐦᐋᐤ misihtaapiyihaau vta ◆ il/elle la/le disperse aux alentours

ᐲᐅᔥᑖᐤ piiushtaau vai ◆ il/elle les disperse, laisse traîner des choses aux alentours

ᐱᐲᐅᐱᔨᐦᐋᐤ pipiiupiyihaau vta redup ◆ il/elle le/la disperse

ᐱᐲᐅᐱᔨᐦᑖᐤ pipiiupiyihtaau vai redup ◆ il/elle le disperse

ᐱᐲᐅᔥᑖᓲ pipiiushtaasuu vai redup -u ◆ il/elle disperse quelque chose autour d'elle/de lui

ᐅᐧᓵᐱᔨᐦᐋᐤ uswaapiyihaau vta ◆ il/elle le/la disperse

ᐅᐧᓵᐧᐋᐱᓂᒻ uswaawaapinim vti ◆ il/elle le disperse

ᐱᐲᐅᓈᐤ pipiiunaau vta redup ◆ il/elle le/la disperse, en laisse des rebuts

ᐱᐲᐅᓂᒻ pipiiunim vti redup ◆ il/elle le disperse, en laisse des rebuts

ᐱᐲᐧᐋᔥᑎᓐ pipiiwaashtin vii redup ◆ c'est dispersé par le vent

ᐅ·ᓵᐱᔨᐤ uswaapiyiu vai ◆ il/elle est dispersé-e, saupoudré-e

ᐅ·ᓵᐱᔨᐤ uswaapiyiu vii ◆ c'est dispersé, saupoudré

disperser (se)

ᓂᓈᓂᔑᐱᔨᐤ ninaanishipiyiu vai redup ◆ il/elle se casse et se disperse dans toutes les directions, est complètement détruit

disponible

ᓈᐦᐹᒻ naahpaam p,manière ◆ c'est disponible facilement

ᐃᐦᑎᑎᒻ ihtitim vti ◆ il/elle le garde là, disponible

ᐃᐦᑎᔮᐤ ihtiyaau vta ◆ il/elle le/la garde là, disponible

ᓈᐦᐹᒥᔥᑖᐤ naahpaamishtaau vai ◆ il/elle le dispose pour qu'il soit tout prêt et disponible

ᓈᐦᐹᒥᔥᑖᐤ naahpaamishtaau vii ◆ c'est installé, prêt et disponible

ᓂᓈᐦᐸᒥᐦᐋᐤ ninaahpaamihaau vta redup ◆ il/elle l'expose, prêt-e et disponible

ᓂᓈᐦᐸᒥᓈᐤ ninaahpaaminaau vta redup ◆ il/elle le/la tient prêt-e et disponible

ᓂᓈᐦᐸᒥᓂᒻ ninaahpaaminim vti redup ◆ il/elle le tient prêt et disponible

disposer

ᑯᐃᔥᑎᑲᒫᔥᑖᐤᐦ kuishtikaamaashtaauh vii pl ◆ les choses sont disposées sur le pourtour

ᒥᒫᐦᑖᐅᐦᐋᐤ mimaahtaauhaau vta ◆ il/elle le/la dispose de façon étrange

ᒥᒫᐦᑖᐅᔥᑖᐤ mimaahtaaushtaau vai ◆ il/elle le dispose d'une drôle de façon

ᒥᒫᓂᑲᐳ·ᐃᐦᑖᐤ mimaanikaapuwihtaau vai+o redup ◆ il/elle les dispose de ci de là

ᐲᐦᑎ·ᐃᔥᑖᐤ piihtiwishtaau vai ◆ il/elle le dispose en couches

·ᐋᐢᑲᔑᒫᐤ waaskaashimaau vta ◆ il/elle les dispose en cercle

·ᐋᐅᔮᒧᐦᑖᐤ waauyaamuhtaau vai ◆ il/elle dispose les choses en cercle

·ᐋᐅᔮᔮᐹᒋᐦᑎᓐ waauyaayaapaachihtin vii ◆ c'est disposé en cercle (filiforme)

·ᐋᐅᔮᔮᐹᒋᔑᓐ waauyaayaapaachishin vai ◆ il/elle est disposé-e en cercle (filiforme)

·ᐋᐅᔮᔮᐹᑭᐱᐤ waauyaayaapaakipiu vai ◆ il/elle (filiforme) est disposé en cercle

·ᐋ·ᐋᑲᐹᑭᐱᐤ waawaakaapaakipiu vai redup ◆ il/elle est disposé-e en courbe

·ᐋ·ᐋᑲᐹᑭᔥᑖᐤ waawaakaapaakishtaau vii redup ◆ c'est disposé (filiforme) en courbe

·ᐃᔮᑭᐱᐤ wiyaakipiu vai ◆ il/elle (étalé) est placé, est étendu

·ᐋᐢᑲᓈᐢᒑᐤ waaskaanaaschaau vai ◆ il/elle dispose des branchages tout autour du mur intérieur de l'habitation

disproportionné

ᐲᒥᐦᑖᐤ piimihtaau vai+o ◆ il/elle le rend disproportionné

disputer (se)

ᐃᔮᔥᑖᒫᐤ iyaashtaamaau vta ◆ il/elle se dispute avec lui/elle

ᒨᐦᒌᔥᑎ·ᐋᐤ muuhchiishtiwaau vta ◆ il/elle commence à se battre, à se disputer avec lui/elle

disséminer

ᒥᓯᐦᑖᐱᔩᐦᑖᐤ misihtaapiyihtaau vai ◆ il/elle le fait savoir à tout le monde, elle le dissémine ■ ᔖᔥ ᒥᒄ ᒌᐦ ᒥᓯᐦᑖᐱᔩᐦᑖᐤ ᐊᓂᔮ ᒑ·ᑲᔨᐤ ᑲ ᐄᑎᒃ ᐊᑲ ᒐ ·ᐄᐦᑎᒧ·ᐊᑦ ᐊ·ᐋᔩᐤᐦ. ■ shaash mikw chii misihtaapiyihtaau aniyaa chaakwaayiu kaa iitik aakaa chaa wiihtimuwaat awaayiuh. ■ *Elle/Il a déjà répandu la nouvelle partout alors que je lui avais dit de se taire.*

disséminer (se)

ᒥᓯᐦᑖᐱᔨᐤ misihtaapiyiu vai ◆ il/elle se répand, se dissémine partout

dissimulé

ᒌᒧᑎᓰᐤ chiimutisiiu vai ◆ il est secret, elle est secrète; il/elle est dissimulé-e, rusé-e, sournois-e

dissoudre

ᑎᐦᑳᐹᐅᑖᐤ tihkaapaautaau vai ◆ il/elle le dissout avec un liquide

dissoudre (se)

ᑎᐦᑳᐸ·ᐋᐤ tihkaapaawaau vii ◆ ça se dissout dans un liquide

dissuader

ᓈᓂᑳᔥᑭ·ᐋᐤ naanikaashkiwaau vta ◆ il/elle continue à lui bloquer le chemin, à le/la dissuader

distance

ᐄᐢᐱᓯᓈᑯᓐ iispisinaakun vii ◆ c'est à une certaine distance

ᐄᐢᐱᓯᓈᑯᓯᐤ iispisinaakusiu vai ◆ il/elle est à une certaine distance

ᐄᐢᐱᓵᐱᐦᑎᒻ iispisaapihtim vti ◆ il/elle est à une certaine distance (dans l'espace dans le temps) de ça, à une certaine période d'attente de son accouchement

ᐄᐢᐱᓵᐱᐦᑐᐦᐋᐤ iispisaapihtuhaau vta ◆ il/elle établit une certaine distance, une certaine période de temps entre eux/elles

ᐄᐢᐱᓵᐱᐦᑐᐦᑖᐤ iispisaapihtuhtaau vai ◆ il/elle établit une certaine distance, une certaine période de temps entre les choses

ᐄᐢᐱᓵᐱᐦᑐ·ᐃᒡ iispisaapihtuwich vai pl recip -u ◆ ils/elles sont à une certaine distance l'un de l'autre, leur différence d'âge est telle

ᐄᐢᐱᓵᐱᒫᐤ iispisaapimaau vta ◆ il/elle est à une certaine distance (dans l'espace ou dans le temps) de lui/d'elle

ᐅᐦᑎᓯᐦᑎᒻ uhtisihtim vti ◆ il/elle est capable de l'entendre à cette distance

ᐅᑎᓯᐦᑎ·ᐋᐤ utisihtiwaau vta ◆ il/elle peut l'entendre de cette distance

ᐅᑎᓯᓈᑯᓐ **utisinaakun** vii ◆ c'est visible à une certaine distance

ᐄᔅᐱᐦᑎᐦᐧᐋᐤ **iispihtihwaau** vta ◆ il/elle tire, jette sur lui/elle à une certaine distance

ᐲᐦᒑᐤ **piihchaau** vii ◆ c'est une longue, grande distance

ᐅᐦᑎᐧᑖᐧᐋᐱᔨᐦᐋᐤ **uhtitwaawaapiyihaau** vta ◆ il/elle fait en sorte que son bruit (animé) atteigne cette distance

ᐅᑎᐦᐧᑖᐧᐋᐱᔨᐦᑖᐤ **utihtwaawaapiyihtaau** vai ◆ il/elle fait en sorte que le bruit atteigne cette distance

ᐅᑎᐦᐧᑖᐧᐋᐳᒋᒑᐤ **utihtwaawaapuchichaau** vai ◆ il/elle fait en sorte que le bruit de sa scie atteigne cette distance

ᐅᑎᐦᐧᑖᐧᐋᑖᐤ **utihtwaawaataau** vai ◆ la détonation atteint cette distance

ᐅᑎᓵᐱᐦᑎᒻ **utisaapihtim** vti ◆ il/elle le voit de son vivant, d'une certaine distance

ᐅᑎᓵᐱᒫᐤ **utisaapimaau** vta ◆ il/elle le/la voit d'une certaine distance, le/la voit de son vivant

ᐧᐋᔅᒑᔮᑰ **waaschaayaakuu** vii -uwi ◆ on peut voir au loin une plage de sable

ᐧᐋᔅᑭᓂᐧᐋᑖᐤ **waaskiniwaataau** vii ◆ c'est bien visible à distance (ex. sentier, traces)

ᐧᐋᔅᑭᓄᐧᐃᓲ **waaskinuwisuu** vai -u ◆ ses traces, signes d'activité sont bien visibles à distance

ᐄᔅᐱᐦᑎᐦᐊᒻ **iispihtiham** vti ◆ il/elle tire depuis une certaine distance, il/elle construit l'habitation d'une certaine hauteur

ᐱᐲᐦᒌᐤ **pipiihchiiu** vai redup ◆ il/elle parcourt une grande distance avant d'installer son campement d'hiver

distant

ᐧᐋᐦᔨᐤ **waahyiu** p,lieu ◆ loin, distant ■ ᐧᐋᐦᔨᐤ ᓈᑖᐦ ᐅᐦᒋ ᐧᐋᔅᑳᐦᐄᑭᓂᐦᒡ ᐋᑯᑎᐦ ᑳ ᐧᐋᐱᓂᐦᒃ ᐊᓂᔮ ᐅᒥᒑᐳᒻ᙮ ■ waahyiu naataah uhchi waaskaahiikinihch aakutih kaa waapinihk aniyaa umichaapuum. ■ *Elle a jeté son eau sale loin de la maison.*

distendre

ᓵᐦᐧᑳᔮᔥᑎᓐ **saahkwaayaashtin** vii ◆ le vent le gonfle, le distend

distinct

ᑎᐹᓂᓰᐤ **tipaanisiiu** vai ◆ il/elle est distinct-e, séparé-e

distinctement

ᓵᒋᔅᑎᐧᐋᐤ **saachistiwaau** vai ◆ il/elle parle distinctement (utilisé à la forme négative) ■ ᒑᑳᑦ ᓂᒥ ᓵᒋᔅᑎᐧᐋᐤ ᐅᑯᐦᒋᔥᑯᐃ ᐋᐦ ᐋᐦᑯᓯᑦ᙮ ■ chaakaat nimi saachistiwaau ukuhchishkui aah aahkusit. ■ *Elle/il peut à peine parler, émettre un son (vocal) parce qu'elle a mal à la gorge.*

distinguer

ᒌᐦᑳᔮᔨᒫᐤ **chiihkaayaayimaau** vta ◆ il/elle pense qu'il/elle est spécial-e, qu'il/elle se distingue des autres

distraire

ᐧᐃᓈᒋᒫᐤ **winaachimaau** vta ◆ il/elle le distrait par la parole

distrait

ᓂᓂᐦᑑ **ninihtuu** vai redup -u ◆ il/elle est distrait-e et pressé-e de partir

ᓂᓂᐦᒋᐴ **ninihchipuu** vai redup -u ◆ il/elle mange vite pour pouvoir faire autre chose, parce qu'il/elle est distrait-e et ne peut pas s'attarder

distribuer

ᐄᑎᐦᐄᓂᐧᐋᐤ **iitihiiniwaau** vai ◆ il/elle distribue de la nourriture d'une certaine façon, il/elle le/la donne en mariage

ᐱᐹᒥᐦᐄᓂᐧᐋᐤ **pipaamihiiniwaau** vta redup ◆ il/elle distribue de la nourriture aux autres

ᓰᑭᐦᐧᐋᐤ **siikihwaau** vta ◆ il/elle le/la sert, le/la distribue

ᒫᑎᓂᐧᐋᐤ **maatiniwaau** vai ◆ il/-elle sert à manger, distribue les cartes, distribue quelque chose ■ ᐧᐄᔨ ᒌᐦ ᐄᑖᑭᓂᐤ ᒑ ᒫᑎᓂᐧᐋᑦ ᒥᑯᔖᓂᔨᐤ᙮ ■ wiiyi chiih iitaakiniu chaa maatiniwaat mikushaaniyiu. ■ *On lui avait dit de servir la nourriture à la fête.*

diviser

ᓂᔥᑐᐦᐋᐤ **nishtuhaau** vta ◆ il/elle les divise en trois

ᑎᐹᓂᒫᑐᐧᐃᒡ **tipaanimaatuwich** vai pl recip -u ◆ ils/elles le divisent entre eux

ᑎᐹᓂᓂᒧᐧᐋᐤ **tipaaninimuwaau** vta ◆ il/elle le divise entre eux

ᑎᐱᔑᒻ **tipishim** vti ◆ il/elle le coupe et le divise en partie égale

ᑎᐱᐧᔖᐤ **tipishwaau** vta ◆ il/elle le/la divise en parties égales en coupant

ᓃᔓᐦᐋᐤ **niishuhaau** vta ◆ il/elle le/la divise en deux parties, en fait deux

ᓃᔓᐦᑖᐤ **niishuhtaau** vai ◆ il/elle le divise en deux parties, en fait deux

ᓂᓈᓂᔑᐱᑖᐤ **ninaanishipitaau** vta redup ◆ il/elle le/la sépare, le/la divise

ᓂᔥᑐᐦᑖᐤ **nishtuhtaau** vai ◆ il/elle le divise en trois

ᐴᔅᑯᓯᓂᐦᐧᐋᐤ **puuskusinihwaau** vta ◆ il/elle trace une ligne en travers, le/la divise en deux

ᑖᐱᑎᐧᐃᓂᒫᑐᐧᐃᒡ **taapitiwinimaatuwich** vai pl recip -u ◆ ils/elles se le répartissent entre elles/eux

ᑖᑖᐅᐧᔖᐤ **taataaushwaau** vta ◆ il/elle le coupe pour le diviser en parties égales

divorcer

ᐧᐋᐱᓈᑭᓂᐆ **waapinaakiniuu** vai -iwi ◆ il/elle est séparé-e, divorcé-e

ᐧᐋᐱᓂᑐᐧᐃᒡ **waapinituwich** vai pl recip -u ◆ ils/elles divorcent, se séparent

ᓂᑭᑎᑐᐧᐃᒡ **nikitituwich** vai pl recip -u ◆ ils/elles divorcent, se séparent, se quittent

ᐧᐋᐱᓈᐤ **waapinaau** vta ◆ il/elle s'en débarrasse, il/elle se sépare de lui, le/la divorce

dix

ᒥᑖᐦᑐ **mitaahtu** p,nombre ◆ dix

ᒥᑖᐦᑐᔨᒡ **mitaahtuyich** p,manière ◆ il y a dix manières différentes, dix façons

ᒥᑖᐦᑎᔑᐧᐃᒡ **mitaahtishiwich** vai pl ◆ ils/elles sont dix

ᒥᑖᐦᑎᑎᓐᐦ **mitaahtitinh** vii pl ◆ il y en a dix

ᒫᒥᑖᐦᑐ **maamitaahtu** p,manière ◆ dix chacun, dix par dix

ᒥᑖᐦᑤᐤ **mitaahtwaau** p,quantité ◆ dix fois

dix-huit

ᓂᔮᓈᓈᐅᔖᑉ **niyaanaanaaushaap** p,nombre ◆ dix-huit

ᔮᓈᓈᐅᔖᑉ **yaanaanaaushaap** p,nombre ◆ dix-huit

dix-neuf

ᐹᔨᑯᔥᑖᐅᔖᑉ **paayikushtaaushaap** p,nombre ◆ dix-neuf ▪ ᐹᔨᑯᔥᑖᐅᔖᑉ ᑳ ᐃᐦᑎᑐᐱᐳᐧᓈᓯᑦ ᐄᔮᒄ ᑳ ᐅᑎᐙᔑᔒᒥᑦ. ▪ paayikushtaaushaap kaa ihtitupipunwaasit iiyaakw kaa utiwaashishiimit. ▪ *Elle n'a pas eu d'enfant avant l'âge de dix-neuf ans.*

dix-sept

ᓃᐧᔖᔖᑉ **niishwaashaap** p,nombre ◆ dix-sept

docteur

ᓂᑐᐦᑯᔨᓐ **nituhkuyin** na -im ◆ un docteur, une docteure, un ou une médecin

doigt

ᐋᓂᔅᑭᐏᑭᓂᑎᐦᒑᓐ **aaniskiwikinitihchaan** ni ◆ une articulation du doigt

ᐊᑐᐦᐙᐤ **atuhwaau** vta ◆ il/elle le/la pointe du doigt

ᐴᐦᒑᐱᓈᐤ **puuhchaapinaau** vta ◆ il/elle lui met le doigt dans l'oeil

ᐴᐦᒑᐱᓃᓱ **puuhchaapiniisuu** vai reflex -u ◆ il/elle se met le doigt dans l'oeil

ᐴᐦᑎᑎᑖᐅᓈᓈᐤ **puuhtititaaunaanaau** vta ◆ il/elle met ses doigts dans la bouche de quelqu'un d'autre

ᔑᔖᐦᒁᑎᐦᒑᔨᐤ **shishaahkwaatihchaayiu** vai ◆ il/elle écarte les doigts

ᐙᑳᔅᑯᑎᐦᒑᐤ **waakaaskutihchaau** vai ◆ il/elle a les doigts crochus

ᒋᒥᑎᐦᒑᐤ **chimitihchaau** vai ◆ il/elle a le doigt ou la main coupée

ᑭᑳᓌᔥᑯᑎᐦᒑᐤ **kikaanwaashkutihchaau** vai ◆ il/elle a de longs doigts, de longues mains

ᐴᐦᑎᓈᐤ **puuhtinaau** vta ◆ il/elle met le doigt ou la main dedans (animé)

ᐴᐦᑎᓂᒻ **puuhtinim** vti ◆ il/elle met le doigt ou la main dedans (inanimé)

ᐴᐦᑎᑎᑖᐅᓈᓃᓱ **puuhtititaaunaaniisuu** vai reflex -u ◆ il/elle se met le doigt, la main dans la bouche

ᑖᐦᒋᑭᔥᒁᐅᒋᐤ **taahchikishkwaauchiu** vai ◆ il/elle a froid au bout des doigts

ᑎᐦᑯᑎᐦᒑᐦᐅᓱ **tihkutihchaahusuu** vai reflex -u ◆ il/elle se coince le doigt, la main

ᑎᐦᑯᑎᐦᒑᐦᐙᐤ **tihkutihchaahwaau** vta ◆ il/elle lui coince le doigt, la main

ᑖᐱᓯᑯᓈᐤ **taapisikunaau** vta ◆ il/elle passe son doigt ou sa main dans l'anneau, dans la boucle de quelque chose (animé)

ᑖᐱᓯᑯᓂᒻ **taapisikunim** vti ◆ il/elle passe son doigt ou sa main dans l'anneau, dans la boucle de quelque chose (ex. une ficelle)

dollar

ᒥᑖᐦᑐᒥᑎᓂᐙᐦᑏ **mitaahtumitiniwaahtii** ni ◆ cent dollars

ᓃᔓᐦᑏ **niishuhtii** p,quantité ◆ deux dollars

ᑎᐦᑐᐦᑏ **tihtuhtii** p,quantité ◆ un certain nombre de dollars

domestique

ᐊᐅᐦᑳᓐ **auhkaan** na ◆ un animal sauvage qui a été apprivoisé, un animal domestique; un animal sauvage (se dit à Waapmagoostui)

dommage

ᒋᔅᐹᐤ **chispaau** p,évaluative ◆ c'est du gâchis, c'est dommage que... ▪ ᒋᔅᐹᐤ ᐊᓂᔮ ᓂᔼᑳᒥᔑᔨᐤ ᐃᔮᔪᐏᐦᑖᑦ. ▪ chispaau aniyaa nishuukaamishiyiu iyaayuwihtaat. ▪ *C'est dommage qu'elle ait renversé le peu de sucre que j'avais!*

ᐐᔨᒑᔨᐦᑖᑯᓯᐤ **wiyichaayihtaakusiu** vai ◆ c'est bien dommage de ne pas profiter de lui/d'elle; quel gâchis pour lui/elle; il/elle n'a pas réalisé son potentiel

don

ᐱᒋᔅᑎᓂᒑᐎᓐ **pichistinichaawin** ni ◆ un don, une offrande

ᐱᒋᔅᑎᓂᒑᐤ **pichistinichaau** vai ◆ il/elle fait un don en argent, dépose le canot pour se reposer durant un long portage

don Juan

ᓈᓅᒌᔅᒀᐙᐤ **naanuuchiiskwaawaau** vta redup ◆ c'est un don Juan, un coureur de jupons

donner

ᒫᔥᑎᓂᒧᐙᐤ **maashtinimuwaau** vta ◆ il/elle les lui donne tous/toutes

ᒥᔮᐤ **miyaau** vta ◆ il/elle le/la lui donne

ᐊᔑᒥᑰ **ashimikuu** vta -u ◆ il/elle lui donne quelque chose à manger

ᐄᔨᔨᐅᓂᐦᑳᑖᐤ **iiyiyiunihkaataau** vta ◆ il/elle lui donne un nom cri, un nom autochtone

ᒫᔥᑎᓂᒻ **maashtinim** vti ◆ il/elle prend tout; il/elle donne tout, se débarrasse de tout

ᒥᒑᑐᑎᒻ **michaatutim** vti ◆ il/elle en donne de mauvaises nouvelles

ᒥᒥᐧᔮᒋᒦᓱ **mimiywaachimiisuu** vai reflex redup -u ◆ il/elle parle pour donner bonne impression

ᒥᔪᒥᔮᐤ **miyumiyaau** vta ◆ il/elle lui donne quelque chose d'utile, de bon

ᐱᒋᔅᑎᓂᒧᐙᐤ **pichistinimuwaau** vta ◆ il/elle le lui donne, lui permet de l'utiliser, lui donne la permission

ᑎᐦᒋᔥᑳᒋᒑᐤ **tihchishkaachichaau** vai ◆ il/elle donne des coups de pied

ᑎᐦᒋᔥᑭᒻ **tihchishkim** vti ◆ il/elle lui donne un coup de pied

ᑎᐦᒋᔥᑭᐙᐤ **tihchishkiwaau** vta ◆ il/elle lui donne un coup de pied

ᐅᑖᐦᒋᑯᒥᐦᑭᐙᐤ **utaahchikumihkiwaau** vai ◆ il/elle lui donne le phoque qu'il/elle a tué

ᐧᐄᐦᐋᐤ wiihaau vta ◆ il/elle lui donne un nom

ᐧᐄᐦᒋᔅᑎᐦᐋᐤ wiihchistihaau vta ◆ il/elle lui donne bon goût

ᐄᔥᐱᔑᐳᔮᐤ iishpishipuyaau vta ◆ il/elle lui donne une certaine portion ou une certaine part de nourriture

ᐄᔅᑯᒧᐦᑖᐤ iiskumuhtaau vai ◆ il/elle le place jusque là, il/elle lui donne une certaine longueur

ᐄᑎᔓᒫᐤ iitishumaau vta ◆ il/elle lui donne des ordres, des instructions

ᐄᑎᔓᐧᐋᑖᐤ iitishuwaataau vta ◆ il/elle donne des ordres, des instructions au sujet de quelqu'un

ᐄᑎᔓᐧᐋᑎᒼ iitishuwaatim vti ◆ il/elle donne des ordres, des instructions au sujet de quelque chose

ᒫᔥᑎᓈᐤ maashtinaau vta ◆ il/elle les prend, les donne tous/toutes; il/elle les utilise complètement

ᒥᐧᔮᒋᒧᔥᑎᐧᐋᐤ miywaachimushtiwaau vta ◆ il/elle lui donne de bonnes nouvelles

ᐲᐦᑎᐦᐊᒧᐧᐋᐤ piihtihamuwaau vta ◆ il/elle lui donne du tabac, une cigarette

ᑖᐦᑎᐦᒋᔥᑭᒼ taahtihchishkim vti redup ◆ il/elle lui donne des coups de pied

ᑖᐦᑎᐦᒋᔥᑭᐧᐋᐤ taahtihchishkiwaau vta redup ◆ il/elle lui donne des coups de pied

ᐅᔒᔒᐱᒥᐦᑭᐧᐋᐤ ushiishiipimihkiwaau vta ◆ il/elle tue un canard et le lui donne

donner l'air

ᐄᔑᓈᑯᐦᐋᐤ iishinaakuhaau vta ◆ il/elle lui donne l'air de...

ᐄᔑᓈᑯᐦᑖᐤ iishinaakuhtaau vai ◆ il/elle lui donne l'air de...

ᐅᐧᐄᔑᓈᑯᐦᐋᐤ uwiishinaakuhaau vta ◆ il/elle lui donne l'air drôle

ᐅᐧᐄᔑᓈᑯᐦᑖᐤ uwiishinaakuhtaau vai ◆ il/elle lui donne l'air drôle

doré

ᐅᑳᐤ ukaau na -m ◆ un doré jaune, un doré blanc, un sandre *Stizostedion vitreum*

dormir

ᓂᐹᐦᐅᑰ nipaahukuu vai -u ◆ ça le/la fait dormir

ᓂᐹᐤ nipaau vai ◆ il/elle dort

ᐧᐄᐦᒋᐦᑲᐧᒨ wiihchihkwaamuu vai -u ◆ il/elle aime dormir

ᐧᐄᐦᐹᐦᑎᒼ wiihpaahtim vti ◆ il/elle dort avec

ᐧᐄᐦᐹᒫᐤ wiihpaamaau vta ◆ il/elle dort avec lui/elle

ᐋᓂᔅᑭᐧᐃᔑᓐ aaniskiwishin vai ◆ il/elle dort au pied des autres quand la hutte est pleine

ᒋᑭᓯᔅᒋᓈᐦᑲᐧᒨ chikisischinaahkwaamuu vai -u ◆ il/elle dort les chaussures aux pieds

ᑭᐧᐃᔑᒧᓂᐦᑳᓲ kiwishimunihkaasuu vai reflex -u ◆ il/elle prépare son lit, sa couchette

ᒥᔪᐦᑲᐧᒨ miyuhkwaamuu vai -u ◆ il/elle dort bien

ᒧᔕᐦᑲᐧᒨ mushaahkwaamuu vai -u ◆ il/elle passe la nuit dehors

ᓈᔅᐱᑎᐦᑲᐧᒨ naaspitihkwaamuu vai -u ◆ il/elle meurt dans son sommeil, il/elle s'endort et ne se réveille plus

ᓃᔓᒋᐦᑲᐧᒧᐧᐃᒡ niishuchihkwaamuwich vai pl -u ◆ les deux dorment ensemble

ᓂᐹᐦᑳᓲ nipaahkaasuu vai -u ◆ il/elle fait semblant de dormir

ᐴᓵᓇᔑᓐ puusaanaashin vai ◆ il/elle dort bien après avoir mangé du gras, de la graisse

ᐳᐧᐋᐦᑖᐤ puwaahtaau vai ◆ il/elle dort profondément sans distractions (utilisé à la forme négative) ▪ ᐋᑦ ᓈᔥᒡ ᐃᔮᔨᒥᓯᓈᓂᐧᐃᔨᒡ ᐋᐦ ᐧᐄᐦ ᐴᓯᓈᓂᐧᐃᔨᒡ, ᓈᔥᑎᔨᒡ ᓂᒥ ᐱᐳᐧᐋᐦᑖᐤ. ▪ aat naashch iyaayimisinaaniwiyich aah wiih puusinaaniwiyich, naashtiyich nimi pipuwaahtaau. ▪ *Même quand il y a beaucoup de bruit dû aux préparatifs du départ en canot, elle/il dort encore profondément.*

ᔖᐳᐦᑲᐧᒨ shaapuhkwaamuu vai -u ◆ il/elle est profondément endormi-e

ᔒᐦᑭᒋᐦᑲᐧᒨ shiihkichihkwaamuu vai -u ◆ il/elle est froid-e quand il/elle dort

ᑖᐱᐦᑲᐧᒨ taapihkwaamuu vai -u ◆ il/elle a assez dormi

ᐧᐄᐦᐹᒥᑐᐧᐃᒡ wiihpaamituwich vai pl recip -u ◆ ils/elles dorment ensemble

ᓇᓂᑎᐧᐋᐱᐦᑲᐧᒨ naanitiwaapihkwaamuu vai -u ◆ il/elle dort les yeux ouverts

ᑖᐅᑐᓈᐦᑲᐧᒨ taautunaahkwaamuu vai -u ◆ il/elle dort la bouche ouverte

ᑑᐦᑳᐱᐦᑲᐧᒨ tuuhkaapihkwaamuu vai -u [Whapmagoostui] ◆ il/elle dort les yeux ouverts

ᐧᐋᐱᓂᔑᓐ waapinishin vai ◆ il/elle reste couché, dort jusqu'au matin

ᐹᐦᐱᐦᑲᐧᒨ paapihkwaamuu vai ◆ il/elle sourit, rit dans son sommeil

dos

ᐋᐦᒋᑯᔓᑭᓐ aahchikushukin ni -im ◆ le bas du dos d'un phoque

ᒋᔖᔮᑯᔔᑭᓐ chishaayaakushuukin ni -im ◆ le dos de l'ours

ᐅᔓᑭᓐ ushukin nid ◆ le bas de son dos

ᐧᐄᐅᔑᐧᐃᓐ wiiushiwin ni ◆ une charge portée sur le dos

ᑖᐧᐋᒋᐱᔅᑯᓐ taawaachipiskun p,lieu ◆ au milieu du dos ▪ ᓈᐦᐋᐤ ᑖᐧᐋᒋᐱᔅᑯᓐ ᒌᐦ ᒦᔅᑯᐦᐧᐋᐤ ᒥᐦᒑᔑᐅᐦ. ▪ naahaau taawaachipiskun chiih miiskuhwaau mihchaashiuh. ▪ *Il atteignit le renard en plein milieu du dos.*

ᑎᐦᑯᐦᑖᒋᐱᔅᑯᓐ tihkuhtaachipiskun p,lieu ◆ dans le haut du dos ▪ ᓈᐦᐋᐤ ᑎᐦᑯᐦᑖᒋᐱᔅᑯᓐ ᒌᐦ ᐅᒋᔅᒌᐦᐱᒥᐤ. ▪ naahaau tihkuhtaachipiskun chiih uchischiihpimiu. ▪ *Elle/il avait un furoncle dans le haut du dos.*

ᐋᑎᒋᓂᒋᒫᐤ aatichinichimaau vai ◆ il/elle nage sur son dos

ᐋᑎᒋᓂᐱᑖᐤ aatichinipitaau vta ♦ il/elle le/la met sur son dos

ᐋᑎᒋᓂᐱᑎᒼ aatichinipitim vti ♦ il/elle le met sur son dos

ᐋᑎᒋᓂᐱᔩᐦᐆ aatichinipiyihuu vai -u ♦ il/elle se retourne sur le dos

ᐋᑎᒋᓂᔑᒫᐤ aatichinishimaau vta ♦ il/elle le couche sur le dos

ᐋᑎᒋᓂᔑᓐ aatichinishin vai ♦ il/elle est couché-e sur le dos

ᐋᑎᒋᓂᔥᒁᔑᓐ aatichinishkwaashin vai ♦ il/elle est couché-e sur le dos

ᐊᔅᒋᐱᔅᑯᓈᐤ aschipiskunaau vai ♦ son dos est fatigué

ᐊᑎᒥᑳᐳᐏᔥᑎᒼ atimikaapuwishtim vti ♦ il/elle est debout en lui tournant le dos

ᐊᑎᒥᑳᐳᐏᔥᑎᐚᐤ atimikaapuwishtiwaau vta ♦ il/elle est debout en lui tournant le dos

ᐊᑎᒥᐱᔥᑎᒼ atimipishtim vti ♦ il/elle s'assoit en lui tournant le dos

ᐊᑎᒥᐱᔥᑎᐚᐤ atimipishtiwaau vta ♦ il/elle s'assoit en lui tournant le dos

ᐊᑎᒥᐱᐤ atimipiu vai ♦ il/elle est assis-e le dos tourné

ᐊᑎᒥᔑᓐ atimishin vai ♦ il/elle est couché-e le dos tourné

ᒋᓈᐅᑭᓈᐤ chinwaaukinaau vai ♦ il/elle a un long dos

ᓈᓯᐹᑐᐎᑖᐤ naasipaatuwitaau vai ♦ il/elle l'emporte jusqu'au rivage sur son dos

ᓂᔪᒫᐤ niyumaau vta ♦ il/elle le/la porte sur son dos

ᐹᐦᐹᔑᔖᒋᐱᔅᑯᓈᐤ paahpaashishaachipiskunaau vai redup ♦ il/elle a une rayure ou des rayures sur le dos

ᐹᑎᓂᑳᑎᐦᐊᒼ paatinikaatiham vti ♦ il/elle arrive en le portant sur son dos

ᐹᑎᓂᑳᑎᐦᐚᐤ paatinikaatihwaau vta ♦ il/elle arrive en le/la portant sur son dos

ᐱᑯᓄᒫᐤ pikunumaau vta ♦ il/elle parle de lui/d'elle derrière son dos

ᐱᒧᐎᑖᐤ pimuwitaau vai ♦ il/elle le porte sur son dos

ᐱᒧᐎᔮᐤ pimuwiyaau vta ♦ il/elle le/la porte sur son dos

ᐳᐦᒋᐎᑖᐤ puhchiwitaau vai ♦ il/elle met sa charge sur son dos

ᐳᐦᒋᐎᑎᐦᐋᐤ puhchiwitihaau vta ♦ il/elle le charge sur son dos pour qu'il/elle puisse le porter ▪ ᐳᐦᒋᐎᑎᐦᐋᐤ᙮ ▪ puhchiwitihaau. ▪ *Marie le charge sur le dos de Jean pour qu'il puisse le porter.*

ᔖᔑᑭᑎᓈᐤ shaashikitinaau vta ♦ il/elle le/la met sur son dos en tirant

ᔖᔑᑭᑎᔑᒫᐤ shaashikitishimaau vta ♦ il/elle le/la dépose sur le dos

ᔑᒥᑐᐎᑖᐤ shimituwitaau vai ♦ il/elle porte quelqu'un sur son dos, le corps redressé

ᒌᐚᑳᐳᐏᔥᑎᒼ chiiwaakaapuwishtim vti ♦ il/elle retourne à quelque chose qu'il/elle avait abandonné auparavant; il/elle tourne le dos à quelque chose qu'il/elle faisait

ᑯᓯᑯᐎᑖᐤ kusikuwitaau vai ♦ il/elle porte une lourde charge sur son dos

ᓈᓯᐹᑐᐎᑖᐤ naasipaatuwitaau vta ♦ il/elle l'emporte sur son dos jusqu'à l'eau

ᔑᒥᑖᐱᐦᑳᑎᒼ shimitaapihkaatim vti ♦ il/elle l'attache pour le porter sur son dos

ᑖᐦᒌᐱᔅᑯᓈᐅᒋᐤ taahchiipiskunaauchiu vai ♦ il/elle sent le froid dans son dos

ᑖᐚᒋᐱᔅᑯᓈᐦᐚᐤ taawaachipiskunaahwaau vta ♦ il/elle le/la frappe sur le dos, l'atteint au dos

ᐑᐅᔑᐤ wiiushiu vai ♦ il/elle porte une charge sur son dos

ᐊᑎᒧᐎᑖᐤ atimuwitaau vai, vai+o ♦ il/elle s'éloigne à pied avec une charge sur son dos (en s'éloignant de celui ou de celle qui parle) ▪ ᐊᑎᒧᐎᑖᐤ ᐊᓂᔮ ᒦᒋᒥᔩᐤ ᑳ ᐊᔑᒥᒃ᙮ ▪ atimuwitaau aniyaa miichimiyiu kaa ashimik. ▪ *il/elle s'éloigne à pied en transportant sur son dos la charge de nourriture que je lui ai donnée.*

ᓂᑎᐦᐄᔅᑯᑐᐎᑖᐤ nitihiiskutuwitaau vta ♦ il/elle remonte la rivière sur la glace en le/la portant sur son dos

ᑎᔅᑭᒥᔅᑯᐦᑎᑖᐤ tiskimiskuhtitaau vai ♦ il/elle traverse la glace en le/la portant sur son dos

ᔮᔮᐚᔮᑎᓂᔪᒫᐤ yaayaawaayaatiniyumaau vta ♦ il/elle patauge dans l'eau le long du rivage en le/la portant sur son dos

double

ᓃᔕᐱᔅᒋᓯᐏᒡ niishwaapischisiwich vai pl ♦ ils/elles sont doubles, il y en a deux

ᓃᔕᐱᔅᑭᒨ niishwaapiskimuu vii -u ♦ c'est double (minéral, ex. des plaques de verre)

ᓂᐧᐹᐱᐦᒑᐱᑖᐤ nipwaapihchaapitaau vta ♦ il/elle le/la tire (filiforme) en double

ᓂᐧᐹᐱᐦᒑᐱᑎᒼ nipwaapihchaapitim vti ♦ il/elle le tire (filiforme) en double

ᓃᔕᐱᐦᒑᐦᑎᓐ niishwaapihchaahtin vii ♦ c'est une double corde

ᓃᔓᐦᑖᐏᒡ niishuhtaawich vai pl ♦ c'est un double mariage, ils/elles sont deux à marcher ensemble

doubler

ᓃᔕᐹᒋᓈᐤ niishwaapaachinaau vta ♦ il/elle le/la double (animé, filiforme)

ᓃᔕᐹᒋᓂᒼ niishwaapaachinim vti ♦ il/elle le double (filiforme, par ex. de la corde)

ᓃᔕᐱᔅᑭᒧᐦᑖᐤ niishwaapiskimuhtaau vai ♦ il/elle le double (minéral)

ᓂᐧᐹᐱᐦᒑᓈᐤ nipwaapihchaanaau vta ♦ il/elle le/la double (filiforme)

ᓂᐧᐹᐱᐦᒑᓂᒼ nipwaapihchaanim vti ♦ il/elle le double (filiforme)

ᐱᐦᑳᐱᐦᒑᓈᐤ pihkaapihchaanaau vta ◆ il/elle le/la double (filiforme)

ᐱᐦᑳᐱᐦᒑᓂᒼ pihkaapihchaanim vti ◆ il/elle le double (filiforme)

doublure

ᐲᐦᑣᒋᔥᑎᐦᐄᑭᓐ piihtwaachishtihiikin ni ◆ de la doublure pour des vêtements

ᐲᐦᑎᓈᐅᐎᔅᒑᓐ piihtinaawischaan ni ◆ la doublure d'une mitaine

ᐲᐦᑣᒋᔥᑎᐦᐊᒼ piihtwaachishtiham vti ◆ il/elle coud une doublure dedans

ᐲᐦᑣᒋᔥᑎᐦᐙᐤ piihtwaachishtihwaau vta ◆ il/elle coud une doublure dedans (animé, ex des mitaines)

douce

ᔑᒥᑖᐅᐦᑳᐤ shimitaauhkaau vii ◆ la colline s'élève en pente douce

doucement

ᓂᐦᐋᑳᒡ nihaakaach p,manière ◆ peu à peu, doucement ■ ᓂᐦᐋᑳᒡ ᑯᑎᐱᓐᐦ ᓂᒥ ᒋᑭ ᐃᔮᔪᐎᐦᑖᓐ. ■ nihaakaach kutipinh nimi chiki iyaayuwihtaan. ■ *Verse-le doucement pour ne pas renverser!*

ᐹᐦᑳᒡ paahkaach p,manière ◆ doucement, lentement ■ ᐹᐦᑳᒡ ᒫᒫᐱᐦᒑᓐ ᒋᔒᒥᔥ. ■ paahkaach maamaapihchaan chishiimish. ■ *Balance doucement ton petit frère ou ta petite soeur!*

ᒧᔑᐱᔨᐤ mushipiyiu vii ◆ ça arrive doucement (toujours utilisé la forme négative)

ᓂᐦᐋᑳᒋᐱᔨᐤ nihaakaachipiyiu vai ◆ il/elle va ou vient doucement en véhicule

ᓂᐦᐋᑳᒋᐱᔨᐤ nihaakaachipiyiu vii ◆ ça va, vient doucement

ᐱᓯᑯᐹᒋᔑᓐ pisikupaachishin vai ◆ il/elle (ex. toboggan) glisse doucement sur la neige mouillée

doué

ᓂᓈᐹᐙᒋᒫᐤ ninaapaawaachimaau vta ◆ il/elle dit de lui qu'il est doué, lit. 'il/elle parle de lui comme d'un vrai homme'

ᓂᓈᐹᐎᔨᐦᑎᐤ ninaapaawiyihtiu vai ◆ il/elle est doué-e pour les tâches d'homme

douleur

ᐑᓯᒋᔥᑭᐙᐤ wiisichishkiwaau vta ◆ il/elle lui cause une douleur qui brûle avec son pied ou son corps

ᒥᒫᑣᐤ mimaatwaau vai ◆ il/elle gémit de douleur

ᐙᐑᓯᒑᔨᐦᑎᒼ waawiisichaayihtim vti redup ◆ il/elle souffre

ᐙᐑᓯᒑᔨᒨ waawiisichaayimuu vai redup -u ◆ il/elle souffre, a beaucoup de douleur

ᐙᐑᓯᒑᔨᐦᑎᒧᐎᓐ waawiisichaayihtimuwin ni redup ◆ la douleur, la souffrance, l'agonie

ᒫᔑᒨ maashimuu vai -u ◆ il/elle annonce la mort de quelqu'un, il/elle dit qu'il/elle a de douleur quelque part, il/elle pense qu'il/elle est incapable de le faire

ᓈᔥᑣᔨᒨ naashtwaayimuu vai -u ◆ il/elle est accablé-e de douleur, a beaucoup de chagrin

ᔒᐱᓈᐤ shiipinaau vai ◆ il/elle supporte la douleur, met longtemps à mourir

doute

ᑳᑭᔮᐦ kaakiyaah p,discours ◆ il est possible que... (particule exprimant le doute ou l'incertitude) ■ ᑳᑭᔮᐦ ᐋᑯᑖᐦ ᐊᔮᐱᒡ ᑳᐦ ᐄᑐᐦᑖᒡ ᐊᓂᔮ ᐙᔅᑳᐦᐄᑭᓂᔨᐤ ᐊᓂᒌ ᐊᐙᔑᔑᒡ ᐋᑳ ᐅᐦᒋ ᓂᑎᐙᔨᐦᑖᑯᓯᒡ ᒑ ᐄᑐᐦᑖᒡ. ■ kaakiyaah aakutaah ayaapich kaah iituhtaach aniyaa waaskaahiikiniyiu anichii awaashishich aakaa uhchi nitiwaayihtaakusich chaa iituhtaach. ■ *Il est bien possible que les enfants soient allés dans cette maison alors qu'on les avait prévenus de ne pas y aller.*

ᒌᔖᒡ chiishaach p,évaluative ◆ ah oui? voyons voir (expression de doute, sujette à vérification) ■ ᒌᔖᒡ ᒫ, ᓂᑭ ᐙᐱᐦᑖᓐ. ■ chiishaach maa, niki waapihtaan. ■ *Ah oui? Voyons voir.*

douter

ᐲᔨᐦᑎᐙᔨᐦᑎᒼ piiyihtiwaayihtim vti ◆ il/elle doute

ᐲᔨᐦᑎᐙᔨᒫᐤ piiyihtiwaayimaau vta ◆ il/elle doute qu'il/elle (quelqu'un d'autre) soit capable de faire quelque chose

ᐲᔨᐦᑎᐙᔨᒨ piiyihtiwaayimuu vai -u ◆ il/elle doute de pouvoir faire quelque chose

ᐋᑎᐲᔥᒄ aatipiishkw p,conjonction ◆ je me demande si... (expression de doute) ■ ᐋᑎᐲᔥᒄ ᒦᒋᓲ ᐅᔮ ᓅᔑᔑᒥᔥ ᑳ ᐴᓯᑦ. ■ aatipiishkw miichisuu uyaa nuushishimish kaa puusit. ■ *Je me demande si mon petit-fils qui est parti en canot a mangé quelque chose ce matin.*

ᔑᐦᒀᔨᐦᑎᒼ shihkwaayihtim vti ◆ il/elle doute de ses capacités

ᔑᐦᒀᔨᒫᐤ shihkwaayimaau vta ◆ il/elle doute de ses capacités

doux

ᒥᔪᒋᓰᐤ miyuchisiiu vai ◆ il est doux, elle est douce

ᐋᐳᐙᔮᐤ aapuwaayaau vii ◆ il fait doux (se dit du temps)

ᔫᔅᒋᓂᒑᐤ yuuschinichaau vai ◆ il/elle le tanne tout doux

ᔫᔅᒋᔑᓐ yuuschishin vai ◆ il/elle est couché-e sur quelque chose de doux

ᔫᔅᒋᓰᐤ yuuschisiiu vai ◆ il est doux, elle est douce, il/elle est tendre

ᔫᔅᑭᐱᐤ yuuskipiu vai ◆ il/elle est assis-e, posé-e sur quelque chose de doux

ᒌᔑᑆᓈᔮᔨᐦᑖᑯᓐ chiishipwaanaayaayihtaakun vii ◆ c'est un temps doux en hiver

ᒌᔑᑆᐤ chiishipwaau vii ◆ c'est un temps doux en hiver

ᒌᔑᑆᔮᐤ chiishipwaayaau vii ◆ c'est un temps doux en hiver

ᔫᔅᑳᔮᐤ yuuskaayaau vii ◆ le temps est doux en hiver

ᒫᑖᑯᐦᑖᐤ maataakuhtaau vii ◆ le temps doux au printemps commence à faire fondre la neige

ᔫᒫᔮᐤ shuumaayaau vii ◆ la neige fond à cause du temps doux

ᓯᔅᑭᓐ siskin vii ◆ le temps est doux au printemps et commence à faire fondre la neige

ᓯᔅᒋᑯᓂᑳᐤ sischikunikaau vii ◆ la neige est molle et mouillée à cause d'un temps doux en hiver

douze

ᓃᔓᔖᑉ niishushaap p,nombre ◆ douze

drap

ᓂᔥᑤᒡ nishtwaach p,quantité ◆ trois choses (étalé)

drapeau

ᐊᑯᑖᓱᓐ akutaasun ni ◆ un drapeau

ᐃᔅᒁᐱᐦᒑᐱᒋᑭᓐ iskwaapihchaapichikin ni ◆ la corde d'un poteau sur lequel on hisse un drapeau

draper

ᐱᓯᔅᑖᑭᐦᐋᐤ pisistaakihaau vta ◆ il/elle le/la drape (étalé) au-dessus de quelque chose

ᐚᐙᒋᔑᒫᐤ waawaachishimaau vta redup ◆ il/elle le/la drape dans quelque chose (étalé) en se couchant

ᐚᐙᒋᔑᓐ waawaachishin vai redup ◆ il/elle est couché-e drapé-e dans quelque chose

ᐚᐙᑭᐱᐤ waawaakipiu vai redup ◆ il/elle est assis-e drapé-e de quelque chose (étalé)

draper (se)

ᐱᔅᑯᔮᒌᐤ piskuyaachiiu vai ◆ il/elle s'en drape

ᐚᐙᒌᐤ waawaachiiu vai redup ◆ il/elle se drape dedans

ᐑᔅᒁᔮᒌᐤ wiiskwaayaachiiu vai ◆ il/elle se drape dedans (étalé)

ᐑᔅᒁᔮᒋᔑᓐ wiiskwaayaachishin vai ◆ il/elle se drape dedans (étalé)

dressé

ᒌᐱᑎᓂᒻ chiipitinim vti ◆ il/elle le retire de sa position dressée

ᑯᐃᔅᒁᐱᐦᒑᓈᐤ kuiskwaapihchaanaau vta ◆ il/elle le/la tient (filiforme) bien droit-e, dressé

ᑯᐃᔅᒁᐱᐦᒑᓂᒻ kuiskwaapihchaanim vti ◆ il/elle le tient (filiforme) bien droit, dressé

dresser

ᒌᐱᒋᑳᐳᐎᐦᐋᐤ chiipichikaapuwihaau vta ◆ il/elle le/la dresse, le/la met debout

ᓂᔥᑤᔅᑯᑳᐳᐎᐦᑖᐤ nishtwaaskukaapuwihtaau vai ◆ il/elle en dresse trois (long et rigide)

ᔑᒥᒋᑳᐳᐎᐦᑖᐤ shimichikaapuwihtaau vai+o ◆ il/elle le dresse

ᐎᔨᑳᐳᐎᐦᐋᐤ wiyikaapuwihaau vta ◆ il/elle le/la dresse, met debout dans la bonne position

ᐎᔨᑳᐳᐎᐦᑖᐤ wiyikaapuwihtaau vai+o ◆ il/elle le dresse

ᒌᐱᒋᔑᒫᐤ chiipichishimaau vta ◆ il/elle le/la dresse étendu

ᒋᒥᓲ chimisuu vai -u ◆ il/elle l'érige, est dressé (ex. arbre)

ᒋᒥᑖᐤ chimitaau vii ◆ ça dépasse, c'est dressé

ᒋᒥᔮᐤ chimiyaau vta ◆ il/elle le/la dresse, le/la met debout

ᑯᐃᔅᑯᑳᐳᐎᐦᐋᐤ kuiskukaapuwihaau vta ◆ il/elle le/la dresse bien droit-e

ᓃᔂᔅᑯᑳᐳᐎᐦᑖᐤ niiswaaskukaapuwihtaau vai+o ◆ il/elle dresse deux choses (long et rigide) côte à côte

ᓂᐙᑳᐳᐎᐦᑖᐤ niwaakaapuwihtaau vai+o ◆ il/elle le dresse en position inclinée

ᓂᐙᔮᔅᑯᒧᐦᑖᐤ niwaayaaskumuhtaau vai ◆ il/elle dresse le poteau en position inclinée

ᔮᐃᔨᒋᑳᐴ yaaiyichikaapuu vii -uwi ◆ c'est solide, c'est solidement dressé

ᔮᐃᔨᒋᑳᐳᐎᐦᐋᐤ yaaiyichikaapuwihaau vta ◆ il/elle le/la dresse solidement

ᒌᐱᒋᑳᐳᐎᐦᑖᐤ chiipichikaapuwihtaau vai+o ◆ il/elle le dresse, le met debout, le monte

ᒋᒥᑖᐤ chimitaau vai ◆ il/elle l'installe, le monte ou dresse (par ex. une tente)

ᑎᔅᑭᒫᐹᑭᒧᐦᐋᐤ tiskimaapaakimuhaau vta ◆ il/elle le/la tend, le/la dresse (filiforme) en travers

dresser (se)

ᔑᒥᒋᑳᐴ shimichikaapuu vai -uwi ◆ il/elle se dresse

ᔒᐦᒋᑳᐳᐎᐎᒡ shiihchikaapuwiwich vai pl -uwi ◆ ils se tiennent, se dressent tassés ensemble; elles se tiennent, se dressent tassées ensemble

droit

ᑯᐃᔅᑯᒨ kuiskumuu vii -u ◆ le sentier est tout droit

ᑯᐃᔅᑯᐱᔨᐤ kuiskupiyiu vii ◆ ça va tout droit

ᑯᐃᔅᑯᓯᐤ kuiskusiu vai ◆ il/elle est droit-e

ᑯᐃᔅᒁᒋᓯᐤ kuiskwaachisiu vai ◆ il/elle est droit-e (étalé)

ᑯᐃᔅᒁᑭᓐ kuiskwaakin vii ◆ c'est droit (étalé)

ᑯᐃᔅᒁᐹᒋᓯᐤ kuiskwaapaachisiu vai ◆ il/elle est droit-e (filiforme)

ᑯᐃᔅᒁᐹᑭᓐ kuiskwaapaakin vii ◆ c'est droit (filiforme)

ᑯᐃᔅᒁᐱᐦᒑᐱᔨᐤ kuiskwaapihchaapiyiu vai ◆ il/elle devient droit-e (filiforme)

ᑯᐃᔅᒁᐱᐦᒑᐱᔨᐤ kuiskwaapihchaapiyiu vii ◆ ça devient tout droit

ᑯᐃᔅᒁᐱᓯᔅᒋᓯᐤ kuiskwaapisischisiu vai ◆ il/elle est droit-e (minéral)

ᑯᐃᔅᒁᐱᔅᑳᐤ kuiskwaapiskaau vii ◆ c'est droit (minéral)

ᑯᐃᔅᒁᔅᑯᓯᐤ kuiskwaaskusiu vai ◆ il/elle est droit-e (long et rigide)

ᑯᐃᔅᒁᐤ kuiskwaau vii ◆ c'est droit

ᑎᐧᐃᐦᐄᑭᓐ tiwihiikin ni ◆ une ligne droite coupée dans la forêt, le bois

ᑖᐱᑎᐅ taapitiu p,manière ◆ également, de la même façon ■ ᒥᓯᐧᐊ ᑖᐱᑎᐅ ᒋᑭ ᐧᐄᐦ ᐃᐦᑐᑎᐧᐋᐧᐃᒡ ᐊᐧᐋᓂᒌᕽ ■ misiwaa taapitiu chiki wiih ihtutiwaawich awaanichii. ■ *Tu devrais essayer et traiter tout le monde de la même façon.*

ᐃᔑᐧᐋᔮᐅ ishiwaayaau vii ◆ ça a quatre côtés droits

ᑯᐃᔅᑯᒋᐧᐃᓐ kuiskuchiwin vii ◆ l'eau coule tout droit

ᑯᐃᔅᑯᐦᑯᑖᐅ kuiskuhkutaau vta ◆ il/elle le/la taille bien droit-e

ᑯᐃᔅᑯᐦᑯᑎᒼ kuiskuhkutim vti ◆ il/elle le taille bien droit

ᑯᐃᔅᑯᐦᑎᒋᓯᐅ kuiskuhtichisiu vai ◆ il/elle est droit-e (ex. bois)

ᑯᐃᔅᑯᐦᑎᑳᐅ kuiskuhtikaau vii ◆ le bois est bien droit

ᑯᐃᔅᑯᐦᑎᓐ kuiskuhtin vii ◆ ça s'étend tout droit

ᑯᐃᔅᑯᑳᐳ kuiskukaapuu vai -uwi ◆ il/elle se tient droit-e debout

ᑯᐃᔅᑯᑳᐳᐧᐃᐦᐋᐅ kuiskukaapuwihaau vta ◆ il/elle le/la dresse bien droit-e

ᑯᐃᔅᑯᑯᒋᓐ kuiskukuchin vai ◆ il/elle le suspend bien droit

ᑯᐃᔅᑯᑯᑖᐅ kuiskukutaau vii ◆ c'est pendu tout droit

ᑯᐃᔅᑯᑯᔮᐅ kuiskukuyaau vta ◆ il/elle le/la suspend bien droit-e

ᑯᐃᔅᑯᐧᑳᑖᐅ kuiskukwaataau vta ◆ il/elle le/la coud bien droit-e

ᑯᐃᔅᑯᐧᑳᑎᒼ kuiskukwaatim vti ◆ il/elle le coud bien droit

ᑯᐃᔅᑯᐱᔨᐅ kuiskupiyiu vai ◆ il/elle va tout droit, elle/il conduit tout droit

ᑯᐃᔅᑯᔑᒼ kuiskushim vti ◆ il/elle le coupe bien droit

ᑯᐃᔅᑯᔑᓐ kuiskushin vai ◆ il/elle est étendu-e droit-e

ᑯᐃᔅᑯᔥᑖᐅ kuiskushtaau vai ◆ il/elle le dépose bien droit

ᑯᐃᔅᑯᔥᑎᐧᑳᐅ kuiskushtikwaau vii ◆ la rivière est toute droite

ᑯᐃᔅᑯᔂᐅ kuiskushwaau vta ◆ il/elle le/la coupe bien droit-e

ᑯᐃᔅᑯᓯᓂᐦᐄᒑᐅ kuiskusinihiichaau vai ◆ il/elle écrit en ligne droite

ᑯᐃᔅᐧᑳᐦᑎᓐ kuiskwaahtin vii ◆ c'est un barrage tout droit

ᑯᐃᔅᐧᑳᐹᒋᔑᒼ kuiskwaapaachishim vti ◆ il/elle le coupe droit (filiforme)

ᑯᐃᔅᐧᑳᐹᒋᔂᐅ kuiskwaapaachishwaau vta ◆ il/elle le/la coupe droit-e (filiforme)

ᑯᐃᔅᐧᑳᐹᑭᐦᐋᐅ kuiskwaapaakihaau vta ◆ il/elle le/la dépose bien droit-e (filiforme)

ᑯᐃᔅᐧᑳᐹᑭᒧᐦᐋᐅ kuiskwaapaakimuhaau vta ◆ il/elle le/la suspend bien droit-e (filiforme)

ᑯᐃᔅᐧᑳᐹᑭᒧᐦᑖᐅ kuiskwaapaakimuhtaau vai ◆ il/elle le suspend (filiforme) bien droit

ᑯᐃᔅᐧᑳᐹᑭᒨ kuiskwaapaakimuu vai -u ◆ il/elle est supendu-e (filiforme) bien droit

ᑯᐃᔅᐧᑳᐹᑭᒨ kuiskwaapaakimuu vii -u ◆ c'est suspendu tout droit (filiforme)

ᑯᐃᔅᐧᑳᐹᑭᔥᑖᐅ kuiskwaapaakishtaau vai ◆ il/elle le place en ligne droite

ᑯᐃᔅᐧᑳᐱᐦᒑᐱᔨᐦᐋᐅ kuiskwaapihchaapiyihaau vta ◆ il/elle le/la fait aller tout droit

ᑯᐃᔅᐧᑳᐱᐦᒑᐱᔨᐦᑖᐅ kuiskwaapihchaapiyihtaau vai ◆ il/elle le lance (filiforme) bien droit

ᑯᐃᔅᐧᑳᔅᑯᐦᐋᐅ kuiskwaaskuhaau vta ◆ il/elle le/la place droit-e (long et rigide)

ᑯᐃᔅᐧᑳᔅᑯᐦᑎᑖᐅ kuiskwaaskuhtitaau vai ◆ il/elle le pose droit (long et rigide)

ᑯᐃᔅᐧᑳᔅᑯᓐ kuiskwaaskun vii ◆ c'est droit (long et rigide)

ᑯᐃᔅᐧᑳᔅᑯᔑᒫᐅ kuiskwaaskushimaau vta ◆ il/elle le/la dépose droit-e

ᑯᐃᔅᐧᑳᔅᑯᔥᑖᐅ kuiskwaaskushtaau vai ◆ il/elle le place droit (long et rigide)

ᑯᐃᔅᐧᑳᔅᑯᔥᑖᐅ kuiskwaaskushtaau vii ◆ c'est placé tout droit (long et rigide)

ᒥᔪᔥᑎᐧᑳᔮᐅ miyushtikwaayaau vii ◆ la rivière est bien droite

ᔑᐦᑐᔑᒫᐅ shihtushimaau vta ◆ il/elle le/la dépose tout-e droit-e

ᔑᐦᐧᑖᐹᑭᔥᑖᐅ shihtwaapaakishtaau vii ◆ c'est placé droit (filiforme)

ᔑᐦᐧᑖᔥᑯᔑᓐ shihtwaashkushin vai ◆ il/elle est allongé-e tout droit de tout son long

ᔑᐦᐧᑖᔅᑯᓯᐅ shihtwaaskusiu vai ◆ il/elle est droit-e, raide

ᓯᐦᐧᑖᔅᑯᓯᐅ sihtwaaskusiu vai ◆ il/elle est droit-e, raide (long et rigide)

ᑖᐱᑎᐧᐃᐦᐋᐅ taapitiwihaau vta ◆ il/elle le/la place à niveau, droit

ᑖᐱᑎᐧᐃᔥᑖᐅ taapitiwishtaau vii ◆ c'est placé à niveau, droit

ᑖᐱᑎᐧᐃᓰᐅ taapitiwisiiu vai ◆ il/elle est à niveau, droit-e

ᑎᐱᔥᑯᒋᑳᐳ tipishkuchikaapuu vai -uwi ◆ il/elle est debout, il/elle est placé-e tout-e droit-e

ᑎᐱᔥᑯᒋᑳᐳ tipishkuchikaapuu vii -uwi ◆ c'est placé tout droit, verticalement

ᑎᐱᔥᑯᒋᔥᑖᐅ tipishkuchishtaau vai ◆ il/elle le place verticalement, tout droit

ᑎᐱᔥᑯᒋᔥᑖᐅ tipishkuchishtaau vii ◆ c'est placé verticalement, tout droit

ᒌᐱᒋᔥᑖᐅ chiipichishtaau vai ◆ il/elle le met droit debout, le redresse

ᑭᔥᑭᒑᐳᑖᐅ kishkichaaputaau vai+o [Whapmagoostui] ◆ il/elle scie droit les quatre cotés d'un tronc

ᑯᐃᔅᑯᑯᑖᐅ kuiskukutaau vai+o ◆ il/elle le pend ou suspend bien droit

ᑯᐃᔅᑯᒧᐦᐋᐤ kuiskumuhaau vta ◆ il/elle le/la place dessus ou dedans bien droit-e; il/elle l'aligne

ᑯᐃᔅᒁᐹᒋᔖᐙᐤ kuiskwaapaachishaawaau vai ◆ il/elle découpe du laçage pour raquette en lignes droites

ᑯᐃᔅᒁᐹᑭᒧᐎᒡ kuiskwaapaakimuwich vai pl -u ◆ ils/elles volent en droite ligne, sont suspendu-e-s sur une ligne droite

ᑯᐃᔅᒁᐱᐦᒑᓈᐤ kuiskwaapihchaanaau vta ◆ il/elle le/la tient (filiforme) bien droit-e, dressé

ᑯᐃᔅᒁᐱᐦᒑᓂᒻ kuiskwaapihchaanim vti ◆ il/elle le tient (filiforme) bien droit, dressé

ᑯᐃᔅᒁᐱᐦᑖᐤ kuiskwaapihtaau vii ◆ la fumée monte tout droit

ᑯᐃᔅᒁᐙᔮᐤ kuiskwaawaayaau vii ◆ la ligne de rivage est droite, le littoral est tout droit

ᔑᐦᑤᔥᑭᓈᐤ shihtwaashkinaau vai ◆ il/elle a les bois droits

ᑖᐱᑎᐎᔥᑖᐤ taapitiwishtaau vai ◆ il/elle le/la place à niveau, droit

ᑎᐱᔥᑯᑖᐱᐦᑖᐤ tipishkutaapihtaau vii ◆ la fumée monte tout droit

ᑯᐃᔅᑯᐦᑯᑖᒑᐤ kuiskuhkutaachaau vai ◆ il/elle le taille, le découpe ou le sculpte bien droit

ᑯᐃᔅᑯᑳᐳᐎᐦᑖᐤ kuiskukaapuwihtaau vai ◆ il/elle le pose ou l'installe bien droit; il/elle le met en ligne droite

ᑯᐃᔅᑯᓯᓂᐦᐊᒻ kuiskusiniham vti ◆ il/elle écrit des lignes droites dessus, l'édite

droit chemin

ᐎᓂᐱᑖᐤ winipitaau vta ◆ il/elle le/la détourne du droit chemin

droite

ᐅᓂᐦᐄᐅᓂᐦᒡ unihiiunihch p,lieu ◆ à sa droite ▪ ᐊᓂᑎᐦ ᐅᓂᐦᐄᐎᓂᐦᒡ ᐄᑖᐦᒑ ᐋᑯᑎᐦ ᑳ ᐊᐱᔨᒡᐦ ᐅᑖᒻᐦ᙮ ▪ anitih unihiiwinihch iitaahchaa aakutih kaa apiyichh utaamh. ▪ *Son chien est assis à sa droite.*

droiture

ᑯᐃᔅᑯᑖᑎᓰᐎᓐ kuiskutaatisiiwin ni ◆ la droiture, la vertu

drôle

ᐅᐑᔑᓈᑯᓐ uwiishinaakun vii ◆ ça a l'air drôle

ᐅᐑᓯᓈᑯᓯᐤ uwiisinaakusiu vai ◆ il/elle a l'air drôle

ᐅᐑᑖᔨᐦᑖᑯᓐ uwiitaayihtaakun vii ◆ c'est drôle

ᐅᐑᑖᔨᐦᑖᑯᓯᐤ uwiitaayihtaakusiu vai ◆ il/elle est drôle

ᐅᐑᑖᔨᐦᑎᒻ uwiitaayihtim vti ◆ il/elle pense que c'est drôle

ᐅᐑᑖᔨᒫᐤ uwiitaayimaau vta ◆ il/elle pense que quelqu'un ou quelque chose (animé) est drôle

ᐅᐑᑎᐦᑖᑯᓯᐤ uwiitihtaakusiu vai ◆ à l'entendre il/elle est drôle

ᒨᒋᒑᔨᐦᑖᑯᓯᐤ muuchichaayihtaakusiu vai ◆ il/elle est quelqu'un de drôle, d'amusant-e

ᐅᐑᔑᓈᑯᐦᐋᐤ uwiishinaakuhaau vta ◆ il/elle lui donne l'air drôle

ᐅᐑᔑᓈᑯᐦᑖᐤ uwiishinaakuhtaau vai ◆ il/elle lui donne l'air drôle

du tout

ᓈᔥᑎᔨᔥ naashtiyish p,manière ◆ du tout, tout, complètement, toujours ▪ ᓈᔥᑎᔨᔥ ᒌᐦ ᓅᑯᓂᔨᐅ ᐊᓂᔮ ᑳ ᐃᔑ ᐐᐦᑎᒧᐙᑭᓂᐎᑦ᙮ ❖ ᓈᔥᑎᔨᒡ ᓂᒥ ᓅᐦᒋ ᒋᔅᒑᔨᐦᑖᓐ ᑖᓐ ᒑ ᐃᐦᑎᔮᓐ ᐃᔅᑯᑎᒃ ᑳ ᐐᐦᑎᒫᑭᐎᔮᓐ ᐊᓐ ᑳ ᐃᔅᐱᔨᑯᐱᓈ᙮ ▪ naashtiyish chiih nuukuniyiu aniyaa kaa ishi wiihtimuwaakiniwit. ❖ naashtiyich nimi nuuhchi chischaayihtaan taan chaa ihtiyaan iskutik kaah wiihtimaakiwiyaan an kaa ispiyikupinaa. ▪ *Tout ce qu'on t'a dit s'est réalisé.* ❖ *Je ne savais pas du tout quoi faire quand c'est arrivé.*

duffle

ᑳᐱᐦᒁᐱᑖᒡ kaapihkwaapitaach nip [Wemindji] ◆ un tissu lainé, du tissu pour couverture, du duffle, une couverture en duffle, une couverture de la Baie d'Hudson

ᑳᐱᐦᒁᐱᑖᑭᓂᐎᒡ kaapihkwaapitaakiniwich nip ◆ un tissu lainé, du tissu pour couverture, du duffle, une couverture en duffle, une couverture de la Baie d'Hudson

dune

ᐱᔅᑯᔮᑳᐆ piskuyaakaauu vii -aawi ◆ c'est une dune de sable

ᐅᐱᑖᐅᐦᑳᐤ upitaauhkaau vii ◆ il y a un défilé entre les dunes de sable ou les berges de terre

duodénum

ᐅᑳᐦᑳᒋᐅᐦ ukaahkaachiuh nad ◆ son duodénum

ᐅᑳᐦᑳᒋᐙᐳᐃ ukaahkaachiwaapui ni -um ◆ du bouillon fait de duodénum de lagopède

dur

ᒥᔥᑭᐙᐱᓯᔅᒋᓯᐤ mishkiwaapisischisiu vai ◆ il/elle est dur-e (minéral)

ᒥᔥᑭᐙᐱᔅᑳᐤ mishkiwaapiskaau vii ◆ c'est dur (minéral)

ᒥᔥᑭᐙᔅᑯᓐ mishkiwaaskun vii ◆ c'est dur (long et rigide)

ᒥᔥᑭᐙᔅᑯᓯᐤ mishkiwaaskusiu vai ◆ il/elle est dur-e (long et rigide)

ᒥᔥᑭᐙᐃᐦᑯᓈᐤ mishkiwaaihkunaau na -m ◆ un biscuit de pilote, un biscuit dur

ᐊᓯᓈᐤ asinaau vii ◆ c'est dur quand on touche (par exemple autour d'une blessure ou d'une brûlure)

ᐊᓯᓂᓰᐤ asinisiiu vai ◆ il/elle est dur-e au toucher, sur une partie du corps

ᒥᒑᑭᒋᔥᑎᓐ michaakichishtin vii ◆ la neige est dure, amoncelée par le vent, la tempête

ᒥᔥᑭᐙᒥᔅᑳᐤ mishkiwaamiskaau vii ◆ le fond d'une étendue d'eau est dur

ᒥᔅᑭᐐᓰᐤ miskiwisiiu vai ◆ il/elle est dur-e, fort-e de corps et d'âme

ᓱᐦᒋᔥᑎᒁᓈᐤ suhchishtikwaanaau vai ◆ il/elle est têtu-e, a la tête dure

ᐋᐦᒀᑯᓈᐅᑎᓐ aahkwaakunaautin vii ◆ la neige est bien gelée et dure

ᒌᔅᑳᔅᑯᐱᐅ chiiskaaskupiu vai ◆ il/elle est assis-e sur une surface dure et ça lui fait mal

ᒋᔅᐱᑭᔖᐤ chispikishaau vai ◆ il/elle a la peau dure, épaisse

ᐃᔨᔮᔅᑯᓐ iyiyaaskun vii ◆ la glace n'est pas assez dure pour voyager

ᒥᔥᑭᐧᐃᔅᑭᒥᑳᐤ mishkiwiskimikaau vii ◆ c'est de la mousse dure, de la terre dure

durant

ᒫᒀᒡ maakwaach p,temps ◆ à ce moment-là, pendant, durant ■ ᒫᒀᒡ ᓈᔥᒡ ᒥᔪᐎᓈᑯᓐ ᐧᐃᔨᐐᑎᒥᐦᒡ ᓂᓈᐦᑭᐅ ᐋᐦ ᐄᔑᓈᑯᐦᒡᐦ ᓃᐱᐦ. maakwaach naashch miyuwinaakun wiyiwiitimihch ninaahkiu aah iishinaakuhch-h niipiih. ■ *En ce moment c'est magnifique dehors à cause des couleurs différentes des feuilles.*

durcir

ᒥᔥᑭᐧᐃᐦᑖᐤ mishkiwihtaau vai+o ◆ il/elle le durcit, le rend fort

ᐊᔑᔓᓈᐹᓐ ashishunaapaan ni ◆ quelque chose pour durcir la cordelette d'un collet pour le garder ouvert

ᐋᐦᒑᐦᑭᑎᓲ aahkwaahkitisuu vai -u ◆ il/elle durcit en séchant

ᐋᐦᒑᐦᑭᑎᑖᐤ aahkwaahkititaau vii ◆ ça durcit en séchant

ᒥᔥᑭᐧᐋᐦᑭᑎᓲ mishkiwaahkitisuu vai -u ◆ il/elle durcit en séchant

ᒥᔥᑭᐧᐋᐦᑭᑎᑖᐤ mishkiwaahkititaau vii ◆ ça durcit en séchant

ᒥᔥᑭᐧᐋᑯᓂᑳᐤ mishkiwaakunikaau vii ◆ c'est de la neige durcie

ᒥᔥᑭᐧᐃᐦᐋᐤ mishkiwihaau vta ◆ il/elle le/la durcit, le/la raffermit

ᒥᔅᑭᐧᐃᔅᒋᐐᑳᐤ miskiwischiwikaau vii ◆ c'est de la boue durcie

dure

ᒧᔅᑎᔅᑭᒥᒡ mustiskimich p,lieu ◆ à même le sol, à la dure ■ ᒧᔅᑎᔅᑭᒥᒡ ᒌᐦ ᐱᒥᔑᓐ ᐋᐦ ᒌᐦ ᐧᐃᓂᒋᔅᒋᓯᐨ ᐅᑎᔥᐱᔑᒧᓐ. ■ mustiskimich chiih pimishin aah chiih winichischisit utishpishimun. ■ *Elle devait dormir à même le sol parce qu'elle avait oublié son matelas.*

ᐋᔨᒥᐦᐋᐤ aayimihaau vta ◆ il/elle lui fait la vie dure

ᑳᐅᔖᔮᐤ kaaushaayaau vii ◆ c'est de la peau dure

ᒥᔥᑭᐧᐋᑯᓂᒋᓯᐅ mishkiwaakunichisiu vai ◆ la neige est dure

durée

ᐃᔅᐲᐦᑖᔨᒦᓲ iispiihtaayimiisuu vai reflex -u ◆ il/elle pense qu'il/elle va prendre un certain temps pour faire quelque chose, il/elle cuisine juste assez pour lui/elle-même.

ᐄᐦᑭᒋᔅᑎᒼ iihkichistim vti ◆ il/elle en augmente le prix, la durée

ᐄᐦᑭᒋᔅᑎᒧᐧᐋᐤ iihkichistimuwaau vta ◆ il/elle en augmente le prix, la durée pour lui/elle

ᐄᔅᐲᐦᑖᔨᒫᐤ iispiihtaayimaau vta ◆ il/elle s'attend à ce qu'il/elle en soit capable; il/elle s'attend à ce qu'il/elle va prendre un certain temps

durer

ᐲᓵᑯᓐ piisaakun vii ◆ ça dure longtemps

ᐲᓵᑯᐱᔨᐅ piisaakupiyiu vai ◆ il/elle dure longtemps

ᐲᓵᑯᐱᔨᐤ piisaakupiyiu vii ◆ ça dure longtemps

ᐲᓵᑯᓰᐅ piisaakusiiu vai ◆ il/elle dure longtemps

ᔒᐱᓐ shiipin vii ◆ c'est solide, ça dure

ᐲᓵᑯᐦᐋᐤ piisaakuhaau vta ◆ il/elle le/la fait durer longtemps

ᐲᓵᑯᐦᑖᐤ piisaakuhtaau vai ◆ il/elle le fait durer longtemps

ᐲᓵᑯᓈᐤ piisaakunaau vta ◆ il/elle le/la fait durer longtemps

ᐲᓵᑯᓂᒼ piisaakunim vti ◆ il/elle le fait durer longtemps

ᐲᓵᑯᐱᔨᐦᑖᐤ piisaakupiyihtaau vai ◆ il/elle le fait durer longtemps

durillon

ᐧᐃᔨᑳᔅᒋᑖᓐᐦ wiyikaaschitaanh nid pl ◆ les durillons sur ses pieds, les coussinets de ses pattes (se dit d'un castor)

duvet

ᒫᔥᑎᓂᐲᐧᐄᐦ maashtinipiiwiih ni pl -im ◆ du duvet (volaille)

ᐲᐦᒋᐲᐅᔮᓐ piihchipiiuyaan ni ◆ un sac pour le duvet ou les plumes d'oies

duveteuse

ᐱᐱᔮᔮᑯᓐ pipiyaayaakun na ◆ de la neige légère et duveteuse

dynamite

ᐧᐃᔮᐦᑭᐦᓯᒑᐤ wiyaahkihsichaau vai ◆ il/elle déclenche la dynamite

e

Eastmain

ᐄᓯᒫᓐ iisimaan ni ◆ la communauté de Eastmain

eau

ᐄᔨᐦᑖᐧᐋᐳᐃ iiyihtaawaapui ni ◆ de l'eau sur le sol résultant de la fonte des neiges

ᒀᐱᑳᓈᐳᐃ kwaapikaanaapui ni ◆ de l'eau puisée pour la boire ou autres usages

ᓂᐲ nipii ni -m ◆ de l'eau

ᐊᑐᑎᐹᓯᐧᐋᑭᓐ atutipaasiwaakin ni ◆ un récipient d'eau

ᒋᒧᐎᓈᐳᐃ chimuwinaapui ni ◆ de l'eau de pluie, de l'eau pluviale

ᒋᔥᑖᒫᐧᐋᐳᐃ chishtaamaawaapui ni ◆ de l'eau dans laquelle on a fait tremper du tabac

ᒁᐱᑳᐚᑭᓐ kwaapikaawaakin ni ◆ un seau d'eau

ᒥᔅᒑᒁᐳᐃ mischaakwaapui ni -uum ◆ de l'eau marécageuse

ᒧᔅᒋᐎᓈᐳᐃ muschiwinaapui ni ◆ de l'eau de source

ᒧᔅᒋᐎᓂᐹᒄ muschiwinipaakw ni ◆ une source d'eau potable

ᐱᐦᑯᑖᐚᐳᐃ pihkutaawaapui ni -uum ◆ de l'eau de lessive, lit. 'liquide de cendres' (autrefois, on la cendre de bois servait de savon pour la lessive)

ᔒᐅᐦᑖᑭᓈᐳᐃ shiiuhtaakinaapui ni -m ◆ de l'eau salée

ᔒᐚᐳᐃ shiiwaapui ni -m ◆ de l'eau salée

ᔫᑳᐚᐳᐃ shuukaawaapui ni -m ◆ de l'eau sucrée, de l'anglais 'sugar'

ᓲᐹᐳᐃ suupaapui ni -uum ◆ de l'eau savonneuse

ᑎᐦᒋᑭᒫᐳᐃ tihchikimaapui ni ◆ de l'eau froide

ᐅᐦᑎᐦᐄᐹᓐ uhtihiipaan ni ◆ un trou dans la glace pour boire de l'eau, un endroit pour chercher de l'eau potable

ᐋᔅᑯᐹᔮᒡ aaskupaayaach p,lieu ◆ le bord de l'eau ▪ ᐋᔅᑯᐹᔮᔨᒡ ᐋᑯᑎᐦ ᑳ ᒋᔥᑖᐹᐅᑖᑦ ᐅᑎᔅᒋᐦᒄ. ▪ aaskupaayaayich aakutih kaa chishtaapaautaat utischihkw. ▪ *Il a lavé sa casserole au bord de l'eau.*

ᒋᓯᐹᑯᐦᒡ chisipaakuhch p,lieu ◆ au bord de l'eau (dans l'eau) ▪ ᒋᓯᐹᑯᐦᒡ ᒌᐦ ᐊᑯᐦᒋᒫᐤ ᐊᓂᔮᐦ ᐅᒨᓱᔮᓐᐦ. ▪ chisipaakuhch chiih akuhchimaau aniyaah umuusuyaanh. ▪ *Il faisait tremper ses peaux d'orignal au bord de l'eau.*

ᔑᔓᑎᐹᒡ shishutipaach p,lieu ◆ au bord de l'eau (dans l'eau) ▪ ᓈᑎᐦ ᔑᔓᑎᐹᒡ ᐋᑯᑎᐦ ᑳ ᓅᒋᔥᑖᑦ ᓂᐲᔨᐤ. ▪ naatih shishutipaach aakutih kaa nuuchishtaat nipiiiyiu. ▪ *Elle/Il a joué dans l'eau près du rivage.*

ᑖᐅᑳᒻ taaukaam p,lieu ◆ loin dans ou sur l'eau, loin au milieu du lac, au large ▪ ᔖᔥ ᑖᐅᑳᒻ ᒌᐦ ᐃᐦᑎᑯᓂᔨᐤ ᐊᓂᔮ ᐆᑐᑎᐚᐤ ᑳ ᒨᔑᐦᑖᒡ ᐋᐦ ᐙᐹᔥᑎᓂᔨᒡ. ▪ shaash taaukaam chiih ihtikuniyiu aniyaa uututiwaau kaa muushihtaach aah waapaashtiniyich. ▪ *Leur canot était déjà loin au large quand ils réalisèrent qu'il avait dérivé du rivage.*

ᐋᐳᐏᑯᐦᒋᒫᐤ aapuwikuhchimaau vta ◆ il/elle le/la fait fondre dans l'eau

ᐋᐳᐏᑯᐦᑎᑖᐤ aapuwikuhtitaau vai ◆ il/elle le fait fondre dans l'eau

ᐊᑯᒨ akumuu vai -u ◆ il/elle flotte sur place (par exemple dans un canot ou juste dans l'eau)

ᐊᒁᐹᒋᐱᑎᒻ akwaapaachipitim vti ◆ il/elle le sort de l'eau

ᐊᔓᐹᒋᓈᐤ ashupaachinaau vai ◆ il/elle verse de l'eau sur sa peau

ᐊᓯᐹᒋᔑᓐ asipaachishin vai ◆ on le/la voit avec de l'eau en arrière-fond

ᐄᐦᑳᑯᓂᑖᐤ iihkaakunitaau vai ◆ il/elle met de la neige dans le bouillon pour gélifier le gras, ajoute de la neige à fondre pour faire de l'eau

ᐄᔥᑖᔮᑭᒥᐱᔨᐤ iishtaayaakimipiyiu vii ◆ l'eau devient toute calme

ᐄᔅᐱᐦᑖᑎᒦᐤ iispihtaatimiiu vii ◆ l'eau a une certaine profondeur

ᐄᐚᔑᐤ iiwaashiu vii dim ◆ l'eau est peu profonde

ᐄᔩᐚᐤ iiyiwaau vii ◆ l'eau est peu profonde

ᐃᔅᐱᐦᑖᑎᒦᐤ ispihtaatimiiu vii ◆ l'eau a une certaine profondeur

ᐃᔅᐱᐦᑎᐹᑭᓐ ispihtipaakin vii ◆ l'eau a la bonne profondeur pour voyager, pour placer et vérifier le filet de pêche

ᐃᔨᐦᑭᐦᐄᐹᐤ iyihkihiipaau vai ◆ il/elle écope, vide l'eau

ᑭᔥᑭᐎᐦᑭᒥᐤ kishkiwihkimiu vii ◆ il y a du brouillard sur l'eau

ᒁᐱᒑᐤ kwaapichaau vai ◆ il/elle porte de l'eau, va chercher de l'eau

ᒁᐱᑭᐚᐤ kwaapikiwaau vta ◆ il/elle va lui chercher de l'eau

ᒫᒧᔥᒋᐦᑭᐙᒋᐎᓐ maamushchihkiwaachiwin vii ◆ l'eau bouillonne par en dessous

ᒦᓈᔮᑎᒦᐤ miinaayaatimiiu vii ◆ c'est le seul endroit où l'eau est profonde

ᒥᒥᐦᑳᑎᒁᐤ mimihkaatikwaau vii redup ◆ il y a de gros rouleaux dans l'eau

ᒥᒨᔅᒋᒋᐎᓐ mimuuschichiwin vii ◆ de l'eau sort de terre en faisant des bulles

ᒥᓈᐹᐅᑖᐤ minaapaautaau vai ◆ il/elle l'enlève avec de l'eau

ᒥᓈᐹᐅᔮᐤ minaapaauyaau vta ◆ il/elle l'enlève avec de l'eau

ᒥᓈᑎᒦᐤ minaatimiiu vii ◆ c'est un endroit où l'eau est profonde

ᒥᓂᐦᒁᒥᑭᓐ minihkwaamikin vii ◆ ça prend de l'eau pour se refroidir (ex. un moteur hors-bord)

ᒥᓂᑑᔑᐙᑭᒥᐤ minituushiwaakimiu vii ◆ il y a des insectes dans l'eau

ᒥᔅᑯᒦᐙᑭᒥᐤ miskumiiwaakimiu vii ◆ il y a de la glace dans l'eau

ᒥᑖᐹᐦᑎᐦᐋᐤ mitaapaahtihaau vta ◆ il/elle arrive à une étendue d'eau avec lui/elle

ᒥᑖᐹᔮᐱᔅᑳᐤ mitaapaayaapiskaau vii ◆ l'affleurement rocheux s'étend jusqu'à l'eau

ᒥᑗᐙᒋᐎᓐ mitwaawaachiwin vii ◆ c'est le son de l'eau qu'on entend

ᒥᑗᐙᔮᔑᑭᐆ mitwaawaayaashikiuu vii -iwi ◆ il y a un son d'eau qui coule doucement

ᒥᔪᐹᔮᐤ miyupaayaau vii ◆ c'est bien sur l'eau (on peut aussi le dire après la débâcle pour dire qu'il n'y a plus de glace dans l'eau et qu'on peut voyager)

ᒥᔼᑭᒥᐱᔨᐤ miywaakimipiyiu vii ◆ l'eau bouge tout doucement

ᒥᔮᑭᒥᔑᐤ **miywaakimishiu** vii dim ◆ l'eau est calme

ᒥᔮᑭᒥᐤ **miywaakimiu** vii ◆ l'eau est calme

ᒥᔮᑎᒦᐤ **miywaatimiiu** vii ◆ l'eau a la bonne profondeur

ᒧᓵᓯᐦᔮᐤ **musaasihyaau** vai ◆ il/elle s'envole vers l'eau

ᒧᓵᐅᑳᓯᐦᑎᐦᐋᐤ **musaaukaasihtihaau** vta ◆ il/elle l'emmène, le/la porte jusque dans l'eau

ᒧᔖᐙᒋᐎᓐ **mushaawaachiwin** vii ◆ l'eau se déverse dans une plus grande étendue d'eau

ᒨᔅᒋᐹᒋᓈᐤ **muuschipaachinaau** vta ◆ il/elle le/la sort de l'eau

ᓈᓯᐹᒋᔑᒫᐤ **naasipaachishimaau** vta ◆ il/elle lui échappe, s'enfuit de lui/d'elle vers l'eau

ᓈᓯᐹᒋᔑᒨ **naasipaachishimuu** vai -u ◆ il/elle s'enfuit vers l'eau

ᓈᓯᐹᐦᑎᐦᐋᐤ **naasipaahtihaau** vta ◆ il/elle l'emporte jusqu'à une étendue d'eau

ᓈᓯᐹᐦᔮᐤ **naasipaahyaau** vai ◆ il/elle vole jusqu'à l'eau, la côte

ᓈᑎᐹᐦᐊᒻ **naatipaaham** vti ◆ il/elle va chercher de l'eau en véhicule

ᓃᐦᑖᒥᔅᑳᐤ **niihtaamiskaau** vii ◆ c'est la partie profonde d'une étendue d'eau

ᓃᔓᑯᐦᑎᑖᐤ **niishukuhtitaau** vai ◆ il/elle met deux choses dans l'eau

ᓂᐲᐦᑭᐦᑎᒻ **nipiihkihtim** vti ◆ il/elle y ajoute de l'eau

ᓂᐲᐅᓯᒀᐤ **nipiiusikwaau** vii ◆ il y a de l'eau sur la glace

ᐹᑯᐹᐤ **paakupaau** vai ◆ il/elle fait surface

ᐹᒁᔨᐙᐤ **paakwaayiwaau** vii ◆ l'eau près du rivage est peu profonde

ᐹᔢᐙᔮᐦᐊᓐ **paashwaawaayaahan** vii ◆ le son de l'eau mouvante est proche

ᐱᐦᑯᐹᓵᑳᐤ **pihkupaasaakaau** vii ◆ le rocher va droit dans l'eau

ᐱᐦᑯᐹᔮᐱᔅᑳᐤ **pihkupaayaapiskaau** vii ◆ le rocher va droit dans l'eau

ᐱᐦᒁᐦᐊᓐ **pihkwaahan** vii ◆ le vent casse une fine couche de glace et ça fait de l'eau libre

ᐲᒋᓈᑭᒥᐦᐊᒻ **piichinaakimiham** vti ◆ il/elle remue l'eau avec quelque chose

ᐲᒋᓈᑭᒥᐦᐊᓐ **piichinaakimihan** vii ◆ l'eau est remuée par les vagues

ᐲᒋᓈᑭᒥᐤ **piichinaakimiu** vii ◆ l'eau est trouble, remuée

ᐲᒋᔖᐦᑭᒥᐤ **piichishaahkimiu** vii ◆ la brume s'élève au-dessus de l'eau

ᐲᐦᑖᐹᐅᑖᐤ **piihtaapaautaau** vai ◆ il/elle fait rentrer de l'eau dedans

ᐲᐦᑖᐹᐙᐤ **piihtaapaawaau** vii ◆ l'eau rentre dedans, s'infiltre

ᐲᑳᑭᒫᐦᐊᓐ **piikaakimaahan** vii ◆ l'eau est remuée par les vagues

ᐲᑳᑭᒥᐦᐊᓐ **piikaakimihan** vii ◆ l'eau est trouble

ᐲᑳᑭᒥᐱᔨᐤ **piikaakimipiyiu** vii ◆ l'eau est remuée

ᐱᑭᔥᑎᐙᒋᔑᐦᐙᐤ **pikishtiwaachishihwaau** vta ◆ il/elle le poursuit jusque dans l'eau

ᐱᑭᔥᑎᐙᐦᐙᐤ **pikishtiwaahwaau** vta ◆ il/elle le/la met à l'eau

ᐱᑭᔥᑎᐙᐱᐦᑖᐤ **pikishtiwaapihtaau** vai ◆ il/elle court à l'eau

ᐱᑭᔥᑎᐙᐱᓈᐤ **pikishtiwaapinaau** vta ◆ il/elle le/la jette à l'eau

ᐱᑭᔥᑎᐙᐱᓂᒻ **pikishtiwaapinim** vti ◆ il/elle le jette à l'eau

ᐱᑭᔥᑎᐙᐱᑖᐤ **pikishtiwaapitaau** vta ◆ il/elle le/la tire dans l'eau

ᐱᑭᔥᑎᐙᐱᑎᒻ **pikishtiwaapitim** vti ◆ il/elle tire à l'eau

ᐱᑭᔥᑎᐙᐱᔩᐦᐆ **pikishtiwaapiyihuu** vai -u ◆ il/elle saute à l'eau

ᐱᑭᔥᑎᐙᐱᔨᐤ **pikishtiwaapiyiu** vai ◆ il/elle tombe à l'eau

ᐱᑭᔥᑎᐙᐱᔨᐤ **pikishtiwaapiyiu** vii ◆ ça tombe à l'eau

ᐱᑭᔥᑎᐙᑎᐦᒋᔥᑭᐙᐤ **pikishtiwaatihchishkiwaau** vta ◆ il/elle le pousse à l'eau

ᐱᑭᔥᑎᐙᑎᓯᔅᑭᒻ **pikishtiwaatisiskim** vti ◆ il/elle le fait tomber à l'eau

ᐱᒥᒋᐎᓐ **pimichiwin** vii ◆ il y a un débit d'eau

ᐱᒥᑳᓯᐦᔮᐤ **pimikaasihyaau** vai ◆ il/elle survole l'eau (ex. un oiseau)

ᐱᓵᑎᒦᐤ **pisaatimiiu** vii ◆ il y a un chenal sous l'eau

ᐱᓯᐹᐦᔮᒥᑭᓐ **pisipaahyaamikin** vii ◆ ça (ex. avion) vole au-dessus de l'eau

ᐱᓯᐹᐦᔮᐤ **pisipaahyaau** vai ◆ il/elle (ex. oiseau) survole l'eau de près

ᐱᔮᐦᑳᑭᒥᐤ **piyaahkaakimiu** vii ◆ c'est de l'eau propre

ᐱᔩᔅᑯᐹᔥᑖᐤ **piyiskupaashtaau** vii ◆ il y a de l'eau sur la glace provenant de neige fondue au soleil

ᐴᐦᑖᑭᒥᐱᔨᐦᐋᐤ **puuhtaakimipiyihaau** vta ◆ il/elle le/la laisse tomber dans un récipient d'eau

ᐴᓯᒋᐎᓐ **puusichiwin** vii ◆ l'eau rentre dans le canot lors du voyage

ᓵᒋᐹᑳᐴ **saachipaakaapuu** vai -uwi ◆ il/elle dépasse dans l'eau

ᓵᒋᐹᑯᐦᒋᒫᐤ **saachipaakuhchimaau** vta ◆ il/elle le/la met dans l'eau en laissant dépasser une partie

ᓵᒋᐹᐱᐤ **saachipaapiu** vai ◆ il/elle dépasse de l'eau, en étant assis

ᓵᒋᐹᔥᑖᐤ **saachipaashtaau** vai ◆ il/elle le place dans l'eau avec une partie qui dépasse

ᓵᒋᐹᐤ **saachipaau** vai ◆ il/elle dépasse de l'eau

ᓵᒋᐹᐤ **saachipaau** vii ◆ ça dépasse de l'eau

ᓵᑳᔑᑭᐆ **saakaashikiuu** vii -iwi ◆ l'eau commence à jaillir

ᓵᓰᑭᐦᐄᐹᐤ **saasiikihiipaau** vai ◆ il/elle verse de l'eau d'un contenant à un autre

ᔖᑯᐦᐋᐹᐙᐤ **shaakuhaapaawaau** vii ◆ de l'eau coule en-dessous

ᔖᒁᐹᐙᐤ **shaakwaapaawaau** vii ◆ de l'eau s'infiltre en dessous

ᔖᒁᐹᐙᐤ **shaakwaapaawaau** vai ◆ l'eau transperce ses vêtements

ᔖᐹᔮᐤ **shaapaayaau** vii ◆ de l'eau apparaît sur les lacs et les rivières au printemps

ᔒᐹᐚᐹᐤ **shiipaawaapaau** vii ◆ de l'eau coule dans le passage

ᔒᐹᔮᔑᑭᐏᐦᑖᐤ **shiipaayaashikiwihtaau** vai+o ◆ il/elle fait couler l'eau à travers quelque chose

ᔒᐚᐳᐚᑭᒥᐤ **shiiwaapuwaakimiu** vii ◆ l'eau a un goût salé

ᓯᐢᒌᐚᑭᒥᐤ **sischiiwaakimiu** vii ◆ l'eau est boueuse

ᓲᐳᐚᑭᒥᐱᔨᐤ **suupuwaakimipiyiu** vii ◆ l'eau mousse

ᓲᐳᐚᑭᒥᐤ **suupuwaakimiu** vii ◆ c'est de l'eau savonneuse

ᑖᐦᒋᐹᒋᐦᑎᓐ **taahchipaachihtin** vii ◆ ça touche la surface de l'eau, ça effleure l'eau

ᑖᐦᒋᐹᒋᔑᓐ **taahchipaachishin** vai ◆ il/elle touche l'eau, est au contact de l'eau

ᑎᒦᐤ **timiiu** vii ◆ l'eau est profonde

ᑎᒥᑳᐳᐚᐱᔨᐤ **timikaapuwaapiyiu** vii ◆ l'eau monte

ᑎᒥᑭᓐ **timikin** vii ◆ l'eau monte

ᑎᐢᑭᒥᑳᓯᐦᑎᐦᐋᐤ **tiskimikaasihtihaau** vta ◆ il/elle le fait traverser directement en marchant dans l'eau

ᑎᐢᑭᒥᑳᓯᐦᑎᑖᐤ **tiskimikaasihtitaau** vai ◆ il/elle traverse tout droit en marchant dans l'eau

ᑎᐢᑭᒥᑳᓯᐤ **tiskimikaasiu** vai ◆ il/elle traverse tout droit en marchant dans l'eau

ᑎᐏᐹᔮᐤ **tiwipaayaau** vii ◆ il y a une ouverture d'eau dans la glace sur une rivière au printemps

ᐚᐱᑭᒥᐱᔨᐤ **waapikimipiyiu** vai ◆ l'eau est claire, ce qui signifie que le vent va tomber

ᐚᔖᑭᒫᐤ **waashaakimaau** vii ◆ l'eau est claire

ᐚᔖᔮᑭᒥᐤ **waashaayaakimiu** vii ◆ c'est de l'eau claire

ᐑᓈᑭᒥᐤ **wiinaakimiu** vii ◆ l'eau est sale

ᐏᔨᑯᐦᒋᒫᐤ **wiyikuhchimaau** vta ◆ il/elle le place dans une certaine position sur une étendue d'eau (ex des appelants sur un étang)

ᔮᑳᐚᑭᒥᐤ **yaakaawaakimiu** vii ◆ c'est de l'eau sablonneuse

ᐊᒥᔥᑯᔒᔥ **amishkushiish** na -im ◆ un insecte noire (une bibitte noire) qui vit dans l'eau

ᑰᓈᐳᐃ **kuunaapui** ni -uum ◆ de l'eau obtenue en faisant fondre de la neige

ᒥᒑᐳᐃ **michaapui** ni -um ◆ de l'eau de vaisselle ou de lavage sale, des eaux usées

ᒥᐢᑯᒦᐚᐳᐃ **miskumiiwaapui** ni -um ◆ de l'eau obtenue en faisant fondre de la neige

ᐱᐦᒀᐳᐃ **pihkwaapui** ni -uum ◆ de l'eau de poudre à fusil

ᓰᓯᐹᓈᐳᐃ **siisipaanaapui** ni -m ◆ de l'eau de neige fondue

ᐅᑎᐦᐄᐹᓐ **utihiipaan** ni ◆ un trou fait dans la glace pour chercher de l'eau

ᓈᓯᐹᑎᒥᐦᒡ **naasipaatimihch** p,lieu ◆ au bord de l'eau, près de l'eau ■ ᓈᔥᒡ ᐋᐦ ᒥᐦᒑᑎᒡ ᒋᔮᔥᑯᒡ ᓈᑖᐦ ᓈᓯᐹᑎᒥᐦᒡ ■ naashch aah mihchaatich chiyaashkuch naataah naasipaatimihch. ■ *Il y a beaucoup de mouettes au bord de l'eau.*

ᐋᐦᑖᐴᐦᒑᐤ **aahtaapuuhchaau** vai ◆ il/elle change son eau de lavage

ᐋᐱᒫᐳᑖᐤ **aapimaaputaau** vii ◆ ça dérive vers une zone d'eau calme

ᐊᓯᓈᒥᐢᑰ **asinaamiskuu** vii -uwi ◆ le fond de l'eau en est recouvert de galets

ᐊᐢᑖᒥᐢᑭᐦᐚᐤ **astaamiskihwaau** vta ◆ il/elle le/la coince (par exemple un castor) au fond de l'eau avec quelque chose

ᒌᐦᑳᐦᑎᐚᔥᑖᐤ **chiihkaahtiwaashtaau** vii ◆ il y a de l'eau libre le long du rivage au printemps

ᒌᔥᑳᑎᒦᐤ **chiishkaatimiiu** vii ◆ l'eau est profonde près du rivage

ᒋᐧᔖᐚᒋᐏᓐ **chishwaawaachiwin** vii ◆ le son de l'eau est fort, l'eau est bruyante

ᒋᐢᑖᐢᑯᐱᔨᐤ **chistaaskupiyiu** vii ◆ l'eau déborde sur la glace

ᐄᑖᐆᐦᑳᐹᐙᐤ **iitaauhkaapaawaau** vii ◆ c'est un dessin laissé sur le sable par le mouvement de l'eau

ᐃᔮᐆᐦᑳᔮᐦᐊᓐ **iyaauhkaayaahan** vii ◆ c'est englouti par le courant

ᐃᐧᔮᔥᑎᓈᑭᒥᐤ **iywaashtinaakimiu** vii ◆ l'eau est calme, stagnante

ᑭᐏᒋᐦᑖᐤ **kiwichihtaau** vai+o ◆ il/elle fait un rond dans l'eau, une indication d'un mouvement

ᑯᑖᑎᒧᐚᐦᐊᒻ **kutaatimuwaaham** vti ◆ il/elle vérifie la profondeur de l'eau avec un poteau

ᑰᓂᐲᐅᐱᔨᐤ **kuunipiiupiyiu** vii ◆ la neige ne fond pas dans l'eau quand il neige à cause de la température très basse de l'eau

ᒥᑖᐹᐱᔨᐤ **mitaapaapiyiu** vai ◆ il/elle arrive sur une zone d'eau ou de glace en véhicule

ᒥᑖᐹᐤ **mitaapaau** vai ◆ il/elle arrive à une étendue d'eau ou de glace pendant son voyage

ᒧᔖᐹᔮᐤ **mushaapaayaau** vii ◆ c'est de l'eau libre au printemps

ᒧᔖᐚᒋᔑᓂᒻ **mushaawaachishinim** vti ◆ il/elle le pousse hors de l'eau

ᓈᓯᐹᐦᑎᑖᐤ **naasipaahtitaau** vai ◆ il/elle l'emporte jusqu'au bord de l'eau

ᓈᓯᐹᑐᐎᑖᐤ *naasipaatuwitaau* vta ◆ il/elle l'emporte sur son dos jusqu'à l'eau

ᓃᑭᑖᐅᐦᒋᐹᐤ *niikitaauhchipaau* vii ◆ ça glisse dans l'eau ou dans le trou à cause de la pression de l'eau (ex. du sable, de la terre)

ᓂᑣᑭᒥᓈᐤ *nitwaakiminaau* vai ◆ il/elle tâtonne sous l'eau pour le trouver

ᐹᒁᐤ *paakwaau* vii ◆ l'eau est peu profonde jusqu'à assez loin du rivage

ᐹᒫᑎᒦᐤ *paamaatimiiu* vii ◆ le même niveau d'eau fait une courbe

ᐲᐦᑐᐹᔮᐤ *piihtupaayaau* vii ◆ il y a de l'eau entre deux couches de glace

ᐲᒥᑳᒫᔮᐳᑰ *piimikaamaayaapukuu* vai -u ◆ il/elle se fait emporter de coté par le courant

ᐱᑭᔥᑎᐚᐦᐊᒼ *pikishtiwaaham* vti ◆ il/elle le met à l'eau, le plonge dans l'eau

ᐱᑭᔥᑎᐚᐦᑖᐤ *pikishtiwaahtaau* vai ◆ il/elle entre dans l'eau en marchant

ᐱᑭᔥᑎᐚᐱᔨᐦᐋᐤ *pikishtiwaapiyihaau* vta ◆ il/elle le/la laisse tomber à l'eau

ᐱᑭᔥᑎᐚᐱᔨᐦᑖᐤ *pikishtiwaapiyihtaau* vai ◆ il/elle le laisse tomber à l'eau

ᐱᑯᓵᒋᑭᒥᐤ *pikusaachikimiu* vii ◆ il y a une aire d'eau libre sur la glace

ᐱᔮᐹᐤ *piyaapaau* vii ◆ l'eau arrive jusqu'aux racines de l'arbre

ᐱᔨᔨᐦᑖᐙᒋᐎᓐ *piyiyihtaawaachiwin* vii ◆ le courant d'eau s'entend clairement

ᐴᐦᑖᑭᒥᐱᔨᐦᑖᐤ *puuhtaakimipiyihtaau* vai ◆ il/elle le laisse tomber dans un récipient d'eau, dans un trou dans la glace

ᐳᐚᐹᐙᐤ *puwaapaawaau* vai ◆ il/elle sent l'eau imprégner ses vêtements, ses chaussures

ᓵᒋᐹᑯᐦᑎᓐ *saachipaakuhtin* vii ◆ c'est dans l'eau avec un morceau qui dépasse

ᓵᒋᐹᑯᐦᑎᑖᐤ *saachipaakuhtitaau* vai ◆ il/elle le met dans l'eau avec un bout qui dépasse

ᓵᒋᐹᔥᑖᐤ *saachipaashtaau* vii ◆ c'est dans l'eau avec un morceau qui dépasse

ᔑᑯᐦᐚᐅᑯᐦᒋᓐ *shikuhwaaukuhchin* vai ◆ sa viande (se dit d'un animal mort) ramollit parce qu'on l'a laissé dans l'eau trop longtemps

ᔓᓵᒋᐱᐱᔨᐤ *shusaachipipiyiu* vii ◆ l'eau arrive sur la glace et gèle

ᔔᐹᐱᔨᐤ *shuupaapiyiu* vai ◆ l'eau a des courants rapides intermittents

ᔔᔑᐚᑭᒥᐤ *shuushiwaakimiu* vii ◆ l'eau est calme, lisse

ᔔᔥᒀᒥᔅᒋᐱᔨᐤ *shuushkwaamischipiyiu* vai ◆ il/elle glisse sur une pente rocheuse et tombe dans l'eau

ᓰᓯᐹᐤ *siisipaau* vai ◆ il/elle fait fondre de la neige pour avoir de l'eau

ᓯᓈᔨᐚᓯᒼ *sinaayiwaasim* vti ◆ il/elle a laissé la queue (de castor, de porc-épic, de rat musqué) trop longtemps dans l'eau chaude ce qui rend difficile d'enlever la couche externe

ᓯᓂᐚᓯᒼ *siniwaasim* vti ◆ il/elle l'a laissé dans l'eau chaude trop longtemps pour pouvoir facilement retirer les plumes de la tête et des ailes d'une volaille, la couche externe des pieds de castor ou d'ours, la queue de castor ou de rat musqué

ᑖᐱᔅᑯᑖᑎᒦᐤ *taapiskutaatimiiu* vii ◆ le chenal est droit, le niveau d'eau est le même

ᑖᑐᐹᔮᐤ *taatupaayaau* vii ◆ il y a de l'eau libre sur le lac au printemps ou en hiver

ᑎᐦᑭᔅᑯᐹᔥᑖᐤ *tihkiskupaashtaau* vii ◆ il y a de l'eau provenant de neige fondue sur la glace

ᑎᔅᑭᒥᑳᓯᐦᔮᒥᑭᓐ *tiskimikaasihyaamikin* vii ◆ ça traverse tout droit en volant par-dessus l'eau

ᑎᔅᑭᒥᑳᓯᐦᔮᐤ *tiskimikaasihyaau* vai ◆ il/elle traverse tout droit en volant par-dessus l'eau

ᑎᔅᑭᒥᑳᓯᐱᐦᑖᐤ *tiskimikaasipihtaau* vai ◆ il/elle traverse tout droit en courant dans l'eau peu profonde

ᐅᐦᑖᓯᐲᐤ *uhtaasipiiu* vai ◆ il/elle fait pulser l'eau par ses mouvements là-bas.

ᐅᔅᑎᓯᑯᔥᑖᐤ *ustisikushtaau* vii ◆ il y a de l'eau à la surface de la glace

ᐅᔂᐹᒋᔑᒫᐤ *uswaapaachishimaau* vta ◆ il/elle le/la jette à l'eau en faisant une éclaboussure

ᐅᔂᐹᐦᑎᑖᐤ *uswaapaahtitaau* vai ◆ il/elle le laisse tomber dans l'eau, le jette à l'eau et ça éclabousse

ᐙᓵᒋᐎᓐ *waasaachiwin* vii ◆ la couleur blanche de l'eau indique qu'il y a un rapide

ᐙᓵᔮᒥᔅᑳᐤ *waasaayaamiskaau* vii ◆ le fond de l'eau se voit bien

ᐙᓯᐹᒁᐤ *waasipaakwaau* vii ◆ le fond une étendue d'eau est visible parce que l'eau est claire et peu profonde

ᐙᐙᑳᑎᒦᐤ *waawaakaatimiiu* vii redup ◆ le chenal serpente sous l'eau

ᐑᔅᒌᐹᒁᑭᒥᐤ *wiischiipaakwaakimiu* vii ◆ l'eau a un goût de marécage

ᔮᑳᐙᒥᔅᑳᐤ *yaakaawaamiskaau* vii ◆ le fond de l'eau est sablonneux

ᒌᔥᑳᔨᐙᐤ *chiishkaayiwaau* vii ◆ le fond de l'eau est tout à coup en pente raide

ᐃᔮᒥᔅᑳᐦᐊᓐ *iyaamiskaahan* vii ◆ c'est enterré avec les galets par le courant d'eau

ᑳᐅᑭᒥᐤ *kaaukimiu* vii ◆ la surface de l'eau est encore calme, mais on perçoit les signes du vent qui se lève

ᒥᑖᐹᐦᔮᐤ *mitaapaahyaau* vai ◆ il/elle s'envole vers une étendue d'eau ou de glace; il/elle arrive en avion de l'intérieur des terres

ᒨᓵᐅᑳᓰᐦᑎᑖᐤ musaaukaasihtitaau vai ◆ il/elle le tire de la berge en marchant dans l'eau

ᓂᑎᐦᐅᔮᐤ nitihuyaau vta ◆ il/elle l'emmène en amont de la rivière par voie d'eau ou voie aérienne

ᐱᐦᑯᓵᒋᑭᒥᐅ pihkusaachikimiu vii ◆ il y a de l'eau libre après qu'une fine couche de glace s'est brisée

ᔖᔒᐹᐦᒑᐤ shaashiipaahchaau vai ◆ il/elle rentre sous terre et ressort quand il y a une flaque d'eau

ᑎᒥᑳᐳᐙᔮᐦᐊᓐ timikaapuwaayaahan vii ◆ le niveau d'eau monte du côté sous le vent à cause des vents forts

ᑎᐢᑭᒥᐦᐅᑖᐤ tiskimihutaau vai+o ◆ il/elle le fait traverser une étendue d'eau à la nage ou à la pagaie

ᐅᐢᑎᓯᑯᒋᐎᓐ ustisikuchiwin vii ◆ l'eau coule à la surface de la glace ■ ᔖᔥ ᒌᐦ ᐅᐢᑎᓯᑯᒋᐎᓐ ᑳ ᐹᒋ ᒫᑖᔥᑎᑿᐱᒋᔮᐦᒡ ᓰᐲᐦᒡ ■ shaash chiih ustisikuchiwin kaa paachi maataashtikwaapichiyaahch siipiihch. ■ *Il y avait déjà de l'eau à la surface de la glace quand nous y sommes arrivés à la rivière.*

ᐐᓂᐹᔥᑖᐤ wiinipaashtaau vii ◆ l'eau de neige fondue a mauvais goût

ᐅᓯᐱᐱᔩᐤ usipipiyiu vai ◆ l'eau bouge à cause de l'activité d'un castor, d'un rat musqué ou d'une loutre

eau (sous l')

ᐅᔖᔮᑎᒦᐤ ushaayaatimiiu vii ◆ c'est un récif, une arrête rocheuse sous l'eau

eau chaude

ᐅᑖᐹᒋᑭᐦᓯᒼ utaapaachikihsim vti ◆ il/elle le rétrécit (de la corde en cuir) en le plongeant dans de l'eau trop chaude

eau douce

ᓅᐦᒋᒦᐅᒫᒄ nuuhchimiiumaakw na -im ◆ un poisson d'eau douce, de l'intérieur des terres

eau libre

ᐱᑳᐅᓂᐲ pikwaaunipii ni -m ◆ de l'eau libre sur un lac, une rivière en hiver

ᓵᒋᐢᒁᐦᐄᐹᐤ saachiskwaahiipaau vai ◆ il/elle pose son filet de pêche là où il y a de l'eau libre au printemps

ᐙᐦᐄᑖᐅᐦᒌᓈᐦᐊᒼ waahiitaauhchiinaaham vti ◆ il/elle pagaie le long du rivage là où il y a de l'eau libre au printemps

eau potable

ᐃᔩᐦᐲ iyihpii ni ◆ de l'eau potable

eau salée

ᔒᐅᐦᑖᑭᓈᐳᐃ shiiuhtaakinaapui ni -m ◆ de l'eau salée

ᔒᐙᐳᐃ shiiwaapui ni -m ◆ de l'eau salée

ᔒᐙᐴᒥᐢᑯᒦ shiiwaapuumiskumii ni -m ◆ de la glace d'eau salée

eaux

ᐋᐱᒫᐳᑯ aapimaapukuu vai -u ◆ il/elle dérive jusqu'à des eaux calmes

ᐱᔩᐢᑯᐹᒌᐤ piyiskupaachiiu vai ◆ le bébé crève sa poche des eaux pendant qu'il nait

eaux usées

ᒥᒑᐳᐃ michaapui ni -um ◆ de l'eau de vaisselle ou de lavage sale, des eaux usées

ébahi

ᒥᐢᑳᑖᔨᐦᑎᒼ miskaataayihtim vti ◆ il/elle en est stupéfait-e, ébahi-e

ébahir

ᒥᐢᑳᑖᔨᐦᑎᒥᐦᐋᐤ miskaataayihtimihaau vta ◆ il/elle l'étonne, l'ébahit

éboueur

ᐙᐱᓂᒑᓯᐤ waapinichaasiu na -iim ◆ un éboueur, une éboueuse

éboueuse

ᐙᐱᓂᒑᓯᐤ waapinichaasiu na -iim ◆ un éboueur, une éboueuse

ébrécher

ᑳᐦᒋᔥᑎᐦᐊᒼ kaahchishtiham vti ◆ il/elle l'ébrèche, le frappe légèrement

ᑳᐦᒋᔥᑎᐦᐙᐤ kaahchishtihwaau vta ◆ il/elle l'ébrèche, le/la frappe légèrement

ébriété

ᒌᔥᒁᐹᔥᑳᑰ chiishkwaapaashkaakuu vai -u ◆ il/elle est en état d'ébriété

ébrouer (s')

ᐱᓈᑯᓈᔥᑭᐙᐤ pinaakunaashkiwaau vta ◆ il/elle s'ébroue, secoue ses pieds et la neige tombe sur quelqu'un d'autre

ébullition

ᓰᓂᓱ siinisuu vai -u ◆ le gras est enlevé de la viande par ébullition

écaille

ᐅᐦᐋᑮᐦ uhaakiih nad ◆ ses écailles (se dit d'un poisson)

ᐃᔨᐦᐃᒑᐤ iyihichaau vai [Whapmagoostui] ◆ ce poisson a des écailles

ᑳᐦᑭᐦᐋᒑᓯᐤ kaahkihaachaasiu vai ◆ il (le poisson) a des écailles sèches

écailler

ᐲᐅᐦᐊᒫᒁᐤ piiuhaamaakwaau vai ◆ il/elle écaille le poisson

ᐲᐅᐦᐊᒫᓵᐤ piiuhaamaasaau vai ◆ il/elle écaille le poisson

ᐲᐅᐦᐙᐤ piiuhwaau vta ◆ il/elle l'écaille (le poisson)

écart

ᐹᔩᑯᑳᐴ paayikukaapuu vai -uwi ◆ il/elle se tient à l'écart, tout seul/toute seule

écarté

ᑳᐦᑭᐹᐦᑖᐤ kaahkipaahtaau vai ◆ il/elle marche les jambes écartées

ᑳᐦᑭᐹᑳᐴ kaahkipaakaapuu vai -uwi ◆ il/elle est debout les jambes écartées

ᑳᐦᑭᐹᐱᐦᑖᐤ kaahkipaapihtaau vai ◆ il/elle court les jambes écartées

ᑳᐦᑭᐹᐱᐤ kaahkipaapiu vai ◆ il/elle est assis-e les jambes écartées

ᑳᐦᑭᐹᔑᓐ kaahkipaashin vai ◆ il/elle est couché-e les jambes écartées

écarter
ᑳᐦᑭᐹᓈᐤ kaahkipaanaau vta ◆ il/elle lui écarte les jambes
ᑳᐦᑭᐹᐱᔩᐦᐆ kaahkipaapiyihuu vai -u ◆ il/elle écarte les jambes
ᔑᔖᐦᒀᑎᐦᒑᔨᐤ shishaahkwaatihchaayiu vai ◆ il/elle écarte les doigts
ᑑᐦᒋᐱᑖᐤ tuuhchipitaau vta ◆ il/elle écarte les côtés bien grands (ex. les côtés du cadre de la raquette)
ᑑᐦᒋᐱᔨᐤ tuuhchipiyiu vii ◆ ça s'ouvre en s'écartant
ᑑᐦᑭᐦᐊᒼ tuuhkiham vti ◆ il/elle l'élargit, en l'écartant
ᑑᐦᒋᐱᔨᐤ tuuhchipiyiu vai ◆ il/elle tombe et ses jambes s'écartent, s'ouvrent en s'écartant

écarter (s')
ᐱᑐᑖᐱᐦᑖᐤ pitutaapihtaau vai ◆ il/elle s'écarte , provient de quelque chose

échange
ᒦᔥᑯᒡ miishkuch p,manière ◆ en échange, comme résultat ■ ᐹᒋ ᒥᔨᐦ ᒫ ᐊᓂᐦᐄ ᒋᑎᔨᔅᒋᓯᓐᐦ ᒦᔥᑯᒡ ᒑ ᒥᔨᑖᓐ ᑳ ᐅᔥᑳᒡ ᓂᑎᑯᐦᑉ. ■ paachi miyih maa anihii chitiyischisinh miishkuch chaa miyitaan kaa ushkaach nitikuhp. ■ *Je vais te donner mon nouveau manteau en échange de tes mocassins.*

échanger
ᒦᔥᑯᑎᓈᐤ miishkutinaau vta ◆ il/elle l'échange pour un-e autre
ᒦᔥᑯᑎᓂᒼ miishkutinim vti ◆ il/elle l'échange
ᒦᔥᑯᑐᓂᒼ miishkutunim vti ◆ il/elle l'échange pour un autre
ᒦᔥᑯᑐᓂᒧᐙᐤ miishkutunimuwaau vta ◆ il/elle l'échange avec lui/elle

échapper
ᐅᔑᐦᑎᒼ ushihtim vti ◆ il/elle s'en échappe
ᐐᔨᐐᑎᔑᒫᐤ wiyiwiitishimaau vta ◆ il/elle lui a échappé en sortant
ᒥᒫᐦᒋᒁᐱᔅᑭᐦᐙᐤ mimaahchikwaapiskihwaau vta ◆ il/elle lui passe les menottes; il/elle l'empêche de s'échapper en utilisant des roches comme barricade

échapper (s')
ᔖᑭᒋᐙᒋᔑᒨ shaakichiwaachishimuu vai -u ◆ il/elle s'échappe au courant
ᐹᔥᑖᒋᔑᒨ paashtaachishimuu vai -u ◆ il/elle court dans la mauvaise direction dans sa hâte à s'échapper

écharde
ᒋᑳᐦᑯᓈᐤ chikaahkunaau vai ◆ il/elle a une écharde ■ ᒌᐦ ᒋᑳᐦᑯᓈᐤ ᒫᒀᒡ ᑳ ᒨᐦᑯᑖᒑᑦ. ■ chiih chikaahkunaau maakwaach kaa muuhkutaachaat. ■ *Elle a eu une écharde en sculptant.*

écharner
ᒥᐦᒋᔅᑖᐤ mihchistaau vta ◆ il/elle écharne une peau, enlève la viande avec un grattoir

écharnoir
ᒥᐦᒋᐦᑯᓐ mihchihkun na ◆ un écharnoir, un grattoir fait d'un os pour nettoyer les peaux

écharpe
ᑖᐱᔥᑳᑭᓐ taapishkaakin na ◆ une écharpe, un foulard, une cravate, un fichu

échelle
ᐋᔓᑭᓐ aashukin ni ◆ un pont, un ponton, une échelle
ᐄᔅᒀᐦᑎᐐᐤ iiskwaahtiwiiu vai ◆ il/elle grimpe sur l'échelle, monte les escaliers

écho
ᐱᐱᔑᐦᑎᓐ pipishihtin vii redup ◆ ça fait écho, renvoie en écho
ᐱᐱᔑᔑᓐ pipishishin vai redup ◆ il/elle fait écho, renvoie en écho
ᒌᐦᑳᐙᐤ chiihkaawaau vii ◆ c'est calme et tranquille, là où on peut entendre l'écho
ᐱᐱᓵᐙᔮᔅᑯᐦᑎᓐ pipisaawaayaaskuhtin vii redup ◆ son écho se propage à travers les arbres
ᔖᐙᒋᐎᓐ shaawaachiwin vii ◆ il y a un écho des rapides
ᔑᔑᐙᐦᑎᓐ shishiwaahtin vii ◆ ça sonne, ça fait un écho de métal
ᒌᐙᔮᐤ chiiwaayaau vii ◆ c'est calme et tranquille, là où on peut entendre l'écho

éclabousser
ᓰᑳᐦᐅᑰ siikaahukuu vai -u ◆ il/elle se fait éclabousser en se déplaçant en canot
ᐅᔁᐹᒋᐱᔨᐦᐋᐤ uswaapaachipiyihaau vta ◆ il/elle l'éclabousse
ᐅᔁᐹᒋᐱᔨᐦᑖᐤ uswaapaachipiyihtaau vai ◆ il/elle l'éclabousse
ᐅᔁᐹᑭᐦᐊᒼ uswaapaakiham vti ◆ il/elle l'éclabousse en jetant de l'eau dessus
ᓰᑳᐦᐊᓐ siikaahan vii ◆ ça éclabousse et rentre dedans
ᓯᓂᐹᑎᐦᐄᒑᐱᔨᐤ sinipwaatihiichaapiyiu vii ◆ ça gicle, ça éclabousse
ᐅᔖᐹᒋᔑᓐ ushwaapaachishin vai ◆ il/elle fait des éclaboussures en atterrissant dans l'eau
ᐅᔖᐹᒋᔅᑎᓐ ushwaapaachistin vii ◆ ça fait des éclaboussures en tombant dans l'eau
ᐅᔁᐹᒋᐦᑎᓐ uswaapaachihtin vii ◆ ça tombe et éclabousse
ᐅᔁᐹᑭᐦᐊᒧᐙᐤ uswaapaakihamuwaau vta ◆ il/elle l'éclabousse en jetant de l'eau sur lui/elle
ᐹᔥᑭᔖᒀᐦᑎᓐ paashkishaakwaahtin vii ◆ il pleut si fort que ça éclabousse, c'est une pluie torrentielle
ᐅᔁᔮᐦᐊᓐ uswaayaahan vii ◆ la force du vent fait que les vagues déferlent et l'éclaboussent

éclaboussure
ᐅᔁᐹᒋᐦᑎᑖᐤ uswaapaachihtitaau vai ◆ il/elle le fait tomber dans l'eau avec une éclaboussure
ᐅᔁᐹᒋᔑᓐ uswaapaachishin vai ◆ il/elle tombe à l'eau en faisant des éclaboussures

ᐅᒫᒥᐹᒋᔑᓐ utaamipaachishin vai ◆ il/elle tombe à l'eau en faisant une éclaboussure
ᐅᔂᐹᒋᔑᒫᐤ uswaapaachishimaau vta ◆ il/elle le/la jette à l'eau en faisant une éclaboussure
ᐅᔂᐹᐦᑎᑖᐤ uswaapaahtitaau vai ◆ il/elle le laisse tomber dans l'eau, le jette à l'eau et ça éclabousse

éclair

ᔌᔑᐦᑳᔥᑖᐱᔫ shaashihkaashtaapiyiu vii ◆ il y a de longs éclairs
ᔌᔑᐦᑳᐹᒋᐱᔫ shaashihkaapaachipiyiu vii ◆ la foudre frappe en longs éclairs

éclaircie

ᑭᑳᐦᑎᐱᔅᑳᐤ kikaahtipiskaau vii ◆ il y a des éclaircies pendant la nuit

éclaircir

ᓵᔅᑯᑖᒨ saaskutaamuu vai -u ◆ il/elle s'éclaircit la voix
ᐙᐱᐦᐋᐤ waapihaau vta ◆ il/elle le blanchit, l'éclaircit
ᐙᔅᑭᒫᐱᔅᒋᐦᑖᐤ waaskimaapischihtaau vai+o ◆ il/elle l'éclaircit, le fait briller, le cire (minéral)
ᐙᔅᑭᒫᐱᔅᑭᐦᐙᐤ waaskimaapiskihwaau vta ◆ il/elle l'éclaircit, le/la fait briller, le/la cire (minéral)

éclairer

ᓵᐦᑖᔮᔅᑯᑖᐤ saahtaayaaskutaau vii ◆ ça éclaire l'endroit (ex. une lumière, un feu)
ᐙᔥᑖᓂᑭᐦᑎᐙᐤ waashtaanikihtiwaau vai ◆ il/elle l'éclaire
ᐙᔥᑖᓂᒧᐙᐤ waashtaanimuwaau vta ◆ il/elle l'éclaire pour lui/elle

éclairer (s')

ᐙᔥᑖᓂᒼ waashtaanim vti ◆ il/elle l'éclaire
ᐙᔥᑖᓂᒫᓲ waashtaanimaasuu vai reflex -u ◆ il/elle s'éclaire elle/lui-même

éclat

ᐲᐅᓯᑯᐦᐊᑭᓐ piiusikuhakin ni ◆ des éclats de glace obtenus en ciselant

éclater

ᐹᐦᑳᒑᓈᐤ paahkaachaanaau vta ◆ il/elle le/la fait éclater avec ses mains
ᐹᐦᑳᒑᓂᒼ paahkaachaanim vti ◆ il/elle le fait éclater avec ses mains
ᐹᐦᑳᔥᑭᒼ paahkaashkim vti ◆ il/elle le/la fait éclater avec son pied ou son corps
ᐹᐦᑳᔥᑎᐦᐙᐤ paahkaashtihwaau vta ◆ il/elle le/la fait éclater avec un objet pointu
ᐹᐦᑳᓯᒼ paahkaasim vti ◆ il/elle le fait éclater (ex. du pain mouillé posé sur un furoncle)
ᐹᔅᒋᐱᔨᐤ paaschipiyiu vai ◆ il/elle éclate
ᐹᔅᒋᐱᔨᐤ paaschipiyiu vii ◆ ça éclate
ᐹᐦᑳᒑᐦᐊᒼ paahkaachaaham vti ◆ il/elle le frappe et le fait éclater avec quelque chose
ᐹᐦᑳᒑᐦᐙᐤ paahkaachaahwaau vta ◆ il/elle le/la frappe et le/la fait éclater avec quelque chose
ᐹᐦᑳᐱᑖᐤ paahkaapitaau vta ◆ il/elle le fait éclater avec ses mains, ses ongles, il/elle le/la gratte et le/la fait saigner
ᐹᐦᑳᐱᔫ paahkaapiyiu vii ◆ ça éclate, explose
ᐹᐦᑳᔥᑭᐙᐤ paahkaashkiwaau vta ◆ il/elle l'ouvre en la faisant éclater, le/la fait saigner en utilisant son pied ou son corps
ᐹᐦᑳᔥᑎᐦᐊᒼ paahkaashtiham vti ◆ il/elle l'ouvre en le faisant éclater avec un objet pointu
ᐹᐦᑳᔮᐹᒋᓈᐤ paahkaayaapaachinaau vta ◆ il/elle l'ouvre en le/la faisant éclater à la main (ex. placenta)
ᐹᔥᒋᔥᑭᒼ paashchishkim vti ◆ il/elle le fendille, le fait éclater avec son pied ou son corps
ᐹᔥᑳᐱᔑᓐ paashkaapishin vai ◆ il/elle se fait éclater l'oeil en tombant
ᐹᐦᑳᓈᐤ paahkaanaau vta ◆ il/elle le/la fait éclater, le/la casse pour l'ouvrir avec ses mains
ᐹᐦᑳᓂᒼ paahkaanim vti ◆ il/elle le fait éclater, le casse pour l'ouvrir avec ses mains
ᐹᐦᑳᐱᑎᒼ paahkaapitim vti ◆ il/elle le fait éclater, l'ouvre en le manipulant
ᐹᐦᑳᐱᔫ paahkaapiyiu vai ◆ il/elle éclate, explose, saigne
ᐹᐦᑳᔑᒫᐤ paahkaashimaau vta ◆ il/elle le/la laisse tomber et le/la fait saigner, éclater ou s'ouvrir
ᐹᐦᑳᔮᒋᐐᐦᑖᐤ paahkaayaachiwihtaau vii ◆ ça éclate et s'ouvre par ébullition
ᐹᐦᑳᔮᒋᐐᓲ paahkaayaachiwisuu vai -u ◆ il/elle éclate et s'ouvre par ébullition

éclore

ᐹᔅᑭᐦᐋᐅᓲ paaskihaausuu vai -u ◆ ses oeufs éclosent
ᓵᒋᐱᒌᐤ saachipichiiu vii ◆ les bourgeons éclosent au printemps
ᐙᐱᑯᓃᐤ waapikuniiu vii ◆ les bourgeons poussent, éclosent

école

ᒋᔅᑯᑎᒫᑑᑭᒥᒄ chiskutimaatuukimikw ni ◆ une école

économiser

ᒥᓈᒋᐦᐋᐤ minaachihaau vta ◆ il/elle l'économise, le/la gère avec précaution (ex. de l'argent)
ᒥᓈᒋᐦᑖᐤ minaachihtaau vai+o ◆ il/elle économise, en prend bien soin, l'utilise avec parcimonie

écope

ᒁᐱᐦᐄᑭᓐ kwaapihiikin ni ◆ une écope, une louche
ᒁᐱᐦᐄᐹᓐ kwaapihiipaan ni ◆ une écope, une louche

écoper

ᐄᐦᑭᐦᐄᐹᑎᒼ iihkihiipaatim vti ◆ il/elle l'écope

ᐃᐦᑭᐦᐄᐹᐤ iihkihiipaau vai ◆ il/elle écope, pompe l'eau
ᐃᔨᐦᑭᐦᐄᐹᐤ iyihkihiipaau vai ◆ il/elle écope, vide l'eau

écorce

ᐐᐦᐄᒑᐢᒄ wiihiichaaskw ni -um ◆ de l'écorce
ᐎᔨᔪᒌ wiyiyuchii ni ◆ la partie blanche d'un arbre sous l'écorce
ᑭᐢᒋᒁᐦᐙᓂᐎᑦ kischikwaahwaaniwit ni ◆ un panier en écorce
ᑭᐢᒋᒁᐦᐙᐤ kischikwaahwaau na ◆ n'importe quelle écorce d'arbre utilisée pour faire des contenants ou des couvertures de tipi
ᓃᐱᓈᒁᐦᑎᐙᐤ niipinaakwaahtiwaau ni ◆ de l'écorce grignotée par un porc-épic pendant l'été
ᓈᑐᔥᑯᔮᐤ naatushkuyaau vta ◆ il/elle va chercher de l'écorce de bouleau
ᐹᐱᑯᓯᐦᐄᒑᐢᑯᐱᔨᐤ paapikusihiichaaskupiyiu vai ◆ l'écorce de l'arbre se détache
ᐱᐦᑯᓃᐤ pihkuniiu vai ◆ il/elle a une ampoule, l'écorce de l'arbre peut facilement s'enlever au printemps
ᐙᓯᑭᐦᑎᐙᐤ waasikihtiwaau vta ◆ il/elle ronge l'écorce d'un arbre ou d'un saule qui devient blanc
ᐙᓯᑭᒫᐤ waasikimaau vta ◆ il/elle ronge l'écorce d'un arbre ou d'un saule qui devient blanc
ᐱᐢᑯᑎᓂᐢᒋᐹᑭᓐ piskutinischipwaakin na ◆ le pied d'un arbre dont le porc-épic a mangé toute l'écorce
ᒥᒫᐦᑖᐅᑭᐦᑎᒼ mimaahtaaukihtim vti ◆ il/elle fait des dessins sur l'écorce de bouleau en la mordant
ᒥᓂᐦᐄᐐᑯᐹᐤ minihiiwiikupaau vai ◆ il/elle ramasse de l'écorce de saule pour l'utiliser comme corde
ᒥᓂᑯᐹᐤ minikupaau vai ◆ il/elle ramasse de l'écorce de bouleau pour en faire de la corde
ᒥᒫᐦᑖᐅᐦᑎᐙᐤ mimaahtaauhtiwaau vai ◆ il/elle mord l'écorce de bouleau pour faire des motifs
ᐱᐢᑯᑎᓂᐢᒋᐹᐤ piskutinischipwaau vta ◆ il/elle (ex. porc-épic) mange toute l'écorce sur le pied de l'arbre

écorce de bouleau

ᐐᑯᐲ wiikupii ni ◆ de l'écorce de bouleau utilisée comme ficelle
ᐎᔥᑯᐃ wishkui na -uaam ◆ un bouleau *Betula papyrifera*, de l'écorce de bouleau
ᐎᔥᒑᐆᑦ wishkwaauut ni ◆ un canot d'écorce de bouleau
ᒥᒫᐦᑖᐅᑭᐦᑎᐙᓐ mimaahtaaukihtiwaan ni ◆ des motifs mordillés sur de l'écorce de bouleau

écorcher

ᑖᑐᔮᑭᐦᐄᑭᓐ taatuyaakihiikin ni ◆ un couteau à écorcher

ᐐᔨᐦᐋᐤ wiiyihaau vta ◆ il/elle l'écorche et le/la découpe
ᐱᐦᑯᓂᒑᐤ pihkunichaau vai ◆ il/elle le dépiaute (un animal à fourrure)
ᐱᐦᑯᓂᑎᐦᒁᐤ pihkunitihkwaau vai ◆ il/elle dépiaute un caribou
ᐐᔮᐱᒫᒁᐤ wiiyaapimaakwaau vai ◆ il/elle écorche et découpe une baleine
ᐐᔮᐴᔕᐤ wiiyaapushwaau vai ◆ il/elle écorche et découpe un lièvre
ᐐᔨᒋᔖᔮᒁᐤ wiiyichishaayaakwaau vai ◆ il/elle écorche et découpe un ours
ᐐᔨᒥᐢᒁᐤ wiiyimiskwaau vai ◆ il/elle écorche et découpe un castor
ᐐᔨᒨᔂᐤ wiiyimuuswaau vai ◆ il/elle écorche et découpe un orignal
ᐐᔨᑎᐦᒁᐤ wiiyitihkwaau vai ◆ il/elle écorche et découpe le caribou
ᐎᐦᒋᑯᑎᓯᐎᓐ wihchikutisuwin ni -m ◆ une aire où on écorche et découpe les caribous.
ᐐᔮᐦᒋᒁᐤ wiiyaahchikwaau vai ◆ il/elle écorche et découpe le phoque, la loutre

écossais

ᑳᐱᐹᒥᒑᒡ kaapipaamichaach nip ◆ un tissu écossais plissé, un tissu plissé à carreaux

écoule (s')

ᑯᑖᐙᔑᑭᐤ kutaawaashikiuu vii -iwi ◆ ça s'écoule

écouler (s')

ᐎᐦᒋᒋᐎᔑᐤ wihchichiwishiu vai dim ◆ il/elle s'écoule de là
ᐄᐢᐱᐦᑖᒥᑭᓐ iispihtaamikin vii ◆ ça coule, s'écoule par là
ᔒᑯᐹᒋᑭᐤ shiikupaachikiu vai ◆ il/elle se vide, s'écoule
ᑯᐦᐱᑎᓂᐙᒋᐎᓐ kuhpitiniwaachiwin vii ◆ l'eau s'écoule du lac, de la rivière dans un ruisseau étroit

écouter

ᓈᑭᑎᐙᐱᐦᑎᒼ naakitiwaapihtim vti ◆ il/elle le surveille, garde l'oeil dessus
ᓂᑐᐦᑎᒼ nituhtim vti ◆ il/elle l'écoute
ᓂᑐᐦᑎᐙᐤ nituhtiwaau vta ◆ il/elle l'écoute
ᐱᔑᒋᐦᐋᐤ pishichihaau vta ◆ il/elle l'écoute
ᒫᐦ maah p,interjection ◆ écoute! hé! ■ ᒫᐦ, ᒋᐹᐦᑎᐙᐅᒑ ᓂᒥᐢᒋᐅᐦ ᐹᑣᐙᐎᒡ. ■ maah, chipaahtiwaauchaa nimischiuch paatwaawich. ■ *Écoute, entends-tu l'orage qui approche?*
ᑭᐢᒋᐦᐋᐤ kischihaau vta ◆ il/elle est capable de le faire, réussit à le/la faire l'écouter
ᓈᑭᔑᒋᐦᑎᒼ naakishichihtim vti ◆ il/elle écoute attentivement ce qui est dit
ᓈᑭᔑᔥᒋᐦᐋᐤ naakishishchihaau vta ◆ il/elle écoute attentivement ce qu'il/elle a à dire
ᐱᔑᒋᔥᑎᒼ pishichishtim vti ◆ il/elle est obéissant-e, l'écoute
ᐱᔑᒋᔥᑎᐙᐤ pishichishtiwaau vta ◆ il/elle lui obéit, l'écoute
ᔑᔥᑭᒋᐦᑎᐙᐤ shishkichihtiwaau vta ◆ il/elle en a assez de l'écouter

ᑎᐱᐦᑎᐧᐋᐤ tipihtiwaau vai ◆ il/elle attend et écoute d'abord ce qu'il/elle a à dire

écrasé

ᐅᑑᑳᐤ utuukaau vii ◆ c'est écrasé

écraser

ᐱᒋᔥᒋᔥᑭᐧᐋᐤ pichishchishkiwaau vta ◆ il/elle l'écrase avec le pied ou le corps

ᐱᒋᔥᑭᐦᐊᒼ pichishkiham vti ◆ il/elle l'écrase

ᐱᒋᔥᑭᐦᐧᐋᐤ pichishkihwaau vta ◆ il/elle l'écrase

ᐱᒋᔅᑭᐦᐄᒑᐤ pichiskihiichaau vai ◆ il/elle l'écrase avec quelque chose

ᔑᑯᓈᐤ shikunaau vta ◆ il/elle l'écrase à la main

ᔑᑯᔑᒫᐤ shikushimaau vta ◆ il/elle l'écrase en laissant tomber

ᔑᑯᔥᑭᒼ shikushkim vti ◆ il/elle l'écrase avec son pied ou son corps

ᔑᑯᔥᑭᐧᐋᐤ shikushkiwaau vta ◆ il/elle l'écrase avec le pied ou le corps

ᓈᔥᐧᑖᔨᐦᑎᒼ naashtwaayihtim vti ◆ il/elle est écrasé-e de chagrin

ᐱᒋᔅᒋᓈᐤ pichischinaau vai ◆ il/elle l'émiette ou l'écrase à la main

ᑖᐦᑎᑯᔅᑳᑖᐤ taahtikuskaataau vta redup ◆ il/elle le/la piétine, l'écrase du pied

ᑖᐦᑎᑯᔅᑳᑎᒼ taahtikuskaatim vti redup ◆ il/elle le piétine, l'écrase du pied

écrire

ᐄᒋᔥᑖᐤ iichishtaau vii ◆ c'est écrit d'une certaine façon

ᐄᒋᔥᑖᐤ iichishtaau vai ◆ il/elle écrit d'une certaine façon

ᒥᓯᓈᑖᐤ misinaataau vii ◆ c'est écrit

ᒥᓯᓂᐦᐊᒧᐧᐋᐤ misinihamuwaau vta ◆ il/elle lui écrit

ᒥᓯᓂᐦᐄᒑᔥᑎᒧᐧᐋᐤ misinihiichaashtimuwaau vta ◆ il/elle l'écrit pour lui/elle

ᒥᓯᓂᐦᐄᑳᒑᐤ misinihiikaachaau vai ◆ il/elle écrit avec

ᐧᐃᔨᔥᑖᐤ wiyishtaau vii ◆ c'est écrit

ᐋᐦᑎᓯᓂᐦᐄᑭᓂᐆ aahtisinihiikiniuu vii -iwi ◆ c'est changé (se dit de quelque chose d'écrit)

ᒋᔥᒋᓂᐧᐋᒋᓯᓂᐦᐊᒼ chishchiniwaachisiniham vti ◆ il/elle fait une marque dessus par écrit

ᐄᑎᓯᓂᐦᐊᒼ iitisiniham vti ◆ il/elle écrit, conçoit d'une certaine façon

ᐄᑎᓯᓂᐦᐄᒑᐤ iitisinihiichaau vai ◆ il/elle écrit au sujet de certaines choses, conçoit

ᐄᔨᔨᐅᔥᑖᐤ iiyiyiushtaau vai ◆ il/elle écrit en syllabique

ᐄᔨᔨᐅᔥᑖᐤ iiyiyiushtaau vii ◆ c'est écrit en syllabique

ᐃᔮᐱᔑᔥᑖᔑᐤ iyaapishishtaashiu vai dim ◆ il/elle écrit petit

ᑯᐃᔅᑯᓯᓂᐦᐄᒑᐤ kuiskusinihiichaau vai ◆ il/elle écrit en ligne droite

ᒥᒥᐦᑭᔥᑖᐤ mimihkishtaau vii redup ◆ c'est écrit en gros

ᒥᒥᐦᑯᔥᑖᐤ mimihkushtaau vai redup ◆ il/elle l'écrit en rouge

ᒥᓯᑯᔥᑖᐤ misikushtaau vai ◆ il/elle le barbouille (écriture)

ᒥᓯᓂᐦᐊᒼ misiniham vti ◆ il/elle l'écrit, l'enregistre

ᒥᓯᓂᐦᐧᐋᐤ misinihwaau vta ◆ il/elle écrit, trace des dessins sur lui/elle

ᐱᑯᓄᐧᐃᔥᑖᐤ pikunuwishtaau vai ◆ il/elle écrit sans référence

ᐱᔥᑎᐧᑳᔮᐅᔥᑖᐤ pishtikwaayaaushtaau vai ◆ il/elle écrit en français

ᐱᔥᑎᐧᑳᔮᐅᔥᑖᐤ pishtikwaayaaushtaau vii ◆ c'est écrit en français

ᐅᐧᐃᓂᔥᑖᐤ uwinishtaau vai ◆ il/elle fait une faute en l'écrivant

ᐧᐋᒥᔥᑎᑯᔒᐅᔥᑖᐤ waamishtikushiiushtaau vai ◆ il/elle écrit en anglais

ᐧᐋᒥᔥᑎᑯᔒᐅᔥᑖᐤ waamishtikushiiushtaau vii ◆ c'est écrit en anglais

ᐧᐋᔅᑳᓯᓂᐦᐧᐋᐤ waaskaasinihwaau vta ◆ il/elle l'encercle par écrit

ᐧᐋᐧᐋᑭᔥᑖᐤ waawaakishtaau vai redup ◆ il/elle écrit à la main en cursive

ᐧᐋᐧᐋᑭᔥᑖᐤ waawaakishtaau vii redup ◆ c'est écrit à la main en cursive

ᐧᐋᐧᐋᑭᓯᓂᐦᐊᒼ waawaakisiniham vti redup ◆ il/elle écrit en lettres cursives, en cursive

ᐋᐦᑎᓯᓂᐦᐊᒼ aahtisiniham vti ◆ il/elle est le change en écrivant, le réécrit

ᐊᒋᒋᔥᑖᐤ achichishtaau vai ◆ il/elle le place à l'envers, il/elle écrit à l'envers

ᒋᔥᒋᓂᐧᐋᒋᓯᓂᐦᐧᐋᐤ chishchiniwaachisinihwaau vta ◆ il/elle le/la marque par écrit, l'étiquette

ᐄᑎᓯᓂᐦᐧᐋᐤ iitisinihwaau vta ◆ il/elle l'écrit, le/la conçoit, l'identifie d'une certaine façon

ᒥᓯᐦᑯᓯᓂᐦᐊᒼ misihkusiniham vti ◆ il/elle le barbouille en coloriant ou en écrivant

ᒥᓯᐦᑯᓯᓂᐦᐧᐋᐤ misihkusinihwaau vta ◆ il/elle le/la barbouille en coloriant ou en écrivant

ᒥᓯᓂᐦᐄᒑᐱᔨᐤ misinihiichaapiyiu vii ◆ ça laisse des marques comme des chaussures sur le plancher; c'est utilisé pour écrire, pour taper

ᒥᓯᓂᐦᐄᒑᐤ misinihiichaau vai ◆ il/elle écrit, achète à crédit

ᑎᔅᑭᒥᔥᑖᐤ tiskimishtaau vii ◆ c'est placé, écrit en travers

ᐧᐋᐅᔮᔥᑖᐤ waauyaashtaau vai ◆ il/elle écrit dans un cercle, il/elle le place dans un cercle

ᐧᐋᐅᔮᔥᑖᐤ waauyaashtaau vii ◆ c'est placé, écrit, marqué dans un cercle

ᐧᐃᔨᔥᑖᐤ wiyishtaau vai ◆ il/elle l'écrit, l'indique, le place

ᐄᑎᓯᓈᑖᐤ iitisinaataau vii ◆ c'est écrit, numéroté, marqué, conçu

ᑯᐃᔅᑯᓯᓂᐦᐊᒼ kuiskusiniham vti ◆ il/elle écrit des lignes droites dessus, l'édite

écrit

ᒥᐦᑯᔥᑖᐤ mihkushtaau vii ◆ c'est écrit en rouge

ᒥᒥᐦᑭᔥᑖᐤ mimihkishtaau vai redup ◆ il/elle l'écrit en grand

ᒥᒥᐦᑯᔥᑖᐤ mimihkushtaau vii redup ◆ c'est écrit en rouge

ᐲᔑᔥᑖᔑᐤ piishishtaashiu vii dim ◆ c'est écrit tout petit

ᒥᐦᑯᓯᓈᓲ mihkusinaasuu vai -u ◆ il/elle est coloré-e en rouge, écrit-e en rouge

ᒥᐦᑯᓯᓈᑖᐤ mihkusinaataau vii ◆ c'est écrit en rouge, colorié en rouge

écriture

ᐱᔅᑭᑎᓯᓂᐦᐄᑭᓐ piskitisinihiikin ni ◆ un chapitre, une partie séparée de quelque chose d'écrit ou d'imprimé

ᐱᔅᑭᑎᓯᓂᐦᐄᑭᓂᔥ piskitisinihiikinish ni dim ◆ un vers, une petite partie séparée de quelque chose d'écrit ou d'imprimé

écume

ᐲᔥᑖᐦᐊᓐ piishtaahan vii ◆ il y a de l'écume sur l'eau

ᐲᔥᑖᐤ piishtaau vii ◆ de l'écume sur l'eau, sur un liquide de cuisson

ᐲᔥᑖᐅᐦᐊᓐ piishtaauhan vii ◆ l'eau forme de l'écume à cause des vagues

ᐲᔥᑖᐅᒋᐧᐃᓐ piishtaauchiwin vii ◆ l'eau forme de l'écume à cause du courant rapide

ᐲᔥᑖᐧᐋᒋᐧᐃᓐ piishtaawaachiwin vii ◆ le courant créé de l'écume dans l'eau

ᐲᔥᑖᐧᐋᑭᒥᒋᐧᐃᓐ piishtaawaakimichiwin vii ◆ le courant créé de l'écume dans l'eau

ᓅᐦᑖᐳᐧᐋᐤ nuuhtaapuwaau vai ◆ il/elle trempe une tasse ou une cuillère dans le bouillon, en lèche l'écume ou la graisse

ᐲᔥᑖᐧᐋᒋᐧᐃᐦᑖᐤ piishtaawaachiwihtaau vii ◆ ça bout pour former de l'écume, de la mousse

ᐲᔥᐧᐋᔮᒋᐧᐃᐦᑖᐤ piishwaayaachiwihtaau vii ◆ il se forme de la mousse, de l'écume à la surface de la nourriture lors de la cuisson

écureuil

ᐋᓂᑯᒑᔥ aanikuchaash na -im ◆ un écureuil *Sciurus hudsonicus*

ᐋᓂᑯᒑᔑᐧᐃᓂᐦᐄᑭᓐ aanikuchaashiwinihiikin ni -u ◆ un piège à écureuil

ᐋᓂᑯᒑᔑᐧᐃᔮᓐ aanikuchaashiwiyaan na ◆ une peau d'écureuil

ᔑᐦᒑᔪᐧᐃᓂᑯᒑᔥ shihchaayuwinikuchaash na -im ◆ un grand polatouche (écureuil) *Glaucomys sabrinus*

ᐋᓂᑯᒑᔑᐧᐃᓂᐦᐄᒑᐤ aanikuchaashiwinihiichaau vai ◆ il/elle pose un piège à écureuil

écureuil roux

ᐊᓂᑯᒑᔥ anikuchaash na -im ◆ un écureuil roux *Tamiasciurus hudsonicus*

éditer

ᑯᐃᔅᑯᓯᓂᐦᐊᒼ kuiskusiniham vti ◆ il/elle écrit des lignes droites dessus, l'édite

effacer

ᑳᓰᓯᓂᐦᐊᒼ kaasiisiniham vti ◆ il/elle l'efface

ᑳᓰᓯᓂᐦᐄᒑᐤ kaasiisinihiichaau vai ◆ il/elle efface l'écriture

ᑳᓰᓯᓂᐦᐧᐋᐤ kaasiisinihwaau vta ◆ il/elle l'efface; il/elle efface son nom

ᐲᑯᓯᓂᐦᐋᒼᐧᐋᐤ piikusinihaamwaau vta ◆ il/elle paie ses dettes, efface ce qu'il/elle a écrit

ᐲᑯᓯᓂᐦᐄᒑᐤ piikusinihiichaau vai ◆ il/elle paie ses dettes, efface quelque chose

effacer (s')

ᒥᓈᐹᐧᐋᐤ minaapaawaau vii ◆ ça s'efface, ça s'enlève à l'eau

effacer (se)

ᒋᓰᐱᔩᐤ chisiipiyiu vii ◆ ça s'efface (ex. de l'écriture, une marque)

effet

ᒫᑎᒥᒋᐦᑖᐤ maatimichihtaau vai+o ◆ il/elle commence à en ressentir l'effet

ᒥᔪᒥᐦᒋᐦᑖᐤ miyumihchihtaau vai+o ◆ il/elle en ressent l'effet

effilé

ᒌᐦᑳᓈᔮᐤ chiihkaanaayaau vii ◆ c'est une pointe de terre effilée

effiler

ᒌᐳᐦᐊᒼ chiipuham vti ◆ il/elle l'effile, le taille en pointe avec un outil

ᒌᐳᐦᐧᐋᐤ chiipuhwaau vta ◆ il/elle l'effile avec un outil

ᒌᐳᓯᐤ chiipusiu vai ◆ il/elle est effilé-e

ᒌᓂᐳᔮᐤ chiinipuyaau vta ◆ il/elle l'effile en pointe

ᒌᓈᐱᔅᒋᐳᔮᐤ chiinaapischipuyaau vta ◆ il/elle le lime , l'effile en pointe

effleurer

ᓂᔅᑭᐧᐋᔑᓐ niskiwaashin vai ◆ il/elle l'effleure en passant

effondrer (s')

ᓂᒥᑖᐧᐋᐱᔨᐤ nimitaawaapiyiu vii ◆ ça s'effondre dans la rivière (ex. la berge)

effort

ᐊᐧᐹᔮᔨᐦᑎᒼ apwaayaayihtim vti ◆ il/elle transpire suite à des efforts physiques

ᐃᔨᔨᒫᔨᐦᑖᑯᓯᐤ iyiyimaayihtaakusiu vai ◆ il/elle ne fait pas assez d'efforts, est dans une condition assez faible

ᑖᔥᑎᑳᒌᐤ taashtikaachiiu vai ◆ il/elle hésite à faire quelque chose à cause de l'effort requis

ᑖᔥᑎᑳᑖᔮᔨᐦᑎᒼ taashtikaataayaayihtim vti ◆ il/elle ne veut pas, hésite à le faire à cause de l'effort requis

ᑖᔥᑎᑳᑎᒼ taashtikaatim vti ◆ il/elle ne veut pas poursuivre parce que ça lui demande trop d'efforts

ᐱᐱᑳᓯᔅᒌᔨᐦᑐᑎᒼ **pipikaasischiiyihtutim** vti ◆ il/elle est capable de le faire, il/elle le fait presque sans effort

effrayant

ᑯᔅᑖᓯᐦᑖᑯᓐ **kustaasihtaakun** vii ◆ ça semble épeurant, effrayant

ᑯᔅᑖᓯᓈᑯᓐ **kustaasinaakun** vii ◆ ça a l'air épeurant, effrayant

effrayé

ᐊᒫᐚᓱ *amaawaasuu* vai -u ◆ il/elle est effrayé-e par un coup de fusil et s'enfuit

effrayer

ᑯᔅᑖᓯᐦᑖᑯᓯᐅ **kustaasihtaakusiu** vai ◆ il/elle nous effraie par ses paroles ou ses cris ou par le bruit qu'il/elle fait

ᓯᓵᒋᐦᐋᐤ *sisaachihaau* vta ◆ il/elle l'effraie, lui fait peur

ᐊᒫᐦᐋᐤ *amaahaau* vta ◆ il/elle l'effraie et le/chasse par sa présence

ᐊᒫᐦᑖᐤ *amaahtaau* vta ◆ il/elle effraie et fait s'enfuir le gibier de cet endroit par sa présence

ᐊᒫᐚᔅᐙᐤ *amaawaaswaau* vta ◆ il/elle l'effraie et le fait s'enfuir avec son coup de fusil

ᐊᒷᐚᓯᔅᒑᐤ *amwaawaasischaau* vai ◆ il/elle effraie le gibier et le fait s'enfuir en tirant des coups de feu

ᑯᔥᑖᒋᐦᐋᐤ **kushtaachihaau** vta ◆ il/elle l'effraie, lui fait peur

ᐊᒫᐚᑭᐦᐙᐤ *amaawaakihwaau* vta ◆ il/elle effraie et éloigne le gibier avec ses bruits de hache

ᑯᔥᒁᐚᓱ **kushkwaawaasuu** vai -u ◆ il/elle est effrayé-e par un coup de fusil

ᑯᔥᑖᒋᒫᐤ **kushtaachimaau** vta ◆ il/elle lui fait peur avec des bruits vocaux

ᓵᒋᒫᐤ *saachimaau* vta ◆ il/elle l'effraie par les bruits vocaux qu'il/elle fait

effroi

ᑯᔥᑖᒋᐐᓐ **kushtaachiwin** ni ◆ de la peur, de l'effroi, de la terreur, de l'épouvante, de la panique

effronté

ᓂᓈᐹᐅᒨ **ninaapaaumuu** vai -u ◆ il/elle parle hardiment, effrontément, il/elle se vante

ᓂᓈᐹᐅᔑᐅ **ninaapaaushiu** vai ◆ il/elle est autoritaire, effronté-e, hardi-e

égal

ᑖᐹᓯᔅᒑᐤ **taapaasischaau** vai ◆ c'est l'équinoxe, les jours et les nuits sont de longueur égale

ᑖᑖᐅᔒᐤ **tataaushwaau** vta ◆ il/elle le coupe pour le diviser en parties égales

également

ᑖᐱᑎᐅ **taapitiu** p,manière ◆ également, de la même façon ▪ ᒥᓯᐙ ᑖᐱᑎᐅ ᒋᑭ ᐐᐦ ᐃᐦᑐᑎᐙᐎᒡ ᐊᐙᓂᒌ ▪ **misiwaa taapitiu chiki wiih ihtutiwaawich awaanichii.** ▪ *Tu devrais essayer et traiter tout le monde de la même façon.*

égaliser

ᒫᒦᓈᑯᓂᑭᐦᐄᒑᐤ **maamiinwaakunikihiichaau** vai ◆ il/elle égalise la neige avec un outil

ᑖᐱᑎᐎᐱᑖᐤ **taapitiwipitaau** vta ◆ il/elle l'égalise

ᑖᐱᑎᐎᐱᑎᒼ **taapitiwipitim** vti ◆ il/elle les égalise

ᑎᐦᑎᑯᐦᐊᒼ **tihtikuham** vti ◆ il/elle l'égalise avec un outil

ᑎᐦᑎᑯᐱᔨᐅ **tihtikupiyiu** vai ◆ il/elle s'égalise

ᑎᐦᑎᑯᐱᔨᐅ **tihtikupiyiu** vii ◆ ça s'égalise

ᑎᐦᑎᑯᑖᐅᐦᑭᐦᐊᒼ **tihtikutaauhkiham** vti ◆ il/elle l'égalise (ex. du sable, le sol) avec un outil

ᑎᐦᑎᒁᑯᓈᐦᐊᒼ **tihtikwaakunaaham** vti ◆ il/elle égalise la neige avec un outil

ᑎᐦᑎᒁᑯᓈᑭᐦᐊᒼ **tihtikwaakunaakiham** vti ◆ il/elle égalise de la neige dure en la cassant

ᑎᐦᑎᒁᑯᓂᒋᔥᑭᒼ **tihtikwaakunichishkim** vti ◆ il/elle égalise la neige avec son pied

ᑎᐦᑎᒁᐅᐦᒋᓂᒼ **tihtikwaauhchinim** vti ◆ il/elle l'égalise (sable) avec ses mains

ᑎᐦᑎᑯᐦᑖᐤ **tihtikuhtaau** vai ◆ il/elle l'égalise, l'aplatit

ᑎᐦᑎᑯᔥᑭᒼ **tihtikushkim** vti ◆ il/elle l'égalise avec son pied ou son corps

ᑎᐦᑎᑯᔥᑭᐙᐤ **tihtikushkiwaau** vta ◆ il/elle l'égalise avec son pied ou son corps

égarer

ᐐᓂᐱᒋᔅᑎᓈᐤ **winipichistinaau** vta ◆ il/elle l'égare

ᐐᓂᐱᒋᔅᑎᓂᒼ **winipichistinim** vti ◆ il/elle l'égare

égarer (s')

ᐐᓂᔑᒫᐤ **winishimaau** vta ◆ il/elle lui fait perdre son chemin, s'égarer

église

ᐊᔨᒥᐦᐋᐅᑭᒥᒄ **ayimihaaukimikw** ni ◆ une église

ᐊᔨᒥᐦᐋᐤ **ayimihaau** vai ◆ il/elle va à l'église

égoutture

ᐹᐦᐱᐦᒋᑭᐎᐦᑖᑭᓂᐱᒦ **paahpihchikiwihtaakinipimii** ni redup ◆ des égouttures de graisse de nourriture cuite sur le feu

égratigné

ᐋᔑᐦᑎᓐ **aashihtin** vii ◆ c'est marqué, égratigné

égratigner

ᐋᔑᔑᓐ *aashishin* vai ◆ il/elle est marqué-e, égratigné-e

eider

ᒥᔑᔑᑉ **mishiship** na -im ◆ un eider à duvet, un eider commun, (canard) *Somateria mollissima*

élancer (s')

ᓵᑳᔅᑯᐱᐦᑖᐤ *saakaaskupihtaau* vai ◆ il/elle s'élance en courant dans la clairière

élargir

ᒥᓯᒋᐢᑎᐦᐋᐤ misichistihaau vta ◆ il/elle l'élargit, en fait un plus grand ■ ᒌᐦ ᒥᓯᒋᐢᑎᐦᐋᐤ ᐊᓂᔮᐦ ᐴᑎᓐᐦ ᑳ ᐅᔑᐦᐋᐟ᙮ ■ chiih misichistihaau aniyaah puutinh kaa ushihaat. ■ *Elle fait un grand flan à la vapeur.*

ᑑᐦᑭᐦᐚᐤ tuuhkihwaau vta ◆ il/elle l'élargit, l'ouvre (raquette)

ᐹᓂᐱᑖᐤ paanipitaau vta ◆ il/elle l'étend, l'élargit

ᐹᓂᐱᔨᐤ paanipiyiu vai ◆ il/elle s'ouvre, s'élargit

ᐹᓂᐱᔨᐤ paanipiyiu vii ◆ ça s'ouvre, s'élargit

ᑑᐦᑳᐢᑯᐦᐊᒻ tuuhkaaskuham vti ◆ il/elle l'élargit, l'ouvre avec un bâton

ᑑᐦᑳᐢᑯᐦᐚᐤ tuuhkaaskuhwaau vta ◆ il/elle l'élargit, l'ouvre avec un bâton

ᑑᐦᑭᐦᐊᒻ tuuhkiham vti ◆ il/elle l'élargit, en l'écartant

élargir (s')

ᐹᓂᔖᐚᐱᔨᐤ paanishaawaapiyiu vai ◆ il/elle s'ouvre, s'étend, s'élargit

ᐹᓂᔖᐚᐱᔨᐤ paanishaawaapiyiu vii ◆ ça s'ouvre, s'élargit

ᓵᐦᒁᐱᔨᐤ saahkwaapiyiu vai ◆ il/elle s'élargit, s'évase

électricité

ᓂᒥᐢᒌᐅᔥᑯᑖᐤ nimischiiushkutaau ni -m ◆ de l'électricité

électrique

ᓂᒥᐢᒌᐅᔥᑯᑖᐚᔮᐲ nimischiiushkutaawaayaapii ni -m ◆ du fil électrique

ᐚᔥᑖᓂᒫᑭᓈᔮᐲᐦ waashtaanimaakinaayaapiih ni pl -m ◆ des fils électriques

élévation

ᐱᐢᑯᐢᒋᐢᑳᐤ piskuschiskaau vii ◆ c'est une élévation recouverte de pins

ᐱᐢᑯᐢᑎᐦᒑᐤ piskustihchaau vii ◆ c'est une élévation, le terrain forme une bosse

ᐱᐢᒁᐢᒁᔮᐤ piskwaaskwaayaau vii ◆ c'est une élévation boisée

ᐱᐢᑯᐢᒑᑳᐤ piskuschaakaau vii ◆ c'est une bosse, une élévation dans le muskeg

élevé

ᐊᔥᐱᔑᓐ ashpishin vai ◆ il/elle est couché-e sur un endroit élévé, sur un lit

ᒌᐱᑖᓂᑳᐤ chiipitaanikaau vii [Whapmagoostui] ◆ c'est une île élevée

ᐄᐢᐱᐢᑭᒥᑳᐤ iispiskimikaau vii ◆ c'est un terrain élevé

ᐄᔨᑯᓂᐢᑳᐤ iiyikuniskaau vii ◆ les recouvrements du sommet de l'habitation sont élevés

ᐃᐢᐱᓵᑳᐤ ispisaakaau vii ◆ l'éperon rocheux est élevé

ᑭᐢᒋᐱᐦᒋᐦᑎᓐ kischipihchihtin vii ◆ c'est une chute d'eau soudainement raide et élevée

ᓃᐳᐚᓂᑳᐤ niipuwaanikaau vii ◆ c'est une île élevée

ᐱᐢᒁᐱᐢᑳᐤ piskwaapiskaau vii ◆ c'est un affleurement rocheux élevé

ᐄᔥᐹᓂᑳᐤ iishpaanikaau vii ◆ c'est une île élevée

ᐄᔥᐱᐦᑎᓐ iishpihtin vii ◆ le barrage de castor est élevé

ᑭᐢᒋᓵᑳᐤ kischisaakaau vii ◆ c'est une falaise rocheuse raide et élevée

ᑭᔥᑭᑎᓈᐤ kishkitinaau vii ◆ c'est une montagne aux falaises élevées

ᐲᐦᑎᐏᑎᓈᐤ piihtiwitinaau vii ◆ le pic, le sommet de la montagne est élevé

ᐱᐢᑯᑖᐅᐦᑳᐤ piskutaauhkaau vii ◆ c'est une colline élevée, une pointe de sable

ᐃᔮᐦᒁᐱᐢᑳᐤ iyaahkwaapiskaau vii ◆ ce sont des rochers élevés et dangereux, c'est une montagne aux pentes très raides

élever

ᓂᐦᑖᐅᒋᓈᐤ nihtaauchinaau vta ◆ il/elle l'élève

ᐅᐦᐱᒋᓈᐤ uhpichinaau vta ◆ il/elle l'élève (un enfant)

ᐅᐦᐱᓂᐦᑖᐅᒋᓈᐤ uhpinihtaauchinaau vta ◆ il/elle l'élève (un enfant)

ᐃᔥᐱᐦᑖᐤ ishpihtaau vai+o ◆ il/elle l'élève (en hauteur), il/elle le rend plus élevé

ᓂᐦᑖᐅᒋᐦᐋᐅᓲ nihtaauchihaausuu vai -u ◆ il/elle élève des enfants

ᐲᒋᔖᔮᑭᒥᑖᐤ piichishaayaakimitaau vii ◆ de la vapeur s'élève de l'eau chaude

ᐱᒥᒋᐦᐋᐅᓲ pimichihaausuu vai ◆ il/elle élève des enfants ■ ᒫᒁᒡ ᑳ ᐱᒥᒋᐦᐋᐅᓱᐟ ᐋᑯᑎᐦ ᑳ ᒌ ᐚᐑᐦᑎᒫᑯᐟ ᐅᐦᑯᒻᐦ ᑖᓐ ᒑ ᐃᐦᑐᑎᐚᐟ ᐅᑎᐚᔑᔒᒻᐦ᙮ ■ maakwaach kaa pimichihaausut aakutih kaa chii waawiihtimaakut uhkumh taan chaa ihtutiwaat utiwaashishiimh. ■ *Sa grand-mère lui donnait toujours des conseils quand elle élevait ses enfants.*

ᐱᒥᓈᐤ piminaau vta ◆ il/elle l'élève (comme un parent le fait pour un enfant), il/elle subvient à ses besoins

ᐱᒥᓈᐅᓲ piminaausuu vai -u ◆ il/elle élève des enfants

ᐅᐦᐱᒋᓈᐅᓲ uhpichinaausuu vai -u ◆ il/elle élève des enfants

ᐅᐦᐱᓈᐤ uhpinaau vta ◆ il/elle l'élève, le/la soulève

élever (s')

ᐃᐢᐹᐦᒑᐱᔨᐤ ispaahchaapiyiu vai ◆ il/elle s'élève dans les airs ■ ᒌᐦ ᐃᐢᐹᐦᒑᐱᔨᔨᐤᐦ ᐊᓂᔮᐦ ᑑᐦᐚᓐᐦ ᑳ ᐚᐱᔥᑭᐚᐟ᙮ ■ chiih ispaahchaapiyiyiuh aniyaah tuuhwaanh kaa waapishkiwaat. ■ *Elle s'éleva dans les airs, cette balle qu'elle a frappé.*

ᐃᐢᐹᐦᒑᐱᔨᐤ ispaahchaapiyiu vii ◆ ça s'élève dans les airs

ᐊᑐᐏᐦᐹᐅᐦᑳᐤ atuwihpaauhkaau vai ◆ le sol s'élève graduellement

ᒥᐦᑳᔥᑖᐱᔨᐤ mihkaashtaapiyiu vii ◆ des flammes hautes et brillantes s'élèvent du feu

ᐲᒋᔑᔮᔫ **piichishaayaau** vii ◆ ça s'élève au-dessus de l'eau (ex. brume)

ᐱᒫᐱᐦᑖᐤ **pimaapihtaau** vii ◆ il y a de la fumée qui s'en élève

ᐅᐦᐹᐱᐦᑖᐤ **uhpaapihtaau** vii ◆ la fumée s'élève

ᐅᐦᐱᐦᐅᑖᐤ **uhpihutaau** vai+o ◆ il/elle s'élève dans les airs avec lui/elle

ᒁᐦᑯᑎᐙᐱᔨᐤ **kwaahkutiwaapiyiu** vii ◆ les flammes s'élèvent du feu

ᓵᑳᐱᐦᑖᐤ **saakaapihtaau** vii ◆ la fumée s'élève au-dessus de quelque chose

éliminer

ᐙᐱᔨᐹᑎᒼ **waapiyipaatim** vti ◆ il/elle répand de l'eau tout autour du piège pour éliminer l'odeur humaine

élire

ᐅᒋᒫᐦᑳᓂᐦᒑᐤ **uchimaahkaanihchaau** vai ◆ il/elle l'élit comme chef

elle

ᐋᐤ **aau** pro,dém ◆ est-ce lui? est-ce elle? (c'est-tu lui? c'est-tu elle?) ■ ᐋᐤ ᐋ ᒫᒃ ᐋᓐ ᐃᔅᒁᐤ ᑳᐦ ᒌᔑᓈᑦ ᒋᒨᓱᔮᓐᐦ. ■ aau aa maak an iskwaau kaah chiishinaat chimuusuyaanh. ■ *Est-ce elle la femme qui a tanné ta peau d'orignal?*

ᐋᐎᔨᐅᐦ **aawiyiuh** pro,indéfini ◆ ça pourrait être elle/lui (voir *awaan*) ■ ᐋᔪᐎᑯᓐᐦ ᐱᐦᒋ ᐋᐎᔨᐅᐦ ᐅᑖᓂᔥ ᐋᔥᐱᔑ ᓂᔅᐱᑖᑯᑦ. ■ aayuwikunh pihchi aawiyiuh utaanish aashpishi nispitaakut. ■ *Elle pourrait être sa fille parce qu'elle lui ressemble.*

ᐐᔨ **wiiyi** pro,personnel emphatique 3 3' ◆ elle, lui ■ ᐐᔨ ᑭᔮᐦ ᒌᐦ ᐐᒋᐦᐄᐙᐤ ᑳ ᓈᒋᔥᑎᐦᒋᑯᓈᓂᐎᔨᒡ. ■ wiiyi kiyaah chiih wiichihiiwaau kaa naachishtihchikunaaniwiyich. ■ *Elle suivit les autres quand ils allèrent chercher les provisions cachées.*

ᐋᐅᒄ **aaukw** pro,focus ◆ c'est lui, c'est elle, réponse à quelqu'un qui raconte une histoire ■ ᐋᐅᒄ ᐋᓐ ᓈᐹᔑᔥ ᑳ ᑭᔅᒋᐦᐅᑦ ᐋᐦ ᒋᔅᑐᐦᒋᒑᑦ. ■ aaukw an naapaashish kaa kischihut aah chistuhchichaat.

elles

ᐐᔨᐙᐤ **wiiyiwaau** pro,personnel emphatique 3p 3'p ◆ elles, eux ■ ᐐᔨᐙᐤ ᒋᑭ ᐹᑖᐎᒡ ᐊᓂᔮᐦ ᐊᐱᐦᒁᓲᓐᐦ ᑳ ᐅᔥᑳᔨᒡᐦ. ■ wiiyiwaau chiki paataawich aniyaah apihkwaasunh kaa ushkaayich-h. ■ *Eux, ils apporteront la nouvelle toile pour le tipi.*

éloge

ᒫᒥᐦᒋᒫᐤ **maamihchimaau** vta ◆ il/elle fait son éloge

ᒥᐧᔮᒋᒫᐤ **miywaachimaau** vta ◆ il/elle dit du bien de lui/d'elle; il/elle fait l'éloge de quelqu'un ou quelque chose (animé)

éloges

ᒫᒥᐦᒋᒥᑯᓰᐤ **maamihchimikusiiu** vai ◆ il/elle est digne d'éloges

éloigné

ᔮᐙᐱᒫᐤ **yaawaapimaau** vta ◆ il/elle est loin de lui/d'elle

éloigner

ᒥᔨᐙᐦᐋᐤ **miyiwaahaau** vta ◆ il/elle l'éloigne par ses actes, son attitude

ᒧᔒᐙᑯᐦᑎᑖᐤ **mushaawaakuhtitaau** vai ◆ il/elle l'éloigne du rivage en le dirigeant, le gouvernant

ᒧᔒᐙᐱᐦᐊᒼ **mushaawaapiham** vti ◆ il/elle le pousse pour qu'il s'éloigne du rivage

ᒧᔒᐙᑎᔑᓈᐤ **mushaawaatishinaau** vta ◆ il/elle le/la pousse pour qu'il/elle s'éloigne du rivage

éloigner (s')

ᐄᒑᐦᑎᐦᐋᐤ **iichaahtihaau** vta ◆ il/elle s'éloigne avec lui/elle

ᐱᑐᑖᐱᔨᐤ **pitutaapiyiu** vii ◆ ça s'éloigne

ᐊᑎᒫᐳᑰ **atimaapukuu** vai-u ◆ il/elle s'éloigne en flottant

ᐊᑎᒫᐳᑖᐤ **atimaaputaau** vii ◆ ça s'éloigne en flottant

ᐊᑎᒥᑳᓯᐤ **atimikaasiu** vai ◆ il/elle s'éloigne en pataugeant dans l'eau

ᐊᑎᒥᑯᑖᐤ **atimikutaau** vii ◆ ça s'éloigne en volant

ᐊᑎᒥᑖᐹᐤ **atimitaapaau** vai ◆ il/elle s'éloigne en tirant quelque chose

ᐊᑎᐧᒫᑎᒼ **atimwaatim** vti ◆ il/elle s'éloigne en marchant et en émettant des bruits vocaux

ᒋᔥᑖᔥᑎᓐ **chishtaashtin** vii ◆ ça s'éloigne (en bateau)

ᒋᔅᑐᐦᑎᐦᐋᐤ **chistuhtihaau** vta ◆ il/elle s'éloigne en marchant avec lui/elle

ᐄᒑᐦᑖᐤ **iichaahtaau** vai ◆ il/elle s'éloigne, s'enlève du chemin

ᒧᔒᐙᐱᔨᐤ **mushaawaapiyiu** vai ◆ il/elle s'éloigne du rivage

ᒧᔒᐙᐱᔨᐤ **mushaawaapiyiu** vii ◆ ça s'éloigne du rivage

ᐱᑐᑖᐱᔨᐤ **pitutaapiyiu** vai ◆ il/elle s'éloigne, se perd

ᐙᐹᐳᑖᐤ **waapaaputaau** vii ◆ ça s'éloigne en flottant

ᐊᑎᒥᔥᑳᐤ **atimishkaau** vai ◆ il/elle s'éloigne à la nage, en pagayant

ᒫᒌᐤ **maachiiu** vai ◆ il/elle part, s'en va, s'éloigne à pied

ᒧᔒᐅᐦᐊᒼ **mushaauham** vti ◆ il/elle s'éloigne du rivage en pagayant ou à la nage

ᐊᑎᒧᐎᑖᐤ **atimuwitaau** vai, vai+o ◆ il/elle s'éloigne à pied avec une charge sur son dos (en s'éloignant de celui ou de celle qui parle) ■ ᐊᑎᒧᐎᑖᐤ ᐊᓂᔮ ᒦᒋᒥᔨᐤ ᑳ ᐊᔑᒥᒃ. ■ atimuwitaau aniyaa miichimiyiu kaa ashimik. ■ *il/elle s'éloigne à pied en transportant sur son dos la charge de nourriture que je lui ai donnée.*

ᒋᐦᒋᒋᒫᐤ **chihchichimaau** vai ◆ il/elle commence à pagayer, à s'éloigner à la nage

éloquence

ᑭᒑᐦᑖᐙᐤ **kichaahtaawaau** vai ◆ il/elle parle avec éloquence

émaner
ᐧᐄᐦᒌᒫᐅᓵᐧᐋᐤ wiichishtaamaausaawaau vai ◆ il/elle émane une odeur de tabac

emballage
ᐧᐋᐧᐋᒋᔅᑎᐦᐊᒼ waawaachistiham vti redup ◆ il/elle coud un emballage tout autour
ᐧᐋᐧᐋᒋᔅᑎᐦᐧᐋᐤ waawaachistihwaau vta redup ◆ il/elle coud un emballage tout autour de lui/elle

emballe
ᐧᐋᐧᐋᒋᓂᒼ waawaachinim vti redup ◆ il/elle l'emballe

emballer
ᐱᔅᑯᔮᒋᓂᒼ piskuyaachinim vti ◆ il/elle l'emballe
ᐧᐋᐧᐋᒋᓈᐤ waawaachinaau vta redup ◆ il/elle l'emballe
ᐧᐄᔅᑳᔮᒋᓈᓲ wiiskwaayaachinaasuu vai -u ◆ il/elle est emballé-e dans quelque chose (étalé)
ᐧᐄᔅᑳᔮᒋᓈᐤ wiiskwaayaachinaau vta ◆ il/elle l'emballe dans quelque chose (étalé)
ᐧᐄᔅᑳᔮᒋᓂᒼ wiiskwaayaachinim vti ◆ il/elle l'emballe dans quelque chose (étalé)
ᐧᐄᔅᑳᔮᒋᐱᔨᐦᐋᐤ wiiskwaayaachipiyihaau vta ◆ il/elle l'emballe dans quelque chose (étalé)
ᐧᐄᔅᑳᔮᒋᐱᔨᐦᑖᐤ wiiskwaayaachipiyihtaau vai ◆ il/elle l'emballe dans quelque chose (étalé)
ᐧᐄᔅᑳᔮᒋᓂᑭᓐ wiiskwaayaachinikin ni ◆ du papier d'emballage, un emballage
ᓃᒫᐧᐃᓂᐦᒑᐤ niimaawinihchaau vai ◆ il/elle emballe sa nourriture pour le voyage
ᓰᐦᑎᔅᒋᓂᐦᐋᐤ siihtischinihaau vta ◆ il/elle l'emballe en serrant bien
ᓰᐦᑎᔮᒋᓈᐤ siihtiyaachinaau vta ◆ il/elle l'emballe en serrant bien dans quelque chose (étalé)
ᓰᐦᑎᔮᒋᓂᒼ siihtiyaachinim vti ◆ il/elle l'emballe en serrant bien
ᐧᐋᐧᐋᑳᐱᑎᒋᓂᒼ waawaakaapitichinim vti redup ◆ il/elle emballe la lame du couteau ou de la hache avec quelque chose
ᐧᐋᐧᐋᑭᐦᐋᐤ waawaakihaau vta redup ◆ il/elle l'emmitoufle, l'emballe dans quelque chose (étalé)
ᐧᐄᔅᑳᔮᑭᐦᐱᑎᒼ wiiskwaayaakihpitim vti ◆ il/elle l'emballe et le ficelle
ᓈᐦᐋᐧᐄᐤ naahaawiiu vai ◆ il/elle emballe de façon compacte et ordonnée
ᓰᐦᑎᔅᒋᓈᐤ siihtischinaau vai ◆ il/elle est emballé-e serré-e, de façon compacte
ᓰᐦᑎᔅᒋᓂᑖᐤ siihtischinitaau vai ◆ il/elle l'emballe en serrant bien
ᑎᑎᐱᓈᐱᐦᑳᑖᐤ titipinaapihkaataau vta redup ◆ il/elle l'attache dessus en l'emballant, en l'enroulant autour
ᑎᑎᐱᓈᐱᐦᑳᑎᒼ titipinaapihkaatim vti redup ◆ il/elle l'attache dessus en l'emballant, en l'enroulant plusieurs fois autour
ᐧᐋᐧᐋᑭᐦᐱᑖᐤ waawaakihpitaau vta redup ◆ il/elle l'emballe dans quelque chose puis le ficelle, il/elle l'empaquette
ᐧᐋᐧᐋᑭᐦᐱᑎᒼ waawaakihpitim vti redup ◆ il/elle l'emballe dans quelque chose puis le ficelle, il/elle l'empaquette
ᐧᐄᔅᑳᔮᑭᐦᐱᑖᐤ wiiskwaayaakihpitaau vta ◆ il/elle l'emballe et le/la ficelle en un ballot
ᐧᐄᔅᑳᔮᑭᐦᐱᑖᐤ wiiskwaayaakihpitaau vii ◆ c'est emballé et ficelé en un ballot
ᐧᐄᐅᑎᐦᑳᓲ wiiutihkaasuu vai reflex -u ◆ il/elle prépare sa charge, emballe ses affaires, sa nourriture, etc.

embarquer
ᐴᓯᐤ puusiu vai ◆ il/elle embarque, monte dans un véhicule

embarrassé
ᐱᐱᒫᒥᐦᑎᐧᐋᐤ pipimaamihtiwaau vta redup ◆ il/elle est embarrassé-e par ce qu'il/elle a dit
ᐱᒫᒥᓰᐤ pimaamisiiu vai ◆ il/elle est embarrassé-e, timide

embarrasser
ᐊᐧᐋᓂᐦᑎᒋᐦᐄᐧᐋᐤ awaanihtichihiiwaau vai ◆ il/elle cause de l'embarras
ᐱᒫᒥᓈᑯᓯᐤ pimaaminaakusiu vai ◆ son apparence embarrasse les autres
ᐱᒫᒥᓂᐧᐋᐤ pimaaminiwaau vta ◆ il/elle l'embarrasse par son apparence
ᔖᒄᐧᐋᔨᒧᐦᐄᐧᐋᐤ shaakwaayimuhiiwaau vai ◆ il/elle l'embarrasse
ᐊᐧᐋᓂᐦᑎᒋᐦᐋᐤ awaanihtichihaau vta ◆ il/elle l'embarrasse, le/la fait se sentir gêné
ᑯᔥᒀᔨᒫᐤ kushkwaayimaau vta ◆ il/elle est embarrassé-e, rendu-e perplexe par ses actions

embaucher
ᐅᑖᔅᑯᓈᐤ utaaskunaau vta ◆ il/elle l'engage, l'embauche

embêtant
ᐅᐦᑳᑖᔮᔨᒫᐤ uhkaataayaayimaau vta ◆ il/elle le/la trouve embêtante

embêter
ᑭᔅᒑᔨᐦᑎᒥᐦᐋᐤ kischaayihtimihaau vta ◆ il/elle l'embête, fait en sorte qu'il/elle soit agacé-e

embouchure
ᐲᐦᒋᔥᑑ piihchishtuu p,lieu ◆ à l'embouchure de la rivière ▪ ᓈᔥᒡ ᐊᐦ ᒌᐦ ᒥᐦᒑᑎᒡ ᔒᔒᐱᒡ ᐊᓂᑖᐦ ᐲᐦᒋᔥᑑ ᐊᓂᔮ ᓰᐲᔨᐅ. ▪ naashch aah chiih mihchaatich shiishiipich anitaah piihchishtuu aniyaa siipiiyiu. ▪ *Il y avait beaucoup de canards à l'embouchure de la rivière.*
ᐲᐦᒋᔥᑎᐧᐋᔑᐤ piihchishtiwaashiu vai ◆ il/elle entre dans l'embouchure de la rivière

ᐲᐦᒋᔥᑐᐃᐦᐊᒼ piihchishtuwiham vti ◆ il/elle pagaie dans l'embouchure de la rivière, du cours d'eau
ᐲᐦᒋᔥᑐᐃᐦᐅᑖᐤ piihchishtuwihutaau vai+o ◆ il/elle elle l'apporte à l'embouchure de la rivière par véhicule à moteur
ᐲᐦᒋᔥᑐᐃᐦᔮᒥᑭᓐ piihchishtuwihyaamikin vii ◆ ça entre en volant dans l'embouchure de la rivière (ex. avion)
ᐲᐦᒋᔥᑐᐃᐦᔮᐤ piihchishtuwihyaau vai ◆ il/elle entre en volant dans l'embouchure de la rivière
ᐲᐦᒋᔥᑐᐃᑯᐦᑎᓐ piihchishtuwikuhtin vii ◆ le canot est à l'embouchure de la rivière, du ruisseau, de la baie
ᐲᐦᒋᔥᑐᐃᐱᔨᐤ piihchishtuwipiyiu vai ◆ il/elle va à l'embouchure de la rivière
ᐲᐦᒋᔥᑐᐃᐱᔨᐤ piihchishtuwipiyiu vii ◆ ça va, ça se rend à l'embouchure de la rivière
ᐲᐦᒋᔥᑐᐃᔥᑭᒼ piihchishtuwishkim vti ◆ il/elle marche jusqu'à l'embouchure de la rivière
ᐐᔨᐧᐋᐤ wiyiwaau vii ◆ c'est l'embouchure d'une rivière vers un lac ou une autre rivière
ᐐᔫᔥᑭᒼ wiyuushkim vti ◆ il/elle marche jusqu'à l'embouchure
ᐐᔪᐃᐦᐊᒼ wiyuwiham vti ◆ il/elle pagaie jusqu'à l'embouchure
ᓵᒋᔅᑎᐧᐋᐤ saachistiwaau vii ◆ c'est la sortie d'un lac, l'embouchure du lac
ᐑᔪᐃᐦᑯᐹᐤ wiiyuwihkupaau vii ◆ il y a des saules jusqu'à l'embouchure

embourbé

ᒋᑭᒨᔅᒋᐧᐋᐤ chikimuschiwaau vai ◆ il/elle est embourbé-e

embourber (s')

ᒋᔅᑖᐅᔅᒋᐧᐋᐱᔨᐤ chistaauschiwaapiyiu vai ◆ il/elle s'embourbe
ᑯᑖᐅᔅᒋᐧᐋᐱᔨᐤ kutaauschiwaapiyiu vii ◆ ça s'enfonce dans la boue, s'embourbe

embraser (s')

ᒑᐦᑳᔥᑖᐱᔨᐤ chaahkaashtaapiyiu vii ◆ le feu s'embrase et les flammes s'élèvent vives et hautes

embrasser

ᐅᒑᐦᑎᒼ uchaahtim vti ◆ il/elle l'embrasse
ᐅᒑᒫᐤ uchaamaau vta ◆ il/elle l'embrasse
ᐧᐋᐅᒋᓈᐤ waauchinaau vta ◆ il/elle l'embrasse
ᐧᐋᐅᒋᐱᑖᐤ waauchipitaau vta ◆ il/elle l'embrasse
ᐅᒑᒥᔅᑲᐧᐋᐧᐋᐤ uchaamiskwaawaau vai ◆ il embrasse une femme

embrasser (s')

ᒸᐦᑲᐧᒑᐤ mwaahkwaachaau vai ◆ il/elle surprend des gens en train de s'embrasser, de faire l'amour

émerger

ᒨᔅᒋᐹᐱᔨᐤ muuschipaapiyiu vai ◆ il/elle sort de l'eau, émerge
ᒨᔥᒋᐹᒋᔥᑭᒼ muushchipaachishkim vti ◆ il/elle le fait émerger de l'eau avec son pied ou son corps
ᒨᔥᒋᐹᒋᔥᑭᐧᐋᐤ muushchipaachishkiwaau vta ◆ il/elle le/la fait émerger de l'eau avec son pied
ᒨᔥᒋᔥᑭᐧᐋᐤ muushchishkiwaau vta ◆ il/elle le/la fait sortir, émerger avec son pied
ᐋᒋᐦᒋᒨ aachihchimuu vai -u ◆ il/elle reste coincé-e sur une île ou une banc de sable à cause de la marée montante
ᐃᔨᐦᑭᓲ iyihkisuu vai -u ◆ il/elle émerge de l'eau, il/elle se retrouve à sec et en hauteur
ᒨᔅᒋᐹᐱᔨᐤ muuschipaapiyiu vii ◆ ça émerge, sort de l'eau
ᒨᔅᒋᔥᑭᒼ muuschishkim vti ◆ il/elle le fait sortir, émerger, avec son pied ou son corps
ᐹᑲᐧᐋᑯᓂᒋᐱᔨᐦᐆ paakwaakunichipiyihuu vai -u ◆ il/elle émerge de la neige
ᒨᔥᒋᑭᐧᐋᒋᒋᐃᓐ muushchikiwaachichiwin vii ◆ il y a un courant fort qui émerge par en dessous

émettre

ᐊᐱᓵᐧᐋᐤ apisaawaau vai ◆ ça émet de la chaleur (par exemple, le poêle)
ᒋᔅᑗᐧᐋᐱᔨᐤ chistwaawaapiyiu vai ◆ il/elle fait un son, émet un son
ᒌᐦᑳᐧᐋᐱᔨᐦᑖᐤ chiihkaawaapiyihtaau vai ◆ il/elle le fait émettre un son clair

émietter

ᐱᒋᔅᒋᓈᐤ pichischinaau vai ◆ il/elle l'émiette ou l'écrase à la main

emmêlé

ᐱᔂᐹᒋᔑᓐ piswaapaachishin vai ◆ il/elle s'emmêle (filiforme) dedans
ᐱᔂᐹᒋᔅᑎᓐ piswaapaachistin vii ◆ c'est (filiforme) emmêlé dedans
ᐧᐋᐅᓈᑖᐱᐦᒑᐱᔨᐤ waaunaataapihchaapiyiu vai ◆ il/elle est emmêlé-e (filiforme)
ᐧᐋᐅᓈᑖᐱᐦᒑᐱᔨᐤ waaunaataapihchaapiyiu vii ◆ c'est emmêlé (filiforme)
ᐑᔅᑲᐧᔮᒋᐱᔨᐤ wiiskwaayaachipiyiu vii ◆ c'est emmêlé dans quelque chose (étalé)
ᐑᔅᑲᐧᔮᒋᐱᔨᐤ wiiskwaayaachipiyiu vai ◆ il/elle est emmêlé-e dans quelque chose (étalé)
ᐱᔂᐱᐦᒑᔥᑭᒼ piswaapihchaashkim vti ◆ il/elle est accroché-e, emmêlé-e à lui/elle (filiforme)
ᐱᔂᐱᐦᒑᔥᑭᐧᐋᐤ piswaapihchaashkiwaau vta ◆ il/elle est accroché-e, emmêlé-e à lui/elle (filiforme)
ᓯᑭᐧᐋᐱᔨᐤ sikiwaapiyiu vai ◆ sa fourrure est emmêlée, ses cheveux sont emmêlés

emmêler

ᐃᓈᑖᐱᐦᒑᓈᐤ winaataapihchaanaau vta ◆ il/elle l'emmêle (filiforme)
ᐃᓈᑖᐱᐦᒑᓂᒼ winaataapihchaanim vti ◆ il/elle l'emmêle (filiforme)
ᐱᔓᔑᓐ pishushin vai ◆ il/elle s'emmêle en étant entraîné

emmêler (s')
ᐱᔂᐸᒋᔥᑭᒻ *piswaapaachishkim* vti ◆ il/elle s'emmêle dans la ligne
ᐎᓈᑖᐱᐦᒑᐱᔨᐤ *winaataapihchaapiyiu* vai ◆ il/elle s'emmêle
ᐎᓈᑖᐱᐦᒑᐱᔨᐤ *winaataapihchaapiyiu* vii ◆ ça s'emmêle
ᐱᔂᐸᑭᐦᐙᐤ *piswaapaakihwaau* vta ◆ il/elle trébuche dessus (filiforme), s'emmêle dans le filet de pêche
ᓯᒋᐦᑎᓐ *sichihtin* vii ◆ ça s'accroche, s'emmêle à quelque chose

emménager
ᐲᐦᑎᑖᔮᐦᑐᒑᐤ *piihtitaayaahtuchaau* vai ◆ il/elle emménage dans sa nouvelle maison

emmener
ᒫᐦᐄᐱᔨᐦᐋᐤ *maahiipiyihaau* vta ◆ il/elle l'emmène en aval de la rivière en véhicule
ᒫᐦᐅᔮᐤ *maahuyaau* vta ◆ il/elle l'emmène en aval de la rivière en véhicule
ᒧᓵᔅᑯᐦᑎᐦᐋᐤ *musaaskuhtihaau* vta ◆ il/elle l'emmène jusque sur la glace
ᒧᔖᐙᐱᔨᐦᐋᐤ *mushaawaapiyihaau* vta ◆ il/elle l'emmène, le/la fait sortir en bateau
ᐱᒋᔥᑐᐎᐦᐅᔮᐤ *pichishtuwihuyaau* vta ◆ il/elle l'emmène en avant avant de lever le camp
ᐱᔅᑐᐎᐦᐅᔮᐤ *pistuwihuyaau* vta ◆ il/elle l'emmène à l'avance par voie d'eau ou voie aérienne
ᐴᓯᐦᐋᐤ *puusihaau* vta ◆ il/elle le/la charge dans un véhicule, l'emmène en voiture
ᔖᑭᒋᐙᐦᑎᐦᐋᐤ *shaakichiwaahtihaau* vta ◆ il/elle l'emmène en haut
ᐅᐦᐱᐦᐅᔮᐤ *uhpihuyaau* vta ◆ il/elle l'emmène dans les airs avec elle/lui
ᐎᔨᐑᐦᑎᐦᐋᐤ *wiyiwiihtihaau* vta ◆ il/elle l'emmène dehors
ᐋᔓᐎᑳᓯᐦᑎᐦᐋᐤ *aashuwikaasihtihaau* vta ◆ il/elle l'emmène en traversant une étendue d'eau à pied
ᐋᔓᐎᑳᓯᐦᐅᔮᐤ *aashuwikaasihuyaau* vta ◆ il/elle l'emmène en traversant une étendue d'eau sur l'eau ou dans les airs
ᑯᓯᔅᐱᐦᑎᐦᐋᐤ *kusispihtihaau* vta ◆ il/elle l'emmène à l'intérieur des terres, il/elle le/la ramène au rivage
ᓂᑎᐦᐄᐱᔨᐦᐋᐤ *nitihiipiyihaau* vta ◆ il/elle l'emmène en amont de la rivière, en véhicule
ᓂᑎᐦᐄᔅᑯᐦᑎᐦᐋᐤ *nitihiiskuhtihaau* vta ◆ il/elle l'emmène en remontant la rivière sur la glace
ᓂᑎᐦᐅᔮᐤ *nitihuyaau* vta ◆ il/elle l'emmène en amont de la rivière par voie d'eau ou voie aérienne

emmitoufler
ᐙᐙᑭᐦᐋᐤ *waawaakihaau* vta redup ◆ il/elle l'emmitoufle, l'emballe dans quelque chose (étalé)

émoussé
ᔒᐦᑎᓐ *shiihtin* vii ◆ le côté qui coupe est émoussé

émousser
ᔒᐦᐊᒻ *shiiham* vti ◆ il/elle émousse l'outil qui sert à couper ou à percer
ᔒᐦᑎᑖᐤ *shiihtitaau* vai ◆ il/elle émousse le fil de la lame
ᔒᐦᐙᐤ *shiihwaau* vta ◆ il/elle émousse l'outil pour couper ou percer
ᐊᔒᐦᑯᒫᐤ *ashiihkumaau* vii ◆ ça (le couteau) s'émousse vite en coupant ou dépeçant ■ ᓈᔥᒡ ᓂᔮᒋᔥᑦ ᐋᐦ ᐊᔒᐦᑯᒫᔨᒡ ᐅᒨᐦᑯᒫᓐ ᑳ ᐑᔨᑎᐦᒁᑦ᙮ ■ naashch niyaachisht aah ashiihkumaayich umuuhkumaan kaa wiiyitihkwaat. ■ *Son couteau s'émoussa vite alors qu'elle/il dépeçait le caribou.*
ᐊᔑᔮᐦᑎᒁᐤ *ashiyaahtikwaau* vii ◆ la hache s'émousse facilement
ᔒᔑᓐ *shiishin* vai ◆ Il/elle est émoussé-e, épointé-e
ᐊᔒᐦᑎᓐ *ashiihtin* vii ◆ la lame ou la pointe s'émousse, ça s'épointe

empaqueter
ᑎᒥᐦᒌᐤ *timihchiiu* vai ◆ il/elle empaquette, entrepose ses affaires
ᑎᒥᐦᒋᓈᐤ *timihchinaau* vta ◆ il/elle l'empaquette, l'entrepose
ᑎᒥᐦᒋᓂᒻ *timihchinim* vti ◆ il/elle l'empaquette, l'entrepose
ᐙᐙᑭᐦᐱᑖᐤ *waawaakihpitaau* vta redup ◆ il/elle l'emballe dans quelque chose puis le ficelle, il/elle l'empaquette
ᐙᐙᑭᐦᐱᑎᒻ *waawaakihpitim* vti redup ◆ il/elle l'emballe dans quelque chose puis le ficelle, il/elle l'empaquette
ᐅᐙᔮᔅᑯᐦᐋᐤ *uwaayaaskuhaau* vta ◆ il/elle le/la prépare à être empaqueté sur le traîneau, il/elle prépare le poisson pour le fumer sur un bâton au-dessus du feu

empêcher
ᐅᑎᒥᔨᑰ *utimiyikuu* vai -u ◆ ça l'empêche de faire ce qu'il/elle veut
ᓈᓂᑳᔥᑭᒻ *naanikaashkim* vti ◆ il/elle l'empêche d'avancer avec son pied ou son corps
ᓈᓂᑭᐦᐊᒻ *naanikiham* vti ◆ il/elle empêche le canot d'avancer trop vite
ᓂᑳᐹᔮᐦᐋᓐ *nikaapaayaahaan* vii ◆ ça (le vent) empêche quelque chose ou quelqu'un d'avancer dans l'eau
ᐱᒋᔥᑎᐦᐙᐤ *pichishtihwaau* vta ◆ il/elle met quelque chose de lourd sur lui/elle pour l'empêcher de bouger
ᐅᑎᒥᑖᔥᑯᔨᐦᐋᐤ *utimitaashkuyihaau* vta ◆ il/elle le/la nourrit pour qu'il/elle ne mange pas lors des repas, il/elle le/la nourrit et l'empêche ainsi de faire quelque chose

ᒑᓯᔅᑭᐧᐋᐤ chaasiskiwaau vta ◆ il/elle le/la prend sur le fait ■ ᓂᒌᐦ ᒑᓯᔅᑭᐧᐋᐤ ᐋᐦ ᐄᐧᐦ ᒫᑯᒫᑦ ᐊᓂᔮᐦ ᐄᐧᑎᐧᐋᔑᔥᐦ᙮ ■ nichiih chaasiskiwaau aah wiih maakumaat aniyaah wiitiwaashish-h. ■ *Je l'ai pris en train d'essayer de mordre son camarade de jeu.*

ᒑᔅᑭᒧᐧᐋᐤ chaaskimuwaau vta ◆ il/elle le/la prend sur le fait et l'empêche de continuer

ᓂᓈᐦᑳᑎᑭᒨ ninaahkaatikimuu vai -u ◆ il/elle est empêché-e de voyager à cause du vent

ᐅᑎᒥᑖᔥᑯᔪᐤ utimitaashkuyiu vai ◆ il/elle est déjà rassasié-e avant de manger, il/elle est en train de manger ce qui l'empêche de faire autre chose

ᒥᒫᐦᒋᐧᑳᐱᔅᑭᐦᐧᐋᐤ mimaahchikwaapiskihwaau vta ◆ il/elle lui passe les menottes; il/elle l'empêche de s'échapper en utilisant des roches comme barricade

empêcher (s')

ᓄᐧᐃᒌᐤ nuwichiiu vai ◆ il/elle s'empêche de tomber

empeigne

ᓵᓯᓂᐅ saasiniuu vii -iwi ◆ c'est utilisé pour faire l'empeigne ou la claque (la partie supérieure du mocassin située sur le dessus du pied)

emphase

ᐄᐧ wii p,emphatique ◆ (particule emphatique située avant ou après le nom) ■ ᑳᐱᑦ ᐄᐧ ᒫᑎᐅᐦ ᐹᑎᔥ ᒋᐦᒋᐧᐋ ᒥᔥᑭᐧᐃᒋᒑ᙮ ❖ ᓂᒧᐃ ᐄᐧ ᒫᐦᑭᔮᒋᓐ, ᓂᒧᐃ ᐋᔅᒄ ᐅᐦᒋ ᐃᐦᑎᑯᓐ ᐊᓐ᙮ ■ kaapit wii maatiuh paatish chihchiwaa mishkiwichichaa. ❖ nimui wii maahkiyaachin, nimui aaskw uhchi ihtikun an. ■ *Ne gratte pas encore le gras de la peau, attends que ça soit complètement gelé!* ❖ *Ce n'était même pas de la toile, ça n'existait pas encore.*

empilé

ᒫᐅᓈᐹᑭᐱᐤ maaunaapaakipiu vai ◆ il/elle est empilé-e (filiforme)

ᐱᔅᑯᐱᐤ piskupiu vai ◆ il/elle est empilé-e

ᐱᔥᑯᔥᑖᐤ pishkushtaau vai ◆ il/elle les empile en hauteur, il/elle est empilé-e

ᐋᐦᑯᐃᐦᑎᐧᐃᔑᓂᒡ aahkuihtiwishinich vai pl ◆ ils/elles sont couché-es l'un sur l'autre, empilés; ils/elles sont couché-es l'une sur l'autre, empilé-es

empiler

ᐋᐦᑯᐃᐦᑎᐧᐃᐦᐋᐤ aahkuihtiwihaau vta ◆ il/elle les empile les uns sur les autres

ᐋᐦᑯᐃᐦᑎᐧᐃᔥᑖᐤ aahkuihtiwishtaau vii ◆ c'est empilé

ᐄᔅᐱᐦᑎᐦᐋᐤ iispihtihaau vta ◆ il/elle l'empile sur une certaine hauteur

ᐄᔅᐱᐦᑎᔥᑖᐤ iispihtishtaau vai ◆ il/elle l'empile sur une certaine hauteur

ᓂᔥᑎᐧᐋᐱᐦᒑᔑᒫᐤ nishtiwaapihchaashimaau vta ◆ il/elle les empile (filiforme) sur une seule pile

ᓂᔥᑎᐧᐋᔅᑯᔥᑖᐤ nishtiwaaskushtaau vai ◆ il/elle les empile (long et rigide)

ᑖᔑᐱᑖᑭᓂᔑᐋᓂᒻ taashipitaakinishaanim vti ◆ il/elle empile du bois sur le feu comme une cache

ᐄᔥᐱᔥᑖᐤ iishpishtaau vai ◆ il/elle l'empile en hauteur

ᐃᔮᐦᑯᐃᐦᑎᐧᐃᐦᐋᐤ iyaahkuihtiwihaau vta redup ◆ il/elle les empile l'un-e sur l'autre

ᐃᔮᐦᑯᐃᐦᑎᐧᐃᔥᑖᐤ iyaahkuihtiwishtaau vai+o redup ◆ il/elle empile une chose sur l'autre

ᒫᐦᐄᑯᔥᑖᐤ maahiikushtaau vta ◆ il/elle n'empile pas le bois correctement ce qui pourrait porter malchance à la chasse

ᓂᐦᐊᐧᐋᔅᑯᔥᑖᐤ nihaawaaskushtaau vai ◆ il/elle les empile avec soin (long et rigide)

ᓂᔥᑎᐧᐋᐱᐦᒑᐦᑎᑖᐤ nishtiwaapihchaahtitaau vai ◆ il/elle empile les choses (filiforme) en les attachant

ᐱᔥᑯᔥᑖᐤ pishkushtaau vai ◆ il/elle les empile en hauteur, il/elle est empilé-e

ᐱᔅᑯᐦᐋᐤ piskuhaau vta ◆ il/elle les empile en tas, en hauteur

ᐱᔅᑯᔥᑖᐤ piskushtaau vai ◆ il/elle empile tout en tas

ᐱᔅᑯᔥᑖᐤ piskushtaau vii ◆ c'est empilé en tas

ᐋᐦᑯᐃᐦᑎᐧᐃᔥᑖᐤ aahkuihtiwishtaau vai ◆ il/elle place des choses l'une sur l'autre, il/elle empile

empirer

ᐋᐦᒡ aahch p,manière ◆ en empirant les choses

ᐋᐦᐧᑳᒋᐦᐄᓱ aahkwaachihiisuu vai reflex -u ◆ il/elle fait empirer ses propres problèmes

ᐋᐦᐧᑳᒋᐦᐋᐤ aahkwaachihaau vta ◆ il/elle essaie de l'aider mais son état empire

ᐋᐦᐧᑳᒋᐦᑖᐤ aahkwaachihtaau vai+o ◆ il/elle fait empirer les choses, il/elle essaie d'aider mais ne fait qu'empirer les choses, les gâche par son intervention

emploi

ᐋᐦᒋᔅᑭᑎᒻ aahchiskitim vti ◆ il/elle change d'emploi, de job, de place

employer

ᐋᐱᒋᐦᐋᐤ aapichihaau vta ◆ il/elle l'utilise, l'emploie

ᒥᒑᐱᒋᐦᐋᐤ michaapichihaau vta ◆ il/elle l'emploie mal, en abuse (animé)

empoigner

ᐄᐧᓯᒋᓈᐤ wiisichinaau vta ◆ il/elle le/la blesse en l'empoignant avec force

empoisonner

ᐱᐦᒋᐳᔮᐤ pihchipuyaau vta ◆ il/elle l'empoisonne

ᐱᐦᒋᐳ pihchipuu vai -u ◆ il/elle est empoisonné-e, a mangé quelque chose par erreur

emporté

ᐅᒋᐳᑰ uchipukuu vai -u ◆ il/elle est emporté-e par le courant

emporter

ᒋᐦᒋᐧᐃᑖᐤ chihchiwitaau vai ◆ il/elle l'emporte sur son dos

ᒋᐦᒋᐧᐃᔮᐤ chihchiwiyaau vta ◆ il/elle l'emporte sur son dos

ᐱᐢᑐᐧᐃᐦᐅᑖᓱᐧᐃᓐᐦ pistuwihutaasuwinh ni pl ◆ des choses emportées à l'avance en canot, en avion

ᐋᐦᑐᐦᑎᐦᐋᐤ aahtuhtihaau vta ◆ il/elle l'emporte ailleurs à pied

ᐋᐦᑐᐦᑎᑖᐤ aahtuhtitaau vai ◆ il/elle l'emporte ailleurs à pied

ᐊᔖᔮᐳᑰ ashaayaapukuu vai -u ◆ le courant l'emporte

ᐊᔖᔮᐳᑖᐤ ashaayaaputaau vii ◆ le courant l'emporte

ᒋᒫᐳᑖᐤ chimaaputaau vii ◆ ça se casse et se fait emporter

ᑭᐧᐋᐳᑰ kiwaapukuu vai -u ◆ il/elle tombe et est emporté-e par le courant

ᑭᐧᐋᐳᑖᐤ kiwaaputaau vii ◆ ça tombe et c'est emporté par le courant

ᒫᐦᐅᑖᐧᐋᐤ maahutaawaau vta ◆ il/elle l'emporte en aval de la rivière pour lui/elle en véhicule

ᒫᐦᐅᑎᐧᐋᐤ maahutiwaau vta ◆ il/elle l'emporte en aval de la rivière pour lui/elle

ᒫᔥᑖᔑᐤ maashtaashiu vai ◆ il/elle s'envole au complet; c'est complètement emporté par le vent

ᒫᔥᑖᔥᑎᓐ maashtaashtin vii ◆ c'est entièrement emporté par le vent

ᒧᔖᐅᐦᐅᑎᑐᐧᐋᐤ mushaauhutituwaau vta ◆ il/elle l'emporte en canot pour lui/elle en l'éloignant du rivage

ᒧᔖᐅᐦᔮᐤ mushaauhuyaau vta ◆ il/elle l'emmène en canot

ᓈᒥᒧᓂᐱᔨᐤ naamimunipiyiu vii ◆ c'est emporté par le vent

ᓈᓯᐹᐦᑎᐦᐋᐤ naasipaahtihaau vta ◆ il/elle l'emporte jusqu'à une étendue d'eau

ᓈᑎᑳᓯᐦᑎᐦᐋᐤ naatikaasihtihaau vta ◆ il/elle l'emporte, le/la transporte jusqu'au rivage en marchant dans l'eau

ᓃᒥᒌᑭᐦᐄᑭᓈᐤ niimichiikihiikinaau vai ◆ il/elle emporte une hache

ᓃᒥᐹᔅᒋᓯᑭᓈᐤ niimipaaschisikinaau vai ◆ il/elle emporte un fusil

ᓃᒥᑖᐹᓈᔅᑲᐧᐋᐤ niimitaapaanaaskwaau vai ◆ il/elle emporte un traîneau ou un toboggan

ᐹᔅᒋᐦᑯᓈᔮᔥᑎᓐ paaschihkunaayaashtin vii [Whapmagoostui] ◆ le vent emporte, souffle la neige de là

ᐹᔅᑳᐅᐦᑳᔥᑎᓐ paaskaauhkaashtin vii ◆ la couche de sable est emportée par le vent

ᐹᔅᑭᑖᐅᐦᑳᔑᐤ paaskitaauhkaashiu vai ◆ le sable est emporté par le vent

ᐱᐦᑯᐦᐋᐤ pihkuhaau vta ◆ il/elle le/la libère, le/la gagne

ᐱᒫᐦᐅᔮᐤ pimaahuyaau vta ◆ il/elle l'emporte en flottant

ᐱᒫᔥᑎᓐ pimaashtin vii ◆ c'est emporté par le vent

ᐱᒥᐦᐅᔮᐤ pimihuyaau vta ◆ il/elle l'emmène en avion, vole en l'emportant

ᐱᓈᔥᑎᓐ pinaashtin vii ◆ ça se fait souffler, emporter par le vent, par un courant d'air (ex. de la poussière, des débris ou du sable)

ᐱᔅᑐᐧᐃᐦᐅᑖᓲ pistuwihutaasuu vai -u ◆ il/elle emporte des choses à l'avance en canot, en avion

ᐧᐋᐹᔑᐤ waapaashiu vai ◆ il/elle se fait emporter par le souffle

ᐧᐋᐹᔥᑎᐦᑖᐤ waapaashtihtaau vai+o ◆ il/elle laisse le vent emporter les parties sèches des baies en les versant de haut dans un autre contenant

ᐧᐋᐹᔥᑎᒥᑰ waapaashtimikuu vai -u ◆ le vent l'emporte

ᐧᐋᐹᔥᑎᓐ waapaashtin vii ◆ le vent l'emporte

ᐧᐃᔨᐧᐄᐦᑎᑖᐤ wiyiwiihtitaau vai ◆ il/elle l'emporte dehors

ᔮᔮᐧᐋᐱᔨᐦᐋᐤ yaayaawaapiyihaau vta ◆ il/elle l'emporte en véhicule le long du rivage, de la côte

ᔮᔮᐧᐋᐱᔨᐦᑖᐤ yaayaawaapiyihtaau vai ◆ il/elle l'emporte le long de la côte en véhicule

ᔮᔮᐧᐋᔮᑎᑳᓯᐦᑎᐦᐋᐤ yaayaawaayaatikaasihtihaau vta ◆ il/elle l'emporte le long du rivage en pataugeant

ᐋᔓᐧᐃᑳᓯᐦᑎᑖᐤ aashuwikaasihtitaau vai ◆ il/elle l'emporte en traversant une étendue d'eau à pied

ᐋᔓᐧᐃᑳᓯᐱᔨᐦᑖᐤ aashuwikaasipiyihtaau vai ◆ il/elle l'emporte en traversant une étendue d'eau en véhicule

ᐄᔅᐱᔨᐦᑖᐤ iispiyihtaau vai ◆ il/elle le fait marcher, bouger, l'emporte en véhicule

ᑯᓯᔅᐱᐦᐅᑖᐤ kusispihutaau vai+o ◆ il/elle l'emporte en amont, à l'intérieur des terres en canot, en avion

ᒥᔮᐧᐋᔥᑎᓐ miyaawaashtin vii ◆ ça passe emporté par le vent

ᒧᔖᐅᐦᐅᑖᐤ mushaauhutaau vai+o ◆ il/elle l'emporte au loin du rivage en pagayant

ᓈᓯᐹᐦᑎᑖᐤ naasipaahtitaau vai ◆ il/elle l'emporte jusqu'au bord de l'eau

ᓈᓯᐹᑐᐧᐃᑖᐤ naasipaatuwitaau vta ◆ il/elle l'emporte sur son dos jusqu'à l'eau

ᓈᑎᑳᒫᔮᔑᐤ naatikaamaayaashiu vai ◆ il/elle est emporté-e par le vent vers le rivage

ᓈᑎᑳᓯᐦᑖᐤ naatikaasihtaau vai ◆ il/elle l'emporte vers le rivage en barbotant

ᓈᑎᑳᔅᑯᐦᑎᐦᐋᐤ naatikaaskuhtihaau vta ◆ il/elle l'emporte jusqu'au rivage en marchant sur la glace

ᓂᐱᑖᔮᔑᐤ nipitaayaashiu vai ◆ il/elle vogue d'un côté, la moitié est emportée par le vent

ᓂᑎᐦᐄᐦᐅᑖᐤ nitihiihutaau vai+o ◆ il/elle l'emporte en canot vers l'amont

ᐹᔅᒋᐦᑖᔮᔥᑎᓐ paaschihtaayaashtin vii ◆ c'est emporté, soufflé de côté par le vent

ᐹᔥᑳᔑᐤ paashkaashiu vai ◆ sa couverture, sa bâche est emportée par le vent

ᐹᔥᑳᔥᑎᓐ paashkaashtin vii ◆ le vent emporte la bâche

ᐱᐦᒁᔮᐳᑖᐤ pihkwaayaaputaau vii ◆ c'est emporté par le courant, un morceau en est détaché par le courant

ᐱᐦᐳᐛᔑᐦᑖᐤ pihpuwaashihtaau vai+o redup ◆ il/elle le suspend dehors (étalé) pour que le vent emporte la poussière, les poils, les plumes, etc.

ᐱᐦᐳᐛᔥᑎᒫᐤ pihpuwaashtimaau vta redup ◆ il/elle le/la suspend dehors (étalé) pour que le vent emporte la poussière, les poils, les plumes, etc.

ᐲᒥᑳᒫᔮᐳᑰ piimikaamaayaapukuu vai -u ◆ il/elle se fait emporter de coté par le courant

ᐙᐱᔅᑯᑖᐤ waapiskutaau vii ◆ c'est emporté par la glace durant la fonte

ᐙᐱᔅᑰᓲ waapiskuusuu vai -u ◆ il/elle est emporté-e par la glace durant la fonte

ᔮᔮᐅᐦᐅᑖᐤ yaayaauhutaau vai+o ◆ il/elle emporte quelque chose le long du rivage en canot

ᔮᔮᐅᐦᐅᔮᐤ yaayaauhuyaau vai ◆ il/elle l'emmène (animé) le long du rivage en canot ou en bateau ■ ᔮᔮᐅᐦᐅᔮᐤ ᐅᒥᔅᐦ᙮ ■ yaayaauhuyaau umis-h. ■ *Elle emmène sa grande soeur en canot le long du rivage.*

ᔮᔮᐙᓯᑯᐦᑎᐦᐋᐤ yaayaawaasikuhtihaau vta ◆ il/elle l'emporte le long du rivage sur la glace

ᔮᔮᐙᓯᑯᑐᐎᑖᐤ yaayaawaasikutuwitaau vta ◆ il/elle l'emporte sur son dos le long du rivage sur la glace

ᑯᓯᔅᐱᐦᑎᑖᐤ kusispihtitaau vai ◆ il/elle l'emporte en amont, vers l'intérieur des terres, le fait débarquer

ᓂᑎᐦᐄᐱᔨᐦᑖᐤ nitihiipiyihtaau vai ◆ il/elle l'emporte en remontant la rivière en véhicule

ᓂᑎᐦᐅᑖᓲ nitihutaasuu vai -u ◆ il/elle emporte des provisions vers l'intérieur des terres en canot

emprisonner

ᒋᐚᐙᑎᐦᑭᐦᓲ chipwaawaatihkihsuu vai -u ◆ il/elle est emprisonné-e par les flammes

emprunt

ᐊᐅᐦᐋᓱᐎᓐ auhaasuwin ni ◆ un emprunt

emprunter

ᐊᐅᐦᐊᓱᒫᐤ auhaasumaau vta ◆ il/elle le lui emprunte

ᐊᐅᐦᐊᓲ auhaasuu vai -u ◆ il/elle l'emprunte

en allant

ᓂᔅᑭᐘ niskiwaa p,manière ◆ en passant, en allant ■ ᑲ ᒁᐱᒑᔮᓐ ᓂᔅᑭᐘ ᑳᐦ ᐊᑎ ᐲᐦᒋᒑᐏᒡ ᐊᓂᑎᐦ ᐑᒋᐙᐦᒡ᙮ ■ kaa kwaapichaayaan niskiwaa kaah aati piihchichaawich anitih wiichiwaahch. ■ *Je me suis arrêté chez eux en allant chercher de l'eau.*

en arrière

ᐅᑖᐦᒡ utaahch p,lieu ◆ derrière, en arrière, dans le passé ■ ᐊᓂᑖᐦ ᐅᑖᐦᒡ ᐋᑯᑖᐦ ᑲ ᐅᐦᒋ ᐱᒧᐦᑖᑦ ᐑᔨ ᐊᓐ ᓈᐹᐤ᙮ ■ anitaah utaahch aakutaah kaa uhchi pimuhtaat wiiyi an naapaau. ■ *Cet homme marchait en arrière.*

en aval

ᓃᐦᑖᒋᐏᓐ niihtaachiwin p,lieu ◆ en bas du rapide, en aval ■ ᓈᑖᐦ ᓃᐦᑖᒋᐏᓐ ᐋᑯᑎᐦ ᐃᔮᒥᒡ ᓂᒫᓯᒡ᙮ ■ naataah niihtaachiwin aakutih iyaamich nimaasich. ■ *Le poisson fraye en bas du rapide.*

en avance

ᓂᔮᒃ niyaak p,temps ◆ en avance

en avant

ᓃᑳᓐ niikaan p,lieu ◆ devant, en avant ■ ᒨᔥ ᐑᔨ ᓃᑳᓐ ᐃᐦᑖᐤ ᐊᐦ ᒋᔅᑯᑎᒧᐙᑭᓂᐏᑦ᙮ ■ muush wiiyi niikaan ihtaau aah chiskutimuwaakiniwit. ■ *Elle est toujours la première à l'école.*

ᐊᒋᒋᐱᔨᐤ achichipiyiu vai ◆ il/elle tombe en avant, tête la première

ᐊᒋᒋᐱᔨᐤ achichipiyiu vii ◆ ça tombe en avant

ᐏᑎᐳᔮᐤ witipuyaau vai ◆ il/elle pagaie en avant

ᓃᑳᓂᐱᒋᐤ niikaanipichiu vai ◆ il/elle part en avant en déplaçant son campement d'hiver

en bas

ᓃᐦᑎᒋᐙᐦᑎᐦᐋᐤ niihtichiwaahtihaau vta ◆ il/elle le/la descend, l'emmène en bas

ᓃᐦᑖᒋᐏᓐ niihtaachiwin p,lieu ◆ en bas du rapide, en aval ■ ᓈᑖᐦ ᓃᐦᑖᒋᐏᓐ ᐋᑯᑎᐦ ᐃᔮᒥᒡ ᓂᒫᓯᒡ᙮ ■ naataah niihtaachiwin aakutih iyaamich nimaasich. ■ *Le poisson fraye en bas du rapide.*

en dépit de

ᐃᔨᔖᒡ iyishaach p,manière ◆ de toutes ses forces, en dépit de ■ ᓈᔥᒡ ᐃᔨᔖᒡ ᐋᐦ ᒌᐦ ᐑᐦ ᒦᒋᔮᓐ ᐊᓐ ᑲ ᐊᔑᒥᑯᐎᔮᓐ ᐊᑳ ᓂᐦᒐ ᐅᐦᒋ ᒦᒋᔮᓐ ᒑᒁᓐ ᐋᐦ ᐄᔑᓈᑯᐦᒡ᙮ ■ naashch iyishaach aah chiih wiih miichiyaan an kaa ashimikuwiyaan aakaa nihtaa uhchi miichiyaan chaakwaan aah iishinaakuhch. ■ *Ça m'a pris toutes mes forces pour essayer de manger ce qu'on m'avait donné puisque je n'avais jamais rien mangé de semblable auparavant.*

en dessous

ᐄᑖᒥᐦᒡ iitaamihch p,lieu ◆ en dessous, dedans ■ ᐄᑖᒥᐦᒡ ᐊᓂᑎᐦ ᐆᑎᐦᒡ ᐋᑯᑎᐦ ᑳᐦ ᐱᒋᔅᑎᓂᐦᒃ ᐊᓂᔮᐦ ᐅᒑᒁᓂᒼᐦ ᑲ ᒋᒧᐏᓂᔨᒡ᙮ ■ iitaamihch anitih uutihch aakutih kaah pichistinihk aniyaah uchaakwaanimh kaa chimuwiniyich. ■ *Il/elle a mis ses affaires en-dessous du canot quand il s'est mis à pleuvoir.*

ᔖᑯᔑᓐ shaakushin vai ◆ il/elle est en dessous

ᔖᑯᐱᔨᐦᑖᐤ shaakupiyihtaau vai ◆ il/elle le glisse en dessous

ᔖᒁᔥᑎᓐ shaakwaashtin vii ◆ le vent souffle en dessous

ᓃᐦᑖᐦᒡ niihtaahch p,lieu ◆ sous, en dessous, au fond ■ ᐊᓂᑖᐦ ᓃᐦᑖᐦᒡ ᑖᔑᐱᑖᑭᓂᐦᒡ ᐋᑯᑎᐦ ᐋᔥᑖᒡᐦ ᓅᓂᐦᐄᑭᓐᐦ. ■ anitaah niihtaahch taashipitaakinihch aakutih aashtaachh nuunihiikinh. ■ *Mes pièges sont posés sous la cachette.*

ᔖᑯᔑᒨ shaakushimuu vai -u ◆ il/elle rampe, se glisse en dessous

en état

ᒧᐦᒡ muhch p,manière ◆ comme il est, elle est; ni recouvert, ni emballé ■ ᒧᐦᒡ ᐊᓂᑎᐦ ᒥᒄ ᐲᐦᑖᐦ ᐊᓐ ᐐᔮᑭᓐ ᒥᓯᓂᐦᐄᑭᓈᒋᓂᐏᑎᐦᒡ. ■ muhch anitih mikw piihtaah an wiyaakin misinihiikinaachiniwitihch. ■ *Mets juste l'assiette comme elle est dans la boîte!*

en face

ᐋᔥᑎᒫᐱᔅᑳᐤ aashtimaapiskaau vii ◆ c'est du coté du rocher en face de toi

ᑎᔅᑭᒫᐹᑭᐦᐋᐤ tiskimaapaakihaau vta ◆ il/elle le/la place directement en face

ᑎᔅᑭᒫᐹᑭᐱᐤ tiskimaapaakipiu vai ◆ il/elle est placé-e directement en face (filiforme)

ᑖᐙᔅᒁᐦᒡ taawaaskwaahch p,lieu ◆ en face de la porte vers le fond de l'habitation ■ ᓈᑖᐦ ᑖᐙᔅᒁᐦᒡ ᐋᑯᑖᐦ ᑳ ᐄᑖᔥᑎᐦᒡ ᐱᔮᐱᐦᒄ ᑳ ᐹᒋ ᐋᐱᐦᐊᒥᓐ. ■ naataah taawaaskwaahch aakutaah kaa iitaashtihch piyaapihkw kaa paachi aapihamin. ■ *Quand tu as ouvert la porte, ça a soufflé les cendres vers le fond de la hutte.*

ᑎᐱᔥᑯᒡ tipishkuch p,lieu ◆ en face, devant ou au-dessus ■ ᓈᐦᐋᐤ ᑎᐱᔥᑯᒡ ᒌᐦ ᐹᒋ ᐱᒥᐦᔮᒥᑭᓐ ᑳᐙᐱᑭᑐᔔᐱᔨᒡ. ■ naahaau tipishkuch chiih paachi pimihyaamikin kaawaapikitushuupiyich. ■ *L'hélicoptère a volé juste au-dessus.*

en fait

ᐚᔥ ᐊᓐ waash an p,discours ◆ en fait ■ ᐚᔥ ᐊᓐ ᒌᐦ ᑎᑯᔑᓐ ᑳ ᐹᒋ ᐑᐦᑎᒧᐏᑦ ᑳ ᐋᐦᑯᓰᑯᐱᓈᓂᐦᐄ ᐊᓂᔮᐦ ᐅᑎᐚᔑᔒᒻᐦ. ■ waash an chiih tikushin kaa paachi wiihtimuwit kaa aahkusiikupinaanihii aniyaah utiwaashishiimh. ■ *En fait, elle est venu m'annoncer la nouvelle que son enfant était malade.*

ᒋᐦᒋᐚ chihchiwaa p,manière ◆ vraiment, en fait ■ ᒋᐦᒋᐚ ᐄᑖᔨᐦᑎᒻ ᐊᓂᔮ ᑳ ᐄᑎᒃ. ■ chihchiwaa iitaayihtim aniyaa kaa iitik. ■ *Elle/Il croit vraiment ce que je lui ai dit.*

en haut

ᑎᐦᑯᐦᑖᒋᐎᓐ tihkuhtaachiwin p,lieu ◆ en haut du rapide ■ ᑎᐦᑯᐦᑖᒋᐎᓐ ᓈᑖᐦ ᐋᑯᑎᐦ ᑳ ᐚᐱᒫᑭᓂᐎᑦ ᒋᔖᔮᒄ. ■ tihkuhtaachiwin naataah aakutih kaa waapimaakiniwit chishaayaakw. ■ *On a vu un ours en haut du rapide.*

ᐃᔥᐱᒥᐦᒡ ishpimihch p,lieu ◆ en haut, au-dessus, au ciel, dans les cieux ■ ᐃᔥᐱᒥᐦᒡ ᓈᑎᐦ ᒥᔥᑎᑯᐦᒡ ᐊᑯᑖᐦ ᐊᓂᐦᐄ ᒋᔖᔮᑯᑭᓐᐦ. ■ ishpimihch naatih mishtikuhch akutaah anihii chishaayaakukinh. ■ *Suspends les os de l'ours là-haut dans cet arbre!*

en l'air

ᐄᔅᐹᐦᒑᐙᐱᓈᐤ iispaahchaawaapinaau vta ◆ il/elle le/la jette en l'air

ᐄᔅᐹᐦᒑᐙᐱᓂᒻ iispaahchaawaapinim vti ◆ il/elle le jette en l'air

en même temps

ᐊᔑᒡ ashich p,manière ◆ en même temps, ensemble ■ ᐋᐅᒄ ᐐᔨ ᐊᔑᒡ ᒑ ᐐᒋᐦᐄᐙᑦ. ■ aaukw wiiyi ashich chaa wiichihiiwaat. ■ *Elle/il ira en même temps les autres.*

en passant

ᓂᔅᑭᐚ niskiwaa p,manière ◆ en passant, en allant ■ ᑳ ᒁᐱᒑᔮᓐ ᓂᔅᑭᐚ ᑳᐦ ᐊᑎ ᐲᐦᒋᒑᐎᒡ ᐊᓂᑎᐦ ᐐᒋᐚᐦᒡ. ■ kaa kwaapichaayaan niskiwaa kaah aati piihchichaawich anitih wiichiwaahch. ■ *Je me suis arrêté chez eux en allant chercher de l'eau.*

en plus

ᐄᔨᐚᒡ iiyiwaach p,quantité ◆ en plus, en extra ■ ᐄᔨᐚᒡ ᓂᒌᐦ ᑎᐱᐦᐊᒨᐦᑎᔨᑯᐎᓐ ᐊᓐ ᓂᐹᐎᓐ ᑳ ᐅᑎᓂᒑᔮᓐ. ■ iiyiwaach nichiih tipihamuuhtiyikkuwin an nipaawin kaa utinichaayaan. ■ *Ils m'ont fait payer en plus pour le lit que j'ai acheté.*

en rond

ᒌᓂᒁᓂᐱᑎᒻ chiinikwaanipitim vti ◆ il/elle le fait tourner en rond

en route

ᐱᐹᐦᑖᐤ pipaahtaau vai redup ◆ il/elle chasse en route pendant son déplacement

en ruine

ᒋᔅᑎᒫᑭᓐ chistimaakin vii ◆ les temps sont durs; il y a peu de ressources

en travers

ᐊᑳᒥᔅᑭᓂᐤ akaamiskiniu p,lieu ◆ de l'autre côté du chemin, de la route ■ ᒌᐦ ᑭᐎᑭᒫᐤ ᒥᔥᑎᒄᐦ ᐊᒥᔅᒄ ᓈᑖᐦ ᐊᑳᒥᔅᑭᓂᐤ. ■ chiih kiwikimaau mishtikwh amiskw naataah akaamiskiniu. ■ *Le castor a abattu un arbre de l'autre côté de la route.*

ᐋᔑᐚᔥᑯᔑᓐ aashiwaashkushin vai ◆ il/elle est posé-e en travers (se dit de quelque chose en forme de bâton)

en une fois

ᐋᐱᑎᓐ aapitin p,manière ◆ tous à la fois, en une (seule) fois ■ ᒥᒄ ᐋᐱᑎᓐ ᒌᐦ ᓈᓯᐹᐦᑎᑖᐤ ᐅᒑᒁᓂᒥᐙᐅᐦ. ■ mikw aapitin chiih naasipaahtitaau uchaakwaanimiwaauh. ■ *Il a descendu toutes leurs affaires à la rivière en une seule fois.*

en vain

ᐃᔨᔨᒥᐦᐋᐤ iyiyimihaau vta ◆ il/elle s'efforce de lui faire quelque chose mais en vain

ᑯᔨᑎᐚᔨᐦᑎᒻ kuyitiwaayihtim vti ◆ il/elle le cherche en vain

encadrement

ᐚᓵᓂᐦᑖᑭᓈᐦᑎᒄ waasaanihtaakinaahtikw ni -um ◆ un encadrement de fenêtre

enceinte

ᐊᐚᔑᔥᐦ ᒋᒋᔥᑭᐙᐤ awaashish-h chichishkiwaau vta ◆ elle est enceinte

ᐊᐦᒑᑎᐦᒄ ahchaatihkw na -u ◆ une caribou enceinte

ᐊᐦᒑᒥᐢᑯ ahchaamiskuu vai -uwi ◆ elle (castor) est enceinte

ᐊᐦᒑᔥᑎᒧ ahchaashtimuu vai -u ◆ elle (une chienne) est enceinte

ᐊᐦᒑᔮᐱᔒ ahchaayaapishiiu vai ◆ la lynx est enceinte

ᐊᐦᒑᔮᐳᔓ ahchaayaapushuu vai -u ◆ la lièvre est enceinte

ᐅᑎᐙᔑᔒᒥᐤ utiwaashishiimiu vai ◆ elle est enceinte, il/elle a un enfant, il/elle a des enfants

ᐅᑯᔑᔑᐤ ukushishiu vai ◆ elle est enceinte, conçoit, enfante

encercler

ᒌᓂᒀᓂᐦᐙᐤ chiinikwaanihwaau vta ◆ il/elle l'encercle par voie d'eau ou par voie aérienne

ᐙᐢᑳᓯᓂᐦᐊᒼ waaskaasiniham vti ◆ il/elle l'encercle

ᐙᐢᑳᓯᓂᐦᐙᐤ waaskaasinihwaau vta ◆ il/elle l'encercle par écrit

enclos

ᒋᔥᑖᒑᐤ chishtaachaau vai ◆ il/elle fait un enclos autour du tunnel ou de la hutte de castor pour l'empêcher de s'enfuir

encombrer

ᓰᐦᒋᔥᑖᐤ siihchishtaau vii ◆ c'est encombré de choses

encore

ᐋᐢᒃ aask p,manière ◆ encore et encore

ᐋᔥᒄ aashkw p,temps ◆ plus tard, encore ■ ᐋᔥᒄ ᓂᑭ ᐊᔨᒥᐦᑖᓐ ᐆ ᒥᓯᓂᐦᐄᑭᓐ× ❖ ᐋᔥᒄ ᒨᔥ ᐊᒀᐦᑎᒃ ᐋᐦ ᐹᐦᐱᑦ ᐐᔮᐱᒥᐦᒃ ᑳ ᐃᔥᐱᔑ ᐐᐦᑎᒧᐐᒃ ᐊᓂᔮ ᑎᐹᒋᒧᐎᓂᔨᐤ× ■ aashkw niki ayimihtaan uu misinihiikin. ❖ aashkw muush akwaahtik aah paahpit wiyaapimikh kaa ishpishi wiihtimuwik aniyaa tipaachimuwiniyiu. ■ *Je lirai ce livre plus tard.* ❖ *Elle/il rit encore à chaque fois que je la/le vois depuis que je lui ai raconté cette histoire.*

ᒦᓐ miin p,quantité ◆ encore, plus ■ ᒦᓐ ᐐᐱᒡ ᒑ ᑎᑯᔑᓂᔨᓐ× ■ miin wiipich chaa tikushiniyin. ■ *Reviens bientôt!*

encourager

ᐅᐦᐱᓂᑯ uhpinikuu vai -u ◆ ça l'encourage

ᔒᐦᒋᒧᐙᐤ shiihchimuwaau vai ◆ il/elle encourage, incite fortement

encre

ᒥᓯᓂᐦᐄᑭᓈᐳᐃ misinihiikinaapui ni -uum ◆ de l'encre

endormir

ᓂᐹᐦᐄᐙᐤ nipaahiiwaau vii ◆ ça endort

ᓂᐹᐦᐄᐙᐤ nipaahiiwaau vai ◆ il/elle l'endort

ᓂᐹᐦᐋᐤ nipaahaau vta ◆ il/elle l'anesthésie, l'endort

endormir (s')

ᑭᐎᐦᑯᔑᐤ kiwihkushiu vai ◆ il/elle s'endort

endroit

ᐋᔓᐎᐦᐅᓈᓐ aashuwihunaan ni ◆ l'endroit où on traverse un lac ou une rivière

ᒥᓈᐙᓐ minaawaan ni ◆ un endroit où on ramasse des oeufs

ᐋᔨᒫᒡ aayimaach p,lieu ◆ dans un endroit difficile ■ ᓈᔥᒡ ᐋᔨᒫᒡ ᐋᐦ ᐃᔨᐦᑖᑦ ᐊᓐ ᐊᒥᐢᒄ× ■ naashch aayimaach aah iyihtaat an amiskw. ■ *Ce castor est dans un endroit difficilement accessible.*

ᐊᓯᓃᐅ asiniiuu vii -iiwi ◆ c'est un endroit rocheux

ᑎᐱᔑᔥᒋᔥᑳᔑᐤ tipishishchishkaashiu vai dim ◆ c'est un endroit qui manque de pins

ᑎᐎᔥᑖᓱ tiwishtaasuu vai -u ◆ il/elle dégage un endroit en mettant les choses de côté

ᓃᐱᓂᔓᐎᓐ niipinishuwin ni ◆ un endroit où on est forcé de passer l'été

ᐊᐢᒌᐅᑖᐅᐦᑳᐤ aschiiutaauhkaau vii ◆ c'est un endroit où la terre est noire

ᓰᐦᑖᐱᐢᑳᐤ siihtaapiskaau vii ◆ c'est un endroit étroit entre les rochers

ᑎᐙᑯᓈᔥᑭᐙᐤ tiwaakunaashkiwaau vta ◆ il/elle dégage un endroit dans la neige, en marchant

ᐋᒦᐦᑳᓈᓐ aamiihkaanaan ni ◆ un endroit où on attrape le frai (les poissons en train de frayer), une frayère

ᒥᓈᐦᑎᑳᐤ minaahtikaau vii ◆ c'est un endroit recouvert de branchages

ᓈᓈᒌᔨᐦᑖᐙᐤ naanaachiiyihtaawaau vai redup ◆ il/elle va d'un endroit dégagé à l'autre pour chercher des baies au printemps

endroit à l'autre

ᐄᒋᓈᐦᐊᒼ iichinaaham vti ◆ il/elle va en véhicule d'un endroit à l'autre

enduire

ᔑᔓᓃᓲ shishuniisuu vai reflex redup -u ◆ il/elle s'en enduit

ᔑᔓᐹᑭᐦᐙᐤ shishupaakihwaau vta redup ◆ il/elle l'enduit avec quelque chose de liquide

enduire (s')

ᔑᔓᐹᑭᐦᐅᓲ shishupaakihusuu vai reflex redup -u ◆ il/elle s'enduit de quelque chose de liquide

endurer

ᓃᐳᐎᔥᑎᒼ niipuwishtim vti ◆ il/elle l'endure, se tient à côté

énergie

ᒋᔑᔔᒥᐦᒋᐦᐆ chishishuumihchihuu vai -u ◆ il/elle se sent fort-e, plein-e d'énergie

ᔮᐦᑭᒥᐦᒋᐦᐆ yaahkimihchihuu vai -u ◆ il/elle se sent légère, pleine d'énergie

enfant

ᐊᐙᔑᔥ awaashish na -iim ◆ un enfant

ᓂᑎᐙᔑᔒᒼ nitiwaashishiim nad -im ◆ mon enfant

ᓂᑎᔨᔨᒼ nitiyiyim nad ◆ mon enfant

ᐅᑎᐙᔑᔒᒻᐦ utiwaashishiimh nad ◆ son enfant, ses enfants

ᐅᑎᐙᔑᔒᒥᐙᐅᐦ utiwaashishiimiwaauh nad ◆ leur enfant, leurs enfants

ᐅᑎᐙᔑᔒᒥᒫᐤ utiwaashishiimimaau vta ◆ il/elle est l'enfant

ᐅᑯᔑᔥ ukushishh nad ◆ son enfant, son petit

ᐅᐢᒋᒥᓂᐦᐅᐧᐃᓐ uschiminihuwin ni ◆ la première proie d'un enfant

ᐊᐧᐋᔑᔒᐅ awaashishiiuu vai -iiwi ◆ il/elle est jeune, est encore enfant

ᓂᐦᑖᐅᒋᐦᐋᐅᓲ nihtaauchihaausuu vai -u ◆ il/elle élève des enfants

ᓂᔫᒫᐅᓲ niyumaausuu vai -u ◆ il/elle porte un enfant sur son dos

ᐱᒥᒋᐦᐋᐅᓲ pimichihaausuu vai ◆ il/elle élève des enfants ■ ᒫᑳᐧᒡ ᑳ ᐱᒥᒋᐦᐋᐅᓱᑦ ᐋᑯᑎᐦ ᑳ ᒌ ᐙᐑᐦᑎᒫᑯᑦ ᐅᐦᑯᒻᐦ ᑖᓐ ᒑ ᐃᐦᑐᑎᐋᐧᑦ ᐅᑎᐋᐧᔑᔑᒻᐦ. ■ maakwaach kaa pimichihaausut aakutih kaa chii waawiihtimaakut uhkumh taan chaa ihtutiwaat utiwaashishiimh. ■ *Sa grand-mère lui donnait toujours des conseils quand elle élevait ses enfants.*

ᐱᒥᓈᐅᓲ piminaausuu vai -u ◆ il/elle élève des enfants

ᐅᐦᐱᒋᓈᐅᓲ uhpichinaausuu vai -u ◆ il/elle élève des enfants

ᐅᑖᒋᒫᐅᓲ utaachimaausuu vai -u ◆ il/elle tire un enfant sur un traîneau, une remorque

ᐅᑎᐋᐧᔑᔒᒥᑐᑎᐋᐧᐤ utiwaashishiimitutiwaau vta ◆ il/elle le/la traite comme son propre enfant

ᐅᑎᐋᐧᔑᔒᒥᐤ utiwaashishiimiu vai ◆ elle est enceinte, il/elle a un enfant, il/elle a des enfants

ᓃᔥᑎᒨᔖᓐ niishtimuushaan na ◆ le premier-né ou la première-née

ᑭᓂᐋᐧᔨᒫᐅᓲ kiniwaayimaausuu vai -u ◆ il/elle fait du babysitting, il/elle garde des enfants

ᐱᑯᑐᔖᓂᐆ pikutushaaniuu vai -iwi ◆ c'est un bâtard, une bâtarde, un enfant né hors des liens du mariage

ᒥᒋᐋᐧᔑᔒᐆ michiwaashishiiuu vai -iiwi ◆ il/elle se comporte mal, en enfant gâté-e

enfanter

ᐱᑯᑐᔖᐤ pikutushaau vai ◆ elle enfante sans être mariée, elle enfante d'un bâtard

ᐅᑯᔑᔑᐤ ukushishiu vai ◆ elle est enceinte, conçoit, enfante

enfantin

ᐊᐧᐋᔑᔒᐋᐧᔨᐦᑎᒻ awaashishiiwaayihtim vti ◆ il/elle est irresponsable, enfantin

enfants

ᐅᑎᔨᔨᒻᐦ utiyiyimh nad ◆ son peuple, ses enfants

enfer

ᒥᒋᔥᑯᑖᐤ michishkutaau ni -m ◆ un feu d'enfer

enfermé

ᐋᑖᐱᐢᒋᐱᔨᐤ aataapischipiyiu vai ◆ il/elle est enfermé-e à clé, barré-e en-dedans

enfile

ᐱᔑᒫᐤ pishimaau vai ◆ il/elle met la cordelette de bordure sur le cadre de la raquette

enfilé

ᔮᔮᐋᐧᔮᐹᑭᒨ yaayaawaayaapaakimuu vii -u ◆ c'est enfilé le long du bord (filiforme)

enfiler

ᓃᐱᓵᔮᐱᐦᑳᑎᒻ niipisaayaapihkaatim vti ◆ il/elle l'enfile en ligne

ᓃᐱᓯᐦᐧᐋᐤ niipisihwaau vta ◆ il/elle les enfile (ex. des perles), il/elle enfile du poisson sur un bâton

ᐱᒫᐹᑭᒧᐦᐋᐤ pimaapaakimuhaau vta ◆ il/elle l'enfile

ᔑᐦᑖᐧᐹᑭᒧᐦᑖᐤ shihtwaapaakimuhtaau vai ◆ il/elle l'enfile (filiforme)

ᑖᐱᓯᑯᐦᐊᒧᐋᐧᐤ taapisikuhamuwaau vta ◆ il/elle l'enfile pour lui/elle

ᐋᐦᑯᐃᐦᑎᐧᐃᔥᑭᐋᐧᐤ aahkuihtiwishkiwaau vta ◆ il/elle en enfile un autre (vêtement)

ᒋᒋᔥᑭᒧᔮᐤ chichishkimuyaau vta ◆ il/elle le lui enfile (un vêtement)

ᐄᔥᐹᐹᑭᒧᐦᑖᐤ iishpaapaakimuhtaau vai ◆ il/elle l'enfile pour le suspendre en haut (filiforme)

ᓃᐱᑖᔮᐱᐦᑳᑖᐤ niipitaayaapihkaataau vta ◆ il/elle les enfile en une rangée

ᓃᐱᑖᔮᐱᐦᑳᑎᒻ niipitaayaapihkaatim vti ◆ il/elle enfile des choses sur une ligne en rangée

ᐲᐦᑎᐧᐃᒧᐦᑖᐤ piihtiwimuhtaau vai ◆ il/elle enfile une autre couche par-dessus

ᐳᔥᒋᔥᑭᒻ pushchishkim vti ◆ il/elle le met, l'enfile

ᐳᔥᑎᑯᐦᐆ pushtikuhuu vai -u ◆ il/elle le met, l'enfile (se dit d'une robe ou d'un manteau)

ᑖᐱᓯᑯᐦᐊᒻ taapisikuham vti ◆ il/elle l'enfile par quelque chose, enfile une aiguille

ᐋᐧᐢᑳᐦᑯᓈᐢᒋᓂᐦᑳᑎᒻ waaskaahkunaaschinihkaatim vti ◆ il/elle enfile la jambière du mocassin

ᔮᔮᐋᐧᔮᐹᑭᒧᐦᑖᐤ yaayaawaayaapaakimuhtaau vai ◆ il/elle l'enfile (filiforme) le long du bord

ᐋᐦᑯᐃᐦᑎᐧᐃᔥᑭᒻ aahkuihtiwishkim vti ◆ il/elle enfile une autre couche de vêtements

ᐊᔥᑎᔥᑭᒻ ashtishkim vti ◆ il/elle le retient avec son pied ou son corps, il/elle enfile quelque chose de plus

ᑖᐱᓯᑯᐦᐋᐧᐤ taapisikuhwaau vta ◆ il/elle l'enfile (ex. des perles), il/elle enfile un poisson sur un bâton par ses branchies, il/elle l'attache (ex. un chien) à un poteau

ᐳᔥᑎᑯᐦᐹᐤ pushtikuhpaau vai ◆ il/elle enfile une robe, un manteau

ᑎᐦᑖᐧᒋᔥᑭᒻ tihtwaachishkim vti ◆ il/elle enfile un certain nombre de couches, en met un certain nombre sur le corps

enfin

ᒑᒃ chaak p,temps ◆ finalement, enfin ■ ᒑᒃ ᒦᓐ ᑳ ᒋᐢᑐᐦᑖᑦ ᑳᐦ ᒌᔑᐦᑐᑎᐦᒃ ᐅᑖᐱᑎᓰᐧᐃᓐ. ■ chaak miin kaa chistuhtaat kaah chiishihtutihk utaapitisiiwin. ■ *Elle/il est enfin reparti-e après avoir fini son travail.*

enflammer (s')

ᐧᐃᔨᓲ **wiyisuu** vai -u ◆ ça s'enflamme

ᐧᐃᔨᐦᑖᐱᔨᐤ **wiyihtaapiyiu** vai ◆ il/elle prend feu, s'enflamme

ᐧᐃᔨᐦᑖᐱᔨᐤ **wiyihtaapiyiu** vii ◆ ça prend feu, s'enflamme

enflé

ᐹᒋᓯᐤ **paachisiu** vai ◆ il/elle est enflé-e

ᐹᑭᓐ **paakin** vii ◆ c'est enflé

ᐹᒋᐦᑳᐤ **paachihkwaau** vai ◆ son visage est enflé

ᐹᒋᐦᐱᓈᐱᔨᐤ **paachihpinaapiyiu** vai ◆ ses poumons sont enflés

ᐹᑭᓂᒑᐤ **paakinichaau** vai ◆ il/elle a les gencives enflées

enfler

ᐹᒋᐦᑳᐱᔨᐤ **paachihkwaapiyiu** vai ◆ son visage enfle

ᐹᒋᐱᔨᐤ **paachipiyiu** vai ◆ il/elle enfle, gonfle, est enflé-e

ᐹᒋᐱᔨᐤ **paachipiyiu** vii ◆ ça enfle, gonfle, est enflé-e

ᐴᑐᐧᐋᐤ **puutuwaau** vii ◆ c'est gonflé, ballonné, enflé

ᔒᐦᒋᐱᔨᐤ **shiihchipiyiu** vai ◆ il/elle se resserre, enfle légèrement

ᔒᐦᒋᐱᔨᐤ **shiihchipiyiu** vii ◆ ça se resserre, ça enfle légèrement

enflure

ᔪᐧᐃᐱᔨᐤ **yuwipiyiu** vii ◆ l'enflure diminue, l'air sort, ça se dégonfle

enfoncer

ᒋᐦᒋᔖᐅᓂᒻ **chihchishaaunim** vti ◆ il/elle l'enfonce dans quelque chose à la main

ᒌᔅᑭᐦᐊᒻ **chiiskiham** vti ◆ il/elle lui enfonce le doigt dedans, lui donne un petit coup

ᒌᔅᑭᐦᐧᐋᐤ **chiiskihwaau** vta ◆ il/elle lui enfonce le doigt dedans, il/elle (par ex. un chien) lui donne un petit coup de dent

ᐄᔅᑳᑯᓈᐤ **iiskwaakunaau** vai ◆ il/elle est enfoncé-e dans la neige à une certaine profondeur

ᑯᔖᐹᒋᔥᑭᒻ **kushaapaachishkim** vti ◆ il/elle le submerge, l'enfonce sous l'eau avec son pied ou son corps

ᑯᔖᐹᒋᔥᑭᐧᐋᐤ **kushaapaachishkiwaau** vta ◆ il/elle le/la submerge, l'enfonce sous l'eau avec son pied ou son corps

ᑯᑖᐅᐱᔨᐤ **kutaaupiyiu** vii ◆ ça pénètre, s'enfonce

ᑯᑖᐧᐋᑯᓈᐦᐊᒻ **kutaawaakunaaham** vti ◆ il/elle l'enfonce dans la neige avec quelque chose

ᑯᑖᐧᐋᑯᓈᐦᐧᐋᐤ **kutaawaakunaahwaau** vta ◆ il/elle l'enfonce dans la neige avec quelque chose

ᑯᑖᐧᐋᑯᓂᒋᓂᒻ **kutaawaakunichinim** vti ◆ il/elle l'enfonce dans la neige à la main

ᑯᑖᐧᐋᑯᓂᒋᐱᔨᐤ **kutaawaakunichipiyiu** vii ◆ ça s'enfonce dans la neige

ᑯᑖᐧᐋᑯᓂᒋᔥᑭᐧᐋᐤ **kutaawaakunichishkiwaau** vta ◆ il/elle l'enfonce dans la neige avec son pied ou son corps

ᐴᐦᒑᐳᐦᐧᐋᐤ **puuhchaapuhwaau** vta ◆ il/elle lui enfonce quelque chose dans l'oeil

ᐋᑭᑖᓈᐤ **aakitaanaau** vta ◆ il/elle lui ui fait avoir des haut-le-coeur ou le/la fait vomir en lui enfonçant les doigts dans la gorge

enfoncer (s')

ᒋᐦᒋᔅᑖᐧᐋᑯᓈᐱᔨᐤ **chihchistaawaakunaapiyiu** vai ◆ il/elle s'enfonce dans la neige

ᑯᑖᐅᐱᔨᐤ **kutaaupiyiu** vai ◆ il/elle pénètre, s'enfonce

ᑯᑖᐅᔅᒋᐧᐋᐱᔨᐤ **kutaauschiwaapiyiu** vai ◆ il/elle s'enfonce dans la boue

ᑯᑖᐅᔅᒋᐧᐋᐱᔨᐤ **kutaauschiwaapiyiu** vii ◆ ça s'enfonce dans la boue, s'embourbe

ᑯᑖᐅᔅᒋᐧᐃᒋᔑᓐ **kutaauschiwichishin** vai ◆ il/elle s'enfonce dans la boue

ᑯᑖᐧᐋᑯᓂᒋᐱᔨᐤ **kutaawaakunichipiyiu** vai ◆ il/elle s'enfonce dans la neige

ᒥᔑᑯᐦᒋᒫᐤ **mishikuhchimaau** vta ◆ il/elle attrape un animal dans son piège mais il/elle est gâté-e parce qu'il/elle a passé trop longtemps dans l'eau; il/elle tire un animal mais ne réussit pas à le ramasser parce qu'il/elle s'enfonce dans l'eau et ne remonte pas à la surface

ᐧᔮᑯᓈᐦᑎᓐ **ywaakunaahtin** vii ◆ ça s'enfonce dans la neige en tombant

ᐧᔮᑯᓈᔑᓐ **ywaakunaashin** vai ◆ il/elle s'enfonce dans la neige après sa chute

ᑯᑖᐧᐄᔥᑖᑰ **kutaawiishtaakuu** vta inverse -u ◆ il/elle (ex le piquant de porc-épic) s'enfonce profondément dans sa peau

ᐱᔨᔅᑯᑎᒫᐦᑯᓈᐤ **piyiskutimaahkunaau** vai ◆ il/elle s'enfonce dans la neige jusqu'au niveau du sol

ᐧᑖᑯᓂᒋᔑᓐ **twaakunichishin** vai ◆ il/elle s'enfonce dans la neige en marchant

ᐧᑖᔥᑯᐹᒋᔑᓐ **twaashkupaachishin** vai ◆ il/elle s'enfonce en traversant la couche supérieure de deux couches de glace

enfouir

ᐃᔮᐅᐦᑭᐦᐧᐋᐤ **iyaauhkihwaau** vta ◆ il/elle l'enterre, l'enfouit dans le sol

ᐃᔨᔅᑭᒥᒋᓈᐤ **iyiskimichinaau** vta ◆ il/elle l'enfouit dans la mousse, dans le sol

ᐃᔨᔅᑭᒥᒋᓂᒻ **iyiskimichinim** vti ◆ il/elle l'enfouit dans la mousse, dans le sol

ᐃᐧᔮᑯᓈᐦᑎᓐ **iywaakunaahtin** vii ◆ ça tombe et se retrouve enfoui sous la neige

ᐃᐧᔮᑯᓈᔑᓐ **iywaakunaashin** vai ◆ il/elle tombe et se retrouve enfoui sous la neige

enfuir

ᐊᒫᐧᐋᒫᐤ **amaawaamaau** vta ◆ il/elle fait s'enfuir un animal, un oiseau, sans faire exprès avec sa voix

enfuir (s')

ᒋᐦᑖᒧᐦᒑᐤ chihtaamuhchaau vai ◆ il/elle le/la fait s'enfuir

ᓈᑎᔑᒫᐤ naatishimaau vta ◆ il/elle s'enfuit vers lui/elle en sentant le danger

ᓈᑎᔑᒧᔥᑎᒼ naatishimushtim vti ◆ il/elle s'enfuit vers ça

ᐹᑖᒧᐦᒑᐤ paataamuhchaau vai ◆ il/elle le fait s'enfuir vers quelqu'un

ᒋᐦᑖᒧᐦᑳᓲ chihtaamuhkaasuu vai -u ◆ il/elle fait s'enfuir le gibier

ᓈᓯᐹᒋᔑᒫᐤ naasipaachishimaau vta ◆ il/elle lui échappe, s'enfuit de lui/d'elle vers l'eau

ᓈᓯᐹᒋᔑᒨ naasipaachishimuu vai -u ◆ il/elle s'enfuit vers l'eau

ᓈᑎᔑᒧᔥᑎᐚᐤ naatishimushtiwaau vta ◆ il/elle s'enfuit vers lui/elle pour être protégé-e

ᐅᔑᐦᐚᐤ ushihwaau vta ◆ il/elle fait s'envoler un oiseau, s'enfuir un animal

ᑯᑖᐚᔅᑯᐱᐦᑖᐤ kutaawaaskupihtaau vai ◆ il/elle s'enfuit, se réfugie dans la forêt en courant

ᓂᓅᓱᐎᐹᔅᒋᔂᐤ ninuusuwipaaschiswaau vta ◆ il/elle lui tire dessus alors qu'il/elle s'enfuit, s'envole

enfumé

ᐊᒀᐱᐦᑖᐤ akwaapihtaau vii ◆ c'est enfumé

enfumer

ᐊᒀᐱᐦᑎᐚᐤ akwaapihtiwaau vai ◆ il/elle nous enfume

ᐊᒀᐱᐦᑖᓂᒼ akwaapihtaanim vti ◆ il/elle fait de la fumée, il/elle nous enfume

ᐊᒀᐱᐦᑎᐚᐦᑎᓐ akwaapihtiwaahtin vii ◆ le bois ne brûle pas bien et nous enfume

engager

ᐅᑖᔅᑯᓈᐤ utaaskunaau vta ◆ il/elle l'engage, l'embauche

engelure

ᒥᔥᑭᐎᒋᐤ mishkiwichiu vai ◆ il/elle est gelé-e, a des engelures

engloutir

ᑯᐦᒋᐱᔨᐦᐋᐤ kuhchipiyihaau vta ◆ il/elle l'avale d'un coup, l'engloutit

ᑯᐦᒋᐱᔨᐦᑖᐤ kuhchipiyihtaau vai ◆ il/elle avale vite, l'engloutit, l'avale d'un trait

ᐃᔮᐅᐦᑳᔮᐦᐊᓐ iyaauhkaayaahan vii ◆ c'est englouti par le courant

engoulevent

ᐲᔥᒄ piishkw na -im ◆ un mange-maringouin, un engoulevent d'Amérique *Chordeiles minor*

engourdi

ᒌᔅᒋᒥᓯᐤ chiischimisiu vai ◆ il/elle se sent engourdi-e, a des fourmis dans les jambes, les pieds, ou les mains

ᒌᔅᒋᒥᓯᑖᐱᐤ chiischimisitaapiu vai ◆ il/elle a les pieds engourdis à force d'être assis-e

engourdir

ᒌᔥᒋᒥᔥᑭᒼ chiishchimishkim vti ◆ il/elle l'engourdit en lui coupant la circulation

engraisser

ᑖᐦᒋᐳᐦᐋᐤ taahchipuhaau vta ◆ il/elle l'engraisse, la fait grossir

enjamber

ᐹᔥᑎᐦᐊᒼ paashtiham vti ◆ il/elle l'enjambe, le dépasse, tire par-dessus

ᐹᔥᑎᐦᐚᐤ paashtihwaau vta ◆ il/elle le/la dépasse, l'enjambe, lui tire par-dessus

enlève

ᐋᒥᓂᒼ aaminim vti ◆ il/elle l'enlève de quelque chose (d'une surface horizontale) avec ses mains ou ses bras

enlever

ᐋᒥᐱᑖᐤ aamipitaau vta ◆ il/elle l'enlève de quelque chose

ᐋᒥᐱᑎᒼ aamipitim vti ◆ il/elle l'enlève de quelque chose

ᒑᒋᑯᓈᐤ chaachikunaau vta ◆ il/elle l'enlève de quelque chose

ᒑᒋᑯᓂᒼ chaachikunim vti ◆ il/elle l'enlève (ex chaussette)

ᒑᒋᒀᔅᑯᓂᒼ chaachikwaaskunim vti ◆ il/elle l'enlève (ex la fourrure sur un cadre)

ᒥᓈᐱᐦᒑᓈᐤ minaapihchaanaau vta ◆ il/elle l'enlève (filiforme) avec les mains

ᒥᓈᐱᐦᒑᓂᒼ minaapihchaanim vti ◆ il/elle l'enlève (filiforme) avec les mains

ᒥᓂᐦᐊᒼ miniham vti ◆ il/elle l'enlève avec un outil

ᒥᓂᐦᐚᐤ minihwaau vta ◆ il/elle l'enlève avec un outil

ᒥᓂᓈᐤ mininaau vta ◆ il/elle l'enlève à la main

ᒥᓂᓂᒼ mininim vti ◆ il/elle l'enlève à la main

ᒥᔅᑭᒫᐤ miskimaau vta ◆ il/elle enlève quelque chose qui lui appartient

ᐱᐦᐳᐚᔅᑯᐱᑎᒼ pihpuwaaskupitim vti redup ◆ il/elle en enlève quelque chose (long et rigide)

ᐊᒋᐎᐦᐊᒼ achiwiham vti ◆ il/elle le fait diminuer en en enlevant; il/elle le fait diminuer avec quelque chose

ᒑᒋᑯᐱᑖᐤ chaachikupitaau vta ◆ il/elle l'enlève, l'arrache, le/la fait glisser de quelque chose

ᒑᒋᑯᐱᑎᒼ chaachikupitim vti ◆ il/elle l'enlève, l'arrache, le fait glisser de quelque chose

ᒑᒋᒀᔅᑯᐦᐊᒼ chaachikwaaskuham vti ◆ il/elle enlève le manche de la hache

ᒑᒋᒀᔅᑯᓈᐤ chaachikwaaskunaau vta ◆ il/elle l'enlève, le/la fait glisser (ex la peau sur un cadre)

ᒑᑎᓵᒫᓈᐤ chaatisaamaanaau vta ◆ il/elle lui enlève ses raquettes

ᒌᑳᐦᑎᐚᑭᐦᐚᐤ chiikaahtiwaakihwaau vta ◆ il/elle lui enlève ses branches (se dit d'un arbre) ▪ ᒌᐦᑳᐦᑎᐚᑭᐦᐚᐤ ᐊᓂᔮᐦ ᒥᔥᒋᑯᔑᔥᐦ ᒑ ᐅᔑᐦᑖᑦ ᐊᐺᓈᔅᒄᐦ. ▪ chiihkaahtiwaakihwaau aniyaah mishchikushishh chaa ushihtaat apwaanaaskwh. ▪ *Il a enlevé les branches de ces petits arbres pour en faire des broches à rôtir.*

ᑭᒑᒋᒫᐦᐋᐤ **kichaachimaahaau** vta ◆ il/elle lui enlève ses raquettes

ᑭᒑᒋᒫᐤ **kichaachimaau** vai ◆ il/elle enlève ses raquettes

ᒥᓈᐹᐅᑖᐤ **minaapaautaau** vai ◆ il/elle l'enlève avec de l'eau

ᒥᓈᐹᐅᔮᐤ **minaapaauyaau** vta ◆ il/elle l'enlève avec de l'eau

ᒥᓈᐱᐦᒑᐱᑖᐤ **minaapihchaapitaau** vta ◆ il/elle le détache et l'enlève (filiforme) en tirant

ᒥᓈᐱᐦᒑᐱᑎᒻ **minaapihchaapitim** vti ◆ il/elle l'enlève (filiforme) en tirant

ᒥᓂᐦᐄᐱᒫᐤ **minihiipimaau** vai ◆ il/elle enlève le gras

ᒥᐢᑭᐦᑧᐤ **miskihtwaau** vai ◆ il/elle l'enlève (animé) à quelqu'un

ᒧᐢᒋᐦᑭᐚᓈᐤ **muschihkiwaanaau** vta ◆ il/elle enlève les arrêtes du poisson cuit

ᒧᔖᔥᑭᑖᐱᑖᐤ **mushaashkitaapitaau** vta ◆ il/elle lui enlève tous ses vêtements

ᒧᔖᔥᑭᑖᐱᑏᓲ **mushaashkitaapitiisuu** vai reflex -u ◆ il/elle enlève ses propres vêtements

ᐹᓂᐦᐊᒻ **paaniham** vti ◆ il/elle enlève de cette surface la neige ou la première couche de sol

ᐱᒋᐢᑎᔥᑭᒻ **pichistishkim** vti ◆ il/elle soulève son pied, enlève son corps de ça

ᐱᐦᑯᒋᐱᑖᐤ **pihkuchipitaau** vta ◆ il/elle l'enlève (quelque chose qui était collé)

ᐱᐦᑯᒋᐱᑎᒻ **pihkuchipitim** vti ◆ il/elle l'enlève (quelque chose qui était collé)

ᐱᐦᐳᐙᑭᐦᐊᒻ **pihpuwaakiham** vti redup ◆ il/elle le frappe (étalé) de ses mains pour en enlever quelque chose

ᐱᐦᐳᐙᑭᐦᐚᐤ **pihpuwaakihwaau** vta redup ◆ il/elle le frappe (étalé) de ses mains pour en enlever quelque chose

ᐱᐦᐳᐙᐢᑯᐦᐊᒻ **pihpuwaaskuham** vti redup ◆ il/elle le frappe contre quelque chose pour en enlever la neige, le sable, etc.

ᐱᐦᐳᐙᐢᑯᐦᐚᐤ **pihpuwaaskuhwaau** vta redup ◆ il/elle le/la frappe contre quelque chose pour en enlever quelque chose

ᐱᐦᐳᐙᐢᑯᐱᑖᐤ **pihpuwaaskupitaau** vta redup ◆ il/elle le/la secoue pour en enlever quelque chose

ᐱᐦᐳᐏᐦᑎᑖᐤ **pihpuwihtitaau** vai redup ◆ il/elle le frappe contre quelque chose pour en enlever quelque chose

ᐱᐦᐳᐏᐦᐅᓲ **pihpuwihusuu** vai reflex redup -u ◆ il/elle l'enlève en se brossant

ᐲᐦᑐᐱᑎᒻ **piihtupitim** vti ◆ il/elle en enlève une couche, le pèle

ᐳᐙᑯᓂᒋᐱᑖᐤ **puwaakunichipitaau** vta ◆ il/elle enlève la neige de lui/d'elle

ᐳᐙᑯᓂᑭᐦᐚᐤ **puwaakunikihwaau** vta ◆ il/elle tape la neige avec quelque chose pour l'enlever de lui/d'elle

ᐚᐹᐢᑯᐦᐊᒻ **waapaaskuham** vti ◆ il/elle l'enlève du chemin en utilisant un bâton

ᐚᐹᐢᑯᐦᐚᐤ **waapaaskuhwaau** vta ◆ il/elle l'enlève du chemin en utilisant un bâton

ᒑᑖᐹᐤ **chaataapaau** vai ◆ il/elle s'enlève la corde du traîneau, du toboggan

ᒑᑎᐦᐄᐹᓈᐤ **chaatihiipaanaau** vai ◆ il/elle l'enlève, le/la sort du filet

ᒑᑎᐢᐱᒋᓈᑭᓈᓂᒻ **chaatispichinaakinaanim** vti ◆ il/elle enlève l'étui du fusil

ᒌᐦᑳᐦᑎᐙᐦᐊᒻ **chiihkaahtiwaaham** vti ◆ il/elle en enlève les branches à la hache

ᒌᑳᐦᑎᐙᐦᐊᒻ **chiikaahtiwaaham** vti ◆ il/elle enlève les branches de l'arbre à la hache

ᒥᐦᒌᐤ **mihchiiu** vai ◆ il/elle enlève la viande d'une peau

ᒥᓂᒁᐤ **minikwaau** vai ◆ il/elle retire ou enlève les collets

ᒥᓂᑎᒥᐢᑭᔮᐦᐄᒑᐤ **minitimiskiyaahiichaau** vai ◆ il/elle enlève la viande d'une peau avec un ensoupleur

ᐹᐢᑭᐦᐊᒻ **paaskiham** vti ◆ il/elle enlève la neige, la terre autour de quelque chose

ᐱᐦᑯᓂᔑᓈᐙᓈᐤ **pihkunishinaawaanaau** vai ◆ il/elle enlève les glandes sexuelles du castor (avec lesquelles on fabrique le castoréum)

ᐱᐦᐳᐙᑯᓂᑭᐦᐅᓲ **pihpuwaakunikihusuu** vai reflex redup -u ◆ il/elle se brosse pour enlever la neige

ᐱᐦᐳᐏᐦᐊᒻ **pihpuwiham** vti redup ◆ il/elle l'enlève en brossant, en frappant

ᐱᔥᑯᐦᐄᒑᐤ **pishkuhiichaau** vai ◆ il/elle ensouple, enlève les racines de poil du cuir

ᓰᓂᓲ **siinisuu** vai -u ◆ le gras est enlevé de la viande par ébullition

ᓯᓂᐙᓯᒻ **siniwaasim** vti ◆ il/elle l'a laissé dans l'eau chaude trop longtemps pour pouvoir facilement retirer les plumes de la tête et des ailes d'une volaille, la couche externe des pieds de castor ou d'ours, la queue de castor ou de rat musqué

enlever (s')

ᒥᓂᐱᔨᐤ **minipiyiu** vai ◆ il/elle s'enlève

ᒥᓂᐱᔨᐤ **minipiyiu** vii ◆ ça s'enlève

ᐄᒑᐦᑖᐤ **iichaahtaau** vai ◆ il/elle s'éloigne, s'enlève du chemin

ᐱᐦᑯᒋᐱᔨᐤ **pihkuchipiyiu** vai ◆ il/elle s'enlève, se décolle

ᐱᐦᑯᒋᐱᔨᐤ **pihkuchipiyiu** vii ◆ ça se décolle, s'enlève

ennuager (s')

ᒨᔥᑳᔑᐤ **muushkaashiu** vai ◆ les nuages commencent à se former, ça s'ennuage

ennui

ᒥᒥᔑᐦᐋᐤ **mimishihaau** vta redup ◆ il/elle lui cause des ennuis par ses actions

ennuyer

ᓯᐢᑭᒋᐦᐋᐤ **siskichihaau** vta ◆ il/elle l'ennuie

ᓯᐢᑭᑖᔨᒫᐤ **siskitaayimaau** vta ◆ il/elle se lasse de lui/d'elle; il/elle le trouve ennuyeux, la trouve ennuyeuse

ennuyer (s')

ᐲᒋᔥᑳᒋᒫᐤ **piichishkaachimaau** vta ◆ il/elle s'ennuie de l'entendre toujours répéter la même chose

ᐲᒋᔅᑳᑖᔨᒫᐤ **piichiskaataayimaau** vta ◆ il/elle s'ennuie avec lui/elle

ᐲᒋᔥᑳᒋᐦᐋᐤ **piichishkaachihaau** vta ◆ il/elle s'ennuie ou se sent tout seul à cause de son absence

ᐲᒋᔅᑳᑖᔨᐦᑎᒼ **piichiskaataayihtim** vti ◆ il/elle est seul-e, s'ennuie

ennuyeux

ᐲᒋᔅᑳᓯᐦᑖᑯᓐ **piichiskaasihtaakun** vii ◆ ça semble ennuyeux

ᐲᒋᔅᑳᓯᓈᑯᓐ **piichiskaasinaakun** vii ◆ ça a l'air ennuyeux

ᐲᒋᔅᑳᓯᓂᒼ **piichiskaasinim** vti ◆ ça a l'air ennuyeux pour lui/elle

ᐲᒋᔅᑳᑖᔨᐦᑖᑯᓯᐤ **piichiskaataayihtaakusiu** vai ◆ il est ennuyeux, elle est ennuyeuse

ᓯᔅᑭᑖᔨᐦᑖᑯᓐ **siskitaayihtaakun** vii ◆ c'est ennuyeux

ᓯᔅᑭᑖᔨᐦᑖᑯᓯᐤ **siskitaayihtaakusiu** vai ◆ il est ennuyeux, elle est ennuyeuse

ᓯᔅᑭᑖᔨᐦᑎᒼ **siskitaayihtim** vti ◆ il/elle le trouve ennuyeux

ᐲᒋᔅᑳᓯᐦᑖᑯᐦᑖᐤ **piichiskaasihtaakuhtaau** vai ◆ le bruit qu'il/elle fait est ennuyeux

ᐲᒋᔅᑳᓯᓈᑯᓯᐤ **piichiskaasinaakusiu** vai ◆ il est ennuyeux, elle est ennuyeuse, fatiguant-e à regarder

ᐲᒋᔅᑳᑖᔨᐦᑖᑯᓐ **piichiskaataayihtaakun** vii ◆ c'est ennuyeux, solitaire

enregistrer

ᒥᓯᓂᐦᐊᒼ **misiniham** vti ◆ il/elle l'écrit, l'enregistre

ᐲᐦᑖᐱᔨᐦᐋᐤ **piihtaapiyihaau** vta ◆ il/elle le fait rentrer dedans, l'enregistre (sur cassette), le fait rentrer dedans en véhicule

ᐲᐦᑖᐱᔨᐦᑖᐤ **piihtaapiyihtaau** vai ◆ il/elle le fait rentrer dedans, l'enregistre (sur cassette)

ᐅᑎᐦᐙᐤ **utihwaau** vta ◆ il/elle le/la tire vers lui en utilisant quelque chose, il/elle le/la gagne, il/elle l'enregistre

enroulé

ᓵᐹᔥᑯᔑᓐ **saapaashkushin** vai ◆ il/elle est enroulé-e sur une bobine (utilisé seulement à la forme négative) ▪ ᑖᐹ ᒥᔪᐱᔨᐤ ᓂᑭᔅᒋᒀᓲᐱᔨᒼ ᐋᑳ ᔖᐹᔥᑯᔑᐦᒃ ᑭᔅᒋᒀᓲᓈᔮᐲ᙮ ▪ taapaa miyupiyiu nikischikwaasuupiyim aakaa shaapaashkushihk kischikwaasuunaayaapii. ▪ *Ma machine à coudre ne marche pas bien parce que le fil n'est pas enroulé assez serré sur la bobine.*

ᐑᔅᒁᔮᑭᐱᐤ **wiiskwaayaakipiu** vai ◆ il/elle est assis-e avec quelque chose enroulé autour de lui/d'elle

enrouler

ᑖᐹᔥᑯᔑᒫᐤ **taapaashkushimaau** vta ◆ il/elle l'enroule dessus

ᑎᐦᑎᐹᐱᐦᒑᔑᒫᐤ **tihtipaapihchaashimaau** vta redup ◆ il/elle l'enroule autour de quelque chose

ᑎᑎᐱᓈᐱᐦᒑᐦᑎᑖᐤ **titipinaapihchaahtitaau** vai ◆ il/elle l'enroule (filiforme) autour de quelque chose

ᑎᑎᐱᓈᐱᐦᒑᓂᒼ **titipinaapihchaanim** vti redup ◆ il/elle l'enroule (filiforme) autour de quelque chose

ᑎᑎᐱᓈᐱᐦᒑᔑᒫᐤ **titipinaapihchaashimaau** vta redup ◆ il/elle l'enroule (filiforme) autour

ᑎᑎᐱᓈᔥᑯᔑᒫᐤ **titipinaashkushimaau** vta redup ◆ il/elle l'enroule autour d'un objet en bois

ᑎᑎᐱᓈᔥᑯᔑᓐ **titipinaashkushin** vai redup ◆ il/elle est enroulée autour

ᑎᑎᐱᓈᔅᑯᐦᑎᑖᐤ **titipinaaskuhtitaau** vai redup ◆ il/elle l'enroule autour d'un objet en bois

ᓅᑎᒥᔮᒋᓂᒼ **nuutimiyaachinim** vti ◆ il/elle l'enroule (étalé), l'enveloppe dans une forme arrondie

ᐲᐦᑎᐙᐙᒋᓈᐤ **piihtiwaawaachinaau** vta ◆ il/elle en enroule une autre couche (étalé) autour de lui, d'elle

ᐲᐦᑎᐙᐙᒋᓂᒼ **piihtiwaawaachinim** vti ◆ il/elle en enroule une autre couche (étalé) autour

ᐲᒫᐱᐦᒑᐱᑖᐤ **piimaapihchaapitaau** vta ◆ il/elle le/la tire (filiforme) le/la forçant à s'enrouler, s'entortiller

ᐲᒫᐱᐦᒑᐱᑎᒼ **piimaapihchaapitim** vti ◆ il/elle le tire (filiforme) le forçant à s'enrouler, s'entortiller

ᐲᒥᐦᐙᐤ **piimihwaau** vta ◆ il/elle l'enroule, le/la remonte

ᓵᐹᔅᑯᐦᑎᓐ **saapaaskuhtin** vii ◆ c'est enroulé bien serré (utilisé seulement à la forme négative)

ᑎᑎᐹᔑᐤ **titipaashiu** vai redup ◆ il/elle est entortillé-e par le vent, l'air

ᑎᑎᐹᔥᑎᓐ **titipaashtin** vii redup ◆ c'est entortillé par le vent, l'air

ᑎᑎᐱᓈᐤ **titipinaau** vta redup ◆ il/elle le/la roule, l'enroule

ᐙᔅᐱᓲ **waaspisuu** vai -u ◆ il/elle est enroulé-e, lacé-e

ᐙᔅᐱᑖᐅᓲ **waaspitaausuu** vai -u ◆ il/elle enroule le bébé dans un sac à mousse

ᑎᑎᐱᓈᐱᐦᑳᑖᐤ **titipinaapihkaataau** vta redup ◆ il/elle l'attache dessus en l'emballant, en l'enroulant autour

ᑎᑎᐱᓈᐱᐦᑳᑎᒼ **titipinaapihkaatim** vti redup ◆ il/elle l'attache dessus en l'emballant, en l'enroulant plusieurs fois autour

ᐙᔅᐱᑖᐤ **waaspitaau** vta ◆ il/elle l'enroule dans un sac à mousse, raccommode le filet de pêche

ensanglanté

ᓱᐧᐃᐦᑯᓯᐅ suwihkusiu vai ◆ il/elle est ensanglanté-e

ᓱᐧᐃᐦᒁᐹᒋᓯᐅ suwihkwaapaachisiu vai ◆ il/elle est ensanglanté-e (filiforme)

ᓱᐧᐃᐦᒁᐹᑭᓐ suwihkwaapaakin vii ◆ c'est couvert de sang, c'est ensanglanté (filiforme)

ensanglanter

ᓱᐧᐃᐦᒁᐤ suwihkwaau vii ◆ c'est couvert de sang, c'est ensanglanté

ensanglanter (s')

ᓱᐧᐃᐦᑯᐦᑎᓐ suwihkuhtin vii ◆ ça s'ensanglante; ça se couvre de sang

enseignement

ᒋᐢᑯᑎᒫᒑᐧᐃᓐ chiskutimaachaawin ni ◆ l'enseignement, l'instruction

enseigner

ᒋᐢᑯᑎᒫᒑᐤ chiskutimaachaau vai ◆ il/elle enseigne

ᒋᐢᒋᓄᐦᐋᒫᒑᐤ chischinuhaamaachaau vai ◆ il/elle enseigne, guide

ᒋᐢᒋᓄᐦᐊᒧᐙᐤ chischinuhamuwaau vta ◆ il/elle l'instruit, lui enseigne

ensemble

ᐊᓯᐱᐧᐃᒡ asipiwich vai pl ◆ ils/elles sont assis ensemble, en groupe

ᓃᔂᐢᑯᒧᐦᐋᐤ niiswaaskumuhaau vta ◆ il/elle met les deux (animé, long et rigide) ensemble

ᐹᔨᑯᐄᔨᔨᐅᐙᔮᐤ paayikuiiyiyiuwaayaau vii ◆ c'est un ensemble

ᐐᒑᐅᑐᐧᐃᒡ wiichaautuwich vai pl recip -u ◆ ils/elles vont ensemble

ᐊᔑᒡ ashich p,manière ◆ en même temps, ensemble ■ ᐋᐅᒄ ᐐᔨ ᐊᔑᒡ ᒑ ᐐᒋᐦᐄᐙᑦ ■ aaukw wiiyi ashich chaa wiichihiiwaat. ■ *Elle/il ira en même temps les autres.*

ᒫᒨ maamuu p,manière ◆ tous ensemble ■ ᒫᒨ ᒌᐦ ᐐᒋᐧᐃᒡ ᐊᓂᔮ ᒥᐦᑐᑳᓂᔨᐅ ■ maamuu chiih wiichiwich aniyaa mihtukaaniyiu. ■ *Ils vécurent tous ensemble dans la même lutte d'hiver.*

ᒋᔑᑳᐳᐧᐃᐧᐃᒡ chishikaapuwiwich vai pl -uwi ◆ ils/elles se tiennent ensemble pendant un moment

ᒫᒨᐙᐱᐦᑳᓱᐧᐃᒡ maamuwaapihkaasuwich vai pl -u ◆ ils/elles sont attaché-e-s ensemble

ᒫᒨᐙᐱᐦᑳᑖᐤ maamuwaapihkaataau vta ◆ il/elles les attache, les noue ensemble

ᒫᒨᐙᐱᐦᑳᑖᐅᐦ maamuwaapihkaataauh vii pl ◆ ces choses sont attachées ensemble

ᒫᒨᐙᐱᐦᑳᑎᒼ maamuwaapihkaatim vti ◆ il/elle les attache ensemble

ᒫᒨᐙᔥᑯᔑᒫᐤ maamuwaashkushimaau vta ◆ il/elle les dépose ensemble (long et rigide, ex. des planches de bois)

ᒫᒨᐙᐢᑯᔥᑖᐤ maamuwaaskushtaau vai ◆ il/elle les dépose ensemble (long et rigide, ex. des bâtons)

ᒫᒧᐧᐃᐦᑖᐧᐃᒡ maamuwihtaawich vai pl ◆ ils/elles marchent ensemble

ᒫᒧᐧᐃᑳᐳᐧᐃᐦᐋᐤ maamuwikaapuwihaau vta ◆ il/elle les fait tenir debout ensemble

ᒫᒧᐧᐃᑯᒋᓂᒡ maamuwikuchinich vai pl ◆ ils/elles sont suspendu-e-s ensemble

ᒫᒧᐧᐃᑯᑖᐤ maamuwikutaau vai+o ◆ il/elle les suspend ensemble

ᒫᒧᐧᐃᑯᑖᐅᐦ maamuwikutaauh vii pl ◆ ils/elles sont suspendu-e-s ensemble

ᒫᒧᐧᐃᑯᔮᐤ maamuwikuyaau vta ◆ il/elle suspend ensemble

ᒫᒧᐧᐃᒁᑖᐤ maamuwikwaataau vta ◆ il/elles les coud ensemble

ᒫᒧᐧᐃᒁᑎᒼ maamuwikwaatim vti ◆ il/elle les coud ensemble

ᒫᒧᐧᐃᓈᐤ maamuwinaau vta ◆ il/elle les tient, les maintient tous ensemble

ᒫᒧᐧᐃᓂᒼ maamuwinim vti ◆ il/elle les tient, les maintient tous ensemble

ᒫᒧᐧᐃᐱᐦᑖᐧᐃᒡ maamuwipihtaawich vai pl ◆ ils/elles courent tous ensemble

ᒫᒧᐧᐃᐱᐧᐃᒡ maamuwipiwich vai pl ◆ ils/elles s'assoient toutes/tous ensemble

ᒫᒧᐧᐃᐱᔩᐦᐅᐧᐃᒡ maamuwipiyihuwich vai pl -u ◆ ils/elles vont ensemble, se déplacent ensemble

ᒫᒧᐧᐃᔑᒫᐤ maamuwishimaau vta ◆ il/elle les couche ensemble

ᒫᒧᐧᐃᔂᐤ maamuwishwaau vta ◆ il/elle les coupe tous ensemble

ᒫᐅᓯᒁᐱᐦᑳᑖᐤ maausikwaapihkaataau vta ◆ il/elle les attache ensemble

ᒫᐅᓯᒁᐱᐦᑳᑎᒼ maausikwaapihkaatim vti ◆ il/elle les attache ensemble

ᓃᔓᒋᐦᒁᒧᐧᐃᒡ niishuchihkwaamuwich vai pl -u ◆ les deux dorment ensemble

ᓃᔓᑎᑳᔑᐧᐃᒡ niishutikaashiwich vai pl ◆ les deux voguent ensemble

ᓃᔂᐱᐦᑳᓱᐧᐃᒡ niishwaapihkaasuwich vai pl -u ◆ ils/elles sont attaché-e-s ensemble

ᓃᔂᐱᐦᑳᑖᐤ niishwaapihkaataau vta ◆ il/elle en attache deux (animé) ensemble

ᓃᔂᐢᑭᑎᓐᐦ niiswaaskitinh vii pl ◆ les deux sont gelés ensemble

ᓃᔂᐢᑯᒧᐦᑖᐤ niiswaaskumuhtaau vai ◆ il/elle en place deux ensemble (long et rigide)

ᓂᔥᑎᐧᐃᔥᑖᐤ nishtiwishtaau vai ◆ il/elles les place ensemble

ᓂᔥᑎᐧᐃᔥᑎᐦᐊᒼ nishtiwishtiham vti ◆ il/elle les coud ensemble

ᓂᔥᑎᐧᐃᔥᑎᐦᐙᐤ nishtiwishtihwaau vta ◆ il/elle les coud ensemble

ᐱᓯᑯᐦᐊᒼ pisikuham vti ◆ il/elle les colle ensemble

ᐱᓯᑯᐦᐄᒑᐤ pisikuhiichaau vai ◆ il/elle les colle ensemble

ᐐᒋᐱᒫᑎᓯᒫᐤ wiichipimaatisiimaau vta ◆ ils/elles passent leur vie ensemble, il/elle passe sa vie avec lui/elle

ᐐᐦᐹᒥᑐᐧᐃᒡ wiihpaamituwich vai pl recip -u ◆ ils/elles dorment ensemble

ᒫᒧᐦᑭᒧᒡ maamuhkimuch vti pl ◆ ils/elles voyagent tous ensemble dans un véhicule; ils/elles font quelque chose ensemble
ᓃᔓᓂᒻ niishunim vti ◆ il/elle en tient deux ensemble
ᓂᔥᑤᐱᔅᑭᐦᐋᐤ nishtwaapiskihaau vta ◆ il/elle place les trois (minéral) ensemble

ensoleillé

ᐋᔥᑎᐦᑖᔮᐦᑎᒄ aashtihtaayaahtikw p,lieu ◆ du côté ensoleillé de l'arbre ■ ᐋᑯᑖᐦ ᑳᐦ ᐊᑯᓰᒡ ᒥᔥᑎᑯᐦᔮᐅᒡ ᐊᓂᑖᐦ ᐋᔥᑎᐦᑖᔮᐦᑎᒄ. ■ aakutaah kaah akusiich mishtikuhyaauch anitaah aashtihtaayaahtikw. ■ *Les perdrix étaient perchées du coté ensoleillé de l'arbre.*
ᐋᔥᑎᒫᔥᑖᐤ aashtimaashtaau p,lieu ◆ du côté ensoleillé ■ ᐊᓂᑖᐦ ᐋᐦ ᐋᔥᑎᒫᔥᑖᔨᒡ ᐊᑯᔨᒡ ᐊᓂᒌ ᓂᒫᓰᒡ. ■ anitaah aah aashtimaashtaayich akuyich anichii nimaasich. ■ *Suspends le poisson à sécher du côté ensoleillé!*
ᐋᔥᑎᐦᑖᐋᔮᐤ aashtihtaawaayaau vii ◆ c'est une étendue de terre du côté ensoleillé de la baie, de l'île ■ ᓈᑖᐦ ᐋᐦ ᐋᔥᑎᐦᑖᐋᔮᒡ ᐋᑯᑖᐦ ᑳᐦ ᐊᐧᑳᔮᐦᐊᒡ ᐊᓐ ᒌᔖᒌᒫᓐ. ■ naataah aah aashtihtaawaayaach aakutaah kaah akwaayaahach an chishaachiimaan. ■ *Ce gros bateau avait fait naufrage du côté ensoleillé de la baie.*
ᐋᔥᑎᒫᔥᑖᑯᓰᐤ aashtimaashtaakusiiu vai ◆ il/elle (un oiseau) se perche du côté ensoleillé
ᐋᔥᑎᒫᔮᐤ aashtimaayaau vii ◆ c'est du côté ensoleillé
ᐱᐹᑯᓈᓯᔅᒑᐤ pipaakunaasischaau vii redup ◆ c'est ensoleillé avec des passages nuageux
ᐙᓵᔅᑯᓂᐱᔨᐤ waasaaskunipiyiu vii ◆ ça se dégage, se transforme en une journée claire et ensoleillée
ᐋᔥᑎᐦᑖᐤ aashtihtaau p,lieu ◆ sur la côte nord, du côté ensoleillé de la baie, de l'île ■ ᐋᔥᑎᐦᑖᐤ ᒌᐦ ᐊᐧᑳᔮᐦᐅᑯᐦᑖᑯᐱᓐ ᐊᓐ ᐋᐦᒋᒄ ᑳ ᒥᔅᑭᐙᑭᓂᐎᑦ. ■ aashtihtaau chiih akwaayaahukuhtaakupin an aahchikw kaa miskiwaakiniwit. ■ *On a trouvé un phoque échoué sur la côte nord de la baie.*

ensoupler

ᑯᑖᔅᑯᐦᐙᐤ kutaaskuhwaau vta ◆ il/elle essaie de l'ensoupler, d'enlever les racines de poil d'une peau
ᐱᔥᑯᐦᐄᒑᐤ pishkuhiichaau vai ◆ il/elle ensouple, enlève les racines de poil du cuir

ensoupleur

ᐱᔥᑯᐦᒋᑭᓐ pishkuhchikin ni ◆ un ensoupleur (un os aiguisé de patte de caribou ou d'orignal, servant à enlever les racines de poil des peaux)
ᒥᓂᑎᒥᔅᑭᔮᐦᐄᒑᐤ minitimiskiyaahiichaau vai ◆ il/elle enlève la viande d'une peau avec un ensoupleur

entaillé

ᐙᔮᐤ waayaau vii ◆ il y a un creux, une dépression dans le sol, c'est entaillé

entailler

ᐄᑎᐦᐊᒼ iitiham vti ◆ il/elle le marque, l'entaille
ᐄᑎᐦᐙᐤ iitihwaau vta ◆ il/elle le marque, l'entaille
ᐃᔮᓂᐦᐊᒼ iyaaniham vti ◆ il/elle le marque, l'entaille
ᐃᔮᓂᐦᐙᐤ iyaanihwaau vta ◆ il/elle le marque, l'entaille
ᐙᔨᐦᐊᒼ waayiham vti ◆ il/elle le creuse, y fait une entaille
ᐙᔨᐦᐙᐤ waayihwaau vta ◆ il/elle le/la creuse, y fait une entaille

entasser

ᐊᔅᒌᑳᑎᒼ aschiikaatim vti ◆ il/elle entasse de la mousse autour du bas de son habitation
ᐄᔨᑳᑎᒼ iiyikaatim vti ◆ il/elle entasse de la neige autour des bords inférieurs de l'habitation
ᐄᔨᑯᐎᔅᒑᓂᒼ iiyikuwischaanim vti ◆ il/elle entasse du sable autour de la partie inférieure de l'habitation
ᐄᔨᔅᒑᓂᒼ iiyischaanim vti ◆ il/elle entasse la terre autour de la partie inférieure de l'habitation
ᐃᔮᐅᐦᑭᐦᐊᒼ iyaauhkiham vti ◆ il/elle enterre dans le sol, il/elle entasse du sable sur le pourtour inférieur de l'habitation
ᐄᔨᑳᓂᐦᒡ iiyikaanihch p,lieu ◆ le pourtour extérieur de l'habitation, là où la neige a été entassée ■ ᒫᓂᑖᐦ ᐹᒋ ᐱᒋᔅᑎᓐ ᐊᓐ ᐊᐧᑳᔅᑯᐹᓐ ᐄᔨᑳᓂᐦᒡ. ■ maanitaah paachi pichistin an akwaaskupaan iiyikaanihch. ■ *Mets ta pelle à neige près du pourtour l'extérieur de l'habitation.*

entendre

ᐹᐦᑎᒼ paahtim vti ◆ il/elle l'entend, entend
ᐹᐦᑎᐙᐤ paahtiwaau vta ◆ il/elle l'entend
ᒑᔅᑯᐦᑎᐙᐤ chaaskuhtiwaau vta ◆ il/elle n'entend qu'une partie de ce qu'il/elle dit
ᒑᔅᑎᓈᓯᐦᑎᒼ chaastinaasihtim vti ◆ il/elle est certain-e que c'est ce qu'il/elle a entendu
ᒌᐦᑳᐦᑖᑯᓰᐤ chiihkaahtaakusiu vai ◆ il/elle s'entend bien ■ ᓂᒧᐃ ᐅᐦᒋ ᒌᐦᑳᐦᑖᑯᓰᐤ ᑳ ᐐᐦ ᐊᔨᒥᐦᐄᒡ ᐊᔨᒧᐙᔮᐲᐦᒡ. ■ nimui uhchi chiihkaahtaakusiu kaa wiih ayimihiichiht ayimuwaayaapiihch. ■ *On ne l'entendait pas bien quand on a voulu lui parler à la radio.*
ᐄᑎᐦᑖᑯᓐ iitihtaakun vii ◆ ça a l'air, c'est compris d'une certaine façon
ᐄᑎᐦᑎᐙᐤ iitihtiwaau vta ◆ il/elle l'entend, le/la comprend d'une certaine façon, il/elle en a mangé une certaine quantité (à en juger par les restes)
ᐄᑤᐋᐱᔨᐤ iitwaawaapiyiu vii ◆ on l'entend, ça retentit d'une certaine façon
ᒥᒥᑤᐦᐊᒼ mimitwaaham vti redup ◆ il/elle continue à le frapper et il produit un son
ᒥᒥᑤᐦᑎᐙᐤ mimitwaahtiwaau vai redup ◆ il/elle mâche et on l'entend

ᒥᐧᑗᒋᐢᑐ **mitwaachistuu** vai-u ◆ on l'entend mais on ne le/la voit pas, il/elle est audible mais invisible

ᒥᐧᑗᒫᑐ **mitwaamaatuu** vai-u ◆ on l'entend pleurer (animé)

ᒥᐧᑗᔥᑎᓐ **mitwaashtin** vii ◆ c'est le vent qu'on peut entendre

ᒥᐧᑗᑖᐤ **mitwaataau** vii ◆ c'est la détonation d'un fusil qu'on entend

ᒥᐧᑗᔮᑭᒫᐦᐊᓐ **mitwaayaakimaahan** vii ◆ ce sont les vagues qui déferlent qu'on entend au loin

ᒥᔪᐦᑖᑯᓯᐤ **miyuhtaakusiu** vai ◆ il/elle est beau/belle à entendre ■ ᒌᐦ ᒥᔪᐦᑖᑯᓯᐤ ᑳ ᓂᑭᒧᑦ ᑳ ᓂᔥᑎᐧᐄᓈᓂᐧᐃᔨᒡ× ■ chiih miyuhtaakusiu kaa nikimut kaa nishtiwiinaaniwiyich. ■ *Il a bien chanté à la réunion.*

ᓂᐦᐄᐦᑎᒼ **nihiihtim** vti ◆ il/elle entend bien, il/elle obéit

ᐹᐦᑖᑯᓐ **paahtaakun** vii ◆ c'est audible, ça s'entend

ᐹᐦᑖᑯᓯᐤ **paahtaakusiu** vai ◆ il/elle s'entend, est audible, il/elle pleure parce qu'il/elle a reçu de mauvaises nouvelles

ᐹᐧᑖᑎᒼ **paatwaatim** vti ◆ il/elle fait des bruits de voix qu'on peut entendre quand il/elle approche

ᐹᐧᑖᐅᑎᒼ **paatwaautim** vti ◆ il/elle approche en émettant des bruits de voix

ᐹᐧᑖᐧᐋᔥᑎᓐ **paatwaawaashtin** vii ◆ le vent ou quelque chose emporté par le vent approche et on peut l'entendre

ᐱᒼᐧᐋᐧᐋᔥᑎᓐ **pimwaawaashtin** vii ◆ c'est le son du vent qui passe qu'on entend

ᑖᐱᐦᑖᑯᓐ **taapihtaakun** vii ◆ c'est audible, on peut l'entendre partout

ᐅᐦᑎᓯᐦᑎᒼ **uhtisihtim** vti ◆ il/elle est capable de l'entendre à cette distance

ᐅᑎᓯᐦᑎᐧᐋᐤ **utisihtiwaau** vta ◆ il/elle peut l'entendre de cette distance

ᔮᐧᐋᑎᒼ **yaawaatim** vti ◆ il/elle s'entend au loin

ᐊᐦᑗᐧᐋᑖᒧ **ahtwaawaataamuu** vai-u ◆ on entend son souffle provenir d'une certaine direction

ᒌᐧᐋᔮᑯᐦᑖᐤ **chiiwaayaakuhtaau** vii ◆ la neige fond si vite qu'on l'entend fondre

ᐄᑎᐦᑎᒼ **iitihtim** vti ◆ il/elle l'entend, le comprend d'une certaine façon, elle le marque d'une certaine façon avec ses dents

ᒥᐧᑗᔅᒑᐤ **mitwaaschaau** vai ◆ il/elle tire et on peut entendre au loin les coups de fusil

ᒥᔮᐧᐋᐦᑎᓐ **miywaawaahtin** vii ◆ ça a un bon rythme, c'est agréable à entendre

ᐹᐧᑖᐧᐋᐱᐦᑖᐤ **paatwaawaapihtaau** vai ◆ il/elle arrive en courant et on entend ses pas

ᐹᐧᑖᐧᐋᔑᓐ **paatwaawaashin** vai ◆ il/elle approche et on entend ses pas

ᐹᐧᑖᐧᐋᑖᐦᑎᒼ **paatwaawaataahtim** vti ◆ il/elle approche et on entend son souffle

ᐹᐧᑖᐧᐋᑖᒧ **paatwaawaataamuu** vai-u ◆ il/elle approche et le chasseur entend son souffle

ᐱᐹᒼᐧᐋᐧᐋᔮᑯᓈᔑᓐ **pipaamwaawaayaakunaashin** vai redup ◆ il/elle fait du bruit avec ses pas qu'on peut entendre dans la neige

ᐱᔮᑭᔅᒋᐦᑖᑯᓐ **piyaakischihtaakun** vii ◆ c'est facile à comprendre, à entendre, on l'entend clairement

ᐱᔮᑭᔅᒋᐦᑖᑯᓯᐤ **piyaakischihtaakusiu** vai ◆ il/elle est facile à comprendre, à entendre, on l'entend clairement

ᐱᔨᔨᐦᑖᐧᐋᒋᐧᐃᓐ **piyiyihtaawaachiwin** vii ◆ le courant d'eau s'entend clairement

ᐱᔨᔨᐦᑖᐧᐋᐤ **piyiyihtaawaau** vii ◆ le son s'entend clairement, ça s'entend bien

entendre (s')

ᒌᐦᑳᐦᑖᑯᓐ **chiihkaahtaakun** vii ◆ ça s'entend bien, clairement ■ ᐊᔮᐱᒡ ᒌᐦ ᒌᐦᑳᐦᑖᑯᓐ ᒋᔥᑐᐦᒋᑭᓐ ᐋᑦ ᐧᐋᐦᔨᐤ ᒌᐦ ᐃᐦᑖᔮᐦᒡ× ■ ayaapich chiih chiihkaahtaakun chishtuhchikin aat waahyiu chiih ihtaayaahch. ■ *On pouvait bien entendre la musique, même si on était loin.*

entente

ᓂᔅᑯᒥᑐᐧᐃᓐ **niskumituwin** ni ◆ un accord, une entente entre deux ou plusieurs personnes

ᓂᔅᑯᒧᐧᐃᓐ **niskumuwin** ni ◆ une entende, un accord

enterré

ᐄᑖᒥᔅᑭᒥᒡ **iitaamiskimich** p,lieu ◆ enterré, sous la terre ■ ᓈᔥᒡ ᐊᓂᑖᐦ ᐄᑖᒥᔅᑭᒥᒡ ᐋᑯᑎᐦ ᑳ ᒥᔅᑭᐦᒃ ᐊᓂᔮ ᒦᑐᓂᓵᓂᔨᐤ× ■ naashch anitaah iitaamiskimich aakutih kaa miskihk aniyaa miitunisaaniyiu. ■ *Là, enterré, elle trouva un pilon pour faire de la poudre de viande séchée ou de poisson.*

ᐊᔥᑎᔓᐧᐋᓐ **ashtishwaan** na -shiim ◆ un caribou enterré dans la neige après avoir été dépecé et éviscéré

enterrer

ᐃᔮᐅᐦᒋᓈᐤ **iyaauhchinaau** vta ◆ il/elle l'enterre à la main

ᐃᔮᐅᐦᒋᓂᒼ **iyaauhchinim** vti ◆ il/elle l'enterre à la main

ᓂᐦᐋᐧᐄᐦᑭᐧᐋᐤ **nihaawiihkiwaau** vta ◆ il/elle l'enterre

ᓂᐦᐄᐦᑭᐧᐋᐤ **nihiihkiwaau** vta ◆ il/elle l'enterre

ᓯᑭᔅᒋᓈᐤ **sikischinaau** vta ◆ il/elle l'enterre

ᐃᔮᑯᓈᐦᐊᒼ **iyaakunaaham** vti ◆ il/elle l'enterre dans la neige

ᐃᔮᑯᓈᐦᐧᐋᐤ **iyaakunaahwaau** vta ◆ il/elle l'enterre dans la neige

ᐃᔮᐅᐦᑭᐦᐊᒼ **iyaauhkiham** vti ◆ il/elle enterre dans le sol, il/elle entasse du sable sur le pourtour inférieur de l'habitation

ᐃᔮᐅᐦᑭᐦᐧᐋᐤ **iyaauhkihwaau** vta ◆ il/elle l'enterre, l'enfouit dans le sol

ᐃᔨᐦᐊᒼ **iyiham** vti ◆ il/elle l'enterre, le recouvre (de neige, de terre, de sable)

ᓯᑭᔅᒋᓂᒼ **sikischinim** vti ◆ il/elle enterre un corps

ᐱᒥᔑᓐ pimishin vai ◆ il/elle se couche; le phoque se baigne au soleil; il/elle est enterré là

ᐃᔮᒥᐢᑳᐦᐊᓐ iyaamiskaahan vii ◆ c'est enterré avec les galets par le courant d'eau

enterrer (s')

ᔖᔒᐹᔮᑯᓂᒌᐤ shaashiipaayaakunichiiu vai ◆ il/elle s'enterre sous la neige

entêté

ᒥᔥᑭᐧᐃᔥᑎᑳᓈᐤ mishkiwishtikwaanaau vai ◆ il/elle est têtu-e, entêté-e

entier

ᒥᓯᐦᑎᐧᐋᐤ misihtiwaau vii ◆ c'est en une pièce; c'est entier

ᒥᓯᐦᑎᐧᐋᔮᑭᓐ misihtiwaayaakin vii ◆ c'est entier (étalé)

ᒥᓯᐧᐋᔮᑭᓐ misiwaayaakin vii ◆ c'est entier (étalé)

ᒥᓯᐧᐋᔮᐤ misiwaayaau vii ◆ tout est là, c'est entier

ᔖᔨᐧᐋᒋᓯᐤ shaayiwaachisiu vai ◆ il est entier, elle est entière (étalé), pas encore coupé-e ou cousu-e

ᒥᔑᑯᐦᒋᒫᐤ mishikuhchimaau vta ◆ il/elle le/la fait bouillir entier/entière

ᒥᓯᐧᐋᐱᔨᐦᐋᐤ misiwaapiyihaau vta ◆ il/elle l'avale tout entier

ᒥᓯᐧᐋᐱᔨᐦᑖᐤ misiwaapiyihtaau vai ◆ il/elle l'avale tout entier

ᒥᓯᐧᐋᓰᐤ misiwaasiiu vai ◆ il/elle est en un seul morceau

ᒥᓯᐧᐋᔮᒋᓯᐤ misiwaayaachisiu vai ◆ il est entier, complet; elle est entière, complète

ᒥᓯᐧᐋᔮᒋᐧᐃᓯᒼ misiwaayaachiwisim vti ◆ il/elle le fait bouillir entier

ᒥᓯᐧᐋᔮᒋᐧᐃᓵᐤ misiwaayaachiwiswaau vta ◆ il/elle le/la fait bouillir entier

ᓅᑎᒥᐦᑎᑳᐤ nuutimihtikaau vii ◆ c'est une bille de bois ronde entière

entièrement

ᒥᑎᑐᓐ mititun p,manière ◆ complètement, entièrement ▪ ᒥᑎᑐᓐ ᓅᑯᓂᔨᐤ ᐅᓵᒋᐦᐄᐧᐋᐧᐃᓐ ᐧᐃᔮᐱᒫᒡᐦ ᐅᔑᔑᒥᔥᐦ. ▪ mititun nuukuniyiu usaachihiiwaawin wiyaapimaachh ushishimishh. ▪ *On peut voir l'amour qu'elle porte à ses petits enfants quand elle/il les voit.*

ᐧᑳᔅᑳᐳᒋᐱᑖᐤ kwaaskaapuchipitaau vta ◆ il/elle le/la retourne entièrement en tirant dessus

ᐧᑳᔅᑳᐳᒋᐱᑎᒼ kwaaskaapuchipitim vti ◆ il/elle le retourne entièrement en tirant dessus

ᐧᑳᔅᑳᐳᑎᐦᐧᐋᐤ kwaaskaaputihwaau vta ◆ il/elle le/la retourne entièrement

ᐧᑳᔅᑳᐳᑎᓂᒼ kwaaskaaputinim vti ◆ il/elle le retourne entièrement

entorse

ᐱᔅᒑᐅᒌᐤ pischaauchiiu vai ◆ il/elle se fait une entorse ou une foulure, s'étire un muscle

entortillé

ᐲᒫᑭᔥᑖᐤ piimaakishtaau vii ◆ c'est tout enroulé, entortillé (étalé)

ᐲᒫᐹᒋᓯᐤ piimaapaachisiu vai ◆ il/elle est entortillé-e (filiforme)

ᐲᒫᐹᑭᐦᐧᐋᐤ piimaapaakihwaau vta ◆ il/elle le/la rend tout entortillé (filiforme)

ᐲᒫᐹᑭᓐ piimaapaakin vii ◆ il est entortillé (filiforme)

ᐲᒫᐱᐦᒑᐱᔨᐤ piimaapihchaapiyiu vai ◆ il/elle est tout entortillé-e (filiforme)

ᐲᒫᐱᐦᒑᐱᔨᐤ piimaapihchaapiyiu vii ◆ c'est tout entortillé (filiforme)

ᐲᒫᐹᑭᔥᑖᐤ piimaapaakishtaau vai ◆ il/elle le place tout entortillé, enroulé

entortiller

ᐲᒫᐹᑭᐦᐊᒼ piimaapaakiham vti ◆ il/elle l'enroule, l'entortille tout autour (ex. la cordelette du tressage des raquettes)

ᐲᒫᐱᐦᒑᓈᐤ piimaapihchaanaau vta ◆ il/elle l'entortille (filiforme)

ᐲᒫᐱᐦᒑᓂᒼ piimaapihchaanim vti ◆ il/elle l'entortille (filiforme)

ᒌᓂᑳᓂᔥᑖᐦᐧᐋᐤ chiinikwaanishtaahwaau vta ◆ il/elle l'entortille alors qu'il/elle est suspendu-e

ᐲᒫᐱᐦᒑᐱᑖᐤ piimaapihchaapitaau vta ◆ il/elle le/la tire (filiforme) le/la forçant à s'enrouler, s'entortiller

ᐲᒫᐱᐦᒑᐱᑎᒼ piimaapihchaapitim vti ◆ il/elle le tire (filiforme) le forçant à s'enrouler, s'entortiller

ᑎᑎᐹᔑᐤ titipaashiu vai redup ◆ il/elle est entortillé-e par le vent, l'air

ᑎᑎᐹᔥᑎᓐ titipaashtin vii redup ◆ c'est entortillé par le vent, l'air

entortiller (s')

ᐧᑳᔅᑳᐳᑖᐱᐦᒑᐱᔨᐤ kwaaskaaputaapihchaapiyiu vii ◆ ça s'entortille (plat, filiforme)

ᑎᑎᐱᓈᔅᑯᐱᔨᐦᐆ titipinaaskupiyihuu vai redup -u ◆ un lièvre s'entortille sur les piquets du piège

entourer

ᑖᐱᓈᐤ taapinaau vta ◆ il/elle l'entoure de ses bras, il/elle réussit à tous les tenir dans ses bras

ᑖᐱᓂᒼ taapinim vti ◆ il/elle l'entoure de ses bras, il/elle réussit à tous les tenir dans ses bras

ᑎᐦᑎᐹᐱᐦᑳᑖᐤ tihtipaapihkaataau vta redup ◆ il/elle entoure la ficelle autour de lui/d'elle pour l'attacher

ᑎᐦᑎᐹᐱᐦᑳᑎᒼ tihtipaapihkaatim vti redup ◆ il/elle entoure la ficelle autour pour l'attacher

entrailles

ᐋᐳᐦᑖᓐ aapuhtaan ni ◆ des entrailles de gros gibier ramenés à la maison

ᐊᒥᔅᑯᑎᑖᒥᔨᐅᐦ amiskutitaamiyiuh ni pl ◆ les entrailles du castor

ᓂᒫᓯᑎᒋᔒ nimaasitichishii ni ◆ des entrailles de poisson, lit. 'l'intestin de poisson'

ᐱᔥᑯᒑᔑᓐ pishkuchaashin vai ◆ ça tombe et ça s'ouvre, ses entrailles se déchirent et s'ouvrent parce qu'on l'a laissé trop longtemps sans l'éviscérer

entrailles de corégone

ᔖᔥᑎᒋᔖᓐ *shaashtichishaan* ni ◆ des entrailles de corégone (de poisson) mélangées avec des oeufs de poisson et épaissies avec de la farine

entrailles de poisson

ᓵᔅᑯᓈᓂᔑᑯᒥᓐ *saaskunaanishikumin* ni ◆ des entrailles de poisson frites and mélangées avec des baies

entrailles frites

ᓵᔅᑯᓈᓐ *saaskunaan* ni ◆ des entrailles et de rogue de poisson frites

entraîner

ᐊᔥᒋᐱᑖᐤ ashchipitaau vta ◆ il/elle entraîne avec elle/lui

ᐊᔥᒋᐱᑎᒻ ashchipitim vti ◆ il/elle l'entraîne avec il/elle

ᐱᔓᔑᓐ pishushin vai ◆ il/elle s'emmêle en étant entraîné

entrave

ᐙᐅᑎᒫᔨᒫᐤ waautimaayimaau vta ◆ il/elle pense qu'il/elle est une entrave pour elle/lui

entraver

ᓂᐳᑳᑖᐦᐱᑖᐤ nipukaataahpitaau vta ◆ il/elle l'entrave

ᐙᐅᑎᒫᔨᐦᑎᒻ waautimaayihtim vti ◆ il/elle pense que ça la/le ralentit, l'entrave

ᐙᐅᑎᒫᔨᒦᓲ waautimaayimiisuu vai reflex -u ◆ il/elle pense qu'il/elle ralentit les gens, les entrave

entre

ᒋᔥᑎᐏᒡ chishtiwich p,lieu ◆ entre ■ ᒋᔥᑎᐏᒡ ᒌᐦ ᐹᒋ ᐊᐱᐤ ᐊᓐ ᓈᐹᐤ ᑲ ᒋᓄᑳᐳᐏᐟ᙮ ■ chishtiwich chiih paachi apiu an naapaau kaa chinukaapuwit. ■ *Cet homme grand est entré et s'est assis entre nous deux.*

ᐅᒋᔥᑎᐏᔑᐦᑯᓈᓐᐦ uchishtiwishihkunaanh ni pl ◆ l'endroit entre les sabots

ᓵᒁᔅᑯᐦᑎᑖᐤ saakwaaskuhtitaau vai ◆ il/elle le glisse (long et rigide) entre les deux

ᔖᑯᐦᐊᒻ shaakuham vti ◆ il/elle le met dessous, entre quelque chose

ᔖᑯᐦᑎᑖᐤ shaakuhtitaau vai ◆ il/elle le glisse entre les deux

ᔖᒁᔅᑯᓈᐤ shaakwaaskunaau vta ◆ il/elle le/la met entre les poteaux et la toile du tipi

ᔖᒁᔅᑯᓂᒻ shaakwaaskunim vti ◆ il/elle le met entre les poteaux et la toile du tipi

ᓰᐦᑎᐏᔑᒨ siihtiwishimuu vai -u ◆ il/elle se déplace entre les deux

ᓰᐦᑎᐏᔑᓐ siihtiwishin vai ◆ il/elle s'ajuste bien entre les deux

ᓰᐦᑑ siihtuu p,lieu ◆ entre, dans un espace étroit ■ ᓰᐦᑑ ᐊᓂᔮᐦ ᒥᓯᓂᐦᐄᑭᓈᒋᓂᐏᐟᐦ ᐋᑯᑎᐦ ᑳ ᐋᑯᔑᒧᐟ ᐊᓐ ᐊᐙᔑᔥ᙮ ■ siihtiu aniyaah misinihiikinaachiniwit-h aakutih kaa aakushimut an awaashish. ■ *L'enfant s'est caché dans l'espace étroit entre deux boîtes.*

entre-jambe

ᐅᒋᒑᔅᑮ uchichaaskii nid ◆ son entre-jambe

entrée

ᐃᔥᒁᐦᑖᒻ ishkwaahtaam na ◆ l'entrée d'une habitation

ᐃᔥᒁᐦᑖᒥᐦᒡ ishkwaahtaamihch p,lieu ◆ dans l'entrée, à l'entrée ■ ᓈᑎᐦ ᐃᔥᒁᐦᑖᒥᐦᒡ ᐋᑯᑎᐦ ᑳ ᐹᒋ ᐱᒋᔅᑎᓈᐟ ᐊᓂᔮᐦ ᐅᑎᐦᐄᐲᐦ᙮ ■ naatih ishkwaahtaamihch aakutih kaa paachi pichistinaat aniyaah utihiipiih. ■ *Il a laissé son filet de pêche dans l'entrée.*

ᐃᔥᒁᐦᑖᒥᐦᐄᑭᓂᐱᔓᐃᐦ ishkwaahtaamihiikinipishuih ni pl ◆ les poteaux de tipi de chaque côté de l'entrée

ᔖᐳᐦᑎᐙᓐ shaapuhtiwaan ni ◆ une habitation avec une entrée à chaque bout

ᑖᐅᔥᒁᐦᒡ taaushkwaahch p,lieu ◆ le fond de l'habitation situé face à l'entrée ■ ᑖᐅᔥᒁᐦᒡ ᒌᐦ ᐱᒋᔅᑎᓂᒻ ᐅᒦᒋᒻᐦ᙮ ■ taaushkwaahch chiih pichistinim umiichimh. ■ *Il rangea sa nourriture au fond de l'habitation face à la porte.*

ᐅᐦᐱᒫᔥᒁᐦᒡ uhpimaashkwaahch p,lieu ◆ à côté de l'entrée ■ ᐊᓂᑖᐦ ᐅᐦᐱᒫᔥᒁᐦᒡ ᐋᑯᑖᐦ ᑳ ᐹᒋ ᐱᒋᔅᑎᓈᑯᐱᓈ ᐊᓂᔮᐦ ᑳᒄᐦ᙮ ■ anitaah uhpimaashkwaahch aakutaah kaa paachi pichistinaakupinaa aniyaah kaakwh. ■ *Il avait déposé le porc-épic à côté de l'entrée.*

ᐏᔨᐑᑎᒥᔥᒁᐦᒡ wiyiwiitimishkwaahch p,lieu ◆ dehors devant l'entrée, le seuil de la porte ■ ᐏᔨᐑᑎᒥᔥᒁᐦᒡ ᐋᑯᑎᐦ ᑳ ᐹᒋ ᒋᒥᔮᐟ ᐅᑎᓵᒻᐦ᙮ ■ wiyiwiitimishkwaahch aakutih kaa paachi chimiyaat utisaamh. ■ *Il a laissé ses raquettes dehors juste devant l'entrée.*

ᒋᐱᔥᒁᐦᑎᐚᐱᐤ chipishkwaahtiwaapiu vai ◆ il/elle est assis-e et bloque l'entrée

ᒋᐱᔥᒁᐦᑎᐚᔥᑖᐤ chipishkwaahtiwaashtaau vai ◆ il/elle le met dans l'entrée et ça bloque le passage

ᓵᒌᐅᔅᑭᒥᑭᐆ saachiiuskimikiuu vii -iwi ◆ c'est l'entrée d'un lac qui est plus comme un marécage plutôt qu'un ruisseau ou une rivière

ᐋᐱᑎᐦᐋᔥᑖᓂᒡ aapitihaashtaanich na pl ◆ des piles de branchages posées sur les côtés de l'entrée de l'habitation

ᐋᐱᑎᐦᐋᔥᑖᓂᑭᓈᐦᑎᒄᐦ aapitihaashtaanikinaahtikwh ni pl ◆ des bâtons pour retenir les branchages sur les côtés de l'entrée de l'habitation

ᐏᒋᔥᑎᑯᓂᐦᐄᑭᓐ wichishtikunihiikin ni ◆ un abri comme un porche utilisé pour l'entrée d'une habitation d'hiver

ᐅᐹᒥᔥᑖᐤ upaamishtaau ni ◆ une hutte de castor avec une entrée sur le côté

ᐙᔥᒁᐦᑖᒥᐐᔥᑎᐤ waaskwaahtaamiwiishtiuu vii -iwi ◆ c'est le fond (l'arrière à l'intérieur) de la hutte de castor situé à l'opposé de l'entrée ■ ᐋᐦ ᐙᔥᒁᐦᑖᒥᐐᔥᑎᐐᒡ ■ aah waaskwaahtaamiwiishtiwich ■ *le fond (l'arrière à l'intérieur) de la hutte de castor situé à l'opposé de l'entrée*

entreposer

ᐊᔥᑎᐦᒋᑰ ashtihchikuu vai -u ◆ il/elle entrepose, cache, laisse

ᑎᒥᐦᒌᐤ timihchiiu vai ◆ il/elle empaquette, entrepose ses affaires

ᑎᒥᐦᒋᓈᐤ timihchinaau vta ◆ il/elle l'empaquette, l'entrepose

ᑎᒥᐦᒋᓂᒻ timihchinim vti ◆ il/elle l'empaquette, l'entrepose

ᐊᔥᑎᐦᒋᑯᓐᐦ ashtihchikunh ni pl ◆ des choses entreposées, cachées, laissées

ᐊᔥᑎᐦᒋᑯᓂᐦᒑᐤ ashtihchikunihchaau vai ◆ il/elle prépare quelque chose pour le cacher ou l'entreposer

entrepôt

ᐊᔅᑖᓲᑭᒥᒄ astaasuukimikw ni ◆ un entrepôt, une cabane d'entreposage

entreprise

ᐱᒥᐱᔨᐦᑖᐤ pimipiyihtaau vai ◆ il/elle le conduit, vérifie ses opérations (ex. pour son entreprise)

entrer

ᐋᔓᐧᐃᐲᐦᒋᒑᐤ aashuwipiihchichaau vai ◆ il/elle va d'une habitation dans une autre

ᐲᐦᒋᔥᑎᐙᔑᐤ piihchishtiwaashiu vai ◆ il/elle entre dans l'embouchure de la rivière

ᐱᔥᑐᒑᐤ pishtuchaau vai ◆ il/elle entre par erreur dans la mauvaise habitation

ᓵᒋᒋᐐᓐ saachichiwin vii ◆ ça coule de quelque chose, c'est l'entrée d'un lac

ᑎᐦᑳᔮᓂᐦᑖᐤ tihkaayaanihtaau vai ◆ il/elle laisse entrer le froid en entrant et sortant dans la maison

ᐱᑭᔥᑎᐙᐦᑖᐤ pikishtiwaahtaau vai ◆ il/elle entre dans l'eau en marchant

ᓵᒌᐅ saachiiuu vii -iiwi ◆ c'est un ruisseau coulant dans un lac, c'est l'entrée d'un lac

envahir

ᔒᐦᒋᒫᑯᓐ shiihchimaakun vii ◆ son odeur envahit la pièce, l'endroit

envelopper

ᓅᑎᒥᔮᒋᓂᒻ nuutimiyaachinim vti ◆ il/elle l'enroule (étalé), l'enveloppe dans une forme arrondie

ᐱᔥᑯᔮᒋᔑᒫᐤ pishkuyaachishimaau vta ◆ il/elle le/la couche en l'enveloppant dans quelque chose d'étalé

ᐅᔑᑳᐅ ushikaauu vii -aawi ◆ ça enveloppe, c'est la peau

ᐱᔥᑯᔮᒋᔑᓐ pishkuyaachishin vai ◆ il/elle se couche enveloppé-e de quelque chose d'étalé, sous une couverture

envers

ᒁᔅᒁᐳᒑᐤ kwaaskwaapuchaau vii ◆ c'est à l'envers

ᒁᑎᐱᔥᑖᐤ kwaatipishtaau vii ◆ c'est placé à l'envers

ᐊᒋᒋᐦᑎᓐ achichihtin vii ◆ c'est placé à l'envers

ᐊᒋᒋᑳᐳᐐᐦᐋᐤ achichikaapuwihaau vta ◆ il/elle le/la place à l'envers renversé

ᐊᒋᒋᑳᐳᐐᐦᑖᐤ achichikaapuwihtaau vai+o ◆ il/elle le place à l'envers

ᐊᒋᔥᑎᑯᐦᑎᓐ achishtikuhtin vii ◆ ça flotte à l'envers

ᐊᒋᔥᑎᑯᑖᐤ achishtikutaau vai+o ◆ il/elle le suspend à l'envers

ᐊᒋᔥᑎᑯᑖᐤ achishtikutaau vii ◆ c'est suspendu à l'envers

ᐊᒋᔥᑎᓂᒻ achishtinim vti ◆ il/elle le tient à l'envers

ᒁᔅᑳᐳᒋᐱᔨᐦᐋᐤ kwaaskaapuchipiyihaau vta ◆ il/elle le/la retourne à l'envers

ᒁᔅᑳᐳᒋᔥᑭᒻ kwaaskaapuchishkim vti ◆ il/elle le porte à l'envers

ᒁᔅᑳᐳᒋᔥᑭᐙᐤ kwaaskaapuchishkiwaau vta ◆ il/elle le/la porte à l'envers

ᒁᔅᑳᐳᑎᓈᐤ kwaaskaaputinaau vta ◆ il/elle le porte à l'envers

ᒁᑎᐱᔥᑖᐤ kwaatipishtaau vai ◆ il/elle le renverse, le met à l'envers

ᒥᐦᔮᐳᑖᑭᒧᐦᑖᐤ mihyaaputaakimuhtaau vai ◆ il/elle le met (étalé) à l'envers

ᐅᑎᐦᑖᒥᒧᓂᓈᐤ utihtaamimuninaau vta ◆ il/elle le tient à l'envers

ᐊᒋᒋᔥᑖᐤ achichishtaau vai ◆ il/elle le place à l'envers, il/elle écrit à l'envers

ᐊᒋᔥᑎᑯᒋᓐ achishtikuchin vai ◆ il/elle est suspendu-e la tête en bas, à l'envers

ᐅᑎᐦᑖᒥᒧᓂᔥᑖᐤ utihtaamimunishtaau vai ◆ il/elle le place à l'envers, avec le haut en bas

ᐅᑎᐦᑖᒥᒧᓂᔥᑖᐤ utihtaamimunishtaau vii ◆ c'est placé à l'envers, avec le haut en bas

ᐅᑎᐦᑖᒧᓂᐦᐋᐤ utihtaamunihaau vta ◆ il/elle le place à l'envers, le haut en bas

ᐅᑎᐦᑖᒧᓂᓂᒻ utihtaamuninim vti ◆ il/elle le tient à l'envers, le haut en bas

envers (à l')

ᐋᑎᒋᓂᔥᑖᐤ aatichinishtaau vii ◆ c'est placé à l'envers

envie

ᐅᐐᐦᑖᔨᐦᑎᒧᐐᓐ uwihtaayihtimuwin ni ◆ la jalousie, l'envie

ᒋᔑᐙᔨᐦᑎᒻ chishiwaayihtim vti ◆ il/elle est déterminé-e à agir, a envie de le faire

ᓵᐹᔨᐦᑎᒼ saapaayihtim vti ◆ il/elle a envie de quelque chose (toujours utilisé à la forme négative) ■ ᑖᐹ ᓵᐹᔨᐦᑎᒼ ᒑ ᒌᐦ ᐴᓯᑦ ᐋᑲ ᐐᒑᐙᑦ ᐅᑎᐙᔑᔒᒻᐦ᙮ ■ taapaa saapaayihtim chaa chiih puusit aakaa wiichaawaat utiwaashishiimh. ■ *Elle n'a pas du tout envie de sortir en canot sans emmener ses enfants.*

ᓵᐹᔨᒫᐤ saapaayimaau vta ◆ il/elle s'y intéresse, en a envie (animé) (toujours utilisé à la forme négative) ■ ᑖᐹ ᓵᐹᔨᒫᐤ ᐊᓂᔮᐦ ᐊᐙᔑᔑᐦᑳᓂᔥᐦ ᑳ ᒥᔨᒃ᙮ ■ taapaa saapaayimaau aniyaah awaashishihkaanishh kaa miyik. ■ *La poupée que je lui ai donnée ne l'intéresse pas du tout.*

envieux

ᐅᐏᐦᑖᔨᐦᑎᒼ uwihtaayihtim vti ◆ il est jaloux, envieux; elle est jalouse, envieuse

ᐅᐏᐦᑖᔨᒫᐤ uwihtaayimaau vta ◆ il est jaloux, envieux de lui/d'elle; elle est jalouse, envieuse de lui/d'elle

environ

ᐙᐑᓵᐙ waawiisaawaa p,manière ◆ à peu près, environ ■ ᐙᐑᓵᐙ ᓂᔮᓈᓈᐤ ᒌᐦ ᐃᔅᐱᔨᒋᒑ ᑲ ᐅᑎᐦᑎᐦᐊᒫᐦᐨ ᓃᒋᓈᓐ᙮ ■ waawiisaawaa niyaanaanaau chiih ispiyichichaa kaa utihtihamaahch niichinaan. ■ *Il devait être environ huit heures, quand on est rentré à la maison.*

ᐑᓵᐙ wiisaawaa p,manière ◆ environ ■ ᐑᓵᐙ ᓂᒌᐦ ᓂᔮᔪᒥᑎᓂᐙᓈᓐ ᑲ ᐃᔅᐱᔨᔮᐦᐨ ᐊᓂᑖᐦ ᐋᐦ ᒥᑯᔖᓂᐏᒡ᙮ ■ wiisaawaa nichiih niyaayumitiniwaanaan kaa ispiyiyaahch anitaah aah mikushaaniwich. ■ *Il y avait environ une cinquantaine d'entre nous qui se rendaient à la fête en véhicule.*

ᐏᔮᔥ wiyaash p,manière ◆ aux alentours, environ, d'une certaine façon, quelque chose ■ ᐏᔮᔥ ᐋ ᓂᑭ ᐄᑎᑯᐏᓐ ᐋᑲ ᒥᓂᓂᒫᓈ ᓂᒥᒋᓯᓐᐦ ᐋᐦᒷᔮᐦ ᐲᐦᒋᒑᔮᓐ᙮ ❖ ᐏᔮᔥ ᓂᑯᑤᔥᐨ ᑲ ᐃᔅᐱᔨᒡ ᓂᒌᐦ ᐴᓈᐱᑎᓰᓐ᙮ ■ wiyaash aa niki iiyitikuwin aakaa mininimaanaa nimichisinh aahmwaayaah piihchichaayaan. ❖ wiyaash nikutwaashch kaa ispiyich nichiih puunaapitisiin. ■ *Est-ce que quelqu'un dira quelque chose si je n'enlève pas mes chaussures avant d'entrer?* ❖ *J'arrête mon travail à 6 heures environ.*

environs

ᐏᔮᔥᑖᐦ wiyaashtaah p,manière ◆ aux environs de, dans les environs, quelque part autour de ■ ᐏᔮᔥᑖᐦ ᐑᒥᓂᒌᐦᐨ ᐋᑯᑎᐦ ᐱᑎᒫ ᑳᐦ ᐹᒋ ᑭᐹᒡ ᐊᓂᒌ ᑲ ᐑᐦ ᐹᒋ ᑭᐱᓯᒡ᙮ ■ wiyaashtaah wiiminichiihch aakutih pitimaa kaah paachi kipaach anichii kaa wiih paachi kipisich. ■ *C'est aux environs de Wemindji que nos visiteurs (en canot) se sont d'abord arrêtés.*

envoler

ᐏᔨᐑᐦᔮᐤ wiyiwiihyaau vai ◆ ça s'envole

envoler (s')

ᐋᐦᒋᐦᔮᐤ aahchihyaau vai ◆ il/elle s'envole ailleurs

ᐊᑎᒥᐦᔮᒥᑭᓐ atimihyaamikin vii ◆ ça s'envole

ᐊᑎᒥᐦᔮᐤ atimihyaau vai ◆ il/elle s'envole (en avion)

ᐅᐦᐱᐦᐅᒥᑭᓐ uhpihumikin vii ◆ ça décolle, s'envole (ex avion)

ᐙᐹᔥᑎᒫᐤ waapaashtimaau vta ◆ il/elle le/la fait s'envoler

ᒫᔥᑖᔑᐤ maashtaashiu vai ◆ il/elle s'envole au complet; c'est complètement emporté par le vent

ᒧᓵᓯᐦᔮᐤ musaasihyaau vai ◆ il/elle s'envole vers l'eau

ᐅᐦᐱᐦᐅᔮᐤ uhpihuyaau vta ◆ il/elle l'emmène dans les airs avec elle/lui

ᐅᔑᐦᐙᐤ ushihwaau vta ◆ il/elle fait s'envoler un oiseau, s'enfuir un animal

ᓂᓅᓱᐏᐹᔅᒋᔂᐤ ninuusuwipaaschiswaau vta ◆ il/elle lui tire dessus alors qu'il/elle s'enfuit, s'envole

ᐹᐦᐹᐙᐦᒑᐱᐦᑖᐤ paahpaawaahchaapihtaau vai redup ◆ il/elle (ex. un oiseau) court en battant des ailes pour s'envoler

ᐅᐦᐱᐦᐆ uhpihuu vai -u ◆ il/elle s'envole, expression utilisée quand les lièvres se font rare

envoyer

ᐋᐳᔨᐙᐤ aapuyiwaau vai ◆ il/elle envoie quelque chose à quelqu'un

ᐋᔓᐏᑭᒥᒑᑎᔑᐦᐙᐤ aashuwikimichaatishihwaau vta ◆ il/elle l'envoie dans une autre habitation

ᐄᑎᔑᐦᐙᐤ iitishihwaau vta ◆ il/elle l'envoie quelque part

ᐱᐹᒥᑎᔑᐦᐊᒼ pipaamitishiham vti redup ◆ il/elle l'envoit dans des endroits différents

ᐴᓯᒋᔑᐦᐙᐤ puusichishihwaau vta ◆ il/elle l'envoie dessus ou dedans

ᐋᐳᔮᐤ aapuyaau vta ◆ il/elle envoie un paquet à quelqu'un

ᒋᔥᑎᔑᐦᐊᒼ chishtishiham vti ◆ il/elle l'envoie, l'expédie

ᒋᔨᐱᑎᔑᐦᐙᐤ chiyipitishihwaau vta ◆ il/elle l'envoie très vite

ᐄᑎᔑᐦᐊᒼ iitishiham vti ◆ il/elle l'envoie, il/elle envoie un message radio

ᐄᑎᔑᐦᐊᒫᒑᐤ iitishihamaachaau vai ◆ il/elle envoie quelque chose à quelqu'un d'autre, il/elle envoie un message radio

ᐄᑎᔑᐦᐊᒧᐙᐤ iitishihamuwaau vta ◆ il/elle le lui envoie, il/elle lui envoie un message par la radio

ᓈᓯᐹᑎᔑᐦᐙᐤ naasipaatishihwaau vta ◆ il/elle l'envoie au rivage

ᓃᒫᐦᐋᐤ niimaahaau vta ◆ il/elle lui prépare un dîner, un déjeuner; il/elle l'envoie avec lui pour quelqu'un d'autre

ᐱᐹᒥᑎᔑᐦᐙᐤ pipaamitishihwaau vta redup ◆ il/elle lui court après, l'envoie partout

ᐴᔑᒋᔑᐦᐊᒼ puushichishiham vti ◆ il/elle l'envoie à bord

éolienne

ᒌᓂᒁᓈᔮᔥᑎᐦᑖᑭᓐ chiinikwaanaayaashtihtaakin ni ◆ une éolienne, un moulin à vent

épais

ᒋᔅᐱᒑᒋᓯᐤ chispichaachisiu vai ◆ il est épais, elle est épaisse (étalé)

ᒋᔅᐱᒑᑭᐣ chispichaakin vii ◆ c'est épais (étalé)

ᒋᔅᐱᒋᐦᑖᐤ chispichihtaau vai+o ◆ il/elle le fait épais

ᒋᔅᐱᒋᓰᐤ chispichisiiu vai ◆ il est épais, elle est épaisse

ᒋᔅᐱᑳᐹᒋᓯᐤ chispikaapaachisiu vai ◆ il est épais, elle est épaisse (filiforme)

ᒋᔅᐱᑳᐹᑭᐣ chispikaapaakin vii ◆ c'est épais (filiforme)

ᒋᔅᐱᑳᐱᓯᔅᒋᓯᐤ chispikaapisischisiu vai ◆ il est épais, elle est épaisse (minéral)

ᒋᔅᐱᑳᐱᔅᑳᐤ chispikaapiskaau vii ◆ c'est épais (minéral)

ᒋᔅᐱᑳᔅᑯᐣ chispikaaskun vii ◆ c'est épais (long et rigide)

ᒋᔅᐱᑳᔅᑯᓯᐤ chispikaaskusiu vai ◆ il est épais, elle est épaisse (long et rigide)

ᒋᔅᐱᑳᐤ chispikaau vii ◆ c'est épais

ᒥᐦᒑᐹᒋᓯᐤ mihchaapaachisiu vai ◆ il/elle est épais/épaisse (filiforme)

ᒥᐦᒑᐹᑭᐣ mihchaapaakin vii ◆ c'est épais (filiforme)

ᐱᐦᔮᐧᑳᐤ pihyaakwaau vii ◆ la substance est épaisse

ᔖᔥᑎᐧᑳᔮᐲ shaashtikwaayaapii ni -m ◆ une corde épaisse

ᒋᐱᐦᑯᐹᐤ chipihkupaau vii ◆ c'est un endroit où les buissons, les arbustes, les saules sont devenus si épais que le ruisseau commence à disparaître

ᒋᔥᐱᒋᔑᒼ chishpichishim vti ◆ il/elle le coupe épais

ᒋᔥᐱᒋᐧᔖᐤ chishpichishwaau vta ◆ il/elle le coupe épais, la coupe épaisse

ᒋᔅᐱᒋᒫᒦᔑᐦᐊᒼ chispichimaamiishiham vti ◆ il/elle met une couche épaisse de pièces dessus

ᒋᔅᐱᒋᒫᒦᔑᐦᐧᐋᐤ chispichimaamiishihwaau vta ◆ il/elle met une couche épaisse de pièces sur lui/elle

ᒋᔅᐱᒋᐳᑖᐤ chispichiputaau vai+o ◆ il/elle le scie assez épais

ᒋᔅᐱᒋᐳᔮᐤ chispichipuyaau vta ◆ il/elle le/la scie bien épais

ᒋᔅᐱᒋᔑᑭᔮᐤ chispichishikiyaau vai ◆ il/elle a la peau épaisse, dure

ᒋᔅᐱᒋᓯᑯᓯᐤ chispichisikusiu vai ◆ il/elle est épaissi-e par la glace

ᒋᔅᐱᒋᓯᐧᑳᐤ chispichisikwaau vii ◆ c'est épais avec de la glace

ᒋᔅᐱᑭᒧᐦᑖᐤ chispikimuhtaau vai ◆ il/elle l'étale en une couche épaisse

ᒋᔅᐱᑭᒨ chispikimuu vai -u ◆ il/elle est étalé-e en une couche épaisse

ᒋᔅᐱᑭᒨ chispikimuu vii -u ◆ c'est étendu en couche épaisse

ᒋᔅᐱᑭᔅᑯᐣ chispikiskun vii ◆ il y a des nuages épais

ᒋᔅᐱᑭᐧᑖᐤ chispikitwaau vii ◆ le fil de la lame du couteau, de la hache est épais

ᒥᒋᐱᑯᔅᑳᐤ michipikuskaau vii ◆ c'est un endroit de buissons épais

ᐱᐦᔮᑯᓯᐤ pihyaakusiu vai ◆ il est épais, elle est épaisse, il/elle est dense

ᐱᐦᔮᐧᑳᑭᒥᐤ pihyaakwaakimiu vii ◆ le liquide est épais

ᐲᑯᐧᐋᐤ piikuwaau vai ◆ il/elle a une fourrure épaisse

ᐲᐧᑳᔖᐧᐋᐤ piikwaashaawaau vai ◆ il/elle coupe les morceaux en couches ou en tranches épaisses

ᐲᐧᑳᔑᒼ piikwaashim vti ◆ il/elle le coupe en tranches épaisses (ex. de la viande)

ᐲᐧᑳᔥᑯᔑᐧᐃᑳᐤ piikwaashkushiwikaau vii ◆ l'herbe est épaisse

ᐲᐧᑳᐧᔖᐤ piikwaashwaau vta ◆ il/elle le/la coupe (ex. un animal) en tranches épaisses

ᐲᐧᑳᓰᐤ piikwaasiiu vai ◆ il/elle (animal) est charnu, il/elle (arbre) est épais

ᔔᑭᐦᐊᐣ shuukihan vii ◆ c'est épais et coulant

ᓲᐦᑳᔅᑭᐧᐋᐤ suuhkaaskiwaau vai ◆ il/elle a les cheveux épais

ᐧᐄᓯᑳᐱᐦᑖᐤ wiisikaapihtaau vii ◆ le feu produit une fumée épaisse

ᐲᑯᓱᐧᐋᔮᑭᐣ piikusuwaayaakin ni ◆ du tissu épais, molletonné ou pelucheux

ᐅᒑᐦᑳᔨᐧᐋᐣ uchaahkaayiwaan nid ◆ son gras épais découpé autour du rectum avec la queue attachée

ᒋᔅᐱᑭᔖᐤ chispikishaau vai ◆ il/elle a la peau dure, épaisse

ᒋᔅᐱᑭᑎᐣ chispikitin vii ◆ la glace est gelée bien épaisse

ᐄᑯᐦᑯᐹᐤ iikuhkupaau vii ◆ c'est un endroit où les buissons, les saules sont si épais que le ruisseau commence à disparaître

ᒥᔪᐧᐋᐤ miyuwaau vai ◆ il/elle a une fourrure épaisse, de qualité

ᓃᐱᓯᐦᑯᐹᐤ niipisihkupaau vii ◆ c'est un ruisseau bordé de buissons épais

ᐲᑯᓱᐧᐋᔮᒋᓯᐤ piikusuwaayaachisiu vai ◆ c'est un tissu épais, molletonné ou pelucheux

ᐲᑯᐧᐋᔥᑎᐧᑳᓈᐤ piikuwaashtikwaanaau vai ◆ il/elle a les cheveux épais, touffus

ᐲᐧᑳᑭᒥᐤ piikwaakimiu vii ◆ le bouillon est épais et riche

ᐲᐧᑳᔮᐤ piikwaayaau vii ◆ c'est dense, buissonneux, épais

ᐱᓯᐦᑯᐹᐤ pisihkupaau vii ◆ ça (ex. un ruisseau) a des saules épais, des buissons de chaque côté

ᐧᐋᔖᔅᒋᐧᐃᑳᐤ waashaaschiwikaau vii ◆ c'est clair (ex. onguent)

épaisse

ᑎᒥᑎᐣ timitin vii ◆ la glace est épaisse

épaisseur

ᒋᐢᐱᒋᔑᒫᐤ chispichishimaau vta ◆ il/elle applique plusieurs couches, épaisseurs sur lui/elle

ᐃᐢᐱᐦᑎᑎᓐ ispihtitin vii ◆ la glace a maintenant une certaine épaisseur

ᓂᔥᑤᒋᔥᑭᒼ nishtwaachishkim vti ◆ il/elle porte trois couches, trois épaisseurs

ᓂᔥᑤᒋᔥᑭᐙᐤ nishtwaachishkiwaau vta ◆ il/elle en porte trois couches, trois épaisseurs

épaissi

ᐱᐦᒁᔑᑭᓈᐳᐦᒑᐤ pihkwaashikinaapuhchaau vai ◆ il/elle fait du bouillon épaissi avec de la farine

épaissir

ᒋᐢᐱᒋᐦᐋᐤ chispichihaau vta ◆ il/elle l'épaissit

ᐱᐦᔮᑯᐦᐋᐤ pihyaakuhaau vta ◆ il/elle l'épaissit

ᐱᐦᔮᑯᐦᑖᐤ pihyaakuhtaau vai ◆ il/elle l'épaissit

ᐱᐦᔮᑯᔥᑖᐤ pihyaakushtaau vii ◆ ça s'est épaissit à force de reposer

ᐱᐦᔮᒁᒋᐎᐦᑖᐤ pihyaakwaachiwihtaau vii ◆ ça épaissit en bouillant

ᐱᐦᔮᒁᒋᐎᓱ pihyaakwaachiwisuu vai -u ◆ il/elle épaissit en bouillant

épargné

ᒥᒫᓈᐦᑭᓱᐎᒡ mimaanaahkisuwich vai pl redup -u ◆ il y a des bouquets d'arbres épargnés par le feu de ci de là

éparpiller

ᔖᐦᒁᔥᑖᐤ shaahkwaashtaau vai ◆ il/elle a des choses éparpillées tout autour de lui/d'elle

ᐱᓂᐦᐋᐤ pinihaau vta ◆ il/elle le/la laisse traîner éparpillé

épaule

ᐅᑎᐦᑎᒥᓐ utihtimin nid ◆ son épaule

ᐅᐢᐱᑐᓂᑖᓐᐦ uspitunitaanh nad ◆ son bras (pour du grand gibier) rattaché à l'épaule

ᒌᐦᒌᐱᑎᐦᑎᒥᓈᐤ chiihchiipitihtiminaau vai ◆ il/elle a des spasmes à l'épaule

ᐅᑖᐹᓈᔮᐹᒋᔥᑭᒼ utaapaanaayaapaachishkim vti ◆ il/elle utilise une ligne, une corde autour des épaules pour tirer quelque chose

ᐐᓂᑳᑎᐦᐙᐤ winikaatihwaau vta ◆ il/elle le/la transporte, le/la porte sur ses épaules

ᐄᑎᓯᐦᑖᐤ iitisihtaau vai ◆ il/elle porte le canot sur ses épaules dans une certaine direction

ᓈᓯᐹᓯᐦᑖᐤ naasipaasihtaau vai+o ◆ il/elle porte son canot sur ses épaules en direction de l'eau

ᓂᓂᐳᑎᐦᑎᒥᓈᐦᐙᐤ niniputihtiminaahwaau vta redup ◆ il/elle lui casse, brise les épaules avec quelque chose

ᓲᐦᒋᓂᑳᑎᐦᐄᒑᐤ suuhchinikaatihiichaau vai ◆ il/elle peut porter une lourde charge sur ses épaules

ᑖᐱᔥᑭᒼ taapishkim vti ◆ il/elle le porte autour de son cou, par-dessus son épaule; ça lui va bien

ᑖᐱᔥᑭᐙᐤ taapishkiwaau vta ◆ il/elle le porte autour de son cou, par dessus son épaule, il/elle lui va bien (ex. vêtement)

ᐐᓂᒑᑎᐐᑖᐤ winichaatiwitaau vta ◆ il/elle porte le canot sur ses épaules avec quelque chose d'autre sur son dos

ᐐᓂᒑᐤ winichaau vai ◆ il/elle porte le canot sur ses épaules

ᐐᓂᑳᑖᔮᐢᑯᐦᐊᒼ winikaataayaaskuham vti ◆ il/elle le porte avec un bâton sur ses épaules

ᐐᓂᑳᑖᔮᐢᑯᐦᐙᐤ winikaataayaaskuhwaau vta ◆ il/elle le/la porte avec un bâton sur ses épaules

ᐐᓂᑳᑎᐦᐊᒼ winikaatiham vti ◆ il/elle le transporte, le porte sur ses épaules

éperon rocheux

ᐃᐢᐱᓵᑳᐤ ispisaakaau vii ◆ l'éperon rocheux est élevé

épeurant

ᑯᐢᑖᓯᐦᑖᑯᓐ kustaasihtaakun vii ◆ ça semble épeurant, effrayant

ᑯᐢᑖᓯᓈᑯᓐ kustaasinaakun vii ◆ ça a l'air épeurant, effrayant

épiler

ᐱᔥᑯᑎᐙᐱᑖᐤ pishkutiwaapitaau vta ◆ il/elle lui arrache les cheveux, les poils (se dit d'un corps humain)

épilobe

ᓂᐢᒋᐦᑳᓂᒡ nischihkaanich na pl -im ◆ des épilobes (une épilobe) *Epilobium augustifolium*

ᓂᐢᒋᐦᑳᓂᐢᑯᔑᐅᐦ nischihkaaniskushiuh ni pl -im ◆ une épilobe *Epilobium augustifolium*

épinette

ᒥᓂᐦᐄᒄ minihiikw na -um ◆ une épinette blanche

ᒥᓂᐦᐄᑯᐦᑎᒄ minihiikuhtikw na -um ◆ une épinette blanche sèche, encore debout; de l'épinette blanche pour bois de chauffage, bois de feu, bois à brûler

ᒥᓂᐦᐄᑯᐢᑳᐤ minihiikuskaau vii ◆ c'est un boisé d'épinettes blanches

ᓈᓂᑑᐱᒋᐙᐤ naanituupichiwaau vai redup ◆ il/elle va chercher de la gomme d'épinette

ᐐᔖᔑᐦᑯᐎᐎᒡ wiiywaashihkuwiwich vai pl -uwi ◆ les aiguilles d'épinette sèches ont l'air d'être passées au feu

épinette blanche

ᒥᓂᐦᐄᒁᔑᐦᑎᒡ minihiikwaashihtich na pl ◆ des branchages d'épinette blanche

épinette noire

ᐄᔮᐦᑎᒄ iiyaahtikw na -um ◆ une épinette noire *Picea mariana*

ᐄᔮ"ᑎᑯᔑᔥ iiyaahtikushish na ◆ une jeune épinette noire *Picea mariana*
ᑖ"ᑖᔮ"ᑎᒄ taahtaayaahtikw na ◆ une grande et grosse épinette noire
ᐄᔨᔮ"ᑎᑯᔅᑳᐤ iiyiyaahtikuskaau vii ◆ c'est une aire d'épinettes noires
ᐄᔮ"ᑎᒀᔑ"ᑎᒡ iiyaahtikwaashihtich na pl ◆ des branchages d'épinettes noires

épingle de nourrice

ᐲᓐ piin ni -im ◆ une pince à linge, une épingle de nourrice

épingler

ᓯᑳᔅᑯ"ᐊᒼ sikaaskuham vti ◆ il/elle l'épingle
ᓯᑳᔅᑯ"ᐙᐤ sikaaskuhwaau vta ◆ il/elle l'épingle
ᓂᐹᔅᑯ"ᐊᒼ nipwaaskuham vti ◆ il/elle l'épingle quand il est plié en deux
ᓂᐹᔅᑯ"ᐙᐤ nipwaaskuhwaau vta ◆ il/elle l'épingle quand il est plié en deux

éplucheur

ᐹᐱᑯᔑᑭᓐ paapikushikin ni ◆ un éplucheur

épointer

ᔒᔑᓐ shiishin vai ◆ Il/elle est émoussé-e, épointé-e
ᐊᔒ"ᑎᓐ ashiihtin vii ◆ la lame ou la pointe s'émousse, ça s'épointe

éponge

ᑳᔒᔖᓈᐤ kaashiishaanaau vta ◆ il/elle le/la lave avec une éponge

épouse

ᐐᐅᒫᐤ wiiumaau vai ◆ elle est épouse
ᐅᐐᒋᒫᑭᓐ" uwiichimaakinh nad ◆ son époux, son épouse, ses colocataires
ᐐᐅ" wiiuh nad ◆ sa femme, son épouse
ᐅᒋᒫ"ᑳᓂᔅᒀᐤ uchimaahkaaniskwaau na -aam ◆ la femme du chef, l'épouse du chef
ᐅᔅᒋᔅᒀᐙᐤ uschiskwaawaau vai ◆ il prend une nouvelle épouse

époux

ᐅᐐᒋᒫᑭᓐ" uwiichimaakinh nad ◆ son époux, son épouse, ses colocataires
ᐐᐆ wiiuu vai -uwi ◆ il est marié, il a une femme

épreuve

ᔒᔥᒀᔮᒋᑭᐎᓈᐤ shiishkwaayaachikiwinaau vta ◆ il/elle le/la met à rude épreuve
ᔒᔥᒀᔮᒋᑭᐎᓂᒼ shiishkwaayaachikiwinim vti ◆ il/elle le met à rude épreuve

éprouver

ᓯᒋᔮ"ᐆ sichiyaahuu vai -u ◆ il/elle en éprouve de la reconnaissance
ᑖᐱᔥᑯᑖᔨ"ᑎᒼ taapishkutaayihtim vti ◆ il/elle éprouve les mêmes sentiments envers les deux

épuisé

ᐃᔮᔨᐐᐤ iyaayiwiiu vai ◆ il/elle est fatigué-e, épuisé-e
ᐃᔮᔪᐎᐱ"ᑖᐤ iyaayuwipihtaau vai ◆ il/elle est fatigué-e, épuisé-e de courir

équarrir

ᑭᒌ"ᒑᑭ"ᐊᒼ kichiihchaakiham vti ◆ il/elle l'équarrit à la hache

équilibre

ᐱᔑᑯᔥᑭᒼ pishikushkim vti ◆ il/elle le fait se détacher avec son pied ou son corps, ne réussit pas à embarquer dessus et perd l'équilibre
ᐱᔑᑯᔥᑭᐙᐤ pishikushkiwaau vta ◆ il/elle ne réussit pas à embarquer dessus ou dedans et perd l'équilibre, il/elle le/la manque en allant dans le mauvais sens

équinoxe

ᐋᔥᑐᓈᔮᓯᔅᒑᐤ aashtunaayaasischaau vai ◆ c'est l'équinoxe
ᑖᐹᓯᔅᒑᐤ taapaasischaau vai ◆ c'est l'équinoxe, les jours et les nuits sont de longueur égale

équipement

ᒌ"ᑳᐅᓈᑯ"ᑖᐤ chiihkaaunaakuhtaau vai ◆ il/elle garde son équipement de chasse bien en vue

érafler

ᑳᔅᒋᐱᑖᔮᔥᑯᔑᒫᐤ kaaschipitaayaashkushimaau vta ◆ il/elle l'érafle sur quelque chose en bois
ᑳᔅᒋᐱᑖᔮᔥᑯᔑᓐ kaaschipitaayaashkushin vai ◆ il/elle se fait érafler par quelque chose en bois

érafler (s')

ᐹᐱᑯᔒᒀᐙᔑᓐ paapikushiikwaawaashin vai ◆ il/elle s'érafle la peau sur de la glace, de la neige gelée

ériger

ᒋᒥᓲ chimisuu vai -u ◆ il/elle l'érige, est dressé (ex. arbre)

éroder

ᓃ"ᑖᐅ"ᒋᐱᔨᐅ niihtaauhchipiyiu vii ◆ ça s'érode (ex. une barre de sable)

errer

ᐱᐹᒥᔨ"ᑖᐤ pipaamiyihtaau vai redup ◆ il/elle erre çà et là, va vivre d'un endroit à un autre

erreur

ᐅᐎᓂᔨ"ᑎᐎᓐ uwiniyihtiwin ni ◆ un méfait, une erreur
ᐱ"ᐱ"ᒋᔨ"ᑎᐤ pihpihchiyihtiu vai ◆ il/elle agit par erreur, inconsciemment
ᐱᔖᑯᓈᐤ pishaakunaau vta ◆ il/elle l'oublie et le/la laisse par erreur
ᐱᔖᑯᓂᒼ pishaakunim vti ◆ il/elle l'oublie et le laisse par hasard, par erreur
ᐱᔥᑐᒑᐤ pishtuchaau vai ◆ il/elle entre par erreur dans la mauvaise habitation
ᐎᓂ"ᐙᐤ winihwaau vta ◆ il/elle fait une erreur en fabriquant un filet de pêche
ᐱ"ᒋᑭ"ᐊᒼ pihchikiham vti ◆ il/elle le coupe, le hache par erreur
ᐱ"ᒋᑭ"ᐙᐤ pihchikihwaau vta ◆ il/elle le/la coupe, le/la hache par erreur

ᐱᐦᒋᐴ **pihchipuu** vai -u ◆ il/elle est empoisonné-e, a mangé quelque chose par erreur

ᐧᐃᓂᐦᐱᓲ **winihpisuu** vai -u ◆ il/elle fait une erreur, une faute, il/elle se trompe

éruption

ᒥᐦᑯᔖᐱᔩᐤ **mihkushaapiyiu** vai ◆ il/elle a la peau rouge; il/elle a une éruption cutanée

escalier

ᓃᐦᑖᐦᑎᐧᐋᐱᔩᐤ **niihtaahtiwaapiyiu** vai ◆ il/elle tombe dans l'escalier

ᐄᔅᐧᑳᐦᑎᐧᐄᐤ **iiskwaahtiwiiu** vai ◆ il/elle grimpe sur l'échelle, monte les escaliers

ᓃᐦᑖᐦᑎᐧᐋᐱᔩᐤ **niihtaahtiwaapiyiu** vii ◆ ça descend l'escalier, tombe d'une marche à l'autre

escalier roulant

ᑳᐃᔅᐧᑳᐦᑎᐧᐄᐱᔩᓈᓂᐧᐃᒡ **kaaiskwaahtiwiipiyinaaniwich** nip [Whapmagoostui] ◆ un ascenseur (qui descend), un escalier roulant

escarpé

ᒌᔥᑭᑳᒫᔮᐤ **chiishkikaamaayaau** vii ◆ c'est escarpé le long du rivage

ᒌᔥᑭᑖᐅᐦᑳᐤ **chiishkitaauhkaau** vii ◆ le rivage est escarpé

ᓈᓵᑳᐤ **naasaakaau** vii ◆ c'est une pointe rocheuse escarpée

ᓈᐅᐦᑭᑖᐅᐦᑳᐤ **naauhkitaauhkaau** vii ◆ c'est une dépression soudaine et escarpée dans une colline

esclave

ᒥᓄᐦᑳᓈᓐ **minuhkaanaan** na ◆ un esclave, une esclave

espace

ᑎᐧᐋᓂᑳᐤ **tiwaanikaau** vii ◆ il y a un espace entre les îles

ᑑᐦᑳᐹᑭᐦᐊᒼ **tuuhkaapaakiham** vti ◆ il/elle ouvre un espace dedans (filiforme, ex. une boucle de collet)

ᐅᒋᔥᑎᐧᐃᔨᓯᑖᓐ **uchishtiwiyisitaan** ni ◆ l'espace entre les deux onglons du sabot

ᓰᐦᑎᐤ **siihtuu** p,lieu ◆ entre, dans un espace étroit ▪ ᓰᐦᑎᐤ ᐊᓂᔮᐦ ᒥᓯᓂᐦᐄᑭᓈᒋᓂᐧᐃᑦᐦ ᐋᑯᑎᐦ ᑳ ᐋᑯᔑᒧᑦ ᐊᓐ ᐋᐧᐋᔑᔥ. ▪ siihtiu aniyaah misinihiikinaachiniwit-h aakutih kaa aakushimut an awaashish. ▪ *L'enfant s'est caché dans l'espace étroit entre deux boîtes.*

espacé

ᒥᐦᒋᐦᑭᐧᐋᔮᔅᑯᓯᐤ **mihchihkiwaayaaskusiu** vai ◆ l'arbre a des cercles de croissance assez espacées

espacé (trop)

ᐱᐹᔨᐦᑖᔥᑖᐤ **pipaayihtaashtaau** vai redup ◆ il/elle fait, place les choses de manière trop espacé

espérer

ᒫᒥᔒᐤ **maamishiiu** vai ◆ il/elle espère quelque chose

ᐱᑯᔑᐦᐋᐤ **pikushihaau** vta ◆ il/elle se tient là dans l'espoir d'obtenir de la nourriture de lui/d'elle sans ce que soit trop évident

ᐱᑯᔑᐦᑖᐤ **pikushihtaau** vai ◆ il/elle se tient là dans l'espoir d'obtenir quelque chose sans qu'il/elle ait besoin de demander

espionner

ᒌᒧᓵᐱᐤ **chiimusaapiu** vai ◆ il/elle espionne, jette un coup d'oeil

espoir

ᐊᔅᐹᔨᒧᐧᐃᓐ **aspaayimuwin** ni ◆ l'espoir

ᐃᔅᐹᔨᒧᐧᐃᓐ **ispaayimuwin** ni ◆ l'espoir

ᒫᒥᔒᑎᑎᒼ **maamishiititim** vti ◆ il/elle y met son espoir

ᑭᒫ **kimaa** p,manière ◆ avec un peu de chance, avec espoir, on espère que...

esprit

ᒥᓂᑑ **minituu** na -m ◆ un esprit

ᐊᐦᒑᐦᑯ **ahchaahkuu** vai -uwi ◆ il/elle a un esprit, une âme

ᒥᒋᔨᐦᒑᐦᒄ **michiyihchaahkw** na -um ◆ un esprit malin, malfaisant

ᒥᑐᓈᔨᐦᒋᑭᓐ **mitunaayihchikin** ni ◆ l'esprit, l'intelligence, la faculté de penser

ᐱᔮᐦᒌᐦᒑᐦᒄ **piyaahchiihchaahkw** na -um ◆ le Saint Esprit

ᔖᐧᐃᓂᓯᐤ **shaawinisiu** na ◆ l'esprit du sud

ᐊᐦᒑᐦᒄ **ahchaahkw** na ◆ une âme, un esprit, un pompon sur un chapeau ou une tuque

ᒌᐧᐊᑎᓂᓯᐤ **chiiwaatinisiu** na ◆ l'esprit du vent de l'Ouest

ᒥᒋᒥᓂᑑ **michiminituu** na -m ◆ le diable, un esprit malfaisant

ᒥᔥᑖᐹᐤ **mishtaapaau** na -m ◆ un esprit qui guide dans la cérémonie de la tente tremblante, un géant, lit. 'grand homme'

ᐊᒥᑎᓲ **amitisuu** vai -u ◆ il/elle est conscient-e de la présence d'un esprit

esquimau

ᑖᐱᐦᐋᒋᐧᐋᓐ **taapihaachiwaan** na ◆ un bilboquet esquimau

esquiver

ᑎᐱᔒᔥᑎᒼ **tipishiishtim** vti ◆ il/elle se baisse rapidement pour chercher à l'esquiver

ᑎᐱᔒᔥᑎᐧᐋᐤ **tipishiishtiwaau** vta ◆ il/elle se baisse rapidement pour chercher à l'esquiver

ᑎᐱᓰᐤ **tipisiiu** vai ◆ il/elle se baisse rapidement

essai

ᑯᐧᑳᒋᐦᑖᐤ **kukwaachihtaau** vai+o ◆ il/elle l'essaie, en fait l'essai, s'exerce

ᓅᔅᒋᐦᑖᐤ **nuuschihtaau** vai+o ◆ il/elle fait un autre essai pour tuer le castor au même endroit, il/elle y ajoute

ᓂᐹᔥ nipaash p,manière ◆ faire quelque chose à l'essai, à moitié, sans attendre de bons résultats, rapidement et cochonnement, de ci de là ■ ᒥᒃ ᓂᐹᔥ ᓂᒌᐦ ᒋᔥᑖᐸᐅᒋᑭᒥᒀᓐ ᐋᐦ ᒌᐦ ᒋᔅᒑᔨᐦᑎᒫᓐ ᒦᓐ ᐧᐄᐱᒡ ᒑ ᐹᒋ ᒥᐦᒑᑎᒡ ᐊᐧᐋᔑᔑᒡ. ❖ ᓂᐹᔥ ᒫ ᑯᒋᐦᑖᐦ ᑭᔮᐦ ᒌᔨ ᒑ ᐧᐄᐦ ᒋᔅᑯᑎᒫᓱᔨᓐ ᑖᓂᑖᐦ ᐋᐦ ᐃᐦᑐᑖᑭᓂᐧᐃᒡ. ■ mikw nipaash nichiih chishtaapaauchikimikwaan aah chiih chischaayihtimaan miin wiipich chaa paachi mihchaatich awaashishich. ❖ nipaash maa kuchihtaah kiyaah chiiyi chaa wiih chiskutimaasuyin taanitaah aah ihtutaakiniwich. ■ *Je n'ai pas bien lavé le plancher parce que je savais que beaucoup d'enfants allaient revenir bientôt.* ❖ *Essaie au moins d'essayer à apprendre à le faire!*

essayer

ᑯᒋᐦᐋᐤ kuchihaau vta ◆ il/elle l'essaie ■ ᒌᐦ ᑯᒋᐦᐋᐤ ᐊᓂᔮᐦ ᐊᐧᐋᔑᔥᐦ ᑯᐃᔅᒃ ᒑ ᐊᔑᒫᑦ. ■ chiih kuchihaau aniyaah awaashishh kuiskw chaa ashimaat. ■ *Il a essayé de nourrir correctement les enfants (à la bonne heure, du point de vue des calories, etc.).*

ᑯᒋᐦᑎᑖᐤ kuchihtitaau vai ◆ il/elle l'essaie pour voir si ça va

ᑯᒋᐱᔨᐦᑖᐤ kuchipiyihtaau vai ◆ il/elle l'essaie ■ ᒫᒀᒡ ᑯᒋᐱᔨᐦᑖᐤ ᑳ ᐅᔥᑳᔨᒡ ᐅᐱᒥᐱᔨᒥᔥ. ■ maakwaach kuchipiyihtaau kaa ushkaayich upimipiyimish. ■ *Elle essaie son nouveau moteur hors-bord.*

ᑯᐧᑳᒋᐦᐋᐤ kukwaachihaau vta ◆ il/elle l'essaie

ᐋᔨᐧᐋᐦᒡ aayiwaahch p, manière ◆ essaie au moins

ᑯᒋᐦᑖᐤ kuchihtaau vai+o ◆ il/elle l'essaie, le teste ■ ᓈᔥᑖᐹᐦ ᓲᐦᒃ ᑯᒋᐦᑖᐤ ᐊᓂᔮ ᑳ ᐃᔑ ᒋᔅᑯᑎᒧᐧᐋᑭᓂᐧᐃᑦ. ■ naashtaapwaah suuhkw kuchishtaau aniyaa kaa ishi chiskutimuwaakiniwit. ■ *Il essaie vraiment de mettre en pratique ce qu'il a appris.*

ᑯᒋᔥᑭᒼ kuchishkim vti ◆ il/elle l'essaie pour voir la taille ■ ᓂᒥ ᐧᐋᐧᐋᒡ ᐅᐦᒋ ᑯᒋᔥᑭᒼ ᐊᓂᔮ ᐊᔥᑐᑎᓂᔨᐅ ᑳ ᐅᑎᓂᒑᑦ. ■ nimi waawaach uhchi kuchishkim aniyaa ashtutiniyiu kaa utinichaat. ■ *Il n'a même jamais essayé le chapeau qu'il a acheté.*

ᑯᒋᔥᑭᐧᐋᐤ kuchishkiwaau vta ◆ il/elle l'essaie pour voir la taille ■ ᐱᑎᒫ ᒋᑭ ᑯᒋᔥᑭᐧᐋᐤ ᐊᓂᔮᐦ ᑖᐱᓯᔅᒑᐦᐱᓲᓐᐦ ᐋᐦᒷᔮᐦ ᐅᑎᓂᒑᑦ. ■ pitimaa chiki kuchishkiwaau aniyaah taapisischaahpisunh aahmwaayaah utinichaat. ■ *Elle va essayer la bague avant de l'acheter.*

ᑯᔅᐱᓃᔥᑎᐧᐋᐤ kuspiniishtiwaau vta ◆ il/elle a peur qu'il/elle essaie et fasse quelque chose

ᑯᑎᒧᐦᐋᐤ kutimuhaau vta ◆ il/elle l'essaie pour voir si il/elle va rentrer, va s'ajuster

ᑯᐧᑳᑖᔨᒧᑎᐧᐋᐤ kukwaataayimutiwaau vta ◆ il/elle pense à essayer de lui faire quelque chose

ᓅᓱᓈᐦᐄᒑᐤ nuusunaahiichaau vai ◆ il/elle apprend en observant et en essayant

essence

ᑳᐱᒥᐱᔨᔑᐧᐃᐱᒦ kaapimipiyishiwipimii nip ◆ de l'essence pour le moteur hors-bord ■ ᐊᑳᐧᐄ ᓄᐦᑖᐱᔨᒃ ᑳᐱᒥᐱᔨᔑᐧᐃᐱᒦ ᒋᐦᒋᐱᔨᔮᒁ. ■ akaawii nuhhtaapiyikw kaapimipiyishiwipimii chihchipiyiyaakwaa. ■ *Attention à ne pas tomber en panne d'essence quand tu sortiras!*

ᐱᒦᐅᐧᐃᑦ pimiiuwit ni ◆ un bidon d'essence

ᒫᐦᒋᐱᒫᔮᐦᑭᐦᑖᐤ maahchipimaayaahkihtaau vii ◆ ça manque d'essence, de gaz

ᒫᐦᒋᐱᒫᔮᐦᑭᓲ maahchipimaayaahkisuu vai -u ◆ il/elle (ex. la motoneige) tombe en panne d'essence

ᒫᐦᒋᐱᒥᓲ maahchipimisuu vai -u ◆ il/elle tombe en panne d'essence

ᐱᒦᐅ pimiiuu vai -iiwi ◆ il est gras, elle est grasse, il/elle (ex. un véhicule) contient de l'essence, du pétrole

ᐧᐄᐱᒦᐅᒋᓯᐤ wiipimiiuchisiu vai ◆ il/elle sent le pétrole, l'essence

ᐧᐄᐱᒦᐅᑭᓐ wiipimiiukin vii ◆ ça sent, ça a un goût d'essence, de pétrole

ᐱᒦ pimii ni ◆ du lard, du gras, de l'essence, de l'huile, du naphta

essorage

ᐲᒥᐹᑖᔅᑯᐦᐄᑭᓈᐦᑎᒃ piimipaataaskuhiikinaahtikw ni ◆ un bâton, une perche pour essorer la peau

essorer

ᑳᓰᓂᐹᑎᐦᐄᒑᐱᔨᒡ kaasiinipaatihiichaapiyich nip ◆ un tordeur, une essoreuse

ᐹᐦᑯᐹᑎᓂᒼ paahkupaatinim vti ◆ il/elle l'essore pour le sécher

ᐲᒥᐹᑖᔅᑯᐦᐊᒼ piimipaataaskuham vti ◆ il/elle l'essore avec un bâton

ᐲᒥᐹᑖᔅᑯᐦᐧᐋᐤ piimipaataaskuhwaau vta ◆ il/elle l'essore (ex. peau d'orignal) avec un bâton

ᐹᐦᑯᐹᑖᔮᔅᑯᐦᐄᑭᓈᐦᑎᒃ paahkupaataayaaskuhiikinaahtikw ni ◆ des perches pour essorer la peau de bête

essoreuse

ᓰᓂᐹᑎᐦᐄᑭᓐ siinipaatihiikin ni ◆ un tordeur, une essoreuse de machine à laver le linge

essouffler (s')

ᐃᔅᑭᑖᐦᑎᒼ iskitaahtim vti ◆ il/elle s'essouffle à force de souffler dedans, il/elle souffle dedans à perdre haleine

essuyer

ᒋᓰᓈᐤ chisiinaau vta ◆ il/elle l'essuie sur tout son long

ᑳᔒᔥᑭᒼ kaashiishkim vti ◆ il/elle l'essuie avec son pied ou son corps

ᑳᓰᐦᐊᒼ kaasiiham vti ◆ il/elle l'essuie

ᑳᓰᐦᑎᑖᐤ kaasiihtitaau vai ◆ il/elle l'essuie sur quelque chose

ᑳᓰᐦᐧᐋᐤ kaasiihwaau vta ◆ il/elle l'essuie avec quelque chose

ᑳᓰᓈᐤ kaasiinaau vta ◆ il/elle l'essuie

ᑳᓰᓂᒻ kaasiinim vti ◆ il/elle l'essuie ■ ᒦᒋᓲᓈᐦᑎᑯᔨᐤ ᑳᓰᓂᒻ ᐋᐦᒷᔮᐦ ᐧᐃᔨᔅᑖᓱᑦ᙮ ■ miichisuunaahtikuyiu kaasiinim aahmwaayaah wiyistaasut. ■ *Elle essuie la table avant de la mettre.*

ᓰᓈᐤ siinaau vta ◆ il/elle l'essuie en faisant glisser sa main

ᒋᒥᓵᐦᐆ chimisaahuu vai -u ◆ il/elle lui essuie les fesses

ᒋᔒᔑᑖᔑᒨ chishiishitaashimuu vai -u ◆ il/elle essuie ses pieds sur quelque chose ■ ᐋᔑᒄ ᒋᔒᔑᑖᔑᒨ ᐱᔮᒋ ᐲᐦᒋᒑᐦᒡ᙮ ■ aashikw chishiishitaashimuu piyaachi piihchichaachh. ■ *Il s'essuie les pieds chaque fois qu'il entre.*

ᑳᔒᑎᐦᒑᓈᐤ kaashiitihchaanaau vta ◆ il/elle lui essuie les mains ■ ᒌᐦ ᑳᔒᑎᐦᒑᓈᐤ ᑳᐦ ᒌᔑᒦᒋᓱᔨᐦᒡ᙮ ■ chiih kaashiitihchaanaau kaah chiishimiichisuyichh. ■ *Elle s'essuie les mains après avoir mangé.*

ᑳᔒᑎᐦᒑᐤ kaashiitihchaau vai ◆ il/elle s'essuie les mains ■ ᐊᑳᐧᐄ ᑳᔒᑎᐦᒑᐦ ᒋᑖᐱᒋᐦᑖᐧᐃᓂᐦᒡ᙮ ■ akaawii kaashiitihchaah chitaapichihtaawinihch. ■ *N'esssuie pas tes mains sur tes vêtements!*

ᑳᓰᐦᒁᐦᐆ kaasiihkwaahuu vai -u ◆ il/elle s'essuie le visage

ᑳᓰᔅᑭᒥᒋᓈᐤ kaasiiskimichinaau vta ◆ il/elle l'essuie avec de la mousse

ᑳᓰᔅᑭᒥᒋᓂᒻ kaasiiskimichinim vti ◆ il/elle l'essuie avec de la mousse

ᑳᓯᔮᐱᔅᑭᐦᐊᒻ kaasiyaapiskiham vti ◆ il/elle le sèche, l'essuie (minéral) ■ ᑳᓯᔮᐱᔅᑭᐦᐊᒻ ᐅᑎᔅᒋᐦᒄ᙮ ■ kaasiyaapiskiham utischihkw. ■ *Il essuie son seau.*

ᐹᐦᑯᐦᐚᐤ paahkuhwaau vta ◆ il/elle l'essuie pour le/la sécher

ᒋᒥᓵᐦᐋᐤ chimisaahaau vta ◆ il/elle lui essuie les fesses, le/la torche

ᐹᐦᑯᓯᑖᐦᐅᓲ paahkusitaahusuu vai reflex -u ◆ il/elle se sèche les pieds en se les essuyant

est

ᐧᐋᐱᓅᑖᐦᒡ waapinuutaahch p,lieu ◆ à l'est ■ ᒥᐦᒑᑐ ᐄᔨᔨᐅᒡ ᐊᓂᑖᐦ ᐧᐋᐱᓅᑖᐦᒡ ᒌᐦ ᐅᐦᑎᓂᔅᒁᐧᐋᐧᐄᒡ᙮ ■ mihchaatu iiyiyiuch anitaah waapinuutaahch chiih uhtiniskwaawaawich. ■ *Beaucoup d'hommes furent mariés à des femmes de l'Est.*

est-ce que?

ᐋ aa p,question ◆ mot interrogatif ■ ᐊᑳᐧᐄ ᓈᓯᐹᐦ ᐋ᙮ ❖ ᔖᔥ ᐋ ᒋᐧᐄᐦ ᒫᒌᓐ᙮ ■ akaawii naasipaah aa. ❖ shaash aa chiwiih maachiin. ■ *Ne vas pas à la rivière, d'accord?* ❖ *Veux-tu y aller maintenant?*

estime

ᒋᔅᑖᔨᐦᑖᑯᓯᐤ chistaayihtaakusiu vai ◆ il/elle est respecté-e, on a de l'estime pour lui/elle

estimer

ᒋᔥᑖᔨᒫᐤ chishtaayimaau vta ◆ il/elle l'estime, le/la respecte

estimer (s')

ᒌᐦᑳᔮᔨᒦᓲ chiihkaayaayimiisuu vai reflex -u ◆ il/elle s'estime, se croit supérieur

ᒋᔥᑖᔨᒨ chishtaayimuu vai -u ◆ il/elle s'estime, se croit supérieur-e

estomac

ᒥᑎᔨ mitiyi nid ◆ un estomac

ᐋᐦᒋᑯᑏ aahchikutii ni -m ◆ un estomac de phoque

ᒋᔖᔮᑯᑏ chishaayaakutii ni -aam ◆ un estomac d'ours

ᑳᑯᑳᐦᑳᒋᐤ kaakukaahkaachiu ni ◆ un estomac de porc-épic

ᓵᔅᒋᒁᐦᑳᒋᐧᐋᓐ saaschikwaahkaachiwaan ni -m ◆ le contenu d'un estomac frit de lièvre ou de lagopède

ᐅᒫᒌ umaachii nid -iim ◆ le contenu de son estomac

ᐧᐋᐱᒫᑯᑏ waapimaakutii ni ◆ un estomac de baleine

ᐧᐄᓈᔥᑎᑮ wiinaashtikii ni -im ◆ un sac de nourriture, un estomac de caribou ou d'orignal

ᐲᔥᒑᒧᐧᐃᑭᐦᐚᐤ piishchaamuwikihwaau vta ◆ il/elle atteint l'animal ou l'oiseau dans l'estomac ce qui fait que son contenu se déverse

ᐧᐄᓂᑖᐤ wiinitaau vai ◆ il/elle fait un rôt puant qui provient d'aigreurs d'estomac

ᐅᐱᔅᑯᑏ upiskutii ni ◆ un estomac de caribou, d'orignal, de castor, d'ours

estropié

ᒫᔅᒋᓂᐦᑖᐅᒋᐤ maaschinihtaauchiu vai ◆ il/elle est difforme, estropié-e

ᒫᔅᑭᓐ maaskin vii ◆ c'est difforme, estropié

ᒫᔅᒋᑳᑖᐤ maaschikaataau vai ◆ il/elle est estropié-e de la jambe, a une jambe difforme

ᒫᔅᒋᐱᑐᓈᐤ maaschipitunaau vai ◆ il/elle est estropié-e du bras, a un bras difforme

ᒫᔅᒋᑎᐦᒑᐤ maaschitihchaau vai ◆ il/elle a les mains difformes, estropiées

esturgeon

ᓂᒫᐤ nimaau na -m ◆ un esturgeon, un esturgeon jaune ou de lac *Acipenser fulvescens*

ᒸᐦᒁᒑᓯᐤ mwaahkwaachaasiu na -iim ◆ un petit esturgeon, qui vient d'éclore, lit. 'mangeur d'oeuf de poisson cru'

ᓂᒫᔅᑯᐃ nimaaskui ni ◆ le sac aérien d'un esturgeon

ᓂᒫᐅᔥᑎᒁᓐ nimaaushtikwaan ni ◆ une tête d'esturgeon

ᓂᒫᐧᐋᐳᐃ nimaawaapui ni -uum ◆ du bouillon d'esturgeon

et

ᑭᔮᐦ kiyaah p,conjonction ◆ et, aussi ■ ᒫᑮ ᑭᔮᐦ ᒌᐦ ᐧᐄᒋᐦᐄᐧᐋᐤ ᑳ ᓃᒥᓈᓂᐧᐃᔨᒡ᙮ ■ maakii kiyaah chiih wiichihiiwaau kaa niiminaaniwiyich. ■ *Maggie s'est elle aussi jointe à la danse.*

ᒥᐦᒋᒫ mihchimaa p,conjonction ◆ et, ainsi que, de même que ■ ᓂᒥ ᒋᔩᐧᐋ ᐅᐦᒋ ᐃᐦᑖᐧᐃᐨ ᐧᐄᒋᐧᐋᐦᐨ ᒥᐦᒋᒫ ᐅᑎᐧᐋᔑᔒᒻᐦ ᓂᒥ ᐅᐦᒋ ᐃᐦᑖᔨᐤᐦ. ■ nimi chiyiwaa uhchi ihtaawich wiichiwaahch mihchimaa utiwaashishiimh nimi uhchi ihtaayiuh. ■ *Ils n'étaient pas chez eux, de même que leurs enfants.*

ᓈᔥᐟ naasht p,conjonction ◆ et, ou, si..ou non ■ ᓂᒥ ᓅᐦᒋ ᒋᔅᒑᔨᒫᐤ ᒑ ᒥᔼᔨᐦᑎᒥᒀ ᓈᔥᐟ ᒫᒃ ᒑ ᒥᒑᔨᐦᑎᒥᒀ ᐊᓂᔮ ᒑᑳᔨᐤ ᑳ ᒥᔮᑭᓂᐧᐃᐟ. ■ nimi nuuhchi chischaayimaau chaa miywaayihtimikwaa naasht maak chaa michaayihtimikwaa aniyaa chaakwaayiu kaa miyaakiniwit. ■ *Je ne savais pas si elle aimerait le cadeau qu'elle avait reçu.*

étable

ᒫᓂᔥᒑᓂᔒᐅᑭᒥᒄ maanishchaanishiiukimikw ni ◆ une étable, un abri pour dormir

ᒥᔅᑎᓱᑭᒥᒄ mistisukimikw ni ◆ une étable

établir

ᒫᓂᒑᐤ maanichaau vai ◆ il/elle établit son campement

étage

ᐋᑯᔨᐦᑐᐧᐃᒫᐤ aakuyihtuwimaau ni -uum ◆ une hutte de castor à deux étages

ᐲᐦᑎᐧᐃᐦᑖᐤ piihtiwihtaau vai+o ◆ il/elle y ajoute un étage supérieur

étagère

ᐋᑖᔅᑯᐦᐄᐅᑖᓐ aataaskuhiiutaan ni ◆ une étagère

ᐋᑖᔅᑯᐦᐄᐅᑖᓈᐦᑎᒄ aataaskuhiiutaanaahtikw ni ◆ un bâton qui soutient une étagère

ᑳᐦᑎᐱᐦᑖᐤ kaahtipihtaau vai+o ◆ il/elle fabrique une étagère, un rebord

ᑭᐱᐟ kipit ni -im ◆ un placard, une étagère, une commode, de l'anglais 'cupboard'

étai

ᓰᐧᑖᔅᑯᐦᐄᑭᓐ siitwaaskuhiikin ni ◆ un bâton ou pieu servant d'étai, de montant, de béquille ou de support

étalé

ᒥᐦᒁᒋᓯᐤ mihkwaachisiu vai ◆ il/elle est rouge (étalé)

ᒥᓯᐦᑖᐱᐧᐃᒡ misihtaapiwich vai pl ◆ ils sont tout étalés, elles sont tout étalées

ᓈᔮᑭᓐ naayaakin vii ◆ c'est une pointe au bord de quelque chose d'étalé

ᐹᐦᐹᒁᒋᓯᐤ paahpaakwaachisiu vai ◆ il/elle est étroit-e (étalé)

étaler

ᒥᓯᐦᑖᓈᐤ misihtaanaau vta ◆ il/elle l'étale à la main

ᒥᓯᐦᑖᓂᒻ misihtaanim vti ◆ il/elle l'étale à la main

ᒥᓯᐦᑖᐱᑖᐤ misihtaapitaau vta ◆ il/elle l'étale

ᒥᓯᐦᑖᐱᑎᒻ misihtaapitim vti ◆ il/elle l'étale en tirant

ᒥᓯᑐᐧᐃᔥᑖᐤ misituwishtaau vii ◆ c'est tout étalé

ᔑᐦᑤᑭᐦᐋᐤ shihtwaakihaau vta ◆ il/elle l'étale (étalé)

ᔑᐦᑤᑭᔥᑖᐤ shihtwaakishtaau vai ◆ il/elle l'étale (étalé)

ᔑᐦᑤᐸᑭᒧᐦᐋᐤ shihtwaapaakimuhaau vta ◆ il/elle l'étale (filiforme)

ᓯᐦᒑᓈᐤ sihchaanaau vta ◆ il/elle l'étale à la main

ᐋᔥᑎᒫᔥᑖᐦᐋᐤ aashtimaashtaahaau vta ◆ il/elle l'étale au soleil

ᐋᔥᑎᒫᔥᑖᔥᑖᐤ aashtimaashtaashtaau vai ◆ il/elle l'étale au soleil

ᐋᔥᑎᒫᔥᑖᔥᑖᐤ aashtimaashtaashtaau vii ◆ c'est étalé au soleil

ᐊᔓᐦᐊᒻ ashuham vti ◆ il/elle l'étale, le peint

ᐊᔓᐦᐧᐋᐤ ashuhwaau vta ◆ il/elle l'étale, le peint

ᒋᔅᐱᑭᒧᐦᑖᐤ chispikimuhtaau vai ◆ il/elle l'étale en une couche épaisse

ᒋᔅᐱᑭᒨ chispikimuu vai -u ◆ il/elle est étalé-e en une couche épaisse

ᒥᓈᐱᑎᒻ minaapitim vti ◆ il/elle l'étend, l'ouvre et l'étale (ex. de la mousse)

ᒥᓯᐦᑖᔥᑭᒻ misihtaashkim vti ◆ il/elle l'étale partout, en laisse des traces partout avec ses pieds ou son corps

ᓯᐦᒑᔮᔅᒑᐅᒋᓂᒻ sihchaayaaschaauchinim vti ◆ il/elle étale les bûches incandescentes avec quelque chose

étaler (s')

ᔑᐦᑤᒋᐱᔨᐤ shihtwaachipiyiu vii ◆ ça s'étale, s'étend (étalé)

étang

ᓵᑭᐦᐄᑭᓂᐹᑯᔥ saakihiikinipaakush ni -im ◆ un petit étang

ᒥᔅᒑᑯᓵᑭᐦᐄᑭᓐ mischaakusaakihiikin ni -m ◆ un étang au milieu d'un marécage

ᒥᔅᒑᑯᔖᑭᐦᐄᑭᓂᔥ mischaakushaakihiikinish ni -m ◆ un étang au milieu d'un marécage

ᐱᑯᑖᐅᐦᒄ pikutaauhkw ni ◆ un lac ou un étang sans sortie ni entrée d'eau

ᐊᐱᔑᑭᒫᔑᐤ apishikimaashiu vii ◆ c'est un petit lac ou étang

état

ᐄᑖᑎᓰᐤ iitaatisiiu vai ◆ il/elle a une certaine personnalité, est dans un certain état

étau

ᑎᐦᑯᒧᒋᑭᓐ tihkumuchikin ni ◆ une clé à molette, des tenailles, un étau

étayer

ᔑᒥᑖᔅᑯᐦᐧᐋᐤ shimitaaskuhwaau vta ◆ il/elle l'étaye, le/la soutient avec un bâton

ᓰᐧᑖᔅᑯᐦᐧᐋᐤ siitwaaskuhwaau vta ◆ il/elle l'étaie, la/le cale avec un objet long et rigide, lui pose un support

été

ᓃᐱᓐ niipin vii ◆ c'est l'été

ᑭᐹᓈᓂᔅᒌ kipaanaanischii ni ◆ un campement, un campement d'été

ᓃᐱᓂᐱᔮᓯᐤ niipinipiyaasiu na -iim ◆ un grand oiseau d'été, un grand oiseau migrateur

ᓃᐱᓂᓯᐦᑯᔅ niipinisihkus na -im ◆ une hermine en été *Mustela erminea*

ᐊᐅᓯᓃᐱᓂᐦᒡ ausiniipinihch p,temps ◆ il y a deux étés, l'été d'il y a deux ans ■ ᓈᔥᒡ ᐋᐦ ᒌᐦ ᒥᐦᒑᒡᐦ ᒨᔥᑖᐅᐦ ᐅᔮ ᐊᐅᓯᓃᐱᓂᐦᒡ ᐊᓂᑖᐦ ᐊᒋᔥᑑ᙮ ■ naashch aah chiih mihchaach-h muushtaauh uyaa ausiniipinihch anitaah achishtuu. ■ *Il y avait plein de feu de forêt dans l'Ouest il y a deux étés.*

ᐃᔅᑭᓂᓃᐱᓐᐦ iskininiipinh p,temps ◆ tout l'été ■ ᐋᑯᑎᐦ ᐅᑎᐦ ᑳᐦ ᐃᐦᑖᑦ ᐃᔅᑭᓂᓃᐱᓐᐦ᙮ ■ aakutih utih kaah ihtaat iskininiipinh. ■ *Il/elle est resté-e ici tout l'été.*

ᓈᐱᐦᒡ naapihch p,temps ◆ l'été dernier

ᓃᐱᓂᐦᒡ niipinihch p,temps ◆ l'été dernier ■ ᐋᔪᐧᐃᒄ ᑳ ᒥᑖᐦᑐᐱᐳᓈᐧᓯᑦ ᓃᐱᓂᐦᒡ᙮ ■ aayuwikw kaa mitaahtupipunwaasit niipinihch. ■ *Elle/il a eu dix ans l'été dernier.*

ᒋᔑᑖᐅᓃᐱᓐ chishitaauniipin vii ◆ c'est un été chaud

ᒫᒁᓃᐱᓐ maakwaaniipin vii ◆ c'est le milieu de l'été

ᒦᓂᐧᐃᓃᐱᓐ miiniwiniipin vii ◆ c'est l'été indien

ᓃᐱᓂᐦᑖᐤ niipinihtaau vai ◆ il/elle passe l'été à un certain endroit

ᓃᐱᓂᐦᐅ niipinihuu vai -u ◆ il/elle est habillé-e pour l'été

ᓃᐱᓂᔂᐤ niipinishaau vai ◆ c'est une peau de bête d'été

ᓃᐱᓂᔅᑭᒥᑳᐤ niipiniskimikaau vii ◆ c'est du sol d'été, il n'y a pas de neige sur le sol

ᓃᐱᓂᐧᐋᐤ niipiniwaau vai ◆ il/elle porte sa fourrure d'été

ᐲᔑᓃᐱᓐ piishiniipin vii ◆ c'est un été long

ᓃᐱᓂᐱᔮᔒᔥ niipinipiyaashiish na -im ◆ un oiseau d'été, un oiseau migrateur

ᓃᐱᓂᔓᐧᐃᓐ niipinishuwin ni ◆ un endroit où on est forcé de passer l'été

ᐅᒥᑎᑰ umitikuu na -uum ◆ un caribou mâle âgé de quatre ans en été

ᐧᑳᔅᒋᓃᐱᓐ kwaaschiniipin vii ◆ c'est la fin de l'été, lit. 'la saison change'

ᓃᐱᓂᐱᒋᔅᑎᐦᐧᐋᐤ niipinipichistihwaau vai ◆ il/elle place un filet de pêche en été

ᓃᐱᓂᐧᐃᓂᐦᐄᒑᐤ niipiniwinihiichaau vai ◆ il/elle pose un piège en été

ᐹᔓᓃᐱᓐ paashuniipin vii ◆ c'est un été bref; cet été ne dure pas longtemps

ᐋᐱᐦᑎᐧᐃᑎᐦᒄ aapihtiwitihkw na -shiim ◆ un caribou mâle âgé de quatre ans en été

ᒑᐦᒑᐦᒋᑯᔅᒑᐤ chaahchaahchikuschaau vai ◆ il/elle place des lignes de pêche nocturne en été

été indien

ᒦᓂᐧᐃᓃᐱᓐ miiniwiniipin vii ◆ c'est l'été indien

éteindre

ᐋᔥᑎᐧᐋᐦᐊᒻ aashtiwaaham vti ◆ il/elle l'éteint (le feu, la lumière)

ᐋᔥᑎᐧᐋᐦᐄᒑᐤ aashtiwaahiichaau vai ◆ il/elle éteint un feu, combat le feu ■ ᒫᒀᒡ ᐋᔥᑎᐧᐋᐦᐄᒑᐤ ᒀᓐ ᑳ ᐃᔥᒁᑖᔨᒡ ᐊᓂᑖᐦ ᐹᔓᒡ ᐧᐄᒋᐧᐋᐦᒡ᙮ ■ maakwaach aashtiwaahiichaau chwaan kaa ishkwaataayich anitaah paashuch wiichiwaahch. ■ *Jean éteint le feu qui est près de la maison.*

ᐋᔥᑎᐧᐋᐦᐧᐋᐤ aashtiwaahwaau vta ◆ il/elle l'éteint ■ ᐋᔥᑎᐧᐋᐦᐧᐋᐤ ᐊᓂᔮᐦ ᐅᒋᔥᑖᒫᒻᐦ ᐋᐦᒹᔮᐦ ᐲᐦᒋᒑᑦ ᐋᐦᑯᓰᐅᑭᒥᑯᐦᒡ᙮ ■ aashtiwaahwaau aniyaah uchishtaamaamh aahmwaayaah piihchichaat aahkusiiukimikuhch. ■ *Il éteint sa cigarette avant d'entrer à l'hôpital.*

ᐋᔥᑎᐧᐋᓈᐤ aashtiwaanaau vta ◆ il/elle l'éteint ■ ᒋᑭ ᐋᔥᑎᐧᐋᓈᐤ ᐊᓂᔮᐦ ᐅᒋᓵᐱᔅᒋᓵᐧᐋᓐᐦ᙮ ■ chiki aashtiwaanaau aniyaah uchisaapischisaawaanh. ■ *Elle/il va laisser s'éteindre le feu de son poêle.*

ᐋᔥᑎᐧᐋᓂᒻ aashtiwaanim vti ◆ il/elle l'éteint ■ ᒥᑖᐦᑐ ᐊ ᐃᔅᐱᔨᔨᒡ ᐋᔥᑎᐧᐋᓂᒻ ᐅᐧᐋᔥᑖᓂᒫᑭᓐ᙮ ■ mitaahtu aa ispiyiyich aashtiwaanim uwaashtaanimaakin. ■ *Il éteint la lumière à 10 heures.*

ᐋᔥᑎᐧᐋᐴᑖᑎᒻ aashtiwaapuutaatim vti ◆ il/elle l'éteint en soufflant ■ ᑖᐹ ᒌᐦ ᐋᔥᑎᐧᐋᐴᑖᑎᒻ ᐅᐧᐋᔥᑖᓂᒫᑭᓐᐦ ᐧᐋᓵ ᐋᐦ ᐋᐱᔒᔑᔑᑦ᙮ ■ taapaa chiih aashtiwaapuutaatim uwaashtaanimaakinh waasaa aah aapishiishishit. ■ *Elle/Il est trop jeune pour souffler ses bougies.*

ᐋᔥᑎᐧᐋᔥᑭᒻ aashtiwaashkim vti ◆ il/elle l'éteint avec son pied ou son corps ■ ᐋᔥᑎᐧᐋᔥᑭᒻ ᐊᓂᔮ ᐃᔥᑯᑖᔨᐅ ᐋᐦᒹᔮᐦ ᒦᓐ ᐊᑎ ᐧᐃᔨᐦᑖᔨᒡ᙮ ■ aashtiwaashkim aniyaa ishkutaayiu aahmwaayaah miin ati wiyihtaayich. ■ *Elle/Il éteint le feu avant qu'il ne s'enflamme à nouveau.*

ᐋᔥᑎᐧᐋᐤ aashtiwaau vii ◆ le feu est éteint, la lumière est éteinte ■ ᐋᔥᑎᐧᐋᐤ ᐃᔥᑯᑖᐤ ᐋᑳ ᐃᐦᑎᑯᐦᒡᐦ ᔂᔥ ᒥᐦᑦᐦ᙮ ■ aashtiwaau ishkutaau aakaa ihtikuhchh shaash mihth. ■ *Le feu s'est éteint parce qu'il y avait plus de bois.*

ᐋᔥᑎᐧᐋᐤ aashtiwaau vai ◆ le feu est éteint, la lumière à l'intérieur est éteinte

ᐋᔥᑎᐧᐋᔮᐹᐅᑖᐤ aashtiwaayaapaautaau vai ◆ il/elle l'éteint avec un liquide

ᐋᔥᑎᐧᐋᔮᐹᐧᐋᐤ aashtiwaayaapaawaau vii ◆ c'est éteint avec un liquide ■ ᐋᐦ ᒌᐦ ᒋᒧᐧᐃᐦᒡ ᑳ ᐋᔥᑎᐧᐋᔮᐹᐧᐋᒡ ᓂᑎᔥᑯᑖᒥᓈᓐ᙮ ■ aah chiih chimuwihch kaa aashtiwaayaapaawaach nitishkutaaminaan. ■ *Notre feu s'est éteint à cause de la pluie.*

ᐋᔥᑎᐧᐋᐦᑎᑖᐤ aashtiwaahtitaau vai ◆ il/elle le frappe sur quelque chose pour l'éteindre ■ ᐋᔥᑎᐧᐋᐦᑎᑖᐤ ᐊᓂᔮ ᐅᑖᔅ ᐹᔓᒡ ᐃᔥᑯᑖᐦᒡ ᑳ ᐊᑯᑖᑦ᙮ ■ aashtiwaahtitaau aniyaa utaas paashuch ishkutaahch kaa akutaat. ■ *Il éteint le feu sur sa chaussette qu'elle avait suspendue trop près du feu en la frappant.*

ᐋᔥᑎᐧᐋᐱᑖᐤ aashtiwaapitaau vta ◆ il/elle lui éteint la lumière

ᐋᔥᑎᐧᐋᐱᑎᒻ aashtiwaapitim vti ◆ il/elle éteint la lumière

ᐋᔥᑎᐧᐋᐱᔩᐦᐧᐋᐤ aashtiwaapiyihaau vta ◆ il/elle le secoue et il/elle s'éteint

ᐋᔥᑎᐧᐋᐱᔩᐦᑖᐤ aashtiwaapiyihtaau vai ◆ il/elle éteint en secouant

ᐋᔥᑎᐙᐴᑖᑖᐤ aashtiwaapuutaataau vta ◆ il/elle l'éteint en soufflant ■ ᐋᔥᑎᐙᐴᑖᑖᐤ ᒫᒌᐢᐦ. ■ aashtiwaapuutaataau maachiis-h. ■ *Elle/Il éteint l'allumette en soufflant.*

ᐋᔥᑎᐙᔑᒫᐤ aashtiwaashimaau vta ◆ il/elle l'étouffe, l'éteint

ᒋᐱᐦᒋᐦᑖᐤ chipihchihtaau vai+o ◆ il/elle l'arrête, l'éteint ■ ᓲᐦᒃ ᑯᒋᐦᑖᐤ ᒑ ᒋᐱᐦᒋᐦᑖᑦ ᒥᓂᐦᒁᐎᓂᔨᐤ ᐅᑎᐦᑖᐎᓂᐗᐦᐨ. ■ suuhk kuchihtaau chaa chipihchihtaat minihkwaawiniyiu utihtaawiniwaahch. ■ *Elle essaie vraiment d'arrêter l'alcoolisme dans son village.*

ᒋᐱᐦᒋᓈᐤ chipihchinaau vta ◆ il/elle l'arrête avec les mains, l'éteint

ᒋᐱᐦᒋᓂᒻ chipihchinim vti ◆ il/elle l'arrête avec les mains, l'éteint ■ ᒋᐱᐦᒋᓐᐦ ᒫ ᐊᓐ ᐊᔨᒧᐙᔮᐲ. ■ chipihchinh maa an ayimuwaayaapii. ■ *Eteins cette radio!*

ᒋᐱᐦᒋᐱᔨᐦᐋᐤ chipihchipiyihaau vta ◆ il/elle l'arrête, l'éteint

ᒋᐱᐦᒋᐱᔨᐦᑖᐤ chipihchipiyihtaau vai ◆ il/elle l'arrête, l'empêche de bouger, l'éteint

ᐋᔥᑎᐙᔮᔑᐤ aashtiwaayaashiu vai ◆ il/elle est éteint-e par le vent

ᐋᔥᑎᐙᔮᔥᑎᓐ aashtiwaayaashtin vii ◆ c'est éteint par le vent

ᒋᐳᐦᐙᐤ chipuhwaau vta ◆ il/elle le/la ferme; il/elle le referme sur lui/elle; il/elle le met en prison; il/elle l'éteint

éteindre (s')

ᐋᔥᑎᐙᐦᐄᒑᐱᔨᐤ aashtiwaahiichaapiyiu vai ◆ il/elle s'éteint

ᐋᔥᑎᐙᐦᐄᒑᐱᔨᐤ aashtiwaahiichaapiyiu vii ◆ ça s'éteint

ᐋᔥᑎᐙᐱᔨᐤ aashtiwaapiyiu vii ◆ ça s'éteint ■ ᐋᔥᑎᐙᐱᔨᐤ ᐙᔥᑖᓂᒫᑭᓐ ᐋᑳ ᐅᐦᒋ ᐲᐦᒋᐱᒫᓂᐎᒡ. ■ aashtiwaapiyiu waashtaanimaakin aakaa uhchi piihchipimaaniwich. ■ *La lampe s'éteint parce que personne ne l'a remplie.*

ᐋᔥᑎᐙᐱᔨᐤ aashtiwaapiyiu vai ◆ il/elle s'éteint

ᔒᑭᐙᔕᐤ shiikiwaashaau vii ◆ le feu est presque éteint

ᐎᔨᐐᔮᐱᐦᑖᐤ wiyiwiiyaapihtaau vii ◆ la fumée s'éteint

ᒋᐱᐦᒌᐤ chipihchiiu vai ◆ il/elle s'arrête, s'éteint, cesse (de fonctionner, de marcher, de bouger, de courir) ■ ᐹᔓᒡ ᓈᑎᐦ ᓃᒋᓈᐦᒡ ᒌᐦ ᒋᐱᐦᒌᐤ. ■ paashuch naatih niichinaahch chiih chipihchiiu. ■ *Elle s'est arrêtée près de notre maison.*

étendoir

ᐱᑯᑎᒀᐙᑭᓈᐦᑎᒄ pikutikwaawaakinaahtikw ni ◆ un étendoir, pour suspendre de la viande ou du poisson pour le faire sécher dehors

ᐱᑯᑎᒀᐙᓐ pikutikwaawaan ni ◆ un étendoir fait de poteaux pour suspendre de la viande ou du poisson pour le faire sécher dehors

étendoir à viande

ᐱᒥᑖᔥᑯᔥᑖᑭᓐᐦ pimitaashkushtaakinh ni pl ◆ des étendoirs à viande amovibles

ᐱᒥᑎᐦᐋᐙᓐ pimitihaawaan ni ◆ un poteau fixe dans un tipi sur lequel des étendoirs à viande sont placés

étendre

ᔑᐦᑜᔥᑯᔑᒫᐤ shihtwaashkushimaau vta ◆ il/elle l'étend bien droit, de tout son long

ᐎᔮᑭᐦᐋᐤ wiyaakihaau vta ◆ il/elle l'étend (étalé)

ᐎᔮᑭᔥᑖᐤ wiyaakishtaau vai ◆ il/elle l'étend (étalé)

ᐎᔮᑭᔥᑖᐤ wiyaakishtaau vii ◆ c'est étendu (étalé)

ᒋᓄᐱᔨᐦᐋᐤ chinupiyihaau vta ◆ il/elle l'étend de tout son long

ᒋᐢᐱᑭᒨ chispikimuu vii -u ◆ c'est étendu en couche épaisse

ᒥᓈᐱᑎᒻ minaapitim vti ◆ il/elle l'étend, l'ouvre et l'étale (ex. de la mousse)

ᒥᓯᐦᑖᔥᑖᐤ misihtaashtaau vii ◆ c'est étendu, déployé

ᓈᑖᐦᑭᐦᑖᐤ naataahkihtaau vii ◆ le feu s'étend

ᓂᐦᐄᔑᓐ nihiishin vai ◆ il/elle s'étend confortablement

ᐹᓂᐱᑖᐤ paanipitaau vta ◆ il/elle l'étend, l'élargit

ᔑᐦᑐᔑᓐ shihtushin vai ◆ il/elle est étendu-e en travers

ᔑᐦᑜᒋᐱᔨᐤ shihtwaachipiyiu vai ◆ il/elle s'étend, se déplie (étalé)

ᔒᐱᐦᐄᒑᐤ shiipihiichaau vai ◆ il/elle étend une peau sur un cadre pour la faire sécher

ᔒᐱᓂᐢᒑᔨᐤ shiipinischaayiu vai ◆ il/elle étend le bras

ᑎᐢᑭᒫᐢᑯᐦᑎᓐ tiskimaaskuhtin vii ◆ c'est étendu (long et rigide, ex. un arbre en travers de la route) en travers

ᐅᐙᔮᒋᐱᑖᐤ uwaayaachipitaau vta ◆ il/elle l'arrange, l'étend (animé, étalé)

ᔮᐃᔨᑖᔥᑯᔑᒫᐤ yaaiyitaashkushimaau vta ◆ il/elle le/la dépose, l'étend bien

ᔒᐱᐦᐋᒑᔑᐙᐤ shiipihaachaashiwaau vai ◆ il/elle étend une peau de renard sur un cadre pour la faire sécher

ᔒᐱᐦᐋᒋᔥᑯᔮᓈᐤ shiipihaachishkuyaanaau vai ◆ il/elle étend une peau de rat musqué sur un cadre pour la faire sécher

ᔒᐱᐦᐋᔮᐱᔥᑖᓂᐙᐤ shiipihaayaapishtaaniwaau vai ◆ il/elle étend une peau de martre sur un cadre pour la faire sécher

ᔒᐱᐦᐊᒻ shiipiham vti ◆ il/elle l'étend à sécher sur une forme (se dit de fourrures en général)

ᔒᐱᐦᐙᐤ shiipihwaau vta ◆ il/elle l'étend sur une forme pour le faire sécher (se dit d'une fourrure ou d'une peau de bête)

ᔑᐧᐃᓂᐢᒐᔨᐤ shiwinischaayiu vai ◆ il/elle étend la main , sort sa main

ᐅᐧᐋᔨᔑᒫᐤ uwaayishimaau vta ◆ il/elle le/la couche, l'étend correctement

étendre (s')

ᒫᒋᐱᔨᐤ maachipiyiu vai ◆ il/elle s'étend à partir d'un point d'origine

ᐱᒫᐱᐢᒋᐦᑎᓐ pimaapischihtin vii ◆ ça s'étend par ici (minéral, ex. conduite d'eau)

ᐱᒫᐢᑯᐦᑎᓐ pimaaskuhtin vii ◆ ça s'étend là (long et rigide)

ᔑᐦᐧᑖᐢᑯᐱᔨᐤ shihtwaaskupiyiu vii ◆ ça s'étend (long et rigide)

ᑎᐢᑭᒫᐸᑭᒨ tiskimaapaakimuu vai -u ◆ il/elle s'étend directement

ᑎᐢᑭᒫᐸᑭᒨ tiskimaapaakimuu vii -u ◆ il/elle s'étend directement (filiforme)

ᑯᐃᐢᑯᐦᑎᓐ kuiskuhtin vii ◆ ça s'étend tout droit

ᓅᓯᐧᐋᐦᑭᐦᑖᐤ nuusiwaahkihtaau vii ◆ le feu s'étend

ᐱᒫᐱᔥᒋᔑᓐ pimaapishchishin vai ◆ ça s'étend (minéral) le long de quelque chose

ᔑᐦᐧᑖᒋᐱᔨᐤ shihtwaachipiyiu vii ◆ ça s'étale, s'étend (étalé)

ᐄᐢᐧᑳᑭᔥᑖᐤ iiskwaakishtaau vii ◆ ça s'étend jusqu'à ... (un certain point), ça s'étend sur ... (par ex. 10 m) (étalé)

ᔑᒥᒋᔑᓐ shimichishin vai ◆ il/elle s'étend, s'allonge en position assise

étendu

ᒌᐱᒋᔑᒫᐤ chiipichishimaau vta ◆ il/elle le/la dresse étendu

ᒥᔪᔑᓐ miyushin vai ◆ il/elle est étendu-e confortablement

ᓃᒫᐢᑯᐦᑎᓐ niimaaskuhtin vii ◆ c'est étendu au-dessus, mais ne touche pas le fond

ᓃᔖᐧᔥᑯᔑᓂᒡ niishwaashkushinich vai pl ◆ les deux sont étendus/étendues ensemble

ᔮᔮᐧᐋᔮᐱᐦᒑᔑᓐ yaayaawaayaapihchaashin vai ◆ il/elle est étendu-e le long du bord

ᔖᔥᒋᔑᓐ shaashchishin vai ◆ il/elle est étendu-e avec un bout sur le rivage

étendue

ᒥᓯᓯᐧᑳᐤ misisikwaau vii ◆ c'est une grande étendue de glace

ᐧᐋᐱᐢᑭᒥᒋᐢᑳᐤ waapiskimichiskaau vii ◆ c'est une étendue de lichen des rennes

ᐧᐋᐱᐢᑭᒥᑳᐤ waapiskimikaau vii ◆ c'est une étendue de lichen des rennes

étendue d'eau

ᓈᓯᐹᐱᔨᐤ naasipaapiyiu vai ◆ il/elle va jusqu'à une étendue d'eau en véhicule

ᐋᔓᐧᐃᑳᒫᐱᔨᐤ aashuwikaamaapiyiu vai ◆ il/elle traverse une étendue d'eau en véhicule

ᐋᔓᐧᐃᑳᒫᐱᔨᐤ aashuwikaamaapiyiu vii ◆ ça traverse une étendue d'eau

ᐋᔓᐧᐃᑳᓯᐱᔨᐤ aashuwikaasipiyiu vai ◆ il/elle traverse une étendue d'eau en véhicule

ᐋᑎᑳᒫᔑᒫᐤ aatikaamaashimaau vta ◆ il/elle l'abandonne de l'autre coté d'une étendue d'eau sans aucun moyen de traverser

ᐋᑎᑳᒫᔑᓐ aatikaamaashin vai ◆ sa traversée est bloquée par une étendue d'eau

ᐋᑎᑳᒫᔮᐤ aatikaamaayaau vii ◆ il n'y a pas moyen de traverser cette étendue d'eau sans canot, bateau ou radeau

ᑭᐢᒑᐧᐋᐤ kischaawaau vai ◆ il/elle prend un raccourci en traversant une étendue d'eau

ᒥᔑᑳᒫᐦᔮᐤ mishikaamaahyaau vai ◆ il/elle vole en provenance d'une étendue d'eau vers la terre

ᒥᔥᑯᔒᐧᐋᑭᒫᐤ mishkushiiwaakimaau vii ◆ l'étendue d'eau est toute herbeuse

ᒥᑖᐹᔮᐤ mitaapaayaau vii ◆ c'est au bord d'une étendue d'eau

ᓈᓯᐹᐱᔨᐤ naasipaapiyiu vii ◆ ça descend vers une étendue d'eau

ᓃᐱᓈᒧᓰᐆ niipinaamusiiuu vii -iiwi ◆ c'est une étendue d'eau qui ne gèle jamais

ᐲᐦᑎᑳᒫᔮᐤ piihtikaamaayaau vii ◆ l'étendue d'eau est large

ᐋᔓᐧᐃᑳᓯᐦᑎᐦᐋᐤ aashuwikaasihtihaau vta ◆ il/elle l'emmène en traversant une étendue d'eau à pied

ᐋᔓᐧᐃᑳᓯᐦᑎᑖᐤ aashuwikaasihtitaau vai ◆ il/elle l'emporte en traversant une étendue d'eau à pied

ᐋᔓᐧᐃᑳᓯᐦᐅᔮᐤ aashuwikaasihuyaau vta ◆ il/elle l'emmène en traversant une étendue d'eau sur l'eau ou dans les airs

ᐋᔓᐧᐃᑳᓯᐦᔮᐤ aashuwikaasihyaau vai ◆ il/elle vole pour traverser une étendue d'eau

ᐋᔓᐧᐃᑳᓯᐱᔨᐦᑖᐤ aashuwikaasipiyihtaau vai ◆ il/elle l'emporte en traversant une étendue d'eau en véhicule

ᐋᔓᐧᐃᑳᓯᐤ aashuwikaasiu vai ◆ il/elle patauge pour traverser une étendue d'eau

ᒥᔑᑳᒫᐱᔨᐤ mishikaamaapiyiu vai ◆ il/elle traverse jusqu'à l'autre côté d'une étendue d'eau en véhicule

ᒥᓯᐦᑎᐅᓯᐧᑳᐤ misihtiusikwaau vii ◆ toute l'étendue d'eau est maintenant gelée

ᐹᔓᑳᒫᔮᔑᐤ paashukaamaayaashiu vii dim ◆ il y a un rétrécissement dans la largeur de l'étendue d'eau

ᐲᐦᒋᐢᑯᒥᑳᐤ piihchiskumikaau vii ◆ c'est une longue étendue d'eau à traverser

ᔫᔥᐧᑳᒥᐢᑳᐤ shuushkwaamiskaau vii ◆ l'étendue d'eau a un fond en pente

ᓯᐢᒌᐧᐋᒥᐢᑳᐤ sischiiwaamiskaau vii ◆ l'étendue d'eau à un fond boueux

ᑎᐢᑭᒥᐹᐦᐅᓈᓂᐧᐃᔑᐤ tiskimipaahunaanuwishiu vii dim ◆ c'est une petite étendue d'eau traversée pendant un portage en canot ▪ ᓈᔥᒡ ᐋᐦ ᒌᐦ ᐲᐦᒑᒡ ᐊᓐ ᑭᐱᑖᑭᓐ ᐹᔨᑳᐤ ᒌᐦ ᑎᐢᑭᒥᐹᐦᐅᓈᓂᐧᐃᔑᐤ. ▪ naashch aah chiih piihchaach an kipitaakin paayikwaau chiih tiskimipaahunaaniwishiu. ▪ *Le portage était si long qu'on a traversé une petite étendue d'eau une fois en canot.*

ᐅᐱᔮᑳᐅ upiyaakaauu vii -aawi ◆ le fond sablonneux d'une étendue d'eau peut se voir

ᐧᐋᔑᐹᔥᑖᐤ waashipaashtaau vii ◆ c'est une étendue d'eau qui se voit de loin

ᐋᔓᐧᐃᐦᐊᒼ aashuwiham vti ◆ il/elle traverse une étendue d'eau à la nage ou en pagayant

ᐧᐋᐦᐄᑖᐅᐦᒌᐤ waahiitaauhchiiu vii ◆ la glace se brise sur les bords d'une étendue d'eau

ᔮᔨᐢᑯᑖᐤ yaayiskutaau vii ◆ la glace casse et se détache du bord d'une étendue d'eau

ᒥᔑᑳᒫᐦᐊᒼ mishikaamaaham vti ◆ il/elle atteint l'autre côté d'une étendue d'eau à la nage ou en pagayant

éternel

ᐧᐃᓂᑎᐱᐢᑎᓰᐧᐃᓐ winitipistisiiwin ni ◆ la nuit éternelle

éternuer

ᐋᔨᒧᐦᐋᐤ aayimuhaau vta ◆ il/elle le/la fait éternuer

ᐋᔨᔨᒨ aayiyimuu vai -u ◆ il/elle éternue ▪ ᒨᔥ ᐋᔨᔨᒨ ᐋᐦ ᒥᔮᐦᑎᐦᒃ ᐹᐹᔨᐤ. ▪ muush aayiyimuu aah miyaahtihk paapaayiu. ▪ *Elle éternue chaque fois qu'elle sent du poivre.*

étincelle

ᐱᐢᐱᓯᐢᑖᐤ pispisistaau vii ◆ ça émet des étincelles, ça pète

ᐱᔥᐱᔑᔥᑖᐤ pishpishishtaau vii ◆ le feu crépite, jette des étincelles

ᐱᓯᐢᒞ pisischuu vai -u ◆ il/elle est atteint-e par des étincelles qui jaillissent du feu

étincelles

ᐱᔑᔥᑖᐤ pishishtaau vii ◆ des étincelles jaillissent du feu

étiqueter

ᒋᔥᒋᓂᐧᐋᒋᐦᑖᐤ chishchiniwaachihtaau vai+o ◆ il/elle le marque, l'étiquette

ᒋᔥᒋᓂᐧᐋᒋᐦᐋᐤ chishchiniwaachihaau vta ◆ il/elle le/la marque pour l'identifier, l'étiquette; il/elle lui donne une bague de fiançailles

ᒋᔥᒋᓂᐧᐋᒋᓯᓂᐦᐧᐋᐤ chishchiniwaachisinihwaau vta ◆ il/elle le/la marque par écrit, l'étiquette

étiquette

ᒋᔥᒋᓂᐧᐋᒋᒁᑖᐤ chishchiniwaachikwaataau vta ◆ il/elle coud une marque, une étiquette dessus (animé)

ᒋᔥᒋᓂᐧᐋᒋᒁᑎᒼ chishchiniwaachikwaatim vti ◆ il/elle coud une marque, une étiquette dessus

étirer

ᒥᔖᔫᐧᐃᑳᐢᑭᐦᐊᒼ mishaayuwikaaskiham vti ◆ il/elle l'étire (ex. des bottes de peau de phoque en utilisant un bâton)

ᔑᐦᑹᑭᐦᐱᑎᒼ shihtwaakihpitim vti ◆ il/elle l'étire (étalé) en tirant dessus avec de la ficelle

ᔑᐦᑹᔫᐧᐃᑳᐢᑯᐦᐊᒼ shihtwaayuwikaaskuham vti ◆ il/elle l'étire sur des bâtons

ᔑᐦᑹᔫᐧᐃᑳᐢᑯᐦᐧᐋᐤ shihtwaayuwikaaskuhwaau vta ◆ il/elle l'étire sur des bâtons

ᔒᐹᐱᐦᒑᐱᑎᒼ shiipaapihchaapitim vti ◆ il/elle l'étire (filiforme)

ᔒᐱᐢᒋᐱᔨᐦᐋᐤ shiipischipiyihaau vta ◆ il/elle le/la fait s'étirer

ᔒᐱᔥᒋᔥᑭᒼ shiipishchishkim vti ◆ il/elle l'étire avec son pied ou son corps

ᓰᐹᔫᐧᐃᒋᓈᐤ siipaayuwichinaau vta ◆ il/elle l'étire (étalé) avec ses mains

ᓰᐹᔫᐧᐃᒋᐱᑖᐤ siipaayuwichipitaau vta ◆ il/elle l'étire (étendu)

ᓰᐱᐢᒋᐱᑖᐤ siipischipitaau vta ◆ il/elle l'étire

ᓰᐱᐢᒋᐱᔨᐤ siipischipiyiu vii ◆ ça s'étire (ex. un élastique)

ᔑᐦᑐᐱᑖᐤ shihtupitaau vta ◆ il/elle le/la redresse, l'étire

ᔑᐦᑐᐱᑎᒼ shihtupitim vti ◆ il/elle le redresse, l'étire

ᔒᐹᒋᐱᑎᒼ shiipaachipitim vti ◆ il/elle le tire et l'étire (étalé)

ᔒᐹᐢᑯᐦᐊᒼ shiipaaskuham vti ◆ il/elle l'étire avec un bâton

ᔒᐹᔫᐧᐃᒋᔥᑭᐧᐋᐤ shiipaayuwichishkiwaau vta ◆ il/elle l'étire en le/la portant (animé, vêtement)

ᔒᐹᔫᐧᐃᑳᐢᑯᐦᐧᐋᐤ shiipaayuwikaaskuhwaau vta ◆ il/elle l'étire avec un bâton

ᓯᒋᐱᑎᐦᑖᐤ sichipitihtaau vta ◆ il/elle étire et lace la peau sur le cadre

ᓯᐦᑳᐢᑯᓂᒑᐤ sihkaaskunichaau vai ◆ il/elle étire la peau par-dessus la neige en l'ancrant avec des bâtons

ᓰᐦᑖᒋᐱᑖᐤ siihtaachipitaau vta ◆ il/elle étire la peau sur le cadre, le/la tend bien serré-e

ᓰᐱᓂᐢᒑᔨᐤ siipinischaayiu vai ◆ il/elle étire les bras

ᓱᐧᐃᓂᐢᒑᔨᐤ suwinischaayiu vai ◆ il/elle lui étire la main

ᐊᐅᔥᑖᐢᑯᐦᐊᒼ aushtaaskuham vti ◆ il/elle assouplit et étirer des bottes de peau de phoque avec un bâton

ᔑᔖᐅᐦᑐᐱᐤ shishaauhtupiu vai ◆ il/elle s'assoit en étirant les jambes

ᓯᒋᐱᑖᐤ sichipitaau vta ◆ il/elle étire la peau sur le cadre

ᓰᐱᐢᑳᐤ siipiskaau vii ◆ ça s'étire, c'est collant et gluant

ᓰᐱᑖᔮᐢᑯᐦᐧᐋᐤ siipitaayaaskuhwaau vta ◆ il/elle désosse le castor et l'étire avec des bâtons pour le rôtir

étirer (s')

ᔖᔑᐱᐦᑯᔑᐤ *shaashiipihkushiu* vai ◆ il/elle s'étire dans son sommeil

ᔖᔒᐲᐤ *shaashiipiiu* vai redup ◆ il/elle s'étire

ᔑᐦᑐᐱᔨᐦᐆ *shihtupiyihuu* vai -u ◆ il/elle s'étire

ᔑᐦᑑ *shihtuu* vai -u ◆ il/elle s'étire

ᔒᐹᒋᐱᔨᐤ *shiipaachipiyiu* vii ◆ ça s'étire

ᔒᐹᔪᐎᒋᐱᔨᐤ *shiipaayuwichipiyiu* vii ◆ ça s'étire (étalé)

ᔒᐱᐱᔨᐤ *shiipipiyiu* vii ◆ ça s'étire

ᔒᐱᐢᒋᐱᑎᒻ *shiipischipitim* vti ◆ il/elle le fait s'étirer

ᓰᐱᐢᒋᐱᔨᐤ *siipischipiyiu* vai ◆ il/elle s'étire (ex. de la gomme)

ᔑᐦᑐᐱᔨᐤ *shihtupiyiu* vai ◆ il/elle se déplie, s'allonge, s'étire

étireur de fourrure

ᓵᒁᐢᑯᐦᐄᑭᓈᐦᑎᒄ *saakwaaskuhiikinaahtikw* ni ◆ la partie centrale évasée d'un étireur de fourrure

étoile

ᐊᒋᐦᑯᐦᔥ *achihkuhsh* na -im ◆ une étoile

ᒌᔑᑳᓂᒋᐦᑯᐦᔥ *chiishikaanichihkuhsh* na -im ◆ l'étoile du jour, une étoile qui se voit le jour

ᒌᐙᑎᓂᒋᐦᑯᐦᔥ *chiiwaatinichihkuhsh* na -im ◆ l'étoile polaire

ᑎᐱᐢᑳᐅᒋᐦᑯᐦᔥ *tipiskaauchihkuhsh* na ◆ une étoile de la nuit

ᐅᒌᓈᓂᔥ *uchiinaanish* ni -im ◆ les pléiades, une constellation d'étoiles

ᐅᔫᑭᓂᔥ *ushuukinish* ni -im [Whapmagoostui] ◆ les pléiades, une constellation d'étoiles

ᐅᑖᑯᔑᐅᒋᐦᑯᐦᔥ *utaakushiuchihkuhsh* na ◆ l'étoile du soir

ᐹᐦᐱᔑᐦᑳᔮᐹᔑᐎᒡ *paahpishihkaayaapaashiwich* vai pl redup ◆ les étoiles scintillent

ᐙᐱᓂᒋᐦᑯᐦᔥ *waapinichihkuhsh* na -im ◆ l'étoile du matin, Vénus

étonnant

ᒥᐢᑳᓯᓈᑯᓯᐤ *miskaasinaakusiu* vai ◆ il/elle semble étonnant-e, a l'air extraordinaire

ᒥᐢᑳᑖᔨᒫᐤ *miskaataayimaau* vta ◆ il/elle pense qu'il/elle est étonnant-e

ᒫᒥᔥᑳᒡ *maamishkaach* p,interjection ◆ c'est incroyable, étonnant ■ ᓄᐎᒡ ᒫᒥᔥᑳᒡ ᐃᔨᔑᓈᑯᓐ ᒑᒁᓐ ᐊᓅᐦᒡ. ■ nuwich maamishkaach iyishinaakun chaakwaan anuuhch. ■ *On peut voir des choses incroyables aujourd'hui.*

ᒫᒥᐢᑳᑖᔨᐦᑖᑯᓯᐤ *maamiskaataayihtaakusiu* vai ◆ il/elle est surprenant-e, étonnant-e

ᒥᒫᐦᑖᐅᓰᐤ *mimaahtaausiiu* vai ◆ il/elle est incroyable, étonnant-e, fait des choses extraordinaires

ᒥᐢᑳᓯᓈᑯᓐ *miskaasinaakun* vii ◆ ça semble étonnant, sensationnel, fantastique

ᒫᒥᐢᑳᑖᔨᐦᑎᒻ *maamiskaataayihtim* vti ◆ il/elle pense que c'est surprenant, bizarre, étonnant

étonner

ᒥᐢᑳᑖᐤ *miskaataau* vta ◆ il/elle est étonné-e par lui/elle, stupéfait-e, ébahi-e

ᒫᒥᐢᑳᐦᑎᒻ *maamiskaahtim* vti ◆ il/elle est surpris-e, étonné-e par ça

ᒥᐢᑳᑖᔨᐦᑎᒥᐦᐋᐤ *miskaataayihtimihaau* vta ◆ il/elle l'étonne, l'ébahit

ᒥᐢᑳᑖᔨᐦᑎᒥᐦᐄᑰ *miskaataayihtimihiikuu* vai -u ◆ il/elle est surpris-e, étonné-e de quelque chose ■ ᒣᕆ ᒥᒥᐢᑳᑖᔨᐦᑎᒥᐦᐄᑰ ᒔᓐᐦ ᑖᓐ ᐋᔥᐱᔑ ᐑᐱᒡ ᒌᔑᐦᑐᑎᒥᔨᒡᐦ ᐅᑖᐱᑎᓰᐎᓂᔨᐤ. ■ merii mimiskaataayihtimihiikuu chwaanh taan aashpishi wiipich chiishihtutimiyich-h utaapitisiiwiniyiu. ■ *Marie est étonnée de voir à quelle vitesse Jean peut faire son travail.*

étouffer

ᒋᒧᑖᒥᔥᑭᐙᐤ *chimutaamishkiwaau* vta ◆ il/elle l'étouffe avec son pied ou son corps

ᐋᔥᑎᐙᔑᒫᐤ *aashtiwaashimaau* vta ◆ il/elle l'étouffe, l'éteint

étouffer (s')

ᒋᐱᔥᑯᔨᐦᐋᐤ *chipishkuyihaau* vta ◆ il/elle le/la fait s'étouffer sur quelque chose

ᒋᐱᔥᑯᔨᐤ *chipishkuyiu* vai ◆ il/elle s'étouffe sur quelque chose

ᑖᑯᐦᑎᒻ *taakuhtim* vti ◆ il/elle s'étouffe avec

ᑖᑯᒫᐤ *taakumaau* vta ◆ il/elle s'étouffe sur quelque chose de sec, en poudre

ᑖᑯᓯᒨ *taakusimuu* vai -u ◆ il/elle s'étouffe avec un liquide

étrange

ᒫᓂᑖᐅᒫᑯᓐ *maanitaaumaakun* vii ◆ ça a une odeur étrange

ᒫᓂᑖᐙᔨᐦᑖᑯᓐ *maanitaawaayihtaakun* vii ◆ c'est étrange, bizarre

ᒥᒫᐦᑖᐅᐦᐋᐤ *mimaahtaauhaau* vta ◆ il/elle le/la dispose de façon étrange

ᒥᐢᑳᑎᑯᓰᐤ *miskaatikusiiu* vai ◆ il/elle est bizarre; il/elle se comporte de façon étrange, bizarrement

étranger

ᒫᓂᑖᐙᔨᒫᐤ *maanitaawaayimaau* vta ◆ il/elle le/la considère comme un étranger ou une étrangère; il/elle n'est pas habitué-e à lui/à elle

ᒫᓂᑖᐢᑳᐤ *maanitaaskaau* vai ◆ il y a beaucoup d'étrangers, d'étrangères, de visiteurs et de visiteuses

ᒫᓂᑖᐤ *maanitaau* na -aam ◆ un étranger, une étrangère, un visiteur, une visiteuse

étrangère

ᒫᓂᑖᐤ *maanitaau* na -aam ◆ un étranger, une étrangère, un visiteur, une visiteuse

étrangler

ᒋᒧᑖᒫᐱᐦᑳᓲ *chimutaamaapihkaasuu* vai -u ◆ il/elle s'étrangle avec

ᒋᒧᑖᒥᓈᐤ *chimutaaminaau* vta ◆ il/elle l'étrangle

être

ᐃᔨᐦᑎᐤ *iyihtiu* vai ◆ il/elle le fait, il lui arrive quelque chose

ᐃᐦᑎᑯᓐ ihtikun vii ◆ il y en a; ça existe; c'est là

être à la hauteur

ᐄᔥᐱᔑᐦᑖᐤ iishpishihtaau vai+o ◆ il/elle est à la hauteur (de la tâche)

être en charge

ᐅᐑᔥᑎᒥᐤ uwiishtimiu vai ◆ il/elle est en charge de la loge de castor

être humain

ᐄᔨᔨᐤ iiyiyiu na -yim ◆ une personne autochtone, un être humain, une personne crie

étroit

ᒋᑳᓯᐤ chikaasiu vai ◆ il/elle est étroit-e

ᔖᑭᐙᒋᓯᐤ shaakiwaachisiu vai ◆ il/elle est étroit-e (étalé)

ᔖᑭᐙᑭᓐ shaakiwaakin vii ◆ c'est étroit (étalé)

ᔖᑭᐙᐹᑭᓐ shaakiwaapaakin vii ◆ c'est étroit (filiforme)

ᔖᑭᐙᐱᓯᔅᒋᓯᐤ shaakiwaapisischisiu vai ◆ il/elle est étroit-e (minéral)

ᔖᑭᐙᐱᔅᑳᐤ shaakiwaapiskaau vii ◆ c'est étroit (minéral)

ᔖᑭᐙᔅᑯᓯᐤ shaakiwaaskusiu vai ◆ il/elle est étroit-e (long et rigide)

ᔖᑭᐙᐤ shaakiwaau vii ◆ c'est étroit

ᔖᑭᐏᓯᐤ shaakiwisiu vai ◆ il/elle est étroit-e

ᐊᐱᔑᔒᐹᐙᔮᔑᐤ apishishiipaawaayaashiu vai dim ◆ ce passage, ce chenal est étroit

ᒋᑳᓯᑯᓯᐤ chikaasikusiu vai ◆ la glace est étroite

ᑯᐃᔓᐏᒨ kuishuwimuu vii -u ◆ la route est étroite

ᐹᐦᐹᒁᒋᓯᐤ paahpaakwaachisiu vai ◆ il/elle est étroit-e (étalé)

ᐹᐦᐹᒁᑭᓐ paahpaakwaakin vii ◆ c'est étroit (étalé)

ᔖᑭᐙᓂᑳᐤ shaakiwaanikaau vii ◆ c'est une île étroite

ᔖᑭᐙᔨᐙᔑᐤ shaakiwaayiwaashiu vai dim ◆ il/elle (par ex. un castor) a la queue étroite

ᔖᑭᐏᐦᒁᐤ shaakiwihkwaau vai ◆ il/elle a un visage étroit

ᔖᑭᐏᑭᒫᐤ shaakiwikimaau vii ◆ c'est un lac étroit

ᔖᑭᐏᐳᑖᐤ shaakiwiputaau vai+o ◆ il/elle le scie étroit

ᔖᑭᐏᐳᔮᐤ shaakiwipuyaau vta ◆ il/elle le/la scie étroit-e

ᔖᑭᐏᔑᒼ shaakiwishim vti ◆ il/elle le coupe étroit

ᔖᑭᐏᔓᐙᐤ shaakiwishwaau vta ◆ il/elle le/la coupe étroit-e

ᔖᑭᐏᓯᑯᓯᐤ shaakiwisikusiu vai ◆ le morceau de glace est étroit

ᔖᑭᐏᑖᔥᑎᒥᐦᒁᐤ shaakiwitaashtimihkwaau vai ◆ il/elle a un visage étroit

ᓰᐦᑎᐙᐱᔅᑳᐤ siihtiwaapiskaau vii ◆ c'est une crevasse dans un rocher, un endroit étroit entre les rochers

ᓰᐦᑎᐙᔅᑯᐦᑎᑖᐤ siihtiwaaskuhtitaau vai ◆ il/elle le met (long et rigide) dans un espace étroit

ᐅᐹᐤ upaau vii ◆ c'est un canal étroit

ᓰᐦᑎᐤ siihtuu p,lieu ◆ entre, dans un espace étroit ■ ᓰᐦᑎᐤ ᐊᓂᔮᐦ ᒥᓯᓂᐦᐄᑭᓈᒋᓂᐏᑦᐦ ᐋᑯᑎᐦ ᑳ ᐋᑯᔑᒧᑦ ᐊᓐ ᐊᐙᔑᔥ. ■ siihtiu aniyaah misinihiikinaachiniwit-h aakutih kaa aakushimut an awaashish. ■ *L'enfant s'est caché dans l'espace étroit entre deux boîtes.*

ᐃᔑᐙᑖᐅᐦᑳᐤ ishiwaataauhkaau vii ◆ c'est une pointe de terre étroite

ᑯᐦᐱᑎᓂᐙᒋᐏᓐ kuhpitiniwaachiwin vii ◆ l'eau s'écoule du lac, de la rivière dans un ruisseau étroit

ᔖᑭᐏᐦᐋᐤ shaakiwihaau vta ◆ il/elle le/la rend étroite, le/la rétrécit

ᔖᑭᐏᐦᑖᐤ shaakiwihtaau vai+o ◆ il/elle le rend étroit, le rétrécit

ᔖᑭᐏᔅᒑᑳᐤ shaakiwischaakaau vii ◆ c'est une tourbière étroite

ᔖᑭᐏᔅᑯᒥᑳᐤ shaakiwiskumikaau vii ◆ c'est un lac gelé étroit

ᓰᐦᑖᐱᔅᑳᐤ siihtaapiskaau vii ◆ c'est un endroit étroit entre les rochers

ᓯᑯᐦᐙᐤ sikuhwaau vai ◆ il/elle fait des mailles étroites en tissant sa raquette

ᓯᑯᓯᐤ sikusiu vai ◆ le filet de pêche a une maille étroite

ᐅᐏᑎᓵᒫᔅᑰ uwitisaamaaskuu vai -uwi ◆ les rayons de chaque côté du soleil sont étroits et ont les couleurs de l'arc-en-ciel

étroite

ᒋᑳᔥᑎᑎᔮᐤ chikaashtitiyaau vai ◆ il/elle a la taille fine, étroite

ᐃᔮᓂᑖᐅᐦᑳᐤ iyaanitaauhkaau vii ◆ c'est une pente de terre étroite et basse

étui

ᒨᐦᑯᒫᓂᐏᑦ muuhkumaaniwit ni ◆ un étui à couteau

ᐲᐦᒋᐦᑯᒫᓈᓐ piihchihkumaanaan ni ◆ un étui à couteau, un fourreau

ᒑᑎᔅᐱᒋᓈᑭᓈᓂᒼ chaatispichinaakinaanim vti ◆ il/elle enlève l'étui du fusil

étui à fusil

ᐊᔅᐱᒋᓈᑭᓐ aspichinaakin ni ◆ un étui à fusil, une capote (un préservatif)

eux

ᐐᔨᐙᐤ wiiyiwaau pro,personnel emphatique 3p 3'p ◆ elles, eux ■ ᐐᔨᐙᐤ ᒋᑭ ᐹᑖᐏᒡ ᐊᓂᔮᐦ ᐊᐱᐦᒁᓱᓐᐦ ᑳ ᐅᔥᑳᔨᒡᐦ. ■ wiiyiwaau chiki paataawich aniyaah apihkwaasunh kaa ushkaayich-h. ■ *Eux, ils apporteront la nouvelle toile pour le tipi.*

évaluer

ᐄᑎᒋᒫᐤ iitichimaau vta ◆ il/elle le/la considère d'une certaine façon, il/elle l'évalue à un certain prix

évanouir (s')
ᐸᐅᓃᐤ paauniiu vai ◆ il/elle s'évanouit de faim

évaporer
ᒫᔥᑖᒋᐧᐃᐦᑖᐤ maashtaachiwihtaau vii ◆ ça bout, s'évapore complètement
ᒫᔥᑖᒋᐧᐃᓱ maashtaachiwisuu vai -u ◆ il/elle s'évapore, se dessèche

évaporer (s')
ᐄᐦᑭᓯᐹᔥᑖᐤ iihkisipaashtaau vii ◆ l'eau du bouillon s'évapore jusqu'à ce qu'il ne reste que du gras

évasé
ᓵᒁᔅᑯᐦᐄᑭᓈᐦᑎᒄ saakwaaskuhiikinaahtikw ni ◆ la partie centrale évasée d'un étireur de fourrure
ᓵᐦᒁᑯᒋᓐ saahkwaakuchin vai ◆ il/elle est suspendu-e tout évasé
ᓵᐦᒁᑯᑖᐤ saahkwaakutaau vii ◆ c'est suspendu en position évasée
ᓵᐦᒁᑯᑖᐤ saahkwaakutaau vai ◆ il/elle le suspend en position évasée
ᓵᐦᒁᔮᐤ saahkwaayaau vii ◆ c'est évasé, ça a un bord

évaser
ᓵᐦᒁᓈᐤ saahkwaanaau vta ◆ il/elle l'évase à la main
ᓵᐦᒁᓯᐤ saahkwaasiu vai ◆ il/elle est évasé-e
ᓵᐦᒁᐦᐊᒼ saahkwaaham vti ◆ il/elle l'évase, le tourne en dehors

évaser (s')
ᓵᐦᒁᐱᔨᐤ saahkwaapiyiu vii ◆ ça s'évase
ᓵᐦᒁᐱᑖᐤ saahkwaapitaau vta ◆ il/elle s'évase au fond, dans le bas
ᓵᐦᒁᐱᑎᒼ saahkwaapitim vti ◆ il/elle s'évase, les plombs de son fusil se dispersent dès qu'il/elle tire
ᓵᐦᒁᐱᔨᐤ saahkwaapiyiu vai ◆ il/elle s'élargit, s'évase

éventail
ᑳᔫᑎᓂᐦᐄᒑᐱᔨᒡ kaayuutinihiichaapiyich nip ◆ un ventilateur, un éventail

évidemment
ᓂᐹᑦ nipaat p,temps ◆ évidemment (expression indiquant le caractère mal à-propos d'un évènement) ▪ ᓂᐹᑦ ᐧᐋᔥ ᐧᐃᔨᐧᐄᑎᒥᐦᒡ ᒑ ᐧᐄᐦ ᐃᐦᑖᑦ ᒫᒁᒡ ᐋᐦ ᐄᐹᑎᓂᔨᒡ. ▪ nipaat waash wiyiwiitimihch chaa wiih ihtaat maakwaach aah iipaatiniyich. ▪ *Evidemment il voudra sortir maintenant qu'il fait un temps épouvantable.*

évidence
ᒌᐦᑳᓈᑯᐦᐊᐤ chiihkaanaakuhaau vta ◆ il/elle le/la rend bien visible, il/elle le/la met en évidence ▪ ᓈᔥᒡ ᐋᐦ ᐅᐦᒋ ᒌᐦᑳᓈᑯᐦᐋᑦ ᓂᔅᒃᐦ ᑳ ᐱᒥᐱᔨᐦᐋᑦ. ▪ naashch aah uhchi chiihkaanaakuhaat niskh kaa pimipiyihaat. ▪ *Il a bien mis en évidence qu'il avait tué une oie.*

évident
ᒌᐦᑳᓈᑯᓐ chiihkaanaakun vii ◆ c'est clair, évident, très visible ▪ ᓅᐧᐃᒡ ᒌᐦᑳᓈᑯᓐ ᐋᐦ ᐱᐦᒋᑯᓈᐧᐋᔨᓐ. ▪ nuwich chiihkaanaakun aah pihchikunaawaayin. ▪ *C'est évident d'après la couleur de ta bouche que tu as mangé de la confiture.*

évider
ᐋᐱᓄᐧᐃᑖᐤ aapinuwitaau vai ◆ il/elle évide le crâne du caribou

éviscéré
ᐧᐄᐦᒁᓈᐧᐋᓐ wiihkwaanaawaan na ◆ un lagopède éviscéré par le haut

éviscérer
ᐃᔥᐱᔆᐧᐋᓐ ishpishaawaan ni ◆ quelque chose (de la mousse, de l'herbe, des branches) sur quoi déposer le poisson pour le vider et le nettoyer
ᐧᐄᐦᒁᓈᐤ wiihkwaanaau vta ◆ il/elle éviscère, nettoie le lagopède en pelant la peau de haut en bas sans la déchirer

éviter
ᐧᐄᒫᐱᔨᔥᑎᐧᐋᐤ wiimaapiyishtiwaau vta ◆ il/elle le/la contourne pour l'éviter
ᒥᓱᐧᐃᐦᐋᐤ misuwihaau vta ◆ il/elle le/la traite de façon à ce qu'il/elle en ait assez de cette situation ce qui a pour effet qu'il/elle évite que ça se reproduise
ᐧᐋᐧᐄᒫᔮᔅᑯᐦᐊᒼ waawiimaayaaskuham vti ◆ il/elle évite de heurter les rochers en canot
ᐧᐄᒫᐦᐊᒼ wiimaaham vti ◆ il/elle le contourne en véhicule pour l'éviter
ᐧᐄᒫᐱᐦᑖᐤ wiimaapihtaau vai ◆ il/elle le contourne en courant pour l'éviter
ᐧᐄᒫᐱᔨᔥᑎᒼ wiimaapiyishtim vti ◆ il/elle le contourne pour l'éviter
ᐧᐄᒫᒧᐦᑖᐤ wiimaamuhtaau vai ◆ il/elle évite un obstacle en le faisant contourner par le sentier

ex
ᓂᒥᔅᒋᓯᓂᔥᒌᔥ nimischisinishchiish nad pej ◆ une ancienne petite amie, un ancien petit ami, lit. 'vieille savate' ▪ ᒌᐦ ᐧᐋᐱᒫᐤ ᐅᒥᔅᒋᓯᓂᔅᒌᔥᐦ ᑳ ᓃᒥᓈᓂᐧᐃᔨᒡ. ▪ chiih waapimaau umischisinischiishh kaa niiminaaniwiyich. ▪ *Elle/Il a vu sa vielle chaussure (son ancienne petite amie) à la danse.*

exact
ᒧᔮᒥᐱᔨᐤ muyaamipiyiu vai ◆ il/elle est exact-e, juste, va parfaitement, convient bien

exactement
ᒷᐦᒡ mwaahch p,manière ◆ juste comme; exactement pareil, pareille ▪ ᒷᐦᒡ ᐊᒁᓯᓈᑯᓯᑦ ᑳ ᐄᓯᓈᑯᓯᐄᑯᐱᓈᓂᐦᐄ ᐊᓂᔮᐦ ᐅᑖᓂᔥᑭᐧᐃᔑᐦᒻ. ▪ mwaahch akwaasinaakusit kaa iisinaakusiikupinaanihii aniyaah utaanishkiwishiimh. ▪ *Elle/Il est la copie conforme de sa grand-mère.*

ᒥᒋᓐ michin p,manière ◆ exactement, complètement, du début à la fin ■ ᓈᔥᒡ ᒥᒋᓐ ᐋᐦ ᐄᐧᐦ ᒋᔅᒑᔨᐦᑎᐦᒃ ᑖᓂᑖᐦ ᐋᐦ ᐃᐦᑐᑖᑭᓂᐧᐃᔨᒡ. ■ naashch michin aah wiih chischaayihtihk taanitaah aah ihtutaakiniwiyich. ■ *Il veut savoir exactement comment c'est fait, du début à la fin.*

examiner

ᓵᒋᐙᐱᐦᑎᒼ saachiwaapihtim vti ◆ il/elle l'examine du regard

ᓵᒋᐙᐱᒫᐤ saachiwaapimaau vta ◆ il/elle l'examine du regard

ᐚᐙᐱᒫᐤ waawaapimaau vta redup ◆ il/elle l'examine de près

ᐋᑯᓱᒁᔮᐱᐦᑎᒼ aakusukwaayaapihtim vti ◆ il/elle en examine l'intérieur

ᐋᑯᓱᒁᔮᐱᒫᐤ aakusukwaayaapimaau vta ◆ il/elle en examine l'intérieur

ᑯᑎᓂᒼ kutinim vti ◆ il/elle le touche, l'examine de ses mains

ᓂᑑᒋᔅᒑᔨᐦᑎᒼ nituuchischaayihtim vti ◆ il/elle l'examine, le vérifie

ᑯᑎᓈᐤ kutinaau vta ◆ il/elle le/la touche, le/la palpe, l'examine de ses mains

ᓂᑑᓂᒫᐦᑖᐤ nituunimaahtaau vai+o ◆ il/elle examine le piège à castor pour voir s'il y a des traces de la présence des castors autour du piège

excrément

ᒫᔩᐅ maayiuu vai -iwi ◆ il/elle est couvert-e d'excréments

ᒋᒋᒑᐦᑎᒼ chichichaahtim vti ◆ il/elle le salit avec des excréments

ᒋᒋᒑᒫᐤ chichichaamaau vta ◆ il/elle salit, souille son fond de culotte, son pantalon avec des excréments ■ ᒋᒋᒑᒫᐤ ᐅᐲᐦᑐᐧᐃᐱᔨᒌᓵᓐᐦ. ■ chichichaamaau upiihtuwipiyichiisaanh. ■ *Il a souillé son sous-vêtement long.*

excréments

ᐅᒫᐃ umaai nid ◆ ses excréments

ᐊᒥᔅᑯᒫᐃ amiskumaai ni -m ◆ les excréments du castor

ᒋᒋᒑᐤ chichichaau vai ◆ il/elle a des excréments sur son rectum

exemple

ᒫᒋᐦᐋᐤ maachihaau vta ◆ il/elle l'inspire à suivre son exemple

exercer (s')

ᑯᒀᒋᐦᑖᐤ kukwaachihtaau vai+o ◆ il/elle l'essaie, en fait l'essai, s'exerce

exercice

ᑭᒌᑐᓯᐤ kichiitusiu vai ◆ il/elle est raide d'avoir fait de l'exercice physique

exister

ᐃᐦᑖᐤ ihtaau vai ◆ il/elle existe, il/elle est ici, là

ᐃᐦᑎᑯᓐ ihtikun vii ◆ il y en a; ça existe; c'est là

expédier

ᒋᔥᑎᔑᐦᐊᒼ chishtishiham vti ◆ il/elle l'envoie, l'expédie

explorer

ᓂᑑᒥᔅᒀᒋᒫᐤ nituumiskwaachimaau vai ◆ il/elle explore l'endroit pour compter le nombre de huttes de castor

exploser

ᐸᐦᑳᐱᔨᐤ paahkaapiyiu vii ◆ ça éclate, explose

ᐸᐦᑳᐱᔨᐤ paahkaapiyiu vai ◆ il/elle éclate, explose, saigne

exposé

ᐹᓈᑯᐦᑖᐤ paanaakuhtaau vii ◆ c'est un endroit où la neige a fondu et où le sol est exposé

exposer

ᒧᔕᐦᑎᓐ mushaahtin vii ◆ c'est étendu à découvert, exposé

ᒨᔥᒋᔥᑖᐤ muushchishtaau vai ◆ il/elle le fait sortir de quelque chose et l'expose

ᒨᔥᑎᐦᐋᐤ muushtihaau vta ◆ il/elle le/la fait sortir de quelque chose et l'expose

ᐧᐃᔨᐦᐋᐤ wiyihaau vta ◆ il/elle l'expose, l'indique

ᐧᐃᔨᔥᑎᐙᐤ wiyishtiwaau vta ◆ il/elle l'expose, l'indique pour lui/elle

ᓂᓈᐦᐹᒥᐦᐋᐤ ninaahpaamihaau vta redup ◆ il/elle l'expose, prêt-e et disponible

expression

ᐄᔑᐦᒀᔨᐤ iishihkwaayiu vai ◆ il/elle fait une certaine expression du visage

exprimer

ᐄᔥᒌᔒᐤ iishchiishwaau vai ◆ il/elle l'exprime d'une certaine façon

ᒫᒦᐙᓯᐤ maamiiwaasiu vai ◆ il/elle exprime son bonheur, sa gratitude, sa reconnaissance

extérieur

ᐅᔅᑖᐱᔅᒡ ustaapisch p,lieu ◆ à l'extérieur de, au-dessus de (minéral) ■ ᐅᔥᑖᐱᔅᒡ ᒌᐦ ᑎᑭᔂᐤ ᐊᓂᔮᐦ ᐅᑖᐃᐦᑯᓈᒼᐦ. ■ ushtaapisch chiih tikiswaau aniyaah utaaihkunaamh. ■ *Elle a fait cuire la bannique sur le dessus du poêle.*

extincteur

ᑳᔥᑎᐙᐦᐄᒑᐱᔨᒡ kaashtiwaahiichaapiyich nip ◆ un extincteur d'incendie

extra

ᐃᔨᐙᒡ iyiwaach p,quantité ◆ extra, davantage, plus ■ ᐃᔨᐙᒡ ᓂᒌᐦ ᒥᔮᐤ ᔓᐧᐃᔮᓐᐦ ᐊᓂᔮ ᑳ ᐃᔥᐱᔥ ᓂᑎᐙᔨᒫᑦ. ■ iyiwaach nichiih miyaau shuwiyaanh aniyaa kaa ishpish nitiwaayimaat. ■ *Je lui ai donné plus d'argent qu'il ne voulait.*

extra-utérin

ᑳᒋᒑᔮᒄ kaachichaayaakw na -um ◆ le fétus extra-utérin d'un porc-épic

ᑳᒋᒑᑎᐦᒄ kaachichaatihkw na -um ◆ un fétus de caribou extra-utérin

ᑳᒋᒑᔮᐳᔥ kaachichaayaapush na -um ◆ le fétus extra-utérin d'un lapin

extraordinaire

ᒥᒫᐦᑖᐅᓰᐤ mimaahtaausiiu vai ◆ il/elle est incroyable, étonnant-e, fait des choses extraordinaires

ᒥᐢᑳᑖᔨᐦᑖᑯᓯᐤ miskaataayihtaakusiu vai ◆ il/elle est surprenant-e, incroyable, extraordinaire

ᒥᒫᐦᑖᐅᐃᔨᐦᑎᐤ mimaahtaauiyihtiu vai ◆ il est magicien, elle est magicienne, il/elle fait des tours de magie, fait des choses extraordinaires

extrême

ᐋᐦᒁᑖᔨᐦᑎᒻ aahkwaataayihtim vti ◆ il/elle le porte à l'extrême

extrémité

ᐙᐱᐢᒋᐦᑯᑖᐤ waapischihkutaau vta ◆ il/elle en taille l'extrémité, le pourtour pour l'améliorer

exulter

ᒨᒋᒑᔨᐦᑎᒻ muuchichaayihtim vti ◆ il/elle exulte, s'en réjouit

f

fabriquer

ᐅᔑᐦᑖᒑᒥᑭᓐ ushihtaachaamikin vii ◆ ça fabrique des choses (se dit par exemple d'une machine)

ᐊᐦᑐᐦᑖᐤ ahtuhtaau vai ◆ il/elle en fabrique un certain nombre

ᐊᔥᑐᔨᐤ ashtuyiu vai ◆ il/elle fabrique un canot

ᐃᐦᐄᐱᐦᒑᓯᐤ ihiipihchaasiu vai ◆ il/elle fabrique des filets

ᐅᔑᐦᐋᐤ ushihaau vta ◆ il/elle le/la fait, le/la fabrique

ᐅᑖᐹᓈᐢᑯᐦᒑᐤ utaapaanaaskuhchaau vai ◆ il/elle fabrique un traîneau

ᐃᐦᐄᐱᐦᒑᐤ ihiipihchaau vai ◆ il/elle fabrique un filet de pêche, un filet à castor

ᐊᑭᐦᒌᑭᐦᑎᒻ akihchiikihtim vti ◆ il/elle fabrique un crochet (pour une théière sur le feu); il/elle pose une ligne de pêche de nuit en attachant la ligne à un crochet sur un poteau

fabriquer (se)

ᐅᑎᐱᐦᒁᐦᑳᓲ utipihkwaahkaasuu vai reflex -u ◆ il/elle se fabrique du revêtement pour son habitation

face

ᐹᑖᔥᑎᒥᐱᐤ paataashtimipiu vai ◆ il/elle est assis-e, placé-e face à cette direction

ᐃᔨᔨᒻ iyiyim p,lieu ◆ face au vent ▪ ᐃᔨᔨᒻ ᐄᑖᐦᒑ ᐄᑎᑯᐦᑎᑖᐦ ᐆᑦ᙮ ▪ iyiyim iitaahchaa iitikuhtitaah uut. ▪ *Place le canot face au vent!*

ᑖᐅᔥᒁᐦᒡ taaushkwaahch p,lieu ◆ le fond de l'habitation situé face à l'entrée ▪ ᑖᐅᔥᒁᐦᒡ ᒌᐦ ᐱᒋᐢᑎᓂᒻ ᐅᒦᒋᒻᐦ᙮ ▪ taaushkwaahch chiih pichistinim umiichimh. ▪ *Il rangea sa nourriture au fond de l'habitation face à la porte.*

ᒌᐙᐱᔥᑎᒻ chiiwaapishtim vti ◆ il/elle se retourne pour s'asseoir en face

ᒌᐙᐱᔥᑎᐙᐤ chiiwaapishtiwaau vta ◆ il/elle se retourne pour s'asseoir en face de lui/d'elle

ᐃᔨᔨᒥᑯᐦᒋᒫᐤ iyiyimikuhchimaau vta ◆ il/elle le/la place pour le/la faire flotter dans l'eau face au vent

ᒁᐢᒋᑳᐳᐎᔥᑎᐙᐤ kwaaschikaapuwishtiwaau vta ◆ il/elle fait demi-tour pour lui faire face, debout

ᐹᑖᔥᑎᒥᑳᐴ paataashtimikaapuu vai -uwi ◆ il/elle est debout, se tient face à cette direction

ᐎᑎᐢᑭᐎᑳᐴ witiskiwikaapuu vai -uwi ◆ il/elle est debout face à ça

ᐃᔨᔨᒥᑯᐦᒋᓐ iyiyimikuhchin vai ◆ il/elle flotte face au vent dans l'eau

ᐃᔨᔨᒥᑯᐦᑎᓐ iyiyimikuhtin vii ◆ ça flotte dans l'eau face au vent

ᐃᔨᔨᒥᑯᐦᑎᑖᐤ iyiyimikuhtitaau vai+o ◆ il/elle le fait flotter face au vent sur l'eau

ᒌᐙᔥᑭᒻ chiiwaashkim vti ◆ il/elle rentre à la maison en dépassant un certain point de repère; il/elle lui fait faire face dans l'autre direction avec son pied ou son corps; le soleil commence à se coucher; le vent suit le soleil

face à

ᐎᑎᐢᑭᐤ witiskiu p,lieu ◆ face à, dans la direction de ▪ ᓈᐦᐋᐤ ᐎᑎᐢᑭᐤ ᐋᑯᑎᐦ ᑳ ᒋᒥᑖᑦ ᐅᒫᐦᑮᒻ᙮ ▪ naahaau witiskiu aakutih kaa chimitaat umaahkiim. ▪ *Il a planté sa tente face à cette direction.*

ᐅᑖᔥᑎᒥᑳᐳᐎᔥᑎᐙᐤ utaashtimikaapuwishtiwaau vta ◆ il/elle est debout face à lui/elle

ᐅᑖᔥᑎᒥᐱᔥᑎᒻ utaashtimipishtim vti ◆ il/elle s'assoit face à ça

ᐅᑖᔥᑎᒥᐱᔥᑎᐙᐤ utaashtimipishtiwaau vta ◆ il/elle s'assoit face à lui/elle

ᐅᑖᔥᑎᒥᐱᐤ utaashtimipiu vai ◆ il/elle s'assoit face à cette direction

ᐅᐦᑎᐢᑯᐎᑯᒋᓐ uhtiskuwikuchin vai ◆ il/elle est suspendu-e face au locuteur, vole directement vers la locutrice

ᐅᐦᑎᐢᑯᐎᑯᑖᐤ uhtiskuwikutaau vii ◆ c'est suspendu face au locuteur, vole directement vers la locutrice

face à face

ᐎᑎᐢᑭᐎᑳᐳᐎᔥᑖᑐᐎᒡ witiskiwikaapuwishtaatuwich vai pl recip -u ◆ ils/elles sont debout face à face

fâché

ᐄᓰᐙᓯᐤ iisiiwaasiu vai ◆ il/elle est fâché-e et ça se voit dans ses actes (utilisé avec *taan*) ▪ ᑖᓐ ᐄᓰᐙᓰᒋᒑ ᓈᔥᒡ ᒋᓯᐢᑳ ᐋᐦ ᐃᔨᐦᑎᒃ᙮ ▪ taan iisiiwaasiichichaa naashch chisiskaa aah iyihtik. ▪ *Tu peux voir par ses actes qu'elle est fâchée, mais je ne sais pas pourquoi.*

ᒋᔑᐙᔒᔥᑎᐙᐤ chishiwaashiishtiwaau vta ◆ il/elle est fâché-e avec lui/elle, il/elle est en colère contre lui/elle

ᒋᔑᐏᐦᑭᑖᐤ chishiwihkitaau vai ◆ il/elle est fâché-e parce qu'il/elle a faim

ᒋᔑᐧᐃᐦᑯᔑᐤ chishiwihkushiu vai ◆ il/elle est fâché-e parce qu'il/elle a sommeil

ᒋᔑᐧᐃᐦᑖᐤ chishiwihtaau vai ◆ il/elle est fâché-e de marcher

ᒋᔑᐧᐃᔑᓐ chishiwishin vai ◆ il/elle est fâché-e parce qu'il/elle est tombé-e, il/elle est couché là en colère

ᒋᔒᒨ chishiimuu vai -u ◆ il/elle parle avec colère, d'un ton fâché

fâcher

ᒋᔒᒫᐤ chishiimaau vta ◆ il/elle le/la fâche avec ce qu'il/elle lui dit

ᒋᔑᐧᐃᐦᐧᐋᐤ chishiwihwaau vta ◆ il/elle le/la fâche en le/la surpassant

ᒋᔑᐧᐃᒫᐤ chishiwimaau vta ◆ il/elle le fâche par ce qu'il/elle dit

ᒋᔑᐧᐋᐦᐋᐤ chishiwaahaau vta ◆ il/elle le/la fâche, le/la met en colère ■ ᒌᐦ ᒋᔑᐧᐋᐦᐋᐤ ᐋᑳ ᐅᐦᒋ ᐄᑐᐦᑖᐧᐋᑦ ᑳ ᓂᑐᒥᑯᑦ᙮ ■ chiih chishiwaahaau aakaa uhchi iituhtaawaat kaa nitumikut. ■ *Il l'a fâché parce qu'il n'est pas venu quand il l'a invité.*

ᒋᔑᐧᐋᐱᒨ chishiwaapimuu vai -u ◆ il/elle désapprouve ce qu'un-e autre fait, ce qu'il voit le fâche, ce qu'elle voit la fâche

ᒋᓱᐧᐃᔅᑭᑖᐤ chisuwiskitaau vai+o ◆ il/elle le fâche parce qu'elle marche trop vite pour lui/elle

ᒋᓯᐧᐃᔅᑭᑖᐤ chisiwiskitaau vta ◆ il/elle le/la fâche en marchant trop vite pour lui/elle

fâcher (se)

ᓯᔅᒋᑯᒌᐧᐋᓯᐤ sischikuchiiwaasiu vai ◆ il/elle se fâche soudainement, se met soudain en colère

facile

ᐧᐋᐦᒋᐦᑖᐤ waahchihtaau vai+o ◆ il/elle le trouve facile à faire, à trouver

ᐧᐋᐦᒋᐱᔨᐤ waahchipiyiu vai ◆ c'est facile à faire (animé)

ᐧᐋᐦᒋᐱᔨᐤ waahchipiyiu vii ◆ c'est facile à faire (inanimé)

ᐧᐋᓯᓈᑯᓐ waasinaakun vii ◆ ça a l'air facile à faire

ᐧᐋᓯᓈᑯᓯᐤ waasinaakusiu vai ◆ ça (animé) a l'air facile à faire

ᐧᐋᐦᑖᔨᐦᑎᒻ waahtaayihtim vti ◆ il/elle pense que c'est facile

ᐧᐋᐦᑎᓐ waahtin vii ◆ c'est facile, c'est pas cher

ᐧᐋᐦᑎᓰᐤ waahtisiiu vai ◆ il/elle est facile, pas cher/chère

ᒥᔪᔨᐧᐋᐤ miyuyiwaau vii ◆ c'est pratique à utiliser, facile à utiliser

ᒥᔪᓂᑯᓰᐤ miyunikusiiu vai ◆ il/elle est facile à manipuler, agréable à toucher

facilement

ᐅᐧᐋᓐᐦ uwaanh p,manière ◆ à l'aise, facilement ■ ᓈᔥᒡ ᐅᐧᐋᓐᐦ ᐋᐦ ᐃᔨᐦᑎᔮᓐ ᑳᐦ ᒌᔑᐦᑐᑎᒫᓐ ᓂᑖᐱᑎᓰᐧᐃᓐ᙮ ■ naashch uwaanh aah iyihtiyaan kaah chiishihtutimaan nitaapitisiiwin. ■ *Je peux faire ce que je veux maintenant parce que j'ai fini mon travail.*

ᑳᔅᐱᐱᔨᐤ kaaspipiyiu vii ◆ ça se casse facilement à cause du froid

ᔖᑯᒋᐤ shaakuchiu vai ◆ il/elle prend froid, se refroidit facilement

ᔖᑯᓈᐤ shaakunaau vai ◆ il/elle pleure facilement

ᔖᑯᑖᐦᐋᐤ shaakutaahaau vai ◆ il/elle a peur facilement

ᔖᑯᑎᓐ shaakutin vii ◆ ça gèle facilement

ᔖᐅᐦᐋᐤ shaauhaau vta ◆ il/elle le/la maltraite, alors il/elle casse facilement

ᔖᐅᐦᑖᐤ shaauhtaau vai ◆ il/elle est brutal-e avec, alors ça se casse facilement

ᔖᐅᓈᐤ shaaunaau vai ◆ il/elle se blesse facilement

ᑳᔅᐱᔑᓐ kaaspishin vai ◆ il/elle se casse facilement quand il/elle est gelé-e ou froid-e

ᓂᐱᐦᐋᒋᑳᔑᐧᐋᐤ nipihaachikaashiwaau vai ◆ il/elle tue facilement du vison

ᔖᑯᔨᐧᐋᓯᐤ shaakuyiwaasiu vai ◆ il est coléreux, elle est coléreuse; il/elle s'emporte facilement

ᔖᐅᓐ shaaun vii ◆ c'est fragile, ça casse facilement

ᔖᐅᓰᐤ shaausiiu vai ◆ il/elle est fragile, se casse facilement

ᑳᔅᐱᑎᓐ kaaspitin vii ◆ ça se casse facilement quand c'est froid ou gelé

ᑳᔅᐹᐤ kaaspaau vii ◆ ça se casse facilement, c'est friable, fragile, très sec

façon

ᐄᔑ iishi préverbe ◆ d'une certaine façon, dans une certaine direction, à un certain moment ■ ᓈᑖᐦ ᐄᔑ ᓂᑎᒥᐦᒡ ᒌᐦ ᐄᔑᒋᒫᐧᐃᒡ᙮ ■ naataah iishi nitimihch chiih iishichimaawich. ■ *Ils ont pagayé dans leur canot en remontant le courant.*

ᒥᔑᐧᐋᒡ mishiwaach p,manière ◆ de toute façon ■ ᑯᔖᑳ ᐋᑯᔥ ᐃᔮᐱᑖᔨᒫᑖᐤ ᑖᐹ ᒥᔑᐧᐋᒡ ᒋᔅᒑᔨᐦᑎᒻ ᒑ ᐃᐦᑎᓈᓂᐧᐃᔨᒡ᙮ ■ kushaakaa aakush iyaapitaayimaataau taapaa mishiwaach chischaayihtim chaa ihtinaaniwiyich. ■ *Oublions-la parce que de toute façon elle ne sait pas se qui se passe.*

ᓂᔥᑐᔨᒡ nishtuyich p,manière ◆ trois façons

ᐋᔑ aashi préverbe ◆ de cette façon; ainsi; de cette manière; comme ça (from *aa(h) ishi*) ■ ᒫᓈᑖᐦ ᐋᔑ ᐲᐦᒋᒑᑦ ᑳ ᐅᔥᑳᔨᒡ ᐧᐋᔅᑳᐦᐄᑭᓂᔨᐤ ᑳ ᒥᔮᑭᓂᐅᐧᐃᑦ᙮ ■ maanaataah aashi piihchichaat kaa ushkaayich waaskaahiikiniyiu kaa miyaakiniuwit. ■ *Elle emménage dans la nouvelle maison qu'ils lui ont donnée.*

ᓃᔓᔨᒡ niishuyich p,manière ◆ à deux places, de deux façons

façonner

ᐧᐃᔨᐦᑭᐦᐊᒻ wiyihkiham vti ◆ il/elle le façonne à la hâche

ᓅᑎᒥᓈᐤ nuutiminaau vta ◆ il/elle le/la moule, le/la façonne en rond

ᐧᐃᔨᐦᑯᑎᒼ wiyihkutim vti ◆ il/elle le façonne, le taille avec un couteau, un couteau croche

ᐧᐃᔨᐦᑯᑖᐤ wiyihkutaau vta ◆ il/elle le/la façonne, taille avec un couteau croche, le/la rabote

facture

ᐅᒥᓯᓂᐦᐄᑭᓂᐦᑭᐧᐋᐤ umisinihiikinihkiwaau vta ◆ il/elle fait un livre, une facture pour lui/elle

fagot

ᐹᔨᑯᒥᓂᔅᑳᐤ paayikuminiskaau vii ◆ il y a une botte, un paquet, une liasse, un fagot

faible

ᐋᑎᑑᓰᐤ aatituusiiu vai ◆ il/elle est maigre, faible ■ ᓈᓈᓂᒌᒼ ᐋᑎᑑᓰᐤ ᐋᑳ ᓂᐦᑖ ᒦᒋᓱᐟ ■ naanaanichiim aatituusiiu aakaa nihtaa miichisut. ■ *Elle s'affaiblit parce qu'elle ne mange jamais.*

ᐃᔨᔨᒫᔨᐦᑖᑯᓯᐤ iyiyimaayihtaakusiu vai ◆ il/elle ne fait pas assez d'efforts, est dans une condition assez faible

ᐃᔨᔨᒥᓈᑯᐦᐋᐤ iyiyiminaakuhaau vta ◆ il/elle fabrique quelque chose (animé) de faible, de fragile, qui ne va pas durer

ᐃᔨᔨᒥᓈᑯᐦᑖᐤ iyiyiminaakuhtaau vai+o ◆ il/elle fabrique quelque chose de faible, de fragile, qui ne va pas durer

ᐃᔨᔨᒥᓈᑯᓐ iyiyiminaakun vii ◆ ça a l'air faible, petit

ᐃᔨᔨᒥᓈᑯᓯᐤ iyiyiminaakusiu vai ◆ il/elle a l'air faible, petit

ᐃᔨᔨᒥᓰᐤ iyiyimisiiu vai ◆ il/elle est faible, lent-e

ᓂᒋᔅᑭᐧᐃᓈᑯᓐ nichiskiwinaakun vii ◆ ça a l'air faible

ᓂᓈᐦᑳᑎᓰᐤ ninaahkaatisiiu vai ◆ il est maladif, elle est maladive, il/elle est faible

ᓂᔮᓱᐧᐃᓰᐤ niyaasuwisiiu vai ◆ il/elle est faible, incapable

ᓅᐦᑖᓰᐤ nuuhtaasiiu vai ◆ il/elle est faible, incapable

faim

ᔒᐅᑖᐤ shiiutaau vai ◆ il/elle a faim

ᒋᔑᐧᐃᐦᑭᑖᐤ chishiwihkitaau vai ◆ il/elle est fâché-e parce qu'il/elle a faim

ᑳᔑᐦᑭᑖᐤ kaashihkitaau vai ◆ il/elle a toujours faim, est toujours affamé-e

ᑭᐧᐃᐦᑭᑖᐤ kiwihkitaau vai ◆ il/elle meurt de faim

ᑭᐧᐃᐦᑭᑎᐦᐋᐤ kiwihkitihaau vta ◆ il/elle le/la fait mourir de faim

ᑭᐧᐃᐦᑭᑎᐦᐄᓲ kiwihkitihiisuu vai reflex -u ◆ il/elle se laisse mourir de faim

ᒨᔅᑭᐧᐃᐦᑭᑖᐤ muuskiwihkitaau vai ◆ il/elle pleure de faim

ᒨᔅᑯᓈᒨ muuskunaamuu vai -u ◆ il/elle pleure de faim

ᓅᐦᑖᐦᑭᑖᑎᑎᐧᐋᐤ nuuhtaahkitaatitiwaau vta ◆ il/elle a faim et envie de le/la manger avant que la cuisson soit terminée

ᓅᐦᑖᐦᑭᑖᐤ nuuhtaahkitaau vai ◆ il/elle a faim et mange avant les autres

ᐹᐅᓃᐤ paauniiu vai ◆ il/elle s'évanouit de faim

ᔒᐅᑖᐦᑖᐤ shiiutaahtaau vai ◆ il/elle a faim à force de marcher

ᒋᐧᐹᐦᑭᑎᓲ chipwaahkitisuu vai -u ◆ il/elle se referme à cause de la sécheresse, il/elle meurt de faim

faire

ᐃᐦᑐᑎᒼ ihtutim vti ◆ il/elle le fait

ᐃᐦᑐᑎᒧᐧᐋᐤ ihtutimuwaau vta ◆ il/elle le fait pour lui/elle

ᐃᐦᑐᑎᐧᐋᐤ ihtutiwaau vta ◆ il/elle le lui fait

ᐄᔑᐦᐋᐤ iishihaau vta ◆ il/elle le fait d'une certaine façon

ᐄᔑᐦᑖᐤ iishihtaau vai+o ◆ il/elle le fait d'une certaine façon

ᐅᔑᐦᑖᐤ ushihtaau vai+o ◆ il/elle le fait

ᐅᔑᐦᑎᒫᒑᐤ ushihtimaachaau vai ◆ il/elle le fait pour les autres

ᐅᔑᐦᑎᒫᓲ ushihtimaasuu vai reflex -u ◆ il/elle se le fait pour lui/elle

ᐅᔑᐦᑎᒧᐧᐋᐤ ushihtimuwaau vta ◆ il/elle le fait pour lui/elle

ᒋᔅᒑᔨᐦᑖᑯᐦᐋᐤ chischaayihtaakuhaau vta ◆ il/elle le/la fait connaître aux autres

ᒋᔅᒑᔨᐦᑖᑯᐦᑖᐤ chischaayihtaakuhtaau vai ◆ il/elle le fait savoir

ᐃᐦᑎᑐᐦᐋᐤ ihtituhaau vta ◆ il/elle en fait un certain nombre

ᐄᑖᐱᑎᓰᐤ iitaapitisiiu vai ◆ il/elle fait quelque chose, il/elle est utilisé-e dans un certain but

ᐄᔨᑭᔨᒥᐦᑖᐤ iiyikiyimihtaau vai+o ◆ il/elle a l'habitude de le faire

ᐃᔮᔂᐦᐊᒼ iyaaswaaham vti ◆ il/elle le fait à un sur deux

ᐃᔮᔂᐦᐧᐋᐤ iyaaswaahwaau vta ◆ il/elle le fait à un-e sur deux

ᐃᔨᐦᑎᐤ iyihtiu vai ◆ il/elle le fait, il lui arrive quelque chose

ᒫᒫᐦᒌᔑᐦᐧᑳᐱᔨᐤ maamaahchiishihkwaapiyiu vai ◆ il/elle fait une grimace sans s'en rendre compte

ᒫᒫᓯᓈᑯᐦᐋᐤ maamaasinaakuhaau vta ◆ c'est clair qu'il/elle ne l'a mal fait

ᒥᔪᐦᐋᐤ miyuhaau vta ◆ il/elle le/la fait bien; il/elle en fait un bon, une bonne, un beau, une belle ■ ᓈᔥᒡ ᐋᐦ ᒌᐦ ᒥᔪᐦᐋᐟ ᐊᓵᒻᐦ ᑳ ᐅᔑᐦᐋᐟ ■ naashch aah chiih miyuhaat asaamh kaa ushihaat. ■ *Il fabrique une bonne paire de raquettes.*

ᒥᔪᐦᑖᐤ miyuhtaau vai ◆ il/elle le fait bien, le rend beau ■ ᓄᐧᐃᒡ ᒥᔪᐦᑖᐤ ᐧᐋᐳᔮᓂᔨᐤ ᑳ ᐅᔑᐦᑖᐟ ■ nuwich miyuhtaau waapuyaaniyiu kaa ushihtaat. ■ *Elle a fabriqué une belle couverture.*

ᐱᑯᓈᐦᑖᐤ pikunaahtaau vai+o ◆ il/elle fait un trou dedans

ᐱᑯᓈᔥᑭᒼ pikunaashkim vti ◆ il/elle fait un trou dedans avec son pied ou son corps

ᐱᑯᓈᔥᑭᐧᐋᐤ pikunaashkiwaau vta ◆ il/elle fait un trou dedans (animé) avec son pied ou son corps

ᐱᑯᓈᔥᑎᐦᐊᒼ pikunaashtiham vti ◆ il/elle fait un trou dedans avec un instrument affûté

ᐱᑯᓈᔥᑎᐦᐧᐋᐤ pikunaashtihwaau vta ◆ il/elle fait un trou dedans (animé) avec un instrument affûté

ᐱᓂᐳᒋᒑᐤ pinipuchichaau vai ◆ il/elle fait de la sciure

ᐱᐹᒫᔥᑎᐦᑖᐤ pipaamaashtihtaau vai+o redup ◆ il/elle le fait voler (ex. le cerf-volant)

ᐱᐧᓵᐸᒋᐦᑎᑖᐤ piswaapaachihtitaau vai ◆ il/elle le fait s'attraper

ᑖᑎᐹᐅᐦᐅᔮᐤ taatipaauhuyaau vta ◆ il/elle le/la fait faire un tour dans les airs ou sur l'eau

ᑏᐧᔮᐳᐦᒑᐤ tiiywaapuhchaau vai ◆ il/elle fait du thé

ᐅᐦᐱᒫᔥᑭᒼ uhpimaashkim vti ◆ il/elle le fait pencher sur le côté

ᐅᐦᐱᒫᔥᑭᐧᐋᐤ uhpimaashkiwaau vta ◆ il/elle le/la fait pencher sur le côté

ᐅᔑᐦᐋᐤ ushihaau vta ◆ il/elle le/la fait, le/la fabrique

ᐅᔑᐦᑖᒑᐱᔩᐤ ushihtaachaapiyiu vai ◆ il/elle fait quelque chose lui-même, elle-même

ᐅᔑᐦᑖᒑᐱᔩᐤ ushihtaachaapiyiu vii ◆ ça fait quelque chose de lui-même

ᐅᔥᑳᔑᒫᐤ ushkwaashimaau vta ◆ il/elle le/la fait rebondir

ᐧᐋᓯᐦᑯᐦᐊᒼ waasihkuham vti ◆ il/elle le fait briller

ᐧᐃᓂᑐᑖᒑᐤ winitutaachaau vai ◆ il/elle fait du tort aux autres

ᐧᐃᓂᑐᑎᐧᐋᐤ winitutiwaau vta ◆ il/elle lui fait du tort

ᐧᐃᔥᑎᐦᐄᐹᑯᐦᒋᒫᐤ wishtihiipaakuhchimaau vta ◆ il/elle le fait flotter à la surface de l'eau parce que les plombs sont trop légers

ᐧᐃᔥᑎᐧᐄᐤ wishtiwiiu vai ◆ il/elle trouve ça difficile à faire à cause des circonstances

ᐧᐃᔨᐧᐄᐱᔨᐦᑖᐤ wiyiwiipiyihtaau vai ◆ il/elle le fait sortir

ᐧᐃᔨᐧᐄᔮᒧᐦᒑᐤ wiyiwiiyaamuhchaau vai ◆ il/elle les fait sortir par ses actions

ᒫᒧᐦᑭᒧᐦ maamuhkimuch vti pl ◆ ils/elles voyagent tous ensemble dans un véhicule; ils/elles font quelque chose ensemble

ᐲᓵᑯᐦᐋᐤ piisaakuhaau vta ◆ il/elle le/la fait durer longtemps

ᐲᓵᑯᐦᑖᐤ piisaakuhtaau vai ◆ il/elle le fait durer longtemps

ᐲᓵᑯᓈᐤ piisaakunaau vta ◆ il/elle le/la fait durer longtemps

ᐲᓵᑯᓂᒼ piisaakunim vti ◆ il/elle le fait durer longtemps

ᐲᓵᑯᐱᔨᐦᑖᐤ piisaakupiyihtaau vai ◆ il/elle le fait durer longtemps

ᐱᒥᒋᐱᔨᐦᐋᐤ pimichipiyihaau vta ◆ il/elle le/la fait aller latéralement

ᐱᒥᒋᐱᔨᐦᑖᐤ pimichipiyihtaau vai ◆ il/elle le/la fait aller latéralement

ᐱᔥᐱᓂᑎᒼ pishpinitim vti ◆ il/elle le fait à peine, l'atteint presque

ᐱᓱᐱᔨᐦᑖᐤ pisupiyihtaau vai ◆ il/elle le fait aller doucement, le fait lentement

ᐅᐦᐱᐱᔨᐦᐋᐤ uhpipiyihaau vta ◆ il/elle le/la fait se lever, monter

ᐧᐃᓂᔥᑭᒼ winishkim vti ◆ ça fait beaucoup de traces

ᐧᐃᓂᑐᑎᒼ winitutim vti ◆ il/elle le fait de travers, fait du mal

ᐃᔮᐅᑖᔨᒫᐤ iyaautaayimaau vta ◆ il/elle pense qu'il/elle fait des choses inutiles ■ ᓂᑎᔮᐅᑖᔨᒫᐤ ᒫᕆ ᒦᓐ ᑳ ᐃᐦᑐᑎᐦᒃ. ■ nitiyaautaayimaau Marie miin kaa ihtutihk. ■ *Je crois que Marie n'avait pas besoin de le refaire.*

ᑖᑎᐹᐅᐦᑭᐦᐊᒼ taatipaauhkiham vti ◆ il/elle fait le tour de la montagne, de la colline

ᑖᑎᐹᐧᐋᐤ taatipaawaau vai ◆ il/elle fait le tour de la pointe, de l'île

faire (se)

ᒋᔅᒑᔨᐦᑖᑯᐦᐄᓱ chischaayihtaakuhiisuu vai reflex -u ◆ il/elle se fait connaître des autres

faire attendre

ᐱᐧᑳᐦᐋᐤ pikwaahaau vta ◆ il/elle le fait attendre tout anxieux

faire attention

ᐃᔮᐧᑳᒦᔥᑎᒼ iyaakwaamiishtim vti ◆ il/elle fait attention à ça

ᐃᔮᐧᑳᒦᔥᑎᐧᐋᐤ iyaakwaamiishtiwaau vta ◆ il/elle fait attention à elle/lui

ᐃᔮᐧᑳᒦᐤ iyaakwaamiiu vai ◆ il/elle fait attention

ᐃᔮᐧᑳᒥᓰᐤ iyaakwaamisiiu vai ◆ il/elle fait attention

ᓈᓈᑭᒋᐦᑖᐤ naanaakichihtaau vai+o redup ◆ il/elle en prend soin, le remarque, y fait attention

ᐃᔮᐱᑖᔨᐦᑎᒼ iyaapitaayihtim vti ◆ il/elle fait attention à, s'occupe de, s'intéresse à lui/elle

ᐃᔮᐱᑖᔨᒫᐤ iyaapitaayimaau vta ◆ il/elle fait attention à, s'occupe de, s'intéresse à lui/elle

faire déborder

ᐋᒥᔅᒋᓂᑖᐤ aamischinitaau vai ◆ il/elle remplit le fait déborder

faire descendre

ᐋᒥᓈᐤ aaminaau vta ◆ il/elle le/la fait descendre de quelque chose avec ses mains ou ses bras

ᐱᒋᔥᑖᐱᐦᒑᓂᒼ pichishtaapihchaanim vti ◆ il/elle le fait descendre, l'abaisse avec une corde

ᐱᒋᔅᑖᐱᐦᒑᓈᐤ pichistaapihchaanaau vta ◆ il/elle le/la fait descendre, l'abaisse avec une corde

faire jour

ᐧᐋᓵᔮᐤ waasaayaau vii ◆ il fait jour

faire l'amour

ᒷᐦᑿᒑᐤ mwaahkwaachaau vai ◆ il/elle surprend des gens en train de s'embrasser, de faire l'amour

faire la trace

ᐱᔩᔅᑯᑎᒫᐦᑯᓈᐱᒋᐤ piyiskutimaahkunaapichiu vai ◆ il/elle fait la trace en déplaçant son campement d'hiver

faire mal

ᐋᐦᑯᐦᐄᐧᐋᐤ aahkuhiiwaau vai ◆ il/elle lui fait mal, lui fait de la peine

ᐋᐦᑯᐦᐄᐧᐋᐤ aahkuhiiwaau vii ◆ ça fait mal, ça fait de la peine

ᐋᐦᑳᑎᓐ aahkwaatin vii ◆ ça fait beaucoup de mal, ça fait des ravages (par exemple une maladie, une épidémie, une guerre)

faire partie

ᑎᐹᔩᐦᑖᑯᓐ tipaayihtaakun vii ◆ ça lui appartient, ça en fait partie

faire payer

ᐄᑎᒋᐦᑎᒻ iitichihtim vti ◆ il/elle fait payer un certain prix pour quelque chose, il/elle limite le temps que cela va prendre

ᐄᑎᒋᐦᑎᒧᐧᐋᐤ iitichihtimuwaau vta ◆ il/elle lui fait payer un certain prix, lui limite la durée de son travail

faire savoir

ᒥᓯᐦᑖᐱᔩᐦᑖᐤ misihtaapiyihtaau vai ◆ il/elle le fait savoir à tout le monde, elle le dissémine ■ ᔥᐋᔥ ᒥᒄ ᒌ ᒥᓯᐦᑖᐱᔩᐦᑖᐤ ᐊᓂᔮ ᒑᑳᔮᔫ ᑳ ᐄᑎᒃ ᐋᑳ ᒑ ᐧᐄᐦᑎᒧᐧᐋᑦ ᐊᐧᐋᔨᐅᐦ. ■ shaash mikw chii misihtaapiyihtaau aniyaa chaakwaayiu kaa iitik aakaa chaa wiihtimuwaat awaayiuh. ■ *Elle/Il a déjà répandu la nouvelle partout alors que je lui avais dit de se taire.*

faire semblant

ᐃᔥᑳᔑᔒᐦᑳᓲ ishkwaashishiihkaasuu vai -u ◆ il/elle agit comme une fille, fait semblant d'être une fille

ᒥᒫᐅᐦᑖᐤ mimaauhtaau vai ◆ il/elle fait semblant de pleurer

ᒥᒫᐅᐦᑖᐤ mimaauhtwaau vai ◆ il/elle fait semblant de pleurer

ᒥᐧᐋᔩᐦᑖᑯᐦᐄᓲ miywaayihtaakuhiisuu vai -u ◆ il/elle fait semblant d'être gentil/gentille

faire signe

ᐊᔕᐧᐋᐧᐋᔥᑎᐦᐄᒑᐤ ashaawaashtihiichaau vai ◆ il/elle lui fait signe de la main de rester en arrière

ᐧᐋᔥᑎᐦᐊᒧᐧᐋᐤ waashtihamuwaau vta ◆ il/elle lui fait un signe de la main

ᐧᐋᐧᐋᔥᑎᐦᐊᒧᐧᐋᐤ waawaashtihamuwaau vta redup ◆ il/elle lui fait signe

ᐊᔕᐧᐋᔥᑎᐦᐊᒧᐧᐋᐤ ashaawaashtihamuwaau vta ◆ il/elle lui fait signe d'arrêter

ᐃᔮᓂᑭᐦᐧᐋᐤ iyaanikihwaau vta ◆ il/elle fait signe un qu'il l'a haché

ᐧᐋᔥᑎᓂᒧᐧᐋᐤ waashtinimuwaau vta ◆ il/elle lui fait signe de venir

ᐧᐋᔥᑎᐦᐄᒑᐤ waashtihiichaau vai ◆ il/elle fait signe, agite la main

faire sortir

ᐧᐃᔨᐧᐄᐱᑖᐤ wiyiwiipitaau vta ◆ il/elle l'en fait sortir

ᐧᐃᔨᐧᐄᐱᑎᒻ wiyiwiipitim vti ◆ il/elle le fait sortir de quelque chose

ᐅᑎᐦᐊᒻ utiham vti ◆ il/elle le fait sortir, le gagne, le colle, ferme l'ouverture dans le tissage des raquettes

faire tomber

ᐋᒥᐦᑎᑖᐤ aamihtitaau vai ◆ il/elle fait tomber quelque chose en se déplaçant avec un véhicule

ᐋᒥᐦᐧᐋᐤ aamihwaau vta ◆ il/elle le/la fait tomber avec quelque chose

ᐋᒥᐱᔨᐦᐋᐤ aamipiyihaau vta ◆ il/elle le/la fait tomber d'un véhicule

ᐋᒥᔑᒫᐤ aamishimaau vta ◆ il/elle le/la fait tomber de son véhicule

ᐋᒥᔥᑭᒻ aamishkim vti ◆ il/elle le fait tomber ou se détacher en le cognant avec son corps ou son pied

ᐋᒥᔥᑭᐧᐋᐤ aamishkiwaau vta ◆ il/elle le/la fait tomber ou se détacher avec son corps ou son pied

ᐋᒥᐧᐋᐱᔥᑭᒻ aamiwaapishkim vti ◆ il/elle le fait tomber avec son corps ou son pied

ᐋᒥᐧᐋᐱᔥᑭᐧᐋᐤ aamiwaapishkiwaau vta ◆ il/elle le/la fait tomber avec son corps ou son pied

ᐋᒥᐦᐊᒻ aamiham vti ◆ il/elle le fait tomber avec quelque chose

ᐱᒥᐱᔨᐦᐋᐤ pimipiyihaau vta ◆ il/elle le/la conduit dans un véhicule, il/elle le/la fait tomber (se dit d'un oiseau atteint et tué)

faire traverser

ᐋᔔᐧᐃᐦᑎᐦᐋᐤ aashuwihtihaau vta ◆ il/elle le/la fait traverser à pied

faire une bosse

ᐊᐦᒑᔮᒋᐦᑎᓐ ahchaayaachihtin vii ◆ ça fait une bosse quand c'est recouvert avec quelque chose (étalé)

faire voile

ᒫᐦᐋᔑᐤ maahaashiu vai ◆ il/elle fait voile dans la direction du courant, vers l'aval

fait

ᐃᐦᑐᑖᑭᓂᐅ ihtutaakiniuu vti,passif -iwi ◆ c'est fait comme ça

faîtage

ᐧᐋᐅᑭᓈᐦᑎᒄ waaukinaahtikw ni ◆ le faîtage de la tente

falaise

ᒌᔅᒋᓵᑳᐤ chiischisaakaau vii ◆ c'est une falaise, c'est à-pic

ᒌᐢᒋᓯᒁᐤ **chiischisikwaau** vii ◆ c'est une falaise de glace

ᒌᔥᒋᓵᑳᑭᒫᐤ **chiishchisaakaakimaau** vii ◆ c'est un lac bordé de falaises

ᒌᔥᑭᑎᓈᐤ **chiishkitinaau** vii ◆ c'est une falaise dans une montagne

ᒌᔥᑎᓵᑳᑭᒫᐤ **chiishtisaakaakimaau** vii ◆ le lac, la rivière a une falaise rocheuse d'un côté

ᒌᐢᑳᐱᐢᑳᐤ **chiiskaapiskaau** vii ◆ c'est une falaise abrupte

ᐄᐢᐱᓵᑳᐤ **iispisaakaau** vii ◆ c'est une haute falaise

ᑭᐢᑭᑖᒥᐢᑳᐤ **kiskitaamiskaau** vii ◆ c'est une falaise raide

ᐐᐦᐱᓵᑳᐤ **wiihpisaakaau** vii ◆ il y a une grotte dans la falaise

ᒌᐢᒋᓵᑳᑭᒫᐤ **chiischisaakaakimaau** vii ◆ c'est un lac entouré de falaises rocheuses

ᒌᐢᒋᓯᑳᐱᐢᑳᐤ **chiischisikaapiskaau** vii ◆ c'est une falaise rocheuse bien à-pic

ᑭᐢᒋᓵᑳᐤ **kischisaakaau** vii ◆ c'est une falaise rocheuse raide et élevée

ᑭᔥᑭᑎᓈᐤ **kishkitinaau** vii ◆ c'est une montagne aux falaises élevées

ᐊᑯᓂᓵᑳᐤ **akunisaakaau** vii ◆ c'est une falaise, une montagne avec un rocher surplombant

familier

ᐄᔨᑭᔮᔮᔨᒫᐤ **iiyikiyaayaayimaau** vta ◆ il/elle est habitué-e à lui ou à elle, il/elle lui est familier

famille

ᐹᔨᑯᑖᓂᐤ **paayikutaaniu** p,quantité ◆ une famille

ᒋᓯᒡ **chisich** p,manière ◆ toute la famille, parents et enfants ■ ᒋᓯᒡ ᒌᐦ ᐅᐦᐱᐦᐅᐎᒡ ᑳ ᑯᐢᐱᐦᔮᒡ. ■ chisich chiih uhpihuwich kaa kuspihyaach. ■ *Toute la famille est allée en avion à l'intérieur des terres.*

ᑎᐦᑐᑖᓂᐤ **tihtutaaniu** p, quantité ◆ il y a un certain nombre de familles dans un camp

ᓈᐅᑖᐅᓰᐎᒡ **naautaausiiwich** vai pl ◆ il y a quatre familles dans un campement, une habitation

ᓃᔓᑖᐅᓰᐎᒡ **niishutaausiiwich** vai pl ◆ il y a deux familles qui habitent ensemble dans un campement ou une habitation

ᓂᔥᑐᑖᐅᓰᐎᒡ **nishtutaausiiwich** vai pl ◆ il y a trois familles dans un campement

ᑎᐦᑐᑖᐅᓰᐎᒡ **tihtutaausiiwich** vai pl ◆ il y a un certain nombre de familles dans un camp

ᐹᔨᑯᑖᐅᓰᐤ **paayikutaausiiu** vai ◆ il y a une seule famille dans cette habitation, une seule famille habite ici

ᑖᐱᑎᐎᐱᔨᐦᐆ **taapitiwipiyihuu** vai -u ◆ ils/elles se rassemblent en famille ou en groupe

ᐐᒋᐢᒑᒨ **wiichischaamuu** vai -u ◆ il/elle va vivre avec une autre famille, un autre groupe

ᐹᔨᑯᔥᑎᐤ **paayikushtiu** p,quantité ◆ un famille de castors, une hutte de castor

famine

ᑭᐎᐦᑭᑖᐎᓐ **kiwihkitaawin** ni ◆ la famine

ᐅᐙᓂᐦᑭᑖᐤ **uwaanihkitaau** vai ◆ il/elle n'a rien à manger, meurt de faim

ᐙᐎᔨᐦᐆ **waawiyihuu** vai -u ◆ il/elle surmonte la famine, survit à la famine

fantastique

ᒥᐢᑳᓯᓈᑯᓐ **miskaasinaakun** vii ◆ ça semble étonnant, sensationnel, fantastique

fantôme

ᒌᐲ **chiipii** na -m ◆ un fantôme

ᑯᔥᑖᒌᐅᑭᒥᒄ **kushtaachiiukimikw** ni [Whapmagoostui] ◆ une maison hantée

fardeau

ᐅᑖᐹᓐ **utaapaan** ni ◆ un fardeau à tirer, un train

ᐊᑇᐅᐎᔨᑰ **apwaauwiyikuu** vai -u ◆ il/elle transpire parce qu'il/elle porte un lourd fardeau sur son dos

ᐊᑇᔮᐹᐤ **apwaayaapaau** vai ◆ il/elle transpire parce qu'elle tire ou porte un lourd fardeau

ᐅᑖᐹᐤ **utaapaau** vai ◆ il/elle tire un fardeau

ᐅᑖᐹᓂᐦᒑᐤ **utaapaanihchaau** vai ◆ il/elle arrange le fardeau pour le haler

ᐅᑖᐹᓂᐦᑳᓲ **utaapaanihkaasuu** vai reflex -u ◆ il/elle s'arrange son fardeau pour le haler

ᐅᑖᐹᓂᐦᑭᐦᑎᒻ **utaapaanihkihtim** vti ◆ il/elle l'arrange pour le haler

ᐅᑖᐹᓂᐦᑭᐦᑎᐙᐤ **utaapaanihkihtiwaau** vta ◆ il/elle l'arrange pour le/la haler

ᐅᑖᐹᓂᐦᑭᐙᐤ **utaapaanihkiwaau** vta ◆ il/elle lui arrange un fardeau pour qu'il puisse le haler

farine

ᐱᐦᒁᔑᑭᓂᒡ **pihkwaashikinich** na pl ◆ de la farine

ᐱᐦᒁᔑᑭᓈᐳᐃ **pihkwaashikinaapui** ni -m ◆ du bouillon épaissi avec de la farine

ᐱᐦᒁᔑᑭᓈᐳᐦᒑᐤ **pihkwaashikinaapuhchaau** vai ◆ il/elle fait du bouillon épaissi avec de la farine

fatigant

ᐲᒋᐢᑳᓯᐦᑖᑯᓯᐤ **piichiskaasihtaakusiu** vai ◆ il/elle est fatigant-e à entendre, à écouter, il/elle nous fatigue les oreilles

fatiguant

ᐲᒋᐢᑳᓯᓈᑯᓯᐤ **piichiskaasinaakusiu** vai ◆ il est ennuyeux, elle est ennuyeuse, fatiguant-e à regarder

fatigué

ᐊᐢᒋᑳᐴ **aschikaapuu** vai -uwi ◆ il/elle est fatigué-e d'être debout

ᐃᔮᐢᑯᓰᒥᑭᓐ **iyaaskusiimikin** vii ◆ il est fatigué (inanimé)

ᐃᔮᐢᑯᓯᐤ **iyaaskusiu** vai ◆ il/elle est fatigué-e

ᐃᔮᔨᐙᐹᐤ iyaayiwaapaau vai ◆ il/elle est fatigué-e de tirer ou de porter une charge
ᐊᔅᒋᑭᒋᔖᐱᐤ aschikichishaapiu vai ◆ ses fesses sont fatiguées d'être assises
ᐊᔅᒋᐱᔅᑯᓈᐤ aschipiskunaau vai ◆ son dos est fatigué
ᐊᔅᒋᐱᐤ aschipiu vai ◆ il/elle est fatigué-e d'être assis-e
ᐊᔅᒋᔑᓐ aschishin vai ◆ il/elle est fatigué-e d'être couché-e
ᒋᐦᑎᒥᑳᐴ chihtimikaapuu vai -uwi ◆ il/elle est fatigué-e d'être debout, est debout sans rien faire
ᐃᔮᔅᑯᐦᑖᐤ iyaaskuhtaau vai ◆ il/elle est fatigué-e de marcher
ᐃᔮᔅᑯᑳᐴ iyaaskukaapuu vai -uwi ◆ il/elle est fatigué d'être debout
ᐃᔮᔅᑯᑳᑖᐤ iyaaskukaataau vai ◆ ses jambes sont fatiguées
ᐃᔮᔅᑯᒨ iyaaskumuu vai -u ◆ sa gorge, sa voix est fatiguée
ᐃᔮᔅᑯᐱᐤ iyaaskupiu vai ◆ il/elle est fatigué d'être assis
ᐃᔮᔨᐐᐤ iyaayiwiiu vai ◆ il/elle est fatigué-e, épuisé-e
ᐃᔮᔪᐙᔑᐤ iyaayuwaashiu vai ◆ il/elle est fatigué-e d'être dehors dans le vent qui souffle
ᐃᔮᔪᐎᑳᐴ iyaayuwikaapuu vai -uwi ◆ il/elle est fatigué-e d'être debout
ᐃᔮᔪᐎᐱᐦᑖᐤ iyaayuwipihtaau vai ◆ il/elle est fatigué-e, épuisé-e de courir
ᐴᒫᐤ puumaau vai ◆ il/elle est fatigué-e d'attendre
ᓯᔅᑭᒌᐤ siskichiiu vai ◆ il/elle est fatigué-e de faire quelque chose; il/elle en a assez de faire quelque chose
ᓯᔅᑭᒋᑳᐴ siskichikaapuu vai -uwi ◆ il/elle en a assez d'être debout, il/elle est fatigué-e d'être debout
ᓯᔅᑭᒋᒦᒋᐤ siskichimiichiu vai ◆ il/elle en a assez d'en manger, il/elle est fatigué-e d'en manger
ᓯᔅᑭᑎᐱᐤ siskitipiu vai ◆ il/elle en a assez d'être assis-e, il/elle est fatigué-e d'être assis-e

fatigue

ᐃᔮᔅᑯᓰᐎᓐ iyaaskusiiwin ni ◆ la fatigue
ᒨᔥᑳᐦᑯᔑᐤ mushkaahkushiu vai ◆ il/elle pleure de fatigue, de manque de sommeil

fatigué-e

ᐃᔮᔪᐎᐱᐤ iyaayuwipiu vai ◆ il/elle est fatigué-e d'être assis

fatiguer

ᐃᔮᔅᑯᐦᐋᐤ iyaaskuhaau vta ◆ il/elle le/la fatigue par ses actions, son état
ᐃᔮᔪᐎᐱᔨᐦᑖᐤ iyaayuwipiyihtaau vai+o ◆ il/elle le fatigue (par ex son bras) à force de faire quelque chose pendant longtemps

ᐃᔮᔪᐎᒨ iyaayuwimuu vai -u ◆ il/elle éprouve un grand chagrin, il/elle est fatigué-e, épuisé-e d'avoir utilisé sa voix, sa gorge à force de pleurer, de chanter, de rire
ᐲᒋᔅᑳᓯᐦᑖᑯᓯᐤ piichiskaasihtaakusiu vai ◆ il/elle est fatigant-e à entendre, à écouter, il/elle nous fatigue les oreilles
ᐃᔮᔪᐎᒧᐦᐋᐤ iyaayuwimuhaau vta ◆ il/elle le/la rend fatigué-e de trop pleurer, de trop rire, il/elle lui fatigue la voix, la gorge

faucon

ᓄᒋᐦᔮᐙᓯᐤ nuchihyaawaasiu na -iim ◆ un busard des marais, un busard Saint-Martin *Circus cyaneus*, un faucon gerfaut *Falco rusticolus*
ᐱᐳᓂᓯᐤ pipunisiu na -iim ◆ un faucon gerfaut *Falco rusticolus*, un busard Saint-Martin *Circus cyaneus*

fausse couche

ᐅᔑᑯᐦᐄᓱ ushikuhiisuu vai reflex -u ◆ elle fait une fausse couche, il/elle se blesse

faute

ᐅᐎᓂᔥᑖᐤ uwinishtaau vai ◆ il/elle fait une faute en l'écrivant
ᒥᒋᐱᑖᐤ michipitaau vta ◆ il/elle le/la détourne du droit chemin et lui fait commettre une faute
ᐐᓈᐹᑭᐦᐊᒼ winaapaakiham vti ◆ il/elle fait une faute en laçant, en tissant, en tricotant ou en crochetant quelque chose
ᐐᓈᐹᑭᐦᐙᐤ winaapaakihwaau vta ◆ il/elle fait une faute en laçant, en tissant (ex. raquettes, filet de pêche)
ᐎᓂᐦᐱᓱ winihpisuu vai -u ◆ il/elle fait une erreur, une faute, il/elle se trompe

fauvette

�CHUUᔥᒎᔥᒋᔒᔥ chuushchuushchishiish na -m ◆ une paruline des ruisseaux, une fauvette des ruisseaux *Seiurus noveboracensis*

faux

ᒥᒥᔑᒫᐤ mimishimaau vta redup ◆ il/elle raconte des mensonges à son sujet
ᓂᓂᑎᔮᒋᒨ ninitiyaachimuu vai redup -u ◆ il/elle raconte des histoires fausses
ᐱᔥᑎᓈᐤ pishtinaau vta ◆ il/elle prend le mauvais, le faux, il/elle le/la prend pour quelqu'un d'autre
ᐱᔥᑎᓂᒼ pishtinim vti ◆ il/elle prend le faux, le mauvais
ᓅᒋᔥᑯᔑᐙᑭᓐ nuuchishkushiwaakin ni ◆ une fourche, une faux
ᐎᓂᒨᓯᓈᑯᓐ winimuusinaakun vii ◆ ça a l'air faux, ça donne une mauvaise impression
ᐎᓂᒨᓯᓈᑯᓯᐤ winimuusinaakusiu vai ◆ il/elle a l'air faux, donne une mauvaise impression

faux-chenal

ᔒᐹᔥᑎᑯ shiipaashtikuu vii -uwi ◆ les rapides sont dans le faux-chenal de la rivière

faveur

ᒥᐧᔮᐱᒫᐤ miywaapimaau vta ◆ il/elle le/la favorise; il/elle le/la considère bien

fédéral

ᑳᐦᓈᑖᐦ ᑎᐹᔨᐦᒋᒑᓯᐤ kaahnaataah tipaayihchichaasiu na -iim ◆ le gouvernement fédéral, le gouvernement canadien

fêlé

ᐹᔥᑖᔅᑯᐱᔨᐤ paashtaaskupiyiu vai ◆ il/elle est fêlé-e (long et rigide)

ᐹᔥᑖᔅᑯᐱᔨᐤ paashtaaskupiyiu vii ◆ c'est fêlé (long et rigide)

femelle

ᒋᔑᐱᔥᐧᑳᐅᑎᐦᒄ chishipishkwaautihkw na -um ◆ une caribou femelle sans ramure

ᐃᔅᐧᑳᐅᒫᒄ iskwaaumaakw na ◆ un poisson femelle

ᓅᓵᒥᔅᒄ nuusaamiskw na -um ◆ une castor femelle

ᓅᓵᒨᔅ nuusaamuus na -um ◆ une orignal femelle

ᓅᔖᐦᔮᐤ nuushaahyaau na -m ◆ une lagopède femelle *lagopus sp.*

ᓅᔖᒫᒄ nuushaamaakw na -um ◆ un poisson femelle

ᓅᔖᒦᒋᒼ nuushaamiichim na -um ◆ une ourse (femelle)

ᓅᔖᔥᑎᒼ nuushaashtim na ◆ une chienne

ᓅᔖᔮᒄ nuushaayaakw na -m ◆ une porc-epic femelle

ᐊᐱᔖᒋᐦᑯᔥ apishaachihkush na -um ◆ une caribou femelle âgée de deux ans

ᓅᔖᔮᐦᒋᒄ nuushaayaahchikw na -m ◆ une loutre femelle, une phoque femelle

ᐱᓈᑎᐦᒄ pinaatihkw na -shiim ◆ une caribou femelle en train d'accoucher

ᑯᑎᑯᓂᑎᐦᑯᐧᐃᔑᐤ kutikunitihkuwishiu vai [Whapmagoostui] ◆ c'est une caribou femelle âgée de trois ans au début de l'hiver

féminin

ᐃᔅᐧᑳᐅᓈᑯᓐ iskwaaunaakun vii ◆ ça a l'air féminin

ᐃᔅᐧᑲᐧᐋᔨᐦᑖᑯᓯᐤ iskwaawaayihtaakusiu vai ◆ il/elle y a des traits féminins, des manières féminines

femme

ᐃᔅᐧᑳᐤ iskwaau na -aam ◆ une femme

ᐃᔅᐧᑳᐆ iskwaauu vai -aawi ◆ c'est une femme

ᒋᔖᔨᔥᐧᑳᔥ chishaayishkwaash na -im ◆ une vieille femme

ᒋᔅᑎᒫᒋᔅᐧᑳᐤ chistimaachiskwaau na -m ◆ une pauvre femme, une femme récemment veuve

ᐃᔅᐧᑳᐅᒦᒋᒼ iskwaaumiichim ni ◆ la nourriture des femmes, certaines parties du corps des animaux mangés seulement par les femmes

ᐅᒋᒫᔅᐧᑳᐤ uchimaaskwaau na -aam ◆ la femme du directeur

ᐧᐄᒋᒋᔖᔨᔥᐧᑳᔥᐦ wiichichishaayishkwaash-h nad ◆ sa femme, sa petite amie

ᐧᐄᐅᐦ wiiuh nad ◆ sa femme, son épouse

ᐅᒑᒥᔅᐧᑳᐧᐋᐤ uchaamiskwaawaau vai ◆ il embrasse une femme

ᐅᒋᒫᐦᑳᓂᔅᐧᑳᐤ uchimaahkaaniskwaau na -aam ◆ la femme du chef, l'épouse du chef

ᑰᐦᑯᒥᓈᔥ kuuhkuminaash na -im ◆ une vieille femme, une femme âgée, une grand-mère

ᒥᔪᔅᐧᑳᐤ miyuskwaau vai ◆ c'est une belle femme, il/elle a le teint clair

fémur

ᑳᒥᐦᒑᐹᑭᐦᒡ kaamihchaapaakihch nip ◆ un porc-épic découpé avec le fémur attaché à une bande de peau

ᐅᐧᐹᒧᒑᑭᓐ upwaamuchaakin nid ◆ son fémur, l'os de sa cuisse

fendillé

ᐹᔥᑖᓈᐱᔨᐤ paashtaanaapiyiu vii ◆ c'est fendillé (ex. la peinture sur le canot)

fendiller

ᐹᔥᒋᔥᑭᒼ paashchishkim vti ◆ il/elle le fendille, le fait éclater avec son pied ou son corps

fendre

ᑖᔅᒋᑭᐦᐧᐋᐤ taaschikihwaau vta ◆ il/elle le/la fend à la hache

ᑖᔅᒋᓈᐤ taaschinaau vta ◆ il/elle le/la fend à la main

ᑖᔅᒋᓂᒼ taaschinim vti ◆ il/elle le fend à la main

ᑖᔅᒋᐱᑖᐤ taaschipitaau vta ◆ il/elle le/la fend en deux

ᑖᔅᒋᐱᑎᒼ taaschipitim vti ◆ il/elle le fend en deux

ᑖᔅᒋᐱᔨᐤ taaschipiyiu vai ◆ il/elle se fend

ᑖᔅᒋᔑᒼ taaschishim vti ◆ il/elle le fend avec un couteau, des ciseaux, elle le coupe en deux

ᑖᔅᒋᔥᑭᒼ taaschishkim vti ◆ il/elle le fend avec son pied ou son corps

ᑖᔅᒋᔥᑭᐧᐋᐤ taaschishkiwaau vta ◆ il/elle le fend avec son pied ou son corps

ᑖᔥᑳᐱᐦᒑᐱᑖᐤ taashkaapihchaapitaau vta ◆ il/elle le/la fend en deux (filiforme)

ᑖᔥᑳᐱᐦᒑᐱᑎᒼ taashkaapihchaapitim vti ◆ il/elle le fend en deux (filiforme)

ᑖᔥᑳᐤ taashkaau vii ◆ c'est fendu

ᑖᔅᑳᐱᓯᔅᒋᓯᐤ taaskaapisischisiu vai ◆ il/elle est fendu-e (minéral)

ᑖᔅᑳᐱᔅᑳᐤ taaskaapiskaau vii ◆ c'est fendu (minéral)

ᐄᔑᑭᐦᐊᒼ iishikiham vti ◆ il/elle le coupe , le fend d'une certaine façon

ᒥᔪᐦᑎᑭᑎᓐᐦ miyuhtikitinh vii pl ◆ le bois pour le feu se fend facilement quand il est gelé

ᓈᐧᑖᑭᐦᐄᒑᐤ naatwaakihiichaau vai ◆ il/elle fend du bois

ᓂᑯᐦᑖᐤ nikuhtaau vai ◆ il/elle fend du bois

ᐹᔥᑖᓈᐦᑭᑎᓲ paashtaanaahkitisuu vai -u ◆ il/elle est fendu-e par la chaleur

ᐹᔥᑖᓈᐦᑭᑎᑖᐤ paashtaanaahkititaau vii ◆ ça sèche et craque, fendu par la chaleur

ᐹᔥᑎᓯᑯᐦᐙᐤ paashtisikuhwaau vta ◆ il/elle fend la glace avec un outil

ᑖᔅᒋᐦᑎᒋᓯᐤ taaschihtichisiu vai ◆ il/elle (bois) est fendu

ᑖᔅᒋᐦᑎᑳᐤ taaschihtikaau vii ◆ le bois est fendu

ᑖᔅᒋᐦᑎᑖᐤ taaschihtitaau vai ◆ il/elle le fend en le jetant par terre

ᑖᔅᒋᑭᐦᐊᒻ taaschikiham vti ◆ il/elle le fend à la hache

ᑖᔅᒋᐳᑖᐤ taaschiputaau vai+o ◆ il/elle le fend en le sciant

ᑖᔅᒋᐳᔮᐤ taaschipuyaau vta ◆ il/elle le/la fend en sciant

ᑖᔅᒋᔑᒫᐤ taaschishimaau vta ◆ il/elle le fend en le/la jetant à terre, en le/la frappant contre quelque chose

ᑖᔅᒋᓯᑯᐱᔨᐤ taaschisikupiyiu vai ◆ la glace craque, se fend

ᑖᔅᒋᓯᐤ taaschisiu vai ◆ il/elle est fendu-e

ᑖᔥᑳᒋᐏᓲ taashkaachiwisuu vai -u ◆ il/elle se fend par ébullition

ᑖᔥᑭᐦᐊᒻ taashkiham vti ◆ il/elle le fend (bois)

ᑖᔥᑭᐦᐄᒑᐤ taashkihiichaau vai ◆ il/elle fend du bois

ᑖᔥᑭᐦᐙᐤ taashkihwaau vta ◆ il/elle le/la fend à la hache

ᑖᔥᑭᒫᐤ taashkimaau vta ◆ il/elle le/la fend avec ses dents

ᑖᑐᐦᐊᒻ taatuham vti ◆ il/elle l'ouvre en le fendant

ᑖᑐᐦᐙᐤ taatuhwaau vta ◆ il/elle l'ouvre en le fendant

ᑖᑐᑎᓐ taatutin vii ◆ c'est fendu par le gel

ᒋᒥᐦᐄᒑᐤ chimihiichaau vai ◆ il/elle fend ou coupe du bois

ᓰᐱᔅᒋᐦᑎᑳᐤ siipischihtikaau vii ◆ c'est difficile de fendre le bois

ᑖᔅᒋᔙᐤ taaschishwaau vta ◆ il/elle l'ouvre en le fendant avec un couteau, en le coupant avec des ciseaux

ᑖᔅᒋᓯᓈᒋᐱᔨᐤ taaschisinaachipiyiu vii ◆ c'est fendu, crevassé (minéral)

ᑖᔅᑳᔅᑯᐦᑎᑖᐤ taaskaaskuhtitaau vai ◆ il/elle fend le manche de la hache en hachant

ᑖᑐᓯᑯᒋᐏᓐ taatusikuchiwin vii ◆ le courant crée une fente dans la glace

ᑳᔅᐱᐦᐄᑯᐦᑖᐤ kaaspihiikuhtaau vai ◆ il/elle fend du bois et le son du bois indique qu'il fait extrêmement froid

fendre (se)

ᑖᔅᒋᐱᔨᐤ taaschipiyiu vii ◆ ça se fend

ᐱᒫᓈᐱᔨᐤ pimaanaapiyiu vii ◆ ça se craque, se fend (long et rigide)

ᐱᒫᓈᐱᔨᐤ pimaanaapiyiu vai ◆ il/elle se craque, se fend (long et rigide)

fendu

ᑭᔥᑭᒋᐱᔨᐤ kishkichipiyiu vii ◆ c'est fendu donc ça se casse bien

ᐹᔅᑎᓯᑯᐱᔨᐤ paastisikupiyiu vai ◆ la glace est fendue

ᐹᔅᑎᓯᑯᐱᔨᐤ paastisikupiyiu vii ◆ la glace dessus est fendue

ᑖᔅᒋᓯᐤ taaschisiu vai ◆ il/elle est fendu-e

ᔮᐃᑳᔑᐤ yaaikaashiu vai redup ◆ il/elle est fendu-e, déchiré-e par le vent (étalé)

ᐱᒥᓈᐦᑎᑖᐤ piminaahtitaau vai ◆ le manche de la hache est fendu

ᑖᔅᒋᓯᓈᒋᐱᔨᐤ taaschisinaachipiyiu vii ◆ c'est fendu, crevassé (minéral)

fenêtre

ᐙᓵᓂᐦᑖᑭᓐ waasaanihtaakin ni -im ◆ une fenêtre

ᐙᓵᓂᐦᑖᑭᓈᐦᑎᒄ waasaanihtaakinaahtikw ni -um ◆ un encadrement de fenêtre

ᐱᔅᐹᐱᐤ pispaapiu vai ◆ il/elle regarde par le trou, la fenêtre

fente

ᓰᐦᑎᐏᐦᐄᑭᓐ siihtiwihiikin ni ◆ de quoi boucher les fentes

ᐹᔥᑖᐱᔅᒋᐱᔨᐤ paashtaapischipiyiu vii ◆ il y a une crevasse, une fente (minéral)

ᐹᔥᑖᐱᔅᒋᐱᔨᐤ paashtaapischipiyiu vai ◆ il/elle a une crevasse, une fente (minéral, ex. un rocher)

ᓰᐦᑎᐏᐦᐄᒑᐤ siihtiwihiichaau vai ◆ il/elle remplit les fentes

ᑖᔅᒋᓯᓈᒋᐱᔨᐤ taaschisinaachipiyiu vai ◆ il/elle a une fente, une crevasse (ex. un rocher)

ᑖᔅᒋᓵᑳᐤ taaschisaakaau vii ◆ il y a une crevasse, une fente dans un affleurement rocheux

fer

ᔔᔥᑯᐦᐄᑭᓐ shuushkuhiikin na ◆ un fer à repasser

fer à cheval

ᐙᔑᐦᐋᑯᓂᑳᐤ waashihaakunikaau vii ◆ la neige est en forme de fer à cheval

ᐙᔑᐦᐄᑎᓈᐤ waashihiitinaau vii ◆ c'est une montagne en forme de fer à cheval

fer à souder

ᑎᑯᐦᑭᓯᑭᓐ tikuhkisikin ni ◆ de la soudure, le fer à souder

ferme

ᒑᔥᑎᓈᑎᓐ chaashtinaatin vii ◆ c'est certain, c'est ferme

ᒥᔅᑭᐏᓂᑯᓰᐤ miskiwinikusiiu vai ◆ il/elle est ferme au toucher

ᔮᐃᔨᑎᓐ yaaiyitin vii ◆ c'est ferme, solide

ᒑᔥᑎᓈᒋᑳᐴ chaashtinaachikaapuu vai -uwi ◆ il/elle demeure ferme, se tient ou reste solidement debout

fermement

ᐋᔨᒋᑳᐳᐧᐃᐦᐋᐤ aayichikaapuwihaau vta ◆ il/elle le/la met fermement debout

ᔮᐃᔨᒋᑳᐴ yaaiyichikaapuu vai -uwi ◆ il/elle se tient fermement debout, tient bien

fermer

ᒋᐱᐦᐊᒼ chipiham vti ◆ il/elle le ferme ■ ᑯᐧᑖᔥᒡ ᐋᐦ ᐄᔅᐱᔨᔨᒡ ᒋᐱᐦᐊᒼ ᐊᑖᐧᐋᐅᑭᒥᑯᔨᐤ᙮ ❖ ᔮᔨᑖ ᒦᓐ ᒑ ᒋᐱᐦᐊᒥᓐ ᐊᓐ ᒥᓯᓂᐦᐄᑭᓈᒋᓂᐧᐃᑦ᙮ ■ kutwaashch aah iispiyiyich chipiham ataawaaukimikuyiu. ❖ yaayitaa miin chaa chipihamin an misinihiikinaachiniwit. ■ *Il ferme le magasin à six heures.* ❖ *Assurez-vous de bien fermer cette boîte.*

ᒋᐱᐦᐊᒧᐧᐋᐤ chipihamuwaau vta ◆ il/elle le ferme pour lui/elle

ᒋᐹᔅᑯᐦᐊᒼ chipaaskuham vti ◆ il/elle ferme l'ouverture avec une planche

ᒋᐱᐧᑳᑖᐤ chipikwaataau vta ◆ il/elle le/la ferme par une couture

ᒋᐱᐧᑳᑎᒼ chipikwaatim vti ◆ il/elle le ferme par une couture

ᒋᐳᓈᐤ chipunaau vta ◆ il/elle le/la tient fermé-e

ᒋᐳᓂᒼ chipunim vti ◆ il/elle le tient fermé

ᒋᐳᔥᑎᐦᐊᒼ chipushtiham vti ◆ il/elle le ferme par une couture

ᒋᐳᔥᑎᐦᐧᐋᐤ chipushtihwaau vta ◆ il/elle le/la ferme par une couture

ᒋᐧᐹᐱᐦᑳᑖᐤ chipwaapihkaataau vta ◆ il/elle le/la ferme en l'attachant

ᒋᐧᐹᐱᐦᑳᑎᒼ chipwaapihkaatim vti ◆ il/elle le ferme en l'attachant

ᒋᐧᐹᐱᓈᐤ chipwaapinaau vta ◆ il/elle lui ferme les yeux avec la main

ᒋᐧᐹᐱᔅᒋᐱᑖᐤ chipwaapischipitaau vta [Whapmagoostui] ◆ il/elle le/la ferme avec une fermeture éclair

ᒋᐧᐹᐱᔅᒋᐱᑎᒼ chipwaapischipitim vti [Whapmagoostui] ◆ il/elle le ferme avec une fermeture éclair

ᒋᐧᐹᔅᐱᑖᐤ chipwaaspitaau vta ◆ il/elle le/la ferme en le/la laçant

ᒋᐧᐹᔅᐱᑎᒼ chipwaaspitim vti ◆ il/elle le ferme en le laçant

ᒋᔨᐱᐱᑖᐤ chiyipipitaau vta ◆ il/elle le/la ferme avec la fermeture éclair

ᒋᔨᐱᐱᑎᒼ chiyipipitim vti ◆ il/elle le ferme avec la fermeture éclair

ᓈᔅᐱᑖᐱᐦᐊᒼ naaspitaapiham vti ◆ il/elle le ferme à clé

ᓯᒋᐹᑖᐤ sichipaataau vta ◆ il/elle le/la boutonne, le/la ferme

ᓯᑭᔅᒋᓰᐤ sikischisiiu vai ◆ il/elle est bien fermé-e

ᓯᐳᐦᐱᑖᐤ sipuhpitaau vta ◆ il/elle le/la ferme avec un cordon

ᓯᐳᐦᐱᑎᒼ sipuhpitim vti ◆ il/elle le ferme avec un cordon

ᓯᐳᐦᑖᓂᒼ sipuhtaanim vti ◆ il/elle ferme le rabat de porte du tipi

ᒋᐧᐹᔅᐱᒋᑭᓐ chipwaaspichikin ni ◆ une corde, un cordon, une ficelle pour fermer un sac

ᒋᐳᐦᐧᐋᐤ chipuhwaau vta ◆ il/elle le/la ferme; il/elle le referme sur lui/elle; il/elle le met en prison; il/elle l'éteint

ᒋᐧᐹᐱᐦᒑᐱᔨᐤ chipwaapihchaapiyiu vii ◆ c'est refermé (ex. la maille de la raquette), le tuyau est bouché

ᒋᐧᐹᐱᔅᑭᐦᐊᒼ chipwaapiskiham vti ◆ il/elle le ferme au verrou, le verrouille

ᒋᐧᐹᔥᑯᔥᑎᐦᐧᐋᐤ chipwaashkushtihwaau vta ◆ il/elle ferme l'ouverture avec une brochette (un animal, un oiseau à rôtir)

ᔖᔮᑭᔥᑖᐤ shaayaakishtaau vii ◆ la toile n'est pas fermée autour du bas du tipi

ᔒᐅᐦᑳᐱᐦᑎᒼ shiiuhkaapihtim vti ◆ il/elle ferme un oeil pour bien viser

fermer (se)

ᒋᐱᐦᐄᐱᔨᐤ chipihiipiyiu vii ◆ ça se ferme tout seul

ᓯᐦᐳᐱᔨᐤ sihpupiyiu vai ◆ il/elle se ferme

ᓯᐦᐳᐱᔨᐤ sihpupiyiu vii ◆ ça se ferme

fermer à clé

ᐋᑖᐱᔅᒋᓈᐤ aataapischinaau vta ◆ il/elle barre la porte (la ferme à clé) pour lui en interdire l'accès

ᐋᑖᐱᔅᒋᐱᔨᐤ aataapischipiyiu vii ◆ c'est barré, fermé à clé

fermés

ᐱᓯᐧᑳᐱᐤ pisikwaapiu vai ◆ il/elle a les yeux fermés

fermeture éclair

ᒋᐧᐹᐱᔅᒋᐱᒋᑭᓐ chipwaapischipichikin ni [Whapmagoostui] ◆ une fermeture-éclair, une fermeture à glissière

ᑳᒋᔨᐱᐱᔨᒡ kaachiyipipiyich nip ◆ une fermeture éclair, une fermeture à glissière

ᒋᐧᐹᐱᔅᒋᐱᑖᐤ chipwaapischipitaau vta [Whapmagoostui] ◆ il/elle le/la ferme avec une fermeture éclair

ᒋᐧᐹᐱᔅᒋᐱᑎᒼ chipwaapischipitim vti [Whapmagoostui] ◆ il/elle le ferme avec une fermeture éclair

ᒋᔨᐱᐱᑖᐤ chiyipipitaau vta ◆ il/elle le/la ferme avec la fermeture éclair

ᒋᔨᐱᐱᑎᒼ chiyipipitim vti ◆ il/elle le ferme avec la fermeture éclair

ferraille

ᔖᔖᐧᐋᐱᔨᐦᐋᐤ shaashaawaapiyihaau vta ◆ il/elle lui fait rendre un son métallique, un bruit de ferraille

ᔖᔖᐧᐋᔑᒫᐤ shaashaawaashimaau vta ◆ il/elle le/la laisse tomber et il/elle fait un bruit de ferraille

ᔖᔖᐧᐋᐱᔨᐤ shaashaawaapiyiu vii ◆ ça fait un grand bruit métallique, un bruit de ferraille qui résonne

fesse

ᒋᒥᓵᐦᐆ chimisaahuu vai -u ◆ il/elle lui essuie les fesses

ᒥᔨᒧᐧᐃᑭᒋᔖᐤ miyimuwikichishaau vai ◆ il/elle a les fesses humides

ᒨᐦᑭᒋᔒᔥᑎᐧᐋᐤ muuhkichishiishtiwaau vta ◆ il/elle se penche en avant avec les fesses pointées vers lui/elle

ᒋᒥᓵᐦᐋᐤ chimisaahaau vta ◆ il/elle lui essuie les fesses, le/la torche

ᒨᐦᑭᒋᔒᐤ muuhkichishiiu vai ◆ il/elle se penche en avant avec les fesses qui sortent

ᒨᐦᑭᒋᔑᑳᐳ muuhkichishikaapuu vai -uwi ◆ il/elle est debout penché-e en avant avec les fesses qui sortent

ᒨᐦᑭᒋᔑᔑᓐ muuhkichishishin vai ◆ il/elle est allongé-e avec les fesses qui sortent

fesser

ᐅᑖᒥᑭᒋᔖᐦᐧᐋᐤ utaamikichishaahwaau vta ◆ il/elle lui donne une fessée

fesses

ᐊᔅᒋᑭᒋᔖᐱᐤ aschikichishaapiu vai ◆ ses fesses sont fatiguées d'être assises

ᒋᔨᑭᒋᔒᐤ chiyikichishiiu vai ◆ ses fesses le/la démangent ■ ᒋᔨᑭᒋᔒᐤ ᓂᑖᒼ ᐊᐦ ᐅᒥᓂᑑᔑᒥᑦ. ■ chiyikichishiiu nitaam aah uminituushimit. ■ *Mon chien a les fesses qui le démangent parce qu'il a des vers.*

ᒧᔖᑭᒋᔒᐤ mushaakichishiiu vai ◆ il/elle a le cul nu, les fesses à l'air

ᑑᐦᑭᒋᔒᔥᑎᐧᐋᐤ tuuhkichishiishtiwaau vta ◆ il/elle lui montre les fesses

ᐅᑖᒥᑭᒋᔖᔑᓐ utaamikichishaashin vai ◆ il/elle tombe sur ses fesses

ᐅᒋᔅᒡ uchisch nid ◆ son rectum, son anus, ses fesses

fête

ᒥᑯᔖᐦᐋᐤ mikushaahaau vta ◆ il/elle organise une fête pour lui/elle

ᒥᑯᔖᐦᐄᐧᐋᐤ mikushaahiiwaau vai ◆ il/elle organise une fête

ᒥᑯᔖᓂᐅ mikushaaniuu vii,impersonnel -iwi ◆ il y a une fête

ᒥᑯᔖᐤ mikushaau vai ◆ il/elle fait la fête

ᑎᐱᔥᑭᒼ tipishkim vti ◆ il/elle a son anniversaire, sa fête

ᑎᐱᔥᑭᒧᐧᐋᐦᑯᓈᐤ tipshkimuwaaihkunaau na ◆ un gâteau d'anniversaire, de fête

fêter

ᐧᐄᒋᒥᑯᔖᒫᐤ wiichimikushaamaau vta ◆ il/elle fait la fête avec lui/elle

ᒥᑯᔖᒌᔑᑭᓂᐦᑖᐤ mikushaachiishikinihtaau vai ◆ il/elle fête Noël

fétus

ᐄᑖᒥᒑᔒᔥ iitaamichaashiish na dim ◆ un fétus d'animal

ᑳᒋᒑᔮᒄ kaachichaayaakw na -um ◆ le fétus extra-utérin d'un porc-épic

ᑳᒋᒑᒥᔅᒄ kaachichaamiskw na -um ◆ un fétus de castor extra-utérin, un castor géant assez rare

ᑳᒋᒑᑎᐦᒄ kaachichaatihkw na -um ◆ un fétus de caribou extra-utérin

ᑳᒋᒑᔮᐳᔥ kaachichaayaapush na -um ◆ le fétus extra-utérin d'un lapin

ᐅᒫᓂᔒᔥ umaanishiish na -im ◆ un fétus d'orignal, de caribou

feu

ᐄᔩᔥᑯᑖᐤ iiyishkutaau ni -aam ◆ un feu direct

ᑳᑯᔖᐅᒋᓂᒼ kaakushaauchinim vti ◆ il/elle fait un feu avec un tas de bois

ᑯᑎᐧᐋᐦᑭᐦᑎᒼ kutiwaahkihtim vti ◆ il/elle fait un feu pour le chauffer

ᑯᑎᐧᐋᐦᑭᐦᑎᐧᐋᐤ kutiwaahkihtiwaau vta ◆ il/elle fait un feu pour ça (animé)

ᑯᑎᐧᐃᑖᐤ kutiwitaau vta ◆ il/elle fait un feu pour lui/elle

ᒫᒧᒋᑳᔖᐤ maamuchikaashaau vii ◆ c'est un bon feu bien chaud

ᐊᑐᔅᑭᐧᐋᔅᑯᐦᐄᑭᓐ atuskiwaaskuhiikin ni ◆ un feu sur un support de métal

ᐃᔥᑯᑖᐦᑳᓐ ishkutaahkaan ni ◆ un feu sur un support en métal à l'intérieur de l'habitation

ᑯᑎᐧᐃᓯᐧᐃᓐ kutiwisuwin ni ◆ un feu extérieur à coté d'un abri pour passer la nuit

ᒥᒋᔥᑯᑖᐤ michishkutaau ni -m ◆ un feu d'enfer

ᒥᐦᑦ miht ni -im ◆ du bois pour le feu

ᒧᒋᔥᑖᐦᐊᒫᒑᐧᐃᓐ muchishtaahamaachaawin ni ◆ une offrande par le feu, un sacrifice, un holocauste

ᒨᔥᑖᐤ muushtaau ni ◆ un feu de forêt

ᓃᐱᓯᐅᑭᐦᒌ niipisiiukihchii ni ◆ un crochet de saule pour suspendre les marmites au-dessus du feu

ᐱᔥᑖᐤ pishtaau ni ◆ de la fumée provenant d'un feu allumé par quelqu'un

ᐊᑳᒥᔥᑯᑖᐦᒡ akaamishkutaahch p,lieu ◆ de l'autre côté du feu par rapport au locuteur ou à la locutrice ■ ᐋᑯᑖᐦ ᐅᐦᒋ ᑭᓂᐧᐋᐱᒼ ᓂᑖᐃᐦᑯᓈᒼ ᓈᑖᐦ ᐊᑳᒥᔥᑯᑖᐦᒡ. ■ aakutaah uhchi kiniwaapim nitaaihkunaam naataah akaamishkutaahch. ■ *Surveille ma bannique par l'autre côté du feu (qui nous sépare).*

ᐊᔪᒋᐱᐦᑯᑖᐤ ashuchipihkutaau p,lieu ◆ près du feu ■ ᐊᔪᒋᐱᐦᑯᑖᐤ ᒌᐦ ᐱᒋᔅᑎᓈᐤ ᐊᓂᔮᐦ ᐅᐧᐋᐳᔪᒼᐦ ᓈᔥᒡ ᐋᐦ ᒌᐦ ᐋᐦᐧᑳᔥᑭᒋᔨᒡᐦ. ■ ashuchipihkutaau chiih pichistinaau aniyaah uwaapushumh naashch aah chiih aahkwaashkichiyichh. ■ *Il a mis ses lapins près du feu parce qu'ils étaient congelés.*

ᑖᑖᐅᔥᑯᑖᐤ taataaushkutaau p,lieu ◆ au milieu du feu

ᑖᐧᐋᓯᔅᒑᐧᐃᒡ taawaasischaawich p,lieu ◆ au milieu du feu ■ ᑖᐧᐋᔅᒑᐧᐃᒡ ᐋᑯᑎᐦ ᑳ ᐱᒋᔅᑎᓂᔨᒡ ᐊᓂᔮ ᐅᔮᓯᒼ. ■ taawaaschaawich aakutih kaa pichistiniyich aniyaa uyaasim. ■ *Son morceau de viande tomba en plein milieu du feu.*

ᐋᐦᑖᔅᒋᒑᐅᑭᐦᐊᒼ aahtaaschichaaukiham vti ◆ il/elle attise le feu

ᒌᐦᑳᔮᔥᑖᐱᔨᐤ chiihkaayaashtaapiyiu vii ◆ le feu brûle en émettant soudain des flammes vives, c'est un feu soudainement vif

ᑳᒌᒫᔖᐤ kaachiimaashaau vii ◆ le feu brûle lentement

ᑳᒌᒫᔑᐧᐋᐤ kaachiimaashiwaau vii ◆ le feu commence à brûler petit à petit

ᑭᔥᑭᔥᑳᔖᐤ kishkishkaashaau vii ◆ le feu brûle bien, forme de belles flammes

ᑯᑎᐧᐋᐤ kutiwaau vai ◆ il/elle fait un feu, s'arrête pour manger en voyageant

ᑯᑎᐧᐃᓲ kutiwisuu vai -u ◆ il/elle fait un feu dehors là où il/elle passe la nuit

ᐧᑳᐦᑯᑖᓂᒼ kwaahkutaanim vti ◆ il/elle augmente le feu

ᒥᒥᐧᑖᔮᐦᑭᐦᑖᐤ mimitwaayaahkihtaau vii redup ◆ le feu crépite

ᒥᓯᐦᑖᔮᐦᑭᐦᑖᐤ misihtaayaahkihtaau vii ◆ le feu de forêt se répand

ᒧᒋᔥᑖᐦᐊᒼ muchishtaaham vti ◆ il/elle le met dans le feu

ᒧᒋᔥᑖᐦᐧᐋᐤ muchishtaahwaau vta ◆ il/elle le/la met dans le feu

ᒧᒋᔥᑖᐱᔨᐤ muchishtaapiyiu vai ◆ il/elle tombe dans le feu

ᒧᒋᔥᑖᐱᔨᐤ muchishtaapiyiu vii ◆ ça tombe dans le feu

ᒧᒋᔥᑖᐧᐋᐱᓈᐤ muchishtaawaapinaau vta ◆ il/elle le/la jette au feu

ᒧᒋᔥᑖᐧᐋᐱᓂᒼ muchishtaawaapinim vti ◆ il/elle le jette au feu

ᒨᓈᐦᑭᐦᑖᐤ muunaahkihtaau vii ◆ le feu fait un trou dans quelque chose

ᓈᑖᐦᑭᐦᑖᐤ naataahkihtaau vii ◆ le feu s'étend

ᓈᑎᑳᒫᔥᑖᐤ naatikaamaashtaau vii ◆ c'est placé loin du feu

ᓈᐧᑖᔮᐦᑭᐦᑖᐤ naatwaayaahkihtaau vii ◆ c'est cassé en deux par le feu

ᓂᔥᑎᐧᐃᓵᐅᒋᓂᒼ nishtiwisaauchinim vti ◆ il/elle met les bouts pas encore brûlés du bois dans le feu

ᓅᓯᐧᐋᐦᑭᐦᑖᐤ nuusiwaahkihtaau vii ◆ le feu s'étend

ᐹᐦᐱᓯᐦᑳᔮᔥᑖᐱᔨᐤ paahpisihkaayaashtaapiyiu vii redup ◆ le feu scintille

ᓵᐦᑖᑖᐤ saahtaataau vii ◆ ça brille bien (ex. le feu)

ᔒᑭᐧᐋᔖᐤ shiikiwaashaau vii ◆ le feu est presque éteint

ᓯᔅᑭᐦᐊᒼ siskiham vti ◆ il/elle y met le feu

ᓯᔅᑭᐦᐧᐋᐤ siskihwaau vai ◆ il/elle le met en feu

ᑎᐱᔑᐧᐋᔮᐱᐦᑖᐱᔨᐤ tipishiwaayaapihtaapiyiu vii ◆ le vent a presque éteint le feu

ᑎᐱᔑᐧᐋᔮᔥᑎᓐ tipishiwaayaashtin vii ◆ le feu s'est presque éteint à cause du vent

ᐧᐋᓵᒫᔥᑎᐧᐋᐤ waasaamaashtiwaau vii ◆ le feu est trop bas, sur le point de s'éteindre

ᐧᐃᔨᐦᑖᐤ wiyihtaau vii ◆ ça prend feu

ᐊᐧᐹᓐ apwaan ni ◆ de la nourriture rôtie sur le feu

ᐃᔥᑯᑖᐤ ishkutaau ni -aam ◆ une pile, du feu, une bougie (de véhicule) ▪ ᐹᔨᒄ ᐃᔥᑯᑖᐤ ᐋᐱᑎᓐ ᐊᓂᑎᐦ ᓂᐲᓯᒧᐦᑳᓂᒥᐦᒡ ▪ paayikw ishkutaau aapitin anitih nipiisimuhkaanimihch. ▪ *Ma montre fonctionne avec une pile.*

ᓂᒧᔓᒥᐱᓐ nimushumipin nad ◆ feu mon grand-père, mon défunt grand-père

ᒑᒋᔖᐹᑯᑎᐧᐋᐤ chaachishaapaakutiwaau vai ◆ il/elle fait un feu tôt le matin

ᐧᑳᐦᑯᑖᐤ kwaahkutaau vii ◆ le feu brûle bien et émet de la chaleur

ᐧᑳᐦᑯᑎᐧᐋᐱᔨᐤ kwaahkutiwaapiyiu vii ◆ les flammes s'élèvent du feu

ᐧᑳᑎᐱᓵᐅᒋᐱᔨᐤ kwaatipisaauchipiyiu vii ◆ le morceau de bois dans le feu roule et tombe

ᒥᐦᑳᐱᐦᑖᐱᔨᐤ mihkaapihtaapiyiu vii ◆ il y a beaucoup de fumée qui provient du feu

ᒥᐦᑳᐱᐦᑖᐤ mihkaapihtaau vii ◆ il y a beaucoup de fumée qui provient du feu

ᒥᒥᓈᐳᔅᑖᔅᒌᐅ miminaapustaaschiiuu vii redup -iiwi ◆ il y a des traces d'un ancien feu de forêt ici et là

ᒨᓂᐦᒋᔅᑖᐤ muunihchistaau vii ◆ le feu fait un trou dans le sol

ᓂᐧᐋᔮᐱᐦᑖᐤ niwaayaapihtaau vii ◆ le feu et la fumée vont dans une même direction

ᐱᔑᔥᑖᐤ pishishtaau vii ◆ des étincelles jaillissent du feu

ᐱᓯᔅᒍ pisischuu vai -u ◆ il/elle est atteint-e par des étincelles qui jaillissent du feu

ᐱᓯᐧᐋᓲ pisiwaasuu vai -u ◆ la fourrure prend feu

ᐱᓯᐧᐋᐧᓵᐤ pisiwaaswaau vta ◆ il/elle met le feu aux fourrures

ᑖᔥᑯᑖᐧᐋᑯᑖᐤ taashkutaawaakutaau vai ◆ il/elle cuit de la viande sur le feu à feu ouvert

ᑖᔥᑯᑖᐧᐋᑯᔮᐤ taashkutaawaakuyaau vta ◆ il/elle le/la cuit à feu direct

ᑖᑖᐅᔥᑯᑖᑯᔮᐤ taataaushkutaakuyaau vta ◆ il/elle le/la suspend directement au-dessus du feu

ᐧᐄᔥᑯᑐᐧᐃᒋᓯᐤ wiishkutuwichisiu vai ◆ il/elle sent le feu, la fumée

ᐧᐄᔥᑯᑐᐧᐃᑭᓐ wiishkutuwikin vii ◆ ça sent la fumée, le feu

ᐧᐄᔓᐧᐋᔮᔥᑎᓐ wiishuwaayaashtin vii ◆ le feu se déplace avec la brise

ᐧᐄᐧᔮᔑᐦᑯᐧᐃᐧᐃᒡ wiiywaashihkuwiwich vai pl -uwi ◆ les aiguilles d'épinette sèches ont l'air d'être passées au feu

ᐧᐃᔨᐦᑖᐱᔨᐤ wiyihtaapiyiu vai ◆ il/elle prend feu, s'enflamme

ᐧᐃᔨᐦᑖᐱᔨᐤ wiyihtaapiyiu vii ◆ ça prend feu, s'enflamme

ᐧᐃᔫᔑᐧᐋᔮᔥᑎᓐ wiyuushiwaayaashtin vii ◆ le feu bouge avec la brise

ᐲᔥᑳᔮᑯᐦᑖᐤ piishkaayaakuhtaau vii ◆ le feu fait fondre un grand trou dans la neige

ᐱᓯᐧᐋᓯᒼ pisiwaasim vti ◆ il/elle met le feu à de la fourrure ou à des cheveux

ᒥᒫᓈᐦᑭᓱᐧᐃᒡ mimaanaahkisuwich vai pl redup -u ◆ il y a des bouquets d'arbres épargnés par le feu de ci de là

ᒥᑎᓂᓵᐧᐋᐤ mitinisaawaau vai ◆ il/elle tient l'omoplate ou le sternum d'un animal tout près du feu pour voir si elle/il brûle pour pouvoir prédire l'avenir (par ex. où se trouve le gibier, si des visiteurs vont venir)

feu de bois

ᓈᒋᐧᐃᑖᐤ naachiwitaau vai ◆ il/elle va ramasser du feu de bois

ᐅᑖᑯᔑᐦᐄᑯᐦᑖᐤ utaakushihiikuhtaau vai ◆ il/elle cherche du feu de bois le soir

ᐅᑖᑯᔑᐅᓂᑯᐦᑖᐤ utaakushiunikuhtaau vai ◆ il/elle cherche du feu de bois le soir

feu de forêt

ᐧᐄᐳᔅᑳᔅᒋᐦᑎᒄ wiipuskaaschihtikw ni -um ◆ un arbre brûlé, du bois d'un feu de forêt

ᓵᓵᒋᑲᐧᐋᐦᑯᑖᐤ saasaachikwaahkutaau vii ◆ les flammes du feu de forêt sont visibles

ᓵᓯᑳᐳᔑᔥᑖᐤ saasikaapushishtaau vii ◆ c'est une zone d'arbres encore dressés après un feu de forêt

ᐧᐋᔥᑭᒑᐳᓯᔅᑖᔅᒌᐅ waashkichaapusistaaschiiuu vii -iiwi ◆ il y a des traces d'un ancien feu de forêt

ᐧᐄᐳᔅᑳᑭᒫᐤ wiipuskaakimaau vii ◆ c'est un lac dans une aire ravagée par un feu de forêt

ᐧᐄᐳᔅᑳᔅᒌᐅ wiipuskaaschiiuu vii -iiwi ◆ c'est une aire sur le sol qui a été brûlée par un feu de forêt

ᐧᐄᐳᔅᑳᐤ wiipuskaau vii ◆ c'est une aire qui a été ravagée par un feu de forêt

ᐅᔅᑳᐳᔑᔥᑖᐤ uskaapushishtaau vii ◆ c'est une zone qui a connu récemment un feu de forêt

feuille

ᓃᐲᐤ niipiiu vai ◆ il/elle a des fleurs, des feuilles

ᐱᓈᔅᒌᐤ pinaaschiiu vii ◆ les feuilles tombent des arbres

ᑳᒋᒑᐱᒄᐦ kaachichaapikwh ni pl ◆ une plante à feuilles persistantes

ᒥᐦᑰᔕᐤ mihkuushaau vii ◆ les feuilles changent de couleur en automne

ᓵᒋᐱᑭᓐ saachipikin vii ◆ les feuilles commencent juste de sortir des bourgeons et elles sont à peine visibles

fèves

ᐲᓂᓯᒡ piinisich na pl -simich ◆ des fèves

février

ᒋᓵᐲᓯᒼ chisaapiisim na ◆ le mois de février

ᑳᑎᐦᑯᓯᑦ ᐲᓯᒼ kaatihkusit piisim na ◆ février, lit. 'le mois court'

fiable

ᒑᔥᑎᓈᑖᔮᔨᐦᑖᑯᓐ chaashtinaataayaayihtaakun vii ◆ c'est fiable, c'est sûr

ᒑᔥᑎᓈᑖᔮᔨᐦᑖᑯᓯᐤ chaashtinaataayaayihtaakusiu vai ◆ il/elle est fiable, digne de confiance, sûr-e

fiançailles

ᒋᔥᒋᓂᐧᐋᒋᐦᐋᐤ chishchiniwaachihaau vta ◆ il/elle le/la marque pour l'identifier, l'étiquette; il/elle lui donne une bague de fiançailles

ᑯᑎᐱᔅᒋᐦᑲᐧᐋᐤ kutipischihkwaau vai ◆ il/elle renverse son seau, son pot; il/elle rompt ses fiançailles, sa promesse de mariage

fiancée

ᐊᔥᑣᐧᐃᓐ ashtwaawin na ◆ une jeune fille promise ou fiancée dès son jeune âge, quelque chose mis de coté pour l'utiliser plus tard

ficeler

ᐧᐄᔅᑲᐧᐋᔮᑭᐦᐱᑎᒼ wiiskwaayaakihpitim vti ◆ il/elle l'emballe et le ficelle

ᐧᐊᐧᐋᑭᐦᐱᑖᐤ waawaakihpitaau vta redup ◆ il/elle l'emballe dans quelque chose puis le ficelle, il/elle l'empaquette

ᐧᐊᐧᐋᑭᐦᐱᑎᒼ waawaakihpitim vti redup ◆ il/elle l'emballe dans quelque chose puis le ficelle, il/elle l'empaquette

ᐧᐄᔅᑲᐧᐋᔮᑭᐦᐱᑖᐤ wiiskwaayaakihpitaau vta ◆ il/elle l'emballe et le/la ficelle en un ballot

ᐧᐄᔅᑲᐧᐋᔮᑭᐦᐱᑖᐤ wiiskwaayaakihpitaau vii ◆ c'est emballé et ficelé en un ballot

ficelle

ᐊᐱᔅ apis ni [Whapmagoostui] ◆ de la ficelle

ᑳᐧᐋᐹᐹᑭᔑᒡ kaawaapaapaakishich nip ◆ une ficelle blanche et fine

ᒫᑯᐱᑎᑲᐧᐋᐧᐋᓂᐱᔓᔮᓐᐦ maakupitikwaawaanipishuyaanh ni pl ◆ des ficelles pour attacher les poteaux utilisés pour faire la cuisine à feu libre

ᒥᒫᐦᑖᐧᐋᐱᐦᒑᓂᒑᐧᐃᓐ mimaahtaawaapihchaanichaawin ni ◆ un jeu de ficelle joué sur les mains

ᐱᐹᐦᐄᑭᓐ pipaahiikin na redup ◆ une ficelle utilisée pour renforcer les bords du filet de pêche

ᔒᐹᐱᒋᑭᓐ shiipaapichikin ni ◆ de la ficelle utilisée sous la glace pour placer un filet de pêche

ᔓᓂᑖᑭᓐ shunitaakin ni ◆ de la ficelle pour le filet

ᐧᐋᔅᐱᑎᐦᐄᐹᓐ waaspitihiipaan ni ◆ de la ficelle pour raccommoder les filets de pêche

ᐧᐃᒋᔥᑭᒋᔒᐅᐦᐄᐲ wichishkichishiiuhiipii ni -im ◆ une ficelle supplémentaire attachée en haut et en bas du filet de pêche

ᐧᐄᑯᐲ wiikupii ni ◆ de l'écorce de bouleau utilisée comme ficelle

ᒌᓂᑲᐧᐋᓂᔮᐱᐦᒑᐱᑖᐤ chiinikwaaniyaapihchaapitaau vta ◆ il/elle le/la fait tourner sur une ficelle

ᒌᓂᒁᓂᔮᐱᐦᒑᐱᑎᒼ chiinikwaaniyaapihchaapitim vti ◆ il/elle le fait tourner sur une ficelle

ᒥᒫᐦᑖᐚᐱᐦᒑᓈᐤ mimaahtaawaapihchaanaau vta ◆ il/elle fait des noeuds, des formes avec (animé, filiforme)

ᒥᒫᐦᑖᐚᐱᐦᒑᓂᒑᐤ mimaahtaawaapihchaanichaau vai ◆ il/elle joue à des jeux de ficelle

ᒥᒫᐦᑖᐚᐱᐦᒑᓂᒼ mimaahtaawaapihchaanim vti ◆ il/elle fait des noeuds, des formes avec une ficelle (ou quelque chose de filiforme)

ᔑᑳᐱᐦᒑᓂᒼ shikaapihchaanim vti ◆ il/elle le tient par la ficelle

ᐙᐅᔮᔮᐹᒋᓯᐤ waauyaayaapaachisiu vai ◆ il/elle (filiforme) est circulaire

ᐊᓯᒁᐦᐱᒋᑭᓈᔮᐲ asikwaahpichikinaayaapii ni ◆ une ficelle pour attacher les oies ensemble

ᐲᔖᑭᓈᐲ piishaakinaapii ni ◆ une corde ou une ficelle de cuir

ᓯᒋᐦᑎᐱᐦᒁᓐ sichihtipihkwaan ni -m ◆ un morceau de toile qui renforce le revêtement du tipi là où une corde ou une ficelle est attachée

ᓯᒋᐱᑎᐦᑖᑭᓈᔮᐲ sichipitihtaakinaayaapii ni ◆ une ficelle pour attacher la peau sur un cadre pour la faire sécher

ᔑᑳᐱᐦᒑᓈᐤ shikaapihchaanaau vta ◆ il/elle le/la tient par la ficelle, la laisse

ᒋᔖᔮᒁᔮᐲ chishaayaakwaayaapii ni ◆ de la ficelle, du lacet de peau d'ours

ᒫᑯᐱᑎᒥᐢᑯᐦᑐᔮᓐ maakupitimiskuhtuyaan ni ◆ une ficelle pour attacher ensemble un cadre pour faire sécher la peau de castor

ᒨᓱᔮᓈᔮᐲ muusuyaanaayaapii ni ◆ de la ficelle, de la cordelette en peau d'orignal

ficelle à filet de pêche

ᐃᐦᐄᐱᔮᐹᒄ ihiipiyaapaakw na [Whapmagoostui] ◆ de la ficelle pour faire le filet de pêche

ficelle de filet de pêche

ᐃᐦᐄᐲᐅᔓᓂᑖᑭᓐ ihiipiiushunitaakin ni ◆ une ficelle pour le filet de pêche

fichu

ᑖᐱᔥᑳᑭᓐ taapishkaakin na ◆ une écharpe, un foulard, une cravate, un fichu

fier

ᒋᐢᑖᔨᒦᓲ chistaayimiisuu vai reflex -u ◆ il est fier de lui, elle est fière d'elle, il/elle se prend pour quelqu'un

ᒥᒥᐦᒋᐦᐋᐤ mimihchihaau vta redup ◆ il/elle le rend fier de lui, la rend fière d'elle ▪ ᒘᓐ ᒥᒥᐦᒋᐦᐋᐤ ᐅᑯᓯᐢᐦ. ▪ chwaan mimihchihaau ukusis-h. ▪ *Jean est fier de son fils.*

ᒥᒥᐦᒋᓰᐤ mimihchisiiu vai redup ◆ il est fier, elle est fière

ᒥᒥᐦᑖᑯᓰᐚᒑᐤ mimihtaakusiiwaachaau vai redup ◆ il/elle en est fière, se pavane avec

ᓂᓈᐹᐅᐱᔨᐦᐆ ninaapaaupiyihuu vai -u ◆ il/elle marche comme un homme, fièrement

fièvre

ᒋᔑᑖᐅᓂᑯᓰᐤ chishitaaunikusiiu vai [Wemindji] ◆ il/elle a de la fièvre, est chaud-e au toucher

ᒋᔑᑖᐚᐢᐱᓈᐤ chishitaawaaspinaau vai ◆ il/elle a de la fièvre

ᒋᔑᑖᐅᐱᔨᐤ chishitaaupiyiu vai ◆ il/elle sue à cause de la fièvre

ᑎᐦᒋᐱᔨᐤ tihchipiyiu vai ◆ il/elle se refroidit après une suée ou une fièvre, il/elle fond

figer

ᐴᓈᑯᓈᐤ puunaakunaau vai ◆ il/elle met de la neige dans le bouillon pour faire figer le gras

figure

ᔑᔓᐦᒀᓈᐤ shishuhkwaanaau vta redup ◆ il/elle lui barbouille la figure avec

fil

ᐊᐢᑎᓵᔮᐲ astisaayaapii ni ◆ du fil pour des mitaines

ᒥᔑᓂᔥᑎᐦᐄᑭᓈᔮᐲ mishinishtihiikinaayaapii na ◆ du fil à broder

ᒥᑖᓵᔮᐲ mitaasaayaapii ni -m ◆ de la laine, du fil

ᓂᒥᐢᒌᐅᔥᑯᑖᐚᔮᐲ nimischiiushkutaawaayaapii ni -m ◆ du fil électrique

ᐱᔺᐱᐢᒁᔮᐲ piywaapiskwaayaapii ni ◆ un fil de fer, un fil métallique

ᐙᔥᑖᓂᒫᑭᓈᔮᐲᐦ waashtaanimaakinaayaapiih ni pl -m ◆ des fils électriques

ᒋᐢᐱᑭᑗᐤ chispikitwaau vii ◆ le fil de la lame du couteau, de la hache est épais

ᐱᔑᐚᐳᒋᑭᓐᐦ pishiwaapuchikinh ni pl ◆ des décorations faites de fil sur les raquettes

ᓯᑭᐺᓐ sikipwaan na ◆ de la viande rôtie sur un fil

ᐱᐱᑭᑗᐤ pipikitwaau vii ◆ le fil de la lame du couteau, de la hache est fin

fil à coudre

ᑭᐢᒋᒁᓱᐐᓈᔮᐲ kischikwaasuwinaayaapii na -m ◆ du fil à coudre

fil de fer

ᐱᓈᔮᐹᒋᔥᑭᒼ pinaayaapaachishkim vti ◆ il/elle dérange le fil de fer du collet

fil électrique

ᐃᔥᑯᑖᐅᐚᔮᐲ ishkutaauwaayaapii ni -iim ◆ du fil électrique

file

ᐃᔥᒁᑳᐳᐏᐏᒡ ishkwaakaapuwiwich vai pl -uwi ◆ les grosses vagues s'arrêtent aux rapides, c'est la fin d'une file de gens, d'arbres

filet

ᐃᐦᐄᐲ ihiipii na ◆ un filet de pêche, un filet

ᐋᐦᒋᑯᐦᐄᐲ aahchikuhiipii ni -um ◆ un filet pour attraper les phoques

ᐊᒥᐢᑯᐦᐄᐲ amiskuhiipii ni -uum ◆ un filet utilisé pour tuer le castor

ᐱᒁᐅᑭᓈᔑᑭᓐ pikwaaukinaashikin ni -m ◆ un filet, un filet mignon

ᐱᔮᐅᐦᐄᐱ piyaauhiipii ni -im ◆ un filet pour attraper des lagopèdes
ᔓᓂᑖᑭᓐ shunitaakin ni ◆ de la ficelle pour le filet
ᓯᒋᒫᐅᔮᓐ sichimaauyaan ni ◆ une moustiquaire, un filet moustiquaire
ᒌᔥᑎᐦᒑᐱᔨᐤ chiishtihchaapiyiu vai ◆ il/elle laisse le filet de pêche lui glisser des mains en le préparant
ᐃᐦᐄᐱᐦᒑᓯᐤ ihiipihchaasiu vai ◆ il/elle fabrique des filets
ᒥᐦᒌᐱᑖᐤ mihchiipitaau vai ◆ il/elle attrape un gros poisson dans son filet
ᓈᑎᐦᐄᐹᐤ naatihiipaau vai ◆ il/elle vérifie le filet de pêche
ᐱᐢᒋᓯᐤ pischisiu vai ◆ il/elle a une maille large (ex. filet)
ᑖᐱᑯᓈᐤ taapikunaau vta ◆ il/elle le/la rassemble (les mailles d'un filet) dans sa main pour y faire passer la ficelle, il/elle enfile le fil de renfort sur le filet
ᐅᑎᓈᐹᐤ utinaapaau vai ◆ il/elle tire la ficelle attachée au bout du filet de pêche qui sera levé en hiver
ᐧᐄᐦᒁᐢᒋᓂᑭᓐ wiihkwaaschinikin ni ◆ la fin d'une rangée de bâtons dans un piège en filet pour attraper les castors
ᐊᒫᐦᐄᐹᐤ amaahiipaau vii ◆ il n'y a plus de poissons à attraper par ici ce qui fait qu'on doit déplacer le filet de pêche ■ ᓂᑭ ᐋᐦᑎᓂᐦᐄᐹᓐ ᔖᔥ ᐊᒫᐦᐄᐹᐤ ᐅᑎᐦ ᓂᒫᐢᕽ ■ niki aahtinihiipaan shaash amaahiipaau utih nimaas. ■ *Je vais déplacer mon filet ailleurs parce qu'il n'y a plus de poissons à attraper par ici.*
ᒑᑎᐦᐄᐹᓈᐤ chaatihiipaanaau vai ◆ il/elle l'enlève, le/la sort du filet

filet à castor

ᐃᐦᐄᐱᐦᒑᐤ ihiipihchaau vai ◆ il/elle fabrique un filet de pêche, un filet à castor
ᐱᑎᐦᐅᔮᐤ pitihuyaau vta ◆ il/elle l'attrape dans un filet à castor, un filet de pêche
ᐧᐃᑎᓂᐦᐄᐹᐤ witinihiipaau vta ◆ il/elle tire la ficelle attachée au filet de pêche pour le vérifier en hiver, il/elle s'assoit et attends au bord du filet à castor pour attraper le castor au moment où il se prendra dans le filet

filet de pêche

ᓂᒫᓯᐦᐄᐱ nimaasihiipii na -um ◆ un filet de pêche
ᐊᑯᔥᑐᔮᑭᓐ akushtuyaakin ni ◆ un flotteur pour le filet de pêche
ᐊᑎᑐᓂᐦᐄᐹᓐ atitunihiipaan ni ◆ un tissu utilisé pour rouler et ranger le filet de pêche
ᒌᔥᑎᐦᐄᐹᓈᐦᑎᒄ chiishtihiipaanaahtikw ni ◆ un des deux poteaux qui servent à ancrer le filet de pêche
ᐃᐦᐄᐱᔮᐹᒄ ihiipiyaapaakw na ◆ un vieux filet de pêche qui n'est plus assez bon pour la pêche mais qu'on peut utiliser pour autre chose
ᒁᐱᐦᐧᐋᓐ kwaapihwaan na ◆ un filet de pêche pour ramasser les poissons
ᐱᒥᑖᐢᑯᓂᑭᓐ pimitaaskunikin na ◆ une planche pour préparer la taille du filet de pêche
ᐱᐹᐦᐄᑭᓐ pipaahiikin na redup ◆ une ficelle utilisée pour renforcer les bords du filet de pêche
ᐅᑎᓈᑭᓈᐱ utinaakinaapii ni -iim ◆ la ligne utilisée pour tirer les filets sous la glace
ᐅᑎᓈᐹᓐ utinaapaan ni ◆ l'endroit au bout du filet de pêche sous la glace
ᐧᐋᐢᐱᑎᐦᐄᐹᓐ waaspitihiipaan ni ◆ de la ficelle pour raccommoder les filets de pêche
ᐧᐃᒋᔥᑭᒋᔒᐅᐦᐄᐱ wichishkichishiiuhiipii ni -im ◆ une ficelle supplémentaire attachée en haut et en bas du filet de pêche
ᐧᐃᑎᓂᐦᐄᐹᓐ witinihiipaan ni ◆ un trou dans la glace là où on remonte le filet de pêche pour le vérifier
ᐊᒫᐦᐄᐹᑎᒼ amaahiipaatim vti ◆ il/elle n'attrape plus de poisson par ici alors il/elle doit déplacer le filet de pêche
ᐊᐱᐹᐦᐋᐤ apipaahaau vta ◆ il/elle renforce les extrémités du filet de pêche
ᑭᒑᒧᑎᐦᐄᐹᐤ kichaamutihiipaau vai ◆ il/elle vole des filets de pêche
ᒥᒥᔪᐱᑖᐤ mimiyupitaau vai redup ◆ il/elle attrape des poissons qui sont gros et en bonne santé dans son filet de pêche
ᒥᓂᐦᐄᐹᐤ minihiipaau vai ◆ il/elle remonte le filet de pêche
ᐹᓯᐦᐄᐹᐤ paasihiipaau vai ◆ il/elle fait sécher le filet de pêche
ᐱᒋᐢᑎᐦᐧᐋᐤ pichistihwaau vai ◆ il/elle pose un filet de pêche
ᐱᑎᐦᐅᑖᐤ pitihutaau vii ◆ c'est attrapé dans un filet de pêche
ᓵᒋᐢᒁᐦᐄᐹᐤ saachiskwaahiipaau vai ◆ il/elle pose son filet de pêche là où il y a de l'eau libre au printemps
ᔑᐦᑳᐹᐤ shihkaapaau vta ◆ il/elle fait sécher le filet de pêche sur les buissons
ᐅᐧᐋᑖᐢᐱᑎᐦᐄᐹᐤ uwaataaspitihiipaau vai [Whapmagoostui] ◆ il/elle raccommode le filet de pêche
ᐧᐋᐢᐱᑎᐦᐄᐹᐤ waaspitihiipaau vta ◆ il/elle raccommode un filet de pêche
ᐧᐃᓂᐦᐧᐋᐤ winihwaau vta ◆ il/elle fait une erreur en fabriquant un filet de pêche
ᐊᐱᐹᐦᐄᑭᓐ apipaahiikin na ◆ une des attaches sur le bord d'un filet de pêche
ᒋᐦᑎᐦᐋᑭᓐ chihtihaakin ni ◆ un poteau, une perche pour guider le filet de pêche en hiver

ᒋᔥᑎᐧᐄᔥᑖᐧᐋᐦᐄᑭᓐ chishtiwiishtaawaahiikin ni ◆ un poteau pour le filet de pêche en hiver qui est fourchu à un bout

ᒥᔅᑎᓯᓈᐲ mistisinaapii ni -m ◆ une ancre de pierre pour le filet de pêche

ᐋᑎᔅᒀᐦᐄᐹᐤ aatiskwaahiipaau vai ◆ il/elle déplace son filet de pêche en hiver

ᐊᔅᑭᐏᐦᐄᐹᐤ askiwihiipaau vai ◆ il/elle attend assis que le castor apparaisse, il/elle attend assis près du filet de pêche

ᒑᐦᑭᐦᐄᐹᐤ chaahkihiipaau vai ◆ son poids (se dit du filet de pêche) fait se dresser les flotteurs en été

ᐃᐦᐄᐱᐦᒑᐤ ihiipihchaau vai ◆ il/elle fabrique un filet de pêche, un filet à castor

ᓃᐱᓂᐱᒋᔅᑎᐦᐙᐤ niipinipichistihwaau vai ◆ il/elle place un filet de pêche en été

ᐱᒁᐦᐄᐹᐤ pikwaahiipaau vai ◆ il/elle pose un filet de pêche en hiver

ᐱᑎᐦᐅᔮᐤ pitihuyaau vta ◆ il/elle l'attrape dans un filet à castor, un filet de pêche

ᓯᑯᓯᐤ sikusiu vai ◆ le filet de pêche a une maille étroite

ᐏᑎᓂᐦᐄᐹᐤ witinihiipaau vta ◆ il/elle tire la ficelle attachée au filet de pêche pour le vérifier en hiver, il/elle s'assoit et attends au bord du filet à castor pour attraper le castor au moment où il se prendra dans le filet

ᔮᔨᓈᐤ yaayinaau vta ◆ il/elle le /la brosse avec les mains, il/elle vérifie le filet de pêche

ᐱᑎᐦᐊᒼ pitiham vti ◆ il/elle est attrapé dans un filet de pêche, il/elle manque de le frapper

ᓵᒋᐱᑎᐦᐄᐹᐤ saachipitihiipaau vai ◆ il/elle met les flotteurs et les poids sur un filet de pêche (ceci est fait quand le filet est mis à l'eau)

ᔑᐦᑳᐹᐦᑎᐦᐋᐤ shihkaapaahtihaau vta ◆ il/elle place son filet de pêche à marée basse

ᐅᔥᑭᐦᐄᐹᓂᒫᑯᐦᒑᐤ ushkihiipaanimaakuhchaau vai ◆ il/elle rejette dans l'eau le premier poisson attrapé dans un filet après lui avoir coupé le bout d'une de ses nageoires

ᐅᐚᑎᓂᐦᐄᐹᐤ uwaatinihiipaau vai ◆ il/elle prépare le filet de pêche pour le mettre en place, en mettant des plombs et des flotteurs

ᐙᔅᐱᑖᐤ waaspitaau vta ◆ il/elle l'enroule dans un sac à mousse, raccommode le filet de pêche

ᓅᑎᐦᐄᐹᐤ nuutihiipaau vai [Whapmagoostui] ◆ il/elle prépare, répare, pose, vérifie un filet de pêche

ᓅᑎᓂᐦᐄᐹᐤ nuutinihiipaau vai ◆ il/elle prépare, répare, pose, vérifie un filet de pêche

filet de poisson

ᐅᔖᑭᓂᐦᒑᔂᐤ ushaakinihchaashwaau vai ◆ il/elle coupe le poisson par le dos pour en enlever les filets, avant que le poisson entier avec ses arêtes soit suspendu pour être fumé

filet mignon

ᐱᒁᐅᑭᓈᔑᑭᓐ pikwaaukinaashikin ni -m ◆ un filet, un filet mignon

filiforme

ᔖᑭᐚᐹᒋᓯᐤ shaakiwaapaachisiu vai ◆ il/elle est étroit-e (filiforme)

fille

ᐃᔥᒁᔑᔥ ishkwaashish na dim ◆ une fille, une petite fille

ᓂᑖᓂᔅ nitaanis nad ◆ ma fille

ᓂᑖᓂᓵ nitaanisaa nad voc ◆ fille!

ᐅᑖᓂᔅᐦ utaanis-h nad ◆ sa fille

ᐅᑖᓂᓯᒫᐤ utaanisimaau nad ◆ une fille

ᐃᔥᒁᔑᔒᐆ ishkwaashishiiuu vai -iiwi ◆ c'est une fille

ᐅᑖᓂᓯᒫᐆ utaanisimaauu vai -aawi ◆ c'est une fille (lien de parenté)

ᐅᒋᒫᔥᒁᔑᔥ uchimaashkwaashish na -iim ◆ la fille du patron, du directeur

ᐃᔥᒁᔑᔒᐦᑳᓲ ishkwaashishiihkaasuu vai -u ◆ il/elle agit comme une fille, fait semblant d'être une fille

ᐅᑖᓂᔑᔑᐤ utaanishishiu vai ◆ il/elle a une fille, elle conçoit une fille

ᒥᔪᔥᒁᐅᔑᐤ miyushkwaaushiu vai ◆ c'est une jolie fille, elle a le teint clair

film

ᐋᐦ ᑎᑳᔥᑖᐦᑎᐦᒡ aah tikaashtaahtihch nip ◆ un film

ᒥᓯᓈᐱᔅᑭᐦᐄᒑᐱᔨᐤ misinaapiskihiichaapiyiu vii ◆ ça prend des photos, des films

ᒥᓯᓈᐱᔅᑭᐦᐄᒑᐤ misinaapiskihiichaau vai ◆ il/elle prend des photos, fait un film ▪ ᒨᔥ ᒌᐦ ᒥᓯᓈᐱᔅᑭᐦᐄᒑᐤ ᑳ ᒋᔅᑯᑎᒫᒑᐟ᙮ ▪ muush chiih misinaapiskihiichaau kaa chiskutimaachaat. ▪ *Elle prenait toujours des photos quand elle enseignait.*

ᑎᑳᔥᑖᐦᑎᓐ tikaashtaahtin vii ◆ ça fait de l'ombre, c'est un film, c'est une ombre

ᑎᑳᔥᑖᐦᑎᑖᐤ tikaashtaahtitaau vai ◆ il elle va au cinéma

ᑎᑳᔥᑖᔑᓐ tikaashtaashin vai ◆ il/elle fait de l'ombre, est dans un film, c'est son ombre

fils

ᓂᑯᓵ nikusaa nad voc ◆ fils!

ᓂᑯᓯᔅ nikusis nad ◆ mon fils

ᐅᑯᓯᔅᐦ ukusis-h nad ◆ son fils

ᐅᑯᓯᓯᒫᐤ ukusisimaau nad ◆ un fils

ᐅᑯᓯᓯᒫᐆ ukusisimaauu vai -aawi ◆ il est le fils, c'est un fils

ᐅᐹᔨᒼᐦ upwaayimh nad ◆ son amoureux, son fils (de l'anglais 'boy')

ᐅᐹᔨᒥᒫᐆ upwaayimimaauu vai -aawi ◆ c'est un petit ami, un fils, de l'anglais 'boy'

ᐊᔥᐱᒋᑯᐹᓐᐦ **ashpichikupaanh** ni pl ◆ des fils pour les bouées et les plombs

filtre

ᔒᔥᒁᔮᒋᑭᐎᐦᑖᑭᓐ **shiishkwaayaachikiwihtaakin** ni ◆ un tamis, une crépine, une passoire, un filtre

filtrer

ᔒᔥᒁᔮᒋᑭᐎᐦᐋᐤ **shiishkwaayaachikiwihaau** vta ◆ il/elle le/la filtre

ᔒᔥᒁᔮᒋᑭᐎᐦᑖᐤ **shiishkwaayaachikiwihtaau** vai+o ◆ il/elle le filtre, le passe

fin

ᐄᔥᒁᔮᐤ **iishkwaayaau** vii ◆ c'est la fin de quelque chose

ᐱᐱᒑᒋᓯᐤ **pipichaachisiu** vai ◆ il/elle est fin-e (étalé)

ᐱᐱᒑᑭᓐ **pipichaakin** vii ◆ c'est fin (étalé)

ᐱᐱᑳᐱᓯᔅᒋᓯᐤ **pipikaapisischisiu** vai ◆ il/elle est fin-e (minéral)

ᐱᐱᑳᐱᔅᑳᐤ **pipikaapiskaau** vii ◆ c'est fin (minéral)

ᐱᐱᑳᔅᑯᓐ **pipikaaskun** vii ◆ c'est fin (long et rigide)

ᐱᐱᑳᔅᑯᓯᐤ **pipikaaskusiu** vai ◆ il/elle est fin-e (long et rigide)

ᐱᐱᑳᐤ **pipikaau** vii ◆ c'est fin

ᒥᑖᐹᓯᐦᑖᑭᓐ **mitaapaasihtaakin** ni ◆ la fin d'un portage

ᐋᒥᑖᐹᓯᐦᑖᓂᐎᒡ **aamitaapaasihtaaniwich** p,lieu ◆ à la fin d'un portage ■ ᐋᑯᑎᐦ ᐊᓂᑎᐦ ᐋᐦ ᒥᑖᐹᓯᐦᑖᓂᐎᒡ ᑳᐦ ᐱᒋᔅᑎᓂᒫᐦᒡ ᐊᓂᐦᐄ ᒑᒁᓂᐦᐄ ᑲ ᐱᒋᔥᑣᔮᐦᒡ᙮ ■ aakutih anitih aah mitaapaasihtaaniwich kaah pichistinimaahch anihii chaakwaanihii kaa pichishtwaayaahch. ■ *Nous avons laissé nos affaires à la fin du portage.*

ᐄᔥᒁᐦᑎᓐ **iishkwaahtin** vii ◆ c'est le bout, la fin du barrage de castor

ᐄᔥᒁᑖᐅᐦᑳᐤ **iishkwaataauhkaau** vii ◆ c'est la fin d'une crête sablonneuse

ᐃᔥᒁᑎᓈᐤ **ishkwaatinaau** vii ◆ c'est la fin de la montagne

ᐃᔥᒁᔮᐅᐦᑳᐤ **ishkwaayaauhkaau** vii ◆ c'est la fin de la colline

ᒁᔅᒋᐱᐳᓐ **kwaaschipipun** vii ◆ c'est vers la fin de l'hiver

ᒥᔪᑭᑖᐅᐦᑳᐤ **miyukitaauhkaau** vii ◆ c'est du sable fin

ᓈᒥᒧᓈᒋᐎᓐ **naamimunaachiwin** vii ◆ c'est la fin du rapide

ᐲᓵᓈᐅᐦᑳᐤ **piisaanaauhkaau** vii ◆ c'est fin (granuleux, ex. sable)

ᐱᐱᒋᐦᑯᑖᐤ **pipichihkutaau** vta ◆ il/elle le/la taille fine

ᐱᐱᒋᐦᑯᑎᒼ **pipichihkutim** vti ◆ il/elle le taille fin

ᐱᐱᒋᔑᒼ **pipichishim** vti ◆ il/elle le coupe fin

ᐱᐱᒋᔣᐤ **pipichishwaau** vta ◆ il/elle le/la coupe fine

ᐱᐱᒋᓯᒁᐤ **pipichisikwaau** vii ◆ c'est de la glace fine

ᐱᐱᒋᐎᔨᔪᒌᐤ **pipichiwiyiyuchiiu** vai ◆ les nouvelles pousses sur l'arbre sont fines

ᐱᐱᑭᔖᔑᐤ **pipikishaashiu** vai dim ◆ sa peau est très fine

ᓵᒑᐙᑎᒁᐤ **saachaawaatikwaau** vii ◆ Il y a des signes indiquant la fin du rapide au loin

ᑖᑭᔑᐦᑖᐤ **taakishihtaau** vai+o ◆ il/elle le complète, est là jusqu'à la fin

ᐑᐦᒁᐙᔖᐤ **wiihkwaawaashaau** vii ◆ c'est la fin de la baie

ᐎᓂᔅᑯᓯᐤ **winiskusiu** vai ◆ il/elle en est le bout, la fin

ᐎᓂᔅᒁᐤ **winiskwaau** vii ◆ c'en est le bout, la fin

ᒥᑖᐹᓈᓂᐦᒡ **mitaapaanaanihch** p,lieu ◆ au bout du portage, à la fin du portage

ᓅᐦᑖᐱᐳᓐᐦ **nuuhtaapipunh** p,temps ◆ avant la fin de l'année prévue ou de l'hiver prévu ■ ᓅᐦᑖᐱᐳᓐ ᓂᒌᐦ ᐹᒋ ᒌᐙᐱᔨᓈᓐ ᑳᐦ ᐋᐦᑯᓯᑦ ᓂᑳᐑ᙮ ■ nuuhtaapipunh nichiih paachi chiiwaapiyinaan kaah aahkusit nikaawii. ■ *Nous avions prévus d'être absents pour une année, mais nous sommes revenus plus tôt que prévu parce que ma mère est tombée malade.*

ᐊᐱᔖᔥᑯᔑᔑᐤ **apishaashkushishiu** vii dim ◆ c'est petit, c'est court et fin (se dit de quelque chose de long et rigide) ■ ᓈᔥᑖᐻᐦ ᐊᐱᔖᔥᑯᔑᔑᐤ ᓂᒥᔥᑎᑯᒥᓈᓐ᙮ ■ naashtaapwaah apishaashkushishiu nimishtikuminaan. ■ *Notre arbre est très petit.*

ᒌᓈᐙᒋᐎᓐ **chiinaawaachiwin** vii ◆ il y a un goulet à la fin du rapide

ᐄᔅᑯᓯᒁᐤ **iiskusikwaau** vii ◆ c'est la lisière, la fin d'une étendue de glace

ᐃᔥᒁᑳᐳᐎᐎᒡ **ishkwaakaapuwiwich** vai pl -uwi ◆ les grosses vagues s'arrêtent aux rapides, c'est la fin d'une file de gens, d'arbres

ᒁᔅᒋᓃᐱᓐ **kwaaschiniipin** vii ◆ c'est la fin de l'été, lit. 'la saison change'

ᐹᐦᐹᑯᐙᐤ **paahpaakuwaau** vai ◆ sa fourrure, ses poils sont fins et courts

ᐱᐱᑭᑣᐤ **pipikitwaau** vii ◆ le fil de la lame du couteau, de la hache est fin

ᐎᓂᔅᑯᒨ **winiskumuu** vii -u ◆ c'est le bout, la fin de la route

ᒥᒋᓐ **michin** p,manière ◆ exactement, complètement, du début à la fin ■ ᓈᔥᒡ ᒥᒋᓐ ᐋᐦ ᐑᐦ ᒋᔅᒑᔨᐦᑎᐦᒃ ᑖᓂᑖᐦ ᐋᐦ ᐃᐦᑐᑖᑭᓂᐎᔨᒡ᙮ ■ naashch michin aah wiih chischaayihtihk taanitaah aah ihtutaakiniwiyich. ■ *Il veut savoir exactement comment c'est fait, du début à la fin.*

ᐱᐱᒁᐤ **pipikwaau** vai redup ◆ le bruit des pagaies qui frappent le canot, le bruit de la glace qu'on teste qui signifie qu'elle est fine ■ ᔖᔥ ᐹᒋ ᐱᐱᒁᐤ ᔖᔥ ᒥᔑᑳᒋᒑᓂᒌ᙮ ■ shaash paachi pipikwaau shaash mishikaachichaanichii. ■ *Tu peux entendre le bruit des pagaies sur le canot, ils doivent être en train d'arriver.*

fin du mois

ᐄᔥᒁᑯᒋᓐ **iishkwaakuchin** vii ◆ ça a été assez suspendu, c'est la fin du mois

finalement

ᒌᒃ chaak p,temps ◆ finalement, enfin ■ ᒌᒃ ᒦᓐ ᑳ ᒋᔅᑐᐦᑖᐨ ᑳᐦ ᒌᔑᐦᑐᑎᐦᒃ ᐅᑖᐱᑎᓰᐎᓐ᙮ ■ chaak miin kaa chistuhtaat kaah chiishihtutihk utaapitisiiwin. ■ *Elle/il est enfin reparti-e après avoir fini son travail.*

fine

ᐹᐦᐹᑯᐙᔮᐤ paahpaakuwaayaau vii ◆ la fourrure est fine

finette

ᑳᐲᐧᔖᔮᑭᔑᒡ kaapiishwaayaakishich nip ◆ du pilou, de la finette, de la flanelle de coton

fini

ᒌᔑᐱᔨᐤ chiishipiyiu vii ◆ c'est fini, terminé

ᐄᔥᒁᐱᔨᐤ iishkwaapiyiu vii ◆ c'est fini, c'est le jour du nouvel an

ᒫᐦᒋᐱᔨᐤ maahchipiyiu vai ◆ il/elle est fini-e, diminue, il n'y en a plus (animé)

ᒥᐦᑖᒄ mihtaakw p,manière ◆ fini, terminé, surmonté (utilisé à la forme négative pour une sensation désagréable) ■ ᐅᔥᑭᒡ ᑳ ᑭᓂᐙᔨᒥᒃ ᓈᔥᒡ ᐋᐦ ᒌᐦ ᒌᐎᔖᔨᐦᑎᐦᒃ, ᐊᓅᐦᒡ ᒫᒃ ᔖᔥ ᓂᒥ ᒥᐦᑖᒄ ᐃᔨᐦᑎᐤ᙮ ■ ushkich kaa kiniwaayimik naashch aah chiih chiiwishaayihtihk, anuuhch maak shaash nimi mihtaakw iyihtiu. ■ *Quand j'ai commencé à m'occuper de lui, il avait le mal du pays, maintenant c'est presque fini.*

ᐄᔥᒁᒥᑯᔖᒌᔑᑳᐤ iishkwaamikushaachiishikaau vii ◆ Noël est passé

ᒥᑐᓈᐤ mitunaau vii ◆ c'est fini, parfait, lisse (se dit du sol)

finir

ᒌᔑ chiishi préverbe ◆ finir

ᒌᔑᐦᐋᐤ chiishihaau vta ◆ il/elle le/la finit ■ ᔖᔥ ᒌᔑᐦᐋᐤ ᐊᓂᔮᐦ ᐊᓵᒻᐦ ᑳ ᓂᑎᐙᔨᐦᑎᒧᐙᑭᓂᐎᐨ᙮ ■ shaash chiishihaau aniyaah asaamh kaa nitiwaayihtimuwaakiniwit. ■ *Elle a fini les raquettes que quelqu'un voulait.*

ᒌᔑᐦᑖᐤ chiishihtaau vai+o ◆ il/elle le finit ■ ᐅᑖᑯᔒᐦᒡ ᒌᐦ ᒌᔑᐦᑖᐤ ᐊᓂᔮᐦ ᒥᔅᒋᓯᓐᐦ ᑳ ᐅᔑᐦᑖᐨ᙮ ■ utaakushiihch chiih chiishihtaau aniyaah mischisinh kaa ushihtaat. ■ *Elle a fini les mocassins qu'elle fabriquait hier.*

ᒌᔑᐦᑐᑎᒻ chiishihtutim vti ◆ il/elle le finit

ᔮᐦᐋᐤ yaahaau vta ◆ il/elle finit avant lui/elle

ᒌᔖᒋᒨ chiishaachimuu vai -u ◆ il/elle a finit de raconter une histoire ■ ᒹᐦᒡ ᒌᐦ ᒌᔖᒋᒨ ᑳ ᐹᒋ ᐲᐦᒋᒑᐎᐨ᙮ ■ mwaahch chiih chiishaachimuu kaa paachi piihchichaawit. ■ *Il finissait de raconter son histoire au moment où tu es entré.*

ᒌᔑᑳᐃᐦᑎᒻ chiishikaaihtim vti ◆ il/elle a fini de pelleter la neige là où l'habitation va être érigée

ᒌᔑᒁᑖᐤ chiishikwaataau vta ◆ il/elle a finit de le/la coudre

ᒌᔑᒁᑎᒻ chiishikwaatim vti ◆ il/elle finit de le coudre ■ ᔖᔥ ᒋᑭ ᒌᔑᒁᑎᒻ ᐊᓂᔮ ᐙᐳᔮᓂᔨᐤ ᑳ ᐱᒦᐦᑭᐦᒃ᙮ ■ shaash chiki chiishikwaatim aniyaa waapuyaaniyiu kaa pimiihkihk. ■ *Elle finit de coudre la couverture sur laquelle elle travaillait.*

ᒫᐦᒋᐦᑖᐤ maahchihtaau vai+o ◆ il/elle l'utilise, le finit complètement

fissure

ᓰᐦᑎᐎᐦᐊᒻ siihtiwiham vti ◆ il/elle remplit les fissures

ᓰᐦᑎᐎᐱᔨᐤ siihtiwipiyiu vai ◆ il/elle tombe dans une fissure, une crevasse

ᓰᐦᑎᐎᐦᑎᓐ siihtiwihtin vii ◆ c'est coincé dans une crevasse, une fissure étroite

fixer

ᐎᓂᐦᐄᑭᓈᐦᑎᒄ winihiikinaahtikw ni ◆ un bâton utilisé pour bien fixer un piège

ᒌᑎᐙᐱᐦᑳᑖᐤ chiitiwaapihkaataau vta ◆ il/elle le/la fixe bien en place en l'attachant

ᒌᑎᐙᐱᐦᑳᑎᒻ chiitiwaapihkaatim vti ◆ il/elle le fixe bien en place en l'attachant

ᓈᔅᐱᑎᒧᐦᑖᐤ naaspitimuhtaau vai ◆ il/elle le fixe, l'assujettit de façon permanente

ᔮᐃᔨᒋᐦᑖᐤ yaaiyichihtaau vai+o ◆ il/elle le met bien en place, le fixe bien

ᔮᐃᔨᓯᓈᑯᐦᐋᐤ yaaiyisinaakuhaau vta ◆ il/elle l'attache, le fixe

ᔮᐃᔨᓯᓈᑯᐦᑖᐤ yaaiyisinaakuhtaau vai ◆ il/elle le fixe bien en place

ᔮᐃᔨᒋᐦᐋᐤ yaaiyichihaau vta ◆ il/elle l'attache, le fixe solidement

flambé

ᐱᐦᑖᐤ pihtaau na -um ◆ un castor flambé

ᐱᐦᑖᐙᐳᔥ pihtaawaapush na ◆ un lièvre dépiauté et flambé

flamber

ᐱᐦᑖᐤ pihtaau vai+o ◆ il/elle le flambe pour enlever les poils, les plumes, les piquants, etc.

ᐊᒁᐱᔅᒋᓂᑭᓐ akwaapischinikin ni ◆ un morceau de métal plat utilisé pour flamber les animaux et enlever les poils, les piquants

ᐱᐦᑖᒁᑭᓈᐦᑎᒄ pihtaakwaakinaahtikw ni -um ◆ un bâton utilisé pour flamber un porc-épic

ᒌᐦᒌᔑᐦᐙᐤ chiihchiishihwaau vta ◆ il/elle gratte le poil brûlé, la fourrure de l'animal en le flambant

ᓃᐳᐙᔅᒑᐅᒋᓂᒻ niipuwaaschaauchinim vti ◆ il/elle met du bois sur le feu qui flambe tout droit

ᐱᐦᑖᒁᐤ pihtaakwaau vai ◆ il/elle flambe le porc-épic pour enlever les poils et les piquants

ᐱᐦᑖᒥᔅᒁᐤ pihtaamiskwaau vai ◆ il/elle flambe le castor pour enlever la fourrure

ᑳᑯᐦᑎᒄᐦ kaakuhtikwh ni pl ◆ du bois spécialement utilisé pour flamber le porc-épic

flamme

ᒑᐦᑳᔥᑖᐱᔨᐤ chaahkaashtaapiyiu vii ◆ le feu s'embrase et les flammes s'élèvent vives et hautes

ᒋᓌᔥᑖᐱᔨᐤ chinwaashtaapiyiu vii ◆ les flammes jaillissent du feu

ᒋᐦᐹᐙᐊᑎᐦᑭᐦᓲ chipwaawaatihkihsuu vai -u
◆ il/elle est emprisonné-e par les flammes
ᐃᔪᐎᔑᐙᔮᔥᑎᓐ iyuwishiwaayaashtin vii ◆ la flamme vacille dans le vent
ᒥᐦᑳᔥᑖᐱᔫ mihkaashtaapiyiu vii ◆ des flammes hautes et brillantes s'élèvent du feu
ᒥᐦᑭᐦᑯᔮᓂᒻ mihkihkuyaanim vti ◆ il/elle fait bondir les flammes en ajoutant du carburant
ᓃᐳᐙᔅᒑᐅᒋᓂᒻ niipuwaaschaauchinim vti
◆ il/elle met du bois sur le feu qui flambe tout droit
ᓵᓵᒋᒁᐦᑯᑖᐤ saasaachikwaahkutaau vii ◆ les flammes du feu de forêt sont visibles
ᔖᔥᑳᔥᑖᐱᔫ shaashkaashtaapiyiu vii ◆ les flammes dansent
ᒁᐦᑯᑎᐙᐱᔫ kwaahkutiwaapiyiu vii ◆ les flammes s'élèvent du feu

flan
ᐴᑎᓐ puutin na -im ◆ du flan, du pouding à la vapeur, de l'anglais 'pudding'

flanelle
ᑳᐲᔖᔮᑭᔑᒡ kaapiishwaayaakishich nip ◆ du pilou, de la finette, de la flanelle de coton

flaque
ᐊᔅᒌᐙᐳᐃ aschiiwaapui ni ◆ une flaque d'eau

flaque d'eau
ᐙᔨᐹᔮᐤ waayipaayaau vii ◆ c'est une flaque d'eau, un trou rempli d'eau

flaques d'eau
ᐅᐄᔥᑎᐦᒋᐹᔮᐤ uwiishtihchipaayaau vii ◆ il y a des flaques d'eau sur le sol bosselé dans une zone marécageuse

flèche
ᐊᑭᔅᒄ akiskw na ◆ une flèche
ᐊᑭᔅᒁᐦᑎᒄ akiskwaahtikw na ◆ la pointe d'une flèche
ᐱᒧᑎᐦᒁᑖᐤ pimutihkwaataau vta ◆ il/elle lui tire une flèche dessus
ᐱᒧᑎᐦᒁᑎᒻ pimutihkwaatim vti ◆ il/elle tire une flèche dessus
ᐱᒧᑎᐦᒁᐤ pimutihkwaau vai ◆ il/elle lance des flèches

fléchir
ᓂᐙᐱᔫ niwaapiyiu vii ◆ ça oscille, fléchit

fleur
ᓃᐲᔥ niipiish ni ◆ des fleurs, des fleurs artificielles
ᑳᓃᐲᐅᔥᑖᒡ kaaniipiiushtaach nip ◆ un tissu à fleurs
ᒌᔑᐹᒥᒌᐤ chiishipaamichiiu vii ◆ c'est en fleur, en pleine floraison
ᒌᔑᐱᑭᓐ chiishipikin vii ◆ tout est en fleur, en pleine floraison
ᓃᐲᐤ niipiiu vai ◆ il/elle a des fleurs, des feuilles

fleuri
ᓂᓃᐲᐅᔥᑖᐤ niniipiiushtaau vii ◆ c'est fleuri

flexible
ᑑᔥᑑᐹᔅᑯᓐ tuushtuupaaskun vii ◆ c'est flexible (long et rigide)
ᑑᔥᑑᐹᔅᑯᓯᐤ tuushtuupaaskusiu vai ◆ il/elle est flexible (long et rigide)
ᑑᔥᑑᐹᐤ tuushtuupaau vii ◆ c'est flexible
ᑑᔥᑑᐱᓯᐤ tuushtuupisiiu vai ◆ il/elle est flexible
ᑑᔥᑑᐱᔫ tuushtuupiyiu vii ◆ c'est flexible

flip
ᒁᔥᒁᓂᒋᐱᔫ kwaashkwaanichipiyiu vai
◆ il/elle se retourne en avant, fait un flip vers l'avant

floc
ᔑᑯᐦᐊᒻ shikuham vti ◆ il/elle le laisse tomber avec un floc
ᔑᑯᐦᑎᑖᐤ shikuhtitaau vai ◆ il/elle le laisse tomber avec un floc

flocon
ᒥᒥᐦᑳᑯᓂᒋᐱᔫ mimihkaakunichipiyiu vii redup
◆ il neige à gros flocons
ᑳᐱᐱᔮᐱᑦ kaapipiyaapit nap ◆ de la neige fraîche, de la neige fraîchement tombée, des flocons de neige

flocon de neige
ᒦᒋᒫᑯᓂᔥ miichimaakunish na ◆ un petit flocon de neige
ᐱᔮᐙᑯᓂᔥ piyaawaakunish na ◆ de légers flocons de neige

flocons d'avoine
ᐊᔫᒥᓂᒡ ayuuminich na pl -im ◆ des flocons d'avoine

floraison
ᒌᔑᐹᒥᒌᐤ chiishipaamichiiu vii ◆ c'est en fleur, en pleine floraison
ᒌᔑᐱᑭᓐ chiishipikin vii ◆ tout est en fleur, en pleine floraison

flotter
ᐊᑯᐦᒋᓐ akuhchin vai ◆ il/elle flotte
ᐊᑯᐦᑎᓐ akuhtin vii ◆ ça flotte
ᐱᒫᐳᑰ pimaapukuu vai -u ◆ il/elle flotte
ᐱᒫᐳᑖᐤ pimaaputaau vai+o ◆ il/elle le laisse flotter
ᐱᒫᐳᑖᐤ pimaaputaau vii ◆ ça flotte
ᐱᒫᐳᔮᐤ pimaapuyaau vta ◆ il/elle la/le laisse flotter (par ex. une pagaie)
ᐱᐱᔥᑎᐦᐄᐹᐤ pipishtihiipaau vii redup ◆ ça flotte légèrement sur l'eau
ᐅᐦᑎᔅᑯᐎᑯᐦᒋᓐ uhtiskuwikuhchin vai ◆ il/elle flotte tout droit vers le locuteur ou la locutrice
ᐅᐦᑎᔅᑯᐎᑯᐦᑎᓐ uhtiskuwikuhtin vii ◆ ça flotte vers le locuteur ou la locutrice
ᐧᐃᔥᑎᐦᐄᐹᐤ wishtihiipaau vii ◆ ça flotte à la surface de l'eau
ᐧᐃᔥᑎᐦᐄᐹᐤ wishtihiipaau vai ◆ il/elle flotte à la surface de l'eau

ᐋᒫᐳᑰ aamaapukuu vai -u ◆ il/elle franchit le rebord en flottant

ᐊᒋᔥᑎᑯᐦᒋᓐ achishtikuhchin vai ◆ il/elle flotte la tête en bas

ᐊᒋᔥᑎᑯᐦᑎᓐ achishtikuhtin vii ◆ ça flotte à l'envers

ᐊᑯᒨ akumuu vai -u ◆ il/elle flotte sur place (par exemple dans un canot ou juste dans l'eau)

ᐊᑎᒫᐳᑰ atimaapukuu vai -u ◆ il/elle s'éloigne en flottant

ᐊᑎᒫᐳᑖᐤ atimaaputaau vii ◆ ça s'éloigne en flottant

ᐄᔨᐹᑯᐦᒋᓐ iiyipaakuhchin vai ◆ il/elle flotte en penchant d'un côté

ᒥᐢᑎᐙᑯᐦᒋᓐ mistiwaakuhchin vai ◆ il/elle flotte de ci de là

ᒥᐢᑎᐙᑯᐦᑎᓐ mistiwaakuhtin vii ◆ ça flotte ici et là

ᐹᑖᐳᑰ paataapukuu vai -u ◆ il/elle flotte vers le locuteur

ᐲᐦᒋᔥᑎᐙᐳᑰ piihchishtiwaapukuu vai -u ◆ il/elle entre dans la rivière en flottant

ᐱᒫᐦᐅᑖᐤ pimaahutaau vai+o ◆ il/elle flotte, emporté par le courant

ᐱᒫᐦᐅᔮᐤ pimaahuyaau vta ◆ il/elle l'emporte en flottant

ᐅᐦᐱᒫᑯᐦᑎᓐ uhpimaakuhtin vii ◆ ça flotte penché sur le côté

ᐙᐹᐳᑖᐤ waapaaputaau vii ◆ ça s'éloigne en flottant

ᐏᔥᑎᐦᐄᐹᑯᐦᒋᒫᐤ wishtihiipaakuhchimaau vta ◆ il/elle le fait flotter à la surface de l'eau parce que les plombs sont trop légers

ᐊᒁᒥᐢᒌᐤ akwaamischiiu vai ◆ il/elle repose au fond de l'eau, flotte et finit par arriver sur le rivage

ᐊᓱᐙᑯᐦᑎᑖᐤ asuwaakuhtitaau vai ◆ il/elle flotte parallèle au rivage

ᐃᔨᔨᒥᑯᐦᒋᓐ iyiyimikuhchin vai ◆ il/elle flotte face au vent dans l'eau

ᐃᔨᔨᒥᑯᐦᑎᓐ iyiyimikuhtin vii ◆ ça flotte dans l'eau face au vent

ᐃᔨᔨᒥᑯᐦᑎᑖᐤ iyiyimikuhtitaau vai+o ◆ il/elle le fait flotter face au vent sur l'eau

ᒫᐦᐄᐱᑎᒼ maahiipitim vti ◆ il/elle le laisse descendre la rivière à la ligne en flottant

ᒫᐦᔮᐱᐦᒑᓂᒼ maahyaapihchaanim vti ◆ il/elle lui fait descendre la rivière en flottant (se dit d'un canot), en le tenant avec une ligne tout en marchant le long du rivage

ᓃᐦᒋᒋᐙᔮᐳᑰ niihchichiwaayaapukuu vai -u ◆ il/elle descend la pente en flottant

ᐲᐅᑖᐳᑰ piiutaapukuu vai -u ◆ il/elle franchit le rapide en flottant

ᐲᐅᑖᐳᑖᐤ piiutaaputaau vii ◆ ça franchit le rapide en flottant

ᓵᑯᓯᒁᐱᑰ saakusikwaapikuu vai -u ◆ ça flotte sous la glace

flotteur

ᐱᐳᓂᑯᔥᑐᔮᑭᓐ pipunikushtuyaakin ni ◆ un flotteur pour le filet de pêche d'hiver

ᐊᑯᔥᑐᔮᑭᓐ akushtuyaakin ni ◆ un flotteur pour le filet de pêche

ᒫᑯᐱᑎᓯᓈᐹᐤ maakupitisinaapaau vai ◆ il/elle attache les flotteurs au filet de pêche

ᒑᐦᑭᐦᐄᐹᐤ chaahkihiipaau vai ◆ son poids (se dit du filet de pêche) fait se dresser les flotteurs en été

ᑎᐱᓂᐦᐄᐹᐤ tipinihiipaau vai ◆ il/elle mesure la distance entre les flotteurs et les plombs sur un filet de pêche

ᓵᒋᐱᑎᐦᐄᐹᐤ saachipitihiipaau vai ◆ il/elle met les flotteurs et les poids sur un filet de pêche (ceci est fait quand le filet est mis à l'eau)

ᐅᐙᑎᓂᐦᐄᐹᐤ uwaatinihiipaau vai ◆ il/elle prépare le filet de pêche pour le mettre en place, en mettant des plombs et des flotteurs

fluide

ᒨᔖᑭᒥᓯᐤ muushaakimisiu vai ◆ c'est un liquide fluide, clair (animé)

foi

ᐲᐦᒛᐦᑭᔑᐤ piihchwaahkishiu na -m ◆ une personne de foi catholique, un ou une catholique

ᑖᐺᔮᔨᐦᑎᒧᐎᓐ taapwaayaayihtimuwin ni ◆ une croyance, la foi

foie

ᐅᐢᑯᓐ uskun ni ◆ un foie, son foie

ᐋᐦᒋᑯᐢᑯᓐ aahchikuskun ni -um ◆ un foie de phoque

ᐊᒥᐢᑯᐢᑯᓐ amiskuskun ni -m ◆ du foie de castor

ᒋᔖᔮᑯᐢᑯᓐ chishaayaakuskun ni -m ◆ du foie d'ours

ᐅᐢᑯᓂᔑᑯᒥᓐ uskunishikumin ni ◆ du foie cuit et écrasé avec des baies

ᐙᐱᒫᑯᐢᑯᓐ waapimaakuskun ni ◆ un foie de baleine

ᓯᑯᔨᐢᑯᓈᓐ sikuyiskunaan ni ◆ du foie de morue cuit et mélangé avec de la chair

foin

ᒥᔥᑯᔒᐦᑳᓂᐦᒑᐤ mishkushiihkaanihchaau vai ◆ il/elle fait des meules de foin

ᒥᔥᑯᔑᐤᐦ mishkushiuh ni pl -iim ◆ de l'herbe, des légumes, du foin

ᓅᒋᔥᑯᔑᐙᑭᓐ nuuchishkushiwaakin ni ◆ une fourche, une faux

fois

ᒥᐦᒑᑗᐤ mihchaatwaau p,quantité ◆ plusieurs fois ▪ ᔖᔥ ᒥᐦᒑᑗᐤ ᓂᒌᐦ ᐑᐦᑎᒧᐙᐤ ᐋᑳ ᒑ ᐃᐦᑎᒃ ᐊᓂᔮ᙮ ▪ shaash mihchaatwaau nichiih wiihtimuwaau aakaa chaa ihtik aniyaa. ▪ *Je lui ai dit plusieurs fois de ne pas le faire.*

ᒥᑖᐦᑗᐤ mitaahtwaau p,quantité ◆ dix fois

ᓈᐙᐤ naawaau p,quantité ◆ quatre fois

ᓃᔥᑎᒼ **niishtim** p,temps ◆ première fois, en premier ■ ᓃᔥᑎᒼ ᑳ ᐧᐋᐱᒥᒃ ᐧᐋᐱᔅᒄ ᓈᔥᒡ ᐋᐦ ᒌᐦ ᑯᔥᑎᒃ᙮ ■ niishtim kaa waapimik waapiskw naashch aah chiih kushtik. ■ *La première fois que j'ai vu un ours blanc, j'ai eu très peur de lui.*

ᓃᐧᔖᐤ **niishwaau** p,quantité ◆ deux fois

ᓃᐧᓵᐧᓵᐤ **niiswaaswaau** p,quantité ◆ sept fois

ᓂᔥᐧᑖᐤ **nishtwaau** p,quantité ◆ trois fois

ᓂᔮᐧᔮᐤ **niyaaywaau** p,quantité ◆ cinq fois

ᐹᐦᐹᔨᐧᑳᐤ **paahpaayikwaau** p,quantité redup ◆ un à la fois, une à la fois ■ ᐧᒥᒄ ᐹᐦᐹᔨᐧᑳᐤ ᒌᐦ ᐱᒋᔅᑖᔅᑯᐦᐊᒼ ᐲᔑᔖᐧᐋᓂᔨᐤ ᐹᔨᒄ ᐧᐃᔮᑭᓂᔨᐤ᙮ ■ mikw paahpaayikwaau chiih pichistaaskuham piishishaawaaniyiu paayikw wiyaakiniyiu. ■ *Elle met une portion de ragoût dans chaque bol.*

ᐹᔨᑯᔖᐧᐹᐤ **paayikushaapwaau** p,quantité ◆ onze fois ■ ᐹᔨᑯᔖᐧᐹᐤ ᔖᔥ ᒌᐦ ᐧᐄᒋᐦᐄᐧᐋᐤ ᐋᐦ ᐋᔅᒑᓂᐧᐃᔨᒡ᙮ ■ paayikushaapwaau shaash chiih wiichihiiwaau aah aaschaaniwiyich. ■ *Il est déjà allé onze fois trapper le castor.*

ᑖᓐ ᑎᐦᐧᑖᐤ **taan tihtwaau** p,quantité ◆ combien de fois? ■ ᑖᓐ ᑎᐦᐧᑖᐤ ᔖᔥ ᑳ ᐧᐄᒑᐧᐃᑦ ᐋᐦ ᓃᒥᓈᓂᐧᐃᔨᒡ᙮ ■ taan tihtwaau shaash kaa wiichaawit aah niiminaaniwiyich. ■ *Combien de fois avez-vous déjà dansé avec lui/elle?*

ᓂᑯᑐᓐ **nikutun** p,temps ◆ un de ces jours, une fois ■ ᓂᑯᑐᓐ ᐋᐦ ᒌᔑᑳᔨᒡ ᐋᑯᑎᐦ ᒑ ᐧᐋᐱᐦᑎᐦᒃ ᐊᓂᔮ ᑳ ᐄᑖᑭᓂᐧᐃᑦ᙮ ■ nikutun aah chiishikaayich aakutih chaa waapihtihk aniyaa kaa iitaakiniwit. ■ *Un de ces jours, elle verra ce que les gens essayaient de lui dire.*

foncé

ᒥᒑᐹᐅ **michaapaauu** vai -aawi ◆ il a le teint foncé (se dit d'un homme)

ᒥᒋᔅᐧᑳᐅ **michiskwaauu** vai -aawi ◆ elle a le teint foncé (se dit d'une femme)

ᐅᐧᐃᔨᐹᐱᐤ **uwiyipaapiu** vai ◆ il/elle a les yeux noirs, foncés

fonctionnel

ᒋᔅᑖᐱᑎᓰᐤ **chistaapitisiiu** vai ◆ il/elle est très utile, fonctionnel/fonctionnelle

fonctionner

ᐋᐱᑎᓰᒥᑭᓐ **aapitisiimikin** vii ◆ ça marche, ça fonctionne

ᒌᐦᐃᓐ **chiihin** vii ◆ ça marche, ça fonctionne

ᒌᐦᑎᐤ **chiihtiu** vai ◆ il/elle marche, fonctionne ■ ᐄᔮᒄ ᒑᐦᑎᒃ ᐊᓐ ᓅᑖᐹᓈᔅᒄ ᑳ ᐧᐃᔮᔥᑐᑎᐧᐋᑭᓂᐧᐃᑦ᙮ ■ iiyaakw chaahtik an nuutaapaanaaskw kaa wiyaashtutiwaakiniwit. ■ *Ma voiture marche maintenant qu'elle a été réparée.*

fond

ᐋᓈᐦᒡ **aanaahch** p,lieu ◆ au fond ■ ᐋᓈᐦᒡ ᒌᐦ ᐊᔥᑖᔨᐤ ᐊᓂᔮ ᑳ ᐧᐃᓂᐦᑖᑦ᙮ ■ aanaahch chiih ashtaayiu aniyaa kaa winihtaat. ■ *Ce qu'elle avait perdu, était au fond.*

ᐋᓂᐱᔨᐤ **aanipiyiu** vii ◆ ça va jusqu'au fond

ᐋᐧᐋᐅᑭᓂᑭᓂᐧᐃᒡ **aawaaukinikiniwich** nip ◆ le fond d'un piège

ᐧᐋᔅᑳᔥᑎᐦᐄᑭᓐ **waaskaashtihiikin** ni ◆ le mur d'une tente, une partie additionnelle cousue autour du fond de la tente pour l'alourdir

ᒫᐧᑳᔮᐦᑎᒄ **maakwaayaahtikw** p,lieu ◆ au fond des bois ■ ᒫᐧᑳᔮᐦᑎᒄ ᐊᓂᑖᐦ ᒌᐦ ᒋᒥᑖᐧᐃᒡ ᐅᒥᐦᑐᑳᓂᐧᐋᐤ᙮ ■ maakwaayaahtikw anitaah chiih chimitaawich umihtukaaniwaau. ■ *Ils ont construit leur hutte d'hiver au fond des bois.*

ᐋᓂᐱᐤ **aanipiu** vai ◆ il/elle s'assoit au fond de quelque chose

ᐋᓂᔥᑖᐤ **aanishtaau** vii ◆ c'est déposé au fond

ᐊᔅᑖᒥᔅᑭᐦᐊᒼ **astaamiskiham** vti ◆ il/elle le retient au fond de l'eau avec quelque chose

ᐃᔥᑖᒥᔥᑭᒋᐤ **ishtaamishkichiu** vai ◆ il/elle est gelé-e jusqu'au fond (se dit d'une étendue d'eau)

ᒥᔥᑭᐧᐋᒥᔅᑳᐤ **mishkiwaamiskaau** vii ◆ le fond d'une étendue d'eau est dur

ᓈᔅᐱᑖᑎᒧᐧᐋᐱᔨᐤ **naaspitaatimuwaapiyiu** vii ◆ ça coule jusqu'au fond

ᐹᓈᔮᐤ **paanaayaau** vii ◆ c'est arrondi au fond

ᐱᔩᔅᑯᒋᔅᒑᐧᐋᐱᔨᐤ **piyiskuchischaawaapiyiu** vii ◆ le fond du récipient, du contenant tombe

ᐱᔩᔅᑯᐦᐊᒼ **piyiskuham** vti ◆ il/elle en détache le fond avec quelque chose

ᓵᐦᐧᑳᐱᑖᐤ **saahkwaapitaau** vta ◆ il/elle s'évase au fond, dans le bas

ᑖᐧᐋᔅᐧᑳᐦᒡ **taawaaskwaahch** p,lieu ◆ en face de la porte vers le fond de l'habitation ■ ᓈᑖᐦ ᑖᐧᐋᔅᐧᑳᐦᒡ ᐋᑯᑖᐦ ᑳ ᐄᑖᔥᑎᐦᒡ ᐱᔮᐱᐦᒄ ᑳ ᐹᒋ ᐋᐱᐦᐊᒥᓐ᙮ ■ naataah taawaaskwaahch aakutaah kaa iitaashtihch piyaapihkw kaa paachi aapihamin. ■ *Quand tu as ouvert la porte, ça a soufflé les cendres vers le fond de la hutte.*

ᐊᓰᓈᒥᔅᑰ **asinaamiskuu** vii -uwi ◆ le fond de l'eau en est recouvert de galets

ᐊᓯᓃᐧᐋᒥᔅᑳᐤ **asiniiwaamiskaau** vii ◆ ça a un fond rocailleux, caillouteux (se dit d'un plan d'eau)

ᐊᔅᑖᒥᔅᑭᐦᐧᐋᐤ **astaamiskihwaau** vta ◆ il/elle le/la coince (par exemple un castor) au fond de l'eau avec quelque chose

ᒥᐧᔮᒥᔅᑳᑭᒫᐤ **miywaamiskaakimaau** vii ◆ le fond du lac est beau

ᐱᔩᔅᑯᐱᔨᐤ **piyiskupiyiu** vii ◆ ça passe tout seul dedans, ça traverse tout seul, le fond en est arraché

ᔔᔥᐧᑳᒥᔅᑳᐤ **shuushkwaamiskaau** vii ◆ l'étendue d'eau a un fond en pente

ᓯᔅᒌᐧᐋᒥᔅᑳᐤ **sischiiwaamiskaau** vii ◆ l'étendue d'eau à un fond boueux

ᐅᐱᔮᑳᐅ **upiyaakaauu** vii -aawi ◆ le fond sablonneux d'une étendue d'eau peut se voir

ᐧᐋᓵᔮᒥᔅᑳᐤ **waasaayaamiskaau** vii ◆ le fond de l'eau se voit bien

ᐧᐋᓯᐹᐧᑳᐤ **waasipaakwaau** vii ◆ le fond une étendue d'eau est visible parce que l'eau est claire et peu profonde

ᐧᐄᐦᐧᑳᔮᐤ **wiihkwaayaau** vii ◆ c'est le fond du tunnel, un cul-de-sac

ᐐᐦᐹᔮᑯᐦᑖᐤ wiihpaayaakuhtaau vii ◆ la neige fond à partir du fond

ᔮᑳᐚᒥᔅᑳᐤ yaakaawaamiskaau vii ◆ le fond de l'eau est sablonneux

ᒌᔥᑳᔨᐚᐤ chiishkaayiwaau vii ◆ le fond de l'eau est tout à coup en pente raide

ᒥᐧᔮᒥᔅᑳᐤ miywaamiskaau vii ◆ le fond du lac est fait de sable ou de galets

ᐅᐱᑎᐚᒥᔅᑳᐤ upitiwaamiskaau vii ◆ le fond onduleux de la rivière s'aperçoit

ᐚᔅᒁᐦᑖᒥᐐᔥᑎᐅ waaskwaahtaamiwiishtiuu vii -iwi ◆ c'est le fond (l'arrière à l'intérieur) de la hutte de castor situé à l'opposé de l'entrée ■ ᐋᐦ ᐚᔅᒁᐦᑖᒥᐐᔥᑎᐏᒡ ■ aah waaskwaahtaamiwiishtiwich ■ *le fond (l'arrière à l'intérieur) de la hutte de castor situé à l'opposé de l'entrée*

fondation

ᒋᔥᑐᐏᐦᐄᑭᓂᐱᔓᐃᐦ chishtuwihiikinipishuih ni pl ◆ les poteaux de fondation pour une structure de tipi

ᐹᒥᐦᐄᑭᓂᐱᔓᐃᐦ paamihiikinipishuih ni pl ◆ les poteaux de chaque côté des poteaux de fondation

ᒋᔥᑐᐏᐦᐄᒑᐤ chishtuwihiichaau vai ◆ il/elle attache, met en place les poteaux de fondation du tipi

ᐹᒥᐦᐊᒻ paamiham vti ◆ il/elle rend l'habitation plus solide en ajoutant des poteaux de chaque coté des poteaux de fondation

fondations

ᐏᔮᔅᑯᐦᑎᑖᐤ wiyaaskuhtitaau vai ◆ il/elle le dépose pour les fondations

ᐏᔮᔅᑯᔑᒫᐤ wiyaaskushimaau vta ◆ il/elle le/la dépose comme fondations

ᐏᔮᔅᑯᔥᑖᐤ wiyaaskushtaau vai ◆ il/elle bâtit les fondations d'un bâtiment

fondre

ᑎᐦᒋᓯᒻ tihchisim vti ◆ il/elle le fait fondre

ᑎᐦᒋᔅᑖᐤ tihchistaau vii ◆ ça fond

ᑎᐦᒋᓲ tihchisuu vai -u ◆ ça fond

ᑎᐦᒋᐧᓵᐤ tihchiswaau vta ◆ il/elle le/la fait fondre

ᐅᑎᔑᐚᐤ utishiwaau vai ◆ il/elle fond sur eux

ᐋᐹᓈᐤ aapaanaau vta ◆ il/elle le/la fait fondre, le/la dégèle avec ses mains

ᐋᐳᐚᑯᓂᒋᐱᔨᐤ aapuwaakunichipiyiu vii ◆ la neige fond à cause du temps doux

ᐋᐳᐏᑯᐦᒋᒫᐤ aapuwikuhchimaau vta ◆ il/elle le/la fait fondre dans l'eau

ᐋᐳᐏᑯᐦᑎᑖᐤ aapuwikuhtitaau vai ◆ il/elle le fait fondre dans l'eau

ᐋᐳᐏᓂᒻ aapuwinim vti ◆ il/elle le fait fondre ou dégeler avec ses mains

ᒫᑖᑯᓲ maataakusuu vai -u ◆ la neige commence à fondre au printemps

ᐱᒦᐦᒑᐤ pimiihchaau vai ◆ il/elle fait fondre le gras

ᐱᔨᔅᒁᑯᐦᑖᐤ piyiskwaakuhtaau vii ◆ la neige fond jusqu'au sol

ᓵᓯᐱᒫᑖᐤ saasipimaataau vta ◆ il/elle en fait fondre le gras (animé)

ᓵᓯᐱᒫᐤ saasipimaau vai ◆ il/elle fait frire, fait fondre de la graisse d'animal

ᑖᑎᐹᑯᐦᑖᐤ taatipaakuhtaau vii ◆ la neige fond autour des objets

ᑎᐦᒌᐤ tihchiiu vii ◆ la neige fond en tombant

ᐚᔅᑳᔮᑯᐦᑖᐤ waaskaayaakuhtaau vii ◆ la neige fond autour d'un objet à cause de sa chaleur

ᑰᓈᐳᐃ kuunaapui ni -uum ◆ de l'eau obtenue en faisant fondre de la neige

ᒌᐚᔮᑯᐦᑖᐤ chiiwaayaakuhtaau vii ◆ la neige fond si vite qu'on l'entend fondre

ᒋᔖᔮᑯᐱᒦᐦᒑᐤ chishaayaakupimiihchaau vai ◆ il/elle fait fondre le gras d'ours

ᒋᔨᐹᑯᐦᑖᐤ chiyipaakuhtaau vii ◆ la neige fond vite

ᒨᔑᔑᐹᐱᔨᐤ muushishipaapiyiu vii ◆ il y a de l'eau sur la glace provenant de la fonte de la neige

ᐹᔅᑳᑯᐦᑖᐤ paaskaakuhtaau vii ◆ au fur et à mesure que la neige fond ça devient visible

ᓵᓵᐱᒫᒁᐤ saasaapimaakwaau vai ◆ il/elle fait fondre du gras de baleine

ᔖᔒᑳᑯᐦᑖᔑᐤ shaashiikaakuhtaashiu vii dim ◆ la neige fond et forme de petites pointes

ᔖᔥᑳᔥᑖᐤ shaashkaashtaau vii ◆ la neige fond au soleil

ᔒᔥᑳᔥᑖᐤ shiishkaashtaau vii ◆ la neige fondue forme de petits monticules

ᔘᔥᑖᐤ shwaashtaau vii ◆ la neige fond au soleil au fil de la journée

ᓰᓯᐹᐤ siisipaau vai ◆ il/elle fait fondre de la neige pour avoir de l'eau

ᑖᑎᐹᔅᑯᐦᑖᐤ taatipaaskuhtaau vii ◆ le soleil fait fondre la neige autour des objets quand il en fait le tour

ᐐᐦᐹᔮᑯᐦᑖᐤ wiihpaayaakuhtaau vii ◆ la neige fond à partir du fond

ᒫᑖᑯᐦᑖᐤ maataakuhtaau vii ◆ le temps doux au printemps commence à faire fondre la neige

ᐲᔥᑳᔮᑯᐦᑖᐤ piishkaayaakuhtaau vii ◆ le feu fait fondre un grand trou dans la neige

ᔖᔒᑭᐹᔮᑯᐦᑖᐤ shaashiikipaayaakuhtaau vii ◆ la neige fond en formant de petites pointes au printemps

ᔔᒫᔮᐤ shuumaayaau vii ◆ la neige fond à cause du temps doux

ᓯᔅᑭᓐ siskin vii ◆ le temps est doux au printemps et commence à faire fondre la neige

ᑎᐦᒋᐱᔨᐤ tihchipiyiu vai ◆ il/elle se refroidit après une suée ou une fièvre, il/elle fond

fondrière
ᐅᐱᑐᐧᐃᔅᒑᑳᐤ upituwischaakaau vii ◆ c'est un défilé dans la fondrière

fondu
ᒫᔥᑖᑯᐦᑖᐱᔩᐤ maashtaakuhtaapiyiu vii ◆ la neige est toute fondue
ᓰᓰᐹᓈᐳᐃ siisipaanaapui ni -m ◆ de l'eau de neige fondue

fondue
ᒥᔅᑯᒦᐙᐳᐃ miskumiiwaapui ni -um ◆ de l'eau obtenue en faisant fondre de la neige

fontanelle
ᐅᐹᑯᑎᐦᐹᓈᓂᔥ upaakutihpaanaanish ni ◆ la fontanelle, la partie molle du crâne d'un bébé

fonte
ᐋᒋᓃᐱᓂᔑᐤ aachiniipinishiu vai ◆ il/elle se fait prendre par la fonte des glaces sans canot pour rejoindre sa destination d'été
ᔖᑭᓂᐲ shwaakinipii ni ◆ de la neige fondante sur la glace au moment de la fonte des neiges au printemps
ᑎᐙᐳᑰ tiwaapukuu vai -u ◆ il y a une ouverture dans la glace flottante pendant la fonte
ᐙᐱᔅᑯᑖᐤ waapiskutaau vii ◆ c'est emporté par la glace durant la fonte
ᐙᐱᔅᑰᓲ waapiskuusuu vai -u ◆ il/elle est emporté-e par la glace durant la fonte
ᐙᔨᑖᐅᐦᒌᐤ waayitaauhchiiu vii ◆ ce sont les premiers signes de la fonte des glaces le long de la rive au printemps
ᓂᐱᑭᔅᒋᐦᒄ nipikischihkw ni ◆ une marmite, un chaudron, une casserole en fonte
ᐹᑎᐹᐱᔩᐤ paatipaapiyiu vii ◆ le niveau d'eau augmente dans la rivière à cause de la pluie, de la fonte des neiges au printemps; la marée va et vient à des intervalles plus rapides que d'habitude

force
ᓱᐦᒋᓰᐎᓐ suhchisiiwin ni ◆ de la force
ᒥᔅᑭᐎᓰᐎᓐ miskiwisiiwin ni ◆ de la force, du pouvoir
ᐄᔩᔖᒡ iyishaach p,manière ◆ de toutes ses forces, en dépit de ■ ᓈᔥᒡ ᐄᔩᔖᒡ ᐋᐦ ᒌᐦ ᐐᐦ ᒦᒋᔮᓐ ᐊᓐ ᑳ ᐊᔑᒥᑯᐎᔮᓐ ᐋᑳ ᓂᐦᑖ ᐅᐦᒋ ᒦᒋᔮᓐ ᒑᒀᓐ ᐋᐦ ᐄᔑᓈᑯᐦᒡ. ■ naashch iyishaach aah chiih wiih miichiyaan an kaa ashimikuwiyaan aakaa nihtaa uhchi miichiyaan chaakwaan aah iishinaakuhch. ■ *Ça m'a pris toutes mes forces pour essayer de manger ce qu'on m'avait donné puisque je n'avais jamais rien mangé de semblable auparavant.*
ᓱᐦᒋᒋᒫᐤ suhchichimaau vai ◆ il/elle pagaie avec force
ᓱᐦᒋᐱᔨᐦᐋᐤ suhchipiyihaau vta ◆ il/elle le/la déplace avec force
ᓱᐦᒋᐱᔨᐦᑖᐤ suhchipiyihtaau vai ◆ il/elle le déplace avec force
ᓱᐦᒋᐱᔩᐤ suhchipiyiu vai ◆ il/elle se déplace avec force
ᓱᐦᒋᐱᔩᐤ suhchipiyiu vii ◆ ça se déplace avec force
ᓲᐦᒋᐱᔩᐤ suuhchipiyiu vii ◆ ça a beaucoup de force
ᓈᑤᔮᔑᐤ naatwaayaashiu vai ◆ il/elle se casse sous la force du vent
ᓂᑳᔮᔑᐤ nikaayaashiu vai ◆ il/elle est arrêté-e par la force du vent
ᓱᐦᒋᐱᔨᐦᐆ suhchipiyihuu vai -u ◆ il/elle se déplace avec une grande force, a une forte attraction

forcé
ᓃᐱᓂᔔᐎᓐ niipinishuwin ni ◆ un endroit où on est forcé de passer l'été

forcer
ᐋᐱᐦᐄᔥᑭᒻ aapihiishkim vti ◆ il/elle le force à s'ouvrir avec son pied ou son corps
ᐋᐱᐦᐄᔥᑭᐙᐤ aapihiishkiwaau vta ◆ il/elle le/la force à s'ouvrir avec son pied ou son corps
ᑎᒀᒋᓂᔑᐤ tikwaachinishiu vai ◆ il/elle est forcé-e de passer l'automne à un certain endroit
ᐃᔩᐦᑭᒥᐦᐋᐤ iyihkimihaau vta ◆ il/elle le/la force à faire quelque chose
ᐐᔨᐐᑎᔑᓈᐤ wiyiwiitishinaau vta ◆ il/elle le/la force à sortir en le/la poussant

forer
ᓯᑯᔥᑎᐦᐙᐤ sikushtihwaau vta ◆ il/elle fore des trous rapprochés pour le laçage de soutien de la raquette

forêt
ᒥᔅᑎᑯᔅᑳᐤ mistikuskaau vii ◆ il y a beaucoup d'arbres, c'est une forêt
ᒨᔥᑖᐤ muushtaau ni ◆ un feu de forêt
ᔮᔮᔅᒁᔮᐤ yaayaaskwaayaau p,lieu ◆ à la lisière du bois ■ ᓈᔥᒡ ᐋᐦ ᒌᐦ ᐐᓂᔥᑭᐦᒡ ᐊᑎᐦᑯᒡ ᓈᑎᐦ ᐋᐦ ᐊᑎ ᔮᔮᔅᒁᔮᔨᒡ. ■ naashch aah chiih winishkihch atihkuch naatih aah aati yaayaaskwaayaayich. ■ *Il y avait beaucoup de traces de caribous à la lisière du bois.*
ᑯᑖᐙᔅᑯᐱᐦᑤᐤ kutaawaaskupihtwaau vai ◆ il/elle s'enfuit, se réfugie dans la forêt en le/la portant (animé ou inanimé)
ᓵᓯᑳᔅᒁᐤ saasikaaskwaau vii ◆ c'est une forêt très dense
ᔒᐹᔮᔅᒁᔮᐤ shiipaayaaskwaayaau vii ◆ c'est une forêt sans sous-bois
ᑎᐙᔅᒁᐤ tiwaaskwaau vii ◆ il y a une ouverture dans la forêt
ᔮᔮᐦᑎᒄ yaayaahtikw p,lieu ◆ à la lisière du bois, de la forêt ■ ᐊᓂᑎᐦ ᔮᔮᐦᑎᒄ ᐋᑯᑎᐦ ᑳ ᐱᒥᒨᒡ ᒋᔖᔮᑯᒫᔅᑭᓂᐤ. ■ anitih yaayaahtikw aakutih kaa pimimuch chishaayaakumaaskiniu. ■ *Il y avait un sentier d'ours à la lisière de la forêt.*
ᑯᑖᐙᔅᑯᐱᐦᑖᐤ kutaawaaskupihtaau vai ◆ il/elle s'enfuit, se réfugie dans la forêt en courant
ᒥᒥᓈᐳᔅᑖᔅᒌᐤ miminaapustaaschiiuu vii redup -iiwi ◆ il y a des traces d'un ancien feu de forêt ici et là

ᓰᐦᑖᔅᒁᔮᑭᒫᐤ siihtaaskwaayaakimaau vii ◆ le lac est entouré d'une forêt dense

ᓰᐦᑖᔅᒁᔮᐤ siihtaaskwaayaau vii ◆ les bois sont denses, la forêt est dense

ᓯᑳᐤ sikaau vii ◆ la forêt, le bush est dense ■ ᓈᔥᒡ ᐋᐦ ᓯᑳᒡ ᐊᓂᑖᐦ ᐚᐦ ᐄᑐᐦᑖᔨᐦᒄ᙮ ■ naashch aah sikaach anitaah waah iituhtaayihkw. ■ *La forêt est très dense là où nous voulions aller.*

forme

ᐄᑖᔅᑯᔨᐚᔮᐤ iitaaskuyiwaayaau vii ◆ ça a une certaine forme

ᐊᒋᑳᔑᐅᔒᐹᐦᑖᑭᓐ achikaashiushiipaahtaakin ni -im ◆ un forme pour étendre la peau de vison pour la faire sécher

ᔒᐹᐦᑖᑭᓐ shiipaahtaakin ni ◆ une forme pour étendre et faire sécher la fourrure

ᐚᐱᔥᑖᓂᐅᔒᐹᐦᑖᑭᓐ waapishtaaniushiipaahtaakin ni -im ◆ une forme pour faire sécher la fourrure de martre

ᐏᒋᔥᑯᔒᐹᐦᑖᑭᓐ wichishkushiipaahtaakin ni ◆ une forme pour étendre la fourrure de rat musqué

ᐄᑖᐦᑭᑎᑖᐤ iitaahkititaau vii ◆ ça sèche en une certaine forme

ᐄᑖᔅᑯᔨᐚᐤ iitaaskuyiwaau vai ◆ son corps a une certaine forme

ᒥᒫᐦᑖᐅᔑᒻ mimaahtaaushim vti ◆ il/elle le coupe dans des formes variées

ᒥᒫᐦᑖᐅᔺᐤ mimaahtaaushwaau vta ◆ il/elle le/la coupe dans des formes variées

ᓂᐦᐋᐅᐱᔨᐤ nihaaupiyiu vai ◆ il/elle reprend sa forme, est compacte

ᓂᐦᐋᐅᐱᔨᐤ nihaaupiyiu vii ◆ ça reprend sa forme, c'est compact

ᓅᑎᒥᐦᐋᐤ nuutimihaau vta ◆ il/elle lui donne une forme ronde

ᓅᑎᒥᐦᑖᐤ nuutimihtaau vai+o ◆ il/elle lui donne une forme arrondie

ᓅᑎᒥᓯᐤ nuutimisiu vai ◆ il/elle est de forme ronde, arrondi-e

ᐃᔨᐦᒑᔮᒋᔑᓐ iyihchaayaachishin vai ◆ il/elle s'appuie contre quelque chose, ce qui montre le contour de sa forme

ᔒᐱᐦᐊᒻ shiipiham vti ◆ il/elle l'étend à sécher sur une forme (se dit de fourrures en général)

ᔒᐱᐦᐚᐤ shiipihwaau vta ◆ il/elle l'étend sur une forme pour le faire sécher (se dit d'une fourrure ou d'une peau de bête)

ᐱᓯᐦᐊᔒᐹᐦᑖᑭᓈᐤ pisihashiipaahtaakinaau vta ◆ il/elle coupe du bois pour fabriquer un cadre ou une forme pour étendre les peaux

formé

ᐄᑖᐱᓯᔅᒋᓯᐤ iitaapisischisiu vai ◆ il/elle est formé-e d'une certaine façon (par exemple un minéral), il/elle semble comme ça

ᒥᒑᔅᑯᓯᐤ michaaskusiu vai ◆ il/elle est mal formé-e

former

ᐄᑖᐱᔅᑳᐤ iitaapiskaau vii ◆ c'est formé d'une certaine façon, ça semble comme ça

ᐄᑎᓯᑯᓯᐤ iitisikusiu vai ◆ de la glace se forme, prend une certaine allure

ᒥᒫᐦᑖᐚᐱᐦᒑᓈᐤ mimaahtaawaapihchaanaau vta ◆ il/elle fait des noeuds, des formes avec (animé, filiforme)

ᒥᒫᐦᑖᐚᐱᐦᒑᓂᒻ mimaahtaawaapihchaanim vti ◆ il/elle fait des noeuds, des formes avec une ficelle (ou quelque chose de filiforme)

ᒥᓵᐦᐊᓐ misaahan vii ◆ l'eau est assez froide pour que la glace commence à se former

ᐚᐅᔮᐦᐋᐤ waauyaahaau vta ◆ il/elle lui donne une forme circulaire

ᐏᔨᑭᐦᐊᒻ wiyikiham vti ◆ il/elle lui donne forme à la hache

former (se)

ᑰᓂᐲᐅᐦᐊᓐ kuunipiiuhan vii ◆ la glace commence à se former à partir de neige sur l'eau

ᒥᓯᐦᐊᓐ misihan vii ◆ la glace commence à se former

fort

ᒥᔥᑭᐏᓈᑯᓯᐤ mishkiwinaakusiu vai ◆ il/elle a l'air fort-e, il/elle est fort-e

ᓵᐹᑭᒥᐦᑖᐤ saapaakimihtaau vai+o ◆ il/elle le rend fort (utilisé seulement à la forme négative: elle/il l'affaiblit) ■ ᓈᔥᒡ ᐋᑳ ᓵᐹᑭᒥᐦᑖᑦ ᐊᓂᔮ ᒂᐦᐲᔨᐤ ᑳ ᐅᔑᐦᑖᑦ᙮ ■ naashch aakaa saapaakimihtaat aniyaa kwaahpiiyiu kaa ushihtaat. ■ *Le café qu'elle/il a fait n'est pas fort.*

ᓴᐲᐤ saapiiu vai ◆ il/elle est fort-e

ᓴᐱᓐ saapin vii ◆ c'est fort (toujours utilisé à la forme négative)

ᓵᐱᓰᐤ saapisiiu vai ◆ il/elle est fort-e (toujours utilisé à la forme négative) ■ ᓈᔥᒡ ᐋᑳ ᓴᐱᓰᑦ ᐋᑳ ᒥᔂᑭᒥᓯᔨᒡᐦ ᐅᑑᑐᔑᓈᐳᒻᐦ᙮ ■ naashch aakaa saapisiit aakaa miywaakimisiyichh utuutuushinaapumh. ■ *Elle est faible parce que son lait n'est pas assez nutritif.*

ᓱᐦᒑᔨᐦᑖᑯᓐ suhchaayihtaakun vii ◆ ça semble fort, solide

ᓱᐦᒑᔨᐦᑖᑯᓯᐤ suhchaayihtaakusiu vai ◆ il/elle a l'air fort-e

ᓱᐦᒋᓰᒥᑭᓐ suhchisiimikin vii ◆ c'est fort, solide

ᓱᐦᒋᓰᐤ suhchisiiu vai ◆ il/elle est fort-e

ᓲᐦᒃ suuhk p,interjection ◆ fort, plus fort, plus ■ ᓈᔥᒡ ᓲᐦᒃ ᐋᐦ ᒌᐦ ᐅᒋᐱᑎᐦᒃ ᐊᓂᔮ ᐲᔖᑭᓈᐲᔨᐤ᙮ ■ naashch suuhk aah chiih uchipitihk aniyaa piishaakinaapiiyiu. ■ *Il a tiré fort sur la corde.*

ᒌᐦᑳᒫᑯᓐ chiihkaamaakun vii ◆ ça sent fort ■ ᓈᔥᑖᐻᐦ ᒌᐦᑳᒫᑯᓐ ᐊᓐ ᐚᐱᓂᒑᐏᓐ᙮ ■ naashtaapwaah chiihkaamaakun an waapinichaawin. ■ *L'odeur des poubelles est très forte.*

ᒌᐦᑳᔮᔥᑖᓂᒻ chiihkaayaashtaanim vti ◆ il/elle allume la lumière en position forte ■ ᒌᐦᑳᔮᔥᑖᓂᒻ ᐅᐚᔥᑖᓂᒫᑭᓐ ᐋᐦ ᓈᓂᑎᐚᐱᒫᑦ ᐅᒦᒋᓯᒻᐦ᙮ ■ chiihkaayaashtaanim uwaashtaanimaakin aah naanitiwaapimaat umiichisimh. ■ *Elle allume la lumière pour chercher ses perles.*

ᒋᔑᔔᒥᐦᒋᐦᐆ **chishishuumihchihuu** vai -u ◆ il/elle se sent fort-e, plein-e d'énergie

ᒋᐧᔖᐧᐋᐦᑎᓐ **chishwaawaahtin** vii ◆ ça tombe en faisant du bruit, ça sonne fort

ᒋᐧᔖᐧᐋᐤ **chishwaawaau** vai ◆ il/elle émet des bruits vocaux assez forts

ᒋᓯᓯᐧᐃᓰᐤ **chisisiwisiiu** vai ◆ il/elle est capable, fort-e

ᑭᑖᐱᒫᐤ **kitaapimaau** vta ◆ il/elle le/la critique bien fort en parlant, le/la sermonne, il/elle argumente avec ou contre lui ■ ᓈᔥᒡ ᐋᐦ ᒌᐦ ᐧᐄᐦ ᑭᑖᐱᒫᑦ ᐃᔅᑯᑎᒃ ᑳ ᐧᐋᐱᒫᑦ ᐋᐦ ᒌᐦ ᐹᐦᑎᐧᒫᑦ ᑖᓐ ᑳ ᐄᑖᒋᒥᑯᑦ᙮ ■ naashch aah chiih wiih kitaapimaat iskutik kaa waapimaat aah chiih paahtimwaat taan kaa iitaachimikut. ■ *Elle l'a bien sermonné quand elle l'a vu après avoir entendu ce qu'il avait dit d'elle.*

ᒥᐦᒑᔅᑯᔨᐧᐋᐤ **mihchaaskuyiwaau** vai ◆ il/elle est de forte corpulence, a le tronc large

ᒥᔥᑭᐧᐋᑭᒥᐤ **mishkiwaakimiu** vii ◆ c'est une boisson forte, un liquide fort

ᒥᔥᑭᐧᐃᐱᒫᑎᓰᐤ **mishkiwipimaatisiiu** vai ◆ il/elle est fort-e et en bonne santé

ᒥᔅᑭᐧᐃᓰᒥᑭᓐ **miskiwisiimikin** vii ◆ c'est fort, puissant (ex. machine); ça peut porter lourd

ᒥᔅᑭᐧᐃᓰᐤ **miskiwisiiu** vai ◆ il/elle est dur-e, fort-e de corps et d'âme

ᒥᐧᔮᔥᑎᐧᐋᐤ **miywaashtiwaau** vai ◆ il/elle brille fort

ᐱᔮᑭᔥᑳᔥᑎᐧᐋᐤ **piyaakishkaashtiwaau** vai ◆ le soleil brille fort

ᓵᐹᑭᒥᐤ **saapaakimiu** vii ◆ c'est un liquide fort (utilisé seulement à la forme négative: ce café n'est pas fort, ce thé n'est pas fort) ■ ᓄᐧᐃᒡ ᓂᒥ ᓵᐹᑭᒥᐤ ᐆ ᑏ ᑳ ᒥᓂᐦᐄᑯᐧᐃᔮᓐ᙮ ■ nuwich nimi saapaakimiu uu tii kaa minihiikuwiyaan. ■ *Le thé qu'on m'a donné n'était pas fort.*

ᓱᐦᒋᐦᑖᑯᓯᐤ **suhchihtaakusiu** vai ◆ il/elle émet un bruit qui indique qu'il/elle est fort-e, solide

ᓱᐦᒋᒫᑯᓐ **suhchimaakun** vii ◆ ça sent fort

ᓱᐦᒋᒫᑯᓯᐤ **suhchimaakusiu** vai ◆ il/elle sent fort

ᓱᐦᒋᓈᑯᐦᐋᐤ **suhchinaakuhaau** vta ◆ il/elle le/la rend d'apparence solide, forte

ᓱᐦᒋᓈᑯᐦᑖᐤ **suhchinaakuhtaau** vai ◆ il/elle lui donne l'air fort, solide

ᓱᐦᒋᓈᑯᓐ **suhchinaakun** vii ◆ ça a l'air fort, solide

ᓱᐦᒋᓈᑯᓯᐤ **suhchinaakusiu** vai ◆ il/elle a l'air fort-e, solide

ᓱᐦᒋᔅᐱᑯᓯᐤ **suhchispikusiu** vai ◆ il/elle goûte fort, a un goût très prononcé

ᓲᐦᒋᒋᐧᐃᓐ **suuhchichiwin** vii ◆ ça a un courant fort

ᓲᐦᑳᒋᐧᐃᓐ **suuhkaachiwin** vii ◆ c'est un courant fort

ᐧᐄᓯᓱᔨᐧᐋᐤ **wiisisuyiwaau** vii ◆ c'est un vent très fort

ᒋᔑᔑᐧᐋᐹᐤ **chishishiwaapaau** na -m ◆ un homme capable, bien portant, en santé, fort

ᒌᐦᑳᒫᑯᓯᐤ **chiihkaamaakusiu** vai ◆ il/elle sent fort, pue ■ ᓈᔥᒡ ᐋᐦ ᒌᐦ ᒌᐦᑳᒫᑯᓯᑦ ᔑᑳᒄ ᑳ ᐹᒋ ᐱᒥᐱᔨᔪᐧᐃᒋᐦᑦ᙮ ■ naashch aah chiih chiihkaamaakusit shikaakw kaa paachi pimipiyiyuwichiht. ■ *La mouffette sentait vraiment fort quand nous conduisions.*

ᒋᐧᔖᑖᓐ **chishwaataan** vii ◆ il pleut fort, il pleut averse

ᒋᐧᔖᐧᐋᒋᐧᐃᓐ **chishwaawaachiwin** vii ◆ le son de l'eau est fort, l'eau est bruyante

ᒋᐧᔖᐧᐋᐦᐊᒻ **chishwaawaaham** vti ◆ il/elle fait un bruit fort en le frappant

ᒋᔅᑖᒋᐧᐃᓐ **chistaachiwin** vii ◆ c'est là où le courant est le plus fort, c'est la veine principale du courant

ᒥᔥᑭᐧᐃᓂᑯᓐ **mishkiwinikun** vii ◆ il/elle semble solide, fort-e, résistant-e au toucher

ᒨᔅᒋᒋᐧᐃᓐ **muuschichiwin** vii ◆ le courant d'eau est fort par en-dessous

ᓵᐹᔥᑖᐤ **saapaashtaau** vii ◆ c'est fort, brillant; ça brille très fort (toujours utilisé à la forme négative) ■ ᓄᐧᐃᒡ ᓂᒥ ᓵᐹᔥᑖᔨᐤ ᐊᓂᔮ ᐅᐧᐋᔥᑖᓂᒫᑭᓐ᙮ ■ nuwich nimi saapaashtaayiu aniyaa uwaashtaanimaakin. ■ *Sa lampe ne brille pas beaucoup.*

ᓱᐦᒋᒫᓵᐧᐋᐤ **suhchimaasaawaau** vai ◆ il/elle le brûle et ça sent fort

ᓱᐦᒋᒫᔥᑖᐤ **suhchimaashtaau** vii ◆ ça brûle et ça sent fort

ᓱᐦᒋᒫᓲ **suhchimaasuu** vai -u ◆ il/elle (ex. cigare) sent fort quand il/elle brûle

ᓱᐦᒋᔅᐱᑯᓐ **suhchispikun** vii ◆ le goût en est fort, prononcé

ᐧᐄᔓᐹᒋᔅᑎᓐ **wiishupaachistin** vii ◆ des vents toujours forts créent de grosses vagues

ᔫᑎᓂᐱᔨᐤ **yuutinipiyiu** vai ◆ il/elle voyage sur l'eau malgré le vent qui souffle fort

ᒨᔥᒋᑭᐧᐋᒋᒋᐧᐃᓐ **muushchikiwaachichiwin** vii ◆ il y a un courant fort qui émerge par en dessous

fou

ᒌᔥᐧᑳᒫᐤ **chiishkwaamaau** vta ◆ il/elle le/la rend fou/folle avec le bruit qu'il/elle fait

ᒌᔥᐧᑳᐤ **chiishkwaau** vai ◆ il est fou, elle est folle, il/elle a la rage

ᒌᔥᐧᑳᔮᔨᐦᑎᒥᐦᐄᑰ **chiishkwaayaayihtimihiikuu** vai -u ◆ il/elle/ça le rend fou, la rend folle, le/la rend confus-e

foudre

ᐧᐋᐧᐋᔥᑖᐱᔨᐤ **waawaashtaapiyiu** vii redup ◆ il y a de la foudre, des éclairs

ᐧᐋᐧᐋᓯᒧᒡ **waawaasimuch** vti pl redup ◆ il/elle fait des éclairs, de la foudre pendant l'orage

ᔖᔑᐦᑳᐹᒋᐱᔨᐤ **shaashihkaapaachipiyiu** vii ◆ la foudre frappe en longs éclairs

fouet

ᐱᔑᔥᑖᐦᐄᑭᓐ **pishishtaahiikin** ni ◆ un fouet, une lanière

fouetter
ᐱᔑᔥᑖᐦᐊᒼ pishishtaaham vti ◆ il/elle le fouette
ᐱᔑᔥᑖᐦᐙᐤ pishishtaahwaau vta ◆ il/elle le/la fouette

fouiller
ᓈᓂᑐᓂᒑᐤ naanitunichaau vai ◆ il/elle fouille le contenu d'un contenant

fouine
ᓯᐦᑯᓯᐏᓂᐦᐄᑭᓐ sihkusiwinihiikin ni ◆ un piège à hermine, à fouine

foulard
ᐅᑖᐱᔥᑳᑭᓂᐤ utaapishkaakiniu vai ◆ il/elle porte un foulard, une cravate
ᐑᔅᒁᔮᒋᔥᑎᐦᒁᓈᐦᐱᑖᐤ wiiskwaayaachishtihkwaanaahpitaau vta ◆ il/elle lui attache un foulard autour de la tête

foule
ᔖᐳᔥᑭᐙᐤ shaapushkiwaau vta ◆ il/elle marche en traversant la foule

fouler (se)
ᑯᑎᐦᑯᓈᐑᐤ kutihkunaawiiu vai ◆ il/elle se foule la cheville

four
ᐲᐦᑖᐱᔅᑭᐦᐙᐤ piihtaapiskihwaau vta ◆ il/elle le/la fait rôtir dans le four

fourche
ᐋᔖᑳᔅᑯᓐ aashaakaaskun vii ◆ sa fourche (par exemple la fourche d'un poteau) est utilisée comme crochet
ᐋᔖᑳᔅᑯᓯᐤ aashaakaaskusiu vai ◆ l'arbre a une fourche utilisée comme crochet
ᐃᔨᒋᔥᑎᐏᒨ iyichishtiwimuu vii -u ◆ le chemin fait une fourche
ᐃᔨᒋᔥᑎᐏᔥᑎᒁᐤ iyichishtiwishtikwaau vii ◆ la rivière fait une fourche
ᓅᒋᔥᑯᔑᐙᑭᓐ nuuchishkushiwaakin ni ◆ une fourche, une faux

fourcher
ᐃᔨᒋᐦᑎᐏᓰᐤ iyichihtiwisiiu vai ◆ il/elle fourche, la partie inférieure du corps

fourchette
ᒌᔥᑎᐦᐄᑭᓐ chiishtihiikin ni ◆ une fourchette, une aiguille hypodermique, un instrument pour percer

fourchu
ᐄᒋᔥᑐᐏᑭᔥᒁᐤ iichishtuwikishkwaau vai ◆ il/elle a des sabots fourchus
ᒋᔥᑎᐑᔥᑖᐙᐦᐄᑭᓐ chishtiwiishtaawaahiikin ni ◆ un poteau pour le filet de pêche en hiver qui est fourchu à un bout
ᐄᒋᔅᑐᐏᑭᔖᐤ iichistuwikishaau vai ◆ il/elle a des sabots ou des ongles fourchus

fourmi
ᐋᔨᒄ aayikw na -um ◆ une fourmi

fourneau
ᒋᓵᐱᓯᔅᒋᓵᐙᓐ chisaapisischisaawaan na ◆ un poêle, un fourneau, une cheminée, un foyer

fournir
ᐅᐦᒌᔥᑎᒧᐙᐤ uhchiishtimuwaau vta ◆ il/elle lui en fournit
ᐅᐦᑎᓂᒧᐙᑎᒼ uhtinimuwaatim vti ◆ il/elle le fournit pour quelque chose ■ ᒥᒄ ᐑᔨ ᒌᐦ ᐅᐦᑎᓂᒧᐙᑎᒼ ᐊᓂᔮ ᒥᑯᔖᓂᔨᐤ ᐋᑳ ᐅᐦᒋ ᒌᐦ ᐐᒋᐦᐄᑯᐟ ᐊᐙᔨᐅᐦ᙮ ■ mikw wiiyi chiih uhtinimuwaatim aniyaa mikushaaniyiu aakaa uhchi chiih wiichihiikut awaayiuh. ■ *Il était le seul qui pouvait fournir ce qu'il fallait pour la fête, étant donné que personne d'autre ne pouvait l'aider.*
ᐅᐦᑎᓂᒧᐙᐤ uhtinimuwaau vta ◆ il/elle le lui fournit
ᑖᐳᐦᑎᓂᒧᐙᐤ taapuhtinimuwaau vta ◆ il/elle lui en fournit assez
ᒧᒥᔅᑯᐦᐄᐙᐤ mumiskuhiiwaau vai ◆ il/elle fournit du castor pour nourrir les gens

fourreau
ᐲᐦᒋᐦᑯᒫᓈᓐ piihchihkumaanaan ni ◆ un étui à couteau, un fourreau

fourrure
ᐊᒥᔅᑯᔮᓐ amiskuyaan na ◆ une fourrure de castor
ᐊᔪᐏᓐ ayuwin ni ◆ de la peau, de la fourrure
ᐊᔪᐏᓂᐏᐟ ayuwiniwit ni ◆ une balle de fourrures
ᔒᐹᐦᑖᑭᓐ shiipaahtaakin ni ◆ une forme pour étendre et faire sécher la fourrure
ᐅᑎᐦᑖᐏᐟ utihtaawit ni ◆ sa balle de fourrure
ᐅᑎᐦᑏᐦ utihtiih nad ◆ sa fourrure de castor, sa peau de castor
ᒌᔑᐙᐤ chiishiwaau vii ◆ la fourrure est à son meilleur
ᐃᑯᑎᐙᐅᒋᐤ ikutiwaauchiu vai ◆ sa fourrure est gelée et prise dans la glace, la neige
ᒥᔅᑯᒦᐅᑎᐙᐤ miskumiiutiwaau vai ◆ sa fourrure est gelée
ᒥᔪᐙᔮᐤ miyuwaayaau vii ◆ la fourrure est belle
ᒥᔶᐦᑎᑭᐙᐤ miywaahtikiwaau vai ◆ il/elle a une belle fourrure
ᓂᐦᐋᑯᓈᔑᓐ nihaakunaashin vai ◆ il/elle est allongé-e dans la neige la fourrure dans la bonne direction
ᓂᐦᐄᐙᔑᓐ nihiiwaashin vai ◆ il/elle est allongé-e avec la fourrure dans la bonne direction
ᓃᐱᓂᐙᐤ niipiniwaau vai ◆ il/elle porte sa fourrure d'été
ᓂᐲᐅᑎᐙᐤ nipiiutiwaau vai ◆ sa fourrure est mouillée
ᓂᑑᔪᐏᓈᐤ nituuyuwinaau vai ◆ il/elle trappe pour la fourrure
ᐹᐦᐹᑯᐙᔮᐤ paahpaakuwaayaau vii ◆ la fourrure est fine
ᐹᑯᑎᐙᐱᔨᐦᐋᐤ paakutiwaapiyihaau vta ◆ il/elle sèche sa fourrure

ᐱᐦᐳᐧᐃᑎᐧᐋᔑᒫᐤ pihpuwitiwaashimaau vai redup ◆ il/elle le/la secoue d'un large geste au-dessus de la neige, de l'herbe pour en enlever l'excès d'eau (se dit de la fourrure)

ᐲᑯᐧᐋᐤ piikuwaau vai ◆ il/elle a une fourrure épaisse

ᐱᔥᑯᑎᐧᐋᑯᐦᒋᓐ pishkutiwaakuhchin vai ◆ il/elle (ex. un animal mort) perd sa fourrure après avoir passé trop de temps dans l'eau

ᐱᔥᑯᑎᐧᐋᔮᑎᐦᐧᐋᐤ pishkutiwaayaatihwaau vta ◆ il/elle lui rase sa fourrure

ᐱᓯᐧᐋᔥᑖᐤ pisiwaashtaau vii ◆ la fourrure est roussie par la chaleur

ᐴᑎᐧᐋᒋᐦᐋᐤ puutiwaachihaau vta ◆ il/elle étire la fourrure mais la rend trop arrondie sur les côtés

ᓵᑭᐧᐋᐤ saakiwaau vai ◆ sa fourrure, sa barbe commence à pousser

ᓯᔅᒌᐅᑎᐧᐋᐤ sischiiutiwaau vai ◆ sa fourrure est boueuse

ᓱᐧᐃᐦᑯᑎᐧᐋᐤ suwihkutiwaau vii ◆ la fourrure est ensanglantée; il y a du sang sur la fourrure

ᐧᐋᐹᐦᑎᑯᐧᐋᐤ waapaahtikuwaau vai ◆ il/elle a une fourrure grise

ᐧᐋᐱᔥᑭᑖᐤ waapishkitaau vai ◆ il/elle a de la fourrure blanche sur la poitrine

ᐧᐃᔨᐹᐦᑎᑯᐧᐋᐤ wiyipaahtikuwaau vai ◆ sa fourrure est noire

ᐧᐃᔨᐱᔖᐤ wiyipishaau vai ◆ l'intérieur d'une peau, d'une fourrure est sombre, habituellement durant l'été

ᔮᑳᐅᑎᐧᐋᐤ yaakaautiwaau vai ◆ il/elle a la fourrure pleine de sable

ᒋᔖᔮᑯᔮᓂᑯᐦᑊ chishaayaakuyaanikuhp ni ◆ un manteau en fourrure d'ours

ᑎᐦᑎᐱᔑᒫᓂᒡ tihtipishimaanich na pl ◆ des chauffe-poignets en fourrure de lièvre faits pour garder les poignets chauds

ᐅᐲᐧᐄᐦ upiiwiih nid pl ◆ sa fourrure, ses plumes, ses poils

ᔑᐧᓈᔨᐤ shinwaayiu p,lieu ◆ de chaque côté de la fourrure d'un animal ■ ᓈᐦᐋᐤ ᔑᐧᓈᔨᐤ ᐋᑯᑎᐦ ᒥᔮᑯᐱᑖᑭᓂᐧᐃᑦ ᐊᒥᔅᑯᔮᓐ᙮ ■ naahaau shinwaayiu aakutih miyaakupitaakiniwit amiskuyaan. ■ *La peau de castor est attachée de chaque côté sur le cadre.*

ᒥᔪᐧᐋᐤ miyuwaau vai ◆ il/elle a une fourrure épaisse, de qualité

ᓂᐦᐋᑯᓈᔑᒫᐤ nihaakunaashimaau vta ◆ il/elle le/la tire avec la fourrure dans le bon sens sur la neige

ᐹᐦᐹᑯᐧᐋᐤ paahpaakuwaau vai ◆ sa fourrure, ses poils sont fins et courts

ᐹᑯᑎᐧᐋᔑᒫᐤ paakutiwaashimaau vta ◆ il/elle traîne le castor sur la neige après l'avoir attrapé pour enlever l'excès d'eau de la fourrure

ᐱᑯᓈᔮᐦᑭᐦᓲ pikunaayaahkihsuu vai -u ◆ le feu brûle un trou dedans (animé), l'animal a un trou dans sa fourrure due au coup de fusil

ᐱᓂᐧᐋᐤ piniwaau vai ◆ il/elle perd sa fourrure, ses cheveux

ᐱᓯᐧᐋᓲ pisiwaasuu vai -u ◆ la fourrure prend feu

ᐱᓯᐧᐋᐧᓵᐤ pisiwaaswaau vta ◆ il/elle met le feu aux fourrures

ᓯᑭᐧᐋᐱᔨᐤ sikiwaapiyiu vai ◆ sa fourrure est emmêlée, ses cheveux sont emmêlés

ᐅᐲᐧᐋᐅ upiiwaauu vai -aawi ◆ il/elle a des poils, de la fourrure, des plumes sur lui/elle

ᐅᐲᐧᐋᐅ upiiwaauu vii -aawi ◆ ça a des poils, de la fourrure, des plumes dessus

ᐧᐋᐱᔖᐤ waapishaau vai ◆ l'intérieur de la fourrure est blanc, quand la fourrure est d'excellente qualité

ᐱᔥᑯᑎᐧᐋᐱᔨᐤ pishkutiwaapiyiu vai ◆ il/elle perd ses cheveux, ses poils, sa fourrure

ᐱᓯᐧᐋᓯᒻ pisiwaasim vti ◆ il/elle met le feu à de la fourrure ou à des cheveux

fourrure de castor

ᒋᓵᒥᔅᑯᐦᑐᐃ chisaamiskuhtui ni ◆ un cadre pour étendre et faire sécher la fourrure d'un castor adulte

fourrure de lièvre

ᐧᐋᐳᔓᔮᓐ waapushuyaan na ◆ de la fourrure de lièvre, un manteau en fourrure de lièvre

ᐧᐋᐳᔓᔮᓂᒥᐦᒄ waapushuyaanimihkw na ◆ une aiguille pour tisser la fourrure de lièvre pour faire des couvertures et des vêtements

ᐧᐋᐳᔓᔮᓂᐹᑭᓐ waapushuyaanipaakin na ◆ une couverture en fourrure de lièvre

ᐧᐋᐳᔓᔮᓂᐹᑎᑯᑦ waapushuyaanipaatikut ni -im ◆ un jupon en fourrure de lièvre

fourrure de martre

ᐧᐋᐱᔥᑖᓂᐅᔑᐹᐦᑖᑭᓐ waapishtaaniushiipaahtaakin ni -im ◆ une forme pour faire sécher la fourrure de martre

fourrure de rat musqué

ᐧᐃᒋᔥᑯᔑᐹᐦᑖᑭᓐ wichishkushiipaahtaakin ni ◆ une forme pour étendre la fourrure de rat musqué

fourrure séchée

ᒥᓈᔅᑯᓈᐤ minaaskunaau vai ◆ il/elle détache la fourrure séchée du cadre ou de la forme

foyer

ᐱᐦᑯᑖᔅᒌ pihkutaaschii ni pej ◆ un vieux foyer

ᐱᐦᑯᑖᐅᓯᓃᒡ pihkutaausiniich na pl -uum ◆ des pierres pour le foyer

ᓂᔮᐅᑖᔥᑎᒡ niyaautaashtich p,lieu ◆ endroit situé entre le bord extérieur d'une habitation et son foyer ■ ᐊᑎᑎᐤ ᓈᑎᐦ ᓂᔮᐅᑖᔥᑎᒡ ᐱᐦᑯᓂᒋᔥᒁᐦ᙮ ■ atitiu naatih niyaautaashtich pihkunichishkwaah. ■ *Dépiaute les rats musqués plus près du centre!*

ᐱᐦᑯᑖᐤ pihkutaau ni -aam ◆ de la cendre, de la suie, un foyer

ᒋᓵᐱᓯᔅᒋᓵᐙᓐ chisaapisischisaawaan na ◆ un poêle, un fourneau, une cheminée, un foyer

fracasser (se)

ᐱᒋᔅᒋᔑᓐ pichischishin vai ◆ il/elle tombe et se fracasse

fragile

ᐃᔨᔨᒥᓈᑯᐦᐋᐤ iyiyiminaakuhaau vta ◆ il/elle fabrique quelque chose (animé) de faible, de fragile, qui ne va pas durer

ᐃᔨᔨᒥᓈᑯᐦᑖᐤ iyiyiminaakuhtaau vai+o ◆ il/elle fabrique quelque chose de faible, de fragile, qui ne va pas durer

ᑳᔅᐱᓰᐤ kaaspisiiu vai ◆ il/elle se casse facilement, est friable, fragile

ᔖᐅᓐ shaaun vii ◆ c'est fragile, ça casse facilement

ᔖᐅᓰᐤ shaausiiu vai ◆ il/elle est fragile, se casse facilement

ᑳᔅᐹᐤ kaaspaau vii ◆ ça se casse facilement, c'est friable, fragile, très sec

frai

ᐋᒦᐅᒫᒄ aamiiumaakw na -um ◆ un poisson sur le point de frayer, un frai

ᐋᒦᐦᑳᓈᓐ aamiihkaanaan ni ◆ un endroit où on attrape le frai (les poissons en train de frayer), une frayère

fraîche

ᐱᐱᔮᐱᐤ pipiyaapiu vai ◆ c'est de la neige fraîchement tombée

ᐑᒁᐦᐊᒼ wiikwaaham vti ◆ ses traces sont fraîches

ᐑᒁᓂᒼ wiikwaanim vti ◆ ses traces sont fraîches

ᑳᐱᐱᔮᐱᑦ kaapipiyaapit nap ◆ de la neige fraîche, de la neige fraîchement tombée, des flocons de neige

ᐅᔖᔓᐃ ushaashui na ◆ de la neige fraîche et poudreuse à la surface

ᐙᐳᔄᑯᓐ waapushwaakun na ◆ de la neige fraîchement tombée, légère

frais

ᐹᒋᔅᒄ paachiskw ni ◆ de la glace fraîche

ᐃᔪᐏᓵᐤ iyuwisaau vii ◆ c'est de la nourriture fraîche

ᐃᔪᐏᓰᐤ iyuwisiiu vai ◆ c'est de la nourriture fraîche (se dit de quelque chose d'animé, de viande ou de poisson fraîchement tué)

ᒋᔑᓂᑖᑯᔑᐤ chishinitaakushiu vii ◆ c'est une soirée fraîche, froide

ᑎᐦᒋᔨᐙᐱᔨᔑᐤ tihchiyiwaapiyishiu vii dim ◆ il y a un vent frais, une brise fraîche

fraise

ᐅᑖᐦᐄᒥᓂᒡ utaahiiminich na pl ◆ des fraises *Fragaria sp.*

fraisier

ᐅᑖᐦᐄᒥᓈᐦᑎᒄ utaahiiminaahtikw na -um ◆ un fraisier *Fragaria sp.*

framboise

ᐅᔅᒌᔑᑯᒥᓐᐦ uschiishikuminh na -im ◆ des framboises nains

ᔫᔅᑭᓂᒡ yuuskinich na pl ◆ des framboises *Rubus idaeus var. strigosus*

framboisier

ᔫᔅᑭᓈᐦᑎᒄ yuuskinaahtikw ni ◆ un framboisier *Rubus idaeus var. strigosus*

français

ᐱᔥᑎᒀᔮᐅᔨᒧᐏᓐ pishtikwaayaauyimuwin ni ◆ la langue française

ᐱᔥᑎᒀᔮᐅᔥᑖᐤ pishtikwaayaaushtaau vai ◆ il/elle écrit en français

ᐱᔥᑎᒀᔮᐅᔥᑖᐤ pishtikwaayaaushtaau vii ◆ c'est écrit en français

ᐱᔥᑎᒀᔮᐅᔨᒥᐤ pishtikwaayaauyimiu vai ◆ il/elle parle français

Français

ᐱᔥᑎᒀᔮᐤ pishtikwaayaau na ◆ un Français

Française

ᐱᔥᑎᒀᔮᔅᒁᐤ pishtikwaayaaskwaau na ◆ une Française

franchir

ᐋᒫᐳᑰ aamaapukuu vai -u ◆ il/elle franchit le rebord en flottant

ᐲᐅᑖᐳᑰ piiutaapukuu vai -u ◆ il/elle franchit le rapide en flottant

ᐲᐅᑖᐳᑖᐤ piiutaaputaau vii ◆ ça franchit le rapide en flottant

frange

ᐃᔨᐙᐱᒋᑭᓐ iyiwaapichikin ni ◆ une frange

ᒋᒥᑭᐦᑎᒀᐦᐊᒫᐤ chimikihtikwaahamaau vai ◆ il/elle coupe sa frange assez courte

ᐃᔨᐙᑯᒋᓐ iyiwaakuchin vai ◆ il/elle dépasse, a une frange

ᐃᔨᐙᑯᑖᐤ iyiwaakutaau vii ◆ ça dépasse, ça a une frange

franges

ᐄᔨᐙᐱᔨᐤ iiyiwaapiyiu vii ◆ ça pend en lambeaux, ça fait des franges

frapper

ᑳᐦᒋᔥᑎᐦᐅᑰ kaahchishtihukuu vai -u ◆ il/elle le/la frappe

ᑖᐅᐦᐊᒼ taauham vti ◆ il/elle fait que quelque chose le frappe

ᑖᐅᐦᐙᐤ taauhwaau vta ◆ il/elle fait que quelque chose le/la frappe

ᑖᐙᔅᑯᐦᐊᒼ taawaaskuham vti ◆ il/elle le frappe (long et rigide)

ᑖᐙᔅᑯᐦᐙᐤ taawaaskuhwaau vta ◆ il/elle le/la frappe (long et rigide)

ᐅᑖᒥᔑᒫᐤ utaamishimaau vta ◆ il/elle le/la frappe contre quelque chose

ᐋᔥᑎᐙᐦᑎᑖᐤ aashtiwaahtitaau vai ◆ il/elle le frappe sur quelque chose pour l'éteindre ■ ᐋᔥᑎᐙᐦᑎᑖᐤ ᐊᓂᔮ ᐅᑖᔅ ᐹᔓᒡ ᐃᔥᑯᑖᐦᒡ ᑳ ᐊᑯᑖᑦ. ■ aashtiwaahtitaau aniyaa utaas paashuch ishkutaahch kaa akutaat. ■ *Il éteint le feu sur sa chaussette qu'elle avait suspendue trop près du feu en la frappant.*

ᒋᔄᐙᐦᐙᐤ chishwaawaahwaau vta ◆ il/elle fait beaucoup de bruit en le/la frappant

ᐄᐧᑖᐧᐋᐦᐧᐋᐤ iitwaawaahwaau vta ◆ il/elle le/la frappe et ce qui est frappé fait du bruit

ᑳᐦᒋᔥᑎᐦᐊᒼ kaahchishtiham vti ◆ il/elle l'ébrèche, le frappe légèrement

ᑳᐦᒋᔥᑎᐦᐧᐋᐤ kaahchishtihwaau vta ◆ il/elle l'ébrèche, le/la frappe légèrement

ᐧᑳᔥᐧᑳᐦᐊᒼ kwaashkwaaham vti ◆ il/elle le frappe et le fait voler dans les airs

ᐧᑳᔥᐧᑳᐦᐧᐋᐤ kwaashkwaahwaau vta ◆ il/elle le/la frappe et le/la fait rebondir

ᒥᒥᐧᑖᐦᐊᒼ mimitwaaham vti redup ◆ il/elle continue à le frapper et il produit un son

ᒥᓂᓯᑯᐦᐧᐋᐤ minisikuhwaau vta ◆ il/elle en fait tomber la glace en le/la frappant

ᒥᐧᑖᐦᐊᒼ mitwaaham vti ◆ il/elle le frappe et il produit un son

ᒥᐧᑖᐦᐧᐋᐤ mitwaahwaau vta ◆ il/elle produit un son quand il/elle le/la frappe

ᓃᐦᑎᐦᐊᒼ niihtiham vti ◆ il/elle le frappe et le renverse

ᓃᐦᑎᐦᐧᐋᐤ niihtihwaau vta ◆ il/elle le/la frappe et le/la renverse avec quelque chose

ᓃᐦᑎᔥᑭᐧᐋᐤ niihtishkiwaau vta ◆ il/elle le frappe et le renverse avec le pied ou le corps

ᓂᐧᐃᑎᐦᐊᒼ niwitiham vti ◆ il/elle tire dessus, le frappe quand il bouge

ᐹᐦᑳᒑᐦᐊᒼ paahkaachaaham vti ◆ il/elle le frappe et le fait éclater avec quelque chose

ᐹᐦᑳᒑᐦᐧᐋᐤ paahkaachaahwaau vta ◆ il/elle le/la frappe et le/la fait éclater avec quelque chose

ᐱᐦᐳᐧᐋᑭᐦᐊᒼ pihpuwaakiham vti redup ◆ il/elle le frappe (étalé) de ses mains pour en enlever quelque chose

ᐱᐦᐳᐧᐋᑭᐦᐧᐋᐤ pihpuwaakihwaau vta redup ◆ il/elle le frappe (étalé) de ses mains pour en enlever quelque chose

ᐱᐦᐳᐧᐋᔅᑯᐦᐊᒼ pihpuwaaskuham vti redup ◆ il/elle le frappe contre quelque chose pour en enlever la neige, le sable, etc.

ᐱᐦᐳᐧᐋᔅᑯᐦᐧᐋᐤ pihpuwaaskuhwaau vta redup ◆ il/elle le/la frappe contre quelque chose pour en enlever quelque chose

ᐱᐦᐳᐧᐃᐦᑎᑖᐤ pihpuwihtitaau vai redup ◆ il/elle le frappe contre quelque chose pour en enlever quelque chose

ᐱᐦᐳᐧᐃᔑᒫᐤ pihpuwishimaau vta redup ◆ il/elle le/la frappe pour en faire tomber quelque chose

ᐱᐦᐳᐧᐃᓯᑯᐦᐊᒼ pihpuwisikuham vti redup ◆ il/elle le frappe pour faire tomber la glace

ᐱᐦᐳᐧᐃᓯᑯᐦᐧᐋᐤ pihpuwisikuhwaau vta redup ◆ il/elle le/la frappe pour faire tomber la glace

ᐱᔅᑳᐹᑭᐦᐧᐋᐤ piskaapaakihwaau vta ◆ il/elle le casse en le frappant

ᐱᔅᑯᑖᐅᑭᐦᐧᐋᐤ piskutaaukihwaau vta ◆ il/elle le/la frappe et lui fait un grosse bosse

ᐱᑎᐦᐧᐋᐤ pitihwaau vta ◆ il/elle manque de le/la frapper

ᐳᐧᐃᓂᔅᑭᐦᐧᐋᐤ puwiniskihwaau vta ◆ il/elle frappe la neige avec (ex un arbre)

ᑖᐅᔥᑎᐧᑳᓈᐦᐧᐋᐤ taaushtikwaanaahwaau vta ◆ il/elle le frappe sur la tête

ᑖᐧᐋᐹᒋᑯᔨᐧᐋᐦᐧᐋᐤ taawaapaachikuyiwaahwaau vta ◆ il/elle le/la frappe sur le cou

ᐅᑖᒫᔅᒋᑭᓈᐦᐧᐋᐤ utaamaaschikinaahwaau vta ◆ il/elle le/la frappe sur la poitrine

ᐅᑖᒥᒑᐳᐦᐧᐋᐤ utaamichaapuhwaau vta ◆ il/elle le/la frappe dans l'oeil

ᐅᑖᒥᐦᐧᐋᐤ utaamihwaau vta ◆ il/elle le/la frappe, tape

ᐅᑖᒥᔥᑎᐧᑳᓈᐦᐧᐋᐤ utaamishtikwaanaahwaau vta ◆ il/elle le/la frappe sur la tête

ᐧᐋᐹᐱᐦᒑᐦᐊᒼ waapaapihchaaham vti ◆ il/elle le frappe avec quelque chose pour le faire se balancer

ᐧᐋᐹᐱᐦᒑᐦᐧᐋᐤ waapaapihchaahwaau vta ◆ il/elle le/la frappe avec quelque chose pour qu'il/elle se balance

ᐋᐦᑯᔑᔑᓐ aahkushishin vai [Wemindji] ◆ il/elle s'est blessé en tombant, en frappant quelque chose

ᒋᔂᐧᐋᐦᐊᒼ chishwaawaaham vti ◆ il/elle fait un bruit fort en le frappant

ᒋᔂᐧᐋᐦᑎᑖᐤ chishwaawaahtitaau vai ◆ il/elle tombe, frappe, fait beaucoup de bruit avec

ᑭᐱᐦᑖᐦᐋᓐ kipihtaahan vii ◆ le vent, la vague frappe quelque chose

ᒥᐧᑖᔑᓐ mitwaashin vai ◆ il/elle fait un son en frappant, le réveil se met à sonner

ᐱᐦᐧᑳᐦᑎᑖᐤ pihkwaahtitaau vai ◆ il/elle en casse un morceau en le laissant tomber ou en le frappant sur quelque chose

ᐱᐦᐳᐧᐃᐦᐊᒼ pihpuwiham vti redup ◆ il/elle l'enlève en brossant, en frappant

ᐱᐦᐳᐧᐃᐦᐧᐋᐤ pihpuwihwaau vta redup ◆ il/elle lui enlève la neige ou le sable, il/elle le/la nettoie en le frappant

ᐱᐦᐳᐧᐃᓂᔅᑭᐦᐊᒼ pihpuwiniskiham vti redup ◆ il/elle frappe la neige pour la faire tomber du tipi

ᐱᔅᑯᒑᐦᐧᐋᐤ piskuchaahwaau vta ◆ il/elle le/la frappe et l'ouvre en le cassant

ᔖᔑᐦᑳᐹᒋᐱᔨᐤ shaashihkaapaachipiyiu vii ◆ la foudre frappe en longs éclairs

ᑖᐅᑳᑖᐦᐧᐋᐤ taaukaataahwaau vta ◆ il/elle le frappe sur la jambe, l'atteint à la jambe

ᑖᐅᐱᑐᓈᐦᐧᐋᐤ taaupitunaahwaau vta ◆ il/elle le/la frappe sur le bras, l'atteint au bras

ᑖᐅᓯᑖᐦᐧᐋᐤ taausitaahwaau vta ◆ il/elle le frappe sur le pied, l'atteint au pied

ᑖᐧᐋᒋᐱᔅᑯᓈᐦᐧᐋᐤ taawaachipiskunaahwaau vta ◆ il/elle le/la frappe sur le dos, l'atteint au dos

ᐅᐦᑎᐦᑷᐧᐋᐦᐧᐋᐤ **uhtihtwaawaahwaau** vta ◆ il/elle (ex tambour) résonne, fait du bruit quand il/elle le frappe là-bas

ᐅᑖᒥᐦᐧᑳᔑᓐ **utaamihkwaashin** vai ◆ il/elle le tape sur la figure, le visage

ᐅᑎᐦᑷᐧᐋᐦᐄᒑᐤ **utihtwaawaahiichaau** vai ◆ le bruit qu'elle fait en frappant provient de cette direction

ᐅᑐᑭᐦᐧᐋᐤ **utukihwaau** vta ◆ il/elle le/la frappe et le/la contusionne, lui fait un bleu

ᐧᐋᐱᔥᑭᐧᐋᐤ **waapishkiwaau** vta ◆ il/elle lui donne un coup de pied, le/la frappe et le/la repousse avec son corps

ᑭᐱᐦᑖᒋᐧᐃᓐ **kipihtaachiwin** vii ◆ le courant fort du rapide frappe la rive

ᐱᑎᐦᐊᒼ **pitiham** vti ◆ il/elle est attrapé dans un filet de pêche, il/elle manque de le frapper

frayé

ᓂᐱᐦᐊᒫᐤ **nipihamaau** vai ◆ le poisson a la chair tendre après avoir frayé

frayer

ᒌᔖᒦᐅᒫᒃᐤ **chiishaamiiumaakw** na ◆ un poisson qui a fini de frayer

ᐋᒥᐧᐃᒡ **aamiwich** vai pl ◆ ils (les poissons) sont en train de frayer

ᐋᒥᔨᐦᒑᐤ **aamiyihchaau** vai [Wemindji] ◆ il/elle va pêcher des poissons en train de frayer

ᓈᓃᑳᓂᐱᔨᐦᐆ **naaniikaanipiyihuu** vai redup -u ◆ il/elle se fraye son chemin devant les autres

ᐲᔑᐳᔮᑭᓐ **piishipuyaakin** ni ◆ un endroit où on attrape des poissons en train de frayer, un barrage pour capturer les poissons en train de frayer

ᓅᑖᒧᐧᐋᐤ **nuutaamuwaau** vai ◆ il/elle attrape du poisson en train de frayer

ᓈᔥᑷᒨ **naashtwaamuu** vai -u ◆ il/elle a la chair tendre après avoir frayé ■ ᒌᐦ ᓈᔥᑷᒨ ᓂᒫᔅ ᑳ ᒥᔅᑭᐧᐃᒃ ᐊᓂᑖᐦ ᐋᐦ ᔮᔮᐧᐋᔮᔨᒡ. ■ chiih naashtwaamuu nimaas kaa miskiwik anitaah aah yaayaawaayaayich. ■ *J'ai trouvé un poisson le long du rivage qui avait frayé et qui avait la chair bien tendre.*

ᓈᔥᑖᒋᐧᐃᓈᐤ **naashtaachiwinaau** vai ◆ il/elle la chair tendre à cause du courant fort (se dit d'un poisson)

frayère

ᐋᒦᐅᑭᐦᑉ **aamiiukihp** ni ◆ une frayère

ᓅᑖᒧᐧᐋᓈᓐ **nuutaamuwaanaan** ni ◆ une frayère dans laquelle on pêche

ᓈᒋᐲᔑᐳᔮᑭᓈᐤ **naachipiishipuyaakinaau** vai ◆ il/elle va chercher des poissons à la frayère

ᐊᐧᑳᐱᒋᒑᐤ **akwaapichichaau** vai ◆ il/elle attrape des poissons dans la frayère avec un filet

ᐋᒦᐦᑳᓈᓐ **aamiihkaanaan** ni ◆ un endroit où on attrape le frai (les poissons en train de frayer), une frayère

freiner

ᓂᑭᐦᐊᒼ **nikiham** vti ◆ il/elle le rencontre en conduisant; il/elle freine

ᓂᑭᐦᐧᐋᐤ **nikihwaau** vta ◆ il/elle le/la rencontre sur son chemin en véhicule; il/elle freine

ᓈᓂᑳᑯᓈᐦᑎᑖᐤ **naanikaakunaahtitaau** vai ◆ il/elle essaie de le ralentir en freinant avec les pieds en voyageant sur la neige

frémir

ᑑᔥᑑᐱᐱᔨᐤ **tuushtuupipiyiu** vai ◆ il/elle frémit (ex. un arbre souple)

ᑑᔥᑑᐱᐱᔨᐤ **tuushtuupipiyiu** vii ◆ ça frémit (ex. de la gélatine)

fréquemment

ᒑᔅᑭᑦ **chaaskit** p,temps ◆ souvent, fréquemment ■ ᓈᔥᒡ ᒑᔅᑭᑦ ᐋᐦ ᐧᐄᐦ ᒥᓂᐦᐧᑳᑦ ᑳ ᒨᐧᐃᒫᓵᑦ. ■ naashch chaaskit aah wiih minihkwaat kaa muwimaasaat. ■ *Manger du poisson la fait vouloir souvent boire.*

ᑭᓂᐧᐋᒡ **kiniwaach** p,temps ◆ fréquemment, régulièrement ■ ᑭᓂᐧᐋᒡ ᐧᐋᔥ ᐋᑎᐧᐄ ᒥᔮᑭᓂᐤ ᐋᐱᑎᓰᐧᐃᓂᔨᐤ. ■ kiniwaach waash aatiwii miyaakiniu aapitisiiwiniyiu. ■ *Heureusement elle/il a régulièrement du travail.*

fréquenté

ᒋᔥᑎᒨ **chishtimuu** vii -u ◆ c'est un sentier bien tracé, bien fréquenté

frère

ᓃᐧᔖᐹᐧᐃᐧᐃᒡ **niishwaapaawiwich** vai pl -aawi ◆ il y a deux frères, deux hommes

ᓂᔥᑷᐹᐧᐃᐧᐃᒡ **nishtwaapaawiwich** vai pl -aawi ◆ il y a trois frères, trois hommes

ᒋᔓᒼ **chishiim** nad ◆ ton jeune frère ou frère cadet, ta jeune soeur ou soeur cadette

ᓃᒋᔖᓂᔥ **niichishaanish** na dim ◆ mon petit frère, ma petite soeur, mon frère cadet, ma soeur cadette, mon cousin ou ma cousine

ᐧᐄᒋᔖᓂᔑᒫᐤ **wiichishaanishimaau** nad ◆ un petit frère, une petite soeur, un cousin plus jeune, une cousine plus jeune

ᒌᒋᔨᔨᐤ **chiichiiyiyiu** nad ◆ ton frère, ta soeur, ton cousin ou ta cousine parallèle (le fils ou la fille de la soeur de ta mère ou du frère de ton père), ton frère cri, ta soeur crie, ton compagnon humain, ta compagne humaine

ᒌᒋᔖᓐ **chiichishaan** nad ◆ ton frère ou ta soeur, ton cousin ou ta cousine parallèle (le fils ou la fille du frère de ton père ou de la soeur de ta mère)

ᓃᒌᔨᔨᐤ **niichiiyiyiu** nad ◆ mon frère, ma soeur, mon cousin ou ma cousine parallèle (le fils ou la fille de la soeur de ma mère ou du frère de mon père), mon frère cri, ma soeur crie, mon compagnon humain, ma compagne humaine

ᓃᒋᔖᓐ **niichishaan** nad ◆ mon frère ou ma soeur, mon cousin ou ma cousine parallèle (le fils ou la fille du frère de mon père ou de la soeur de ma mère)

·ᐄᒌᔩᔪᐦ wiichiiyiyiuh nad ◆ son frère, sa soeur, son cousin ou sa cousine parallèle (le fils ou la fille de la soeur de sa mère ou du frère de son père), son frère cri, sa soeur crie, son compagnon humain, sa compagne humaine

·ᐄᒋᔖᓐᐦ wiichishaanh nad ◆ son frère ou sa soeur, son cousin ou sa cousine parallèle (le fils ou la fille du frère de son père ou de la soeur de sa mère)

·ᐄᒋᔖᓂᒫᐤ wiichishaanimaau nad ◆ un frère ou une soeur, un cousin ou une cousine parallèle (le fils ou la fille du frère du père ou de la soeur de la mère)

frère aîné

ᓂᔥᑖᔅ nistaas nad ◆ mon frère aîné

ᓂᔥᑖᓴ nistaasaa nad voc ◆ frère aîné!

frère cadet

ᓂᔒᒥᔖ nishiimishaa nad voc ◆ frère cadet! ou soeur cadette!

ᓂᔒᒥᔥ nishiimish na ◆ mon frère cadet ou ma soeur cadette, mon petit-frère ou ma petite-soeur

ᐅᔒᒻᐦ ushiimh nad ◆ son frère cadet ou sa soeur cadette, son petit-frère ou sa petite-soeur

ᐅᔒᒥᒫᐤ ushiimimaau na ◆ un frère cadet ou une soeur cadette, un petit-frère ou une petite-soeur

ᐅᔒᒥᒫᐅ ushiimimaauu vai -aawi ◆ c'est un frère cadet ou une soeur cadette

friable

ᑳᔅᐱᓰᐤ kaaspisiiu vai ◆ il/elle se casse facilement, est friable, fragile

ᑳᔅᐹᐤ kaaspaau vii ◆ ça se casse facilement, c'est friable, fragile, très sec

frigo

ᒥᔅᑯᒦᐅᑭᒥᒄ miskumiiukimikw ni ◆ un réfrigérateur, un frigo, un congélateur, un dépôt de glace

frire

ᓵᓵᔅᒋᐦᒁᑖᐤ saasaaschihkwaataau vta ◆ il/elle le/la fait frire

ᓵᓵᔅᒋᐦᒁᑎᒻ saasaaschihkwaatim vti ◆ il/elle le fait frire

ᓵᓵᔅᒋᐦᒁᐤ saasaaschihkwaau vai ◆ il/elle fait frire quelque chose

ᓰᓯᒻ siisim vti ◆ il/elle le fait frire

ᓵᓵᔅᒋᐦᒁᓈᐃᐦᑯᓈᐤ saasaaschihkwaanaaihkunaau na -m ◆ une pâte frite

ᓵᓯᐱᒫᐤ saasipimaau vai ◆ il/elle fait frire, fait fondre de la graisse d'animal

frisé

ᓂᓂᑭᐚᔥᑎᒁᓈᐤ ninikiwaashtikwaanaau vai redup ◆ il/elle a les cheveux frisés, il/elle frise

friser

ᓂᓂᑭᐚᐱᔨᐦᑖᐤ ninikiwaapiyihtaau vai redup ◆ il/elle le frise, le fait boucler

ᓂᓂᑭᐚᔥᑎᒁᓈᐤ ninikiwaashtikwaanaau vai redup ◆ il/elle a les cheveux frisés, il/elle frise

frisonner

ᓵᔅᒑᔨᐦᑎᒻ saaschaayihtim vti ◆ il/elle frissonne parce qu'il/elle trouve ça désagréable

frisquet

ᓰᐦᑭᑖᔨᐦᑖᑯᓐ siihkitaayihtaakun vii ◆ c'est frisquet, plutôt froid

frisson

ᒌᔅᒋᒥᔩᐙᐱᔩᐤ chiischimiyiwaapiyiu vai ◆ il/elle se met à grelotter, à trembler, à avoir des frissons

frissonner

ᓵᔅᒑᔨᒫᐤ saaschaayimaau vta ◆ il/elle frissonne parce qu'il/elle le/la trouve désagréable

frit

ᓵᔅᒋᒁᐦᑳᒋᐙᓐ saaschikwaahkaachiwaan ni -m ◆ le contenu d'un estomac frit de lièvre ou de lagopède

ᓰᑯᓵᑭᓐ siikusaakin na -im ◆ ce qui reste du gras frit, couenne rissolée

friture

ᒌᒋᓂᑭᓐ chiichinikin ni ◆ du gras de brochet frit et mélangé avec de la farine

froid

ᑳᔒᔩᐙᐤ kaashiiyiwaau vii ◆ il fait extrêmement froid

ᔒᐦᑭᒋᐤ shiihkichiu vai ◆ il/elle est froid-e

ᓰᐦᑭᑖᔨᐦᑎᒻ siihkitaayihtim vti ◆ il/elle a froid

ᑎᐦᒋᐹᔮᐤ tihchipaayaau vii ◆ c'est froid parce que c'est humide dehors

ᑎᐦᑳᐱᓯᔅᒋᓯᐤ tihkaapisischisiu vai ◆ il/elle est froid-e (minéral)

ᑎᐦᑳᐱᔅᑳᐤ tihkaapiskaau vii ◆ c'est froid (minéral)

ᑎᐦᑳᔮᐤ tihkaayaau vii ◆ il fait froid dehors

ᔫᐦᔫᔥᑭᒻ yuuhyuushkim vti redup ◆ il/elle laisse rentrer le froid en entrant et sortant

ᑎᐦᒋᑭᒫᐳᐃ tihchikimaapui ni ◆ de l'eau froide

ᐋᐦᑯᐱᐳᓐ aahkupipun vii ◆ c'est un hiver très froid

ᒋᓯᓐ chisin vii ◆ il fait très froid (se dit en hiver)

ᒋᓯᓈᐱᓐ chisinaapin vii ◆ c'est un matin froid

ᒋᓯᓈᐤ chisinaau vii ◆ il fait très froid (se dit en hiver)

ᒋᓯᓂᔩᐙᐤ chisiniyiwaau vii ◆ c'est un vent froid

ᑭᐚᒋᐤ kiwichiu vai ◆ il/elle meurt de froid

ᒫᑎᐎᓐ maatiwin vii ◆ il fait extrêmement froid avec de la neige qui souffle

ᒨᔥᑭᐎᒋᐤ muushkiwichiu vai ◆ il/elle pleure de froid

ᐲᐦᑎᑖᐅᑎᓐ piihtitaautin vii ◆ l'air froid entre dans l'habitation

ᔖᑯᒋᐤ shaakuchiu vai ◆ il/elle prend froid, se refroidit facilement

ᔖᐳᒋᐤ shaapuchiu vai ◆ le froid le/la traverse

ᔒᐦᑭᒋᐦᒁᒨ shiihkichihkwaamuu vai -u ◆ il/elle est froid-e quand il/elle dort

ᔒᐦᑭᒋᐦᑎᐧᐃᑭᔮᐅᒋᐤ shiihkichihtiwikiyaauchiu vai ◆ il/elle a les oreilles froides

ᔒᐦᑭᑖᔑᐤ shiihkitaashiu vai ◆ il/elle est froid-e à cause du vent

ᔒᐱᒋᐤ shiipichiu vai ◆ il/elle résiste au froid

ᓰᐦᑭᑖᐹᐧᐋᐤ siihkitaapaawaau vai ◆ il/elle a froid parce qu'il/elle est mouillé-e

ᓰᐦᑭᑖᔩᐦᑖᑯᓐ siihkitaayihtaakun vii ◆ c'est frisquet, plutôt froid

ᓰᐦᑭᑎᐱᐤ siihkitipiu vai ◆ il/elle a froid en étant assis-e

ᑖᐦᒋᐦᒁᐅᒋᐤ taahchihkwaauchiu vai ◆ il/elle a froid au visage

ᑖᐦᒋᐦᑎᐧᐃᑭᔮᐅᒋᐤ taahchihtiwikiyaauchiu vai ◆ il/elle a froid aux oreilles

ᑖᐦᒋᑯᑖᐅᒋᐤ taahchikutaauchiu vai ◆ il/elle a froid au nez

ᑖᐦᒋᐱᑐᓈᐅᒋᐤ taahchipitunaauchiu vai ◆ il/elle a froid au bras

ᑖᐦᒋᑐᐢᑯᓈᐅᒋᐤ taahchituskunaauchiu vai ◆ il/elle a le coude froid

ᑖᐦᑎᐦᒋᑯᓈᐅᒋᐤ taahtihchikunaauchiu vai ◆ il/elle a froid aux genoux

ᑎᐦᒋᑭᒥᓯᐤ tihchikimisiu vai ◆ il/elle est froid-e (liquide)

ᑎᐦᒋᑭᒥᐤ tihchikimiu vii ◆ c'est un liquide froid

ᑎᐦᒋᐹᒋᓯᐤ tihchipaachisiu vai ◆ il/elle a froid à cause de ses vêtements mouillés, parce qu'il a sué

ᑎᐦᒋᐹᑭᓐ tihchipaakin vii ◆ c'est froid et humide (étalé)

ᑎᐦᒋᓯᐤ tihchisiu vai ◆ il/elle est froid-e au toucher

ᑎᐦᒋᐢᑎᓐ tihchistin vii ◆ c'est un vent froid

ᑎᐦᑳᐤ tihkaau vii ◆ c'est froid au toucher

ᑎᐦᑳᔮᓂᐦᑖᐤ tihkaayaanihtaau vai ◆ il/elle laisse entrer le froid en entrant et sortant dans la maison

ᑎᐦᑳᔮᐅᓈᑯᓯᐤ tihkaayaaunaakusiu vai ◆ il/elle fera froid si on se fie à l'apparence du soleil

ᑎᑎᒁᐢᒑᐅᒋᐤ titikwaaschaauchiu vai ◆ il/elle a les mains froides

ᑎᑎᒁᐢᒋᐤ titikwaaschiu vai ◆ il/elle a froid aux pieds

ᐧᐋᐧᐄᐱᒋᐤ waawiipichiu vai ◆ il/elle tremble de froid

ᒋᓯᓂᐹᔮᐤ chisinipaayaau vii ◆ c'est froid et pluvieux, il fait un temps humide et froid

ᒫᑎᐧᐃᓈᑯᓐ maatiwinaakun vii ◆ il semble qu'il fasse extrêmement froid avec de la neige qui souffle

ᒥᑤᔮᔥᑭᒋᐤ mitwaayaashkichiu vai ◆ il/elle émet un craquement à cause du froid

ᓃᐳᐧᐋᐢᒑᐤ niipuwaaschaau vai ◆ les rayons du soleil sont au-dessus et en-dessous ce qui indique un temps très froid

ᐹᑎᑖᒨ paatitaamuu vii -u ◆ il y a de la brume dans l'air qui amènera un temps froid, habituellement durant le printemps

ᔖᐳᑎᓐ shaaputin vii ◆ le froid passe au travers

ᔒᐦᑭᒋᔨᐧᐋᐱᔨᐤ shiihkichiyiwaapiyiu vai ◆ il/elle grelotte, tremble de froid

ᔒᓈᔥᑭᒋᐤ shiinaashkichiu vai ◆ il/elle perd du gras à cause du froid

ᑖᐦᒋᐱᐢᑯᓈᐅᒋᐤ taahchiipiskunaauchiu vai ◆ il/elle sent le froid dans son dos

ᑖᐦᒋᑭᔥᒁᐅᒋᐤ taahchikishkwaauchiu vai ◆ il/elle a froid au bout des doigts

ᑎᐦᒋᔨᐧᐋᐱᔨᐤ tihchiyiwaapiyiu vii ◆ le vent est froid, glacial

ᑎᐦᒋᔨᐧᐋᐤ tihchiyiwaau vii ◆ le vent est froid, glacial

ᑎᐦᑳᐅᐦᑳᐤ tihkaauhkaau vii ◆ c'est du sable froid, des cendres froides

ᑳᐢᐱᐦᐄᑯᐦᑖᐤ kaaspihiikuhtaau vai ◆ il/elle fend du bois et le son du bois indique qu'il fait extrêmement froid

ᑳᐢᐱᑎᓐ kaaspitin vii ◆ ça se casse facilement quand c'est froid ou gelé

ᒥᑤᔮᐦᑯᓈᐅᑎᓐ mitwaayaahkunaautin vii ◆ la neige émet un crissement à cause du froid

froide

ᒋᓯᓂᑎᐱᐢᑳᐤ chisinitipiskaau vii ◆ c'est une nuit froide

ᔒᐦᑭᒋᔥᑎᒁᓈᐅᒋᐤ shiihkichishtikwaanaauchiu vai ◆ il/elle a la tête froide

ᑎᐦᒋᔥᑎᒁᓈᐤ tihchishtikwaanaau vai ◆ il/elle a la tête froide

ᒋᔑᓂᑖᑯᔑᐤ chishinitaakushiu vii ◆ c'est une soirée fraîche, froide

ᑰᓂᐲᐅᐱᔨᐤ kuunipiiupiyiu vii ◆ la neige ne fond pas dans l'eau quand il neige à cause de la température très basse de l'eau

froissé

ᓂᓂᒁᓈᒋᐱᔨᐤ ninikwaanaachipiyiu vii redup ◆ c'est froissé (étalé)

ᐅᐧᐃᓰᑳᐤ uwisiikaau vii ◆ c'est froissé

froisser

ᓂᓂᒁᓈᒋᓈᐤ ninikwaanaachinaau vta redup ◆ il/elle le/la froisse

ᓂᓂᒁᓈᒋᓂᒼ ninikwaanaachinim vti redup ◆ il/elle le froisse

ᓂᓂᒁᓈᒋᔥᑭᒼ ninikwaanaachishkim vti redup ◆ il/elle le froisse (étalé) avec son pied ou son corps

ᓂᓂᒁᓈᒋᔥᑭᐧᐋᐤ ninikwaanaachishkiwaau vta redup ◆ il/elle le/la froisse (étalé) avec son pied ou son corps

fronce

ᐱᐦᒌᐦᑳᓂᑭᓐ pihchiihkwaanikin ni ◆ un pli, une fronce dans le tissu

ᐱᐦᒌᐦᑳᓂᒼ pihchiihkwaanim vti ◆ il/elle coud des fronces sur l'avant des mocassins

froncer

ᒥᒥᒋᒌᐦᑳᐱᔩᐤ mimichichiihkwaapiyiu vii redup ◆ c'est mal froncé (ex. comme les fronces de la partie avant du mocassin)

ᐱᐦᒌᐦᑳᓂᒑᐤ pihchiihkwaanichaau vai ◆ il/elle plie, fronce, fait des fronces en cousant

front

ᐅᐢᑭᐦᑎᒄ uskihtikw nid ◆ son front, l'avant de la raquette

frotter

ᔑᔓᓈᐤ shishunaau vta redup ◆ il/elle en frotte sur lui/elle

ᔑᔓᓂᒼ shishunim vti redup ◆ il/elle le frotte dessus

ᔑᔓᐱᑖᐤ shishupitaau vta redup ◆ il/elle le/la frotte rapidement dessus

ᔑᔓᐱᑎᒼ shishupitim vti redup ◆ il/elle le frotte rapidement dessus

ᓯᓂᑯᐦᑎᑭᐦᐙᐤ sinikuhtikihwaau vta ◆ il/elle le/la frotte avec une brosse à récurer

ᓯᓂᑯᐦᑎᑖᐤ sinikuhtitaau vai ◆ il/elle le frotte contre quelque chose

ᓯᓂᑯᓈᐤ sinikunaau vta ◆ il/elle le/la frotte avec la main

ᓯᓂᑯᓂᒼ sinikunim vti ◆ il/elle le frotte avec la main

ᓯᓂᑯᔑᒫᐤ sinikushimaau vta ◆ il/elle le/la frotte sur quelque chose

ᐋᑎᐦᐅᑖᐤ aatihutaau vii ◆ c'est abîmé d'avoir frotté contre quelque chose

ᒌᓈᐱᐢᒋᔑᒫᐤ chiinaapischishimaau vta ◆ il/elle le/la frotte à quelque chose pour lui donner la forme d'une pointe

ᒌᓈᐢᑯᔑᒫᐤ chiinaaskushimaau vta ◆ il/elle le/la frotte (long et rigide) pour lui donner la forme d'une pointe

ᒥᒥᑯᓂᒼ mimikunim vti redup ◆ il/elle le frotte avec ses mains pour l'assouplir, le lave à la main

ᒥᒥᑯᐱᑖᐤ mimikupitaau vta redup ◆ il/elle le/la frotte pour l'assouplir

ᒥᒥᑯᐱᑎᒼ mimikupitim vti redup ◆ il/elle le frotte pour l'assouplir

ᓂᒥᑎᐦᐊᒼ nimitiham vti ◆ il/elle (ex. un caribou, un orignal) frotte ses bois dessus, frotte sa ramure dessus

ᐹᐱᑯᐦᐊᒼ paapikuham vti ◆ il/elle le pèle en le frottant avec quelque chose

ᐹᐱᑯᓈᐤ paapikunaau vta ◆ il/elle le/la frotte et en pèle la couche extérieure avec ses mains

ᐹᐱᑯᐱᑖᐤ paapikupitaau vta ◆ il/elle frotte et pèle la couche extérieure

ᔑᔓᓂᑎᐦᐹᑖᐤ shishunitihpaataau vta redup ◆ il/elle frotte de la cervelle dessus pour le tanner

ᔑᔓᐹᒋᓈᐤ shishupaachinaau vta redup ◆ il/elle le/la frotte avec un liquide

ᔑᔓᐹᒋᓂᒼ shishupaachinim vti redup ◆ il/elle le frotte avec un liquide

ᔓᐢᒋᐎᒋᓈᐤ shuschiwichinaau vta ◆ il/elle frotte de la boue dessus (animé, étalé)

ᔓᐢᒋᐎᒋᓂᒼ shuschiwichinim vti ◆ il/elle frotte de la boue dessus

ᓯᓂᑯᐦᑎᑭᐦᐊᒼ sinikuhtikiham vti ◆ il/elle frotte le plancher avec une brosse

ᓯᓂᑯᐢᑐᐙᓈᐤ sinikustuwaanaau vai ◆ il/elle lui frotte le menton

ᓯᐢᒋᔑᒫᐤ sischishimaau vta ◆ il/elle frotte une allumette dessus

ᔮᔨᔑᒫᐤ yaayishimaau vta ◆ il/elle allume une allumette dessus, le/la frotte en passant

ᒋᔂᐙᔮᐢᑯᐦᑎᓐ chishwaawaayaaskuhtin vii ◆ c'est bruyant quand ça frotte les arbres ou les buissons

ᒥᒥᑯᓈᐤ mimikunaau vta redup ◆ il/elle le/la frotte, l'assouplit, le/la lave à la main

ᔑᔓᐢᒋᐎᒋᓈᐤ shishuschiwichinaau vta redup ◆ il/elle le/la frotte avec de la boue, de l'argile

ᓯᓂᑳᐱᐢᑳᐦᐋᓐ sinikwaapiskaahaan vii ◆ c'est abîmé d'avoir frotté contre du rocher

ᓯᓂᒁᐢᑯᔑᒨ sinikwaaskushimuu vai -u ◆ il/elle frotte contre un bâton ou un arbre

ᒌᓈᐱᐢᒋᐦᑎᑖᐤ chiinaapischihtitaau vai ◆ il/elle le frotte (métal, pierre) pour en affiler ou aiguiser la pointe

ᒌᓈᐢᑯᑎᐦᑖᐤ chiinaaskutihtaau vai+o ◆ il/elle le frotte ou lime (long et rigide) pour en affiler la pointe

frotter (se)

ᓯᓂᑯᔑᒨ sinikushimuu vai -u ◆ il/elle se frotte contre quelque chose

ᓯᓂᑯᔥᑭᒼ sinikushkim vti ◆ il/elle se frotte contre ça

ᓯᓂᑯᔥᑭᐙᐤ sinikushkiwaau vta ◆ il/elle se frotte contre lui/elle

ᓂᐢᑭᐙᐦᑎᓐ niskiwaahtin vii ◆ ça se frotte en passant

ᓯᓂᑳᐲᐤ sinikwaapiiu vai ◆ il/elle se frotte les yeux

fruit

ᒦᓈᐦᑎᒄ miinaahtikw ni -um ◆ un arbuste fruitier

ᒦᓂᔥᐋᐦᑎᒄ miinishaahtikw ni ◆ un arbuste fruitier

fruits

ᐹᓯᒥᓈᓐᐦ paasiminaanh ni pl ◆ de petits fruits séchés, des baies séchées

frustration

ᒨᐢᑯᔨᑰ muuskuyikuu vai -u ◆ il/elle pleure de frustration

frustré

ᑭᔅᒑᔨᐦᑎᒼ **kischaayihtim** vti ◆ il/elle est frustré-e parce qu'il/elle ne peut rien faire

fuir

ᐅᐦᒋᑭᐆ **uhchikiuu** vii -iwi ◆ ça fuit

ᐊᐦᑯᔥᑎᓐ **ahkushtin** vii ◆ ça goutte, ça fuit

fuite

ᐊᐦᑯᔑᐤ **ahkushiu** vai ◆ une fuite d'eau lui goutte dessus

fuligule

ᒀᐦᐚᑭᓐ **kwaahwaakin** na -im ◆ un petit fuligule , un petit morillon *Aythya affinis* ou un fuligule milouinan, un grand morillon *Aythya Marila*

fumant

ᐲᐦᑣᐅᑳᐴ **piihtwaaukaapuu** vai -uwi ◆ il/elle reste debout en fumant

fumé

ᔖᐹᐱᓲ **shaapwaapisuu** vai -u ◆ la peau est toute fumée

ᓂᒫᔥᑖᑯᐦᒑᐤ **nimaashtaakuhchaau** vai ◆ il/elle prépare du poisson fumé

fumée

ᐹᑖᐱᐦᑖᐤ **paataapihtaau** vii ◆ la fumée arrive par ici

ᐲᐳᑖᐱᔨᐤ **piiputaapiyiu** vii ◆ de la fumée s'en échappe

ᐲᐳᑖᔑᐤ **piiputaashiu** vii dim ◆ il y a un peu de fumée provenant d'un feu

ᐲᐳᑖᐤ **piiputaau** vii ◆ le feu fait de la fumée

ᐱᔥᑖᐤ **pishtaau** ni ◆ de la fumée provenant d'un feu allumé par quelqu'un

ᐊᒁᐱᐦᑖᓂᒼ **akwaapihtaanim** vti ◆ il/elle fait de la fumée, il/elle nous enfume

ᐊᒁᐱᐦᑖᐅᒫᑯᓐ **akwaapihtaaumaakun** vii ◆ ça sent la fumée

ᒌᓂᒀᓈᔮᐱᐦᑖᐱᔨᐤ **chiinikwaanaayaapihtaapiyiu** vii ◆ la fumée fait des ronds

ᒋᒧᑖᒫᐦᐱᓲ **chimutaamaahpisuu** vai -u ◆ il/elle est asphyxié-e par la fumée

ᒋᓯᔅᑳᔮᐱᐦᑖᐤ **chisiskaayaapihtaau** vii ◆ la fumée nous indique la force du vent

ᐄᑖᐱᐦᑖᐤ **iitaapihtaau** vii ◆ la fumée va dans une certaine direction ■ ᓈᔥᑎᔨᒡ ᓂᒥ ᐹᒋ ᐄᑖᐱᐦᑖᐤ ᐅᑖᐦ ᐋᐦ ᒌᐦ ᐅᐦᒋᑳᐳᐎᐦᐋᑦ ᐊᓂᔮᐦ ᒥᔥᑎᒄᐦ᙮ ■ naashtiyich nimi paachi iitaapihtaau utaah aah chiih uhchikaapuwihaat aniyaah mishtikwh. ■ *La fumée ne venait pas dans sa direction, parce qu'il avait installé des arbres là (pour en faire un abri).*

ᒥᔮᐱᐦᑖᐤ **miywaapihtaau** vii ◆ ça a un bon tirage (ex. la cheminée), la fumée monte bien

ᐲᐳᑖᐦᐊᒼ **piiputaaham** vti ◆ il/elle fait de la fumée pour éloigner les moustiques

ᐲᐳᑖᐦᐊᒧᐚᐤ **piiputaahamuwaau** vta ◆ il/elle fait de la fumée pour attirer l'attention

ᐲᐳᑖᐦᑎᓐ **piiputaahtin** vii ◆ c'est un signal de fumée

ᐲᐳᑖᓂᒼ **piiputaanim** vti ◆ il/elle fait de la fumée pour attirer l'attention

ᐲᐳᑖᓂᒧᐚᐤ **piiputaanimuwaau** vta ◆ il/elle fait de la fumée autour de lui pour éloigner les mouches

ᐱᒫᐱᐦᑖᐤ **pimaapihtaau** vii ◆ il y a de la fumée qui s'en élève

ᐱᔮᐦᑭᔅᑳᐱᐦᑖᐤ **piyaahkiskaapihtaau** vii ◆ il y a de la fumée qui monte et ça se voit clairement

ᐴᓂᑎᓐ **puunitin** vii ◆ l'air du haut de l'habitation souffle et fait rentrer la fumée à l'intérieur

ᐴᓂᑎᓈᔅᑯᐦᑎᓐ **puunitinaaskuhtin** vii ◆ les poteaux du haut font rentrer la fumée dans le tipi

ᓰᐦᑖᐱᐦᑖᓂᐦᑖᐤ **siihtaapihtaanihtaau** vai ◆ il`elle le remplit de fumée

ᓰᐦᑖᐱᐦᑖᐤ **siihtaapihtaau** vii ◆ c'est plein de fumée

ᐅᐦᐹᐱᐦᑖᐤ **uhpaapihtaau** vii ◆ la fumée s'élève

ᐑᒨᔥᑖᐅᒋᓯᐤ **wiimuushtaauchisiu** vai ◆ il/elle sent la fumée

ᐑᒨᔥᑖᐅᑭᓐ **wiimuushtaaukin** vii ◆ il y a une odeur de fumée

ᐑᓯᑳᐱᐦᑖᐤ **wiisikaapihtaau** vii ◆ le feu produit une fumée épaisse

ᐑᔅᑯᓲ **wiiskusuu** vai -u ◆ il/elle est noir-e de fumée

ᐑᔅᑯᑖᐤ **wiiskutaau** vii ◆ c'est noir de fumée

ᐑᔨᒁᐱᐦᑖᐎᓂᒋᐦᐋᐤ **wiiyikwaapihtaawinichihaau** vta ◆ il/elle le/la fait sentir la fumée

ᐑᔨᒁᐱᐦᑖᐎᓂᒋᓯᐤ **wiiyikwaapihtaawinichisiu** vai ◆ il/elle sent la fumée

ᐎᔨᐹᐱᐦᑖᐤ **wiyipaapihtaau** vii ◆ il y a de la fumée noire

ᐎᔨᐑᔮᐱᐦᑖᐤ **wiyiwiiyaapihtaau** vii ◆ la fumée s'éteint

ᑯᐃᔅᒁᐱᐦᑖᐤ **kuiskwaapihtaau** vii ◆ la fumée monte tout droit

ᒥᐦᑳᐱᐦᑖᐱᔨᐤ **mihkaapihtaapiyiu** vii ◆ il y a beaucoup de fumée qui provient du feu

ᒥᐦᑳᐱᐦᑖᐱᔨᐤ **mihkaapihtaapiyiu** vii ◆ il y a beaucoup de fumée qui provient du feu

ᒥᐦᑳᐱᐦᑖᐤ **mihkaapihtaau** vii ◆ il y a beaucoup de fumée qui provient du feu

ᒥᐦᑳᐱᐦᑖᐤ **mihkaapihtaau** vii ◆ il y a beaucoup de fumée qui provient du feu

ᒨᔥᑎᐚᐤ **muushtiwaau** vta ◆ il/elle fait de la fumée pour attirer son attention

ᒨᔥᑎᐚᐤ **muushtiwaau** vta ◆ il/elle fait de la fumée pour attirer son attention

ᒨᔅᑳᐱᐦᑖᐤ **muuskaapihtaau** vii ◆ la fumée monte

ᒨᔅᑳᐱᐦᑖᐤ **muuskaapihtaau** vii ◆ la fumée monte

ᓂᐚᔮᐱᐦᑖᐱᔨᐤ **niwaayaapihtaapiyiu** vii ◆ la fumée va dans cette direction

ᓂᐚᔮᐱᐦᑖᐱᔨᐤ **niwaayaapihtaapiyiu** vii ◆ la fumée va dans cette direction

ᓂᐙᔮᐱᐦᑖᐤ niwaayaapihtaau vii ◆ le feu et la fumée vont dans une même direction

ᐱᓲ pisuu vai -u ◆ il/elle attrape son odeur, son odeur de fumée

ᓵᑳᐱᐦᑖᐤ saakaapihtaau vii ◆ la fumée s'élève au-dessus de quelque chose

ᓵᑳᐱᐦᑖᐤ saakaapihtaau vii ◆ la fumée s'élève au-dessus de quelque chose

ᑎᐱᔥᑯᑖᐱᐦᑖᐤ tipishkutaapihtaau vii ◆ la fumée monte tout droit

ᐅᑎᐦᑖᐱᓲ utihtaapisuu vai -u ◆ l'odeur de la fumée, la fumée l'atteint

ᐑᔥᑯᑐᐎᒋᓯᐤ wiishkutuwichisiu vai ◆ il/elle sent le feu, la fumée

ᐑᔥᑯᑐᐎᑭᓐ wiishkutuwikin vii ◆ ça sent la fumée, le feu

ᐑᓯᑳᐱᐦᑖᓂᐦᑖᐤ wiisikaapihtaanihtaau vai ◆ il/elle produit une fumée qui pique les yeux

ᐎᔨᐹᐱᐦᑎᐙᐱᔨᐤ wiyipaapihtiwaapiyiu vai ◆ il y a de la fumée noire qui en sort

ᔮᔮᐙᔮᐱᐦᑖᐤ yaayaawaayaapihtaau vii ◆ la fumée va le long du rivage

ᔮᔮᐙᔮᐱᐦᑖᐤ yaayaawaayaapihtaau vii ◆ la fumée va le long du rivage

ᔖᐿᐱᐦᑖᐤ shaapwaapihtaau vii ◆ la fumée passe au travers

ᔖᐿᐱᐦᑖᐤ shaapwaapihtaau vii ◆ la fumée passe au travers

ᐑᔥᑭᒥᔥᑖᐤ wiishkimishtaau vii ◆ la mousse, la terre sent la fumée

fumer

ᐊᒁᐱᓯᒼ akwaapisim vti ◆ il/elle le fume

ᐊᒁᐱᓯᒧᐙᐤ akwaapisimuwaau vta ◆ il/elle le/la fume (ex. de la viande, une peau d'orignal) pour quelqu'un d'autre

ᐲᐦᑤᑎᑎᐙᐤ piihtwaatitiwaau vta ◆ il/elle en fume (une certaine marque de tabac ou de cigarettes)

ᐲᐦᑤᐤ piihtwaau vai ◆ il/elle fume

ᐲᐳᑖᓂᐦᑭᐦᑎᒼ piiputaanihkihtim vti ◆ il/elle le fume

ᐲᐳᑖᓂᐦᑭᐦᑎᐙᐤ piiputaanihkihtiwaau vta ◆ il/elle le/la fume

ᐑᐢᑯᓯᒼ wiiskusim vti ◆ il/elle le fume (ex. de la viande, du poisson)

ᐊᒁᐱᓵᐙᓈᐦᑎᒄ akwaapisaawaanaahtikw ni ◆ un poteau utilisé pour fumer la viande, la peau

ᐊᒁᐱᓲ akwaapisuu vai -u ◆ il/elle est irrité-e par la fumée; il/elle est fumé-e

ᐊᑖᐹᓯᒼ ataapaasim vti ◆ il/elle fume les intestins d'un animal en plaçant des branchages sur le feu

ᐄᔥᐹᐱᐦᑖᐤ iishpaapihtaau vii ◆ la fumée monte, s'élève

ᐲᐦᑤᐅᐱᐤ piihtwaaupiu vai ◆ il/elle est assis-e là en fumant

ᐲᐦᑤᐙᒑᐤ piihtwaawaachaau vai ◆ il/elle fume une certaine marque de tabac ou de cigarettes

ᐅᑖᐹᓯᒼ utaapaasim vti ◆ il/elle fume des intestins en mettant des branchages sur un feu

ᐊᒁᐱᓵᐙᐤ akwaapisaawaau vta ◆ il/elle tanne une peau d'orignal ou de caribou au moyen de la fumée

ᐅᑎᒧᔮᐤ utimuyaau vta ◆ il/elle fume sa pipe près de là où il/elle a tué l'ours, il/elle donne sa pipe à la personne qui va lui donner l'ours ce qu'elle a tué, il/elle partage sa pipe avec quelqu'un

ᐅᐙᔮᐢᑯᐦᐋᐤ uwaayaaskuhaau vta ◆ il/elle le/la prépare à être empaqueté sur le traîneau, il/elle prépare le poisson pour le fumer sur un bâton au-dessus du feu

fun

ᒨᒋᑭᐦᑖᐤ muuchikihtaau vai ◆ il/elle s'amuse bien, a du plaisir, du fun

furoncle

ᐅᒋᐢᒌᐦᐱᒼᐦ uchischiihpimh nad ◆ son furoncle

fuseau

ᒌᐿᐤ chiipwaau vii ◆ c'est en pointe, en fuseau

fusil

ᑳᑯᔨᐦᑎᐙᐱᐢᑭᒧᒡ kaakuyihtiwaapiskimuch nip ◆ un fusil avec deux canons l'un sur l'autre

ᑳᓈᑤᓂᑭᓂᐎᒡ kaanaatwaanikiniwich nip -m ◆ un fusil à un ou deux canons

ᐹᐢᒋᓯᑭᓐ paaschisikin ni ◆ un fusil

ᐄᔨᐹᐢᒋᓯᑭᓐ iiyipaaschisikin ni ◆ un fusil de chasse à silex

ᑳᑯᐦᑖᑭᓂᐎᒡ kaakuhtaakiniwich nip ◆ un fusil à pompe

ᑳᐲᐦᑎᑖᐱᑖᑭᓂᐎᒡᐦ kaapiihtitaapitaakiniwichh nip [Whapmagoostui] ◆ un fusil à pompe

ᑳᔒᔒᐱᑯᑐᐎᒡ kaashiishiipikutuwich nip ◆ un fusil à silex

ᑳᐅᑯᐦᑖᑭᓂᐎᒡ kaaukuhtaakiniwich nip ◆ un fusil à pompe

ᐹᐢᒋᓯᑭᓈᐱᐢᒄ paaschisikinaapiskw ni ◆ un canon de fusil

ᐱᐦᒄ pihkw ni -uum ◆ de la poudre à fusil

ᐲᐦᒋᐱᐦᒁᓐ piihchipihkwaan ni ◆ une cartouche de fusil

ᔑᔑᒁᑎᑭᐦᐄᑭᓈᐦᑎᒄ shishikwaatikihiikinaahtikw ni ◆ une baguette ou un refouloir sur un ancien fusil

ᐅᒋᐱᒋᑭᓐ uchipichikin ni ◆ la détente d'un fusil, le starter, le démarreur

ᐲᐦᑖᐱᐢᒡ piihtaapisch p,lieu ◆ l'intérieur du canon d'un fusil

ᒋᒋᐱᐦᒁᔮᐤ chichipihkwaayaau vii ◆ le fusil est chargé

ᒋᔙᐙᑖᐤ chishwaawaataau vii ◆ le fusil émet un coup bruyant

ᓃᒥᐹᔅᒋᓯᑭᓈᐤ niimipaaschisikinaau vai ◆ il/elle emporte un fusil
ᓃᔓᑎᓈᐙᔮᐤ niishutinaawaayaau vii ◆ c'est un fusil à deux-coups
ᐲᐦᒋᐱᐦᒁᐤ piihchipihkwaau vai ◆ il/elle prépare des cartouches pour le fusil de chasse
ᔒᐦᒋᔥᑖᓂᒻ shiihchishtaanim vti ◆ il/elle arme le fusil
ᒋᐱᐦᐊᐳᐙᓐ chipihapuwaan ni ◆ une bourre pour la cartouche du fusil de chasse
ᑳᓃᔓᑎᓈᐙᔮᒡ kaaniishutinaawaayaach nip -m ◆ un fusil à deux canons
ᑳᐹᔩᑯᑎᓈᐙᔮᒡ kaapaayikutinaawaayaach nip -m ◆ un fusil à un seul canon
ᑳᐅᐦᑎᐅᐄᑳᐎᒡ kaauhtiwikaawich nip ◆ un fusil à deux canons
ᐱᐦᒁᐳᐃ pihkwaapui ni -uum ◆ de l'eau de poudre à fusil
ᑑᒫᐱᔅᒋᓂᑭᓐ tuumaapischinikin ni ◆ de l'huile d'arme à feu, de l'huile à fusil
ᒑᑎᔅᐱᒋᓈᑭᓈᓂᒻ chaatispichinaakinaanim vti ◆ il/elle enlève l'étui du fusil
ᒋᒋᐱᐦᒁᓂᒻ chichipihkwaanim vti ◆ il/elle garde son fusil chargé
ᒌᔥᑖᐱᔅᑭᐦᐊᒻ chiistaapiskiham vti ◆ il/elle nettoie l'intérieur du canon d'un fusil
ᒋᑳᐦᑯᓂᑖᐤ chikaahkunitaau vai ◆ il/elle coince quelque chose dans le canon du fusil
ᑯᔥᒁᐙᓲ kushkwaawaasuu vai -u ◆ il/elle est effrayé-e par un coup de fusil
ᐹᔅᐹᔅᒋᔅᒑᓂᐅ paaspaaschischaaniuu vii redup -iwi ◆ c'est le tir des fusils qu'on entend le matin du Nouvel An (forme passive dérivée du verbe *paaspaaschisichaau*)
ᑖᐱᐱᑎᒻ taapipitim vti ◆ il/elle le fait rentrer en tirant (en parlant du mécanisme de rechargement d'un fusil)
ᐱᔥᑯᐦᒌ pishkuhchii ni ◆ un arbre tombé, déraciné, une crosse de fusil

futur

ᒑ chaa préverbe ◆ futur (marque de futur utilisée avec les verbes au conjonctif) ■ ᒑ ᐹᒋ ᐐᒑᐎᔨᓐ ᐄᑐᐦᑖᔮᓈ ᐋᐃ ᒥᑯᔕᓈᓂᐐᒡ ❖ ᓂᒋᔅᒑᔨᒫᐤ ᔖᔥ ᐐᐱᒡ ᒑ ᑎᑯᔑᐦᒃ. ■ chaa paachi wiichaawiyin iituhtaayaanaa aai mikushaaniwich. ❖ nichischaayimaau shaash wiipich chaa tikushihk. ■ *Tu viendras avec moi quand j'irai à la fête.* ❖ *Je sais maintenant qu'elle reviendra bientôt.*
ᒋᑭ chiki préverbe ◆ indicateur du futur pour la deuxième ou troisième personne de verbes indépendants ■ ᐙᐱᐦᒑ ᒋᑭ ᐃᔅᐱᔨᐅ ᐅᓂᑑᐦᐆᑭᒥᑯᔑᐦᒡ. ❖ ᒋᑭ ᒫᒌᐅ ᐙᓵ ᐋᐦ ᒥᐦᒑᑎᓈᓂᐎᔨᒡ. ❖ ᒋᑭ ᒦᒋᓱᓐ ᐅᑖᑯᔑᒑ. ■ waapihchaa chiki ispiyiu unituuhuukimikushihch. ❖ chiki maachiiu waasaa aah mihchaatinaaniwiyich. ❖ chiki miichisun utaakushichaa. ■ *Il ira demain à sa cabane de chasse.* ❖ *Elle va partir parce qu'il y a trop de monde.* ❖ *Tu vas manger ce soir.'*
ᑭᑎ kiti préverbe ◆ (marque du futur utilisée avec les verbes indépendants à la troisième personne) ■ ᐙᐱᐦᒑ ᑭᑎ ᐄᔅᐱᔨᔨᐅ ᐅᓂᑑᐦᐆᑭᒥᑯᔑᐦᒡ. ■ waapihchaa kiti iispiyiyiu unituuhuukimikushihch. ■ *Elle se rendra demain à sa cabane de chasse.*
ᓂᑭ niki préverbe ◆ indicateur du futur utilisé avec la première personne de verbes à l'indépendant ■ ᐙᐱᐦᒑ ᓂᑭ ᐄᔅᐱᔨᓐ ᓂᓂᑑᐦᐆᑭᒥᑯᔑᐦᒡ. ■ waapihchaa niki iispiyin ninituuhuukimikushihch. ■ *J'irai demain à ma cabane de chasse.*
ᐙᐱᒥᐹᑎᒻ waapimipaatim vti ◆ il/elle utilise un miroir ou de l'eau pour prédire le futur
ᓵᓱᐎᐦᑯᓂᒫᑰ saasuwihkunimaakuu vai -u ◆ il y a une trace de sang sur ses vêtements, signe qu'il va tuer de la nourriture dans un futur proche

g

gâché

ᐐᓈᑭᒥᔑᓐ wiinaakimishin vai ◆ le liquide a tourné, est gâché

gâcher

ᐎᐦᔮᐱᑖᐤ wihyaapitaau vta ◆ il/elle le/la gâche, en fait un gros dégât
ᐎᐦᔮᐱᑎᒻ wihyaapitim vti ◆ il/elle le gâche, en fait un gros dégât

gâchis

ᒋᔅᐹᐤ chispaau p,évaluative ◆ c'est du gâchis, c'est dommage que... ■ ᒋᔅᐹᐤ ᐊᓂᔮ ᓂᔖᑳᒥᔑᔨᐤ ᐄᔮᔪᐎᐦᑖᐟ. ■ chispaau aniyaa nishuukaamishiyiu iyaayuwihtaat. ■ *C'est dommage qu'elle ait renversé le peu de sucre que j'avais!*
ᐎᔨᒑᔨᐦᑖᑯᓐ wiyichaayihtaakun vii ◆ quel gâchis, c'est gaspillé

gadelle

ᐄᔨᑭᒥᓈᐦᑎᒄ iiyikiminaahtikw ni ◆ un buisson de gadelles rouges des marais *Ribes triste*
ᐄᔨᑭᒥᓐᐦ iiyikiminh ni pl ◆ des gadelles rouges *Ribes triste*, lit. 'des baies de grenouilles'

gagnant

ᑳᑭᔅᒋᐦᑖᑦ kaakischihtaat nap ◆ un héros, une héroïne, un champion, une championne, un gagnant, une gagnante

gagner

ᑭᔅᒋᐦᑎᒧᐙᐤ kischihtimuwaau vta ◆ il/elle le gagne pour lui/elle
ᐱᐦᑯᐦᑖᐤ pihkuhtaau vai ◆ il/elle gagne
ᐅᑎᐦᐄᒑᐤ utihiichaau vai ◆ il/elle gagne
ᐱᑳᔅᒌᐦᑳᓲ pikaaschiihkaasuu vai reflex -u ◆ il/elle gagne sa vie, il/elle est auto-suffisant-e
ᐱᔅᒋᔮᒑᐤ pischiyaachaau vai ◆ il/elle gagne, vainc
ᑖᐅᓈᐤ taaunaau vta ◆ il/elle le/la gagne dans un tirage, il/elle le/la choisit au hasard
ᑖᐅᓂᒻ taaunim vti ◆ il/elle le gagne dans un tirage, il/elle le choisit au hasard

ᐧᐃᔨᐧᐄᐧᐋᐱᔥᑭᐧᐋᐤ **wiyiwiiwaapishkiwaau** vta ◆ il/elle le/la jette dehors, l'emporte sur lui/elle en sports

ᒫᑯᐦᐋᐤ **maakuhaau** vta ◆ il/elle l'emporte sur lui/elle, le/la vainc, le/la bat

ᔖᐦᑯᒋᐦᑖᐤ **shaahkuchihtaau** vai+o ◆ il/elle le surmonte, le conquiert, le gagne

ᐅᑎᐦᐧᐋᐤ **utihwaau** vta ◆ il/elle le/la tire vers lui en utilisant quelque chose, il/elle le/la gagne, il/elle l'enregistre

ᐅᑎᐦᐊᒼ **utiham** vti ◆ il/elle le fait sortir, le gagne, le colle, ferme l'ouverture dans le tissage des raquettes

gagner (se)

ᑭᔅᒋᐦᑎᒫᓲ **kischihtimaasuu** vai reflex -u ◆ il/elle se le gagne

gagner de l'argent

ᐋᐦᐧᑳᑎᐦᐊᒼ **aahkwaatiham** vti ◆ il/elle le détruit en le frappant, l'abîme avec quelque chose, il/elle gagne beaucoup d'argent, a un gros salaire ▪ ᓄᐧᐃᒡ ᐋᐦᐧᑳᑎᐦᐊᒼ ᑳ ᐃᔥᐱᔑ ᐃᔨᐦᒡ ᐋᐱᑎᓯᑦ᙮ ▪ nuwich aahkwaatiham kaa ishpishi iyihch aapitisiit. ▪ *Elle/Il gagne maintenant beaucoup d'argent depuis qu'elle/il a changé de travail.*

gaine

ᒌᑎᐧᐋᔅᑯᔨᐧᐋᐦᐅᓱᐧᐃᓐ **chiitiwaaskuyiwaahusuwin** ni ◆ un corset, une gaine

gale

ᒋᔨᑳᔅᐱᓈᐧᐃᓐ **chiyikaaspinaawin** ni ◆ la gale

galet

ᐊᔑᓃᐅᔑᐤ **ashiniiushiu** vii dim ◆ c'est recouvert de petits galets

ᐊᓯᓈᒥᔅᑰ **asinaamiskuu** vii -uwi ◆ le fond de l'eau en est recouvert de galets

ᐃᔮᒥᔅᑳᐦᐊᓐ **iyaamiskaahan** vii ◆ c'est enterré avec les galets par le courant d'eau

ᒥᐧᔮᒥᔅᑳᐤ **miywaamiskaau** vii ◆ le fond du lac est fait de sable ou de galets

galets

ᐊᓯᓈᒥᔥᑯᔥᐦ **asinaamishkush-h** ni pl ◆ les galets au fond de l'eau

gallon

ᑎᐱᐦᐄᑭᓐ **tipihiikin** ni ◆ un mile, un gallon

ᓃᔓᑎᐱᐦᐄᑭᓐ **niishutipihiikin** p,quantité ◆ deux miles, deux gallons

ᓂᔥᑐᑎᐱᐦᐄᑭᓐ **nishtutipihiikin** p,quantité ◆ trois miles, trois gallons

gant

ᐄᔨᑭᔅᑎᓯᒡ **iiyikistisich** na pl ◆ des gants

ᐲᐦᑎᓈᐧᐃᔅᒑᐤ **piihtinaawischaau** vai ◆ il/elle porte une autre paire de mitaines ou de gants

ᐳᔅᑎᓯᔅᒑᐤ **pustisischaau** vai ◆ il/elle met des gants, des mitaines

ᔖᔖᒋᔥᑎᐦᒑᐤ **shaashaachishtihchaau** vai ◆ il/elle ne porte pas de gants, de mitaines, il/elle est mains nues

garçon

ᓈᐹᔑᔥ **naapaashish** na -im ◆ un garçon

ᓈᐹᔑᔒᐅ **naapaashishiiuu** vai -iiwi ◆ c'est un garçon

ᐅᐧᐹᔨᒥᔑᐤ **upwaayimishiu** vai ◆ elle conçoit un garçon, il/elle a un garçon

garder

ᑭᓂᐧᐋᔨᐦᑎᒫᓲ **kiniwaayihtimaasuu** vai reflex -u ◆ il/elle se le garde

ᑭᓂᐧᐋᔨᐦᑎᒧᐧᐋᐤ **kiniwaayihtimuwaau** vta ◆ il/elle le garde pour lui/elle

ᐊᔥᐧᑖᓲ **ashtwaasuu** vai reflex -u ◆ il/elle se garde des choses pour un usage ultérieur

ᐊᔥᐧᑖᐤ **ashtwaau** vai ◆ il/elle garde quelque chose pour plus tard

ᒌᔓᓃᓲ **chiishuniisuu** vai reflex -u ◆ il/elle se garde au chaud en s'emmitouflant

ᒌᔓᔥᑭᒼ **chiishushkim** vti ◆ il/elle le garde au chaud avec son pied ou son corps

ᒌᔓᔥᑭᐧᐋᐤ **chiishushkiwaau** vta ◆ il/elle le/la garde au chaud avec son pied ou son corps ▪ ᒌᔓᔥᑭᐧᐋᐤ ᒫᐧᑳᒡ ᐋᐦ ᓂᐹᔨᒡᐦ᙮ ▪ chiishushkiwaau maakwaach aah nipaayich-h. ▪ *Il la garde au chaud (avec son corps) pendant qu'elle dort.*

ᐃᐦᑎᑎᒼ **ihtitim** vti ◆ il/elle le garde là, disponible

ᐃᐦᑎᔮᐤ **ihtiyaau** vta ◆ il/elle le/la garde là, disponible

ᐄᔥᑯᔥᑎᒧᐧᐋᐤ **iishkushtimuwaau** vta ◆ il/elle en mange mais en garde pour lui/elle

ᑭᓂᐧᐊᑎᐧᑳᐤ **kiniwaatikwaau** vai ◆ il/elle garde les buts

ᑭᓂᐧᐋᔨᐦᑖᑯᓯᐤ **kiniwaayihtaakusiu** vai ◆ il/elle est gardé-e, soigné-e

ᑭᓂᐧᐋᔨᐦᑎᒼ **kiniwaayihtim** vti ◆ il/elle s'en occupe, se le garde

ᒋᒋᐱᐦᐧᑳᓂᒼ **chichipihkwaanim** vti ◆ il/elle garde son fusil chargé

ᑭᓂᐧᐊᔨᒪᐅᓲ **kiniwaayimaausuu** vai -u ◆ il/elle fait du babysitting, il/elle garde des enfants

ᒌᐦᑲᐅᓈᑯᐦᑖᐤ **chiihkaaunaakuhtaau** vai ◆ il/elle garde son équipement de chasse bien en vue

garder (se)

ᒫᐅᒋᐦᑎᒫᓲ **maauchihtimaasuu** vai reflex -u ◆ il/elle se le/la garde, se le/la met de côté

garderie

ᑭᓂᐧᐊᔨᒫᐅᓲᑭᒥᑯ **kiniwaayimaausuukimikw** ni ◆ une garderie

gardien

ᐅᑭᓂᐧᐊᔨᒧᐧᐋᐤ **ukiniwaayimuwaau** na ◆ un protecteur, une protectrice, un gardien, une gardienne

ᓃᐹᐱᐤ **niipaapiu** vai ◆ il/elle reste réveillé-e tard la nuit, il est gardien de nuit, elle est gardienne de nuit

gardien de but

ᑭᓂᐧᐋᑎᐧᑲᓯᐤ **kiniwaatikwaasiu** na -iim ◆ un gardien de but, une gardienne de but

gardienne de but

ᑭᓂᐧᐋᑎᐧᑲᓯᐤ **kiniwaatikwaasiu** na -iim ◆ un gardien de but, une gardienne de but

gare

ᔮ·ᑳᐦ **yaakwaah** p,interjection ◆ attention! gare à toi! ■ ᔮ·ᑳᐦ, ᒋᑭ ᐴᐦᒋᐱᔨᓐ ᐊᓐ ᐋᐦ ᐱᑯᓈᔮᒡ. ■ yaakwaah, chiki puuhchipiyin an aah pikunaayaach. ■ *Attention, tu vas tomber dans ce trou!*

gaspiller

·ᐃᔨᒋᐦᑖᐤ **wiyichihtaau** vai+o ◆ il/elle le gaspille, n'en a pas profité

·ᐄᓂᐦᑎᓐ **wiinihtin** vii ◆ c'est pourri, gaspillé

·ᐃᔨᒑᔨᐦᑖᑯᓐ **wiyichaayihtaakun** vii ◆ quel gâchis, c'est gaspillé

·ᐃᔨᒋᐦᐋᐤ **wiyichihaau** vta ◆ il/elle le/la gaspille, n'a pas saisi la chance de ce qu'il/elle lui offrait

gâté

ᒥᒋᔥ·ᑳᔑᔒᐅ **michishkwaashishiiuu** vai -iiwi ◆ elle se comporte mal, en fille gâté-e

ᒥᒋ·ᐋᔑᔒᐅ **michiwaashishiiuu** vai -iiwi ◆ il/elle se comporte mal, en enfant gâté-e

gâteau

ᓃᔓᑳᐳ·ᐋᐃᐦᑯᓈᐤ **niishukaapuwaaihkunaau** na [Wemindji] ◆ un gâteau de mariage

ᐋᐃᐦᑯᓈᐦᒑᐤ **aaihkunaahchaau** vai ◆ il/elle fait de la banique, du gâteau

·ᒫᐃᐦᑯᓈ·ᐋᐤ **mwaaihkunaawaau** vai ◆ il/elle mange de la banique, du bannock, du gâteau

ᐋᐃᐦᑯᓈᔥ **aaihkunaash** na ◆ un petit morceau de banique, de gâteau

ᐋᐃᐦᑯᓈᐤ **aaihkunaau** na -aam ◆ de la banique, du banock, du gâteau

ᑎᐱᔥᑭᒧ·ᐋᐃᐦᑯᓈᐤ **tipshkimuwaaihkunaau** na ◆ un gâteau d'anniversaire, de fête

gâteau de mariage

ᐅ·ᐋᑎᓈᐃᐦᑯᓈᐤ **uwaatinaaihkunaau** na -aam ◆ un gâteau de mariage

gâter

ᒋᔅᐹ·ᐋᑖᐤ **chispaawaataau** vta ◆ il/elle prend sa défense, le/la gâte

ᒋᔅᐹ·ᐋᐅᓲ **chispaawaausuu** vai -u ◆ il/elle prend la défense de ses enfants, les gâte

ᒥᔑᑯᐦᒋᒫᐤ **mishikuhchimaau** vta ◆ il/elle attrape un animal dans son piège mais il/elle est gâté-e parce qu'il/elle a passé trop longtemps dans l'eau; il/elle tire un animal mais ne réussit pas à le ramasser parce qu'il/elle s'enfonce dans l'eau et ne remonte pas à la surface

ᐃᔮᔪ·ᐃᐦᐋᐤ **iyaayuwihaau** vta ◆ il/elle le/la tue, l'abîme, le/la gâte, le/la renverse

gauche

ᓂᒥᐦᒡ **nimihch** p,lieu ◆ gauche ■ ᒥᒄ ᐅᑖᐦ ᓂᒥᐦᒡ ᐄᑖᐦᒑ ᐋᑯᑖᐦ ᐋᔑ ᑭᔅᒋᐦᐅᑦ ᐋᐦ ᒦᒋᔑᔥᑎᐦᐄᒑᑦ. ■ mikw utaah nimihch iitaahchaa aakutaah aashi kischihut aah miichishishtihiichaat. ■ *Elle peut seulement coudre des perles avec la main gauche.*

ᓂᒥᐦᒋᑳᑦ **nimihchikaat** ni ◆ la jambe gauche

ᓂᒥᐦᑎᓂᑳᑦ **nimihtinikaat** ni ◆ la jambe gauche

ᓂᒥᐦᑎᓂᓯᑦ **nimihtinisit** ni ◆ le pied gauche

ᐅᓂᒥᐦᒌ·ᐃᓐ **unimihchiiwin** nid ◆ sa main gauche

ᓂᒥᐦᑎᓂᔅᒡ **nimihtinisch** p,lieu ◆ sur le bras gauche

ᓂᒥᐦᑎᓂᐦᒡ **nimihtinihch** p,lieu ◆ sur le côté gauche du corps

gaucher

ᓂᒥᐦᒌᐤ **nimihchiiu** vai ◆ il est gaucher, elle est gauchère

gaver

ᑖᐱᒥᔅ·ᑳᐤ **taapimiskwaau** vai ◆ il/elle a assez mangé de castor, il/elle s'est gavé de castor

geai

·ᐄᔥᑭᒑᓂᔥ **wiishkichaanish** na -im ◆ un geai du Canada *Perisoreus canadensis*

·ᐄᔥᑭᒑᓂᒥᓐᐦ **wiishkichaaniminh** ni pl ◆ une sorte de baies, lit. 'des baies de geai du Canada'

géant

ᐊᑑᔥ **atuush** na -im ◆ un cannibal, un monstre géant

ᑳᒋᒑᒥᔅᒄ **kaachichaamiskw** na -um ◆ un fétus de castor extra-utérin, un castor géant assez rare

ᒥᔥᑖᐹᐤ **mishtaapaau** na -m ◆ un esprit qui guide dans la cérémonie de la tente tremblante, un géant, lit. 'grand homme'

gel

ᐋᒋᐱᐳᓂᔑᐤ **aachipipunishiu** vai ◆ il/elle est pris-e par le gel avant d'avoir pu rejoindre sa destination d'hiver en canot

ᑖᑐᑎᓐ **taatutin** vii ◆ c'est fendu par le gel

ᐅᔥᑳᐹᓈᑎᓐ **ushkaapaanaatin** vii ◆ c'est le premier gel d'une étendue d'eau en automne

·ᐋᑳᔥᑭᒋᐤ **waakaashkichiu** vai ◆ il/elle est courbé-e par le gel

·ᐋᑳᔅᑭᑎᓐ **waakaaskitin** vii ◆ c'est courbé par le gel

·ᐋᔕᑎᓐ **waashaatin** vii ◆ il y a une étendue d'eau gelée sans neige

ᐅᔥᑭᑎᔑᐤ **ushkitishiu** vii dim ◆ le premier gel en automne

gelé

ᒋᔅᐱᑳᔅᑭᑎᓐ **chispikaaskitin** vii ◆ c'est gelé bien épais

ᒥᔥᑭ·ᐃᑎᓐ **mishkiwitin** vii ◆ c'est gelé

ᓵᐹᔅᑭᑎᓐ **saapaaskitin** vii ◆ c'est gelé, congelé (toujours utilisé à la forme négative) ■ ᐋᔥᒄ ᓂᒥ ᓵᐹᔅᑭᑎᓐ ᐊᓐ ·ᐃᔮᔅ ᑳ ᐲᐦᑎᐦᐊᒫᓐ ᐅᑖᑯᔒᐦᒡ. ■ aashkw nimi saapaaskitin an wiyaas kaa piihtihamaan utaakushiihch. ■ *La viande que j'ai mise dans le congélateur hier n'est pas encore congelée.*

ᓵ·ᐹᔅᑭᑎᓐ **saapwaaskitin** vii ◆ c'est congelé, complètement gelé

ᔖᐸᔥᑭᒋᐤ **shaapaashkichiu** vai ◆ il/elle est assez gelé-e (toujours utilisé à la forme négative) ■ ᑖᐹ ᓂᒌᐦ ᒫᑎᐦᐚᐤ ᐱᑎᒫ ᐋᑳ ᐋᔥᒀ ᔖᐸᔥᑭᒋᐟᕽ ■ taapaa nichiih maatihwaau pitimaa aakaa aashkw shaapaashkichit. ■ *Je ne peux pas gratter la peau parce qu'elle n'est pas encore assez gelée.*

ᔫᒫᔥᑭᒋᐤ **shuumaashkichiu** vai ◆ il/elle est un peu gelé-e

ᔫᒫᐢᑭᑎᓐ **shuumaaskitin** vii ◆ c'est un petit peu gelé

ᐊᒂᐢᑭᑎᓐ **akwaaskitin** vii ◆ c'est gelé et collé à quelque chose

ᒋᔑᐱᑎᒼ **chishiipitim** vti ◆ ses traces sont gelées dures

ᐃᑯᑎᐙᐅᒋᐤ **ikutiwaauchiu** vai ◆ sa fourrure est gelée et prise dans la glace, la neige

ᒥᔥᑭᐎᒋᐤ **mishkiwichiu** vai ◆ il/elle est gelé-e, a des engelures

ᒥᔥᑭᐎᑖᐹᔑᒑᐤ **mishkiwitaapaashichaau** vai ◆ il/elle fabrique de la corde, de la cordelette avec de la peau gelée

ᒥᐢᑭᐎᔅᒑᑭᑎᓐ **miskiwischaakitin** vii ◆ le marécage est gelé

ᒥᐢᑯᒦᐅᑎᐙᐤ **miskumiiutiwaau** vai ◆ sa fourrure est gelée

ᓃᔕᔥᑭᒋᐎᒡ **niishwaashkichiwich** vai pl ◆ les deux sont gelés/gelées ensemble

ᓃᔂᐢᑭᑎᓐᐦ **niiswaaskitinh** vii pl ◆ les deux sont gelés ensemble

ᓂᔥᑤᔥᑭᒋᐎᒡ **nishtwaashkichiwich** vai pl ◆ il y en a trois gelé ensemble

ᔖᐺᔥᑭᒋᐤ **shaapwaashkichiu** vai ◆ il/elle est complètement gelé-e

ᐙᐹᐢᑭᑎᓐ **waapaaskitin** vii ◆ c'est gelé tout blanc

ᐑᐦᐹᔥᑭᒋᐤ **wiihpaashkichiu** vai ◆ il/elle est gelé-e avec un creux dedans

ᐑᐦᐹᐢᑭᑎᓐ **wiihpaaskitin** vii ◆ c'est gelé avec un creux dedans

ᐋᐦᒁᑯᓈᐅᑎᓐ **aahkwaakunaautin** vii ◆ la neige est bien gelée et dure

ᒋᐢᐱᑭᑎᓐ **chispikitin** vii ◆ la glace est gelée bien épaisse

ᑳᐢᐱᔑᓐ **kaaspishin** vai ◆ il/elle se casse facilement quand il/elle est gelé-e ou froid-e

ᒥᓯᐦᑎᐅᓯᒁᐤ **misihtiusikwaau** vii ◆ toute l'étendue d'eau est maintenant gelée

ᐱᐹᐢᑯᓯᒁᐤ **pipaaskusikwaau** vii redup ◆ il y a des piles de glace, gelées ensemble

ᔖᑭᐎᐢᑯᒥᑳᐤ **shaakiwiskumikaau** vii ◆ c'est un lac gelé étroit

ᐙᔖᐙᑎᓐ **waashaawaatin** vii ◆ le bord de la baie est gelé

ᑳᐢᐱᑎᓐ **kaaspitin** vii ◆ ça se casse facilement quand c'est froid ou gelé

ᒨᐦᑳᐢᑭᒋᐤ **muuhkaaskichiu** vai ◆ il/elle bombe, se renfle à cause du liquide gelé qu'il/elle contient

gelée

ᑳᐅᓰᒁᐙᔮᐤ **kaausiikwaawaayaau** vii ◆ la neige gelée est rugueuse

ᑎᒁᒌᐢᑳᐤ **tikwaachiiskaau** vii ◆ il y a une gelée, du givre ce matin

ᒦᓄᐱᔩᐤ **miinupiyiu** vii ◆ ça casse (ex. de la glace sur la rivière) en automne après la première gelée

geler

ᒋᐳᑎᓐ **chiputin** vii ◆ c'est complètement gelé (lac, rivière)

ᒧᔥᑎᑎᓐ **mushtitin** vii ◆ c'est gelé mais il n'y a pas de neige (se dit d'un lac, d'une rivière, du sol)

ᐋᐦᒁᔥᑭᒋᐤ **aahkwaashkichiu** vai ◆ il/elle est bien gelé-e, congelé-e

ᐋᐦᒁᐢᑭᑎᒫᐤ **aahkwaaskitimaau** vta ◆ il/elle le/la gèle bien, le/la congèle

ᐋᐦᒁᐢᑭᑎᓐ **aahkwaaskitin** vii ◆ c'est bien gelé, c'est congelé

ᐋᐦᒁᑖᐢᑭᑎᐦᑖᐤ **aahkwaataaskitihtaau** vai+o ◆ il/elle le gèle bien, il/elle le congèle

ᐋᐦᒁᑖᐢᑭᑎᓐ **aahkwaataaskitin** vii ◆ c'est bien gelé, une vaste étendue gèle durant la nuit

ᐃᔥᑖᒥᔥᑭᒋᐤ **ishtaamishkichiu** vai ◆ il/elle est gelé-e jusqu'au fond (se dit d'une étendue d'eau)

ᒥᔥᑭᐎᑎᐦᑖᐤ **mishkiwitihtaau** vai+o ◆ il/elle le gèle, le congèle

ᒥᔥᑭᐎᑎᐢᑭᒥᑭᑎᓐ **mishkiwitiskimikitin** vii ◆ c'est de la terre gelée

ᒨᐦᑳᐢᑭᑎᓐ **muuhkaaskitin** vii ◆ ça renfle parce que ça contient du liquide gelé

ᓃᐱᓈᒧᓰᐅ **niipinaamusiiuu** vii -iiwi ◆ c'est une étendue d'eau qui ne gèle jamais

ᐲᒁᔥᑭᒋᐤ **piikwaashkichiu** vai ◆ il/elle casse en gelant

ᓵᐹᐢᑭᑎᐦᑖᐤ **saapwaaskitihtaau** vai+o ◆ il/elle le gèle complètement

ᓵᓵᐦᒁᐱᔩᐤ **saasaahkwaapiyiu** vii ◆ les sons d'une rivière ou d'un lac récemment gelées indiquent que traverser cette rivière ou ce lac n'est pas sans danger

ᔖᑯᑎᓐ **shaakutin** vii ◆ ça gèle facilement

ᔒᐱᑎᓐ **shiipitin** vii ◆ ça prend longtemps à geler (ex. un lac, une rivière)

ᐅᔥᑭᑎᓐ **ushkitin** vii ◆ la glace vient juste de se former

ᐎᑖᔮᐤ **witaayaau** vii ◆ la neige gèle après avoir fondu

ᐋᔓᐎᑎᓐ **aashuwitin** vii ◆ ça gèle jusqu'à l'autre côté

ᐊᑯᒋᐤ **akuchiu** vai ◆ ça gèle en s'attachant à quelque chose (se dit aussi d'un bébé pas encore né attaché à la paroi utérine)

ᐄᐦᑭᑎᓐ **iihkitin** vii ◆ le niveau d'eau d'une étendue d'eau baisse et gèle

ᔓᓵᒋᐱᐱᔩᐤ **shusaachipipiyiu** vii ◆ l'eau arrive sur la glace et gèle

ᐅᔥᑎᑖᐙᔮᐤ ushtitaawaayaau vii ◆ la surface de la neige gèle après la pluie en hiver

ᐙᐹᐹᑭᒋᐤ waapaapaakichiu vii ◆ ça gèle tout blanc, ça se lyophilise (filiforme)

ᐑᔖᑭᒋᐤ wiishaakichiu vai ◆ la peau de bête commence à geler, à se lyophiliser et devient blanche

gélifier

ᐄᐦᑳᑯᓂᑖᐤ iihkaakunitaau vai ◆ il/elle met de la neige dans le bouillon pour gélifier le gras, ajoute de la neige à fondre pour faire de l'eau

gélinotte

ᐋᐦᑎᐢᑰ aahtiskuu na -m ◆ une gélinotte à queue fine *Tympanuchus phasianellus*

ᐱᐢᐱᐢᒋᐤ pispischiu na -iim ◆ une gélinotte huppée, une perdrix *Bonasa umbellus*

ᓅᒋᒥᔥᑎᑯᐦᔮᐙᐤ nuuchimishtikuhyaawaau vai ◆ il/elle chasse la "perdrix" (le tétras, la gélinotte)

ᓅᑖᐦᑎᐢᑯᐙᐤ nuutaahtiskuwaau vai ◆ il/elle chasse tétras à queue fine, la gélinotte à queue fine

gelure

ᐋᐦᒁᑖᔥᑭᒋᐤ aahkwaataashkichiu vai ◆ il/elle attrape plein de gelures, sur une surface étendue

gémir

ᒥᒫᑣᐤ mimaatwaau vai ◆ il/elle gémit de douleur

gencive

ᐹᑭᓂᒑᐤ paakinichaau vai ◆ il/elle a les gencives enflées

gêné

ᐱᐱᒫᒫᔨᒨ pipimaamaayimuu vai redup -u ◆ il/elle se sent gêné-e

ᐊᐙᓂᐦᑎᒋᐦᐋᐤ awaanihtichihaau vta ◆ il/elle l'embarrasse, le/la fait se sentir gêné

ᐊᐙᓂᐦᑎᒌᔥᑎᐙᐤ awaanihtichiishtiwaau vta ◆ il/elle se sent gêné, intimidé par lui/elle

ᐊᐙᓂᐦᑎᒋᐤ awaanihtichiu vai ◆ il/elle est gêné-e, timide, intimidé-e

genévrier

ᑳᐦᑳᒌᒥᓈᐦᑎᒄ kaahkaachiiminaahtikw ni ◆ un genévrier commun, du genièvre *Juniperus communis*

genièvre

ᑳᐦᑳᒌᒥᓐᐦ kaahkaachiiminh ni pl ◆ des baies de genièvre *Juniperus communis*, lit. 'des fruits du corbeau'

genou

ᐅᐦᒋᑯᓐ uhchikun nid ◆ son genou

ᐅᓯᑳᑯᓐ usikaakun nid ◆ la pliure du genou

ᓃᐱᐢᑯᐱᐤ niipiskupiu vai ◆ il/elle est à genoux, assis-e sur les talons

ᑯᑎᑯᐢᒑᐱᔨᐤ kutikuschaapiyiu vai ◆ son genou n'arrête pas de se disloquer

ᓃᐱᐢᑯᐱᒧᐦᑖᐤ niipiskupimuhtaau vai ◆ il/elle marche sur les genoux

ᔖᒫᔥᑎᐱᐤ shaamaashtipiu vai ◆ il/elle est assis-e les genoux relevés

genoux

ᑖᐦᑎᐦᒋᑯᓈᐅᒋᐤ taahtihchikunaauchiu vai ◆ il/elle a froid aux genoux

gens

ᒥᐦᒑᑎᓈᓂᐆ mihchaatinaaniuu vii,impersonnel -iwi ◆ il y a beaucoup de gens

gens de l'Est

ᐙᐱᓅᑖᐅᐄᔨᔨᐅᒡ waapinuutaauiiyiyiuch na pl -im ◆ les gens de l'Est, les Naskapis

gentil

ᐅᑐᑖᒥᒫᐤ ututaamimaau vta ◆ il/elle est gentil avec lui

ᒥᔽᔨᐦᑖᑯᐦᐄᓲ miywaayihtaakuhiisuu vai -u ◆ il/elle fait semblant d'être gentil/gentille

ᒥᔽᔨᐦᑖᑯᓯᐤ miywaayihtaakusiu vai ◆ il/elle est sympathique, gentil/gentille

géospize

ᐅᓵᐅᐢᑯᐱᔮᔒᔥ usaauskupiyaashiish na -im ◆ un oiseau jaune-vert, un géospize olive, un pinson olive *Certhidea olivacea*

gerbe

ᐹᔨᑯᒥᓂᐦᐱᑖᐤ paayikuminihpitaau na ◆ un bouquet, une gerbe, une botte (de choses animées attachées ensemble)

gérer

ᒥᓈᒋᐦᐋᐤ minaachihaau vta ◆ il/elle l'économise, le/la gère avec précaution (ex. de l'argent)

gésier

ᐲᐦᑑᑎᓵᓐ piihtuutisaan ni ◆ la paroi interne d'un gésier d'oiseau

geste

ᓃᐦᒋᒋᐙᐱᐦᐙᐤ niihchichiwaapihwaau vta ◆ il/elle le/la renverse d'un geste

ᓃᐦᑎᒋᐙᐱᐦᐙᐤ niihtichiwaapihwaau vta ◆ il/elle le/la balaie d'un geste et le/la fait tomber

gibecière

ᐊᐢᒋᐦᑯᒫᓂᐎᑦ aschihkumaaniwit ni ◆ un sac pour la chasse, une gibecière dans laquelle on met aussi ce qu'il faut pour chasser

giberne

ᐲᐦᒋᓯᓈᓐ piihchisinaan ni ◆ une giberne, une cartouchière

gibier

ᓂᑑᐦᐅᐎᓐ nituuhuwin ni ◆ du gibier

ᐋᐳᐦᑖᓐ aapuhtaan ni ◆ des entrailles de gros gibier ramenés à la maison

ᐅᐢᒋᐱᒷᑭᓐ uschipimwaakin na ◆ le premier gibier tué

ᐋᐱᒥᐱᑖᐤ aapimipitaau vta ◆ il/elle appelle le gibier

ᐋᐳᐦᑖᐤ aapuhtaau vai ◆ il/elle rapporte autant de viande qu'il/elle peut porter du gros gibier qu'il/elle a tué

ᒋᐦᑖᒧᐦᑳᓲ chihtaamuhkaasuu vai -u ◆ il/elle fait s'enfuir le gibier

ᒌᐙᔮᒧᐦᑳᓲ **chiiwaayaamuhkaasuu** vai reflex -u ◆ il/elle rabat le gibier (pour qu'il se rapproche de l'endroit où il/elle veut le tuer)

ᒫᑳᔥᑭᐙᐤ **maakwaashkiwaau** vta ◆ il/elle va droit là où il y a plein de gibier

ᒫᑖᐦᐋᐤ **maataahaau** vta ◆ il/elle voit les traces de gros gibier

ᓈᓂᑎᐙᔩᐦᒋᒑᐤ **naanitiwaayihchichaau** vai redup ◆ il/elle chasse le gros gibier, cherche quelque chose du regard

ᐅᔥᑎᒫᐤ **ushtimaau** vai ◆ il/elle voit des traces de gros gibier

ᐊᔑᐙᐱᐅᓈᓐ **ashiwaapiunaan** ni ◆ un affût, un endroit où l'on s'embusque pour observer le gibier, un poste d'observation

ᓃᒫᐹᓐ **niimaapaan** ni ◆ une sangle pour tirer du gibier mort

gicler

ᐹᔅᐹᔅᒋᐱᒫᐦᑭᐦᑖᐤ **paaspaaschipimaahkihtaau** vii redup ◆ la graisse gicle à cause de la chaleur

ᓰᒋᑭᐅ **siichikiuu** vii -iwi ◆ le sang gicle

ᓰᑳᐦᐅᑖᐤ **siikaahutaau** vii ◆ l'eau gicle dans le canot

ᓯᓂᐚᑎᐦᐄᒑᐱᔨᐤ **sinipwaatihiichaapiyiu** vii ◆ ça gicle, ça éclabousse

ᐅᔍᔑᓐ **ushwaashin** vai ◆ il/elle tombe et gicle

ᐅᔍᔑᓂᒡ **ushwaashinich** vai pl ◆ les vagues déferlent sur la rive en giclant

ᐅᔍᔮᑯᓂᒋᔑᓐ **ushwaayaakunichishin** vai ◆ il/elle tombe sur de la neige poudreuse et fait gicler la neige dans les airs

ᐅᔍᔮᐅᐦᒋᔑᓐ **ushwaayaauhchishin** vai ◆ il/elle fait gicler le sable en atterrissant

gilet

ᑳᓂᒌ **kaanichii** ni -m ◆ un chandail, un gilet, un pull-over, un tricot

ᐙᔥᑭᑦ **waashkit** ni ◆ un gilet, une petite veste, de l'anglais 'weskit'

givre

ᐄᒋᑯᒋᐤ **iichikuchiu** vai ◆ du givre s'est formé sur lui/elle

ᐄᒋᑯᑎᓐ **iichikutin** vii ◆ il y a du givre, c'est givré,

ᒦᑯᓈᐦᒑᐅᒋᐤ **miikunaahchaauchiu** vai ◆ il/elle se recouvre de givre

ᒦᑯᓈᐦᒑᐅᑎᓐ **miikunaahchaautin** vii ◆ il y a du givre, c'est givré

ᐙᐱᔥᑭᑎᓐ **waapishkitin** vii ◆ il y a du givre partout en automne

ᐄᒋᒀᐱᔅᒋᐱᔩᐤ **iichikwaapischipiyiu** vai ◆ il/elle est givré-e ou de la vapeur se forme sur lui/elle (minéral)

ᐄᒋᒀᐱᔅᒋᐱᔩᐤ **iichikwaapischipiyiu** vii ◆ c'est givré ou de la vapeur se forme sur ça

ᑎᒁᒌᔅᑳᐤ **tikwaachiiskaau** vii ◆ il y a une gelée, du givre ce matin

glace

ᒥᔅᑯᒦ **miskumii** na -m ◆ de la glace

ᐊᓯᓲᐃ **asisui** ni ◆ un burin à glace

ᐹᒋᔅᒄ **paachiskw** ni ◆ de la glace fraîche

ᐹᑎᔅᒄ **paatiskw** na ◆ la première couche de glace, celle qui monte à cause d'un haut niveau d'eau

ᐱᒋᔅᑯᒫᓐ **pichiskumaan** ni ◆ des morceaux de glace taillés

ᐲᐅᓯᑯᐦᐋᑭᓐ **piiusikuhakin** ni ◆ des éclats de glace obtenus en ciselant

ᐱᑯᐦᐋᑭᓐ **pikuhaakin** ni ◆ un trou fait dans la glace pour y placer un filet de pêche ou une ligne de pêche ou encore pour attraper un castor

ᔒᐙᐴᒥᔅᑯᒦ **shiiwaapuumiskumii** ni -m ◆ de la glace d'eau salée

ᐅᑎᓈᐹᓐ **utinaapaan** ni ◆ l'endroit au bout du filet de pêche sous la glace

ᐅᑎᓂᐦᐄᐹᓐ **utinihiipaan** ni ◆ un trou dans la glace là où le filet de pêche est remonté

ᓵᑯᓯᒄ **saakusikw** p,lieu ◆ sous la glace ▪ ᓵᑯᓯᒀᐴᑯᑦ ᐊᓐ ᓂᒋᒄ ᑳ ᐹᔅᒋᓱᒃ. ▪ saakusikwaapukut an nichikw kaa paaschisuk. ▪ *La loutre que j'ai tirée au fusil a plongé sous la glace.*

ᑖᐦᒋᓯᒄ **taahchisikw** p,lieu ◆ sur la glace ▪ ᑳ ᐹᒋ ᓈᓯᐹᐱᔨᐦᑖᑦ ᐅᒥᐦᑎᒻᐦ ᓈᑎᐦ ᑖᐦᒋᓯᒄ ᐋᑯᑎᐦ ᑳ ᐹᒋ ᐱᒋᔅᑎᓂᐦᒃ. ▪ kaa paachi naasipaapiyihtaat umihtimh naatih taahchisikw aakutih kaa paachi pichistinihk. ▪ *Quand elle/il a apporté son bois pour le feu, elle/il l'a laissé sur la glace.*

ᑖᔅᑯᒻ **taaskum** p,lieu ◆ très loin sur la glace ▪ ᑖᔅᑯᒻ ᓈᑖᐦ ᐋᑯᑎᐦ ᑳᐦ ᐙᐱᒥᒃ ᐋᐦ ᑯᔅᒑᑦ. ▪ taaskum naataah aakutih kaah waapimik aah kuschaat. ▪ *Je l'ai vu poser sa ligne pour la nuit très loin sur la glace.*

ᐋᑳᓯᑯᓯᐤ **aakaasikusiu** vai ◆ il/elle est bloqué-e par la glace pendant son voyage

ᐋᑳᓯᒀᐤ **aakaasikwaau** vii ◆ c'est bloqué par la glace

ᐋᐳᐐᐤ **aapuwiiu** vii ◆ la glace ramollit au printemps ou dans l'eau tiède en automne

ᐋᔓᐃᔅᑰ **aashuwiskuu** vai -u ◆ il/elle traverse la glace à pied

ᐊᐱᔑᑯᔑᔑᐤ **apishikushishiu** vai dim ◆ c'est un petit morceau de glace

ᒌᔅᒋᓯᒀᐤ **chiischisikwaau** vii ◆ c'est une falaise de glace

ᒌᔑᑯᔑᓐ **chiishikushin** vai ◆ il/elle glisse sur la glace

ᒋᑳᓯᑯᓯᐤ **chikaasikusiu** vai ◆ la glace est étroite

ᒋᑳᓯᒀᐤ **chikaasikwaau** vii ◆ c'est un rétrécissement dans la glace

ᒋᒥᔑᑯᔑᒫᐤ **chimishikushimaau** vta ◆ il/elle le/la fait se couper avec la glace

ᒋᒥᓯᑯᐦᑎᑖᐤ **chimisikuhtitaau** vai ◆ il/elle le fait se couper par la glace

ᒋᓄᓯᑯᓯᐤ **chinusikusiu** vai ◆ le morceau de glace est long

ᒋᓄᓯᑳᐤ chinusikwaau vii ◆ c'est une longue étendue de glace

ᒋᐱᔥᑯᔪᒥᑭᓐ chipishkuyumikin vii ◆ la glace est coincée et bloque l'écoulement de l'eau de la rivière

ᒋᐳᓯᑳᐤ chipusikwaau vii ◆ c'est bloqué par la glace

ᒋᔅᐱᒋᓯᑯᓯᐤ chispichisikusiu vai ◆ il/elle est épaissi-e par la glace

ᒋᔅᐱᒋᓯᑳᐤ chispichisikwaau vii ◆ c'est épais avec de la glace

ᐄᔅᐱᓯᑳᐤ iispisikwaau vii ◆ la glace est haute

ᐄᑎᓯᑯᓯᐤ iitisikusiu vai ◆ de la glace se forme, prend une certaine allure

ᐄᔨᐹᓯᑳᐤ iiyipaasikwaau vii ◆ la glace est inclinée

ᐃᔅᐱᐦᑎᑎᓐ ispihtitin vii ◆ la glace a maintenant une certaine épaisseur

ᑳᐅᓯᑳᐤ kaausikwaau vii ◆ la glace est rugueuse

ᑭᒋᐦᓰᐱᔨᔨᐤ kichihsiipiyiyiu vii ◆ la glace grince au printemps et en automne

ᑭᒋᓰᐱᓂᒻ kichisiipinim vti ◆ il/elle fait crisser la glace en marchant dessus

ᑭᐱᐦᑎᒻ kipihtim vti ◆ il/elle fait encore du canot malgré la fine couche de glace à la surface de l'eau

ᑯᑎᔅᑯᓂᒻ kutiskunim vti ◆ il/elle teste la glace pour voir si on peut marcher dessus

ᑰᓂᐲᐅᐦᐊᓐ kuunipiiuhan vii ◆ la glace commence à se former à partir de neige sur l'eau

ᑰᓂᐧᐃᓯᑳᐤ kuuniwisikwaau vii ◆ il y a de la neige sur la glace

ᒫᔨᔅᑯᐦᑖᐤ maayiskuhtaau vai ◆ il/elle descend la rivière à pied vers l'aval sur la glace

ᒫᔨᔅᑯᐦᑎᑖᐤ maayiskuhtitaau vai ◆ il/elle l'emporte en aval sur la glace

ᒫᔨᔅᑰ maayiskuu vai -u ◆ il/elle va en aval sur la glace

ᒥᒋᔥᑖᐚᓯᑳᐤ michishtaawaasikwaau vii ◆ c'est une pointe de glace

ᒥᒋᓯᑯᓯᐤ michisikusiu vai ◆ la glace est rugueuse

ᒥᐦᒋᓯᑳᐤ mihchisikwaau vii ◆ c'est une grosse zone de glace

ᒥᒥᒋᓯᑳᐤ mimichisikwaau vii redup ◆ c'est de la glace rugueuse

ᒥᓂᓯᑯᐦᐚᐤ minisikuhwaau vta ◆ il/elle en fait tomber la glace en le/la frappant

ᒥᓂᔅᑎᑯᓯᑳᐤ ministikusikwaau vii ◆ c'est une plaque de glace

ᒥᓵᐦᐊᓐ misaahan vii ◆ l'eau est assez froide pour que la glace commence à se former

ᒥᓯᐦᐊᓐ misihan vii ◆ la glace commence à se former

ᒥᓯᓯᑳᐤ misisikwaau vii ◆ c'est une grande étendue de glace

ᒥᔅᑭᐧᐃᑖᐱᔅᑭᑎᓐ miskiwitaapiskitin vii ◆ il y a de la glace sur le piège et ça l'empêche de se refermer

ᒥᔅᑯᒦᐧᐋᑭᒥᐤ miskumiiwaakimiu vii ◆ il y a de la glace dans l'eau

ᒥᔪᓯᑳᐤ miyusikwaau vii ◆ c'est de la bonne glace bien lisse pour voyager

ᒧᓵᔅᑯᐦᑎᐦᐋᐤ musaaskuhtihaau vta ◆ il/elle l'emmène jusque sur la glace

ᒧᓵᔅᑯᐱᐦᑖᐤ musaaskupihtaau vai ◆ il/elle sort sur la glace en courant

ᒧᓵᔅᑯᐱᔨᐤ musaaskupiyiu vai ◆ il/elle sort sur la glace

ᒧᓵᔅᑯᐱᔨᐤ musaaskupiyiu vii ◆ ça sort sur la glace

ᒧᓵᔅᑯᑖᒋᒫᐤ musaaskutaachimaau vta ◆ il/elle le/la tire sur le traîneau jusque sur la glace

ᒧᓵᔅᑯᑐᐧᐃᑖᐤ musaaskutuwitaau vai ◆ il/elle le porte sur son dos jusqu'à sur la glace

ᒧᓵᔅᑰ musaaskuu vai -u ◆ il/elle sort sur la glace

ᒨᔥᑎᓯᑳᐤ muushtisikwaau vii ◆ c'est de la glace vive, qui n'est pas recouverte de neige

ᓈᓯᑳᐤ naasikwaau vii ◆ c'est une pointe de glace

ᓂᐲᐅᓯᑳᐤ nipiiusikwaau vii ◆ il y a de l'eau sur la glace

ᓂᔅᑯᒋᐤ niskuchiu vai ◆ il/elle est tout-e recouvert-e de glace

ᐹᒋᔅᑳᐤ paachiskwaau vii ◆ la glace est stratifiée, en strates

ᐹᐦᑯᓯᑯᐱᔨᐤ paahkusikupiyiu vii ◆ la glace est en train de sécher

ᐹᐦᑯᓯᑳᐤ paahkusikwaau vii ◆ c'est de la glace sèche

ᐹᔥᑎᔑᑯᔑᒫᐤ paashtishikushimaau vta ◆ il/elle le/la fend, craque en le/la tapant sur la glace

ᐹᔥᑎᓯᑯᐦᐚᐤ paashtisikuhwaau vta ◆ il/elle fend la glace avec un outil

ᐹᓯᓯᑳᐤ paasisikwaau vii ◆ c'est une fine bande de glace

ᐹᔅᑎᓯᑯᐱᔨᐤ paastisikupiyiu vai ◆ la glace est fendue

ᐹᔅᑎᓯᑯᐱᔨᐤ paastisikupiyiu vii ◆ la glace dessus est fendue

ᐹᑎᔅᑳᐤ paatiskwaau vii ◆ la glace monte à cause du haut niveau d'eau

ᐱᐦᑳᓯᑯᐱᔨᐤ pihkwaasikupiyiu vai ◆ la glace se casse net

ᐱᐦᑳᓯᑯᔥᑭᒻ pihkwaasikushkim vti ◆ il/elle casse un morceau de glace avec son pied ou son corps

ᐱᐦᐳᐧᐃᓯᑯᐦᐊᒻ pihpuwisikuham vti redup ◆ il/elle le frappe pour faire tomber la glace

ᐱᐦᐳᐧᐃᓯᑯᐦᐚᐤ pihpuwisikuhwaau vta redup ◆ il/elle le/la frappe pour faire tomber la glace

ᐲᑰ piikuu vai-u ◆ la glace se brise
ᐲᐢᑳᓰᑯᐦᐊᒼ piiskaasikuham vti ◆ il/elle creuse un grand trou dans la glace
ᐱᑯᓈᓯᒁᐤ pikunaasikwaau vii ◆ il y a un trou dans la glace
ᐱᒥᓯᒁᐤ pimisikwaau vii ◆ c'est une ligne de glace
ᐱᒥᐢᑯᐦᑖᐤ pimiskuhtaau vai ◆ il/elle marche sur la glace
ᐱᒥᐢᑯᐱᐦᑖᐤ pimiskupihtaau vai ◆ il/elle court sur la glace
ᐱᒥᐢᑯᔑᓐ pimiskushin vai ◆ il/elle est couché-e sur la glace
ᐱᒥᐢᑯᑖᒋᒨ pimiskutaachimuu vai-u ◆ il/elle rampe sur la glace
ᐱᐱᒋᓯᒁᐤ pipichisikwaau vii ◆ c'est de la glace fine
ᐱᐱᑭᑎᓐ pipikitin vii ◆ l'étendue d'eau est recouverte d'une fine couche de glace
ᐱᐢᑯᓯᒁᐤ piskusikwaau vii ◆ il y a une bosse sur la glace
ᐱᔩᐢᑯᐹᔥᑖᐤ piyiskupaashtaau vii ◆ il y a de l'eau sur la glace provenant de neige fondue au soleil
ᐳᐧᐃᓯᑯᐦᐧᐋᐤ puwisikuhwaau vta ◆ il/elle fait tomber la glace de lui/d'elle
ᓵᒋᐢᑯᒫᐤ saachiskumaau vai ◆ il/elle dépasse de la glace
ᓵᒋᐢᑯᒫᐤ saachiskumaau vii ◆ ça dépasse de la glace
ᓵᑯᓯᑯᐱᔩᐤ saakusikupiyiu vai ◆ il/elle glisse sous la glace
ᓵᓵᐦᒁᓂᒼ saasaahkwaanim vti ◆ il/elle fait grincer la glace en marchant dessus
ᓵᓵᐦᒁᐱᔩᐤ saasaahkwaapiyiu vai ◆ la glace émet des craquements
ᔖᑭᐧᐃᓯᑯᓯᐤ shaakiwisikusiu vai ◆ le morceau de glace est étroit
ᔒᐹᓯᑯᐦᐊᒼ shiipaasikuham vti ◆ il/elle le pousse sous la glace
ᔒᐹᓯᑯᐦᐧᐋᐤ shiipaasikuhwaau vta ◆ il/elle le/la pousse sous la glace
ᔒᐹᐧᐋᔮᓯᒁᐤ shiipaawaayaasikwaau vii ◆ il y a un trou dans la glace
ᔫᔑᐧᐃᓯᒁᐤ shuushiwisikwaau vii ◆ la glace est lisse
ᓱᐦᒋᓯᑯᓯᐤ suhchisikusiu vai ◆ la glace est solide
ᓱᐦᒋᓯᒁᐤ suhchisikwaau vii ◆ c'est de la glace solide
ᓲᓵᐢᑯᓐ suusaaskun vii ◆ la glace est glissante
ᓲᓲᓯᑯᓯᐤ suusuusikusiu vai ◆ la glace est lisse
ᓲᓲᓯᒁᐤ suusuusikwaau vii ◆ c'est de la glace lisse
ᑖᐱᒋᑳᐳᐤ taapichikaapuu vai-uwi ◆ la glace est suffisamment solide pour qu'on puisse se tenir dessus
ᑖᐱᐢᑯᓂᒼ taapiskunim vti ◆ son poids est soutenu par la glace
ᑖᐢᒋᓯᑯᐱᔩᐤ taaschisikupiyiu vai ◆ la glace craque, se fend
ᑖᐢᒋᓯᒁᐤ taaschisikwaau vii ◆ c'est une crevasse, une fente dans la glace
ᑎᐢᑭᒥᐢᑯᐱᐦᑖᐤ tiskimiskupihtaau vai ◆ il/elle traverse directement la glace en courant
ᑎᐢᑭᒥᐢᑯᑎᐦᐋᐤ tiskimiskutihaau vta ◆ il/elle lui fait traverser la glace à pied
ᑎᐢᑭᒥᐢᑯᑎᓂᔪᒫᐤ tiskimiskutiniyumaau vta ◆ il/elle traverse directement la glace en le/la portant sur son dos
ᐧᑖᐦᐊᒼ twaaham vti ◆ il/elle fait un trou dans la glace
ᐧᑖᐦᐊᒧᐧᐋᐤ twaahamuwaau vta ◆ il/elle fait un trou dans la glace pour lui/elle
ᐧᑖᐦᑎᓐ twaahtin vii ◆ ça traverse la glace
ᐧᑖᐦᑎᑖᐤ twaahtitaau vai ◆ il/elle lui fait traverser la glace
ᐧᑖᐱᔩᐤ twaapiyiu vii ◆ la glace brise
ᐧᑖᔑᒫᐤ twaashimaau vta ◆ il/elle lui fait traverser la glace
ᐧᑖᔑᓐ twaashin vai ◆ il/elle traverse la glace
ᐧᑖᔥᑭᒼ twaashkim vti ◆ il/elle brise la glace avec son pied ou son corps
ᐅᐦᐱᓯᒁᐤ uhpisikwaau vii ◆ la glace est surélevée
ᐅᐦᐱᐢᑯᐱᔩᐤ uhpiskupiyiu vii ◆ la glace lève
ᐅᔖᓯᒁᐤ ushaasikwaau vii ◆ c'est une arrête de glace
ᐅᔥᑭᑎᓐ ushkitin vii ◆ la glace vient juste de se former
ᐅᑖᒥᔑᑯᔑᓐ utaamishikushin vai ◆ il/elle tombe sur la glace
ᐧᐋᔖᓯᒁᐤ waashaasikwaau vii ◆ la glace est claire
ᐧᐋᔖᑎᓐ waashaatin vii ◆ il y a une étendue d'eau gelée sans neige
ᐧᐋᐢᑳᑎᓐ waaskaatin vii ◆ il y a de la glace le long du bord d'une étendue d'eau
ᐧᐋᔩᔪᓯᒁᐤ waayiyusikwaau vii ◆ il y a un demi-cercle de glace autour d'une pointe
ᔮᔮᐧᐋᓯᑯᐱᐦᑖᐤ yaayaawaasikupihtaau vai ◆ il/elle court le long du rivage sur la glace
ᔮᔮᐧᐋᓯᑯ yaayaawaasikuu vai-u ◆ il/elle marche le long du rivage sur la glace
ᔮᔮᐧᐋᓯᒁᐤ yaayaawaasikwaau vii ◆ il y a de la glace le long du bord de l'eau
ᐧᔮᐱᔩᐤ ywaapiyiu vii ◆ la glace baisse à cause du niveau d'eau
ᐋᐦᒋᑯᐱᑯᓈᔮᐤ aahchikupikunaayaau ni-m ◆ un trou dans la glace par lequel le phoque remonte pour respirer
ᐹᐦᑭᒥᓂᑭᓐ paahkiminikin ni ◆ un trou dans la glace où la surface de l'eau est dégagée pour détecter l'activité des castors
ᐧᔖᑭᓂᐲ shwaakinipii ni ◆ de la neige fondante sur la glace au moment de la fonte des neiges au printemps

ᐅᑎᐦᐄᐸᐋᓐ utihiipaan ni ◆ un trou fait dans la glace pour chercher de l'eau

ᐧᐃᒋᐢᑎᓯᐠ wichistisikw na -i ◆ la dernière couche de glace

ᑖᐢᑯᒦᔥ taaskumiish p,lieu ◆ pas loin du rivage sur la glace ■ ᐋᐅᒃ ᐊᓐ ᑳ ᐱᑯᐦᐄᒑᐟ ᓈᑖᐦ ᑖᐢᑯᒦᔥ. ■ aaukw an kaa pikuhiichaat naataah taaskumiish. ■ *La/le voilà en train de tailler un trou dans la glace pas loin du rivage.*

ᒌᔥᐅᐧᐃᔨᐅ chiishuwiyiu vii ◆ Il y a un redoux qui empêche la glace située sous une épaisse couche de neige de geler dur ■ ᓂᒥ ᓂᒌᐦ ᐱᒥᐱᒋᓈᓐ ᐊᓂᑖᐦ ᓵᑭᐦᐄᑭᓂᐦᐨ ᐧᐋᓵ ᒌᔥᐅᐧᐃᔨᐅ. ■ nimi nichiih pimipichinaan anitaah saakihiikinihch waasaa chiishuwiyiu. ■ *On ne peut pas voyager sur le lac parce qu'une couche de neige a empêché la glace de geler.*

ᒋᑭᒧᐹᒋᔑᓐ chikimupaachishin vai ◆ il/elle est coincé-e dans la neige fondue sur la glace

ᒋᐢᐱᑭᑎᓐ chispikitin vii ◆ la glace est gelée bien épaisse

ᒋᐢᑖᐢᑯᐱᔨᐅ chistaaskupiyiu vii ◆ l'eau déborde sur la glace

ᐄᐢᑯᓯᑳᐅ iiskusikwaau vii ◆ c'est la lisière, la fin d'une étendue de glace

ᐃᔨᔮᐢᑯᓐ iyiyaaskun vii ◆ la glace n'est pas assez dure pour voyager

ᑯᐃᔥᑎᑳᒫᐢᑯᐱᐦᑖᐅ kuishtikaamaaskupihtaau vai ◆ il/elle court autour du lac sur la glace

ᑯᐃᔥᑎᑳᒫᐢᑯᐱᔨᐅ kuishtikaamaaskupiyiu vai ◆ il/elle conduit autour du lac sur la glace

ᒫᔨᐢᑯᐦᑎᐦᐋᐅ maayiskuhtihaau vta ◆ il/elle lui fait descendre la rivière sur la glace

ᒫᔨᐢᑯᐱᐦᑖᐅ maayiskupihtaau vai ◆ il/elle descend la rivière sur la glace

ᒥᐦᒋᓯᑯᓯᐅ mihchisikusiu vai ◆ c'est un gros morceau de glace (animé)

ᒥᑳᐃᐢᑯᐦᐊᒻ mikaaiskuham vti ◆ il/elle ramasse les morceaux de glace du trou dans la glace; il/elle enlève la neige de cet endroit en utilisant quelque chose

ᒥᒥᐧᑖᓯᑯᑎᓐ mimitwaasikutin vii redup ◆ il y a des bruits de glace qui craque à cause du froid extrême

ᒥᓯᐦᑎᐅᓯᑯᓰᐅ misihtiusikusiiu vii ◆ c'est un seul gros morceau de glace

ᒥᑖᐹᐱᔨᐅ mitaapaapiyiu vai ◆ il/elle arrive sur une zone d'eau ou de glace en véhicule

ᒥᑖᐹᐅ mitaapaau vai ◆ il/elle arrive à une étendue d'eau ou de glace pendant son voyage

ᒥᔪᓯᑯᓯᐅ miyusikusiu vai ◆ la glace est claire et propre, bonne pour en faire de l'eau potable

ᒧᓵᐢᑯᐦᑎᑖᐅ musaaskuhtitaau vai ◆ il/elle le sort et le dépose sur la glace

ᒧᓵᐢᑯᑖᐹᐅ musaaskutaapaau vai ◆ il/elle le tire, le remonte sur la glace

ᒨᐢᒋᐢᑯᑖᐅ muuschiskutaau vii ◆ la glace n'a plus de neige dessus au printemps

ᒨᔑᔑᐹᐱᔨᐅ muushishipaapiyiu vii ◆ il y a de l'eau sur la glace provenant de la fonte de la neige

ᓈᑎᑳᐢᑯᐦᑎᐦᐋᐅ naatikaaskuhtihaau vta ◆ il/elle l'emporte jusqu'au rivage en marchant sur la glace

ᓈᑎᑳᐢᑯᐦᑎᑖᐅ naatikaaskuhtitaau vai ◆ il/elle l'apporte sur le rivage, sur la terre à pied sur la glace

ᓈᑎᑳᐢᑯᐱᐦᑖᐅ naatikaaskupihtaau vai ◆ il/elle court vers le rivage sur la glace

ᓈᑎᑳᐢᑯᑖᒋᒫᐅ naatikaaskutaachimaau vta ◆ il/elle le tire jusqu'au rivage sur la glace

ᓈᑎᑳᐢᑯᑎᓂᔪᒫᐅ naatikaaskutiniyumaau vta ◆ il/elle le/la transporte jusqu'au rivage sur son dos, sur la glace

ᓈᑎᑳᐢᑰ naatikaaskuu vai -u ◆ il/elle quitte la glace à pied vers la terre

ᓈᑎᑳᐢᑯᐧᐃᑖᐅ naatikaaskuwitaau vai ◆ il/elle le porte jusqu'au rivage, jusqu'à terre sur la glace

ᓂᑎᐦᐄᐢᑯᑖᒋᒫᐅ nitihiiskutaachimaau vta ◆ il/elle remonte la rivière en traîneau sur la glace

ᐹᐦᑳᐦᐊᒻ paahkaaham vti ◆ il/elle le perce avec quelque chose, fait un trou dans la glace

ᐹᐢᐹᐢᒋᓯᑯᐱᑎᒻ paaspaaschisikupitim vti redup ◆ il/elle fait passer son canot au-dessus de gros morceaux de glace en voyageant en eau libre au printemps

ᐱᐦᒁᓈᐅ pihkwaanaau vta ◆ il/elle en casse un morceau à la main, il/elle casse le bord de la glace en marchant

ᐲᐦᑐᐹᔮᐅ piihtupaayaau vii ◆ il y a de l'eau entre deux couches de glace

ᐲᐦᑐᓯᑯᒋᐧᐃᓐ piihtusikuchiwin vii ◆ l'eau coule entre deux couches de glace

ᐲᒥᑳᒫᐢᑯᐦᑎᐦᐋᐅ piimikaamaaskuhtihaau vta ◆ il/elle le/la fait traverser la glace à pied en diagonale

ᐲᒥᑳᒫᐢᑰ piimikaamaaskuu vai -u ◆ il/elle traverse la glace en diagonale

ᐱᑯᐦᐊᒻ pikuham vti ◆ il/elle taille un trou dans la glace pour y placer un filet ou une ligne de pêche

ᐱᑯᐦᐄᒑᐅ pikuhiichaau vai ◆ il/elle taille un trou dans la glace

ᐱᑯᓵᒋᑭᒥᐅ pikusaachikimiu vii ◆ il y a une aire d'eau libre sur la glace

ᐱᐹᐢᑯᓯᒁᐅ pipaaskusikwaau vii redup ◆ il y a des piles de glace, gelées ensemble

ᓵᑯᓯᑯᐱᔨᐅ saakusikupiyiu vii ◆ ça glisse sous la glace

ᓵᑯᓯᑯᔨᑭᐦᐧᐋᐅ saakusikuyikihwaau vta ◆ il/elle le/la pousse sous la glace

ᓵᑯᓯᒁᐱᑰ saakusikwaapikuu vai -u ◆ ça flotte sous la glace

ᔑᓵᒋᐱᐱᔨᐤ shusaachipipiyiu vii ◆ l'eau arrive sur la glace et gèle

ᓱᓵᐢᑯᐣ susaaskun vii ◆ c'est de la glace vive glissante

ᑖᐱᒋᐱᔨᐤ taapichipiyiu vai ◆ le traîneau traverse l'eau en passant d'un bloc de glace à l'autre

ᑖᐲᔥᑯᓂᑯᐣ taapishkunikun vii ◆ la glace est suffisamment solide pour voyager dessus

ᑖᑐᔥᑯᒋᒫᑎᑎᒼ taatushkuchimaatitim vti ◆ il/elle casse la glace en pagayant

ᑖᑐᓯᑯᒋᐏᐣ taatusikuchiwin vii ◆ le courant crée une fente dans la glace

ᑎᐦᑭᐢᑯᐹᔥᑖᐤ tihkiskupaashtaau vii ◆ il y a de l'eau provenant de neige fondue sur la glace

ᑎᒥᔮᐢᑯᐣ timiyaaskun vii ◆ la neige est profonde sur la glace

ᑎᐢᑭᒥᐢᑯᑐᐏᑖᐤ tiskimiskutuwitaau vai ◆ il/elle traverse directement la glace en portant des choses sur son dos

ᑎᐢᑭᒥᐢᑰ tiskimiskuu vai-u ◆ il/elle traverse directement en marchant sur la glace

ᑎᐙᐳᑰ tiwaapukuu vai-u ◆ il y a une ouverture dans la glace flottante pendant la fonte

ᑎᐏᓯᑳᐤ tiwisikwaau vii ◆ c'est une aire ouverte de glace qui flotte sur l'eau

ᑵᔥᑯᐹᒋᔑᐣ twaashkupaachishin vai ◆ il/elle s'enfonce en traversant la couche supérieure de deux couches de glace

ᑵᐢᑯᐹᑭᐦᐊᒼ twaaskupaakiham vti ◆ il/elle brise une fine couche de glace avec quelque chose

ᐅᓵᐅᓯᑯᓯᐤ usaausikusiu vai ◆ il/elle est jaune, vert-e translucide (se dit de la glace)

ᐅᐢᑎᓯᑯᔥᑖᐤ ustisikushtaau vii ◆ il y a de l'eau à la surface de la glace

ᐚᐱᐢᑯᑖᐤ waapiskutaau vii ◆ c'est emporté par la glace durant la fonte

ᐚᐱᐢᑰᓲ waapiskuusuu vai-u ◆ il/elle est emporté-e par la glace durant la fonte

ᐑᐦᑳᓯᑳᐤ wiihkwaasikwaau vii ◆ c'est le bord de la glace, c'est tout couvert de glace

ᔮᔮᐙᓯᑯᐦᑎᐦᐋᐤ yaayaawaasikuhtihaau vta ◆ il/elle l'emporte le long du rivage sur la glace

ᔮᔮᐙᓯᑯᑐᐏᑖᐤ yaayaawaasikutuwitaau vta ◆ il/elle l'emporte sur son dos le long du rivage sur la glace

ᔮᔮᐙᓯᑯᑐᐏᑖᐤ yaayaawaasikutuwitaau vai ◆ il/elle le porte sur son dos le long du rivage sur la glace

ᐋᑭᑐ aakitu na ◆ un bâton courbé utilisé pour découvrir des tunnels de castor sous la glace

ᒫᔨᐢᑯᑖᐹᐤ maayiskutaapaau vai ◆ il/elle descend la rivière en tirant quelque chose sur la glace

ᒥᒋᒧᐹᒋᔑᐣ michimupaachishin vai ◆ il/elle est coincé-e, pris-e dans la neige molle sur la glace

ᒥᒍᒥᐹᒋᔑᐣ michumipaachishin vai ◆ il/elle est prise, coincé-e dans la neige molle sur la glace

ᒦᓄᐱᔨᐤ miinupiyiu vii ◆ ça casse (ex. de la glace sur la rivière) en automne après la première gelée

ᒥᑖᐹᐦᔮᐤ mitaapaahyaau vai ◆ il/elle s'envole vers une étendue d'eau ou de glace; il/elle arrive en avion de l'intérieur des terres

ᒧᓵᐢᑯᐱᒋᐤ musaaskupichiu vai ◆ il/elle sort sur la glace, déplace son campement d'hiver

ᓈᑎᑳᐢᑯᐱᒋᐤ naatikaaskupichiu vai ◆ il/elle déplace son campement d'hiver en traversant la glace jusqu'à la terre ferme

ᓈᑎᑳᐢᑯᑖᐹᐤ naatikaaskutaapaau vai ◆ il/elle tire, hisse des choses sur le rivage sur la glace

ᓂᑎᐦᐄᐢᑯᐦᑎᐦᐋᐤ nitihiiskuhtihaau vta ◆ il/elle l'emmène en remontant la rivière sur la glace

ᓂᑎᐦᐄᐢᑯᑐᐏᑖᐤ nitihiiskutuwitaau vta ◆ il/elle remonte la rivière sur la glace en le/la portant sur son dos

ᓂᑎᐦᐄᐢᑰ nitihiiskuu vai-u ◆ il/elle remonte la rivière sur la glace

ᐱᐦᑯᓵᒋᑭᒥᐤ pihkusaachikimiu vii ◆ il y a de l'eau libre après qu'une fine couche de glace s'est brisée

ᐲᒥᑳᒫᐢᑯᐱᒋᐤ piimikaamaaskupichiu vai ◆ il/elle déplace son campement d'hiver en traversant la glace en diagonale

ᐱᐱᒁᐤ pipikwaau vai redup ◆ le bruit des pagaies qui frappent le canot, le bruit de la glace qu'on teste qui signifie qu'elle est fine ▪ ᔖᔥ ᐹᒋ ᐱᐱᒁᐤ ᔖᔥ ᒥᔑᑳᒋᒑᓂᒌ. ▪ shaash paachi pipikwaau shaash mishikaachichaanichii. ▪ *Tu peux entendre le bruit des pagaies sur le canot, ils doivent être en train d'arriver.*

ᐴᐦᒋᔥᑎᒀᐱᒋᐤ puuhchishtikwaapichiu vai ◆ il/elle déplace son campement d'hiver en longeant une rivière gelée

ᐴᐦᑖᔥᑎᒀᐱᒋᐤ puuhtaashtikwaapichiu vai ◆ il/elle déplace son campement d'hiver en longeant une rivière gelée

ᓲᐦᑳᐦᐊᒼ suuhkwaaham vti ◆ il/elle vérifie avec son ciseau à glace si ça sonne creux là où il aurait des tunnels de castor sous la glace

ᑎᐢᑭᒥᐢᑯᐦᑎᑖᐤ tiskimiskuhtitaau vai ◆ il/elle traverse la glace en le/la portant sur son dos

ᑎᐢᑭᒥᐢᑯᑖᒋᒫᐤ tiskimiskutaachimaau vta ◆ il/elle lui fait traverser directement la glace en le/la tirant sur un traîneau

ᑤᐱᑖᐤ twaapitaau vai ◆ il/elle casse la glace, la croûte de neige en passant

ᐅᔅᑎᓯᑯᒋᐎᓐ ustisikuchiwin vii ◆ l'eau coule à la surface de la glace ■ ᔖᔥ ᒌᐦ ᐅᔅᑎᓯᑯᒋᐎᓐ ᑳ ᐹᒋ ᒫᑖᔥᑎᒁᐱᒋᔮᐦᒡ ᓰᐲᐦᒡ᙮ ■ shaash chiih ustisikuchiwin kaa paachi maataashtikwaapichiyaahch siipiihch. ■ *Il y avait déjà de l'eau à la surface de la glace quand nous y sommes arrivés à la rivière.*

ᐙᐦᐄᑖᐅᐦᒌᐤ waahiitaauhchiiu vii ◆ la glace se brise sur les bords d'une étendue d'eau

ᔮᔮᐚᓯᑯᑖᐹᐤ yaayaawaasikutaapaau vai ◆ il/elle marche le long du rivage sur la glace en tirant une charge

ᔮᔮᐚᔅᑯᐱᒋᐤ yaayaawaaskupichiu vai ◆ il/elle déplace son campement d'hiver en longeant le rivage gelé à pied

ᔮᔮᐚᔅᑯᑖᒋᒫᐤ yaayaawaaskutaachimaau vta ◆ il/elle marche le long du rivage sur la glace en le/la tirant sur un traîneau

ᔮᔨᔅᑯᑖᐤ yaayiskutaau vii ◆ la glace casse et se détache du bord d'une étendue d'eau

ᒥᔅᑯᒦᐅᑭᒥᒄ miskumiiukimikw ni ◆ un réfrigérateur, un frigo, un congélateur, un dépôt de glace

ᓂᑎᐦᐄᔅᑯᐦᑖᐤ nitihiiskuhtaau vai ◆ il/elle remonte la rivière à pied sur la glace

ᓂᑎᐦᐄᔅᑯᑖᐹᐤ nitihiiskutaapaau vai ◆ il/elle remonte la rivière sur la glace en tirant une charge

ᓂᑎᔨᔅᑯᐱᐦᑖᐤ nitiyiskupihtaau vai ◆ il/elle remonte la rivière en courant sur la glace

ᓂᑎᐦᐄᔅᑯᐦᑎᑖᐤ nitihiiskuhtitaau vai ◆ il/elle remonte la rivière à pied sur la glace en le portant

glacé

ᒥᔅᑯᒦᐅ miskumiiuu vai -iiwi ◆ il/elle est glacé-e, verglacé-e

glace noire

ᐅᔥᑳᒋᐦᑯᓯᑯᑖᐤ ushkaachihkusikutaau vii ◆ c'est de la glace noire avec des glaçons en dessous

glace vive

ᓱᓵᔅᑯᓐ susaaskun vii ◆ c'est de la glace vive glissante

glacer

ᒥᔅᑯᒦᐅ miskumiiuu vii -iiwi ◆ c'est glacé

glacial

ᑎᐦᒋᔨᐚᐱᔨᐤ tihchiyiwaapiyiu vii ◆ le vent est froid, glacial

ᑎᐦᒋᔨᐚᐤ tihchiyiwaau vii ◆ le vent est froid, glacial

glacière

ᒥᔅᑯᒥᐅᑭᒥᒄ miskumiukimikw ni ◆ un congélateur, une glacière

glaçon

ᐅᔥᑳᒋᐦᑯᓯᑯᑖᐤ ushkaachihkusikutaau vii ◆ c'est de la glace noire avec des glaçons en dessous

glaire

ᐅᑎᒋᑯᒻᐦ utichikumh nad ◆ son mucus, sa glaire

glande

ᐎᐦᔮᑐᔅᒄᐦ wihyaatuskwh nad ◆ sa glande au bout de la queue (se dit des oiseaux)

glandes

ᐐᑐᔮᐳᐃ wiituyaapui ni ◆ du bouillon fait des glandes du castor situées sous le castoreum

glandes olfactives

ᐊᒋᑳᔑᐐᑐᐃ achikaashiwiitui ni -im ◆ les glandes olfactives du vison

ᐐᑐᔮᐳᑭᐦᑎᒼ wiituyaapukihtim vti ◆ il/elle met des glandes olfactives dans l'eau bouillante pour en faire un remède

glissade

ᔔᔓᐎᐦᒁᓐ shuushuwihkwaan ni ◆ une glissade

glissant

ᒋᐦᔮᐱᔅᑳᐤ chihyaapiskaau vii ◆ les rochers sont glissants

ᒌᔅᒋᐎᑳᐤ chiischiwikaau vii ◆ la boue est lisse, glissante

ᒌᔅᑭᒥᑳᐤ chiiskimikaau vii ◆ c'est un sol glissant

ᓲᓵᔅᑯᓐ suusaaskun vii ◆ la glace est glissante

glissante

ᔔᔑᐚᑯᓂᒋᓯᐤ shuushiwaakunichisiu vai ◆ la neige est lisse, glissante

ᓱᓵᔅᑯᓐ susaaskun vii ◆ c'est de la glace vive glissante

glisser

ᒋᐦᐄᓈᐤ chihiinaau vta ◆ il/elle lui glisse des mains

ᒋᔨᔑᓐ chiyishin vai ◆ il/elle glisse ■ ᒫᓂᑎᐦ ᒥᔅᑯᒦᐦᒡ ᑳ ᒋᔨᔑᐦᒃ ᑳ ᐋᑎ ᐱᒧᐦᑖᑦ᙮ ■ maanitih miskumiihch kaa chiyishihk kaa aati pimuhtaat. ■ *Elle/il a glissé sur la glace en marchant là.*

ᐃᔮᔛᐦᑎᐚᐱᔨᐤ iyaashaahtiwaapiyiu vai ◆ il/elle glisse le long de quelque chose

ᐃᔮᔛᐦᑎᐚᐱᔨᐤ iyaashaahtiwaapiyiu vii ◆ ça glisse le long de quelque chose

ᐃᔮᔑᐱᔨᐦᑖᐤ iyaashipiyihtaau vai+o ◆ il/elle (ex. un bas, une chaussette) dégringole, glisse ■ ᐃᔮᔑᐱᔨᐦᑖᐤ ᐅᑖᔅ᙮ ■ iyaashipiyihtaau utaas. ■ *Sa chaussette descend.*

ᔔᔥᑯᐱᔨᐦᐋᐤ shuushkupiyihaau vta ◆ il/elle le/la fait glisser

ᔔᔥᑯᐱᔨᐦᑖᐤ shuushkupiyihtaau vai ◆ il/elle le fait glisser

ᔔᔥᑯᐱᔨᐤ shuushkupiyiu vai ◆ il/elle glisse avec

ᔔᔥᒁᐱᔅᒋᐱᔨᐤ shuushkwaapischipiyiu vai ◆ il/elle glisse sur une pente rocheuse

ᔔᔥᒁᐱᔅᒋᐱᔨᐤ shuushkwaapischipiyiu vii ◆ ça glisse sur une pente rocheuse

ᔔᔓᐎᐦᒁᐱᔨᐦᑖᐤ shuushuwihkwaapiyihtaau vai ◆ il/elle le fait glisser

ᔔᔓᐧᐃᐦᐧᑳᐤ shuushuwihkwaau vai ◆ il/elle glisse
ᓲᓲᔅᒋᐧᑳᑎᐦᐊᒻ suusuuschikwaatiham vti ◆ il/elle court avant de se laisser glisser
ᒑᒋᐧᑳᔅᑯᓈᐤ chaachikwaaskunaau vta ◆ il/elle l'enlève, le/la fait glisser (ex la peau sur un cadre)
ᒋᐦᐄᓂᒻ chihiinim vti ◆ il/elle le tient, mais ça lui glisse des mains
ᒌᔥᒋᐧᐃᒋᔑᓐ chiishchiwichishin vai ◆ il/elle glisse sur la boue
ᒌᔑᑯᔑᓐ chiishikushin vai ◆ il/elle glisse sur la glace
ᒌᔑᐱᑎᒻ chiishipitim vti ◆ il/elle le fait glisser dans une boucle en tirant
ᒌᔥᑎᐦᒑᐱᔨᐤ chiishtihchaapiyiu vai ◆ il/elle laisse le filet de pêche lui glisser des mains en le préparant
ᒥᓯᐳᔮᐤ misipuyaau vta ◆ il/elle frotte la peau pour l'assouplir en la faisant glisser sur une corde attachée à un poteau du tipi
ᓃᑭᑖᐅᐦᒋᐱᔨᐤ niikitaauhchipiyiu vii ◆ ça glisse dans l'eau ou dans le trou (se dit du sable)
ᓃᔖᐦᑎᐧᐋᐱᔨᐤ niishaahtiwaapiyiu vai ◆ il/elle descend en glissant le long de quelque chose, glisse jusqu'en bas
ᓃᔖᐦᑎᐧᐋᐱᔨᐤ niishaahtiwaapiyiu vii ◆ ça descend en glissant le long de quelque chose
ᓃᔑᐱᔨᐦᐆ niishipiyihuu vai -u ◆ il/elle glisse vers le bas
ᐲᐦᒋᐧᐋᐱᐦᐧᐋᐤ piihchiwaapihwaau vta ◆ il/elle le/la fait glisser dedans
ᓵᑯᓯᑯᐱᔨᐤ saakusikupiyiu vai ◆ il/elle glisse sous la glace
ᓵᐧᑳᔅᑯᐦᑎᑖᐤ saakwaaskuhtitaau vai ◆ il/elle le glisse (long et rigide) entre les deux
ᓵᐧᑳᔅᑯᐦᐧᐋᐤ saakwaaskuhwaau vta ◆ il/elle glisse la partie médiane de l'étireur de fourrure dedans (animé); il/elle le/la fait glisser au milieu
ᔖᑯᐦᑎᑖᐤ shaakuhtitaau vai ◆ il/elle le glisse entre les deux
ᔖᑯᐱᔨᐦᑖᐤ shaakupiyihtaau vai ◆ il/elle le glisse en dessous
ᔖᑯᔑᒫᐤ shaakushimaau vta ◆ il/elle le/la glisse dessous
ᔖᐧᑳᐹᓈᐦᑎᑖᐤ shaakwaapaanaahtitaau vai ◆ il/elle le glisse sous le laçage de la charge du toboggan
ᔖᐧᑳᔅᑯᔑᒫᐤ shaakwaaskushimaau vta ◆ il/elle le/la glisse au milieu
ᔔᔓᐧᐃᐦᐧᑳᐱᔨᐦᐆ shuushiwihkwaapiyihuu vai -u ◆ il/elle descend en glissant
ᔔᔥᑯᐱᔨᐤ shuushkupiyiu vii ◆ ça glisse à côté
ᐅᑖᒫᐱᔅᒋᔑᓐ utaamaapischishin vai ◆ il/elle glisse et tombe sur le rocher
ᓃᑭᑖᐅᐦᒋᐹᐤ niikitaauhchipaau vii ◆ ça glisse dans l'eau ou dans le trou à cause de la pression de l'eau (ex. du sable, de la terre)
ᐱᓯᑯᐹᒋᔑᓐ pisikupaachishin vai ◆ il/elle (ex. toboggan) glisse doucement sur la neige mouillée
ᓵᑯᓯᑯᐱᔨᐤ saakusikupiyiu vii ◆ ça glisse sous la glace
ᔔᔥᐧᑳᒥᔅᒋᐱᔨᐤ shuushkwaamischipiyiu vai ◆ il/elle glisse sur une pente rocheuse et tombe dans l'eau

glisser (se)

ᓈᑎᔅᐧᑳᐧᐋᑖᐤ naatiskwaawaataau vta ◆ il se glisse au lit avec elle
ᓈᑎᔅᐧᑳᐧᐋᐤ naatiskwaawaau vta ◆ il se glisse à l'intérieur pour coucher avec une femme
ᐧᐄᑎᑯᓃᔥᑎᐧᐋᐤ wiitikuniishtiwaau vta ◆ il/elle se glisse au lit avec lui/elle
ᔖᑯᔑᒨ shaakushimuu vai -u ◆ il/elle rampe, se glisse en dessous

gloire

ᒋᔥᑖᔨᐦᑖᑯᓯᐤ chishtaayihtaakusiu vai ◆ il/elle mérite les honneurs, la gloire

glorifier

ᒋᔥᑖᔨᐦᑖᑯᐦᐋᐤ chishtaayihtaakuhaau vta ◆ il/elle le/la glorifie, le/la rend digne d'admiration
ᒋᔥᑖᔨᐦᑖᑯᐦᑖᐤ chishtaayihtaakuhtaau vai ◆ il/elle le glorifie, le rend admirable

glouton

ᐅᑳᓯᒋᒥᐤ ukaasichimiu vai ◆ il/elle est vorace, glouton/gloutonne

gluant

ᐱᒌᐆ pichiiuu vai ◆ il/elle est collant-e, gluant-e ■ ᓈᔥᑖᐧᐹ ᐱᒌᐆ ᐊᓐ ᒥᔥᑎᐧᑳᒥᐦᐧᑳᓐ ᑳ ᒥᔨᑯᐧᐃᔮᓐ× ■ naashtaapwaa pichiiuu an mishtikwaamihkwaan kaa miyikuwiyaan. ■ *La cuillère en bois que j'ai prise est toute gluante.*
ᐱᒌᐆ pichiiuu vii ◆ c'est collant, gluant
ᓰᐱᔅᒋᓯᐤ siipischisiu vai ◆ il/elle est élastique, collant-e et gluant-e
ᓰᐱᔅᑳᐤ siipiskaau vii ◆ ça s'étire, c'est collant et gluant

goémon

ᓵᓵᐲᐦ saasaapiih ni pl -m ◆ des herbes ou herbages aquatiques, du goémon, du varech

gomme

ᑳᓰᓯᓂᐦᐄᑭᓐ kaasiisinihiikin ni ◆ une gomme à effacer
ᒫᒫᑯᒥᔅᒋᐧᐋᐤ maamaakumischiwaau vai ◆ il/elle mâche de la gomme
ᐄᑖᒫᐦᑎᑯᐱᒋᐤ iitaamaahtikupichiu na -iim ◆ de la sève d'arbre, de la gomme liquide dans le bois
ᒥᓂᐦᐄᔅᒋᐧᐋᐤ minihiischiwaau vai ◆ il/elle recueille de la gomme des arbres
ᓈᓂᑑᐱᒋᐧᐋᐤ naanituupichiwaau vai redup ◆ il/elle va chercher de la gomme d'épinette

gonflé

ᐹᑳᐱᐤ paakaapiu vai ◆ son oeil est gonflé

ᐱᐸᑳᐱᐤ pipaakaapiu vai redup ◆ il/elle a les yeux gonflés

ᐴᑐᐙᑳᔑᐤ puutuwaakaashiu vai ◆ il/elle est gonflé-e par le vent

ᓵᐦᒀᔮᔑᐤ saahkwaayaashiu vai ◆ il/elle est gonflé-e par le vent

gonfler

ᐴᑖᑎᐦᐗᐤ puutaatihwaau vta ◆ il/elle le/la gonfle

ᐴᑐᐙᐹᒋᓯᐤ puutuwaapaachisiu vai ◆ il/elle est gonflé-e (filiforme)

ᐴᑐᐎᐱᔨᐤ puutuwipiyiu vai ◆ il/elle est gonflé-e, ballonné-e

ᐴᑐᐎᐱᔨᐤ puutuwipiyiu vii ◆ c'est gonflé

ᐹᒋᐱᔨᐤ paachipiyiu vai ◆ il/elle enfle, gonfle, est enflé-e

ᐹᒋᐱᔨᐤ paachipiyiu vii ◆ ça enfle, gonfle, est enflé-e

ᐲᔂᐱᔨᐤ piiswaapiyiu vii ◆ ça fait des bulles, ça gonfle

ᐴᑖᑖᐤ puutaataau vta ◆ il/elle lui souffle dessus, le/la gonfle

ᐴᑐᐙᑳᔥᑎᓐ puutuwaakaashtin vii ◆ c'est gonflé par le vent (étalé)

ᐴᑐᐙᐤ puutuwaau vii ◆ c'est gonflé, ballonné, enflé

ᓵᐦᒀᔮᔥᑎᓐ saahkwaayaashtin vii ◆ le vent le gonfle, le distend

gonfler (se)

ᐲᔂᐱᔨᐤ piiswaapiyiu vai ◆ il/elle fait des bulles, se gonfle

ᐊᐦᒑᐱᐦᑳᐦᑎᑖᐤ ahchaapihkwaahtitaau vai ◆ il/elle le fait se gonfler, bomber en appuyant quelque chose dessus

gonfleur

ᐴᑖᑎᐦᐄᑭᓐ puutaatihiikin ni ◆ un gonfleur

gorge

ᐅᑯᐦᑎᔥᑯᐃ ukuhtishkui nid ◆ sa gorge

ᐋᑭᑖᓈᐤ aakitaanaau vta ◆ il/elle lui ui fait avoir des haut-le-coeur ou le/la fait vomir en lui enfonçant les doigts dans la gorge

ᐋᑭᑖᐱᑖᐤ aakitaapitaau vta ◆ il/elle lui fait avoir des haut-le-coeur ou le/la fait vomir en lui enfonçant les doigts dans la gorge

ᒋᐱᔥᑯᔨᐹᐤ chipishkuyipaau vai ◆ il/elle a du liquide qui lui bloque la gorge

ᒋᐴᒋᐤ chipuchiu vai ◆ il/elle a de la graisse de caribou durcie qui lui bloque la gorge

ᐃᔮᔪᐎᒧᐦᐋᐤ iyaayuwimuhaau vta ◆ il/elle le/la rend fatigué-e de trop pleurer, de trop rire, il/elle lui fatigue la voix, la gorge

ᐑᒀᐴᑖᑭᓐ wiikwaaputaakin na ◆ sa peau qui pend sous la gorge (se dit d'un orignal ou d'un caribou)

ᐱᔅᒋᑯᐦᑎᔥᒀᐱᑖᐤ pischikuhtishkwaapitaau vta ◆ il/elle lui coupe la gorge tout de suite après l'avoir tué (orignal, caribou) pour empêcher le contenu de l'estomac de monter vers la tête

gorge rousse

ᐋᔑᒫᒄ aashimwaakw na -um ◆ un huard à gorge rousse *Gavia stellata*

gorille

ᒫᒫᒀᔑᐤ maamaakwaashiu na -iim ◆ un être mythique qui ressemble au gorille, au singe

goulet

ᐅᐹᒥᔅᑳᐤ upaamiskaau vii ◆ il y a un goulet, un passage étroit dans le canal

ᐅᐹᔑᐤ upaashiu vii ◆ c'est un goulet, un chenal étroit sur une étendue d'eau

ᒌᓈᐙᒋᐎᓐ chiinaawaachiwin vii ◆ il y a un goulet à la fin du rapide

goût

ᐋᐦᑯᓐ aahkun vii ◆ ça a du goût, c'est fort

ᐄᔅᐙᐤ iispwaau vta ◆ ça a un certain goût pour lui/elle

ᒥᒋᔅᐱᑯᓯᐤ michispikusiu vai ◆ il/elle a mauvais goût

ᒥᔪᔅᐱᑯᓐ miyuspikun vii ◆ ça a bon goût

ᒥᔪᔅᐱᑯᓯᐤ miyuspikusiu vai ◆ il/elle a bon goût, goûte bon

ᓂᔑᔥᑗᐤ nishishtwaau vii ◆ ça a bon goût

ᓂᔥᑐᓰᐤ nishtusiiu vai ◆ il/elle a bon goût

ᓂᔅᑐᔅᐱᑯᓯᐤ nistuspikusiu vai ◆ il/elle a un goût reconnaissable

ᓂᔅᑐᔅᐱᑎᒻ nistuspitim vti ◆ il/elle reconnaît ce que c'est au goût

ᓂᔅᑐᔅᐙᐤ nistuspwaau vta ◆ il/elle le/la reconnaît au goût

ᓱᐦᒋᔅᐱᑯᓯᐤ suhchispikusiu vai ◆ il/elle goûte fort, a un goût très prononcé

ᐅᐐᓈᔅᒑᐙᐤ uwiinaaschaawaau vai ◆ sa viande a mauvais goût parce qu'il/elle a trop couru (se dit d'un caribou ou d'un orignal)

ᐑᐦᒋᐙᐤ wiihchipwaau vta ◆ il/elle en aime le goût

ᐑᐦᒋᔅᑎᐦᐋᐤ wiihchistihaau vta ◆ il/elle lui donne bon goût

ᐑᐦᒋᔅᑎᒻ wiihchistim vti ◆ il/elle en aime le goût

ᐑᐦᑳᑭᒥᐤ wiihkaakimiu vii ◆ ça a bon goût

ᐐᓂᔅᐱᑯᓐ wiinispikun vii ◆ ça a un mauvais goût

ᐐᓂᔅᐱᑯᓯᐤ wiinispikusiu vai ◆ il/elle a un mauvais goût

ᐐᓯᑳᔅᑯᑖᐤ wiisikaaskutaau vai+o ◆ il/elle (ex. du bouillon) a un goût amer parce qu'on l'a trop cuit

ᐐᓱᐎᑭᓐ wiisuwikin vii ◆ la viande de caribou ou d'orignal a un goût de rut

ᐋᔥᑐᑖᑭᓐ ashtutaakin ni ◆ de la graisse ajoutée à de l'huile de baleine, de phoque, de perdrix pour lui donner bon goût

ᓂᔑᔥᑗᑖᑭᒥᐦᑖᐤ nishishtwaakimihtaau vai+o ◆ il/elle prépare un riche breuvage, donne un goût riche au breuvage

ᓂᔥᑐᐦᑭᐙᐤ nishtuhkiwaau vai ◆ le poisson a bon goût

ᓂᔥᑐᑭᓈᐤ nishtukinaau vai ◆ ses os ont bon goût
ᐱᒋᔥᑖᔨᒨ pichistaayimuu vai -u ◆ il/elle perd le goût de vivre
ᔒᐅᓯᐤ shiiusiu vai ◆ il/elle a un goût salé ou sucré
ᓱᐦᒋᔅᐱᑯᓐ suhchispikun vii ◆ le goût en est fort, prononcé
ᐐᔅᒌᐹᒀᑭᒥᐤ wiischiipaakwaakimiu vii ◆ l'eau a un goût de marécage
ᐐᓯᑳᐦᑭᐦᑖᐤ wiisikaahkihtaau vii ◆ ça a un goût aigre à cause de la chaleur
ᐐᓯᑳᐱᓯᔅᑖᐤ wiisikaapisistaau vii ◆ ça a un goût aigre à cause de la chaleur
ᐐᓂᐹᔥᑖᐤ wiinipaashtaau vii ◆ l'eau de neige fondue a mauvais goût

goûter

ᑯᒋᐙᐤ kuchipwaau vta ◆ il/elle le/la goûte ▪ ᐋᔥᒄ ᓂᒥ ᐅᐦᒋ ᑯᒋᐙᐤ ᑳᒄᐦ. ▪ aashkw nimi uhchi kuchipwaau kaakwh. ▪ *Il n'a jamais goûté de porc-épic.*
ᑯᒋᔥᑎᒼ kuchishtim vti ◆ il/elle le goûte ▪ ᐱᑎᒫ ᒌᐦ ᑯᒋᔥᑎᒼ ᐊᓂᔮ ᐅᐱᒥᓂᐙᓐ ᐋᐦᒷᔮᐦ ᐅᐦᒋ ᔒᐅᐦᑖᑦ. ▪ pitimaa chiih kuchishtim aniyaa upiminiwaan aahmwaayaah uhchi shiiuhtaat. ▪ *D'abord elle a goûté ce qu'elle cuisait avant d'y ajouter du sel.*
ᐄᔅᐱᑎᒼ iispitim vti ◆ il/elle le déplace d'une certaine façon, ça goûte comme quelque chose d'autre pour lui/elle ▪ ᒧᔮᒼ ᑏᐦᒡ ᐄᔅᐱᑎᒼ ᐊᓂᔮ ᐅᓂᐲᒼ. ▪ muyaam tiihch iispitim aniyaa unipiim. ▪ *Son eau goûte le thé selon lui.*
ᑯᐙᑎᐦᑎᒼ kukwaatihtim vti ◆ il/elle l'essaie en mordant, en goûtant
ᑯᑎᒥᔅᒀᐤ kutimiskwaau vai ◆ il/elle a goûté du castor
ᓯᓈᑭᐤ sinaakiu vai ◆ il/elle prend une collation, un goûter, de l'anglais 'snack'
ᐐᔨᒥᔅᑯᒋᓯᐤ wiiyimiskuchisiu vai ◆ il/elle goûte et sent le castor
ᐐᔨᒥᔅᑯᑭᓐ wiiyimiskukin vii ◆ ça goûte et ça sent le castor
ᐐᐱᒦᐅᑭᓐ wiipimiiukin vii ◆ ça sent, ça a un goût d'essence, de pétrole

goutte

ᒥᐦᑎᐎᑭᔮᐳᐃ mihtiwikiyaapui ni ◆ des gouttes pour les oreilles
ᐹᐱᐦᒋᑭᐎᐦᑖᑭᓐ paapihchikiwihtaakin ni -m ◆ un plat pour recueillir les gouttes
ᒥᒥᐦᒋᐹᔥᑖᓐ mimihchipaashtaan vii redup ◆ il y a de grosses gouttes de pluie
ᒥᒥᐦᑭᐎᐦᑖᓐ mimihkiwihtaan vii redup ◆ il y a de grosses gouttes de pluie
ᐹᐦᐱᐦᒋᑭᐆ paahpihchikiuu vii redup -iwi ◆ ça dégoutte, ça coule goutte à goutte
ᐱᐦᒋᑭᐎᓂᑭᓐ pihchikiwinikin ni ◆ un compte-goutte, des gouttes pour les yeux, du collyre
ᓵᐚᒋᐦᑎᓐ saapwaachihtin vii ◆ des gouttelettes de pluie traverse la toile (ex. toile de tente)

gouttelette

ᐲᔑᑯᒫᐅᐦᑖᔑᐤ piishikumaauhtaashiu vii dim ◆ il y a de petites gouttes de pluie, il tombe une pluie ou une neige fine

goutter

ᐱᐦᒋᑭᐆ pihchikiuu vai -iwi ◆ il/elle goutte, dégoutte
ᐱᐦᒋᑭᐆ pihchikiuu vii -iwi ◆ ça goutte, ça dégoutte
ᐊᐦᑯᔑᐤ ahkushiu vai ◆ une fuite d'eau lui goutte dessus
ᐊᐦᑯᔥᑎᓐ ahkushtin vii ◆ ça goutte, ça fuit

gouvernail

ᑎᐦᑯᐦᐄᑭᓐ tihkuhiikin ni ◆ un gouvernail, un volant
ᑎᐦᑯᐦᐄᑭᓈᐦᑎᒄ tihkuhiikinaahtikw ni ◆ une pagaie qui sert de gouvernail

gouvernement

ᑳᐦᓈᑖᐦ ᑎᐹᔨᐦᒋᒑᓯᐤ kaahnaataah tipaayihchichaasiu na -iim ◆ le gouvernement fédéral, le gouvernement canadien
ᑎᐹᔨᐦᒋᒑᓯᐤ tipaayihchichaasiu na -iim ◆ un gouverneur, une gouverneure, un dirigeant, une dirigeante, le gouvernement, Dieu

gouverner

ᐱᒥᑖᔅᑯᐦᐊᒼ pimitaaskuham vti ◆ il/elle gouverne le canot au bon angle
ᒧᔖᐙᐱᔨᐦᑖᐤ mushaawaapiyihtaau vai ◆ il/elle le gouverne pour lui faire éviter ou quitter le rivage
ᑎᐦᑯᐦᐊᒼ tihkuham vti ◆ il/elle le dirige, le gouverne
ᑎᐹᔨᐦᑖᑯᓯᐤ tipaayihtaakusiu vai ◆ il/elle appartient à un certain groupe, est gouverné-e par un certain groupe
ᒧᔖᐙᑯᐦᑎᑖᐤ mushaawaakuhtitaau vai ◆ il/elle l'éloigne du rivage en le dirigeant, le gouvernant
ᑎᐹᔨᐦᑎᒼ tipaayihtim vti ◆ il/elle le possède, le gouverne, le teste

gouverneur

ᑎᐹᔨᐦᒋᒑᓯᐤ tipaayihchichaasiu na -iim ◆ un gouverneur, une gouverneure, un dirigeant, une dirigeante, le gouvernement, Dieu

grain

ᒫᒥᐦᑳᐅᐦᑳᐤ maamihkaauhkaau vii ◆ c'est à gros grains (granuleux, ex. du sable ou du sucre)
ᒥᐦᒋᐹᒥᒌᐤ mihchipaamichiiu vai ◆ c'est un bois au grain large

grain du bois

ᐄᑎᐦᑭᐙᔮᔅᑯᓯᐤ iitihkiwaayaaskusiu vai ◆ le grain du bois a une certaine apparence

graine

ᐅᔅᑭᐦᑖᒥᓐ uskihtaamin ni -im ◆ un noyau, un caillou, une graine

graisse

ᐱᒥᓵᐙᓐ pimisaawaan ni ◆ de la graisse qui flotte à la surface d'un liquide lors de la cuisson

ᐋᐦᒋᑯᐑᔪ *aahchikuwiiyu* na -um ◆ de la graisse de phoque
ᐊᒥᐢᑯᐱᒦ *amiskupimii* ni -iim ◆ de la graisse de castor
ᒋᔂᔮᑯᐑᔪ *chishaayaakuwiiyu* ni -um ◆ de la graisse d'ours (pas cuite)
ᑳᑯᐱᒦ *kaakupimii* ni -im ◆ de la graisse de porc-épic
ᑰᐦᑰᔑᐎᐱᒦ *kuuhkuushiwipimii* ni -m ◆ de la graisse de porc
ᓂᐢᒋᐱᒦ *nischipimii* ni -m ◆ de la graisse d'oie
ᐲᐦᒋᐱᒫᑭᓐ *piihchipimaakin* ni -im ◆ un récipient pour de la graisse obtenue par la cuisson
ᐙᐱᒫᑯᐑᔪ *waapimaakuwiiyu* na ◆ de la graisse de baleine
ᐊᒂᑭᒥᓂᒑᐤ *akwaakiminichaau* vai ◆ il/elle recueille la graisse à la main
ᐊᒂᑭᒥᓂᒼ *akwaakiminim* vti ◆ il/elle en recueille la graisse à la main
ᐊᒂᑭᐎᓂᒑᐤ *akwaakiwinichaau* vai ◆ il/elle recueille la graisse durcie du bouillon
ᐊᒂᑭᐎᓂᒼ *akwaakiwinim* vti ◆ il/elle recueille la graisse durcie au fond de la casserole
ᒧᐱᒫᐦᐋᐤ *mupimaahaau* vta ◆ il/elle lui donne de la graisse à manger, le/la nourrit avec de la graisse
ᐹᔅᐹᔅᒋᐱᒫᐦᑭᐦᑖᐤ *paaspaaschipimaahkihtaau* vii redup ◆ la graisse gicle à cause de la chaleur
ᐱᒥᓵᐙᐤ *pimisaawaau* vai ◆ il/elle a de la graisse à la surface de son bouillon
ᓵᓵᐳᐚᑎᒼ *saasaapuwaatim* vti ◆ il/elle ajoute de la graisse au bouillon fait de sang de caribou, au bouillon de duodénum de lagopède
ᑑᒥᐦᐋᐤ *tuumihaau* vta ◆ il/elle y (animé) ajoute de la graisse, du gras, le/la rend riche et grasse
ᐎᔩᔫ *wiyiyiu* vai ◆ il/elle a beaucoup de graisse, de gras
ᐋᐦᒋᑯᐹᓂᑮᒃ *aahchikupaanikiik* na -im ◆ une crêpe frite dans de la graisse de phoque
ᐊᒥᐢᑯᐚᔥᑖᓂᒫᑭᓐ *amiskuwaashtaanimaakin* ni -m ◆ une lampe à la graisse de castor
ᐊᒥᐢᒁᐃᐦᑯᓈᐤ *amiskwaaihkunaau* ni -aam ◆ de la banique (une sorte de pain) faite avec de la graisse de castor
ᐊᔥᑐᑖᑭᓐ *ashtutaakin* ni ◆ de la graisse ajoutée à de l'huile de baleine, de phoque, de perdrix pour lui donner bon goût
ᒋᔂᔮᑯᐱᒦ *chishaayaakupimii* ni -m ◆ de la graisse d'ours (cuite), du gras d'ours
ᒥᓂᐦᐄᐱᒫᓐ *minihiipimaan* ni ◆ de la graisse obtenue par la cuisson
ᐲᔮᓯᐅᐱᒦ *piyaasiupimii* ni ◆ de la graisse d'oie, du gras d'oie
ᐊᑯᐦᒋᒨ *akuhchimuu* vai -u ◆ il/elle trempe sa nourriture dans la sauce, dans la graisse
ᒋᐳᒋᐤ *chipuchiu* vai ◆ il/elle a de la graisse de caribou durcie qui lui bloque la gorge
ᒧᐎᐱᒫᐤ *muwipimaau* vai ◆ il/elle mange de la graisse, du gras
ᑑᒥᐦᑭᐙᓂᒌᐤ *tuumihkiwaanichiiu* vai ◆ il/elle ajoute de la graisse ou du gras à un poisson cuit
ᑑᒥᑭᓂᒋᓂᒼ *tuumikinichinim* vti ◆ il/elle offre de la graisse à l'Esprit en en frottant sur le crâne d'un ours
ᑑᒥᓯᑖᓈᐤ *tuumisitaanaau* vta ◆ il/elle lui met de la pommade sur les pieds, lui graisse les pieds
ᑑᒥᑎᐦᒑᓈᐤ *tuumitihchaanaau* vta ◆ il/elle lui met de la pommade sur les mains, lui graisse les mains
ᐋᐦᒋᒁᐃᐦᑯᓈᐤ *aahchikwaaihkunaau* na -aam ◆ de la banique à la graisse de phoque
ᐑᐦᑯᐃ *wiihkui* ni -kwaam ◆ une vessie d'animal ou un oesophage d'oiseau gonflé, séché et utilisé comme récipient pour la graisse
ᐱᒥᑖᐤ *pimitaau* vii ◆ il y a de la graisse qui flotte à la surface du bouillon de viande ou de poisson

graisse de poisson

ᓂᒫᓯᐱᒦ *nimaasipimii* ni -um ◆ de la graisse de poisson

graisser

ᑑᒫᐢᑯᓐ *tuumaaskun* vii ◆ c'est graissé ((long et rigide))
ᑑᒥᓈᐤ *tuuminaau* vta ◆ il/elle le/la graisse
ᑑᒥᓂᒼ *tuuminim* vti ◆ il/elle le graisse
ᑑᒫᒋᓈᐤ *tuumaachinaau* vta ◆ il/elle l'huile, le/la graisse (en tissu ou en toile)
ᑑᒫᒋᓂᒼ *tuumaachinim* vti ◆ il/elle l'huile, le/la graisse (en tissu ou en toile)
ᑑᒫᐱᐦᒑᓈᐤ *tuumaapihchaanaau* vta ◆ il/elle l'huile, le/la graisse (filiforme)
ᑑᒫᐱᐦᒑᓂᒼ *tuumaapihchaanim* vti ◆ il/elle l'huile, le graisse (filiforme)
ᑑᒫᐱᔅᒋᓂᒼ *tuumaapischinim* vti ◆ il/elle l'huile, le graisse (minéral)
ᑑᒥᐢᒁᓈᐤ *tuumiskwaanaau* vta ◆ il/elle lui graisse la tête, met de la crème pour les cheveux sur lui/elle
ᑑᒥᓯᑖᐤ *tuumisitaau* vai ◆ il/elle a les pieds bien graissés, recouverts de pommade ou d'onguent

graisseux

ᐱᒦᐅ *pimiiuu* vii -iiwi ◆ c'est graisseux
ᑑᒥᒁᐦᑯᓈᐙᐤ *tuumikwaahkunaawaau* vai ◆ il/elle a le menton graisseux
ᑑᒥᔥᒁᒋᐴ *tuumishkwaachipuu* vai -u ◆ il/elle a le menton graisseux et la bouche graisseuse d'avoir mangé de la nourriture grasse

grand

ᒋᓄᑳᐴ **chinukaapuu** vai -uwi ◆ il/elle est grand-e

ᒋᐚᔅᑯᓯᐤ **chinwaaskusiu** vai ◆ il/elle est grand-e

ᒥᐦᒑᔅᑯᓯᐤ **mihchaaskusiu** vai ◆ il/elle est grand, (long et rigide)

ᒥᓵᒋᓯᐤ **misaachisiu** vai ◆ il/elle est grand-e (étalé)

ᒥᔖᑭᓐ **mishaakin** vii ◆ c'est grand (étalé)

ᒥᓯᒋᐦᑎᐤ **misichihtiu** vai ◆ il/elle est grand-e ■ ᓈᔥᑖᐙᐦ ᒥᓯᒋᐦᑎᐤ ᐊᓐ ᐃᔅᐘᐤ ᑳ ᐙᐱᒥᒃ. ■ naashtaapwaah misichihtiu an iskwaau kaa waapimik. ■ *La femme que j'ai vue était grande.*

ᑳᐱᔩᐦᑖᔮᔅᑯᓯᑦ **kaapiyihtaayaaskusit** nap ◆ un arbre qui est plus grand que les autres

ᑖᐦᑖᔮᐦᑎᒄ **taahtaayaahtikw** na ◆ une grande et grosse épinette noire

ᒋᔅᑎᓯᐤ **chistisiu** vai ◆ il/elle est grand-e, important-e

ᑭᑳᓈᐧᔅᑳᔮᐤ **kikaanwaaskwaayaau** vii ◆ c'est une aire de grands arbres

ᒫᒥᐦᒋᓯᑖᐤ **maamihchisitaau** vai ◆ il/elle a de grands pieds

ᒥᐦᒑᔅᑯᓐ **mihchaaskun** vii ◆ c'est grand, gros (long et rigide)

ᒥᐦᑳᐃᐙᐤ **mihkaaiwaau** vai ◆ il/elle a une grande queue

ᒥᒥᐦᑳᐱᑖᐤ **mimihkaapitaau** vai redup ◆ il/elle a de grandes dents

ᒥᒥᐦᑭᔥᑖᐤ **mimihkishtaau** vai redup ◆ il/elle l'écrit en grand

ᒥᔑᑭᒫᐤ **mishikimaau** vii ◆ c'est un grand lac

ᒨᑖᔮᑭᓐ **muutaayaakin** vii ◆ c'est large, grand (étalé, par ex. de la toile)

ᐲᔥᑳᐱᑎᒻ **piishkaapitim** vti ◆ il/elle fait un plus grand trou dedans

ᐲᔥᑳᔮᐤ **piishkaayaau** vii ◆ c'est un grand trou

ᐴᑐᐙᐹᑭᓐ **puutuwaapaakin** vii ◆ c'est d'un grand diamètre (filiforme)

ᐴᑐᐙᐱᔅᑳᐤ **puutuwaapiskaau** vii ◆ c'est large, d'un grand diamètre (minéral)

ᑑᐦᒋᐱᑖᐤ **tuuhchipitaau** vta ◆ il/elle écarte les côtés bien grands (ex. les côtés du cadre de la raquette)

ᑑᐦᒋᐱᑎᒻ **tuuhchipitim** vti ◆ il/elle l'ouvre bien grand

ᒥᐦᑖᒥᓐ **mihtaamin** na ◆ un grand ours noir *Ursus americanus*

ᒥᐦᒋᑯᑖᐤ **mihchikutaau** vai ◆ il/elle a un grand nez, un grand bec

ᒥᐦᑭᔅᒋᐎᓈᐤ **mihkischiwinaau** vai ◆ il/elle a un grand nez, un gros museau

ᒥᒥᐦᒋᑎᐦᒑᐤ **mimihchitihchaau** vai redup ◆ il/elle a de grosses ou grandes mains

ᒥᒥᐦᑳᐱᐤ **mimihkaapiu** vai redup ◆ il/elle a de grands yeux

ᒥᓯᐦᑎᒋᓯᐤ **misihtichisiu** vai ◆ ce morceau de bois est grand

ᐲᐦᒑᐤ **piihchaau** vii ◆ c'est une longue, grande distance

ᐅᓵᔮᔅᒁᔮᐤ **usaayaaskwaayaau** vii ◆ c'est une zone de grands arbres

ᐅᔖᑳᐴᐎᐎᒡ **ushaakaapuwiwich** vai pl -uwi ◆ les vagues sont très grandes dans cette zone de rapides

ᔮᐦᔮᐦ **yaahyaah** p,quantité ◆ (toujours utilisé à la forme négative avec *taapaa* ou *nimui*, pour une mise en emphase) évidemment une grande quantité ou une grande taille ■ ᑖᐸ ᔮᐦᔮᐦ ᐅᒋ ᐃᔮᔅᐱᐦᑖᔅᑯᓂᔨᐅᐦ ᐊᓂᔮᐦ ᒥᔥᑎᒄᐦ ᑳ ᐋᐱᒋᐦᑖᑦ. ■ taapaa yaahyaah uchi iyaaspihtaaskuniyiuh aniyaah mishtikwh kaa aapichihtaat. ■ *Les rondins qu'il a utilisés étaient évidemment assez gros.*

grand arbre

ᐙᒋᓈᑭᓈᐹᔑᐦᑯᒡ **waachinaakinaapaashihkuch** na pl ◆ des branchages de mélèze ou d'un grand arbre

Grand Esprit

ᒋᔖᒥᓂᑑ **chishaaminituu** na -m ◆ Dieu, le Grand Esprit

grand-duc

ᐅᐦᐆᒥᓯᐤ **uhuumisiu** na -iim ◆ une chouette en général, aussi utilisé pour un grand-duc *Bubo virginianus*

grand-mère

ᑰᐦᑯᒻ **kuuhkum** nad ◆ ta grand-mère

ᑰᐦᑯᒥᓂᐤ **kuuhkuminiu** na ◆ notre grand-mère

ᓅᐦᑯᒻ **nuuhkum** nad ◆ ma grand-mère

ᓅᐦᑰ **nuuhkuu** nad voc ◆ grand-mère!, grand-maman!

ᐅᐦᑯᒻᐦ **uhkumh** nad ◆ sa grand-mère, ses grand-mères

ᐅᐦᑯᒦᒫᐤ **uhkumimaau** nad ◆ une grand-mère

ᐅᐦᑯᒧᐙᐤᐦ **uhkumuwaauh** nad ◆ leur grand-mère, leurs grand-mères

ᐅᐦᑯᒥᒫᐆ **uhkumimaauu** vai -aawi ◆ c'est une grand-mère

ᑰᐦᑯᒥᓈᔥ **kuuhkuminaash** na -im ◆ une vieille femme, une femme âgée, une grand-mère

grand-père

ᒋᒧᔓᒻ **chimushum** nad ◆ ton grand-père

ᒋᒧᔓᒥᓂᐤ **chimushuminiu** na ◆ notre grand-père

ᒋᒧᔓᒧᐙᐤ **chimushumuwaau** na ◆ votre grand-père

ᓂᒧᔓᒻ **nimushum** nad ◆ mon grand-père

ᐅᒧᔓᒻᐦ **umushumh** nad ◆ son grand-père

ᐅᒧᔓᒥᒫᐤ **umushumimaau** nad ◆ un grand-père

ᐅᒧᔓᒧᐙᐤᐦ **umushumuwaauh** nad ◆ leur(s) grand-père(s)

ᐅᒧᔓᒥᒫᐆ **umushumimaauu** vai -aawi ◆ c'est un grand-père

ᓂᒧᔓᒥᐱᓐ **nimushumipin** nad ◆ feu mon grand-père, mon défunt grand-père

grande

ᐅᒥᓯᒫᐆ **umisimaauu** vai -aawi ◆ c'est une grande soeur

Grande Baleine

ᐧᐋᐱᒫᑯᔥᑐᐃ **waapimaakushtui** ni ◆ la communauté située au bord du fleuve Grande Baleine ▪ ᐧᐋᐱᒫᑯᔥᑐᐃ ᐋᐅᒄ ᐊᓐ ᐹᔨᒄ ᐄᔨᔨᐤ ᐃᐦᑖᐧᐃᓐ. ▪ waapimaakushtui aaukw an paayikw iiyiyiu ihtaawin. ▪ *La communauté de Whapmagoostui est un des villages cris.*

grande ourse

ᐅᒑᑭᑎᐦᒄ **uchaakitihkw** na ◆ la grande ourse, une formation d'étoiles Ursa Major

grande-soeur

ᓂᒥᔅ **nimis** nad ◆ ma soeur aînée, ma grande-soeur

ᓂᒥᓵ **nimisaa** nad voc ◆ grande-soeur, soeur aînée!

ᐅᒥᔅᐦ **umis-h** na ◆ sa soeur aînée, sa grande-soeur

ᐅᒥᓯᒫᐤ **umisimaau** nad ◆ une soeur aînée, une grande-soeur

grandeur

ᐄᔅᐱᐦᑖᐱᔅᑳᐤ **iispihtaapiskaau** vii ◆ ça (minéral) a une certaine grandeur

grandir

ᐊᔪᐧᐃᒌᐦᑎᒼ **ayuwichiihtim** vti ◆ il/elle devient plus grand que ça

ᐊᔪᐧᐃᒌᒫᐤ **ayuwichiimaau** vta ◆ il/elle grandit plus vite que lui/elle

ᓂᐦᑖᐅᒋᐤ **nihtaauchiu** vai ◆ il/elle grandit

ᐅᐦᐱᒋᐤ **uhpichiu** vai ◆ il/elle grandit

ᒋᔨᐱᒋᐤ **chiyipichiu** vai ◆ il/elle grandit vite

ᒋᔨᐱᓂᐦᑖᐅᒋᐤ **chiyipinihtaauchiu** vai ◆ il/elle grandit vite ▪ ᓈᔥᒡ ᐋᐦ ᒋᔨᐱᓂᐦᑖᐅᒋᔨᒡᐦ ᐊᓂᔮᐦ ᐅᑎᐧᐋᔑᔒᒥᔥᐦ. ▪ naashch aah chiipinihtaauchiyich-h aniyaah utiwaashishiimish-h. ▪ *Son bébé grandit très vite.*

grange

ᐊᐅᐦᑳᓂᑭᒥᒄ **auhkaanikimikw** ni ◆ une grange ou un bâtiment pour les animaux

granule

ᒥᒥᐦᑳᐅᑳᐤ **mimihkaaukaau** vii redup ◆ ce sont des granules à gros grains

granulé

ᒧᔅᑖᐅᐦᒋᓯᐧᐃᒡ **mustaauhchisiwich** vai pl ◆ il/elle est pur-e (granulé) sans rien d'autre ajouté

granuleuse

ᔮᑭᐧᐋᑯᓐ **yaakiwaakun** ni ◆ de la neige granuleuse sous la surface

granuleux

ᑯᐃᐧᑳᐅᐦᒋᐱᔨᐤ **kuikwaauhchipiyiu** vii ◆ ça tombe du contenant (granuleux)

ᐲᓵᓈᐅᐦᑳᐤ **piisaanaauhkaau** vii ◆ c'est fin (granuleux, ex. sable)

grappe

ᐊᓯᒨᐦ **asimuuh** vii pl ◆ ça forme une grappe (par exemple des baies)

ᐊᓯᒧᐧᐃᒡ **asimuwich** vai pl -u ◆ ils/elles forment une grappe (par exemple des baies)

gras

ᓵᓯᐱᒫᓐ **saasipimaan** ni ◆ du gras fondu

ᐅᐲᒥᔪᔨ **upiimiyuyi** ni ◆ le gras situé près du fond de la cavité du corps

ᑑᒫᐤ **tuumaau** vii ◆ c'est gras

ᐧᐃᔨᔨᐆ **wiyiyiuu** vii -iwi ◆ c'est gras

ᐊᒥᔅᑯᐧᐄᔪ **amiskuwiiyu** na -m ◆ du gras de castor

ᐅᑑᑦᐦ **utuut-h** nad ◆ le gras de sa croupe (caribou, orignal)

ᐧᐄᒄ **wiikw** ni -m ◆ le gras sur les organes du gros gibier

ᒥᓂᐦᐄᐱᒫᐤ **minihiipimaau** vai ◆ il/elle enlève le gras

ᓈᓂᐱᑖᐦᐧᐋᐤ **naanipitaahwaau** vai ◆ il/elle coupe le gras du dos du gros gibier

ᐱᒦᐦᒑᐤ **pimiihchaau** vai ◆ il/elle fait fondre le gras

ᐴᓵᓈᔑᓐ **puusaanaashin** vai ◆ il/elle dort bien après avoir mangé du gras, de la graisse

ᓵᓯᐱᒫᑖᐤ **saasipimaataau** vta ◆ il/elle en fait fondre le gras (animé)

ᑑᒥᑎᐦᒑᐤ **tuumitihchaau** vai ◆ il/elle a les mains grasses

ᐧᐄᔨᐦᐊᒼ **wiiyiham** vti ◆ il/elle (se dit d'un porc-épic) a beaucoup de gras

ᐧᐃᔨᔨᐤ **wiyiyiu** vai ◆ il/elle a beaucoup de graisse, de gras

ᒋᔖᔮᑯᐱᒦ **chishaayaakupimii** ni -m ◆ de la graisse d'ours (cuite), du gras d'ours

ᒥᓂᐦᐄᐱᒫᓐ **minihiipimaan** ni ◆ de la graisse obtenue par la cuisson

ᐱᔮᓯᐅᐱᒦ **piyaasiupimii** ni ◆ de la graisse d'oie, du gras d'oie

ᐅᒑᐦᑳᔨᐧᐋᓐ **uchaahkaayiwaan** nid ◆ son gras épais découpé autour du rectum avec la queue attachée

ᐧᐋᐅᔮᓂᑭᓐ **waauyaanikin** ni ◆ le gras qui entoure l'intestin grêle du caribou

ᐧᐄᔅ **wiis** ni -im ◆ le gras autour du grand intestin d'un cervidé

ᒋᔖᔮᑯᐱᒦᐦᒑᐤ **chishaayaakupimiihchaau** vai ◆ il/elle fait fondre le gras d'ours

ᑯᑎᔅᒑᐤ **kutischaau** vai ◆ il/elle vérifie si l'oie est bien grasse en pinçant la peau sous l'estomac

ᒧᐧᐃᐱᒫᐤ **muwipimaau** vai ◆ il/elle mange de la graisse, du gras

ᐹᐲᐦᑐᐧᐃᔅᒑᐤ **paapiihtuwischaau** vii redup ◆ la viande a des couches de gras, est marbrée de gras

ᐱᒦᐆ **pimiiuu** vai -iiwi ◆ il est gras, elle est grasse, il/elle (ex. un véhicule) contient de l'essence, du pétrole

ᐱ·ᔖᒥᐦᒋᐦᐆ **pishwaamihchihuu** vai -u ◆ il/elle se sent malade après avoir mangé de la nourriture riche et grasse

ᓵᓵᐱᒫ·ᑳᐤ **saasaapimaakwaau** vai ◆ il/elle fait fondre du gras de baleine

ᔒᓈᔥᑭᒋᐤ **shiinaashkichiu** vai ◆ il/elle perd du gras à cause du froid

ᓰᓂᓲ **siinisuu** vai -u ◆ le gras est enlevé de la viande par ébullition

ᓰᑯᓵᑭᓐ **siikusaakin** na -im ◆ ce qui reste du gras frit, couenne rissolée

ᐱᒦ **pimii** ni ◆ du lard, du gras, de l'essence, de l'huile, du naphta

grasse

ᐱ·ᓵᔮᐤ **piswaayaau** vii ◆ c'est de la nourriture riche et grasse

gratitude

ᓂᓈᔅᑯᒨ·ᐃᓐ **ninaaskumuwin** ni redup ◆ la gratitude, la reconnaissance

ᓂᓈᔅᑯᒫᐤ **ninaaskumaau** vta redup ◆ il/elle le/la remercie, éprouve de la gratitude envers lui/elle

ᓂᓈᔅᑯᒨ **ninaaskumuu** vai redup -u ◆ il/elle remercie, exprime sa gratitude

ᒫᒦ·ᐋᓯᐤ **maamiiwaasiu** vai ◆ il/elle exprime son bonheur, sa gratitude, sa reconnaissance

gratter

ᒌᐦᒌᒋᓈᐤ **chiihchiichinaau** vta redup ◆ il/elle le/la gratte (par ex. son menton) parce que ça le/la gratte ■ ᓈᔥᒡ ᓲᐦᒃ ᐋᐦ ᒌᐦᒌᒋᓈᑦ ᐅ·ᑳᐦᑯᓈᐅᐦ. ■ naashch suuhk aah chiihchiichinaat ukwaahkunaauh. ■ *Elle se gratte fort le menton.*

ᑳᔅᒑᑭᐦ·ᐙᐤ **kaaschaakihwaau** vta ◆ il/elle gratte la peau après l'avoir lavée avec du savon et de l'eau

ᑳᔅᒋᐱᒋᒑᐤ **kaaschipichichaau** vai ◆ il/elle gratte

ᐱᔥᑯᐦ·ᐙᐤ **pishkuhwaau** vta ◆ il/elle en gratte les poils pour les enlever (ex. peau d'orignal)

ᔖᐦ·ᑳᐦᐊᒻ **shaahkwaaham** vti ◆ il/elle le gratte

ᔖᐦ·ᑳᐦ·ᐙᐤ **shaahkwaahwaau** vta ◆ il/elle le/la gratte

ᐱᔥᑯᐦᒋᑭᓈᐦᑎᒄ **pishkuhchikinaahtikw** ni -m ◆ un poteau ou une perche sur lequel la peau d'orignal ou de caribou est placée pour qu'on y gratte les poils

ᒌᐦᒌᔑᐦ·ᐙᐤ **chiihchiishihwaau** vta ◆ il/elle gratte le poil brûlé, la fourrure de l'animal en le flambant

ᒫᑎᐦᐄᒑᐤ **maatihiichaau** vai ◆ il/elle gratte une peau de bête gelée ■ ᒫ·ᑳᐨ ᒌᐦ ᒫᑎᐦᐄᒑᐤ ᑳ ᒨ·ᐃᒋᔑ·ᐃᒥᒃ. ■ maakwaach chiih maatihiichaau kaa muwichishiwimik. ■ *Elle grattait une peau quand je suis allé lui rendre visite.*

ᒫᑎᐦ·ᐙᐤ **maatihwaau** vai ◆ il/elle gratte une peau de bête gelée

ᐹᐱᑯᐦ·ᐙᐤ **paapikuhwaau** vta ◆ il/elle le/la gratte et le/la pèle avec quelque chose

ᓯᓱᐹᒋᓈᐤ **sisupaachinaau** vai ◆ il/elle met de l'eau sur la peau avant de gratter la chair gelée

ᒋᔨᒋᓯᐤ **chiyichisiu** vai ◆ ça le/la gratte, ça le/la démange, il est chatouilleux, elle est chatouilleuse

ᓲᐳ·ᐋᒋᓈᐤ **suupuwaachinaau** vai ◆ il/elle met du savon sur la peau avant de la gratter

gratter (se)

ᒌᐦᒌᒋᓃᓲ **chiihchiichiniisuu** vai redup -u ◆ il/elle se gratte parce que ça le/la démange

grattoir

ᑳᔅᒑᑭᐦᐄᑭᓐ **kaaschaakihiikin** ni ◆ un outil utilisé pour gratter les peaux

ᒥᐦᒋᐦᑯᓐ **mihchihkun** na ◆ un écharnoir, un grattoir fait d'un os pour nettoyer les peaux

ᔖᐦ·ᑳᐦᐄᑭᓐ **shaahkwaahiikin** ni ◆ un couteau, un racloir, un grattoir semi-circulaire

ᑯᑖᔅᑯᐦᐊᒻ **kutaaskuham** vti ◆ il/elle teste le grattoir pour voir s'il est bien aiguisé; il/elle teste la peau pour voir si la chair ou les poils vont s'enlever facilement

ᐱᔥᑯᐦᒋᑭᓂᐦᒑᐤ **pishkuhchikinihchaau** vai ◆ il/elle fait un grattoir à os

gravement

ᐋᐦ·ᑳᒋᔑᒻ **aahkwaachishim** vti ◆ il/elle le coupe gravement

ᐋᐦ·ᑳᑖᐦᑭᓯᒻ **aahkwaataahkisim** vti ◆ il/elle le brûle gravement ■ ᓄ·ᐃᒡ ᐋᐦ·ᑳᐦᑖᐦᑭᓯᒻ ᐊᓂᔮ ᐅᒫᐦᑮᒻ ᐊᓅᐦᒌᐦᒑ ᑳ ᐅᔥᑳᔨᒡ. ■ nuwich aahkwaahtaahkisim aniyaa umaahkiim anuuhchiihchaa kaa ushkaayich. ■ *Il a brûlé un grand trou dans sa nouvelle tente.*

ᐋᐦ·ᑳᒋᑭᐦᐅᓲ **aahkwaachikihusuu** vai reflex -u ◆ il/elle se coupe gravement avec une hache

ᐋᐦ·ᑳᒋᑭᐦ·ᐙᐤ **aahkwaachikihwaau** vta ◆ il/elle le/la coupe gravement avec une hache

graver

ᒥᒫᐦᑖᐅᐦᑯᑖᐤ **mimaahtaauhkutaau** vta ◆ il/elle grave des dessins sur lui/elle

ᒥᒫᐦᑖᐅᐦᑯᑎᒻ **mimaahtaauhkutim** vti ◆ il/elle grave des dessins dessus

gravier

ᐊᓯᓈᒥᔅᒄ **asinaamiskw** ni ◆ du gravier

ᒥᔥᑭ·ᐃᑖᐅᐦᑳᐤ **mishkiwitaauhkaau** vii ◆ c'est une zone de gravier dur, de sable

gravir

ᔮᐅᑖᐅᐦᑳᐤ **yaautaauhkaau** vii ◆ la colline, la montage, la butte à l'air difficile à gravir, à escalader

grêler

·ᐋᐦᑯᐦᑯ·ᐋᑖᓐ **waahkuhkuwaataan** vii ◆ il grêle

grelotter

ᒌᔅᒋᒥᔨ·ᐋᐱᔨᐤ **chiischimiyiwaapiyiu** vai ◆ il/elle se met à grelotter, à trembler, à avoir des frissons

ᔒᐦᑭᒋᔨ·ᐋᐱᔨᐤ **shiihkichiyiwaapiyiu** vai ◆ il/elle grelotte, tremble de froid

grenaille

ᐅᑎᓯᓃᒥᐤ utisiniimiu vai ◆ il/elle a des calculs biliaires, des balles ou de la grenaille pour le fusil

grenouille

ᐄᔨᒃ iiyik na -im ◆ une grenouille

ᒫᒋᔥᑯᒋᔥ maachishkuchish na -im ◆ une petite grenouille brune, une rainette crucifère

griffe

ᒋᔖᔮᑯᑭᔒ chishaayaakukishii na -iim ◆ une griffe d'ours

ᐅᔥᑭᔒᐦ ushkishiih nad ◆ son ongle, sa griffe

ᒥᓂᑭᔖᐳᔮᐤ minikishaapuyaau vai ◆ il/elle n'attrape que la griffe de l'animal dans le piège

ᐱᓯᑯᓂᒑᐤ pisikunichaau vai ◆ il/elle plante ses griffes dedans

ᑭᑳᓄᑭᔥᒁᐤ kikaanukishkwaau vai ◆ il/elle a de longues griffes, il/elle a les ongles longs

ᑭᑳᔑᑭᔥᒁᐤ kikaashikishkwaau vai ◆ il/elle a des griffes pointues ou des ongles pointus

ᒥᔥᑭᔒ mishkishii na ◆ un ongle, une griffe, une trace de motoneige

ᐱᓯᑯᓈᐤ pisikunaau vta ◆ il/elle l'attrape avec ses griffes, ses serres (ex. oiseau de proie), il/elle le/la rend collant

ᐱᓯᑯᓂᒻ pisikunim vti ◆ il/elle l'attrape avec ses griffes, il/elle le rend collant

griffer

ᑳᔅᒋᐱᑖᐤ kaaschipitaau vta ◆ il/elle le/la griffe ■ ᑳᔅᒋᐱᑖᐤ ᐊᓐ ᐴᔒᔥ ᐊᓂᔮᐦ ᐊᑎᒻᐦ᙮ ■ kaaschipitaau an puushiish aniyaah atimh. ■ *Le chat griffe le chien.*

ᑳᔅᒋᐱᑎᒻ kaaschipitim vti ◆ il/elle le griffe

ᑳᔅᑳᔅᒋᐱᑖᐤ kaaskaaschipitaau vta redup ◆ il/elle continue à le/la griffer avec ses ongles ou ses griffes

ᑳᔅᑳᔅᒋᐱᑎᒻ kaaskaaschipitim vti redup ◆ il/elle continue de le griffer avec ses ongles ou ses griffes

grignoter

ᐱᑯᓈᑭᐦᑎᒻ pikunaakihtim vti ◆ il/elle grignote un trou dans quelque chose en bois

ᐱᑯᓈᒫᐤ pikunaamaau vta ◆ il/elle grignote un trou dedans (animé)

ᐱᐱᐦᒁᐦᑎᒻ pipihkwaahtim vti redup ◆ il/elle le/la grignote, le/la mord un morceau à la fois

ᐱᐱᐦᒁᒫᐤ pipihkwaamaau vta redup ◆ il/elle le/la grignote, le/la mord un morceau à la fois

ᑎᐎᐦᑎᒻ tiwihtim vti ◆ il/elle (ex. un castor) grignote une ouverture dedans (ex. dans une barricade)

griller

ᐱᐦᑭᐦᔂᐤ pihkihswaau vta ◆ il/elle le/la grille, le/la fait rôtir

grimace

ᒫᒫᐦᒌᔑᐦᒁᐱᔨᐦᐆ maamaahchiishihkwaapiyihuu vai -u ◆ il/elle fait des grimaces

ᒫᒫᐦᒌᔑᐦᒁᔨᔥᑎᐙᐤ maamaahchiishihkwaayishtiwaau vta ◆ il/elle lui fait des grimaces

ᒫᒫᐦᒌᔑᐦᒁᐱᔨᐤ maamaahchiishihkwaapiyiu vai ◆ il/elle fait une grimace sans s'en rendre compte

ᔒᑳᒋᐦᒁᐱᔨᐦᐆ shiikaachihkwaapiyihuu vai -u ◆ il/elle fait une grimace, fait la moue

ᔒᑳᒋᐦᒁᔨᐤ shiikaachihkwaayiu vai ◆ il/elle fait une grimace, il/elle grimace

grimacer

ᔒᑳᒋᐦᒁᔨᐤ shiikaachihkwaayiu vai ◆ il/elle fait une grimace, il/elle grimace

grimper

ᐋᔑᐙᐦᑎᐐᐤ aashiwaahtiwiiu vai ◆ il/elle grimpe d'un endroit à l'autre

ᑯᔅᐹᐦᑎᐐᐤ kuspaahtiwiiu vai ◆ il/elle grimpe, monte

ᓂᐦᑖᐙᐦᑎᐐᐤ nihtaawaahtiwiiu vai ◆ il/elle grimpe avec agilité

ᐹᔥᑖᐦᑎᐐᐤ paashtaahtiwiiu vai ◆ il/elle grimpe dessus

ᐲᔑᔖᑭᒋᐙᔮᐤ piishishaakichiwaayaau vii ◆ c'est une longue pente à grimper

ᔖᑭᒋᐙᐤ shaakichiwaau vai ◆ il/elle grimpe, monte

ᐄᔅᒁᐦᑎᐐᐤ iiskwaahtiwiiu vai ◆ il/elle grimpe sur l'échelle, monte les escaliers

grincer

ᑭᒋᐦᓰᐱᔨᔨᐤ kichihsiipiyiyiu vii ◆ la glace grince au printemps et en automne

ᓵᓵᐦᒁᓂᒻ saasaahkwaanim vti ◆ il/elle fait grincer la glace en marchant dessus

grincheux

ᒫᐦᑖᐦᔑᐦᑯᔑᐤ maahtaahshihkushiu vai ◆ il/elle est grincheux/grincheuse d'avoir trop peu dormi, il/elle se plaint du manque de sommeil

gris

ᐑᔅᑯᔥᑖᔮᐤ wiiskushtaayaau vii ◆ c'est gris

ᒥᐦᐄᐦᑭᓂᓈᑯᓯᐤ mihiihkininaakusiu vai ◆ c'est un chien gris, lit.'il/elle a l'air d'un loup'

ᐚᐹᐦᑎᑯᐙᐤ waapaahtikuwaau vai ◆ il/elle a une fourrure grise

ᐑᔅᑯᔥᑖᔮᒋᓯᐤ wiiskushtaayaachisiu vai ◆ il/elle est gris-e, brun-e (étalé)

ᐑᔅᑯᔥᑖᔮᑭᓐ wiiskushtaayaakin vii ◆ c'est gris, brun (étalé)

ᐏᔨᔅᑯᔥᑖᔮᒋᓯᐤ wiyiskushtaayaachisiu vai ◆ il/elle est brun-e, gris-e (étalé)

grive

ᒋᒧᐏᓌᐅᑎᔒᔥ chimuwinwaautishiish na ◆ une grive à dos olive *Catharus ustulatus*, une grive solitaire *Catharus guttatus*

grogner

ᓈᒧᑎᒻ naamutim vti ◆ il/elle lui grogne après

ᓈᒧᑎᐗᐤ **naamutiwaau** vta ◆ il/elle lui grogne après

ᓈᒨ **naamuu** vai -u ◆ il/elle grogne

gronder

ᐊᔪᓯᐦᑎᐗᐤ **aayusihtiwaau** vai ◆ il/elle se fait gronder

ᒋᔅᑐᑖᐤ **chistutaau** vta ◆ il/elle le/la gronde, le/la remarque en faisant un son ou un commentaire

gros

ᒥᐦᒑᐱᓯᔅᒋᓯᐤ **mihchaapisischisiu** vai ◆ il/elle est gros/grosse (minéral)

ᒥᐦᒋᓈᑯᓯᐤ **mihchinaakusiu** vai ◆ il/elle a l'air gros/grosse

ᒥᔖᐤ **mishaau** vii ◆ c'est gros

ᒥᔥᑎᑎᐦᑮᒫᑯ **mishtitihkimaakw** na -um ◆ un très gros poisson blanc

ᑖᑐᔑᑭᓐ **taatushikin** na -m ◆ la plus grosse des truites grises, des touladis *Salvelinus namaycush*

ᒫᒥᐦᑳᐅᐦᑳᐤ **maamihkaauhkaau** vii ◆ c'est à gros grains (granuleux, ex. du sable ou du sucre)

ᒥᐦᒑᔅᑯᓐ **mihchaaskun** vii ◆ c'est grand, gros (long et rigide)

ᒥᐦᒋᒥᓂᒋᓱᓯᐧᐃᒡ **mihchiminichisusiwich** vai pl ◆ ce sont de grosses baies (animé)

ᒥᐦᒋᐴ **mihchipuu** vai -u ◆ il/elle reçoit une grosse portion de nourriture

ᒥᐦᒋᔥᑎᒀᓈᐤ **mihchishtikwaanaau** vai ◆ il/elle a une grosse tête

ᒥᒥᐦᒋᒥᓂᒋᓯᐧᐃᒡ **mimihchiminichisiwich** vai pl redup ◆ les baies sont grosses

ᒥᒥᐦᒋᒥᓂᑳᐅᐦ **mimihchiminikaauh** vii pl redup ◆ les baisses sont grosses

ᒥᒥᐦᑭᔥᑖᐤ **mimihkishtaau** vii redup ◆ c'est écrit en gros

ᒥᔓᑎᑳᐤ **mishutikaau** vii ◆ un gros canot

ᐱᔑᐦᑳᐹᐤ **pishihkaapaau** vii ◆ il y a de gros saules, buissons de chaque coté (ex. du ruisseau)

ᐳᑐᐧᐃᓯᐤ **puutuwisiu** vai ◆ il est gros, rond; elle est grosse, ronde

ᑖᐦᒋᐴ **taahchipuu** vai -u ◆ il est gros; elle est grosse

ᒥᐦᒋᓯᑯᓯᐤ **mihchisikusiu** vai ◆ c'est un gros morceau de glace (animé)

ᒥᒥᐦᒋᑎᐦᒑᐤ **mimihchitihchaau** vai redup ◆ il/elle a de grosses ou grandes mains

ᒥᓯᐦᑎᐅᓯᑯᓰᐤ **misihtiusikusiiu** vii ◆ c'est un seul gros morceau de glace

ᔮᐦᔮᐦ **yaahyaah** p,quantité ◆ (toujours utilisé à la forme négative avec *taapaa* ou *nimui*, pour une mise en emphase) évidemment une grande quantité ou une grande taille ▪ ᑖᐸ ᔮᐦᔮᐦ ᐅᒋ ᐃᔮᔅᐱᐦᑖᔅᑯᓂᔨᐅᐦ ᐊᓂᔮᐦ ᒥᔥᑎᑯᐦ ᑳ ᐊᐱᒋᐦᑖᑦ. ▪ taapaa yaahyaah uchi iyaaspihtaaskuniyiuh aniyaah mishtikwh kaa aapichihtaat. ▪ *Les rondins qu'il a utilisés étaient évidemment assez gros.*

groseille

ᒥᐦᐄᐦᒌᒥᓐᐦ **mihiihchiiminh** ni pl ◆ des groseilles, lit. 'baies poilues' *Ribes sp.*

ᒦᓂᔕᐄᐦᑯᓈᐤ **miinishaaihkunaau** na -aam ◆ de la banique avec des raisins secs ou des groseilles sèches

groseille rouge

ᐅᐲᔺᐅᒥᓐᐦ **upiiywaauminh** ni pl ◆ des groseilles rouges

groseillier

ᔖᐳᒥᓈᐦᑎᒄ **shaapuminaahtikw** na ◆ un groseillier sauvage, un groseillier du Nord *Ribes oxyacanthoides*

ᔖᐳᒥᓂᒡ **shaapuminich** na pl -im ◆ des groseilles*Ribes oxyacanthoides*

groseillier rouge

ᐅᐲᔺᐅᒥᓈᐦᑎᒄ **upiiywaauminaahtikw** ni ◆ un groseillier rouge (baies poilues) *Ribes sp.*

grosse

ᑖᐦᒋᐴ **taahchipuu** vai -u ◆ il est gros; elle est grosse

ᒥᐦᒋᔥᑎᒀᔮᐤ **mihchishtikwaayaau** vii ◆ c'est une grosse rivière large

grossir

ᑖᐦᒋᐳᐦᐋᐤ **taahchipuhaau** vta ◆ il/elle l'engraisse, la fait grossir

grotte

ᐑᐦᐱᓵᑳᐤ **wiihpisaakaau** vii ◆ il y a une grotte dans la falaise

groupe

ᐹᔨᑯᒥᓈᔨᑐᐧᐃᒡ **paayikuminaayituwich** vai pl recip -u ◆ ils/elles forment un seul groupe

ᒥᒫᓂᑳᐳᐧᐃᐧᐃᒡ **mimaanikaapuwiwich** vai pl redup -uwi ◆ ils/elles se tiennent de ci de là, en groupe

ᒥᑖᐱᐤ **mitaapiu** vai ◆ un groupe reste en arrière alors que les autres avancent vers un autre camp

ᑖᐱᑎᐧᐃᐱᔩᐦᐆ **taapitiwipiyihuu** vai -u ◆ ils/elles se rassemblent en famille ou en groupe

ᐑᒋᔅᒑᒨ **wiichischaamuu** vai -u ◆ il/elle va vivre avec une autre famille, un autre groupe

gruau

ᐊᔫᒥᓈᐳᐃ **ayuuminaapui** ni -m ◆ du gruau, de la bouillie d'avoine

grue

ᐅᒋᒑᐦᒄ **uchichaahkw** na -um ◆ une grue du Canada *Grus canadensis*

guenille

ᑳᓯᐦᐄᑭᓐ **kaasihiikin** ni ◆ un torchon, une guenille

ᒥᒥᒋᐦᐆ **mimichihuu** vai redup -u ◆ il/elle est vêtu-e de guenilles, s'habille mal, est débraillé-e

guérir

ᒌᒑᐤ **chiichaau** vai ◆ il/elle est guéri-e de ses blessures

ᒌᒑᐅᐱᐤ **chiichaaupiu** vai ◆ il/elle guérit parce qu'il/elle en fait moins

ᒦᓂᐙᒋᐦᐋᐤ miiniwaachihaau vta ◆ il/elle le/la guérit

ᒦᓂᐙᒋᐦᐄᐙᐤ miiniwaachihiiwaau vai ◆ il/elle guérit

ᒦᓂᐙᒋᐦᐄᐙᐤ miiniwaachihiiwaau vii ◆ ça guérit

ᓂᑐᐦᑯᐦᐋᐤ nituhkuhaau vta ◆ il/elle le/la guérit

ᓂᑐᐦᑯᐦᐄᑰ nituhkuhiikuu vai -u ◆ ça le/la guérit

ᓂᑐᐦᑯᐦᑖᐤ nituhkuhtaau vai ◆ il/elle le guérit

ᓂᑐᐦᑯᓰᐤ nituhkusiiu vai ◆ il/elle guérit, ça fait guérir (animé)

guérisseur

ᒦᓂᐙᒋᐦᐄᐙᓯᐤ miiniwaachihiiwaasiu na -iim ◆ un guérisseur, une guérisseuse

guérisseuse

ᒦᓂᐙᒋᐦᐄᐙᓯᐤ miiniwaachihiiwaasiu na -iim ◆ un guérisseur, une guérisseuse

guerre

ᓂᑐᐲᔨᑎᐙᐤ nitupiiyitiwaau vta ◆ il/elle lui fait la guerre

ᓂᑐᐱᔩᐤ nitupiyiu vai ◆ il/elle est soldat-e, il/elle s'engage dans l'armée, il/elle fait la guerre

guêtre

ᐅᔥᑳᒑᐅᔮᓂᑳᐦᑦ ushkaachaauyaanikaat-h na ◆ des mitasses faites de peau de pattes de caribou

guetter

ᐊᔑᐙᐱᐦᑎᒼ ashiwaapihtim vti ◆ il/elle est à l'affût de quelque chose, il/elle le guette

ᐊᔑᐙᐱᒫᐤ ashiwaapimaau vta ◆ il/elle l'attend et le/la guette, il/elle est à l'affût de quelqu'un

gueule

ᑭᔥᑐᓈᐦᐱᑖᐤ kishtunaahpitaau vta ◆ il/elle attache la gueule du chien pour l'empêcher d'aboyer

ᐴᐦᑎᑖᐅᓈᔮᔅᑯᐦᐙᐤ puuhtitaaunaayaaskuhwaau vta ◆ il/elle lui met un bâton dans la bouche, dans la gueule

ᔑᔑᑯᑖᐅᓈᐦᐙᐤ shishikutaaunaahwaau vta ◆ il/elle lui donne un coup dans la bouche ou la gueule avec quelque chose

guide

ᒋᔥᒋᓂᐙᓯᓈᑯᓯᐤ chishchiniwaasinaakusiu vai ◆ il/elle l'utilise comme guide, comme marque

ᒥᔥᑖᐹᐤ mishtaapaau na -m ◆ un esprit qui guide dans la cérémonie de la tente tremblante, un géant, lit. 'grand homme'

guider

ᒫᒦᓂᒻᐦ maamiinimh p,manière ◆ en guidant de manière générale, en indiquant en gros ■ ᒫᒦᓂᒻᐦ ᓂᒌᐦ ᐐᐦᑎᒧᐙᐤ ᐊᓂᑖᐦ ᒑ ᐄᑐᐦᑖᑦ ■ maamiinimh nichiih wiihtimuwaau anitaah chaa iituhtaat. ■ *Je lui ai indiqué en gros où aller.*

ᒋᔅᒋᓄᐦᑎᐦᐄᐙᐤ chischinuhtihiiwaau vai ◆ il/elle guide

ᒦᓄᐱᑎᒼ miinupitim vti ◆ il/elle le guide dans la bonne direction

ᒋᔅᒋᓄᐦᐊᒫᒑᐤ chischinuhaamaachaau vai ◆ il/elle enseigne, guide

ᒋᔅᒋᓄᐦᑎᐦᐋᐤ chischinuhtihaau vta ◆ il/elle le/la guide, le/la dirige

ᒫᒦᓄᐱᑖᐤ maamiinupitaau vta ◆ il/elle continue à le/la guider pour le/la réaligner

ᒫᒦᓄᐱᑎᒼ maamiinupitim vti ◆ il/elle ne cesse de le réaligner

ᐱᒧᐦᑎᐦᐋᐤ pimuhtihaau vta ◆ il/elle le/la guide, marche avec lui

guillemot

ᓰᓰᒋᓯᐤ siisiichisiu na -iim ◆ un canard guillemot noir, un guillemot à miroir *Cepphus grylle*

guimbarde

ᐄᔅᒌᒫᐅᒋᔥᑐᐦᒋᑭᓐ iischiimaauchishtuhchikin ni ◆ une guimbarde, lit. 'instrument de musique Inuit'

ᑳᐙᐙᐱᐦᐄᑭᓂᐎᔑᒡ kaawaawaapihiikiniwishich nip [Whapmagoostui] ◆ une guimbarde (instrument de musique)

guitare

ᑳᒥᐦᒑᑣᐸᑭᒧᒡᐦ kaamihchaatwaapaakimuchh nip -m [Whapmagoostui] ◆ une guitare

ᐹᓂᔅᒋᐦᒄ paanischihkw ni -um ◆ une guitare

gymnase

ᒫᑎᐙᐅᑭᒥᒄ maatiwaaukimikw ni ◆ un gymnase, une salle des fêtes ■ ᐋᑯᑖᐦ ᐊᓂᑖᐦ ᒫᑎᐙᐅᑭᒥᑯᐦᒡ ᒑ ᓃᒥᓈᓂᐎᒡ ᒑᑎᐱᔅᑳᒡ ■ aakutaah anitaah maatiwaaukimikuhch chaa niiminaaniwich chaatipiskaach. ■ *La danse de ce soir aura lieu à la salle des fêtes.*

h

habileté

ᐄᔨᑭᔮᐐᐤ iiyikiyaawiiu vai ◆ il/elle acquiert une habileté physique par la répétition d'une action

habiller

ᓂᐦᒋᓈᑯᓈᐤ nihchinaakunaau vta ◆ il/elle l'habille et lui met ses chaussures

ᒌᔓᐦᐋᐤ chiishuhaau vta ◆ il/elle l'habille chaudement

ᒌᔔᐦᐅ chiishuuhuu vai -u ◆ il/elle s'habille chaudement ■ ᐙᓴ ᒌᔔᐦᐅ ᐅᔮ ᑳ ᐃᔥᐱᔑ ᒥᔪᒌᔑᑳᔨᒡ ■ waasaa chiishuhuu uyaa kaa ishpishi miyuchiishikaayich. ■ *Elle est habillée trop chaudement pour si une belle journée.*

ᓃᐱᓂᐦᐅ niipinihuu vai -u ◆ il/elle est habillé-e pour l'été

habiller (s')

ᓂᐦᒋᓈᑰ nihchinaakuu vai -u ◆ il/elle s'habille

ᒫᒫᔑᐦᐅ maamaashihuu vai -u ◆ il/elle s'habille de façon inopportune pour le climat froid, avec des vêtements qui ne sont pas appropriés pour le froid

ᒥᐦᑯᐦᐅ mihkuhuu vai -u ◆ il/elle s'habille en rouge

ᐱᐳᓂᐦᐆ pipunihuu vai -u ◆ il/elle s'habille pour l'hiver

ᐚᐱᐦᐆ waapihuu vai -u ◆ il/elle s'habille en blanc

ᒥᒥᒋᐦᐆ mimichihuu vai redup -u ◆ il/elle est vêtu-e de guenilles, s'habille mal, est débraillé-e

habitant-e de l'intérieur des terres

ᓅᐦᒋᒦᐅᐄᔨᔨᐤ nuuhchimiiuiiyiyiu na -im ◆ un habitant ou une habitante de l'intérieur des terres

habitation

ᐙᔖᐅᑭᒥᒄ waashaaukimikw ni ◆ une habitation construite avec quatre perches verticales attachées horizontalement en haut

ᐹᔨᑯᑭᒥᐤ paayikukimiu vii ◆ une habitation

ᐊᑯᐦᐄᑭᓐ akuhiikin ni ◆ la partie supérieure de l'habitation ajustée selon la direction du vent

ᒦᒋᐙᐦᑊ miichiwaahp ni -im ◆ un tipi

ᐱᐳᓂᑳᓐ pipunikaan ni ◆ une habitation d'hiver

ᔖᑭᐎᑭᒥᒄ shaakiwikimikw ni ◆ une habitation de forme allongée

ᔖᐳᐦᑎᐙᓐ shaapuhtiwaan ni ◆ une habitation avec une entrée à chaque bout

ᐅᐱᐦᑯᐃ upihkui ni ◆ le revêtement de son habitation

ᐅᔅᒋᑭᒥᒄ uschikimikw ni ◆ une nouvelle habitation

ᐅᔥᑯᑳᓐ ushkukaan ni ◆ une habitation neuve

ᐑᒡ wiich nid ◆ sa maison, son habitation

ᓂᐱᑖᑳᒻ nipitaakaam p,lieu ◆ un des côtés de l'habitation ■ ᒥᒄ ᓂᐱᑖᑳᒻ ᒌᐦ ᐊᓈᔅᒑᐦᑖᑯᐱᓐ᙮ ■ mikw nipitaakaam chiih anaaschaahtaakupin. ■ *Elle avait déposé les branches d'épinette sur un des côtés de l'habitation seulement.*

ᐋᐳᐎᐦᑭᐦᑖᐤ aapuwihkihtaau vii ◆ l'habitation se réchauffe

ᐄᔑᑭᒥᒁᓂᐆ iishikimikwaaniuu vai -iwi ◆ il/elle utilise une sorte d'habitation

ᐃᔮᔓᐎᑭᒥᒑᔥᑭᒻ iyaashuwikimichaashkim vti redup ◆ il/elle va d'une habitation à l'autre

ᑯᐃᔥᑎᑳᒫᐦᐋᐤ kuishtikaamaahaau vta ◆ il/elle les place tout autour de l'habitation

ᑯᐃᔥᑎᑳᒫᔥᑭᒹᐤ kuishtikaamaashkimwaau vta ◆ il/elle fait le tour de son habitation à pied

ᑯᐃᔥᑎᑳᒫᑎᐦᐋᐤ kuishtikaamaatihaau vta ◆ il/elle lui fait faire le tour de l'intérieur de sa maison

ᓃᔓᑭᒥᒋᓯᐎᒡ niishukimichisiwich vai pl ◆ il y a deux habitations dans un campement

ᓂᑭᑐᒑᐤ nikituchaau vai ◆ il/elle quitte son domicile, son habitation

ᐹᔅᒌᐤ paaschiiu vai ◆ il/elle découvre l'habitation (au sens d'enlever la couverture)

ᐹᔨᑯᑭᒥᒋᓯᐤ paayikukimichisiu vai ◆ il y a une habitation dans ce campement

ᐅᑎᐱᐦᒁᓱᓂᐦᑳᓲ utipihkwaasunihkaasuu vai reflex -u ◆ il/elle se fabrique du revêtement pour son habitation

ᐊᐱᐦᒁᓐ apihkwaan ni ◆ une couverture pour le toit, l'habitation

ᐄᑎᐎᑳᒻ iitiwikaam p,lieu ◆ des deux côtés d'un cours d'eau; des deux côtés de l'habitation ■ ᐄᑎᐎᑳᒻ ᒌᐦ ᐊᔥᑖᐤ ᐅᐎᓂᐦᐄᑭᓐᐦ ᐊᓂᔮ ᓵᑭᐦᐄᑭᓂᔨᐤ᙮ ❖ ᐄᑎᐎᑳᒻ ᒌᐦ ᐐᒋᐦᑖᐙᑯᐱᓐ ᐊᓂᔮ ᒦᒋᐙᐦᐱᔨᐤ᙮ ■ iitiwikaam chiih ashtaau uwinihiikinh aniyaa saakihiikiniyiu. ❖ iitiwikaam chiih wiichihtaawaakupin aniyaa miichiwaahpiyiu. ■ *Elle/Il plaça ses pièges de chaque côté du lac.* ❖ *Les gens avaient vécu des deux côtés de l'habitation.*

ᑯᐃᔥᑎᑳᒻ kuishtikaam p,lieu ◆ tout autour du lac ou de l'habitation ■ ᓈᔥᑎᔨᒡ ᑯᐃᔥᑎᑳᒻ ᒌᐦ ᓅᑯᓯᐎᒡ ᐅᔅᒋᐦᑖᓯᐅᒡ᙮ ■ naashtiyich kuishtikaam chiih nuukusiwich uschihtaasiuch. ■ *Il y avait des nénuphars tout autour du lac.*

ᓂᔥᑐᑭᒥᒋᓯᐎᒡ nishtukimichisiwich p,quantité ◆ il y a trois maisons, trois habitations ■ ᒌᐦ ᓂᔥᑐᑭᒥᒋᓯᐎᒡ ᐄᔨᔨᐅᒡ ᑳ ᐊᔅᒋᐳᑖᔨᒡᐦ ᐐᒋᐙᐅᐦ᙮ ■ chiih nishtukimichisiwich iiyiyiuch kaa aschiputaayichh wiichiwaauh. ■ *Trois maisons ont été inondées.*

ᓂᔥᑐᑭᒨ nishtukimuu p,quantité ◆ trois maisons, trois habitations ■ ᓂᔥᑐᑭᒨ ᓂᒌᐦ ᐄᑎᐦᐄᓂᐙᓈᓐ ᓂᔅᑭᒡ᙮ ■ nishtukimuu nichiih iitihiiniwaanaan niskich. ■ *Nous avons donné des oies aux habitants de ces trois maisons.*

ᑖᐙᔅᒁᐦᒡ taawaaskwaahch p,lieu ◆ en face de la porte vers le fond de l'habitation ■ ᓈᑖᐦ ᑖᐙᔅᒁᐦᒡ ᐋᑯᑖᐦ ᑳ ᐄᑖᔥᑎᐦᒡ ᐱᔮᐱᐦᒄ ᑳ ᐹᒋ ᐋᐱᐦᐊᒥᓐ᙮ ■ naataah taawaaskwaahch aakutaah kaa iitaashtihch piyaapihkw kaa paachi aapihamin. ■ *Quand tu as ouvert la porte, ça a soufflé les cendres vers le fond de la hutte.*

ᐊᑎᐦᑯᔮᓂᐱᐦᒁᓱᓐ atihkuyaanipihkwaasun ni ◆ une peau de caribou pour recouvrir l'habitation

ᐄᔅᐱᐦᑎᐦᐊᒻ iispihtiham vti ◆ il/elle tire depuis une certaine distance, il/elle construit l'habitation d'une certaine hauteur

habiter

ᐐᒋᐤ wiichiu vai ◆ il/elle vit, habite quelque part

ᐹᔨᑯᑖᐅᓰᐤ paayikutaausiiu vai ◆ il y a une seule famille dans cette habitation, une seule famille habite ici

habitué

ᐄᔨᑭᔮᔮᔨᐦᑎᒻ iiyikiyaayaayihtim vti ◆ il/elle connait bien ça; il/elle est habitué à ça, il/elle y est habitué-e, ça lui est familier

habituel

ᒌ chii préverbe ◆ marque de l'habituel ■ ᐱᔮᔑᐚᑭᓂᐎᔨᒡᐦ ᓂᒫᔅᐦ ᐄᔮᒄ ᑳ ᒌ ᒦᒋᓱᑦ᙮ ■ piyaashiwaakiniwiyichh nimaas-h iiyaakw kaa chii miichisut. ■ *Quand on apportait le poisson, alors il mangeait.*

hache

ᐊᔑᐍᐡᑖᑭᓐ ashiwishtaakin ni ◆ une vieille hache utilisée pour casser une lutte de castor

ᒌᑭᐦᐄᑭᓐ chiikihiikin ni ◆ une hache

ᒌᑭᐦᐄᑭᓂᔥ chiikihiikinish ni ◆ une petite hache

ᐅᑖᒥᑭᐦᐊᒼ utaamikiham vti ◆ il/elle le hache à la hache

ᒌᑭᐦᐄᑭᓈᐦᑎᒄ chiikihiikinaahtikw ni ◆ un manche de hache

ᒌᑭᐦᐄᑭᓈᐱᐢᒄ chiikihiikinaapiskw ni ◆ la lame d'une hache

ᔑᐙᔮᐱᑎᒄ shiwaayaapitikw ni ◆ le côté coupant de la lame d'une hache

ᑎᑖᑭᓐ titaakin ni ◆ un coin utilisé pour bien faire tenir la lame de la hache sur le manche, pour fendre le bois

ᐊᔑᔮᐦᑎᒁᐤ ashiyaahtikwaau vii ◆ la hache s'émousse facilement

ᒋᒋᓈᑭᐦᐊᒼ chichinaakiham vti ◆ il/elle le marque à la hache (long et rigide, se dit du bois, d'un poteau)

ᒌᑳᐦᑎᐙᑭᐦᐊᒼ chiikaahtiwaakiham vti ◆ il/elle enlève les branches de l'arbre à la hache ■ ᓈᐅᔥ ᒌᐦ ᐃᐦᑖᐤ ᑳ ᒌᑳᐦᑎᐙᐦᐋᒃ ᐊᓂᔮᐦ ᐊᐱᔓᐃᐦ. ■ naaush chiih ihtaau kaa chiikaahtiwaahaak aniyaah apishuih. ■ *Ça lui a pris longtemps pour enlever les branches des poteaux du tipi.*

ᒌᑭᐦᐄᒑᐤ chiikihiichaau vai ◆ il/elle le taille à la hache pour qu'il ait la bonne taille

ᒌᓂᑭᐦᐊᒼ chiinikiham vti ◆ il/elle lui fait une pointe à la hache

ᒌᓂᑭᐦᐙᐤ chiinikihwaau vta ◆ il/elle lui fait une pointe à la hache

ᒋᒥᐦᐅᓲ chimihusuu vai reflex -u ◆ il/elle se coupe avec une hache

ᒋᔥᒋᓂᐙᒋᑭᐦᐊᒼ chishchiniwaachikiham vti ◆ il/elle fait une marque à la hache dessus

ᓈᑖᑭᐦᐊᒼ naatwaakiham vti ◆ il/elle le coupe à la hache

ᓈᑖᑭᐦᐙᐤ naatwaakihwaau vta ◆ il/elle le/la coupe à la hache

ᓃᒥᒌᑭᐦᐄᑭᓈᐤ niimichiikihiikinaau vai ◆ il/elle emporte une hache

ᐹᐱᑯᔖᑭᐦᐊᒼ paapikushaakiham vti ◆ il/elle le pèle avec une hache

ᐲᑯᑭᐦᐊᒼ piikukiham vti ◆ il/elle le casse avec une hache

ᐲᑯᑭᐦᐙᐤ piikukihwaau vta ◆ il/elle le/la casse avec une hache

ᐱᐢᒋᑭᐦᐙᐤ pischikihwaau vta ◆ il/elle le/la coupe (filiforme) avec une hache

ᐱᔨᔨᐦᑖᐙᑭᐦᐄᒑᐤ piyiyihtaawaakihiichaau vai ◆ il/elle fait des bruits de hache assez forts

ᑖᐢᒋᑭᐦᐊᒼ taaschikiham vti ◆ il/elle le fend à la hache

ᑖᔥᑭᐦᐙᐤ taashkihwaau vta ◆ il/elle le/la fend à la hache

ᐅᐢᒁᔮᐢᑯᐦᑎᓐ uskwaayaaskuhtin vii ◆ la hache rebondit sur un objet en hâchant

ᐐᔨᑭᐦᐙᐤ wiiyikihwaau vta ◆ il/elle le/la taille à la hache

ᐍᔨᑭᐦᐊᒼ wiyikiham vti ◆ il/elle lui donne forme à la hache

ᔮᐃᒋᒁᐢᑯᐦᑎᑖᐤ yaaichikwaaskuhtitaau vii ◆ le manche de la hache se détache pendant qu'il/elle hache

ᐊᑎᒫᔮᐱᑎᑯᐦᒡ atimaayaapitikuhch p,lieu ◆ du côté de la hache qui ne coupe pas ■ ᐋᑎᐐ ᐊᑎᒫᔮᐱᑎᑯᐦᒡ ᒌᐦ ᐄᑎᓂᒧᐦᑖᑯᐱᓐ ᐊᓂᔮ ᐅᒌᑭᐦᐄᑭᓐ ᐙᐦᒋ ᐋᑳ ᒋᐦᒋᐙ ᐅᐦᒋ ᒋᒧᐦᐅᓱᑦ. ■ aatiwii atimaayaapitikuhch chiih iitinimuhtaakupin aniyaa uchiikihiikin waahchi aakaa chihchiwaa uhchi chimuhusut. ■ *Elle a failli se couper avec la hache, mais heureusement elle la tenait avec la lame à l'envers.*

ᒌᓈᐱᑎᑯᐦᒡ chiinaapitikuhch p,lieu ◆ du côté coupant d'une lame de hache

ᐋᐦᒁᒋᑭᐦᐅᓲ aahkwaachikihusuu vai reflex -u ◆ il/elle se coupe gravement avec une hache

ᐋᐦᒁᒋᑭᐦᐙᐤ aahkwaachikihwaau vta ◆ il/elle le/la coupe gravement avec une hache

ᐊᒫᐙᑭᐦᐙᐤ amaawaakihwaau vta ◆ il/elle effraie et éloigne le gibier avec ses bruits de hache

ᒑᒋᒁᐢᑯᐦᑎᑖᐤ chaachikwaaskuhtitaau vai ◆ il/elle perd la partie coupante de la hache qui se détache du manche pendant qu'elle hache

ᒌᐦᑳᐦᑎᐙᐦᐊᒼ chiihkaahtiwaaham vti ◆ il/elle en enlève les branches à la hache

ᒌᑳᐦᑎᐙᐦᐊᒼ chiikaahtiwaaham vti ◆ il/elle enlève les branches de l'arbre à la hache

ᒋᓄᐦᑎᑭᐦᐊᒼ chinuhtikiham vti ◆ il/elle le coupe en long

ᒋᔥᒋᓂᐙᒋᑭᐦᐙᐤ chishchiniwaachikihwaau vta ◆ il/elle fait une marque dessus à la hache pour l'identifier

ᓈᑖᔮᐢᑯᐦᑎᑖᐤ naatwaayaaskuhtitaau vai ◆ il/elle brise le manche de la hache en s'en servant

ᐱᐦᒋᑳᐢᑯᐦᑎᑖᐤ pihchikaaskuhtitaau vai ◆ le manche de sa hache est presque cassé

ᐱᒥᓈᐦᑎᑖᐤ piminaahtitaau vai ◆ le manche de la hache est fendu

ᑖᐢᑳᐢᑯᐦᑎᑖᐤ taaskaaskuhtitaau vai ◆ il/elle fend le manche de la hache en hachant

ᐅᑎᐦᑖᐙᑭᐦᐄᒑᐤ utihtwaawaakihiichaau vai ◆ il/elle fait en sorte de ses bruits de hache atteignent une certaine distance

hâche

ᐍᔨᐦᑭᐦᐊᒼ wiyihkiham vti ◆ il/elle le façonne à la hâche

hacher

ᐊᐢᐱᐦᑎᑭᐦᐊᒼ **aspihtikiham** vti ◆ il/elle met quelque chose en dessous de ce qu'il/elle hache

ᒌᑭᐦᐊᒼ **chiikiham** vti ◆ il/elle le hache

ᐃᔥᑯᑭᐦᐊᒼ **ishkukiham** vti ◆ il/elle en laisse qui ne sont pas hachés

ᐅᑖᒥᑭᐦᐧᐋᐤ **utaamikihwaau** vta ◆ il/elle le/la hache à la hache

ᐊᐢᐱᐦᑎᑭᐦᐧᐋᐤ **aspihtikihwaau** vta ◆ il/elle le/la coupe, le/la hache, en plaçant en dessous quelque chose en bois

ᒋᔖᐧᐋᑭᐦᐊᒼ **chishwaawaakiham** vti ◆ il/elle le hache bruyamment

ᒋᔖᐧᐋᑭᐦᐄᒑᐤ **chishwaawaakihiichaau** vai ◆ il/elle hache bruyamment

ᒋᔖᐧᐋᑭᐦᐧᐋᐤ **chishwaawaakihwaau** vta ◆ il/elle le/la hache bruyamment

ᐃᔮᓂᑭᐦᐧᐋᐤ **iyaanikihwaau** vta ◆ il/elle fait signe un qu'il l'a haché

ᑭᒌᐦᒑᐦᐋᐤ **kichiihchaahaau** vta ◆ il/elle le/la hache carré

ᒥᓂᑭᐦᐊᒼ **minikiham** vti ◆ il/elle le coupe en morceaux, le hache

ᒥᓂᑭᐦᐧᐋᐤ **minikihwaau** vta ◆ il/elle le/la coupe en morceaux, le/la hache

ᐲᓯᑎᑭᐦᐄᒑᐤ **piisitikihiichaau** vai ◆ il/elle coupe le bois en petit morceau, il/elle hache du bois

ᐱᐦᒋᑭᐦᐊᒼ **pihchikiham** vti ◆ il/elle le coupe, le hache par erreur

ᐱᐦᒋᑭᐦᐧᐋᐤ **pihchikihwaau** vta ◆ il/elle le/la coupe, le/la hache par erreur

ᐱᓂᐧᐋᔮᐦᑎᑭᐦᐊᒼ **piniwaayaahtikiham** vti ◆ il/elle hache et étale les branches d'un jeune arbre pour en recouvrir le sol de son habitation

ᐱᓂᐧᐋᔮᐦᑎᑭᐦᐄᒑᐤ **piniwaayaahtikihiichaau** vai ◆ il/elle hache les branches d'un jeune arbre pour en recouvrir le sol de son habitation

hachoir

ᑳᐱᒋᐢᒋᐳᑖᑭᓂᐧᐃᒡ ᒦᒋᒼ **kaapichischiputaakiniwich miichim** ni ◆ un hachoir (à viande)

haleine

ᐅᔮᐦᔮᐧᐃᓐ **uyaahyaawin** nid ◆ son haleine

ᔮᐦᔮᐧᐃᓐ **yaahyaawin** ni ◆ son haleine, son souffle

ᐧᐄᓂᑯᓈᐧᐋᐤ **wiinikunaawaau** vai ◆ il/elle a mauvaise haleine

haler

ᐅᑖᐱᐦᐋᐤ **utaapihaau** vta ◆ il/elle lui fait haler quelque chose

ᐅᑖᐹᑎᒼ **utaapaatim** vti ◆ il/elle le traîne, le hale

ᐅᑖᐹᐤ **utaapaau** vta ◆ il/elle le/la traîne, le/la hale

ᐅᑖᐹᓂᐦᒑᐤ **utaapaanihchaau** vai ◆ il/elle arrange le fardeau pour le haler

ᐅᑖᐹᓂᐦᑳᓲ **utaapaanihkaasuu** vai reflex -u ◆ il/elle s'arrange son fardeau pour le haler

ᐅᑖᐹᓂᐦᑭᐦᑎᒼ **utaapaanihkihtim** vti ◆ il/elle l'arrange pour le haler

ᐅᑖᐹᓂᐦᑭᐦᑎᐧᐋᐤ **utaapaanihkihtiwaau** vta ◆ il/elle l'arrange pour le/la haler

ᐅᑖᐹᓂᐦᑭᐧᐋᐤ **utaapaanihkiwaau** vta ◆ il/elle lui arrange un fardeau pour qu'il puisse le haler

haleter

ᔮᐦᔮᓲ **yaahyaasuu** vai -u ◆ il/elle halète

ᐋᔑᐦᑭᑖᐦᑎᒼ **aashihkitaahtim** vti ◆ il/elle respire rapidement, il/elle halète

halot

ᑭᐢᒑᐦᐆ **kischaahuu** vai -u ◆ le halot du soleil, le rond autour du soleil est très brillant de tous les cotés, les rayons au-dessus du soleil annoncent un temps froid

hamac

ᒫᒫᐱᓱᓐ **maamaapisun** ni ◆ une balançoire, un hamac

ᒫᒫᐱᓱᓈᔮᐲ **maamaapisunaayaapii** ni ◆ une cordelette de hamac

ᒫᒫᐱᐦᒑᓈᐤ **maamaapihchaanaau** vta ◆ il/elle le/la balance dans un hamac, sur une balançoire

ᐧᐋᐧᐋᐹᐱᐦᒑᐱᔨᐦᐋᐤ **waawaapaapihchaapiyihaau** vta redup ◆ il/elle ne se balance pas doucement dans le hamac

hameçon

ᑯᔥᑯᔥᑯᑖᒋᑭᓐ **kushkushkutaachikin** ni ◆ un plomb pour l'hameçon

ᑯᐦᑎᒼ **kuhtim** vti ◆ il/elle l'avale, il/elle (un poisson) emporte l'hameçon d'une ligne de pêche nocturne

hampe

ᓃᐦᑎᓂᑭᓐ **niihtinikin** ni ◆ la hampe, la partie arrondie du piège qui le fait se déclencher

hanche

ᒥᑐᑭᓐ **mitukin** nid ◆ une articulation de hanche

ᐅᐱᐦᒑᐦᑭᑭᓂᑭᓐ **upihchaahkikinikin** nid ◆ son articulation de la hanche

ᐅᑑᑭᓂᑭᓐ **utuukinikin** nid ◆ son articulation de la hanche

ᐧᐋᐧᐋᐱᒋᐢᒑᔨᐤ **waawaapichischaayiu** vai redup ◆ il/elle tortille des hanches

hanté

ᑯᔥᑖᒌᐅᑭᒥᒄ **kushtaachiiukimikw** ni [Whapmagoostui] ◆ une maison hantée

happer

ᐧᐃᑎᐦᑎᒼ **witihtim** vti ◆ il/elle l'atteint à pied, il/elle le happe en le mordant, le suce (ex la moelle des os)

hardi

ᓂᓈᐹᐅᒨ **ninaapaaumuu** vai -u ◆ il/elle parle hardiment, effrontément, il/elle se vante

ᓂᓈᐹᐅᔒᐤ **ninaapaaushiu** vai ◆ il/elle est autoritaire, effronté-e, hardi-e

harfang
ᐧᐋᐱᑭᔨᐤ waapikiyiu na -im ◆ un harfang des neiges *Nyctea scandiaca*

harle
ᒥᐢᑎᓯᒄ mistisikw na -um ◆ un grand harle, un grand bec-scie (canard) *Mergus merganser*

ᐅᓯᒄ usikw na -um ◆ un harle huppé, un bec-scie à poitrine rousse, (canard) *Mergus serrator*

harmonica
ᑳᐳᑖᑖᑭᓂᐧᐃᒡ kaaputaataakiniwich nip ◆ un harmonica

harnacher
ᒋᔑᑳᐹᐤ chishikaapaau vai ◆ il/elle harnaché-e (pour empêcher un enfant de s'approcher trop près du feu par exemple)

harnais
ᐅᑖᐹᓈᔮᐲ utaapaanaayaapii ni -iim ◆ un harnais pour traîneau

ᒋᔑᑳᐹᐤ chishikaapaau vai ◆ il/elle harnaché-e (pour empêcher un enfant de s'approcher trop près du feu par exemple)

ᐳᔥᑖᐹᓂᐦᐋᐤ pushtaapaanihaau vta ◆ il/elle lui met les harnais

ᒧᐧᐋᐹᐤ muwaapaau vai ◆ il/elle mâche et mange son harnais (se dit d'un chien)

harpon
ᓂᐦᑐᔨ nihtuyi ni ◆ un harpon à baleine, à esturgeon

ᐊᔑᒫᑭᓐ ashimaakin ni ◆ un harpon, une lance

ᓂᐦᑐᑭᓐ nihtukin ni ◆ un barbillon, l'ardillon d'un harpon

hasard
ᑖᐹᔥᒌᔑᓐ taapaashchiishin vai ◆ il/elle arrive au bon moment, le/la rencontre par hasard

haschisch
ᑳᐲᐦᐧᑖᑎᑖᑭᓂᐧᐃᒡ kaapiihtwaatitaakiniwich nip ◆ de la marijuana, du haschisch

hase
ᐱᓈᔮᐳᔔ pinaayaapushuu vai -u ◆ la hase, la lapine a des petits

hâte
ᐃᔮᓯᐦᒌᐦᑭᒼ iyaasihchiihkim vti ◆ il/elle le fait à la hâte, en vitesse

ᐃᔮᓯᐦᒌᐦᑭᐧᐋᐤ iyaasihchiihkiwaau vta ◆ il/elle le fait à la hâte pour lui/elle

ᐃᔮᓯᐦᒌᐤ iyaasihchiiu vai ◆ il/elle le fait à la hâte, à la va-vite

ᒫᒪᔒᐦᑭᒼ maamaashiihkim vti ◆ il/elle le fait superficiellement, à la hâte

ᒫᒪᓯᓈᑯᐦᑖᐤ maamaasinaakuhtaau vai ◆ il/elle le fait superficiellement, à la hâte

ᒫᒪᓯᓰᐤ maamaasisiiu vai ◆ il/elle se hâte, fait les choses superficiellement

ᐱᐧᑳᔨᐦᑎᒼ pikwaayihtim vti ◆ il/elle a hâte de.../que quelque chose arrive ■ ᐱᐧᑳᔨᐦᑎᒼ ᒑ ᒦᒋᓱᑦ᙮ ■ pikwaayihtim chaa miichisut. ■ *Il a hâte de manger.*

ᐱᐧᑳᔨᒫᐤ pikwaayimaau vta ◆ il/elle a hâte qu'il/elle fasse quelque chose, le/la voie

ᐧᐄᐧᐄᔑᔓᑯᒋᓐ wiiwiishishukuchin vai ◆ il/elle essaie de faire les choses à la hâte

hâter (se)
ᐧᐄᓯᓱᐱᔨᐦᐆ wiisisupiyihuu vai -u ◆ il/elle le fait à la hâte

ᐧᐄᐧᐄᔑᔓᑯᒋᓐ wiiwiishishukuchin vai ◆ il/elle essaie de faire les choses à la hâte

haut
ᐄᔥᐹᐤ iishpaau vii ◆ c'est haut

ᐃᔥᐱᒥᐦᔒᔥ ishpimihshiish p,lieu dim ◆ un petit peu plus haut

ᑎᐦᑯᐦᑖᒋᐱᔅᑯᓐ tihkuhtaachipiskun p,lieu ◆ dans le haut du dos ■ ᓈᐦᐋᐤ ᑎᐦᑯᐦᑖᒋᐱᔅᑯᓐ ᒌᐦ ᐅᒋᔅᒌᐦᐱᒥᐤ᙮ ■ naahaau tihkuhtaachipiskun chiih uchischiihpimiu. ■ *Elle/il avait un furoncle dans le haut du dos.*

ᐊᑯᔨᑎᔅᐧᑳᐤ akuyitiskwaau vii ◆ le soleil du matin est déjà haut dans le ciel

ᐄᔥᐹᔥᑯᔑᓐ iishpaashkushin vai ◆ il/elle est posé-e, placé-e haut

ᐄᔥᐱᑯᑖᐤ iishpikutaau vii ◆ ça vole haut, c'est tout là-haut

ᐄᔥᐱᐱᐤ iishpipiu vai ◆ il/elle est placé-e en haut, en hauteur

ᐄᔥᐱᔥᑖᐤ iishpishtaau vii ◆ c'est haut placé

ᐄᔥᐱᑎᓈᐤ iishpitinaau vii ◆ la montagne est haute, élevée

ᐄᔅᑯᑳᐴ iiskukaapuu vai -uwi ◆ il/elle a... (par ex. deux mètres) de haut

ᐄᔅᑯᐱᑎᒼ iiskupitim vti ◆ il/elle le tire vers le haut

ᐄᔅᐱᑯᓰᐤ iispikusiiu vai ◆ il/elle est haut-e dans l'arbre

ᐄᔅᐱᓵᑳᐤ iispisaakaau vii ◆ c'est une haute falaise

ᐄᔅᐱᓰᐤ iispisiiu vai ◆ il/elle est haut-e

ᐄᔅᐱᓯᐧᑳᐤ iispisikwaau vii ◆ la glace est haute

ᐃᔥᐱᑯᑖᔑᐤ ishpikutaashiu vii ◆ la lumière du jour est haute dans le ciel, c'est un peu haut

ᓃᐦᒋᒋᐧᐋᐱᐦᐊᒼ niihchichiwaapiham vti ◆ il/elle le renverse de haut

ᔖᑭᒋᐧᐋᐦᑎᐦᐋᐤ shaakichiwaahtihaau vta ◆ il/elle l'emmène en haut

ᔖᑭᒋᐧᐋᐦᑎᑖᐤ shaakichiwaahtitaau vai ◆ il/elle le monte, l'emporte en haut

ᑖᔥᑎᒌᐤ taashtichiiu vai ◆ il/elle vole de plus en plus haut

ᐅᐦᐹᔑᐤ uhpaashiu vai ◆ il/elle souffle vers le haut

ᐅᐦᐹᔥᑎᓐ uhpaashtin vii ◆ ça souffle vers le haut

ᐄᔥᐹᓂᑳᐤ iishpaanikaau vii ◆ c'est une île élevée

ᐄᔥᐱᑯᒋᓐ iishpikuchin vai ◆ il/elle vole haut, il/elle est suspendu-e tout là haut

ᐄᔥᐱᑖᐅᐦᑳᐤ iishpitaauhkaau vii ◆ c'est une rive haute et sablonneuse

ᐃᔥᐱᑯᒋᓐ ishpikuchin vai ◆ il/elle vole tout là-haut dans le ciel, il/elle est suspendu-e là haut

ᐱᔅᑯᑎᑯᒋᓐ piskutikuchin vai ◆ il/elle est suspendu-e en hauteur, elle porte une jupe ou une robe courte, il/elle vole haut dans le ciel

haut (en)

ᐄᔥᐹᐹᑭᒧᐦᐋᐤ iishpaapaakimuhaau vta ◆ il/elle le/la (filiforme) place en haut

ᐄᔥᐹᐹᑭᒧᐦᑖᐤ iishpaapaakimuhtaau vai ◆ il/elle l'enfile pour le suspendre en haut (filiforme)

haut en bas

ᐊᑎᔅᒋᓂᔅᒋᑳᐴ atischinischikaapuu vii -uwi ◆ c'est placé de haut en bas (se dit d'un poteau, quand le gros bout est en haut)

ᐅᑎᐦᑖᒥᒧᓂᔥᑖᐤ utihtaamimunishtaau vai ◆ il/elle le place à l'envers, avec le haut en bas

ᐅᑎᐦᑖᒥᒧᓂᔥᑖᐤ utihtaamimunishtaau vii ◆ c'est placé à l'envers, avec le haut en bas

ᐅᑎᐦᑖᒧᓂᐦᐋᐤ utihtaamunihaau vta ◆ il/elle le place à l'envers, le haut en bas

ᐅᑎᐦᑖᒧᓂᓂᒼ utihtaamuninim vti ◆ il/elle le tient à l'envers, le haut en bas

haut placé

ᐅᒋᒫᐦᑭᑎᐧᐋᐤ uchimaahkitiwaau vta ◆ il/elle le/la commande, supervise, est plus haut placé-e que lui/elle

haut-le-coeur

ᐋᑭᑖᐱᔨᔫ aakitaapiyiu vai ◆ il/elle a des haut-le-coeur, envie de vomir

ᐋᑭᑖᐱᑖᐤ aakitaapitaau vta ◆ il/elle lui fait avoir des haut-le-coeur ou le/la fait vomir en lui enfonçant les doigts dans la gorge

haute

ᐄᔅᐱᓯᔫ iispisiiu vai ◆ il/elle est haut-e

hauteur

ᐄᔅᑯᑳᐴ iiskukaapuu vii -uwi ◆ ça a une certaine hauteur, ça mesure...

ᐄᔅᐱᐦᑖᐤ iispihtaau vii ◆ c'est à une certaine hauteur

ᐊᑯᐃᑎᔅᒁᐤ akuitiskwaau vai ◆ le soleil a atteint sa hauteur maximale

ᐄᔥᐱᑯᑖᐤ iishpikutaau vai+o ◆ il/elle le suspend en hauteur

ᐄᔥᐱᔑᓐ iishpishin vai ◆ il/elle est posé-e ou étendu-e à une certaine hauteur

ᐄᔥᐱᔥᑖᐤ iishpishtaau vai ◆ il/elle l'empile en hauteur

ᐄᔅᐹᔅᑯᐦᑎᓐ iispaaskuhtin vii ◆ c'est suspendu, c'est rangé en hauteur (long et rigide)

ᐄᔅᐹᔅᑯᒧᐦᐋᐤ iispaaskumuhaau vta ◆ il/elle le/la place en hauteur

ᐄᔅᐹᔅᑯᒧᐦᑖᐤ iispaaskumuhtaau vai ◆ il/elle (long et rigide) le place en hauteur

ᐄᔅᐹᔅᑯᒨ iispaaskumuu vii -u ◆ ça se trouve en hauteur, là-haut

ᐃᔥᐱᐦᑖᐤ ishpihtaau vai+o ◆ il/elle l'élève (en hauteur), il/elle le rend plus élevé

ᐃᔅᐱᑎᐦᐋᐤ ispitihaau vta ◆ il/elle le place à une certaine hauteur

ᐱᔅᑯᔥᑖᐤ piskushtaau vai ◆ il/elle empile tout en tas

ᐄᔅᐹᔅᒁᔮᐤ iispaaskwaayaau vii ◆ c'est une zone de terrain en hauteur avec de grands arbres

ᐄᔅᐱᐦᑎᐦᐊᒼ iispihtiham vti ◆ il/elle tire depuis une certaine distance, il/elle construit l'habitation d'une certaine hauteur

hé!

ᒫᐦ maah p,interjection ◆ écoute! hé! ■ ᒫᐦ, ᒋᐹᐦᑎᐧᐋᐅᒑ ᓂᒥᔅᒋᐅᒡ ᐹᑤᐧᐃᒡ. ■ maah, chipaahtiwaauchaa nimischiuch paatwaawich. ■ *Ecoute, entends-tu l'orage qui approche?*

hélice

ᐊᐳᐃ apui na ◆ une pagaie, une rame, une hélice pour un moteur hors-bord

hélicoptère

ᑳᐧᐋᐱᑭᑐᔫᐱᔨᒡ kaawaapikitushuupiyich nip ◆ un hélicoptère

herbage

ᓵᓵᐲᐦ saasaapiih ni pl -m ◆ des herbes ou herbages aquatiques, du goémon, du varech

herbe

ᐲᒁᔥᑯᔑᐧᐃᑳᐤ piikwaashkushiwikaau vii ◆ l'herbe est épaisse

ᐅᓵᐅᔅᑯᔑᐧᐃᑳᐤ usaauskushiwikaau vii ◆ l'herbe est verte

ᒥᔥᑯᔑᐅᐦ mishkushiuh ni pl -iim ◆ de l'herbe, des légumes, du foin

ᔑᑳᐹᔥᑯᐦ shikaapaashkwh ni pl -im ◆ de l'herbe à bernache, la zostère marine *Zostera marina*

herbeux

ᒥᔥᑯᔒᐅ mishkushiiuu vii -iiwi ◆ c'est herbeux

ᒥᔥᑯᔒᐅᓂᑳᐤ mishkushiiunikaau vii ◆ l'île est herbeuse

ᒥᔥᑯᔒᐅᔅᑭᒥᑳᐤ mishkushiiuskimikaau vii ◆ c'est un terrain herbeux

ᒥᔥᑯᔒᐧᐋᑭᒫᐤ mishkushiiwaakimaau vii ◆ l'étendue d'eau est toute herbeuse

ᓈᔥᑯᔑᐧᐃᑳᐤ naashkushiwikaau vii ◆ c'est une pointe herbeuse

hermine

ᓃᐱᓂᓯᐦᑯᔅ niipinisihkus na -im ◆ une hermine en été *Mustela erminea*

ᓯᐦᑯᔅ sihkus na -im ◆ une hermine, une belette *Mustela erminea*

ᓯᐦᑯᓯᐅᔮᓐ sihkusiuyaan na -im ◆ une peau d'hermine

ᓯᐦᑯᓯᐧᐃᓂᐦᐄᑭᓐ sihkusiwinihiikin ni ◆ un piège à hermine, à fouine

héron

ᒨᐦᑭᐧᐃᓯᐅ muuhkiwisiu na -iim ◆ un héron, un grand héron *Ardea herodias*

héros

ᑳᑭᔅᒋᐦᑖᑦ kaakischihtaat nap ◆ un héros, une héroïne, un champion, une championne, un gagnant, une gagnante

hésiter

ᑖᔥᑎᑳᑖᔮᔨᒫᐤ taashtikaataayaayimaau vta ◆ il/elle hésite à lui demander quelque chose parce qu'il/elle risque de ne pas être d'accord

ᑖᔥᑎᑳᒌᐤ taashtikaachiiu vai ◆ il/elle hésite à faire quelque chose à cause de l'effort requis

ᑖᔥᑎᑳᑖᔮᔩᐦᑎᒼ taashtikaataayaayihtim vti ◆ il/elle ne veut pas, hésite à le faire à cause de l'effort requis

heure

ᒑᓯᔅᑭᒼ chaasiskim vti ◆ il/elle y arrive à l'heure, à temps (par ex. à une réunion) ■ ᒑᑳᑦ ᓂᒥ ᐅᐦᒋ ᒑᓯᔅᑭᒼ ᐊᑖᐧᐋᐅᑭᒥᑯᔨᐤ ᐋᐦ ᐋᐱᐦᐄᑭᓂᐧᐃᔨᒡ. ■ chaakaat nimi uhchi chaasiskim ataawaaukimikuyiu aah aapihiikiniwiyich. ■ *Elle/Il n'a presque pas réussi à arriver à temps au magasin.*

ᒌᓂᐧᑳᓂᐦᑖᐤ chiinikwaanihtaau vai ◆ il/elle marche tout autour; il/elle en fait le tour (par ex. aiguille d'horloge); une heure passe

heure (à l')

ᒨᔮᒥᐦᐊᒼ muyaamiham vti ◆ il/elle le corrige; l'horloge est à l'heure

heureusement

ᐋᑎᐧᐄ aatiwii p,évaluative ◆ au moins, heureusement ■ ᐋᑎᐧᐄ ᒥᑖᐦᑐ ᐹᔑᐧᐋᐤ ᓂᔅᒃᐦ. ■ aatiwii mitaahtu paashiwaau niskh. ■ *Elle/il a rapporté à la maison au moins dix oies.*

ᒑᔑᐧᐋᑦ chaashiwaat p,évaluative ◆ depuis, au moins, heureusement que..., ■ ᐧᐄᔨ ᒑᔑᐧᐋᑦ ᒌᐦ ᒋᔅᒑᔨᒫᐤ ᐊᓂᔮ ᑳ ᐧᐄᐦ ᒋᔅᑐᐦᑖᔨᒡᐦ. ■ wiiyi chaashiwaat chiih chischaayimaau aniyaa kaa wiih chistuhtaayichh. ■ *Heureusement que c'était elle qui savait qu'elle avait décidé de partir!*

heureux

ᒥᐧᔮᔨᐦᑎᒥᐦᐋᐤ miywaayihtimihaau vta ◆ il/elle le/la rend content-e, heureux, heureuse

heurte

ᐱᔥᑎᐦᑎᑖᐤ pishtihtitaau vai ◆ il/elle le heurte à quelque chose

heurter

ᐱᔥᑎᐦᐧᐋᐤ pishtihwaau vta ◆ il/elle le/la heurte accidentellement

ᐱᔥᑎᔑᒫᐤ pishtishimaau vta ◆ il/elle le/la heurte accidentellement à quelque chose

ᓈᐧᑖᐦᑎᑖᐤ naatwaahtitaau vai ◆ il/elle heurte contre quelque chose et il/elle se casse (long et rigide)

ᐱᔥᑎᐦᐊᒼ pishtiham vti ◆ il/elle le heurte accidentellement

ᓯᔅᒋᑯᐦᐊᒼ sischikuham vti ◆ il/elle le heurte, le percute

ᓯᔅᒋᑯᐦᐧᐋᐤ sischikuhwaau vta ◆ il/elle le/la heurte, le/la percute accidentellement

ᑖᐦᒋᔥᑐᔥᑯᓈᔑᓐ taahchishtushkunaashin vai ◆ il/elle se heurte le coude

ᐅᑖᒫᔥᑯᔑᓐ utaamaashkushin vai ◆ il/elle heurte quelque chose en bois

heurter (se)

ᐱᔥᑎᔑᓐ pishtishin vai ◆ il/elle se heurte à quelque chose

ᐅᑖᒥᔑᓐ utaamishin vai ◆ il/elle se heurte contre quelque chose

hibernation

ᐧᐄᑎᐱᒫᑭᓂᔥ wiitipimaakinish na -um ◆ un ourson dans sa tanière avec sa mère durant l'hibernation

hiberner

ᓂᐦᐄᐦᑳᓱ nihiihkaasuu vai reflex -u ◆ il/elle se prépare à hiberner

ᐅᐧᐋᔨᐱᐤ uwaayipiu vai ◆ il/elle s'installe, se prépare à hiberner (ours), il/elle s'assied

ᐧᐄᑎᐱᒫᐤ wiitipimaau vta ◆ il/elle s'assied avec, à côté de lui/elle, l'ours hiberne avec son petit

ᐋᑭᐧᐃᐱᓈᔅᒌᐤ aakiwipinaaschiiu vai ◆ il/elle (un ours) n'hiberne pas dans sa tanière mais s'assied et laisse les feuilles et la neige le recouvrir

ᐱᔅᒋᐦᑎᐱᔑᐤ pischihtipishiu vai ◆ il/elle (jeune ours) hiberne seul pour la première fois

hideux

ᑯᔅᑖᓯᓈᑯᓯᐤ kustaasinaakusiu vai ◆ il/elle a l'air terrifiant-e, horrible, hideux/hideuse

hier

ᐅᑖᑯᔒᐦᒡ utaakushiihch p,temps ◆ hier

hirondelle

ᒦᒋᔥᑯᔒᔥ miichishkushiish na -im ◆ une hirondelle de rivage, une hirondelle des sables *Riparia riparia*

hisser

ᐅᐦᐹᐱᐦᒑᐱᑎᒼ uhpaapihchaapitim vti ◆ il/elle le hisse avec une corde

ᐅᐦᐹᐱᐦᒑᐱᑖᐤ uhpaapihchaapitaau vta ◆ il/elle le/la hisse avec une corde

ᓈᑎᑳᔅᑯᑖᐹᐤ naatikaaskutaapaau vai ◆ il/elle tire, hisse des choses sur le rivage sur la glace

hisser (se)

ᐊᐧᑳᔥᑖᒋᒨ akwaashtaachimuu vai -u ◆ il/elle se hisse sur la terre ferme, sur la glace (en sortant de l'eau)

ᔖᑭᒋᐧᐋᐱᑏᓲ shaakichiwaapitiisuu vai reflex -u ◆ il/elle se hisse sur quelque chose

histoire

ᑎᐹᒋᒧᐧᐃᓐ tipaachimuwin ni ◆ une histoire, des nouvelles

ᒋᐦᑖᒋᒨ chihtaachimuu vai -u ◆ il/elle commence à raconter une histoire

ᒌᔖᒋᒨ chiishaachimuu vai -u ◆ il/elle a finit de raconter une histoire ■ ᒫᐧᐦᒡ ᒌᐦ ᒌᔖᒋᒨ ᑳ ᐹᒋ ᐲᐦᒋᒑᐧᐃᑦ. ■ mwaahch chiih chiishaachimuu kaa paachi piihchichaawit. ■ *Il finissait de raconter son histoire au moment où tu es entré.*

ᓂᐦᑖᐅᑎᐹᒋᒨ **nihtaautipaachimuu** vai -u
◆ il/elle aime raconter des histoires

ᑎᐹᒋᒨ **tipaachimuu** vai -u ◆ il/elle raconte une histoire, donne des nouvelles

ᑎᐹᒋᒨᔥᑎᐙᐅ **tipaachimushtiwaau** vta
◆ il/elle lui raconte une histoire, lui donne des nouvelles

histoire salée

ᐅᐑᓈᒋᒨ **uwiinaachimuu** vai -u ◆ il/elle raconte une histoire salée

hiver

ᐱᐳᓐ **pipun** vii ◆ c'est l'hiver

ᒥᐦᑐᑳᓐ **mihtukaan** ni ◆ une hutte d'hiver

ᐱᒀᐅᓂᐲ **pikwaaunipii** ni -m ◆ de l'eau libre sur un lac, une rivière en hiver

ᐱᐳᓂᑳᓐ **pipunikaan** ni ◆ une habitation d'hiver

ᐱᐳᓂᐱᔮᔒᔥ **pipunipiyaashiish** na -im ◆ un oiseau d'hiver

ᐊᐅᓯᐱᐳᓂᐦᒡ **ausipipunihch** p,temps ◆ l'hiver d'il y a deux ans, il y a deux hivers ▪ ᐊᐅᓯᐱᐳᓂᐦᒡ ᐊᔪᐎᒄ ᒫᐦᒋᒡ ᑳ ᐹᒋ ᑭᐱᓯᑦ ᐅᑖᐦ ᒋᓵᓰᐲᐦᒡ. ▪ ausipipunihch aayuwikw maahchich kaa paachi kipisit utaah chisaasiipiihch. ▪ *L'hiver il y a deux ans était la dernière fois qu'elle/il est venu à Chisasibi.*

ᐙᐳᐦᒡ **pwaapuhch** p,temps ◆ l'hiver dernier, l'an dernier, l'an passé ▪ ᓂᒌᐦ ᐑᒋᐦᐄᐙᓐ ᑳ ᓂᔥᑎᐑᓈᓂᐎᒡ ᐱᔥᑎᐦᐹᐲᐦᒡ ᐙᐳᐦᒡ. ▪ nichiih wiichihiiwaan kaa nishtiwiinaaniwich pishtihpaapiihch pwaapuhch. ▪ *L'hiver dernier, j'étais au rassemblement du lac Burton.*

ᐋᐦᑯᐱᐳᓐ **aahkupipun** vii ◆ c'est un hiver très froid

ᒌᔓᐙᔮᐅ **chiishuwaayaau** vii ◆ il y a un redoux en hiver ▪ ᐋᑯᑎᐦ ᑳ ᒌ ᒋᔥᑐᐦᑖᔮᐦᒡ ᒑᔓᐙᔮᐦᒡ ᓂᔒᒥᔑᒡ ᐋᐦ ᐑᒑᐅᒀᐅ. ▪ aakutih kaa chii chistuhtaayaahch chaashuwaayaahch nishiimishich aah wiichaaukwaau. ▪ *J'emmenais mes petits frères et mes petites soeurs se promener quand il y avait un redoux en hiver.*

ᒋᓯᓐ **chisin** vii ◆ il fait très froid (se dit en hiver)

ᒋᓯᓈᐅ **chisinaau** vii ◆ il fait très froid (se dit en hiver)

ᑳᔅᒋᐱᐳᓐ **kwaaschipipun** vii ◆ c'est vers la fin de l'hiver

ᒫᒀᐱᐳᓐ **maakwaapipun** vii ◆ c'est le milieu de l'hiver, pendant l'hiver

ᒥᔪᓂᑯᓐ **miyunikun** vii ◆ les conditions sont bonnes pour marcher en hiver

ᐱᒥᐱᒋᐅ **pimipichiu** vai ◆ il/elle voyage en hiver

ᐱᐳᓂᐦᑖᐅ **pipunihtaau** vai ◆ il/elle passe l'hiver à un certain d'endroit

ᐱᐳᓂᐦᐆ **pipunihuu** vai -u ◆ il/elle s'habille pour l'hiver

ᐱᐳᓂᔑᐅ **pipunishiu** vai ◆ il/elle passe l'hiver dans un endroit

ᑖᑭᔑᐱᐳᓂᐦᑖᐅ **taakishipipunihtaau** vai ◆ il/elle passe tout l'hiver à la même place

ᐑᒋᐱᐳᓂᐦᑖᒫᐅ **wiichipipunihtaamaau** vta
◆ il/elle passe l'hiver avec lui/elle

ᑯᑎᑯᓂᔮᐹᔒᔥ **kutikuniyaapaashiish** na -shiim [Chisasibi] ◆ un caribou mâle âgé de trois ans au début de l'hiver quand il a encore ses bois

ᐱᒀᐦᐄᐹᓈᓐ **pikwaahiipaanaan** ni ◆ un trou dans la glace pour la pêche au filet en hiver

ᐃᔅᑭᓂᐱᐳᓐᐦ **iskinipipunh** p,temps ◆ toute l'année, tout l'hiver ▪ ᐋᑯᑖᐦ ᑳᐦ ᐃᐦᑖᑦ ᓈᑖᐦ ᐅᓂᑑᐦᐆᔅᒌᐦᒡ ᐃᔅᑭᓂᐱᐳᓐᐦ. ▪ aakutaah kaah ihtaat naataah unituuhuuschiihch iskinipipunh. ▪ *Il passe toute l'année sur sa ligne de trappe.*

ᐋᐦᒋᐱᒋᐅ **aahchipichiu** vai ◆ il/elle déplace son campement en hiver

ᐋᐦᑎᔅᑯᐦᐊᒻ **aahtiskuham** vti ◆ il/elle déplace ses lignes de pêche nocturne en hiver

ᐋᑎᔅᒀᐦᐄᐹᐅ **aatiskwaahiipaau** vai ◆ il/elle déplace son filet de pêche en hiver

ᒋᐦᒋᐱᒋᐅ **chihchipichiu** vai ◆ il/elle part pour son campement d'hiver

ᒌᔑᐹᓈᔮᔨᐦᑖᑯᓐ **chiishipwaanaayaayihtaakun** vii
◆ c'est un temps doux en hiver

ᒌᔑᐹᐅ **chiishipwaau** vii ◆ c'est un temps doux en hiver

ᒌᔑᐹᔮᐅ **chiishipwaayaau** vii ◆ c'est un temps doux en hiver

ᐄᔥᐱᒋᐅ **iishpichiu** vai ◆ il/elle déplace son campement en hiver

ᑯᐃᔥᑎᑳᒫᔅᑯᐱᒋᐅ **kuishtikaamaaskupichiu** vai
◆ il/elle fait le tour du lac sur la glace en déplaçant son campement d'hiver

ᒫᒌᐱᒋᐅ **maachiipichiu** vai ◆ il/elle voyage vite à pied en hiver

ᒫᐦᐄᐱᒋᐅ **maahiipichiu** vai ◆ il/elle déplace son campement d'hiver en aval de la rivière

ᒥᔑᑳᔅᑯᐱᒋᐅ **mishikaaskupichiu** vai ◆ il/elle atteint l'autre côté d'une étendue de glace en déplaçant son campement d'hiver

ᓈᓯᐹᐱᒋᐅ **naasipaapichiu** vai ◆ il/elle déplace son campement d'hiver vers la côte

ᓃᑳᓂᐱᒋᐅ **niikaanipichiu** vai ◆ il/elle part en avant en déplaçant son campement d'hiver

ᓂᑭᒋᐱᒌᔥᑎᐙᐅ **nikichipichiishtiwaau** vta
◆ il/elle quitte son campement d'hiver pour aller vivre ailleurs

ᓂᓈᐦᑳᒋᑳᐴ **ninaahkaachikaapuu** vai -uwi
◆ il/elle ne peut pas déplacer son campement d'hiver parce qu'il/elle est malade

ᓂᑎᔨᔅᑯᐱᒋᐅ **nitiyiskupichiu** vai ◆ il/elle déplace son campement d' hiver en longeant la rivière gelée en amont

ᐹᐱᒋᐅ **paapichiu** vai ◆ il/elle retourne de son campement d'hiver à pied

ᐹᔓᐱᐳᓐ **paashupipun** vii ◆ c'est un hiver bref; cet hiver ne dure pas longtemps

ᐱᒋᐅ **pichiu** vai ◆ il/elle part pour son campement d'hiver

ᐲᔑᐱᐳᓐ **piishipipun** vii ◆ c'est un long hiver, une longue année

ᐱᒀᐦᐄᐹᐤ **pikwaahiipaau** vai ◆ il/elle pose un filet de pêche en hiver

ᐅᔅᒋᐱᐳᓐ **uschipipun** vii ◆ c'est le début de l'hiver; c'est le début de l'année

ᐅᑖᐦᒑᐱᒋᐤ **utaahchaapichiu** vai ◆ il est le dernier/elle est la dernière du groupe quand on déplace le campement d'hiver

ᔫᔅᑳᔮᐤ **yuuskaayaau** vii ◆ le temps est doux en hiver

ᐱᐳᓂᔅᒋᓯᓐᐦ **pipunischisinh** ni pl ◆ des bottes, chaussures, mocassins d'hiver

ᒌᐙᐱᒋᐤ **chiiwaapichiu** vai ◆ il/elle revient en déplaçant son campement d'hiver ■ ᐊᓂᑖᐦ ᒦᓐ ᒌᐦ ᐄᔑ ᒌᐙᐱᒋᐤ ᐊᓂᑖᐦ ᑳ ᐊᐦᑎᑖᔨᒫᑦ ᐅᓃᒋᐦᐄᒄᐦ. ■ anitaah miin chiih iishi chiiwaapichiu anitaah kaa ahtitaayimaat uniichihiikwh. ■ *Elle retourna à l'endroit où elle pensait qu'étaient restés ses parents.*

ᑯᐃᔥᑎᑳᒫᐱᒋᐤ **kuishtikaamaapichiu** vai ◆ il/elle suit le littoral pour déplacer son campement d'hiver

ᑯᓯᔅᐱᒋᐤ **kusispichiu** vai ◆ il/elle voyage à l'intérieur des terres en déplaçant son campement d'hiver

ᑯᑎᑯᓂᑎᐦᑯᐐᔑᐤ **kutikunitihkuwishiu** vai [Whapmagoostui] ◆ c'est une caribou femelle âgée de trois ans au début de l'hiver

ᒁᔅᒑᐙᐱᒋᐤ **kwaaschaawaapichiu** vai ◆ il/elle voyage jusqu'à une autre étendue d'eau en déplaçant son camp d'hiver

ᒫᔨᔅᑯᐱᒋᐤ **maayiskupichiu** vai ◆ il/elle va vers l'aval du cours d'eau en déplaçant son campement d'hiver

ᒧᓵᔅᑯᐱᒋᐤ **musaaskupichiu** vai ◆ il/elle sort sur la glace, déplace son campement d'hiver

ᒧᔖᔥᑯᐱᒋᐤ **mushaashkupichiu** vai ◆ il/elle déplace son campement d'hiver en traversant un lac gelé ou une rivière gelée

ᓈᑎᑳᓯᐱᒋᐤ **naatikaasipichiu** vai ◆ il/elle rejoint le rivage à pied en déplaçant son campement d'hiver

ᓈᑎᑳᔅᑯᐱᒋᐤ **naatikaaskupichiu** vai ◆ il/elle déplace son campement d'hiver en traversant la glace jusqu'à la terre ferme

ᓃᐹᐱᒋᐤ **niipaapichiu** vai ◆ il/elle déplace son campement d'hiver pendant la nuit

ᓅᐦᑖᐱᐳᓂᔑᐤ **nuuhtaapipunishiu** vai ◆ il/elle est prise là par la venue de l'hiver avant d'atteindre sa destination

ᐱᒥᔅᑯᐱᒋᐤ **pimiskupichiu** vai ◆ il/elle déplace son campement d'hiver en passant sur la glace

ᐱᐲᐦᒌᐤ **pipiihchiiu** vai redup ◆ il/elle parcourt une grande distance avant d'installer son campement d'hiver

ᐱᔨᔅᑯᑎᒫᐦᑯᓈᐱᒋᐤ **piyiskutimaahkunaapichiu** vai ◆ il/elle fait la trace en déplaçant son campement d'hiver

ᐴᐦᒋᔥᑎᒁᐱᒋᐤ **puuhchishtikwaapichiu** vai ◆ il/elle déplace son campement d'hiver en longeant une rivière gelée

ᐴᐦᑖᔥᑎᒁᐱᒋᐤ **puuhtaashtikwaapichiu** vai ◆ il/elle déplace son campement d'hiver en longeant une rivière gelée

ᔖᔂᑭᐦᐄᑭᓂᐱᒋᐤ **shaashwaakihiikinipichiu** vai ◆ il/elle passe sur la neige mouillée, la neige fondante en déplaçant son campement d'hiver

ᔖᔂᑭᐦᐄᐱᒋᐤ **shaashwaakihiipichiu** vai ◆ il/elle passe sur la neige mouillée, la neige fondante en déplaçant son campement d'hiver

ᔑᔓᑎᔥᑯᐱᒋᐤ **shishutishkupichiu** vai ◆ il/elle déplace son campement d'hiver en longeant le rivage

ᑖᑎᐹᐙᔅᑯᐱᒋᐤ **taatipaawaaskupichiu** vai ◆ il/elle contourne un obstacle en déplaçant son campement d'hiver

ᐑᒋᐱᒌᒫᐤ **wiichipichiimaau** vta ◆ il/elle voyage avec elle/lui en déplaçant son campement d'hiver

ᔮᔮᐙᓯᑯᐱᒋᐤ **yaayaawaasikupichiu** vai ◆ il/elle déplace son campement d'hiver en longeant le rivage gelé à pied

ᔮᔮᐙᔅᑯᐱᒋᐤ **yaayaawaaskupichiu** vai ◆ il/elle déplace son campement d'hiver en longeant le rivage gelé à pied

ᐹᐦᐲᐦᑎᐙᔮᔅᑯᐱᒋᐤ **paahpiihtiwaayaaskupichiu** vai redup ◆ il/elle déplace son campement d'hiver d'une clairière jusqu'au couvert des arbres

ᓯᔅᒋᑯᓂᑳᐤ **sischikunikaau** vii ◆ la neige est molle et mouillée à cause d'un temps doux en hiver

hiver dernier

ᐱᐳᓂᐦᒡ **pipunihch** p,temps ◆ l'hiver dernier, l'an dernier ■ ᐱᐳᓂᐦᒡ ᐄᔮᒄ ᓈᔥᑎᔨᒡ ᑳᐦ ᐙᐱᒫᑦ ᑯᐃᐦᑯᐦᐋᒑᐅᐦ. ■ pipunihch iiyaakw naashtiyich kaah waapimaat kuihkuhaachaauh. ■ *L'hiver dernier c'était la première fois qu'il a vu un carcajou.*

hocher

ᓈᒥᔅᒁᔨᐤ **naamiskwaayiu** vai ◆ il/elle hoche la tête, fait un signe de la tête

hochet

ᔒᔑᑯᓐ **shiishiikun** na ◆ un hochet

ᔖᔖᐱᔨᐦᐋᐤ **shaashaapiyihaau** vta redup ◆ il/elle secoue le hochet, la crécelle

homicide

ᓂᐱᐦᐄᐙᐎᓐ **nipihiiwaawin** ni ◆ un meurtre, un homicide volontaire ou involontaire

homme

ᓈᐹᐤ **naapaau** na -m ◆ un homme

ᓈᐹᐅ **naapaauu** vai -aawi ◆ c'est un homme

ᐊᑎᐦᒀᐹᐤ **atihkwaapaau** na -aam ◆ un homme qui tue facilement les caribous

ᒋᔒᓈᐸᐤ chishaanaapaau na -m ◆ un homme adulte
ᓂᔒᔨᔨᐤ nishiiyiyiu na -im ◆ un homme moderne
ᒌᔖᐹᐅ chiishaapaauu vai -aawi ◆ c'est un homme adulte
ᒥᔮᐹᐅ miywaapaauu vai -aawi ◆ c'est un bel homme
ᒋᔖᔨᔨᐤ chishaayiyiu na -im ◆ un vieil homme, un homme adulte, un vieillard
ᒋᔑᔑᐙᐸᐤ chishishiwaapaau na -m ◆ un homme capable, bien portant, en santé, fort
ᓃᔖᐹᐄᐄᒡ niishwaapaawiwich vai pl -aawi ◆ il y a deux frères, deux hommes
ᓂᓈᐹᐄᔨᐦᑎᐤ ninaapaawiyihtiu vai ◆ il/elle est doué-e pour les tâches d'homme
ᓂᔥᑖᐹᐄᐄᒡ nishtwaapaawiwich vai pl -aawi ◆ il y a trois frères, trois hommes

honnête

ᒥᔮᑎᓰᐤ miywaatisiiu vai ◆ il/elle est honnête, a bon caractère
ᑖᐹᐅᒑᔨᐦᑖᑯᓯᐤ taapwaauchaayihtaakusiu vai ◆ il/elle est juste, honnête

honneur

ᓃᒦᔥᑎᒻ niimiishtim vti ◆ il/elle danse en l'honneur de quelque chose
ᒋᔥᑖᔨᐦᑖᑯᓯᐤ chishtaayihtaakusiu vai ◆ il/elle mérite les honneurs, la gloire

hôpital

ᓂᑐᐦᑯᔨᓂᑭᒥᒄ nituhkuyinikimikw ni ◆ un hôpital

hoquet

ᓯᑯᑯᐦᑖᐤ sikukuhtaau vai ◆ il/elle a le hoquet

horloge

ᒧᔮᒥᐱᔨᐦᐋᐤ muyaamipiyihaau vta ◆ il/elle met la montre, l'horloge à l'heure

horrible

ᑯᔥᑖᓯᓈᑯᓯᐤ kustaasinaakusiu vai ◆ il/elle a l'air terrifiant-e, horrible, hideux/hideuse

hors

ᒧᔕᐙᒋᔑᓂᒻ mushaawaachishinim vti ◆ il/elle le pousse hors de l'eau

hors de vue

ᐋᑭᐤ aakiu p,lieu ◆ derrière, hors de vue ▪ ᐋᑯᑖᐦ ᓈᑖᐦ ᐱᒋᔥᑎᓐᐦ ᐋᑭᐤ. ▪ aakutaah naataah pichistinh aakiu. ▪ *Mets le là-bas, hors de ma vue!*

hors-bord

ᑳᐱᒥᐱᔨᔑᒡ kaapimipiyishich nip ◆ un moteur hors-bord

hôtel

ᓂᐹᐅᑭᒥᒄ nipaaukimikw ni ◆ une chambre à coucher, un hôtel

huard

ᒫᒄ mwaakw na -um ◆ un huard commun *Gavia immer*
ᐋᔑᒫᒄ aashimwaakw na -um ◆ un huard à gorge rousse *Gavia stellata*
ᒫᑳᐳᐄ mwaakwaapui ni ◆ du bouillon de huard
ᐅᑖᒫᒄ utaamwaakw na ◆ un huard du Pacifique, un plongeon du Pacifique *Gavia pacifica*
ᒧᒫᑳᐤ mumwaakwaau vai ◆ il/elle mange du huard
ᓅᑖᔑᒫᑳᐤ nuutaashimwaakwaau vai ◆ il/elle chasse les huards à gorge rousse
ᐄᓈᐹᔖᐤ winaapaashwaau vai ◆ il/elle découpe de travers des longs morceaux de porc-épic ou de huard

huile

ᐋᐦᒋᑯᐱᒦ aahchikupimii ni -iim ◆ de l'huile de phoque
ᑳᐱᐦᔮᑳᒡ kaapihyaakwaach nip [Whapmagoostui] ◆ de l'huile de moteur
ᑳᐱᐦᔮᑳᑭᒥᒡ kaapihyaakwaakimich nip ◆ de l'huile de moteur
ᐊᔥᑐᑖᑭᓐ ashtutaakin ni ◆ de la graisse ajoutée à de l'huile de baleine, de phoque, de perdrix pour lui donner bon goût
ᑑᒫᐱᔅᒋᓂᑭᓐ tuumaapischinikin ni ◆ de l'huile d'arme à feu, de l'huile à fusil
ᐱᒦ pimii ni ◆ du lard, du gras, de l'essence, de l'huile, du naphta

huiler

ᑑᒫᒋᓈᐤ tuumaachinaau vta ◆ il/elle l'huile, le/la graisse (en tissu ou en toile)
ᑑᒫᒋᓂᒻ tuumaachinim vti ◆ il/elle l'huile, le/la graisse (en tissu ou en toile)
ᑑᒫᐱᐦᒑᓈᐤ tuumaapihchaanaau vta ◆ il/elle l'huile, le/la graisse (filiforme)
ᑑᒫᐱᐦᒑᓂᒻ tuumaapihchaanim vti ◆ il/elle l'huile, le graisse (filiforme)
ᑑᒫᐱᔅᒋᓂᒻ tuumaapischinim vti ◆ il/elle l'huile, le graisse (minéral)

huit

ᓂᔮᓈᓈᐤ niyaanaanaau p,nombre ◆ huit
ᔮᓈᓈᐤ yaanaanaau p,nombre ◆ huit

humain

ᒥᔮᐹᑎᐦᐊᒻ miyaapaatiham vti ◆ il/elle sent facilement les humains
ᒌᐲᑭᓐᐦ chiipiikinh ni pl ◆ les os des pattes d'un ours, des os humain humain
ᐙᐱᔨᐹᑎᒻ waapiyipaatim vti ◆ il/elle répand de l'eau tout autour du piège pour éliminer l'odeur humaine

humble

ᑎᐱᐦᑖᔨᐦᑖᑯᓯᐤ tipihtaayihtaakusiu vai ◆ il/elle a la réputation d'être humble
ᑎᐱᐦᑖᔨᒨ tipihtaayimuu vai -u ◆ il/elle est humble
ᔫᔅᐱᓰᐤ yuuspisiiu vai ◆ il/elle est humble
ᔫᔅᐹᑎᓰᐤ yuuspaatisiiu vai ◆ il/elle vit humblement

humide

ᒥᔨᒥᐙᐅᐦᑳᐤ miyimiwaauhkaau vii ◆ c'est humide (granulé)
ᒥᔨᒧᐙᐤ miyimuwaau vii ◆ c'est humide
ᓃᔥᑳᐤ niishkaau vii ◆ c'est humide

σᐲ·ᐊᐱᐢᑳᐤ nipiiwaapiskaau vii ◆ c'est humide (minéral)

ᒋᒧᐢᒋ·ᐃᑳᐤ chimuschiwikaau vii ◆ c'est un endroit humide et boueux

ᒥᔨᒥ·ᐋᑯᓂᑳᐤ miyimiwaakunikaau vii ◆ c'est de la neige humide

ᒥᔨᒧ·ᐄᐦᑎᒋᓯᐤ miyimuwihtichisiu vai ◆ il/elle est humide (bois)

ᒥᔨᒧ·ᐄᐦᑎᑳᐤ miyimuwihtikaau vii ◆ le bois est humide

ᒥᔨᒧ·ᐃᑭᒋᔒᐤ miyimuwikichishaau vai ◆ il/elle a les fesses humides

ᒥᔨᒧ·ᐃᓰᐤ miyimuwisiiu vai ◆ il/elle est humide, moite

ᓃᐢᒋᓯᐤ niischisiu vai ◆ il/elle est humide, moite

σᐲᐅᐢᑭᒥᑳᐤ nipiiuskimikaau vii ◆ c'est un terrain humide

ᑎᐦᒋᐹᑭᓐ tihchipaakin vii ◆ c'est froid et humide (étalé)

ᐊ·ᐹᔮᓂᐦᐊᒧᒡ apwaayaanihamuch vti pl ◆ les sons du tonnerre annoncent un temps chaud et humide

ᒋᓯᓂᐹᔮᐤ chisinipaayaau vii ◆ c'est froid et pluvieux, il fait un temps humide et froid

humidifier

ᓃᐢᒋᓈᐤ niischinaau vta ◆ il/elle l'humidifie

ᓃᐢᒋᓂᒻ niischinim vti ◆ il/elle l'humidifie

humidité

ᒋᒧ·ᐃᓈᔒᐤ chimuwinaashaau vii ◆ le feu ne brûle pas bien à cause de l'humidité

ᐹᐦᑯᐹᑎᐦ·ᐋᐤ paahkupaatihwaau vta ◆ il/elle enlève l'excès d'humidité dans la peau de bête en la raclant

ᐃᔪᐢᒋᐹᒥᒌᐤ iyuschipaamichiiu vii ◆ ça pousse bien à cause de l'humidité

hurler

·ᐃᔫ wiyuu vai -u ◆ il/elle hurle

ᐋᔑᐦ·ᑳᐤ aashihkwaau vai ◆ il/elle hurle, crie

ᐋᔑᐦ·ᑳᐅᐦᐋᐤ aashihkwaauhaau vta ◆ il/elle le/la fait crier, hurler

ᐃᔮᔑᐦ·ᑳᐤ iyaashihkwaau vai ◆ il/elle hurle, crie de façon répétée

ᑖᒋ·ᑳᐤ taachikwaau vai [Wemindji] ◆ il/elle crie, hurle, pousse un cri perçant

hutte

ᒥᐦᑐᑳᓐ mihtukaan ni ◆ une hutte d'hiver

ᑎ·ᑳᐢᒋᐢᑖᐅᑭᒥᒄ tikwaachistaaukimikw ni ◆ une hutte d'automne

ᐅᐲᐦᑯᑖᑭᓂᒻᐦ upiihkutaakinimh nid pl ◆ ses copeaux de bois utilisés sur le sol de sa hutte (ex. castor)

·ᐃᒋᔥᑯ·ᐄᔥᐟ wichishkuwiisht ni -im ◆ la hutte du rat musqué

ᐋᑯᔩᐦᑐ·ᐃᒫᐤ aakuyihtuwimaau ni -uum ◆ une hutte de castor à deux étages

·ᐄᔥᐟ wiisht ni -im ◆ une hutte de rat musqué, de castor

·ᐄᔥᑎᐢᒌ wiishtischii ni pej ◆ une vieille hutte de castor vide

·ᐙᐢ·ᑳᐦᑖᒥᔥᑐ·ᐃᑯᐦᒡ waaskwaahtaamishtuwikuhch p,lieu [Whapmagoostui] ◆ l'arrière, le fond de la hutte de castor opposée à l'entrée

ᒋᓵᒥᐢᑯᔥᑖᐤ chisaamiskushtaau vii ◆ c'est une hutte construite par un castor adulte

ᐃᐦᑎᑐᔥᑎ·ᐋᓯ·ᐃᒡ ihtitushtiwaasiwich vai pl ◆ les castors ont un certain nombre de huttes

ᒫᐢᑎᐢᑯᔮᐤ maastiskuyaau vai ◆ il/elle a tué tous les castors dans la hutte

ᒥᐢᑭ·ᐃᒥᐢ·ᑳᐤ miskiwimiskwaau vai ◆ il/elle découvre des huttes de castor

ᓈᓂᑑᒥᐢ·ᑳᐤ naanituumiskwaau vai redup ◆ il/elle va chercher des huttes de castor

ᐲᐦᑎ·ᐄᒫᐤ piihtiwiimaau vii ◆ c'est une hutte de castor à deux niveaux

ᐅᐹᒥᔥᑖᐤ upaamishtaau ni ◆ une hutte de castor avec une entrée sur le côté

ᐹᔨᑯᔥᑎᐤ paayikushtiu p,quantité ◆ un famille de castors, une hutte de castor

ᓂᑑᒥᐢ·ᑳᒋᒫᐤ nituumiskwaachimaau vai ◆ il/elle explore l'endroit pour compter le nombre de huttes de castor

·ᐄᔥᑎᐦᒑᐤ wiishtihchaau vai ◆ le castor, le rat musqué bâtit sa hutte

ᑰᓂᔥᑎᐦᒑᐤ kuunishtihchaau vai ◆ il/elle (ex. castor, rat musqué) construit sa hutte tard en automne avec de la boue et de la neige

ᓵᔨ·ᐙᐢᒑᐤ saayiwaaschaau vai ◆ il/elle tue un castor après avoir détruit les tunnels et la hutte

hutte de castor

ᐅᓃᐱᔥᑎᐦᒑᐤ uniipishtihchaau ni ◆ une hutte de castor temporaire pour l'été

ᐅᓵᑭᐦᐋᑖᐤ usaakihaataau ni -im ◆ un tunnel dans la hutte de castor

hygiénique

ᐋᓯᔮᓐ aasiyaan na ◆ une serviette hygiénique

i

iceberg

ᑳᒋᒑᓯᒄ kaachichaasikw ni -um ◆ un iceberg

ici

ᒫᓂᑎᐦ maanitih p,dém,lieu ◆ c'est juste ici (souvent utilisé avec un geste de la main ou des lèvres) ■ ᒫᓂᑎᐦ ᐋᔥᑖᒡ ᐹᔓᒡ ᒋᓵᐱᓯᐢᒋᓵ·ᐙᓂᐦᒡ. ■ maanitih aashtaach paashuch chisaapisischisaawaanihch. ■ *C'est posé ici à coté du poêle.*

ᒫᐅᑖᐦ maautaah p,dém,lieu ◆ C'est ici, par ici (souvent utilisé avec un geste de la main ou des lèvres) ■ ᒫᐅᑖᐦ ᑳ ᐄᑐᐦᑖᒡ ᑳ ᓈᓂᑑᒋᔖᔮ·ᑳᒡ. ■ maautaah kaa iituhtaach kaa naanituuchishaayaakwaach. ■ *C'est ici qu'ils sont allés quand ils sont allés à la chasse à l'ours.*

ᒫᐅᑎᐦ **maautih** p,dém,lieu ◆ c'est ici, juste ici (souvent utilisé avec un geste de la main ou des lèvres) ■ ᒫᐅᑎᐦ ᒫᒃ ᓈᐦᐋᐤ ᑳ ᒥᒋᑖᔨᒡ ᐅᒥᐦᑐᑳᓂᐙᐤ ᐹᐳᓂᔨᒡ. ■ maautih maak naahaau kaa michitaayich umihtukaaniwaau paapuniyich. ■ *C'est ici qu'ils avaient leur abri d'hiver l'an dernier.*

ᓈᑎᐦ **naatih** p,dém,lieu ◆ ici ■ ᐋᑯᑎᐦ ᓈᑎᐦ ᑳ ᒥᔅᑭᒫᐦᒡ ᐊᓐ ᔓᐎᔮᓂᐎᑦ. ■ aakutih naatih kaa miskimaahch an shuwiyaaniwit. ■ *C'est ici que nous avons trouvé ce porte-monnaie.*

ᐅᑎᐦ **utih** p,dém,lieu ◆ ici ■ ᐋᑯᑎᐦ ᐅᑎᐦ ᑳ ᒌ ᐐᒋᔮᐦᒡ ᓵᑯᐦᒡᐦ. ■ aakutih utih kaa chii wiichiyaahch saakuhchh. ■ *C'est ici l'endroit où on passait nos printemps.*

ᐅᑖᐦ **utaah** p,dém,lieu ◆ par ici ■ ᐋᑯᑖᐦ ᐅᑖᐦ ᒑ ᐄᑐᐦᑖᔨᐦᒄ ᐐᐦ ᐅᒋᒁᒋᒑᔨᐦᒀ. ■ aakutaah utaah chaa iituhtaayihkw wiih uchikwaachichaayihkwaa. ■ *On ira par ici quand on ira à la pêche sur la glace.*

ᐹᒋ **paachi** préverbe ◆ vers ici, par ici

ici et là

ᒥᒫᓐ **mimaan** p,lieu redup ◆ ici et là, dispersé ■ ᒥᒄ ᒥᒫᓐ ᒌᐦ ᓂᐦᑖᐅᒋᓐᐦ ᒦᓂᔥᐦ ᑳ ᒧᐎᓱᔮᓐ. ■ mikw mimaan chiih nihtaauchinh miinishh kaa muwisuyaan. ■ *Quand je suis allé ramasser des baies, elles ne poussaient qu'ici et là.*

ᒥᒫᓂᑯᔮᐤ **mimaanikuyaau** vta redup ◆ il/elle le/la suspend ici et là

ᒥᒫᓂᔥᑖᐅᐦ **mimaanishtaauh** vii pl redup ◆ ils sont placés ici et là

ᒥᒫᓂᔩᐙᐤ **mimaaniyiwaau** vii redup ◆ le vent souffle ici et là

ᒥᔅᑎᐙᑯᐦᑎᓐ **mistiwaakuhtin** vii ◆ ça flotte ici et là

ᐹᐦᐹᑯᑖᑯᐦᑖᐤ **paahpaakutaakuhtaau** vii redup ◆ le sol est dégagé ici et là au printemps parce que la neige a fondu

ᒥᒫᓈᔅᒁᔮᐤ **mimaanaaskwaayaau** vii redup ◆ il y a des bouquets d'arbres ici et là

ᒥᒫᓂᐦᑯᐹᐤ **mimaanihkupaau** vii redup ◆ il y a des bouquets de saules ici et là

idée

ᓂᓯᑎᐙᑖᔩᒫᐤ **nisitiwaataayimaau** vta ◆ il/elle le/la reconnaît, se fait une idée de lui/d'elle

identifier

ᐄᔑᓂᒼ **iishinim** vti ◆ il/elle l'identifie comme tel

ᐄᔑᓂᐙᐤ **iishiniwaau** vta ◆ il/elle l'identifie comme tel

ᐄᑎᓯᓈᓲ **iitisinaasuu** vai-u ◆ il/elle est écrit-e, numéroté-e, conçu-e, marqué-e, identifié-e ainsi; son numéro (de téléphone) est...

ᒋᔥᒋᓂᐙᒋᑭᐦᐙᐤ **chishchiniwaachikihwaau** vta ◆ il/elle fait une marque dessus à la hache pour l'identifier

ᐄᑎᓯᓂᐦᐙᐤ **iitisinihwaau** vta ◆ il/elle l'écrit, le/la conçoit, l'identifie d'une certaine façon

idiot

ᒌᔥᒁᔒᐤ **chiishkwaashiu** vai ◆ il/elle est bête, idiot-e, ridicule

idole

ᒥᓂᑑᐦᑳᓐ **minituuhkaan** na ◆ une idole ou une image, une statue religieuse

igloo

ᑰᓂᑭᒥᒄ **kuunikimikw** ni ◆ un igloo, un iglou

île

ᒥᓂᔥᑎᒄ **minishtikw** ni-um ◆ une île

ᐊᐱᔕᓂᑳᔑᐤ **apishaanikaashiu** vai dim ◆ c'est une petite île

ᒥᐦᑳᓂᑳᐤ **mihkaanikaau** vii [Whapmagoostui] ◆ c'est une grande île

ᒥᔕᓂᑳᐤ **mishaanikaau** vii ◆ c'est une grande île

ᒥᓈᐱᔅᒄ **minaapiskw** ni-um ◆ une île rocheuse

ᐊᐅᓵᓂᒡ **ausaanich** p,lieu ◆ de l'autre côté de l'île ■ ᐊᐅᓵᓂᒡ ᓈᑖᐦ ᒌᐦ ᐅᐦᒋ ᑭᐹᐎᒡ ᐐᔩᐙᐤ. ■ ausaanich naataah chiih uhchi kipaawich wiiyiwaau. ■ *L'autre canot plein de gens a touché terre de l'autre côté de l'île.*

ᒫᒁᔮᓂᒡ **maakwaayaanich** p,lieu ◆ au milieu de l'île ■ ᐊᓂᑖᐦ ᒫᒁᔮᓂᒡ ᐋᑯᑖᐦ ᑳᐦ ᐙᐱᒥᒁᐤ ᒥᐦᒑᑐ ᓂᔅᑭᒡ ᐋᐦ ᒦᒋᓱᒡ. ■ anitaah maakwaayaanich aakutaah kaah waapimikwaau mihchaatu niskich aah miichisuch. ■ *J'ai vu beaucoup d'oies qui se nourrissaient au milieu de l'île.*

ᑎᐦᑯᐦᑖᓂᒡ **tihkuhtaanich** p,lieu ◆ au sommet de l'île ■ ᑎᐦᑯᐦᑖᓂᒡ ᐊᓂᑎᐦ ᒥᓂᔥᑎᑯᐦᒡ ᐋᐦ ᒥᔅᒑᑯᐎᒡ ᐋᑯᑎᐦ ᓈᔥᒡ ᑳᐦ ᒥᐦᒑᒡᐦ ᔑᑯᑖᐅᐦ. ■ tihkuhtaanich anitih minishtikuhch aah mischaakuwich aakutih naashch kaah mihchaach-h shikutaauh. ■ *Il y avait beaucoup de framboises jaunes au sommet de l'île dans le marécage.*

ᒌᐱᑖᓂᑳᐤ **chiipitaanikaau** vii [Whapmagoostui] ◆ c'est une île élevée

ᒋᓈᓂᑳᐤ **chinwaanikaau** vii ◆ l'île est longue

ᐃᔥᒁᑯᐦᑎᓐ **ishkwaakuhtin** vii ◆ c'est la dernière île

ᐃᔮᔑᐙᓂᒋᔥᑭᒼ **iyaashiwaanichishkim** vti ◆ il/elle marche d'île en île

ᒥᓂᔅᑎᒁᑭᒥᐤ **ministikwaakimiu** vii ◆ c'est un lac plein d'îles

ᒥᔥᑯᔒᐅᓂᑳᐤ **mishkushiiunikaau** vii ◆ l'île est herbeuse

ᒥᔥᑎᑰ **mishtikuu** vii-uwi ◆ c'est boisé, c'est une île boisée

ᒥᔥᑎᒁᔅᒋᓂᑳᐤ **mishtikwaaschinikaau** vii ◆ c'est une île boisée

ᓃᐳᐙᓂᑳᐤ **niipuwaanikaau** vii ◆ c'est une île élevée

ᐱᔅᑯᓂᑳᐤ **piskunikaau** vii ◆ l'île a une colline

ᔖᑭᐙᓂᑳᐤ **shaakiwaanikaau** vii ◆ c'est une île étroite

ᑎᐙᓂᑳᐤ **tiwaanikaau** vii ◆ il y a un espace entre les îles

ᒥᓂᓵᒄ **minisaakw** ni-um ◆ une île de sable ou de cailloux

ᐄᔥᐹᓂᑳᐤ **iishpaanikaau** vii ◆ c'est une île élevée

ᑯᐃᔥᑎᑲᒫᓂᒋᔥᑭᒼ **kuishtikaamaanichishkim** vti ◆ il/elle fait le tour de l'île à pied

ᒥᓂᓵᒀᐱᔅᒑᒋᒋᐎᓐ minisaakwaapischaachichiwin vii ◆ il y a une petite île rocheuse au milieu du rapide

ᒥᓂᔅᑎᑯᒋᐎᓐ ministikuchiwin vii ◆ le courant contourne l'île

ᐹᐦᐹᒋᐱᔅᒋᓂᑳᐤ paahpaachipischinikaau vii ◆ c'est une île rocheuse (d'affleurements rocheux)

ᓯᑳᓂᑳᐤ sikaanikaau vii ◆ il y a beaucoup d'îles rapprochées

ᐋᔥᑎᐦᑖᐤ aashtihtaau p,lieu ◆ sur la côte nord, du côté ensoleillé de la baie, de l'île ■ ᐋᔥᑎᐦᑖᐤ ᒌᐦ ᐊᒀᔮᐦᐅᑯᐦᑖᑯᐱᓐ ᐊᓐ ᐋᐦᒋᒄ ᑳ ᒥᔅᑭᐙᑭᓂᐎᑦ᙮ ■ aashtihtaau chiih akwaayaahukuhtaakupin an aahchikw kaa miskiwaakiniwit. ■ *On a trouvé un phoque échoué sur la côte nord de la baie.*

ᐄᔅᒁᓂᑳᐤ iiskwaanikaau vii ◆ l'île mesure... (par ex. 10km)

ᑖᑎᐹᐙᐤ taatipaawaau vai ◆ il/elle fait le tour de la pointe, de l'île

ile

ᔒᐹᔥᑎᑯᒋᐎᓐ shiipaashtikuchiwin vii ◆ la rivière coule entre des îles; il y a des rapides entre les îles

île rocheuse

ᒥᓂᔅᑎᒀᐱᔅᒄ ministikwaapiskw ni -um ◆ une île rocheuse, un rocher à fleur d'eau, un récif

image

ᒥᓂᑑᐦᑳᓐ minituuhkaan na ◆ une idole ou une image, une statue religieuse

imiter

ᓂᓈᔅᐱᑎᐙᐤ ninaaspitiwaau vta redup ◆ il/elle l'imite

ᒋᔅᒋᓂᐙᐱᐦᑎᒻ chischiniwaapihtim vti ◆ il/elle l'imite, le prend comme modèle ■ ᒌᐦ ᒋᔅᒋᓂᐙᐱᐦᑎᒫᐤ ᐊᓂᔮ ᑳ ᐅᔑᐦᑖᔨᒡᐦ᙮ ■ chiih chischiniwaapihtimwaau aniyaa kaa ushihtaayichh. ■ *Elle a utilisé son travail comme modèle.*

ᒋᔅᒋᓂᐙᐱᒫᐤ chischiniwaapimaau vta ◆ il/elle l'imite, le/la prend comme modèle ■ ᒌᐦ ᒋᔅᒋᓂᐙᐱᒫᐤ ᐋᐦ ᐃᐦᑎᔨᒡ ᐋᐦ ᒫᑎᐙᔨᒡᐦ᙮ ■ chiih chischiniwaapimaau aah ihtiyich aah maatiwaayich-h. ■ *Elle a essayé de jouer comme lui (en l'imitant).*

ᓂᓈᔅᐱᑐᐦᑎᒻ ninaaspituhtim vti redup ◆ il/elle répète, imite ce qu'il/elle entend

ᓂᓈᔅᐱᑐᐦᑎᐙᐤ ninaaspituhtiwaau vta redup ◆ il/elle répète après lui/elle; il/elle imite ce qu'il/elle l'entend dire, imite sa voix

immature

ᒧᓯᓈᑯᓯᐤ musinaakusiu vai ◆ il/elle est loin d'être prêt-e, est immature (utilisé à la forme négative) ■ ᐋᔥᒄ ᓂᒥ ᒧᓯᓈᑯᓯᐎᒡ ᔒᔒᐱᔑᔑᒡ ᑳ ᐙᐱᒥᒀᐤ᙮ ■ aashkw nimi musinaakusiwich shiishiipishishich kaa waapimikwaau. ■ *Les canetons que j'ai vus sont encore très petits pour cette époque de l'année.*

immédiatement

ᑏᐙᐦᒡ tiiwaahch p,temps ◆ tout de suite, immédiatement ■ ᑏᐙᐦᒡ ᒌᐦ ᑎᑯᔑᓐ ᑳᐦ ᐹᐦᑎᐦᒃ ᐋᐦ ᐋᐦᑯᓯᔨᒡᐦ᙮ ■ tiiwaahch chiih tikushin kaah paahtihk aah aahkusiyich-h. ■ *Elle est venue tout de suite quand elle a entendu qu'il était malade.*

immerger

ᒨᔅᒋᐹᐦᑎᓐ muuschipaahtin vii ◆ c'est immergé dans l'eau

immobile

ᒋᔮᒫᐅᑳᐴ chiyaamaaukaapuu vai -uwi ◆ il/elle est immobile

ᒥᒫᐦᒋᑯᔥᑳᑰ mimaahchikushkaakuu vai -u ◆ il/elle ne peut pas bouger à cause du poids qui pèse sur lui/elle, il/elle est retenu-e par quelque chose

ᒋᔮᒫᐅᐱᐤ chiyaamaaupiu vai ◆ il/elle est assis immobile, silencieux/silencieuse

immobiliser (s')

ᒋᐱᐦᒋᑳᐴ chipihchikaapuu vai -uwi ◆ il/elle s'arrête, s'immobilise ■ ᒌᐦ ᒋᐱᐦᒋᑳᐴ ᐊᓂᑎᐦ ᒫᔅᑭᓈᐦᒡ ᐋᐦ ᐋᔑᓂᐙᐦᐋᑦ ᒑ ᐅᑎᐦᑎᑯᑦ᙮ ■ chiih chipihchikaapuu anitih maaskinaahch aah aashiniwaahaat chaa utihtikut. ■ *Elle/Il s'est arrêté-e sur la route pour attendre qu'elle le rattrape.*

impatiemment

ᐴᒫᐦᐋᐤ puumaahaau vta ◆ il/elle l'attend impatiemment parce qu'il/elle est en retard

ᐴᒫᐦᑖᐤ puumaahtaau vai+o ◆ il/elle l'attend impatiemment parce qu'il/elle est en retard (ex. l'avion)

impayé

ᐄᔥᑯᐦᐊᒻ iishkuham vti ◆ il/elle en laisse impayé, en prend mais en laisse un peu

imperméable

ᔖᐚᐹᐙᐤ shaapwaapaawaau vii ◆ ce n'est pas imperméable

ᒋᒧᐎᓂᑯᐦᑉ chimuwinikuhp ni ◆ un imperméable, un imper, un manteau de pluie, un ciré

ᐊᔅᐹᐹᐙᐤ aspaapaawaau vai ◆ il/elle porte un vêtement imperméable

ᐊᔅᐹᐹᐙᓐᐦ aspaapaawaanh ni pl ◆ un vêtement ou une chaussure imperméable

ᐅᑎᔅᐹᐹᐙᓐᐦ utispaapaawaanh nid pl ◆ ses vêtements imperméables, ses chaussures

ᐲᐦᑎᐎᒁᑎᒻ piihtiwikwaatim vti ◆ il/elle coud des bottes en peau de phoque de façon à les rendre imperméable

importance

ᒌᐦᑳᔮᔨᐦᑎᒻ chiihkaayaayihtim vti ◆ il/elle accorde beaucoup d'importance à ça, s'en souvient bien

important

ᒋᔥᑎᒫᐎᓐ chishtimaawin vii ◆ c'est important

ᒋᔅᑎᓰᐤ chistisiiu vai ◆ il/elle est grand-e, important-e

ᐃᔩᐦᐱᒋᓈᑯᓐ iyaahpichinaakun vii ◆ ça a l'air important, utile (utilisé au négatif) ■ ᓈᔥᒡ ᐋᑳ ᐅᐦᒋ ᐃᔩᐦᐱᒋᓈᑯᐦᒡ ᑳ ᑎᑳᔥᑖᐦᑖᔮᐦᒡ. ■ naashch aakaa uhchi iyaahpichinaakuhch kaa tikaashtaahtaayaahch. ■ *Le film qu'on a vu n'était pas très intéressant.*

ᐃᔩᐦᐱᒋᓈᑯᓯᐤ iyaahpichinaakusiu vai ◆ il/elle a l'air important, utile (utilisé à la forme négative) ■ ᑖᐹ ᐃᔩᐦᐱᒋᓈᑯᓯᐤ ᐊᓐ ᐋᐃᐦᑯᓈᐤ ᐋᑦ ᒌᐦ ᒥᒫᐦᑖᐅᓈᑯᐦᐄᒃ. ■ taapaa iyaahpichinaakusiu an aaihkunaau aat chiih mimaahtaaunaakuhiik. ■ *Le gâteau n'a pas l'air joli même si je l'ai décoré.*

important (pas)

ᑎᐱᐦᑖᔨᐦᑖᑯᓐ tipihtaayihtaakun vii ◆ ce n'est pas important

ᑎᐱᐦᑖᔨᒫᐤ tipihtaayimaau vta ◆ il/elle pense qu'il/elle n'est pas important

impossible

ᑖᔥᑎᑳᒋᔨᑖᐤ taashtikaachiyitaau vai ◆ il/elle lui demande l'impossible

imprégné d'eau

ᑯᓯᒁᐹᐙᐤ kusikwaapaawaau vii ◆ c'est lourd et imprégné d'eau

imprégner

ᐴᐙᐹᐙᐤ puwaapaawaau vai ◆ il/elle sent l'eau imprégner ses vêtements, ses chaussures

impression

ᒥᒥᔼᒋᒦᓱᐆ mimiywaachimiisuu vai reflex redup -u ◆ il/elle parle pour donner bonne impression

ᐎᓂᒨᓯᓈᑯᓐ winimuusinaakun vii ◆ ça a l'air faux, ça donne une mauvaise impression

ᐎᓂᒨᓯᓈᑯᓯᐤ winimuusinaakusiu vai ◆ il/elle a l'air faux, donne une mauvaise impression

imprimer

ᒥᓯᓂᐦᐄᑭᓂᐦᒑᐤ misinihiikinihchaau vai ◆ il/elle imprime, fait des livres

improbable

ᔖᐦᑯᒋᐱᔨᐤ shaahkuchipiyiu vii ◆ ça arrive même si c'était improbable

inactif

ᒋᐦᑎᒧᐎᓐ chihtimuwin ni ◆ de l'inactivité, de la paresse

inattendu

ᐿᑦ puut p,temps ◆ de temps en temps, de façon inattendue, sûrement ■ ᐿᑦ ᒫᓐ ᓈᔥᒡ ᐋᐦ ᐅᐦᒋ ᒋᔖᐙᐙᑦ ᐊᔨᒥᐦᐋᐅᒋᒫᐤ ᑳ ᑭᒑᔅᒁᑦ. ■ puut maan naashch aah uhchi chishwaawaat ayimihaauchimaau kaa kichaaskwaat. ■ *De temps en temps, le prédicateur parlait très fort.*

inattention

ᒋᐦᑳᐙᒋᐦᐋᐤ chihkaawaachihaau vta ◆ il/elle ne fait pas attention à lui/elle (toujours utilisé à la forme négative)

incandescent

ᓯᐦᒑᔮᔅᒑᐅᒋᓂᒼ sihchaayaaschaauchinim vti ◆ il/elle étale les bûches incandescentes avec quelque chose

incapable

ᑯᔨᑎᐤ kuyitiu p,manière ◆ pas disponible, incapable ■ ᓈᔥᑎᔨᒡ ᑯᔨᑎᐤ ᓂᒌᐦ ᐃᐦᑐᑎᐙᐤ ᑳ ᐹᒋ ᓈᓂᑖᔑᒧᔥᑎᐎᑦ. ■ naashtiyich kuyitiu nichiih ihtutiwaau kaa paachi naanitaashimushtiwit. ■ *Quand elle est venu me demander de l'aide, j'étais complètement incapable de l'aider.*

ᓂᓈᐦᑳᑖᔨᒦᓱᐆ ninaahkaataayimiisuu vai reflex -u ◆ il/elle se sent incapable de faire quelque chose

ᓂᔮᓱᐎᓰᐤ niyaasuwisiiu vai ◆ il/elle est faible, incapable

ᓅᐦᑖᓰᐤ nuuhtaasiiu vai ◆ il/elle est faible, incapable

ᐿᓈᐱᐦᑎᒼ puunaapihtim vti ◆ il/elle essaie mais ne peut pas le faire

ᐿᓈᐱᒫᐤ puunaapimaau vta ◆ il/elle ne peut pas lui faire faire ce qu'il/elle veut qu'il/elle fasse, il/elle est incapable de l'attraper

ᒫᔑᒨ maashimuu vai -u ◆ il/elle annonce la mort de quelqu'un, il/elle dit qu'il/elle a de douleur quelque part, il/elle pense qu'il/elle est incapable de le faire

ᓅᐦᑖᑳᔑᐙᐤ nuuhtaakaashiwaau vai ◆ une famille n'est pas capable de suivre le groupe, s'arrête pour camper avant les autres

incertain

ᐅᐙᓈᔨᐦᑎᒼ uwaanaayihtim vti ◆ il/elle ne sait pas comment faire quelque chose, quoi faire

ᐅᐙᓈᔨᐦᑎᒥᐦᐋᐤ uwaanaayihtimihaau vta ◆ il/elle le/la rend incertaine de ses actions, il/elle fait qu'il/elle n'est pas sûre de ce qu'il/elle doit faire

incertitude

ᑳᑭᔮᐦ kaakiyaah p,discours ◆ il est possible que... (particule exprimant le doute ou l'incertitude) ■ ᑳᑭᔮᐦ ᐋᑯᑖᐦ ᐊᔮᐱᒡ ᑳᐦ ᐄᑐᐦᑖᒡ ᐊᓂᔮ ᐙᔅᑳᐦᐄᑭᓂᔨᐤ ᐊᓂᒌ ᐊᐙᔑᔑᒡ ᐋᑳ ᐅᐦᒋ ᓂᑎᐙᔨᐦᑖᑯᓯᒡ ᒑ ᐄᑐᐦᑖᒡ. ■ kaakiyaah aakutaah ayaapich kaah iituhtaach aniyaa waaskaahiikiniyiu anichii awaashishich aakaa uhchi nitiwaayihtaakusich chaa iituhtaach. ■ *Il est bien possible que les enfants soient allés dans cette maison alors qu'on les avait prévenus de ne pas y aller.*

inciter

ᔒᐦᒋᒧᐙᐤ shiihchimuwaau vai ◆ il/elle encourage, incite fortement

inclinaison

ᐄᔨᐹᐱᐤ iiyipaapiu vai ◆ il/elle est placé-e, posé-e sur une inclinaison

ᐄᔨᐹᔥᑖᐤ iiyipaashtaau vii ◆ c'est placé sur une inclinaison

ᐄᔨᐹᔮᐅᐦᑭᐦᐊᒼ iiyipaayaauhkiham vti ◆ il/elle marche sur l'inclinaison

ᐅᐦᐱᒫᔥᑖᐤ uhpimaashtaau vai ◆ il/elle est assis-e sur une inclinaison

incliné

ᐄᔨᐹᔮᐤ iiyipaayaau vii ◆ c'est incliné

ᓂᐙᔮᔅᑯᐦᑎᓐ niwaayaaskuhtin vii ◆ c'est incliné (long et rigide)

ᐄᔨᐹᓯᒁᐤ iiyipaasikwaau vii ◆ la glace est inclinée

ᐄᔨᐹᑖᐅᐦᑳᐤ iiyipaataauhkaau vii ◆ le sol est incliné, en pente

ᐄᔨᐹᔮᐅᐦᑳᐤ iiyipaayaauhkaau vii ◆ la colline est inclinée

ᓂᐚᑯᑖᐤ niwaakutaau vii ◆ c'est suspendu en position inclinée

ᓂᐚᔮᔥᑯᔑᓐ niwaayaashkushin vai ◆ il/elle (long et rigide) est posé-e sur un plan incliné

ᐅᐦᐱᒫᔥᑖᐤ uhpimaashtaau vii ◆ c'est posé incliné

incliner

ᐄᔨᐹᔥᑭᒼ iiyipaashkim vti ◆ il/elle l'incline avec son pied ou son corps

ᓂᐚᑳᐳᐎᐦᑖᐤ niwaakaapuwihtaau vai+o ◆ il/elle le dresse en position inclinée

inclure

ᐊᔥᑎᓈᐤ ashtinaau vta ◆ il/elle l'inclut avec le reste

inconfortable

ᒋᐦᑳᐙᑖᔨᒨ chihkaawaataayimuu vai -u ◆ il/elle se sent inconfortable, ne se sent pas à l'aise (toujours utilisé à la forme négative) ▪ ᓈᔥᒡ ᐋᑳ ᒋᐦᑳᐙᑖᔨᒧᑦ ᐋᐦ ᒥᐦᒑᑎᔨᒡᐦ ᐊᐚᔑᔥᐦ ᐋᐦ ᐃᔨᐦᑖᑦ᙮ ▪ naashch aakaa chihkaawaataayimut aah mihchaatiyichh awaashish-h aah iyihtaat. ▪ *Elle/il ne se sent pas à l'aise avec tous ces enfants autour d'elle.*

ᐎᔥᑎᐎᑳᐴ wishtiwikaapuu vai -uwi ◆ il/elle inconfortable en étant debout

ᐎᔥᑎᐎᐱᐤ wishtiwipiu vai ◆ il/elle est mal assis-e

ᐎᔥᑎᐎᔑᓐ wishtiwishin vai ◆ il/elle est inconfortable en étant couché-e

inconnu

ᒫᓂᑖᐅᓈᑯᓐ maanitaaunaakun vii ◆ ça a l'air inconnu

ᒫᓂᑖᐅᓈᑯᓯᐤ maanitaaunaakusiu vai ◆ il/elle semble inconnu-e

incorrect

ᒫᒫᔒᐦᑳᐤ maamaashiihkaau vai ◆ il/elle le fait de façon incorrecte

incrédulité

ᐋᓏᐦᑎᒧᐎᓐ aanwaahtimuwin ni ◆ l'incrédulité

incroyable

ᒫᒥᔥᑳᒡ maamishkaach p,interjection ◆ c'est incroyable, étonnant ▪ ᓄᐎᒡ ᒫᒥᔥᑳᒡ ᐃᔨᔑᓈᑯᓐ ᒑᒁᓐ ᐊᓅᐦᒡ᙮ ▪ nuwich maamishkaach iyishinaakun chaakwaan anuuhch. ▪ *On peut voir des choses incroyables aujourd'hui.*

ᒥᔅᑳᑖᔨᐦᑖᑯᓐ miskaataayihtaakun vii ◆ c'est surprenant, incroyable

ᒥᔅᑳᑖᔨᐦᑖᑯᓯᐤ miskaataayihtaakusiu vai ◆ il/elle est surprenant-e, incroyable, extraordinaire

incurver

ᐙᐚᑳᐱᐦᒑᓈᐤ waawaakaapihchaanaau vta redup ◆ il/elle l'incurve (filiforme), le/la met en zigzag

ᐙᐚᑳᐱᐦᒑᓂᒼ waawaakaapihchaanim vti redup ◆ il/elle l'incurve (filiforme), le met en zigzag

incurver (s')

ᐙᐚᑳᐱᐦᒑᐱᔨᐦᐋᐤ waawaakaapihchaapiyihaau vta redup ◆ il/elle le/la fait s'incurver (filiforme)

ᐙᐚᑳᐱᐦᒑᐱᔨᐦᑖᐤ waawaakaapihchaapiyihtaau vai redup ◆ il/elle le fait s'incurver (filiforme)

indépendance

ᑎᐹᔨᒦᓲ tipaayimiisuu vai reflex -u ◆ il/elle a le libre-arbitre, est indépendant-e

indépendant

ᐱᐹᔨᑎᑖᒌᐦᑳᓲ pipaayititaachiihkaasuu vai reflex -u ◆ il/elle se débrouille tout seul, fait les choses de manière indépendante

indien

ᐐᒋᐦᐄᐚᐅᒋᒫᐤ wiichihiiwaauchimaau na ◆ un agent des Affaires indiennes, représentant du gouvernement fédéral

indigestion

ᐱᔂᒥᐦᒋᐦᐆ pishwaamihchihuu vai -u ◆ il/elle se sent malade après avoir mangé de la nourriture riche et grasse

indigne

ᒫᔮᔨᐦᑎᒥᓈᑯᓯᐤ maayaayihtiminaakusiu vai ◆ il/elle est méprisable, indigne

ᐲᐚᔨᐦᑖᑯᓯᐤ piiwaayihtaakusiu vai ◆ il/elle est méprisable, indigne

indiquer

ᒋᔥᒋᓂᐚᓯᓈᑯᓐ chishchiniwaasinaakun vii ◆ ça indique quelque chose

ᔖᒑᐚᔮᒋᐎᓐ shaachaawaayaachiwin vii ◆ ça indique qu'il y a un rapide après le tournant

ᑖᔥᑖᐱᑯᔅᒑᐤ taashtaapikuschaau vai ◆ il/elle place les indicateurs de contour le long du cadre de la raquette et de la barre transversale pour le tissage

ᐐᐦᑎᒫᑰ wiihtimaakuu vai -u ◆ il/elle le sait grâce aux signes, les signes le lui indique

ᐎᔨᐦᐋᐤ wiyihaau vta ◆ il/elle l'expose, l'indique

ᐎᔨᔥᑎᐚᐤ wiyishtiwaau vta ◆ il/elle l'expose, l'indique pour lui/elle

ᐎᔨᔥᑖᐤ wiyishtaau vai ◆ il/elle l'écrit, l'indique, le place

infecté

ᐄᔨᑳᓈᓯᐤ iiyikaanaasiu vai ◆ il/elle est infecté-e

infecter

ᐋᐃᑳᓈᓯᐤ aaikaanaasiu vai ◆ il/elle est infecté-e

infesté

ᒥᓂᑑᔑᐆ minituushiuu vai -iwi ◆ il/elle a des vers, est infesté-e d'insectes, est véreux/véreuse

infiltrer (s')
ᐲᐦᑖᐹᐙᐤ piihtaapaawaau vii ◆ l'eau rentre dedans, s'infiltre
ᔖᒁᐹᐙᐤ shaakwaapaawaau vii ◆ de l'eau s'infiltre en dessous

infirmière
ᓂᑐᐦᑯᔨᓂᔅᒁᐅᑭᒥᒄ nituhkuyiniskwaaukimikw ni ◆ la résidence des infirmières ou des infirmiers

infirmière, infirmier
ᓂᑐᐦᑯᔨᓂᔅᒁᐤ nituhkuyiniskwaau na -m ◆ une infirmère, un infirmier

inflammable
ᐎᔨᒑᐎᔨᐦᑖᐤ wiyichaawiyihtaau vii ◆ ça prend feu facilement, c'est très inflammable

information
ᒋᔅᒑᔨᐦᑎᒧᐎᓐ chischaayihtimuwin ni ◆ de l'information, des connaissances

informer
ᒋᔅᒑᔨᐦᑎᒥᐦᐋᐤ chischaayihtimihaau vta ◆ il/elle l'informe, le lui fait savoir

inhaler
ᐄᔅᑯᑖᒨ iiskutaamuu vai -u ◆ il/elle inhale

injurier
ᐑᐦᒁᑖᐤ wiihkwaataau vta ◆ il/elle l'injurie
ᐑᐦᒁᑎᒼ wiihkwaatim vti ◆ il/elle l'injurie
ᒥᒥᒋᒌᔥᐙᑖᐤ mimichichiishwaataau vta redup ◆ il/elle l'insulte, l'injurie, le traite de tous les noms

inondation
ᐑᓵᔅᑯᐹᐤ wiisaaskupaau vai ◆ il/elle (ex. arbre) est mort à cause de l'inondation

inondé
ᐎᔨᐹᔮᐤ wiyipaayaau vii ◆ c'est une aire qui est inondée quand la neige fond au printemps

inonder
ᐊᔅᒋᐳᑖᐤ aschiputaau vii ◆ c'est inondé par une rivière qui déborde ▪ ᔖᔥ ᐊᔅᒋᐳᑖᐤ ᐊᓂᑎᐦ ᑳ ᒌ ᐑᒋᔮᐦᒡ. ▪ shaash aschiputaau anitih kaa chii wiichiyaahch. ▪ *L'endroit où nous vivions est maintenant inondé.*
ᐊᔅᒋᐳᔮᐤ aschipuyaau vta ◆ il/elle l'inonde
ᐊᔅᒋᐳᑖᐤ aschiputaau vai+o ◆ il/elle le fait déborder, cause une inondation
ᐙᔥᑖᓂᐦᑭᐦᑎᒼ waashtaanihkihtim vti ◆ il/elle l'inonde de lumière
ᐱᐱᔮᐹᐤ pipiyaapaau vai redup ◆ il/elle inonde le ruisseau ou le lac sur une aire étendue

inopportun
ᒫᒫᔑᐦᐅ maamaashihuu vai -u ◆ il/elle s'habille de façon inopportune pour le climat froid, avec des vêtements qui ne sont pas appropriés pour le froid

insatisfait
ᒥᒑᔨᐦᑎᒼ michaayihtim vti ◆ il/elle ne l'aime pas, est insatisfait-e, il est malheureux, elle est malheureuse

inscrire
ᒥᓯᓈᓱ misinaasuu vai -u ◆ il/elle est écrit-e dessus, son nom est sur quelque chose, il/elle est inscrit-e

insecte
ᒥᓂᑑᔥ minituush na -im ◆ un insecte
ᒥᓂᑑᔑᐙᑭᒥᐤ minituushiwaakimiu vii ◆ il y a des insectes dans l'eau
ᒥᓂᑑᔔ minituushuu vii -uwi ◆ il y a des vers, des insectes dedans
ᐊᒥᔥᑯᔒᔥ amishkushiish na -im ◆ un insecte noire (une bibitte noire) qui vit dans l'eau
ᒥᓂᑑᔑᐅ minituushiuu vai -iwi ◆ il/elle a des vers, est infesté-e d'insectes, est véreux/véreuse

insérer
ᓰᐦᑖᔅᑯᐦᑎᓐ siihtaaskuhtin vii ◆ c'est serré entre des choses longues et rigides

insistance
ᐋᐃᐦᑭᒼ aaihkim p,manière ◆ avec insistance ▪ ᐋᐃᐦᑭᒼ ᒌᐦ ᐄᑖᐤ ᒑ ᐑᒋᒫᔨᒡᐦ ᐋᑳ ᒫᒃ ᐅᐦᒋ ᐑᐦ ᐑᒋᒫᔨᒡᐦ. ▪ aaihkim chiih iitaau chaa wiichimaayichh aakaa maak uhchi wiih wiichimaayichh. ▪ *Il lui dit avec insistance d'épouser quelqu'un (de particulier), alors qu'elle ne voulait pas.*

insister
ᐋᐃᐦᑭᒥᒫᐤ aaihkimimaau vta ◆ il/elle insiste qu'il/elle le fasse
ᔒᐦᒋᒫᐤ shiihchimaau vta ◆ il/elle le/la presse, insiste auprès de lui/d'elle

inspecter
ᐙᐙᐱᐦᑎᒼ waawaapihtim vti redup ◆ il/elle l'inspecte

installé
ᒨᔥᒋᔥᑖᐤ muushchishtaau vii ◆ c'est installé
ᓈᐦᐸᒥᔥᑖᐤ naahpaamishtaau vii ◆ c'est installé, prêt et disponible

installer
ᐄᑖᐹᑭᒧᐦᐋᐤ iitaapaakimuhaau vta ◆ il/elle le/la (filiforme) met, l'installe d'une certaine façon
ᐄᑖᐹᑭᒧᐦᑖᐤ iitaapaakimuhtaau vai ◆ il/elle installe une ligne
ᐲᒥᑳᒫᔮᔅᑯᒧᐦᐋᐤ piimikaamaayaaskumuhaau vii ◆ c'est installé en diagonale (long et rigide)
ᐲᒥᑳᒫᔮᔅᑯᒧᐦᑖᐤ piimikaamaayaaskumuhtaau vai ◆ il/elle l'installe en diagonale (long et rigide)
ᑎᔅᑭᒫᐹᑭᒧᐦᑖᐤ tiskimaapaakimuhtaau vai ◆ il/elle l'installe (filiforme) en travers
ᑎᔅᑭᒫᐱᔅᑭᒧᐦᑖᐤ tiskimaapiskimuhtaau vai ◆ il/elle l'installe en travers (minéral)
ᑎᔅᑭᒫᐱᔅᑭᒨ tiskimaapiskimuu vai -u ◆ il/elle est installé-e en travers (minéral)
ᑎᔅᑭᒫᐱᔅᑭᒨ tiskimaapiskimuu vii -u ◆ c'est installé (minéral) en travers
ᑎᔅᑭᒫᔅᑯᒧᐦᑖᐤ tiskimaaskumuhtaau vai ◆ il/elle l'installe (long et rigide) en travers
ᐋᑖᔅᑯᐦᐊᒼ aataaskuham vti ◆ il/elle installe des poteaux pour maintenir la pile de bois

ᒋᒥᑖᐤ chimitaau vai ◆ il/elle l'installe, le monte ou dresse (par ex. une tente)

ᐧᐃᒋᑳᒋᓈᓂᐅ wichikaachinaaniuu vii,impersonnel -iwi ◆ on installe le camp là où toute la viande du caribou est découpée et préparée

ᑯᐃᔅᑯᑳᐳᐧᐃᐦᑖᐤ kuiskukaapuwihtaau vai ◆ il/elle le pose ou l'installe bien droit; il/elle le met en ligne droite

ᑯᐃᔅᑯᒧᐦᑖᐤ kuiskumuhtaau vai ◆ il/elle le place, le pose ou l'installe dessus; il/elle l'ajuste, l'aligne

installer (s')

ᓂᐦᐋᐧᐄᐤ nihaawiiu vai ◆ il/elle s'installe

ᓂᐦᐊᐱᐤ nihapiu vai ◆ il/elle se trouve une place, s'installe

instant

ᒥᑯᒌ mikuchii p,temps ◆ pour un instant, pendant un moment

ᐱᑦ pit p,temps ◆ pour le moment, pour l'instant ■ ᐋᑯᑎᐦ ᒫ ᐱᑦ ᐊᐱᐦ ᐹᑎᔥ ᒦᓐ ᑎᑯᔑᓂᔮᓈ. ■ aakutih maa pit apih paatish miin tikushiniyaanaa. ■ *Reste ici pour le moment, jusqu'à ce que je revienne.*

instruction

ᒋᔅᑯᑎᒫᒑᐧᐃᓐ chiskutimaachaawin ni ◆ l'enseignement, l'instruction

ᐧᐃᔩᔓᒫᐤ wiyishumaau vta ◆ il/elle lui donne des ordres, le commande, donne des instructions sur lui/elle

ᐄᑎᔓᒫᐤ iitishumaau vta ◆ il/elle lui donne des ordres, des instructions

ᐄᑎᔓᐧᐋᑖᐤ iitishuwaataau vta ◆ il/elle donne des ordres, des instructions au sujet de quelqu'un

ᐄᑎᔓᐧᐋᑎᒼ iitishuwaatim vti ◆ il/elle donne des ordres, des instructions au sujet de quelque chose

instruire

ᒋᔅᒋᓄᐦᐊᒧᐧᐋᐤ chischinuhamuwaau vta ◆ il/elle l'instruit, lui enseigne

ᐄᑎᔓᐧᐋᐤ iitishuwaau vai ◆ il/elle commande, instruit

instrument

ᒋᔥᑐᐦᒋᑭᓐ chishtuhchikin ni ◆ un instrument de musique, une chaîne stéréo

ᐱᑯᓵᔨᐦᒋᑭᓐ pikusaayihchikin ni ◆ un instrument de chasse ou de piégeage

insulté

ᐱᓱᐦᑎᒼ pisuhtim vti ◆ il/elle est insulté-e par ce que quelqu'un dit

insulter

ᐱᓱᒫᐤ pisumaau vta ◆ il/elle l'insulte avec ses paroles

ᒫᔮᔨᐦᑎᒼ maayaayihtim vti ◆ il/elle l'insulte, se moque de ça, le tourne en dérision

ᒥᒥᒋᒌᔕᐧᐋᑖᐤ mimichichiishwaataau vta redup ◆ il/elle l'insulte, l'injurie, le traite de tous les noms

insupportable

ᐅᐧᐋᓂᐦᑭᐦᓲ uwaanihkihsuu vai -u ◆ il/elle trouve la chaleur insupportable

intelligence

ᒥᑐᓈᔨᐦᒋᑭᓐ mitunaayihchikin ni ◆ l'esprit, l'intelligence, la faculté de penser

intelligent

ᑭᒑᐦᑖᐧᐋᔨᐦᑎᒼ kichaahtaawaayihtim vti ◆ il/elle est sage, intelligent-e

intéressé

ᐋᓯᐦᒑᔨᐦᑎᒥᐦᐄᑯ aasihchaayihtimihiikuu vai -u ◆ il/elle est très intéressé-e, motivé-e

ᒋᓯᒑᔨᐦᑎᒥᐦᐄᑯ chisichaayihtimihiikuu vai -u ◆ il/elle est vraiment intéressé-e à le faire, est motivé-e

intéresser

ᒨᒋᒋᐦᐋᐤ muuchichihaau vta ◆ il/elle le/la force à s'intéresser à lui/elle par ses actions, son apparence

ᓵᐱᐦᐄᑯ saapihiikuu vai -u ◆ ça l'intéresse (toujours utilisé à la forme négative) ■ ᑖᐹ ᓵᐱᐦᐄᑯ ᐅᔮ ᐹᐳᓂᔨᒡ ᐋᐦ ᒋᔅᑯᑎᒫᓲᑦ. ■ taapaa saapihiikuu uyaa paapuniyich aah chiskutimaasut. ■ *L'école ne semble pas l'intéresser cette année.*

ᓵᐹᔨᐦᑎᒼ saapaayihtim vti ◆ il/elle a envie de quelque chose (toujours utilisé à la forme négative) ■ ᑖᐹ ᓵᐹᔨᐦᑎᒼ ᒑ ᒌᐦ ᐴᓯᑦ ᐋᑳ ᐧᐄᒑᐧᐋᐧᐋᑦ ᐅᑎᐧᐋᔑᔑᒻᐦ. ■ taapaa saapaayihtim chaa chiih puusit aakaa wiichaawaat utiwaashishiimh. ■ *Elle n'a pas du tout envie de sortir en canot sans emmener ses enfants.*

ᓵᐹᔨᒫᐤ saapaayimaau vta ◆ il/elle s'y intéresse, en a envie (animé) (toujours utilisé à la forme négative) ■ ᑖᐹ ᓵᐹᔨᒫᐤ ᐊᓂᔮᐦ ᐊᐧᐋᔑᔑᐦᑳᓂᔥᐦ ᑳ ᒥᔨᒃ. ■ taapaa saapaayimaau aniyaah awaashishihkaanishh kaa miyik. ■ *La poupée que je lui ai donnée ne l'intéresse pas du tout.*

intéresser (s')

ᐃᔮᐱᑖᔨᐦᑎᒼ iyaapitaayihtim vti ◆ il/elle fait attention à, s'occupe de, s'intéresse à lui/elle

intérieur

ᓅᐦᒋᒦᐦᒡ nuuhchimiihch p,lieu ◆ à l'intérieur des terres ■ ᐆ ᐊᓅᐦᒡ ᒑ ᐋᑎ ᑎᐧᑳᒋᐦᒡ ᐋᐅᒃ ᓅᐦᒋᒦᐦᒡ ᒑ ᑎᐧᑳᑭᐱᔮᓐ. ■ uu anuuhch chaa aati tikwaachihch aaukw nuuhchimiihch chaa tikwaakipiyaan. ■ *Je passerai l'automne à l'intérieur des terres.*

ᐲᐦᑎᑖ piihtitaa p,lieu ◆ à l'intérieur

ᐲᐦᒋᔥᑭᐧᐋᐤ piihchishkiwaau vta ◆ il/elle imprègne tout son corps ■ ᐲᐦᒋᔥᑳᑯ ■ piihchishkaakuu ■ *il en est rempli, imprégné, possédé (ex. d'un esprit)*

ᒑᒋᔕᐹᔮᐅᑯᐦᑊ chaachishaapaayaaukuhp ni ◆ une robe d'intérieur, une robe-tablier

ᐋᑯᓯᐧᑳᔮᐱᐦᑎᒼ aakusukwaayaapihtim vti ◆ il/elle en examine l'intérieur

ᐋᑯᓯᐧᑳᔮᐱᒫᐤ aakusukwaayaapimaau vta ◆ il/elle en examine l'intérieur

ᑯᔅᐱᐤ kuspiu vai ◆ il/elle débarque, va vers l'intérieur des terres

ᐲᐦᑎᑖᐧᐋᐱᓈᐤ piihtitaawaapinaau vta ◆ il/elle le/la jette à l'intérieur

ᐲᐦᑎᑖᐚᐱᓂᒼ **piihtitaawaapinim** vti ◆ il/elle le jette à l'intérieur

ᐴᐦᑎᐱᐤ **puuhtipiu** vai ◆ il/elle est assis-e à l'intérieur (ex. dans une boîte), il/elle est assis-e sur un trou (ex. trou de la toilette)

ᒌᑭᐦᒡ **chiikihch** p,lieu ◆ près du bord intérieur d'un tipi ■ ᓈᔥᒡ ᐊᓂᑖᐦ ᒌᑭᐦᒡ ᐋᑯᑖᐦ ᑳ ᐱᒋᔅᑎᓈᑦ ᐊᓂᔮᐦ ᐅᒋᔖᔮᑯᐱᒦᒼᐦ᙮ ■ naashch anitaah chiikihch aakutaah kaa pichistinaat aniyaah uchishaayaakupimiimh. ■ *Elle/il a mis sa graisse d'ours près du bord intérieur du tipi.*

ᐲᐦᒋᔨᐤ **piihchiyiu** p,lieu ◆ à l'intérieur du corps, en usage interne ■ ᐊᓂᑖᐦ ᐲᐦᒋᔨᐤ ᐋᑯᑎᐦ ᑳ ᐏᔮᔥᑐᑖᑯᑦ ᐊᓂᔮ ᒑᒁᔨᐤ ᑳ ᒦᒋᑦ᙮ ■ anitaah piihchiyiu aakutih kaa wiyaashtutaakut aniyaa chaakwaayiu kaa miichit. ■ *Ce qu'elle a mangé l'a affectée.*

ᑯᓯᔅᐱᐦᐅᑖᐤ **kusispihutaau** vai+o ◆ il/elle l'emporte en amont, à l'intérieur des terres en canot, en avion

ᐲᐦᑖᐦᐊᒼ **piihtaaham** vti ◆ il/elle jette du bois de chauffage à l'intérieur

ᐚᐱᔖᐤ **waapishaau** vai ◆ l'intérieur de la fourrure est blanc, quand la fourrure est d'excellente qualité

ᑯᓯᔅᐱᒋᐤ **kusispichiu** vai ◆ il/elle voyage à l'intérieur des terres en déplaçant son campement d'hiver

ᑯᓯᔅᐱᐦᐊᒼ **kusispiham** vti ◆ il/elle remonte la rivière, va à l'intérieur des terres en canot

ᑯᓯᔅᐱᐦᑎᑖᐤ **kusispihtitaau** vai ◆ il/elle l'emporte en amont, vers l'intérieur des terres, le fait débarquer

ᑯᓯᔅᐱᐦᐅᔮᐤ **kusispihuyaau** vta ◆ il/elle l'emmène en amont de la rivière, à l'intérieur des terres par voie aérienne ou par voie d'eau

ᒥᑖᐹᐱᒋᐤ **mitaapaapichiu** vai ◆ il/elle arrive d'un voyage de l'intérieur des terres en hiver

ᓂᑎᐦᐅᑖᓲ **nitihutaasuu** vai -u ◆ il/elle emporte des provisions vers l'intérieur des terres en canot

intermittent

ᔫᐹᐱᔨᐤ **shuupaapiyiu** vai ◆ l'eau a des courants rapides intermittents

interne

ᐅᑎᒥᔅᑮ **utimiskii** nid ◆ couche interne de la peau (se dit de la peau de phoque, de caribou, de castor, des animaux à fourrure)

ᐲᐦᒋᔨᐤ **piihchiyiu** p,lieu ◆ à l'intérieur du corps, en usage interne ■ ᐊᓂᑖᐦ ᐲᐦᒋᔨᐤ ᐋᑯᑎᐦ ᑳ ᐏᔮᔥᑐᑖᑯᑦ ᐊᓂᔮ ᒑᒁᔨᐤ ᑳ ᒦᒋᑦ᙮ ■ anitaah piihchiyiu aakutih kaa wiyaashtutaakut aniyaa chaakwaayiu kaa miichit. ■ *Ce qu'elle a mangé l'a affectée.*

interpréter

ᐄᑗᐦᐋᐤ **iitwaahaau** vta ◆ il/elle interprète, parle pour lui/elle

ᐄᑗᔥᑎᒧᐚᑎᒼ **iitwaashtimuwaatim** vti ◆ il/elle l'interprète, le traduit

ᐄᑗᔥᑎᒫᒑᐤ **iitwaashtimaachaau** vai ◆ il/elle interprète, traduit, transmet un message à la radio

ᐄᑗᔥᑎᒧᐚᐤ **iitwaashtimuwaau** vta ◆ il/elle interprète, traduit pour lui, transmet un message à la radio

interruption

ᐅᐱᑐᐏᑳᐳᐏᐏᒡ **upituwikaapuwiwich** vai pl -uwi ◆ il y a une interruption dans les vagues des rapides

intervalle

ᒥᒫᓂᑯᒋᓐ **mimaanikuchin** vii redup ◆ c'est ensoleillé avec des intervalles nuageux

ᒥᒫᓂᔩᐚᐱᔨᐤ **mimaaniyiwaapiyiu** vii redup ◆ le vent souffle par intervalles

intervenir

ᐋᐦᒀᒋᐦᐋᐤ **aahkwaachihaau** vta ◆ il/elle essaie de l'aider mais son état empire

ᐋᐦᒀᒋᐦᑖᐤ **aahkwaachihtaau** vai+o ◆ il/elle fait empirer les choses, il/elle essaie d'aider mais ne fait qu'empirer les choses, les gâche par son intervention

intestin

ᐊᒥᔅᑯᑳᐦᑳᒋᐤ **amiskukaahkaachiu** na -m ◆ le gros intestin du castor

ᒨᓱᑎᒋᔒ **muusutichishii** ni -im ◆ l'intestin d'un orignal

ᐲᐦᒋᑭᒋᔖᓐ **piihchikichishaan** ni ◆ le bout du gros intestin rempli de graisse, séché et cuit

ᐲᐦᒋᔨᔪᑭᐦᐄᑭᓐ **piihchiyiyukihiikin** ni ◆ un intestin d'animal rempli de gras et suspendu à sécher, puis cuit avant d'être mangé

ᐱᑯᒑᓂᑭᓐ **pikuchaanikin** ni ◆ la cavité de laquelle les intestins viennent d'être retirés

ᐅᐹᔅᑯᒫᔮᑭᓐ **upaaskumaayaakin** ni ◆ la partie grasse de l'intestin du porc-épic

ᐅᐳᒋᔒ **upuchishii** ni -iim ◆ l'intestin grêle

ᐚᐱᒫᑯᑎᒋᔒ **waapimaakutichishii** ni ◆ un intestin de baleine

ᐏᒋᔅᑭᔅᒄ **wichiskiskw** na ◆ le gros intestin de l'ours

ᐱᑯᒑᓈᐤ **pikuchaanaau** vai ◆ il/elle retire les intestins

ᐱᑯᒑᐱᒋᒑᐤ **pikuchaapichichaau** vai ◆ il/elle retire les intestins du gibier

ᐱᑯᒑᔂᐤ **pikuchaashwaau** vta ◆ il/elle le/la coupe pour en retirer les intestins

ᐅᑖᐹᓯᒼ **utaapaasim** vti ◆ il/elle fume des intestins en mettant des branchages sur un feu

ᐅᒥᐦᒑᑗᑖᓐ **umihchaatwaataan** ni -aam [Whapmagoostui] ◆ la partie inférieure de l'intestin grêle du castor

ᐑᔅ **wiis** ni -im ◆ le gras autour du grand intestin d'un cervidé

ᐱᑯᒑᓈᒁᐤ **pikuchaanaakwaau** vai ◆ il/elle retire les intestins du porc-épic

ᐱᑯᒑᓂᒥᐢᒁᐤ pikuchaanimiskwaau vai ◆ il/elle retire les intestins du castor

intestin grêle

ᑳᑯᐴᒋᔓ kaakupuuchishii ni ◆ l'intestin grêle du porc-épic

ᐅᒫᒥᐦᒑᑤᑖᓂᑭᓐ umaamihchaatwaataanikin ni -im ◆ la partie inférieure de l'intestin grêle du castor

ᐅᐳᒋᔓ upuchishii ni -iim ◆ l'intestin grêle

ᐎᑎᓯᒧᐎᓐ witisimuwin ni ◆ une partie transparente de l'intestin grêle

ᐅᒥᐦᒑᑤᑖᓐ umihchaatwaataan ni -aam [Whapmagoostui] ◆ la partie inférieure de l'intestin grêle du castor

ᐙᐅᔮᓂᑭᓐ waauyaanikin ni ◆ le gras qui entoure l'intestin grêle du caribou

intestins

ᐅᑎᒋᔓᐦ utichishiih nad ◆ ses intestins

ᐅᑎᑖᒥᔫᐦ utitaamiyiuh nad ◆ tous ses intestins

ᐋᐦᒋᑯᑎᒋᔓ aahchikutichishii ni -um ◆ des intestins de phoque

ᒋᔕᔮᔮᑯᑎᒋᔓ chishaayaakutichishii ni -m ◆ des intestins d'ours

ᒥᐡᑖᐦᒋᑯᑎᒋᔓ mishtaahchikutichishii na -iim ◆ les intestins d'un phoque adulte

ᐊᑖᐹᓯᒼ ataapaasim vti ◆ il/elle fume les intestins d'un animal en plaçant des branchages sur le feu

ᐅᐱᓯᐢᒋᐎᓃ upisischiwinii nid ◆ ses intestins (pour un orignal, un caribou, un ours)

intimidé

ᔖᒁᔨᒧᑎᐙᐤ shaakwaayimutiwaau vta ◆ il/elle se sent intimidé-e face à lui/elle

ᐊᐙᓂᐦᑎᒌᐡᑎᐙᐤ awaanihtichiishtiwaau vta ◆ il/elle se sent gêné, intimidé par lui/elle

ᐊᐙᓂᐦᑎᒋᐤ awaanihtichiu vai ◆ il/elle est gêné-e, timide, intimidé-e

intimider

ᔖᒁᔨᒧᐦᐋᐤ shaakwaayimuhaau vta ◆ il/elle l'intimide

Inuit

ᐄᐢᒌᒫᐤ iischiimaau na -aam ◆ un Inuit, une personne inuite

ᑰᓂᑭᒥᒄ kuunikimikw ni ◆ un igloo, un iglou

Inuite

ᐄᐢᒋᒫᐢᒁᐤ iischimaaskwaau na -aam ◆ une Inuite, une femme inuite

Inuktitut

ᐄᐢᒌᒫᐅᔨᒥᐤ iischiimaauyimiu vai ◆ il/elle parle l'inuktitut

inutile

ᐃᔮᐅᒋᐦᐆ iyaauchihuu vai -u ◆ il/elle le fait pour rien

ᐃᔮᐅᑖᔨᐦᑖᑯᓯᐤ iyaautaayihtaakusiu vai ◆ il/elle fait les choses pour rien

ᔮᐦᔮᐅᒋᔨᐦᑎᐤ yaahyaauchiyihtiu vai ◆ il/elle fait des choses inutiles

ᐊᒁᐱᓯᐤ akwaapisiiu vai ◆ il/elle voyage avec trop de choses inutiles

ᐄᔮᐅᒋᒫᐤ iiyaauchimaau vta ◆ il/elle lui parle pour rien, lui pose toujours les même questions

ᐄᔮᐅᒋᒨ iiyaauchimuu vai -u ◆ il/elle parle pour rien, pose toujours les mêmes questions

ᐃᔮᐅᑖᔨᐦᑖᑯᓐ iyaautaayihtaakun vii ◆ ça ne sert à rien, à pas grand chose

ᐃᔮᐅᑖᔨᐦᑎᒼ iyaautaayihtim vti ◆ il/elle pense que c'est fait pour rien

ᐃᔮᐅᒡ iyaauch p,évaluative ◆ c'est une perte de temps et d'effort, ça ne sert à rien, c'est inutile ■ ᓄᐎᒡ ᐄᔮᐅᒡ ᐱᒁᐦᐄᐹᐤ, ᐋᑳ ᓂᒫᓯᐎᓂᔨᒡ ᐊᓂᔮ ᓵᑭᐦᐄᑭᓂᔨᐤ. ■ nuwich iyaauch pikwaahiipaau, aakaa nimaasiwiniyich aniyaa saakihiikiniyiu. ■ *Ça ne sert à rien de poser ses filets de pêche ici, il n'y a pas de poissons dans ce lac.*

ᐃᔮᐅᑖᔨᒫᐤ iyaautaayimaau vta ◆ il/elle pense qu'il/elle fait des choses inutiles ■ ᓂᑎᔮᐅᑖᔨᒫᐤ ᒫᕆ ᒦᓐ ᑳ ᐃᐦᑐᑎᐦᒃ. ■ nitiyaautaayimaau Marie miin kaa ihtutihk. ■ *Je crois que Marie n'avait pas besoin de le refaire.*

inventaire

ᑎᐱᒋᐢᑖᓱ tipichistaasuu vai -u ◆ il/elle fait un inventaire

ᑎᐱᓯᓂᐦᐊᒼ tipisiniham vti ◆ il/elle en fait l'inventaire

ᑎᐱᓯᓂᐦᐙᐤ tipisinihwaau vta ◆ il/elle en fait l'inventaire

ᑎᐱᓯᓂᐦᐄᒑᐤ tipisinihiichaau vai ◆ il/elle fait un inventaire, les comptes

invisible

ᐋᑯᐦᑎᓐ aakuhtin vii ◆ c'est invisible

ᐋᑯᔑᓐ aakushin vai ◆ il/elle est invisible

ᒌᒧᓵᐱᐦᑎᒼ chiimusaapihtim vti ◆ il/elle le regarde sans être vu-e

inviter

ᓂᑐᐦᒑᒨ nituhchaamuu vai -u ◆ il/elle invite les gens

ᐐᔖᒫᐤ wiishaamaau vta ◆ il/elle l'invite à le suivre

ᓂᑐᒫᐤ nitumaau vta ◆ il/elle l'invite chez lui/elle; il/elle l'appelle pour qu'il/elle vienne

irresponsable

ᐊᐙᔑᔓᐙᔨᐦᑎᒼ awaashishiiwaayihtim vti ◆ il/elle est irresponsable, enfantin

irriter

ᐊᒁᐱᓱ akwaapisuu vai -u ◆ il/elle est irrité-e par la fumée; il/elle est fumé-e

isolé

ᒥᓂᐢᑎᒁᐢᒁᔮᐤ ministikwaaskwaayaau vii ◆ c'est un bouquet d'arbres isolé

isoler

ᒌᔓᐙᑯᓈᐤ chiishuwaakunaau vii ◆ c'est isolé par la neige

ivre

ᒌᐡᒁᐹᐡᑳᑯ chiishkwaapaashkaakuu vai -u ◆ il/elle est en état d'ébriété

ᒌᔥᒁᐹᐤ chiishkwaapaau vai ◆ il/elle est saoul-e, ivre

ᓂᔑᐹᐤ nishipaau vai ◆ il/elle tombe ivre-mort

ivrogne

ᒥᓂᐦᒁᓯᐤ minihkwaasiu na -iim ◆ un ivrogne, un soûlon, un soûlard, un poivrot, un alcoolique

j

jabot

ᐅᒧᑏ umutii nid -tayim ◆ son jabot (se dit d'une perdrix ou d'un lagopède)

jaillir

ᒨᔥᒋᒋᐏᓐ muushchichiwin vii ◆ ça jaillit, comme l'eau d'une source

ᒋᓊᔥᑖᐱᔨᐤ chinwaashtaapiyiu vii ◆ les flammes jaillissent du feu

ᓵᑲᔑᑭᐆ saakaashikiuu vii -iwi ◆ l'eau commence à jaillir

ᐱᔑᔥᑖᐤ pishishtaau vii ◆ des étincelles jaillissent du feu

jalousie

ᐅᐏᐦᑖᔨᐦᑎᒧᐏᓐ uwihtaayihtimuwin ni ◆ la jalousie, l'envie

jaloux

ᑳᐦᒁᔨᐦᑎᒼ kaahkwaayihtim vti ◆ il en est jaloux, elle en est jalouse

ᑳᐦᒁᔨᒫᐤ kaahkwaayimaau vta ◆ il est jaloux de lui/d'elle, elle est jalouse de lui/d'elle

ᐅᐏᐦᑖᔨᐦᑎᒼ uwihtaayihtim vti ◆ il est jaloux, envieux; elle est jalouse, envieuse

ᐅᐏᐦᑖᔨᒫᐤ uwihtaayimaau vta ◆ il est jaloux, envieux de lui/d'elle; elle est jalouse, envieuse de lui/d'elle

jamais

ᓂᐦᑖ nihtaa p,temps ◆ jamais ■ ᓂᐦᑖ ᐋ ᒋᓂᑎᐚᐱᒫᐤ× ■ nihtaa aa chinitiwaapimaau. ■ *Vas-tu jamais le voir?*

ᓂᒥ ᓂᐦᑖ nimi nihtaa p,négative ◆ jamais ■ ᓂᒥ ᓂᐦᑖ ᒧᐚᐤ ᓂᒫᔥᐦ× ■ nimi nihtaa muwaau nimaash. ■ *Elle ne mange jamais de poisson.*

ᓂᒧᐃ ᓂᐦᑖ nimui nihtaa p,négative ◆ jamais ■ ᓂᒧᐃ ᓂᐦᑖ ᒦᓐ ᒋᑭ ᒌᐦ ᐲᒁᐳᐦᐚᐤ ᓂᐲᓯᒧᐦᑳᓂᒻᐦ× ■ nimui nihtaa miin chiki chiih piikwaapuhwaau nipiisimuhkaanimh. ■ *Je ne le laisserai jamais plus démonter mon horloge.*

jambe

ᐅᔅᑳᑦ uskaat nid ◆ sa jambe

ᓂᐱᑖᑳᑖᐤ nipitaakaataau vai+o ◆ il/elle a juste une jambe, il/elle a une jambe blessée et ne peut pas marcher dessus

ᓂᒥᐦᒋᑳᑦ nimihchikaat ni ◆ la jambe gauche

ᓂᒥᐦᑎᓂᑳᑦ nimihtinikaat ni ◆ la jambe gauche

ᐅᒫᔅᒋᑳᑖᓐ umaaschikaataan nid ◆ sa jambe boiteuse

ᐋᐱᐦᑎᐏᑳᑦ aapihtiwikaat p,lieu ◆ au milieu de la jambe ■ ᒥᓂᑑᔥᐦ ᒌᐦ ᒫᑯᒥᑰ ᐋᐱᐦᑎᐏᑳᑦ× ■ minituush-h chiih maakumikuu aapihtiwikaat. ■ *Une bibitte l'a piqué au milieu de la jambe.*

ᒋᒥᑳᑖᐱᔨᐤ chimikaataapiyiu vai ◆ il/elle (ex. pantalon) a une jambe arrachée

ᒋᒥᑳᑖᔂᐤ chimikaataashwaau vta ◆ il/elle lui coupe la jambe

ᒋᒥᑳᑖᐤ chimikaataau vai ◆ il/elle a une jambe en moins, est amputé-e de la jambe

ᐃᔮᔅᑯᑳᑖᐤ iyaaskukaataau vai ◆ ses jambes sont fatiguées

ᑳᐦᑭᐹᓈᐤ kaahkipaanaau vta ◆ il/elle lui écarte les jambes

ᑳᐦᑭᐹᐱᔨᐦᐆ kaahkipaapiyihuu vai -u ◆ il/elle écarte les jambes

ᑭᑳᓄᑳᑖᐤ kikaanukaataau vai ◆ il/elle a de longues jambes

ᒥᒥᐦᒋᑳᑖᐤ mimihchikaataau vai redup ◆ il/elle a de longues jambes

ᒥᓂᑳᑖᔂᐤ minikaataashwaau vta ◆ il/elle lui coupe les jambes

ᓈᑛᑳᑖᐱᔨᐤ naatwaakaataapiyiu vai ◆ il/elle a la jambe cassée

ᓵᓵᒋᑳᑖᐤ saasaachikaataau vai ◆ il/elle a les jambes nues

ᔑᐦᑐᑳᑖᔨᐤ shihtukaataayiu vai ◆ il/elle redresse la jambe

ᓯᒋᑳᑖᐦᐱᑖᐤ sichikaataahpitaau vta ◆ il/elle l'attache par la jambe

ᓯᒋᑳᑖᓈᐤ sichikaataanaau vta ◆ il/elle le/la tient par la jambe

ᓰᐦᑎᐏᐹᐦᑎᒼ siihtiwipaahtim vti ◆ il/elle tient entre ses jambes

ᓰᐦᑎᐏᐹᒫᐤ siihtiwipaamaau vta ◆ il/elle le/la tient entre ses jambes

ᑎᑖᐦᑯᑳᑖᐤ titaahkukaataau vai ◆ il/elle a les jambes courtes

ᐅᐲᔻᐅᑳᑖᐤ upiiywaaukaataau vai ◆ il/elle a les jambes poilues

ᐅᐙᐱᔅᒋᑳᑖᐤ uwaapischikaataau vai ◆ il/elle a les jambes pâles

ᐅᔅᑳᒋᑭᓐ uskaachikin nid -im ◆ son tibia, l'os de la partie inférieure de la jambe

ᒌᔅᒋᓂᐦᑯᓈᔮᐲᑭᐦᑎᒼ chiischinihkunaayaapiikihtim vti ◆ il/elle pose les lacets des mocassins pour les enrouler autour de la jambe

ᐃᔮᐱᔑᑳᒑᔑᐤ iyaapishikaachaashiu vai dim ◆ il/elle a les jambes maigres

ᑳᐦᑭᐹᐦᑖᐤ kaahkipaahtaau vai ◆ il/elle marche les jambes écartées

ᑳᐦᑭᐹᑳᐴ kaahkipaakaapuu vai -uwi ◆ il/elle est debout les jambes écartées

ᑳᐦᑭᐹᐱᐦᑖᐤ kaahkipaapihtaau vai ◆ il/elle court les jambes écartées

ᑳᐦᑭᐹᐱᐤ kaahkipaapiu vai ◆ il/elle est assis-e les jambes écartées

ᑳᐦᑭᐹᔑᓐ kaahkipaashin vai ◆ il/elle est couché-e les jambes écartées

ᒫᔅᒋᑳᑖᐤ maaschikaataau vai ◆ il/elle est estropié-e de la jambe, a une jambe difforme

ᔖᒋᑳᑖᔑᓐ shaachikaataashin vai ◆ il/elle est allongé-e les jambes qui dépassent de quelque chose

ᔑᔖᐅᐦᑐᐱᐤ shishaauhtupiu vai ◆ il/elle s'assoit en étirant les jambes

ᑖᐅᑳᑖᐦᐧᐋᐤ taaukaataahwaau vta ◆ il/elle le frappe sur la jambe, l'atteint à la jambe

ᐅᐦᐱᑳᑖᔩᐤ uhpikaataayiu vai ◆ il/elle lève la patte, la jambe

ᐅᑖᔑᔥᑭᒼ utaashishkim vti ◆ il/elle se l'accroche involontairement au pied, à la jambe

ᑑᐦᒋᐱᔩᐤ tuuhchipiyiu vai ◆ il/elle tombe et ses jambes s'écartent, s'ouvrent en s'écartant

jambe droite

ᐅᓂᐦᐄᐅᑳᑦ unihiiukaat nid ◆ sa jambe droite ▪ ᒌᐦ ᓈᐧᑖᐦᑎᑖᐤ ᐅᓂᐦᐄᐅᑳᑦ ᑳ ᔓᔓᐧᐃᐦᐧᑳᑦ. ▪ chiih naatwaahtitaau unihiiukaat kaa shuushuwihkwaat. ▪ *Elle/il s'est cassé la jambe droite en faisant de la luge.*

jambes

ᐋᐦᑯᓯᑳᑖᐤ aahkusikaataau vai ◆ il/elle a mal aux jambes

ᐋᔨᒋᑳᐴ aayichikaapuu vai -uwi ◆ il/elle est solide sur ses pattes/jambes

jambes arquées

ᐅᐧᐋᒋᑳᑖᐤ uwaachikaataau vai ◆ il/elle marche les jambes arquées

jambes écartées

ᐄᔨᑭᐹᐦᑖᐤ iiyikipaahtaau vai ◆ il/elle marche les jambes écartées

jambière

ᐅᔥᐴᐦᑭᓐᐦ uspuuhkinh na pl ◆ des jambières, jambières-cuissardes en peau de phoque

jambon

ᑰᐦᑰᔑᐧᐃᐧᐹᒼ kuuhkuushiwipwaam ni ◆ du jambon

janvier

ᐧᐃᔨᐧᐄᒥᑭᓂᐲᓯᒼ wiyiwiimikinipiisim na [Wemindji] ◆ le mois de janvier, lit. 'la lune qui sort'

ᒋᓵᔮᔅᑯᓂᐲᓯᒼ chisaayaaskunipiisim na ◆ janvier, le mois de janvier

japper

ᒥᒋᔅᑖᐤ michistaau vta ◆ il/elle jappe après lui/elle, aboie contre lui/elle (se dit d'un chien)

jardin

ᓂᐦᑖᐅᒋᐦᒋᑭᓐ nihtaauchihchikin ni ◆ un jardin, une plante

jarretelle

ᒌᔅᒑᐦᐱᓱᓐ chiischaahpisun ni ◆ une jarretière, une jarretelle

jaseur

ᒦᔓᐃ miishui na -uim ◆ un jaseur d'Amérique, un jaseur des cèdres *Bombycilla cedrorum*

jaune

ᐅᔖᐧᐋᔑᐤ ushaawaashiu vii ◆ c'est jaune

ᐅᓵᐅᔅᑭᒥᒄ usaauskimikw ni -um ◆ de la mousse jaune *Sphagnum sp.*

ᐅᓵᐧᐋᐤ usaawaau vii ◆ c'est vert ou jaune

ᐅᓵᐅᓈᑯᓯᐤ usaaunaakusiu vai [Wemindji] ◆ ça a l'air vert, jaune, brun

ᐅᓵᐅᓯᑯᓯᐤ usaausikusiu vai ◆ il/elle est jaune, vert-e translucide (se dit de la glace)

ᐅᓵᐅᓯᐤ usaausiu vai ◆ il/elle est vert-e, jaune, brun-e

ᐅᓵᐧᐋᑭᒥᐤ usaawaakimiu vii ◆ c'est jaune, brun (liquide)

ᐅᔖᐧᐋᔥᑎᓐ ushaawaashtin vii pl ◆ ce sont des nuages jaunes qui précèdent le vent

ᐅᓵᐅᔅᑯᐱᔮᔒᔥ usaauskupiyaashiish na -im ◆ un oiseau jaune-vert, un géospize olive, un pinson olive *Certhidea olivacea*

jaune vif

ᐅᓵᐧᐋᔅᒋᒑᐤ usaawaaschichaau vai ◆ le soleil brille d'un jaune vif, ce qui annonce un temps froid

jaunir

ᐅᓵᐅᐦᐋᐤ usaauhaau vta ◆ il/elle le/la verdit, jaunit

ᐅᓵᐅᐦᑖᐤ usaauhtaau vai ◆ il/elle le verdit, jaunit

jean

ᑳᓲᐦᒑᑭᐦᒡ kaasuuhchaakihch nip ◆ du tissu, de la toile de jean, lit. 'tissu solide'

jello

ᑳᑐᔥᑐᐱᔨᒡ kaatushtupiyich nip ◆ du jello

jeter

ᐱᒧᒋᒑᐤ pimuchichaau vai ◆ il/elle jette

ᐱᒧᑎᒼ pimutim vti ◆ il/elle jette quelque chose dessus

ᐱᐧᒫᐤ pimwaau vta ◆ il/elle lui jette quelque chose

ᐱᔥᑯᒋᐧᐋᐱᓈᐤ pishkuchiwaapinaau vta ◆ il/elle le/la jette dans les airs

ᐱᔥᑯᒋᐧᐋᐱᓂᒼ pishkuchiwaapinim vti ◆ il/elle le jette dans les airs

ᔖᑭᒋᐧᐋᐱᐦᐊᒼ shaakichiwaapiham vti ◆ il/elle le balaie d'un geste qui le jette dans les airs

ᔖᑭᒋᐧᐋᐳᐦᐧᐋᐤ shaakichiwaapuhwaau vta ◆ il/elle le/la balaie d'un geste qui le/la jette dans les airs

ᐧᐋᐱᓂᒼ waapinim vti ◆ il/elle le jette

ᐊᐧᑳᓯᐧᐋᐱᓈᐤ akwaasiwaapinaau vta ◆ il/elle le/la jette sur le rivage ▪ ᒌᐦ ᐹᒋ ᐊᐧᑳᓯᐧᐋᐱᓈᐤ ᐊᓂᔮᐦ ᓂᑎᔅᒡᐦ ᑳ ᐧᐃᓂᐦᐄᒥᒃᐦ. ▪ chiih paachi akwaasiwaapinaau aniyaah nitisch-h kaa winihiimikh. ▪ *Il a jeté ma mitaine perdue sur le rivage depuis son canot.*

ᐊᐧᑳᓯᐧᐋᐱᓂᒼ akwaasiwaapinim vti ◆ il/elle le jette sur le rivage

ᒌᔅᒋᓵᐱᐦᑎᒼ chiischisaapihtim vti ◆ il/elle lui jette un coup d'oeil

ᒋᔑᐱᔩᐦᐋᐤ chishipiyihaau vta ◆ il/elle le/la conduit vite, le/la jette vite

ᐄᒑᐙᐱᓈᐤ iichaawaapinaau vta ◆ il/elle le/la jette de côté
ᐄᒑᐙᐱᓂᒻ iichaawaapinim vti ◆ il/elle le jette de côté
ᐄᔅᐹᐦᒑᐙᐱᐦᐊᒻ iispaahchaawaapiham vti ◆ il/elle le jette dans les airs
ᐄᔅᐹᐦᒑᐙᐱᐦᐧᐋᐤ iispaahchaawaapihwaau vta ◆ il/elle le/la jette dans les airs
ᐄᔅᐹᐦᒑᐙᐱᓈᐤ iispaahchaawaapinaau vta ◆ il/elle le/la jette en l'air
ᐄᔅᐹᐦᒑᐙᐱᓂᒻ iispaahchaawaapinim vti ◆ il/elle le jette en l'air
ᑭᐧᐃᐱᔩᐦᐆ kiwipiyihuu vai -u ◆ il/elle le/la jette à terre, à bas
ᑯᓵᐹᒋᔑᒫᐤ kusaapaachishimaau vta ◆ il/elle le/la jette pour le/la faire sombrer
ᑯᓵᐹᐦᑎᑖᐤ kusaapaahtitaau vai ◆ il/elle le jette et ça sombre dans l'eau
ᒧᒋᔥᑖᐙᐱᓈᐤ muchishtaawaapinaau vta ◆ il/elle le/la jette au feu
ᒧᒋᔥᑖᐙᐱᓂᒻ muchishtaawaapinim vti ◆ il/elle le jette au feu
ᓃᐦᒋᒋᐙᐱᓈᐤ niihchichiwaapinaau vta ◆ il/elle le/la jette à terre
ᓃᐦᒋᒋᐙᐱᓂᒻ niihchichiwaapinim vti ◆ il/elle le jette à terre
ᐱᒋᒋᐙᐱᓈᐤ pichichiwaapinaau vta ◆ il/elle le/la jette à terre
ᐱᒋᒋᐙᐱᓂᒻ pichichiwaapinim vti ◆ il/elle le jette à terre
ᐲᐦᒋᑯᓈᐙᐱᑖᐤ piihchikunaawaapitaau vta ◆ il/elle le/la jette dans la bouche de quelqu'un
ᐲᐦᑎᑖᐙᐱᓈᐤ piihtitaawaapinaau vta ◆ il/elle le/la jette à l'intérieur
ᐲᐦᑎᑖᐙᐱᓂᒻ piihtitaawaapinim vti ◆ il/elle le jette à l'intérieur
ᐱᑭᔥᑎᐙᐱᓈᐤ pikishtiwaapinaau vta ◆ il/elle le/la jette à l'eau
ᐱᑭᔥᑎᐙᐱᓂᒻ pikishtiwaapinim vti ◆ il/elle le jette à l'eau
ᐱᒧᓯᓈᑎᐦᐊᒻ pimusinaatiham vti ◆ il/elle jette des pierres dessus
ᐱᒧᓯᓈᑎᐦᐄᒑᐤ pimusinaatihiichaau vai ◆ il/elle jette des pierres
ᐱᒧᓯᓈᑎᐦᐧᐋᐤ pimusinaatihwaau vta ◆ il/elle lui jette des pierres dessus
ᐴᓯᐙᐱᓈᐤ puusiwaapinaau vta ◆ il/elle le/la jette à bord d'un véhicule
ᐴᓯᐙᐱᓂᒻ puusiwaapinim vti ◆ il/elle le jette à bord d'un véhicule
ᑖᔅᒋᐦᑎᑖᐤ taaschihtitaau vai ◆ il/elle le fend en le jetant par terre
ᑖᔅᒋᔑᒫᐤ taaschishimaau vta ◆ il/elle le fend en le/la jetant à terre, en le/la frappant contre quelque chose
ᐙᔥᑖᔮᐱᐦᑎᒻ waashtaayaapihtim vti ◆ il/elle y jette un coup d'oeil
ᐐᔨᐐᐙᐱᓈᐤ wiyiwiiwaapinaau vta ◆ il/elle le/la jette dehors
ᐐᔨᐐᐙᐱᓂᒻ wiyiwiiwaapinim vti ◆ il/elle le jette dehors
ᐐᔨᐐᐙᐱᔥᑭᒻ wiyiwiiwaapishkim vti ◆ il/elle le met à la porte, le jette dehors
ᐐᔨᐐᐙᐱᔥᑭᐙᐤ wiyiwiiwaapishkiwaau vta ◆ il/elle le/la jette dehors, l'emporte sur lui/elle en sports
ᐄᔅᐱᐦᑎᐦᐧᐋᐤ iispihtihwaau vta ◆ il/elle tire, jette sur lui/elle à une certaine distance
ᑯᓵᐹᐦᐊᒻ kusaapaaham vti ◆ il/elle le fait couler en jetant quelque chose dessus ou en tirant dessus
ᑯᓵᐹᐦᐧᐋᐤ kusaapaahwaau vta ◆ il/elle le/la fait couler en jetant quelque chose dessus ou en tirant dessus
ᐹᔥᒋᐱᑎᒻ paashchipitim vti ◆ il/elle le jette par-dessus, au-dessus de quelque chose
ᐱᔥᐱᔑᔥᑖᐤ pishpishishtaau vii ◆ le feu crépite, jette des étincelles
ᐅᔂᐹᒋᔑᒫᐤ uswaapaachishimaau vta ◆ il/elle le/la jette à l'eau en faisant une éclaboussure
ᐙᐱᓂᒑᐤ waapinichaau vai ◆ il/elle vide la poubelle, jette ses déchets, jette des choses

jeter un sort

ᒥᑖᐃᑎᑎᒻ mitaawititim vti ◆ il/elle lui jette un sort

jeu

ᐋᔑᒣᑯᐃᐃᒡ aashimwaakuwiwich vai pl -uwi ◆ ils/elles jouent au jeu où les pierres sont lancées sur une cible
ᒥᒫᐦᑖᐙᐱᐦᒑᓂᒑᐎᓐ mimaahtaawaapihchaanichaawin ni ◆ un jeu de ficelle joué sur les mains
ᑖᐃᒫᓐ taaimaan na ◆ une carte à jouer
ᑑᐦᑑᐱᓰ tuuhtuupisii na -m ◆ un jeu de bouton sur fil
ᒥᒫᐦᑖᐙᐱᐦᒑᓂᒑᐤ mimaahtaawaapihchaanichaau vai ◆ il/elle joue à des jeux de ficelle
ᒥᒫᑎᐙᐅᐃᔨᐦᑎᐤ mimaatiwaauiyihtiu vai redup ◆ il/elle joue à des jeux

jeudi

ᓈᐅᒌᔑᑳᐤ naauchiishikaau vii ◆ c'est jeudi, lit. 'c'est le quatrième jour'

jeune

ᐄᔮᐦᑎᑯᔑᔥ iiyaahtikushish na ◆ une jeune épinette noire *Picea mariana*
ᒥᔥᑖᐦᒋᑯᔑᔥ mishtaahchikushish na ◆ une jeune phoque adulte
ᐱᔒᔑᔥ pishiishish na -im ◆ un jeune lynx
ᐴᔅᒋᓈᐤ puuschinaau na ◆ un jeune arbre qui a été coupé
ᐅᔅᒋᒥᔥᑖᐦᒋᑯᔑᔥ uschimishtaahchikushish na ◆ un jeune phoque adulte, un phoque âgé d'un an
ᐅᔅᒋᓃᒋᐅᒋᒫᐦᑳᓐ uschiniichiuchimaahkaan na ◆ le chef des jeunes, la chef des jeunes
ᐙᑎᔑᔥ waatishish na dim -im ◆ jeune castor, castor d'un an

ᐊ·ᐋᔑᔒᐅ awaashishiiuu vai -iiwi ◆ il/elle est jeune, est encore enfant

ᐅᐢᒋᓂᒌᐅᓈᑯᓯᐤ uschiniichiiunaakusiu vai ◆ il/elle a l'air jeune

ᐅᐢᒋᐱᒫᑎᓯᐤ uschipimaatisiiu vai ◆ c'est une jeune personne, c'est un jeune

ᒥᔥᑖᐱᒫᑯᔑᔥ mishtaapimaakushish na -um ◆ une jeune baleine boréale *Balaena mysticetus*

ᐅᐱᔖᒋᐦᑯᒥᔥᐦ upishaachihkumishh nad ◆ sa jeune femelle caribou âgée d'un an qui ne la quitte pas quand elle a son prochain bébé au printemps

ᐅᔑᔑᒥᒫᔥ ushishimimaash nad ◆ c'est un petit-fils ou une petite-fille encore jeune

ᐅᐢᒋᐢᑳᐤ uschiskaau vii ◆ c'est une zone de jeune pins

ᒋᔒᒼ chishiim nad ◆ ton jeune frère ou frère cadet, ta jeune soeur ou soeur cadette

jeune arbre

ᐱᓂ·ᐋᔮᐦᑎᑭᐦᐊᒼ piniwaayaahtikiham vti ◆ il/elle hache et étale les branches d'un jeune arbre pour en recouvrir le sol de son habitation

ᐱᓂ·ᐋᔮᐦᑎᑭᐦᐄᒑᐤ piniwaayaahtikihiichaau vai ◆ il/elle hache les branches d'un jeune arbre pour en recouvrir le sol de son habitation

jeune femme

ᐅᐢᒋᓂᒋᐢ·ᑳᐤ uschiniichiskwaau na -aam ◆ une jeune femme

ᐅᐢᒋᓃᒋᐢ·ᑳᐅ uschiniichiskwaauu vai -aawi ◆ c'est une jeune femme

joindre

ᐃᔮᓂᐢᑭ·ᐃᒧᐦᐋᐤ iyaaniskiwimuhaau vta redup ◆ il/elle les joint l'un après l'autre

ᐃᔮᓂᐢᑭ·ᐃᒧᐦᑖᐤ iyaaniskiwimuhtaau vai+o redup ◆ il/elle joint des choses l'une après l'autre

ᑎᑯᐱᔨᐤ tikupiyiu vai ◆ il/elle (ex. des morceaux de cadre de raquette à l'avant ou à l'arrière) est joint-e à un autre, est collé-e à quelque chose d'autre

ᑎᑯᐱᔨᐤ tikupiyiu vii ◆ c'est joint à un autre, ça colle à quelque chose d'autre

ᐋᓂᐢᒑᔮᐱᐦᒑᐦᑎᑖᐤ aanischaayaapihchaahtitaau vai ◆ il/elle les attache l'un après l'autre (filiforme)

ᑎᑯᑳᐳ tikukaapuu vai -uwi ◆ il/elle le place avec le groupe, il/elle le joint avec les autres, debout ou verticalement

joindre (se)

ᓂᐢᑭ·ᐋᐦᐋᒫᑐ·ᐃᒡ niskiwaahaamaatuwich vai pl recip -u ◆ ils/elles se mettent à chanter avec, se joignent au chant

joint

ᐋᓂᐢᑭ·ᐃᐦᐱᓱ aaniskiwihpisuu vai -u ◆ ils sont joints ensemble

ᐊᐢᐱᒨᒋᑭᓐ aspimuchikin ni ◆ une rondelle ou un joint pour une vis

ᐲᒋᒋᑭᓈᐱᑎᒼ piichichikinaapitim vti ◆ il/elle tire dessus ce qui fait que les joints se détachent

joli

ᒥᔫ·ᐃᓈᑯᓐ miyuwinaakun vii ◆ c'est joli, bien rangé

ᒥᔫᔑᔑᐤ miyushishiu vai ◆ il est bon, beau; elle est bonne, belle; il/elle est joli-e; il/elle est bon/bonne à l'usage (se dit d'une peau d'orignal ou d'un certain type d'arbre)

ᒥ·ᔮᔑᐤ miywaashiu vii ◆ c'est bon, beau, joli, agréable, utile, bien fait

ᒥᔫᔥ·ᑳᐅᔑᐤ miyushkwaaushiu vai ◆ c'est une jolie fille, elle a le teint clair

joliment

ᒥᔫᔥᑖᐤ miyushtaau vai ◆ il/elle le place joliment

jonc

ᐅᒋᔥ·ᑳᔫᔥᑯᔑᐤᐦ uchishkwaayuushkushiuh ni pl -shiim ◆ une quenouille, une quenouille à feuilles larges *Typha latifolia*, un jonc, un jonc des chaisiers*Scirpus sp.*

jonction

ᒫᑖᒫᒨ maataamaamuu vii -u ◆ c'est la jonction de deux sentiers

ᒫᑖᒫᔥᑎ·ᑳᐤ maataamaashtikwaau vii ◆ c'est la jonction de deux rivières

ᒫᑖᔥᑎ·ᑳᐱᔨᐤᐦ maataashtikwaapiyiuh vii pl ◆ c'est la jonction de deux rivières

joue

ᐅᓂ·ᐄᐦ uniwiih nid pl ◆ ses joues

ᒥᐦᑯᓂ·ᐋᓂᓲᓐ mihkuniwaanisuun ni ◆ du rouge à joues

ᓰ·ᑖᒥᐦᑭᓈᓃᓱ siitwaamihkinaaniisuu vai reflex -u ◆ il/elle est assis-e avec les mains sur les joues

jouer

ᒫᑎ·ᐋᒑᐤ maatiwaachaau vai ◆ il/elle joue avec ▪ ·ᒑᓐ ᒥᒄ ᒫᑎ·ᐋᒑᐤ ᐅᒦᒋᒼ ᐋᑳ ·ᐄᐦᒋᐢᑎᐦᒃ. ▪ chwaan mikw maatiwaachaau umiichim aakaa wiihchistihk. ▪ *Jean ne fait que jouer avec sa nourriture parce qu'il ne l'aime pas.*

ᒫᑎ·ᐋᒫᐤ maatiwaamaau vta ◆ il/elle joue avec lui/elle ▪ ᒫᑎ·ᐋᒫᐤ ᐅᔒᒥᔥᐦ ᐋᑳ ᓂ·ᑖᔨᒫᑦ ᒑ ᒫᑐᔨᒡᐦ. ▪ maatiwaamaau ushiimishh aakaa nitwaayimaat chaa maatuyichh. ▪ *Il joue avec sa petite soeur pour qu'elle ne pleure pas.*

ᒫᑎ·ᐋᔑᐤ maatiwaashiu vai dim ◆ il/elle joue (en parlant d'un enfant)

ᒫᑎ·ᐋᐤ maatiwaau vai ◆ il/elle joue ▪ ·ᐄᔨ ᑭᔮᐦ ᒋᑭ ᒫᑎ·ᐋᐤ ᐊᓅᐦᒡ ᒑ ᐅᑖᑯᔑᔨᒡ. ▪ wiiyi kiyaah chiki maatiwaau anuuhch chaa utaakushiyich. ▪ *Elle aussi joue ce soir.*

·ᐄᒋᒫᑎ·ᐋᒫᐤ wiichimaatiwaamaau vta ◆ il/elle joue avec lui/elle

ᒥᒫᑎ·ᐋᐅᐃᔨᐦᑎᐤ mimaatiwaauiyihtiu vai redup ◆ il/elle joue à des jeux

ᑖᐃᒫᐤ taaimaau vai ◆ il/elle joue aux cartes

ᒋᐢᑐᐦᒋᒑᐤ chistuhchichaau vai ◆ il/elle joue d'un instrument de musique, il/elle fait marcher la stéréo

ᑖᐙᐦᐄᒑᐤ taawaahiichaau vai ◆ il/elle joue du tambour, il/elle tambourine sur quelque chose

ᑑᐦᐙᐤ tuuhwaau vai ◆ il/elle joue au ballon, à la balle

ᐅᒋᒫᐦᑳᓲ uchimaahkaasuu vai -u ◆ il/elle fait semblant d'être le chef, se comporte comme le chef, joue au chef

jouer des tours

ᐅᐑᔑᐦᐋᐤ uwiishihaau vta ◆ il/elle lui joue des tours, lui fait une blague

joues

ᐋᔑᐙᒥᐦᑭᓈᓃᓲ aashiwaamihkinaaniisuu vai reflex -u ◆ il/elle se tient les joues avec les mains

jouet

ᒫᑎᐙᑭᓐ maatiwaakin ni ◆ un jouet

joug

ᒁᐱᑳᐙᑭᓈᐦᑎᒄ kwaapikaawaakinaahtikw ni ◆ un joug, une palanche pour porter de l'eau

jour

ᒌᔑᑳᐤ chiishikaau vii ◆ il fait jour ■ ᐋᐦ ᒌᔑᑳᒡ ᐋᑯᑎᐦ ᒫᔻᒡ ᐋᐦ ᓅᒋᒦᒋᓵᓂᐎᒡ. ■ aah chiishikaach aakutih maaywaach aah nuuchimiichisaaniwich. ■ *Il vaut mieux travailler avec les perles quand il fait jour.*

ᒌᔑᑳᓂᒋᐦᑯᐦᔥ chiishikaanichihkuhsh na -im ◆ l'étoile du jour, une étoile qui se voit le jour

ᐃᔮᔂᒌᔑᑳᐅᐦ iyaaswaachiishikaauh p,temps [Wemindji] ◆ un jour sur deux ■ ᐃᔮᔂᒌᔑᑳᐅᐦ ᓂᑎᐙᔨᐦᑖᑯᓯᐤ ᒑ ᐄᑐᐦᑖᑦ ᓂᑐᐦᑯᔨᓂᑭᒥᑯᐦᒡ. ■ iyaaswaachiishikaauh nitiwaayihtaakusiu chaa iituhtaat nituhkuyinikimikuhch. ■ *Il a demandé de passer à la clinique un jour sur deux.*

ᒫᔑᑯᒥᒌᔑᑳᐅᐦ maashikumichiishikaauh p,temps ◆ tous les jours

ᐹᔨᑯᒌᔑᑳᐅᐦ paayikuchiishikaauh p,temps ◆ en un seul jour

ᐃᔮᐦᑎᒌᔑᑳᐤ iyaahtichiishikaau vii ◆ les jours rallongent

ᓃᔓᒌᔑᑳᐅᐦ niishuchiishikaauh vii pl ◆ c'est deux jours

ᐹᑯᑎᐦᑖᐅᒌᔑᑳᐤ paakutihtaauchiishikaau vii ◆ c'est un bon jour pour lyophiliser

ᓵᐦᑖᐱᔨᐤ saahtaapiyiu vii ◆ il fait jour, le temps se dégage

ᓂᑯᑐᓐ nikutun p,temps ◆ un de ces jours, une fois ■ ᓂᑯᑐᓐ ᐋᐦ ᒌᔑᑳᔨᒡ ᐋᑯᑎᐦ ᒑ ᐙᐱᐦᑎᐦᒃ ᐊᓂᔮ ᑳ ᐄᑖᑭᓂᐎᑦ. ■ nikutun aah chiishikaayich aakutih chaa waapihtihk aniyaa kaa iitaakiniwit. ■ *Un de ces jours, elle verra ce que les gens essayaient de lui dire.*

ᓵᐦᑖᔮᐱᓐ saahtaayaapin vii ◆ la lumière du jour est visible

ᐎᔨᐙᐱᓐ wiyiwaapin vii ◆ c'est la première lueur du jour

journal

ᑎᐹᒋᒨᓯᓂᐦᐄᑭᓐ tipaachimuusinihiikin ni ◆ un journal, un rapport

journée

ᐃᔅᑭᓂᒌᔑᑳᐅᐦ iskinichiishikaauh p,temps ◆ toute la journée ■ ᐃᔅᑭᓂᒌᔑᑳᐅᐦ ᓂᒌᐦ ᒋᔅᒋᓰᑎᑎᐙᐤ ᓅᔑᔑᒥᔥ. ■ iskinichiishikaauh nichiih chischisiititiwaau nuushishimish. ■ *J'ai pensé à mon petit-fils/à ma petite fille toute la journée*

ᑳᔑᑳᒡ kaashikaach p,temps ◆ aujourd'hui, pendant toute la journée ■ ᓈᔥᒡ ᐋᐦ ᒌᐦ ᒋᔅᒋᓰᑎᑖᑖᓐ ᐊᓅᐦᒡ ᑳᔑᑳᒡ. ■ naashch aah chiih chischisiititaataan anuuhch kaashikaach. ■ *J'ai pensé à toi pendant toute la journée.*

ᒋᐦᒋᒌᔑᑳᐤ chihchichiishikaau vii ◆ c'est une journée spéciale

ᒋᔑᑖᐤ chishitaau vii ◆ il fait chaud, c'est une journée chaude

ᐃᔥᐹᔥᑖᐱᔨᐤ ishpaashtaapiyiu vii ◆ la journée devient plus chaude

ᒫᒁᒌᔑᑳᐤ maakwaachiishikaau vii ◆ c'est tard dans la journée

ᐹᔓᒌᔑᑳᔑᐤ paashuchiishikaashiu vii dim ◆ c'est une journée courte

ᐲᔑᒌᔑᑳᐤ piishichiishikaau vii ◆ c'est une longue journée

ᐙᔅᑭᒫᐤ waaskimaau vii ◆ c'est une belle journée, bien claire

ᔨᑯᔅᑯᓐ yikuskun vii ◆ c'est une journée nuageuse

ᐙᓵᔅᑯᓐ waasaaskun vii ◆ c'est une journée claire au ciel bleu

ᐙᓵᔅᑯᓂᐱᔨᐤ waasaaskunipiyiu vii ◆ ça se dégage, se transforme en une journée claire et ensoleillée

ᐙᓵᔅᑯᓂᔨᐙᐤ waasaaskuniyiwaau vii ◆ c'est une journée claire et venteuse

ᒋᔖᔥᑖᐤ chishaashtaau vii ◆ c'est une journée chaude, claire, au ciel dégagé

jucher

ᑎᐦᑯᒋᔥᑖᐤ tihkuchishtaau vai ◆ il/elle le soulève et le juche au sommet de quelque chose

juge

ᐎᔮᔅᑯᓂᒑᓯᐤ wiyaaskunichaasiu na -iim ◆ un juge

ᑎᐹᔅᑯᓂᒑᓯᐤ tipaaskunichaasiu na -iim ◆ un juge, un avocat, une homme ou une femme de loi

juger

ᑎᐹᔅᑯᓈᐤ tipaaskunaau vta ◆ il/elle le/la juge, le/la traîne en justice

ᐎᔮᔅᑯᓈᐤ wiyaaskunaau vta ◆ il/elle le/la pointe (ex. flèche), le/la vise, le/la juge au tribunal

ᐎᔮᔅᑯᓂᒑᐤ wiyaaskunichaau vai ◆ il/elle le juge en cour, au tribunal

Juif

ᒎᐄᔨᔨᐤ chuuiiyiyiu na -im ◆ un Juif, une Juive, de l'anglais 'Jew'

juillet

ᐅᐱᔥᑰᐲᓯᒼ upishkuupiisim na ◆ juillet, lit. 'le mois de la mue des oiseaux'

juin
ᒧᔕᐙᐦᔮᐅᐲᓯᒼ mushaawaahyaaupiisim na
◆ le mois de juin

Juive
ᒌᐲᔨᔫ chuuiiyiyiu na -im ◆ un Juif, une Juive, de l'anglais 'Jew'

jumelle
ᐊᔑᒁᐱᐦᑎᒼ ashikwaapihtim vti ◆ il/elle l'observe à la jumelle
ᐊᔑᔑᒁᐱᒫᐤ ashishikwaapimaau vta ◆ il/elle l'observe à la jumelle

jumelles
ᐊᔑᒁᐱᐦᒋᑭᓐ ashikwaapihchikin ni ◆ des jumelles, un télescope, un viseur de carabine

junco
ᐙᔅᒑᓯᑯᑖᑭᓐ waaschaasikutaakin na -im ◆ un junco ardoisé *Junco hyemalis*

jupe
ᐹᑎᑯᑦ paatikut ni ◆ le jupon d'une femme, une jupe de toile cousue autour du bas d'une peau sur le point d'être fumée, de l'anglais 'petticoat'
ᐲᐦᑎᐧᐃᑯᐦᐆ piihtiwikuhuu vai -u ◆ il/elle porte deux jupes, deux manteaux
ᐱᔅᑯᑎᑯᒋᓐ piskutikuchin vai ◆ il/elle est suspendu-e en hauteur, elle porte une jupe ou une robe courte, il/elle vole haut dans le ciel

jupon
ᐹᑎᑯᑦ paatikut ni ◆ le jupon d'une femme, une jupe de toile cousue autour du bas d'une peau sur le point d'être fumée, de l'anglais 'petticoat'
ᐙᐳᔓᔮᓂᐹᑎᑯᑦ waapushuyaanipaatikut ni -im ◆ un jupon en fourrure de lièvre
ᓵᓵᑯᑯᒋᓐ saasaakukuchin vai ◆ son jupon dépasse
ᐅᐲᐦᑎᐧᐃᑯᐦᐹᓐ upiihtiwikuhpaan ◆ son jupon

jurer
ᐑᐦᒁᐤ wiihkwaau vai ◆ il/elle jure

jus
ᒦᓂᔖᐳᐃ miinishaapui ni -um ◆ du jus de baies
ᔔᒥᓈᐳᐃ shuuminaapui ni -m ◆ du jus de raisin, du vin

jusqu'à
ᐄᔅᒄ iiskw p,lieu,temps ◆ jusqu'à un certain point ■ ᐋᑯᑎᐦ ᒥᒄ ᒑ ᐃᔑ ᐐᒑᐙᐅᒃ ᓈᑎᐦ ᐄᔅᒄ ᒑ ᐅᐦᒋ ᐱᔅᒑᐦᑦ. ■ aakutih mikw chaa ishi wiichaawik naatih iiskw chaa uhchi pischaat. ■ *J'irai avec lui jusqu'à l'endroit où il prendra une autre route.*
ᐹᑎᔥ paatish p,temps ◆ jusqu'à ■ ᐹᑎᔥ ᒋᐦᒋᐧᐋ ᒥᔪᐱᔨᒑ ᐄᔮᒄ ᒑ ᐴᓯᐧᐃᒋᐦᐦᑦ. ■ paatish chihchiwaa miyupiyichaa iiyaakw chaa puusiwichiht. ■ *On attendra jusqu'à ce qu'il aille mieux avant de partir pour notre voyage en canot.*
ᐋᐱᐦᑎᐧᐃᔨᔫ aapihtiwiyiu p,lieu ◆ jusqu'à la taille ■ ᐋᐱᐦᑎᐧᐃᔨᔫ ᒌᐦ ᐃᔅᒁᓲ. ■ aapihtiwiyiu chiih iskwaasuu. ■ *Elle/Il a été brûlée jusqu'à la taille.*

ᐲᐦᐃᒼ piihim p,temps ◆ jusqu'à cette époque, ce moment ■ ᐲᐦᐃᒼ ᒌᐦ ᐊᑎ ᑎᒁᒋᓐ ᒨᔥ ᐋᐦ ᒌᐦ ᐱᑎᐦᐅᔮᔮᐦᐨ. ■ piihim chiih ati tikwaachin muush aah chiih pitihuyaayaahch. ■ *On a attrapé beaucoup de poisson dans nos filets jusqu'à l'automne.*

juste
ᓅᐦᑦ nuuht p,manière ◆ juste avant ■ ᓅᐦᑦ ᓈᑖᐦ ᒌᐦ ᐅᐦᒋ ᒌᐙᐦᐅᐧᐃᒡ ᐊᓂᑖᐦ ᐊᓂᔮ ᑳ ᐐᐦ ᐄᔑᒋᒫᒑ. ■ nuuht naataah chiih uhchi chiiwaahuwich anitaah aniyaa kaa wiih iishichimaach. ■ *Ils ont fait demi-tour (en canot) juste avant d'avoir atteint leur destination.*
ᑯᐃᔅᑯᓐ kuiskun vii ◆ c'est juste
ᒥᒄ ᓈᐅᔥ mikw naaush p,manière ◆ à peine, tout juste ■ ᒥᒄ ᓈᐅᔥ ᓂᒫᔥᑎᐙᐱᒫᐤ ᐋᐦᒪᐧᐋᔮᐦ ᐊᑎ ᐋᑯᔑᐦᒃ. ■ mikw naaush nichaashtiwaapimaau aahmwaayaah ati aakushihk. ■ *Je l'ai tout juste aperçu avant qu'il disparaisse de ma vue.*
ᑖᐹᐅᒑᔨᐦᑖᑯᓯᐤ taapwaauchaayihtaakusiu vai ◆ il/elle est juste, honnête
ᒧᔮᒥᐱᔨᐤ muyaamipiyiu vai ◆ il/elle est exact-e, juste, va parfaitement, convient bien

justice
ᑎᐹᔅᑯᓂᒑᐅᑭᒥᒄ tipaaskunichaaukimikw ni ◆ le palais de justice, le tribunal
ᑎᐹᔅᑯᓈᐤ tipaaskunaau vta ◆ il/elle le/la juge, le/la traîne en justice
ᑎᐹᔅᑯᓂᒑᐤ tipaaskunichaau vai ◆ il/elle fait tenir un procès, le/la traîne en justice

jute
ᒥᔥᑯᔑᐧᐃᔮᓂᐐᐦᒁᔮᐤ mishkushiwiyaaniwiihkwaayaau ni -im [Whapmagoostui] ◆ de la jute, de la toile de jute, de la grosse toile
ᑳᐱᔅᒋᑯᐹᔮᒡ kaapischikupaayaach nip ◆ un sac de jute, du jute (tissu)

juteux
ᒦᓈᐳᐦ miinaapuuh vii pl -uwi ◆ les baies sont juteuses
ᐐᐦᑳᐳᐦ wiihkaapuuh vii pl -uwi ◆ les baies sont sucrées et juteuses

k

kakawi
ᐋᐦᐋᐙᔑᔥ aahaawaashiish na ◆ un canard kakawi *Clangula hyemalis*

klaxon
ᐴᑖᒋᑭᓐ puutaachikin ni ◆ un sifflet, un klaxon, une sirène

l

l'arrière
ᐙᔅᒁᐦᑖᒥᐐᔥᑎᐅ waaskwaahtaamiwiishtiuu vii -iwi ◆ c'est le fond (l'arrière à l'intérieur) de la hutte de castor situé à l'opposé de l'entrée ■ ᐋᐦ ᐙᔅᒁᐦᑖᒥᐐᔥᑎᐧᐃᒡ ■ aah waaskwaahtaamiwiishtiwich ■ *Le fond (l'arrière à l'intérieur) de la hutte de castor situé à l'opposé de l'entrée*

l'estomac

ᐊᒥᐢᑯᒫᒌ amiskumaachii ni-m ◆ le contenu de l'estomac et de l'intestin du castor

l'intestin

ᐊᒥᐢᑯᒫᒌ amiskumaachii ni-m ◆ le contenu de l'estomac et de l'intestin du castor

l'un à côté de l'autre

ᐃᔮᓂᐢᑭᐧᐋᑭᐦᐋᐤ iyaaniskiwaakihaau vta redup ◆ il/elle les dépose l'un à côté de l'autre en les superposant un peu (étalé)

ᐃᔮᓂᐢᑭᐧᐋᑭᔥᑖᐤ iyaaniskiwaakishtaau vai+o redup ◆ il/elle les dépose l'un à côté de l'autre on les superposant un peu (étalé)

l'un à l'autre

ᐃᔮᓂᐢᑭᐧᐋᐱᐦᑳᑖᐤ iyaaniskiwaapihkaataau vta ◆ il/elle les attache l'un à l'autre

ᐃᔮᓂᐢᑭᐧᐋᐱᐦᑳᑎᒼ iyaaniskiwaapihkaatim vti redup ◆ il/elle les attache l'un à l'autre (filiforme)

l'un après l'autre

ᐋᓂᐢᒑᔮᐱᐦᒑᔑᒫᐤ aanischaayaapihchaashimaau vta ◆ il/elle les place l'un après l'autre (filiforme)

l'un l'autre

ᐋᐦᑯᐃᐦᑎᐧᐃᓂᒼ aahkuihtiwinim vti ◆ il/elle les tient l'un au-dessus l'autre

l'un sur l'autre

ᐋᐦᑯᐃᐦᑎᐧᐃᐱᐧᐃᒡ aahkuihtiwipiwich vai pl ◆ ils sont placés l'un sur l'autre; elles sont placées l'une sur l'autre

ᐋᐦᑯᐃᐦᑎᐧᐃᔑᓂᒡ aahkuihtiwishinich vai pl ◆ ils/elles sont couché-es l'un sur l'autre, empilés; ils/elles sont couché-es l'une sur l'autre, empilé-es

l'une sur l'autre

ᐋᐦᑯᐃᐦᑎᐧᐃᔥᑖᐤ aahkuihtiwishtaau vai ◆ il/elle place des choses l'une sur l'autre, il/elle empile

là

ᐋᑯᑎᐦ aakutih p,dém, focus,lieu ◆ juste là ■ ᐋᑯᑎᐦ ᐊᓂᑎᐦ ᐅᔥᑎᐧᑳᓂᐦᒡ ᑳ ᒦᐢᑯᐦᐅᒃ ᐊᓐ ᔒᔒᑉ᙮ ■ aakutih anitih ushtikwaanihch kaa miiskuhuk an shiiship. ■ *J'ai tiré et touché ce canard juste-là sur sa tête.*

ᔖᐳᐦᑎᐧᐋ shaapuhtiwaa p,lieu ◆ par là, passer ■ ᒥᒄ ᔖᐳᐦᑎᐧᐋ ᐱᒧᐦᑖᐤ, ᒥᒄ ᐃᔥᑭ ᐋᑲ ᓂᐧᐋᐱᑯᐧᐋ᙮ ■ mikw shaapuhtiwaa pimuhtaau, mikw ishki akaa niwaapikuwaa. ■ *Elle/Il a passé juste là et fait comme s'il ne me voyait pas.*

ᐊᔥᑖᐤ ashtaau vii ◆ c'est posé là

ᓃᔓᔥᑖᐤᐦ niishushtaauh vii pl ◆ il y en a deux là

ᐃᐦᑎᑯᓐ ihtikun vii ◆ il y en a; ça existe; c'est là

ᐱᔩᔩᐦᑖᐧᐋᐱᔩᐤ piyiyihtaawaapiyiu vii ◆ le son provient clairement de là

là-bas

ᐊᓂᑖᐦ anitaah p,dém,lieu ◆ là-bas, c'est là-bas ■ ᑖᐹ ᐃᐦᑖᐤ ᐊᓂᑖᐦ ᐅᐧᐄᒑᐧᐋᑭᓐᐦ ᐧᐄᒋᐧᐋᔩᐦᒡ᙮ ■ taapaa ihtaau anitaah uwiichaawaakinh wiichiwaayihch. ■ *Il n'est pas là-bas, à la maison de son ami-e.*

ᐊᓂᑎᐦ anitih p,dém,lieu ◆ là-bas ■ ᐋᑯᑎᐦ ᐊᓂᑎᐦ ᒑ ᐱᒋᐢᑎᓂᐧᑖᐤ ᒋᓂᒫᔥᑖᑯᒥᒡ᙮ ■ aakutih anitih chaa pichistinitwaau chinimaashtaakumich. ■ *Pose ton poisson fumé là-bas.*

ᒫᓈᑖᐦ maanaataah p,dém,lieu ◆ c'est par là-bas (souvent utilisé avec un geste de la main ou des lèvres) ■ ᒫᓈᑖᐦ ᒫᐦᒋᒡ ᑳ ᐧᐋᐱᒥᐧᑳᐤ ᐊᓂᒌ ᐊᐧᐋᔑᔑᒡ ᓈᓯᐹᑎᒥᐦᒡ᙮ ■ maanaataah maahchich kaa waapimikwaau anichii awaashishich naasipaatimihch. ■ *Le dernier endroit où j'ai vu les enfants c'était par là-bas près de l'eau.*

ᒫᓈᑎᐦ maanaatih p,dém,lieu ◆ là-bas ■ ᒫᓈᑎᐦ ᒑ ᐅᔑᐦᑖᑦ ᐅᑎᐱᐧᐃᓐ ᓰᑯᓂᔩᒑ᙮ ■ maanaatih chaa ushihtaat utipiwin siikuniyichaa. ■ *Il va faire son poste d'affût là-bas au printemps.*

ᒫᓂᑖᐦ maanitaah p,dém,lieu ◆ là-bas ■ ᒫᓂᑖᐦ ᑳᐦ ᐄᑐᐦᑖᑦ ᐅᑳᐧᐄᐦ ᐋᐦ ᐄᐦᑖᔩᒡᐦ᙮ ■ maanitaah kaah iituhtaat ukaawiih aah iihtaayich-h. ■ *Elle est allée là-bas chez sa mère.*

ᓈᑖᐦ naataah p,dém,lieu ◆ là-bas ■ ᐋᑯᑖᐦ ᓈᑖᐦ ᑳ ᐄᑎᔑᐦᐧᐋᑭᓂᐧᐃᑦ ᐲᓯᒪᐧᐋᐦᑖᐦᒡ ᑳ ᐋᐦᑯᓯᑦ᙮ ■ aakutaah naataah kaa iitishihwaakiniwit piisimwaahtaahch kaa aahkusit. ■ *Ils l'ont envoyé là-bas dans le sud, quand il est tombé malade.*

ᐅᐦᑎᐦᐄᐹᐤ uhtihiipaau vai ◆ il/elle va chercher de l'eau là-bas

ᒫᓈ maanaa pro,dém ◆ le/la voilà là-bas! voilà là-bas (inanimé, accompagné d'un geste de la main ou en pointant les lèvres) ■ ᒫᓈ ᓈᑖᐦ ᑳ ᐊᔥᑖᐧᐃᒡ ᑳ ᐅᔥᑳᒡ ᓂᐹᓂᐢᒋᐦᒄ᙮ ■ maanaa naataah kaa ashtaawich kaa ushkaach nipaanischihkw. ■ *Voilà là-bas ma nouvelle poêle à frire!*

ᒫᓈᒌ maanaachii pro,dém ◆ les voilà là-bas! tout là-bas il y a ceux-là, celles-là (animé pluriel, accompagné d'un geste de la main ou en pointant les lèvres) (voir *maanaah*) ■ ᒫᓈᒌ ᓈᐹᔑᔑᒡ ᑳ ᓈᓂᑎᐧᐋᐱᒫᑭᓂᐅᐧᐃᒡ᙮ ■ maanaachii naapaashishich kaa naanitiwaapimaakiniuwich. ■ *Les voilà là-bas ces garçons qu'on cherchait.*

ᒫᓈᐦ maanaah pro,dém ◆ le/la voilà là-bas! tout là-bas il y a celui-là, celle-là (animé, accompagné d'un geste de la main ou en pointant les lèvres) (voir *maanaah*) ■ ᒫᓈᐦ ᐃᔥᐧᑳᔑᔥ ᑳ ᐅᑎᓈᑭᓂᐧᐃᑦ ᒑ ᐊᔩᒥᑦ᙮ ■ maanaah ishkwaashish kaa utinaakiniwit chaa ayimit. ■ *Voilà là-bas la fille qui a été choisie pour parler.*

ᒫᓈᐦᐄ maanaahii pro,dém ◆ les voilà là-bas! tout là-bas il y a ceux-là, celles-là (inanimé pluriel, accompagné d'un geste de la main ou en pointant les lèvres) (voir *maanaa*) ■ ᒫᓈᐦᐄ ᐆᑦᐦ ᑳ ᐅᐧᐋᔑᐦᑖᑭᓂᐧᐃᒡᐦ᙮ ■ maanaahii uuth kaa uwaashihtaakiniwichh. ■ *Voilà là-bas les canots qui ont été réparés.*

ᓈᒌ naachii pro,dém ◆ les voilà là-bas! tout là-bas il y a ceux-là, celles-là (animé pluriel, accompagné d'un geste de la main ou en pointant les lèvres) (voir *maanaah*) ■ ᐋᐅᑯᓂᒡ ᓈᒌ ᐊᐧᐋᔑᔑᒡ ᑳ ᐹᑖᒡ ᐊᓂᔮᐦ ᒦᓂᔥᐦ᙮ ■ aaukunich naachii awaashishich kaa paataach aniyaah miinishh.

ᓈᐦᐄ naahii pro,dém ◆ les voilà là-bas! tout là-bas il y a ceux-là, celles-là (inanimé pluriel, accompagné d'un geste de la main ou en pointant les lèvres) (voir *maanaa*) ▪ ᐹᑖᐦ ᒫ ᓈᐦᐄ ᐊᒥᐢᑯᐦᑐᐃᐦ ᑳ ᒌᔑᐦᑖᑭᓂᐎᒡᐦ. ▪ paataah maa naahii amiskuhtuih kaa chiishihtaakiniwichh. ▪ *Apporte ces cadres à peaux de castor par là, ceux qui sont déjà faits!*

ᓈ naa pro,dém ◆ celui-là là-bas, celle-là là-bas, cela, ça, ce, cet, cette (inanimé) (voir *maanaa*) ▪ ᐹᑖᐦ ᒫ ᓈ ᓂᔖᐳᓂᑭᓂᐎᑦ. ▪ paataah maa naa nishaapunikiniwit. ▪ *Apporte-moi mon panier de couture qui est là-bas.*

là-haut

ᐄᐢᐹᐢᑯᒨ iispaaskumuu vii -u ◆ ça se trouve en hauteur, là-haut

Labrador

ᐐᔑᒋᐱᑯᔥᐦ wiishichipikush-h ni pl ◆ du thé du Labrador qui pousse sur les îles de la Baie James *Ledum palustre sp.* peut-être *Ledum palustre decumbens*

ᐐᓯᒋᐱᒄᐦ wiisichipikwh ni pl -um ◆ du thé du Labrador

ᐐᓯᒋᐱᒁᐦᑎᒄᐦ wiisichipikwaahtikwh ni pl -um ◆ un buisson de thé du labrador

lac

ᓵᑭᐦᐄᑭᓐ saakihiikin ni -im ◆ un lac

ᐊᒥᐢᑯᓵᑭᐦᐄᑭᓐ amiskusaakihiikin ni -m ◆ un lac où il y a des castors

ᔮᑎᐚᑭᒦ yaatiwaakimii ni ◆ une baie sur un lac

ᐋᐱᐦᑎᐎᑳᒻ aapihtiwikaam p,lieu ◆ à mi-chemin le long d'un lac ▪ ᐋᐱᐦᑎᐎᑳᒻ ᒌᐦ ᐚᐱᒫᐎᒡ ᐚᐱᓯᐆᐦ. ▪ aapihtiwikaam chiih waapimaawich waapisiuh. ▪ *Ils ont vu un cygne à mi-chemin le long d'un lac.*

ᐊᑳᒥᓵᑭᐦᐄᑭᓂᐦᒡ akaamisaakihiikinihch p,lieu ◆ de l'autre côté du lac ▪ ᓈᑖᐦ ᐊᑳᒥᓵᑭᐦᐄᑭᓂᐦᒡ ᐋᑯᑖᐦ ᑳ ᒋᒥᑖᔨᒡ ᐐᔨᐚᐤ ᐐᒋᐚᐤ. ▪ naataah akaamisaakihiikinihch aakutaah kaa chimitaayich wiiyiwaau wiichiwaau. ▪ *Leur habitation était située de l'autre côté du lac.*

ᓂᔮᐅᒋᑭᒨ niyaauchikimuu p,lieu ◆ au milieu du lac ▪ ᓈᑎᐦ ᓂᔮᐅᒋᑭᒨ ᐋᑯᑎᐦ ᑳ ᐅᐦᒋ ᑭᐎᒋᐦᑖᑦ ᓈᔥᒡ ᐋᐦ ᒥᓯᒋᐢᑎᒃ ᓂᒫᐢ. ▪ naatih niyaauchikimuu aakutih kaa uhchi kiwichihtaat naashch aah misichistik nimaas. ▪ *Un très gros poisson jaillit à la surface au milieu du lac.*

ᐋᔖᒋᑭᒫᐤ aashaachikimaau vii ◆ c'est un lac en forme de crochet

ᒌᔥᒋᓵᑳᑭᒫᐤ chiishchisaakaakimaau vii ◆ c'est un lac bordé de falaises

ᒋᓄᑭᒫᐤ chinukimaau vii ◆ c'est un long lac

ᑯᐃᔥᑎᑳᒫᐦᐅᔮᐤ kuishtikaamaahuyaau vta ◆ il/elle lui fait faire le tour du lac par voie d'eau ou voie aérienne

ᑯᐃᔥᑎᑳᒫᐢᑰ kuishtikaamaaskuu vai -u ◆ il/elle fait le tour du lac à pied sur la glace

ᑯᐃᔥᑎᑳᒫᑖᒋᒫᐤ kuishtikaamaataachimaau vta ◆ il/elle le/la remorque tout autour du lac

ᒥᒑᒥᐢᑳᐤ michaamiskaau vii ◆ le fond du lac est mauvais

ᒥᐦᒑᑐᑭᒫᐅᐦ mihchaatukimaauh vii pl ◆ il y a plusieurs lacs

ᒥᓂᐢᑎᒁᑭᒥᐅ ministikwaakimiu vii ◆ c'est un lac plein d'îles

ᒥᐢᒑᒁᑭᒫᐤ mischaakwaakimaau vii ◆ il y a un lac dans le marécage

ᒥᔑᑭᒫᐤ mishikimaau vii ◆ c'est un grand lac

ᓃᔓᑭᒫᐅᐦ niishukimaauh vii pl ◆ il y a deux lacs

ᐲᐦᑎᐎᑭᒫᐤ piihtiwikimaau vii ◆ le lac est près d'un autre lac

ᐱᑯᐢᒑᑳᑭᒫᐤ pikuschaakaakimaau vii ◆ il y a un petit lac dans le marais

ᐱᒥᒋᑭᒫᐤ pimichikimaau vii ◆ le lac est situé en travers (est perpendiculaire à la vue ou le chemin du locuteur)

ᓵᒌᐅᐢᑭᒥᑭᐆ saachiiuskimikiuu vii -iwi ◆ c'est l'entrée d'un lac qui est plus comme un marécage plutôt qu'un ruisseau ou une rivière

ᓵᒋᔥᑐᐎᔥᑭᒼ saachishtuwishkim vti ◆ il/elle arrive sur un lac en marchant sur un cours d'eau gelé

ᓵᒋᐢᑐᐎᐱᔨᐅ saachistuwipiyiu vai ◆ il/elle rejoint le lac par la rivière en véhicule

ᔖᑭᐎᑭᒫᐤ shaakiwikimaau vii ◆ c'est un lac étroit

ᐚᐅᔮᑭᒫᐤ waauyaakimaau vii ◆ c'est un lac rond

ᐚᐚᒋᑭᒫᐤ waawaachikimaau vii redup ◆ c'est un lac sinueux

ᐚᔨᔪᑭᒫᐤ waayiyukimaau vii ◆ c'est un lac en demi-cercle

ᐐᐦᒁᑭᒫᐤ wiihkwaakimaau vii ◆ c'est l'autre bout du lac

ᐐᐳᐢᑳᑭᒫᐤ wiipuskaakimaau vii ◆ c'est un lac dans une aire ravagée par un feu de forêt

ᐱᑯᑖᐅᐦᒄ pikutaauhkw ni ◆ un lac ou un étang sans sortie ni entrée d'eau

ᑯᐃᔥᑎᑳᒻ kuishtikaam p,lieu ◆ tout autour du lac ou de l'habitation ▪ ᓈᔥᑎᔨᒡ ᑯᐃᔥᑎᑳᒻ ᒌᐦ ᓅᑯᓯᐎᒡ ᐅᐢᒋᐦᑖᓯᐅᒡ. ▪ naashtiyich kuishtikaam chiih nuukusiwich uschihtaasiuch. ▪ *Il y avait des nénuphars tout autour du lac.*

ᐋᒫᐅᐦᒋᐦᑎᓐ aamaauhchihtin vii ◆ le lac s'écoule des deux cotés d'une montagne ou d'une colline

ᐊᐱᔑᑭᒫᔑᐤ apishikimaashiu vii ◆ c'est un petit lac ou étang

ᒌᐢᒋᓵᑳᑭᒫᐤ chiischisaakaakimaau vii ◆ c'est un lac entouré de falaises rocheuses

ᑯᐃᔥᑎᑳᒫᐦᐅᑖᐤ kuishtikaamaahutaau vai+o ◆ il/elle lui fait faire le tour du lac en pagayant

ᑯᐃᔥᑎᑳᒫᐱᐦᑖᐤ kuishtikaamaapihtaau vai ◆ il/elle court autour du lac, de l'étang, de l'habitation

ᑯᐃᔥᑎᑳᒫᐢᑯᐱᐦᑖᐤ kuishtikaamaaskupihtaau vai ◆ il/elle court autour du lac sur la glace

ᑯᐃᐦᑎᑳᒫᔅᑯᐱᔨᐅ kuishtikaamaaskupiyiu vai ◆ il/elle conduit autour du lac sur la glace
ᑯᐃᐦᑎᑳᒫᑖᐹᐤ kuishtikaamaataapaau vai ◆ il/elle tire une charge autour du lac
ᒥᔂᒥᔅᑳᑭᒫᐤ miywaamiskaakimaau vii ◆ le fond du lac est beau
ᐱᐱᔮᐹᐤ pipiyaapaau vai redup ◆ il/elle inonde le ruisseau ou le lac sur une aire étendue
ᐴᑐᐍᑭᒫᐤ puutuwikimaau vii ◆ c'est un lac ovale ou rond
ᓵᒋᔅᑎᐚᐤ saachistiwaau vii ◆ c'est la sortie d'un lac, l'embouchure du lac
ᓵᒋᔅᑐᐍᐦᐊᒼ saachistuwiham vti ◆ il/elle rejoint le lac par la rivière en pagayant
ᓵᑭᐦᐄᑭᓂᔅᑳᐤ saakihiikiniskaau vii ◆ c'est une zone avec beaucoup de lacs
ᔖᑭᐍᔅᑯᒥᑳᐤ shaakiwiskumikaau vii ◆ c'est un lac gelé étroit
ᓰᐦᑭᐦᐅᔮᐤ siihkihuyaau vta ◆ il/elle le/la nettoie de son sang dans un lac (par ex. une peau)
ᓰᐦᑖᔅᒁᔮᑭᒫᐤ siihtaaskwaayaakimaau vii ◆ le lac est entouré d'une forêt dense
ᑖᑐᐹᔮᐤ taatupaayaau vii ◆ il y a de l'eau libre sur le lac au printemps ou en hiver
ᑎᐦᑯᐦᑖᐅᐦᒋᑭᒫᐤ tihkuhtaauhchikimaau vii ◆ le lac est au sommet de la montagne
ᐅᔥᑳᐦᑎᑳᑭᒫᐤ ushkaahtikaakimaau vii ◆ c'est un lac entouré d'arbustes
ᐙᔮᐅᐦᒋᐦᑎᓐ waayaauhchihtin vii ◆ il y a un lac au sommet de la montagne ou de la colline
ᑳᐦᒋᔅᑖᐅᐦᒋᔅᑎᓐ kaahchistaauhchistin vii ◆ il y a une montagne ou une colline à mi-chemin le long du lac
ᒥᑖᐹᔮᐅᐦᑳᐤ mitaapaayaauhkaau vii ◆ c'est le pied d'une colline au bord d'un lac ou d'une rivière
ᒥᑖᔅᑯᐱᒋᐤ mitaaskupichiu vai ◆ il/elle se déplace, déplace son campement d'hiver sur un lac ou une rivière gelée
ᒥᔂᒥᔅᑳᐤ miywaamiskaau vii ◆ le fond du lac est fait de sable ou de galets
ᒧᔖᔥᑯᐱᒋᐤ mushaashkupichiu vai ◆ il/elle déplace son campement d'hiver en traversant un lac gelé ou une rivière gelée
ᓵᒌᐅ saachiiuu vii -iiwi ◆ c'est un ruisseau coulant dans un lac, c'est l'entrée d'un lac

laçage

ᑎᐦᒀᔅᑯᔑᒫᓐ tihkwaaskushimaan ni ◆ le laçage qui retient ensemble les deux morceaux du cadre des longues raquettes vers l'avant
ᐊᔥᐹᔥᑯᔑᒫᐤ ashpaashkushimaau vai ◆ il/elle recouvre le laçage de la section médiane de la raquette avec du cuir ou du tissu
ᒋᐴᔅᒋᒫᐤ chipuschimaau vta ◆ il/elle a juste assez de laçage pour finir les raquettes
ᔖᒁᐹᓈᐦᑎᑖᐤ shaakwaapaanaahtitaau vai ◆ il/elle le glisse sous le laçage de la charge du toboggan
ᒥᑐᐦᑎᓂᐦᐋᐹᓐ mituhtinihaapaan ni ◆ le laçage de la raquette au talon
ᐙᐅᑭᓂᔅᒋᒫᐤ waaukinischimaau ni ◆ un renforcement spécial du laçage sur la partie de la raquette en contact avec le pied
ᑯᐃᔅᒁᐹᒋᔖᐚᐤ kuiskwaapaachishaawaau vai ◆ il/elle découpe du laçage pour raquette en lignes droites
ᐱᐹᑯᐦᐚᐤ pipaakuhwaau vai redup ◆ il/elle perce des trous dans le cadre de la raquette pour y faire passer le laçage

lacer

ᐊᔅᒋᒫᑖᐤ aschimaataau vta ◆ il/elle le lace
ᐊᔅᒋᒫᑎᒼ aschimaatim vti ◆ il/elle le lace
ᐄᑖᔅᐱᓲ iitaaspisuu vai -u ◆ il/elle est lacé-e d'une certaine façon
ᐋᓂᔅᑭᐙᔅᐱᑖᐤ aaniskiwaaspitaau vta ◆ il/elle le/la rallonge en le/la laçant ou en le/la tissant
ᐋᓂᔅᑭᐙᔅᐱᑎᒼ aaniskiwaaspitim vti ◆ il/elle le lace, le tisse à la suite d' un autre
ᒋᐙᔅᐱᑖᐤ chipwaaspitaau vta ◆ il/elle le/la ferme en le/la laçant
ᒋᐙᔅᐱᑎᒼ chipwaaspitim vti ◆ il/elle le ferme en le laçant
ᐄᑖᐹᐤ iitaapaau vai ◆ il/elle lace les raquettes d'une certaine façon
ᓯᒋᐱᑎᐦᑖᐤ sichipitihtaau vta ◆ il/elle étire et lace la peau sur le cadre
ᓰᐦᑎᔅᒋᒫᐤ siihtischimaau vai ◆ il/elle le lace serré
ᐙᔅᐱᓲ waaspisuu vai -u ◆ il/elle est enroulé-e, lacé-e
ᐙᔅᐱᑎᒼ waaspitim vti ◆ il/elle le tisse, le lace
ᐐᓈᐹᐤ winaapaau vai ◆ il/elle le lace, le tisse de travers
ᐊᒥᐦᒄ amihkw na ◆ une aiguille à lacer les raquettes
ᐊᔅᒋᒥᓈᔮᐲᐅᒥᐦᒄ aschiminaayaapiiumihkw ni ◆ une aiguille pour lacer ou tisser la partie médiane des raquettes
ᐊᔅᒋᒫᐤ aschimaau vai ◆ il/elle tisse, lace des raquettes, travaille au laçage des raquettes
ᐱᓯᔅᑖᔅᒁᐤ pisistaaskwaau vai ◆ il/elle lace, tisse la babiche jusqu'à la section médiane du cadre de la raquette
ᐐᓈᐹᑭᐦᐚᐤ winaapaakihwaau vta ◆ il/elle fait une faute en laçant, en tissant (ex. raquettes, filet de pêche)
ᐊᑎᐱᓯᒥᐦᒄ atipisimihkw ni ◆ une aiguille pour lacer ou tisser la partie avant et arrière des raquettes

lacet

ᒥᔅᒋᓯᓈᔮᐲ mischisinaayaapii ni ◆ un cordon de mocassin, un lacet de chaussure

ᒌᔅᒋᓂᐦᑯᓈᔮᐲᑭᐦᑎᒻ chiischinihkunaayaapiikihtim vti ◆ il/elle pose les lacets des mocassins pour les enrouler autour de la jambe

ᒋᔖᔮᒀᔮᐲ chishaayaakwaayaapii ni ◆ de la ficelle, du lacet de peau d'ours

lacets

ᒌᔅᒋᓂᐦᑯᓈᔮᐲ chiischinihkunaayaapii ni ◆ de lacets pour les mocassins

lâche

ᐙᐦᑖᐱᐦᑳᓲ waahtaapihkaasuu vai -u ◆ il/elle est attaché-e pas trop serré-e

ᐙᐦᑖᐱᐦᑳᑖᐤ waahtaapihkaataau vii ◆ c'est attaché pas trop serré

ᐙᐦᑖᐱᐦᑳᑎᒻ waahtaapihkaatim vti ◆ il/elle l'attache pas trop serré

ᒌᐅᐱᔨᐤ chiiupiyiu vii ◆ c'est lâche, desserré, ça branle

lâchement

ᒌᐅᔑᓐ chiiushin vai ◆ ça s'ajuste bien, ce n'est pas trop serré

lagopède

ᑭᔥᑭᓂᒌᔥ kishkinichiish na -im ◆ un lagopède alpin *Lagopus mutus*

ᐱᔮᐤ piyaau na -m ◆ un lagopède (Lagopus sp.

ᐚᐱᐦᔮᐤ waapihyaau na -aam ◆ un lagopède des saules *Lagopus lagopus*, lit.'lagopède blanc'

ᓈᐹᐦᔮᐤ naapaahyaau na -m ◆ un lagopède mâle

ᓅᔖᐦᔮᐤ nuushaahyaau na -m ◆ une lagopède femelle *lagopus sp.*

ᐱᔮᐅᐦᐄᐲ piyaauhiipii ni -im ◆ un filet pour attraper des lagopèdes

ᐱᔮᐅᓂᒁᓐ piyaaunikwaan ni ◆ un collet de lagopède

ᐱᔮᐚᐳᐃ piyaawaapui ni -m ◆ du bouillon de lagopède

ᐚᐱᐦᔮᐚᐳᐃ waapihyaawaapui ni ◆ du bouillon de lagopède des saules

ᐑᐦᒁᓈᐚᓐ wiihkwaanaawaan na ◆ un lagopède éviscéré par le haut

ᒨᐦᔮᐚᐤ muuhyaawaau vai ◆ il/elle mange du lagopède

ᓈᓂᑑᐦᔮᐚᐤ naanituuhyaawaau vai redup ◆ il/elle chasse le lagopède

ᑳᔅᒋᓈᐚᐦᔮᐚᓂᐏᑦ kaaschinaawaahyaawaaniwit ni ◆ un contenant rempli de lagopède séché et désossé qui a été fendu sur le devant

ᐅᑳᐦᑳᒋᐚᐳᐃ ukaahkaachiwaapui ni -um ◆ du bouillon fait de duodénum de lagopède

ᐱᔮᔅᑳᐤ piyaaskaau vii ◆ il y a beaucoup de lagopèdes par ici

ᐱᔮᐅᑖᐱᒁᐤ piyaautaapikwaau vai ◆ il/elle pose des pièges de lagopède

ᐑᐦᒁᓈᐤ wiihkwaanaau vta ◆ il/elle éviscère, nettoie le lagopède en pelant la peau de haut en bas sans la déchirer

laid

ᒥᒋᓐ michin vii ◆ c'est sale, laid

ᒥᒋᓯᐤ michisiu vai ◆ il/elle est sale, laid-e, il est affreux, elle est affreuse

ᐑᓂᓈᑯᓐ wiininaakun vii ◆ ça a l'air sale, laid

ᐑᓂᓈᑯᓯᐤ wiininaakusiu vai ◆ il/elle a l'air sale, laid

laine

ᒥᑖᓵᔮᐲᐆ mitaasaayaapiiuu vii -iiwi ◆ c'est fait en laine

ᒥᑖᓵᔮᐲᐆ mitaasaayaapiiuu vai -iiwi ◆ c'est de la laine , c'est fait en laine (animé)

ᒥᑖᓵᔮᐲ mitaasaayaapii ni -m ◆ de la laine, du fil

laisse

ᒋᔑᑳᐹᐏᓐ chishikaapaawin ni ◆ une ficelle, une corde, une laisse

ᒋᔑᑳᐱᐦᐋᐤ chishikaapihaau vta ◆ il/elle l'attache avec une laisse à quelque chose ▪ ᒋᔑᑳᐱᐦᐋᐤ ᐊᓂᔮᐦ ᐅᑎᐚᔑᔒᒻᐦ ᐋᑳ ᓂᑎᐚᔨᒫᑦ ᒑ ᐃᔅᒁᓱᔨᒡᐦ. ▪ chishikaapihaau aniyaah utiwaashishiimh aakaa nitiwaayimaat chaa iskwaasuyichh. ▪ *Elle a mis une laisse à son enfant pour qu'il ne soit pas brûlé par le feu.*

ᒋᔑᑳᐱᐦᑳᑖᐤ chishikaapihkaataau vta ◆ il/elle le/la met en laisse

ᔑᑳᐱᐦᑳᓲ shikaapihkaasuu vai -u ◆ il/elle est attaché-e à quelque chose, est en laisse

ᔑᑳᐱᐦᒑᓈᐤ shikaapihchaanaau vta ◆ il/elle le/la tient par la ficelle, la laisse

laisser

ᐄᔥᑯᓂᒻ iishkunim vti ◆ il/elle en laisse, ne prend pas tout

ᐄᔥᑯᓂᒧᐚᐤ iishkunimuwaau vta ◆ il/elle en laisse un peu pour lui/elle

ᐋᑎᔅᒌᐤ aatischiiu vai ◆ il/elle laisse des traces

ᐄᔥᑯᐦᐊᒻ iishkuham vti ◆ il/elle en laisse impayé, en prend mais en laisse un peu

ᐄᔥᑯᑭᐦᐚᐤ iishkukihwaau vta ◆ il/elle en laisse un peu non hâché

ᐄᔥᑯᓈᐤ iishkunaau vta ◆ il/elle en laisse un peu, ne prend pas tout

ᐄᔥᑯᐱᔨᐦᐋᐤ iishkupiyihaau vta ◆ il/elle en laisse un peu, il/elle ne verse pas tout

ᐄᔥᑯᐱᔨᐦᑖᐤ iishkupiyihtaau vai ◆ il/elle verse en en laissant un peu

ᐄᔥᑯᔥᑎᒻ iishkushtim vti ◆ il/elle en mange mais en laisse un peu

ᓂᑭᑖᐤ nikitaau vta ◆ il/elle l'abandonne, le/la laisse

ᓂᑭᑎᐦᐊᒧᐚᐤ nikitihamuwaau vta ◆ il/elle le laisse pour lui/elle en partant en véhicule

ᓂᑭᑎᐦᐅᑰ nikitihukuu vai -u ◆ le véhicule les abandonne, les laisse sur place

ᓂᑭᑎᐦᐅᐚᐤ nikitihuwaau vta ◆ il/elle les laisse sur place en partant en véhicule

ᓂᑭᑎᐦᐚᐤ nikitihwaau vta ◆ il/elle le/la quitte en véhicule, le/la laisse sur place, part en avant de lui/d'elle

ᓂᑭᑎᒧᐧᐋᐤ nikitimuwaau vta ◆ il/elle le/la laisse à sa charge, à ses bons soins
ᐱᓂᐦᐋᐤ pinihaau vta ◆ il/elle le/la laisse traîner éparpillé
ᐱᓂᐦᑯᑖᒑᐤ pinihkutaachaau vai ◆ il/elle laisse des restes autour d'elle/de lui après avoir raboté du bois, il/elle laisse des copeaux
ᐱᓂᑭᐦᐊᒼ pinikiham vti ◆ il/elle laisse des copeaux après avoir fendu du bois
ᐱᓂᑭᓈᓂᒼ pinikinaanim vti ◆ il/elle laisse traîner les os aux alentours
ᐱᓂᓂᒼ pininim vti ◆ il/elle laisse des restes de quelque chose
ᐱᓂᔥᑖᐤ pinishtaau vai ◆ il/elle laisse traîner des choses
ᔖᔪᐧᐃᐦᐋᐤ shaayuwihaau vta ◆ il/elle le/la laisse ouvert-e
ᔖᔪᐧᐃᔥᑖᐤ shaayuwishtaau vai ◆ il/elle le laisse ouvert-e
ᔖᔪᐧᐃᔥᑖᐤ shaayuwishtaau vii ◆ c'est laissé ouvert
ᐄᔥᑯᐧᐹᐤ iishkupwaau vta ◆ il/elle en laisse un peu qu'il n'a pas mangé
ᑰᓃᔅᒋᓂᒼ kuuniischinim vti ◆ il/elle laisse des traces durant un temps neigeux
ᐱᑭᔥᑎᐧᐋᐱᔨᐦᐋᐤ pikishtiwaapiyihaau vta ◆ il/elle le/la laisse tomber à l'eau
ᐱᑭᔥᑎᐧᐋᐱᔨᐦᑖᐤ pikishtiwaapiyihtaau vai ◆ il/elle le laisse tomber à l'eau
ᐱᐲᐅᐦᑎᒼ pipiiuhtim vti redup ◆ il/elle laisse des épluchures, des rebuts de nourriture
ᔖᔪᐧᐃᑯᑖᐤ shaayuwikutaau vai+o ◆ il/elle le laisse suspendu-e ouvert-e
ᔖᔪᐧᐃᑯᔮᐤ shaayuwikuyaau vta ◆ il/elle le/la laisse ouvert-e suspendu-e
ᒋᑭᐧᐋᓈᐤ chikiwaanaau vta ◆ il/elle laisse les poils sur la peau du caribou
ᐄᔥᑯᐦᐧᐋᐤ iishkuhwaau vta ◆ il/elle part sans les tuer tous, en prend mais en laisse un peu, il lui reste de l'argent

laisser non-coupé

ᐄᔥᑯᔑᒼ iishkushim vti ◆ il/elle en laisse un peu non coupé, il/elle en coupe une certaine longueur
ᐄᔥᑯᐧᔖᐤ iishkushwaau vta ◆ il/elle en coupe une certaine longueur, en laisse une partie non-coupée

lait

ᒎᒎᔑᓈᐳᐃ chuuchuushinaapui na -uum [Wemindji] ◆ du lait
ᑑᑑᔑᓈᐳᐃ tuutuushinaapui na -uum ◆ du lait
ᑳᐹᐦᑯᓯᑦ kaapaahkusit nap ◆ du lait en poudre

lambeaux

ᐋᐦᐧᑳᒋᐱᔨᐤ aahkwaachipiyiu vai ◆ il/elle est déchiré-e, réduit-e en lambeaux
ᐄᔨᐧᐋᐱᔨᐤ iiyiwaapiyiu vii ◆ ça pend en lambeaux, ça fait des franges
ᔮᐃᒋᐱᔨᐤ yaaichipiyiu vai redup ◆ il/elle est déchiré-e en lambeaux

lame

ᒧᔥᑖᐱᓯᔅᒋᓯᐤ mushtaapisischisiu vai ◆ c'est une lame sans manche
ᒧᔥᑖᐱᔅᑳᐤ mushtaapiskaau vii ◆ c'est une lame sans manche
ᒧᔅᑖᐱᔅᑳᐤ mustaapiskaau vii ◆ c'est une lame sans manche
ᒌᑭᐦᐄᑭᓈᐱᔅᒄ chiikihiikinaapiskw ni ◆ la lame d'une hache
ᒨᐦᑯᒫᓈᐱᔅᒄ muuhkumaanaapiskw ni ◆ une lame de couteau
ᒨᐦᑯᑖᑭᓈᐱᔅᒄ muuhkutaakinaapiskw ni ◆ la lame d'un couteau croche
ᔑᐧᐋᔮᐱᑎᒄ shiwaayaapitikw ni ◆ le côté coupant de la lame d'une hache
ᒋᑳᔅᑯᐦᑎᑖᐤ chikaaskuhtitaau vai ◆ il/elle sécurise la lame d'une hache ou d'un couteau avec un morceau de bois
ᑳᔪᐧᐃᓐ kaayuwin vii ◆ la lame, la pointe est coupante
ᓅᑎᒥᑭᓂᒑᐦᑎᓐ nuutimikinichaahtin vii ◆ la lame est arrondie
ᐧᐋᐧᐋᑲᐱᑎᒋᓂᒼ waawaakaapitichinim vti redup ◆ il/elle emballe la lame du couteau ou de la hache avec quelque chose
ᐊᔒᐦᑎᓐ ashiihtin vii ◆ la lame ou la pointe s'émousse, ça s'épointe
ᐊᔅᐱᐦᐱᒋᑭᓐ aspihpichikin ni ◆ un morceau de bois pour protéger la lame d'un couteau croche

lampe

ᐊᒥᔅᑯᐧᐋᔥᑖᓂᒫᑭᓐ amiskuwaashtaanimaakin ni -m ◆ une lampe à la graisse de castor
ᐧᐋᓵᓂᐦᑖᑭᓈᐱᔅᒄ waasaanihtaakinaapiskw ni -um ◆ une vitre, un verre à lampe
ᐧᐋᔥᑖᓂᒫᑭᓐ waashtaanimaakin ni ◆ une lampe, une lumière, une bougie

lampe à kérosène

ᐧᐋᔥᑖᓂᒫᑭᓂᐱᒦ waashtaanimaakinipimii ni -m ◆ une lampe à huile, à kérosène

lampe à huile

ᐧᐋᔥᑖᓂᒫᑭᓂᐱᒦ waashtaanimaakinipimii ni -m ◆ une lampe à huile, à kérosène

lampe de poche

ᑳᐧᐋᔅᑖᓂᑭᐦᒋᒑᐱᔨᒡ kaawaastaanikihchichaapiyich ni ◆ une lampe de poche

lance

ᐧᐄᐱᔅ wiipis na -im ◆ un bâton taillé pointu et utilisé comme lance, une lance
ᐊᔑᒫᑭᓐ ashimaakin ni ◆ un harpon, une lance

lance-pierre

ᐧᐋᐱᐦᐋᒋᔥᐧᑳᓐ waapihaachishkwaan ni ◆ un lance-pierre
ᐧᐋᐱᐦᐄᒋᔥᐧᑳᓐ waapihiichishkwaan ni ◆ un lance-pierre
ᐧᐋᐱᐦᐋᒋᔥᐧᑲᑎᒼ waapihaachishkwaatim vti ◆ il/elle lui tire dessus au lance-pierre

ᐙᐱᐦᐄᒋᔥᒀᑖᐤ waapihiichishkwaataau vta ◆ il/elle lui tire dessus avec un lance-pierre

lancer

ᐙᐱᓂᒧᐙᐤ waapinimuwaau vta ◆ il/elle le lui lance

ᑯᐃᔅᒁᐱᐦᒑᐱᔨᐦᑖᐤ kuiskwaapihchaapiyihtaau vai ◆ il/elle le lance (filiforme) bien droit

ᐱᒧᑎᐦᒀᐤ pimutihkwaau vai ◆ il/elle lance des flèches

ᐋᔂᐦᐊᒻ aaswaaham vti ◆ il/elle tire, lance et le dépasse

ᒹᔥᑎᐦᐙᐤ mwaashtihwaau vta ◆ il/elle le/la rate de peu en tirant ou en lançant

ᐱᑎᐦᑳᔨᔨᐤ pitihkaayiyiu vai ◆ le porc-épic lance ses piquants

ᐄᑖᐦᒑᐦᐊᒻ iitaahchaaham vti ◆ il/elle va de ce côté en véhicule, il/elle tire, lance de ce côté de quelque chose

ᐄᑖᐦᒑᐦᐙᐤ iitaahchaahwaau vta ◆ il/elle va de ce côté de lui/d'elle en véhicule, il/elle tire, lance de ce côté de lui/d'elle

langage

ᐊᔨᒧᐎᓐ ayimuwin ni ◆ un mot, une langue, le langage, la parole

lange

ᐑᐦᐱᔅᒑᓂᒧᐙᐤ wiihpischaanimuwaau vta ◆ il/elle retire la partie humide de la mousse utilisée comme lange de bébé

langue

ᐅᑖᔨᔩ utaayiyii nid ◆ sa langue

ᐱᔥᑎᒀᔮᐅᔨᒧᐎᓐ pishtikwaayaauyimuwin ni ◆ la langue française

ᐙᒥᔥᑎᑯᔒᐅᔨᒧᐎᓐ waamishtikushiiuyimuwin ni ◆ la langue anglaise

ᓵᒋᐦᑖᔨᐙᐱᔨᐦᐅ saachihtaayiwaapiyihuu vai-u ◆ il/elle tire la langue

ᐊᔨᒧᐎᓐ ayimuwin ni ◆ un mot, une langue, le langage, la parole

ᐄᔨᔨᐅᔨᒧᐎᓐ iiyiyiuyimuwin ni ◆ le cri, une langue autochtone

ᐄᔥᒌᔂᐎᓐ iishchiishwaawin ni ◆ un dialecte, la parole, une langue, un sens

lanière

ᐲᐙᐸᔑᑭᓐ piiwaapaashikin ni ◆ des restes de peau non-tannée après qu'on a coupé des lanières pour faire des raquettes

ᐱᔑᔥᑖᐦᐄᑭᓐ pishishtaahiikin ni ◆ un fouet, une lanière

ᐲᐙᐹᔂᐤ piiwaapaashwaau vta ◆ il/elle laisse des restes de peau après avoir coupé des lanières de raquette

lapin

ᐙᐳᔥ waapush na-um ◆ un lièvre d'Amérique (un lapin)*Lepus americanus*

ᑳᒋᒑᔮᐳᔥ kaachichaayaapush na-um ◆ le fétus extra-utérin d'un lapin

ᐙᐳᔑᔅᑳᐤ waapushuskaau vii ◆ il y a beaucoup de lièvres par ici

lapine

ᐱᓈᔮᐳᔓ pinaayaapushuu vai-u ◆ la hase, la lapine a des petits

lard

ᐸᔑᑯᐦᑯᔑᐙᓐ paashikuuhkuushiwaan na ◆ du lard, du bacon tranché

ᐱᒦ pimii ni ◆ du lard, du gras, de l'essence, de l'huile, du naphta

large

ᐄᔨᑭᔅᒋᓯᐤ iiyikischisiu vai ◆ il/elle est large

ᐄᔨᑭᔥᑳᑭᓐ iiyikishkaakin vii ◆ c'est large (étalé)

ᐄᔨᑭᔥᑳᐹᒋᓯᐤ iiyikishkaapaachisiu vai ◆ il/elle (filiforme) est large

ᐄᔨᑭᔥᑳᐹᑭᓐ iiyikishkaapaakin vii ◆ c'est large (filiforme)

ᐄᔨᑭᔥᑳᔅᑯᓐ iiyikishkaaskun vii ◆ c'est large (long et rigide)

ᐄᔨᑭᔥᑳᔅᑯᓯᐤ iiyikishkaaskusiu vai ◆ il/elle (long et rigide) est large

ᐄᔨᑭᔥᑳᐤ iiyikishkaau vii ◆ c'est large

ᐄᔨᑭᔥᑭᒨ iiyikishkimuu vii-u ◆ c'est large (par ex. le chemin) (se dit aussi de quelque chose attaché à quelque chose d'autre, par ex. une bordure)

ᐄᔨᑭᔅᑳᒋᓯᐤ iiyikiskaachisiu vai ◆ il/elle est large (étalé)

ᐄᔨᑭᔥᒑᒋᐎᓐ iiyikishchaachiwin vii ◆ le rapide est large

ᒥᐦᒌᐙᔮᐤ mihchiiwaayaau vii ◆ c'est un gros tunnel, c'est un tunnel large

ᒥᔑᔥᑎᒀᐤ mishishtikwaau vii ◆ c'est une rivière large

ᒥᔥᑎᒀᔮᐤ mishtikwaayaau vii ◆ c'est une rivière grande et large

ᒨᑖᔮᑭᓐ muutaayaakin vii ◆ c'est large, grand (étalé, par ex. de la toile)

ᓈᑎᑳᒫᒋᐎᓐ naatikaamaachiwin vii ◆ c'est un courant du large

ᓈᑎᑳᒫᔮᔥᑎᓐ naatikaamaayaashtin vii ◆ c'est un vent du large

ᓂᔮᔥᑎᐎᒋᐎᓐ niyaashtiwichiwin vii ◆ le rapide est large

ᐲᐦᑎᑳᒫᔮᐤ piihtikaamaayaau vii ◆ l'étendue d'eau est large

ᒥᐦᒋᐹᒥᒌᐤ mihchipaamichiiu vai ◆ c'est un bois au grain large

ᒥᐦᒋᔥᑎᒀᔮᐤ mihchishtikwaayaau vii ◆ c'est une grosse rivière large

ᐄᔅᐱᐦᑖᔅᑯᓯᐤ iispihtaaskusiu vai ◆ il/elle a ...(par ex. 30cm) de long et ...(par ex. 5cm) de large (se dit de quelque chose de long, par ex. un bâton ou un poisson)

ᐃᔅᐱᐦᑖᔪᐎᑳᐤ ispihtaayuwikaau vii ◆ ça a... (par ex. 2 m) de long sur ... (par ex. 3 m) de large (étalé)

largeur

ᑯᐦᑯᐦᐙᐤ kuhkuhwaau vai ◆ il/elle établit la largeur de la raquette avec un bâton

ᐹᐦᐹᐧᑳᑭᓐ paahpaakwaakin vii ◆ c'est étroit (étalé)

ᑯᐦᑯᑖᐦᐧᐋᐤ kuhkutaahwaau vta ◆ il/elle met une cale entre le cadre de la raquette pour former la largeur avant de placer les barres transversales avant et arrière

ᐹᔓᑳᒫᔮᔑᐤ paashukaamaayaashiu vii dim ◆ il y a un rétrécissement dans la largeur de l'étendue d'eau

ᐄᔅᐱᐦᑖᔅᑯᓯᐤ iispihtaaskusiu vai ◆ il/elle a ...(par ex. 30cm) de long et ...(par ex. 5cm) de large (se dit de quelque chose de long, par ex. un bâton ou un poisson)

ᐃᔅᐱᐦᑖᔪᐧᐃᑳᐤ ispihtaayuwikaau vii ◆ ça a... (par ex. 2 m) de long sur ... (par ex. 3 m) de large (étalé)

larme

ᒥᒋᐦᐧᑳᔨᐤ michihkwaayiu vai ◆ il/elle a l'air d'être au bord des larmes

ᐱᐹᒥᑭᐧᐋᐱᐤ pipaamikiwaapiu vai redup ◆ il/elle a les larmes aux yeux

larmes

ᐅᐦᒋᑭᐧᐋᐱᐤ uhchikiwaapiu vai ◆ il/elle verse des larmes

larve

ᐅᔅᐧᑳᐤ uskwaau na -aam ◆ une larve, un asticot

lasser (se)

ᓯᔅᑭᑖᔨᒫᐤ siskitaayimaau vta ◆ il/elle se lasse de lui/d'elle; il/elle le trouve ennuyeux, la trouve ennuyeuse

latéralement

ᐱᒥᒋᑳᐴ pimichikaapuu vai -uwi ◆ il/elle se tient latéralement

ᐱᒥᒋᐱᔨᐤ pimichipiyiu vai ◆ il/elle va latéralement

ᐱᒥᒋᐱᔨᐤ pimichipiyiu vii ◆ ça va latéralement

ᐱᒥᒋᐱᔨᐦᐋᐤ pimichipiyihaau vta ◆ il/elle le/la fait aller latéralement

ᐱᒥᒋᐱᔨᐦᑖᐤ pimichipiyihtaau vai ◆ il/elle le/la fait aller latéralement

lavage

ᒋᔥᑖᐹᐅᒋᑭᓐᐦ chishtaapaauchikinh ni pl ◆ du lavage, de la lessive

ᒋᔥᑖᐹᐅᑎᒧᐧᐋᐤ chishtaapaautimuwaau vta ◆ il/elle lui fait sa lessive, son lavage

ᒥᐧᔮᐹᐧᐃᒋᒑᐤ miywaapaawichichaau vai ◆ il/elle réussit à bien faire le lavage

ᐋᐦᑖᐴᐦᒑᐤ aahtaapuuhchaau vai ◆ il/elle change son eau de lavage

lave-vaisselle

ᑳᒋᔥᑖᐹᐅᒋᔮᑭᓈᐱᔨᒡ kaachishtaapaauchiyaakinaapiyich nip -im ◆ un lave-vaisselle automatique

lavement

ᐲᐦᑖᐹᐅᔮᐤ piihtaapaauyaau vta ◆ il/elle le/la remplit avec un liquide, lui administre un lavement

laver

ᒋᔥᑖᐹᐅᑖᐤ chishtaapaautaau vai ◆ il/elle le lave

ᒋᔥᑖᐹᐅᔮᐤ chishtaapaauyaau vta ◆ il/elle le/la lave

ᒋᔥᑖᐹᐧᐃᔮᐤ chishtaapaawiyaau vta ◆ il/elle le/la lave

ᒥᒫᑯᐹᑎᓂᒼ mimaakupaatinim vti redup ◆ il/elle le lave à la main

ᒋᔒᔕᓈᐤ chishiishaanaau vta ◆ il/elle le/la lave, lui nettoie la peau en essuyant

ᒋᔥᑖᐹᐅᒋᑭᒥᐧᑳᐤ chishtaapaauchikimikwaau vai ◆ il/elle lave le plancher ▪ ᐋᔪᐧᐃᒄ ᓃᐧᔖᐤ ᒑᔥᑖᐹᐅᒋᑭᒥᐧᑳᑦ ᑳ ᐃᔥᐱᔑ ᒌᔑᑳᔨᒡ᙮ ▪ aayuwikw niishwaau chaashtaapaauchikimikwaat kaa ishpishi chiishikaayich. ▪ *C'est la deuxième fois qu'il lave le plancher aujourd'hui.*

ᒋᔥᑖᐹᐅᒋᔮᑭᓈᐤ chishtaapaauchiyaakinaau vai ◆ il/elle lave la vaisselle ▪ ᒑ ᐧᐄᐦᑎᒧᐧᐃᑦ ᒑ ᒋᔥᑖᐹᐅᒋᔮᑭᓈᑦ ᑎᑯᔑᐦᑳ᙮ ▪ chaa wiihtimuwit chaa chishtaapaauchiyaakinaat tikushihkaa. ▪ *Dis-lui de laver la vaisselle quand elle rentrera.*

ᒋᔥᑖᐹᐅᑎᐦᒑᐤ chishtaapaautihchaau vai ◆ il/elle se lave les mains

ᒋᓯᔮᐹᐧᐋᐤ chisiyaapaawaau vii ◆ c'est rincé, lavé, enlevé au lavage

ᑳᔒᔕᓈᐤ kaashiishaanaau vta ◆ il/elle le/la lave avec une éponge

ᑳᓰᓂᔮᑭᓈᐤ kaasiiniyaakinaau vai ◆ il/elle lave la vaisselle

ᒫᔥᑖᐹᐅᔮᐤ maashtaapaauyaau vta ◆ il/elle l'utilise complètement pour le lavage (ex. du savon); il/elle les a tous lavés/toutes lavées

ᒥᒥᑯᓂᒼ mimikunim vti redup ◆ il/elle le frotte avec ses mains pour l'assouplir, le lave à la main

ᓰᔅᑳᐹᐅᑖᐤ siiskaapaautaau vai ◆ il/elle le lave pour enlever le sang

ᒥᒥᑯᓈᐤ mimikunaau vta redup ◆ il/elle le/la frotte, l'assouplit, le/la lave à la main

laver (se)

ᒋᔥᑖᐹᐅᔨᐤ chishtaapaauyiu vai ◆ il/elle se lave

ᒋᔥᑖᐹᐅᓯᑖᐤ chishtaapaausitaau vai ◆ il/elle se lave les pieds

ᒋᔥᑖᐹᐧᐃᔨᓲ chishtaapaawiyisuu vai reflex -u ◆ il/elle se lave, fait sa toilette, se lisse les plumes

le long

ᐋᔮᔨᐦᑎᑳᒡ *aayaayihtikaach* p,lieu ◆ le long d'un mur, sur un mur ▪ ᐋᑯᑖᐦ ᑳ ᐋᑎ ᓃᐱᑖᑯᔮᑦ ᐊᓂᔮᐦ ᐅᐧᐃᒋᔥᑯᔮᓐᐦ ᐋᔮᔨᐦᑎᑳᔨᒡ᙮ ▪ aakutaah kaa aati niipitaakuyaat aniyaah uwichishkuyaanh aayaayihtikaayich. ▪ *Elle a suspendu ses peaux de rat musqué en rangée le long du mur.*

le plus

ᒫᐅᒡ maauch p,manière ◆ le plus ▪ ᐋᐅᒄ ᐊᓐ ᒫᐅᒡ ᑳ ᒥᐧᔮᔨᒥᒃ ᓂᒋᔅᑯᑎᒫᒑᓰᒼ᙮ ▪ aaukw an maauch kaa miywaayimik nichiskutimaachaasiim. ▪ *Il était le professeur que j'aimais le plus.*

leader

ᓃᑳᓂᔥᑭᒼ **niikaanishkim** vti ◆ il en est le chef, elle en est la cheffe, il/elle en est le/la leader

ᓃᑳᓂᔥᑭᐙᐤ **niikaanishkiwaau** vta ◆ il est leur chef, elle est leur cheffe, il/elle est à la tête d'un groupe, est leur leader

lèche

ᓅᐦᒀᒋᒑᐤ **nuuhkwaachichaau** vai ◆ il/elle lèche

lécher

ᓅᐦᒀᑖᐤ **nuuhkwaataau** vta ◆ il/elle le/la lèche

ᓅᐦᒀᑎᒼ **nuuhkwaatim** vti ◆ il/elle le lèche

ᓵᓯᐳᑖᐤ **saasiputaau** vii ◆ les vagues le lèchent

ᑭᒑᒧᐦᒋᔑᓂᒡ **kichaamuhchishinich** vai pl ◆ les vagues lèchent le rivage

ᓅᐦᑖᐳᐙᐤ **nuuhtaapuwaau** vai ◆ il/elle trempe une tasse ou une cuillère dans le bouillon, en lèche l'écume ou la graisse

leçon

ᒋᔅᑯᑎᒫᑯᓰᐎᓐ **chiskutimaakusiiwin** ni ◆ une leçon

légende

ᐋᑎᔫᐦᑳᓐ **aatiyuuhkaan** ni ◆ une légende

ᐋᑎᔫᐦᒑᐤ **aatiyuuhchaau** vai ◆ il/elle raconte une légende ▪ ᒑᑳᑦ ᐋᔑᑯᒥᑎᐱᔅᑳᐤᐦ ᐋᑎᔫᐦᒑᐤ᙮ ▪ chaakaat aashikumitipiskaauh aatiyuuhchaau. ▪ *Il raconte une légende presque chaque soir.*

ᐋᑎᔫᐦᑭᐙᐤ **aatiyuuhkiwaau** vta ◆ il/elle lui raconte une légende ▪ ᓈᔥᒡ ᐋᐦ ᒥᐧᔮᔨᐦᑎᐦᒃ ᐋᐦ ᐋᑎᔫᐦᑭᐙᑦ ᒥᒄ ᐊᓂᔮᐦ ᐊᐙᔨᐤᐦ ᐙ ᓈᑭᔑᒋᐦᐄᑯᑦ᙮ ▪ naashch aa miywaayihtihk aa aatiyuuhkiwaat mikw aniyaah awaayiuh waa naakishichihiikut. ▪ *Il aime raconter des légendes à ceux et celles qui veulent bien l'écouter.*

léger

ᔮᐦᒋᐦᑎᐤ **yaahchihtiu** vai ◆ il est léger, elle est légère

ᔮᐦᑳᐱᔅᑳᐤ **yaahkaapiskaau** vii ◆ c'est léger (minéral), ça ne pèse pas lourd

ᔮᐦᑭᓐ **yaahkin** vii ◆ c'est léger

ᐃᔪᐙᔮᔑᐤ **iyuwaayaashiu** vii dim ◆ il y a une petite brise, une brise légère

ᒨᔖᑭᒫᐤ **muushaakimaau** vii ◆ le liquide est léger, n'est pas épais

ᐱᔮᐙᑯᓂᔥ **piyaawaakunish** na ◆ de légers flocons de neige

ᐙᐳᔙᑯᓐ **waapushwaakun** na ◆ de la neige fraîchement tombée, légère

légère

ᑯᐃᔅᑯᔥᑎᒀᐤ **kuiskushtikwaau** vii ◆ la rivière est toute droite

ᔮᐦᑭᒥᐦᒋᐦᐆ **yaahkimihchihuu** vai -u ◆ il/elle se sent légère, pleine d'énergie

ᓯᑭᐦᑯᐹᐤ **sikihkupaau** vii ◆ c'est un ruisseau, une rivière bordée de buissons épais

légèrement

ᓈᓃᑳᐱᐦᒑᔥᑭᐙᐤ **naaniikaapihchaashkiwaau** vta redup ◆ il/elle (un toboggan, une charge qu'elle/il tire) lui pèse légèrement dessus

légume

ᒥᔥᑯᔑᐤᐦ **mishkushiuh** ni pl -iim ◆ de l'herbe, des légumes, du foin

lent

ᐱᐹᒌᐤ **pipaachiiu** vai redup ◆ il/elle est lent-e à faire les choses

ᐱᐹᒋᔅᑳᑎᓰᐤ **pipaachiskaatisiiu** vai redup ◆ il/elle est lent-e dans ce qu'il/elle fait

ᐱᓰᐦᑭᒼ **pisiihkim** vti ◆ il/elle est lent-e à le faire

ᐱᓰᐦᑭᐙᐤ **pisiihkiwaau** vta ◆ il/elle est lent-e avec lui/elle

ᐱᓰᐤ **pisiiu** vai ◆ il est lent, elle est lente

ᐃᔨᔨᒥᓰᐤ **iyiyimisiiu** vai ◆ il/elle est faible, lent-e

lente

ᐅᒌᒋᓈᐦᑯᒨ **uchiichinaahkumuu** vai -u ◆ il/elle a des lentes

ᒌᒋᓈᐦᑯᔥ **chiichinaahkush** na -im ◆ une lente, une oeuf de pou

lentement

ᒫᑎᓂᐤ **maatiniu** p,manière ◆ lentement ▪ ᓈᔥᒡ ᒫᑎᓂᐤ ᐋᐦ ᒌᐦ ᐱᒥᐱᔨᑦ ᐋᐦ ᒌᐦ ᑯᐃᔑᐎᒧᔨᒡ ᒫᔅᑭᓈᔨᐤ᙮ ▪ naashch maatiniu aah chiih pimipiyit aah chiih kuishiwimuyich maaskinaayiu. ▪ *Elle/il conduisait très lentement parce que la route était si étroite.*

ᒧᔑᐱᔨᐤ **mushipiyiu** vai ◆ il/elle va lentement (toujours utilisé à la forme négative)

ᐋᔨᒥᐦᐋᐤ **aayimihaau** p,manière ◆ lentement et progressivement ▪ ᒥᒄ ᐋᔨᒥᐦᐋᐤ ᓂᒌᐦ ᐱᒧᐦᑖᓐ ᑳ ᔖᑭᒋᐙᔮᓐ᙮ ▪ mikw aayimihaau nichiih pimuhtaan kaa shaakichiwaayaan. ▪ *J'ai gravi la pente lentement et progressivement.*

ᐹᐦᑳᒡ **paahkaach** p,manière ◆ doucement, lentement ▪ ᐹᐦᑳᒡ ᒫᒫᐱᐦᒑᓐ ᒋᔩᒥᔥ᙮ ▪ paahkaach maamaapihchaan chishiimish. ▪ *Balance doucement ton petit frère ou ta petite soeur!*

ᓰᑎᐤ **siitiu** p,manière ◆ lentement, avec précaution, en faisant attention ▪ ᓰᑎᐤ ᒥᒄ ᐋᐦ ᐃᔨᐦᑐᑎᐙᑭᓂᐎᑦ ᐋᑯᑎᐦ ᒥᒄ ᒑ ᒌᐦ ᐃᐦᑎᒃ᙮ ▪ siitiu mikw aah iyihtutiwaakiniwit aakutih mikw chaa chiih ihtik. ▪ *Tu dois faire attention à ce que tu fais et à ce que tu lui dis et ensuite elle sera bien.*

ᒥᒫᑎᓂᐙᔮᐦᒌᐤ **mimaatiniwaayaahchiiu** vai redup ◆ il/elle se déplace lentement

ᐲᒋᔥᑎᓂᒼ **piichishtinim** vti ◆ il/elle le bouge lentement mais progressivement

ᐱᓱᐦᑖᐤ **pisuhtaau** vai ◆ il/elle marche lentement

ᐱᓱᐱᔨᐦᐋᐤ **pisupiyihaau** vta ◆ il/elle le/la conduit lentement

ᒥᒫᑎᓂᐎᑯᒋᓐ **mimaatiniwikuchin** vai redup ◆ il/elle se déplace, agit lentement

ᐱᓱᐱᔨᐦᑖᐤ **pisupiyihtaau** vai ◆ il/elle le fait aller doucement, le fait lentement

lequel

ᑖᓐ taan p,question ◆ quoi, lequel, laquelle, lesquels, lesquelles, comment, où ■ ᑖᓐ ᐊᓐ ᐃᔥᒀᔑᔥ ᒑ ᐧᐄᒋᐦᐄᐧᐋᑦ ᐋᐦ ᓈᑖᔑᐦᑖᓂᐧᐃᔨᒡ ■ taan an ishkwaashish chaa wiichihiiwaat aah naataashihtaaniwiyich. ■ *Où est la fille qui va aider à chercher les branchages d'épinette?*

lessive

ᒋᔥᑖᐹᐧᐃᒋᒑᐤ chishtaapaawichichaau vai ◆ il/elle fait la lessive

ᒫᔥᑖᐹᐅᑖᐤ maashtaapaautaau vai ◆ il/elle a fait toute la lessive

ᒋᔥᑖᐹᐅᒋᑭᓐᐦ chishtaapaauchikinh ni pl ◆ du lavage, de la lessive

ᐱᐦᑯᑖᐧᐋᐳᐃ pihkutaawaapui ni -uum ◆ de l'eau de lessive, lit. 'liquide de cendres' (autrefois, on la cendre de bois servait de savon pour la lessive)

ᒋᔥᑖᐹᐅᑎᒧᐧᐋᐤ chishtaapaautimuwaau vta ◆ il/elle lui fait sa lessive, son lavage

lettre

ᒥᓯᓂᐦᐄᑭᓐ misinihiikin ni ◆ une lettre, un livre

leurre

ᒌᐱᑖᔅᑯᐦᐄᑭᓐ chiipitaaskuhiikin ni -m ◆ un oiseau mort fixé à un bâton pour servir de leurre

ᒌᐱᑖᔅᑯᐦᐄᑭᓈᐦᑎᒄ chiipitaaskuhiikinaahtikw ni -m ◆ un bâton ou pieu où on fixe un oiseau mort comme leurre

lever

ᒑᐦᑭᔥᑭᐧᐋᐤ chaahkishkiwaau vta ◆ il/elle lui en lève une partie avec son pied ou son corps

ᐄᔅᒁᐱᐦᒑᐱᔨᐤ iiskwaapihchaapiyiu vai ◆ il/elle est levé-e sur quelque chose de filiforme

ᐄᔅᒁᐱᐦᒑᐱᔨᐤ iiskwaapihchaapiyiu vii ◆ c'est levé sur quelque chose de filiforme

ᐅᐦᐱᓲ uhpisuu vai -u ◆ il/elle lève à cause de la levure

ᐋᐳᑖᔨᐤ aaputaayiu vai ◆ il/elle lève la queue

ᒑᒋᔖᐹᐧᐃᓂᔥᑳᐤ chaachishaapaawinishkaau vai ◆ il/elle se lève tôt le matin

ᒑᐦᑳᔅᒁᓈᐤ chaahkaaskwaanaau vta ◆ il/elle lève la tête

ᒑᐦᑳᔅᒁᐱᔨᐦᐆ chaahkaaskwaapiyihuu vai -u ◆ il/elle lève la tête tout en étant couché

ᒑᐦᑳᔅᒁᔨᐤ chaahkaaskwaayiu vai ◆ il/elle lève la tête

ᒋᔅᑎᓵᐱᒫᐤ chistisaapimaau vta ◆ il/elle lève les yeux sur lui/elle

ᒥᐦᒁᐧᐋᐱᓐ mihkwaawaapin vii ◆ c'est un lever de soleil rouge

ᓵᑯᐦᑖᐤ saakuhtaau vai ◆ le soleil commence à se lever

ᔑᒥᑎᔅᒁᔨᐤ shimitiskwaayiu vai ◆ il/elle lève la tête tout en étant couché-e

ᑖᔅᑎᓵᐱᐦᑎᒼ taastisaapihtim vti ◆ il/elle lève les yeux dessus

ᑖᔅᑎᓵᐱᒫᐤ taastisaapimaau vta ◆ il/elle lève les yeux sur lui/elle

ᐅᐦᐹᐱᐤ uhpaapiu vai ◆ il/elle lève les yeux

ᐅᐦᐱᓂᔅᒑᔨᐤ uhpinischaayiu vai ◆ il/elle lève les mains

ᐅᐦᐱᔅᑯᐱᔨᐤ uhpiskupiyiu vii ◆ la glace lève

ᒑᐦᑳᔥᑯᔥᑭᒼ chaahkaashkushkim vti ◆ il/elle lève son autre côté (long et rigide) en posant le pied dessus

ᒑᐦᑳᔥᑯᔥᑭᐧᐋᐤ chaahkaashkushkiwaau vta ◆ il/elle lui lève l'autre côté (long et rigide) en posant le pied dessus

ᒑᐦᑳᔅᒁᔑᓐ chaahkaaskwaashin vai ◆ il/elle est couché-e la tête levée

ᐱᓯᑰᔥᑎᐧᐋᐤ pisikuushtiwaau vta ◆ il/elle se lève pour le/la saluer ou pour lui témoigner du respect

ᐅᐦᐱᑳᑖᔨᐤ uhpikaataayiu vai ◆ il/elle lève la patte, la jambe

lever (se)

ᐱᓯᑰ pisikuu vai -u ◆ il/elle se lève, se met debout

ᔑᐦᑐᑳᐴ shihtukaapuu vai -uwi ◆ il/elle se lève

ᒋᓰᐱᔨᐤ chisiipiyiu vii ◆ ça se découvre, le brouillard se lève

ᐱᔑᑯᔑᐱᐦᑖᐤ pishikushipihtaau vai ◆ il/elle se lève rapidement, se remet rapidement sur ses pieds

ᐱᓯᑰᓈᐤ pisikuunaau vta ◆ il/elle l'aide à se lever

ᐅᐦᐲᔥᑎᐧᐋᐤ uhpiishtiwaau vta ◆ il/elle se lève pour lui tirer dessus

ᐅᐦᐲᐤ uhpiiu vai ◆ il/elle se lève pour tirer, se soulève

ᐧᐃᓂᔥᑳᒋᔑᐦᐧᐋᐤ winishkaachishihwaau vta ◆ il/elle lui dit de se lever

ᐧᐃᓂᔥᑳᐱᑖᐤ winishkaapitaau vta ◆ il/elle le/la tire pour le/la faire se lever

ᐧᐃᓂᔥᑳᐤ winishkaau vai ◆ il/elle se lève, se réveille

ᔫᑎᓂᔑᐤ yuutinishiu vai ◆ le vent se lève alors qu'il/elle voyage

ᐅᐦᐱᐱᔨᐦᐋᐤ uhpipiyihaau vta ◆ il/elle le/la fait se lever, monter

lever de soleil

ᐃᔥᐱᑯᑖᔑᐤ ishpikutaashiu vii ◆ la lumière du jour est haute dans le ciel, c'est un peu haut

lever du soleil

ᐃᔥᐱᐦᑖᐱᔑᐤ ishpihtaapishiu vii dim ◆ c'est l'aurore, c'est à un certain niveau du lever du soleil

lever les yeux

ᐄᔅᑎᓵᐱᐦᑎᒼ iistisaapihtim vti ◆ il/elle lève les yeux sur ça

lèvre

ᒥᐦᑯᑎᓈᐦᐧᐄᓱᐧᐃᓐ mihkutinaahwiisuwin ni ◆ du rouge à lèvres

lèvres
ᐊᔨᒥᑐᓈᔨᐤ ayimitunaayiu vai ◆ il/elle bouge ses lèvres comme si il/elle parlait

levure
ᐅᐦᐱᓯᑭᓐ uhpisikin ni -im ◆ de la levure chimique, de la poudre à lever

levure chimique
ᐅᐦᐱᓯᑭᓐ uhpisikin ni -im ◆ de la levure chimique, de la poudre à lever

lézard
ᑳᔥᑭᑖᑖᒄ kaashkitaataakw na -um ◆ un lézard, un alligator, un crocodile

liasse
ᐹᔨᑯᒥᓂᔅᑳᐤ paayikuminiskaau vii ◆ il y a une botte, un paquet, une liasse, un fagot

libérer
ᐑᐦᑯᒋᐦᐋᐤ wiihkuchihaau vta ◆ il/elle le/la libère
ᐑᐦᑯᒋᐦᑖᐤ wiihkuchihtaau vai+o ◆ il/elle le libère
ᐋᐱᐦᑯᓂᒼ aapihkunim vti ◆ il/elle le dénoue, le libère
ᐱᐦᑯᐦᐋᐤ pihkuhaau vta ◆ il/elle le/la libère, le/la gagne
ᐋᐱᐦᑯᓈᐤ aapihkunaau vta ◆ il/elle défait ses liens, le/la libère
ᐋᐱᐦᑯᐱᑖᐤ aapihkupitaau vta ◆ il/elle le/la libère rapidement

libérer (se)
ᐑᐦᑯᒋᐦᐆ wiihkuchihuu vai -u ◆ il/elle se libère
ᐑᐦᑯᒌᐤ wiihkuchiiu vai ◆ il/elle se libère, se décoince

liberté
ᑎᐹᔨᒦᓲᐎᓐ tipaayimiisuwin ni ◆ la liberté, l'autonomie, l'auto-détermination

libre
ᑎᐎᐱᔨᐤ tiwipiyiu vai ◆ il/elle a du temps libre
ᐱᐦᑯᐦᐆ pihkuhuu vai -u ◆ il/elle est libre, se détache
ᐱᐦᒁᐦᐋᓐ pihkwaahan vii ◆ le vent casse une fine couche de glace et ça fait de l'eau libre
ᒧᔖ mushaa p,manière ◆ libre, nu, carrément, directement ■ ᒧᔖ ᓂᒌᐦ ᐑᐦᑎᒧᐙᐤ ᐊᓂᔭ ᑳ ᐄᑖᒋᒫᑭᓂᐎᑦ ■ mushaa nichiih wiihtimuwaau aniyaa kaa iitaachimaakiniwit ■ *Je lui ai dit carrément ce que j'avais entendu de lui.*
ᒌᐦᑳᐦᑎᐙᔥᑖᐤ chiihkaahtiwaashtaau vii ◆ il y a de l'eau libre le long du rivage au printemps
ᒧᔖᐹᔮᐤ mushaapaayaau vii ◆ c'est de l'eau libre au printemps
ᐱᑯᓵᒋᑭᒥᐤ pikusaachikimiu vii ◆ il y a une aire d'eau libre sur la glace
ᑖᑐᐹᔮᐤ taatupaayaau vii ◆ il y a de l'eau libre sur le lac au printemps ou en hiver
ᐱᐦᑯᓵᒋᑭᒥᐤ pihkusaachikimiu vii ◆ il y a de l'eau libre après qu'une fine couche de glace s'est brisée

libre-arbitre
ᑎᐹᔨᒦᓱ tipaayimiisuu vai reflex -u ◆ il/elle a le libre-arbitre, est indépendant-e

librement
ᒥᔪᑖᒨ miyutaamuu vai -u ◆ il/elle respire librement

licencier
ᐊᓵᔮᔅᑯᓈᐤ asaayaaskunaau vta ◆ il/elle le/la renvoie de son travail, il/elle le/la licencie

lichen
ᐙᐦᑯᓂᒡ waahkunich na pl ◆ du lichen
ᐙᐱᔅᑭᒥᒄ waapiskimikw ni ◆ du lichen des rennes *Cladina sp.*
ᐙᐦᑯᓈᐱᔅᒄ waahkunaapiskw na -um ◆ une tripe de roche (une sorte de lichen) *Umbilicaria*
ᐙᐦᑯᓈᐳᐃ waahkunaapui ni ◆ du bouillon de lichen, de la soupe de lichen
ᐙᐱᔅᑭᒥᒋᔅᑳᐤ waapiskimichiskaau vii ◆ c'est une étendue de lichen des rennes
ᐙᐱᔅᑭᒥᑳᐤ waapiskimikaau vii ◆ c'est une étendue de lichen des rennes

lien
ᓃᑳᐱᐦᑳᑖᐤ niikaapihkaataau vta ◆ il/elle relâche les liens de quelque chose (animé)
ᓃᑳᐱᐦᑳᑎᒼ niikaapihkaatim vti ◆ il/elle en relâche les liens

lier (se)
ᒫᑯᐱᑏᓱ maakupitiisuu vai reflex -u ◆ il/elle s'attache, se lie

lieu abrité
ᑎᐱᓂᐙᔑᒧᐎᓐ tipiniwaashimuwin ni ◆ un lieu abrité

lièvre
ᒥᔥᑖᐳᔥ mistaapush na -im ◆ un lièvre arctique *Lepus arcticus*
ᒌᒑᔮᐳᔥ chiichaayaapush na -um ◆ un lièvre pris au collet par les pattes arrières (postérieures)
ᒌᔅᑭᒫᐳᔥ chiiskimaapush na -um ◆ un lièvre pris au collet et tué instantanément
ᐹᔅᒋᓯᑭᓈᐳᔥ paaschisikinaapush na -um ◆ un lièvre tué au fusil
ᐱᐦᑖᐙᐳᔥ pihtaawaapush na ◆ un lièvre dépiauté et flambé
ᓯᒋᐱᔅᑯᓈᔮᐳᔥ sichipiskunaayaapush na -um ◆ un lièvre pris au collet par le dos
ᓯᒋᔔᑭᓈᔮᐳᔥ sichishuukinaayaapush na -um ◆ un lièvre pris au collet par le bas du dos
ᓯᒋᑎᐦᒑᔮᐳᔥ sichitihchaayaapush na -um ◆ un lièvre pris au collet par les pattes avants (antérieures)
ᑎᓱᔮᑭᓈᐳᔥ tisuyaakinaapush na -um ◆ un lièvre pris dans un piège
ᐙᐳᔥ waapush na -um ◆ un lièvre d'Amérique (un lapin) *Lepus americanus*
ᐙᐳᔓᒋᑭᓐᐦ waapushuchikinh ni pl ◆ des pattes de lièvre

ᐧᐋᐳᔓᒫᐤ waapushumaau ni-m ◆ un sentier de lièvre

ᐧᐋᐳᔓᓂᒁᓐ waapushunikwaan ni ◆ un collet de lièvre

ᐧᐋᐳᔓᑎᔩᑭᓐ waapushutiyikin na ◆ une omoplate de lièvre

ᐊᐦᒑᔮᐳᔔ ahchaayaapushuu vai-u ◆ la lièvre est enceinte

ᒷᐳᔥᐧᐋᐤ mwaapushwaau vai ◆ il/elle mange du lièvre

ᓈᓂᑎᐧᐋᐳᔥᐧᐋᐤ naanitiwaapushwaau vai redup ◆ il/elle va chasser le lièvre

ᐱᐦᑯᓈᐳᔥᐧᐋᐤ pihkunaapushwaau vai ◆ il/elle dépiaute un lièvre

ᐧᐄᑖᐳᔔ wiitaapushuu vai-u ◆ le lièvre s'accouple

ᑎᐦᑎᐱᔑᒫᓂᒡ tihtipishimaanich na pl ◆ des chauffe-poignets en fourrure de lièvre faits pour garder les poignets chauds

ᐃᔅᐱᐦᑖᓂᒁᓱ ispihtaanikwaasuu vai-u ◆ le lièvre est attrapé au collet pendant la journée, peu après que le collet ait été installé

ᑖᐹᔅᑯᓂᒼ taapaaskunim vti ◆ il/elle pose son collet à lièvre à la même place qu'avant

ᑖᐅᑐᓈᐦᐱᓱ taautunaahpisuu vai-u ◆ le lièvre est pris au collet autour de la bouche

ᐅᐦᐱᐦᐆ uhpihuu vai-u ◆ il/elle s'envole, expression utilisée quand les lièvres se font rare

ᐧᐋᐱᒁᑭᓂᑭᐦᑎᒼ waapikwaakinikihtim vti ◆ il/elle prend un lièvre au collet avec une perche et du fil

ᐧᐄᔮᐳᔥᐧᐋᐤ wiiyaapushwaau vai ◆ il/elle écorche et découpe un lièvre

ᐧᐋᐳᔓᔅᑳᐤ waapushuskaau vii ◆ il y a beaucoup de lièvres par ici

ligament

ᐅᒑᔥᑖᔮᐲ uchaashtaayaapii nid ◆ son tendon, son ligament

ᐅᑯᔩᐧᐋᔮᐲ ukuyiwaayaapii nid ◆ le ligament qui retient sa tête

ligne

ᓃᐦᑖᐱᐦᒑᐱᒋᑭᓐ niihtaapihchaapichikin ni ◆ une ligne ou un câble pour descendre quelque chose

ᐱᔑᒥᓈᐲ pishiminaapii ni ◆ la ligne d'amarre d'une raquette, la ligne qui suit l'intérieur du cadre

ᑎᐧᐃᐦᐄᑭᓐ tiwihiikin ni ◆ une ligne droite coupée dans la forêt, le bois

ᐅᑎᓈᑭᓈᐲ utinaakinaapii ni-iim ◆ la ligne utilisée pour tirer les filets sous la glace

ᐄᑖᐹᑭᒧᐦᑖᐤ iitaapaakimuhtaau vai ◆ il/elle installe une ligne

ᑭᑳᓅᐋᐹᑭᒧᐧᐃᒡ kikaanwaapaakimuwich vai pl -u ◆ elles (les oies) forment une longue ligne

ᐹᔑᔥᑖᐤ paashishtaau vii ◆ il y a une ligne dessus, à travers

ᐹᓯᓯᓂᐦᐊᒼ paasisiniham vti ◆ il/elle dessine une ligne

ᐱᒫᑯᓂᑳᐤ pimaakunikaau vii ◆ c'est une ligne de neige

ᐱᒫᐱᔅᑳᐤ pimaapiskaau vii ◆ c'est une ligne rocheuse

ᐱᒫᔅᒁᔮᐤ pimaaskwaayaau vii ◆ c'est une ligne d'arbres

ᐱᒥᔅᒑᑳᐤ pimischaakaau vii ◆ c'est une ligne de muskeg

ᐱᒥᓯᒁᐤ pimisikwaau vii ◆ c'est une ligne de glace

ᐴᔅᑯᓯᓈᑖᐤ puuskusinaataau vii ◆ ça a une ligne en travers

ᐧᐊᐧᐋᑭᓯᓈᓲ waawaakisinaasuu vai redup -u ◆ il/elle a des lignes ondulées écrites dessus

ᑯᔅᑭᓐ kuskin ni-m ◆ une ligne à pêche nocturne (incluant, la ligne, le flotteur et le crochet)

ᑯᔅᑭᓈᐲ kuskinaapii ni-m ◆ une ligne à pêche nocturne (le fil seulement)

ᓂᔮᔥᑎᐧᐃᑳᐳᐧᐃᐧᐃᒡ niyaashtiwikaapuwiwich vai pl -uwi ◆ il y a une ligne étroite d'arbres, de vagues dans les rapides

ᐱᒥᔅᒋᐧᐃᑳᐤ pimischiwikaau vii ◆ c'est une ligne de boue ou d'argile

ᐧᐋᐱᓂᑯᔅᒑᐤ waapinikuschaau vai ◆ il/elle place ses lignes de pêche nocturne en été, les lançant dans l'eau depuis la rive

ᒑᐦᒑᐦᒋᑯᔅᒑᐤ chaahchaahchikuschaau vai ◆ il/elle place des lignes de pêche nocturne en été

ᑯᐃᔅᑯᓯᓂᐦᐊᒼ kuiskusiniham vti ◆ il/elle écrit des lignes droites dessus, l'édite

ᓈᒋᑯᔅᒑᐤ naachikuschaau vai ◆ il/elle va vérifier sa ligne de pêche nocturne

ligne à pêche

ᐅᒋᒁᒋᑭᓈᔮᐲ uchikwaachikinaayaapii ni-um ◆ une ligne à pêche

ligne de pêche

ᒥᑎᐦᑎᓈᐹᓐ mitihtinaapaan ni-m ◆ la ligne de pêche de nuit quand elle est remontée

ᐋᑯᐱᑎᓂᒼ aakupitinim vti ◆ il/elle installe une ligne de pêche nocturne en plaçant un bâton par dessus le trou et en y attachant la ligne

ᓃᐦᑎᐦᐅᑖᐤ niihtihutaau vai+o [Chisasibi] ◆ il/elle déroule la ligne de pêche de nuit sans se faire attraper dans le crochet

ᓃᑳᓂᑯᔅᒑᐤ niikaanikuschaau vai ◆ il/elle pose des lignes de pêche nocturne avec de se déplacer vers le prochain campement

ᔮᐃᐦᐅᑖᐤ yaaihutaau vai+o [Whapmagoostui] ◆ il/elle (se dit d'un poisson) arrache la ligne de pêche de nuit remontée sans se faire attraper sur le crochet

ᔑᑭᐧᐋᔮᐱᓂᑭᓐ shiikiwaayaapinikin ni ◆ un vieil appât sur une ligne de pêche de nuit

ᑯᐦᑎᒻ kuhtim vti ◆ il/elle l'avale, il/elle (un poisson) emporte l'hameçon d'une ligne de pêche nocturne
ᒥᓯᑯᔅᒑᐤ misikuschaau vai ◆ il/elle pose une ligne de pêche de nuit pour un gros poisson en utilisant une carpe entière comme appât
ᐊᑭᐦᒌᑭᐦᑎᒻ akihchiikihtim vti ◆ il/elle fabrique un crochet (pour une théière sur le feu); il/elle pose une ligne de pêche de nuit en attachant la ligne à un crochet sur un poteau

lignes de pêche
ᐋᐦᑎᔅᑯᐦᐊᒻ aahtiskuham vti ◆ il/elle déplace ses lignes de pêche nocturne en hiver

lime
ᐊᓯᐳᑖᑭᓐ asiputaakin ni ◆ une lime
ᓯᓂᑯᐦᐄᑭᓐ sinikuhiikin ni ◆ une lime

limer
ᓯᓂᑯᐦᐊᒻ sinikuham vti ◆ il/elle le lime
ᓯᓂᑯᐦᐧᐋᐤ sinikuhwaau vta ◆ il/elle le/la lime
ᐧᐋᔭᐱᔅᒋᐳᑖᐤ waayaapischiputaau vai+o ◆ il/elle lime une rainure dedans (minéral)
ᔫᔑᐧᐃᐳᑖᐤ shuushiwiputaau vai+o ◆ il/elle le lime pour qu'il soit lisse
ᔫᔑᐧᐃᐳᔮᐤ shuushiwipuyaau vai ◆ il/elle le lime pour qu'il soit lisse
ᔫᔑᐧᐃᐳᔮᐤ shuushiwipuyaau vta ◆ il/elle le/la lisse en limant
ᓯᓯᐳᑖᐤ sisiputaau vai+o redup ◆ il/elle l'aiguise, le lime
ᓯᓯᐳᔮᐤ sisipuyaau vai redup ◆ il/elle l'aiguise, le/la lime
ᒌᓈᐱᔅᒋᐳᔮᐤ chiinaapischipuyaau vta ◆ il/elle le lime , l'effile en pointe
ᑭᒌᐦᒑᐳᑖᐤ kichiihchaaputaau vai+o ◆ il/elle le scie, le lime carré, il/elle scie les quatre côtés droits d'un tronc
ᑭᒌᐦᒑᐳᔮᐤ kichiihchaapuyaau vta ◆ il/elle le/la scie, le/la lime carré
ᒌᓈᐱᔅᒋᐦᑎᑖᐤ chiinaapischihtitaau vai ◆ il/elle le frotte (métal, pierre) pour en affiler ou aiguiser la pointe
ᒌᓈᔅᑯᑎᐦᑖᐤ chiinaaskutihtaau vai+o ◆ il/elle le frotte ou lime (long et rigide) pour en affiler la pointe
ᒌᓂᐳᑖᐤ chiiniputaau vai+o ◆ il/elle l'affile, le lime ou le scie en pointe

limitation
ᐅᑎᒥᐦᐄᐧᐋᐤ utimihiiwaau vai ◆ c'est (animé) un blocage, une limitation
ᐅᑎᒥᐦᐄᐧᐋᐤ utimihiiwaau vii ◆ c'est un blocage, une limitation

limité
ᐄᔅᐱᐦᑎᔓᒫᐤ iispihtishumaau vta ◆ il/elle lui a donné un temps limité

limite
ᑖᐱᔮᐧᐋᐤ taapiyaawaau vta ◆ il/elle atteint sa limite de quelque chose (animé, ex. le quota de castor), en acquiert assez

limiter
ᐅᑎᒥᐦᐋᐤ utimihaau vta ◆ il/elle le/la limite dans ses actes
ᐄᑎᒋᐦᑎᒻ iitichihtim vti ◆ il/elle fait payer un certain prix pour quelque chose, il/elle limite le temps que cela va prendre
ᐄᑎᒋᐦᑎᒧᐧᐋᐤ iitichihtimuwaau vta ◆ il/elle lui fait payer un certain prix, lui limite la durée de son travail

linge
ᒋᔥᑖᐹᐅᒋᑭᓈᔮᐲ chishtaapaauchikinaayaapii ni ◆ une corde à linge
ᑳᓯᓂᑭᓐ kaasiinikin ni ◆ un torchon, un linge à vaisselle pour sécher, essuyer la vaisselle
ᐴᑎᓈᒋᓐ puutinaachin ni ◆ un chiffon, un linge utilisé pour emballer le pouding à la vapeur
ᓰᓂᑯᐹᑭᐦᐄᑭᓐ siinikupaakihiikin ni ◆ un linge à vaisselle, un torchon à vaisselle

linoleum
ᐊᓈᔅᑳᓐ anaaskaan ni ◆ du linoleum, de quoi recouvrir le sol
ᑳᐃᑖᑭᔥᑖᒡ kaaitaakishtaach nip ◆ un revêtement de sol, un couvre-plancher, un linoleum; de la toile cirée

lion
ᒥᔑᐱᔑᐤ mishipishiu na ◆ un lion

liquide
ᐴᑎᓈᐳᐃ puutinaapui ni ◆ un liquide qui a été utilisé pour faire du pouding à la vapeur
ᐋᐦᒁᑭᒥᑖᐤ aahkwaakimitaau vii ◆ c'est un liquide brûlant
ᐋᐦᑖᑭᒥᐦᐊᒻ aahtaakimiham vti ◆ il/elle remue un liquide avec quelque chose
ᐋᐦᑖᑭᒥᐱᔨᐤ aahtaakimipiyiu vii ◆ un liquide bouge
ᐋᐱᐦᑎᐧᐃᔅᒋᓈᐹᒋᔅᑖᐤ aapihtiwischinaapaachistaau vai ◆ il/elle le remplit à moitié avec un liquide
ᐋᐱᐦᑎᐧᐃᔅᒋᓈᐹᔮᐤ aapihtiwischinaapaayaau vii ◆ c'est à moitié plein (d'un liquide)
ᐋᐳᐧᐋᑭᒥᑖᐤ aapuwaakimitaau vii ◆ le liquide est chaud
ᐊᒁᐦᐊᒻ akwaaham vti ◆ il/elle le sort d'un liquide avec quelque chose (ex. une louche)
ᐊᒁᐹᑎᐦᐊᒻ akwaapaatiham vti ◆ il/elle le sort d'un liquide avec quelque chose
ᐊᒁᐹᑎᐦᐧᐋᐤ akwaapaatihwaau vta ◆ il/elle le/la sort d'un liquide avec quelque chose (ex. un outil, un ustensile)
ᐊᒁᐹᑎᓂᒻ akwaapaatinim vti ◆ il/elle le sort d'un liquide avec les mains
ᐊᐱᔖᑭᒥᔑᐤ apishaakimishiu vii dim ◆ c'est une petite quantité de liquide
ᐊᔅᐹᐳᐧᐋᐤ aspaapuwaau vai ◆ il/elle ajoute quelque chose au liquide pour le rendre plus nutritif
ᒋᐦᒋᔥᑖᐹᒋᓂᒻ chihchishtaapaachinim vti ◆ il/elle le trempe dans du liquide

ᒋᐦᒋᐢᑖᐹᒋᓈᐤ **chihchistaapaachinaau** vta ◆ il/elle le/la trempe dans un liquide

ᒌ·ᔖᑭᒥᑖᐤ **chiishwaakimitaau** vii ◆ le liquide est chaud

ᒋᓵᑭᒥᓯᒼ **chisaakimisim** vti ◆ il/elle le fait chauffer (liquide)

ᐄᐢᑯᑯᐦᒋᒫᐤ **iiskukuhchimaau** vta ◆ il/elle le recouvre avec du liquide

ᐄᐢᑯᑯᐦᑎᑖᐤ **iiskukuhtitaau** vai ◆ il/elle le recouvre avec du liquide

ᐄᐢᑯᐹᐤ **iiskupaau** vai ◆ il/elle est plongé-e jusqu'à une certaine profondeur dans un liquide

ᐄᐢᐱᐦᑖᑭᒥᑖᐤ **iispihtaakimitaau** vii ◆ le liquide a une certaine température

ᐄᑖᔮᑭᒥᐦᐊᒼ **iitaayaakimiham** vti ◆ il/elle mélange quelque chose de liquide

ᑯᓯᒁᐳᐚᔮᐤ **kusikwaapuwaayaau** vii ◆ c'est un contenant de liquide très lourd

ᒥᒑᑭᒥᐤ **michaakimiu** vii ◆ c'est de l'eau sale, un liquide sale

ᒥᐦᒁᑭᒥᐤ **mihkwaakimiu** vii ◆ c'est un liquide rouge

ᒥᔪᑰ **miyukuu** vii -uwi ◆ ça coule bien (liquide)

ᒨᔖᑭᒫᐤ **muushaakimaau** vii ◆ le liquide est léger, n'est pas épais

ᓃᔓᑯᐦᒋᒫᐤ **niishukuhchimaau** vta ◆ il/elle en met deux (animé) dans un liquide

ᐹᔥᑖᐱᔨᔥᑳᑰ **paashtaapiyishkaakuu** vai -u ◆ le liquide lui remonte dans le nez

ᐱᐦᔮᒁᑭᒥᐤ **pihyaakwaakimiu** vii ◆ le liquide est épais

ᓵᑭᐢᒋᓈᐹᒋᐦᐋᐤ **saakischinaapaachihaau** vta ◆ il/elle le/la remplit de liquide

ᓵᑭᐢᒋᓈᐹᐱᔨᐤ **saakischinaapaapiyiu** vii ◆ ça se remplit de liquide

ᓵᑭᐢᒋᓈᐹᔮᐤ **saakischinaapaayaau** vii ◆ c'est plein d'eau, de liquide

ᓵᐹᑭᒥᐤ **saapaakimiu** vii ◆ c'est un liquide fort (utilisé seulement à la forme négative: ce café n'est pas fort, ce thé n'est pas fort) ▪ ᓄᐎᒡ ᓂᒥ ᓵᐹᑭᒥᐤ ᐆ ᑏ ᑳ ᒥᓂᐦᐄᑯᐎᔮᓐ. ▪ nuwich nimi saapaakimiu uu tii kaa minihiikuwiyaan. ▪ *Le thé qu'on m'a donné n'était pas fort.*

ᔑᔓᐹᒋᓈᐤ **shishupaachinaau** vta redup ◆ il/elle le/la frotte avec un liquide

ᔑᔓᐹᒋᓂᒼ **shishupaachinim** vti redup ◆ il/elle le frotte avec un liquide

ᔑᔓᐹᑭᐦᐅᓲ **shishupaakihusuu** vai reflex redup -u ◆ il/elle s'enduit de quelque chose de liquide

ᔑᔓᐹᑭᐦᐚᐤ **shishupaakihwaau** vta redup ◆ il/elle l'enduit avec quelque chose de liquide

ᑖᑯᓯᒨ **taakusimuu** vai -u ◆ il/elle s'étouffe avec un liquide

ᑎᐦᒋᑭᒥᓯᐤ **tihchikimisiu** vai ◆ il/elle est froid-e (liquide)

ᑎᐦᒋᑭᒥᐤ **tihchikimiu** vii ◆ c'est un liquide froid

ᐅ·ᓵᐹᑭᐦᐊᒧ·ᐋᐤ **uswaapaakihamuwaau** vta ◆ il/elle l'éclabousse en jetant de l'eau sur lui/elle

ᐚᐹᑭᒥᐤ **waapaakimiu** vii ◆ c'est blanc (liquide)

ᐑᓈᑭᒥᐦᐋᐤ **wiinaakimihaau** vta ◆ il/elle le/la contamine (se dit d'un liquide)

ᐑᓈᑭᒥᐦᑖᐤ **wiinaakimihtaau** vai+o ◆ il/elle le contamine (se dit d'un liquide)

ᐊᑯᓈᐳᐚᐦᐄᑭᓐ **akunaapuwaahiikin** ni ◆ un couvercle de pot, de bouilloire, quelque chose pour couvrir un liquide

ᐑᔑᓈᐚᐳᐃ **wiishinaawaapui** ni -uum ◆ du castoréum, une sécrétion d'une glande du castor, utilisée en médecine (le castor l'utilise pour rendre sa fourrure imperméable)

ᐊᒁᐹᑎᓈᐤ **akwaapaatinaau** vta ◆ il/elle le/la sort d'un liquide avec les mains

ᒋᐱᔥᑯᔨᐹᐤ **chipishkuyipaau** vai ◆ il/elle a du liquide qui lui bloque la gorge

ᐄᔥᑖᔮᑭᒥᐦᑎᓐ **iishtaayaakimihtin** vii ◆ le liquide se dépose, est calme

ᐄᔥᑖᔮᑭᒥᐤ **iishtaayaakimiu** vii ◆ le liquide se dépose, est calme

ᒥᐦᒑᑭᒥᐤ **mihchaakimiu** vii ◆ il y a beaucoup de liquide, la marée est haute

ᒨᔖᑭᒥᓯᐤ **muushaakimisiu** vai ◆ c'est un liquide fluide, clair (animé)

ᐳᐚᐹᐚᐱᔨᐤ **puwaapaawaapiyiu** vii ◆ le liquide pénètre à travers quelque chose

ᔒᐚᑭᒥᓂᒼ **shiiwaakiminim** vti ◆ il/elle le sucre ou le sale (liquide)

ᔒᐚᑭᒥᐤ **shiiwaakimiu** vii ◆ le liquide est sucré ou salé

ᐅᓵᐚᑭᒥᐤ **usaawaakimiu** vii ◆ c'est jaune, brun (liquide)

ᐑᑐᔮᐳᑭᐦᑎᒼ **wiituyaapukihtim** vti ◆ il/elle met des glandes olfactives dans l'eau bouillante pour en faire un remède

ᐎᔨᐹᑭᒥᐤ **wiyipaakimiu** vii ◆ c'est un liquide noir, sombre, l'eau est sombre quand il vente

ᒨᐦᑳᐢᑭᒋᐤ **muuhkaaskichiu** vai ◆ il/elle bombe, se renfle à cause du liquide gelé qu'il/elle contient

lire

ᐊᔨᒥᐦᑖᐤ **ayimihtaau** vai+o ◆ il/elle le lit

ᐊᔨᒥᐦᑎᐚᐤ **ayimihtiwaau** vta ◆ il/elle lui fait la lecture

ᐊᔨᒥᐦᒋᑳᐤ **ayimihchikaau** vai ◆ il/elle prie, lit

lisière

ᔮᔮᐢᒁᔮᐤ **yaayaaskwaayaau** p,lieu ◆ à la lisière du bois ▪ ᓈᔥᒡ ᐋᐦ ᒌᐦ ᐎᓂᔥᑭᐦᒡ ᐊᑎᐦᑯᒡ ᓈᑎᐦ ᐋᐦ ᐋᑎ ᔮᔮᐢᒁᔮᔨᒡ. ▪ naashch aah chiih winishkihch atihkuch naatih aah aati yaayaaskwaayaayich. ▪ *Il y avait beaucoup de traces de caribous à la lisière du bois.*

ᔮᔮ"ᑎᒄ yaayaahtikw p,lieu ◆ à la lisière du bois, de la forêt ■ ᐊᓂᑎ" ᔮᔮ"ᑎᒄ ᐊᑯᑎ" ᑳ ᐱᒥᒧᒡ ᒋᔖᔮᑯᒫᔅᑭᓂᐤ. ■ anitih yaayaahtikw aakutih kaa pimimuch chishaayaakumaaskiniu. ■ *Il y avait un sentier d'ours à la lisière de la forêt.*

ᐄᔅᑯᓯ·ᑳᐤ iiskusikwaau vii ◆ c'est la lisière, la fin d'une étendue de glace

lisse

ᔔᔑ·ᐃᓯᐤ shuushiusiu vai ◆ il/elle est lisse

ᔔᔑ·ᐊᒋᓯᐤ shuushiwaachisiu vai ◆ il/elle est lisse

ᔔᔑ·ᐊᑭᐣ shuushiwaakin vii ◆ c'est lisse (étalé)

ᔔᔑ·ᐊᐹᒋᓯᐤ shuushiwaapaachisiu vai ◆ il/elle est lisse

ᔔᔑ·ᐊᐹᑭᐣ shuushiwaapaakin vii ◆ c'est lisse (filiforme)

ᔔᔑ·ᐋᐱᓯᔅᒋᓯᐤ shuushiwaapisischisiu vai ◆ il/elle est lisse (minéral)

ᔔᔑ·ᐊᐱᔅᑳᐤ shuushiwaapiskaau vii ◆ c'est lisse (minéral)

ᔔᔑ·ᐋᔅᑯᐣ shuushiwaaskun vii ◆ c'est lisse (long et rigide)

ᔔᔑ·ᐋᔅᑯᓯᐤ shuushiwaaskusiu vai ◆ il/elle est lisse (long et rigide)

ᔔᔑ·ᐋᐤ shuushiwaau vii ◆ c'est lisse

ᔔᔑ·ᐃᔑᒫᐤ shuushiwishimaau vta ◆ il/elle le/la rend lisse à force de l'utiliser (par ex. le fond d'un traîneau)

ᒥᔪᓯ·ᑳᐤ miyusikwaau vii ◆ c'est de la bonne glace bien lisse pour voyager

ᒥ·ᔮᒋ·ᐃᐣ miywaachiwin vii ◆ le rapide est lisse

ᓂᐱᒋ"ᑯᑖᐤ nipichihkutaau vta ◆ il/elle le/la rabote bien lisse, l'aplanit

ᔔᔑ·ᐋᑭᒥᒋ·ᐃᐣ shuushiwaakimichiwin vii ◆ le courant est lisse

ᔔᔑ·ᐋᑯᓂᑳᐤ shuushiwaakunikaau vii ◆ c'est de la neige lisse

ᔔᔑ·ᐃ"ᑯᑖᐤ shuushiwihkutaau vta ◆ il/elle le/la taille et le/la rend tout lisse

ᔔᔑ·ᐃ"ᑯᑎᒼ shuushiwihkutim vti ◆ il/elle le taille et le rend tout lisse

ᔔᔑ·ᐃ"ᑖᐤ shuushiwihtaau vai+o ◆ il/elle le rend lisse à force de l'utiliser

ᔔᔑ·ᐃᐳᑖᐤ shuushiwiputaau vai+o ◆ il/elle le lime pour qu'il soit lisse

ᔔᔑ·ᐃᐳᔮᐤ shuushiwipuyaau vai ◆ il/elle le lime pour qu'il soit lisse

ᔔᔑ·ᐃᐳᔮᐤ shuushiwipuyaau vta ◆ il/elle le/la lisse en limant

ᔔᔑ·ᐃᔖᔮᐤ shuushiwishaayaau vai ◆ c'est une peau lisse

ᔔᔑ·ᐃᔑᑭᔮᐤ shuushiwishikiyaau vai ◆ il/elle a la peau lisse

ᔔᔑ·ᐃᓯ·ᑳᐤ shuushiwisikwaau vii ◆ la glace est lisse

ᓲᓲᓯᑯᓯᐤ suusuusikusiu vai ◆ la glace est lisse

ᓲᓲᓯ·ᑳᐤ suusuusikwaau vii ◆ c'est de la glace lisse

·ᐋᓵᔅᑯᓯᐤ waasaaskusiu vai ◆ il/elle (long et rigide) est lisse et brillant

·ᐋᓵᔅᑯᑖᐤ waasaaskutaau vii ◆ c'est (long et rigide) lisse et brillant

ᒥᑐᓈᐤ mitunaau vii ◆ c'est fini, parfait, lisse (se dit du sol)

ᓂᐱᒋ"ᑯᑎᒼ nipichihkutim vti ◆ il/elle le rabote bien lisse, l'aplanit

ᓂᐱᒋᑭ"ᐊᒼ nipichikiham vti ◆ il/elle le coupe à plat, bien lisse

ᓂᐱᒋᑭ"·ᐋᐤ nipichikihwaau vta ◆ il/elle le/la coupe à plat, bien lisse

ᔓᐹᐱᔨᐤ shupaapiyiu vii ◆ c'est un courant rapide et lisse

ᔔᔑ·ᐋᑭᒥᐤ shuushiwaakimiu vii ◆ l'eau est calme, lisse

ᔔᔑ·ᐋᑯᓂᒋᓯᐤ shuushiwaakunichisiu vai ◆ la neige est lisse, glissante

ᔔᔥ·ᑳᐱᔥᒑᒋᒋ·ᐃᐣ shuushkwaapishchaachichiwin vii ◆ le rapide est en pente; c'est un mouvement lisse du rapide sur les rochers

lisser

ᔔᔑ·ᐋᒋᐱᑖᐤ shuushiwaachipitaau vta ◆ il/elle le/la lisse (étalé)

ᔔᔑ·ᐋᒋᐱᑎᒼ shuushiwaachipitim vti ◆ il/elle le lisse (étalé)

ᔔᔑ·ᐃᓈᐤ shuushiwinaau vta ◆ il/elle le/la lisse à la main

ᔔᔑ·ᐃᓂᒼ shuushiwinim vti ◆ il/elle le lisse à la main

ᔑ"ᑐ"·ᐋᐤ shihtuhwaau vta ◆ il/elle l'aplatit en le/la lissant

ᔔᔑ·ᐃ"ᐊᒼ shuushiwiham vti ◆ il/elle le lisse avec quelque chose, le ponce

ᒋᔥᑖᐹ·ᐃᔨᓲ chishtaapaawiyisuu vai reflex -u ◆ il/elle se lave, fait sa toilette, se lisse les plumes

lit

ᓂᐹ·ᐃᐣ nipaawin ni ◆ un lit

ᑭ·ᐃᔑᒧᓂ"ᑭ·ᐋᐤ kiwishimunihkiwaau vta ◆ il/elle prépare le lit, la couchette de quelqu'un

ᑭ·ᐃᔑᒨ kiwishimuu vai -u ◆ il/elle va se coucher, va au lit

ᓈᑎᔅ·ᑳ·ᐋᑖᐤ naatiskwaawaataau vta ◆ il se glisse au lit avec elle

·ᐄᑎᑯᓃᔥᑎ·ᐋᐤ wiitikuniishtiwaau vta ◆ il/elle se glisse au lit avec lui/elle

ᓯᒋ"·ᑳᒨ sichihkwaamuu vai -u ◆ il/elle mouille son lit, urine pendant son sommeil

literie

ᓂᐹᑭᓂ·ᐃᐟ nipaakiniwit ni ◆ un sac de literie

littoral

ᑯᐃᔅ·ᑳ·ᐋᔮᐤ kuiskwaawaayaau vii ◆ la ligne de rivage est droite, le littoral est tout droit

ᑯᐃᔥᑎᑳᒫᐱᒋᐤ kuishtikaamaapichiu vai ◆ il/elle suit le littoral pour déplacer son campement d'hiver

livraison

ᐃᔮᐅᑎᐦᐅᑖᓱᒥᑭᓐ iyaautihutaasumikin vii redup ◆ les livraisons sont faites régulièrement en véhicule

ᐃᔮᐅᑎᐦᐅᑖᓲ iyaautihutaasuu vai -u ◆ il/elle fait ses livraisons en véhicule

ᐃᔮᐅᑎᐦᐅᑖᐤ iyaautihutaau vai+o redup ◆ il/elle fait ses livraisons en véhicule

ᐃᔮᐅᑖᔑᐦᑖᐤ iyaautaashihtaau vai+o redup ◆ il/elle fait ses livraisons en voilier

livre

ᐊᔨᒥᐦᐋᐅᓯᓂᐦᐄᑭᓐ ayimihaausinihiikin ni ◆ un livre de prières

ᒥᓯᓂᐦᐄᑭᓐ misinihiikin ni ◆ une lettre, un livre

ᒥᓯᓂᐦᐄᑭᓂᔥ misinihiikinish ni ◆ un petit livre, un livret, une carte

ᓃᔓᑎᐹᐹᔥᑯᒋᑭᓐ niishutipaapaashkuchikin p,quantité ◆ deux livres

ᓂᔥᑐᑎᐹᐹᔥᑯᒋᑭᓐ nishtutipaapaashkuchikin p,quantité ◆ trois livres

ᒥᓯᓂᐦᐄᑭᓂᐦᒑᐤ misinihiikinihchaau vai ◆ il/elle imprime, fait des livres

ᓃᔓᑎᐹᐹᔥᑯᒋᑭᓈᓯᐤ niishutipaapaashkuchikinaasiu vai ◆ il/elle pèse deux livres

ᓃᔓᑎᐹᐹᔥᑯᒋᑭᓈᔮᐤ niishutipaapaashkuchikinaayaau vii ◆ ça pèse deux livres

ᓂᔥᑐᑎᐹᐹᔥᑯᒋᑭᓈᔮᐤ nishtutipaapaashkuchikinaayaau vii ◆ ça pèse trois livres

ᐅᒥᓯᓂᐦᐄᑭᓂᐦᑭᐙᐤ umisinihiikinihkiwaau vta ◆ il/elle fait un livre, une facture pour lui/elle

ᓂᑭᒨᓯᓂᐦᐄᑭᓐ nikimuusinihiikin ni ◆ un livre de chant, de chansons

ᑎᐹᐹᔥᑯᒋᑭᓐ tipaapaashkuchikin ni ◆ une livre, une balance pour peser

livrer

ᐃᔮᐅᑎᐦᐅᑖᓱᒥᑭᓐ iyaautihutaasumikin vii redup ◆ les livraisons sont faites régulièrement en véhicule

ᐃᔮᐅᑎᐦᐅᑖᓲ iyaautihutaasuu vai -u ◆ il/elle fait ses livraisons en véhicule

ᐃᔮᐅᑎᐦᐅᑖᐤ iyaautihutaau vai+o redup ◆ il/elle fait ses livraisons en véhicule

ᐃᔮᐅᑖᔑᐦᑖᐤ iyaautaashihtaau vai+o redup ◆ il/elle fait ses livraisons en voilier

loge

ᐅᐐᔥᑎᒥᐦᑭᐙᐤ uwiishtimihkiwaau vai ◆ il/elle lui confie la loge de castor

ᐅᐐᔥᑎᒥᐤ uwiishtimiu vai ◆ il/elle est en charge de la loge de castor

loi

ᐐᔓᐙᐎᓐ wiishuwaawin ni ◆ une loi

loin

ᐊᐅᔥᑖᔒᔥ aushtaashiish p,lieu ◆ un peu plus loin ■ ᐊᐅᔥᑖᔒᔥ ᓈᑖᐦ ᐱᒋᔅᑐᐎᑖᐦ ᐊᓂᐦᐄ ᒋᒥᐦᑎᒻᐦ. ■ aushtaashiish naataah pichistuwitaah anihii chimihtimh. ■ *Mets ta brassée de feu de bois un peu plus loin.*

ᐃᔮᐅᓈᑯᓐ iyaaunaakun vii ◆ c'est loin, ça semble loin

ᔮᐅᓈᑯᓐ yaaunaakun vii ◆ c'est loin, éloigné

ᔮᐅᓈᑯᓯᐤ yaaunaakusiu vai ◆ il/elle est au loin

ᔮᐙᐱᐦᑎᒻ yaawaapihtim vti ◆ il/elle en est loin

ᑖᔅᑯᒻ taaskum p,lieu ◆ très loin sur la glace ■ ᑖᔅᑯᒻ ᓈᑖᐦ ᐋᑯᑎᐦ ᑳᐦ ᐙᐱᒥᒃ ᐋᐦ ᑯᔅᒑᑦ. ■ taaskum naataah aakutih kaah waapimik aah kuschaat. ■ *Je l'ai vu poser sa ligne pour la nuit très loin sur la glace.*

ᑖᐅᑳᒻ taaukaam p,lieu ◆ loin dans ou sur l'eau, loin au milieu du lac, au large ■ ᔖᔥ ᑖᐅᑳᒻ ᒌᐦ ᐃᐦᑎᑯᓂᔨᐤ ᐊᓂᔮ ᐆᑐᑎᐙᐤ ᑳ ᒨᔑᐦᑖᒡ ᐋᐦ ᐙᐹᔥᑎᓂᔩᒡ. ■ shaash taaukaam chiih ihtikuniyiu aniyaa uututiwaau kaa muushihtaach aah waapaashtiniyich. ■ *Leur canot était déjà loin au large quand ils réalisèrent qu'il avait dérivé du rivage.*

ᐙᐦᔨᐤ waahyiu p,lieu ◆ loin, distant ■ ᐙᐦᔨᐤ ᓈᑖᐦ ᐅᐦᒋ ᐙᔅᑳᐦᐄᑭᓂᐦᒡ ᐋᑯᑎᐦ ᑳ ᐙᐱᓂᐦᒃ ᐊᓂᔮ ᐅᒥᒑᐴᒻ. ■ waahyiu naataah uhchi waaskaahiikinihch aakutih kaa waapinihk aniyaa umichaapuum. ■ *Elle a jeté son eau sale loin de la maison.*

ᐊᐅᒑᐙᐤ auchaawaau vai ◆ il/elle marche jusqu'à l'autre côté de la pointe

ᐃᔥᒀᔮᐱᒥᓈᑯᓐ ishkwaayaapiminaakun vii ◆ c'est à perte de vue (utilisé avec le négatif) ■ ᓈᔥᑎᔩᒡ ᓂᒥ ᐃᔥᒀᔮᐱᒥᓈᑯᓐ ᓈᑖᐦ ᑎᐦᑯᐦᒡ ᐋ ᐅᐦᒋ ᑭᓂᐙᐱᐦᑖᑭᓂᐎᒡ. ■ naashtiyich nimi ishkwaayaapiminaakun naataah tihkuhch aa uhchi kiniwaapihtaakiniwich. ■ *Du sommet on peut voir à perte de vue.*

ᓈᑎᑳᒫᔥᑖᐤ naatikaamaashtaau vii ◆ c'est placé loin du feu

ᐲᐦᑎᐦᐅᑯᓐ piihtihukun vii ◆ c'est loin en canot

ᐲᔨᐦᑖᔮᐱᒥᓈᑯᓐ piiyihtaayaapiminaakun vii ◆ c'est bien visible au loin

ᐲᔨᐦᑖᔮᐱᒥᓈᑯᓯᐤ piiyihtaayaapiminaakusiu vai ◆ il/elle est bien visible au loin

ᐱᔨᔨᐦᑖᓈᑯᓐ piyiyihtaanaakun vii ◆ c'est possible de voir de loin

ᓵᐦᑖᒋᐎᓐ saahtaachiwin vii ◆ les rapides se voient de loin

ᐙᒥᓈᑯᓐ waaminaakun vii ◆ c'est une bonne vue, on y voit loin à l'horizon

ᔮᐙᐱᒫᐤ yaawaapimaau vta ◆ il/elle est loin de lui/d'elle

ᔮᐙᑎᒻ yaawaatim vti ◆ il/elle s'entend au loin

ᔮᐙᐙᑖᐤ yaawaawaataau vii ◆ c'est un coup de fusil qu'on entend au loin

ᑖᔅᑯᒦᔥ taaskumiish p,lieu ◆ pas loin du rivage sur la glace ■ ᐋᑰᒃ ᐊᓐ ᑳ ᐱᑯᐦᐄᒑᐟ ᓈᑖᐦ ᑖᔅᑯᒦᔥ. ■ aaukw an kaa pikuhiichaat naataah taaskumiish. ■ *La/le voilà en train de tailler un trou dans la glace pas loin du rivage.*

ᐊᑎᒫᐅᐦᑳᐤ atimaauhkaau vii ◆ il y a une montagne ou une colline au loin

ᒥᑹᔅᒑᐤ mitwaaschaau vai ◆ il/elle tire et on peut entendre au loin les coups de fusil

ᓂᐦᑖᐅᑎᐙᐱᐤ nihtaautiwaapiu vai ◆ il/elle est capable de voir l'avenir ou de voir loin

ᐲᔨᐦᑖᐙᒋᐏᓐ piiyihtaawaachiwin vii ◆ il y a un bruit de rapides au loin

ᐙᔑᐹᔥᑖᐤ waashipaashtaau vii ◆ c'est une étendue d'eau qui se voit de loin

ᐙᓯᐱᐤ waasipiu vai ◆ ça brille au loin à cause du soleil

ᐙᓯᔅᑖᐤ waasistaau vii ◆ ça brille au loin à cause du soleil

loin (au)

ᐅᑎᓯᓈᑯᓯᐤ utisinaakusiu vai ◆ il/elle est en vue, est au loin

long

ᒋᓈᒋᓯᐤ chinwaachisiu vai ◆ il est long, elle est longue (étalé)

ᒋᓈᑭᓐ chinwaakin vii ◆ c'est long (étalé)

ᒋᓈᐹᒋᓯᐤ chinwaapaachisiu vai ◆ il est long, elle est longue (filiforme)

ᒋᓈᐹᑭᓐ chinwaapaakin vii ◆ c'est long (filiforme)

ᒋᓈᐱᓯᔅᒋᓯᐤ chinwaapisischisiu vai ◆ il est long, elle est longue (minéral)

ᒋᓈᐱᔅᑳᐤ chinwaapiskaau vii ◆ c'est long (minéral)

ᒋᓈᔅᑯᓐ chinwaaskun vii ◆ c'est long (long et rigide)

ᒋᓈᐤ chinwaau vii ◆ c'est long

ᒑᑭᑦ chaakit ni -im ◆ un long manteau, un paletot, un pardessus, une pelisse, une vareuse, de l'anglais 'jacket'

ᐲᐦᒑᓂᑭᐦᑉ piihchaanikihp ni ◆ un long portage

ᔮᔨᔅᑭᓂᐤ yaayiskiniu p,lieu ◆ le long de la route

ᒋᓄᑭᒫᐤ chinukimaau vii ◆ c'est un long lac

ᒋᓄᐱᔩᐦᐋᐤ chinupiyihaau vta ◆ il/elle l'étend de tout son long

ᒋᓄᓯᑯᓯᐤ chinusikusiu vai ◆ le morceau de glace est long

ᒋᓄᓯᒀᐤ chinusikwaau vii ◆ c'est une longue étendue de glace

ᒋᓄᓯᐤ chinusiu vai ◆ il est long, elle est longue

ᒋᓄᔨᐙᐤ chinuyiwaau vai ◆ il/elle a le corps long

ᒋᓈᑯᔨᐙᐤ chinwaakuyiwaau vai ◆ il/elle a un long cou

ᒋᓈᓂᑳᐤ chinwaanikaau vii ◆ l'île est longue

ᒋᓈᐹᒋᐦᒀᐤ chinwaapaachihkwaau vai ◆ il/elle a un long visage

ᒋᓈᐅᐦᑭᓈᐦᑖᐤ chinwaauhkinaahtaau vai+o ◆ il/elle le fait trop long (par ex. pignon du toit)

ᒋᓈᐅᑭᓈᐤ chinwaaukinaau vai ◆ il/elle a un long dos

ᒋᓈᔨᐙᐤ chinwaayiwaau vai ◆ il/elle a la queue longue

ᐄᔅᑯᐦᐋᐤ iiskuhaau vta ◆ il/elle lui donne ... (par ex. 2 m) de long

ᐄᔅᑯᐦᑖᐤ iiskuhtaau vai ◆ il/elle lui donne ... (par ex. 2 m) de long

ᐄᔅᑯᓯᐤ iiskusiu vai ◆ il/elle a ... (par ex. deux mètres) de long

ᐄᔅᒁᔅᑯᐦᑖᐤ iiskwaaskuhtaau vai ◆ il/elle lui donne ... (par ex. 2 m) de long

ᐄᔅᒁᔅᑯᓐ iiskwaaskun vii ◆ ça a...(par ex. deux mètres) de long (long et rigide)

ᐄᔅᒁᔅᑯᓯᐤ iiskwaaskusiu vai ◆ il/elle a... (par ex. deux mètres) de long

ᐄᔅᒁᐤ iiskwaau vii ◆ ça a ...(par ex. 3m) de long

ᑭᑳᓄᐱᑐᓈᐤ kikaanupitunaau vai ◆ il/elle a de longs bras

ᑭᑳᓄᐳᑖᐤ kikaanuputaau vai+o ◆ il/elle le scie assez long

ᑭᑳᓄᐳᔮᐤ kikaanupuyaau vta ◆ il/elle le/la scie assez long

ᑭᑳᓄᓯᑖᐤ kikaanusitaau vai ◆ il/elle a de long pieds

ᑭᑳᓈᐹᑭᒧᐎᒡ kikaanwaapaakimuwich vai pl -u ◆ elles (les oies) forment une longue ligne

ᑭᑳᓈᐱᑖᐤ kikaanwaapitaau vai ◆ il/elle a de longues dents

ᒥᒥᐦᒋᑳᑖᐤ mimihchikaataau vai redup ◆ il/elle a de longues jambes

ᒥᑎᒫᐦᑎᓐ mitimaahtin vii ◆ c'est posé le long de quelque chose

ᐲᐦᑖᒋᐏᓐ piihtaachiwin vii ◆ c'est un long rapide

ᐲᐦᑖᒥᑎᓈᐤ piihtaamitinaau vii ◆ c'est une longue montagne à traverser ou à escalader

ᐲᐦᑖᐅᐦᑳᐤ piihtaauhkaau vii ◆ c'est une longue colline

ᐲᐦᑖᐙᔮᐤ piihtaawaayaau vii ◆ c'est un long rivage

ᐲᐦᑎᑖᒋᐏᓐ piihtitaachiwin vii ◆ c'est une longue série de rapides

ᐲᐦᑎᑎᓈᐤ piihtitinaau vii ◆ c'est une longue montagne à traverser

ᐲᔑᒌᔑᑳᐤ piishichiishikaau vii ◆ c'est une longue journée

ᐲᔑᓃᐦᑎᒋᐙᔮᐤ piishiniihtichiwaayaau vii ◆ c'est une longue pente

ᐲᔑᓃᐱᓐ piishiniipin vii ◆ c'est un été long

ᐲᓯᓰᑯᓐ piisisiikun vii ◆ c'est un long printemps

ᐲᓯᑎᒁᒋᓐ piisitikwaachin vii ◆ c'est un automne long

ᐲᓯᑎᐱᔅᑳᐤ **piisitipiskaau** vii ◆ c'est une longue nuit

ᐱᒫᔥᑯᔑᓐ **pimaashkushin** vai ◆ il/elle est couché-e de tout son long

ᔖᔑᐦᑳᔥᑖᐱᔩᐤ **shaashihkaashtaapiyiu** vii ◆ il y a de longs éclairs

ᒋᓄᐦᑎᑭᐦᐊᒼ **chinuhtikiham** vti ◆ il/elle le coupe en long

ᒋᓄᑯᑖᐤ **chinukutaau** vai ◆ il/elle a un long bec, a le nez long

ᒋᓈᐦᒑᐤ **chinwaahchaau** vai ◆ il/elle a de longues plumes sur les ailes

ᒋᓈᐹᒋᑯᑖᐤ **chinwaapaachikutaau** vai ◆ il/elle a le nez long, un long bec

ᐄᔅᑯᐦᑎᑳᐤ **iiskuhtikaau** vii ◆ le bois mesure...(par ex. 1m)

ᐄᔅᑯᒧᐦᑖᐤ **iiskumuhtaau** vai ◆ il/elle le place jusque là, il/elle lui donne une certaine longueur

ᐄᔅᑯᐱᑐᓈᐤ **iiskupitunaau** vai ◆ son bras a...(par ex. 30 cm) de long

ᐄᔅᒀᒋᓯᐤ **iiskwaachisiu** vai ◆ il/elle a ...(par ex. deux mètres) de long (étalé)

ᐄᔅᒀᑭᒧᐦᑖᐤ **iiskwaakimuhtaau** vai ◆ il/elle le suspend sur... (par ex. 50 cm)

ᐄᔅᒀᑭᔥᑖᐤ **iiskwaakishtaau** vii ◆ ça s'étend jusqu'à ... (un certain point), ça s'étend sur ... (par ex. 10 m) (étalé)

ᐃᔅᑯᔨᐙᐤ **iskuyiwaau** vai ◆ il/elle mesure...(par ex. 1m 65cm)

ᑭᑳᓄᑭᔥᒀᐤ **kikaanukishkwaau** vai ◆ il/elle a de longues griffes, il/elle a les ongles longs

ᑭᑳᓌᔥᑯᑎᐦᒑᐤ **kikaanwaashkutihchaau** vai ◆ il/elle a de longs doigts, de longues mains

ᑭᑳᓌᔅᑯᔥᑎᐙᐤ **kikaanwaaskushtiwaau** vai ◆ il/elle a une longue moustache, barbe

ᐲᐦᒑᐤ **piihchaau** vii ◆ c'est une longue, grande distance

ᐲᐦᒋᔅᑯᒥᑳᐤ **piihchiskumikaau** vii ◆ c'est une longue étendue d'eau à traverser

ᐲᐦᑖᔅᑭᒥᑳᐤ **piihtaaskimikaau** vii ◆ c'est un long bout de terre

ᐲᐦᑖᔅᒀᔮᐤ **piihtaaskwaayaau** vii ◆ c'est une aire boisée longue à traverser

ᐲᔑᐱᐳᓐ **piishipipun** vii ◆ c'est un long hiver, une longue année

ᐱᑎᒀᔨᐙᐤ **pitikwaayiwaau** vai ◆ il/elle a une large queue (ex. castor)

ᐄᔅᒀᓂᑳᐤ **iiskwaanikaau** vii ◆ l'île mesure... (par ex. 10km)

ᐄᔅᐱᐦᑖᔅᑯᓯᐤ **iispihtaaskusiu** vai ◆ il/elle a ...(par ex. 30cm) de long et ...(par ex. 5cm) de large (se dit de quelque chose de long, par ex. un bâton ou un poisson)

ᐃᔅᐱᐦᑖᔪᐎᑳᐤ **ispihtaayuwikaau** vii ◆ ça a... (par ex. 2 m) de long sur ... (par ex. 3 m) de large (étalé)

long (de)

ᐱᒫᐱᔥᒋᔑᓐ **pimaapishchishin** vai ◆ ça s'étend (minéral) le long de quelque chose

longer

ᔮᔮᐙᐤ **yaayaawaau** vai ◆ il/elle longe le rivage à pied

ᔮᔩᔥᑭᒼ **yaayishkim** vti ◆ il/elle marche le long de quelque chose

ᔮᔮᐅᐦᐊᒼ **yaayaauham** vti ◆ il/elle longe le rivage en pagayant

longtemps

ᐋᑎᒫ **aatimaa** p,temps ◆ très longtemps ■ ᐋᑎᒫ ᓂᒌᐦ ᔑᓂᐙᐦᐋᓈᓐ ᓂᒥ ᒋᔨᐙ ᐅᐦᒋ ᑎᑯᔑᓐ. ■ aatimaa nichiih shiniwaahaanaan nimi chiyiwaa uhchi tikushin. ■ *On l'a attendu très longtemps mais il n'est jamais arrivé.*

ᓈᐅᔥ **naaush** p,temps ◆ longtemps ■ ᓈᔥᒡ ᓈᐅᔥ ᐋᐦ ᒌᐦ ᐊᔑᓂᐙᐦᑖᐎᒡ ᐅᒥᓯᓂᐦᐄᑭᓐ. ■ naashch naaush aah chiih ashiniwaahtaawich umisinihiikin. ■ *J'ai attendu sa lettre longtemps.*

ᔖᒫᒡ **shaamaach** p,temps ◆ longtemps (utilisé avec une forme négative) ■ ᓈᔥᒡ ᐋᑳ ᔖᒫᒡ ᐅᐦᒋ ᑎᑭᓱᑦ ᐊᓐ ᓂᑖᐃᐦᑯᓈᒼ. ■ naashch aakaa shaamaach uhchi tikisut an nitaaihkunaam. ■ *Ma bannique a mis longtemps à cuire.*

ᐙᔥᑭᒡ **waashkich** p,temps ◆ il y a longtemps ■ ᐙᔥᑭᒡ ᐊᓂᑖᐦ ᓈᔥᑖᐹᐦ ᒌᐦ ᒥᔮᔩᐦᑎᒼ ᐋᐦ ᓂᑑᑎᐦᒁᑦ. ■ waashkich anitaah naashtaapwaah chiih miywaayihtim aah nituutihkwaat. ■ *Il y a longtemps, elle/il allait chasser le caribou.*

ᐙᔥᑭᒌᔥ **waashkichiish** p,temps ◆ il y a assez longtemps, ça fait un bon moment que... ■ ᐙᔥᑭᒌᔥ ᒫᐦᒋᒡ ᓂᒌᐦ ᐚᐱᒫᐤ ᐊᓐ ᑳ ᒌ ᐑᒑᐱᑎᓰᒥᒃ. ■ waashkichiish maahchich nichiih waapimaau an kaa chii wiichaapitisiimik. ■ *Ça fait un bon moment que je n'ai pas vu ma collègue.*

ᐹᒡ **paach** p,temps ◆ il y a longtemps; autrefois

ᐊᓂᐦᐅ **anihuu** vai -u ◆ il/elle est parti-e depuis longtemps

ᐲᓵᑯᓐ **piisaakun** vii ◆ ça dure longtemps

ᐲᓵᑯᐱᔩᐤ **piisaakupiyiu** vai ◆ il/elle dure longtemps

ᐲᓵᑯᐱᔩᐤ **piisaakupiyiu** vii ◆ ça dure longtemps

ᐲᓵᑯᓯᐅᐤ **piisaakusiiu** vai ◆ il/elle dure longtemps

ᐱᐲᐦᑎᐦᐆ **pipiihtihuu** vai redup -u ◆ il/elle pagaie pendant longtemps sans s'arrêter pour camper

ᔖᔒᐹᔨᒨ **shaashiipaayimuu** vai -u ◆ il/elle souffre depuis longtemps

ᔒᐱᑳᐴ **shiipikaapuu** vai -uwi ◆ il/elle reste longtemps debout sans se fatiguer

ᔒᐱᑳᐳᐎᔥᑎᐙᐤ **shiipikaapuwishtiwaau** vta ◆ il/elle le/la soutient pendant longtemps

ᔒᐱᑳᐳᐎᐎᒡ **shiipikaapuwiwich** vai pl -uwi ◆ ils/elles restent longtemps debout

ᔒᐱᐱᐤ **shiipipiu** vai ◆ il/elle est assis-e plus longtemps que d'habitude

ᔒᐱᔥᑭᒼ **shiipishkim** vti ◆ il/elle le porte longtemps sans l'user

ᔒᐱᑎᓐ **shiipitin** vii ◆ ça prend longtemps à geler (ex. un lac, une rivière)

ᐲᓵᑯᐦᐋᐤ **piisaakuhaau** vta ◆ il/elle le/la fait durer longtemps

ᐲᓵᑯᐦᑖᐤ **piisaakuhtaau** vai ◆ il/elle le fait durer longtemps

ᐲᓵᑯᓈᐤ **piisaakunaau** vta ◆ il/elle le/la fait durer longtemps

ᐲᓵᑯᓂᒼ **piisaakunim** vti ◆ il/elle le fait durer longtemps

ᐲᓵᑯᐱᔩᐦᑖᐤ **piisaakupiyihtaau** vai ◆ il/elle le fait durer longtemps

ᔒᐱᐦᑭᓲ **shiipihkisuu** vai -u ◆ il/elle prend longtemps à cuire, résiste à la chaleur

longue

ᒋᓄᓯᐤ **chinusiu** vai ◆ il est long, elle est longue

ᑭᑳᓄᐦᑎᐧᐃᒑᐤ **kikaanuhtiwichaau** vai ◆ il/elle a de longues oreilles

ᑭᑳᓄᑳᑖᐤ **kikaanukaataau** vai ◆ il/elle a de longues jambes

ᐲᐦᒋᔥᑎᒀᔮᐤ **piihchishtikwaayaau** vii ◆ c'est une longue rivière sur laquelle voyager prend longtemps

ᐅᐧᐄᐦᒀᓂᔅᒑᐤ **uwiihkwaanischaau** vai ◆ il/elle a des manches si longues qu'elles lui couvrent les mains

longue distance

ᐲᐦᒌᐤ **piihchiiu** vai ◆ il/elle voyage en hiver en parcourant une longue distance avant d'établir son camp

longueur

ᐄᔅᒀᑭᓐ **iiskwaakin** vii ◆ ça mesure... (par ex. 3 m) (étalé)

ᐄᔅᑯᐦᐋᐤ **iiskuhaau** vta ◆ il/elle lui donne ... (par ex. 2 m) de long

ᐄᔅᑯᐦᑖᐤ **iiskuhtaau** vai ◆ il/elle lui donne ... (par ex. 2 m) de long

ᐄᔅᒁᔅᑯᐦᑖᐤ **iiskwaaskuhtaau** vai ◆ il/elle lui donne ... (par ex. 2 m) de long

ᐄᔅᒀᐤ **iiskwaau** vii ◆ ça a ...(par ex. 3m) de long

ᑯᑖᔅᑯᓈᐤ **kutaaskunaau** vta ◆ il/elle teste sa longueur (animé, long et rigide)

ᔮᔮᔅᑯᓂᒼ **yaayaaskunim** vti ◆ il/elle en touche la longueur (long et rigide) avec sa main

ᒋᓄᑯᒋᓐ **chinukuchin** vai ◆ il/elle est pendu-e, suspendu-e en longueur

ᐄᔅᑯᐦᑎᑳᐤ **iiskuhtikaau** vii ◆ le bois mesure...(par ex. 1m)

ᐄᔅᑯᒧᐦᑖᐤ **iiskumuhtaau** vai ◆ il/elle le place jusque là, il/elle lui donne une certaine longueur

ᐄᔅᒀᒋᓯᐤ **iiskwaachisiu** vai ◆ il/elle a ...(par ex. deux mètres) de long (étalé)

ᐄᔅᒀᑭᒧᐦᑖᐤ **iiskwaakimuhtaau** vai ◆ il/elle le suspend sur... (par ex. 50 cm)

ᐄᔅᒀᑭᔥᑖᐤ **iiskwaakishtaau** vii ◆ ça s'étend jusqu'à ... (un certain point), ça s'étend sur ... (par ex. 10 m) (étalé)

ᐱᒥᑖᔅᑯᓈᐤ **pimitaaskunaau** vta ◆ il/elle le/la tient en travers (long et rigide), dans le sens de la longueur

ᐱᒥᑖᔅᑯᔑᓐ **pimitaaskushin** vai ◆ il/elle est couché-e en travers de quelque chose, de tout son long et horizontalement

ᐄᔅᒀᓂᑳᐤ **iiskwaanikaau** vii ◆ l'île mesure... (par ex. 10km)

ᐄᔅᐱᐦᑖᔅᑯᓯᐤ **iispihtaaskusiu** vai ◆ il/elle a ...(par ex. 30cm) de long et ...(par ex. 5cm) de large (se dit de quelque chose de long, par ex. un bâton ou un poisson)

ᐃᔅᐱᐦᑖᔪᐧᐃᑳᐤ **ispihtaayuwikaau** vii ◆ ça a... (par ex. 2 m) de long sur ... (par ex. 3 m) de large (étalé)

loquet

ᐋᑖᔅᑯᐦᐄᑭᓈᐦᑎᐠ **aataaskuhiikinaahtikw** ni ◆ un loquet en bois

lotte

ᒥᔮᐦᑭᑐᐃ **miyaahkitui** na -uum ◆ une lotte *Lota lota*

louche

ᒁᐱᐦᐄᑭᓐ **kwaapihiikin** ni ◆ une écope, une louche

ᒁᐱᐦᐄᐹᓐ **kwaapihiipaan** ni ◆ une écope, une louche

ᐊᒋᐧᐋᐳᐧᐃᑭᐦᐊᒼ **achiwaapuwikiham** vti ◆ il/elle diminue la quantité de liquide à la louche

loucher

ᐊᑎᐦᑖᐱᐤ **atihtaapiu** vai ◆ il/elle louche

loup

ᒥᐦᐄᐦᑭᓐ **mihiihkin** na ◆ un loup *canis lupus*

ᒥᐦᐄᐦᑭᓂᐧᐃᔮᓐ **mihiihkiniwiyaan** ni ◆ une peau de loup

ᐱᐦᑯᓂᒥᐦᐄᐦᑭᓈᐤ **pihkunimihiihkinaau** vai ◆ il/elle dépiaute un loup

ᒥᐦᐄᐦᑭᓈᒧᑎᐦᐠ **mihiihkinaamutihkw** na -um ◆ un caribou qui se cache après avoir été effrayé par des loups

lourd

ᑯᓯᑯᐦᑖᐤ **kusikuhtaau** vai ◆ il/elle le rend lourd

ᑯᓯᑯᓐ **kusikun** vii ◆ c'est lourd

ᑯᓯᑯᐱᔨᐤ **kusikupiyiu** vai ◆ il/elle est lourd-e à déplacer

ᑯᓯᑯᐱᔨᐤ **kusikupiyiu** vii ◆ c'est lourd, on a du mal à le déplacer

ᑯᓯᑯᑎᐤ **kusikutiu** vai ◆ il/elle est lourd-e

ᑯᓯᒀᒋᓯᐤ **kusikwaachisiu** vai ◆ il/elle est lourd-e (étalé)

ᑯᓯᒀᑭᓐ **kusikwaakin** vii ◆ c'est lourd (étalé)

ᑯᓯᒀᐹᒋᓯᐤ **kusikwaapaachisiu** vai ◆ il/elle est lourd-e (filiforme)

ᑯᓯᒀᐹᑭᓐ **kusikwaapaakin** vii ◆ c'est lourd (filiforme)

ᑯᓯᒀᐱᓯᔅᒋᓯᐤ **kusikwaapisischisiu** vai ◆ il/elle est lourd-e

ᑯᓯᒀᐱᔅᑳᐤ **kusikwaapiskaau** vii ◆ c'est lourd (minéral)

ᑯᓯᐧᑳᔅᑯᓐ **kusikwaaskun** vii ◆ c'est lourd (long et rigide)

ᑯᓯᐧᑳᔅᑯᓯᐤ **kusikwaaskusiu** vai ◆ il/elle est lourd-e (long et rigide)

ᑯᓯᑯᒥᐦᒋᐦᐆ **kusikumihchihuu** vai -u ◆ il/elle trouve ou il/elle sent qu'il/elle est lourd, qu'il n'a pas de force, pas d'énergie

ᑯᓯᐧᑲᐹᐧᐋᐤ **kusikwaapaawaau** vii ◆ c'est lourd et imprégné d'eau

ᑯᓯᐧᑲᐳᐧᐋᔮᐤ **kusikwaapuwaayaau** vii ◆ c'est un contenant de liquide très lourd

ᐊᐧᐹᓂᒻ **apwaanim** vti ◆ c'est lourd à porter ou même à tirer pour lui/elle

ᒋᔅᑖᑯᐦᑎᓐ **chistaakuhtin** vii ◆ le canot est enfoncé dans l'eau à cause d'une charge assez lourde

ᑯᓯᑯᑖᐹᓈᐤ **kusikutaapaanaau** vta ◆ il/elle tire une charge lourde sur un traîneau ou en véhicule

ᑯᓯᑯᐧᐃᑖᐤ **kusikuwitaau** vai ◆ il/elle porte une lourde charge sur son dos

ᑯᓯᐧᑳᐧᐋᔑᓐ **kusikwaawaashin** vai ◆ le bruit de ses pas indique qu'il/elle est lourd-e

ᐲᐅᑖᐹᐤ **piiutaapaau** vai ◆ il/elle tire une charge trop lourde pour lui/elle ce qui fait qu'il/elle doit alléger sa charge en route

ᓱᐦᒋᔥᑳᐅᔑᐤ **suhchishkaaushiu** vai ◆ il/elle est capable de porter de lourdes charges sur son dos

ᔫᐦᒋᓂᑳᑎᐦᐄᒑᐤ **suuhchinikaatihiichaau** vai ◆ il/elle peut porter une lourde charge sur ses épaules

lourde

ᑯᓯᑯᑖᐹᓈᔅᐧᑳᐤ **kusikutaapaanaaskwaau** vai ◆ il/elle a une lourde charge sur son traîneau, son toboggan

loutre

ᓂᒋᒄ **nichikw** na -m ◆ une loutre *Lutra canadensis*

ᓂᒋᑯᔨ **nichikuyi** na ◆ de la peau de loutre

ᓂᒋᐧᑳᐳᐃ **nichikwaapui** ni ◆ du bouillon de loutre

ᐊᔅᑭᐧᐋᐦᒋᐧᑲᐱᐤ **askiwaahchikwaapiu** vai ◆ il/elle attend couché que la loutre apparaisse

ᓅᔖᔮᐦᒋᒄ **nuushaayaahchikw** na -m ◆ une loutre femelle, une phoque femelle

ᓂᔥᑐᑖᐹᐤ **nishtutaapaau** vai ◆ il/elle rapporte le castor, la loutre à la maison en le traînant

ᓂᑎᐧᐋᐦᒋᐧᑳᐤ **nitiwaahchikwaau** vta ◆ il/elle chasse le phoque, la loutre

ᓅᑖᐦᒋᐧᑳᐤ **nuutaahchikwaau** vai ◆ il/elle chasse le phoque ou la loutre

ᐱᐦᑯᓈᐦᒋᐧᑳᐤ **pihkunaahchikwaau** vai ◆ il/elle dépiaute une loutre ou un phoque

ᐅᓵᐦᒋᐧᑳᐤ **usaahchikwaau** vta ◆ il/elle cuit le phoque, la loutre en le/la faisant bouillir

ᓃᔓᑖᐹᐤ **niishutaapaau** vai ◆ il/elle ramène deux castors, deux loutres à la maison, il/elle en traîne deux

ᐧᐄᔮᐦᒋᐧᑳᐤ **wiiyaahchikwaau** vai ◆ il/elle écorche et découpe le phoque, la loutre

ᓃᔓᐧᐃᑖᐤ **niishuwitaau** vai ◆ il/elle porte deux choses, castors, loutres, renards sur son dos

ᓂᔥᑐᐧᐃᑖᐤ **nishtuwitaau** vai ◆ il/elle porte trois castors, loutres, renards sur son dos

ᐅᓯᐱᐱᔨᐤ **usipipiyiu** vai ◆ l'eau bouge à cause de l'activité d'un castor, d'un rat musqué ou d'une loutre

lucide

ᐱᔮᑭᔅᒑᔨᐦᑎᒻ **piyaakischaayihtim** vti ◆ il/elle est lucide

ᐱᔮᑭᔅᒑᔨᒫᐤ **piyaakischaayimaau** vta ◆ il/elle pense qu'il/elle est lucide

luette

ᐅᑳᓯᒋᒻᐦ **ukaasichimh** nad ◆ sa luette

lueur

ᐧᐋᓵᔮᐱᓐ **waasaayaapin** vii ◆ la lueur de l'aube est visible

ᐧᐃᔨᐧᐋᐱᓐ **wiyiwaapin** vii ◆ c'est la première lueur du jour

lui

ᐋᐤ **aau** pro,dém ◆ est-ce lui? est-ce elle? (c'est-tu lui? c'est-tu elle?) ■ ᐋᐤ ᐋ ᒫᒃ ᐊᓐ ᐃᔅᐧᑳᐤ ᑳᐦ ᒌᔑᓈᑦ ᒋᒨᓱᔮᓐᐦ᙮ ■ aau aa maak an iskwaau kaah chiishinaat chimuusuyaanh. ■ *Est-ce elle la femme qui a tanné ta peau d'orignal?*

ᐋᐧᐃᔨᐅᐦ **aawiyiuh** pro,indéfini ◆ ça pourrait être elle/lui (voir *awaan*) ■ ᐋᔪᐧᐃᑯᓐᐦ ᐱᐦᒋ ᐋᐧᐃᔨᐅᐦ ᐅᑖᓂᔅᐦ ᐋᔥᐱᔑ ᓂᔅᐱᑖᑯᑦ᙮ ■ aayuwikunh pihchi aawiyiuh utaanish aashpishi nispitaakut. ■ *Elle pourrait être sa fille parce qu'elle lui ressemble.*

ᐧᐄᔨ **wiiyi** pro,personnel emphatique 3 3' ◆ elle, lui ■ ᐧᐄᔨ ᑭᔮᐦ ᒌᐦ ᐧᐄᒋᐦᐄᐧᐋᐤ ᑳ ᓈᒋᔥᑎᐦᒋᑯᓈᓂᐧᐃᔨᒡ᙮ ■ wiiyi kiyaah chiih wiichihiiwaau kaa naachishtihchikunaaniwiyich. ■ *Elle suivit les autres quand ils allèrent chercher les provisions cachées.*

ᐋᐅᒄ **aaukw** pro,focus ◆ c'est lui, c'est elle, réponse à quelqu'un qui raconte une histoire ■ ᐋᐅᒄ ᐊᓐ ᓈᐹᔑᔥ ᑳ ᑭᔅᒋᐦᐅᑦ ᐋᐦ ᒋᔅᑐᐦᒋᒑᑦ᙮ ■ aaukw an naapaashish kaa kischihut aah chistuhchichaat.

luire

ᓵᐦᑖᔮᐱᓯᔅᒋᓯᐤ **saahtaayaapisischisiu** vai ◆ il/elle luit, rougeoie à cause de la chaleur

lumière

ᐧᐋᔥᑖᐧᐃᓐ **waashtaawin** ni ◆ une lumière

ᐧᐋᔥᑖᐤ **waashtaau** vii ◆ la lumière est allumée, il y a de la lumière

ᓃᐹᔮᔥᑖᓂᒫᑭᓐ **niipaayaashtaanimaakin** ni ◆ une veilleuse, une bougie-veilleuse, une lumière de nuit

ᐋᔥᑎᐧᐋᐱᑖᐤ **aashtiwaapitaau** vta ◆ il/elle lui éteint la lumière

ᐋᔥᑎᐙᐱᑎᒼ aashtiwaapitim vti ◆ il/elle éteint la lumière
ᒌᐦᑳᔮᔥᑖᓂᒼ chiihkaayaashtaanim vti ◆ il/elle allume la lumière en position forte ■ ᒌᐦᑳᔮᔥᑖᓂᒼ ᐅᐙᔥᑖᓂᒫᑭᓐ ᐋᐦ ᓈᓂᑎᐙᐱᒫᐟ ᐅᒦᒋᓯᒻᐦ᙮ ■ chiihkaayaashtaanim uwaashtaanimaakin aah naanitiwaapimaat umiichisimh. ■ *Elle allume la lumière pour chercher ses perles.*
ᒌᐦᑳᔮᔥᑖᐤ chiihkaayaashtaau vii ◆ ça produit une lumière vive
ᒌᓂᒁᓈᔮᔥᑖᐱᔨᐤ chiinikwaanaayaashtaapiyiu vii ◆ une lumière (qui) tourne, par ex. celle d'un gyrophare
ᒥᐦᒁᔥᑖᐤ mihkwaashtaau vii ◆ c'est une lumière rouge
ᒥᔑᐦᑖᔮᔥᑖᐱᔨᐤ mishihtaayaashtaapiyiu vai ◆ le feu, la lumière s'allume partout
ᒥᓯᐦᑖᔮᐱᓐ misihtaayaapin vai ◆ il y a de la lumière matinale partout
ᐹᐦᐱᔑᐦᑳᔥᑖᐱᔨᐤ paahpishihkaashtaapiyiu vai redup ◆ la lumière scintille
ᐹᐦᐱᓯᐦᑳᔥᑖᐱᔨᐤ paahpisihkaashtaapiyiu vii redup ◆ la lumière clignote
ᓵᐦᑖᔮᐱᓯᔥᑖᐤ saahtaayaapisistaau vii ◆ ça brille (minéral) à la lumière
ᓵᑳᔥᑖᐱᔨᐤ saakaashtaapiyiu vii ◆ la lumière du brasier se voit au-dessus des arbres
ᐅᑳᔥᑖᐦᑎᓐ ukaashtaahtin vii ◆ ça bloque la lumière, empêche la lumière de passer
ᐅᑳᔥᑖᔥᑭᒼ ukaashtaashkim vti ◆ il/elle bloque la lumière
ᐙᔥᑖᓈᐤ waashtaanaau vta ◆ il/elle allume ses lumières
ᐙᔥᑖᓂᐦᑭᐦᑎᒼ waashtaanihkihtim vti ◆ il/elle l'inonde de lumière
ᐙᔥᑖᐱᑎᒼ waashtaapitim vti ◆ il/elle allume la lumière
ᐙᔥᑖᓂᒫᑭᓐ waashtaanimaakin ni ◆ une lampe, une lumière, une bougie
ᓵᐦᑖᔮᐱᓐ saahtaayaapin vii ◆ la lumière du jour est visible
ᔖᐳᐙᓵᔮᐤ shaapuwaasaayaau vii ◆ la lumière arrive, brille au travers

lundi
ᒋᐦᒋᐱᔨᐤ chihchipiyiu vii ◆ c'est lundi, ça commence

lune
ᑎᐱᔅᒋᐲᓯᒼ tipischipiisim na ◆ la lune
ᑎᐱᔅᑳᓂᐲᓯᒼ tipiskaanipiisim na ◆ la lune, lit. 'le soleil de la nuit'
ᑎᐱᔅᑳᐅᐲᓯᒼ tipiskaaupiisim na ◆ la lune, lit. 'l'étoile de la nuit'
ᒋᒋᐱᔮᐱᔥᑭᑯᒋᓐ chichipiyaapishkikuchin vii ◆ la lune brille dans la nuit claire
ᐄᔅᐱᐦᑖᐱᓯᔅᒋᓯᐤ iispihtaapisischisiu vai ◆ il/elle (minéral) a une certaine taille, c'est la lune
ᒧᔖᔮᐱᔥᑭᑯᒋᓐ mushaayaapishkikuchin vai ◆ le soleil ou la lune est complètement sorti-e
ᒧᔖᔮᐱᔅᑭᒨ mushaayaapiskimuu vai -u ◆ le soleil ou la lune est complètement sorti-e

lunettes
ᐅᔅᒌᔑᒁᐱᔅᒄᐦ uschiishikwaapiskwh ni pl ◆ ses lunettes
ᐅᔅᒌᔑᒁᐱᔅᑰ uschiishikwaapiskuu vai -u ◆ il/elle porte des lunettes

lutin
ᐊᐱᔒᔨᔨᔥ apishiiyiyish na -im ◆ un nain, un lutin, quelqu'un de petit

lutter
ᓂᔥᑯᔥᑎᐙᐤ nishkushtiwaau vta ◆ il/elle lutte contre lui/d'elle
ᒫᔑᐦᐋᐤ maashihaau vta ◆ il/elle le/la combat, lutte avec lui/elle
ᒫᓯᐦᒑᐤ maasihchaau vai ◆ il/elle se bat, lutte
ᒫᔑᐦᑖᐤ maashihtaau vai+o ◆ il/elle se bat, se débat, lutte avec

luxure
ᒥᒋᓂᑎᐚᔨᐦᑎᒧᐎᓐ michinitiwaayihtimuwin ni ◆ de la luxure, un désir charnel

lycopode
ᐹᓯᓈᐦᒁᑭᓂᒡ paasinaahkwaakinich na pl -im ◆ le lycopode *Lycopodium sp.*

lynx
ᐱᔑᐤ pishiu na -iim ◆ un lynx*Lynx canadensis*
ᐱᔒᔑᔥ pishiishish na -im ◆ un jeune lynx
ᐱᔑᐅᓂᒁᓐ pishiunikwaan ni ◆ un collet de lynx
ᐱᔑᐅᔮᓐ pishiuyaan na ◆ une peau de lynx
ᐱᔑᐙᐳᐃ pishiwaapui ni ◆ du bouillon de lynx
ᐊᐦᒑᔮᐱᔒᐤ ahchaayaapishiiu vai ◆ la lynx est enceinte
ᐱᐦᑯᓈᐱᔑᐙᐤ pihkunaapishiwaau vai ◆ il/elle dépiaute un lynx
ᐱᔑᐅᑖᐱᒁᐤ pishiutaapikwaau vai ◆ il/elle pose des collets de lynx
ᐱᔑᐅᑖᐦᐱᔥᑭᓐ pishiutaahpishkin ni ◆ l'os de la mâchoire d'un lynx
ᐱᔑᐏᓂᐦᐄᒑᐤ pishiwinihiichaau vai ◆ il/elle pose un piège à lynx

lyophiliser
ᐹᑯᒋᐤ paakuchiu vai ◆ il/elle (ex. peau de bête) est lyophilisé
ᐹᑯᑎᓐ paakutin vii ◆ c'est lyophilisé
ᐹᑯᑎᒫᑭᓐ paakutimaakin na ◆ une peau d'animal lyophilisée, glacée
ᐹᑯᑎᐦᑖᐅᒌᔑᑳᐤ paakutihtaauchiishikaau vii ◆ c'est un bon jour pour lyophiliser
ᐹᑯᑎᒫᐤ paakutimaau vta ◆ il/elle le/la gèle, le/la lyophilise, ronge un trou dedans
ᐑᔖᑭᒋᐤ wiishaakichiu vai ◆ la peau de bête commence à geler, à se lyophiliser et devient blanche

lyophiliser (se)
ᐚᐹᐹᑭᒋᐤ waapaapaakichiu vii ◆ ça gèle tout blanc, ça se lyophilise (filiforme)

m

mâcher

ᒫᒫᑯᐦᑎᒼ maamaakuhtim vti ◆ il/elle le mâche

ᒫᒫᑯᒫᐤ maamaakumaau vta ◆ il/elle le/la mâche

ᔖᔖᑯᒫᐤ shaashaakumaau vta redup ◆ il/elle le/la mâchonne jusqu'à ce qu'il soit tout fin

ᒌᐦᑳ·ᐋᐦᑎ·ᐋᐤ chiihkaawaahtiwaau vai ◆ il/elle mâche bruyamment ■ ᓄ·ᐃᒡ ᒌᐦᑳ·ᐋᐦᑎ·ᐋᐤ ᐊᓐ ᐊᒥᐢᒄ ᐋᐦ ᒦᒋᓱᐨ ■ nuwich chiihkaawaahtiwaau an amiskw aah miichisut. ■ *On peut entendre mâcher bruyamment le castor qui mange.*

ᒋ·ᔖ·ᐋᐦᑎᒼ chishwaawaahtim vti ◆ il/elle le mâche bruyamment

ᒋ·ᔖ·ᐋᐦᑎ·ᐋᐤ chishwaawaahtiwaau vai ◆ il/elle mâche bruyamment

ᒋ·ᔖ·ᐋᒫᐤ chishwaawaamaau vta ◆ il/elle le/la mâche bruyamment

ᐄ·ᑖ·ᐋᒫᐤ iitwaawaamaau vta ◆ il/elle le mâche bruyamment

ᒫᒫᑯᒥᐢᒋ·ᐋᐤ maamaakumischiwaau vai ◆ il/elle mâche de la gomme

ᒥᒥ·ᑖᐦᑎ·ᐋᐤ mimitwaahtiwaau vai redup ◆ il/elle mâche et on l'entend

ᓂᐡᑎ·ᐃᐦᑎᒼ nishtiwihtim vti ◆ il/elle les mâche, les mord ensemble

ᒧ·ᐋᐹᐤ muwaapaau vai ◆ il/elle mâche et mange son harnais (se dit d'un chien)

machine à coudre

ᑳᑭᐢᒋ·ᑳᓲ·ᐃᐱᔨᒡ kaakischikwaasuwipiyich nip ◆ une machine à coudre

machine à laver

ᑳᒋᐢᑖᐹ·ᐃᒋᒑᐱᔨᒡ kaachistaapaawichichaapiyich nip ◆ une machine à laver, une planche à laver

mâchoire

ᐅᑖᐦᐱᔥᑭᓐ utaahpishkin nid ◆ sa mâchoire

ᐅᑖᐦᐱᔥᑭᓐᐦ utaahpishkinh ni pl ◆ les mâchoires d'un piège

ᒌᓈᐦᐱᔥᑭᓈᐤ chiinaahpishkinaau vai ◆ il/elle a la mâchoire pointue

·ᐋ·ᐄᐹᐦᐱᔥᑭᓈᐱᔨᐤ waawiipaahpishkinaapiyiu vai ◆ sa mâchoire bouge vite de haut en bas ou de droite à gauche, sa mâchoire tremble

ᐱᔑᐅᑖᐦᐱᔥᑭᓐ pishiutaahpishkin ni ◆ l'os de la mâchoire d'un lynx

·ᐋ·ᐄᐹᐦᐱᐢᒋᑭᓈᐱᔨᐤ waawiipaahpischikinaapiyiu vai ◆ sa mâchoire bouge vite de haut en bas ou de droite à gauche, sa mâchoire tremble

ᐅᐦᐱᐦᐊᒼ uhpiham vti ◆ il/elle le soulève avec quelque chose, ouvre les mâchoires du piège

mâchoire inférieure

ᐅᑖᐦᐱᔥᑭᓂᑭᓐ utaahpishkinikin nid ◆ l'os de sa mâchoire inférieure

macreuse

ᐊᒥᐢᑯᔑᑊ amiskuship na -im ◆ une macreuse à ailes blanches *Melanitta deglandi*

ᐊᒥᐢ·ᑳᐹ·ᐋᐤ amiskwaapaawaau na -aam ◆ une macreuse à ailes blanches *Melanitta deglandi*

macreuse noire

ᐄᔨᑯᐃᔥᑯᔑᐹᑎᒼ iiyikuishkushipaatim na -um ◆ une macreuse à bec jaune, (canard) *Melanitta nigra*

ᑯᐃᔥᑯᔑᐹᑎᒼ kuishkushipaatim na ◆ une macreuse à bec jaune, (canard) *Melanitta nigra*

magasin

ᐊᑖ·ᐋᐅᑭᒥᒄ ataawaaukimikw ni ◆ un magasin, lit. 'un bâtiment pour vendre'

magicien

ᒥᒫᐦᑖᐅᐃᔨᐦᑎᐤ mimaahtaauiyihtiu vai ◆ il est magicien, elle est magicienne, il/elle fait des tours de magie, fait des choses extraordinaires

magie

ᒥᒫᐦᑖᐅᐃᔨᐦᑎᐤ mimaahtaauiyihtiu vai ◆ il est magicien, elle est magicienne, il/elle fait des tours de magie, fait des choses extraordinaires

magnétique

ᐅᑎᐦᒋᒑᐱᔨᐤ utihchichaapiyiu vii ◆ c'est magnétique

magnétophone

ᑳᐲᐦᑎᑖᐱᔨᐦᑖᑭᓂ·ᐃᒡ kaapiihtitaapiyihtaakiniwich nip ◆ un magnétophone

mai

ᐋᔑ·ᒫᑯᐲᓯᒼ aashimwaakupiisim na ◆ le moi de mai

maigre

ᐲᒋᐢᒑ·ᐋᐤ piichischaawaau vai ◆ il/elle est faible (ex. animal) parce qu'il/elle a couru fort, s'est démené-e contre un collet ou un piège pendant longtemps

ᐋᑎᑑᓰᐤ aatituusiiu vai ◆ il/elle est maigre, faible ■ ᓈᓈᓂᒌᒼ ᐋᑎᑑᓰᐤ ᐋᑳ ᓂᐦᑖ ᒦᒋᓱᐨ ■ naanaanichiim aatituusiiu aakaa nihtaa miichisut. ■ *Elle s'affaiblit parce qu'elle ne mange jamais.*

ᐊᐱᔖᐹᒋᑯᔨ·ᐋᔑᐤ apishaapaachikuyiwaashiu vai dim ◆ il/elle a un cou maigre

ᐱᐢᒑ·ᐋᐤ pischaawaau vai ◆ il/elle est maigre, il est osseux, elle est osseuse

ᐃᔮᐱᔖᔥᑯᐱᑐᐦᔑᐤ iyaapishaashkupituhshiu vai ◆ il/elle a les bras maigres

ᐃᔮᐱᔖᔥᑯᐱᑐᓈᔑᐤ iyaapishaashkupitunaashiu vai dim [Wemindji] ◆ il/elle a les bras maigres

ᐃᔮᐱᔑᑳᒑᔑᐤ iyaapishikaachaashiu vai dim ◆ il/elle a les jambes maigres

maille

ᐱᐢᒋᓯᐤ pischisiu vai ◆ il/elle a une maille large (ex. filet)

ᒋ·ᐹᐱᐦᒑᐱᔨᐤ chipwaapihchaapiyiu vii ◆ c'est refermé (ex. la maille de la raquette), le tuyau est bouché

ᐱᔥᑭᐦ·ᐋᐤ pishkihwaau vai ◆ il/elle fait des mailles assez grandes en tissant ses raquettes

ᓯᑯᐦᐙᐤ sikuhwaau vai ◆ il/elle fait des mailles étroites en tissant sa raquette

ᓯᑯᓯᐤ sikusiu vai ◆ le filet de pêche a une maille étroite

maillot

ᔒᐹᒋᐱᔪᐎᑯᐦᑉ shiipaachipiyuwikuhp ni ◆ un chandail, un maillot, un gilet, un pull-over

maillot de corps

ᐲᐦᑎᐎᐱᒋᐎᔮᓈᓐ piihtiwipichiwiyaanaan ni ◆ un maillot de corps, un tricot de corps, une camisole

main

ᒥᑎᐦᒌ mitihchii nid ◆ une main

ᑭᓂᐙᔨᐦᑖᑯᓐ kiniwaayihtaakun vii ◆ c'est entre les mains de...

ᐅᓂᒥᐦᒌᐎᓐ unimihchiiwin nid ◆ sa main gauche

ᐋᑭᑐᓈᐤ aaakitunaau vta ◆ il/elle met sa main dedans (animé)

ᐋᑭᑐᓂᒼ aakitunim vti ◆ il/elle met sa main dedans

ᐋᐹᓂᒼ aapaanim vti ◆ il/elle le réchauffe avec les mains

ᐋᐳᐎᑎᐦᒑᓈᐤ aapuwitihchaanaau vta ◆ il/elle lui réchauffe les mains avec les siennes

ᐋᔑᐙᒥᐦᑭᓈᓃᓲ aashiwaamihkinaaniisuu vai reflex -u ◆ il/elle se tient les joues avec les mains

ᒋᐦᐄᓂᒼ chihiinim vti ◆ il/elle le tient, mais ça lui glisse des mains

ᒌᐦᒌᐱᑎᐦᒑᐤ chiihchiipitihchaau vai ◆ il/elle a des spasmes à la main

ᒌᔅᒋᒥᑎᐦᒑᐤ chiischimitihchaau vai ◆ il/elle ne sent plus sa main

ᒋᔥᑖᐹᐅᑎᐦᒑᐤ chishtaapaautihchaau vai ◆ il/elle se lave les mains

ᐃᔮᐱᔑᑎᐦᒑᔑᐤ iyaapishitihchaashiu vai dim ◆ il/elle a de petites mains

ᐃᔮᔑᓂᒼ iyaashinim vti ◆ il/elle le fait descendre de quelque chose à la main

ᐃᔮᔑᑎᔑᓂᒼ iyaashitishinim vti ◆ il/elle le fait descendre de quelque chose à la main

ᑳᔒᑎᐦᒑᐤ kaashiitihchaau vai ◆ il/elle s'essuie les mains ▪ ᐊᑳᐐ ᑳᔒᑎᐦᒑᐦ ᒋᑖᐱᒋᐦᑖᐎᓂᐦᒡ. ▪ akaawii kaashiitihchaah chitaapichihtaawinihch. ▪ *N'esssuie pas tes mains sur tes vêtements!*

ᒧᔅᑎᓂᔅᑳᑖᐤ mustiniskaataau vta ◆ il/elle le/la tue de ses propres mains, les mains nues

ᓃᔓᐦᒋᓂᔅᒑᐤ niishuhchinischaau vai ◆ il/elle se sert des deux mains pour faire quelque chose

ᓂᐲᐅᓈᐤ nipiiunaau vta ◆ il/elle le/la mouille avec ses mains

ᓂᐲᐅᓂᒼ nipiiunim vti ◆ il/elle le mouille avec ses mains

ᓂᐲᐅᑎᐦᒑᐤ nipiiutihchaau vai ◆ il/elle a les mains mouillées

ᓂᐱᑖᑎᐦᒑᐤ nipitaatihchaau vai ◆ il/elle n'a qu'une seule main

ᐱᐦᒁᔅᒋᐎᒋᓈᐤ pihkwaaschiwichinaau vta ◆ il/elle prend un morceau de boue dans la main

ᔖᑯᔮᒋᓈᐤ shaakuyaachinaau vta ◆ il/elle met sa main sous sa couverture, sous ses vêtements (Jean met ses mains sous la couverture de Marie)

ᔔᐎᓂᔅᒑᔨᔥᑎᐙᐤ shuuwinischaayishtiwaau vta ◆ il/elle lui tend la main

ᓯᒋᓂᔅᒑᐦᑎᐦᐋᐤ sichinischaahtihaau vta ◆ il/elle lui prend la main en marchant

ᓯᒋᓂᔅᒑᓈᐤ sichinischaanaau vta ◆ il/elle lui tient la main

ᓰᑤᒥᐦᑭᓈᓃᓲ siitwaamihkinaaniisuu vai reflex -u ◆ il/elle est assis-e avec les mains sur les joues

ᓯᔅᒋᑯᓈᐤ sischikunaau vta ◆ il/elle pose sa main sur elle/lui, accidentellement

ᓲᐱᑎᐦᒑᐤ suupitihchaau vai ◆ il/elle a les mains savonneuses

ᓱᐎᓂᔅᒑᔨᐤ suwinischaayiu vai ◆ il/elle lui étire la main

ᑖᐅᑎᐦᒑᐦᐙᐤ taautihchaahwaau vta ◆ il/elle le tape sur la main

ᑎᑯᑎᐦᒑᔥᑭᐙᐤ tikutihchaashkiwaau vta ◆ il/elle lui marche sur la main

ᑎᐱᓂᔅᒑᓂᒼ tipinischaanim vti ◆ il/elle le mesure avec sa main

ᑎᑎᒁᔅᒑᐅᒋᐤ titikwaaschaauchiu vai ◆ il/elle a les mains froides

ᑑᒥᑎᐦᒑᐤ tuumitihchaau vai ◆ il/elle a les mains grasses

ᐅᐦᐱᓂᔅᒑᔨᐤ uhpinischaayiu vai ◆ il/elle lève les mains

ᐅᑖᒥᑎᐦᒑᐦᐙᐤ utaamitihchaahwaau vta ◆ il/elle le/la tape sur la main

ᐐᓂᑎᐦᒑᐤ wiinitihchaau vai ◆ il/elle a les mains sales

ᐊᒁᐹᑎᓈᐤ akwaapaatinaau vta ◆ il/elle le/la sort d'un liquide avec les mains

ᒋᒥᑎᐦᒑᐤ chimitihchaau vai ◆ il/elle a le doigt ou la main coupée

ᒋᐳᑐᓈᓃᓲ chiputunaaniisuu vai reflex -u ◆ il/elle se couvre la bouche avec la main

ᑭᑳᓌᔥᑯᑎᐦᒑᐤ kikaanwaashkutihchaau vai ◆ il/elle a de longs doigts, de longues mains

ᒫᔅᒋᑎᐦᒑᐤ maaschitihchaau vai ◆ il/elle a les mains difformes, estropiées

ᒥᒥᐦᒋᑎᐦᒑᐤ mimihchitihchaau vai redup ◆ il/elle a de grosses ou grandes mains

ᐴᐦᑎᓈᐤ puuhtinaau vta ◆ il/elle met le doigt ou la main dedans (animé)

ᐴᐦᑎᓂᒼ puuhtinim vti ◆ il/elle met le doigt ou la main dedans (inanimé)

ᐴᐦᑎᑎᑖᐅᓈᓃᓲ puuhtititaaunaaniisuu vai reflex -u ◆ il/elle se met le doigt, la main dans la bouche

ᔑᐎᓂᔅᒑᔨᐤ shiwinischaayiu vai ◆ il/elle étend la main , sort sa main

ᑎᐦᑯᑎᐦᒑᐦᐆᓲ **tihkutihchaahusuu** vai reflex -u ◆ il/elle se coince le doigt, la main
ᑎᐦᑯᑎᐦᒑᐦᐙᐤ **tihkutihchaahwaau** vta ◆ il/elle lui coince le doigt, la main
ᑑᒥᑎᐦᒑᓈᐤ **tuumitihchaanaau** vta ◆ il/elle lui met de la pommade sur les mains, lui graisse les mains
ᑑᒥᑎᐦᒑᓃᓲ **tuumitihchaaniisuu** vai reflex -u ◆ il/elle se met de la crème, un onguent sur les mains
ᐙᔥᑎᐦᐄᒑᐤ **waashtihiichaau** vai ◆ il/elle fait signe, agite la main
ᐹᔥᑭᐦᑎᒼ **paashkihtim** vti ◆ il/elle l'ouvre en le craquant avec ses dents
ᐹᔥᑭᒫᐤ **paashkimaau** vta ◆ il/elle l'ouvre en le craquant avec ses mains ou ses dents
ᑖᐱᓯᑯᓈᐤ **taapisikunaau** vta ◆ il/elle passe son doigt ou sa main dans l'anneau, dans la boucle de quelque chose (animé)
ᑖᐱᓯᑯᓂᒼ **taapisikunim** vti ◆ il/elle passe son doigt ou sa main dans l'anneau, dans la boucle de quelque chose (ex. une ficelle)

main droite

ᐅᓂᐦᐄᐎᓐ **unihiiwin** ni ◆ sa main droite

mains

ᐊᐚᑎᐦᒑᐤ **apwaatihchaau** vai ◆ il transpire des mains
ᐄᔨᓯᓂᔅᒑᐤ **iiyisinischaau** vai ◆ il/elle parle avec les mains, il/elle signe (langue des signes)
ᑳᔒᑎᐦᒑᓈᐤ **kaashiitihchaanaau** vta ◆ il/elle lui essuie les mains ■ ᒌᐦ ᑳᔒᑎᐦᒑᓈᐤ ᑳᐦ ᒌᔑᒦᒋᓱᔨᐦᐨ. ■ chiih kaashiitihchaanaau kaah chiishimiichisuyichh. ■ *Elle s'essuie les mains après avoir mangé.*

mains nues

ᔖᔖᒋᔥᑎᐦᒑᐤ **shaashaachishtihchaau** vai ◆ il/elle ne porte pas de gants, de mitaines, il/elle est mains nues

mains vides

ᐱᔑᔑᑯᐦᑖᐤ **pishishikuhtaau** vai ◆ il/elle marche les mains vides

maintenant

ᒌᔖᐨ **chiishaach** p,temps ◆ tout de suite, maintenant, avant de... ■ ᒌᔖᐨ ᓂᑭ ᐲᐦᑎᐦᐋᓐ ᓂᒥ ᓂᑭ ᐎᓂᒋᔅᒋᓯᓐ. ■ chiishaach niki piihtihan nimi niki winichischisin. ■ *Je vais tout de suite le mettre dans la neige pour ne pas l'oublier.*
ᐄᔮᒄ **iiyaakw** p,temps ◆ seulement maintenant
ᐊᓅᐦᒡ **anuuhch** p,temps ◆ maintenant, aujourd'hui ■ ᐊᓅᐦᒡ ᓂᑭ ᓂᑎᐙᐱᒫᐤ ᓂᔅᑖᔅ. ■ anuuhch niki nitiwaapimaau nistaas. ■ *Je vais aller voir mon frère aîné aujourd'hui.*
ᐱᒑᐃᒃ **pichaaik** p,temps ◆ à ce moment-là, maintenant, sur le point de ■ ᐱᒑᐃᒃ ᑳ ᐐᐦ ᑖᐦᒋᔥᑖᔮᓐ ᓂᑏᐅᔅᒋᐦᒄ. ■ pichaaik kaa wiih taahchishtaayaan nitiiuschihkw. ■ *J'étais justement sur le point d'allumer la bouilloire.*

maintenant que

ᒫᒃ **maak** p,conjonction ◆ alors, comme, maintenant que ■ ᒫᒃ ᒑ ᒥᔫᔮᔨᐦᑎᐦᒃ ᑳ ᐅᔥᑳᔨᐨ ᐅᐹᔅᒋᓯᑭᓐ. ■ maak chaa miywaayihtihk kaa ushkaayich upaaschisikin. ■ *Elle/Il sera content-e, maintenant qu'elle/il a un nouveau fusil.*

maintenir

ᐋᑎᒋᓈᐤ **aatichinaau** vta ◆ il/elle lui maintient le devant en l'air
ᐋᑎᒋᓂᒼ **aatichinim** vti ◆ il/elle lui maintient le devant en l'air
ᐊᑯᐦᐱᓈᐤ **akuhpinaau** vta ◆ il/elle le/la maintient
ᐊᑯᐦᐱᓂᒼ **akuhpinim** vti ◆ il/elle le maintient
ᑯᐃᔅᒁᐹᒋᓂᒼ **kuiskwaapaachinim** vti ◆ il/elle le maintient (filiforme) bien droit
ᓂᒋᒧᐦᐙᐤ **nichimuhwaau** vta ◆ il/elle le/la maintient en place pour l'empêcher de bouger
ᐊᔅᑖᔅᑯᐦᐊᒼ **astaaskuham** vti ◆ il/elle le maintient avec un bâton pour le travailler
ᐊᔅᑖᔅᑯᐦᐄᒑᐤ **astaaskuhiichaau** vai ◆ il/elle les maintient contre du bois
ᐊᔅᑖᔅᑯᐦᐙᐤ **astaaskuhwaau** vta ◆ il/elle le/la maintient contre quelque chose en bois
ᐊᔅᑖᔅᑯᓈᐤ **astaaskunaau** vta ◆ il/elle le/la maintient contre quelque chose en bois
ᐊᔅᑖᔅᑯᓂᒼ **astaaskunim** vti ◆ il/elle le maintient contre quelque chose (de long et rigide)
ᐅᐙᓈᐹᐅᔮᐤ **uwaanaapaauyaau** vta ◆ il/elle fait qu'il/elle a du mal à reprendre son souffle après qu'il/elle l'ait maintenu sous l'eau

maison

ᐙᔅᑳᐦᐄᑭᓐ **waaskaahiikin** ni -im ◆ une maison
ᐐᒡ **wiich** nid ◆ sa maison, son habitation
ᒌᐙᐦᑎᑖᐤ **chiiwaahtitaau** vai ◆ il/elle le rapporte à la maison ■ ᒌᐙᐦᑎᑖᐤ ᐊᓂᔮ ᒌᔥᒋᐳᒋᑭᓂᔨᐅ ᑳ ᐊᐅᐦᐋᓲᐎᒡ. ■ chiiwaahtitaau aniyaa chiishchipuchikiniyiu kaa auhaasuwich. ■ *Il rapporte la scie que j'ai empruntée.*
ᒌᐙᐦᑎᑗᓲ **chiiwaahtitwaasuu** vai -u ◆ il/elle en rapporte à la maison (par ex. de la nourriture d'ailleurs)
ᒌᐙᑎᔑᐦᐙᐤ **chiiwaatishihwaau** vta ◆ il/elle le/la renvoie, renvoie à la maison ■ ᐃᔅᑯᑎᒃ ᑳ ᐅᑳᔥᑖᔮᔨᐨ ᑳ ᒌᐙᑎᔑᐦᐙᑦ ᐊᓂᔮᐦ ᐊᐙᔑᔥᐦ. ■ iskutik kaa ukaashtaayaayich kaa chiiwaatishihwaat aniyaah awaashishh. ■ *Quand la nuit est tombée, elle a renvoyé les enfants à la maison.*
ᒌᐙᐤ **chiiwaau** vai ◆ il/elle rentre à la maison ■ ᑳ ᒌᐙᑦ ᐄᔮᒄ ᑳ ᐙᐱᒫᑦ ᐊᓂᔮᐦ ᒫᓂᑖᐅᐦ. ■ kaa chiiwaat iiyaakw kaa waapimaat aniyaah maanitaauh. ■ *C'est quand elle/il est rentré-e à la maison qu'elle a vu les visiteurs.*
ᐲᐦᑎᑖᔮᐦᑐᒑᐤ **piihtitaayaahtuchaau** vai ◆ il/elle emménage dans sa nouvelle maison
ᐲᐦᑐᑭᐙᐤ **piihtukiwaau** vta ◆ il/elle va lui rendre visite chez lui

ᑯᔥᑖᒌᐅᑭᒥᒄ kushtaachiiukimikw ni [Whapmagoostui] ◆ une maison hantée

ᐅᒋᒫᐅᑭᒥᒄ uchimaaukimikw ni ◆ la maison du directeur/de la directrice, du patron/de la patronne

ᓂᔥᑐᑭᒥᒡ nishtukimich p,quantité ◆ trois maisons, habitations, tipis ■ ᓂᔥᑐᑭᒥᒡ ᓂᒌᐦ ᐲᐦᑎᑭᑖᓈᓐ ᐊᓐ ᒥᓯᓂᐦᐄᑭᓐ ᒑ ᒥᓯᓂᐦᐅᓱᒡ ᐊᐙᓂᒌ᙮ ■ nishtukimich nichiih piihtikitaanaan an misinihiikin chaa misinihusuch awaanichii. ■ *On a apporté notre pétition dans trois maisons pour que les gens la signent.*

ᓂᔥᑐᑭᒥᒋᓯᐏᒡ nishtukimichisiwich p,quantité ◆ il y a trois maisons, trois habitations ■ ᒌᐦ ᓂᔥᑐᑭᒥᒋᓯᐏᒡ ᐄᔨᔨᐅᒡ ᑳ ᐊᔅᒋᐳᑖᔨᒡᐦ ᐐᒋᐙᐅᐦ᙮ ■ chiih nishtukimichisiwich iiyiyiuch kaa aschiputaayichh wiichiwaauh. ■ *Trois maisons ont été inondées.*

ᓂᔥᑐᑭᒨ nishtukimuu p,quantité ◆ trois maisons, trois habitations ■ ᓂᔥᑐᑭᒨ ᓂᒌᐦ ᐄᑎᐦᐄᓂᐙᓈᓐ ᓂᔅᑭᒡ᙮ ■ nishtukimuu nichiih iitihiiniwaanaan niskich. ■ *Nous avons donné des oies aux habitants de ces trois maisons.*

ᒌᐙᐱᐦᑤᐤ chiiwaapihtwaau vai ◆ il/elle revient avec en courant, il/elle le rapporte à la maison

ᒌᐙᑖᐹᐤ chiiwaataapaau vta ◆ il/elle le/la ramène à la maison en tirant

ᒌᐙᐦᔮᐤ chiiwaahyaau vai ◆ il/elle rentre à la maison en volant, les oies volent vers le sud

maître

ᐋᐦᒁᑎᓰᐤ aahkwaatisiiu vai ◆ il/elle est malveillant-e; il est dangereux, nocif, elle est /dangereuse, nocive; il/elle fait les choses en maître

maître des poissons

ᒥᔅᒋᓈᐦᒄ mischinaahkw na ◆ le Maître des poissons dans la culture traditionnelle

mal

ᐋᐦᑯᓯᑳᑖᐤ aahkusikaataau vai ◆ il/elle a mal aux jambes

ᒋᐦᒋᑭᔖᔑᓐ chihchikishaashin vai ◆ il/elle a mal à l'orteil à force de frotter contre la barre de traverse de la raquette

ᒌᔥᒋᔑᑖᔑᓐ chiishchishitaashin vai ◆ il/elle a mal au pied parce qu'il/elle se l'est cogné-e

ᒋᔑᐏᔥᑭᑖᐤ chishiwishkitaau vai ◆ il/elle a mal au ventre

ᐃᔮᐦᑯᓯᑭᓈᐤ iyaahkusikinaau vai ◆ il/elle a mal aux os

ᒫᒫᓯᓈᑯᐦᐋᐤ maamaasinaakuhaau vta ◆ c'est clair qu'il/elle ne l'a mal fait

ᒥᒑᒋᒫᐤ michaachimaau vta ◆ il/elle dit du mal de lui/d'elle

ᒥᒑᔅᑯᓯᐤ michaaskusiu vai ◆ il/elle est mal formé-e

ᒥᒑᔨᒧᒫᐤ michaayimumaau vta ◆ il/elle dit du mal de lui/d'elle

ᒥᒑᔨᒧᑎᒼ michaayimutim vti ◆ il/elle en dit du mal

ᒥᒋᐦᑖᐤ michihtaau vai+o ◆ il/elle le fait mal, le salit

ᒥᒋᒁᓲ michikwaasuu vai -u ◆ il/elle coud mal, en faisant de gros points

ᒥᒋᐱᔨᐤ michipiyiu vai ◆ il/elle tourne mal, ça se passe mal pour lui/elle

ᒥᒋᐱᔨᐤ michipiyiu vii ◆ ça va mal, ça se passe mal

ᒥᒥᒋᒌᐦᒁᐱᔨᐤ mimichichiihkwaapiyiu vii redup ◆ c'est mal froncé (ex. comme les fronces de la partie avant du mocassin)

ᒥᒥᒋᔨᐦᑎᐤ mimichiyihtiu vai redup ◆ il/elle fait les choses n'importe comment, néglige de bien faire

ᐹᑎᐦᐱᓈᐤ paatihpinaau vai ◆ il/elle rentre à la maison parce qu'il/elle se sent mal

ᐱᔂᔅᑯᔨᐤ piswaaskuyiu vai ◆ il/elle se sent mal d'avoir mangé trop de graisse

ᐏᔥᑎᐏᒨ wishtiwimuu vai -u ◆ il/elle est mal ajusté-e

ᐏᔥᑎᐏᒨ wishtiwimuu vii -u ◆ c'est mal ajusté

ᒌᔅᑳᔅᑯᐱᐤ chiiskaaskupiu vai ◆ il/elle est assis-e sur une surface dure et ça lui fait mal

ᒌᐅᔖᔨᐦᑎᒼ chiiushaayihtim vti ◆ il/elle a le mal du pays

ᐃᔮᐦᑯᓯᑭᓈᒥᐦᒋᐦᐆ iyaahkusikinaamihchihuu vai -u ◆ il/elle sent ses os qui lui font mal

ᐃᔮᔅᑯᔑᓐ iyaaskushin vai ◆ il/elle a mal partout à force de rester couché-e, à force de voyager en véhicule

ᐃᔮᔪᐏᔑᓐ iyaayuwishin vai ◆ il/elle a mal partout à force d'être couché-e, à cause de son voyage en véhicule

ᒥᒑᐱᒋᐦᐋᐤ michaapichihaau vta ◆ il/elle l'emploie mal, en abuse (animé)

ᒥᒑᐱᒋᐦᑖᐤ michaapichihtaau vai+o ◆ il/elle le maltraite, le traite mal

ᒥᒋᔥᒁᔑᔒᐆ michishkwaashishiiuu vai -iiwi ◆ elle se comporte mal, en fille gâté-e

ᒥᒥᒋᔨᔥᒌᔂᐤ mimichiyishchiishwaau vai redup ◆ il/elle parle mal, jure, sacre

ᐏᓂᐦᑎᒼ winihtim vti ◆ il/elle le comprend mal, de travers

ᐏᓂᐦᑎᐙᐤ winihtiwaau vta ◆ il/elle le/la comprend mal, de travers

ᐏᓂᑐᑎᒼ winitutim vti ◆ il/elle le fait de travers, fait du mal

ᒥᒋᐙᔑᔒᐆ michiwaashishiiuu vai -iiwi ◆ il/elle se comporte mal, en enfant gâté-e

mal à l'aise

ᐏᔥᑖᒥᐦᒋᐦᐆ wishtaamihchihuu vai -u ◆ il/elle se sent mal à l'aise

ᐏᔥᑎᐏᔥᑭᐙᐤ wishtiwishkiwaau vta ◆ il/elle ne lui va pas bien, il/elle le/la fait se sentir mal à l'aise en s'asseyant à côté de lui/d'elle

ᐄᐹᑖᔨᐦᑎᒼ **iipaataayihtim** vti ◆ il/elle se sent mal à l'aise à cause de l'apparence négligée de quelque chose

ᐄᐹᑖᔨᒫᐤ **iipaataayimaau** vta ◆ il/elle se sent mal à l'aise à cause de son apparence négligée

ᐄᐹᑖᔨᒧᐦᐋᐤ **iipaataayimuhaau** vta ◆ il/elle le/la rend mal à l'aise, triste

ᐄᐹᑖᔨᒨ **iipaataayimuu** vai -u ◆ il/elle se sent mal à l'aise, triste, malheureux

ᐹᐲᐚᑖᔨᒨ **paapiiwaataayimuu** vai -u ◆ il/elle est rendu-e mal à l'aise par les autres, on lui mène la vie dure

ᐎᔥᑎᐚᔨᐦᑎᒼ **wishtiwaayihtim** vti ◆ il/elle se sent mal à l'aise par rapport à ça

ᐎᔥᑎᐚᔨᐦᑎᒥᐦᐋᐤ **wishtiwaayihtimihaau** vta ◆ il/elle le/la met mal à l'aise, il/elle sent qu'il/elle pourrait faire les choses différemment

ᐎᔥᑎᐚᔨᒫᐤ **wishtiwaayimaau** vta ◆ il/elle le/la met mal à l'aise, il/elle sent qu'il/elle pourrait faire les choses différemment

mal assis

ᐎᔥᑎᐎᐱᐤ **wishtiwipiu** vai ◆ il/elle est mal assis-e

mal centré

ᐊᑎᐦᒡ **atihch** p,lieu ◆ mal centré ■ ᓂᒥ ᐅᐦᒋ ᒥᐧᔮᐱᐦᑖᐤ ᐃᔥᑯᑖᐤ ᐊᑎᐦᒡ ᐋᐦ ᒌᐦ ᐃᐦᑎᑯᐦᒡ ᒋᔥᑐᐎᐦᐄᑭᐣ᙮ ■ nimi uhchi miywaapihtaau ishkutaau atihch aah chiih ihtikuhch chishtuwihiikin. ■ *Le feu n'a pas bien brûlé parce que le foyer était mal centré.*

mal de tête

ᐋᐦᑯᔥᑎᒁᓈᐤ **aahkushtikwaanaau** vai ◆ il/elle a mal à la tête

mal de ventre

ᐋᐦᑯᔥᑎᒋᔖᐤ **aahkushtichishaau** vai ◆ il/elle a mal au ventre

mal du pays

ᒌᐅᔖᔨᐦᑎᒼ **chiiushaayihtim** vti ◆ il/elle a le mal du pays

mal faire

ᒥᒋᐦᐋᐤ **michihaau** vta ◆ il/elle le/la fait mal; il/elle le/la salit

mal fait

ᓂᐹᔥ **nipaash** p,manière ◆ faire quelque chose à l'essai, à moitié, sans attendre de bons résultats, rapidement et cochonnement, de ci de là ■ ᒥᒄ ᓂᐹᔥ ᓂᒌᐦ ᒋᔥᑖᐹᐅᒋᑭᒥᒁᓐ ᐋᐦ ᒌᐦ ᒋᔅᒑᔨᐦᑎᒫᓐ ᒦᓐ ᐐᐱᒡ ᒑ ᐹᒋ ᒥᐦᒑᑎᒡ ᐊᐚᔑᔑᒡ᙮ ❖ ᓂᐹᔥ ᒫ ᑯᒋᐦᑖᐦ ᑭᔮᐦ ᒌᔨ ᒑ ᐐᐦ ᒋᔅᑯᑎᒫᓱᔨᓐ ᑖᓂᑖᐦ ᐋᐦ ᐃᐦᑐᑖᑭᓂᐎᒡ᙮ ■ mikw nipaash nichiih chishtaapaauchikimikwaan aah chiih chischaayihtimaan miin wiipich chaa paachi mihchaatich awaashishich. ❖ nipaash maa kuchihtaah kiyaah chiiyi chaa wiih chiskutimaasuyin taanitaah aah ihtutaakiniwich. ■ *Je n'ai pas bien lavé le plancher parce que je savais que beaucoup d'enfants allaient revenir bientôt.* ❖ *Essaie au moins d'essayer à apprendre à le faire!*

ᒋᔅᑎᒫᒋᓈᑯᓐ **chistimaachinaakun** vii ◆ ça semble mal fait, abîmé, usé; ça fait pitié

mal placé

ᐎᔥᑎᐎᓂᒼ **wishtiwinim** vti ◆ il/elle le trouve de travers, mal placé ■ ᐎᔥᑎᐎᓂᒼ ᐊᓂᔮ ᒥᓯᓈᐱᔅᑭᐦᐄᑭᓂᔨᐤ᙮ ■ wishtiwinim aniyaa misinaapiskihiikiniyiu. ■ *Elle/il trouve la décoration murale mal placée.*

malade

ᐋᐦᑯᓯᐤ **aahkusiu** vai ◆ il/elle est malade

ᐋᓂᔑᓐ **aanishin** vai ◆ il/elle est couché-e, à plat, il/elle tombe malade et reste couché-e pendant longtemps ou meurt

ᐄᑖᔅᐱᓈᐤ **iitaaspinaau** vai ◆ il/elle est malade de quelque chose, a une certaine maladie

ᑰᐦᐹᑖᔨᒨ **kuuhpaataayimuu** vai -u ◆ il/elle est toujours malheureux/malheureuse car il/elle est toujours malade

ᓈᐦᓈᒥᒦᒋᐤ **naahnaamimiichiu** vai ◆ il/elle en mange tellement qu'il/elle ne peut plus jamais en manger sans que ça ne le rende malade

ᓈᐦᓈᒥᒧᐚᐤ **naahnaamimuwaau** vta ◆ il/elle en mange tellement (animé) qu'il/elle ne peut plus jamais en manger parce que ça le/la rend malade

ᐃᔮᐦᑯᓯᑖᒥᓈᐤ **iyaahkusitaaminaau** vai [Chisasibi] ◆ il/elle est malade d'avoir mangé trop de baies

ᓂᓈᐦᑳᒋᑳᐴ **ninaahkaachikaapuu** vai -uwi ◆ il/elle ne peut pas déplacer son campement d'hiver parce qu'il/elle est malade

ᐱᔡᒥᐦᒋᐦᐆ **pishwaamihchihuu** vai -u ◆ il/elle se sent malade après avoir mangé de la nourriture riche et grasse

maladie

ᐄᑖᔅᐱᓈᐎᓐ **iitaaspinaawin** ni ◆ une maladie

ᒥᒑᔅᐱᓈᐤ **michaaspinaau** vai ◆ il/elle a une mauvaise maladie, une maladie incurable

ᒫᔮᑖᔅᐱᓈᐎᓐ **maayaataaspinaawin** ni ◆ une maladie vénérienne

ᐅᑖᐦᑯᓯᐎᓐ **utaahkusiwin** ni ◆ sa maladie, son affection (au sens d'une altération de la santé)

ᐄᑖᔅᐱᓈᐤ **iitaaspinaau** vai ◆ il/elle est malade de quelque chose, a une certaine maladie

maladif

ᓂᓈᐦᑳᑎᓰᐤ **ninaahkaatisiiu** vai ◆ il est maladif, elle est maladive, il/elle est faible

malard

ᒥᐦᑭᐦᑖᔑᑉ **mihkihtaaship** na -im ◆ un canard malard ou colvert *Anas platyrhynchos*

malchance

ᑳᔥᑭᒫᐤ **kaashkimaau** vta ◆ il/elle a de la malchance à la chasse après avoir partagé sa proie avec quelqu'un (par ex. un chien qui mange des os de castor signifie que le trappeur ne tuera plus de castor)

ᒥᐦᐄᑯᒫᐤ **mihiikumaau** vta ◆ il/elle lui porte malchance avec ses paroles

ᒥᐦᐄᑯᒦᓲ **mihiikumiisuu** vai reflex -u ◆ il/elle s'attire la malchance par ses paroles

ᐅᐧᐋᔪᐧᐃᐦᐆ uwaayuwihuu vai -u [Wemindji] ◆ il/elle se remet d'une mauvaise santé ou de malchance

ᐅᐧᐋᔪᐧᐃᐦᐋᐤ uwaayuwihaau vta [Wemindji] ◆ il/elle l'aide à se remettre d'une mauvaise santé ou de malchance

mâle

ᐧᐄᑖᐹᐅᐦ wiitaapaauh nad ◆ son compagnon (se dit de deux hommes)

ᓈᐹᐦᔮᐤ *naapaahyaau* na -m ◆ un lagopède mâle

ᓈᐹᒫᒄ *naapaamaakw* na -um ◆ un poisson mâle

ᓈᐹᒦᒋᒼ *naapaamiichim* na -um ◆ un ours mâle

ᓈᐹᒥᐢᒄ *naapaamiskw* na -um ◆ un castor mâle

ᓈᐹᒨᐢ *naapaamuus* na -um ◆ un orignal mâle

ᓈᐹᔥᑎᒼ *naapaashtim* na ◆ un chien mâle

ᓈᐹᔮᒄ *naapaayaakw* na -m ◆ un porc-épic mâle

ᐅᑐᑭᒫᒄ utukimaakw na ◆ un poisson mâle

ᓈᐹᐅᒑᔨᐦᑖᑯᓐ *naapaauchaayihtaakun* vii ◆ ça a l'air masculin, mâle

ᒋᐧᐃᑖᔥ chiwitaash na -shiim ◆ un caribou mâle de deux ans en hiver

ᐅᐢᒋᔮᐹᔒᔑᔥ uschiyaapaashiishish na -shiim ◆ un caribou mâle de deux ans

ᐧᐄᔖᒄ wiishaakw na -um ◆ un caribou mâle âgé de quatre ans en octobre

ᓃᔒᐦᐋᐤ niishiihaau vai ◆ un caribou mâle qui a fini son rut

ᐋᐱᐦᑎᐧᐃᑎᐦᒄ aapihtiwitihkw na -shiim ◆ un caribou mâle âgé de quatre ans en été

ᒥᔪᓈᐦᐄᑭᓐ miyunaahiikin na -u ◆ un caribou mâle, incapable d'être en rut parce qu'il a été vaincu par un mâle plus fort

ᒦᓄᐧᐃᔥᑎᓈᐤ miinuwishtinaau vai ◆ il/elle (caribou mâle de cinq ans) recommence à manger après la saison du rut en octobre

ᐅᔥᑭᐦᐆ ushkihuu vai -u ◆ il (caribou mâle adulte) perd le velours de sa ramure en septembre

malfaisant

ᒥᒋᒥᓂᑑ michiminituu na -m ◆ le diable, un esprit malfaisant

ᒥᒋᐧᐋᓐ michiwaan na ◆ une personne malfaisante, diabolique, quelqu'un de méchant

malformation

ᒫᐢᒋᓯᐤ maaschisiu vai ◆ il/elle est difforme, a une malformation, il/elle boite

malgré

ᐋᔪᐦᒄ *aayuhkw* p,manière ◆ malgré l'interdit, en désobéissant ■ ᐋᔪᐦᒄ ᒫᒌᐤ ᑳ ᐧᐃᔨᐧᐄᐦ ᑳ ᐄᑖᑭᓂᐧᐃᐟ. ■ aayuhkw maachiiu kaa wiyiwiih kaa iitaakiniwit. ■ *Il est sorti en désobéissant.*

malgré tout

ᐊᔮᐱᒡ *ayaapich* p,manière ◆ quand même, malgré tout ■ ᐊᔮᐱᒡ ᓂᒌᐦ ᐄᑐᐦᑖᓐ ᐋᐦ ᓂᔥᑎᐧᐄᓈᓂᐧᐃᒡ ᐋᐟ ᐋᑳ ᐅᐦᒋ ᒋᐢᒑᔨᐦᑎᒫᓐ ᒑ·ᑳᓐ ᒑ ᐋᔨᒧᑖᒡ. ■ ayaapich nichiih iituhtaan aah nishtiwiinaaniwich aat aakaa uhchi chischaayihtimaan chaakwaan chaa aayimutaach. ■ *Je suis quand même allé à la réunion, même si je ne savais pas ce dont on allait discuter.*

malheureux

ᑰᐦᐹᑖᔨᒧᐦᐋᐤ kuuhpaataayimuhaau vta ◆ il/elle le rend malheureux, la rend malheureuse

ᑰᐦᐹᑖᔨᒨ kuuhpaataayimuu vai -u ◆ il/elle est toujours malheureux/malheureuse car il/elle est toujours malade

ᒥᒑᔨᐦᑎᒼ michaayihtim vti ◆ il/elle ne l'aime pas, est insatisfait-e, il est malheureux, elle est malheureuse

malice

ᒥᒋᐦᐧᑖᐧᐃᓐ michihtwaawin ni ◆ la méchanceté, la cruauté, la malice, un péché

malin

ᒥᒋᔨᐦᒑᐦᒄ michiyihchaahkw na -um ◆ un esprit malin, malfaisant

maltraiter

ᒋᐢᑎᒥᐦᐋᐤ chistimihaau vta ◆ il/elle le/la maltraite

ᓂᓈᐦᑳᒋᐦᐋᐤ ninaahkaachihaau vta ◆ il/elle le/la maltraite, abuse de lui/d'elle

ᒥᒑᐱᒋᐦᑖᐤ michaapichihtaau vai+o ◆ il/elle le maltraite, le traite mal

malveillant

ᐋᐦᐧᑳᓯᓈᑯᓯᐤ aahkwaasinaakusiu vai ◆ il/elle a l'air malveillant, dangereux

ᐋᐦᐧᑳᑎᓰᐤ aahkwaatisiiu vai ◆ il/elle est malveillant-e; il est dangereux, nocif, elle est /dangereuse, nocive; il/elle fait les choses en maître

maman

ᓈᑳ *naakaa* nad voc ◆ maman!

mamelon

ᒍᒍᔥ chuuchuush ni -im [Wemindji] ◆ un mamelon (sein, biberon)

manche

ᐊᓂᑯᐃ *anikui* na ◆ une manche

ᑎᐦᑯᓂᑭᓐ tihkunikin ni ◆ un manche

ᒌᑭᐦᐄᑭᓈᐦᑎᒄ chiikihiikinaahtikw ni ◆ un manche de hache

ᒨᐦᑯᒫᓈᐦᑎᒄ muuhkumaanaahtikw ni ◆ un manche de couteau

ᒋᔑᐹᐤ chishipaau vii ◆ ça n'a pas de manche

ᓯᑳᐹᒋᓈᐤ sikaapaachinaau vta ◆ il/elle le/la tient par le manche

ᓯᑳᐹᒋᓂᒼ sikaapaachinim vti ◆ il/elle le tient par le manche

ᑎᐦᑯᓂᐧᑳᔮᐤ tihkunikwaayaau vii ◆ ça a des manches courtes

ᐅᐧᐄᐦᐧᑳᓂᐢᒑᐤ uwiihkwaanischaau vai ◆ il/elle a des manches si longues qu'elles lui couvrent les mains

ᔮᐃᒋᐧᑲᔅᑯᐦᑎᑖᐤ **yaaichikwaaskuhtitaau** vii ◆ le manche de la hache se détache pendant qu'il/elle hache

ᒨᐦᑯᑖᑭᓈᐦᑎᒃ **muuhkutaakinaahtikw** ni ◆ un manche de couteau croche

ᒑᒋᐧᑲᔅᑯᐦᑎᑖᐤ **chaachikwaaskuhtitaau** vai ◆ il/elle perd la partie coupante de la hache qui se détache du manche pendant qu'elle hache

ᓈᐧᑖᔮᔅᑯᐦᑎᑖᐤ **naatwaayaaskuhtitaau** vai ◆ il/elle brise le manche de la hache en s'en servant

ᐱᐦᒋᑳᔅᑯᐦᑎᑖᐤ **pihchikaaskuhtitaau** vai ◆ le manche de sa hache est presque cassé

ᐱᒥᓈᐦᑎᑖᐤ **piminaahtitaau** vai ◆ le manche de la hache est fendu

ᑖᔅᑳᔅᑯᐦᑎᑖᐤ **taaskaaskuhtitaau** vai ◆ il/elle fend le manche de la hache en hachant

manche à air

ᓂᑐᐧᐃᐦᑎᓈᐧᑭᓐ **nituwihtinwaakin** ni ◆ un manche à air

manche à balai

ᒋᓯᐦᐄᑭᓈᐦᑎᒃ **chisihiikinaahtikw** ni ◆ un manche à balai

manche de la hache

ᒑᒋᐧᑲᔅᑯᐦᐊᒼ **chaachikwaaskuham** vti ◆ il/elle enlève le manche de la hache

mange-maringouin

ᐲᔥᒄ **piishkw** na -im ◆ un mange-maringouin, un engoulevent d'Amérique *Chordeiles minor*

manger

ᒋᑭᓯᔅᒋᐴ **chikisischipuu** vai -u ◆ il/elle mange de la viande crue, du poisson

ᒋᓯᑳᔅᒋᐦᐧᑳᐴ **chisikaaschihkwaapuu** vai -u ◆ il/elle mange dans la casserole, le chaudron

ᐄᔨᐦᑭᐦᐆ **iiyihkihuu** vai -u ◆ il/elle mange, dévore

ᐃᔥᐱᔥᑎᒫᐤ **ishpishtimaau** vai ◆ il/elle le mange avec quelque chose d'autre

ᑳᒋᐴ **kaachipuu** vai -u ◆ il/elle mange quelque chose en secret, cache de la nourriture

ᒦᒋᓲ **miichisuu** vai -u ◆ il/elle mange

ᒦᒋᐤ **miichiu** vai ◆ il/elle le mange

ᒨᔥᑖᐅᐦᒋᐴ **muushtaauhchipuu** vai -u ◆ il/elle mange quelque chose de sec et de poudreux (ex. de la farine, du lait en poudre) sans le mélanger à rien d'autre

ᒨᔥᑎᐦᑎᒼ **muushtihtim** vti ◆ il/elle le mange sans rien d'autre

ᒧᐧᐃᐧᐋᐤ **muwiwaau** vta ◆ il/elle le/la mange

ᓃᐹᒦᒋᓲ **niipaamiichisuu** vai -u ◆ il/elle mange la nuit

ᔓᑯᔥᑎᒼ **shiikushtim** vti ◆ il/elle mange tout et vide les plats

ᐧᐄᒋᒦᒋᓱᒫᐤ **wiichimiichisumaau** vta ◆ il/elle mange avec lui/elle

ᐊᒋᐧᐃᐦᑎᒼ **achiwihtim** vti ◆ il/elle le diminue en mangeant

ᐊᒋᐧᐃᒫᐤ **achiwimaau** vta ◆ il/elle le/la diminue en mangeant

ᐊᔅᒋᐴ **aschipuu** vai -u ◆ il/elle mange quelque chose de cru

ᐊᔑᒥᑰ **ashimikuu** vta -u ◆ il/elle lui donne quelque chose à manger

ᐊᔑᐧᐋᐴ **ashiwaapuu** vai -u ◆ il/elle mange en utilisant son couteau à détacher la viande des os

ᐊᔥᑐᐧᐋᐤ **ashtuwaau** vta ◆ il/elle a préparé à manger avant son arrivée

ᐊᔥᐧᑖᑭᓂᐦᒑᐤ **ashtwaakinihchaau** vai ◆ il/elle prépare à manger pour les chasseurs, pour les invités

ᐊᑎᐦᑖᔅᒋᐦᐧᑳᐴ **atihtaaschihkwaapuu** vai -u ◆ il/elle mange directement de la casserole

ᒑᒋᔕᐹᓈᐦᐧᑳᐤ **chaachishaapaanaahkwaau** vai ◆ il/elle prend ou mange son déjeuner (Canada), petit déjeuner (France)

ᒑᔥᑎᐦᑎᒼ **chaashtihtim** vti ◆ il/elle arrive juste à temps pour recevoir à manger

ᒌᔥᐴ **chiishpuu** vai -u ◆ il/elle a trop mangé ▪ ᓂᒥ ᐧᐋᐧᐋᒡ ᒌᐦ ᐋᐦᒌᐤ ᐋᔥᐱᔑ ᒌᔥᐳᑦ. ▪ nimi waawaach chiih aahchiiu aashpishi chiishput. ▪ *Il a tellement mangé qu'il ne peut plus bouger.*

ᒋᔑᑖᐅᐦᐊᒫᐤ **chishitaauhamaau** vai ◆ il/elle le mange chaud

ᒋᑖᐤ **chitaau** vai+o ◆ il/elle le dévore, le mange tout entier

ᐄᔥᑯᔥᑎᒼ **iishkushtim** vti ◆ il/elle en mange mais en laisse un peu

ᐄᔥᑯᔥᑎᒧᐧᐋᐤ **iishkushtimuwaau** vta ◆ il/elle en mange mais en garde pour lui/elle

ᐄᑎᐦᑎᐧᐋᐤ **iitihtiwaau** vta ◆ il/elle l'entend, le/la comprend d'une certaine façon, il/elle en a mangé une certaine quantité (à en juger par les restes)

ᐃᔮᐧᑳᐦᑎᒼ **iyaakwaahtim** vti ◆ il/elle en mange beaucoup de manière à ne pas partager avec les autres

ᐃᔮᔅᐳᓈᔨᐦᑎᒼ **iyaaspunaayihtim** vti ◆ il/elle s'attend à recevoir à manger quand il/elle le verra

ᑯᔨᑎᐧᐃᒦᒋᓲ **kuyitiwimiichisuu** vai -u ◆ il/elle n'a rien à manger

ᒫᒧᔑᐦᑭᒫᐤ **maamushihkimaau** vta ◆ il/elle en mange les miettes, les épluchures

ᒥᔫᒦᒋᓲ **miyumiichisuu** vai -u ◆ il/elle mange bien

ᒧᒥᔅᐧᑳᐤ **mumiskwaau** vai ◆ il/elle mange du castor

ᒧᐧᒫᐧᑳᐤ **mumwaakwaau** vai ◆ il/elle mange du huard

ᒨᒋᔕᔮᐧᑳᐤ **muuchishaayaakwaau** vai ◆ il/elle mange de l'ours

ᒨᐦᔮᐧᐋᐤ **muuhyaawaau** vai ◆ il/elle mange du lagopède

ᒨᒫᓵᐤ **muumaasaau** vai ◆ il/elle mange du poisson

ᒨᐦᑎᐧᑳᓈᐤ muushtikwaanaau vai ◆ il/elle mange la tête d'un oiseau ou d'un animal

ᒨᓯᑖᐤ muusitaau vai ◆ il/elle mange des pieds (par ex. des pieds de castor)

ᐧᒫᐦᒋᐧᑳᐤ mwaahchikwaau vai ◆ il/elle mange de la viande de phoque

ᐧᒫᐦᐧᑳᒑᐤ mwaahkwaachaau vai ◆ il/elle mange des oeufs de poisson

ᐧᒫᐧᑳᐤ mwaakwaau vai ◆ il/elle mange du porc-épic

ᐧᒫᐱᒫᐧᑳᐤ mwaapimaakwaau vai ◆ il/elle mange de la baleine

ᐧᒫᐳᐧᔖᐤ mwaapushwaau vai ◆ il/elle mange du lièvre

ᐧᒫᔅᒑᐤ mwaaschaau vai ◆ il/elle mange de l'oie

ᐧᒫᔑᐹᐤ mwaashipaau vai ◆ il/elle mange du canard

ᐧᒫᑎᐦᐧᑳᐤ mwaatihkwaau vai ◆ il/elle mange du caribou

ᓈᐦᓈᒥᒦᒋᐤ naahnaamimiichiu vai ◆ il/elle en mange tellement qu'il/elle ne peut plus jamais en manger sans que ça ne le rende malade

ᓈᐦᓈᒥᒧᐧᐋᐤ naahnaamimuwaau vta ◆ il/elle en mange tellement (animé) qu'il/elle ne peut plus jamais en manger parce que ça le/la rend malade

ᓃᒫᐤ niimaau vai ◆ il/elle apporte quelque chose qu'elle va manger plus tard

ᓃᐹᐦᐧᑳᐤ niipaahkwaau vai ◆ il/elle mange le repas du soir

ᓅᒋᒦᒋᒫᐤ nuuchimiichimaau vai ◆ il/elle prépare à manger

ᓅᐦᑖᐦᑭᑖᑎᑎᐧᐋᐤ nuuhtaahkitaatitiwaau vta ◆ il/elle a faim et envie de le/la manger avant que la cuisson soit terminée

ᓅᑎᐦᐹᐤ nuutihpaau vai ◆ il/elle extrait et mange la cervelle d'un animal ou d'un oiseau

ᐹᔨᑯᒦᒋᓲ paayikumiichisuu vai -u ◆ il/elle mange seul

ᐱᐦᐧᑳᒫᐤ pihkwaamaau vta ◆ il/elle en mange une bouchée

ᐲᔑᔨᔨᐦᑭᐦᐆ piishiyiyihkihuu vai -u ◆ il/elle mange avec avidité

ᐱᔖᑯᐦᑎᒼ pishaakuhtim vti ◆ il/elle oublie de le manger sans faire exprès

ᐱᔖᑯᒫᐤ pishaakumaau vta ◆ il/elle oublie de le/la manger sans faire exprès

ᓯᔅᑭᒋᒧᐧᐋᐤ siskichimuwaau vta ◆ il/elle en a assez d'en manger (animé)

ᑖᐱᒦᒋᓲ taapimiichisuu vai -u ◆ il/elle a assez mangé

ᐅᑖᑯᔑᓈᐦᐧᑳᐤ utaakushinaahkwaau vai ◆ il/elle mange le soir

ᐅᑖᑯᔑᐅᒦᒋᓲ utaakushiumiichisuu vai -u ◆ il/elle mange un repas du soir

ᐧᐋᔪᒋᒦᒋᓲ waayuchimiichisuu vai -u ◆ il/elle a bien assez à manger, ne manque pas de nourriture

ᒌᑎᐧᐃᔅᒑᐧᐹᐤ chiitiwischaapwaau vta ◆ il/elle le/la mange (par exemple un oiseau) sans séparer les os

ᐄᔥᑯᐧᐹᐤ iishkupwaau vta ◆ il/elle en laisse un peu qu'il n'a pas mangé

ᐃᔮᐦᑯᓯᑖᒥᓈᐤ iyaahkusitaaminaau vai [Chisasibi] ◆ il/elle est malade d'avoir mangé trop de baies

ᒨᒥᓈᐤ muuminaau vai ◆ il/elle ramasse et mange des baies

ᒧᐧᐋᐹᐤ muwaapaau vai ◆ il/elle mâche et mange son harnais (se dit d'un chien)

ᒧᐧᐃᐱᒫᐤ muwipimaau vai ◆ il/elle mange de la graisse, du gras

ᐧᒫᔨᔑᔥᑖᐤ mwaayishishtaau vai ◆ il/elle mange des pieds de caribou

ᓂᓂᐦᒋᐴ ninihchipuu vai redup -u ◆ il/elle mange vite pour pouvoir faire autre chose, parce qu'il/elle est distrait-e et ne peut pas s'attarder

ᐱᐦᒋᐴ pihchipuu vai -u ◆ il/elle est empoisonné-e, a mangé quelque chose par erreur

ᐱᔥᑎᐦᑎᒼ pishtihtim vti ◆ il/elle mord, mange, boit accidentellement

ᓯᔅᑭᒋᒦᒋᐤ siskichimiichiu vai ◆ il/elle en a assez d'en manger, il/elle est fatigué-e d'en manger

ᐅᑎᒥᑖᔥᑯᔨᐤ utimitaashkuyiu vai ◆ il/elle est déjà rassasié-e avant de manger, il/elle est en train de manger ce qui l'empêche de faire autre chose

ᒫᑎᓂᐧᐋᐤ maatiniwaau vai ◆ il/-elle sert à manger, distribue les cartes, distribue quelque chose ■ ᐧᐄᔨ ᒌᐦ ᐄᑖᑭᓂᐤ ᒑ ᒫᑎᓂᐧᐋᑦ ᒥᑯᔖᓂᔨᐤ᙮ ■ wiiyi chiih iitaakiniu chaa maatiniwaat mikushaaniyiu. ■ *On lui avait dit de servir la nourriture à la fête.*

ᒦᓄᐧᐃᔥᑎᓈᐤ miinuwishtinaau vai ◆ il/elle (caribou mâle de cinq ans) recommence à manger après la saison du rut en octobre

ᐱᔥᑎᒫᐤ pishtimaau vta ◆ il/elle le/la mord, mange, boit par accident

ᐱᔅᑯᑎᓂᔅᒋᐧᐹᐤ piskutinischipwaau vta ◆ il/elle (ex. porc-épic) mange toute l'écorce sur le pied de l'arbre

ᔑᑯᒫᐦᑎᐧᐋᐤ shikumaahtiwaau vai ◆ il/elle mange du poisson et des baies en alternant

manier

ᔑᑯᓂᒼ shikunim vti ◆ il/elle le manie jusqu'à ce qu'il s'assouplisse

ᔓᐧᐃᐱᑎᒼ shuwipitim vti ◆ il/elle le dirige, le manie, est capable de le tirer

manière

ᐃᔑ ishi p,manière ◆ de cette manière

ᐃᔨᐦᑎᐧᐃᓐ iyihtiwin ni ◆ une coutume, une façon de faire, une manière

ᐃᔅᐧᑳᐧᐋᔨᐦᑖᑯᓯᐤ **iskwaawaayihtaakusiu** vai ◆ il/elle y a des traits féminins, des manières féminines

ᐋᔑ **aashi** préverbe ◆ de cette façon; ainsi; de cette manière; comme ça (from *aa(h) ishi*) ▪ ᒫᓈᑖᐦ ᐋᔑ ᐲᐦᒋᒑᑦ ᑳ ᐅᔥᑳᔨᒡ ᐧᐋᔅᑳᐦᐄᑭᓂᔨᐤ ᑳ ᒥᔮᑭᓂᐅᐧᐃᑦ ▪ maanaataah aashi piihchichaat kaa ushkaayich waaskaahiikiniyiu kaa miyaakiniuwit. ▪ *Elle emménage dans la nouvelle maison qu'ils lui ont donnée.*

manipuler

ᐹᐦᑳᐱᑎᒼ **paahkaapitim** vti ◆ il/elle le fait éclater, l'ouvre en le manipulant

ᒥᔪᓂᑯᓰᐤ **miyunikusiiu** vai ◆ il/elle est facile à manipuler, agréable à toucher

manique

ᐊᔅᐱᓂᑭᓐ **aspinikin** ni ◆ une manique, une poignée

manœuvres

ᐄᔑᔨᐧᐄᐤ **iishiyiwiiu** vai ◆ il/elle persiste à faire ce qu'il/elle fait, il/elle fait des manœuvres en vol

manque

ᐋᑎᐧᐋᔨᒨ **aatiwaayimuu** vai -u ◆ il/elle manque de confiance

ᐧᐋᓵᒥᐦᑭᑖᐤ **waasaamihkitaau** vai ◆ il/elle est affaibli-e par le manque de nourriture

manquer

ᒥᐦᑖᑖᐤ **mihtaataau** vta ◆ il/elle lui manque quand il/elle est absent-e ▪ ᒥᐦᑖᑖᐤ ᐅᐦᑖᐧᐄᐦ ᐧᐋᐦᐱᐦᐅᔨᒡᐦ ▪ mihtaataau uhtaawiih waahpihuyich-h. ▪ *Son père lui manque quand il part en voyage.*

ᒥᐦᑖᑖᔮᔨᒫᐤ **mihtaataayaayimaau** vta ◆ il/elle lui manque

ᐧᒫᔥᑎᑎᐧᐋᔨᐦᑖᑯᓯᐤ **mwaashtitiwaayihtaakusiu** vai ◆ il/elle nous manque quand il/elle part, est parti-e

ᓅᐦᑖᐱᔨᐦᑖᐤ **nuuhtaapiyihtaau** vai ◆ il/elle fait qu'il en manque

ᓅᐦᑖᐱᔨᐤ **nuuhtaapiyiu** vai ◆ il/elle en manque

ᓅᐦᑖᐱᔨᐤ **nuuhtaapiyiu** vii ◆ ça vient à manquer

ᐋᐧᓵᔮᐱᒫᐤ **aaswaayaapimaau** vta ◆ ça lui manque de ne pas le/la voir

ᒋᔖᑖᐤ **chishaataau** vta ◆ il/elle regrette de s'être séparée de lui/d'elle, il/elle lui manque

ᒋᔖᑎᒼ **chishaatim** vti ◆ il/elle regrette de s'en être séparée, ça lui manque

ᒫᐦᒋᐱᒫᔮᐦᑭᐦᑖᐤ **maahchipimaayaahkihtaau** vii ◆ ça manque d'essence, de gaz

ᒫᔮᔨᐦᒋᒑᐤ **maayaayihchichaau** vai ◆ il/elle manque de respect, est un affront

ᒥᐦᑖᑎᒼ **mihtaatim** vti ◆ il/elle regrette son absence, ça lui manque

ᐧᒫᔥᑎᐦᐄᒑᐤ **mwaashtihiichaau** vai ◆ il/elle manque sa cible de peu, de justesse

ᐧᒫᔥᑎᔑᔑᓐ **mwaashtishishin** vai ◆ il/elle le manque en arrivant trop tard

ᓂᒌᐤ **nichiiu** vai ◆ il/elle s'arrête en étant sur le point de faire quelque chose

ᓂᐱᑖᔮᐤ **nipitaayaau** vii ◆ un des éléments de la paire manque

ᐹᔥᑎᐦᐧᐋᔮᐱᒫᐤ **paashtihwaayaapimaau** vta ◆ il/elle l'a manqué, il/elle ne l'a pas vu

ᐱᑎᐦᑎᒼ **pitihtim** vti ◆ il/elle l'a presque mordu, manque de la mordre

ᐱᑎᐦᐧᐋᐤ **pitihwaau** vta ◆ il/elle manque de le/la frapper

ᓅᐦᑖᔒᔥ **nuuhtaashiish** p,temps ◆ avant, pas assez, manquer un peu ▪ ᐊᔮᐱᒡ ᓅᐦᑖᔒᔥ ᓂᒥ ᐅᐦᒋ ᒌᐦ ᓂᐱᐦᐋᐤ ᐊᓂᔮᐦ ᐅᑎᒥᔅᑯᒻᐦ ᑳ ᒥᔮᑭᓂᐧᐃᑦ ▪ ayaapich nuuhtaashiish nimi uhchi chiih nipihaau aniyaah utimiskumh kaa miyaakiniwit. ▪ *Il ne pouvait pas atteindre son quota de castor, il lui en manquait un peu.*

ᒫᔮᔨᒫᐤ **maayaayimaau** vta ◆ il/elle l'insulte, se moque de lui/d'elle, lui manque de respect

ᓅᐦᑖᐦᐊᒼ **nuuhtaaham** vti ◆ il/elle n'y arrive pas à la nage ou en pagayant; il/elle n'a pas assez d'argent pour le payer

ᓅᐦᑖᔑᓐ **nuuhtaashin** vai ◆ il/elle n'y arrive pas, la force lui manque à cause du manque de nourriture ou de sa mauvaise santé

ᐲᐧᐋᔨᒫᐤ **piiwaayimaau** vta ◆ il/elle se moque de lui/d'elle, est méchant-e envers lui/elle, lui manque de respect

ᓅᐦᑖᐦᐧᐋᐤ **nuuhtaahwaau** vta ◆ il/elle tire trop court et le/la rate; il/elle n'a pas assez d'argent pour payer

ᐱᑎᐦᐊᒼ **pitiham** vti ◆ il/elle est attrapé dans un filet de pêche, il/elle manque de le frapper

manteau

ᐊᑯᐦᑉ **akuhp** na ◆ un manteau

ᐊᑯᐦᑉ **akuhp** ni ◆ une robe

ᒑᑭᑦ **chaakit** ni -im ◆ un long manteau, un paletot, un pardessus, une pelisse, une vareuse, de l'anglais 'jacket'

ᒋᒧᐧᐃᓂᑯᐦᑉ **chimuwinikuhp** ni ◆ un imperméable, un imper, un manteau de pluie, un ciré

ᐲᔖᑭᓂᑯᐦᑉ **piishaakinikuhp** ni ◆ un manteau de cuir, une peau tannée

ᐧᐋᐳᔓᔮᓐ **waapushuyaan** na ◆ de la fourrure de lièvre, un manteau en fourrure de lièvre

ᐧᐄᐦᐧᑳᔮᐅᑯᐦᑉ **wiihkwaayaaukuhp** ni ◆ un manteau, un parka qui s'enfile en le passant par dessus la tête

ᐊᒥᔅᑯᔮᓂᑯᐦᑉ **amiskuyaanikuhp** ni ◆ un manteau en peau de castor

ᐊᑎᐦᑖᑯᐦᑉ **atihtaakuhp** ni [Whapmagoostui] ◆ un manteau en peau de castor

ᒋᔖᔮᑯᔮᓂᑯᐦᑉ **chishaayaakuyaanikuhp** ni ◆ un manteau en fourrure d'ours

ᒦᔥᑎᐦᐧᑳᑯᐦᑉ **miishtihkwaakuhp** ni ◆ un manteau en peau de caribou dont les poils n'ont pas été rasés

ᒥᐢᑎᐦᑭᓐ **mishtihkin** ni ◆ un manteau en peau de caribou dont les poils n'ont pas été rasés

ᐱᐢᑯᔑᐧᐋᑯᐦᑊ **pishkushiiwaakuhp** na ◆ un vieux manteau en peau de caribou dont les poils commencent à tomber

ᐧᐃᔥᑭᑎᐦᒀᔥᑐᑎᓐ **wishkitihkwaashtutin** ni ◆ le capuchon attaché au manteau en peau de caribou d'un enfant

ᐲᐦᑎᐧᐃᑯᐦᐆ **piihtiwikuhuu** vai -u ◆ il/elle porte deux jupes, deux manteaux

ᐅᔥᑭᑯᐦᐹᐤ **ushkikuhpaau** vai ◆ il/elle a une robe neuve, un manteau neuf

ᐳᔥᑎᑯᐦᐹᐤ **pushtikuhpaau** vai ◆ il/elle enfile une robe, un manteau

maquillage

ᐧᐄᔨᒑᐱᓈᐤ **wiiyichaapinaau** vta ◆ il/elle met du charbon de bois, du maquillage sur les yeux de quelqu'un

ᐧᐃᔩᒑᐱᓈᐤ **wiyichaapinaau** vta ◆ il/elle lui met du charbon de bois, du maquillage pour les yeux

maquillé

ᐧᐃᔨᐱᒑᐳᐦᐅᓲ **wiyipichaapuhusuu** vai reflex -u ◆ il/elle a les yeux maquillés

marais

ᒥᐢᒑᑯᒥᓐᐦ **mischaakuminh** ni pl ◆ des airelles des marais, des canneberges des marais *Vaccinium oxycoccus, oxycoccus palustris*, lit.'baies de marais'

ᐱᑯᐢᒑᑳᑭᒫᐤ **pikuschaakaakimaau** vii ◆ il y a un petit lac dans le marais

ᒥᐢᒑᑯᒥᓈᐦᑎᒄ **mischaakuminaahtikw** ni ◆ un buisson de canneberges des marais *Vaccinium oxycoccus, oxycoccus palustris*

marbré

ᐹᐲᐦᑐᐧᐃᐢᒑᐤ **paapiihtuwischaau** vii redup ◆ la viande a des couches de gras, est marbrée de gras

marchant

ᐊᑖᐧᐋᓯᐤ **ataawaasiu** na -iim ◆ un commerçant, un marchand

marcher

ᐃᔮᔓᐧᐃᑎᐦᑯᐢᒑᐤ **iyaashuwitihkuschaau** vai redup ◆ il/elle marche de l'un à l'autre

ᓂᐦᑖᐅᐦᑖᐤ **nihtaauhtaau** vai ◆ il/elle peut maintenant marcher

ᐱᒧᐦᑖᐤ **pimuhtaau** vai ◆ il/elle marche

ᑎᐦᑯᐢᑳᑖᐤ **tihkuskaataau** vta ◆ il/elle lui marche dessus

ᑎᐦᑯᐢᑳᑎᒼ **tihkuskaatim** vti ◆ il/elle marche dessus

ᐋᐱᑎᓰᒥᑭᓐ **aapitisiimikin** vii ◆ ça marche, ça fonctionne

ᐋᔨᒧᐦᑖᐤ **aayimuhtaau** vai ◆ il/elle est dans mon chemin en train de rentrer et sortir ■ ᓈᔥᒡ ᐊᐦ ᐋᔨᒧᐦᑖᑦ ᐊᐦ ᐧᐄᐦ ᒋᔥᑖᐸᐅᒋᑭᒥᑵᐧᐃᒡ. ■ naashch aah aayimuhtaat aah wiih chishtaapaauchikimikwaawich. ■ *J'essaie de laver le plancher et elle est dans mon chemin.*

ᐊᑳᐧᐋᑖᔑᐤ **akaawaataashiu** vai ◆ il/elle ne peut pas se déplacer à pied parce que le vent souffle trop fort

ᐊᔖᐦᑖᐤ **ashaahtaau** vai ◆ il/elle marche à reculons

ᐊᑎᒧᐦᑖᐤ **atimuhtaau** vai ◆ il/elle marche en sens contraire

ᒌᐦᐃᓐ **chiihin** vii ◆ ça marche, ça fonctionne

ᒌᐦᑳᐧᐋᔑᓐ **chiihkaawaashin** vai ◆ il/elle marche bruyamment

ᒌᐦᑎᐤ **chiihtiu** vai ◆ il/elle marche, fonctionne ■ ᐄᔮᒄ ᒑᐦᑎᒃ ᐊᓐ ᓅᑖᐹᓈᐢᒄ ᑳ ᐧᐃᔮᔥᑐᑎᐧᐋᑭᓂᐧᐃᑦ. ■ iiyaakw chaahtik an nuutaapaanaaskw kaa wiyaashtutiwaakiniwit. ■ *Ma voiture marche maintenant qu'elle a été réparée.*

ᒌᓂᒁᓂᔥᑭᐧᐋᐤ **chiinikwaanishkiwaau** vta ◆ il/elle marche tout autour de lui/d'elle

ᒋᔑᐧᐃᐦᑖᐤ **chishiwihtaau** vai ◆ il/elle est fâché-e de marcher

ᒋᔧᐧᐋᔑᓐ **chishwaawaashin** vai ◆ il/elle fait beaucoup de bruit en marchant ou en tombant

ᒋᐢᑐᐦᑎᐦᐋᐤ **chistuhtihaau** vta ◆ il/elle s'éloigne en marchant avec lui/elle

ᒋᐢᑐᐦᑎᑖᐤ **chistuhtitaau** vai ◆ il/elle part avec, l'emporte

ᒋᓱᐧᐃᐢᑭᑖᐤ **chisuwiskitaau** vai+o ◆ il/elle le fâche parce qu'elle marche trop vite pour lui/elle

ᐄᒋᓈᔥᑭᒼ **iichinaashkim** vti ◆ il/elle marche de l'un à l'autre

ᐄᒋᓈᔥᑭᐧᐋᐤ **iichinaashkiwaau** vta ◆ il/elle marche de l'un à l'autre

ᐄᑖᐦᒑᔥᑭᒼ **iitaahchaashkim** vti ◆ il/elle marche de ce côté de quelque chose

ᐄᑖᐦᒑᔥᑭᐧᐋᐤ **iitaahchaashkiwaau** vta ◆ il/elle marche de ce côté de lui/d'elle ■ ᐅᑖᐦ ᐊᑎᒫᐲᓯᒼ ᒌᐦ ᐄᑖᐦᒑᔥᑭᐧᐋᐤ ᐊᓂᔮᐦ ᑳ ᓈᑎᔪᐅᔥᑎᐧᐋᑦ ᐱᔮᐅᐦ. ■ utaah atimaapiisim chiih iitaahchaashkiwaau aniyaah kaa naatiyuushtiwaat piyaauh. ■ *Elle/il s'est approché du lagopède par le côté nord pour pouvoir lui tirer dessus.*

ᐄᔨᑭᐹᐦᑖᐤ **iiyikipaahtaau** vai ◆ il/elle marche les jambes écartées

ᐄᔨᐹᔮᐅᐦᑭᐦᐊᒼ **iiyipaayaauhkiham** vti ◆ il/elle marche sur l'inclinaison

ᐃᔮᔑᐧᐋᓂᒋᔥᑭᒼ **iyaashiwaanichishkim** vti ◆ il/elle marche d'île en île

ᐃᔮᔥᑎᐧᐋᐢᑯᐦᑖᐤ **iyaashtiwaaskuhtaau** vai ◆ on le/la voit marcher parmi les arbres

ᐃᔮᐢᑯᐦᑖᐤ **iyaaskuhtaau** vai ◆ il/elle est fatigué-e de marcher

ᐃᔨᑎᒫᔥᑖᐤ **iyitimaashtaau** vai ◆ il/elle marche les pieds en canard

ᐃᔨᔨᒥᔥᑭᒼ **iyiyimishkim** vti ◆ il/elle marche face au vent

ᑭᒑᔥᑎᐱᔨᒥᑭᓐ **kichaashtipiyimikin** vii ◆ ça marche vite, ça se passe vite

ᑭᔥᑭᒥᔥᑭᒼ **kishkimishkim** vti ◆ il/elle prend un raccourci à pied

ᑯᐃᔥᑎᑳᒫᐤ **kuishtikaamaau** vai ◆ il/elle fait le tour du lac, tourne en rond dans l'habitation

ᑯᐃᐢᑯᐦᑖᐤ **kuiskuhtaau** vai ◆ il/elle marche droit, le redresse, le rend droit

ᒁᐢᒑᐙᐤ **kwaaschaawaau** vai ◆ il/elle marche d'une rivière à l'autre

ᒫᒧᐎᐦᑖᐎᒡ **maamuwihtaawich** vai pl ◆ ils/elles marchent ensemble

ᒫᑖᐳᐦᑖᐎᒡ **maataapuhtaawich** vai pl ◆ ils/elles marchent côte à côte

ᒥᒋᐢᑖᐙᐤ **michistaawaau** vai ◆ il/elle marche jusqu'à la pointe

ᒥᔮᔥᑭᐙᐤ **miyaashkiwaau** vta ◆ il/elle le/la dépasse

ᒥᔪᓂᑯᓐ **miyunikun** vii ◆ les conditions sont bonnes pour marcher en hiver

ᒥᔪᓂᒼ **miyunim** vti ◆ il/elle marche facilement à la surface de la neige

ᒥᔪᐱᔨᐤ **miyupiyiu** vai ◆ il/elle va bien, marche bien

ᒥᔪᐱᔨᐤ **miyupiyiu** vii ◆ ça va bien, ça marche bien

ᓈᒥᒧᓂᐦᑖᐤ **naamimunihtaau** vai ◆ il/elle marche dans le sens du vent, a le vent dans le dos

ᓈᒥᒧᓂᔥᑭᒼ **naamimunishkim** vti ◆ il/elle marche avec le vent

ᓈᓃᔓᐦᑖᐎᒡ **naaniishuhtaawich** vai pl redup ◆ ils/elles marchent en paires

ᓈᔥᐱᒋᐱᐦᑖᐤ **naashpichipihtaau** vai ◆ il/elle, ça (animé) marche sans pouvoir s'arrêter

ᓈᑖᐅᐦᑭᐦᐊᒼ **naataauhkiham** vti ◆ il/elle marche vers la crête

ᓈᑎᑳᒫᔮᑎᑳᓯᐤ **naatikaamaayaatikaasiu** vai ◆ il/elle marche jusqu'au rivage

ᓈᑎᑳᓯᐤ **naatikaasiu** vai ◆ il/elle marche dans l'eau vers le rivage

ᓂᐦᐄᐱᔨᐦᐋᐤ **nihiipiyihaau** vta ◆ il/elle l'aide pour que ça marche pour lui/elle

ᓃᐹᐦᑖᐤ **niipaahtaau** vai ◆ il/elle marche la nuit, la nuit s'abat sur lui/elle alors qu'il/elle voyage

ᓃᐱᐢᑯᐱᒧᐦᑖᐤ **niipiskupimuhtaau** vai ◆ il/elle marche sur les genoux

ᓃᐱᑖᐦᑖᐎᒡ **niipitaahtaawich** vai pl ◆ ils/elles marchent en rang

ᓂᓈᐹᐅᐱᔨᐦᐆ **ninaapaaupiyihuu** vai -u ◆ il/elle marche comme un homme, fièrement

ᓂᓅᑎᒫᐤ **ninuutimaau** vai ◆ il/elle marche dans la neige sans raquettes

ᓂᔥᑎᓂᒑᐤ **nishtinichaau** vai ◆ il/elle marche le long du rivage en tirant le canot dans l'eau

ᓂᔥᑐᐦᑖᐎᒡ **nishtuhtaawich** vai pl ◆ ils/elles marchent à trois

ᓂᐙᐦᑖᐤ **niwaahtaau** vai ◆ il/elle marche penché-e en avant ou courbé-e vers l'avant

ᐹᐦᑎᐙᔥᑭᒼ **paahtiwaashkim** vti ◆ il/elle marche sur le bord d'une rivière ou d'une route

ᐹᔥᑎᑖᐅᐦᑭᐦᐊᒼ **paashtitaauhkiham** vti ◆ il/elle marche sur une arrête et descend de l'autre côté de la montagne

ᐹᑖᔥᑎᒧᐦᑖᐤ **paataashtimuhtaau** vai ◆ il/elle marche dans cette direction

ᐱᐦᒁᐢᒋᐎᒋᓂᒼ **pihkwaaschiwichinim** vti ◆ il/elle marche en accumulant de la boue sur ses chaussures

ᐱᒁᓈᐤ **pikwaanaau** vai ◆ il/elle est capable de marcher sur la croûte de neige gelée sans s'enfoncer (utilisé avec une particule négative) ■ ᓈᔥᑎᔩᒡ ᓂᒥ ᐱᒁᓈᐤ ᐑᐱᒡ ᒑᒋᔖᑊ ᑳ ᐎᔨᐐᐟ ■ **naashtiyich nimi pikwaanaau wiipich chaachishaap kaa wiyiwiit.** ■ *Il était capable de marcher sur la croûte de neige gelée ce matin.*

ᐱᒥᐢᑯᐦᑖᐤ **pimiskuhtaau** vai ◆ il/elle marche sur la glace

ᐱᒧᐦᑖᐙᒑᐤ **pimuhtaawaachaau** vai ◆ il/elle l'utilise pour marcher avec

ᐱᒧᐦᑎᐦᐋᐤ **pimuhtihaau** vta ◆ il/elle le/la guide, marche avec lui

ᐱᒧᐦᑎᑖᐤ **pimuhtitaau** vai ◆ il/elle le porte en marchant

ᐱᒷᐙᔑᓐ **pimwaawaashin** vai ◆ il/elle fait un bruit en marchant tout près

ᐱᔑᔑᑯᐦᑖᐤ **pishishikuhtaau** vai ◆ il/elle marche les mains vides

ᐱᓯᑖᐅᐦᑭᐦᐊᒼ **pisitaauhkiham** vti ◆ il/elle marche le long de la tranchée

ᐱᓱᐦᑖᐤ **pisuhtaau** vai ◆ il/elle marche lentement

ᐴᐦᑖᔥᑎᒁᐤ **puuhtaashtikwaau** vai ◆ il/elle marche le long du rivage

ᔖᐳᐦᑎᐙᔥᑭᐙᐤ **shaapuhtiwaashkiwaau** vta ◆ il/elle le/la dépasse en marchant

ᔒᐹᐦᐊᒼ **shiipaaham** vti ◆ il/elle marche en dessous

ᔒᐹᐦᑖᐤ **shiipaahtaau** vai ◆ il/elle marche sous quelque chose

ᔒᐅᑖᐦᑖᐤ **shiiutaahtaau** vai ◆ il/elle a faim à force de marcher

ᔑᒥᑐᐦᑖᐤ **shimituhtaau** vai ◆ il/elle marche sur ses pattes de derrière, marche redressé-e

ᔑᔓᑎᐢᑰ **shishutiskuu** vai -u ◆ il/elle marche le long du rivage d'un lac gelé ou d'une rivière

ᓯᒋᓂᐢᒑᐦᑎᐦᐋᐤ **sichinischaahtihaau** vta ◆ il/elle lui prend la main en marchant

ᓯᐢᒋᑯᔥᑭᐙᐤ **sischikushkiwaau** vta ◆ il/elle se cogne à lui/elle en marchant

ᑖᑎᐱᔥᑭᒼ **taatipishkim** vti ◆ il/elle marche tout autour

ᑖᑎᐱᔥᑭᐙᐤ **taatipishkiwaau** vta ◆ il/elle marche tout autour de lui/d'elle

ᑎᑯᔑᑖᔥᑭᐙᐤ **tikushitaashkiwaau** vta ◆ il/elle marche sur le pied de quelqu'un

ᑎᑯᑎᐦᒑᔥᑭᐙᐤ tikutihchaashkiwaau vta ◆ il/elle lui marche sur la main

ᑎᔅᑭᒥᐙᔖᐙᐤ tiskimiwaashaawaau vai ◆ il/elle traverse d'un bout à l'autre en marchant

ᐅᐦᑐᐦᑖᐤ uhtuhtaau vai ◆ il/elle vient de là-bas en marchant

ᐅᔖᔮᐱᔅᑭᐦᐊᒻ ushaayaapiskiham vti ◆ il/elle marche sur une arrête rocheuse

ᐅᑖᐦᒑᐤ utaahchaau vai ◆ il/elle marche derrière

ᐙᐱᓂᐦᑖᐤ waapinihtaau vai ◆ il/elle marche jusqu'à l'aube

ᐙᔅᑳᐦᑖᐤ waaskaahtaau vai ◆ il/elle marche autour de quelque chose

ᐙᔅᑳᔥᑭᒻ waaskaashkim vti ◆ il/elle marche tout autour

ᐙᔅᑳᔥᑭᐙᐤ waaskaashkiwaau vta ◆ il/elle marche, va autour de lui/d'elle

ᐙᐘᑯᐦᑖᐤ waawaakuhtaau vai redup ◆ il/elle marche en vacillant

ᐏᔫᔥᑭᒻ wiyuushkim vti ◆ il/elle marche jusqu'à l'embouchure

ᔮᔨᔥᑭᒻ yaayishkim vti ◆ il/elle marche le long de quelque chose

ᐋᐦᑐᐦᑖᐤ aahtuhtaau vai ◆ il/elle va ailleurs à pied

ᐋᔑᐙᐅᑭᐦᐊᒻ aashiwaaukiham vti ◆ il/elle marche d'une montagne à l'autre, d'une colline à l'autre

ᒌᓂᒀᓂᐦᑖᐤ chiinikwaanihtaau vai ◆ il/elle marche tout autour; il/elle en fait le tour (par ex. aiguille d'horloge); une heure passe

ᒌᐙᔥᑭᐙᐤ chiiwaashkiwaau vta ◆ il/elle le retourne du pied ou avec le corps; il/elle marche vers là où ils sont et retourne au point de départ

ᒋᔒᐱᒋᐤ chishiipichiu vai ◆ il/elle fait crisser la neige en marchant

ᒋᓯᐏᔅᑭᑖᐤ chisiwiskitaau vta ◆ il/elle le/la fâche en marchant trop vite pour lui/elle

ᑳᐦᑭᐹᐦᑖᐤ kaahkipaahtaau vai ◆ il/elle marche les jambes écartées

ᑭᒑᔥᑎᐱᐦᐊᒫᐤ kichaashtipihamaau vai ◆ il/elle marche vite, il/elle a le pied rapide

ᒥᒥᒋᐦᐊᒫᐤ mimichihamaau vai redup ◆ il/elle marche avec les pieds en dedans

ᓈᓃᐹᐦᑖᐤ naaniipaahtaau vai redup ◆ il/elle marche autour la nuit

ᓈᓃᔓᐦᑖᐤ naaniishuhtaau vai redup ◆ il/elle marche avec lui/elle, ils/elles marchent en couple

ᓃᑳᓂᐦᑖᐤ niikaanihtaau vai ◆ il/elle marche en tête, devant

ᓂᒫᔥᑭᒻ nimaashkim vti ◆ il/elle laisse des traces ou des signes en marchant

ᓂᓈᐦᑳᑖᐙᑯᓈᐤ ninaahkaataawaakunaau vai ◆ il/elle a de la difficulté à marcher dans la neige

ᐱᑭᔥᑎᐙᐦᑖᐤ pikishtiwaahtaau vai ◆ il/elle entre dans l'eau en marchant

ᐱᒥᒋᔥᒋᓂᐙᔥᑭᒻ pimichishchiniwaashkim vti ◆ il/elle marche avec le vent de son côté

ᐱᒥᑖᒋᒨ pimitaachimuu vai ◆ il/elle marche à quatre pattes

ᐱᐹᐦᑎᐙᔮᔥᑯᔥᑭᒻ pipaahtiwaayaashkushkim vti redup ◆ il/elle marche à côté d'une rivière, d'une route tout près des arbres

ᐱᔑᔥᑖᐙᐤ pishishtaawaau vai ◆ il/elle marche de l'autre côté de la pointe, de la colline

ᔖᐳᐦᑎᐙᐦᑖᐤ shaapuhtiwaahtaau vai ◆ il/elle traverse, marche sans s'arrêter

ᔖᐳᔥᑭᐙᐤ shaapushkiwaau vta ◆ il/elle marche en traversant la foule

ᓯᔅᑭᐦᐆ siskihuu vai -u ◆ il/elle marche avec une canne, des béquilles

ᑎᔅᑭᒥᔅᑰ tiskimiskuu vai -u ◆ il/elle traverse directement en marchant sur la glace

ᑤᑯᓂᒋᔑᓐ twaakunichishin vai ◆ il/elle s'enfonce dans la neige en marchant

ᐅᔖᑖᐅᐦᑭᐦᐊᒻ ushaataauhkiham vti ◆ il/elle marche sur une arrête, une crête

ᔮᐦ·ᔮᐅᒑᐤ yaahywaauchaau vii ◆ la neige mouillée est douce quand on marche dessus

ᔮᔮᐱᔅᑭᐦᐊᒻ yaayaapiskiham vti ◆ il/elle marche sur le bord du rocher

ᒨᓵᐅᑳᓯᐦᑎᑖᐤ musaaukaasihtitaau vai ◆ il/elle le tire de la berge en marchant dans l'eau

ᓃᔓᐦᑖᐏᒡ niishuhtaawich vai pl ◆ c'est un double mariage, ils/elles sont deux à marcher ensemble

ᐹᔨᑯᐦᑖᐤ paayikuhtaau vai ◆ il/elle n'en utilise qu'un, il/elle marche seul

ᔮᔮᐙᓯᑯᑖᐹᐤ yaayaawaasikutaapaau vai ◆ il/elle marche le long du rivage sur la glace en tirant une charge

ᔮᔮᐙᔅᑯᑖᒋᒫᐤ yaayaawaaskutaachimaau vta ◆ il/elle marche le long du rivage sur la glace en le/la tirant sur un traîneau

ᒋ·ᔖ·ᐋᔮᔥᑯᔑᓐ chishwaawaayaashkushin vai ◆ il/elle est bruyant-e en marchant entre les arbres et les buissons

marcher (bien)

ᐱᒥᐱᔨᐤ pimipiyiu vii ◆ ça roule, marche bien

marcher autour

ᐱᐹᐑᒑᐙᐤ pipaawiichaawaau vta redup ◆ il/elle marche autour avec lui/elle, il/elle l'a pour ami

mardi

ᓃᔓᒌᔑᑳᐤ niishuchiishikaau vii ◆ c'est mardi

marécage

ᒥᔅᒑᑯᓵᑭᐦᐄᑭᓐ mischaakusaakihiikin ni -m ◆ un étang au milieu d'un marécage

ᒥᔅᒑᑯᔖᑭᐦᐄᑭᓂᔥ mischaakushaakihiikinish ni -m ◆ un étang au milieu d'un marécage

ᒥᐢᒑᒄ **mischaakw** ni -um ◆ une tourbière, un marécage, une fondrière de mousse, une swamp (anglicisme)

ᒥᐢᒑᐚᐳᐃ **mischaakwaapui** ni -uum ◆ de l'eau marécageuse

ᒌᑭᐢᒑᒡ **chiikischaach** p,lieu ◆ près d'un marécage ■ ᒌᑭᐢᒑᒡ ᐋᑯᑎᐦ ᑳ ᒥᒥᓈᔑᐦᑖᔮᐦᒡᕽ ■ chiikischaach aakutih kaa miminaashihtaayaahch. ■ *On a ramassé des branches d'épinette près du marécage.*

ᒥᐢᒑᑯᐦᑎᓐ **mischaakuhtin** vii ◆ la rivière traverse une zone marécageuse

ᒥᐢᒑᐚᐦᑎᑯᐢᑳᐤ **mischaakwaahtikuskaau** vii ◆ c'est un boisé dans un marécage

ᒥᐢᒑᐚᑭᒫᐤ **mischaakwaakimaau** vii ◆ il y a un lac dans le marécage

ᒥᐢᒑᐚᐢᑳᔮᐤ **mischaakwaaskwaayaau** vii ◆ il y a des arbres dans le marécage

ᒥᐢᑭᐎᐢᒑᑭᑎᓐ **miskiwischaakitin** vii ◆ le marécage est gelé

ᐱᐹᔥᑯᔥᑎᐦᒋᐹᔮᐤ **pipaashkushtihchipaayaau** vii redup ◆ il y a des trous d'eau dans le marécage

ᐅᐐᔥᑎᐦᒑᐤ **uwiishtihchaau** vii ◆ c'est le sol bosselé d'une zone marécageuse

ᒥᐢᒑᑯᔥᑎᒄ **mischaakushtikw** ni -um ◆ un ruisseau, une rivière dans un marécage

ᒥᐢᒑᐚᔑᐦᑎᒡ **mischaakwaashihtich** na pl ◆ des branchages d'un arbre provenant d'un marécage

ᑯᐃᔥᑎᑳᒫᐢᒑᑭᐦᐊᒻ **kuishtikaamaaschaakiham** vti ◆ il/elle fait tout le tour du marécage à pied

ᐅᐐᔥᑎᐦᒋᐹᔮᐤ **uwiishtihchipaayaau** vii ◆ il y a des flaques d'eau sur le sol bosselé dans une zone marécageuse

ᐐᐢᒌᐹᐚᑭᒥᐤ **wiischiipaakwaakimiu** vii ◆ l'eau a un goût de marécage

marécageux

ᒥᐢᒑᑯᐤ **mischaakuu** vii -uwi ◆ c'est marécageux

ᒥᐢᒑᑯᐢᑭᒥᑳᐤ **mischaakuskimikaau** vii ◆ c'est un terrain marécageux

marée

ᒌᐚᒋᐎᓐ **chiiwaachiwin** vii ◆ la marée descend

ᐄᐢᐱᐦᑎᐹᑭᓐ **iispihtipaakin** vii ◆ la marée est à une certaine hauteur

ᐋᐱᐦᑎᐎᐹᑭᓐ **aapihtiwipaakin** vii ◆ la marée est mi-haute

ᐋᐱᐦᑎᐎᐹᐱᔨᐤ **aapihtiwipaapiyiu** vii ◆ la marée est mi-haute

ᒫᐚᐦᑭᓐ **maakwaahkin** vii ◆ la marée est basse, est au plus bas

ᒥᔥᑎᒌᐚᒋᐎᓐ **mishtichiiwaachiwin** vii ◆ la marée est vraiment basse

ᐹᐱᔨᐤ **paapiyiu** vai ◆ il/elle arrive en véhicule, la marée monte

ᐲᐦᑖᐹᑯᐤ **piihtaapaakuu** vii -uwi ◆ l'eau pénètre dans un endroit qui reste normalement sec quand la marée monte

ᑳᒋᒑᐹᔮᐤ **kaachichaapaayaau** vii ◆ la marée reste haute

ᒥᐦᒑᑭᒥᐤ **mihchaakimiu** vii ◆ il y a beaucoup de liquide, la marée est haute

ᔑᐦᑳᐹᐦᑎᐦᐋᐤ **shihkaapaahtihaau** vta ◆ il/elle place son filet de pêche à marée basse

ᐹᑎᐹᐱᔨᐤ **paatipaapiyiu** vii ◆ le niveau d'eau augmente dans la rivière à cause de la pluie, de la fonte des neiges au printemps; la marée va et vient à des intervalles plus rapides que d'habitude

marée basse

ᒫᐚᐦᑭᓐ **maakwaahkin** vii ◆ la marée est basse, est au plus bas

ᒥᔥᑎᒌᐚᒋᐎᓐ **mishtichiiwaachiwin** vii ◆ la marée est vraiment basse

ᐹᐦᐗᐤ **paahkwaau** vii ◆ c'est sec, la marée est basse

ᔑᐦᑳᐹᐦᑎᐦᐋᐤ **shihkaapaahtihaau** vta ◆ il/elle place son filet de pêche à marée basse

marée haute

ᑳᒋᒑᐹᔮᐤ **kaachichaapaayaau** vii ◆ la marée reste haute

ᒥᐦᒑᑭᒥᐤ **mihchaakimiu** vii ◆ il y a beaucoup de liquide, la marée est haute

marée mi-haute

ᐋᐱᐦᑎᐎᐹᑭᓐ **aapihtiwipaakin** vii ◆ la marée est mi-haute

ᐋᐱᐦᑎᐎᐹᐱᔨᐤ **aapihtiwipaapiyiu** vii ◆ la marée est mi-haute

mari

ᐅᓈᐹᒻᐦ **unaapaamh** nad ◆ son homme, son mari

ᐅᓈᐹᒥᐦᑭᐚᐤ **unaapaamihkiwaau** vta ◆ il/elle lui trouve un mari

ᐅᓈᐹᒥᒫᐅ **unaapaamimaauu** vai -aawi ◆ c'est un mari

ᐐᒋᒋᔖᔨᔨᔥᐦ **wiichichishaayiyish-h** nad ◆ son vieil ami, son mari

ᐐᒋᒋᔖᔨᔨᐤᐦ **wiichichishaayiyiuh** nad ◆ son mari, son ami

ᐅᓈᐹᒥᐤ **unaapaamiu** vai ◆ elle est mariée, elle a un mari

mariage

ᐐᒋᐦᑎᐎᓐ **wiichihtiwin** ni ◆ un mariage

ᓃᔓᑳᐳᐎᓈᓂᐅ **niishukaapuwinaaniuu** vii,impersonnel -iwi ◆ il y a un mariage

ᓂᑐᐎᒥᐢᐚᐅᒫᐤ **nituwimiskwaaumaau** vta ◆ il/elle lui demande la main de sa fille, lui demande sa fille en mariage

ᓃᔓᑳᐴᑯᐦᑊ **niishukaapuukuhp** ni ◆ une robe de mariée

ᓃᔓᑳᐳᐙᐃᐦᑯᓈᐤ **niishukaapuwaaihkunaau** na [Wemindji] ◆ un gâteau de mariage

ᐄᑎᐦᐄᓂᐚᐤ **iitihiiniwaau** vai ◆ il/elle distribue de la nourriture d'une certaine façon, il/elle le/la donne en mariage

ᓃᔓᐦᑖᐎᒡ **niishuhtaawich** vai pl ◆ c'est un double mariage, ils/elles sont deux à marcher ensemble

marié

ᐅᔅᒋᓈᐹᐙᓐ *uschinaapaawaan* na -im ◆ un jeune ou futur marié

ᐐᐅ *wiiuu* vai -uwi ◆ il est marié, il a une femme

mariée

ᐅᔅᒋᔅᒁᐙᓐ *uschiskwaawaan* na -im ◆ une jeune ou future mariée

ᐅᓈᐹᒥᐤ *unaapaamiu* vai ◆ elle est mariée, elle a un mari

marier

ᐐᒋᐦᑐᐦᐋᐤ *wiichihtuhaau* vta ◆ il/elle les marie l'un à l'autre

marier (se)

ᓃᔓᑳᐴ *niishukaapuu* vai -uwi ◆ il/elle se marie

marijuana

ᑳᐲᐦᑤᑎᑖᑭᓂᐎᒡ *kaapiihtwaatitaakiniwich* nip ◆ de la marijuana, du haschisch

marin

ᒌᒫᓈᐹᐤ *chiimaanaapaau* na -m ◆ un marin

marmite

ᔒᔒᐱᔅᒋᐦᒄ *shiishiipischihkw* ni ◆ une bouilloire munie d'un bec verseur courbé, une marmite pour cuire le canard

ᓂᐱᑭᔅᒋᐦᒄ *nipikischihkw* ni ◆ une marmite, un chaudron, une casserole en fonte

marmotte

ᐐᓂᔥᒄ *wiinishkw* na -um ◆ une marmotte *Marmota monax*

marque

ᐋᑖᐱᐦᑳᑖᐤ *aataapihkaataau* vii ◆ ça en porte les marques (filiforme) d'avoir été attaché ou pris au lacet

ᐊᑐᐦᐄᑭᓐ *atuhiikin* ni ◆ une marque indiquant la direction à prendre

ᒋᔥᒋᓂᐙᒋᐦᒋᑭᓐ *chishchiniwaachihchikin* ni ◆ un repère, une marque, une balise, une crête

ᓃᐳᐙᐱᔅᒋᓂᑭᓐ *niipuwaapischinikin* ni ◆ une marque indiquant la direction à prendre

ᐅᒷᐦᑎᐙᔅᒌ *umwaahtiwaaschii* ni pej ◆ des marques sur un arbre indiquant qu'un porc-épic en a mangé l'écorce il y environ un an

ᐙᐱᔅᒋᒁᑭᐦᐄᑭᓐ *waapischikwaakihiikin* ni ◆ une marque, un signal sur un arbre

ᒋᔥᒋᓂᐙᒋᓯᓂᐦᐊᒼ *chishchiniwaachisiniham* vti ◆ il/elle fait une marque dessus par écrit

ᒋᔥᒋᓂᐙᓯᓈᑯᓯᐤ *chishchiniwaasinaakusiu* vai ◆ il/elle l'utilise comme guide, comme marque

ᐅᐙᐱᔥᑖᐤ *uwaapishtaau* vii ◆ ça a du blanc dessus (étalé)

ᐙᐱᓯᓈᑖᐤ *waapisinaataau* vii ◆ ça a une marque blanche dessus

ᐙᐱᓯᓂᐦᐙᐤ *waapisinihwaau* vta ◆ il/elle fait une marque blanche dessus

ᒋᔥᒋᓂᐙᒋᒁᑖᐤ *chishchiniwaachikwaataau* vta ◆ il/elle coud une marque, une étiquette dessus (animé)

ᒋᔥᒋᓂᐙᒋᒁᑎᒼ *chishchiniwaachikwaatim* vti ◆ il/elle coud une marque, une étiquette dessus

ᒋᔥᒋᓂᐙᒋᔁᐤ *chishchiniwaachishwaau* vta ◆ il/elle le circoncit; il/elle le/la marque en le/la coupant

ᒥᓯᓂᐦᐄᒑᐱᔨᐤ *misinihiichaapiyiu* vii ◆ ça laisse des marques comme des chaussures sur le plancher; c'est utilisé pour écrire, pour taper

marqué

ᐋᔑᐦᑎᓐ *aashihtin* vii ◆ c'est marqué, égratigné

marquer

ᐋᑖᐱᐦᑳᓲ *aataapihkaasuu* vai -u ◆ il/elle porte les marques de ses liens

ᐋᑎᐦᐊᒼ *aatiham* vti ◆ il/elle le marque

ᐋᑎᐦᐙᐤ *aatihwaau* vta ◆ il/elle le/la marque

ᒌᓵᐙᓯᓈᑯᓯᐤ *chiisaawaasinaakusiu* vai ◆ il/elle est marqué-e de sorte qu'on peut le/la distinguer des autres

ᒋᔥᒋᓂᐙᒋᐦᑎᒧᐙᐤ *chishchiniwaachihtimuwaau* vta ◆ il/elle le marque pour lui/elle

ᐋᔑᔑᓐ *aashishin* vai ◆ il/elle est marqué-e, égratigné-e

ᐋᑎᔥᑭᐙᐤ *aatishkiwaau* vta ◆ il/elle est en avance sur lui/elle, il/elle le/la marque de son pied ou de son corps

ᒋᒋᓈᑭᐦᐊᒼ *chichinaakiham* vti ◆ il/elle le marque à la hache (long et rigide, se dit du bois, d'un poteau)

ᒋᔥᒋᓂᐙᒋᐦᑖᐤ *chishchiniwaachihtaau* vai+o ◆ il/elle le marque, l'étiquette

ᒋᔥᒋᓂᐙᒋᑭᐦᐊᒼ *chishchiniwaachikiham* vti ◆ il/elle fait une marque à la hache dessus

ᒋᔥᒋᓂᐙᒋᔑᒼ *chishchiniwaachishim* vti ◆ il/elle le/la marque en coupant

ᐄᑎᐦᐊᒼ *iitiham* vti ◆ il/elle le marque, l'entaille

ᐄᑎᐦᐙᐤ *iitihwaau* vta ◆ il/elle le marque, l'entaille

ᐃᔮᓂᐦᐊᒼ *iyaaniham* vti ◆ il/elle le marque, l'entaille

ᐃᔮᓂᐦᐙᐤ *iyaanihwaau* vta ◆ il/elle le marque, l'entaille

ᐴᔅᒋᓈᐦᑭᐦᑎᒼ *puuschinaahkihtim* vti ◆ il/elle coupe et place un jeune arbre pour marquer sa position, sa direction

ᐴᔅᒋᓈᐦᑭᐦᑎᐙᐤ *puuschinaahkihtiwaau* vta ◆ il/elle coupe et place un jeune arbre pour marquer sa position, sa direction

ᐙᐱᔅᒋᒁᐦᑭᐦᐄᒑᐤ *waapischikwaahkihiichaau* vai ◆ il/elle marque les arbres, fait des flaches sur les arbres

ᐙᐱᔅᒋᒁᑭᐦᐙᐤ *waapischikwaakihwaau* vai ◆ il/elle marque l'arbre, fait une flache sur l'arbre

ᐋᑎᔥᑭᒻ **aatishkim** vti ◆ il/elle arrive en avance; il/elle le marque de son pied ou de son corps ■ ᐧᐄ ᐋᑎᔥᑭᒻ ᐋᐦᒷᔮᐦ ᐹᐱᐦᔮᒥᑭᓂᔨᒡ᙮ ■ wii aatishkim aahmwaayaah paapihyaamikiniyich. ■ *Elle/il veut arriver avant l'avion.*

ᒋᔥᒋᓂᐙᒋᐦᐋᐤ **chishchiniwaachihaau** vta ◆ il/elle le/la marque pour l'identifier, l'étiquette; il/elle lui donne une bague de fiançailles

ᒋᔥᒋᓂᐙᒋᑭᐦᐙᐤ **chishchiniwaachikihwaau** vta ◆ il/elle fait une marque dessus à la hache pour l'identifier

ᒋᔥᒋᓂᐙᒋᓯᓂᐦᐙᐤ **chishchiniwaachisinihwaau** vta ◆ il/elle le/la marque par écrit, l'étiquette

ᐄᑎᐦᑎᒻ **iitihtim** vti ◆ il/elle l'entend, le comprend d'une certaine façon, elle le marque d'une certaine façon avec ses dents

ᐹᐦᐸᔑᔖᐤ **paahpaashishwaau** vta redup ◆ il/elle le/la tranche, le/la marque au couteau

ᐄᑎᓯᓈᑖᐤ **iitisinaataau** vii ◆ c'est écrit, numéroté, marqué, conçu

marre

ᔑᔥᑭᒋᐦᐄᑰ **shishkichihiikuu** vai -u ◆ il/elle en a assez, en a marre, n'est plus intéressé-e

mars

ᒥᒋᓯᐅᐲᓯᒻ **michisiupiisim** na ◆ le mois de mars

marteau

ᐅᑖᒥᐦᐄᑭᓐ **utaamihiikin** ni ◆ un marteau, un pilon

marteler

ᒥᒥᑗᐦᐄᒑᐤ **mimitwaahiichaau** vai redup ◆ il/elle toque sur quelque chose, martèle quelque chose

ᐅᑖᒥᐦᐄᒑᐤ **utaamihiichaau** vai ◆ il/elle martèle, tape

martin-pêcheur

ᐅᒌᔅᒋᒥᓂᓯᐤ **uchiischiminisiu** na -iim ◆ un martin-pêcheur *Megaceryle alcyon*

martre

ᐙᐱᔥᑖᓐ **waapishtaan** na -im ◆ une martre *Martes americana*

ᐙᐱᔥᑖᓂᐅᔮᓐ **waapishtaaniuyaan** na -im ◆ une peau de martre

ᐙᐱᔥᑖᓂᐎᓂᐦᐄᑭᓐ **waapishtaaniwinihiikin** ni -im ◆ un piège à martre

ᐱᐦᑯᓈᐱᔥᑖᓂᐙᐤ **pihkunaapishtaaniwaau** vta ◆ il/elle dépiaute une martre

ᐙᐱᔥᑖᓂᓈᑯᓐ **waapishtaaninaakun** vii ◆ c'est une aire qui semble habitée par des martres

ᐙᐱᔥᑖᓂᐎᓂᐦᐄᒑᐤ **waapishtaaniwinihiichaau** vai ◆ il/elle pose un piège à martre

ᔒᐱᐦᐋᔮᐱᔥᑖᓂᐙᐤ **shiipihaayaapishtaaniwaau** vai ◆ il/elle étend une peau de martre sur un cadre pour la faire sécher

masculin

ᓈᐹᐅᓈᑯᓐ **naapaaunaakun** vii ◆ ça semble masculin, mâle

ᓈᐹᐅᒑᔨᐦᑖᑯᓐ **naapaauchaayihtaakun** vii ◆ ça a l'air masculin, mâle

masquer

ᐄᔨᐹᑎᒻ **iiyipaatim** vti ◆ il/elle couvre le trou dans la glace avec des branchages et de la neige pour que la glace n'épaississe pas en hiver, en été il/elle arrose le piège pour masquer l'odeur humaine

mât

ᒥᔥᑎᑯᐦᑳᓐ **mishtikuhkaan** ni ◆ un mât

matelas

ᐊᓈᐦᑭᓱᓐ **anaahkisun** ni -u ◆ un matelas, par exemple une peau de caribou

ᐃᔥᐱᔑᒧᓐ **ishpishimun** ni -u ◆ un matelas, quelque chose d'épais pour se coucher

matérialiste

ᐊᔅᒌᐙᑎᓰᐤ **aschiiwaatisiiu** vai ◆ il/elle vit attaché aux biens de ce monde, vit une vie matérialiste, désire des biens terrestres

matin

ᒑᒋᔖᑉ **chaachishaap** p,temps ◆ ce matin ■ ᒑᒋᔖᑉ ᒌᐦ ᑎᑯᔑᓐ ᐊᓐ ᐊᐙᔑᔥ ᐋᐦ ᐧᐄᐦ ᐹᒋ ᒧᐎᒋᔑᐙᑦ᙮ ■ chaachishaap chiih tikushin an awaashish aah wiih paachi muwichishiwaat. ■ *L'enfant est venu ce matin pour nous rendre visite.*

ᒑᒋᔖᐹᔮᐤ **chaachishaapaayaau** vii ◆ c'est le matin

ᒑᒋᔖᐹᔮᒑ **chaachishaapaayaachaa** p,temps ◆ demain matin, quand ce sera le matin

ᐙᐱᐦᒑ **waapihchaa** p,temps ◆ demain, lit. 'quand ce sera le matin' ■ ᐙᐱᐦᒑ ᓂᑭ ᐊᓈᔅᒑᓈᓐ ᓂᒦᒋᐙᐦᐱᒥᔑᓈᓐ᙮ ■ waapihchaa niki anaaschaanaan nimiichiwaahpimishinaan. ■ *Demain, nous recouvriront de branchages le sol de notre tipi.*

ᐊᑎᐦᒋᓈᐤ **atihchinaau** vii ◆ c'est l'aube, tôt le matin

ᒋᓯᓈᐱᓐ **chisinaapin** vii ◆ c'est un matin froid

ᒥᓯᐦᑖᔮᐱᓐ **misihtaayaapin** vai ◆ il y a de la lumière matinale partout

ᒥᐧᔮᐱᓐ **miywaapin** vii ◆ c'est une belle matinée, bien dégagée

ᐙᐱᓂᒋᐦᑯᐦᔥ **waapinichihkuhsh** na -im ◆ l'étoile du matin, Vénus

ᒑᒋᔖᐹᐦᐄᑯᐦᑖᐤ **chaachishaapaahiikuhtaau** vai ◆ il/elle ramasse du bois pour le feu tôt le matin

ᒑᒋᔖᐹᐦᑖᐤ **chaachishaapaahtaau** vai ◆ il/elle part à pied tôt le matin

ᒑᒋᔖᐹᑯᑎᐙᐤ **chaachishaapaakutiwaau** vai ◆ il/elle fait un feu tôt le matin

ᒑᒋᔖᐹᐑᐤ **chaachishaapaawiiu** vai ◆ il/elle commence tôt le matin

ᑭᔥᑭᐎᓈᐱᓐ **kishkiwinaapin** vii ◆ c'est un matin brumeux, un matin de brouillard

ᑎᒁᒌᔅᑳᐤ **tikwaachiiskaau** vii ◆ il y a une gelée, du givre ce matin

ᐙᐱᓂᔑᓐ **waapinishin** vai ◆ il/elle reste couché, dort jusqu'au matin

ᐧᐋᐱᓂᔨᐧᐋᐤ waapiniyiwaau vii ◆ le vent souffle jusqu'au matin

ᒑᒋᔖᐹᐱᔨᐤ chaachishaapaapiyiu vai ◆ il/elle part tôt le matin en véhicule

matinée

ᐃᔥᐱᒌᔑᑳᐤ ishpichiishikaau vii ◆ c'est tard dans la matinée

mature

ᒋᔖᔮᐦᑎᒄ chishaayaahtikw na -um ◆ un arbre adulte, mature

maudire

ᒥᑖᐅᐧᐃᑎᑎᐧᐋᐤ mitaauwititiwaau vta ◆ il/elle le/la maudit

mauvais

ᒫᔮᓯᓂᒻ maayaasinim vti ◆ il/elle voit un mauvais présage

ᒥᒑᒥᐢᑳᐤ michaamiskaau vii ◆ le fond du lac est mauvais

ᒥᒋᒌᔑᑳᐤ michichiishikaau vii ◆ c'est un jour de mauvais temps

ᒥᒋᒫᒥᑐᓈᔨᐦᑎᒻ michimaamitunaayihtim vti ◆ il/elle a de mauvaises pensées, en pense du mal

ᒥᒋᐢᐱᑯᓯᐤ michispikusiu vai ◆ il/elle a mauvais goût

ᐱᔮᒫᐅᑲᐧᑖᐤ piyaamaaukwaataau vta ◆ il/elle coud les mauvais morceaux ensembles

ᐱᔮᒫᐅᑲᐧᑎᒻ piyaamaaukwaatim vti ◆ il/elle coud les mauvais morceaux ensembles

ᐧᐄᓂᐢᐱᑯᓐ wiinispikun vii ◆ ça a un mauvais goût

ᐧᐄᓂᐢᐱᑯᓯᐤ wiinispikusiu vai ◆ il/elle a un mauvais goût

ᒥᒋᔥᑐᑎᒧᐧᐃᓐ michishtutimuwin ni ◆ un péché, une mauvaise action

ᒫᔑᒧᔥᑎᐧᐋᐤ maashimushtiwaau vta ◆ il/elle lui donne de mauvaises nouvelles; il/elle lui dit quels sont ses défauts

ᒥᒋᒌᔑᑭᓂᔑᐤ michichiishikinishiu vai ◆ il/elle est retenu-e par le mauvais temps pendant son voyage

ᒥᒋᓯᐧᑳᐤ michisikwaau vii ◆ la glace est rugueuse, mauvaise pour voyager

ᐱᐦᒋᒥᑎᒫᐤ pihchimitimaau vai ◆ il/elle suit le mauvais chemin

ᐱᔮᒫᐅᓂᒻ piyaamaaunim vti ◆ il/elle en tient, prend, donne deux qui ne forment pas une paire (ex. bas, bottes), il/elle prend le mauvais

ᓲᓲᐢᑯᓐ suusuuskun vii ◆ le mauvais temps approche si on en croit les nuages

ᐱᔮᒫᐅᓈᐤ piyaamaaunaau vta ◆ il/elle en tient, prend, donne deux qui ne forment pas une paire (ex. bas, bottes), il/elle prend le mauvais

ᐧᐄᓂᐹᔥᑖᐤ wiinipaashtaau vii ◆ l'eau de neige fondue a mauvais goût

mauvais sens

ᐅᐢᐧᑳᐦᑎᑖᐤ uskwaahtitaau vai ◆ il/elle le fait rebondir dans le mauvais sens

ᐧᐃᓂᐱᔨᐤ winipiyiu vai ◆ il/elle conduit, va dans le mauvais sens

mauvaise

ᐅᐧᐄᓈᐱᑖᐤ uwiinaapitaau vai ◆ il/elle a de mauvaises dents

ᐧᐄᓂᑯᓈᐧᐋᐤ wiinikunaawaau vai ◆ il/elle a mauvaise haleine

ᐧᐃᓂᒨᓯᓈᑯᓐ winimuusinaakun vii ◆ ça a l'air faux, ça donne une mauvaise impression

ᐧᐃᓂᒨᓯᓈᑯᓯᐤ winimuusinaakusiu vai ◆ il/elle a l'air faux, donne une mauvaise impression

mauvaise santé

ᐅᐧᐋᔪᐧᐃᐦᐆ uwaayuwihuu vai -u [Wemindji] ◆ il/elle se remet d'une mauvaise santé ou de malchance

ᐅᐧᐋᔪᐧᐃᐦᐋᐤ uwaayuwihaau vta [Wemindji] ◆ il/elle l'aide à se remettre d'une mauvaise santé ou de malchance

maux

ᒫᒫᒋᔥᑭᑖᐤ maamaachishkitaau vai ◆ il/elle a des maux de ventre dues à la diarrhée

méandre

ᐧᐋᒋᔥᑎᐧᑳᐤ waachishtikwaau vii ◆ il y a un méandre dans la rivière

ᐧᐋᔑᐦᐄᑖᐅᐦᑳᐤ waashihiitaauhkaau vii ◆ c'est la rive d'un méandre

ᐧᐋᔨᔪᔥᑎᐧᑳᐤ waayiyushtikwaau vii ◆ il y a un méandre

ᐧᐋᔨᔪᑖᐅᐦᑳᐤ waayiyutaauhkaau vii ◆ c'est un tournant de la rive, un méandre

ᐧᐋᔨᐧᔮᐹᒋᒋᐧᐃᓐ waayiywaapaachichiwin vii ◆ il y a un méandre dans la rivière, un tournant dans les rapides

mécanicien, mécanicienne

ᐧᐄᔥᑭᒑᓐ wiishkichaan na -im ◆ un mécanicien, une mécanicienne

méchanceté

ᒥᒋᐦᑖᐧᐋᐧᐃᓐ michihtwaawin ni ◆ la méchanceté, la cruauté, la malice, un péché

méchant

ᒥᒋᐧᐋᓐ michiwaan na ◆ une personne malfaisante, diabolique, quelqu'un de méchant

mécontent

ᒥᐦᑎᐧᐋᐤ mihtiwaau vai ◆ il/elle est mécontent-e de la somme qu'il/elle a reçu

ᒥᐦᑎᐧᐃᒫᐤ mihtiwimaau vta ◆ il/elle est mécontent-e de la quantité reçue et pourrait le lui faire savoir

ᐱᔑᔑᐧᑳᔨᒨ pishishikwaayimuu vai -u ◆ il/elle est mécontent-e parce qu'on ne partage pas la nourriture avec lui

ᐧᐃᔮᔥᑖᔨᐦᑎᒻ wiyaashtaayihtim vti ◆ il/elle est en colère, pense que quelque chose ne va pas avec ça, est mécontent de ça

mécontente

ᐹᔑᐧᑳᔨᒫᐤ paashikwaayimaau vta ◆ il/elle est mécontent-e de ses actes, désapprouve ses actes

médecin

ᓂᑐᐦᑯᔨᓂᐤ **nituhkuyiniu** vai ◆ il/elle est médecin

ᓂᑐᐦᑯᔨᓐ **nituhkuyin** na -im ◆ un docteur, une docteure, un ou une médecin

médicament

ᓂᑐᐦᑯᔨᓐ **nituhkuyin** ni -im ◆ un remède, un médicament

ᓂᑐᐦᑯᔨᓂᒋᓯᐤ **nituhkuyinichisiu** vai ◆ il/elle sent le médicament

ᐑᓂᑐᐦᑯᔨᓂᑭᓐ **wiinituhkuyinikin** vii ◆ ça sent le médicament

médiocre

ᒋᔅᑎᒫᑭᓐ **chistimaakin** vii ◆ les temps sont durs; il y a peu de ressources

méditation

ᒫᒥᑐᓈᔨᐦᑎᒧᐎᓐ **maamitunaayihtimuwin** ni ◆ la méditation, une pensée

méfait

ᐅᐎᓂᔨᐦᑎᐎᓐ **uwiniyihtiwin** ni ◆ un méfait, une erreur

meilleur

ᒌᔑᐙᐤ **chiishiwaau** vii ◆ la fourrure est à son meilleur

mélanger

ᐄᑖᐦᐊᒼ **iitaaham** vti ◆ il/elle le mélange

ᐄᑖᐦᐙᐤ **iitaahwaau** vta ◆ il/elle le/la mélange

ᐄᑖᓈᐤ **iitaanaau** vta ◆ il/elle le/la mélange à la main

ᐄᑖᓂᒼ **iitaanim** vti ◆ il/elle le mélange à la main

ᒫᒧᐎᐱᔨᐦᑖᐤ **maamuwipiyihtaau** vai ◆ il/elle le mélange

ᐄᑖᐱᔨᐦᐋᐤ **iitaapiyihaau** vta ◆ il/elle le/la mélange en le/la secouant

ᐄᑖᐱᔨᐦᑖᐤ **iitaapiyihtaau** vai ◆ il/elle le/la mélange en la/le secouant

ᐄᑖᔮᑭᒥᐦᐊᒼ **iitaayaakimiham** vti ◆ il/elle mélange quelque chose de liquide

ᒋᔅᐱᐦᐙᐤ **chispihwaau** vta ◆ il/elle le/la mélange, brasse, remue (par ex. de la pâte) avec quelque chose

ᔑᑯᒫᐤ **shikumaau** vta ◆ il/elle mélange du poisson sans arrêtes avec des baies

mélèze

ᑖᐦᑖᔮᒋᓈᑭᓐ **taahtaayaachinaakin** na ◆ un grand mélèze

ᐙᒋᓈᑭᓐ **waachinaakin** na ◆ un mélèze *Larix laricina*

ᐙᒋᓈᑭᓂᐦᑎᒄ **waachinaakinihtikw** ni ◆ du bois de mélèze séché

ᐙᒋᓈᑭᓂᔅᑳᐤ **waachinaakiniskaau** vii ◆ c'est une zone de mélèzes

ᐙᒋᓈᑭᓈᐹᔑᐦᑯᒡ **waachinaakinaapaashihkuch** na pl ◆ des branchages de mélèze ou d'un grand arbre

membre inférieur

ᐋᐦᒋᑯᔅᐴᐦᑭᓐ **aahchikuspuuhkin** ni -um ◆ un membre inférieur de phoque

même

ᐹᔨᑯᓂᐦᒡ **paayikunihch** p,lieu ◆ au même endroit, de la même manière ■ ᓈᔥᑎᔨᒡ ᐹᔨᑯᓂᐦᒡ ᐄᔑᓈᑯᐦᑖᐤ ᒥᔅᒋᓯᓐᐦ ᐋᐦ ᐅᔑᐦᑖᐟ᙮ ■ naashtiyich paayikunihch iishinaakuhtaau mischisinh aah ushihtaat. ■ *Il fabrique toujours le même style de mocassins.*

ᐹᔨᑯᐦᐋᐤ **paayikuhaau** vta ◆ il/elle ne s'occupe que de lui/elle, il/elle utilise toujours le/la même

ᓵᐦᒑ **saahchaa** p,manière ◆ de lui-même, d'elle même, il/elle l'a voulu ■ ᐑᔨ ᓵᐦᒑ ᒌᐦ ᐄᑖᔨᐦᑎᒼ ᒑ ᑎᑯᔑᐦᒃ᙮ ■ wiiyi saahchaa chiih iitaayihtim chaa tikushihk. ■ *Elle est venue d'elle-même.*

ᐙᐙᒡ **waawaach** p,évaluative ◆ même, toutefois, malheureusement ■ ᐙᐙᒡ ᑳ ᐎᓂᒋᔅᒋᓯᔮᐦᒡ ᒫᒌᓯᒡ ᓈᔥᒡ ᒫᒃ ᐋᐦ ᒌᐦ ᑎᐦᑳᔮᒡ᙮ ■ waawaach kaa winichischisiyaahch maachiisich naashch maak aah chiih tihkaayaach. ■ *Il faisait si froid, mais malheureusement nous avions oublié les allumettes.*

ᐹᔨᑯᐦᑖᐎᒡ **paayikuhtaawich** vti pl ◆ ils/elles l'utilisent en même temps

ᑖᐱᔥᑯᑖᔨᒫᐤ **taapishkutaayimaau** vta ◆ il/elle éprouve le même sentiment pour les deux, il/elle ressent la même chose envers les deux

ᑖᐳᒑᐤ **taapuchaau** vai ◆ il/elle réutilise le même campement une autre année

ᐑᒋᒌᒫᐤ **wiichichiimaau** vta ◆ il/elle a le même âge que lui/elle

ᐑᒋᔅᐱᐦᑎᓰᒫᐤ **wiichispihtisiimaau** vta ◆ il/elle a le même âge que lui/elle

ᐑᒋᐅᑳᐐᒫᐤ **wiichiukaawiimaau** vta ◆ il/elle a la même mère que lui

ᐑᑖᔅᒋᐦᒁᒫᐤ **wiitaaschihkwaamaau** vai ◆ il/elle utilise la même casserole que quelqu'un d'autre pour cuire sa nourriture en même temps ou pour faire du thé

ᐅᐑᒋᓯᓂᐦᑳᓱᒫᑭᓐᐦ **uwiichisinihkaasumaakinh** na ◆ une personne qui a le même nom qu'une autre

ᑖᐱᔥᑯᓐ **taapishkun** p,manière ◆ tous les deux, en même temps ■ ᑖᐱᔥᑯᓐ ᒌᐦ ᐅᓈᐹᒥᐎᒡ ᐅᒥᔥ᙮ ■ taapishkun chiih unaapaamiwich umish. ■ *Elle s'est mariée en même temps que sa soeur aînée.*

ᑖᐱᔥᑯᑖᔨᐦᑎᒼ **taapishkutaayihtim** vti ◆ il/elle éprouve les mêmes sentiments envers les deux

mémoire

ᔒᐱᒋᔅᒋᓯᐤ **shiipichischisiu** vai ◆ il/elle a bonne mémoire

mendiant

ᐅᐱᑯᔑᐦᐄᐙᐤ **upikushihiiwaau** na ◆ un mendiant

mendier

ᓂᑐᑎᒫᐤ **nitutimaau** vai ◆ il/elle mendie, quémande

ᓂᑐᑎᒧᐙᐤ **nitutimuwaau** vta ◆ il/elle mendie, supplie pour lui/elle

mener
ᐄᑎᒨ *iitimuu* vii -u ◆ ça mène à quelque part ou quelque chose (ex. une route, un sentier)
ᓈᓯᐹᒨ *naasipaamuu* vii -u ◆ ça mène au rivage, à l'eau (ex. un sentier)

menotte
ᒥᒫᐦᒋᐧᑳᐱᐢᑭᐦᐄᑭᐣᐦ *mimaahchikwaapiskihiikinh* ni pl ◆ des menottes
ᒥᒫᐦᒋᐧᑳᐱᐢᑭᐦᐧᐋᐤ *mimaahchikwaapiskihwaau* vta ◆ il/elle lui passe les menottes; il/elle l'empêche de s'échapper en utilisant des roches comme barricade

mensonge
ᓂᓂᑎᔮᒋᒫᐤ *ninitiyaachimaau* vta redup ◆ il/elle lui raconte des mensonges à son sujet
ᐧᐃᔮᔑᒫᐤ *wiyaashimaau* vta ◆ il/elle raconte sur lui/elle des histoires qui ne sont pas vraies, il/elle le/la trompe avec ses paroles

mentalité
ᐄᔨᔨᐅᐧᐋᔨᐦᑎᒧᐧᐃᐣ *iiyiyiuwaayihtimuwin* ni ◆ la mentalité crie

mentir
ᓂᓂᑎᔨᒫᐤ *ninitiyimaau* vta redup ◆ il/elle lui ment
ᓂᓂᑎᔨᐤ *ninitiyiu* vai redup ◆ il/elle ment, raconte des mensonges, ne dit pas la vérité
ᓂᓂᑎᔮᒋᒫᐤ *ninitiyaachimaau* vta redup ◆ il/elle lui raconte des mensonges à son sujet

menton
ᐅᐧᑳᐦᑯᓈᐤᐦ *ukwaahkunaauh* nad ◆ son menton
ᒋᔖᔮᑯᐧᑳᐦᑯᓈᐤ *chishaayaakukwaahkunaau* ni -m ◆ le menton de l'ours
ᓯᓂᑯᐢᑐᐧᐋᓈᐤ *sinikustuwaanaau* vai ◆ il/elle lui frotte le menton
ᑑᒥᐧᑳᐦᑯᓈᐧᐋᐤ *tuumikwaahkunaawaau* vai ◆ il/elle a le menton graisseux
ᐅᐲᐧᑳᑯᑖᑭᐣᐦ *upiikwaakutaakinh* ni ◆ les longs poils du caribou situés sous son menton
ᑑᒥᔥᐧᑳᒋᐴ *tuumishkwaachipuu* vai -u ◆ il/elle a le menton graisseux et la bouche graisseuse d'avoir mangé de la nourriture grasse

mépris
ᔒᑳᑖᔨᒫᐤ *shiikaataayimaau* vta ◆ il/elle éprouve du dédain, du mépris envers lui/elle

méprisable
ᒫᔮᔨᐦᑎᒥᓈᑯᓯᐤ *maayaayihtiminaakusiu* vai ◆ il/elle est méprisable, indigne
ᐲᐧᐋᔨᐦᑖᑯᓯᐤ *piiwaayihtaakusiu* vai ◆ il/elle est méprisable, indigne

mercredi
ᐋᐱᐦᑎᐧᐃᐣ *aapihtiwin* vii ◆ c'est mercredi, il en reste la moitié

mère
ᓂᑳᐧᐄ *nikaawii* na ◆ ma mère
ᐅᑳᐧᐄᐦ *ukaawiih* nad ◆ sa mère
ᐅᑳᐧᐄᒫᐤ *ukaawiimaau* nad ◆ une mère
ᐅᑳᐧᐄᒫᐅ *ukaawiimaauu* vai -aawi ◆ elle est mère
ᓈᑳ *naakaa* nad voc ◆ maman!
ᓂᑳᐧᐄᔑᐱᐣ *nikaawiishipin* nad ◆ ma défunte mère
ᐧᐄᒋᐅᑳᐧᐄᒫᐤ *wiichiukaawiimaau* vta ◆ il/elle a la même mère que lui

mérite
ᒥᒫᐧᑳᔨᐦᑎᒼ *mimaakwaayihtim* vti redup ◆ il/elle reçoit ce qu'il/elle mérite

mériter
ᒫᔮᐅᒑᔨᒫᐤ *maayaauchaayimaau* vta ◆ il/elle pense qu'il/elle le mérite
ᐅᐦᑎᓰᐤ *uhtisiiu* vai ◆ il/elle le mérite
ᑖᐱᒑᔨᐦᑖᑯᐣ *taapichaayihtaakun* vii ◆ ça vaut la peine, ça le mérite
ᑖᐱᒑᔨᐦᑖᑯᓯᐤ *taapichaayihtaakusiu* vai ◆ il/elle en vaut la peine, il/elle le mérite
ᒋᔥᑖᔨᐦᑖᑯᓯᐤ *chishtaayihtaakusiu* vai ◆ il/elle mérite les honneurs, la gloire

merle
ᐲᐦᐲᐦᒑᐤ *piihpiihchaau* na -aam ◆ un merle *Turdus migratorius*

mésange
ᐧᐄᒑᐱᔒᔥ *wiichaapishiish* na -im ◆ une mésange à tête brune *Parus hudsonicus; Poecile hudsonica*

message
ᒋᐢᑭᐦᐄᑭᐣ *chiskihiikin* ni ◆ un bâton indicateur, qui indique où se trouve un campement
ᒋᐢᑭᐦᐄᒑᐤ *chiskihiichaau* vai ◆ il/elle pose un bâton indicateur
ᐹᔓᒋᐢᑭᐦᐄᒑᐤ *paashuchiskihiichaau* vai ◆ il/elle met un bâton indiquant que son campement n'est pas loin
ᐧᐄᒋᒑᐢᑭᐦᐄᒑᐤ *wiichichaaskihiichaau* vai ◆ il/elle place un bâton indiquant qu'il/elle a déjà installé le campement

message radio
ᐄᑎᔑᐦᐊᒼ *iitishiham* vti ◆ il/elle l'envoie, il/elle envoie un message radio
ᐄᑎᔑᐦᐊᒫᒑᐤ *iitishihamaachaau* vai ◆ il/elle envoie quelque chose à quelqu'un d'autre, il/elle envoie un message radio

messager
ᐱᐹᒥᑎᔑᐦᐧᐋᑭᐣ *pipaamitishihwaakin* na redup ◆ un messager, une messagère
ᑎᐹᒋᒧᓯᐤ *tipaachimusiu* na -iim ◆ un messager, une messagère, un conteur, une conteuse

messagère
ᐱᐹᒥᑎᔑᐦᐧᐋᑭᐣ *pipaamitishihwaakin* na redup ◆ un messager, une messagère

mesure
ᑎᐹᐢᑯᓂᑭᐣ *tipaaskunikin* ni ◆ un mètre, une verge (ancienne unité de mesure anglo-saxonne équivalente à 0,914 m) (ex. une verge de tissu)

mesurer

ᑎᐹᒋᓈᐤ **tipaachinaau** vta ◆ il/elle le/la mesure (étalé) en l'élevant à côté de quelque chose

ᑎᐹᒋᓂᒼ **tipaachinim** vti ◆ il/elle le mesure (étalé) en l'élevant à côté de quelque chose

ᑎᐸᐹᑖᐤ **tipaapaataau** vta ◆ il/elle le/la mesure en utilisant quelque chose de filiforme

ᑎᐸᐹᑎᒼ **tipaapaatim** vti ◆ il/elle le mesure avec quelque chose de filiforme

ᑎᐱᓈᐤ **tipinaau** vta ◆ il/elle tient quelque chose contre lui pour le mesurer avec

ᑎᐱᓂᒼ **tipinim** vti ◆ il/elle appuie quelque chose dessus pour le mesurer

ᑎᐱᑎᐦᒑᐦᑎᒼ **tipitihchaahtim** vti ◆ il/elle le/la mesure avec ses mains

ᑎᐸᐹᒋᑭᓐ **tipaapaachikin** ni ◆ un mètre à ruban, du fil à mesurer

ᐄᔅᑯᑳᐳ **iiskukaapuu** vai -uwi ◆ il/elle a... (par ex. deux mètres) de haut

ᐄᔅᑯᓯᐤ **iiskusiu** vai ◆ il/elle a ... (par ex. deux mètres) de long

ᐄᔅᐙᔅᑯᓐ **iiskwaaskun** vii ◆ ça a...(par ex. deux mètres) de long (long et rigide)

ᐄᔅᐙᔅᑯᓯᐤ **iiskwaaskusiu** vai ◆ il/elle a... (par ex. deux mètres) de long

ᑎᐱᐦᐋᔅᒑᐤ **tipihaaschaau** vai ◆ il/elle mesure le pays, arpente le terrain

ᑎᐱᐦᐊᒼ **tipiham** vti ◆ il/elle le paye, le mesure

ᑎᐱᐦᐗᐤ **tipihwaau** vta ◆ il/elle paye pour quelque chose (d'animé), le/la mesure

ᑎᐱᓂᔅᒑᓂᒼ **tipinischaanim** vti ◆ il/elle le mesure avec sa main

ᑎᐱᓂᔅᑳᑖᐤ **tipiniskaataau** vta ◆ il/elle le/la mesure avec son bras

ᑎᐱᓂᔅᑳᑎᒼ **tipiniskaatim** vti ◆ il/elle le mesure avec son bras

ᑎᐱᔑᒫᐤ **tipishimaau** vta ◆ il/elle le/la mesure en utilisant quelque chose pour comparer

ᑎᐱᓯᑖᐦᑎᒼ **tipisitaahtim** vti ◆ il/elle le mesure en plaçant un pied devant l'autre

ᑎᐱᓯᑖᒫᐤ **tipisitaamaau** vta ◆ il/elle le/la mesure en plaçant un pied devant l'autre

ᐄᔅᑯᐱᑐᓈᐤ **iiskupitunaau** vai ◆ son bras a...(par ex. 30 cm) de long

ᐄᔅᐙᒋᓯᐤ **iiskwaachisiu** vai ◆ il/elle a ...(par ex. deux mètres) de long (étalé)

ᐃᔅᑯᔨᐙᐤ **iskuyiwaau** vai ◆ il/elle mesure...(par ex. 1m 65cm)

ᑎᐹᔅᑯᓂᒼ **tipaaskunim** vti ◆ il/elle le mesure avec une règle ou un mètre à ruban

ᑎᐱᓂᐦᐄᐹᐤ **tipinihiipaau** vai ◆ il/elle mesure la distance entre les flotteurs et les plombs sur un filet de pêche

ᐄᔅᐙᓂᑳᐤ **iiskwaanikaau** vii ◆ l'île mesure... (par ex. 10km)

ᐄᔅᐱᐦᑖᔅᑯᓯᐤ **iispihtaaskusiu** vai ◆ il/elle a ...(par ex. 30cm) de long et ...(par ex. 5cm) de large (se dit de quelque chose de long, par ex. un bâton ou un poisson)

ᐃᔅᐱᐦᑖᔪᐎᑳᐤ **ispihtaayuwikaau** vii ◆ ça a... (par ex. 2 m) de long sur ... (par ex. 3 m) de large (étalé)

métal

ᐱᐘᔮᐱᔅᒄ **piywaapiskw** ni -um ◆ du métal

ᐱᐘᔮᐱᔅᑯ **piywaapiskuu** vai -uwi ◆ il/elle est en métal

ᐱᐘᔮᐱᔅᑯ **piywaapiskuu** vii -uwi ◆ c'est en métal

ᐊᐙᐱᔅᒋᓂᑭᓐ **akwaapischinikin** ni ◆ un morceau de métal plat utilisé pour flamber les animaux et enlever les poils, les piquants

ᐊᑐᔅᑭᐙᔅᑯᐦᐄᑭᓐ **atuskiwaaskuhiikin** ni ◆ un feu sur un support de métal

ᐱᐘᔮᐱᔅᐙᔮᐲ **piywaapiskwaayaapii** ni ◆ un fil de fer, un fil métallique

ᓯᔅᒌᐦᑳᓈᐱᔅᒄ **sischiihkaanaapiskw** ni ◆ du métal pour retenir le ciment

ᐅᒋᐙᒋᑭᓈᐱᔅᒄ **uchikwaachikinaapiskw** ni -um ◆ du métal pour des crochets

ᐊᐙᐱᔅᒋᓈᐤ **akwaapischinaau** vta ◆ il/elle le presse contre du métal brûlant

ᐊᐙᐱᓯᔅᒋᓯᐤ **akwaapisischisiu** vai ◆ il/elle touche du métal brûlant et se brûle

ᐊᐙᐱᓯᔅᑖᐤ **akwaapisistaau** vii ◆ c'est contre du métal et ça brûle

ᒥᒫᐦᒋᐙᐱᔅᑭᐦᐊᒼ **mimaahchikwaapiskiham** vti ◆ il/elle l'attache avec du métal (ex. une chaîne)

ᐱᐘᔮᐱᔅᑯᐦᑭᐦᑎᐙᐤ **piywaapiskuhkihtiwaau** vta ◆ il/elle y attache un morceau de métal

ᐱᐘᔮᐱᔅᑯᐦᑯᐦᑎᒼ **piywaapiskuhkuhtim** vti ◆ il/elle y attache un morceau de métal

ᐊᑭᐦᒌ **akihchii** ni ◆ un crochet de bois ou de métal pour suspendre les casseroles au-dessus du feu

ᐊᐙᐱᔅᒋᓂᒑᐤ **akwaapischinichaau** vta ◆ il/elle appuie du métal brûlant sur quelque chose (d'animé) (par ex. sur la peau du porc-épic pour enlever les piquants et le poils)

ᐊᐙᐱᔅᒋᓂᒼ **akwaapischinim** vti ◆ il/elle l'appuie en pressant contre du métal brûlant

mètre

ᑎᐹᔅᑯᓂᑭᓐ **tipaaskunikin** ni ◆ un mètre, une verge (ancienne unité de mesure anglo-saxonne équivalente à 0,914 m) (ex. une verge de tissu)

ᓃᔓᑎᐹᔅᑯᓂᑭᓐ **niishutipaaskunikin** p,quantité ◆ deux verges, mètres

ᓂᔥᑐᑎᐹᔅᑯᓂᑭᓐ **nishtutipaaskunikin** p,quantité ◆ trois verges, mètres

mètre à ruban

ᑎᐸᐹᒋᑭᓐ **tipaapaachikin** ni ◆ un mètre à ruban, du fil à mesurer

ᑎᐹᔅᑯᓂᒼ **tipaaskunim** vti ◆ il/elle le mesure avec une règle ou un mètre à ruban

mettre

ᐳᔥᒋᔥᑭᒧᔮᐤ **pushchishkimuyaau** vta ◆ il/elle le met sur lui/elle

ᐳᔥᒋᔥᑭᐧᐋᐤ **pushchishkiwaau** vta ◆ il/elle le/la met (animé, vêtement)

ᐋᑭᑐᓈᐤ **aaakitunaau** vta ◆ il/elle met sa main dedans (animé)

ᐋᐦᑯᐃᐦᑎᐧᐃᐲᐦᑎᐦᐊᒼ **aahkuihtiwipiihtiham** vti ◆ il/elle le met dans quelque chose puis met le tout dans quelque chose d'autre

ᐋᐦᑯᐃᐦᑎᐧᐃᐲᐦᑎᐦᐧᐋᐤ **aahkuihtiwipiihtihwaau** vta ◆ il/elle le/la met dans quelque chose puis met le tout dans quelque chose d'autre

ᐋᑭᑐᓂᒼ **aakitunim** vti ◆ il/elle met sa main dedans

ᐋᑎᒋᓂᐱᑖᐤ **aatichinipitaau** vta ◆ il/elle le/la met sur son dos

ᐋᑎᒋᓂᐱᑎᒼ **aatichinipitim** vti ◆ il/elle le met sur son dos

ᐊᓱᐧᐃᑖᐤ **asuwitaau** vai ◆ il/elle le met dans un récipient

ᒋᐦᒋᔥᑖᐧᐋᔮᑯᓈᓂᒼ **chihchishtaawaayaakunaanim** vti ◆ il/elle le met dans la neige à la main

ᒋᐱᔥᐧᑳᐦᑎᐧᐋᔥᑖᐤ **chipishkwaahtiwaashtaau** vai ◆ il/elle le met dans l'entrée et ça bloque le passage

ᐄᔥᐹᐹᑭᒧᐦᐋᐤ **iishpaapaakimuhaau** vta ◆ il/elle le/la (filiforme) place en haut

ᐄᑖᐹᑭᒧᐦᐋᐤ **iitaapaakimuhaau** vta ◆ il/elle le/la (filiforme) met, l'installe d'une certaine façon

ᐄᔨᒑᐤ **iiyichaau** vai ◆ il/elle met de la neige autour de la base de l'habitation

ᒥᐦᔮᐳᑖᑭᒧᐦᑖᐤ **mihyaaputaakimuhtaau** vai ◆ il/elle le met (étalé) à l'envers

ᒥᓈᒋᔥᑎᐧᐋᐤ **minaachishtiwaau** vta ◆ il/elle le met de côté pour lui/elle

ᒧᒋᔥᑖᐦᐊᒼ **muchishtaaham** vti ◆ il/elle le met dans le feu

ᒧᒋᔥᑖᐦᐧᐋᐤ **muchishtaahwaau** vta ◆ il/elle le/la met dans le feu

ᓂᐦᐋᔅᐧᑖᓲ **nihaastwaasuu** vai reflex -u ◆ il/elle se met des choses de côté pour les utiliser plus tard

ᓃᐱᑖᔮᔅᑯᐦᐊᒼ **niipitaayaaskuham** vti ◆ il/elle met les choses en rangée sur un bâton

ᓃᐧᔖᐹᑭᐦᐋᐤ **niishwaapaakihaau** vta ◆ il/elle en met deux (animé, filiforme) ensemble

ᓃᐧᔖᐱᔅᑭᒧᐦᐋᐤ **niishwaapiskimuhaau** vta ◆ il/elle en met deux, en utilise deux (animé, minéral)

ᐹᐹᐦᑭᐦᑎᒼ **paapaahkihtim** vti ◆ il/elle met, utilise du poivre dessus

ᐹᐹᐦᑭᐦᑎᐧᐋᐤ **paapaahkihtiwaau** vta ◆ il/elle met, utilise du poivre dessus

ᐲᐦᒋᔑᒫᐤ **piihchishimaau** vta ◆ il/elle le met douillettement, bien au chaud dedans

ᐲᐦᒋᓱᐧᐃᑖᐤ **piihchisuwitaau** vai ◆ il/elle le met dedans

ᐲᐦᑎᐦᐊᒼ **piihtiham** vti ◆ il/elle le met dans quelque chose

ᐲᒥᑳᒫᒧᐦᐋᐤ **piimikaamaamuhaau** vta ◆ il/elle le/la met de biais

ᐲᒥᑳᒫᒧᐦᑖᐤ **piimikaamaamuhtaau** vai ◆ il/elle le met de biais

ᐱᑭᔥᑎᐧᐋᐦᐧᐋᐤ **pikishtiwaahwaau** vta ◆ il/elle le/la met à l'eau

ᐱᒥᑖᔅᑯᒧᐦᑖᐤ **pimitaaskumuhtaau** vai ◆ il/elle le met en travers (long et rigide)

ᐳᔅᒋᔥᑐᑎᓂᐦᐄᓲ **puschishtutinihiisuu** vai reflex -u ◆ il/elle met un chapeau

ᐳᔥᒋᔥᑭᒼ **pushchishkim** vti ◆ il/elle le met, l'enfile

ᐳᔥᒋᔥᑐᑎᓂᐦᐋᐤ **pushchishtutinihaau** vta ◆ il/elle lui met son chapeau

ᐳᔥᑖᐹᓂᐦᐋᐤ **pushtaapaanihaau** vta ◆ il/elle lui met les harnais

ᐳᔥᑎᑯᐦᐆ **pushtikuhuu** vai -u ◆ il/elle le met, l'enfile (se dit d'une robe ou d'un manteau)

ᐳᔅᑖᔅᑯᐦᑎᑖᐤ **pustaaskuhtitaau** vai ◆ il/elle le met (long et rigide) sur quelque chose

ᐳᔅᑎᓵᒫᐤ **pustisaamaau** vai ◆ il/elle met ses raquettes

ᐳᔅᑎᓵᒥᐦᐋᐤ **pustisaamihaau** vta ◆ il/elle lui met ses raquettes

ᐳᔅᑎᓯᔅᒋᓯᓂᐦᐋᐤ **pustisischinihaau** vta ◆ il/elle lui met ses chaussures

ᐳᔅᑎᓯᔅᒋᓯᓈᐤ **pustisischisinaau** vai ◆ il/elle met ses chaussures

ᐴᐦᒋᓱᐧᐃᑖᐤ **puuhchisuwitaau** vai ◆ il/elle le met dans quelque chose

ᐴᐦᒋᓱᐧᐃᔮᐤ **puuhchisuwiyaau** vta ◆ il/elle le/la met dans quelque chose

ᔖᐳᐦᐧᐋᐤ **shaapuhwaau** vta ◆ il/elle le met, tire droit à travers lui/elle

ᓰᐦᑎᒧᐦᐋᐤ **siihtimuhaau** vta ◆ il/elle la/le met et la/le serre bien

ᓰᐦᑎᐧᐋᔅᑯᐦᑎᑖᐤ **siihtiwaaskuhtitaau** vai ◆ il/elle le met (long et rigide) dans un espace étroit

ᑎᐹᓂᐦᐋᐤ **tipaanihaau** vta ◆ il/elle le/la met à part du reste, le/la sépare du reste

ᑎᐹᓂᓂᒼ **tipaaninim** vti ◆ il/elle le met à part du reste, le sépare du reste

ᑎᐹᓂᔥᑖᐤ **tipaanishtaau** vai ◆ il/elle le met à part du reste, le sépare du reste

ᐧᐋᔅᑳᒧᐦᐋᐤ **waaskaamuhaau** vta ◆ il/elle le/la met autour de quelque chose

ᐧᐋᔅᑳᒧᐦᑖᐤ **waaskaamuhtaau** vai ◆ il/elle le met autour

ᐧᐋᐅᒋᓂᒼ **waauchinim** vti ◆ il/elle met ses bras tout autour

ᐧᐃᓂᒧᐦᐋᐤ **winimuhaau** vta ◆ il/elle le/la met, l'enfile de travers

ᐧᐃᓂᒧᐦᑖᐤ **winimuhtaau** vai ◆ il/elle le/la met, l'enfile de travers

ᐐᐡᑎᐙᔨᐦᑎᒥᐦᐋᐤ **wishtiwaayihtimihaau** vta ◆ il/elle le/la met mal à l'aise, il/elle sent qu'il/elle pourrait faire les choses différemment

ᐐᐡᑎᐙᔨᒫᐤ **wishtiwaayimaau** vta ◆ il/elle le/la met mal à l'aise, il/elle sent qu'il/elle pourrait faire les choses différemment

ᔮᔮᐙᔮᐹᑭᒧᐦᐋᐤ **yaayaawaayaapaakimuhaau** vta ◆ il/elle le/la met (filiforme) le long du rivage

ᒦᔥᑯᒋᑳᐳᐎᐦᐋᐤ **miishkuchikaapuwihaau** vta ◆ il/elle en met un autre (ex. un poêle) à sa place

ᓂᐦᐋᐅᐦᐋᐤ **nihaauhaau** vta ◆ il/elle le/la réarrange, le/la range, le/la met de côté

ᓂᐦᐋᐅᓈᐤ **nihaaunaau** vta ◆ il/elle le/la met de côté, le/la range

ᓂᐦᐋᐅᓂᒼ **nihaaunim** vti ◆ il/elle le met de côté, le range

ᐱᐦᑳᓂᐦᐋᐤ **pihkaanihaau** vta ◆ il/elle le/la met à part, le/la sépare du reste

ᐱᐦᑳᓂᔥᑖᐤ **pihkaanishtaau** vai ◆ il/elle le met à part, le sépare des autres

ᐲᐦᒋᓱᐎᔮᐤ **piihchisuwiyaau** vta ◆ il/elle le/la met dans un récipient, un contenant

ᐲᐦᑎᐦᐙᐤ **piihtihwaau** vta ◆ il/elle le/la met dans quelque chose, lui donne une deuxième portion de nourriture

ᐱᑭᔥᑎᐙᐦᐊᒼ **pikishtiwaaham** vti ◆ il/elle le met à l'eau, le plonge dans l'eau

ᐳᔅᑖᓯᐦᐋᐤ **pustaasihaau** vta ◆ il/elle lui enfile ses chaussettes, ses bas

ᐳᔅᑎᓯᔅᒑᐤ **pustisischaau** vai ◆ il/elle met des gants, des mitaines

ᓵᒋᐹᑯᐦᑎᑖᐤ **saachipaakuhtitaau** vai ◆ il/elle le met dans l'eau avec un bout qui dépasse

ᑖᐱᐱᔨᐤ **taapipiyiu** vai ◆ il/elle se met en place, il y en a assez pour tout le monde

ᐚᔥᑳᔥᑖᐤ **waashkaashtaau** vai ◆ il/elle le met, le place tout autour

ᐚᐅᒋᑯᔨᐙᓈᐤ **waauchikuyiwaanaau** vta ◆ il/elle met ses bras autour de son cou

ᑯᐃᔅᑯᑳᐳᐎᐦᑖᐤ **kuiskukaapuwihtaau** vai ◆ il/elle le pose ou l'installe bien droit; il/elle le met en ligne droite

ᐳᔥᑎᑯᐦᐹᐤ **pushtikuhpaau** vai ◆ il/elle enfile une robe, un manteau

ᓵᒋᐱᑎᐦᐄᐹᐤ **saachipitihiipaau** vai ◆ il/elle met les flotteurs et les poids sur un filet de pêche (ceci est fait quand le filet est mis à l'eau)

mettre (se)

ᑯᔨᑎᐎᑳᐳᐤ **kuyitiwikaapuu** vai -uwi ◆ il/elle n'a nulle part où se tenir debout, se mettre

ᑎᐐᔥᑎᐙᐤ **tiwiishtiwaau** vta ◆ il/elle se met de côté pour le/la laisser passer

ᑖᐱᐱᔨᐤ **taapipiyiu** vii ◆ ça se met en place, il y en a assez pour tout le monde

mettre à l'aise

ᒥᐐᔨᒧᐦᐋᐤ **miywaayimuhaau** vta ◆ il/elle le/la met à l'aise

mettre à l'eau

ᐐᔨᑯᐦᑎᑖᐤ **wiyikuhtitaau** vai ◆ il/elle met le bateau, le canot à l'eau

mettre de côté

ᒫᐅᒋᐦᑎᒧᐙᐤ **maauchihtimuwaau** vta ◆ il/elle le met de côté pour lui/elle

ᒫᐅᒋᐦᐋᐤ **maauchihaau** vta ◆ il/elle les ramasse, accumule, met de côté ■ ᒫᐅᒋᐦᐋᐤ ᓂᔅᒃᐦ ᒑ ᓃᔑᑳᐳᐎᔨᒡᐦ ᐅᑯᓯᔅᐦ. ■ maauchihaau niskh chaa niishukaapuwiyichh ukusish. ■ *Elle/il met de côté des oies pour le mariage de son fils.*

mettre en place

ᐐᔨᔅᑖᓱ **wiyistaasuu** vai -u ◆ il/elle met tout en place

ᐅᐙᔨᐦᐋᐤ **uwaayihaau** vta ◆ il/elle le/la met en place, le/la prépare, l'assoit

mettre le feu

ᐱᓯᐙᔅᐙᐤ **pisiwaaswaau** vta ◆ il/elle met le feu aux fourrures

ᐱᓯᐙᓯᒼ **pisiwaasim** vti ◆ il/elle met le feu à de la fourrure ou à des cheveux

meule

ᒥᔥᑯᔑᐦᑳᓂᐦᒑᐤ **mishkushiihkaanihchaau** vai ◆ il/elle fait des meules de foin

meunier

ᒥᐦᑯᐦᐋᔑᐤ **mihkuhaashaau** na ◆ un meunier rouge *Catostomus catostomus*

ᒥᐦᑯᒫᐲ **mihkumaapii** na -m ◆ un meunier rouge *Catostomus catostomus*

ᐅᓯᑯᓂᒫᐲ **usikunimaapii** na -um ◆ un meunier qui est grand et très nourrissant

ᓂᒫᐲᐙᐳᐃ **nimaapiiwaapui** ni ◆ du bouillon de meunier, de carpe, de goujon

meunier noir

ᐃᔨᐦᐋᒑᐤ **iyihaachaau** na -aam ◆ un meunier noir, une carpe noire (poisson) *Catostomus commersoni*

ᓂᒫᐲ **nimaapii** na -m ◆ un meunier noir, une carpe noire *Catostomus commersoni*

meurtre

ᓂᐱᐦᐄᐙᐎᓐ **nipihiiwaawin** ni ◆ un meurtre, un homicide volontaire ou involontaire

mi-chemin

ᐋᐱᐦᑖᔅᑭᓂᐤ **aapihtaaskiniu** p,lieu ◆ à mi-chemin ■ ᐋᐱᐦᑖᔅᑭᓂᐤ ᓂᒌᐦ ᒫᐦᒋᐱᒥᓱᓈᓐ. ■ aapihtaaskiniu nichiih maahchipimisunaan. ■ *On est tombé en panne d'essence à mi-chemin.*

ᐋᐱᐦᑎᐎᔅᑭᓂᐤ **aapihtiwiskiniu** p,lieu ◆ à mi-chemin ■ ᐋᐱᐦᑎᐎᔅᑭᓂᐤ ᓂᒌᐦ ᒫᐦᒋᐱᒥᓱᓈᓐ. ■ aapihtiwiskiniu nichiih maahchipimisunaan. ■ *On est tombé en panne d'essence à mi-chemin.*

ᓂᔮᐅᒡ **niyaauch** p,lieu ◆ à mi-chemin ■ ᓂᔮᐅᒡ ᓈᑖᐦ ᐊᓐ ᒫᔅᑭᓂᐤ ᐋᐦ ᐋᑎᒧᒡ ᐋᑯᑎᐦ ᒑᒥᑖᒡ ᓂᓂᑑᐦᐅᑭᒥᑯᓈᓐ. ■ niyaauch naataah an maaskiniu aah aatimuch aakutih chaamitaach ninituuhuukimikunaan. ■ *Notre cabane de chasse est à mi-chemin le long de la route.*

ᐋᐱᐦᑖᒥᑎᓐ **aapihtaamitin** p,lieu ◆ à mi-chemin vers le sommet de la montagne ■ ᐋᐱᐦᑖᒥᑎᓐ ᒥᒄ ᒌᐦ ᐃᔥᐱᔑ ᒥᔥᑯᔒᐅᐤ. ■ aapihtaamitin mikw chiih ishpishi mishkushiiuu. ■ *Il y avait de l'herbe que jusqu'à mi-chemin vers le sommet de la montagne.*

ᐋᐱᐦᑖᒥᑎᓂᐤ **aapihtaamitiniu** p,lieu ◆ à mi-chemin vers le sommet de la montagne ■ ᓈᔥᒡ ᐋᐦ ᒌᐦ ᒦᐦᒑᐦᒡ ᒦᓂᔥᐦ ᓈᑎᐦ ᐋᐱᐦᑖᒥᑎᓂᐤ. ■ naashch aah chiih miihchaach-h miinish-h naatih aapihtaamitiniu. ■ *Il y avait beaucoup de bleuets à mi-chemin vers le sommet de la montagne.*

ᐋᐱᐦᑖᓂᑭᐦᑉ **aapihtaanikihp** p,lieu ◆ à mi-chemin d'un portage ■ ᐋᐱᐦᑖᓂᑭᐦᑉ ᐋᑯᑎᐦ ᑳ ᐊᑎ ᓯᓈᑭᐐᔮᐦᒡ. ■ aapihtaanikihp aakutih kaa ati sinaakiwiyaahch. ■ *Nous avons pris une collation à mi-chemin du portage*

ᐋᐱᐦᑎᐙᐅᐦᒡ **aapihtiwaauhch** p,lieu ◆ à mi-chemin du sommet de la colline ■ ᐋᑯᑎᐦ ᑳ ᐊᐱᔮᓐ ᓈᑎᐦ ᐋᐱᐦᑎᐙᐅᐦᒡ ᑳᐦ ᐃᐦᑖᔮᓐ. ■ aakutih kaa apiyaan naatih aapihtiwaauhch kaah ihtaayaan. ■ *Je me suis assis quand je suis arrivé à mi-chemin du sommet de la colline.*

ᐋᐱᐦᑎᐐᑳᒻ **aapihtiwikaam** p,lieu ◆ à mi-chemin le long d'un lac ■ ᐋᐱᐦᑎᐐᑳᒻ ᒌᐦ ᐙᐱᒫᐐᒡ ᐙᐱᓯᐅᐦ. ■ aapihtiwikaam chiih waapimaawich waapisiuh. ■ *Ils ont vu un cygne à mi-chemin le long d'un lac.*

ᓂᔮᐅᑖᔥᑎᒄ **niyaautaashtikw** p,lieu ◆ à mi-chemin le long d'une rivière ■ ᓂᔮᐅᑖᔥᑎᒄ ᓈᑖᐦ ᓂᒌᐦ ᐊᑎ ᐐᒋᓈᓐ ᑳ ᓈᓂᑑᒥᔅᒁᐦᐊᒫᐦᒡ. ■ niyaautaashtikw naataah nichiih ati wiichinaan kaa naanituumiskwaahamaahch. ■ *Nous avons établi notre camp à mi-chemin le long de la rivière alors que nous cherchions des traces de l'activité des castors*

ᓂᔮᐅᑖᐅᐦᒡ **niyaautaauhch** p,lieu ◆ à mi-chemin vers le sommet d'une montagne ■ ᓈᔥᒡ ᐋᐦ ᒌᐦ ᒥᒥᐦᒋᒥᓂᑳᒡᐦ ᐄᔨᒥᓐᐦ ᓈᑎᐦ ᓂᔮᐅᑖᐅᐦᒡ. ■ naashch aah chiih mimihchiminikaach-h iiyiminh naatih niyaautaauhch. ■ *Il y avait de gros bleuets à mi-chemin vers le sommet de la montagne.*

ᐋᐱᐦᑎᐎᐦᐊᒻ **aapihtiwiham** vti ◆ c'est midi, c'est le milieu de la journée; il/elle en est au milieu de son voyage, à mi-chemin

ᒁᔅᑯᑯᒋᓐ **kwaaskukuchin** vai ◆ le soleil est après son mi-chemin, c'est l'après-midi

ᓂᔮᐅᑖᐦᑎᒄ **niyaautaahtikw** p,lieu ◆ à mi-chemin sur le tronc, sur l'arbre ■ ᓂᔮᐅᑖᐦᑎᒄ ᐊᓂᔮᐦ ᒥᓂᐦᐄᒄᐦ ᐋᑯᑎᐦ ᑳ ᐊᑯᓰᑦ ᐊᓐ ᐋᓂᑯᒑᔥ. ■ niyaautaahtikw aniyaah minihiikwh aakutih kaa akusiit an aanikuchaash. ■ *Cet écureuil se tenait à mi-chemin sur le tronc de l'épinette blanche.*

ᓂᔮᐅᑖᑯᓂᒡ **niyaautaakunich** p,lieu ◆ au milieu d'une pente couverte de neige, à mi-pente ■ ᐊᓂᑎᐦ ᓂᔮᐅᑖᑯᓂᒡ ᐋᑯᑎᐦ ᑳ ᒀᑎᐱᔑᐦᒃ ᐊᓐ ᑳᐅᔅᑖᑯᓂᒋᐱᐦᑖᑦ ᐙᓵ ᐋᐦ ᒌᐦ ᐄᐦ ᒋᔑᐱᔨᑦ. ■ anitih niyaautaakunich aakutih kaa kwaatipishihk an kaaustaakunichipihtaat waasaa aah chiih wiih chishipiyit. ■ *La motoneige s'est renversée à mi-pente parce qu'elle allait trop vite.*

ᑳᐦᒋᔅᑖᐅᐦᒋᔅᑎᓐ **kaahchistaauhchistin** vii ◆ il y a une montagne ou une colline à mi-chemin le long du lac

mi-pente

ᓂᔮᐅᑎᔅᑭᒥᒡ **niyaautiskimich** p,lieu ◆ à mi-pente ■ ᓈᑖᐦ ᓂᔮᐅᑎᔅᑭᒥᒡ ᐋᑯᑎᐦ ᑳ ᒌ ᓂᐱᐦᐋᑭᓂᐅᐎᒡ ᒥᐦᒑᑐ ᐊᑎᐦᑯᒡ. ■ naataah niyaautiskimich aakutih kaa chii nipihaakiniuwich mihchaatu atihkuch. ■ *On tuait beaucoup de caribou à mi-pente.*

ᓂᔮᐅᑖᑯᓂᒡ **niyaautaakunich** p,lieu ◆ au milieu d'une pente couverte de neige, à mi-pente ■ ᐊᓂᑎᐦ ᓂᔮᐅᑖᑯᓂᒡ ᐋᑯᑎᐦ ᑳ ᒀᑎᐱᔑᐦᒃ ᐊᓐ ᑳᐅᔅᑖᑯᓂᒋᐱᐦᑖᑦ ᐙᓵ ᐋᐦ ᒌᐦ ᐄᐦ ᒋᔑᐱᔨᑦ. ■ anitih niyaautaakunich aakutih kaa kwaatipishihk an kaaustaakunichipihtaat waasaa aah chiih wiih chishipiyit. ■ *La motoneige s'est renversée à mi-pente parce qu'elle allait trop vite.*

microscopique

ᒥᔨᔅᑯᑎᐙᐱᒥᓈᑯᓐ **miyiskutiwaapiminaakun** vii ◆ ça se voit à l'oeil nu (utilisé à forme négative: microscopique)

midi

ᐋᐱᐦᑖᒌᔑᑳᐤ **aapihtaachiishikaau** vii ◆ il est midi, c'est le milieu de la journée

ᐋᐱᐦᑎᐎᐦᐊᒻ **aapihtiwiham** vti ◆ c'est midi, c'est le milieu de la journée; il/elle en est au milieu de son voyage, à mi-chemin

miel

ᐋᒨᔔᑳᐤ **aamuushuukaau** ni-m ◆ du miel, lit.'du sucre d'abeilles'

miette

ᒥᒧᔑᐦᑭᐦᑎᒻ **mimushihkihtim** vti ◆ il/elle le ramasse et en mange les miettes, les restes

miettes

ᒫᒧᔑᐦᑭᒫᐤ **maamushihkimaau** vta ◆ il/elle en mange les miettes, les épluchures

mieux

ᐊᔅᐱᐦᐊᒻ **aspiham** vti ◆ il/elle ajuste quelque chose dessus pour qu'il s'ajuste mieux

ᐊᔅᐱᐦᐙᐤ **aspihwaau** vta ◆ il/elle ajuste quelque chose dessus pour mieux l'ajuster

ᒦᓂᐙᑎᓰᐤ **miiniwaatisiiu** vai ◆ il/elle se sent mieux après avoir été malade

ᔒᐦᒋᐎᔮᐤ **shiihchiwiyaau** vai ◆ il/elle le/la dépasse, fait mieux que lui/elle

mignon

ᒫᔥᒑᔨᐦᒑᑯᔑᔑᐤ **maashchaayihchaakushishiu** vai dim ◆ il est mignon, elle est mignonne

ᒫᔥᒑᔨᐦᑖᑯᔑᐤ **maashchaayihtaakushiu** vii dim ◆ c'est mignon

ᒫᔥᒋᓈᑯᐦᐋᔑᐤ **maashchinaakuhaashiu** vai dim ◆ il/elle rend mignon, la rend mignonne

ᒫᔥᒋᓈᑯᐦᒑᔑᐤ **maashchinaakuhchaashiu** vai dim ◆ il/elle le rend mignon

ᒫᔥᒋᓈᑯᔑᔑᐤ **maashchinaakushishiu** vai dim ◆ il est mignon, elle est mignonne

ᒫᔥᒋᓈᑯᔑᐤ **maashchinaakushiu** vii dim ◆ ça a l'air mignon

ᒫᔥᒋᓂᔑᐤ **maashchinishiu** vai dim ◆ il/elle le trouve mignon

ᒫᔐᒋᓂᐧᐋᔑᐅ maashchiniwaashiu vai dim
◆ il/elle le trouve mignon, la trouve mignonne

ᓈᐹᐅᓈᑯᓯᐅ naapaaunaakusiu vai ◆ il a l'air mignon, viril, a l'air d'un bon chasseur, d'un bon pourvoyeur

migrateur

ᓃᐱᓂᐱᔮᔒᔥ niipinipiyaashiish na -im ◆ un oiseau d'été, un oiseau migrateur

migration

ᐹᐱᐦᑖᐅᑎᐦᒄ paapihtaautihkw na -um ◆ un caribou en migration

migrer

ᐱᒥᐦᐊᒼ pimiham vti ◆ il/elle migre

ᒧᔖᐧᐋᐦᔮᐅ mushaawaahyaau vai ◆ il/elle migre vers le nord (par ex. un oiseau)

mile

ᑎᐱᐦᐄᑭᓐ tipihiikin ni ◆ un mile, un gallon

ᓃᔓᑎᐱᐦᐄᑭᓐ niishutipihiikin p,quantité ◆ deux miles, deux gallons

milieu

ᑖᑖᐅᒡ tataauch p,lieu ◆ en plein milieu ■ ᓈᐦᐋᐤ ᑖᑖᐅᒡ ᒌᐦ ᒋᒥᓱ ᐊᓐ ᒥᔥᑎᒄ ᑳ ᒥᐦᒑᔅᑯᓯᑦ ■ naahaau taataauch chiih chimisuu an mishtikw kaa mihchaaskusit. ■ *En plein milieu se dressait un gros arbre.*

ᐧᐃᔮᔅᒌ wiyaaschii ni -im ◆ le milieu d'un arbre, la partie médiane d'un arbre

ᐋᐱᐦᑖᑎᑯᐦᒡ aapihtaatikuhch p,lieu ◆ au milieu du canot ■ ᒌᐦ ᐱᑯᓈᔮᐅ ᐋᐱᐦᑖᑎᑯᐦᒡ ᐊᓐ ᐆᑦ ■ chiih pikunaayaau aapihtaatikuhch an uut. ■ *Il y avait un trou au milieu du canot.*

ᐋᐱᐦᑎᐧᐃᑳᑦ aapihtiwikaat p,lieu ◆ au milieu de la jambe ■ ᒥᓂᑑᔥ ᒌᐦ ᒫᑯᒥᑰ ᐋᐱᐦᑎᐧᐃᑳᑦ ■ minituush-h chiih maakumikuu aapihtiwikaat. ■ *Une bibitte l'a piqué au milieu de la jambe.*

ᐋᐱᐦᑎᐧᐃᑯᔅᒑᐅ aapihtiwikuschaau p,lieu ◆ à mi-chemin dans portage, à mi-portage ■ ᐋᐱᐦᑎᐧᐃᑯᔅᒑᐅ ᐋᑯᑎᐦ ᑳᐦ ᐃᐦᑎᑯᐦᒡ ᒨᔅᒋᐧᐃᓂᐹᒄ ᐋᑯᑎᐦ ᑳ ᒌ ᐧᐄᒋᓈᓂᐧᐃᒡ ■ aapihtiwikuschaau aakutih kaah ihtikuhch muuschiwinipaakw aakutih kaa chii wiichinaaniwich. ■ *Il y avait une source à mi-chemin dans le portage, c'est là que les gens campaient.*

ᒋᐱᔅᑭᓂᐅ chipiskiniu p,lieu ◆ au milieu de la route, du sentier ■ ᐊᓂᑎᐦ ᒋᐱᔅᑭᓂᐅ ᐋᑯᑎᐦ ᑳ ᐱᒥᔑᐦᒃ ᐊᓐ ᐊᑎᒼ ■ anitih chipiskiniu aakutih kaa pimishihk an atim. ■ *Le chien était couché au milieu de la route.*

ᒫᒀᔮᓂᒡ maakwaayaanich p,lieu ◆ au milieu de l'île ■ ᐊᓂᑖᐦ ᒫᒀᔮᓂᒡ ᐋᑯᑖᐦ ᑳᐦ ᐧᐋᐱᒥᒀᐤ ᒥᐦᒑᑐ ᓂᔅᑭᒡ ᐋᐦ ᒦᒋᓱᒡ ■ anitaah maakwaayaanich aakutaah kaah waapimikwaau mihchaatu niskich aah miichisuch. ■ *J'ai vu beaucoup d'oies qui se nourrissaient au milieu de l'île.*

ᓂᔮᐅᒋᑭᒧ niyaauchikimuu p,lieu ◆ au milieu du lac ■ ᓈᑎᐦ ᓂᔮᐅᒋᑭᒧ ᐋᑯᑎᐦ ᑳ ᐅᐦᒋ ᑭᐧᐃᒋᐦᑖᑦ ᓈᔥᒡ ᐋᐦ ᒥᓯᒋᔅᑎᒃ ᓂᒫᔅ ■ naatih niyaauchikimuu aakutih kaa uhchi kiwichihtaat naashch aah misichistik nimaas. ■ *Un très gros poisson jaillit à la surface au milieu du lac.*

ᓂᔮᐅᑖᐹᒋᒋᐧᐃᓐ niyaautaapaachichiwin p,lieu ◆ à mi-chemin dans le rapide, à mi-rapide ■ ᓂᔮᐅᑖᐹᒋᒋᐧᐃᓐ ᐊᓐ ᐹᐅᔥᑎᑯᐃ ᐋᑯᑎᐦ ᑳ ᐋᐱᒥᐱᔨᐦᐅᔮᐦᒡ ᑳ ᐲᐅᑎᒫᐦᒡ ■ niyaautaapaachichiwin an paaushtikui aakutih kaa aapimipiyihuyaahch kaa piiutimaahch. ■ *À mi-rapide, c'est là que nous avons accosté en descendant le rapide.*

ᑖᑖᐅᔥᑯᑖᐤ taataaushkutaau p,lieu ◆ au milieu du feu

ᑖᐅᔅᒑᒡ taauschaach p,lieu ◆ au milieu du muskeg ■ ᓈᑖᐦ ᑖᐅᔅᒑᒡ ᐋᑯᑎᐦ ᑳᐦ ᒥᐧᔮᒡ ᐊᐧᐋᔑᔥᒌᔥ ■ naataah tauschaach aakutih kaah miywaach awaashishchiish. ■ *La mousse pour le bébé était meilleure si elle provenait du milieu du muskeg.*

ᑖᐅᔅᑭᒥᒡ taauskimich p,lieu ◆ à l'intérieur des terres, au milieu de nulle part sur la terre ■ ᓈᑖᐦ ᑖᐅᔅᑭᒥᒡ ᐋᑯᑖᐦ ᑳ ᓅᒋᔥᑎᑯᐦᐹᓂᐧᐃᒡ ■ naataah tauskimich aakutaah kaa nuuchishtikuhpaaniwich. ■ *Ils ont fait quelques fouilles archéologiques à l'intérieur des terres.*

ᑖᐧᐋᒋᐱᔅᑯᓐ taawaachipiskun p,lieu ◆ au milieu du dos ■ ᓈᐦᐋᐤ ᑖᐧᐋᒋᐱᔅᑯᓐ ᒌᐦ ᒦᔅᑯᐦᐧᐋᐤ ᒥᐦᒑᔑᐅᐦ ■ naahaau taawaachipiskun chiih miiskuhwaau mihchaashiuh. ■ *Il atteignit le renard en plein milieu du dos.*

ᑖᐧᐋᒋᐧᐃᓐ taawaachiwin p,lieu ◆ au milieu du rapide ■ ᓈᐦᐋᐤ ᑖᐧᐋᒋᐧᐃᓐ ᐋᑯᑎᐦ ᑳ ᐅᐦᒋ ᓅᑯᓯᑦ ᓂᒋᒄ ■ naahaau taawaachiwin aakutih kaa uhchi nuukusit nichikw. ■ *Il y avait une loutre juste au milieu du rapide.*

ᑖᐧᐋᓯᔅᒑᐧᐃᒡ taawaasischaawich p,lieu ◆ au milieu du feu ■ ᑖᐧᐋᔅᒑᐧᐃᒡ ᐋᑯᑎᐦ ᑳ ᐱᒋᔅᑎᓂᔨᒡ ᐊᓂᔮ ᐅᔮᓯᒼ ■ taawaaschaawich aakutih kaa pichistiniyich aniyaa uyaasim. ■ *Son morceau de viande tomba en plein milieu du feu.*

ᒫᒁᓃᐱᓐ maakwaaniipin vii ◆ c'est le milieu de l'été

ᒫᒁᐱᐳᓐ maakwaapipun vii ◆ c'est le milieu de l'hiver, pendant l'hiver

ᓵᒁᔅᑯᐦᑎᓐ saakwaaskuhtin vii ◆ c'est coincé au milieu (long et rigide)

ᓵᒁᔅᑯᐦᐧᐋᐤ saakwaaskuhwaau vta ◆ il/elle glisse la partie médiane de l'étireur de fourrure dedans (animé); il/elle le/la fait glisser au milieu

ᔖᒁᔅᑯᔑᒫᐤ shaakwaaskushimaau vta ◆ il/elle le/la glisse au milieu

ᑖᑖᐅᐦᐊᒼ taataauham vti ◆ il/elle le sépare au milieu en le frappant avec quelque chose

ᑖᑖᐅᓈᐤ taataaunaau vta ◆ il/elle le/la sépare au milieu à la main

ᑖᑖᐧᐋᒋᐱᑎᒼ taataawaachipitim vti ◆ il/elle le déchire (étalé) au milieu

ᒥᓂᓵᒁᐱᔅᒑᒋᒋᐧᐃᓐ minisaakwaapischaachichiwin vii ◆ il y a une petite île rocheuse au milieu du rapide

milieu du poisson

ᐋᐱᐦᑎᐧᐃᒫᒁᓐ aapihtiwimaakwaan ni -shiim
◆ la section du milieu d'un poisson

mille

ᕆᔖᒥᑖᐦᑐᒥᑎᓂᐤ chishaamitaahtumitiniu p,nombre ◆ mille ■ ᐊᐅᔅᑖᐦ ᕆᔖᒥᑖᐦᑐᒥᑎᓂᐤ ᐄᔨᔨᐅᒡ ᒌᐦ ᐹᒋ ᑎᑯᔑᓂᒡ ᓂᑎᐦᑖᐐᓂᓈᐦᒡ. ■ austaah chishaamitaahtumitiniu iiyiyiuch chiih paachi tikushinich nitihtaawininaahch. ■ *Il y a eu plus de mille visiteurs dans notre village.*

ᐹᔨᒁᐅᕆᔖᒥᑖᐦᑐᒥᑎᓂᐤ paayikwaauchishaamitaahtumitiniu p,nombre ◆ mille

ᓃᔒᐅᕆᔖᒥᑖᐦᑐᒥᑎᓂᐤ niishwaauchishaamitaahtumitiniu p,nombre ◆ deux mille

ᓂᔥᑤᐅᕆᔖᒥᑖᐦᑐᒥᑎᓂᐤ nishtwaauchishaamitaahtumitiniu p,nombre ◆ trois mille

ᓂᔥᑐᑎᐱᐦᐄᑭᓐ nishtutipihiikin p,quantité ◆ trois miles, trois gallons

mince

ᓵᓵᑯᓰᐤ saasaakusiiu vai ◆ il/elle est mince, svelte

mine

ᒨᓂᐦᐄᔓᐐᔮᓈᐤ muunihiishuwiyaanaau vai ◆ il/elle travaille dans une mine

minéral

ᐅᓵᐙᐱᔅᑳᐤ usaawaapiskaau vii ◆ c'est vert (minéral)

minuit

ᐋᐱᐦᑖᑎᐱᔅᑳᐤ aapihtaatipiskaau vii ◆ il est minuit

ᓂᒥ ᐃᔅᕆᐦᑎᓐ nimi ischihtin vii ◆ le ciel n'est pas noir les nuits d'été, le soleil de minuit

minute

ᒥᓂᑯᔑᔥ minikushish na -im ◆ une minute, de l'anglais ou du français 'minute'

mirer (se)

ᐙᐱᒦᓱ waapimiisuu vai reflex -u ◆ il/elle se regarde dans le miroir, il/elle se mire

miroir

ᐙᐱᒦᓱᐎᓐ waapimiisuwin ni ◆ un miroir

ᐙᐱᒦᓱ waapimiisuu vai reflex -u ◆ il/elle se regarde dans le miroir, il/elle se mire

misérable

ᓂᓈᐦᑳᑖᔨᐦᑎᒼ ninaahkaataayihtim vti ◆ il/elle en souffre, en est misérable

misère

ᑰᐦᐹᑎᓰᐎᓐ kuuhpaatisiiwin ni ◆ de la misère, une souffrance

ᕆᔅᑎᒥᐦᐄᐙᐤ chistimihiiwaau vai ◆ il/elle provoque de la misère

ᕆᔅᑎᒥᐦᐄᐙᐤ chistimihiiwaau vii ◆ ça cause de la misère, de la détresse

ᕆᔅᑎᒥᐦᐄᓲ chistimihiisuu vai reflex -u ◆ il/elle se fait du tort, se met dans la misère

miséricorde

ᑳᔑᐙᔨᐦᕆᒑᑦ kaashiwaayihchichaat nap ◆ quelqu'un de miséricordieux qui vous aime

mission

ᐲᐦᒷᐦᑭᔑᐅᑭᒥᒄ piihchwaahkishiukimikw ni -m ◆ une mission catholique

Mistissini

ᒥᔅᑎᓯᓃ mistisinii ni -m ◆ le village ou la communauté de Mistissini, lit. 'grand rocher'

mitaine

ᐊᔅᑎᓵᔮᐲ astisaayaapii ni ◆ du fil pour des mitaines

ᐲᐦᑎᓈᐅᐎᔅᒑᓐ piihtinaawischaan ni ◆ la doublure d'une mitaine

ᐲᔖᑭᓂᔅᑎᓯᒡ piishaakinistisich na pl ◆ des mitaines de cuir, de peau

ᐅᔥᑭᔅᑎᓵᐤ ushkistisaau vai ◆ il/elle a des mitaines neuves

ᐲᐦᑎᓈᐎᔅᒑᐤ piihtinaawischaau vai ◆ il/elle porte une autre paire de mitaines ou de gants

ᐱᔮᒫᐅᔅᑎᓵᐤ piyaamaaustisaau vai ◆ il/elle porte des mitaines dépareillées

ᐳᔅᑎᓯᔅᒑᐤ pustisischaau vai ◆ il/elle met des gants, des mitaines

ᔖᔖᕆᔥᑎᐦᒑᐤ shaashaachishtihchaau vai ◆ il/elle ne porte pas de gants, de mitaines, il/elle est mains nues

mitaines

ᐋᐦᕆᒁᔅᑎᓯᒡ aahchikwaastisich na pl -um ◆ des mitaines en peau de phoque

ᐊᒥᔅᑯᔮᓂᔅᑎᓯᒡ amiskuyaanistisich na pl -m ◆ des mitaines (des moufles) en peau de castor

mitasse

ᐅᔥᑳᒑᐅᔮᓂᑳᑦᐦ ushkaachaauyaanikaat-h na ◆ des mitasses faites de peau de pattes de caribou

mite

ᒁᐦᒁᐱᓯᐤ kwaahkwaapisiu na -iim ◆ un papillon, une mite

mobile

ᓂᐎᑎᐦᐄᒑᐤ niwitihiichaau vai ◆ il/elle tire sur une cible mobile

mocassin

ᒌᔅᕆᓂᐦᑯᓈᔮᐲ chiischinihkunaayaapii ni ◆ de lacets pour les mocassins

ᕆᔖᔮᑯᔅᕆᓯᓐᐦ chishaayaakuschisinh na ◆ des mocassins en peau d'ours

ᒨᓱᔮᓂᔅᕆᓯᓐᐦ muusuyaanischisinh ni pl ◆ des mocassins en peau d'orignal

ᓵᓯᓐᐦ saasinh ni pl ◆ des dessus de mocassins

ᐙᔅᑳᐦᑯᓈᔅᕆᓯᓐ waaskaahkunaaschisin ni ◆ la partie supérieure d'un mocassin autour de la cheville

ᐱᐦᒌᐦᒁᐦᐊᒼ pihchiihkwaaham vti ◆ il/elle coud l'avant des mocassins, fait des fronces

ᐱᐦᒌᐦᒁᓂᒼ pihchiihkwaanim vti ◆ il/elle coud des fronces sur l'avant des mocassins

ᐙᔅᑳᐦᑯᓈᔅᕆᓂᐦᑳᑎᒼ waaskaahkunaaschinihkaatim vti ◆ il/elle enfile la jambière du mocassin

ᑳᐦᑭᔮᐦᒁᐅᐊᔅᒋᓯᓐᐦ kaahkiyaahkwaauaschisinh na -m ◆ des mocassins courts en peau de phoque

ᒥᔅᒋᓯᓐᐦ mischisinh ni pl ◆ des chaussures, des bottes, des mocassins

ᓃᔓᔅᒋᓯᓐ niishuschisin ni ◆ deux paires de mocassins découpés pas encore cousus; deux paires de chaussures

ᒌᔅᒋᓂᐦᑯᓈᔮᐲᑭᐦᑎᒼ chiischinihkunaayaapiikihtim vti ◆ il/elle pose les lacets des mocassins pour les enrouler autour de la jambe

ᓃᔓᔅᒋᓯᓈᓯᐅ niishuschisinaasiu vai ◆ il y a assez de peau pour deux paires de mocassins, de chaussures

ᓵᓯᓂᐆ saasiniuu vii -iwi ◆ c'est utilisé pour faire l'empeigne ou la claque (la partie supérieure du mocassin située sur le dessus du pied)

ᐱᐳᓂᔅᒋᓯᓐᐦ pipunischisinh ni pl ◆ des bottes, chaussures, mocassins d'hiver

ᐅᔥᑭᔅᒋᓈᐤ ushkischinaau vai ◆ il/elle a des bottes neuves, des chaussures neuves, des mocassins neufs

mocassins

ᐄᔨᔅᒋᓯᓐᐦ iiyischisinh ni pl ◆ des mocassins en peau d'orignal ou de caribou

mode de vie

ᐱᒫᑎᓰᐐᓐ pimaatisiiwin ni ◆ la vie, un mode de vie

ᒁᔅᒋᐱᒫᑎᓰᐅ kwaaschipimaatisiiu vai ◆ il/elle change son mode de vie

modèle

ᐐᔑᑭᓐ wiyishikin ni ◆ un modèle, un patron

ᒋᔅᒋᓂᐙᐱᐦᑎᒼ chischiniwaapihtim vti ◆ il/elle l'imite, le prend comme modèle ■ ᒌᐦ ᒋᔅᒋᓂᐙᐱᐦᑎᒹᐤ ᐊᓂᔮ ᑳ ᐅᔑᐦᑖᔨᒡᐦ. ■ chiih chischiniwaapihtimwaau aniyaa kaa ushihtaayichh. ■ *Elle a utilisé son travail comme modèle.*

ᒋᔅᒋᓂᐙᐱᒫᐤ chischiniwaapimaau vta ◆ il/elle l'imite, le/la prend comme modèle ■ ᒌᐦ ᒋᔅᒋᓂᐙᐱᒫᐤ ᐋᐦ ᐃᐦᑎᔨᒡ ᐋᐦ ᒫᑎᐙᔨᒡᐦ. ■ chiih chischiniwaapimaau aah ihtiyich aah maatiwaayich-h. ■ *Elle a essayé de jouer comme lui (en l'imitant).*

moderne

ᓂᔒᔨᔨᐅ nishiiyiyiu na -im ◆ un homme moderne

moelle

ᐐᓐ wiin ni -im ◆ de la moelle

ᐹᔥᑎᐦᐄᑭᓲ paashtihiikisuu vai -u ◆ il/elle casse et ouvre les os pour en extraire la moelle

ᐐᓂᐆ wiiniuu vii -iwi ◆ il y a de la moelle dans cet os

ᓅᔅᒑᐤ nuuschaau vai ◆ il/elle suce la moelle des os

ᔒᐙᑭᓈᐤ shiiwaakinaau vai ◆ il/elle suce la moelle des os d'oie

ᐐᓂᒑᐦᐄᑭᓐ wiinichaahiikin ni ◆ de la viande réduite en poudre et mélangée avec de la moelle d'os d'avant-bras

ᒌᑎᐐᐦᐄᑭᓂᑳᑦ chiitiwihiikinikaat ni ◆ l'os de la patte arrière d'un certain caribou mâle, qu'on fend en deux, dont on enlève la moelle pour la donner à manger seulement à des hommes âgés, et qui est ensuite rattaché ensemble et conservé

moelleux

ᓯᓂᔅᒋᔑᓐ sinischishin vai ◆ il/elle tombe sur quelque chose de mouillé et de moelleux

moi

ᓃᔨ niiyi pro,personnel emphatique 1 ◆ moi ■ ᓃᔨ ᐙᒋᐦᒡ ᓂᒌᐦ ᐱᐦᑖᒁᓐ. ■ niiyi waachihch nichiih pihtaakwaan. ■ *C'était moi qui flambait les aiguilles du porc-épic.*

mois

ᐹᔨᑯᐲᓯᒼ paayikupiisim p,temps ◆ un mois

ᒋᓵᔮᔅᑯᓂᐲᓯᒼ chisaayaaskunipiisim na ◆ janvier, le mois de janvier

ᒧᔕᐙᐦᔮᐅᐲᓯᒼ mushaawaahyaaupiisim na ◆ le mois de juin

ᐲᓯᒼ piisim na ◆ le soleil, un mois

ᐅᔥᑭᑯᒋᓐ ushkikuchin vai ◆ c'est le début du mois

moisi

ᐐᔨᔥᑎᐦᒋᑯᓂᒋᓯᐤ wiiyishtihchikunichisiu vai ◆ il/elle sent le moisi

ᐐᔨᔥᑎᐦᒋᑯᓂᑭᓐ wiiyishtihchikunikin vii ◆ ça sent le moisi, le renfermé (comme quand quelque chose a été gardé dans une malle pendant longtemps)

ᐐᒁᑭᑭᓐ wiikwaakikin vii ◆ ça sent la moisissure, le moisi

moisir

ᐊᒁᑯᐦᑎᓐ akwaakuhtin vii ◆ c'est moisi

ᐊᒁᑯᐱᔨᐤ akwaakupiyiu vai ◆ il/elle moisit

ᐊᒁᑯᐱᔨᐤ akwaakupiyiu vii ◆ ça moisit

ᐊᒁᑯᔑᓐ akwaakushin vai ◆ il/elle est moisi-e

moisissure

ᐐᒁᑭᑭᓐ wiikwaakikin vii ◆ ça sent la moisissure, le moisi

moissonneur

ᓅᒋᔅᑯᓯᐙᓯᐤ nuuchiskusiwaasiu na -iim ◆ un moissonneur, une moissonneuse

moissonneuse

ᓅᒋᔅᑯᓯᐙᓯᐤ nuuchiskusiwaasiu na -iim ◆ un moissonneur, une moissonneuse

moite

ᒥᔨᒧᐎᓰᐤ miyimuwisiiu vai ◆ il/elle est humide, moite

ᓃᔅᒋᓯᐤ niischisiu vai ◆ il/elle est humide, moite

moité fait

ᓂᐹᔥ nipaash p,manière ◆ faire quelque chose à l'essai, à moitié, sans attendre de bons résultats, rapidement et cochonnement, de ci de là ■ ᒥᒄ ᓂᐹᔥ ᓂᒌᐦ ᒋᔥᑖᐹᐅᒋᑭᒥᑾᐣ ᐋᐦ ᒌᐦ ᒋᔅᒑᔨᐦᑎᒫᐣ ᒦᐣ ᐐᐱᒡ ᒑ ᐹᒋ ᒥᐦᒑᑎᒡ ᐊᐛᔑᔑᒡ. ❖ ᓂᐹᔥ ᒫ ᑯᒋᐦᑖᐦ ᑭᔮᐦ ᒌᔨ ᒑ ᐐᐦ ᒋᔅᑯᑎᒫᓱᔨᐣ ᑖᓂᑖᐦ ᐋᐦ ᐃᐦᑐᑖᑭᓂᐎᒡ. ■ mikw nipaash nichiih chishtaapaauchikimikwaan aah chiih chischaayihtimaan miin wiipich chaa paachi mihchaatich awaashishich. ❖ nipaash maa kuchihtaah kiyaah chiiyi chaa wiih chiskutimaasuyin taanitaah aah ihtutaakiniwich. ■ *Je n'ai pas bien lavé le plancher parce que je savais que beaucoup d'enfants allaient revenir bientôt.* ❖ *Essaie au moins d'essayer à apprendre à le faire!*

moitié

ᐋᐱᐦᑎᐅ aapihtiu p,quantité ◆ la moitié ■ ᐋᐱᐦᑎᐅ ᓂᒌᐦ ᐹᒋ ᒥᔨᒄ ᐊᓂᔮᐦ ᔓᐎᔮᓐᐦ ᑳ ᐅᐦᑎᓰᑦ. ■ aapihtiu nichiih paachi miyikw aniyaah shuwiyaanh kaa uhtisiit. ■ *Il m'a donné la moitié de l'argent qu'elle/il a gagné.*

ᐄᔑᑭᐣ iishikin p,quantité ◆ la moitié ■ ᐄᔑᑭᐣ ᒌᐦ ᒫᒋᔑᒧᐙᐦᑖᑯᐱᐣ ᐊᓂᔮᐦ ᐋᐃᐦᑯᓈᐅᐦ. ■ iishikin chiih maachishimuwaahtaakupin aniyaah aaihkunaauh. ■ *Il a coupé la moitié de la bannique pour lui.*

ᐋᐱᐦᑎᐎᓰᐅ aapihtiwisiiu vai ◆ c'est la moitié

ᐋᐱᐦᑎᐎᐱᑐᐣ aapihtiwipitun p,lieu ◆ la moitié du bras ■ ᐋᐱᐦᑎᐎᐱᑐᐣ ᒌᐦ ᐃᔥᐱᔑ ᐊᑯᐦᑎᑖᐅ. ■ aapihtiwipitun chiih ishpishi akuhtitaau. ■ *Elle/Il a trempé son bras à moitié dans l'eau.*

ᐋᐱᐦᑎᐎᐣ aapihtiwin vii ◆ c'est mercredi, il en reste la moitié

ᐋᐱᐦᑎᐎᐱᔩᐦᑖᐅ aapihtiwipiyihtaau vai ◆ il/elle en verse la moitié

ᐋᐱᐦᑎᐎᔅᒋᓈᐹᒋᔅᑖᐅ aapihtiwischinaapaachistaau vai ◆ il/elle le remplit à moitié avec un liquide

ᐋᐱᐦᑎᐎᔅᒋᓈᐅ aapihtiwischinaau vii ◆ c'est à moitié rempli

ᐋᐱᐦᑎᐎᔅᒋᓂᑖᐅ aapihtiwischinitaau vai ◆ il/elle le remplit à moitié avec quelque chose

ᒨᓵᓰᐅ musaasiu vai ◆ il/elle est à moitié nu-e

ᒨᑖᔮᐦᑭᑎᓲ muutaayaahkitisuu vai -u ◆ il/elle est à moitié séché-e

ᐋᐱᐦᑎᐎᓃᐦᑎᒋᐙᐅ aapihtiwiniihtichiwaau vai ◆ le soleil est à moitié couché, il/elle est à moitié descendu-e

moitié ouvert

ᐄᔑᑭᓂᐦᑖᑯᑖᐅ iishikinihtaakutaau vii ◆ ça pend à moitié ouvert

molaire

ᐅᐐᐦᑳᐱᑦ uwiihkwaapit nid ◆ sa molaire

molle

ᒥᔪᒋᔅᒋᐎᑳᐅ miyuchischiwikaau vii ◆ c'est de la boue molle

moment

ᒥᑯᒌ mikuchii p,temps ◆ pour un instant, pendant un moment

ᐱᒑᐃᒃ pichaaik p,temps ◆ à ce moment-là, maintenant, sur le point de ■ ᐱᒑᐃᒃ ᑳ ᐐᐦ ᑖᐦᒋᔥᑖᔮᐣ ᓂᑏᐅᔅᒋᐦᒄ. ■ pichaaik kaa wiih taahchishtaayaan nitiiuschihkw. ■ *J'étais justement sur le point d'allumer la bouilloire.*

ᐲᐦᐃᒼ piihim p,temps ◆ jusqu'à cette époque, ce moment ■ ᐲᐦᐃᒼ ᒌᐦ ᐊᑎ ᑎᒂᒋᐣ ᒨᔥ ᐋᐦ ᒌᐦ ᐱᑎᐦᐅᔮᔮᐦᒡ. ■ piihim chiih ati tikwaachin muush aah chiih pitihuyaayaahch. ■ *On a attrapé beaucoup de poisson dans nos filets jusqu'à l'automne.*

ᐱᑦ pit p,temps ◆ pour le moment, pour l'instant ■ ᐋᑯᑎᐦ ᒫ ᐱᑦ ᐊᐱᐦ ᐹᑎᔥ ᒦᐣ ᑎᑯᔑᓂᔮᓈ. ■ aakutih maa pit apih paatish miin tikushiniyaanaa. ■ *Reste ici pour le moment, jusqu'à ce que je revienne.*

ᑖᐹᔥᒌᔑᐣ taapaashchiishin vai ◆ il/elle arrive au bon moment, le/la rencontre par hasard

ᑖᐹᔑᔥᒌᔑᐣ taapaashishchiishin vai ◆ il/elle arrive à un moment opportun, le/la rencontre sur son chemin

monde

ᒥᓯᐦᑖᔅᑭᒥᒡ misihtaaskimich p,lieu ◆ dans le monde entier ■ ᓈᔥᑎᔨᒡ ᒥᓯᐦᑖᔅᑭᒥᒡ ᒌᐦ ᐹᐦᑖᑯᓂᔨᐅ ᐅᑎᔨᒧᐎᐣ. ■ naashtiyich misihtaaskimich chiih paahtaakuniyiu utiyimuwin. ■ *Son message fut entendu dans le monde entier.*

ᐊᔅᒌ aschii ni ◆ le monde, la terre, un territoire, un pays

monnaie

ᔓᐎᔮᓈᐱᔥᑯᔥ shuwiyaanaapishkush na -im ◆ une pièce de monnaie, un sou

ᐲᑯᓈᐅ piikunaau vta ◆ il/elle fait de la monnaie, du change, il/elle le/la casse avec ses mains

ᐲᓯᓰᐅ piisisiiu vai ◆ il/elle est en petit morceaux, c'est de la monnaie

monstre

ᑳᒌᑑᔅᒄ kaachiituuskw na -um ◆ un monstre d'une légende crie

ᐊᒑᓐ achaan na -im ◆ un cannibale géant, un monstre

ᐊᑑᔥ atuush na -im ◆ un cannibal, un monstre géant

montagne

ᐐᒌ wichii ni -m ◆ une montagne

ᒥᐦᑭᑎᓈᐅ mihkitinaau vii ◆ c'est une grosse montagne

ᓃᔓᑎᓈᐅᐦ niishutinaauh vii pl ◆ il y a deux montagnes

ᐱᔅᑯᑎᓈᐅ piskutinaau vii ◆ c'est une colline élevée, une montagne

ᔔᔥᑯᑎᓈᐅ shuushkutinaau vii ◆ c'est une montagne aux pentes raides

ᐊᑎᐦᑯᑭᒥᒄ atihkukimikw ni -m ◆ la place des caribous, une haute montagne couverte de poil de caribou blanc (légende)

ᑎᐦᑯᑖᒥᑎᐣ tihkutaamitin ni ◆ le sommet d'une montagne

ᐋᓈᐅᐦᒡ aanaauhch p,lieu ◆ le pied d'une montagne

ᐋᐱᐦᑖᒥᑎᓐ **aapihtaamitin** p,lieu ◆ à mi-chemin vers le sommet de la montagne ■ ᐋᐱᐦᑖᒥᑎᓐ ᒥᒄ ᒌᐦ ᐃᔥᐱᔑ ᒥᔥᑯᔒᐅ᙮ ■ aapihtaamitin mikw chiih ishpishi mishkushiiuu. ■ *Il y avait de l'herbe que jusqu'à mi-chemin vers le sommet de la montagne.*

ᐋᐱᐦᑖᒥᑎᓂᐤ **aapihtaamitiniu** p,lieu ◆ à mi-chemin vers le sommet de la montagne ■ ᓈᔥᒡ ᐋᐦ ᒌᐦ ᒦᐦᒑᒡᐦ ᒦᓂᔥᐦ ᓈᑎᐦ ᐋᐱᐦᑖᒥᑎᓂᐤ᙮ ■ naashch aah chiih miihchaach-h miinish-h naatih aapihtaamitiniu. ■ *Il y avait beaucoup de bleuets à mi-chemin vers le sommet de la montagne.*

ᐊᐅᑭᑎᓈᔮᐅᐦᒡ **aukitinaayaauhch** p,lieu ◆ du côté ombragé de la montagne ■ ᓈᔥᒡ ᐋᐦ ᒌᐦ ᒥᓯᒋᔅᑎᒃ ᑰᓐ ᐊᓂᑖᐦ ᐊᐅᑭᑎᓈᔮᐅᐦᒡ᙮ ■ naashch aah chiih misichistik kuun anitaah aukitinaayaauhch. ■ *Il y a avait toujours encore beaucoup de neige du côté ombragé de la montagne*

ᓂᔮᐅᑖᐅᐦᒡ **niyaautaauhch** p,lieu ◆ à mi-chemin vers le sommet d'une montagne ■ ᓈᔥᒡ ᐋᐦ ᒌᐦ ᒥᒥᐦᒋᒥᓂᑳᒡᐦ ᐄᔨᒥᓐᐦ ᓈᑎᐦ ᓂᔮᐅᑖᐅᐦᒡ᙮ ■ naashch aah chiih mimihchiminikaach-h iiyiminh naatih niyaautaauhch. ■ *Il y avait de gros bleuets à mi-chemin vers le sommet de la montagne.*

ᐹᔥᑖᐅᐦᒡ **paashtaauhch** p,lieu ◆ de l'autre côté de la montagne, de la colline ■ ᓈᑖᐦ ᐹᔥᑖᐅᐦᒡ ᐋᑯᑖᐦ ᑳ ᐱᔥᑯᓂᒷᒁᑦ᙮ ■ naataah paashtaauhch aakutaah kaa pishkunimwaakwaat. ■ *Elle a plumé le huard de l'autre côté de la colline.*

ᑎᐦᑯᐦᑖᒥᑎᓂᐤ **tihkuhtaamitiniu** p,lieu ◆ au sommet d'une montagne ■ ᓈᔥᒡ ᐋᐦ ᒌᐦ ᔫᑎᐦᒡ ᑳ ᐅᑎᐦᑎᒫᐦᒡ ᓈᑎᐦ ᑎᐦᑯᐦᑖᒥᑎᓂᐤ᙮ ■ naashch aah chiih yuutihch kaa utihtimaahch naatih tihkuhtaamitiniu. ■ *Il ventait fort quand nous sommes arrivés au sommet de la montagne.*

ᒌᔥᑭᑎᓈᐤ **chiishkitinaau** vii ◆ c'est une falaise dans une montagne

ᐄᔥᐱᑎᓈᐤ **iishpitinaau** vii ◆ la montagne est haute, élevée

ᐄᑎᑎᓈᐤ **iititinaau** vii ◆ la montagne est orientée dans une certaine direction

ᐃᔥᒁᑎᓈᐤ **ishkwaatinaau** vii ◆ c'est la fin de la montagne

ᒥᓈᔅᑯᑎᓈᐤ **minaaskutinaau** vii ◆ c'est une montagne boisée

ᒥᔪᑎᓈᐤ **miyutinaau** vii ◆ la montagne est belle

ᓈᓂᑎᒫᑎᓈᐤ **naanitimaatinaau** vii ◆ c'est une chaîne de montagnes continue

ᓈᐅᐦᑭᑎᓈᐤ **naauhkitinaau** vii ◆ c'est une pointe qui s'avance de la montagne

ᓃᐦᑖᒥᒋᐙᐤ **niihtaamichiwaau** vai ◆ il/elle descend de la montagne

ᐲᐦᑖᒥᑎᓈᐤ **piihtaamitinaau** vii ◆ c'est une longue montagne à traverser ou à escalader

ᐲᐦᑎᑎᓈᐤ **piihtitinaau** vii ◆ c'est une longue montagne à traverser

ᐱᒥᑎᓈᐤ **pimitinaau** vii ◆ il y a une chaîne de montagne

ᐱᒥᑎᑎᓈᐤ **pimititinaau** vii ◆ une chaîne de montagnes qui traverse une région

ᓵᑭᑎᓈᐤ **saakitinaau** vii ◆ le sommet de la montagne est visible

ᑎᐦᑯᑖᒥᒋᐙᐤ **tihkutaamichiwaau** vai ◆ il/elle monte au sommet de la montagne

ᑎᐏᑎᓈᐤ **tiwitinaau** vii ◆ c'est une vallée, une dépression dans la montagne

ᐅᔖᑎᓈᐤ **ushaatinaau** vii ◆ c'est la crête d'une montagne

ᐙᔑᐦᐄᑎᓈᐤ **waashihiitinaau** vii ◆ c'est une montagne en forme de fer à cheval

ᐋᑭᐙᐅᐦᒡ **aakiwaauhch** p,lieu ◆ du côté caché de la montagne

ᐋᔥᑎᒫᐅᐦᒡ **aashtimaauhch** p,lieu ◆ de ce côté de la crête, de la montagne ■ ᓂᒧᐃ ᓅᑯᓯᐤ ᐲᓯᒼ ᐋᔥᑎᒫᐅᐦᒡ᙮ ■ nimui nuukusiu piisim aashtimaauhch. ■ *Le soleil ne brille pas de ce côté de la montagne.*

ᐊᐅᑭᑎᓈᐦᒡ **aukitinaahch** p,lieu ◆ du côté ombragé d'une montagne ou d'une colline ■ ᐊᑎᑎᐤ ᑎᐦᑳᔮᔑᐤ ᐊᐅᑭᑎᓈᐦᒡ᙮ ■ atitiu tihkaayaashiu aukitinaahch. ■ *Il fait plus frais du côté ombragé de la montagne.*

ᐊᐅᓵᐅᐦᒡ **ausaauhch** p,lieu ◆ de l'autre côté de la montagne ■ ᑳ ᒨᐃᓱᔮᐦᒡ ᐋᑯᑖᐦ ᓈᔥᒡ ᑳ ᒥᐦᒑᒡᐦ ᒦᓂᔥᐦ ᐊᓂᑖᐦ ᐊᐅᓵᐅᐦᒡ᙮ ■ kaa muwisuyaahch aakutaah naashch kaa mihchaach-h miinish-h anitaah ausaauhch. ■ *Quand on est allé cueillir des baies, il y en avait plein de l'autre côté de la montagne.*

ᑗᒥᐦᒡ **twaamihch** p,lieu ◆ au pied de la colline, montagne

ᐋᒫᐅᐦᒋᐦᑎᓐ **aamaauhchihtin** vii ◆ le lac s'écoule des deux cotés d'une montagne ou d'une colline

ᐋᔑᐙᐅᑭᐦᐊᒼ **aashiwaaukiham** vti ◆ il/elle marche d'une montagne à l'autre, d'une colline à l'autre

ᐊᑎᒫᐅᐦᑳᐤ **atimaauhkaau** vii ◆ il y a une montagne ou une colline au loin

ᑭᔥᑭᑎᓈᐤ **kishkitinaau** vii ◆ c'est une montagne aux falaises élevées

ᓅᑎᒥᑎᓈᐤ **nuutimitinaau** vii ◆ le sommet de la montagne est arrondi

ᐱᔅᒁᐳᓯᔅᑎᑖᐤ **piskwaapusistitaau** vii ◆ c'est une montagne ou une colline rocheuse

ᑎᐦᑯᐦᑖᐅᐦᒋᑭᒫᐤ **tihkuhtaauhchikimaau** vii ◆ le lac est au sommet de la montagne

ᑎᐦᑎᑯᑎᓈᐤ **tihtikutinaau** vii ◆ le sommet de la montagne est plat

ᐅᐱᑐᐏᑎᓈᐤ **upituwitinaau** vii ◆ c'est un défilé, un col dans la montagne

ᐙᔮᐅᐦᒋᐦᑎᓐ **waayaauhchihtin** vii ◆ il y a un lac au sommet de la montagne ou de la colline

ᔮᐅᑖᐅᐦᑳᐤ **yaautaauhkaau** vii ◆ la colline, la montage, la butte à l'air difficile à gravir, à escalader

ᐊᑯᓂᓵᑳᐤ **akunisaakaau** vii ◆ c'est une falaise, une montagne avec un rocher surplombant

ᑳᐦᒋᐢᑖᐅᐦᒋᐢᑎᓐ kaahchistaauhchistin vii ◆ il y a une montagne ou une colline à mi-chemin le long du lac

ᓈᐅᐦᑳᐤ naauhkaau vii ◆ il y a une pointe au bord de la colline, de la montagne

ᐲᐦᑎᐧᐃᑎᓈᐤ piihtiwitinaau vii ◆ le pic, le sommet de la montagne est élevé

ᑖᑎᐹᐅᐦᑭᐦᐊᒻ taatipaauhkiham vti ◆ il/elle fait le tour de la montagne, de la colline

ᐃᔮᐦᐧᑳᐱᐢᑳᐤ iyaahkwaapiskaau vii ◆ ce sont des rochers élevés et dangereux, c'est une montagne aux pentes très raides

montagneux

ᐃᔮᐦᑯᑎᓈᐤ iyaahkutinaau vii ◆ c'est montagneux

ᐲᒋᐦᒋᐧᑳᐤ piichihchikwaau vii ◆ c'est un terrain difficile, montagneux

ᐅᐧᐃᒌᐢᑳᐤ uwichiiskaau vii ◆ c'est montagneux; il y a beaucoup de montagnes par ici

monter

ᐹᑎᐢᒄ paatiskw na ◆ la première couche de glace, celle qui monte à cause d'un haut niveau d'eau

ᒋᐧᔖᐧᐋᐱᔨᐦᑖᐤ chishwaawaapiyihtaau vai ◆ il/elle monte le volume

ᐄᔥᐹᐱᐦᑖᐤ iishpaapihtaau vii ◆ la fumée monte, s'élève

ᑯᐢᐹᐦᑎᐧᐄᐤ kuspaahtiwiiu vai ◆ il/elle grimpe, monte

ᐹᑎᐢᐧᑳᐤ paatiskwaau vii ◆ la glace monte à cause du haut niveau d'eau

ᐲᒥᑲᒫᔮᐢᑯᒨ piimikaamaayaaskumuu vai -u ◆ il/elle est monté-e en diagonale (long et rigide)

ᐲᒥᑳᒫᔮᐢᑯᒨ piimikaamaayaaskumuu vii -u ◆ c'est monté en diagonale (long et rigide)

ᐴᓯᐤ puusiu vai ◆ il/elle embarque, monte dans un véhicule

ᔖᑭᒋᐧᐋᐦᑎᑖᐤ shaakichiwaahtitaau vai ◆ il/elle le monte, l'emporte en haut

ᔖᑭᒋᐧᐋᐱᐦᑖᐤ shaakichiwaapihtaau vai ◆ il/elle le remonte en courant

ᔖᑭᒋᐧᐋᓯᐦᑖᐤ shaakichiwaasihtaau vai ◆ il/elle portage en montant la côte

ᔖᑭᒋᐧᐋᐤ shaakichiwaau vai ◆ il/elle grimpe, monte

ᑎᒥᑳᐳᐧᐋᐱᔨᐤ timikaapuwaapiyiu vii ◆ l'eau monte

ᑎᒥᑭᓐ timikin vii ◆ l'eau monte

ᐅᐦᐱᐱᔨᐤ uhpipiyiu vai ◆ ça monte, se soulève

ᐅᐦᐱᐱᔨᐤ uhpipiyiu vii ◆ ça monte, ça se soulève

ᒌᐱᒋᑳᐳᐧᐃᐦᑖᐤ chiipichikaapuwihtaau vai+o ◆ il/elle le dresse, le met debout, le monte

ᒋᒥᑖᐤ chimitaau vai ◆ il/elle l'installe, le monte ou dresse (par ex. une tente)

ᐄᐦᑳᔥᑎᒨ iihkaashtimuu vai ◆ il/elle monte la voile sur le canot

ᐄᔥᒋᔥᑎᓐ iishchishtin vii ◆ le niveau d'eau monte à cause du barrage de castor

ᑯᐃᐢᐧᑳᐱᐦᑖᐤ kuiskwaapihtaau vii ◆ la fumée monte tout droit

ᒫᒋᒋᐧᐃᓐ maachichiwin vii ◆ le niveau d'eau monte vite

ᒫᒋᒋᐧᐃᓂᐱᔨᐤ maachichiwinipiyiu vii ◆ le niveau d'eau monte vite

ᒨᐢᑳᐱᐦᑖᐤ muuskaapihtaau vii ◆ la fumée monte

ᑎᐱᔥᑯᑖᐱᐦᑖᐤ tipishkutaapihtaau vii ◆ la fumée monte tout droit

ᐅᐦᐱᐱᔨᐦᐋᐤ uhpipiyihaau vta ◆ il/elle le/la fait se lever, monter

ᑎᒥᑳᐳᐧᐋᔮᐦᐊᓐ timikaapuwaayaahan vii ◆ le niveau d'eau monte du côté sous le vent à cause des vents forts

monticule

ᒥᐧᑳᑯᓈᐱᐤ mikwaakunaapiu vai ◆ il/-elle crée un monticule en se tenant sous la neige

ᒥᐧᑳᑯᓈᔥᑖᐤ mikwaakunaashtaau vii ◆ ça fait un monticule quand c'est couvert de neige

ᐱᐢᑯᑳᐴᐦ piskukaapuuh vii pl -uwi ◆ les buissons forment un monticule

ᔒᔥᑳᔥᑖᐤ shiishkaashtaau vii ◆ la neige fondue forme de petits monticules

montre

ᐲᓯᒧᐦᑳᓐ piisimuhkaan ni ◆ un montre

ᐧᐋᒡ waach na -im ◆ une montre, une pendule, de l'anglais 'watch'

ᒧᔮᒥᐱᔨᐦᐋᐤ muyaamipiyihaau vta ◆ il/elle met la montre, l'horloge à l'heure

montrer

ᒋᐢᒋᓂᐧᐋᐱᐦᑎᔮᐤ chischiniwaapihtiyaau vta ◆ il/elle lui montre le chemin, la façon, comment faire

ᐧᐋᐱᐦᑎᔮᐤ waapihtiyaau vta ◆ il/elle le/la lui montre

ᓅᑯᐦᐋᐤ nuukuhaau vta ◆ il/elle le/la montre, le/la révèle

ᓅᑯᐦᑖᐤ nuukuhtaau vai ◆ il/elle le révèle, le montre

ᓵᔮᐱᑖᔨᐤ saayaapitaayiu vai ◆ il/elle montre les dents

ᑑᐦᑭᒋᔒᔥᑎᐧᐋᐤ tuuhkichishiishtiwaau vta ◆ il/elle lui montre les fesses

Moosonee

ᒨᓯᓃ muusunii ni ◆ le village ou la communauté de Moosonee

moquer

ᒫᔮᔨᐦᑖᑯᓐ maayaayihtaakun vii ◆ c'est ridiculisé, moqué

moquer (se)

ᐅᔑᓂᐧᐋᐤ ushiniwaau vta ◆ il/elle se moque de lui/d'elle

ᒫᔮᔨᐦᑎᒻ maayaayihtim vti ◆ il/elle l'insulte, se moque de ça, le tourne en dérision

ᒫᔮᔨᒫᐤ **maayaayimaau** vta ◆ il/elle l'insulte, se moque de lui/d'elle, lui manque de respect

ᐲᐧᐋᔨᒫᐤ **piiwaayimaau** vta ◆ il/elle se moque de lui/d'elle, est méchant-e envers lui/elle, lui manque de respect

moral

ᑯᐃᐢᑯᑖᑎᓰᐤ **kuiskutaatisiiu** vai ◆ il/elle vit de façon vertueuse; il/elle a une grande droiture morale

morceau

ᐱᒋᐢᑯᒫᓐ **pichiskumaan** ni ◆ des morceaux de glace taillés

ᐊᓈᓂᐡᑎᓂᒼ **anaanishtinim** vti ◆ il/elle le sépare en morceaux

ᒋᒫᒋᐱᑖᐤ **chimaachipitaau** vta ◆ il/elle en arrache un morceau (animé, étalé)

ᒋᒫᒋᐱᑎᒼ **chimaachipitim** vti ◆ il/elle en arrache un morceau (étalé)

ᒋᒥᓂᒼ **chiminim** vti ◆ il/elle en casse un morceau avec la main

ᑭᒑᒥᐱᑎᒼ **kichaamipitim** vti redup ◆ il/elle tire dessus pour que ça se détache morceau par morceau

ᑭᔥᑭᓐ **kishkin** vii ◆ ça tombe en morceaux parce que c'est vieux et mal entretenu

ᒫᒫᒋᔑᒼ **maamaachishim** vti ◆ il/elle le coupe en morceaux

ᒫᒫᑎᐧᔖᐤ **maamaatishwaau** vta ◆ il/elle le/la coupe en petits morceaux

ᒥᓯᐧᐋᓰᐤ **misiwaasiiu** vai ◆ il/elle est en un seul morceau

ᐱᐦᐧᑳᐦᑯᑖᐤ **pihkwaahkutaau** vta ◆ il/elle en taille un morceau

ᐱᐦᐧᑳᐦᑯᑎᒼ **pihkwaahkutim** vti ◆ il/elle en taille un morceau

ᐱᐦᐧᑳᐦᐧᐋᐤ **pihkwaahwaau** vta ◆ il/elle en casse un morceau avec un outil

ᐱᐦᐧᑳᑭᐦᐊᒼ **pihkwaakiham** vti ◆ il/elle en détache un morceau à la hache

ᐱᐦᐧᑳᑭᐦᐊᒧᐧᐋᐤ **pihkwaakihamuwaau** vta ◆ il/elle en détache un morceau pour lui/elle à la hache

ᐱᐦᐧᑳᑭᐦᐧᐋᐤ **pihkwaakihwaau** vta ◆ il/elle en détache un morceau à la hache

ᐱᐦᐧᑳᐳᑖᐤ **pihkwaaputaau** vai+o ◆ il/elle en scie un morceau

ᐱᐦᐧᑳᐳᔮᐤ **pihkwaapuyaau** vta ◆ il/elle en scie un morceau

ᐱᐦᐧᑳᔑᒼ **pihkwaashim** vti ◆ il/elle en coupe un morceau

ᐱᐦᐧᑳᔑᒧᐧᐋᐤ **pihkwaashimuwaau** vta ◆ il/elle en coupe un morceau pour lui

ᐱᐦᐧᑳᔥᑭᒼ **pihkwaashkim** vti ◆ il/elle en casse un morceau avec son corps ou son pied

ᐱᐦᐧᑳᔥᑭᐧᐋᐤ **pihkwaashkiwaau** vta ◆ il/elle en casse un morceau avec son corps ou son pied

ᐱᐦᐧᑳᐧᔖᐤ **pihkwaashwaau** vta ◆ il/elle en coupe un morceau

ᐱᐦᐧᑳᓯᑯᔥᑭᐧᐋᐤ **pihkwaasikushkiwaau** vta ◆ il/elle en casse un morceau avec son pied ou son corps

ᐲᓯᐦᐊᒼ **piisiham** vti ◆ il/elle le casse en petits morceaux

ᐲᓯᐦᑎᑖᐤ **piisihtitaau** vai ◆ il/elle le laisse tomber et ça se casse en petits morceaux

ᐲᓯᐦᐧᐋᐤ **piisihwaau** vta ◆ il/elle le/la casse en petits morceaux

ᔖᔖᑯᐦᐊᒼ **shaashaakuham** vti redup ◆ il/elle le casse en petits morceaux

ᔖᔖᑯᐦᐧᐋᐤ **shaashaakuhwaau** vta redup ◆ il/elle le/la casse en petits morceaux

ᐧᐄᒥᑎᔑᒼ **wiimitishim** vti ◆ il/elle en découpe un morceau

ᐧᐄᒥᑎᐧᔖᐤ **wiimitishwaau** vta ◆ il/elle en découpe un morceau (de quelque chose d'animé)

ᔮᔨᒋᐳᔮᐤ **yaayichipuyaau** vta ◆ il/elle le/la scie en morceaux

ᔮᔨᒋᐧᔖᐤ **yaayichishwaau** vta ◆ il/elle le/la coupe en morceaux

ᔮᔨᑳᐹᐧᔖᐤ **yaayikaapaashwaau** vta ◆ il/elle le/la coupe en morceaux

ᔮᔨᑳᐱᐦᒑᐧᔖᐤ **yaayikaapihchaashwaau** vta ◆ il/elle le/la coupe en morceaux

ᔮᔨᑳᔥᑯᔑᒫᐤ **yaayikaashkushimaau** vta ◆ il/elle en arrache un morceau en l'attrapant sur quelque chose

ᐋᐃᐦᑯᓈᔥ **aaihkunaash** na ◆ un petit morceau de banique, de gâteau

ᐲᐅᔑᑭᓐᐦ **piiushikinh** ni pl ◆ des morceaux de tissu, des restes de tissu

ᒥᐦᒋᓯᑯᓯᐤ **mihchisikusiu** vai ◆ c'est un gros morceau de glace (animé)

ᒥᓯᐦᑎᒋᓯᐤ **misihtichisiu** vai ◆ ce morceau de bois est grand

ᒥᓯᐦᑎᐅᓯᑯᓰᐤ **misihtiusikusiiu** vii ◆ c'est un seul gros morceau de glace

ᐱᐦᐧᑳᐦᐊᒼ **pihkwaaham** vti ◆ il/elle en détache, casse un morceau avec un outil

ᐱᐦᐧᑳᓈᐤ **pihkwaanaau** vta ◆ il/elle en casse un morceau à la main, il/elle casse le bord de la glace en marchant

ᐱᐦᐧᑳᐢᒋᐧᐃᑭᐦᐊᒼ **pihkwaaschiwikiham** vti ◆ il/elle en coupe un morceau (de boue)

ᐱᐦᐧᑳᔮᑯᓂᒋᐱᔨᐤ **pihkwaayaakunichipiyiu** vii ◆ un morceau de neige se détache

ᐱᐦᐧᑳᔮᐳᑖᐤ **pihkwaayaaputaau** vii ◆ c'est emporté par le courant, un morceau en est détaché par le courant

ᐱᐦᐧᑳᔮᐅᐦᒋᔥᑭᒼ **pihkwaayaauhchishkim** vti ◆ il/elle en casse un morceau de sol sablonneux avec son corps ou son pied

ᐲᓯᓰᐤ **piisisiiu** vai ◆ il/elle est en petit morceaux, c'est de la monnaie

ᓵᒋᐹᑯᐦᑎᓐ **saachipaakuhtin** vii ◆ c'est dans l'eau avec un morceau qui dépasse

ᓵᒋᐹᔥᑖᐤ **saachipaashtaau** vii ◆ c'est dans l'eau avec un morceau qui dépasse

morceau de poisson
ᐅᔖᑭᓐ" ushaakinh na ◆ le morceau d'un grand poisson découpé par le dos et les côtés incluant la chair et les arêtes

morceaux
ᐧᐃᓈᐹᔖᐤ winaapaashwaau vai ◆ il/elle découpe de travers des longs morceaux de porc-épic ou de huard

mordillé
ᒥᒫ"ᑖᐅᑭ"ᑎᐧᐋᓐ mimaahtaaukihtiwaan ni ◆ des motifs mordillés sur de l'écorce de bouleau

mordiller
ᔖᔖᑯ"ᑎᒻ shaashaakuhtim vti redup ◆ il/elle mordille des os

mordre
ᐋ"ᐧᑳᑎᒫᐤ aahkwaatimaau vta ◆ il/elle le/la mord profondément
ᒫᑯ"ᒑᐤ maakuhchaau vai ◆ il/elle mord
ᒫᑯ"ᑎᒻ maakuhtim vti ◆ il/elle le mord
ᒫᑯᒫᐤ maakumaau vta ◆ il/elle le/la mord
ᒫᑯᒥᑰ maakumikuu vta -u ◆ il/elle le/la mord
ᓂᐧᐃᑎ"ᑎᒻ niwitihtim vti ◆ il/elle le mord quand il bouge
ᓂᐧᐃᑎᒫᐤ niwitimaau vta ◆ il/elle l'attrape dans sa bouche quand il/elle passe ■ ᒌ" ᓂᐧᐃᑎᒫᐤ ᓂᑖᒻ ᐊᓂᔮ" ᓂᒫᔅ" ᑳ ᐧᐋᐱᓂᒧᐧᐃᒃ. ■ chiih niwitimaau nitaam aniyaah nimaas-h kaa waapinimuwik. ■ *Mon chien a attrapé dans sa gueule le poisson que je lui ai jeté à manger.*
ᒋᒦᒫᐤ chimimaau vta ◆ il/elle le/la détache en mordant
ᑯᐧᑳᑎ"ᑎᒻ kukwaatihtim vti ◆ il/elle l'essaie en mordant, en goûtant
ᓂᔥᑎᐧᐃ"ᑎᒻ nishtiwihtim vti ◆ il/elle les mâche, les mord ensemble
ᐱᐱ"ᐧᑳ"ᑎᒻ pipihkwaahtim vti redup ◆ il/elle le/la grignote, le/la mord un morceau à la fois
ᐱᐱ"ᐧᑳᒫᐤ pipihkwaamaau vta redup ◆ il/elle le/la grignote, le/la mord un morceau à la fois
ᐱᑎ"ᑎᒻ pitihtim vti ◆ il/elle l'a presque mordu, manque de la mordre
ᐱᑎᒫᐤ pitimaau vta ◆ il/elle tente de le/la mordre
ᐱᔥᑎ"ᑎᒻ pishtihtim vti ◆ il/elle mord, mange, boit accidentellement
ᒥᒫ"ᑖᐅ"ᑎᐧᐋᐤ mimaahtaauhtiwaau vai ◆ il/elle mord l'écorce de bouleau pour faire des motifs
ᐱᔥᑎᒫᐤ pishtimaau vta ◆ il/elle le/la mord, mange, boit par accident
ᐧᐃᑎ"ᑎᒻ witihtim vti ◆ il/elle l'atteint à pied, il/elle le happe en le mordant, le suce (ex la moelle des os)

morillon
ᐧᑳ"ᐧᐋᑭᓐ kwaahwaakin na -im ◆ un petit fuligule , un petit morillon *Aythya affinis* ou un fuligule milouinan, un grand morillon *Aythya Marila*

morse
ᐧᐄᐱᒋᐤ wiipichiu na -iim ◆ un morse *Odobenus Rosmarus*

morsure
ᐱᒋᔅᑎ"ᑎᒻ pichistihtim vti ◆ il/elle relâche sa morsure sur ça
ᐱᒋᔅᑎᒫᐤ pichistimaau vta ◆ il/elle relâche sa morsure sur lui/elle

mort
ᒋᒥᓂᔅᒋᐱᔨᐤ chiminischipiyiu vai ◆ il (se dit d'un arbre mort) est sec et se casse
ᓈᔥᐧᑖᔨᒧ"ᐦᐋᐤ naashtwaayimuhaau vta ◆ il/elle le/la chatouille à mort
ᓂᐱ"ᐄᐧᐋᐤ nipihiiwaau vai ◆ il/elle tue, cause la mort
ᐹᑖᒋᒧᔥᑎᐧᐋᐤ paataachimushtiwaau vta ◆ il/elle annonce à quelqu'un la mort de quelqu'un
ᐹᑖᒋᒨ paataachimuu vai -u ◆ il/elle arrive pour l'annoncer, pour annoncer la mort de quelqu'un
ᐧᐄᓵᔅᑯᐹᐤ wiisaaskupaau vai ◆ il/elle (ex. arbre) est mort à cause de l'inondation
ᐧᐄᓵ"ᑖᐤ wiisaahtaau ni -m ◆ du bois mort (n'importe quel arbre) qui a été piqué par un pic-bois
ᓃᐧᔖᐱ"ᒑᐤ niishwaapihchaau vai ◆ il/elle rapporte à la maison deux porcs-épics, renards morts

mort-né
ᐄᔨ"ᑎᐧᐃᓐ iiyihtiwin vii ◆ c'est vivant (utilisé seulement à la forme négative pour désigner un mort-né)
ᐄᔨ"ᑎᐧᐃᓯᐤ iiyihtiwisiiu vai ◆ il/elle est vivant-e (utilisé seulement à la forme négative pour désigner un mort-né)

morue
ᒥᔩ miyii na -uum ◆ une morue *Gadus morhua*
ᓯᑯᔨᔅᑯᓈᓐ sikuyiskunaan ni ◆ du foie de morue cuit et mélangé avec de la chair

mot
ᐊᔨᒧᐧᐃᓐ ayimuwin ni ◆ un mot, une langue, le langage, la parole

moteur
ᑳᐱ"ᔮᐧᑳᒡ kaapihyaakwaach nip [Whapmagoostui] ◆ de l'huile de moteur
ᑳᐱ"ᔮᐧᑳᑭᒥᒡ kaapihyaakwaakimich nip ◆ de l'huile de moteur
ᑳᐱᒥᐱᔨᔑᒡ kaapimipiyishich nip ◆ un moteur hors-bord
ᑳᐱᒥᐱᔨᔑᐧᐃᐱᒦ kaapimipiyishiwipimii nip ◆ de l'essence pour le moteur hors-bord ■ ᐊᑳᐧᐄ ᓄ"ᑖᐱᔨᒄ ᑳᐱᒥᐱᔨᔑᐧᐃᐱᒦ ᒋ"ᒋᐱᔨᔮᐧᑲ. ■ akaawii nuhhtaapiyikw kaapimipiyishiwipimii chihchipiyiyaakwaa. ■ *Attention à ne pas tomber en panne d'essence quand tu sortiras!*

motif
ᑭᔅᑭᓈᐅᑳ"ᐊᓐ kiskinaaukaahan vii ◆ c'est un motif laissé par les vagues sur le sable
ᒥᓯᓂ"ᐋᐹᐤ misinihaapaau vai ◆ il/elle crée un motif en tissant

ᒥᒫᐦᑖᐅᑭᐦᑎᐙᓐ **mimaahtaaukihtiwaan** ni ◆ des motifs mordillés sur de l'écorce de bouleau

ᒥᒫᐦᑖᐅᐦᑎᐙᐤ **mimaahtaauhtiwaau** vai ◆ il/elle mord l'écorce de bouleau pour faire des motifs

motivé

ᐋᓯᐦᒑᔨᐦᑎᒥᐦᐄᑰ *aasihchaayihtimihiikuu* vai -u ◆ il/elle est très intéressé-e, motivé-e

ᒋᓯᒑᔨᐦᑎᒥᐦᐄᑰ **chisichaayihtimihiikuu** vai -u ◆ il/elle est vraiment intéressé-e à le faire, est motivé-e

motoneige

ᑳᐅᔥᑖᑯᓂᒋᐱᐦᑖᑦ **kaaushtaakunichipihtaat** nap ◆ une motoneige

ᐅᔥᑭᔒ **ushkishii** na ◆ une piste de motoneige

ᒥᔥᑭᔒ **mishkishii** na ◆ un ongle, une griffe, une trace de motoneige

mou

ᒥᔪᑳᐤ **miyukaau** vii ◆ c'est mou

ᒥᔪᑳᑯᓂᑳᐤ **miyukaakunikaau** vii ◆ la neige est molle

ᒥᔪᑳᔅᑯᓐ **miyukaaskun** vii ◆ c'est (du bois) mou

ᒥᔪᑳᔅᑯᓯᐤ **miyukaaskusiu** vai ◆ il est mou, elle est molle (bois)

ᔫᔅᑳᐤ **yuuskaau** vii ◆ c'est mou, tendre

mouche

ᐅᒑᐤ **uchaau** na -aam ◆ une mouche domestique

ᐱᐦᑯᔑᒡ **pihkushich** na pl -im ◆ des mouches noires, des collemboles, des insectes qu'on voit sur la neige au printemps

ᐲᐳᑖᓂᒧᐙᐤ **piiputaanimuwaau** vta ◆ il/elle fait de la fumée autour de lui pour éloigner les mouches

moucher (se)

ᓯᓂᒁᐤ **sinikwaau** vai ◆ il/elle se mouche

moucherolle

ᐊᑯᒥᔒᔥ **akumishiish** na -im ◆ une moucherolle à ventre jaune *Empidonax flaviventris*

ᒫᓂᑖᐅᐱᔮᔒᔥ **maanitaaupiyaashiish** na -im ◆ un tyran huppé, un moucherolle huppé *Myiarchus crinitus*

mouches noires

ᐱᐦᑯᔑᒡ **pihkushich** na pl -im ◆ des mouches noires, des collemboles, des insectes qu'on voit sur la neige au printemps

mouchoir

ᓯᓂᒁᐙᑭᓐ **sinikwaawaakin** ni ◆ un mouchoir

moue

ᔒᑳᒋᐦᒁᐱᔨᐦᐆ **shiikaachihkwaapiyihuu** vai -u ◆ il/elle fait une grimace, fait la moue

mouette

ᒋᔮᔥᒄ **chiyaashkw** na -um ◆ une mouette

mouffette

ᐐᔑᑳᑯᒋᓯᐤ **wiishikaakuchisiu** vai ◆ il/elle sent la mouffette

ᐐᔑᑳᑯᑯᓐ **wiishikaakukun** vii ◆ ça sent la mouffette

mouillé

ᓂᐲᐆ **nipiiuu** vai -iiwi ◆ il/elle est mouillé-e

ᓂᐲᐆ **nipiiuu** vii -iiwi ◆ c'est mouillé

ᐊᑯᑎᐹᔮᐤ **akutipaayaau** vii ◆ le sol et la végétation sont mouillés par la rosée ou la pluie

ᒋᒧᔥᑳᐹᐙᐤ **chimushkaapaawaau** vai ◆ il est trempé-mouillé; elle est trempée-mouillée

ᒋᒧᔥᑳᐹᐙᐤ **chimushkaapaawaau** vii ◆ c'est trempé-mouillé

ᐄᐹᑎᐹᔮᐤ **iipaatipaayaau** vii ◆ le temps est très mouillé

ᒥᔑᑳᒫᐦᔮᐅᒌᔑᑳᐤ **mishikaamaahyaauchiishikaau** vii ◆ c'est une journée mouillée et venteuse en automne

ᒥᔨᒥᐙᑯᓂᒋᓯᐤ **miyimiwaakunichisiu** vai ◆ c'est de la neige mouillée (animé)

ᓂᒥ ᐃᔥᒁᐹᐙᐤ **nimi ishkwaapaawaau** vai ◆ il/elle est tout-e mouillé-e

ᓂᐲᐅᑎᐙᐤ **nipiiutiwaau** vai ◆ sa fourrure est mouillée

ᐱᐱᔮᔮᐹᐙᐤ **pipiyaayaapaawaau** vii ◆ c'est pelucheux, duveteux quand c'est mouillé

ᔖᐧᐹᐹᐙᐤ **shaapwaapaawaau** vai ◆ il/elle est trempé-e mouillé-e

ᔒᓂᔥᑭᑎᐙᔮᐹᐙᐤ **shiinishkitiwaayaapaawaau** vai ◆ il/elle est trempe, trempé-e-mouillé-e

ᓰᐦᑭᑖᐹᐙᐤ **siihkitaapaawaau** vai ◆ il/elle a froid parce qu'il/elle est mouillé-e

ᐊᒀᒋᒫᐤ **akwaachimaau** vii ◆ la neige mouillée colle aux raquettes lorsqu'on marche

ᒋᒧᔅᒋᓯᐤ **chimuschisiu** vai ◆ il/elle est mouillé-e, trempé-e, détrempé-e

ᐄᐹᑎᓐ **iipaatin** vii ◆ le temps est mouillé et désagréable

ᒥᔨᒧᐎᓯᑖᐤ **miyimuwisitaau** vai ◆ il/elle a les pieds mouillés, trempes

ᔖᐧᔖᑭᐦᐊᒻ **shaashwaakiham** vti ◆ il/elle se déplace sur de la neige mouillée

ᓯᓂᔅᒋᔑᓐ **sinischishin** vai ◆ il/elle tombe sur quelque chose de mouillé et de moelleux

ᔮᐦᐧᔮᐅᒑᐤ **yaahywaauchaau** vii ◆ la neige mouillée est douce quand on marche dessus

ᓯᔅᒋᑯᓂᑳᐤ **sischikunikaau** vii ◆ la neige est molle et mouillée à cause d'un temps doux en hiver

mouiller

ᓂᐲᐅᐦᐋᐤ **nipiiuhaau** vta ◆ il/elle le/la mouille

ᓂᐲᐅᐦᑖᐤ **nipiiuhtaau** vai ◆ il/elle le mouille

ᓂᐲᐅᔥᑭᒻ **nipiiushkim** vti ◆ il/elle le mouille avec son pied ou son corps

ᓂᐲᐅᔥᑭᐙᐤ **nipiiushkiwaau** vta ◆ il/elle le/la mouille avec son pied ou son corps

ᔑᔓᐹᑭᐦᐊᒻ shishupaakiham vti redup ◆ il/elle le mouille

ᒋᒧᔥᑳᐤ chimushkaau vii ◆ c'est détrempé, mouillé

ᒥᓈᑖᐹᐅᑖᐤ minaataapaautaau vai ◆ il/elle fait attention à ne pas le mouiller

ᓂᐲᐅᓈᐤ nipiiunaau vta ◆ il/elle le/la mouille avec ses mains

ᓂᐲᐅᓂᒻ nipiiunim vti ◆ il/elle le mouille avec ses mains

ᓂᐲᐅᑎᐦᒑᐤ nipiiutihchaau vai ◆ il/elle a les mains mouillées

ᓵᐳᓯᔅᑖᔮᐹᐙᐤ saapusistaayaapaawaau vai ◆ il/elle se mouille les pieds

ᐅᑖᐹᐅᑖᐤ utaapaautaau vai ◆ il/elle le mouille et ça rétrécit

ᐅᑖᐹᐅᔮᐤ utaapaauyaau vta ◆ il/elle le/la mouille et il/elle rétrécit

ᓯᒋᐦᒀᒨ sichihkwaamuu vai -u ◆ il/elle mouille son lit, urine pendant son sommeil

ᑎᑎᒀᔅᒋᑳᐹᐙᐤ titikwaaschikaapaawaau vai ◆ il/elle se mouille et se refroidit les pieds

mouiller (se)

ᓂᐲᐅᐦᐄᓲ nipiiuhiisuu vai reflex -u ◆ il/elle se mouille, se trempe

ᓂᐲᐅᐦᐆ nipiiuhuu vai reflex -u ◆ il/elle se mouille, se trempe

mouler

ᓅᑎᒥᓈᐤ nuutiminaau vta ◆ il/elle le/la moule, le/la façonne en rond

moulin

ᒌᓂᒀᓈᔮᔥᑎᐦᑖᑭᓐ chiinikwaanaayaashtihtaakin ni ◆ une éolienne, un moulin à vent

mourir

ᐴᓂᐱᒫᑎᓰᐤ puunipimaatisiiu vai ◆ il/elle meurt

ᐄᔥᒀᑖᐦᑎᒻ iishkwaataahtim vti ◆ il/elle cesse de respirer, il/elle meurt

ᑭᐙᐹᒀᐤ kiwaapaakwaau vai ◆ il/elle meurt de soif

ᑭᐎᒋᐤ kiwichiu vai ◆ il/elle meurt de froid

ᑭᐎᐦᑭᑖᐤ kiwihkitaau vai ◆ il/elle meurt de faim

ᑭᐎᐦᑭᑎᐦᐋᐤ kiwihkitihaau vta ◆ il/elle le/la fait mourir de faim

ᑭᐎᐦᑭᑎᐦᐄᓲ kiwihkitihiisuu vai reflex -u ◆ il/elle se laisse mourir de faim

ᒫᒋᐦᒀᑭᐆ maachihkwaakiuu vai -iwi ◆ il/elle saigne à mort, jusqu'à en mourir, meurt de saignements

ᓈᔥᐱᒋᔑᓐ naashpichishin vai ◆ il/elle tombe et meurt sur le coup

ᓈᔥᑐᔑᓐ naashtushin vai ◆ il/elle tombe et meurt sur le coup

ᓈᔅᐱᑎᐦᒀᒨ naaspitihkwaamuu vai -u ◆ il/elle meurt dans son sommeil, il/elle s'endort et ne se réveille plus

ᓂᐱᐦᐄᔑᓐ nipihiishin vai ◆ il/elle tombe et meurt

ᓂᐲᒥᑭᓐ nipiimikin vii ◆ ça meurt, paralysé

ᐹᑎᒫᐦᐱᓈᐤ paatimaahpinaau vta ◆ il/elle meurt plus tard que prévu

ᐹᑎᒫᐦᐱᓂᑖᐤ paatimaahpinitaau vta ◆ sa proie meurt plus tard que prévu

ᐎᓈᒋᐦᐆ winaachihuu vai -u ◆ il/elle meurt accidentellement, se perd

ᐎᓈᑎᓰᐤ winaatisiiu vai ◆ il/elle meurt, se perd

ᒋᑆᐦᑭᑎᓲ chipwaahkitisuu vai -u ◆ il/elle se referme à cause de la sécheresse, il/elle meurt de faim

ᐹᑎᒫᐦᐙᐤ paatimaahwaau vta ◆ il/elle (son coup) l'atteint mais il ne meurt que plus tard

ᔒᐱᓈᐤ shiipinaau vai ◆ il/elle supporte la douleur, met longtemps à mourir

mourir de faim

ᐅᐙᓂᐦᑭᑖᐤ uwaanihkitaau vai ◆ il/elle n'a rien à manger, meurt de faim

mousse

ᐱᔮᔅᑖᔅᑭᒥᒄ piyaastaaskimikw ni ◆ de la mousse à pointe verte

ᓲᐱᐱᔩᐤ suupipiyiu vii ◆ ça fait beaucoup de mousse

ᒥᐦᑯᔅᑭᒥᒄ mihkuskimikw ni ◆ de la mousse de sphaigne rougeâtre (qui provoque une éruption cutanée chez les bébés) *Sphagnum capillifolium*, sphaigne grêle

ᒥᔅᑖᔅᐱᓱᐎᔮᓐ mistaaspisuwiyaan ni ◆ un sac pour transporter la mousse qui sert de couches au bébé

ᐹᓯᓈᐦᒀᑭᓂᒡ paasinaahkwaakinich na pl -im ◆ le lycopode *Lycopodium sp.*

ᐅᓵᐅᔅᑭᒥᒄ usaauskimikw ni -um ◆ de la mousse jaune *Sphagnum sp.*

ᐊᔅᒌᑳᑎᒻ aschiikaatim vti ◆ il/elle entasse de la mousse autour du bas de son habitation

ᐊᔅᒌᐅᔅᑭᒥᑳᐤ aschiiuskimikaau vii ◆ c'est un terrain mousseux, une terre couverte de mousse

ᑳᓰᔅᑭᒥᒋᓈᐤ kaasiiskimichinaau vta ◆ il/elle l'essuie avec de la mousse

ᑳᓰᔅᑭᒥᒋᓂᒻ kaasiiskimichinim vti ◆ il/elle l'essuie avec de la mousse

ᑭᒌᐦᒑᔅᑭᒥᑭᐦᐊᒻ kichiihchaaskimikiham vti ◆ il/elle coupe à la hache un carré de mousse gelée

ᒨᔅᒋᔅᑭᒥᑭᐦᐙᐤ muuschiskimikihwaau vta ◆ il/elle le/la déterre de la mousse, avec un instrument

ᓈᑎᔅᒑᐤ naatischaau vai ◆ il/elle va chercher de la mousse

ᐹᓯᔅᒑᐤ paasischaau vai ◆ il/elle fait sécher de la mousse pour les couches de bébé

ᐱᑯᓈᔅᑭᒥᑳᐤ pikunaaskimikaau vii ◆ il y a un trou dans la mousse

ᐐᐦᐱᔅᒑᓂᒧᐙᐤ wiihpischaanimuwaau vta ◆ il/elle retire la partie humide de la mousse utilisée comme lange de bébé

ᐊᐧᐋᔑᔥᒌᔥ awaashishchiish ni -im ◆ de la mousse de sphaigne, lit.'de la mousse à bébé'
ᐋᐦᑎᔅᒑᓂᒧᐧᐋᐤ aahtischaanimuwaau vta ◆ il/elle change la mousse qui sert de couche au bébé
ᐃᔨᔅᑭᒥᒋᓈᐤ iyiskimichinaau vta ◆ il/elle l'enfouit dans la mousse, dans le sol
ᐃᔨᔅᑭᒥᒋᓂᒼ iyiskimichinim vti ◆ il/elle l'enfouit dans la mousse, dans le sol
ᒥᔥᑭᐧᐃᔅᑭᒥᑳᐤ mishkiwiskimikaau vii ◆ c'est de la mousse dure, de la terre dure
ᐱᐦᒀᐦᐊᔅᒑᐤ pihkwaahaschaau vai ◆ il/elle découpe un morceau de mousse gelée pour les couches du bébé et en enlève la neige
ᐱᐦᒀᐱᑎᒼ pihkwaapitim vti ◆ il/elle ramasse, détache de la mousse de sphaigne
ᐲᔥᑖᐧᐋᒋᐧᐃᐦᑖᐤ piishtaawaachiwihtaau vii ◆ ça bout pour former de l'écume, de la mousse
ᐲᔂᔮᒋᐧᐃᐦᑖᐤ piishwaayaachiwihtaau vii ◆ il se forme de la mousse, de l'écume à la surface de la nourriture lors de la cuisson
ᐱᐦᒀᔅᒑᐤ pihkwaaschaau vai ◆ il/elle coupe et retire des morceaux de mousse presque gelés du sol (pour les utiliser comme couches de bébé ou pour calfeutrer un abri)
ᐧᐄᔥᑭᒥᔥᑖᐤ wiishkimishtaau vii ◆ la mousse, la terre sent la fumée

mousser

ᐲᔥᑖᐅᐱᔨᐤ piishtaaupiyiu vai ◆ ça mousse
ᐲᔥᑖᐅᐱᔨᐤ piishtaaupiyiu vii ◆ ça mousse
ᐲᔥᑖᐅᑖᒨ piishtaautaamuu vai -u ◆ il/elle mousse à la bouche
ᓲᐳᐧᐋᑭᒥᐱᔨᐤ suupuwaakimipiyiu vii ◆ l'eau mousse

moustache

ᒦᔥᑐᐧᐋᐤ miishtuwaau vai ◆ il/elle a une barbe, une moustache, des moustaches
ᑭᑳᓈᐧᐋᔅᑯᔥᑎᐧᐋᐤ kikaanwaaskushtiwaau vai ◆ il/elle a une longue moustache, barbe

moustaches

ᒦᔥᑐᐧᐋᓐᐦ miishtuwaanh ni pl ◆ des moustaches, une barbe
ᐅᒦᔥᑐᐧᐋᓐᐦ umiishtuwaanh nad ◆ ses moustaches, sa barbe

moustiquaire

ᓯᒋᒫᐅᔮᓐ sichimaauyaan ni ◆ une moustiquaire, un filet moustiquaire

moustique

ᓯᒋᒫᐤ sichimaau na ◆ un moustique
ᑳᐲᐳᑖᔑᒡᐦ kaapiiputaashichh nip pl ◆ des spirales à moustiques (ce qu'on brûle pour faire de la fumée et éloigner les mouches et moustiques)
ᑳᐱᒫᐱᐦᑖᔑᒡᐦ kaapimaapihtaashichh nip pl ◆ des spirales à moustiques (ce que l'on brûle pour faire de la fumée et éloigner les mouches et moustiques)
ᐲᐳᑖᐦᐊᒼ piiputaaham vti ◆ il/elle fait de la fumée pour éloigner les moustiques

moustiques

ᓯᒋᒫᐅᑎᐦᒄ sichimaautihkw na -um ◆ un caribou au mois d'août quand ses poils sont sur le point de tomber et qu'il est dévoré par les moustiques

mouton

ᒫᓂᔥᒑᓂᔥ maanishchaanish na -im ◆ un agneau, un mouton *Ovis aries*
ᐅᒫᔨᒋᐦᑯᔑᐅᔮᓐ umaayichihkushiuyaan na ◆ une peau de mouton, d'agneau

mouvement

ᑭᐧᐃᒋᐦᑖᐤ kiwichihtaau vai+o ◆ il/elle fait un rond dans l'eau, une indication d'un mouvement
ᑎᒀᐱᐦᑳᔥᑳᑯ tikwaapihkaashkaakuu vai -u ◆ il/elle remarque ses mouvements du coin de l'oeil en passant
ᐅᐦᑖᓯᐲᐤ uhtaasipiiu vai ◆ il/elle fait pulser l'eau par ses mouvements là-bas.
ᔓᔥᒀᐱᔥᒑᒋᒋᐧᐃᓐ shuushkwaapishchaachichiwin vii ◆ le rapide est en pente; c'est un mouvement lisse du rapide sur les rochers

mouvement de l'eau

ᐅᓯᐱᐦᑖᐤ usipihtaau vai+o ◆ il/elle observe le mouvement de l'eau en quête d'activité animale

mucus

ᐊᒋᒃ achikw na -um ◆ du phlegme, du mucus
ᐅᑎᒋᑯᒻᐦ utichikumh nad ◆ son mucus, sa glaire
ᐅᐧᐄᓈᐱᐤ uwiinaapiu vai ◆ il/elle y a de la saleté , du mucus dans les yeux
ᐅᐧᐄᓂᔥᑭᒑᐱᐤ uwiinishkichaapiu vai ◆ il/elle a de la saleté, du mucus dans les yeux

muer

ᐱᔥᑰ pishkuu vai -u ◆ il/elle mue (ex. oiseau)
ᐱᔥᑯᔑᑉ pishkuship na ◆ un canard qui mue
ᐱᔥᑯᔅᒃ pishkusk na -im ◆ une oie qui mue

munition

ᐅᑎᓯᓃᒥᐤ utisiniimiu vai ◆ il/elle a des calculs biliaires, des balles ou de la grenaille pour le fusil

munitions

ᐹᔅᒋᓯᑭᓈᐱᒋᔥᑖᐧᐃᓐ paaschisikinaapichishtaawin ni ◆ des munitions

mûr

ᐊᑎᓱᐧᐃᒡ atisuwich vai pl -u ◆ elles (les baies) sont mûres, elles sont teintes
ᒥᔪᒥᓂᒋᓯᐧᐃᒡ miyuminichisiwich vai pl ◆ les baies (animé) sont mûres et on peut les ramasser
ᒥᔪᒥᓂᑳᐅᐦ miyuminikaauh vii pl ◆ les baies sont mûres, prêtes à être cueillies
ᔑᑯᐦᑳᐅᐦ shikuhkaauh vii pl ◆ les baies sont bien mûres
ᔑᒀᐅᐦ shikwaauh vii pl ◆ les baies sont bien mûres

mur

ᐋᔮᔨᐦᑎᑳᒡ aayaayihtikaach p,lieu ◆ le long d'un mur, sur un mur ■ ᐋᑯᑖᐦ ᑳ ᐋᑎ ᓃᐱᑖᑯᔮᑦ ᐊᓂᔮᐦ ᐅᐧᐃᒋᔥᑯᔮᓐᐦ ᐋᔮᔨᐦᑎᑳᔨᒡ. ■ aakutaah kaa aati niipitaakuyaat aniyaah uwichishkuyaanh aayaayihtikaayich. ■ *Elle a suspendu ses peaux de rat musqué en rangée le long du mur.*

ᒌᑳᔅᑯᐱᐤ chiikaaskupiu vai ◆ il /elle est assis-e près d'un mur, d'un arbre

ᒌᐦᑳᐦᑎᒄ chiihkaahtikw p,lieu ◆ près d'un mur ou d'un arbre ■ ᓈᑎᐦ ᒌᐦᑳᐦᑎᒄ ᐋᑯᑎᐦ ᑳ ᐊᔥᑖᔨᒡ ᐊᓂᔮ ᐅᐧᐃᓂᐦᐄᑭᓐ. ■ naatih chiihkaahtikw aakutih kaa ashtaayich aniyaa uwinihiikin. ■ *Son piège était tout près de l'arbre.*

ᒌᑳᔅᑯᑳᐴ chiikaaskukaapuu vai -uwi ◆ il/elle se tient, est debout près d'un mur, d'un arbre

mûre

ᐊᑎᒌᐤᐦ atichiiuh vii pl ◆ les baies ne sont pas mûres

ᐅᔥᒌᔑᑯᒥᓈᐦᑎᒄ ushchiishikuminaahtikw na -um ◆ une ronce pubescente, une catherinette, une catalinete, une mûre du Canada *Rubus pubescens*

murmurer

ᒌᒧᒋᔨᒥᐤ chiimuchiyimiu vai ◆ il/elle murmure

musaraigne

ᒌᓂᔥᔪᐧᐋᔮᐱᑯᔒᔥ chiinishjuwaayaapikushiish na -im ◆ une musaraigne, une musaraigne cendrée *Sorex cinereus*

musc

ᐑᑐᔮᔅᑯᓂᑭᓐ wiituyaaskunikin ni ◆ un bâton frotté avec du musc placé à côté d'un piège

ᐑᑐᔮᔅᑯᓂᒻ wiituyaaskunim vti ◆ il/elle met du musc sur un poteau pour attirer le lynx dans le piège par l'odorat

muscle

ᐧᐃᔮᓐᐦ wiyaanh nad ◆ le muscle son mollet

ᐱᔅᒑᐅᒌᐤ pischaauchiiu vai ◆ il/elle se fait une entorse ou une foulure, s'étire un muscle

ᔖᔖᐑᐤ shaashaawiiu vai ◆ il/elle travaille, bouge et ses muscles se détendent

ᐅᒋᐱᓯᐙᓯᐤᐦ uchipisiwaasiuh nad ◆ le muscle de la partie inférieure de sa patte (pour un caribou, un orignal), le muscle du dessous des côtes (pour l'ours)

ᐅᒥᔥᒁᐙᓐ umishkwaawaan nid [Wemindji] ◆ la partie musclée de sa patte inférieure (se dit d'un caribou ou d'un orignal)

museau

ᐅᒑᑦ uchaat na -im ◆ un museau (ex. d'orignal, de caribou)

ᐅᒑᔨᑯᑭᓐ uchaayikukin ni ◆ un museau, la base du nez

ᐅᔅᒋᐧᐃᓐ uschiwin nid ◆ son museau

ᐑᔥᑐᐃ wiishtui ni -uum ◆ le museau d'un animal

ᒥᐦᑭᔅᒋᐧᐃᓈᐤ mihkischiwinaau vai ◆ il/elle a un grand nez, un gros museau

musique

ᒋᔥᑐᐦᒋᑭᓐ chishtuhchikin ni ◆ un instrument de musique, une chaîne stéréo

ᒋᔅᑐᐦᒋᒑᐤ chistuhchichaau vai ◆ il/elle joue d'un instrument de musique, il/elle fait marcher la stéréo

muskeg

ᒥᑖᐹᔅᒑᑳᐤ mitaapaaschaakaau vii ◆ le muskeg s'étend jusqu'à l'étendue d'eau

ᐲᐦᒋᔅᒑᑳᐤ piihchischaakaau vii ◆ c'est un long muskeg à traverser

ᐊᑳᒥᔅᒑᒡ akaamischaach p,lieu ◆ de l'autre côté du muskeg, de la tourbière ■ ᐊᑳᒥᔅᒑᒡ ᒌᐦ ᐱᒧᐦᑖᐤ ᑳ ᐙᐱᒥᒃ. ■ akaamischaach chiih pimuhtaau kaa waapimik. ■ *Je l'ai vu traverser le muskeg.*

ᑖᐅᔅᒑᒡ taauschaach p,lieu ◆ au milieu du muskeg ■ ᓈᑖᐦ ᑖᐅᔅᒑᒡ ᐋᑯᑎᐦ ᑳᐦ ᒥᐧᔮᒡ ᐊᐙᔑᔥᒌᔥ. ■ naataah taauschaach aakutih kaah miywaach awaashishchiish. ■ *La mousse pour le bébé était meilleure si elle provenait du milieu du muskeg.*

ᒧᔑᔓᔅᒑᑳᐤ mushishuschaakaau vii ◆ c'est un muskeg, une tourbière sans arbres ni buissons

ᐱᒥᔅᒑᑳᐤ pimischaakaau vii ◆ c'est une ligne de muskeg

ᐱᓯᔅᒑᑳᐤ pisischaakaau vii ◆ c'est une tranchée dans un muskeg

ᒧᓵᐅᔅᒑᑭᐦᐊᒻ musaauschaakiham vti ◆ il/elle sort dans le muskeg, la tourbière

ᐱᔅᑯᔅᒑᑳᐤ piskuschaakaau vii ◆ c'est une bosse, une élévation dans le muskeg

ᔖᑭᐧᐃᔅᒑᑳᐤ shaakiwischaakaau vii ◆ c'est une tourbière étroite

ᑎᔅᑭᒥᔅᒑᑭᐦᐊᒻ tiskimischaakiham vti ◆ il/elle traverse la tourbière tout droit en marchant

myrtille

ᓂᔅᒋᒥᓂᒡ nischiminich na pl ◆ une espèce de bleuets; l'airelle myrtille, le bleuet du Canada *Gaylussacia sp.*

ᓂᒋᑯᒥᓈᐦᑎᒄ nichikuminaahtikw ni ◆ un buisson d'airelles, de myrtilles

mystifié

ᑯᔥᒁᔨᐦᑎᒻ kushkwaayihtim vti ◆ il/elle est plongé-e dans ses réflexions à propos de ça; il/elle en est perplexe, mystifié-e

n

n'est-ce pas?

ᓂᒫ nimaa p,négative ◆ tu ne trouves pas? vous ne trouvez pas? n'est-ce pas? ■ ᓄᐧᐃᒡ ᒌᐦ ᑭᔅᒋᐦᐆ ᐊᓂᔮ ᒋᔖᔨᔨᐤ ᐋᐦ ᐋᑎᔫᐦᒑᑦ, ᓂᒫ. ■ nuwich chiih kischihuu aniyaa chishaayiyiu aah aatiyuuhchaat, nimaa. ■ *Cet aîné était un bon conteur de légendes, tu ne trouves pas?*

n'importe

ᓂᑎᐧᐄ **nitiwii** p,manière ◆ n'importe où, n'importe comment, pas aussi bien ■ ᒥᒄ ᓂᑎᐧᐄ ᒌᐦ ᐄᔑᓈᑯᐦᐋᐤ ᐊᓂᔮᐦ ᐅᑎᓵᒻᐦ ᓈᔥᒡ ᐋᐦ ᒌᐦ ᐧᐄᐦ ᒋᔨᐲᐟ ■ mikw nitiwii chiih iishinaakuhaau aniyaah utisaamh naashch aah chiih wiih chiyipiit. ■ *Elle/Il n'a pas fabriqué ses raquettes aussi bien qu'il aurait dû parce qu'elle/il était pressé-e.*

nage

ᑯᐃᔥᑎᑳᒫᐦᐊᒼ **kuishtikaamaaham** vti ◆ il/elle en fait le tour en pagayant, à la nage

ᑎᔅᑭᒥᐦᐊᒼ **tiskimiham** vti ◆ il/elle traverse tout droit à la nage, à la pagaie

ᒥᔑᑳᒫᐦᐊᒼ **mishikaamaaham** vti ◆ il/elle atteint l'autre côté d'une étendue d'eau à la nage ou en pagayant

nageoire

ᐋᐦᒋᑯᑎᐦᒌᐦ **aahchikutihchiih** na -um ◆ des nageoires de phoque

ᐅᑎᐦᒋᑭᓐᐦ **utihchikinh** nid pl ◆ ses nageoires, les trous de ses pieds et pattes dans la peau d'un animal

ᐧᐃᔨᐧᐋᐦᐄᑭᓐ **wiyiwaahiikin** ni ◆ la nageoire de la queue de poisson

nager

ᐱᑳᔑᒨ **pikaashimuu** vai -u ◆ il/elle nage

ᐱᐹᒫᑎᑯᐦᐊᒼ **pipaamaatikuham** vti redup ◆ il/elle nage par là

ᐋᒋᐦᒋᒨ **aachihchimuu** vai -u ◆ il/elle reste coincé-e sur une île ou une banc de sable à cause de la marée montante

ᐋᑎᒋᓂᒋᒫᐤ **aatichinichimaau** vai ◆ il/elle nage sur son dos

ᐊᑎᒥᑯᐦᒋᓐ **atimikuhchin** vai ◆ il/elle s'éloigne à la nage ou en pagayant

ᐄᔑᒋᒫᐤ **iishichimaau** vai ◆ il/elle pagaye, nage dans sa direction

ᐃᔨᔨᒥᐦᐊᒼ **iyiyimiham** vti ◆ il/elle pagaie, nage face au vent

ᐹᑎᑯᐦᒋᓐ **paatikuhchin** vai ◆ il/elle vient à la nage, en pagayant

ᐱᑭᔥᑎᐧᐋᒋᔑᒨ **pikishtiwaachishimuu** vai -u ◆ il/elle se sauve en entrant dans l'eau depuis la terre

ᐱᒥᔥᑳᐤ **pimishkaau** vai ◆ il/elle pagaie en canot, il/elle nage

ᓵᑭᐦᐊᒼ **saakiham** vti ◆ le castor sort de sa hutte à la nage

ᑖᑎᐹᐅᐦᐊᒼ **taatipaauham** vti ◆ il/elle pagaie, nage autour

ᐊᑎᒥᔥᑳᐤ **atimishkaau** vai ◆ il/elle s'éloigne à la nage, en pagayant

ᒧᔕᐅᐦᐊᒼ **mushaauham** vti ◆ il/elle s'éloigne du rivage en pagayant ou à la nage

ᓈᑎᑳᒫᐦᐊᒼ **naatikaamaaham** vti ◆ il/elle pagaie, nage vers le rivage

ᓅᐦᑖᐦᐊᒼ **nuuhtaaham** vti ◆ il/elle n'y arrive pas à la nage ou en pagayant; il/elle n'a pas assez d'argent pour le payer

ᐹᑖᔥᑎᒥᔥᑳᐤ **paataashtimishkaau** vai ◆ il/elle s'approche en pagayant ou à la nage (vers celui qui parle)

ᑖᑎᐹᐦᐊᒼ **taatipaaham** vti ◆ il/elle le contourne en pagayant, à la nage

ᔮᔮᐧᐋᐱᔨᔫ **yaayaawaapiyiu** vai ◆ il/elle suit le rivage en véhicule, nage le long du rivage

ᐋᔓᐧᐃᐦᐊᒼ **aashuwiham** vti ◆ il/elle traverse une étendue d'eau à la nage ou en pagayant

ᒋᐦᒋᒋᒫᐤ **chihchichimaau** vai ◆ il/elle commence à pagayer, à s'éloigner à la nage

ᓂᑎᐦᐊᒼ **nitiham** vti ◆ il/elle remonte la rivière en pagayant, à la nage

ᓂᑎᐦᐄᐱᔨᐤ **nitihiipiyiu** vai ◆ il/elle remonte la rivière en véhicule, en nageant

ᑖᑎᐱᐦᐊᒼ **taatipiham** vti ◆ il/elle pagaie, vole, nage tout autour

ᑎᔅᑭᒥᐦᐅᑖᐤ **tiskimihutaau** vai+o ◆ il/elle le fait traverser une étendue d'eau à la nage ou à la pagaie

nain

ᐊᐱᔒᔨᔨᔥ **apishiiyiyish** na -im ◆ un nain, un lutin, quelqu'un de petit

naissance

ᐋᑎᔅᒑᐦᐋᐅᓱ **aatischaahaausuu** vai -u ◆ un orignal ou un caribou vient de mettre à bas et le petit a laissé des traces dans la neige (une neige tardive ou quand la neige est presque fondue)

ᒌᐧᐋᔅᒑᐤ **chiiwaaschaau** vai ◆ il/elle rentre à la maison, revient à son lieu de naissance après une longue absence

naître

ᐱᔨᔅᑯᐹᒌᐤ **piyiskupaachiiu** vai ◆ le bébé crève sa poche des eaux pendant qu'il nait

naphta

ᐱᒦ **pimii** ni ◆ du lard, du gras, de l'essence, de l'huile, du naphta

napperon

ᐃᔥᐱᔥᑖᑭᓐ **ishpishtaakin** ni -m ◆ une natte ou un napperon sur lequel on nettoie ou dépiaute des oiseaux ou des poissons

narine

ᐅᑖᐃᑯᒻᐦ **utaaikumh** nad ◆ ses narines

Naskapi

ᐧᐋᐱᓅᑖᐅᐄᔨᔨᐅᒡ **waapinuutaauiiyiyiuch** na pl -im ◆ les gens de l'Est, les Naskapis

naskapi

ᐧᐋᐱᓅᑖᐧᐋᔮᐹᐤ **waapinuutaawaayaapaau** vai ◆ il/elle tresse ses raquettes dans le style naskapi

natte

ᐃᔥᐱᔥᑖᑭᓐ **ishpishtaakin** ni -m ◆ une natte ou un napperon sur lequel on nettoie ou dépiaute des oiseaux ou des poissons

ᓵᒋᐱᑖᓐ **saachipitwaan** ni ◆ une natte (de cheveux)

ᓂᔥᑐᐱᐦᑳᓐ **nishtupihkaan** ni ◆ une natte à trois brins

nature

ᐱᑯᑎᔅᑭᒥᑳᐦᒡ pikutiskimikaahch p,lieu ◆ dans la nature, dans la brousse ■ ᓈᔥᑖᐙᐦ ᒋᔮᒫᐙᔨᐦᑎᒼ ᓈᑖᐦ ᐱᑯᑎᔅᑭᒥᑳᐦᒡ ᐋᐦ ᐄᔨᐦᑖᑦ. ■ naashtaapwaah chiyaamaawaayihtim naataah pikutiskimikaahch aah iyihtaat. ■ *Elle/il trouve ça très reposant d'être dans la nature.*

ᐱᑯᑎᔅᑭᒥᒡ pikutiskimich p,lieu ◆ au fond des bois ■ ᐊᓂᑖᐦ ᓂᑎᐑ ᐱᑯᑎᔅᑭᒥᒡ ᐋᑯᑎᐦ ᑳ ᐚᐱᒫᑦ ᐊᓂᔮᐦ ᐋᐦ ᒥᔅᑳᓯᓈᑯᓯᔨᒡᐦ ᒥᔥᑎᒄᐦ. ■ anitaah nitiwii pikutiskimich aakutih kaa waapimaat aniyaah aah miskaasinaakusiyich-h mishtikwh. ■ *C'est au fond des bois qu'elle/il a vu un arbre bizarre.*

navette

ᐃᐦᐄᐱᐦᑳᓈᐦᑎᒄ ihiipihkaanaahtikw na ◆ une aiguille ou une navette pour fabriquer le filet de pêche

naviguer

ᐅᐦᑖᔑᐤ uhtaashiu vai ◆ il/elle souffle, navigue de là-bas

ᐅᐦᑖᔥᑎᓐ uhtaashtin vii ◆ ça souffle, navigue de là-bas

ᐱᒫᔑᐤ pimaashiu vai ◆ il/elle navigue à la voile, souffle avec

ᐱᐹᒫᔑᐤ pipaamaashiu vai redup ◆ il/elle navigue à la voile de-ci de-là

ᐱᐹᒫᔥᑎᒫᐤ pipaamaashtimaau vta redup ◆ il/elle navigue à la voile de-ci de-là avec lui/elle

ᐱᐹᒫᔥᑎᓐ pipaamaashtin vii redup ◆ ça navigue à la voile de-ci de-là

ᐹᑖᔑᐤ paataashiu vai ◆ il/elle navigue, vogue, est emporté-e par le vent dans cette direction

navire

ᒋᔖᒌᒫᓐ chishaachiimaan ni ◆ un gros navire

ᒌᒫᓐ chiimaan ni ◆ un bateau, un navire

navrant

ᒋᔅᑎᒫᒑᔨᐦᑖᑯᓐ chistimaachaayihtaakun vii ◆ c'est pitoyable, navrant

né

ᒋᐹᐃᒀᐤ chipaaikwaau vai ◆ son nez est bouché

ᐄᔨᔫ iiyiyiuu vai -iwi ◆ il/elle est en vie; il est né, elle est née; c'est un autochtone, c'est une autochtone

ne

ᓂᒥ nimi p,négatif ◆ ne...pas, pas

ne pas

ᓂᒥᔮᐤ nimiyaau p,négatif ◆ ce n'est pas ■ ᓂᒥᔮᐤ ᐊᓐ ᐊᐙᓐ ᑳ ᐹᔥᐙᔨᒥᒃ ᒑ ᑎᑯᔑᐦᒃ. ■ nimiyaau an awaan kaa paashwaayimik chaa tikushihk. ■ *Ce n'est pas cette personne que je m'attendais à voir.*

ᑖᐸ taapaa p,négative ◆ non, ne...pas ■ ᑖᐸ ᐅᐦᒋ ᐐᒋᐦᐄᐙᐤ ᑳ ᐅᔑᐦᑖᑭᓂᐎᔨᒡ ᐊᓂᔮ ᐙᔅᑳᐦᐄᑭᓂᔨᐤ. ■ taapaa uhchi wiichihiiwaau kaa ushihtaakiniwiyich aniyaa waaskaahiikiniyiu. ■ *Il n'a pas aidé à construire cette maison.*

ne... pas

ᒑᐦᐋᑳ chaahaakaa p,négative ◆ ne...pas (sens futur) (voir *chaa + h+aakaa*) ■ ᓂᒌᐦ ᐐᐦᑎᒧᐙᐤ ᒑᐦᐋᑳ ᐄᑐᐦᑖᑦ ᓈᑖᐦ. ■ nichiih wiihtimuwaau chaahaakaa iituhtaat naataah. ■ *Je lui ai dit de ne pas y aller.*

ᒋᐦᐋᑳ chihaakaa p,temps ◆ ne...pas (sens futur) (voir aussi *chaahaakaa*) ■ ᓂᒌᐦ ᐐᐦᑎᒧᐙᐤ ᒋᐦᐋᑳ ᐄᑐᐦᑖᑦ ᓈᑖᐦ. ■ nichiih wiihtimuwaau chihaakaa iituhtaat naataah. ■ *Je lui ai dit de ne pas y aller.*

ne...pas

ᐋᐦᐋᑳ aahaakaa p,négative ◆ ne....pas, ne...rien (voir *aah +aakaa*) ■ ᒥᐦᒑᑖᐤ ᒫᒃ ᒌᐦ ᐃᔑᓈᑯᓐ ᐋᐦᐋᑳ ᓈᔥᑎᔨᒡ ᐅᐦᒋᑎᑯᐦᒡ ᒑᒁᓐ ᒑ ᒦᒋᓈᓂᐎᒡ. ■ mihchaatwaau maak chiih ishinaakun aahaakaa naashtiyich uchitikuhch chaakwaan chaa miichinaaniwich. ■ *C'est arrivé souvent qu'il n'y avait rien à manger.*

néanmoins

ᒑᒫᑳ chaamaakaa p,évaluative ◆ pas étonnant, néanmoins ■ ᒑᒫᑳ ᐐᐦ ᐃᐦᑎᐤ ᐊᓂᔮ ᒨᔥ ᐋᐦ ᒌᐦ ᓂᓈᐦᑳᑖᔨᒧᑦ. ■ chaamaakaa wiih ihtiu aniyaa muush aah chiih ninaahkaataayimut. ■ *Pas étonnant qu'il soit devenu comme ça après tous les problèmes qu'il a eu.*

nécessaire

ᓂᑎᐙᔨᐦᑖᑯᓐ nitiwaayihtaakun vii ◆ c'est nécessaire

nécessité

ᑭᒑᐦᒡ kichaahch p,manière ◆ quelque chose d'essentiel, de nécessaire ■ ᐐᐦ ᑎᒀᑭᐱᔨᓈ ᔮᔨᑖ ᑭᒑᐦᒡ ᐃᔑ ᑭᑎᐦᑯᓐᐦ. ■ wiih tikwaakipiyinaa yaayitaa kichaahch ishi kitihkunh. ■ *Si tu passes l'automne sur la ligne de trappe, assure-toi d'emporter tout ce qu'il te faut!*

négligé

ᐄᐹᑖᔨᐦᑎᒼ iipaataayihtim vti ◆ il/elle se sent mal à l'aise à cause de l'apparence négligée de quelque chose

ᐄᐹᑖᔨᒫᐤ iipaataayimaau vta ◆ il/elle se sent mal à l'aise à cause de son apparence négligée

ᑭᔅᒋᔑᓐ kischishin vai ◆ il/elle est pourri-e parce qu'il/elle a été négligé-e pendant longtemps

négligent

ᒋᐦᑳᐙᑎᓰᐤ chihkaawaatisiiu vai ◆ il/elle ne fait pas les choses comme il faut, il/elle est négligent-e

négliger

ᒥᒥᒋᔨᐦᑎᐤ mimichiyihtiu vai redup ◆ il/elle fait les choses n'importe comment, néglige de bien faire

neige

ᑰᓐ kuun na ◆ de la neige

ᒥᐦᑖᔫᔨ mihtaayuyi na ◆ de la neige qui pend des branches des arbres

ᐱᐱᔮᔮᑯᓐ pipiyaayaakun na ◆ de la neige légère et duveteuse

ᔮᑭᐙᑯᓐ yaakiwaakun ni ◆ de la neige granuleuse sous la surface

ᐄᑖᒫᑯᓂᒡ iitaamaakunich p,lieu ◆ sous la neige ■ ᓈᔥᑎᔨᒡ ᐄᑖᒫᑯᓂᒡ ᒌᐦ ᐃᐦᑖᐤ ᐊᓐ ᓂᓂᒁᑖᑭᓐ ᒋᔮᒋᔖᐹᔮᔨᒡ. ■ naashtiyich iitaamaakunich chiih ihtaau an ninikwaataakin chiyaachishaapaayaayich. ■ *Le lièvre que j'avais attrapé au collet était tout recouvert de neige quand je suis allé lever mes collets le lendemain matin.*

ᐳᐚᑯᓂᒡ puwaakunich p,lieu ◆ couvert de neige mais encore visible ■ ᓂᒌᐦ ᒋᔅᒑᔨᒫᐤ ᐊᐙᓐ ᐋᐦ ᒌᐦ ᐱᒧᐦᑖᑯᐱᓈ ᐋᐦ ᓅᑯᓂᔨᒡ ᐳᐚᑯᓂᒡ ᐊᓂᑎᐦ ᐋᐦ ᒌᐦ ᐱᒧᐦᑖᑦ. ■ nichiih chischaayimaau awaan aah chiih pimuhtaakupinaa aah nuukuniyich puwaakunich anitih aah chiih pimuhtaat. ■ *Je sais que quelqu'un a marché là parce que je peux voir les traces malgré la chute de neige.*

ᐅᔅᑖᑯᓂᒡ ustaakunich p,lieu ◆ sur la neige ■ ᐅᔅᑖᑯᓂᒡ ᓂᒌᐦ ᐚᐱᐦᑖᓐ ᐊᓐ ᐎᓂᐦᐄᑭᓐ. ■ ustaakunich nichiih waapihtaan an winihiikin. ■ *J'ai vu le piège sur la neige.*

ᐋᐳᐚᑯᓂᒋᐱᔩᐤ aapuwaakunichipiyiu vii ◆ la neige fond à cause du temps doux

ᐊᒁᑯᓈᐤ akwaakunaau vii ◆ la neige colle à ça

ᐊᓯᓈᑯᓈᔥᑭᒻ asinaakunaashkim vti ◆ il/elle tasse la neige

ᒋᐦᒋᔥᑖᐙᔮᑯᓈᓈᐤ chihchishtaawaayaakunaanaau vta ◆ il/elle le/la pousse dans la neige

ᒋᐦᒋᔥᑖᐙᔮᑯᓈᓂᒻ chihchishtaawaayaakunaanim vti ◆ il/elle le met dans la neige à la main

ᒋᐦᒋᔥᑖᐙᔮᑯᓂᒋᓈᐤ chihchishtaawaayaakunichinaau vta ◆ il/elle le/la pousse dans la neige

ᒋᐦᒋᔅᑖᐚᑯᓈᐱᔩᐤ chihchistaawaakunaapiyiu vai ◆ il/elle s'enfonce dans la neige

ᒋᐦᒋᔅᑖᐚᑯᓈᐱᔩᐤ chihchistaawaakunaapiyiu vii ◆ ça s'enfonce dans la neige

ᒌᔓᐚᑯᓈᐤ chiishuwaakunaau vii ◆ c'est isolé par la neige

ᒋᒧᑖᒫᑯᓈᐤ chimutaamaakunaau vai ◆ il/elle suffoque à cause de la neige

ᒋᐿᑯᓈᐤ chipwaakunaau vai ◆ il/elle est bloqué-e par la neige

ᒋᐿᑯᓈᐤ chipwaakunaau vii ◆ c'est bloqué par la neige

ᒋᔅᐱᑳᑯᓂᑳᐤ chispikaakunikaau vii ◆ la neige est profonde

ᒋᔩᑭᐅᐹᒌᐤ chiyikiupaachiiu vii ◆ c'est de la neige mélangée avec de la pluie

ᐄᔅᐱᐦᑖᑯᓂᑳᐤ iispihtaakunikaau vii ◆ la neige a une certaine profondeur

ᐄᑖᑭᒋᐦᑎᓐ iitaakichihtin vii ◆ la neige s'amoncelle d'une certaine façon

ᐄᔩᒑᐤ iiyichaau vai ◆ il/elle met de la neige autour de la base de l'habitation

ᐄᔩᑳᑎᒻ iiyikaatim vti ◆ il/elle entasse de la neige autour des bords inférieurs de l'habitation

ᐃᔮᑯᓈᐦᐊᒻ iyaakunaaham vti ◆ il/elle l'enterre dans la neige

ᐃᔮᑯᓈᐦᐚᐤ iyaakunaahwaau vta ◆ il/elle l'enterre dans la neige

ᐃᔮᑯᓈᐤ iyaakunaau vai ◆ il/elle est recouvert-e de neige

ᐃᔮᑯᓈᐤ iyaakunaau vii ◆ c'est recouvert de neige

ᐃᔻᑯᓈᐱᔩᐤ iywaakunaapiyiu vii ◆ la neige se dépose et recouvre le sol, de l'eau qui n'est pas encore gelée

ᑯᐃᔑᐚᑯᓂᑳᐤ kuishiwaakunikaau vii ◆ c'est une fine bande de neige

ᑯᑖᐚᑯᓈᐦᐊᒻ kutaawaakunaaham vti ◆ il/elle l'enfonce dans la neige avec quelque chose

ᑯᑖᐚᑯᓈᐦᐚᐤ kutaawaakunaahwaau vta ◆ il/elle l'enfonce dans la neige avec quelque chose

ᑯᑖᐚᑯᓈᔥᑭᒻ kutaawaakunaashkim vti ◆ il/elle le fait rentrer dans la neige avec son pied ou son corps

ᑯᑖᐚᑯᓂᒋᓂᒻ kutaawaakunichinim vti ◆ il/elle l'enfonce dans la neige à la main

ᑯᑖᐚᑯᓂᒋᐱᔩᐤ kutaawaakunichipiyiu vai ◆ il/elle s'enfonce dans la neige

ᑯᑖᐚᑯᓂᒋᐱᔩᐤ kutaawaakunichipiyiu vii ◆ ça s'enfonce dans la neige

ᑯᑖᐚᑯᓂᒋᔥᑭᐚᐤ kutaawaakunichishkiwaau vta ◆ il/elle l'enfonce dans la neige avec son pied ou son corps

ᑰᓂᔅᑭᒥᑳᐤ kuuniskimikaau vii ◆ le sol est recouvert de neige

ᑰᓂᐅ kuuniuu vii -iwi ◆ il y a de la neige dessus

ᑰᓂᐅ kuuniuu vai -iwi ◆ il/elle est recouvert-e de neige

ᑰᓂᐚᔅᑯᓐ kuuniwaaskun vii ◆ c'est recouvert de neige, il y a de la neige dessus (long et rigide)

ᑰᓂᐚᔅᑯᓯᐤ kuuniwaaskusiu vai ◆ il/elle est recouvert-e de neige (long et rigide)

ᑰᓂᐎᐦᐋᐤ kuuniwihaau vta ◆ il/elle le/la saupoudre de neige

ᑰᓂᐎᐦᑖᐤ kuuniwihtaau vai+o ◆ il/elle se fait recouvrir de neige, la neige lui tombe dessus

ᑰᓂᐎᔥᑭᒻ kuuniwishkim vti ◆ il/elle fait tomber dessus de la neige qu'il/elle a sur lui/elle

ᑰᓂᐎᔥᑭᐚᐤ kuuniwishkiwaau vta ◆ il/elle fait tomber sur lui/elle de la neige qu'il/elle a sur lui/elle

ᑰᓂᐎᓯᒁᐤ kuuniwisikwaau vii ◆ il y a de la neige sur la glace

ᒫᑯᐱᐤ maakupiu vai ◆ la neige est bien tassée

ᒫᒁᑯᓈᔥᑭᒻ maakwaakunaashkim vti ◆ il/elle tasse la neige avec son pied ou son corps

ᒫᒁᑯᓈᔥᑭᐚᐤ maakwaakunaashkiwaau vta ◆ il/elle tasse la neige avec son pied ou son corps

ᒫᒫᐧᑳᑯᓈᔅᑭᒼ maamaakwaakunaashkim vti redup ◆ il/elle dame la neige

ᒫᔅᑖᑯᐦᑖᐱᔨᐤ maashtaakuhtaapiyiu vii ◆ la neige est toute fondue

ᒫᑖᑯᓲ maataakusuu vai -u ◆ la neige commence à fondre au printemps

ᒫᑎᐧᐃᓐ maatiwin vii ◆ il fait extrêmement froid avec de la neige qui souffle

ᒥᒑᑯᓂᑳᐤ michaakunikaau vii ◆ la neige est mauvaise pour voyager (dessus)

ᒥᒋᔅᑖᐧᐋᔮᑯᓂᑳᐤ michistaawaayaakunikaau vii ◆ c'est une pointe de neige

ᒥᑳᐃᐦᑎᒼ mikaaihtim vti ◆ il/elle pellette la neige vers l'extérieur

ᒥᐧᑳᑯᓈᐱᐤ mikwaakunaapiu vai ◆ il/-elle crée un monticule en se tenant sous la neige

ᒥᐧᑳᑯᓈᔅᑖᐤ mikwaakunaashtaau vii ◆ ça fait un monticule quand c'est couvert de neige

ᒥᒫᓂᐧᐃᐦᑖᓐ mimaaniwihtaan vii redup ◆ il y a des averses de neige

ᒥᒥᐦᑳᑯᓂᒋᐱᔨᐤ mimihkaakunichipiyiu vii redup ◆ il neige à gros flocons

ᒥᓈᑯᓂᑳᐤ minaakunikaau vii ◆ c'est une plaque de neige

ᒥᓂᔅᑎᐧᑳᑯᓂᑳᐤ ministikwaakunikaau vii ◆ c'est une plaque de neige

ᒥᔅᑭᐧᐋᑯᓂᒋᓯᐤ mishkiwaakunichisiu vai ◆ la neige est dure

ᒥᔅᑭᐧᐋᑯᓂᑳᐤ mishkiwaakunikaau vii ◆ c'est de la neige durcie

ᒥᔨᒥᐧᐋᑯᓂᒋᓯᐤ miyimiwaakunichisiu vai ◆ c'est de la neige mouillée (animé)

ᒥᔨᒥᐧᐋᑯᓂᑳᐤ miyimiwaakunikaau vii ◆ c'est de la neige humide

ᒥᔪᑳᑯᓂᑳᐤ miyukaakunikaau vii ◆ la neige est molle

ᒥᔪᓂᒼ miyunim vti ◆ il/elle marche facilement à la surface de la neige

ᒧᔅᑖᑯᓈᐦᑎᑖᐤ mushtaakunaahtitaau vai ◆ il/elle le traîne dans la neige

ᒧᔅᑖᑯᓈᐱᐤ mushtaakunaapiu vai ◆ il/elle est assis-e directement sur la neige

ᒧᔅᑖᑯᓈᔑᒫᐤ mushtaakunaashimaau vta ◆ il/elle le/la tire dans la neige, sans utiliser un traîneau

ᒧᔅᑖᑯᓈᔑᓐ mushtaakunaashin vai ◆ il/elle est couché-e, allongé-e directement sur la neige

ᒨᓈᑯᓈᐦᐊᒼ muunaakunaaham vti ◆ il/elle le déterre de la neige avec un outil

ᒨᓈᑯᓂᒋᓈᐤ muunaakunichinaau vta ◆ il/elle le/la déterre de la neige à la main

ᒨᓈᑯᓂᑭᐦᐧᐋᐤ muunaakunikihwaau vta ◆ il/elle le/la déterre de la neige avec un outil

ᒨᔅᑖᑯᓂᑭᐱᐤ muushtaakunikipiu vai ◆ il/elle est assis-e dans la neige

ᒨᔅᑳᑯᓈᐦᐊᒼ muuskaakunaaham vti ◆ il/elle le déterre de la neige

ᓈᒋᑯᓈᐤ naachikunaau vai ◆ il/elle va chercher de la neige

ᓈᓂᑳᑯᓈᐦᑎᓐ naanikaakunaahtin vii ◆ c'est retenu en traînant dans la neige

ᓃᐦᑖᑯᓈᔅᑭᒼ niihtaakunaashkim vti ◆ il/elle piétine la neige

ᓂᑳᔮᑯᓈᐦᐊᒼ nikaayaakunaaham vti ◆ il/elle l'arrête en mettant de la neige contre lui

ᓂᑳᔮᑯᓈᐦᐧᐋᐤ nikaayaakunaahwaau vta ◆ il/elle l'arrête en mettant de la neige contre lui/elle

ᐹᐦᐹᐧᑳᑯᓂᑳᐤ paahpaakwaakunikaau vii ◆ il y a une fine couche de neige

ᐹᐧᑳᑯᓂᒌᐤ paakwaakunichiiu vai ◆ il/elle remonte à la surface de la neige

ᐹᐧᑳᑯᓂᒋᐱᔨᐦᐆ paakwaakunichipiyihuu vai -u ◆ il/elle émerge de la neige

ᐹᔅᒋᐦᑯᓈᔮᔅᑎᓐ paaschihkunaayaashtin vii [Whapmagoostui] ◆ le vent emporte, souffle la neige de là

ᐱᒋᔅᑳᑯᓈᔅᑭᒼ pichishkaakunaashkim vti ◆ il/elle piétine la neige

ᐱᐦᐳᐧᐋᑯᓂᑭᐦᐊᒼ pihpuwaakunikiham vti redup ◆ il/elle le brosse pour enlever la neige

ᐱᐦᐳᐧᐃᐱᐦᐧᑳᐤ pihpuwipihkwaau vta redup ◆ il/elle tape la neige pour la faire tomber de la toile du tipi

ᐲᐧᑳᑯᓈᔅᑭᒼ piikwaakunaashkim vti ◆ il/elle piétine la neige

ᐲᐧᑳᔮᑯᓂᑳᐤ piikwaayaakunikaau vii ◆ la neige est tassé-e et dure

ᐲᐳᑖᔅᑎᓐ piiputaashtin vii ◆ la neige est soufflée par le vent

ᐱᐧᑳᓈᐤ pikwaanaau vai ◆ il/elle est capable de marcher sur la croûte de neige gelée sans s'enfoncer (utilisé avec une particule négative) ■ ᓈᔅᑎᔨᒡ ᓂᒥ ᐱᐧᑳᓈᐤ ᐧᐄᐱᒡ ᒑᒋᔐᑊ ᑳ ᐧᐃᔨᐧᐄᐟ. ■ naashtiyich nimi pikwaanaau wiipich chaachishaap kaa wiyiwiit. ■ *Il était capable de marcher sur la croûte de neige gelée ce matin.*

ᐱᒫᑯᓂᑳᐤ pimaakunikaau vii ◆ c'est une ligne de neige

ᐱᓈᑯᓈᐦᐊᒧᐧᐋᐤ pinaakunaahamuwaau vta ◆ il/elle se brosse (avec un instrument) pour faire tomber la neige sur quelqu'un d'autre

ᐱᓈᑯᓈᔅᑭᒼ pinaakunaashkim vti ◆ il/elle fait tomber la neige dont il/elle est recouvert-e sur quelque chose

ᐱᓈᑯᓈᔅᑭᐧᐋᐤ pinaakunaashkiwaau vta ◆ il/elle s'ébroue, secoue ses pieds et la neige tombe sur quelqu'un d'autre

ᐱᓈᔑᐤ pinaashiu vai ◆ il/elle se fait souffler, emporter par le vent (ex. de la neige, un arbre qui perd ses feuilles)

ᐱᐹᒫᑯᓂᒋᐱᔨᐤ pipaamaakunichipiyiu vii redup ◆ il y a des averses de neige

ᐱᐹᔅᐧᑳᑯᓂᑳᐤ pipaaskwaakunikaau vii redup ◆ c'est de le neige pleine de bosses

ᐱᐹᔨᐦᑖᔮᑯᓂᑳᐤ pipaayihtaayaakunikaau vii redup ◆ il y a de la neige par-ci par-là

ᐱᐱᔮᐱᐤ **pipiyaapiu** vai ◆ c'est de la neige fraîchement tombée

ᐱᓵᑯᓂᑳᐤ **pisaakunikaau** vii ◆ il y a une tranchée dans la neige

ᐱᔑᔥᑖᑯᓈᑭᐦᑎᒻ **pishishtaakunaakihtim** vti ◆ il/elle ajoute de la neige à la casserole pour la refroidir rapidement

ᐱᔅᒁᑯᓂᑳᐤ **piskwaakunikaau** vii ◆ c'est une bosse dans la neige

ᐱᔩᔅᒁᑯᐦᑖᐤ **piyiskwaakuhtaau** vii ◆ la neige fond jusqu'au sol

ᐳᐙᑯᓂᒌᐤ **puwaakunichiiu** vai ◆ il/elle se tape pour enlever la neige

ᐳᐙᑯᓂᒋᐱᑖᐤ **puwaakunichipitaau** vta ◆ il/elle enlève la neige de lui/d'elle

ᐳᐙᑯᓂᒋᐱᔩᐦᑖᐤ **puwaakunichipiyihtaau** vai ◆ il/elle secoue la neige de quelque chose (étalé)

ᐳᐙᑯᓂᑭᐦᐊᒻ **puwaakunikiham** vti ◆ il/elle tape la neige pour l'enlever de ça

ᐳᐙᑯᓂᑭᐦᐅᓲ **puwaakunikihusuu** vai reflex -u ◆ il/elle se brosse la neige pour se l'enlever

ᐳᐙᑯᓂᑭᐦᐙᐤ **puwaakunikihwaau** vta ◆ il/elle tape la neige avec quelque chose pour l'enlever de lui/d'elle

ᐳᐎᓂᔅᑭᐦᐙᐤ **puwiniskihwaau** vta ◆ il/elle frappe la neige avec (ex un arbre)

ᓵᒋᑯᓈᐦᑎᑖᐤ **saachikunaahtitaau** vai ◆ il/elle le rend visible au-dessus de la neige

ᓵᒋᑯᓈᐤ **saachikunaau** vai ◆ il/elle est visible au-dessus de la neige

ᓵᒋᑯᓈᐤ **saachikunaau** vii ◆ c'est visible au-dessus de la neige

ᓵᒋᑯᓂᐦᐋᐤ **saachikunihaau** vta ◆ il/elle le/la rend visible par-dessus la neige

ᔖᔒᐹᔮᑯᓂᒌᐤ **shaashiipaayaakunichiiu** vai ◆ il/elle s'enterre sous la neige

ᔒᐹᔮᑯᓂᑳᐤ **shiipaayaakunikaau** vii ◆ il y a un tunnel dans la neige

ᔔᔑᐙᑯᓂᑳᐤ **shuushiwaakunikaau** vii ◆ c'est de la neige lisse

ᓰᑭᐦᐋᑯᓈᐤ **siikihaakunaau** vai ◆ il/elle met de la neige dans un récipient

ᓯᔅᒋᐲᐎᓐ **sischipiiwin** vii ◆ c'est une tempête de neige mouillée

ᑖᑎᐹᑯᐦᑖᐤ **taatipaakuhtaau** vii ◆ la neige fond autour des objets

ᑎᐦᒌᐤ **tihchiiu** vii ◆ la neige fond en tombant

ᑎᒥᔮᑯᓂᑳᐤ **timiyaakunikaau** vii ◆ la neige est profonde

ᑎᐱᔑᐲᐳᑖᔥᑎᓐ **tipishipiiputaashtin** vii ◆ la neige est soufflée assez bas sur le sol

ᐅᔖᔮᑯᓂᑳᐤ **ushaayaakunikaau** vii ◆ c'est une arrête de neige

ᐅᑎᑎᓐ **utitin** vii ◆ la neige regèle (après avoir dégelé)

ᐙᐹᑯᓂᑳᐤ **waapaakunikaau** vii ◆ cette aire est blanche de neige

ᐙᐱᐦᐋᑯᓈᐦᐄᒑᐱᔩᐤ **waapihaakunaahiichaapiyiu** vii ◆ ça rejette, souffle la neige

ᐙᔑᐦᐋᑯᓂᑳᐤ **waashihaakunikaau** vii ◆ la neige est en forme de fer à cheval

ᐙᔅᑳᔮᑯᐦᑖᐤ **waaskaayaakuhtaau** vii ◆ la neige fond autour d'un objet à cause de sa chaleur

ᐙᔅᑭᒫᑯᓂᑳᐤ **waaskimaakunikaau** vii ◆ la neige est propre, brillante

ᐙᔮᑯᓈᐦᐊᒻ **waayaakunaaham** vti ◆ il/elle fait un trou dans la neige pour ça

ᐙᔮᑯᓈᐦᐙᐤ **waayaakunaahwaau** vta ◆ il/elle fait un trou dans la neige pour lui/elle

ᐑᐦᐹᑯᓈᔥᑭᒻ **wiihpaakunaashkim** vti ◆ il/elle fait un creux dans la neige avec son pied ou son corps

ᐑᐦᐹᑯᓂᑳᐤ **wiihpaakunikaau** vii ◆ il y a un creux dans la neige

ᐑᓈᑯᓂᒋᓯᐤ **wiinaakunichisiu** vai ◆ la neige est sale

ᐑᓈᑯᓂᑳᐤ **wiinaakunikaau** vii ◆ la neige est sale

ᐎᓂᐦᑯᓈᐱᔩᐦᐋᐤ **winihkunaapiyihaau** vta ◆ il/elle le/la perd dans la neige

ᐎᓂᐦᑯᓈᐱᔩᐦᑖᐤ **winihkunaapiyihtaau** vai ◆ il/elle le perd dans la neige

ᐎᓂᐦᑯᓈᐱᔩᐤ **winihkunaapiyiu** vai ◆ il/elle se perd dans la neige

ᐎᓂᐦᑯᓈᐱᔩᐤ **winihkunaapiyiu** vii ◆ ça se perd dans la neige

ᔮᑭᐙᑯᓂᔅᑳᐤ **yaakiwaakuniskaau** vii ◆ la neige granuleuse est profonde ce qui rend la marche difficile

ᔽᑯᓈᐦᑎᓐ **ywaakunaahtin** vii ◆ ça s'enfonce dans la neige en tombant

ᔽᑯᓈᔑᓐ **ywaakunaashin** vai ◆ il/elle s'enfonce dans la neige après sa chute

ᐊᔥᑎᔢᓐ **ashtishwaan** na -shiim ◆ un caribou enterré dans la neige après avoir été dépecé et éviscéré

ᑳᐱᐱᔮᐱᑦ **kaapipiyaapit** nap ◆ de la neige fraîche, de la neige fraîchement tombée, des flocons de neige

ᑰᓈᐳᐃ **kuunaapui** ni -uum ◆ de l'eau obtenue en faisant fondre de la neige

ᒥᔅᑯᒦᐙᐳᐃ **miskumiiwaapui** ni -um ◆ de l'eau obtenue en faisant fondre de la neige

ᓂᐙᔮᐱᒨ **niwaayaapimuu** na ◆ un arbre qui ploie sous le poids de la neige

ᐱᔮᐙᑯᓂᔥ **piyaawaakunish** na ◆ de légers flocons de neige

ᓰᓯᐹᓈᐳᐃ **siisipaanaapui** ni -m ◆ de l'eau de neige fondue

ᐅᑰᓂᐦᒁᐳᐃ **ukuunihkwaapui** ni -um ◆ du bouillon fait de neige aspergée de sang de caribou

ᐅᔖᔓᐃ **ushaashui** na ◆ de la neige fraîche et poudreuse à la surface

ᐙᐳᔥᐙᑯᓐ **waapushwaakun** na ◆ de la neige fraîchement tombée, légère

ᐄᔨᑳᓂᐦᒡ **iiyikaanihch** p,lieu ◆ le pourtour extérieur de l'habitation, là où la neige a été entassée ■ ᒫᓂᑖᐦ ᐹᒋ ᐱᒋᐢᑎᓐ ᐊᓐ ᐊᒀᐢᑯᐹᓐ ᐄᔨᑳᓂᐦᒡ. ■ maanitaah paachi pichistin an akwaaskupaan iiyikaanihch. ■ *Mets ta pelle à neige près du pourtour l'extérieur de l'habitation.*

ᐋᐦᒀᑯᓈᐅᑎᓐ **aahkwaakunaautin** vii ◆ la neige est bien gelée et dure

ᐊᒀᒋᒫᐤ **akwaachimaau** vii ◆ la neige mouillée colle aux raquettes lorsqu'on marche

ᒌᔓᐎᔨᐤ **chiishuwiyiu** vii ◆ Il y a un redoux qui empêche la glace située sous une épaisse couche de neige de geler dur ■ ᓂᒥ ᓂᒌᐦ ᐱᒥᐱᒋᓈᓐ ᐊᓂᑖᐦ ᓵᑭᐦᐄᑭᓂᐦᒡ ᐙᓵ ᒌᔓᐎᔨᐤ. ■ nimi nichiih pimipichinaan anitaah saakihiikinihch waasaa chiishuwiyiu. ■ *On ne peut pas voyager sur le lac parce qu'une couche de neige a empêché la glace de geler.*

ᒌᐙᔮᑯᐦᑖᐤ **chiiwaayaakuhtaau** vii ◆ la neige fond si vite qu'on l'entend fondre

ᒋᔒᐱᒋᐤ **chishiipichiu** vai ◆ il/elle fait crisser la neige en marchant

ᒋᔨᐹᑯᐦᑖᐤ **chiyipaakuhtaau** vii ◆ la neige fond vite

ᐃᔨᐲᐅᑖᔑᐤ **iyipiiutaashiu** vai ◆ il/elle est recouvert-e de neige soufflée

ᐃᔽᑯᓈᐦᑎᓐ **iywaakunaahtin** vii ◆ ça tombe et se retrouve enfoui sous la neige

ᐃᔽᑯᓈᔑᓐ **iywaakunaashin** vai ◆ il/elle tombe et se retrouve enfoui sous la neige

ᑳᐅᓰᒀᐙᔮᐤ **kaausiikwaawaayaau** vii ◆ la neige gelée est rugueuse

ᑭᐚᑯᓈᐤ **kiwaakunaau** vai ◆ il/elle tombe à la renverse sous le poids de la neige

ᑭᐚᑯᓈᐤ **kiwaakunaau** vii ◆ ça se renverse sous le poids de la neige

ᑯᑖᐚᑯᓂᒌᐤ **kutaawaakunichiiu** vai ◆ il/elle se creuse un terrier, un trou dans la neige, se réfugie sous la neige

ᑰᓃᐢᒋᓂᒻ **kuuniischinim** vti ◆ il/elle laisse des traces durant un temps neigeux

ᑰᓂᐲᐅᐱᔨᐤ **kuunipiiupiyiu** vii ◆ la neige ne fond pas dans l'eau quand il neige à cause de la température très basse de l'eau

ᒫᒀᑯᓂᒋᐱᔨᐤ **maakwaakunichipiyiu** vii ◆ la neige est bien tassée, damée

ᒫᑎᐏᓈᑯᓐ **maatiwinaakun** vii ◆ il semble qu'il fasse extrêmement froid avec de la neige qui souffle

ᒥᑳᐃᐱᐤ **mikaaipiu** vai ◆ il/elle dégage la neige avant d'établir son campement

ᒥᒥᑤᔮᐦᑯᓈᐅᑎᓐ **mimitwaayaahkunaautin** vii redup ◆ il y a des bruits de neige qui crisse dehors à cause du froid extrême

ᒧᔖᔮᑯᓈᐦᐊᒻ **mushaayaakunaaham** vti ◆ il/elle balaie la neige pour le dégager

ᒧᔥᑖᑯᓈᐦᑖᐤ **mushtaakunaahtaau** vai ◆ il y a un reflet de soleil sur la neige

ᒨᐢᒋᐢᑯᑖᐤ **muuschiskutaau** vii ◆ la glace n'a plus de neige dessus au printemps

ᒨᔑᔑᐹᐱᔨᐤ **muushishipaapiyiu** vii ◆ il y a de l'eau sur la glace provenant de la fonte de la neige

ᓈᓂᑳᑯᓈᐦᑎᑖᐤ **naanikaakunaahtitaau** vai ◆ il/elle essaie de le ralentir en freinant avec les pieds en voyageant sur la neige

ᓂᐦᐋᑯᓈᔑᒫᐤ **nihaakunaashimaau** vta ◆ il/elle le/la tire avec la fourrure dans le bon sens sur la neige

ᓃᐦᑖᑯᓈᐦᐊᒻ **niihtaakunaaham** vti ◆ il/elle fait baisser le niveau de la neige

ᓃᐦᑎᒋᐙᔮᑯᓈᐱᔨᐤ **niihtichiwaayaakunaapiyiu** vai ◆ il/elle descend sur un banc de neige

ᓂᓈᐦᑳᑖᐙᑯᓈᐤ **ninaahkaataawaakunaau** vai ◆ il/elle a de la difficulté à marcher dans la neige

ᐹᐦᐹᑯᓈᐢᑯᓐ **paahpaakunaaskun** vii ◆ le niveau de la neige sur la glace est bas

ᐹᑯᑎᐙᔑᒫᐤ **paakutiwaashimaau** vta ◆ il/elle traîne le castor sur la neige après l'avoir attrapé pour enlever l'excès d'eau de la fourrure

ᐹᐢᑳᑯᐦᑖᐤ **paaskaakuhtaau** vii ◆ au fur et à mesure que la neige fond ça devient visible

ᐹᐢᑭᐦᐊᒻ **paaskiham** vti ◆ il/elle enlève la neige, la terre autour de quelque chose

ᐱᐦᒀᔮᑯᓂᒋᐱᔨᐤ **pihkwaayaakunichipiyiu** vii ◆ un morceau de neige se détache

ᐱᐦᐳᐚᑯᓂᑭᐦᐅᓲ **pihpuwaakunikihusuu** vai reflex redup -u ◆ il/elle se brosse pour enlever la neige

ᐱᐦᐳᐏᓂᐢᑭᐦᐊᒻ **pihpuwiniskiham** vti redup ◆ il/elle frappe la neige pour la faire tomber du tipi

ᐲᐦᑎᑖᔮᑯᓈᐱᔨᐤ **piihtitaayaakunaapiyiu** vii ◆ la neige tombe dedans

ᐲᐦᑎᑖᔨᑯᒋᐦᑎᓐ **piihtitaayikuchihtin** vii ◆ la neige tomber dans l'habitation pendant une chute de neige

ᐲᔑᑯᒫᐅᐦᑖᔑᐤ **piishikumaauhtaashiu** vii dim ◆ il y a de petites gouttes de pluie, il tombe une pluie ou une neige fine

ᐱᐹᒷᐙᔮᑯᓈᔑᓐ **pipaamwaawaayaakunaashin** vai redup ◆ il/elle fait du bruit avec ses pas qu'on peut entendre dans la neige

ᐱᓯᑯᐹᒋᔑᓐ **pisikupaachishin** vai ◆ il/elle (ex. toboggan) glisse doucement sur la neige mouillée

ᐱᐢᒁᐲᐏᓐ **piskwaapiiwin** vii ◆ une tempête de neige arrive tout à coup

ᐱᐢᒁᐱᔨᐤ **piskwaapiyiu** vii ◆ le brouillard tombe brusquement, le vent se lève brusquement, la neige se met brusquement à tomber

ᐱᔨᐢᑯᑎᒫᐦᑯᓈᐤ **piyiskutimaahkunaau** vai ◆ il/elle s'enfonce dans la neige jusqu'au niveau du sol

ᔖᔒᑳᑯᐦᑖᔑᐤ **shaashiikaakuhtaashiu** vii dim ◆ la neige fond et forme de petites pointes

ᔖᔥᑳᔥᑖᐤ *shaashkaashtaau* vii ◆ la neige fond au soleil

ᔖᔙᑭᐦᐊᒼ *shaashwaakiham* vti ◆ il/elle se déplace sur de la neige mouillée

ᔒᔥᑳᔥᑖᐤ *shiishkaashtaau* vii ◆ la neige fondue forme de petits monticules

ᔔᔑᐚᑯᓂᒋᓯᐤ *shuushiwaakunichisiu* vai ◆ la neige est lisse, glissante

ᔙᔥᑖᐤ *shwaashtaau* vii ◆ la neige fond au soleil au fil de la journée

ᓰᐦᑖᑯᓈᐦᐊᒼ *siihtaakunaaham* vti ◆ il/elle tasse bien la neige dedans

ᓰᐦᑖᑯᓈᐦᐚᐤ *siihtaakunaahwaau* vta ◆ il/elle tasse bien la neige dedans (animé)

ᓰᓯᐹᐤ *siisipaau* vai ◆ il/elle fait fondre de la neige pour avoir de l'eau

ᑖᑎᐹᔅᑯᐦᑖᐤ *taatipaaskuhtaau* vii ◆ le soleil fait fondre la neige autour des objets quand il en fait le tour

ᑎᐦᑭᔅᑯᐹᔥᑖᐤ *tihkiskupaashtaau* vii ◆ il y a de l'eau provenant de neige fondue sur la glace

ᑎᒥᔮᔅᑯᓐ *timiyaaskun* vii ◆ la neige est profonde sur la glace

ᑎᐚᑯᓈᔥᑭᐚᐤ *tiwaakunaashkiwaau* vta ◆ il/elle dégage un endroit dans la neige, en marchant

ᑎᐚᑯᓂᑳᐤ *tiwaakunikaau* vii ◆ c'est une aire dégagée recouverte de la neige

ᑣᑯᓂᒋᔑᓐ *twaakunichishin* vai ◆ il/elle s'enfonce dans la neige en marchant

ᐅᔥᑎᑖᐚᔮᐤ *ushtitaawaayaau* vii ◆ la surface de la neige gèle après la pluie en hiver

ᐅᐚᔮᑯᓈᐦᐊᒼ *uwaayaakunaaham* vti ◆ il/elle arrange nivelle la neige avec un outil

ᐅᐚᔮᑯᓈᓂᒼ *uwaayaakunaanim* vti ◆ il/elle arrange, nivelle la neige à la main

ᐅᐚᔮᑯᓂᒋᔥᑭᒼ *uwaayaakunichishkim* vti ◆ il/elle arrange, nivelle la neige avec son pied ou son corps

ᐚᐱᐦᐋᑯᓈᐤ *waapihaakunaau* vai ◆ il/elle balaie, pellète la neige

ᐑᐦᒁᔮᑯᓈᐤ *wiihkwaayaakunaau* vii ◆ c'est complètement couvert de neige

ᐑᐦᒁᔮᑯᓈᐤ *wiihkwaayaakunaau* vai ◆ il/elle est complètement couvert-e de neige

ᐑᐦᐹᔮᑯᐦᑖᐤ *wiihpaayaakuhtaau* vii ◆ la neige fond à partir du fond

ᔮᐦᔽᐅᒑᐤ *yaahywaauchaau* vii ◆ la neige mouillée est douce quand on marche dessus

ᑰᓂᐚᔅᑎᒋᓯᐏᒡ *kuuniwaastichisiwich* vai pl ◆ les branchages sont recouverts de neige

ᒫᑖᑯᐦᑖᐤ *maataakuhtaau* vii ◆ le temps doux au printemps commence à faire fondre la neige

ᒥᒋᒧᐹᒋᔑᓐ *michimupaachishin* vai ◆ il/elle est coincé-e, pris-e dans la neige molle sur la glace

ᒥᒍᒥᐹᒋᔑᓐ *michumipaachishin* vai ◆ il/elle est prise, coincé-e dans la neige molle sur la glace

ᒥᑣᔮᐦᑯᓈᐅᑎᓐ *mitwaayaahkunaautin* vii ◆ la neige émet un crissement à cause du froid

ᓈᓂᑳᑯᓈᔑᒨ *naanikaakunaashimuu* vai -u ◆ il/elle reste en arrière en se laissant traîner dans la neige

ᐹᐦᐹᐅᐱᐦᒀᐦᐊᒼ *paahpaaupihkwaaham* vti redup ◆ il/elle tape la toile du tipi pour enlever la neige

ᐱᐦᒁᔮᑯᓂᒋᔥᑭᒼ *pihkwaayaakunichishkim* vti ◆ il/elle casse, détache un morceau de neige en donnant des coups de pied ou avec son pied ou son corps

ᐱᐦᐳᐏᐱᐦᒀᐦᐊᒼ *pihpuwipihkwaaham* vti redup ◆ il/elle tape la neige avec quelque chose pour la faire tomber de la toile du tipi

ᐲᔥᑳᔮᑯᐦᑖᐤ *piishkaayaakuhtaau* vii ◆ le feu fait fondre un grand trou dans la neige

ᔖᔒᑭᐹᔮᑯᐦᑖᐤ *shaashiikipaayaakuhtaau* vii ◆ la neige fond en formant de petites pointes au printemps

ᔔᒫᔮᐤ *shuumaayaau* vii ◆ la neige fond à cause du temps doux

ᓯᔅᑭᓐ *siskin* vii ◆ le temps est doux au printemps et commence à faire fondre la neige

ᑣᐱᑖᐤ *twaapitaau* vai ◆ il/elle casse la glace, la croûte de neige en passant

ᐚᐳᔓᔩᔥᑎᐦᒑᐱᔩᔑᐤ *waapushuyishtihchaapiyishiu* vii dim ◆ il y a une chute de neige douce et poudreuse pendant la nuit

ᐎᔮᓵᐲᐤ *wiyaasaapiiu* vai ◆ il/elle commence à devenir aveugle à cause de la neige, à souffrir d'une ophtalmie des neiges, d'une cécité des neiges

ᑰᓂᔥᑎᐦᒑᐤ *kuunishtihchaau* vai ◆ il/elle (ex. castor, rat musqué) construit sa hutte tard en automne avec de la boue et de la neige

ᓯᔅᒋᑯᓂᑳᐤ *sischikunikaau* vii ◆ la neige est molle et mouillée à cause d'un temps doux en hiver

neige fondante

ᔙᑭᓂᐲ *shwaakinipii* ni ◆ de la neige fondante sur la glace au moment de la fonte des neiges au printemps

ᒥᓈᐦᑭᐦᑖᐤ *minaahkihtaau* vii ◆ les traces disparaissent dans la neige fondante

ᔖᔙᑭᐦᐄᑭᓂᐱᒋᐤ *shaashwaakihiikinipichiu* vai ◆ il/elle passe sur la neige mouillée, la neige fondante en déplaçant son campement d'hiver

ᔖᔙᑭᐦᐄᐱᒋᐤ *shaashwaakihiipichiu* vai ◆ il/elle passe sur la neige mouillée, la neige fondante en déplaçant son campement d'hiver

neige fondue
ᐧᐃᑖᔮᐤ witaayaau vii ◆ la neige gèle après avoir fondu
ᒋᑭᒧᐹᒋᔑᓐ chikimupaachishin vai ◆ il/elle est coincé-e dans la neige fondue sur la glace
ᐧᐄᓂᐹᔥᑖᐤ wiinipaashtaau vii ◆ l'eau de neige fondue a mauvais goût

neige fraîche
ᐄᔨᔮᑯᓐ iiyiyaakun na ◆ de la neige fraîche

neige granulée
ᐄᔮᑭᐧᐋᑯᓐ iiyaakiwaakun na ◆ de la neige granulée

neige poudreuse
ᐅᔥᐧᐋᔮᑯᓂᒋᔑᓐ ushwaayaakunichishin vai ◆ il/elle tombe sur de la neige poudreuse et fait gicler la neige dans les airs

neige soufflée
ᐄᔨᑯᑖᔥᑎᓐ iiyikutaashtin vii ◆ c'est recouvert de neige soufflée
ᐅᔖᔮᑭᒋᔅᑎᓐ ushaayaakichistin vii ◆ c'est un amoncellement de neige soufflée qui forme une arrête

neiger
ᑰᓃᔅᑳᔮᐤ kuuniiskaayaau vii ◆ il va neiger
ᒥᔅᐳᓐ mispun vii ◆ il neige

nénuphar
ᐅᔅᒋᐦᑖᓯᐤ uschihtaasiu ni -uum ◆ un nénuphar *Nuphar sp.*
ᐅᔅᑭᑎᒧᐃ uskitimui na ◆ une racine de nénuphar

nettoyer
ᐱᔮᐦᒋᐦᐋᐤ piyaahchihaau vta ◆ il/elle le/la nettoie, il/elle le/la garde propre
ᐱᔮᐦᒋᐦᐄᐧᐋᐤ piyaahchihiiwaau vii ◆ ça nettoie
ᐱᔮᐦᒋᐦᑖᐤ piyaahchihtaau vai+o ◆ il/elle nettoie, il/elle garde propre
ᒋᔅᑖᐱᔅᑭᐦᐄᑭᓐ chistaapiskihiikin ni ◆ un outil pour nettoyer le canon d'un fusil
ᒋᔅᑖᐱᔅᑭᐦᐄᑭᓈᐦᑎᒄ chistaapiskihiikinaahtikw ni ◆ un long outil pour nettoyer le canon d'un fusil
ᒋᔒᔖᓈᐤ chishiishaanaau vta ◆ il/elle le/la lave, lui nettoie la peau en essuyant
ᒋᓯᔮᐅᐦᒋᓈᐤ chisiyaauhchinaau vta ◆ il/elle le/la nettoie avec du sable
ᒋᓯᔮᐅᐦᒋᓂᒻ chisiyaauhchinim vti ◆ il/elle le nettoie avec du sable, avec un abrasif
ᒥᒥᔪᐦᑭᒻ mimiyuhkim vti redup ◆ il/elle le nettoie bien, en prend bien soin
ᒥᒥᔪᐦᑭᐧᐋᐤ mimiyuhkiwaau vta redup ◆ il/elle le/la traite bien; il/elle nettoie un animal après l'avoir tué
ᐱᔥᑭᔖᐧᐋᐤ pishkishaawaau vai ◆ il/elle vide et nettoie le poisson
ᐊᔥᐱᔖᐧᐋᓐ ishpishaawaan ni ◆ quelque chose (de la mousse, de l'herbe, des branches) sur quoi déposer le poisson pour le vider et le nettoyer
ᒌᔅᑖᐱᔅᑭᐦᐊᒻ chiistaapiskiham vti ◆ il/elle nettoie l'intérieur du canon d'un fusil
ᓅᒋᑭᐦᒑᑖᐤ nuuchikihchaataau vta ◆ il/elle nettoie le tuyau de pipe
ᐱᐦᐳᐧᐃᐦᐧᐋᐤ pihpuwihwaau vta redup ◆ il/elle lui enlève la neige ou le sable, il/elle le/la nettoie en le frappant
ᓰᐦᑭᐦᐅᔮᐤ siihkihuyaau vta ◆ il/elle le/la nettoie de son sang dans un lac (par ex. une peau)
ᓰᓂᒑᒧᐧᐋᐤ siinichaamuwaau vai ◆ il/elle nettoie les boyaux de l'animal
ᒌᐦᒌᑯᐦᑎᒻ chiihchiikuhtim vti redup ◆ il/elle ronge un os et le nettoie de sa viande

neuf
ᐹᔨᑯᔥᑖᐤ paayikushtaau p,nombre ◆ neuf ■ ᐹᔨᑯᔥᑖᐤ ᑎᐦᐧᑖᐤ ᓂᒌᐦ ᐧᐋᐱᒫᓈᓂᒡ ᒥᔥᑎᑯᐦᔮᐅᒡ ᑳ ᒋᐦᒋᐱᔨᔮᐦᒡ. ■ paayikushtaau tihtwaau nichiih waapimaanaanich mishtikuhyaauch kaa chihchipiyiyaahch. ■ *Nous avons vu des perdrix neuf fois pendant notre voyage.*
ᐅᔅᒌᓈᑯᓐ uschiinaakun vii ◆ ça semble neuf
ᐅᔅᒋᓈᑯᓯᐤ uschinaakusiu vai ◆ il/elle a l'air neuf
ᐅᔅᒋᓰᐤ uschisiiu vai ◆ il est neuf, elle est neuve, c'est neuf
ᐅᔥᑳᐤ ushkaau vii ◆ c'est neuf
ᐅᔥᑯᑳᓐ ushkukaan ni ◆ une habitation neuve
ᐹᔨᑯᔥᑖᐤ ᑎᐦᑖᐤ ᒥᑖᐦᑐᒥᑎᓂᐤ paayikushtaau tihtaau mitaahtumitiniu p,nombre ◆ neuf cents
ᐅᔥᑭᔥᑐᑎᓈᐤ ushkishtutinaau vai ◆ il/elle a un chapeau neuf
ᐅᔥᑭᑯᐦᐹᐤ ushkikuhpaau vai ◆ il/elle a une robe neuve, un manteau neuf
ᐅᔅᒋᑖᐹᓈᔅᒁᐤ uschitaapaanaaskwaau vai ◆ il/elle a une voiture neuve, un camion neuf, un traîneau neuf
ᐅᔥᑭᔅᒋᓈᐤ ushkischinaau vai ◆ il/elle a des bottes neuves, des chaussures neuves, des mocassins neufs

neuve
ᐅᔥᑭᔅᑎᓵᐤ ushkistisaau vai ◆ il/elle a des mitaines neuves

neveu
ᐅᑐᔑᒼᐦ utushimh nad ◆ son neveu (le fils de sa soeur pour une femme ou de son frère pour un homme)
ᐅᑐᔑᒥᒫᐤ utushimimaau nad ◆ un neveu (le fils de sa soeur pour une femme ou de son frère pour un homme)

nez
ᐅᔅᑯᐟ uskut nid ◆ son nez, son bec
ᒋᐧᐹᔨᒁᐤ chipwaayikwaau vai ◆ il/elle a le nez bouché
ᑭᒑᒫᔨᒁᐤ kichaamaayikwaau vai ◆ il/elle a le nez retroussé ou camus
ᒧᔖᑯᔨᐧᐋᐤ mushaakuyiwaau vai ◆ il/elle a le nez découvert
ᓂᐱᒋᑯᑖᐤ nipichikutaau vai ◆ il/elle a le nez plat

ᐱᐦᑯᐦᑐᓐ **pishkushtun** vai ◆ il/elle saigne du nez

ᐱᐦᑯᐦᑐᓈᐦᐚᐤ **pishkushtunaahwaau** vta ◆ il/elle le/la fait saigner du nez

ᑖᐦᒋᑯᑖᐅᒋᐤ **taahchikutaauchiu** vai ◆ il/elle a froid au nez

ᐙᒋᑯᑖᐤ **waachikutaau** vai ◆ il/elle a le nez de travers, le nez crochu

ᐧᐃᔨᐱᐢᒋᐧᐃᓈᐤ **wiyipischiwinaau** vai ◆ il/elle a le nez noir (se dit par ex. d'un chien)

ᒋᓄᑯᑖᐤ **chinukutaau** vai ◆ il/elle a un long bec, a le nez long

ᒋᐧᓈᐹᒋᑯᑖᐤ **chinwaapaachikutaau** vai ◆ il/elle a le nez long, un long bec

ᒥᐦᒋᑯᑖᐤ **mihchikutaau** vai ◆ il/elle a un grand nez, un grand bec

ᒥᐦᑭᐢᒋᐧᐃᓈᐤ **mihkischiwinaau** vai ◆ il/elle a un grand nez, un gros museau

ᓈᐧᑖᑯᑖᔑᓐ **naatwaakutaashin** vai ◆ il/elle tombe et se casse le nez

ᐱᐦᑯᐦᑐᓈᔑᓐ **pishkushtunaashin** vai ◆ il/elle se cogne le nez et saigne du nez

ᐱᐦᑯᐦᑐᓈᐦᑭᐧᐋᐤ **pishkushtunaashkiwaau** vta ◆ il/elle le/la cogne et le/la fait saigner du nez

Nichikun

ᓂᒋᑯᓐ **nichikun** ni ◆ Nichikun

nid

ᐧᐃᒋᐦᑐᓐ **wichishtun** ni ◆ un nid

ᔖᑭᒋᐦᑐᓈᐱᐤ **shaakichishtunaapiu** vai ◆ il/elle (ex. oiseau) est dans son nid

nièce

ᐅᑐᔑᒥᐢᒁᒻ **utushimiskwaamh** nad ◆ sa nièce (la fille de sa soeur pour une femme ou de son frère pour un homme)

ᐅᑐᔑᒥᐢᒁᒥᒫᐤ **utushimiskwaamimaau** nad ◆ une nièce (la fille de sa soeur pour une femme ou de son frère pour un homme)

ᐅᓂᐦᐋᑭᓂᐢᒁᒻ **unihaakiniskwaamh** nad ◆ sa belle-fille (la femme de son fils), sa nièce (la fille de son frère (pour une femme) ou de sa soeur (pour un homme))

ᐅᓂᐦᐋᑭᓂᐢᒁᒥᐤ **unihaakiniskwaamiu** vai ◆ il/elle a une belle-fille (l'épouse de son fils), une nièce croisée (la fille de son frère pour une femme ou la fille de sa soeur pour un homme)

niveau

ᑖᐱᐦᑯᒑᐤ **taapishkuchaau** vii ◆ c'est à niveau

ᑖᐱᑎᐙᐤ **taapitiwaau** vii ◆ c'est à niveau

ᑖᐱᑎᐧᐃᐱᔨᐤ **taapitiwipiyiu** vai ◆ il/elle se met à niveau

ᐹᐦᐲᐦᑎᐙᐤ **paahpiihtiwaau** vii redup ◆ c'est disposé en couches, a plusieurs niveaux

ᑖᓂᐦᐋᐤ **taanihaau** vii ◆ le sol est à niveau

ᑖᐱᑎᐧᐃᐦᐋᐤ **taapitiwihaau** vta ◆ il/elle le/la place à niveau, droit

ᑖᐱᑎᐧᐃᐱᐤ **taapitiwipiu** vai ◆ il/elle est placé-e à niveau

ᑖᐱᑎᐧᐃᐦᑖᐤ **taapitiwishtaau** vii ◆ c'est placé à niveau, droit

ᑖᐱᑎᐧᐃᓰᐤ **taapitiwisiiu** vai ◆ il/elle est à niveau, droit-e

ᓃᐦᑖᑯᓈᐦᐊᒻ **niihtaakunaaham** vti ◆ il/elle fait baisser le niveau de la neige

ᐹᐦᐹᑯᓈᐢᑯᓐ **paahpaakunaaskun** vii ◆ le niveau de la neige sur la glace est bas

ᐹᒫᑎᒦᐤ **paamaatimiiu** vii ◆ le même niveau d'eau fait une courbe

ᐲᐦᑎᐧᐄᒫᐤ **piihtiwiimaau** vii ◆ c'est une hutte de castor à deux niveaux

ᑖᐱᐢᑯᑖᑎᒦᐤ **taapiskutaatimiiu** vii ◆ le chenal est droit, le niveau d'eau est le même

ᑖᐱᑎᐧᐃᐦᑖᐤ **taapitiwishtaau** vai ◆ il/elle le/la place à niveau, droit

ᑎᒥᑳᐳᐙᔮᐦᐊᓐ **timikaapuwaayaahan** vii ◆ le niveau d'eau monte du côté sous le vent à cause des vents forts

niveau d'eau

ᐊᑎᑎᒦᐤ **atitimiiu** vii ◆ le niveau d'eau monte

ᐄᐦᑳᐹᐱᔨᐤ **iihkaapaapiyiu** vii ◆ le niveau d'eau baisse

ᐄᐦᑭᒋᐤ **iihkichiu** vai ◆ le barrage de castor est abîmé et fait baisser le niveau d'eau

ᐄᐦᑭᑎᓐ **iihkitin** vii ◆ le niveau d'eau d'une étendue d'eau baisse et gèle

ᐄᐦᒋᐦᑎᓐ **iishchishtin** vii ◆ le niveau d'eau monte à cause du barrage de castor

ᒫᒋᒋᐧᐃᓐ **maachichiwin** vii ◆ le niveau d'eau monte vite

ᒫᒋᒋᐧᐃᓂᐱᔨᐤ **maachichiwinipiyiu** vii ◆ le niveau d'eau monte vite

ᐹᑎᐹᐱᔨᐤ **paatipaapiyiu** vii ◆ le niveau d'eau augmente dans la rivière à cause de la pluie, de la fonte des neiges au printemps; la marée va et vient à des intervalles plus rapides que d'habitude

niveler

ᐅᐧᐋᔮᑯᓈᐦᐊᒻ **uwaayaakunaaham** vti ◆ il/elle arrange nivelle la neige avec un outil

ᐅᐧᐋᔮᑯᓈᓂᒻ **uwaayaakunaanim** vti ◆ il/elle arrange, nivelle la neige à la main

ᐅᐧᐋᔮᑯᓂᒋᐦᑭᒻ **uwaayaakunichishkim** vti ◆ il/elle arrange, nivelle la neige avec son pied ou son corps

ᐅᐧᐋᔮᐅᐦᑭᐦᐊᒻ **uwaayaauhkiham** vti ◆ il/elle arrange, nivelle le sol avec quelque chose

nocif

ᐋᐦᒁᑖᔩᐦᑖᑯᓐ **aahkwaataayihtaakun** vii ◆ on pense que c'est dangereux, nocif

ᐋᐦᒁᑖᔩᐦᑖᑯᓯᐤ **aahkwaataayihtaakusiu** vai ◆ on pense qu'il/elle est dangereux, nocif

ᐋᐦᒁᓯᓈᑯᓐ **aahkwaasinaakun** vii ◆ ça semble dangereux, nocif

ᐋᐦᒁᑎᓰᐤ **aahkwaatisiiu** vai ◆ il/elle est malveillant-e; il est dangereux, nocif, elle est /dangereuse, nocive; il/elle fait les choses en maître

nocturne

ᑯᔅᒑᐤ kuschaau vai ◆ il/elle pose des lignes de pêche nocturne

ᒑᐦᒑᐦᒋᑯᔅᒑᐤ chaahchaahchikuschaau vai ◆ il/elle place des lignes de pêche nocturne en été

ᓈᒋᑯᔅᒑᐤ naachikuschaau vai ◆ il/elle va vérifier sa ligne de pêche nocturne

noeud

ᐋᓂᔅᑯᑖᐱᐦᑳᑎᒼ aaniskutaapihkaatim vti ◆ il/elle fait un noeud dessus

ᐋᓂᔅᑯᑖᐹᓐ aaniskutaapaan ni ◆ un noeud, un noeud pour rallonger

ᐄᑖᒥᑎᐦᑯᓂᐅ iitaamitihkuniuu vai -iwi ◆ il y a des noeuds dans le bois à l'intérieur de l'arbre

ᓱᐦᒑᓂᔅᑯᑖᐹᐤ suhchaaniskutaapaau vai ◆ il/elle fait un noeud solide

noeud coulant

ᑖᐱᑯᐦᐊᒼ taapikuham vti ◆ il/elle met un noeud coulant, un collet dessus

noir

ᐊᐱᐦᑖᒋᓯᐤ apihtaachisiu vai ◆ il/elle est noir-e (étalé)

ᐊᐱᐦᑖᑭᓐ apihtaakin vii ◆ c'est noir (étalé)

ᒥᐦᑭᑖᐅᓯᐤ mihkitaausiu vai [Wemindji] ◆ il/elle est noir-e

ᐧᐄᔨᐹᒋᓯᐤ wiyipaachisiu vai ◆ il/elle est noir-e (étalé)

ᐧᐄᔨᐹᑭᓐ wiyipaakin vii ◆ c'est noir (étalé)

ᐧᐄᔨᐹᐹᒋᓯᐤ wiyipaapaachisiu vai ◆ il/elle est noir-e (filiforme)

ᐧᐄᔨᐹᐹᑭᓐ wiyipaapaakin vii ◆ c'est noir (filiforme)

ᐧᐄᔨᐹᐤ wiyipaau vii ◆ c'est noir

ᐧᐄᔨᐱᓯᐤ wiyipisiu vai ◆ il/elle est noir-e

ᑭᓯᔅᑖᐅᐦᒑᔑᐤ kisistaauhchaashiu na -iim ◆ un renard noir *Vulpes sp.*

ᐅᐧᐃᑳᔅᑖᔅᑯᓐ uwikaastaaskun vii ◆ il y a des nuages noirs

ᐧᐄᔅᑯᓲ wiiskusuu vai -u ◆ il/elle est noir-e de fumée

ᐧᐄᔅᑯᑖᐤ wiiskutaau vii ◆ c'est noir de fumée

ᐧᐄᔨᐹᐦᑭᐦᑖᐤ wiyipaahkihtaau vii ◆ ça brûle tout noir

ᐧᐄᔨᐹᐦᑭᓯᒼ wiyipaahkisim vti ◆ il/elle le brûle jusqu'à ce qu'il soit tout noir

ᐧᐄᔨᐹᐦᑭᓲ wiyipaahkisuu vai -u ◆ il/elle brûle jusqu'à ce qu'il/elle soit toute noire

ᐧᐄᔨᐹᐦᑭᓵᐤ wiyipaahkiswaau vta ◆ il/elle le/la brûle

ᐧᐄᔨᐹᐦᑎᑯᐧᐋᐤ wiyipaahtikuwaau vai ◆ sa fourrure est noire

ᐧᐄᔨᐹᐱᐦᑖᐤ wiyipaapihtaau vii ◆ il y a de la fumée noire

ᐧᐄᔨᐹᐅᐦᑳᐤ wiyipaauhkaau vii ◆ c'est du sable noir

ᐧᐄᔨᐱᐦᐆ wiyipihuu vai -u ◆ il/elle s'habille en noir

ᐧᐄᔨᐱᓈᑯᓐ wiyipinaakun vii ◆ ça a l'air noir, sombre

ᐧᐄᔨᐱᓈᑯᓯᐤ wiyipinaakusiu vai ◆ il/elle a l'air noir, sombre

ᐧᐄᔨᐱᔅᒋᐧᐃᓈᐤ wiyipischiwinaau vai ◆ il/elle a le nez noir (se dit par ex. d'un chien)

ᐧᐄᔨᐱᔑᑭᔮᐤ wiyipishikiyaau vai ◆ il/elle a la peau noire

ᐧᐄᔨᐱᔥᑎᒁᓈᐤ wiyipishtikwaanaau vai ◆ il/elle a les cheveux noirs

ᒥᐦᑭᐦᑖᐅᔅᒄ mihkihtaauskw na -um ◆ un ours noir, un ours brun *Ursus americanus*

ᒥᐦᑖᒥᓐ mihtaamin na ◆ un grand ours noir *Ursus americanus*

ᓰᓰᒋᓯᐤ siisiichisiu na -iim ◆ un canard guillemot noir, un guillemot à miroir *Cepphus grylle*

ᐅᓵᐅᔅᒄ usaauskw na -um [Wemindji] ◆ un ours brun, un ours noir *Ursus americanus*

ᐊᔅᒌᐅᑖᐅᐦᑳᐤ aschiiutaauhkaau vii ◆ c'est un endroit où la terre est noire

ᐧᐃᔥᒋᑭᔥᑭᐧᐃᓐ wishchikishkiwin vii ◆ des nuage noirs apportent la neige, la pluie ou un temps froid au printemps

ᐧᐄᔨᐹᒋᐦᑎᓐ wiyipaachihtin vii ◆ c'est sale, noir (étalé) par le contact avec quelque chose

ᐧᐄᔨᐹᒋᔑᓐ wiyipaachishin vai ◆ il/elle (étalé) est noir, sale d'avoir touché quelque chose

ᐧᐄᔨᐹᑭᒥᐤ wiyipaakimiu vii ◆ c'est un liquide noir, sombre, l'eau est sombre quand il vente

ᐧᐄᔨᐹᐱᐦᑎᐧᐋᐱᔨᐤ wiyipaapihtiwaapiyiu vai ◆ il y a de la fumée noire qui en sort

ᐧᐄᔨᐱᔅᒋᐧᐃᒋᓯᐤ wiyipischiwichisiu vai ◆ il/elle est en boue noire, en argile noire

ᐧᐄᔨᐱᔅᒋᐧᐃᑳᐤ wiyipischiwikaau vii ◆ c'est de la boue noire, de l'argile noire

ᐧᐄᔨᐱᔑᓐ wiyipishin vai ◆ il/elle se salit, devient noir en touchant quelque chose

ᐅᑳᔥᑖᐱᔨᐤ ukaashtaapiyiu vii ◆ ça devient noir tout à coup, ça s'assombrit soudainement

ᐅᐧᐄᔨᐹᐱᐤ uwiyipaapiu vai ◆ il/elle a les yeux noirs, foncés

Noir

ᐧᐄᔨᐹᔥᑎᑯᔒᐤ wiyipaashtikushiiu na -iim ◆ un Noir, une Noire, une personne de race noire

ᐧᐄᔨᐲᔨᔨᐤ wiyipiiyiyiu na [Whapmagoostui] ◆ un Noir, une Noire, une personne de race noire

noircir

ᐧᐄᔨᐱᐦᐋᐤ wiyipihaau vta ◆ il/elle le/la noircit

ᐧᐄᔨᐱᐦᑖᐤ wiyipihtaau vai+o ◆ il/elle le noircit

ᐧᐄᔨᐱᓈᐤ wiyipinaau vta ◆ il/elle le/la noircit à la main

ᐧᐄᔨᐱᓂᒼ wiyipinim vti ◆ il/elle le noircit à la main

ᐧᐃᔨᐸᔅᒑᐅᑭᐦᐊᒻ wiyipaashchaaukiham vti ◆ il/elle le noircit avec du charbon
ᐧᐃᔨᐸᔅᒑᐅᑭᐦᐧᐋᐤ wiyipaashchaaukihwaau vta ◆ il/elle le/la noircit avec du charbon
ᐧᐃᔨᐱᐦᐧᑳᓈᐤ wiyipihkwaanaau vta ◆ il/elle lui noircit le visage avec les mains

noircir (se)

ᐧᐃᔨᐱᐦᑎᓐ wiyipihtin vii ◆ ça se salit, devient noir en touchant quelque chose

noire

ᐅᑳᔥᑖᑎᐱᔅᑳᐤ ukaashtaatipiskaau vii ◆ c'est une nuit sombre, noire

nom

ᐃᔑᓂᐦᑳᓱᐧᐃᓐ ishinihkaasuwin ni ◆ un nom
ᐃᓯᓂᐦᑳᓲ isinihkaasuu vai -u ◆ son nom est...
ᐋᐦᒋᓂᐦᑳᓲ aahchinihkaasuu vai -u ◆ il/elle change de nom
ᐋᐦᒋᓂᐦᑳᑖᐤ aahchinihkaataau vii ◆ son nom a changé
ᐄᔨᔨᐅᓂᐦᑳᓲ iiyiyiunihkaasuu vai -u ◆ il/elle porte un nom autochtone
ᐄᔨᔨᐅᓂᐦᑳᑖᐤ iiyiyiunihkaataau vii ◆ ça a un nom autochtone
ᐄᔨᔨᐅᓂᐦᑳᑖᐤ iiyiyiunihkaataau vta ◆ il/elle lui donne un nom cri, un nom autochtone
ᒥᓯᓂᐦᐅᓲ misinihusuu vai reflex -u ◆ il/elle appose sa signature, signe son nom
ᐧᐋᐧᐄᐦᐋᐤ waawiihaau vta redup ◆ il/elle les appelle par leur nom
ᐧᐄᐦᐋᐤ wiihaau vta ◆ il/elle lui donne un nom
ᐧᐄᐦᐄᓲ wiihiisuu vai reflex -u ◆ il/elle dit son (propre) nom
ᐅᐧᐄᒋᓯᓂᐦᑳᓱᒫᑭᓐᐦ uwiichisinihkaasumaakinh na ◆ une personne qui a le même nom qu'une autre

nom de famille

ᐃᓯᓂᔅᐳᐧᐃᐦᔮᑭᓂᐅ isinispuwihyaakiniuu vta,passif -iwi ◆ son nom de famille, son dernier nom est...

nomade

ᐅᐱᐹᒧᐦᑖᐤ upipaamuhtaau na ◆ un ou une nomade
ᐱᐹᒫᑎᓰᐤ pipaamaatisiiu vai redup ◆ c'est un vagabond, un nomade

nombre

ᐃᐦᑎᑎᓐᐦ ihtitinh vii pl ◆ il y en a un certain nombre
ᐊᒋᐦᑖᓱᓐ achihtaasun ni ◆ un nombre, un numéro
ᑎᐦᑐᐦᑏ tihtuhtii p,quantité ◆ un certain nombre de dollars
ᑎᐦᑐᑖᓂᐤ tihtutaaniu p, quantité ◆ il y a un certain nombre de familles dans un camp
ᑎᐦᐧᑖᐦᑎᒄ tihtwaahtikw p,quantité ◆ un certaine quantité, un certain nombre (long et rigide) ■ ᑖᓐ ᑎᐦᐧᑖᐦᑎᒄ ᐋᔥᒄ ᓈᑎᐧᐋᔨᐦᑖᑯᐦᒡᐦ. ■ taan tihtwaahtikw aashkw naatiwaayihtaakuhchh. ■ *De combien de poteaux a-t-on encore besoin?*

ᑎᐦᐧᑖᐹᒡ tihtwaapaach p,quantité ◆ un certain nombre, une certaine quantité (filiforme) ■ ᐹᔨᑯᔥᑖᐤ ᑎᐦᐧᑖᐹᒡ ᓂᑭ ᓂᑎᐧᐋᔨᐦᑖᓐ. ■ paayikushtaau tihtwaapaach niki nitiwaayihtaan. ■ *J'aurai besoin de neuf morceaux de corde.*
ᐊᐦᑐᐦᑖᐤ ahtuhtaau vai ◆ il/elle en fabrique un certain nombre
ᐃᐦᑎᑐᐦᐋᐤ ihtituhaau vta ◆ il/elle en fait un certain nombre
ᑎᐦᑐᑖᐅᓰᐧᐃᒡ tihtutaausiiwich vai pl ◆ il y a un certain nombre de familles dans un camp
ᑎᐦᐧᑖᐹᒋᓯᐧᐃᒡ tihtwaapaachisiwich vai pl ◆ il y en a un certain nombre (filiforme, animé)
ᑎᐦᐧᑖᐹᑭᓐᐦ tihtwaapaakinh vii pl ◆ il y en a un certain nombre (filiforme)
ᑎᐦᐧᑖᐱᔅᒋᓯᐧᐃᒡ tihtwaapischisiwich vai pl ◆ il y en a un certain nombre (minéral, animé)
ᑎᐦᐧᑖᐱᔅᑳᐅᐦ tihtwaapiskaauh vii pl ◆ il y en a un certain nombre (minéral)
ᑎᐦᐧᑖᔅᑯᓐᐦ tihtwaaskunh vii pl ◆ il y en a un certain nombre (long et rigide)
ᑎᐦᐧᑖᔅᑯᓯᐧᐃᒡ tihtwaaskusiwich vai pl ◆ il y en a un certain nombre (long et rigide)
ᐃᐦᑎᑐᔥᑎᐧᐋᓯᐧᐃᒡ ihtitushtiwaasiwich vai pl ◆ les castors ont un certain nombre de huttes
ᑎᐦᐧᑖᒋᓈᐤ tihtwaachinaau vta ◆ il/elle en tient un certain nombre (étalé, animé)
ᑎᐦᐧᑖᒋᓂᒻ tihtwaachinim vti ◆ il/elle en tient un certain nombre (étalé)
ᑎᐦᐧᑖᒋᔥᑭᐧᐋᐤ tihtwaachishkiwaau vta ◆ il/elle en porte un certain nombre de couches (animé)
ᑎᐦᐧᑖᒋᓯᐧᐃᒡ tihtwaachisiwich vai pl ◆ il y en a un certain nombre de couches (étalé, animé)
ᑎᐦᐧᑖᑭᓐᐦ tihtwaakinh vii pl ◆ il en y a un certain nombre de couches (étalé)
ᑎᐦᐧᑖᒋᔥᑭᒻ tihtwaachishkim vti ◆ il/elle enfile un certain nombre de couches, en met un certain nombre sur le corps

nombril

ᐅᑎᓰ utisii nid ◆ son nombril

nomme

ᐧᐄᒋᓱᒫᐤ wiichisumaau vta ◆ il/elle le/la nomme

nommer

ᐃᔑᓂᐦᑳᑖᐤ ishinihkaataau vii ◆ ça s'appelle, c'est nommé
ᐃᔑᓂᐦᑳᑖᐤ ishinihkaataau vta ◆ il/elle l'appelle, le/la nomme
ᐃᔑᓂᐦᑳᑎᒻ ishinihkaatim vti ◆ il/elle l'appelle, le nomme

non

ᓂᒫᐦ nimaah p,négative ◆ non ■ ᓂᒫᐦ, ᓂᒧᐃ ᓂᑭ ᐧᐄᒋᐦᐄᐧᐋᓐ ᓃᔩ ᐋᐦ ᐱᐧᑳᐦᐄᐹᓂᐧᐃᒡ. ■ nimaah, nimui niki wiichihiiwaan niiyi aah pikwaahiipaaniwich. ■ *Non, je ne vais pas avec les autres pour poser le filet de pêche d'hiver.*

ᐋᑳ aakaa p,négative ◆ ne...pas, non, à moins que... ■ ᓂᒧᐃ ᒋᑭ ᒌᐦ ᐐᐦᑎᒫᑎᓐ ᐋᑳ ᑎᑯᔑᓂᔩᓈ. ■ nimui chiki chiih wiihtimaatin aakaa tikushiniyinaa. ■ *Je ne peux pas te le dire à moins que tu ne viennes ici.*

ᓂᒥᔮᐤ nimiyaau p,négatif ◆ ce n'est pas ■ ᓂᒥᔮᐤ ᐊᓐ ᐊᐙᓐ ᑳ ᐹᔙᔨᒥᒃ ᒑ ᑎᑯᔑᐦᒃ. ■ nimiyaau an awaan kaa paashwaayimik chaa tikushihk. ■ *Ce n'est pas cette personne que je m'attendais à voir.*

ᓂᒧᐃ nimui p,négative ◆ non, pas ■ ᓂᒧᐃ ᓅᐦᒋ ᐚᐱᒫᐎᐨ ᓅᐦᒋᒦᐅᐄᔨᔨᐅᐨ ᐋᐦ ᒥᔑᑳᐨ. ■ nimui nuuhchi waapimaawich nuuhchimiiuiiyiyiuch aah mishikaach. ■ *Je n'ai pas vu les gens de l'intérieur arriver sur le rivage.*

ᑖᐹ taapaa p,négative ◆ non, ne...pas ■ ᑖᐹ ᐅᐦᒋ ᐐᒋᐦᐄᐙᐤ ᑳ ᐅᔑᐦᑖᑭᓂᐎᔨᐨ ᐊᓂᔮ ᐙᔅᑳᐦᐄᑭᓂᔨᐤ. ■ taapaa uhchi wiichihiiwaau kaa ushihtaakiniwiyich aniyaa waaskaahiikiniyiu. ■ *Il n'a pas aidé à construire cette maison.*

ᐙᐙᐱᔅᒁᔨᔥᑎᐙᐤ waawaapiskwaayishtiwaau vta redup ◆ il/elle lui dit non de la tête

ᐙᐙᐱᔅᒁᔨᐤ waawaapiskwaayiu vai redup ◆ il/elle dit non de la tête

non brûlé

ᐄᔥᒁᐦᑭᐦᓲ iishkwaahkihsuu vai -u ◆ il en reste qui n'est pas brûlé

ᐄᔥᒁᐦᑭᐦᑖᐤ iishkwaahkihtaau vii ◆ il en reste qui n'est pas brûlé

non hâché

ᐄᔥᑯᑭᐦᐙᐤ iishkukihwaau vta ◆ il/elle en laisse un peu non hâché

non mangé

ᐄᔥᑯᑇᐤ iishkupwaau vta ◆ il/elle en laisse un peu qu'il n'a pas mangé

non-mariée

ᐱᑯᑐᔖᐤ pikutushaau vai ◆ elle enfante sans être mariée, elle enfante d'un bâtard

nonante

ᐹᔨᑯᔥᑖᒥᑎᓂᐤ paayikushtaamitiniu p,nombre ◆ quatre-vingt-dix, nonante

nord

ᐊᑎᒫᐲᓯᒼ atimaapiisim p,lieu ◆ le nord, le côté opposé au soleil ■ ᐊᑎᒫᐲᓯᒼ ᒌᐦ ᐅᐦᒌᐤ ᐊᓐ ᐃᔅᒁᐤ ᑳ ᐹᒋ ᑭᐱᓯᑦ. ■ atimaapiisim chiih uhchiiu an iskwaau kaa paachi kipisit. ■ *Cette femme qui nous a rendu visite venait du Nord.*

ᐋᔥᑎᐦᑖᑳᒫᔮᒋᐎᓐ aashtihtaakaamaayaachiwin p,lieu ◆ du côté nord du rapide ■ ᓈᑖᐦ ᐋᔥᑎᐦᑖᑳᒫᔮᒋᐎᓐ ᐋᑯᑖᐦ ᑳ ᒋᒥᑖᔮᐦᒡ ᐊᓐ ᔖᐳᐦᑎᐙᓐ. ■ naataah aashtihtaakaamaayaachiwin aakutaah kaa chimitaayaahch an shaapuhtiwaan. ■ *Nous avons installé notre wigwam du côté nord des rapides.*

ᒌᐙᑎᓅᑖᐦᒡ chiiwaatinuutaahch p,lieu ◆ du côté nord ■ ᒌᐙᑎᓅᑖᐦᒡ ᒌᐦ ᐅᐦᒋᐱᔪᐎᐨ ᐊᓂᒌ ᐃᔅᒁᐅᐨ ᑳ ᐹᒋ ᓂᑭᒧᒡ. ■ chiiwaatinuutaahch chiih uhchipiyuwich anichii iskwaauch kaa paachi nikimuch. ■ *Cette femme qui chantait venait du Nord.*

ᐋᔥᑎᐦᑖᑳᒫᐙᔖᐤ aashtihtaakaamaawaashaau vii ◆ c'est le côté nord de la baie

ᒌᐙᑎᓐ chiiwaatin vii ◆ c'est un vent du nord

ᒧᔖᐙᐦᔮᐤ mushaawaahyaau vai ◆ il/elle migre vers le nord (par ex. un oiseau)

ᑖᐅᒌᐙᑎᓐ taauchiiwaatin vii ◆ le vent souffle du Nord ■ ᓈᐦᐋᐤ ᒌᐦ ᑖᐅᒌᐙᑎᓐ ᒑᒋᔖᑊ ᑳ ᐎᔨᐐᔮᓐ. ■ naahaau chiih taauchiiwaatin chaachishaap kaa wiyiwiiyaan. ■ *Quand je suis sorti ce matin, le vent soufflait du Nord.*

ᒌᐙᑎᓂᐱᔨᐤ chiiwaatinipiyiu vii ◆ le vent tourne et devient un vent du nord

Nord

ᓂᔅᒁᒌᐙᑎᓐ niskwaachiiwaatin vii ◆ il y a un soudain blizzard qui vient du Nord

nord-est

ᐹᔥᑖᒌᐙᑎᓂᒧᔖᐙᑎᓐ paashtaachiiwaatinimushaawaatin vii ◆ c'est un vent du nord-est

nord-ouest

ᐹᔥᑖᒌᐙᑎᓐ paashtaachiiwaatin vii ◆ c'est un vent du nord-ouest

noué

ᒫᑯᐱᑖᐱᐦᒑᐱᔨᐤ maakupitaapihchaapiyiu vii ◆ c'est noué (filiforme)

nouer

ᐋᓂᔅᑭᐎᐦᐱᑎᒼ aaniskiwihpitim vti ◆ il/elle le noue à un autre pour le rallonger

ᐄᑎᐦᐱᑖᐤ iitihpitaau vta ◆ il/elle le/la noue d'une certaine façon

ᐄᑎᐦᐱᑎᒼ iitihpitim vti ◆ il/elle le noue d'une certaine façon

ᒫᑯᐱᑖᐱᐦᒑᐱᔨᐤ maakupitaapihchaapiyiu vai ◆ il/elle est noué-e

ᐋᓂᔅᑭᐚᐱᐦᑳᑖᐤ aaniskiwaapihkaataau vta ◆ il/elle le/la rallonge en nouant quelque chose sur lui ou sur elle

ᐋᓂᔅᑭᐚᐱᐦᑳᑎᒼ aaniskiwaapihkaatim vti ◆ il/elle le rallonge en y nouant quelque chose

ᐋᓂᔅᑯᑖᐹᐤ aaniskutaapaau vai ◆ il/elle le rallonge en y nouant un autre morceau (filiforme)

ᐋᓂᔅᑯᑖᐱᐦᑳᑖᐤ aaniskutaapihkaataau vta ◆ il/elle le/la noue pour le/la rallonger

ᐄᑎᐎᐦᐱᑎᒼ iitiwihpitim vti ◆ il/elle le noue des côtés opposés

nourrir

ᐊᔑᒫᐤ ashimaau vta ◆ il/elle le/la nourrit

ᐅᑎᒥᔥᑯᔨᐦᐋᐤ utimishkuyihaau vta ◆ il/elle le/la nourrit pour qu'il/elle ne mange pas lors des repas

ᒧᐱᒫᐦᐋᐤ mupimaahaau vta ◆ il/elle lui donne de la graisse à manger, le/la nourrit avec de la graisse

ᐅᑎᒥᑖᔥᑯᔨᐦᐋᐤ utimitaashkuyihaau vta ◆ il/elle le/la nourrit pour qu'il/elle ne mange pas lors des repas, il/elle le/la nourrit et l'empêche ainsi de faire quelque chose

ᐄᔮᐅᓰᐤ iyaausiiu vai ◆ il/elle peut seulement en contenir une petite quantité ou un petit nombre, il/elle peut seulement en nourrir un certain nombre

ᒧᒥᔅᑯᐦᐄᐧᐋᐤ **mumiskuhiiwaau** vai ◆ il/elle fournit du castor pour nourrir les gens

ᒍᒍ **chuuchuu** vai -u [Wemindji] ◆ il/elle est nourri-e au sein, au biberon

nourriture

ᐊᔥᐧᑖᑭᓐ **ashtwaakin** na ◆ de la nourriture (animée, par exemple du castor) préparée pour les invités

ᐄᔨᒦᒋᒻ **iiyimiichim** ni ◆ de la nourriture traditionnelle crie

ᒦᒋᒻ **miichim** ni ◆ de la nourriture

ᒥᑯᔖᓐ **mikushaan** ni ◆ de la nourriture pour une fête

ᐋᐳᑎᓈᐤ **aaputinaau** na -m ◆ un castor apprêté en le désossant de manière à laisser la viande en un seul morceau, recousu, retourné, gonflé pour qu'il soit rond et cuit suspendu à une cordelette

ᐄᔥᑯᔥᑎᐧᐋᓐ **iishkushtiwaan** ni ◆ des restes de nourriture

ᐃᔅᐧᑳᐅᒦᒋᒻ **iskwaaumiichim** ni ◆ la nourriture des femmes, certaines parties du corps des animaux mangés seulement par les femmes

ᐧᑳᔅᐧᑳᐳᑎᓈᐤ **kwaaskwaaputinaau** na -m [Whapmagoostui] ◆ un castor préparé en retirant les os pour que la chair soit d'une seule pièce et cuit sur un fil à feu libre

ᒦᒋᒫᐦᑎᒄ **miichimaahtikw** ni -im ◆ de la nourriture pour le castor

ᒥᓂᐦᐅᐧᐃᓐ **minihuwin** ni -u ◆ de la nourriture récoltée

ᐅᒋᒥᐦᑎᐧᐋᐤᐦ **uchimihtiwaauh** ni pl ◆ des morceaux bois de bouleau, de peuplier, etc. grignotés par un castor pour se nourrir

ᐅᒥᓂᐦᐅᐧᐃᓐ **uminihuwin** ni ◆ de la nourriture qu'il/elle a récolté

ᐊᐱᔑᐳᔑᐤ **apishipushiu** vai dim ◆ il/elle n'a qu'une petite ration de nourriture

ᐊᓯᐦᒑᐤ **asihchaau** vai ◆ il/elle partage sa nourriture, en donne aux autres

ᒌᔥᐳᐦᐋᐤ **chiishpuhaau** vta ◆ il/elle le/la remplit de nourriture

ᐃᔪᐧᐃᓵᐤ **iyuwisaau** vii ◆ c'est de la nourriture fraîche

ᐃᔪᐧᐃᓰᐤ **iyuwisiiu** vai ◆ c'est de la nourriture fraîche (se dit de quelque chose d'animé, de viande ou de poisson fraîchement tué)

ᑭᐧᓈᐹᒋᓈᐤ **kinwaapaachinaau** vta ◆ il/elle lui donne juste assez de nourriture pour le/la garder vivante

ᒦᒋᓱᐦᐋᐤ **miichisuhaau** vta ◆ il/elle lui procure de la nourriture

ᒥᓂᐦᐆ **minihuu** vai -u ◆ il/elle rapporte de la nourriture de la chasse

ᓈᒋᒦᒋᒫᐤ **naachimiichimaau** vai ◆ il/elle va chercher de la nourriture

ᓃᒫᐧᐃᓂᐦᒑᐤ **niimaawinihchaau** vai ◆ il/elle emballe sa nourriture pour le voyage

ᓃᒫᐧᐃᓂᐦᑭᐧᐋᐤ **niimaawinihkiwaau** vta ◆ il/elle prépare de la nourriture pour lui/elle pour son voyage

ᓂᑑᐱᑯᔑᐦᑖᐤ **nituupikushihtaau** vai ◆ il/elle va attendre dans l'espoir de recevoir de la nourriture

ᐱᐹᒥᐦᐄᓂᐧᐋᐤ **pipaamihiiniwaau** vta redup ◆ il/elle distribue de la nourriture aux autres

ᓰᑭᐦᐊᒧᐧᐋᐤ **siikihamuwaau** vta ◆ il/elle le/la sert, lui sert sa nourriture

ᐅᒋᐳᔮᐤ **uchipuyaau** vta ◆ il/elle l'attire avec de la nourriture

ᐊᐧᐹᓐ **apwaan** ni ◆ de la nourriture rôtie sur le feu

ᐊᑎᐦᑯᒦᒋᒻ **atihkumiichim** ni ◆ les parties comestibles du caribou, lit. 'de la nourriture de caribou'

ᑳᑯᒦᒋᒻ **kaakumiichim** ni ◆ les parties comestibles du porc-épic, lit. 'nourriture de porc-épic'

ᓃᒫᐧᐃᓐ **niimaawin** ni ◆ des provisions de bouche, de la nourriture de voyage

ᓂᔅᒋᒦᒻ **nischimiim** ni ◆ les parties comestibles de l'oie, lit. 'de la nourriture d'oie'

ᐊᑎᒧᑖᓂᐧᐋᐤ **atimutaaniwaau** vai ◆ il/elle fait cuire de la nourriture pour les chiens

ᐄᔥᐱᔑᐳᔮᐤ **iishpishipuyaau** vta ◆ il/elle lui donne une certaine portion ou une certaine part de nourriture

ᐹᑖᐳᑎᐧᐋᐤ **paataaputiwaau** vai ◆ la nourriture du castor flotte en aval

ᐲᐦᑎᐦᐧᐋᐤ **piihtihwaau** vta ◆ il/elle le/la met dans quelque chose, lui donne une deuxième portion de nourriture

ᐱᐲᐅᐦᑎᒻ **pipiiuhtim** vti redup ◆ il/elle laisse des épluchures, des rebuts de nourriture

ᐱᔑᔑᐧᑳᔨᒨ **pishishikwaayimuu** vai -u ◆ il/elle est mécontent-e parce qu'on ne partage pas la nourriture avec lui

ᐱᐧᓵᔮᐤ **piswaayaau** vii ◆ c'est de la nourriture riche et grasse

ᐧᐋᓵᒥᐦᑭᑖᐤ **waasaamihkitaau** vai ◆ il/elle est affaibli-e par le manque de nourriture

ᐧᐄᐦᒋᔅᑎᐧᒫᐤ **wiihchistimwaau** vta ◆ il/elle aime sa cuisine, sa nourriture

ᐄᔥᐱᔑᐴ **iishpishipuu** vai -u ◆ il/elle reçoit sa part de nourriture; il/elle reçoit le montant de son allocation de bien-être social

nous

ᒌᔮᓂᐤ **chiiyaaniu** pro,personnel emphatique 21p ◆ nous (toi compris) ▪ ᒌᔮᓂᐤ ᐄᔑᓈᑯᓐ ᒑ ᐃᐦᑑᑎᒥᐦᒄ ᐊᓐ ᐋᐱᑎᓰᐧᐃᓐ. ▪ chiyaaniu iishinaakun chaa ihtutimihkw an aapitisiiwin. ▪ *C'est nous qui devrions faire le travail*

ᓃᔮᓐ **niiyaan** pro,personnel emphatique 1p ◆ nous (mais pas toi) ▪ ᓃᔮᓐ ᓂᑭ ᐱᐦᑯᓈᓈᓂᒡ ᐊᓂᒌ ᐊᒥᔅᑯᒡ. ▪ niiyaan niki pihkunaanaanich anichii amiskuch. ▪ *Nous allons dépecer ces castors nous-mêmes.*

nouveau-né
ᐅᔥᑭᐧᐋᔑᔥ ushkiwaashish na -iim ◆ un nouveau-né, un bébé

nouvel an
ᐄᔥᐧᑳᐱᔨᐤ iishkwaapiyiu vii ◆ c'est fini, c'est le jour du nouvel an

Nouvel An
ᐧᐃᔨᐧᐄᒥᑭᓐ wiyiwiimikin vii ◆ c'est Nouvel An, lit. ça sort

ᓈᒋᒥᑯᔖᐤ naachimikushaau vii ◆ il/elle voyage pour se rendre au comptoir pour Noël et Nouvel An

ᐹᔅᐹᔅᒋᔅᒑᓂᐅ paaspaaschischaaniuu vii redup -iwi ◆ c'est le tir des fusils qu'on entend le matin du Nouvel An (forme passive dérivée du verbe *paaspaaschischaau*)

nouvelle
ᐅᔅᒋᑭᒥᒄ uschikimikw ni ◆ une nouvelle habitation

ᒥᒑᑐᑎᒼ michaatutim vti ◆ il/elle en donne de mauvaises nouvelles

ᒥᐧᔮᒋᒨ miywaachimuu vai -u ◆ il/elle annonce de bonnes nouvelles

ᒫᔑᒧᔥᑎᐧᐋᐤ maashimushtiwaau vta ◆ il/elle lui donne de mauvaises nouvelles; il/elle lui dit quels sont ses défauts

ᒫᔑᒨ maashimuu vai -u ◆ il/elle annonce la mort de quelqu'un, il/elle dit qu'il/elle a de douleur quelque part, il/elle pense qu'il/elle est incapable de le faire

ᒥᐧᔮᒋᒧᔥᑎᐧᐋᐤ miywaachimushtiwaau vta ◆ il/elle lui donne de bonnes nouvelles

ᐅᔅᒋᔅᐧᑳᐧᐋᐤ uschiskwaawaau vai ◆ il prend une nouvelle épouse

nouvelles
ᑎᐹᒋᒧᐧᐃᓐ tipaachimuwin ni ◆ une histoire, des nouvelles

ᑯᔥᑯᐦᑖᑯᓐ kushkuhtaakun vii ◆ c'est surprenant, ce sont des nouvelles surprenantes

ᑎᐹᒋᒨ tipaachimuu vai -u ◆ il/elle raconte une histoire, donne des nouvelles

ᐄᐧᑖᓂᐦᒑᐤ iitwaanihchaau vta ◆ il/elle leur apporte des nouvelles au sujet d'événements précis ▪ ᓂᔮᓂᑯᑐᓐᐦ ᓃᑳᓐ ᒌᐧᐋᔨᐅᐦ ᐊᐧᐋᔨᐅᐦ ᐋᐦ ᐄᐧᑖᓂᐦᒑᔨᒡᐦ ᐋᐦ ᒌᐦ ᓂᐱᐦᐋᐊᑦ ᐊᓐ ᓈᐹᔑᔥ ᓂᔅᒃᐦ. ▪ niyaanikutunh niikaan chiiwaayiuh awayiuh aah iitwaanihchaayich-h aah chiih nipihaat an naapaashish niskh. ▪ *Quelquefois quelqu'un serait rentré à la maison en avance pour annoncer qu'il avait tué une oie.*

ᑎᐹᒋᒧᔥᑎᐧᐋᐤ tipaachimushtiwaau vta ◆ il/elle lui raconte une histoire, lui donne des nouvelles

novembre
ᑭᔅᑭᑎᓂᐲᓯᒼ kiskitinipiisim na ◆ le mois de novembre, lit. 'le mois du gel'

noyau
ᐅᔅᑭᐦᑖᒥᓐ uskihtaamin ni -im ◆ un noyau, un caillou, une graine

noyer
ᓂᔥᑖᐹᐅᔮᐤ nishtaapaauyaau vta ◆ il/elle le/la noie

noyer (se)
ᓂᔥᑖᐹᐧᐋᐤ nishtaapaawaau vai ◆ il/elle se noie

Noël
ᒥᑯᔖᒌᔑᑳᐤ mikushaachiishikaau vii ◆ c'est Noël

ᒥᑯᔖᒌᔑᑭᓂᐦᑖᐤ mikushaachiishikinihtaau vai ◆ il/elle fête Noël

ᐄᔥᐧᑳᒥᑯᔖᒌᔑᑳᐤ iishkwaamikushaachiishikaau vii ◆ Noël est passé

ᓈᒋᒥᑯᔖᐤ naachimikushaau vii ◆ il/elle voyage pour se rendre au comptoir pour Noël et Nouvel An

nu
ᒧᔖᔥᑭᑖᐤ mushaashkitaau vai ◆ il/elle est nu-e

ᒌᐦᒌᐧᑳᔨᐧᐋᐤ chiihchiikwaayiwaau vai ◆ il/elle a la queue nue

ᒧᓵᓯᐤ musaasiu vai ◆ il/elle est à moitié nu-e

ᒧᔖᔥᑭᑖᐱᐦᑖᐤ mushaashkitaapihtaau vai ◆ il/elle court tout nu

ᒧᔖᔥᑭᑖᐱᐤ mushaashkitaapiu vai ◆ il/elle est assis-e déshabillé-e, nu-e

ᓵᓵᒋᑳᑖᐤ saasaachikaataau vai ◆ il/elle a les jambes nues

ᓵᓵᒋᐱᑐᓈᐤ saasaachipitunaau vai ◆ il/elle a les bras nus

ᓵᓵᒋᔅᑎᐤ saasaachistiu vai ◆ il/elle est pieds nus

ᔖᐦᒋᐧᐋᐤ shaahchiwaau vai ◆ il/elle est nu-e, déculotté-e

ᒧᔖ mushaa p,manière ◆ libre, nu, carrément, directement ▪ ᒧᔖ ᓂᒌᐦ ᐧᐄᐦᑎᒧᐧᐋᐤ ᐊᓂᔮ ᑳ ᐄᑖᒋᒫᑭᓂᐧᐃᑦ. ▪ mushaa nichiih wiihtimuwaau aniyaa kaa iitaachimaakiniwit. ▪ *Je lui ai dit carrément ce que j'avais entendu de lui.*

nu-tête
ᔖᔖᒋᔥᑎᐧᑳᓈᑳᐳ shaashaachishtikwaanaakaapuu vai -uwi ◆ il/elle se tient là nu-tête

ᔖᔖᒋᔥᑎᐧᑳᓈᐤ shaashaachishtikwaanaau vai ◆ il/elle est nu-tête

nuage
ᑭᔥᑭᐧᐃᓐ kishkiwin na ◆ un nuage

ᒥᒫᓂᑯᒋᓂᒡ mimaanikuchinich vai pl redup ◆ il y a juste quelques nuages

ᒥᒧᔥᑳᔑᐤ mimushkaashiu vai ◆ le vent amène des nuages

ᒥᓯᐦᑖᑯᒋᓐ misihtaakuchin vii ◆ les nuages recouvrent tout le ciel

ᐅᐧᐃᔥᑎᐧᑳᓂᑯᒋᓐ uwishtikwaanikuchin vii ◆ les nuages sont ronds et vont apporter du temps chaud

ᔫᑎᓂᔅᒄ yuutiniskw na ◆ un nuage de vent

ᒋᔅᐱᑭᔅᑯᓐ chispikiskun vii ◆ il y a des nuages épais

ᐄᔨᐢᑯ iiyiskuu vii -uwi ◆ l'apparence des nuages signale un temps chaud après une période très froide
ᒥᒫᓂᑯᒋᓐ mimaanikuchin vii redup ◆ c'est ensoleillé avec des intervalles nuageux
ᒨᔥᑳᔑᐤ muushkaashiu vai ◆ les nuages commencent à se former, ça s'ennuage
ᓂᒋᑯᐃᔨᑯᔅᑯᓐ nichikuiyikuskun vii ◆ les nuages sont de couleur rose et bleue
ᓂᒋᑯᐎᔪᔅᒁᐤ nichikuwiyuskwaau vii ◆ il y a de petites couches de nuages bleus et roses
ᐱᐱᑭᔅᑯᓐ pipikiskun vii ◆ il y a une fine couche de nuages
ᐅᐎᑳᔅᑖᔅᑯᓐ uwikaastaaskun vii ◆ il y a des nuages noirs
ᔨᑯᔅᑯᓐ yikuskun vii ◆ c'est une journée nuageuse
ᐋᑭᐙᓯᔅᒑᐤ aakiwaasischaau vai ◆ le soleil est caché derrière les nuages
ᒋᔑᑖᐅᑭᔥᑭᐎᓐ chishitaaukishkiwin vii ◆ un temps chaud approche si on en croit les nuages
ᑯᑖᐐᐤ kutaawiiu vai ◆ il/elle se réfugie, creuse un trou, le soleil se cache derrière les nuages
ᒥᐦᒁᐅᔅᒁᐤ mihkwaauskwaau vii ◆ c'est un ciel rouge, il y a des nuages rouges
ᐳᐙᓯᔅᒑᐤ puwaasischaau vai ◆ le soleil brille à travers de fins nuages
ᔖᑳᔥᑖᐱᔨᐤ shaakaashtaapiyiu vii ◆ le soleil sort des nuages
ᐅᔖᐙᔥᑎᓐ ushaawaashtin vii pl ◆ ce sont des nuages jaunes qui précèdent le vent
ᐅᔥᑎᒁᓂᑯᒋᓐ ushtikwaanikuchin vii ◆ selon l'apparence des nuages, un redoux, un temps plus chaud s'annonce
ᐙᓵᔅᑯᓈᔥᑎᓐ waasaaskunaashtin vii ◆ le vent chasse les nuages
ᐎᔥᒋᑭᔥᑭᐎᓐ wishchikishkiwin vii ◆ des nuage noirs apportent la neige, la pluie ou un temps froid au printemps

nuages

ᑭᔥᑭᐎᓂᔅᑯ kishkiwiniskuu vii -uwi ◆ il y des passages nuageux

nuageux

ᐄᔨᑯᐱᔨᐤ iiyikupiyiu vii ◆ le temps se couvre
ᐄᔨᑯᔅᑯᓐ iiyikuskun vii ◆ le ciel est couvert de nuages, le temps est couvert

nue

ᒧᔥᑖᔑᑮ mushtaashikii p,manière ◆ sur la peau nue, directement sur la peau

nuit

ᑯᑎᑯᓂᔥᑖᐤ kutikunishtaau vii ◆ c'est là toute la nuit
ᑎᐱᔅᑳᐤ tipiskaau vii ◆ il fait nuit
ᑎᐱᔅᑳᐅᒋᐦᑯᐦᔥ tipiskaauchihkuhsh na ◆ une étoile de la nuit
ᐎᓂᑎᐱᔅᑎᓰᐎᓐ winitipistisiiwin ni ◆ la nuit éternelle
ᐃᔅᑭᓂᑎᐱᔅᑳᐅᐦ iskinitipiskaauh p,temps ◆ toute la nuit ■ ᐃᔅᑭᓂᑎᐱᔅᑳᐅᐦ ᒌᐦ ᒧᔖᔮᐱᔥᑭᑯᒋᓐ ᑎᐱᔅᑳᓂᐲᓯᒻ. ■ iskinitipiskaauh chiih mushaayaapishkikuchin tipiskaanipiisim. ■ *On voyait la lune pendant toute la nuit.*
ᐃᔮᔂᑎᐱᔅᑳᐅᐦ iyaaswaatipiskaauh p,temps [Wemindji] ◆ une nuit sur deux ■ ᒥᒄ ᐃᔮᔂᑎᐱᔅᑳᐅᐦ ᓂᒌᐦ ᑯᑎᐙᓈᓐ ᐋᐦ ᑎᐱᔅᑳᒡ ᐋᑳ ᓈᔥᒡ ᐅᐦᒋ ᑎᐦᑳᔮᒡ. ■ mikw iyaaswaatipiskaauh nichiih kutiwaanaan aah tipiskaach aakaa naashch uhchi tihkaayaach. ■ *Nous n'avons eu besoin de faire un feu qu'une nuit sur deux puisqu'il ne faisait pas très froid.*
ᓃᐹᑎᐱᔥᒡ niipaatipisch p,temps ◆ quand c'est tranquille la nuit
ᓃᔓᑎᐱᔅᑳᐅᐦ niishutipiskaauh p,temps ◆ deux nuits
ᑖᐱᔅᑳᒡ taapiskaach p,temps ◆ la nuit dernière
ᐋᐦᒁᑖᔅᑭᑎᓐ aahkwaataaskitin vii ◆ c'est bien gelé, une vaste étendue gèle durant la nuit
ᐋᑯᐱᑎᓂᒻ aakupitinim vti ◆ il/elle installe une ligne de pêche nocturne en plaçant un bâton par dessus le trou et en y attachant la ligne
ᐋᒁᒋᔅᑎᐱᔅᑳᐤ aakwaachistipiskaau vii ◆ c'est tard la nuit
ᒋᓯᓂᑎᐱᔅᑳᐤ chisinitipiskaau vii ◆ c'est une nuit froide
ᒋᔮᒫᐅᑎᐱᔅᑳᐤ chiyaamaautipiskaau vii ◆ c'était une nuit calme et tranquille
ᑭᑳᐦᑎᐱᔅᑳᐤ kikaahtipiskaau vii ◆ il y a des éclaircies pendant la nuit
ᑭᔅᑎᐱᔅᑳᐤ kistipiskaau vii ◆ c'est une nuit sombre
ᒫᒁᑎᐱᔅᑳᐤ maakwaatipiskaau vii ◆ c'est tard dans la nuit
ᓃᐹᐦᑖᐤ niipaahtaau vai ◆ il/elle marche la nuit, la nuit s'abat sur lui/elle alors qu'il/elle voyage
ᓃᐹᐦᐆ niipaahuu vai -u ◆ il/elle voyage en canot la nuit
ᓃᐹᒁᓱ niipaakwaasuu vai -u ◆ il/elle coud la nuit
ᓃᐹᐱᔥᑎᐙᐤ niipaapishtiwaau vta ◆ il/elle le/la veille toute la nuit
ᓃᐹᔮᐱᑎᓰᐤ niipaayaapitisiiu vai ◆ il/elle travaille de nuit
ᓃᔓᑎᐱᔅᒁᐤ niishutipiskwaau vai ◆ il/elle reste sorti-e deux nuits
ᓂᔥᑐᑎᐱᔅᒁᐤ nishtutipiskwaau vai ◆ il/elle reste dehors, absente trois nuits
ᐹᔓᑎᐱᔥᑳᔑᐤ paashutipishkaashiu vii dim ◆ c'est une nuit courte
ᐲᓯᑎᐱᔅᑳᐤ piisitipiskaau vii ◆ c'est une longue nuit
ᐅᑳᔥᑖᑎᐱᔅᑳᐤ ukaashtaatipiskaau vii ◆ c'est une nuit sombre, noire
ᐙᓵᑎᐱᔅᑳᐤ waasaatipiskaau vii ◆ c'est une nuit claire

ᑯᐢᑭᓐ kuskin ni -m ◆ une ligne à pêche nocturne (incluant, la ligne, le flotteur et le crochet)
ᑯᐢᑭᓈᐱ kuskinaapii ni -m ◆ une ligne à pêche nocturne (le fil seulement)
ᐃᐢᑭᓂᐱᐤ iskinipiu vai ◆ il/elle passe la nuit une ou deux fois durant son voyage
ᑯᑎᑯᓃᐤ kutikuniiu vai ◆ il/elle passe la nuit ailleurs
ᒥᓯᑯᐢᒑᐤ misikuschaau vai ◆ il/elle pose une ligne de pêche de nuit pour un gros poisson en utilisant une carpe entière comme appât
ᒧᐧᐃᐱᐢᑎᐦᐧᐋᐤ muwipistihwaau vai ◆ il/elle va à la pêche et passer la nuit
ᓈᓃᐹᐦᑖᐤ naaniipaahtaau vai redup ◆ il/elle marche autour la nuit
ᓃᐸᐱᐤ niipaapiu vai ◆ il/elle reste réveillé-e tard la nuit, il est gardien de nuit, elle est gardienne de nuit
ᓃᐹᐱᔨᐤ niipaapiyiu vai ◆ il/elle voyage tard la nuit en véhicule
ᑎᐧᑳᐦᑎᓐ tikwaahtin vii ◆ on laisse de la nourriture reposer pendant la nuit pour en améliorer la saveur
ᓃᐹᐱᒋᐤ niipaapichiu vai ◆ il/elle déplace son campement d'hiver pendant la nuit
ᐧᐋᐳᔪᔨᔥᑎᐦᒑᐱᔨᔑᐤ waapushuyishtihchaapiyishiu vii dim ◆ il y a une chute de neige douce et poudreuse pendant la nuit

nulle part

ᑯᐃᑐᐧᐃᔑᓐ kuituwishin vai ◆ il/elle n'a nulle part où se coucher
ᑯᔨᑎᐧᐋᔨᒫᐤ kuyitiwaayimaau vta ◆ il/elle essaie de le/la trouver mais n'y arrive pas
ᑯᔨᑎᐧᐃᑳᐳ kuyitiwikaapuu vai -uwi ◆ il/elle n'a nulle part où se tenir debout, se mettre
ᑯᔨᑎᐧᐃᐱᐤ kuyitiwipiu vai ◆ il/elle n'a nulle part où s'asseoir
ᑯᔨᑎᐧᐃᔑᒫᐤ kuyitiwishimaau vta ◆ il/elle n'a nulle part où le/la coucher
ᑯᔨᑎᐧᐃᔥᑖᐤ kuyitiwishtaau vai ◆ il/elle n'a nulle part où le poser

numéro

ᐊᒋᐦᑖᓱᓐ achihtaasun ni ◆ un nombre, un numéro

numéro de téléphone

ᐄᑎᓯᓈᓲ iitisinaasuu vai -u ◆ il/elle est écrit-e, numéroté-e, conçu-e, marqué-e, identifié-e ainsi; son numéro (de téléphone) est...

numéroter

ᐄᑎᓯᓈᑖᐤ iitisinaataau vii ◆ c'est écrit, numéroté, marqué, conçu

O

obéir

ᐃᔮᐱᓯᐦᑎᒼ iyaapisihtim vti ◆ il/elle obéit
ᓂᓂᐦᐄᐦᑎᒼ ninihiihtim vti redup ◆ il/elle obéit
ᓂᓂᐦᐄᐦᑎᐧᐋᐤ ninihiihtiwaau vta redup ◆ il/elle lui obéit
ᐃᔮᐱᓯᐦᑎᐧᐋᐤ iyaapisihtiwaau vta ◆ il/elle lui obéit, le/la croit
ᓂᐦᐄᐦᑎᒼ nihiihtim vti ◆ il/elle entend bien, il/elle obéit
ᐱᔑᒋᔥᑎᒼ pishichishtim vti ◆ il/elle est obéissant-e, l'écoute
ᐱᔑᒋᔥᑎᐧᐋᐤ pishichishtiwaau vta ◆ il/elle lui obéit, l'écoute

obligeant

ᒥᐧᔮᐱᒋᐦᐋᐤ miywaapichihaau vta ◆ il/elle le trouve utile, efficace, obligeant

obliger

ᐋᐃᐦᑭᒥᐦᐋᐤ aaihkimihaau vta ◆ il/elle l'oblige à faire quelque chose
ᐃᔨᐦᑭᒥᐦᐋᐤ iyihkimihaau vta ◆ il/elle le/la force à faire quelque chose

observer

ᓈᓈᑭᒋᓰᐤ naanaakichisiiu vai redup ◆ il/elle va observer
ᐊᔑᔑᐧᑲᐱᒫᐤ ashishikwaapimaau vta ◆ il/elle l'observe à la jumelle
ᑭᓂᐧᐋᐱᐦᑎᒼ kiniwaapihtim vti ◆ il/elle le regarde, l'observe
ᑭᓂᐧᐋᐱᒫᐤ kiniwaapimaau vta ◆ il/elle le/la regarde, l'observe
ᓈᑭᑎᐧᐋᔨᐦᑎᒼ naakitiwaayihtim vti ◆ il/elle l'observe de près, le surveille bien, en prend soin
ᓈᑭᑎᐧᐋᔨᒫᐤ naakitiwaayimaau vta ◆ il/elle l'observe de près, s'occupe de lui/d'elle
ᓈᓈᑭᒋᐦᐄᐧᐋᐤ naanaakichihiiwaau vai ◆ il/elle observe, surveille
ᓂᑖᓯᐱᐦᑖᐤ nitaasipihtaau vai+o ◆ il/elle observe le mouvement de l'eau pour voir s'il y a des castors
ᐊᔑᐧᐋᐱᐅᓈᓐ ashiwaapiunaan ni ◆ un affût, un endroit où l'on s'embusque pour observer le gibier, un poste d'observation
ᓅᓱᓈᐦᐄᒑᐤ nuusunaahiichaau vai ◆ il/elle apprend en observant et en essayant
ᐅᓯᐱᐦᑖᐤ usipihtaau vai+o ◆ il/elle observe le mouvement de l'eau en quête d'activité animale

obstacle

ᔖᐦᑯᒋᐱᔨᐤ shaahkuchipiyiu vai ◆ il/elle surmonte les obstacles qui l'empêchait de le faire

obtenir

ᐅᐦᑎᓈᐤ uhtinaau vta ◆ il/elle l'obtient de là

occupé

ᐋᔨᒦᐦᑳᓲ aayimiihkaasuu vai reflex -u ◆ il/elle est occupé-e à se préparer à faire quelque chose
ᐋᔨᒥᐱᔨᐤ aayimipiyiu vii ◆ c'est bien occupé ici, il se passe beaucoup de choses

ᐋᔨᒥᓯᐤ **aayimisiu** vai ◆ il/elle est occupé-e, il est actif, elle est active ■ ᒫᒀᒡ ᐋᔨᒥᓯᔨᐤᐦ ᐊᓂᔮᐦ ᐅᑎᐙᔑᔒᒻᐦ. ■ maakwaach aayimisiyiuh aniyaah utiwaashishiimh. ■ *Son enfant est à l'âge où elle/il s'intéresse à tout.*

occuper

ᐄᔒᐦᑭᒻ **iishiihkim** vti ◆ il/elle est occupé-e avec ça

ᐃᔒᐦᑭᐙᐤ **ishiihkiwaau** vta ◆ il/elle est occupé-e avec elle/lui

ᐅᑎᒥᔮᑭᓂᐦᒑᐤ **utimiyaakinihchaau** vai ◆ il/elle l'occupe

occuper (s')

ᐊᐦᑭᒫᔨᒫᐤ **aahkimaayimaau** vta ◆ il/elle s'occupe bien de lui/d'elle

ᐊᐦᑭᒦᐦᑭᐙᐤ **aahkimiihkiwaau** vta ◆ il/elle s'occupe bien de lui/d'elle

ᐋᔨᒦᐦᑭᐙᐤ **aayimiihkiwaau** vta ◆ il/elle n'arrête pas de s'occuper de lui/elle, de le/la déranger ■ ᒨᔥ ᐋᔨᒦᐦᑭᐙᐤ ᐅᔒᒥᔥ. ■ muush aayimiihkiwaau ushiimish. ■ *Elle est toujours en train de déranger son petit frère ou sa petite soeur.*

ᓈᑭᑎᐙᔨᒫᐤ **naakitiwaayimaau** vta ◆ il/elle l'observe de près, s'occupe de lui/d'elle

ᓈᓈᑭᒋᐦᐋᐤ **naanaakichihaau** vta redup ◆ il/elle s'occupe de lui/d'elle, le/la remarque, fait attention à lui/elle

ᐱᑳᓯᔅᒌᐦᑭᐙᐤ **pikaasischiihkiwaau** vta ◆ il/elle est capable de s'en occuper

ᐃᔮᐱᑖᔨᐦᑎᒻ **iyaapitaayihtim** vti ◆ il/elle fait attention à, s'occupe de, s'intéresse à lui/elle

ᐱᑳᓯᔅᒑᔨᒫᐤ **pikaasischaayimaau** vta ◆ il/elle pense qu'il/elle peut s'en occuper, qu'il/elle est capable

ᐱᑳᓯᔅᒑᔨᒨ **pikaasischaayimuu** vai -u ◆ il/elle croit qu'il peut s'en s'occuper

ᐄᔥᐱᔑᐦᐋᐤ **iishpishihaau** vta ◆ il/elle est capable de prendre soin de lui, d'elle, il/elle a le temps de s'occuper de lui/elle

occuper (s'en)

ᑭᓂᐙᔨᐦᑎᒻ **kiniwaayihtim** vti ◆ il/elle s'en occupe, se le garde

ᐹᔨᑰᐦᑭᐙᐤ **paayikuuhkiwaau** vta ◆ il/elle est seul-e à s'en occuper, à le lui faire

océan

ᒋᔖᐐᓂᐹᒄ **chishaawiinipaakw** ni -um ◆ un océan

ᐊᑳᒥᒋᐦᒋᑭᒦᐦᒡ **akaamichihchikimiihch** p,lieu ◆ de l'autre côté de l'océan ■ ᐊᑳᒥᒋᐦᒋᑭᒦᐦᒡ ᒌᐦ ᐅᐦᒌᐤ ᐊᓐ ᓈᐹᐤ. ■ akaamichihchikimiihch chiih uhchiiu an naapaau. ■ *Cet homme est venu de l'autre côté de l'océan.*

ocre

ᐐᒥᓐ **wiimin** na -im ◆ de l'ocre, une roche rouge ou verte écrasée et mélangée avec de la graisse pour faire de la peinture

octante

ᔮᓈᓈᒥᑎᓂᐤ **yaanaanaamitiniu** p,nombre ◆ quatre-vingt, octante

octobre

ᐐᔖᑯᐲᓯᒼ **wiishaakupiisim** na ◆ octobre, lit. 'le mois du rut

odeur

ᐄᔑᒫᐦᑎᒻ **iishimaahtim** vti ◆ il/elle trouve que ça a une certaine odeur, que ça sent le/la...

ᐄᔑᒫᒫᐤ **iishimaamaau** vta ◆ il/elle trouve qu'il/elle a une certaine odeur, que ça sent le/la...

ᒫᓂᑖᐅᒫᑯᓐ **maanitaaumaakun** vii ◆ ça a une odeur étrange

ᒥᔮᑯᓯᐤ **miyaakusiu** vai ◆ il/elle sent, a une odeur

ᒥᔪᒫᐦᑎᒻ **miyumaahtim** vti ◆ il/elle en trouve l'odeur appétissante, en aime l'odeur

ᓈᓂᑐᒫᐦᒋᒑᐤ **naanitumaahchichaau** vai redup ◆ il/elle cherche en reniflant, par l'odeur

ᓂᑐᒫᐦᑎᒻ **nitumaahtim** vti ◆ il/elle le cherche à l'odeur

ᐱᔂᐤ **piswaau** vta ◆ il/elle alerte l'animal par son odeur

ᔒᐦᒋᒫᑯᐦᑖᐤ **shiihchimaakuhtaau** vai ◆ son odeur remplit la pièce, l'endroit

ᔒᐦᒋᒫᑯᓐ **shiihchimaakun** vii ◆ son odeur envahit la pièce, l'endroit

ᐐᒨᔥᑖᐅᑭᓐ **wiimuushtaaukin** vii ◆ il y a une odeur de fumée

ᐎᔅᑖᓯᒫᑯᓐ **wistaasimaakun** vii ◆ l'odeur est désagréable

ᐎᔅᑖᓯᒫᑯᓯᐤ **wistaasimaakusiu** vai ◆ son odeur est désagréable

ᓈᓂᑐᒫᐦᑎᒻ **naanitumaahtim** vti redup ◆ il/elle le cherche à l'odeur, le renifle

ᐱᓲ **pisuu** vai -u ◆ il/elle attrape son odeur, son odeur de fumée

ᐅᑎᐦᑖᐱᓲ **utihtaapisuu** vai -u ◆ l'odeur de la fumée, la fumée l'atteint

ᐙᐱᔨᐹᑎᒻ **waapiyipaatim** vti ◆ il/elle répand de l'eau tout autour du piège pour éliminer l'odeur humaine

ᐐᒋᔥᑖᒫᐅᓵᐙᐤ **wiichishtaamaausaawaau** vai ◆ il/elle émane une odeur de tabac

ᐐᑐᔮᔅᑯᓂᒻ **wiituyaaskunim** vti ◆ il/elle met du musc sur un poteau pour attirer le lynx dans le piège par l'odorat

ᒥᔪᒫᒫᐤ **miyumaamaau** vta ◆ il/elle aime son odeur

ᔒᐅᒫᑯᓯᐤ **shiiumaakusiu** vai ◆ il/elle a une odeur aigre, sure

ᒥᔪᒫᓵᐙᐤ **miyumaasaawaau** vai ◆ l'odeur de sa cuisine, de sa pipe, de son tabac, de sa cigarette sent bon

oeil

ᐱᓯᓂᐎᓐ **pisiniwin** ni ◆ quelque chose dans l'oeil

ᐅᔥᒌᔑᒄ **ushchiishikw** nid ◆ son oeil

ᓂᐱᑖᔮᐱᐤ **nipitaayaapiu** vai ◆ il/elle n'a qu'un seul oeil, il/elle est borgne

ᐅᐐᔨᐹᐱᐎᓈᓐ uwiiyipaapiwinaan nid ◆ sa pupille
ᐚᐹᐳᐎᓈᓐ waapaapuwinaan ni ◆ le blanc de l'oeil
ᐎᔨᐹᐱᐎᓈᓐ wiyipaapiwinaan ni ◆ sa pupille
ᒋᐦᑳᐱᓈᐤ chihkaapinaau vta ◆ il/elle lui donne un coup dans l'oeil
ᒥᔨᐚᐱᔑᓐ miyiwaapishin vai ◆ il/elle a du pus dans les yeux après avoir dormi
ᐹᑳᐱᐤ paakaapiu vai ◆ son oeil est gonflé
ᐹᔥᑳᐱᔑᓐ paashkaapishin vai ◆ il/elle se fait éclater l'oeil en tombant
ᐱᓯᓐ pisin vai ◆ il/elle attrape quelque chose dans l'oeil
ᐴᐦᒑᐱᓈᐤ puuhchaapinaau vta ◆ il/elle lui met le doigt dans l'oeil
ᐴᐦᒑᐱᓃᓲ puuhchaapiniisuu vai reflex -u ◆ il/elle se met le doigt dans l'oeil
ᐴᐦᒑᐳᐦᐚᐤ puuhchaapuhwaau vta ◆ il/elle lui enfonce quelque chose dans l'oeil
ᑖᐅᒑᐳᐦᐚᐤ taauchaapuhwaau vta ◆ il/elle lui frappe l'oeil, l'atteint dans l'oeil
ᐅᑖᒥᒑᐳᐦᐚᐤ utaamichaapuhwaau vta ◆ il/elle le/la frappe dans l'oeil
ᐎᔨᐱᒑᐳᐦᐅᓲ wiyipichaapuhusuu vai reflex -u ◆ il/elle a les yeux maquillés
ᒌᐦᒌᐹᐱᐤ chiihchiipaapiu vai ◆ il/elle cligne de l'oeil, il/elle a un spasme ou un tic à l'oeil
ᒥᒥᐦᑳᐱᐤ mimihkaapiu vai redup ◆ il/elle a de grands yeux
ᔒᐅᐦᑳᐱᐦᑎᒼ shiiuhkaapihtim vti ◆ il/elle ferme un oeil pour bien viser
ᔒᐅᐦᑳᐱᐤ shiiuhkaapiu vai ◆ il/elle cligne de l'oeil, fait un clin d'oeil
ᓯᓂᒁᐲᐤ sinikwaapiiu vai ◆ il/elle se frotte les yeux
ᑭᔥᑳᐹᔮᔑᐤ kishkaapaayaashiu vai ◆ il/elle a les yeux brûlés par le vent
ᐅᐎᔨᐹᐱᐤ uwiyipaapiu vai ◆ il/elle a les yeux noirs, foncés

oeil au beurre noir

ᐅᑐᑳᐱᐤ utukaapiu vai ◆ il/elle a un oeil au beurre noir
ᐅᑐᑳᐳᐦᐚᐤ utukaapuhwaau vta ◆ il/elle lui fait un oeil au beurre noir

oesophage

ᐅᑯᐦᑎᔥᒁᔮᐲ ukuhtishkwaayaapii nid ◆ son oesophage, sa trachée
ᐑᐦᑯᐃ wiihkui ni -kwaam ◆ une vessie d'animal ou un oesophage d'oiseau gonflé, séché et utilisé comme récipient pour la graisse

oe

œsophage

ᒌᔥᒑᔨᔥᑳᑰ chiishchaayishkaakuu vai -u ◆ il/elle a un morceau de nourriture coincé dans son œsophage
ᒌᔥᒑᔨᔥᑯᔨᐤ chiishchaayishkuyiu vai ◆ il/elle le sent qui bloque son œsophage après avoir avalé de la nourriture

O

oeuf

ᐚᐤ waau ni -m ◆ un oeuf
ᒥᓈᐚᐤ minaawaau vai ◆ il/elle ramasse des oeufs
ᓂᑎᐚᐚᐦᐊᒼ nitiwaawaaham vti ◆ il/elle va chercher des oeufs en canot
ᓂᑎᐚᐚᐤ nitiwaawaau vai ◆ il/elle va ramasser des oeufs
ᐹᔅᑭᐦᐋᐅᓲ paaskihaausuu vai -u ◆ ses oeufs éclosent
ᐱᓈᐚᐤ pinaawaau vai ◆ il/elle pond ses oeufs
ᐅᓵᐚᐤ usaawaau vai ◆ il/elle fait bouillir des oeufs
ᐚᐦᑰ waahkuu vai -u ◆ le poisson a des oeufs

oeufs

ᒥᓈᐚᓐ minaawaan ni ◆ un endroit où on ramasse des oeufs
ᓈᓈᑎᐦᐋᐚᐤ naanaatihaawaau vai redup ◆ il/elle va ramasser des oeufs

oeufs de poisson

ᐹᓵᐦᒁᓐ paasaahkwaan ni -m ◆ des oeufs de poisson séchés
ᐚᐦᑯᒡ waahkuch na pl -um ◆ des oeufs de poisson, une rogue
ᐚᐦᑯᔑᑯᒥᓐ waahkushikumin ni ◆ des oeufs de poisson mélangés avec des baies
ᐚᐦᒁᐃᐦᑯᓈᐤ waahkwaaihkunaau ni -aam ◆ de la banique faite avec des oeufs de poisson
ᒹᐦᒁᒑᐤ mwaahkwaachaau vai ◆ il/elle mange des oeufs de poisson

oeufs de poisson séchés

ᐹᓵᐦᒁᓂᒡ paasaahkwaanich na pl ◆ des oeufs de poisson séchés

offenser

ᐅᐦᑳᒫᐤ uhkaamaau vta ◆ il/elle le blesse, l'offense parce qu'il/elle dit
ᐅᐦᑳᓯᐦᑎᒼ uhkaasihtim vti ◆ il/elle trouve son bruit agaçant, il/elle est blessé par ce qu'elle entend
ᐅᐦᑳᒥᑰ uhkaamikuu vai -u ◆ le bruit qu'il fait l'offense, l'agace

offrande

ᐱᒋᔅᑎᓂᒑᔥᑎᒧᐚᐤ pichistinichaashtimuwaau vta ◆ il/elle fait une offrande (à l'église) pour lui/elle
ᒧᒋᔥᑖᐦᐊᒫᒑᐎᓐ muchishtaahamaachaawin ni ◆ une offrande par le feu, un sacrifice, un holocauste
ᐱᒋᔅᑎᓂᒑᐎᓐ pichistinichaawin ni ◆ un don, une offrande

ᒍᒋᔥᑖᐦᐊᒫᐤ muchishtaahamaau vai ◆ il/elle fait une offrande de nourriture en la mettant dans le feu, il/elle fait une offrande par le feu

offrir

ᒥᓂᐦᐄᐧᐋᐤ minihiiwaau vai ◆ il/elle sert, offre à boire

ᒍᒋᔥᑖᐦᐊᒫᐤ muchishtaahamaau vai ◆ il/elle fait une offrande de nourriture en la mettant dans le feu, il/elle fait une offrande par le feu

ᑑᒥᑭᓂᒋᓂᒼ tuumikinichinim vti ◆ il/elle offre de la graisse à l'Esprit en en frottant sur le crâne d'un ours

oh

ᐧᐋᓵ waasaa p,interjection ◆ Oh! oh non! ■ ᐧᐋᓵ ᒑ ᐃᔅᐧᑳᓱᑦ ᐊᓐ ᐊᐧᐋᔑᔥ. ■ waasaa chaa iskwaasut an awaashish. ■ *Oh non! Cet enfant va se brûler!*

oh non!

ᐧᐋᓵ waasaa p,interjection ◆ Oh! oh non! ■ ᐧᐋᓵ ᒑ ᐃᔅᐧᑳᓱᑦ ᐊᓐ ᐊᐧᐋᔑᔥ. ■ waasaa chaa iskwaasut an awaashish. ■ *Oh non! Cet enfant va se brûler!*

oie

ᓂᔅᒋᐱᒦ nischipimii ni -m ◆ de la graisse d'oie

ᓂᔅᑳᐳᐃ niskaapui ni ◆ du bouillon d'oie

ᓂᔅᑭᒫᔥᑖᒄ niskimaashtaakw ni -um ◆ de la peau d'oie séchée

ᐱᔥᑯᔅᒃ pishkusk na -im ◆ une oie qui mue

ᒹᔅᒑᐤ mwaaschaau vai ◆ il/elle mange de l'oie

ᓈᓂᑑᔅᒑᐤ naanituuschaau vai redup ◆ il/elle cherche des oies

ᓂᔅᑭᒫᔥᑖᑯᐦᒑᐤ niskimaashtaakuhchaau vai ◆ il/elle prépare des peaux d'oies séchées

ᓂᑎᐧᐋᔅᒑᐱᔨᐅ nitiwaaschaapiyiu vai ◆ il/elle sort chasser l'oie en véhicule

ᓂᑎᐧᐋᔅᒑᐤ nitiwaaschaau vai ◆ il/elle va chasser l'oie

ᓂᑑᐹᔅᒋᓯᒑᐤ nituupaaschisichaau vai ◆ il/elle va à la chasse à l'oie

ᓂᑑᔅᒑᐤ nituuschaau vai ◆ il/elle va à la chasse à l'oie

ᐱᔮᓰᔅᑳᐤ piyaasiiskaau vii ◆ il y a des oies en abondance

ᐅᔑᐦᐊᒫᐤ ushihamaau vai ◆ il/elle fait s'envoler les oies pour qu'elles continuent à revenir se nourrir au même endroit

ᐊᓯᐧᑳᐦᐱᒋᑭᓈᔮᐲ asikwaahpichikinaayaapii ni ◆ une ficelle pour attacher les oies ensemble

ᓂᔅᒋᒦᒼ nischimiim ni ◆ les parties comestibles de l'oie, lit. 'de la nourriture d'oie'

ᓂᔅᒃ nisk na ◆ une bernache du Canada, une outarde, une oie sauvage *Branta canadensis*

ᓂᔅᑭᒫᔥᑖᑯᐧᐃᑦ niskimaashtaakuwit ni ◆ un ballot de peaux d'oie séchées

ᐹᔨᑯᒥᓂᐦᐱᐦᓱᐧᐃᒡ paayikuminihpihsuwich na pl ◆ une botte d'oies attachées les unes aux autres par le cou

ᐱᔮᓯᐅᒫᔥᑖᒄ piyaasiumaashtaakw na [Wemindji] ◆ de la peau d'oie séchée, fumée

ᐱᔮᓯᐅᐱᒦ piyaasiupimii ni ◆ de la graisse d'oie, du gras d'oie

ᐊᓯᐧᑳᐦᐱᑖᐤ asikwaahpitaau vta ◆ il/elle attache les oies ensemble par le cou

ᑯᑎᔅᒑᐤ kutischaau vai ◆ il/elle vérifie si l'oie est bien grasse en pinçant la peau sous l'estomac

ᒦᑯᓐ miikun na ◆ des plumes ou une aile d'oie utilisée comme balai

ᓂᔥᒋᔑᔥ nishchishish na ◆ un oison, le petit de l'oie, de la bernache *Branta canadensis*

ᒌᐧᐋᐦᔮᐤ chiiwaahyaau vai ◆ il/elle rentre à la maison en volant, les oies volent vers le sud

ᐱᔅᑯᑎᐧᐋᓵᐧᐋᓈᐳᐃ piskutiwaasaawaanaapui ni ◆ du bouillon obtenu en cuisant des têtes et des ailes d'oie plumée

oie des neiges

ᐧᐋᐦᐧᐋᐤ waahwaau na -aam ◆ une oie des neiges *Chen caerulescens*

ᐧᐋᐱᐧᐋᐦᐧᐋᐤ waapiwaahwaau na -m ◆ une oie des neiges *Chen caerulescens* lit. 'oie blanche'

oignon

ᐧᐄᑭᔥᒄ wiikishkw ni -im ◆ un oignon

oiseau

ᐱᔮᔒᔥ piyaashiish na -im ◆ un oiseau

ᒌᐱᑖᔅᑯᐦᐄᑭᓐ chiipitaaskuhiikin ni -m ◆ un oiseau mort fixé à un bâton pour servir de leurre

ᑯᐃᑯᓈᐤ kuikunaau na -m ◆ un oiseau qui ressemble à un pic-bois

ᓃᐱᓂᐱᔮᓯᐤ niipinipiyaasiu na -iim ◆ un grand oiseau d'été, un grand oiseau migrateur

ᐹᔥᐹᔥᑖᐤ paashpaashtaau na -aam ◆ un pic tridactyle, un pic à dos rayé *Picoides tridactylus*

ᐱᐳᓂᐱᔮᔒᔥ pipunipiyaashiish na -im ◆ un oiseau d'hiver

ᐅᒧᑏ umutii nid -tayim ◆ son jabot (se dit d'une perdrix ou d'un lagopède)

ᐅᔅᑯᑎᒑᑭᓐ uskutichaakin ni ◆ un bec d'oiseau

ᐅᔅᐱᓵᐤ uspisaau nid ◆ sa poitrine

ᐅᔅᐱᓵᐅᑭᓐ uspisaaukin nid ◆ son sternum (pour les oiseaux)

ᐅᑎᐧᑳᔥᑯᐹᓂᔥ utikwaashkupaanish nid ◆ son petit os (pour un oiseau), lit. 'sa petite pelle à neige'

ᐧᐃᐦᔮᑐᔅᑯᐦ wihyaatuskwh nad ◆ sa glande au bout de la queue (se dit des oiseaux)

ᓃᐱᓂᐱᔮᔒᔥ niipinipiyaashiish na -im ◆ un oiseau d'été, un oiseau migrateur

ᐲᐦᑑᑎᓵᓐ piihtuutisaan ni ◆ la paroi interne d'un gésier d'oiseau

ᐅᑎᐦᑯᑭᓂᒑᑭᓐ utihkukinichaakin ni ◆ l'os de son aile

ᒋᔅᑐᐦᐋᐤ chistuhaau vta ◆ il/elle l'appelle (par ex. un orignal, un oiseau)

ᒋᑐᐦᐋᐤ chituhaau vta ◆ il/elle appelle un animal, un oiseau

ᒥᓂᑯᓈᐱᒋᒑᐤ minikunaapichichaau vai ◆ il/elle déplume surtout les ailes d'un grand oiseau tué à la chasse

ᐅᓵᐅᔅᑯᐱᔮᔒᔥ usaauskupiyaashiish na -im ◆ un oiseau jaune-vert, un géospize olive, un pinson olive *Certhidea olivacea*

ᑭᔅᑭᑎᐦᑯᓈᐦᐙᐤ kiskitihkunaahwaau vta ◆ il/elle tire sur un oiseau qui tombe avec une aile cassée

oisillon

ᐱᔩᒑᓂᔒᔥ piyichaanishish na ◆ un oisillon

oison

ᓂᔥᒋᔒᔥ nishchishish na ◆ un oison, le petit de l'oie, de la bernache *Branta canadensis*

omble chevalier

ᓲᓵᓯᐤ suusaasiu na -iim ◆ un omble chevalier *Salvelinusalpinus*, un saumon (terme général)*Salmo salar Linnaeus*

omble de fontaine

ᒫᓯᒫᑯᔅ maasimaakus na -im ◆ une truite mouchetée, une truite saumonée, une omble de fontaine *Salvelinus fontinalis*

ombre

ᐅᑳᔥᑖᐦᐋᒫᓱᐎᓐ ukaashtaahaamaasuwin ni ◆ de l'ombre

ᐊᐅᑳᔮᐤ aukaayaau p,lieu ◆ à l'ombre ■ ᐊᓂᑖᐦ ᐋᐦ ᐊᐅᑳᔮᒡ ᐊᑯᑎᐦ ᑳ ᐹᒋ ᐃᔩᐙᔑᔮᓐ. ■ anitaah aah aukaayaach aakutih kaah paachi iyiwaashiyaan. ■ *Je me suis reposée à l'ombre.*

ᐱᒥᑎᑳᔥᑖᐱᔨᐤ pimitikaashtaapiyiu vai ◆ on voit son ombre quand il/elle passe

ᐱᒥᑎᑳᔥᑖᐱᔨᐤ pimitikaashtaapiyiu vii ◆ on voit son ombre quand ça passe

ᐅᑳᔥᑖᐦᐊᒼ ukaashtaaham vti ◆ il/elle lui fait de l'ombre, bloque la lumière

ᐅᑳᔥᑖᔑᓐ ukaashtaashin vai ◆ il/elle est à l'ombre

ᐅᑳᔥᑖᔥᑭᐙᐤ ukaashtaashkiwaau vta ◆ il/elle lui fait de l'ombre

ᐊᐅᑳᐦᑎᒄ aukaahtikw p,lieu ◆ du côté ombragé de l'arbre là où le soleil ne brille pas ■ ᐋᑯᑎᐦ ᑳ ᒋᑭᒧᑦ ᐲᔑᒨᔥ ᐊᓂᑎᐦ ᐊᐅᑳᐦᑎᒄ. ■ aakutih kaa chikimut piishimush anitih aukaahtikw. ■ *Les champignons ont poussé du côté ombragé de l'arbre.*

ᐊᐅᑭᑎᓈᔮᐅᐦᒡ aukitinaayaauhch p,lieu ◆ du côté ombragé de la montagne ■ ᓈᔥᒡ ᐋᐦ ᒌᐦ ᒥᓯᒋᔥᑎᒃ ᑰᓐ ᐊᓂᑖᐦ ᐊᐅᑭᑎᓈᔮᐅᐦᒡ. ■ naashch aah chiih misichistik kuun anitaah aukitinaayaauhch. ■ *Il y a avait toujours encore beaucoup de neige du côté ombragé de la montagne*

ᐊᐅᑳᔥᑖᔑᓐ aukaashtaashin vai ◆ il/elle est couché-e à l'ombre

ᑎᑳᔥᑖᐦᑎᓐ tikaashtaahtin vii ◆ ça fait de l'ombre, c'est un film, c'est une ombre

ᑎᑳᔥᑖᐦᑎᑖᐤ tikaashtaahtitaau vai ◆ il elle va au cinéma

ᑎᑳᔥᑖᐱᔨᐤ tikaashtaapiyiu vai ◆ il/elle passe et on voit son ombre

ᑎᑳᔥᑖᐱᔨᐤ tikaashtaapiyiu vii ◆ ça passe et on voit son ombre

ᑎᑳᔥᑖᔑᓐ tikaashtaashin vai ◆ il/elle fait de l'ombre, est dans un film, c'est son ombre

ᐅᑳᔥᑖᔑᒨ ukaashtaashimuu vai -u ◆ il/elle reste dans l'ombre

ᐊᐅᑭᑎᓈᐦᒡ aukitinaahch p,lieu ◆ du côté ombragé d'une montagne ou d'une colline ■ ᐊᑎᑎᐤ ᑎᐦᑳᔮᔑᐤ ᐊᐅᑭᑎᓈᐦᒡ. ■ atitiu tihkaayaashiu aukitinaahch. ■ *Il fait plus frais du côté ombragé de la montagne.*

omoplate

ᐅᑎᐦᑎᒥᓂᒑᑭᓐ utihtiminichaakin nid ◆ son omoplate

ᐋᐦᒋᑯᑎᔨᔩ aahchikutiyiyii ni -um ◆ une omoplate de phoque

ᐊᒥᔅᑯᑎᔨᑭᓐ amiskutiyikin na ◆ une omoplate de castor

ᐅᑎᔨᐦᑭᓂᑭᓐ utiyihkinikin nid ◆ son omoplate

ᐙᐳᔑᑎᔨᑭᓐ waapushutiyikin na ◆ une omoplate de lièvre

ᓂᓂᐳᑭᔅᒋᐦᑎᒥᓈᐦᐙᐤ ninipukischihtiminaahwaau vta redup ◆ il/elle lui casse, brise les deux omoplates

ᒥᑎᓂᓵᐙᐤ mitinisaawaau vai ◆ il/elle tient l'omoplate ou le sternum d'un animal tout près du feu pour voir si elle/il brûle pour pouvoir prédire l'avenir (par ex. où se trouve le gibier, si des visiteurs vont venir)

oncle

ᒋᓯᔅ chisis nad ◆ ton oncle (le frère de ta mère, le mari de la soeur de ton père), ton beau-père (le père de ton mari ou de ta femme)

ᒋᓯᓯᓂᐤ chisisiniu na ◆ notre oncle (le frère de notre mère, le mari de la soeur de notre père), notre beau-père (le père du mari ou de la femme)

ᑰᐦᑯᒥᔅ kuuhkumis nad ◆ ton oncle (le frère de ton père, le mari de la soeur de ta mère), ton beau-père (le mari de ta mère qui n'est pas ton père)

ᑰᐦᑯᒥᓯᓂᐤ kuuhkumisiniu na ◆ notre oncle (le frère de notre père, le mari de la soeur de notre mère), notre beau-père (le mari de notre mère)

ᓂᓯᔅ nisis nad ◆ mon beau-père (le père de mon époux ou épouse), mon oncle (relation de sexe opposé à celui de mon parent- le frère de ma mère, le mari de la soeur de mon père)

ᓂᓵᓵ nisisaa nad voc ◆ (mon) beau-père! (le père de l'époux ou de l'épouse), (mon) oncle! (relation de sexe opposé à celui de mon parent -le frère de ma mère, le mari de la soeur de mon père)

ᓅᐦᑯᒥᔅ **nuuhkumis** nad ◆ mon oncle (relation du même sexe que celui de mon parent- le frère de mon père, le mari de la soeur de ma mère), mon beau-père (le mari de ma mère)

ᓅᐦᑯᒥᓵ **nuuhkumisaa** nad voc ◆ (mon) beau-père! (mon) oncle! (le frère de mon père, le mari de la soeur de ma mère)

ᐅᐦᑯᒥᔅᐦ **uhkumis-h** nad ◆ son oncle (le frère de sa mère, le mari de la soeur de la mère), son beau-père (le mari de la mère)

ᐅᐦᑯᒥᓯᒫᐤ **uhkumisimaau** nad ◆ un oncle (le frère de la mère, le mari de la soeur de la mère), un beau-père (le mari de la mère)

ᐅᓯᔅᐦ **usis-h** nad ◆ son beau-père (le père de son époux ou épouse), son oncle (relation de sexe opposé à celui de son parent- le frère de sa mère, le mari de la soeur de son père)

ᐅᓯᓯᒫᐤ **usisimaau** nad ◆ un beau-père (le père de l'époux ou de l'épouse), un oncle (relation de sexe opposé à celui du parent- le frère de la mère, le mari de la soeur du père)

ᐅᐦᑯᒥᓯᒫᐅ **uhkumisimaauu** vai -aawi ◆ c'est un oncle (le frère de la mère, le mari de la soeur du père), c'est un beau-père (le mari de la mère)

ondulation

ᑳᐅᐹᒋᐦᑎᓐ **kaaupaachihtin** vii ◆ une brise légère fait des ondulations sur l'eau

ondulé

ᐙᐙᑭᓯᓈᓲ **waawaakisinaasuu** vai redup -u ◆ il/elle a des lignes ondulées écrites dessus

onduler

ᒦᒫᓂᑯᐦᑎᓐ **mimaanikuhtin** vii redup ◆ le vent fait onduler certaines parties de l'eau

onduleux

ᐅᐱᑎᐚᒥᔅᑳᐤ **upitiwaamiskaau** vii ◆ le fond onduleux de la rivière s'aperçoit

ongle

ᐅᔥᑭᔒᐦ **ushkishiih** nad ◆ son ongle, sa griffe

ᐅᐎᔨᐹᔮᑯᓂᐦᑖᐅᔥᑭᔒᐦ **uwiyipaayaakunihtaaushkishiih** na ◆ le petit ongle du côté extérieur de son sabot (ex. un caribou)

ᐄᒋᔅᑐᐎᑭᔖᐤ **iichistuwikishaau** vai ◆ il/elle a des sabots ou des ongles fourchus

ᑭᑳᓄᑭᔥᒁᐤ **kikaanukishkwaau** vai ◆ il/elle a de longues griffes, il/elle a les ongles longs

ᑭᑳᔑᑭᔥᒁᐤ **kikaashikishkwaau** vai ◆ il/elle a des griffes pointues ou des ongles pointus

ᓃᔓᑭᔥᒁᐤ **niishukishkwaau** vai ◆ son sabot, son ongle est divisé en deux

ᒥᔥᑭᔒ **mishkishii** na ◆ un ongle, une griffe, une trace de motoneige

onglon

ᐅᒋᔥᑎᐎᔨᓯᑖᓐ **uchishtiwiyisitaan** ni ◆ l'espace entre les deux onglons du sabot

onguent

ᑑᒥᑎᐦᒑᓃᓲ **tuumitihchaaniisuu** vai reflex -u ◆ il/elle se met de la crème, un onguent sur les mains

ᐚᐱᔅᒋᐎᑳᐤ **waapischiwikaau** vii ◆ c'est un onguent blanc, de la crème

ᐚᔖᔅᒋᐎᑳᐤ **waashaaschiwikaau** vii ◆ c'est clair (ex. onguent)

ᑑᒥᓯᑖᐤ **tuumisitaau** vai ◆ il/elle a les pieds bien graissés, recouverts de pommade ou d'onguent

onze

ᐹᔨᑯᔖᑉ **paayikushaap** p,nombre ◆ onze ■ ᐹᔨᑯᔖᑉ ᒌᐦ ᐹᔑᐚᐤ ᐚᐱᔥᑖᓐᐦ᙮ ■ paayikushaap chiih paashiwaau waapishtaanh. ■ *Elle a rapporté à la maison onze martres.*

ᐹᔨᑯᔖᐱᐳᓐᐦ **paayikushaapipunh** vii pl ◆ ils sont onze

ᐹᔨᑯᔖᐳᐎᒡ **paayikushaapuwich** vai pl -u ◆ ils/elles sont onze

ᐹᔨᑯᔖᑉᐚᐤ **paayikushaapwaau** p,quantité ◆ onze fois ■ ᐹᔨᑯᔖᑉᐚᐤ ᔖᔥ ᒌᐦ ᐑᒋᐦᐄᐚᐤ ᐊᐦ ᐋᔅᒑᓂᐎᔨᒡ᙮ ■ paayikushaapwaau shaash chiih wiichihiiwaau aah aaschaaniwiyich. ■ *Il est déjà allé onze fois trapper le castor.*

opérateur

ᑖᔅᒋᐳᒋᒑᓯᐤ **taaschipuchichaasiu** na -iim ◆ un opérateur de scierie, une opératrice de scierie

ᑖᔅᒋᐳᒋᒑᓰᐅ **taaschipuchichaasiiuu** vai -iiwi ◆ il est opérateur de scierie, elle est opératrice de scierie

opération

ᐱᒥᐱᔨᐦᑖᐤ **pimipiyihtaau** vai ◆ il/elle le conduit, vérifie ses opérations (ex. pour son entreprise)

ophtalmie

ᐐᔮᓵᐲᐤ **wiyaasaapiiu** vai ◆ il/elle commence à devenir aveugle à cause de la neige, à souffrir d'une ophtalmie des neiges, d'une cécité des neiges

opportun

ᑖᐹᔑᔥᒌᔑᓐ **taapaashishchiishin** vai ◆ il/elle arrive à un moment opportun, le/la rencontre sur son chemin

opposé

ᐃᔮᔥᑐᓈᐱᔨᐅᐦ **iyaashtunaapiyiuh** vii pl ◆ ils/elles (inanimés, par ex des canots) s'en vont dans des directions opposées

ᐃᔮᔥᑐᓈᐱᔨᐎᒡ **iyaashtunaapiyiwich** vai pl ◆ ils/elles s'en vont dans des directions opposées

ᓂᓂᑭᐦᐅᑐᐎᒡ **ninikihutuwich** vai pl redup recip -u ◆ les vagues se rencontrent en provenant de directions opposées

oppresseur
ᓂᓈᐦᑳᒋᐦᐄᐧᐋᓯᐤ *ninaahkaachihiiwaasiu* na -iim ◆ un oppresseur, une oppresseure

or
ᐅᔖᐅᔓᐧᐃᔮᓈᐱᔅᒄ *ushaaushuwiyaanaapiskw* na -um ◆ de l'or

orage
ᓂᒥᔅᒌᔅᑳᐤ *nimischiiskaau* vii ◆ il y a beaucoup d'orages
ᓂᒥᔅᒌᐅᔅᐧᑳᐤ *nimischiiuskwaau* vii ◆ il va y avoir un orage si on en croit les nuages
ᐧᐋᐧᐋᓯᒧᒡ *waawaasimuch* vti pl redup ◆ il/elle fait des éclairs, de la foudre pendant l'orage

orageux
ᐹᔑᐧᑳᑎᓐ *paashikwaatin* vii ◆ c'est venteux, orageux

ordinateur
ᓂᐧᑖᐱᐦᒋᑭᓐ *nitwaapihchikin* ni ◆ un ordinateur
ᓂᐧᑖᐱᐦᒋᑭᓂᔥ *nitwaapihchikinish* ni dim ◆ un ordinateur portable

ordonné
ᓈᐦᐋᐧᐄᐤ *naahaawiiu* vai ◆ il/elle emballe de façon compacte et ordonnée

ordonner
ᐧᐃᔨᐧᐄᑎᔑᐦᐊᒼ *wiyiwiitishiham* vti ◆ il/elle l'envoie dehors, lui ordonne de sortir
ᐧᐃᔨᐧᐄᑎᔑᐦᐧᐋᐤ *wiyiwiitishihwaau* vta ◆ il/elle l'envoie dehors, lui ordonne de sortir

ordre
ᒦᔮᓂᒄ *miiyaanikw* p,emphatique ◆ surtout (expression utilisée pour renforcer les commandes, les ordres) ■ ᒦᔮᓂᒄ, ᐊᑳᐧᐄ ᒦᓐ ᑯᒋᔥᑖᐦ ᒑ ᐲᐅᑎᒥᓐ, ᑖᐹ ᓂᐦᑖ ᐅᐦᒋ ᐲᐅᑖᑭᓂᐤ ᐊᓐ ᐹᐅᔥᑎᑯᐃ. ■ miiyaanikw, akaawii miin kuchishtaah chaa piiutimin, taapaa nihtaa uhchi piiutaakiniu an paaushtikui. ■ *Surtout ne t'avise pas de passer ces rapides à nouveau, les gens ne passaient pas ces rapides!*
ᒥᔪᔅᑖᓲ *miyustaasuu* vai -u ◆ il/elle prépare ça bien, avec soin et bien en ordre
ᓂᐦᐋᐅᔥᑖᐤ *nihaaushtaau* vai ◆ il/elle range les choses, met les choses en ordre
ᓂᐦᐋᐧᐋᐱᐦᒑᓈᐤ *nihaawaapihchaanaau* vta ◆ il/elle l'arrange (filiforme), le/la met en ordre
ᓂᐦᐋᐧᐋᐱᐦᒑᓂᒼ *nihaawaapihchaanim* vti ◆ il/elle l'arrange (filiforme), le met en ordre
ᐧᐄᔓᐧᐋᑎᒼ *wiishuwaatim* vti ◆ il/elle commande, donne des ordres
ᐄᑎᔓᒫᐤ *iitishumaau* vta ◆ il/elle lui donne des ordres, des instructions
ᐄᑎᔓᐧᐋᑖᐤ *iitishuwaataau* vta ◆ il/elle donne des ordres, des instructions au sujet de quelqu'un
ᐄᑎᔓᐧᐋᑎᒼ *iitishuwaatim* vti ◆ il/elle donne des ordres, des instructions au sujet de quelque chose
ᐅᐧᐋᔮᐹᓂᐦᐋᐤ *uwaayaapaanihaau* vta ◆ il/elle arrange l'ordre des chiens de traîneau, il/elle arrange la corde d'un traîneau pour que quelqu'un d'autre le tire

oreille
ᒥᐦᑎᐧᐃᑮ *mihtiwikii* nid ◆ une oreille
ᐅᐦᑎᐧᐃᑮ *uhtiwikii* nid ◆ son oreille
ᒥᐦᑎᐧᐃᑭᔮᐳᐃ *mihtiwikiyaapui* ni ◆ des gouttes pour les oreilles
ᑖᐱᔖᐦᐅᓐ *taapishaahun* na ◆ une boucle d'oreille
ᑭᒑᐱᐦᑖᐦᐆ *kichaapihtaahuu* vai -u ◆ il/elle se bouche les oreilles avec quelque chose
ᑭᒑᐱᐦᑖᐱᔨᐤ *kichaapihtaapiyiu* vai ◆ il/elle a les oreilles bouchées
ᑭᑳᓄᐦᑎᐧᐃᒑᐤ *kikaanuhtiwichaau* vai ◆ il/elle a de longues oreilles
ᔒᐦᑭᒋᐦᑎᐧᐃᑭᔮᐅᒋᐤ *shiihkichihtiwikiyaauchiu* vai ◆ il/elle a les oreilles froides
ᓯᒋᐦᑎᐧᐃᑭᔮᓈᐤ *sichihtiwikiyaanaau* vta ◆ il/elle lui tire les oreilles
ᑖᐦᒋᐦᑎᐧᐃᑭᔮᐅᒋᐤ *taahchihtiwikiyaauchiu* vai ◆ il/elle a froid aux oreilles
ᐅᐧᐄᓂᐦᑐᐧᐃᒑᐤ *uwiinihtuwichaau* vai ◆ il/elle a les oreilles sales
ᔮᑳᐅᐦᑎᐧᐃᒑᐤ *yaakaauhtiwichaau* vai ◆ il/elle a du sable dans les oreilles

oreiller
ᐃᔥᐧᑳᔑᒧᓐ *ishkwaashimun* ni ◆ un oreiller

oreilles
ᓯᒋᔅᑎᐧᐃᑭᔮᐳᔥ *sichistiwikiyaapush* na -um ◆ un lièvre pris au collet par les oreilles

oreillons
ᐹᒋᑯᐦᑎᔥᐧᑳᐱᔨᐤ *paachikuhtishkwaapiyiu* vai ◆ il/elle a les oreillons

organe
ᐅᐦᐹᐱᐦᐄᑯᓯᐤ *uhpaapihiikusiu* na ◆ le pancréas, un organe en forme d'éponge situé près de l'estomac (chez l'humain, le caribou, l'orignal et l'ours)
ᐧᐄᒄ *wiikw* ni -m ◆ le gras sur les organes du gros gibier

organiser
ᒫᑎᐧᐋᐦᐋᐤ *maatiwaahaau* vta ◆ il/elle les fait jouer; il/elle organise des sports pour eux/elles
ᒦᔥᑯᒋᔥᑖᓲ *miishkuchishtaasuu* vai -u ◆ il/elle réorganise les choses
ᐧᐃᔨᐱᔨᐦᑖᐤ *wiyipiyihtaau* vai ◆ il/elle le dirige, l'organise, le coordonne

orgue
ᐊᔨᒥᐦᐋᐅᒋᔥᑐᐦᒋᑭᓐ *ayimihaauchishtuhchikin* ni ◆ une orgue (d'église)

orientation
ᐄᑎᑎᓈᐤ *iititinaau* vii ◆ la montagne est orientée dans une certaine direction

origine
ᐅᐦᒌᐤ *uhchiiu* vai ◆ il/elle vient de là, a son origine là, prend sa source là

orignal

ᒨᔅ **muus** na -um ◆ un orignal

ᒋᓵᒨᔅ **chisaamuus** na -um ◆ un orignal adulte

ᒨᓱᑎᒋᔩ **muusutichishii** ni -im ◆ l'intestin d'un orignal

ᒨᓱᔮᓐ **muusuyaan** na ◆ de la peau d'orignal

ᒨᓱᔮᔅ **muusuyaas** ni -im ◆ de la viande d'orignal

ᒨᐧᓵᐳᐃ **muuswaapui** ni ◆ du bouillon d'orignal

ᓈᐹᒨᔅ **naapaamuus** na -um ◆ un orignal mâle

ᓅᓵᒨᔅ **nuusaamuus** na -um ◆ une orignal femelle

ᐅᔥᒋᒨᔜᔑᔥ **ushchimuushuushish** na -im ◆ un orignal âgé d'un an

ᒋᔅᑐᐦᐄᒧᐧᓵᐤ **chistuhiimuswaau** vai ◆ il/elle appelle l'orignal

ᓈᓂᑑᒨᐧᓵᐤ **naanituumuuswaau** vai redup ◆ il/elle va chasser l'orignal

ᓄᐧᐃᒨᐧᓵᐤ **nuwimuuswaau** vai ◆ il/elle poursuit un orignal

ᐲᔖᑭᓂᐱᐦᑯᐃ **piishaakinipihkui** ni -m ◆ un recouvrement pour l'habitation fait de peau de caribou ou d'orignal

ᐱᐳᓈᔥᑭᒋᐦᑯᔥ **pipunaashkichihkush** na ◆ un orignal ou un caribou âgé d'un an

ᐱᐳᓂᑎᐦᑯᔥ **pipunitihkush** na ◆ un orignal ou un caribou âgé d'un an

ᐅᒫᓂᔒᔥ **umaanishiish** na -im ◆ un fétus d'orignal, de caribou

ᐅᒥᐦᔪᐧᐃᑏᐦ **umihyuwitiih** nad ◆ le velours de ses bois (animé, caribou, orignal) au milieu de l'été

ᐅᒥᓂᑑᒼᐦ **uminituumh** nad ◆ ses parasites dans la région du nez (pour un orignal, un caribou)

ᐅᒥᔥᐧᑳᐧᐋᓐ **umishkwaawaan** nid [Wemindji] ◆ la partie musclée de sa patte inférieure (se dit d'un caribou ou d'un orignal)

ᐧᐄᑯᐦᑯᐧᐋᐅᐦᒄᐦ **wiikuhkuwaauhkwh** nad ◆ sa croupe (caribou, orignal)

ᐧᐄᔨᔥᑦᐦ **wiiyisht-h** nid pl ◆ ses pattes (pour un orignal, caribou)

ᐧᐄᔩᒨᐧᓵᐤ **wiiyimuuswaau** vai ◆ il/elle écorche et découpe un orignal

ᐧᐃᔥᑎᒫᐤ **wishtimaau** vai ◆ il/elle voit des traces, des signes de caribou, d'orignal mais ne les tue pas, rentre chez lui pour informer les autres

ᒨᓱᔮᓈᔮᐲ **muusuyaanaayaapii** ni ◆ de la ficelle, de la cordelette en peau d'orignal

ᐅᐱᓯᔅᒋᐧᐃᓃ **upisischiwinii** nid ◆ ses intestins (pour un orignal, un caribou, un ours)

ᐅᔅᑳᔅᒋᑭᓈᐅᒄ **uskaaschikinaaukw** nid ◆ sa poitrine et son ventre (pour un caribou ou un orignal)

ᐧᐄᐧᑳᐳᑖᑭᓐ **wiikwaaputaakin** na ◆ sa peau qui pend sous la gorge (se dit d'un orignal ou d'un caribou)

ᒌᐦᑐᓈᑭᓂᐆ **chiihtunaakiniuu** vta,passif -iwi ◆ il/elle (une peau d'orignal, de caribou) a été tanné-e mais qui a besoin d'être retanné-e

ᐱᔅᒋᑯᐦᑎᔥᐧᑳᐱᑖᐤ **pischikuhtishkwaapitaau** vta ◆ il/elle lui coupe la gorge tout de suite après l'avoir tué (orignal, caribou) pour empêcher le contenu de l'estomac de monter vers la tête

ᐅᐱᔅᑯᑏ **upiskutii** ni ◆ un estomac de caribou, d'orignal, de castor, d'ours

orphelin

ᒌᐧᐃᔑᔖᓂᔑᔥ **chiiwishishaanishish** na -m ◆ un orphelin

ᒌᐧᐃᔑᔖᓂᐆ **chiiwishishaaniuu** vai -iwi ◆ il est orphelin, elle est orpheline

orteil

ᐅᔑᐦᑯᓐ **ushihkun** nid ◆ son orteil

ᒋᐦᒋᑭᔖᔑᓐ **chihchikishaashin** vai ◆ il/elle a mal à l'orteil à force de frotter contre la barre de traverse de la raquette

ᐧᐄᓂᔑᐦᑯᓈᐤ **wiinishihkunaau** vai ◆ il/elle pue des pieds, des orteils

os

ᐅᔅᑭᓐ **uskin** ni -im ◆ son os

ᐋᓂᔅᑭᐧᐃᑭᓈᓐ **aaniskiwikinaan** ni ◆ une articulation (entre deux os)

ᐊᑯᒋᑭᓈᐦᑎᒄ **akuchikinaahtikw** ni ◆ un poteau sur lequel on attache des os

ᐊᒥᔅᑯᑭᓐ **amiskukin** ni ◆ un os de castor

ᐊᑎᐦᑯᑭᓐ **atihkukin** ni ◆ un os de caribou

ᒋᔖᔮᑯᑭᓐ **chishaayaakukin** ni -im ◆ un os d'ours

ᐅᑯᔪᐧᐃᒑᑭᓐᐦ **ukuyuwichaakinh** nid pl ◆ ses vertèbres cervicales

ᐅᒫᓂᐦᑑᒑᑭᓐ **umaanihtuuchaakin** ni ◆ l'os du bassin (du pelvis) du castor

ᐅᐱᐦᒋᑮ **upihchikii** ni [Wemindji] ◆ son bassin

ᐅᐲᒥᓂᒄ **upiiminikw** nid ◆ son tibia

ᐅᐧᐹᒧᒑᑭᓐ **upwaamuchaakin** nid ◆ son fémur, l'os de sa cuisse

ᐅᔥᑲᒐᐧᑲᓂᔥ **ushkaachaakwaanish** ni ◆ l'os de la patte avant rattaché à la peau d'un porc-épic dont on a découpé la viande

ᐅᓯᑭᓈᐳᐃ **usikinaapui** ni ◆ du bouillon d'os bouillis

ᐅᓯᑎᒑᑭᓐᐦ **usitichaakinh** nid pl ◆ les os de son pied

ᐅᔅᑳᔅᒋᑭᓂᒑᑭᓐ **uskaaschikinichaakin** nid ◆ son sternum (os de devant de la cage thoracique)

ᐅᑖᐦᐱᔥᑭᓂᑭᓐ **utaahpishkinikin** nid ◆ l'os de sa mâchoire inférieure

ᐅᑎᐧᑳᔥᑯᐹᓂᔥ **utikwaashkupaanish** nid ◆ son petit os (pour un oiseau), lit. 'sa petite pelle à neige'

ᐅᑎᔨᐦᑭᓂᑭᓐ **utiyihkinikin** nid ◆ son omoplate

ᐊᐦᒑᐤ **ahchaau** vai ◆ il/elle casse des os pour faire du bouillon

ᐊᑯᒋᑭᓈᐤ akuchikinaau vai ◆ il/elle suspend ses os (par exemple, les os d'un ours)

ᐃᔮᐦᑯᓯᑭᓈᐤ iyaahkusikinaau vai ◆ il/elle a mal aux os

ᐹᐦᑳᔂᐤ paahkaaswaau vai ◆ il/elle prédit le futur en examinant une omoplate brûlée, un bréchet

ᐱᓂᑭᓈᓂᒼ pinikinaanim vti ◆ il/elle laisse traîner les os aux alentours

ᐱᔥᑯᐦᒋᑭᓂᐦᒑᐤ pishkuhchikinihchaau vai ◆ il/elle fait un grattoir à os

ᔖᔖᑯᐦᑎᒼ shaashaakuhtim vti redup ◆ il/elle mordille des os

ᑖᐦᒋᑭᓈᐦᑎᓐ taahchikinaahtin vii ◆ il y a de la viande sur cet os

ᐅᔅᑭᓂᐤ uskiniu vai ◆ il/elle contient beaucoup d'os, d'arrêtes

ᐙᓯᑭᓈᓲ waasikinaasuu vai -u ◆ on peut voir ses os briller au soleil

ᒌᐲᑭᓐᐦ chiipiikinh ni pl ◆ les os des pattes d'un ours, des os humain humain

ᐱᔑᐅᑖᐦᐱᔥᑭᓐ pishiutaahpishkin ni ◆ l'os de la mâchoire d'un lynx

ᐅᔅᑳᒋᑭᓐ uskaachikin nid -im ◆ son tibia, l'os de la partie inférieure de la jambe

ᐅᔅᐱᑐᓈᒀᓐ uspitunaakwaan ni ◆ un porc-épic découpé avec l'os de la patte antérieure attaché à la peau

ᐅᑎᐦᑯᑭᓂᒑᑭᓐ utihkukinichaakin ni ◆ l'os de son aile

ᒌᔖᐙᑎᒼ chiishaawaatim vti ◆ il/elle détache la viande de l'os en la coupant

ᒌᑎᐏᔅᒑᐺᐤ chiitiwischaapwaau vta ◆ il/elle le/la mange (par exemple un oiseau) sans séparer les os

ᐃᔮᐦᑯᓯᑭᓈᒥᐦᒋᐦᐆ iyaahkusikinaamihchihuu vai -u ◆ il/elle sent ses os qui lui font mal

ᓂᔥᑐᑭᓈᐤ nishtukinaau vai ◆ ses os ont bon goût

ᐅᓯᑭᓈᐤ usikinaau vai ◆ il/elle fait bouillir des os pour le bouillon

ᒌᑎᐏᐦᐄᑭᓂᑳᑦ chiitiwihiikinikaat ni ◆ l'os de la patte arrière d'un certain caribou mâle, qu'on fend en deux, dont on enlève la moelle pour la donner à manger seulement à des hommes âgés, et qui est ensuite rattaché ensemble et conservé

ᐅᔅᐴᐦᑭᓐ uspuuhkin ni ◆ un tibia de phoque, de castor

ᒌᐦᒌᑯᐦᑎᒼ chiihchiikuhtim vti redup ◆ il/elle ronge un os et le nettoie de sa viande

os de la hanche

ᐅᑐᑭᓈᒀᓐ utukinaakwaan nid ◆ un porc-épic découpé avec l'os de la hanche attaché à la peau

oscille

ᐙᐙᐲᐤ waawaapiiu vai redup ◆ il/elle se balance, oscille

osciller

ᐙᐙᐱᐱᔨᐤ waawaapipiyiu vai redup ◆ il/elle oscille

ᐙᐙᐱᐱᔨᐤ waawaapipiyiu vii redup ◆ ça oscille

ᓂᐙᐱᔨᐤ niwaapiyiu vii ◆ ça oscille, fléchit

ᓂᐙᐱᔨᐤ niwaapiyiu vai ◆ il/elle se penche en avant, oscille vers l'avant

ᐙᐙᐹᔑᐤ waawaapaashiu vai redup ◆ il/elle se balance, oscille dans le vent

ᐙᐙᐹᔥᑎᓐ waawaapaashtin vii redup ◆ ça se balance, ça oscille dans le vent

ossature

ᐊᓈᔅᑭᓐ anaaskin na ◆ l'ossature du canot

ᐙᒋᓈᐤ waachinaau na -m ◆ l'ossature du canot

osseux

ᐱᔅᒑᐙᐤ pischaawaau vai ◆ il/elle est maigre, il est osseux, elle est osseuse

otarie

ᓅᐦᒋᒦᐅᐋᐦᒋᒄ nuuhchimiiuaahchikw na -um ◆ une otarie d'eau douce, de l'intérieur des terres

ôter

ᐱᐦᑯᒋᐱᑖᐤ pihkuchipitaau vta ◆ il/elle l'enlève (quelque chose qui était collé)

ᐱᐦᑯᒋᐱᑎᒼ pihkuchipitim vti ◆ il/elle l'enlève (quelque chose qui était collé)

Ottawa

ᐅᑎᐙ utiwaa ni ◆ Ottawa

où

ᑖᓂᑖᐦ taanitaah p,question, lieu,manière ◆ où, comment ■ ᑖᓂᑖᐦ ᒫᒃ ᒑ ᐄᑎᔓᒃ ᓂᒫᓯᒫᔥᑖᒄ ᐋᐦ ᐅᔑᐦᐄᒃ᙮ ■ taanitaah maak chaa iitishuk nimaasimaashtaakw aah ushihiik. ■ *Comment est-ce que je coupe le poisson si je veux le fumer?*

ᓂᑎᐑ nitiwii p,manière ◆ n'importe où, n'importe comment, pas aussi bien ■ ᒥᒄ ᓂᑎᐑ ᒌᐦ ᐄᔑᓈᑯᐦᐋᐤ ᐊᓂᔮᐦ ᐅᑎᓵᒼᐦ ᓈᔥᒡ ᐋᐦ ᒌᐦ ᐑᐦ ᒋᔨᐲᑦ᙮ ■ mikw nitiwii chiih iishinaakuhaau aniyaah utisaamh naashch aah chiih wiih chiyipiit. ■ *Elle/Il n'a pas fabriqué ses raquettes aussi bien qu'il aurait dû parce qu'elle/il était pressé-e.*

ᑖᓐ taan p,question ◆ quoi, lequel, laquelle, lesquels, lesquelles, comment, où ■ ᑖᓐ ᐊᓐ ᐃᔥᒁᔑᔥ ᒑ ᐑᒋᐦᐄᐙᑦ ᐋᐦ ᓈᑖᔑᐦᑖᓂᐏᔨᒡ᙮ ■ taan an ishkwaashish chaa wiichihiiwaat aah naataashihtaaniwiyich. ■ *Où est la fille qui va aider à chercher les branchages d'épinette?*

ou

ᓈᔥᑦ naasht p,conjonction ◆ et, ou, si..ou non ■ ᓂᒥ ᓅᐦᒋ ᒋᔅᒑᔨᒫᐤ ᒑ ᒥᔼᔨᐦᑎᒥᒀ ᓈᔥᑦ ᒫᒃ ᒑ ᒥᒑᔨᐦᑎᒥᒀ ᐊᓂᔮ ᒑᒁᔨᐤ ᑳ ᒥᔮᑭᓂᐏᑦ᙮ ■ nimi nuuhchi chischaayimaau chaa miywaayihtimikwaa naasht maak chaa michaayihtimikwaa aniyaa chaakwaayiu kaa miyaakiniwit. ■ *Je ne savais pas si elle aimerait le cadeau qu'elle avait reçu.*

ouananiche

ᐅᐏᓈᓐ uwinaan na ◆ une ouananiche, un saumon emprisonné dans les eaux intérieures *salmo salar*

oublier

ᐎᓂᒋᐢᒋᓰᑎᑎᒼ winichischisiititim vti ◆ il/elle l'oublie

ᐎᓂᒋᐢᒋᓰᑎᑎᐚᐤ winichischisiititiwaau vta ◆ il/elle l'oublie

ᐎᓂᒋᐢᒋᓯᐤ winichischisiu vai ◆ il/elle oublie

ᐱᔖᑯᐦᑎᒼ pishaakuhtim vti ◆ il/elle oublie de le manger sans faire exprès

ᐱᔖᑯᒫᐤ pishaakumaau vta ◆ il/elle oublie de le/la manger sans faire exprès

ᐱᔖᑯᓈᐤ pishaakunaau vta ◆ il/elle l'oublie et le/la laisse par erreur

ᐱᔖᑯᓂᒼ pishaakunim vti ◆ il/elle l'oublie et le laisse par hasard, par erreur

ouest

ᐊᒋᔥᑐ achishtuu p,lieu ◆ à l'ouest ■ ᐊᒋᔥᑐ ᒌᐦ ᐅᑐᐦᑖᐤ ᐊᓐ ᒋᔖᔮᒄ᙮ ■ achishtuu chiih utuhtaau an chishaayaakw. ■ *Cet ours venait de l'ouest.*

Ouest

ᒌᐚᑎᓂᓯᐤ chiiwaatinisiu na ◆ l'esprit du vent de l'Ouest

oui

ᐄᐦᐄ iihii p,affirmative ◆ oui, je comprends ■ ᐄᐦᐄ, ᔖᔥ ᓂᑭ ᒫᒌᓈᓐ᙮ ■ iihii, shaash niki maachiinaan. ■ *Oui, on part maintenant.*

ᓃᐦᐄ niihii p,affirmative ◆ oui ■ ᓃᐦᐄ, ᔖᔥ ᓂᒌᐦ ᐹᐦᑖᓐ ᐊᓐ ᑎᐹᒋᒧᐎᓐ᙮ ■ niihii, shaash nichiih paahtaan an tipaachimuwin. ■ *Oui, j'ai déjà entendu cette histoire.*

ᐋᑰᐦᐅᑦ aakuuhut p,affirmative ◆ oui d'accord, vas-y! (expression de l'accord pour agir) ■ ᐋᑰᐦᐅᑦ, ᐃᐦᑐᑎᐦᑖᐤ ᐊᓐ ᑳ ᐑᐦ ᐃᐦᑐᑎᒥᐦᒄ᙮ ■ aakuuhut, ihtutihtaau an kaa wiih ihtutimihkw. ■ *Oui d'accord, allons faire ce que nous voulions faire.*

ᑭᔩᐧᐹ kiyipwaa p,affirmative ◆ oui, bien sûr, évidemment ■ ᑭᔩᐧᐹ ᒑ ᐑᒋᐦᐄᐚᔮᓐ ᐋᐦ ᐱᒥᓂᐚᓂᐎᒡ᙮ ■ kiyipwaa chaa wiichihiiwaayaan aah piminiwaaniwich. ■ *Bien sûr, je vais aider à faire la cuisine.*

ourler

ᑎᑎᐱᔥᑎᐦᐊᒼ titipishtiham vti redup ◆ il/elle l'ourle, en fait l'ourlet

ᑎᑎᐱᔥᑎᐦᐚᐤ titipishtihwaau vta redup ◆ il/elle l'ourle, en fait l'ourlet

ourlet

ᓂᐧᐹᒋᔥᑎᐦᐊᒼ nipwaachishtiham vti ◆ il/elle fait l'ourlet, coud un pli dedans

ᑎᑎᐱᔥᑎᐦᐊᒼ titipishtiham vti redup ◆ il/elle l'ourle, en fait l'ourlet

ᑎᑎᐱᔥᑎᐦᐚᐤ titipishtihwaau vta redup ◆ il/elle l'ourle, en fait l'ourlet

ours

ᒋᔖᔮᒄ chishaayaakw na -um ◆ un ours *Ursus americanus*

ᒋᔖᔮᑯᑭᓐ chishaayaakukin ni -im ◆ un os d'ours

ᒋᔖᔮᑯᑭᔒ chishaayaakukishii na -iim ◆ une griffe d'ours

ᒋᔖᔮᑯᒁᐦᑯᓈᐤ chishaayaakukwaahkunaau ni -m ◆ le menton de l'ours

ᒋᔖᔮᑯᒫᐢᑭᓂᐤ chishaayaakumaaskiniu ni ◆ un sentier d'ours

ᒋᔖᔮᑯᒦᒋᒼ chishaayaakumiichim ni ◆ de la viande d'ours

ᒋᔖᔮᑯᐲᔑᔖᐚᓐ chishaayaakupiishishaawaan ni ◆ un ragoût d'ours

ᒋᔖᔮᑯᐢᒋᓯᓐᐦ chishaayaakuschisinh na ◆ des mocassins en peau d'ours

ᒋᔖᔮᑯᔑᔥ chishaayaakushish na -kumish ◆ un ourson *Ursus americanus*

ᒋᔖᔮᑯᔥᑎᒁᓐ chishaayaakushtikwaan ni -m ◆ une tête d'ours

ᒋᔖᔮᑯᔥᑎᒁᓂᑭᓐ chishaayaakushtikwaanikin ni ◆ un crâne d'ours

ᒋᔖᔮᑯᔔᑭᓐ chishaayaakushuukin ni -im ◆ le dos de l'ours

ᒋᔖᔮᑯᓯᑦ chishaayaakusit ni pl -im ◆ un pied d'ours

ᒋᔖᔮᑯᐢᑯᓐ chishaayaakuskun ni -m ◆ du foie d'ours

ᒋᔖᔮᑯᑎᒋᔒ chishaayaakutichishii ni -m ◆ des intestins d'ours

ᒋᔖᔮᑯᑎᐦᒌ chishaayaakutihchii ni -m ◆ une patte d'ours

ᒋᔖᔮᑯᑏ chishaayaakutii ni -aam ◆ un estomac d'ours

ᒋᔖᔮᑯᐑᓯᐳᐃ chishaayaakuwiisipui ni -uum ◆ la vésicule biliaire d'un ours

ᒋᔖᔮᑯᐑᔪ chishaayaakuwiiyu ni -um ◆ de la graisse d'ours (pas cuite)

ᒋᔖᔮᑯᔮᓐ chishaayaakuyaan na ◆ une peau d'ours

ᒋᔖᔮᒁᐱᑦ chishaayaakwaapit ni -m ◆ une dent d'ours

ᒋᔖᔮᒁᐳᐃ chishaayaakwaapui ni ◆ du bouillon d'ours

ᓈᐹᒦᒋᒼ naapaamiichim na -um ◆ un ours mâle

ᓅᔖᒦᒋᒼ nuushaamiichim na -um ◆ une ourse (femelle)

ᐚᐱᐢᒄ waapiskw na -um ◆ un ours blanc *Ursus maritimus*

ᐚᑎᐢᒄ waatiskw ni -um ◆ une tanière d'ours

ᐎᒋᐢᑭᐢᒄ wichiskiskw na ◆ le gros intestin de l'ours

ᐋᑭᐎᐱᓈᐢᒌᐤ aakiwipinaaschiiu vai ◆ il/elle (un ours) n'hiberne pas dans sa tanière mais s'assied et laisse les feuilles et la neige le recouvrir

ᒋᔖᔮᑯᓈᑯᓐ chishaayaakunaakun vii ◆ le terrain a l'air d'être propice aux ours

ᒨᒋᔖᔮᒁᐤ muuchishaayaakwaau vai ◆ il/elle mange de l'ours

ᓂᑐᐎᒋᔖᔮᒁᐤ nituwichishaayaakwaau vta ◆ il/elle chasse l'ours

ᓄᐎᒋᔖᔮᒁᐤ nuwichishaayaakwaau vta ◆ il/elle suit un ours

ᐱᐦᑯᓂᒋᔖᔮᒁᐤ pihkunichishaayaakwaau vai ◆ il/elle dépiaute un ours

ᐱᔅᒋᐦᑎᐱᔑᐤ pischihtipishiu vai ◆ il/elle (jeune ours) hiberne seul pour la première fois
ᒌᐱᑭᓐᐦ chiipiikinh ni pl ◆ les os des pattes d'un ours, des os humain humain
ᒋᔖᔮᑯᐱᒦ chishaayaakupimii ni -m ◆ de la graisse d'ours (cuite), du gras d'ours
ᒋᔖᔮᑯᔮᓂᑯᐦᑉ chishaayaakuyaanikuhp ni ◆ un manteau en fourrure d'ours
ᒥᐦᑭᐦᑖᐅᔅᒄ mihkihtaauskw na -um ◆ un ours noir, un ours brun *Ursus americanus*
ᒥᐦᑖᒥᓐ mihtaamin na ◆ un grand ours noir *Ursus americanus*
ᐅᓵᐅᔅᒄ usaauskw na -um [Wemindji] ◆ un ours brun, un ours noir *Ursus americanus*
ᒋᔖᔮᑯᐱᒦᐦᒑᐤ chishaayaakupimiihchaau vai ◆ il/elle fait fondre le gras d'ours
ᒥᔅᑳᑯᓈᔥᑭᐙᐤ miskwaakunaashkiwaau vta ◆ il/elle trouve des traces d'un ours près de sa caverne, le/la trouve sous la neige avec son pied
ᓈᓂᑑᒋᔖᔮᒀᐤ naanituuchishaayaakwaau vai ◆ il/elle chasse l'ours, cherche un ours
ᐐᔨᒋᔖᔮᒀᐤ wiiyichishaayaakwaau vai ◆ il/elle écorche et découpe un ours
ᒋᔖᔮᒁᔮᐲ chishaayaakwaayaapii ni ◆ de la ficelle, du lacet de peau d'ours
ᐅᐱᓯᔅᒋᐏᓃ upisischiwinii nid ◆ ses intestins (pour un orignal, un caribou, un ours)
ᐅᑎᒧᔮᐤ utimuyaau vta ◆ il/elle fume sa pipe près de là où il/elle a tué l'ours, il/elle donne sa pipe à la personne qui va lui donner l'ours ce qu'elle a tué, il/elle partage sa pipe avec quelqu'un
ᐅᐱᔅᑯᑏ upiskutii ni ◆ un estomac de caribou, d'orignal, de castor, d'ours

ourson

ᒋᔖᔮᑯᔑᔥ chishaayaakushish na -kumish ◆ un ourson *Ursus americanus*
ᐐᑎᐱᒫᑭᓂᔥ wiitipimaakinish na -um ◆ un ourson dans sa tanière avec sa mère durant l'hibernation

outarde

ᒋᔅᑐᐦᐄᔅᒑᐤ chistuhiischaau vai ◆ il/elle appelle l'outarde, les oies, les bernaches du Canada
ᓂᔅᒃ nisk na ◆ une bernache du Canada, une outarde, une oie sauvage *Branta canadensis*
ᓂᔥᒋᔑᔥ nishchishish na ◆ un oison, le petit de l'oie, de la bernache *Branta canadensis*

outil

ᑯᑖᐅᐦᐊᒻ kutaauham vti ◆ il/elle fait rentrer dedans avec un outil
ᐙᔖᐹᐤ waashaapaau vai ◆ il/elle fait de la babiche, de la cordelette de peau avec un outil

outil de chasse

ᐱᓯᐦᐄᒑᐤ pisihiichaau vai ◆ il/elle coupe du bois pour fabriquer des outils de chasse

ouvert

ᐄᔑᑭᓂᐦᑖᑯᑖᐤ iishikinihtaakutaau vii ◆ ça pend à moitié ouvert
ᐹᔅᒋᐦᑖᑯᑖᐤ paaschihtaakutaau vai ◆ il/elle garde le rabat de la porte ouverte
ᐹᔅᒋᐦᑖᑯᑖᐤ paaschihtaakutaau vii ◆ c'est ouvert (le rabat de la porte)
ᔖᐳᐦᑎᐙᔮᐤ shaapuhtiwaayaau vii ◆ c'est ouvert aux deux bouts
ᔖᔪᐏᐦᐋᐤ shaayuwihaau vta ◆ il/elle le/la laisse ouvert-e
ᔖᔪᐏᐱᔨᐤ shaayuwipiyiu vai ◆ il/elle s'ouvre, est ouvert-e
ᔖᔪᐏᔥᑖᐤ shaayuwishtaau vai ◆ il/elle le laisse ouvert-e
ᔖᔪᐏᔥᑖᐤ shaayuwishtaau vii ◆ c'est laissé ouvert
ᑖᐅᑐᓈᓈᐤ taautunaanaau vta ◆ il/elle garde la bouche ouverte
ᓈᓂᑎᐙᐱᐦᒁᒨ naanitiwaapihkwaamuu vai -u ◆ il/elle dort les yeux ouverts
ᔖᔪᐏᑯᑖᐤ shaayuwikutaau vai+o ◆ il/elle le laisse suspendu-e ouvert-e
ᔖᔪᐏᑯᔮᐤ shaayuwikuyaau vta ◆ il/elle le/la laisse ouvert-e suspendu-e
ᑖᐅᑐᓈᐦᒁᒨ taautunaahkwaamuu vai -u ◆ il/elle dort la bouche ouverte
ᑑᐦᑳᐱᐦᒁᒨ tuuhkaapihkwaamuu vai -u [Whapmagoostui] ◆ il/elle dort les yeux ouverts
ᔫᐦᑖᑯᑖᐤ yuuhtaakutaau vii ◆ ça pend ouvert (ex. le rabat de la porte du tipi)

ouverte

ᑎᐏᓯᒀᐤ tiwisikwaau vii ◆ c'est une aire ouverte de glace qui flotte sur l'eau
ᑑᐦᑳᐱᐦᒑᓈᐤ tuuhkaapihchaanaau vta ◆ il/elle en tient une boucle ouverte
ᑑᐦᑳᐱᐦᒑᓂᒻ tuuhkaapihchaanim vti ◆ il/elle en tient une boucle ouverte

ouverture

ᑎᐙᔅᒀᐤ tiwaaskwaau vii ◆ il y a une ouverture dans la forêt
ᑎᐏᐦᑎᒻ tiwihtim vti ◆ il/elle (ex. un castor) grignote une ouverture dedans (ex. dans une barricade)
ᑎᐏᐹᔮᐤ tiwipaayaau vii ◆ il y a une ouverture d'eau dans la glace sur une rivière au printemps
ᑎᐙᐳᑰ tiwaapukuu vai -u ◆ il y a une ouverture dans la glace flottante pendant la fonte
ᓃᔓᒧᔖᐙᔮᐤ niishumushaawaayaau vii [Whapmagoostui] ◆ il y a deux ouvertures dans le tunnel de castor
ᓃᔓᓵᑭᐦᐋᑖᐙᔮᐤ niishusaakihaataawaayaau vii ◆ il y a deux ouvertures dans le tunnel de castor

ouvre-boîte

ᐋᐱᐦᐄᑭᓐ aapihiikin ni ◆ une clé, un ouvre-boîte

ouvrir

ᐋᐱᐦᐊᒻ **aapiham** vti ◆ il/elle l'ouvre

ᐋᐱᐦᐊᐦᑖᐤ **aapihashtaau** vii ◆ c'est laissé ouvert, ça reste ouvert

ᐋᐱᐦᐄᐅᑖᐤ **aapihiiutaau** vai ◆ il/elle ouvre des boîtes, des sacs

ᐋᐱᐦᐧᐋᐤ **aapihwaau** vta ◆ il/elle l'ouvre

ᐹᔅᒋᐦᑖᓂᒧᐧᐋᐤ **paaschihtaanimuwaau** vta ◆ il/elle l'ouvre pour lui/elle (ex. le rabat de la porte)

ᔖᔫᐧᐃᐱᔫ **shaayuwipiyiu** vii ◆ ça s'ouvre; c'est ouvert

ᔖᔫᐧᐃᔥᑭᒻ **shaayuwishkim** vti ◆ il/elle l'ouvre avec son pied ou son corps

ᔖᔫᐧᐃᔥᑭᐧᐋᐤ **shaayuwishkiwaau** vta ◆ il/elle l'ouvre avec son pied ou son corps

ᐋᐱᐦᐋᔅᑯᐦᐊᒻ **aapihaaskuham** vti ◆ il/elle l'ouvre en le soulevant avec quelque chose

ᐋᐱᐦᐋᔅᑯᐦᐧᐋᐤ **aapihaaskuhwaau** vta ◆ il/elle l'ouvre en le/la forçant avec quelque chose

ᐋᐱᐦᐄᐱᑖᐤ **aapihiipitaau** vta ◆ il/elle l'ouvre rapidement, en tirant dessus

ᐋᐱᐦᐄᐱᑎᒻ **aapihiipitim** vti ◆ il/elle l'ouvre rapidement, en tirant dessus

ᐋᐱᐦᐄᔥᑭᒻ **aapihiishkim** vti ◆ il/elle le force à s'ouvrir avec son pied ou son corps

ᐋᐱᐦᐄᔥᑭᐧᐋᐤ **aapihiishkiwaau** vta ◆ il/elle le/la force à s'ouvrir avec son pied ou son corps

ᐋᐱᔅᑎᒋᓈᐤ **aapistichinaau** vta ◆ il/elle ouvre la couture de quelque chose (d'animé)

ᐋᐱᔅᑎᒋᓂᒻ **aapistichinim** vti ◆ il/elle ouvre, défait la couture

ᒋᓯᐱᓈᐤ **chisipinaau** vta ◆ il/elle le/la déboutonne, l'ouvre

ᐃᔨᑯᓂᔅᑳᐤ **iyikuniskaau** vii ◆ l'habitation (le tipi) a une petite ouverture en haut parce que son revêtement est haussé sur le cadre

ᐹᐦᑳᔥᑭᐧᐋᐤ **paahkaashkiwaau** vta ◆ il/elle l'ouvre en la faisant éclater, le/la fait saigner en utilisant son pied ou son corps

ᐹᐦᑳᔥᑎᐦᐊᒻ **paahkaashtiham** vti ◆ il/elle l'ouvre en le faisant éclater avec un objet pointu

ᐹᐦᑳᔮᐹᒋᓈᐤ **paahkaayaapaachinaau** vta ◆ il/elle l'ouvre en le/la faisant éclater à la main (ex. placenta)

ᐹᓂᐱᔫ **paanipiyiu** vai ◆ il/elle s'ouvre, s'élargit

ᐹᓂᐱᔫ **paanipiyiu** vii ◆ ça s'ouvre, s'élargit

ᐹᔅᒋᐦᑖᓂᒻ **paaschihtaanim** vti ◆ il/elle ouvre le rabat de la porte

ᐹᔅᒋᓈᐤ **paaschinaau** vta ◆ il/elle le/la craque, l'ouvre avec ses mains

ᐹᔅᒋᓂᒻ **paaschinim** vti ◆ il/elle le craque, l'ouvre avec ses mains

ᐹᔅᒋᔥᑭᐧᐋᐤ **paaschishkiwaau** vta ◆ il/elle le/la craque, l'ouvre avec son pied ou son corps

ᐱᔥᑯᒑᐦᐊᒻ **pishkuchaaham** vti ◆ il/elle le casse et l'ouvre (ex. un sac) avec quelque chose

ᑖᑐᐦᐊᒻ **taatuham** vti ◆ il/elle l'ouvre en le fendant

ᑖᑐᐦᐧᐋᐤ **taatuhwaau** vta ◆ il/elle l'ouvre en le fendant

ᑖᑐᓈᐤ **taatunaau** vta ◆ il/elle l'ouvre (quelque chose de fermé qui a la forme d'un sac, ex. le ventre d'un poisson) à la main

ᑖᑐᓂᒻ **taatunim** vti ◆ il/elle l'ouvre (quelque chose de fermé qui a la forme d'un sac, ex. un sac de farine) à la main

ᑖᑐᐱᑖᐤ **taatupitaau** vta ◆ il/elle l'ouvre en le déchirant

ᑖᑐᐱᑎᒻ **taatupitim** vti ◆ il/elle l'ouvre en le déchirant

ᑖᑐᔑᒻ **taatushim** vti ◆ il/elle l'ouvre en le coupant avec des ciseaux, un couteau

ᑖᑐᔕᐧᐋᐤ **taatushwaau** vta ◆ il/elle l'ouvre en le/la coupant

ᑖᐅᑎᐤ **taautiu** vai ◆ il/elle ouvre la bouche

ᑖᐅᑐᓈᔫ **taautunaayiu** vai ◆ il/elle ouvre la bouche

ᑎᐧᐃᐱᔫ **tiwipiyiu** vii ◆ ça s'ouvre, fait de la place

ᑑᐦᒋᐱᑎᒻ **tuuhchipitim** vti ◆ il/elle l'ouvre bien grand

ᑑᐦᒋᐱᔫ **tuuhchipiyiu** vii ◆ ça s'ouvre en s'écartant

ᑑᐦᑳᐹᑭᐦᐊᒻ **tuuhkaapaakiham** vti ◆ il/elle ouvre un espace dedans (filiforme, ex. une boucle de collet)

ᑑᐦᑳᐱᓈᐤ **tuuhkaapinaau** vta ◆ il/elle lui ouvre les yeux

ᑑᐦᑳᐱᐤ **tuuhkaapiu** vai ◆ il/elle ouvre les yeux

ᔫᐦᑖᓂᒻ **yuuhtaanim** vti ◆ il/elle ouvre le rabat de porte du tipi

ᐋᐱᔅᑎᒋᔑᒻ **aapistichishim** vti ◆ il/elle ouvre la couture en la coupant

ᐋᐱᔅᑎᒋᔕᐧᐋᐤ **aapistichishwaau** vta ◆ il/elle ouvre la couture en la coupant

ᑯᑖᔅᒋᑭᓈᔕᐧᐋᐤ **kutaaschikinaashwaau** vta ◆ il/elle l'ouvre en tranchant au niveau du bréchet

ᒫᔅᑭᓈᐦᑭᐧᐋᐤ **maaskinaahkiwaau** vta ◆ il/elle ouvre un sentier pour elle/lui

ᐹᐦᑳᐦᑎᑖᐤ **paahkaahtitaau** vai ◆ il/elle le laisse tomber pour l'ouvrir en le cassant

ᐹᐦᑳᓈᐤ **paahkaanaau** vta ◆ il/elle le/la fait éclater, le/la casse pour l'ouvrir avec ses mains

ᐹᐦᑳᓂᒻ **paahkaanim** vti ◆ il/elle le fait éclater, le casse pour l'ouvrir avec ses mains

ᐹᐦᑳᐱᑎᒻ **paahkaapitim** vti ◆ il/elle le fait éclater, l'ouvre en le manipulant

ᐹᐦᑳᔮᒋᐏᐦᑖᐤ paahkaayaachiwihtaau vii ◆ ça éclate et s'ouvre par ébullition

ᐹᐦᑳᔮᒋᐏᓲ paahkaayaachiwisuu vai -u ◆ il/elle éclate et s'ouvre par ébullition

ᐹᔅᒋᐦᑎᑖᐤ paaschihtitaau vai ◆ il/elle le craque, l'ouvre en le faisant tomber

ᐱᔥᑯᒑᔑᓐ pishkuchaashin vai ◆ ça tombe et ça s'ouvre, ses entrailles se déchirent et s'ouvrent parce qu'on l'a laissé trop longtemps sans l'éviscérer

ᐱᔅᑯᒑᐦᑎᓐ piskuchaahtin vii ◆ ça tombe et ça s'ouvre en se cassant

ᐱᔅᑯᒑᐦᐙᐤ piskuchaahwaau vta ◆ il/elle le/la frappe et l'ouvre en le cassant

ᑖᑐᔥᑭᒼ taatushkim vti ◆ il/elle le/la déchire en le/la portant, l'ouvre en marchant dessus ou en s'appuyant dessus

ᑖᑐᔥᑭᐙᐤ taatushkiwaau vta ◆ il/elle le/la déchire en le/la portant, l'ouvre en marchant dessus ou en s'appuyant dessus

ᔫᐦᑖᓈᐤ yuuhtaanaau vta ◆ il/elle ouvre le rabat de porte du tipi

ᔫᐦᑖᐱᑖᐤ yuuhtaapitaau vta ◆ il/elle ouvre le rabat de porte du tipi

ᔫᐦᑖᐱᑎᒼ yuuhtaapitim vti ◆ il/elle ouvre le rabat de porte du tipi

ᔫᐦᑖᐙᐱᓈᐤ yuuhtaawaapinaau vta ◆ il/elle ouvre le rabat de la porte

ᔫᐦᑖᔮᔑᐤ yuuhtaayaashiu vai ◆ il/elle (ex. la porte) s'ouvre sous l'effet du vent

ᔫᐦᑖᔮᔥᑎᓐ yuuhtaayaashtin vii ◆ le rabat de la porte est ouvert par le vent

ᔫᐦᑖᔮᔅᑯᐦᐊᒼ yuuhtaayaaskuham vti ◆ il/elle ouvre le rabat de porte du tipi avec un bâton

ᔫᐦᑖᔮᔅᑯᐦᐙᐤ yuuhtaayaaskuhwaau vta ◆ il/elle ouvre le rabat de porte du tipi avec un bâton

ᐹᔥᑭᐦᑎᒼ paashkihtim vti ◆ il/elle l'ouvre en le craquant avec ses dents

ᐹᔥᑭᒫᐤ paashkimaau vta ◆ il/elle l'ouvre en le craquant avec ses mains ou ses dents

ᑑᐦᒋᐱᔨᐤ tuuhchipiyiu vai ◆ il/elle tombe et ses jambes s'écartent, s'ouvrent en s'écartant

ᐅᐦᐱᐦᐊᒼ uhpiham vti ◆ il/elle le soulève avec quelque chose, ouvre les mâchoires du piège

ouvrir (s')

ᐱᔥᑯᒑᐱᔨᐤ pishkuchaapiyiu vai ◆ il/elle s'ouvre

ᐹᓂᔖᐙᐱᔨᐤ paanishaawaapiyiu vai ◆ il/elle s'ouvre, s'étend, s'élargit

ᐹᓂᔖᐙᐱᔨᐤ paanishaawaapiyiu vii ◆ ça s'ouvre, s'élargit

ᔖᔪᐏᐱᔨᐤ shaayuwipiyiu vai ◆ il/elle s'ouvre, est ouvert-e

ᐹᐦᑳᔑᒫᐤ paahkaashimaau vta ◆ il/elle le/la laisse tomber et le/la fait saigner, éclater ou s'ouvrir

ovale

ᐴᑐᐏᑭᒫᐤ puutuwikimaau vii ◆ c'est un lac ovale ou rond

p

pagaie

ᐊᐴᐦᒑᐤ apuuhchaau vai ◆ il/elle fabrique une pagaie

ᐊᐳᔮᐦᑎᒄ apuyaahtikw na -um ◆ du bois pour faire une pagaie

ᑎᐦᑯᐦᐄᑭᓈᐦᑎᒄ tihkuhiikinaahtikw ni ◆ une pagaie qui sert de gouvernail

ᒀᔅᑳᔅᑯᐳᔮᐤ kwaaskaaskupuyaau vta ◆ il/elle change sa pagaie de côté en canot

ᒀᔅᑯᐳᔮᐤ kwaaskupuyaau vai ◆ il/elle change sa pagaie d'un côté du canot à l'autre

ᐱᐱᑯᐦᑖᐐᒡ pipikuhtaawich vai pl redup ◆ ils/elles font du bruit quand leurs pagaies frappent le canot ■ ᔖᔥ ᐹᒋ ᐱᐱᑯᐦᑖᐐᒡ. ᔖᔥ ᐹᒋ ᓈᑎᑳᒪᐦᐊᒧᒋᒑᓂᒌ. ■ shaash paachi pipikuhtaawich. shaash paachi naatikaamaahamuchichaanichii. ■ *Tu peux maintenant entendre le bruit de leurs pagaies sur le canot. Ils doivent être près de la grève.*

ᐊᐳᐃ apui na ◆ une pagaie, une rame, une hélice pour un moteur hors-bord

ᐱᓯᐦᐊᐳᔮᐤ pisihapuyaau vta ◆ il/elle coupe du bois pour des pagaies

ᔖᑯᑎᒋᐱᔨᐦᐋᐤ shaakutichipiyihaau vta ◆ sa pagaie va sous le canot

ᑎᔅᑭᒥᐦᐊᒼ tiskimiham vti ◆ il/elle traverse tout droit à la nage, à la pagaie

ᐱᐱᒀᐤ pipikwaau vai redup ◆ le bruit des pagaies qui frappent le canot, le bruit de la glace qu'on teste qui signifie qu'elle est fine ■ ᔖᔥ ᐹᒋ ᐱᐱᒀᐤ ᔖᔥ ᒥᔑᑳᒋᒑᓂᒌ. ■ shaash paachi pipikwaau shaash mishikaachichaanichii. ■ *Tu peux entendre le bruit des pagaies sur le canot, ils doivent être en train d'arriver.*

pagayer

ᐱᒥᔥᑳᑎᑎᒼ pimishkaatitim vti ◆ il/elle le pagaie

ᐊᔖᐦᐊᒼ ashaaham vti ◆ il/elle le fait reculer (le canot) en pagayant en marche arrière

ᐊᑎᒥᑯᐦᒋᓐ atimikuhchin vai ◆ il/elle s'éloigne à la nage ou en pagayant

ᐊᐅᒑᐙᐦᐊᒼ auchaawaaham vti ◆ il/elle pagaie jusqu'à l'autre côté de la pointe

ᐄᔑᒋᒫᐤ iishichimaau vai ◆ il/elle pagaye, nage dans sa direction

ᐃᔨᔨᒥᐦᐊᒼ iyiyimiham vti ◆ il/elle pagaie, nage face au vent

ᒀᔅᒑᐙᐦᐊᒼ kwaaschaawaaham vti ◆ il/elle pagaie d'une rivière à l'autre ou d'un lac à l'autre

ᓈᑖᐳᔨᑎᑎᒼ naataapuyititim vti ◆ il/elle pagaie en direction des rapides

ᐹᔑᐦᐅᑯᔑᐤ paashihukushiu vii dim ◆ ce n'est pas loin en pagayant

ᐹᑎᑯᐦᒋᓐ paatikuhchin vai ◆ il/elle vient à la nage, en pagayant

ᐹᔨᑯᐳᔮᐤ **paayikupuyaau** vai ◆ il/elle est la seule à pagayer dans le canot

ᐲᐦᒋᔥᑐᐎᐦᐊᒻ **piihchishtuwiham** vti ◆ il/elle pagaie dans l'embouchure de la rivière, du cours d'eau

ᐱᒥᔥᑳᐤ **pimishkaau** vai ◆ il/elle pagaie en canot, il/elle nage

ᐱᐲᐦᑎᐦᐆ **pipiihtihuu** vai redup -u ◆ il/elle pagaie pendant longtemps sans s'arrêter pour camper

ᐴᐦᑖᔥᑎᒁᐦᐊᒻ **puuhtaashtikwaaham** vti ◆ il/elle pagaie sur la rivière

ᓱᐦᒋᒋᒫᐤ **suhchichimaau** vai ◆ il/elle pagaie avec force

ᑖᑎᐹᐅᐦᐊᒻ **taatipaauham** vti ◆ il/elle pagaie, nage autour

ᐎᑎᐳᔮᐤ **witipuyaau** vai ◆ il/elle pagaie en avant

ᐎᔪᐎᐦᐊᒻ **wiyuwiham** vti ◆ il/elle pagaie jusqu'à l'embouchure

ᐊᑎᒥᔥᑳᐤ **atimishkaau** vai ◆ il/elle s'éloigne à la nage, en pagayant

ᒌᐦᑳᔥᑯᒋᒫᐤ **chiihkaashkuchimaau** vai ◆ il/elle pagaie près du rivage

ᑯᐃᔥᑎᑳᒫᐦᐊᒻ **kuishtikaamaaham** vti ◆ il/elle en fait le tour en pagayant, à la nage

ᑯᐃᔥᑎᑳᒫᐦᐅᑖᐤ **kuishtikaamaahutaau** vai+o ◆ il/elle lui fait faire le tour du lac en pagayant

ᒁᔅᑭᑳᒫᐦᐊᒻ **kwaaskikaamaaham** vti ◆ il/elle pagaie pour aller de l'autre coté de la rivière

ᒥᑖᐅᐦᐊᒻ **mitaauham** vti ◆ il/elle descend la rivière en pagayant

ᒧᔖᐅᐦᐊᒻ **mushaauham** vti ◆ il/elle s'éloigne du rivage en pagayant ou à la nage

ᒧᔖᐅᐦᐅᑖᐤ **mushaauhutaau** vai+o ◆ il/elle l'emporte au loin du rivage en pagayant

ᓈᑎᑳᒫᐦᐊᒻ **naatikaamaaham** vti ◆ il/elle pagaie, nage vers le rivage

ᓅᐦᑖᐦᐊᒻ **nuuhtaaham** vti ◆ il/elle n'y arrive pas à la nage ou en pagayant; il/elle n'a pas assez d'argent pour le payer

ᐹᑖᔥᑎᒥᔥᑳᐤ **paataashtimishkaau** vai ◆ il/elle s'approche en pagayant ou à la nage (vers celui qui parle)

ᓵᒋᔅᑐᐎᐦᐊᒻ **saachistuwiham** vti ◆ il/elle rejoint le lac par la rivière en pagayant

ᑖᑎᐹᐦᐊᒻ **taatipaaham** vti ◆ il/elle le contourne en pagayant, à la nage

ᑖᑐᔥᑯᒋᒫᑎᑎᒻ **taatushkuchimaatitim** vti ◆ il/elle casse la glace en pagayant

ᐙᐦᐄᑖᐅᐦᒌᓈᐦᐊᒻ **waahiitaauhchiinaaham** vti ◆ il/elle pagaie le long du rivage là où il y a de l'eau libre au printemps

ᔮᔮᐅᐦᐊᒻ **yaayaauham** vti ◆ il/elle longe le rivage en pagayant

ᐋᔓᐎᐦᐊᒻ **aashuwiham** vti ◆ il/elle traverse une étendue d'eau à la nage ou en pagayant

ᒋᐦᒋᒋᒫᐤ **chihchichimaau** vai ◆ il/elle commence à pagayer, à s'éloigner à la nage

ᓂᔥᑎᐦᐊᒻ **nishtiham** vti ◆ il/elle remonte la rivière en pagayant dans un courant fort ou dans des rapides

ᓂᑎᐦᐊᒻ **nitiham** vti ◆ il/elle remonte la rivière en pagayant, à la nage

ᑖᑎᐱᐦᐊᒻ **taatipiham** vti ◆ il/elle pagaie, vole, nage tout autour

ᑎᔅᑭᒥᐦᐅᑖᐤ **tiskimihutaau** vai+o ◆ il/elle le fait traverser une étendue d'eau à la nage ou à la pagaie

ᒥᔑᑳᒫᐦᐊᒻ **mishikaamaaham** vti ◆ il/elle atteint l'autre côté d'une étendue d'eau à la nage ou en pagayant

page

ᐹᔅᑖᒋᓂᒻ **paastaachinim** vti ◆ il/elle tourne la page

paiement

ᑎᐱᐦᐊᒫᑯᓰᐎᓐ **tipihamaakusiiwin** ni ◆ un salaire, une récompense

paillasson

ᒋᔒᔑᑖᔑᒧᐎᓐ **chishiishitaashimuwin** ni ◆ un paillasson, un tapis d'accueil ■ ᒑ ᒋᔥᑖᐹᐅᑖᔨᓐ ᐊᓐ ᒋᔒᔑᑖᔑᒧᐎᓐ ᐙᐱᐦᒑ. ■ chaa chishtaapaautaayin an chishiishitaashimuwin waapihchaa. ■ *Lave ce paillasson demain!*

ᐊᔥᐱᔑᑖᔑᒧᐎᓐ **ashpishitaashimuwin** ni ◆ un tapis, un paillasson

paille

ᒥᔥᑯᔒᐅᔥᑐᑎᓐ **mishkushiiushtutin** ni ◆ un chapeau de paille

pain

ᐲᔂᔮᐃᐦᑯᓈᐤ **piiswaayaaihkunaau** na -m ◆ du pain

ᐲᔂᔮᐃᐦᑯᓈᐦᒑᐤ **piiswaayaaihkunaahchaau** vai ◆ il/elle fait du pain

ᐱᐹᑎᑯᓈᐤ **pipaatikunaau** vta redup ◆ il/elle pétrit la pâte pour la banique, pour le pain

paire

ᓂᐱᑖᓯᐤ **nipitaasiu** vai ◆ c'est un des deux éléments d'une paire ■ ᒥᒄ ᓂᐱᑖᓯᔨᐅᐦ ᐊᓂᔮᐦ ᐅᑎᔅᒡᐦ. ■ mikw nipitaasiyiuh aniyaah utischh. ■ *Elle/Il n'a qu'une mitaine.*

ᐹᔨᑯᔅᒋᓯᓐ **paayikuschisin** ni ◆ une paire de chaussures

ᓂᔥᑐᐃᔨᐤ **nishtuiyiu** p,quantité ◆ trois paires

ᓈᓃᔓᐦᑖᐎᒡ **naaniishuhtaawich** vai pl redup ◆ ils/elles marchent en paires

ᓂᐱᑖᔮᐤ **nipitaayaau** vii ◆ un des éléments de la paire manque

ᐱᔮᒫᐅᓐ **piyaamaaun** vii ◆ c'est dépareillé

ᐱᔮᒫᐅᓰᐤ **piyaamaausiiu** vai ◆ il/elle est dépareillé-e

ᓃᔓᔅᒋᓯᓈᓯᐤ **niishuschisinaasiu** vai ◆ il y a assez de peau pour deux paires de mocassins, de chaussures

ᐱᔮᒫᐅᓂᒻ **piyaamaaunim** vti ◆ il/elle en tient, prend, donne deux qui ne forment pas une paire (ex. bas, bottes), il/elle prend le mauvais

ᐱᔮᒫᐅᓈᐤ piyaamaaunaau vta ◆ il/elle en tient, prend, donne deux qui ne forment pas une paire (ex. bas, bottes), il/elle prend le mauvais

paisible

ᒋᔮᒫᐙᔨᐦᑖᑯᓯᐤ chiyaamaawaayihtaakusiu vai ◆ il/elle est tranquille, paisible

ᒋᔮᒼ chiyaam p,manière ◆ silencieusement, calmement, paisiblement ■ ᒋᔮᒼ ᒥᒄ ᒑ ᐊᔨᒥᐦᐄᑦ, ᓂᒥ ᒋᑭ ᒋᔐᐙᐦᑭᐦᑎᐙᐤ. ■ chiyaam mikw chaa ayimihiit, nimi chiki chishwaawaahkihtiwaau. ■ *Parle-lui tout doucement, ne lève pas la voix!*

ᓯᑭᒫᑎᓰᐤ sikimaatisiiu vai ◆ il/elle a un tempérament paisible, calme

paix

ᒋᔮᒫᔨᐦᑎᒧᐎᓐ chiyaamaayihtimuwin ni ◆ la paix

ᒋᔮᒫᔨᐦᑎᒼ chiyaamaayihtim vti ◆ il/elle est en paix

palais

ᐑᔨᑭᔅᒄᐦ wiiyikiskwh nad ◆ son palais (dans la bouche)

pâle

ᐅᐙᐱᔅᒋᑳᑖᐤ uwaapischikaataau vai ◆ il/elle a les jambes pâles

ᐙᐱᓈᐅᓯᐤ waapinaausiu vai ◆ il/elle a un visage pâle

pâlir

ᐙᐱᓈᐅᐱᔨᐤ waapinaaupiyiu vai ◆ son visage pâlit, se vide de son sang

palper

ᑯᑎᓈᐤ kutinaau vta ◆ il/elle le/la touche, le/la palpe, l'examine de ses mains

pancreas

ᐅᐦᐹᐱᐦᐄᑯᓯᐤ uhpaapihiikusiu na ◆ le pancréas, un organe en forme d'éponge situé près de l'estomac (chez l'humain, le caribou, l'orignal et l'ours)

panier

ᐅᑎᐲᐅᐎᑦ utipiiuwit ni ◆ un panier fait de racines tressées

ᑭᔅᒋᒁᐦᐙᓂᐎᑦ kischikwaahwaaniwit ni ◆ un panier en écorce

panne

ᓂᓈᐦᑳᒋᐱᔨᐤ ninaahkaachipiyiu vai ◆ il/elle tombe tout le temps en panne, se casse sans arrêt

ᓂᓈᐦᑳᒋᐱᔨᐤ ninaahkaachipiyiu vii ◆ ça tombe toujours en panne, ça se casse tout le temps

ᒫᐦᒋᐱᒫᔮᐦᑭᓲ maahchipimaayaahkisuu vai -u ◆ il/elle (ex. la motoneige) tombe en panne d'essence

ᒫᐦᒋᐱᒥᓲ maahchipimisuu vai -u ◆ il/elle tombe en panne d'essence

pantalon

ᐱᔨᒌᔅ piyichiis na -im ◆ un pantalon

ᐋᐦᒋᑯᔮᓂᐱᔨᒌᔅ aahchikuyaanipiyichiis ni -um ◆ un pantalon en peau de phoque

ᒋᒧᐎᓂᐱᔨᒌᔅ chimuwinipiyichiis na ◆ des pantalons de pluie

ᐋᐦᒋᐱᔨᒌᓵᐤ aahchipiyichiisaau vai ◆ il/elle change de pantalon

ᒋᒥᑳᑖᐙᔍᐤ chimikaataawaashwaau vta ◆ il/elle coupe les jambes du pantalon

pantoufle

ᒑᒋᔖᐹᔮᐅᐊᔅᒋᓯᓐᐦ chaachishaapaayaauaschisinh ni pl ◆ des pantoufles, des chaussons, des savates

papa

ᓅᐦᑖ nuuhtaa nad voc ◆ père! papa!

papier

ᒥᓯᓂᐦᐄᑭᓈᒋᓐ misinihiikinaachin ni ◆ du papier

ᒋᒥᓵᐦᐅᓈᒋᓐ chimisaahunaachin ni ◆ du papier toilette

ᐑᔅᒁᔮᒋᓂᑭᓐ wiiskwaayaachinikin ni ◆ du papier d'emballage, un emballage

ᐲᒁᒋᓂᒼ piikwaachinim vti ◆ il/elle déchire (étalé, ex. du papier) avec ses mains

papier carbone

ᐊᔅᐹᑭᐦᐄᑭᓐ aspaakihiikin ni ◆ un morceau de bois le long du bord extérieur du canot, du papier carbone

papier toilette

ᒋᒥᓵᐦᐅᓐ chimisaahun ni ◆ du papier toilette, pour s'essuyer les fesses

papillon

ᒁᐦᒁᐱᓯᐤ kwaahkwaapisiu na -iim ◆ un papillon, une mite

Pâques

ᒋᔖᔨᒥᐦᐋᐅᒌᔑᑳᐤ chishaayimihaauchiishikaau vii ◆ c'est le dimanche de Pâques, lit. 'un grand jour de prières'

paquet

ᐋᐳᐃᑯᓰᐎᓐ aapuikusiiwin ni ◆ un paquet envoyé à quelqu'un

ᐋᐳᐃᐙᐎᓐ aapuiwaawin ni ◆ un paquet envoyé à quelqu'un

ᓈᐅᔅᑭᑎᔮᒌ naauskitiyaachii p,quantité ◆ quatre paquets

ᓃᔓᔅᑭᑎᔮᒌ niishuskitiyaachii p,quantité ◆ deux paquets

ᐋᐳᔮᐤ aapuyaau vta ◆ il/elle envoie un paquet à quelqu'un

ᐊᓵᒋᓂᒼ asaachinim vti ◆ il/elle tient un paquet de quelque chose (étalé) dans sa main

ᑎᒥᐦᒋᐱᓯᑭᓐ timihchipisikin ni -u ◆ un paquet de viande de caribou désossée provenant de la tête, du poitrail et des côtes

ᐹᔨᑯᒥᓂᔅᑳᐤ paayikuminiskaau vii ◆ il y a une botte, un paquet, une liasse, un fagot

par ici

ᐅᑖᐦ utaah p,dém,lieu ◆ par ici ■ ᐋᑯᑖᐦ ᐅᑖᐦ ᒑ ᐄᑐᐦᑖᔨᐦᒄ ᐑᐦ ᐅᒋᒁᒋᒑᔨᐦᒁ. ■ aakutaah utaah chaa iituhtaayihkw wiih uchikwaachichaayihkwaa. ■ *On ira par ici quand on ira à la pêche sur la glace.*

ᐹᒋ paachi préverbe ◆ vers ici, par ici

par-ci par-là

ᐱᐹᔨᐦᑖᔮᑯᓂᑳᐤ pipaayihtaayaakunikaau vii redup ◆ il y a de la neige par-ci par-là

par-dessus

ᐅᔑᒡ ushich p,lieu ◆ par-dessus ■ ᐊᓂᑎᐦ ᐅᔑᒡ ᐋᑯᑎᐦ ᑳ ᐊᔥᑖᒡ ᐊᓐ ᓃᐎᐟ ■ anitih ushich aakutih kaa ashtaach an niiwit. ■ *Mon sac était posé par-dessus.*

ᑖᐦᑎᐦᐋᐤ taahtihaau vta ◆ il/elle le/la met par-dessus quelque chose

ᐹᔑᒡ paashich p,location ◆ par-dessus, au-delà ■ ᓈᑖᐦ ᐹᔑᒡ ᐗᔥᑳᐦᐄᑭᓂᔑᐦᒡ ᐋᑯᑖᐦ ᑳ ᐄᔑ ᐙᐱᓈᑦ ᐊᓂᔮᐦ ᑐᐦᐙᓐᐦ ■ naataah paashich waashkaahiikinishihch aakutaah kaa iishi waapinaat aniyaah tuhwaanh. ■ *Il a lancé la balle par-dessus la petite maison.*

ᐹᔥᒋᒁᔥᑯᐦᑎᐤ paashchikwaashkuhtiu vai ◆ il/elle saute par-dessus

ᐹᔥᒋᐱᑎᒼ paashchipitim vti ◆ il/elle le jette par-dessus, au-dessus de quelque chose

ᐹᔥᑎᐦᐊᒼ paashtiham vti ◆ il/elle l'enjambe, le dépasse, tire par-dessus

ᐹᔥᑎᐦᐙᐤ paashtihwaau vta ◆ il/elle le/la dépasse, l'enjambe, lui tire par-dessus

paradis

ᒋᐦᒋᒌᔑᒄ chihchichiishikw ni -um ◆ le ciel, le paradis

paraître

ᐃᔥᑭ ishki p ◆ ça semble, ça paraît (utilisé avec les verbes à l'indépendant subjectif) ■ ᐃᔥᑭ ᒥᔢᔨᐦᑖᑯᓂᔨᐙ ᑳᐦ ᑎᑯᔑᐦᒃ ᑳ ᐳᒫᐦᐋᑭᓂᐎᑦ ■ ishki miywaayihtaakuniyiwaa kaah tikushihk kaa puumaahaakiniwit. ■ *Tout le monde est content qu'elle/il soit revenu, celle/celui qu'on attendait depuis longtemps.*

ᐄᔑᓈᑯᓐ iishinaakun vii ◆ ça semble, ça paraît...

ᐃᓯᓈᑯᓯᐤ isinaakusiu vai ◆ il/elle semble, paraît

ᐄᔑᓈᑯᓯᐤ iishinaakusiu vai ◆ il/elle paraît, semble, a l'air de...

parallèle

ᒌᑳᔅᑯᐦᑎᓐ chiikaaskuhtin vii ◆ ça en longe le bord, c'est parallèle (se dit d'une rivière parallèle à une autre étendue d'eau)

ᐊᓱᐙᑯᐦᑎᑖᐤ asuwaakuhtitaau vai ◆ il/elle flotte parallèle au rivage

ᒌᒌᔨᔨᐤ chiichiiyiyiu nad ◆ ton frère, ta soeur, ton cousin ou ta cousine parallèle (le fils ou la fille de la soeur de ta mère ou du frère de ton père), ton frère cri, ta soeur crie, ton compagnon humain, ta compagne humaine

ᒌᒋᔕᓐ chiichishaan nad ◆ ton frère ou ta soeur, ton cousin ou ta cousine parallèle (le fils ou la fille du frère de ton père ou de la soeur de ta mère)

ᓃᒌᔨᔨᐤ niichiiyiyiu nad ◆ mon frère, ma soeur, mon cousin ou ma cousine parallèle (le fils ou la fille de la soeur de ma mère ou du frère de mon père), mon frère cri, ma soeur crie, mon compagnon humain, ma compagne humaine

ᓃᒋᔕᓐ niichishaan nad ◆ mon frère ou ma soeur, mon cousin ou ma cousine parallèle (le fils ou la fille du frère de mon père ou de la soeur de ma mère)

ᐑᒌᔨᔨᐅᐦ wiichiiyiyiuh nad ◆ son frère, sa soeur, son cousin ou sa cousine parallèle (le fils ou la fille de la soeur de sa mère ou du frère de son père), son frère cri, sa soeur crie, son compagnon humain, sa compagne humaine

ᐑᒋᔕᓐᐦ wiichishaanh nad ◆ son frère ou sa soeur, son cousin ou sa cousine parallèle (le fils ou la fille du frère de son père ou de la soeur de sa mère)

ᐑᒋᔕᓂᒫᐤ wiichishaanimaau nad ◆ un frère ou une soeur, un cousin ou une cousine parallèle (le fils ou la fille du frère du père ou de la soeur de la mère)

paralyser

ᓂᐲᒥᑭᓐ nipiimikin vii ◆ ça meurt, paralysé

paralysie

ᓂᓂᒫᔅᐱᓈᐎᓐ ninimaaspinaawin ni redup ◆ une paralysie agitante

parapluie

ᐎᒋᔥᑎᑯᓈᐹᓱᐎᓐ wichishtikunaapaasuwin ni ◆ un parapluie, quelque chose pour se protéger de la pluie

parasite

ᐅᒥᓂᑑᒻᐦ uminituumh nad ◆ ses parasites dans la région du nez (pour un orignal, un caribou)

ᒋᐱᔮᐦᒑᐤ chipiyaahchaau vai ◆ la peau de caribou est marquée, a des trous dus à des parasites

parasites

ᐎᔮᐦᒡᐦ wiyaahchh nad -um ◆ ses parasites (ceux du caribou)

ᒋᐱᔮᐦᒑᐅᐲᔕᑭᓐ chipiyaahchaaupiishaakin na -um ◆ une peau de caribou trouée par des parasites

parce que

ᑖᐱᑳ taapikaa p,conjonction ◆ parce que, au lieu de ■ ᑯᔕᑳ ᒌᔨ ᓂᑎᐙᐱᒼ ᑖᐱᑳ ᓃᔨ ᓂᑭ ᓂᑎᐙᐱᒫᐤ ■ kushaakaa chiiyi nitiwaapim taapikaa niiyi niki nitiwaapimaau. ■ *Tu n'as pas besoin de le chercher parce que je vais y aller et le prendre.*

parcimonie

ᒥᓈᒋᐦᑖᐤ minaachihtaau vai+o ◆ il/elle économise, en prend bien soin, l'utilise avec parcimonie

pardon

ᐙᐹᔨᐦᑎᒫᒑᐎᓐ waapaayihtimaachaawin ni ◆ le pardon

pardon?

ᐧᐋᐦ waah p,interjection ◆ quoi? (en réponse à quelqu'un qui appelle votre nom) pardon? ■ ᐧᐋᐦ, ᑖᐸ ᑯᐦᒋᐹᐦᑖᑎᓐ ᐊᓐ ᓈᐦᐋᐤ ᑳ ᐃᔨᔑᔨᓐ. ■ waah, taapaa kuhchipaahtaatin an naahaau kaa iyishiyin. ■ *Pardon? Je n'ai pas bien entendu ce que tu viens de dire.*

pardonner

ᐧᐋᐹᔨᐦᑎᒫᒑᐤ waapaayihtimaachaau vai ◆ il/elle pardonne

ᐧᐋᐹᔨᐦᑎᒧᐧᐋᐤ waapaayihtimuwaau vta ◆ il/elle lui pardonne

ᐧᐋᐹᔨᐦᑎᒼ waapaayihtim vti ◆ il/elle l'abandonne, il/elle pardonne

pareil

ᒧᔮᒼ muyaam p,manière ◆ tout comme, pareil, pareille ■ ᐊᐧᑳᑖᔨᒥᒃ ᐧᐋᔥ ᐊᓐ ᐃᔥᐧᑳᔑᔥ ᒧᔮᒼ ᐋᐦ ᐋᐦᑯᓯᑦ. ■ akwaataayimik waash an ishkwaashish muyaam aah aahkusit. ■ *C'est comme si cette fille était malade.*

ᐧᒫᐦᒡ mwaahch p,manière ◆ juste comme; exactement pareil, pareille ■ ᐧᒫᐦᒡ ᐊᐧᑳᓯᓈᑯᓯᑦ ᑳ ᐄᓯᓈᑯᓰᑯᐱᓈᓂᐦᐄ ᐊᓂᔮᐦ ᐅᑖᓂᔥᑭᐧᐃᔑᒻᐦ. ■ mwaahch akwaasinaakusit kaa iisinaakusiikupinaanihii aniyaah utaanishkiwishiimh. ■ *Elle/il est la copie conforme de sa grand-mère.*

parent

ᓂᓃᒋᐦᐄᑯᒡ niniichihiikuch na pl ◆ mes parents

ᐅᓃᒋᐦᐄᑯᒫᐤ uniichihiikumaau nad ◆ un parent

ᐅᓃᒋᐦᐄᒄᐦ uniichihiikwh nad ◆ ses parents

ᐅᓃᒋᐦᐄᑯᒫᐆ uniichihiikumaauu vai -aawi ◆ c'est un parent

ᐅᓃᒋᐦᐄᑰ uniichihiikuu vai -u ◆ il/elle a des parents, il/elle les a comme parents

parenté

ᐅᐧᐋᐦᑯᒫᑭᓐᐦ uwaahkumaakinh nad ◆ sa parenté

ᐅᑐᑖᒻᐦ ututaamh nad ◆ son ami, son amie, ses amis, ses amies, sa parenté

paresseux

ᒋᐦᑎᒥᐤ chihtimiu vai ◆ il est paresseux, elle est paresseuse

ᐴᑐᐧᐃᐱᐤ puutuwipiu vai ◆ il/elle est assis-e paresseusement, il est gras et paresseux, elle est grasse et paresseuse

ᒋᐦᑎᒧᐧᐃᓐ chihtimuwin ni ◆ de l'inactivité, de la paresse

ᒋᐦᑎᒥᒥᐦᒋᐦᐆ chihtimimihchihuu vai -u ◆ il/elle n'a rien envie de faire, il se sent paresseux, elle se sent paresseuse

parfait

ᒥᑐᓈᐤ mitunaau vii ◆ c'est fini, parfait, lisse (se dit du sol)

parfaitement

ᓂᐦᐋᐤ nihaau p,manière ◆ parfaitement ■ ᓂᐦᐋᐤ ᒫᔮᐤ ᐄᑎᔥᑭᒼ ᐊᓂᔮᐦ ᐅᒥᔅᒋᓯᓐᐦ ᑳ ᐅᔥᑳᔨᒡᐦ. ■ nihaau maayaau iitishkim aniyaah umischisinh kaa ushkaayichh. ■ *Ses nouvelles chaussures lui vont parfaitement.*

ᓃᐦᐄᑎᓐ niihiitin vii ◆ ça s'ajuste parfaitement

ᔖᐳᒋᔅᒑᔨᐦᑎᒼ shaapuchischaayihtim vti ◆ il/elle le connaît parfaitement

ᔖᐳᓂᒼ shaapunim vti ◆ il/elle le connaît parfaitement

ᒧᔮᒥᐱᔨᐤ muyaamipiyiu vai ◆ il/elle est exact-e, juste, va parfaitement, convient bien

parfois

ᐋᔅᒃ aask p,temps ◆ de temps en temps

parka

ᐧᐄᐦᐧᑳᔮᐅᑯᐦᑊ wiihkwaayaaukuhp ni ◆ un manteau, un parka qui s'enfile en le passant par dessus la tête

parler

ᐋᔨᒧᒫᐤ aayimumaau vta ◆ il/elle parle d'elle/de lui

ᐋᔨᒧᑎᒼ aayimutim vti ◆ il/elle en parle

ᐊᔨᒥᐦᐋᐤ ayimihaau vta ◆ il/elle lui parle

ᐊᔨᒦᒥᑭᓐ ayimiimikin vii ◆ ça parle

ᐊᔨᒥᐤ ayimiu vai ◆ il/elle parle

ᐊᔨᒦᔥᑎᒧᐧᐋᐤ ayimiishtimuwaau vta ◆ il/elle prend sa défense, parle en son nom

ᐄᔅᒌᒫᐅᔨᒥᐤ iischiimaauyimiu vai ◆ il/elle parle l'inuktitut

ᐄᐧᑖᐦᐋᐤ iitwaahaau vta ◆ il/elle interprète, parle pour lui/elle

ᐄᐧᑖᐧᐋᒧᑎᐧᐋᐤ iitwaawaamutiwaau vta ◆ il/elle lui parle pendant longtemps, sans arrêt

ᐄᔮᐅᒋᒫᐤ iiyaauchimaau vta ◆ il/elle lui parle pour rien, lui pose toujours les même questions

ᐄᔮᐅᒋᒨ iiyaauchimuu vai -u ◆ il/elle parle pour rien, pose toujours les mêmes questions

ᐄᔨᓯᓂᔅᒑᐤ iiyisinischaau vai ◆ il/elle parle avec les mains, il/elle signe (langue des signes)

ᑭᒑᐦᑖᐧᐋᐤ kichaahtaawaau vai ◆ il/elle parle avec éloquence

ᑭᒑᔥᑎᐧᐹᐤ kichaashtipwaau vta ◆ il/elle parle vite

ᒫᓂᑖᐅᐦᑖᑯᓯᐤ maanitaauhtaakusiu vai ◆ il/elle parle d'une drôle de façon, de façon bizarre

ᒥᒋᔨᒥᐦᐋᐤ michiyimihaau vta ◆ il/elle lui parle de façon vulgaire

ᒥᐦᐄᑯᒫᐤ mihiikumaau vta ◆ il/elle lui porte malchance avec ses paroles

ᒥᑯᔥᑳᒋᒫᐤ mikushkaachimaau vta ◆ il/elle le/la dérange constamment en lui parlant, en le/la questionnant

ᒥᒥᒋᔨᒥᐦᐋᐤ mimichiyimihaau vta redup ◆ il/elle lui parle de façon vulgaire

ᒨᔅᑯᒫᐤ muuskumaau vta ◆ il/elle le/la fait pleurer par ses paroles ou par le bruit de sa voix

ᓂᐦᑖᐧᐋᐤ nihtaawaau vai ◆ il/elle parle bien, le bébé peut bien parler maintenant

ᐱᑯᓄᒫᐤ pikunumaau vta ◆ il/elle parle de lui/d'elle derrière son dos

ᐱᔥᑎᒁᔮᐅᔨᒥᐤ pishtikwaayaauyimiu vai ◆ il/elle parle français

ᓵᒋᔅᑎᐙᐤ saachistiwaau vai ◆ il/elle parle distinctement (utilisé à la forme négative) ▪ ᒑᑳᑦ ᓂᒥ ᓵᒋᔅᑎᐙᐤ ᐅᑯᐦᒋᔥᑯᐃ ᐋᐦ ᐋᐦᑯᓯᑦ᙮ ▪ chaakaat nimi saachistiwaau ukuhchishkui aah aahkusit. ▪ *Elle/il peut à peine parler, émettre un son (vocal) parce qu'elle a mal à la gorge.*

ᓯᓱᐦᒋᒨ sisuhchimuu vai -u ◆ il/elle parle avec audace

ᐙᒥᔥᑎᑯᔒᐅᔨᒥᐤ waamishtikushiiuyimiu vai ◆ il/elle parle anglais

ᒋᔒᒨ chishiimuu vai -u ◆ il/elle parle avec colère, d'un ton fâché

ᐄᔨᔨᐅᔨᒥᐤ iiyiyiuyimiu vai ◆ il/elle parle le cri, une langue autochtone

ᑭᒑᐦᑖᐙᐦᑳᓲ kichaahtaawaahkaasuu vai -u ◆ il/elle fait semblant de parler avec sagesse

ᒥᒥᒋᔨᔥᒌᔣᐤ mimichiyishchiishwaau vai redup ◆ il/elle parle mal, jure, sacre

paroi

ᐲᐦᑑᑎᓵᓐ piihtuutisaan ni ◆ la paroi interne d'un gésier d'oiseau

parole

ᔖᐦᑯᒋᒫᐤ shaahkuchimaau vta ◆ il/elle est capable de le/la persuader par ses paroles

ᐄᔥᒌᔣᐎᓐ iishchiishwaawin ni ◆ un dialecte, la parole, une langue, un sens

part (à)

ᐱᐦᑳᓐ pihkaan p,manière ◆ à part, tout seul ▪ ᐱᐦᑳᓐ ᐊᓂᑖᐦ ᒌᐦ ᐊᔥᑖᐤ ᐊᓐ ᒋᐦᒋᐚ ᒦᒋᒼ ᑳ ᒥᑯᔖᓂᐎᒡ᙮ ▪ pihkaan anitaah chiih ashtaau an chihchiwaa miichim kaa mikushaaniwich. ▪ *Ce plat spécial à la fête a été présenté à part du reste de la nourriture.*

ᑎᐹᓐ tipaan p,manière ◆ part (à), séparé ▪ ᑎᐹᓐ ᒌᐦ ᐐᒋᐎᒡ ᐊᓂᒌ ᑳ ᐐᒑᐎᔨᒥᐦᒡ᙮ ▪ tipaan chiih wiichiwich anichii kaa wiichaawiyimihch. ▪ *Les gens avec qui nous avons voyagé ont leur propre habitation, séparée de la nôtre.*

ᐱᐦᑳᓂᓰᐤ pihkaanisiiu vai ◆ il/elle est à part, séparé–e des autres

ᐲᔨᐦᑖᑯᒋᓐ piiyihtaakuchin vai ◆ il/elle est bien visible en train de voler à part du reste de la volée

ᑎᐹᓂᐦᐋᐤ tipaanihaau vta ◆ il/elle le/la met à part du reste, le/la sépare du reste

ᑎᐹᓂᓂᒼ tipaaninim vti ◆ il/elle le met à part du reste, le sépare du reste

ᑎᐹᓂᔥᑖᐤ tipaanishtaau vai ◆ il/elle le met à part du reste, le sépare du reste

ᐱᐦᑳᓂᐦᐋᐤ pihkaanihaau vta ◆ il/elle le/la met à part, le/la sépare du reste

ᐱᐦᑳᓂᑳᐴ pihkaanikaapuu vai -uwi ◆ il/elle se tient à part

ᐱᐦᑳᓂᐱᐤ pihkaanipiu vai ◆ il/elle est assis–e, posé–e à part

ᐱᐦᑳᓂᔥᑖᐤ pihkaanishtaau vai ◆ il/elle le met à part, le sépare des autres

partager

ᒫᑎᓂᒫᑐᐎᒡ maatinimaatuwich vai pl recip -u ◆ ils/elles se le partagent

ᐊᓯᐦᒑᐤ asihchaau vai ◆ il/elle partage sa nourriture, en donne aux autres

ᐱᔑᔑᒁᔨᒨ pishishikwaayimuu vai -u ◆ il/elle est mécontent–e parce qu'on ne partage pas la nourriture avec lui

ᐅᑎᒧᔮᐤ utimuyaau vta ◆ il/elle fume sa pipe près de là où il/elle a tué l'ours, il/elle donne sa pipe à la personne qui va lui donner l'ours ce qu'elle a tué, il/elle partage sa pipe avec quelqu'un

partenaire

ᐅᐐᒑᐚᑭᓂᑐᑎᐙᐤ uwiichaawaakinitutiwaau vta ◆ il/elle le/la considère comme un ami/une amie, un partenaire/une partenaire

ᐅᐐᒑᐚᑭᓂᐤ uwiichaawaakiniu vai ◆ il/elle a un compagnon ou une compagne, un–e ami–e, un–e partenaire

parti

ᐊᓂᐦᐆ anihuu vai -u ◆ il/elle est parti–e depuis longtemps

partie

ᒑᔅᑯᐦᑎᐙᐤ chaaskuhtiwaau vta ◆ il/elle n'entend qu'une partie de ce qu'il/elle dit

ᒫᒫᔨᐦᑭᓯᒼ maamaayihkisim vti ◆ il/elle le cuit en partie

ᓂᒫᐲᓃᑳᓂᒫᒄ nimaapiiniikaanimaakw ni ◆ la partie avant d'un appât (poisson)

ᐱᔅᑭᑎᓯᓂᐦᐄᑭᓐ piskitisinihiikin ni ◆ un chapitre, une partie séparée de quelque chose d'écrit ou d'imprimé

ᐱᔅᑭᑎᓯᓂᐦᐄᑭᓂᔥ piskitisinihiikinish ni dim ◆ un vers, une petite partie séparée de quelque chose d'écrit ou d'imprimé

ᒫᒫᐦᒌᔑᓈᑯᓐ maamaahchiishinaakun vii ◆ ça a plusieurs couleurs, plusieurs parties, plusieurs apparences différentes

ᒫᒫᐦᒌᔑᓈᑯᓯᐤ maamaahchiishinaakusiu vai ◆ il/elle a plusieurs couleurs, plusieurs parties, plusieurs apparences

partie courbée

ᐅᔥᑎᒁᓂᑖᐹᓈᔅᒄ ushtikwaanitaapaanaaskw ni -um ◆ la partie courbée de l'avant d'un traîneau, d'un toboggan

partie transversale arrière

ᐅᑖᐦᒑᑯᔅᑯᔅᒡ utaahchaakuskusch ni ◆ la partie transversale arrière d'une raquette

partiel

ᒫᔨᐦᑭᐦᑖᐤ maayihkihtaau vii ◆ c'est partiellement cuit

partir

ᒋᔅᑖᔥᑎᒫᐤ chistaashtimaau vta ◆ il/elle part avec lui/elle en bateau

ᒋᔅᑐᐦᑖᐤ chistuhtaau vai ◆ il/elle part à pied

ᓂᑭᑎᐦᐊᒼ nikitiham vti ◆ il/elle part en véhicule

ᒋᐦᒋᐱᐦᑖᐤ chihchipihtaau vai ◆ il/elle part en courant

ᒋᐦᒋᐱᔩᐤ chihchipiyiu vai ◆ il/elle part en véhicule, il/elle démarre

ᒋᔅᑐᐦᑎᑖᐤ chistuhtitaau vai ◆ il/elle part avec, l'emporte

ᐄᒑᐑᐤ iichaawiiu vai ◆ il/elle s'en va, part

ᒥᒫᐦᒋᑯᓈᐤ mimaahchikunaau vta ◆ il/elle le/la retient avec la main, ne le/la laisse pas partir

ᓂᑭᑎᐦᐊᒧᐙᐤ nikitihamuwaau vta ◆ il/elle le laisse pour lui/elle en partant en véhicule

ᓂᑭᑎᐦᐙᐤ nikitihwaau vta ◆ il/elle le/la quitte en véhicule, le/la laisse sur place, part en avant de lui/d'elle

ᒑᒋᔖᐹᐦᑖᐤ chaachishaapaahtaau vai ◆ il/elle part à pied tôt le matin

ᒋᐦᒋᐱᒋᐤ chihchipichiu vai ◆ il/elle part pour son campement d'hiver

ᒋᐦᒋᐱᔩᐦᑖᐤ chihchipiyihtaau vai ◆ il/elle le démarre (un moteur); il/elle part avec; il/elle commence quelque chose

ᒋᔥᑖᔑᐤ chishtaashiu vai ◆ il/elle part en bateau, met les voiles, vogue vers le large, prend le large

ᒫᒌᐤ maachiiu vai ◆ il/elle part, s'en va, s'éloigne à pied

ᐱᒋᐤ pichiu vai ◆ il/elle part pour son campement d'hiver

ᒋᔥᑖᔥᑎᐦᑖᐤ chishtaashtihtaau vai+o ◆ il/elle commence à partir en bateau, à mettre les voiles, à prendre le large

partisan

ᓂᑐᑎᒫᔥᑎᒫᒑᓯᐤ nitutimaashtimaachaasiu na -iim ◆ un défenseur, une défenseuse (d'une cause), une ou une avocate, un partisan, une partisane

partisane

ᓂᑐᑎᒫᔥᑎᒫᒑᓯᐤ nitutimaashtimaachaasiu na -iim ◆ un défenseur, une défenseuse (d'une cause), une ou une avocate, un partisan, une partisane

partout

ᒥᐦᒃᐚᐙᓯᒼ mihkwaawaasim vti ◆ le soleil brille partout

ᒥᓯᐦᑖᐦᐋᐤ misihtaahaau vta ◆ il/elle en (animé) place partout

ᒥᓯᐦᑖᔥᑭᒼ misihtaashkim vti ◆ il/elle l'étale partout, en laisse des traces partout avec ses pieds ou son corps

ᒥᓯᐦᑎᐧᐃᔥᑖᐤ misihtiwishtaau vai ◆ il/elle le répand partout

ᐱᐸᒫᐦᑎᐑᐱᐦᑖᐤ pipaamaahtiwiipihtaau vai redup ◆ il/elle court partout sur un poteau (ex. les poteaux d'une tente)

ᐱᐹᒥᐱᐦᑖᐤ pipaamipihtaau vai redup ◆ il/elle court partout

ᓂᓈᓂᔥ ninaanish p,lieu redup ◆ dans tous les sens, tout détaché, partout ▪ ᒥᒄ ᓂᓈᓂᔥ ᒌᐦ ᐄᑎᔥᑖᐤ ᒑᒁᔨᐤ ᑳ ᐲᒁᐸᐦᒃ ᐅᐱᒥᐱᔨᒥᔥ. ▪ mikw ninaanish chiih iitishtaau chaakwaayiu kaa piikwaapaahk upimipiyimish. ▪ *Il y avait des morceaux partout, quand elle/il a démonté son moteur.*

ᒥᓯᐦᑖᔮᔅᒑᐤ misihtaayaaschaau vai ◆ le soleil brille partout

paruline

ᒓᔥᒓᔥᒋᔒᔥ chuushchuushchishiish na -m ◆ une paruline des ruisseaux, une fauvette des ruisseaux *Seiurus noveboracensis*

pas

ᐊᑐᒡ atuch p,négative ◆ ne...pas (n'aurait pas, ne devrait pas) ▪ ᐊᑐᒡ ᐐ ᓅᐦᒋ ᒥᔮᐤ ᐊᓂᔮ ᒌᐦ ᒋᔅᒑᔨᒥᒃ ᐋᑳ ᒑ ᐋᐱᒋᐦᑖᐟ. ▪ atuch wii nuuhchi miyaau aniyaa chiih chischaayimik aakaa chaa aapichihtaat. ▪ *Je ne le lui aurais pas donné si j'avais su qu'elle/il n'allait pas l'utiliser.*

ᓂᒥ ᒋᔩᐙ nimi chiyiwaa p,négative ◆ ne...pas ▪ ᓂᒥ ᒋᔩᐙ ᐅᐦᒋ ᐹᐱᔩᐤ ᑳ ᓂᑐᒫᑭᓂᐧᐃᐟ ᐋᐦ ᓂᔥᐦᑎᐑᓈᓂᐧᐃᔩᒡ. ▪ nimi chiyiwaa uhchi paapiyiu kaa nitumaakiniwit aah niswhtiwiinaaniwiyich. ▪ *Il ne s'est pas presenté à la réunion à laquelle il était invité.*

ᑎᐦᑯᔅᒑᐤ tihkuschaau vai ◆ il/elle fait un pas

ᐅᑎᐦᐊᒫᐤ utihamaau vai ◆ il/elle fait un pas

ᒑᐦᐋᑳ chaahaakaa p,négative ◆ ne...pas (sens futur) (voir *chaa + h+aakaa*) ▪ ᓂᒌᐦ ᐐᐦᑎᒧᐙᐤ ᒑᐦᐋᑳ ᐄᑐᐦᑖᐟ ᓈᑖᐦ. ▪ nichiih wiihtimuwaau chaahaakaa iituhtaat naataah. ▪ *Je lui ai dit de ne pas y aller.*

ᒋᐦᐋᑳ chihaakaa p,temps ◆ ne...pas (sens futur) (voir aussi *chaahaakaa*) ▪ ᓂᒌᐦ ᐐᐦᑎᒧᐙᐤ ᒋᐦᐋᑳ ᐄᑐᐦᑖᐟ ᓈᑖᐦ. ▪ nichiih wiihtimuwaau chihaakaa iituhtaat naataah. ▪ *Je lui ai dit de ne pas y aller.*

ᐃᔥᑭ ᐋᑳ ishki aakaa p,négative ◆ ça n'a pas l'air, ça ne semble pas, ça ne paraît pas (préverbe négatif utilisé avec les verbes au subjectif) ▪ ᐃᔅᑭ ᐋᑳ ᓈᔥᒡ ᒥᔻᐙ ᐅᑎᐦ ᐋᐦ ᐐᒋᓈᓂᐧᐃᒡ ᐋᑳ ᒥᐦᒑᑎᒡ ᔑᐦᑖᐦᑯᓂᒡ. ▪ iski akaa naashch miywaawaa utih aah wiichinaaniwich aakaa mihchaatich shihtaahkunich. ▪ *Cet endroit n'est pas bon pour camper puisqu'il n'y a pas de branches d'épinettes à proximité.*

ᓂᒥ nimi p,négatif ◆ ne...pas, pas

ᓂᒧᐃ nimui p,négative ◆ non, pas ▪ ᓂᒧᐃ ᓅᐦᒋ ᐚᐱᒫᐧᐃᒡ ᓅᐦᒋᒦᐅᐄᔨᔨᐅᒡ ᐋᐦ ᒥᔑᑳᒡ. ▪ nimui nuuhchi waapimaawich nuuhchimiiuiiyiyiuch aah mishikaach. ▪ *Je n'ai pas vu les gens de l'intérieur arriver sur le rivage.*

ᐊᔒᐦᑎᒫᐤ ashaahtimaau vai ◆ il/elle revient sur ses pas

ᐱᐹᒷᐙᔑᓐ pipaamwaawaashin vai redup ◆ il/elle fait du bruit avec ses pas qu'on peut entendre

ᑎᑖᐦᑯᐦᐊᒫᐤ titaahkuhamaau vai redup ◆ il/elle fait de petits pas

ᐋᐦᐋᑳ **aahaakaa** p,négative ◆ ne....pas, ne...rien (voir *aah +aakaa*) ■ ᒥᐦᒑᐧᑖᐤ ᒫᒃ ᒌᐦ ᐃᔑᓈᑯᓐ ᐋᐦᐋᑳ ᓈᔥᑎᔩᒡ ᐅᐦᒋᑎᑯᐦᒡ ᒑᑿᓐ ᒑ ᒦᒋᓈᓂᐧᐃᒡ ■ mihchaatwaau maak chiih ishinaakun aahaakaa naashtiyich uchitikuhch chaakwaan chaa miichinaaniwich. ■ *C'est arrivé souvent qu'il n'y avait rien à manger.*

ᑖᐹ **taapaa** p,négative ◆ non, ne...pas ■ ᑖᐹ ᐅᐦᒋ ᐧᐄᒋᐦᐄᐧᐋᐤ ᑳ ᐅᔑᐦᑖᑭᓂᐧᐃᔨᒡ ᐊᓂᔮ ᐧᐋᔅᑳᐦᐄᑭᓂᔨᐅ ■ taapaa uhchi wiichihiiwaau kaa ushihtaakiniwiyich aniyaa waaskaahiikiniyiu. ■ *Il n'a pas aidé à construire cette maison.*

ᑯᓯᐧᑳᐧᐋᔑᓐ **kusikwaawaashin** vai ◆ le bruit de ses pas indique qu'il/elle est lourd-e

ᐹᐧᑖᐧᐋᐱᐦᑖᐤ **paatwaawaapihtaau** vai ◆ il/elle arrive en courant et on entend ses pas

ᐹᐧᑖᐧᐋᔑᓐ **paatwaawaashin** vai ◆ il/elle approche et on entend ses pas

ᐱᐹᒣᐧᐋᐧᐋᔮᑯᓈᔑᓐ **pipaamwaawaayaakunaashin** vai redup ◆ il/elle fait du bruit avec ses pas qu'on peut entendre dans la neige

pas assez

ᓅᐦᑖᔒᔥ **nuuhtaashiish** p,temps ◆ avant, pas assez, manquer un peu ■ ᐊᔮᐱᒡ ᓅᐦᑖᔒᔥ ᓂᒥ ᐅᐦᒋ ᒌᐦ ᓂᐱᐦᐋᐤ ᐊᓂᔮᐦ ᐅᑎᒥᔅᑯᒻᐦ ᑳ ᒥᔮᑭᓂᐧᐃᑦ ■ ayaapich nuuhtaashiish nimi uhchi chiih nipihaau aniyaah utimiskumh kaa miyaakiniwit. ■ *Il ne pouvait pas atteindre son quota de castor, il lui en manquait un peu.*

pas cher

ᐧᐋᐦᑎᒋᐦᑖᑯᓐ **waahtichihtaakun** vii ◆ c'est pas cher

ᐧᐋᐦᑎᒋᐦᑖᑯᓰᐤ **waahtichihtaakusiu** vai ◆ il n'est pas cher, elle n'est pas chère, ce n'est pas cher (animé)

ᐧᐋᐦᑎᒋᐦᑎᒧᐧᐋᐤ **waahtichihtimuwaau** vta ◆ il/elle le lui vent à bas prix, pas cher

ᐧᐋᐦᑎᒋᒫᐤ **waahtichimaau** vta ◆ il/elle le/la vent à bas prix, pas cher

ᐧᐋᐦᑎᓐ **waahtin** vii ◆ c'est facile, c'est pas cher

ᐧᐋᐦᑎᓰᐤ **waahtisiiu** vai ◆ il/elle est facile, pas cher/chère

pas comme ça

ᓂᒥᔮᐅᑖᐦ **nimiyaautaah** p,négative ◆ pas de cette façon, pas comme ça ■ ᓂᒥᔮᐅᑖᐦ ᐊᓂᑖᐦ ᑳ ᐄᑖᑭᓂᐧᐃᑦ ᒑ ᐄᑎᔅᒋᒫᑦ ■ nimiyaautaah anitaah kaa iitaakiniwit chaa iitischimaat. ■ *Elle/il n'a pas tissé les raquettes comme on lui avait dit.*

pas cuit

ᒋᑭᔑᔥᑳᐤ **chikishishkaau** vii ◆ c'est cru, pas cuit

pas de chance

ᐋᐃᐧᐋᔥ **aaiwaash** p,évaluative ◆ pas de chance, tant pis ■ ᐋᐃᐧᐋᔥ ᓂᒥ ᓅᐦᒋ ᐅᑎᐦᐄᒑᓐ ■ aaiwaash nimi nuuhchi utihiichaan. ■ *Tant pis, je n'ai pas gagné.*

pas du tout

ᓂᒥ ᐧᐋᐧᐋᒡ **nimi waawaach** p,négative ◆ pas du tout, pas même ■ ᓂᒥ ᐧᐋᐧᐋᒡ ᓅᐦᒋ ᒌᐦ ᐧᐋᐱᒫᐤ ᐋᐦᒣᐧᐋᔮᐦ ᐅᐦᒋ ᐴᓯᑦ ■ nimi waawaach nuuhchi chiih waapimaau aahmwaayaah uhchi puusit. ■ *Je n'ai pas même eu la chance de la voir avant qu'elle ne parte en canot.*

pas encore

ᑳᐱᑦ **kaapit** p,temps ◆ pas encore, attends que..., attendez que... ■ ᑳᐱᑦ ᐧᐄ ᒫᑎᐅᐦ ᐹᑎᔥ ᒋᐦᒋᐧᐋ ᒥᔥᑭᐧᐃᒋᒑ ■ kaapit wii maatiuh paatish chihchiwaa mishkiwichichaa. ■ *Ne gratte pas encore le gras de la peau, attends que ça soit complètement gelé!*

pas étonnant

ᒑᒫᑳ **chaamaakaa** p,évaluative ◆ pas étonnant, néanmoins ■ ᒑᒫᑳ ᐧᐄᐦ ᐃᐦᑎᐤ ᐊᓂᔮ ᒨᔥ ᐋᐦ ᒌᐦ ᓂᓈᐦᑳᑖᔨᒧᑦ ■ chaamaakaa wiih ihtiu aniyaa muush aah chiih ninaahkaataayimut. ■ *Pas étonnant qu'il soit devenu comme ça après tous les problèmes qu'il a eu.*

pas faire

ᐊᑳᐧᐄ **akaawii** p,négative ◆ ne fais pas ■ ᐊᑳᐧᐄ ᒦᓐ ᐧᐃᔨᐧᐄᐦ ■ akaawii miin wiyiwiih. ■ *Ne ressors pas!*

pas même

ᓂᒥ ᐧᐋᐧᐋᒡ **nimi waawaach** p,négative ◆ pas du tout, pas même ■ ᓂᒥ ᐧᐋᐧᐋᒡ ᓅᐦᒋ ᒌᐦ ᐧᐋᐱᒫᐤ ᐋᐦᒣᐧᐋᔮᐦ ᐅᐦᒋ ᐴᓯᑦ ■ nimi waawaach nuuhchi chiih waapimaau aahmwaayaah uhchi puusit. ■ *Je n'ai pas même eu la chance de la voir avant qu'elle ne parte en canot.*

pas mûr

ᐊᑎᒌᔥᐦ **atichiish-h** na ◆ des baies qui commencent juste à pousser, qui ne sont pas encore mûres

pas tous

ᐱᔥᒡ **pishch** p,quantité ◆ quelque, pas tous ■ ᒥᒃ ᐱᔥᒡ ᒌᐦ ᑎᑯᔑᓂᒡ ᐊᓂᒌ ᐊᐧᐋᓂᒌ ᐃᔅᑯᑎᒃ ᑳ ᒋᐦᒋᔥᑖᑭᓂᐧᐃᔨᒡ ᒑ ᒫᑎᐧᐋᓂᐧᐃᔨᒡ ■ mikw pishch chiih tikushinich anichii awaanichii iskutik kaa chihchishtaakiniwiyich chaa maatiwaaniwiyich. ■ *Il n'y en avait que quelques uns qui étaient là quand le jeu devait commencer.*

pas tout à fait

ᒧᔑᐧᐋᒃ **mushiwaak** p,manière ◆ pas tout à fait, pas complètement (toujours utilisé à la forme négative: *taapaa mushiwaak* or *nimi mushiwaak*)

passage

ᐊᐱᔑᔒᐹᐧᐋᔮᔑᐤ **apishishiipaawaayaashiu** vai dim ◆ ce passage, ce chenal est étroit

ᒋᐱᔥᒁᐦᑎᐧᐋᔥᑖᐤ **chipishkwaahtiwaashtaau** vii ◆ c'est à la porte obstruant le passage

ᐧᐋᔮᑎᒁᐤ **waayaatikwaau** vii ◆ il y a un passage dans les vagues

ᐱᓵᐱᔅᑳᐤ **pisaapiskaau** vii ◆ c'est un passage entre les rochers, un défilé

passages

ᑭᔥᑭᐧᐃᓂᔅᑰ **kishkiwiniskuu** vii -uwi ◆ il y des passages nuageux

passages nuageux

ᐱᐹᑯᓈᓯᔅᒑᐤ pipaakunaasischaau vii redup ◆ c'est ensoleillé avec des passages nuageux

passé

ᒌ chii préverbe ◆ voir *chiih*

ᒌᐦ chiih préverbe ◆ marque du passé ■ ᒌᐦ ᐱᒧᓯᓈᑎᐦᐧᐋᐤ ᐊᓂᔮᐦ ᐱᔮᔒᔥᐦ. ■ chiih pimusinaatihwaau aniyaah piyaashiishh. ■ *Elle/il a jeté une roche sur l'oiseau.*

ᐅᐦᒋ uhchi préverbe ◆ (marque du passé accompagnant la négation des verbes indépendants et conjonctifs) ■ ᑖᐹ ᐅᐦᒋ ᐃᐦᑎᑯᓐ. ❖ ᐋᐅᒄ ᐙᔥ ᑳ ᒋᔅᑯᑎᒫᐅᓱᐙᒑᔨᐦᒄ ᑭᔮᐦ, ᐋᑳ ᐅᐦᒋ ᐃᐦᑎᑯᐦᒡ ᑯᑎᒡ ᐊᔨᒧᐎᓐ. ■ taapaa uhchi ihtikun. ❖ aaukw waash kaa chiskutimaausuwaachaayihkw kiyaah, aakaa uhchi ihtikuhch kutich ayimuwin. ■ *Il n'y en avait pas.* ❖ *Nous l'enseignions à nos enfants, avant qu'il n'y ait aucune autre langue (d'instruction coloniale)'.*

ᐅᑖᐦᒡ utaahch p,lieu ◆ derrière, en arrière, dans le passé ■ ᐊᓂᑖᐦ ᐅᑖᐦᒡ ᐋᑯᑖᐦ ᑳ ᐅᐦᒋ ᐱᒧᐦᑖᑦ ᐑᔨ ᐊᓐ ᓈᐹᐤ. ■ anitaah utaahch aakutaah kaa uhchi pimuhtaat wiiyi an naapaau. ■ *Cet homme marchait en arrière.*

ᐄᔥᒁᒥᑯᔖᒌᔑᑳᐤ iishkwaamikushaachiishikaau vii ◆ Noël est passé

passer

ᒥᔮᔥᑭᒼ miyaashkim vti ◆ il/elle le passe avec le pied

ᔖᐳᐦᑎᐙᐱᔨᐤ shaapuhtiwaapiyiu vai ◆ il/elle passe sans s'arrêter

ᔖᐳᐦᑎᐙᔥᑭᒼ shaapuhtiwaashkim vti ◆ il/elle passe à côté sans s'arrêter

ᐙᐱᐦᐊᒧᐙᐤ waapihamuwaau vta ◆ il/elle le/la lui passe

ᔖᐳᐦᑎᐙ shaapuhtiwaa p,lieu ◆ par là, passer ■ ᒥᒄ ᔖᐳᐦᑎᐙ ᐱᒧᐦᑖᐤ, ᒥᒄ ᐃᔥᑭ ᐋᑳ ᓂᐙᐱᑯᐙ. ■ mikw shaapuhtiwaa pimuhtaau, mikw ishki akaa niwaapikuwaa. ■ *Elle/Il a passé juste là et fait comme s'il ne me voyait pas.*

ᐄᔨᒋᓈᔥᑭᒼ iiyichinaashkim vti ◆ il/elle passe de l'un à l'autre

ᑯᐃᔥᑎᑳᒫᐱᔨᐦᐋᐤ kuishtikaamaapiyihaau vta ◆ il/elle le/la passe à ceux et celles qui sont assis en cercle; il/elle lui fait contourner une étendue d'eau en véhicule

ᑯᐃᔥᑎᑳᒫᐱᔨᐤ kuishtikaamaapiyiu vii ◆ ça passe autour de l'habitation

ᒥᒋᐱᔨᐤ michipiyiu vii ◆ ça va mal, ça se passe mal

ᒥᔮᐅᐱᔨᐤ miyaaupiyiu vai ◆ il/elle dépasse, passe

ᒥᔮᐅᐱᔨᐤ miyaaupiyiu vii ◆ ça passe à côté

ᒥᔮᐙᔑᐤ miyaawaashiu vai ◆ il/elle passe soufflé-e par le vent

ᓃᐱᓂᐦᑖᐤ niipinihtaau vai ◆ il/elle passe l'été à un certain endroit

ᓂᔅᑭᐙᐦᑎᓐ niskiwaahtin vii ◆ ça se frotte en passant

ᓂᔅᑭᐙᔑᓐ niskiwaashin vai ◆ il/elle l'effleure en passant

ᓅᒋᐹᐅᔥᑎᑯᐙᐤ nuuchipaaushtikuwaau vai ◆ il/elle passe les rapides

ᐱᒥᒨ pimimuu vii -u ◆ ça passe par ici (se dit d'une route)

ᐱᐳᓂᐦᑖᐤ pipunihtaau vai ◆ il/elle passe l'hiver à un certain d'endroit

ᐱᐳᓂᔑᐤ pipunishiu vai ◆ il/elle passe l'hiver dans un endroit

ᐱᔖᑯᔥᑭᒼ pishaakushkim vti ◆ il/elle passe par là sans le trouver

ᐱᔖᑯᔥᑭᐙᐤ pishaakushkiwaau vta ◆ il/elle passe par là sans le/la trouver

ᐱᔅᐱᒋᔑᓈᐤ pispichishinaau vta ◆ il/elle le/la laisse sortir, passer par sous la toile du tipi au lieu d'utiliser la porte

ᐱᔅᐱᒋᔑᓂᒼ pispichishinim vti ◆ il/elle le laisse sortir, le fait passer par sous la toile, mais pas par la porte

ᐱᔨᔅᑯᐹᒋᑰ piyiskupaachikuu vii -uwi ◆ de l'eau passe au travers

ᐱᔨᔅᑯᐱᔨᐤ piyiskupiyiu vai ◆ il/elle passe tout seul dedans

ᔖᐳᐦᑎᐙᐦᔮᒥᑭᓐ shaapuhtiwaahyaamikin vii ◆ ça vole sans s'arrêter; ça passe en volant

ᔖᐳᐦᑎᐙᐱᐦᑖᐤ shaapuhtiwaapihtaau vai ◆ il/elle court sans s'arrêter, passe en courant

ᔖᐳᐱᔨᐤ shaapupiyiu vii ◆ ça traverse, ça passe au travers

ᔖᐚᔅᑯᐦᑎᓐ shaapwaaskuhtin vii ◆ ça passe au travers (long et rigide); c'est coincé dedans

ᔒᐹᐦᐙᐤ shiipaahwaau vta ◆ il/elle passe dessous (animé, par ex. un arbre) en marchant

ᔒᐹᐱᔨᐤ shiipaapiyiu vii ◆ ça passe en dessous de quelque chose

ᔒᐹᔥᑭᒼ shiipaashkim vti ◆ il/elle passe en dessous, au travers

ᔒᐹᔥᑭᐙᐤ shiipaashkiwaau vta ◆ il/elle passe sous lui/elle

ᔒᐹᓯᓈᒋᐱᔨᐤ shiipaasinaachipiyiu vai ◆ il/elle passe sous une montagne par un tunnel

ᔒᔥᒁᔮᒋᑭᐑᐦᑖᐤ shiishkwaayaachikiwihtaau vai+o ◆ il/elle le filtre, le passe

ᓰᑯᓂᐦᑖᐤ siikunihtaau vai ◆ il/elle passe le printemps dans un certain endroit

ᓰᑯᓂᔑᐤ siikunishiu vai ◆ il/elle est forcé-e de passer le printemps à un certain endroit

ᑖᑭᔑᐱᐳᓂᐦᑖᐤ taakishipipunihtaau vai ◆ il/elle passe tout l'hiver à la même place

ᑎᑳᔥᑖᐱᔨᐤ tikaashtaapiyiu vai ◆ il/elle passe et on voit son ombre

ᑎᑳᔥᑖᐱᔨᐤ tikaashtaapiyiu vii ◆ ça passe et on voit son ombre

ᑎᒁᑭᐱᐤ tikwaakipiu vai ◆ il/elle passe l'automne à un certain endroit

ᐧᐋᐱᐦᐧᐋᐤ waapihwaau vta ◆ il/elle le/la balaie, le/la passe

ᐧᐄᒋᐱᐳᓂᐦᑖᒫᐤ wiichipipunihtaamaau vta ◆ il/elle passe l'hiver avec lui/elle

ᔮᔑᑎᔑᓈᐤ yaashitishinaau vta ◆ il/elle le/la passe en le/la descendant

ᐃᔅᑭᓂᐱᐤ iskinipiu vai ◆ il/elle passe la nuit une ou deux fois durant son voyage

ᑯᐃᔥᑎᑳᒫᐱᔨᐦᑖᐤ kuishtikaamaapiyihtaau vai ◆ il/elle le fait passer à ceux et celles qui sont assis en cercle, elle/il le conduit autour d'une étendue d'eau

ᑯᑎᑯᓃᐤ kutikuniiu vai ◆ il/elle passe la nuit ailleurs

ᒥᔮᐧᐋᔥᑎᓐ miyaawaashtin vii ◆ ça passe emporté par le vent

ᒧᐧᐃᐱᔅᑎᐦᐧᐋᐤ muwipistihwaau vai ◆ il/elle va à la pêche et passer la nuit

ᐱᔩᔅᑯᐱᔩᐤ piyiskupiyiu vii ◆ ça passe tout seul dedans, ça traverse tout seul, le fond en est arraché

ᔖᐳᐦᐊᒻ shaapuham vti ◆ il/elle le fait passer au travers en le perforant

ᔖᐳᐦᑎᐧᐋᐦᑖᐤ shaapuhtiwaahtaau vai ◆ il/elle traverse, marche sans s'arrêter

ᔖᐳᑎᓐ shaaputin vii ◆ le froid passe au travers

ᑎᐧᑳᐱᐦᑳᔥᑳᑰ tikwaapihkaashkaakuu vai -u ◆ il/elle remarque ses mouvements du coin de l'oeil en passant

ᐱᒥᔅᑯᐱᒋᐤ pimiskupichiu vai ◆ il/elle déplace son campement d'hiver en passant sur la glace

ᔖᐧᐹᐱᐦᑖᐤ shaapwaapihtaau vii ◆ la fumée passe au travers

ᔖᔥᐧᐋᑭᐦᐄᑭᓂᐱᒋᐤ shaashwaakihiikinipichiu vai ◆ il/elle passe sur la neige mouillée, la neige fondante en déplaçant son campement d'hiver

ᔖᔥᐧᐋᑭᐦᐄᐱᒋᐤ shaashwaakihiipichiu vai ◆ il/elle passe sur la neige mouillée, la neige fondante en déplaçant son campement d'hiver

ᑖᐱᓯᑯᓈᐤ taapisikunaau vta ◆ il/elle passe son doigt ou sa main dans l'anneau, dans la boucle de quelque chose (animé)

ᑖᐱᓯᑯᓂᒻ taapisikunim vti ◆ il/elle passe son doigt ou sa main dans l'anneau, dans la boucle de quelque chose (ex. une ficelle)

passer (faire)

ᐧᐋᔅᑳᐱᔨᐦᑖᐤ waaskaapiyihtaau vai ◆ il/elle le fait passer à tout le monde

passer (se)

ᐄᔅᐱᔨᐤ iispiyiu vii ◆ ça arrive d'une certaine façon

ᐃᔨᓐ iyin vii ◆ ça a lieu, ça se passe

ᐅᑎᐦᒋᐱᔨᐤ utihchipiyiu vii ◆ ça se passe, ça arrive à destination

ᐧᐃᔮᔑᓐ wiyaashin p,évaluative ◆ ça compte, ça se passe (normalement utilisé à la forme négative) ■ ᑖᐹ ᒋᑭ ᐧᐃᔮᔑᓐ ᑳᒋᒡ ᐋᐦ ᒥᔥᑭᐧᐃᑎᐦᐨ ■ taapaa chiki wiyaashin kaachich aah mishkiwitihch. ■ *Il n'arrivera rien tant qu'on le garde gelé.*

ᐃᔅᐱᔨᐤ ispiyiu vii ◆ ça bouge, va quelque part, arrive, se passe

passionnant

ᒨᒋᒋᓈᑯᓐ muuchichinaakun vii ◆ ça a l'air passionnant

passoire

ᔒᔥᐧᑳᔮᒋᑭᐧᐃᐦᑖᑭᓐ shiishkwaayaachikiwihtaakin ni ◆ un tamis, une crépine, une passoire, un filtre

pasteur

ᐊᔨᒥᐦᐊᐅᒋᒫᐤ ayimihaauchimaau na -aam ◆ un pasteur, un prêcheur

patate

ᐱᑖᑎᔅ pitaatis ni ◆ une pomme de terre, une patate, de l'anglais 'potato' ou du français 'patate'

patauger

ᐱᒥᑳᓯᐤ pimikaasiu vai ◆ il/elle patauge dans l'eau

ᐊᑎᒥᑳᓯᐤ atimikaasiu vai ◆ il/elle s'éloigne en pataugeant dans l'eau

ᑯᐃᔥᑎᑳᒫᑳᓯᐤ kuishtikaamaakaasiu vai ◆ il/elle marche dans l'eau, patauge le long du rivage

ᔮᔮᐧᐋᑳᓯᐤ yaayaawaakaasiu vai ◆ il/elle patauge le long du rivage

ᔮᔮᐧᐋᔮᑎᑳᓯᐤ yaayaawaayaatikaasiu vai ◆ il/elle patauge le long du rivage

ᐋᔓᐧᐃᑳᓯᐤ aashuwikaasiu vai ◆ il/elle patauge pour traverser une étendue d'eau

ᐱᒥᑳᓯᐦᑎᐦᐋᐤ pimikaasihtihaau vta ◆ il/elle patauge en le/la portant le long du rivage

ᐱᒥᑳᓯᐦᑎᑖᐤ pimikaasihtitaau vai ◆ il/elle patauge en le tirant vers le rivage

ᐱᒥᑎᑳᓯᐦᑎᑖᐤ pimitikaasihtitaau vai ◆ il/elle tire le canot en pataugeant

ᔮᔮᐧᐋᔮᑎᑳᓯᐦᑎᑖᐤ yaayaawaayaatikaasihtitaau vai ◆ il/elle l'apporte le long du rivage en pataugeant

ᔮᔮᐧᐋᔮᑎᓂᔪᒫᐤ yaayaawaayaatiniyumaau vta ◆ il/elle patauge dans l'eau le long du rivage en le/la portant sur son dos

pâte

ᓵᓵᔅᒋᐦᐧᑳᓈᐃᐦᑯᓈᐤ saasaaschihkwaanaaihkunaau na -m ◆ une pâte frite

patience

ᔒᐱᔨᐧᐋᓯᐧᐃᓐ shiipiyiwaasiwin ni ◆ de la patience

patient

ᔒᐱᔨᐧᐋᔒᔥᑎᒻ shiipiyiwaashiishtim vti ◆ il/elle est patient-e avec ça

ᔒᐱᔨᐧᐋᔒᔥᑎᐧᐋᐤ shiipiyiwaashiishtiwaau vta ◆ il/elle est patient-e avec lui/elle

ᓰᐲᐧᐋᓯᐤ siipiiwaasiu vai ◆ il/elle est patient-e

patient (n)
ᐅᑖᐦᑯᓯᐤ utaahkusiu na -iim ◆ un patient, une patiente (dans un hôpital), un ou une malade

patiner
ᐱᐹᒥᐢᑯᐱᔨᐤ pipaamiskupiyiu vai redup ◆ il/elle patine

patron
ᐅᒋᒫᔥᒁᔑᔥ uchimaashkwaashish na -iim ◆ la fille du patron, du directeur

ᐧᐃᔨᔑᑭᓐ wiyishikin ni ◆ un modèle, un patron

ᐅᒋᒫᐅᐱᐤ uchimaaupiu vai ◆ il/elle reste assis comme le patron

ᐅᒋᒫᐅᑭᒥᒄ uchimaaukimikw ni ◆ la maison du directeur/de la directrice, du patron/de la patronne

patron, patronne
ᐅᒋᒫᐤ uchimaau na -aam ◆ un ou une chef, un patron, une patronne, un directeur, une directrice

patte
ᒋᔖᔮᑯᑎᐦᒌ chishaayaakutihchii ni -m ◆ une patte d'ours

ᑳᑯᔑᒋᔥᐦ kaakushichishh ni pl ◆ les pattes postérieures du porc-épic

ᑳᑯᑎᐦᒌᔥᐦ kaakutihchiishh ni pl ◆ les pattes antérieures du porc-épic

ᐅᔥᑳᒑᐤ ushkaachaau ni ◆ la partie de la patte sur une peau de caribou ou d'orignal

ᐧᐋᐳᔪᒋᑭᓐᐦ waapushuchikinh ni pl ◆ des pattes de lièvre

ᐋᑎᓂᐢᒑᐦᐱᑖᐤ aatinischaahpitaau vta ◆ il/elle lui attache les pattes pour l'empêcher de s'échapper

ᒋᒥᐱᑎᒧᔮᐤ chimipitimuyaau vai ◆ il/elle n'attrape que la patte de l'animal dans le piège

ᒋᐳᑎᐦᒋᑭᓈᐱᑖᐤ chiputihchikinaapitaau vta ◆ il/elle ferme les trous des pattes par une couture sur la peau

ᓈᐧᑳᑳᑖᐦᐧᐋᐤ naatwaakaataahwaau vta ◆ il/elle lui casse la jambe, la patte avec quelque chose

ᓈᐧᑳᑳᑖᓈᐤ naatwaakaataanaau vta ◆ il/elle lui casse la jambe, la patte avec la main

ᓃᔥᑖᒧᔥᑳᒑᐤ niishtaamushkaachaau ni ◆ la peau qui couvre les pattes avant du caribou, de l'orignal

ᐅᒋᐱᓯᐧᐋᓯᐅᐦ uchipisiwaasiuh nad ◆ le muscle de la partie inférieure de sa patte (pour un caribou, un orignal), le muscle du dessous des côtes (pour l'ours)

ᐅᔥᑳᒑᐅᐦ ushkaachaauh nad ◆ la peau de ses pattes (se dit d'un caribou ou d'un orignal)

ᐧᐄᔨᔥᑦᐦ wiiyisht-h nid pl ◆ ses pattes (pour un orignal, caribou)

ᐱᒥᑖᒋᒨ pimitaachimuu vai ◆ il/elle marche à quatre pattes

ᐅᐦᐱᑳᑖᔨᐤ uhpikaataayiu vai ◆ il/elle lève la patte, la jambe

ᒌᑎᐧᐃᐦᐄᑭᓂᑳᑦ chiitiwihiikinikaat ni ◆ l'os de la patte arrière d'un certain caribou mâle, qu'on fend en deux, dont on enlève la moelle pour la donner à manger seulement à des hommes âgés, et qui est ensuite rattaché ensemble et conservé

patte antérieure
ᐅᐱᐢᑯᓂᑳᑦ upiskunikaat nid ◆ la partie inférieure de sa patte antérieure (pour un cervidé)

ᐅᐢᐱᑐᓈᐧᑳᓐ uspitunaakwaan ni ◆ un porc-épic découpé avec l'os de la patte antérieure attaché à la peau

patte avant
ᓃᔥᑖᒥᑳᑦ niishtaamikaat ni ◆ la patte avant d'un animal à quatre pattes

patte d'ours
ᐹᑑᐧᐃᓵᒥᒡ puutuwisaamich na pl ◆ des raquettes en forme de pattes d'ours

patte postérieure
ᐅᑖᐦᒑᑳᑦ utaahchaakaat nid ◆ la patte arrière (patte postérieure) d'un cervidé

pattes
ᐋᒋᓂᐢᑭᐦᐋᐤ aachiniskihaau vta ◆ il/elle lui attache les pattes avant sur la poitrine

pauvre
ᒋᐢᑎᒫᒋᓈᑯᓯᐤ chistimaachinaakusiu vai ◆ il/elle a l'air pauvre et fait pitié

ᒋᐢᑎᒫᑎᓰᐤ chistimaatisiiu vai ◆ il/elle est dans le besoin, est pauvre

pavaner (se)
ᒥᒥᐦᑖᑯᓰᐧᐋᒑᐤ mimihtaakusiiwaachaau vai redup ◆ il/elle en est fière, se pavane avec

payer
ᑎᐱᐦᐋᒧᐦᑎᔮᐤ tipihaamuhtiyaau vta ◆ il/elle le lui fait payer

ᑎᐱᐦᐄᒑᔥᑎᒧᐧᐋᐤ tipihiichaashtimuwaau vta ◆ il/elle paye pour lui/elle

ᑎᐱᐦᐄᒑᐤ tipihiichaau vai ◆ il/elle paie, paye

ᒥᓯᓂᐦᐄᒑᐱᔨᐤ misinihiichaapiyiu vai ◆ il/elle n'a pas assez d'argent pour payer sa facture

ᐲᑯᐦᐊᒼ piikuham vti ◆ il/elle le paie, le casse avec quelque chose

ᑎᐱᐦᐋᒫᒑᔥᑎᒫᒑᐤ tipihaamaachaashtimaachaau vai ◆ il/elle effectue un paiement pour quelqu'un d'autre, honore sa dette pour lui/elle

ᑎᐱᐦᐊᒼ tipiham vti ◆ il/elle le paye, le mesure

ᑎᐱᐦᐊᒧᐧᐋᐤ tipihamuwaau vta ◆ il/elle le/la paye, le/la récompense

ᑎᐱᐦᐧᐋᐤ tipihwaau vta ◆ il/elle paye pour quelque chose (d'animé), le/la mesure

ᐲᑯᓯᓂᐦᐋᒼᐧᐋᐤ piikusinihaamwaau vta ◆ il/elle paie ses dettes, efface ce qu'il/elle a écrit

ᐲᑯᓯᓂᐦᐄᒑᐤ piikusinihiichaau vai ◆ il/elle paie ses dettes, efface quelque chose

pays

ᐏᐦᑎᐢᑳᓈᓯᐤ **wihtiskaanaasiu** vai ◆ il/elle appartient à ce pays ou à cette tribu

ᐊᐢᒌ **aschii** ni ◆ le monde, la terre, un territoire, un pays

ᒌᐅᔖᔨᐦᑎᒼ **chiiushaayihtim** vti ◆ il/elle a le mal du pays

paysage

ᐄᑎᐢᑭᒥᑳᐤ **iitiskimikaau** vii ◆ le paysage a certaines caractéristiques

peau

ᐅᔑᑮᐦ **ushikiih** nad ◆ sa peau

ᐋᐦᒋᑯᔮᓐ **aahchikuyaan** na ◆ une peau de phoque

ᐋᓂᑯᒑᔑᐅᔮᓐ **aanikuchaashiwiyaan** na ◆ une peau d'écureuil

ᐊᒋᑳᔑᐅᔮᓐ **achikaashiuyaan** na -im ◆ une peau de vison

ᐊᐦᑏ **ahtii** na ◆ une peau de castor

ᐊᑎᐦᑯᔮᓐ **atihkuyaan** na ◆ une peau de caribou

ᐊᔪᐏᓐ **ayuwin** ni ◆ de la peau, de la fourrure

ᒋᔖᔮᑯᔮᓐ **chishaayaakuyaan** na ◆ une peau d'ours

ᑳᑯᒫᔥᑖᒄ **kaakumaashtaakw** ni ◆ de la peau de porc-épic séchée et fumée

ᑰᐦᑰᔑᐏᔑᑮ **kuuhkuushiwishikii** na -kaam ◆ une peau de cochon

ᒥᐦᒑᔑᐅᔮᓐ **mihchaashiuyaan** na -im ◆ une peau de renard

ᒥᐦᐄᐦᑭᓂᐏᔮᓐ **mihiihkiniwiyaan** ni ◆ une peau de loup

ᒦᔥᑎᐦᑯᐃ **miishtihkui** na ◆ une peau de caribou

ᒥᐢᑎᓱᔮᓐ **mistisuyaan** na ◆ une peau de vache, du cuir de vache

ᒥᑐᓈᐲ **mitunaapii** ni ◆ des bandes de peau qui vont du trou pour les orteils à la barre transversale de la raquette

ᒨᓱᔮᓐ **muusuyaan** na ◆ de la peau d'orignal

ᓂᐢᑭᒫᔥᑖᒄ **niskimaashtaakw** ni -um ◆ de la peau d'oie séchée

ᐹᑯᑎᒫᑭᓐ **paakutimaakin** na ◆ une peau d'animal lyophilisée, glacée

ᐲᐙᑎᐦᐄᑭᓂᒡ **piiwaatihiikinich** na pl -um ◆ des restes de peau sur le cadre

ᐱᔑᐅᔮᓐ **pishiuyaan** na ◆ une peau de lynx

ᔒᔒᐱᒫᔥᑖᒄ **shiishiipimaashtaakw** na -im ◆ de la peau de canard séchée

ᓯᐦᑯᓯᐅᔮᓐ **sihkusiuyaan** na -im ◆ une peau d'hermine

ᓰᓂᐹᑖᔮᐢᑯᐦᐄᑭᓈᐦᑎᒄ **siinipaataayaaskuhiikinaahtikw** ni ◆ des perches pour essorer la peau

ᑎᐦᑎᐹᐱᐦᒑᓂᑭᓐ **tihtipaapihchaanikin** ni ◆ un demi-cercle de peau qui entoure le trou pour le pied dans la raquette

ᐅᒫᔨᒋᐦᑯᔑᐅᔮᓐ **umaayichihkushiuyaan** na ◆ une peau de mouton, d'agneau

ᐅᔥᑳᒑᐤ **ushkaachaau** ni ◆ la partie de la patte sur une peau de caribou ou d'orignal

ᐅᑎᒥᐢᑮ **utimiskii** nid ◆ couche interne de la peau (se dit de la peau de phoque, de caribou, de castor, des animaux à fourrure)

ᐙᐱᐦᒑᔒᔑᐅᔮᓐ **waapihchaashiishiuyaan** na ◆ une peau de renard blanc

ᐙᐱᒫᑯᔮᓐ **waapimaakuyaan** na ◆ de la peau de baleine

ᐙᐱᔥᑖᓂᐅᔮᓐ **waapishtaaniuyaan** na -im ◆ une peau de martre

ᐏᒋᔥᑯᔮᓐ **wichishkuyaan** na ◆ une peau de rat musqué

ᒧᔥᑖᔑᑮ **mushtaashikii** p,manière ◆ sur la peau nue, directement sur la peau

ᐊᔓᐹᒋᓈᐤ **ashupaachinaau** vai ◆ il/elle verse de l'eau sur sa peau

ᒌᔑᓂᒑᐤ **chiishinichaau** vai ◆ il/elle tanne une peau

ᒋᓰᐢᒋᐱᔨᐤ **chisiischipiyiu** vai ◆ la peau de l'animal se déchire parce que les trous sont trop fins et trop rapprochés quand on la place sur le cadre

ᒋᐢᐱᒋᔑᑭᔮᐤ **chispichishikiyaau** vai ◆ il/elle a la peau épaisse, dure

ᑳᔥᑳᔥᒋᐦᑭᔔᔑᐤ **kaashkaashchihkishuushiu** vai ◆ la peau est cuite bien croustillante

ᑳᐅᔖᔮᐤ **kaaushaayaau** vii ◆ c'est de la peau dure

ᒫᑎᐦᐄᒑᐤ **maatihiichaau** vai ◆ il/elle gratte une peau de bête gelée ■ ᒫᒀᒡ ᒌᐦ ᒫᑎᐦᐄᒑᐤ ᑳ ᒧᐏᒋᔑᐏᒥᒃ. ■ maakwaach chiih maatihiichaau kaa muwichishiwimik. ■ *Elle grattait une peau quand je suis allé lui rendre visite.*

ᒫᑎᐦᐙᐤ **maatihwaau** vai ◆ il/elle gratte une peau de bête gelée

ᒥᐦᑯᔖᐤ **mihkushaau** vai ◆ il/elle a la peau rouge

ᒧᔥᑖᒋᔥᑭᒼ **mushtaachishkim** vti ◆ il/elle le porte à fleur de peau

ᓃᐱᓈᐹᔂᐤ **niipinaapaaswaau** vai ◆ il/elle fait sécher la peau de l'animal à l'intérieur de l'habitation

ᓃᐱᓂᔖᐤ **niipinishaau** vai ◆ c'est une peau de bête d'été

ᓂᐢᑭᒫᔥᑖᑯᐦᒑᐤ **niskimaashtaakuhchaau** vai ◆ il/elle prépare des peaux d'oies séchées

ᐹᐦᐹᐦᑖᐅᔖᐤ **paahpaahtaaushaau** vai redup ◆ il/elle est tacheté-e, a la peau tachetée

ᐹᔨᒀᒋᓯᐤ **paayikwaachisiu** vai ◆ ça forme une seule pièce (étalé), c'est une seule peau d'animal

ᐱᐦᑭᔖᐱᔨᐤ **pihkishaapiyiu** vai ◆ il/elle a des rides, sa peau est ridée

ᐱᐱᑭᔖᔑᐤ **pipikishaashiu** vai dim ◆ sa peau est très fine

ᔖᐚᐱᓲ **shaapwaapisuu** vai -u ◆ la peau est toute fumée

ᔒᐱᐦᐄᒑᐤ *shiipihiichaau* vai ◆ il/elle étend une peau sur un cadre pour la faire sécher

ᔔᔑᐎᔖᔮᐤ *shuushiwishaayaau* vai ◆ c'est une peau lisse

ᔔᔑᐎᔑᑮᔮᐤ *shuushiwishikiyaau* vai ◆ il/elle a la peau lisse

ᓯᐦᑳᔅᑯᓂᒑᐤ *sihkaaskunichaau* vai ◆ il/elle étire la peau par-dessus la neige en l'ancrant avec des bâtons

ᓯᓱᐹᒋᓈᐤ *sisupaachinaau* vai ◆ il/elle met de l'eau sur la peau avant de gratter la chair gelée

ᓱᐦᒑᒋᓯᐤ *suhchaachisiu* vai ◆ il/elle est solide (se dit d'une peau de bête)

ᐅᒋᐱᒋᒑᐎᒡ *uchipichichaawich* vta pl ◆ ils/elles tirent sur la peau de caribou, d'orignal jusqu'à ce qu'elle sèche pour la ramollir

ᐅᔑᑳᐅ *ushikaauu* vii -aawi ◆ ça enveloppe, c'est la peau

ᐚᐱᔑᑮᔮᐤ *waapishikiyaau* vai ◆ il/elle a la peau blanche

ᐎᔑᐦᑖᒑᐤ *wishihtaachaau* vai ◆ il/elle tanne la peau

ᐎᔨᐱᔑᑮᔮᐤ *wiyipishikiyaau* vai ◆ il/elle a la peau noire

ᐊᐦᑖᐅᐎᐟ *ahtaauwit* ni [Wemindji] ◆ un sac à peaux de castor

ᐊᒥᔅᑯᔮᓂᑯᐦᑊ *amiskuyaanikuhp* ni ◆ un manteau en peau de castor

ᐊᒥᔅᑯᔮᓂᔥᑐᑎᓐ *amiskuyaanishtutin* ni -m ◆ un chapeau en peau de castor

ᐊᒥᔅᑯᔮᓂᔅᑎᓯᒡ *amiskuyaanistisich* na pl -m ◆ des mitaines (des moufles) en peau de castor

ᐊᐱᔥᑖᐦᒋᑯᔮᓂᔥ *apishtaahchikuyaanish* na ◆ une peau de bébé phoque

ᐊᔅᐹᔅᑯᔑᒫᓐ *aspaaskushimaan* ni ◆ une peau, un tissu enroulé autour de la partie médiane de la raquette, au dessus du tissage en babiche

ᐊᑎᐦᑖᑯᐦᑊ *atihtaakuhp* ni [Whapmagoostui] ◆ un manteau en peau de castor

ᒋᐱᔮᐦᒑᐅᐲᔖᑭᓐ *chipiyaahchaaupiishaakin* na -um ◆ une peau de caribou trouée par des parasites

ᑳᐦᑮᔮᐦᒁᐅᐊᔅᒋᓯᓐᐦ *kaahkiyaahkwaauaschisinh* na -m ◆ des mocassins courts en peau de phoque

ᒦᔥᑎᐦᒀᑯᐦᑊ *miishtihkwaakuhp* ni ◆ un manteau en peau de caribou dont les poils n'ont pas été rasés

ᒥᔥᑎᐦᑭᓐ *mishtihkin* ni ◆ un manteau en peau de caribou dont les poils n'ont pas été rasés

ᓃᔥᑖᒧᔥᑳᒑᐤ *niishtaamushkaachaau* ni ◆ la peau qui couvre les pattes avant du caribou, de l'orignal

ᓂᔅᑮᒫᔥᑖᑯᐎᐟ *niskimaashtaakuwit* ni ◆ un ballot de peaux d'oie séchées

ᐲᔖᑭᓐ *piishaakin* ni ◆ du cuir, de la peau tannée

ᐲᔖᑭᓂᐱᐦᑯᐃ *piishaakinipihkui* ni -m ◆ un recouvrement pour l'habitation fait de peau de caribou ou d'orignal

ᐱᔥᑯᔒᐚᑯᐦᑊ *pishkushiiwaakuhp* na ◆ un vieux manteau en peau de caribou dont les poils commencent à tomber

ᐱᔮᓯᐅᒫᔥᑖᒄ *piyaasiumaashtaakw* na [Wemindji] ◆ de la peau d'oie séchée, fumée

ᓯᒋᐱᑎᐦᑖᑭᓈᔮᐲ *sichipitihtaakinaayaapii* ni ◆ une ficelle pour attacher la peau sur un cadre pour la faire sécher

ᐅᔥᑳᒑᐤᐦ *ushkaachaauh* nad ◆ la peau de ses pattes (se dit d'un caribou ou d'un orignal)

ᐅᐑᒁᐳᑖᑭᓐ *uwiikwaaputaakin* nid ◆ la peau détendue sous son cou (se dit d'un caribou ou d'un orignal)

ᐙᔅᑳᔮᐹᔑᑭᓐ *waaskaayaapaashikin* ni ◆ une bande découpée autour du bord de la peau, de la fourrure

ᐊᒁᐱᓵᐙᐤ *akwaapisaawaau* vta ◆ il/elle tanne une peau d'orignal ou de caribou au moyen de la fumée

ᒋᐱᔮᐦᒑᐤ *chipiyaahchaau* vai ◆ la peau de caribou est marquée, a des trous dus à des parasites

ᒋᔅᐱᑭᔖᐤ *chispikishaau* vai ◆ il/elle a la peau dure, épaisse

ᑳᐅᔖᐤ *kaaushaau* vai ◆ il/elle a la peau rugueuse, rêche

ᒥᐦᒌᐤ *mihchiiu* vai ◆ il/elle enlève la viande d'une peau

ᓃᔓᔅᒋᓯᓈᓯᐤ *niishuschisinaasiu* vai ◆ il y a assez de peau pour deux paires de mocassins, de chaussures

ᐹᐦᐹᔑᔖᐤ *paahpaashishaau* vai redup ◆ il/elle a la peau rayée, un pelage avec des rayures

ᐱᐹᔥᑯᔖᐱᔨᐤ *pipaashkushaapiyiu* vai redup ◆ il/elle a des boutons sur la peau, il/elle a la chair de poule

ᔒᐱᐦᐋᒑᔑᐙᐤ *shiipihaachaashiwaau* vai ◆ il/elle étend une peau de renard sur un cadre pour la faire sécher

ᔒᐱᐦᐋᒋᔥᑯᔮᓈᐤ *shiipihaachishkuyaanaau* vai ◆ il/elle étend une peau de rat musqué sur un cadre pour la faire sécher

ᔒᐱᐦᐋᔮᐱᔥᑖᓂᐙᐤ *shiipihaayaapishtaaniwaau* vai ◆ il/elle étend une peau de martre sur un cadre pour la faire sécher

ᓯᒋᐱᑖᐤ *sichipitaau* vta ◆ il/elle étire la peau sur le cadre

ᓲᐳᐚᒋᓈᐤ *suupuwaachinaau* vai ◆ il/elle met du savon sur la peau avant de la gratter

ᐙᔅᑳᔮᐹᔑᒼ *waaskaayaapaashim* vti ◆ il/elle coupe les bords de la peau, de la fourrure

ᐙᔅᑳᔮᐹᔂᐤ *waaskaayaapaashwaau* vta ◆ il/elle coupe une bande autour des bords de la peau, de la fourrure

ᐊᑎᐦᑯᔮᓂᐱᐦᐧᑳᓱᓐ **atihkuyaanipihkwaasun** ni ◆ une peau de caribou pour recouvrir l'habitation

ᒋᔖᔮᐧᑳᔮᐲ **chishaayaakwaayaapii** ni ◆ de la ficelle, du lacet de peau d'ours

ᒫᑯᐱᑎᒥᔅᑯᐦᑐᔮᓐ **maakupitimiskuhtuyaan** ni ◆ une ficelle pour attacher ensemble un cadre pour faire sécher la peau de castor

ᒨᓲᔮᓈᔮᐲ **muusuyaanaayaapii** ni ◆ de la ficelle, de la cordelette en peau d'orignal

ᐧᐄᐧᑳᐳᑖᑭᓐ **wiikwaaputaakin** na ◆ sa peau qui pend sous la gorge (se dit d'un orignal ou d'un caribou)

ᒌᐦᑐᓈᑭᓂᐆ **chiihtunaakiniuu** vta,passif -iwi ◆ il/elle (une peau d'orignal, de caribou) a été tanné-e mais qui a besoin d'être retanné-e

ᒋᑭᐧᐋᓈᐤ **chikiwaanaau** vta ◆ il/elle laisse les poils sur la peau du caribou

ᒥᐦᑯᔖᐱᔩᐤ **mihkushaapiyiu** vai ◆ il/elle a la peau rouge; il/elle a une éruption cutanée

ᐧᐋᔅᑭᒥᓰᐤ **waaskimisiiu** vai ◆ la chair et la peau d'un poisson sont claires

ᐱᓯᐦᐊᒑᔪᐧᐃᓯᒼ **pisihachaayuwisim** vti ◆ il/elle retire la première peau de la queue du castor ou du rat musqué avec de la chaleur ou de l'eau chaude

ᐱᓯᐦᐊᔒᐹᐦᑖᑭᓈᐤ **pisihashiipaahtaakinaau** vta ◆ il/elle coupe du bois pour fabriquer un cadre ou une forme pour étendre les peaux

peau d'orignal

ᒨᓲᔮᓈᐦᑎᒄ **muusuyaanaahtikw** ni ◆ un poteau sur lequel on attache la peau d'orignal pour la faire sécher

ᒨᓲᔮᓂᔅᒋᓯᓐᐦ **muusuyaanischisinh** ni pl ◆ des mocassins en peau d'orignal

ᐅᑐᐃᐦ **utuih** nad ◆ la partie supérieure de sa peau après qu'on ait enlevé les poils sur une peau d'orignal ou de caribou

peau de baleine

ᐅᑎᐧᑳᑯᔖᓐ **utikwaakushaan** na ◆ la couche extérieure de la peau de baleine

ᐧᐋᐱᒫᑯᔮᓂᔅᒋᓯᓐᐦ **waapimaakuyaanischisinh** na ◆ des bottes en peau de baleine

ᐧᐋᓵᔮᒋᔑᓐ **waasaayaachishin** vii ◆ la peau de phoque, la peau de baleine est gardée dans un endroit humide dans le noir jusqu'à ce que la partie supérieure de la peau tombe

peau de caribou

ᑳᐦᑳᓈᓯᑭᓐ **kaahkaanaasikin** na ◆ une peau de caribou dont les poils ont été enlevés et qui est séchée sans avoir été tannée

ᐅᑐᐃᐦ **utuih** nad ◆ la partie supérieure de sa peau après qu'on ait enlevé les poils sur une peau d'orignal ou de caribou

ᐧᐃᔥᑭᑎᐦᐧᑳᔥᑐᑎᓐ **wishkitihkwaashtutin** ni ◆ le capuchon attaché au manteau en peau de caribou d'un enfant

peau de castor

ᐅᑐᔩᒡ **utuyich** na pl [Wemindji] ◆ des raclures de peau de castor sur le cadre

ᐊᐦᑏᔖᐳᓂᑭᓐ **ahtiishaapunikin** ni ◆ une aiguille pour lacer la peau de castor sur un cadre pour la faire sécher

ᐊᒥᔥᑯᐦᒞᔥ **amishkuhchuush** ni -uum ◆ un cadre plus petit pour faire sécher la peau d'un jeune castor

ᐊᒥᔅᑯᐦᑐᐃ **amiskuhtui** ni -m ◆ un cadre pour étendre et faire sécher la peau de phoque ou de castor

ᐧᐋᒋᓂᒥᔅᑯᐦᑐᔮᐤ **waachinimiskuhtuyaau** vai ◆ il/elle courbe du saule, de jeunes arbres pour fabriquer un cadre pour faire sécher la peau de castor

peau de lotte

ᒥᔮᐦᑭᑑᔑᑮ **miyaahkituushikii** na -im ◆ la peau de la lotte

peau de loutre

ᓂᒋᑯᔩ **nichikuyi** na ◆ de la peau de loutre

peau de mouffette

ᔑᑳᑯᔮᓐ **shikaakuyaan** na ◆ une peau de mouffette, une pièce de 25 cents

peau de phoque

ᒥᔥᑖᐦᒋᑯᔮᓐ **mishtaahchikuyaan** na ◆ de la peau de phoque adulte

ᐋᐦᒋᑯᒥᔅᑯᐦᑐᐃ **aahchikumiskuhtui** ni -m ◆ un cadre pour étendre la peau de phoque

ᐋᐦᒋᑯᐲᐦᒋᓯᓈᓐ **aahchikupiihchisinaan** ni ◆ une pochette de munitions faite en peau de phoque

ᐋᐦᒋᐧᑳᐧᐃᑦ **aahchikwaawit** ni ◆ un sac en peau de phoque

ᐋᐦᒋᐧᑳᔮᐲ **aahchikwaayaapii** ni -um ◆ une corde en peau de phoque

ᐄᔅᒌᒫᐅᐊᔅᒋᓯᓐᐦ **iischiimaauaschisinh** ni pl ◆ des bottes en peau de phoque

ᑳᒥᒦᐅᐧᑳᑖᔑᒡᐦ **kaamimiiukwaataashichh** nip pl ◆ des bottes en peau de phoque

ᐴᐦᒋᔥᑳᑭᓐᐦ **puuhchishkaakinh** ni pl ◆ des bottes en peau de phoque courtes

ᐅᐲᐧᔮᐅᑳᑦᐦ **upiiywaaukaat-h** ni pl ◆ des bottes en peau de phoque avec le poil laissé sur la partie qui couvre les jambes

ᐅᔅᐴᐦᑭᓐᐦ **uspuuhkinh** na pl ◆ des jambières, jambières-cuissardes en peau de phoque

ᐋᐦᒋᐧᑳᔮᐲᐦᒑᐤ **aahchikwaayaapiihchaau** vai ◆ il/elle fabrique une corde en peau de phoque

ᒥᔅᒋᓯᓂᐆ **mischisiniuu** vai -iwi ◆ c'est (animé) la partie de la peau de phoque utilisée pour faire des bottes

ᐧᐋᓵᔮᒋᔑᓐ **waasaayaachishin** vii ◆ la peau de phoque, la peau de baleine est gardée dans un endroit humide dans le noir jusqu'à ce que la partie supérieure de la peau tombe

ᑳᐧᐋᐱᓯᑖᐧᐋᔮᒡᐦ **kaawaapisitaawaayaachh** nip pl ◆ des bottes en peau de phoque avec des semelles légèrement colorées

ᒥᔅᒋᓯᓈᒋᓐᐦ mischisinaachinh ni pl ◆ des semelles découpées pour faire des bottes en peau de phoque

ᐲᐦᑎᐏᒀᑎᒼ piihtiwikwaatim vti ◆ il/elle coud des bottes en peau de phoque de façon à les rendre imperméable

peau de rat musqué

ᐏᒋᔥᒀᐦᑖᐏᑦ wichishkwaahtaawit ni ◆ un sac à peaux séchées de rat musqué

peau de vison

ᐊᒋᑳᔑᐅᔒᐹᐦᑖᑭᓐ achikaashiushiipaahtaakin ni -im ◆ un forme pour étendre la peau de vison pour la faire sécher

pêche

ᓂᑑᒫᓵᐤ nituumaasaau vai ◆ il/elle va à la pêche

ᔒᐹᐱᒋᑭᓐ shiipaapichikin ni ◆ de la ficelle utilisée sous la glace pour placer un filet de pêche

ᑯᐦᔮᐤ kuhyaau vta ◆ il/elle l'avale; il/elle attrape du poisson avec sa ligne de pêche nocturne ■ ᒌᐦ ᑯᐦᔮᐤ ᐊᓂᔮᐦ ᐱᒋᐅᐦ ᑳ ᐊᔑᒥᑦ᙮ ■ chiih kuhyaau aniyaah pichiuh kaa ashimit. ■ *Il a avalé la gomme que tu lui as donné.*

ᑯᔅᒑᐤ kuschaau vai ◆ il/elle pose des lignes de pêche nocturne

ᑯᔅᑭᓐ kuskin ni -m ◆ une ligne à pêche nocturne (incluant, la ligne, le flotteur et le crochet)

ᑯᔅᑭᓈᐲ kuskinaapii ni -m ◆ une ligne à pêche nocturne (le fil seulement)

ᐱᒀᐦᐄᐹᓈᓐ pikwaahiipaanaan ni ◆ un trou dans la glace pour la pêche au filet en hiver

ᒧᐏᐱᔅᑎᐦᐙᐤ muwipistihwaau vai ◆ il/elle va à la pêche et passer la nuit

ᐱᑯᐦᐊᒼ pikuham vti ◆ il/elle taille un trou dans la glace pour y placer un filet ou une ligne de pêche

ᒑᐦᒑᐦᒋᑯᔅᒑᐤ chaahchaahchikuschaau vai ◆ il/elle place des lignes de pêche nocturne en été

ᓈᒋᑯᔅᒑᐤ naachikuschaau vai ◆ il/elle va vérifier sa ligne de pêche nocturne

péché

ᒥᒋᐦᑛᐤ michihtwaau vai ◆ il/elle a des choses à se reprocher,

ᒥᒋᐦᑛᐏᓐ michihtwaawin ni ◆ la méchanceté, la cruauté, la malice, un péché

ᒥᒋᔥᑐᑎᒧᐏᓐ michishtutimuwin ni ◆ un péché, une mauvaise action

pêche à la ligne

ᐅᒋᒀᒋᒑᐤ uchikwaachichaau vai ◆ il/elle pêche à la ligne (avec ligne et hameçon)

pêche au filet

ᒋᒧᐦᑭᐦᐄᑭᓐ chimuhkihiikin ni ◆ une façon d'attraper les poissons en les effrayant pour qu'ils soient pris au filet

pêche de nuit

ᒥᑎᐦᑎᓈᐹᓐ mitihtinaapaan ni -m ◆ la ligne de pêche de nuit quand elle est remontée

ᔒᑭᐙᔮᐱᓂᑭᓐ shiikiwaayaapinikin ni ◆ un vieil appât sur une ligne de pêche de nuit

pêche nocturne

ᐙᐱᓂᑯᔅᒑᐤ waapinikuschaau vai ◆ il/elle place ses lignes de pêche nocturne en été, les lançant dans l'eau depuis la rive

pêcher

ᐋᒥᔩᐦᒑᐤ aamiyihchaau vai [Wemindji] ◆ il/elle va pêcher des poissons en train de frayer

ᓈᑎᒫᓵᐦᐊᒼ naatimaasaaham vti ◆ il/elle va pêcher en canot, en bateau

ᐱᐹᐅᒫᒀᐤ pipaaumaakwaau vai redup ◆ il/elle chante pour avoir bonne chance tout en pêchant ou en installant un filet

pêcheur d'esturgeon

ᓅᒋᓂᒫᐙᓯᐤ nuuchinimaawaasiu na -iim ◆ un pêcheur d'esturgeon, une pêcheuse d'esturgeon

pêcheuse d'esturgeon

ᓅᒋᓂᒫᐙᓯᐤ nuuchinimaawaasiu na -iim ◆ un pêcheur d'esturgeon, une pêcheuse d'esturgeon

peigne

ᔒᑭᐦᐅᓐ shiikihun ni ◆ un peigne

peigner

ᔒᑭᐦᐊᒼ shiikiham vti ◆ il/elle le peigner

ᔒᑭᐦᐙᐤ shiikihwaau vai ◆ il/elle lui peigne les cheveux, il/elle le/la peigne

peigner (se)

ᔒᑭᐦᐆ shiikihuu vai -u ◆ il/elle se peigne (les cheveux)

ᐅᐙᔩᐙᐦᐊᒫᐤ uwaayiwaahamaau vai ◆ il/elle se coiffe, se peigne les cheveux

peindre

ᔑᔓᐦᐊᒼ shishuham vti ◆ il/elle le peint, l'étale

ᔑᔓᐦᐄᒑᐤ shishuhiichaau vai ◆ il/elle peint

ᔑᔓᐦᐙᐤ shishuhwaau vta ◆ il/elle le/la peint, l'étale

ᐊᔓᐦᐊᒼ ashuham vti ◆ il/elle l'étale, le peint

ᐊᔓᐦᐙᐤ ashuhwaau vta ◆ il/elle l'étale, le peint

peine

ᓂᓈᐦᑳᑖᔩᐦᑎᒧᐦᐋᐤ ninaahkaataayihtimuhaau vta ◆ il/elle lui fait de la peine

ᒥᔑᒫᔩᐦᑎᒼ mishimaayihtim vti ◆ il/elle a de la peine, du chagrin

peine (à)

ᒦᐦᒀᒡ miihkwaach p,quantité ◆ à peine (utilisé seulement à la forme négative) ■ ᓂᒥ ᒦᐦᒀᒡ ᓅᐦᒋ ᒌᐦ ᓂᐹᓐ ᑖᐱᔅᑳᒡ᙮ ■ nimi miihkwaach nuuhchi chii nipaan taapiskaach. ■ *J'ai à peine dormi la nuit dernière.*

ᒥᒄ ᓈᐅᔥ mikw naaush p,manière ◆ à peine, tout juste ■ ᒥᒄ ᓈᐅᔥ ᓂᒑᔥᑎᐙᐱᒫᐤ ᐋᐦᒸᔮᐦ ᐊᑎ ᐋᑯᔑᐦᒃ᙮ ■ mikw naaush nichaashtiwaapimaau aahmwaayaah ati aakushihk. ■ *Je l'ai tout juste aperçu avant qu'il disparaisse de ma vue.*

ᓈᓈᒑ **naanaachaa** p,temps ◆ plus tard, à peine ■ ᓈᓈᒑ ᑳ ᒥᔑᑳᒡ ᑳ ᒋᔅᑎᐧᐃᐦᑖᓂᔨᒡ᙮ ■ naanaachaa kaa mishikaach kaa chistiwihtaaniyich. ■ *À peine étaient-ils arrivés en canot qu'il a commencé à pleuvoir.*

peiner
ᐋᐦᑯᐦᐄᐙᐤ **aahkuhiiwaau** vai ◆ il/elle lui fait mal, lui fait de la peine

ᐋᐦᑯᐦᐄᐙᐤ **aahkuhiiwaau** vii ◆ ça fait mal, ça fait de la peine

peinture
ᔑᔓᐦᐄᑭᓐ **shishuhiikin** ni ◆ de la peinture

ᐑᒥᓐ **wiimin** na -im ◆ de l'ocre, une roche rouge ou verte écrasée et mélangée avec de la graisse pour faire de la peinture

pékan
ᐅᒑᒃ **uchaak** na -im ◆ un pékan *Martes pennanti*

ᐅᒑᑳᐱᔥᑖᓐ **uchaakaapishtaan** na -im [Whapmagoostui] ◆ un pékan *Martes pennanti*

ᐅᒋᒑᐦᑯᔮᓐ **uchichaahkuyaan** na -im ◆ une peau de pékan

ᐱᐦᑯᓂᒑᑭᐙᐤ **pihkunichaakiwaau** vai ◆ il/elle dépiaute un pékan

pelage
ᐋᐦᑎᐙᐤ **aahtiwaau** vai ◆ il/elle change de pelage ou la couleur de sa fourrure

pèle
ᐹᐱᒀᐱᔅᒋᐱᔨᐤ **paapikwaapischipiyiu** vii ◆ ça pèle (minéral), du métal pèle, le revêtement (ex. de l'émail) se décolle

peler
ᐹᐱᑯᓂᒻ **paapikunim** vti ◆ il/elle en pèle la couche extérieure en utilisant ses mains

ᐹᐱᑯᐱᑎᒻ **paapikupitim** vti ◆ il/elle pèle la couche extérieure

ᐹᐱᑯᐱᔨᐤ **paapikupiyiu** vai ◆ il/elle pèle

ᐹᐱᑯᐱᔨᐤ **paapikupiyiu** vii ◆ ça pèle

ᐹᐱᑯᓵᒋᓈᐤ **paapikusaachinaau** vta ◆ il/elle en pèle, détache la couche extérieure

ᐹᐱᑯᓵᒋᓂᒻ **paapikusaachinim** vti ◆ il/elle en pèle la peau, en détache l'emballage à la main

ᐹᐱᑯᔖᐱᑖᐤ **paapikushaapitaau** vta ◆ il/elle le/la pèle, lui enlève la peau

ᐹᐱᒀᐱᔅᒋᐱᔨᐤ **paapikwaapischipiyiu** vai ◆ il/elle pèle (minéral), du métal pèle, le revêtement (ex. de l'émail) se décolle

ᑖᑎᑯᓵᒋᐱᑖᐤ **taatikusaachipitaau** vta ◆ il/elle le/la pèle

ᑖᑎᑯᓵᒋᐱᑎᒻ **taatikusaachipitim** vti ◆ il/elle le pèle ■ ᑖᑎᑯᓵᒋᐱᑎᒻ ᑳᔒᐅᐹᑭᓂᔨᒡ᙮ ■ taatikusaachipitim kaashiiupaakiniyich. ■ *elle pèle une orange.*

ᒥᓂᐦᑯᒨ **minihkumuu** vai -u ◆ il/elle pèle l'écorce d'un bouleau

ᐹᐱᑯᐦᐊᒻ **paapikuham** vti ◆ il/elle le pèle en le frottant avec quelque chose

ᐹᐱᑯᐦᐙᐤ **paapikuhwaau** vta ◆ il/elle le/la gratte et le/la pèle avec quelque chose

ᐹᐱᑯᓈᐤ **paapikunaau** vta ◆ il/elle le/la frotte et en pèle la couche extérieure avec ses mains

ᐹᐱᑯᐱᑖᐤ **paapikupitaau** vta ◆ il/elle frotte et pèle la couche extérieure

ᐹᐱᑯᔖᑭᐦᐊᒻ **paapikushaakiham** vti ◆ il/elle le pèle avec une hache

ᐹᐱᑯᔖᑭᐦᑎᒻ **paapikushaakihtim** vti ◆ il/elle le pèle avec ses dents

ᐹᐱᑯᔖᑭᒫᐤ **paapikushaakimaau** vta ◆ il/elle le/la pèle, lui enlève la peau avec ses dents

ᐹᐱᑯᔑᒻ **paapikushim** vti ◆ il/elle le pèle au couteau

ᐹᐱᑯᔣᐤ **paapikushwaau** vta ◆ il/elle le/la pèle au couteau

ᐲᐦᑐᐱᑖᐤ **piihtupitaau** vta ◆ il/elle lui enlève une couche, le/la pèle

ᐲᐦᑐᐱᑎᒻ **piihtupitim** vti ◆ il/elle en enlève une couche, le pèle

pelle à neige
ᒥᑳᐦᐄᑭᓐ **mikaahiikin** ni ◆ une pelle à neige

ᐊᒀᔅᑯᐹᓐ **akwaaskupaan** na -im ◆ une pelle à neige en bois

ᐱᓯᐦᐊᒀᔅᑯᐹᓈᐤ **pisihakwaaskupaanaau** vta ◆ il/elle coupe du bois pour une pelle à neige

pelle rétrocaveuse
ᑳᒧᓈᐅᐦᑭᐦᐄᒑᐱᔨᒡ **kaamunaauhkihiichaapiyich** nip -im ◆ une pelle rétrocaveuse

pelleter
ᒌᔑᑳᐃᐦᑎᒻ **chiishikaaihtim** vti ◆ il/elle a fini de pelleter la neige là où l'habitation va être érigée

ᒥᑳᐃᐦᑎᒻ **mikaaihtim** vti ◆ il/elle pellette la neige vers l'extérieur

ᐚᐱᐦᐋᑯᓈᐤ **waapihaakunaau** vai ◆ il/elle balaie, pellète la neige

pelotonné
ᓯᓂᔅᒋᑳᐴ **sinischikaapuu** vai -uwi ◆ il/elle se tient blotti-e, pelotonné-e

pelucheux
ᐱᐱᔮᔮᐹᐚᐤ **pipiyaayaapaawaau** vii ◆ c'est pelucheux, duveteux quand c'est mouillé

ᐲᑯᓱᐚᔮᑭᓐ **piikusuwaayaakin** ni ◆ du tissu épais, molletonné ou pelucheux

ᐲᑯᓱᐚᔮᒋᓯᐤ **piikusuwaayaachisiu** vai ◆ c'est un tissu épais, molletonné ou pelucheux

pemmican
ᐊᔫᐦᐄᑭᓂᒡ **ayuuhiikinich** na pl -im ◆ du poisson pilé pour le pemmican

ᐊᔫᐦᐙᐅᒡ **ayuuhwaauch** na pl -im [Whapmagoostui] ◆ du poisson pilé pour le pemmican

ᐱᒋᔅᒑᐅᑭᐦᐄᑭᓂᒡ **pichischaaukihiikinich** na pl -siim ◆ du poisson séché un peu écrasé avant d'en faire de la poudre pour du pemmican

ᐱᒥᐦᑳᓐ **pimihkaan** ni -im ◆ du pemmican, une mixture très nutritive de viande animale ou de chair de poisson séchée et pulvérisée avec de la graisse animale fondue

ᐱᒥᐦᑳᓂᐦᒑᐤ pimihkaanihchaau vai ◆ il/elle fait du pemmican

ᑳᐢᐱᓵᐧᐋᓂᒡ kaaspisaawaanich na pl ◆ des poissons séchés avant qu'on les réduise en poudre pour faire du pemmican

ᐱᒥᐦᒑᔑᑯᒥᓐ pimihchaashikumin ni -im ◆ du pemmican, une mixture très nutritive de viande animale, de foie ou de chair de poisson séchée et pulvérisée avec de la graisse animale fondue et des baies sauvages

ᐱᒥᐦᑳᓂᔑᑯᒥᓐ pimihkaanishikumin ni -im ◆ du pemmican au baies sauvages, une mixture très nutritive de viande animale ou de chair de poisson séchée et pulvérisée avec de la graisse animale fondue et des baies sauvages

ᐊᔫᐦᐄᒑᐤ ayuuhiichaau vai ◆ il/elle pile du poisson sec ou de la viande pour faire du pemmican

ᔫᐦᐄᒑᐤ yuuhiichaau vai ◆ il/elle pile du poisson séché ou de la viande pour du pemmican

penché

ᓂᐧᐋᐦᑖᐤ niwaahtaau vai ◆ il/elle marche penché-e en avant ou courbé-e vers l'avant

ᓂᐧᐋᑯᒋᓐ niwaakuchin vai ◆ il/elle le suspend penché-e

ᓂᐧᐋᔮᐢᑯᒧᐦᑖᐤ niwaayaaskumuhtaau vai ◆ il/elle dresse le poteau en position inclinée

ᓂᐧᐋᔮᐢᑯᓈᐤ niwaayaaskunaau vta ◆ il/elle le/la tient (long et rigide) penché-e

ᓂᐧᐋᔮᐢᑯᓂᒼ niwaayaaskunim vti ◆ il/elle le tient (long et rigide) penché

ᐅᐦᐱᒫᑯᑖᐤ uhpimaakutaau vai ◆ il/elle le suspend penché d'un côté

ᓂᐧᐋᑳᐳ niwaakaapuu vai -uwi ◆ il/elle est debout penché-e ou courbé-e en avant

ᓂᐧᐋᐱᐦᑖᐤ niwaapihtaau vai ◆ il/elle court penché-e ou courbé-e en avant

ᐅᐦᐱᒫᐱᐤ uhpimaapiu vai ◆ il/elle est assis-e penché-e d'un côté

pencher

ᐄᔨᐹᑯᐦᑎᓐ iiyipaakuhtin vii ◆ ça penche d'un côté dans l'eau

ᐄᔨᐹᐱᔨᐤ iiyipaapiyiu vai ◆ il/elle le conduit d'un côté, il/elle penche d'un côté

ᓂᐧᐋᑳᐳᐧᐃᐦᐋᐤ niwaakaapuwihaau vta ◆ il/elle le/la met debout, le/la relève penché-e

ᐅᐦᐱᒫᔮᐢᑯᐦᑎᓐ uhpimaayaaskuhtin vii ◆ ça (long et rigide) penche d'un côté

ᐅᐦᐱᒫᔮᐢᑯᐦᑎᑖᐤ uhpimaayaaskuhtitaau vai ◆ il/elle (long et rigide) penche d'un côté

ᐅᐦᐱᒫᔮᐢᑯᔑᓐ uhpimaayaaskushin vai ◆ il/elle (long et rigide) penche d'un côté

ᐄᔨᐹᑯᐦᒋᓐ iiyipaakuhchin vai ◆ il/elle flotte en penchant d'un côté

ᒨᐦᑭᒋᔒᔥᑎᐧᐋᐤ muuhkichishiishtiwaau vta ◆ il/elle se penche en avant avec les fesses pointées vers lui/elle

ᓂᐧᐋᐢᐧᑳᔨᐤ niwaaskwaayiu vai ◆ il/elle penche la tête de côté

ᓂᐧᐋᐧᐄᐤ niwaawiiu vai ◆ il/elle se penche en avant

ᔖᔑᑭᒌᐤ shaashikichiiu vai ◆ il/elle se penche en arrière

ᐅᐦᐱᒫᑳᐳ uhpimaakaapuu vai -uwi ◆ il/elle est debout penché sur le côté

ᐅᐦᐱᒫᑯᐦᑎᓐ uhpimaakuhtin vii ◆ ça flotte penché sur le côté

ᐅᐦᐱᒫᑯᑖᐤ uhpimaakutaau vii ◆ c'est suspendu penché d'un côté

ᐅᐦᐱᒫᔥᑭᒼ uhpimaashkim vti ◆ il/elle le fait pencher sur le côté

ᐅᐦᐱᒫᔥᑭᐧᐋᐤ uhpimaashkiwaau vta ◆ il/elle le/la fait pencher sur le côté

ᔮᐦᐄᑭᒋᐱᔨᐤ yaahiikichipiyiu vai ◆ il/elle est plié-e, penché-e en arrière, à la renverse

ᔮᐦᐄᑭᑖᐢᑯᓯᐤ yaahiikitaaskusiu vai ◆ il/elle est plié-e, penché-e en arrière, à la renverse

ᒨᐦᑭᒋᔑᑳᐳ muuhkichishikaapuu vai -uwi ◆ il/elle est debout penché-e en avant avec les fesses qui sortent

ᐅᐦᐱᒫᐢᐧᑳᔨᐤ uhpimaaskwaayiu vai ◆ il/elle penche la tête de côté

pencher (se)

ᐋᓱᐦᑎᑖᐤ aasuhtitaau vai ◆ il/elle le redresse en se penchant par dessus quelque chose

ᒨᐦᑭᒋᔒᐤ muuhkichishiiu vai ◆ il/elle se penche en avant avec les fesses qui sortent

ᓂᐧᐋᐱᔨᐦᐆ niwaapiyihuu vai -u ◆ il/elle se penche en avant, se courbe

ᓂᐧᐋᐱᔨᐤ niwaapiyiu vai ◆ il/elle se penche en avant, oscille vers l'avant

pendant

ᒫᐧᑳᒡ maakwaach p,temps ◆ à ce moment-là, pendant, durant ■ ᒫᐧᑳᒡ ᓈᔥᒡ ᒥᔪᐧᐃᓈᑯᓐ ᐧᐃᔨᐧᐄᑎᒥᐦᒡ ᓂᓈᐦᑭᐤ ᐋᐦ ᐄᔑᓈᑯᐦᒡᐦ ᓃᐲᐦ. ■ maakwaach naashch miyuwinaakun wiyiwiitimihch ninaahkiu aah iishinaakuhch-h niipiih. ■ *En ce moment c'est magnifique dehors à cause des couleurs différentes des feuilles.*

pendant que

ᑳ kaa préverbe ◆ voir *kaah* ■ ᓂᒌᐦ ᐊᔑᒫᐤ ᑳ ᑎᑯᔑᐦᒃ. ■ nichii ashimaau kaa tikushihk. ■ *Je lui ai donné à manger quand il est arrivé.*

ᑳᐦ kaah préverbe ◆ (préverbe du conjonctif, marque du passé, utilisé avec les verbes au conjonctif, voir aussi *kaa*) ■ ᓂᒌᐦ ᐊᔑᒫᐤ ᑳᐦ ᑎᑯᔑᐦᒃ. ■ nichii ashimaau kaah tikushihk. ■ *Je lui ai donné à manger quand il est arrivé.*

ᑳ kaa préverbe ◆ (préverbe du conjonctif, marque du passé, d'une subordonnée relative, utilisé avec les verbes au conjonctif) ■ ᓂᒌᐦ ᐊᔑᒫᐤ ᑳ ᑎᑯᔑᐦᒃ. ■ nichii ashimaau kaa tikushihk. ■ *Je lui ai donné à manger quand il est arrivé.*

pendiller

ᑯᔖᐚᑯᒋᓐ **kushaawaakuchin** vai ◆ il/elle pendille, est suspendu-e

pendre

ᐋᑭᐎᑯᒋᓐ **aakiwikuchin** vai ◆ il/elle pend caché

ᐋᑭᐎᑯᑖᐤ **aakiwikutaau** vii ◆ ça pend caché

ᓃᒫᑭᒨ **niimaakimuu** vii -u ◆ ça pend sans vraiment toucher le fond

ᓃᐱᑖᑯᑖᐤᐦ **niipitaakutaauh** vii pl ◆ des choses pendent sur une rangée

ᐲᒥᑯᑖᐤ **piimikutaau** vii ◆ ça pend tout tordu

ᒋᓄᑯᒋᓐ **chinukuchin** vai ◆ il/elle est pendu-e, suspendu-e en longueur

ᑯᐃᔅᑯᑯᑖᐤ **kuiskukutaau** vai+o ◆ il/elle le pend ou suspend bien droit

ᓂᐱᑖᑯᑖᐤ **nipitaakutaau** vii ◆ ça pend d'un côté

ᔫᐦᑖᑯᑖᐤ **yuuhtaakutaau** vii ◆ ça pend ouvert (ex. le rabat de la porte du tipi)

pendu

ᑯᐃᔅᑯᑯᑖᐤ **kuiskukutaau** vii ◆ c'est pendu tout droit

ᓃᒫᑭᒨ **niimaakimuu** vai -u ◆ il/elle est pendu-e, suspendu-e sans vraiment toucher le fond

pénétrer

ᑯᑖᐅᐱᔩᐤ **kutaaupiyiu** vai ◆ il/elle pénètre, s'enfonce

ᑯᑖᐅᐱᔩᐤ **kutaaupiyiu** vii ◆ ça pénètre, s'enfonce

ᐲᐦᑖᐹᑰ **piihtaapaakuu** vii -uwi ◆ l'eau pénètre dans un endroit qui reste normalement sec quand la marée monte

ᐳᐚᐹᐚᐱᔩᐤ **puwaapaawaapiyiu** vii ◆ le liquide pénètre à travers quelque chose

pénible

ᒥᒋᐚᓂᐅ **michiwaaniuu** vai -iwi ◆ il/elle est pénible, difficile

pénis

ᐑᑎᑮ **wiitikii** nid ◆ son pénis

pensée

ᐄᔩᔩᐅᐚᔨᐦᑎᒧᐎᓐ **iiyiyiuwaayihtimuwin** ni ◆ la mentalité crie

ᒫᒥᑐᓈᔨᐦᑎᒧᐎᓐ **maamitunaayihtimuwin** ni ◆ la méditation, une pensée

ᔖᐦᑯᑖᔨᒫᐤ **shaahkutaayimaau** vta ◆ il/elle le/la vainc par la pensée

ᔑᐦᑰᑖᔨᒫᐤ **shihkuutaayimaau** vta ◆ il/elle le/la vainc avec sa pensée

penser

ᐄᑖᔨᐦᑎᒼ **iitaayihtim** vti ◆ il/elle y pense d'une certaine façon

ᐄᑖᔨᒥᑐᐎᒡ **iitaayimituwich** vai pl recip -u ◆ ils/elles pensent l'un à l'autre d'une certaine façon

ᑯᒁᑖᔨᐦᑎᒼ **kukwaataayihtim** vti ◆ il/elle pense à le faire

ᐅᐚᔑᐹᔨᐦᑎᒼ **uwaashipaayihtim** vti ◆ il/elle y pense

ᐅᐚᔑᐹᔨᒫᐤ **uwaashipaayimaau** vta ◆ il/elle pense à lui/elle

ᒋᔑᔑᐅᐚᔨᒫᐤ **chishishiuwaayimaau** vta ◆ il/elle pense qu'il/elle est capable

ᐄᑖᔨᒫᐤ **iitaayimaau** vta ◆ il/elle pense à lui/elle d'une certaine façon, il/elle croit qu'il/elle (animé)..., il/elle pense qu'il/elle (animé)... ■ ᐄᑖᔨᒫᐤ ᐚᔥ ᐊᓂᔮᐦ ᐋᐦ ᐋᐦᑯᓯᔨᒡᐦ ᐚᓵ ᐋᑲ ᐑᐦ ᒦᒋᓱᔨᒡᐦ᙮ ■ **iitaayimaau waash aniyaah aah aahkusiyich-h waasaa aakaa wiih miichisuyich-h.** ■ *Il croit qu'elle est malade parce qu'elle ne veut rien manger.*

ᐄᑖᔨᒨ **iitaayimuu** vai -u ◆ il/elle pense comme ça, elle se sent comme ça

ᐃᔮᐅᑖᔨᐦᑎᒼ **iyaautaayihtim** vti ◆ il/elle pense que c'est fait pour rien

ᑯᒁᑖᔨᒫᐤ **kukwaataayimaau** vta ◆ il/elle pense à lui faire quelque chose; à faire quelque chose à cause de lui/d'elle

ᒫᒥᑐᓈᔨᐦᑎᒼ **maamitunaayihtim** vti ◆ il/elle y réfléchit, y pense

ᒫᒥᑐᓈᔨᒫᐤ **maamitunaayimaau** vta ◆ il/elle réfléchit à son sujet, pense à lui/elle

ᒥᒋᒫᒥᑐᓈᔨᐦᑎᒼ **michimaamitunaayihtim** vti ◆ il/elle a de mauvaises pensées, en pense du mal

ᐱᔮᑭᔅᒑᔨᒫᐤ **piyaakischaayimaau** vta ◆ il/elle pense qu'il/elle est lucide

ᑖᐹᔨᒧᑎᒼ **taapaayimutim** vti ◆ il/elle pense qu'elle peut le/la vaincre

ᑖᐹᔨᒧᑎᐚᐤ **taapaayimutiwaau** vta ◆ il/elle pense qu'elle peut le/la vaincre

ᑖᐱᒑᔨᒦᓲ **taapichaayimiisuu** vai reflex -u ◆ il/elle pense qu'il/elle est capable de faire quelque chose

ᐚᐦᑖᔨᐦᑎᒼ **waahtaayihtim** vti ◆ il/elle pense que c'est facile

ᐚᔅᑭᒫᔨᒫᐤ **waaskimaayimaau** vta ◆ il/elle pense que quelqu'un est alerte

ᐚᐅᑎᒫᔨᒫᐤ **waautimaayimaau** vta ◆ il/elle pense qu'il/elle est une entrave pour elle/lui

ᐑᓈᔨᐦᑎᒼ **wiinaayihtim** vti ◆ il/elle pense que ce n'est pas propre

ᐑᓈᔨᒫᐤ **wiinaayimaau** vta ◆ il/elle pense qu'il/elle n'est pas propre

ᐑᓱᐦᔂᔨᒫᐤ **wiisuhswaayimaau** vta ◆ il/elle pense qu'il/elle commence bien mais se décourage

ᑯᒁᑖᔨᒧᑎᐚᐤ **kukwaataayimutiwaau** vta ◆ il/elle pense à essayer de lui faire quelque chose

ᓂᐱᐦᐋᔨᒫᐤ **nipihaayimaau** vta ◆ il/elle le/la tue par ses pensées, en conjurant

ᐚᔅᑭᒫᔨᐦᑎᒼ **waaskimaayihtim** vti ◆ il/elle est alerte, pense clairement

ᐚᔅᑭᒥᑖᐦᐋᐤ **waaskimitaahaau** vai ◆ il/elle a le coeur pur, il/elle fait attention quand il pense

ᐚᐅᑎᒫᔨᐦᑎᒼ **waautimaayihtim** vti ◆ il/elle pense que ça la/le ralentit, l'entrave

ᐚᐅᑎᒫᔨᒦᓲ waautimaayimiisuu vai reflex -u ◆ il/elle pense qu'il/elle ralentit les gens, les entrave

ᐎᔮᔥᑖᔨᐦᑎᒻ wiyaashtaayihtim vti ◆ il/elle est en colère, pense que quelque chose ne va pas avec ça, est mécontent de ça

ᐃᔮᐅᑖᔨᒫᐤ iyaautaayimaau vta ◆ il/elle pense qu'il/elle fait des choses inutiles ▪ ᓂᑎᔮᐅᑖᔨᒫᐤ ᒫᓇ ᒦᓐ ᑳ ᐃᐦᑐᑎᐦᒃ᙮ ▪ nitiyaautaayimaau Marie miin kaa ihtutihk. ▪ *Je crois que Marie n'avait pas besoin de le refaire.*

ᐴᓈᔮᔨᐦᑎᒻ puunaayaayihtim vti ◆ il/elle cesse d'y penser, il/elle change d'avis à propos de ça

pension

ᒋᔖᔨᔨᐅᔓᐎᔮᓐ chishaayiyiushuwiyaan na -m ◆ la pension de vieillesse

pente

ᔔᔥᒁᐤ shuushkwaau vii ◆ c'est une pente

ᐅᐦᐱᒫᔮᐤ uhpimaayaau vii ◆ c'est en pente (ex le sol)

ᑳᐦᑎᐹᐅᐦᑳᐤ kaahtipaauhkaau vii ◆ il y a une saillie dans la pente

ᓃᐦᑎᒋᐚᔮᐤ niihtichiwaayaau vii ◆ c'est une pente qui descend

ᐲᔑᓃᐦᑎᒋᐚᔮᐤ piishiniihtichiwaayaau vii ◆ c'est une longue pente

ᐲᔑᔖᑭᒋᐚᔮᐤ piishishaakichiwaayaau vii ◆ c'est une longue pente à grimper

ᔔᔥᒁᐱᔥᑳᒋᒋᐎᓐ shuushkwaapishkaachichiwin vii ◆ le rapide est en pente

ᓂᔮᐅᑖᑯᓂᒡ niyaautaakunich p,lieu ◆ au milieu d'une pente couverte de neige, à mi-pente ▪ ᐊᓂᑎᐦ ᓂᔮᐅᑖᑯᓂᒡ ᐋᑯᑎᐦ ᑳ ᒁᑎᐱᔑᐦᒃ ᐊᓐ ᑳᐅᔅᑖᑯᓂᒋᐱᐦᑖᑦ ᐚᓵ ᐊᐦ ᒌᐦ ᐐᐦ ᒋᔑᐱᔨᑦ᙮ ▪ anitih niyaautaakunich aakutih kaa kwaatipishihk an kaaustaakunichipihtaat waasaa aah chiih wiih chishipiyit. ▪ *La motoneige s'est renversée à mi-pente parce qu'elle allait trop vite.*

ᐃᔮᓂᑖᐅᐦᑳᐤ iyaanitaauhkaau vii ◆ c'est une pente de terre étroite et basse

ᓃᐦᒋᒋᐚᔮᐳᑰ niihchichiwaayaapukuu vai -u ◆ il/elle descend la pente en flottant

ᔑᒥᑖᐅᐦᑳᐤ shimitaauhkaau vii ◆ la colline s'élève en pente douce

ᔔᔥᒁᒥᔅᒋᐱᔨᐤ shuushkwaamischipiyiu vii ◆ ça descend une pente de rocher en glissant en hiver

ᔔᔥᒁᒥᔅᑳᐤ shuushkwaamiskaau vii ◆ l'étendue d'eau a un fond en pente

ᒌᔥᑳᔨᐚᐤ chiishkaayiwaau vii ◆ le fond de l'eau est tout à coup en pente raide

pente douce

ᓃᐦᑎᒋᐚᑖᐅᐦᑳᐤ niihtichiwaataauhkaau vii ◆ la colline descend en pente douce

percer

ᒌᐳᔥᑎᔑᓐ chiipushtishin vai ◆ il/elle est percé-e

ᐹᐦᑳᐦᐚᐤ paahkaahwaau vta ◆ il/elle le/la perce en utilisant quelque chose

ᐱᔨᔅᑯᑖᔮᑭᐦᐊᒻ piyiskutaayaakiham vti ◆ il/elle le perce (étalé) en utilisant quelque chose

ᔖᑇᔅᑯᐦᐚᐤ shaapwaaskuhwaau vta ◆ il/elle le/la perce

ᐱᑯᓈᐦᐊᒻ pikunaaham vti ◆ il/elle perce un trou dedans avec quelque chose

ᐱᑯᓈᐦᐚᐤ pikunaahwaau vta ◆ il/elle perce un trou dedans (animé) avec quelque chose

ᐱᑯᓈᐱᑖᐤ pikunaapitaau vta ◆ il/elle perce un trou dedans (animé)

ᐱᑯᓈᐱᑎᒻ pikunaapitim vti ◆ il/elle perce un trou dedans

ᐱᑯᓈᐱᔨᐤ pikunaapiyiu vai ◆ il/elle se fait percer un trou dedans

ᐱᑯᓈᐱᔨᐤ pikunaapiyiu vii ◆ ça se fait percer un trou dedans

ᐱᔅᑭᔥᑎᐦᐚᐤ piskishtihwaau vta ◆ il/elle perce des trous assez espacés pour le tressage de soutien de la raquette

ᐱᔨᔅᑯᐦᐚᐤ piyiskuhwaau vta ◆ il/elle perce un trou dedans avec quelque chose

ᐱᔨᔅᑯᓈᐤ piyiskunaau vta ◆ il/elle perce un trou dedans avec ses mains

ᐱᔨᔅᑯᓂᒻ piyiskunim vti ◆ il/elle perce un trou dedans avec sa main

ᓵᑳᐱᑖᐤ saakaapitaau vai ◆ il/elle fait ses dents, il/elle perce ses dents

ᒌᔥᑎᐦᐄᑭᓐ chiishtihiikin ni ◆ une fourchette, une aiguille hypodermique, un instrument pour percer

ᐹᐦᑳᐦᐊᒻ paahkaaham vti ◆ il/elle le perce avec quelque chose, fait un trou dans la glace

ᐱᐹᑯᐦᐚᐤ pipaakuhwaau vai redup ◆ il/elle perce des trous dans le cadre de la raquette pour y faire passer le laçage

ᔖᐳᔥᑎᐦᐊᒻ shaapushtiham vti ◆ il/elle le perce, le fait traverser en cousant

ᔖᐳᔥᑎᐦᐚᐤ shaapushtihwaau vta ◆ il/elle le/la perce, le/la fait traverser en cousant

ᒨᓂᐦᐋᐱᑖᓐ muunihaapitaan ni ◆ un anneau de bébé qui perce ses dents

perceuse

ᐱᑯᓈᐦᐄᑭᓐ pikunaahiikin ni ◆ une perceuse

perche

ᐊᐚᑎᑯᐦᐄᑭᓈᐦᑎᒄ awaatikuhiikinaahtikw ni ◆ une perche utilisée pour arranger le recouvrement du haut du tipi

ᓂᔥᑎᐦᐋᑭᓈᐦᑎᒄ nishtihaakinaahtikw ni ◆ une perche utilisée pour remonter un rapide

ᐹᐦᑯᐹᑖᔮᔅᑯᐦᐄᑭᓈᐦᑎᒄ paahkupaataayaaskuhiikinaahtikw ni ◆ des perches pour essorer la peau de bête

ᓰᓂᐹᑖᔮᔅᑯᐦᐄᑭᓈᐦᑎᒄ siinipaataayaaskuhiikinaahtikw ni ◆ des perches pour essorer la peau

ᐅᐦᐹᐦᑭᐦᐄᑭᓈᐦᑎᒄ uhpaahkihiikinaahtikw ni ◆ une perche pour le soulever (filiforme)

ᐙᐢᒁᐦᑖᒥᐦᐄᑭᓂᐱᔓᐃᐦ waaskwaahtaamihiikinipishuih ni pl ◆ des perches pour le fond du tipi
ᒋᒥᐦᐋᐦᑎᒁᐤ chimihaahtikwaau vai ◆ il/elle coupe des perches
ᐹᐦᐲᒥᑳᒫᔮᐢᑯᐦᐅᓲ paahpiimikaamaayaaskuhusuu vai reflex redup -u ◆ il/elle se fait avancer à la perche dans le canot en remontant les rapides en zigzag
ᒋᐦᑎᐦᐋᑭᓐ chihtihaakin ni ◆ un poteau, une perche pour guider le filet de pêche en hiver
ᒋᔥᑖᑭᓈᐦᑎᒄ chishtaakinaahtikw ni ◆ un poteau, une perche pour fermer une rivière pour attraper un castor
ᒥᑐᑎᓵᓈᒋᓈᐦᑎᒄᐦ mitutisaanaachinaahtikwh ni pl ◆ des perches recourbées ou fléchies utilisées pour la structure d'une cabane, d'un abri
ᐲᒥᐹᑖᐢᑯᐦᐄᑭᓈᐦᑎᒄ piimipaataaskuhiikinaahtikw ni ◆ un bâton, une perche pour essorer la peau
ᐙᐱᒁᑭᓐ waapikwaakin ni ◆ une perche de collet à ressort
ᔨᐦᑳᐢᑯᐦᐄᑭᓈᐦᑎᒄ yihkaaskuhiikinaahtikw ni ◆ une perche utilisée pour pousser le canot
ᓂᔥᑎᐦᐋᐢᑯᐦᐊᒼ nishtihaaskuham vti ◆ il/elle utilise une perche pour remonter la rivière en canot dans les rapides

percher

ᐊᑯᓰᐤ akusiiu vai ◆ il/elle se perche dessus
ᑖᐦᑖᐱᐢᑭᐱᐤ taahtaapiskipiu vai ◆ il/elle est assis-e, perché-e, posé-e au sommet des rochers

percher (se)

ᐋᔥᑎᒫᔥᑖᑯᓰᐤ aashtimaashtaakusiiu vai ◆ il/elle (un oiseau) se perche du côté ensoleillé
ᐊᑯᓰᐅᑤᐦᐆ akusiiutwaahuu vai -u ◆ il/elle s'envole et va se percher
ᑖᐱᓂᐢᒁᑯᓰᐤ taapiniskwaakusiiu vai ◆ l'oiseau se perche à la cime de l'arbre
ᑖᐦᑎᑯᓰᐤ taahtikusiiu vai ◆ il/elle s'assoit, se perche au sommet de quelque chose (ex. le toit, la cache)

perçoir

ᐅᔥᑳᒋᐦᒄ ushkaachihkw ni -um ◆ une alène, un perçoir

percuter

ᐱᐢᒁᐦᐊᒼ piskwaaham vti ◆ il/elle le percute en tirant ou en jetant quelque chose dessus
ᐱᐢᒁᐦᐙᐤ piskwaahwaau vta ◆ il/elle le/la percute
ᓯᐢᒋᑯᐦᐊᒼ sischikuham vti ◆ il/elle le heurte, le percute
ᓯᐢᒋᑯᐦᐙᐤ sischikuhwaau vta ◆ il/elle le/la heurte, le/la percute accidentellement

perdre

ᐏᓂᐦᐋᐤ winihaau vta ◆ il/elle le/la perd
ᐏᓂᐦᑖᐤ winihtaau vai+o ◆ il/elle le perd
ᓈᐢᐱᑎᑖᐦᑎᒼ naaspititaahtim vti ◆ il/elle perd son souffle
ᐲᒥᑳᒫᐱᔨᐤ piimikaamaapiyiu vii ◆ ça perd sa position
ᐱᔑᐦᐆ pishihuu vai -u ◆ il/elle ne tue plus rien parce qu'il/elle n'a pas traité les animaux avec suffisamment de respect, il/elle cesse d'être respectée par les autres
ᐱᔥᑯᑎᐚᑯᐦᒋᓐ pishkutiwaakuhchin vai ◆ il/elle (ex. un animal mort) perd sa fourrure après avoir passé trop de temps dans l'eau
ᐏᓂᐦᐊᒫᐤ winihamaau vai ◆ il/elle perd la piste
ᐏᓂᐦᑯᓈᐱᔨᐦᐋᐤ winihkunaapiyihaau vta ◆ il/elle le/la perd dans la neige
ᐏᓂᐦᑯᓈᐱᔨᐦᑖᐤ winihkunaapiyihtaau vai ◆ il/elle le perd dans la neige
ᒑᒋᒁᐢᑯᐦᑎᑖᐤ chaachikwaaskuhtitaau vai ◆ il/elle perd la partie coupante de la hache qui se détache du manche pendant qu'elle hache
ᐱᒋᐢᑖᔨᒨ pichistaayimuu vai -u ◆ il/elle perd le goût de vivre
ᐱᓂᐚᐤ piniwaau vai ◆ il/elle perd sa fourrure, ses cheveux
ᐱᔑᑯᔥᑭᒼ pishikushkim vti ◆ il/elle le fait se détacher avec son pied ou son corps, ne réussit pas à embarquer dessus et perd l'équilibre
ᐱᔑᑯᔥᑭᐚᐤ pishikushkiwaau vta ◆ il/elle ne réussit pas à embarquer dessus ou dedans et perd l'équilibre, il/elle le/la manque en allant dans le mauvais sens
ᔒᓈᔥᑭᒋᐤ shiinaashkichiu vai ◆ il/elle perd du gras à cause du froid
ᐏᓂᔑᒫᐤ winishimaau vta ◆ il/elle lui fait perdre son chemin, s'égarer
ᐱᔥᑯᑎᐚᐱᔨᐤ pishkutiwaapiyiu vai ◆ il/elle perd ses cheveux, ses poils, sa fourrure

perdre (se)

ᐏᓂᔑᓐ winishin vai ◆ il/elle se perd
ᐱᑐᑖᐱᔨᐤ pitutaapiyiu vai ◆ il/elle s'éloigne, se perd
ᐏᓈᒋᐦᐆ winaachihuu vai -u ◆ il/elle meurt accidentellement, se perd
ᐏᓈᑎᓰᐤ winaatisiiu vai ◆ il/elle meurt, se perd
ᐏᓂᐦᑯᓈᐱᔨᐤ winihkunaapiyiu vai ◆ il/elle se perd dans la neige
ᐏᓂᐦᑯᓈᐱᔨᐤ winihkunaapiyiu vii ◆ ça se perd dans la neige

perdrix

ᒥᔥᑎᑯᐦᔮᐤ mishtikuhyaau na -m ◆ une perdrix, un tétras du Canada *Canachites canadensis*
ᐱᐢᐱᐢᒋᐤ pispischiu na -iim ◆ une gélinotte huppée, une perdrix *Bonasa umbellus*

ᓂᑑᒥᔥᑎᑯᐦᔮᐧᐋᐤ nituumishtikuhyaawaau vai ◆ il/elle chasse le tétras

ᓅᒋᒥᔥᑎᑯᐦᔮᐧᐋᐤ nuuchimishtikuhyaawaau vai ◆ il/elle chasse la "perdrix" (le tétras, la gélinotte)

perdu

ᐧᐃᓂᐦᑎᓐ winihtin vii ◆ c'est perdu

ᐧᐃᓈᑎᓐ winaatin vii ◆ c'est perdu, détruit

ᐃᔮᔪᐧᐃᓐ iyaayuwin vii ◆ c'est abîmé, perdu, renversé

ᐃᔮᔪᐧᐃᓰᐤ iyaayuwisiiu vai ◆ il/elle est abîmé-e, perdu-e, renversé-e

père

ᑰᐦᑖᐧᐄ kuuhtaawii na ◆ ton père

ᓅᐦᑖᐧᐄ nuuhtaawii na ◆ mon père

ᓅᐦᑖᐧᐄᔑᐱᓐ nuuhtaawiishipin nad ◆ mon défunt père

ᐅᐦᑖᐧᐄᐦ uhtaawiih nad ◆ son père

ᐅᐦᑖᐧᐄᒫᐤ uhtaawiimaau nad ◆ un père

ᐅᐦᑖᐧᐄᒫᐅ uhtaawiimaauu vai -aawi ◆ c'est un père

ᓅᐦᑖ nuuhtaa nad voc ◆ père! papa!

perforer

ᔖᐳᐦᐊᒼ shaapuham vti ◆ il/elle le fait passer au travers en le perforant

période

ᐄᔅᐱᓵᐱᐦᑐᐦᐋᐤ iispisaapihtuhaau vta ◆ il/elle établit une certaine distance, une certaine période de temps entre eux/elles

ᐄᔅᐱᓵᐱᐦᑐᐦᑖᐤ iispisaapihtuhtaau vai ◆ il/elle établit une certaine distance, une certaine période de temps entre les choses

perlage

ᒦᒋᔑᔥᑎᐦᐄᑭᓐ miichishishtihiikin ni ◆ du perlage, de la broderie perlée, des motifs perlés

perle

ᒦᒋᔅ miichis na -im ◆ une perle

ᓅᒋᒦᒋᓵᐤ nuuchimiichisaau vai ◆ il/elle fabrique des choses avec des perles

ᒦᒋᔑᔥᑎᐦᐄᒑᐤ miichishishtihiichaau vai ◆ il/elle coud des perles

permettre

ᓂᐦᐋᔨᒫᐤ nihaayimaau vta ◆ il/elle lui permet de le faire

ᐱᒋᔅᑎᓂᒧᐧᐋᐤ pichistinimuwaau vta ◆ il/elle le lui donne, lui permet de l'utiliser, lui donne la permission

ᑎᐹᔨᐦᑎᒧᐦᐋᐤ tipaayihtimuhaau vta ◆ il/elle lui donne la permission de faire ce qu'il/elle veut avec

permis

ᓂᐦᐋᔨᐦᑖᑯᓐ nihaayihtaakun vii ◆ c'est permis

permission

ᓂᐦᐋᔨᐦᑖᑯᓯᐤ nihaayihtaakusiu vai ◆ il/elle a la permission de faire quelque chose

ᑎᐹᔨᐦᑎᒧᐦᐋᐤ tipaayihtimuhaau vta ◆ il/elle lui donne la permission de faire ce qu'il/elle veut avec

perplexe

ᑯᔥᒁᔨᒫᐤ kushkwaayimaau vta ◆ il/elle est embarrassé-e, rendu-e perplexe par ses actions

ᑯᔥᒁᔨᐦᑎᒼ kushkwaayihtim vti ◆ il/elle est plongé-e dans ses réflexions à propos de ça; il/elle en est perplexe, mystifié-e

persévérer

ᐋᐃᐦᑭᒥᐦᑖᐤ aaihkimihtaau vai ◆ il/elle persévère

persistant

ᑳᒋᒑᐱᒄᐦ kaachichaapikwh ni pl ◆ une plante à feuilles persistantes

persister

ᐄᔑᔨᐧᐄᐤ iishiyiwiiu vai ◆ il/elle persiste à faire ce qu'il/elle fait, il/elle fait des manœuvres en vol

personnalité

ᐄᑖᑎᓰᐤ iitaatisiiu vai ◆ il/elle a une certaine personnalité, est dans un certain état

personne

ᒋᓵᓰᐱᐅᐄᔨᔨᐤ chisaasiipiiuiiyiyiu na ◆ une personne qui vient de Chisasibi

ᐱᔮᒁᑭᒦᐅᐄᔨᔨᐤ piyaakwaakimiiuiiyiyiu na -im ◆ une personne qui vient de Pointe Bleue

ᒋᔖᔨᔨᐅ chishaayiyiuu vai -iwi ◆ il est vieux, elle est vieille, c'est une personne âgée

ᐅᔅᒋᐱᒫᑎᓰᐤ uschipimaatisiiu vai ◆ c'est une jeune personne, c'est un jeune

ᐅᐧᐄᒋᓯᓂᐦᑳᓱᒫᑭᓐᐦ uwiichisinihkaasumaakinh na ◆ une personne qui a le même nom qu'une autre

ᒥᒋᐧᐋᓐ michiwaan na ◆ une personne malfaisante, diabolique, quelqu'un de méchant

personne (en)

ᓈᐦᐄᔨᐤ naahiiyiu p,manière ◆ en personne, de ses propres yeux ■ ᓈᐦᐄᔨᐤ ᓂᒌᐦ ᐧᐋᐱᒫᐤ ᑭᔮᐦ ᓃᔨ ᐊᓐ ᐧᐋᐱᒫᒄ ᑳ ᐧᐋᐱᒫᑭᓂᐧᐃᑦ ᐊᓂᑖᐦ ᐧᐄᓂᐸᑯᐦᒡ. ■ naahiiyiu nichiih waapimaau kiyaah niiyi an waapimaakw kaa waapimaakiniwit anitaah wiinipaakuhch. ■ *Moi aussi j'ai vu de mes propres yeux cette baleine qui avait été repérée dans la baie.*

personnification

ᒥᒋᔅᑳᐹᐤ michiskaapaau na -aam ◆ la personnification d'un pet, un péteux

persuader

ᐊᔪᐧᐃᐦᐋᐤ ayuwihaau vta ◆ il/elle le/la persuade

ᑭᔅᒋᒫᐤ kischimaau vta ◆ il/elle est capable de le/la persuader

ᔖᐦᑯᒋᒧᐧᐋᐤ shaahkuchimuwaau vta ◆ il/elle est capable de persuader les autres

ᔑᐦᑯᒋᒫᐤ shihkuchimaau vta ◆ il/elle le/la persuade

ᔑᐦᑯᒋᒧᐧᐋᐤ shihkuchimuwaau vta ◆ il/elle persuade les gens

ᔖᐦᑯᒋᒫᐤ shaahkuchimaau vta ◆ il/elle est capable de le/la persuader par ses paroles

ᔖᑯᐦᐋᐤ **shaakuhaau** vta ◆ il/elle est capable de le/la soulever, réussit à le/la persuader du contraire

persuasif

ᔑᐦᑯᒋᐦᐄ·ᐋᐤ **shihkuchihiiwaau** vai ◆ il est persuasif, elle est persuasive

perte de temps

ᐃᔮᐅᒡ **iyaauch** p,évaluative ◆ c'est une perte de temps et d'effort, ça ne sert à rien, c'est inutile ■ ᓄ·ᐃᒡ ᐃᔮᐅᒡ ᐱ·ᑳᐦᐄᐹᐤ, ᐋᑳ ᓂᒫᓯ·ᐃᓂᔨᒡ ᐊᓂᔮ ᓵᑭᐦᐄᑭᓂᔨᐤ᙮ ■ nuwich iyaauch pikwaahiipaau, aakaa nimaasiwiniyich aniyaa saakihiikiniyiu. ■ *Ça ne sert à rien de poser ses filets de pêche ici, il n'y a pas de poissons dans ce lac.*

perte de vue

ᐃᔥ·ᑳᔮᐱᒥᓈᑯᓐ **ishkwaayaapiminaakun** vii ◆ c'est à perte de vue (utilisé avec le négatif) ■ ᓈᔥᑎᔨᒡ ᓂᒥ ᐃᔥ·ᑳᔮᐱᒥᓈᑯᓐ ᓈᑖᐦ ᑎᐦᑯᐦᒡ ᐋ ᐅᐦᒋ ᑭᓂ·ᐋᐱᐦᑖᑭᓂ·ᐃᒡ᙮ ■ naashtiyich nimi ishkwaayaapiminaakun naataah tihkuhch aa uhchi kiniwaapihtaakiniwich. ■ *Du sommet on peut voir à perte de vue.*

perte de vue (à)

ᐃᔥ·ᑳᔮᐱᒥᓈᑯᓯᐤ **ishkwaayaapiminaakusiu** vai ◆ il/elle peut se voir sur une grande distance, à perte de vue

pertinent

ᐋᐱᑎᓐ **aapitin** vii ◆ c'est utile, c'est pertinent

peser

ᑯᓯᑯᔥᑳᐅᔑᐤ **kusikushkaaushiu** vai ◆ sa charge sur le dos lui pèse

ᑎᐹᐹᔥᑯᑖᐤ **tipaapaashkutaau** vai+o ◆ il/elle le pèse

ᑎᐹᐹᔥᑯᔮᐤ **tipaapaashkuyaau** vta ◆ il/elle le/la pèse

ᐄᔅᐱᐦᑎᓂᑯᓐ **iispihtinikun** vii ◆ ça pèse..., ça a un certain poids

ᐄᔅᐱᐦᑎᓂᑯᑎᐤ **iispihtinikutiu** vai ◆ il/elle a un certain poids, il/elle pèse ...

ᓃᔓᑎᐹᐹᔥᑯᒋᑭᓈᓯᐤ **niishutipaapaashkuchikinaasiu** vai ◆ il/elle pèse deux livres

ᓂᔥᑐᑎᐹᐹᔥᑯᒋᑭᓈᓯᐤ **nishtutipaapaashkuchikinaasiu** vai ◆ il/elle pèse trois livres

ᑎᐹᐹᔥᑯᒋᑭᓐ **tipaapaashkuchikin** ni ◆ une livre, une balance pour peser

peser (se)

ᑎᐹᐹᔅᑯᔨᓲ **tipaapaaskuyisuu** vai reflex -u ◆ il/elle se pèse

pet

ᒥᒋᔅᑳᐹᐤ **michiskaapaau** na -aam ◆ la personnification d'un pet, un péteux

péter

·ᐹᒋᒌᐤ **pwaachichiiu** vai ◆ il/elle pète tout en se déplaçant ou en soulevant quelque chose

·ᐹᒋᔅᑐᐦ·ᑳᒨ **pwaachistuhkwaamuu** vai -u ◆ il/elle pète dans son sommeil

·ᐹᒋᔅᑑ **pwaachistuu** vai -u ◆ il/elle pète

ᓂᔥᑐᒡ **nishtuch** na -im ◆ le péteux (un personnage de légende qui a pété trois fois)

ᓂᔥᐹᒌᐤ **nishpaachiiu** vai ◆ il/elle défèque accidentellement en pétant

ᐱᔅᐱᓯᔅᑖᐤ **pispisistaau** vii ◆ ça émet des étincelles, ça pète

péteux

ᓂᔥᑐᒡ **nishtuch** na -im ◆ le péteux (un personnage de légende qui a pété trois fois)

ᒥᒋᔅᑳᐹᐤ **michiskaapaau** na -aam ◆ la personnification d'un pet, un péteux

petit

ᐊᐱᔖᒋᔑᔑᐤ **apishaachishishiu** vai dim ◆ il/elle est petit-e (étalé)

ᐊᐱᔖᑭᔑᐤ **apishaakishiu** vii dim ◆ c'est petit (étalé)

ᐊᐱᔖᐹᒋᔑᔑᐤ **apishaapaachishishiu** vai dim ◆ son diamètre est petit-e (filiforme, ex. un fil fin)

ᐊᐱᔖᐹᑭᔑᐤ **apishaapaakishiu** vii dim ◆ c'est petit en diamètre (filiforme)

ᐊᐱᔖᐱᔥᒋᔑᐤ **apishaapishchishiu** vai dim ◆ il/elle est petit-e (minéral)

ᐊᐱᔖᐱᔥᑳᔑᐤ **apishaapishkaashiu** vii dim ◆ c'est petit (minéral)

ᐊᐱᔖᔑᐤ **apishaashiu** vii dim ◆ c'est petit ■ ·ᐋᓵ ᐊᐱᔖᔑᐤ ᐊᓐ ᒦᒋ·ᐋᐦᑉ᙮ ■ waasaa apishaashiu an miichiwaahp. ■ *Ce tipi est trop petit.*

ᐊᐱᔖᔥᑯᔑᐤ **apishaashkushiu** vai ◆ c'est petit (long et rigide)

ᐊᐱᔒᔑᔑᐤ **apishiishishiu** vai dim ◆ il/elle est petit-e ■ ᓄ·ᐃᒡ ᐊᐱᔒᔑᔑᐤ ᐊᓐ ᐊ·ᐋᔑᔥ᙮ ■ nuwich apishiishishiu an awaashish. ■ *Ce bébé est très petit.*

ᓰᐦᑎ·ᒫᔮᐤ **siihtimwaayaau** vii ◆ c'est si petit, on peut à peine bouger

ᑳᑯᔑᔥ **kaakushish** na -um ◆ un petit porc-épic *Erethizon dorsatum*

ᒥᔥᒋᑯᔑᔥ **mishchikushish** na dim ◆ un petit arbre

·ᒫᐦ·ᑲᒑᓯᐤ **mwaahkwaachaasiu** na -iim ◆ un petit esturgeon, qui vient d'éclore, lit. 'mangeur d'oeuf de poisson cru'

ᐴᒋᒫᑯᔥ **puuchimaakush** na -um ◆ un petit poisson blanc fin et étroit

ᔑᒋᑭᓂᒫᑯᔑᒡ **shichikinimaakushich** na pl -m ◆ un petit poisson

ᐅᑯᔑᔥᐦ **ukushishh** nad ◆ son enfant, son petit

ᐊᐱᔖᑭᒥᔑᐤ **apishaakimishiu** vii dim ◆ c'est une petite quantité de liquide

ᐊᐱᔑᑯᔑᔑᐤ **apishikushishiu** vai dim ◆ c'est un petit morceau de glace

ᐊᐱᔑᔥᑎ·ᑳᓈᔑᐤ **apishishtikwaanaashiu** vai dim ◆ il/elle a une petite tête

ᐃᔮᐱᔑᒥᓂᒋᔑᔑ·ᐃᒡ **iyaapishiminichishishiwich** vai pl dim ◆ les baies sont petites

ᐃᔮᐱᔑᒥᓂᑳᔑᐤᐦ iyaapishiminikaashiuh vii pl ◆ les baies sont petites

ᐃᔮᐱᔑᔥᑭᔑᐤ iyaapishishkishiu vai dim ◆ ses traces sont petites

ᐃᔮᐱᔑᔥᑖᔑᐤ iyaapishishtaashiu vai dim ◆ il/elle écrit petit

ᐃᔮᐱᔑᑎᐦᒑᔑᐤ iyaapishitihchaashiu vai dim ◆ il/elle a de petites mains

ᐃᔨᔨᒥᓈᑯᓐ iyiyiminaakun vii ◆ ça a l'air faible, petit

ᐃᔨᔨᒥᓈᑯᓯᐤ iyiyiminaakusiu vai ◆ il/elle a l'air faible, petit

ᒥᓂᒨ minimuu vii -u ◆ c'est un petit morceau de terre dans un marécage, un affleurement rocheux, un étang

ᓂᐦᐋᐧᐋᐤ nihaawaau vii ◆ ça ne prend pas beaucoup de place; c'est petit, compact

ᐲᔑᔥᑖᔑᐤ piishishtaashiu vii dim ◆ c'est écrit tout petit

ᐱᓈᒋᔥᑰ pinaachishkuu vai -u ◆ le rat musqué a des petits

ᓯᔅᑭᒨᔑᐤ siskimushiu vai ◆ il/elle en prend une petite bouchée

ᑎᐦᑯᑳᐴ tihkukaapuu vai -uwi ◆ il/elle n'est pas grand-e, il/elle est de petite taille

ᑎᑖᐦᑯᐦᐊᒫᐤ titaahkuhamaau vai redup ◆ il/elle fait de petits pas

ᐊᒥᔥᑯᐦᒎᔥ amishkuhchuush ni -uum ◆ un cadre plus petit pour faire sécher la peau d'un jeune castor

ᐊᐱᔒᔨᔨᔥ apishiiyiyish na -im ◆ un nain, un lutin, quelqu'un de petit

ᒎᐦᐧᐋᓂᔥ chuuhwaanish na dim ◆ une boule, une petite balle

ᐊᐱᔖᔥᑯᔑᔑᐤ apishaashkushishiu vii dim ◆ c'est petit, c'est court et fin (se dit de quelque chose de long et rigide) ■ ᓈᔥᑖᐧᐹᐦ ᐊᐱᔖᔥᑯᔑᔑᐤ ᓂᒥᔥᑎᑯᒥᓈᓐ. ■ naashtaapwaah apishaashkushishiu nimishtikuminaan. ■ *Notre arbre est très petit.*

ᐊᐱᔑᑭᒫᔑᐤ apishikimaashiu vii ◆ c'est un petit lac ou étang

ᐃᔮᐱᔖᔥᑯᐱᑐᐦᔑᐤ iyaapishaashkupituhshiu vai ◆ il/elle a les bras maigres

ᐃᔮᐱᔖᔥᑯᐱᑐᓈᔑᐤ iyaapishaashkupitunaashiu vai dim [Wemindji] ◆ il/elle a les bras maigres

ᐃᔮᐱᔑᑳᒑᔑᐤ iyaapishikaachaashiu vai dim ◆ il/elle a les jambes maigres

ᓂᐦᐋᐅᓰᐤ nihaausiiu vai ◆ il/elle ne prend pas beaucoup de place, est petit-e, bien proportionné-e

ᐹᔑᐦᐅᔑᐤ paashihushiu vai ◆ il/elle voyage en canot sur une petite distance

ᐲᓯᓰᐤ piisisiiu vai ◆ il/elle est en petit morceaux, c'est de la monnaie

ᐱᓈᔮᐳᔫ pinaayaapushuu vai -u ◆ la hase, la lapine a des petits

petit à petit

ᓈᓈᑎᐱᔥᑎᒼ naanaatipishtim vti redup ◆ il/elle se rapproche petit à petit, assis-e

petit ami

ᐅᐧᐹᔨᒥᒫᐅ upwaayimimaauu vai -aawi ◆ c'est un petit ami, un fils, de l'anglais 'boy'

ᓂᒥᔅᒋᓯᓂᔥᒌᔥ nimischisinishchiish nad pej ◆ une ancienne petite amie, un ancien petit ami, lit. 'vieille savate' ■ ᒌᐦ ᐧᐋᐱᒫᐤ ᐅᒥᔅᒋᓯᓂᔅᒌᔥᐦ ᑳ ᓃᒥᓈᓂᐧᐃᔨᒡ. ■ chiih waapimaau umischisinischiishh kaa niiminaaniwiyich. ■ *Elle/Il a vu sa vielle chaussure (son ancienne petite amie) à la danse.*

petit bois

ᐲᐅᐦᑎᑭᐦᐄᒑᐤ piiuhtikihiichaau vai ◆ il/elle coupe du petit bois

ᑯᑎᐧᐋᑭᓐᐦ kutiwaakinh ni pl ◆ du petit bois, du bois d'allumage

ᑯᑎᐧᐋᑭᓂᐦᑎᒄ kutiwaakinihtikw ni ◆ du petit bois, du bois d'allumage

petit doigt

ᐅᒋᔥᑿᒋᐦᒌᔥ uchishkwaachihchiish nid dim ◆ son auriculaire, son petit doigt

petit peu

ᐊᐱᔒᔥ apishiish p,quantité ◆ un petit peu ■ ᐊᐱᔒᔥ ᒥᒄ ᓂᑭ ᐋᐱᑎᓰᓐ ᐊᓅᐦᒡ. ■ apishiish mikw niki aapitisiin anuuhch. ■ *Je vais juste travailler un petit peu aujourd'hui*

ᐧᐋᐃᐱᔅᒡ waaipisch p,temps [Whapmagoostui] ◆ un petit peu ■ ᐧᐋᐃᐱᔅᒡ ᓂᒌᐦ ᓂᐹᓐ ᐋᐦᒪᐧᐋᔮᐦ ᐅᐦᒋ ᒋᔅᑖᐱᑎᓯᔮᓐ ᒦᓐ. ■ waaipisch nichiih nipaan aahmwaayaah uhchi chistaapitisiyaan miin. ■ *J'ai dormi un petit peu avant de retourner au travail.*

ᐧᐋᐃᐱᔥᒌᔥ waaipishchiish p,temps ◆ un petit peu ■ ᐧᐋᐃᐱᔥᒌᔥ ᓂᒌᐦ ᓂᐹᓐ ᐋᐦᒪᐧᐋᔮᐦ ᐅᐦᒋ ᒋᔅᑖᐱᑎᓯᔮᓐ ᒦᓐ. ■ waaipishchiish nichiih nipaan aahmwaayaah uhchi chistaapitisiyaan miin. ■ *J'ai dormi un petit peu avant de retourner au travail.*

petit-déjeuner

ᒑᒋᔖᐹᔮᐅᒦᒋᒼ chaachishaapaayaaumiichim ni ◆ de la nourriture pour le petit déjeuner

petit-duc

ᐄᔨᔨᐅᑖᔥᑎᒥᐦᑳᐧᓯᐤ iiyiyiutaashtimihkwaasiu na -iim ◆ un petit-duc maculé

petit-fils

ᐅᔑᔑᒥᒫᔥ ushishimimaash nad ◆ c'est un petit-fils ou une petite-fille encore jeune

petit-fils, petite-fille

ᓅᔑᔑᒥᔥ nuushishimish na ◆ mon petit-fils, ma petite-fille, mon petit-enfant

ᓅᓯᓵ nuusisaa nad voc ◆ (mon) petit-fils! (ma) petite-fille!

ᐅᓯᓯᒻᐦ usisimh nad ◆ son petit-fils, sa petite-fille, ses petits-enfants

ᐅᓯᓯᒥᒫᐤ usisimimaau nad ◆ un petit-fils, une petite-fille, un petit-enfant

petit-frère

ᓂᔒᒥᔥ nishiimish na ◆ mon frère cadet ou ma soeur cadette, mon petit-frère ou ma petite-soeur

ᐅᔑᒻᐦ **ushiimh** nad ◆ son frère cadet ou sa soeur cadette, son petit-frère ou sa petite-soeur

ᐅᔑᒥᒫᐤ **ushiimimaau** na ◆ un frère cadet ou une soeur cadette, un petit-frère ou une petite-soeur

ᐅᔑᒥᒫᐆ **ushiimimaauu** vai -aawi ◆ c'est un frère cadet ou une soeur cadette

petite

ᐊᐱᔑᐧᐋᔖᔑᐤ **apishiwaashaashiu** vii dim ◆ la baie est petite

ᐱᔑᔥᒑᔑᐤ **pishishchaashiu** vii dim ◆ c'est une petite chambre

petite amie

ᐧᐄᒋᒋᔖᔨᔥᐧᑳᔥᐦ **wiichichishaayishkwaash-h** nad ◆ sa femme, sa petite amie

ᓂᒥᔅᒋᓯᓂᔥᒌᔥ **nimischisinishchiish** nad pej ◆ une ancienne petite amie, un ancien petit ami, lit. 'vieille savate' ■ ᒌᐦ ᐧᐋᐱᒫᐤ ᐅᒥᔅᒋᓯᓂᔅᒌᔥᐦ ᑳ ᓃᒥᓈᓂᐧᐃᔨᒡ. ■ chiih waapimaau umischisinischiishh kaa niiminaaniwiyich. ■ *Elle/Il a vu sa vielle chaussure (son ancienne petite amie) à la danse.*

petite-fille

ᐅᔑᔑᒥᒫᔥ **ushishimimaash** nad ◆ c'est un petit-fils ou une petite-fille encore jeune

petite-soeur

ᓂᔑᒥᔥ **nishiimish** na ◆ mon frère cadet ou ma soeur cadette, mon petit-frère ou ma petite-soeur

ᐅᔑᒻᐦ **ushiimh** nad ◆ son frère cadet ou sa soeur cadette, son petit-frère ou sa petite-soeur

ᐅᔑᒥᒫᐤ **ushiimimaau** na ◆ un frère cadet ou une soeur cadette, un petit-frère ou une petite-soeur

ᐅᔑᒥᒫᐆ **ushiimimaauu** vai -aawi ◆ c'est un frère cadet ou une soeur cadette

pétrir

ᒫᒫᑯᓈᐤ **maamaakunaau** vta ◆ il/elle le/la pétrit, le/la presse, l'aplatit

ᒫᒫᑯᓂᒻ **maamaakunim** vti ◆ il/elle le presse, le pétrit

ᐱᐹᑎᑯᓈᐤ **pipaatikunaau** vta redup ◆ il/elle pétrit la pâte pour la banique, pour le pain

pétrole

ᐱᒦᐆ **pimiiuu** vai -iiwi ◆ il est gras, elle est grasse, il/elle (ex. un véhicule) contient de l'essence, du pétrole

ᐧᐄᐱᒦᐅᒋᓯᐤ **wiipimiiuchisiu** vai ◆ il/elle sent le pétrole, l'essence

ᐧᐄᐱᒦᐅᑭᓐ **wiipimiiukin** vii ◆ ça sent, ça a un goût d'essence, de pétrole

peu

ᒋᑭᐧᐋᔑᐧᐃᒡ **chikiwaashiwich** vai pl ◆ il y en a peu

ᑎᑭᐧᐋᔑᓐᐦ **tikiwaashinh** vii pl ◆ il y en a peu

ᑎᑭᐧᐋᔑᐧᐃᒡ **tikiwaashiwich** vai pl ◆ ils sont peu nombreux; elles sont peu nombreuses

ᐊᑎᑎᐧᐄᔥ **atitiwiish** p,quantité ◆ un petit peu plus ■ ᐊᑎᑎᐧᐄᔥ ᒫ ᐹᒋ ᒥᓃᐦ ᑏ. ■ atitiwiish maa paachi miniih tii. ■ *Donne-moi encore un peu plus de thé.*

ᒋᑭᐧᐋᔑᔥ **chikiwaashish** p,quantité,temps ◆ quelquefois, de temps en temps, un petit peu ■ ᓈᔥᒡ ᒋᑭᐧᐋᔑᔥ ᐋᐦ ᒌᐦ ᐹᒋ ᒥᔩᔨᒥᐦᑦ ᐊᔫᒥᓂᔥᐦ. ■ naashch chikiwaashish aah chiih paachi miyiyimiht ayuuminish-h. ■ *Elle nous a seulement donné un petit peu d'avoine.*

ᐃᔮᐧᐃᓐ **iyaawin** vii ◆ ça ne contient qu'une petite quantité, il n'y en a pas assez

ᔔᒥᐱᔨᔑᐤ **shuumipiyishiu** vai dim ◆ il/elle est un petit peu dégelé-e

ᐃᔮᐅᓰᐤ **iyaausiiu** vai ◆ il/elle peut seulement en contenir une petite quantité ou un petit nombre, il/elle peut seulement en nourrir un certain nombre

ᓈᓈᒥᒌᒻ **naanaamichiim** p,manière ◆ peu à peu ■ ᓈᓈᒥᒌᒻ ᓂᒥ ᐃᐦᑖᐧᐃᒡ ᓂᔅᑭᒡ ᑖᐧᑳᒋᓂᔨᒡᐦ. ■ naanaamichiim nimi ihtaawich niskich taakwaachiniyichh. ■ *Les oies diminuent en nombre peu à peu tous les automnes.*

ᓈᓈᓂᒌᒻ **naanaanichiim** p,manière ◆ peu à peu ■ ᓈᓈᓂᒌᒻ ᒌᐦ ᔫᑎᓐ ᓂᑎᐦᐱᒫᔑᐦᑖᓐ. ■ naanaanichiim chiih yuutin nitihpimaashihtaan. ■ *La force du vent augmente peu à peu alors que nous naviguons.*

peu à peu

ᓂᐦᐋᑳᒡ **nihaakaach** p,manière ◆ peu à peu, doucement ■ ᓂᐦᐋᑳᒡ ᑯᑎᐱᓐᐦ ᓂᒥ ᒋᑭ ᐃᔮᔪᐧᐃᐦᑖᓐ. ■ nihaakaach kutipinh nimi chiki iyaayuwihtaan. ■ *Verse-le doucement pour ne pas renverser!*

ᓈᓈᒥᒌᒻ **naanaamichiim** p,manière ◆ peu à peu ■ ᓈᓈᒥᒌᒻ ᓂᒥ ᐃᐦᑖᐧᐃᒡ ᓂᔅᑭᒡ ᑖᐧᑳᒋᓂᔨᒡᐦ. ■ naanaamichiim nimi ihtaawich niskich taakwaachiniyichh. ■ *Les oies diminuent en nombre peu à peu tous les automnes.*

ᓈᓈᓂᒌᒻ **naanaanichiim** p,manière ◆ peu à peu ■ ᓈᓈᓂᒌᒻ ᒌᐦ ᔫᑎᓐ ᓂᑎᐦᐱᒫᔑᐦᑖᓐ. ■ naanaanichiim chiih yuutin nitihpimaashihtaan. ■ *La force du vent augmente peu à peu alors que nous naviguons.*

peu profond

ᐹᐦᐧᑳᓈᒥᔅᒑᒋᐧᐃᓐ **paahkwaanaamischaachiwin** vii ◆ le niveau d'eau est très peu profond dans un rapide

ᐹᐧᑳᔨᐧᐋᐤ **paakwaayiwaau** vii ◆ l'eau près du rivage est peu profonde

ᐹᐦᐹᐧᑳᓈᒥᔅᒑᒋᒋᐧᐃᓐ **paahpaakwaanaamischaachichiwin** vii ◆ c'est un rapide peu profond et rocheux

peu profonde

ᐄᐧᐋᔑᐤ **iiwaashiu** vii dim ◆ l'eau est peu profonde

ᐄᔨᐧᐋᐤ **iiyiwaau** vii ◆ l'eau est peu profonde

ᐹᐧᑳᐤ **paakwaau** vii ◆ l'eau est peu profonde jusqu'à assez loin du rivage

peuple

ᐅᑎᔨᔨᒻᐦ **utiyiyimh** nad ◆ son peuple, ses enfants

peuplier

ᒦᑎᓱᐦᑎᒄ miitisuhtikw na ◆ un peuplier mort et sec, encore debout

ᒦᑐᓯᐢᑳᐤ miitusiskaau vii ◆ c'est une aire de peupliers

ᒦᑐᔅ miitus na -im ◆ un peuplier baumier (*Populus balsamifera*); un peuplier faux-tremble, un tremble *Populus tremuloides*

ᔒᐹᒦᑐᓯᐢᑳᐤ shiipaamiitusiskaau vii ◆ c'est une zone de peuplier sans sous-bois

peuplier baumier

ᒦᑐᔅ miitus na -im ◆ un peuplier baumier (*Populus balsamifera*); un peuplier faux-tremble, un tremble *Populus tremuloides*

peur

ᑯᐡᑖᒌᐧᐋᔨᐦᑎᒼ kushtaachiiwaayihtim vti ◆ il/elle a peur rien que d'y penser

ᑯᐡᑖᒋᐤ kushtaachiu vai ◆ il/elle a peur

ᑯᐡᑎᒼ kushtim vti ◆ il/elle a peur de ça

ᑯᐡᑎᒧᐧᐋᐤ kushtimuwaau vta ◆ il/elle a peur de ce qu'il/elle va lui faire

ᑯᐢᐱᓈᔨᐦᑎᒼ kuspinaayihtim vti ◆ il/elle a peur de ce qui risque d'arriver

ᑯᐢᐱᓃᐡᑎᒼ kuspiniishtim vti ◆ il/elle a peur de ce qui va arriver

ᑯᐢᐱᓃᐤ kuspiniiu vai ◆ il/elle a peur qu'il arrive un malheur

ᓂᓂᒌᐤ ninichiiu vai redup ◆ il/elle a peur que quelque chose ne lui arrive

ᑯᐡᑖᒋᐦᐋᐤ kushtaachihaau vta ◆ il/elle l'effraie, lui fait peur

ᑯᐡᑖᐤ kushtaau vta ◆ il/elle a peur de lui/elle, il/elle le/la craint

ᑯᐢᐱᓃᐡᑎᐧᐋᐤ kuspiniishtiwaau vta ◆ il/elle a peur qu'il/elle essaie et fasse quelque chose

ᑯᐢᑖᓯᓂᒼ kustaasinim vti ◆ il/elle a peur de le voir

ᑯᐢᑖᓯᓂᐧᐋᐤ kustaasiniwaau vta ◆ il/elle a peur de le/la voir

ᓂᓂᒌᐡᑎᒼ ninichiishtim vti redup ◆ il/elle a peur de le faire

ᓂᓂᒌᐡᑎᐧᐋᐤ ninichiishtiwaau vta redup ◆ il/elle a peur de lui/d'elle, le/la redoute

ᓵᒋᓯᐤ saachisiu vai ◆ il/elle est terrorisé-e, il/a peur

ᔖᑯᑖᐦᐋᐤ shaakutaahaau vai ◆ il/elle a peur facilement

ᑯᐡᑖᒋᐧᐃᓐ kushtaachiwin ni ◆ de la peur, de l'effroi, de la terreur, de l'épouvante, de la panique

ᑯᐡᑖᒋᒫᐤ kushtaachimaau vta ◆ il/elle lui fait peur avec des bruits vocaux

ᓵᒋᐦᐧᑳᓈᑯᓯᐤ saachihkwaanaakusiu vai ◆ il/elle a le visage empreint de terreur, son visage exprime la peur

peut-être

ᒫᑯᐡᑳ maakushkaa p,évaluative ◆ peut-être, peut-être que... ■ ᒫᑯᐡᑳ ᔖᔥ ᐧᐄᐱᒡ ᑭᑎ ᑎᑯᔑᓐ. ■ maakushkaa shaash wiipich kiti tikushin. ■ *Peut-être qu'elle va venir bientôt.*

ᒫᔥᑯᒡ maashkuch p,évaluative ◆ peut-être ■ ᒫᔥᑯᒡ ᔖᔥ ᐧᐄᐱᒡ ᒋᑭ ᑭᔅᒋᐦᐆ ᐋᐦ ᐋᔅᒋᒫᑦ. ■ maashkuch shaash wiipich chiki kischihuu aah aaschimaat. ■ *Je crois qu'elle saura peut-être bientôt tisser des raquettes.*

ᓈᓂᑑ naanituu p,évaluative ◆ peut-être ■ ᓈᓂᑑ ᔖᔥ ᒌᐦ ᒫᔅᑎᔅᑯᔮᒋᒑ ᐊᓂᔮᐦ ᐊᒥᔅᒀᐦ. ■ naanitiu shaash chiih maastiskuyaachichaa aniyaah amiskwh. ■ *Je crois qu'il a peut-être attrapé tous les castors de cette hutte.*

phlegme

ᐊᒋᒄ achikw na -um ◆ du phlegme, du mucus

phoque

ᐋᐦᒋᒄ aahchikw na ◆ un phoque *Pinnipedia phocidae*

ᒥᐡᑖᐦᒋᒄ mishtaahchikw na -um ◆ un phoque adulte

ᐱᐹᒧᐦᑖᐧᐋᐦᒋᒄ pipaamuhtaawaahchikw na redup -um ◆ une sorte de phoque qui marche, lit. 'le phoque qui marche'

ᐅᑖᐦᒋᑯᒼᐦ utaahchikumh nad ◆ son phoque

ᐋᐦᒋᑯᐦᐄᐲ aahchikuhiipii ni -um ◆ un filet pour attraper les phoques

ᐋᐦᒋᑯᐦᑳᓐ aahchikuhkaan na ◆ une bouée (balise navale), un phoque gonflé, un phoque empaillé

ᐋᐦᒋᑯᒥᐦᒄ aahchikumihkw ni -m ◆ du sang de phoque

ᐋᐦᒋᑯᐱᒦ aahchikupimii ni -iim ◆ de l'huile de phoque

ᐋᐦᒋᑯᔑᔥ aahchikushish na -kumish ◆ un bébé phoque

ᐋᐦᒋᑯᐡᑎᐧᑳᓐ aahchikushtikwaan ni -um ◆ une tête de phoque

ᐋᐦᒋᑯᔓᑭᓐ aahchikushukin ni -im ◆ le bas du dos d'un phoque

ᐋᐦᒋᑯᐢᑯᓐ aahchikuskun ni -um ◆ un foie de phoque

ᐋᐦᒋᑯᐢᐴᐦᑭᓐ aahchikuspuuhkin ni -um ◆ un membre inférieur de phoque

ᐋᐦᒋᑯᑖᐃᐦ aahchikutaaih ni -um ◆ un coeur de phoque

ᐋᐦᒋᑯᑎᒋᔒ aahchikutichishii ni -um ◆ des intestins de phoque

ᐋᐦᒋᑯᑎᐦᒌᐦ aahchikutihchiih na -um ◆ des nageoires de phoque

ᐋᐦᒋᑯᑏ aahchikutii ni -m ◆ un estomac de phoque

ᐋᐦᒋᑯᑎᔩᔨ aahchikutiyiyii ni -um ◆ une omoplate de phoque

ᐋᐦᒋᑯᑐᑎᐦᑯᐦᓯᐅᒡ aahchikututihkuhsiuch na pl -iim ◆ des reins de phoque

ᐋᐦᒋᑯᐧᐄᔫ aahchikuwiiyu na -um ◆ de la graisse de phoque

ᐋᐦᒋᑯᐧᐃᔮᔅ aahchikuwiyaas ni -um ◆ de la viande de phoque

ᐋᐦᒋᑯᔮᓐ aahchikuyaan na ◆ une peau de phoque
ᐋᐦᒋᑯᔮᓂᐱᔨᒌᔅ aahchikuyaanipiyichiis ni -um ◆ un pantalon en peau de phoque
ᐋᐦᒋᒁᐳᐃ aahchikwaapui ni ◆ du bouillon de phoque
ᐋᐦᒋᒁᔅᒋᓯᓐᐦ aahchikwaaschisinh ni pl ◆ des bottes en peau de phoque
ᐋᐦᒋᒁᔅᑎᓯᒡ aahchikwaastisich na pl -um ◆ des mitaines en peau de phoque
ᐊᐱᔥᑖᐦᒋᑯᔑᔥ apishtaahchikushish na ◆ un bébé phoque
ᒥᔥᑖᐦᒋᑯᔑᔥ mishtaahchikushish na ◆ une jeune phoque adulte
ᒥᔥᑖᐦᒋᑯᑎᒋᔒ mishtaahchikutichishii na -iim ◆ les intestins d'un phoque adulte
ᓅᐦᒋᒦᐅᐋᐦᒋᒄ nuuhchimiiuaahchikw na -um ◆ une otarie d'eau douce, de l'intérieur des terres
ᐳᐃᐙᔮᐦᒋᒄ puiwaayaahchikw na -m ◆ un phoque de deux ans
ᐅᔅᒋᒥᔥᑖᐦᒋᑯᔑᔥ uschimishtaahchikushish na ◆ un jeune phoque adulte, un phoque âgé d'un an
ᐙᐹᐦᒋᒄ waapaahchikw na -um ◆ un phoque blanc, albinos
ᒫᐦᒋᒁᐤ mwaahchikwaau vai ◆ il/elle mange de la viande de phoque
ᐅᑖᐦᒋᑯᒥᐦᑭᐙᐤ utaahchikumihkiwaau vai ◆ il/elle lui donne le phoque qu'il/elle a tué
ᐋᐦᒋᑯᐹᓂᑮᒃ aahchikupaanikiik na -im ◆ une crêpe frite dans de la graisse de phoque
ᐋᐦᒋᑯᐱᑯᓈᔮᐤ aahchikupikunaayaau ni -m ◆ un trou dans la glace par lequel le phoque remonte pour respirer
ᐊᐱᔥᑖᐦᒋᑯᔮᓂᔥ apishtaahchikuyaanish na ◆ une peau de bébé phoque
ᑳᐦᑭᔮᐦᒁᐅᐊᔅᒋᓯᓐᐦ kaahkiyaahkwaauaschisinh na -m ◆ des mocassins courts en peau de phoque
ᓅᔖᔮᐦᒋᒄ nuushaayaahchikw na -m ◆ une loutre femelle, une phoque femelle
ᐋᐦᒋᑯᔅᑳᐤ aahchikuskaau vii ◆ il y a beaucoup de phoques par ici
ᐋᐦᒋᒁᐙᔅᒑᐤ aahchikwaawaaschaau vai ◆ il/elle tire au fusil sur un phoque et on entend les coups de feu
ᓂᑎᐙᐦᒋᒁᐦᐊᒻ nitiwaahchikwaaham vti ◆ il/elle chasse le phoque en canot
ᓂᑎᐙᐦᒋᒁᐤ nitiwaahchikwaau vta ◆ il/elle chasse le phoque, la loutre
ᓅᑖᐦᒋᒁᐤ nuutaahchikwaau vai ◆ il/elle chasse le phoque ou la loutre
ᐱᐦᑯᓈᐦᒋᒁᐤ pihkunaahchikwaau vai ◆ il/elle dépiaute une loutre ou un phoque
ᐅᓵᐦᒋᒁᐤ usaahchikwaau vta ◆ il/elle cuit le phoque, la loutre en le/la faisant bouillir
ᐋᐦᒋᒁᐃᐦᑯᓈᐤ aahchikwaaihkunaau na -aam ◆ de la banique à la graisse de phoque
ᐅᔅᐴᐦᑭᓐ uspuuhkin ni ◆ un tibia de phoque, de castor
ᐑᔮᐦᒋᒁᐤ wiiyaahchikwaau vai ◆ il/elle écorche et découpe le phoque, la loutre

photo

ᒥᓯᓈᐱᔅᑭᐦᐊᒻ misinaapiskiham vti ◆ il/elle en prend une photo
ᒥᓯᓈᐱᔅᑭᐦᐄᒑᐱᔩᐤ misinaapiskihiichaapiyiu vii ◆ ça prend des photos, des films
ᒥᓯᓈᐱᔅᑭᐦᐄᒑᐤ misinaapiskihiichaau vai ◆ il/elle prend des photos, fait un film ▪ ᒨᔥ ᒌᐦ ᒥᓯᓈᐱᔅᑭᐦᐄᒑᐤ ᑳ ᒋᔅᑯᑎᒫᒑᑦ᙮ ▪ muush chiih misinaapiskihiichaau kaa chiskutimaachaat. ▪ *Elle prenait toujours des photos quand elle enseignait.*
ᒥᓯᓈᐱᔅᑭᐦᐙᐤ misinaapiskihwaau vta ◆ il/elle le/la prend en photo ▪ ᒌᐦ ᒥᓯᓈᐱᔅᑭᐦᐙᐤ ᐅᑖᒻᐦ᙮ ▪ chiih misinaapiskihwaau utaamh. ▪ *Elle a pris une photo de son chien.*
ᒥᓯᓈᐱᔅᑭᐦᐄᑭᓐ misinaapiskihiikin ni ◆ un appareil photo, une caméra, une photo ▪ ᓂᒌᐦ ᐎᓂᒋᔅᒋᓯᓐ ᓂᒥᓯᓈᐱᔅᑭᐦᐄᑭᓐ ᑳ ᓃᔓᑳᐳᐎᓈᓂᐎᒡ᙮ ▪ nichiih winichischisin nimisinaapiskihiikin kaa niishukaapuwinaaniwich. ▪ *J'ai oublié ma caméra quand je suis allé au mariage.*

photographe

ᒥᓯᓈᐱᔅᑭᐦᐄᒑᓯᐤ misinaapiskihiichaasiu na -iim ◆ un ou une photographe

photographie

ᒥᓯᓈᐱᔅᑭᐦᐙᐤ misinaapiskihwaau vta ◆ il/elle le/la prend en photo ▪ ᒌᐦ ᒥᓯᓈᐱᔅᑭᐦᐙᐤ ᐅᑖᒻᐦ᙮ ▪ chiih misinaapiskihwaau utaamh. ▪ *Elle a pris une photo de son chien.*

physique

ᐄᔨᑭᔮᐑᐤ iiyikiyaawiiu vai ◆ il/elle acquiert une habileté physique par la répétition d'une action

pic

ᐹᔥᐹᔥᑖᐤ paashpaashtaau na -aam ◆ un pic tridactyle, un pic à dos rayé *Picoides tridactylus*
ᐲᐦᑎᐎᑎᓈᐤ piihtiwitinaau vii ◆ le pic, le sommet de la montagne est élevé

pic-bois

ᑯᐃᑯᓈᐤ kuikunaau na -m ◆ un oiseau qui ressemble à un pic-bois
ᐑᓵᐦᑖᐤ wiisaahtaau ni -m ◆ du bois mort (n'importe quel arbre) qui a été piqué par un pic-bois

pie-grièche

ᒫᔥᒋᔥᑭᒑᓂᔥ maashchishkichaanish na -shim ◆ une pie-grièche grise ou boréale *Lanius excubitor*

pièce

ᒫᒦᔑᐦᐄᒑᐤ maamiishihiichaau vai ◆ il/elle pose des pièces; il/elle rapièce
ᒦᔑᐦᐄᑭᓐ miishihiikin ni ◆ un pièce pour le raccommodage, un plombage
ᒋᔅᐱᒋᒫᒦᔑᐦᐊᒻ chispichimaamiishiham vti ◆ il/elle met une couche épaisse de pièces dessus

ᒋᔅᐱᒋᒫᒦᔑᐦᐧᐋᐤ chispichimaamiishihwaau vta ◆ il/elle met une couche épaisse de pièces sur lui/elle

ᒥᓯᐦᑎᐅᓰᐤ misihtiusiiu vai ◆ il/elle est d'une pièce

pièce de monnaie

ᔑᑳᑯᔮᓐ shikaakuyaan na ◆ une peau de mouffette, une pièce de 25 cents

pied

ᐅᓯᑎᒑᑭᓐ usitichaakin nid ◆ son pied

ᐄᑎᐦᐊᒫᐤ iitihamaau vai ◆ il/elle place ses pieds d'une certaine manière en marchant

ᓃᔓᑳᑖᐧᐋᔮᐤ niishukaataawaayaau vii ◆ ça a deux pieds

ᒋᔖᔮᑯᓯᑦ chishaayaakusit ni pl -im ◆ un pied d'ours

ᓂᒥᐦᑎᓂᓯᑦ nimihtinisit ni ◆ le pied gauche

ᐅᓯᑎᒑᑭᓐᐦ usitichaakinh nid pl ◆ les os de son pied

ᐋᓈᐅᐦᒡ aanaauhch p,lieu ◆ le pied d'une montagne

ᓂᔥᑐᒥᓯᑦ nishtumisit p,quantité ◆ trois pieds

ᐧᑖᑯᐧᐃᒋᐧᐃᓂᐦᒡ twaakuwichiwinihch p,lieu ◆ au pied du rapide ■ ᐧᑖᑯᐧᐃᒋᐧᐃᓂᐦᒡ ᐅᐱᒋᐧᐃᓂᐦᒡ ᐋᑯᑎᐦ ᑳ ᒌ ᐊᐧᑳᐱᒋᒑᓂᐧᐃᒡ᙮ ■ twaakuwichiwinihch upichiwinihch aakutih kaa chii akwaapichichaaniwich. ■ *Les gens attrapaient les poissons à la main au pied du rapide d'Upichiwin.*

ᐋᓂᔅᑭᐧᐃᔑᓐ aaniskiwishin vai ◆ il/elle dort au pied des autres quand la hutte est pleine

ᐋᔑᐧᐃᐦᑎᑖᐤ aashiwihtitaau vai ◆ il/elle le transporte de l'autre côté à pied

ᒌᓂᐧᑳᓂᔥᑭᒻ chiinikwaanishkim vti ◆ il/elle le contourne à pied

ᒌᔅᒋᒥᓯᑖᐱᐤ chiischimisitaapiu vai ◆ il/elle a les pieds engourdis à force d'être assis-e

ᒌᔥᒋᔑᑖᔑᓐ chiishchishitaashin vai ◆ il/elle a mal au pied parce qu'il/elle se l'est cogné-e

ᒋᔒᔑᑖᔑᒨ chishiishitaashimuu vai -u ◆ il/elle essuie ses pieds sur quelque chose ■ ᐋᔑᒄ ᒋᔒᔑᑖᔑᒨ ᐱᔮᒋ ᐲᐦᒋᒑᒡᐦ᙮ ■ aashikw chishiishitaashimuu piyaachi piihchichaachh. ■ *Il s'essuie les pieds chaque fois qu'il entre.*

ᒋᔥᑖᐹᐅᓯᑖᐤ chishtaapaausitaau vai ◆ il/elle se lave les pieds

ᒋᔨᒋᓯᑖᐤ chiyichisitaau vai ◆ son pied le/la démange

ᐄᔨᐧᐹᓯᑖᐤ iiyipwaasitaau vai ◆ il/elle transpire des pieds

ᑭᑳᓄᓯᑖᐤ kikaanusitaau vai ◆ il/elle a de long pieds

ᑯᐃᔥᑎᑳᒫᔥᑭᒻ kuishtikaamaashkim vti ◆ il/elle en fait le tour (un lac, une courbe) à pied

ᒫᒫᑐᓂᔥᑭᒻ maamaatunishkim vti ◆ il/elle tâte du pied

ᒫᒥᐦᒋᓯᑖᐤ maamihchisitaau vai ◆ il/elle a de grands pieds

ᒫᔨᔥᑭᒻ maayishkim vti ◆ il/elle descend la rivière en la longeant à pied

ᒨᓯᑖᐤ muusitaau vai ◆ il/elle mange des pieds (par ex. des pieds de castor)

ᓈᐧᑖᑳᑖᓂᒻ naatwaakaataanim vti ◆ il/elle en casse le pied (ex. d'une table) avec la main

ᓈᐧᑖᑳᑖᐱᔨᐤ naatwaakaataapiyiu vii ◆ ça a un pied cassé (ex. une chaise, une table)

ᓂᔥᑐᑳᑖᐧᐋᔮᐤ nishtukaataawaayaau vii ◆ ça a trois pieds

ᓵᐳᓯᔅᑖᔮᐹᐧᐋᐤ saapusistaayaapaawaau vai ◆ il/elle se mouille les pieds

ᓵᓵᒋᔅᑎᐤ saasaachistiu vai ◆ il/elle est pieds nus

ᔖᐳᔑᑖᔑᓐ shaapushitaashin vai ◆ il/elle marche sur quelque chose de pointu qui lui transperce le pied

ᑎᐦᑯᓯᑖᐦᐅᓲ tihkusitaahusuu vai reflex -u ◆ il/elle se laisse tomber quelque chose sur le pied

ᑎᑯᔑᑖᔥᑭᐧᐋᐤ tikushitaashkiwaau vta ◆ il/elle marche sur le pied de quelqu'un

ᑎᐱᓯᑖᐦᑎᒻ tipisitaahtim vti ◆ il/elle le mesure en plaçant un pied devant l'autre

ᑎᐱᓯᑖᒫᐤ tipisitaamaau vta ◆ il/elle le/la mesure en plaçant un pied devant l'autre

ᑎᑎᐧᑳᔅᒋᐤ titikwaaschiu vai ◆ il/elle a froid aux pieds

ᐧᑖᑯᐧᐃᐧᓈᔥᑭᒻ twaakuwinwaashkim vti ◆ il/elle marche jusqu'au pied du rapide

ᐅᐧᐋᐱᓯᑖᐤ uwaapisitaau vai ◆ il/elle a les pieds blancs

ᐧᐄᓂᔑᐦᑯᓈᐅᒫᑯᓐ wiinishihkunaaumaakun vii ◆ ça pue des pieds

ᒥᓯᑖᔮᐲ misitaayaapii na -m ◆ le tissage de la raquette sous le pied

ᐧᑖᒥᐦᒡ twaamihch p,lieu ◆ au pied de la colline, montagne

ᒑᐦᑳᔥᑯᔥᑭᒻ chaahkaashkushkim vti ◆ il/elle lève son autre côté (long et rigide) en posant le pied dessus

ᒑᐦᑳᔥᑯᔥᑭᐧᐋᐤ chaahkaashkushkiwaau vta ◆ il/elle lui lève l'autre côté (long et rigide) en posant le pied dessus

ᑭᒑᔥᑎᐱᐦᐊᒫᐤ kichaashtipihamaau vai ◆ il/elle marche vite, il/elle a le pied rapide

ᑯᐃᔥᑎᑳᒫᓂᒋᔥᑭᒻ kuishtikaamaanichishkim vti ◆ il/elle fait le tour de l'île à pied

ᑯᐃᔥᑎᑳᒫᔅᒑᑭᐦᐊᒻ kuishtikaamaaschaakiham vti ◆ il/elle fait tout le tour du marécage à pied

ᒥᒥᒋᐦᐊᒫᐤ mimichihamaau vai redup ◆ il/elle marche avec les pieds en dedans

ᒥᔨᒧᐧᐃᓯᑖᐤ miyimuwisitaau vai ◆ il/elle a les pieds mouillés, trempes

ᐧᒫᔨᔑᔥᑖᐤ mwaayishishtaau vai ◆ il/elle mange des pieds de caribou

ᓈᓂᑳᑯᓈᐦᑎᑖᐤ naanikaakunaahtitaau vai ◆ il/elle essaie de le ralentir en freinant avec les pieds en voyageant sur la neige

ᑖᐅᓯᑖᐦᐧᐋᐤ taausitaahwaau vta ◆ il/elle le frappe sur le pied, l'atteint au pied

ᑎᑎᐧᑳᐢᒋᑳᐹᐧᐋᐤ **titikwaaschikaapaawaau** vai ◆ il/elle se mouille et se refroidit les pieds

ᑑᒥᓯᑖᓈᐤ **tuumisitaanaau** vta ◆ il/elle lui met de la pommade sur les pieds, lui graisse les pieds

ᐅᑖᔑᔥᑭᒼ **utaashishkim** vti ◆ il/elle se l'accroche involontairement au pied, à la jambe

ᐧᐄᓂᔑᐦᑯᓈᐤ **wiinishihkunaau** vai ◆ il/elle pue des pieds, des orteils

ᒥᑖᐹᔮᐅᐦᑳᐤ **mitaapaayaauhkaau** vii ◆ c'est le pied d'une colline au bord d'un lac ou d'une rivière

ᓃᐦᑎᒋᐧᐋᐤ **niihtichiwaau** vai ◆ il/elle descend à pied; le soleil se couche

ᑖᑭᓯᐢᑭᒼ **taakisiskim** vti ◆ son pied rentre complètement dedans, s'ajuste parfaitement

ᑑᒥᓯᑖᐤ **tuumisitaau** vai ◆ il/elle a les pieds bien graissés, recouverts de pommade ou d'onguent

ᓂᑎᐦᐄᐢᑯᐦᑖᐤ **nitihiiskuhtaau** vai ◆ il/elle remonte la rivière à pied sur la glace

ᓂᑎᐦᐄᐢᑯᐦᑎᑖᐤ **nitihiiskuhtitaau** vai ◆ il/elle remonte la rivière à pied sur la glace en le portant

pied en canard

ᐃᔨᑎᒫᔥᑖᐤ **iyitimaashtaau** vai ◆ il/elle marche les pieds en canard

pieds

ᓃᔓᒥᓯᐨ **niishumisit** p,quantité ◆ deux pieds

ᐹᐦᑯᓯᑖᐦᐅᓲ **paahkusitaahusuu** vai reflex -u ◆ il/elle se sèche les pieds en se les essuyant

pieds nus

ᔖᔖᒋᔥᑎᔑᓐ **shaashaachishtishin** vai ◆ il/elle est couché-e pieds nus

piège

ᐧᐃᓂᐦᐄᑭᓐ **winihiikin** ni ◆ un piège

ᐧᐃᓂᐦᐄᑭᓂᔥ **winihiikinish** ni ◆ un petit piège

ᐋᓂᑯᒑᔑᐧᐃᓂᐦᐄᑭᓐ **aanikuchaashiwinihiikin** ni -u ◆ un piège à écureuil

ᐋᐧᐋᐅᑭᓂᑭᓂᐧᐃᒡ **aawaaukinikiniwich** nip ◆ le fond d'un piège

ᐊᒋᑳᔑᐧᐃᓂᐦᐄᑭᓐ **achikaashiwinihiikin** ni -im ◆ un piège à vison

ᐊᒥᐢᑯᐧᐃᓂᐦᐄᑭᓐ **amiskuwinihiikin** ni -m ◆ un piège à castor

ᒋᓯᑳᐢᑯᐦᐄᑭᓐ **chisikaaskuhiikin** ni ◆ un poteau utilisé pour fixer un piège

ᒋᓯᑳᐢᑯᐦᐄᑭᓈᐦᑎᒄ **chisikaaskuhiikinaahtikw** ni ◆ un bâton pour maintenir un piège dans le sol

ᑳᑯᐧᐃᓂᐦᐄᑭᓐ **kaakuwinihiikin** ni ◆ un piège à porc-épic

ᒥᐦᒑᔑᐧᐃᓂᐦᐄᑭᓐ **mihchaashiwinihiikin** ni ◆ un piège à renard

ᒥᔥᑎᑯᐧᐃᓂᐦᐄᑭᓐ **mishtikuwinihiikin** ni -im ◆ un piège en bois qui tue l'animal

ᓃᐦᑎᓂᑭᓐ **niihtinikin** ni ◆ la hampe, la partie arrondie du piège qui le fait se déclencher

ᓂᐧᑳᑭᓈᐦᑎᒄᐦ **nikwaakinaahtikwh** ni pl ◆ des bâtons de chaque côté du piège

ᑎᓲᔮᑭᓈᐳᔥ **tisuyaakinaapush** na -um ◆ un lièvre pris dans un piège

ᐅᑖᐦᐱᔥᑭᓐᐦ **utaahpishkinh** ni pl ◆ les mâchoires d'un piège

ᐧᐋᐱᔥᑖᓂᐧᐃᓂᐦᐄᑭᓐ **waapishtaaniwinihiikin** ni -im ◆ un piège à martre

ᐧᐋᐳᐦᐅᒋᑭᓐ **waapuhuchikin** ni ◆ un verrou ou chien, une languette de retenue pour garder le piège ouvert

ᐧᐃᒋᔥᑯᐧᐃᓂᐦᐄᑭᓐ **wichishkuwinihiikin** ni ◆ un piège à rat musqué

ᐧᐃᓂᐦᐄᑭᓈᐦᑎᒄ **winihiikinaahtikw** ni ◆ un bâton utilisé pour bien fixer un piège

ᐊᒋᑳᔑᐧᐃᓂᐦᐄᒑᐤ **achikaashiwinihiichaau** vai ◆ il/elle place un piège à vison

ᐊᒥᐢᑯᐧᐃᓂᐦᐄᒑᐤ **amiskuwinihiichaau** vai ◆ il/elle pose un piège à castor

ᒑᑖᐢᑯᓈᐤ **chaataaskunaau** vta ◆ il/elle le/la sort du piège

ᒑᑖᐢᑯᓂᒧᐧᐋᐤ **chaataaskunimuwaau** vta ◆ il/elle le/la sort du piège pour lui/elle

ᒋᒥᐱᑎᒧᔮᐤ **chimipitimuyaau** vai ◆ il/elle n'attrape que la patte de l'animal dans le piège

ᐃᐢᐱᐦᑖᐢᑯᓲ **ispihtaaskusuu** vai -u ◆ l'animal est pris au piège durant la journée, peu après que le piège ait été posé

ᑳᑯᐧᐃᓂᐦᐄᒑᐤ **kaakuwinihiichaau** vai ◆ il/elle pose un piège à porc-épic

ᑭᒑᒧᑎᐧᑳᐤ **kichaamutikwaau** vai ◆ il/elle vole des pièges

ᒥᐦᒑᔑᐧᐃᓂᐦᐄᒑᐤ **mihchaashiwinihiichaau** vai ◆ il/elle pose un piège à renard

ᒥᓂᑭᔖᐳᔮᐤ **minikishaapuyaau** vai ◆ il/elle n'attrape que la griffe de l'animal dans le piège

ᒥᓂᐧᐃᓂᐦᐄᒑᐤ **miniwinihiichaau** vai ◆ il/elle ramasse ses pièges

ᒥᐢᑭᐧᐃᑖᐱᐢᑭᑎᓐ **miskiwitaapiskitin** vii ◆ il y a de la glace sur le piège et ça l'empêche de se refermer

ᓈᒋᐧᐃᓂᐦᐄᒑᐤ **naachiwinihiichaau** vai ◆ il/elle va vérifier ses pièges

ᓃᐧᔖᐱᐢᑳᐅᐦ **niishwaapiskaauh** vii pl ◆ il y en a deux (minéral), il y a deux pièges

ᐱᑎᒥᑰ **pitimikuu** vai -u ◆ il/elle a déclenché le piège sans se faire attraper

ᐱᑎᒧᔮᐤ **pitimuyaau** vai ◆ il/elle trouve le piège refermé mais vide

ᓯᐦᑯᓯᐧᐃᓂᐦᐄᒑᐤ **sihkusiwinihiichaau** vai ◆ il/elle pose un piège à belette

ᓱᐢᑯᐢᒋᓂᒼ **suskuschinim** vti ◆ il/elle attache le piège de castor sur un bâton fourchu et le penche pour le mettre dans l'eau

ᑎᓱᓲ **tisusuu** vai -u ◆ il/elle est pris-e dans un piège

ᑎᓯᑖᐤ **tisutaau** vai+o ◆ il/elle le piège, le prend au piège

·ᐋᐱᔥᑖᓂ·ᐃᓂᐦᐄᒑᐤ **waapishtaaniwinihiichaau** vai ◆ il/elle pose un piège à martre

·ᐃᓂᐦᐊᒧ·ᐋᐤ **winihamuwaau** vta ◆ il/elle pose un piège pour lui/elle

·ᐃᔮᐱᐦᒑᓂᒼ **wiyaapihchaanim** vti ◆ il/elle en fait une boucle pour un piège

ᓯᐦᑯᓯ·ᐃᓂᐦᐄᑭᓐ **sihkusiwinihiikin** ni ◆ un piège à hermine, à fouine

ᐅᐦᐱᐦᐅᒋᑭᓂᔥ **uhpihuchikinish** ni -i ◆ un clipet, un petit crochet sur le piège qui le maintient en place

ᐋᓂᑯᒑᔑ·ᐃᓂᐦᐄᒑᐤ **aanikuchaashiwinihiichaau** vai ◆ il/elle pose un piège à écureuil

ᓃᐱᓂ·ᐃᓂᐦᐄᒑᐤ **niipiniwinihiichaau** vai ◆ il/elle pose un piège en été

ᓃ·ᔖᐱᐢᒋᔥᑭᒼ **niishwaapischishkim** vti ◆ il/elle est pris dans deux pièges

ᐱᐦᒋᐦᑎᑖᐤ **pihchihtitaau** vai ◆ il/elle le laisse tomber, déclenche le piège

ᐱᔑ·ᐃᓂᐦᐄᒑᐤ **pishiwinihiichaau** vai ◆ il/elle pose un piège à lynx

ᐱᔮᐅᑖᐱ·ᑳᐤ **piyaautaapikwaau** vai ◆ il/elle pose des pièges de lagopède

·ᐋᐢᑳᐢᒋᓂᒼ **waaskaaschinim** vti ◆ il/elle fait un cercle avec des perches autour du piège en laissant un espace pour que le castor puisse nager

·ᐃᒋᔥᑯ·ᐃᓂᐦᐄᒑᐤ **wichishkuwinihiichaau** vai ◆ il/elle pose un piège à rat musqué

ᐄᔨᐹᑎᒼ **iiyipaatim** vti ◆ il/elle couvre le trou dans la glace avec des branchages et de la neige pour que la glace n'épaississe pas en hiver, en été il/elle arrose le piège pour masquer l'odeur humaine

ᐅᐦᐱᐦᐊᒼ **uhpiham** vti ◆ il/elle le soulève avec quelque chose, ouvre les mâchoires du piège

ᓂᑑᓂᒫᐦᑖᐤ **nituunimaahtaau** vai+o ◆ il/elle examine le piège à castor pour voir s'il y a des traces de la présence des castors autour du piège

piège à lièvre

·ᐋᐳᔓ·ᐃᓂᐦᐄᑭᓐ **waapushuwinihiikin** ni -im ◆ un piège à lièvre

·ᐋᐳᔓ·ᐃᓂᐦᐄᒑᐤ **waapushuwinihiichaau** vai ◆ il/elle pose un piège à lièvre

piège à lynx

·ᐄᑐᔮᐢᑯᓂᒼ **wiituyaaskunim** vti ◆ il/elle met du musc sur un poteau pour attirer le lynx dans le piège par l'odorat

piégeage

ᐱᑯᓵᔩᐦᒋᑭᓐ **pikusaayihchikin** ni ◆ un instrument de chasse ou de piégeage

piéger

ᑎᓯᔮᐤ **tisuyaau** vta ◆ il/elle le/la prend au piège

·ᐃᓂᐦᐄᒑᐤ **winihiichaau** vai ◆ il/elle piège, pose des pièges

ᑎᓯᑖᐤ **tisutaau** vai+o ◆ il/elle le piège, le prend au piège

pierre

ᐱᐦᑯᑖᐅᓯᓃᒡ **pihkutaausiniich** na pl -uum ◆ des pierres pour le foyer

ᑖᔑᐦᐄᑭᓐ **taashihiikin** ni ◆ une pierre à aiguiser, un instrument d'affûtage

ᒥᔥᑭ·ᐃᑖᐦᐋᐤ **mishkiwitaahaau** vai ◆ il/elle a un coeur de pierre, c'est un ou une sans-coeur

ᐱᒧᓯᓈᑎᐦᐊᒼ **pimusinaatiham** vti ◆ il/elle jette des pierres dessus

ᐱᒧᓯᓈᑎᐦᐄᒑᐤ **pimusinaatihiichaau** vai ◆ il/elle jette des pierres

ᐱᒧᓯᓈᑎᐦ·ᐋᐤ **pimusinaatihwaau** vta ◆ il/elle lui jette des pierres dessus

ᒥᐢᑎᓯᓈᐲ **mistisinaapii** ni -m ◆ une ancre de pierre pour le filet de pêche

pierre à aiguiser

ᓯᓯᐳᑖᑭᓐ **sisiputaakin** ni redup -m ◆ une pierre à aiguiser

piétiner

ᐱᒋᔥᒋᔥᑭᒼ **pichishchishkim** vti ◆ il/elle les piétine (ex. traces sur le sol)

ᓃᐦᑖᑯᓈᔥᑭᒼ **niihtaakunaashkim** vti ◆ il/elle piétine la neige

ᐱᒋᔥᑳᑯᓈᔥᑭᒼ **pichishkaakunaashkim** vti ◆ il/elle piétine la neige

ᐲ·ᑳᑯᓈᔥᑭᒼ **piikwaakunaashkim** vti ◆ il/elle piétine la neige

ᑖᐦᑎᑯᐢᑳᑖᐤ **taahtikuskaataau** vta redup ◆ il/elle le/la piétine, l'écrase du pied

ᑖᐦᑎᑯᐢᑳᑎᒼ **taahtikuskaatim** vti redup ◆ il/elle le piétine, l'écrase du pied

pieu

ᒌᔥᑖᑭᐦᐄᑭᓐ **chiishtaakihiikin** ni ◆ des poteaux des deux côtés d'une tente, un pieu

pile

ᒥᓂᔥᑖᐤ **minishtaau** vii ◆ c'est une pile

ᐹᔨᑯᒥᓂᔥᑖᐤᐦ **paayikuminishtaauh** vii pl ◆ ça forme une seule pile (ex. des troncs d'arbre)

ᓃᔓᒥᓈᔥᑖᐤᐦ **niishuminaashtaauh** vii pl ◆ il y en a deux piles

ᐃᔥᑯᑖᐤ **ishkutaau** ni -aam ◆ une pile, du feu, une bougie (de véhicule) ■ ᐹᔨᒄ ᐃᔥᑯᑖᐤ ᐋᐱᑎᓐ ᐊᓂᑎᐦ ᓂᐲᓯᒧᐦᑳᓂᒥᐦᒡ. ■ paayikw ishkutaau aapitin anitih nipiisimuhkaanimihch. ■ *Ma montre fonctionne avec une pile.*

ᐱᐹᐢᑯᓯ·ᑳᐤ **pipaaskusikwaau** vii redup ◆ il y a des piles de glace, gelées ensemble

piler

ᐊᔫᐦᐄᒑᐤ **ayuuhiichaau** vai ◆ il/elle pile du poisson sec ou de la viande pour faire du pemmican

ᔫᐦᐄᒑᐤ **yuuhiichaau** vai ◆ il/elle pile du poisson séché ou de la viande pour du pemmican

pilet

ᐅᒥᓂᒄ **uminikw** na -um ◆ un canard pilet, un pilet à longue queue *Anas acuta*

pilon

ᐊᑖᓐ **ataan** na -siim ◆ une roche lisse utilisée pour piler le poisson séché et le réduire en poudre

ᒦᑐᓂᓵᓐ **miitunisaan** ni -siim ◆ une roche utilisée comme pilon pour réduire le poisson séché en poudre

ᐅᑖᒥᐦᐄᑭᓐ **utaamihiikin** ni ◆ un marteau, un pilon

pilote

ᐱᐹᒥᐦᔮᐙᔥᑎᑯᔒᐤ **pipaamihyaawaashtikushiiu** na redup ◆ un ou une pilote de ligne

pilou

ᑳᐲᔂᔮᑭᔑᒡ **kaapiishwaayaakishich** nip ◆ du pilou, de la finette, de la flanelle de coton

pilule

ᑳᓂᐹᐦᐅᐙᒡᐦ **kaanipaahuwaachh** nip pl ◆ un somnifère, des pilules qui font dormir

pimbina

ᒨᓱᒥᓈᐦᑎᒄ **muusuminaahtikw** ni ◆ une viorne trilobée, une boule-de-neige, une viorne comestible, le pimbina *Viburnum sp.*

pin

ᐅᔅᒋᔅᒃ **uschisk** na -im ◆ un pin *Pinus sp.*

ᐅᔅᒋᔅᒋᐦᑎᒄ **uschischihtikw** na -im ◆ un pin sec

ᐱᔅᑯᔅᒋᔅᑳᐤ **piskuschiskaau** vii ◆ c'est une élévation recouverte de pins

ᑎᐱᔑᔥᒋᔥᑳᔑᐤ **tipishishchishkaashiu** vai dim ◆ c'est un endroit qui manque de pins

ᐅᔅᒋᔅᑭᑖᐅᐦᑳᐤ **uschiskitaauhkaau** vii ◆ c'est une zone peuplée de pins

ᐅᔅᒋᔅᑳᐙᔑᐦᑎᒡ **uschiskaawaashihtich** na pl -im ◆ des branchages de pin

ᓯᑯᔅᒋᔅᑳᐤ **sikuschiskaau** vii ◆ c'est une zone de pins dense

ᐅᔅᒋᔅᑳᐤ **uschiskaau** vii ◆ c'est une zone de jeune pins

pin gris

ᑖᐦᑖᔅᒋᔅᑳᐤ **taahtaaschiskaau** vii ◆ c'est une aire de grands pins gris

ᔒᐹᔮᔅᒋᔅᑳᐤ **shiipaayaaschiskaau** vii ◆ c'est une aire de pins gris sans sous-bois

pince

ᑎᐦᑯᒧᒋᑭᓐ **tihkumuchikin** ni ◆ une clé à molette, des tenailles, un étau

pince à linge

ᐲᓐ **piin** ni -im ◆ une pince à linge, une épingle de nourrice

ᐲᓂᐎᑦ **piiniwit** ni ◆ un sac de pinces à linge

pinceau

ᔑᔓᐦᐄᑭᓈᐦᑎᒄ **shishuhiikinaahtikw** ni ◆ un pinceau

pincer

ᒌᔥᑎᓈᐤ **chiishtinaau** vta ◆ il/elle le/la pince

ᒌᔥᑎᓂᒻ **chiishtinim** vti ◆ il/elle le pince

ᑯᑎᔅᒑᐤ **kutischaau** vai ◆ il/elle vérifie si l'oie est bien grasse en pinçant la peau sous l'estomac

pinson

ᒋᒧᐎᓂᐱᔮᔒᔥ **chimuwinipiyaashiish** na ◆ lit. 'oiseau de pluie', un bruant, un pinson (désigne plusieurs espèces de bruants, de pinsons)

ᐲᒋᑮᔥᑭᔒᔥ **piichikiishkishiish** na -im ◆ un bruant chanteur, un pinson chanteur *Melospiza melodia*

ᐅᓵᐅᔅᑯᐱᔮᔒᔥ **usaauskupiyaashiish** na -im ◆ un oiseau jaune-vert, un géospize olive, un pinson olive *Certhidea olivacea*

pipe

ᐲᐦᑖᑳᓲ **piihtaakaasuu** vai reflex -u ◆ il/elle remplit sa pipe

ᓅᒋᑭᐦᒑᑖᐤ **nuuchikihchaataau** vta ◆ il/elle nettoie le tuyau de pipe

ᐅᑎᒧᔮᐤ **utimuyaau** vta ◆ il/elle fume sa pipe près de là où il/elle a tué l'ours, il/elle donne sa pipe à la personne qui va lui donner l'ours ce qu'elle a tué, il/elle partage sa pipe avec quelqu'un

ᒥᔪᒫᓵᐙᐤ **miyumaasaawaau** vai ◆ l'odeur de sa cuisine, de sa pipe, de son tabac, de sa cigarette sent bon

pipi

ᐴᐴᔑᐤ **puupuushiu** vai ◆ elle urine, fait pipi

ᓯᒋᔅᑏᓲ **sichistiisuu** vai reflex -u ◆ il/elle se fait pipi dessus

ᓯᒋᐤ **sichiu** vai ◆ il urine, fait pipi

piquant

ᑳᔓᑖᐅᓰᐤ **kaashutaausiiu** vai ◆ il/elle est coupant-e, piquant-e

ᑯᑖᐑᔥᑖᑰ **kutaawiishtaakuu** vta inverse -u ◆ il/elle (ex le piquant de porc-épic) s'enfonce profondément dans sa peau

ᐱᑎᐦᑳᔨᔨᐤ **pitihkaayiyiu** vai ◆ le porc-épic lance ses piquants

piquante

ᑳᐙᔥᑎᑳᐤ **kaawaashtikaau** vii ◆ les aiguilles du branchage sont piquantes

piquants

ᐅᑳᐑᐦ **ukaawiih** nad ◆ ses piquants (se dit d'un porc-épic)

piquants de porc-épic

ᐅᑳᐑᒡ **ukaawiich** na pl ◆ des piquants de porc-épic

piquer

ᐄᔮᑭᑎᐦᐙᐤ **iiyaakitihwaau** vta ◆ il/elle pique dedans (animé, par ex. un tuyau de poêle) avec un outil

ᐄᔮᑭᑐᐦᐊᒻ **iiyaakituham** vti ◆ il/elle pique dedans (par ex. un terrier, une hutte de castor) avec un outil

ᐑᓯᑭᐦᐅᑰ **wiisikihukuu** vai -u ◆ ça le/la pique

ᐑᓯᑭᐦᐅᐙᐤ **wiisikihuwaau** vii ◆ ça pique

ᐑᓯᑭᐦᐙᐤ **wiisikihwaau** vta ◆ il/elle le/la pique

ᒌᔥᒋᔑᓐ chiishchishin vai ◆ il/elle se fait piquer par un objet pointu; il/elle tombe sur quelque chose de pointu

ᒌᔥᑎᐦᐊᒼ chiishtiham vti ◆ il/elle le pique; il/elle fait rôtir de la viande sur un bâton

ᒌᔥᑎᐦᐙᐤ chiishtihwaau vta ◆ il/elle le/la pique; il/elle lui donne une piqûre

ᐑᓯᒋᓯᐤ wiisichisiu vai ◆ il/elle a un goût amer, il/elle pique, comme une brûlure

ᐑᓯᑳᐦᑭᓲ wiisikaahkisuu vai -u ◆ il/elle a une brûlure qui la/le pique

ᐑᓯᑳᐱᓲ wiisikaapisuu vai -u ◆ les yeux lui piquent à cause de la fumée

ᐑᓯᑳᐱᐤ wiisikaapiu vai ◆ ses yeux lui piquent

ᒋᐦᑳᐎᔮᐤ chihkaawiyaau vai ◆ il/elle est piqué-e par une aiguille de porc-épic

ᐑᓯᑳᐱᐦᑖᓂᐦᑖᐤ wiisikaapihtaanihtaau vai ◆ il/elle produit une fumée qui pique les yeux

piquer (se)

ᒋᐦᑳᐎᔮᐦᐄᑐᐎᒡ chihkaawiyaahiituwich vai pl recip -u ◆ les porcs-épics se piquent en s'accouplant

piqûre

ᒌᔥᑎᐦᐙᐤ chiishtihwaau vta ◆ il/elle le/la pique; il/elle lui donne une piqûre

pirouette

ᒌᓂᒁᓂᐱᔨᐦᐆ chiinikwaanipiyihuu vai -u ◆ il/elle tourne, virevolte, fait des pirouettes

pis

ᐋᑯᐦ *aakuh* p,conjonction ◆ pis, puis ■ ᑳᐦ ᒌᔑᒦᒋᓱᔮᐦᒡ ᐋᑯᐦ ᒦᓐ ᐋᑎ ᒋᔅᑐᐦᑖᔮᐦᒡ. ■ kaah chiishimiichisuyaahch aakuh miin aati chistuhtaayaahch. ■ *On a fini de manger, puis on a continué sur notre chemin.*

piste

ᐱᒧᐦᑖᔮᔅᑯᒫᐤ pimuhtaayaaskumaau vai ◆ il/elle (ex. porc-épic) laisse une piste d'arbres dont il/elle a rongé l'écorce il/elle laisse une piste d'arbres dont il/elle a rongé l'écorce (se dit habituellement d'un porc-épic)

ᐱᐹᒥᐦᔮᐅᒫᔅᑭᓂᐤ pipaamihyaaumaaskiniu ni ◆ une piste d'atterrissage

ᐅᔥᑭᔒ ushkishii na ◆ une piste de motoneige

ᒫᔅᑭᓈᐦᒑᐤ maaskinaahchaau vai ◆ il/elle fait la piste, crée un chemin

ᐎᓂᐦᐊᒫᐤ winihamaau vai ◆ il/elle perd la piste

ᒫᔅᑭᓈᐦᑭᐙᐤ maaskinaahkiwaau vta ◆ il/elle ouvre un sentier pour elle/lui

pistolet

ᐹᔥᒋᔑᑭᓂᔥ paashchishikinish ni ◆ un pistolet, un révolver

pitié

ᒋᔅᑎᒫᒑᔨᐦᑖᑯᓯᐤ chistimaachaayihtaakusiu vai ◆ il/elle fait pitié

ᒋᔅᑎᒫᒑᔨᒫᐤ chistimaachaayimaau vta ◆ il/elle a pitié de lui/d'elle

ᒋᔅᑎᒫᒑᔨᒦᓲ chistimaachaayimiisuu vai reflex -u ◆ il/elle se prend en pitié

ᒋᔅᑎᒫᒑᔨᒥᑯᓰᐤ chistimaachaayimikusiiu vai ◆ il/elle veut qu'on le/la prenne en pitié

ᒋᔅᑎᒫᒋᓂᐙᐤ chistimaachiniwaau vta ◆ il/elle le/la regarde avec pitié

ᓂᓈᐦᑳᑖᔨᒫᐤ ninaahkaataayimaau vta ◆ il/elle a pitié de lui/d'elle à cause de son état

ᒋᔅᑎᒫᒑᔨᐦᒋᒑᐎᓐ chistimaachaayihchichaawin ni ◆ la compassion, la pitié

ᒋᔅᑎᒫᒑᔨᒧᐙᐤ chistimaachaayimuwaau vai ◆ il/elle fait preuve de compassion, il/elle éprouve de la pitié

ᒋᔅᑎᒫᒋᓈᑯᓯᐤ chistimaachinaakusiu vai ◆ il/elle a l'air pauvre et fait pitié

ᒋᔅᑎᒫᒋᓈᑯᓐ chistimaachinaakun vii ◆ ça semble mal fait, abîmé, usé; ça fait pitié

pitoyable

ᒋᔅᑎᒫᒑᔨᐦᑖᑯᓐ chistimaachaayihtaakun vii ◆ c'est pitoyable, navrant

placard

ᑭᐱᑦ kipit ni -im ◆ un placard, une étagère, une commode, de l'anglais 'cupboard'

placé

ᐋᔥᑎᒫᔥᑖᑳᐴ *aashtimaashtaakaapuu* vii -uwi ◆ c'est placé au soleil

ᐋᑎᒋᓂᔥᑖᐤ *aatichinishtaau* vii ◆ c'est placé à l'envers

ᐄᔨᐹᔥᑖᐤ iiyipaashtaau vii ◆ c'est placé sur une inclinaison

ᓂᐚᑭᐱᐤ nipwaakipiu vai ◆ il/elle est placé-e plié-e en deux

ᐲᒥᑳᒫᔥᑖᐤ piimikaamaashtaau vii ◆ c'est placé de biais

ᐲᒥᑳᒫᔮᐤ piimikaamaayaau vii ◆ c'est placé en biais

ᐙᐅᔮᔮᐹᑭᔥᑖᐤ waauyaayaapaakishtaau vii ◆ c'est placé en cercle (filiforme)

ᐙᐅᔮᔥᑖᐤ waauyaashtaau vii ◆ c'est placé, écrit, marqué dans un cercle

place

ᒥᐦᑭᔥᑖᐤ mihkishtaau vii ◆ ça prend beaucoup de place

ᒦᔥᑯᒋᐱᔨᐤ miishkuchipiyiu vii ◆ c'est mis à la place, ça prend sa place

ᑖᐱᔅᒋᓈᐤ taapischinaau vai ◆ il y a de la place pour lui/elle

ᑖᐱᔅᒋᓈᐤ taapischinaau vii ◆ il y a de la place pour ça

ᑎᐙᐤ tiwaau vii ◆ il y a encore de la place

ᑭᔮᐅᒡ kiyaauch p,lieu ◆ dans un endroit caché, dans une cachette ■ ᓂᒥ ᒋᔩᐚ ᐅᐦᒋ ᒥᔅᑭᒼ ᐊᓂᔮ ᐅᑎᐦᑏᔖᐳᓂᑭᓐ ᓈᔥᒡ ᑭᔮᐅᒡ ᐋᐦ ᒌᐦ ᐃᐦᑎᑎᒥᑯᐱᓈ. ■ nimi chiyiiwaa uhchi miskim aniyaa utihtiishaapunikin naashch kiyaauch aah chiih ihtitimikupinaa. ■ *Elle ne réussissait pas à trouver son aiguille de laçage pour les peaux parce qu'elle l'avait mise dans une cachette.*

ᐊᐦᑎᓂᒼ aahtinim vti ◆ il/elle le change de place à la main
ᒌᑎᐧᐃᓂᒼ chiitiwinim vti ◆ il/elle le tient bien en place
ᒥᒋᒫᐢᑯᓈᐤ michimaaskunaau vta ◆ il/elle le/la tient bien en place
ᒥᒋᒫᐢᑯᓂᒼ michimaaskunim vti ◆ il/elle le tient en place (long et rigide)
ᒥᐦᑭᐱᐤ mihkipiu vai ◆ il/elle prend beaucoup de place quand il/elle est assis-e
ᒦᔥᑯᒋᐱᔨᐤ miishkuchipiyiu vai ◆ il/elle change de place avec quelque chose, il/elle change de place
ᓈᓂᑖᔑᐤ naanitaashiu vai ◆ il/elle cherche une bonne place pour établir son campement
ᓂᐦᐊᐱᐤ nihapiu vai ◆ il/elle se trouve une place, s'installe
ᓃᐳᐧᐃᔥᑎᒧᐧᐋᐤ niipuwishtimuwaau vta ◆ il/elle se met à sa place, résiste pour lui/elle
ᓂᑭᑎᐦᐅᐧᐋᐤ nikitihuwaau vta ◆ il/elle les laisse sur place en partant en véhicule
ᔒᐦᒑᐤ shiihchaau vii ◆ c'est serré, il y a peu de place
ᑖᐱᐢᒋᓂᐦᐋᐤ taapischinihaau vta ◆ il/elle a de la place pour lui/elle, il/elle a assez de place pour le mettre dedans
ᑖᐱᐢᒋᓂᑖᐤ taapischinitaau vai ◆ il/elle a de la place pour ça, elle le fait rentrer dedans
ᑖᐱᔥᑳᑐᐧᐃᒡ taapishkaatuwich vai pl recip -u ◆ il y a assez de place pour tout le monde
ᑎᐧᐃᐱᔨᐤ tiwipiyiu vii ◆ ça s'ouvre, fait de la place
ᔮᐃᔨᒋᑳᐳᐧᐃᐦᑖᐤ yaaiyichikaapuwihtaau vai+o ◆ il/elle met bien en place
ᔮᐃᔨᓯᓈᑯᐦᑖᐤ yaaiyisinaakuhtaau vai ◆ il/elle le fixe bien en place
ᔮᐃᔨᑖᔥᑯᔥᑖᐤ yaaiyitaashkushtaau vai ◆ il/elle le dépose bien en place (long et rigide)
ᔮᐃᔨᑎᒨ yaaiyitimuu vai -u ◆ il/elle est bien en place
ᔮᐃᔨᑎᒨ yaaiyitimuu vii -u ◆ c'est bien en place, c'est solidement en place
ᔮᐃᔨᑎᐱᐤ yaaiyitipiu vai ◆ il/elle est bien en place, bien posé-e
ᓃᔓᔨᒡ niishuyich p,manière ◆ à deux places, de deux façons
ᐋᐦᒋᔥᑖᐤ aahchishtaau vii ◆ c'est ailleurs, ça a changé de place
ᐋᐦᒋᐢᑭᑎᒼ aahchiskitim vti ◆ il/elle change d'emploi, de job, de place
ᒦᔥᑭᐧᐋᐤ miishkiwaau vta ◆ il/elle avance, prend injustement la place de façon déplacée
ᒦᔥᑯᒋᑳᐳᐧᐃᐦᐋᐤ miishkuchikaapuwihaau vta ◆ il/elle en met un autre (ex. un poêle) à sa place
ᒦᔥᑯᒋᐱᔨᐦᐆ miishkuchipiyihuu vai -u ◆ il/elle est assis-e à la place de quelqu'un d'autre, il/elle change de place avec lui/elle
ᓂᐦᐋᐅᓰᐤ nihaausiiu vai ◆ il/elle ne prend pas beaucoup de place, est petit-e, bien proportionné-e
ᑖᐱᐱᔨᐤ taapipiyiu vai ◆ il/elle se met en place, il y en a assez pour tout le monde
ᑖᐱᐱᔨᐤ taapipiyiu vii ◆ ça se met en place, il y en a assez pour tout le monde
ᒋᔑᐧᐋᔨᒫᐤ chishiwaayimaau vta ◆ il/elle est décidé-e à le/la trouver, à le/la tuer, à le/la remettre à sa place

placenta

ᐅᑎᔥᐧᑳᔑᒧᓂᔥ utishkwaashimunish nid ◆ son placenta, lit. 'son petit oreiller'

placer

ᐊᔥᒋᑳᐳᐧᐃᐦᐋᐤ ashchikaapuwihaau vta ◆ il/elle le/la place debout avec les autres
ᐊᔥᑖᐤ ashtaau vai ◆ il/elle le place là
ᐄᔑᑳᐳᐧᐃᐦᐋᐤ iishikaapuwihaau vta ◆ il/elle le/la place d'une certaine façon
ᐄᔑᑳᐳᐧᐃᐦᑖᐤ iishikaapuwihtaau vai+o ◆ il/elle le place d'une certaine façon
ᐄᑎᔥᑖᐤ iitishtaau vai+o ◆ il/elle le place
ᐄᑎᔥᑖᐤ iitishtaau vii ◆ c'est placé d'une certaine façon
ᓂᔥᐧᑖᐹᑭᐦᐋᐤ nishtwaapaakihaau vta ◆ il/elle en place trois (filiforme) ensemble
ᐧᐃᔮᐱᔥᑭᔥᑖᐤ wiyaapishkishtaau vai ◆ il/elle le place (minéral)
ᐧᐃᔮᐱᐢᑭᐦᐋᐤ wiyaapiskihaau vta ◆ il/elle le/la (minéral) place, dispose
ᐋᐦᑯᐃᐦᑎᐧᐃᐱᐤ aahkuihtiwipiu vai ◆ il/elle est placé-e sur l'autre
ᐋᐦᑯᐃᐦᑎᐧᐃᐱᐧᐃᒡ aahkuihtiwipiwich vai pl ◆ ils sont placés l'un sur l'autre; elles sont placées l'une sur l'autre
ᐋᓂᐢᒑᔮᐱᐦᒑᐦᑎᑖᐤ aanischaayaapihchaahtitaau vai ◆ il/elle les attache l'un après l'autre (filiforme)
ᐋᓂᐢᒑᔮᐱᐦᒑᔑᒫᐤ aanischaayaapihchaashimaau vta ◆ il/elle les place l'un après l'autre (filiforme)
ᐋᓂᐢᑭᐧᐃᐱᐤ aaniskiwipiu vai ◆ il/elle est placé-e de façon à rallonger quelque chose
ᐊᒋᒋᐦᑎᓐ achichihtin vii ◆ c'est placé à l'envers
ᐊᒋᒋᑳᐳᐧᐃᐦᐋᐤ achichikaapuwihaau vta ◆ il/elle le/la place à l'envers renversé
ᐊᒋᒋᑳᐳᐧᐃᐦᑖᐤ achichikaapuwihtaau vai+o ◆ il/elle le place à l'envers
ᐊᒋᔥᑎᐦᐋᐤ achishtihaau vta ◆ il/elle le place la tête en bas
ᐊᔥᑎᔥᑖᐤ ashtishtaau vai ◆ il/elle le place avec le reste

ᒑᔥᑎᓈᒋᔥᑖᐤ **chaashtinaachishtaau** vii ◆ c'est bien en place, posé ou placé correctement ■ ᒑᔅᑎᓈᑎᔥᑖᐦ ᐊᓐ ᐱᐧᔮᐱᔅᑯᔮᑭᓐ ᓂᒥ ᒋᑭ ᐱᐦᒋᔅᑎᓐ᙮ ■ chaastinaatishtaah an piywaapiskuyaakin nimi chiki pihchistin. ■ *Place le pot correctement pour qu'il ne tombe pas.*

ᐄᔑᔑᒫᐤ **iishishimaau** vta ◆ il/elle le/la place, le/la dépose dans une certaine position

ᐄᔥᐱᐱᐤ **iishpipiu** vai ◆ il/elle est placé-e en haut, en hauteur

ᐄᔥᐱᔥᑖᐤ **iishpishtaau** vii ◆ c'est haut placé

ᐄᔅᐹᔅᑯᒧᐦᐋᐤ **iispaaskumuhaau** vta ◆ il/elle le/la place en hauteur

ᐄᔅᐹᔅᑯᒧᐦᑖᐤ **iispaaskumuhtaau** vai ◆ il/elle (long et rigide) le place en hauteur

ᐄᔨᐹᐱᐤ **iiyipaapiu** vai ◆ il/elle est placé-e, posé-e sur une inclinaison

ᐃᔅᐱᑎᐦᐋᐤ **ispitihaau** vta ◆ il/elle le place à une certaine hauteur

ᑯᐃᔥᑎᑳᒫᐦᐋᐤ **kuishtikaamaahaau** vta ◆ il/elle les place tout autour de l'habitation

ᑯᐃᔥᑎᑳᒫᔥᑖᐤ **kuishtikaamaashtaau** vai ◆ il/elle le place tout autour de l'habitation

ᑯᐃᔅᒁᐹᑭᔥᑖᐤ **kuiskwaapaakishtaau** vai ◆ il/elle le place en ligne droite

ᑯᐃᔅᒁᔅᑯᐦᐋᐤ **kuiskwaaskuhaau** vta ◆ il/elle le/la place droit-e (long et rigide)

ᑯᐃᔅᒁᔅᑯᔥᑖᐤ **kuiskwaaskushtaau** vai ◆ il/elle le place droit (long et rigide)

ᑯᐃᔅᒁᔅᑯᔥᑖᐤ **kuiskwaaskushtaau** vii ◆ c'est placé tout droit (long et rigide)

ᒥᒫᓂᐦᐋᐤ **mimaanihaau** vta redup ◆ il/elle les place de ci de là

ᒥᒫᓂᐱᐎᒡ **mimaanipiwich** vai pl redup ◆ ils/elles sont placé-e-s de ci de là

ᒥᒫᓂᔥᑖᐤ **mimaanishtaau** vai redup ◆ il/elle les place de ci de là, à plusieurs endroits

ᒥᒫᓂᔥᑖᐤᐦ **mimaanishtaauh** vii pl redup ◆ ils sont placés ici et là

ᒥᓯᐦᑖᐦᐋᐤ **misihtaahaau** vta ◆ il/elle en (animé) place partout

ᒥᔫᔥᑖᐤ **miyushtaau** vai ◆ il/elle le place joliment

ᓈᑎᓂᒼ **naatinim** vti ◆ il/elle le place plus près du prochain

ᓂᐦᐋᐙᔅᑯᐱᔨᐤᐦ **nihaawaaskupiyiuh** vii pl ◆ ils s'ajustent (long et rigide), se mettent en place

ᓃᐱᑖᐦᐋᐤ **niipitaahaau** vta ◆ il/elle les place sur une rangée

ᓃᐱᑖᔥᑖᐤ **niipitaashtaau** vai ◆ il/elle les place en rang

ᓃᔣᑭᒧᐦᑖᐤ **niishwaakimuhtaau** vai ◆ il/elle en place deux (étalé)

ᓃᔣᐹᑭᔥᑖᐤ **niishwaapaakishtaau** vai ◆ il/elle place deux choses (filiforme)

ᓃᔣᐹᑭᔥᑖᐤᐦ **niishwaapaakishtaauh** vii pl ◆ deux sont placés (filiforme)

ᓃᔣᐱᔅᑭᐦᐋᐤ **niishwaapiskihaau** vta ◆ il/elle en place deux (animé, minéral) ensemble

ᓂᐺᑭᔥᑖᐤ **nipwaakishtaau** vai ◆ il/elle le place (étalé) plié en deux

ᓂᔥᑎᐎᔥᑖᐤ **nishtiwishtaau** vai ◆ il/elles les place ensemble

ᓂᔥᑤᐹᑭᔥᑖᐤ **nishtwaapaakishtaau** vai ◆ il/elle en place trois (filiforme)

ᐹᔣᐱᐦᑐᐦᑖᐤ **paashwaapihtuhtaau** vai ◆ il/elle les place tout près l'un de l'autre

ᐲᒫᐹᑭᔥᑖᐤ **piimaapaakishtaau** vai ◆ il/elle le place tout entortillé, enroulé

ᐲᒥᑳᒫᐦᐋᐤ **piimikaamaahaau** vta ◆ il/elle le/la place de biais

ᐲᒥᑳᒫᑭᐱᐤ **piimikaamaakipiu** vai ◆ il/elle est placé-e de biais (étalé)

ᐲᒥᑳᒫᐱᐦᒑᐦᐋᐤ **piimikaamaapihchaahaau** vta ◆ il/elle le place (filiforme) de biais

ᐲᒥᑳᒫᐱᐦᒑᓂᒼ **piimikaamaapihchaanim** vti ◆ il/elle le place de biais (filiforme)

ᐲᒥᑳᒫᔥᑖᐤ **piimikaamaashtaau** vai ◆ il/elle le place de biais

ᐲᒥᑳᒫᓯᐤ **piimikaamaasiu** vai ◆ il/elle est placé-e de biais

ᐲᒥᑳᒫᔅᑯᐦᑎᑖᐤ **piimikaamaaskuhtitaau** vai ◆ il/elle les place (long et rigide) en diagonale

ᐱᐹᔨᐦᑖᔥᑖᐤ **pipaayihtaashtaau** vai redup ◆ il/elle fait, place les choses de manière trop espacé

ᐱᓯᔅᑖᐹᑭᐦᐋᐤ **pisistaapaakihaau** vta ◆ il/elle le/la place (filiforme) au-dessus de quelque chose

ᐱᓯᔅᑖᐹᑭᔥᑖᐤ **pisistaapaakishtaau** vai ◆ il/elle le place (filiforme) au-dessus de quelque chose

ᐱᓯᔅᑖᐱᐦᒑᐦᑎᑖᐤ **pisistaapihchaahtitaau** vai ◆ il/elle le place (filiforme) au-dessus de quelque chose

ᔖᔥᑭᔥᑖᐤ **shaashkishtaau** vai ◆ il/elle le place (un canot) avec un bout sur le rivage

ᔖᔥᑭᔥᑖᐤ **shaashkishtaau** vii ◆ c'est placé avec un bout sur le rivage

ᔑᐦᑤᐹᑭᔥᑖᐤ **shihtwaapaakishtaau** vii ◆ c'est placé droit (filiforme)

ᑖᐦᑎᐦᐊᒼ **taahtiham** vti ◆ il/elle le place sur une plateforme

ᑖᐦᑎᔥᑖᐤ **taahtishtaau** vai ◆ il/elle le place au sommet de quelque chose

ᑖᐱᑳᐳᐎᐦᐋᐤ **taapikaapuwihaau** vta ◆ il/elle a de la place pour le placer debout

ᑖᐱᑎᐎᐱᐤ **taapitiwipiu** vai ◆ il/elle est placé-e à niveau

ᑎᑯᑳᐳᐎᐦᐋᐤ **tikukaapuwihaau** vta ◆ il/elle le place debout, verticalement avec les autres

ᑎᑯᑳᐳᐎᐦᑖᐤ **tikukaapuwihtaau** vai+o ◆ il/elle le place debout, verticalement avec les autres

ᑎᐱᔥᑯᑎᐦᐋᐤ **tipishkutihaau** vta ◆ il/elle le/la place verticalement

ᑎᐢᑭᒫᐸᑭᐦᐋᐤ tiskimaapaakihaau vta ◆ il/elle le/la place directement en face
ᑎᐢᑭᒫᐸᑭᐱᐤ tiskimaapaakipiu vai ◆ il/elle est placé-e directement en face (filiforme)
ᑎᐢᑭᒫᐸᑭᔥᑖᐤ tiskimaapaakishtaau vai ◆ il/elle le place, le tend (filiforme) en travers
ᑎᐢᑭᒫᐸᑭᔥᑖᐤ tiskimaapaakishtaau vii ◆ c'est placé (filiforme) en travers
ᑎᐢᑭᒫᐢᑯᐦᐋᐤ tiskimaaskuhaau vta ◆ il/elle le/la place (long et rigide) en travers
ᑎᐢᑭᒫᐢᑯᔥᑖᐤ tiskimaaskushtaau vai ◆ il/elle le place (long et rigide) directement en travers
ᑎᐢᑭᒥᔥᑖᐤ tiskimishtaau vai ◆ il/elle le place en travers
ᐙᔥᑳᔥᑖᐤ waashkaashtaau vii ◆ c'est placé tout autour
ᐙᐢᑳᐦᐋᐤ waaskaahaau vta ◆ il/elle les place tout autour
ᐙᐢᑳᑳᐳᐑᐦᐋᐤ waaskaakaapuwihaau vta ◆ il/elle les place en cercle
ᐙᐢᑳᑳᐳᐑᐦᑖᐤ waaskaakaapuwihtaau vai+o ◆ il/elle les place en cercle
ᐙᐢᑳᔥᑖᐤ waaskaashtaau vai ◆ il/elle les place tout autour
ᐙᐢᑳᔥᑖᐤ waaskaashtaau vii ◆ c'est placé tout autour
ᐙᐅᔮᒧᐦᐋᐤ waauyaamuhaau vta ◆ il/elle le/la place en formant un cercle
ᐙᐅᔮᔮᐸᑭᐦᐋᐤ waauyaayaapaakihaau vta ◆ il/elle le/la place (filiforme) en cercle
ᐙᐅᔮᔮᐸᑭᔥᑖᐤ waauyaayaapaakishtaau vai ◆ il/elle le place (filiforme) en cercle
ᐙᐙᑳᐸᑭᐦᐋᐤ waawaakaapaakihaau vta redup ◆ il/elle le/la place (filiforme) en courbe
ᐙᐙᑳᐸᑭᔥᑖᐤ waawaakaapaakishtaau vai redup ◆ il/elle le place (filiforme) en courbe
ᐎᔮᑭᐱᐤ wiyaakipiu vai ◆ il/elle (étalé) est placé, est étendu
ᐎᔩᑯᐦᒋᒫᐤ wiyikuhchimaau vta ◆ il/elle le place dans une certaine position sur une étendue d'eau (ex des appelants sur un étang)
ᔮᐃᔩᒋᔥᑖᐤ yaaiyichishtaau vii ◆ c'est bien placé, c'est placé solidement
ᔮᐃᔩᑖᔥᑯᔥᑖᐤ yaaiyitaashkushtaau vii ◆ c'est bien placé (long et rigide)
ᔮᐃᔩᑎᒧᐦᑖᐤ yaaiyitimuhtaau vai ◆ il/elle le place bien dessus
ᐋᐦᑯᐃᐦᑎᐎᔑᒫᐤ aahkuihtiwishimaau vta ◆ il/elle le/la place, le/la dépose en couches successives
ᐋᐦᑯᐃᐦᑎᐎᔥᑖᐤ aahkuihtiwishtaau vai ◆ il/elle place des choses l'une sur l'autre, il/elle empile
ᐊᒋᒋᔥᑖᐤ achichishtaau vai ◆ il/elle le place à l'envers, il/elle écrit à l'envers
ᑯᐃᐢᑯᒧᐦᐋᐤ kuiskumuhaau vta ◆ il/elle le/la place dessus ou dedans bien droit-e; il/elle l'aligne
ᒦᓅᐱᑖᐤ miinupitaau vta ◆ il/elle le/la tire, le/la place dans la bonne direction
ᓃᐱᓂᐱᒋᐢᑎᐦᐙᐤ niipinipichistihwaau vai ◆ il/elle place un filet de pêche en été
ᓃᐱᑖᐱᐐᒡ niipitaapiwich vai pl ◆ ils sont assis, placés en rang, elles sont assises, placées en rang
ᓂᐙᑭᐦᐋᐤ nipwaakihaau vta ◆ il/elle le/la place plié-e en deux
ᓂᐙᑭᔥᑖᐤ nipwaakishtaau vii ◆ c'est placé plié en deux
ᓂᔥᑤᐱᐢᑭᐦᐋᐤ nishtwaapiskihaau vta ◆ il/elle place les trois (minéral) ensemble
ᑖᐹᐢᑯᓂᒻ taapaaskunim vti ◆ il/elle pose son collet à lièvre à la même place qu'avant
ᑖᐱᑎᐎᔥᑖᐤ taapitiwishtaau vai ◆ il/elle le/la place à niveau, droit
ᑎᑯᑳᐳᐤ tikukaapuu vai -uwi ◆ il/elle le place avec le groupe, il/elle le joint avec les autres, debout ou verticalement
ᑎᐢᑭᒥᔥᑖᐤ tiskimishtaau vii ◆ c'est placé, écrit en travers
ᐅᑎᐦᑖᒥᒧᓂᔥᑖᐤ utihtaamimunishtaau vai ◆ il/elle le place à l'envers, avec le haut en bas
ᐅᑎᐦᑖᒥᒧᓂᔥᑖᐤ utihtaamimunishtaau vii ◆ c'est placé à l'envers, avec le haut en bas
ᐅᑎᐦᑖᒧᓂᐦᐋᐤ utihtaamunihaau vta ◆ il/elle le place à l'envers, le haut en bas
ᐙᐱᓂᑯᐢᒑᐤ waapinikuschaau vai ◆ il/elle place ses lignes de pêche nocturne en été, les lançant dans l'eau depuis la rive
ᐙᔥᑳᔥᑖᐤ waashkaashtaau vai ◆ il/elle le met, le place tout autour
ᐙᐅᔮᔥᑖᐤ waauyaashtaau vai ◆ il/elle écrit dans un cercle, il/elle le place dans un cercle
ᐎᔩᔥᑖᐤ wiyishtaau vai ◆ il/elle l'écrit, l'indique, le place
ᔮᐃᔩᒋᔥᑖᐤ yaaiyichishtaau vai ◆ il/elle le pose bien, le met bien en place
ᔑᐦᑳᐹᐦᑎᐦᐋᐤ shihkaapaahtihaau vta ◆ il/elle place son filet de pêche à marée basse
ᑯᐃᐢᑯᒧᐦᑖᐤ kuiskumuhtaau vai ◆ il/elle le place, le pose ou l'installe dessus; il/elle l'ajuste, l'aligne

placer (se)

ᓈᒋᐱᔨᐤ naachipiyiu vai ◆ il/elle va se placer tout près

plage

ᓵᐢᒋᒨ saaschimuu vii -u ◆ le canot est remonté sur la plage
ᐙᐢᒑᔮᑰ waaschaayaakuu vii -uwi ◆ on peut voir au loin une plage de sable

plaindre

ᒥᐦᒋᔨᐙᔮᔨᐦᑎᒧᐙᐤ mihchiyiwaayaayihtimuwaau vta ◆ il/elle le/la plaint

plaindre (se)
ᐋᐧᓇᔩᒫᐤ *aanwaayimaau* vta ◆ il/elle se plaint à son sujet
ᒥᒫᐦᑯᑖᑯᓯᐤ *mimaahkutaakusiu* vai ◆ il/elle se plaint tout le temps; c'est un râleur, une râleuse
ᒫᐦᑖᐦᔑᐦᑯᔑᐤ *maahtaahshihkushiu* vai ◆ il/elle est grincheux/grincheuse d'avoir trop peu dormi, il/elle se plaint du manque de sommeil

plaire
ᓂᐦᐋᒋᐦᐋᐤ *nihaachihaau* vta ◆ il/elle lui fait plaisir, lui plaît
ᓂᐦᐋᔨᐦᑎᒥᐦᐄᑰ *nihaayihtimihiikuu* vai -u ◆ il/elle lui plaît
ᓂᐦᐄᐧᐋᐦᐋᐤ *nihiiwaahaau* vta ◆ il/elle lui plaît, lui fait plaisir
ᒧᔥᑖᓂᓈᑯᓐ *mushtaaninaakun* vii ◆ ça me plaît, ça a l'air appétissant
ᓂᐦᐋᔨᐦᑎᒥᐦᐋᐤ *nihaayihtimihaau* vta ◆ il/elle lui fait plaisir en consentant, en donnant son accord

plaisir
ᒥᐧᔮᔨᐦᑎᒥᐦᐄᓲ *miywaayihtimihiisuu* vai reflex -u ◆ il/elle s'amuse, se fait plaisir
ᓂᐦᐋᒋᐦᐄᑰ *nihaachihiikuu* vai -u ◆ il/elle est d'accord avec lui/elle, lui fait plaisir
ᒨᒋᑭᐦᑖᐤ *muuchikihtaau* vai ◆ il/elle s'amuse bien, a du plaisir, du fun

planche
ᒋᐹᔅᑯᐦᐄᑭᓐ *chipaaskuhiikin* ni ◆ une planche servant à fermer une ouverture
ᓂᐱᑳᐦᑎᒄ *nipikaahtikw* na/ni ◆ une planche en bois
ᒋᐹᔅᑯᐦᐊᒼ *chipaaskuham* vti ◆ il/elle ferme l'ouverture avec une planche

planche à filet
ᐱᒥᑖᔅᑯᓂᑭᓐ *pimitaaskunikin* na ◆ une planche pour préparer la taille du filet de pêche

planche à laver
ᑳᒋᔅᑖᐹᐧᐃᒋᒑᐱᔨᒡ *kaachistaapaawichichaapiyich* nip ◆ une machine à laver, une planche à laver

plancher
ᓂᐱᒋᔅᑎᑯᐦᒡ *nipichistikuhch* p,lieu -um ◆ sur le plancher
ᓂᐱᒋᔅᑎᑯᐦᑭᐦᑎᒼ *nipichistikuhkihtim* vti ◆ il/elle fait un plancher pour ça
ᓂᐱᒋᔅᑎᒄ *nipichistikw* ni -um ◆ le sol, le plancher
ᒋᔥᑖᐹᐅᒋᑭᒥᐧᑳᐤ *chishtaapaauchikimikwaau* vai ◆ il/elle lave le plancher ■ ᐋᔪᐧᐃᒄ ᓃᔥᐧᐋᐤ ᒑᔥᑖᐹᐅᒋᑭᒥᐧᑳᑦ ᑳ ᐃᔥᐱᔑ ᒌᔑᑳᔨᒡ. ■ aayuwikw niishwaau chaashtaapaauchikimikwaat kaa ishpishi chiishikaayich. ■ *C'est la deuxième fois qu'il lave le plancher aujourd'hui.*
ᓂᐱᒋᔅᑎᑰ *nipichistikuu* vii -uwi ◆ il y a un plancher en bois dedans
ᓯᓂᑯᐦᑎᑭᐦᐊᒼ *sinikuhtikiham* vti ◆ il/elle frotte le plancher avec une brosse

ᐧᐋᐱᐦᐄᒑᐤ *waapihiichaau* vai [Wemindji] ◆ il/elle balaie le plancher
ᑳᐃᑖᑭᔥᑖᒡ *kaaitaakishtaach* nip ◆ un revêtement de sol, un couvre-plancher, un linoleum; de la toile cirée
ᑳᓰᐦᑎᑭᐦᐄᑭᓐ *kaasiihtikihiikin* ni ◆ une vadrouille, une serpillère

planer
ᐃᔨᔨᒥᑯᒋᓐ *iyiyimikuchin* vai ◆ il/elle vole, plane
ᑭᔮᐅᑎᑯᒋᓐ *kiyaautikuchin* vai ◆ il/elle rode, plane au-dessus dans les airs
ᑭᔮᐅᑎᑯᑖᐤ *kiyaautikutaau* vii ◆ ça rode, plane au-dessus dans les airs

planifier
ᐅᐧᐋᔮᔨᐦᑎᒼ *uwaayaayihtim* vti ◆ il/elle le planifie
ᐃᔮᔅᑭᐧᐋᔨᐦᑎᒼ *iyaaskiwaayihtim* vti ◆ il/elle pense à l'avance, planifie
ᐧᐃᔮᔨᐦᑎᒧᐧᐋᐤ *wiyaayihtimuwaau* vta ◆ il/elle décide, planifie pour lui/elle

plante
ᓂᐦᑖᐅᒋᐦᒋᑭᓐ *nihtaauchihchikin* ni ◆ un jardin, une plante
ᒌᔑᐱᒌᐤ *chiishipichiiu* vii ◆ c'est la saison où les plantes et les arbres sont à leur apogée
ᑳᒋᒑᐱᒄᐦ *kaachichaapikwh* ni pl ◆ une plante à feuilles persistantes

planter
ᐱᓯᑯᓂᒑᐤ *pisikunichaau* vai ◆ il/elle plante ses griffes dedans
ᐧᐃᔮᑭᐦᐊᒼ *wiyaakiham* vti ◆ il/elle plante sa tente

plaque
ᒥᓈᑯᓂᑳᐤ *minaakunikaau* vii ◆ c'est une plaque de neige
ᒥᓂᔅᑎᑯᓯᐧᑳᐤ *ministikusikwaau* vii ◆ c'est une plaque de glace
ᒥᓂᔅᑎᐧᑳᑯᓂᑳᐤ *ministikwaakunikaau* vii ◆ c'est une plaque de neige

plaquebière
ᔑᑯᑖᐅᒥᓈᐦᑎᒄ *shikutaauminaahtikw* ni ◆ une chicouté, une plaquebière, une ronce petit-mûrier *Rubus chamaemorus*

plastique
ᑳᐧᐋᔕᔮᑭᐦᒡ *kaawaashaayaakihch* nip ◆ une feuille de plastique transparente
ᐋᔥᑭᓂᐆ *aashkiniuu* vii -iwi ◆ c'est fait en plastique

plat
ᓂᐱᒋᐦᑖᐤ *nipichihtaau* vai+o ◆ il/elle le rend plat
ᓂᐱᒋᓯᐤ *nipichisiu* vai ◆ il/elle est plat-e
ᓂᐱᑳᐱᓯᔅᒋᓯᐤ *nipikaapisischisiu* vai ◆ il/elle est plat-e (minéral)
ᓂᐱᑳᐱᔅᑳᐤ *nipikaapiskaau* vii ◆ c'est plat (minéral)
ᓂᐱᑳᔅᑯᓐ *nipikaaskun* vii ◆ c'est plat (long et rigide)

ᓂᐱᑳᔅᑯᓯᐤ **nipikaaskusiu** vai ◆ il/elle est plat-e (long et rigide)
ᓂᐱᑳᐤ **nipikaau** vii ◆ c'est plat
ᐱᐱᒋᓰᐤ **pipichisiiu** vai ◆ il/elle est plat-e
ᐹᐱᐦᒋᑭᐧᐃᐦᑖᑭᓐ **paapihchikiwihtaakin** ni -m ◆ un plat pour recueillir les gouttes
ᒥᔪᑖᐅᐦᑳᐤ **miyutaauhkaau** vii ◆ le terrain est plat et dégagé, sans roches et sans végétation abondante
ᓂᐱᒋᑯᑖᐤ **nipichikutaau** vai ◆ il/elle a le nez plat
ᑎᐦᑎᑯᔥᑭᒼ **tihtikushkim** vti ◆ il/elle l'égalise avec son pied ou son corps
ᑎᐦᑎᑯᔥᑭᐧᐋᐤ **tihtikushkiwaau** vta ◆ il/elle l'égalise avec son pied ou son corps
ᑎᐦᑎᑯᓰᐤ **tihtikusiiu** vai ◆ il/elle est plat-e, régulier/régulière, c'est plat, régulier
ᑎᐦᑎᑯᔅᑭᒥᑳᐤ **tihtikuskimikaau** vii ◆ c'est un terrain plat
ᑎᐦᑎᐧᑳᐤ **tihtikwaau** vii ◆ c'est uniformément plat
ᐧᐃᔮᑭᓐ **wiyaakin** ni ◆ un plat, une assiette, une poêle à frire
ᓂᐱᒋᑭᐦᐊᒼ **nipichikiham** vti ◆ il/elle le coupe à plat, bien lisse
ᓂᐱᒋᑭᐦᐧᐋᐤ **nipichikihwaau** vta ◆ il/elle le/la coupe à plat, bien lisse
ᑎᐦᑎᑯᑎᓈᐤ **tihtikutinaau** vii ◆ le sommet de la montagne est plat

plat ventre (à)

ᐅᑎᐦᑖᒥᒧᓂᐱᔨᐤ **utihtaamimunipiyiu** vai ◆ il/elle tombe à la renverse, tombe à plat ventre

plat-bord

ᒥᐦᐧᑳᓈᐦᑎᒄ **mihkwaanaahtikw** ni ◆ le plat-bord d'un canot

plate-forme

ᐧᐄᔮᐅᐦᑭᐦᐄᑭᓐ **wiiyaauhkihiikin** ni ◆ une plate-forme en terre ou en sable pour la construction du canot

plateforme

ᑖᐦᑎᐦᐄᑭᓐ **taahtihiikin** ni ◆ quelque chose qui sert de plateforme
ᑖᐦᑎᐦᐧᐋᐤ **taahtihwaau** vta ◆ il/elle fait une plateforme pour lui/elle
ᑖᐦᑎᐦᐊᒼ **taahtiham** vti ◆ il/elle le place sur une plateforme

plâtre

ᐊᓯᓃᐦᑳᓐ **asiniihkaan** ni ◆ une brique, un plâtre
ᐊᑯᐱᑎᒫᐤ **akupitimaau** vai ◆ il/elle porte un plâtre, une compresse
ᐊᑯᐱᑎᒧᐧᐋᐤ **akupitimuwaau** vai ◆ il/elle lui met un plâtre, une compresse

pléiades

ᐅᒌᓈᓂᔥ **uchiinaanish** ni -im ◆ les pléiades, une constellation d'étoiles
ᐅᔫᑭᓂᔥ **ushuukinish** ni -im [Whapmagoostui] ◆ les pléiades, une constellation d'étoiles

plein

ᒌᔥᐳᑖᔮᐳᐧᐋᐤ **chiishputaayaapuwaau** vai ◆ il/elle est plein-e de liquide
ᓵᑭᔅᒋᓈᐤ **saakischinaau** vii ◆ c'est plein
ᒫᐧᑳᔥᑭᐧᐋᐤ **maakwaashkiwaau** vta ◆ il/elle va droit là où il y a plein de gibier
ᓵᑭᔅᒋᓈᐹᔮᐤ **saakischinaapaayaau** vii ◆ c'est plein d'eau, de liquide
ᓰᐦᑖᐱᐦᑖᐤ **siihtaapihtaau** vii ◆ c'est plein de fumée
ᑖᐱᔥᑯᔨᐤ **taapishkuyiu** vai ◆ il/elle a le ventre plein

plein air

ᐧᐃᔨᐧᐄᑎᒥᐦᒡ **wiyiwiitimihch** p,lieu ◆ dehors, en plein air ■ ᐧᐃᔨᐧᐄᑎᒥᐦᒡ ᒌᐦ ᐧᐄᔨᐦᐋᐧᐃᒡ ᐊᓂᔮᐦ ᐊᑎᐦᒄᐦ ᑳ ᓂᐱᐦᐋᒡ. ■ wiyiwiitimihch chiih wiiyihaawich aniyaah atihkwh kaa nipihaach. ■ *Dehors, elles/ils découpèrent le caribou qu'elles/ils avaient tué.*

pleine

ᒌᔥᐳᑯᓈᐧᐋᔥᑯᔨᐤ **chiishpukunaawaashkuyiu** vai ◆ il/elle a la bouche pleine

pleurer

ᒫᑐᑎᑎᒼ **maatutitim** vti ◆ il/elle pleure à propos de ça
ᒫᑐᑎᐧᐋᐤ **maatutiwaau** vta ◆ il/elle va pleurer chez lui/elle
ᒫᑑ **maatuu** vai -u ◆ il/elle pleure ■ ᐧᐄᐦᑎᒨ ᐋᐦ ᒫᑐᔨᒡᐦ ᐅᑎᐧᐋᔑᔒᒻᐦ. ■ wiihtimuu aah maatuyichh utiwaashishiimh. ■ *Va et dis-lui que le bébé pleure.*
ᒨᐦᐋᐤ **muuhaau** vta ◆ il/elle le/la fait pleurer
ᒨᔅᑭᐧᐋᓲ **muuskiwaasuu** vai -u ◆ il/elle pleure quelqu'un
ᒨᔅᑭᐧᐋᑎᒼ **muuskiwaatim** vti ◆ il/elle pleure à cause de ça
ᒋᐱᐦᑎᐧᐋᐅᐦᐋᐤ **chipihtiwaauhaau** vta ◆ il/elle le/la fait s'arrêter de pleurer
ᒋᐱᐦᑎᐧᐋᐅᐦᐋᐅᓲ **chipihtiwaauhaausuu** vai -u ◆ il/elle arrête les pleurs du bébé
ᒫᑐᐦᑳᓲ **maatuhkaasuu** vai -u ◆ il/elle fait semblant de pleurer ■ ᒫᑐᐦᑳᓲ ᐋᐦ ᓂᑎᐧᐋᔨᐦᑎᐦᒃ ᒑ ᓂᐦᐋᔨᐦᑎᒥᐦᐊᑭᓂᐧᐃᑦ. ■ maatuhkaasuu aah nitiwaayihtihk chaa nihaayihtimihakiniwit. ■ *Il fait semblant de pleurer pour avoir ce qu'il veut.*
ᒫᑐᐦᐧᑳᒨ **maatuhkwaamuu** vai ◆ il/elle pleure dans son sommeil
ᒥᒋᐦᐧᑳᔨᐤ **michihkwaayiu** vai ◆ il/elle a l'air d'être au bord des larmes
ᒥᒫᐅᐦᑖᐤ **mimaauhtaau** vai ◆ il/elle fait semblant de pleurer
ᒥᒫᐅᐦᐧᑖᐤ **mimaauhtwaau** vai ◆ il/elle fait semblant de pleurer
ᒥᐧᑖᒫᑑ **mitwaamaatuu** vai -u ◆ on l'entend pleurer (animé)
ᒧᔥᑳᐦᑯᔑᐤ **mushkaahkushiu** vai ◆ il/elle pleure de fatigue, de manque de sommeil
ᒨᔥᑭᐧᐃᒋᐤ **muushkiwichiu** vai ◆ il/elle pleure de froid

ᒨᐢᑭᐧᐋᑖᐤ muuskiwaataau vta ◆ il/elle pleure pour l'avoir, pleure pour lui/elle pendant son absence

ᒨᐢᑭᐧᐃᐦᑭᑖᐤ muuskiwihkitaau vai ◆ il/elle pleure de faim

ᒨᐢᑯᐦᑭᓲ muuskuhkisuu vai -u ◆ il/elle pleure parce qu'il fait trop chaud

ᒨᐢᑯᒫᐤ muuskumaau vta ◆ il/elle le/la fait pleurer par ses paroles ou par le bruit de sa voix

ᒨᐢᑯᓈᒨ muuskunaamuu vai -u ◆ il/elle pleure de faim

ᒨᐢᑯᔨᑰ muuskuyikuu vai -u ◆ il/elle pleure de frustration

ᒨᐢᐧᑳᐦᑭᓲ muuskwaahkisuu vai -u ◆ il/elle pleure à cause d'une brûlure

ᐹᐦᑖᑯᓯᐤ paahtaakusiu vai ◆ il/elle s'entend, est audible, il/elle pleure parce qu'il/elle a reçu de mauvaises nouvelles

ᔖᑯᓈᐤ shaakunaau vai ◆ il/elle pleure facilement

pleurs

ᒫᑑᐧᐃᓐ maatuuwin ni ◆ des pleurs

pleuvoir

ᒋᒧᐧᐃᓐ chimuwin vii ◆ il pleut

ᐹᐦᐱᐦᒋᐹᔥᑖᓐ paahpihchipaashtaan vii redup ◆ il commence à pleuvoir

ᒋᒥᑖᓐ chimitaan vii ◆ il arrête de pleuvoir

ᐱᒋᐢᑖᐦᑎᓐ pichistaahtin vii ◆ il pleut si fort que les gouttes rebondissent du sol

ᒋᐧᔖᑖᓐ chishwaataan vii ◆ il pleut fort, il pleut averse

ᐹᔥᑭᔖᐧᑳᐦᑎᓐ paashkishaakwaahtin vii ◆ il pleut si fort que ça éclabousse, c'est une pluie torrentielle

ᐧᐋᐢᑳᔮᑐᔨᐤ waaskaayaatuyiu vai ◆ il y a un cercle autour du soleil de la lune qui indique qu'il va pleuvoir ou neiger

pli

ᐱᐦᒑᒋᓈᐤ pihchaachinaau vta ◆ il/elle fait un pli dedans (étalé)

ᐱᐦᒑᒋᓂᒻ pihchaachinim vti ◆ il/elle fait un pli dedans (étalé)

ᐱᐦᒌᐦᐧᑳᓂᑭᓐ pihchiihkwaanikin ni ◆ un pli, une fronce dans le tissu

ᓂᐧᐹᒋᔥᑎᐦᐧᐋᐤ nipwaachishtihwaau vta ◆ il/elle coud un pli dedans (animé)

ᐱᐦᑭᔖᓈᐤ pihkishaanaau vta ◆ il/elle en ramasse un pli entre ses doigts

plié

ᓂᐧᐹᑭᑯᒋᓐ nipwaakikuchin vai ◆ il/elle est suspendu-e plié-e en deux

ᓂᐧᐹᑭᐱᐤ nipwaakipiu vai ◆ il/elle est placé-e plié-e en deux

ᓂᐧᐹᑭᔥᑖᐤ nipwaakishtaau vai ◆ il/elle le place (étalé) plié en deux

ᓂᐧᐹᑯᑯᑖᐤ nipwaakukutaau vai+o ◆ il/elle le suspend plié-e en deux

ᓂᐧᐹᒋᐧᔖᐤ nipwaachishwaau vta ◆ il/elle le/la coupe quand il/elle est plié-e en deux

ᓂᐧᐹᑭᐦᐋᐤ nipwaakihaau vta ◆ il/elle le/la place plié-e en deux

ᓂᐧᐹᑭᔥᑖᐤ nipwaakishtaau vii ◆ c'est placé plié en deux

ᓂᐧᐹᑯᑯᑖᐤ nipwaakukutaau vii ◆ c'est suspendu plié en deux

ᓂᐧᐹᑯᑯᔮᐤ nipwaakukuyaau vta ◆ il/elle le/la suspend plié-e en deux

ᓂᐧᐹᐢᑯᐦᐊᒻ nipwaaskuham vti ◆ il/elle l'épingle quand il est plié en deux

ᓂᐧᐹᐢᑯᐦᐧᐋᐤ nipwaaskuhwaau vta ◆ il/elle l'épingle quand il est plié en deux

plier

ᓂᐦᐋᐧᐋᒋᓈᐤ nihaawaachinaau vta ◆ il/elle le/la plie

ᓂᐦᐋᐧᐋᒋᓂᒻ nihaawaachinim vti ◆ il/elle le plie

ᓂᐧᐹᒋᓈᐤ nipwaachinaau vta ◆ il/elle le/la plie (étalé)

ᓂᐧᐹᒋᓂᒻ nipwaachinim vti ◆ il/elle le plie (étalé)

ᓂᐧᐹᑭᐦᐊᒻ nipwaakiham vti ◆ il/elle le plie (étalé) avec un outil

ᐱᐦᒋᓈᐤ pihchinaau vta ◆ il/elle le/la plie

ᐱᐦᒋᐱᔨᐦᑖᐤ pihchipiyihtaau vai ◆ il/elle plie les bras, les jambes

ᑭᔥᑭᒋᐱᔨᐦᑖᐤ kishkichipiyihtaau vai ◆ il/elle le plie et le plie jusqu'à ce qu'il casse

ᒥᒫᐦᑖᐧᐋᒋᓈᐤ mimaahtaawaachinaau vta ◆ il/elle le/la plie (étalé) de différentes façons

ᒥᒫᐦᑖᐧᐋᒋᓂᒻ mimaahtaawaachinim vti ◆ il/elle le plie (étalé) de différentes façons

ᓂᐧᐹᑭᐦᐧᐋᐤ nipwaakihwaau vta ◆ il/elle le/la plie (étalé) en pressant dessus

ᐱᐦᒋᓂᒻ pihchinim vti ◆ il/elle le plie, le coude

ᐲᒥᑳᒫᔮᒋᓈᐤ piimikaamaayaachinaau vta ◆ il/elle le/la plie (étalé) en diagonale

ᐲᒥᑳᒫᔮᒋᓂᒻ piimikaamaayaachinim vti ◆ il/elle le plie (étalé) en diagonale

ᔮᐦᐄᑭᒋᐱᔨᐤ yaahiikichipiyiu vai ◆ il/elle est plié-e, penché-e en arrière, à la renverse

ᔮᐦᐄᑭᒋᐱᔨᐤ yaahiikichipiyiu vii ◆ c'est plié vers l'arrière

ᔮᐦᐄᑭᑖᐢᑯᓯᐤ yaahiikitaaskusiu vai ◆ il/elle est plié-e, penché-e en arrière, à la renverse

ᓈᐧᑖᐱᑖᐤ naatwaapitaau vta ◆ il/elle le/la casse en tirant, en pliant

ᓂᐧᐹᒋᔑᒻ nipwaachishim vti ◆ il/elle le coupe quand il est plié en deux

ᓂᐧᐹᐱᐦᑳᑖᐤ nipwaapihkaataau vta ◆ il/elle l'attache plié-e en deux

ᓂᐧᐹᐱᐦᑳᑎᒻ nipwaapihkaatim vti ◆ il/elle l'attache plié en deux

ᐱᐦᒌᐦᐧᑳᓂᒑᐤ pihchiihkwaanichaau vai ◆ il/elle plie, fronce, fait des fronces en cousant

plissé
ᓈᐢᐱᑖᒋᐱᔨᐤ naaspitaachipiyiu vai ◆ il/elle est plissé-e

plisser
ᓈᐢᐱᑖᒋᐱᔨᐤ naaspitaachipiyiu vii ◆ c'est plissé
ᓈᐢᐱᑖᑭᐦᐊᒼ naaspitaakiham vti ◆ il/elle y fait des plis permanents, le plisse
ᓈᐢᐱᑖᑭᐦᐙᐤ naaspitaakihwaau vta ◆ il/elle le/la plisse (se dit d'un vêtement)

plomb
ᐊᓯᓈᐲ asinaapii ni ◆ un plomb pour le filet à poisson, une ancre de pierre pour un piège placé sous l'eau
ᐲᓯᓯᓃ piisisinii ni ◆ une cartouche, un plomb (pour la chasse)
ᓵᐦᒁᐱᑎᒼ saahkwaapitim vti ◆ il/elle s'évase, les plombs de son fusil se dispersent dès qu'il/elle tire
ᐊᔥᐱᒋᑯᐹᓐᐦ ashpichikupaanh ni pl ◆ des fils pour les bouées et les plombs
ᐊᓯᓃᔥ asiniish ni dim ◆ une balle de 22
ᑎᐱᓂᐦᐄᐹᐤ tipinihiipaau vai ◆ il/elle mesure la distance entre les flotteurs et les plombs sur un filet de pêche
ᐊᓯᓃ asinii ni ◆ une roche, un caillou, un plomb, une balle de fusil
ᐅᐚᑎᓂᐦᐄᐹᐤ uwaatinihiipaau vai ◆ il/elle prépare le filet de pêche pour le mettre en place, en mettant des plombs et des flotteurs

plomb d'hameçon
ᑯᔥᑯᔥᑯᑖᒋᑭᓐ kushkushkutaachikin ni ◆ un plomb pour l'hameçon

plombage
ᒦᔑᐦᐄᑭᓐ miishihiikin ni ◆ un pièce pour le raccommodage, un plombage

plongeon
ᐅᑖᒹᒄ utaamwaakw na ◆ un huard du Pacifique, un plongeon du Pacifique *Gavia pacifica*

plonger
ᑯᓵᐹᐱᔨᐤ kusaapaapiyiu vai ◆ il/elle plonge sous l'eau
ᑰᒌᐤ kuuchiiu vai ◆ il/elle plonge dans l'eau
ᒋᐦᒋᐢᑖᐹᒋᐱᑖᐤ chihchistaapaachipitaau vta ◆ il/elle le/la plonge dans l'eau, le/la tire à l'eau
ᒋᓯᐢᑖᐹᒋᓈᐤ chisistaapaachinaau vta ◆ il/elle le/la plonge dans l'eau, le/la submerge
ᒋᐦᒋᐦᑖᐹᒋᐱᑎᒼ chihchihtaapaachipitim vti ◆ il/elle le plonge dans l'eau, le tire sous l'eau
ᐱᑭᔥᑎᐙᐦᐊᒼ pikishtiwaaham vti ◆ il/elle le met à l'eau, le plonge dans l'eau
ᑯᔥᒁᔨᐦᑎᒼ kushkwaayihtim vti ◆ il/elle est plongé-e dans ses réflexions à propos de ça; il/elle en est perplexe, mystifié-e

plongeur
ᐄᑖᒥᐹᑯᐄᔨᔨᐤ iitaamipaakuuiiyiyiu na ◆ une plongeuse, un plongeur sous-marin

plongeuse
ᐄᑖᒥᐹᑯᐢᒁᐤ iitaamipaakuskwaau na ◆ une plongeuse sous-marine

ployé
ᓂᐚᔮᐱᒨ niwaayaapimuu na ◆ un arbre qui ploie sous le poids de la neige

ployer
ᓂᐚᔮᐢᑯᒨ niwaayaaskumuu vii -u ◆ c'est ployé (long et rigide)
ᓂᐚᔮᐢᑯᒨ niwaayaaskumuu vai -u ◆ il/elle est ployé-e (animé, long et rigide)

plu
ᐃᔨᐙᒡ iyiwaach p,quantité ◆ extra, davantage, plus ■ ᐃᔨᐙᒡ ᓂᒌᐦ ᒥᔮᐤ ᔓᐧᐃᔮᓐᐦ ᐊᓂᔮ ᑳ ᐃᔥᐱᔥ ᓂᑎᐙᔨᒫᑦˣ ■ iyiwaach nichiih miyaau shuwiyaanh aniyaa kaa ishpish nitiwaayimaat. ■ *Je lui ai donné plus d'argent qu'il ne voulait.*

pluie
ᒥᔥᑎᒋᒧᐎᓐ mishtichimuwin vii ◆ il y a beaucoup de pluie
ᓂᒋᑯᐹᔥᑖᓐ nichikupaashtaan vii ◆ c'est une pluie douce sans vent
ᒋᒧᐎᓈᐳᐃ chimuwinaapui ni ◆ de l'eau de pluie, de l'eau pluviale
ᒋᒧᐎᓂᐱᔨᒌᐢ chimuwinipiyichiis na ◆ des pantalons de pluie
ᒋᒧᐎᓂᔥᑐᑎᓐ chimuwinishtutin ni ◆ un chapeau de pluie, un suroît
ᒋᒧᐎᓈᐢᒑᐤ chimuwinaaschaau vii ◆ l'apparence du soleil annonce la pluie, c'est un soleil avant-coureur de pluie
ᒋᒧᐎᓂᔑᐤ chimuwinishiu vai ◆ il/elle est surpris-e par la pluie, pris-e sous la pluie
ᒋᔨᑭᐅᐹᒌᐤ chiyikiupaachiiu vii ◆ c'est de la neige mélangée avec de la pluie
ᐃᔮᔑᑭᐏᐹᔥᑖᓂᒨ iyaashikiwipaashtaanimuu vai -u ◆ le soleil indique qu'il va pleuvoir, les rayons de soleil scintillent vers le bas du soleil
ᒥᒫᓂᐹᔥᑖᓐ mimaanipaashtaan vii redup ◆ il y a des averses de pluie
ᒥᒥᐦᒋᐹᔥᑖᓐ mimihchipaashtaan vii redup ◆ il y a de grosses gouttes de pluie
ᒥᒥᐦᑭᐏᐦᑖᓐ mimihkiwihtaan vii redup ◆ il y a de grosses gouttes de pluie
ᒥᐧᑖᑖᓐ mitwaataan vii ◆ il y un bruit de pluie
ᓃᐢᒋᐱᒌᐤ niischipichiiu vii ◆ ça pousse bien parce qu'il y a de la pluie après une sécheresse
ᐹᑗᐙᐦᑎᓐ paatwaawaahtin vii ◆ la pluie approche et on peut l'entendre
ᐙᐱᐹᒋᐢᑎᓐ waapipaachistin vii ◆ la pluie qui approche se voit à distance
ᐃᐦᒋᐹᐱᔨᐤ ihchipaapiyiu vii ◆ ça déborde à cause de la pluie, des crues de printemps
ᐲᔑᑯᒫᐅᐦᑖᔑᐤ piishikumaauhtaashiu vii dim ◆ il y a de petites gouttes de pluie, il tombe une pluie ou une neige fine

ᓵ·ᐹᒋᐦᑎᓐ saapwaachihtin vii ◆ des gouttelettes de pluie traverse la toile (ex. toile de tente)

pluie verglaçante

ᒥᓯᑭᓐ misikin vii ◆ il y a de la pluie verglaçante

ᒥᔅᑯᒦᐅᑖᓐ miskumiiutaan vii ◆ c'est de la pluie verglaçante

plume

ᐅᔥᑭᔩᐅᑯᓈᓐ ushkishiiukunaan nid [Chisasibi] ◆ la plume si difficile à plumer dans l'articulation de son aile (se dit d'une oie)

ᒫᔥᑎᓂᐲ·ᐄᐦ maashtinipiiwiih ni pl -im ◆ du duvet (volaille)

ᐅᒋᔅᒋᒦᑯᓐ uchischimiikun nad ◆ une plume de la queue

ᐱᓂᑎ·ᐋᐦ·ᐋᐤ pinitiwaahwaau vta ◆ il/elle fait tomber les plumes de l'oiseau en l'abattant

·ᐋᐱᑯᓈᐤ waapikunaau vai ◆ il/elle a des plumes blanches

ᐅᐲ·ᐄᐦ upiiwiih nid pl ◆ sa fourrure, ses plumes, ses poils

ᒋ·ᓈᐦᒑᐤ chinwaahchaau vai ◆ il/elle a de longues plumes sur les ailes

ᒥᓂᑯᓈᐱᑖᐤ minikunaapitaau vta ◆ il/elle lui arrache les grandes plumes de ses ailes

ᐅᐲ·ᐋᐅ upiiwaauu vai -aawi ◆ il/elle a des poils, de la fourrure, des plumes sur lui/elle

ᐅᐲ·ᐋᐅ upiiwaauu vii -aawi ◆ ça a des poils, de la fourrure, des plumes dessus

ᒦᑯᓐ miikun na ◆ des plumes ou une aile d'oie utilisée comme balai

ᒋᔥᑖᐹ·ᐃᔨᓲ chishtaapaawiyisuu vai reflex -u ◆ il/elle se lave, fait sa toilette, se lisse les plumes

plumé

ᐱᔅᑯᑎ·ᐋᓵ·ᐋᓐᐦ piskutiwaasaawaanh ni pl ◆ des têtes et des ailes de volaille sauvage plumée

ᐱᔅᑯᑎ·ᐋᓵ·ᐋᓈᐳᐃ piskutiwaasaawaanaapui ni ◆ du bouillon obtenu en cuisant des têtes et des ailes d'oie plumée

plumer

ᐱᔥᑯᓈᐤ pishkunaau vta ◆ il/elle le/la plume (ex. oie, canard)

ᐱᔥᑯᓂᒑᐤ pishkunichaau vai ◆ il/elle plume des oiseaux

ᐱᔥᑯᓂᐦᔮ·ᐋᐤ pishkunihyaawaau vai ◆ il/elle plume un lagopède

ᐱᔥᑯᓂᒼ pishkunim vti ◆ il/elle le plume (ex. la tête ou l'aile d'un oiseau)

ᐱᔥᑯᐱᑖᐤ pishkupitaau vta ◆ il/elle le/la plume, déplume, lui arrache les poils

ᐱᔥᑯᐱᑎᒼ pishkupitim vti ◆ il/elle le plume, le déplume ou en arrache les poils

plus

ᐊᑎᑎᐤ atitiu p,quantité ◆ plus ■ ᒦᓐ ᐊᑎᑎᐤ ᓂ·ᐄᐦ ᒨ·ᐋᐤ ᓂᒫᔅ. ■ miin atitiu niwiih muwaau nimaas. ■ *Je veux manger plus de poisson.*

ᒥᔑᔥᑎᐤ mishishtiu p,quantité ◆ en plus ■ ᒦᓐ ᒥᔑᔥᑎᐤ ᒋᑭ ·ᐄᐦᑎᒫᑯ·ᐃᓈᓂᐤ ᐋᔑᓈᑯᐦᒡ ᐊᓐ ᓂᔅᑯᒧ·ᐃᓐ. ■ miin mishishtiu chiki wiihtimaakuwinaaniu aashinaakuhch an niskumuwin. ■ *Ils vont nous donner plus d'informations au sujet de cet accord.*

ᐊᑎᑎ·ᐄᔥ atitiwiish p,quantité ◆ un petit peu plus ■ ᐊᑎᑎ·ᐄᔥ ᒫ ᐹᒋ ᒥᓃᐦ ᑏ. ■ atitiwiish maa paachi miniih tii. ■ *Donne-moi encore un peu plus de thé.*

ᐃᔥᐱᒥᐦᔒᔥ ishpimihshiish p,lieu dim ◆ un petit peu plus haut

ᒫᐅᒡ maauch p,manière ◆ le plus ■ ᐋᐅᒃ ᐊᓐ ᒫᐅᒡ ᑳ ᒥ·ᔮᔨᒥᒃ ᓂᒋᔅᑯᑎᒫᒑᓰᒻ. ■ aaukw an maauch kaa miywaayimik nichiskutimaachaasiim. ■ *Il était le professeur que j'aimais le plus.*

ᒦᓐ miin p,quantité ◆ encore, plus ■ ᒦᓐ ·ᐄᐱᒡ ᒑ ᑎᑯᔑᓂᔨᓐ. ■ miin wiipich chaa tikushiniyin. ■ *Reviens bientôt!*

ᓲᐦᒃ suuhk p,interjection ◆ fort, plus fort, plus ■ ᓈᔥᒡ ᓲᐦᒃ ᐋᐦ ᒌᐦ ᐅᒋᐱᑎᐦᒃ ᐊᓂᔮ ᐲᔕᑭᓈᐲᔨᐤ. ■ naashch suuhk aah chiih uchipitihk aniyaa piishaakinaapiiyiu. ■ *Il a tiré fort sur la corde.*

ᐃᔨ·ᐋᒋᐦᑎᓐ iyiwaachihtin vii ◆ il y en a plus que nécessaire, ça dépasse

plus (de)

ᐊᔥᑎᔥᑭᒼ ashtishkim vti ◆ il/elle le retient avec son pied ou son corps, il/elle enfile quelque chose de plus

plus tard

ᐋᔥᒄ aashkw p,temps ◆ plus tard, encore ■ ᐋᔥᒄ ᓂᑭ ᐊᔨᒥᐦᑖᓐ ᐆ ᒥᓯᓂᐦᐄᑭᓐ. ❖ ᐋᔥᒄ ᒨᔥ ᐊ·ᑳᐦᑎᒃ ᐋᐦ ᐹᐦᐱᑦ ·ᐃᔮᐱᒥᒃᐦ ᑳ ᐃᔥᐱᔑ ·ᐄᐦᑎᒧ·ᐃᒃ ᐊᓂᔮ ᑎᐹᒋᒧ·ᐃᓂᔨᐤ. ■ aashkw niki ayimihtaan uu misinihiikin. ❖ aashkw muush akwaahtik aah paahpit wiyaapimikh kaa ishpishi wiihtimuwik aniyaa tipaachimuwiniyiu. ■ *Je lirai ce livre plus tard.* ❖ *Elle/il rit encore à chaque fois que je la/le vois depuis que je lui ai raconté cette histoire.*

ᓈᓈᒑ naanaachaa p,temps ◆ plus tard, à peine ■ ᓈᓈᒑ ᑳ ᒥᔑᑳᒡ ᑳ ᒋᔅᑎ·ᐃᐦᑖᓂᔨᒡ. ■ naanaachaa kaa mishikaach kaa chistiwihtaaniyich. ■ *À peine étaient-ils arrivés en canot qu'il a commencé à pleuvoir.*

ᐊᔥ·ᑖᐤ ashtwaau vai ◆ il/elle garde quelque chose pour plus tard

plus tôt

ᓅᐦᑖᐱᐳᓐᐦ nuuhtaapipunh p,temps ◆ avant la fin de l'année prévue ou de l'hiver prévu ■ ᓅᐦᑖᐱᐳᓐ ᓂᒌᐦ ᐹᒋ ᒌ·ᐋᐱᔨᓈᓐ ᑳᐦ ᐋᐦᑯᓯᑦ ᓂᑳ·ᐄ. ■ nuuhtaapipunh nichiih paachi chiiwaapiyinaan kaah aahkusit nikaawii. ■ *Nous avions prévus d'être absents pour une année, mais nous sommes revenus plus tôt que prévu parce que ma mère est tombée malade.*

plusieurs

ᒥᐦᒑᑐᔨᒡ mihchaatuyich p,manière ◆ de plusieurs manières, façons ■ ᒥᐦᒑᑐᔨᒡ ᐋᐦ ᐄᔑᓈᑯᓂᔨᒡ ᓂᑐᐦᑯᔨᓂᔨᐤ ᒌᐦ ᑯᒋᐦᐋᑭᓂᐤ. ■ mihchaatuyich aah iishinaakuniyich nituhkuyiniyiu chiih kuchihaakiniu. ■ *Ils ont essayé plusieurs sortes de médicaments sur lui.*

ᒥᐦᒑᐧᑖᑭᓐᐦ **mihchaatwaakinh** vii pl ◆ il y en a plusieurs (étalé)

ᒥᐦᒑᐧᑖᐹᑭᒨᐦ **mihchaatwaapaakimuuh** vii pl ◆ il y en a plusieurs qui sont suspendus (filiforme)

ᒥᐦᒑᐧᑖᐹᑭᓐᐦ **mihchaatwaapaakinh** vii pl ◆ il y en a plusieurs (filiforme)

ᒥᐦᒑᐧᑖᐱᔅᑳᐤᐦ **mihchaatwaapiskaauh** vii pl ◆ il y en a plusieurs (minéral)

ᒥᐦᒑᐧᑖᔅᑯᓐᐦ **mihchaatwaaskunh** vii pl ◆ il y en a plusieurs (long et rigide)

ᒥᐦᒑᐧᑖᐤ **mihchaatwaau** p,quantité ◆ plusieurs fois ▪ ᔖᔥ ᒥᐦᒑᐧᑖᐤ ᓂᒌᐦ ᐧᐄᐦᑎᒧᐧᐋᐤ ᐋᑳ ᒑ ᐃᐦᑎᒃ ᐊᓂᔮ× ▪ shaash mihchaatwaau nichiih wiihtimuwaau aakaa chaa ihtik aniyaa. ▪ *Je lui ai dit plusieurs fois de ne pas le faire.*

ᒥᔥᑏᐦ **mishtiih** p,quantité ◆ beaucoup de, plusieurs ▪ ᓈᔥᒡ ᒥᔥᑏᐦ ᐋᐦ ᒌᐦ ᐹᒋ ᐊᔑᒥᑯᐧᐃᔮᐦᒡ ᒋᔖᔮᑯᒦᒋᒻ× ▪ naashch mishtiih aah chiih paachi ashimikuwiyaahch chishaayaakumiichim. ▪ *On nous a donné beaucoup de viande d'ours.*

ᒥᐦᒑᑐᑭᒫᐤᐦ **mihchaatukimaauh** vii pl ◆ il y a plusieurs lacs

ᓰᐲᔅᑳᐤ **siipiiskaau** vii ◆ il y a plusieurs rivières

ᒫᒫᐦᒌᔑᓈᑯᓯᐤ **maamaahchiishinaakusiu** vai ◆ il/elle a plusieurs couleurs, plusieurs parties, plusieurs apparences

ᒥᐦᒑᐧᑖᐹᑭᒧᐧᐃᒡ **mihchaatwaapaakimuwich** vai pl -u ◆ il y en a plusieurs tendu-e-s, suspendu-e-s; beaucoup sont tendu-e-s, suspendu-e-s (filiforme)

plutôt

ᑎᔨᑯᒡ **tiyikuch** p,conjonction ◆ plutôt ▪ ᑎᔨᑯᒡ ᒫᒃ ᐧᐃᔨᐧᐄᑎᒥᐦᒡ ᒌᐦ ᐊᐱᔨᐦᒄ× ▪ tiyikuch maak wiyiwiitimihch chiih apiyihkw. ▪ *Nous devrions plutôt nous asseoir dehors.*

pluvier

ᒍᐧᐋᔥᒃ **chuwaashk** na -im ◆ un pluvier semipalmé *Charadrius semipalmatus*

pluvieux

ᒋᓯᓂᐹᔮᐤ **chisinipaayaau** vii ◆ c'est froid et pluvieux, il fait un temps humide et froid

pneu

ᑳᑎᐦᑎᐱᔨᒡ **kaatihtipiyich** nip ◆ une roue, un pneu

poche

ᐱᔨᔅᑯᐹᒌᐤ **piyiskupaachiiu** vai ◆ le bébé crève sa poche des eaux pendant qu'il nait

pochette de munitions

ᐋᐦᒋᑯᐲᐦᒋᓯᓈᓐ **aahchikupiihchisinaan** ni ◆ une pochette de munitions faite en peau de phoque

pocket

ᐧᐹᑭᑦ **pwaakit** ni ◆ une poche, de l'anglais 'pocket'

poêle

ᐹᓂᔅᒋᐦᒄ **paanischihkw** na/ni -um ◆ une poêle à frire

ᑯᐦᒋᔥᐧᑳᔮᐲ **kuhchishkwaayaapii** ni -m ◆ un tuyau de poêle

ᒋᓵᐱᓯᔅᒋᓵᐧᐋᓐ **chisaapisischisaawaan** na ◆ un poêle, un fourneau, une cheminée, un foyer

poêle à frire

ᐧᐃᔮᑭᓐ **wiyaakin** ni ◆ un plat, une assiette, une poêle à frire

poid

ᓵᒋᐱᑎᐦᐄᐹᐤ **saachipitihiipaau** vai ◆ il/elle met les flotteurs et les poids sur un filet de pêche (ceci est fait quand le filet est mis à l'eau)

poids

ᒥᒫᐦᒋᑯᐦᐊᒻ **mimaahchikuham** vti ◆ il/elle met du poids dessus pour l'empêcher de bouger

ᒥᒫᐦᒋᑯᐦᐧᐋᐤ **mimaahchikuhwaau** vta ◆ il/elle lui met du poids dessus pour l'empêcher de bouger

ᐱᒋᔥᑎᐦᐄᑭᓐᐦ **pichishtihiikinh** ni pl ◆ des poids pour ancrer le recouvrement de l'habitation

ᐱᒋᔅᑎᐦᐄᑭᓐ **pichistihiikin** ni ◆ quelque chose utilisé pour alourdir quelque chose d'autre

ᐄᔅᑯᐱᔨᐤ **iiskupiyiu** vai ◆ il/elle prend du poids, augmente

ᐄᔅᐱᐦᑎᓂᑯᓐ **iispihtinikun** vii ◆ ça pèse..., ça a un certain poids

ᐄᔅᐱᐦᑎᓂᑯᑎᐤ **iispihtinikutiu** vai ◆ il/elle a un certain poids, il/elle pèse ...

ᒥᒫᐦᒋᑯᔥᑳᑰ **mimaahchikushkaakuu** vai -u ◆ il/elle ne peut pas bouger à cause du poids qui pèse sur lui/elle, il/elle est retenu-e par quelque chose

ᒥᒫᐦᒋᑯᔥᑭᒻ **mimaahchikushkim** vti ◆ il/elle l'empêche de bouger avec son pied ou son corps

ᒥᒫᐦᒋᑯᔥᑭᐧᐋᐤ **mimaahchikushkiwaau** vta ◆ il/elle l'empêche de bouger avec son pied ou son corps

ᑖᐱᔅᑯᓂᒻ **taapiskunim** vti ◆ son poids est soutenu par la glace

ᒑᐦᑭᐦᐄᐹᐤ **chaahkihiipaau** vai ◆ son poids (se dit du filet de pêche) fait se dresser les flotteurs en été

poignarder

ᑎᐦᑭᐦᑎᒻ **tihkihtim** vti ◆ il/elle le transperce avec une lance, le poignarde

ᑎᐦᑭᒫᐤ **tihkimaau** vta ◆ il/elle le poignarde, le/la transperce d'un coup de lance

poigne

ᓲᐦᒋᓂᔅᒑᐤ **suuhchinischaau** vai ◆ il/elle a une bonne poigne, une prise solide

poignée

ᐹᔨᑯᐧᑳᐱᓂᑭᓐ **paayikukwaapinikin** ni ◆ une poignée

ᐊᓯᓂᒻ **asinim** vti ◆ il/elle en tient une poignée

ᐧᑳᐱᓈᐤ **kwaapinaau** vta ◆ il/elle en prend une poignée (animé, ex. de la farine)

ᐧᑳᐱᓂᒻ **kwaapinim** vti ◆ il/elle en prend une poignée

ᐊᔅᐱᓂᑭᓐ **aspinikin** ni ◆ une manique, une poignée

ᓃᔪᐗᐱᓂᑭᓐ niishukwaapinikin p,quantité
◆ deux poignées

ᓂᔥᑐᒀᐱᓂᑭᓐ nishtukwaapinikin p,quantité
◆ trois poignées de quelque chose de granuleux ■ ᓂᔥᑐᒀᐱᓂᑭᓐ ᒌᐦ ᐱᒋᔅᑎᓈᐤ ᐊᔫᒥᓐᐦ ᐊᓂᑎᐦ ᒨᔥᑭᒦᐦᒡ. ■ nishtukwaapinikin chiih pichistinaau ayuuminh anitih muushkimiihch. ■ *Elle met trois poignées de flocons d'avoine dans le bouillon.*

ᐋᐦᑖᔅᑯᐦᑎᑖᐤ aahtaaskuhtitaau vai ◆ il/elle remplace la poignée en bois

ᐊᓵᒋᓈᐤ asaachinaau vta ◆ il/elle tient une poignée de quelque chose (animé) (étalé) dans sa main

ᐊᓯᓈᐤ asinaau vta ◆ il/elle les tient en botte dans sa main, en prend une poignée

poignet

ᐱᔅᑯᐦᑯᓈᓐ piskuhkunaan ni ◆ une cheville ou un poignet

ᐅᐦᑯᓐ uhkun nid ◆ sa cheville, son poignet

poil

ᐱᔥᑯᔕᐤ pishkushwaau vta ◆ il/elle en rase les poils (ex. d'une peau d'animal)

ᐅᐲᒀᑯᑖᑭᓐᐦ upiikwaakutaakinh ni ◆ les longs poils du caribou situés sous son menton

ᐅᐲᐐᐦ upiiwiih nid pl ◆ sa fourrure, ses plumes, ses poils

ᐹᐦᐹᑯᐙᐤ paahpaakuwaau vai ◆ sa fourrure, ses poils sont fins et courts

ᐱᔥᑯᐦᐄᒑᐤ pishkuhiichaau vai ◆ il/elle ensouple, enlève les racines de poil du cuir

ᐅᐲᐙᐅ upiiwaauu vai -aawi ◆ il/elle a des poils, de la fourrure, des plumes sur lui/elle

ᐅᐲᐙᐅ upiiwaauu vii -aawi ◆ ça a des poils, de la fourrure, des plumes dessus

ᒋᑭᐙᓈᐤ chikiwaanaau vta ◆ il/elle laisse les poils sur la peau du caribou

poils

ᐅᒋᔥᑎᐐᔥᑖᓂᐲᐐᐦ uchishtiwiishtaanipiiwiih nad -um ◆ les poils qui poussent dans la fente du sabot (du caribou)

ᐱᔥᑯᑎᐙᐱᔨᐤ pishkutiwaapiyiu vai ◆ il/elle perd ses cheveux, ses poils, sa fourrure

poilu

ᒥᐦᐄᐦᒌᒥᓐᐦ mihiihchiiminh ni pl ◆ des groseilles, lit. 'baies poilues' *Ribes sp.*

ᐅᐲᔮᐅᑳᑖᐤ upiiywaaukaataau vai ◆ il/elle a les jambes poilues

poilue

ᐅᐲᔮᐙᔅᒋᑭᓈᐤ upiiywaawaaschikinaau vai ◆ il a la poitrine poilue

poing

ᒫᑯᓂᒑᐱᔨᐦᑖᐤ maakunichaapiyihtaau vai ◆ il/elle serre les poings

ᓂᒥᐦᐊᒻ nimiham vti ◆ il/elle agite son poing vers ça en signe de colère

ᓂᒥᐦᐙᐤ nimihwaau vta ◆ il/elle agite son poing vers lui/elle en signe de colère

poings

ᒫᑯᓂᒑᔨᐤ maakunichaayiu vai ◆ il/elle serre les poings

point

ᒌᓈᐱᔅᑭᐦᐊᒻ chiinaapiskiham vti ◆ il/elle met un point dessus (minéral)

ᒌᓈᐱᔅᑭᐦᐙᐤ chiinaapiskihwaau vta ◆ il/elle met un point sur lui/elle (minéral)

point de départ

ᒌᐙᔥᑭᐙᐤ chiiwaashkiwaau vta ◆ il/elle le retourne du pied ou avec le corps; il/elle marche vers là où ils sont et retourne au point de départ

pointé

ᐅᐦᑎᔅᑭᐙᐱᔅᑳᐤ uhtiskiwaapiskaau vii ◆ c'est un morceau de roche pointé vers l'observateur

pointe

ᐊᑭᔅᒀᐦᑎᒄ akiskwaahtikw na ◆ la pointe d'une flèche

ᐋᔥᑎᒫᐤ aashtimaau p,lieu ◆ de ce côté de la pointe ■ ᒌᐦ ᒥᔕᐤ ᔖᐳᐦᑎᐙᓐ ᐋᔥᑎᒫᐤ. ■ chiih mishaau shaapuhtiwaan aashtimaau. ■ *Il y avait un phare de ce côté de la pointe.*

ᐊᐅᒑᐤ auchaau p,lieu ◆ de l'autre côté de la pointe ■ ᐊᐅᒑᐤ ᐃᔅᐱᔪᐃᒡ ᐊᓂᒌ ᑳ ᓂᑑᐦᐅᒡ. ■ auchaau ispiyuwich anichii kaa nituuhuch. ■ *Les chasseurs sont allés de l'autre côté de la pointe.*

ᔖᐹᐤ shaapwaau p,lieu ◆ de l'autre côté d'une pointe

ᒌᓈᐱᔅᒋᔑᒫᐤ chiinaapischishimaau vta ◆ il/elle le/la frotte à quelque chose pour lui donner la forme d'une pointe

ᒌᓈᔅᑯᐦᑯᑖᐤ chiinaaskuhkutaau vta ◆ il/elle le/la taille en pointe

ᒌᓈᔅᑯᐦᑯᑎᒻ chiinaaskuhkutim vti ◆ il/elle le taille en pointe

ᒌᓈᔅᑯᑭᐦᐙᐤ chiinaaskukihwaau vta ◆ il/elle le/la taille en pointe

ᒌᓈᔅᑯᐳᑖᐤ chiinaaskuputaau vai+o ◆ il/elle le taille en pointe (long et rigide)

ᒌᓈᔅᑯᐳᔮᐤ chiinaaskupuyaau vta ◆ il/elle le/la taille en pointe (long et rigide)

ᒌᓈᔅᑯᔑᒫᐤ chiinaaskushimaau vta ◆ il/elle le/la frotte (long et rigide) pour lui donner la forme d'une pointe

ᒌᓂᐦᑯᑖᐤ chiinihkutaau vta ◆ il/elle le/la taille en pointe

ᒌᓂᑭᐦᐊᒻ chiinikiham vti ◆ il/elle lui fait une pointe à la hache

ᒌᓂᑭᐦᐙᐤ chiinikihwaau vta ◆ il/elle lui fait une pointe à la hache

ᒌᓂᐳᔮᐤ chiinipuyaau vta ◆ il/elle l'effile en pointe

ᒌᓂᔑᒻ chiinishim vti ◆ il/elle le coupe en pointe

ᒌᓂᔕᐤ chiinishwaau vta ◆ il/elle le/la coupe en pointe

ᑳᔪᐎᓐ kaayuwin vii ◆ la lame, la pointe est coupante

ᒥᒋᔥᑖᐙᐦᑯᐹᐤ michishtaawaahkupaau vii ◆ c'est une pointe de saules

ᒥᒋᔥᑖᐚᓯᒀᐤ michishtaawaasikwaau vii ◆ c'est une pointe de glace

ᒥᒋᔥᑖᐚᔅᑭᒥᑳᐤ michishtaawaaskimikaau vii ◆ c'est une pointe de terre

ᒥᒋᔥᑖᐚᔮᐱᔅᑳᐤ michishtaawaayaapiskaau vii ◆ c'est une pointe rocheuse, une pointe recouverte de roches

ᒥᒋᔥᑖᐚᔮᐤ michishtaawaayaau vii ◆ c'est une pointe, un cap

ᒥᒋᔥᑖᐚᔮᐅᐦᑳᐤ michishtaawaayaauhkaau vii ◆ c'est une pointe de sable

ᒥᒋᔅᑖᐚᐤ michistaawaau vai ◆ il/elle marche jusqu'à la pointe

ᒥᒋᔅᑖᐚᔮᑯᓂᑳᐤ michistaawaayaakunikaau vii ◆ c'est une pointe de neige

ᓈᐦᑯᐹᐤ naahkupaau vii ◆ c'est une pointe de saules

ᓈᐦᑎᑳᐤ naahtikaau vii ◆ ça a un coin, une pointe (du bois utile)

ᓈᔅᒋᐎᑳᐤ naaschiwikaau vii ◆ c'est une pointe boueuse

ᓈᔥᑯᔑᐎᑳᐤ naashkushiwikaau vii ◆ c'est une pointe herbeuse

ᓈᓯᒀᐤ naasikwaau vii ◆ c'est une pointe de glace

ᓈᔅᑭᒥᑳᐤ naaskimikaau vii ◆ c'est une pointe de terre

ᓈᑖᐅᐦᑳᐤ naataauhkaau vii ◆ c'est une pointe de terre

ᓈᐅᐦᑭᑎᓈᐤ naauhkitinaau vii ◆ c'est une pointe qui s'avance de la montagne

ᓈᔮᔅᒁᔮᐤ naayaaskwaayaau vii ◆ c'est une pointe boisée

ᓈᔮᐤ naayaau vii ◆ c'est une pointe; ça a une pointe; c'est une saillie sur quelque chose

ᓈᔮᐅᐦᑳᐤ naayaauhkaau vii ◆ c'est une pointe de sable

ᓵᒑᐚᐤ saachaawaau vai ◆ il/elle contourne la pointe

ᐚᔑᐦᐄᔅᒋᐎᑳᐤ waashihiischiwikaau vii ◆ c'est boueux autour du bord de la pointe

ᐋᔥᑎᒫᐱᔅᒡ aashtimaapisch p,lieu ◆ de ce côté d'une pointe rocheuse ■ ᒥᐦᒑᑐ ᓂᒌᐦ ᐚᐱᒫᐎᒡ ᒋᔖᔮᑯᒡ ᐋᔥᑎᒫᐱᔅᒡ. ■ mihchaatu nichiih waapimaawich chishaayaakuch aashtimaapisch. ■ *J'ai vu beaucoup d'ours de ce côté de la pointe rocheuse.*

ᐋᔮᓈᔮᔑᐤ aayaanaayaashiu vii dim ◆ cette pointe de terre est très basse

ᒌᐦᑳᓈᔮᐤ chiihkaanaayaau vii ◆ c'est une pointe de terre effilée

ᒌᓈᐱᔅᒋᐳᔮᐤ chiinaapischipuyaau vta ◆ il/elle le lime , l'effile en pointe

ᒌᐳᐦᑖᐤ chiipuhtaau vai ◆ il/elle l'affile, le taille en pointe

ᓈᓵᑳᐤ naasaakaau vii ◆ c'est une pointe rocheuse escarpée

ᓈᑎᑳᒫᔮᐅᐦᑳᐤ naatikaamaayaauhkaau vii ◆ c'est une pointe de sable qui atteint presque l'autre rive

ᓈᔮᐱᔅᑳᐤ naayaapiskaau vii ◆ c'est une pointe de rocher, la pointe d'un affleurement

ᓵᒑᔨᐚᐤ saachaayiwaau vii ◆ le vent souffle autour d'une pointe

ᔖᔒᑳᑯᐦᑖᔑᐤ shaashiikaakuhtaashiu vii dim ◆ la neige fond et forme de petites pointes

ᑖᑎᐹᐚᐱᐦᑖᐤ taatipaawaapihtaau vai ◆ il/elle contourne la pointe en courant

ᑖᑎᐹᐚᐱᔨᐤ taatipaawaapiyiu vai ◆ il/elle contourne la pointe en voiture

ᒌᓈᐱᔅᒋᐳᑖᐤ chiinaapischiputaau vai+o ◆ il/elle le scie, l'affile, l'aiguise (métal, pierre) en pointe

ᒌᓈᔅᑯᑎᐦᑖᐤ chiinaaskutihtaau vai+o ◆ il/elle le frotte ou lime (long et rigide) pour en affiler la pointe

ᒌᓂᐳᑖᐤ chiiniputaau vai+o ◆ il/elle l'affile, le lime ou le scie en pointe

ᓈᐅᐦᑳᐤ naauhkaau vii ◆ il y a une pointe au bord de la colline, de la montagne

ᐱᔅᑯᑖᐅᐦᑳᐤ piskutaauhkaau vii ◆ c'est une colline élevée, une pointe de sable

ᔖᑇᐚᐤ shaapwaawaau vai ◆ il/elle se rend de l'autre côté de la pointe

ᔖᔒᑭᐹᔮᑯᐦᑖᐤ shaashiikipaayaakuhtaau vii ◆ la neige fond en formant de petites pointes au printemps

ᑖᑎᐹᐚᐤ taatipaawaau vai ◆ il/elle fait le tour de la pointe, de l'île

Pointe Bleue

ᐱᔮᒁᑭᒦ piyaakwaakimii ni ◆ Pointe Bleue

ᐱᔮᒁᑭᒦᐅᐄᔨᔨᐤ piyaakwaakimiiuiiyiyiu na -im ◆ une personne qui vient de Pointe Bleue

pointe de terre

ᒥᓈᐚᑎᒼ minaawaatim vti ◆ c'est un rétrécissement, un chenal dans un lac créé par deux pointes de terre

ᐃᔑᐚᑖᐅᐦᑳᐤ ishiwaataauhkaau vii ◆ c'est une pointe de terre étroite

pointer

ᐊᑐᐦᐄᒑᐤ atuhiichaau vai ◆ il/elle pointe du doigt

ᐄᑖᔅᑯᓂᒧᐚᐤ iitaaskunimuwaau vta ◆ il/elle le/la (long et rigide) pointe sur lui/elle

ᐊᑐᐦᐚᐤ atuhwaau vta ◆ il/elle le/la pointe du doigt

ᐄᑖᔅᑯᓂᒼ iitaaskunim vti ◆ il/elle le pointe, le tient, vise avec (long et rigide)

ᐅᐚᔮᔅᑯᓂᒼ uwaayaaskunim vti ◆ il/elle pointe son arme, vise avec son arme

ᐄᑖᔅᑯᓈᐤ iitaaskunaau vta ◆ il/elle le/la tient, le/la pointe d'une certaine façon (se dit de quelque chose d'animé long et rigide), il/elle le/la condamne, promeut, rétrograde

pointes de terre

ᐅᐱᑐᐧᐃᔥᒑᒋᐧᐃᐣ upituwishchaachiwin vii ◆ il y a deux pointes de terre des deux côtés des rapides

pointu

ᒌᓈᒋᓯᐤ chiinaachisiu vai ◆ il/elle est pointu-e (étalé)

ᒌᓈᑭᐣ chiinaakin vii ◆ c'est pointu (étalé)

ᒌᓈᐹᒋᓯᐤ chiinaapaachisiu vai ◆ il/elle est pointu-e (filiforme)

ᒌᓈᐹᑭᐣ chiinaapaakin vii ◆ c'est pointu (filiforme)

ᒌᓈᐱᓯᐢᒋᓯᐤ chiinaapisischisiu vai ◆ il/elle est pointu-e (pierre, métal)

ᒌᓈᐱᐢᑳᐤ chiinaapiskaau vii ◆ c'est pointu (minéral)

ᒌᓈᐢᑯᐣ chiinaaskun vii ◆ c'est pointu (long et rigide)

ᒌᓈᐢᑯᓯᐤ chiinaaskusiu vai ◆ il/elle est pointu-e (long et rigide)

ᒌᓈᐤ chiinaau vii ◆ c'est pointu

ᒌᓂᐦᐋᐤ chiinihaau vta ◆ il/elle le/la rend pointu-e

ᒌᓂᓯᐤ chiinisiu vai ◆ il/elle est pointu-e

ᒑᐦᑭᐦᐧᐋᐅᓵᒻ chaahkihwaausaam na ◆ une raquette longue et pointue

ᒌᓈᐦᐧᑳᐤ chiinaahkwaau vai ◆ il/elle (un toboggan, une raquette) a le devant pointu

ᒌᓈᐦᐱᔥᑭᓈᐤ chiinaahpishkinaau vai ◆ il/elle a la mâchoire pointue

ᒌᓂᐦᑖᐤ chiinihtaau vai+o ◆ il/elle le rend pointu, l'affûte

ᒌᓂᐦᑎᒋᓯᐤ chiinihtichisiu vai ◆ il/elle est pointu-e (bois utile)

ᒌᓂᔥᑎᐧᑳᓈᐤ chiinishtikwaanaau vai ◆ il/elle a la tête pointu-e

ᒌᓂᐧᐋᔑᐦᐋᐤ chiiniwaashihaau vii ◆ c'est une baie pointue

ᒌᔥᒋᔑᒫᐤ chiishchishimaau vta ◆ il/elle le/la pousse dans quelque chose de coupant ou pointu

ᒌᔥᒋᔑᐣ chiishchishin vai ◆ il/elle se fait piquer par un objet pointu; il/elle tombe sur quelque chose de pointu

ᑳᔖᐱᑖᐤ kaashaapitaau vai ◆ il/elle a les dents pointues, acérées ▪ ᓈᔥᑖᐧᐹᐦ ᑳᔖᐱᑖᐤ ᒋᓄᔖᐤ. ▪ naashtaapwaah kaashaapitaau chinushaau. ▪ *Le brochet a des dents très pointues.*

ᑭᑳᔑᑭᔥᐧᑳᐤ kikaashikishkwaau vai ◆ il/elle a des griffes pointues ou des ongles pointus

ᒌᓈᐱᑖᐤ chiinaapitaau vai ◆ il/elle a des dents pointues, tranchantes, acérées

pointue

ᒌᓂᑖᐅᐦᑳᐤ chiinitaauhkaau vii ◆ c'est une arête pointue

poirier

ᐊᒋᒋᑳᐴ achichikaapuu vai -uwi ◆ il/elle fait un appui renversé sur la tête, il/elle fait le poirier

pois

ᑳᒥᐧᒫᑯᔥᑖᒡ kaamimwaakushtaach nip ◆ un morceau de tissu à pois

pois (à)

ᐹᐦᐹᐦᑖᐧᐋᐤ paahpaahtaawaau vii redup ◆ c'est à pois (ex. un tissu à pois)

poison

ᐱᐦᒋᐳᔨᑐᐧᐃᐣ pihchipuyituwin ni ◆ du poison

poisson

ᑳᐢᒋᓈᔥ kaaschinaash na ◆ un petit poisson tranché à plat le long du dos et suspendu au-dessus du feu pour être cuit

ᑳᐢᒋᓈᐤ kaaschinaau na ◆ un poisson tranché à plat le long du dos ▪ ᒑ ᒌᔥᑎᐦᐅᑦ ᐊᐣ ᑳᐢᒋᓈᐤ. ▪ chaa chiishtihut an kaaschinaau. ▪ *Fais cuire ce poisson sur un bâton!*

ᒥᐢᒑᓈᐣ mischaanaan na ◆ un poisson vidé par la gorge et cuit entier sur un bâton ou suspendu au-dessus du feu

ᒥᓯᐢᑎᐦᐧᐋᑭᐣ misistihwaakin na ◆ un poisson éviscéré entier cuit sur un bâton

ᓂᒫᐢ nimaas na -im ◆ un poisson

ᐅᓯᑯᒫᒄ usikumaakw na -um ◆ un poisson qui est très grand et très nourrissant

ᐋᒦᐅᒫᒄ aamiiumaakw na -um ◆ un poisson sur le point de frayer, un frai

ᐋᐱᐦᑎᐧᐃᒫᐧᑳᐣ aapihtiwimaakwaan ni -shiim ◆ la section du milieu d'un poisson

ᐊᑐᔥᑭᒫᐧᑳᐣ atushkimaakwaan ni ◆ un contenant à poissons

ᒌᔖᒦᐅᒫᒄ chiishaamiiumaakw na ◆ un poisson qui a fini de frayer

ᒋᒧᐦᑳᐢᑯᐦᐄᑭᐣ chimuhkaaskuhiikin ni ◆ un bâton pour effrayer le poisson et le faire prendre dans un filet

ᐄᔨᑎᐦᑭᒫᒄ iiyitihkimaakw na -um ◆ un poisson blanc pêché en eaux intérieures

ᐃᐢᐧᑳᐅᒫᒄ iskwaaumaakw na ◆ un poisson femelle

ᑳᐢᐱᓵᐧᐋᓂᒡ kaaspisaawaanich na pl ◆ des poissons séchés avant qu'on les réduise en poudre pour faire du pemmican

ᓈᐹᒫᒄ naapaamaakw na -um ◆ un poisson mâle

ᓂᒫᓯᑎᒋᔒ nimaasitichishii ni ◆ des entrailles de poisson, lit. 'l'intestin de poisson'

ᓅᐦᒋᒦᐅᒫᒄ nuuhchimiiumaakw na -im ◆ un poisson d'eau douce, de l'intérieur des terres

ᓅᔖᒫᒄ nuushaamaakw na -um ◆ un poisson femelle

ᔑᒋᑭᓂᒫᑯᔑᒡ shichikinimaakushich na pl -m ◆ un petit poisson

ᐅᒋᐧᑳᑖᑭᐣ uchikwaataakin na -im ◆ un poisson attrapé avec un crochet

ᐅᐦᐋᑮᐦ uhaakiih nad ◆ ses écailles (se dit d'un poisson)

ᐅᐢᒋᐧᐄ uschiwii na -uum ◆ les veines de sang brun sur l'estomac d'un poisson

ᐅᑐᑭᒫᒄ utukimaakw na ◆ un poisson mâle

ᐧᐋᐦᑯᐹᓂᑮᒃ waahkupaanikiik na -im ◆ une crêpe de rogue

ᐧᐋᐦᐧᑳᐳᐃ waahkwaapui ni ◆ du bouillon de rogue

ᐧᐃᐦᒌᒄᐦ wihchiikwh ni pl -m ◆ les branchies du poisson

ᐋᒥᐧᐃᒡ aamiwich vai pl ◆ ils (les poissons) sont en train de frayer

ᐃᔨᐦᐃᒑᐤ iyihichaau vai [Whapmagoostui] ◆ ce poisson a des écailles

ᑳᐦᑭᐦᐋᒑᓯᐤ kaahkihaachaasiu vai ◆ il (le poisson) a des écailles sèches

ᒥᐦᒌᐱᑖᐤ mihchiipitaau vai ◆ il/elle attrape un gros poisson dans son filet

ᒥᒥᐦᒌᐱᑖᐤ mimihchiipitaau vai redup ◆ il/elle attrape un gros poisson dans un filet

ᒨᒫᓵᐤ muumaasaau vai ◆ il/elle mange du poisson

ᓂᒫᓯᐧᐃᓐ nimaasiwin vii ◆ il y a beaucoup de poissons

ᓅᑎᒫᓵᐤ nuutimaasaau vai ◆ il/elle attrape du poisson

ᐹᔨᑯᐱᑖᐤ paayikupitaau vai ◆ il/elle attrape un poisson dans son filet, en retire un

ᐲᐅᐦᐋᒫᐧᑳᐤ piiuhaamaakwaau vai ◆ il/elle écaille le poisson

ᐲᐅᐦᐋᒫᓵᐤ piiuhaamaasaau vai ◆ il/elle écaille le poisson

ᐲᐅᐦᐧᐋᐤ piiuhwaau vta ◆ il/elle l'écaille (le poisson)

ᐱᔥᑭᔖᐧᐋᐤ pishkishaawaau vai ◆ il/elle vide et nettoie le poisson

ᐅᓯᒫᓵᐤ usimaasaau vai ◆ il/elle fait bouillir du poisson

ᐅᑖᐦᒋᒑᐤ utaahchichaau vai ◆ il/elle a quelque chose dans le ventre (se dit d'un poisson)

ᐅᑖᐦᑎᒼ utaahtim vti ◆ il/elle l'a dans son ventre (se dit d'un poisson qui a quelque chose d'inanimé dans son ventre)

ᐅᑖᒫᐤ utaamaau vta ◆ il/elle l'a dans son ventre (se dit d'un poisson qui a quelque chose d'animé dans son ventre)

ᐧᐋᐦᑰ waahkuu vai -u ◆ le poisson a des oeufs

ᐧᐄᑎᒫᓯᒋᓯᐤ wiitimaasichisiu vai ◆ il/elle sent le poisson

ᐧᐄᑎᒫᓯᑭᓐ wiitimaasikin vii ◆ ça sent le poisson

ᐊᐱᐹᐦᐄᑭᓐ apipaahiikin na ◆ une des attaches sur le bord d'un filet de pêche

ᐊᔥᐱᔖᐧᐋᓐ ishpishaawaan ni ◆ quelque chose (de la mousse, de l'herbe, des branches) sur quoi déposer le poisson pour le vider et le nettoyer

ᓂᒫᓯᐧᐹᓈᔅᒄ nimaasipwaanaaskw ni -um ◆ un bâton fendu en deux pour faire rôtir le poisson

ᐲᔑᐳᔮᑭᓐ piishipuyaakin ni ◆ un endroit où on attrape des poissons en train de frayer, un barrage pour capturer les poissons en train de frayer

ᐅᔥᑎᐧᑳᓈᐳᐃ ushtikwaanaapui ni ◆ du bouillon de têtes de poisson

ᐅᓯᑯᐊᑎᐦᑭᒫᒄ usikuatihkimaakw na -um ◆ un grand poisson (un cisco ou un corrégone) très nourrissant

ᐊᐧᑳᐱᒋᒑᐤ akwaapichichaau vai ◆ il/elle attrape des poissons dans la frayère avec un filet

ᐊᒫᐦᐄᐹᐤ amaahiipaau vii ◆ il n'y a plus de poissons à attraper par ici ce qui fait qu'on doit déplacer le filet de pêche ▪ ᓂᑭ ᐋᐦᑎᓂᐦᐄᐹᓐ ᔖᔥ ᐊᒫᐦᐄᐹᐤ ᐅᑎᐦ ᓂᒫᔅ. ▪ niki aahtinihiipaan shaash amaahiipaau utih nimaas. ▪ *Je vais déplacer mon filet ailleurs parce qu'il n'y a plus de poissons à attraper par ici.*

ᒋᒧᐦᑳᔅᑯᐦᐊᒧᐧᐋᐤ chimuhkaaskuhamuwaau vta ◆ il/elle fait en sorte que le poisson se fasse attraper dans le filet en remuant l'eau avec un poteau ou une rame

ᐃᔮᔑᐱᑖᐤ iyaashipitaau vta ◆ il/elle l'abaisse rapidement; le poisson tire sur l'appât et le crochet

ᓂᒫᔥᑖᑯᐦᒑᐤ nimaashtaakuhchaau vai ◆ il/elle prépare du poisson fumé

ᓂᔥᑐᐦᑭᐧᐋᐤ nishtuhkiwaau vai ◆ le poisson a bon goût

ᓂᔥᑐᐱᑖᐤ nishtupitaau vta ◆ il/elle attrape trois poissons dans son filet; il/elle en retire trois

ᓅᑖᒧᐧᐋᐤ nuutaamuwaau vai ◆ il/elle attrape du poisson en train de frayer

ᔑᑯᒫᐤ shikumaau vta ◆ il/elle mélange du poisson sans arrêtes avec des baies

ᑑᒥᐦᑭᐧᐋᓂᒌᐤ tuumihkiwaanichiiu vai ◆ il/elle ajoute de la graisse ou du gras à un poisson cuit

ᐋᒦᐦᑳᓈᓐ aamiihkaanaan ni ◆ un endroit où on attrape le frai (les poissons en train de frayer), une frayère

ᐅᔑᑯᓃ ushikunii nid ◆ le bout de sa queue (pour un poisson ou une baleine)

ᓈᔥᐧᑖᒨ naashtwaamuu vai -u ◆ il/elle a la chair tendre après avoir frayé ▪ ᒌᐦ ᓈᔥᐧᑖᒨ ᓂᒫᔅ ᑳ ᒥᔅᑭᐧᐃᒃ ᐊᓂᑖᐦ ᐋᐦ ᔮᔮᐧᐋᔮᔨᒡ. ▪ chiih naashtwaamuu nimaas kaa miskiwik anitaah aah yaayaawaayaayich. ▪ *J'ai trouvé un poisson le long du rivage qui avait frayé et qui avait la chair bien tendre.*

ᓂᐱᐦᐊᒫᐤ nipihamaau vai ◆ le poisson a la chair tendre après avoir frayé

ᐹᑯᐹᔥᑳᑐᐧᐃᒡ paakupaashkaatuwich vai pl recip -u ◆ ils/elles remplissent le barrage à poisson et font surface

ᐱᒥᑖᐤ pimitaau vii ◆ il y a de la graisse qui flotte à la surface du bouillon de viande ou de poisson

ᔑᑯᒫᐦᑎᐧᐋᐤ shikumaahtiwaau vai ◆ il/elle mange du poisson et des baies en alternant

ᐅᔥᑭᐦᐄᐹᓂᒫᑯᐦᒑᐤ ushkihiipaanimaakuhchaau vai ◆ il/elle rejette dans l'eau le premier poisson attrapé dans un filet après lui avoir coupé le bout d'une de ses nageoires

ᐅᔥᑭᐦᐄᐹᓂᒫᑰ ushkihiipaanimaakuu vai -u ◆ c'est le premier poisson attrapé dans un filet de pêche neuf et qui porte chance (le poisson porte-bonheur)

ᐧᐋᔅᑭᒥᓰᐤ waaskimisiiu vai ◆ la chair et la peau d'un poisson sont claires

ᐧᐋᐧᐋᒋᑭᔅᑭᒫᐧᐋᐤ waawaachikiskimaawaau vai ◆ il/elle a une petite tête et un corps bien rond (se dit d'un poisson)

ᓈᔥᑖᒋᐧᐃᓈᐤ naashtaachiwinaau vai ◆ il/elle la chair tendre à cause du courant fort (se dit d'un poisson)

ᐅᐧᐋᔮᔅᑯᐦᐋᐤ uwaayaaskuhaau vta ◆ il/elle le/la prépare à être empaqueté sur le traîneau, il/elle prépare le poisson pour le fumer sur un bâton au-dessus du feu

poisson blanc

ᐊᑎᐦᑭᒫᐧᑳᐳᐃ atihkimaakwaapui ni ◆ un bouillon de poisson blanc

ᒥᔥᑎᑎᐦᑭᒫᒄ mishtitihkimaakw na -um ◆ un très gros poisson blanc

ᐴᒋᒫᑯᔥ puuchimaakush na -um ◆ un petit poisson blanc fin et étroit

poisson d'eau salée

ᐧᐄᓂᐹᑯᒫᒄ wiinipaakumaakw na -im ◆ un poisson d'eau salée

poisson désossé

ᓂᒫᓯᔑᑯᒥᐣ nimaasishikumin ni -m ◆ du poisson désossé mélangé avec des baies

ᔑᑯᒥᐣ shikumin ni ◆ du poisson dont on a retiré les arrêtes qu'on a mélangé avec des baies

poisson entier

ᒥᔥᒑᓈᐤ mishchaanaau na ◆ un poisson éviscéré par la gorge et cuit entier sur un bâton ou sur le feu

poisson fumé

ᓂᒫᔥᑖᒄ nimaashtaakw ni -um ◆ un poisson fumé

ᓂᒫᔥᑖᑯᐧᐃᐟ nimaashtaakuwit ni -um ◆ un récipient pour le poisson fumé

poitrine

ᐅᔅᑳᔅᒋᑭᐣ uskaaschikin nid ◆ sa poitrine

ᐅᔅᐱᓵᐤ uspisaau nid ◆ sa poitrine

ᒥᐦᐧᑳᔅᒋᑭᓈᐤ mihkwaaschikinaau vai ◆ il/elle a la poitrine rouge

ᒧᔥᐋᔮᔅᒋᑭᓈᐤ mushaayaaschikinaau vai ◆ il/elle a la poitrine découverte

ᐅᐲᔨᐧᐋᐧᐋᔅᒋᑭᓈᐤ upiiywaawaaschikinaau vai ◆ il a la poitrine poilue

ᐅᑖᒫᔅᒋᑭᓈᐦᐧᐋᐤ utaamaaschikinaahwaau vta ◆ il/elle le/la frappe sur la poitrine

ᐅᓃᔥᒃ uniishk na -im ◆ de la viande de castor du haut de la poitrine

ᐅᔅᑳᔅᒋᑭᓈᐅᒄ uskaaschikinaaukw nid ◆ sa poitrine et son ventre (pour un caribou ou un orignal)

poivre

ᐹᐹᐤ paapaau ni -m ◆ du poivre, de l'anglais 'pepper'

ᐹᐹᐦᑭᐦᑎᒼ paapaahkihtim vti ◆ il/elle met, utilise du poivre dessus

ᐹᐹᐦᑭᐦᑎᐧᐋᐤ paapaahkihtiwaau vta ◆ il/elle met, utilise du poivre dessus

polaire

ᒌᐧᐋᑎᓂᒋᐦᑯᔥ chiiwaatinichihkuhsh na -im ◆ l'étoile polaire

ᑳᐲᑯᓲᐧᐋᔮᑭᐦᒡ kaapiikusuwaayaakihch nip ◆ du tissu lainé, du velours épais, de la fourrure polaire (sens moderne)

polatouche

ᔑᐦᒑᔪᐧᐃᓂᑯᒑᔥ shihchaayuwinikuchaash na -im ◆ un grand polatouche (écureuil) *Glaucomys sabrinus*

poli

ᐧᐋᔅᑭᒫᐱᔅᑳᐤ waaskimaapiskaau vii ◆ c'est poli (minéral)

policier

ᒋᐱᐦᐅᐧᐋᓯᐤ chipihuwaasiu na -iim ◆ un policier

polir

ᐧᐋᔅᑭᒫᐱᔅᒋᓈᐤ waaskimaapischinaau vta ◆ il/elle le/la poli à la main (minéral)

ᐧᐋᔅᑭᒫᐱᔅᒋᓂᒼ waaskimaapischinim vti ◆ il/elle le poli à la main

ᐧᐋᔅᑭᒫᐱᓯᔅᒋᓰᐤ waaskimaapisischisiu vai ◆ il/elle est poli-e (minéral)

pommade

ᑑᒥᓂᑭᐣ tuuminikin ni ◆ une pommade

ᑑᒥᔅᑯᐧᐃᐣ tuumiskuwin ni ◆ de la pommade pour les cheveux, de la brillantine, un tonique pour le cuir chevelu

ᑑᒧᐧᐋᒑᐧᐃᐣ tuumuwaachaawin ni ◆ de la pommade pour les cheveux, de la brillantine, un tonique pour le cuir chevelu

ᑑᒥᐦᐧᑳᓈᐤ tuumihkwaanaau vta ◆ il/elle met de la crème, de la pommade sur le visage de quelqu'un d'autre

ᑑᒥᓯᑖᓈᐤ tuumisitaanaau vta ◆ il/elle lui met de la pommade sur les pieds, lui graisse les pieds

ᑑᒥᑎᐦᒑᓈᐤ tuumitihchaanaau vta ◆ il/elle lui met de la pommade sur les mains, lui graisse les mains

ᑑᒥᐦᐧᑳᓃᓲ tuumihkwaaniisuu vai reflex -u ◆ il/elle applique de la crème, de la pommade sur son visage

ᑑᒥᓯᑖᐤ tuumisitaau vai ◆ il/elle a les pieds bien graissés, recouverts de pommade ou d'onguent

pomme de pin

ᐅᔥᐧᑳᒎᔥ ushkwaachuush na -im ◆ une pomme de pin

pomme de terre
ᐱᑖᑎᔅ pitaatis ni ◆ une pomme de terre, une patate, de l'anglais 'potato' ou du français 'patate'

pompe
ᑳᑯᐦᑖᑭᓂᐧᐄᐨ kaakuhtaakiniwich nip ◆ un fusil à pompe

ᑳᐲᐦᑎᑖᐱᑖᑭᓂᐧᐄᐨᐦ kaapiihtitaapitaakiniwichh nip [Whapmagoostui] ◆ un fusil à pompe

ᑳᐅᑯᐦᑖᑭᓂᐧᐄᐨ kaaukuhtaakiniwich nip ◆ un fusil à pompe

pomper
ᐄᐦᑭᐦᐄᐹᐤ iihkihiipaau vai ◆ il/elle écope, pompe l'eau

ᐃᔪᐧᐃᐦᐧᐋᐤ iyuwihwaau vta ◆ elle pompe ses seins pour le lait

pompon
ᐊᐦᒑᐦᒄ ahchaahkw na ◆ une âme, un esprit, un pompon sur un chapeau ou une tuque

poncer
ᓲᓯᐧᐋᔅᑯᐦᐧᐋᐤ suusiwaaskuhwaau vta ◆ il/elle le/la ponce

ᔓᔑᐧᐃᐦᐊᒼ shuushiwiham vti ◆ il/elle le lisse avec quelque chose, le ponce

ponctuel
ᒧᔮᒥᐱᔩᐦᑖᐤ muyaamipiyihtaau vai ◆ il/elle met la bonne somme, est ponctuel-le à son rendez-vous

pondre
ᐱᓈᐧᐋᐤ pinaawaau vai ◆ il/elle pond ses oeufs

ᐅᔅᑳᐧᐋᑖᐤ uskwaawaataau vta ◆ il/elle (ex. mouche) pond ses oeufs sur lui/elle, lui dépose ses larves, asticots dessus

ᐅᔅᑳᐧᐋᑎᒼ uskwaawaatim vti ◆ il/elle (ex. mouche) pond ses oeufs dessus, y dépose ses larves, ses asticots

pont
ᐋᔑᑭᓈᔥᑯᔑᓐ aashukinaashkushin vai ◆ ça forme un pont (par exemple un arbre tombé)

ᐋᔑᑭᓂᐦᒑᐤ aashukinihchaau vai ◆ il/elle fabrique un pont

ᐋᔑᑭᓂᐦᑳᒑᐤ aashukinihkaachaau vai ◆ il/elle fabrique un pont avec

ᐋᔑᑭᓐ aashukin ni ◆ un pont, un ponton, une échelle

ponton
ᐋᔑᑭᓐ aashukin ni ◆ un pont, un ponton, une échelle

porc
ᑯᐦᑯᔑᐧᐃᐱᒦ kuuhkuushiwipimii ni -m ◆ de la graisse de porc

porc salé
ᑯᐦᑯᔥ kuuhkuush na -im ◆ un cochon, du porc salé

porc-épic
ᑳᒄ kaakw na -um ◆ un porc-épic *Erethizon dorsatum*

ᒥᔑᓈᐹᔮᒄ mishinaapaayaakw na -um ◆ un grand porc-épic mâle

ᑳᑯᑳᐦᑳᒋᐤ kaakukaahkaachiu ni ◆ un estomac de porc-épic

ᑳᑯᒫᔥᑖᒄ kaakumaashtaakw ni ◆ de la peau de porc-épic séchée et fumée

ᑳᑯᒧᐧᐋᑭᓐ kaakumuwaakin na -um ◆ du bois pour le feu grignoté par un porc-épic

ᑳᑯᓂᒀᓐ kaakunikwaan ni ◆ un collet pour porc-épic

ᑳᑯᐱᒦ kaakupimii ni -im ◆ de la graisse de porc-épic

ᑳᑯᐴᒋᔒ kaakupuuchishii ni ◆ l'intestin grêle du porc-épic

ᑳᑯᔑᒋᔥᐦ kaakushichishh ni pl ◆ les pattes postérieures du porc-épic

ᑳᑯᔑᔥ kaakushish na -um ◆ un petit porc-épic *Erethizon dorsatum*

ᑳᑯᔥᑎᒀᓐ kaakushtikwaan ni ◆ une tête de porc-épic

ᑳᑯᑎᐦᒌᔥᐦ kaakutihchiishh ni pl ◆ les pattes antérieures du porc-épic

ᑳᑯᐧᐃᓂᐦᐄᑭᓐ kaakuwinihiikin ni ◆ un piège à porc-épic

ᑳᒀᐳᐃ kaakwaapui ni ◆ du bouillon de porc-épic

ᑳᒀᔪᐃ kaakwaayui ni ◆ une queue de porc-épic

ᑳᒥᐦᒑᐹᑭᐦᒡ kaamihchaapaakihch nip ◆ un porc-épic découpé avec le fémur attaché à une bande de peau

ᓈᐹᔮᒄ naapaayaakw na -m ◆ un porc-épic mâle

ᓃᐱᓈᒀᐦᑎᐧᐋᐤ niipinaakwaahtiwaau ni ◆ de l'écorce grignotée par un porc-épic pendant l'été

ᐱᐦᑖᒀᑭᓈᐦᑎᒄ pihtaakwaakinaahtikw ni -um ◆ un bâton utilisé pour flamber un porc-épic

ᐱᑖᑯᔑᔥ pitaakushish na ◆ un porc-épic âgé de deux ans

ᐴᓈᒀᐦᑎᐧᐋᐤ puunaakwaahtiwaau ni ◆ un arbre qui a été grignoté par un porc-épic l'année dernière ou il y a plus longtemps encore

ᐅᒋᐱᔥᑯᐦᒑᔥ uchipishkuhchaash na -im ◆ la vertèbre supérieure du porc-épic

ᐅᑳᐧᐄᒡ ukaawiich na pl ◆ des piquants de porc-épic

ᐅᒫᐦᑎᐧᐋᔅᒌ umwaahtiwaaschii ni pej ◆ des marques sur un arbre indiquant qu'un porc-épic en a mangé l'écorce il y environ un an

ᐅᐹᔅᑯᒫᔮᑭᓐ upaaskumaayaakin ni ◆ la partie grasse de l'intestin du porc-épic

ᐅᔥᑳᒑᒀᓂᔥ ushkaachaakwaanish ni ◆ l'os de la patte avant rattaché à la peau d'un porc-épic dont on a découpé la viande

ᐅᔥᑳᑯᔑᔥ ushkaakushish na -um ◆ un porc-épic âgé d'un an

ᐅᑐᑭᓈᒀᓐ utukinaakwaan nid ◆ un porc-épic découpé avec l'os de la hanche attaché à la peau

ᐋᐦᑯᐱᐤ aahkupiu vai ◆ le porc-épic rentre dans un trou, dans sa tanière et reste là pendant longtemps

ᐧᒫᐧᑳᐤ mwaakwaau vai ◆ il/elle mange du porc-épic

ᓈᓂᑎᐧᐋᐧᑳᐤ naanitiwaakwaau vai redup ◆ il/elle va chasser le porc-épic

ᐱᐦᑖᐧᑳᐤ pihtaakwaau vai ◆ il/elle flambe le porc-épic pour enlever les poils et les piquants

ᐱᒧᐦᑖᔮᑰ pimuhtaayaakuu vai -uwi ◆ le porc-épic se promène à la recherche d'un partenaire pour s'accoupler en automne

ᔖᔒᑯᐦᑖᐤ shaashiikuhtaau vai ◆ le porc-épic mâle urine souvent pendant la saison de l'accouplement même quand il marche

ᐅᓵᐧᑳᐤ usaakwaau vta ◆ il/elle cuit le porc-épic en le faisant bouillir

ᐧᐄᔮᑯᒋᓯᐤ wiiyaakuchisiu vai ◆ il/elle sent le porc-épic, a une odeur de porc-épic

ᐧᐄᔨᐦᐊᒼ wiiyiham vti ◆ il/elle (se dit d'un porc-épic) a beaucoup de gras

ᑳᑯᐦᑎᒄᐦ kaakuhtikwh ni pl ◆ du bois spécialement utilisé pour flamber le porc-épic

ᑳᑯᒦᒋᒼ kaakumiichim ni ◆ les parties comestibles du porc-épic, lit. 'nourriture de porc-épic'

ᐱᐢᑯᑎᓂᐢᒋᐧᐹᑭᓐ piskutinischipwaakin na ◆ le pied d'un arbre dont le porc-épic a mangé toute l'écorce

ᐅᐢᐱᑐᓈᐧᑳᓐ uspitunaakwaan ni ◆ un porc-épic découpé avec l'os de la patte antérieure attaché à la peau

ᐅᑖᐦᑯᐲᐢᒌ utaahkupiischii ni pej ◆ un vieux terrier, un tunnel où un porc-épic a demeuré

ᐅᑎᓂᑯᑏ utinikutii ni ◆ le revêtement interne de la cavité du corps du porc-épic

ᐧᐋᓵᐦᑎᐧᐋᐤ waasaahtiwaau na ◆ la partie blanche d'un arbre dont l'écorce a été rongée par un porc-épic

ᒋᐦᑳᐧᐃᔮᐦᐄᑐᐧᐃᒡ chihkaawiyaahiituwich vai pl recip -u ◆ les porcs-épics se piquent en s'accouplant

ᒋᐦᑳᐧᐃᔮᐤ chihkaawiyaau vai ◆ il/elle est piqué-e par une aiguille de porc-épic

ᑳᑯᐢᑳᐤ kaakuskaau vii ◆ il y beaucoup de porcs-épics par ici

ᑯᑖᐧᐄᔥᑖᑰ kutaawiishtaakuu vta inverse -u ◆ il/elle (ex le piquant de porc-épic) s'enfonce profondément dans sa peau

ᐱᑯᒑᓈᐧᑳᐤ pikuchaanaakwaau vai ◆ il/elle retire les intestins du porc-épic

ᐱᑎᐦᑳᔨᔨᐤ pitihkaayiyiu vai ◆ le porc-épic lance ses piquants

ᑖᐦᒋᑭᓈᔑᓐ taahchikinaashin vai ◆ l'aiguille de porc-épic touche un os dans le corps

ᐧᐃᓈᐹᐧᔖᐤ winaapaashwaau vai ◆ il/elle découpe de travers des longs morceaux de porc-épic ou de huard

ᐋᐦᑯᐱᐦᐄᑰ aahkupihiikuu vta inverse -u ◆ il/elle a du mal à attraper et à tuer le porc-épic qui était entré dans un trou, dans sa tanière

ᓈᐧᐋᐱᐦᒑᐤ naawaapihchaau vai ◆ il/elle rapporte à la maison quatre porcs-épics, renards morts

ᓃᐧᔖᐱᐦᒑᐤ niishwaapihchaau vai ◆ il/elle rapporte à la maison deux porcs-épics, renards morts

ᓂᔥᐧᑖᐱᐦᒑᐤ nishtwaapihchaau vai ◆ il/elle rapporte à la maison trois porcs-épics, renards morts

ᐱᐢᑯᑎᓂᐢᒋᐧᐹᐤ piskutinischipwaau vta ◆ il/elle (ex. porc-épic) mange toute l'écorce sur le pied de l'arbre

porc-epic

ᓅᔖᔮᒄ nuushaayaakw na -m ◆ une porc-epic femelle

porche

ᐲᐦᑎᐧᐃᔥᐧᑳᐦᑖᒼ piihtiwishkwaahtaam ni ◆ un porche

ᐧᐃᒋᔥᑎᑯᓂᐦᐄᑭᓐ wichishtikunihiikin ni ◆ un abri comme un porche utilisé pour l'entrée d'une habitation d'hiver

port

ᓂᐦᐄᑯᐦᑎᓐ nihiikuhtin vii ◆ un bateau accoste, arrive au port

portable

ᓂᐧᑖᐱᐦᒋᑭᓂᔥ nitwaapihchikinish ni dim ◆ un ordinateur portable

portage

ᑭᐱᑖᑭᓐ kipitaakin ni ◆ un portage

ᑭᐢᑭᒫᓯᐦᑖᑭᓐ kiskimaasihtaakin ni ◆ un portage entre deux cours d'eau

ᐧᑳᐢᒑᐧᐋᐢᑖᑭᓐ kwaaschaawaastaakin ni ◆ un portage d'une rivière à l'autre

ᓈᓯᐹᓯᐦᑖᑭᓐ naasipaasihtaakin ni ◆ un portage qui va jusqu'au bord de l'eau

ᐱᒥᔥᑳᓈᓐ pimishkaanaan ni ◆ un portage entre deux cours d'eau

ᑭᐱᑖᐤ kipitaau vai ◆ il/elle fait un portage

ᑭᐱᑖᑭᓂᒫᐢᑭᓂᐤ kipitaakinimaaskiniu ni ◆ un sentier sur un portage

ᒥᑖᐹᓯᐦᑖᑭᓐ mitaapaasihtaakin ni ◆ la fin d'un portage

ᐲᐦᒑᓂᑭᐦᑉ piihchaanikihp ni ◆ un long portage

ᐋᒥᑖᐹᓯᐦᑖᓂᐧᐃᒡ aamitaapaasihtaaniwich p,lieu ◆ à la fin d'un portage ■ ᐋᑯᑎᐦ ᐊᓂᑎᐦ ᐋᐦ ᒥᑖᐹᓯᐦᑖᓂᐧᐃᒡ ᑳᐦ ᐱᒋᐢᑎᓂᒫᐦᒡ ᐊᓂᐦᐄ ᒑᐧᑳᓂᐦᐄ ᑳ ᐱᒋᔥᐧᑖᔮᐦᒡ᙮ ■ aakutih anitih aah mitaapaasihtaaniwich kaah pichistinimaahch anihii chaakwaanihii kaa pichishtwaayaahch. ■ *Nous avons laissé nos affaires à la fin du portage.*

ᐋᐱᐦᑖᓂᑭᐦᑉ aapihtaanikihp p,lieu ◆ à mi-chemin d'un portage ■ ᐋᐱᐦᑖᓂᑭᐦᑉ ᐋᑯᑎᐦ ᑳ ᐊᑎ ᓯᓈᑭᐏᔮᐦᒡ᙮ ■ aapihtaanikihp aakutih kaa ati sinaakiwiyaahch. ■ *Nous avons pris une collation à mi-chemin du portage*

ᐋᐱᐦᑎᐏᑯᔅᒑᐤ aapihtiwikuschaau p,lieu ◆ à mi-chemin dans portage, à mi-portage ■ ᐋᐱᐦᑎᐏᑯᔅᒑᐤ ᐋᑯᑎᐦ ᑳᐦ ᐃᐦᑎᑯᐦᒡ ᒨᔅᒋᐏᓂᐹᒄ ᐋᑯᑎᐦ ᑳ ᒌ ᐐᒋᓈᓂᐏᒡ᙮ ■ aapihtiwikuschaau aakutih kaah ihtikuhch muuschiwinipaakw aakutih kaa chii wiichinaaniwich. ■ *Il y avait une source à mi-chemin dans le portage, c'est là que les gens campaient.*

ᐊᐅᑭᑳᒫᓯᐦᑖᐤ aukikaamaasihtaau vai ◆ il/elle fait un portage du côté sud de la rivière ou du lac

ᐹᔓᔑᐤ paashushiu vii dim ◆ ce portage est court

ᐅᐦᐱᓂᑭᓂᐆ uhpinikiniuu vti,passive -iwi ◆ c'est le début du portage, c'est soulevé, ramassé ■ ᐋᐦ ᐅᐦᒋ ᐅᐦᐱᓂᑭᓂᐏᒡ ■ aah uhchi uhpinikiniwich ■ *c'est le début du portage, lit. 'c'est là que c'est ramassé*

ᒥᑖᐹᓈᓂᐦᒡ mitaapaanaanihch p,lieu ◆ au bout du portage, à la fin du portage

ᐋᔥᑎᐦᑖᑳᒫᓯᐦᑖᐤ aashtihtaakaamaasihtaau vai ◆ il/elle fait son portage du côté nord de la rivière, du lac

ᐱᒋᔅᑎᓂᒑᐤ pichistinichaau vai ◆ il/elle fait un don en argent, dépose le canot pour se reposer durant un long portage

ᑎᔅᑭᒥᐹᐦᐅᓈᓄᐏᔑᐤ tiskimipaahunaanuwishiu vii dim ◆ c'est une petite étendue d'eau traversée pendant un portage en canot ■ ᓈᔥᒡ ᐋᐦ ᒌᐦ ᐲᐦᒑᒡ ᐊᓐ ᑭᐱᑖᑭᓐ ᐹᔨᒁᐤ ᒌᐦ ᑎᔅᑭᒥᐹᐦᐅᓈᓂᐏᔑᐤ᙮ ■ naashch aah chiih piihchaach an kipitaakin paayikwaau chiih tiskimipaahunaaniwishiu. ■ *Le portage était si long qu'on a traversé une petite étendue d'eau une fois en canot.*

portager

ᒁᔅᒑᐚᓯᐦᑖᐤ kwaaschaawaasihtaau vai+o ◆ il/elle portage d'une rivière à l'autre

ᒥᑖᐹᓯᐦᑖᐤ mitaapaasihtaau vai ◆ il/elle arrive à l'étendue d'eau portageant son canot sur les épaules

ᔖᑭᒋᐚᓯᐦᑖᐤ shaakichiwaasihtaau vai ◆ il/elle portage en montant la côte

ᐋᔥᑎᐦᑖᑳᒫᓯᐦᑖᐤ aashtihtaakaamaasihtaau vai ◆ il/elle fait son portage du côté nord de la rivière, du lac

portageur rapide

ᐋᐅᑣᔒᔥ aautwaashiish na [Whapmagoostui] ◆ un portageur ou une portageuse rapide, une personne qui est rapide dans les portages, qui va et vient en courant avec sa charge

portageuse rapide

ᐋᐅᑣᔒᔥ aautwaashiish na [Whapmagoostui] ◆ un portageur ou une portageuse rapide, une personne qui est rapide dans les portages, qui va et vient en courant avec sa charge

porte

ᒋᔥᑐᐦᑭᓐ chishtuhkin na ◆ une porte

ᒋᔥᑐᐦᑭᓈᐦᑎᒄ chishtuhkinaahtikw ni -um ◆ un cadre de porte

ᐲᒥᓂᑭᓐ piiminikin ni ◆ un bouton de porte

ᐱᒥᑎᐦᑖᐦᐄᑭᓐ pimitihtaahiikin ni ◆ un poteau utilisé pour alourdir la toile de la porte d'une habitation

ᐋᐱᒥᔥᒁᐦᒡ aapimishkwaahch p,lieu ◆ de l'autre côté de la porte ■ ᑳ ᐲᐦᒋᒑᑦ ᑏᐚᐦᒡ ᐊᓂᑖᐦ ᐋᐱᒥᔥᒁᐦᒡ ᐄᔑ ᐅᐚᔨᐱᐤ᙮ ■ kaa piihchichaat tiiwaahch anitaah aapimishkwaahch iishi uwaayipiu. ■ *Elle s'est assise de l'autre côté de la porte aussitôt qu'elle est entrée.*

ᐚᔅᒁᐦᑖᒥᐦᒡ waaskwaahtaamihch p,lieu ◆ le fond de l'habitation situé face à la porte, l'autre côté de l'habitation situé en face de la porte ■ ᐚᔅᒁᐦᑖᒥᐦᒡ ᐋᑯᑖᐦ ᐄᑎᔑᐦᐏᒡ ᐊᓂᒌ ᒫᓂᑖᐅᒡ᙮ ■ waaskwaahtaamihch aakutaah iitishihwich anichii maanitaauch. ■ *Dis aux visiteurs d'entrer jusqu'au fond!*

ᒋᐱᔥᒁᐦᑎᐚᔥᑖᐤ chipishkwaahtiwaashtaau vii ◆ c'est à la porte obstruant le passage

ᑭᒋᐧᔖᐚᐤ kichishwaawaau vai ◆ il/elle parle fort, use une voix qui porte pour parler, prêcher

ᐱᒥᒋᔥᑐᐦᑭᓈᓐ pimichishtuhkinaan ni ◆ un poteau utilisé pour alourdir la toile de la porte du tipi

ᐄᑎᐏᔥᒁᐦᒡ iitiwishkwaahch p,lieu ◆ des deux côtés de la porte ■ ᐄᑎᐏᔥᒁᐦᒡ ᒋᑭ ᐐᒋᐏᒡ ᐊᓂᒌ ᓃᔓ ᒋᔖᔨᔥᒁᔑᒡ᙮ ■ iitiwishkwaahch chiki wiichiwich anichii niishu chishaayishkwaashich. ■ *Les deux vieilles femmes vivront des deux côtés de la porte.*

ᔫᐦᑖᑯᑖᐤ yuuhtaakutaau vii ◆ ça pend ouvert (ex. le rabat de la porte du tipi)

ᔫᐦᑖᓈᐤ yuuhtaanaau vta ◆ il/elle ouvre le rabat de porte du tipi

ᔫᐦᑖᐱᑖᐤ yuuhtaapitaau vta ◆ il/elle ouvre le rabat de porte du tipi

ᔫᐦᑖᐚᐱᓈᐤ yuuhtaawaapinaau vta ◆ il/elle ouvre le rabat de la porte

ᔫᐦᑖᔮᔑᐤ yuuhtaayaashiu vai ◆ il/elle (ex. la porte) s'ouvre sous l'effet du vent

porte-bonheur

ᐅᔥᑭᐦᐄᐹᓂᒫᑰ ushkihiipaanimaakuu vai -u ◆ c'est le premier poisson attrapé dans un filet de pêche neuf et qui porte chance (le poisson porte-bonheur)

portée

ᐹᑣᐚᓯᔅᒑᐤ paatwaawaasischaau vai ◆ il/elle tire à portée de voix indiquant qu'il/elle se dirige and cette direction

portefeuille

ᔓᐎᔮᓂᐎᑦ **shuwiyaaniwit** ni ◆ un sac à main, une bourse, une sacoche; un portefeuille

porter

ᐋᑯᔨᐦᑎᔑᐤ **aakuyihtishiu** vai ◆ il/elle porte plusieurs choses sur son dos

ᒋᒋᔥᑭᒻ **chichishkim** vti ◆ il/elle le porte

ᒦᔥᑯᑎᔥᑭᒻ **miishkutishkim** vti ◆ il/elle le porte à la place d'un autre

ᓃᔙᐱᔅᒋᔥᑭᐙᐤ **niishwaapischishkiwaau** vta ◆ il/elle en porte deux (animé, minéral)

ᐹᔨᑯᐎᑖᐤ **paayikuwitaau** vai ◆ il/elle en porte un sur son dos

ᐎᔮᐦᑎᒻ **wiyaahtim** vti ◆ il/elle le porte (vêtement)

ᐋᐦᑯᐃᐦᑎᐎᐊᔅᒋᓈᐤ **aahkuihtiwiaschinaau** vai ◆ il/elle porte des couvre-chaussures

ᐋᐦᒁᒋᐱᔨᐦᐋᐤ **aahkwaachipiyihaau** vta ◆ il/elle l'abîme en l'utilisant, le détruit en le portant ■ ᐋᐦᒁᒋᐱᔨᐦᐋᐤ ᐅᐱᔨᒌᓯᒻᐦ. ■ aahkwaachipiyihaau upiyichiisimh. ■ *Il a fait un gros trou dans son pantalon.*

ᐊᔅᐹᐹᐙᐤ **aspaapaawaau** vai ◆ il/elle porte un vêtement imperméable

ᒋᒋᔥᑭᐙᐤ **chichishkiwaau** vta ◆ il/elle le/la porte (un vêtement)

ᒌᐅᔥᑭᒻ **chiiushkim** vti ◆ il/elle le porte ample

ᒌᐅᔥᑭᐙᐤ **chiiushkiwaau** vta ◆ il/elle le/la porte ample

ᒋᑭᓵᒫᐤ **chikisaamaau** vai ◆ il/elle porte des raquettes

ᑭᒌᐦᑳᐙᐤ **kichiihkaawaau** vai ◆ sa voix porte

ᒁᔅᑳᐳᒋᔥᑭᒻ **kwaaskaapuchishkim** vti ◆ il/elle le porte à l'envers

ᒁᔅᑳᐳᒋᔥᑭᐙᐤ **kwaaskaapuchishkiwaau** vta ◆ il/elle le/la porte à l'envers

ᒁᔅᑳᐳᑎᓈᐤ **kwaaskaaputinaau** vta ◆ il/elle le porte à l'envers

ᒫᔥᑎᔥᑭᐙᐤ **maashtishkiwaau** vta ◆ il/elle l'use en le/la portant (se dit d'un vêtement); il/elle n'en a plus à porter (ex. un pantalon)

ᒦᔥᑯᑎᔥᑭᐙᐤ **miishkutishkiwaau** vta ◆ il/elle le/la remplace dans son travail, en porte un-e autre

ᒧᓵᔅᑯᑐᐎᑖᐤ **musaaskutuwitaau** vai ◆ il/elle le porte sur son dos jusqu'à sur la glace

ᒧᓵᐅᑳᓯᐦᑎᐦᐋᐤ **musaaukaasihtihaau** vta ◆ il/elle l'emmène, le/la porte jusque dans l'eau

ᒧᔥᑖᒋᔥᑭᒻ **mushtaachishkim** vti ◆ il/elle le porte à fleur de peau

ᓈᑎᑳᒫᑐᐎᑖᐤ **naatikaamaatuwitaau** vai ◆ il/elle le porte sur son dos jusqu'au rivage

ᓈᑎᑳᓯᐎᑖᐤ **naatikaasiwitaau** vai ◆ il/elle porte des choses sur son dos jusqu'au le rivage en marchant dans l'eau

ᓃᔙᒋᔥᑭᐙᐤ **niishwaachishkiwaau** vta ◆ il/elle en porte deux couches (animé)

ᓂᔪᒫᐤ **niyumaau** vta ◆ il/elle le/la porte sur son dos

ᓂᔪᒫᐅᓲ **niyumaausuu** vai -u ◆ il/elle porte un enfant sur son dos

ᐹᐦᑯᔥᑭᒻ **paahkushkim** vti ◆ il/elle le fait sécher en le portant

ᐹᐦᑯᔥᑭᐙᐤ **paahkushkiwaau** vta ◆ il/elle (un vêtement) sèche sur lui/elle quand il/elle /la/le porte

ᐹᐦᐹᔨᑯᓈᐤ **paahpaayikunaau** vta redup ◆ il/elle les porte un à la fois

ᐹᐦᐹᔨᑯᓂᒻ **paahpaayikunim** vti redup ◆ il/elle les porte un à la fois

ᐹᐦᐲᐦᑎᐎᔥᑭᒻ **paahpiihtiwishkim** vti redup ◆ il/elle porte plusieurs couches

ᐹᑎᓂᒑᐤ **paatinichaau** vai ◆ il/elle arrive en portant un canot sur ses épaules

ᐹᑎᓂᑳᑎᐦᐊᒻ **paatinikaatiham** vti ◆ il/elle arrive en le portant sur son dos

ᐹᑎᓂᑳᑎᐦᐙᐤ **paatinikaatihwaau** vta ◆ il/elle arrive en le/la portant sur son dos

ᐹᔨᑯᓈᐤ **paayikunaau** vai ◆ il/elle en tient un, en porte une

ᐹᔨᑯᓂᒻ **paayikunim** vti ◆ il/elle en tient un, en porte un

ᐲᐦᑎᐙᒋᔥᑭᐙᐤ **piihtiwaachishkiwaau** vta ◆ il/elle en porte une autre couche (animé)

ᐲᐦᑎᐙᔮᒋᔥᑭᒻ **piihtiwaayaachishkim** vti ◆ il/elle porte une autre couche

ᐲᐦᑎᐎᔥᑭᒻ **piihtiwishkim** vti ◆ il/elle en porte plusieurs couches, le porte en-dessous

ᐲᐦᑎᐎᔥᑭᐙᐤ **piihtiwishkiwaau** vta ◆ il/elle en porte plusieurs couches, le/la porte en-dessous

ᐱᒥᐱᐦᒂᐤ **pimipihtwaau** vai ◆ il/elle le porte en courant

ᐱᒧᐦᑎᑖᐤ **pimuhtitaau** vai ◆ il/elle le porte en marchant

ᐱᒧᐎᑖᐤ **pimuwitaau** vai ◆ il/elle le porte sur son dos

ᐱᒧᐎᔮᐤ **pimuwiyaau** vta ◆ il/elle le/la porte sur son dos

ᐱᔮᒫᐅᔥᑭᒻ **piyaamaaushkim** vti ◆ il/elle en porte deux dépareillées (ex. chaussures)

ᐱᔮᒫᐅᔥᑭᐙᐤ **piyaamaaushkiwaau** vta ◆ il/elle en porte une paire dépareillée

ᔒᐦᒋᔥᑭᒻ **shiihchishkim** vti ◆ il/elle porte quelque chose de serré

ᔒᐹᔪᐎᒋᔥᑭᐙᐤ **shiipaayuwichishkiwaau** vta ◆ il/elle l'étire en le/la portant (animé, vêtement)

ᔒᐱᔥᑭᒻ **shiipishkim** vti ◆ il/elle le porte longtemps sans l'user

ᔑᒥᑐᐎᑖᐤ **shimituwitaau** vai ◆ il/elle porte quelqu'un sur son dos, le corps redressé

ᓰᐦᑎᒧᐦᑖᐤ **siihtimuhtaau** vai ◆ il/elle le porte serré

ᐧᐃᓂᑳᑎᐦᐧᐋᐤ winikaatihwaau vta ◆ il/elle le/la transporte, le/la porte sur ses épaules
ᐧᐃᔮᒫᐤ wiyaamaau vta ◆ il/elle le/la porte comme vêtement
ᔮᔩᒋᔥᑭᒼ yaayichishkim vti ◆ il/elle le déchire en le portant
ᐊᐧᐹᓂᒼ apwaanim vti ◆ c'est lourd à porter ou même à tirer pour lui/elle
ᐃᔮᐦᑯᐃᐦᑎᐧᐃᑯᐦᐆ iyaahkuihtiwikuhuu vai -u ◆ il/elle porte plusieurs couches de vêtements
ᒫᔥᑎᔥᑭᒼ maashtishkim vti ◆ il/elle l'use en le portant, il/elle n'a plus rien à se mettre (se dit de vêtements)
ᓈᓯᐹᓯᐦᑖᐤ naasipaasihtaau vai+o ◆ il/elle porte son canot sur ses épaules en direction de l'eau
ᓈᑎᑳᔅᑯᐧᐃᑖᐤ naatikaaskuwitaau vai ◆ il/elle le porte jusqu'au rivage, jusqu'à terre sur la glace
ᓃᔒᐧᐋᒋᔥᑭᒼ niishwaachishkim vti ◆ il/elle en porte deux couches
ᓂᔥᑎᐧᐋᒋᔥᑭᒼ nishtwaachishkim vti ◆ il/elle porte trois couches, trois épaisseurs
ᓂᑎᐦᐄᔅᑰᓂᔪᒫᐤ nitihiiskuuniyumaau vai ◆ il/elle remonte la rivière en le/la portant sur son dos
ᐲᐦᑎᓈᐧᐃᔅᒑᐤ piihtinaawischaau vai ◆ il/elle porte une autre paire de mitaines ou de gants
ᐲᐦᑎᐧᐃᑯᐦᐆ piihtiwikuhuu vai -u ◆ il/elle porte deux jupes, deux manteaux
ᐱᒥᑳᓯᐦᑎᐦᐋᐤ pimikaasihtihaau vta ◆ il/elle patauge en le/la portant le long du rivage
ᐱᔮᒫᐅᔅᑎᓵᐤ piyaamaaustisaau vai ◆ il/elle porte des mitaines dépareillées
ᔑᒥᑖᐱᐦᑳᑎᒼ shimitaapihkaatim vti ◆ il/elle l'attache pour le porter sur son dos
ᓱᐦᒋᔥᑳᐅᔑᐤ suhchishkaaushiu vai ◆ il/elle est capable de porter de lourdes charges sur son dos
ᓲᐦᒋᓂᑳᑎᐦᐄᒑᐤ suuhchinikaatihiichaau vai ◆ il/elle peut porter une lourde charge sur ses épaules
ᑖᐱᔥᑭᒼ taapishkim vti ◆ il/elle le porte autour de son cou, par-dessus son épaule; ça lui va bien
ᑖᐱᔥᑭᐧᐋᐤ taapishkiwaau vta ◆ il/elle le porte autour de son cou, par dessus son épaule, il/elle lui va bien (ex. vêtement)
ᑖᐱᓯᑯᑐᔅᑯᓈᐦᑎᒼ taapisikutuskunaahtim vti ◆ il/elle le porte dans le creux de son bras
ᑖᑐᔥᑭᒼ taatushkim vti ◆ il/elle le/la déchire en le/la portant, l'ouvre en marchant dessus ou en s'appuyant dessus
ᑖᑐᔥᑭᐧᐋᐤ taatushkiwaau vta ◆ il/elle le/la déchire en le/la portant, l'ouvre en marchant dessus ou en s'appuyant dessus
ᑎᔅᑭᒥᔅᑯᑐᐧᐃᑖᐤ tiskimiskutuwitaau vai ◆ il/elle traverse directement la glace en portant des choses sur son dos
ᐧᐄᐅᔑᐤ wiiushiu vai ◆ il/elle porte une charge sur son dos
ᐧᐃᓂᒑᑎᐧᐃᑖᐤ winichaatiwitaau vta ◆ il/elle porte le canot sur ses épaules avec quelque chose d'autre sur son dos
ᐧᐃᓂᒑᐤ winichaau vai ◆ il/elle porte le canot sur ses épaules
ᐧᐃᓂᑳᑖᔮᔅᑯᐦᐊᒼ winikaataayaaskuham vti ◆ il/elle le porte avec un bâton sur ses épaules
ᐧᐃᓂᑳᑖᔮᔅᑯᐦᐧᐋᐤ winikaataayaaskuhwaau vta ◆ il/elle le/la porte avec un bâton sur ses épaules
ᐧᐃᓂᑳᑎᐦᐊᒼ winikaatiham vti ◆ il/elle le transporte, le porte sur ses épaules
ᐧᐃᔩᐧᐄᐱᐦᑐᐧᐋᐤ wiyiwiipihtwaau vai ◆ il/elle sort en courant en le/la portant, le/la tenant
ᔮᔮᐧᐋᓯᑯᑐᐧᐃᑖᐤ yaayaawaasikutuwitaau vai ◆ il/elle le porte sur son dos le long du rivage sur la glace
ᐱᔮᒫᐅᐊᔅᒋᓯᓈᐤ piyaamaauaschisinaau vai ◆ il/elle porte deux chaussures différentes, de taille différente
ᑎᔅᑭᒥᔅᑯᐦᑎᑖᐤ tiskimiskuhtitaau vai ◆ il/elle traverse la glace en le/la portant sur son dos
ᔮᔮᐧᐋᔮᑎᓂᔪᒫᐤ yaayaawaayaatiniyumaau vta ◆ il/elle patauge dans l'eau le long du rivage en le/la portant sur son dos
ᓃᔓᐧᐃᑖᐤ niishuwitaau vai ◆ il/elle porte deux choses, castors, loutres, renards sur son dos
ᓂᔥᑐᐧᐃᑖᐤ nishtuwitaau vai ◆ il/elle porte trois castors, loutres, renards sur son dos
ᓂᑎᐦᐄᔅᑯᐦᑎᑖᐤ nitihiiskuhtitaau vai ◆ il/elle remonte la rivière à pied sur la glace en le portant

portier, portière

ᑭᓄᐧᐃᔥᐧᑳᐦᑎᐧᐋᓯᐤ kinuwishkwaahtiwaasiu na -iim ◆ un portier, une portière

portion

ᒥᐦᒋᐳ mihchipuu vai -u ◆ il/elle reçoit une grosse portion de nourriture
ᐄᔥᐱᔑᐳᔮᐤ iishpishipuyaau vta ◆ il/elle lui donne une certaine portion ou une certaine part de nourriture
ᐄᔥᐱᔑᐴ iishpishipuu vai -u ◆ il/elle reçoit sa part de nourriture; il/elle reçoit le montant de son allocation de bien-être social

posé

ᐄᔥᐹᔥᑯᔑᓐ iishpaashkushin vai ◆ il/elle est posé-e, placé-e haut
ᐄᔥᐱᔑᓐ iishpishin vai ◆ il/elle est posé-e ou étendu-e à une certaine hauteur
ᑯᐃᔅᑯᔑᓐ kuiskushin vai ◆ il/elle est étendu-e droit-e

ᒥᑎᒫᐦᑎᓐ mitimaahtin vii ◆ c'est posé le long de quelque chose

ᓂᐙᔮᔥᑯᔑᓐ niwaayaashkushin vai ◆ il/elle (long et rigide) est posé-e sur un plan incliné

ᔮᐃᔨᒋᔑᓐ yaaiyichishin vai ◆ il/elle est bien posé-e

ᐃᔮᐢᑭᐎᐱᐤ iyaaskiwipiu vai ◆ il/elle est déjà assis là, posé là, tout prêt

ᑎᐢᑭᒫᐢᑯᔑᓐ tiskimaaskushin vai ◆ il/elle posé en travers tout droit (long et rigide); il/elle est couché en travers

poser

ᐋᓂᔥᑭᐎᔥᑖᐤ aanishkiwishtaau vai ◆ il/elle en pose en y ajoutant

ᐊᔥᑖᐤ ashtaau vii ◆ c'est posé là

ᑳᑯᐎᓂᐦᐄᒑᐤ kaakuwinihiichaau vai ◆ il/elle pose un piège à porc-épic

ᑯᐃᐢᒁᐢᑯᐦᑎᑖᐤ kuiskwaaskuhtitaau vai ◆ il/elle le pose droit (long et rigide)

ᑯᔨᑎᐎᔥᑖᐤ kuyitiwishtaau vai ◆ il/elle n'a nulle part où le poser

ᒥᐦᒑᔑᐎᓂᐦᐄᒑᐤ mihchaashiwinihiichaau vai ◆ il/elle pose un piège à renard

ᓃᑳᓂᑯᐢᒑᐤ niikaanikuschaau vai ◆ il/elle pose des lignes de pêche nocturne avec de se déplacer vers le prochain campement

ᐱᒋᐢᑎᐦᐙᐤ pichistihwaau vai ◆ il/elle pose un filet de pêche

ᐱᔑᔥᑖᐱᐦᒑᔑᓐ pishishtaapihchaashin vai ◆ il/elle est couché-e, posé-e par-dessus quelque chose

ᔑᒥᒋᔥᑖᐤ shimichishtaau vii ◆ c'est posé verticalement

ᓯᐢᒋᑯᓈᐤ sischikunaau vta ◆ il/elle pose sa main sur elle/lui, accidentellement

ᑖᐦᑎᔥᑖᐤ taahtishtaau vii ◆ c'est posé sur une surface

ᑖᐱᒁᐤ taapikwaau vai ◆ il/elle pose des collets

ᐅᐦᐱᒫᔥᑖᐤ uhpimaashtaau vii ◆ c'est posé incliné

ᐅᓂᒁᓂᐦᑭᐙᐤ unikwaanihkiwaau vta ◆ il/elle pose un collet pour lui/elle

ᐙᐳᔓᐎᓂᐦᐄᒑᐤ waapushuwinihiichaau vai ◆ il/elle pose un piège à lièvre

ᐎᓂᐦᐊᒧᐙᐤ winihamuwaau vta ◆ il/elle pose un piège pour lui/elle

ᔮᐃᔨᑎᐱᐤ yaaiyitipiu vai ◆ il/elle est bien en place, bien posé-e

ᐋᓂᑯᒑᔑᐎᓂᐦᐄᒑᐤ aanikuchaashiwinihiichaau vai ◆ il/elle pose un piège à écureuil

ᑯᒁᒋᐦᒑᒨ kukwaachihchaamuu vai-u ◆ il/elle pose une question, demande quelque chose

ᓃᐱᓂᐎᓂᐦᐄᒑᐤ niipiniwinihiichaau vai ◆ il/elle pose un piège en été

ᐱᒁᐦᐄᐹᐤ pikwaahiipaau vai ◆ il/elle pose un filet de pêche en hiver

ᐱᔑᐎᓂᐦᐄᒑᐤ pishiwinihiichaau vai ◆ il/elle pose un piège à lynx

ᐱᔮᐅᑖᐱᒁᐤ piyaautaapikwaau vai ◆ il/elle pose des pièges de lagopède

ᑖᐦᑖᐱᔥᑭᔥᑖᐤ taahtaapishkishtaau vii ◆ c'est posé au sommet d'un rocher

ᐎᒋᔥᑯᐎᓂᐦᐄᒑᐤ wichishkuwinihiichaau vai ◆ il/elle pose un piège à rat musqué

ᔮᐃᔨᒋᔥᑖᐤ yaaiyichishtaau vai ◆ il/elle le pose bien, le met bien en place

ᑯᐃᐢᑯᑳᐳᐎᐦᑖᐤ kuiskukaapuwihtaau vai ◆ il/elle le pose ou l'installe bien droit; il/elle le met en ligne droite

ᑯᐃᐢᑯᒧᐦᑖᐤ kuiskumuhtaau vai ◆ il/elle le place, le pose ou l'installe dessus; il/elle l'ajuste, l'aligne

ᓅᑎᐦᐄᐹᐤ nuutihiipaau vai [Whapmagoostui] ◆ il/elle prépare, répare, pose, vérifie un filet de pêche

ᓅᑎᓂᐦᐄᐹᐤ nuutinihiipaau vai ◆ il/elle prépare, répare, pose, vérifie un filet de pêche

poser (se)

ᑎᐦᑯᒋᔥᑖᐤ tihkuchishtaau vii ◆ ça se pose au sommet de quelque chose

position

ᐲᒥᑳᒫᐱᔨᐤ piimikaamaapiyiu vii ◆ ça perd sa position

ᔑᒥᒋᔑᓐ shimichishin vai ◆ il/elle s'étend, s'allonge en position assise

posséder

ᑎᐹᔨᐦᑎᒻ tipaayihtim vti ◆ il/elle le possède, le gouverne, le teste

poste

ᒥᓯᓂᐦᐄᒑᐅᑭᒥᒄ misinihiichaaukimikw ni ◆ un bureau de poste, un bureau (un lieu de travail)

poste d'affût

ᐊᐱᐎᓐ apiwin ni ◆ un poste d'affût

ᐊᐱᐎᓈᒋᓐ apiwinaachin ni ◆ une toile pour le poste d'affût

ᐊᐱᐎᓈᐦᑎᒄ apiwinaahtikw ni-um ◆ une structure pour le poste d'affût

postérieur

ᐋᐳᑎᔖᐤ aaputishwaau vai ◆ il/elle découpe la viande de l'animal en commençant par le postérieur

pot

ᐄᔨᐢᒋᐦᒄ iiyischihkw ni ◆ un seau ou un pot originel, en cuivre

ᐊᒥᐢᑯᐢᒋᐦᒄ amiskuschihkw ni ◆ un pot de castor bouilli

ᐑᑖᐢᒋᐦᒁᒫᐤ wiitaaschihkwaamaau vai ◆ il/elle utilise la même casserole que quelqu'un d'autre pour cuire sa nourriture en même temps ou pour faire du thé

ᐱᐧᔮᐱᐢᑯᔮᑭᓐ piywaapiskuyaakin ni ◆ une bouteille ou un pot de verre

ᐲᐦᑖᐢᒋᐦᒁᔑᓐ piihtaaschihkwaashin vai ◆ il/elle est dans une bouilloire, dans un pot

ᐐᓈᐱᓯᔅᑖᐤ wiinaapisistaau vii ◆ la casserole sent parce que la nourriture a brûlé pendant qu'on cuisinait

potable

ᒥᔪᓯᑯᓯᐤ miyusikusiu vai ◆ la glace est claire et propre, bonne pour en faire de l'eau potable

poteau

ᐋᓂᔥᑐᐎᓂᔅᑳᒡ *aanishtuwiniskaach* nip ◆ la partie du tipi où les poteaux se rejoignent

ᐊᑯᒋᑭᓈᐦᑎᒄ akuchikinaahtikw ni ◆ un poteau sur lequel on attache des os

ᐊᒁᐱᓵᐛᓈᐦᑎᒄ *akwaapisaawaanaahtikw* ni ◆ un poteau utilisé pour fumer la viande, la peau

ᒌᔥᑎᐦᐄᐹᓈᐦᑎᒄ chiishtihiipaanaahtikw ni ◆ un des deux poteaux qui servent à ancrer le filet de pêche

ᒋᔥᑖᐹᐅᒋᑭᓈᐦᑎᒄ chishtaapaauchikinaahtikw ni ◆ un poteau de corde à linge

ᒋᔥᑐᐎᐦᐄᑭᓐ chishtuwihiikin ni ◆ l'assemblement des poteaux au sommet du tipi

ᒋᔥᑐᐎᐦᐄᑭᓂᐱᔓᐃᐦ chishtuwihiikinipishuih ni pl ◆ les poteaux de fondation pour une structure de tipi

ᒋᓯᑳᔅᑯᐦᐄᑭᓐ chisikaaskuhiikin ni ◆ un poteau utilisé pour fixer un piège

ᒫᐦᑭᔮᐦᑎᒄ maahkiyaahtikw ni -um ◆ les poteaux qui soutiennent le poteau de faîte d'une tente, de l'anglais 'Marquee'

ᒫᑯᐱᑎᒁᐛᓂᐱᔓᔮᓐᐦ maakupitikwaawaanipishuyaanh ni pl ◆ des ficelles pour attacher les poteaux utilisés pour faire la cuisine à feu libre

ᒫᓂᔅᑳᐦᑎᒁᐦᑎᒄ maaniskaahtikwaahtikw ni -um ◆ un poteau de clôture

ᒨᓱᔮᓈᐦᑎᒄ muusuyaanaahtikw ni ◆ un poteau sur lequel on attache la peau d'orignal pour la faire sécher

ᐹᒥᐦᐄᑭᓂᐱᔓᐃᐦ paamihiikinipishuih ni pl ◆ les poteaux de chaque côté des poteaux de fondation

ᐱᒋᔥᑖᑭᐦᐄᑭᓐᐦ pichishtaakihiikinh ni pl ◆ des poteaux pour ancrer le revêtement du bas de l'habitation sur son pourtour

ᐱᒋᔅᑎᐱᐦᒁᐦᐄᑭᓐᐦ pichistipihkwaahiikinh ni pl ◆ des poteaux utilisés pour alourdir les recouvrements de l'habitation

ᐱᒥᑎᐦᐋᐛᓐ pimitihaawaan ni ◆ un poteau fixe dans un tipi sur lequel des étendoirs à viande sont placés

ᐱᒥᑎᐦᑖᐦᐄᑭᓐ pimitihtaahiikin ni ◆ un poteau utilisé pour alourdir la toile de la porte d'une habitation

ᐱᔥᑯᐦᒋᑭᓈᐦᑎᒄ pishkuhchikinaahtikw ni -m ◆ un poteau ou une perche sur lequel la peau d'orignal ou de caribou est placée pour qu'on y gratte les poils

ᓃᔂᐦᑎᒄ niishwaahtikw p,quantité ◆ deux bâtons, poteaux, arbres

ᐋᔑᐛᔅᑯᒧᐦᑖᐤ aashiwaaskumuhtaau vai ◆ il/elle le dépose en travers (quelque chose de long et rigide)

ᐊᐱᔔᐦᒑᐤ apishuuhchaau vai ◆ il/elle monte les poteaux du tipi

ᒋᔥᑐᐎᐦᐄᒑᐤ chishtuwihiichaau vai ◆ il/elle attache, met en place les poteaux de fondation du tipi

ᒥᓂᐱᔓᔮᐤ minipishuyaau vai ◆ il/elle ramasse des poteaux pour le tipi

ᐴᓂᑎᓈᔅᑯᐦᑎᓐ puunitinaaskuhtin vii ◆ les poteaux du haut font rentrer la fumée dans le tipi

ᒋᐦᑎᐦᐋᑭᓐ chihtihaakin ni ◆ un poteau, une perche pour guider le filet de pêche en hiver

ᒌᔥᑖᑭᐦᐄᑭᓐ chiishtaakihiikin ni ◆ des poteaux des deux côtés d'une tente, un pieu

ᒋᔥᑖᑭᓈᐦᑎᒄ chishtaakinaahtikw ni ◆ un poteau, une perche pour fermer une rivière pour attraper un castor

ᒋᔥᑎᐐᔥᑖᐛᐦᐄᑭᓐ chishtiwiishtaawaahiikin ni ◆ un poteau pour le filet de pêche en hiver qui est fourchu à un bout

ᐱᒥᒋᔥᑐᐦᑭᓈᓐ pimichishtuhkinaan ni ◆ un poteau utilisé pour alourdir la toile de la porte du tipi

ᓂᔥᑤᐦᑎᒄ nishtwaahtikw p,quantité ◆ trois bâton, poteau (long et rigide)

ᐋᑖᔅᑯᐦᐊᒻ aataaskuham vti ◆ il/elle installe des poteaux pour maintenir la pile de bois

ᐹᒥᐦᐊᒻ paamiham vti ◆ il/elle rend l'habitation plus solide en ajoutant des poteaux de chaque coté des poteaux de fondation

ᐱᒋᔥᑎᐱᐦᒁᐦᐊᒻ pichishtipihkwaaham vti ◆ il/elle alourdit le recouvrement avec des poteaux

poteau de tipi

ᐊᐱᔓᐃ apishui ni ◆ un poteau de tipi, une poutre

ᐃᔥᒁᐦᑖᒥᐦᐄᑭᓂᐱᔓᐃᐦ ishkwaahtaamihiikinipishuih ni pl ◆ les poteaux de tipi de chaque côté de l'entrée

potiner

ᐲᒋᔥᒁᑖᐤ piichishkwaataau vta ◆ il/elle potine, répand des commérages à son sujet

ᐲᒋᔥᒁᐅᐦᐋᐤ piichishkwaauhaau vta ◆ il/elle le/la fait potiner, répandre des commérages à son sujet

ᐲᒋᔥᒁᐅᐦᐄᑰ piichishkwaauhiikuu vai -u ◆ il/elle potine, fait circuler des commérages

pou

ᐄᔨᐦᒄ iiyihkw na -um ◆ un pou

ᒌᒋᓈᐦᑯᔥ chiichinaahkush na -im ◆ une lente, une oeuf de pou

ᓅᑎᐦᑯᒫᐤ nuutihkumaau vai ◆ il/elle vérifie s'il/elle a des poux, il/elle lui cherche les poux

poubelle

ᐧᐋᐱᓂᒑᐅᔮᑭᓐ waapinichaauyaakin ni ◆ une poubelle

ᐧᐋᐱᓂᒑᐅᔅᒋᐦᒄ waapinichaauschihkw ni ◆ une poubelle, une corbeille à papier

ᐧᐋᐱᓂᒑᐤ waapinichaau vai ◆ il/elle vide la poubelle, jette ses déchets, jette des choses

pouce

ᒥᒋᐦᒋᓐ michihchin ni ◆ son pouce, le pouce d'un gant ou d'une mitaine, un pouce (unité de mesure)

ᓈᐅᒥᒋᐦᒋᓐ naaumichihchin p,quantité ◆ quatre pouces

ᓃᔓᒥᒋᐦᒋᓐ niishumichihchin p,quantité ◆ deux pouces

ᓂᔥᑐᒥᒋᐦᒋᓐ nishtumichihchin p,quantité ◆ trois pouces

pouding

ᐸᐅᑎᓈᒋᓐ puutinaachin ni ◆ un chiffon, un linge utilisé pour emballer le pouding à la vapeur

ᐸᐅᑎᓈᐳᐃ puutinaapui ni ◆ un liquide qui a été utilisé pour faire du pouding à la vapeur

ᐸᐅᑎᓂᐦᒑᐤ puutinihchaau vai ◆ il/elle fait du pouding cuit à la vapeur, de l'anglais 'pudding'

ᐸᐅᑎᓐ puutin na -im ◆ du flan, du pouding à la vapeur, de l'anglais 'pudding'

poudre

ᑳᐹᐦᑯᓯᐟ kaapaahkusit nap ◆ du lait en poudre

ᑳᐧᐋᐱᐦᒁᐦᐧᐄᓱᓈᓂᐧᐃᒡ kaawaapihkwaahwiisunaaniwich nip ◆ de la poudre pour le visage

ᐹᐦᑯᓂᑭᓐ paahkunikin ni ◆ de la poudre, du talc pour bébé

ᐱᐦᒄ pihkw ni -uum ◆ de la poudre à fusil

ᒧᔥᑖᐅᐦᒡ mushtaauhch p,manière ◆ seulement quelque chose en poudre sans rien d'autre ▪ ᓈᔥᑎᔨᒡ ᒧᔥᑖᐅᐦᒡ ᓂᒌᐦ ᐃᔮᐧᐋᓈᓂᒡ ᐱᐦᒁᔑᑭᓂᒡ. ▪ naashtiyich mushtaauhch nichiih iyaawaanaanich pihkwaashikinich. ▪ *On avait seulement de la farine, rien d'autre.*

ᒫᐦᒋᐳᐦᑯᓲ maahchipuhkusuu vai -u ◆ il/elle utilise toute la poudre

ᑖᑯᒫᐤ taakumaau vta ◆ il/elle s'étouffe sur quelque chose de sec, en poudre

ᐱᐦᒁᐳᐃ pihkwaapui ni -uum ◆ de l'eau de poudre à fusil

ᐧᐄᓂᒑᐦᐄᑭᓐ wiinichaahiikin ni ◆ de la viande réduite en poudre et mélangée avec de la moelle d'os d'avant-bras

poudrer

ᐧᐋᐱᐦᒁᐦᐧᐋᐤ waapihkwaahwaau vta ◆ il/elle poudre le visage de quelqu'un pour l'éclaircir

poudrer (se)

ᐧᐋᐱᐦᒁᐦᐅᓲ waapihkwaahusuu vai reflex -u ◆ il/elle se poudre le visage

ᐧᐋᐱᐦᒁᐦᐧᐄᓲ waapihkwaahwiisuu vai reflex -u ◆ il/elle se poudre le visage

poudrerie

ᒥᒥᒑᑭᒋᔥᑎᓐ mimichaakichishtin vii redup ◆ la surface est rugueuse avec la poudrerie

poudreuse

ᔮᑭᐧᐋᑯᓂᔅᑳᐤ yaakiwaakuniskaau vii ◆ la neige granuleuse est profonde ce qui rend la marche difficile

ᐅᔖᔓᐃ ushaashui na ◆ de la neige fraîche et poudreuse à la surface

ᐧᐋᐳᔓᔨᔥᑎᐦᒑᐱᔨᔑᐅ waapushuyishtihchaapiyishiu vii dim ◆ il y a une chute de neige douce et poudreuse pendant la nuit

poulet

ᐹᐦᑭᐦᐋᒁᓐ paahkihaakwaan ni -im ◆ un poulet

poulie

ᐅᒫᐦᑳᓐ umaahkaan na ◆ un treuil, une poulie

pouls

ᐱᐦᑭᐦᐅᑰ pihkihukuu vai -u ◆ son coeur bat, il/elle a un pouls

poumon

ᐅᐦᐱᓐᐦ uhpinh nid pl ◆ ses poumons

ᐹᒋᐦᐱᓈᐱᔨᐤ paachihpinaapiyiu vai ◆ ses poumons sont enflés

poumons

ᐊᒥᔅᑯᐦᐱᓐ amiskuhpin ni -m ◆ les poumons du castor

poupe

ᐅᑖᐦᒑᑎᐦᑯᐦᒡ utaahchaatihkuhch p,lieu ◆ à l'arrière du canot, du bateau, à la poupe ▪ ᐅᑖᐦᒑᑎᐦᑯᐦᒡ ᐋᑯᑖᐦ ᑳ ᒥᒥᑖᐟ ᐅᐹᔅᒋᑭᓐ. ▪ utaahchaatihkuhch aakutaah kaa chimitaat upaaschikin. ▪ *Il a placé son fusil à l'arrière du canot.*

poupée

ᐊᐧᐋᔑᔑᐦᑳᓂᔥ awaashishihkaanish na ◆ une poupée

pourrais

ᓂᐱᐦ nipih préverbe ◆ devrais, pourrais (utilisé seulement avec la première personne de verbes indépendants)

pourri

ᐧᐄᔅᒌᐦᑎᑰ wiischiihtikuu vai -uwi ◆ il/elle est pourri-e (ex. un arbre)

ᑭᔅᑭᔅᒑᐦᑎᒄ kiskischaahtikw na -um ◆ du bois pourri (utilisé pour tanner les peaux)

ᐧᐄᔅᒌᐦᑎᒄ wiischiihtikw ni -u ◆ du bois pourri

ᑭᔅᒋᔑᓐ kischishin vai ◆ il/elle est pourri-e parce qu'il/elle a été négligé-e pendant longtemps

ᐲᑯᑎᐅ piikutiuu vii -iwi ◆ c'est du bois pourri

ᐲᑯᑎᐧᐃᐦᑎᑰ piikutiwihtikuu vai -uwi ◆ c'est du bois pourri (animé)

ᐲᑯᑎᐧᐃᐦᑎᑰ piikutiwihtikuu vii -uwi ◆ c'est du bois pourri

ᓈᓂᑑᑭᐢᒑᐦᑎᒁᐤ naanituukischaahtikwaau vai redup ◆ il/elle va chercher du bois pourri pour fumer les peaux

pourrir

ᐊᑎᑖᐤ atitaau vii ◆ il/elle pourrit quand il ne sèche pas assez vite

ᐧᐹᒋᒋᐦᑎᓐ pwaachichihtin vii ◆ ça pourrit

ᐊᑎᓲ atisuu vai -u ◆ il/elle pourrit parce qu'il/elle n'a pas séché assez vite, il/elle est teint

ᐧᐹᒋᒋᔑᓐ pwaachichishin vai ◆ il/elle pourrit là à cause de la chaleur

ᐧᐄᓂᐦᑭᐦᓲ wiinihkihsuu vai -u ◆ ça pourrit à cause de la chaleur

ᐧᐄᓂᐦᑭᐦᑖᐤ wiinihkihtaau vii ◆ ça pourrit à cause de la chaleur

ᐧᐄᓂᐦᑎᓐ wiinihtin vii ◆ c'est pourri, gaspillé

ᐧᐄᓂᐦᑎᑖᐤ wiinihtitaau vai ◆ il/elle le salit en le laissant toucher quelque chose, elle laisse la viande pourrir

ᐧᐄᓂᔑᒫᐤ wiinishimaau vta ◆ il/elle le/la salit en le/la laissant toucher quelque chose, il/elle le/la laisse pourrir

pourriture

ᐧᐹᒋᒋᐦᑭᓲ pwaachichihkisuu vai -u ◆ il/elle (animal) sent la pourriture à cause de la chaleur

ᐧᐹᒋᒋᑭᐦᑖᐤ pwaachichikihtaau vii ◆ ça sent la pourriture à cause de la chaleur

poursuit

ᓂᓈᓂᓱᓂᒼ ninaanisunim vti ◆ il/elle le poursuit

poursuivre

ᒌᓂᒁᓂᑎᔑᐦᐧᐋᐤ chiinikwaanitishihwaau vta ◆ il/elle le/la poursuit autour de quelque chose

ᒥᑎᐦᑎᒫᐲᔥᑎᐧᐋᐤ mitihtimaapiishtiwaau vta ◆ il/elle poursuit un animal

ᓅᓱᐲᔥᑎᒼ nuusupiishtim vti ◆ il/elle le poursuit

ᓅᓱᐲᔥᑎᐧᐋᐤ nuusupiishtiwaau vta ◆ il/elle le/la poursuit

ᓄᐧᐃᐦᐊᒼ nuwiham vti ◆ il/elle le poursuit en véhicule

ᓄᐧᐃᒨᔂᐤ nuwimuuswaau vai ◆ il/elle poursuit un orignal

ᐱᑭᔥᑎᐧᐋᒋᔑᐦᐧᐋᐤ pikishtiwaachishihwaau vta ◆ il/elle le poursuit jusque dans l'eau

ᓵᑭᑎᔑᐦᐧᐋᐤ saakitishihwaau vta ◆ il/elle le/la fait sortir d'un tunnel, d'une tanière en le/la poursuivant

ᑖᔥᑎᑳᑎᒼ taashtikaatim vti ◆ il/elle ne veut pas poursuivre parce que ça lui demande trop d'efforts

pourtour

ᑯᐃᔥᑎᑳᒫᔥᑖᐤᐦ kuishtikaamaashtaauh vii pl ◆ les choses sont disposées sur le pourtour

ᐧᐋᐱᐢᒋᐦᑯᑎᒼ waapischihkutim vti ◆ il/elle en taille l'extrémité, le pourtour

ᐧᐋᐱᐢᒋᐦᑯᑖᐤ waapischihkutaau vta ◆ il/elle en taille l'extrémité, le pourtour pour l'améliorer

pourtour extérieur

ᐄᔨᑳᓂᐦᒡ iiyikaanihch p,lieu ◆ le pourtour extérieur de l'habitation, là où la neige a été entassée ■ ᒫᓂᑖᐦ ᐹᒋ ᐱᒋᐢᑎᓐ ᐊᓐ ᐊᒁᐢᑯᐹᓐ ᐄᔨᑳᓂᐦᒡ× ■ maanitaah paachi pichistin an akwaaskupaan iiyikaanihch. ■ *Mets ta pelle à neige près du pourtour l'extérieur de l'habitation.*

pourvoir

ᐅᐦᑎᓂᒫᒑᐤ uhtinimaachaau vai ◆ il/elle y pourvoit, subvient ■ ᓈᔥᑎᔨᒡ ᐋᐦ ᒌᐦ ᓅᐦᑖᐱᔨᔨᒡ ᒦᒋᒥᔨᐤ ᒥᒄ ᐧᐄᔨ ᒌᐦ ᐅᐦᑎᓂᒫᒑᐤ ᒑᒁᔨᐤ ᒑ ᒦᒋᓈᓂᐧᐃᔨᒡ× ■ naashtiyich aah chiih nuuhtaapiyiyich miichimiyiu mikw wiiyi chiih uhtinimaachaau chaakwaayiu chaa miichinaaniwiyich. ■ *Il était le seul qui pouvait fournir à manger quand personne d'autre ne le pouvait.*

pousse

ᐱᐱᒋᐧᐃᔨᔪᒌᐤ pipichiwiyiyuchiiu vai ◆ les nouvelles pousses sur l'arbre sont fines

poussée

ᔨᐦᒋᓂᒼ yihchinim vti ◆ il/elle lui donne une poussée

pousser

ᐃᔨᐦᑭᐦᐊᒼ iyihkiham vti ◆ il/elle le pousse avec quelque chose

ᑯᐦᑯᐦᐊᒼ kuhkuham vti ◆ il/elle le pousse avec quelque chose

ᑯᐦᑯᓈᐤ kuhkunaau vta ◆ il/elle le/la pousse avec les mains

ᑯᐦᑯᓂᒼ kuhkunim vti ◆ il/elle le pousse avec les mains

ᑯᐦᑯᔥᑭᒼ kuhkushkim vti ◆ il/elle le pousse avec son pied ou son corps

ᐲᐦᑎᑖᔥᑭᐧᐋᐤ piihtitaashkiwaau vta ◆ il/elle le/la pousse dedans avec son pied ou son corps

ᔖᐦᑯᑎᔥᑭᐧᐋᐤ shaahkutishkiwaau vta ◆ il/elle est capable de le/la pousser

ᔨᐦᒋᓈᐤ yihchinaau vta ◆ il/elle le/la pousse à la main

ᔨᐦᒋᔥᑭᒼ yihchishkim vti ◆ il/elle le pousse du pied ou avec son corps

ᔨᐦᒋᔥᑭᐧᐋᐤ yihchishkiwaau vta ◆ il/elle le/la pousse du pied ou du corps

ᔨᐦᑭᐦᐊᒧᐧᐋᐤ yihkihamuwaau vta ◆ il/elle le/la pousse pour lui/elle avec quelque chose

ᔨᐦᑭᐦᐧᐋᐤ yihkihwaau vta ◆ il/elle le/la pousse avec quelque chose

ᒋᐦᒋᐦᑖᐹᓈᐤ chihchihtaapaanaau vta ◆ il/elle le/la pousse sous l'eau, le/la submerge

ᒋᐦᒋᔥᑖᐧᐋᔮᑯᓈᓈᐤ chihchishtaawaayaakunaanaau vta ◆ il/elle le/la pousse dans la neige

ᒋᐦᒋᔥᑖᐧᐋᔮᑯᓂᒋᓈᐤ chihchishtaawaayaakunichinaau vta ◆ il/elle le/la pousse dans la neige

ᒌᔥᒋᔑᒫᐤ chiishchishimaau vta ◆ il/elle le/la pousse dans quelque chose de coupant ou pointu
ᒋᔨᐱᓂᐦᑖᐅᒋᓐ chiyipinihtaauchin vii ◆ ça pousse vite
ᐄᒑᒋᔑᓈᐤ iichaachishinaau vta ◆ il/elle le/la pousse de côté
ᐄᒑᐙᐱᔥᑭᒼ iichaawaapishkim vti ◆ il/elle le pousse de côté avec son corps ou son pied
ᐄᒑᐙᐱᔥᑭᐙᐤ iichaawaapishkiwaau vta ◆ il/elle le/la pousse de côté avec son pied/corps
ᐄᔅᑯᓂᒼ iiskunim vti ◆ il/elle le pousse vers le haut, le retourne
ᐄᑎᔑᓈᐤ iitishinaau vta ◆ il/elle le/la pousse par là, dans cette direction
ᐃᔮᐦᑭᒫᔨᒨ iyaahkimaayimuu vai -u ◆ il/elle pousse pour dépasser
ᑯᐃᑯᐦᐊᒼ kuikuham vti ◆ il/elle le pousse, le sort à l'aide d'un outil
ᑯᐃᑯᐦᐙᐤ kuikuhwaau vta ◆ il/elle le/la pousse, le/la fait sortir avec un outil
ᑯᔥᑯᐱᑖᐤ kushkupitaau vta ◆ il/elle le/la réveille en le/la poussant doucement
ᑯᑖᐅᐦᐙᐤ kutaauhwaau vta ◆ il/elle le/la pousse dessous avec un outil
ᑯᑖᐅᓈᐤ kutaaunaau vta ◆ il/elle le/la trempe dedans, le/la pousse dedans ou dessous à la main
ᑯᑖᐅᓂᒼ kutaaunim vti ◆ il/elle le trempe dedans, le pousse dessous à la main
ᑯᑖᐅᔅᒋᐎᒋᓈᐤ kutaauschiwichinaau vta ◆ il/elle le pousse dans la boue à la main
ᑯᑖᐅᔅᒋᐎᒋᓂᒼ kutaauschiwichinim vti ◆ il/elle le pousse dans la boue à la main
ᒫᒫᐦᒌᔑᓂᐦᑖᐅᒋᐤ maamaahchiishinihtaauchiu vai ◆ il/elle pousse de façon anormale
ᒥᔪᓂᐦᑖᐅᒋᓐ miyunihtaauchin vii ◆ ça pousse bien
ᓃᔅᒋᐱᒌᐤ niischipichiiu vii ◆ ça pousse bien parce qu'il y a de la pluie après une sécheresse
ᐲᐦᑎᑖᒋᔑᓈᐤ piihtitaachishinaau vta ◆ il/elle le/la fait rentrer en le/la poussant
ᐲᐦᑎᑖᒋᔑᓂᒼ piihtitaachishinim vti ◆ il/elle le fait rentrer en le poussant
ᐱᑭᔥᑎᐙᑎᐦᒋᔥᑭᐙᐤ pikishtiwaatihchishkiwaau vta ◆ il/elle le pousse à l'eau
ᐱᐹᔨᐦᑖᒧᐎᒡ pipaayihtaamuwich vai pl redup -u ◆ les baies poussent de-ci de-là
ᓵᒋᓂᐦᑖᐅᒋᓐ saachinihtaauchin vii ◆ ça commence à pousser (ex. de l'herbe)
ᔖᐳᔮᒋᓈᐤ shaapuyaachinaau vta ◆ il/elle le/la fait traverser quelque chose d'étalé en poussant
ᔖᐳᔮᒋᓂᒼ shaapuyaachinim vti ◆ il/elle le fait traverser quelque chose d'étalé en poussant
ᔒᐹᒋᔑᓈᐤ shiipaachishinaau vta ◆ il/elle le/la pousse sous quelque chose
ᔒᐹᒋᔑᓂᒼ shiipaachishinim vti ◆ il/elle le pousse dessous
ᔒᐹᓈᐤ shiipaanaau vta ◆ il/elle le/la pousse dessous à la main
ᔒᐹᓯᑯᐦᐊᒼ shiipaasikuham vti ◆ il/elle le pousse sous la glace
ᔒᐹᓯᑯᐦᐙᐤ shiipaasikuhwaau vta ◆ il/elle le/la pousse sous la glace
ᔔᔓᐎᐦᒁᐱᔨᐦᐋᐤ shuushuwihkwaapiyihaau vta ◆ il/elle le/la pousse pour qu'il/elle descende en glissant
ᐎᔨᐑᔥᑭᒼ wiyiwiishkim vti ◆ il/elle le pousse dehors avec son pied ou son corps
ᐎᔨᐑᔥᑭᐙᐤ wiyiwiishkiwaau vta ◆ il/elle le/la pousse dehors avec son pied ou son corps
ᐎᔨᐑᑎᔑᓂᒼ wiyiwiitishinim vti ◆ il/elle le pousse au dehors
ᔨᐦᒋᓂᒼ yihchinim vti ◆ il/elle lui donne une poussée
ᔨᐦᑳᔅᑯᐦᐄᑭᓈᐦᑎᒄ yihkaaskuhiikinaahtikw ni ◆ une perche utilisée pour pousser le canot
ᐋᒧᑖᔥᑭᒼ aamutaashkim vti ◆ il/elle le sort du canot en poussant dessus
ᐋᒧᑖᔥᑭᐙᐤ aamutaashkiwaau vta ◆ il/elle le/la sort du canot en le/la poussant
ᐄᒑᓂᒼ iichaanim vti ◆ il/elle le pousse de côté d'un coup de coude
ᐃᔪᔅᒋᐹᒥᒌᐤ iyuschipaamichiiu vii ◆ ça pousse bien à cause de l'humidité
ᒧᔖᐙᒋᔑᓂᒼ mushaawaachishinim vti ◆ il/elle le pousse hors de l'eau
ᒧᔖᐙᐱᐦᐊᒼ mushaawaapiham vti ◆ il/elle le pousse pour qu'il s'éloigne du rivage
ᒧᔖᐙᑎᔑᓈᐤ mushaawaatishinaau vta ◆ il/elle le/la pousse pour qu'il/elle s'éloigne du rivage
ᒨᐦᒋᒋᐙᐱᓈᐤ muuhchichiwaapinaau vta ◆ il/elle la/le pousse et la/le fait tomber en avant
ᐱᐹᔨᐦᑖᒨᐦ pipaayihtaamuuh vii pl redup ◆ ils/elles poussent de-ci de-là, sont suspendus de-ci de-là
ᓵᑯᓯᑯᔨᑭᐦᐙᐤ saakusikuyikihwaau vta ◆ il/elle le/la pousse sous la glace
ᐎᔨᐑᑎᔑᓈᐤ wiyiwiitishinaau vta ◆ il/elle le/la force à sortir en le/la poussant
ᐄᒑᓈᐤ iichaanaau vta ◆ il/elle le pousse du coude, le/la déplace de côté
ᐄᑎᐎᐱᑎᒼ iitiwipitim vti ◆ il/elle le pousse vers les côtés, le tire, le déchire de chaque côté

pousser (vi)

ᓂᐦᑖᐅᒋᐦᑎᒫᓲ nihtaauchihtimaasuu vai reflex -u ◆ il/elle se le fait pousser
ᓂᐦᑖᐅᒋᓐ nihtaauchin vii ◆ ça pousse
ᓵᑭᔅᑭᓐ saakiskin vii ◆ ça commence à pousser (ex. de l'herbe)

ᓂᐦᒌᐅᒋᐦᒌᐤ nihtaauchihtaau vai+o ◆ il/elle le fait pousser, le cultive

pousser à plat

ᓂᓈᐱᑳᒧᐧᐃᐨ ninaapikaamuwich vai pl -u ◆ les branches de cet arbre poussent à plat

poussière

ᐱᒋᔅᑖᔮᐅᐦᒋᔑᓐ pichistaayaauhchishin vai ◆ il/elle soulève de la poussière, du sable en tombant

ᐱᐦᒋᔅᑖᔮᐅᐦᒋᐱᑖᐤ pihchistaayaauhchipitaau vta ◆ il/elle fait se soulever quelque chose de poudreux (animé) en passant ou en le touchant

ᐱᐦᒋᔅᑖᔮᐅᐦᒋᐱᑎᒼ pihchistaayaauhchipitim vti ◆ il/elle soulève le sable ou la poussière en passant

ᐱᐦᒋᔅᑖᔮᐅᐦᒋᔥᑭᒼ pihchistaayaauhchishkim vti ◆ il/elle soulève la poussière ou le sable avec son pied ou son corps

ᐱᐦᒋᔅᑖᔮᐅᐦᒋᔥᑭᐧᐋᐤ pihchistaayaauhchishkiwaau vta ◆ il/elle le/la fait se soulever (quelque chose de poudreux, animé) avec son pied ou son corps

ᐱᐦᒋᔅᑖᔮᐅᐦᒋᔅᑎᓐ pihchistaayaauhchistin vii ◆ ça fait se soulever la poussière ou le sable en tombant

poutre

ᐊᐱᔓᐃ apishui ni ◆ un poteau de tipi, une poutre

pouvoir

ᓲᐦᑳᑎᓰᐧᐃᓐ suhkaatisiiwin ni ◆ du pouvoir

ᐅᒋᒫᐅᐧᐃᓐ uchimaauwin ni ◆ le pouvoir, être en charge

ᒌᐦ chiih préverbe ◆ pouvoir ■ ᑭᔩᐧᐸ ᒑ ᒌᐦ ᐱᒥᓂᐧᐋᔮᓐ ᒥᑯᔖᓂᐧᐃᒑ. ■ kiyipwaa chaa chiih piminiwaayaan mikushaaniwichaa. ■ *Oui, je pourrai cuisiner pour la fête.*

ᑭᔅᒋᐦᐅᐧᐃᓐ kischihuwin ni ◆ une capacité, un pouvoir

ᒥᔅᑭᐧᐃᓰᐧᐃᓐ miskiwisiiwin ni ◆ de la force, du pouvoir

ᐄᔥᐱᔒᐦᑳᓱᒥᑭᓐ iishpishiihkaasumikin vii ◆ ça a la capacité d'avancer, de marcher de lui-même

ᐄᔥᐱᔒᒥᑭᓐ iishpishiimikin vii ◆ ça a la capacité de ..., le pouvoir de ...

pouvoir (ne...pas)

ᐳᓈᐱᐦᑎᒼ puunaapihtim vti ◆ il/elle essaie mais ne peut pas le faire

ᐳᓈᐱᒫᐤ puunaapimaau vta ◆ il/elle ne peut pas lui faire faire ce qu'il/elle veut qu'il/elle fasse, il/elle est incapable de l'attraper

poux

ᐄᔩᐦᑯ iiyihkuu vii -uwi ◆ c'est couvert de poux

ᐅᑎᐦᑯᒧ utihkumuu vai -u ◆ il/elle a des poux

ᓈᓂᑐᒑᓂᒧᐧᐋᐤ naanituchaanimuwaau vai ◆ il/elle lui cherche les poux sur la tête

pratiquant

ᐊᔨᒥᐦᐋᐧᐋᑎᓰᐤ ayimihaawaatisiiu vai ◆ il/elle est pratiquant-e, dévot-e

pratique

ᒥᔪᔨᐧᐋᐤ miyuyiwaau vii ◆ c'est pratique à utiliser, facile à utiliser

précaution

ᓰᑎᐧᐃᐦᐋᐤ siitiwihaau vta ◆ il/elle le/la dépose avec précaution

prêcher

ᑭᒑᔅᐧᑳᐤ kichaaskwaau vai ◆ il/elle prêche

ᑭᒑᔅᒋᒧᐧᐋᐤ kichaaschimuwaau vai ◆ il/elle prêche, donne des conseils

ᑭᒑᔅᒋᒫᐤ kichaaschimaau vta ◆ il/elle lui donne des conseils, des instructions, il/elle le/la sermonne

précis

ᐄᐧᑖᓂᐦᒑᐤ iitwaanihchaau vta ◆ il/elle leur apporte des nouvelles au sujet d'événements précis ■ ᓂᔮᓂᑯᑐᓐᐦ ᓃᑳᓐ ᒌᐧᐋᔨᐅᐦ ᐊᐧᐋᔨᐅᐦ ᐋᐦ ᐄᐧᑖᓂᐦᒑᔨᒡᐦ ᐋᐦ ᒌᐦ ᓂᐱᐦᐋᑦ ᐊᓐ ᓈᐹᔑᔥ ᓂᔅᐦ. ■ niyaanikutunh niikaan chiiwaayiuh awayiuh aah iitwaanihchaayich-h aah chiih nipihaat an naapaashish niskh. ■ *Quelquefois quelqu'un serait rentré à la maison en avance pour annoncer qu'il avait tué une oie.*

précisément

ᐧᐋᒋᐦᐨ waachihch p ◆ précisément celui-là ■ ᒫᓐ ᐧᐋᒋᐦᐨ ᑳ ᐄᓯᓈᑯᓯᑦ ᓈᑎᐧᐋᔨᒥᒃ. ■ maan waachihch kaa iisinaakusit naatiwaayimik. ■ *J'en veux un qui est exactement comme celui-ci.*

ᐧᐋᒋᐦᐨ waachihch p ◆ précisément celui-là ■ ᒫᓐ ᐧᐋᒋᐦᐨ ᑳ ᐄᓯᓈᑯᓯᑦ ᓈᑎᐧᐋᔨᒥᒃ. ■ maan waachihch kaa iisinaakusit naatiwaayimik. ■ *J'en veux un qui est exactement comme celui-ci.*

précision

ᒥᑐᓂᓰᐤ mitunisiiu vai ◆ il/elle fait les choses avec soin et précision

prédire

ᐹᐦᑳᔂᐤ paahkaaswaau vai ◆ il/elle prédit le futur en examinant une omoplate brûlée, un bréchet

ᐧᐋᐱᒥᐹᑎᒼ waapimipaatim vti ◆ il/elle utilise un miroir ou de l'eau pour prédire le futur

ᒥᑎᓂᓵᐧᐋᐤ mitinisaawaau vai ◆ il/elle tient l'omoplate ou le sternum d'un animal tout près du feu pour voir si elle/il brûle pour pouvoir prédire l'avenir (par ex. où se trouve le gibier, si des visiteurs vont venir)

préfabriqué

ᒌᔂᑎᓐ chiishaatin vii ◆ c'est préfabriqué, tout fait ■ ᐋᐦ ᒌᔂᑎᐦᐨ ᒫᐦᑮ ᓂᑭ ᐅᑎᓂᒑᓐ. ■ aah chiishaatihch maahkii niki utinichaan. ■ *Je vais m'acheter une tente toute faite.*

ᒌᔂᑎᓰᐤ chiishaatisiiu vai ◆ il/elle est préfabriqué-e, tout-e fait-e ■ ᒌᐦ ᒌᔂᑎᓰᐤ ᒋᓵᐱᓯᔅᒋᓵᐧᐋᓐ ᑳ ᒥᔩᐧᐋᔮᓐ. ■ chiih chiishaatisiiu chisaapisischisaawaan kaa miyiwaayaan. ■ *Je lui ai donné un réchaud de camping tout fait.*

préférer

ᐅᑎᒫᔨᒧ utimaayimuu vai -u ◆ il/elle préférerait faire une chose plutôt qu'une autre

premier

ᐅᐢᒋᐱᒣᐧᑭᓐ uschipimwaakin na ◆ le premier gibier tué

ᓃᐦᑎᒼ niishtim p,temps ◆ première fois, en premier ▪ ᓃᐦᑎᒼ ᑳ ᐙᐱᒥᒃ ᐙᐱᐢᒄ ᓈᐦᐡ ᐋᐦ ᒌᐦ ᑯᐦᑎᒃ. ▪ niishtim kaa waapimik waapiskw naashch aah chiih kushtik. ▪ *La première fois que j'ai vu un ours blanc, j'ai eu très peur de lui.*

ᐅᐦᑳᐹᓈᑎᓐ ushkaapaanaatin vii ◆ c'est le premier gel d'une étendue d'eau en automne

ᒋᑭᐦᒁᐱᔩᐤ chikihkwaapiyiu vai ◆ il/elle tombe la tête la première

ᓃᑳᓃᐤ niikaaniiu vai ◆ il/elle est en tête, le premier ou la première, devant des autres

ᐅᐦᑭᑎᔑᐤ ushkitishiu vii dim ◆ le premier gel en automne

ᐅᐦᑭᐦᐄᐹᓂᒫᑯᐦᒑᐤ ushkihiipaanimaakuhchaau vai ◆ il/elle rejette dans l'eau le premier poisson attrapé dans un filet après lui avoir coupé le bout d'une de ses nageoires

ᐅᐦᑭᐦᐄᐹᓂᒫᑯ ushkihiipaanimaakuu vai -u ◆ c'est le premier poisson attrapé dans un filet de pêche neuf et qui porte chance (le poisson porte-bonheur)

premier-né

ᓃᐦᑎᒨᔕᓐ niishtimuushaan na ◆ le premier-né ou la première-née

première fois

ᐅᐦᑭᒡ ushkich p,temps ◆ d'abord, la première fois ▪ ᓈᐦᐡ ᐋᐦ ᒌᐦ ᑯᐦᒁᐳᒨᔮᓐ ᐅᐦᑭᒡ ᑳ ᐙᐱᒥᒃ. ▪ naashch aah chiih kushkwaapumuyaan ushkich kaa waapimik. ▪ *J'étais très surprise la première fois que je l'ai vu.*

première marche

ᐎᔨᐑᐦᑎᐦᐋᐅᓲᓈᓃᐅ wiyiwiihtihaausunaaniuu vii,impersonnel -iwi ◆ il y a une cérémonie de la première marche

première prise

ᓵᒋᑯᑖᑭᒨ saachikutaakimuu vai ◆ il/elle a sa cérémonie de première prise (de chasse ou de pêche; une cérémonie pour la première prise d'un enfant où la machoire d'un poisson ou le bec d'un petit oiseau est planté dans du pemmican ou du flan et mangé pendant une fête) ▪ ᐅᑖᑯᔒᐦᒡ ᒌᐦ ᓵᒋᑯᑖᑭᒨ ᑫᐃᑦᓕᓐ. ▪ utaakushiihch chiih saachikutaakimuu keitlin. ▪ *Hier, Catelyn a eu sa cérémonie de première prise.*

première proie

ᐅᐢᒋᒥᓂᐦᐅᐎᓐ uschiminihuwin ni ◆ la première proie d'un enfant

première-née

ᓃᐦᑎᒨᔕᓐ niishtimuushaan na ◆ le premier-né ou la première-née

prendre

ᐋᒋᓃᐱᓂᔑᐤ aachiniipinishiu vai ◆ il/elle se fait prendre par la fonte des glaces sans canot pour rejoindre sa destination d'été

ᐋᒋᐱᐳᓂᔑᐤ aachipipunishiu vai ◆ il/elle est pris-e par le gel avant d'avoir pu rejoindre sa destination d'hiver en canot

ᐋᐱᑎᓃᐤ aapitiniiu vai ◆ il/elle réussit à tout prendre en une fois

ᐊᐦᑎᓂᒼ ashtinim vti ◆ il/elle le prend avec le reste

ᒫᑯᓂᒨᐋᐤ maakunimuwaau vta ◆ il/elle le/la retient pour quelqu'un, réussit à le prendre pour quelqu'un

ᒫᐦᑎᓂᒼ maashtinim vti ◆ il/elle prend tout; il/elle donne tout, se débarrasse de tout

ᒥᓈᐦᐅᑎᑎᐙᐤ minaahutitiwaau vta ◆ il/elle le/la prend pour l'utiliser lui/elle-même

ᐱᐦᒁᐦᑎᒼ pihkwaahtim vti ◆ il/elle en prend une bouchée

ᐱᐦᑎᓈᐤ pishtinaau vta ◆ il/elle prend le mauvais, le faux, il/elle le/la prend pour quelqu'un d'autre

ᐱᐦᑎᓂᒼ pishtinim vti ◆ il/elle prend le faux, le mauvais

ᔒᐹᔨᐦᑎᒼ shiipaayihtim vti ◆ il/elle prend son temps pour faire quelque chose qui doit être fait

ᔒᐹᔨᒫᐤ shiipaayimaau vta ◆ il/elle prend son temps pour faire quelque chose (d'animé) qui doit être fait

ᑎᓱᓲ tisusuu vai -u ◆ il/elle est pris-e dans un piège

ᐅᑎᓈᐤ utinaau vta ◆ il/elle le/la prend, l'achète

ᐅᑎᓂᒫᓲ utinimaasuu vai -u ◆ il/elle prend, achète pour elle/lui-même

ᐙᔨᔪᐱᔨᐤ waayiyupiyiu vai ◆ il/elle prend le tournant en conduisant, en marchant

ᒑᓯᐢᑭᐙᐤ chaasiskiwaau vta ◆ il/elle le/la prend sur le fait ▪ ᓂᒌᐦ ᒑᓯᐢᑭᐙᐤ ᐋᐦ ᐐᐦ ᒫᑯᒫᑦ ᐊᓂᔮᐦ ᐐᑎᐙᔑᐦᐦ. ▪ nichiih chaasiskiwaau aah wiih maakumaat aniyaah wiitiwaashish-h. ▪ *Je l'ai pris en train d'essayer de mordre son camarade de jeu.*

ᒑᐢᑭᒨᐋᐤ chaaskimuwaau vta ◆ il/elle le/la prend sur le fait et l'empêche de continuer

ᒫᐦᑎᓈᐤ maashtinaau vta ◆ il/elle les prend, les donne tous/toutes; il/elle les utilise complètement

ᒦᐦᑭᐙᐤ miishkiwaau vta ◆ il/elle avance, prend injustement la place de façon déplacée

ᓃᔗᐱᐢᒋᐦᑭᒼ niishwaapischishkim vti ◆ il/elle est pris dans deux pièges

ᐅᑎᓂᒼ utinim vti ◆ il/elle le prend, communie à l'église, l'achète

ᐙᔨᔪᐱᔨᐤ waayiyupiyiu vii ◆ ça prend, suit le tournant

ᐄᐦᑯᐦᐙᐤ iishkuhwaau vta ◆ il/elle part sans les tuer tous, en prend mais en laisse un peu, il lui reste de l'argent

ᓃᑳᓂᐱᐦᑖᐤ niikaanipihtaau vai ◆ il/elle court devant, prend la tête

prendre au collet

ᐙᐱᒀᑭᓂᑭᐦᑎᒼ waapikwaakinikihtim vti ◆ il/elle prend un lièvre au collet avec une perche et du fil

prendre feu

ᐏᔨᐦᑖᐤ wiyihtaau vii ◆ ça prend feu

ᐱᓯᐙᓲ pisiwaasuu vai -u ◆ la fourrure prend feu

ᐏᔨᐦᑖᐱᔨᐤ wiyihtaapiyiu vai ◆ il/elle prend feu, s'enflamme

ᐏᔨᐦᑖᐱᔨᐤ wiyihtaapiyiu vii ◆ ça prend feu, s'enflamme

prendre soin

ᑭᓂᐙᔨᒫᐤ kiniwaayimaau vta ◆ il/elle prend soin de lui/d'elle, s'en occupe

ᐱᐱᒦᐦᑭᐙᐤ pipimiihkiwaau vta redup ◆ il/elle fait des choses pour lui/elle, prend soin de lui/d'elle

ᒋᐦᑎᒦᐦᑳᓲ chihtimiihkaasuu vai reflex -u ◆ il/elle ne prend pas le temps de bien prendre soin de lui-même/d'elle-même

ᒥᒥᔪᐦᑭᒼ mimiyuhkim vti redup ◆ il/elle le nettoie bien, en prend bien soin

ᒫᐅᓯᑯᓈᐤ maausikunaau vta ◆ il/elle les ramasse et en tient plusieurs ensemble; il/elle prend soin de tous/toutes

ᐄᔥᐱᔑᐦᐋᐤ iishpishihaau vta ◆ il/elle est capable de prendre soin de lui, d'elle, il/elle a le temps de s'occuper de lui/elle

prendre un tournant

ᐙᔨᔪᐦᑖᐤ waayiyuhtaau vai ◆ il/elle prend un tournant en marchant

préoccupé

ᐅᑎᒦᐤ utimiiu vai ◆ il/elle est préoccupé-e

préparer

ᐅᐙᔮᐱᐦᒑᓂᒼ uwaayaapihchaanim vti ◆ il/elle le (filiforme) prépare

ᐅᐙᔮᐱᐦᒑᐱᑎᒼ uwaayaapihchaapitim vti ◆ il/elle le (filiforme) prépare

ᐅᐙᔨᓈᐤ uwaayinaau vta ◆ il/elle le/la prépare à la main

ᐅᐙᔨᔥᑖᐤ uwaayishtaau vai ◆ il/elle le prépare, le met en place

ᐅᐙᔨᔥᑎᐙᐤ uwaayishtiwaau vta ◆ il/elle le prépare pour lui/elle

ᐅᐙᔫᔥᑎᒼ uwaayuushtim vti [Wemindji] ◆ il/elle se prépare pour ça

ᐊᔥᑣᑭᓂᐦᒑᐤ ashtwaakinihchaau vai ◆ il/elle prépare à manger pour les chasseurs, pour les invités

ᑭᐏᔑᒧᓂᐦᑳᓲ kiwishimunihkaasuu vai reflex -u ◆ il/elle prépare son lit, sa couchette

ᑭᐏᔑᒧᓂᐦᑭᐙᐤ kiwishimunihkiwaau vta ◆ il/elle prépare le lit, la couchette de quelqu'un

ᓃᒫᐦᐋᐤ niimaahaau vta ◆ il/elle lui prépare un dîner, un déjeuner; il/elle l'envoie avec lui pour quelqu'un d'autre

ᓅᒋᒦᒋᒫᐤ nuuchimiichimaau vai ◆ il/elle prépare à manger

ᐅᐙᔮᐱᐦᒑᓈᐤ uwaayaapihchaanaau vta ◆ il/elle le/la (filiforme) le prépare à la main, le tient tout prêt

ᐅᐙᔮᐱᐦᒑᐱᑖᐤ uwaayaapihchaapitaau vta ◆ il/elle le/la (filiforme) prépare en tirant dessus

ᐅᐙᔨᓂᒼ uwaayinim vti ◆ il/elle le prépare à la main, le vise

ᐅᐙᔨᓂᒧᐙᐤ uwaayinimuwaau vta ◆ il/elle le prépare pour lui/elle à la main, le/la vise

ᐏᔮᔅᑯᐦᐙᐤ wiyaaskuhwaau vta ◆ il/elle le prépare pour le cuire sur un bâton

ᐊᔥᑎᐦᒋᑯᓂᐦᒑᐤ ashtihchikunihchaau vai ◆ il/elle prépare quelque chose pour le cacher ou l'entreposer

ᓂᒫᔥᑖᑯᐦᒑᐤ nimaashtaakuhchaau vai ◆ il/elle prépare du poisson fumé

ᐅᐙᔨᐦᐋᐤ uwaayihaau vta ◆ il/elle le/la met en place, le/la prépare, l'assoit

ᐑᐅᑎᐦᑳᓲ wiiutihkaasuu vai reflex -u ◆ il/elle prépare sa charge, emballe ses affaires, sa nourriture, etc.

ᐅᐙᑎᓂᐦᐄᐹᐤ uwaatinihiipaau vai ◆ il/elle prépare le filet de pêche pour le mettre en place, en mettant des plombs et des flotteurs

ᓅᑎᐦᐄᐹᐤ nuutihiipaau vai [Whapmagoostui] ◆ il/elle prépare, répare, pose, vérifie un filet de pêche

ᓅᑎᓂᐦᐄᐹᐤ nuutinihiipaau vai ◆ il/elle prépare, répare, pose, vérifie un filet de pêche

ᐅᐙᔮᔅᑯᐦᐋᐤ uwaayaaskuhaau vta ◆ il/elle le/la prépare à être empaqueté sur le traîneau, il/elle prépare le poisson pour le fumer sur un bâton au-dessus du feu

préparer (se)

ᐃᔮᔅᑭᐑᔥᑎᒼ iyaaskiwiishtim vti ◆ il/elle se prépare pour ça

ᐃᔮᔅᑭᐑᐤ iyaaskiwiiu vai ◆ il/elle se prépare

ᒥᒥᓃᐤ miminiiu vai redup ◆ il/elle se prépare pour le travail ou pour un voyage

ᐅᐙᔨᔥᑎᒼ uwaayishtim vti ◆ il/elle se prépare à ce que ça arrive

ᐃᔮᔅᑭᐏᔥᑎᐙᐤ iyaaskiwishtiwaau vta ◆ il/elle l'a tout prêt pour lui/elle, il/elle se prépare pour lui/elle

ᐅᐙᔑᐦᐄᓲ uwaashihiisuu vai reflex -u ◆ il/elle se rend présentable, se prépare

près

ᓈᒋᑳᐴ naachikaapuu vai -uwi ◆ il/elle va se tenir tout près

ᓈᒋᑳᐳᐏᔥᑎᐙᐤ naachikaapuwishtiwaau vta ◆ il/elle va se tenir plus près de lui/d'elle

ᐹᔣᐱᐦᑎᒼ paashwaapihtim vti ◆ il/elle est près de ça

ᐹᔣᐱᒫᐤ paashwaapimaau vta ◆ il/elle est près de lui/d'elle

ᐊᔓᒋᐱᐦᑯᑖᐤ ashuchipihkutaau p,lieu ◆ près du feu ■ ᐊᔓᒋᐱᐦᑯᑖᐤ ᒌᐦ ᐱᒋᔅᑎᓈᐤ ᐊᓂᔮᐦ ᐅᐙᐳᔓᒻᐦ ᓈᔥᒡ ᐋᐦ ᒌᐦ ᐋᐦᒁᔥᑭᒋᔨᒡᐦ᙮ ■ ashuchipihkutaau chiih pichistinaau aniyaah uwaapushumh naashch aah chiih aahkwaashkichiyichh. ■ *Il a mis ses lapins près du feu parce qu'ils étaient congelés.*

ᒌᐦᒡ chiihch p,lieu ◆ près, près de, proche ■ ᐊᑳᐑ ᓈᔥᒡ ᒌᐦᒡ ᓃᐴᐦ ᐊᓂᑖᐦ ᐃᔥᑯᑖᐦᒡ᙮ ■ akaawii naashch chiihch niipuuh anitaah ishkutaahch. ■ *Ne reste pas trop près du feu!*

ᒌᑭᔅᒑᒡ chiikischaach p,lieu ◆ près d'un marécage ■ ᒌᑭᔅᒑᒡ ᐋᑯᑎᐦ ᑳ ᒥᒥᓈᔑᐦᑖᔮᐦᒡ᙮ ■ chiikischaach aakutih kaa miminaashihtaayaahch. ■ *On a ramassé des branches d'épinette près du marécage.*

ᒌᑭᓯᓈᒡ chiikisinaach p,lieu ◆ près d'un rocher ■ ᓈᔥᒡ ᐊᓂᑖᐦ ᒌᑭᓯᓈᒡ ᐋᑯᑎᐦ ᑳ ᑯᑎᐚᔮᐦᒡ᙮ ■ naashch anitaah chiikisinaach aakutih kaa kutiwaayaahch. ■ *Là tout près d'un rocher, on a fait un feu.*

ᓈᑎᑳᒻ naatikaam p,lieu ◆ près du rivage ■ ᓈᑎᐦ ᓈᑎᑳᒻ ᐋᑯᑎᐦ ᑳ ᐊᑯᒧᑦ ᐊᓐ ᒫᒄ᙮ ■ naatih naatikaam aakutih kaa akumut an mwaakw. ■ *Le huard nageait près du rivage.*

ᓅᐦᒋᒥᔒᔥ nuuhchimishiish p,lieu ◆ à peu de distance du rivage ■ ᓅᐦᒋᒥᔒᔥ ᒌᐦ ᐊᔥᑖᔨᐤ ᐊᓂᔮ ᐅᑑᑎᐙᐤ ᑳ ᓂᑭᑎᐦᐊᒃ᙮ ■ nuuhchimishiish chiih ashtaayiu aniyaa utuutiwaau kaa nikitihach. ■ *Ils ont laissé leur canot à faible distance du rivage.*

ᔑᔓᒡ shishuch p,lieu ◆ près du rivage ■ ᐊᓂᑖᐦ ᔑᔓᒡ ᐋᑯᑎᐦ ᑳ ᐹᒋ ᐱᒋᔅᑎᓂᒃ ᐊᓐ ᒋᑎᐦᐄᐲᓂᐤ ᑳ ᒥᓂᐦᐄᐹᔮᓐ᙮ ■ anitaah shishuch aakutih kaa paachi pichistinik an chitihiipiiniu kaa minihiipaayaan. ■ *J'ai mis ton filet près du rivage quand je l'ai sorti.*

ᓈᒋᐱᔨᐤ naachipiyiu vai ◆ il/elle va se placer tout près

ᓈᑎᓂᒻ naatinim vti ◆ il/elle le place plus près du prochain

ᓈᑎᐱᐤ naatipiu vai ◆ il/elle va s'asseoir plus près

ᓂᓈᑭᑎᐚᐱᒫᐤ ninaakitiwaapimaau vta ◆ il/elle le/la surveille de près

ᐹᔑᐦᐅᑯᔑᐤ paashihukushiu vii dim ◆ ce n'est pas loin en pagayant

ᐹᔌᐱᐦᑐᐦᑖᐤ paashwaapihtuhtaau vai ◆ il/elle les place tout près l'un de l'autre

ᐲᐦᑎᐎᑭᒫᐤ piihtiwikimaau vii ◆ le lac est près d'un autre lac

ᔒᐦᒋᔥᑭᐙᐤ shiihchishkiwaau vta ◆ il/elle porte quelque chose de trop serré; il/elle est assis-e trop près de lui

ᒌᐦᑳᐦᑎᒄ chiihkaahtikw p,lieu ◆ près d'un mur ou d'un arbre ■ ᓈᑎᐦ ᒌᐦᑳᐦᑎᒄ ᐋᑯᑎᐦ ᑳ ᐊᔥᑖᔨᒡ ᐊᓂᔮ ᐅᐎᓂᐦᐄᑭᓐ᙮ ■ naatih chiihkaahtikw aakutih kaa ashtaayich aniyaa uwinihiikin. ■ *Son piège était tout près de l'arbre.*

ᒌᑳᐱᔅᒡ chiikaapisch p,lieu ◆ près d'un rocher, d'un caillou, d'une roche ■ ᒌᑳᐱᔅᒡ ᒌᐦ ᐊᔥᑖᐤ ᐅᒥᐦᒑᔑᐎᓂᐦᐄᑭᓐ᙮ ■ chiikaapisch chiih ashtaau umihchaashiwinihiikin. ■ *Il a posé son piège à renard près du rocher.*

ᒌᑭᐦᒡ chiikihch p,lieu ◆ près du bord intérieur d'un tipi ■ ᓈᔥᒡ ᐊᓂᑖᐦ ᒌᑭᐦᒡ ᐋᑯᑖᐦ ᑳ ᐱᒋᔅᑎᓈᑦ ᐊᓂᔮᐦ ᐅᒋᔖᔮᑯᐱᒦᒻᐦ᙮ ■ naashch anitaah chiikihch aakutaah kaa pichistinaat aniyaah uchishaayaakupimiimh. ■ *Elle/il a mis sa graisse d'ours près du bord intérieur du tipi.*

ᒌᐦᑳᔥᑯᒋᒫᐤ chiihkaashkuchimaau vai ◆ il/elle pagaie près du rivage

ᒌᑳᒋᐎᓐ chiikaachiwin vii ◆ les rapides sont près du rivage

ᓈᒛᐹᒋᓂᒻ naatwaapaachinim vti ◆ deux barrages de castors sont près de la hutte parce qu'il y a une autre hutte pas loin

ᐱᐹᐦᑎᐚᔮᔥᑯᔥᑭᒻ pipaahtiwaayaashkushkim vti redup ◆ il/elle marche à côté d'une rivière, d'une route tout près des arbres

près de

ᒌᑭᑖᐅᐦᒡ chiikitaauhch p,lieu ◆ près d'une crête de sable, une colline ■ ᓈᔥᒡ ᐊᓂᑖᐦ ᒌᑭᑖᐅᐦᒡ ᐋᑯᑎᐦ ᑳ ᐹᒋ ᐃᔨᐚᔑᔮᐦᒡ ᑳ ᓈᒋᐎᑖᔮᐦᒡ᙮ ■ naashch anitaah chiikitaauhch aakutih kaa paachi iyiwaashiyaahch kaa naachiwitaayaahch. ■ *Nous nous sommes reposés tout près d'une crête de sable quand nous sommes allés chercher du bois.*

près de l'eau

ᓈᓯᐹᑎᒥᐦᒡ naasipaatimihch p,lieu ◆ au bord de l'eau, près de l'eau ■ ᓈᔥᒡ ᐋᐦ ᒥᐦᒑᑎᒡ ᒋᔮᔥᑯᒡ ᓈᑖᐦ ᓈᓯᐹᑎᒥᐦᒡ᙮ ■ naashch aah mihchaatich chiyaashkuch naataah naasipaatimihch. ■ *Il y a beaucoup de mouettes au bord de l'eau.*

présage

ᐱᐹᐙᒥᑭᓐ pipaawaamikin vii ◆ c'est un présage

ᒫᔮᓯᓂᒻ maayaasinim vti ◆ il/elle voit un mauvais présage

ᐱᐹᐙᔮᔨᐦᑎᒻ pipaawaayaayihtim vti ◆ il/elle croit que c'est un bon présage pour lui/elle

ᐱᐹᐙᔮᔨᒫᐤ pipaawaayaayimaau vta ◆ il/elle croit que c'est un bon présage pour lui/elle

présager

ᓃᑳᓈᐱᐦᑎᒻ niikaanaapihtim vti ◆ il/elle le présage

ᓃᑳᓈᔮᐱᒫᐤ niikaanaayaapimaau vta ◆ il/elle le/la présage

présence

ᐊᒫᐦᑖᐤ amaahtaau vta ◆ il/elle effraie et fait s'enfuir le gibier de cet endroit par sa présence

ᓂᒫᐦᑖᐤ nimaahtaau vai ◆ il/elle laisse des traces de sa présence, de son passage

ᐹᑖᓯᐲᐤ paataasipiiu vii ◆ ça indique la présence d'animaux (ex. le mouvement de l'eau du trou dans la glace)

ᓰᑤᔨᒫᐤ siitwaayimaau vta ◆ il/elle est réconforté-e par sa présence

ᐊᒥᑎᓲ amitisuu vai -u ◆ il/elle est conscient-e de la présence d'un esprit
ᐄᑎᒥᒋᔫᐦᑎᒼ iitimichishuushtim vti ◆ il/elle ressent une présence spirituelle
ᐄᑎᒥᒋᔫᐦᑎᐙᐤ iitimichishuushtiwaau vta ◆ il/elle le/la ressent (une présence spirituelle)
ᓂᑑᓂᒫᐦᑖᐤ nituunimaahtaau vai+o ◆ il/elle examine le piège à castor pour voir s'il y a des traces de la présence des castors autour du piège

présentable

ᐅᐙᔑᐦᐄᓲ uwaashihiisuu vai reflex -u ◆ il/elle se rend présentable, se prépare

préserver

ᓂᐦᑖᐅᒋᐦᐋᐤ nihtaauchihaau vta ◆ il/elle le/la cultive (des baies), le/la préserve

presque

ᒑᑳᑦ chaakaat p,manière ◆ presque ■ ᒑᑳᑦ ᒨᔥ ᓂᐙᐱᐦᑖᐤ ᐋᐙᓐ ᒑᔅᑐᐦᑖᔮᓐ. ■ chaakaat muush niwaapihtaau awaan chaastuhtaayaan. ■ *Je vois des traces d'animaux presque à chaque fois que je sors.*
ᒥᐦᑎᐙᒡ mihtiwaach p,quantité ◆ presque tout
ᐱᔥᐱᓂᑖᐤ pishpinitaau vta ◆ il/elle le/la met en danger, en vient presque à lui causer des dommages sérieux, l'atteint presque (ex. un orignal)
ᐱᔥᐱᓂᑎᒼ pishpinitim vti ◆ il/elle le fait à peine, l'atteint presque

pressé

ᓂᓂᐦᑑ ninihtuu vai redup -u ◆ il/elle est distrait-e et pressé-e de partir

pressentir

ᒨᔑᐦᑖᐤ muushihtaau vai+o ◆ il/elle le sent, le pressent

presser

ᐊᑯᓈᐤ akunaau vta ◆ il/elle l'appuie sur quelque chose en pressant dessus
ᐊᑯᓂᒼ akunim vti ◆ il/elle le presse sur quelque chose
ᐄᔨᒋᓈᐤ iiyichinaau vai ◆ il/elle le/la presse pour le/la faire sortir
ᐄᔨᒋᓂᒼ iiyichinim vti ◆ il/elle le presse pour le faire sortir
ᒫᒫᑯᔥᑭᐙᐤ maamaakushkiwaau vta ◆ il/elle le/la presse, l'aplatit du pied
ᔖᐱᐯᐙᓈᐤ shaapipwaanaau vai ◆ il/elle le/la presse pour le/la faire passer
ᓰᓂᒼ siinim vti ◆ il/elle le presse en faisant glisser sa main
ᓰᓂᐹᑎᔥᑭᒼ siinipaatishkim vti ◆ il/elle le presse pour en faire sortir le liquide avec son pied ou son corps
ᓰᓂᐹᑎᔥᑭᐙᐤ siinipaatishkiwaau vta ◆ il/elle le/la presse pour faire sortir le liquide avec son pied ou son corps
ᓰᓂᐱᑎᒼ siinipitim vti ◆ il/elle le presse en tirant dessus
ᐊᒀᐱᔅᒋᓈᐤ akwaapischinaau vta ◆ il/elle le presse contre du métal brûlant
ᒫᑯᓂᒼ maakunim vti ◆ il/elle le saisit, le presse
ᒫᑯᔥᑭᒼ maakushkim vti ◆ il/elle presse dessus avec son pied ou son corps
ᒫᑯᔥᑭᐙᐤ maakushkiwaau vta ◆ il/elle lui presse dessus avec son pied ou son corps
ᒫᒫᑯᓈᐤ maamaakunaau vta ◆ il/elle le/la pétrit, le/la presse, l'aplatit
ᒫᒫᑯᓂᒼ maamaakunim vti ◆ il/elle le presse, le pétrit
ᓂᐱᐦᐄᒑᔥᑭᐙᐤ nipihiichaashkiwaau vta ◆ il/elle le/la tue en pressant avec son pied ou son corps
ᓂᐹᑭᐦᐙᐤ nipwaakihwaau vta ◆ il/elle le/la plie (étalé) en pressant dessus
ᔒᐦᒋᒫᐤ shiihchimaau vta ◆ il/elle le/la presse, insiste auprès de lui/d'elle
ᑎᑯᐦᐊᒼ tikuham vti ◆ il/elle met quelque chose dessus, l'aplatit, le presse avec quelque chose
ᐌᓈᐤ ywaanaau vta ◆ il/elle le/la comprime, le/la presse
ᐌᓂᒼ ywaanim vti ◆ il/elle le comprime, le presse
ᐊᒀᐱᔅᒋᓂᒼ akwaapischinim vti ◆ il/elle l'appuie en pressant contre du métal brûlant
ᒫᒫᑐᓂᒼ maamaatunim vti ◆ il/elle le sent en le touchant ou en pressant dessus
ᒫᒫᑐᓂᓈᐤ maamaatuninaau vta ◆ il/elle le/la sent en le/la touchant ou en pressant dessus

pression

ᓯᒋᐹᒋᑭᓐ sichipaachikin ni ◆ un bouton à pression
ᓃᑭᑖᐅᐦᒋᐹᐤ niikitaauhchipaau vii ◆ ça glisse dans l'eau ou dans le trou à cause de la pression de l'eau (ex. du sable, de la terre)

prêt

ᒧᓯᓈᑯᓐ musinaakun vii ◆ c'est loin d'être prêt ■ ᑖᐹ ᐋᔥᒄ ᒧᓯᓈᑯᓐ ᐊᓐ ᓂᐱᒥᓂᐙᓐ ᑳ ᑯᒋᔅᒋᓂᐙᑎᒫᓐ. ■ taapaa aashkw musinaakun an nipiminiwaan kaa kuchischiniwaatimaan. ■ *j'ai vérifié la cuisson et c'est loin d'être prêt.*
ᐃᔮᔅᑭᐎᔥᑖᐤ iyaaskiwishtaau vai+o ◆ il/elle l'a tout prêt à l'avance
ᐃᔮᔅᑭᐎᔥᑖᐤ iyaaskiwishtaau vii ◆ c'est prêt à l'avance
ᐃᔮᔅᑭᐎᔥᑎᐙᐤ iyaaskiwishtiwaau vta ◆ il/elle l'a tout prêt pour lui/elle, il/elle se prépare pour lui/elle
ᒧᓯᓈᑯᓯᐤ musinaakusiu vai ◆ il/elle est loin d'être prêt-e, est immature (utilisé à la forme négative) ■ ᐋᔥᒄ ᓂᒥ ᒧᓯᓈᑯᓯᐎᒡ ᔒᔒᐱᔑᔑᒡ ᑳ ᐙᐱᒥᒀᐤ. ■ aashkw nimi musinaakusiwich shiishiipishishich kaa waapimikwaau. ■ *Les canetons que j'ai vus sont encore très petits pour cette époque de l'année.*
ᓈᐦᐹᒥᔥᑖᐤ naahpaamishtaau vai ◆ il/elle le dispose pour qu'il soit tout prêt et disponible

ᓂᓈᐦᐹᒦᐤ ninaahpaamiiu vai redup ◆ il/elle se rend prêt-e et accessible

ᓂᓈᐦᐹᒥᑳᐴ ninaahpaamikaapuu vai redup -uwi ◆ il/elle est prêt-e et accessible

ᑎᐹᐱᐦᑎᒼ tipaapihtim vti ◆ il/elle regarde pour voir où ça en est, si c'est prêt ou pas

ᐅᐚᔮᐱᐦᒑᓈᐤ uwaayaapihchaanaau vta ◆ il/elle le/la (filiforme) le prépare à la main, le tient tout prêt

ᐅᐚᔩᑳᐴ uwaayikaapuu vai -uwi ◆ il/elle est prêt-e, debout ou dressé-e

ᐅᐚᔪᐚᔨᒨ uwaayuwaayimuu vai -u [Wemindji] ◆ il/elle se sent prêt

ᐃᔮᐢᑭᐏᐱᐤ iyaaskiwipiu vai ◆ il/elle est déjà assis là, posé là, tout prêt

ᓈᐦᐹᒥᔥᑖᐤ naahpaamishtaau vii ◆ c'est installé, prêt et disponible

ᓂᓈᐦᐹᒥᐦᐋᐤ ninaahpaamihaau vta redup ◆ il/elle l'expose, prêt-e et disponible

ᓂᓈᐦᐹᒥᓈᐤ ninaahpaaminaau vta redup ◆ il/elle le/la tient prêt-e et disponible

ᓂᓈᐦᐹᒥᓂᒼ ninaahpaaminim vti redup ◆ il/elle le tient prêt et disponible

prétendre

ᐄᑎᐚᑏᓲ iitiwaatiisuu vai -u ◆ il/elle prétend être quelqu'un ou quelque chose

ᓂᑑᐦᐆᐦᑳᓲ nituuhuuhkaasuu vai -u ◆ il/elle fait semblant d'aller à la chasse

ᐹᐦᐱᐦᑳᓲ paahpihkaasuu vai -u ◆ il/elle fait semblant de rire

ᑭᒑᐦᑖᐚᐦᑳᓲ kichaahtaawaahkaasuu vai -u ◆ il/elle fait semblant de parler avec sagesse

prêter

ᐊᐅᐦᐋᐤ auhaau vta ◆ il/elle le lui prête

ᐊᐅᐦᐄᐚᐤ auhiiwaau vai ◆ il/elle prête

prévenir

ᐃᔮᒁᒥᒫᐤ iyaakwaamimaau vta ◆ il/elle le/la prévient, l'avertit

ᓂᔑᐎᓈᒋᒫᐤ nishiwinaachimaau vta ◆ il/elle le/la prévient d'un désastre à venir et il a lieu

prévoyance

ᓃᑳᓈᐱᐦᑎᒧᐎᓐ niikaanaapihtimuwin ni ◆ la prévoyance

prier

ᐊᔨᒥᐦᒌᑳᔥᑎᒧᐚᐤ ayimihchikaashtimuwaau vta ◆ il/elle prit pour lui/elle

ᓂᑐᑎᒫᔥᑎᒫᒑᐤ nitutimaashtimaachaau vai ◆ il/elle prie pour quelqu'un d'autre

ᐊᔨᒥᐦᐋᔥᑎᐚᐤ ayimihaashtiwaau vta ◆ il/elle lui adresse une prière, il/elle prie

ᐊᔨᒥᐦᒌᑳᐤ ayimihchikaau vai ◆ il/elle prie, lit

prière

ᐊᔨᒥᐦᐋᐅᓯᓂᐦᐄᑭᓐ ayimihaausinihiikin ni ◆ un livre de prières

ᐊᔨᒥᐦᐋᐎᓐ ayimihaawin ni ◆ une prière, une religion

ᐊᔨᒥᐦᐋᔥᑎᐚᐤ ayimihaashtiwaau vta ◆ il/elle lui adresse une prière, il/elle prie

prince

ᒋᔥᒍᒋᒫᔑᔥ chishchuchimaashish na dim -im ◆ un prince

princesse

ᒋᔥᒍᒋᒫᔥᒁᔑᔥ chishchuchimaashkwaashish na -iim ◆ une princesse

principal

ᒋᔥᑖᔥᑎᒄ chishtaashtikw ni ◆ la partie principale de la rivière, le bras principal de la rivière ■ ᓈᔥᒡ ᐋᑳ ᔖᒫᒡ ᐅᐦᒋ ᒥᔥᑭᐏᑎᐦᒡ ᐊᓂᑖᐦ ᒋᔥᑖᔥᑎᑯᐦᒡ᙮ ■ naashch aakaa shaamaach uhchi mishkiwitihch anitaah chishtaashtikuhch. ■ *Le bras principal de la rivière a mis longtemps à geler.*

printemps

ᒥᔪᐢᑭᒥᐤ miyuskimiu vii ◆ c'est le printemps, le temps de la fonte des neiges

ᓰᑯᓐ siikun vii ◆ c'est le printemps

ᐊᐅᓯᓰᑯᓂᐦᒡ ausisiikunihch p,temps ◆ le printemps d'il y a deux ans ■ ᐊᐅᓯᓰᑯᓂᐦᒡ ᐋᑯᑎᐦ ᑳ ᐎᔨᐑᑦ ᐊᓐ ᒫᐦᒋᒡ ᓅᔑᔑᒥᔥ᙮ ■ ausisiikunihch aakutih kaa wiyiwiit an maahchich nuushishimish. ■ *Mon dernier petit-enfant a eu sa cérémonie de première marche au printemps il y a deux ans.*

ᐃᐢᑭᓂᓰᑯᓐᐦ iskinisiikunh p,temps ◆ tout le printemps ■ ᐃᐢᑭᓂᓰᑯᓐᐦ ᒌᐦ ᓂᐱᐦᐋᑭᓂᐤ ᐱᔮᓯᐤ᙮ ■ iskinisiikunh chiih nipihaakiniu piyaasiu. ■ *La chasse à l'oie a été bonne tout le printemps.*

ᓵᑯᐦᒡ saakuhch p,temps ◆ au printemps dernier

ᓰᑯᓂᐦᒡ siikunihch p,temps ◆ le printemps dernier ■ ᓈᔥᒡ ᐋᐦ ᒌᐦ ᓂᐱᐦᐋᑭᓂᐑᑦ ᓂᐢᒃ ᓰᑯᓂᐦᒡ᙮ ■ naashch aah chiih nipihaakiniwit nisk siikunihch. ■ *On a tué beaucoup d'oies le printemps dernier.*

ᐲᓯᓰᑯᓐ piisisiikun vii ◆ c'est un long printemps

ᔖᐹᔮᐤ shaapaayaau vii ◆ de l'eau apparaît sur les lacs et les rivières au printemps

ᔒᐲᔑᔥᑭᒥᑭᐎᔑᐤ shiipiishishkimikiwishiu vii dim ◆ c'est un ruisseau de printemps

ᓰᑯᓈᔮᐤ siikunaayaau vii ◆ c'est un temps printanier

ᓰᑯᓂᐦᒁᐤ siikunihkwaau vai ◆ il/elle a le visage bronzé au printemps

ᓰᑯᓂᐦᑖᐤ siikunihtaau vai ◆ il/elle passe le printemps dans un certain endroit

ᓰᑯᓂᔑᐤ siikunishiu vai ◆ il/elle est forcé-e de passer le printemps à un certain endroit

ᐅᐢᒋᒥᔪᐢᑭᒥᐤ uschimiyuskimiu vii ◆ c'est le début du printemps

ᐑᒋᓰᑯᓂᐦᑖᒫᐤ wiichisiikunihtaamaau vta ◆ il/elle passe le printemps avec lui/elle

ᒧᔖᐹᔮᐤ mushaapaayaau vii ◆ c'est de l'eau libre au printemps

ᒨᐢᒋᐢᑯᑖᐤ muuschiskutaau vii ◆ la glace n'a plus de neige dessus au printemps

ᐹᔓᓰᑯᓐ paashusiikun vii ◆ c'est un printemps bref; ce printemps ne dure pas longtemps

·ᐚᐦᐄᑖᐅᐦᒌᓈᐦᐊᒻ **waahiitaauhchiinaaham** vti ◆ il/elle pagaie le long du rivage là où il y a de l'eau libre au printemps

·ᐚᔩᑖᐅᐦᒌᐤ **waayitaauhchiiu** vii ◆ ce sont les premiers signes de la fonte des glaces le long de la rive au printemps

·ᐄᔥᒋᑭᔥᑭᐧᐃᓐ **wishchikishkiwin** vii ◆ des nuage noirs apportent la neige, la pluie ou un temps froid au printemps

·ᐃᔨᐹᔮᐤ **wiyipaayaau** vii ◆ c'est une aire qui est inondée quand la neige fond au printemps

ᒫᑖᑯᐦᑖᐤ **maataakuhtaau** vii ◆ le temps doux au printemps commence à faire fondre la neige

ᔖᔒᑭᐹᔮᑯᐦᑖᐤ **shaashiikipaayaakuhtaau** vii ◆ la neige fond en formant de petites pointes au printemps

ᐊᔥᑐᐧᐃᓵᒫᐦᑎᑯᒡ **ashtuwisaamaahtikuch** na pl -um ◆ du bois coupé pour les cadres de raquettes au printemps et gardé sous terre jusqu'à l'automne

ᐹᑎᐹᐱᔨᐤ **paatipaapiyiu** vii ◆ le niveau d'eau augmente dans la rivière à cause de la pluie, de la fonte des neiges au printemps; la marée va et vient à des intervalles plus rapides que d'habitude

pris

ᓂᒁᓱ **nikwaasuu** vai -u ◆ il/elle est pris-e dans un collet

ᒥᒋᒧᐹᒋᔑᓐ **michimupaachishin** vai ◆ il/elle est coincé-e, pris-e dans la neige molle sur la glace

ᒥᒍᒥᐹᒋᔑᓐ **michumipaachishin** vai ◆ il/elle est prise, coincé-e dans la neige molle sur la glace

ᓅᐦᑖᐱᐳᓂᔑᐤ **nuuhtaapipunishiu** vai ◆ il/elle est prise là par la venue de l'hiver avant d'atteindre sa destination

prise

ᓃᒋᓈᐤ **niichinaau** vta ◆ il/elle relâche sa prise sur lui/elle

ᓃᑳᐱᐦᒑᐱᑎᒻ **niikaapihchaapitim** vti ◆ il/elle relâche sa prise en le tirant

ᓱᐦᑭᓐ **suhkin** vii ◆ ça a une bonne prise (ex. un piège)

ᓃᒋᓂᒻ **niichinim** vti ◆ il/elle relâche sa prise, diminue sa vitesse

ᓲᐦᒋᓂᔅᒑᐤ **suuhchinischaau** vai ◆ il/elle a une bonne poigne, une prise solide

prison

ᒋᐱᐦᐅᑑᑭᒥᒄ **chipihutuukimikw** ni ◆ une prison

ᒋᐳᐦᐙᐤ **chipuhwaau** vta ◆ il/elle le/la ferme; il/elle le referme sur lui/elle; il/elle le met en prison; il/elle l'éteint

prisonnier

ᒋᐳᐦᐙᑭᓐ **chipuhwaakin** na ◆ un prisonnier

prix

·ᐄᔨᒋᐦᑎᒻ **wiiyichihtim** vti ◆ il/elle lui assigne un prix

·ᐃᔨᒋᒫᐤ **wiyichimaau** vta ◆ il/elle en fixe le prix

·ᐚᐦᑎᒋᐦᑖᑯᓐ **waahtichihtaakun** vii ◆ c'est pas cher

·ᐚᐦᑎᒋᐦᑖᑯᓯᐤ **waahtichihtaakusiu** vai ◆ il n'est pas cher, elle n'est pas chère, ce n'est pas cher (animé)

·ᐚᐦᑎᒋᐦᑖᓲ **waahtichihtaasuu** vai -u ◆ il/elle baisse ses prix

·ᐚᐦᑎᒋᐦᑎᒻ **waahtichihtim** vti ◆ il/elle en baisse le prix

ᐄᐦᑭᒋᔥᑎᒻ **iihkichistim** vti ◆ il/elle en augmente le prix, la durée

ᐄᐦᑭᒋᔥᑎᒧᐙᐤ **iihkichistimuwaau** vta ◆ il/elle en augmente le prix, la durée pour lui/elle

·ᐚᐦᑎᑖᐙᐤ **waahtitaawaau** vai ◆ il/elle a des ventes, des prix assez bas

problème

ᐋᐦᒁᒋᐱᔨᐦᑖᐤ **aahkwaachipiyihtaau** vai ◆ il/elle a un gros trou dans ses vêtements, il/elle cause un gros problème

ᓈᓂᑑᑐᔮᓲ **naanituutuyaasuu** vai reflex redup -u ◆ il/elle se cause des problèmes

ᐅᔥᑖᐱᔨᐦᑖᐤ **ushtaapiyihtaau** vai ◆ il/elle cause des problèmes

·ᐃᔥᑖᐱᔨᐦᐋᐤ **wishtaapiyihaau** vta ◆ il/elle lui cause des problèmes

procès

ᑎᐹᔅᑯᓂᒑᐤ **tipaaskunichaau** vai ◆ il/elle fait tenir un procès, le/la traîne en justice

proche

ᒌᐦᒡ **chiihch** p,lieu ◆ près, près de, proche ■ ᐊᑲᐧᐄ ᓈᔥᒡ ᒌᐦᒡ ᓃᐴᐦ ᐊᓂᑖᐦ ᐃᔥᑯᑖᐦᒡ. ■ **akaawii naashch chiihch niipuuh anitaah ishkutaahch.** ■ *Ne reste pas trop près du feu!*

ᐹᔖᐙᒋᐧᐃᓐ **paashwaawaachiwin** vii ◆ le son des rapides est proche

procurer

ᒦᒋᓱᐦᐋᐤ **miichisuhaau** vta ◆ il/elle lui procure de la nourriture

produire

ᒌᐦᑳᐙᐱᔨᐦᐋᐤ **chiihkaawaapiyihaau** vta ◆ il/elle lui fait produire un son clair

professeure

ᒋᔅᑯᑎᒫᒑᓯᐤ **chiskutimaachaasiu** na -iim ◆ un professeur, une professeure, un enseignant, une enseignante

profiter

·ᐚᔥᐱᓂᒋᐦᐤ **waashpinichihuu** vai -u ◆ il/elle en profite

·ᐃᔨᒑᔨᐦᑖᑯᓯᐤ **wiyichaayihtaakusiu** vai ◆ c'est bien dommage de ne pas profiter de lui/d'elle; quel gâchis pour lui/elle; il/elle n'a pas réalisé son potentiel

profond

ᒦᓈᔮᑎᒦᐤ **miinaayaatimiiu** vii ◆ c'est le seul endroit où l'eau est profonde

ᒥᓈᑎᒦᐤ **minaatimiiu** vii ◆ c'est un endroit où l'eau est profonde

ᒨᑖᔮᐦᑭᑎᓯᒻ **muutaayaahkitisim** vti ◆ il/elle fait sécher la viande assez profondément

ᒨᑖᔮᐦᑭᑎᔂᐤ muutaayaahkitiswaau vta ◆ il/elle le/la fait sécher assez profondément

ᒨᑖᔮᐤ muutaayaau vii ◆ c'est un creux, une dépression profonde

ᓃᐦᑖᒥᔅᒋᐱᔩᐤ niihtaamischipiyiu vai ◆ il/elle tombe dans la partie profonde d'une étendue d'eau

ᓃᐦᑖᒥᔅᑳᐤ niihtaamiskaau vii ◆ c'est la partie profonde d'une étendue d'eau

ᑎᒦᐤ timiiu vii ◆ l'eau est profonde

ᒌᔥᑳᑎᒦᐤ chiishkaatimiiu vii ◆ l'eau est profonde près du rivage

ᒨᑖᐦᑎᓐ muutaahtin vii ◆ c'est une rivière profonde, un torrent profond

profonde

ᒋᔅᐱᑳᑯᓂᑳᐤ chispikaakunikaau vii ◆ la neige est profonde

ᑎᒥᔮᑯᓂᑳᐤ timiyaakunikaau vii ◆ la neige est profonde

ᑎᒥᔮᔅᑯᓐ timiyaaskun vii ◆ la neige est profonde sur la glace

profondément

ᐳᐚᐦᑖᐤ puwaahtaau vai ◆ il/elle dort profondément sans distractions (utilisé à la forme négative) ▪ ᐋᑦ ᓈᔥᒡ ᐃᔮᔨᒥᓯᓈᓂᐎᔨᒡ ᐋᐦ ᐐᐦ ᐴᓯᓈᓂᐎᔨᒡ, ᓈᔥᑎᔨᒡ ᓂᒥ ᐱᐳᐚᐦᑖᐤ. ▪ aat naashch iyaayimisinaaniwiyich aah wiih puusinaaniwiyich, naashtiyich nimi pipuwaahtaau. ▪ *Même quand il y a beaucoup de bruit dû aux préparatifs du départ en canot, elle/il dort encore profondément.*

ᔖᐳᐦᒁᒨ shaapuhkwaamuu vai -u ◆ il/elle est profondément endormi-e

profondément de

ᐅᔑᑯᐦᐋᐤ ushikuhaau vta ◆ il/elle le/la blesse profondément

profondeur

ᐄᔅᑯᐹᐤ iiskupaau vai ◆ il/elle est plongé-e jusqu'à une certaine profondeur dans un liquide

ᐄᔅᒁᑯᓈᐤ iiskwaakunaau vai ◆ il/elle est enfoncé-e dans la neige à une certaine profondeur

ᐄᔅᐱᐦᑖᑭᒥᐤ iispihtaakimiu vii ◆ c'est une certaine quantité, profondeur de liquide

ᐄᔅᐱᐦᑖᑯᓂᑳᐤ iispihtaakunikaau vii ◆ la neige a une certaine profondeur

ᐄᔅᐱᐦᑖᑎᒦᐤ iispihtaatimiiu vii ◆ l'eau a une certaine profondeur

ᐃᔅᐱᐦᑖᑎᒦᐤ ispihtaatimiiu vii ◆ l'eau a une certaine profondeur

ᐃᔅᐱᐦᑎᐹᑭᓐ ispihtipaakin vii ◆ l'eau a la bonne profondeur pour voyager, pour placer et vérifier le filet de pêche

ᒥᔂᑎᒦᐤ miywaatimiiu vii ◆ l'eau a la bonne profondeur

ᑯᑖᑎᒧᐚᐦᐊᒻ kutaatimuwaaham vti ◆ il/elle vérifie la profondeur de l'eau avec un poteau

progressivement

ᐋᔨᒥᐦᐋᐤ aayimihaau p,manière ◆ lentement et progressivement ▪ ᒥᒄ ᐋᔨᒥᐦᐋᐤ ᓂᒌᐦ ᐱᒧᐦᑖᓐ ᑳ ᔖᑭᒋᐚᔮᓐ. ▪ mikw aayimihaau nichiih pimuhtaan kaa shaakichiwaayaan. ▪ *J'ai gravi la pente lentement et progressivement.*

proie

ᓂᑯᑎᓲ nikutisuu vai -u ◆ il/elle va chercher sa proie à l'endroit où il l'a tuée

promener

ᐱᐹᒧᐦᑎᐦᐋᐤ pipaamuhtihaau vta redup ◆ il/elle se promène avec lui, l'emmène se promener, le promène

promener (se)

ᐱᐹᒧᐦᑖᐤ pipaamuhtaau vai redup ◆ il/elle se promène

ᑭᒑᑭᓵᒫᐤ kichaakisaamaau vai redup ◆ il/elle se promène en raquettes

promise

ᐊᔥᑤᐎᓐ ashtwaawin na ◆ une jeune fille promise ou fiancée dès son jeune âge, quelque chose mis de coté pour l'utiliser plus tard

promouvoir

ᐄᑖᔅᑯᓈᐤ iitaaskunaau vta ◆ il/elle le/la tient, le/la pointe d'une certaine façon (se dit de quelque chose d'animé long et rigide), il/elle le/la condamne, promeut, rétrograde

prononcé

ᓱᐦᒋᔅᐱᑯᓐ suhchispikun vii ◆ le goût en est fort, prononcé

prophète

ᐅᒋᔅᒋᐚᐦᐄᒑᐤ uchischiwaahiichaau na -aam ◆ un ou une prophète

prophétie

ᒋᔅᒋᐚᐦᐄᒑᐎᓐ chischiwaahiichaawin ni ◆ une prophétie

proportionné

ᓂᐦᐋᐅᓰᐤ nihaausiiu vai ◆ il/elle ne prend pas beaucoup de place, est petit-e, bien proportionné-e

propre

ᑎᐱᔨᐗ tipiyiwaa p,manière ◆ son propre ▪ ᐐᔨ ᑎᐱᔨᐗ ᐆᑐᑦ ᒌᐦ ᐋᐱᑎᓂᔨᐤ ᑳ ᓂᑎᐦᐄᑭᓂᐎᔨᒡ. ▪ wiiyi tipiyiwaa uutut chiih aapitiniyiu kaa nitihiikiniwiyich. ▪ *Son propre canot a été utilisé pour remonter la rivière.*

ᐱᔮᐦᒋᓰᐤ piyaahchisiiu vai ◆ il/elle est propre, pur-e

ᐱᔮᐦᑳᑭᒥᐤ piyaahkaakimiu vii ◆ c'est de l'eau propre

ᐱᔮᐦᑭᓐ piyaahkin vii ◆ c'est propre et pur

ᐚᔅᑭᒫᑯᓂᑳᐤ waaskimaakunikaau vii ◆ la neige est propre, brillante

ᒥᔪᓯᑯᓯᐤ miyusikusiu vai ◆ la glace est claire et propre, bonne pour en faire de l'eau potable

propriétaire

ᑎᐲᐚᐅᓰᐤ tipiiwaausiiu vai ◆ il/elle est le propriétaire de quelque chose

propulser (se)

ᐄᐦᑳᐢᑭᐦᐅᓲ iihkaaskihusuu vai reflex -u ◆ il/elle se propulse avec un bâton dans un canot

prospérer

ᒥᔾᐚᐱᒫᐅᓰᐤ miywaapimaausiiu vai ◆ il/elle prospère

prosterner (se)

ᓂᐧᐃᒌᔥᑎᐧᐋᐤ niwichiishtiwaau vta ◆ il/elle lui fait la révérence, la/le salue; il/elle se prosterne devant elle/lui pour l'adorer

protecteur

ᐅᑭᓂᐧᐋᔨᒧᐧᐋᐤ ukiniwaayimuwaau na ◆ un protecteur, une protectrice, un gardien, une gardienne

protection

ᒧᔖᔑᓐ mushaashin vai ◆ il/elle est couché-e découvert, sans protection

protéger

ᐊᐢᐱᓈᐤ aspinaau vta ◆ il/elle le/la prend mais en utilisant quelque chose pour protéger ses mains

ᐊᐢᐱᓂᒼ aspinim vti ◆ il/elle le prend mais en utilisant quelque chose pour protéger ses mains

ᐊᐢᐱᐢᒋᒫᐤ aspischimaau vai ◆ il/elle utilise quelque chose pour protéger ses raquettes de la saleté

ᐄᑎᔑᒨ iitishimuu vai -u ◆ il/elle s'enfuit pour se protéger

ᓈᑎᔑᒧᔥᑎᐧᐋᐤ naatishimushtiwaau vta ◆ il/elle s'enfuit vers lui/elle pour être protégé-e

ᐊᐢᐱᐦᐱᒋᑭᓐ aspihpichikin ni ◆ un morceau de bois pour protéger la lame d'un couteau croche

proue

ᓃᔥᑖᒧᑎᐦᑯᐦᒡ niishtaamutihkuhch p,lieu ◆ la proue d'un bateau ou d'un canot

ᓃᔥᑖᒧᑎᑯᐦᒡ niishtaamutikuhch p,lieu ◆ la proue, l'avant du canot ou du bateau ■ ᐊᓂᑖᐦ ᓃᔥᑖᒧᑎᑯᐦᒡ ᐋᑯᑎᐦ ᑳ ᒋᒥᑖᑦ ᐅᐹᐢᒋᓯᑭᓐᐦ᙮ ■ anitaah niishtaamutikuhch aakutih kaa chimitaat upaaschisikinh. ■ *Elle/Il met ses fusils à l'avant du canot.*

provenir

ᐅᐦᒋ uhchi p,lieu ◆ de, provenir de ■ ᐊᓂᑖᐦ ᐅᐦᒋ ᐧᐋᐢᑳᐦᐄᑭᓂᔑᔑᐦᒡ ᐋᑯᑖᐦ ᑳ ᐅᐦᒋᐱᔨᒡ ᐊᓐ ᑎᐹᒋᒧᐧᐃᓐ᙮ ■ anitaah uhchi waaskaahiikinishihch aakutaah kaa uhchipiyich an tipaachimuwin. ■ *Cette histoire provient de Waskaganish.*

ᐱᑐᑖᐱᐦᑖᐤ pitutaapihtaau vai ◆ il/elle s'écarte , provient de quelque chose

ᐅᐦᒌᐤ uhchiiu vai ◆ il/elle vient de là, a son origine là, prend sa source là

ᐊᐦᑎᐧᑖᑎᒼ ahtitwaatim vti ◆ le bruit qu'il/elle émet (sa voix) provient d'une certaine direction

ᐱᔨᔨᐦᑖᐧᐋᐱᔨᐤ piyiyihtaawaapiyiu vii ◆ le son provient clairement de là

ᐅᐦᑎᐧᑖᑎᒼ uhtitwaatim vti ◆ le bruit qu'elle fait avec sa voix provient de là-bas

ᐅᐦᑎᐧᑖᐧᐋᑖᐤ uhtitwaawaataau vai ◆ la détonation provient de cette direction

ᐅᑎᐦᐧᑖᐧᐋᐦᐄᒑᐤ utihtwaawaahiichaau vai ◆ le bruit qu'elle fait en frappant provient de cette direction

provision

ᓃᒫᐧᐃᓐ niimaawin ni ◆ des provisions de bouche, de la nourriture de voyage

provisions

ᒧᐧᐋᐱᐤ muwaapiu vai ◆ il/elle va s'approvisionner en véhicule

ᓂᑎᐦᐅᑖᓲ nitihutaasuu vai -u ◆ il/elle emporte des provisions vers l'intérieur des terres en canot

pruneau

ᔫᒥᓂᔥ shuuminish na -im ◆ un raisin sec, un pruneau

puant

ᐧᐄᓂᑖᐤ wiinitaau vai ◆ il/elle fait un rôt puant qui provient d'aigreurs d'estomac

publier

ᑖᐧᐸᑖᐤ taapwaataau vta ◆ il/elle l'appelle, publie les bancs de leur mariage

puer

ᐧᐄᓂᒫᑯᓐ wiinimaakun vii ◆ ça sent mauvais, ça pue

ᐧᐄᓂᒫᑯᓯᐤ wiinimaakusiu vai ◆ il/elle sent mauvais, pue

ᐧᐄᓂᔑᐦᑯᓈᐅᒫᑯᓐ wiinishihkunaaumaakun vii ◆ ça pue des pieds

ᒌᐦᑳᒫᑯᓯᐤ chiihkaamaakusiu vai ◆ il/elle sent fort, pue ■ ᓈᔥᒡ ᐋᐦ ᒌᐦ ᒌᐦᑳᒫᑯᓯᑦ ᔑᑳᒄ ᑳ ᐹᒋ ᐱᒥᐱᔨᔫᐧᐃᒋᐦᐟ᙮ ■ naashch aah chiih chiihkaamaakusit shikaakw kaa paachi pimipiyiyuwichiht. ■ *La mouffette sentait vraiment fort quand nous conduisions.*

ᐧᐄᓂᔑᐦᑯᓈᐤ wiinishihkunaau vai ◆ il/elle pue des pieds, des orteils

puis

ᐋᑯᐦ aakuh p,conjonction ◆ pis, puis ■ ᑳᐦ ᒌᔑᒦᒋᓱᔮᐦᒡ ᐋᑯᐦ ᒦᓐ ᐊᑎ ᒋᔅᑐᐦᑖᔮᐦᒡ᙮ ■ kaah chiishimiichisuyaahch aakuh miin aati chistuhtaayaahch. ■ *On a fini de manger, puis on a continué sur notre chemin.*

puisque

ᓂᑎᐧᐋᒡ nitiwaach p,conjonction [Wemindji] ◆ puisque (action alternative due aux circonstances) ■ ᐋᑳ ᑏᐧᐋᐦᒡ ᐅᐦᒋ ᒌᐦ ᐹᐱᔨᔨᒡ ᓂᑎᐧᐋᒡ ᓃᔮᓐ ᓈᑖᐦ ᑳ ᐃᔅᐱᔨᔫᐧᐃᒋᐦᐟ᙮ ■ aakaa tiiwaahch uhchi chiih paapiyiyich nitiwaach niiyaan naataah kaa ispiyiyuwichiht. ■ *Puisqu'ils ne pouvaient pas rentrer à la maison tout de suite, nous avons décidé d'aller là où ils étaient.*

puissant

ᓱᐦᑳᑎᓰᐤ suhkaatisiiu vai ◆ il/elle est puissant-e

ᒥᐢᑭᐧᐃᓰᒥᑭᓐ miskiwisiimikin vii ◆ c'est fort, puissant (ex. machine); ça peut porter lourd

ᓱᐦᒋᐦᑖᑯᓐ suhchihtaakun vii ◆ ça produit un son puissant

puits

ᒨᓂᐦᐄᐹᓐ muunihiipaan ni ◆ un puits

pulser

ᐅᐦᑖᓯᐲᐤ uhtaasipiiu vai ◆ il/elle fait pulser l'eau par ses mouvements là-bas.

pulvérisateur

ᓯᓂᐻᑎᐦᐄᑭᓐ sinipwaatihiikin ni ◆ un pulvérisateur

pulvérisé

ᔫᐦᐄᑭᓂᒡ yuuhiikinich na pl -im ◆ viande ou chair de poisson séchée et pulvérisée

pupille

ᐅᐑᔨᐹᐱᐏᓈᓐ uwiiyipaapiwinaan nid ◆ sa pupille

ᐏᔨᐹᐱᐏᓈᓐ wiyipaapiwinaan ni ◆ sa pupille

pur

ᒧᔥᑖᐅᐦᑳᐤ mushtaauhkaau vii ◆ c'est pur

ᒧᔅᑖᐅᐦᒋᓯᐏᒡ mustaauhchisiwich vai pl ◆ il/elle est pur-e (granulé) sans rien d'autre ajouté

ᐱᔮᐦᒋᓰᐤ piyaahchisiiu vai ◆ il/elle est propre, pur-e

ᐱᔮᐦᑭᓐ piyaahkin vii ◆ c'est propre et pur

ᐙᔅᑭᒥᑖᐦᐋᐤ waaskimitaahaau vai ◆ il/elle a le coeur pur, il/elle fait attention quand il pense

pus

ᒦᔨ miiyi ni ◆ du pus

ᒥᔪᐏᐦᑭᐦᑖᐤ miyuwihkihtaau vii ◆ c'est rempli de pus

ᒥᔨᐙᐱᔑᓐ miyiwaapishin vai ◆ il/elle a du pus dans les yeux après avoir dormi

puzzle

ᑖᐱᐦᑎᑖᑭᓐ taapihtitaakin ni ◆ un puzzle

pyjama

ᓂᐹᐅᐱᔨᒌᔅ nipaaupiyichiis na ◆ un pyjama

q

qualité

ᐄᑖᑭᓐ iitaakin vii ◆ ça (étalé) a certaines qualités

ᒥᔪᐙᐤ miyuwaau vai ◆ il/elle a une fourrure épaisse, de qualité

quand

ᐋ aa preverb ◆ voir *aah*

ᐋᐦ aah préverbe ◆ quand , pendant (préverbe du conjonctif, utilisé avec les verbes au conjonctif) ■ ᑖᐹ ᓂᑭ ᒌᐦ ᐊᔨᒥᓐ ᒫᒁᒡ ᐋᐦ ᒦᒋᓱᔮᓐ᙮ ■ taapaa niki chiih ayimin maakwaach aah miichisuyaan. ■ *Je ne peux pas parler quand je mange.*

ᐄᔅᑉ iisp p,temps ◆ quand

ᑖᐃᔅᑉ taaisp p,question,temps ◆ quand ■ ᑖᐃᔅᑉ ᒦᓐ ᒑ ᒌᐦ ᐹᒋ ᐑᒋᐦᐄᑦ ᐋᐦ ᑭᔅᒋᒁᓱᐏᒡ᙮ ■ taaisp miin chaa chiih paachi wiichihiit aah kischikwaasuwich. ■ *Quand peut-elle venir pour m'aider de nouveau à coudre?*

ᐃᔥᑯᑎᒃ ishkutik p,temps ◆ depuis, quand ■ ᐃᔥᑯᑎᒃ ᑳ ᐄᑖᔨᒥᑯᑦ ᐅᒧᔓᒻᐦ ᑯᐃᔅᒄ ᒑ ᒌᐦ ᓈᑭᑎᐙᔨᐦᑎᐦᒃ ᐹᔅᒋᑭᓂᔨᔫ ᐄᔮᒄ ᑳ ᒥᔮᑭᓂᐏᑦ᙮ ■ ishkutik kaa iitaayimikut umushumh kuiskw chaa chiih naakitiwaayihtihk paaschikiniyiu iiyaakw kaa miyaakiniwit. ■ *On ne lui a donné de fusil que quand son grand-père était sûr qu'elle/il était capable de s'en servir avec soin.*

ᐃᔥᐱᔑ ishpishi p,temps ◆ à ce moment-là, quand ■ ᒑ ᐃᔥᐱᔑ ᑎᑯᔑᓂᒁ, ᒑ ᒫᒌᐅᐦᒄ ᑎᑯᔑᐦᑳ᙮ ■ chaa ishpishi tikushinikwaa, chaa maachiiuhkw tikushihkaa. ■ *On s'en ira quand elle/il décidera de rentrer.*

ᐃᔅᑯᑎᒃ iskutik p,temps ◆ depuis, quand ■ ᓈᔥᒡ ᐋᐦ ᒌᐦ ᒥᐚᔨᐦᑎᒧᒡ ᐃᔅᑯᑎᒃ ᑳ ᑎᑯᔑᐦᒃ᙮ ■ naashch aah chiih miywaayihtimuch iskutik kaa tikushihk. ■ *J'étais très content-e quand elle/il est rentré-e à la maison.*

ᑳ kaa préverbe ◆ voir *kaah* ■ ᓂᒌᐦ ᐊᔑᒫᐤ ᑳ ᑎᑯᔑᐦᒃ᙮ ■ nichii ashimaau kaa tikushihk. ■ *Je lui ai donné à manger quand il est arrivé.*

ᑳᐦ kaah préverbe ◆ (préverbe du conjonctif, marque du passé, utilisé avec les verbes au conjonctif, voir aussi *kaa*) ■ ᓂᒌᐦ ᐊᔑᒫᐤ ᑳᐦ ᑎᑯᔑᐦᒃ᙮ ■ nichii ashimaau kaah tikushihk. ■ *Je lui ai donné à manger quand il est arrivé.*

ᑳ kaa préverbe ◆ (préverbe du conjonctif, marque du passé, d'une subordonnée relative, utilisé avec les verbes au conjonctif) ■ ᓂᒌᐦ ᐊᔑᒫᐤ ᑳ ᑎᑯᔑᐦᒃ᙮ ■ nichii ashimaau kaa tikushihk. ■ *Je lui ai donné à manger quand il est arrivé.*

quand même

ᐊᔮᐱᒡ ayaapich p,manière ◆ quand même, malgré tout ■ ᐊᔮᐱᒡ ᓂᒌᐦ ᐄᑐᐦᑖᓐ ᐋᐦ ᓂᔥᑎᐑᓈᓂᐏᒡ ᐋᑦ ᐋᑳ ᐅᐦᒋ ᒋᔅᒑᔨᐦᑎᒫᓐ ᒑᒁᓐ ᒑ ᐋᔨᒧᑖᒡ᙮ ■ ayaapich nichiih iituhtaan aah nishtiwiinaaniwich aat aakaa uhchi chischaayihtimaan chaakwaan chaa aayimutaach. ■ *Je suis quand même allé à la réunion, même si je ne savais pas ce dont on allait discuter.*

quantité

ᐃᐦᑎᔑᐏᒡ ihtishiwich vai pl ◆ ils/elles forment une certaine quantité

ᐃᔥᐱᔥ ishpish p,quantité ◆ combien, une certaine quantité ■ ᑖᓐ ᐃᔥᐱᔥ ᑳ ᒥᔨᔅᒃ ᔔᐏᔮᓐᐦ᙮ ■ taan ishpish kaa miyisk shuwtyaanh. ■ *Combien d'argent t'a-t-elle/il donné?*

ᑎᐦᒀᐦᑎᒄ tihtwaahtikw p,quantité ◆ un certaine quantité, un certain nombre (long et rigide) ■ ᑖᓐ ᑎᐦᒀᐦᑎᒄ ᐋᔥᒄ ᓈᑎᐙᔨᐦᑖᑯᐦᒡᐦ᙮ ■ taan tihtwaahtikw aashkw naatiwaayihtaakuhchh. ■ *De combien de poteaux a-t-on encore besoin?*

ᑎᐦᒀᐹᒡ tihtwaapaach p,quantité ◆ un certain nombre, une certaine quantité (filiforme) ■ ᐹᔨᑯᔥᑖᐤ ᑎᐦᒀᐹᒡ ᓂᑭ ᓂᑎᐙᔨᐦᑖᓐ᙮ ■ paayikushtaau tihtwaapaach niki nitiwaayihtaan. ■ *J'aurai besoin de neuf morceaux de corde.*

ᐄᔥᐱᔖᐤ iishpishaau vii ◆ ça a une certaine taille, quantité

ᐄᔅᐱᐦᑖᑭᒥᐤ iispihtaakimiu vii ◆ c'est une certaine quantité, profondeur de liquide

ᒥᐦᑎᐧᐃᒫᐤ mihtiwimaau vta ◆ il/elle est mécontent-e de la quantité reçue et pourrait le lui faire savoir

ᑎᐦᑖᐧᐸᒋᓯᐧᐃᒡ tihtwaapaachisiwich vai pl ◆ il y en a un certain nombre (filiforme, animé)

ᑎᐦᑖᐧᐸᑭᓐᐦ tihtwaapaakinh vii pl ◆ il y en a un certain nombre (filiforme)

ᑎᐦᑖᐧᐱᔅᒋᓯᐧᐃᒡ tihtwaapischisiwich vai pl ◆ il y en a un certain nombre (minéral, animé)

ᑎᐦᑖᐧᐱᔅᑳᐅᐦ tihtwaapiskaauh vii pl ◆ il y en a un certain nombre (minéral)

ᑎᐦᑖᔅᑯᓐᐦ tihtwaaskunh vii pl ◆ il y en a un certain nombre (long et rigide)

ᑎᐦᑖᔅᑯᓯᐧᐃᒡ tihtwaaskusiwich vai pl ◆ il y en a un certain nombre (long et rigide)

ᑎᐦᑖᒋᓈᐤ tihtwaachinaau vta ◆ il/elle en tient un certain nombre (étalé, animé)

ᑎᐦᑖᒋᓂᒻ tihtwaachinim vti ◆ il/elle en tient un certain nombre (étalé)

ᑎᐦᑖᒋᔥᑭᐧᐋᐤ tihtwaachishkiwaau vta ◆ il/elle en porte un certain nombre de couches (animé)

ᑎᐦᑖᒋᓯᐧᐃᒡ tihtwaachisiwich vai pl ◆ il y en a un certain nombre de couches (étalé, animé)

ᑎᐦᑖᑭᓐᐦ tihtwaakinh vii pl ◆ il en y a un certain nombre de couches (étalé)

ᔮᐦᔮᐦ yaahyaah p,quantité ◆ (toujours utilisé à la forme négative avec *taapaa* ou *nimui*, pour une mise en emphase) évidemment une grande quantité ou une grande taille ■ ᑖᐹ ᔮᐦᔮᐦ ᐅᒋ ᐃᔮᔅᐱᐦᑖᔅᑯᓂᔨᐅᐦ ᐊᓂᔮᐦ ᒥᔥᑎᑯᐧᐦ ᑳ ᐋᐱᒋᐦᑖᑦ᙮ ■ taapaa yaahyaah uchi iyaaspihtaaskuniyiuh aniyaah mishtikwh kaa aapichihtaat. ■ *Les rondins qu'il a utilisés étaient évidemment assez gros.*

ᑎᐦᑖᒋᔥᑭᒼ tihtwaachishkim vti ◆ il/elle enfile un certain nombre de couches, en met un certain nombre sur le corps

quarante

ᓈᒥᑎᓂᐤ naamitiniu p,nombre ◆ quarante

quart

ᐹᔨᑯᔑᑳᑯᔮᓐ paayikushikaakuyaan na ◆ vingt-cinq cents ou un quart de quelque chose, lit. 'une peau de mouffette'

quartz

ᐧᐃᔨᐧᔮᐱᔅᒄ wiyiywaapiskw ni ◆ un quartz, un cristal de roche

quatorze

ᓈᐅᔕᑉ naaushaap p,nombre ◆ quatorze

quatre

ᓈᐤ naau p,nombre ◆ quatre

ᓈᐅᐦᑎᒡ naauhtich p,quantité ◆ quatre morceaux de bois

ᓈᐅᒥᒋᐦᒋᓐ naaumichihchin p,quantité ◆ quatre pouces

ᓈᐅᒥᓂᔅᑳᐤ naauminiskaau p,quantité ◆ quatre ballots

ᓈᐅᔅᑭᑎᔮᒌ naauskitiyaachii p,quantité ◆ quatre paquets

ᓈᐅᑎᒡ naautich p,quantité ◆ quatre canots

ᓈᐅᐧᐃᔨᒡ naauwiyich p,manière ◆ quatre sortes, manières

ᓈᐧᐋᒡ naawaach p,quantité ◆ quatre choses (étalé)

ᓈᐧᐋᐤ naawaau p,quantité ◆ quatre fois

ᐱᒥᑖᒋᒨ pimitaachimuu vai ◆ il/elle marche à quatre pattes

ᓈᐧᐋᐱᐦᒑᐤ naawaapihchaau vai ◆ il/elle rapporte à la maison quatre porcs-épics, renards morts

quatre ans

ᑯᑎᑯᓂᒥᔅᒄ kutikunimiskw na -shiim ◆ un castor de quatre ans

ᑯᑎᑯᓂᒋᒋᐧᐃᑖᐤ kutikunichichiwitaau na -shiim [Whapmagoostui] ◆ un caribou mâle âgé de quatre ans en automne

ᐅᒥᑎᑰ umitikuu na -uum ◆ un caribou mâle âgé de quatre ans en été

ᐧᐄᔖᒄ wiishaakw na -um ◆ un caribou mâle âgé de quatre ans en octobre

ᐋᐱᐦᑎᐧᐃᑎᐦᒄ aapihtiwitihkw na -shiim ◆ un caribou mâle âgé de quatre ans en été

quatre cents

ᓈᐧᐋᐅᒥᑖᐦᑐᒥᑎᓂᐤ naawaaumitaahtumitiniu p,nombre ◆ quatre cents

quatre-vingt

ᓂᔮᓈᓈᒥᑎᓂᐤ niyaanaanaamitiniu p,nombre ◆ quatre-vingt

ᔮᓈᓈᒥᑎᓂᐤ yaanaanaamitiniu p,nombre ◆ quatre-vingt, octante

quatre-vingt-dix

ᐹᔨᑯᔥᑖᒥᑎᓂᐤ paayikushtaamitiniu p,nombre ◆ quatre-vingt-dix, nonante

que?

ᒑᑳᓐ chaakwaan pro,question ◆ que, qu'est-ce que? quoi? ■ ᒑᑳᓐ ᓈᑎᐧᐋᔨᐦᑎᒥᓐ᙮ ■ chaakwaan naatiwaayihtimin. ■ *Qu'est-ce que tu veux? / Que veux-tu?*

ᒑᑳᔨᐤ chaakwaayiu pro,question ◆ que, qu'est-ce que? quoi? (obviatif singulier)

Québec

ᑯᐹᒃ kupaak ni -im ◆ Québec, une personne qui vient de Québec

quel

ᒑᒄ chaakw p,question ◆ quel, quelle? ■ ᒑᒄ ᒌᑭᐦᐄᑭᓐ ᒑ ᑎᐦᑯᓂᒥᓐ ᓂᑯᐦᑖᔨᓈ᙮ ■ chaakw chiikihiikin chaa tihkunimin nikuhtaayinaa. ■ *Quelle hâche prendras-tu quand tu sortiras chercher du bois pour le feu?*

quelque

ᐱᔥᒡ pishch p,quantité ◆ quelque, pas tous ■ ᒥᒄ ᐱᔥᒡ ᒌᐦ ᑎᑯᔑᓂᒡ ᐊᓂᒌ ᐊᐧᐋᓂᒌ ᐃᔅᑯᑎᒃ ᑳ ᒋᐦᒋᔥᑖᑭᓂᐧᐃᔨᒡ ᒑ ᒫᑎᐧᐋᓂᐧᐃᔨᒡ᙮ ■ mikw pishch chiih tikushinich anichii awaanichii iskutik kaa chihchishtaakiniwiyich chaa maatiwaaniwiyich. ■ *Il n'y en avait que quelques uns qui étaient là quand le jeu devait commencer.*

quelque chose

ᒑᑳᓐ chaakwaan pro,indéfini ◆ quelque chose

ᒑᑳᔨᐤ chaakwaayiu pro,indéfini ◆ quelque chose (obviatif singulier)

ᐊᐙᓐ awaan pro,indéfini ◆ quelqu'un, une personne

ᐎᔮᔥ wiyaash p,manière ◆ aux alentours, environ, d'une certaine façon, quelque chose ■ ᐎᔮᔥ ᐋ ᓂᑭ ᐄᑎᑯᐎᓐ ᐋᑳ ᒥᓂᓂᒫᓈ ᓂᒥᒋᓯᓐᐦ ᐋᐦᒸᔮᐦ ᐲᐦᒋᒑᔮᓐ᙮ ❖ ᐎᔮᔥ ᓂᑯᑣᔥᐨ ᑳ ᐃᔅᐱᔨᐨ ᓂᒌᐦ ᐴᓈᐱᑎᓰᓐ᙮ ■ wiyaash aa niki iiyitikuwin aakaa mininimaanaa nimichisinh aahmwaayaah piihchichaayaan. ❖ wiyaash nikutwaashch kaa ispiyich nichiih puunaapitisiin. ■ *Est-ce que quelqu'un dira quelque chose si je n'enlève pas mes chaussures avant d'entrer?* ❖ *J'arrête mon travail à 6 heures environ.*

ᒨᔅᒌᐤ muuschiiu vai ◆ il/elle sort de quelque chose

ᐱᓯᔅᑖᐹᑭᒧᐦᐋᐤ pisistaapaakimuhaau vta ◆ il/elle le/la suspend (filiforme) au-dessus de quelque chose

ᐴᐦᒋᓱᐎᑖᐤ puuhchisuwitaau vai ◆ il/elle le met dans quelque chose

quelque part

ᐎᔮᔥᑖᐦ wiyaashtaah p,manière ◆ aux environs de, dans les environs, quelque part autour de ■ ᐎᔮᔥᑖᐦ ᐐᒥᓂᒌᐦᐨ ᐋᑯᑎᐦ ᐱᑎᒫ ᑳᐦ ᐹᒋ ᑭᐹᐨ ᐊᓂᒌ ᑳ ᐐᐦ ᐹᒋ ᑭᐱᓯᐨ᙮ ■ wiyaashtaah wiiminichiihch aakutih pitimaa kaah paachi kipaach anichii kaa wiih paachi kipisich. ■ *C'est aux environs de Wemindji que nos visiteurs (en canot) se sont d'abord arrêtés.*

quelquefois

ᓂᔮᓂᑯᑐᓐᐦ niyaanikutunh p,temps ◆ quelquefois ■ ᓂᔮᓂᑯᑐᓐᐦ ᓈᔥᐨ ᐋᐦ ᐐᐦ ᒧᐎᒃ ᓯᑭᑆᓐ᙮ ■ niyaanikutunh naashch aah wiih muwik sikipwaan. ■ *Quelquefois j'ai vraiment envie de manger de l'oie rôtie sur le feu.*

ᐋᔅᑭᐤ aaskiu p,temps ◆ quelquefois, de temps en temps ■ ᐋᔅᑭᐤ ᓂᓂᑐᐎᑎᐦᒀᓐ ᐋᐦ ᐱᐳᐦᐨ᙮ ■ aaskiu ninituwitihkwaan aah pipuhch. ■ *Quelquefois je vais chasser le caribou en hiver.*

ᒋᑭᐙᔑᔥ chikiwaashish p,quantité,temps ◆ quelquefois, de temps en temps, un petit peu ■ ᓈᔥᐨ ᒋᑭᐙᔑᔥ ᐋᐦ ᒌᐦ ᐹᒋ ᒥᔨᔨᒥᐦᐟ ᐊᔫᒥᓂᔥᐦ᙮ ■ naashch chikiwaashish aah chiih paachi miyiyimiht ayuuminish-h. ■ *Elle nous a seulement donné un petit peu d'avoine.*

quémander

ᓂᑐᑎᒫᐤ nitutimaau vai ◆ il/elle mendie, quémande

quenouille

ᐅᒋᔥᒀᔫᔥᑯᔑᐤᐦ uchishkwaayuushkushiuh ni pl -shiim ◆ une quenouille, une quenouille à feuilles larges *Typha latifolia*, un jonc, un jonc des chaisiers*Scirpus sp.*

question

ᑯᔨᑖᒫᐤ kuyitaamaau vta ◆ il/elle n'a pas de réponse à sa question parce qu'il/elle n'a aucune idée de quoi il/elle parle; il/elle ne peut pas lui donner ce qu'il/elle veut parce qu'il/elle ne l'a pas

ᑯᒀᒋᐦᒑᒨ kukwaachihchaamuu vai -u ◆ il/elle pose une question, demande quelque chose

queue

ᐅᓱᐃ usui nid -um ◆ sa queue

ᐊᒥᔅᒀᔪᐃ amiskwaayui ni -uum ◆ une queue de castor

ᑳᒀᔪᐃ kaakwaayui ni ◆ une queue de porc-épic

ᐹᓵᔨᐙᓐ paasaayiwaan ni -m ◆ une queue de castor ouverte en deux et suspendue pour la faire sécher

ᐅᒋᔅᒋᒦᑯᓐ uchischimiikun nad ◆ une plume de la queue

ᐅᔖᑐᐃ ushaatui ni -m ◆ la queue d'une raquette

ᐙᐱᒫᑯᔑᑯᓃ waapimaakushikunii ni ◆ une queue de baleine

ᐋᐳᑖᔨᐤ aaputaayiu vai ◆ il/elle lève la queue

ᒑᐦᑳᔨᐙᐱᔨᐤ chaahkaayiwaapiyiu vai ◆ il/elle a la queue recourbée

ᒌᐦᒌᒀᔨᐙᐤ chiihchiikwaayiwaau vai ◆ il/elle a la queue nue

ᒋᒫᔨᐙᐤ chimaayiwaau vai ◆ il/elle a la queue raccourcie

ᒋᓍᔨᐙᐤ chinwaayiwaau vai ◆ il/elle a la queue longue

ᒥᐦᑳᐃᐙᐤ mihkaaiwaau vai ◆ il/elle a une grande queue

ᐱᑯᓈᔨᐙᐤ pikunaayiwaau vai ◆ il/elle (ex. castor) a la queue trouée

ᔖᑭᐙᔨᐙᔑᐤ shaakiwaayiwaashiu vai dim ◆ il/elle (par ex. un castor) a la queue étroite

ᐙᑳᔨᐙᐤ waakaayiwaau vai ◆ il/elle a la queue courbée

ᐙᐹᔨᐙᐤ waapaayiwaau vai ◆ il/elle a la queue blanche

ᐙᐙᐹᔨᐤ waawaapaayiu vai redup ◆ il/elle remue la queue

ᑳᐎᔨᐦᒀᑯᐦᑎᒀᔑᐨ kaawiyihkwaakuhtikwaashich nap pl ◆ des raquettes en forme de queue de castor

ᐱᑯᔥᑭᑖᔑᑭᓐ pikushkitaashikin ni -m ◆ la partie de devant du castor avec la queue, pour pouvoir la cuire ou la suspendre pour la sécher

ᐱᑎᒀᔨᐙᐤ pitikwaayiwaau vai ◆ il/elle a une large queue (ex. castor)

ᓯᓈᔨᐙᓯᒼ sinaayiwaasim vti ◆ il/elle a laissé la queue (de castor, de porc-épic, de rat musqué) trop longtemps dans l'eau chaude ce qui rend difficile d'enlever la couche externe

ᐅᔑᑯᓃ ushikunii nid ◆ le bout de sa queue (pour un poisson ou une baleine)

ᐱᓯᐦᐊᒑᔪᐎᓯᒼ pisihachaayuwisim vti ◆ il/elle retire la première peau de la queue du castor ou du rat musqué avec de la chaleur ou de l'eau chaude

queue de poisson

ᐎᔨᐙᐦᐄᑭᓐ wiyiwaahiikin ni ◆ la nageoire de la queue de poisson

queue fine

ᓅᑖᐦᑎᐢᑯᐚᐤ nuutaahtiskuwaau vai ◆ il/elle chasse tétras à queue fine, la gélinotte à queue fine

qui

ᐊᐚᓐ awaan pro,question ◆ qui ▪ ᐊᐚᓐ ᑳ ᐚᐱᒥᑦ ᑳ ᐎᔨᐑᔨᓐ. ▪ awaan kaa waapimit kaa wiyiwiiyin. ▪ *Qui as-tu vu en sortant?*

ᑳ kaa préverbe ◆ (préverbe du conjonctif, marque du passé, d'une subordonnée relative, utilisé avec les verbes au conjonctif) ▪ ᓂᒌᐦ ᐊᔑᒫᐤ ᑳ ᑎᑯᔑᐦᒃ. ▪ nichii ashimaau kaa tikushihk. ▪ *Je lui ai donné à manger quand il est arrivé.*

quinze

ᓂᔮᔪᔖᑊ niyaayushaap p,nombre ◆ quinze

quiscale

ᒋᐦᒋᑭᔨᐤ chihchikiyiu na -m ◆ un carouge à épaulettes *Agelaius phoeniceus*, un quiscale rouilleux *Euphagus carolinus*

quitter

ᓂᑭᑎᒻ nikitim vti ◆ il/elle l'abandonne, le laisse, quitte la ville

ᓂᑭᑐᒑᐤ nikituchaau vai ◆ il/elle quitte son domicile, son habitation

ᐱᑎᐦᐊᒫᐤ pitihamaau vai ◆ il/elle prend la mauvaise route, il/elle quitte le sentier

ᓈᑎᑳᐢᑰ naatikaaskuu vai -u ◆ il/elle quitte la glace à pied vers la terre

ᓂᑭᒋᐱᒌᔥᑎᐚᐤ nikichipichiishtiwaau vta ◆ il/elle quitte son campement d'hiver pour aller vivre ailleurs

ᓂᑭᑎᑐᐏᒡ nikitituwich vai pl recip -u ◆ ils/elles divorcent, se séparent, se quittent

ᐱᑎᐦᐊᒫᐱᐦᑖᐤ pitihamaapihtaau vai ◆ il/elle quitte la route, le sentier en courant

quoi

ᑖᓐ taan p,question ◆ quoi, lequel, laquelle, lesquels, lesquelles, comment, où ▪ ᑖᓐ ᐊᓐ ᐃᔥᒁᔑᔥ ᒐ ᐑᒋᐦᐄᐚᑦ ᐋᐦ ᓈᑖᔑᐦᑖᓂᐎᔨᒡ. ▪ taan an ishkwaashish chaa wiichihiiwaat aah naataashihtaaniwiyich. ▪ *Où est la fille qui va aider à chercher les branchages d'épinette?*

quoi?

ᒑᒁᓐ chaakwaan pro,question ◆ que, qu'est-ce que? quoi? ▪ ᒑᒁᓐ ᓈᑎᐚᔨᐦᑎᒥᓐ. ▪ chaakwaan naatiwaayihtimin. ▪ *Qu'est-ce que tu veux? / Que veux-tu?*

ᒑᒁᔨᐤ chaakwaayiu pro,question ◆ que, qu'est-ce que? quoi? (obviatif singulier)

ᐚᐦ waah p,interjection ◆ quoi? (en réponse à quelqu'un qui appelle votre nom) pardon? ▪ ᐚᐦ, ᑖᐹ ᑯᐦᒋᐹᐦᑖᑎᓐ ᐊᓐ ᓈᐦᐋᐤ ᑳ ᐃᔨᔑᔨᓐ. ▪ waah, taapaa kuhchipaahtaatin an naahaau kaa iyishiyin. ▪ *Pardon? Je n'ai pas bien entendu ce que tu viens de dire.*

quoiqu'il en soit

ᐋᐃᐚᐦᒡ aaiwaahch p,évaluative ◆ quoiqu'il en soit, de toutes façons, essaie quand même ▪ ᐋᐃᐚᐦᒡ ᒫ ᐑᐦ ᑭᒑᐢᒋᒻ. ▪ aaiwaahch maa wiih kichaaschim. ▪ *Au moins essaie quand même et conseille-le/la.*

r

rabat

ᐹᐢᒋᐦᑖᑯᑖᐤ paaschihtaakutaau vai ◆ il/elle garde le rabat de la porte ouverte

ᐹᐢᒋᐦᑖᑯᑖᐤ paaschihtaakutaau vii ◆ c'est ouvert (le rabat de la porte)

ᐹᐢᒋᐦᑖᓂᒻ paaschihtaanim vti ◆ il/elle ouvre le rabat de la porte

ᓯᐳᐦᑖᓂᒻ sipuhtaanim vti ◆ il/elle ferme le rabat de porte du tipi

ᔫᐦᑖᓂᒻ yuuhtaanim vti ◆ il/elle ouvre le rabat de porte du tipi

ᔫᐦᑖᓈᐤ yuuhtaanaau vta ◆ il/elle ouvre le rabat de porte du tipi

ᔫᐦᑖᐱᑖᐤ yuuhtaapitaau vta ◆ il/elle ouvre le rabat de porte du tipi

ᔫᐦᑖᐱᑎᒻ yuuhtaapitim vti ◆ il/elle ouvre le rabat de porte du tipi

ᔫᐦᑖᐚᐱᓈᐤ yuuhtaawaapinaau vta ◆ il/elle ouvre le rabat de la porte

ᔫᐦᑖᔮᐢᑯᐦᐊᒻ yuuhtaayaaskuham vti ◆ il/elle ouvre le rabat de porte du tipi avec un bâton

ᔫᐦᑖᔮᐢᑯᐦᐚᐤ yuuhtaayaaskuhwaau vta ◆ il/elle ouvre le rabat de porte du tipi avec un bâton

rabat de porte

ᔫᐦᑖᔮᔥᑎᓐ yuuhtaayaashtin vii ◆ le rabat de la porte est ouvert par le vent

rabattre

ᒌᐚᔮᒧᐦᑳᓲ chiiwaayaamuhkaasuu vai reflex -u ◆ il/elle rabat le gibier (pour qu'il se rapproche de l'endroit où il/elle veut le tuer)

ᓃᔑᐱᑖᐤ niishipitaau vta ◆ il/elle l'abat, le/la rabat, le/la baisse

ᓃᔑᐱᑎᒻ niishipitim vti ◆ il/elle le rabat, le baisse

rabot

ᒥᔥᑎᑯᓈᐹᐅᐦᑯᑖᑭᓐ mishtikunaapaauhkutaakin ni ◆ un rabot

ᐱᔼᐱᐢᑯᐦᑯᑖᑭᓐ piywaapiskuhkutaakin ni ◆ un rabot

raboter

ᐲᐅᐦᑯᑖᒑᐤ piiuhkutaachaau vai ◆ il/elle rabote (du bois), il/elle laisse des copeaux de bois

ᓂᐱᒋᐦᑯᑖᐤ nipichihkutaau vta ◆ il/elle le/la rabote bien lisse, l'aplanit

ᓂᐱᒋᐦᑯᑎᒻ nipichihkutim vti ◆ il/elle le rabote bien lisse, l'aplanit

ᐎᔨᐦᑯᑖᐤ wiyihkutaau vta ◆ il/elle le/la façonne, taille avec un couteau croche, le/la rabote

raccommoder

ᒫᒦᔑᐦᐚᐤ maamiishihwaau vta ◆ il/elle le/la raccommode

ᒫᒦᔑᐦᐊᒻ maamiishiham vti ◆ il/elle le raccommode, le/la rapièce

ᒦᔑᐦᐄᒑᐤ miishihiichaau vai ◆ il/elle raccommode, rapièce

ᒦᔑᐦᐧᐋᐤ miishihwaau vta ◆ il/elle le/la raccommode, le/la rapièce

ᐅᐧᐋᔑᐧᑳᑖᐤ uwaashikwaataau vta ◆ il/elle le raccommode

ᐅᐧᐋᔑᐧᑳᑎᒻ uwaashikwaatim vti ◆ il/elle le raccommode

ᐅᐧᐋᑖᔅᐱᑎᐦᐄᐹᐤ uwaataaspitihiipaau vai [Whapmagoostui] ◆ il/elle raccommode le filet de pêche

ᐧᐋᔅᐱᑎᐦᐄᐹᐤ waaspitihiipaau vta ◆ il/elle raccommode un filet de pêche

ᐧᐋᔅᐱᑖᐤ waaspitaau vta ◆ il/elle l'enroule dans un sac à mousse, raccommode le filet de pêche

raccourci

ᑭᔅᑭᒫᐤ kiskimaau vii ◆ c'est un raccourci

ᑭᔅᑭᒥᔥᑭᒻ kiskimishkim vti ◆ il/elle prend un raccourci

ᒋᒫᔨᐧᐋᐤ chimaayiwaau vai ◆ il/elle a la queue raccourcie

ᑭᔅᒑᐧᐋᐤ kischaawaau vai ◆ il/elle prend un raccourci en traversant une étendue d'eau

ᑭᔥᑭᒥᔥᑭᒻ kishkimishkim vti ◆ il/elle prend un raccourci à pied

ᑭᔅᑭᒧᐦᑖᐤ kiskimuhtaau vai ◆ il/elle créé un raccourci sur un sentier

raccourcir

ᑎᐦᑯᐦᐋᐤ tihkuhaau vta ◆ il/elle le/la raccourcit

ᑎᐦᑯᐦᑖᐤ tihkuhtaau vai ◆ il/elle le raccourcit

ᐊᒋᐧᐋᐱᐦᑳᑖᐤ achiwaapihkaataau vta ◆ il/elle le/la raccourcit en l'attachant

ᐊᒋᐧᐋᐱᐦᑳᑎᒻ achiwaapihkaatim vti ◆ il/elle le raccourcit en l'attachant

ᐊᒋᐧᐃᐧᑳᑖᐤ achiwikwaataau vta ◆ il/elle le/la raccourcit ou rapetisse en cousant

ᐊᒋᐧᐃᐧᑳᑎᒻ achiwikwaatim vti ◆ il/elle le raccourcit en cousant

ᐊᒋᐧᐃᐱᑖᐤ achiwipitaau vta ◆ il/elle le/la raccourcit en le/la brisant

ᐊᒋᐧᐃᐱᑎᒻ achiwipitim vti ◆ il/elle le raccourcit en le brisant

ᐊᒋᐧᐃᐱᔨᐤ achiwipiyiu vai ◆ il/elle raccourcit, il/elle diminue

ᐊᒋᐧᐃᐳᑖᐤ achiwiputaau vai+o ◆ il/elle raccourcit en sciant

ᐊᒋᐧᐃᐳᔮᐤ achiwipuyaau vta ◆ il/elle le raccourcit en sciant

ᒋᒫᐤ chimaau vii ◆ c'est raccourci

race

ᐃᔨᐦᑎᐧᐋᓂᐅ iyihtiwaaniuu vai -iwi ◆ il/elle est d'une autre race

racine

ᐅᑎᐲᐧᐋᔮᐲ utipiiwaayaapii ni -iim ◆ une racine fine qui s'étend sous la terre

ᐧᐃᑎᐲ witipii ni -m ◆ une racine de plante ou d'arbre

ᐧᐃᑎᐲᒡ witipiich na pl -m ◆ des racines

ᐅᑎᐲᐤ utipiiu vai ◆ il/elle a des racines

ᐅᔅᑳᑖᔮᐲ uskaataayaapii ni -iim ◆ une racine de plante, une tige

ᐅᔅᑭᑎᒧᐃ uskitimui na ◆ une racine de nénuphar

ᒨᓂᑎᐹᐤ muunitipaau vai ◆ il/elle ramasse des racines pour en faire de la ficelle ou de la corde

ᐱᔮᐹᐤ piyaapaau vii ◆ l'eau arrive jusqu'aux racines de l'arbre

racler

ᑳᔥᑳᔥᑭᐦᐊᒻ kaashkaashkiham vti redup ◆ il/elle le racle, le ratisse

ᑳᔥᑳᔥᑭᐦᐧᐋᐤ kaashkaashkihwaau vta ◆ il/elle le/la racle, le/la ratisse

ᑳᔥᑭᐦᐊᒻ kaashkiham vti ◆ il/elle le racle, le ratisse

ᑳᔥᑭᐦᐧᐋᐤ kaashkihwaau vta ◆ il/elle le/la racle, le/la ratisse

ᐹᐦᑯᐹᑎᐦᐧᐋᐤ paahkupaatihwaau vta ◆ il/elle enlève l'excès d'humidité dans la peau de bête en la raclant

racloir

ᔖᐦᐧᑳᐦᐄᑭᓐ shaahkwaahiikin ni ◆ un couteau, un racloir, un grattoir semi-circulaire

raclures

ᐅᑐᔨᒡ utuyich na pl [Wemindji] ◆ des raclures de peau de castor sur le cadre

raconter

ᑎᐹᑎᑎᒻ tipaatitim vti ◆ il/elle le raconte

ᐋᑎᔫᐦᒑᐤ aatiyuuhchaau vai ◆ il/elle raconte une légende ■ ᒑᑳᑦ ᐋᔑᑯᒥᑎᐱᔅᑳᐅᐦ ᐋᑎᔫᐦᒑᐤ᙮ ■ chaakaat aashikumitipiskaauh aatiyuuhchaau. ■ *Il raconte une légende presque chaque soir.*

ᐋᑎᔫᐦᑭᐧᐋᐤ aatiyuuhkiwaau vta ◆ il/elle lui raconte une légende ■ ᓈᔥᒡ ᐋᐦ ᒥᐧᔮᔨᐦᑎᐦᒃ ᐋᐦ ᐋᑎᔫᐦᑭᐧᐋᑦ ᒥᒄ ᐊᓂᔮᐦ ᐊᐧᐋᔨᐅᐦ ᐧᐋ ᓈᑭᔑᒋᐦᐄᑯᑦ᙮ ■ naashch aa miywaayihtihk aa aatiyuuhkiwaat mikw aniyaah awaayiuh waa naakishichihiikut. ■ *Il aime raconter des légendes à ceux et celles qui veulent bien l'écouter.*

ᐄᑖᒋᒨ iitaachimuu vai -u ◆ il/elle raconte, rapporte

ᐄᑖᑎᑎᒻ iitaatitim vti ◆ il/elle raconte, rapporte certaines choses à ce sujet

ᒥᒥᔑᒫᐤ mimishimaau vta redup ◆ il/elle raconte des mensonges à son sujet

ᓂᐦᑖᐅᑎᐹᒋᒨ nihtaautipaachimuu vai -u ◆ il/elle aime raconter des histoires

ᓂᓂᑎᔮᒋᒨ ninitiyaachimuu vai redup -u ◆ il/elle raconte des histoires fausses

ᐅᐦᑖᒋᒨ uhtaachimuu vai -u ◆ il/elle raconte où il/elle est allé ou où il/elle a été

ᐅᐧᐄᓈᒋᒨ uwiinaachimuu vai -u ◆ il/elle raconte une histoire salée

ᐆᑖᒋᒫᐤ iitaachimaau vta ◆ il/elle dit quelque chose de lui; il/elle raconte, rapporte à son sujet ■ ᑳᐦ ᐆᑖᒋᒧᐨ ᐊᓂᔮ ᓅᐦᑖᐐ ᐹᔨᒄ ᐐᒋᔨᔨᐅᐦ ᐋᐦ ᒌᐦ ᐐᒋᒫᐊᐟ, ᐋᐦᐋᑲ ᐅᐦᒋ ᒌᐦ ᐅᐦᒋ ᒦᒋᓱᐙᐟ ᐊᓂᑦᐦ ᐊᔨᐦᑖᔨᒡᐦ. ■ kaah iitaachimut aniyaa nuuhtaawii paayikw wiichiiyiyiuh aah chiih wiichimaat, aahaakaa uhchi chiih uhchi miichisuwaat anith aayihtaayichh. ■ *Feu mon père m'a raconté qu'un de ses frères avec qui il vivait était incapable de rapporter quoi que ce soit à manger.*

ᐄᐧᑖᓂᐦᒑᐤ iitwaanihchaau vta ◆ il/elle leur apporte des nouvelles au sujet d'événements précis ■ ᓂᔮᓂᑯᑐᓐᐦ ᓃᑳᓐ ᒌᐧᐋᔨᐅᐦ ᐊᐧᐋᔨᐅᐦ ᐋᐦ ᐄᐧᑖᓂᐦᒑᔨᒡᐦ ᐋᐦ ᒌᐦ ᓂᐱᐦᐋᐟ ᐊᓐ ᓈᐹᔑᔥ ᓂᔅᒃᐦ. ■ niyaanikutunh niikaan chiiwaayiuh awayiuh aah iitwaanihchaayich-h aah chiih nipihaat an naapaashish niskh. ■ *Quelquefois quelqu'un serait rentré à la maison en avance pour annoncer qu'il avait tué une oie.*

ᑎᐹᒋᒧᔥᑎᐧᐋᐤ tipaachimushtiwaau vta ◆ il/elle lui raconte une histoire, lui donne des nouvelles

radeau

ᒥᐦᑑᐟ mihtuut ni ◆ un radeau, lit. 'un canot en bois'

ᒥᐦᑑᑎᐦᒑᐤ mihtuutihchaau vai ◆ il/elle fait un radeau

radin

ᒫᐃᓰᐤ maaisiiu vai ◆ il/elle est avare, radin-e

radio

ᐊᔨᒧᐧᐋᔮᐲ ayimuwaayaapii ni -iim ◆ une radio

ᐄᑎᔑᐦᐊᒧᐧᐋᐤ iitishihamuwaau vta ◆ il/elle le lui envoie, il/elle lui envoie un message par la radio

radiographier

ᔖᐧᐹᐱᒫᐤ shaapwaapimaau vta ◆ il/elle voit à travers lui/elle; il/elle le/la radiographie

radiologue

ᔖᐧᐹᐱᐦᒋᒑᓰᐤ shaapwaapihchichaasiu na -iim ◆ un technicien ou une technicienne de rayons-X, un-e radiologue ■ ᑳ ᐄᔑᐟ ᓂᑐᐦᑯᔨᓐ ᒑ ᐧᐋᐱᒥᒥᒡᐦ ᔖᐧᐹᐱᐦᒋᒑᓰᐅᐦ. ■ kaa iishit nituhkuyin chaa waapimimichh shaapwaapihchichaasiuh. ■ *Le docteur m'a dit d'aller voir le radiologue.*

rafale

ᒌᔥᑎᓂᐱᔨᐤ chiishtinipiyiu vii ◆ il y a soudain une forte rafale de vent

ᑳᔅᒋᐱᓱᐧᐋᓰᐅᐱᔨᐤ kaaschipisuwaasiiupiyiu vii ◆ il y a des rafales de vent soudaines

ᐲᔑᔨᐧᐋᐱᔨᐤ piishiyiwaapiyiu vai ◆ il y a de longs intervalles entre les rafales de vents

ᐲᔑᔨᐧᐋᐤ piishiyiwaau vai ◆ il y a de longs intervalles entre les rafales de vents

ᐱᒥᔨᐧᐋᐱᔨᐤ pimiyiwaapiyiu vii ◆ une rafale de vent passe au-dessus

raffermir

ᒥᔥᑭᐧᐃᐦᐋᐤ mishkiwihaau vta ◆ il/elle le/la durcit, le/la raffermit

rafraîchir

ᑎᐦᒋᔨᐧᐋᔮᔥᑎᒫᐤ tihchiyiwaayaashtimaau vta ◆ il/elle laisse entrer de l'air pour se rafraîchir, se refroidir

rage

ᒌᔥᑳᐤ chiishkwaau vai ◆ il est fou, elle est folle, il/elle a la rage

ragoût

ᒋᔕᔮᑯᐲᔑᔕᐧᐋᓐ chishaayaakupiishishaawaan ni ◆ un ragoût d'ours

raide

ᒌᑎᐧᐋᒋᓯᐤ chiitiwaachisiu vai ◆ il/elle est raide (étalé)

ᒌᑎᐧᐋᑭᓐ chiitiwaakin vii ◆ c'est raide (étalé)

ᒌᑎᐧᐋᐹᒋᓯᐤ chiitiwaapaachisiu vai ◆ il/elle est raide (filiforme)

ᒌᑎᐧᐋᐹᑭᓐ chiitiwaapaakin vii ◆ c'est raide (filiforme)

ᒌᑎᐧᐋᔅᑯᓐ chiitiwaaskun vii ◆ c'est raide (long et rigide)

ᒌᑎᐧᐃᓯᐤ chiitiwisiu vai ◆ il/elle est raide

ᑭᔥᑭᒑᐤ kishkichaau vii ◆ c'est raide

ᒌᑎᐧᐋᐦᑭᑎᓲ chiitiwaahkitisuu vai -u ◆ il/elle raidit en séchant

ᒌᑎᐧᐋᔅᑯᓯᐤ chiitiwaaskusiu vai ◆ il/elle est raide, courbaturé-e

ᒌᑎᐧᐋᐤ chiitiwaau vii ◆ c'est raide, rigide

ᑭᒌᑐᓯᐤ kichiitusiu vai ◆ il/elle est raide d'avoir fait de l'exercice physique

ᑭᔅᒋᒑᒋᒋᐧᐃᓐ kischichaachichiwin vii ◆ c'est une chute d'eau raide et élevée

ᑭᔅᒋᓵᒋᐧᐃᓐ kischisaachiwin vii ◆ c'est une chute d'eau raide et élevée

ᑭᔅᑭᑖᒥᔅᑳᐤ kiskitaamiskaau vii ◆ c'est une falaise raide

ᔑᐦᑤᔅᑯᓯᐤ shihtwaaskusiu vai ◆ il/elle est droit-e, raide

ᓯᐦᑤᔅᑯᓯᐤ sihtwaaskusiu vai ◆ il/elle est droit-e, raide (long et rigide)

ᑭᔅᒋᓵᑳᐤ kischisaakaau vii ◆ c'est une falaise rocheuse raide et élevée

ᑭᔥᑭᒑᒋᒋᐧᐃᓐ kishkichaachichiwin vii ◆ c'est une chute raide sur des rapides

ᒌᔥᑳᔨᐧᐋᐤ chiishkaayiwaau vii ◆ le fond de l'eau est tout à coup en pente raide

ᐃᔮᐦᒁᐱᔅᑳᐤ iyaahkwaapiskaau vii ◆ ce sont des rochers élevés et dangereux, c'est une montagne aux pentes très raides

raidir

ᒌᑎᐧᐋᒋᐦᑖᐤ chiitiwaachihtaau vai+o ◆ il/elle le raidit (étalé)

ᒌᑎᐧᐃᐦᑖᐤ chiitiwihtaau vai+o ◆ il/elle le raidit

raidir (se)

ᒌᑎᐧᐋᔅᑯᐱᔨᐤ chiitiwaaskupiyiu vai ◆ il/elle se raidit

ᒌᑎᐧᐋᐦᑭᑎᑖᐤ chiitiwaahkititaau vii ◆ ça se raidit en séchant

raie

ᑖᔥᑭᐧᐋᐦᐊᒫᐤ taashkiwaahamaau vai ◆ il/elle a une raie dans ses cheveux

ᑖᔥᑭᐙᐦᐊᒧᐙᐤ taashkiwaahamuwaau vta
◆ il/elle lui fait la raie (dans les cheveux)

rainette

ᒫᒋᔥᑯᒋᔥ maachishkuchish na -im ◆ une petite grenouille brune, une rainette crucifère

raisin

ᔫᒥᓂᔖᐃᐦᑯᓈᐤ shuuminishaaihkunaau na [Wemindji] ◆ de la bannique aux raisins

ᒦᓂᔖᐃᐦᑯᓈᐤ miinishaaihkunaau na -aam ◆ de la banique avec des raisins secs ou des groseilles sèches

ᔫᒥᓈᐳᐃ shuuminaapui ni -m ◆ du jus de raisin, du vin

ᒥᒧᔑᐦᑭᐦᐄᒥᓈᑖᐤ mimushihkihiiminaataau vta
◆ il/elle en sort les baies, les raisins (animé, par ex. de la bannique)

raisin sec

ᔫᒥᓂᔥ shuuminish na -im ◆ un raisin sec, un pruneau

rajouter

ᒦᔑᐦᐊᒧᐙᐤ miishihamuwaau vta ◆ il/elle en rajoute (à ce qu'il/elle dit, à ce qu'il/elle a)

ralentir

ᐋᐱᒧᒋᐎᓐ aapimuchiwin vii ◆ le courant ralentit

ᐙᐅᑎᒫᔨᐦᑎᒼ waautimaayihtim vti ◆ il/elle pense que ça la/le ralentit, l'entrave

ᐙᐅᑎᒫᔨᒦᓲ waautimaayimiisuu vai reflex -u
◆ il/elle pense qu'il/elle ralentit les gens, les entrave

râleur

ᒥᒫᐦᑯᑖᑯᓯᐤ mimaahkutaakusiu vai ◆ il/elle se plaint tout le temps; c'est un râleur, une râleuse

rallonge

ᐋᓂᔅᑭᐎᐦᐱᒋᑭᓐ aaniskiwihpichikin ni ◆ une rallonge de traîneau

rallonger

ᐋᓂᔅᒑᓈᐤ aanischaanaau vta ◆ il/elle le/la rallonge

ᐋᓂᔅᒑᓂᒼ aanischaanim vti ◆ il/elle le rallonge

ᐋᓂᔥᑭᐎᔥᑖᐤ aanishkiwishtaau vii ◆ c'est placé pour allonger quelque chose

ᐋᓂᔅᑭᐎᐦᐋᐤ aaniskiwihaau vta ◆ il/elle le/la place de façon à le/la rallonger

ᐋᓂᔅᑭᐎᓈᐤ aaniskiwinaau vta ◆ il/elle le/la rallonge à la main

ᒋᐧᓈᔅᑯᐦᑖᐤ chinwaaskuhtaau vai ◆ il/elle le rallonge (long et rigide)

ᐎᔨᐐᔮᔅᑯᓈᐤ wiyiwiiyaaskunaau vta ◆ il/elle le/la (filiforme) rallonge en le/la faisant sortir de quelque chose

ᐎᔨᐐᔮᔅᑯᓂᒼ wiyiwiiyaaskunim vti ◆ il/elle le (filiforme) rallonge en le faisant sortir de quelque chose

ᐋᓂᔅᑯᑖᐹᓐ aaniskutaapaan ni ◆ un noeud, un noeud pour rallonger

ᐋᓂᔅᑭᐙᐹᒋᓈᐤ aaniskiwaapaachinaau vta
◆ il/elle le/la (filiforme) rallonge à la main, il/elle attache des ficelles ou de la corde pour le/la rallonger

ᐋᓂᔅᑭᐙᐹᒋᓂᒼ aaniskiwaapaachinim vti
◆ il/elle attache deux ficelles ensembles pour le rallonger

ᐋᓂᔅᑭᐙᐱᐦᑳᑖᐤ aaniskiwaapihkaataau vta
◆ il/elle le/la rallonge en nouant quelque chose sur lui ou sur elle

ᐋᓂᔅᑭᐙᐱᐦᑳᑎᒼ aaniskiwaapihkaatim vti
◆ il/elle le rallonge en y nouant quelque chose

ᐋᓂᔅᑭᐎᒁᑖᐤ aaniskiwikwaataau vta ◆ il/elle le/la rallonge en le/la cousant à un autre morceau

ᐋᓂᔅᑭᐎᒁᑎᒼ aaniskiwikwaatim vti ◆ il/elle le rallonge en le cousant à un autre morceau

ᐋᓂᔅᑭᐎᓂᒼ aaniskiwinim vti ◆ il/elle le rallonge en le tenant avec la main

ᐋᓂᔅᑭᐎᐱᐤ aaniskiwipiu vai ◆ il/elle est placé-e de façon à rallonger quelque chose

ᐋᓂᔅᑯᑖᐹᐤ aaniskutaapaau vai ◆ il/elle le rallonge en y nouant un autre morceau (filiforme)

ᐋᓂᔅᑯᑖᐱᐦᒑᐦᑎᑖᐤ aaniskutaapihchaahtitaau vai
◆ il/elle y attache un autre morceau pour le rallonger

ᐋᓂᔅᑯᑖᐱᐦᑳᑖᐤ aaniskutaapihkaataau vta
◆ il/elle le/la noue pour le/la rallonger

ᒋᐧᓈᐹᒋᓂᒼ chinwaapaachinim vti ◆ il/elle l'allonge (filiforme), le rallonge (ex. un discours, un conte)

ᐃᔮᐦᑎᒌᔑᑳᐤ iyaahtichiishikaau vii ◆ les jours rallongent

rallonger (se)

ᒋᓄᐱᔨᐤ chinupiyiu vii ◆ ça allonge, ça se rallonge

ramasser

ᐊᓄᐦᒋᐱᔨᐤ anuhchipiyiu vai ◆ il/elle le ramasse rapidement

ᒁᐱᐦᐊᒼ kwaapiham vti ◆ il/elle le ramasse

ᒁᐱᐦᐊᒧᐙᐤ kwaapihamuwaau vta ◆ il/elle le ramasse pour lui/elle

ᒁᐱᐦᐙᐤ kwaapihwaau vta ◆ il/elle le/la ramasse avec quelque chose

ᒫᒨᔅᒋᓈᐤ maamuuschinaau vta ◆ il/elle les ramasse tous

ᒫᐅᐦᑐᓈᐤ maauhtunaau vta ◆ il/elle les ramasse à la main

ᒁᐱᐦᐙᓐ kwaapihwaan na ◆ un filet de pêche pour ramasser les poissons

ᒋᔨᑭᐙᐎᓲ chiyikiwaawisuu vai -u ◆ il/elle ramasse des baies de toutes sortes

ᒁᐱᐦᐄᒑᐤ kwaapihiichaau vai ◆ il/elle attrape un poisson dans un filet profond, il/elle le ramasse

ᒫᓂᒦᒋᒫᐤ maanimiichimaau vai ◆ il/elle ramasse et met en réserve de la nourriture

ᒫᐅᐦᑐᓂᒼ **maauhtunim** vti ◆ il/elle les rassemble, les ramasse à la main

ᒥᓈᐦᐆ **minaahuu** vai -u ◆ il/elle ramasse des choses à utiliser, il/elle récupère quelque chose

ᒥᓈᐙᐤ **minaawaau** vai ◆ il/elle ramasse des oeufs

ᒥᓂᐱᔓᔮᐤ **minipishuyaau** vai ◆ il/elle ramasse des poteaux pour le tipi

ᒥᓂᐎᓂᐦᐄᒑᐤ **miniwinihiichaau** vai ◆ il/elle ramasse ses pièges

ᒣᐙᐅᓲ **miywaausuu** vai -u ◆ il/elle ramasse des baies sans autres feuilles ou débris

ᒨᓂᑎᐹᐤ **muunitipaau** vai ◆ il/elle ramasse des racines pour en faire de la ficelle ou de la corde

ᒧᐎᐦᑖᐤ **muwihtaau** vta ◆ il/elle ramasse des baies pour lui/elle

ᒧᐎᓲ **muwisuu** vai -u ◆ il/elle ramasse des baies

ᓈᒋᐎᑖᐤ **naachiwitaau** vai ◆ il/elle va ramasser du feu de bois

ᓈᓈᑎᐦᐋᐙᐤ **naanaatihaawaau** vai redup ◆ il/elle va ramasser des oeufs

ᓈᑎᐦᐊᒥᓲ **naatihamisuu** vai -u ◆ il/elle va ramasser des baies en véhicule

ᓂᑎᐙᐙᐤ **nitiwaawaau** vai ◆ il/elle va ramasser des oeufs

ᐹᓂᐦᐋᒥᓲ **paanihaamisuu** vai -u ◆ il/elle ramasse des baies en enlevant la neige

ᐱᐦᑭᔖᓈᐤ **pihkishaanaau** vta ◆ il/elle en ramasse un pli entre ses doigts

ᒑᒋᔖᐹᐦᐄᑯᐦᑖᐤ **chaachishaapaahiikuhtaau** vai ◆ il/elle ramasse du bois pour le feu tôt le matin

ᒫᐅᓯᑯᓈᐤ **maausikunaau** vta ◆ il/elle les ramasse et en tient plusieurs ensemble; il/elle prend soin de tous/toutes

ᒥᒑᐅᓲ **michaausuu** vai -u ◆ il/elle ramasse des baies avec des débris

ᒥᑳᐃᐢᑯᐦᐊᒻ **mikaaiskuham** vti ◆ il/elle ramasse les morceaux de glace du trou dans la glace; il/elle enlève la neige de cet endroit en utilisant quelque chose

ᒥᒥᓈᔑᐦᑖᐤ **miminaashihtaau** vai redup ◆ il/elle ramasse des branchages

ᒥᒧᔑᐦᑭᐦᑎᒼ **mimushihkihtim** vti ◆ il/elle le ramasse et en mange les miettes, les restes

ᒥᓂᐦᐄᐐᑯᐹᐤ **minihiiwiikupaau** vai ◆ il/elle ramasse de l'écorce de saule pour l'utiliser comme corde

ᒥᓂᑯᐹᐤ **minikupaau** vai ◆ il/elle ramasse de l'écorce de bouleau pour en faire de la corde

ᒨᒥᓈᐤ **muuminaau** vai ◆ il/elle ramasse et mange des baies

ᓈᑖᔑᐦᑖᐦᐊᒻ **naataashihtaaham** vti ◆ il/elle va ramasser des branchages en véhicule

ᓈᑖᔑᐦᑖᐤ **naataashihtaau** vai ◆ il/elle va ramasser des branches

ᐹᐦᐹᔨᑯᒥᓂᒋᓂᔑᐤ **paahpaayikuminichinishiu** vai redup ◆ il/elle ramasse des baies une à la fois

ᐱᐦᒁᐱᑎᒼ **pihkwaapitim** vti ◆ il/elle ramasse, détache de la mousse de sphaigne

ᐙᔪᑎᐦᐱᓂᑖᐤ **waayutihpinitaau** vta ◆ il/elle en attrape, en ramasse tout plein

ᒫᐅᒋᐦᐋᐤ **maauchihaau** vta ◆ il/elle les ramasse, accumule, met de côté ▪ ᒫᐅᒋᐦᐋᐤ ᓂᐢᒄ ᒑ ᓃᔓᑳᐳᐎᔨᒡ ᐅᑯᓯᔑᐦ. ▪ maauchihaau niskh chaa niishukaapuwiyichh ukusish. ▪ *Elle/il met de côté des oies pour le mariage de son fils.*

ᐱᒋᔥᑤᐤ **pichishtwaau** vai ◆ il/elle ramasse ses affaires avant de déménager son campement

rame

ᐊᐳᐃ **apui** na ◆ une pagaie, une rame, une hélice pour un moteur hors-bord

ramener

ᒌᐙᐦᑎᐦᐋᐤ **chiiwaahtihaau** vta ◆ il/elle le/la ramène à la maison ▪ ᑏᐙᐦᒡ ᒌᐦ ᒌᐙᐦᑎᐦᐋᐤ ᐊᓂᔮᐦ ᓂᐢᒄ ᑳ ᐊᔑᒫᑭᓂᐎᑦ. ▪ tiiwaahch chiih chiiwaahtihaau aniyaah niskh kaa ashimaakiniwit. ▪ *Il a ramené à la maison les oies qu'on lui avait donné tout de suite.*

ᒌᐙᐦᑎᑎᐙᐤ **chiiwaahtitiwaau** vta ◆ il/elle le/la ramène à la maison pour quelqu'un d'autre

ᒌᐙᐱᔨᐦᐋᐤ **chiiwaapiyihaau** vta ◆ il/elle le/la ramène à la maison en véhicule

ᐅᐦᑐᐦᑎᐦᐋᐤ **uhtuhtihaau** vta ◆ il/elle le/la ramène de là-bas

ᐋᒁᔥᑭᐙᐤ **aakwaashkiwaau** vta ◆ il/elle le/la ramène au rivage ▪ ᐊᔪᐎᒄ ᐋᑖᐱᑎᓰᑦ ᐊᓐ ᐅᑖᐹᓈᐢᒄ ᓈᔥᒡ ᐋᐦ ᒫᒥᐦᒑᐢᑯᓯᔨᒡᐦ ᒥᔥᑎᒄᐦ ᐋᐦ ᐋᒁᔥᑭᐙᑦ. ▪ aayuwikw aataapitisiit an utaapaanaaskw naashch aah maamihchaaskusiyichh mishtikwh aah aakwaashkiwaat. ▪ *Cette machine est utilisée pour rapporter de gros arbres sur le rivage.*

ᒌᐙᐦᐅᔮᐤ **chiiwaahuyaau** vta ◆ il/elle le/la ramène, retourne par voie d'eau ou voie aérienne

ᓵᐢᒋᐱᑎᒼ **saaschipitim** vti ◆ il/elle le ramène au rivage

ᒌᐙᑖᐹᐤ **chiiwaataapaau** vta ◆ il/elle le/la ramène à la maison en tirant

ᑯᓯᐢᐱᐦᑎᐦᐋᐤ **kusispihtihaau** vta ◆ il/elle l'emmène à l'intérieur des terres, il/elle le/la ramène au rivage

ᓵᐢᒋᐱᔦᐦᑖᐤ **saaschipiyihtaau** vai ◆ il/elle le ramène au rivage (se dit d'un canot)

ramolli

ᐅᐎᔥᑎᑯᐦᑎᓐ **uwishtikuhtin** vii ◆ c'est ramolli à force de tremper dans du liquide

ramollir

ᔑᑯᐱᔨᐤ **shikupiyiu** vai ◆ il/elle se ramollit (ex. du poisson qu'on a gardé trop longtemps)

ᐅᑎᐦᐹᐳᐃ utihpaapui ni -um ◆ un liquide fait avec de la cervelle animale, écrasée et bouillie, et utilisée pour ramollir les peaux de caribou ou d'orignal

ᐋᐳᐐᐤ aapuwiiu vii ◆ la glace ramollit au printemps ou dans l'eau tiède en automne

ᔑᑯᐦᐧᐋᐅᒋᔑᓐ shikuhwaauchishin vai ◆ sa viande (se dit d'un animal mort) commence à ramollir parce qu'on l'a laissé sortie trop longtemps

ᐅᐧᐃᔥᑎᑯᐦᒋᒫᐤ uwishtikuhchimaau vta ◆ il/elle le/la trempe pour le/la ramollir

ᐅᐧᐃᔥᑎᑯᐦᒋᓐ uwishtikuhchin vai ◆ il/elle est ramolli-e à force d'avoir trempé dans du liquide

ᔑᑯᐦᐧᐋᐅᑯᐦᒋᓐ shikuhwaaukuhchin vai ◆ sa viande (se dit d'un animal mort) ramollit parce qu'on l'a laissé dans l'eau trop longtemps

ramper

ᐋᔓᐧᐃᑖᒋᒨ aashuwitaachimuu vai -u ◆ il/elle le traverse en rampant

ᒋᐦᒋᑖᒋᒨ chihchitaachimuu vai -u ◆ il/elle (bébé) commence à ramper

ᓈᑎᔪᔥᑎᒻ naatiyushtim vti ◆ il/elle s'en approche à pas de loup; il/elle rampe jusque là

ᐹᒋᔥᑖᒋᒨ paachishtaachimuu vai -u ◆ il/elle arrive en rampant

ᐲᐦᑎᑖᑖᒋᒨ piihtitaataachimuu vai -u ◆ il/elle rentre en rampant

ᐱᒥᔅᑯᑖᒋᒨ pimiskutaachimuu vai -u ◆ il/elle rampe sur la glace

ᔒᐹᑖᒋᒨ shiipaataachimuu vai -u ◆ il/elle rampe sous quelque chose

ᔖᑯᔑᒨ shaakushimuu vai -u ◆ il/elle rampe, se glisse en dessous

ramure

ᓂᒥᑎᐦᐄᒑᐧᐋᐦᑎᒄ nimitihiichaawaahtikw na ◆ un arbre sur lequel un orignal ou un caribou a frotté sa ramure

ᓂᒥᑎᐦᐊᒻ nimitiham vti ◆ il/elle (ex. un caribou, un orignal) frotte ses bois dessus, frotte sa ramure dessus

ᓂᐱᑖᔥᑭᓈᐤ nipitaashkinaau vai ◆ il n'a qu'un seul bois (se dit de sa ramure)

ᓯᓯᒋᐧᐃᑖᐤ sisichiwitaau vai redup ◆ il/elle (se dit d'un caribou mâle adulte) a une ramure courbée avec plusieurs branches

ᐅᐧᐃᑳᐦᑳᒌᐧᐋᔥᑭᓈᐤ uwikaahkaachiiwaashkinaau vai ◆ il (animé, caribou mâle adulte) a une ramure avec beaucoup de branches

ᐧᐋᐱᑲᐧᑎᐦᐄᒑᐤ waapikwaatihiichaau vai ◆ il/elle balaie l'air de sa ramure

ᐋᔥᑭᓐ aashkin na ◆ les bois (de cervidés), la ramure

ᐅᑖᑭᐧᐋᐳᐦᑲᐧᐋᐧᐃᓂᑭᓐᐦ utaakiwaapuhkwaawinikinh ni pl ◆ une ramure de caribou qui tombe un peu

ᐅᑖᑯᐦᑲᐧᐋᐧᐃᓂᑭᓐᐦ utaakuhkwaawinikinh ni pl ◆ une ramure de caribou qui tombe un peu

ᐅᑖᔥᑭᓐᐦ utaashkinh nad ◆ ses bois, sa ramure

ᔑᐦᑦᐧᐋᔥᑭᓈᐤ shihtwaashkinaau vai ◆ il/elle a les bois droits

ᐧᐋᐱᑲᐧᑎᐦᐊᒻ waapikwaatiham vti ◆ il/elle le balaie, le rejette avec sa ramure

ᐧᐋᐱᑲᐧᑎᐦᐧᐋᐤ waapikwaatihwaau vta ◆ il/elle le balaie, le rejette avec sa ramure

ᐅᔥᑭᐦᐤ ushkihuu vai -u ◆ il (caribou mâle adulte) perd le velours de sa ramure en septembre

rance

ᔖᔥᑖᐦᑎᓐ shaashtaahtin vii ◆ ça devient rance

ᔖᔥᑖᔑᓐ shaashtaashin vai ◆ il/elle est rance

ᔖᔥᑖᓯᐤ shaashtaasiu vai ◆ ça sent rance

ᔖᔥᑖᔮᐤ shaashtaayaau vii ◆ ça sent le rance; c'est rance

rang

ᓃᐱᑖᑳᐳᐧᐃᐧᐃᒡ niipitaakaapuwiwich vai pl -uwi ◆ ils/elles sont (debout) en rang

ᓃᐱᑖᐦᑖᐧᐃᒡ niipitaahtaawich vai pl ◆ ils/elles marchent en rang

ᓃᐱᑖᑯᒋᓂᒡ niipitaakuchinich vai pl ◆ ils/elles sont pendu-e-s, suspendu-e-s en rang

ᓃᐱᑖᑯᑖᐤ niipitaakutaau vai ◆ il/elle suspend les choses en rang

ᓃᐱᑖᔑᓂᒡ niipitaashinich vai pl ◆ ils/elles sont couché-e-s, étendu-e-s en rang

ᓃᐱᑖᔥᑖᐤ niipitaashtaau vai ◆ il/elle les place en rang

ᓃᐱᑖᐱᐧᐃᒡ niipitaapiwich vai pl ◆ ils sont assis, placés en rang, elles sont assises, placées en rang

rangée

ᓃᐱᑖᐦᐋᐤ niipitaahaau vta ◆ il/elle les place sur une rangée

ᓃᐱᑖᑯᑖᐅᐦ niipitaakutaauh vii pl ◆ des choses pendent sur une rangée

ᓃᐱᑖᑯᔮᐤ niipitaakuyaau vta ◆ il/elle les suspend en une rangée

ᓃᐱᑖᔮᐱᐦᑳᑖᐤ niipitaayaapihkaataau vta ◆ il/elle les enfile en une rangée

ᓃᐱᑖᔮᐱᐦᑳᑎᒻ niipitaayaapihkaatim vti ◆ il/elle enfile des choses sur une ligne en rangée

ᓃᐱᑖᔮᔅᑯᐦᐊᒻ niipitaayaaskuham vti ◆ il/elle met les choses en rangée sur un bâton

ᐱᔑᑳᐳᐧᐃᐧᐃᒡ pishikaapuwiwich vai pl -uwi ◆ c'est une fine rangée d'arbres

ᐅᔖᐦᑯᐹᐤ ushaahkupaau vii ◆ il y a une rangée de saules le long de la rive

ranger

ᒋᔅᑭᐦᐋᐤ chiskihaau vta ◆ il/elle le/la range, l'enlève

ᒋᔅᑭᔥᑖᐤ chiskishtaau vai ◆ il/elle le range

ᓂᐦᐋᐅᔅᑖᓲ **nihaaustaasuu** vai -u ◆ il/elle range

ᒥᔫᐎᓈᑯᓐ **miyuwinaakun** vii ◆ c'est joli, bien rangé

ᓂᐦᐋᐅᔥᑖᐤ **nihaaushtaau** vai ◆ il/elle range les choses, met les choses en ordre

ᓯᑭᔅᒋᓂᒻ **sikischinim** vti ◆ il/elle recouvre les parties ouvertes de l'habitation; il/elle range

ᓂᐦᐋᐅᐦᐋᐤ **nihaauhaau** vta ◆ il/elle le/la réarrange, le/la range, le/la met de côté

ᓂᐦᐋᐅᓈᐤ **nihaaunaau** vta ◆ il/elle le/la met de côté, le/la range

ᓂᐦᐋᐅᓂᒻ **nihaaunim** vti ◆ il/elle le met de côté, le range

ranimer

ᐋᐱᓯᐦᐋᐤ **aapisihaau** vta ◆ il/elle le/la ranime (d'un évanouissement provoqué par l'enchantement ou du sommeil)

rapide

ᐹᐅᔥᑎᑯᐃ **paaushtikui** ni -um ◆ un rapide

ᐹᐅᔥᑎᑯᔒᔥ **paaushtikushiish** ni -um ◆ un petit rapide

ᓈᑗᐹᔮᐤ **naatwaapaayaau** vii ◆ c'est une zone d'eau entre les rapides

ᓂᔥᑎᐦᐋᑭᓈᐦᑎᒄ **nishtihaakinaahtikw** ni ◆ une perche utilisée pour remonter un rapide

ᐹᔅᑖᐱᔅᒋᓂᑭᓐ **paastaapischinikin** ni ◆ un endroit dans les rapides où on porte le canot par-dessus les rochers

ᐋᔥᑎᐦᑖᑳᒫᔮᒋᐎᓐ **aashtihtaakaamaayaachiwin** p,lieu ◆ du côté nord du rapide ■ ᓈᑖᐦ ᐋᔥᑎᐦᑖᑳᒫᔮᒋᐎᓐ ᐋᑯᑖᐦ ᑳ ᒋᒥᑖᔮᐦᒡ ᐊᓐ ᔖᐳᐦᑎᐙᓐ᙮ ■ naataah aashtihtaakaamaayaachiwin aakutaah kaa chimitaayaahch an shaapuhtiwaan. ■ *Nous avons installé notre wigwam du côté nord des rapides.*

ᐊᑯᑖᔥᑎᓂᐤ **akutwaashtiniu** p,lieu ◆ au début du rapide ■ ᓈᑎᐦ ᐊᑯᑖᔥᑎᓂᐤ ᐋᑯᑎᐦ ᑳ ᑯᑎᐙᔮᐦᒡ᙮ ■ naatih akutwaashtiniu aakutih kaa kutiwaayaahch. ■ *On a construit un feu au début du rapide.*

ᐊᐅᑭᑳᒫᔮᒋᐎᓐ **aukikaamaayaachiwin** p,lieu ◆ du côté sud du rapide ■ ᐊᓂᑖᐦ ᐊᐅᑭᑳᒫᔮᒋᐎᓐ ᐋᑯᑖᐦ ᐄᑖᐦᒑ ᑳ ᑭᐹᔮᐦᒡ᙮ ■ anitaah aukikaamaayaachiwin aakutaah iitaahchaa kaa kipaayaahch. ■ *On s'est retrouvé du côté sud du rapide.*

ᐃᔨᔩᒫᒋᐎᓐ **iyiyimaachiwin** p,lieu ◆ en amont du rapide

ᓂᔮᐅᑖᐹᒋᒋᐎᓐ **niyaautaapaachichiwin** p,lieu ◆ à mi-chemin dans le rapide, à mi-rapide ■ ᓂᔮᐅᑖᐹᒋᒋᐎᓐ ᐊᓐ ᐹᐅᔥᑎᑯᐃ ᐋᑯᑎᐦ ᑳ ᐋᐱᒥᐱᔨᐦᐅᔮᐦᒡ ᑳ ᐲᐅᑎᒫᐦᒡ᙮ ■ niyaautaapaachichiwin an paaushtikui aakutih kaa aapimipiyihuyaahch kaa piiutimaahch. ■ *À mi-rapide, c'est là que nous avons accosté en descendant le rapide.*

ᑖᐙᒋᐎᓐ **taawaachiwin** p,lieu ◆ au milieu du rapide ■ ᓈᐦᐋᐤ ᑖᐙᒋᐎᓐ ᐋᑯᑎᐦ ᑳ ᐅᐦᒋ ᓅᑯᓯᑦ ᓂᒋᒄ᙮ ■ naahaau taawaachiwin aakutih kaa uhchi nuukusit nichikw. ■ *Il y avait une loutre juste au milieu du rapide.*

ᑎᐦᑯᐦᑖᒋᐎᓐ **tihkuhtaachiwin** p,lieu ◆ en haut du rapide ■ ᑎᐦᑯᐦᑖᒋᐎᓐ ᓈᑖᐦ ᐋᑯᑎᐦ ᑳ ᐙᐱᒫᑭᓂᐎᑦ ᒋᔖᔮᒄ᙮ ■ tihkuhtaachiwin naataah aakutih kaa waapimaakiniwit chishaayaakw. ■ *On a vu un ours en haut du rapide.*

ᑗᑯᐎᒋᐎᓂᐦᒡ **twaakuwichiwinihch** p,lieu ◆ au pied du rapide ■ ᑗᑯᐎᒋᐎᓂᐦᒡ ᐅᐱᒋᐎᓂᐦᒡ ᐋᑯᑎᐦ ᑳ ᒌ ᐊᒀᐱᒋᒑᓂᐎᒡ᙮ ■ twaakuwichiwinihch upichiwinihch aakutih kaa chii akwaapichichaaniwich. ■ *Les gens attrapaient les poissons à la main au pied du rapide d'Upichiwin.*

ᐊᒋᔥᑎᐙᐤ **achishtiwaau** vii ◆ la pente nous cache le rapide en aval

ᒌᐦᑳᐙᒋᐎᓐ **chiihkaawaachiwin** vii ◆ il y a un bruit de rapides au loin, on entend les rapides au loin

ᒋᐚᓈᑳᐳᐎᐎᒡ **chinwaanaakaapuwiwich** vai pl -uwi ◆ c'est une longue ligne de vagues dans les rapides

ᒋᐱᑳᐳᐎᐎᒡ **chipikaapuwiwich** vai pl -uwi ◆ les vagues du rapide traversent toute la rivière

ᒋᔑᒋᐎᓐ **chishichiwin** vii ◆ c'est un courant rapide ■ ᓈᔥᑖᐹᐦ ᒋᔑᒋᐎᓐ ᐅᑎᐦ ᑎᐱᔥᑯᒡ ᐋᐦ ᐑᒋᔮᐦᒡ᙮ ■ naashtaapwaah chishichiwin utih tipishkuch aah wiichiyaahch. ■ *Le courant est rapide juste devant notre campement.*

ᒋᔑᐱᔨᐤ **chishipiyiu** vii ◆ ça va vite, c'est rapide

ᐄᔨᑭᔥᒑᒋᐎᓐ **iiyikishchaachiwin** vii ◆ le rapide est large

ᑭᒑᔥᑎᐱᐱᔨᐦᐅ **kichaashtipipiyihuu** vai -u ◆ il/elle est rapide, agile

ᑭᒑᔥᑎᐱᐱᔨᐤ **kichaashtipipiyiu** vii ◆ c'est rapide, ça va vite

ᒁᔅᑳᒫᔮᒋᐎᓐ **kwaaskaamaayaachiwin** vii ◆ les rapides coulent d'un côté à l'autre

ᒥᔦᒋᐎᓐ **miywaachiwin** vii ◆ le rapide est lisse

ᓈᒥᒧᓈᒋᐎᓐ **naamimunaachiwin** vii ◆ c'est la fin du rapide

ᓈᑖᐳᔨᑎᑎᒻ **naataapuyititim** vti ◆ il/elle pagaie en direction des rapides

ᓂᔮᔥᑎᐎᒋᐎᓐ **niyaashtiwichiwin** vii ◆ le rapide est large

ᓅᒋᐹᐅᔥᑎᑯᐙᐤ **nuuchipaaushtikuwaau** vai ◆ il/elle passe les rapides

ᐹᐦᒁᓈᒥᔅᒑᒋᐎᓐ **paahkwaanaamischaachiwin** vii ◆ le niveau d'eau est très peu profond dans un rapide

ᐸᑖᐳᔨᐤ **paataapuyiu** vai ◆ il/elle arrive au rapide en canot

ᐲᐦᑖᒋᐎᓐ **piihtaachiwin** vii ◆ c'est un long rapide

ᐲᐦᑎᑖᒋᐎᓐ **piihtitaachiwin** vii ◆ c'est une longue série de rapides

ᐲᒥᑳᒫᒋᐧᐃᓐ piimikaamaachiwin vii ◆ le rapide serpente

ᐲᔖᓈᒥᔅᒑᒋᒋᐧᐃᓐ piishaanaamischaachichiwin vii ◆ il y a beaucoup de rochers qui affleurent dans le rapide

ᐲᐅᑎᒼ piiutim vti ◆ il/elle descend, franchit le rapide

ᐱᔖᓈᒥᔅᒑᒋᐧᐃᓐ pishaanaamischaachiwin vii ◆ ce sont des petits rochers sous le rapide

ᓵᒑᐧᐋᑎᐧᑳᐤ saachaawaatikwaau vii ◆ Il y a des signes indiquant la fin du rapide au loin

ᓵᒑᐧᐋᔮᑎᐧᑳᐤ saachaawaayaatikwaau vii ◆ le rapide apparaît

ᔖᒑᐧᐋᔮᒋᐧᐃᓐ shaachaawaayaachiwin vii ◆ ça indique qu'il y a un rapide après le tournant

ᔖᔑᑭᑖᐳᑯᐧᐃᒡ shaashikitaapukuwich vai pl -u ◆ la direction des vagues du rapide change à cause du vent très fort

ᔖᐧᐋᒋᐧᐃᓐ shaawaachiwin vii ◆ il y a un écho des rapides

ᔒᐹᔥᑎᑰ shiipaashtikuu vii -uwi ◆ les rapides sont dans le faux-chenal de la rivière

ᔔᔥᐧᑳᐱᔥᑳᒋᒋᐧᐃᓐ shuushkwaapishkaachichiwin vii ◆ le rapide est en pente

ᓰᐦᑎᐧᐋᐱᔅᒑᒋᐧᐃᓐ siihtiwaapischaachiwin vii ◆ le rapide coule entre une zone étroite de rochers

ᓲᐦᐧᑳᐧᐋᒋᐧᐃᓐ suuhkwaawaachiwin vii ◆ il y a un bruit fort de rapides

ᓲᐧᑳᐧᐋᒋᐧᐃᓐ suukwaawaachiwin vii ◆ c'est un rapide rugissant

ᐧᑖᑯᐧᐃᐧᓈᐦᐊᒼ twaakuwinwaaham vti ◆ il/elle atteint le dernier rapide, en descendant la rivière

ᐧᑖᑯᐧᐃᐧᓈᔥᑭᒼ twaakuwinwaashkim vti ◆ il/elle marche jusqu'au pied du rapide

ᐅᒋᒋᐧᐃᓐ uchichiwin vii ◆ c'est le début, le haut du rapide

ᐅᐱᑐᐧᐃᔥᒑᒋᐧᐃᓐ upituwishchaachiwin vii ◆ il y a deux pointes de terre des deux côtés des rapides

ᐧᐋᐧᐋᑭᑖᐅᐦᒑᒋᐧᐃᓐ waawaakitaauhchaachiwin vii redup ◆ c'est un rapide qui serpente, sinueux

ᒌᔥᑎᑉ chiishtip p,manière ◆ vite, rapide, soudain ▪ ᐊᑳᐧᐄ ᓈᔥᒡ ᒌᔥᑎᑉ ᐧᐄᐦ ᒌᔑᐦᑐᑦᐦ ᐊᓐ ᑳ ᐅᔑᐦᑖᔨᓐ, ᒑ ᒥᔪᐧᐃᓈᑯᐦᒡ ᒫᒃ. ▪ akaawii naashch chiishtip wiih chiishihtut-h an kaa ushihtaayin, chaa miyuwinaakuhch maak. ▪ *N'essaie pas de le faire trop vite, ou ça n'aura pas l'air bien.*

ᓃᐦᑖᒋᐧᐃᓐ niihtaachiwin p,lieu ◆ en bas du rapide, en aval ▪ ᓈᑖᐦ ᓃᐦᑖᒋᐧᐃᓐ ᐋᑯᑎᐦ ᐄᔮᒥᒡ ᓂᒫᓯᒡ. ▪ naataah niihtaachiwin aakutih iyaamich nimaasich. ▪ *Le poisson fraye en bas du rapide.*

ᒌᓈᐧᐋᒋᐧᐃᓐ chiinaawaachiwin vii ◆ il y a un goulet à la fin du rapide

ᒌᔅᑳᐱᔅᒋᒋᐧᐃᓐ chiiskaapischichiwin vii ◆ c'est un courant, un rapide au-dessus d'un rocher élevé, un courant qui chute brutalement

ᒋᔑᐱᐦᑖᒥᑭᓐ chishipihtaamikin vai ◆ il/elle est rapide, se répand vite

ᒋᔅᑖᐳᔨᐤ chistaapuyiu vai ◆ il/elle commence à descendre le rapide

ᑭᒑᔥᑎᐱᐦᐊᒫᐤ kichaashtipihamaau vai ◆ il/elle marche vite, il/elle a le pied rapide

ᑭᔥᑭᒑᒋᒋᐧᐃᓐ kishkichaachichiwin vii ◆ c'est une chute raide sur des rapides

ᒥᓂᓵᐧᑳᐱᔅᒑᒋᒋᐧᐃᓐ minisaakwaapischaachichiwin vii ◆ il y a une petite île rocheuse au milieu du rapide

ᓂᔥᑎᐦᐋᔅᑯᐦᐊᒼ nishtihaaskuham vti ◆ il/elle utilise une perche pour remonter la rivière en canot dans les rapides

ᐹᐦᑳᒋᐧᐃᓐ paahkaachiwin vii ◆ l'eau fait soudain un bruit éclatant quand les vagues se brise dans le rapide

ᐹᐦᐹᐧᑳᓈᒥᔅᒑᒋᒋᐧᐃᓐ paahpaakwaanaamischaachichiwin vii ◆ c'est un rapide peu profond et rocheux

ᐹᐧᔖᐧᐋᒋᐧᐃᓐ paashwaawaachiwin vii ◆ le son des rapides est proche

ᐲᐦᑎᔅᐧᑳᔮᐤ piihtiskwaayaau vii ◆ c'est une longue section droite d'eau calme de la rivière entre les rapides

ᐲᔑᔨᐧᐋᑳᐳᐧᐃᐧᐃᒡ piishiyiwaakaapuwiwich vai pl -uwi ◆ il y a de grosses vagues déferlantes dans le rapide

ᐲᐅᑖᐳᑰ piiutaapukuu vai -u ◆ il/elle franchit le rapide en flottant

ᐲᐅᑖᐳᑖᐤ piiutaaputaau vii ◆ ça franchit le rapide en flottant

ᐲᔨᐦᑖᐧᐋᒋᐧᐃᓐ piiyihtaawaachiwin vii ◆ il y a un bruit de rapides au loin

ᐱᒥᑖᐱᔅᒑᒋᒋᐧᐃᓐ pimitaapischaachichiwin vii ◆ c'est un rapide sinueux, peu profond, au fond rocheux

ᔒᐹᔥᑎᑯᒋᐧᐃᓐ shiipaashtikuchiwin vii ◆ la rivière coule entre des îles; il y a des rapides entre les îles

ᔓᐹᐱᔨᐤ shupaapiyiu vii ◆ c'est un courant rapide et lisse

ᓯᔅᒋᐧᑳᐧᐋᒋᒋᐧᐃᓐ sischikwaawaachichiwin vii ◆ il y a un virage soudain dans le rapide

ᑖᐧᐹᒋᒋᐧᐃᓐ taapwaachichiwin vii ◆ le bruit des rapides annonce du mauvais temps

ᑖᐧᐋᐳᑰ taawaapukuu vai -u ◆ il/elle entre en collision avec des rochers en descendant le rapide

ᐧᑖᑯᐧᐃᐧᓈᐳᔨᐤ twaakuwinwaapuyiu vai ◆ il/elle atteint le bout du rapide

ᐅᐱᑐᐧᐃᑳᐳᐧᐃᐧᐃᒡ upituwikaapuwiwich vai pl -uwi ◆ il y a une interruption dans les vagues des rapides

ᐅᔖᑳᐳᐧᐃᐧᐃᒡ ushaakaapuwiwich vai pl -uwi ◆ les vagues sont très grandes dans cette zone de rapides

ᐧᐋᓵᒋᐧᐃᓐ waasaachiwin vii ◆ la couleur blanche de l'eau indique qu'il y a un rapide

ᑭᐱᐦᑖᒋᐐᓐ kipihtaachiwin vii ◆ le courant fort du rapide frappe la rive

ᓂᔥᑎᐦᐊᒼ nishtiham vti ◆ il/elle remonte la rivière en pagayant dans un courant fort ou dans des rapides

ᔔᔥᒁᐱᔥᒑᒋᒋᐐᓐ shuushkwaapishchaachichiwin vii ◆ le rapide est en pente; c'est un mouvement lisse du rapide sur les rochers

rapide (n)

ᑭᔅᒑᐙᒋᐐᓐ kischaawaachiwin vii ◆ les rapides traversent jusqu'à l'autre côté

rapidement

ᐋᐱᐦᑯᐱᑎᒼ aapihkupitim vti ◆ il/elle le dénoue rapidement

ᐃᔮᔑᐱᑎᒼ iyaashipitim vti ◆ il/elle l'abaisse rapidement

ᐱᔑᑯᔑᐱᐦᑖᐤ pishikushipihtaau vai ◆ il/elle se lève rapidement, se remet rapidement sur ses pieds

ᐋᐱᐦᑯᐱᑖᐤ aapihkupitaau vta ◆ il/elle le/la libère rapidement

ᓂᐹᔥ nipaash p,manière ◆ faire quelque chose à l'essai, à moitié, sans attendre de bons résultats, rapidement et cochonnement, de ci de là ■ ᒥᒄ ᓂᐹᔥ ᓂᒌᐦ ᒋᔥᑖᐹᐅᒋᑭᒥᒁᓐ ᐋᐦ ᒌᐦ ᒋᔅᒑᔩᐦᑎᒫᓐ ᒦᓐ ᐐᐱᒡ ᒑ ᐹᒋ ᒥᐦᒑᑎᒡ ᐊᐚᔑᔑᒡ᙮ ❖ ᓂᐹᔥ ᒫ ᑯᒋᐦᑖᐦ ᑭᔮᐦ ᒌᔨ ᒑ ᐑᐦ ᒋᔅᑯᑎᒫᓱᔨᓐ ᑖᓂᑖᐦ ᐋᐦ ᐃᐦᑐᑖᑭᓂᐎᒡ᙮ ■ mikw nipaash nichiih chishtaapaauchikimikwaan aah chiih chischaayihtimaan miin wiipich chaa paachi mihchaatich awaashishich. ❖ nipaash maa kuchihtaah kiyaah chiiyi chaa wiih chiskutimaasuyin taanitaah aah ihtutaakiniwich. ■ *Je n'ai pas bien lavé le plancher parce que je savais que beaucoup d'enfants allaient revenir bientôt.* ❖ *Essaie au moins d'essayer à apprendre à le faire!*

rapides

ᐹᒋᔥᑖᒋᐐᓐ paachishtaachiwin vii ◆ les rapides coulent, le courant coule dans cette direction

ᐹᔅᒋᒋᐐᓐ paaschichiwin vii ◆ les rapides coulent au-dessus de quelque chose

ᓵᐦᑖᒋᐐᓐ saahtaachiwin vii ◆ les rapides se voient de loin

ᒌᑳᒋᐐᓐ chiikaachiwin vii ◆ les rapides sont près du rivage

rapiécer

ᒫᒦᔑᐦᐊᒼ maamiishiham vti ◆ il/elle le raccommode, le/la rapièce

ᒦᔑᐦᐊᒼ miishiham vti ◆ il/elle lui en ajoute, le rapièce

ᒦᔑᐦᐄᒑᐤ miishihiichaau vai ◆ il/elle raccommode, rapièce

ᒦᔑᐦᐚᐤ miishihwaau vta ◆ il/elle le/la raccommode, le/la rapièce

rappeler

ᒋᔥᒍᒫᐤ chishchumaau vta ◆ il/elle lui rappelle quelque chose

ᒥᔅᑯᑎᒧᐚᐤ miskutimuwaau vta ◆ il/elle le lui rappelle

rapport

ᑎᐹᒋᒨᓯᓂᐦᐄᑭᓐ tipaachimuusinihiikin ni ◆ un journal, un rapport

rapporter

ᓈᑎᓂᑳᑎᐦᐊᒼ naatinikaatiham vti ◆ il/elle va le chercher pour le rapporter sur ses épaules

ᐅᐦᑐᐦᑎᑖᐤ uhtuhtitaau vai ◆ il/elle en rapporte de là-bas

ᐋᐳᐦᑖᐤ aapuhtaau vai ◆ il/elle rapporte autant de viande qu'il/elle peut porter du gros gibier qu'il/elle a tué

ᒌᐚᐦᑎᑖᐤ chiiwaahtitaau vai ◆ il/elle le rapporte à la maison ■ ᒌᐚᐦᑎᑖᐤ ᐊᓂᔮ ᒌᔥᒋᐳᒋᑭᓂᔨᔫ ᑳ ᐊᐅᐦᐋᓱᐎᒡ᙮ ■ chiiwaahtitaau aniyaa chiishchipuchikiniyiu kaa auhaasuwich. ■ *Il rapporte la scie que j'ai empruntée.*

ᒌᐚᐦᑎᑤᓲ chiiwaahtitwaasuu vai -u ◆ il/elle en rapporte à la maison (par ex. de la nourriture d'ailleurs)

ᒌᐚᐦᐅᑖᐤ chiiwaahutaau vai+o ◆ il/elle le rapporte en canot

ᐄᑖᒋᒨ iitaachimuu vai -u ◆ il/elle raconte, rapporte

ᐄᑖᑎᑎᒼ iitaatitim vti ◆ il/elle raconte, rapporte certaines choses à ce sujet

ᒥᓂᐦᐆ minihuu vai -u ◆ il/elle rapporte de la nourriture de la chasse

ᓈᑎᑳᒫᐦᑎᑖᐤ naatikaamaahtitaau vai ◆ il/elle le rapporte au rivage à pied dans l'eau ou sur la glace

ᓈᑎᓂᒑᐤ naatinichaau vai ◆ il/elle va chercher un canot pour le porter sur ses épaules

ᓈᑐᑖᐤ naatutaau vta ◆ il/elle va là où il/elle a laissé son canot en automne et le rapporte au printemps

ᐄᑖᒋᒫᐤ iitaachimaau vta ◆ il/elle dit quelque chose de lui; il/elle raconte, rapporte à son sujet ■ ᑳᐦ ᐄᑖᒋᒧᐨ ᐊᓂᔮ ᓅᐦᑖᐑ ᐹᔨᒄ ᐑᒌᔨᔨᐅᐦ ᐋᐦ ᒌᐦ ᐑᒋᒫᐨ, ᐋᐦᐋᑳ ᐅᐦᒋ ᒌᐦ ᐅᐦᒋ ᒦᒋᓲᐙᐨ ᐊᓂᑎᐦ ᐋᔨᐦᑖᔨᒡᐦ᙮ ■ kaah iitaachimut aniyaa nuuhtaawii paayikw wiichiiyiyiuh aah chiih wiichimaat, aahaakaa uhchi chiih uhchi miichisuwaat anith aayihtaayichh. ■ *Feu mon père m'a raconté qu'un de ses frères avec qui il vivait était incapable de rapporter quoi que ce soit à manger.*

ᓈᐙᐱᐦᒑᐤ naawaapihchaau vai ◆ il/elle rapporte à la maison quatre porcs-épics, renards morts

ᓃᔂᐱᐦᒑᐤ niishwaapihchaau vai ◆ il/elle rapporte à la maison deux porcs-épics, renards morts

ᓂᔥᑤᐱᐦᒑᐤ nishtwaapihchaau vai ◆ il/elle rapporte à la maison trois porcs-épics, renards morts

rapproché

ᓯᑳᓂᑳᐤ sikaanikaau vii ◆ il y a beaucoup d'îles rapprochées

ᓯᑯᔥᑎᐦᐧᐋᐤ *sikushtihwaau* vta ◆ il/elle fore des trous rapprochés pour le laçage de soutien de la raquette

rapprocher

ᓈᓈᑎᐱᔥᑎᒻ *naanaatipishtim* vti redup ◆ il/elle se rapproche petit à petit, assis-e

ᓈᓈᑎᐱᔥᑎᐧᐋᐤ *naanaatipishtiwaau* vta redup ◆ il/elle va s'asseoir plus près de lui/d'elle; il/elle se rapproche vers lui/elle

rapprocher (se)

ᓈᑎᐱᔥᑎᒻ *naatipishtim* vti ◆ il/elle s'en rapproche

ᓵᔅᒑᓈᑯᓐ *saaschaanaakun* vii ◆ ça semble se rapprocher

ᓵᔅᒑᓈᑯᓯᐤ *saaschaanaakusiu* vai ◆ il/elle semble se rapprocher

ᓵᔅᒑᔮᐱᒫᐤ *saaschaayaapimaau* vta ◆ il/elle se rapproche de lui/d'elle

raquette

ᐊᓵᒥᒡ *asaamich* na pl ◆ des raquettes

ᐊᓵᒫᐦᑎᑯᒡ *asaamaahtikuch* na pl -m ◆ des cadres de raquettes

ᐊᔅᒋᒥᓈᔮᐲ *aschiminaayaapii* ni ◆ de la babiche épaisse (du lacet de peau) pour la partie de la raquette où repose le pied

ᐊᑎᒥᓐ *atimin* ni ◆ les attaches de la raquette, les fixations de la raquette

ᐊᑎᐱᔅ *atipis* ni ◆ de la babiche utilisé pour le tissage avant et arrière des raquettes

ᒑᐦᑭᐦᐧᐋᐅᓵᒼ *chaahkihwaausaam* na ◆ une raquette longue et pointue

ᑯᐦᑯᑖᐦᐄᑭᓈᐦᑎᒄ *kuhkutaahiikinaahtikw* ni ◆ un bâton qui maintient le cadre de raquette ouvert durant le séchage

ᓃᔥᑖᒥᑯᔅᑯᔅᒡ *niishtaamikuskusch* ni ◆ la barre transversale avant des raquettes

ᓃᔥᑖᒥᑯᔅᑯᔅᒑᐦᑎᒄ *niishtaamikuskuschaahtikw* ni ◆ la barre transversale avant des raquettes

ᐱᔑᒥᓈᐲ *pishiminaapii* ni ◆ la ligne d'amarre d'une raquette, la ligne qui suit l'intérieur du cadre

ᐴᑐᐧᐃᓵᒥᒡ *puutuwisaamich* na pl ◆ des raquettes en forme de pattes d'ours

ᑎᐦᒀᔅᑯᔑᒫᓐ *tihkwaaskushimaan* ni ◆ le laçage qui retient ensemble les deux morceaux du cadre des longues raquettes vers l'avant

ᑎᐦᑎᐹᐱᐦᒑᓂᑭᓐ *tihtipaapihchaanikin* ni ◆ un demi-cercle de peau qui entoure le trou pour le pied dans la raquette

ᑑᐦᑳᐹᑭᐦᐄᑭᓈᐦᑎᒄ *tuuhkaapaakihiikinaahtikw* ni ◆ un bâton pour garder le trou de la pointe du pied ouvert quand on tresse les raquettes

ᐅᔖᑐᐃ *ushaatui* ni -m ◆ la queue d'une raquette

ᐅᔅᑭᐦᑎᒄ *uskihtikw* ni ◆ l'avant de la raquette

ᐅᑖᐦᒑᑯᔅᑯᔅᒡ *utaahchaakuskusch* ni ◆ la partie transversale arrière d'une raquette

ᐅᑎᐦᐋᐹᓐ *utihaapaan* ni ◆ le trou central dans le tissage des raquettes

ᐊᔅᐹᔅᑯᔅᒋᒫᐤ *aspaaskuschimaau* vai ◆ il/elle recouvre la partie médiane de la raquette avec une peau ou un tissu

ᐊᔅᐱᔅᒋᒫᐤ *aspischimaau* vai ◆ il/elle utilise quelque chose pour protéger ses raquettes de la saleté

ᒑᑎᓵᒫᓈᐤ *chaatisaamaanaau* vta ◆ il/elle lui enlève ses raquettes

ᒋᑭᓵᒫᐱᐦᑖᐤ *chikisaamaapihtaau* vai ◆ il/elle court les raquettes aux pieds

ᒋᑭᓵᒫᐤ *chikisaamaau* vai ◆ il/elle porte des raquettes

ᒋᓌᐦᒀᐤ *chinwaahkwaau* vai ◆ la partie courbée de la raquette en avant

ᐄᑖᐹᐤ *iitaapaau* vai ◆ il/elle lace les raquettes d'une certaine façon

ᑭᒑᒋᒫᐦᐋᐤ *kichaachimaahaau* vta ◆ il/elle lui enlève ses raquettes

ᑭᒑᒋᒫᐤ *kichaachimaau* vai ◆ il/elle enlève ses raquettes

ᑭᒑᑭᓵᒫᐤ *kichaakisaamaau* vai redup ◆ il/elle se promène en raquettes

ᑯᐦᑯᐦᐧᐋᐤ *kuhkuhwaau* vai ◆ il/elle établit la largeur de la raquette avec un bâton

ᒥᑐᓈᐲᐦᒑᐤ *mitunaapiihchaau* vai ◆ il/elle fait se rejoindre les bandes de peau et le trou des orteils sur la barre de traverse de la raquette

ᒨᓂᑖᑎᐦᐧᐋᐤ *muunitaatihwaau* vta ◆ il/elle taille la zone entre les trous du laçage de soutien pour le garder à l'intérieur du cadre de la raquette

ᓂᓅᑎᒫᐦᑖᐤ *ninuutimaahtaau* vai ◆ il/elle traverse la neige sans raquettes

ᓂᓅᑎᒫᐱᐦᑖᐤ *ninuutimaapihtaau* vai ◆ il/elle court dans la neige sans ses raquettes

ᓂᓅᑎᒫᐤ *ninuutimaau* vai ◆ il/elle marche dans la neige sans raquettes

ᓅᑎᒫᐧᐋᔮᑯᓈᐤ *nuutimaawaayaakunaau* vai ◆ il/elle marche sans ses raquettes dans la neige non tassée

ᐱᔅᑭᔥᑎᐦᐧᐋᐤ *piskishtihwaau* vta ◆ il/elle perce des trous assez espacés pour le tressage de soutien de la raquette

ᐳᔅᑎᓵᒫᐤ *pustisaamaau* vai ◆ il/elle met ses raquettes

ᐳᔅᑎᓵᒥᐦᐋᐤ *pustisaamihaau* vta ◆ il/elle lui met ses raquettes

ᑖᑖᐱᑯᔅᒑᐤ *taataapikuschaau* vai ◆ il/elle met en place la barre transversale des raquettes

ᑎᑎᑯᔅᒑᐤ *titikuschaau* vai ◆ la partie de la raquette sur laquelle on met le pied est trop courte pour lui/elle

ᐧᐋᑳᐦᒀᐤ *waakaahkwaau* vii ◆ la partie avant de la raquette est courbée

ᐧᐋᑳᐦᒀᐤ *waakaahkwaau* vai ◆ il/elle est courbé-e (raquette, traîneau)

ᐊᒥᐦᒄ amihkw na ◆ une aiguille à lacer les raquettes

ᐊᓵᒫᐦᑎᒄ asaamaahtikw na -um ◆ le bois utilisé pour les cadres de raquettes

ᐊᔅᒋᒥᓈᔮᐲᐅᒥᐦᒄ aschiminaayaapiiumihkw ni ◆ une aiguille pour lacer ou tisser la partie médiane des raquettes

ᐊᔅᐹᔅᑯᔑᒫᓐ aspaaskushimaan ni ◆ une peau, un tissu enroulé autour de la partie médiane de la raquette, au dessus du tissage en babiche

ᑳᐧᐃᔨᐦᐧᑳᑯᐦᑎᐧᑳᔑᒡ kaawiyihkwaakuhtikwaashich nap pl ◆ des raquettes en forme de queue de castor

ᑯᔅᑯᔅᒡ kuskusch ni ◆ la barre transversale d'une raquette

ᒥᓯᑖᔮᐲ misitaayaapii na -m ◆ le tissage de la raquette sous le pied

ᒥᑐᐦᑎᓂᐦᐋᐹᓐ mituhtinihaapaan ni ◆ le laçage de la raquette au talon

ᐱᒥᓯᔅᐱᓱᓐ pimisispisun ni ◆ le tissage de la raquette qui donne le soutien principal

ᐱᔑᒫᓐ pishimaan ni ◆ la cordelette de bordure à laquelle se tisse le reste de la raquette

ᐱᔑᐧᐋᐳᒋᑭᓐᐦ pishiwaapuchikinh ni pl ◆ des décorations faites de fil sur les raquettes

ᐱᓯᔅᑖᔅᐧᑳᓐ pisistaaskwaan ni ◆ la babiche qui maintient le tissage central au cadre de la raquette

ᓯᒥᑖᐱᐦᒑᓂᑭᓐ simitaapihchaanikin ni ◆ de la babiche lacée en zigzag sur la barre transversale supérieure de la raquette

ᐅᔅᑭᐦᑎᒄ uskihtikw nid ◆ son front, l'avant de la raquette

ᐧᐋᐅᑭᓂᔅᒋᒫᐤ waaukinischimaau ni ◆ un renforcement spécial du laçage sur la partie de la raquette en contact avec le pied

ᐋᔑᑯᒥᓵᒫᐤ aashikumisaamaau vta ◆ il/elle tisse le renforcement de babiche le long du cadre des raquettes

ᐋᔥᑐᓈᓈᐤ aashtunaanaau vai ◆ il/elle tient ses raquettes avec l'avant de l'une sur l'arrière de l'autre

ᐊᐧᑳᒋᒫᐤ akwaachimaau vii ◆ la neige mouillée colle aux raquettes lorsqu'on marche

ᐊᔅᒋᒫᐤ aschimaau vai ◆ il/elle tisse, lace des raquettes, travaille au laçage des raquettes

ᒋᐦᒋᔅᒋᒫᐤ chihchischimaau vta ◆ il/elle commence à tisser les raquettes

ᒌᑳᐧᐋᔑᒫᐤ chiikaawaashimaau vta ◆ il/elle déchire le tissage le long du bord intérieur de la raquette

ᐄᔥᐹᐦᐧᑳᐦᐋᐤ iishpaahkwaahaau vta ◆ il/elle fabrique des raquettes ou un traîneau avec l'avant bien relevé

ᐄᑖᒫᐦᑎᑯᐱᔑᒫᐤ iitaamaahtikupishimaau vai ◆ il/elle met de la ficelle sur le bord de la raquette en passant par le trou à l'intérieur du cadre

ᑭᒋᓰᐦᐱᑎᒥᓈᐱᑭᓐ kichisiihpitiminaapikin vii ◆ le froid fait crisser les courroies de la raquette quand on marche

ᑯᐦᑯᑖᐦᐧᐋᐤ kuhkutaahwaau vta ◆ il/elle met une cale entre le cadre de la raquette pour former la largeur avant de placer les barres transversales avant et arrière

ᐱᔥᑭᐦᐧᐋᐤ pishkihwaau vai ◆ il/elle fait des mailles assez grandes en tissant ses raquettes

ᐱᓯᐦᐄᓵᒫᐤ pisihiisaamaau vai ◆ il/elle coupe du bois pour des raquettes

ᐱᓯᔅᑖᔅᐧᑳᐤ pisistaaskwaau vai ◆ il/elle lace, tisse la babiche jusqu'à la section médiane du cadre de la raquette

ᓯᑯᐦᐧᐋᐤ sikuhwaau vai ◆ il/elle fait des mailles étroites en tissant sa raquette

ᐧᐋᒋᓂᓵᒫᐤ waachinisaamaau vai ◆ il/elle courbe des cadres de raquettes

ᐧᐋᐱᓅᑖᐧᐋᔮᐹᐤ waapinuutaawaayaapaau vai ◆ il/elle tresse ses raquettes dans le style naskapi

ᐊᑎᐱᓯᒥᐦᒄ atipisimihkw ni ◆ une aiguille pour lacer ou tisser la partie avant et arrière des raquettes

ᐅᑖᐦᐧᑳᐱᒋᑭᓈᔮᐲ utaahkwaapichikinaayaapii ni ◆ une corde utilisée pour garder l'avant des raquettes ou du traîneau courbé vers le haut

ᐧᐋᑳᐦᐧᑳᓂᑭᓐ waakaahkwaanikin ni ◆ un bâton est attaché à la partie avant du cadre de la raquette ou du traîneau et est tiré pour en courber la forme

ᐱᔑᒫᐤ pishimaau vai ◆ il/elle met la cordelette de bordure sur le cadre de la raquette

ᑖᐱᑯᔅᒑᐤ taapikuschaau vai ◆ il/elle ajuste la barre transversale de la raquette

ᐅᑎᐦᐊᒻ utiham vti ◆ il/elle le fait sortir, le gagne, le colle, ferme l'ouverture dans le tissage des raquettes

ᐊᔥᑐᐧᐃᓵᒫᐦᑎᑯᒡ ashtuwisaamaahtikuch na pl -um ◆ du bois coupé pour les cadres de raquettes au printemps et gardé sous terre jusqu'à l'automne

rare

ᒑᒋᔅᑭᐧᐃᓐ chaachiskiwin vii ◆ c'est rare

ᒑᒋᔅᑭᐧᐃᓰᐤ chaachiskiwisiiu vai ◆ il/elle est rare

ᑰᒌᐅᔅᒑᐦᐊᒻ kuuchiiuschaaham vti ◆ il/elle devient rare pour un certain nombre d'années

ᓈᓈᑖᒥᔅᒄ naanaataamiskw na -um ◆ un castor rare, au long corps et avec des dents tordues

ᒨᐢᑭᐢᒑᐤ muuskischaau vai ◆ il/elle revient après avoir été rare pendant un certain nombre d'années

ᐹᑯᐢᒑᐦᐊᒼ paakuschaaham vti ◆ il/elle revient après avoir été rare pendant un certain nombre d'années

ᐅᐦᐱᐦᐤ uhpihuu vai -u ◆ il/elle s'envole, expression utilisée quand les lièvres se font rare

raréfier (se)

ᑯᑖᐅᐢᒑᐤ kutaauschaau vai ◆ il/elle (animal) se raréfie pendant quelques années, forme un cycle, lit. ' va sous la terre'

ras bords

ᒌᐢᐳᐢᒋᓂᑖᐤ chiispuschinitaau vai ◆ il/elle le remplit à ras bords, complètement

rase

ᑳᐢᒋᐹᓲ kaaschipaasuu vai reflex -u ◆ il/elle se rase ■ ᐋᔑᑯᒥᒑᒋᔖᐹᔮᐤᐦ ᑳᐢᒋᐹᓲ. ■ aashikumichaachishaapaayaauh kaaschipaasuu. ■ *Il se rase tous les matins.*

raser

ᑳᐢᒋᐹᑖᐤ kaaschipaataau vta ◆ il/elle le/la rase ■ ᒌᐦ ᑳᐢᒋᐹᑖᐤ ᑭᔮᐦ ᐅᒧᔓᒻᐦ. ■ chiih kaaschipaataau kiyaah umushumh. ■ *Elle a aussi rasé son grand-père.*

ᑳᐢᒋᐹᑎᒼ kaaschipaatim vti ◆ il/elle le rase

ᐱᔥᑯᔑᐚᐤ pishkushwaau vta ◆ il/elle en rase les poils (ex. d'une peau d'animal)

ᐱᔥᑯᑎᐙᔮᑎᐦᐙᐤ pishkutiwaayaatihwaau vta ◆ il/elle lui rase sa fourrure

rasoir

ᑳᐢᒋᐹᓱᓐ kaaschipaasun ni ◆ un rasoir ■ ᑖᐹ ᑳᔕᐤ ᔖᔥ ᐊᓐ ᑳᐢᒋᐹᓱᓐ. ■ taapaa kaashaau shaash an kaaschipaasun. ■ *Ce rasoir n'est plus aiguisé.*

rassasié

ᐅᑎᒥᑖᔥᑯᔩᐤ utimitaashkuyiu vai ◆ il/elle est déjà rassasié-e avant de manger, il/elle est en train de manger ce qui l'empêche de faire autre chose

rassasier

ᒌᔥᐳᐦᐄᐙᐤ chiishpuhiiwaau vta ◆ il/elle les rassasie

rassemble

ᐃᔥᒁᔥᒑᐅᒋᓂᒼ ishkwaashchaauchinim vti ◆ il/elle rassemble le bois qui n'est pas brûlé dans le feu

rassemblé

ᒫᒧᐎᔥᑖᐤᐦ maamuwishtaauh vii pl ◆ ils (inanimé) sont tous placés ensemble, rassemblés

ᓰᐦᑎᐱᐎᒡ siihtipiwich vai pl ◆ ils sont assis rassemblés et serrés, elles sont assises rassemblées et serrées

ᓰᐦᑎᐢᑖᓲ siihtistaasuu vai -u ◆ ses affaires sont bien rassemblées

rassembler

ᐊᓯᐱᑎᒼ asipitim vti ◆ il/elle les rassemble rapidement

ᒫᒨᐢᒋᐱᑖᐤ maamuuschipitaau vta ◆ il/elle les rassemble rapidement

ᒫᒧᐐᐎᒡ maamuwiiwich vai pl ◆ ils/elles se rassemblent

ᓂᔥᑎᐎᐦᐊᒼ nishtiwiham vti ◆ il/elle rassemble des choses avec un outil

ᓂᔥᑎᐎᐦᑖᐤ nishtiwihtaau vai+o ◆ il/elle les rassemble

ᓂᔥᑎᐎᐦᐙᐤ nishtiwihwaau vta ◆ il/elle les rassemble avec un outil

ᓂᔥᑎᐎᒫᐤ nishtiwimaau vta ◆ il/elle les rassemble en un seul morceau dans sa bouche

ᓂᔥᑎᐎᓈᐤ nishtiwinaau vta ◆ il/elle les rassemble à la main; il/elle rassemble les gens

ᓂᔥᑎᐎᓂᒼ nishtiwinim vti ◆ il/elle en rassemble

ᓂᔥᑎᐎᐱᑖᐤ nishtiwipitaau vta ◆ il/elle les rassemble

ᓂᔥᑎᐎᐱᑎᒼ nishtiwipitim vti ◆ il/elle en rassemble

ᓂᔥᑎᐎᔥᑭᒼ nishtiwishkim vti ◆ il/elle rassemble les choses avec ses pieds

ᓂᔥᑎᐎᔥᑭᐙᐤ nishtiwishkiwaau vta ◆ il/elle les rassemble avec ses pieds

ᒫᒧᐎᔥᑖᐤ maamuwishtaau vii ◆ c'est rassemblé, rédigé

ᒫᐅᐦᑐᓂᒼ maauhtunim vti ◆ il/elle les rassemble, les ramasse à la main

ᒫᐅᓯᑯᓂᒼ maausikunim vti ◆ il/elle les rassemble et les retient

ᓂᔥᑎᐙᔑᐤ nishtiwaashiu vai ◆ il/elle est rassemblé-e par le vent

ᓂᔥᑎᐙᔥᑎᓐ nishtiwaashtin vii ◆ c'est rassemblé par le vent

ᓂᐢᑎᐎᓵᐅᒋᓂᒼ nistiwisaauchinim vti ◆ il/elle rassemble les bûches brûlantes

ᓰᑤᐱᐦᑳᑖᐤ siitwaapihkaataau vta ◆ il/elle l'attache pour le/la rassembler

ᓰᑤᐱᐦᑳᑎᒼ siitwaapihkaatim vti ◆ il/elle l'attache pour le rassembler

ᑖᐱᑯᓈᐤ taapikunaau vta ◆ il/elle le/la rassemble (les mailles d'un filet) dans sa main pour y faire passer la ficelle, il/elle enfile le fil de renfort sur le filet

ᓂᔥᑎᐎᔖᐅᑭᐦᐊᒼ nishtiwishaaukiham vti ◆ il/elle rassemble les bouts de bois pas encore brûlés

ᑖᐱᑎᐎᐱᔨᐦᐤ taapitiwipiyihuu vai -u ◆ ils/elles se rassemblent en famille ou en groupe

ᐅᑖᔥᒑᐅᑭᐦᐊᒼ utaashchaaukiham vti ◆ il/elle rassemble les braises, les charbons ardents

rat musqué

ᐧᐃᒋᔥᒄ wichishkw na -um ◆ un rat musqué

ᑭᐢᒑᐙᒋᔥᑯᒫᐤ kischaawaachishkumaau ni ◆ un sentier de rat musqué entre deux cours d'eau

ᐧᐃᒋᔥᑯᐐᔥᐨ wichishkuwiisht ni -im ◆ la hutte du rat musqué

ᐧᐃᒋᔥᑯᐧᐃᓂᐦᐄᑭᐣ **wichishkuwinihiikin** ni ◆ un piège à rat musqué
ᐧᐃᒋᔥᑯᔮᐣ **wichishkuyaan** na ◆ une peau de rat musqué
ᐧᐃᒋᔥᐧᑳᐳᐃ **wichishkwaapui** ni -im ◆ du bouillon de rat musqué
ᒋᔅᑐᐦᐄᒋᔥᐧᑳᐤ **chistuhiichishkwaau** vai ◆ il/elle appelle le rat musqué
ᓅᒋᒋᔥᐧᑳᑎᒻ **nuuchichishkwaatim** vti ◆ il/elle chasse le rat musqué dans ce cours d'eau
ᐱᐦᑯᓂᒋᔥᐧᑳᐤ **pihkunichishkwaau** vta ◆ il/elle dépiaute un rat musqué
ᐱᓈᒋᔥᑰ **pinaachishkuu** vai -u ◆ le rat musqué a des petits
ᐧᐋᑦ **waat** ni -im ◆ un tunnel de castor, de rat musqué
ᐧᐄᔑᓈᐤ **wiishinaau** na -m ◆ le castoréum du castor ou du rat musqué
ᐧᐄᔥᑦ **wiisht** ni -im ◆ une hutte de rat musqué, de castor
ᐱᒥᔨᐧᐋᔮᐤ **pimiyiwaayaau** vii ◆ le tunnel du castor, du rat musqué est par là
ᔒᐱᐦᐋᒋᔥᑯᔮᓈᐤ **shiipihaachishkuyaanaau** vai ◆ il/elle étend une peau de rat musqué sur un cadre pour la faire sécher
ᐅᑖᑯᐦᐄᒋᔥᐧᑳᐦᐊᒻ **utaakuhiichishkwaaham** vti ◆ il/elle chasse le rat musqué avec un fusil, en canot ou à pied, en fin d'après-midi ou le soir
ᐅᑖᑯᔨᔥᑭᒻ **utaakuyishkim** vti ◆ il/elle chasse le castor, le rat musqué à pied
ᐧᐃᒋᔥᑯᐧᐃᓂᐦᐄᒑᐤ **wichishkuwinihiichaau** vai ◆ il/elle pose un piège à rat musqué
ᐧᐋᑎᐦᒑᐤ **waatihchaau** vai ◆ le castor, le rat musqué creuse un tunnel le long de la rive
ᐧᐄᔥᑎᐦᒑᐤ **wiishtihchaau** vai ◆ le castor, le rat musqué bâtit sa hutte
ᑰᓂᔥᑎᐦᒑᐤ **kuunishtihchaau** vai ◆ il/elle (ex. castor, rat musqué) construit sa hutte tard en automne avec de la boue et de la neige
ᐱᓯᐦᐊᒑᔪᐧᐃᓯᒻ **pisihachaayuwisim** vti ◆ il/elle retire la première peau de la queue du castor ou du rat musqué avec de la chaleur ou de l'eau chaude
ᐅᓯᐱᐱᔨᐤ **usipipiyiu** vai ◆ l'eau bouge à cause de l'activité d'un castor, d'un rat musqué ou d'une loutre
ᔮᐦᔮᐅᑖᑎᐦᒑᐤ **yaahyaautaatihchaau** vai ◆ le rat musqué, le castor construit des tunnels sinueux

rate

ᐅᐲᔥᐲᔥᒃᐦ **upiishpiishkh** nad ◆ sa rate
ᐅᐲᔥᐲᔥᑭᔥᐧᑳᓐᐦ **upiishpiishkishkwaanh** nad [Whapmagoostui] ◆ sa rate

râteau

ᑳᔥᑭᐦᐄᑭᐣ **kaashkihiikin** ni ◆ un râteau

rater

ᐋᔥᑖᔥᑭᐧᐋᐤ **aashtaashkiwaau** vta ◆ il/elle le/la rate parce qu'il/elle est déjà en route
ᐧᒫᔥᒋᔥᑭᒻ **mwaashchishkim** vti ◆ il/elle rate une marche de l'escalier sans faire exprès
ᐧᒫᔥᑎᐦᐊᒻ **mwaashtiham** vti ◆ il/elle le rate de peu en tirant ou en lançant
ᐧᒫᔥᑎᔑᔥᑭᒻ **mwaashtishishkim** vti ◆ il/elle le rate parce qu'il est déjà parti
ᐧᒫᔥᑎᔑᔥᑭᐧᐋᐤ **mwaashtishishkiwaau** vta ◆ il/elle le/la rate parce qu'il/elle est déjà parti-e
ᐧᒫᔥᑎᓈᐤ **mwaashtinaau** vta ◆ il/elle arrive trop tard pour l'attraper, le/la rate de peu
ᐧᒫᔥᑎᓂᒻ **mwaashtinim** vti ◆ il/elle arrive trop tard pour l'attraper (ex. l'avion), le rate de peu
ᓃᔥᑖᒧᐦᐊᒻ **niishtaamuham** vti ◆ il/elle tire devant et le rate
ᓃᔥᑖᒧᐦᐧᐋᐤ **niishtaamuhwaau** vta ◆ il/elle tire devant lui/elle et le/la rate
ᓅᐦᑖᑳᒫᑯᐦᒋᐣ **nuuhtaakaamaakuhchin** vai ◆ il/elle rate son saut par-desssus une étendue d'eau
ᐧᒫᔥᑎᐦᐧᐋᐤ **mwaashtihwaau** vta ◆ il/elle le/la rate de peu en tirant ou en lançant
ᓅᐦᑖᔑᐣ **nuuhtaashin** vai ◆ il/elle n'y arrive pas, la force lui manque à cause du manque de nourriture ou de sa mauvaise santé
ᐱᔑᑯᔥᑭᒻ **pishikushkim** vti ◆ il/elle le fait se détacher avec son pied ou son corps, ne réussit pas à embarquer dessus et perd l'équilibre
ᐱᔑᑯᔥᑭᐧᐋᐤ **pishikushkiwaau** vta ◆ il/elle ne réussit pas à embarquer dessus ou dedans et perd l'équilibre, il/elle le/la manque en allant dans le mauvais sens
ᓅᐦᑖᐦᐧᐋᐤ **nuuhtaahwaau** vta ◆ il/elle tire trop court et le/la rate; il/elle n'a pas assez d'argent pour payer

ration

ᐊᐱᔑᐳᔑᐤ **apishipushiu** vai dim ◆ il/elle n'a qu'une petite ration de nourriture

rationner

ᑎᐱᓈᐱᔨᐦᐋᐤ **tipinaapiyihaau** vta ◆ il/elle le/la rationne pour qu'il/elle dure plus longtemps (ex. la farine)

ratisser

ᑳᔥᑭᐦᐄᒑᐤ **kaashkihiichaau** vai ◆ il/elle ratisse
ᑳᔥᑳᔥᑭᐦᐊᒻ **kaashkaashkiham** vti redup ◆ il/elle le racle, le ratisse
ᑳᔥᑳᔥᑭᐦᐧᐋᐤ **kaashkaashkihwaau** vta ◆ il/elle le/la racle, le/la ratisse
ᑳᔥᑭᐦᐊᒻ **kaashkiham** vti ◆ il/elle le racle, le ratisse
ᑳᔥᑭᐦᐧᐋᐤ **kaashkihwaau** vta ◆ il/elle le/la racle, le/la ratisse

rattacher

ᐋᐦᑖᐱᐦᑳᑖᐤ **aahtaapihkaataau** vta ◆ il/elle le/la rattache d'une autre façon, à un autre endroit
ᐋᐦᑖᐱᐦᑳᑎᒻ **aahtaapihkaatim** vti ◆ il/elle le rattache, il/elle le rattache ailleurs

rattraper
ᐊᑎᒫᐤ atimaau vta ◆ il/elle le rattrape en marchant
ᐊᑎᒥᐦᐊᒻ atimiham vti ◆ il/elle le rattrape en véhicule
ᐊᑎᒥᐱᑖᐤ atimipitaau vta ◆ il/elle le/la rattrape en courant
rauque
ᒫᔅᒁᐤ maaskwaau vai ◆ il/elle a la voix rauque
ravager
ᐋᐦᒁᑎᓐ aahkwaatin vii ◆ ça fait beaucoup de mal, ça fait des ravages (par exemple une maladie, une épidémie, une guerre)
rayé
ᐹᐦᐹᓯᓯᓈᓲ paahpaasisinaasuu vai redup -u ◆ il/elle est rayé-e, a des rayures
ᐹᐦᐹᓯᓯᓈᑖᐤ paahpaasisinaataau vii redup ◆ c'est rayé, à rayures
ᐹᐦᐹᔑᔕᐤ paahpaashishaau vai redup ◆ il/elle a la peau rayée, un pelage avec des rayures
rayon
ᔖᑳᔥᑎᐗᐤ shaakaashtiwaau vai ◆ les rayons du soleil sont visibles, le soleil se lève
ᒋᓵᔅᒑᐤ chisaaschaau vii ◆ les rayons du soleil sont chauds
rayon de soleil
ᑭᒑᐱᐦᑖᐦᐆ kichaapihtaahuu vai -u ◆ les rayons de soleil sont de chaque côté du soleil, un signe annonciateur de temps froid en hiver
ᐲᓯᒨᔮᐲ piisimwaayaapii ni ◆ un rayon de soleil
ᐙᐹᓯᔅᒑᐤ waapaasischaau vai ◆ les rayons de soleil sont blancs
ᐅᐎᑎᓵᒫᔅᑯ uwitisaamaaskuu vai -uwi ◆ les rayons de chaque côté du soleil sont étroits et ont les couleurs de l'arc-en-ciel
rayons
ᐲᐦᑎᑖᔮᔅᒑᐤ piihtitaayaaschaau vai ◆ les rayons de soleil pénètrent à l'intérieur
rayons de soleil
ᐅᑖᔥᑭᓂᐤ utaashkiniu vai ◆ le soleil a des rayons de chaque côté, lit. 'ça porte une ramure'
ᐱᒋᔅᑭᓈᓯᔅᒑᐤ pichiskinaasischaau vai ◆ les rayons du soleil sont bleus ce qui amène le beau temps
rayons X
ᔖᐙᐱᐦᒋᑭᓐ shaapwaapihchikin ni ◆ une machine à rayons X
ᔖᐙᐱᐦᒋᒑᐤ shaapwaapihchichaau vai ◆ il/elle prend des rayons X
ᔖᐙᐱᐦᑎᒻ shaapwaapihtim vti ◆ il/elle voit à travers; il/elle en prend des rayons X
ᔖᐙᐱᒫᐤ shaapwaapimaau vta ◆ il/elle voit à travers lui/elle; il/elle le/la radiographie
rayons-X
ᔖᐙᐱᐦᒋᒑᓯᐤ shaapwaapihchichaasiu na -iim ◆ un technicien ou une technicienne de rayons-X, un-e radiologue ■ ᑳ ᐄᔑᑦ ᓂᑐᐦᑯᔨᓐ ᒑ ᐙᐱᒥᒥᒡᐦ ᔖᐙᐱᐦᒋᒑᓯᐅᐦ. ■ kaa iishit nituhkuyin chaa waapimimichh shaapwaapihchichaasiuh. ■ *Le docteur m'a dit d'aller voir le radiologue.*
rayure
ᐹᐦᐹᔑᔕᒋᐱᔅᑯᓈᐤ paahpaashishaachipiskunaau vai redup ◆ il/elle a une rayure ou des rayures sur le dos
ᐹᐦᐹᔑᔕᐤ paahpaashishaau vai redup ◆ il/elle a la peau rayée, un pelage avec des rayures
réaliser
ᑯᔥᑯᐱᔨᐤ kushkupiyiu vai ◆ il/elle se réveille, réalise soudain
réarranger
ᓂᐦᐋᐙᔥᑎᒋᓂᒻ nihaawaashtichinim vti ◆ il/elle réarrange correctement les branchages sur le sol
rebondir
ᒁᔥᒁᑯᒋᓐ kwaashkwaakuchin vai ◆ il/elle rebondit
ᒁᔥᒁᐱᑖᐤ kwaashkwaapitaau vta ◆ il/elle le fait rebondir
ᒁᔥᒁᐱᔨᐤ kwaashkwaapiyiu vai ◆ il/elle rebondit dans les airs
ᒁᔥᒁᐱᔨᐤ kwaashkwaapiyiu vii ◆ ça rebondit dans les airs
ᒁᔥᒁᔑᓐ kwaashkwaashin vai ◆ il/elle rebondit
ᒁᔥᒁᔥᑭᒧᐙᐤ kwaashkwaashkimuwaau vta ◆ il/elle rebondit jusqu'à lui/elle
ᓈᓈᒥᐱᔨᐦᐋᐤ naanaamipiyihaau vta redup ◆ il/elle le/la fait rebondir
ᓈᓈᒥᐱᔨᐦᑖᐤ naanaamipiyihtaau vai redup ◆ il/elle le fait rebondir
ᓈᓈᒥᔑᓐ naanaamishin vai redup ◆ il/elle rebondit en étant secoué-e
ᐅᔥᒁᔑᓐ ushkwaashin vai ◆ il/elle rebondit
ᒁᔥᒁᐦᐙᐤ kwaashkwaahwaau vta ◆ il/elle le/la frappe et le/la fait rebondir
ᒁᔥᒁᔮᐱᐦᒑᐱᑎᒻ kwaashkwaayaapihchaapitim vti ◆ il/elle le tire et le fait rebondir (filiforme)
ᐱᒋᔥᑖᐦᑎᓐ pichistaahtin vii ◆ il pleut si fort que les gouttes rebondissent du sol
ᐅᔥᒁᐦᐊᒻ ushkwaaham vti ◆ il/elle le fait rebondir, s'en aller dans la mauvaise direction
ᐅᔥᒁᐦᑎᓐ ushkwaahtin vii ◆ ça rebondit dans la mauvaise direction, en biais
ᐅᔥᒁᐦᐙᐤ ushkwaahwaau vta ◆ il/elle le/la fait rebondir, s'en aller dans la mauvaise direction
ᐅᔥᒁᔑᒫᐤ ushkwaashimaau vta ◆ il/elle le/la fait rebondir
ᐅᔅᒁᐦᑎᑖᐤ uskwaahtitaau vai ◆ il/elle le fait rebondir dans le mauvais sens

ᐅᐢᒁᔮᐢᑯᐦᑎᓐ uskwaayaaskuhtin vii ◆ la hache rebondit sur un objet en hâchant

ᐚᐹᔥᑯᔑᓐ waapaashkushin vai ◆ il/elle est repoussé-e en arrière en frappant du bois, il/elle rebondit sur du bois

rebord

ᐊᔫᐙᓯᐤ ashuuwaasiu vai ◆ il/elle a un rebord d'une certaine largeur

ᑳᐦᑎᐱᐦᑖᐤ kaahtipihtaau vai+o ◆ il/elle fabrique une étagère, un rebord

rebouillir

ᑖᐹᒋᐏᓯᒻ taapaachiwisim vti ◆ il/elle le refait bouillir, le rebouillit

ᑖᐹᒋᐏᔂᐤ taapaachiwiswaau vta ◆ il/elle le/la refait bouillir, le/la rebouillit

rebrousser

ᒌᐙᐱᔨᐦᐆ chiiwaapiyihuu vai -u ◆ il/elle fait demi-tour, rebrousse chemin, revient sur ses pas

ᒌᐙᐱᔨᐤ chiiwaapiyiu vai ◆ il/elle revient, fait demi-tour en véhicule, rebrousse chemin

rebut

ᐱᓂᔥᑖᐤ pinishtaau vii ◆ ça traîne par terre au rebut

ᐱᐲᐅᓈᐤ pipiiunaau vta redup ◆ il/elle le/la disperse, en laisse des rebuts

ᐱᐲᐅᓂᒻ pipiiunim vti redup ◆ il/elle le disperse, en laisse des rebuts

ᐱᐲᐅᐦᑎᒻ pipiiuhtim vti redup ◆ il/elle laisse des épluchures, des rebuts de nourriture

récemment

ᐊᓅᐦᒌᐦᒑ anuuhchiihchaa p,temps ◆ récemment, il n'y a pas longtemps ▪ ᐊᓅᐦᒌᐦᒑ ᒌᐦ ᐱᒫᑎᓯᔨᐤᐦ ᐅᑎᐚᔑᔒᒻᐦ᙮ ▪ anuuhchiihchaa chiih pimaatisiyiuh utiwaashishiimh. ▪ *Son bébé est né récemment.*

ᐊᓅᐦᒌᐦᑳᓐ anuuhchiihkaan p,temps [Wemindji] ◆ récemment, il n'y a pas longtemps ▪ ᐊᓅᐦᒌᐦᑳᓐ ᓂᒌᐦ ᒧᐚᐱᓈᓐ ᐅᑖᐦ ᐄᔑ ᐲᓯᒷᐦᑖᐦᒡ᙮ ▪ anuuhchiihkaan nichiih muwaapinaan utaah iishi piisimwaahtaahch. ▪ *Récemment, nous sommes allés dans le sud pour nous approvisionner.*

ᒫᔮᓂᐤ maayaaniu p,temps ◆ récemment ▪ ᓂᒋᐢᒑᔨᒫᐤ ᒫᔮᓂᐤ ᐋᐦ ᒌᐦ ᓂᑎᐚᐱᒫᑦ᙮ ▪ nichischaayimaau maayaaniu aah chiih nitiwaapimaat. ▪ *Je sais qu'elle est allé le voir récemment.*

ᐅᔥᑳᐳᓯᐢᑖᐤ ushkaapusistaau vii ◆ c'est une aire brûlée récemment

récent

ᒥᔮᓂᒻ miyaanim vti ◆ il/elle laisse des traces récentes

ᐅᐢᑳᐳᔑᔥᑖᐤ uskaapushishtaau vii ◆ c'est une zone qui a connu récemment un feu de forêt

recevoir

ᒥᒫᒁᔨᐦᑎᒻ mimaakwaayihtim vti redup ◆ il/elle reçoit ce qu'il/elle mérite

ᐄᔥᐱᔑᐴ iishpishipuu vai -u ◆ il/elle reçoit sa part de nourriture; il/elle reçoit le montant de son allocation de bien-être social

recharger

ᑖᐱᐱᑎᒻ taapipitim vti ◆ il/elle le fait rentrer en tirant (en parlant du mécanisme de rechargement d'un fusil)

réchauffer

ᐋᐳᐎᔥᑭᒻ aapuwishkim vti ◆ il/elle le réchauffe avec son pied ou son corps

ᐋᐳᐎᓲ aapuwisuu vai -u ◆ il/elle est réchauffé-e par la chaleur

ᐊᐱᓲ apisuu vai -u ◆ il/elle est réchauffé-e par le soleil ou une source de chaleur

ᐊᐱᔂᐤ apiswaau vta ◆ il/elle le/la réchauffe

ᒌᔓᓈᐤ chiishunaau vta ◆ il/elle le/la réchauffe avec les mains, l'enveloppe dans quelque chose de chaud

ᒌᔓᓂᒻ chiishunim vti ◆ il/elle le réchauffe avec ses mains, l'emballe dans quelque chose de chaud

ᒌᔓᐎᑖᐤ chiishuwitaau vii ◆ l'endroit se réchauffe

ᒋᓯᓯᒧᐙᐤ chisisimuwaau vta ◆ il/elle le réchauffe pour lui/elle

ᐋᐹᓂᒻ aapaanim vti ◆ il/elle le réchauffe avec les mains

ᐋᐹᐑᐤ aapaawiiu vai ◆ il/elle se réchauffe en bougeant

ᐋᐳᐙᔥᑖᐤ aapuwaashtaau vii ◆ c'est réchauffé par le soleil

ᐋᐳᐎᐦᑭᐦᑖᐤ aapuwihkihtaau vii ◆ l'habitation se réchauffe

ᐋᐳᐎᔥᑭᐙᐤ aapuwishkiwaau vta ◆ il/elle le/la réchauffe, le/la fait dégeler avec son pied ou son corps

ᐋᐳᐎᑎᐦᒑᓈᐤ aapuwitihchaanaau vta ◆ il/elle lui réchauffe les mains avec les siennes

ᒋᓯᓯᒻ chisisim vti ◆ il/elle le fait chauffer, le réchauffe

ᒋᓯᔂᐤ chisiswaau vta ◆ il/elle le/la réchauffe, le/la chauffe

ᐱᑯᓲ pikusuu vai -u ◆ il/elle est réchauffé-e par la chaleur du feu, du poêle

ᐋᐳᐎᐱᔨᐤ aapuwipiyiu vii ◆ le temps se réchauffe, il dégèle

ᐋᐳᐎᑖᒫᐤ aapuwitaamaau vta ◆ il/elle le/la réchauffe, le/la fait dégeler avec sa bouche

rêche

ᑳᐙᒋᓯᐤ kaawaachisiu vai ◆ il/elle est rêche (étalé)

ᑳᐅᓯᐤ kaausiu vai ◆ il/elle est rêche, il est rugueux, elle est rugueuse

ᑳᐅᔖᐤ kaaushaau vai ◆ il/elle a la peau rugueuse, rêche

récif

ᒥᓂᐢᑎᒁᐱᐢᒄ ministikwaapiskw ni -um ◆ une île rocheuse, un rocher à fleur d'eau, un récif

ᐅᔖᔮᑎᒦᐤ ushaayaatimiiu vii ◆ c'est un récif, une arrête rocheuse sous l'eau

récipient

ᐊᔥᑎᐦᒋᑯᓂᐎᑦ ashtihchikuniwit ni ◆ un récipient pour ce qu'on va conserver, cacher ou laisser

ᐊᑐᑎᐹᓯᐙᑭᓐ atutipaasiwaakin ni ◆ un récipient d'eau

ᒧᐎᓱᐙᑭᓐ muwisuwaakin ni ◆ un récipient pour les baies

ᓂᒫᔥᑖᑯᐎᑦ nimaashtaakuwit ni -um ◆ un récipient pour le poisson fumé

ᐲᐦᒋᐱᒫᑭᓐ piihchipimaakin ni -im ◆ un récipient pour de la graisse obtenue par la cuisson

ᐲᐦᑖᓱᐙᑭᓐ piihtaasuwaakin ni ◆ un récipient, un contenant, un conteneur

ᐊᓱᐎᑖᐤ asuwitaau vai ◆ il/elle le met dans un récipient

ᓰᑭᐦᐋᑯᓈᐤ siikihaakunaau vai ◆ il/elle met de la neige dans un récipient

ᔒᑯᐎᒥᓈᐤ shiikuwiminaau vta ◆ il/elle vide les baies dans un grand récipient

ᐑᐦᑯᐃ wiihkui ni -kwaam ◆ une vessie d'animal ou un oesophage d'oiseau gonflé, séché et utilisé comme récipient pour la graisse

récolter

ᒥᓂᐦᐅᐎᓐ minihuwin ni -u ◆ de la nourriture récoltée

ᐅᒥᓂᐦᐅᐎᓐ uminihuwin ni ◆ de la nourriture qu'il/elle a récolté

recommander

ᒥᐧᔮᑐᑎᒻ miywaatutim vti ◆ il/elle en dit du bien, le recommande

recommencer

ᒦᓄᐎᑖᒨ miinuwitaamuu vai -u ◆ il/elle recommence à respirer

récompense

ᐅᒌᓈᐦᐋᐤ uchiinaahaau vta ◆ il/elle lui donne une récompense inattendue

ᑎᐱᐦᐊᒫᑯᓰᐎᓐ tipihamaakusiiwin ni ◆ un salaire, une récompense

récompenser

ᑎᐱᐦᐊᒧᐙᐤ tipihamuwaau vta ◆ il/elle le/la paye, le/la récompense

réconfort

ᒥᐧᔮᔨᒧᐎᓐ miywaayimuwin ni ◆ le réconfort

ᓰᑥᔨᒫᐤ siitwaayimaau vta ◆ il/elle est réconforté-e par sa présence

réconforté

ᓰᑥᔨᐦᑎᒻ siitwaayihtim vti ◆ il/elle est réconforté-e par sa présence

réconforteur

ᐅᒥᐧᔮᔨᒧᐦᐑᐙᐤ umiywaayimuhiiwaau na -shiim ◆ celui ou celle qui réconforte

reconnaissable

ᓂᓯᑐᐎᓈᑯᓐ nisituwinaakun vii ◆ c'est reconnaissable

ᓂᓯᑐᐦᑖᑯᓐ nisituhtaakun vii ◆ le son est reconnaissable

ᓂᔅᑐᔅᐱᑯᓯᐤ nistuspikusiu vai ◆ il/elle a un goût reconnaissable

reconnaissance

ᓂᓈᔅᑯᒧᐎᓐ ninaaskumuwin ni redup ◆ la gratitude, la reconnaissance

ᓯᒋᔮᐦᐆ sichiyaahuu vai -u ◆ il/elle en éprouve de la reconnaissance

ᒫᒦᐙᓯᐤ maamiiwaasiu vai ◆ il/elle exprime son bonheur, sa gratitude, sa reconnaissance

reconnaissant

ᓯᒋᔮᐦᐋᐤ sichiyaahaau vta ◆ il/elle le/la rend reconnaissant-e par ses actes

ᓯᒋᔮᓯᐤ sichiyaasiu vai ◆ il/elle est reconnaissant-e

ᓂᔅᑯᒨ niskumuu vai -u ◆ il/elle est d'accord; il/elle consent; il/elle est reconnaissant-e

reconnaître

ᒌᓵᐙᓯᓂᒻ chiisaawaasinim vti ◆ il/elle pense qu'elle le reconnaît

ᐃᔩᓵᐙᓯᓂᐙᐤ iyisaawaasiniwaau vta ◆ il/elle pense qu'il/elle le/la reconnaît

ᓂᓯᑎᐙᑖᔨᐦᑎᒻ nisitiwaataayihtim vti ◆ il/elle le reconnaît, a quelque idées sur ça

ᓂᓯᑐᐎᓈᑯᓯᐤ nisituwinaakusiu vai ◆ il/elle est reconnaissable

ᓂᓯᑐᐎᓂᐙᐤ nisituwiniwaau vta ◆ il/elle le/la reconnaît

ᓂᔥᑎᐎᓂᐦᑖᐤ nishtiwinihtaau vai+o ◆ il/elle reconnaît les traces

ᓂᓯᑎᐙᑖᔨᒫᐤ nisitiwaataayimaau vta ◆ il/elle le/la reconnaît, se fait une idée de lui/d'elle

ᓂᓯᑎᐙᔨᐦᑎᒻ nisitiwaayihtim vti ◆ il/elle le comprend, le reconnaît

ᓂᓯᑐᐦᑖᑯᓯᐤ nisituhtaakusiu vai ◆ sa voix est reconnaissable, compréhensible, on sait ce qu'il/elle veut dire

ᓂᓯᑐᐦᑎᐙᐤ nisituhtiwaau vta ◆ il/elle le/la comprend; il/elle reconnaît sa voix

ᓂᔅᑐᔅᐱᑎᒻ nistuspitim vti ◆ il/elle reconnaît ce que c'est au goût

ᓂᔅᑐᔅᑁᐤ nistuspwaau vta ◆ il/elle le/la reconnaît au goût

recoucher (se)

ᐋᐦᒋᔑᓐ aahchishin vai ◆ il/elle va se recoucher ailleurs

recourbé

ᒑᐦᑳᔨᐙᐱᔨᐤ chaahkaayiwaapiyiu vai ◆ il/elle a la queue recourbée

recouvert

ᓂᔅᑯᑎᓐ niskutin vii ◆ c'est recouvert de glace

ᐊᑯᓈᐦᒂᔑᒦᓲ akunaahkwaashimiisuu vai reflex -u ◆ il/elle est couché-e le visage recouvert

ᐄᔨᑯᑖᔥᑎᓐ iiyikutaashtin vii ◆ c'est recouvert de neige soufflée

ᑰᓂᐆ kuuniuu vai -iwi ◆ il/elle est recouvert-e de neige

ᑰᓂᐙᔅᑯᓯᐤ kuuniwaaskusiu vai ◆ il/elle est recouvert-e de neige (long et rigide)

ᓂᐢᑯᒋᐤ niskuchiu vai ◆ il/elle est tout-e recouvert-e de glace
ᔖᔪᐧᐃᐱᐤ shaayuwipiu vai ◆ il/elle est là sans être recouvert-e
ᐊᑯᓈᐦᑳᔑᓐ akunaahkwaashin vai ◆ il/elle se couche le visage recouvert
ᑰᓂᐚᔅᑎᒋᓯᐧᐃᒡ kuuniwaastichisiwich vai pl ◆ les branchages sont recouverts de neige
ᒥᓈᐦᑎᑳᐤ minaahtikaau vii ◆ c'est un endroit recouvert de branchages

recouvrement

ᐄᔨᑯᓂᔅᑳᐤ iiyikuniskaau vii ◆ les recouvrements du sommet de l'habitation sont élevés
ᐲᐦᑎᐧᐃᐱᐦᑳᐤ piihtiwipihkwaau vai ◆ il/elle ajoute un autre recouvrement pour l'habitation
ᐱᒋᔥᑎᐱᐦᑳᐦᐊᒼ pichishtipihkwaaham vti ◆ il/elle alourdit le recouvrement avec des poteaux

recouvrir

ᐊᑯᐦᐊᒼ akuham vti ◆ il/elle recouvre le dessus de l'habitation
ᐱᔑᔥᑖᑭᔥᑖᐤ pishishtaakishtaau vai ◆ il/elle le recouvre (étalé)
ᐊᑯᓈᐦᑳᔑᒫᐤ akunaahkwaashimaau vai ◆ il/elle le/la couche le visage recouvert
ᐊᑯᓈᐦᒁᐑᐤ akunaahkwaawiiu vai ◆ il/elle recouvre son visage avec (étalé)
ᐊᑯᓈᐳᐚᐦᐊᒼ akunaapuwaaham vti ◆ il/elle recouvre le liquide avec un couvercle
ᐊᐱᐦᑳᑎᒼ apihkwaatim vti ◆ il/elle recouvre l'abri
ᐊᔥᐹᔥᑯᔑᒫᐤ ashpaashkushimaau vai ◆ il/elle recouvre le laçage de la section médiane de la raquette avec du cuir ou du tissu
ᐊᔅᐹᔅᑯᔅᒋᒫᐤ aspaaskuschimaau vai ◆ il/elle recouvre la partie médiane de la raquette avec une peau ou un tissu
ᒌᔓᐧᐃᑯᓂᐦᐊᒼ chiishuwikuniham vti ◆ il/elle le recouvre pour le garder au chaud
ᒌᔓᐧᐃᑯᓂᐦᐚᐤ chiishuwikunihwaau vta ◆ il/elle le/la recouvre pour le/la garder au chaud
ᐄᔅᑯᑯᐦᒋᒫᐤ iiskukuhchimaau vta ◆ il/elle le recouvre avec du liquide
ᐄᔅᑯᑯᐦᑎᑖᐤ iiskukuhtitaau vai ◆ il/elle le recouvre avec du liquide
ᐃᔮᑯᓈᐤ iyaakunaau vai ◆ il/elle est recouvert-e de neige
ᐃᔮᑯᓈᐤ iyaakunaau vii ◆ c'est recouvert de neige
ᐃᔨᐦᐊᒼ iyiham vti ◆ il/elle l'enterre, le recouvre (de neige, de terre, de sable)
ᑰᓂᐧᐃᐦᑖᐤ kuuniwihtaau vai+o ◆ il/elle se fait recouvrir de neige, la neige lui tombe dessus
ᐹᔥᑮᑭᒋᔑᐤ paashkiikichishiu vai ◆ ses traces sont recouvertes par le vent

ᐲᐦᑎᐧᐃᑯᓃᐤ piihtiwikuniiu vai ◆ il/elle est recouvert-e d'une autre couche (ex. de couvertures)
ᓵᑭᔅᒋᓈᑯᐦᑎᑖᐤ saakischinaakuhtitaau vai ◆ il/elle le met dans un contenant et le recouvre d'eau
ᓯᑭᔅᒋᓂᒼ sikischinim vti ◆ il/elle recouvre les parties ouvertes de l'habitation; il/elle range
ᐅᐚᔨᑯᓂᐦᐊᒼ uwaayikuniham vti ◆ il/elle le recouvre correctement
ᐅᐚᔨᑯᓂᐦᐚᐤ uwaayikunihwaau vta ◆ il/elle le/la recouvre correctement
ᐊᓈᔅᒑᐤ anaaschaau vai ◆ il/elle recouvre le sol de branches, de branchages de sapin
ᐃᔨᐲᐅᑖᔑᐤ iyipiiutaashiu vai ◆ il/elle est recouvert-e de neige soufflée
ᐊᑎᐦᑯᔮᓂᐱᐦᑳᓱᓐ atihkuyaanipihkwaasun ni ◆ une peau de caribou pour recouvrir l'habitation

recouvrir (se)

ᐊᑯᓃᐤ akuniiu vai ◆ il/elle se recouvre
ᓯᔅᒌᐅᐦᑎᓐ sischiiuhtin vii ◆ ça se recouvre de boue en tombant, en touchant quelque chose
ᐅᐛᑎᑯᓃᐤ uwaatikuniiu vai ◆ il/elle se recouvre et arrange ses couvertures pour dormir

rectum

ᒋᒋᒑᐤ chichichaau vai ◆ il/elle a des excréments sur son rectum
ᐅᒑᐦᑳᔨᐚᓐ uchaahkaayiwaan nid ◆ son gras épais découpé autour du rectum avec la queue attachée
ᐅᒋᔅᒡ uchisch nid ◆ son rectum, son anus, ses fesses

recueillir

ᐋᑳᑭᒥᓂᒑᐤ akwaakiminichaau vai ◆ il/elle recueille la graisse à la main
ᐊᒁᑭᒥᓂᒼ akwaakiminim vti ◆ il/elle en recueille la graisse à la main
ᐊᒁᑭᐧᐃᓂᒑᐤ akwaakiwinichaau vai ◆ il/elle recueille la graisse durcie du bouillon
ᐊᒁᑭᐧᐃᓂᒼ akwaakiwinim vti ◆ il/elle recueille la graisse durcie au fond de la casserole
ᒥᓂᐦᐄᔅᒋᐚᐤ minihiischiwaau vai ◆ il/elle recueille de la gomme des arbres

reculer

ᐊᔖᐱᔨᐦᑖᐤ ashaapiyihtaau vai ◆ il/elle le recule
ᐊᔖᐱᔨᐦᐆ ashaapiyihuu vai -u ◆ il/elle recule
ᐊᔖᐱᔨᐤ ashaapiyiu vai ◆ il/elle recule
ᐊᔖᐱᔨᐤ ashaapiyiu vii ◆ ça recule
ᐊᔖᑳᐳ ashaakaapuu vai -uwi ◆ il/elle recule debout
ᔖᔑᑭᒋᐱᑎᒼ shaashikichipitim vti ◆ il/elle le recule en tirant dessus

reculons (à)

ᐊᔖᐦᑖᐤ ashaahtaau vai ◆ il/elle marche à reculons

récupérer

ᒥᐢᑭᐙᐱᐦᐄᑭᓈᐤ miskiwaapihiikinaau vai ◆ il/elle récupère quelque chose qui a été abandonné ou jeté

ᒥᓈᐦᐆ minaahuu vai -u ◆ il/elle ramasse des choses à utiliser, il/elle récupère quelque chose

récurer

ᑳᑳᐙᒡ kaakaawaach nip ◆ un tampon à récurer

ᓯᓂᑯᐦᑎᑭᐦᐄᑭᓐ sinikuhtikihiikin ni ◆ une brosse à récurer

redescendre

ᓃᐦᑖᐦᑎᐐᐤ niihtaahtiwiiu vai ◆ il/elle redescend

rédiger

ᒫᒧᐎᓯᓂᐦᐊᒼ maamuwisiniham vti ◆ il/elle le rédige, en fait la synthèse par écrit, lit. 'rassembler par l'écriture'

ᒫᒧᐎᔥᑖᐤ maamuwishtaau vii ◆ c'est rassemblé, rédigé

redouter

ᓂᓂᒌᔥᑎᐙᐤ ninichiishtiwaau vta redup ◆ il/elle a peur de lui/d'elle, le/la redoute

redoux

ᒌᔓᐙᔮᐤ chiishuwaayaau vii ◆ il y a un redoux en hiver ■ ᐋᑯᑎᐦ ᑳ ᒌ ᒋᔅᑐᐦᑖᔮᐦᒡ ᒑᔓᐙᔮᐦᒡ ᓂᔒᒥᔑᒡ ᐋᐦ ᐐᒑᐅᒀᐤ. ■ aakutih kaa chii chistuhtaayaahch chaashuwaayaahch nishiimishich aah wiichaaukwaau. ■ *J'emmenais mes petits frères et mes petites soeurs se promener quand il y avait un redoux en hiver.*

ᒌᔓᐎᔨᐤ chiishuwiyiu vii ◆ Il y a un redoux qui empêche la glace située sous une épaisse couche de neige de geler dur ■ ᓂᒥ ᓂᒌᐦ ᐱᒥᐱᒋᓈᓐ ᐊᓂᑖᐦ ᓵᑭᐦᐄᑭᓂᐦᒡ ᐙᓵ ᒌᔓᐎᔨᐤ. ■ nimi nichiih pimipichinaan anitaah saakihiikinihch waasaa chiishuwiyiu. ■ *On ne peut pas voyager sur le lac parce qu'une couche de neige a empêché la glace de geler.*

ᐅᔥᑎᒀᓂᑯᒋᓐ ushtikwaanikuchin vii ◆ selon l'apparence des nuages, un redoux, un temps plus chaud s'annonce

redressé

ᔑᒥᑐᐦᑖᐤ shimituhtaau vai ◆ il/elle marche sur ses pattes de derrière, marche redressé-e

redresser

ᐄᔅᑯᐱᔨᐦᐆ iiskupiyihuu vai -u ◆ il/elle se redresse

ᑯᐃᔅᑯᐦᐋᐤ kuiskuhaau vta ◆ il/elle le/la redresse

ᑯᐃᔅᒁᐱᔅᒋᓈᐤ kuiskwaapischinaau vta ◆ il/elle le/la redresse (minéral) à la main

ᑯᐃᔅᒁᐱᔅᒋᓂᒼ kuiskwaapischinim vti ◆ il/elle le redresse (minéral) à la main

ᑯᐃᔅᒁᐱᔅᑭᐦᐊᒼ kuiskwaapiskiham vti ◆ il/elle le redresse (minéral) avec un outil

ᑯᐃᔅᒁᐱᔅᑭᐦᐙᐤ kuiskwaapiskihwaau vta ◆ il/elle le/la redresse (minéral) avec un outil

ᒦᓄᓈᐤ miinunaau vta ◆ il/elle le/la redresse à la main

ᒦᓄᓂᒼ miinunim vti ◆ il/elle le redresse à la main

ᒦᓏᐱᔅᒋᓈᐤ miinwaapischinaau vta ◆ il/elle le/la redresse (minéral) à la main

ᒦᓏᐱᔅᒋᓂᒼ miinwaapischinim vti ◆ il/elle le redresse (minéral) à la main

ᒦᓏᔅᑯᐦᐙᐤ miinwaaskuhwaau vta ◆ il/elle le/la redresse en utilisant un bâton comme support

ᔑᐦᑐᐦᐊᒼ shihtuham vti ◆ il/elle le redresse

ᔑᐦᑐᓈᐤ shihtunaau vta ◆ il/elle le/la redresse à la main

ᔑᐦᑐᓂᒼ shihtunim vti ◆ il/elle le redresse à la main

ᔑᐦᑣᐱᔅᒋᓈᐤ shihtwaapischinaau vta ◆ il/elle le/la redresse (minéral) à la main

ᔑᐦᑣᐱᔅᒋᓂᒼ shihtwaapischinim vti ◆ il/elle le redresse (minéral) à la main

ᔑᐦᑣᐱᔅᑭᐦᐊᒼ shihtwaapiskiham vti ◆ il/elle le redresse (minéral) avec un outil

ᔑᐦᑣᐱᔅᑭᐦᐙᐤ shihtwaapiskihwaau vta ◆ il/elle le/la redresse (minéral) avec un outil

ᔑᐦᑣᔅᑯᐦᐊᒼ shihtwaaskuham vti ◆ il/elle le redresse (long et ridige) avec quelque chose

ᔑᐦᑣᔅᑯᐦᐙᐤ shihtwaaskuhwaau vta ◆ il/elle le/la redresse (long et ridige) avec quelque chose

ᔑᐦᑣᔅᑯᓂᒼ shihtwaaskunim vti ◆ il/elle le redresse (long et rigide) avec les mains

ᐋᓱᐦᑎᑖᐤ aasuhtitaau vai ◆ il/elle le redresse en se penchant par dessus quelque chose

ᑯᐃᔅᑯᐦᑖᐤ kuiskuhtaau vai ◆ il/elle marche droit, le redresse, le rend droit

ᑯᐃᔅᒁᐱᐦᒑᐱᑖᐤ kuiskwaapihchaapitaau vta ◆ il/elle le/la redresse (filiforme) en tirant dessus

ᑯᐃᔅᒁᐱᐦᒑᐱᑎᒼ kuiskwaapihchaapitim vti ◆ il/elle le redresse (filiforme) en tirant dessus

ᑯᐃᔅᒁᐱᔅᒋᐱᑖᐤ kuiskwaapischipitaau vta ◆ il/elle le/la redresse (minéral) en tirant dessus

ᑯᐃᔅᒁᐱᔅᒋᐱᑎᒼ kuiskwaapischipitim vti ◆ il/elle le redresse (minéral) en tirant dessus

ᒦᓂᐙᔅᑯᐦᐊᒼ miiniwaaskuham vti ◆ il/elle le redresse, le dirige en utilisant un bâton comme support

ᔑᐦᑐᑳᑖᔨᐤ shihtukaataayiu vai ◆ il/elle redresse la jambe

ᔑᐦᑐᐱᑖᐤ shihtupitaau vta ◆ il/elle le/la redresse, l'étire

ᔑᐦᑐᐱᑎᒻ *shihtupitim* vti ◆ il/elle le redresse, l'étire

ᒌᐱᒋᔥᑖᐤ *chiipichishtaau* vai ◆ il/elle le met droit debout, le redresse

redresser (se)

ᔑᐦᒠᐦᒁᐱᔨᐤ *shihtwaahkwaapiyiu* vai ◆ il/elle se redresse (par ex. la partie avant courbée d'une raquette)

ᔑᐦᒠᐦᒁᐤ *shihtwaahkwaau* vai ◆ la partie avant courbée d'une raquette se redresse

ᔑᐦᒠᔅᑯᐱᔨᐤ *shihtwaaskupiyiu* vai ◆ il/elle se redresse (long et rigide)

ᔑᒥᑎᐱᐤ *shimitipiu* vai ◆ il/elle se redresse assis-e

ᓯᐦᒠᔅᑯᐱᔨᐤ *sihtwaaskupiyiu* vai ◆ il/elle se redresse (long et rigide)

réduire

ᐊᒋᐎᓈᐤ *achiwinaau* vta ◆ il/elle le/la réduit, le/la diminue à la main

ᐊᒋᐎᓂᒻ *achiwinim* vti ◆ il/elle le réduit, le diminue à la main

ᐊᒋᐎᔑᒻ *achiwishim* vti ◆ il/elle le réduit, le diminue en coupant

ᐊᒋᐎᔞᐤ *achiwishwaau* vta ◆ il/elle le/la réduit en coupant

ᐹᐦᒁᒋᐎᐦᑖᐤ *paahkwaachiwihtaau* vii ◆ ça réduit par ébullition

ᐹᐦᒁᒋᐎᓯᒻ *paahkwaachiwisim* vti ◆ il/elle le réduit par ébullition

ᐹᐦᒁᒋᐎᓲ *paahkwaachiwisuu* vai -u ◆ il/elle se réduit par ébullition

ᐹᐦᒁᒋᐎᔃᐤ *paahkwaachiwiswaau* vta ◆ il/elle le/la fait réduire par ébullition

ᐊᒋᐎᐦᑯᑖᐤ *achiwihkutaau* vta ◆ il/elle le/la réduit, le/la diminue en sculptant

ᐊᒋᐎᐦᑯᑎᒻ *achiwihkutim* vti ◆ il/elle le réduit, le diminue en sculptant

réécrire

ᐋᐦᑎᓯᓂᐦᐊᒻ *aahtisiniham* vti ◆ il/elle est le change en écrivant, le réécrit

référence

ᐱᑯᓄᐎᔥᑖᐤ *pikunuwishtaau* vai ◆ il/elle écrit sans référence

réfléchir

ᒫᒥᑐᓈᔨᐦᑎᒻ *maamitunaayihtim* vti ◆ il/elle y réfléchit, y pense

ᒫᒥᑐᓈᔨᒫᐤ *maamitunaayimaau* vta ◆ il/elle réfléchit à son sujet, pense à lui/elle

reflet

ᒧᔥᑖᑯᓈᐦᑖᐤ *mushtaakunaahtaau* vai ◆ il y a un reflet de soleil sur la neige

ᓈᓃᐳᐎᓂᐱᐦᑖᐤ *naaniipuwinipihtaau* vai ◆ il y a un reflet de terre dans le ciel

réflexion

ᑯᔥᒁᔨᐦᑎᒻ *kushkwaayihtim* vti ◆ il/elle est plongé-e dans ses réflexions à propos de ça; il/elle en est perplexe, mystifié-e

réfrigérateur

ᒥᔅᑯᒦᐅᑭᒥᒄ *miskumiiukimikw* ni ◆ un réfrigérateur, un frigo, un congélateur, un dépôt de glace

refroidir

ᐱᓯᔅᑖᑯᓈᑭᐦᑎᒻ *pisistaakunaakihtim* vti ◆ il/elle ajoute de la neige dans la casserole pour la refroidir

ᑎᐦᒋᑭᒥᔥᑖᐤ *tihchikimishtaau* vai ◆ il/elle le laisse refroidir (liquide)

ᑎᐦᒋᑭᒥᔥᑖᐤ *tihchikimishtaau* vii ◆ le liquide se refroidit (on le laisse se refroidir)

ᑎᐦᒋᔨᐚᐱᔨᐦᐋᐤ *tihchiyiwaapiyihaau* vta ◆ il/elle le/la refroidit trop vite

ᑎᐦᒋᔨᐚᔮᔑᐤ *tihchiyiwaayaashiu* vai ◆ il/elle est refroidi-e à l'air

ᑎᐦᒋᔨᐚᔮᔥᑎᐦᑖᐤ *tihchiyiwaayaashtihtaau* vai+o ◆ il/elle laisse entrer de l'air pour le refroidir

ᑎᐦᒋᔨᐚᔮᔥᑎᒨ *tihchiyiwaayaashtimuu* vai -u ◆ il/elle se refroidit (volontairement), se rafraîchit

ᑎᐦᒋᔨᐚᔮᔥᑎᓐ *tihchiyiwaayaashtin* vii ◆ c'est refroidi à l'air

ᑎᐦᒋᔫᔥᑎᒨ *tihchiyuushtimuu* vai -u ◆ il/elle est refroidi-e par le vent

ᑎᐦᑳᐹᐅᔮᐤ *tihkaapaauyaau* vta ◆ il/elle le/la refroidit en versant de l'eau froide dessus

ᑎᐦᑳᐱᓯᔅᒋᓯᒻ *tihkaapisischisim* vti ◆ il/elle le refroidit (minéral) dans un liquide

ᑎᐦᑭᐱᐤ *tihkipiu* vai ◆ il/elle (ex. pain) refroidit au dehors

ᒥᓂᐦᒁᒥᑭᓐ *minihkwaamikin* vii ◆ ça prend de l'eau pour se refroidir (ex. un moteur hors-bord)

ᐱᔑᔥᑖᑯᓈᐦᑭᐦᑎᒻ *pishishtaakunaahkihtim* vti ◆ il/elle ajoute de la neige à la casserole pour refroidir le bouillon

ᐱᔑᔥᑖᑯᓈᑭᐦᑎᒻ *pishishtaakunaakihtim* vti ◆ il/elle ajoute de la neige à la casserole pour la refroidir rapidement

ᑎᐦᒋᓈᐤ *tihchinaau* vta ◆ il/elle le/la refroidit en le/la touchant avec ses mains froides

ᑎᐦᒋᔨᐚᔮᔥᑎᒫᐤ *tihchiyiwaayaashtimaau* vta ◆ il/elle laisse entrer de l'air pour se rafraîchir, se refroidir

ᑎᐦᒋᔨᐚᔮᔥᑎᒦᓲ *tihchiyiwaayaashtimiisuu* vai reflex -u ◆ il/elle se refroidit avec une brise fraîche

ᑎᑎᒁᔅᒋᑳᐹᐗᐤ *titikwaaschikaapaawaau* vai ◆ il/elle se mouille et se refroidit les pieds

ᑎᐦᒋᐱᔨᐤ *tihchipiyiu* vai ◆ il/elle se refroidit après une suée ou une fièvre, il/elle fond

refroidir (se)

ᑎᐦᑭᔥᑖᐤ *tihkishtaau* vii ◆ ça se refroidit quand on le laisse reposer

réfugier (se)

ᑯᑖᐚᔅᑯᐱᔨᐤ *kutaawaaskupiyiu* vai ◆ il/elle se réfugie dans les buissons, les arbres

ᑯᑖᐙᑯᓂᒌᐤ kutaawaakunichiiu vai ◆ il/elle se creuse un terrier, un trou dans la neige, se réfugie sous la neige

ᑯᑖᐙᐢᑯᐱᐦᑖᐤ kutaawaaskupihtaau vai ◆ il/elle s'enfuit, se réfugie dans la forêt en courant

ᑯᑖᐑᐤ kutaawiiu vai ◆ il/elle se réfugie, creuse un trou, le soleil se cache derrière les nuages

regarder

ᐋᐱᓵᐱᒫᐤ aapisaapimaau vta ◆ il/elle lui rend son regard

ᐄᑖᐱᐤ iitaapiu vai ◆ il/elle regarde

ᐋᐱᓵᐱᐦᑎᒻ aapisaapihtim vti ◆ il/elle se retourne pour le regarder

ᐋᐱᓵᐱᐤ aapisaapiu vai ◆ il/elle se retourne pour regarder

ᒌᒧᓵᐱᐦᑎᒻ chiimusaapihtim vti ◆ il/elle le regarde sans être vu-e

ᒋᐢᒋᓂᐙᐱᐤ chischiniwaapiu vai ◆ il/elle apprend comment faire en regardant ■ ᒥᒄ ᒌᐦ ᒋᐢᒋᓂᐙᐱᐤ ᐋᔪᐎᒄ ᐙᐦᒋ ᒌᐦ ᒋᐢᒑᔨᐦᑎᐦᒃ ᐊᓂᑖᐦ ᒑ ᐃᐦᑐᑎᐦᒃ. ■ mikw chiih chischiniwaapiu aayuwikw waahchi chiih chischaayihtihk anitaah chaa ihtutihk. ■ *Elle/Il apprend comment le faire en regardant les autres le faire.*

ᒋᔑᐏᑭᓂᐙᐱᒫᐤ chishiwikiniwaapimaau vta ◆ il/elle lui jette un coup d'oeil irrité, le/la regarde avec colère

ᐃᔮᑭᑣᐱᐦᑎᒻ iyaakitwaapihtim vti redup ◆ il/elle continue à regarder dedans (par exemple un trou, un tunnel -pour voir ce qu'il y a dedans)

ᐃᔮᑯᓯᒁᔮᐱᐦᑎᒻ iyaakusikwaayaapihtim vti redup ◆ il/elle continue à regarder dedans (par exemple un trou, un tunnel - pour voir ce qu'il y a dedans)

ᑭᓂᐙᐱᐦᑎᒻ kiniwaapihtim vti ◆ il/elle le regarde, l'observe

ᑭᓂᐙᐱᒫᐤ kiniwaapimaau vta ◆ il/elle le/la regarde, l'observe

ᒥᐢᑳᓯᓂᒻ miskaasinim vti ◆ il/elle le regarde stupéfait-e, le fixe

ᒥᐢᑳᓯᓂᐙᐤ miskaasiniwaau vta ◆ il/elle le/la regarde stupéfait-e, le/la fixe

ᑎᐹᐱᐦᑎᒻ tipaapihtim vti ◆ il/elle regarde pour voir où ça en est, si c'est prêt ou pas

ᑎᐹᐱᒫᐤ tipaapimaau vta ◆ il/elle regarde pour voir combien il/elle en a fait, jusqu'où il/elle est allée

ᐚᐙᐱᐦᒋᑳᐤ waawaapihchikaau vai redup ◆ il/elle survole du regard, feuillette des livres

ᐱᐢᐹᐱᐤ pispaapiu vai ◆ il/elle regarde par le trou, la fenêtre

regeler

ᐅᑎᑎᓐ utitin vii ◆ la neige regèle (après avoir dégelé)

région

ᐅᐙᒫᐱᐦᑎᒻ uwaamaapihtim vti ◆ il/elle survole la région du regard

règle

ᑎᐹᐢᑯᐦᐄᑭᓈᐦᑎᒄ tipaaskuhiikinaahtikw ni ◆ une règle (à mesurer)

ᑎᐹᔨᐦᒋᒑᐎᓐ tipaayihchichaawin ni ◆ une règle, une autorité

ᑎᐹᐢᑯᓂᒻ tipaaskunim vti ◆ il/elle le mesure avec une règle ou un mètre à ruban

regret

ᒥᐦᒋᔨᐙᔮᔨᐦᑎᒧᐎᓐ mihchiyiwaayaayihtimuwin ni ◆ un regret, un remord

regretter

ᒥᐦᑖᑖᔨᐦᑎᒻ mihtaataayihtim vti ◆ il/elle le regrette

ᒋᔖᑖᐤ chishaataau vta ◆ il/elle regrette de s'être séparée de lui/d'elle, il/elle lui manque

ᒋᔖᑎᒻ chishaatim vti ◆ il/elle regrette de s'en être séparée, ça lui manque

ᒥᐦᑖᑎᒻ mihtaatim vti ◆ il/elle regrette son absence, ça lui manque

régulier

ᑎᐦᑎᑯᓰᐤ tihtikusiiu vai ◆ il/elle est plat-e, régulier/régulière, c'est plat, régulier

régulière

ᑎᐦᑎᑯᑖᐅᐦᑳᐤ tihtikutaauhkaau vii ◆ la surface du sol est régulière

régulièrement

ᑭᓂᐙᒡ kiniwaach p,temps ◆ fréquemment, régulièrement ■ ᑭᓂᐙᒡ ᐚᔥ ᐋᑎᐑ ᒥᔮᑭᓂᐤ ᐋᐱᑎᓰᐎᓂᔨᐤ. ■ kiniwaach waash aatiwii miyaakiniu aapitisiiwiniyiu. ■ *Heureusement elle/il a régulièrement du travail.*

régurgiter

ᓂᒥᔥᑭᑖᐤ nimishkitaau vai ◆ il/elle régurgite un petit peu

reins

ᐋᐦᒋᑯᑐᑎᐦᑯᐦᓯᐅᒡ aahchikututihkuhsiuch na pl -iim ◆ des reins de phoque

ᐊᒥᐢᑯᑐᑎᐦᑯᐦᓯᐅᒡ amiskututihkuhsiuch na pl -iim ◆ des reins de castor

rejeter

ᐋᑎᐙᔨᐦᑎᒻ aatiwaayihtim vti ◆ il/elle le rejette ■ ᔮᔨᑖ ᑭᔩᐹ ᐋᑎᐙᔨᐦᑎᒻ ᐊᓂᔮ ᐊᑯᐦᐱᔨᐤ ᑳ ᒥᔮᑭᓂᐎᑦ. ■ yaayitaa kiyiipwaa aatiwaayihtim aniyaa akuhpiyiu kaa miyaakiniwit. ■ *Evidemment, elle/il rejette le manteau qui lui a été donné.*

ᐃᔮᑐᐏᐦᑖᐤ iyaatuwihtaau vai+o ◆ il/elle le rejette

ᐋᑎᐙᔨᒫᐤ aatiwaayimaau vta ◆ il/elle le/la repousse, rejette ■ ᔖᔥ ᒦᓐ ᐋᑎᐙᔨᒫᐤ ᐊᓂᔮᐦ ᐊᐙᔨᐅᐦ ᑳ ᓂᑎᐙᔨᒥᑯᑦ ᒑ ᐑᒋᒫᑦ. ■ shaash miin aatiwaayimaau aniyaah awaayiuh kaa nitiwaayimikut chaa wiichimaat. ■ *Elle/il a rejeté l'offre en mariage d'un-e autre prétendant-e.*

ᐏᔨᐑᐙᐱᐦᐊᒻ wiyiwiiwaapiham vti ◆ il/elle s'en débarrasse, le rejette

ᐏᔨᐑᐙᐱᐦᐙᐤ wiyiwiiwaapihwaau vta ◆ il/elle se débarrasse de lui/d'elle, le/la rejette

ᐙᐱᒁᑎᐦᐊᒻ waapikwaatiham vti ◆ il/elle le balaie, le rejette avec sa ramure

ᐚᐱᒁᑎᐦᐚᐤ **waapikwaatihwaau** vta ◆ il/elle le balaie, le rejette avec sa ramure

ᐅᔥᑭᐦᐄᐹᓂᒫᑯᐦᒑᐤ **ushkihiipaanimaakuhchaau** vai ◆ il/elle rejette dans l'eau le premier poisson attrapé dans un filet après lui avoir coupé le bout d'une de ses nageoires

rejoindre

ᒫᑖᒫᐱᔨᐤ **maataamaapiyiu** vii ◆ ça rejoint la route ou la rivière principale

ᓵᒋᔅᑐᐎᐱᔨᐤ **saachistuwipiyiu** vai ◆ il/elle rejoint le lac par la rivière en véhicule

ᓅᐦᑖᔥᑭᐚᐤ **nuuhtaashkiwaau** vta ◆ il/elle va le/la chercher mais s'en retourne avant de l'avoir rejoint-e

réjouir (se)

ᒥᔪᐚᑎᒧᐎᓐ **miyuwaatimuwin** ni ◆ le fait de se réjouir

ᒥᔪᐚᑎᒻ **miyuwaatim** vti ◆ il/elle s'en réjouit

ᒥᔽᑎᒻ **miywaatim** vti ◆ il/elle s'en réjouit

ᐐᒋᒥᔽᔨᐦᑎᒧᒫᐤ **wiichimiywaayihtimumaau** vta ◆ il/elle se réjouit avec lui/elle

ᒨᒋᒑᔨᐦᑎᒻ **muuchichaayihtim** vti ◆ il/elle exulte, s'en réjouit

relâcher

ᓃᒋᐱᔨᐤ **niichipiyiu** vii ◆ ça se relâche

ᓃᒋᐱᔨᐤ **niichipiyiu** vai ◆ il/elle se relâche, la tension qui était sur lui/elle se relâche

ᓃᑭᐦᐊᒻ **niikiham** vti ◆ il/elle le relâche, retire la tension qui est dessus

ᓃᑭᐦᐚᐤ **niikihwaau** vta ◆ il/elle le relâche, retire la tension qui est dessus (animé)

ᐱᒋᔅᑎᓈᐤ **pichistinaau** vta ◆ il/elle le/la relâche, le/la laisse partir

ᐱᒋᔅᑎᓂᒻ **pichistinim** vti ◆ il/elle le relâche, le laisse partir

ᓃᒋᓈᐤ **niichinaau** vta ◆ il/elle relâche sa prise sur lui/elle

ᓃᑳᐱᐦᒑᓈᐤ **niikaapihchaanaau** vta ◆ il/elle relâche la tension sur quelque chose (animé, filiforme)

ᓃᑳᐱᐦᒑᐱᑖᐤ **niikaapihchaapitaau** vta ◆ il/elle relâche la tension sur quelque chose (animé, filiforme) tout en tirant

ᓃᑳᐱᐦᒑᐱᑎᒻ **niikaapihchaapitim** vti ◆ il/elle relâche sa prise en le tirant

ᓃᑳᐱᐦᒑᐱᔨᐤ **niikaapihchaapiyiu** vai ◆ il/elle se relâche, la tension sur lui/elle se relâche (filiforme)

ᓃᑳᐱᐦᒑᐱᔨᐤ **niikaapihchaapiyiu** vii ◆ la tension sur quelque chose (filiforme) se relâche

ᓃᑳᐱᐦᒑᔥᑭᒻ **niikaapihchaashkim** vti ◆ il/elle relâche la tension qui est dessus (filiforme) avec son pied ou son corps

ᓃᑳᐱᐦᒑᔥᑭᐚᐤ **niikaapihchaashkiwaau** vta ◆ il/elle relâche la tension qui est dessus (animé, filiforme) avec son pied ou son corps

ᓃᑳᐱᐦᑳᑖᐤ **niikaapihkaataau** vta ◆ il/elle relâche les liens de quelque chose (animé)

ᓃᑳᐱᐦᑳᑎᒻ **niikaapihkaatim** vti ◆ il/elle en relâche les liens

ᐱᒋᔅᑎᐦᑎᒻ **pichistihtim** vti ◆ il/elle relâche sa morsure sur ça

ᐱᒋᔅᑎᒫᐤ **pichistimaau** vta ◆ il/elle relâche sa morsure sur lui/elle

ᓃᒋᓂᒻ **niichinim** vti ◆ il/elle relâche sa prise, diminue sa vitesse

relevé

ᒑᐦᑳᔥᒂᔑᒫᐤ **chaahkaashkwaashimaau** vta ◆ il/elle le/la couche avec la tête relevée

ᐄᔥᐹᐦᒁᐦᐋᐤ **iishpaahkwaahaau** vta ◆ il/elle fabrique des raquettes ou un traîneau avec l'avant bien relevé

religieuse

ᐊᔨᒥᐦᐋᔅᒁᐤ **ayimihaaskwaau** na -aam ◆ une religieuse

religion

ᐊᔨᒥᐦᐋᐎᓐ **ayimihaawin** ni ◆ une prière, une religion

remarier (se)

ᐅᔅᒋᔅᒁᐚᐤ **uschiskwaawaau** vai ◆ il prend une nouvelle épouse

remarquer

ᒌᔥᑎᐹᐱᐦᑎᒻ **chiishtipaapihtim** vti ◆ il/elle le remarque tout de suite

ᐱᔖᒁᐱᐦᑎᒻ **pishaakwaapihtim** vti ◆ il/elle ne le remarque pas, ne réussit pas à le remarquer

ᐱᔖᒁᐱᒫᐤ **pishaakwaapimaau** vta ◆ il/elle ne le/la remarque pas, ne réussit pas à le/la remarquer

ᐱᓯᔅᑳᐱᐦᑎᒻ **pisiskaapihtim** vti ◆ il/elle le remarque

ᐱᓯᔅᑳᐱᒫᐤ **pisiskaapimaau** vta ◆ il/elle le/la remarque

ᒌᔥᑎᐹᐱᒫᐤ **chiishtipaapimaau** vta ◆ il/elle le/la remarque tout de suite

ᒋᔅᑐᑖᐤ **chistutaau** vta ◆ il/elle le/la gronde, le/la remarque en faisant un son ou un commentaire

ᓈᓈᑭᒋᐦᑖᐤ **naanaakichihtaau** vai+o redup ◆ il/elle en prend soin, le remarque, y fait attention

ᓂᐦᐋᐱᒫᐤ **nihaapimaau** vta ◆ il/elle le/la remarque tout de suite

ᐱᔨᔨᐦᑖᐱᐤ **piyiyihtaapiu** vai ◆ il/elle s'assoit là où on la/le remarque

ᐱᔨᔨᐦᑖᔥᑖᐤ **piyiyihtaashtaau** vii ◆ c'est placé là où c'est visible, on peut le remarquer

ᑎᒁᐱᐦᑳᔥᑳᑰ **tikwaapihkaashkaakuu** vai -u ◆ il/elle remarque ses mouvements du coin de l'oeil en passant

remède

ᓂᑐᐦᑯᐦᐄᓯᐚᒑᐤ **nituhkuhiisiwaachaau** vai ◆ il/elle l'utilise comme remède

ᓂᑐᐦᑯᓐ **nituhkun** vii ◆ c'est un remède

ᐄᔨᔨᐅᓂᑐᐦᑯᔨᓐ **iiyiyiunituhkuyin** ni -im ◆ un remède traditionnel

ᓂᑐᐦᑯᔨᐣ nituhkuyin ni -im ◆ un remède, un médicament

ᐧᐄᑐᔮᐳᑭᐦᑎᒼ wiituyaapukihtim vti ◆ il/elle met des glandes olfactives dans l'eau bouillante pour en faire un remède

remercier

ᓂᓈᐢᑯᒫᐤ ninaaskumaau vta redup ◆ il/elle le/la remercie, éprouve de la gratitude envers lui/elle

ᓂᓈᐢᑯᒨ ninaaskumuu vai redup -u ◆ il/elle remercie, exprime sa gratitude

ᓂᐢᑯᒫᐤ niskumaau vta ◆ il/elle le/la remercie, lui donne son consentement

remettre (se)

ᐅᐧᐋᔪᐧᐃᐦᐆ uwaayuwihuu vai -u [Wemindji] ◆ il/elle se remet d'une mauvaise santé ou de malchance

ᐅᐧᐋᔪᐧᐃᐦᐋᐤ uwaayuwihaau vta [Wemindji] ◆ il/elle l'aide à se remettre d'une mauvaise santé ou de malchance

remonter

ᐄᐢᑯᓈᐤ iiskunaau vta ◆ il/elle le remonte, le tire vers le haut ■ ᐄᐢᑯᓈᐤ ᐅᓂᑯᔨᐦ. ■ iiskunaau unikuyih. ■ *Elle/il remonte ses manches.*

ᐄᐢᐧᑳᐱᐦᒑᐱᑎᒼ iiskwaapihchaapitim vti ◆ il/elle le tire vers le haut, le remonte avec quelque chose de filiforme

ᑯᓯᐢᐱᔨᐤ kusispiyiu vai ◆ il/elle remonte la colline, la pente en véhicule; elle remonte vers l'intérieur des terres en véhicule

ᐧᑳᔥᐧᑳᔥᐧᑳᔮᒋᐧᐃᓲ kwaashkwaashkwaayaachiwisuu vai redup -u ◆ il/elle bout et remonte à la surface (par ex. des beignets)

ᒥᓂᐦᐄᐹᐤ minihiipaau vai ◆ il/elle remonte le filet de pêche

ᒨᐢᒋᐹᒋᓂᒼ muuschipaachinim vti ◆ il/elle le remonte à la surface de l'eau

ᓂᔥᑎᐦᐋᐱᐦᒑᐱᑎᒼ nishtihaapihchaapitim vti ◆ il/elle fait remonter le rapide au canot à la ligne

ᓂᑎᐦᐄᐱᔨᐤ nitihiipiyiu vii ◆ ça remonte la rivière

ᓂᑎᐦᐄᔥᑭᒼ nitihiishkim vti ◆ il/elle remonte la rivière à pied

ᐹᔥᑖᐱᔨᔥᑳᑰ paashtaapiyishkaakuu vai -u ◆ le liquide lui remonte dans le nez

ᐲᒥᐦᐧᐋᐤ piimihwaau vta ◆ il/elle l'enroule, le/la remonte

ᐲᒥᔥᑖᓈᐤ piimishtaanaau vta ◆ il/elle le tortille (filiforme) à la main, le/la remonte

ᐲᒥᔥᑖᓂᒼ piimishtaanim vti ◆ il/elle le tortille à la main (filiforme), remonte un ressort

ᒨᓵᐢᑯᑖᐹᐤ musaaskutaapaau vai ◆ il/elle le tire, le remonte sur la glace

ᓂᔥᑎᐦᐋᐢᑯᐦᐊᒼ nishtihaaskuham vti ◆ il/elle utilise une perche pour remonter la rivière en canot dans les rapides

ᓂᑎᐦᐄᐢᑯᑖᒋᒫᐤ nitihiiskutaachimaau vta ◆ il/elle remonte la rivière en traîneau sur la glace

ᓂᑎᐦᐄᐢᑰᓂᔪᒫᐤ nitihiiskuuniyumaau vai ◆ il/elle remonte la rivière en le/la portant sur son dos

ᑯᓯᐢᐱᐦᐊᒼ kusispiham vti ◆ il/elle remonte la rivière, va à l'intérieur des terres en canot

ᑯᓯᐢᐱᐦᐅᔮᐤ kusispihuyaau vta ◆ il/elle l'emmène en amont de la rivière, à l'intérieur des terres par voie aérienne ou par voie d'eau

ᓂᔥᑎᐦᐊᒼ nishtiham vti ◆ il/elle remonte la rivière en pagayant dans un courant fort ou dans des rapides

ᓂᑎᐦᐊᒼ nitiham vti ◆ il/elle remonte la rivière en pagayant, à la nage

ᓂᑎᐦᐄᐱᐦᑖᐤ nitihiipihtaau vai ◆ il/elle remonte la rivière en courant

ᓂᑎᐦᐄᐱᔨᐦᑖᐤ nitihiipiyihtaau vai ◆ il/elle l'emporte en remontant la rivière en véhicule

ᓂᑎᐦᐄᐱᔨᐤ nitihiipiyiu vai ◆ il/elle remonte la rivière en véhicule, en nageant

ᓂᑎᐦᐄᐢᑯᐦᑎᐦᐋᐤ nitihiiskuhtihaau vta ◆ il/elle l'emmène en remontant la rivière sur la glace

ᓂᑎᐦᐄᐢᑯᑐᐧᐃᑖᐤ nitihiiskutuwitaau vta ◆ il/elle remonte la rivière sur la glace en le/la portant sur son dos

ᓂᑎᐦᐄᐢᑯ nitihiiskuu vai -u ◆ il/elle remonte la rivière sur la glace

ᓂᑎᐦᐄᐢᑯᐦᑖᐤ nitihiiskuhtaau vai ◆ il/elle remonte la rivière à pied sur la glace

ᓂᑎᐦᐄᐢᑯᑖᐹᐤ nitihiiskutaapaau vai ◆ il/elle remonte la rivière sur la glace en tirant une charge

ᓂᑎᔨᐢᑯᐱᐦᑖᐤ nitiyiskupihtaau vai ◆ il/elle remonte la rivière en courant sur la glace

ᓂᑎᐦᐄᐢᑯᐦᑎᑖᐤ nitihiiskuhtitaau vai ◆ il/elle remonte la rivière à pied sur la glace en le portant

remord

ᒥᐦᒋᔨᐧᐋᔮᔨᐦᑎᒧᐧᐃᐣ mihchiyiwaayaayihtimuwin ni ◆ un regret, un remord

remorquer

ᑯᐃᔥᑎᑳᒫᑖᒋᒫᐤ kuishtikaamaataachimaau vta ◆ il/elle le/la remorque tout autour du lac

remou

ᒌᓂᐧᑳᓂᒋᐧᐃᐣ chiinikwaanichiwin vii ◆ c'est un remou, un tourbillon

remplacer

ᐋᐦᑖᐢᑯᐦᑎᑖᐤ aahtaaskuhtitaau vai ◆ il/elle remplace la poignée en bois

ᐋᐦᑎᒧᐦᐋᐤ aahtimuhaau vta ◆ il/elle le/la remplace, le/la change

ᐋᐦᑎᒧᐦᑖᐤ aahtimuhtaau vai ◆ il/elle le change, le remplace avec quelque chose d'autre

ᒦᔥᑯᑎᔥᑭᐧᐋᐤ **miishkutishkiwaau** vta ◆ il/elle le/la remplace dans son travail, en porte un-e autre

ᒦᔥᑯᑐᓂᒧᐧᐋᐤ **miishkutunimuwaau** vta ◆ il/elle l'échange avec lui/elle

rempli

ᐋᐱᐦᑎᐧᐃᔅᒋᓈᐤ *aapihtiwischinaau* vii ◆ c'est à moitié rempli

remplir

ᐲᐦᑖᒑᐤ **piihtaachaau** vai ◆ il/elle le remplit (ex un édredon de plumes) avec quelque chose

ᓵᑭᔅᒋᓈᑯᐦᒋᒫᐤ **saakischinaakuhchimaau** vta ◆ il/elle en remplit le récipient dans l'eau

ᓵᑭᔅᒋᓈᑯᐦᒋᓐ **saakischinaakuhchin** vai ◆ il/elle remplit le récipient (ex. une peau trempée dans l'eau)

ᓵᑭᔅᒋᓈᑯᐦᑎᓐ **saakischinaakuhtin** vii ◆ ça remplit le contenant

ᓵᑭᔅᒋᓈᐹᒋᔅᑖᐤ **saakischinaapaachistaau** vai ◆ il/elle le remplit avec de l'eau, avec un liquide

ᓵᑭᔅᒋᓈᔥᑳᑰ **saakischinaashkaakuu** vai -u ◆ il/elle en est rempli-e (ex. amour, colère)

ᓵᑭᔅᒋᓂᐦᐋᐤ **saakischinihaau** vta ◆ il/elle le/la remplit

ᓵᑭᔅᒋᓂᑖᐤ **saakischinitaau** vai ◆ il/elle le remplit

ᐋᒥᔅᒋᓂᑖᐤ **aamischinitaau** vai ◆ il/elle remplit le fait déborder

ᐋᐱᐦᑎᐧᐃᔅᒋᓂᑖᐤ **aapihtiwischinitaau** vai ◆ il/elle le remplit à moitié avec quelque chose

ᒌᔥᐳᐦᐋᐤ **chiishpuhaau** vta ◆ il/elle le/la remplit de nourriture

ᒌᔥᐳᐦᐊᒻ **chiishpuham** vti ◆ il/elle le remplit de nourriture (réfère à la bosse sur l'os sonore d'un brochet qui annonce une pêche fructueuse)

ᒌᔅᐳᔅᒋᓂᑖᐤ **chiispuschinitaau** vai ◆ il/elle le remplit à ras bords, complètement

ᐃᔮᒥᔅᒋᓂᐦᐋᐤ **iyaamischinihaau** vta ◆ il/elle en remplit le récipient il le fait déborder

ᐲᐦᒋᐱᒫᐤ **piihchipimaau** vai ◆ il/elle fait le plein, remplit le récipient avec de la graisse ou du carburant

ᐲᐦᑖᑳᓲ **piihtaakaasuu** vai reflex -u ◆ il/elle remplit sa pipe

ᐲᐦᑖᐹᐅᔮᐤ **piihtaapaauyaau** vta ◆ il/elle le/la remplit avec un liquide, lui administre un lavement

ᓵᑭᔅᒋᓈᐹᒋᐦᐋᐤ **saakischinaapaachihaau** vta ◆ il/elle le/la remplit de liquide

ᓵᑭᔅᒋᓈᐹᐱᔨᐤ **saakischinaapaapiyiu** vii ◆ ça se remplit de liquide

ᓰᐦᑖᐱᐦᑖᓂᐦᑖᐤ **siihtaapihtaanihtaau** vai ◆ il`elle le remplit de fumée

ᓰᐦᑎᐧᐃᐦᐊᒻ **siihtiwiham** vti ◆ il/elle remplit les fissures

ᓰᐦᑎᐧᐃᐦᐄᒑᐤ **siihtiwihiichaau** vai ◆ il/elle remplit les fentes

ᑎᐱᐱᔨᐤ **tipipiyiu** vii ◆ c'est rempli, la boucle est bouclée

ᐹᑯᐹᔥᑳᑐᐧᐃᒡ **paakupaashkaatuwich** vai pl recip -u ◆ ils/elles remplissent le barrage à poisson et font surface

remplir (se)

ᓵᑭᔅᒋᓈᐹᐱᔨᐤ *saakischinaapaapiyiu* vai ◆ il/elle se remplit de liquide

remuer

ᐲᒋᓈᔥᑭᒻ **piichinaashkim** vti ◆ il/elle remue l'eau en marchant dedans

ᐧᐋᐧᐋᑳᐱᐦᒑᐧᐄᐤ **waawaakaapihchaawiiu** vai redup ◆ ça remue

ᐋᐦᑖᑭᒥᐦᐊᒻ **aahtaakimiham** vti ◆ il/elle remue un liquide avec quelque chose

ᐋᐦᑎᑯᒋᓐ **aahtikuchin** vai ◆ il/elle remue en étant suspendu

ᒋᔥᑎᑯᐦᐊᒻ **chishtikuham** vti ◆ il/elle le remue, le brasse

ᐲᒋᓈᑭᒥᐦᐊᒻ **piichinaakimiham** vti ◆ il/elle remue l'eau avec quelque chose

ᐲᒋᓈᑭᒥᐦᐊᓐ **piichinaakimihan** vii ◆ l'eau est remuée par les vagues

ᐲᒋᔥᑖᐧᐋᔮᑭᒥᔥᑭᒻ **piichishtaawaayaakimishkim** vti ◆ il/elle remue les sédiments en marchant dans l'eau

ᐲᑳᑭᒫᐦᐊᓐ **piikaakimaahan** vii ◆ l'eau est remuée par les vagues

ᐲᑳᑭᒥᐱᔨᐤ **piikaakimipiyiu** vii ◆ l'eau est remuée

ᐅᐦᐧᐹᔮᑭᒥᐦᐊᒻ **uhpwaayaakimiham** vti ◆ il/elle remue le dépôt (au fond d'un liquide)

ᐧᐋᐧᐋᐹᔨᐤ **waawaapaayiu** vai redup ◆ il/elle remue la queue

ᔮᔮᐦᒌᒥᑭᓐ **yaayaahchiimikin** vii ◆ ça bouge, remue

ᔮᔮᐦᒌᐤ **yaayaahchiiu** vai redup ◆ il/elle bouge, remue

ᔮᔮᐦᒋᐱᑖᐤ **yaayaahchipitaau** vta ◆ il/elle le/la remue, le/la bouge

ᔮᔮᐦᒋᐱᑎᒻ **yaayaahchipitim** vti ◆ il/elle le remue, le bouge

ᔮᔮᐦᒋᐱᔨᐤ **yaayaahchipiyiu** vai redup ◆ il/elle bouge, remue tout-e seul-e

ᔮᔮᐦᒋᐱᔨᐤ **yaayaahchipiyiu** vii ◆ ça bouge, remue

ᔮᔮᐦᑎᐦᐊᒻ **yaayaahtiham** vti ◆ il/elle le remue, le déplace en utilisant quelque chose

ᔮᔮᐦᑎᐦᐧᐋᐤ **yaayaahtihwaau** vta ◆ il/elle le/la remue, le/la déplace avec quelque chose

ᔮᔮᐦᑎᐱᐤ **yaayaahtipiu** vai ◆ il/elle remue assis-e

ᔮᔮᐦᑎᔥᑭᒻ **yaayaahtishkim** vti ◆ il/elle le remue, le déplace avec son pied ou son corps

ᔮᔮᐦᑎᔥᑭᐚᐤ yaayaahtishkiwaau vta ◆ il/elle le/la remue, le/la déplace avec son pied ou son corps

ᒋᒧᐦᑳᔅᑯᐦᐊᒧᐚᐤ chimuhkaaskuhamuwaau vta ◆ il/elle fait en sorte que le poisson se fasse attraper dans le filet en remuant l'eau avec un poteau ou une rame

ᒋᔅᐱᐦᐚᐤ chispihwaau vta ◆ il/elle le/la mélange, brasse, remue (par ex. de la pâte) avec quelque chose

renard

ᒥᐦᒑᔑᐤ mihchaashiu na -iim ◆ un renard *Vulpes sp.*

ᑭᓯᔅᑖᐅᐦᒑᔑᐤ kisistaauhchaashiu na -iim ◆ un renard noir *Vulpes sp.*

ᒥᐦᒑᔑᐅᓂᒁᓐ mihchaashiunikwaan ni ◆ un collet à renard

ᒥᐦᒑᔑᐅᔮᓐ mihchaashiuyaan na -im ◆ une peau de renard

ᒥᐦᒑᔑᐚᐳᐃ mihchaashiwaapui ni ◆ du bouillon de renard

ᒥᐦᒑᔑᐏᓂᐦᐄᑭᓐ mihchaashiwinihiikin ni ◆ un piège à renard

ᐅᔖᐅᐦᒑᔑᐤ ushaauhchaashiu na -iim ◆ un renard roux

ᐚᐱᐦᒑᔒᔑᐅᔮᓐ waapihchaashiishiuyaan na ◆ une peau de renard blanc

ᐱᐦᑯᓂᐦᒑᔑᐚᐤ pihkunihchaashiwaau vai ◆ il/elle dépiaute un renard

ᐑᐦᒑᔑᐅᒋᓯᐤ wiihchaashiuchisiu vai ◆ il/elle sent le renard

ᔒᐱᐦᐋᒑᔑᐚᐤ shiipihaachaashiwaau vai ◆ il/elle étend une peau de renard sur un cadre pour la faire sécher

ᓈᐚᐱᐦᒑᐤ naawaapihchaau vai ◆ il/elle rapporte à la maison quatre porcs-épics, renards morts

ᓃᔂᐱᐦᒑᐤ niishwaapihchaau vai ◆ il/elle rapporte à la maison deux porcs-épics, renards morts

ᓂᔥᑤᐱᐦᒑᐤ nishtwaapihchaau vai ◆ il/elle rapporte à la maison trois porcs-épics, renards morts

ᓃᔓᐏᑖᐤ niishuwitaau vai ◆ il/elle porte deux choses, castors, loutres, renards sur son dos

ᓂᔥᑐᐏᑖᐤ nishtuwitaau vai ◆ il/elle porte trois castors, loutres, renards sur son dos

renard arctique

ᐚᐱᐦᒑᔒᔥ waapihchaashiish na -im ◆ un renard arctique

renard roux

ᐅᔖᐅᐦᒑᔑᐤ ushaauhchaashiu na -iim ◆ un renard roux

ᐅᔖᐅᐦᒑᔒᔅᑳᐤ ushaauhchaashiiskaau vai ◆ il y a beaucoup de renards roux par ici

rencontre

ᓂᓂᑭᐦᐅᑐᐏᒡ ninikihutuwich vai pl redup recip -u ◆ les vagues se rencontrent en provenant de directions opposées

rencontrer

ᓂᒋᐦᐋᐤ nichihaau vta ◆ il/elle le/la rencontre en chemin

ᓂᒋᔥᑳᑑᐦ nichishkaatuuh vii pl recip ◆ des choses se rencontrent

ᓂᒋᔥᑭᒻ nichishkim vti ◆ il/elle le rencontre en chemin

ᓂᒋᔥᑭᐚᐤ nichishkiwaau vta ◆ il/elle le/la rencontre en marchant

ᓂᑑᓂᒋᔥᑭᒻ nituunichishkim vti ◆ il/elle va le rencontrer

ᓂᑐᐏᓂᒋᔥᑭᐚᐤ nituwinichishkiwaau vta ◆ il/elle va le/la rencontrer

ᑖᐹᔥᒌᔥᑭᐚᐤ taapaashchiishkiwaau vta ◆ il/elle se trouve là en même temps que lui/elle, le/la recontre par hasard

ᐋᐳᔥᑳᒋᒑᐤ aapushkaachichaau vai ◆ il/elle va à la rencontre de quelqu'un qui revient

ᐋᐳᔥᑭᐚᐤ aapushkiwaau vta ◆ il/elle va le/la rencontrer sur le chemin de son retour

ᓂᑭᐦᐊᒻ nikiham vti ◆ il/elle le rencontre en conduisant; il/elle freine

ᓂᑭᐦᐚᐤ nikihwaau vta ◆ il/elle le/la rencontre sur son chemin en véhicule; il/elle freine

ᓈᓯᐹᑎᑎᐚᐤ naasipaatitiwaau vta ◆ il/elle descend au rivage pour le/la rencontrer

ᐏᔨᐑᔥᑎᐚᐤ wiyiwiishtiwaau vta ◆ il/elle sort pour aller à sa rencontre, pour voir comment il/elle va

ᑖᐹᔥᒌᔑᓐ taapaashchiishin vai ◆ il/elle arrive au bon moment, le/la rencontre par hasard

ᑖᐹᔑᔥᒌᔑᓐ taapaashishchiishin vai ◆ il/elle arrive à un moment opportun, le/la rencontre sur son chemin

rencontrer (se)

ᓂᒋᔥᑳᑐᐏᒡ nichishkaatuwich vai pl recip -u ◆ ils/elles se rencontrent

rendre

ᒌᐚᒥᔮᐤ chiiwaamiyaau vta ◆ il/elle le/la lui rend ▪ ᒦᓐ ᓂᒌᐦ ᒌᐚᒥᔮᐤ ᐊᓂᔮᐦ ᔓᐏᔮᓐᐦ ᑳ ᐊᐅᐦᐋᓱᒥᒃ. ▪ miin nichiih chiiwaamiyaau aniyaah shuwiyaanh kaa auhaasumik. ▪ *J'ai rendu l'argent que je lui avais emprunté.*

ᐚᐱᐦᑖᐤ waapihtaau vai+o ◆ il/elle le rend blanc

ᔖᑭᐏᐦᐋᐤ shaakiwihaau vta ◆ il/elle le/la rend étroite, le/la rétrécit

ᔖᑭᐏᐦᑖᐤ shaakiwihtaau vai+o ◆ il/elle le rend étroit, le rétrécit

rendre (se)

ᔖᐻᐚᐤ shaapwaawaau vai ◆ il/elle se rend de l'autre côté de la pointe

renfler

ᒨᐦᑳᐦᑭᑎᑖᐤ muuhkaahkititaau vii ◆ ça renfle en séchant

ᒨᐦᑳᔅᑭᑎᓐ muuhkaaskitin vii ◆ ça renfle parce que ça contient du liquide gelé

renfler (se)
ᒨᐦᑳᐢᑭᒋᐤ muuhkaaskichiu vai ◆ il/elle bombe, se renfle à cause du liquide gelé qu'il/elle contient

renforcement
ᐙᐅᑭᓂᐢᒋᒫᐤ waaukinischimaau ni ◆ un renforcement spécial du laçage sur la partie de la raquette en contact avec le pied

renforcer
ᐊᐱᐹᐦᐋᐤ apipaahaau vta ◆ il/elle renforce les extrémités du filet de pêche
ᓯᒋᐦᑎᐱᐦᒁᓐ sichihtipihkwaan ni -m ◆ un morceau de toile qui renforce le revêtement du tipi là où une corde ou une ficelle est attachée
ᐋᔑᑯᒥᓵᒫᐤ aashikumisaamaau vta ◆ il/elle tisse le renforcement de babiche le long du cadre des raquettes

renifler
ᒥᔮᐦᑎᒼ miyaahtim vti ◆ il/elle le sent, renifle
ᒥᔮᒫᐤ miyaamaau vta ◆ il/elle le/la sent, renifle
ᓈᓂᑐᒫᐦᑎᒼ naanitumaahtim vti redup ◆ il/elle le cherche à l'odeur, le renifle

renne
ᐙᐱᐢᑭᒥᒋᐢᑳᐤ waapiskimichiskaau vii ◆ c'est une étendue de lichen des rennes
ᐙᐱᐢᑭᒥᑳᐤ waapiskimikaau vii ◆ c'est une étendue de lichen des rennes

renouveler
ᐅᐢᒋᐦᐋᐤ uschihaau vta ◆ il/elle la/le renouvelle, en reçoit un nouveau ou une nouvelle
ᐅᐢᒋᐦᑖᐤ uschihtaau vai+o ◆ il/elle le renouvelle, en reçoit un neuf

rentrer
ᐲᐦᒋᒑᐤ piihchichaau vai ◆ il/elle rentre, entre
ᐲᐦᑎᑭᐦᐋᐤ piihtikihaau vta ◆ il/elle le/le fait rentrer
ᐲᐦᑎᑭᑖᐤ piihtikitaau vai+o ◆ il/elle le/la rentre
ᐲᐦᑎᑖᒨ piihtitaamuu vii -u ◆ ça rentre dans quelque chose, comme un chemin dans une ville
ᐲᐦᑎᑖᐱᔨᐤ piihtitaapiyiu vai ◆ il/elle rentre dans quelque chose
ᐲᐦᑎᑖᐱᔨᐤ piihtitaapiyiu vii ◆ ça rentre dans quelque chose
ᒌᐙᐦᐆ chiiwaahuu vai -u ◆ il/elle rentre, retourne en canot
ᒌᐙᐢᒑᐤ chiiwaaschaau vai ◆ il/elle rentre à la maison, revient à son lieu de naissance après une longue absence
ᒌᐙᐤ chiiwaau vai ◆ il/elle rentre à la maison ▪ ᑳ ᒌᐙᑦ ᐄᔮᒄ ᑳ ᐙᐱᒫᑦ ᐊᓂᔮᐦ ᒫᓂᑖᐤᐦ᙮ ▪ kaa chiiwaat iiyaakw kaa waapimaat aniyaah maanitaauh. ▪ *C'est quand elle/il est rentré-e à la maison qu'elle a vu les visiteurs.*
ᑭᔥᑭᒥᑰ kishkimikuu vai -u ◆ il/elle est serré-e et lui rentre dedans
ᑯᑖᐅᐦᐊᒼ kutaauham vti ◆ il/elle fait rentrer dedans avec un outil
ᑯᑖᐙᑯᓈᔥᑭᒼ kutaawaakunaashkim vti ◆ il/elle le fait rentrer dans la neige avec son pied ou son corps
ᐹᑎᐦᐱᓈᐤ paatihpinaau vai ◆ il/elle rentre à la maison parce qu'il/elle se sent mal
ᐲᐦᒋᑯᓈᐙᔥᑳᑰ piihchikunaawaashkaakuu vai -u ◆ il/elle rentre dans sa bouche
ᐲᐦᑖᐹᐅᑖᐤ piihtaapaautaau vai ◆ il/elle fait rentrer de l'eau dedans
ᐲᐦᑖᐱᔨᐦᐋᐤ piihtaapiyihaau vta ◆ il/elle le fait rentrer dedans, l'enregistre (sur cassette), le fait rentrer dedans en véhicule
ᐲᐦᑖᐱᔨᐦᑖᐤ piihtaapiyihtaau vai ◆ il/elle le fait rentrer dedans, l'enregistre (sur cassette)
ᐲᐦᑎᑖᒋᔑᓈᐤ piihtitaachishinaau vta ◆ il/elle le/la fait rentrer en le/la poussant
ᐲᐦᑎᑖᒋᔑᓂᒼ piihtitaachishinim vti ◆ il/elle le fait rentrer en le poussant
ᐲᐦᑎᑖᐦᔮᐤ piihtitaahyaau vai ◆ il/elle rentre dedans en volant
ᐲᐦᑎᑖᐱᐦᑖᐤ piihtitaapihtaau vai ◆ il/elle rentre en courant
ᐲᐦᑎᑖᐱᑖᐤ piihtitaapitaau vta ◆ il/elle le/la fait rentrer en le/la tirant
ᐲᐦᑎᑖᐱᑎᒼ piihtitaapitim vti ◆ il/elle le fait rentrer en le tirant
ᐲᐦᑎᑖᔥᑭᒼ piihtitaashkim vti ◆ il/elle le fait rentrer à coups de pied
ᐲᐦᑎᑖᑖᒋᒨ piihtitaataachimuu vai -u ◆ il/elle rentre en rampant
ᐲᐦᑎᑖᑖᐹᐤ piihtitaataapaau vta ◆ il/elle le/la fait rentrer en le/la traînant
ᐴᓂᑎᓐ puunitin vii ◆ l'air du haut de l'habitation souffle et fait rentrer la fumée à l'intérieur
ᔖᑯᓂᒼ shaakunim vti ◆ il/elle met ses mains directement dessous, le rentre, le borde
ᓰᑳᐦᐊᓐ siikaahan vii ◆ ça éclabousse et rentre dedans
ᑖᐱᐦᑎᓐ taapihtin vii ◆ ça rentre dedans, ça s'ajuste
ᑖᐱᐦᑎᑖᐤ taapihtitaau vai ◆ il/elle le fait rentrer dedans, le fait s'ajuster
ᑖᐱᐢᒋᓂᑖᐤ taapischinitaau vai ◆ il/elle a de la place pour ça, elle le fait rentrer dedans
ᑖᐱᔑᒫᐤ taapishimaau vta ◆ il/elle l'ajuste, le/la fait rentrer dedans
ᑖᐱᔑᓐ taapishin vai ◆ il/elle rentre dedans, s'ajuste bien
ᔪᐏᐱᑖᐤ yuwipitaau vta ◆ il/elle laisse rentrer l'air sur lui/elle
ᔪᐏᐱᑎᒼ yuwipitim vti ◆ il/elle laisse rentrer l'air

ᒌᐧᐋᐱᐦᑤᐤ chiiwaapihtwaau vai ◆ il/elle revient avec en courant, il/elle le rapporte à la maison

ᐲᐦᑎᑖᔨᑯᒋᐦᑎᓐ piihtitaayikuchihtin vii ◆ la neige tomber dans l'habitation pendant une chute de neige

ᑖᑭᐦᑎᐦᐊᒻ taakihtiham vti ◆ il/elle rentre complètement dedans, s'ajuste parfaitement

ᑖᐱᐱᑎᒻ taapipitim vti ◆ il/elle le fait rentrer en tirant (en parlant du mécanisme de rechargement d'un fusil)

ᐲᐦᑖᔨᑯᑎᓲ piihtaayikutisuu vai -u ◆ il/elle rentre la viande de caribou dans l'habitation

ᔖᔒᐹᐦᒑᐤ shaashiipaahchaau vai ◆ il/elle rentre sous terre et ressort quand il y a une flaque d'eau

ᑖᑭᓯᔅᑭᒻ taakisiskim vti ◆ son pied rentre complètement dedans, s'ajuste parfaitement

ᒌᐧᐋᔥᑭᒻ chiiwaashkim vti ◆ il/elle rentre à la maison en dépassant un certain point de repère; il/elle lui fait faire face dans l'autre direction avec son pied ou son corps; le soleil commence à se coucher; le vent suit le soleil

rentrer dedans

ᐱᔅᑎᔅᑭᒻ pistiskim vti ◆ il/elle lui rentre dedans, le/la boxe accidentellement

ᐱᔅᑎᔅᑭᐧᐋᐤ pistiskiwaau vta ◆ il/elle lui rentre dedans, le/la boxe accidentellement

renversé

ᐃᔮᔪᐧᐃᓐ iyaayuwin vii ◆ c'est abîmé, perdu, renversé

ᐃᔮᔪᐧᐃᓰᐤ iyaayuwisiiu vai ◆ il/elle est abîmé-e, perdu-e, renversé-e

renverse

ᐋᑎᒋᓂᐱᔨᐤ aatichinipiyiu vai ◆ il/elle tombe à la renverse (sur le dos)

ᑭᐧᐃᐱᔨᐤ kiwipiyiu vai ◆ il/elle tombe à la renverse

ᔖᔑᑭᒋᐱᔨᐤ shaashikichipiyiu vai ◆ il/elle tombe à la renverse

renverser

ᐊᒋᒋᐱᑖᐤ achichipitaau vta ◆ il/elle le/la renverse

ᐊᒋᒋᐱᑎᒻ achichipitim vti ◆ il/elle le renverse

ᐊᒋᒋᐱᔨᐦᑖᐤ achichipiyihtaau vai ◆ il/elle le renverse

ᒌᐱᒋᔥᑭᒻ chiipichishkim vti ◆ il/elle le renverse du pied ou du corps

ᒌᐱᒋᔥᑭᐧᐋᐤ chiipichishkiwaau vta ◆ il/elle le/la renverse du pied ou du corps

ᑭᐧᐃᐧᐋᐱᓈᐤ kiwiwaapinaau vta ◆ il/elle le/la renverse

ᑭᐧᐃᐧᐋᐱᓂᒻ kiwiwaapinim vti ◆ il/elle le renverse

ᑭᐧᐃᐧᐋᐱᔥᑭᒻ kiwiwaapishkim vti ◆ il/elle le renverse avec son pied ou son corps

ᑯᑎᐱᐦᐊᒻ kutipiham vti ◆ il/elle le renverse avec un outil

ᑯᑎᐱᐦᑎᑖᐤ kutipihtitaau vai ◆ il/elle le fait tomber et le renverse

ᑯᑎᐱᐦᐧᐋᐤ kutipihwaau vta ◆ il/elle le/la renverse avec quelque chose

ᑯᑎᐱᔑᒫᐤ kutipishimaau vta ◆ il/elle le/la renverse

ᑯᑎᐱᔥᑭᒻ kutipishkim vti ◆ il/elle le renverse, il/elle renverse le canot

ᑯᑎᐱᐧᐋᐱᐦᐊᒻ kutipiwaapiham vti ◆ il/elle le renverse d'un geste

ᑯᑎᐱᐧᐋᐱᐦᐧᐋᐤ kutipiwaapihwaau vta ◆ il/elle le/la renverse d'un geste

ᑯᑎᐱᐧᐋᐱᔥᑭᒻ kutipiwaapishkim vti ◆ il/elle le renverse avec son pied ou son corps

ᑿᑎᐱᐦᐊᒻ kwaatipiham vti ◆ il/elle le renverse ▪ ᒌᐦ ᑿᑎᐱᐦᐊᒻ ᐅᒥᓂᐦᑿᑭᓐ ᑳ ᒥᑯᔖᓂᐧᐃᔨᒡ᙮ ▪ chiih kwaatipiham uminihkwaakin kaa mikushaaniwiyich. ▪ *Elle/il a renversé sa tasse pendant la fête.*

ᑿᑎᐱᐦᐧᐋᐤ kwaatipihwaau vta ◆ il/elle le/la renverse ▪ ᑳ ᐅᑎᓂᐦᒃ ᐊᓂᔮ ᑏᐅᔅᒋᐦᑯᔨᐤ ᑳ ᑿᑎᐱᐦᐧᐋᐟ ᐊᓂᔮᐦ ᑑᑑᔑᓈᐳᐃᐦ᙮ ▪ kaa utinihk aniyaa tiiuschihkuyiu kaa kwaatipihwaat aniyaah tuutuushinaapuih. ▪ *Elle/Il a renversé le lait quand il a pris la bouilloire.*

ᑿᑎᐱᔥᑭᒻ kwaatipishkim vti ◆ il/elle le renverse avec son pied ou son corps

ᑿᑎᐱᔥᑭᐧᐋᐤ kwaatipishkiwaau vta ◆ il/elle le renverse avec son pied ou son corps

ᑿᑎᐱᑎᑤᓲ kwaatipititwaasuu vai reflex -u ◆ il/elle se renverse quelque chose dessus

ᑿᑎᐱᐧᐋᐱᓈᐤ kwaatipiwaapinaau vta ◆ il/elle le/la fait basculer, le/la renverse

ᓃᐦᒋᔥᑭᒻ niihchishkim vti ◆ il/elle le renverse

ᓃᐦᑖᔥᑎᓐ niihtaashtin vii ◆ c'est abattu, renversé, jeté par terre

ᓰᒋᓂᒻ siichinim vti ◆ il/elle le renverse

ᓰᑳᐳᐧᐋᓈᐤ siikaapuwaanaau vta ◆ il/elle le/la renverse (liquide)

ᓰᑳᐳᐧᐋᓂᒻ siikaapuwaanim vti ◆ il/elle le renverse (liquide)

ᒌᐱᒋᐱᔨᐤ chiipichipiyiu vai ◆ il/elle tombe, est renversé-e

ᐃᔮᔪᐧᐃᐦᑖᐤ iyaayuwihtaau vai+o ◆ il/elle renverse, abîme

ᑭᐧᐃᐦᐊᒻ kiwiham vti ◆ il/elle le renverse, le fait tomber

ᑭᐧᐃᐱᑖᐤ kiwipitaau vta ◆ il/elle le/la fait tomber, le/la renverse

ᑭᐧᐃᐱᑎᒻ kiwipitim vti ◆ il/elle le fait tomber, le renverse

ᑭᐧᐃᐳᔮᐤ kiwipuyaau vta ◆ il/elle le fait tomber, le renverse en sciant

ᑯᑎᐹᔑᐤ kutipaashiu vai ◆ il/elle est renversé-e par le vent

ᑯᑎᐹᔥᑎᓐ kutipaashtin vii ◆ c'est renversé par le vent

ᑯᑎᐱᐦᑎᓐ kutipihtin vii ◆ ça tombe et se renverse

ᑯᑎᐱᐱᔪ kutipipiyiu vai ◆ il/elle se renverse, chavire

ᑯᑎᐱᔥᑭᐙᐤ kutipishkiwaau vta ◆ il/elle le/la renverse dans un canot, il/elle le/la renverse avec son pied ou son corps

ᒁᑎᐱᐦᐋᐤ kwaatipihaau vta ◆ il/elle le/la renverse, le/la retourne

ᒁᑎᐱᐦᑎᑖᐤ kwaatipihtitaau vai ◆ il/elle le renverse et les choses tombent

ᒁᑎᐱᐱᔨᐦᐋᐤ kwaatipipiyihaau vta ◆ il/elle le/la retourne, le/la renverse

ᒁᑎᐱᐱᔪ kwaatipipiyiu vii ◆ ça roule, ça se renverse

ᒁᑎᐱᔥᑖᐤ kwaatipishtaau vai ◆ il/elle le renverse, le met à l'envers

ᒁᑎᐱᐙᐱᐦᐊᒼ kwaatipiwaapiham vti ◆ il/elle le fait basculer, le renverse

ᒁᑎᐱᐙᐱᐦᐙᐤ kwaatipiwaapihwaau vta ◆ il/elle le/la renverse, le/la fait basculer de force en utilisant quelque chose

ᒁᑎᐱᐙᐱᓂᒼ kwaatipiwaapinim vti ◆ il/elle le fait basculer, le renverse

ᒫᐦᒋᐱᔨᐦᑖᐤ maahchipiyihtaau vai ◆ il/elle le renverse et le vide complètement

ᓃᐦᒋᒋᐙᐱᐦᐊᒼ niihchichiwaapiham vti ◆ il/elle le renverse de haut

ᓃᐦᒋᒋᐙᐱᐦᐙᐤ niihchichiwaapihwaau vta ◆ il/elle le/la renverse d'un geste

ᓃᐦᑎᐦᐊᒼ niihtiham vti ◆ il/elle le frappe et le renverse

ᓃᐦᑎᐦᐙᐤ niihtihwaau vta ◆ il/elle le/la frappe et le/la renverse avec quelque chose

ᓃᐦᑎᔥᑭᐙᐤ niihtishkiwaau vta ◆ il/elle le frappe et le renverse avec le pied ou le corps

ᐅᐦᒋᑭᐎᐦᐋᐤ uhchikiwihaau vta ◆ il/elle le/la verse, renverse d'un récipient

ᐅᑎᐦᑖᒥᒧᓂᐱᑎᒼ utihtaamimunipitim vti ◆ elle le renverse en tirant

ᑭᐙᑯᓈᐤ kiwaakunaau vai ◆ il/elle tombe à la renverse sous le poids de la neige

ᑭᐙᔑᐤ kiwaashiu vai ◆ il/elle tombe à la renverse sous la force du vent

ᑯᑎᐱᔅᒋᐦᒀᐤ kutipischihkwaau vai ◆ il/elle renverse son seau, son pot; il/elle rompt ses fiançailles, sa promesse de mariage

ᐃᔮᔪᐎᐦᐋᐤ iyaayuwihaau vta ◆ il/elle le/la tue, l'abîme, le/la gâte, le/la renverse

renverser (se)

ᐊᒋᒋᐱᔨᐦᐋᐤ achichipiyihaau vta ◆ il/elle le/la fait se renverser

ᑭᐎᐱᔪ kiwipiyiu vii ◆ ça se renverse, tombe à la renverse

ᑯᔅᑯᔅᒀᐤ kuskuskwaau vii ◆ le canot risque de se renverser

ᑯᑎᐱᔑᓐ kutipishin vai ◆ il/elle se renverse et se répand

ᒁᑎᐱᐱᔪ kwaatipipiyiu vai ◆ il/elle roule, se renverse

ᑭᐙᑯᓈᐤ kiwaakunaau vii ◆ ça se renverse sous le poids de la neige

ᑭᐙᔥᑎᓐ kiwaashtin vii ◆ ça se renverse sous la force du vent

renvoyer

ᒌᐙᑎᔑᐦᐊᒼ chiiwaatishiham vti ◆ il/elle le renvoie ■ ᐙᓵ ᐊᐱᔖᔑᔪ ᐊᓂᔮ ᐊᑯᐦᐱᔪ, ᒌᐙᑎᔑᐦᐊᒼ. ■ waasaa apishaashiyiu aniyaa akuhpiyiu, chiiwaatishiham. ■ *Il a renvoyé le manteau parce qu'il était trop petit.*

ᒋᔥᑎᔑᐦᐙᐤ chishtishihwaau vta ◆ il/elle l'a renvoyé-e

ᐄᒑᒋᔑᐦᐊᒼ iichaachishiham vti ◆ il/elle le renvoie

ᐄᒑᒋᔑᐦᐙᐤ iichaachishihwaau vta ◆ il/elle le/la renvoie

ᐊᓵᔮᔅᑯᓈᐤ asaayaaskunaau vta ◆ il/elle le/la renvoie de son travail, il/elle le/la licencie

ᒌᐙᑎᔑᐦᐙᐤ chiiwaatishihwaau vta ◆ il/elle le/la renvoie, renvoie à la maison ■ ᐃᔅᑯᑎᒃ ᑳ ᐅᑳᔥᑖᔮᔨᒡ ᑳ ᒌᐙᑎᔑᐦᐙᑦ ᐊᓂᔮᐦ ᐙᐙᔑᔥᐦ. ■ iskutik kaa ukaashtaayaayich kaa chiiwaatishihwaat aniyaah awaashishh. ■ *Quand la nuit est tombée, elle a renvoyé les enfants à la maison.*

réorganiser

ᒦᔥᑯᒋᔥᑖᓱ miishkuchishtaasuu vai -u ◆ il/elle réorganise les choses

répandre

ᒥᓯᐦᑖᔥᑭᐙᐤ misihtaashkiwaau vta ◆ il/elle le/la répand partout avec son pied ou son corps

ᒥᓯᐦᑎᐎᔥᑖᐤ misihtiwishtaau vai ◆ il/elle le répand partout

ᒥᓯᐦᑖᐱᔨᐦᑖᐤ misihtaapiyihtaau vai ◆ il/elle le fait savoir à tout le monde, elle le dissémine ■ ᔖᔥ ᒥᒄ ᒌ ᒥᓯᐦᑖᐱᔨᐦᑖᐤ ᐊᓂᔮ ᒑᒁᔪ ᑳ ᐄᑎᒃ ᐋᑳ ᒑ ᐐᐦᑎᒧᐙᑦ ᐊᐙᔪᐦ. ■ shaash mikw chii misihtaapiyihtaau aniyaa chaakwaayiu kaa iitik aakaa chaa wiihtimuwaat awaayiuh. ■ *Elle/Il a déjà répandu la nouvelle partout alors que je lui avais dit de se taire.*

ᓂᓈᓂᔑᐱᔪ ninaanishipiyiu vii redup ◆ ça se brise et se répand dans toutes les directions, c'est complètement détruit

répandre (se)

ᑯᑎᐱᔑᓐ kutipishin vai ◆ il/elle se renverse et se répand

ᒥᓯᐦᑖᐱᔪ misihtaapiyiu vai ◆ il/elle se répand, se dissémine partout

ᒥᓯᐦᑖᐱᔪ misihtaapiyiu vii ◆ ça se transmet à tout le monde, ça se répand partout ■ ᔖᔥ ᒥᓯᐦᑖᐱᔪ ᐊᓐ ᐋᐦᑯᓯᐎᓐ ᑳ ᐊᔨᒫᐅᐦᐄᐙᒡ. ■ shaash misihtaapiyiu an aahkusiwin kaa aayimwaauhiiwaach. ■ *La maladie dont nous avons entendu parler est déjà en train de se répandre.*

ᒥᓯᐦᑖᔮᐦᑭᐦᑖᐤ misihtaayaahkihtaau vii ◆ le feu de forêt se répand

ᒋᔑᐱᐦᑖᒥᑭᓐ chishipihtaamikin vai ◆ il/elle est rapide, se répand vite

réparation

ᐱᔥᑎᐦᑹᐚᑭᓐ pishtihtwaawaakin ni ◆ une trousse de réparation pour canot

réparer

ᐊᑯᔅᒋᐎᒋᓈᐤ akuschiwichinaau vta ◆ il/elle le/la répare avec de la boue ou de la colle

ᐊᑯᔅᒋᐎᒋᓂᒼ akuschiwichinim vti ◆ il/elle le répare avec de la boue ou de la colle

ᐅᐚᔑᐦᐋᐤ uwaashihaau vta ◆ il/elle le /la répare

ᐅᐚᔑᐦᑖᐤ uwaashihtaau vai+o ◆ il/elle le répare

ᐱᔥᑎᐦᑎᒼ pishtihtim vti ◆ il/elle répare un trou dans un canot

ᐱᔥᑎᐦᑹᐤ pishtihtwaau vai ◆ il/elle répare un canot

ᐎᔮᔥᑐᑎᐚᐤ wiyaashtutiwaau vta ◆ il/elle le/la blesse, lui cause du tort d'une certaine façon, le/la répare

ᓅᑎᐦᐄᐹᐤ nuutihiipaau vai [Whapmagoostui] ◆ il/elle prépare, répare, pose, vérifie un filet de pêche

ᓅᑎᓂᐦᐄᐹᐤ nuutinihiipaau vai ◆ il/elle prépare, répare, pose, vérifie un filet de pêche

répartir

ᑖᑖᐅᓂᒧᐚᐤ taataaunimuwaau vta ◆ il/elle le répartit entre eux/elles

ᑖᐱᑎᐎᓂᒫᑐᐎᒡ taapitiwinimaatuwich vai pl recip -u ◆ ils/elles se le répartissent entre elles/eux

repas

ᓃᒫᐎᓂᐎᑦ niimaawiniwit ni ◆ un sac-repas, une musette, un sac à lunch

ᓃᐹᐦᒁᐎᓐ niipaahkwaawin ni ◆ le repas du soir

repas du soir

ᐅᑖᑯᔑᐅᒦᒋᓲ utaakushiumiichisuu vai -u ◆ il/elle mange un repas du soir

repasser

ᔔᔥᑯᐦᐊᒼ shuushkuham vti ◆ il/elle le repasse

ᔔᔥᑯᐦᐄᒑᐤ shuushkuhiichaau vai ◆ il/elle repasse

ᔔᔥᑯᐦᐚᐤ shuushkuhwaau vta ◆ il/elle le/la repasse

ᔔᔥᑯᐦᐄᑭᓐ shuushkuhiikin na ◆ un fer à repasser

repentir

ᒥᐦᒋᔨᐚᓯᐤ mihchiyiwaasiu vai ◆ il/elle est désolé-e, il/elle se repent ■ ᓈᔥᒡ ᐋᐦ ᒌᐦ ᒥᐦᒋᔨᐚᓯᑦ ᐋᑳ ᐱᑎᒫ ᐅᐦᒋ ᒫᒥᑐᓈᔨᐦᑎᒥᐦᐄᑯᑦ ᐊᓂᔮ ᑳ ᐃᔑ ᐑᐦᑎᒧᐚᑦ. ■ naashch aah chiih mihchiyiiwaasit aakaa pitimaa uhchi maamitunaayihtimihiikut aniyaa kaa ishi wiihtimuwaat. ■ *Il/elle était désolé-e de ne pas avoir d'abord réfléchi à ce qu'il allait lui dire.*

repentir (se)

ᒥᐦᒋᔨᐚᔮᔨᐦᑎᒼ mihchiyiwaayaayihtim vti ◆ il/elle en est désolé-e, s'en repentit

répéter

ᑖᐱᐦᐊᒼ taapiham vti ◆ il/elle répète ce qui a été dit

ᑖᐱᑖᐱᐦᐊᒼ taapitaapiham vti redup ◆ il/elle le répète

ᓂᓈᔅᐱᑐᐦᑎᒼ ninaaspituhtim vti redup ◆ il/elle répète, imite ce qu'il/elle entend

ᓂᓈᔅᐱᑐᐦᑎᐚᐤ ninaaspituhtiwaau vta redup ◆ il/elle répète après lui/elle; il/elle imite ce qu'il/elle l'entend dire, imite sa voix

ᐱᓯᔅᒋᐦᑎᐚᐤ pisischihtiwaau vta ◆ il/elle est conscient de se répéter

replacer

ᓂᐦᐄᓂᒼ nihiinim vti ◆ il/elle l'admire; il/elle pose ou replace un collet

replier

ᓂᐳᓈᐤ nipunaau vta ◆ il/elle le/la replie

ᓂᐳᓂᒼ nipunim vti ◆ il/elle le replie

replier (se)

ᓂᐳᐱᔨᐤ nipupiyiu vai ◆ il/elle se replie

ᓂᐳᐱᔨᐤ nipupiyiu vii ◆ ça se replie

répondre

ᓂᓈᔥᒁᐅᔑᐦᐋᐤ ninaashkwaaushihaau vta redup ◆ il/elle lui répond de façon irrespectueuse

ᓂᓈᔥᒁᐅᔑᐦᑖᐤ ninaashkwaaushihtaau vai+o redup ◆ il/elle répond (insolemment)

ᓂᔥᒁᐅᔑᐦᐋᐤ nishkwaaushihaau vta ◆ il/elle lui répond

ᓂᔥᒁᐅᔑᐦᑖᐤ nishkwaaushihtaau vai+o ◆ il/elle répond

ᓂᔅᒁᐅᔑᐦᑎᒧᐚᐤ niskwaaushihtimuwaau vta ◆ il/elle répond pour lui/elle

ᑯᔨᑖᒫᐤ kuyitaamaau vta ◆ il/elle n'a pas de réponse à sa question parce qu'il/elle n'a aucune idée de quoi il/elle parle; il/elle ne peut pas lui donner ce qu'il/elle veut parce qu'il/elle ne l'a pas

répons

ᓂᔅᑭᐚᐦᐊᒫᒑᐤ niskiwaahamaachaau vai ◆ il/elle chante des répons, des chansons à réponses

réponse

ᓂᔥᒁᐅᔑᐦᐄᐚᐎᓐ nishkwaaushihiiwaawin ni ◆ une réponse

ᐋᐅᒄ aaukw pro,focus ◆ c'est lui, c'est elle, réponse à quelqu'un qui raconte une histoire ■ ᐋᐅᒄ ᐊᓐ ᓈᐹᔑᔥ ᑳ ᑭᔅᒋᐦᐅᑦ ᐋᐦ ᒋᔅᑐᐦᒋᒑᑦ. ■ aaukw an naapaashish kaa kischihut aah chistuhchichaat.

repousser

ᐋᒥᒋᔑᓈᐤ aamichishinaau vta ◆ il/elle le/la repousse avec les mains et le/la fait tomber

ᐋᒥᒋᔑᓂᒼ aamichishinim vti ◆ il/elle le repousse avec les mains et le fait tomber de quelque chose

ᐋᑎᐙᔨᒫᐤ aatiwaayimaau vta ◆ il/elle le/la repousse, rejette ■ ᔖᔥ ᒦᓐ ᐋᑎᐙᔨᒫᐤ ᐊᓂᔮᐦ ᐊᐙᔨᐆᐦ ᑳ ᓂᑎᐙᔨᒥᑯᑦ ᒑ ᐑᒋᒫᑦ. ■ shaash miin aatiwaayimaau aniyaah awaayiuh kaa nitiwaayimikut chaa wiichimaat. ■ *Elle/il a rejeté l'offre en mariage d'un-e autre prétendant-e.*

ᐊᔖᓈᐤ ashaanaau vta ◆ il/elle la/le repousse, il/elle il retourne ce qu'il/elle a acheté

ᐊᔖᔮᔑᐤ ashaayaashiu vai ◆ il/elle est repoussé-e en arrière par le vent

ᐊᔖᔮᔥᑎᓐ ashaayaashtin vii ◆ c'est repoussé en arrière par le vent

ᐄᒑᒋᔑᓂᒻ iichaachishinim vti ◆ il/elle le repousse de côté

ᐙᐱᔥᑭᒻ waapishkim vti ◆ il/elle le frappe, le déplace, le repousse du pied

ᐙᐹᔥᑯᔑᓐ waapaashkushin vai ◆ il/elle est repoussé-e en arrière en frappant du bois, il/elle rebondit sur du bois

ᐙᐱᔥᑭᐙᐤ waapishkiwaau vta ◆ il/elle lui donne un coup de pied, le/la frappe et le/la repousse avec son corps

reprendre

ᐋᐱᓰᐙᔨᐦᑎᒻ aapisiiwaayihtim vti ◆ il/elle reprend ses esprits, reprend connaissance

reprocher

ᐊᑖᒫᔨᒦᓲ ataamaayimiisuu vai reflex -u ◆ il/elle se fait des reproches, il/elle s'en tient responsable

ᐄᑖᔥᑎᐦᐎᔮᐤ iitaashtihwiyaau vta ◆ il/elle le lui reproche, le/la blâme pour ça ■ ᐊᔮᐱᒡ ᐄᑖᔥᑎᐦᐎᔮᐤ ᐋᐦ ᒌᐦ ᐲᑯᐦᐊᒥᔨᒡᐦ ᐊᓂᔮ ᐙᓵᓂᐦᑖᑭᓂᔨᐤ ᐋᑦ ᐋᑳ ᐅᐦᒋ ᐙᐱᒫᑦ. ■ ayaapich iitaashtihwiyaau aah chiih piikuhamiyich-h aniyaa waasaanihtaakiniyiu aat aakaa uhchi waapimaat. ■ *Il lui reproche d'avoir brisé la fenêtre bien qu'elle ne l'ait pas vu le faire.*

reprocher (se)

ᒥᒋᐦᑶᐤ michihtwaau vai ◆ il/elle a des choses à se reprocher,

reproduire (se)

ᒫᐅᒋᐦᐆ maauchihuu vai -u ◆ il/elle s'accumule, se reproduit

réservé

ᐅᐦᐱᔥᑳᐤ uhpishkaau ni ◆ il/elle passe d'une attitude réservée à une attitude plus ouverte, il/elle s'ouvre (psychologiquement)

réserve

ᐎᒋᐦᑭᓐᐦ wichihkinh ni pl ◆ la réserve de nourriture d'un castor

ᑭᓈᒡ kinaach p,lieu ◆ mis de côté, en réserve ■ ᔮᔨᑖ ᑭᓈᒡ ᐃᐦᑎᑦᐦ ᐊᓐ ᒋᒨᐦᑯᑖᑭᓐ. ■ yaayitaa kinaach ihtith an chimuuhkutaakin. ■ *Prend soin de garder ton couteau croche.*

ᒫᓂᒦᒋᒫᐤ maanimiichimaau vai ◆ il/elle ramasse et met en réserve de la nourriture

ᓈᑎᒋᔥᑎᐦᒋᑰ naatichishtihchikuu vai -u ◆ il/elle a cherché ses affaires qu'il/elle avait mises en réserve

résidence

ᓂᑐᐦᑯᔨᓂᔅᒁᐅᑭᒥᒄ nituhkuyiniskwaaukimikw ni ◆ la résidence des infirmières ou des infirmiers

ᐅᒋᒫᔑᔒᐅᑭᒥᒄ uchimaashishiiukimikw ni ◆ une résidence, une maison pour les commis

résine

ᐱᒋᐤ pichiu na -iim ◆ de la résine

ᒥᔅᑎᑯᐱᒋᐤ mistikupichiu na -iim ◆ de la résine

ᐱᓯᑯᔅᒋᐙᐤ pisikuschiwaau vai ◆ il/elle a de la résine collé sur lui/elle

ᐱᓯᑯᔅᒋᐎᒋᓈᐤ pisikuschiwichinaau vta ◆ il/elle le/la colle avec de la résine

ᐱᓯᑯᔅᒋᐎᒋᓂᒻ pisikuschiwichinim vti ◆ il/elle le colle avec de la résine

ᒥᔥᑎᑯᐱᒋᐤ mishtikupichiu na ◆ de la résine, de la sève

ᐱᒌᐙᔅᑯᓐ pichiiwaaskun vii ◆ le bâton a de la résine dessus, est collant

résistance

ᑯᑎᐦᐊᒻ kutiham vti ◆ il/elle teste sa résistance (ex. du câble) avec quelque chose

résistant

ᒥᔥᑭᐎᓂᑯᓐ mishkiwinikun vii ◆ il/elle semble solide, fort-e, résistant-e au toucher

résister

ᓂᔅᑰ niskuu vai -u ◆ il/elle résiste

ᓃᐳᐎᔥᑎᒧᐙᐤ niipuwishtimuwaau vta ◆ il/elle se met à sa place, résiste pour lui/elle

ᔒᐱᒋᐤ shiipichiu vai ◆ il/elle résiste au froid

ᔒᐱᐦᑭᐦᑖᐤ shiipihkihtaau vii ◆ ça met longtemps à cuire, ça résiste à la chaleur

ᔒᐱᐦᑎᐙᐤ shiipihtiwaau vta ◆ il/elle résiste aux ordres, ne fait pas ce qu'elle/il lui dit de faire

ᓈᓂᑭᓯᒌᐤ naanikisichiiu vai ◆ il/elle reste en arrière, résiste

ᔒᐱᐦᑭᓲ shiipihkisuu vai -u ◆ il/elle prend longtemps à cuire, résiste à la chaleur

résolu

ᓲᐦᒑᔨᒧᑎᐙᐤ suhchaayimutiwaau vta ◆ il/elle est résolu-e à faire ou à dire quelque chose pour lui/elle, alors que les autres ont peur de le faire

résonner

ᔖᔖᐙᐱᔨᐤ shaashaawaapiyiu vii ◆ ça fait un grand bruit métallique, un bruit de ferraille qui résonne

ᐅᐦᑎᐦᑶᐙᐦᐙᐤ uhtihtwaawaahwaau vta ◆ il/elle (ex tambour) résonne, fait du bruit quand il/elle le frappe là-bas

respect

ᒋᔥᑖᔨᐦᑎᒧᐎᓐ chishtaayihtimuwin ni ◆ du respect

ᒫᔮᔨᐦᒋᒑᐤ maayaayihchichaau vai ◆ il/elle manque de respect, est un affront

ᓅᒑᔨᐦᑎᒻ *nuuchaayihtim* vti ◆ il/elle le respecte par sa conduite

ᓅᒑᔨᒫᐤ *nuuchaayimaau* vta ◆ il/elle le/la respecte par sa conduite

ᐱᔑᐦᐆ *pishihuu* vai -u ◆ il/elle ne tue plus rien parce qu'il/elle n'a pas traité les animaux avec suffisamment de respect, il/elle cesse d'être respectée par les autres

ᒫᔮᔨᒫᐤ *maayaayimaau* vta ◆ il/elle l'insulte, se moque de lui/d'elle, lui manque de respect

ᐲᐚᔨᒫᐤ *piiwaayimaau* vta ◆ il/elle se moque de lui/d'elle, est méchant-e envers lui/elle, lui manque de respect

ᐱᓯᑰᔥᑎᐙᐤ *pisikuushtiwaau* vta ◆ il/elle se lève pour le/la saluer ou pour lui témoigner du respect

respecté

ᒋᐢᑖᔨᐦᑖᑯᓯᐤ *chistaayihtaakusiu* vai ◆ il/elle est respecté-e, on a de l'estime pour lui/elle

respecter

ᒋᔥᑖᔨᐦᑎᒻ *chishtaayihtim* vti ◆ il/elle le respecte

ᐹᔥᑖᔮᔨᒫᐤ *paashtaayaayimaau* vta ◆ il/elle respecte une personne plus qu'une autre

ᐅᒋᒫᐙᔨᐦᑖᑯᓯᐤ *uchimaawaayihtaakusiu* vai ◆ il/elle doit être respecté

ᐅᒋᒫᐙᔨᒫᐤ *uchimaawaayimaau* vta ◆ il/elle le/la considère avec respect

ᒋᔥᑖᔨᒫᐤ *chishtaayimaau* vta ◆ il/elle l'estime, le/la respecte

ᐃᔥᐹᔨᐦᑖᑯᓯᐤ *ishpaayihtaakusiu* vai ◆ il/elle est respecté-e, bien vu-e

respectueux

ᓈᓅᒌᐤ *naanuuchiiu* vai ◆ il est respectueux; elle est respectueuse

respirer

ᐅᔥᑐᐎᐦᑖᐦᑎᒻ *ushtuwihtaahtim* vti ◆ il/elle ne peut pas bien respirer, il/elle trouve que c'est difficile de respirer

ᔮᐦᔮᑎᑎᐙᐤ *yaahyaatitiwaau* vta ◆ il/elle lui respire dessus

ᔮᐦᔮᐤ *yaahyaau* vai ◆ il/elle respire

ᐋᔑᐦᑭᑖᐦᑎᒻ *aashihkitaahtim* vti ◆ il/elle respire rapidement, il/elle halète

ᐄᔥᒁᑖᐦᑎᒻ *iishkwaataahtim* vti ◆ il/elle cesse de respirer, il/elle meurt

ᒦᓄᐎᑖᒨ *miinuwitaamuu* vai -u ◆ il/elle recommence à respirer

ᒥᔪᑖᒨ *miyutaamuu* vai -u ◆ il/elle respire librement

ᐅᑎᑖᐦᑎᒧᐙᐤ *utitaahtimuwaau* vta ◆ il/elle le/la fait respirer, le/la ressuscite

responsabilité

ᐱᑳᓯᐢᒌᐤ *pikaasischiiu* vai ◆ il/elle est capable de prendre ses responsabilités

responsable

ᐊᑖᒫᔨᒫᐤ *ataamaayimaau* vta ◆ il/elle l'en tient responsable

ᐊᑖᒫᔨᐦᑎᒧᐙᐤ *ataamaayihtimuwaau* vta ◆ il/elle le/la tient responsable de ça, le/la blâme

ressembler

ᓂᐢᐱᑎᐙᐤ *nispitiwaau* vta ◆ il/elle lui ressemble

ressentir

ᐎᔮᔥᑖᔨᒫᐤ *wiyaashtaayimaau* vta ◆ il/elle ressent quelque chose pour lui/elle

ᒫᑎᒥᒋᐦᑖᐤ *maatimichihtaau* vai+o ◆ il/elle commence à en ressentir l'effet

ᒥᔪᒥᐦᒋᐦᑖᐤ *miyumihchihtaau* vai+o ◆ il/elle en ressent l'effet

ᑖᐱᔥᑯᑖᔨᒫᐤ *taapishkutaayimaau* vta ◆ il/elle éprouve le même sentiment pour les deux, il/elle ressent la même chose envers les deux

ᐄᑎᒥᒋᔔᔥᑎᒻ *iitimichishuushtim* vti ◆ il/elle ressent une présence spirituelle

ᐄᑎᒥᒋᔔᔥᑎᐙᐤ *iitimichishuushtiwaau* vta ◆ il/elle le/la ressent (une présence spirituelle)

ᒨᔑᐦᐆ *muushihuu* vai -u ◆ il/elle ressent quelque chose, des émotions, des sensations, des contractions durant l'accouchement

resserrer

ᓰᐦᑖᐱᐦᐊᒻ *siihtaapiham* vti ◆ il/elle le resserre avec un outil

ᓰᐦᑖᐳᐦᐙᐤ *siihtaapuhwaau* vta ◆ il/elle le/la resserre avec un outil

ᓰᐦᑎᐦᐊᒻ *siihtiham* vti ◆ il/elle le resserre

ᓰᐦᑎᐦᐙᐤ *siihtihwaau* vta ◆ il/elle le resserre avec quelque chose

resserrer (se)

ᔒᐦᒋᐱᔨᐤ *shiihchipiyiu* vai ◆ il/elle se resserre, enfle légèrement

ᔒᐦᒋᐱᔨᐤ *shiihchipiyiu* vii ◆ ça se resserre, ça enfle légèrement

ressort

ᐊᐦᒑᐲ *ahchaapii* na ◆ un arc, un ressort, un archet

ᐚᐱᒁᑭᓐ *waapikwaakin* ni ◆ une perche de collet à ressort

ressortir

ᔖᔒᐹᐦᒑᐤ *shaashiipaahchaau* vai ◆ il/elle rentre sous terre et ressort quand il y a une flaque d'eau

ressource

ᓈᐹᐅᒑᔨᐦᑖᑯᓯᐤ *naapaauchaayihtaakusiu* vai ◆ il/elle est pleine de ressources, est bien capable

ressusciter

ᔫᐦᔫᒫᐤ *yuuhyuumaau* vta redup ◆ il/elle le/la ressuscite

ᐅᑎᑖᐦᑎᒧᐙᐤ *utitaahtimuwaau* vta ◆ il/elle le/la fait respirer, le/la ressuscite

restaurant

ᒦᒋᓲᑭᒥᒄ *miichisuukimikw* ni ◆ un restaurant, une salle à manger

reste

ᐆᐦᑯᓈᐙᑎᓐ iishkunaawaatin vii ◆ c'est ce qui reste

ᐃᔩᐙᒋᐱᔩᐤ iyiwaachipiyiu vii ◆ c'est ce qui reste

ᐆᐦᑯᐱᒋᑭᓐ iishkupichikin ni ◆ un reste de tissu, un bout de tissu

ᐲᐙᐹᔑᑭᓐ piiwaapaashikin ni ◆ des restes de peau non-tannée après qu'on a coupé des lanières pour faire des raquettes

ᐲᐙᑎᐦᐄᑭᓂᒡ piiwaatihiikinich na pl -um ◆ des restes de peau sur le cadre

ᐊᐦᑖᐱᐦᑳᑖᐤ ashtaapihkaataau vta ◆ il/elle l'attache avec le reste

ᐊᐦᑖᐱᐦᑳᑎᒼ ashtaapihkaatim vti ◆ il/elle l'attache avec les autres, avec le reste

ᐊᐦᑖᐢᒁᐦᐱᑎᒼ ashtaaskwaahpitim vti ◆ il/elle l'attache (étalé) à quelque chose de long et rigide

ᐊᐦᑎᒋᐦᑎᒼ ashtichihtim vti ◆ il/elle le compte avec le reste

ᐊᐦᑎᒋᒫᐤ ashtichimaau vta ◆ il/elle le/la compte avec le reste

ᐊᐦᑎᒋᒦᓲ ashtichimiisuu vai reflex -u ◆ il/elle s'inclut avec le reste

ᐊᐦᑎᑯᒋᓐ ashtikuchin vai ◆ il/elle est suspendu-e avec le reste

ᐊᐦᑎᑯᑖᐤ ashtikutaau vai+o ◆ il/elle est suspendu-e avec le reste

ᐊᐦᑎᑯᑖᐤ ashtikutaau vii ◆ c'est suspendu avec le reste

ᐊᐦᑎᑯᔮᐤ ashtikuyaau vta ◆ il/elle le/la suspend avec le reste

ᐊᐦᑎᓈᐤ ashtinaau vta ◆ il/elle l'inclut avec le reste

ᐊᐦᑎᓂᒼ ashtinim vti ◆ il/elle le prend avec le reste

ᐊᐦᑎᐦᑖᐤ ashtishtaau vai ◆ il/elle le place avec le reste

ᐆᐦᑯᓈᐤ iishkunaau vta ◆ il/elle en laisse un peu, ne prend pas tout

ᐆᐦᑯᐱᔩᐤ iishkupiyiu vii ◆ il en reste, c'est un reste

ᐃᔩᐙᒋᐱᔩᐤ iyiwaachipiyiu vai ◆ il/elle dépasse la norme, est de reste, il/elle a des restes

ᐹᔩᑯᐦᑖᐤ paayikushtaau vii ◆ il n'y en a qu'un qui reste, assis là.

ᐲᐅᐦᐋᐤ piiuhaau vta ◆ il/elle le/la laisse traîner, en laisse des restes aux alentours

ᐲᐅᔕᐙᐤ piiushaawaau vai ◆ il/elle coupe, laissant des restes

ᐲᐅᔑᒼ piiushim vti ◆ il/elle le coupe, laissant des restes

ᐲᐅᔂᐤ piiushwaau vta ◆ il/elle le/la coupe, laissant des restes

ᐲᐙᐹᔂᐤ piiwaapaashwaau vta ◆ il/elle laisse des restes de peau après avoir coupé des lanières de raquette

ᐱᓂᓂᒼ pininim vti ◆ il/elle laisse des restes de quelque chose

ᐲᐅᔑᑭᓐᐦ piiushikinh ni pl ◆ des morceaux de tissu, des restes de tissu

ᒥᒧᔑᐦᑭᐦᑎᒼ mimushihkihtim vti ◆ il/elle le ramasse et en mange les miettes, les restes

rester

ᐊᐦᑎᐦᑖᐤ ashtishtaau vii ◆ ça reste avec les autres

ᐆᐦᑯᐱᔩᐤ iishkupiyiu vai ◆ il/elle a des restes, il en reste

ᐆᐦᑯᐱᔩᐤ iishkupiyiu vii ◆ il en reste, c'est un reste

ᒥᒋᒦᐤ michimiiu vai ◆ il/elle s'accroche, décide de rester

ᓈᓃᐴ naaniipuu vai redup -uwi ◆ il/elle reste là, traîne

ᐅᑳᐦᑖᔑᒨ ukaashtaashimuu vai -u ◆ il/elle reste dans l'ombre

ᑳᒋᒑᐹᔮᐤ kaachichaapaayaau vii ◆ la marée reste haute

ᒥᑖᐱᐤ mitaapiu vai ◆ un groupe reste en arrière alors que les autres avancent vers un autre camp

ᓈᓂᑭᓯᒌᐤ naanikisichiiu vai ◆ il/elle reste en arrière, résiste

ᓈᓂᑳᑯᓈᔑᒨ naanikaakunaashimuu vai -u ◆ il/elle reste en arrière en se laissant traîner dans la neige

restes

ᐆᐦᑯᐦᑎᐙᓐ iishkushtiwaan ni ◆ des restes de nourriture

ᐆᐦᑯᐱᔩᐤ iishkupiyiu vai ◆ il/elle a des restes, il en reste

restreindre

ᒋᐚᐱᐦᒑᐱᔩᐤ chipwaapihchaapiyiu vai ◆ il/elle a la circulation sanguine coupée, la circulation de son sang est restreinte

résultat

ᒦᐦᑯᒡ miishkuch p,manière ◆ en échange, comme résultat ■ ᐹᒋ ᒥᔩᐦ ᒫ ᐊᓃᐦᐄ ᒋᑎᔩᐢᒋᓯᓐᐦ ᒦᐦᑯᒡ ᒑ ᒥᔩᑖᓐ ᑳ ᐅᐦᑳᒡ ᓂᑎᑯᐦᑉ. ■ paachi miyih maa anihii chitiyischisinh miishkuch chaa miyitaan kaa ushkaach nitikuhp. ■ *Je vais te donner mon nouveau manteau en échange de tes mocassins.*

ᐙᔥ ᐆ waash uu p,discours ◆ devoir, pour résultat ■ ᐙᔥ ᐆ ᐱᑎᒫ ᓂᑭ ᐋᐦᒋᐦᐅᓐ ᐋᐦᒷᔮᐦ ᒌᐦ ᐄᑐᐦᑖᔮᓐ ᐑᔮᐦᑖᐦ. ◆ ᐙᔥ ᐆ ᒦᓐ ᓂᑭ ᐱᒫᐹᐅᑖᓐ ᐊᓂᐦᐄ ᓂᒋᐦᑖᐹᐅᒋᑭᓐᐦ. ■ waash uu pitimaa niki aahchihun aahmwaayaah chiih iituhtaayaan wiyaashtaah. ◆ waash uu miin niki pimaapaautaan anihii nichishtaapaauchikinh. ■ *Je dois changer mes vêtements avant d'aller quelque part.* ◆ *Je dois relaver cette brassée de linge.*

résurrection

ᐐᓂᐦᑳᐎᓐ winishkaawin ni ◆ une résurrection

retard

ᒥᔮᐅᐱᔨᐦᑖᐤ miyaaupiyihtaau vai ◆ il/elle le dépasse en voiture, est en retard au travail, à son rendez-vous

retenir

ᐊᔥᑎᔥᑭᐚᐤ ashtishkiwaau vta ◆ il/elle le/la retient sur quelque chose avec son pied ou son corps

ᒥᒋᒫᐱᐦᒑᓈᐤ michimaapihchaanaau vta ◆ il/elle le/la retient (filiforme) avec les mains

ᒥᒋᒫᐱᐦᒑᓂᒻ michimaapihchaanim vti ◆ il/elle le retient (filiforme) avec les mains

ᒥᒋᒥᓈᐤ michiminaau vta ◆ il/elle le retient de faire quelque chose

ᒥᒋᒥᓂᒻ michiminim vti ◆ il/elle le retient de faire quelque chose

ᒥᒋᒥᔥᑭᒻ michimishkim vti ◆ il/elle le retient du pied ou avec son corps

ᒥᒋᒥᔥᑭᐚᐤ michimishkiwaau vta ◆ il/elle le/la retient avec son pied ou son corps

ᒦᑖᒀᓈᐤ miitaakwaanaau vta ◆ il/elle le/la retient

ᒦᑖᒀᓂᒻ miitaakwaanim vti ◆ il/elle le retient

ᒥᒫᐦᒋᑯᓂᒻ mimaahchikunim vti ◆ il/elle le retient avec la main

ᓈᓂᑳᑯᓈᔑᒫᐤ naanikaakunaashimaau vta ◆ il/elle l'empêche d'aller trop vite sur la neige en le/la retenant (par ex. avec une corde)

ᓂᑳᔮᔥᑯᔑᓐ nikaayaashkushin vai ◆ il/elle est retenu-e par quelque chose de long et rigide

ᓂᑳᔮᔅᑯᐦᑎᓐ nikaayaaskuhtin vii ◆ c'est retenu par quelque chose (long et rigide)

ᑎᐦᑯᒧᔮᐤ tihkumuyaau vta ◆ il/elle l'attrape et le/la retient (ex. dans un étau)

ᐋᓲ aasuu vai-u ◆ il/elle se retient à quelque chose de solide

ᐊᔅᑖᒥᔅᑭᐦᐊᒻ astaamiskiham vti ◆ il/elle le retient au fond de l'eau avec quelque chose

ᒫᑯᓂᒑᐤ maakunichaau vai ◆ il/elle serre, retient

ᒫᑯᓂᒧᐚᐤ maakunimuwaau vta ◆ il/elle le/la retient pour quelqu'un, réussit à le prendre pour quelqu'un

ᒫᐅᓯᑯᓂᒻ maausikunim vti ◆ il/elle les rassemble et les retient

ᒥᒋᒫᐱᐦᑳᑖᐤ michimaapihkaataau vta ◆ il/elle le/la retient en l'attachant

ᒥᒋᒫᐱᐦᑳᑎᒻ michimaapihkaatim vti ◆ il/elle le retient en l'attachant

ᒥᒋᒥᐦᑎᒻ michimihtim vti ◆ il/elle le retient avec les dents

ᒥᒋᒫᐤ michimimaau vta ◆ il/elle le/la retient avec les dents

ᒥᒫᐦᒋᑯᓈᐤ mimaahchikunaau vta ◆ il/elle le/la retient avec la main, ne le/la laisse pas partir

ᓃᒫᔅᑯᐦᐊᒻ niimaaskuham vti ◆ il/elle le retient avec un bâton

ᓃᒫᔅᑯᐦᐚᐤ niimaaskuhwaau vta ◆ il/elle le/la retient avec un bâton

ᓂᑳᐱᐦᑳᑎᒻ nikaapihkaatim vti ◆ il/elle l'arrête, le retient en l'attachant

ᐱᑎᑯᔥᑭᒻ pitikushkim vti ◆ il/elle s'assoit dessus, le retient de son poids

ᐱᑎᑯᔥᑭᐚᐤ pitikushkiwaau vta ◆ il/elle s'assoit sur lui/elle, le/la retient de son poids

ᑎᐦᑯᒥᑰ tihkumikuu vai-u ◆ il/elle (ex. un piège, une clé à molette) accroche et le retient

ᐊᔥᑎᔥᑭᒻ ashtishkim vti ◆ il/elle le retient avec son pied ou son corps, il/elle enfile quelque chose de plus

retentir

ᑖᐺᐱᔨᐦᑖᐤ taapwaapiyihtaau vai ◆ il/elle le fait retentir (ex. un klaxon ou une sirène)

ᐄᑗᐚᐱᔨᐤ iitwaawaapiyiu vii ◆ on l'entend, ça retentit d'une certaine façon

ᔑᔑᐚᔑᓐ shishiwaashin vai ◆ il/elle sonne, retentit comme du métal

ᑖᐺᐱᔨᐤ taapwaapiyiu vii ◆ c'est bruyant (ex. une sirène), ça retentit

ᐎᑎᐦᑗᐚᐱᔨᐤ witihtwaawaapiyiu vai ◆ son bruit retentit jusque là

ᐎᑎᐦᑗᐚᐱᔨᐤ witihtwaawaapiyiu vii ◆ son bruit retentit jusque là (se dit de quelque chose d'inanimé)

retenu

ᓈᓂᑳᑯᓈᐦᑎᓐ naanikaakunaahtin vii ◆ c'est retenu en traînant dans la neige

ᒥᒋᒌᔑᑭᓂᔑᐤ michichiishikinishiu vai ◆ il/elle est retenu-e par le mauvais temps pendant son voyage

retire

ᒥᓂᒀᐤ minikwaau vai ◆ il/elle retire ou enlève les collets

retirer

ᑯᐃᑯᐱᑎᒻ kuikupitim vti ◆ il/elle le retire de quelque chose

ᒨᔅᒋᐱᑖᐤ muuschipitaau vta ◆ il/elle le/la retire de quelque chose

ᐅᒋᐱᔨᐦᐋᐤ uchipiyihaau vta ◆ il/elle le/la retire

ᐅᒋᐱᔨᐦᑖᐤ uchipiyihtaau vai ◆ il/elle le retire

ᐅᐦᒋᔥᑖᐹᐤ uhchishtaapaau vai ◆ il/elle en retire des choses

ᒌᐱᑎᓂᒻ chiipitinim vti ◆ il/elle le retire de sa position dressée

ᒨᓈᐅᐦᑭᐦᐄᒑᐤ muunaauhkihiichaau vai ◆ il/elle retire des choses du sable en creusant

ᐹᔅᒋᐱᑖᐤ paaschipitaau vta ◆ il/elle le/la découvre, lui retire sa couverture

ᐹᔅᒋᐱᑎᒻ paaschipitim vti ◆ il/elle en retire la couverture

ᐱᑯᒑᓈᐤ **pikuchaanaau** vai ◆ il/elle retire les intestins

ᐱᑯᒑᐱᒋᒑᐤ **pikuchaapichichaau** vai ◆ il/elle retire les intestins du gibier

ᐱᑯᒑᔝᐤ **pikuchaashwaau** vta ◆ il/elle le/la coupe pour en retirer les intestins

ᐱᑯᒑᓈᒁᐤ **pikuchaanaakwaau** vai ◆ il/elle retire les intestins du porc-épic

ᐱᑯᒑᓂᒥᔅᒁᐤ **pikuchaanimiskwaau** vai ◆ il/elle retire les intestins du castor

ᐱᓯᐦᐊᒑᔪᐏᓯᒻ **pisihachaayuwisim** vti ◆ il/elle retire la première peau de la queue du castor ou du rat musqué avec de la chaleur ou de l'eau chaude

retour

ᑳᐤ **kaau** p,manière ◆ en retour, rendre ■ ᒦᓐ ᑳᐤ ᓂᒌᐦ ᒥᔮᐤ ᐊᓂᔮᐦ ᐅᑎᑅᓈᔅᒄᐦ ᑳ ᐋᐱᒋᐦᑖᐏᒡ. ■ miin kaau nichiih miyaau aniyaah utipwaanaaskwh kaa aapichihtaawich. ■ *Je lui ai rendu ses brochettes quand j'ai eu fini de les utiliser.*

ᐋᐳᔥᑳᒋᒑᐤ **aapushkaachichaau** vai ◆ il/elle va à la rencontre de quelqu'un qui revient

ᐋᐳᔥᑭᐚᐤ **aapushkiwaau** vta ◆ il/elle va le/la rencontrer sur le chemin de son retour

ᓂᑎᐚᐱᐤ **nitiwaapiu** vai ◆ il/elle cherche des gens dont on attend le retour

retourner

ᐋᐳᒋᐱᑖᐤ **aapuchipitaau** vta ◆ il/elle le/la retourne

ᐋᐳᑎᓈᐤ **aaputinaau** vta ◆ il/elle le/la retourne

ᐋᐳᑎᓂᒻ **aaputinim** vti ◆ il/elle le retourne

ᐊᔖᓂᒻ **ashaanim** vti ◆ il/elle le retourne

ᒌᓂᒁᓂᓂᒻ **chiinikwaaninim** vti ◆ il/elle le retourne

ᒁᔅᒋᓈᐤ **kwaaschinaau** vta ◆ il/elle le/la retourne

ᒁᔅᒋᓂᒻ **kwaaschinim** vti ◆ il/elle le retourne

ᒁᔅᒋᓂᒧᐚᐤ **kwaaschinimuwaau** vta ◆ il/elle le/la retourner pour lui/elle

ᒁᔅᑳᐳᒋᐱᔨᐦᑖᐤ **kwaaskaapuchipiyihtaau** vai ◆ il/elle le retourne

ᒁᔅᑳᐳᑎᐦᐊᒻ **kwaaskaaputiham** vti ◆ il/elle le retourne

ᒁᔅᑳᔅᑯᓈᐤ **kwaaskaaskunaau** vta ◆ il/elle le/la retourne (long et rigide)

ᒁᔅᑳᔅᑯᓂᒻ **kwaaskaaskunim** vti ◆ il/elle le retourne (long et rigide)

ᒁᔅᑭᐦᐋᐤ **kwaaskihaau** vta ◆ il/elle le/la retourne

ᒁᔅᑭᐦᐊᒻ **kwaaskiham** vti ◆ il/elle le retourne avec quelque chose

ᒁᔅᑭᐦᐚᐤ **kwaaskihwaau** vta ◆ il/elle le/la retourne avec quelque chose

ᒁᑎᐱᓈᐤ **kwaatipinaau** vta ◆ il/elle le retourne ■ ᔖᔥ ᐑᐱᒡ ᒋᑭ ᒁᑎᐱᓈᐤ ᐅᑖᐃᐦᑯᓈᐦᑳᓐᐦ. ■ shaash wiipich chiki kwaatipinaau utaaihkunaahkaanh. ■ *Elle va bientôt retourner la banique qui cuit sur le poêle.*

ᒁᑎᐱᓂᒻ **kwaatipinim** vti ◆ il/elle le retourne ■ ᔮᔨᑖ ᒑ ᒁᑎᐱᓂᒥᓐ ᒋᑑᑎᓂᐤ ᓈᔥᒡ ᐋᐦ ᒌᐦ ᓰᑳᐦᐋᒡ. ■ yaayitaa chaa kwaatipinimin chituutiniu naashch aah chiih siikaahaach. ■ *Assure-toi de retourner notre canot puisqu'il a pris pas mal d'eau!*

ᓅᐦᑖᔥᑭᒻ **nuuhtaashkim** vti ◆ il/elle retourne avant de l'atteindre

ᐲᒥᐱᑎᒻ **piimipitim** vti ◆ il/elle le retourne

ᐋᐱᓵᐱᐦᑎᒻ **aapisaapihtim** vti ◆ il/elle se retourne pour le regarder

ᐊᔖᓈᐤ **ashaanaau** vta ◆ il/elle la/le repousse, il/elle il retourne ce qu'il/elle a acheté

ᒌᐚᐦᐅᔮᐤ **chiiwaahuyaau** vta ◆ il/elle le/la ramène, retourne par voie d'eau ou voie aérienne

ᒌᐚᓂᒻ **chiiwaanim** vti ◆ il/elle le tourne dans l'autre direction avec les mains, il/elle le retourne

ᐄᔅᑯᓂᒻ **iiskunim** vti ◆ il/elle le pousse vers le haut, le retourne

ᒁᔅᒋᐱᔨᐦᐋᐤ **kwaaschipiyihaau** vta ◆ il/elle le/la retourne de l'autre côté

ᒁᔅᒋᔑᒫᐤ **kwaaschishimaau** vta ◆ il/elle retourne quelqu'un qui est couché pour que cette personne fasse face à l'autre côté

ᒁᔥᒁᐱᑎᒻ **kwaashkwaapitim** vti ◆ il/elle le déplace et le fait se retourner

ᒁᔅᑳᐳᒋᐱᑖᐤ **kwaaskaapuchipitaau** vta ◆ il/elle le/la retourne entièrement en tirant dessus

ᒁᔅᑳᐳᒋᐱᑎᒻ **kwaaskaapuchipitim** vti ◆ il/elle le retourne entièrement en tirant dessus

ᒁᔅᑳᐳᒋᐱᔨᐦᐋᐤ **kwaaskaapuchipiyihaau** vta ◆ il/elle le/la retourne à l'envers

ᒁᔅᑳᐳᒋᓰᐤ **kwaaskaapuchisiiu** vai ◆ il/elle est retourné-e, retroussé-e

ᒁᔅᑳᐳᑎᐦᐚᐤ **kwaaskaaputihwaau** vta ◆ il/elle le/la retourne entièrement

ᒁᔅᑳᐳᑎᓂᒻ **kwaaskaaputinim** vti ◆ il/elle le retourne entièrement

ᒁᑎᐱᐦᐋᐤ **kwaatipihaau** vta ◆ il/elle le/la renverse, le/la retourne

ᒁᑎᐱᐱᔨᐦᐋᐤ **kwaatipipiyihaau** vta ◆ il/elle le/la retourne, le/la renverse

ᒁᑎᐱᓵᐅᒋᓂᒻ **kwaatipisaauchinim** vti ◆ il/elle retourne la bûche brûlante

ᒁᑎᐱᔑᒫᐤ **kwaatipishimaau** vta ◆ il/elle le/la retourne et le/la fait tomber

ᐲᒥᐱᑖᐤ **piimipitaau** vta ◆ il/elle le/la retourne, le/la tord

ᐱᒥᑖᔑᐤ **pimitaashiu** vai ◆ il/elle est retourné-e sur le côté par le vent (ex. nuage)

ᐱᒥᑖᔥᑎᓐ **pimitaashtin** vii ◆ c'est retourné sur le côté par le vent

ᒌᐙᑳᐳᐎᔥᑎᒼ **chiiwaakaapuwishtim** vti ◆ il/elle retourne à quelque chose qu'il/elle avait abandonné auparavant; il/elle tourne le dos à quelque chose qu'il/elle faisait

ᒌᐙᔥᑭᐙᐤ **chiiwaashkiwaau** vta ◆ il/elle le retourne du pied ou avec le corps; il/elle marche vers là où ils sont et retourne au point de départ

ᑹᔅᑳᐦᑎᐙᓂᒼ **kwaaskaahtiwaanim** vti ◆ il/elle retourne la viande qui sèche

ᓅᐦᑖᔥᑭᐙᐤ **nuuhtaashkiwaau** vta ◆ il/elle va le/la chercher mais s'en retourne avant de l'avoir rejoint-e

ᐹᐱᒋᐤ **paapichiu** vai ◆ il/elle retourne de son campement d'hiver à pied

ᓰᐦᒋᓯᑹᐤ **siihchisikwaau** vii ◆ la glace retourne au rivage après la débâcle

ᒌᐙᐱᒋᐤ **chiiwaapichiu** vai ◆ il/elle revient en déplaçant son campement d'hiver ■ ᐊᓂᑖᐦ ᒦᓐ ᒌᐦ ᐄᔑ ᒌᐙᐱᒋᐤ ᐊᓂᑖᐦ ᑳ ᐊᐦᑎᑖᔨᒫᑦ ᐅᓃᒋᐦᐄᒄᐦ. ■ anitaah miin chiih iishi chiiwaapichiu anitaah kaa ahtitaayimaat uniichihiikwh. ■ *Elle retourna à l'endroit où elle pensait qu'étaient restés ses parents.*

retourner (se)

ᐋᐳᒋᐱᔨᐤ **aapuchipiyiu** vai ◆ il/elle se retourne

ᐋᐳᒋᐱᔨᐤ **aapuchipiyiu** vii ◆ ça se retourne

ᑹᔅᒋᒧᑎᐙᐤ **kwaaschimutiwaau** vta ◆ il/elle se retourne pour lui faire face dans le lit

ᑹᔅᒋᐱᔨᐤ **kwaaschipiyiu** vai ◆ il/elle se retourne tout-e seul-e

ᑹᔅᒋᐱᔨᐤ **kwaaschipiyiu** vii ◆ ça se retourne tout seul

ᑹᔥᑹᓂᒋᐱᔨᐦᐆ **kwaashkwaanichipiyihuu** vai -u ◆ il/elle se retourne vers l'avant, fait un flip avant

ᑹᔅᑳᐳᒋᐱᔨᐤ **kwaaskaapuchipiyiu** vai ◆ il/elle se retourne à l'envers ou à l'endroit

ᑹᔅᑳᐳᒋᐱᔨᐤ **kwaaskaapuchipiyiu** vii ◆ ça se retourne à l'envers ou à l'endroit

ᐋᐱᓵᐱᐤ **aapisaapiu** vai ◆ il/elle se retourne pour regarder

ᐋᑎᒋᓂᐱᔨᐦᐆ **aatichinipiyihuu** vai -u ◆ il/elle se retourne sur le dos

ᒌᐙᐱᔥᑎᒼ **chiiwaapishtim** vti ◆ il/elle se retourne pour s'asseoir en face

ᒌᐙᐱᔥᑎᐙᐤ **chiiwaapishtiwaau** vta ◆ il/elle se retourne pour s'asseoir en face de lui/d'elle

ᑹᔅᒋᓐ **kwaaschin** vai ◆ il/elle se retourne couché-e

ᑹᔅᒋᐱᐤ **kwaaschipiu** vai ◆ il/elle se retourne assis-e

ᑹᔥᑹᓂᒋᐱᔨᐤ **kwaashkwaanichipiyiu** vai ◆ il/elle se retourne en avant, fait un flip vers l'avant

ᑹᑎᐱᐱᔨᐦᐆ **kwaatipipiyihuu** vai -u ◆ il/elle se retourne couché-e

retracer

ᐹᔥᑭᐦᑯᓈᔥᑭᒼ **paashkihkunaashkim** vti ◆ il/elle va retracer son sentier après la tempête de neige

rétrécir

ᐅᒋᐱᔨᐤ **uchipiyiu** vai ◆ il/elle rétrécit

ᐅᒋᐱᔨᐤ **uchipiyiu** vii ◆ ça rétrécit

ᒋᑳᔨᐙᐅᐦᑳᐤ **chikaayiwaauhkaau** vii ◆ la colline devient plus étroite, rétrécit

ᐅᑖᐹᒋᑭᐦᓯᒼ **utaapaachikihsim** vti ◆ il/elle le rétrécit (de la corde en cuir) en le plongeant dans de l'eau trop chaude

ᐅᑖᐹᐅᑖᐤ **utaapaautaau** vai ◆ il/elle le mouille et ça rétrécit

ᐅᑖᐹᐅᔮᐤ **utaapaauyaau** vta ◆ il/elle le/la mouille et il/elle rétrécit

ᔖᑭᐎᐦᐋᐤ **shaakiwihaau** vta ◆ il/elle le/la rend étroite, le/la rétrécit

ᔖᑭᐎᐦᑖᐤ **shaakiwihtaau** vai+o ◆ il/elle le rend étroit, le rétrécit

rétrécir (se)

ᒋᑳᔮᐤ **chikaayaau** vii ◆ ça se rétrécit, ça rétrécit

rétrécissement

ᒋᑳᓯᑹᐤ **chikaasikwaau** vii ◆ c'est un rétrécissement dans la glace

ᐹᔓᑳᒫᔮᔑᐤ **paashukaamaayaashiu** vii dim ◆ il y a un rétrécissement dans la largeur de l'étendue d'eau

rétrograder

ᐄᑖᔅᑯᓈᐤ **iitaaskunaau** vta ◆ il/elle le/la tient, le/la pointe d'une certaine façon (se dit de quelque chose d'animé long et rigide), il/elle le/la condamne, promeut, rétrograde

retroussé

ᑭᒑᒫᔨᑹᐤ **kichaamaayikwaau** vai ◆ il/elle a le nez retroussé ou camus

retrousser

ᑹᔅᑳᐳᒋᓰᐤ **kwaaskaapuchisiiu** vai ◆ il/elle est retourné-e, retroussé-e

réunion

ᓂᔥᑎᐑᐤ **nishtiwiiu** vai ◆ il/elle assiste à une réunion

réussir

ᓅᐦᑖᓈᐤ **nuuhtaanaau** vta ◆ il/elle ne réussit pas à en donner la quantité totale (animé, de l'argent, de la farine)

ᓅᐦᑖᐱᔨᐦᐋᐤ **nuuhtaapiyihaau** vta ◆ il/elle le/la rend déficient-e, le/la fait ne pas réussir

ᔖᐳᔥᑭᒼ **shaapushkim** vti ◆ il/elle le traverse à pied; il/elle le réussit (ex. son test, son opération)

ᔓᐎᐱᑖᐤ **shuwipitaau** vta ◆ il/elle réussit à le/la tirer, est capable de le/la tirer

ᐄᔨᐙᔥᑭᒼ **iiyiwaashkim** vti ◆ il/elle réussit à le faire, surmonte des obstacles, en vient à bout

rêve

ᐳᐙᒧᐎᓐ **puwaamuwin** ni ◆ un rêve

réveil

ᒥᐧᑖᔑᓐ mitwaashin vai ◆ il/elle fait un son en frappant, le réveil se met à sonner

réveillé

ᔒᐱᐦᑯᔑᐤ shiipihkushiu vai ◆ il/elle reste longtemps réveillé-e, éveillé-e

ᐧᐋᔅᑭᒫᐱᐦᔑᐦᑯᔑᐤ waaskimaapihshihkushiu vai ◆ il/elle est bien réveillé-e

ᓃᐹᐱᐤ niipaapiu vai ◆ il/elle reste réveillé-e tard la nuit, il est gardien de nuit, elle est gardienne de nuit

réveiller

ᐋᐱᓵᐸᐅᔮᐤ aapisaapaauyaau vta ◆ il/elle le/la réveille en lui mettant de l'eau sur le visage ou en lui donnant à boire

ᐋᐱᔑᐦᑯᔑᐤ aapishihkushiu vai ◆ il/elle est réveillé-e, il/elle a les yeux grands ouverts

ᑯᔥᑯᓈᐤ kushkunaau vta ◆ il/elle le/la réveille

ᐹᑯᐦᐧᐋᐤ paakuhwaau vta ◆ il/elle le/la réveille d'une autre façon qu'en parlant

ᐹᑯᐱᔨᐤ paakupiyiu vai ◆ il/elle se réveille

ᑯᔥᑯᐱᑖᐤ kushkupitaau vta ◆ il/elle le/la réveille en le/la poussant doucement

ᐹᑯᒫᐤ paakumaau vta ◆ il/elle le réveille par ses bruits de voix

réveiller (se)

ᐋᐱᓵᐸᐧᐋᐤ aapisaapaawaau vai ◆ il/elle se réveille en se mettant de l'eau sur le visage ou en buvant quelque chose

ᑯᔥᑯᐱᔨᐤ kushkupiyiu vai ◆ il/elle se réveille, réalise soudain

ᐧᐃᓂᔥᑳᐤ winishkaau vai ◆ il/elle se lève, se réveille

révéler

ᓅᑯᐦᐋᐤ nuukuhaau vta ◆ il/elle le/la montre, le/la révèle

ᓅᑯᐦᑖᐤ nuukuhtaau vai ◆ il/elle le révèle, le montre

ᐧᐃᐦᑎᔅᑭᓄᐧᐃᓲ wihtiskinuwisuu vai-u ◆ ses traces révèlent d'où il/elle est venu

revenir

ᐊᔖᐦᑎᒫᐤ ashaahtimaau vai ◆ il/elle revient sur ses pas

ᒨᔅᑭᔅᒑᐤ muuskischaau vai ◆ il/elle revient après avoir été rare pendant un certain nombre d'années

ᓈᔥᐱᒌᐤ naashpichiiu vai ◆ il/elle s'en va et ne revient pas

ᐹᑯᔅᒑᐦᐋᒼ paakuschaaham vti ◆ il/elle revient après avoir été rare pendant un certain nombre d'années

ᒌᐧᐋᐱᒋᐤ chiiwaapichiu vai ◆ il/elle revient en déplaçant son campement d'hiver ■ ᐊᓂᑖᐦ ᒦᓐ ᒌᐦ ᐄᔑ ᒌᐧᐋᐱᒋᐤ ᐊᓂᑖᐦ ᑳ ᐊᐦᑎᑖᔨᒫᑦ ᐅᓃᒋᐦᐄᒄᐦ᙮ ■ anitaah miin chiih iishi chiiwaapichiu anitaah kaa ahtitaayimaat uniichihiikwh. ■ *Elle retourna à l'endroit où elle pensait qu'étaient restés ses parents.*

ᒌᐧᐋᐱᔨᐦᐆ chiiwaapiyihuu vai-u ◆ il/elle fait demi-tour, rebrousse chemin, revient sur ses pas

ᒌᐧᐋᐱᔨᐤ chiiwaapiyiu vai ◆ il/elle revient, fait demi-tour en véhicule, rebrousse chemin

rêver

ᐳᐧᐋᒨ puwaamuu vai-u ◆ il/elle rêve

ᐳᐧᐋᑖᐤ puwaataau vta ◆ il/elle rêve de lui/d'elle

ᐳᐧᐋᑎᒼ puwaatim vti ◆ il/elle en rêve

révérence

ᓂᐧᐃᒌᔥᑎᐧᐋᐤ niwichiishtiwaau vta ◆ il/elle lui fait la révérence, la/le salue; il/elle se prosterne devant elle/lui pour l'adorer

revêtement

ᐅᑎᐱᐦᐧᑳᓱᓂᐤ utipihkwaasuniu vai ◆ il/elle a de quoi recouvrir son habitation

ᐊᐱᐦᑯᐃ apihkui ni ◆ de quoi recouvrir un abri, un revêtement pour abri

ᐅᐱᐦᑯᐃ upihkui ni ◆ le revêtement de son habitation

ᐃᔨᑯᓂᔅᑳᐤ iyikuniskaau vii ◆ l'habitation (le tipi) a une petite ouverture en haut parce que son revêtement est haussé sur le cadre

ᐅᑎᐱᐦᐧᑳᐦᑳᓲ utipihkwaahkaasuu vai reflex -u ◆ il/elle se fabrique du revêtement pour son habitation

ᐅᑎᐱᐦᐧᑳᓱᓂᐦᑳᓲ utipihkwaasunihkaasuu vai reflex -u ◆ il/elle se fabrique du revêtement pour son habitation

ᐅᑎᓂᑯᑏ utinikutii ni ◆ le revêtement interne de la cavité du corps du porc-épic

révolver

ᐹᔥᒋᔑᑭᓂᔥ paashchishikinish ni ◆ un pistolet, un révolver

rhume

ᓰᐦᑭᑎᒫᐤ siihkitimaau vta ◆ il/elle lui fait attraper un rhume, prendre froid, en ne l'habillant pas assez ou en laissant entrer le froid

ᐅᑎᒋᑯᒨ utichikumuu vai-u ◆ il/elle a le rhume

riche

ᓂᔑᔥᐧᑖᑭᒥᐦᐋᐤ nishishtwaakimihaau vta ◆ il/elle lui donne un goût riche (liquide)

ᓂᔥᐧᑖᑭᒥᐤ nishtwaakimiu vii ◆ c'est une boisson riche

ᓂᔑᔥᐧᑖᑭᒥᐦᑖᐤ nishishtwaakimihtaau vai+o ◆ il/elle prépare un riche breuvage, donne un goût riche au breuvage

ᐲᐧᑳᑭᒥᐤ piikwaakimiu vii ◆ le bouillon est épais et riche

ᐱᐧᓵᔮᐤ piswaayaau vii ◆ c'est de la nourriture riche et grasse

ride

ᐅᐧᐃᓰᒋᓯᐤ uwisiichisiu vai ◆ il/elle a des rides sur le visage

ᐱᐦᑭᔖᐱᔨᐤ pihkishaapiyiu vai ◆ il/elle a des rides, sa peau est ridée

ridé

ᓂᓂᒁᓈᒋᐱᔨᐤ ninikwaanaachipiyiu vai redup ◆ il/elle est ridé-e (étalé)

ᐅᐏᓰᒋᐦᒁᐤ uwisiichihkwaau vai ◆ il/elle a le visage ridé

rideau

ᐋᑯᔮᑭᐦᐄᑭᓐ aakuyaakihiikin ni ◆ un rideau

ᐋᑯᔮᑭᐦᐄᑭᓈᒋᓐ aakuyaakihiikinaachin ni ◆ du tissu pour des rideaux

ᐋᑯᔮᒋᐱᑎᒻ aakuyaachipitim vti ◆ il/elle descend le store, tire le rideau

ᐋᑯᔮᑭᐦᐊᒻ aakuyaakiham vti ◆ il/elle suspend quelque chose devant, il/elle ferme les rideaux

ridicule

ᒌᔥᒁᔑᐤ chiishkwaashiu vai ◆ il/elle est bête, idiot-e, ridicule

ridiculiser

ᒫᔮᔨᐦᑖᑯᓐ maayaayihtaakun vii ◆ c'est ridiculisé, moqué

rien

ᒫᔑᐑᐦ maashiwiih p,manière ◆ sans rien attendre

ᐱᔑᔑᒄ pishishikw p,quantité ◆ rien de plus, rien d'autre, simplement ■ ᐱᔑᔑᒄ ᓂᐲᔨᐤ ᒌᐦ ᒥᓂᐦᒁᐏᒡ ᐋᑳ ᐅᐦᒋ ᐃᔮᒡ ᑏᔨᐤ᙮ ■ pishishikw nipiiyiu chiih minihkwaawich aakaa uhchi iyaach tiiyiu. ■ *Ils n'avaient que de l'eau à boire parce qu'ils n'avaient plus de thé.*

ᑯᔨᑎᐏᒦᒋᓲ kuyitiwimiichisuu vai -u ◆ il/elle n'a rien à manger

ᐋᐦᐋᑳ aahaakaa p,négative ◆ ne....pas, ne...rien (voir *aah +aakaa*) ■ ᒥᐦᒑᑤᐤ ᒫᒃ ᒌᐦ ᐃᔑᓈᑯᓐ ᐋᐦᐋᑳ ᓈᔥᑎᔨᒡ ᐅᐦᒋᑎᑯᐦᒡ ᒑᒁᓐ ᒑ ᒦᒋᓈᓂᐏᒡ᙮ ■ mihchaatwaau maak chiih ishinaakun aahaakaa naashtiyich uchitikuhch chaakwaan chaa miichinaaniwich. ■ *C'est arrivé souvent qu'il n'y avait rien à manger.*

rien faire

ᒋᐦᑎᒥᑳᐴ chihtimikaapuu vai -uwi ◆ il/elle est fatigué-e d'être debout, est debout sans rien faire

ᒋᐦᑎᒥᒥᐦᒋᐦᐆ chihtimimihchihuu vai -u ◆ il/elle n'a rien envie de faire, il se sent paresseux, elle se sent paresseuse

rigide

ᒌᑎᐙᐤ chiitiwaau vii ◆ c'est raide, rigide

ᑯᐃᔅᒁᔅᑯᓐ kuiskwaaskun vii ◆ c'est droit (long et rigide)

rigole

ᔒᐲᔑᒋᐏᓐ shiipiishichiwin vii ◆ c'est une rigole (par ex. après la pluie ou la fonte des neiges)

rincer

ᒋᓰᔮᐹᐅᑖᐤ chisiiyaapaautaau vai ◆ il/elle le rince

ᒋᓯᔮᐹᐅᔮᐤ chisiyaapaauyaau vta ◆ il/elle le/la rince

ᒋᔥᑖᐹᐅᒋᑯᓈᐙᐤ chishtaapaauchikunaawaau vai ◆ il/elle se rince la bouche

ᒋᓯᔮᐹᐙᐤ chisiyaapaawaau vii ◆ c'est rincé, lavé, enlevé au lavage

rire

ᐹᐦᐱᐦᐋᐤ paahpihaau vta ◆ il/elle le/la fait rire

ᐹᐦᐱᐤ paahpiu vai ◆ il/elle rit

ᐅᔑᓂᒻ ushinim vti ◆ il/elle en rit

ᐅᐑᔑᒫᐤ uwiishimaau vta ◆ il/elle le/la fait rire

ᐏᔮᐦᐋᐤ wiyaahaau vta ◆ il/elle le/la fait rire

ᐏᔮᑎᒻ wiyaatim vti ◆ il/elle rit beaucoup

ᐹᐦᐱᐦᑳᓲ paahpihkaasuu vai -u ◆ il/elle fait semblant de rire

ᐹᐦᐱᐦᒁᒨ paapihkwaamuu vai ◆ il/elle sourit, rit dans son sommeil

rissolé

ᓰᑯᓵᑭᓐ siikusaakin na -im ◆ ce qui reste du gras frit, couenne rissolée

rivage

ᔑᔓᑎᔅᒄ shishutiskw p,lieu ◆ le long du rivage d'une rivière gelée ou d'un lac gelé ■ ᓈᔥᒡ ᐋᐦ ᐏᓂᔥᑭᐦᒡ ᐱᔮᐅᒡ ᐊᓂᑖᐦ ᔑᔓᑎᔅᒄ᙮ ■ naashch aah winishkihch piyaauch anitaah shishutiskw. ■ *Il y a plein de traces de lagopède le long du rivage de ce lac gelé.*

ᔮᔮᐤ yaayaau p,lieu ◆ le long du rivage ■ ᓈᔥᒡ ᐋᐦ ᒌᐦ ᐋᒁᔮᐦᐋᓂᐚᑯᐱᓈ ᓵᓵᐲᐦ ᐊᓂᑖᐦ ᔮᔮᐤ᙮ ■ naashch aah chiih akwaayaahaaniwaakupinaa saasaapiih anitaah yaayaau. ■ *Beaucoup d'algues ont été déposées le long du rivage.*

ᔮᔨᑳᒫᔮᐤ yaayikaamaayaau p,lieu ◆ le long du rivage d'un lac ou d'une rivière ■ ᐊᓂᑖᐦ ᐋᐦ ᐋᑎ ᔮᔨᑳᒫᔮᔨᒡ ᐋᑯᑎᐦ ᑳᐦ ᒥᔅᑭᐦᒃ ᐊᓂᔮ ᐚᑎᔨᐤ ᐹᔨᒄ᙮ ■ anitaah aah aati yaayikaamaayaayich aakutih kaah miskihk aniyaa waatiyiu paayikw. ■ *Elle/Il a trouvé un tunnel le long du rivage du lac.*

ᓈᑎᑳᒫᐱᔨᐤ naatikaamaapiyiu vii ◆ ça va vers le rivage

ᓈᑎᑳᓯᐱᔨᐤ naatikaasipiyiu vii ◆ ça va vers le rivage

ᓵᔅᒋᐱᔨᐤ saaschipiyiu vai ◆ il/elle accoste sur le rivage

ᓈᑎᑳᒻ naatikaam p,lieu ◆ près du rivage ■ ᓈᑎᐦ ᓈᑎᑳᒻ ᐋᑯᑎᐦ ᑳ ᐊᑯᒧᑦ ᐊᓐ ᒸᒄ᙮ ■ naatih naatikaam aakutih kaa akumut an mwaakw. ■ *Le huard nageait près du rivage.*

ᔑᔓᒡ shishuch p,lieu ◆ près du rivage ■ ᐊᓂᑖᐦ ᔑᔓᒡ ᐋᑯᑎᐦ ᑳ ᐹᒋ ᐱᒋᔅᑎᓂᒃ ᐊᓐ ᒋᑎᐦᐄᐲᓂᐤ ᑳ ᒥᓂᐦᐄᐹᔮᓐ᙮ ■ anitaah shishuch aakutih kaa paachi pichistinik an chitihiipiiniu kaa minihiipaayaan. ■ *J'ai mis ton filet près du rivage quand je l'ai sorti.*

ᐋᒁᔥᑭᐙᐤ aakwaashkiwaau vta ◆ il/elle le/la ramène au rivage ■ ᐋᔪᐏᒄ ᐋᑖᐱᑎᓰᑦ ᐊᓐ ᐅᑖᐹᓈᔅᒄ ᓈᔥᒡ ᐋᐦ ᒫᒥᐦᒑᔅᑯᓯᔨᐦᒡ ᒥᔥᑎᑯᐦ ᐋᐦ ᐋᒁᔥᑭᐙᑦ᙮ ■ aayuwikw aataapitisiit an utaapaanaaskw naashch aah maamihchaaskusiyichh mishtikwh aah aakwaashkiwaat. ■ *Cette machine est utilisée pour rapporter de gros arbres sur le rivage.*

ᐊᒁᐱᔨᐤ akwaapiyiu vii ◆ il arrive au rivage, il aborde le rivage

ᐊᑿᓯᐚᐱᓈᐤ **akwaasiwaapinaau** vta ◆ il/elle le/la jette sur le rivage ■ ᒌᐦ ᐹᒋ ᐊᑿᓯᐚᐱᓈᐤ ᐊᓂᔮᐦ ᓂᑎᔅᒡᐦ ᑳ ᐏᓂᐦᐄᒥᒃᐦ᙮ ■ chiih paachi akwaasiwaapinaau aniyaah nitisch-h kaa winihiimikh. ■ *Il a jeté ma mitaine perdue sur le rivage depuis son canot.*

ᐊᑿᓯᐚᐱᓂᒼ **akwaasiwaapinim** vti ◆ il/elle le jette sur le rivage

ᐊᑿᔨᐚᐤ **akwaayiwaau** vii ◆ c'est un vent qui souffle vers le rivage

ᒌᔥᑭᑳᒫᔮᐤ **chiishkikaamaayaau** vii ◆ c'est escarpé le long du rivage

ᒌᔥᑭᑖᐅᐦᑳᐤ **chiishkitaauhkaau** vii ◆ le rivage est escarpé

ᐃᔅᑿᒥᑖᐅᐦᑳᐤ **iskwaamitaauhkaau** vii ◆ c'est le bord du rivage, de la berge (d'une étendue d'eau)

ᐃᔨᔪᐏᔑᓂᒡ **iyiyuwishinich** vai pl ◆ les vagues déferlent sur le rivage

ᑯᐃᔥᑎᑳᒫᑳᓯᐤ **kuishtikaamaakaasiu** vai ◆ il/elle marche dans l'eau, patauge le long du rivage

ᑯᓯᔅᐱᐦᑖᐤ **kusispihtaau** vai ◆ il/elle court vers le rivage

ᑿᔥᑿᔥᑳᒫᔮᒥᔥᑳᒋᒋᐏᐣ **kwaashkwaashkaamaayaamishkaachichiwin** vii redup ◆ les vagues frappent les rivages d'un bout à l'autre

ᒧᔖᐅᐦᐅᑎᑐᐚᐤ **mushaauhutituwaau** vta ◆ il/elle l'emporte en canot pour lui/elle en l'éloignant du rivage

ᒧᔖᐚᐱᔨᐦᑖᐤ **mushaawaapiyihtaau** vai ◆ il/elle le gouverne pour lui faire éviter ou quitter le rivage

ᒧᔖᐚᐱᔨᐤ **mushaawaapiyiu** vai ◆ il/elle s'éloigne du rivage

ᒧᔖᐚᐱᔨᐤ **mushaawaapiyiu** vii ◆ ça s'éloigne du rivage

ᒧᔖᐚᔮᔅᑯᐦᐊᒼ **mushaawaayaaskuham** vti ◆ il/elle le dirige pour l'éloigner du rivage

ᓈᓯᐹᒧᐦᑖᐤ **naasipaamuhtaau** vai ◆ il/elle fait un sentier qui descend jusqu'au rivage, jusqu'à l'eau

ᓈᓯᐹᒨ **naasipaamuu** vii -u ◆ ça mène au rivage, à l'eau (ex. un sentier)

ᓈᓯᐹᐱᐦᑖᐤ **naasipaapihtaau** vai ◆ il/elle court jusqu'au rivage

ᓈᓯᐹᐱᑖᐤ **naasipaapitaau** vta ◆ il/elle le/la tire vers le rivage

ᓈᓯᐹᐱᑎᒼ **naasipaapitim** vti ◆ il/elle le tire pour le faire descendre vers le rivage

ᓈᓯᐹᑎᔑᐦᐚᐤ **naasipaatishihwaau** vta ◆ il/elle l'envoie au rivage

ᓈᓯᐹᑐᐏᑖᐤ **naasipaatuwitaau** vai ◆ il/elle l'emporte jusqu'au rivage sur son dos

ᓈᓯᐹᐤ **naasipaau** vai ◆ il/elle descend au rivage

ᓈᑎᑳᒫᐦᑎᐦᐋᐤ **naatikaamaahtihaau** vta ◆ il/elle l'amène au rivage à pied

ᓈᑎᑳᒫᐦᑎᑖᐤ **naatikaamaahtitaau** vai ◆ il/elle le rapporte au rivage à pied dans l'eau ou sur la glace

ᓈᑎᑳᒫᐦᐅᔮᐤ **naatikaamaahuyaau** vta ◆ il/elle l'amène en direction du rivage en canot, à la nage

ᓈᑎᑳᒫᐱᐦᑖᐤ **naatikaamaapihtaau** vai ◆ il/elle court jusqu'au rivage

ᓈᑎᑳᒫᐱᑖᐤ **naatikaamaapitaau** vta ◆ il/elle le/la tire jusqu'au rivage (par ex. des gens dans un canot)

ᓈᑎᑳᒫᐱᑎᒼ **naatikaamaapitim** vti ◆ il/elle le tire jusqu'au rivage

ᓈᑎᑳᒫᐱᔨᐦᐋᐤ **naatikaamaapiyihaau** vta ◆ il/elle l'amène au rivage en canot, à la nage

ᓈᑎᑳᒫᐱᔨᐦᑖᐤ **naatikaamaapiyihtaau** vai ◆ il/elle l'apporte au rivage, à terre en véhicule

ᓈᑎᑳᒫᐱᔨᐤ **naatikaamaapiyiu** vai ◆ il/elle se dirige vers le rivage en véhicule

ᓈᑎᑳᒫᐱᔨᐏᒡ **naatikaamaapiyiwich** vai pl ◆ ils/elles arrivent sur rivage

ᓈᑎᑳᒫᑐᐏᑖᐤ **naatikaamaatuwitaau** vai ◆ il/elle le porte sur son dos jusqu'au rivage

ᓈᑎᑳᒫᔮᔑᐦᑖᐤ **naatikaamaayaashihtaau** vai+o ◆ il/elle vogue vers le rivage

ᓈᑎᑳᒫᔮᔅᑯᐦᐊᒼ **naatikaamaayaaskuham** vti ◆ il/elle le dirige vers le rivage

ᓈᑎᑳᒫᔮᑎᑳᓯᐤ **naatikaamaayaatikaasiu** vai ◆ il/elle marche jusqu'au rivage

ᓈᑎᑳᓯᐦᑎᐦᐋᐤ **naatikaasihtihaau** vta ◆ il/elle l'emporte, le/la transporte jusqu'au rivage en marchant dans l'eau

ᓈᑎᑳᓯᐱᐦᑖᐤ **naatikaasipihtaau** vai ◆ il/elle court dans l'eau vers le rivage

ᓈᑎᑳᓯᐱᔨᐤ **naatikaasipiyiu** vai ◆ il/elle va vers le rivage en véhicule

ᓈᑎᑳᓯᑎᓂᔪᒫᐤ **naatikaasitiniyumaau** vta ◆ il/elle le/la transporte jusqu'au rivage sur son dos

ᓈᑎᑳᓯᐤ **naatikaasiu** vai ◆ il/elle marche dans l'eau vers le rivage

ᓈᑎᑳᓯᐏᑖᐤ **naatikaasiwitaau** vai ◆ il/elle porte des choses sur son dos jusqu'au le rivage en marchant dans l'eau

ᓂᒥᑖᓯᐱᐦᑖᐤ **nimitaasipihtaau** vai ◆ il/elle court jusqu'au rivage

ᓂᔥᑎᓂᒑᐤ **nishtinichaau** vai ◆ il/elle marche le long du rivage en tirant le canot dans l'eau

ᐲᐦᑖᐚᔮᐤ **piihtaawaayaau** vii ◆ c'est un long rivage

ᐴᐦᑖᔥᑎᑿᐤ **puuhtaashtikwaau** vai ◆ il/elle marche le long du rivage

ᓵᔅᒋᐹᑎᒨᐦ **saaschipaatimuuh** vii pl ◆ les saules poussent en rangée le long du rivage

ᓵᐢᒋᐱᑖᐤ *saaschipitaau* vta ◆ il/elle le/la ramène au rivage

ᓵᐢᒋᐱᑎᒼ *saaschipitim* vti ◆ il/elle le ramène au rivage

ᓵᐢᒋᐱᔨᐤ *saaschipiyiu* vii ◆ le canot accoste sur le rivage

ᔖᔑᔑᓂᒡ *shaashishinich* vai pl ◆ les vagues lèchent sur le rivage

ᔖᔥᑭᔥᑖᐤ *shaashkishtaau* vai ◆ il/elle le place (un canot) avec un bout sur le rivage

ᔖᔥᑭᔥᑖᐤ *shaashkishtaau* vii ◆ c'est placé avec un bout sur le rivage

ᔑᔓᑎᐢᑰ *shishutiskuu* vai -u ◆ il/elle marche le long du rivage d'un lac gelé ou d'une rivière

ᔮᔮᐙᑳᓯᐤ *yaayaawaakaasiu* vai ◆ il/elle patauge le long du rivage

ᔮᔮᐙᐱᐦᑖᐤ *yaayaawaapihtaau* vai ◆ il/elle court le long du rivage

ᔮᔮᐙᐱᔨᐦᐋᐤ *yaayaawaapiyihaau* vta ◆ il/elle l'emporte en véhicule le long du rivage, de la côte

ᔮᔮᐙᐱᔨᐤ *yaayaawaapiyiu* vii ◆ ça se déplace le long du rivage

ᔮᔮᐙᓯᑰ *yaayaawaasikuu* vai -u ◆ il/elle marche le long du rivage sur la glace

ᔮᔮᐙᑖᐅᐦᒋᐱᑎᒼ *yaayaawaataauhchipitim* vti ◆ il/elle (un castor, un rat musqué) creuse un tunnel le long de la berge, du rivage

ᔮᔮᐙᐤ *yaayaawaau* vai ◆ il/elle longe le rivage à pied

ᔮᔮᐙᔮᐸᑭᒧᐦᐋᐤ *yaayaawaayaapaakimuhaau* vta ◆ il/elle le/la met (filiforme) le long du rivage

ᔮᔮᐙᔮᑎᑳᓯᐦᑎᐦᐋᐤ *yaayaawaayaatikaasihtihaau* vta ◆ il/elle l'emporte le long du rivage en pataugeant

ᔮᔮᐙᔮᑎᑳᓯᐤ *yaayaawaayaatikaasiu* vai ◆ il/elle patauge le long du rivage

ᐋᑎᑳᒼ *aatikaam* p,lieu ◆ sur l'autre rive sans moyens de traverser ■ ᐋᑎᑳᒼ ᐃᐦᑖᐎᒡ ᐋᑳ ᐃᔮᐅᒋᐦᐟ ᐆᑎᔨᐤ. ■ aatikaam ihtaawich aakaa iyaauchiht uutiyiu. ■ *Elles/Ils sont coincé-es sur l'autre rive parce que nous n'avons pas de canot pour les chercher.*

ᑖᐢᑯᒦᔥ *taaskumiish* p,lieu ◆ pas loin du rivage sur la glace ■ ᐋᐅᒄ ᐊᓐ ᑳ ᐱᑯᐦᐄᒑᐟ ᓈᑖᐦ ᑖᐢᑯᒦᔥ. ■ aaukw an kaa pikuhiichaat naataah taaskumiish. ■ *La/le voilà en train de tailler un trou dans la glace pas loin du rivage.*

ᐊᒁᒥᐢᒌᐤ *akwaamischiiu* vai ◆ il/elle repose au fond de l'eau, flotte et finit par arriver sur le rivage

ᐊᓱᐙᑯᐦᑎᑖᐤ *asuwaakuhtitaau* vai ◆ il/elle flotte parallèle au rivage

ᒌᐦᑳᐦᑎᐙᔥᑖᐤ *chiihkaahtiwaashtaau* vii ◆ il y a de l'eau libre le long du rivage au printemps

ᒌᐦᑳᔥᑯᒋᒫᐤ *chiihkaashkuchimaau* vai ◆ il/elle pagaie près du rivage

ᒌᑳᒋᐎᓐ *chiikaachiwin* vii ◆ les rapides sont près du rivage

ᒌᔥᑳᑎᒦᐤ *chiishkaatimiiu* vii ◆ l'eau est profonde près du rivage

ᑭᒑᒧᐦᒋᔑᓂᒡ *kichaamuhchishinich* vai pl ◆ les vagues lèchent le rivage

ᑯᐃᐢᒁᐙᔮᐤ *kuiskwaawaayaau* vii ◆ la ligne de rivage est droite, le littoral est tout droit

ᑯᓯᐢᐱᐦᑎᐦᐋᐤ *kusispihtihaau* vta ◆ il/elle l'emmène à l'intérieur des terres, il/elle le/la ramène au rivage

ᒥᑖᐹᐱᐦᑖᐤ *mitaapaapihtaau* vai ◆ il/elle arrive au rivage, en courant ou en véhicule à roues

ᒧᔖᐅᐦᐅᑖᐤ *mushaauhutaau* vai+o ◆ il/elle l'emporte au loin du rivage en pagayant

ᒧᔖᐙᑯᐦᑎᑖᐤ *mushaawaakuhtitaau* vai ◆ il/elle l'éloigne du rivage en le dirigeant, le gouvernant

ᒧᔖᐙᐱᐦᐊᒼ *mushaawaapiham* vti ◆ il/elle le pousse pour qu'il s'éloigne du rivage

ᒧᔖᐙᑎᔑᓈᐤ *mushaawaatishinaau* vta ◆ il/elle le/la pousse pour qu'il/elle s'éloigne du rivage

ᓈᓯᐹᑎᑎᐙᐤ *naasipaatitiwaau* vta ◆ il/elle descend au rivage pour le/la rencontrer

ᓈᑎᑳᒫᐦᐊᒼ *naatikaamaaham* vti ◆ il/elle pagaie, nage vers le rivage

ᓈᑎᑳᒫᔮᔑᐤ *naatikaamaayaashiu* vai ◆ il/elle est emporté-e par le vent vers le rivage

ᓈᑎᑳᓯᐦᑖᐤ *naatikaasihtaau* vai ◆ il/elle l'emporte vers le rivage en barbotant

ᓈᑎᑳᐢᑯᐦᑎᐦᐋᐤ *naatikaaskuhtihaau* vta ◆ il/elle l'emporte jusqu'au rivage en marchant sur la glace

ᓈᑎᑳᐢᑯᐦᑎᑖᐤ *naatikaaskuhtitaau* vai ◆ il/elle l'apporte sur le rivage, sur la terre à pied sur la glace

ᓈᑎᑳᐢᑯᐱᐦᑖᐤ *naatikaaskupihtaau* vai ◆ il/elle court vers le rivage sur la glace

ᓈᑎᑳᐢᑯᑖᒋᒫᐤ *naatikaaskutaachimaau* vta ◆ il/elle le tire jusqu'au rivage sur la glace

ᓈᑎᑳᐢᑯᑎᓂᔪᒫᐤ *naatikaaskutiniyumaau* vta ◆ il/elle le/la transporte jusqu'au rivage sur son dos, sur la glace

ᓈᑎᑳᐢᑯᐎᑖᐤ *naatikaaskuwitaau* vai ◆ il/elle le porte jusqu'au rivage, jusqu'à terre sur la glace

ᐹᒁᐤ *paakwaau* vii ◆ l'eau est peu profonde jusqu'à assez loin du rivage

ᐱᒥᑳᓯᐦᑎᐦᐋᐤ *pimikaasihtihaau* vta ◆ il/elle patauge en le/la portant le long du rivage

ᐱᒥᑳᓯᐦᑎᑖᐤ *pimikaasihtitaau* vai ◆ il/elle patauge en le tirant vers le rivage

ᓵᐢᒋᐱᔨᐦᑖᐤ *saaschipiyihtaau* vai ◆ il/elle le ramène au rivage (se dit d'un canot)

ᔖᔥᒋᔑᓐ *shaashchishin* vai ◆ il/elle est étendu-e avec un bout sur le rivage

ᓰᐦᒋᓯᒁᐤ siihchisikwaau vii ◆ la glace retourne au rivage après la débâcle

ᔮᔮᐅᐦᐊᒻ yaayaauham vti ◆ il/elle longe le rivage en pagayant

ᔮᔮᐅᐦᐅᑖᐤ yaayaauhutaau vai+o ◆ il/elle emporte quelque chose le long du rivage en canot

ᔮᔮᐅᐦᐅᔮᐤ yaayaauhuyaau vai ◆ il/elle l'emmène (animé) le long du rivage en canot ou en bateau ■ ᔮᔮᐅᐦᐅᔮᐤ ᐅᒥᔅᐦ. ■ yaayaauhuyaau umis-h. ■ *Elle emmène sa grande soeur en canot le long du rivage.*

ᔮᔮᐧᐋᐱᔫ yaayaawaapiyiu vai ◆ il/elle suit le rivage en véhicule, nage le long du rivage

ᔮᔮᐧᐋᔥᑎᓐ yaayaawaashtin vii ◆ ça vogue, souffle le long du rivage

ᔮᔮᐧᐋᓯᑯᐦᑎᐦᐋᐤ yaayaawaasikuhtihaau vta ◆ il/elle l'emporte le long du rivage sur la glace

ᔮᔮᐧᐋᓯᑯᑐᐧᐃᑖᐤ yaayaawaasikutuwitaau vta ◆ il/elle l'emporte sur son dos le long du rivage sur la glace

ᔮᔮᐧᐋᓯᑯᑐᐧᐃᑖᐤ yaayaawaasikutuwitaau vai ◆ il/elle le porte sur son dos le long du rivage sur la glace

ᔮᔮᐧᐋᔮᐱᐦᑖᐤ yaayaawaayaapihtaau vii ◆ la fumée va le long du rivage

ᔮᔮᐧᐋᔮᔒᐤ yaayaawaayaashiu vai ◆ il/elle vogue, souffle le long du rivage

ᔮᔮᐧᐋᔮᑎᑳᓯᐦᑎᑖᐤ yaayaawaayaatikaasihtitaau vai ◆ il/elle l'apporte le long du rivage en pataugeant

ᓈᑎᑳᓯᐱᒌᐤ naatikaasipichiu vai ◆ il/elle rejoint le rivage à pied en déplaçant son campement d'hiver

ᓈᑎᑳᔅᑯᑖᐹᐤ naatikaaskutaapaau vai ◆ il/elle tire, hisse des choses sur le rivage sur la glace

ᔒᔓᑎᔥᑯᐱᒌᐤ shishutishkupichiu vai ◆ il/elle déplace son campement d'hiver en longeant le rivage

ᔮᔮᐧᐋᓯᑯᐱᒌᐤ yaayaawaasikupichiu vai ◆ il/elle déplace son campement d'hiver en longeant le rivage gelé à pied

ᔮᔮᐧᐋᓯᑯᑖᐹᐤ yaayaawaasikutaapaau vai ◆ il/elle marche le long du rivage sur la glace en tirant une charge

ᔮᔮᐧᐋᔅᑯᑖᒋᒫᐤ yaayaawaaskutaachimaau vta ◆ il/elle marche le long du rivage sur la glace en le/la tirant sur un traîneau

ᔮᔮᐧᐋᔮᑎᓂᔪᒫᐤ yaayaawaayaatiniyumaau vta ◆ il/elle patauge dans l'eau le long du rivage en le/la portant sur son dos

rivages

ᓅᐦᒋᒥᔒᔥ nuuhchimishiish p,lieu ◆ à peu de distance du rivage ■ ᓅᐦᒋᒥᔒᔥ ᒌᐦ ᐊᔥᑖᔨᐤ ᐊᓂᔮ ᐅᑑᑎᐧᐋᐤ ᑳ ᓂᑭᑎᐦᐊᐦ. ■ nuuhchimishiish chiih ashtaayiu aniyaa utuutiwaau kaa nikitihach. ■ *Ils ont laissé leur canot à faible distance du rivage.*

rive

ᐊᐅᑮᑳᒻ aukikaam p,lieu ◆ sur la rive sud ■ ᐊᓂᑖᐦ ᐊᐅᑮᑳᒻ ᐋᑯᑖᐦ ᑳᐦ ᐱᒋᔅᑎᐦᐧᐋᑦ ᓅᐦᑖᐧᐄ. ■ anitaah aukikaam aakutaah kaah pichistihwaat nuuhtaawii. ■ *Mon père a placé ses filets sur la rive sud de la rivière.*

ᑎᐦᑯᐦᑖᐅᐦᒡ tihkuhtaauhch p,lieu ◆ au sommet de la rive ■ ᓈᑖᐦ ᑎᐦᑯᐦᑖᐅᐦᒡ ᐋᑯᑎᐦ ᑳ ᐧᐋᐱᒥᒋᐦᑦ ᒥᐦᐄᐦᑭᓐ. ■ naataah tihkuhtaauhch aakutih kaa waapimichiht mihiihkin. ■ *On a vu un loup au sommet de la rive.*

ᑎᐦᑯᑖᐅᐦᑭᐦᐊᒻ tihkutaauhkiham vti ◆ il/elle monte sur le sommet de la rive

ᐧᐋᔑᐦᐄᑖᐅᐦᑳᐤ waashihiitaauhkaau vii ◆ c'est la rive d'un méandre

ᐧᐋᔨᔪᑖᐅᐦᑳᐤ waayiyutaauhkaau vii ◆ c'est un tournant de la rive, un méandre

ᐄᔥᐱᑖᐅᐦᑳᐤ iishpitaauhkaau vii ◆ c'est une rive haute et sablonneuse

ᑭᐱᐦᑖᒋᐧᐃᓐ kipihtaachiwin vii ◆ le courant fort du rapide frappe la rive

rivière

ᓰᐲ siipii ni -m ◆ une rivière, un fleuve

ᑎᐦᒋᔥᑎᒄ tihchishtikw p,lieu ◆ tout le long de la rivière ■ ᓈᔥᑎᔨᐦᐨ ᑎᐦᒋᔥᑎᒄ ᓂᒫᐦᑖᐤ ᐊᒥᔅᒄ. ■ naashtiyich tihchishtikw nimaahtaau amiskw. ■ *Il y a des traces témoignant de l'activité des castors tout le long de la rivière.*

ᐱᒥᔅᐧᑳᔮᐤ pimiskwaayaau vii ◆ c'est là où coule la rivière ■ ᓅᑯᓐ ᓈᑖᐦ ᐧᐋᐦᔫ ᐋᐦ ᐱᒥᔅᐧᑳᔮᒡ ᓰᐲ. ■ nuukun naataah waahyiu aah pimiskwaayaach siipii. ■ *Tu sais qu'il y a une rivière qui coule là à cause du paysage.*

ᐴᐦᑖᔥᑎᐧᑳᐱᔫ puuhtaashtikwaapiyiu vai ◆ il/elle suit le bord de la rivière en véhicule

ᒋᓵᓰᐲ chisaasiipii ni -m ◆ le village ou la communauté de Chisasibi, une grande rivière ■ ᒋᓵᓰᐲᐦᒡ ᐅᐦᒌᐤ ᐊᓐ ᐃᔅᒁᐤ. ■ chisaasiipiihch uhchiiu an iskwaau. ■ *Cette femme est de Chisasibi.*

ᒋᔥᑖᔥᑎᒄ chishtaashtikw ni ◆ la partie principale de la rivière, le bras principal de la rivière ■ ᓈᔥᒡ ᐋᑲ ᔖᒫᒡ ᐅᐦᒋ ᒥᔥᑭᐧᐃᑎᐦᒡ ᐊᓂᑖᐦ ᒋᔥᑖᔥᑎᑯᐦᒡ. ■ naashch aakaa shaamaach uhchi mishkiwitihch anitaah chishtaashtikuhch. ■ *Le bras principal de la rivière a mis longtemps à geler.*

ᓂᑎᒥᐦᒡ nitimihch p,lieu ◆ en amont de la rivière ■ ᓈᑖᐦ ᓂᑎᒥᐦᒡ ᐋᑯᑖᐦ ᑳ ᐅᔑᐦᑖᑭᓂᐧᐃᒡ ᓂᑐᐦᑯᔨᓂᑭᒥᒄ. ■ naataah nitimihch aakutaah kaa ushihtaakiniwich nituhkuyinikimikw. ■ *La clinique fut construite en amont de la rivière.*

ᓂᔮᐅᑖᔥᑎᒄ niyaautaashtikw p,lieu ◆ à mi-chemin le long d'une rivière ■ ᓂᔮᐅᑖᔥᑎᒄ ᓈᑖᐦ ᓂᒌᐦ ᐊᑎ ᐧᐄᒋᓈᓐ ᑳ ᓈᓂᑑᒥᔅᐧᑳᐦᐊᒫᐦᒡ. ■ niyaautaashtikw naataah nichiih ati wiichinaan kaa naanituumiskwaahamaahch. ■ *Nous avons établi notre camp à mi-chemin le long de la rivière alors que nous cherchions des traces de l'activité des castors*

ᐲᐦᒋᔥᑑ **piihchishtuu** p,lieu ◆ à l'embouchure de la rivière ■ ᓈᔥᒡ ᐋᐦ ᒌᐦ ᒥᐦᒑᑎᒡ ᔒᔑᐱᒡ ᐊᓂᑖᐦ ᐲᐦᒋᔥᑐ ᐊᓂᔮ ᓰᐲᔨᐤ. ■ naashch aah chiih mihchaatich shiishiipich anitaah piihchishtuu aniyaa siipiiyiu. ■ *Il y avait beaucoup de canards à l'embouchure de la rivière.*

ᐋᔓᐎᔥᑎᒀᐱᔨᐤ **aashuwishtikwaapiyiu** vai ◆ il/elle traverse la rivière

ᐋᔓᐎᔥᑎᒀᐱᔨᐤ **aashuwishtikwaapiyiu** vii ◆ ça traverse la rivière

ᐊᐱᔑᔥᑎᒀᔑᐤ **apishishtikwaashiu** vii dim ◆ c'est un petit ruisseau

ᐊᐱᔑᔥᑎᒀᔮᔑᐤ **apishishtikwaayaashiu** vii dim ◆ c'est un ruisseau

ᐃᔨᒋᔥᑎᐎᔥᑎᒀᐤ **iyichishtiwishtikwaau** vii ◆ la rivière fait une fourche

ᒫᐦᐊᒻ **maaham** vti ◆ il/elle descend la rivière en canot, il/elle descend la rivière à la nage

ᒫᐦᐄᐱᔨᐤ **maahiipiyiu** vii ◆ ça descend la rivière

ᒫᑖᒫᐦᐊᒻ **maataamaaham** vti ◆ il/elle arrive à une rivière en canot

ᒫᑖᔥᑎᒀᐱᔨᐤᐦ **maataashtikwaapiyiuh** vii pl ◆ c'est la jonction de deux rivières

ᒥᔅᒑᑯᐦᑎᓐ **mischaakuhtin** vii ◆ la rivière traverse une zone marécageuse

ᒥᔑᔥᑎᒀᐤ **mishishtikwaau** vii ◆ c'est une rivière large

ᒥᔥᑎᒀᔮᐤ **mishtikwaayaau** vii ◆ c'est une rivière grande et large

ᒥᔪᐦᑯᐹᐤ **miyuhkupaau** vii ◆ c'est une rivière bordée de buissons

ᒥᔪᔥᑎᒀᔮᐤ **miyushtikwaayaau** vii ◆ la rivière est bien droite

ᓈᑤᔮᔑᐤ **naatwaayaashiu** vii dim ◆ c'est une petite rivière sinueuse

ᓈᑤᔮᐤ **naatwaayaau** vii ◆ c'est une rivière sinueuse

ᓃᔓᔥᑎᒀᐤᐦ **niishushtikwaauh** vii pl ◆ il y a deux rivières

ᓂᒥᑖᐙᐱᔨᐤ **nimitaawaapiyiu** vii ◆ ça s'effondre dans la rivière (ex. la berge)

ᓂᑎᐦᐄᐱᔨᐤ **nitihiipiyiu** vii ◆ ça remonte la rivière

ᓂᑎᐦᐄᔥᑭᒻ **nitihiishkim** vti ◆ il/elle remonte la rivière à pied

ᐹᒥᔥᑎᒀᐤ **paamishtikwaau** vai ◆ il/elle traverse la rivière

ᐹᔅᒋᑭᒥᒋᐎᓐ **paaschikimichiwin** vii ◆ la rivière coule

ᐲᐦᒋᔥᑎᒀᔮᐤ **piihchishtikwaayaau** vii ◆ c'est une longue rivière sur laquelle voyager prend longtemps

ᐲᐦᒋᔥᑎᐙᐳᑰ **piihchishtiwaapukuu** vai -u ◆ il/elle entre dans la rivière en flottant

ᐲᐦᒋᔥᑐᐎᐦᐅᑖᐤ **piihchishtuwihutaau** vai+o ◆ il/elle elle l'apporte à l'embouchure de la rivière par véhicule à moteur

ᐲᐦᒋᔥᑐᐎᑯᐦᑎᓐ **piihchishtuwikuhtin** vii ◆ le canot est à l'embouchure de la rivière, du ruisseau, de la baie

ᐲᐦᒋᔥᑐᐎᐱᔨᐤ **piihchishtuwipiyiu** vai ◆ il/elle va à l'embouchure de la rivière

ᐲᐦᒋᔥᑐᐎᐱᔨᐤ **piihchishtuwipiyiu** vii ◆ ça va, ça se rend à l'embouchure de la rivière

ᐲᐦᒋᔥᑐᐎᔥᑭᒻ **piihchishtuwishkim** vti ◆ il/elle marche jusqu'à l'embouchure de la rivière

ᐱᓵᔅᑎᒀᐱᔨᐤ **pisaastikwaapiyiu** vai ◆ il/elle suit la rivière en véhicule

ᐱᓵᔅᑎᒀᐱᔨᐤ **pisaastikwaapiyiu** vii ◆ ça suit la rivière

ᐱᔑᒋᔥᑭᒻ **pishichishkim** vti ◆ il/elle suit la rivière en marchant

ᐴᐦᑖᔥᑎᒀᐦᐊᒻ **puuhtaashtikwaaham** vti ◆ il/elle pagaie sur la rivière

ᓰᐲᔅᑳᐤ **siipiiskaau** vii ◆ il y a plusieurs rivières

ᐚᒋᔥᑎᒀᐤ **waachishtikwaau** vii ◆ il y a un méandre dans la rivière

ᐚᓯᐹᔥᑖᐤ **waasipaashtaau** vii ◆ c'est visible à travers les arbres (ex. un lac, une rivière)

ᐙᐚᒋᔥᑎᒀᔮᐤ **waawaachishtikwaayaau** vii redup ◆ c'est une rivière sinueuse

ᐙᐚᑭᔥᒀᔮᐤ **waawaakishkwaayaau** vii redup ◆ la rivière est sinueuse

ᐚᔨᔪᔥᑎᒀᐤ **waayiyushtikwaau** vii ◆ il y a un méandre

ᐎᔨᐙᐤ **wiyiwaau** vii ◆ c'est l'embouchure d'une rivière vers un lac ou une autre rivière

ᒥᔅᒑᑯᔥᑎᒄ **mischaakushtikw** ni -um ◆ un ruisseau, une rivière dans un marécage

ᐋᑎᑳᒻ **aatikaam** p,lieu ◆ sur l'autre rive sans moyens de traverser ■ ᐋᑎᑳᒻ ᐃᐦᑖᐎᒡ ᐋᑳ ᐃᔮᐅᒋᐦᑦ ᐆᑎᔨᐤ. ■ aatikaam ihtaawich aakaa iyaauchiht uutiyiu. ■ *Elles/Ils sont coincé-es sur l'autre rive parce que nous n'avons pas de canot pour les chercher.*

ᒁᔅᑭᑳᒫᐦᐊᒻ **kwaaskikaamaaham** vti ◆ il/elle pagaie pour aller de l'autre coté de la rivière

ᒁᔅᑭᑳᒫᐱᔨᐤ **kwaaskikaamaapiyiu** vai ◆ il/elle se rend de l'autre côté de la rivière en utilisant un bateau à moteur, un canot à moteur

ᒫᐦᐄᐱᑎᒻ **maahiipitim** vti ◆ il/elle le laisse descendre la rivière à la ligne en flottant

ᒫᐦᔮᐱᐦᒑᓂᒻ **maahyaapihchaanim** vti ◆ il/elle lui fait descendre la rivière en flottant (se dit d'un canot), en le tenant avec une ligne tout en marchant le long du rivage

ᒫᔨᔅᑯᐦᑎᐦᐋᐤ **maayiskuhtihaau** vta ◆ il/elle lui fait descendre la rivière sur la glace

ᒫᔨᔅᑯᐱᐦᑖᐤ **maayiskupihtaau** vai ◆ il/elle descend la rivière sur la glace

ᒥᐦᒋᔥᑎᒀᔮᐤ **mihchishtikwaayaau** vii ◆ c'est une grosse rivière large

ᒥᑖᐅᐦᐊᒻ **mitaauham** vti ◆ il/elle descend la rivière en pagayant

ᒨᑖᐦᑎᓐ **muutaahtin** vii ◆ c'est une rivière profonde, un torrent profond

ᓂᑎᐦᐄᐱᔨᐦᐋᐤ **nitihiipiyihaau** vta ◆ il/elle l'emmène en amont de la rivière, en véhicule

ᓂᑎᐦᐄᔅᑯᑖᒋᒫᐤ **nitihiiskutaachimaau** vta ◆ il/elle remonte la rivière en traîneau sur la glace

ᓂᑎᐦᐄᔅᑯᓂᔪᒫᐤ **nitihiiskuuniyumaau** vai ◆ il/elle remonte la rivière en le/la portant sur son dos

ᓂᔮᔥᑎᐧᐃᐱᔨᐤ **niyaashtiwipiyiu** vai ◆ le courant n'est vif qu'au milieu de la rivière

ᐲᐦᑎᔅᒀᔮᐤ **piihtiskwaayaau** vii ◆ c'est une longue section droite d'eau calme de la rivière entre les rapides

ᐴᐦᒋᔥᑎᒁᐦᔮᐤ **puuhchishtikwaahyaau** vai ◆ il/elle survole la rivière, vole en suivant la rivière

ᓵᒋᔅᑐᐧᐃᐦᐊᒻ **saachistuwiham** vti ◆ il/elle rejoint le lac par la rivière en pagayant

ᐙᐗᑭᔥᒁᐦᐊᒻ **waawaakishkwaaham** vti redup ◆ il/elle fait du canot sur une rivière sinueuse

ᐗᔨᐧᔮᐸᒋᒋᐧᐃᓐ **waayiywaapaachichiwin** vii ◆ il y a un méandre dans la rivière, un tournant dans les rapides

ᐑᔪᐧᐃᐦᑯᐹᐤ **wiiyuwihkupaau** vii ◆ il y a des saules jusqu'à l'embouchure

ᔮᑳᐙᒥᔅᑰ **yaakaawaamiskuu** vii -uwi ◆ la rivière coule dans un lit de sable

ᑯᓯᔅᐱᐦᐊᒻ **kusispiham** vti ◆ il/elle remonte la rivière, va à l'intérieur des terres en canot

ᑯᓯᔅᐱᐦᐅᔮᐤ **kusispihuyaau** vta ◆ il/elle l'emmène en amont de la rivière, à l'intérieur des terres par voie aérienne ou par voie d'eau

ᒫᔨᔅᑯᑖᐹᐤ **maayiskutaapaau** vai ◆ il/elle descend la rivière en tirant quelque chose sur la glace

ᒥᑖᐹᔮᐅᐦᑳᐤ **mitaapaayaauhkaau** vii ◆ c'est le pied d'une colline au bord d'un lac ou d'une rivière

ᒥᑖᔅᑯᐱᒋᐤ **mitaaskupichiu** vai ◆ il/elle se déplace, déplace son campement d'hiver sur un lac ou une rivière gelée

ᓂᑎᐦᐊᒻ **nitiham** vti ◆ il/elle remonte la rivière en pagayant, à la nage

ᓂᑎᐦᐄᐱᐦᑖᐤ **nitihiipihtaau** vai ◆ il/elle remonte la rivière en courant

ᓂᑎᐦᐄᐱᔨᐦᑖᐤ **nitihiipiyihtaau** vai ◆ il/elle l'emporte en remontant la rivière en véhicule

ᓂᑎᐦᐄᐱᔨᐤ **nitihiipiyiu** vai ◆ il/elle remonte la rivière en véhicule, en nageant

ᓂᑎᐦᐄᔅᑯᐦᑎᐦᐋᐤ **nitihiiskuhtihaau** vta ◆ il/elle l'emmène en remontant la rivière sur la glace

ᓂᑎᐦᐄᔅᑯᑐᐧᐃᑖᐤ **nitihiiskutuwitaau** vta ◆ il/elle remonte la rivière sur la glace en le/la portant sur son dos

ᓂᑎᐦᐄᔅᑰ **nitihiiskuu** vai -u ◆ il/elle remonte la rivière sur la glace

ᓂᑎᐦᐅᔮᐤ **nitihuyaau** vta ◆ il/elle l'emmène en amont de la rivière par voie d'eau ou voie aérienne

ᐅᐱᑎᐙᒥᔅᑳᐤ **upitiwaamiskaau** vii ◆ le fond onduleux de la rivière s'aperçoit

ᓂᑎᐦᐄᔅᑯᐦᑖᐤ **nitihiiskuhtaau** vai ◆ il/elle remonte la rivière à pied sur la glace

ᓂᑎᐦᐄᔅᑯᑖᐹᐤ **nitihiiskutaapaau** vai ◆ il/elle remonte la rivière sur la glace en tirant une charge

ᓂᑎᔨᔅᑯᐱᐦᑖᐤ **nitiyiskupihtaau** vai ◆ il/elle remonte la rivière en courant sur la glace

ᓂᑎᐦᐄᔅᑯᐦᑎᑖᐤ **nitihiiskuhtitaau** vai ◆ il/elle remonte la rivière à pied sur la glace en le portant

rivière Eastmain

ᐄᓯᒫᓃᐅᓰᐲ **iisimaaniiusiipii** ni ◆ la rivière Eastmain

robe

ᐊᑯᐦᑊ **akuhp** ni ◆ une robe

ᒑᒋᔖᐹᔮᐅᑯᐦᑊ **chaachishaapaayaaukuhp** ni ◆ une robe d'intérieur, une robe-tablier

ᓃᔓᑳᐴᑯᐦᑊ **niishukaapuukuhp** ni ◆ une robe de mariée

ᐅᔥᑭᑯᐦᐹᐤ **ushkikuhpaau** vai ◆ il/elle a une robe neuve, un manteau neuf

ᐴᔥᑎᑯᐦᐹᐤ **pushtikuhpaau** vai ◆ il/elle enfile une robe, un manteau

robe de mariée

ᐅᐙᑎᓂᑯᐦᑊ **uwaatinikuhp** ni ◆ une robe de mariée

ᐅᐙᑎᓂᑯᐦᐹᒋᓐ **uwaatinikuhpaachin** ni ◆ du tissu pour une robe de mariée

robuste

ᓱᐦᒌᔨᔨᐅᓈᑯᓯᐤ **suhchiiyiyiunaakusiu** vai ◆ il/elle a l'air rude, semble robuste

rocailleux

ᑎᐧᐃᐦᐱᔅᒋᓂᑭᓐ **tiwihpischinikin** ni ◆ une clairière qui traverse une aire rocailleuse

ᑎᐧᐃᐦᐱᔅᒋᓂᒻ **tiwihpischinim** vti ◆ il/elle fait une clairière à travers une zone rocailleuse

ᐊᓯᓃᐅᔅᑭᒦᑳᐤ **asiniiuskimikaau** vii ◆ c'est un sol rocailleux, caillouteux

ᐊᓯᓃᐙᒥᔅᑳᐤ **asiniiwaamiskaau** vii ◆ ça a un fond rocailleux, caillouteux (se dit d'un plan d'eau)

roche

ᓵᓰᒀᐱᔅᑳᐤ **saasiikwaapiskaau** vii ◆ c'est une zone de roche, assez difficile

ᐊᓯᓃ **asinii** na ◆ une roche, un caillou

ᐊᑖᓐ **ataan** na -siim ◆ une roche lisse utilisée pour piler le poisson séché et le réduire en poudre

ᒦᑐᓂᓵᓐ miitunisaan ni -siim ◆ une roche utilisée comme pilon pour réduire le poisson séché en poudre

ᐴᓂᓯᓈᒋᑭᓐ puunisinaachikin ni ◆ une roche ou un bâton attaché à une corde pour ancrer ou arrimer quelque chose

ᐊᓵᑲᐱᐢᑳᐤ asaakaapiskaau vii ◆ il y a beaucoup de roches visibles dans l'eau

ᒋᐚᐱᐢᑲᐤ chipwaapiskaau vii ◆ c'est bloqué par des roches

ᒥᒋᔥᑖᐚᔮᐱᐢᑳᐤ michishtaawaayaapiskaau vii ◆ c'est une pointe rocheuse, une pointe recouverte de roches

ᒥᑖᐹᔮᐱᐢᑳᐤ mitaapaayaapiskaau vii ◆ l'affleurement rocheux s'étend jusqu'à l'eau

ᐹᐦᐹᒋᐱᐢᑳᐤ paahpaachipiskaau vii ◆ c'est un affleurement rocheux arrondi et exposé

ᐱᒫᐱᐢᑳᐤ pimaapiskaau vii ◆ c'est une ligne rocheuse

ᐅᐦᑎᐢᑭᐚᐱᐢᑳᐤ uhtiskiwaapiskaau vii ◆ c'est un morceau de roche pointé vers l'observateur

ᐚᔮᐱᐢᑳᐤ waayaapiskaau vii ◆ la roche est creuse

ᒌᑲᐱᐢᒡ chiikaapisch p,lieu ◆ près d'un rocher, d'un caillou, d'une roche ■ ᒌᑲᐱᐢᒡ ᒌᐦ ᐊᔥᑖᐤ ᐅᒥᐦᒑᔑᐎᓂᐦᐄᑭᓐ. ■ chiikaapisch chiih ashtaau umihchaashiwinihiikin. ■ *Il a posé son piège à renard près du rocher.*

ᐋᑭᐚᐱᐢᑳᐤ aakiwaapiskaau vii ◆ la vue est bloquée par des roches

ᓈᓵᑲᐤ naasaakaau vii ◆ c'est une pointe rocheuse escarpée

ᓈᔮᐱᐢᑳᐤ naayaapiskaau vii ◆ c'est une pointe de rocher, la pointe d'un affleurement

ᐱᓵᒥᐢᑳᐤ pisaamiskaau vii ◆ c'est une tranchée dans la roche sous l'eau

ᓵᒁᐱᐢᒋᐱᔨᐤ saakwaapischipiyiu vai ◆ il/elle tombe sous les roches

ᑖᐢᒋᓵᑲᐤ taaschisaakaau vii ◆ il y a une crevasse, une fente dans un affleurement rocheux

ᐊᓯᓃ asinii ni ◆ une roche, un caillou, un plomb, une balle de fusil

rocher

ᒌᑭᓯᓈᒡ chiikisinaach p,lieu ◆ près d'un rocher ■ ᓈᔥᒡ ᐊᓂᑖᐦ ᒌᑭᓯᓈᒡ ᐋᑯᑎᐦ ᑲ ᑯᑎᐚᔮᐦᒡ. ■ naashch anitaah chiikisinaach aakutih kaa kutiwaayaahch. ■ *Là tout près d'un rocher, on a fait un feu.*

ᔮᔮᐱᐢᒡ yaayaapisch p,lieu ◆ au bord d'un rocher ■ ᐊᓂᑎᐦ ᔮᔮᐱᐢᒡ ᐋᑯᑎᐦ ᑳ ᑤᐦᐅᑦ ᑯᓯᒫᓵᐤ. ■ anitih yaayaapisch aakutih kaa twaahut kusimaasaau. ■ *Le balbuzard pêcheur atterrit au bord du rocher.*

ᐋᔥᑎᒫᐱᐢᑳᐤ aashtimaapiskaau vii ◆ c'est du coté du rocher en face de toi

ᐊᑯᓈᐱᐢᑳᐤ akunaapiskaau vii ◆ c'est un morceau de rocher saillant vers vous

ᒋᐦᔮᐱᐢᑳᐤ chihyaapiskaau vii ◆ les rochers sont glissants

ᒌᔥᑲᐱᐢᒑᒋᐎᓐ chiishkaapischaachiwin vii ◆ c'est une chute au-dessus des rochers

ᒋᐚᐱᔥᑭᔥᑖᐤ chipwaapishkishtaau vii ◆ il y a un rocher qui bloque le passage

ᑲᐦᑎᐸᐱᐢᑳᐤ kaahtipaapiskaau vii ◆ il y a une saillie dans le rocher

ᒥᐦᒑᐱᐢᑲᐤ mihchaapiskaau vii ◆ le caillou, le rocher est grand

ᐹᐦᐹᓇᒥᐢᒑᒋᐎᓐ paahpaanaamischaachiwin vii redup ◆ l'eau coule entre les rochers

ᐱᐦᑯᐹᓵᑲᐤ pihkupaasaakaau vii ◆ le rocher va droit dans l'eau

ᐱᐦᑯᐹᔮᐱᐢᑲᐤ pihkupaayaapiskaau vii ◆ le rocher va droit dans l'eau

ᐲᔖᓈᒥᐢᒑᒋᒋᐎᓐ piishaanaamischaachichiwin vii ◆ il y a beaucoup de rochers qui affleurent dans le rapide

ᐱᑯᓈᓵᑲᐤ pikunaasaakaau vii ◆ il y a un trou dans le rocher

ᐱᐢᒁᐱᐢᑳᐤ piskwaapiskaau vii ◆ c'est un affleurement rocheux élevé

ᔑᐦᑳᐱᐢᑭᐦᐋᐤ shihkaapiskihaau vta ◆ il/elle le/la fait sécher sur les rochers

ᐅᑖᒫᐱᐢᒋᔑᓐ utaamaapischishin vai ◆ il/elle glisse et tombe sur le rocher

ᒌᑲᐱᐢᒡ chiikaapisch p,lieu ◆ près d'un rocher, d'un caillou, d'une roche ■ ᒌᑲᐱᐢᒡ ᒌᐦ ᐊᔥᑖᐤ ᐅᒥᐦᒑᔑᐎᓂᐦᐄᑭᓐ. ■ chiikaapisch chiih ashtaau umihchaashiwinihiikin. ■ *Il a posé son piège à renard près du rocher.*

ᐹᐦᒁᐱᐢᒋᐱᔨᐤ paahkwaapischipiyiu vii ◆ c'est sec après un temps humide (se dit d'un rocher, d'un affleurement rocheux), ça sèche (minéral)

ᐹᔖᐱᐢᑲᐤ paashaapiskaau vii ◆ le rocher a de fines veines d'une autre couleur

ᓵᒁᐱᐢᒋᐱᔨᐤ saakwaapischipiyiu vii ◆ ça tombe sous les rochers

ᔫᔥᒁᒥᐢᒋᐱᔨᐤ shuushkwaamischipiyiu vii ◆ ça descend une pente de rocher en glissant en hiver

ᓰᐦᑖᐱᐢᑲᐤ siihtaapiskaau vii ◆ c'est un endroit étroit entre les rochers

ᓯᓂᒁᐱᐢᑲᐦᐋᓐ sinikwaapiskaahaan vii ◆ c'est abîmé d'avoir frotté contre du rocher

ᑖᐦᑖᐱᐢᒋᑳᐴ taahtaapischikaapuu vai -uwi ◆ il/elle se tient au sommet des rochers

ᑖᐦᑖᐱᔥᑭᔥᑖᐤ taahtaapishkishtaau vii ◆ c'est posé au sommet d'un rocher

ᔮᔮᐱᐢᑭᐦᐊᒻ yaayaapiskiham vti ◆ il/elle marche sur le bord du rocher

ᐊᑯᓂᓵᑳᐤ akunisaakaau vii ◆ c'est une falaise, une montagne avec un rocher surplombant

ᔫᔥᒁᐱᔥᒑᒋᒋᐎᓐ shuushkwaapishchaachichiwin vii ◆ le rapide est en pente; c'est un mouvement lisse du rapide sur les rochers

ᑖᐦᑖᐱᐢᑭᐱᐤ taahtaapiskipiu vai ◆ il/elle est assis-e, perché-e, posé-e au sommet des rochers

ᐃᔮᐦᒁᐱᐢᑳᐤ iyaahkwaapiskaau vii ◆ ce sont des rochers élevés et dangereux, c'est une montagne aux pentes très raides

rochers

ᐱᔓᓈᒥᐢᒑᒋᐧᐃᓐ pishaanaamischaachiwin vii ◆ ce sont des petits rochers sous le rapide

ᐙᐑᒫᔮᐢᑯᐦᐊᒼ waawiimaayaaskuham vti ◆ il/elle évite de heurter les rochers en canot

ᐱᓵᐱᐢᑳᐤ pisaapiskaau vii ◆ c'est un passage entre les rochers, un défilé

ᑖᐙᐳᑯ taawaapukuu vai -u ◆ il/elle entre en collision avec des rochers en descendant le rapide

rocheuse

ᒥᓈᐱᐢᒄ minaapiskw ni -um ◆ une île rocheuse

ᐋᔥᑎᒫᐱᐢᒡ aashtimaapisch p,lieu ◆ de ce côté d'une pointe rocheuse ■ ᒥᐦᒑᑐ ᓂᒌᐦ ᐙᐱᒫᐧᐃᒡ ᒋᔕᔮᑯᒡ ᐋᔥᑎᒫᐱᐢᒡ. ■ mihchaatu nichiih waapimaawich chishaayaakuch aashtimaapisch. ■ *J'ai vu beaucoup d'ours de ce côté de la pointe rocheuse.*

ᒌᐢᒋᓵᑳᑭᒫᐤ chiischisaakaakimaau vii ◆ c'est un lac entouré de falaises rocheuses

ᒌᐢᒋᓯᑳᐱᐢᑳᐤ chiischisikaapiskaau vii ◆ c'est une falaise rocheuse bien à-pic

ᐱᐢᒁᐳᓯᐢᑎᑖᐤ piskwaapusistitaau vii ◆ c'est une montagne ou une colline rocheuse

rocheux

ᐊᓯᓃᐅ asiniiuu vii -iiwi ◆ c'est un endroit rocheux

ᒌᔥᑎᓵᑳᑭᒫᐤ chiishtisaakaakimaau vii ◆ le lac, la rivière a une falaise rocheuse d'un côté

ᐹᐦᐹᒋᐱᐢᒋᓂᑳᐤ paahpaachipischinikaau vii ◆ c'est une île rocheuse (d'affleurements rocheux)

ᐹᐦᐹᒁᓈᒥᐢᒑᒋᒋᐧᐃᓐ paahpaakwaanaamischaachichiwin vii ◆ c'est un rapide peu profond et rocheux

ᐱᒥᑖᐱᐢᒑᒋᒋᐧᐃᓐ pimitaapischaachichiwin vii ◆ c'est un rapide sinueux, peu profond, au fond rocheux

roder

ᑭᔮᐅᑎᑯᒋᓐ kiyaautikuchin vai ◆ il/elle rode, plane au-dessus dans les airs

ᑭᔮᐅᑎᑯᑖᐤ kiyaautikutaau vii ◆ ça rode, plane au-dessus dans les airs

rogner

ᓈᒁᑭᐦᑎᒼ naatwaakihtim vti ◆ il/elle le rogne, le ronge (long et rigide)

ᓈᒁᑭᒫᐤ naatwaakimaau vta ◆ il/elle le/la ronge, le/la rogne

rogue

ᐙᐦᑯᒡ waahkuch na pl -um ◆ des oeufs de poisson, une rogue

rogue frite

ᓵᐢᑯᓈᓐ saaskunaan ni ◆ des entrailles et de rogue de poisson frites

roitelet

ᑳᐙᓵᐢᑯᓈᐅᒋᔑᐦᑦ kaawaasaaskunaauchishit nap -im ◆ un roitelet à couronne rubis *Regulus calendula*, ou à couronne dorée *Regulus satrapa*

rompre

ᐱᐢᑳᐱᐦᒑᐱᑖᐤ piskaapihchaapitaau vta ◆ il/elle le/la tire et le /la rompt (filiforme)

ᐱᐢᑳᐱᐦᒑᐱᑎᒼ piskaapihchaapitim vti ◆ il/elle le tire et le rompt (filiforme)

ᐱᐢᑳᐱᐦᒑᐱᔩᐦᐆ piskaapihchaapiyihuu vai -u ◆ il/elle tire et rompt le fil, la corde, le fil de fer qui le/la tient

ᑯᑎᐱᐢᒋᐦᒁᐤ kutipischihkwaau vai ◆ il/elle renverse son seau, son pot; il/elle rompt ses fiançailles, sa promesse de mariage

ronce pubescente

ᐅᔥᒌᔑᑯᒥᓈᐦᑎᒄ ushchiishikuminaahtikw na -um ◆ une ronce pubescente, une catherinette, une catalinete, une mûre du Canada *Rubus pubescens*

rond

ᓅᑎᒫᐹᒋᓯᐤ nuutimaapaachisiu vai ◆ il/elle est rond-e

ᓅᑎᒫᐹᑭᓐ nuutimaapaakin vii ◆ c'est rond (filiforme)

ᐙᐢᑳᔮᐤ waaskaayaau vii ◆ c'est rond

ᒌᓂᒁᓈᔮᐱᐦᑖᐱᔨᐤ chiinikwaanaayaapihtaapiyiu vii ◆ la fumée fait des ronds

ᒌᓂᒁᓂᐦᔮᐤ chiinikwaanihyaau vai ◆ il/elle vole en rond

ᑯᐃᔥᑎᑳᒫᐤ kuishtikaamaau vai ◆ il/elle fait le tour du lac, tourne en rond dans l'habitation

ᓅᑎᒥᐦᐋᐤ nuutimihaau vta ◆ il/elle lui donne une forme ronde

ᐴᑐᐧᐃᓯᐤ puutuwisiu vai ◆ il est gros, rond; elle est grosse, ronde

ᐅᐙᔥᑖᔮᐱᐤ uwaashtaayaapiu vai ◆ il/elle a de grands yeux ronds

ᐙᐢᑳᔥᐙᐤ waaskaashwaau vta ◆ il/elle le coupe en rond

ᐙᐅᔮᐦᒁᐤ waauyaahkwaau vai ◆ il/elle a le visage rond

ᐙᐅᔮᑭᒫᐤ waauyaakimaau vii ◆ c'est un lac rond

ᐙᐅᔮᓈᐤ waauyaanaau vta ◆ il/elle le/la courbe

ᐙᐅᔮᐱᑭᓐ waauyaapikin vii ◆ le cadre pour faire sécher les peaux de castor est rond

ᐙᐅᔮᔥᐙᐤ waauyaashwaau vta ◆ il/elle le/la découpe en rond

ᒌᓂᒁᓂᐱᐦᑖᐤ chiinikwaanipihtaau vai ◆ il/elle court en rond, court tout autour, fait le tour en courant

ᒌᓂᒁᓂᑖᐹᐤ chiinikwaanitaapaau vai ◆ il/elle tourne en rond en tirant quelque chose

ᑭᐧᐃᒋᐦᑖᐤ kiwichihtaau vai+o ◆ il/elle fait un rond dans l'eau, une indication d'un mouvement

ᓅᑎᒥᐦᑎᑳᐤ nuutimihtikaau vii ◆ c'est une bille de bois ronde entière

ᓅᑎᒥᓈᐤ nuutiminaau vta ◆ il/elle le/la moule, le/la façonne en rond

ᐴᑐᐧᐃᑭᒫᐤ puutuwikimaau vii ◆ c'est un lac ovale ou rond

ᒌᓂᐧᑳᓂᐱᔩᐦᐋᐤ chiinikwaanipiyihaau vta ◆ il/elle le conduit en cercle, en rond; il/elle fait tourner son partenaire de danse

ᐧᐋᐧᐋᒋᑭᔅᑭᒫᐧᐋᐤ waawaachikiskimaawaau vai ◆ il/elle a une petite tête et un corps bien rond (se dit d'un poisson)

ronde

ᓅᑎᒥᔥᑎᐧᑳᓈᐤ nuutimishtikwaanaau vai ◆ il/elle a la tête ronde

ᓅᑎᒥᓯᐤ nuutimisiu vai ◆ il/elle est de forme ronde, arrondi-e

rondeur

ᐱᐹᔅᑯᓯᐤ pipaaskusiu vai redup ◆ il/elle a des bosses, des rondeurs, des bourrelets

rondin

ᒥᓵᐦᑎᒄ misaahtikw ni -um ◆ un tronc entier, un rondin entier

ᒥᓯᐦᑎᒄ misihtikw ni ◆ un tronc entier, un rondin entier

ronfler

ᒥᐧᑖᐦᐧᑳᒨ mitwaahkwaamuu vai -u ◆ il/elle ronfle

ᒋᐧᔖᐧᐋᐦᐧᑳᒨ chishwaawaahkwaamuu vai -u ◆ il/elle ronfle fort, bruyamment

rongé

ᐅᐲᑭᐦᑎᐧᐋᔮᐦᑎᒄ upiikihtiwaayaahtikw ni ◆ un bâton dont l'écorce a été rongée par un castor

ᑭᐧᐃᑭᒫᑭᓐ kiwikimaakin na -um ◆ un arbre abattu rongé par un castor

ᐧᐋᓵᐦᑎᐧᐋᐤ waasaahtiwaau na ◆ la partie blanche d'un arbre dont l'écorce a été rongée par un porc-épic

ronger

ᒌᐦᒌᑯᒫᐤ chiihchiikumaau vta redup ◆ il/elle le/la ronge jusqu'à l'os

ᑭᐧᐃᑭᒫᐤ kiwikimaau vta ◆ il/elle ronge l'arbre et l'abat

ᑭᐧᐃᑭᐦᑎᒼ kiwikihtim vti ◆ il/elle le ronge et l'abat

ᓈᐧᑖᑭᐦᑎᒼ naatwaakihtim vti ◆ il/elle le rogne, le ronge (long et rigide)

ᓈᐧᑖᑭᒫᐤ naatwaakimaau vta ◆ il/elle le/la ronge, le/la rogne

ᐹᑯᑎᐦᑎᒼ paakutihtim vti ◆ il/elle ronge un trou à travers

ᐧᐋᓯᑭᐦᑎᐧᐋᐤ waasikihtiwaau vta ◆ il/elle ronge l'écorce d'un arbre ou d'un saule qui devient blanc

ᐧᐋᓯᑭᒫᐤ waasikimaau vta ◆ il/elle ronge l'écorce d'un arbre ou d'un saule qui devient blanc

ᐹᑯᑎᒫᐤ paakutimaau vta ◆ il/elle le/la gèle, le/la lyophilise, ronge un trou dedans

ᒌᐦᒌᑯᐦᑎᒼ chiihchiikuhtim vti redup ◆ il/elle ronge un os et le nettoie de sa viande

rose

ᒥᐦᑯᔑᔑᐤ mihkushishiu vai ◆ il/elle est rose

ᒥᐦᐧᑳᔑᐤ mihkwaashiu vii dim ◆ c'est très rose, rouge

ᐳᐧᐃᒥᐦᐧᑳᐤ puwimihkwaau vii ◆ ça semble rouge, rose

rosée

ᐊᑯᑎᐹᔮᐤ akutipaayaau vii ◆ le sol et la végétation sont mouillés par la rosée ou la pluie

rôt

ᐧᐄᓂᑖᐤ wiinitaau vai ◆ il/elle fait un rôt puant qui provient d'aigreurs d'estomac

roter

ᐹᑭᑖᐦᐋᐤ paakitaahaau vta ◆ il/elle le/la fait roter

ᐹᑭᑖᑎᑎᒼ paakitaatitim vti ◆ il/elle rote à cause de ça

ᐹᑭᑖᑎᑎᐧᐋᐤ paakitaatitiwaau vta ◆ il/elle rote à cause de lui/elle

ᐹᑭᑖᐤ paakitaau vai ◆ il/elle rote

rôtie

ᓯᑭᐧᐹᓐ sikipwaan na ◆ de la viande rôtie sur un fil

rôtir

ᓯᑭᐳᑖᐤ sikiputaau vta ◆ il/elle le fait rôtir pour lui/elle

ᐊᐧᐹᓈᔅᒄ apwaanaaskw ni ◆ un bâton pour faire rôtir quelque chose sur le feu de camp ou le poêle

ᓯᑭᐧᐹᑭᓐ sikipwaakin ni ◆ le crochet au bout de la ligne à rôtir

ᓯᑭᐧᐹᓈᔮᐲ sikipwaanaayaapii ni -m ◆ un câble à rôtir

ᐊᐧᐹᐤ apwaau vai ◆ il/elle fait rôtir de la viande sur un bâton

ᒌᔥᑎᐦᐊᒼ chiishtiham vti ◆ il/elle le pique; il/elle fait rôtir de la viande sur un bâton

ᐱᐦᑭᐦᐧᓵᐤ pihkihswaau vta ◆ il/elle le/la grille, le/la fait rôtir

ᐲᐦᑖᐱᔅᑭᐦᐧᐋᐤ piihtaapiskihwaau vta ◆ il/elle le/la fait rôtir dans le four

ᓯᑭᐧᐹᐤ sikipwaau vai ◆ il/elle fait tourner et rôtir de la viande suspendue par une ficelle au-dessus d'un feu ouvert

ᐧᐃᔮᔅᑯᐦᐊᒼ wiyaaskuham vti ◆ il/elle le met sur un bâton pour le faire rôtir

ᐊᐧᐹᓐ apwaan ni ◆ de la nourriture rôtie sur le feu

ᓂᒫᓯᐧᐹᓈᔅᒄ nimaasipwaanaaskw ni -um ◆ un bâton fendu en deux pour faire rôtir le poisson

ᒋᐧᐹᔥᑯᔥᑎᐦᐙᐤ **chipwaashkushtihwaau** vta ◆ il/elle ferme l'ouverture avec une brochette (un animal, un oiseau à rôtir)

ᓰᐱᑖᔮᔅᑯᐦᐙᐤ **siipitaayaaskuhwaau** vta ◆ il/elle désosse le castor et l'étire avec des bâtons pour le rôtir

rotule

ᐅᒋᔥᑎᐦᑯᓂᑭᓐ **uchishtihkunikin** nid ◆ sa rotule

ᐅᒋᔥᑎᑭᓂᑭᓐᐦ **uchishtikinikinh** nad [Whapmagoostui] ◆ sa rotule

ᐅᒋᔥᑎᒄᐦ **uchishtikwh** nad ◆ sa rotule

ᐅᒋᔥᑎᐧᑳᐅᒄᐦ **uchishtikwaaukwh** nad ◆ la viande de sa cuisse avec la rotule attachée

roue

ᑳᑎᐦᑎᐱᔨᒡ **kaatihtipiyich** nip ◆ une roue, un pneu

rouge

ᒥᐦᑯᓯᐤ **mihkusiu** vai ◆ il/elle est rouge

ᒥᐦᐧᑳᐹᒋᓯᐤ **mihkwaapaachisiu** vai ◆ il/elle est rouge (filiforme)

ᒥᐦᐧᑳᐹᑭᓐ **mihkwaapaakin** vii ◆ c'est rouge (filiforme)

ᒥᐦᐧᑳᐱᓯᔅᒋᓯᐤ **mihkwaapisischisiu** vai ◆ il/elle est rouge (minéral)

ᒥᐦᐧᑳᐱᔅᑳᐤ **mihkwaapiskaau** vii ◆ c'est rouge (minéral)

ᒥᐦᐧᑳᔅᑯᓯᐤ **mihkwaaskusiu** vai ◆ il/elle est rouge (long et rigide)

ᒥᐦᐧᑳᐤ **mihkwaau** vii ◆ c'est rouge

ᒥᐦᐧᑳᐅᔅᑯᓐ **mihkwaauskun** vii ◆ c'est rouge (long et rigide)

ᒥᐦᑯᓂᐧᐋᓂᓲᓐ **mihkuniwaanisuun** ni ◆ du rouge à joues

ᒥᐦᑯᑎᓈᐦᐑᓱᐎᓐ **mihkutinaahwiisuwin** ni ◆ du rouge à lèvres

ᒥᐦᑯᐦᐋᐤ **mihkuhaau** vta ◆ il/elle le/la rend rouge, le/la rougit, le/la colorie en rouge

ᒥᐦᑯᐦᐆ **mihkuhuu** vai -u ◆ il/elle s'habille en rouge

ᒥᐦᑯᔖᐤ **mihkushaau** vai ◆ il/elle a la peau rouge

ᒥᐦᑯᔥᑖᐤ **mihkushtaau** vii ◆ c'est écrit en rouge

ᒥᐦᐧᑳᑭᒥᐤ **mihkwaakimiu** vii ◆ c'est un liquide rouge

ᒥᐦᐧᑳᑭᓐ **mihkwaakin** vii ◆ c'est rouge (étalé), c'est du tissu rouge

ᒥᐦᐧᑳᐱᓐ **mihkwaapin** vii ◆ c'est une aube rouge

ᒥᐦᐧᑳᔅᒋᑭᓈᐤ **mihkwaaschikinaau** vai ◆ il/elle a la poitrine rouge

ᒥᐦᐧᑳᔑᐤ **mihkwaashiu** vii dim ◆ c'est très rose, rouge

ᒥᐦᐧᑳᔥᑖᐤ **mihkwaashtaau** vii ◆ c'est une lumière rouge

ᒥᐦᐧᑳᐅᑳᐤ **mihkwaaukaau** vii ◆ c'est du sang rouge

ᒥᐦᐧᑳᐅᑖᑯᔑᐤ **mihkwaautaakushiu** vii ◆ c'est un ciel rouge le soir, après le coucher du soleil

ᒥᒥᐦᑯᔥᑖᐤ **mimihkushtaau** vii redup ◆ c'est écrit en rouge

ᒥᒥᐦᑯᔥᑖᐤ **mimihkushtaau** vai redup ◆ il/elle l'écrit en rouge

ᐴᐃᒥᐦᐧᑳᐤ **puwimihkwaau** vii ◆ ça semble rouge, rose

ᐧᐋᔅᑖᔮᐱᓯᔅᒋᓯᒼ **waastaayaapisischisim** vti ◆ il/elle le fait chauffer au rouge (minéral)

ᐧᐋᔅᑖᔮᐱᓯᔅᒋᓯᐤ **waastaayaapisischisiu** vai ◆ il/elle est rouge (minéral), chauffé-e à blanc

ᐧᐋᔅᑖᔮᐱᓯᔅᒋᐧᓵᐤ **waastaayaapisischiswaau** vta ◆ il/elle le fait chauffer au rouge (minéral)

ᐧᐋᔅᑖᔮᐱᓯᔅᑖᐤ **waastaayaapisistaau** vii ◆ c'est rouge (minéral), chauffé à blanc

ᒥᐦᑯᓯᓈᓲ **mihkusinaasuu** vai -u ◆ il/elle est coloré-e en rouge, écrit-e en rouge

ᒥᐦᑯᓯᓈᑖᐤ **mihkusinaataau** vii ◆ c'est écrit en rouge, colorié en rouge

ᒥᐦᐧᑳᐅᔅᐧᑳᐤ **mihkwaauskwaau** vii ◆ c'est un ciel rouge, il y a des nuages rouges

ᒥᐦᑯᔖᐱᔨᐤ **mihkushaapiyiu** vai ◆ il/elle a la peau rouge; il/elle a une éruption cutanée

rouge brillant

ᐧᐄᓯᓱᒥᐦᐧᑳᐤ **wiisisumihkwaau** vii ◆ c'est d'un rouge brillant

rougeole

ᐋᒥᐦᑯᐱᔨᓈᓂᐎᒡ **aamihkupiyinaaniwich** ni pl ◆ la rougeole

ᒥᐦᑯᐱᔨᐤ **mihkupiyiu** vai ◆ il/elle rougit, a la rougeole

rougir

ᒥᐦᑯᐦᐧᑳᐱᔨᐤ **mihkuhkwaapiyiu** vai ◆ il/elle rougit

ᒥᐦᑯᓈᐤ **mihkunaau** vta ◆ il/elle le/la rougit avec les mains

ᒥᐦᑯᓂᒼ **mihkunim** vti ◆ il/elle le rougit en le touchant avec les mains

ᒥᐦᑯᐱᔨᐤ **mihkupiyiu** vii ◆ ça rougit

ᒥᐦᑯᐦᐋᐤ **mihkuhaau** vta ◆ il/elle le/la rend rouge, le/la rougit, le/la colorie en rouge

ᒥᐦᑯᐱᔨᐤ **mihkupiyiu** vai ◆ il/elle rougit, a la rougeole

roulé

ᒌᓂᐧᑳᓈᔮᐱᐦᒑᔑᓐ **chiinikwaanaayaapihchaashin** vai ◆ il/elle est couché-e roulé-e en boule

rouleau

ᒌᓂᐧᑳᓈᔮᐱᐦᒑᐦᑎᓐ **chiinikwaanaayaapihchaahtin** vii ◆ c'est en rouleaux (filiforme)

ᒥᒥᐦᑳᑎᐧᑳᐤ **mimihkaatikwaau** vii redup ◆ il y a de gros rouleaux dans l'eau

ᒥᓂᔅᑳᐤ **miniskaau** vii ◆ c'est un ballot, un rouleau de tissu

rouler

ᐧᑳᐦᐧᑳᑎᐱᓈᐤ **kwaahkwaatipinaau** vta redup ◆ il/elle le/la roule

ᐧᑳᐦᐧᑳᑎᐱᓂᒼ kwaahkwaatipinim vti redup
◆ il/elle le roule

ᑎᐦᑎᐱᓂᒼ tihtipinim vti redup ◆ il/elle le roule encore et encore

ᑎᐦᑎᐱᐱᔨᐦᐋᐤ tihtipipiyihaau vta redup ◆ il/elle le/la fait rouler

ᑎᐦᑎᐱᐱᔨᐦᑖᐤ tihtipipiyihtaau vai redup ◆ il/elle le fait rouler

ᑎᐦᑎᐱᐱᔨᐦᐆ tihtipipiyihuu vai redup -u
◆ il/elle roule et roule

ᑎᐦᑎᐱᐱᔨᐤ tihtipipiyiu vai redup ◆ il/elle roule

ᑎᐦᑎᐱᐱᔨᐤ tihtipipiyiu vii redup ◆ ça roule

ᑎᐦᑎᐱᔥᑭᒼ tihtipishkim vti redup ◆ il/elle le fait rouler avec son pied ou son corps

ᑎᐦᑎᐱᔥᑭᐧᐋᐤ tihtipishkiwaau vta redup
◆ il/elle le/la fait rouler avec son pied ou son corps

ᐋᒥᓵᐅᒋᐱᔨᐤ aamisaauchipiyiu vii ◆ une bûche en feu roule hors du foyer

ᐧᑳᔥᐧᑳᓂᒌᐤ kwaashkwaanichiiu vai ◆ il/elle roule, fait des saltos

ᐧᑳᑎᐱᐱᔨᐤ kwaatipipiyiu vai ◆ il/elle roule, se renverse

ᐧᑳᑎᐱᐱᔨᐤ kwaatipipiyiu vii ◆ ça roule, ça se renverse

ᐱᒥᐱᔨᐤ pimipiyiu vai ◆ il/elle voyage en véhicule, roule, marche bien

ᐱᒥᐱᔨᐤ pimipiyiu vii ◆ ça roule, marche bien

ᑎᐦᑎᐱᐱᑖᐤ tihtipipitaau vta redup ◆ il/elle le/la roule en tirant

ᑎᐦᑎᐱᐱᑎᒼ tihtipipitim vti redup ◆ il/elle le roule en tirant

ᑎᑎᐱᓈᐤ titipinaau vta redup ◆ il/elle le/la roule, l'enroule

ᐧᑳᑎᐱᓵᐅᒋᐱᔨᐤ kwaatipisaauchipiyiu vii ◆ le morceau de bois dans le feu roule et tombe

ᓃᐦᑎᒋᐧᐋᐱᔨᐤ niihtichiwaapiyiu vai ◆ il/elle tombe, descend en roulant

rouler (se)

ᐅᑎᐦᑖᒥᒧᓂᐱᔨᐦᐆ utihtaamimunipiyihuu vai -u
◆ il/elle se roule sur son ventre

roussir

ᐱᐦᑭᐦᓲ pihkihsuu vai -u ◆ il/elle est roussi-e, brûlé-e légèrement

ᐱᐦᑭᐦᑖᐤ pihkihtaau vii ◆ c'est roussi, brûlé légèrement

ᐱᓯᐧᐋᔥᑖᐤ pisiwaashtaau vii ◆ la fourrure est roussie par la chaleur

route

ᒫᔅᑭᓂᐤ maaskiniu ni -aam ◆ un sentier, un chemin, une rue, une route

ᐋᔓᐧᐃᔅᑭᓂᐤ aashuwiskiniu p,lieu ◆ en traversant la route ■ ᐋᔓᐧᐃᔅᑭᓂᐤ ᒌᐦ ᐄᔅᐱᐦᔮᐤ ᐊᓐ ᓂᔅᒃ. ■ aashuwiskiniu chiih iispihyaau an nisk. ■ *L'oie s'enfuit en traversant la route.*

ᒋᐱᔅᑭᓂᐤ chipiskiniu p,lieu ◆ au milieu de la route, du sentier ■ ᐊᓂᑎᐦ ᒋᐱᔅᑭᓂᐤ ᐋᑯᑎᐦ ᑳ ᐱᒥᔑᐦᒃ ᐊᓐ ᐊᑎᒼ. ■ anitih chipiskiniu aakutih kaa pimishihk an atim. ■ *Le chien était couché au milieu de la route.*

ᓂᐱᑖᔅᑭᓂᐤ nipitaaskiniu p,lieu ◆ un des côtés de la route ■ ᐅᑖᐦ ᓂᐱᑖᔅᑭᓂᐤ ᐋᑯᑎᐦ ᒥᒄ ᑳ ᓂᐦᑖᐅᒋᒡ ᐅᔥᒌᔑᑯᒥᓂᒡ. ■ utaah nipitaaskiniu aakutih mikw kaa nihtaauchich ushchiishikuminich. ■ *Les mûre ne poussaient que sur un des côtés de la route.*

ᔮᔨᔅᑭᓂᐤ yaayiskiniu p,lieu ◆ le long de la route

ᑯᐃᔓᐧᐃᒨ kuishuwimuu vii -u ◆ la route est étroite

ᒥᔪᒨ miyumuu vii -u ◆ c'est un bon sentier, une bonne route

ᐱᒥᒨ pimimuu vii -u ◆ ça passe par ici (se dit d'une route)

ᐱᑎᐦᐊᒫᐤ pitihamaau vai ◆ il/elle prend la mauvaise route, il/elle quitte le sentier

ᐧᐋᐅᔮᒧ waauyaamuu vii -u ◆ c'est circulaire (ex. une route)

ᐧᐋᐧᐋᑭᒧ waawaakimuu vii redup -u ◆ c'est une route sinueuse, un chemin sinueux

ᐧᐋᔨᔨᒧ waayiyimuu vii -u ◆ ça tourne (ex. route, sentier)

ᐧᐋᔨᔪᒧ waayiyumuu vii -u ◆ c'est un chemin, une route, un sentier qui serpente

ᐱᑐᑖᔅᑭᓂᐤ pitutaaskiniu p,lieu ◆ sur le côté du sentier ou de la route ■ ᐱᑐᑖᔅᑭᓂᐤ ᒌᐦ ᐊᔥᑖᐤ ᐊᓂᔮᐦ ᐅᒥᐦᑎᒼᐦ ᑳ ᒋᒫᐦᒃ. ■ pitutaaskiniu chiih ashtaau aniyaah umihtimh kaa chimaahk. ■ *Il a mis du bois qu'il a coupé sur le côté de la route.*

ᒥᑎᒫᐱᐦᑖᐤ mitimaapihtaau vai ◆ il/elle suit la route, le sentier en courant

ᒥᑎᒫᐤ mitimaau vai ◆ il/elle suit le sentier, le chemin, la route

ᐹᒥᔥᑭᒼ paamishkim vti ◆ il/elle traverse le sentier, la route

ᐱᑎᐦᐊᒫᐱᐦᑖᐤ pitihamaapihtaau vai ◆ il/elle quitte la route, le sentier en courant

ᐧᐋᑭᒧᐦᑖᐤ waakimuhtaau vai ◆ il/elle crée un sentier ou une route avec des tournants

ᐧᐋᑭᒨ waakimuu vii -u ◆ le sentier ou la route a des tournants

ᐧᐄᐦᐧᑳᒨ wiihkwaamuu vii -u ◆ c'est le bout de la route, du sentier, c'est un cul-de-sac

ᐧᐃᓂᔅᑯᒨ winiskumuu vii -u ◆ c'est le bout, la fin de la route

roux

ᒥᐦᑯᔥᑎᐧᑳᓈᐤ mihkushtikwaanaau vai ◆ il/elle a les cheveux roux

ruban

ᐊᓕᐱᓐ alipin na -um ◆ un ruban

ruban adhésif

ᐱᓯᑯᐦᐄᑭᓐ pisikuhiikin ni ◆ de la colle, du ruban adhésif

ruche

ᐋᒨᒋᔥᑐᓐ aamuuchishtun na -uum ◆ une ruche

rude

ᓱᐦᒌᔨᔨᐅᓈᑯᓯᐤ suhchiiyiyiunaakusiu vai
◆ il/elle a l'air rude, semble robuste

rue

ᒫᔅᑭᓂᐅ maaskiniu ni -aam ◆ un sentier, un chemin, une rue, une route

rugissant

ᓲᐧᑳᐧᐋᒋᐎᓐ suukwaawaachiwin vii ◆ c'est un rapide rugissant

rugueuse

ᑳᐅᓯᑿᐤ kaausikwaau vii ◆ la glace est rugueuse

rugueux

ᑳᐧᐋᑭᓐ kaawaakin vii ◆ c'est rugueux (étalé)

ᑳᐧᐋᐱᓯᔅᒋᓯᐤ kaawaapisischisiu vai ◆ il est rugueux, elle est rugueuse (minéral)

ᑳᐧᐋᐱᔅᑳᐤ kaawaapiskaau vii ◆ c'est rugueux (minéral)

ᑳᐧᐋᔅᑯᓐ kaawaaskun vii ◆ c'est rugueux (long et rigide)

ᑳᐧᐋᔅᑯᓯᐤ kaawaaskusiu vai ◆ il est rugueux, elle est rugueuse (long et rigide)

ᑳᐅᓯᐤ kaausiu vai ◆ il/elle est rêche, il est rugueux, elle est rugueuse

ᑳᐧᐋᐤ kaawaau vii ◆ c'est rugueux au toucher

ᒥᒋᓯᑯᓯᐤ michisikusiu vai ◆ la glace est rugueuse

ᒥᒥᒋᓯᑿᐤ mimichisikwaau vii redup ◆ c'est de la glace rugueuse

ᑳᐅᔂᐤ kaaushaau vai ◆ il/elle a la peau rugueuse, rêche

ᑳᐅᓰᑿᐧᐋᔮᐤ kaausiikwaawaayaau vii ◆ la neige gelée est rugueuse

ᒥᒋᓯᑿᐤ michisikwaau vii ◆ la glace est rugueuse, mauvaise pour voyager

ᒥᒥᒑᑭᒋᔥᑎᓐ mimichaakichishtin vii redup ◆ la surface est rugueuse avec la poudrerie

ruisseau

ᒨᑖᑖᐅᐦᑳᐤ muutaataauhkaau vii ◆ c'est un ruisseau aux berges sablonneuses élevées

ᔒᐲᔒᔥ shiipiishish ni -im ◆ un ruisseau, un courant, un cours d'eau, un crique

ᔑᑳᐱᔒᔥ shikaapishiish ni -im [Wemindji] ◆ un tout petit ruisseau bordé de buissons

ᐊᐱᔑᔥᑎᑿᔑᐤ apishishtikwaashiu vii dim ◆ c'est un petit ruisseau

ᐊᐱᔑᔥᑎᑿᔮᔑᐤ apishishtikwaayaashiu vii dim ◆ c'est un ruisseau

ᔒᐲᔑᔥᑭᒥᑭᐎᔑᐤ shiipiishishkimikiwishiu vii dim ◆ c'est un ruisseau de printemps

ᔒᐲᔑᔅᑳᐤ shiipiishiskaau vii ◆ il y a beaucoup de ruisseaux

ᒥᔅᒑᑯᔥᑎᒃ mischaakushtikw ni -um ◆ un ruisseau, une rivière dans un marécage

ᑯᐦᐱᑎᓂᐧᐋᒋᐎᓐ kuhpitiniwaachiwin vii ◆ l'eau s'écoule du lac, de la rivière dans un ruisseau étroit

ᓃᐱᓯᐦᑯᐹᐤ niipisihkupaau vii ◆ c'est un ruisseau bordé de buissons épais

ᐱᐱᔮᐹᐤ pipiyaapaau vai redup ◆ il/elle inonde le ruisseau ou le lac sur une aire étendue

ᐱᓯᐦᑯᐹᐤ pisihkupaau vii ◆ ça (ex. un ruisseau) a des saules épais, des buissons de chaque côté

ᔒᐹᔮᐤ shiipaayaau vii ◆ il n'y a pas de sous-bois, de broussailles; il y a un ruisseau, de l'eau qui traverse un terrain entouré d'eau

ᓯᑭᐦᑯᐹᐤ sikihkupaau vii ◆ c'est un ruisseau, une rivière bordée de buissons épais

ᓵᒌᐅ saachiiuu vii -iiwi ◆ c'est un ruisseau coulant dans un lac, c'est l'entrée d'un lac

ᔂᔒᐹᔥᑭᒥᒋᐎᓐ shaashiipaashkimichiwin vii ◆ c'est un petit ruisseau qui coule sur et sous la terre

rusé

ᒌᒧᑎᓰᐤ chiimutisiiu vai ◆ il est secret, elle est secrète; il/elle est dissimulé-e, rusé-e, sournois-e

rut

ᐄᔖᑰ wiishaakuu vai -u ◆ il est en rut (ex. orignal, caribou)

ᐄᓱᐎᑭᓐ wiisuwikin vii ◆ la viande de caribou ou d'orignal a un goût de rut

ᓃᔒᐦᐋᐤ niishiihaau vai ◆ un caribou mâle qui a fini son rut

ᒥᔪᓈᐦᐄᑭᓐ miyunaahiikin na -u ◆ un caribou mâle, incapable d'être en rut parce qu'il a été vaincu par un mâle plus fort

rythme

ᒥᔶᐧᐋᐦᑎᓐ miywaawaahtin vii ◆ ça a un bon rythme, c'est agréable à entendre

S

s'arrêter

ᓂᒌᐤ nichiiu vai ◆ il/elle s'arrête en étant sur le point de faire quelque chose

s'asseoir

ᑯᔨᑎᐎᐱᐤ kuyitiwipiu vai ◆ il/elle n'a nulle part où s'asseoir

ᐅᐧᐋᔨᐱᔥᑎᒼ uwaayipishtim vti ◆ il/elle s'assied à côté de quelque chose, il/elle se met à la tâche

ᐅᐧᐋᔨᐱᔥᑎᐧᐋᐤ uwaayipishtiwaau vta ◆ il/elle s'assied à côté de lui/d'elle

s'attendre

ᐄᔅᐲᐦᑖᔨᐦᑎᒼ iispiihtaayihtim vti ◆ il/elle s'attend à ce que ça soit d'une certaine façon, d'une certaine quantité, d'un certain temps

ᐄᔅᐲᐦᑖᔨᒫᐤ iispiihtaayimaau vta ◆ il/elle s'attend à ce qu'il/elle en soit capable; il/elle s'attend à ce qu'il/elle va prendre un certain temps

s'attendre à

ᐃᔮᔅᐳᓈᔨᐦᑎᒼ iyaaspunaayihtim vti ◆ il/elle s'attend à recevoir à manger quand il/elle le verra

s'écoule

ᐧᐃᐦᒋᒋᐧᐃᓐ wihchichiwin vii ◆ le courant s'écoule de là

s'efforcer

ᐃᔨᔨᒥᐦᐋᐤ iyiyimihaau vta ◆ il/elle s'efforce de lui faire quelque chose mais en vain

s'élever

ᐅᐧᐃᓂᐦᑖᐤ uwinihtaau vii ◆ une vague de chaleur s'élève de la terre, de la neige, de la glace

s'emporter

ᔖᑯᔨᐧᐋᓯᐤ shaakuyiwaasiu vai ◆ il est coléreux, elle est coléreuse; il/elle s'emporte facilement

s'en aller

ᐊᑎᒥᐱᔨᐤ atimipiyiu vai ◆ il/elle s'en va d'ici

ᐊᑎᒥᐱᔨᐤ atimipiyiu vii ◆ ça s'en va d'ici

ᐊᑎᐧᒫᐧᐋᐱᔨᐤ atimwaawaapiyiu vai ◆ il/elle s'en va et on l'entend le faire ■ ᔖᔥ ᒌᐦ ᑎᐱᐢᑳᔨᐤ ᐄᔮᒄ ᑳ ᐊᑎᐧᒫᐧᐋᐱᔨᑦ᙮ ■ shaash chiih tipiskaayiu iiyaakw kaa atimwaawaapiyit. ■ *C'était déjà la nuit quand nous l'avons entendue partir en voiture.*

ᐊᑎᐧᒫᐧᐋᐱᔨᐤ atimwaawaapiyiu vii ◆ ça s'en va et on l'entend

ᐊᑎᐧᒫᐧᐋᔑᓐ atimwaawaashin vai ◆ il/elle s'en va et on entend ses pas

s'enfoncer

ᒋᐦᒋᐢᑖᐧᐋᑯᓈᐱᔨᐤ chihchistaawaakunaapiyiu vii ◆ ça s'enfonce dans la neige

ᐃᔮᐅᐦᒋᐱᔨᐤ iyaauhchipiyiu vai ◆ il/elle s'enfonce dans le sable

ᐃᔮᐅᐦᒋᐱᔨᐤ iyaauhchipiyiu vii ◆ ça s'enfonce dans le sable

s'enfuir

ᐄᑎᔑᒨ iitishimuu vai -u ◆ il/elle s'enfuit pour se protéger

s'enlever

ᐋᒥᐱᔨᐦᐆ aamipiyihuu vai -u ◆ il/elle s'enlève de quelque chose, il/elle descend de quelque chose

s'envoler

ᐊᑯᓰᐅᐧᑖᐦᐆ akusiiutwaahuu vai -u ◆ il/elle s'envole et va se percher

ᐅᔑᐦᐋᒫᐤ ushihamaau vai ◆ il/elle fait s'envoler les oies pour qu'elles continuent à revenir se nourrir au même endroit

s'évanouir

ᐋᑭᐧᐋᔨᐦᑎᒼ aakiwaayihtim vti ◆ il/elle s'évanouit

s'habiller

ᐄᔑᐦᐆ iishihuu vai -u ◆ il/elle s'habille d'une certaine façon

ᐅᐧᐋᔑᐦᐆ uwaashihuu vai -u ◆ il/elle s'habille

ᐧᐃᔨᐱᐦᐆ wiyipihuu vai -u ◆ il/elle s'habille en noir

s'inclure

ᐊᔥᑎᒋᒦᓲ ashtichimiisuu vai reflex -u ◆ il/elle s'inclut avec le reste

s'installer

ᐋᐦᑐᒑᐤ aahtuchaau vai ◆ il/elle déménage, va s'installer ailleurs

s'intéresser à

ᐃᔮᐱᑖᔨᒫᐤ iyaapitaayimaau vta ◆ il/elle fait attention à, s'occupe de, s'intéresse à lui/elle

s'occuper de

ᐃᔮᐱᑖᔨᒫᐤ iyaapitaayimaau vta ◆ il/elle fait attention à, s'occupe de, s'intéresse à lui/elle

s'ouvrir

ᐅᐦᐱᔥᑳᐤ uhpishkaau ni ◆ il/elle passe d'une attitude réservée à une attitude plus ouverte, il/elle s'ouvre (psychologiquement)

sable

ᔮᑳᐤ yaakaau ni -aam ◆ du sable

ᔮᑭᐤ yaakiu ni ◆ du sable

ᒧᔥᑖᓈᐅᐦᑳᐤ mushtaanaauhkaau vii ◆ c'est du sable pur, juste du sable (ex. le sol d'une habitation qui n'est pas recouvert de branchages)

ᓂᔥᑎᐧᐋᐅᒋᓂᒼ nishtiwaauchinim vti ◆ il/elle ramasse du sable avec ses mains

ᔮᑳᐅᐦᐋᐤ yaakaauhaau vta ◆ il/elle lui met du sable dessus

ᔮᑳᐅᐦᑖᐤ yaakaauhtaau vai ◆ il/elle le rend plein de sable

ᔮᑳᐅᐦᑎᓐ yaakaauhtin vii ◆ ça se recouvre de sable; du sable se met dessus

ᔮᑳᐅᔑᒫᐤ yaakaaushimaau vta ◆ il/elle lui met du sable dessus ou dedans en le mettant en contact avec quelque chose

ᔮᑳᐅᔥᑭᒼ yaakaaushkim vti ◆ il/elle met du sable dessus avec son pied ou son corps

ᔮᑳᐅᔥᑭᐧᐋᐤ yaakaaushkiwaau vta ◆ il/elle lui met du sable dessus avec son pied ou son corps

ᔮᑳᐧᐋᒋᓯᐤ yaakaawaachisiu vai ◆ il/elle est plein-e de sable (étalé)

ᔮᑳᐧᐋᑭᓐ yaakaawaakin vii ◆ c'est sablonneux (étalé)

ᔮᑳᐧᐋᐱᓯᐢᒋᓯᐤ yaakaawaapisischisiu vai ◆ il/elle a du sable dessus (minéral)

ᔮᑳᐧᐋᐱᐢᑳᐤ yaakaawaapiskaau vii ◆ ça a du sable dessus

ᔮᑳᐧᐋᐢᑯᓐ yaakaawaaskun vii ◆ c'est sablonneux (long et rigide)

ᔮᑳᐧᐋᐢᑯᓯᐤ yaakaawaaskusiu vai ◆ il y a du sable dessus (long et rigide)

ᒥᓈᐅᐦᒄ minaauhkw ni ◆ un banc de sable

ᒋᐧᐹᐅᐦᑳᐦᐋᓐ chipwaauhkaahaan vii ◆ c'est bloqué par du sable lavé par les vagues

ᒋᐧᐹᐅᐦᐧᑳᐤ chipwaauhkwaau vii ◆ c'est bloqué par du sable

ᒋᓯᔮᐅᐦᒋᓈᐤ chisiyaauhchinaau vta ◆ il/elle le/la nettoie avec du sable

ᒋᓯᔮᐅᐦᒋᓂᒼ chisiyaauhchinim vti ◆ il/elle le nettoie avec du sable, avec un abrasif

ᐄᐹᑖᐅᐦᑳᐤ **iipaataauhkaau** vii ◆ c'est sali avec du sable

ᐄᔩᑯᐎᔅᒑᓂᒻ **iiyikuwischaanim** vti ◆ il/elle entasse du sable autour de la partie inférieure de l'habitation

ᐃᔮᐅᐦᒋᐱᔩᐤ **iyaauhchipiyiu** vai ◆ il/elle s'enfonce dans le sable

ᐃᔮᐅᐦᒋᐱᔩᐤ **iyaauhchipiyiu** vii ◆ ça s'enfonce dans le sable

ᒫᒀᐅᐦᒋᐱᔩᐤ **maakwaauhchipiyiu** vii ◆ c'est bien tassé (granuleux, ex. du sable)

ᒥᒋᔥᑖᐙᔮᐅᐦᑳᐤ **michishtaawaayaauhkaau** vii ◆ c'est une pointe de sable

ᒥᓈᐅᐦᑳᐤ **minaauhkaau** vii ◆ c'est une barre de sable

ᒥᔥᑭᐏᑖᐅᐦᑳᐤ **mishkiwitaauhkaau** vii ◆ c'est une zone de gravier dur, de sable

ᒥᔪᑭᑖᐅᐦᑳᐤ **miyukitaauhkaau** vii ◆ c'est du sable fin

ᒥᐧᔮᐅᐦᑳᐤ **miywaauhkaau** vii ◆ il y a du beau sable sur le sol

ᒧᔔᑖᐅᐦᑳᐤ **mushuutaauhkaau** vii ◆ c'est une zone de sable

ᒨᓈᐅᐦᒋᓈᐤ **muunaauhchinaau** vta ◆ il/elle le/la déterre du sable à la main

ᒨᓈᐅᐦᒋᓂᒻ **muunaauhchinim** vti ◆ il/elle le déterre du sable à la main

ᒨᓈᐅᐦᑭᐦᐊᒻ **muunaauhkiham** vti ◆ il/elle le déterre du sable avec un outil

ᒨᓈᐅᐦᑭᐦᐄᒑᐤ **muunaauhkihiichaau** vai ◆ il/elle retire des choses du sable en creusant

ᒨᓈᐅᐦᑭᐦᐙᐤ **muunaauhkihwaau** vta ◆ il/elle le/la déterre du sable, du gravier avec un outil

ᒨᔅᑳᐅᐦᒋᓂᒻ **muuskaauhchinim** vti ◆ il/elle le déterre du sable à la main

ᒨᔅᑳᐅᐦᒋᔥᑭᒻ **muuskaauhchishkim** vti ◆ il/elle le déterre du sable avec le pied ou le corps

ᒨᔅᑳᐅᐦᒋᔥᑭᐙᐤ **muuskaauhchishkiwaau** vta ◆ il/elle le/la déterre du sable, du sol avec le pied

ᒨᔅᑳᐅᐦᑭᔥᑎᓐ **muuskaauhkishtin** vii ◆ c'est découvert du sable par le vent

ᓈᔮᐅᐦᑳᐤ **naayaauhkaau** vii ◆ c'est une pointe de sable

ᓃᑭᑖᐅᐦᒋᐱᔩᐤ **niikitaauhchipiyiu** vii ◆ ça glisse dans l'eau ou dans le trou (se dit du sable)

ᐹᔅᑳᐅᐦᑳᔥᑎᓐ **paaskaauhkaashtin** vii ◆ la couche de sable est emportée par le vent

ᐹᔅᑭᑖᐅᐦᑳᔑᐤ **paaskitaauhkaashiu** vai ◆ le sable est emporté par le vent

ᐲᐦᒋᔮᑭᐙᐤ **piihchiyaakiwaau** vii ◆ du sable est rentré dedans

ᐲᐦᒋᔮᑭᐏᑖᐤ **piihchiyaakiwitaau** vai ◆ il/elle met du sable dedans

ᐱᒫᐅᐦᑳᐤ **pimaauhkaau** vii ◆ c'est une barre de sable

ᐱᐹᔅᒀᐅᐦᑳᐤ **pipaaskwaauhkaau** vii redup ◆ c'est du sable plein de bosses

ᐱᔅᑯᔮᑳᐆ **piskuyaakaauu** vii -aawi ◆ c'est une dune de sable

ᐙᐹᐅᐦᑳᐤ **waapaauhkaau** vii ◆ c'est du sable blanc

ᐏᔨᐹᐅᐦᑳᐤ **wiyipaauhkaau** vii ◆ c'est du sable noir

ᔮᑳᐅᐦᑎᐏᒑᐤ **yaakaauhtiwichaau** vai ◆ il/elle a du sable dans les oreilles

ᔮᑳᐅᑖᐅᐦᑳᐤ **yaakaautaauhkaau** vii ◆ c'est un sol sablonneux

ᔮᑳᐅᑎᐙᐤ **yaakaautiwaau** vai ◆ il/elle a la fourrure pleine de sable

ᒥᓂᓵᒄ **minisaakw** ni -um ◆ une île de sable ou de cailloux

ᐄᑖᐅᐦᑳᐹᐙᐤ **iitaauhkaapaawaau** vii ◆ c'est un dessin laissé sur le sable par le mouvement de l'eau

ᒨᓂᑖᐅᐦᑭᐦᐊᒻ **muunitaauhkiham** vti ◆ il/elle creuse dans le sol, dans le sable

ᒨᓂᑖᐅᐦᑭᐦᐄᒑᐤ **muunitaauhkihiichaau** vai ◆ il/elle creuse dans le sable, dans le sol avec quelque chose

ᒨᔅᑳᐅᐦᒋᓈᐤ **muuskaauhchinaau** vta ◆ il/elle le/la déterre du sable, du sol avec un outil

ᒨᔅᑳᐅᐦᑳᔑᐤ **muuskaauhkaashiu** vai ◆ il/elle est découvert-e du sable par le vent

ᓈᑎᑳᒫᔮᐅᐦᑳᐤ **naatikaamaayaauhkaau** vii ◆ c'est une pointe de sable qui atteint presque l'autre rive

ᐱᒋᔅᑖᔮᐅᐦᒋᔑᓐ **pichistaayaauhchishin** vai ◆ il/elle soulève de la poussière, du sable en tombant

ᐱᐦᒋᔅᑖᔮᐅᐦᒋᐱᑖᐤ **pihchistaayaauhchipitaau** vta ◆ il/elle fait se soulever quelque chose de poudreux (animé) en passant ou en le touchant

ᐱᐦᒋᔅᑖᔮᐅᐦᒋᐱᑎᒻ **pihchistaayaauhchipitim** vti ◆ il/elle soulève le sable ou la poussière en passant

ᐱᐦᒋᔅᑖᔮᐅᐦᒋᔥᑭᒻ **pihchistaayaauhchishkim** vti ◆ il/elle soulève la poussière ou le sable avec son pied ou son corps

ᐱᐦᒋᔅᑖᔮᐅᐦᒋᔥᑭᐙᐤ **pihchistaayaauhchishkiwaau** vta ◆ il/elle le/la fait se soulever (quelque chose de poudreux, animé) avec son pied ou son corps

ᐱᐦᒋᔅᑖᔮᐅᐦᒋᔅᑎᓐ **pihchistaayaauhchistin** vii ◆ ça fait se soulever la poussière ou le sable en tombant

ᑎᐦᑳᐅᐦᑳᐤ **tihkaauhkaau** vii ◆ c'est du sable froid, des cendres froides

ᐅᐧᔖᔮᐅᐦᒋᔑᓐ **ushwaayaauhchishin** vai ◆ il/elle fait gicler le sable en atterrissant

ᐙᔅᒑᔮᑯ **waaschaayaakuu** vii -uwi ◆ on peut voir au loin une plage de sable

ᔮᑳᐙᒥᔅᑳᐤ **yaakaawaamiskaau** vii ◆ le fond de l'eau est sablonneux

ᔮᑳᐙᒥᔅᑯ **yaakaawaamiskuu** vii -uwi ◆ la rivière coule dans un lit de sable

ᒥ·ᔦᒥᔅᑳᐤ miywaamiskaau vii ◆ le fond du lac est fait de sable ou de galets

ᐱᔅᑯᑖᐅᐦᑳᐤ piskutaauhkaau vii ◆ c'est une colline élevée, une pointe de sable

sablonneux

ᔮᑳᐅᔑᐤ yaakaaushiu vii dim ◆ c'est sablonneux, il y a une petite zone sablonneuse

ᔮᑳᐆ yaakaauu vii -aawi ◆ c'est sablonneux

·ᐋᔑᐦᐄᔮᑳᐆ waashihiiyaakaauu vii -aawi ◆ le bord de la baie est sablonneux

ᔮᑳ·ᐋᑭᒥᐤ yaakaawaakimiu vii ◆ c'est de l'eau sablonneuse

ᐄᔥᐱᑖᐅᐦᑳᐤ iishpitaauhkaau vii ◆ c'est une rive haute et sablonneuse

ᐱᐦ·ᑳᑖᐅᐦᒋᐱᔨᐤ pihkwaataauhchipiyiu vii ◆ un morceau de terre sablonneuse se détache

ᐅᐱᔮᑳᐆ upiyaakaauu vii -aawi ◆ le fond sablonneux d'une étendue d'eau peut se voir

sabot

ᐅᒋᔥᑎ·ᐃᔑᐦᑯᓈᓐᐦ uchishtiwishihkunaanh ni pl ◆ l'endroit entre les sabots

ᐄᒋᔥᑐ·ᐃᑭᔥ·ᑳᐤ iichishtuwikishkwaau vai ◆ il/elle a des sabots fourchus

ᐅᒋᔥᑎ·ᐃᔨᓯᑖᓐ uchishtiwiyisitaan ni ◆ l'espace entre les deux onglons du sabot

ᐅ·ᐃᔨᐹᔮᑯᓂᐦᑖᐅᔥᑭᔒᐦ uwiyipaayaakunihtaaushkishiih na ◆ le petit ongle du côté extérieur de son sabot (ex. un caribou)

ᐄᒋᔅᑐ·ᐃᑭᔖᐤ iichistuwikishaau vai ◆ il/elle a des sabots ou des ongles fourchus

ᓃᔓᑭᔥ·ᑳᐤ niishukishkwaau vai ◆ son sabot, son ongle est divisé en deux

sabots

ᐅᒋᔥᑎ·ᐄᔥᑖᓂᐲ·ᐄᐦ uchishtiwiishtaanipiiwiih nad -um ◆ les poils qui poussent dans la fente du sabot (du caribou)

sac

ᐋᐦᒋ·ᑳ·ᐃᑦ aahchikwaawit ni ◆ un sac en peau de phoque

ᒦᓂ·ᐃᑦ miiniwit ni -um ◆ un sac de baies

ᒥᔅᑖᔅᐱᓱ·ᐃᔮᓐ mistaaspisuwiyaan ni ◆ un sac pour transporter la mousse qui sert de couches au bébé

ᓃᒫ·ᐃᓂ·ᐃᑦ niimaawiniwit ni ◆ un sac-repas, une musette, un sac à lunch

ᓂᐹᑭᓂ·ᐃᑦ nipaakiniwit ni ◆ un sac de literie

ᐲᐦᒋᐲᐅᔮᓐ piihchipiiuyaan ni ◆ un sac pour le duvet ou les plumes d'oies

ᐲᓂ·ᐃᑦ piiniwit ni ◆ un sac de pinces à linge

ᔔᑳᐅ·ᐄᐦ·ᑳᔮᐤ shuukaauwiihkwaayaau ni -aam ◆ un sac de sucre, un sac à sucre, de l'anglais 'sugar'

ᐅᔥᑳᒑᐅ·ᐄᐦ·ᑳᔮᐤ ushkaachaauwiihkwaayaau ni -m ◆ un sac fait de peaux de pattes de caribou

ᐅᔥᑳᒑᐅ·ᐃᑦ ushkaachaauwit ni -um ◆ un sac fait de peau de pattes de caribou

·ᐃᒋᔥ·ᑳᐦᑖ·ᐃᑦ wichishkwaahtaawit ni ◆ un sac à peaux séchées de rat musqué

·ᐄᓈᔥᑎᑮ wiinaashtikii ni -im ◆ un sac de nourriture, un estomac de caribou ou d'orignal

·ᐄ·ᐃᑦ wiiwit nid ◆ sa valise, son sac

ᑖᑐᓈᐤ taatunaau vta ◆ il/elle l'ouvre (quelque chose de fermé qui a la forme d'un sac, ex. le ventre d'un poisson) à la main

ᑖᑐᓂᒼ taatunim vti ◆ il/elle l'ouvre (quelque chose de fermé qui a la forme d'un sac, ex. un sac de farine) à la main

·ᐄᐦ·ᑳᔥᑎᐦᐊᒼ wiihkwaashtiham vti ◆ il/elle le coud en forme de sac

·ᐄᐦ·ᑳᔥᑎᐦ·ᐋᐤ wiihkwaashtihwaau vta ◆ il/elle le/la coud en forme de sac

ᐊᐦᑖᐅ·ᐃᑦ ahtaauwit ni [Wemindji] ◆ un sac à peaux de castor

ᐊᔅᐱᐦᐱᐦᓱᓐ aspihpihsun ni ◆ une couverture pour envelopper le bébé dans son sac

ᒋ·ᐹᔅᐱᒋᑭᓐ chipwaaspichikin ni ◆ une corde, un cordon, une ficelle pour fermer un sac

ᑳᐱᔅᒋᑯᐹᔮᐨ kaapischikupaayaach nip ◆ un sac de jute, du jute (tissu)

ᒦ·ᐃᑦ miiwit ni ◆ une valise, un sac, un contenant

sac à dos

ᓃᒨᑖᓐ niimuutaan ni ◆ un sac à dos

sac à mousse

·ᐋᔅᐱᓱ·ᐃᔮᓐ waaspisuwiyaan ni ◆ un sac à mousse

·ᐋᔅᐱᑖᐅᓲ waaspitaausuu vai -u ◆ il/elle enroule le bébé dans un sac à mousse

·ᐋᔅᐱᑖᐤ waaspitaau vta ◆ il/elle l'enroule dans un sac à mousse, raccommode le filet de pêche

sac aérien

ᐋᐳᑎᑖᐦᒋᑭᓐ aaputitaahchikin ni ◆ le sac aérien d'une truite retourné, attaché d'un côté, gonflé, attaché de l'autre et bouilli

ᓂᒫᔅᑯᐃ nimaaskui ni ◆ le sac aérien d'un esturgeon

sac de chasse

ᐊᔅᒋᐦᑯᒫᓂ·ᐃᑦ aschihkumaaniwit ni ◆ un sac pour la chasse, une gibecière dans laquelle on met aussi ce qu'il faut pour chasser

sac de couchage

ᑳᐲᐦᒋᔑᒧ·ᐃᓂ·ᐃᐨ kaapiihchishimuwiniwich nip ◆ un sac de couchage

ᓂᐹᑭᓐ nipaakin ni ◆ une couverture, un sac de couchage

sacrer

ᒥᒥᒋᔨᔥᒌ·ᔖᐤ mimichiyishchiishwaau vai redup ◆ il/elle parle mal, jure, sacre

sage

ᑭᒑᐦᑖ·ᐋᔨᐦᑎᒼ kichaahtaawaayihtim vti ◆ il/elle est sage, intelligent-e

sagesse
ᑭᒑᐦᑖᐗᔨᐦᑎᒧᐎᓐ kichaahtaawaayihtimuwin ni
◆ la sagesse
ᑭᒑᐦᑖᐗᐦᑳᓱ kichaahtaawaahkaasuu vai -u
◆ il/elle fait semblant de parler avec sagesse

saignant
ᒥᐦᑭᔥᑳᐤ mihkishkaau vii ◆ c'est cuit saignant

saigner
ᒋᔑᑭᐎᒥᐦᒁᐤ chishikiwimihkwaau vai ◆ il/elle saigne fort, abondamment
ᒋᐱᐦᑖᔑᑮᐅ chipihtaashikiiuu vii -iwi ◆ ça (ex. du sang, du liquide) arrête de saigner, de couler ■ ᐋᔥᒄ ᓂᒥ ᒋᐱᐦᒋᑖᔑᑭᐎᔨᐤ ᑳ ᒫᑎᓱᓱᐟ ■ aashkw nimi chipihchitaashikiwiyiu kaa maatisusut. ■ *Le saignement ne s'est pas arrêté sur sa blessure.*
ᒫᒋᐦᒀᑮᐅ maachihkwaakiuu vai -iwi ◆ il/elle saigne à mort, jusqu'à en mourir, meurt de saignements
ᒥᓈᑭᒥᐦᒀᓈᐤ minaakimihkwaanaau vta
◆ il/elle en fait sortir le sang, le/la saigne
ᒥᓂᐦᒀᓈᐤ minihkwaanaau vta ◆ il/elle en fait sortir le sang, le/la saigne
ᐹᐦᑳᐱᑖᐤ paahkaapitaau vta ◆ il/elle le fait éclater avec ses mains, ses ongles, il/elle le/la gratte et le/la fait saigner
ᐱᔥᑯᔥᑐᓐ pishkushtun vai ◆ il/elle saigne du nez
ᐱᔥᑯᔥᑐᓈᐦᐙᐤ pishkushtunaahwaau vta
◆ il/elle le/la fait saigner du nez
ᐹᐦᑳᐱᔨᐤ paahkaapiyiu vai ◆ il/elle éclate, explose, saigne
ᐹᐦᑳᔑᒫᐤ paahkaashimaau vta ◆ il/elle le/la laisse tomber et le/la fait saigner, éclater ou s'ouvrir
ᐱᔥᑯᔥᑐᓈᔑᓐ pishkushtunaashin vai ◆ il/elle se cogne le nez et saigne du nez
ᐱᔥᑯᔥᑐᓈᔥᑭᐙᐤ pishkushtunaashkiwaau vta
◆ il/elle le/la cogne et le/la fait saigner du nez
ᓰᒋᒀᐦᐙᐤ siichikwaahwaau vta ◆ il/elle verse son sang, il/elle le/la fait saigner

saillant
ᐊᑯᓈᐱᔅᑳᐤ akunaapiskaau vii ◆ c'est un morceau de rocher saillant vers vous

saillie
ᑳᐦᑎᐹᐤ kaahtipaau vii ◆ c'est une saillie, un rebord
ᐊᐦᒑᐱᐦᒀᔑᒫᐤ ahchaapihkwaashimaau vta
◆ il/elle le/la fait former une saillie dans la toile du tipi en l'appuyant sur cette toile
ᑳᐦᑎᐹᐱᔅᑳᐤ kaahtipaapiskaau vii ◆ il y a une saillie dans le rocher
ᑳᐦᑎᐹᐅᐦᑳᐤ kaahtipaauhkaau vii ◆ il y a une saillie dans la pente
ᑳᐦᑎᐱᔅᑭᒥᑳᐤ kaahtipiskimikaau vii ◆ il y a une saillie sur le sol
ᓈᔮᐤ naayaau vii ◆ c'est une pointe; ça a une pointe; c'est une saillie sur quelque chose

Saint Esprit
ᐱᔮᐦᒌᐦᒑᐦᒄ piyaahchiihchaahkw na -um ◆ le Saint Esprit

Saint Jean-Baptiste
ᐅᓰᐦᑭᐦᐋᑖᒑᐤ usiihkihaataachaau vai ◆ c'est lui qui baptise, Saint Jean-Baptiste

saisi
ᑯᔅᑯᓰᐙᔨᐦᑎᒥᐦᐄᑯ kuskusiiwaayihtimihiikuu vai -u
◆ il/elle est surpris-e, saisi-e; il/elle en est surpris-e, saisi-e

saisir
ᓂᔅᑭᐙᐱᑎᒼ niskiwaapitim vti ◆ il/elle le saisit quand il passe
ᓂᐎᒋᐱᑖᐤ niwichipitaau vta ◆ il/elle le/la saisit quand il/elle passe
ᓂᐎᒋᐱᑎᒼ niwichipitim vti ◆ il/elle le saisit quand il passe
ᑳᐦᒋᒋᐱᑖᐤ kaahchichipitaau vta ◆ il/elle le/la saisit, s'accroche à lui/à elle quand il/elle passe
ᒫᑯᓂᒼ maakunim vti ◆ il/elle le saisit, le presse

saison
ᐃᔅᐱᐦᑖᔮᐤ ispihtaayaau vii ◆ c'est une certaine saison, une époque de l'année
ᐄᔅᐱᐦᑖᔮᐤ iispihtaayaau vii ◆ c'est une certaine saison de l'année
ᒀᔅᑳᔮᐤ kwaaskaayaau vii ◆ la saison change

salaire
ᑎᐱᐦᐊᒫᑯᓰᐎᓐ tipihamaakusiiwin ni ◆ un salaire, une récompense

sale
ᒥᒑᒋᓯᐤ michaachisiu vai ◆ il/elle est sale (étalé)
ᒥᒑᑭᓐ michaakin vii ◆ c'est sale, pas bon (étalé)
ᐐᓈᒋᓯᐤ wiinaachisiu vai ◆ il/elle est sale (étalé)
ᐐᓈᑭᓐ wiinaakin vii ◆ c'est sale (étalé)
ᐐᓈᐱᓯᔅᒋᓯᐤ wiinaapisischisiu vai ◆ il/elle est sale (minéral)
ᐐᓈᐱᔅᑳᐤ wiinaapiskaau vii ◆ c'est sale (minéral)
ᐐᓈᔅᑯᓐ wiinaaskun vii ◆ c'est sale (long et rigide)
ᐐᓈᔅᑯᓯᐤ wiinaaskusiu vai ◆ il/elle est sale (long et rigide)
ᐐᓈᐤ wiinaau vii ◆ c'est sale
ᐐᓂᓯᐤ wiinisiu vai ◆ il/elle est sale
ᐎᔨᒋᐳᓯᐤ wiyichipusiu vai ◆ il/elle est sale
ᐎᔨᒋᐹᐤ wiyichipwaau vii ◆ c'est sale, là où la saleté est visible
ᐊᑯᐱᐦᒀᐤ akupihkwaau vii ◆ le canon de son fusil est sale et plein de poudre
ᒥᒑᑭᒥᐤ michaakimiu vii ◆ c'est de l'eau sale, un liquide sale
ᒥᒋᓐ michin vii ◆ c'est sale, laid
ᒥᒋᓯᐤ michisiu vai ◆ il/elle est sale, laid-e, il est affreux, elle est affreuse

ᐅᐧᐄᓂᐦᑐᐧᐃᒑᐤ uwiinihtuwichaau vai ◆ il/elle a les oreilles sales

ᐧᐄᓈᑭᒥᐤ wiinaakimiu vii ◆ l'eau est sale

ᐧᐄᓈᑯᓂᒋᓯᐤ wiinaakunichisiu vai ◆ la neige est sale

ᐧᐄᓈᑯᓂᑳᐤ wiinaakunikaau vii ◆ la neige est sale

ᐧᐄᓈᔨᐦᑎᒻ wiinaayihtim vti ◆ il/elle pense que ce n'est pas propre

ᐧᐄᓈᔨᒫᐤ wiinaayimaau vta ◆ il/elle pense qu'il/elle n'est pas propre

ᐧᐄᓂᐦᑎᑳᐤ wiinihtikaau vii ◆ c'est un sol, un plancher sale

ᐧᐄᓂᓈᑯᓐ wiininaakun vii ◆ ça a l'air sale, laid

ᐧᐄᓂᓈᑯᓯᐤ wiininaakusiu vai ◆ il/elle a l'air sale, laid

ᐧᐄᓂᑎᐦᒑᐤ wiinitihchaau vai ◆ il/elle a les mains sales

ᐧᐃᔨᒋᐴ wiyichipuu vai -u ◆ il/elle a le visage tout barbouillé, sale après avoir mangé

ᒥᒑᐳᐃ michaapui ni -um ◆ de l'eau de vaisselle ou de lavage sale, des eaux usées

ᐧᐃᔨᐹᒋᐦᑎᓐ wiyipaachihtin vii ◆ c'est sale, noir (étalé) par le contact avec quelque chose

ᐧᐃᔨᐹᒋᔑᓐ wiyipaachishin vai ◆ il/elle (étalé) est noir, sale d'avoir touché quelque chose

salé

ᔒᐧᐋᐳᐧᐋᑭᒥᐤ shiiwaapuwaakimiu vii ◆ l'eau a un goût salé

ᔒᐧᐋᐤ shiiwaau vii ◆ c'est sucré ou salé

ᔒᐅᓯᐤ shiiusiu vai ◆ il/elle a un goût salé ou sucré

ᔒᐧᐋᑭᒥᐤ shiiwaakimiu vii ◆ le liquide est sucré ou salé

saler

ᔒᐅᐦᐋᐤ shiiuhaau vta ◆ il/elle le/la sucre ou le/la sale (liquide)

ᔒᐅᐦᑖᐤ shiiuhtaau vai ◆ il/elle met du sel dessus, le sale

ᔒᐧᐋᑭᒥᐦᑖᐤ shiiwaakimihtaau vai+o ◆ il/elle le sucre, le sale (liquide)

ᔒᐧᐋᑭᒥᓂᒻ shiiwaakiminim vti ◆ il/elle le sucre ou le sale (liquide)

saleté

ᐅᐧᐄᓈᐱᐤ uwiinaapiu vai ◆ il/elle y a de la saleté , du mucus dans les yeux

ᐅᐧᐄᓂᔥᑭᒑᐱᐤ uwiinishkichaapiu vai ◆ il/elle a de la saleté, du mucus dans les yeux

sali

ᐄᐹᑖᐅᐦᑳᐤ iipaataauhkaau vii ◆ c'est sali avec du sable

salir

ᐧᐄᒋᐳᔥᑭᐧᐋᐤ wiichipushkiwaau vta ◆ il/elle le/la salit

ᐧᐄᓂᐦᐋᐤ wiinihaau vta ◆ il/elle le/la salit

ᐧᐄᓂᔥᑭᒻ wiinishkim vti ◆ il/elle le salit avec son corps ou ses pieds

ᐧᐄᓂᔥᑭᐧᐋᐤ wiinishkiwaau vta ◆ il/elle le/la salit avec son corps ou ses pieds

ᐧᐃᔨᒋᐳᔥᑭᒻ wiyichipushkim vti ◆ il/elle le salit

ᒋᒋᒑᐦᑎᒻ chichichaahtim vti ◆ il/elle le salit avec des excréments

ᒥᒋᐦᐋᐤ michihaau vta ◆ il/elle le/la fait mal; il/elle le/la salit

ᒥᒋᐦᑖᐤ michihtaau vai+o ◆ il/elle le fait mal, le salit

ᒥᒋᔥᑖᐤ michishtaau vai ◆ il/elle le salit, le souille

ᐧᐄᓂᔑᒨ wiinishimuu vai -u ◆ il/elle se salit en touchant quelque chose

ᒋᒋᒑᒫᐤ chichichaamaau vta ◆ il/elle salit, souille son fond de culotte, son pantalon avec des excréments ▪ ᒋᒋᒑᒫᐤ ᐅᐲᐦᑐᐧᐃᐱᔨᒌᓵᓐᐦ᙮ ▪ chichichaamaau upiihtuwipiyichiisaanh. ▪ *Il a souillé son sous-vêtement long.*

ᐧᐄᓂᐦᑎᑖᐤ wiinihtitaau vai ◆ il/elle le salit en le laissant toucher quelque chose, elle laisse la viande pourrir

ᐧᐄᓂᔑᒫᐤ wiinishimaau vta ◆ il/elle le/la salit en le/la laissant toucher quelque chose, il/elle le/la laisse pourrir

ᐧᐃᔨᐱᔑᓐ wiyipishin vai ◆ il/elle se salit, devient noir en touchant quelque chose

salir (se)

ᒥᒋᔑᒫᐤ michishimaau vta ◆ il/elle le/la fait se salir sur quelque chose

ᒥᒋᔑᓐ michishin vai ◆ il/elle se salit sur quelque chose

ᐧᐃᔨᐱᐦᑎᓐ wiyipihtin vii ◆ ça se salit, devient noir en touchant quelque chose

salive

ᓯᐦᑯᐧᐃᓐ sihkuwin ni ◆ de la salive, un crachat

salle à manger

ᒦᒋᓲᑭᒥᒄ miichisuukimikw ni ◆ un restaurant, une salle à manger

salle des fêtes

ᒫᑎᐧᐋᐅᑭᒥᒄ maatiwaaukimikw ni ◆ un gymnase, une salle des fêtes ▪ ᐋᑯᑖᐦ ᐊᓂᑖᐦ ᒫᑎᐧᐋᐅᑭᒥᑯᐦᒡ ᒑ ᓃᒥᓈᓂᐧᐃᒡ ᒑᑎᐱᐢᑳᒡ᙮ ▪ aakutaah anitaah maatiwaaukimikuhch chaa niiminaaniwich chaatipiskaach. ▪ *La danse de ce soir aura lieu à la salle des fêtes.*

salto

ᐧᑳᔥᐧᑳᓂᒌᐤ kwaashkwaanichiiu vai ◆ il/elle roule, fait des saltos

saluer

ᐧᐋᒋᔮᐦᒑᒨ waachiyaahchaamuu vai ◆ il/elle salue (les gens)

ᐧᐋᒋᔮᒫᐤ waachiyaamaau vta ◆ il/elle le/la salue, lui serre la main

ᐱᓯᑰᔥᑎᐧᐋᐤ pisikuushtiwaau vta ◆ il/elle se lève pour le/la saluer ou pour lui témoigner du respect

ᓂᐧᐃᒌᔥᑎᐧᐋᐤ niwichiishtiwaau vta ◆ il/elle lui fait la révérence, la/le salue; il/elle se prosterne devant elle/lui pour l'adorer

salut

ᐱᒫᒋᐦᐄᐧᐋᐧᐃᓐ pimaachihiiwaawin ni ◆ le salut

ᐧᐋᒋᔮᐦ waachiyaah p,interjection ◆ bonjour, salut (expression utilisée pour saluer quelqu'un, de l'anglais 'what cheer') ▪ ᐧᐋᒋᔮᐦ, ᓂᒥᐧᔮᔨᐦᑖᓐ ᒦᓐ ᐋᐦ ᐧᐋᐱᒥᑖᓐᕽ ▪ waachiyaah, nimiywaayihtaan miin aah waapimitaan. ▪ *Bonjour, je suis content de te revoir.*

samedi

ᒫᑎᓂᐧᐋᒌᔑᑳᐤ maatiniwaachiishikaau vii ◆ samedi ▪ ᓂᑭ ᒧᐧᐃᓲᓈᓐ ᒫᑎᓂᐧᐋᒌᔑᑳᒑᕽ ▪ niki muwisuunaan maatiniwaachiishikaachaa. ▪ *Nous irons ramasser des baies samedi.*

sandale

ᒋᔑᑖᐅᐋᔅᒋᓯᓐᐦ chishitaauaschisinh ni pl ◆ des sandales

sandre

ᐅᑳᐤ ukaau na -m ◆ un doré jaune, un doré blanc, un sandre *Stizostedion vitreum*

sang

ᒥᐦᒄ mihkw ni ◆ du sang

ᒥᐦᑯᐧᐃᐦᐋᐤ mihkuwihaau vta ◆ il/elle met du sang sur lui/elle

ᒥᐦᑯᐧᐃᐦᑖᐤ mihkuwihtaau vai+o ◆ il/elle lui met du sang dessus

ᓵᓱᐧᐃᐦᑯᐦᐄᓲ saasuwihkuhiisuu vai reflex -u ◆ il/elle se met du sang dessus

ᓵᓱᐧᐃᐦᑯᓂᒫᐦᑖᐤ saasuwihkunimaahtaau vai ◆ il/elle a du sang sur ses vêtements, de retour de la chasse

ᐋᐦᒋᑯᒥᐦᒄ aahchikumihkw ni -m ◆ du sang de phoque

ᐊᒥᔅᑯᒥᐦᒄ amiskumihkw ni -m ◆ du sang de castor

ᐅᑐᐃ utui nid ◆ son caillot de sang

ᒥᐦᒀᐅᑳᐤ mihkwaaukaau vii ◆ c'est du sang rouge

ᒥᓈᑭᒥᐦᒀᓈᐤ minaakimihkwaanaau vta ◆ il/elle en fait sortir le sang, le/la saigne

ᒥᓂᐦᒀᓈᐤ minihkwaanaau vta ◆ il/elle en fait sortir le sang, le/la saigne

ᒥᓂᐦᒀᑖᐤ minihkwaataau vai ◆ il/elle fait sortir son sang

ᐹᑯᒥᐦᒀᐤ paakumihkwaau vai ◆ il/elle crache du sang

ᓰᒋᑮᐅ siichikiuu vii -iwi ◆ le sang gicle

ᓰᔅᑳᐹᐅᑖᐤ siiskaapaautaau vai ◆ il/elle le lave pour enlever le sang

ᓱᐧᐃᐦᑯᐦᑎᓐ suwihkuhtin vii ◆ ça s'ensanglante; ça se couvre de sang

ᓱᐧᐃᐦᑯᔑᓐ suwihkushin vai ◆ il/elle le tache de sang

ᓱᐧᐃᐦᑯᑖᒨ suwihkutaamuu vai -u ◆ il/elle crache du sang

ᓱᐧᐃᐦᑯᑎᐧᐋᐤ suwihkutiwaau vii ◆ la fourrure est ensanglantée; il y a du sang sur la fourrure

ᓱᐧᐃᐦᒀᐹᑭᓐ suwihkwaapaakin vii ◆ c'est couvert de sang, c'est ensanglanté (filiforme)

ᓱᐧᐃᐦᒀᐤ suwihkwaau vii ◆ c'est couvert de sang, c'est ensanglanté

ᐹᔅᒑᒨᐧᐋᑭᓈᐦᑎᒄ paaschaamuwaakinaahtikw ni ◆ un morceau de bois creux utilisé pour sécher le sang du caribou

ᐹᓯᐦᒀᓐ paasihkwaan ni ◆ du sang de caribou séché

ᒋᐹᐱᐦᒑᐱᔨᐤ chipwaapihchaapiyiu vai ◆ il/elle a la circulation sanguine coupée, la circulation de son sang est restreinte

ᓰᒋᒀᐦᐧᐋᐤ siichikwaahwaau vta ◆ il/elle verse son sang, il/elle le/la fait saigner

ᓰᐦᑭᐦᐅᔮᐤ siihkihuyaau vta ◆ il/elle le/la nettoie de son sang dans un lac (par ex. une peau)

ᓵᓱᐧᐃᐦᑯᓂᒫᑰ saasuwihkunimaakuu vai -u ◆ il y a une trace de sang sur ses vêtements, signe qu'il va tuer de la nourriture dans un futur proche

sang de caribou

ᐅᑰᓂᐦᒀᐳᐃ ukuunihkwaapui ni -um ◆ du bouillon fait de neige aspergée de sang de caribou

sangle

ᒦᐧᐃᑖᔮᐲ miiwitaayaapii ni ◆ une sangle, une corde

ᓃᒫᐹᓐ niimaapaan ni ◆ une sangle pour tirer du gibier mort

sangle frontale

ᐅᓃᒫᐹᓐ uniimaapaan ni ◆ sa sangle frontale

sangsue

ᐊᑯᐦᑯᐃ akuhkui na ◆ une sangsue

sans

ᒋᔑᐹᐤ chishipaau vii ◆ ça n'a pas de manche

ᓅᑎᒫᐧᐋᔮᑯᓈᐤ nuutimaawaayaakunaau vai ◆ il/elle marche sans ses raquettes dans la neige non tassée

ᔖᔪᐧᐃᐱᐤ shaayuwipiu vai ◆ il/elle est là sans être recouvert-e

santé

ᒥᔪᐱᒫᑎᓰᐤ miyupimaatisiiu vai ◆ il/elle est en bonne santé

ᒥᔥᑭᐧᐃᐱᒫᑎᓰᐤ mishkiwipimaatisiiu vai ◆ il/elle est fort-e et en bonne santé

ᓂᑐᐧᐃᑎᐹᔨᒫᐤ nituwitipaayimaau vta ◆ il/elle va voir s'il/si elle va bien

ᒥᔪᐧᐃᓈᑯᓯᐤ miyuwinaakusiu vai ◆ il est beau, elle est belle, il/elle a l'air en bonne santé

ᓅᐦᑖᔑᓐ nuuhtaashin vai ◆ il/elle n'y arrive pas, la force lui manque à cause du manque de nourriture ou de sa mauvaise santé

saoul

ᒌᔥᒀᐹᐤ chiishkwaapaau vai ◆ il/elle est saoul-e, ivre

sapin baumier

ᐄᔮᔑᐦᑦ iiyaashiht na ◆ sapin baumier *Abies balsamea*

ᐄᔮᔑᐦᑎᒋᓯᐤ iiyaashihtichisiu vai ◆ il/elle sent le sapin baumier

ᐄᔮᔑᐦᑎᐢᑳᐤ iiyaashihtiskaau vii ◆ c'est une aire de sapins baumiers

ᐄᔮᔑᐦᑎᒡ iiyaashihtich na pl ◆ des branchages de sapin baumier

sarcelle

ᒌᔥᒋᔑᐱᔑᔥ chiishchishipishish na -im ◆ une sarcelle à ailes vertes, une sarcelle d'hiver (un canard) *Anas crecca*

satisfait

ᒥᐧᔮᔨᐦᑎᒧᐧᐃᓈᑯᓯᐤ miywaayihtimuwinaakusiu vai ◆ il/elle a l'air content-e, satisfait-e

ᑖᐹᔨᐦᑎᒻ taapaayihtim vti ◆ il/elle est satisfait-e, se contente de ça

ᓂᐦᐄᐚᐦᐄᑰ nihiiwaahiikuu vai -u ◆ il/elle est satisfait-e, content-e, est d'accord

sauce

ᒨᔥᑭᒦ muushkimii ni -m ◆ du bouillon, de la sauce

ᐊᑯᐦᒋᒨ akuhchimuu vai -u ◆ il/elle trempe sa nourriture dans la sauce, dans la graisse

saucisse

ᑰᐦᑰᔑᐎᑎᒋᔒ kuuhkuushiwitichishii ni -m ◆ une saucisse

sauf

ᔮᐃᔨᑖᔨᐦᑎᒻ yaaiyitaayihtim vti ◆ il/elle a confiance que ce sera sauf, sécure

ᔮᐃᔨᑖᔨᒫᐤ yaaiyitaayimaau vta ◆ il/elle a confiance qu'il/elle sera sauf/sauve

saule

ᐊᒋᒨᔑᔑᒡ achimuushishich na pl -im ◆ un saule discolore *Salix discolor*

ᐊᑎᐦᑯᐹᒥᒁᐦᑎᒄᐦ atihkupaamikwaahtikwh ni pl ◆ une sorte de saule

ᐊᑎᐦᑯᐹᒥᒄᐦ atihkupaamikwh ni pl ◆ une sorte de saule

ᒋᔮᔥᑯᑯᒋᔥᐦ chiyaashkukuchishh ni pl ◆ des saules mangés par des castors, lit. 'petits nez de mouette'

ᓃᐱᓰ niipisii ni -m ◆ un saule *Salix sp.*

ᐱᔑᐦᑯᐹᐤ pishihkupaau vii [Whapmagoostui] ◆ les saules poussent en rangée le long du rivage

ᓃᐱᓰᐦᑎᒄ niipisiihtikw ni -m ◆ un bâton de saule sec

ᐧᐃᔥᒁᐹᒥᔒᐦ wishkwaapaamishiih na -um ◆ un saule qui ressemble à un bouleau

ᒥᒋᔥᑖᐚᐦᑯᐹᐤ michishtaawaahkupaau vii ◆ c'est une pointe de saules

ᒥᓂᔥᑎᑯᐦᑯᐹᐤ minishtikuhkupaau vii ◆ c'est un bouquet de saules dans une étendue d'eau

ᓈᐦᑯᐹᐤ naahkupaau vii ◆ c'est une pointe de saules

ᓃᐱᓰᐢᑳᐤ niipisiiskaau vii ◆ c'est une zone de saules

ᓵᐢᒋᐹᑎᒨᐦ saaschipaatimuuh vii pl ◆ les saules poussent en rangée le long du rivage

ᐅᔖᐦᑯᐹᐤ ushaahkupaau vii ◆ il y a une rangée de saules le long de la rive

ᐄᑯᐦᑯᐹᐤ iikuhkupaau vii ◆ c'est un endroit où les buissons, les saules sont si épais que le ruisseau commence à disparaître

ᒥᒫᓂᐦᑯᐹᐤ mimaanihkupaau vii redup ◆ il y a des bouquets de saules ici et là

ᒥᓂᐦᐄᐑᑯᐹᐤ minihiiwiikupaau vai ◆ il/elle ramasse de l'écorce de saule pour l'utiliser comme corde

ᓯᑳᐢᒁᔮᐤ sikaaskwaayaau vii ◆ c'est dense avec du bois, des saules

ᐑᔪᐎᐦᑯᐹᐤ wiiyuwihkupaau vii ◆ il y a des saules jusqu'à l'embouchure

saumon

ᓲᓵᓯᐤ suusaasiu na -iim ◆ un omble chevalier *Salvelinusalpinus*, un saumon (terme général)*Salmo salar Linnaeus*

ᐅᐎᓈᓐ uwinaan na ◆ une ouananiche, un saumon emprisonné dans les eaux intérieures *salmo salar*

saupoudrer

ᐱᓂᐱᔨᐦᐋᐤ pinipiyihaau vta ◆ il/elle le/la saupoudre

ᐱᓂᐱᔨᐦᑖᐤ pinipiyihtaau vai ◆ il/elle le saupoudre

ᐅᐧᓵᐱᔨᐦᑖᐤ uswaapiyihtaau vai ◆ il/elle en saupoudre

ᑰᓂᐎᐦᐋᐤ kuuniwihaau vta ◆ il/elle le/la saupoudre de neige

ᐅᐧᓵᐱᔨᐤ uswaapiyiu vai ◆ il/elle est dispersé-e, saupoudré-e

ᐅᐧᓵᐱᔨᐤ uswaapiyiu vii ◆ c'est dispersé, saupoudré

sauter

ᐋᒥᒁᔥᑯᐦᑎᐤ aamikwaashkuhtiu vai ◆ il/elle saute de là

ᐃᔮᔓᐎᒁᔥᑯᐦᑎᐤ iyaashuwikwaashkuhtiu vai ◆ il/elle saute de l'un à l'autre

ᒁᔥᑯᐦᑎᑎᐚᐤ kwaashkuhtitiwaau vta ◆ il/elle lui saute dessus

ᒁᔥᑯᐦᑎᐤ kwaashkuhtiu vai ◆ il/elle saute

ᒁᔥᒁᐱᔨᐦᐆ kwaashkwaapiyihuu vai -u ◆ il/elle saute

ᐴᓯᒁᔥᑯᐦᑎᐤ puusikwaashkuhtiu vai ◆ il/elle saute dedans

ᐋᐦᒋᒁᔥᑯᐦᑎᐤ aahchikwaashkuhtiu vai ◆ il/elle saute d'un endroit à l'autre

ᐋᔓᐎᒁᔥᑯᐦᑎᐤ aashuwikwaashkuhtiu vai ◆ il/elle traverse en sautant

ᐄᒑᒁᔥᑯᐦᑎᐤ iichaakwaashkuhtiu vai ◆ il/elle saute à côté

ᒁᔥᑯᐦᑎᑎᒻ kwaashkuhtitim vti ◆ il/elle bondit sur quelque chose

ᓃᐦᒋᒋᒁᔥᑯᐦᑎᐤ niihchichikwaashkuhtiu vai ◆ il/elle saute en bas

ᓅᐦᑖᑳᒫᑯᐦᒋᓐ **nuuhtaakaamaakuhchin** vai ◆ il/elle rate son saut par-desssus une étendue d'eau

ᐹᔥᒋᑹᔥᑯᐦᑎᐤ **paashchikwaashkuhtiu** vai ◆ il/elle saute par-dessus

ᐱᑭᔥᑎᐚᐱᔩᐦᐆ **pikishtiwaapiyihuu** vai -u ◆ il/elle saute à l'eau

ᐱᔅᒑᑹᔥᑯᐦᑎᐤ **pischaakwaashkuhtiu** vai ◆ il/elle saute sur le côté

ᑎᐦᑯᒋᑹᔥᑯᐦᑎᐤ **tihkuchikwaashkuhtiu** vai ◆ il/elle saute pour se jucher au sommet de quelque chose

ᐋᔓᐎᑹᔥᑹᐱᔩᐦᐆ **aashuwikwaashkwaapiyihuu** vai -u ◆ il/elle traverse en bondissant d'un endroit à l'autre

sauterelle

ᑹᔥᑹᔥᑯᐦᒋᔒᔥ **kwaashkwaashkuhchishiish** na -im ◆ une sauterelle

sauvage

ᐊᐅᐦᑳᓐ **auhkaan** na ◆ un animal sauvage qui a été apprivoisé, un animal domestique; un animal sauvage (se dit à Waapmagoostui)

sauver

ᐱᒫᒋᐦᑖᐤ **pimaachihtaau** vai+o ◆ il/elle le sauve

ᐱᒫᒋᐦᐋᐤ **pimaachihaau** vta ◆ il/elle le/la sauve, subvient à ses besoins

ᐱᒫᒋᐦᐄᑰ **pimaachihiikuu** vai -u ◆ il/elle en survit, est sauvé-e par lui/elle/ça

ᐱᒫᒋᐦᐄᐙᐤ **pimaachihiiwaau** vai ◆ il/elle sauve des vies, donne sa vie pour les autres

sauver (se)

ᓈᒋᔑᒧᔥᑎᒼ **naachishimushtim** vti ◆ il/elle se sauve pour se mettre en sécurité

ᐱᑭᔥᑎᐙᒋᔑᒨ **pikishtiwaachishimuu** vai -u ◆ il/elle se sauve en entrant dans l'eau depuis la terre

sauveur

ᐱᒫᒋᐦᐄᐙᓯᐤ **pimaachihiiwaasiu** na -iim ◆ un sauveur (biblique)

ᐅᐱᒫᒋᐦᐄᐙᐤ **upimaachihiiwaau** na -aam ◆ le Sauveur

saveur

ᑎᑹᐦᑎᓐ **tikwaahtin** vii ◆ on laisse de la nourriture reposer pendant la nuit pour en améliorer la saveur

savoir

ᒋᔅᒑᔨᐦᑖᑯᐦᐆ **chischaayihtaakuhuu** vai -u ◆ il/elle veut qu'on sache qu'il/elle est là

ᑭᒑᔅᒑᔨᐦᑎᒼ **kichaaschaayihtim** vti ◆ il/elle a l'air de tout savoir

ᒋᔅᒑᔨᐦᑖᑯᐦᑖᐤ **chischaayihtaakuhtaau** vai ◆ il/elle le fait savoir

ᒋᔅᒑᔨᐦᑎᒥᐦᐋᐤ **chischaayihtimihaau** vta ◆ il/elle l'informe, le lui fait savoir

ᑭᒑᐦᑖᐎᓂᐙᐤ **kichaahtaawiniwaau** vta ◆ il/elle trouve qu'il/elle a l'air de vraiment savoir ce qu'il/elle fait

ᓂᐦᑖᐅᒁᓲ **nihtaaukwaasuu** vai -u ◆ il/elle sait comment faire des choses en couture, il/elle sait coudre

ᓃᑳᓈᔮᐱᐦᑎᒼ **niikaanaayaapihtim** vti ◆ il/elle sait à l'avance que quelque chose va arriver

ᓃᑲᓂᒋᔅᒑᔨᐦᑎᒼ **niikaanichischaayihtim** vti ◆ il/elle en sait quelque chose avant que ça arrive

ᓃᑳᔮᐱᐦᑎᒼ **niikaayaapihtim** vti [Whapmagoostui] ◆ il/elle sait à l'avance qu'on trouvera de la nourriture (des animaux ou des poissons)

ᐐᐦᑎᒫᑰ **wiihtimaakuu** vai -u ◆ il/elle le sait grâce aux signes, les signes le lui indique

savon

ᓲᑉ **suup** na -im ◆ du savon

ᓲᐳᔮᑭᓐ **suupuuyaakin** ni ◆ un porte-savon

ᓲᐱᐦᐊᒼ **suupiham** vti ◆ il/elle met du savon dessus

ᒋᔥᑖᐹᐑᐙᑭᓂᓲᑉ **chishtaapaawiiwaakinisuup** na -im ◆ du savon pour le visage

ᓲᐱᑎᐦᒑᐤ **suupitihchaau** vai ◆ il/elle a les mains savonneuses

ᓲᐳᐙᒋᓈᐤ **suupuwaachinaau** vai ◆ il/elle met du savon sur la peau avant de la gratter

savonner

ᓲᐳᐦᐙᐤ **suupuhwaau** vta ◆ il/elle le/la savonne

savonneuse

ᓲᐹᐳᐃ **suupaapui** ni -uum ◆ de l'eau savonneuse

savonneux

ᓲᐳᐙᑭᒥᐤ **suupuwaakimiu** vii ◆ c'est de l'eau savonneuse

scie

ᒌᔥᒋᐳᒋᑭᓐ **chiishchipuchikin** ni ◆ une scie

ᒋᒥᐳᒋᑭᓐ **chimipuchikin** ni ◆ une scie à bûches

ᐲᑯᐳᑖᐤ **piikuputaau** vai+o ◆ il/elle le casse avec une scie

ᐲᑯᐳᔮᐤ **piikupuyaau** vta ◆ il/elle le/la casse avec une scie

ᐅᑎᐦᑤᐙᐳᒋᒑᐤ **utihtwaawaapuchichaau** vai ◆ il/elle fait en sorte que le bruit de sa scie atteigne cette distance

scier

ᒌᔥᒋᐳᑖᐤ **chiishchiputaau** vai+o ◆ il/elle le scie

ᒌᔥᒋᐳᔮᐤ **chiishchipuyaau** vta ◆ il/elle le/la scie

ᒋᒥᐳᑖᐤ **chimiputaau** vai+o ◆ il/elle le scie, coupe à la scie

ᒋᒥᐳᔮᐤ **chimipuyaau** vta ◆ il/elle le/la scie trop court-e

ᑯᐃᔅᑯᐳᑖᐤ **kuiskuputaau** vai+o ◆ il/elle le scie bien droit

ᑯᐃᔅᑯᐳᔮᐤ **kuiskupuyaau** vta ◆ il/elle le scie bien droit-e

ᐊᒋᐎᐳᑖᐤ **achiwiputaau** vai+o ◆ il/elle raccourcit en sciant

ᐊᒋᐧᐃᐳᔮᐤ achiwipuyaau vta ◆ il/elle le raccourcit en sciant

ᒌᔥᒋᐳᒋᒑᐤ chiishchipuchichaau vai ◆ il/elle scie du bois

ᒋᔅᐱᒋᐳᑖᐤ chispichiputaau vai+o ◆ il/elle le scie assez épais

ᒋᔅᐱᒋᐳᔮᐤ chispichipuyaau vta ◆ il/elle le/la scie bien épais

ᑭᑳᓄᐳᑖᐤ kikaanuputaau vai+o ◆ il/elle le scie assez long

ᑭᑳᓄᐳᔮᐤ kikaanupuyaau vta ◆ il/elle le/la scie assez long

ᑭᐧᐃᐳᑖᐤ kiwiputaau vai+o ◆ il/elle le fait tomber en le sciant

ᑭᐧᐃᐳᔮᐤ kiwipuyaau vta ◆ il/elle le fait tomber, le renverse en sciant

ᒥᔪᐳᑖᐤ miyuputaau vii ◆ c'est bien scié

ᐱᐦᒁᐳᑖᐤ pihkwaaputaau vai+o ◆ il/elle en scie un morceau

ᐱᐦᒁᐳᔮᐤ pihkwaapuyaau vta ◆ il/elle en scie un morceau

ᐱᔩᔅᑯᐳᑖᐤ piyiskuputaau vai+o ◆ il/elle scie à travers

ᐱᔩᔅᑯᐳᔮᐤ piyiskupuyaau vta ◆ il/elle scie au travers

ᔖᑭᐧᐃᐳᑖᐤ shaakiwiputaau vai+o ◆ il/elle le scie étroit

ᔖᑭᐧᐃᐳᔮᐤ shaakiwipuyaau vta ◆ il/elle le/la scie étroit-e

ᑖᔅᒋᐳᑖᐤ taaschiputaau vai+o ◆ il/elle le fend en le sciant

ᑖᔅᒋᐳᔮᐤ taaschipuyaau vta ◆ il/elle le/la fend en sciant

ᐧᐋᔅᑳᐳᔮᐤ waaskaapuyaau vta ◆ il/elle scie tout autour

ᐧᐋᐅᔮᐳᑖᐤ waauyaaputaau vai+o ◆ il/elle le scie en cercle

ᐧᐋᐅᔮᐳᔮᐤ waauyaapuyaau vai ◆ il/elle le scie en cercle

ᔮᐃᒋᔑᒼ yaaichishim vti redup ◆ il`elle le coupe, le scie en bandes

ᑭᒌᐦᒑᐳᑖᐤ kichiihchaaputaau vai+o ◆ il/elle le scie, le lime carré, il/elle scie les quatre côtés droits d'un tronc

ᑭᒌᐦᒑᐳᔮᐤ kichiihchaapuyaau vta ◆ il/elle le/la scie, le/la lime carré

ᑭᔥᑭᒑᐳᑖᐤ kishkichaaputaau vai+o [Whapmagoostui] ◆ il/elle scie droit les quatre cotés d'un tronc

ᒌᓈᐱᔅᒋᐳᑖᐤ chiinaapischiputaau vai+o ◆ il/elle le scie, l'affile, l'aiguise (métal, pierre) en pointe

ᒌᓂᐳᑖᐤ chiiniputaau vai+o ◆ il/elle l'affile, le lime ou le scie en pointe

scierie

ᑖᔥᒋᐳᒋᑭᓐ taashchipuchikin ni ◆ une scierie

ᑖᔅᒋᐳᒋᒑᓯᐤ taaschipuchichaasiu na -iim ◆ un opérateur de scierie, une opératrice de scierie

ᑖᔅᒋᐳᒋᒑᓰᐆ taaschipuchichaasiiuu vai -iiwi ◆ il est opérateur de scierie, elle est opératrice de scierie

scintiller

ᐹᐦᐱᔑᐦᑳᔥᑖᐱᔨᐤ paahpishihkaashtaapiyiu vai redup ◆ la lumière scintille

ᐹᐦᐱᔑᐦᑳᔮᐹᔑᐧᐃᒡ paahpishihkaayaapaashiwich vai pl redup ◆ les étoiles scintillent

ᐹᐦᐱᓯᐦᑳᔮᔥᑖᐱᔨᐤ paahpisihkaayaashtaapiyiu vii redup ◆ le feu scintille

sciure

ᐱᓂᐳᒋᑭᓐᐦ pinipuchikinh ni pl ◆ de la sciure

ᐱᓂᐳᒋᒑᐤ pinipuchichaau vai ◆ il/elle fait de la sciure

sculpter

ᐄᑎᐧᐃᐦᑯᑖᐤ iitiwihkutaau vii ◆ c'est sculpté sur des côtés opposés

ᐄᑎᐧᐃᐦᑯᑖᐤ iitiwihkutaau vta ◆ il/elle le/la sculpte des deux côtés, des côtés opposés

ᐄᑎᐧᐃᐦᑯᑎᒼ iitiwihkutim vti ◆ il/elle le sculpte des deux cotés opposés

ᒨᐦᑯᑖᐤ muuhkutaau vta ◆ il/elle le/la taille, sculpte

ᐊᒋᐧᐃᐦᑯᑖᐤ achiwihkutaau vta ◆ il/elle le/la réduit, le/la diminue en sculptant

ᐊᒋᐧᐃᐦᑯᑎᒼ achiwihkutim vti ◆ il/elle le réduit, le diminue en sculptant

ᒫᒫᐦᒌᑖᔥᑯᔖᐧᐋᐤ maamaahchiitaashkushaawaau vai ◆ il/elle le taille, le sculpte, le construit de différentes façons

ᑯᐃᔅᑯᐦᑯᑖᒑᐤ kuiskuhkutaachaau vai ◆ il/elle le taille, le découpe ou le sculpte bien droit

sculpture

ᐊᒥᔅᑯᐦᑳᓐ amiskuhkaan na ◆ une sculpture représentant un castor

seau

ᐊᔅᒋᐦᒄ aschihkw ni ◆ une bouilloire, un seau

ᐊᑐᔥᑭᒫᒁᓐ atushkimaakwaan ni ◆ un contenant à poissons

ᑭᔅᑭᑎᒧᔅᒋᐦᒄ kiskitimuschihkw na ◆ un seau de cuivre

ᒁᐱᑳᐧᐋᑭᓐ kwaapikaawaakin ni ◆ un seau d'eau

ᒥᒑᐴᔅᒋᐦᒄ michaapuuschihkw ni ◆ un seau de ménage, un seau hygiénique, une chaudière de chambre, un seau de toilette

ᐴᐴᔮᑭᓐ puupuuyaakin ni ◆ un seau de toilette

ᐴᔅᒋᓈᐅᔮᑭᓐ puuschinaauyaakin ni ◆ un seau de toilette

ᓃᔂᔅᒋᐦᒄ niishwaaschihkw p,quantité ◆ deux seaux

seaux

ᓃᔂᔅᒋᐦᒁᔮᐤ niishwaaschihkwaayaau vii ◆ il y en a deux seaux pleins

sec

ᐋᐱᐦᑎᐧᐋᐦᑭᑎᑖᐤ aapihtiwaahkititaau vii ◆ c'est à moitié sec

ᐹᐦᑯᓯᐤ paahkusiu vai ◆ il est sec, elle est sèche

ᐹᐦᒁᒋᓯᐤ **paahkwaachisiu** vai ◆ il est sec (étalé), elle est sèche

ᐹᐦᒁᑭᓐ **paahkwaakin** vii ◆ c'est sec

ᐹᐦᒁᐱᓯᔅᒋᓯᐤ **paahkwaapisischisiu** vai ◆ il est sec, elle est sèche (minéral)

ᐹᐦᒁᐱᔅᑳᐤ **paahkwaapiskaau** vii ◆ c'est sec (minéral)

ᐹᐦᒁᔅᑯᓐ **paahkwaaskun** vii ◆ c'est sec (long et rigide)

ᐹᐦᒁᔅᑯᓯᐤ **paahkwaaskusiu** vai ◆ il est sec (long et rigide), elle est sèche

ᐹᔥᑖᐤ **paashtaau** vii ◆ c'est sec

ᐹᓲ **paasuu** vai -u ◆ il est sec, elle est sèche

ᒥᔮᐦᐹᐦᑯᓂᐦᑎᒄ **miyaahpaahkunihtikw** na -im ◆ un arbre aux branches sèches

ᐹᐦᑯᐦᑎᒄᐦ **paahkuhtikwh** ni pl ◆ du bois sec

ᐅᔅᒋᔅᒋᐦᑎᒄ **uschischihtikw** na -im ◆ un pin sec

ᐊᒁᐦᑭᑎᓲ **akwaahkitisuu** vai -u ◆ il/elle est collé-e à quelque chose par la chaleur ou la sécheresse

ᒧᔥᑖᑭᒥᐦᑎᒼ **mushtaakimihtim** vti ◆ il/elle le boit sec

ᒧᔥᑖᑭᒥᒫᐤ **mushtaakimimaau** vta ◆ il/elle le boit sec, la boit non-diluée

ᐹᐦᑯᐦᑎᑳᐤ **paahkuhtikaau** vii ◆ le bois est sec

ᐹᐦᑯᑯᒋᓐ **paahkukuchin** vai ◆ il est suspendu et sec, elle est suspendue et sèche

ᐹᐦᑯᑯᑖᐤ **paahkukutaau** vii ◆ c'est suspendu et sec

ᐹᐦᑯᓯᒁᐤ **paahkusikwaau** vii ◆ c'est de la glace sèche

ᐹᐦᑯᔅᑭᒥᑳᐤ **paahkuskimikaau** vii ◆ c'est un sol sec

ᐹᐦᑯᑖᐅᐦᑳᐤ **paahkutaauhkaau** vii ◆ c'est sec (en parlant du sol)

ᐹᐦᑯᑎᐙᐤ **paahkutiwaau** vii ◆ c'est une aire au sol bien sec

ᐹᐦᒁᔑᑭᐆ **paahkwaashikiuu** vii -iwi ◆ ça tarit, ça se tarit

ᐹᐦᒁᐤ **paahkwaau** vii ◆ c'est sec, la marée est basse

ᐹᐦᒁᔮᐤ **paahkwaayaau** vii ◆ le temps est sec, ça sèche après la pluie

ᐹᐦᒁᔨᒧᐦᐄᓲ **paahkwaayimuhiisuu** vii -u ◆ il/elle se sèche, sèche ses vêtements après avoir été mouillé-e, se met au sec

ᐹᓯᒥᓈᓐᐦ **paasiminaanh** ni pl ◆ de petits fruits séchés, des baies séchées

ᑖᐦᑖᔅᑯᐦᐄᑭᓐ **taahtaaskuhiikin** ni ◆ quelque chose placé en-dessous pour garder les choses au sec

ᐹᐦᒁᐱᔅᒋᐱᔨᐤ **paahkwaapischipiyiu** vii ◆ c'est sec après un temps humide (se dit d'un rocher, d'un affleurement rocheux), ça sèche (minéral)

ᑳᔅᐹᐤ **kaaspaau** vii ◆ ça se casse facilement, c'est friable, fragile, très sec

séché

ᑳᐦᒋᔅᑖᐤ **kaahchistaau** ni ◆ de la viande suspendue et séchée un peu

ᑳᔅᒋᓈᐙᐦᔮᐙᓂᐎᑦ **kaaschinaawaahyaawaaniwit** ni ◆ un contenant rempli de lagopède séché et désossé qui a été fendu sur le devant

ᒥᔮᐦᐹᐦᑯᓐᐦ **miyaahpaahkunh** ni pl ◆ des branchages séchés

ᐹᓯᐦᒁᓐ **paasihkwaan** ni ◆ du sang de caribou séché

ᐱᔮᓯᐅᒫᔥᑖᒄ **piyaasiumaashtaakw** na [Wemindji] ◆ de la peau d'oie séchée, fumée

ᐙᒋᓈᑭᓂᐦᑎᒄ **waachinaakinihtikw** ni ◆ du bois de mélèze séché

sèche

ᐹᐦᑯᑯᓈᐙᐤ **paahkukunaawaau** vai ◆ sa bouche est sèche

séchée

ᐹᐦᒁᐅᑳᐤ **paahkwaaukaau** vii ◆ c'est de la viande séchée sans aucune humidité ou graisse

sécher

ᐹᐦᑯᐦᐊᒼ **paahkuham** vti ◆ il/elle le fait sécher

ᐹᐦᑯᓈᐤ **paahkunaau** vta ◆ il/elle le/la sèche avec ses mains

ᐹᐦᑯᓂᒼ **paahkunim** vti ◆ il/elle le sèche en utilisant ses mains

ᐹᐦᑯᐱᐤ **paahkupiu** vai ◆ ça sèche à l'air libre

ᐹᐦᑯᐱᔨᐤ **paahkupiyiu** vai ◆ il/elle sèche

ᐹᐦᑯᐱᔨᐤ **paahkupiyiu** vii ◆ ça sèche

ᐹᐦᒁᐱᔅᑭᐦᐊᒼ **paahkwaapiskiham** vti ◆ il/elle le sèche (minéral)

ᐹᐦᒁᐱᔅᑭᐦᐙᐤ **paahkwaapiskihwaau** vta ◆ il/elle le/la sèche (minéral)

ᐹᓯᒼ **paasim** vti ◆ il/elle le fait sécher

ᐹᔂᐤ **paaswaau** vta ◆ il/elle le/la sèche

ᐋᐦᒁᐦᑭᑎᓲ **aahkwaahkitisuu** vai -u ◆ il/elle durcit en séchant

ᐋᐦᒁᐦᑭᑎᑖᐤ **aahkwaahkititaau** vii ◆ ça durcit en séchant

ᐊᒁᐦᑭᑎᑖᐤ **akwaahkititaau** vii ◆ c'est séché et collé à quelque chose

ᐊᒁᐙᐤ **akwaawaau** vai ◆ il/elle suspend la viande ou le poisson aux barres de l'étendoir pour le faire sécher

ᒌᑎᐙᐦᑭᑎᓲ **chiitiwaahkitisuu** vai -u ◆ il/elle raidit en séchant

ᒌᑎᐙᐦᑭᑎᑖᐤ **chiitiwaahkititaau** vii ◆ ça se raidit en séchant

ᐄᑖᐦᑭᑎᑖᐤ **iitaahkititaau** vii ◆ ça sèche en une certaine forme

ᑳᐦᒋᓯᒼ **kaahchisim** vti ◆ il/elle fait un peu sécher la viande

ᑳᓯᔮᐱᔅᑭᐦᐊᒼ **kaasiyaapiskiham** vti ◆ il/elle le sèche, l'essuie (minéral) ▪ ᑳᓯᔮᐱᔅᑭᐦᐊᒼ ᐅᑎᔅᒋᐦᒄ. ▪ kaasiyaapiskiham utischihkw. ▪ *Il essuie son seau.*

ᒥᔥᑭᐙᐦᑭᑎᓲ **mishkiwaahkitisuu** vai -u ◆ il/elle durcit en séchant

ᒥᔥᑭᐙᐦᑭᑎᑖᐤ **mishkiwaahkititaau** vii ◆ ça durcit en séchant

ᒨᐦᑳᐦᑭᑎᓲ muuhkaahkitisuu vai -u ◆ il/elle se courbe en séchant

ᒨᐦᑳᐦᑭᑎᑖᐤ muuhkaahkititaau vii ◆ ça renfle en séchant

ᒨᑖᔮᐦᑭᑎᓯᒼ muutaayaahkitisim vti ◆ il/elle fait sécher la viande assez profondément

ᒨᑖᔮᐦᑭᑎᓲ muutaayaahkitisuu vai -u ◆ il/elle est à moitié séché-e

ᒨᑖᔮᐦᑭᑎᔂᐤ muutaayaahkitiswaau vta ◆ il/elle le/la fait sécher assez profondément

ᒨᑖᔮᐦᑭᑎᑖᐤ muutaayaahkititaau vii ◆ c'est séché assez profondément (ex. de la viande)

ᓃᐱᓈᐹᔂᐤ niipinaapaaswaau vai ◆ il/elle fait sécher la peau de l'animal à l'intérieur de l'habitation

ᐹᐦᑯᐦᒁᐦᐅᓲ paahkuhkwaahusuu vai reflex -u ◆ il/elle se sèche le visage

ᐹᐦᑯᐦᐙᐤ paahkuhwaau vta ◆ il/elle l'essuie pour le/la sécher

ᐹᐦᑯᑯᐦᑎᓐ paahkukuhtin vii ◆ ça sèche là (quelque chose qui a été trempé dans l'eau)

ᐹᐦᑯᐱᔩᐦᑖᐤ paahkupiyihtaau vai ◆ il/elle le fait sécher dans la sécheuse

ᐹᐦᑯᔥᑭᒼ paahkushkim vti ◆ il/elle le fait sécher en le portant

ᐹᐦᑯᔥᑭᐙᐤ paahkushkiwaau vta ◆ il/elle (un vêtement) sèche sur lui/elle quand il/elle /la/le porte

ᐹᐦᑯᓯᑯᐱᔨᐤ paahkusikupiyiu vii ◆ la glace est en train de sécher

ᐹᐦᒁᐱᓯᔅᒋᓯᒼ paahkwaapisischisim vti ◆ il/elle le sèche (minéral) sous l'effet de la chaleur, le fait réduire par ébullition

ᐹᐦᒁᐱᓯᔅᒋᔂᐤ paahkwaapisischiswaau vta ◆ il/elle le/la sèche (minéral) avec de la chaleur

ᐹᐦᒁᔑᐤ paahkwaashiu vai ◆ il/elle est séché-e par le vent

ᐹᐦᒁᔥᑎᐦᑖᐤ paahkwaashtihtaau vai+o ◆ il/elle le fait sécher au vent

ᐹᐦᒁᔥᑎᒫᐤ paahkwaashtimaau vta ◆ il/elle le/la fait sécher au vent

ᐹᐦᒁᔥᑎᓐ paahkwaashtin vii ◆ c'est séché par le vent, le temps sec après la pluie

ᐹᑯᑎᐙᐱᔩᐦᐋᐤ paakutiwaapiyihaau vta ◆ il/elle sèche sa fourrure

ᐹᓯᐦᐄᐹᐤ paasihiipaau vai ◆ il/elle fait sécher le filet de pêche

ᐹᓯᒥᓈᐤ paasiminaau vai ◆ il/elle fait sécher les baies

ᐹᓯᒷᐤ paasimwaau vta ◆ il/elle suspend les affaires de quelqu'un d'autre pour les faire sécher

ᐹᓯᓈᓲ paasinaasuu vai reflex -u ◆ il/elle fait sécher ses vêtements mouillés

ᐹᓯᓂᐙᐤ paasiniwaau vai ◆ il/elle fait sécher la viande

ᐱᐦᑯᑖᐦᑭᐦᑖᐤ pihkutaahkihtaau vii ◆ ça se détache en séchant

ᐱᐦᑯᑖᐦᑭᑎᓲ pihkutaahkitisuu vai -u ◆ ça se détache en séchant

ᔑᐦᑳᐹᐤ shihkaapaau vta ◆ il/elle fait sécher le filet de pêche sur les buissons

ᔑᐦᑳᐱᔅᑭᐦᐋᐤ shihkaapiskihaau vta ◆ il/elle le/la fait sécher sur les rochers

ᔒᑯᐹᑖᐦᑭᑎᑖᐅᐦ shiikupaataahkititaauh vii pl ◆ les baies sont séchées par le soleil

ᐚᑳᐦᑭᑎᓲ waakaahkitisuu vai -u ◆ il/elle se courbe en séchant, il/elle sèche courbé

ᐚᑳᐦᑭᑎᑖᐤ waakaahkititaau vii ◆ ça se courbe en séchant, ça sèche courbé

ᐊᒥᔅᑯᐦᑐᐃ amiskuhtui ni -m ◆ un cadre pour étendre et faire sécher la peau de phoque ou de castor

ᐹᔅᒑᒧᐚᑭᓈᐦᑎᒄ paaschaamuwaakinaahtikw ni ◆ un morceau de bois creux utilisé pour sécher le sang du caribou

ᒁᔅᑳᐦᑎᐙᓂᒼ kwaaskaahtiwaanim vti ◆ il/elle retourne la viande qui sèche

ᐹᐦᑯᓯᑖᐦᐅᓲ paahkusitaahusuu vai reflex -u ◆ il/elle se sèche les pieds en se les essuyant

ᐹᐦᒁᐱᔅᒋᐱᔨᐤ paahkwaapischipiyiu vii ◆ c'est sec après un temps humide (se dit d'un rocher, d'un affleurement rocheux), ça sèche (minéral)

ᐹᑯᑎᐙᔑᒫᐤ paakutiwaashimaau vta ◆ il/elle traîne le castor sur la neige après l'avoir attrapé pour enlever l'excès d'eau de la fourrure

ᔒᐱᐦᐊᒼ shiipiham vti ◆ il/elle l'étend à sécher sur une forme (se dit de fourrures en général)

ᔒᐱᐦᐙᐤ shiipihwaau vta ◆ il/elle l'étend sur une forme pour le faire sécher (se dit d'une fourrure ou d'une peau de bête)

ᐱᓯᐦᐊᔒᐹᐦᑖᑭᓈᐤ pisihashiipaahtaakinaau vta ◆ il/elle coupe du bois pour fabriquer un cadre ou une forme pour étendre les peaux

sécher (se)

ᐹᐦᒁᔩᒧᐦᐄᓲ paahkwaayimuhiisuu vii -u ◆ il/elle se sèche, sèche ses vêtements après avoir été mouillé-e, se met au sec

sécheuse

ᑳᐹᐦᑯᐦᐄᒑᐱᔩᒡ kaapaahkuhiichaapiyich nip ◆ un séchoir, une sécheuse à linge

ᐹᐦᑯᐱᔩᐦᑖᐤ paahkupiyihtaau vai ◆ il/elle le fait sécher dans la sécheuse

séchoir

ᑳᐹᐦᑯᐦᐄᒑᐱᔩᒡ kaapaahkuhiichaapiyich nip ◆ un séchoir, une sécheuse à linge

secouer

ᑯᔥᑯᔥᑭᐙᐤ kushkushkiwaau vta ◆ il/elle le/la secoue du pied ou avec son corps

ᑯᔥᑯᔥᑯᐱᔩᐤ kushkushkupiyiu vii ◆ ça bouge, ça secoue

ᐱᐦᐳᐙᒋᐱᔩᐦᐋᐤ pihpuwaachipiyihaau vta redup ◆ il/elle le/la secoue (étalé)

ᐱᐦᐳᐧᐋᒋᐱᔩᐦᑖᐤ **pihpuwaachipiyihtaau** vai redup ◆ il/elle le/la secoue (étalé)

ᐱᐦᐳᐧᐃᐱᔩᐦᐋᐤ **pihpuwipiyihaau** vta redup ◆ il/elle le/la secoue bien

ᐱᐦᐳᐧᐃᐱᔩᐦᑖᐤ **pihpuwipiyihtaau** vai redup ◆ il/elle secoue quelque chose de quelque chose

ᔑᐦᑣᒋᐱᔩᐦᐋᐤ **shihtwaachipiyihaau** vta ◆ il/elle le/la secoue (étalé)

ᔑᐦᑣᒋᐱᔩᐦᑖᐤ **shihtwaachipiyihtaau** vai ◆ il/elle le secoue (étalé)

ᐋᔥᑎᐙᐱᔩᐦᐋᐤ **aashtiwaapiyihaau** vta ◆ il/elle le secoue et il/elle s'éteint

ᐋᔥᑎᐙᐱᔩᐦᑖᐤ **aashtiwaapiyihtaau** vai ◆ il/elle éteint en secouant

ᐄᑖᐱᔩᐦᐋᐤ **iitaapiyihaau** vta ◆ il/elle le/la mélange en le/la secouant

ᐄᑖᐱᔩᐦᑖᐤ **iitaapiyihtaau** vai ◆ il/elle le/la mélange en la/le secouant

ᐱᐦᐳᐙᔅᑯᐱᑖᐤ **pihpuwaaskupitaau** vta redup ◆ il/elle le/la secoue pour en enlever quelque chose

ᐱᐦᐳᐧᐃᑎᐙᔑᒫᐤ **pihpuwitiwaashimaau** vai redup ◆ il/elle le/la secoue d'un large geste au-dessus de la neige, de l'herbe pour en enlever l'excès d'eau (se dit de la fourrure)

ᐳᐙᑯᓂᒋᐱᔩᐦᑖᐤ **puwaakunichipiyihtaau** vai ◆ il/elle secoue la neige de quelque chose (étalé)

ᔖᔖᐱᔩᐦᐋᐤ **shaashaapiyihaau** vta redup ◆ il/elle secoue le hochet, la crécelle

secret

ᒌᒧᒡ **chiimuch** p,manière ◆ en secret, secrètement ■ ᒌᒧᒡ ᒌᐦ ᑎᑯᔑᓐ ᑖᐱᔅᑳᔨᒡ᙮ ■ chiimuch chiih tikushin taapiskaayich. ■ *Elle/Il est venu-e ici en secret la nuit dernière.*

ᒌᒧᑎᓰᐤ **chiimutisiiu** vai ◆ il est secret, elle est secrète; il/elle est dissimulé-e, rusé-e, sournois-e

secret (en)

ᐧᐃᓂᒧᒡ **winimuch** p,manière ◆ en secret, en cachette, en douce ■ ᐧᐃᓂᒧᒡ ᒥᒦᒋᓲ ᒫᒀᒡ ᐋ ᐃᔮᔅᑭᐐᓈᓂᐐᔨᒡ᙮ ■ winimuch mimiichisuu maakwaach aah iyaaskiwiinaaniwiyich. ■ *Il mangeait en douce pendant que les gens se préparaient à partir.*

secrètement

ᒌᒧᒡ **chiimuch** p,manière ◆ en secret, secrètement ■ ᒌᒧᒡ ᒌᐦ ᑎᑯᔑᓐ ᑖᐱᔅᑳᔨᒡ᙮ ■ chiimuch chiih tikushin taapiskaayich. ■ *Elle/Il est venu-e ici en secret la nuit dernière.*

secteur

ᒥᔪᔅᑭᒥᑳᐤ **miyuskimikaau** vii ◆ c'est un beau secteur

sécuriser

ᒋᑳᔅᑯᐦᑎᑖᐤ **chikaaskuhtitaau** vai ◆ il/elle sécurise la lame d'une hache ou d'un couteau avec un morceau de bois

sécurité

ᐃᔮᒁᒧᐙᐎᓐ **iyaakwaamuwaawin** ni ◆ un conseil portant sur la sécurité

ᓈᒋᔑᒧᔥᑎᒼ **naachishimushtim** vti ◆ il/elle se sauve pour se mettre en sécurité

sédiment

ᐲᒋᔥᑖᐙᔮᑭᒥᔥᑭᒼ **piichishtaawaayaakimishkim** vti ◆ il/elle remue les sédiments en marchant dans l'eau

sédiments

ᐋᔥᑎᐙᐱᔨᒋᐦᑎᑖᐤ **aashtiwaapiyichihtitaau** vai ◆ il/elle laisse les sédiments se déposer au fond du récipient, il/elle le décante, le fait décanter

sein

ᐃᔪᐧᐃᐦᐙᐤ **iyuwihwaau** vta ◆ elle pompe ses seins pour le lait

ᓅᔖᓂᐦᐋᐤ **nuushaanihaau** vta ◆ il/elle lui donne le sein, l'allaite

ᒍᒍᔥ **chuuchuush** ni-im [Wemindji] ◆ un mamelon (sein, biberon)

ᒍᒍ **chuuchuu** vai-u [Wemindji] ◆ il/elle est nourri-e au sein, au biberon

seize

ᑯᑤᔖᑉ **kutwaashaap** p,nombre ◆ seize

ᓂᑯᑤᔖᑉ **nikutwaashaap** p,nombre ◆ seize

sel

ᔒᐅᐦᑖᑭᓐ **shiiuhtaakin** ni-im ◆ du sel

ᔒᐅᐦᑖᐤ **shiiuhtaau** vai ◆ il/elle met du sel dessus, le sale

sels purgatifs

ᑳᐅᐦᑖᐱᔨᒡ **kaauhtaapiyich** nip ◆ des sels purgatifs, des sels de fruits, des anti-acides

semaine

ᑖᑭᔑᔥᑎᐧᐃᔥᑖᐅᐦ **taakishishtiwishtaauh** p,temps ◆ toute la semaine

ᑎᐧᐃᔥᑖᐤ **tiwishtaau** vii ◆ c'est une semaine

ᐃᔅᑭᓂᑎᐧᐃᔥᑖᐅᐦ **iskinitiwishtaauh** p,temps ◆ toute la semaine ■ ᐃᔅᑭᓂᑐᐧᐃᔥᑖᐅᐦ ᒌᐦ ᐹᒋ ᓂᔥᑎᐐᓈᓂᐤ᙮ ■ iskinituwishtaauh chiih paachi nishtiwiinaaniu. ■ *La réunion a duré toute la semaine.*

semblant

ᒫᑐᐦᑳᓲ **maatuhkaasuu** vai-u ◆ il/elle fait semblant de pleurer ■ ᒫᑐᐦᑳᓲ ᐋᐦ ᓂᑎᐙᔩᐦᑎᐦᒃ ᒑ ᓂᐦᐋᔩᐦᑎᒥᐦᐋᑭᓂᐐᑦ᙮ ■ maatuhkaasuu aah nitiwaayihtihk chaa nihaayihtimihakiniwit. ■ *Il fait semblant de pleurer pour avoir ce qu'il veut.*

ᓂᐹᐦᑳᓲ **nipaahkaasuu** vai-u ◆ il/elle fait semblant de dormir

sembler

ᐄᑖᔩᐦᑖᑯᓐ **iitaayihtaakun** vii ◆ il semble que... ■ ᐅᑖᑯᔒᐦᒡ ᐄᑖᔩᐦᑖᑯᓂᔫ ᑳᐦ ᑎᑯᔑᐦᒃ᙮ ■ utaakushiihch iitaayihtaakuniyiu kaah tikushik. ■ *Il semble que c'était hier qu'il/elle est arrivé-e et le voilà déjà reparti-e.*

ᐄᑎᐙᑖᐤ **iitiwaataau** vii ◆ ça semble, ça a l'air de...

ᐃᔥᑭ ishki p ◆ ça semble, ça paraît (utilisé avec les verbes à l'indépendant subjectif) ■ ᐃᔥᑭ ᒥᐧᔮᔨᐦᑖᑯᓂᔨᐧᐋ ᑳᐦ ᑎᑯᔑᐦᒃ ᑳ ᐴᒫᐦᐋᑭᓂᐧᐃᑦ᙮ ■ ishki miywaayihtaakuniyiwaa kaah tikushihk kaa puumaahaakiniwit. ■ *Tout le monde est content qu'elle/il soit revenu, celle/celui qu'on attendait depuis longtemps.*

ᐃᔥᑭ ᐋᑲ ishki aakaa p,négative ◆ ça n'a pas l'air, ça ne semble pas, ça ne paraît pas (préverbe négatif utilisé avec les verbes au subjectif) ■ ᐃᔅᑭ ᐋᑲ ᓈᔥᒡ ᒥᐧᔮᐧᐋ ᐅᑎᐦ ᐋᐦ ᐧᐄᒋᓈᓂᐧᐃᒡ ᐋᑲ ᒥᐦᒑᑎᒡ ᔑᐦᑖᐦᑯᓂᒡ᙮ ■ iski akaa naashch miywaawaa utih aah wiichinaaniwich aakaa mihchaatich shihtaahkunich. ■ *Cet endroit n'est pas bon pour camper puisqu'il n'y a pas de branches d'épinettes à proximité.*

ᐄᔑᓈᑯᓐ iishinaakun vii ◆ ça semble, ça paraît...

ᐄᑖᐱᔅᑳᐤ iitaapiskaau vii ◆ c'est formé d'une certaine façon, ça semble comme ça

ᐃᓯᓈᑯᓯᐤ isinaakusiu vai ◆ il/elle semble, paraît

ᑭᒑᐦᑖᐧᐃᓂᐧᐋᐤ kichaahtaawiniwaau vta ◆ il/elle trouve qu'il/elle a l'air de vraiment savoir ce qu'il/elle fait

ᐅᔅᒋᓃᒌᐅᓈᑯᓯᐤ uschiniichiiunaakusiu vai ◆ il/elle a l'air jeune

ᐧᐋᐱᓈᑯᓐ waapinaakun vii ◆ ça semble blanc, ça a l'air blanc

ᐧᐋᐱᓈᑯᓯᐤ waapinaakusiu vai ◆ il/elle semble blanc, il/elle a l'air blanc

ᐧᐋᔅᑭᒥᓈᑯᓯᐤ waaskiminaakusiu vai ◆ il/elle semble clair

ᐧᐃᔥᑎᐧᐃᓂᐧᐋᐤ wishtiwiniwaau vta ◆ il/elle trouve qu'il/elle n'a pas l'air bien (habillé), il/elle lui semble avoir quelque chose qui cloche

ᐄᔑᓈᑯᓯᐤ iishinaakusiu vai ◆ il/elle paraît, semble, a l'air de...

ᒫᑎᐧᐃᓈᑯᓐ maatiwinaakun vii ◆ il semble qu'il fasse extrêmement froid avec de la neige qui souffle

semelle

ᑎᐦᑯᔅᑳᒋᑭᓐ tihkuskaachikin ni ◆ une semelle de chaussure

ᒥᔅᒋᓯᓈᒋᓐᐦ mischisinaachinh ni pl ◆ des semelles découpées pour faire des bottes en peau de phoque

ᒥᔅᑎᑯᔅᒋᓯᓐᐦ mistikuschisinh ni pl ◆ des chaussures en cuir avec des semelles dures, lit. 'chaussures en bois'

semelle colorée

ᑳᐧᐋᐱᓯᑖᐧᐋᔮᒡᐦ kaawaapisitaawaayaachh nip pl ◆ des bottes en peau de phoque avec des semelles légèrement colorées

sens

ᐄᔥᒌᔗᒥᑭᓐ iishchiishwaamikin vii ◆ ça a un certain sens

ᐲᔂᔮᑭᓐ piiswaayaakin vii ◆ ça a un sens (étalé), (ex. le tissu)

ᐄᔥᒌᔗᐧᐃᓐ iishchiishwaawin ni ◆ un dialecte, la parole, une langue, un sens

sens contraire

ᐊᑎᒧᐦᑖᐤ atimuhtaau vai ◆ il/elle marche en sens contraire

ᐋᔥᑐᓈᓈᐤ aashtunaanaau vai ◆ il/elle tient ses raquettes avec l'avant de l'une sur l'arrière de l'autre

sens inverse

ᐊᑎᒥᐱᐦᑖᐤ atimipihtaau vai ◆ il/elle court en sens inverse

sensible

ᓂᔥᑐᒥᐦᒋᐦᐆ nishtumihchihuu vai -u ◆ il/elle est maintenant sensible à la douleur et à d'autres sensations

ᓂᔅᑐᓯᐤ nistusiu vai ◆ il/elle y est sensible

ᑳᓯᓰᐤ kaasisiiu vai ◆ il/elle est sensible au toucher

ᓂᔅᑐᒥᒋᐦᑖᐤ nistumichihtaau vai+o ◆ il/elle peut le sentir, est sensible à cela

sentier

ᐅᑎᒥᔅᑯᒫᐤ utimiskumaau ni -aam ◆ un sentier de castor

ᒋᔖᔮᑯᒫᔅᑭᓂᐤ chishaayaakumaaskiniu ni ◆ un sentier d'ours

ᑭᐱᑖᑭᓂᒫᔅᑭᓂᐤ kipitaakinimaaskiniu ni ◆ un sentier sur un portage

ᑭᔅᒑᐧᐋᒋᔥᑯᒫᐤ kischaawaachishkumaau ni ◆ un sentier de rat musqué entre deux cours d'eau

ᐅᐦᑖᔅᒁᐤ uhtaaskwaau ni -aam ◆ un sentier créé par un castor en transportant des arbres abattus et de la nourriture vers sa hutte

ᐧᐋᐳᔓᒫᐤ waapushumaau ni -m ◆ un sentier de lièvre

ᐧᐃᐦᑎᑖᔅᒁᐤ wihtitaaskwaau ni ◆ un sentier de castor bien marqué

ᐧᐃᑎᑎᐦᑯᒫᐤ wititihkumaau ni ◆ un sentier de caribou

ᒋᔥᑎᒧᔥᑭᒼ chishtimushkim vti ◆ il/elle tasse le sentier à force de marcher sur la neige

ᒋᔅᑎᒧᔥᑭᒼ chistimushkim vti ◆ il/elle tasse le sentier à force de marcher dessus

ᑭᓌᑯᓈᔥᑭᒼ kinwaakunaashkim vti ◆ il/elle suit un sentier à peine visible dans la neige

ᓈᓯᐹᒧᐦᑖᐤ naasipaamuhtaau vai ◆ il/elle fait un sentier qui descend jusqu'au rivage, jusqu'à l'eau

ᐹᔥᑭᐦᑯᓈᔥᑭᒼ paashkihkunaashkim vti ◆ il/elle va retracer son sentier après la tempête de neige

ᑎᐚᑯᓈᔥᑭᒼ tiwaakunaashkim vti ◆ il/elle fait la trace, trace le sentier après une grosse chute de neige

ᑎᐧᐃᐦᑯᓈᐦᐊᒼ tiwihkunaaham vti ◆ il/elle fait la trace après une grosse chute de neige

ᑎᐧᐃᐦᑯᓈᔥᑭᒼ tiwihkunaashkim vti ◆ il/elle fait la trace, trace le sentier en marchant dans la neige

ᐱᑐᑖᐢᑭᓂᐤ **pitutaaskiniu** p,lieu ◆ sur le côté du sentier ou de la route ■ ᐱᑐᑖᐢᑭᓂᐤ ᒌᐦ ᐊᔥᑖᐤ ᐊᓂᔮᐦ ᐅᒥᐦᑎᒻᐦ ᑳ ᒋᒫᐦᒃ᙮ ■ pitutaaskiniu chiih ashtaau aniyaah umihtimh kaa chimaahk. ■ *Il a mis du bois qu'il a coupé sur le côté de la route.*

ᒋᔥᑎᒨ **chishtimuu** vii -u ◆ c'est un sentier bien tracé, bien fréquenté

ᒫᐢᑭᓈᐦᑭᐚᐤ **maaskinaahkiwaau** vta ◆ il/elle ouvre un sentier pour elle/lui

ᒥᑎᒫᐤ **mitimaau** vai ◆ il/elle suit le sentier, le chemin, la route

ᐹᒥᔥᑭᒻ **paamishkim** vti ◆ il/elle traverse le sentier, la route

ᐙᑭᒧᐦᑖᐤ **waakimuhtaau** vai ◆ il/elle crée un sentier ou une route avec des tournants

ᐙᑭᒨ **waakimuu** vii -u ◆ le sentier ou la route a des tournants

ᐑᐦᒁᒨ **wiihkwaamuu** vii -u ◆ c'est le bout de la route, du sentier, c'est un cul-de-sac

ᐑᒫᒧᐦᑖᐤ **wiimaamuhtaau** vai ◆ il/elle évite un obstacle en le faisant contourner par le sentier

sentiment

ᑖᐱᔥᑯᑖᔨᐦᑎᒻ **taapishkutaayihtim** vti ◆ il/elle éprouve les mêmes sentiments envers les deux

sentir

ᒥᔮᐦᒋᒑᐤ **miyaahchichaau** vai ◆ il/elle sent quelque chose

ᒥᔮᑯᓐ **miyaakun** vii ◆ ça sent

ᐳᐏᔮᔨᐦᑎᒻ **puwiyaayihtim** vti ◆ il/elle sent quelque chose à propos de ça

ᐳᐏᔮᔨᒫᐤ **puwiyaayimaau** vta ◆ il/elle sent que c'était à propos d'elle/de lui

ᐊᒁᐱᐦᑖᐅᒫᑯᓐ **akwaapihtaaumaakun** vii ◆ ça sent la fumée

ᒌᐦᑳᒫᑯᓐ **chiihkaamaakun** vii ◆ ça sent fort ■ ᓈᔥᑖᐻᐦ ᒌᐦᑳᒫᑯᓐ ᐊᓐ ᐙᐱᓂᒑᐎᓐ᙮ ■ naashtaapwaah chiihkaamaakun an waapinichaawin. ■ *L'odeur des poubelles est très forte.*

ᒌᔅᒋᒥᑎᐦᒑᐤ **chiischimitihchaau** vai ◆ il/elle ne sent plus sa main

ᐄᔑᒫᐦᑎᒻ **iishimaahtim** vti ◆ il/elle trouve que ça a une certaine odeur, que ça sent le/la...

ᐄᔑᒫᒫᐤ **iishimaamaau** vta ◆ il/elle trouve qu'il/elle a une certaine odeur, que ça sent le/la...

ᐄᔮᔑᐦᑎᒋᓯᐤ **iiyaashihtichisiu** vai ◆ il/elle sent le sapin baumier

ᐃᔥᒁᑖᐅᒫᑯᓐ **ishkwaataaumaakun** vii ◆ ça sent le brûlé

ᐃᔥᒁᑖᐅᒫᑯᓯᐤ **ishkwaataaumaakusiu** vai ◆ il/elle sent le brûlé

ᑯᓯᑯᒥᐦᒋᐦᐆ **kusikumihchihuu** vai -u ◆ il/elle trouve ou il/elle sent qu'il/elle est lourd, qu'il n'a pas de force, pas d'énergie

ᒫᑎᒥᐦᒋᐦᐆ **maatimihchihuu** vai -u ◆ elle sent les contractions de l'accouchement qui commence

ᒥᔮᐦᑎᒻ **miyaahtim** vti ◆ il/elle le sent, renifle

ᒥᔮᑯᓯᐤ **miyaakusiu** vai ◆ il/elle sent, a une odeur

ᒥᔮᒫᐤ **miyaamaau** vta ◆ il/elle le/la sent, renifle

ᒥᔮᐹᑎᐦᐊᒻ **miyaapaatiham** vti ◆ il/elle sent facilement les humains

ᒥᔪᒫᑯᐦᐋᐤ **miyumaakuhaau** vta ◆ il/elle le/la fait sentir bon

ᒥᔪᒫᑯᐦᐄᓲ **miyumaakuhiisuu** vai reflex -u ◆ il/elle se fait sentir bon, il/elle se parfume

ᒥᔪᒫᑯᐦᑖᐤ **miyumaakuhtaau** vai ◆ il/elle le fait sentir bon

ᒥᔪᒫᑯᓐ **miyumaakun** vii ◆ ça sent bon

ᒥᔪᒫᑯᓯᐤ **miyumaakusiu** vai ◆ il/elle sent bon

ᒥᔪᒫᔥᑖᐤ **miyumaashtaau** vii ◆ ça sent bon quand ça cuit, quand ça brûle

ᒨᔑᐦᑖᐤ **muushihtaau** vai+o ◆ il/elle le sent, le pressent

ᓂᐢᑐᒥᒋᐦᑖᐤ **nistumichihtaau** vai+o ◆ il/elle peut le sentir, est sensible à cela

ᓂᑐᐦᑯᔨᓂᒋᓯᐤ **nituhkuyinichisiu** vai ◆ il/elle sent le médicament

ᐴᐏᐦᑎᑖᐤ **puuwihtitaau** vai ◆ il/elle sent la conjuration contre elle/lui

ᐳᐏᔑᒫᐤ **puwishimaau** vta ◆ il/elle sent que quelqu'un est en train de conjurer contre lui/elle

ᔖᔥᑖᓯᐤ **shaashtaasiu** vai ◆ ça sent rance

ᔖᔥᑖᔮᐤ **shaashtaayaau** vii ◆ ça sent le rance; c'est rance

ᔒᐦᒋᒫᑯᐦᑖᐤ **shiihchimaakuhtaau** vai ◆ son odeur remplit la pièce, l'endroit

ᔒᐦᑎᒥᐦᒋᐦᐋᐤ **shiihtimihchihaau** vta ◆ il/elle le/la sent bien serré sur elle/lui

ᔒᐅᒫᑯᓐ **shiiumaakun** vii ◆ ça a une odeur aigre

ᓱᐦᒋᒫᑯᓐ **suhchimaakun** vii ◆ ça sent fort

ᓱᐦᒋᒫᑯᓯᐤ **suhchimaakusiu** vai ◆ il/elle sent fort

ᐅᐚᔪᐚᔨᒨ **uwaayuwaayimuu** vai -u [Wemindji] ◆ il/elle se sent prêt

ᐑᒋᔥᑖᒫᐅᒋᓯᐤ **wiichishtaamaauchisiu** vai ◆ il/elle sent le tabac

ᐑᒋᔥᑖᒫᐅᑭᓐ **wiichishtaamaaukin** vii ◆ ça sent le tabac

ᐑᐦᒑᔑᐅᒋᓯᐤ **wiihchaashiuchisiu** vai ◆ il/elle sent le renard

ᐑᒥᔥᑎᑯᐦᔮᐅᑭᓐ **wiimishtikuhyaaukin** vii ◆ ça sent le tétras *Falcipennis canadensis*

ᐑᒨᔥᑖᐅᒋᓯᐤ **wiimuushtaauchisiu** vai ◆ il/elle sent la fumée

ᐑᓂᒫᑯᓐ **wiinimaakun** vii ◆ ça sent mauvais, ça pue

ᐑᓂᒫᑯᓯᐤ **wiinimaakusiu** vai ◆ il/elle sent mauvais, pue

ᐑᓂᑐᐦᑯᔨᓂᑭᓐ **wiinituhkuyinikin** vii ◆ ça sent le médicament

·ᐄᐱᐦᑯᑖᐅᑭᓐ wiipihkutaaukin vii ◆ ça sent la cendre

·ᐄᔒᔑᐱᒋᓯᐤ wiishiishiipichisiu vai ◆ il/elle sent le canard

·ᐄᔑᑳᑯᒋᓯᐤ wiishikaakuchisiu vai ◆ il/elle sent la mouffette

·ᐄᔑᑳᑯᑯᓐ wiishikaakukun vii ◆ ça sent la mouffette

·ᐄᔥᑯᑐᐧᐃᔥᑖᐤ wiishkutuwishtaau vii ◆ ça sent le brûlé

·ᐄᔥᑎᒧᒋᓯᐤ wiishtimuchisiu vai ◆ il/elle sent le chien mouillé

·ᐄᔥᑎᒧᑭᓐ wiishtimukin vii ◆ ça sent le chien mouillé

·ᐄᑎᒫᓯᒋᓯᐤ wiitimaasichisiu vai ◆ il/elle sent le poisson

·ᐄᑎᒫᓯᑭᓐ wiitimaasikin vii ◆ ça sent le poisson

·ᐄᔮᑯᒋᓯᐤ wiiyaakuchisiu vai ◆ il/elle sent le porc-épic, a une odeur de porc-épic

·ᐄᔨᒁᐱᐦᑖᐧᐃᓂᒋᐦᐋᐤ wiiyikwaapihtaawinichihaau vta ◆ il/elle le/la fait sentir la fumée

·ᐄᔨᒁᐱᐦᑖᐧᐃᓂᒋᓯᐤ wiiyikwaapihtaawinichisiu vai ◆ il/elle sent la fumée

·ᐄᔨᒥᐢᑯᔥᑖᐤ wiiyimiskushtaau vii ◆ ça sent le castor qui cuit

·ᐄᔨᔥᑎᐦᒋᑯᓂᒋᓯᐤ wiiyishtihchikunichisiu vai ◆ il/elle sent le moisi

·ᐄᔨᔥᑎᐦᒋᑯᓂᑭᓐ wiiyishtihchikunikin vii ◆ ça sent le moisi, le renfermé (comme quand quelque chose a été gardé dans une malle pendant longtemps)

·ᐄᔮᐃᐦᑯᓈᐅᔥᑖᐤ wiyaaihkunaaushtaau vii ◆ ça sent la bannique, le gâteau en train de cuire

ᒌᐦᑳᒫᑯᓯᐤ chiihkaamaakusiu vai ◆ il/elle sent fort, pue ■ ᓈᔥᒡ ᐋᐦ ᒌᐦ ᒌᐦᑳᒫᑯᓯᑦ ᔑᑳᒄ ᑳ ᐹᒋ ᐱᒥᐱᔨᔪᐧᐃᒋᐦᐟ. ■ naashch aah chiih chiihkaamaakusit shikaakw kaa paachi pimipiyiyuwichiht. ■ *La mouffette sentait vraiment fort quand nous conduisions.*

ᐃᔮᐦᑯᓯᑭᓈᒥᐦᒋᐦᐆ iyaahkusikinaamihchihuu vai -u ◆ il/elle sent ses os qui lui font mal

ᒫᒫᑐᓂᒼ maamaatunim vti ◆ il/elle le sent en le touchant ou en pressant dessus

ᒫᒫᑐᓂᓈᐤ maamaatuninaau vta ◆ il/elle le/la sent en le/la touchant ou en pressant dessus

ᒥᔮᐦᑭᓲ miyaahkisuu vai -u ◆ il/elle sent le brûlé, on le/la sent qui cuit

ᐳᐧᐋᐹᐧᐋᐤ puwaapaawaau vai ◆ il/elle sent l'eau imprégner ses vêtements, ses chaussures

·ᐹᒋᒋᐦᑭᓲ pwaachichihkisuu vai -u ◆ il/elle (animal) sent la pourriture à cause de la chaleur

·ᐹᒋᒋᑭᐦᑖᐤ pwaachichikihtaau vii ◆ ça sent la pourriture à cause de la chaleur

ᓱᐦᒋᒫᓵᐧᐋᐤ suhchimaasaawaau vai ◆ il/elle le brûle et ça sent fort

ᓱᐦᒋᒫᔥᑖᐤ suhchimaashtaau vii ◆ ça brûle et ça sent fort

ᓱᐦᒋᒫᓲ suhchimaasuu vai -u ◆ il/elle (ex. cigare) sent fort quand il/elle brûle

ᑖᐦᒌᐱᐢᑯᓈᐅᒋᐤ taahchiipiskunaauchiu vai ◆ il/elle sent le froid dans son dos

·ᐄᒋᔥᑖᒫᐅᔥᑖᐤ wiichishtaamaaushtaau vii ◆ ça sent le tabac brûlé

·ᐄ·ᑳᑭᑭᓐ wiikwaakikin vii ◆ ça sent la moisissure, le moisi

·ᐄᓈᐱᓯᐢᑖᐤ wiinaapisistaau vii ◆ la casserole sent parce que la nourriture a brûlé pendant qu'on cuisinait

·ᐄᐱᒋᐧᐃᔮᓂᔥᑖᐤ wiipichiwiyaanishtaau vii ◆ ça sent le tissu brûlé, la toile brûlée

·ᐄᐱᒦᐅᒋᓯᐤ wiipimiiuchisiu vai ◆ il/elle sent le pétrole, l'essence

·ᐄᔥᑯᑐᐧᐃᒋᓯᐤ wiishkutuwichisiu vai ◆ il/elle sent le feu, la fumée

·ᐄᔥᑯᑐᐧᐃᑭᓐ wiishkutuwikin vii ◆ ça sent la fumée, le feu

·ᐄᔨᒥᐢᑯᒋᓯᐤ wiiyimiskuchisiu vai ◆ il/elle goûte et sent le castor

·ᐄᔨᒥᐢᑯᑭᓐ wiiyimiskukin vii ◆ ça goûte et ça sent le castor

ᒥᔪᐦᑭᓲ miyuhkisuu vai -u ◆ il/elle se sent bien de boire, ça lui fait du bien de boire; c'est bien cuit (animé), il/elle est bien cuit-e

ᒥᔪᒫᒫᐤ miyumaamaau vta ◆ il/elle aime son odeur

ᒥᔪᒫᓲ miyumaasuu vai -u ◆ il/elle sent bon en cuisant, en brûlant

ᔒᐅᒫᑯᓯᐤ shiiumaakusiu vai ◆ il/elle a une odeur aigre, sure

·ᐄᐱᒦᐅᑭᓐ wiipimiiukin vii ◆ ça sent, ça a un goût d'essence, de pétrole

·ᐄᔥᑭᒥᔥᑖᐤ wiishkimishtaau vii ◆ la mousse, la terre sent la fumée

ᒥᔪᒫᓵᐧᐋᐤ miyumaasaawaau vai ◆ l'odeur de sa cuisine, de sa pipe, de son tabac, de sa cigarette sent bon

sentir (se)

ᐄᑖᔨᐦᑖᑯᓯᐤ iitaayihtaakusiu vai ◆ il/elle se sent comme ça

ᐄᑖᔨᐦᑎᒥᐦᐋᐤ iitaayihtimihaau vta ◆ il/elle le/la fait penser comme ça, le/la fait se sentir comme ça

ᐄᑎᒥᒋᐦᐋᐤ iitimichihaau vta ◆ il/elle le/la fait se sentir comme ça

ᐄᑎᒥᐦᒋᐦᐆ iitimihchihuu vai -u ◆ il/elle se sent d'une certaine façon (bien ou mal, différemment d'auparavant) ■ ᓈᔥᑖ·ᐹᐦ ᓂᒥ ᐅᐦᒋ ᒌᐦ ᐄᑎᒥᐦᒋᐦᐆ ᐋᔪᐧᐃᒄ ·ᐋᐦᒋ ᐋᑳ ᐅᐦᒋ ᑎᑯᔑᐦᒃ. ■ naashtaapwaah nimi uhchi chiih iitimihchihuu aayuwikw waahchi aakaa uhchi tikushihk. ■ *Il n'est pas venu parce qu'elle/il ne se sentait pas bien.*

ᐄᑖᔨᒨ iitaayimuu vai -u ◆ il/elle pense comme ça, elle se sent comme ça

ᒦᓂᐧᐋᑎᓰᐤ miiniwaatisiiu vai ◆ il/elle se sent mieux après avoir été malade

ᒥᔪᒥᐦᒋᐦᐆ miyumihchihuu vai -u ◆ il/elle se sent bien

ᐱᐧᓵᔅᑯᔨᐤ piswaaskuyiu vai ◆ il/elle se sent mal d'avoir mangé trop de graisse

ᐧᐃᔥᑎᐧᐋᔨᐦᑎᒼ wishtiwaayihtim vti ◆ il/elle se sent mal à l'aise par rapport à ça

séparé

ᐄᒑ iichaa p,lieu ◆ séparé, à part ■ ᐄᒑ ᐊᓂᑖᐦ ᓂᒌᐦ ᐧᐄᒋᓈᓐ ᓃᔮᓐ᙮ ■ iichaa anitaah nichiih wiichinaan niiyaan. ■ *Nous vivions séparés des autres.*

ᑎᐹᓐ tipaan p,manière ◆ part (à), séparé ■ ᑎᐹᓐ ᒌᐦ ᐧᐄᒋᐧᐃᒡ ᐊᓂᒌ ᑲ ᐧᐄᒑᐧᐃᔨᒥᐦᒡ᙮ ■ tipaan chiih wiichiwich anichii kaa wiichaawiyimihch. ■ *Les gens avec qui nous avons voyagé ont leur propre habitation, séparée de la nôtre.*

ᐱᐦᑳᓂᓰᐤ pihkaanisiiu vai ◆ il/elle est à part, séparé-e des autres

ᑎᐹᓂᓰᐤ tipaanisiiu vai ◆ il/elle est distinct-e, séparé-e

ᐱᐦᑳᓂᑳᐴ pihkaanikaapuu vai -uwi ◆ il/elle se tient à part

ᐱᐦᑳᓂᐱᐤ pihkaanipiu vai ◆ il/elle est assis-e, posé-e à part

séparer

ᐹᐦᐹᔨᑯᔥᑖᐤ paahpaayikushtaau vai redup ◆ il/elle les sépare les uns des autres

ᐹᐦᐹᔨᑯᔥᑖᐤᐦ paahpaayikushtaauh vii pl redup ◆ chacun est séparé des autres

ᐋᓈᓂᔥᑎᓂᒼ anaanishtinim vti ◆ il/elle le sépare en morceaux

ᓂᓈᓂᔑᐱᑖᐤ ninaanishipitaau vta redup ◆ il/elle le/la sépare, le/la divise

ᓂᓈᓂᔑᐱᑎᒼ ninaanishipitim vti redup ◆ il/elle le démonte, le sépare

ᓂᓈᓂᔥᑎᓈᐤ ninaanishtinaau vta redup ◆ il/elle le/la démonte, le/la sépare

ᑖᑖᐅᐦᐊᒼ taataauham vti ◆ il/elle le sépare au milieu en le frappant avec quelque chose

ᑖᑖᐅᓈᐤ taataaunaau vta ◆ il/elle le/la sépare au milieu à la main

ᒌᑎᐧᐃᔅᒑᐧᐹᐤ chiitiwischaapwaau vta ◆ il/elle le/la mange (par exemple un oiseau) sans séparer les os

ᓂᑭᑎᑐᐧᐃᒡ nikitituwich vai pl recip -u ◆ ils/elles divorcent, se séparent, se quittent

ᐱᐦᑳᓂᐦᐋᐤ pihkaanihaau vta ◆ il/elle le/la met à part, le/la sépare du reste

ᐱᐦᑳᓂᔥᑖᐤ pihkaanishtaau vai ◆ il/elle le met à part, le sépare des autres

séparer (se)

ᒫᒋᐱᔨᐤ maachipiyiu vii ◆ ça se sépare depuis un point d'origine

ᐧᐋᐱᓈᑭᓂᐆ waapinaakiniuu vai -iwi ◆ il/elle est séparé-e, divorcé-e

ᐧᐋᐱᓂᑐᐧᐃᒡ waapinituwich vai pl recip -u ◆ ils/elles divorcent, se séparent

ᐧᐋᐱᓈᐤ waapinaau vta ◆ il/elle s'en débarrasse, il/elle se sépare de lui, le/la divorce

sept

ᓃᐧᔖᔥᒡ niishwaashch p,nombre ◆ sept

ᓃᐧᓵᐧᓵᐤ niiswaaswaau p,quantité ◆ sept fois

septante

ᓃᐧᓵᓱᒥᑎᓂᐤ niiswaasumitiniu p,nombre ◆ soixante-dix, septante

septembre

ᒥᔑᑳᒫᐦᔮᐅᐲᓯᒼ mishikaamaahyaaupiisim na ◆ le mois de septembre

ᐅᔥᑭᐦᐆᐲᓯᒼ ushkihuupiisim na -um [Whapmagoostui] ◆ septembre

sérieux

ᐋᐦᐧᑳᒋᐱᔨᐤ aahkwaachipiyiu vii ◆ c'est très abîmé, c'est une affaire très sérieuse

serment

ᑖᐧᐹᐧᐃᓐ taapwaawin ni ◆ un voeu, un serment

sermonner

ᑭᒑᔅᒋᒫᐤ kichaaschimaau vta ◆ il/elle lui donne des conseils, des instructions, il/elle le/la sermonne

serpent

ᐊᒋᓈᐱᒄ achinaapikw na -um ◆ un serpent

serpenter

ᐲᒥᑳᒫᒋᐧᐃᓐ piimikaamaachiwin vii ◆ le rapide serpente

ᐧᐋᔨᔪᒨ waayiyumuu vii -u ◆ c'est un chemin, une route, un sentier qui serpente

ᐧᐋᐧᐋᑳᑎᒦᐤ waawaakaatimiiu vii redup ◆ le chenal serpente sous l'eau

serpillère

ᑳᓰᐦᑎᑭᐦᐄᑭᓐ kaasiihtikihiikin ni ◆ une vadrouille, une serpillère

serré

ᓰᐦᑎᓰᐤ siihtisiiu vai ◆ il/elle est serré-e

ᑭᔥᑭᒥᑰ kishkimikuu vai -u ◆ il/elle est serré-e et lui rentre dedans

ᔒᐦᒑᐤ shiihchaau vii ◆ c'est serré, il y a peu de place

ᔒᐦᒋᐦᑎᓐ shiihchihtin vii ◆ c'est bien ajusté, serré

ᔒᐦᒋᔥᑭᒼ shiihchishkim vti ◆ il/elle porte quelque chose de serré

ᔒᐦᒋᔥᑭᐧᐋᐤ shiihchishkiwaau vta ◆ il/elle porte quelque chose de trop serré; il/elle est assis-e trop près de lui

ᔒᐦᑎᒥᐦᒋᐦᐋᐤ shiihtimihchihaau vta ◆ il/elle le/la sent bien serré sur elle/lui

ᓰᐦᑖᐱᐦᑳᑖᐤ siihtaapihkaataau vta ◆ il/elle l'attache bien serré-e

ᓰᐦᑖᐱᐦᑳᑎᒼ siihtaapihkaatim vti ◆ il/elle l'attache bien serré

ᓰᐦᑎᑯᑖᐤᐦ siihtikutaauh vii pl ◆ c'est suspendu en groupe serré

ᓰᐦᑎᒧᐦᑖᐤ siihtimuhtaau vai ◆ il/elle le porte serré

ᓰᐦᑎᐢᒋᒫᐤ siihtischimaau vai ◆ il/elle le lace serré

ᓰᐦᑎᓈᐤ siihtinaau vta ◆ il/elle le/la tient bien serré-e; il/elle s'ajuste bien à son doigt, à sa main

ᓰᐦᑎᐢᒋᓈᐤ siihtischinaau vai ◆ il/elle est emballé-e serré-e, de façon compacte

ᓰᐦᑎᐢᒋᓂᑖᐤ siihtischinitaau vai ◆ il/elle l'emballe en serrant bien

ᐲᔑᐦᑭᐚᔮᐢᑯᓯᐤ piishihkiwaayaaskusiu vai ◆ l'arbre a des cercles de croissances qui sont rapprochés, serrés

serrer

ᒫᑯᓂᒑᐱᔨᐦᑖᐤ maakunichaapiyihtaau vai ◆ il/elle serre les poings

ᒫᑯᓂᒑᐤ maakunichaau vai ◆ il/elle serre, retient

ᒫᑯᓂᒑᔨᐤ maakunichaayiu vai ◆ il/elle serre les poings

ᒫᒁᐱᐢᒋᑭᓈᔨᐤ maakwaapischikinaayiu vai ◆ il/elle serre les dents

ᓵᐹᐢᑯᐦᑎᓐ saapaaskuhtin vii ◆ c'est enroulé bien serré (utilisé seulement à la forme négative)

ᓰᐦᑎᐦᐱᑖᐤ siihtihpitaau vta ◆ il/elle l'attache en serrant bien

ᓰᐦᑎᐦᐱᑎᒼ siihtihpitim vti ◆ il/elle l'attache en serrant bien

ᓰᐦᑎᒧᐦᐋᐤ siihtimuhaau vta ◆ il/elle la/le met et la/le serre bien

ᓰᐦᑎᔮᒋᓈᐤ siihtiyaachinaau vta ◆ il/elle l'emballe en serrant bien dans quelque chose (étalé)

ᓰᐦᑎᔮᒋᓂᒼ siihtiyaachinim vti ◆ il/elle l'emballe en serrant bien

ᓰᐦᑎᔮᒋᐱᑖᐤ siihtiyaachipitaau vta ◆ il/elle le/la tire en serrant bien (étalé)

ᔮᐃᔨᑖᐱᐦᑳᑎᒼ yaaiyitaapihkaatim vti ◆ il/elle l'attache bien serré

ᓰᐦᑖᐢᑯᐦᑎᓐ siihtaaskuhtin vii ◆ c'est serré entre des choses longues et rigides

serres

ᐱᓯᑯᓈᐤ pisikunaau vta ◆ il/elle l'attrape avec ses griffes, ses serres (ex. oiseau de proie), il/elle le/la rend collant

ᐱᓯᑯᓂᒼ pisikunim vti ◆ il/elle l'attrape avec ses griffes, il/elle le rend collant

serrure

ᐋᑖᐱᐢᒋᓂᑭᓐ aataapischinikin ni ◆ un cadenas, une serrure

service

ᐊᑐᐢᒑᐎᓐ atuschaawin ni ◆ un travail, un service

serviette

ᑳᓰᐦᒁᐦᐅᓐ kaasiihkwaahun ni ◆ une serviette

ᐋᓯᔮᓐ aasiyaan na ◆ une serviette hygiénique

servir

ᓰᑭᐦᐊᒼ siikiham vti ◆ il/elle en sert, en présente

ᐊᑐᐢᒑᐤ atuschaau vai ◆ il/elle travaille pour les autres, sert les autres

ᐊᑐᐢᑭᐚᐤ atuskiwaau vta ◆ il/elle travaille pour lui/elle, il/elle le/la sert

ᐃᔮᐅᑖᔨᐦᑖᑯᓐ iyaautaayihtaakun vii ◆ ça ne sert à rien, à pas grand chose

ᒫᑎᓂᐚᐹᐤ maatiniwaapaau vai ◆ il/elle sert à boire

ᓰᑭᐦᐊᒧᐚᐤ siikihamuwaau vta ◆ il/elle le/la sert, lui sert sa nourriture

ᓰᑭᐦᐚᐤ siikihwaau vta ◆ il/elle le/la sert, le/la distribue

ᒫᑎᓂᐚᐤ maatiniwaau vai ◆ il/-elle sert à manger, distribue les cartes, distribue quelque chose ■ ᐑᔨ ᒌᐦ ᐄᑖᑭᓂᐤ ᒑ ᒫᑎᓂᐙᐟ ᒥᑯᔖᓂᔨᐤ᙮ ■ wiiyi chiih iitaakiniu chaa maatiniwaat mikushaaniyiu. ■ *On lui avait dit de servir la nourriture à la fête.*

servir à rien

ᐃᔮᐅᒡ iyaauch p,évaluative ◆ c'est une perte de temps et d'effort, ça ne sert à rien, c'est inutile ■ ᓄᐎᒡ ᐃᔮᐅᒡ ᐱᒁᐦᐄᐹᐤ, ᐋᑳ ᓂᒫᓯᐎᓂᔨᒡ ᐊᓂᔮ ᓵᑭᐦᐄᑭᓂᔨᐤ᙮ ■ nuwich iyaauch pikwaahiipaau, aakaa nimaasiwiniyich aniyaa saakihiikiniyiu. ■ *Ça ne sert à rien de poser ses filets de pêche ici, il n'y a pas de poissons dans ce lac.*

ses reins

ᐅᑐᑎᐦᑯᐦᓯᐅᐦ ututihkuhsiuh nad ◆ ses reins

seuil

ᒋᐱᔥᒁᐦᒡ chipishkwaahch p,lieu ◆ sur le seuil ■ ᐊᓂᑖᐦ ᒥᒄ ᒋᐱᔥᒁᐦᒡ ᐋᑯᑎᐦ ᑳ ᐹᒋ ᓃᐳᐎᐟ᙮ ■ anitaah mikw chipishkwaahch aakutih kaa paachi niipuwit. ■ *Elle/il se tenait sur le seuil.*

seul

ᐹᔨᑯᔑᐤ paayikushiu vai ◆ il/elle est tout seul-e

ᐹᔨᑰᐦᑭᒼ paayikuuhkim vti ◆ il/elle est seul-e à s'en occuper, il/elle le fait tout-e seul-e, il/elle est seul-e dans le véhicule

ᐲᒋᐢᑳᒋᔥᑖᐤ piichiskaachishtaau vai ◆ il/elle nous manque et on se sent tout seul sans lui/elle

ᐲᒋᐢᑳᑖᔨᐦᑎᒧᐎᓈᑯᓯᐤ piichiskaataayihtimuwinaakusiu vai ◆ il/elle a l'air seul

ᒋᔑᐹᔨᐦᑎᒼ chishipaayihtim vti ◆ il/elle est decu-e, se sent seul-e

ᐹᔨᑯᒦᒋᓲ paayikumiichisuu vai -u ◆ il/elle mange seul

ᐹᔨᑯᓐ paayikun vii ◆ il est tout seul, il n'y en a qu'un

ᐹᔨᑯᐱᐤ paayikupiu vai ◆ il/elle est assis-e seul-e

ᐹᔨᑯᐳᔮᐤ paayikupuyaau vai ◆ il/elle est la seule à pagayer dans le canot

ᐹᔨᑰᐦᑭᐚᐤ paayikuuhkiwaau vta ◆ il/elle est seul-e à s'en occuper, à le lui faire

ᐲᒋᔥᑳᒋᐦᐋᐤ piichishkaachihaau vta ◆ il/elle s'ennuie ou se sent tout seul à cause de son absence

ᐲᒋᔅᑳᑖᔨᐦᑎᒼ piichiskaataayihtim vti ◆ il/elle est seul-e, s'ennuie

ᐹᔨᑯᐦᑖᐤ paayikuhtaau vai ◆ il/elle n'en utilise qu'un, il/elle marche seul

seulement

ᒧᔥᑖᐅᐦᒡ mushtaauhch p,manière ◆ seulement quelque chose en poudre sans rien d'autre ▪ ᓈᔥᑎᔨᒡ ᒧᔥᑖᐅᐦᒡ ᓂᒌᐦ ᐄᔮᐙᓈᓂᒡ ᐱᐦᒁᔑᑭᓂᒡ. ▪ naashtiyich mushtaauhch nichiih iyaawaanaanich pihkwaashikinich. ▪ *On avait seulement de la farine, rien d'autre.*

sève

ᐄᑖᒫᐦᑎᑯᐱᒋᐤ iitaamaahtikupichiu na -iim ◆ de la sève d'arbre, de la gomme liquide dans le bois

ᒥᔥᑎᑯᐱᒋᐤ mishtikupichiu na ◆ de la résine, de la sève

sevré

ᐴᓂᓅᔕᓂᐤ puuninuushaaniu vai ◆ il/elle est sevré-e (d'avoir été nourri-e au sein)

sevrer

ᐴᓂᓅᔕᓂᐦᐋᐤ puuninuushaanihaau vta ◆ elle le sèvre, arrête de l'allaiter

si

ᒥᔑᐤ mishiu p,conjonction ◆ si, au cas où ▪ ᒥᔑᐤ ᒋᔅᒑᔨᐦᑎᐦᑳ ᐋᐦ ᐴᓯᓈᓂᐧᐄᔨᒡ ᒑᔥᑎᓈᔥ ᑭᑎ ᐧᐄᐦ ᐧᐄᒋᐦᐄᐧᐋᐤ. ▪ mishiu chischaayihtihkaa aah puusinaaniwiyich chaashtinaash kiti wiih wiichihiiwaau. ▪ *Si elle apprend que nous sommes sorties en canot, elle voudra sans doute venir aussi.*

ᓈᔥᑦ naasht p,conjonction ◆ et, ou, si..ou non ▪ ᓂᒥ ᓅᐦᒋ ᒋᔅᒑᔨᒫᐤ ᒑ ᒥᐧᔮᔨᐦᑎᒥᒁ ᓈᔥᑦ ᒫᒃ ᒑ ᒥᒑᔨᐦᑎᒥᒁ ᐊᓂᔮ ᒑᒁᔨᐤ ᑳ ᒥᔮᑭᓂᐧᐃᑦ. ▪ nimi nuuhchi chischaayimaau chaa miywaayihtimikwaa naasht maak chaa michaayihtimikwaa aniyaa chaakwaayiu kaa miyaakiniwit. ▪ *Je ne savais pas si elle aimerait le cadeau qu'elle avait reçu.*

sieste

ᐄᔅᐱᑖᐦᒀᒨ iispitaahkwaamuu vai -u ◆ il/elle fait la sieste

ᓂᐹᔑᐤ nipaashiu vai dim ◆ il/elle somnole, fait une petite sieste

siffler

ᑯᐃᔥᑯᔒᒫᐤ kuishkushiimaau vta ◆ il/elle le/la siffle

ᑯᐃᔥᑯᔒᒥᑭᓐ kuishkushiimikin vii ◆ ça siffle

ᑯᐃᔥᑯᔒᐅᓂᑭᒨ kuishkushiiunikimuu vai -u ◆ il/elle siffle un air, une chanson

ᑯᐃᔥᑯᔑᐤ kuishkushiu vai ◆ il/elle siffle

ᑯᐃᔥᑯᔖᔨᑯᒫᔥᑎᓐ kuishkushaayikumaashtin vii ◆ le vent siffle

sifflet

ᐴᑖᒋᑭᓐ puutaachikin ni ◆ un sifflet, un klaxon, une sirène

signal

ᐧᐋᐱᔅᒋᒁᑭᐦᐄᑭᓐ waapischikwaakihiikin ni ◆ une marque, un signal sur un arbre

ᐲᐳᑖᐦᑎᓐ piiputaahtin vii ◆ c'est un signal de fumée

signaler

ᐄᔨᔅᑰ iiyiskuu vii -uwi ◆ l'apparence des nuages signale un temps chaud après une période très froide

signe

ᒋᔅᒋᓂᐧᐋᑎᐦᒑᔨᐤ chischiniwaatihchaayiu vai ◆ il/elle fait signe de la main

ᐅᒥᒑᐤ umichaau ni ◆ un ensemble de traces dans la neige, sur le sol là où le caribou a mangé

ᐋᑖᑯᓈᔑᓐ aataakunaashin vai ◆ des signes de son activité peuvent se voir dans la neige

ᐃᔮᔑᑭᐧᐃᐹᔥᑖᓂᒨ iyaashikiwipaashtaanimuu vai -u ◆ le soleil indique qu'il va pleuvoir, les rayons de soleil scintillent vers le bas du soleil

ᒥᒫᓂᑳᐅᐹᒋᔅᑎᓐ mimaanikaaupaachistin vii redup ◆ il y a des signes de vent sur l'eau

ᐱᐱᓰᐅᓯᑐᐤ pipisiiusituu vii redup -uwi ◆ il y a un signe de vent sur l'eau

ᓈᒥᔅᒁᔨᔥᑎᐧᐋᐤ naamiskwaayishtiwaau vta ◆ il/elle lui fait un signe de la tête pour montrer son accord

ᓈᒥᔅᒁᔨᐤ naamiskwaayiu vai ◆ il/elle hoche la tête, fait un signe de la tête

ᓂᒫᔥᑭᒼ nimaashkim vti ◆ il/elle laisse des traces ou des signes en marchant

ᐹᑖᔥᑳᐧᐃᒡ paataashkaawich vai pl ◆ les vagues arrivent même sans vent, signe que le vent va bientôt se lever

ᐳᐧᐃᔅᒀᐤ puwiskwaau vii ◆ il y a des signes annonciateurs de beau temps après une tempête

ᐧᐋᔨᑖᐅᐦᒌᐤ waayitaauhchiiu vii ◆ ce sont les premiers signes de la fonte des glaces le long de la rive au printemps

ᐧᐃᔥᑎᒫᐤ wishtimaau vai ◆ il/elle voit des traces, des signes de caribou, d'orignal mais ne les tue pas, rentre chez lui pour informer les autres

ᓵᓱᐧᐃᐦᑯᓂᒫᑰ saasuwihkunimaakuu vai -u ◆ il y a une trace de sang sur ses vêtements, signe qu'il va tuer de la nourriture dans un futur proche

signer

ᒥᓯᓂᐦᐅᓲ misinihusuu vai reflex -u ◆ il/elle appose sa signature, signe son nom

signes

ᑳᐅᑭᒥᐤ kaaukimiu vii ◆ la surface de l'eau est encore calme, mais on perçoit les signes du vent qui se lève

silencieux

ᒋᔮᒼ chiyaam p,manière ◆ silencieusement, calmement, paisiblement ▪ ᒋᔮᒼ ᒥᒄ ᒑ ᐊᔨᒥᐦᐄᑦ, ᓂᒥ ᒋᑭ ᒋᔥᐧᐋᐧᐋᐦᑭᐦᑎᐧᐋᐤ. ▪ chiyaam mikw chaa ayimihiit, nimi chiki chishwaawaahkihtiwaau. ▪ *Parle-lui tout doucement, ne lève pas la voix!*

ᒋᔮᒫᐤ chiyaamaau p,manière ◆ silencieux, calme, tranquille ■ ᒨᔥ ᒌᐦ ᒋᔮᒫᐙᔨᐦᑖᑯᓐ ᐊᓂᑖᐦ ᑳ ᓂᔥᑐᒑᔑᔮᐦᒡ. ■ muush chiih chiyaamaawaayihtaakun anitaah kaa nishtuchaashiyaahch. ■ *C'était toujours tranquille quand on campait tous seuls.*

ᒋᔮᒫᐅᐱᐤ chiyaamaaupiu vai ◆ il/elle est assis immobile, silencieux/silencieuse

ᒋᔮᒫᐙᔨᐦᑖᑯᓐ chiyaamaawaayihtaakun vii ◆ c'est silencieux, calme, tranquille

silex

ᐊᐱᐦᑦ apiht na ◆ un silex

ᐄᔨᐹᔅᒋᓯᑭᓐ iiyipaaschisikin ni ◆ un fusil de chasse à silex

ᑳᔒᔒᐱᑯᑐᐎᒡ kaashiishiipikutuwich nip ◆ un fusil à silex

silhouette

ᐊᓯᐹᒋᐦᑎᓐ asipaachihtin vii ◆ c'est une silhouette avec de l'eau en arrière-plan

ᓂᐦᒋᑳᐤ nihchikaau vii ◆ on en voit le contour, la silhouette

simplement

ᐱᔑᔑᒄ pishishikw p,quantité ◆ rien de plus, rien d'autre, simplement ■ ᐱᔑᔑᒄ ᓂᐲᔨᐤ ᒌᐦ ᒥᓂᐦᒁᐎᒡ ᐋᑳ ᐅᐦᒋ ᐃᔮᒡ ᑏᔨᐤ. ■ pishishikw nipiiyiu chiih minihkwaawich aakaa uhchi iyaach tiiyiu. ■ *Ils n'avaient que de l'eau à boire parce qu'ils n'avaient plus de thé.*

singe

ᒫᒫᒁᔑᐤ maamaakwaashiu na -iim ◆ un être mythique qui ressemble au gorille, au singe

sinueux

ᓈᑗᔮᔑᐤ naatwaayaashiu vii dim ◆ c'est une petite rivière sinueuse

ᓈᑗᔮᐤ naatwaayaau vii ◆ c'est une rivière sinueuse

ᐲᒥᒋᐎᓐ piimichiwin vii ◆ l'eau coule de manière sinueuse

ᐚᐙᒋᑭᒫᐤ waawaachikimaau vii redup ◆ c'est un lac sinueux

ᐚᐙᒋᔥᑎᒁᔮᐤ waawaachishtikwaayaau vii redup ◆ c'est une rivière sinueuse

ᐚᐙᑳᔮᐤ waawaakaayaau vii redup ◆ c'est un chenal sinueux

ᐚᐙᑭᒨ waawaakimuu vii redup -u ◆ c'est une route sinueuse, un chemin sinueux

ᐚᐙᑭᔥᒁᔮᐤ waawaakishkwaayaau vii redup ◆ la rivière est sinueuse

ᐚᐙᑭᑖᐅᐦᒑᒋᐎᓐ waawaakitaauhchaachiwin vii redup ◆ c'est un rapide qui serpente, sinueux

ᐱᒥᑖᐱᔅᒑᒋᒋᐎᓐ pimitaapischaachichiwin vii ◆ c'est un rapide sinueux, peu profond, au fond rocheux

ᐚᐙᑭᔥᒁᐦᐊᒼ waawaakishkwaaham vti redup ◆ il/elle fait du canot sur une rivière sinueuse

ᔮᐦᔮᐅᑖᑎᐦᒑᐤ yaahyaautaatihchaau vai ◆ le rat musqué, le castor construit des tunnels sinueux

sirène

ᒥᓂᑑᐦᒁᐤ minituuhkwaau na -m [Whapmagoostui] ◆ une sirène

ᒥᓂᑑᔅᒁᐤ minituuskwaau na -m ◆ une sirène

ᐴᑖᒋᑭᓐ puutaachikin ni ◆ un sifflet, un klaxon, une sirène

sirop

ᐅᔥᑐᑎᒧᓈᐳᐃ ushtutimunaapui ni -um ◆ du sirop contre la toux

ᑳᔒᐚᑭᒥᔑᒡ kaashiiwaakimishich nip ◆ du sirop sucré pour la toux

six

ᑯᑣᔥᒡ kutwaashch p,nombre ◆ six

ᓂᑯᑣᔥᒡ nikutwaashch p,nombre ◆ six

ᑯᑣᔅᐧᐅᒥᑖᐦᑐᒥᑎᓂᐤ kutwaaswaaumitaahtumitiniu p,nombre [Wemindji] ◆ six cents

skidoo

ᑳᐅᔥᑖᑯᓂᒋᐱᐦᑖᑦ kaaushtaakunichipihtaat nap ◆ une motoneige

soeur

ᐅᒥᔅᐦ umis-h na ◆ sa soeur aînée, sa grande-soeur

ᐅᒥᓯᒫᐅ umisimaauu vai -aawi ◆ c'est une grande soeur

ᒋᔒᒼ chishiim nad ◆ ton jeune frère ou frère cadet, ta jeune soeur ou soeur cadette

ᓃᒋᔖᓂᔥ niichishaanish na dim ◆ mon petit frère, ma petite soeur, mon frère cadet, ma soeur cadette, mon cousin ou ma cousine

ᐑᒋᔖᓂᔑᒫᐤ wiichishaanishimaau nad ◆ un petit frère, une petite soeur, un cousin plus jeune, une cousine plus jeune

ᒌᒌᔨᔨᐤ chiichiiyiyiu nad ◆ ton frère, ta soeur, ton cousin ou ta cousine parallèle (le fils ou la fille de la soeur de ta mère ou du frère de ton père), ton frère cri, ta soeur crie, ton compagnon humain, ta compagne humaine

ᒌᒋᔖᓐ chiichishaan nad ◆ ton frère ou ta soeur, ton cousin ou ta cousine parallèle (le fils ou la fille du frère de ton père ou de la soeur de ta mère)

ᓃᒌᔨᔨᐤ niichiiyiyiu nad ◆ mon frère, ma soeur, mon cousin ou ma cousine parallèle (le fils ou la fille de la soeur de ma mère ou du frère de mon père), mon frère cri, ma soeur crie, mon compagnon humain, ma compagne humaine

ᓃᒋᔖᓐ niichishaan nad ◆ mon frère ou ma soeur, mon cousin ou ma cousine parallèle (le fils ou la fille du frère de mon père ou de la soeur de ma mère)

ᐑᒌᔨᔨᐤᐦ wiichiiyiyiuh nad ◆ son frère, sa soeur, son cousin ou sa cousine parallèle (le fils ou la fille de la soeur de sa mère ou du frère de son père), son frère cri, sa soeur crie, son compagnon humain, sa compagne humaine

·ᐄᒋᔃᐦ wiichishaanh nad ◆ son frère ou sa soeur, son cousin ou sa cousine parallèle (le fils ou la fille du frère de son père ou de la soeur de sa mère)

·ᐄᒋᔃᓂᒫᐤ wiichishaanimaau nad ◆ un frère ou une soeur, un cousin ou une cousine parallèle (le fils ou la fille du frère du père ou de la soeur de la mère)

soeur aînée

ᓂᒥᔅ nimis nad ◆ ma soeur aînée, ma grande-soeur

ᓂᒥᓵ nimisaa nad voc ◆ grande-soeur, soeur aînée!

ᐅᒥᓯᒫᐤ umisimaau nad ◆ une soeur aînée, une grande-soeur

soeur cadette

ᓂᔒᒥᔕ nishiimishaa nad voc ◆ frère cadet! ou soeur cadette!

ᓂᔒᒥᔥ nishiimish na ◆ mon frère cadet ou ma soeur cadette, mon petit-frère ou ma petite-soeur

ᐅᔒᒼᐦ ushiimh nad ◆ son frère cadet ou sa soeur cadette, son petit-frère ou sa petite-soeur

ᐅᔒᒥᒫᐤ ushiimimaau na ◆ un frère cadet ou une soeur cadette, un petit-frère ou une petite-soeur

ᐅᔒᒥᒫᐆ ushiimimaauu vai -aawi ◆ c'est un frère cadet ou une soeur cadette

soi-même

ᐅᔑᐦᑖᒑᐱᔨᐤ ushihtaachaapiyiu vai ◆ il/elle fait quelque chose lui-même, elle-même

ᐅᔑᐦᑖᒑᐱᔨᐤ ushihtaachaapiyiu vii ◆ ça fait quelque chose de lui-même

soif

ᐹᐦᑯᑖᐦᑎᒼ paahkutaahtim vti ◆ il/elle a soif

ᐹᐦᑯᑖᒨᔥᑳᑰ paahkutaamushkaakuu vai -u ◆ ça lui donne soif

ᐹᐦᑯᑖᒨᔥᑯᔨᐤ paahkutaamushkuyiu vai ◆ il/elle a soif après avoir mangé

ᐹᐦᑯᑖᒨ paahkutaamuu vai -u ◆ il/elle a soif

ᑭ·ᐙᐸ·ᑳᐤ kiwaapaakwaau vai ◆ il/elle meurt de soif

ᓅᐦᑖᔦᐹ·ᑳᐤ nuuhtaayaapaakwaau vai ◆ il/elle souffre de la soif, a très soif avant qu'elle puisse trouver à boire

soigné

ᒥᔪ·ᐃᓈᑯᐦᑖᐤ miyuwinaakuhtaau vai ◆ il/elle lui donne l'air beau/belle, soigné-e

soigner

ᐊᑯᐹᑎᓂᒼ akupaatinim vti ◆ il/elle soigne avec une compresse

ᑭᓂ·ᐙᔨᐦᑖᑯᓯᐤ kiniwaayihtaakusiu vai ◆ il/elle est gardé-e, soigné-e

soigner (se)

ᓈᑭᑎ·ᐙᔨᒦᓲ naakitiwaayimiisuu vai reflex -u ◆ il/elle se soigne bien, se débrouille bien

soin

ᒋᐦᑎᒦᐦᑳᓲ chihtimiihkaasuu vai reflex -u ◆ il/elle ne prend pas le temps de bien prendre soin de lui-même/d'elle-même

ᒥᑐᓂᓯᐤ mitunisiiu vai ◆ il/elle fait les choses avec soin et précision

ᒥᔪᔥᑖᓲ miyustaasuu vai -u ◆ il/elle prépare ça bien, avec soin et bien en ordre

ᓂᐦᐋ·ᐙᔅᑯᔥᑖᐤ nihaawaaskushtaau vai ◆ il/elle les empile avec soin (long et rigide)

soir

ᑎᐱᔅᑳᒐ tipiskaachaa p,temps ◆ ce soir, quand il fera nuit

ᐅᑖᑯᔑᒑ utaakushichaa p,temps ◆ ce soir, lit. 'quand ça sera le soir'

ᐅᑖᑯᔑᐤ utaakushiu vii ◆ c'est le soir

ᓃᐹᐦ·ᑳ·ᐄᓐ niipaahkwaawin ni ◆ le repas du soir

ᓃᐹᐦ·ᑳᐤ niipaahkwaau vai ◆ il/elle mange le repas du soir

ᐅᑖᑯᔑᐦᐄᑯᐦᑖᐤ utaakushihiikuhtaau vai ◆ il/elle cherche du feu de bois le soir

ᐅᑖᑯᔑᓈᐦ·ᑳᐤ utaakushinaahkwaau vai ◆ il/elle mange le soir

ᐅᑖᑯᐦᐊᒻ utaakuham vti ◆ il/elle chasse le castor en canot ou à pied le soir

ᐅᑖᑯᐦᐄᒋᔥ·ᑳᐦᐊᒻ utaakuhiichishkwaaham vti ◆ il/elle chasse le rat musqué avec un fusil, en canot ou à pied, en fin d'après-midi ou le soir

ᐅᑖᑯᔑᐅᓂᑯᐦᑖᐤ utaakushiunikuhtaau vai ◆ il/elle cherche du feu de bois le soir

soirée

ᒋᔑᓂᑖᑯᔑᐤ chishinitaakushiu vii ◆ c'est une soirée fraîche, froide

soixante

ᑯ·ᑖᓱᒥᑎᓂᐤ kutwaasumitiniu p,nombre ◆ soixante

ᓂᑯ·ᑖᓱᒥᑎᓂᐤ nikutwaasumitiniu p,nombre ◆ soixante

soixante-dix

ᓃᔂᓱᒥᑎᓂᐤ niiswaasumitiniu p,nombre ◆ soixante-dix, septante

sol

ᐋᓂᔅᑭᒥᒡ aaniskimich p,lieu ◆ à terre, sur le sol

ᒧᔅᑎᐦᑎᒡ mustihtich p,lieu ◆ par terre, au sol ■ ᐊᑳ·ᐄ ᐱᒋᔅᑎᓐ ᐊᓐ ᐊ·ᐙᔑᔥ ᐊᓂᑎᐦ ᒧᔅᑎᐦᑎᒡ ·ᐙᓵ ᑎᐦᑳᔮᔨᐤ. ■ akaawii pichistin an awaashish anitih mustihtich waasaa tihkaayaayiu. ■ *Ne mets pas le bébé au sol, il fait trop froid!*

ᐋᓈᔅᑳᓐ anaaskaan ni ◆ du linoleum, de quoi recouvrir le sol

ᓂᐱᒋᔅᑎᒄ nipichistikw ni -um ◆ le sol, le plancher

ᒧᔅᑎᔅᑭᒥᒡ mustiskimich p,lieu ◆ à même le sol, à la dure ■ ᒧᔅᑎᔅᑭᒥᒡ ᒌᐦ ᐱᒥᔑᓐ ᐋᐦ ᒌᐦ ·ᐄᓂᒋᔅᒋᓯᑦ ᐅᑎᔥᐱᔑᒧᓐ. ■ mustiskimich chiih pimishin aah chiih winichischisit utishpishimun. ■ *Elle devait dormir à même le sol parce qu'elle avait oublié son matelas.*

ᐊᑐᐎᐦᐹᐅᐦᑳᐤ *atuwihpaauhkaau* vai ◆ le sol s'élève graduellement

ᒌᔅᑭᒥᑳᐤ *chiiskimikaau* vii ◆ c'est un sol glissant

ᐄᔨᐹᑖᐅᐦᑳᐤ *iiyipaataauhkaau* vii ◆ le sol est incliné, en pente

ᑳᐦᑎᐱᔅᑭᒥᑳᐤ *kaahtipiskimikaau* vii ◆ il y a une saillie sur le sol

ᑰᓂᔅᑭᒥᑳᐤ *kuuniskimikaau* vii ◆ le sol est recouvert de neige

ᒥᔼᐅᐦᑳᐤ *miywaauhkaau* vii ◆ il y a du beau sable sur le sol

ᓃᐱᓂᔅᑭᒥᑳᐤ *niipiniskimikaau* vii ◆ c'est du sol d'été, il n'y a pas de neige sur le sol

ᐹᐦᑯᔅᑭᒥᑳᐤ *paahkuskimikaau* vii ◆ c'est un sol sec

ᐹᐦᑯᑖᐅᐦᑳᐤ *paahkutaauhkaau* vii ◆ c'est sec (en parlant du sol)

ᐹᐦᑯᑎᐙᐤ *paahkutiwaau* vii ◆ c'est une aire au sol bien sec

ᐹᓈᑯᐦᑖᐤ *paanaakuhtaau* vii ◆ c'est un endroit où la neige a fondu et où le sol est exposé

ᐹᓂᐦᐊᒼ *paaniham* vti ◆ il/elle enlève de cette surface la neige ou la première couche de sol

ᐱᐹᔅᑯᔅᑭᒥᑳᐤ *pipaaskuskimikaau* vii redup ◆ c'est un sol plein de bosses

ᐱᓯᓯᑭᒥᑳᐤ *pisisikimikaau* vii ◆ il y a une tranchée dans le sol

ᐱᔅᑭᐦᐄᐱᐤ *piskihiipiu* vai ◆ il/elle aplanit le sol pour une habitation

ᑖᓂᐦᐋᐤ *taanihaau* vii ◆ le sol est à niveau

ᑖᐱᑎᐙᐦᑎᑳᐤ *taapitiwaahtikaau* vii ◆ il y a des branches régulières sur le sol

ᐐᓂᐦᑎᑳᐤ *wiinihtikaau* vii ◆ c'est un sol, un plancher sale

ᐐᐳᔅᑳᔅᒌᐅ *wiipuskaaschiiuu* vii -iiwi ◆ c'est une aire sur le sol qui a été brûlée par un feu de forêt

ᔮᑳᐅᑖᐅᐦᑳᐤ *yaakaautaauhkaau* vii ◆ c'est un sol sablonneux

ᐊᓯᓃᐅᔅᑭᒥᑳᐤ *asiniiuskimikaau* vii ◆ c'est un sol rocailleux, caillouteux

ᐃᔨᔅᑭᒥᒋᓈᐤ *iyiskimichinaau* vta ◆ il/elle l'enfouit dans la mousse, dans le sol

ᐃᔨᔅᑭᒥᒋᓂᒼ *iyiskimichinim* vti ◆ il/elle l'enfouit dans la mousse, dans le sol

ᒨᓂᐦᒋᔅᑖᐤ *muunihchistaau* vii ◆ le feu fait un trou dans le sol

ᒨᓂᑖᐅᐦᑭᐦᐊᒼ *muunitaauhkiham* vti ◆ il/elle creuse dans le sol, dans le sable

ᒨᓂᑖᐅᐦᑭᐦᐄᒑᐤ *muunitaauhkihiichaau* vai ◆ il/elle creuse dans le sable, dans le sol avec quelque chose

ᒨᔅᑳᐅᐦᒋᓈᐤ *muuskaauhchinaau* vta ◆ il/elle le/la déterre du sable, du sol avec un outil

ᐱᐦᑯᑖᐅᐦᑎᑳᐤ *pihkutaauhtikaau* vii ◆ il y a des cendres sur le sol, le bois

ᐱᐦᒁᔮᐅᐦᒋᔥᑭᒼ *pihkwaayaauhchishkim* vti ◆ il/elle en casse un morceau de sol sablonneux avec son corps ou son pied

ᐱᔨᔅᑯᑎᒫᐦᑯᓈᐤ *piyiskutimaahkunaau* vai ◆ il/elle s'enfonce dans la neige jusqu'au niveau du sol

ᐅᐙᔮᐅᐦᑭᐦᐊᒼ *uwaayaauhkiham* vti ◆ il/elle arrange, nivelle le sol avec quelque chose

sol bosselé

ᐅᐄᔥᑎᐦᒑᐤ *uwiishtihchaau* vii ◆ c'est le sol bosselé d'une zone marécageuse

ᐅᐄᔥᑎᐦᒋᐹᔮᐤ *uwiishtihchipaayaau* vii ◆ il y a des flaques d'eau sur le sol bosselé dans une zone marécageuse

soldat

ᓂᑐᐱᔨᐤ *nitupiyiu* vai ◆ il/elle est soldat-e, il/elle s'engage dans l'armée, il/elle fait la guerre

soldat-e

ᓂᑐᐱᔨᐤ *nitupiyiu* na ◆ un soldat, une soldate ■ ᔖᔥ ᐹᐱᐦᔮᐤ ᓂᑐᐱᔨᐤ. ■ *shaash paapihyaau nitupiyiu.*

soleil

ᒌᔑᑳᓂᐲᓯᒼ *chiishikaanipiisim* na ◆ le soleil

ᐲᓯᒼ *piisim* na ◆ le soleil, un mois

ᐲᓯᒹᔮᐲ *piisimwaayaapii* ni ◆ un rayon de soleil

ᐋᑭᐙᔅᒑᐤ *aakiwaaschaau* vii ◆ le soleil est caché

ᐋᐳᐙᔥᑖᐤ *aapuwaashtaau* vii ◆ c'est réchauffé par le soleil

ᐋᔥᑎᒫᔥᑖᐦᐋᐤ *aashtimaashtaahaau* vta ◆ il/elle l'étale au soleil

ᐋᔥᑎᒫᔥᑖᑳᐳ *aashtimaashtaakaapuu* vai -uwi ◆ il/elle est debout au soleil

ᐋᔥᑎᒫᔥᑖᑳᐳ *aashtimaashtaakaapuu* vii -uwi ◆ c'est placé au soleil

ᐋᔥᑎᒫᔥᑖᐱᐤ *aashtimaashtaapiu* vai ◆ il/elle s'assoit au soleil

ᐋᔥᑎᒫᔥᑖᔑᒫᐤ *aashtimaashtaashimaau* vta ◆ il/elle le mets, le couche au soleil

ᐋᔥᑎᒫᔥᑖᔑᓐ *aashtimaashtaashin* vai ◆ il/elle est couché-e au soleil

ᐋᔥᑎᒫᔥᑖᔥᑖᐤ *aashtimaashtaashtaau* vai ◆ il/elle l'étale au soleil

ᐋᔥᑎᒫᔥᑖᔥᑖᐤ *aashtimaashtaashtaau* vii ◆ c'est étalé au soleil

ᐊᑯᐃᑎᔅᒁᐤ *akuitiskwaau* vai ◆ le soleil a atteint sa hauteur maximale

ᐊᑯᔨᑎᔅᒁᐤ *akuyitiskwaau* vii ◆ le soleil du matin est déjà haut dans le ciel

ᒋᒧᐎᓈᔅᒑᐤ *chimuwinaaschaau* vii ◆ l'apparence du soleil annonce la pluie, c'est un soleil avant-coureur de pluie

ᑭᔅᒑᐦᐅ *kischaahuu* vai -u ◆ le halot du soleil, le rond autour du soleil est très brillant de tous les cotés, les rayons au-dessus du soleil annoncent un temps froid

ᒥᐦᒁᐙᐱᓐ *mihkwaawaapin* vii ◆ c'est un lever de soleil rouge

ᓂᒥ ᐃᔅᒋᐦᑎᓐ **nimi ischihtin** vii ◆ le ciel n'est pas noir les nuits d'été, le soleil de minuit

ᐱᐦᒋᔑᒨ **pihchishimuu** vai -u ◆ le soleil se couche

ᐲᐦᑎᑖᔮᔅᒑᐤ **piihtitaayaaschaau** vai ◆ les rayons de soleil pénètrent à l'intérieur

ᐲᓯᒨ **piisimuu** vai -uwi ◆ le soleil brille encore avant de se coucher

ᐱᒫᑐᔨᐤ **pimaatuyiu** vai ◆ il y a un anneau autour du soleil (utilisé avec 'loin' ou 'près')

ᐱᐹᐦᑭᐦᑭᐧᐃᔅᑯᓐ **pipaahkihkiwiskun** vii redup ◆ le soleil brille de façon intermittente

ᐱᐱᐧᐋᓯᔅᒑᐤ **pipiwaasischaau** vai ◆ le soleil commence à briller à travers les nuages

ᓵᐦᑖᓯᒼ **saahtaasim** vti ◆ il/elle brille dessus (par ex. le soleil)

ᓵᑳᔥᒑᐤ **saakaashchaau** vii ◆ le soleil brille dessus

ᓵᑯᐦᑖᐤ **saakuhtaau** vai ◆ le soleil commence à se lever

ᔖᑳᔥᑎᐧᐋᐤ **shaakaashtiwaau** vai ◆ les rayons du soleil sont visibles, le soleil se lève

ᓰᐧᐋᓯᔅᒑᐤ **siiwaasischaau** vai ◆ le soleil brille fort

ᑎᐦᑳᔮᐅᓈᑯᓯᐤ **tihkaayaaunaakusiu** vai ◆ il/elle fera froid si on se fie à l'apparence du soleil

ᐧᐋᓵᐱᓯᔅᑖᐤ **waasaapisistaau** vii ◆ ça brille fort (minéral)

ᐧᐋᓯᐦᑯᔥᑖᐤ **waasihkushtaau** vii ◆ ça brille au soleil

ᐧᐋᓯᐦᑯᓲ **waasihkusuu** vai -u ◆ il/elle brille au soleil

ᐧᐋᓯᓲ **waasisuu** vai -u ◆ il/elle brille au soleil

ᐧᐃᒋᔥᑎᑯᓈᐹᓲ **wichishtikunaapaasuu** vai -u ◆ le soleil a un anneau au-dessus de lui

ᐧᐄᓯᑳᔥᑖᐤ **wiisikaashtaau** vii ◆ ça brûle au soleil

ᐋᑭᐧᐋᔥᑖᐦᑎᓐ **aakiwaashtaahtin** vii ◆ c'est là où le soleil brille jamais

ᐋᑭᐧᐋᓯᔅᒑᐤ **aakiwaasischaau** vai ◆ le soleil est caché derrière les nuages

ᐋᑭᐧᐃᔅᐧᑳᐤ **aakiwiskwaau** vii ◆ le soleil brille à travers les nuages

ᒋᓵᔅᒑᐤ **chisaaschaau** vii ◆ les rayons du soleil sont chauds

ᒥᓯᐦᑖᔮᔅᒑᐤ **misihtaayaaschaau** vai ◆ le soleil brille partout

ᒧᔖᔮᐱᔥᑭᑯᒋᓐ **mushaayaapishkikuchin** vai ◆ le soleil ou la lune est complètement sorti-e

ᒧᔥᑖᑯᓈᐦᑖᐤ **mushtaakunaahtaau** vai ◆ il y a un reflet de soleil sur la neige

ᓃᐦᒋᒋᐧᐋᐤ **niihchichiwaau** vai ◆ le soleil se couche; il/elle descend, redescend

ᓃᐳᐧᐋᔅᒑᐤ **niipuwaaschaau** vai ◆ les rayons du soleil sont au-dessus et en-dessous ce qui indique un temps très froid

ᐳᐧᐋᓯᔅᒑᐤ **puwaasischaau** vai ◆ le soleil brille à travers de fins nuages

ᓵᐳᐧᐋᔅᒑᐤ **saapuwaaschaau** vai ◆ le soleil brille à travers quelque chose

ᔖᑳᔥᑖᐱᔨᐤ **shaakaashtaapiyiu** vii ◆ le soleil sort des nuages

ᔖᔥᑳᔥᑖᐤ **shaashkaashtaau** vii ◆ la neige fond au soleil

ᐧᔖᔥᑖᐤ **shwaashtaau** vii ◆ la neige fond au soleil au fil de la journée

ᑖᑎᐹᔅᑯᐦᑖᐤ **taatipaaskuhtaau** vii ◆ le soleil fait fondre la neige autour des objets quand il en fait le tour

ᐧᐋᓯᐱᐤ **waasipiu** vai ◆ ça brille au loin à cause du soleil

ᐧᐋᓯᔅᑖᐤ **waasistaau** vii ◆ ça brille au loin à cause du soleil

ᐧᐋᔅᑳᔮᑐᔨᐤ **waaskaayaatuyiu** vai ◆ il y a un cercle autour du soleil de la lune qui indique qu'il va pleuvoir ou neiger

ᒋᐦᒋᐱᔮᓯᔅᒑᐤ **chihchipiyaasischaau** vai ◆ le soleil brille un jour où le ciel est dégagé

ᒧᔖᔮᐱᔅᑭᒨ **mushaayaapiskimuu** vai -u ◆ le soleil ou la lune est complètement sorti-e

ᓃᐦᑎᒋᐧᐋᐤ **niihtichiwaau** vai ◆ il/elle descend à pied; le soleil se couche

ᓵᒋᔅᐧᑳᐤ **saachiskwaau** vai ◆ il/elle fait dépasser sa tête de quelque chose; le soleil se dévoile par intervalles

ᐅᓵᐧᐋᔅᒋᒑᐤ **usaawaaschichaau** vai ◆ le soleil brille d'un jaune vif, ce qui annonce un temps froid

ᒌᐧᐋᔥᑭᒼ **chiiwaashkim** vti ◆ il/elle rentre à la maison en dépassant un certain point de repère; il/elle lui fait faire face dans l'autre direction avec son pied ou son corps; le soleil commence à se coucher; le vent suit le soleil

solide

ᐋᓲ **aasuu** vai -u ◆ il/elle se retient à quelque chose de solide

ᐋᔨᒋᑳᐴ **aayichikaapuu** vai -uwi ◆ il/elle est solide sur ses pattes/jambes

ᒑᔥᑎᓈᑎᐱᐤ **chaashtinaatipiu** vai ◆ il/elle est bien assis-e, solidement ou en sécurité

ᔒᐱᓐ **shiipin** vii ◆ c'est solide, ça dure

ᓱᐦᒑᒋᓯᐤ **suhchaachisiu** vai ◆ il/elle est solide (se dit d'une peau de bête)

ᓱᐦᒑᑭᓐ **suhchaakin** vii ◆ c'est un tissu solide

ᓱᐦᒑᓂᔅᑯᑖᐹᐤ **suhchaaniskutaapaau** vai ◆ il/elle fait un noeud solide

ᓱᐦᒋᐦᑖᑯᓯᐤ **suhchihtaakusiu** vai ◆ il/elle émet un bruit qui indique qu'il/elle est fort-e, solide

ᓱᐦᒋᓈᑯᐦᐋᐤ **suhchinaakuhaau** vta ◆ il/elle le/la rend d'apparence solide, forte

ᓱᐦᒋᓈᑯᐦᑖᐤ **suhchinaakuhtaau** vai ◆ il/elle lui donne l'air fort, solide

ᓱᐦᒋᓈᑯᓐ **suhchinaakun** vii ◆ ça a l'air fort, solide

ᓱᐦᒋᓈᑯᓯᐤ **suhchinaakusiu** vai ◆ il/elle a l'air fort-e, solide

ᓱᐦᒋᓯᑯᓯᐤ **suhchisikusiu** vai ◆ la glace est solide

ᓱᐦᒋᓯᒁᐤ **suhchisikwaau** vii ◆ c'est de la glace solide

ᑖᐱᒋᑳᐴ **taapichikaapuu** vai -uwi ◆ la glace est suffisamment solide pour qu'on puisse se tenir dessus

ᔮᐃᔨᒋᑳᐴ **yaaiyichikaapuu** vii -uwi ◆ c'est solide, c'est solidement dressé

ᔮᐃᔨᒋᔥᑖᐤ **yaaiyichishtaau** vii ◆ c'est bien placé, c'est placé solidement

ᔮᐃᔨᑎᒨ **yaaiyitimuu** vii -u ◆ c'est bien en place, c'est solidement en place

ᔮᐃᔨᑎᓐ **yaaiyitin** vii ◆ c'est ferme, solide

ᔮᔨᓯᓈᑯᓐ **yaayisinaakun** vii ◆ ça a l'air solide, stable

ᒥᔥᑭᐎᓂᑯᓐ **mishkiwinikun** vii ◆ il/elle semble solide, fort-e, résistant-e au toucher

ᐹᒥᐦᐊᒻ **paamiham** vti ◆ il/elle rend l'habitation plus solide en ajoutant des poteaux de chaque coté des poteaux de fondation

ᓲᐦᒋᓂᐢᒑᐤ **suuhchinischaau** vai ◆ il/elle a une bonne poigne, une prise solide

ᑖᐱᔥᑯᓂᑯᓐ **taapishkunikun** vii ◆ la glace est suffisamment solide pour voyager dessus

ᒑᔥᑎᓈᒋᑳᐴ **chaashtinaachikaapuu** vai -uwi ◆ il/elle demeure ferme, se tient ou reste solidement debout

solidement

ᔮᐃᔨᑎᒧᐦᐋᐤ **yaaiyitimuhaau** vta ◆ il/elle le met solidement en place

ᒥᔥᑭᐎᑳᐴ **mishkiwikaapuu** vai -uwi ◆ il/elle est bien ancré-e, solidement en place

ᔮᐃᔨᒋᑳᐳᐎᐦᐋᐤ **yaaiyichikaapuwihaau** vta ◆ il/elle le/la dresse solidement

ᔮᐃᔨᒋᒀᑖᐤ **yaaiyichikwaataau** vta ◆ il/elle le/la coud solidement

ᔮᐃᔨᒋᒀᑎᒻ **yaaiyichikwaatim** vti ◆ il/elle le coud solidement

ᔮᐃᔨᑖᐱᐦᑳᑖᐤ **yaaiyitaapihkaataau** vta ◆ il/elle l'attache solidement

ᔮᐃᔨᑎᓈᐤ **yaaiyitinaau** vta ◆ il/elle le/la tient solidement

ᔮᐃᔨᑎᓂᒻ **yaaiyitinim** vti ◆ il/elle le tient solidement

ᔮᐃᔨᒋᐦᐋᐤ **yaaiyichihaau** vta ◆ il/elle l'attache, le fixe solidement

solitaire

ᐲᒋᐢᑳᑖᔨᐦᑖᑯᓐ **piichiskaataayihtaakun** vii ◆ c'est ennuyeux, solitaire

sombre

ᐊᐱᐦᑖᐢᑯᓐ **apihtaaskun** vii ◆ c'est sombre (se dit de quelque chose de long et rigide)

ᐊᐱᐦᑖᐢᑯᓯᐤ **apihtaaskusiu** vai ◆ il/elle est sombre (se dit de quelque chose d'animé qui est long et rigide)

ᑭᐢᑎᐱᐢᑳᐤ **kistipiskaau** vii ◆ c'est une nuit sombre

ᐅᑳᔥᑖᔮᐤ **ukaashtaayaau** vii ◆ c'est couvert, sombre

ᐎᔨᐱᓈᑯᓐ **wiyipinaakun** vii ◆ ça a l'air noir, sombre

ᐎᔨᐱᓈᑯᓯᐤ **wiyipinaakusiu** vai ◆ il/elle a l'air noir, sombre

ᐎᔨᐱᔖᐤ **wiyipishaau** vai ◆ l'intérieur d'une peau, d'une fourrure est sombre, habituellement durant l'été

ᐎᔨᐹᑭᒥᐤ **wiyipaakimiu** vii ◆ c'est un liquide noir, sombre, l'eau est sombre quand il vente

sombrer

ᑯᓵᐹᐱᔨᐤ **kusaapaapiyiu** vii ◆ ça commence à sombrer

ᑯᓵᐹᐤ **kusaapaau** vii ◆ ça sombre dans l'eau

ᑯᓵᐹᔮᐦᐅᑰ **kusaapaayaahukuu** vai -u ◆ il/elle est happé-e par les vagues, sombre dans les vagues

ᒋᐢᑖᐅᐢᒋᐚᐱᔨᐤ **chistaauschiwaapiyiu** vii ◆ ça sombre dans la boue

ᑯᓵᐹᒋᔑᒫᐤ **kusaapaachishimaau** vta ◆ il/elle le/la jette pour le/la faire sombrer

ᑯᓵᐹᐦᑎᑖᐤ **kusaapaahtitaau** vai ◆ il/elle le jette et ça sombre dans l'eau

ᑯᓵᐹᔮᐦᐅᑖᐤ **kusaapaayaahutaau** vii ◆ c'est avalé par les vagues

somme

ᒥᐦᑎᐚᐤ **mihtiwaau** vai ◆ il/elle est mécontent-e de la somme qu'il/elle a reçu

ᒧᔮᒥᐱᔨᐦᑖᐤ **muyaamipiyihtaau** vai ◆ il/elle met la bonne somme, est ponctuel-le à son rendez-vous

sommeil

ᒋᔑᐦᑯᔑᐤ **chishihkushiu** vai ◆ il/elle a sommeil ■ ᓈᔥᑖᐼᐦ ᒋᔑᐦᑯᔑᐤ ᓈᐅᔥ ᐋᐦ ᒌᐦ ᒫᑎᐚᑦ ᐎᔨᐑᑎᒥᐦᒡ᙮ ■ naashtaapwaah chishihkushiu naaush aah chiih maatiwaat wiyiwiitimihch. ■ *Il a sommeil d'avoir joué dehors si longtemps.*

ᒋᔑᐎᐦᑯᔑᐤ **chishiwihkushiu** vai ◆ il/elle est fâché-e parce qu'il/elle a sommeil

ᒫᑐᐦᒁᒨ **maatuhkwaamuu** vai ◆ il/elle pleure dans son sommeil

ᒫᐦᑖᐦᔑᐦᑯᔑᐤ **maahtaahshihkushiu** vai ◆ il/elle est grincheux/grincheuse d'avoir trop peu dormi, il/elle se plaint du manque de sommeil

ᐹᐦᐱᐦᒁᒨ **paapihkwaamuu** vai ◆ il/elle sourit, rit dans son sommeil

sommet

ᑖᐦᑎᑯᑖᐤ **taahtikutaau** vai+o ◆ il/elle le met au sommet

ᑖᐦᑎᑯᑖᐤ **taahtikutaau** vii ◆ c'est au sommet de quelque chose

ᑎᐦᑯᑖᒥᑎᓐ **tihkutaamitin** ni ◆ le sommet d'une montagne

ᐅᓯᑳᑎᐦᑊ **usikaatihp** nid ◆ le sommet de sa tête

ᑎᐦᑯᐦᑖᒥᑎᓃᐤ **tihkuhtaamitiniu** p,lieu ◆ au sommet d'une montagne ■ ᓈᔥᒡ ᐋᐦ ᒌᐦ ᔫᑎᐦᒡ ᑳ ᐅᑎᐦᑎᒫᐦᒡ ᓈᑎᐦ ᑎᐦᑯᐦᑖᒥᑎᓃᐤ. ■ naashch aah chiih yuutihch kaa utihtimaahch naatih tihkuhtaamitiniu. ■ *Il ventait fort quand nous sommes arrivés au sommet de la montagne.*

ᑎᐦᑯᐦᑖᓂᒡ **tihkuhtaanich** p,lieu ◆ au sommet de l'île ■ ᑎᐦᑯᐦᑖᓂᒡ ᐊᓂᑎᐦ ᒥᓂᔥᑎᑯᐦᒡ ᐋᐦ ᒥᔅᒑᑯᐎᒡ ᐋᑯᑎᐦ ᓈᔥᒡ ᑳᐦ ᒥᐦᒑᒡᐦ ᔑᑯᑖᐤᐦ. ■ tihkuhtaanich anitih minishtikuhch aah mischaakuwich aakutih naashch kaah mihchaach-h shikutaauh. ■ *Il y avait beaucoup de framboises jaunes au sommet de l'île dans le marécage.*

ᑎᐦᑯᐦᑖᐅᐦᒡ **tihkuhtaauhch** p,lieu ◆ au sommet de la rive ■ ᓈᑖᐦ ᑎᐦᑯᐦᑖᐅᐦᒡ ᐋᑯᑎᐦ ᑳ ᐙᐱᒥᒋᐦᐟ ᒥᐦᐄᐦᑭᓐ. ■ naataah tihkuhtaauhch aakutih kaa waapimichiht mihiihkin. ■ *On a vu un loup au sommet de la rive.*

ᓵᑭᑎᓈᐤ **saakitinaau** vii ◆ le sommet de la montagne est visible

ᑖᐦᒋᑳᐴ **taahchikaapuu** vai -uwi ◆ il/elle se tient debout au sommet de quelque chose

ᑖᐦᑎᑯᔮᐤ **taahtikuyaau** vta ◆ il/elle le suspend au sommet de quelque chose

ᑖᐦᑎᔥᑖᐤ **taahtishtaau** vai ◆ il/elle le place au sommet de quelque chose

ᑎᐦᑯᒋᔥᑖᐤ **tihkuchishtaau** vii ◆ ça se pose au sommet de quelque chose

ᑎᐦᑯᐦᒋᐱᔨᐤ **tihkuhchipiyiu** vai ◆ il/elle va au sommet de quelque chose

ᑎᐦᑯᐦᒋᐱᔨᐤ **tihkuhchipiyiu** vii ◆ ça va au sommet de quelque chose

ᑎᐦᑯᐦᒋᔑᓐ **tihkuhchishin** vai ◆ il/elle est couché-e au sommet de quelque chose

ᑎᐦᑯᐦᑎᐦᐋᐤ **tihkuhtihaau** vta ◆ il/elle le/la soulève et le/la dépose au sommet quelque chose

ᑎᐦᑯᑖᒥᒋᐙᐤ **tihkutaamichiwaau** vai ◆ il/elle monte au sommet de la montagne

ᑎᐦᑯᑖᐅᐦᑭᐦᐊᒼ **tihkutaauhkiham** vti ◆ il/elle monte sur le sommet de la rive

ᓅᑎᒥᑎᓈᐤ **nuutimitinaau** vii ◆ le sommet de la montagne est arrondi

ᑖᐦᑖᐱᔅᒋᑳᐴ **taahtaapischikaapuu** vai -uwi ◆ il/elle se tient au sommet des rochers

ᑖᐦᑖᐱᔥᑭᔥᑖᐤ **taahtaapishkishtaau** vii ◆ c'est posé au sommet d'un rocher

ᑖᐦᑎᑯᓰᐤ **taahtikusiiu** vai ◆ il/elle s'assoit, se perche au sommet de quelque chose (ex. le toit, la cache)

ᑎᐦᑯᒋᔥᑖᐤ **tihkuchishtaau** vai ◆ il/elle le soulève et le juche au sommet de quelque chose

ᑎᐦᑯᐦᒋᑳᐴ **tihkuhchikaapuu** vai -uwi ◆ il/elle se tient au sommet de quelque chose

ᑎᐦᑯᐦᑖᐅᐦᒋᑭᒫᐤ **tihkuhtaauhchikimaau** vii ◆ le lac est au sommet de la montagne

ᑎᐦᑎᑯᑎᓈᐤ **tihtikutinaau** vii ◆ le sommet de la montagne est plat

ᐙᔮᐅᐦᒋᐦᑎᓐ **waayaauhchihtin** vii ◆ il y a un lac au sommet de la montagne ou de la colline

ᐎᓂᔅᑯᐦᑎᒄ **winiskuhtikw** ni -um ◆ le sommet de l'arbre, le bout du morceau de bois

ᐲᐦᑎᐎᑎᓈᐤ **piihtiwitinaau** vii ◆ le pic, le sommet de la montagne est élevé

ᑖᐦᑖᐱᔅᑭᐱᐤ **taahtaapiskipiu** vai ◆ il/elle est assis-e, perché-e, posé-e au sommet des rochers

somnambule

ᐎᓂᐦᑯᔑᐤ **winihkushiu** vai ◆ il/elle est somnambule

somnifère

ᑳᓂᐹᐦᐅᐙᒡᐦ **kaanipaahuwaachh** nip pl ◆ un somnifère, des pilules qui font dormir

somnoler

ᔖᔒᐹᔮᔨᐦᑎᒼ **shaashiipaayaayihtim** vti ◆ il/elle somnole

ᓂᐹᔑᐤ **nipaashiu** vai dim ◆ il/elle somnole, fait une petite sieste

son

ᒋᔅᑐᒥᑭᓐ **chistuumikin** vii ◆ ça produit un son

ᒋᔅᑗᐚᐱᔨᐤ **chistwaawaapiyiu** vii ◆ ça fait un son, ça sonne

ᒥᒥᑗᑭᐦᐄᒑᐤ **mimitwaakihiichaau** vai redup ◆ il/elle fait des sons de hache

ᒌᐦᑳᐚᐱᔨᐤ **chiihkaawaapiyiu** vai ◆ il/elle émet un son clair

ᒌᐦᑳᐚᐱᔨᐤ **chiihkaawaapiyiu** vii ◆ ça fait un son clair

ᒋᔅᑐ **chistuu** vai -u ◆ il/elle émet un son vocal

ᒋᔅᑗᐚᐱᔨᐤ **chistwaawaapiyiu** vai ◆ il/elle fait un son, émet un son

ᒥᒥᑗᐱᔨᐤ **mimitwaapiyiu** vai redup ◆ il/elle émet des craquements

ᒥᑗᐦᐊᒼ **mitwaaham** vti ◆ il/elle le frappe et il produit un son

ᒥᑗᐦᐙᐤ **mitwaahwaau** vta ◆ il/elle produit un son quand il/elle le/la frappe

ᒥᑗᐚᒋᐎᓐ **mitwaawaachiwin** vii ◆ c'est le son de l'eau qu'on entend

ᒥᑗᐚᔮᔑᑮᐅ **mitwaawaayaashikiiuu** vii -iwi ◆ il y a un son d'eau qui coule doucement

ᒥᑗᔮᐦᐊᓐ **mitwaayaahan** vii ◆ c'est le son des vagues qu'on entend

ᒥᔪᐦᑎᒼ **miyuhtim** vti ◆ il/elle aime bien l'écouter, en aime le son ■ ᒌᐦ ᒥᔪᐦᑎᒼ ᐊᓂᔮ ᓂᑭᒧᓂᔨᐤ ᑳ ᐹᐦᑎᐦᒃ. ■ chiih miyuhtim aniyaa nikimuniyiu kaa paahtihk. ■ *Il a aimé la chanson qu'il a entendu.*

ᒥᔪᐦᑎᐙᐤ **miyuhtiwaau** vta ◆ il/elle aime bien l'écouter, aime le son qu'il/elle fait

ᓂᓯᑐᐦᑖᑯᓐ **nisituhtaakun** vii ◆ le son est reconnaissable

ᐹᔥᐚᐙᔮᐦᐊᓐ **paashwaawaayaahan** vii ◆ le son de l'eau mouvante est proche

ᐹᑗᐚᔑᓂᒡ **paatwaawaashinich** vai pl ◆ il y a un son de vagues sur l'eau

ᐱᐹ·ᒫ·ᐙᔑᓐ pipaamwaawaashin vai redup ◆ il/elle fait du bruit avec ses pas qu'on peut entendre

ᐱᐱᑯᓯᐦᑖᑯᓯᐤ pipikusihtaakusiu vai redup ◆ il/elle nous amuse parce qu'il/elle dit ou chante

ᔖᔖ·ᐙᐱᔨᐦᐋᐤ shaashaawaapiyihaau vta ◆ il/elle lui fait rendre un son métallique, un bruit de ferraille

ᓱᐦᒋᐦᑖᑯᓐ suhchihtaakun vii ◆ ça produit un son puissant

ᐊᐦ·ᑖ·ᐙᓯᔅᒑᐤ ahtwaawaasischaau vai ◆ le son de son coup de fusil provient d'une certaine direction

ᒌᐦᑳ·ᐙᐱᔨᐦᐋᐤ chiihkaawaapiyihaau vta ◆ il/elle lui fait produire un son clair

ᒌᐦᑳ·ᐙᐱᔨᐦᑖᐤ chiihkaawaapiyihtaau vai ◆ il/elle le fait émettre un son clair

ᒋᐱᐦᑎ·ᐙᐤ chipihtiwaau vai ◆ il/elle arrête de pleurer, de parler, d'émettre un son vocal

ᒥ·ᑖᔑᓐ mitwaashin vai ◆ il/elle fait un son en frappant, le réveil se met à sonner

ᒥ·ᑖᔮᔥᑭᒋᐤ mitwaayaashkichiu vai ◆ il/elle émet un craquement à cause du froid

ᐹ·ᔖ·ᐙᒋ·ᐃᓐ paashwaawaachiwin vii ◆ le son des rapides est proche

ᐱᔨᔨᐦᑖ·ᐙᐱᔨᐤ piyiyihtaawaapiyiu vii ◆ le son provient clairement de là

ᐱᔨᔨᐦᑖ·ᐙᐤ piyiyihtaawaau vii ◆ le son s'entend clairement, ça s'entend bien

ᓵᒋᒥᑰ saachimikuu vai -u ◆ il/elle est terrorisé-e par le bruit que ça fait, le son que ça émet

ᑳᔅᐱᐦᐄᑯᐦᑖᐤ kaaspihiikuhtaau vai ◆ il/elle fend du bois et le son du bois indique qu'il fait extrêmement froid

ᒥ·ᑖᔮᐦᑯᓈᐅᑎᓐ mitwaayaahkunaautin vii ◆ la neige émet un crissement à cause du froid

son camp est inondé

ᐊᔅᒋᐳᑰ aschipukuu vai -u ◆ son camp est inondé, sa maison est inondé

sonner

ᒥ·ᑖᐦᑎᓐ mitwaahtin vii ◆ ça sonne, ça fait du bruit en tombant

ᔑᔑ·ᐙᐦᑎᓐ shishiwaahtin vii ◆ ça sonne, ça fait un écho de métal

ᔑᔑ·ᐙᔑᓐ shishiwaashin vai ◆ il/elle sonne, retentit comme du métal

ᒥ·ᑖᐦᑎᑖᐤ mitwaahtitaau vai ◆ il/elle fait sonner une cloche, il/elle le laisse tomber et ça fait du bruit

sons

ᐄ·ᑖᐦᑭᐦᑎ·ᐋᐤ iitwaahkihtiwaau vta ◆ il/elle crie après lui/elle, émet différents sons pour diriger les chiens (de traîneau), pour imiter les cris d'animaux ou d'oiseaux

sophistiqué

ᒥᒫᐦᑖᐅᓈᑯᓐ mimaahtaaunaakun vii ◆ c'est décoré, sophistiqué

ᒥᒫᐦᑖᐅᓈᑯᓯᐤ mimaahtaaunaakusiu vai ◆ il/elle est décoré-e, sophistiqué-e

sorbier

ᒥᔥᑯᒥᔒ mishkumishii ni -um ◆ un sorbier monticole, sorbier de montagne, sorbier plaisant, *Sorbus decora*

ᒥᔥᑯᒥᔒᐅᒥᓐᐦ mishkumishiiuminh ni pl ◆ des baies de sorbier *Sorbus decora*

ᒥᔥᑯᒥᔒ·ᐙᐦᑎᒄ mishkumishiiwaahtikw ni -um ◆ des branches ou du bois de sorbier

sort

ᒥᑖ·ᐃᑎᑎᒼ mitaawititim vti ◆ il/elle lui jette un sort

sorte

ᓈᐅ·ᐃᔨᒡ naauwiyich p,manière ◆ quatre sortes, manières

ᐄᔑᑭᒥ·ᑳᓂᐆ iishikimikwaaniuu vai -iwi ◆ il/elle utilise une sorte d'habitation

sortie

ᐱᑯᑖᐅᐦᒄ pikutaauhkw ni ◆ un lac ou un étang sans sortie ni entrée d'eau

ᓵᒋᔅᑎ·ᐙᐤ saachistiwaau vii ◆ c'est la sortie d'un lac, l'embouchure du lac

sortir

ᑯᐃᑯᓈᐤ kuikunaau vta ◆ il/elle le/la sort de quelque chose

ᑯᐃᑯᓂᒼ kuikunim vti ◆ il/elle le sort de quelque chose

ᑯᐃ·ᑳᔅᑯᐦᐊᒼ kuikwaaskuham vti ◆ il/elle utilise quelque chose (long et rigide) pour le sortir de quelque chose

ᑯᐃ·ᑳᔅᑯᐦ·ᐙᐤ kuikwaaskuhwaau vta ◆ il/elle utilise quelque chose (long et rigide) pour le/la sortir de quelque chose

ᒨᔅᒋᓈᐤ muuschinaau vta ◆ il/elle le/la sort de quelque chose

ᒨᔅᒋᓂᒼ muuschinim vti ◆ il/elle le sort de quelque chose

ᒨᔅᒋᐱᔨᐦᐋᐤ muuschipiyihaau vta ◆ il/elle le/la fait sortir

ᓂᒥᔅᒋᓈᐤ nimischinaau vta [Whapmagoostui] ◆ il/elle le/la fait sortir en pressant dessus

·ᐃᔨ·ᐄᐱᔨᐦᐋᐤ wiyiwiipiyihaau vta ◆ il/elle le/la fait sortir

·ᐃᔨ·ᐄᔥᑎᒼ wiyiwiishtim vti ◆ il/elle sort et va vers ça

ᐋᑎ·ᐃᐦᐋᐤ aatiwihaau vta ◆ il/elle ne peut pas le sortir de là parce qu'il/elle est coincé

ᐋᑎ·ᐃᐦᑖᐤ aatiwihtaau vai+o ◆ il/elle ne peut pas sortir ça de là parce que c'est coincé

ᐊ·ᑳᐦᐊᒼ akwaaham vti ◆ il/elle le sort d'un liquide avec quelque chose (ex. une louche)

ᐊ·ᑳᐹᒋᐱᑎᒼ akwaapaachipitim vti ◆ il/elle le sort de l'eau

ᐊ·ᑳᐹᑎᐦᐊᒼ akwaapaatiham vti ◆ il/elle le sort d'un liquide avec quelque chose

ᐊ·ᑳᐹᑎᐦ·ᐙᐤ akwaapaatihwaau vta ◆ il/elle le/la sort d'un liquide avec quelque chose (ex. un outil, un ustensile)

ᐊᐧᑳᐹᑎᓂᒼ **akwaapaatinim** vti ◆ il/elle le sort d'un liquide avec les mains

ᒑᑖᔅᑯᓈᐤ **chaataaskunaau** vta ◆ il/elle le/la sort du piège

ᒑᑖᔅᑯᓂᒧᐧᐋᐤ **chaataaskunimuwaau** vta ◆ il/elle le/la sort du piège pour lui/elle

ᐄᒑᓯᐤ **iichaasiu** vai [Wemindji] ◆ il/elle sort de la baie

ᑯᐃᑯᐦᐊᒼ **kuikuham** vti ◆ il/elle le pousse, le sort à l'aide d'un outil

ᑯᐃᑯᐦᐧᐋᐤ **kuikuhwaau** vta ◆ il/elle le/la pousse, le/la fait sortir avec un outil

ᒥᓂᐦᐧᑳᑖᐤ **minihkwaataau** vai ◆ il/elle fait sortir son sang

ᒧᓵᔅᑯᐱᐦᑖᐤ **musaaskupihtaau** vai ◆ il/elle sort sur la glace en courant

ᒧᓵᔅᑯᐱᔨᐤ **musaaskupiyiu** vai ◆ il/elle sort sur la glace

ᒧᓵᔅᑯᐱᔨᐤ **musaaskupiyiu** vii ◆ ça sort sur la glace

ᒧᓵᔅᑯ **musaaskuu** vai -u ◆ il/elle sort sur la glace

ᒧᓵᐅᔅᒋᐧᐋᐤ **musaauschiwaau** vai ◆ il/elle sort dans la baie

ᒧᔖᐧᐋᐱᔨᐦᐋᐤ **mushaawaapiyihaau** vta ◆ il/elle l'emmène, le/la fait sortir en bateau

ᒨᔅᒌᐤ **muuschiiu** vai ◆ il/elle sort de quelque chose

ᒨᔅᒋᐹᒋᓈᐤ **muuschipaachinaau** vta ◆ il/elle le/la sort de l'eau

ᒨᔅᒋᐹᐱᔨᐤ **muuschipaapiyiu** vii ◆ ça émerge, sort de l'eau

ᒨᔅᒋᐱᑎᒼ **muuschipitim** vti ◆ il/elle le sort en tirant

ᒨᔅᒋᐱᔨᐦᑖᐤ **muuschipiyihtaau** vai ◆ il/elle le fait sortir, lui fait faire surface

ᒨᔅᒋᔥᑭᒼ **muuschishkim** vti ◆ il/elle le fait sortir, émerger, avec son pied ou son corps

ᒨᔥᒋᒋᔑᓂᒼ **muushchichishinim** vti ◆ il/elle le fait sortir de quelque chose en tirant

ᒨᔥᒋᔥᑖᐤ **muushchishtaau** vai ◆ il/elle le fait sortir de quelque chose et l'expose

ᒨᔥᑎᐦᐋᐤ **muushtihaau** vta ◆ il/elle le/la fait sortir de quelque chose et l'expose

ᓂᒋᐱᔨᐤ **nichipiyiu** vii ◆ ça arrête de bouger; ça ne sort pas bien

ᐹᐦᑳᔮᒋᓈᐤ **paahkaayaachinaau** vta ◆ il/elle le/la fait sortir en déchirant son sac (étalé), il/elle déchire la poche des eaux d'un nouveau né pour le faire sortir

ᐱᔅᐱᒋᔑᓈᐤ **pispichishinaau** vta ◆ il/elle le/la laisse sortir, passer par sous la toile du tipi au lieu d'utiliser la porte

ᐱᔅᐱᒋᔑᓂᒼ **pispichishinim** vti ◆ il/elle le laisse sortir, le fait passer par sous la toile, mais pas par la porte

ᓵᒋᐦᑎᑖᐤ **saachihtitaau** vai ◆ il/elle le fait sortir, dépasser

ᓵᑭᑎᔑᐦᐧᐋᐤ **saakitishihwaau** vta ◆ il/elle le/la fait sortir d'un tunnel, d'une tanière en le/la poursuivant

ᐧᐄᐦᑯᒋᐱᑎᒼ **wiihkuchipitim** vti ◆ il/elle le sort de quelque chose en tirant dessus

ᐧᐃᔨᐧᐄᒥᑭᓐ **wiyiwiimikin** vii ◆ c'est Nouvel An, lit. ça sort

ᐧᐃᔨᐧᐄᐱᐦᑖᐤ **wiyiwiipihtaau** vai ◆ il/elle sort en courant

ᐧᐃᔨᐧᐄᐱᔨᐦᑖᐤ **wiyiwiipiyihtaau** vai ◆ il/elle le fait sortir

ᐧᐃᔨᐧᐄᐱᔨᐦᐆ **wiyiwiipiyihuu** vai -u ◆ il/elle sort à toute vitesse

ᐧᐃᔨᐧᐄᑖᐹᑎᒼ **wiyiwiitaapaatim** vti ◆ il/elle le traîne vers le dehors

ᐧᐃᔨᐧᐄᑖᐹᐤ **wiyiwiitaapaau** vai ◆ il/elle traîne l'ours hors de sa caverne, sort l'ours de sa caverne en tirant dessus

ᐧᐃᔨᐧᐄᑎᔑᐦᐊᒼ **wiyiwiitishiham** vti ◆ il/elle l'envoie dehors, lui ordonne de sortir

ᐧᐃᔨᐧᐄᑎᔑᐦᐧᐋᐤ **wiyiwiitishihwaau** vta ◆ il/elle l'envoie dehors, lui ordonne de sortir

ᐧᐃᔨᐧᐄᑎᔑᒫᐤ **wiyiwiitishimaau** vta ◆ il/elle lui a échappé en sortant

ᐧᐃᔨᐧᐄᔮᒧᐦᒑᐤ **wiyiwiiyaamuhchaau** vai ◆ il/elle les fait sortir par ses actions

ᔮᐃᔅᒋᐱᑎᒼ **yaaischipitim** vti ◆ il/elle le sort de quelque chose en tirant dessus

ᔮᔨᔅᒋᐱᑎᒼ **yaayischipitim** vti ◆ il/elle le sort de quelque chose en tirant dessus

ᐋᒧᑖᔥᑭᒼ **aamutaashkim** vti ◆ il/elle le sort du canot en poussant dessus

ᐋᒧᑖᔥᑭᐧᐋᐤ **aamutaashkiwaau** vta ◆ il/elle le/la sort du canot en le/la poussant

ᐊᐧᑳᐹᑎᓈᐤ **akwaapaatinaau** vta ◆ il/elle le/la sort d'un liquide avec les mains

ᒑᑎᐦᐄᐹᓈᐤ **chaatihiipaanaau** vai ◆ il/elle l'enlève, le/la sort du filet

ᒥᒧᔑᐦᑭᐦᐄᒥᓈᑖᐤ **mimushihkihiiminaataau** vta ◆ il/elle en sort les baies, les raisins (animé, par ex. de la bannique)

ᒧᓵᔅᑯᐦᑎᑖᐤ **musaaskuhtitaau** vai ◆ il/elle le sort et le dépose sur la glace

ᒧᓵᐅᔅᒑᑭᐦᐊᒼ **musaauschaakiham** vti ◆ il/elle sort dans le muskeg, la tourbière

ᒧᔖᔮᐱᔥᑭᑯᒋᓐ **mushaayaapishkikuchin** vai ◆ le soleil ou la lune est complètement sorti-e

ᒨᐦᑭᒋᔒᐤ **muuhkichishiiu** vai ◆ il/elle se penche en avant avec les fesses qui sortent

ᒨᐦᑭᒋᔑᑳᐳ **muuhkichishikaapuu** vai -uwi ◆ il/elle est debout penché-e en avant avec les fesses qui sortent

ᒨᐦᑭᒋᔑᔑᓐ **muuhkichishishin** vai ◆ il/elle est allongé-e avec les fesses qui sortent

ᔖᒋᔥᐧᑳᔑᓐ **shaachishkwaashin** vai ◆ il/elle est allongé-e avec la tête qui sort de quelque chose

ᔖᑳᔥᑖᐱᔨᐤ **shaakaashtaapiyiu** vii ◆ le soleil sort des nuages

ᔑᐧᐃᓂᔅᒑᔨᐤ shiwinischaayiu vai ◆ il/elle étend la main , sort sa main

ᐧᐃᔨᐹᐱᐦᑎᐧᐋᐱᔨᐤ wiyipaapihtiwaapiyiu vai ◆ il y a de la fumée noire qui en sort

ᐧᐃᔨᐧᐄᐱᐦᐧᑖᐤ wiyiwiipihtwaau vai ◆ il/elle sort en courant en le/la portant, le/la tenant

ᐧᐃᔨᐧᐄᔥᑎᐧᐋᐤ wiyiwiishtiwaau vta ◆ il/elle sort pour aller à sa rencontre, pour voir comment il/elle va

ᐧᐃᔨᐧᐄᑎᔑᓈᐤ wiyiwiitishinaau vta ◆ il/elle le/la force à sortir en le/la poussant

ᐧᐃᔨᐧᐄᐤ wiyiwiiu vai ◆ il/elle en sort, il/elle défèque, fait caca

ᔪᐧᐃᐱᔨᐦᑖᐤ yuwipiyihtaau vai ◆ il/elle laisse sortir l'air, le dégonfle

ᒧᓵᔅᑯᐱᒋᐤ musaaskupichiu vai ◆ il/elle sort sur la glace, déplace son campement d'hiver

ᒧᔖᔮᐱᔅᑭᒨ mushaayaapiskimuu vai -u ◆ le soleil ou la lune est complètement sorti-e

sou

ᑳᒥᐦᐧᑳᐱᔥᒋᔑᑦ kaamihkwaapishchishit nap -shim [Whapmagoostui] ◆ du cuivre, un sou

ᑳᐅᔖᐧᐋᐱᔥᒋᔑᑦ kaaushaawaapishchishit nap -shim ◆ du cuivre, un sou

souche

ᒋᒦᔅᑳᓐ chimiiskaan ni ◆ une souche, la base d'un arbre

ᒋᒥᓂᔅᑭᑑᐦᑎᒄ chiminiskituuhtikw ni -m ◆ un arbre sec, cassé; une souche d'arbre

souchet

ᑳᐃᔨᑭᔅᒋᑯᑖᑦ kaaiyikischikutaat na -im ◆ un canard souchet *Anas clypeata*, lit. 'celui qui a un large bec'

souci

ᒥᑯᔅᑳᑖᔨᐦᑎᒼ mikuskaataayihtim vti ◆ il/elle se fait du souci

soucier (se)

ᒥᑯᔅᑳᑖᔨᒫᐤ mikuskaataayimaau vta ◆ il/elle se fait du souci pour lui/elle

ᓂᓂᐦᒑᔨᐦᑎᒼ ninihchaayihtim vti redup ◆ il/elle se fait du souci à propos de ça, il/elle se doute que quelque chose va arriver

ᐱᓯᔅᑳᑖᐤ pisiskaataau vta ◆ il/elle se soucie de lui/d'elle (utilisé à la forme négative) ■ ᓈᔥᑎᔨᒡ ᓂᒥ ᐱᔅᑳᑖᐤ ᐊᓂᔮᐦ ᐅᑖᒻᐦ ᐋᑦ ᒨᔥ ᒫᓯᐦᒑᔨᒡᐦ᙮ ■ naashtiyich nimi piskaataau aniyaah utaamh aat muush maasihchaayichh. ■ *Il ne se soucie pas de son chien bien qu'il aille toujours se battre.*

ᐱᓯᔅᑳᑎᒼ pisiskaatim vti ◆ il/elle se soucie de ça (utilisé à la forme négative)

ᐅᑎᒦᐦᑭᒼ utimiihkim vti ◆ il/elle se soucie de ça plutôt que de faire autre chose

ᐅᑎᒦᐦᑭᐧᐋᐤ utimiihkiwaau vta ◆ il/elle se soucie de lui/d'elle plutôt que de faire autre chose

ᐃᔮᔪᐧᐋᔨᐦᑎᒼ iyaayuwaayihtim vti ◆ il/elle se fait trop de souci à ce sujet, elle se tourmente

ᐱᓯᔅᒑᔨᐦᑎᒼ pisischaayihtim vti ◆ il/elle en est conscient, s'en soucie

ᐱᓯᔅᒑᔨᒫᐤ pisischaayimaau vta ◆ il/elle est conscient de quelque chose à propos de lui/d'elle, se soucie de lui/d'elle (utilisé à la forme négative) ■ ᓂᒥ ᒋᔨᐧᐋ ᐱᓯᔅᒑᔨᒫᐤ ᐊᓂᔮᐦ ᐅᒋᓵᐱᓯᔅᒋᓵᐧᐋᓐᐦ ᓈᔥᒡ ᐋᐦ ᐊᐧᑳᐱᐦᑎᐧᐋᐱᔨᔨᒡᐦ᙮ ■ nimi chiyiwaa pisischaayimaau aniyaah uchisaapisischisaawaanh naashch aah akwaapihtiwaapiyiyich-h. ■ *Elle/Il n'est pas conscient-e de la quantité de fumée qu'elle répand autour d'elle.*

soudain

ᐱᔅᒑᐱᔨᐦᐆ pischaapiyihuu vai -u ◆ il/elle dévie soudainement de son chemin, du chemin emprunté par la horde (se dit d'un orignal, d'un caribou)

ᒌᔥᑎᑊ chiishtip p,manière ◆ vite, rapide, soudain ■ ᐊᑳᐧᐄ ᓈᔥᒡ ᒌᔥᑎᑊ ᐧᐄᐦ ᒌᔑᐦᑐᑦᐦ ᐊᓐ ᑳ ᐅᔑᐦᑖᔨᓐ, ᒑ ᒥᔪᐧᐃᓈᑯᐦᒡ ᒫᒃ᙮ ■ akaawii naashch chiishtip wiih chiishihtut-h an kaa ushihtaayin, chaa miyuwinaakuhch maak. ■ *N'essaie pas de le faire trop vite, ou ça n'aura pas l'air bien.*

ᒋᓯᔅᑳ chisiskaa p,manière ◆ soudain, vite, tout à coup ■ ᓂᒌᐦ ᑯᔅᑯᓯᐦᐄᒄ ᓈᔥᒡ ᒋᓯᔅᑳ ᐋᐦ ᒌᐦ ᐅᐦᒋ ᐱᔑᑯᔑᐱᐦᑖᑦ᙮ ■ nichiih kuskusihiikw naashch chisiskaa aah chiih uhchi pishikushipihtaat. ■ *J'ai eu très peur quand elle/il s'est soudain levé-e.*

ᐧᑳᔅᒋᔨᐧᐋᐤ kwaaschiyiwaau vii ◆ le vent tourne soudain

ᓯᔅᒋᑯᒌᐧᐋᓯᐤ sischikuchiiwaasiu vai ◆ il/elle se fâche soudainement, se met soudain en colère

ᓯᔅᒋᐧᑳᐧᐋᒋᒋᐧᐃᓐ sischikwaawaachichiwin vii ◆ il y a un virage soudain dans le rapide

soudainement

ᑖᐅᐱᔨᔥᑎᐧᐋᐤ taaupiyishtiwaau vta ◆ il/elle tombe sur lui/elle, le/la trouve soudainement par hasard

ᐅᑳᔥᑖᐱᔨᐤ ukaashtaapiyiu vii ◆ ça devient noir tout à coup, ça s'assombrit soudainement

souder

ᑎᑯᐦᑭᓯᒼ tikuhkisim vti ◆ il/elle le soude

ᑎᑯᐦᑭᐧᓵᐤ tikuhkiswaau vta ◆ il/elle le/la soude

soudeur, soudeuse

ᑎᑯᐦᑭᓯᒑᓯᐤ tikuhkisichaasiu na -iim ◆ un soudeur, une soudeuse

soudure

ᑎᑯᐦᑭᓯᑭᓐ tikuhkisikin ni ◆ de la soudure, le fer à souder

souffle

ᔮᐦᔮᐧᐃᓐ yaahyaawin ni ◆ son haleine, son souffle

ᒋᒧᑖᒫᔑᐤ chimutaamaashiu vai ◆ le vent lui vole son souffle

ᐃᔮᔪᐧᐃᑖᐦᑎᒼ iyaayuwitaahtim vti ◆ il/elle est à bout de souffle

ᓈᔅᐱᑎᑖᐦᑎᒼ naaspititaahtim vti ◆ il/elle perd son souffle

ᐲᒋᔖᐎᓂᑖᒨ **piichishaawinitaamuu** vai -u ◆ son souffle se vaporise

ᔒᐅᔥᑯᓈᔑᓐ **shiiushkunaashin** vai ◆ il/elle se fait couper le souffle

ᐅᐙᓂᑖᐦᑎᒻ **uwaanitaahtim** vti ◆ il/elle a du mal à reprendre son souffle

ᐋᔥᑎᐙᔮᔑᐤ *aashtiwaayaashiu* vai ◆ il/elle est éteint-e par le vent

ᐋᔥᑎᐙᔮᔥᑎᓐ *aashtiwaayaashtin* vii ◆ c'est éteint par le vent

ᐊᐦᑹᐙᑖᒨ **ahtwaawaataamuu** vai -u ◆ on entend son souffle provenir d'une certaine direction

ᐹᑹᐙᑖᐦᑎᒻ **paatwaawaataahtim** vti ◆ il/elle approche et on entend son souffle

ᐹᑹᐙᑖᒨ **paatwaawaataamuu** vai -u ◆ il/elle approche et le chasseur entend son souffle

ᐅᐙᓈᐹᐅᔮᐤ **uwaanaapaauyaau** vta ◆ il/elle fait qu'il/elle a du mal à reprendre son souffle après qu'il/elle l'ait maintenu sous l'eau

ᐅᐙᓈᐹᐙᐤ **uwaanaapaawaau** vai ◆ il/elle a du mal à reprendre son souffle après avoir été sous l'eau quand de l'eau lui était versé sur la tête

souffler

ᐴᑖᒋᒑᐤ **puutaachichaau** vai ◆ il/elle souffle

ᐴᑖᑎᒻ **puutaatim** vti ◆ il/elle le souffle, souffle dessus

ᐋᔥᑎᐙᐴᑖᑖᐤ **aashtiwaapuutaataau** vta ◆ il/elle l'éteint en soufflant ■ ᐋᔥᑎᐙᐴᑖᑖᐤ ᒫᒌᔅᐦₓ ■ aashtiwaapuutaataau maachiis-h. ■ *Elle/Il éteint l'allumette en soufflant.*

ᐄᔑᔨᐙᐤ **iishiyiwaau** vii ◆ le vent souffle dans une certaine direction

ᐃᔅᑭᑖᐦᑎᒻ **iskitaahtim** vti ◆ il/elle s'essouffle à force de souffler dedans, il/elle souffle dedans à perdre haleine

ᒫᐦᐋᑎᑯᔥᑎᓐ **maahaatikushtin** vii ◆ le vent souffle dans la direction du courant, vers l'aval

ᒥᔮᐙᔑᐤ **miyaawaashiu** vai ◆ il/elle passe soufflé-e par le vent

ᐹᑖᔥᑎᓐ **paataashtin** vii ◆ c'est soufflé, emporté par le vent dans cette direction

ᐲᐦᑎᑖᔮᔑᐤ **piihtitaayaashiu** vai ◆ il/elle est soufflé-e à l'intérieur par le vent

ᐲᐦᑎᑖᔮᔥᑎᓐ **piihtitaayaashtin** vii ◆ c'est soufflé à l'intérieur par le vent

ᐲᐳᑖᔥᑎᓐ **piiputaashtin** vii ◆ la neige est soufflée par le vent

ᐱᒫᔑᐤ **pimaashiu** vai ◆ il/elle navigue à la voile, souffle avec

ᐱᒥᔨᐙᐤ **pimiyiwaau** vii ◆ le vent souffle en rafale

ᐱᓈᔑᐤ **pinaashiu** vai ◆ il/elle se fait souffler, emporter par le vent (ex. de la neige, un arbre qui perd ses feuilles)

ᐱᓈᔥᑎᓐ **pinaashtin** vii ◆ ça se fait souffler, emporter par le vent, par un courant d'air (ex. de la poussière, des débris ou du sable)

ᐴᐦᑖᔥᑎᓐ **puuhtaashtin** vii ◆ le vent souffle dedans

ᐴᑖᑖᐤ **puutaataau** vta ◆ il/elle lui souffle dessus, le/la gonfle

ᐴᑖᑎᐦᐄᒑᐤ **puutaatihiichaau** vai ◆ il/elle souffle, pulvérise, vaporise

ᔖᒁᔑᐤ *shaakwaashiu* vai ◆ le vent souffle sous ses couches (par ex. de vêtements)

ᔒᐹᔮᔑᐤ *shiipaayaashiu* vai ◆ le vent souffle sous lui/elle

ᑎᐱᔑᐲᐳᑖᔥᑎᓐ **tipishipiiputaashtin** vii ◆ la neige est soufflée assez bas sur le sol

ᐅᐦᐹᔑᐤ **uhpaashiu** vai ◆ il/elle souffle vers le haut

ᐅᐦᐹᔥᑎᓐ **uhpaashtin** vii ◆ ça souffle vers le haut

ᐙᐹᔑᐤ **waapaashiu** vai ◆ il/elle se fait emporter par le souffle

ᐙᐹᔥᑎᒥᑰ **waapaashtimikuu** vai -u ◆ le vent l'emporte

ᐙᐱᐦᐋᑯᓈᐦᐄᒑᐱᔨᐤ **waapihaakunaahiichaapiyiu** vii ◆ ça rejette, souffle la neige

ᐃᔨᐲᐅᑖᔑᐤ **iyipiiutaashiu** vai ◆ il/elle est recouvert-e de neige soufflée

ᓵᒑᔨᐙᐤ *saachaayiwaau* vii ◆ le vent souffle autour d'une pointe

ᔖᐎᓃᐙᐤ *shaawiniiwaau* vii ◆ le vent souffle du Sud

ᔒᐹᔮᔥᑎᓐ **shiipaayaashtin** vii ◆ le vent souffle en dessous

ᐅᐦᐱᒫᔮᔑᐤ **uhpimaayaashiu** vai ◆ il/elle est poussé-e, renversé-e sur son côté par le souffle du vent

ᐅᐦᐱᒫᔮᔥᑎᓐ **uhpimaayaashtin** vii ◆ ça se fait renverser sur le côté par le souffle du vent ■ ᒌᐦ ᐅᐦᐱᒫᔮᔥᑎᓐ ᐊᓐ ᓂᑑᑎᓈᓐ ᑖᐱᔅᑳᒡₓ ■ chiih uhpimaayaashtin an nituutinaan taapiskaach. ■ *Notre canot s'est fait renverser sur le côté par le souffle du vent la nuit dernière.*

ᐙᐱᓂᔨᐙᐤ **waapiniyiwaau** vii ◆ le vent souffle jusqu'au matin

ᐐᓯᓱᐹᒋᐦᑎᓐ **wiisisupaachihtin** vii ◆ le vent souffle presque constamment comme on peut le voir en observant la surface de l'eau

ᔮᔮᐙᔥᑎᓐ **yaayaawaashtin** vii ◆ ça vogue, souffle le long du rivage

ᔮᔮᐙᔮᔑᐤ **yaayaawaayaashiu** vai ◆ il/elle vogue, souffle le long du rivage

ᐋᐱᒫᔑᐤ **aapimaashiu** vai ◆ il/elle vole, souffle, vogue sous le vent

ᐋᐱᒫᔥᑎᓐ **aapimaashtin** vii ◆ ça vole, souffle, vogue sous le vent

souffrance

ᐙᐐᓯᒑᔨᐦᑎᒧᐎᓐ **waawiisichaayihtimuwin** ni redup ◆ la douleur, la souffrance, l'agonie

souffrir

ᓂᓈᐦᑳᑖᐢᐱᓈᐤ ninaahkaataaspinaau vai ◆ il/elle souffre pendant longtemps

ᓂᓈᐦᑳᑖᔨᐦᑎᒼ ninaahkaataayihtim vti ◆ il/elle en souffre, en est misérable

ᓅᐦᑖᔮᐹᒁᐤ nuuhtaayaapaakwaau vai ◆ il/elle souffre de la soif, a très soif avant qu'elle puisse trouver à boire

ᔖᔒᐹᔨᒨ shaashiipaayimuu vai -u ◆ il/elle souffre depuis longtemps

ᐙᐑᓯᒑᔨᐦᑎᒼ waawiisichaayihtim vti redup ◆ il/elle souffre

ᐙᐑᓯᒑᔨᒨ waawiisichaayimuu vai redup -u ◆ il/elle souffre, a beaucoup de douleur

ᐑᓯᑳᐦᑭᔃᐤ wiisikaahkiswaau vta ◆ il/elle le/la brûle pour le/la faire souffrir

ᐑᓯᑳᐦᐱᓈᐤ wiisikaahpinaau vai ◆ il/elle souffre énormément, il/elle est tourmenté-e

ᐎᓂᐦᑤᓲ winihtwaasuu vai reflex -u ◆ il/elle souffre des conséquences de ses actions

souhaiter

ᐱᑯᓵᔨᐦᑎᒼ pikusaayihtim vti ◆ il/elle le souhaite

ᐱᑯᓵᔨᐦᑎᒧᐚᐤ pikusaayihtimuwaau vta ◆ il/elle souhaite quelque chose de lui/d'elle

ᐱᑯᓵᔨᒫᐤ pikusaayimaau vta ◆ il/elle lui souhaite quelque chose

souiller

ᒦᒋᐢᑎᐦᑭᓲ miichistihkisuu vai reflex -u ◆ il/elle souille son pantalon accidentellement

ᒥᒋᔥᑖᐤ michishtaau vai ◆ il/elle le salit, le souille

ᒋᒋᒑᒫᐤ chichichaamaau vta ◆ il/elle salit, souille son fond de culotte, son pantalon avec des excréments ■ ᒋᒋᒑᒫᐤ ᐅᐲᐦᑐᐎᐱᔨᒌᓵᓐᐦ. ■ chichichaamaau upiihtuwipiyichiisaanh. ■ *Il a souillé son sous-vêtement long.*

souiller (se)

ᒦᒋᐢᑏᓲ miichistiisuu vai reflex -u ◆ il/elle se souille

soûler

ᒌᔥᒁᐱᐦᐋᐤ chiishkwaapihaau vta ◆ il/elle le/la soûle

soulever

ᐄᐢᒁᒋᓈᐤ iiskwaachinaau vta ◆ il/elle le/la soulève (étalé)

ᐄᐢᒁᒋᓂᒼ iiskwaachinim vti ◆ il/elle le soulève (étalé)

ᐄᐢᒁᐹᑭᐦᐊᒼ iiskwaapaakiham vti ◆ il/elle le soulève (filiforme) avec quelque chose

ᐱᒫᐢᑯᒧᐦᑖᐤ pimaaskumuhtaau vai ◆ il/elle le soulève (long et rigide)

ᐅᐦᐹᑭᐦᐊᒼ uhpaakiham vti ◆ il/elle le soulève (étalé)

ᐅᐦᐹᑭᐦᐊᒧᐚᐤ uhpaakihamuwaau vta ◆ il/elle le soulève (étalé) pour lui/elle

ᐅᐦᐹᐢᑯᐦᐊᒼ uhpaaskuham vti ◆ il/elle le soulève avec une perche

ᐅᐦᐹᐢᑯᐦᐚᐤ uhpaaskuhwaau vta ◆ il/elle le/la soulève avec une perche

ᐅᐦᐱᓂᒼ uhpinim vti ◆ il/elle le soulève

ᐅᐦᐱᓂᒧᐚᐤ uhpinimuwaau vta ◆ il/elle le soulève pour lui/elle

ᐅᐦᐱᐱᔨᐦᑖᐤ uhpipiyihtaau vai ◆ il/elle le soulève

ᐅᐦᐱᔥᑭᒼ uhpishkim vti ◆ il/elle le soulève avec le pied ou le corps

ᐎᓂᔥᑳᓈᐤ winishkaanaau vta ◆ il/elle le/la soulève alors qu'il/elle était étendue à terre

ᐎᓂᔥᑳᓂᒼ winishkaanim vti ◆ il/elle le soulève alors qu'il était étendu à terre

ᐎᓂᔥᑳᐱᑎᒼ winishkaapitim vti ◆ il/elle le soulève alors qu'il était étendu à terre

ᐅᐦᐹᐦᑭᐦᐄᑭᓈᐦᑎᒄ uhpaahkihiikinaahtikw ni ◆ une perche pour le soulever (filiforme)

ᐋᐱᐦᐋᐢᑯᐦᐊᒼ aapihaaskuham vti ◆ il/elle l'ouvre en le soulevant avec quelque chose

ᐋᐱᐦᐋᐢᑯᐦᐚᐤ aapihaaskuhwaau vta ◆ il/elle l'ouvre en le/la forçant avec quelque chose

ᐱᒋᐢᑎᔥᑭᒼ pichistishkim vti ◆ il/elle soulève son pied, enlève son corps de ça

ᔖᑯᐦᐋᐤ shaakuhaau vta ◆ il/elle est capable de le/la soulever, réussit à le/la persuader du contraire

ᔖᑯᐦᑖᐤ shaakuhtaau vai ◆ il/elle est capable de le soulever, de le surmonter

ᑎᐦᑯᐦᑎᐦᐋᐤ tihkuhtihaau vta ◆ il/elle le/la soulève et le/la dépose au sommet quelque chose

ᐅᐦᐱᓈᐤ uhpinaau vta ◆ il/elle l'élève, le/la soulève

ᐅᐦᐱᐱᑖᐤ uhpipitaau vta ◆ il/elle le/la soulève en tirant

ᐅᐦᐱᐱᑎᒼ uhpipitim vti ◆ il/elle le soulève en tirant

ᐅᐦᐱᐢᒁᔨᐤ uhpiskwaayiu vai ◆ il/elle soulève la tête

ᐎᓂᔥᑳᐢᒁᓈᐤ winishkaaskwaanaau vai ◆ il/elle soulève la tête de quelqu'un

ᐱᐦᒋᐢᑖᔮᐅᐦᒋᐱᑖᐤ pihchistaayaauhchipitaau vta ◆ il/elle fait se soulever quelque chose de poudreux (animé) en passant ou en le touchant

ᐱᐦᒋᐢᑖᔮᐅᐦᒋᐱᑎᒼ pihchistaayaauhchipitim vti ◆ il/elle soulève le sable ou la poussière en passant

ᐱᐦᒋᐢᑖᔮᐅᐦᒋᔥᑭᒼ pihchistaayaauhchishkim vti ◆ il/elle soulève la poussière ou le sable avec son pied ou son corps

ᐱᐦᒋᐢᑖᔮᐅᐦᒋᔥᑭᐚᐤ pihchistaayaauhchishkiwaau vta ◆ il/elle le/la fait se soulever (quelque chose de poudreux, animé) avec son pied ou son corps

ᐱᐦᒋᐢᑖᔮᐅᐦᒋᐢᑎᓐ pihchistaayaauhchistin vii ◆ ça fait se soulever la poussière ou le sable en tombant

ᑎᐦᑯᒋᔥᑖᐤ **tihkuchishtaau** vai ◆ il/elle le soulève et le juche au sommet de quelque chose

ᐅᐦᐱᐦᐊᒻ **uhpiham** vti ◆ il/elle le soulève avec quelque chose, ouvre les mâchoires du piège

soulever (se)

ᒑᐦᑳᔅᒁᐱᔨᐤ **chaahkaaskwaapiyiu** vai ◆ il/elle se soulève à un bout

ᒑᐦᑳᔅᒁᐱᔨᐤ **chaahkaaskwaapiyiu** vii ◆ ça se soulève à un bout

ᐅᐦᐹᐱᔨᐤ **uhpwaapiyiu** vai ◆ il/elle se soulève

ᐅᐦᐹᐱᔨᐤ **uhpwaapiyiu** vii ◆ ça se soulève

ᐅᐦᐲᐤ **uhpiiu** vai ◆ il/elle se lève pour tirer, se soulève

ᐅᐦᐱᐱᔨᐤ **uhpipiyiu** vai ◆ ça monte, se soulève

ᐅᐦᐱᐱᔨᐤ **uhpipiyiu** vii ◆ ça monte, ça se soulève

soupe

ᐹᔨᑿᒥᐦᑿᓐ **paayikwaamihkwaan** p,quantité ◆ une cuillerée à soupe

soupe de poisson

ᐅᐦᑭᐙᐙᐳᐃ **uhkiwaawaapui** ni -m ◆ de la soupe de poisson

source

ᒧᔅᒋᐎᓈᐳᐃ **muschiwinaapui** ni ◆ de l'eau de source

ᒧᔅᒋᐎᓂᐹᒄ **muschiwinipaakw** ni ◆ une source d'eau potable

ᐅᐦᒋ **uhchi** p,lieu ◆ de, provenir de ■ ᐊᓂᑖᐦ ᐅᐦᒋ ᐙᔅᑳᐦᐄᑭᓂᔑᐦᒡ ᐋᑯᑖᐦ ᑳ ᐅᐦᒋᐱᔨᒡ ᐊᓐ ᑎᐹᒋᒧᐎᓐ. ■ anitaah uhchi waaskaahiikinishihch aakutaah kaa uhchipiyich an tipaachimuwin. ■ *Cette histoire provient de Waskaganish.*

sourcil

ᐅᒫᒫᒻᐦ **umaamaamh** nad ◆ ses sourcils

sourire

ᐹᐦᐱᐦᒁᔨᐤ **paahpihkwaayiu** vai ◆ il/elle sourit

ᐹᐱᐦᒁᒨ **paapihkwaamuu** vai ◆ il/elle sourit, rit dans son sommeil

souris

ᐋᐱᑯᔒᔥ **aapikushiish** na -im ◆ une souris, un appelant en forme de souris, un morceau de fourrure attaché à un fil et traîné sur le sol pour chasser le harfang des neiges (une chouette blanche)

ᐋᐱᑯᔒᔑᐅᒥᓐᐦ **aapikushiishiuminh** ni pl ◆ des baies, lit. 'des baies de souris', entreposées par les souris

sournois

ᒌᒧᑎᓯᐤ **chiimutisiiu** vai ◆ il est secret, elle est secrète; il/elle est dissimulé-e, rusé-e, sournois-e

sous

ᐄᑖᒫᓯᐦᑎᒡ **iitaamaasihtich** p,lieu ◆ sous le plancher de branchages d'épinettes du tipi

ᐄᑖᒥᔮᒡ **iitaamiyaach** p,lieu ◆ sous quelque chose d'étalé ■ ᐄᑖᒥᔮᒡ ᐋᑯᑖᐦ ᑳᐦ ᐃᐦᑎᑎᒥᑯᐱᓈ ᐊᓂᔮᐦ ᐅᑎᔥᑯᑖᒻᐦ ᐋᑳ ᐅᐦᒋ ᓂᑎᐙᔨᐦᑎᐦᒃ ᒑ ᒥᔥᑭᐎᑎᓂᔨᒡᐦ. ■ iitaamiyaach aakutaah kaah ihtitimikupinaa aniyaah utishkutaamh aakaa uhchi nitiwaayihtihk chaa mishkiwitiniyichh. ■ *Il plaça les piles sous la couverture pour qu'elles ne gèlent pas.*

ᔖᒄ **shaakw** p,lieu ◆ sous

ᔒᐹ **shiipaa** p,lieu ◆ sous ■ ᔒᐹ ᑖᔑᐱᑖᑭᓂᐦᒡ ᐋᑯᑎᐦ ᐋᔥᑖᒡ ᐊᓐ ᐋᔑᑯᓐ. ■ shiipaa taashipitaakinihch aakutih aashtaach an aashukin. ■ *L'échelle est sous la cachette.*

ᔒᐹᔮᐹᑯᒧᐦᑖᐤ **shiipaayaapaakumuhtaau** vai ◆ il/elle le place (filiforme) en dessous

ᐄᑖᒫᑯᓂᒡ **iitaamaakunich** p,lieu ◆ sous la neige ■ ᓈᔥᑎᔨᒡ ᐄᑖᒫᑯᓂᒡ ᒌᐦ ᐃᐦᑖᐤ ᐊᓐ ᓂᓂᒁᑖᑭᓐ ᒋᔮᒋᔖᐹᔮᔨᒡ. ■ naashtiyich iitaamaakunich chiih ihtaau an ninikwaataakin chiyaachishaapaayaayich. ■ *Le lièvre que j'avais attrapé au collet était tout recouvert de neige quand je suis allé lever mes collets le lendemain matin.*

ᓵᑯᓯᒄ **saakusikw** p,lieu ◆ sous la glace ■ ᓵᑯᓯᒁᐳᑯᑦ ᐊᓐ ᓂᒋᒄ ᑳ ᐹᔅᒋᓱᒃ. ■ saakusikwaapukut an nichikw kaa paaschisuk. ■ *La loutre que j'ai tirée au fusil a plongé sous la glace.*

ᔒᐹᔮᒋᔥᑎᒄ **shiipaayaachishtikw** p,lieu ◆ sous les buissons, les branches ■ ᓈᔥᒡ ᐋᐦ ᑭᒋᔥᑎᒧᒡᐦ ᐙᐳᔑᒫᐅᐦ ᐊᓂᑖᐦ ᔒᐹᔮᒋᔥᑎᒄ. ■ naashch aah kichishtimuch-h waapushimaauh anitaah shiipaayaachishtikw. ■ *Il y a des sentiers de lièvre bien fréquentés sous les buissons.*

ᔒᐹᔮᐦᑎᒄ **shiipaayaahtikw** p,lieu ◆ sous un arbre ■ ᔒᐹᔮᐦᑎᒄ ᓂᒌᐦ ᒦᒋᓱᓈᓐ ᑳ ᑯᑎᐙᔮᐦᒡ. ■ shiipaayaahtikw nichiih miichisunaan kaa kutiwaayaahch. ■ *On a mangé sous un arbre quand on s'est reposé.*

ᔖᑯᓈᐤ **shaakunaau** vta ◆ il/elle met les mains directement sous lui/elle

ᔖᑯᑎᐦᒋᔥᑭᐙᐤ **shaakutihchishkiwaau** vta ◆ il/elle lui donne un coup de pied sous quelque chose

ᔖᑯᔮᒋᓈᐤ **shaakuyaachinaau** vta ◆ il/elle met sa main sous sa couverture, sous ses vêtements (Jean met ses mains sous la couverture de Marie)

ᔖᒁᔑᐤ **shaakwaashiu** vai ◆ le vent souffle sous ses couches (par ex. de vêtements)

ᔒᐹᐦᑖᐤ **shiipaahtaau** vai ◆ il/elle marche sous quelque chose

ᔒᐹᐱᐤ **shiipaapiu** vai ◆ il/elle est assis-e sous quelque chose

ᔒᐹᐱᔨᐤ **shiipaapiyiu** vai ◆ il/elle va sous quelque chose

ᔒᐹᑖᒋᒨ **shiipaataachimuu** vai -u ◆ il/elle rampe sous quelque chose

ᔒᐹᑎᐦᒋᔥᑭᒻ **shiipaatihchishkim** vti ◆ il/elle lui donne un coup de pied sous quelque chose

ᔒᐹᔮᔑᐤ **shiipaayaashiu** vai ◆ le vent souffle sous lui/elle

ᐄᑖᒫᔮᐦᑎᒄ iitaamaayaahtikw p,lieu ◆ sous les buissons, sous les arbres, au fond des bois ■ ᓈᔥᒡ ᐊᓂᑖᐦ ᐄᑖᒫᔮᐦᑎᒄ ᐋᑯᑎᐦ ᑳ ᒋᒥᑖᒡ ᐅᒥᐦᑐᑳᓂᐙᐤ᙮ ■ naashch anitaah iitaamaayaahtikw aakutih kaa chimitaach umihtukaaniwaau. ■ *Ils installèrent leur campement d'hiver au fond des bois.*

ᓃᐦᑖᐦᒡ niihtaahch p,lieu ◆ sous, en dessous, au fond ■ ᐊᓂᑖᐦ ᓃᐦᑖᐦᒡ ᑖᔑᐱᑖᑭᓂᐦᒡ ᐋᑯᑎᐦ ᐋᔥᑖᒡᐦ ᓅᓂᐦᐄᑭᓐᐦ᙮ ■ anitaah niihtaahch taashipitaakinihch aakutih aashtaachh nuunihiikinh. ■ *Mes pièges sont posés sous la cachette.*

ᓵᑯᓯᑯᐱᔨᐤ saakusikupiyiu vii ◆ ça glisse sous la glace

ᓵᑯᓯᑯᔨᑭᐦᐙᐤ saakusikuyikihwaau vta ◆ il/elle le/la pousse sous la glace

ᓵᑯᓯᒁᐱᑰ saakusikwaapikuu vai -u ◆ ça flotte sous la glace

ᓵᒁᐱᔅᒋᐱᔨᐤ saakwaapischipiyiu vai ◆ il/elle tombe sous les roches

ᓵᒁᐱᔅᒋᐱᔨᐤ saakwaapischipiyiu vii ◆ ça tombe sous les rochers

ᔖᑯᑎᒋᐱᔨᐦᐋᐤ shaakutichipiyihaau vta ◆ sa pagaie va sous le canot

ᔖᔒᐹᔥᑭᒥᒋᐏᓐ shaashiipaashkimichiwin vii ◆ c'est un petit ruisseau qui coule sur et sous la terre

sous l'eau

ᐄᑖᒥᐹᑯᐦᒡ iitaamipaakuhch p,lieu ◆ sous l'eau ■ ᐊᓂᑖᐦ ᐄᑖᒥᐹᑯᐦᒡ ᐋᑯᑎᐦ ᑳ ᐚᐱᐦᑎᐦᒃ ᐊᓂᔮ ᐅᒌᑭᐦᐄᑭᓐ᙮ ■ anitaah iitaamipaakuhch aakutih kaa waapihtihk aniyaa uchiikihiikin. ■ *Il pouvait apercevoir sa hache sous l'eau.*

ᑯᓵᐹᐱᔨᐦᐋᐤ kusaapaapiyihaau vta ◆ il/elle le met sous l'eau par ses mouvements

ᒋᐦᒋᐦᑖᐹᒋᓂᒻ chihchihtaapaachinim vti ◆ il/elle le pousse sous l'eau, le submerge

ᑯᓵᐹᐱᑖᐤ kusaapaapitaau vta ◆ il/elle le/la tire sous l'eau

ᑯᓵᐹᐱᑎᒻ kusaapaapitim vti ◆ il/elle le tire sous l'eau

ᐱᓵᒥᔅᒋᐱᑎᒻ pisaamischipitim vti ◆ il/elle creuse un trou dans la terre, le sable sous l'eau

ᐊᒁᒥᔅᒌᐤ akwaamischiiu vai ◆ il/elle repose au fond de l'eau, flotte et finit par arriver sur le rivage

ᒋᐦᒋᐦᑖᐹᒋᐱᑎᒻ chihchihtaapaachipitim vti ◆ il/elle le plonge dans l'eau, le tire sous l'eau

ᐱᓵᒥᔅᑳᐤ pisaamiskaau vii ◆ c'est une tranchée dans la roche sous l'eau

ᐅᐙᓈᐹᐅᔮᐤ uwaanaapaauyaau vta ◆ il/elle fait qu'il/elle a du mal à reprendre son souffle après qu'il/elle l'ait maintenu sous l'eau

ᐅᐙᓈᐹᐙᐤ uwaanaapaawaau vai ◆ il/elle a du mal à reprendre son souffle après avoir été sous l'eau quand de l'eau lui était versé sur la tête

sous la terre

ᐄᑖᒥᔅᑭᒥᒡ iitaamiskimich p,lieu ◆ enterré, sous la terre ■ ᓈᔥᒡ ᐊᓂᑖᐦ ᐄᑖᒥᔅᑭᒥᒡ ᐋᑯᑎᐦ ᑳ ᒥᔅᑭᐦᒃ ᐊᓂᔮ ᒦᑐᓂᓵᓂᔨᐤ᙮ ■ naashch anitaah iitaamiskimich aakutih kaa miskihk aniyaa miitunisaaniyiu. ■ *Là, enterré, elle trouva un pilon pour faire de la poudre de viande séchée ou de poisson.*

sous-bois

ᔒᐹᔅᒁᔮᐤ shiipaaskwaayaau vii ◆ c'est une zone d'arbres sans sous-bois

ᔒᐹᔮᔅᒋᔅᑳᐤ shiipaayaaschiskaau vii ◆ c'est une aire de pins gris sans sous-bois

ᔒᐹᔮᐤ shiipaayaau vii ◆ il n'y a pas de sous-bois, de broussailles; il y a un ruisseau, de l'eau qui traverse un terrain entouré d'eau

sous-couche

ᐅᒋᔅᑎᓯᒄ uchistisikw ni ◆ la couche inférieure d'une glace noire

sous-vêtement

ᐲᐦᑎᐏᐱᒋᐏᔮᓈᓐ piihtiwipichiwiyaanaan ni ◆ un maillot de corps, un tricot de corps, une camisole

ᐲᐦᑎᐏᐱᔨᒌᓵᓐ piihtiwipiyichiisaan na ◆ un caleçon, une culotte, une petite culotte, des bobettes, un boxer, un slip; un sous-vêtement long

sous-vêtements

ᐲᐦᑎᐚᐱᒋᔥᑖᐅᓈᓐᐦ piihtiwaapichishtaaunaanh ni pl ◆ des sous-vêtements

soutenir

ᓰᑐᓈᐤ siitunaau vta ◆ il/elle le/la soutient (physiquement)

ᐑᒋᑳᐳᐏᔥᑎᒻ wiichikaapuwishtim vti ◆ il/elle le soutient

ᔒᐱᑳᐳᐏᔥᑎᐙᐤ shiipikaapuwishtiwaau vta ◆ il/elle le/la soutient pendant longtemps

ᔑᒥᑖᔅᑯᐦᐙᐤ shimitaaskuhwaau vta ◆ il/elle l'étaye, le/la soutient avec un bâton

ᐑᒋᑳᐳᐏᔥᑎᐙᐤ wiichikaapuwishtiwaau vta ◆ il/elle se tient à côté de lui/d'elle, le/la soutient

ᔮᔮᔅᑰ yaayaaskuu vai -u ◆ il/elle se tient à quelque chose pour se soutenir, se retient à quelque chose

ᐑᒋᐦᐄᐙᐤ wiichihiiwaau vai ◆ il/elle aide, accompagne les gens en voyage; il/elle est son témoin pour un mariage

soutien

ᐱᒥᓯᔅᐱᓱᓐ pimisispisun ni ◆ le tissage de la raquette qui donne le soutien principal

ᐑᒋᐦᐄᐙᐏᓐ wiichihiiwaawin ni ◆ de l'aide, du soutien, de l'assistance

souvenir

ᒌᐦᑳᔮᔨᐦᑎᒻ chiihkaayaayihtim vti ◆ il/elle accorde beaucoup d'importance à ça, s'en souvient bien

souvent

ᔑᔮᑳᒻ shiyaakaam p,temps ◆ souvent

ᒑᔅᑭᑦ chaaskit p,temps ◆ souvent, fréquemment ■ ᓈᔥᒡ ᒑᔅᑭᑦ ᐋᐦ ᐑᐦ ᒥᓂᐦᒁᑦ ᑳ ᒧᐎᒫᓵᑦ᙮ ■ naashch chaaskit aah wiih minihkwaat kaa muwimaasaat. ■ *Manger du poisson la fait vouloir souvent boire.*

spasme

ᒌᐦᒌᐱᑎᐦᒑᐤ chiihchiipitihchaau vai ◆ il/elle a des spasmes à la main

ᒌᐦᒌᐱᑎᐦᑎᒥᓈᐤ chiihchiipitihtiminaau vai ◆ il/elle a des spasmes à l'épaule

ᒌᐦᒌᐹᐱᐤ chiihchiipaapiu vai ◆ il/elle cligne de l'oeil, il/elle a un spasme ou un tic à l'oeil

spécial

ᒌᐦᑳᔮᔨᒫᐤ chiihkaayaayimaau vta ◆ il/elle pense qu'il/elle est spécial-e, qu'il/elle se distingue des autres

spéciale

ᒋᐦᒋᒌᔑᑳᐤ chihchichiishikaau vii ◆ c'est une journée spéciale

sphaigne

ᒥᐦᑯᔅᑭᒥᒄ mihkuskimikw ni ◆ de la mousse de sphaigne rougeâtre (qui provoque une éruption cutanée chez les bébés) *Sphagnum capillifolium*, sphaigne grêle

ᐊᐚᔑᔥᒌᔥ awaashishchiish ni -im ◆ de la mousse de sphaigne, lit.'de la mousse à bébé'

spirale

ᑳᐲᐳᑖᔑᒡᐦ kaapiiputaashichh nip pl ◆ des spirales à moustiques (ce qu'on brûle pour faire de la fumée et éloigner les mouches et moustiques)

ᑳᐱᒫᐱᐦᑖᔑᒡᐦ kaapimaapihtaashichh nip pl ◆ des spirales à moustiques (ce que l'on brûle pour faire de la fumée et éloigner les mouches et moustiques)

spirituelle

ᐄᑎᒥᒋᔔᔥᑎᒻ iitimichishuushtim vti ◆ il/elle ressent une présence spirituelle

ᐄᑎᒥᒋᔔᔥᑎᐚᐤ iitimichishuushtiwaau vta ◆ il/elle le/la ressent (une présence spirituelle)

sport

ᒫᑎᐚᐦᐋᐤ maatiwaahaau vta ◆ il/elle les fait jouer; il/elle organise des sports pour eux/elles

stabiliser

ᒥᒋᒫᔅᑯᐦᐊᒻ michimaaskuham vti ◆ il/elle le stabilise, en utilisant quelque chose

ᒥᒋᒫᔅᑯᐦᐚᐤ michimaaskuhwaau vta ◆ il/elle le/la stabilise, en utilisant quelque chose de long et rigide

stable

ᔮᔨᓯᓈᑯᓐ yaayisinaakun vii ◆ ça a l'air solide, stable

stagnante

ᐃᐧᔮᔥᑎᓈᑭᒥᐤ iywaashtinaakimiu vii ◆ l'eau est calme, stagnante

station de radio

ᐊᔨᒧᐚᔮᐲᐅᒋᒫᐤ ayimuwaayaapiiuchimaau na -iim ◆ un annonceur ou une annonceuse radio, un directeur ou une directrice de station de radio

statue

ᒥᓂᑑᐦᑳᓐ minituuhkaan na ◆ une idole ou une image, une statue religieuse

stéréo

ᒋᔥᑐᐦᒋᑭᓐ chishtuhchikin ni ◆ un instrument de musique, une chaîne stéréo

ᒋᔅᑐᐦᒋᒑᐤ chistuhchichaau vai ◆ il/elle joue d'un instrument de musique, il/elle fait marcher la stéréo

stérile

ᒧᔑᐚᐤ mushiwaau vii ◆ c'est stérile, dénudé

sterne

ᐊᐱᔑᒋᔮᔥᑯᔥ apishichiyaashkush na ◆ une sterne arctique *Sterna paradisaea*

sternum

ᐅᔥᑭᑏ ushkitii nid ◆ son abdomen, son sternum avec la viande dessus

ᐅᔅᑳᔅᒋᑭᓂᒑᑭᓐ uskaaschikinichaakin nid ◆ son sternum (os de devant de la cage thoracique)

ᐅᔅᐱᓵᐅᑭᓐ uspisaaukin nid ◆ son sternum (pour les oiseaux)

ᒥᑎᓂᓵᐚᐤ mitinisaawaau vai ◆ il/elle tient l'omoplate ou le sternum d'un animal tout près du feu pour voir si elle/il brûle pour pouvoir prédire l'avenir (par ex. où se trouve le gibier, si des visiteurs vont venir)

store

ᐋᑯᔮᒋᐱᑎᒻ aakuyaachipitim vti ◆ il/elle descend le store, tire le rideau

strate

ᐹᒋᔅᒁᐤ paachiskwaau vii ◆ la glace est stratifiée, en strates

structure

ᐊᐱᐎᓈᐦᑎᒄ apiwinaahtikw ni -um ◆ une structure pour le poste d'affût

ᒥᔥᑎᑯᑭᒥᒄ mishtikukimikw ni ◆ un bâtiment, une structure en bois

stupéfait

ᒫᒥᔅᑳᓯᐦᑎᐚᐤ maamiskaasihtiwaau vta ◆ il/elle est stupéfait-e d'entendre ce qu'il/elle a à dire

ᒫᒥᔅᑳᑖᐤ maamiskaataau vta ◆ il/elle est ébahi-e, stupéfait-e par lui/elle

ᒥᔅᑳᓯᓂᒻ miskaasinim vti ◆ il/elle le regarde stupéfait-e, le fixe

ᒥᔅᑳᓯᓂᐚᐤ miskaasiniwaau vta ◆ il/elle le/la regarde stupéfait-e, le/la fixe

ᒥᔅᑳᑖᔨᐦᑎᒻ miskaataayihtim vti ◆ il/elle en est stupéfait-e, ébahi-e

stupéfiant

ᒫᒥᔅᑳᑖᔨᒫᐤ maamiskaataayimaau vta ◆ il/elle pense qu'il/elle est bizarre, stupéfiant-e

stylo

ᒥᓯᓂᐦᐄᑭᓈᐦᑎᒄ misinihiikinaahtikw ni ◆ un crayon, un stylo

submerger

ᑯᓵᐹᐱᔨᐦᑖᐤ kusaapaapiyihtaau vai ◆ il/elle le submerge avec ses mouvements

ᑯᑖᐹᐦᐊᒼ kutaapaaham vti ◆ il/elle submerge quelque chose dans l'eau avec un outil

ᒋᐦᒋᐦᑖᐹᒋᓂᒼ chihchihtaapaachinim vti ◆ il/elle le pousse sous l'eau, le submerge

ᒋᐦᒋᐦᑖᐸᓈᐤ chihchihtaapaanaau vta ◆ il/elle le/la pousse sous l'eau, le/la submerge

ᒋᓯᔥᑖᐹᒋᓈᐤ chisistaapaachinaau vta ◆ il/elle le/la plonge dans l'eau, le/la submerge

ᑯᔖᐹᒋᔥᑭᒼ kushaapaachishkim vti ◆ il/elle le submerge, l'enfonce sous l'eau avec son pied ou son corps

ᑯᔖᐹᒋᔥᑭᐚᐤ kushaapaachishkiwaau vta ◆ il/elle le/la submerge, l'enfonce sous l'eau avec son pied ou son corps

ᒨᔅᒋᐹᐦᑎᓐ muuschipaahtin vii ◆ c'est immergé dans l'eau

ᓵᑭᔅᒋᓈᑯᐦᑎᑖᐤ saakischinaakuhtitaau vai ◆ il/elle le met dans un contenant et le recouvre d'eau

subvenir

ᐅᐦᑎᓂᒫᓲ uhtinimaasuu vai reflex -u ◆ il/elle subvient à ses (propres) besoins

ᐱᒫᒋᐦᐋᐤ pimaachihaau vta ◆ il/elle le/la sauve, subvient à ses besoins

ᐱᒥᓈᐤ piminaau vta ◆ il/elle l'élève (comme un parent le fait pour un enfant), il/elle subvient à ses besoins

ᐅᐦᑎᓂᒫᒑᐤ uhtinimaachaau vai ◆ il/elle y pourvoit, subvient ■ ᓈᔥᑎᔨᒡ ᐋᐦ ᒌᐦ ᓅᐦᑖᐱᔨᔨᒡ ᒦᒋᒥᔨᐤ ᒥᒄ ᐄᔨ ᒌᐦ ᐅᐦᑎᓂᒫᒑᐤ ᒑᒀᔨᐤ ᒑ ᒦᒋᓈᓂᐎᔨᒡ. ■ naashtiyich aah chiih nuuhtaapiyiyich miichimiyiu mikw wiiyi chiih uhtinimaachaau chaakwaayiu chaa miichinaaniwiyich. ■ *Il était le seul qui pouvait fournir à manger quand personne d'autre ne le pouvait.*

sucer

ᓅᓈᒋᒑᐤ nuunaachichaau vai ◆ il/elle suce

ᓅᓈᒫᐤ nuunaamaau vta ◆ il/elle le/la suce

ᓅᓈᑎᒼ nuunaatim vti ◆ il/elle le suce

ᓲᐱᐦᑎᒼ suupihtim vti ◆ il/elle le suce

ᓲᓲᐱᐦᑎᒼ suusuupihtim vti redup ◆ il/elle le suce

ᓲᓲᐱᒫᐤ suusuupimaau vta redup ◆ il/elle le/la suce

ᓅᔅᒑᐤ nuuschaau vai ◆ il/elle suce la moelle des os

ᔒᐙᑭᓈᐤ shiiwaakinaau vai ◆ il/elle suce la moelle des os d'oie

ᔫᐦᔫᐦᑎᒼ yuuhyuuhtim vti redup ◆ il/elle suce l'air au travers

ᐎᑎᐦᑎᒼ witihtim vti ◆ il/elle l'atteint à pied, il/elle le happe en le mordant, le suce (ex la moelle des os)

sucre

ᔔᑳᐤ shuukaau ni -aam ◆ du sucre, de l'anglais 'sugar'

ᔔᑳᐅᐐᐦᒀᔮᐤ shuukaauwiihkwaayaau ni -aam ◆ un sac de sucre, un sac à sucre, de l'anglais 'sugar'

ᔔᑳᐅᐎᑦ shuukaauwit ni ◆ un bol de sucre, de l'anglais 'sugar'

ᐅᔖᐅᔔᑳᐤ ushaaushuukaau ni -m ◆ de la cassonade, du sucre brun, de l'anglais 'sugar'

ᔔᑳᐦᑭᐦᑎᒼ shuukaahkihtim vti ◆ il/elle utilise du sucre dessus ou dedans

ᔔᑳᐦᑭᐦᑎᐚᐤ shuukaahkihtiwaau vta ◆ il/elle utilise du sucre dessus ou dedans (animé)

ᔔᑳᐅᐦᐋᐤ shuukaauhaau vta ◆ il/elle met du sucre dessus en le/la touchant

ᔔᑳᐅᓈᐤ shuukaaunaau vta ◆ il/elle lui met du sucre dessus en le/la touchant

ᔔᑳᐅᓂᒼ shuukaaunim vti ◆ il/elle met du sucre dessus en le touchant

sucré

ᔒᐚᐤ shiiwaau vii ◆ c'est sucré ou salé

ᑳᔒᐙᑭᒥᔑᒡ kaashiiwaakimishich nip ◆ du sirop sucré pour la toux

ᔒᐅᓯᐤ shiiusiu vai ◆ il/elle a un goût salé ou sucré

ᔒᐙᑭᒥᐤ shiiwaakimiu vii ◆ le liquide est sucré ou salé

ᐐᐦᑳᐴᐦ wiihkaapuuh vii pl -uwi ◆ les baies sont sucrées et juteuses

sucrée

ᔔᑳᐚᐳᐃ shuukaawaapui ni -m ◆ de l'eau sucrée, de l'anglais 'sugar'

sucrer

ᔒᐙᑭᒥᓂᒑᐤ shiiwaakiminichaau vai ◆ il/elle sucre son café ou son thé

ᔒᐅᐦᐋᐤ shiiuhaau vta ◆ il/elle le/la sucre ou le/la sale (liquide)

ᔒᐙᑭᒥᐦᑖᐤ shiiwaakimihtaau vai+o ◆ il/elle le sucre, le sale (liquide)

ᔒᐙᑭᒥᓂᒼ shiiwaakiminim vti ◆ il/elle le sucre ou le sale (liquide)

sud

ᐲᓯᒷᐦᑖᐦᒡ piisimwaahtaahch p,lieu ◆ vers le sud ■ ᐲᓯᒷᐦᑖᐦᒡ ᒌᐦ ᐄᑎᔑᐦᐙᑭᓂᐎᐎᒡ ᐊᐚᓂᒌ ᓈᔥᒡ ᑳ ᐊᒀᐱᐦᑖᔨᒡ. ■ piisimwaahtaahch chiih iitishihwaakiniwiwich awaanichii naashch kaa akwaapihtaayich. ■ *Les gens ont été évacués vers le sud quand il y a eu trop de fumée dans leur village.*

ᔖᐎᓂᓯᐤ shaawinisiu na ◆ l'esprit du sud

ᐊᐅᑭᑳᒼ aukikaam p,lieu ◆ sur la rive sud ■ ᐊᓂᑖᐦ ᐊᐅᑭᑳᒼ ᐋᑯᑖᐦ ᑳᐦ ᐱᒋᔅᑎᐦᐙᑦ ᓅᐦᑖᐐ. ■ anitaah aukikaam aakutaah kaah pichistihwaat nuuhtaawii. ■ *Mon père a placé ses filets sur la rive sud de la rivière.*

ᐊᐅᑭᑳᒫᐙᔖᐤ aukikaamaawaashaau p,lieu ◆ du côté sud de la baie là où le soleil ne brille pas ■ ᐊᓂᑖᐦ ᐊᐅᑭᑳᒫᐙᔖᐤ ᐋᑯᑖᐦ ᑳ ᐅᐦᑎᓈᐦᑎᒁᓂᐎᒡ. ■ anitaah aukikaamaawaashaau aakutaah kaa uhtinaahtikwaaniwich. ■ *Des arbres ont été coupés du côté sud de la baie.*

ᐊᐅᑭᑳᒫᓯᐦᑖᐤ aukikaamaasihtaau vai ◆ il/elle fait un portage du côté sud de la rivière ou du lac

ᔖᐐᓂᐦᐊᓐ shaawinihan vii ◆ c'est un vent du Sud

ᓂᔅᑳᔖᐐᓂᐦᐊᓐ niskwaashaawinihan vii ◆ il y a un vent de tempête soudain qui vient du Sud

ᒌᐙᐦᔮᐤ chiiwaahyaau vai ◆ il/elle rentre à la maison en volant, les oies volent vers le sud

Sud

ᔖᐐᓃᐙᐤ shaawiniiwaau vii ◆ le vent souffle du Sud

sud-est

ᔖᐐᓂᒧᔖᐙᑎᓐ shaawinimushaawaatin vii ◆ c'est un vent du sud-est

sué

ᑎᐦᒋᐹᒋᓯᐤ tihchipaachisiu vai ◆ il/elle a froid à cause de ses vêtements mouillés, parce qu'il a sué

suée

ᑎᐦᒋᐱᔨᐤ tihchipiyiu vai ◆ il/elle se refroidit après une suée ou une fièvre, il/elle fond

suer

ᐊᐙᐱᔨᐤ apwaapiyiu vai ◆ il/elle transpire, sue

ᐊᐙᓲ apwaasuu vai -u ◆ il/elle transpire, sue

ᒋᔑᑖᐅᐱᔨᐤ chishitaaupiyiu vai ◆ il/elle sue à cause de la fièvre

ᒥᑐᑎᓯᐤ mitutisiu vai ◆ il/elle va dans une tente à suer

suerie

ᒥᑐᑎᓵᓐ mitutisaan ni ◆ une suerie, une cabane à suer

suffire

ᒑᒋᔥᒋᐱᔨᐤ chaachishchipiyiu vai ◆ il/elle suffit à peine, ça (animé) suffit à peine

suffisant

ᒑᒋᔥᒋᐱᔨᐤ chaachishchipiyiu vii ◆ c'est à peine suffisant, c'est tout juste assez

suffit

ᐋᑯ aakuu p,interjection ◆ ça suffit ▪ ᐋᑯ ᒑ ᐃᔥᐱᔑ ᓂᐹᔮᓐ ᐱᑎᒫ. ▪ aakuu chaa ishpishi nipaayaan pitimaa. ▪ *Ça suffit, je ne vais plus dormir.*

suffoquer

ᒋᐱᑖᐦᑎᒻ chipitaahtim vti ◆ il/elle suffoque

ᑭᔅᑭᑖᒨ kiskitaamuu vai -u ◆ il/elle suffoque sous une couverture

ᒋᒧᑖᒫᑯᓈᐤ chimutaamaakunaau vai ◆ il/elle suffoque à cause de la neige

suicider (se)

ᐃᔮᔪᐐᐦᐄᓲ iyaayuwihiisuu vai reflex -u ◆ il/elle se suicide

ᓂᐱᐦᐄᓲ nipihiisuu vai reflex -u ◆ il/elle se tue (accidentellement) ou se suicide

suie

ᐐᔅᑯᑖᓂᓯᔅᒋᒻ wiiskutaanisischim vti ◆ les poteaux et les rabats au sommet du tipi sont couverts de suie

ᐱᐦᑯᑖᐤ pihkutaau ni -aam ◆ de la cendre, de la suie, un foyer

suivre

ᓅᔫᔥᑭᒻ nuushuushkim vti ◆ il/elle le suit

ᓅᔫᔥᑭᐙᐤ nuushuushkiwaau vta ◆ il/elle le/la suit

ᓅᓯᓈᐦᐊᒻ nuusinaaham vti ◆ il/elle le suit en véhicule

ᐋᓂᔅᒑ aanischaa p,manière ◆ à suivre, de façon continue ▪ ᐋᑯᑖᐦ ᐙᐦᒋ ᒌᐦ ᑭᓂᐙᔨᐦᑖᑯᐦᒡᐦ ᐊᑎᔫᐦᑳᓐᐦ ᐋᓂᔅᒑ ᐋᐦ ᒌᐦ ᐐᐦᑖᑭᓂᐎᒡᐦ. ▪ aakutaah waahchi chiih kiniwaayihtaakuhchh aatiyuuhkaanh aanischaa aah chiih wiihtaakiniwichh. ▪ *Les légendes ont été préservées parce qu'elles ont été transmises de façon continue.*

ᑭᐙᑯᓈᔥᑭᒻ kinwaakunaashkim vti ◆ il/elle suit un sentier à peine visible dans la neige

ᒫᒋᐦᐋᐤ maachihaau vta ◆ il/elle l'inspire à suivre son exemple

ᒥᑎᐦᑐᔨᐤ mitihtuyiu vai ◆ il/elle suit les traces du caribou, de l'orignal

ᓅᓯᐙᐱᐦᑎᒻ nuusiwaapihtim vti ◆ il/elle le suit des yeux

ᓅᓯᐙᐱᒫᐤ nuusiwaapimaau vta ◆ il/elle surveille où il/elle va et le/la suit

ᓄᐎᒋᔖᔮᑳᐤ nuwichishaayaakwaau vta ◆ il/elle suit un ours

ᐱᓵᔅᑎᑳᐱᔨᐤ pisaastikwaapiyiu vai ◆ il/elle suit la rivière en véhicule

ᐱᓵᔅᑎᑳᐱᔨᐤ pisaastikwaapiyiu vii ◆ ça suit la rivière

ᐱᔑᒋᔥᑭᒻ pishichishkim vti ◆ il/elle suit la rivière en marchant

ᒥᑎᒫᐱᐦᑖᐤ mitimaapihtaau vai ◆ il/elle suit la route, le sentier en courant

ᒥᑎᒫᐤ mitimaau vai ◆ il/elle suit le sentier, le chemin, la route

ᓅᐦᑖᑳᔑᐙᐤ nuuhtaakaashiwaau vai ◆ une famille n'est pas capable de suivre le groupe, s'arrête pour camper avant les autres

ᐱᐦᒋᒥᑎᒫᐤ pihchimitimaau vai ◆ il/elle suit le mauvais chemin

ᐙᔨᔪᐱᔨᐤ waayiyupiyiu vii ◆ ça prend, suit le tournant

ᔮᔮᐙᐱᔨᐤ yaayaawaapiyiu vai ◆ il/elle suit le rivage en véhicule, nage le long du rivage

ᑯᐃᔥᑎᑳᒫᐱᒋᐤ kuishtikaamaapichiu vai ◆ il/elle suit le littoral pour déplacer son campement d'hiver

ᒌᐙᔥᑭᒻ chiiwaashkim vti ◆ il/elle rentre à la maison en dépassant un certain point de repère; il/elle lui fait faire face dans l'autre direction avec son pied ou son corps; le soleil commence à se coucher; le vent suit le soleil

sujet
ᐅᐧᐃᓂᒨ uwinimuu vai -u ◆ il/elle change de sujet parce qu'il/elle ne veut pas en parler

superficiellement
ᒫᒫᔒᐦᑭᒼ maamaashiihkim vti ◆ il/elle le fait superficiellement, à la hâte

ᒫᒫᓯᓈᑯᐦᑖᐤ maamaasinaakuhtaau vai ◆ il/elle le fait superficiellement, à la hâte

ᒫᒫᓯᓰᐤ maamaasisiiu vai ◆ il/elle se hâte, fait les choses superficiellement

supérieur
ᒋᔥᑖᔨᒨ chishtaayimuu vai -u ◆ il/elle s'estime, se croit supérieur-e

ᐲᐦᑎᐧᐃᐦᑖᐤ piihtiwihtaau vai+o ◆ il/elle y ajoute un étage supérieur

superposer
ᐃᔮᓂᔅᑭᐧᐋᑭᔥᑖᐤ iyaaniskiwaakishtaau vai+o redup ◆ il/elle les dépose l'un à côté de l'autre on les superposant un peu (étalé)

superviser
ᐅᒋᒫᐦᑭᑎᐧᐋᐤ uchimaahkitiwaau vta ◆ il/elle le/la commande, supervise, est plus haut placé-e que lui/elle

supplier
ᓂᑐᑎᒧᐧᐋᐤ nitutimuwaau vta ◆ il/elle mendie, supplie pour lui/elle

support
ᓰᐧᑖᔅᑯᐦᐧᐋᐤ siitwaaskuhwaau vta ◆ il/elle l'étaie, la/le cale avec un objet long et rigide, lui pose un support

support en métal
ᐃᔥᑯᑖᐦᑳᓐ ishkutaahkaan ni ◆ un feu sur un support en métal à l'intérieur de l'habitation

supporter
ᔒᐱᓈᐤ shiipinaau vai ◆ il/elle supporte la douleur, met longtemps à mourir

sur
ᑖᐦᒋᓯᒄ taahchisikw p,lieu ◆ sur la glace ■ ᑳ ᐹᒋ ᓈᓯᐹᐱᔩᐦᑖᑦ ᐅᒥᐦᑎᒻᐦ ᓈᑎᐦ ᑖᐦᒋᓯᒄ ᐋᑯᑎᐦ ᑳ ᐹᒋ ᐱᒋᔅᑎᓂᐦᒃ᙮ ■ kaa paachi naasipaapiyihtaat umihtimh naatih taahchisikw aakutih kaa paachi pichistinihk. ■ *Quand elle/il a apporté son bois pour le feu, elle/il l'a laissé sur la glace.*

ᑎᐦᑯᐦᐨ tihkuhch p,lieu ◆ sur le dessus ■ ᑎᐦᑯᐦᐨ ᓈᑎᐦ ᐊᔥᑖᐤ, ᓂᒥ ᒋᑭ ᐅᑎᐦᑎᓂᒻ᙮ ■ tihkuhch naatih ashtaau, nimi chiki utihtinim. ■ *Mets-le sur le dessus là où elle/il peut l'atteindre!*

ᐅᔅᑖᑯᓂᐨ ustaakunich p,lieu ◆ sur la neige ■ ᐅᔅᑖᑯᓂᐨ ᓂᒌᐦ ᐙᐱᐦᑖᓐ ᐊᓐ ᐧᐃᓂᐦᐄᑭᓐ᙮ ■ ustaakunich nichiih waapihtaan an winihiikin. ■ *J'ai vu le piège sur la neige.*

ᑎᐦᑯᒋᐧᑳᔥᑯᐦᑎᐤ tihkuchikwaashkuhtiu vai ◆ il/elle saute pour se jucher au sommet de quelque chose

ᔖᔒᐹᔥᑭᒥᒋᐧᐃᓐ shaashiipaashkimichiwin vii ◆ c'est un petit ruisseau qui coule sur et sous la terre

ᔒᐅᒫᑯᓯᐤ shiiumaakusiu vai ◆ il/elle a une odeur aigre, sure

sûr
ᓱᐦᒑᔨᒫᐤ suhchaayimaau vta ◆ il/elle est sûr-e qu'il/elle va le faire

ᑖᐹᔨᒨ taapaayimuu vai -u ◆ il/elle est sûr-e de pouvoir le faire

ᒑᔥᑎᓈᐦᐆ chaashtinaahuu vai -u ◆ il/elle en est sûr-e, certain-e ■ ᒥᑎᑐᓐ ᒑᔥᑎᓈᐦᐆ ᒑ ᑖᐧᐹᐦᑖᑯᑦ ᐊᓂᔮ ᑳ ᐄᑖᑦ᙮ ■ mititun chaashtinaahuu chaa taapwaahtaakut aniyaa kaa iitaat. ■ *Elle/Il est sûr-e qu'elle croira ce qu'il lui a dit.*

ᒑᔥᑎᓈᑖᔮᔩᐦᑖᑯᓐ chaashtinaataayaayihtaakun vii ◆ c'est fiable, c'est sûr

ᒑᔥᑎᓈᑖᔮᔩᐦᑖᑯᓯᐤ chaashtinaataayaayihtaakusiu vai ◆ il/elle est fiable, digne de confiance, sûr-e

ᒑᔥᑎᓈᑖᔮᔩᐦᑎᒻ chaashtinaataayaayihtim vti ◆ il/elle en est certain-e, sûr-e ■ ᒑᔥᑎᓈᑖᔮᔩᐦᑎᒻ ᒑ ᒥᔮᑭᓂᐧᐃᑦ ᐊᓂᔮ ᐋᐱᑎᓰᐧᐃᓂᔩᐤ ᑳ ᓂᑎᐧᐋᔩᐦᑎᐦᒃ᙮ ■ chaashtinaataayaayihtim chaa miyaakiniwit aniyaa aapitisiiwiniyiu kaa nitiwaayihtihk. ■ *Elle/il est sûre qu'elle/ilobtiendra le travail qu'elle/il voulait.*

ᐧᐄᐧᐄᐧᓵᔨᒧᑎᒻ wiiwiiswaayimutim vti ◆ il/elle est sûr-e qu'il/elle sera celui/celle qui peut le faire, il/elle est trop déterminé-e

ᒑᔥᑎᓈᔥ chaashtinaash p,évaluative ◆ c'est sûr, sûrement, certainement ■ ᒑᔥᑎᓈᔥ ᒋᑭ ᒦᒋᓱᐧᐋᓈᓂᐤ ᑎᑯᔑᐦᑳ ᑳ ᓂᑑᐦᐅᑦ᙮ ■ chaashtinaash chiki miichisuwaanaaniu tikushihkaa kaa nituuhut. ■ *C'est sûr qu'on va manger quand il reviendra de la chasse.*

ᑖᐧᐹᐦ taapwaah p,manière ◆ vraiment, c'est vrai, c'est sûr, c'est certain ■ ᑖᐧᐹᐦ ᒨᔥ ᑎᐦᑳᔮᐤ᙮ ❖ ᑖᐧᐹᐦ, ᒋᐦᒋᐧᐋ ᒋᑎᑎᓐ᙮ ■ taapwaah muush tihkaayaau. ❖ taapwaah, chihchiwaa chititin. ■ *C'est vrai, le temps est toujours très froid.* ❖ *Oui, je dis vraiment la vérité.*

sur le coup
ᓈᔥᑐᐦᐧᐋᐤ naashtuhwaau vta ◆ il/elle l'atteint, le/la tue sur le coup en tirant au fusil

sur le fait
ᒑᓯᔅᑭᐧᐋᐤ chaasiskiwaau vta ◆ il/elle le/la prend sur le fait ■ ᓂᒌᐦ ᒑᓯᔅᑭᐧᐋᐤ ᐋᐦ ᐧᐄᐦ ᒫᑯᒫᑦ ᐊᓂᔮᐦ ᐧᐄᑎᐧᐋᔑᔥᐦ᙮ ■ nichiih chaasiskiwaau aah wiih maakumaat aniyaah wiitiwaashish-h. ■ *Je l'ai pris en train d'essayer de mordre son camarade de jeu.*

ᒑᔅᑭᒧᐧᐋᐤ chaaskimuwaau vta ◆ il/elle le/la prend sur le fait et l'empêche de continuer

surélévation
ᑖᐦᑖᔅᑯᐦᐄᑭᓐ taahtaaskuhiikin ni ◆ quelque chose placé en-dessous pour garder les choses au sec

surélever
ᐅᐦᐱᓯᐧᑳᐤ uhpisikwaau vii ◆ la glace est surélevée

sûrement
ᒫᔑᐧᐃᐦᐋᑳ maashiwihaakaa p,évaluative ◆ certainement, sûrement

ᔖᐦᑯᐨ shaahkuch p,manière [Wemindji] ◆ sûrement, certainement, pour sûr

ᒑᔥᑎᓈᔥ chaashtinaash p,évaluative ◆ c'est sûr, sûrement, certainement ■ ᒑᔥᑎᓈᔥ ᒋᑭ ᒦᒋᓱᐙᓈᓂᐅ ᑎᑯᔑᕽᑳ ᑳ ᓂᑑᐦᐅᑦ. ■ chaashtinaash chiki miichisuwaanaaniu tikushihkaa kaa nituuhut. ■ *C'est sûr qu'on va manger quand il reviendra de la chasse.*

ᐲᑦ puut p,temps ◆ de temps en temps, de façon inattendue, sûrement ■ ᐲᑦ ᒫᓐ ᓈᔥᒡ ᐋᐦ ᐅᐦᒋ ᒋᔖᐙᑦ ᐊᔨᒥᐦᐋᐅᒋᒫᐤ ᑳ ᑭᒑᔅᑳᑦ. ■ puut maan naashch aah uhchi chishwaawaat ayimihaauchimaau kaa kichaaskwaat. ■ *De temps en temps, le prédicateur parlait très fort.*

surexcité

ᐱᐹᔑᒁᔨᐦᑎᒼ pipaashikwaayihtim vti ◆ il/elle est surexcité-e

surface

ᐄᔅᒁᑯᒨ iiskwaakumuu vai -u ◆ il/elle (étalé) en couvre une certaine surface

ᐄᔅᒁᑯᒨ iiskwaakumuu vii -u ◆ ça (étalé) en couvre une certaine surface

ᒨᔅᒋᐹᒋᓂᒼ muuschipaachinim vti ◆ il/elle le remonte à la surface de l'eau

ᒨᔅᒋᐱᔨᐦᑖᐤ muuschipiyihtaau vai ◆ il/elle le fait sortir, lui fait faire surface

ᐹᑯᐹᐤ paakupaau vai ◆ il/elle fait surface

ᐹᒁᑯᓂᒌᐤ paakwaakunichiiu vai ◆ il/elle remonte à la surface de la neige

ᑖᐦᑎᔥᑖᐤ taahtishtaau vii ◆ c'est posé sur une surface

ᒥᒥᒑᑭᒋᔥᑎᓐ mimichaakichishtin vii redup ◆ la surface est rugueuse avec la poudrerie

ᐅᔥᑎᑖᐙᔮᐤ ushtitaawaayaau vii ◆ la surface de la neige gèle après la pluie en hiver

ᐅᔅᑎᓯᑯᔥᑖᐤ ustisikushtaau vii ◆ il y a de l'eau à la surface de la glace

ᐹᑯᐹᔥᑳᑐᐎᒡ paakupaashkaatuwich vai pl recip -u ◆ ils/elles remplissent le barrage à poisson et font surface

ᐅᔅᑎᓯᑯᒋᐎᓐ ustisikuchiwin vii ◆ l'eau coule à la surface de la glace ■ ᔖᔥ ᒌᐦ ᐅᔅᑎᓯᑯᒋᐎᓐ ᑳ ᐹᒋ ᒫᑖᔥᑎᒁᐱᒋᔮᐦᒡ ᓰᐲᐦᒡ. ■ shaash chiih ustisikuchiwin kaa paachi maataashtikwaapichiyaahch siipiihch. ■ *Il y avait déjà de l'eau à la surface de la glace quand nous y sommes arrivés à la rivière.*

surgir

ᓵᒑᐙᔮᐳᑰ saachaawaayaapukuu vai -u ◆ la pression du courant le/la fait surgir en pleine vue

surir

ᔒᐅᔑᓐ shiiushin vai ◆ il/elle surit

ᔒᐙᑭᒥᔑᓐ shiiwaakimishin vai ◆ le liquide surit

surlendemain

ᐊᐅᓯᐚᐱᐦᒑ ausiwaapihchaa p,temps ◆ le surlendemain, après-demain ■ ᐊᐅᓯᐚᐱᐦᒑ ᐄᔮᒄ ᒋᐦᒋᐙ ᒑ ᑎᒥᐦᒋᔮᓐ. ■ ausiwaapihchaa iiyaakw chihchiwaa chaa timihchiyaan. ■ *Je vais commencer à emballer mes affaires après-demain.*

surmener (se)

ᐅᔑᑯᐱᔨᐦᐆ ushikupiyihuu vai -u ◆ il/elle se blesse en bougeant, il/elle se surmène

surmonté

ᒥᐦᑖᒄ mihtaakw p,manière ◆ fini, terminé, surmonté (utilisé à la forme négative pour une sensation désagréable) ■ ᐅᔥᑭᒡ ᑳ ᑭᓂᐚᔨᒥᒃ ᓈᔥᒡ ᐋᐦ ᒌᐐᔖᔨᐦᑎᕽ, ᐊᓅᐦᒡ ᒫᒃ ᔖᔥ ᓂᒥ ᒥᐦᑖᒄ ᐃᔨᐦᑎᐤ. ■ ushkich kaa kiniwaayimik naashch aah chiih chiiwishaayihtihk, anuuhch maak shaash nimi mihtaakw iyihtiu. ■ *Quand j'ai commencé à m'occuper de lui, il avait le mal du pays, maintenant c'est presque fini.*

surmonter

ᔖᐦᑯᒋᐱᔨᐤ shaahkuchipiyiu vai ◆ il/elle surmonte les obstacles qui l'empêchait de le faire

ᔖᑯᐦᑖᐤ shaakuhtaau vai ◆ il/elle est capable de le soulever, de le surmonter

ᐄᔨᐙᔥᑭᒼ iiyiwaashkim vti ◆ il/elle réussit à le faire, surmonte des obstacles, en vient à bout

ᔖᐦᑯᒋᐦᑖᐤ shaahkuchihtaau vai+o ◆ il/elle le surmonte, le conquiert, le gagne

ᐙᐎᔨᐦᐆ waawiyihuu vai -u ◆ il/elle surmonte la famine, survit à la famine

surplomb

ᐊᑯᓂᓵᑳᐤ akunisaakaau vii ◆ c'est une falaise, une montagne avec un rocher surplombant

surprenant

ᑯᔥᑯᐦᑖᑯᓐ kushkuhtaakun vii ◆ c'est surprenant, ce sont des nouvelles surprenantes

ᒫᒥᔅᑳᑖᔨᐦᑖᑯᓯᐤ maamiskaataayihtaakusiu vai ◆ il/elle est surprenant-e, étonnant-e

ᒥᔅᑳᑖᔨᐦᑖᑯᓐ miskaataayihtaakun vii ◆ c'est surprenant, incroyable

ᒫᒥᔅᑳᑖᔨᐦᑎᒼ maamiskaataayihtim vti ◆ il/elle pense que c'est surprenant, bizarre, étonnant

ᒥᔅᑳᑖᔨᐦᑖᑯᓯᐤ miskaataayihtaakusiu vai ◆ il/elle est surprenant-e, incroyable, extraordinaire

surprendre

ᑯᔥᑯᐦᑖᑯᓯᐤ kushkuhtaakusiu vai ◆ il/elle surprend quelqu'un par ses propos, par ce qu'il/elle dit

ᒋᒧᐎᓂᔑᐤ chimuwinishiu vai ◆ il/elle est surpris-e par la pluie, pris-e sous la pluie

ᑯᔅᑯᓯᒫᐤ kuskusimaau vta ◆ il/elle le/la fait sursauter avec des sons vocaux

ᒫᒥᔅᑳᐦᑎᒼ maamiskaahtim vti ◆ il/elle est surpris-e, étonné-e par ça

ᒥᔅᑳᑖᔨᐦᑎᒥᐦᐄᑰ miskaataayihtimihiikuu vai -u ◆ il/elle est surpris-e, étonné-e de quelque chose ■ ᒣᕒᐃ ᒥᒥᔅᑳᑖᔨᐦᑎᒥᐦᐄᑰ ᒓᓐᐦ ᑖᓐ ᐋᔥᐱᔑ ᐑᐱᒡ ᒌᔑᐦᑐᑎᒥᔨᒡᐦ ᐅᑖᐱᑎᓰᐎᓂᔨᐤ. ■ merii mimiskaataayihtimihiikuu chwaanh taan aashpishi wiipich chiishihtutimiyich-h utaapitisiiwiniyiu. ■ *Marie est étonnée de voir à quelle vitesse Jean peut faire son travail.*

ᑯᔥᒀᐙᔂᐤ kushkwaawaaswaau vta ◆ il/elle le/la surprend, le/la fait sursauter en tirant au fusil

ᒹᐦᒁᒑᐤ **mwaahkwaachaau** vai ◆ il/elle surprend des gens en train de s'embrasser, de faire l'amour

surpris

ᒥᐢᑳᑎᒻ **miskaatim** vti ◆ il/elle en est surpris-e

ᑯᐢᑯᓰᐙᔨᐦᑎᒥᐦᐄᑰ **kuskusiiwaayihtimihiikuu** vai -u ◆ il/elle est surpris-e, saisi-e; il/elle en est surpris-e, saisi-e

sursauter

ᑯᐢᑯᓯᐦᐋᐤ **kuskusihaau** vta ◆ il/elle le/la fait sursauter

ᑯᔥᒁᐚᑖᐤ **kushkwaawaataau** vii ◆ c'est un coup de feu qui fait sursauter

ᑯᐢᑯᓯᒫᐤ **kuskusimaau** vta ◆ il/elle le/la fait sursauter avec des sons vocaux

ᑯᔥᒁᐚᔅᐙᐤ **kushkwaawaaswaau** vta ◆ il/elle le/la surprend, le/la fait sursauter en tirant au fusil

surtout

ᐅᓵ **usaa** p,quantité ◆ surtout ■ ᐅᓵ ᔫᐢᑭᓐᐦ ᒌᐦ ᐹᔑᐙᐅᐎᐨ ᑳ ᒧᐎᓯᐨ. ■ usaa yuuskinh chiih paashiwaauwich kaa muwisuch. ■ *Ils ont surtout rapporté des framboises quand ils sont allés cueillir des baies.*

ᒦᔮᓂᒄ **miiyaanikw** p,emphatique ◆ surtout (expression utilisée pour renforcer les commandes, les ordres) ■ ᒦᔮᓂᒄ, ᐊᑳᐐ ᒦᓐ ᑯᒋᔥᑖᐦ ᒑ ᐲᐅᑎᒥᓐ, ᑖᐹ ᓂᐦᑖ ᐅᐦᒋ ᐲᐅᑖᑭᓂᐤ ᐊᓐ ᐹᐅᔥᑎᑯᐃ. ■ miiyaanikw, akaawii miin kuchishtaah chaa piiutimin, taapaa nihtaa uhchi piiutaakiniu an paaushtikui. ■ *Surtout ne t'avise pas de passer ces rapides à nouveau, les gens ne passaient pas ces rapides!*

surveillant

ᑳᑭᓂᐙᐳᒑᑦ **kaakiniwaapuchaat** nap ◆ un ou une chef intérimaire, un surveillant ou une surveillante

surveillante

ᑳᑭᓂᐙᐳᒑᑦ **kaakiniwaapuchaat** nap ◆ un ou une chef intérimaire, un surveillant ou une surveillante

surveiller

ᒌᒧᓵᐱᒫᐤ **chiimusaapimaau** vta ◆ il/elle lui jette un coup d'oeil, le/la surveille sans qu'il/elle le sache

ᓈᑭᑎᐙᔨᐦᑎᒻ **naakitiwaayihtim** vti ◆ il/elle l'observe de près, le surveille bien, en prend soin

ᓈᓈᑭᒋᐦᐄᐙᐤ **naanaakichihiiwaau** vai ◆ il/elle observe, surveille

ᓂᓈᑭᑎᐙᐱᒫᐤ **ninaakitiwaapimaau** vta ◆ il/elle le/la surveille de près

ᓅᓯᐙᐱᒫᐤ **nuusiwaapimaau** vta ◆ il/elle surveille où il/elle va et le/la suit

survivre

ᐱᒫᒋᐦᐆ **pimaachihuu** vai -u ◆ il/elle gagne sa vit, survit

ᐱᒫᒋᐦᐄᑰ **pimaachihiikuu** vai -u ◆ il/elle en survit, est sauvé-e par lui/elle/ça

ᐙᐎᔨᐦᐆ **waawiyihuu** vai -u ◆ il/elle surmonte la famine, survit à la famine

survoler

ᑖᐅᐦᐅᑰ **taauhukuu** vai -u ◆ il/elle vole directement au-dessus de lui/d'elle, le/la survole; les oies passent au-dessus de sa tête en volant

ᐱᒥᑳᓯᐦᔮᐤ **pimikaasihyaau** vai ◆ il/elle survole l'eau (ex. un oiseau)

ᐱᓯᐹᐦᔮᒥᑭᓐ **pisipaahyaamikin** vii ◆ ça (ex. avion) vole au-dessus de l'eau

ᐱᓯᐹᐦᔮᐤ **pisipaahyaau** vai ◆ il/elle (ex. oiseau) survole l'eau de près

ᐅᐙᒫᐱᐦᑎᒻ **uwaamaapihtim** vti ◆ il/elle survole la région du regard

ᐙᐙᐱᐦᒋᑳᐤ **waawaapihchikaau** vai redup ◆ il/elle survole du regard, feuillette des livres

ᐴᐦᒋᔥᑎᒁᐦᔮᐤ **puuhchishtikwaahyaau** vai ◆ il/elle survole la rivière, vole en suivant la rivière

suspendre

ᐋᐦᑎᑯᔮᐤ **aahtikuyaau** vta ◆ il/elle le suspend ailleurs

ᐊᑯᒋᓐ **akuchin** vai ◆ il/elle est suspendu-e

ᐊᑯᑖᐤ **akutaau** vai ◆ il/elle le suspend

ᐊᑯᑖᐤ **akutaau** vii ◆ c'est suspendu

ᐊᑯᔮᐤ **akuyaau** vta ◆ il/elle le/la suspend ■ ᐊᑯᔮᐤ ᐅᑎᔅᒡᐦ ᒑ ᐹᓱᔨᒡᐦ. ■ akuyaau utischh chaa paasuyichh. ■ *Elle suspend ses mitaines pour les faire sécher.*

ᐄᔅᐱᐦᑎᑯᒋᓐ **iispihtikuchin** vai ◆ il/elle est suspendu-e à une certaine hauteur

ᐄᔅᐱᐦᑎᑯᑖᐤ **iispihtikutaau** vai+o ◆ il/elle le/la suspend à une certaine hauteur

ᐄᔅᐱᐦᑎᑯᑖᐤ **iispihtikutaau** vii ◆ c'est suspendu à une certaine hauteur

ᐄᔅᐱᐦᑎᑯᔮᐤ **iispihtikuyaau** vta ◆ il/elle le suspend à une certaine hauteur

ᑯᔖᐙᐦᐱᑖᐤ **kushaawaahpitaau** vta ◆ il/elle le/la suspend avec une corde, une ficelle ou un fil

ᑯᔖᐙᐦᐱᑎᒻ **kushaawaahpitim** vti ◆ il/elle le suspend avec une corde, une ficelle ou un fil

ᑯᔖᐙᔮᐱᐦᑳᑖᐤ **kushaawaayaapihkaataau** vta ◆ il/elle le/la suspend avec une corde, une ficelle ou un fil

ᑯᔖᐙᔮᐱᐦᑳᑎᒻ **kushaawaayaapihkaatim** vti ◆ il/elle le suspend avec une corde, une ficelle ou un fil

ᓃᔥᐙᐹᑭᒧᐦᐋᐤ **niishwaapaakimuhaau** vta ◆ il/elle en suspend deux (animé, filiforme)

ᐱᓯᔅᑖᐹᑭᒧᐦᑖᐤ **pisistaapaakimuhtaau** vai ◆ il/elle le suspend (filiforme) au-dessus de quelque chose

ᐅᐦᐱᑯᑖᐤ **uhpikutaau** vta ◆ il/elle le/la suspend

ᐋᐦᑎᑯᒋᓐ **aahtikuchin** vai ◆ il/elle remue en étant suspendu

ᐋᐦᑎᑯᑖᐤ **aahtikutaau** vai+o ◆ il/elle le suspend ailleurs

ᐋᑯᔮᑭᐦᐊᒼ **aakuyaakiham** vti ◆ il/elle suspend quelque chose devant, il/elle ferme les rideaux

ᐋᑯᔮᑭᐦᐧᐋᐤ **aakuyaakihwaau** vta ◆ il/elle le/la suspend (étalé) devant elle/lui pour le/la cacher

ᐊᒋᔥᑎᑯᑖᐤ **achishtikutaau** vai+o ◆ il/elle le suspend à l'envers

ᐊᒋᔥᑎᑯᑖᐤ **achishtikutaau** vii ◆ c'est suspendu à l'envers

ᐊᒋᔥᑎᑯᔮᐤ **achishtikuyaau** vta ◆ il/elle le/la suspend la tête en bas

ᐊᑯᒋᑭᓈᐤ **akuchikinaau** vai ◆ il/elle suspend ses os (par exemple, les os d'un ours)

ᐊᐧᑳᐧᐋᐤ **akwaawaau** vai ◆ il/elle suspend la viande ou le poisson aux barres de l'étendoir pour le faire sécher

ᐊᔥᑎᑯᒋᓐ **ashtikuchin** vai ◆ il/elle est suspendu-e avec le reste

ᐊᔥᑎᑯᑖᐤ **ashtikutaau** vai+o ◆ il/elle est suspendu-e avec le reste

ᐊᔥᑎᑯᑖᐤ **ashtikutaau** vii ◆ c'est suspendu avec le reste

ᐊᔥᑎᑯᔮᐤ **ashtikuyaau** vta ◆ il/elle le/la suspend avec le reste

ᒌᓂᐧᑲᓂᔥᑖᐦᐧᐋᐤ **chiinikwaanishtaahwaau** vta ◆ il/elle l'entortille alors qu'il/elle est suspendu-e

ᒋᐧᓈᑯᑯᔮᐤ **chinwaakukuyaau** vta ◆ il/elle le/la laisse suspendu-e assez bas/basse

ᐄᔥᐱᑯᑖᐤ **iishpikutaau** vai+o ◆ il/elle le suspend en hauteur

ᐄᔅᐹᔅᑯᐦᑎᓐ **iispaaskuhtin** vii ◆ c'est suspendu, c'est rangé en hauteur (long et rigide)

ᑯᐃᔅᑯᑯᒋᓐ **kuiskukuchin** vai ◆ il/elle le suspend bien droit

ᑯᐃᔅᑯᑯᔮᐤ **kuiskukuyaau** vta ◆ il/elle le/la suspend bien droit-e

ᑯᐃᔅᐧᑳᐹᑭᒧᐦᐋᐤ **kuiskwaapaakimuhaau** vta ◆ il/elle le/la suspend bien droit-e (filiforme)

ᑯᐃᔅᐧᑳᐹᑭᒧᐦᑖᐤ **kuiskwaapaakimuhtaau** vai ◆ il/elle le suspend (filiforme) bien droit

ᑯᐃᔅᐧᑳᐹᑭᒨ **kuiskwaapaakimuu** vai -u ◆ il/elle est supendu-e (filiforme) bien droit

ᑯᐃᔅᐧᑳᐹᑭᒨ **kuiskwaapaakimuu** vii -u ◆ c'est suspendu tout droit (filiforme)

ᒫᒧᐧᐃᑯᒋᓂᒡ **maamuwikuchinich** vai pl ◆ ils/elles sont suspendu-e-s ensemble

ᒫᒧᐧᐃᑯᑖᐤ **maamuwikutaau** vai+o ◆ il/elle les suspend ensemble

ᒫᒧᐧᐃᑯᑖᐤᐦ **maamuwikutaauh** vii pl ◆ ils/elles sont suspendu-e-s ensemble

ᒫᒧᐧᐃᑯᔮᐤ **maamuwikuyaau** vta ◆ il/elle suspend ensemble

ᒥᐦᒑᐧᑖᐹᑭᒧᐦᑖᐤ **mihchaatwaapaakimuhtaau** vai ◆ il/elle en suspend beaucoup

ᒥᒫᓂᑯᑖᐤ **mimaanikutaau** vai+o redup ◆ il/elle suspend quelque chose de ci de là

ᒥᒫᓂᑯᔮᐤ **mimaanikuyaau** vta redup ◆ il/elle le/la suspend ici et là

ᓃᒫᑭᒧᐦᑖᐤ **niimaakimuhtaau** vai ◆ il/elle le suspend sans que ça touche tout à fait le fond

ᓃᒥᑯᑖᐤ **niimikutaau** vai+o ◆ il/elle le suspend juste au-dessus de quelque chose

ᓃᒥᑯᔮᐤ **niimikuyaau** vta ◆ il/elle le/la suspend au-dessus de quelque chose

ᓃᐱᑖᑯᑖᐤ **niipitaakutaau** vai ◆ il/elle suspend les choses en rang

ᓃᐱᑖᑯᔮᐤ **niipitaakuyaau** vta ◆ il/elle les suspend en une rangée

ᓃᔓᑯᑖᐤ **niishukutaau** vai+o ◆ il/elle suspend deux choses

ᓃᔓᑯᔮᐤ **niishukuyaau** vta ◆ il/elle en suspend deux (animé)

ᓃᔂᑭᑯᑖᐤ **niishwaakikutaau** vai+o ◆ il/elle en suspend deux (étalé)

ᓃᔂᑭᒧᐦᐋᐤ **niishwaakimuhaau** vta ◆ il/elle en suspend deux (animé, étalé); il/elle assemble deux peaux de rat musqué, l'une dans l'autre

ᓂᐹᑯᑯᑖᐤ **nipwaakukutaau** vai+o ◆ il/elle le suspend plié-e en deux

ᓂᐧᐋᑯᒋᓐ **niwaakuchin** vai ◆ il/elle le suspend penché-e

ᓂᐧᐋᑯᑖᐤ **niwaakutaau** vii ◆ c'est suspendu en position inclinée

ᓂᔮᐅᒋᑯᑖᐤ **niyaauchikutaau** vii ◆ c'est suspendu en l'air

ᐹᐦᑯᑯᑖᐤ **paahkukutaau** vii ◆ c'est suspendu et sec

ᐹᓯᒫᐤ **paasimwaau** vta ◆ il/elle suspend les affaires de quelqu'un d'autre pour les faire sécher

ᐲᒥᑯᒋᓐ **piimikuchin** vai ◆ il/elle est suspendu-e en biais

ᐲᒥᑯᑖᐤ **piimikutaau** vai+o ◆ il/elle le suspend tout tordu

ᐲᒥᑯᔮᐤ **piimikuyaau** vta ◆ il/elle le/la suspend de travers

ᐱᓯᔅᑖᐹᑭᒧᐦᐋᐤ **pisistaapaakimuhaau** vta ◆ il/elle le/la suspend (filiforme) au-dessus de quelque chose

ᓵᐦᐧᑳᑯᒋᓐ **saahkwaakuchin** vai ◆ il/elle est suspendu-e tout évasé

ᓵᐦᐧᑳᑯᑖᐤ **saahkwaakutaau** vai ◆ il/elle le suspend en position évasée

ᔑᐦᐧᑖᑭᒧᐦᑖᐤ **shihtwaakimuhtaau** vai ◆ il/elle le suspend (étalé) en travers

ᓰᐦᑎᑯᑖᐤᐦ **siihtikutaauh** vii pl ◆ c'est suspendu en groupe serré

ᓯᑭᒨ **sikimuu** vii -u ◆ ça adhère à quelque chose; c'est suspendu à quelque chose

ᑖᐦᑎᑯᔮᐤ *taahtikuyaau* vta ◆ il/elle le suspend au sommet de quelque chose

ᑖᐱᓂᐢᒁᑯᑖᐤ *taapiniskwaakutaau* vii ◆ c'est suspendu à la cime de l'arbre

ᐅᐦᐱᒫᑯᑖᐤ *uhpimaakutaau* vai ◆ il/elle le suspend penché d'un côté

ᐅᐦᐱᒫᑯᑖᐤ *uhpimaakutaau* vii ◆ c'est suspendu penché d'un côté

ᐅᐚᔨᑯᑖᐤ *uwaayikutaau* vai+o ◆ il/elle le range correctement dans une cache, commence à le suspendre

ᐅᐚᔨᑯᔮᐤ *uwaayikuyaau* vta ◆ il/elle le/la suspend correctement pour qu'il soit prêt/elle soit prête

ᓃᐱᑖᔮᐢᑯᐦᐄᑭᓈᐦᑎᒄ *niipitaayaaskuhiikinaahtikw* ni ◆ un bâton sur lequel on suspend du poisson ou de la viande pour les cuire ou les faire sécher

ᐋᐦᑎᑯᑖᐤ *aahtikutaau* vii ◆ c'est suspendu ailleurs, ça bouge en étant suspendu, le collet a été déplacé par l'animal

ᐊᒋᔥᑎᑯᒋᓐ *achishtikuchin* vai ◆ il/elle est suspendu-e la tête en bas, à l'envers

ᒋᓄᑯᒋᓐ *chinukuchin* vai ◆ il/elle est pendu-e, suspendu-e en longueur

ᐄᔥᐱᑯᒋᓐ *iishpikuchin* vai ◆ il/elle vole haut, il/elle est suspendu-e tout là haut

ᐄᐢᒀᑭᒧᐦᑖᐤ *iiskwaakimuhtaau* vai ◆ il/elle le suspend sur... (par ex. 50 cm)

ᐃᔥᐱᑯᒋᓐ *ishpikuchin* vai ◆ il/elle vole tout là-haut dans le ciel, il/elle est suspendu-e là haut

ᑯᐃᐢᑯᑯᑖᐤ *kuiskukutaau* vai+o ◆ il/elle le pend ou suspend bien droit

ᑯᐃᐢᒁᐹᑭᒧᐎᒡ *kuiskwaapaakimuwich* vai pl -u ◆ ils/elles volent en droite ligne, sont suspendu-e-s sur une ligne droite

ᓂᐙᑯᑯᔮᐤ *nipwaakukuyaau* vta ◆ il/elle le/la suspend plié-e en deux

ᐱᐦᐳᐚᔑᐦᑖᐤ *pihpuwaashihtaau* vai+o redup ◆ il/elle le suspend dehors (étalé) pour que le vent emporte la poussière, les poils, les plumes, etc.

ᐱᐦᐳᐚᔥᑎᒫᐤ *pihpuwaashtimaau* vta redup ◆ il/elle le/la suspend dehors (étalé) pour que le vent emporte la poussière, les poils, les plumes, etc.

ᐱᐹᔨᐦᑖᒨᐦ *pipaayihtaamuuh* vii pl redup ◆ ils/elles poussent de-ci de-là, sont suspendus de-ci de-là

ᑖᑖᐅᔥᑯᑖᑯᔮᐤ *taataaushkutaakuyaau* vta ◆ il/elle le/la suspend directement au-dessus du feu

ᑎᐱᐦᑎᑯᒋᓐ *tipihtikuchin* vai ◆ il/elle vole bas, est suspendu assez bas

suspendu

ᒌᓂᒁᓈᔮᐱᐦᒑᐦᐋᒻ *chiinikwaanaayaapihchaaham* vti ◆ il/elle le fait tourner suspendu à un fil

ᒌᓂᒁᓈᔮᐱᐦᒑᐦᐙᐤ *chiinikwaanaayaapihchaahwaau* vta ◆ il/elle le/la fait tourner suspendu-e à un fil

ᒋᓎᑯᑯᑖᐤ *chinwaakukutaau* vai+o ◆ il/elle l'a suspendu assez bas

ᐄᔥᒁᑯᒋᓐ *iishkwaakuchin* vii ◆ ça a été assez suspendu, c'est la fin du mois

ᑯᔖᐚᑯᒋᓐ *kushaawaakuchin* vai ◆ il/elle pendille, est suspendu-e

ᑯᔖᐚᑯᑖᐤ *kushaawaakutaau* vii ◆ ça se balance suspendu à quelque chose

ᓃᒥᑯᒋᓐ *niimikuchin* vai ◆ il/elle est pendu-e, suspendu-e sans vraiment toucher

ᓃᒥᑯᑖᐤ *niimikutaau* vii ◆ c'est suspendu juste au-dessus de quelque chose

ᓃᐱᑖᑯᒋᓂᒡ *niipitaakuchinich* vai pl ◆ ils/elles sont pendu-e-s, suspendu-e-s en rang

ᓂᐙᑭᑯᒋᓐ *nipwaakikuchin* vai ◆ il/elle est suspendu-e plié-e en deux

ᐹᐦᑯᑯᒋᓐ *paahkukuchin* vai ◆ il est suspendu et sec, elle est suspendue et sèche

ᓵᐦᒁᑯᑖᐤ *saahkwaakutaau* vii ◆ c'est suspendu en position évasée

ᔑᒥᑎᑯᒋᓐ *shimitikuchin* vai ◆ il/elle est suspendu-e, pendu-e verticalement

ᓂᐙᑯᑯᑖᐤ *nipwaakukutaau* vii ◆ c'est suspendu plié en deux

ᔖᔪᐎᑯᑖᐤ *shaayuwikutaau* vai+o ◆ il/elle le laisse suspendu-e ouvert-e

ᔖᔪᐎᑯᔮᐤ *shaayuwikuyaau* vta ◆ il/elle le/la laisse ouvert-e suspendu-e

ᐅᐦᑎᐢᑯᐎᑯᒋᓐ *uhtiskuwikuchin* vai ◆ il/elle est suspendu-e face au locuteur, vole directement vers la locutrice

ᐅᐦᑎᐢᑯᐎᑯᑖᐤ *uhtiskuwikutaau* vii ◆ c'est suspendu face au locuteur, vole directement vers la locutrice

ᒥᐦᒑᑣᐹᑭᒧᐎᒡ *mihchaatwaapaakimuwich* vai pl -u ◆ il y en a plusieurs tendu-e-s, suspendu-e-s; beaucoup sont tendu-e-s, suspendu-e-s (filiforme)

ᐱᐢᑯᑎᑯᒋᓐ *piskutikuchin* vai ◆ il/elle est suspendu-e en hauteur, elle porte une jupe ou une robe courte, il/elle vole haut dans le ciel

svelte

ᓵᓵᑯᓰᐤ *saasaakusiiu* vai ◆ il/elle est mince, svelte

syllabique

ᒋᐦᑭᔥᑖᐤ *chihkishtaau* vai ◆ il/elle met des signes diacritiques sur les caractères syllabiques

ᐄᔨᔨᐅᔥᑖᐤ *iiyiyiushtaau* vai ◆ il/elle écrit en syllabique

ᐄᔨᔨᐅᔥᑖᐤ *iiyiyiushtaau* vii ◆ c'est écrit en syllabique

sympathique

ᒥᔽᔨᐦᑖᑯᓯᐤ *miywaayihtaakusiu* vai ◆ il/elle est sympathique, gentil/gentille

t

tabac

ᒋᔥᑖᒫᐤ chishtaamaau na -aam ◆ du tabac

ᒋᔥᑖᒫᐅᐦᑯᒫᓂᔥ chishtaamaauhkumaanish ni ◆ un couteau à tabac

ᒋᔥᑖᒫᐚᐳᐃ chishtaamaawaapui ni ◆ de l'eau dans laquelle on a fait tremper du tabac

ᐲᐦᑹᐚᒑᐤ piihtwaawaachaau vai ◆ il/elle fume une certaine marque de tabac ou de cigarettes

ᐐᒋᔥᑖᒫᐅᒋᓯᐤ wiichishtaamaauchisiu vai ◆ il/elle sent le tabac

ᐐᒋᔥᑖᒫᐅᑭᓐ wiichishtaamaaukin vii ◆ ça sent le tabac

ᐲᐦᑎᐦᐊᒧᐙᐤ piihtihamuwaau vta ◆ il/elle lui donne du tabac, une cigarette

ᐐᒋᔥᑖᒫᐅᓵᐙᐤ wiichishtaamaausaawaau vai ◆ il/elle émane une odeur de tabac

ᐐᒋᔥᑖᒫᐅᔥᑖᐤ wiichishtaamaaushtaau vii ◆ ça sent le tabac brûlé

ᒥᔪᒫᓵᐙᐤ miyumaasaawaau vai ◆ l'odeur de sa cuisine, de sa pipe, de son tabac, de sa cigarette sent bon

table

ᒦᒋᓲᓈᐦᑎᒄ miichisuunaahtikw ni ◆ une table

tablier

ᐊᔥᐱᒋᑯᓈᐦᐅᓐ ashpichikunaahun ni ◆ un tablier

tâche

ᐄᔥᐱᔑᐦᑖᐤ iishpishihtaau vai+o ◆ il/elle est à la hauteur (de la tâche)

ᐎᔥᑎᐎᔮᐤ wishtiwiyaau vta ◆ il/elle lui fait la vie dure, lui complique la tâche

ᐎᔥᑎᐎᔨᓲ wishtiwiyisuu vai reflex -u ◆ il/elle se complique la tâche

ᓂᓈᐹᐎᔨᐦᑎᐤ ninaapaawiyihtiu vai ◆ il/elle est doué-e pour les tâches d'homme

tâche de rousseur

ᐹᐦᐹᐦᑖᐅᔑᑭᔮᐤ paahpaahtaaushikiyaau vai redup ◆ il/elle a des tâches de rousseur

tache de rousseur

ᐹᐦᐹᐦᑖᐅᐦᒁᐤ paahpaahtaauhkwaau vai redup ◆ il/elle a des tâches de rousseur dans la figure

tacher

ᓱᐎᐦᑯᔑᓐ suwihkushin vai ◆ il/elle le tache de sang

tacheté

ᐹᐦᐹᐦᑖᐅᓰᐤ paahpaahtaausiiu vai redup ◆ il/elle est tacheté-e

ᐹᐦᐹᐦᑖᐅᔖᐤ paahpaahtaaushaau vai redup ◆ il/elle est tacheté-e, a la peau tachetée

taie d'oreiller

ᐃᔥᒁᔑᒧᓈᒋᓐ ishkwaashimunaachin ni ◆ une taie d' oreiller

taille

ᐄᔅᐱᐦᑖᒋᓯᐤ iispihtaachisiu vai ◆ il/elle (étalé) a une certaine taille, il/elle mesure...

ᐄᔅᐱᐦᑖᑭᓐ iispihtaakin vii ◆ ça a une certaine taille (étalé), ça mesure...

ᐄᔅᐱᐦᑖᔅᑯᓐ iispihtaaskun vii ◆ ça (long et rigide) a une certaine taille, ça mesure...

ᐄᔅᑎᑎᐤ iistitiu vai ◆ il/elle a une certaine taille ■ ᓈᐦᐋᐤ ᒁᔥᑎᑎᑦ ᓂᑖᒻ ᒋᑖᒻ ᐋᔥᑎᑎᒃ᙮ ■ naahaau kwaashtitit nitaam chitaam aashtitik. ■ *Mon chien est de la même taille que le tien.*

ᐃᔅᐱᐦᑖᐱᓯᔅᒋᓯᐤ ispihtaapisischisiu vai ◆ il/elle a une certaine taille, il/elle mesure ...

ᐋᐱᐦᑎᐎᔨᐤ aapihtiwiyiu p,lieu ◆ jusqu'à la taille ■ ᐋᐱᐦᑎᐎᔨᐤ ᒌᐦ ᐃᔅᒁᓲ᙮ ■ aapihtiwiyiu chiih iskwaasuu. ■ *Elle/Il a été brulée jusqu'à la taille.*

ᒋᑳᔥᑎᑎᔮᐤ chikaashtitiyaau vai ◆ il/elle a la taille fine, étroite

ᐄᔥᐱᔖᐤ iishpishaau vii ◆ ça a une certaine taille, quantité

ᐄᔅᐱᐦᑖᐱᓯᔅᒋᓯᐤ iispihtaapisischisiu vai ◆ il/elle (minéral) a une certaine taille, c'est la lune

ᐃᔅᐱᐦᑖᐚᔮᐤ ispihtaawaayaau vii ◆ une pointe de terre a une certaine taille, mesure...

ᑯᒋᔥᑭᒻ kuchishkim vti ◆ il/elle l'essaie pour voir la taille ■ ᓂᒥ ᐚᐙᒡ ᐅᐦᒋ ᑯᒋᔥᑭᒻ ᐊᓂᔮ ᐊᔥᑐᑎᓂᔨᐤ ᑳ ᐅᑎᓂᒑᑦ᙮ ■ nimi waawaach uhchi kuchishkim aniyaa ashtutiniyiu kaa utinichaat. ■ *Il n'a même jamais essayé le chapeau qu'il a acheté.*

ᑯᒋᔥᑭᐙᐤ kuchishkiwaau vta ◆ il/elle l'essaie pour voir la taille ■ ᐱᑎᒫ ᒋᑭ ᑯᒋᔥᑭᐙᐤ ᐊᓂᔮᐦ ᑖᐱᓯᔅᒑᐦᐱᓱᓐᐦ ᐋᐦᒷᔮᐦ ᐅᑎᓂᒑᑦ᙮ ■ pitimaa chiki kuchishkiwaau aniyaah taapisischaahpisunh aahmwaayaah utinichaat. ■ *Elle va essayer la bague avant de l'acheter.*

ᑎᐦᑯᑳᐴ tihkukaapuu vai -uwi ◆ il/elle n'est pas grand-e, il/elle est de petite taille

ᑎᐱᐦᑎᑖᐤ tipihtitaau vai ◆ il/elle en compare la taille avec quelque chose d'autre

ᐃᔅᐱᐦᑎᔅᑭᒥᑳᐤ ispihtiskimikaau vii ◆ le terrain ou le territoire a une certaine taille, mesure...

ᔮᐦᔮᐦ yaahyaah p,quantité ◆ (toujours utilisé à la forme négative avec *taapaa* ou *nimui*, pour une mise en emphase) évidemment une grande quantité ou une grande taille ■ ᑖᐹ ᔮᐦᔮᐦ ᐅᒋ ᐃᔮᔅᐱᐦᑖᔅᑯᓂᔨᐤᐦ ᐊᓂᔮᐦ ᒥᔥᑎᒄᐦ ᑳ ᐋᐱᒋᐦᑖᑦ᙮ ■ taapaa yaahyaah uchi iyaaspihtaaskuniyiuh aniyaah mishtikwh kaa aapichihtaat. ■ *Les rondins qu'il a utilisés étaient évidemment assez gros.*

ᐱᔮᒫᐅᐊᔅᒋᓯᓈᐤ piyaamaauaschisinaau vai ◆ il/elle porte deux chaussures différentes, de taille différente

tailler

ᒌᓂᒁᓂᐦᑯᑎᒻ chiinikwaanihkutim vti ◆ il/elle taille tout autour de ça

ᒨᐦᑯᑖᒑᐤ muuhkutaachaau vai ◆ il/elle taille, sculpte

ᒌᑭᐦᐄᒑᐤ chiikihiichaau vai ◆ il/elle le taille à la hache pour qu'il ait la bonne taille

ᒌᓈᔅᑯᐦᑯᑖᐤ chiinaaskuhkutaau vta ◆ il/elle le/la taille en pointe

ᒌᓈᐢᑯᐦᑯᑎᒼ chiinaaskuhkutim vti ◆ il/elle le taille en pointe
ᒌᓈᐢᑯᑭᐦᐙᐤ chiinaaskukihwaau vta ◆ il/elle le/la taille en pointe
ᒌᓈᐢᑯᐳᑖᐤ chiinaaskuputaau vai+o ◆ il/elle le taille en pointe (long et rigide)
ᒌᓈᐢᑯᐳᔮᐤ chiinaaskupuyaau vta ◆ il/elle le/la taille en pointe (long et rigide)
ᒌᓂᐦᑯᑖᐤ chiinihkutaau vta ◆ il/elle le/la taille en pointe
ᑯᐃᐢᑯᐦᑯᑖᐤ kuiskuhkutaau vta ◆ il/elle le/la taille bien droit-e
ᑯᐃᐢᑯᐦᑯᑎᒼ kuiskuhkutim vti ◆ il/elle le taille bien droit
ᒥᒋᑭᐧᐋᐤ michikiwaau vai ◆ l'arbre a un grain trop tordu pour qu'on puisse bien le tailler ou le sculpter
ᒥᒫᐦᑖᐅᐦᑯᑖᒑᐤ mimaahtaauhkutaachaau vai ◆ il/elle découpe ou taille des motifs
ᒨᐦᑯᑖᐤ muuhkutaau vta ◆ il/elle le/la taille, sculpte
ᒨᓂᑖᑎᐦᐙᐤ muunitaatihwaau vta ◆ il/elle taille la zone entre les trous du laçage de soutien pour le garder à l'intérieur du cadre de la raquette
ᐱᐦᒁᐦᑯᑖᐤ pihkwaahkutaau vta ◆ il/elle en taille un morceau
ᐱᐦᒁᐦᑯᑎᒼ pihkwaahkutim vti ◆ il/elle en taille un morceau
ᐲᒥᐦᑯᑖᐤ piimihkutaau vta ◆ il/elle le taille de travers, tout tordu
ᐲᒥᐦᑯᑎᒼ piimihkutim vti ◆ il/elle le taille de biais
ᐱᐱᒋᐦᑯᑖᐤ pipichihkutaau vta ◆ il/elle le/la taille fine
ᐱᐱᒋᐦᑯᑎᒼ pipichihkutim vti ◆ il/elle le taille fin
ᔖᔑᐧᐃᐦᑯᑖᐤ shuushiwihkutaau vta ◆ il/elle le/la taille et le/la rend tout lisse
ᔖᔑᐧᐃᐦᑯᑎᒼ shuushiwihkutim vti ◆ il/elle le taille et le rend tout lisse
ᐙᐃᑭᐦᐊᒼ waaikiham vti ◆ il/elle taille un creux dans le sol
ᐙᐃᑭᐦᐄᒑᐤ waaikihiichaau vai ◆ il/elle taille un creux dans le sol
ᐙᐱᐢᒋᐦᑯᑎᒼ waapischihkutim vti ◆ il/elle en taille l'extrémité, le pourtour
ᐙᐅᔮᐦᑯᑖᐤ waauyaahkutaau vta ◆ il/elle le/la taille en cercle
ᐙᐅᔮᐦᑯᑎᒼ waauyaahkutim vti ◆ il/elle le taille en cercle
ᐑᐦᐹᑎᐦᑯᑎᒼ wiihpaatihkutim vti ◆ il/elle taille un creux dedans
ᐑᔨᑭᐦᐙᐤ wiiyikihwaau vta ◆ il/elle le/la taille à la hache
ᒌᐳᐦᑖᐤ chiipuhtaau vai ◆ il/elle l'affile, le taille en pointe
ᒫᒫᐦᒌᑖᔥᑯᔕᐙᐤ maamaahchiitaashkushaawaau vai ◆ il/elle le taille, le sculpte, le construit de différentes façons
ᐱᑯᐦᐄᒑᐤ pikuhiichaau vai ◆ il/elle taille un trou dans la glace
ᐙᐱᐢᒋᐦᑯᑖᐤ waapischihkutaau vta ◆ il/elle en taille l'extrémité, le pourtour pour l'améliorer
ᐧᐃᔨᐦᑯᑎᒼ wiyihkutim vti ◆ il/elle le façonne, le taille avec un couteau, un couteau croche
ᑯᐃᐢᑯᐦᑯᑖᒑᐤ kuiskuhkutaachaau vai ◆ il/elle le taille, le découpe ou le sculpte bien droit
ᐧᐃᔨᐦᑯᑖᐤ wiyihkutaau vta ◆ il/elle le/la façonne, taille avec un couteau croche, le/la rabote

tailleur

ᐃᔮᔥᑐᓈᑳᑖᐱᐤ iyaashtunaakaataapiu vai ◆ il/elle s'assoie en tailleur

taire

ᒋᐳᑐᓈᐦᐙᐤ chiputunaahwaau vta ◆ il/elle le/la fait taire par ce qu'il/elle dit

talc

ᐹᐦᑯᔖᓂᑭᓐ paahkushaanikin ni ◆ du talc
ᐹᐦᑯᓂᑭᓐ paahkunikin ni ◆ de la poudre, du talc pour bébé

talon

ᐅᑐᐦᑎᓐ utuhtin nid ◆ son talon
ᒥᑐᐦᑎᓂᐦᐋᐹᓐ mituhtinihaapaan ni ◆ le laçage de la raquette au talon

tambour

ᑖᐙᐦᐄᑭᓐ taawaahiikin na ◆ un tambour
ᑖᐙᐦᐄᑭᓈᐦᑎᒄ taawaahiikinaahtikw ni ◆ une baguette de tambour
ᑖᐙᐦᐄᒑᐤ taawaahiichaau vai ◆ il/elle joue du tambour, il/elle tambourine sur quelque chose

tambouriner

ᑖᐙᐦᐙᐤ taawaahwaau vai ◆ il/elle tambourine dessus
ᑖᐙᐦᐄᒑᐤ taawaahiichaau vai ◆ il/elle joue du tambour, il/elle tambourine sur quelque chose

tamis

ᔒᔥᒁᔮᒋᑭᐧᐃᐦᑖᑭᓐ shiishkwaayaachikiwihtaakin ni ◆ un tamis, une crépine, une passoire, un filtre

tamiser

ᔒᑭᐙᐱᔨᐦᐋᐤ shiikiwaapiyihaau vta ◆ il/elle le/la tamise

tampon

ᑳᑳᐙᒡ kaakaawaach nip ◆ un tampon à récurer

tampon à récurer

ᐙᐢᑭᒫᐱᐢᑭᐦᐄᑭᓐ waaskimaapiskihiikin ni ◆ un tampon à récurer

tanguer

ᑯᐢᑯᐢᒑᐱᔨᐦᑖᐤ kuskuschaapiyihtaau vai ◆ il/elle fait tanguer le canot, le bateau

tanière

ᒋᔖᔮᒁᑎᒄ chishaayaakwaatikw ni -m ◆ la tanière d'un ours

ᐧᐋᑎᒃ waatikw ni -um ◆ un terrier, une tanière
ᐧᐋᑎᔅᒃ waatiskw ni -um ◆ une tanière d'ours
ᐋᐦᑯᐱᐅ aahkupiu vai ◆ le porc-épic rentre dans un trou, dans sa tanière et reste là pendant longtemps
ᐧᐋᑎᑰ waatikuu vai -u ◆ il/elle a un terrier, une tanière
ᐧᐋᑎᔅᑯᔅᒌ waatiskuschii ni pej ◆ un vieux terrier, une vieille tanière
ᐋᐦᑯᐱᐦᐄᑰ aahkupihiikuu vta inverse -u ◆ il/elle a du mal à attraper et à tuer le porc-épic qui était entré dans un trou, dans sa tanière

tanné

ᐲᔖᑭᓐ piishaakin ni ◆ du cuir, de la peau tannée

tanner

ᒌᔑᓈᐤ chiishinaau vta ◆ il/elle le/la tanne (se dit d'une peau de bête) ■ ᐋᔪᐎᒄ ᒑ ᒌᔑᓈᑦ ᐊᓂᔮᐦ ᑳ ᒥᓵᒋᓯᔩᐦ ᐅᒨᓱᔮᓐᐦ. ■ aayuwikw chaa chiishinaat aniyaah kaa misaachisiyichh umuusuyaanh. ■ *Elle/il va maintenant tanner sa grande peau d'orignal.*
ᒌᔑᓂᒼ chiishinim vti ◆ il/elle tanne la peau de bête
ᒌᔑᓂᒑᐤ chiishinichaau vai ◆ il/elle tanne une peau
ᐧᐃᔑᐦᑖᒑᐤ wishihtaachaau vai ◆ il/elle tanne la peau
ᔫᔅᒋᓂᒑᐤ yuuschinichaau vai ◆ il/elle le tanne tout doux
ᐊᒀᐱᓵᐧᐋᐤ akwaapisaawaau vta ◆ il/elle tanne une peau d'orignal ou de caribou au moyen de la fumée
ᒌᐦᑐᓈᑭᓂᐆ chiihtunaakiniuu vta,passif -iwi ◆ il/elle (une peau d'orignal, de caribou) a été tanné-e mais qui a besoin d'être retanné-e

tant pis

ᐋᐃᐧᐋᔥ aaiwaash p,évaluative ◆ pas de chance, tant pis ■ ᐋᐃᐧᐋᔥ ᓂᒥ ᓅᐦᒋ ᐅᑎᐦᐄᒑᓐ. ■ aaiwaash nimi nuuhchi utihiichaan. ■ *Tant pis, je n'ai pas gagné.*

tante

ᒋᓯᑯᔅ chisikus nad ◆ ta tante (la femme du frère de ta mère, la soeur de ton père), ta belle-mère (la mère de ton mari ou de ta femme)
ᒋᓯᑯᓯᐧᐋᐤ chisikusiwaau na ◆ votre tante (la femme du frère de votre mère, la soeur de votre père), votre belle-mère (la mère de vos époux ou épouses)
ᒋᑑᓯᔅ chituusis nad ◆ ta tante (la soeur de ta mère, la femme du frère de ton père), ta belle-mère (la femme de ton père qui n'est pas ta mère)
ᓂᓯᑯᔅ nisikus nad ◆ ma belle-mère (la femme du père de mon mari ou de ma femme), ma tante (la soeur de mon père ou la femme du frère de ma mère)
ᓂᓯᑯᓵ nisikusaa nad voc ◆ belle-mère! (la femme du père de mon mari ou de ma femme), tante! (la soeur de mon père, la femme du frère de ma mère)
ᓂᑑᓯᔅ nituusis nad ◆ ma tante (la soeur de ma mère, la femme du frère de mon père), ma belle-mère (la femme de mon père qui n'est pas ma mère)
ᓂᑑᓯᓵ nituusisaa nad voc ◆ belle-mère! (la femme de mon père qui n'est pas ma mère), tante! (la soeur de ma mère, la femme du frère de mon père)
ᐅᓯᑯᔅᐦ usikus-h nad ◆ sa belle-mère (la mère de son mari ou de sa femme), sa tante (la femme du frère de sa mère, la soeur de son père)
ᐅᓯᑯᓯᒫᐤ usikusimaau nad ◆ une belle-mère (la mère du mari ou de la femme), une tante (la femme du frère de la mère, la soeur du père)
ᐅᑐᓯᔅᐦ utusis-h nad ◆ sa belle-mère (la femme de son père qui n'est pas sa mère), sa tante (la soeur de sa mère, la femme du frère de son père)
ᐅᑐᓯᓯᒫᐤ utusisimaau nad ◆ une belle-mère (la femme du père qui n'est pas la mère), une tante (la soeur de la mère, la femme du frère du père)

taon

ᒥᓯᓵᐦᒄ misisaahkw na ◆ une taon à cheval

taon à cheval

ᒥᓯᓵᐦᒄ misisaahkw na ◆ une taon à cheval

tape-à-l'oeil

ᐧᐄᓯᓱᓈᑯᓐ wiisisunaakun vii ◆ c'est tape-à-l'oeil, c'est d'une couleur éclatante

taper

ᒥᓯᓂᐦᐄᒑᐱᔨᐦᑖᐤ misinihiichaapiyihtaau vai ◆ il/elle tape (sur un clavier)
ᐅᑖᒥᐦᐊᒼ utaamiham vti ◆ il/elle le tape avec quelque chose
ᐅᑖᒥᐦᐄᒑᐱᔨᐤ utaamihiichaapiyiu vii ◆ ça tape sur quelque chose
ᐅᑖᒥᐦᑎᓐ utaamihtin vii ◆ ça tape sur quelque chose
ᐅᑖᒥᐦᑎᑖᐤ utaamihtitaau vai ◆ il/elle le tape contre quelque chose
ᐱᐦᐳᐧᐃᐱᐦᒀᐤ pihpuwipihkwaau vta redup ◆ il/elle tape la neige pour la faire tomber de la toile du tipi
ᐳᐧᐋᑯᓂᒌᐤ puwaakunichiiu vai ◆ il/elle se tape pour enlever la neige
ᐳᐧᐋᑯᓂᑭᐦᐊᒼ puwaakunikiham vti ◆ il/elle tape la neige pour l'enlever de ça
ᑖᐅᑎᐦᒑᐦᐧᐋᐤ taautihchaahwaau vta ◆ il/elle le tape sur la main
ᐅᑖᒥᐦᐄᒑᐤ utaamihiichaau vai ◆ il/elle martèle, tape
ᐅᑖᒥᐦᐧᐋᐤ utaamihwaau vta ◆ il/elle le/la frappe, tape

ᐅᑖᒥᑎᐦᒑᐦᐙᐤ utaamitihchaahwaau vta ◆ il/elle le/la tape sur la main

ᒥᓯᓂᐦᐄᒑᐱᔨᐤ misinihiichaapiyiu vii ◆ ça laisse des marques comme des chaussures sur le plancher; c'est utilisé pour écrire, pour taper

ᓂᐦᑖᐅᓲᐦᒁᐦᐊᒼ nihtaausuuhkwaaham vti ◆ il/elle tape sur la glace et trouve que c'est facile de détecter les tunnels de castor au son que fait la glace

ᐅᑖᒥᐦᒁᔑᓐ utaamihkwaashin vai ◆ il/elle le tape sur la figure, le visage

ᐹᐦᐹᐅᐱᐦᒁᐦᐊᒼ paahpaaupihkwaaham vti redup ◆ il/elle tape la toile du tipi pour enlever la neige

ᐱᐦᐳᐏᐱᐦᒁᐦᐊᒼ pihpuwipihkwaaham vti redup ◆ il/elle tape la neige avec quelque chose pour la faire tomber de la toile du tipi

taper (se)

ᐅᑖᒥᔥᑎᒁᓈᔑᓐ utaamishtikwaanaashin vai ◆ il/elle se tape la tête dessus

tapis

ᐊᔥᐱᔑᑖᔑᒧᐎᓐ ashpishitaashimuwin ni ◆ un tapis, un paillasson

taquiner

ᐐᔥᐟ wisht p,manière ◆ pour taquiner ■ ᓈᔥᒡ ᐐᔥᐟ ᐋᐦ ᒌᐦ ᐐᐦ ᐃᐦᑐᑎᐙᑦ ᐊᓂᔮᐦ ᐅᒥᔅᐦ. ■ naashch wisht aah chiih wiih ihtutiwaat aniyaah umis-h. ■ *Il le faisait vraiment pour taquiner sa grande soeur.*

tard

ᓈᓈᒑᔒᔥ naanaachaashiish p,temps ◆ un petit peu plus tard, peu après ■ ᓈᓈᒑᔒᔥ ᒌᐦ ᑎᑯᔑᐦᑳ ᒑ ᒥᔨᑦ ᐊᓂᔮ ᐅᒦᒋᒼ. ■ naanaachaashiish chiih tikushihkaa chaa miyit aniyaa umiichim. ■ *Donne-lui son repas peu après son arrivée!*

ᐹᑎᒫᔒᔥ paatimaashiish p,temps ◆ un petit peu plus tard ■ ᐹᑎᒫᔒᔥ ᒦᓐ ᒑ ᐹᒋ ᓂᑎᐙᐦᐄᑦ. ■ paatimaashiish miin chaa paachi nitiwaahiit. ■ *Viens et vérifie encore son état un petit peu plus tard.*

ᐧᐹᔥᑎᐤ pwaashtiu p,temps ◆ trop tard ■ ᐙᓵ ᐧᐹᔥᑎᐤ ᒌᐦ ᑎᑯᔑᓐ, ᔕᔥ ᓂᒥ ᐃᐦᑎᑯᓂᔨᐤ ᒥᑯᔕᓂᔨᐤ. ■ waasaa pwaashtiu chiih tikushin, shaash nimi ihtikuniyiu mikushaaniyiu. ■ *Elle/Il est arrivé-e trop tard, il n'y a plus de nourriture à la fête.*

ᐋᒁᒋᔥᑎᐱᔅᑳᐤ aakwaachistipiskaau vii ◆ c'est tard la nuit

ᐃᔥᐱᒌᔑᑳᐤ ishpichiishikaau vii ◆ c'est tard dans la matinée

ᒫᒁᒌᔑᑳᐤ maakwaachiishikaau vii ◆ c'est tard dans la journée

ᒫᒁᑎᐱᔅᑳᐤ maakwaatipiskaau vii ◆ c'est tard dans la nuit

ᒹᔥᑎᓈᐤ mwaashtinaau vta ◆ il/elle arrive trop tard pour l'attraper, le/la rate de peu

ᒹᔥᑎᓂᒼ mwaashtinim vti ◆ il/elle arrive trop tard pour l'attraper (ex. l'avion), le rate de peu

ᒹᔥᑎᔑᔑᓐ mwaashtishishin vai ◆ il/elle le manque en arrivant trop tard

ᐅᑖᑯᔑᒌᔑᑳᐤ utaakushichiishikaau vii ◆ c'est tard dans l'après-midi, c'est en fin d'après-midi

ᓃᐹᐱᔨᐤ niipaapiyiu vai ◆ il/elle voyage tard la nuit en véhicule

tard (plus)

ᐹᑎᒫᐦ paatimaah p,temps ◆ plus tard ■ ᐹᑎᒫᐦ ᒌᐦ ᐹᑖᐤ ᐊᓂᔮ ᑳ ᐹᒋ ᐊᔑᒥᔨᒥᐦᑦ. ■ paatimaah chiih paataau aniyaa kaa paachi ashimiyimiht. ■ *Elle a apporté la nourriture plus tard ce soir-là.*

ᐹᑎᒫᐦᐱᓈᐤ paatimaahpinaau vta ◆ il/elle meurt plus tard que prévu

ᐹᑎᒫᐦᐱᓂᑖᐤ paatimaahpinitaau vta ◆ sa proie meurt plus tard que prévu

ᐹᑎᒫᐦᐙᐤ paatimaahwaau vta ◆ il/elle (son coup) l'atteint mais il ne meurt que plus tard

tarir

ᐹᐦᒁᔑᑭᐆ paahkwaashikiuu vii -iwi ◆ ça tarit, ça se tarit

tarte

ᐹᐃ paai na -im ◆ de la tarte, de l'anglais 'pie'

tartinade

ᐃᔥᐱᔥᑎᒫᐎᓐ ishpishtimaawin ni ◆ une tartinade, quelque chose qu'on étale pour le manger avec quelque chose d'autre

tas

ᒫᐅᓈᐹᑭᔥᑖᐤ maaunaapaakishtaau vii ◆ ça forme un tas (filiforme)

ᐱᔅᑯᐦᐋᐤ piskuhaau vta ◆ il/elle les empile en tas, en hauteur

ᐱᔅᑯᔥᑖᐤ piskushtaau vii ◆ c'est empilé en tas

tas de bois

ᒥᐦᑎᐦᑳᓐ mihtihkaan ni ◆ un tas de bois

ᐋᑖᔅᑯᐦᐄᑭᓐᐦ aataaskuhiikinh ni pl ◆ les bâtons qui maintiennent une pile de bois de chaque côté

ᐋᔥᑎᒥᐦᑎᐦᒡ aashtimihtich p,lieu ◆ de ce côté du tas de bois ■ ᐋᔥᑎᒥᐦᑎᐦᒡ ᒌᐦ ᐲᑯᐦᐊᒼ ᒥᐦᐟ. ■ aashtimihtich chiih piikuham mihth. ■ *Il fendait du bois de ce côté du tas de bois.*

ᐊᐅᓯᐦᑎᐦᒡ ausihtich p,lieu ◆ derrière le tas de bois dehors ■ ᐊᓂᑖᐦ ᐊᐅᓯᐦᑎᐦᒡ ᐋᑯᑖᐦ ᑳ ᒫᑯᐱᑖᑦ ᐊᓂᔮᐦ ᐅᑖᒻᐦ. ■ anitaah ausihtich aakutaah kaa maakupitaat aniyaah utaamh. ■ *Il a attaché son chien derrière le tas de bois.*

ᐋᑖᔅᑯᐦᐊᒼ aataaskuham vti ◆ il/elle installe des poteaux pour maintenir la pile de bois

tassé

ᐲᒁᔮᑯᓂᑳᐤ piikwaayaakunikaau vii ◆ la neige est tassé-e et dure

ᔒᐦᒋᑳᐳᐏᐎᒡ shiihchikaapuwiwich vai pl -uwi ◆ ils se tiennent, se dressent tassés ensemble; elles se tiennent, se dressent tassées ensemble

tasse

ᐹᔨᑯᒥᓂᐦᒁᑭᓐ paayikuminihkwaakin ni ◆ une tasse

ᓵᓂᑏᐹᓂᔥ saanitiipaanish ni ◆ une tasse légère, sans poignée, utilisée en voyage

ᒥᓂᐦᒁᑭᓐ minihkwaakin ni ◆ un verre, une tasse

ᓂᔥᑐᒥᓂᐦᒁᑭᓐ nishtuminihkwaakin p,quantité ◆ trois tasses pleines

tasser

ᐊᓯᓈᑯᓈᔥᑭᒼ asinaakunaashkim vti ◆ il/elle tasse la neige

ᒋᔥᑎᒧᔥᑭᒼ chishtimushkim vti ◆ il/elle tasse le sentier à force de marcher sur la neige

ᒋᐢᑎᒧᔥᑭᒼ chistimushkim vti ◆ il/elle tasse le sentier à force de marcher dessus

ᒫᑯᐱᐤ maakupiu vai ◆ la neige est bien tassée

ᒫᒁᑯᓈᔥᑭᒼ maakwaakunaashkim vti ◆ il/elle tasse la neige avec son pied ou son corps

ᒫᒁᑯᓈᔥᑭᐚᐤ maakwaakunaashkiwaau vta ◆ il/elle tasse la neige avec son pied ou son corps

ᒫᒁᐅᐦᒋᐱᔨᐤ maakwaauhchipiyiu vii ◆ c'est bien tassé (granuleux, ex. du sable)

ᒫᒁᑯᓂᒋᐱᔨᐤ maakwaakunichipiyiu vii ◆ la neige est bien tassée, damée

ᓰᐦᑖᑯᓈᐦᐊᒼ siihtaakunaaham vti ◆ il/elle tasse bien la neige dedans

ᓰᐦᑖᑯᓈᐦᐚᐤ siihtaakunaahwaau vta ◆ il/elle tasse bien la neige dedans (animé)

tâter

ᒫᒫᑐᓂᔥᑭᒼ maamaatunishkim vti ◆ il/elle tâte du pied

ᓂᑐᑯᓈᐚᓈᐤ nitukunaawaanaau vta ◆ il/elle tâte l'intérieur de sa bouche avec ses doigts

ᓂᑐᑯᓈᐚᐱᑖᐤ nitukunaawaapitaau vta ◆ il/elle tâte l'intérieur de sa bouche avec ses doigts

tâtonner

ᑯᔨᑎᐎᓈᐤ kuyitiwinaau vta ◆ il/elle ne peut pas le/la trouver en tâtonnant

ᑯᔨᑎᐎᓂᒼ kuyitiwinim vti ◆ il/elle ne peut pas le trouver en tâtonnant

ᒥᐢᑯᓈᐤ miskunaau vta ◆ il/elle le/la trouve en tâtonnant

ᒥᐢᑯᓂᒼ miskunim vti ◆ il/elle le trouve en tâtonnant

ᓂᑐᓂᒥᐢᒁᐤ nitunimiskwaau vai ◆ il/elle tâtonne sous l'eau à la recherche du castor

ᓂᑣᑭᒥᓈᐤ nitwaakiminaau vai ◆ il/elle tâtonne sous l'eau pour le trouver

taupe

ᓈᓯᐹᑎᓂᐢᒑᓯᐤ naasipaatinischaasiu na -iim ◆ un condylure étoilé *Condylura cristata*

taxi

ᑖᑭᓰ taakisii na -m ◆ un taxi

technicien

ᔖᐹᐱᐦᒋᒑᓯᐤ shaapwaapihchichaasiu na -iim ◆ un technicien ou une technicienne de rayons-X, un-e radiologue ■ ᑳ ᐄᔑᑦ ᓂᑐᐦᑯᔨᓐ ᒑ ᐚᐱᒥᒥᒡᐦ ᔖᐹᐱᐦᒋᒑᓯᐅᐦ× ■ kaa iishit nituhkuyin chaa waapimimichh shaapwaapihchichaasiuh. ■ *Le docteur m'a dit d'aller voir le radiologue.*

teindre

ᐊᑎᓯᒼ atisim vti ◆ il/elle le teint ■ ᐊᑎᓯᒼ ᐅᑎᑯᐦᑉ ᐋᐦ ᒌᐦ ᐚᐱᑖᐚᔨᒡ× ■ atisim utikuhp aah chiih waapitaawaayich. ■ *Elle/il teint son manteau car il avait perdu sa couleur.*

ᐊᑎᔂᐤ atiswaau vta ◆ il/elle le/la teint

ᐊᑎᓲ atisuu vai -u ◆ il/elle pourrit parce qu'il/elle n'a pas séché assez vite, il/elle est teint

teint

ᐊᑎᓱᐎᒡ atisuwich vai pl -u ◆ elles (les baies) sont mûres, elles sont teintes

ᒥᒑᐹᐆ michaapaauu vai -aawi ◆ il a le teint foncé (se dit d'un homme)

ᒥᒋᐢᒁᐆ michiskwaauu vai -aawi ◆ elle a le teint foncé (se dit d'une femme)

ᒥᔪᔥᒁᐅᔑᐤ miyushkwaaushiu vai ◆ c'est une jolie fille, elle a le teint clair

ᒥᔪᐢᒁᐤ miyuskwaau vai ◆ c'est une belle femme, il/elle a le teint clair

teinture

ᐊᑎᓯᑭᓐ atisikin ni ◆ une teinture

télescope

ᐊᔑᒁᐱᐦᒋᑭᓐ ashikwaapihchikin ni ◆ des jumelles, un télescope, un viseur de carabine

tellement

ᓈᔥᑖᐹᐦ naashtaapwaah p,manière ◆ très, tellement ■ ᓈᔥᑖᐹᐦ ᑯᔥᑖᑎᑯᓐ ᐋᐦ ᐅᐦᒋᒋᐎᐦᒡ× ■ naashtaapwaah kushtaatikun aah uhchichiwihch. ■ *C'est très dangereux au début des rapides.*

témoigner

ᒋᔖᐚᑐᑎᐚᐤ chishaawaatutiwaau vta ◆ il/elle lui témoigne de l'affection

témoin

ᐑᒋᐦᐄᐚᐤ wiichihiiwaau vai ◆ il/elle aide, accompagne les gens en voyage; il/elle est son témoin pour un mariage

tempérament

ᓯᑭᒫᑎᓰᐤ sikimaatisiiu vai ◆ il/elle a un tempérament paisible, calme

température

ᐄᐢᐱᐦᑖᑭᒥᑖᐤ iispihtaakimitaau vii ◆ le liquide a une certaine température

ᑎᐦᑯᐦᑎᒧᔨᓲ tihkuhtimuyisuu vai reflex -u ◆ il/elle prend sa propre température avec un thermomètre

tempête

ᓂᔥᒁᒌᐚᑎᓐ nishkwaachiiwaatin vii ◆ il y a une grosse tempête

ᐹᑎᐢᑯᓐ paatiskun vii ◆ il y a une tempête qui arrive

ᓯᐢᒋᐲᐎᓐ sischipiiwin vii ◆ c'est une tempête de neige mouillée

ᓂᐢᒁᔕᐎᓂᐦᐊᓐ niskwaashaawinihan vii ◆ il y a un vent de tempête soudain qui vient du Sud
ᐱᐢᒁᐲᐎᓐ piskwaapiiwin vii ◆ une tempête de neige arrive tout à coup
ᐙᐢᑭᒫᓂᓂᒼ waaskimaaninim vti ◆ il/elle laisse des traces récentes et visibles après la tempête

tempête de neige

ᐲᐎᓐ piiwin vii ◆ c'est une tempête de neige, c'est le blizzard
ᐱᐢᒁᐲᐎᓐ piskwaapiiwin vii ◆ une tempête de neige arrive tout à coup

temporaire

ᐅᓃᐱᔥᑎᐦᒑᐤ uniipishtihchaau ni ◆ une hutte de castor temporaire pour l'été

temporairement

ᒨᐃᐱᐹᒥᔥᑳᐤ muwipipaamishkaau vai ◆ il/elle abandonne temporairement son domicile après s'être préparé-e pour l'hiver

temps

ᒑᔥᑎᓂᐤ chaashtiniu p,temps ◆ à temps, pendant qu'il est encore temps ■ ᒑᔥᑎᓂᐤ ᒑ ᐅᑎᓂᒥᓐ ᐊᓐ ᒦᒋᒼ ᐋᐦᒫᔮᐦ ᐃᔥᒁᑖᒡ. ■ chaashtiniu chaa utinimin an miichim aahmwaayaah ishkwaataach. ■ *Assure-toi d'enlever la nourriture à temps avant qu'elle ne brûle.*
ᐋᐳᐙᔮᐤ aapuwaayaau vii ◆ il fait doux (se dit du temps)
ᒑᔥᑎᐦᐙᐤ chaashtihwaau vta ◆ il/elle lui tire dessus juste à temps
ᐄᐹᑖᔨᐦᑖᑯᓐ iipaataayihtaakun vii ◆ le temps est désagréable
ᐄᐹᑎᐹᔮᐤ iipaatipaayaau vii ◆ le temps est très mouillé
ᐄᔥᐱᔑᐦᑭᒼ iishpishiihkim vti ◆ il/elle a le temps de le faire, le temps pour ça
ᐄᔥᐱᔒᐤ iishpishiiu vai ◆ il/elle a le temps de le faire
ᐄᐢᐱᐦᑎᔓᒫᐤ iispihtishumaau vta ◆ il/elle lui a donné un temps limité
ᐄᐢᐱᓵᐱᐦᑎᒼ iispisaapihtim vti ◆ il/elle est à une certaine distance (dans l'espace dans le temps) de ça, à une certaine période d'attente de son accouchement
ᐄᐢᐱᓵᐱᒫᐤ iispisaapimaau vta ◆ il/elle est à une certaine distance (dans l'espace ou dans le temps) de lui/d'elle
ᐄᑖᒋᐎᐦᑖᐤ iitaachiwihtaau vii ◆ ça bout pendant un certain temps ■ ᓃᔥᐙᐤ ᑭᔮᐦ ᒫᒃ ᒦᓐ ᐋᐱᐦᑎᐤ ᐋᐦ ᒌᓂᒁᓂᐦᑖᑦ ᐄᑖᒋᐎᐦᑖᐅᐦ ᐊᓂᐦᐄ ᐅᐢᑭᓐᐦ. ■ niishwaau kiyaah maak miin aapihtiu aah chiinikwaanihtaat iitaachiwihtaauh anihii uskinh. ■ *Ça fait deux heures et demi que les os bouillent.*
ᐄᔮᔥᐱᔒᐤ iyaashpishiiu vai ◆ il/elle a le temps de le faire ■ ᑖᐹ ᐄᔮᔥᐱᔒᐤ ᒑ ᒌᐦ ᒦᒋᓱᑦ. ■ taapaa iyaashipishiiu chaa chiih miichisut. ■ *Elle n'a pas le temps de manger.*
ᒁᐢᒋᒌᔑᑳᐤ kwaaschichiishikaau vii ◆ le temps change pendant la journée

ᒥᒋᒌᔑᑳᐤ michichiishikaau vii ◆ c'est un jour de mauvais temps
ᒥᔪᒌᔑᑳᐤ miyuchiishikaau vii ◆ il fait beau aujourd'hui, il y a du beau temps
ᐹᐦᒁᔮᐤ paahkwaayaau vii ◆ le temps est sec, ça sèche après la pluie
ᔒᐹᔨᐦᑎᒼ shiipaayihtim vti ◆ il/elle prend son temps pour faire quelque chose qui doit être fait
ᔒᐹᔨᒫᐤ shiipaayimaau vta ◆ il/elle prend son temps pour faire quelque chose (d'animé) qui doit être fait
ᓰᑯᓈᔮᐤ siikunaayaau vii ◆ c'est un temps printanier
ᑖᐱᔥᑯᓐ taapishkun p,manière ◆ tous les deux, en même temps ■ ᑖᐱᔥᑯᓐ ᒌᐦ ᐅᓈᐹᒥᐎᒡ ᐅᒥᔥ. ■ taapishkun chiih unaapaamiwich umish. ■ *Elle s'est mariée en même temps que sa soeur aînée.*
ᐋᐳᐎᐱᔨᐤ aapuwipiyiu vii ◆ le temps se réchauffe, il dégèle
ᒌᔑᐙᓈᔮᔨᐦᑖᑯᓐ chiishipwaanaayaayihtaakun vii ◆ c'est un temps doux en hiver
ᒌᔑᐹᐤ chiishipwaau vii ◆ c'est un temps doux en hiver
ᒌᔑᐹᔮᐤ chiishipwaayaau vii ◆ c'est un temps doux en hiver
ᒋᔑᑖᐅᑭᔥᑭᐎᓐ chishitaaukishkiwin vii ◆ un temps chaud approche si on en croit les nuages
ᐄᐹᑎᓐ iipaatin vii ◆ le temps est mouillé et désagréable
ᒥᒋᒌᔑᑭᓂᔒᐤ michichiishikinishiu vai ◆ il/elle est retenu-e par le mauvais temps pendant son voyage
ᒥᔪᒌᔑᑭᓂᐦᐊᒨᒡ miyuchiishikinihamuch vti pl ◆ les sons du tonnerre annoncent le beau temps, un temps dégagé
ᒥᐧᔮᔨᐦᑖᑯᓐ miywaayihtaakun vii ◆ c'est un temps agréable, une atmosphère agréable
ᓃᐳᐙᐢᒑᐤ niipuwaaschaau vai ◆ les rayons du soleil sont au-dessus et en-dessous ce qui indique un temps très froid
ᐹᑎᑖᒨ paatitaamuu vii -u ◆ il y a de la brume dans l'air qui amènera un temps froid, habituellement durant le printemps
ᐳᐎᐢᒁᐤ puwiskwaau vii ◆ il y a des signes annonciateurs de beau temps après une tempête
ᓲᓲᐢᑯᓐ suusuuskun vii ◆ le mauvais temps approche si on en croit les nuages
ᑖᐙᒋᒋᐎᓐ taapwaachichiwin vii ◆ le bruit des rapides annonce du mauvais temps
ᐅᔥᑎᒁᓂᑯᒋᓐ ushtikwaanikuchin vii ◆ selon l'apparence des nuages, un redoux, un temps plus chaud s'annonce
ᔫᐢᑳᔮᐤ yuuskaayaau vii ◆ le temps est doux en hiver
ᔫᒫᔮᐤ shuumaayaau vii ◆ la neige fond à cause du temps doux

ᓯᔅᑭᓐ **siskin** vii ◆ le temps est doux au printemps et commence à faire fondre la neige

ᓯᔅᒋᑯᓂᑳᐤ **sischikunikaau** vii ◆ la neige est molle et mouillée à cause d'un temps doux en hiver

temps (à)

ᒑᔥᑎᐦᑎᒼ **chaashtihtim** vti ◆ il/elle arrive juste à temps pour recevoir à manger

ᒑᔥᑎᓂᒼ **chaashtinim** vti ◆ il/elle l'attrape juste à temps ■ ᐋᑎᐧᐄ ᒑᔥᑎᓂᒼ ᐊᓂᔮ ᐆᑐᑦ ᑳ ᐧᐋᐸᐦᐋᓂᔨᒡ ■ aatiwii chaashtinim aniyaa uutut kaa waapaahaaniyich. ■ *Il a réussi à rattraper son canot juste alors qu'il commençait à partir.*

ᒑᔥᑎᐧᐋᐱᐦᑎᒼ **chaashtiwaapihtim** vti ◆ il/elle le voit juste à temps dans sa vie

ᒑᔥᑎᐧᐋᐱᒫᐤ **chaashtiwaapimaau** vta ◆ il/elle le/la voit juste à temps, dans sa vie

temps en temps

ᐊᔅᐱᓐ **aspin** p,temps ◆ de temps en temps ■ ᐊᔅᐱᓐ ᒥᒄ ᓂᒌᐦ ᐧᐋᐱᒫᓈᓂᒡ ᓂᔅᑭᒡ ᐋᐦ ᐱᒥᐦᔮᒡ ■ aspin mikw nichiih waapimaanaanich niskich aah pimihyaach. ■ *De temps en temps, on a vu voler des oies.*

ᒫᓐᐦ **maanh** p,temps ◆ de temps en temps ■ ᐋᔅᑭᐤ ᒥᒄ ᒫᓐᐦ ᐹᒋ ᐲᐦᒋᒑᐤ ᓃᒋᓈᐦᒡ ■ aaskiu mikw maanh paachi piihchichaau niichinaahch. ■ *Elle/il ne vient chez nous que de temps en temps.*

ᐋᔅᑭᐤ **aaskiu** p,temps ◆ quelquefois, de temps en temps ■ ᐋᔅᑭᐤ ᓂᓂᑐᐧᐃᑎᐦᒁᓐ ᐋᐦ ᐱᐳᐦᒡ ■ aaskiu ninituwitihkwaan aah pipuhch. ■ *Quelquefois je vais chasser le caribou en hiver.*

ᐃᔮᐦᑎᐱᐤ **iyaahtipiu** vai ◆ il/elle s'arrête de temps en temps, bouge de temps à autre

temps en temps (de)

ᐋᔅᒃ **aask** p,temps ◆ de temps en temps

ᐴᑦ **puut** p,temps ◆ de temps en temps, de façon inattendue, sûrement ■ ᐴᑦ ᒫᓐ ᓈᔥᒡ ᐋᐦ ᐅᐦᒋ ᒋᔥᐧᐋᐧᐋᑦ ᐊᔨᒥᐦᐋᐅᒋᒫᐤ ᑳ ᑭᒑᔅᒁᑦ ■ puut maan naashch aah uhchi chishwaawaat ayimihaauchimaau kaa kichaaskwaat. ■ *De temps en temps, le prédicateur parlait très fort.*

temps froid

ᐅᓵᐧᐋᔅᒋᒑᐤ **usaawaaschichaau** vai ◆ le soleil brille d'un jaune vif, ce qui annonce un temps froid

tenailles

ᑎᐦᑯᒨᒋᑭᓐ **tihkumuuchikin** ni ◆ des tenailles

tendineux

ᐅᒑᔥᑖᔮᐲᐆ **uchaashtaayaapiiuu** vii -iiwi ◆ la viande est tendineuse

ᐅᒑᔥᑎᐆ **uchaashtiuu** vii -iwi ◆ la viande est tendineuse

tendon

ᐊᔅᑎᔅ **astis** ni ◆ un tendon

ᐅᒑᔥᑖᔮᐲ **uchaashtaayaapii** nid ◆ son tendon, son ligament

ᐧᐋᐱᒫᑯᔅᑎᔅ **waapimaakustis** ni ◆ un tendon de baleine

tendre

ᓃᒥᓂᒧᐧᐋᐤ **niiminimuwaau** vta ◆ il/elle le lui tend

ᓰᐦᑖᒋᐱᑎᒼ **siihtaachipitim** vti ◆ il/elle le tend bien (étalé)

ᑭᓯᔅᒋᓯᒼ **kisischisim** vti ◆ il/elle le cuit jusqu'à ce qu'il soit tendre

ᑭᓯᔅᒋᓯᒧᐧᐋᐤ **kisischisimuwaau** vta ◆ il/elle le cuit bien tendre pour lui/elle

ᑭᓯᔅᒋᓲ **kisischisuu** vai -u ◆ il/elle est cuit-e bien tendre

ᑭᓯᔅᒋᔂᐤ **kisischiswaau** vta ◆ il/elle le/la cuit jusqu'à ce qu'il/elle soit tendre

ᑭᓯᔅᑖᐤ **kisistaau** vii ◆ c'est cuit bien tendre

ᒥᓂᔅᒋᒁᓈᐦᑭᓲ **minischikwaanaahkisuu** vai -u ◆ il/elle est cuit-e si tendre que la tête se détache (par ex. un castor)

ᔒᐦᒋᐱᑖᐤ **shiihchipitaau** vta ◆ il/elle le/la tend bien, le/la tire bien fort

ᔒᐦᒋᐱᑎᒼ **shiihchipitim** vti ◆ il/elle le tend bien, le tire bien fort

ᔑᐧᐃᑖᐦᐋᐤ **shiwitaahaau** vai ◆ il/elle a le coeur tendre

ᔫᐧᐃᓂᔅᒑᔨᔥᑎᐧᐋᐤ **shuuwinischaayishtiwaau** vta ◆ il/elle lui tend la main

ᓰᐦᑖᒋᐱᑖᐤ **siihtaachipitaau** vta ◆ il/elle étire la peau sur le cadre, le/la tend bien serré-e

ᓰᐦᑖᐱᐦᒑᓈᐤ **siihtaapihchaanaau** vta ◆ il/elle le/la tend bien (filiforme)

ᓰᐦᑖᐱᐦᒑᓂᒼ **siihtaapihchaanim** vti ◆ il/elle le tend bien (filiforme)

ᓰᐦᑖᐱᐦᒑᐱᑖᐤ **siihtaapihchaapitaau** vta ◆ il/elle le/la tend bien (filiforme)

ᓰᐦᑖᐱᐦᒑᐱᑎᒼ **siihtaapihchaapitim** vti ◆ il/elle le tend bien (filiforme)

ᓰᐦᑎᔮᒋᐱᑎᒼ **siihtiyaachipitim** vti ◆ il/elle le tend en serrant bien (étalé)

ᔫᔅᒋᓰᐤ **yuuschisiiu** vai ◆ il est doux, elle est douce, il/elle est tendre

ᔫᔅᑳᐤ **yuuskaau** vii ◆ c'est mou, tendre

ᑎᔅᑭᒫᐹᑭᒧᐦᐋᐤ **tiskimaapaakimuhaau** vta ◆ il/elle le/la tend, le/la dresse (filiforme) en travers

ᓈᔥᑤᒨ **naashtwaamuu** vai -u ◆ il/elle a la chair tendre après avoir frayé ■ ᒌᐦ ᓈᔥᑤᒨ ᓂᒫᔅ ᑳ ᒥᔅᑭᐧᐃᒃ ᐊᓂᑖᐦ ᐋᐦ ᔮᔮᐧᐋᔮᔨᒡ ■ chiih naashtwaamuu nimaas kaa miskiwik anitaah aah yaayaawaayaayich. ■ *J'ai trouvé un poisson le long du rivage qui avait frayé et qui avait la chair bien tendre.*

ᓂᐱᐦᐊᒫᐤ **nipihamaau** vai ◆ le poisson a la chair tendre après avoir frayé

ᓈᔥᑖᒋᐧᐃᓈᐤ **naashtaachiwinaau** vai ◆ il/elle la chair tendre à cause du courant fort (se dit d'un poisson)

tendresse

ᔑᐧᐃᑖᐦᐊᑎᑎᐧᐋᐤ **shiwitaahaatitiwaau** vta ◆ il/elle éprouve de la tendresse pour lui/elle

ᒋᓵᐧᐋᑎᓰᐧᐃᓐ **chisaawaatisiiwin** ni ◆ tendresse, amour

tendu

ᒥᐦᒐᑖᐧᐸᑭᒧᐧᐃᒡ mihchaatwaapaakimuwich vai pl -u ◆ il y en a plusieurs tendu-e-s, suspendu-e-s; beaucoup sont tendu-e-s, suspendu-e-s (filiforme)

tenir

ᐄᑎᓈᐤ iitinaau vta ◆ il/elle le/la tient d'une certaine façon

ᑯᐃᔅᐧᑳᐹᒋᓈᐤ kuiskwaapaachinaau vta ◆ il/elle le/la maintient (filiforme) bien droit-e

ᓃᒥᓈᐤ niiminaau vta ◆ il/elle le/la tient en l'air, le/la lui tend

ᓃᒥᓂᒻ niiminim vti ◆ il/elle le tient en l'air, le lui tend

ᓰᐧᑖᔅᑯᐦᐊᒻ siitwaaskuham vti ◆ il/elle le fait tenir, l'étaye avec quelque chose de long et rigide

ᑎᐦᑯᓈᐤ tihkunaau vta ◆ il/elle le/la tient

ᑎᐦᑯᓂᒻ tihkunim vti ◆ il/elle le tient

ᑎᐦᑯᓂᒧᐧᐋᐤ tihkunimuwaau vta ◆ il/elle le tient pour lui/elle

ᐋᐦᑯᐃᐦᑎᐧᐃᓈᐤ aahkuihtiwinaau vta ◆ il/elle le/la tient en couches successives

ᐋᓂᔅᑭᐧᐃᓂᒻ aaniskiwinim vti ◆ il/elle le rallonge en le tenant avec la main

ᐊᒋᔥᑎᓈᐤ achishtinaau vta ◆ il/elle le/la tient la tête en bas

ᐊᒋᔥᑎᓂᒻ achishtinim vti ◆ il/elle le tient à l'envers

ᐊᓵᒋᓈᐤ asaachinaau vta ◆ il/elle tient une poignée de quelque chose (animé) (étalé) dans sa main

ᐊᓵᒋᓂᒻ asaachinim vti ◆ il/elle tient un paquet de quelque chose (étalé) dans sa main

ᒌᑎᐧᐃᓂᒻ chiitiwinim vti ◆ il/elle le tient bien en place

ᒋᐳᓈᐤ chipunaau vta ◆ il/elle le/la tient fermé-e

ᒋᐳᓂᒻ chipunim vti ◆ il/elle le tient fermé

ᐄᑎᓂᒻ iitinim vti ◆ il/elle le tient d'une certaine façon; ses traces indiquent quand elles ont été faites

ᑭᒑᐦᑖᐅᓈᐤ kichaahtaaunaau vta ◆ il/elle le/la tient adroitement

ᒫᒧᐧᐃᓈᐤ maamuwinaau vta ◆ il/elle les tient, les maintient tous ensemble

ᒫᒧᐧᐃᓂᒻ maamuwinim vti ◆ il/elle les tient, les maintient tous ensemble

ᒥᒋᒫᔅᑯᓈᐤ michimaaskunaau vta ◆ il/elle le/la tient bien en place

ᒥᒋᒫᔅᑯᓂᒻ michimaaskunim vti ◆ il/elle le tient en place (long et rigide)

ᓃᔓᓈᐤ niishunaau vta ◆ il/elle en tient deux ensemble

ᓃᔕᐧᒋᓈᐤ niishwaachinaau vta ◆ il/elle en tient deux (étalé)

ᓃᔕᐧᒋᓂᒻ niishwaachinim vti ◆ il/elle en tient deux (étalé)

ᓂᐧᐋᔮᔅᑯᓈᐤ niwaayaaskunaau vta ◆ il/elle le/la tient (long et rigide) penché-e

ᓂᐧᐋᔮᔅᑯᓂᒻ niwaayaaskunim vti ◆ il/elle le tient (long et rigide) penché

ᐹᔨᑯᓂᒻ paayikunim vti ◆ il/elle en tient un, en porte un

ᐲᒥᑳᒫᓈᐤ piimikaamaanaau vta ◆ il/elle le /la tient de biais

ᐲᒥᑳᒫᓂᒻ piimikaamaanim vti ◆ il/elle le tient de biais

ᐱᒥᑖᑯᐧᐃᐱᔨᐦᐋᐤ pimitaakuwipiyihaau vta ◆ il/elle le/la tient (ex. pagaie) correctement, pas de travers

ᐱᒥᑖᔅᑯᓂᒻ pimitaaskunim vti ◆ il/elle le tient en travers (long et rigide)

ᐱᐹᑎᐦᑯᓂᒻ pipaatihkunim vti redup ◆ il/elle le tient en main en allant partout, il/elle le transporte

ᓵᑭᑖᒫᐤ saakitaamaau vta ◆ il/elle le/la tient qui dépasse entre ses dents

ᔑᑳᐱᐦᒑᓂᒻ shikaapihchaanim vti ◆ il/elle le tient par la ficelle

ᓯᒋᑳᑖᓈᐤ sichikaataanaau vta ◆ il/elle le/la tient par la jambe

ᓯᒋᐧᑳᓈᐤ sichikwaanaau vta ◆ il/elle le/la tient par le cou

ᓯᒋᓂᔅᒑᓈᐤ sichinischaanaau vta ◆ il/elle lui tient la main

ᓰᐦᑎᓂᒻ siihtinim vti ◆ il/elle le tient en serrant bien

ᓰᐦᑎᐧᐃᐹᐦᑎᒻ siihtiwipaahtim vti ◆ il/elle tient entre ses jambes

ᓰᐦᑎᐧᐃᐹᒫᐤ siihtiwipaamaau vta ◆ il/elle le/la tient entre ses jambes

ᓰᐦᑎᐧᐃᑎᐦᐧᑳᐦᑎᒻ siihtiwitihkwaahtim vti ◆ il/elle le tient sous son bras

ᓰᐦᑎᐧᐃᑎᐦᐧᑳᒫᐤ siihtiwitihkwaamaau vta ◆ il/elle le/la tient sous son bras

ᓯᑳᐹᒋᓈᐤ sikaapaachinaau vta ◆ il/elle le/la tient par le manche

ᓯᑳᐹᒋᓂᒻ sikaapaachinim vti ◆ il/elle le tient par le manche

ᑖᐱᓈᐤ taapinaau vta ◆ il/elle l'entoure de ses bras, il/elle réussit à tous les tenir dans ses bras

ᑖᐱᓂᒻ taapinim vti ◆ il/elle l'entoure de ses bras, il/elle réussit à tous les tenir dans ses bras

ᑎᐦᑯᓈᐅᓲ tihkunaausuu vai -u ◆ il/elle tient un bébé

ᐅᑎᐦᑖᒥᒧᓂᓈᐤ utihtaamimuninaau vta ◆ il/elle le tient à l'envers

ᐧᐋᔅᑳᑳᐳᐧᐃᐧᐃᒡ waaskaakaapuwiwich vai pl -uwi ◆ ils/elles se tiennent debout en cercle

ᔮᐃᔨᒋᑳᐴ yaaiyichikaapuu vai -uwi ◆ il/elle se tient fermement debout, tient bien

ᔮᐃᔨᑎᓈᐤ yaaiyitinaau vta ◆ il/elle le/la tient solidement

ᔮᐃᔨᑎᓂᒻ yaaiyitinim vti ◆ il/elle le tient solidement

ᔦᔮᐢᑯ **yaayaaskuu** vai -u ◆ il/elle se tient à quelque chose pour se soutenir, se retient à quelque chose

ᐋᐦᑯᐃᐦᑎᐧᐃᓂᒼ **aahkuihtiwinim** vti ◆ il/elle les tient l'un au-dessus l'autre

ᐋᔥᑐᓈᓈᐤ **aashtunaanaau** vai ◆ il/elle tient ses raquettes avec l'avant de l'une sur l'arrière de l'autre

ᐊᓯᓈᐤ **asinaau** vta ◆ il/elle les tient en botte dans sa main, en prend une poignée

ᑯᐃᐢᐧᑳᐱᐦᒑᓈᐤ **kuiskwaapihchaanaau** vta ◆ il/elle le/la tient (filiforme) bien droit-e, dressé

ᑯᐃᐢᐧᑳᐱᐦᒑᓂᒼ **kuiskwaapihchaanim** vti ◆ il/elle le tient (filiforme) bien droit, dressé

ᒫᐅᓯᑯᓈᐤ **maausikunaau** vta ◆ il/elle les ramasse et en tient plusieurs ensemble; il/elle prend soin de tous/toutes

ᓃᔓᓂᒼ **niishunim** vti ◆ il/elle en tient deux ensemble

ᓂᓈᐦᐹᒥᓈᐤ **ninaahpaaminaau** vta redup ◆ il/elle le/la tient prêt-e et disponible

ᓂᓈᐦᐹᒥᓂᒼ **ninaahpaaminim** vti redup ◆ il/elle le tient prêt et disponible

ᓂᔥᑣᒋᓂᒼ **nishtwaachinim** vti ◆ il/elle en tient, en utilise trois (étalé)

ᐱᒥᑖᐢᑯᓈᐤ **pimitaaskunaau** vta ◆ il/elle le/la tient en travers (long et rigide), dans le sens de la longueur

ᐱᔮᒫᐅᓂᒼ **piyaamaaunim** vti ◆ il/elle en tient, prend, donne deux qui ne forment pas une paire (ex. bas, bottes), il/elle prend le mauvais

ᓵᑭᑖᐦᑎᒼ **saakitaahtim** vti ◆ il/elle le tient qui dépasse entre ses dents

ᔑᑳᐱᐦᒑᓈᐤ **shikaapihchaanaau** vta ◆ il/elle le/la tient par la ficelle, la laisse

ᓰᐦᑎᓈᐤ **siihtinaau** vta ◆ il/elle le/la tient bien serré-e; il/elle s'ajuste bien à son doigt, à sa main

ᑎᐦᑯᐦᑎᒼ **tihkuhtim** vti ◆ il/elle le tient dans ses dents, dans sa bouche

ᑎᐦᑯᒫᐤ **tihkumaau** vta ◆ il/elle le/la tient dans ses dents, dans sa bouche

ᑎᐦᑣᒋᓈᐤ **tihtwaachinaau** vta ◆ il/elle en tient un certain nombre (étalé, animé)

ᑎᐦᑣᒋᓂᒼ **tihtwaachinim** vti ◆ il/elle en tient un certain nombre (étalé)

ᑑᐦᑳᐱᐦᒑᓈᐤ **tuuhkaapihchaanaau** vta ◆ il/elle en tient une boucle ouverte

ᑑᐦᑳᐱᐦᒑᓂᒼ **tuuhkaapihchaanim** vti ◆ il/elle en tient une boucle ouverte

ᐅᑎᐦᑖᒧᓂᓂᒼ **utihtaamuninim** vti ◆ il/elle le tient à l'envers, le haut en bas

ᐱᔮᒫᐅᓈᐤ **piyaamaaunaau** vta ◆ il/elle en tient, prend, donne deux qui ne forment pas une paire (ex. bas, bottes), il/elle prend le mauvais

ᐄᑖᐢᑯᓈᐤ **iitaaskunaau** vta ◆ il/elle le/la tient, le/la pointe d'une certaine façon (se dit de quelque chose d'animé long et rigide), il/elle le/la condamne, promeut, rétrograde

tenir (se)

ᒋᔑᑳᐳᐧᐃᐧᐃᒡ **chishikaapuwiwich** vai pl -uwi ◆ ils/elles se tiennent ensemble pendant un moment

ᓈᒋᑳᐳᐧᐃᔥᑎᒼ **naachikaapuwishtim** vti ◆ il/elle va se tenir à côté

ᓃᐳᐧᐃᔥᑎᒼ **niipuwishtim** vti ◆ il/elle l'endure, se tient à côté

ᐹᑖᔥᑎᒥᑳᐴ **paataashtimikaapuu** vai -uwi ◆ il/elle est debout, se tient face à cette direction

ᐹᔨᑯᑳᐴ **paayikukaapuu** vai -uwi ◆ il/elle se tient à l'écart, tout seul/toute seule

ᐲᒥᑳᐴ **piimikaapuu** vii -uwi ◆ ça se tient de biais

ᐱᑯᔑᐦᐋᐤ **pikushihaau** vta ◆ il/elle se tient là dans l'espoir d'obtenir de la nourriture de lui/d'elle sans ce que soit trop évident

ᐱᑯᔑᐦᑖᐤ **pikushihtaau** vai ◆ il/elle se tient là dans l'espoir d'obtenir quelque chose sans qu'il/elle ait besoin de demander

ᐱᒥᒋᑳᐴ **pimichikaapuu** vai -uwi ◆ il/elle se tient latéralement

ᐧᐋᐱᓂᑳᐴ **waapinikaapuu** vai -uwi ◆ il/elle se tient là jusqu'à l'aube

ᐧᐋᐢᑳᑳᐳᐧᐃᔥᑎᒧᒡ **waaskaakaapuwishtimuch** vti pl ◆ ils/elles se tiennent autour de ça ■ ᒌᐦ ᐧᐋᐢᑳᑳᐳᐧᐃᔥᑎᒧᒡ ᐃᔥᑯᑖᔨᐅ ᐋᐦ ᒌᐦ ᔒᐦᑭᒋᒡ. ■ **chiih waaskaakaapuwishtimuch ishkutaayiu aah chiih shiihkichich.** ■ *Ils se tiennent autour du feu parce qu'ils avaient très froid.*

ᐧᐋᐢᑳᑳᐳᐧᐃᔥᑎᐧᐋᐧᐃᒡ **waaskaakaapuwishtiwaawich** vta pl ◆ ils/elles se tiennent autour de lui/d'elle

ᐧᐄᒋᑳᐳᐧᐃᔥᑎᐧᐋᐤ **wiichikaapuwishtiwaau** vta ◆ il/elle se tient à côté de lui/d'elle, le/la soutient

ᒌᑳᐢᑯᑳᐴ **chiikaaskukaapuu** vai -uwi ◆ il/elle se tient, est debout près d'un mur, d'un arbre

ᒥᒫᓂᑳᐳᐧᐃᐧᐃᒡ **mimaanikaapuwiwich** vai pl redup -uwi ◆ ils/elles se tiennent de ci de là, en groupe

ᐱᐦᑳᓂᑳᐴ **pihkaanikaapuu** vai -uwi ◆ il/elle se tient à part

ᔒᐦᒋᑳᐳᐧᐃᐧᐃᒡ **shiihchikaapuwiwich** vai pl -uwi ◆ ils se tiennent, se dressent tassés ensemble; elles se tiennent, se dressent tassées ensemble

ᑖᐦᑖᐱᐢᒋᑳᐴ **taahtaapischikaapuu** vai -uwi ◆ il/elle se tient au sommet des rochers

ᑎᐦᑯᐦᒋᑳᐴ **tihkuhchikaapuu** vai -uwi ◆ il/elle se tient au sommet de quelque chose

ᒑᔥᑎᓈᒋᑳᐴ **chaashtinaachikaapuu** vai -uwi ◆ il/elle demeure ferme, se tient ou reste solidement debout

tenir compagnie

ᐐᑎᐱᔥᑎᐙᐤ wiitipishtiwaau vta ◆ il/elle s'assied avec lui/elle, lui tient compagnie

tension

ᓃᑳᐱᐦᒑᓈᐤ niikaapihchaanaau vta ◆ il/elle relâche la tension sur quelque chose (animé, filiforme)

ᓃᑳᐱᐦᒑᐱᑖᐤ niikaapihchaapitaau vta ◆ il/elle relâche la tension sur quelque chose (animé, filiforme) tout en tirant

ᓃᑳᐱᐦᒑᐱᔨᐤ niikaapihchaapiyiu vai ◆ il/elle se relâche, la tension sur lui/elle se relâche (filiforme)

ᓃᑳᐱᐦᒑᐱᔨᐤ niikaapihchaapiyiu vii ◆ la tension sur quelque chose (filiforme) se relâche

ᓃᑳᐱᐦᒑᔥᑭᒼ niikaapihchaashkim vti ◆ il/elle relâche la tension qui est dessus (filiforme) avec son pied ou son corps

ᓃᑳᐱᐦᒑᔥᑭᐙᐤ niikaapihchaashkiwaau vta ◆ il/elle relâche la tension qui est dessus (animé, filiforme) avec son pied ou son corps

tentateur

ᑯᒁᒋᐦᐄᐙᓯᐤ kukwaachihiiwaasiu na -iim ◆ un tentateur, une tentatrice

tentation

ᑯᒁᒋᐦᐄᐙᐎᓐ kukwaachihiiwaawin ni ◆ une tentation

tentatrice

ᑯᒁᒋᐦᐄᐙᓯᐤ kukwaachihiiwaasiu na -iim ◆ un tentateur, une tentatrice

tente

ᒫᐦᑮ maahkii ni -m ◆ une tente, de l'anglais 'Marquee'

ᒌᔥᑖᑭᐦᐄᑭᓈᔮᐲ chiishtaakihiikinaayaapii ni ◆ une corde de tente

ᑯᓵᐱᐦᒋᑭᓐ kusaapihchikin ni ◆ une tente tremblante

ᒫᐦᑭᔮᒋᓐ maahkiyaachin ni -im ◆ de la toile de tente, de l'anglais 'Marquee'

ᒫᐦᑭᔮᐦᑎᒄ maahkiyaahtikw ni -um ◆ les poteaux qui soutiennent le poteau de faîte d'une tente, de l'anglais 'Marquee'

ᐙᔅᑳᔥᑎᐦᐄᑭᓐ waaskaashtihiikin ni ◆ le mur d'une tente, une partie additionnelle cousue autour du fond de la tente pour l'alourdir

ᐙᐅᑭᓈᐦᑎᒄ waaukinaahtikw ni ◆ le faîtage de la tente

ᒌᔥᑖᑭᐦᐊᒼ chiishtaakiham vti ◆ il/elle attache les cordes de la tente aux poteaux

ᒥᑐᑎᓯᐤ mitutisiu vai ◆ il/elle va dans une tente à suer

ᐎᔮᑭᐦᐊᒼ wiyaakiham vti ◆ il/elle plante sa tente

ᒌᔥᑖᑭᐦᐄᑭᓐ chiishtaakihiikin ni ◆ des poteaux des deux côtés d'une tente, un pieu

ᑯᓵᐱᐦᑎᒼ kusaapihtim vti ◆ il/elle fait une cérémonie dans la tente tremblante

tenter

ᐱᑎᒫᐤ pitimaau vta ◆ il/elle tente de le/la mordre

ᐱᑎᓈᐤ pitinaau vta ◆ il/elle tente de l'attraper

termes

ᒥᔪᑐᑖᒥᒫᐤ miyututaamimaau vta ◆ il/elle est en bons termes avec lui/elle

terminé

ᒌᔑᐱᔨᐤ chiishipiyiu vii ◆ c'est fini, terminé

ᒥᐦᑖᒄ mihtaakw p,manière ◆ fini, terminé, surmonté (utilisé à la forme négative pour une sensation désagréable) ■ ᐅᔥᑭᒡ ᑳ ᑭᓂᐙᔨᒥᒃ ᓈᔥᒡ ᐊᐦ ᒌᐐᔖᔨᐦᑎᐦᒃ, ᐊᓅᐦᒡ ᒫᒃ ᔖᔥ ᓂᒥ ᒥᐦᑖᒄ ᐃᔨᐦᑎᐤ. ■ ushkich kaa kiniwaayimik naashch aah chiih chiiwishaayihtihk, anuuhch maak shaash nimi mihtaakw iyihtiu. ■ *Quand j'ai commencé à m'occuper de lui, il avait le mal du pays, maintenant c'est presque fini.*

terminer

ᒫᐦᒋᐦᐋᐤ maahchihaau vta ◆ il/elle l'utilise complètement; le/la termine

terrain

ᒋᔖᔮᑯᓈᑯᓐ chishaayaakunaakun vii ◆ le terrain a l'air d'être propice aux ours

ᐄᔅᐱᔅᑭᒥᑳᐤ iispiskimikaau vii ◆ c'est un terrain élevé

ᒁᐦᒁᔖᐤ kwaahkwaashaau vii ◆ c'est un terrain sur lequel il est difficile de marcher à cause des bosses et des zones marécageuses

ᒥᔅᒑᑯᔅᑭᒥᑳᐤ mischaakuskimikaau vii ◆ c'est un terrain marécageux

ᒥᔥᑯᔒᐅᔅᑭᒥᑳᐤ mishkushiiuskimikaau vii ◆ c'est un terrain herbeux

ᒥᔪᑖᐅᐦᑳᐤ miyutaauhkaau vii ◆ le terrain est plat et dégagé, sans roches et sans végétation abondante

ᓂᐲᐅᔅᑭᒥᑳᐤ nipiiuskimikaau vii ◆ c'est un terrain humide

ᑎᐦᑎᑯᔅᑭᒥᑳᐤ tihtikuskimikaau vii ◆ c'est un terrain plat

ᐄᔅᐹᔅᒁᔮᐤ iispaaskwaayaau vii ◆ c'est une zone de terrain en hauteur avec de grands arbres

ᐃᔅᐱᐦᑎᔅᑭᒥᑳᐤ ispihtiskimikaau vii ◆ le terrain ou le territoire a une certaine taille, mesure...

ᑎᐱᐦᑎᔅᑭᒥᑳᐤ tipihtiskimikaau vii ◆ la terre est basse, le terrain est bas

terre

ᐅᔅᑎᔅᑭᒥᒡ ustiskimich p,lieu ◆ sur la terre

ᑖᐅᔅᑭᒥᒡ taauskimich p,lieu ◆ à l'intérieur des terres, au milieu de nulle part sur la terre ■ ᓈᑖᐦ ᑖᐅᔅᑭᒥᒡ ᐋᑯᑖᐦ ᑳ ᓅᒋᔥᑎᑯᐦᐹᓂᐎᒡ. ■ naataah taauskimich aakutaah kaa nuuchishtikuhpaaniwich. ■ *Ils ont fait quelques fouilles archéologiques à l'intérieur des terres.*

ᐊᔅᒌᐅᔅᑭᒥᑳᐤ aschiiuskimikaau vii ◆ c'est un terrain mousseux, une terre couverte de mousse

ᐄᔩᔅᒑᓂᒻ **iiyischaanim** vti ◆ il/elle entasse la terre autour de la partie inférieure de l'habitation

ᑭᐧᐱᔨᐦᐆ **kiwipiyihuu** vai -u ◆ il/elle le/la jette à terre, à bas

ᒥᒋᔥᑖᐚᔅᑭᒥᑳᐤ **michishtaawaaskimikaau** vii ◆ c'est une pointe de terre

ᒥᓂᒨ **minimuu** vii -u ◆ c'est un petit morceau de terre dans un marécage, un affleurement rocheux, un étang

ᒥᔥᑭᐧᐃᑎᔅᑭᒥᑭᑎᓐ **mishkiwitiskimikitin** vii ◆ c'est de la terre gelée

ᓈᔅᑭᒥᑳᐤ **naaskimikaau** vii ◆ c'est une pointe de terre

ᓈᑖᐅᐦᑳᐤ **nataauhkaau** vii ◆ c'est une pointe de terre

ᓃᐦᒋᒋᐚᐱᓈᐤ **niihchichiwaapinaau** vta ◆ il/elle le/la jette à terre

ᓃᐦᒋᒋᐚᐱᓂᒻ **niihchichiwaapinim** vti ◆ il/elle le jette à terre

ᐱᒋᒋᐚᐱᓈᐤ **pichichiwaapinaau** vta ◆ il/elle le/la jette à terre

ᐱᒋᒋᐚᐱᓂᒻ **pichichiwaapinim** vti ◆ il/elle le jette à terre

ᐊᔅᒌ **aschii** ni ◆ le monde, la terre, un territoire, un pays

ᐋᔮᓈᔮᔑᐤ **aayaanaayaashiu** vii dim ◆ cette pointe de terre est très basse

ᐊᔅᒌᐅᑖᐅᐦᑳᐤ **aschiiutaauhkaau** vii ◆ c'est un endroit où la terre est noire

ᒌᐦᑳᓈᔮᐤ **chiihkaanaayaau** vii ◆ c'est une pointe de terre effilée

ᐄᔩᐦᑖᐤ **iiyihtaau** vii ◆ des bouts de terre visibles quand la neige fond au printemps

ᐃᔑᐚᑖᐅᐦᑳᐤ **ishiwaataauhkaau** vii ◆ c'est une pointe de terre étroite

ᒥᔥᑭᐧᐃᔅᑭᒥᑳᐤ **mishkiwiskimikaau** vii ◆ c'est de la mousse dure, de la terre dure

ᓈᓃᐳᐧᐃᓂᐱᐦᑖᐤ **naaniipuwinipihtaau** vai ◆ il y a un reflet de terre dans le ciel

ᓈᑎᑳᔅᑰ **naatikaaskuu** vai -u ◆ il/elle quitte la glace à pied vers la terre

ᐹᔅᑭᐦᐊᒻ **paaskiham** vti ◆ il/elle enlève la neige, la terre autour de quelque chose

ᐱᐦᒁᑖᐅᐦᒋᐱᔨᐤ **pihkwaataauhchipiyiu** vii ◆ un morceau de terre sablonneuse se détache

ᐲᐦᑖᔅᑭᒥᑳᐤ **piihtaaskimikaau** vii ◆ c'est un long bout de terre

ᑎᐱᐦᑎᔅᑭᒥᑳᐤ **tipihtiskimikaau** vii ◆ la terre est basse, le terrain est bas

ᒥᑖᐹᐱᒋᐤ **mitaapaapichiu** vai ◆ il/elle arrive d'un voyage de l'intérieur des terres en hiver

ᔖᔒᐹᐦᒑᐤ **shaashiipaahchaau** vai ◆ il/elle rentre sous terre et ressort quand il y a une flaque d'eau

ᐐᔥᑭᒥᔥᑖᐤ **wiishkimishtaau** vii ◆ la mousse, la terre sent la fumée

terre ferme

ᐊᔅᑎᔅᑭᒥᒄ **astiskimikw** ni ◆ la terre ferme

ᐹᐦᒁᐦᒡ **paahkwaahch** p,lieu ◆ sur la terre ferme ■ ᐋᑎᐧᐄ ᐹᐦᒁᐦᒡ ᒌᐦ ᐱᒋᔅᑎᓂᒧᐦᑖᑯᐱᓐ ᐊᓂᔮᐦ ᐅᑎᔥᑎᐦᒋᑯᓐᐦ. ■ aatiwii paahkwaahch chiih pichistinimuhtaakupin aniyaah utishtihchikunh. ■ *Heureusement qu'elle/il avait laissé les affaires qu'elle/il voulait garder sur la terre ferme.*

ᐲᐦᑎᑳᒥᑭᓐ **piihtikaamikin** vii ◆ deux grandes étendues de terre ferme bordent cette étendue d'eau

terrestre

ᐊᔅᒌᐚᑎᓰᐤ **aschiiwaatisiiu** vai ◆ il/elle vit attaché aux biens de ce monde, vit une vie matérialiste, désire des biens terrestres

terreur

ᑯᔥᑖᒋᐧᐃᓐ **kushtaachiwin** ni ◆ de la peur, de l'effroi, de la terreur, de l'épouvante, de la panique

ᓵᒋᐦᒁᓈᑯᓯᐤ **saachihkwaanaakusiu** vai ◆ il/elle a le visage empreint de terreur, son visage exprime la peur

terrier

ᐚᑎᒄ **waatikw** ni -um ◆ un terrier, une tanière

ᐚᑎᑰ **waatikuu** vai -u ◆ il/elle a un terrier, une tanière

ᐅᑖᐦᑯᐲᔅᒌ **utaahkupiischii** ni pej ◆ un vieux terrier, un tunnel où un porc-épic a demeuré

ᐚᑎᔅᑯᔅᒌ **waatiskuschii** ni pej ◆ un vieux terrier, une vieille tanière

terrifiant

ᑯᔅᑖᓯᓈᑯᓯᐤ **kustaasinaakusiu** vai ◆ il/elle a l'air terrifiant-e, horrible, hideux/hideuse

territoire

ᐃᔅᐱᐦᑎᔅᑭᒥᑳᐤ **ispihtiskimikaau** vii ◆ le terrain ou le territoire a une certaine taille, mesure...

territoire de chasse

ᐃᐦᑖᐧᐃᓐ **ihtaawin** ni ◆ une ville, un village, un territoire de chasse

territoire Inuit

ᐄᔅᒌᒫᐅᔅᒌ **iischiimaauschii** ni ◆ le territoire Inuit

terrorisé

ᓵᒋᓯᐤ **saachisiu** vai ◆ il/elle est terrorisé-e, il/a peur

ᓵᒋᒥᑰ **saachimikuu** vai -u ◆ il/elle est terrorisé-e par le bruit que ça fait, le son que ça émet

tester

ᑯᐚᑎᐦᐊᒻ **kukwaatiham** vti ◆ il/elle le teste avec un outil

ᑯᐚᑎᐦᐙᐤ **kukwaatihwaau** vta ◆ il/elle le/la teste avec un outil

ᑯᒋᐦᑖᐤ **kuchihtaau** vai+o ◆ il/elle l'essaie, le teste ■ ᓈᔥᑖᐹᐦ ᓲᐦᒄ ᑯᒋᐦᑖᐤ ᐊᓂᔮ ᑳ ᐃᔑ ᒋᔅᑯᑎᒧᐙᑭᓂᐧᐃᑦ. ■ naashtaapwaah suuhkw kuchishtaau aniyaa kaa ishi chiskutimuwaakiniwit. ■ *Il essaie vraiment de mettre en pratique ce qu'il a appris.*

ᑯᒋᔑᒼ kuchishim vti ◆ il/elle le teste en coupant
ᑯᑖᔅᑯᐦᐊᒼ kutaaskuham vti ◆ il/elle teste le grattoir pour voir s'il est bien aiguisé; il/elle teste la peau pour voir si la chair ou les poils vont s'enlever facilement
ᑯᑖᔅᑯᓈᐤ kutaaskunaau vta ◆ il/elle teste sa longueur (animé, long et rigide)
ᑯᑎᐦᐊᒼ kutiham vti ◆ il/elle teste sa résistance (ex. du câble) avec quelque chose
ᑯᑎᔥᐙᐤ kutishwaau vta ◆ il/elle le/la teste en coupant
ᑯᑎᔅᑯᓂᒼ kutiskunim vti ◆ il/elle teste la glace pour voir si on peut marcher dessus
ᑎᐹᔨᐦᑎᒼ tipaayihtim vti ◆ il/elle le possède, le gouverne, le teste

testicules

ᐅᑎᔑᐅᐦ utishiuh nad ◆ ses testicules

tête

ᐅᔥᑎᒀᓐ ushtikwaan nid ◆ sa tête
ᐋᐦᒋᑯᔥᑎᒀᓐ aahchikushtikwaan ni -um ◆ une tête de phoque
ᐋᑎᒋᓈᐱᐦᐄᑭᓂᐎᔥᑎᒀᓐ aatichinaapihiikiniwishtikwaan ni -u ◆ la tête d'un caribou retournée de haut en bas, ouverte au couteau et évidée
ᒋᔖᔮᑯᔥᑎᒀᓐ chishaayaakushtikwaan ni -m ◆ une tête d'ours
ᑳᑯᔥᑎᒀᓐ kaakushtikwaan ni ◆ une tête de porc-épic
ᑯᑭᒫᐅᔥᑎᒀᓐ kukimaaushtikwaan ni ◆ une tête de truite grise, de touladi
ᓂᒫᐅᔥᑎᒀᓐ nimaaushtikwaan ni ◆ une tête d'esturgeon
ᐅᑯᔨᐙᔮᐲ ukuyiwaayaapii nid ◆ le ligament qui retient sa tête
ᐅᓯᑳᑎᐦᑉ usikaatihp nid ◆ le sommet de sa tête
ᐙᐱᒫᑯᔥᑎᒀᓐ waapimaakushtikwaan ni ◆ une tête de baleine
ᐋᐦᑎᔅᒀᓈᐤ aahtiskwaanaau vta ◆ il/elle lui bouge la tête
ᐋᐦᑎᔅᒁᔨᐤ aahtiskwaayiu vai ◆ il/elle bouge la tête
ᐊᒋᔥᑖᐎᓂᔅᒁᔨᐤ achishtaawiniskwaayiu vai ◆ il/elle baisse la tête
ᐊᐱᔑᔥᑎᒀᓈᔑᐤ apishishtikwaanaashiu vai dim ◆ il/elle a une petite tête
ᒑᐦᑳᔅᒀᓈᐤ chaahkaaskwaanaau vta ◆ il/elle lève la tête
ᒑᐦᑳᔅᒀᐱᔨᐦᐅ chaahkaaskwaapiyihuu vai -u ◆ il/elle lève la tête tout en étant couché
ᒑᐦᑳᔅᒁᔨᐤ chaahkaaskwaayiu vai ◆ il/elle lève la tête
ᒌᓂᔥᑎᒀᓈᐤ chiinishtikwaanaau vai ◆ il/elle a la tête pointu-e
ᒌᐙᔅᒁᔨᐤ chiiwaaskwaayiu vai ◆ il/elle tourne la tête
ᒋᒥᔥᑎᒀᓈᔥᐙᐤ chimishtikwaanaashwaau vta ◆ il/elle lui coupe la tête
ᒋᒥᔥᑎᒀᓈᐤ chimishtikwaanaau vai ◆ sa tête est coupée
ᐄᒑᔅᒁᔨᐤ iichaaskwaayiu vai ◆ il/elle détourne la tête
ᒁᑎᐱᔅᒁᔨᐤ kwaatipiskwaayiu vai ◆ il/elle tourne la tête de l'autre côté
ᒥᐦᒋᔥᑎᒀᓈᐤ mihchishtikwaanaau vai ◆ il/elle a une grosse tête
ᒥᓂᔥᑎᒀᓈᔥᐙᐤ minishtikwaanaashwaau vta ◆ il/elle lui coupe la tête
ᒨᔥᑎᒀᓈᐤ muushtikwaanaau vai ◆ il/elle mange la tête d'un oiseau ou d'un animal
ᓃᑳᓂᐦᑎᐦᐋᐤ niikaanihtihaau vta ◆ il/elle le/la fait aller en tête
ᓂᐙᔅᒁᔨᐤ niwaaskwaayiu vai ◆ il/elle penche la tête de côté
ᓅᑎᒥᔥᑎᒀᓈᐤ nuutimishtikwaanaau vai ◆ il/elle a la tête ronde
ᐲᑯᔥᑎᒀᓈᐦᐙᐤ piikushtikwaanaahwaau vta ◆ il/elle lui casse la tête en la frappant
ᓵᒋᔅᒀᑳᐳ saachiskwaakaapuu vai -uwi ◆ il/elle est debout avec la tête qui dépasse
ᓵᒋᔅᒀᐱᐤ saachiskwaapiu vai ◆ il/elle est assis-e avec la tête qui dépasse
ᔒᐦᑭᒋᔥᑎᒀᓈᐅᒋᐤ shiihkichishtikwaanaauchiu vai ◆ il/elle a la tête froide
ᔑᒥᒋᔑᒫᐤ shimichishimaau vta ◆ il/elle l'allonge avec la tête relevée
ᔑᒥᑎᔅᒁᔨᐤ shimitiskwaayiu vai ◆ il/elle lève la tête tout en étant couché-e
ᑖᔅᑎᒋᔅᒁᔨᐤ taastichiskwaayiu vai ◆ il/elle met la tête en arrière
ᑖᐅᔥᑎᒀᓈᐦᐙᐤ taaushtikwaanaahwaau vta ◆ il/elle le frappe sur la tête
ᑖᐅᔥᑎᒀᓈᔑᓐ taaushtikwaanaashin vai ◆ il/elle se cogne la tête contre quelque chose
ᑎᐦᒋᔥᑎᒀᓈᐤ tihchishtikwaanaau vai ◆ il/elle a la tête froide
ᐅᐦᐱᔅᒁᔨᐤ uhpiskwaayiu vai ◆ il/elle soulève la tête
ᐅᑖᒥᔥᑎᒀᓈᐦᐙᐤ utaamishtikwaanaahwaau vta ◆ il/elle le/la frappe sur la tête
ᐅᑖᒥᔥᑎᒀᓈᔑᓐ utaamishtikwaanaashin vai ◆ il/elle se tape la tête dessus
ᐎᓂᔥᑳᔅᒀᓈᐤ winishkaaskwaanaau vai ◆ il/elle soulève la tête de quelqu'un
ᔮᔨᔅᒀᓈᐤ yaayiskwaanaau vta ◆ il/elle lui caresse la tête
ᐱᔅᑯᑎᐙᓵᐙᓐᐦ piskutiwaasaawaanh ni pl ◆ des têtes et des ailes de volaille sauvage plumée
ᐋᑎᒋᓈᐱᐦᐄᑭᓂᐎᔥᑎᒀᓂᑭᐙᑭᓂᐅ aatichinaapihiikiniwishtikwaanikiwaakiniuu vai -iwi ◆ il reçoit un paquet/l'emballage de viande fait d'une tête de caribou qui a été retournée, ouverte et évidée (traditionnellement donné au jeune homme)

ᐊᒋᒋᑳᐳ achichikaapuu vai -uwi ◆ il/elle fait un appui renversé sur la tête, il/elle fait le poirier
ᒑᐦᑳᔥᑳᔑᒫᐤ chaahkaashkwaashimaau vta ◆ il/elle le/la couche avec la tête relevée
ᒑᐦᑳᐢᒁᔑᓐ chaahkaaskwaashin vai ◆ il/elle est couché-e la tête levée
ᒌᔥᒁᐱᔨᐤ chiishkwaapiyiu vai ◆ il/elle a le vertige, la tête lui tourne
ᒋᑭᐦᒁᐱᔨᐤ chikihkwaapiyiu vai ◆ il/elle tombe la tête la première
ᓈᒥᐢᒁᔨᔥᑎᐧᐋᐤ naamiskwaayishtiwaau vta ◆ il/elle lui fait un signe de la tête pour montrer son accord
ᓈᒥᐢᒁᔨᐤ naamiskwaayiu vai ◆ il/elle hoche la tête, fait un signe de la tête
ᓈᓂᑐᒑᓂᒧᐧᐋᐤ naanituchaanimuwaau vai ◆ il/elle lui cherche les poux sur la tête
ᓃᐦᑎᐢᒁᐦᐧᐋᐤ niihtiskwaahwaau vta ◆ il/elle lui fait baisser la tête de déception, en le/la frappant ou en lui tirant dessus
ᓃᑳᓂᐦᑖᐤ niikaanihtaau vai ◆ il/elle marche en tête, devant
ᓃᑳᓂᐦᔮᐤ niikaanihyaau vai ◆ il/elle vole en tête, en avant
ᔖᒋᔥᒁᔑᓐ shaachishkwaashin vai ◆ il/elle est allongé-e avec la tête qui sort de quelque chose
ᐅᐦᐱᒫᔥᒁᔑᓐ uhpimaashkwaashin vai ◆ il/elle est couché-e la tête sur le côté
ᐅᐦᐱᒫᐢᒁᔨᐤ uhpimaaskwaayiu vai ◆ il/elle penche la tête de côté
ᐧᐋᐧᐋᐱᐢᒁᔨᔥᑎᐧᐋᐤ waawaapiskwaayishtiwaau vta redup ◆ il/elle lui dit non de la tête
ᐧᐋᐧᐋᐱᐢᒁᔨᐤ waawaapiskwaayiu vai redup ◆ il/elle dit non de la tête
ᐧᐄᐢᒁᔮᒋᔥᑎᐦᒁᓈᐦᐱᑖᐤ wiiskwaayaachishtihkwaanaahpitaau vta ◆ il/elle lui attache un foulard autour de la tête
ᓃᑳᓂᐱᐦᑖᐤ niikaanipihtaau vai ◆ il/elle court devant, prend la tête
ᓵᒋᐢᒁᐤ saachiskwaau vai ◆ il/elle fait dépasser sa tête de quelque chose; le soleil se dévoile par intervalles
ᐧᐋᐧᐋᒋᑭᐢᑭᒫᐧᐋᐤ waawaachikiskimaawaau vai ◆ il/elle a une petite tête et un corps bien rond (se dit d'un poisson)
ᐱᐢᑯᑎᐧᐋᓵᐧᐋᓈᐳᐃ piskutiwaasaawaanaapui ni ◆ du bouillon obtenu en cuisant des têtes et des ailes d'oie plumée

tête (en)

ᓃᑳᓃᐤ niikaaniiu vai ◆ il/elle est en tête, le premier ou la première, devant des autres

tête d'omble chevalier

ᓲᓵᓰᐅᔥᑎᒁᓐ suusaasiiushtikwaan ni ◆ une tête d'omble chevalier, de saumon

tête de brochet

ᒋᓅᔖᐅᔥᑎᒁᓐ chinushaaushtikwaan ni ◆ une tête de brochet
ᓂᒫᐲᐅᔥᑎᒁᓐ nimaapiiushtikwaan ni ◆ une tête de brochet

tête de doré

ᐅᑳᐅᔥᑎᒁᓐ ukaaushtikwaan ni -im ◆ une tête de doré

tête de lotte

ᒥᔮᐦᑭᑑᔥᑎᒁᓐ miyaahkituushtikwaan ni ◆ une tête de lotte

tête de poisson

ᐅᔥᑎᒁᓈᐳᐃ ushtikwaanaapui ni ◆ du bouillon de têtes de poisson

tête en bas

ᐊᒋᔥᑎᐦᐋᐤ achishtihaau vta ◆ il/elle le place la tête en bas
ᐊᒋᔥᑎᑯᐦᒋᓐ achishtikuhchin vai ◆ il/elle flotte la tête en bas
ᐊᒋᔥᑎᑯᔮᐤ achishtikuyaau vta ◆ il/elle le/la suspend la tête en bas
ᐊᒋᔥᑎᓈᐤ achishtinaau vta ◆ il/elle le/la tient la tête en bas
ᐊᒋᔥᑎᑯᒋᓐ achishtikuchin vai ◆ il/elle est suspendu-e la tête en bas, à l'envers

téter

ᓅᔖᓂᑎᑎᒼ nuushaanititim vti ◆ il/elle le tète
ᓅᔖᓂᑎᑎᐧᐋᐤ nuushaanititiwaau vta ◆ il/elle le/la tète
ᓅᔖᓂᐤ nuushaaniu vai ◆ il/elle tète

tétine

ᓅᓈᒋᑭᓐ nuunaachikin ni ◆ la tétine du biberon

tétras

ᒥᔥᑎᑯᐦᔮᐤ mishtikuhyaau na -m ◆ une perdrix, un tétras du Canada *Canachites canadensis*
ᒥᔥᑎᑯᐦᔮᐧᐋᐳᐃ mishtikuhyaawaapui ni ◆ du bouillon de tétras
ᐧᐄᒥᔥᑎᑯᐦᔮᐅᑭᓐ wiimishtikuhyaaukin vii ◆ ça sent le tétras *Falcipennis canadensis*
ᓂᑐᒥᔥᑎᑯᐦᔮᐧᐋᐤ nituumishtikuhyaawaau vai ◆ il/elle chasse le tétras
ᓅᒋᒥᔥᑎᑯᐦᔮᐧᐋᐤ nuuchimishtikuhyaawaau vai ◆ il/elle chasse la "perdrix" (le tétras, la gélinotte)
ᓅᑖᐦᑎᐢᑯᐧᐋᐤ nuutaahtiskuwaau vai ◆ il/elle chasse tétras à queue fine, la gélinotte à queue fine

têtu

ᔒᐱᐦᑎᒼ shiipihtim vti ◆ il/elle est têtu-e et résiste à faire ce qu'on lui dit
ᒥᔥᑭᐧᐃᔥᑎᒁᓈᐤ mishkiwishtikwaanaau vai ◆ il/elle est têtu-e, entêté-e
ᔒᐱᐦᑎᐧᐋᐤ shiipihtiwaau vta ◆ il/elle résiste aux ordres, ne fait pas ce qu'elle/il lui dit de faire
ᓱᐦᒋᔥᑎᒁᓈᐤ suhchishtikwaanaau vai ◆ il/elle est têtu-e, a la tête dure

thé

ᑏ tii na -m ◆ du thé, de l'anglais 'tea'

ᐧᐄᔑᒋᐱᑯᔥᐦ wiishichipikush-h ni pl ◆ du thé du Labrador qui pousse sur les îles de la Baie James *Ledum palustre sp.* peut-être *Ledum palustre decumbens*

ᐧᐄᓯᒋᐱᒄᐦ wiisichipikwh ni pl -um ◆ du thé du Labrador

ᑏᐧᔮᐳᐦᒑᐤ tiiywaapuhchaau vai ◆ il/elle fait du thé

ᐧᐄᓯᒋᐱᐧᑳᐦᑎᒄᐦ wiisichipikwaahtikwh ni pl -um ◆ un buisson de thé du labrador

ᐹᔩᐧᑳᒥᐦᐧᑳᓂᔥ paayikwaamihkwaanish p,quantité ◆ une cuillerée à thé, à café

théière

ᑏᐧᐹᐨ tiipwaat ni -im ◆ une théière, de l'anglais 'teapot'

thermomètre

ᑎᐦᑯᐦᑎᒧᔨᓲ tihkuhtimuyisuu vai reflex -u ◆ il/elle prend sa propre température avec un thermomètre

tibia

ᐅᐲᒥᓂᒄ upiiminikw nid ◆ son tibia

ᐅᔅᑳᒋᑭᓐ uskaachikin nid -im ◆ son tibia, l'os de la partie inférieure de la jambe

ᐅᔅᐴᐦᑭᓐ uspuuhkin ni ◆ un tibia de phoque, de castor

tige

ᐅᔅᑳᑖᔮᐲ uskaataayaapii ni -iim ◆ une racine de plante, une tige

timide

ᐱᐱᒫᒥᔒᔥᑎᐧᐋᐤ pipimaamishiishtiwaau vta redup ◆ il/elle est timide envers lui/elle

ᔖᐧᑳᔨᒨ shaakwaayimuu vai -u ◆ il/elle est timide

ᐱᒫᒥᓰᐤ pimaamisiiu vai ◆ il/elle est embarrassé-e, timide

ᐊᐧᐋᓂᐦᑎᒋᐤ awaanihtichiu vai ◆ il/elle est gêné-e, timide, intimidé-e

timonier

ᑎᐦᑯᐦᐋᒧᓯᐤ tihkuhaamusiu na -iim ◆ un timonier, la personne qui gouverne le canot ou le bateau

tipi

ᐄᔨᒦᒋᐧᐋᐦᑉ iiyimiichiwaahp ni -im ◆ un tipi

ᐄᔨᔨᐅᑭᒥᑯᔥ iiyiyiukimikush ni [Whapmagoostui] ◆ un tipi

ᐋᓂᔥᑐᐧᐃᓂᔅᑳᒡ aanishtuwiniskaach nip ◆ la partie du tipi où les poteaux se rejoignent

ᒦᒋᐧᐋᐦᑉ miichiwaahp ni -im ◆ un tipi

ᐧᐋᔅᐧᑳᐦᑖᒥᐦᐄᑭᓂᐱᔓᐃᐦ waaskwaahtaamihiikinipishuih ni pl ◆ des perches pour le fond du tipi

ᐊᐱᔔᐦᒑᐤ apishuuhchaau vai ◆ il/elle monte les poteaux du tipi

ᔖᐧᑳᔅᑯᓈᐤ shaakwaaskunaau vta ◆ il/elle le/la met entre les poteaux et la toile du tipi

ᔖᐧᑳᔅᑯᓂᒼ shaakwaaskunim vti ◆ il/elle le met entre les poteaux et la toile du tipi

ᐧᐄᔥᑭᒑᓂᒋᐧᐋᐦᑉ wiishkichaanichiwaahp ni -im [Whapmagoostui] ◆ un wigwam, une tipi, une habitation de forme allongée

ᓂᔥᑐᑭᒥᒡ nishtukimich p,quantité ◆ trois maisons, habitations, tipis ■ ᓂᔥᑐᑭᒥᒡ ᓂᒌᐦ ᐲᐦᑎᑭᑖᓈᓐ ᐊᓐ ᒥᓯᓂᐦᐄᑭᓐ ᒑ ᒥᓯᓂᐦᐅᓱᒡ ᐊᐧᐋᓂᒌ. ■ nishtukimich nichiih piihtikitaanaan an misinihiikin chaa misinihusuch awaanichii. ■ *On a apporté notre pétition dans trois maisons pour que les gens la signent.*

ᐊᑯᐦᐄᒑᐤ akuhiichaau vai ◆ il/elle ajuste la toile au sommet du tipi pour que le feu à l'intérieur brûle bien

ᐱᐦᐳᐧᐃᓂᔅᑭᐦᐊᒼ pihpuwiniskiham vti redup ◆ il/elle frappe la neige pour la faire tomber du tipi

ᔖᐦᑎᐧᐋᔮᐤ shaahtiwaayaau vii ◆ le type a une grande ouverture en haut parce que la toile est basse sur le cadre

ᔫᐦᑖᐱᑎᒼ yuuhtaapitim vti ◆ il/elle ouvre le rabat de porte du tipi

ᔫᐦᑖᔮᔅᑯᐦᐊᒼ yuuhtaayaaskuham vti ◆ il/elle ouvre le rabat de porte du tipi avec un bâton

ᔫᐦᑖᔮᔅᑯᐦᐧᐋᐤ yuuhtaayaaskuhwaau vta ◆ il/elle ouvre le rabat de porte du tipi avec un bâton

ᐹᐦᐹᐅᐱᐦᐧᑳᐦᐊᒼ paahpaaupihkwaaham vti redup ◆ il/elle tape la toile du tipi pour enlever la neige

ᐱᐦᐳᐧᐃᐱᐦᐧᑳᐦᐊᒼ pihpuwipihkwaaham vti redup ◆ il/elle tape la neige avec quelque chose pour la faire tomber de la toile du tipi

tir

ᐹᔅᐹᔅᒋᓯᒑᓂᐆ paaspaaschischaaniuu vii redup -iwi ◆ c'est le tir des fusils qu'on entend le matin du Nouvel An (forme passive dérivée du verbe *paaspaaschisichaau*)

tirage

ᒥᐧᔮᐱᐦᑖᐤ miywaapihtaau vii ◆ ça a un bon tirage (ex. la cheminée), la fumée monte bien

tirer

ᐋᓂᔅᑯᐱᑖᐤ aaniskupitaau vta ◆ il/elle le/la tire derrière l'autre

ᐋᓂᔅᑯᐱᑎᒼ aaniskupitim vti ◆ il/elle le tire derrière l'autre

ᐄᔅᑯᐱᑖᐤ iiskupitaau vta ◆ il/elle le/la tire vers le haut, le/la remonte

ᐄᔅᐧᑳᐱᐦᒑᐱᑖᐤ iiskwaapihchaapitaau vta ◆ il/elle le/la tire avec quelque chose de filiforme

ᐹᔅᒋᓯᒑᐤ paaschisichaau vai ◆ il/elle tire au fusil

ᐹᔅᒋᓯᒼ paaschisim vti ◆ il/elle tire dessus

ᐹᔅᒋᐧᓵᐤ paaschiswaau vta ◆ il/elle lui tire dessus

ᐹᔅᐹᔅᒋᓯᒑᐤ paaspaaschisichaau vai redup ◆ il/elle tire au fusil plusieurs fois

ᔑᐦᐧᑖᐹᑭᐦᐊᒼ shihtwaapaakiham vti ◆ il/elle tire dessus (filiforme) avec quelque chose

ᔒᐹᒋᐱᑖᐤ shiipaachipitaau vta ◆ il/elle le/la tire et l'étire (étalé)

ᐅᒋᐱᒋᑳᒑᐤ **uchipichikaachaau** vai ◆ il/elle utilise quelque chose pour le tirer
ᐅᒋᐱᑖᐤ **uchipitaau** vta ◆ il/elle le/la tire
ᐅᒋᐱᑎᒻ **uchipitim** vti ◆ il/elle le tire
ᐅᑖᒋᒫᐤ **utaachimaau** vta ◆ il/elle le tire en traîneau, en remorque
ᐅᑖᐱᐦᒑᓈᐤ **utaapihchaanaau** vta ◆ il/elle le/la tire à lui/elle en utilisant quelque chose de filiforme avec les mains
ᐅᑖᐱᐦᒑᓂᒻ **utaapihchaanim** vti ◆ il/elle le tire à lui/elle en utilisant quelque chose de filiforme avec les mains
ᐅᑖᐱᐦᒑᐱᑖᐤ **utaapihchaapitaau** vta ◆ il/elle le tire à lui/elle avec quelque chose de filiforme
ᐋᐱᐦᐄᐱᑖᐤ **aapihiipitaau** vta ◆ il/elle l'ouvre rapidement, en tirant dessus
ᐋᐱᐦᐄᐱᑎᒻ **aapihiipitim** vti ◆ il/elle l'ouvre rapidement, en tirant dessus
ᐋᑎᐦᑎᐦᐊᒻ **aatihtiham** vti ◆ il/elle tire à côté
ᐊᔖᐱᑖᐤ **ashaapitaau** vta ◆ il/elle la/le tire en arrière
ᐊᔖᐱᑎᒻ **ashaapitim** vti ◆ il/elle le tire en arrière
ᐊᑎᐦᑎᐦᐚᐤ **atihtihwaau** vta ◆ il/elle lui tire à côté
ᐊᑎᒥᑖᐹᐤ **atimitaapaau** vai ◆ il/elle s'éloigne en tirant quelque chose
ᒑᔥᑎᐦᐚᐤ **chaashtihwaau** vta ◆ il/elle lui tire dessus juste à temps
ᒋᐦᒋᐢᑖᐹᒋᐱᑖᐤ **chihchistaapaachipitaau** vta ◆ il/elle le/la plonge dans l'eau, le/la tire à l'eau
ᒌᐱᑎᓈᐤ **chiipitinaau** vta ◆ il/elle le tire en arrière
ᐄᔥᑖᐱᐦᑎᐚᐤ **iishtaapihtiwaau** vta ◆ il/elle tire quelque chose sur un traîneau pour le donner à un autre
ᐄᐢᑯᐱᑎᒻ **iiskupitim** vti ◆ il/elle le tire vers le haut
ᐄᐢᒁᐱᐦᒑᐱᑎᒻ **iiskwaapihchaapitim** vti ◆ il/elle le tire vers le haut, le remonte avec quelque chose de filiforme
ᐄᑛᐚᐢᒋᒑᐤ **iitwaawaaschichaau** vai ◆ il/elle tire des coups de fusil de façon répétée
ᐃᔮᔑᐦᐚᐤ **iyaashihwaau** vta ◆ il/elle tire et le/la blesse ce qui le/la fait s'abaisser doucement vers le sol
ᑯᐃᐢᒁᐱᐦᒑᐱᑖᐤ **kuiskwaapihchaapitaau** vta ◆ il/elle le/la redresse (filiforme) en tirant dessus
ᑯᐃᐢᒁᐱᐦᒑᐱᑎᒻ **kuiskwaapihchaapitim** vti ◆ il/elle le redresse (filiforme) en tirant dessus
ᑯᐃᐢᒁᐱᐢᒋᐱᑖᐤ **kuiskwaapischipitaau** vta ◆ il/elle le/la redresse (minéral) en tirant dessus
ᑯᐃᐢᒁᐱᐢᒋᐱᑎᒻ **kuiskwaapischipitim** vti ◆ il/elle le redresse (minéral) en tirant dessus
ᑯᓵᐹᐱᑖᐤ **kusaapaapitaau** vta ◆ il/elle le/la tire sous l'eau
ᑯᓵᐹᐱᑎᒻ **kusaapaapitim** vti ◆ il/elle le tire sous l'eau
ᒁᔥᒁᔮᐱᐦᒑᐱᑎᒻ **kwaashkwaayaapihchaapitim** vti ◆ il/elle le tire et le fait rebondir (filiforme)
ᒥᓈᐱᐦᒑᐱᑎᒻ **minaapihchaapitim** vti ◆ il/elle l'enlève (filiforme) en tirant
ᒥᓂᐱᑎᒻ **minipitim** vti ◆ il/elle l'arrache
ᒧᓵᐢᑯᑖᒋᒫᐤ **musaaskutaachimaau** vta ◆ il/elle le/la tire sur le traîneau jusque sur la glace
ᒧᔥᑖᑯᓈᔑᒫᐤ **mushtaakunaashimaau** vta ◆ il/elle le/la tire dans la neige, sans utiliser un traîneau
ᒨᐢᒋᐱᑎᒻ **muuschipitim** vti ◆ il/elle le sort en tirant
ᒨᔥᒋᒋᔑᓂᒻ **muushchichishinim** vti ◆ il/elle le fait sortir de quelque chose en tirant
ᓈᒋᔥᑖᐹᐤ **naachishtaapaau** vai ◆ il/elle va le chercher en le tirant
ᓈᓯᐹᐱᑖᐤ **naasipaapitaau** vta ◆ il/elle le/la tire vers le rivage
ᓈᓯᐹᐱᑎᒻ **naasipaapitim** vti ◆ il/elle le tire pour le faire descendre vers le rivage
ᓈᑎᑳᒫᐱᑖᐤ **naatikaamaapitaau** vta ◆ il/elle le/la tire jusqu'au rivage (par ex. des gens dans un canot)
ᓈᑎᑳᒫᐱᑎᒻ **naatikaamaapitim** vti ◆ il/elle le tire jusqu'au rivage
ᓃᐦᑖᐱᐦᒑᐱᑖᐤ **niihtaapihchaapitaau** vta ◆ il/elle l'abaisse en tirant dessus (filiforme)
ᓃᐦᑖᐱᐦᒑᐱᑎᒻ **niihtaapihchaapitim** vti ◆ il/elle l'abaisse en tirant dessus (filiforme)
ᓃᔥᑖᒧᐦᐊᒻ **niishtaamuham** vti ◆ il/elle tire devant et le rate
ᓃᔥᑖᒧᐦᐚᐤ **niishtaamuhwaau** vta ◆ il/elle tire devant lui/elle et le/la rate
ᓂᐺᐱᐦᒑᐱᑖᐤ **nipwaapihchaapitaau** vta ◆ il/elle le/la tire (filiforme) en double
ᓂᐺᐱᐦᒑᐱᑎᒻ **nipwaapihchaapitim** vti ◆ il/elle le tire (filiforme) en double
ᓂᑛᐚᓯᐢᒑᐤ **nitwaawaasischaau** vai ◆ il/elle tire un coup en l'air pour attirer l'attention
ᓂᐎᑎᐦᐊᒻ **niwitiham** vti ◆ il/elle tire dessus, le frappe quand il bouge
ᐹᒋᔥᑖᐹᐤ **paachishtaapaau** vai ◆ il/elle arrive en le/la tirant
ᐹᑎᒫᐦᐱᓈᐦᐋᐤ **paatimaahpinaahaau** vta ◆ il/elle lui tire dessus et le/la touche mais il/elle s'envole avant de tomber
ᐹᑛᐚᓯᐢᒑᐤ **paatwaawaasischaau** vai ◆ il/elle tire à portée de voix indiquant qu'il/elle se dirige and cette direction
ᐲᐦᑎᑖᐱᑖᐤ **piihtitaapitaau** vta ◆ il/elle le/la fait rentrer en le/la tirant
ᐲᐦᑎᑖᐱᑎᒻ **piihtitaapitim** vti ◆ il/elle le fait rentrer en le tirant

ᐲᑿᔥᑎᒫᐤ piikwaashtimaau vta ◆ il/elle lui tire dessus et le démantèle

ᐲᒥᑳᒫᐱᐦᒑᐱᑖᐤ piimikaamaapihchaapitaau vta ◆ il/elle le tire (filiforme) en biais

ᐲᒥᑳᒫᐱᐦᒑᐱᑎᒼ piimikaamaapihchaapitim vti ◆ il/elle le tire (filiforme) en biais

ᐲᒥᑳᒫᔮᒋᐱᑖᐤ piimikaamaayaachipitaau vta ◆ il/elle le/la tire de biais

ᐲᒥᑳᒫᔮᒋᐱᑎᒼ piimikaamaayaachipitim vti ◆ il/elle le tire (étalé) de biais

ᐱᑭᔥᑎᐚᐱᑖᐤ pikishtiwaapitaau vta ◆ il/elle le/la tire dans l'eau

ᐱᑭᔥᑎᐚᐱᑎᒼ pikishtiwaapitim vti ◆ il/elle tire à l'eau

ᐱᒧᑎᐦᒀᑖᐤ pimutihkwaataau vta ◆ il/elle lui tire une flèche dessus

ᐱᒧᑎᐦᒀᑎᒼ pimutihkwaatim vti ◆ il/elle tire une flèche dessus

ᐱᔅᑳᐱᐦᒑᐱᑖᐤ piskaapihchaapitaau vta ◆ il/elle le/la tire et le /la rompt (filiforme)

ᐱᔅᑳᐱᐦᒑᐱᑎᒼ piskaapihchaapitim vti ◆ il/elle le tire et le rompt (filiforme)

ᐱᔅᑳᐱᐦᒑᐱᔨᐦᐆ piskaapihchaapiyihuu vai -u ◆ il/elle tire et rompt le fil, la corde, le fil de fer qui le/la tient

ᓵᒋᐦᑖᔨᐚᐱᔨᐦᐆ saachihtaayiwaapiyihuu vai -u ◆ il/elle tire la langue

ᓵᒋᐱᑎᒼ saachipitim vti ◆ il/elle le tire pour qu'il dépasse

ᓵᔅᒋᐱᑖᐤ saaschipitaau vta ◆ il/elle le/la ramène au rivage

ᔖᔑᑭᒋᐱᑎᒼ shaashikichipitim vti ◆ il/elle le recule en tirant dessus

ᔖᔑᑭᑎᓈᐤ shaashikitinaau vta ◆ il/elle le/la met sur son dos en tirant

ᔑᐦᑹᒋᐱᑖᐤ shihtwaachipitaau vta ◆ il/elle le/la déplie en tirant dessus (étalé)

ᔑᐦᑹᒋᐱᑎᒼ shihtwaachipitim vti ◆ il/elle le déplie en tirant dessus (étalé)

ᔒᐦᒋᐱᑖᐤ shiihchipitaau vta ◆ il/elle le/la tend bien, le/la tire bien fort

ᔒᐦᒋᐱᑎᒼ shiihchipitim vti ◆ il/elle le tend bien, le tire bien fort

ᔒᐹᒋᐱᑎᒼ shiipaachipitim vti ◆ il/elle le tire et l'étire (étalé)

ᔒᐹᐱᑖᐤ shiipaapitaau vta ◆ il/elle le/la tire dessous

ᔒᐹᐱᑎᒼ shiipaapitim vti ◆ il/elle le tire dessous

ᔓᐎᐱᑖᐤ shuwipitaau vta ◆ il/elle réussit à le/la tirer, est capable de le/la tirer

ᔓᐎᐱᑎᒼ shuwipitim vti ◆ il/elle le dirige, le manie, est capable de le tirer

ᓯᒋᐦᑎᐎᑭᔮᓈᐤ sichihtiwikiyaanaau vta ◆ il/elle lui tire les oreilles

ᓰᐦᑎᔮᒋᐱᑖᐤ siihtiyaachipitaau vta ◆ il/elle le/la tire en serrant bien (étalé)

ᓲᐦᑳᐹᐤ suuhkaapaau vai ◆ il/elle tire la charge presque sans effort

ᑎᐦᑎᐱᐱᑖᐤ tihtipipitaau vta redup ◆ il/elle le/la roule en tirant

ᑎᐦᑎᐱᐱᑎᒼ tihtipipitim vti redup ◆ il/elle le roule en tirant

ᑎᔅᑭᒥᔅᑯᑖᐹᐤ tiskimiskutaapaau vai ◆ il/elle traverse tout droit en tirant un traîneau

ᐅᒋᐱᒋᒑᐎᒡ uchipichichaawich vta pl ◆ ils/elles tirent sur la peau de caribou, d'orignal jusqu'à ce qu'elle sèche pour la ramollir

ᐅᐦᐲᔥᑎᐚᐤ uhpiishtiwaau vta ◆ il/elle se lève pour lui tirer dessus

ᐅᐦᐱᐱᑖᐤ uhpipitaau vta ◆ il/elle le/la soulève en tirant

ᐅᐦᐱᐱᑎᒼ uhpipitim vti ◆ il/elle le soulève en tirant

ᐅᔑᑰ ushikuu vai -u ◆ il/elle le/la blesse en tirant dessus

ᐅᑖᒋᒫᐅᓲ utaachimaausuu vai -u ◆ il/elle tire un enfant sur un traîneau, une remorque

ᐅᑖᐹᓈᔮᐹᒋᔥᑭᒼ utaapaanaayaapaachishkim vti ◆ il/elle utilise une ligne, une corde autour des épaules pour tirer quelque chose

ᐅᑖᐹᐤ utaapaau vai ◆ il/elle tire un fardeau

ᐅᑖᐱᐦᑳᑖᐤ utaapihkaataau vta ◆ il/elle le/la tire et l'attache à quelque chose

ᐅᑖᐱᐦᑳᑎᒼ utaapihkaatim vti ◆ il/elle le tire et l'attache à quelque chose

ᐅᑖᔅᑯᐦᐊᒼ utaaskuham vti ◆ il/elle le tire à elle/lui avec un bâton

ᐅᑖᔅᑯᐦᐚᐤ utaaskuhwaau vta ◆ il/elle le/la tire à elle/lui avec un bâton

ᐅᑎᐦᑖᒥᒧᓂᐱᑖᐤ utihtaamimunipitaau vta ◆ il/elle le/la tire sur son ventre

ᐅᑎᐦᑖᒥᒧᓂᐱᑎᒼ utihtaamimunipitim vti ◆ elle le renverse en tirant

ᐅᑎᓈᐹᐤ utinaapaau vai ◆ il/elle tire la ficelle attachée au bout du filet de pêche qui sera levé en hiver

ᐅᐚᔮᐱᐦᒑᐱᑖᐤ uwaayaapihchaapitaau vta ◆ il/elle le/la (filiforme) prépare en tirant dessus

ᐚᒋᐱᑖᐤ waachipitaau vta ◆ il/elle le/la courbe en tirant

ᐚᒋᐱᑎᒼ waachipitim vti ◆ il/elle le courbe en tirant

ᐚᐹᐱᐦᒑᐱᑖᐤ waapaapihchaapitaau vta ◆ il/elles ne le/la tire pas et ne le/la balance pas correctement

ᐚᐹᐱᐦᒑᐱᑎᒼ waapaapihchaapitim vti ◆ il/elle le tire et le balance

ᐚᐱᐦᐋᒋᔥᒀᑎᒼ waapihaachishkwaatim vti ◆ il/elle lui tire dessus au lance-pierre

ᐚᐱᐦᐄᒋᔥᒀᑖᐤ waapihiichishkwaataau vta ◆ il/elle lui tire dessus avec un lance-pierre

ᐗᐚᑳᐱᐦᒑᐱᑖᐤ waawaakaapihchaapitaau vta redup ◆ il/elle le/la fait aller en zigzag (filiforme) en tirant dessus

ᐧᐋᐧᐊᑳᐱᐦᒑᐱᑎᒼ **waawaakaapihchaapitim** vti redup ◆ il/elle le fait aller (filiforme) en zigzag en tirant dessus

ᐧᐄᐦᑯᒋᐱᑖᐤ **wiihkuchipitaau** vta ◆ il/elle le/la tire, le/la décoince

ᐧᐄᐦᑯᒋᐱᑎᒼ **wiihkuchipitim** vti ◆ il/elle le sort de quelque chose en tirant dessus

ᐧᐃᓂᔥᑳᐱᑖᐤ **winishkaapitaau** vta ◆ il/elle le/la tire pour le/la faire se lever

ᔮᐃᔅᒋᐱᑎᒼ **yaaischipitim** vti ◆ il/elle le sort de quelque chose en tirant dessus

ᔮᔩᔅᒋᐱᑎᒼ **yaayischipitim** vti ◆ il/elle le sort de quelque chose en tirant dessus

ᓃᒫᐹᓐ **niimaapaan** ni ◆ une sangle pour tirer du gibier mort

ᐋᐦᒋᐧᑳᐧᐋᔅᒑᐤ **aahchikwaawaaschaau** vai ◆ il/elle tire au fusil sur un phoque et on entend les coups de feu

ᐋᐦᐧᑲᑖᐦᑭᐧᓵᐤ **aahkwaataahkiswaau** vta ◆ il/elle la brûle gravement, elle tire et perce un grand trou dedans

ᐋᔑᐧᐋᐱᐦᒑᐱᑖᐤ **aashiwaapihchaapitaau** vta ◆ il/elle le/la fait traverser en tirant sur une corde

ᐋᔑᐧᐋᐱᐦᒑᐱᑎᒼ **aashiwaapihchaapitim** vti ◆ il/elle le fait traverser en tirant sur une corde

ᐋᐧᓵᐦᐊᒼ **aaswaaham** vti ◆ il/elle tire, lance et le dépasse

ᐊᐧᐹᓂᒼ **apwaanim** vti ◆ c'est lourd à porter ou même à tirer pour lui/elle

ᒋᐦᒋᐦᑖᐹᒋᐱᑎᒼ **chihchihtaapaachipitim** vti ◆ il/elle le plonge dans l'eau, le tire sous l'eau

ᒌᓂᐧᑳᓂᑖᐹᐤ **chiinikwaanitaapaau** vai ◆ il/elle tourne en rond en tirant quelque chose

ᒌᐧᐋᑖᐹᐤ **chiiwaataapaau** vta ◆ il/elle le/la ramène à la maison en tirant

ᐄᔅᐱᐦᑎᐦᐧᐋᐤ **iispihtihwaau** vta ◆ il/elle tire, jette sur lui/elle à une certaine distance

ᐃᔮᔑᐱᑖᐤ **iyaashipitaau** vta ◆ il/elle l'abaisse rapidement; le poisson tire sur l'appât et le crochet

ᑯᐃᔥᑎᑳᒫᑖᐹᐤ **kuishtikaamaataapaau** vai ◆ il/elle tire une charge autour du lac

ᑯᓵᐹᐦᐊᒼ **kusaapaaham** vti ◆ il/elle le fait couler en jetant quelque chose dessus ou en tirant dessus

ᑯᓵᐹᐦᐧᐋᐤ **kusaapaahwaau** vta ◆ il/elle le/la fait couler en jetant quelque chose dessus ou en tirant dessus

ᑯᓯᑯᑖᐹᓈᐤ **kusikutaapaanaau** vta ◆ il/elle tire une charge lourde sur un traîneau ou en véhicule

ᒦᓄᐱᑖᐤ **miinupitaau** vta ◆ il/elle le/la tire, le/la place dans la bonne direction

ᒥᐧᑖᔅᒑᐤ **mitwaaschaau** vai ◆ il/elle tire et on peut entendre au loin les coups de fusil

ᒧᓵᔅᑯᑖᐹᐤ **musaaskutaapaau** vai ◆ il/elle le tire, le remonte sur la glace

ᐧᒫᔥᑎᐦᐧᐋᐤ **mwaashtihwaau** vta ◆ il/elle le/la rate de peu en tirant ou en lançant

ᓈᓃᑳᐱᐦᒑᔥᑭᐧᐋᐤ **naaniikaapihchaashkiwaau** vta redup ◆ il/elle (un toboggan, une charge qu'elle/il tire) lui pèse légèrement dessus

ᓈᑎᑳᔅᑯᑖᒋᒫᐤ **naatikaaskutaachimaau** vta ◆ il/elle le tire jusqu'au rivage sur la glace

ᓈᐧᑖᐱᑖᐤ **naatwaapitaau** vta ◆ il/elle le/la casse en tirant, en pliant

ᓈᐧᑖᐱᑎᒼ **naatwaapitim** vti ◆ il/elle le casse en deux en le tirant, en le pliant

ᓂᐦᐋᑯᓈᔑᒫᐤ **nihaakunaashimaau** vta ◆ il/elle le/la tire avec la fourrure dans le bon sens sur la neige

ᓂᓅᓱᐧᐃᐹᔅᒋᐧᓵᐤ **ninuusuwipaaschiswaau** vta ◆ il/elle lui tire dessus alors qu'il/elle s'enfuit, s'envole

ᓂᐧᐃᑎᐦᐄᒑᐤ **niwitihiichaau** vai ◆ il/elle tire sur une cible mobile

ᓂᐧᐃᑎᐦᐧᐋᐤ **niwitihwaau** vta ◆ il/elle lui tire dessus quand il/elle bouge, passe en volant

ᐱᒥᑳᓯᐦᑎᑖᐤ **pimikaasihtitaau** vai ◆ il/elle patauge en le tirant vers le rivage

ᐱᒥᑎᑳᓯᐦᑎᑖᐤ **pimitikaasihtitaau** vai ◆ il/elle tire le canot en pataugeant

ᐅᑖᐱᐦᒑᐱᑎᒼ **utaapihchaapitim** vti ◆ il/elle le tire à lui/elle avec quelque chose de filiforme

ᐅᑎᐦᐧᐋᐤ **utihwaau** vta ◆ il/elle le/la tire vers lui en utilisant quelque chose, il/elle le/la gagne, il/elle l'enregistre

ᐧᐃᑎᓂᐦᐄᐹᐤ **witinihiipaau** vta ◆ il/elle tire la ficelle attachée au filet de pêche pour le vérifier en hiver, il/elle s'assoit et attends au bord du filet à castor pour attraper le castor au moment où il se prendra dans le filet

ᐄᑖᐦᒑᐦᐊᒼ **iitaahchaaham** vti ◆ il/elle va de ce côté en véhicule, il/elle tire, lance de ce côté de quelque chose

ᐄᑖᐦᒑᐦᐧᐋᐤ **iitaahchaahwaau** vta ◆ il/elle va de ce côté de lui/d'elle en véhicule, il/elle tire, lance de ce côté de lui/d'elle

ᐄᑎᐧᐃᐱᑎᒼ **iitiwipitim** vti ◆ il/elle le pousse vers les côtés, le tire, le déchire de chaque côté

ᑭᔅᑭᑎᐦᑯᓈᐦᐧᐋᐤ **kiskitihkunaahwaau** vta ◆ il/elle tire sur un oiseau qui tombe avec une aile cassée

ᒫᔩᔅᑯᑖᐹᐤ **maayiskutaapaau** vai ◆ il/elle descend la rivière en tirant quelque chose sur la glace

ᒧᓵᐅᑳᓯᐦᑎᑖᐤ **musaaukaasihtitaau** vai ◆ il/elle le tire de la berge en marchant dans l'eau

ᓈᑎᑳᔅᑯᑖᐹᐤ **naatikaaskutaapaau** vai ◆ il/elle tire, hisse des choses sur le rivage sur la glace

ᓅᐦᑖᐦᐧᐋᐤ nuuhtaahwaau vta ◆ il/elle tire trop court et le/la rate; il/elle n'a pas assez d'argent pour payer

ᐹᔥᑎᐦᐊᒻ paashtiham vti ◆ il/elle l'enjambe, le dépasse, tire par-dessus

ᐹᔥᑎᐦᐧᐋᐤ paashtihwaau vta ◆ il/elle le/la dépasse, l'enjambe, lui tire par-dessus

ᑎᔅᑭᒥᔅᑯᑖᒋᒫᐤ tiskimiskutaachimaau vta ◆ il/elle lui fait traverser directement la glace en le/la tirant sur un traîneau

ᔮᔮᐧᐋᓯᑯᑖᐹᐤ yaayaawaasikutaapaau vai ◆ il/elle marche le long du rivage sur la glace en tirant une charge

ᔮᔮᐧᐋᔅᑯᑖᒋᒫᐤ yaayaawaaskutaachimaau vta ◆ il/elle marche le long du rivage sur la glace en le/la tirant sur un traîneau

ᓂᑎᐦᐄᔅᑯᑖᐹᐤ nitihiiskutaapaau vai ◆ il/elle remonte la rivière sur la glace en tirant une charge

tirer au fusil

ᐊᒷᐧᐋᓯᔅᒑᐤ amwaawaasischaau vai ◆ il/elle effraie le gibier et le fait s'enfuir en tirant des coups de feu

tisonner

ᐊᐦᒌᔅᒑᐅᑭᐦᐧᐋᐤ le netschaaukihwaau vta ◆ il/elle l'attise, il/elle le/la tisonne (par exemple les braises d'un feu ou d'un poêle)

tissage

ᐊᑎᐲ atipii na ◆ du fil ou de la babiche utilisé pour tisser l'avant et l'arrière de la raquette

ᐊᑎᐱᔅ atipis ni ◆ de la babiche utilisé pour le tissage avant et arrière des raquettes

ᑖᔥᑖᐱᑯᔅᒑᐤ taashtaapikuschaau vai ◆ il/elle place les indicateurs de contour le long du cadre de la raquette et de la barre transversale pour le tissage

ᒥᓯᑖᔮᐱ misitaayaapii na -m ◆ le tissage de la raquette sous le pied

ᐱᒥᓯᔅᐱᓱᓐ pimisispisun ni ◆ le tissage de la raquette qui donne le soutien principal

ᒌᑳᐧᐋᔑᒫᐤ chiikaawaashimaau vta ◆ il/elle déchire le tissage le long du bord intérieur de la raquette

tisser

ᐲᐦᑎᐧᐋᔅᐱᑎᒻ piihtiwaaspitim vti ◆ il/elle le tisse par-dessus une première couche de fil

ᐋᓂᔅᑭᐧᐋᔅᐱᑖᐤ aaniskiwaaspitaau vta ◆ il/elle le/la rallonge en le/la laçant ou en le/la tissant

ᐋᓂᔅᑭᐧᐋᔅᐱᑎᒻ aaniskiwaaspitim vti ◆ il/elle le lace, le tisse à la suite d' un autre

ᔖᔒᐹᐱᐦᒑᐱᑎᒻ shaashiipaapihchaapitim vti ◆ il/elle le tisse, le fait rentrer et sortir

ᐧᐋᔅᐱᑎᒻ waaspitim vti ◆ il/elle le tisse, le lace

ᐋᔑᑯᒥᓵᒫᐤ aashikumisaamaau vta ◆ il/elle tisse le renforcement de babiche le long du cadre des raquettes

ᐊᔅᒋᒫᐤ aschimaau vai ◆ il/elle tisse, lace des raquettes, travaille au laçage des raquettes

ᒋᐦᒋᔅᒋᒫᐤ chihchischimaau vta ◆ il/elle commence à tisser les raquettes

ᑖᔥᑖᐳᐦᐧᐋᐤ taashtaapuhwaau vai ◆ il/elle va et vient avec l'aiguille pendant le tissage

ᐧᐃᓈᐹᑭᐦᐧᐋᐤ winaapaakihwaau vta ◆ il/elle fait une faute en laçant, en tissant (ex. raquettes, filet de pêche)

ᐊᑎᐱᓯᒥᐦᒄ atipisimihkw ni ◆ une aiguille pour lacer ou tisser la partie avant et arrière des raquettes

tissu

ᐊᑯᐦᐹᒋᓐ akuhpaachin ni ◆ du tissu (pour faire une robe ou un manteau)

ᐋᑯᔮᑭᐦᐄᑭᓈᒋᓐ aakuyaakihiikinaachin ni ◆ du tissu pour des rideaux

ᐊᑎᑐᓂᐦᐄᐹᓐ atitunihiipaan ni ◆ un tissu utilisé pour rouler et ranger le filet de pêche

ᐄᔥᑯᐱᒋᑭᓐ iishkupichikin ni ◆ un reste de tissu, un bout de tissu

ᑳᒥᒷᑯᔥᑖᒡ kaamimwaakushtaach nip ◆ un morceau de tissu à pois

ᑳᓃᐲᐅᔥᑖᒡ kaaniipiiushtaach nip ◆ un tissu à fleurs

ᑳᐱᐦᒁᐱᑖᒡ kaapihkwaapitaach nip [Wemindji] ◆ un tissu lainé, du tissu pour couverture, du duffle, une couverture en duffle, une couverture de la Baie d'Hudson

ᑳᐱᐦᒁᐱᑖᑭᓂᐧᐃᒡ kaapihkwaapitaakiniwich nip ◆ un tissu lainé, du tissu pour couverture, du duffle, une couverture en duffle, une couverture de la Baie d'Hudson

ᑳᐱᐹᒥᒑᒡ kaapipaamichaach nip ◆ un tissu écossais plissé, un tissu plissé à carreaux

ᑳᐅᐧᐋᐳᔓᑎᔩᔥᑖᒡ kaauwaapushutiyishtaach nip ◆ du tissu avec un motif cachemire

ᐱᒋᐧᐃᔮᓐ pichiwiyaan ni ◆ une chemise, du tissu

ᐅᐧᐋᑎᓂᑯᐦᐹᒋᓐ uwaatinikuhpaachin ni ◆ du tissu pour une robe de mariée

ᐧᐄᔓᑖᔒᔥ wiishutaashiish ni ◆ un morceau de tissu, de peau pour s'asseoir au fond du canot

ᒥᐦᒀᑭᓐ mihkwaakin vii ◆ c'est rouge (étalé), c'est du tissu rouge

ᐲᔖᔮᑭᓐ piiswaayaakin vii ◆ ça a un sens (étalé), (ex. le tissu)

ᓱᐦᒑᑭᓐ suhchaakin vii ◆ c'est un tissu solide

ᐊᔅᐹᔅᑯᔑᒫᓐ aspaaskushimaan ni ◆ une peau, un tissu enroulé autour de la partie médiane de la raquette, au dessus du tissage en babiche

ᑳᐲᑯᓱᐧᐋᔮᑭᐦᒡ kaapiikusuwaayaakihch nip ◆ du tissu lainé, du velours épais, de la fourrure polaire (sens moderne)

ᑳᐱᔅᒋᑯᐹᔮᒡ kaapischikupaayaach nip ◆ un sac de jute, du jute (tissu)

ᑳᓱᐦᒑᑭᐦᒡ **kaasuuhchaakihch** nip ◆ du tissu, de la toile de jean, lit. 'tissu solide'

ᐲᑯᓱᐙᔮᑭᓐ **piikusuwaayaakin** ni ◆ du tissu épais, molletonné ou pelucheux

ᐲᐅᔑᑭᓐᐦ **piiushikinh** ni pl ◆ des morceaux de tissu, des restes de tissu

ᒥᓂᐢᑳᐤ **miniskaau** vii ◆ c'est un ballot, un rouleau de tissu

ᐲᑯᓱᐙᔮᒋᓯᐤ **piikusuwaayaachisiu** vai ◆ c'est un tissu épais, molletonné ou pelucheux

ᔖᔨᐙᑭᓐ **shaayiwaakin** vii ◆ c'est du tissu non-coupé ou non-cousu

tobboggan

ᓃᒥᑖᐹᓈᐢᒁᐤ **niimitaapaanaaskwaau** vai ◆ il/elle emporte un traîneau ou un toboggan

toboggan

ᐄᔨᑖᐹᓈᐢᒄ **iiyitaapaanaaskw** na ◆ un toboggan

ᔖᒁᐹᓐ **shaakwaapaan** ni ◆ les cordes latérale d'un traîneau ou toboggan , une corde

ᐱᓯᐦᐄᑖᐹᓈᐢᒁᐤ **pisihiitaapaanaaskwaau** vai ◆ il/elle cherche du bois pour un toboggan ou un traîneau

toi

ᒌᔨ **chiiyi** pro,personnel emphatique 2 ◆ toi ■ ᒌᔨ ᑭᔮᐦ ᒑ ᐹᒋ ᒧᐎᒋᔑᐎᔮᔨᓐ ᐙᐱᐦᒑᕽ ■ chiiyi kiyaah chaa paachi muwichishiwaayin waapihchaa. ■ *Je voudrais que toi aussi, tu viennes nous rendre visite demain.*

toile

ᑭᓛᑭᐢ **kilwaakis** ni -im [Wemindji] ◆ de la toile d'emballage, de la toile à sac

ᑭᓛᑭᐢᓯᐐᐦᒁᔮᐤ **kilwaakissiwiihkwaayaau** ni -im [Wemindji] ◆ de la toile d'emballage

ᐊᐱᐎᓈᒋᓐ **apiwinaachin** ni ◆ une toile pour le poste d'affût

ᒫᐦᑭᔮᒋᓐ **maahkiyaachin** ni -im ◆ de la toile de tente, de l'anglais 'Marquee'

ᐊᐦᒑᐱᐦᒁᔑᒫᐤ **ahchaapihkwaashimaau** vta ◆ il/elle le/la fait former une saillie dans la toile du tipi en l'appuyant sur cette toile

ᐊᐙᑎᑯᐦᐄᒑᐤ **awaatikuhiichaau** vai ◆ il/elle arrange le haut du recouvrement de l'habitation, le haut de la toile du tipi

ᑳᐃᑖᑭᔥᑖᒡ **kaaitaakishtaach** nip ◆ un revêtement de sol, un couvre-plancher, un linoleum; de la toile cirée

ᑳᓱᐦᒑᑭᐦᒡ **kaasuuhchaakihch** nip ◆ du tissu, de la toile de jean, lit. 'tissu solide'

ᓯᒋᐦᑎᐱᐦᒁᓐ **sichihtipihkwaan** ni -m ◆ un morceau de toile qui renforce le revêtement du tipi là où une corde ou une ficelle est attachée

ᓯᒋᐢᑎᐱᐦᒁᓈᔮᐲ **sichistipihkwaanaayaapii** ni ◆ une cordelette pour attacher la toile de tente

ᐊᑯᐦᐄᒑᐤ **akuhiichaau** vai ◆ il/elle ajuste la toile au sommet du tipi pour que le feu à l'intérieur brûle bien

ᔖᐦᑎᐙᔮᐤ **shaahtiwaayaau** vii ◆ le type a une grande ouverture en haut parce que la toile est basse sur le cadre

ᔖᔮᑭᔥᑖᐤ **shaayaakishtaau** vii ◆ la toile n'est pas fermée autour du bas du tipi

ᐐᐱᒋᐎᔮᓂᔥᑖᐤ **wiipichiwiyaanishtaau** vii ◆ ça sent le tissu brûlé, la toile brûlée

ᐹᐦᐹᐅᐱᐦᒀᐦᐊᒻ **paahpaaupihkwaaham** vti redup ◆ il/elle tape la toile du tipi pour enlever la neige

ᐱᐦᐳᐎᐱᐦᒀᐦᐊᒻ **pihpuwipihkwaaham** vti redup ◆ il/elle tape la neige avec quelque chose pour la faire tomber de la toile du tipi

toilette

ᒋᒥᓵᐦᐅᓈᒋᓐ **chimisaahunaachin** ni ◆ du papier toilette

ᒥᒑᐴᐢᒋᐦᒄ **michaapuuschihkw** ni ◆ un seau de ménage, un seau hygiénique, une chaudière de chambre, un seau de toilette

ᒦᓰᐅᑭᒥᒄ **miisiiukimikw** ni ◆ des toilettes, des cabinets, des latrines, une fosse d'aisance, une bécosse, une toilette extérieure

ᐴᐴᔮᑭᓐ **puupuuyaakin** ni ◆ un seau de toilette

ᐴᐢᒋᓈᐅᔮᑭᓐ **puuschinaauyaakin** ni ◆ un seau de toilette

ᒋᔥᑖᐹᐎᔨᓲ **chishtaapaawiyisuu** vai reflex -u ◆ il/elle se lave, fait sa toilette, se lisse les plumes

toit

ᒋᐧᓈᐅᐦᑭᓈᐦᑖᐤ **chinwaauhkinaahtaau** vai+o ◆ il/elle le fait trop long (par ex. pignon du toit)

ᐊᐱᐦᒁᓐ **apihkwaan** ni ◆ une couverture pour le toit, l'habitation

tombé

ᑭᐎᐦᐄᑭᓐ **kiwihiikin** na ◆ un arbre abattu, tombé

tomber

ᐋᒥᐦᑎᓐ **aamihtin** vii ◆ ça tombe de quelque chose en train de bouger

ᐋᒥᐱᔨᐦᑖᐤ **aamipiyihtaau** vai ◆ quelque chose tombe de son véhicule, accidentellement

ᐋᒥᐱᔨᐤ **aamipiyiu** vai ◆ il/elle tombe de quelque chose

ᐋᒥᐱᔨᐤ **aamipiyiu** vii ◆ ça tombe de quelque chose

ᐋᒥᔑᓐ **aamishin** vai ◆ il/elle tombe

ᐃᔮᔑᐱᔨᐦᐋᐤ **iyaashipiyihaau** vta ◆ il/elle tombe (se dit de vêtements, ex. son pantalon)

ᑭᐎᔑᓐ **kiwishin** vai ◆ il/elle tombe

ᑭᐎᔥᑭᒻ **kiwishkim** vti ◆ il/elle le fait tomber avec son pied ou son corps

ᑭᐎᔥᑭᐙᐤ **kiwishkiwaau** vta ◆ il/elle le/la fait tomber avec son pied ou son corps

ᑯᐃᑯᐱᔨᐦᐋᐤ **kuikupiyihaau** vta ◆ il/elle le/la laisser tomber de quelque chose

ᑯᐃᑯᐱᔨᐦᑖᐤ **kuikupiyihtaau** vai ◆ il/elle le fait tomber de quelque chose

ᑯᐃᑯᔑᒫᐤ kuikushimaau vta ◆ il/elle le/la laisser tomber de quelque chose
ᓃᐦᑖᑭᐦᐚᐤ niihtaakihwaau vta ◆ il/elle le/la fait tomber en le/la frappant
ᓃᐦᑖᒥᔅᒋᐱᔨᐤ niihtaamischipiyiu vii ◆ ça tombe dans la partie profonde d'une étendue d'eau
ᐱᐦᒋᔑᒫᐤ pihchishimaau vta ◆ il/elle le/la laisse tomber
ᐱᐦᒋᔑᓐ pihchishin vai ◆ il/elle tombe
ᐴᐦᒋᐱᔨᐦᐋᐤ puuhchipiyihaau vta ◆ il/elle le/la laisse tomber dedans
ᐴᐦᒋᐱᔨᐦᑖᐤ puuhchipiyihtaau vai ◆ il/elle le laisse tomber dedans
ᑎᒋᔅᒋᓈᐤ tichischinaau vta ◆ il/elle le/la laisse tomber sans faire exprès
ᑎᒋᔅᒋᓂᒼ tichischinim vti ◆ il/elle le laisse tomber sans faire exprès
ᐧᐃᔩᐧᐄᐱᔨᐤ wiyiwiipiyiu vai ◆ il/elle tombe
ᐧᐃᔩᐧᐄᐱᔨᐤ wiyiwiipiyiu vii ◆ ça tombe
ᒥᔥᑎᑯᐧᐃᓂᐦᐄᑭᓐ mishtikuwinihiikin ni -im ◆ un piège en bois qui tue l'animal
ᐋᒥᒋᔑᓈᐤ aamichishinaau vta ◆ il/elle le/la repousse avec les mains et le/la fait tomber
ᐋᒥᒋᔑᓂᒼ aamichishinim vti ◆ il/elle le repousse avec les mains et le fait tomber de quelque chose
ᐋᒥᐦᐊᒼ aamiham vti ◆ il/elle le fait tomber avec quelque chose
ᐋᒧᑖᐱᔨᐤ aamutaapiyiu vai ◆ il/elle tombe du canot parce qu'il tangue
ᐋᒧᑖᐱᔨᐤ aamutaapiyiu vii ◆ ça tombe du canot parce qu'il tangue
ᐋᑎᒋᓂᐱᔨᐤ aatichinipiyiu vai ◆ il/elle tombe à la renverse (sur le dos)
ᐊᒋᒋᐱᔨᐤ achichipiyiu vai ◆ il/elle tombe en avant, tête la première
ᐊᒋᒋᐱᔨᐤ achichipiyiu vii ◆ ça tombe en avant
ᒌᐱᒋᐱᔨᐤ chiipichipiyiu vai ◆ il/elle tombe, est renversé-e
ᒋᒥᔥᑎᓐ chimishtin vii ◆ le vent tombe ■ ᑳ ᒋᒥᔥᑎᓂᔨᒡ ᐄᔮᒃ ᑳ ᐹᒋ ᐴᓯᒡ. ■ kaa chimishtiniyich iiyaakw kaa paachi puusich. ■ *Ils ne sont partis en canot que quand le vent est tombé.*
ᒋᒥᔥᑎᓂᐱᔨᐤ chimishtinipiyiu vii ◆ le vent tombe progressivement
ᒋᔑᐧᐃᔑᓐ chishiwishin vai ◆ il/elle est fâché-e parce qu'il/elle est tombé-e, il/elle est couché là en colère
ᐃᐧᔮᔥᑎᓂᔑᐤ iywaashtinishiu vai ◆ le vent tombe alors qu'il/elle voyage
ᑭᔥᑭᓐ kishkin vii ◆ ça tombe en morceaux parce que c'est vieux et mal entretenu
ᑭᐧᐃᐦᐊᒼ kiwiham vti ◆ il/elle le renverse, le fait tomber
ᑭᐧᐃᐱᑖᐤ kiwipitaau vta ◆ il/elle le/la fait tomber, le/la renverse
ᑭᐧᐃᐱᑎᒼ kiwipitim vti ◆ il/elle le fait tomber, le renverse
ᑭᐧᐃᐱᔨᐤ kiwipiyiu vai ◆ il/elle tombe à la renverse
ᑭᐧᐃᐱᔨᐤ kiwipiyiu vii ◆ ça se renverse, tombe à la renverse
ᑭᐧᐃᐳᑖᐤ kiwiputaau vai+o ◆ il/elle le fait tomber en le sciant
ᑯᐃᑯᐦᑎᑖᐤ kuikuhtitaau vai ◆ il/elle le laisse tomber et il se vide
ᑯᐃᐧᑳᐅᐦᒋᐱᔨᐤ kuikwaauhchipiyiu vii ◆ ça tombe du contenant (granuleux)
ᑯᑎᐱᐦᑎᓐ kutipihtin vii ◆ ça tombe et se renverse
ᑰᓂᐧᐃᔥᑭᒼ kuuniwishkim vti ◆ il/elle fait tomber dessus de la neige qu'il/elle a sur lui/elle
ᑰᓂᐧᐃᔥᑭᐧᐋᐤ kuuniwishkiwaau vta ◆ il/elle fait tomber sur lui/elle de la neige qu'il/elle a sur lui/elle
ᐧᑳᑎᐱᐦᑎᑖᐤ kwaatipihtitaau vai ◆ il/elle le renverse et les choses tombent
ᐧᑳᑎᐱᔑᒫᐤ kwaatipishimaau vta ◆ il/elle le/la retourne et le/la fait tomber
ᒧᒋᔥᑖᐱᔨᐤ muchishtaapiyiu vai ◆ il/elle tombe dans le feu
ᒧᒋᔥᑖᐱᔨᐤ muchishtaapiyiu vii ◆ ça tombe dans le feu
ᒨᐦᒋᒋᐱᔨᐤ muuhchichipiyiu vai ◆ il/elle tombe en avant
ᓈᔥᐱᒋᔑᓐ naashpichishin vai ◆ il/elle tombe et meurt sur le coup
ᓈᔥᑐᔑᓐ naashtushin vai ◆ il/elle tombe et meurt sur le coup
ᓃᐦᑖᐦᑎᐧᐋᐱᔨᐤ niihtaahtiwaapiyiu vai ◆ il/elle tombe dans l'escalier
ᓃᐦᑖᒥᔅᒋᐱᔨᐤ niihtaamischipiyiu vai ◆ il/elle tombe dans la partie profonde d'une étendue d'eau
ᓂᐱᐦᐄᔑᓐ nipihiishin vai ◆ il/elle tombe et meurt
ᓂᔑᐹᐤ nishipaau vai ◆ il/elle tombe ivre-mort
ᓄᐧᐃᒌᐤ nuwichiiu vai ◆ il/elle s'empêche de tomber
ᐱᐦᒋᐦᑎᓐ pihchihtin vii ◆ ça tombe, c'est une cascade
ᐱᐦᐧᑳᔑᒫᐤ pihkwaashimaau vta ◆ il/elle le/la laisse tomber et en casse un morceau
ᐱᐦᐳᐧᐃᔑᒫᐤ pihpuwishimaau vta redup ◆ il/elle le/la frappe pour en faire tomber quelque chose
ᐱᑭᔥᑎᐧᐋᐱᔨᐤ pikishtiwaapiyiu vai ◆ il/elle tombe à l'eau
ᐱᑭᔥᑎᐧᐋᐱᔨᐤ pikishtiwaapiyiu vii ◆ ça tombe à l'eau
ᐱᑭᔥᑎᐧᐋᑎᓯᔅᑭᒼ pikishtiwaatisiskim vti ◆ il/elle le fait tomber à l'eau
ᐱᓈᑯᓈᔥᑭᒼ pinaakunaashkim vti ◆ il/elle fait tomber la neige dont il/elle est recouvert-e sur quelque chose

ᐱᓈᔅᒌᐤ **pinaaschiiu** vii ◆ les feuilles tombent des arbres

ᐱᔩᔅᑯᒋᔅᒑᐙᐱᔨᐤ **piyiskuchischaawaapiyiu** vii ◆ le fond du récipient, du contenant tombe

ᐴᐦᒋᐱᔨᐤ **puuhchipiyiu** vai ◆ il/elle tombe dedans

ᐴᐦᒋᐱᔨᐤ **puuhchipiyiu** vii ◆ ça tombe dedans

ᐴᐦᑖᑭᒥᐱᔨᐦᐋᐤ **puuhtaakimipiyihaau** vta ◆ il/elle le/la laisse tomber dans un récipient d'eau

ᐳᐧᐃᓯᑯᐦᐙᐤ **puwisikuhwaau** vta ◆ il/elle fait tomber la glace de lui/d'elle

ᔖᔖᐙᔑᒫᐤ **shaashaawaashimaau** vta ◆ il/elle le/la laisse tomber et il/elle fait un bruit de ferraille

ᔖᔑᑭᒋᐱᔨᐤ **shaashikichipiyiu** vai ◆ il/elle tombe à la renverse

ᔒᐱᐦᑎᓐ **shiipihtin** vii ◆ ça ne se casse pas facilement quand on le laisse tomber

ᔑᑯᐦᐊᒻ **shikuham** vti ◆ il/elle le laisse tomber avec un floc

ᔑᑯᐦᑎᑖᐤ **shikuhtitaau** vai ◆ il/elle le laisse tomber avec un floc

ᑖᐅᔥᑭᒻ **taaushkim** vti ◆ il/elle tombe dessus par hasard

ᑖᐅᔥᑭᐙᐤ **taaushkiwaau** vta ◆ il/elle lui tombe dessus, le/la rencontre par hasard

ᑎᐦᑯᓯᑖᐦᐅᓲ **tihkusitaahusuu** vai reflex -u ◆ il/elle se laisse tomber quelque chose sur le pied

ᐅᔑᑯᔑᓐ **ushikushin** vai ◆ il/elle se blesse en tombant

ᐅᔖᐹᒋᔅᑎᓐ **ushwaapaachistin** vii ◆ ça fait des éclaboussures en tombant dans l'eau

ᐅᔖᔑᓐ **ushwaashin** vai ◆ il/elle tombe et gicle

ᐅᔂᐹᒋᐦᑎᓐ **uswaapaachihtin** vii ◆ ça tombe et éclabousse

ᐅᑖᒥᑭᒋᔖᔑᓐ **utaamikichishaashin** vai ◆ il/elle tombe sur ses fesses

ᐅᑖᒥᔑᑯᔑᓐ **utaamishikushin** vai ◆ il/elle tombe sur la glace

ᐅᑎᐦᑖᒥᒧᓂᐱᔨᐤ **utihtaamimunipiyiu** vai ◆ il/elle tombe à la renverse, tombe à plat ventre

ᐐᓯᒋᔑᒫᐤ **wiisichishimaau** vta ◆ il/elle le/la blesse en le/la faisant tomber

ᔮᐦᔮᒋᐦᑎᓐ **yaahyaachihtin** vii ◆ le vent commence à tomber

ᐋᐦᑯᔑᔑᓐ **aahkushishin** vai [Wemindji] ◆ il/elle s'est blessé en tombant, en frappant quelque chose

ᒋᑭᐦᑳᐱᔨᐤ **chikihkwaapiyiu** vai ◆ il/elle tombe la tête la première

ᒋᔖᐙᐦᑎᑖᐤ **chishwaawaahtitaau** vai ◆ il/elle tombe, frappe, fait beaucoup de bruit avec

ᐃᔻᑯᓈᐦᑎᓐ **iywaakunaahtin** vii ◆ ça tombe et se retrouve enfoui sous la neige

ᐃᔻᑯᓈᔑᓐ **iywaakunaashin** vai ◆ il/elle tombe et se retrouve enfoui sous la neige

ᑭᐙᑯᓈᐤ **kiwaakunaau** vai ◆ il/elle tombe à la renverse sous le poids de la neige

ᑭᐙᑯᓈᐤ **kiwaakunaau** vii ◆ ça se renverse sous le poids de la neige

ᑭᐙᔑᐤ **kiwaashiu** vai ◆ il/elle tombe à la renverse sous la force du vent

ᑭᐙᔥᑎᓐ **kiwaashtin** vii ◆ ça se renverse sous la force du vent

ᒫᐦᒋᐱᒫᔮᐦᑭᓲ **maahchipimaayaahkisuu** vai -u ◆ il/elle (ex. la motoneige) tombe en panne d'essence

ᒫᐦᒋᐱᒥᓲ **maahchipimisuu** vai -u ◆ il/elle tombe en panne d'essence

ᒨᐦᒋᒋᐙᐱᓈᐤ **muuhchichiwaapinaau** vta ◆ il/elle la/le pousse et la/le fait tomber en avant

ᓈᑤᑯᑖᔑᓐ **naatwaakutaashin** vai ◆ il/elle tombe et se casse le nez

ᓈᑤᐱᑐᓈᔑᓐ **naatwaapitunaashin** vai ◆ il/elle tombe et se casse le bras

ᓈᑤᔮᐱᑖᔑᓐ **naatwaayaapitaashin** vai ◆ il/elle tombe et se casse une dent

ᓃᐦᑖᐦᑎᐙᐱᔨᐤ **niihtaahtiwaapiyiu** vii ◆ ça descend l'escalier, tombe d'une marche à l'autre

ᓃᐦᑎᒋᐙᐱᐦᐙᐤ **niihtichiwaapihwaau** vta ◆ il/elle le/la balaie d'un geste et le/la fait tomber

ᓃᐦᑎᒋᐙᐱᔨᐤ **niihtichiwaapiyiu** vai ◆ il/elle tombe, descend en roulant

ᐹᐦᑳᐦᑎᑖᐤ **paahkaahtitaau** vai ◆ il/elle le laisse tomber pour l'ouvrir en le cassant

ᐹᔅᒋᐦᑎᑖᐤ **paaschihtitaau** vai ◆ il/elle le craque, l'ouvre en le faisant tomber

ᐱᒋᔅᑖᔮᐅᐦᒋᔑᓐ **pichistaayaauhchishin** vai ◆ il/elle soulève de la poussière, du sable en tombant

ᐱᐦᒋᐦᑎᑖᐤ **pihchihtitaau** vai ◆ il/elle le laisse tomber, déclenche le piège

ᐱᐦᒁᐦᑎᑖᐤ **pihkwaahtitaau** vai ◆ il/elle en casse un morceau en le laissant tomber ou en le frappant sur quelque chose

ᐲᐦᑎᑖᔮᑯᓈᐱᔨᐤ **piihtitaayaakunaapiyiu** vii ◆ la neige tombe dedans

ᐲᐦᑎᑖᔨᑯᒋᐦᑎᓐ **piihtitaayikuchihtin** vii ◆ la neige tomber dans l'habitation pendant une chute de neige

ᐲᒁᑯᐦᑖᐤ **piikwaakuhtaau** vii ◆ quelque chose tombe et se casse à cause du dégel

ᐱᑭᔥᑎᐙᐱᔨᐦᐋᐤ **pikishtiwaapiyihaau** vta ◆ il/elle le/la laisse tomber à l'eau

ᐱᑭᔥᑎᐙᐱᔨᐦᑖᐤ **pikishtiwaapiyihtaau** vai ◆ il/elle le laisse tomber à l'eau

ᐱᔥᑯᒑᔑᓐ **pishkuchaashin** vai ◆ ça tombe et ça s'ouvre, ses entrailles se déchirent et s'ouvrent parce qu'on l'a laissé trop longtemps sans l'éviscérer

ᐱᔅᑯᒑᐦᑎᓐ piskuchaahtin vii ◆ ça tombe et ça s'ouvre en se cassant

ᐆᐦᑖᑭᒥᐱᔨᐦᑖᐤ puuhtaakimipiyihtaau vai ◆ il/elle le laisse tomber dans un récipient d'eau, dans un trou dans la glace

ᐆᔥᑯᔑᓐ puushkushin vai ◆ il/elle tombe et se casse en deux

ᓵᒁᐱᔅᒋᐱᔨᐤ saakwaapischipiyiu vai ◆ il/elle tombe sous les roches

ᓵᒁᐱᔅᒋᐱᔨᐤ saakwaapischipiyiu vii ◆ ça tombe sous les rochers

ᔫᔥᒁᒥᔅᒋᐱᔨᐤ shuushkwaamischipiyiu vai ◆ il/elle glisse sur une pente rocheuse et tombe dans l'eau

ᓯᓂᔅᒋᔑᓐ sinischishin vai ◆ il/elle tombe sur quelque chose de mouillé et de moelleux

ᑖᐦᑖᔅᑯᐱᔨᐤ taahtaaskupiyiu vai ◆ il/elle se déplace ou tombe sur le bois

ᑖᐦᑖᔅᑯᐱᔨᐤ taahtaaskupiyiu vii ◆ ça se déplace ou tombe sur le bois

ᐅᔖᔮᑯᓂᒋᔑᓐ ushwaayaakunichishin vai ◆ il/elle tombe sur de la neige poudreuse et fait gicler la neige dans les airs

ᐅᑐᒋᔑᓐ utuchishin vai ◆ il/elle tombe et se fait des bleus

ᐐᔑᑯᔑᒫᐤ wishikushimaau vta ◆ il/elle le/la blesse en le/la laissant tomber du véhicule sur lequel il/elle le/la transporte

ᒥᑖᐦᑎᑖᐤ mitwaahtitaau vai ◆ il/elle fait sonner une cloche, il/elle le laisse tomber et ça fait du bruit

ᑑᐦᒋᐱᔨᐤ tuuhchipiyiu vai ◆ il/elle tombe et ses jambes s'écartent, s'ouvrent en s'écartant

ᐙᐳᔫᔨᔥᑎᐦᒑᐱᔨᔑᐤ waapushuyishtihchaapiyishiu vii dim ◆ il y a une chute de neige douce et poudreuse pendant la nuit

tomber à l'eau

ᐅᔖᐹᒋᔑᓐ uswaapaachishin vai ◆ il/elle tombe à l'eau en faisant des éclaboussures

ᐅᑖᒥᐹᒋᔑᓐ utaamipaachishin vai ◆ il/elle tombe à l'eau en faisant une éclaboussure

tomber dans l'eau

ᐅᔖᐹᒋᐦᑎᑖᐤ uswaapaachihtitaau vai ◆ il/elle le fait tomber dans l'eau avec une éclaboussure

ᐅᔖᐹᐦᑎᑖᐤ uswaapaahtitaau vai ◆ il/elle le laisse tomber dans l'eau, le jette à l'eau et ça éclabousse

tomber sur

ᑖᐅᐱᔨᔥᑎᐙᐤ taaupiyishtiwaau vta ◆ il/elle tombe sur lui/elle, le/la trouve soudainement par hasard

tonique

ᑑᒥᔅᑯᐎᓐ tuumiskuwin ni ◆ de la pommade pour les cheveux, de la brillantine, un tonique pour le cuir chevelu

ᑑᒧᐙᒑᐎᓐ tuumuwaachaawin ni ◆ de la pommade pour les cheveux, de la brillantine, un tonique pour le cuir chevelu

tonnerre

ᓂᒥᔅᒋᐅᒡ nimischiuch na pl ◆ le tonnerre ■ ᓂᒥᔅᒋᐅᒡ ᒌᐦ ᒋᔅᑐᐎᒡ ᑖᐱᔅᑳᔨᒡ. ■ nimischiuch chiih chistuwich taapiskaayich. ■ *On entendait le tonnerre la nuit dernière..*

ᒥᔮᐅᐱᔨᐎᒡ miyaaupiyiwich vai pl ◆ des coups de tonnerre passent au-dessus de cet endroit

ᐹᑖᐎᒡ paatwaawich vai pl ◆ les coups de tonnerre de l'orage qui approche se font entendre

ᐅᑖᐦᒑᐱᔨᐦᑖᐎᒡ utaahchaapiyihtaawich vai pl ◆ il y a des roulements de tonnerre mais la pluie ne viendra que plus tard

ᐊᐚᔮᓂᐦᐊᒧᒡ apwaayaanihamuch vti pl ◆ les sons du tonnerre annoncent un temps chaud et humide

ᒥᔪᒌᔑᑭᓂᐦᐊᒧᒡ miyuchiishikinihamuch vti pl ◆ les sons du tonnerre annoncent le beau temps, un temps dégagé

topo-guide

ᐐᒋᐦᐄᐙᐅᓯᓂᐦᐄᑭᓐ wiichihiiwaausinihiikin ni ◆ un topo-guide

toquer

ᒥᒥᑖᐦᐄᒑᐤ mimitwaahiichaau vai redup ◆ il/elle toque sur quelque chose, martèle quelque chose

torcher

ᒋᒥᓵᐦᐋᐤ chimisaahaau vta ◆ il/elle lui essuie les fesses, le/la torche

torchon

ᑳᓯᐦᐄᑭᓐ kaasihiikin ni ◆ un torchon, une guenille

ᑳᓯᓂᑭᓐ kaasiinikin ni ◆ un torchon, un linge à vaisselle pour sécher, essuyer la vaisselle

ᓰᓂᑯᐹᑭᐦᐄᑭᓐ siinikupaakihiikin ni ◆ un linge à vaisselle, un torchon à vaisselle

tordeur

ᓰᓂᐹᑎᐦᐄᑭᓐ siinipaatihiikin ni ◆ un tordeur, une essoreuse de machine à laver le linge

tordre

ᐲᒫᐱᔅᑭᐦᐊᒻ piimaapiskiham vti ◆ il/elle le tord, le visse (minéral)

ᐲᒥᒁᓈᐤ piimikwaanaau vta ◆ il/elle lui tord le cou

ᐲᒥᓈᐤ piiminaau vta ◆ il/elle le/la tourne, tord

ᐲᒥᓂᒻ piiminim vti ◆ il/elle le tourne, le tord

ᐲᒥᐱᑖᐤ piimipitaau vta ◆ il/elle le/la retourne, le/la tord

tordu

ᐲᒫᐱᐦᑳᑖᐤ piimaapihkaataau vta ◆ il/elle l'attache tordu

ᐲᒫᐱᐦᑳᑎᒻ piimaapihkaatim vti ◆ il/elle l'attache tordu

ᐲᒫᐱᓯᔅᒋᓯᐤ piimaapisischisiu vai ◆ il/elle est tordu-e (minéral)

ᐲᒫᐱᐢᑳᐤ piimaapiskaau vii ◆ c'est tordu (minéral)

ᐲᒫᔥᑎᓐ piimaashtin vii ◆ c'est tordu par le vent

ᐲᒫᐢᑯᓐ piimaaskun vii ◆ c'est tout tordu (long et rigide)

ᐲᒫᐢᑯᓯᐤ piimaaskusiu vai ◆ il/elle est tout tordu-e (long et rigide)

ᐲᒥᐱᐤ piimipiu vai ◆ il/elle est posé-e, assis-e là tout tordu

ᐲᒥᐱᔨᐤ piimipiyiu vai ◆ il/elle est tordu-e

ᐲᒥᐱᔨᐤ piimipiyiu vii ◆ c'est tordu

ᐲᒥᓯᐤ piimisiu vai ◆ il/elle (ex. un arbre) est tordu

ᐙᐙᑭᓯᓈᑖᐤ waawaakisinaataau vai redup ◆ il/elle est tordu-e

ᐐᑎᑖᓯᒄ witiaasikw ni ◆ un arbre qui n'a pas les qualités nécessaires pour fabriquer des instruments parce qu'il est trop dur à sculpter, de couleur brune et parce qu'il se tord en séchant

ᒥᒋᑭᐙᐤ michikiwaau vai ◆ l'arbre a un grain trop tordu pour qu'on puisse bien le tailler ou le sculpter

ᐲᒫᐤ piimaau vii ◆ c'est tordu, croche

ᐲᒥᐦᒁᐱᔨᐤ piimihkwaapiyiu vai ◆ son visage devient tout tordu, il/elle a la paralysie de Bell

ᐲᒥᐦᑎᒋᓯᐤ piimihtichisiu vai ◆ il/elle (bois) est tordu

ᐲᒥᐦᑎᑳᐤ piimihtikaau vii ◆ le bois est tordu

ᐲᒥᑯᑖᐤ piimikutaau vai+o ◆ il/elle le suspend tout tordu

ᐲᒥᑯᑖᐤ piimikutaau vii ◆ ça pend tout tordu

ᐲᒥᐳᑖᐤ piimiputaau vai+o ◆ il/elle l'a vu tout tordu

ᐲᒥᐳᔮᐤ piimipuyaau vai ◆ il/elle l'a vu tout tordu

ᐲᒀᔥᑎᓐ piikwaashtin vii ◆ c'est brisé, tordu par la force du vent

torrent

ᒨᑖᐦᑎᓐ muutaahtin vii ◆ c'est une rivière profonde, un torrent profond

torrentiel

ᐹᔥᑭᔖᒀᐦᑎᓐ paashkishaakwaahtin vii ◆ il pleut si fort que ça éclabousse, c'est une pluie torrentielle

tort

ᐋᓈᐱᐦᑎᒼ aanwaapihtim vti ◆ il/elle lui trouve des torts, des défauts

ᐋᓈᐱᒫᐤ aanwaapimaau vta ◆ il/elle lui trouve des torts, des défauts

ᒋᔅᑎᒥᐦᐄᓲ chistimihiisuu vai reflex -u ◆ il/elle se fait du tort, se met dans la misère

ᒥᒋᐦᑐᑎᒼ michihtutim vti ◆ il/elle fait du mal, cause du tort

ᒥᒋᔥᑐᑎᐙᐤ michishtutiwaau vta ◆ il/elle lui cause du tort

ᐐᓂᑐᑖᒑᐤ winitutaachaau vai ◆ il/elle fait du tort aux autres

ᐐᓂᑐᑎᐙᐤ winitutiwaau vta ◆ il/elle lui fait du tort

ᐐᔮᔥᑐᑎᐙᐤ wiyaashtutiwaau vta ◆ il/elle le/la blesse, lui cause du tort d'une certaine façon, le/la répare

torticolis

ᒌᑎᐙᑯᔩᐙᐤ chiitiwaakuyiwaau vai ◆ il/elle a un torticolis

tortiller

ᐲᒥᔥᑖᐦᐊᒼ piimishtaaham vti ◆ il/elle enroule, tortille quelque chose de filiforme qui est suspendu

ᐲᒥᔥᑖᐦᐙᐤ piimishtaahwaau vta ◆ il/elle enroule, tortille quelque chose (animé) de filiforme qui est suspendu

ᐲᒥᔥᑖᓈᐤ piimishtaanaau vta ◆ il/elle le tortille (filiforme) à la main, le/la remonte

ᐲᒥᔥᑖᓂᒼ piimishtaanim vti ◆ il/elle le tortille à la main (filiforme), remonte un ressort

ᐙᐙᐱᒋᔅᒑᔨᐤ waawaapichischaayiu vai redup ◆ il/elle tortille des hanches

tortiller (se)

ᐙᐙᑲᐱᐦᒑᐱᔨᐦᐆ waawaakaapihchaapiyihuu vai redup -u ◆ ça bouge en se tortillant (ex. serpent)

tortue

ᑖᐦᑖᐤ taahtaau na ◆ une tortue

tortueuse

ᐙᐙᑭᑖᐅᐦᑳᐤ waawaakitaauhkaau vii redup ◆ c'est une colline tortueuse

tôt

ᐐᐱᒡ wiipich p,temps ◆ bientôt, tôt ■ ᓈᔥᒡ ᐐᐱᒡ ᐋᐦ ᒌᐦ ᐐᓂᔥᑳᔮᓐ ᒑᒋᔖᐸ᙮ ■ naashch wiipich aah chiih winishkaayaan chaachishaap. ■ *Je me suis levé très tôt le matin.*

ᒑᒋᔖᐹᐐᓂᔥᑳᐤ chaachishaapaawinishkaau vai ◆ il/elle se lève tôt le matin

ᒑᒋᔖᐹᐦᑖᐤ chaachishaapaahtaau vai ◆ il/elle part à pied tôt le matin

ᒑᒋᔖᐹᑯᑎᐙᐤ chaachishaapaakutiwaau vai ◆ il/elle fait un feu tôt le matin

ᒑᒋᔖᐹᐐᐤ chaachishaapaawiiu vai ◆ il/elle commence tôt le matin

ᒑᒋᔖᐹᐱᔨᐤ chaachishaapaapiyiu vai ◆ il/elle part tôt le matin en véhicule

total

ᓅᐦᑖᓈᐤ nuuhtaanaau vta ◆ il/elle ne réussit pas à en donner la quantité totale (animé, de l'argent, de la farine)

toucher

ᓂᐢᑮᐙᐦᐙᐤ niskiwaahwaau vta ◆ il/elle le/la touche quand il/elle passe

ᑖᐦᒋᐦᑎᓐ taahchihtin vii ◆ ça touche à quelque chose

ᑖᐦᒋᓈᐤ taahchinaau vta ◆ il/elle le/la touche

ᑖᐦᒋᓂᒼ taahchinim vti ◆ il/elle le touche

ᑖᐦᒋᔑᓐ taahchishin vai ◆ il/elle touche quelque chose (involontairement), est en contact avec quelque chose

ᑖᐦᒋᔥᑳᑐᐧᐃᒡ taahchishkaatuwich vai pl recip -u ◆ ils/elles se touchent, sont l'un à côté de l'autre

ᑖᐦᒋᔥᑭᒻ taahchishkim vti ◆ il/elle le /la touche avec son pied ou son corps

ᑖᐦᑳᐱᔅᒋᐦᑎᓐ taahkaapischihtin vii ◆ ça touche du métal

ᑖᐦᑳᐱᔅᒋᓈᐤ taahkaapischinaau vta ◆ il/elle le/la touche (minéral, ex. fourneau)

ᑖᐦᑳᐱᔅᒋᔑᓐ taahkaapischishin vai ◆ il/elle le touche, est en contact avec (minéral)

ᑖᐦᑭᐦᐧᐋᐤ taahkihwaau vta ◆ il/elle le/la touche avec ses mains ou avec autre chose

ᔮᔮᔅᑯᓈᐤ yaayaaskunaau vta ◆ il/elle en touche la longueur (animé, long et rigide)

ᐊᓯᓈᐤ asinaau vii ◆ c'est dur quand on touche (par exemple autour d'une blessure ou d'une brûlure)

ᐊᓯᓂᓰᐤ asinisiiu vai ◆ il/elle est dur-e au toucher, sur une partie du corps

ᑳᓯᓰᐤ kaasisiiu vai ◆ il/elle est sensible au toucher

ᑳᐧᐋᐤ kaawaau vii ◆ c'est rugueux au toucher

ᑯᑎᓂᒻ kutinim vti ◆ il/elle le touche, l'examine de ses mains

ᑯᔨᑎᐧᐃᓈᐤ kuyitiwinaau vta ◆ il/elle ne peut pas le/la trouver en tâtonnant

ᑯᔨᑎᐧᐃᓂᒻ kuyitiwinim vti ◆ il/elle ne peut pas le trouver en tâtonnant

ᒥᔅᑭᐧᐃᓂᑯᓰᐤ miskiwinikusiiu vai ◆ il/elle est ferme au toucher

ᓃᒫᑭᒧᐦᑖᐤ niimaakimuhtaau vai ◆ il/elle le suspend sans que ça touche tout à fait le fond

ᓃᒫᑭᒨ niimaakimuu vai -u ◆ il/elle est pendu-e, suspendu-e sans vraiment toucher le fond

ᓃᒫᑭᒨ niimaakimuu vii -u ◆ ça pend sans vraiment toucher le fond

ᓃᒥᑯᒋᓐ niimikuchin vai ◆ il/elle est pendu-e, suspendu-e sans vraiment toucher

ᓃᐧᔖᐦᐊᒻ niishwaaham vti ◆ il/elle en touche deux à la fois

ᓃᐧᔖᐦᐧᐋᐤ niishwaahwaau vta ◆ il/elle en touche deux (animé) à la fois

ᐹᑎᒫᐦᐱᓈᐦᐋᐤ paatimaahpinaahaau vta ◆ il/elle lui tire dessus et le/la touche mais il/elle s'envole avant de tomber

ᔔᑳᐅᐦᐋᐤ shuukaauhaau vta ◆ il/elle met du sucre dessus en le/la touchant

ᔔᑳᐅᓈᐤ shuukaaunaau vta ◆ il/elle lui met du sucre dessus en le/la touchant

ᔔᑳᐅᓂᒻ shuukaaunim vti ◆ il/elle met du sucre dessus en le touchant

ᓯᔅᒌᐅᔑᓐ sischiiushin vai ◆ il/elle se fait recouvrir de boue en tombant sur ou en touchant quelque chose de boueux

ᑖᐦᒋᐦᑎᑖᐤ taahchihtitaau vai ◆ il/elle le place en contact avec quelque chose

ᑖᐦᒋᐹᒋᐦᑎᓐ taahchipaachihtin vii ◆ ça touche la surface de l'eau, ça effleure l'eau

ᑖᐦᒋᐹᒋᔑᓐ taahchipaachishin vai ◆ il/elle touche l'eau, est au contact de l'eau

ᑎᐦᒋᓈᐤ tihchinaau vta ◆ il/elle le/la refroidit en le/la touchant avec ses mains froides

ᑎᐦᒋᓯᐤ tihchisiu vai ◆ il/elle est froid-e au toucher

ᑎᐦᑳᐤ tihkaau vii ◆ c'est froid au toucher

ᐧᐄᓂᔑᒨ wiinishimuu vai -u ◆ il/elle se salit en touchant quelque chose

ᔮᔮᔅᑯᓂᒻ yaayaaskunim vti ◆ il/elle en touche la longueur (long et rigide) avec sa main

ᑯᑎᓈᐤ kutinaau vta ◆ il/elle le/la touche, le/la palpe, l'examine de ses mains

ᒫᒫᑐᓂᒻ maamaatunim vti ◆ il/elle le sent en le touchant ou en pressant dessus

ᒫᒫᑐᓂᓈᐤ maamaatuninaau vta ◆ il/elle le/la sent en le/la touchant ou en pressant dessus

ᑖᐦᒋᑭᓈᔑᓐ taahchikinaashin vai ◆ l'aiguille de porc-épic touche un os dans le corps

ᐧᐄᓂᔑᒫᐤ wiinishimaau vta ◆ il/elle le/la salit en le/la laissant toucher quelque chose, il/elle le/la laisse pourrir

ᐧᐃᔨᐹᒋᐦᑎᓐ wiyipaachihtin vii ◆ c'est sale, noir (étalé) par le contact avec quelque chose

ᐧᐃᔨᐹᒋᔑᓐ wiyipaachishin vai ◆ il/elle (étalé) est noir, sale d'avoir touché quelque chose

ᐧᐃᔨᐱᐦᑎᓐ wiyipihtin vii ◆ ça se salit, devient noir en touchant quelque chose

ᐧᐃᔨᐱᔑᓐ wiyipishin vai ◆ il/elle se salit, devient noir en touchant quelque chose

ᒥᔪᓂᑯᓰᐤ miyunikusiiu vai ◆ il/elle est facile à manipuler, agréable à toucher

touffu

ᓯᑭᑎᐦᑯᓂᐆ sikitihkuniuu vai -iwi ◆ l'arbre est touffu, a beaucoup de branches

ᐲᑯᐧᐋᔥᑎᐧᑳᓈᐤ piikuwaashtikwaanaau vai ◆ il/elle a les cheveux épais, touffus

ᐲᐧᑳᔮᔅᑎᒋᓯᐤ piikwaayaastichisiu vai ◆ c'est un arbre touffu, au branchage bien dense

toujours

ᑳᒋᒡ kaachich p,temps ◆ toujours ■ ᒨᔥ ᑳᒋᒡ ᒋᑭ ᓅᑯᓂᔨᐤ ᐊᓂᔮ ᑳ ᐧᐃᔮᐱᔅᑳᐦᒃ ᐊᓯᓂᔨᐤ. ■ muush kaachich chiki nuukuniyiu aniyaa kaa wiyaapiskaahk asiniyiu. ■ *La sculpture de pierre qu'il a faite durera toujours.*

ᒨᔥ muush p,temps ◆ toujours ■ ᑭᒫ ᒨᔥ ᑯᐃᔅᒄ ᑭᓂᐧᐋᔨᒫᑦ ᐊᓂᔮᐦ ᐅᑎᐧᐋᔑᔒᒥᔥᐦ. ■ kimaa muush kuiskw kiniwaayimaat aniyaah utiwaashishiimishh. ■ *Je souhaite qu'elle prenne toujours bien soin de son bébé.*

touladi

ᑳᐧᐋᓈᔨᐦᑎᒥᐦᐄᐧᐋᔑᑦ kaawaanaayihtimihiiwaashit nap -m [Whapmagoostui] ◆ une petite truite grise, un petit touladi*Salvelinus sp.*

ᑯᑭᒫᔑᔥ kukimaashish na -m ◆ une truite grise, un touladi *Salvelinus namaycush*

ᑯᑭᒫᐤ **kukimaau** na -m ◆ une très grosse truite grise, un gros touladi *Salvelinus namaycush*

toundra

ᒧᔑᐙᐅᔅᒌ **mushiwaauschii** ni ◆ la toundra

tour

ᒁᔅᒡ **kwaasch** p,manière ◆ c'est à mon tour, ton tour, son tour, notre tour, votre tour, leur tour ■ ᒌᔨ ᒁᔅᒡ ᑎᐦᑯᓐᐦ ᐆ ᓈᔥᑖᑇᐦ ᓂᑎᔅᒋᓂᔅᒑᐏᔨᑯᓐ× ■ chiiyi kwaasch tihkunh uu naashtaapwaah nitischinischaawiyikun. ■ *C'est à ton tour de porter ça parce que mon bras se fatigue.*

ᒁᔅᒌᐱᓐ **kwaaschiipin** p,manière ◆ c'est à mon tour, ton tour, son tour, notre tour, votre tour, leur tour ■ ᐑᔨᐙᐤ ᒁᔅᒌᐱᓐ ᒋᑭ ᑭᓂᐚᔨᒫᐏᒡ ᐅᑳᐅᐙᐤᐦ× ■ wiiyiwaau kwaaschiipin chiki kiniwaayimaawich ukaauwaauh. ■ *C'est à leur tour de s'occuper de leur mère.*

ᒫᒦᔥᑯᒡ **maamiishkuch** p,manière ◆ à mon tour, ton tour, son tour, notre tour, votre tour, leur tour ■ ᒫᒦᔥᑯᒡ ᐐᒑᐏᒡ ᐊᓂᒌ ᑰᔑᔑᒥᔑᓂᐅᒡ× ■ maamiishkuch wiichaawich anichii kuushishimishiniuch. ■ *C'est à votre tour d'emmener nos petits-enfants!*

ᑯᐃᔥᑎᑳᒫᐦᐅᔮᐤ **kuishtikaamaahuyaau** vta ◆ il/elle lui fait faire le tour du lac par voie d'eau ou voie aérienne

ᑯᐃᔥᑎᑳᒫᐱᔨᐤ **kuishtikaamaapiyiu** vai ◆ il/elle fait le tour de l'habitation

ᑯᐃᔥᑎᑳᒫᔥᑭᒼ **kuishtikaamaashkim** vti ◆ il/elle en fait le tour (un lac, une courbe) à pied

ᑯᐃᔥᑎᑳᒫᔥᑭᒷᐤ **kuishtikaamaashkimwaau** vta ◆ il/elle fait le tour de son habitation à pied

ᑯᐃᔥᑎᑳᒫᑎᐦᐋᐤ **kuishtikaamaatihaau** vta ◆ il/elle lui fait faire le tour de l'intérieur de sa maison

ᑖᑎᐹᐅᐦᐅᔮᐤ **taatipaauhuyaau** vta ◆ il/elle le/la fait faire un tour dans les airs ou sur l'eau

ᑖᑎᐹᐚᔮᔑᐤ **taatipaawaayaashiu** vai ◆ il/elle en fait le tour en bateau

ᒌᓂᒁᓂᐦᑖᐤ **chiinikwaanihtaau** vai ◆ il/elle marche tout autour; il/elle en fait le tour (par ex. aiguille d'horloge); une heure passe

ᒌᓂᒁᓂᐱᔨᐤ **chiinikwaanipiyiu** vai ◆ il/elle tourne, virevolte, fait le tour

ᒌᐚᑳᐴ **chiiwaakaapuu** vai -uwi ◆ il/elle en fait le tour debout, tourne autour debout

ᑯᐃᔥᑎᑳᒫᐦᐊᒼ **kuishtikaamaaham** vti ◆ il/elle en fait le tour en pagayant, à la nage

ᑯᐃᔥᑎᑳᒫᓂᒋᔥᑭᒼ **kuishtikaamaanichishkim** vti ◆ il/elle fait le tour de l'île à pied

ᑯᐃᔥᑎᑳᒫᔅᒑᑭᐦᐊᒼ **kuishtikaamaaschaakiham** vti ◆ il/elle fait tout le tour du marécage à pied

ᑯᐃᔥᑎᑳᒫᐚᔖᐙᐤ **kuishtikaamaawaashaawaau** vai ◆ il/elle fait le tour d'une baie, contourne la baie

ᑖᑎᐹᐅᐦᑭᐦᐊᒼ **taatipaauhkiham** vti ◆ il/elle fait le tour de la montagne, de la colline

ᑖᑎᐹᐙᐤ **taatipaawaau** vai ◆ il/elle fait le tour de la pointe, de l'île

tourbière

ᒥᔅᒑᒄ **mischaakw** ni -um ◆ une tourbière, un marécage, une fondrière de mousse, une swamp (anglicisme)

ᐊᑳᒥᔅᒑᒡ **akaamischaach** p,lieu ◆ de l'autre côté du muskeg, de la tourbière ■ ᐊᑳᒥᔅᒑᒡ ᒌᐦ ᐱᒧᐦᑖᐤ ᑳ ᐙᐱᒥᒃ× ■ akaamischaach chiih pimuhtaau kaa waapimik. ■ *Je l'ai vu traverser le muskeg.*

ᐋᔓᐏᔥᒑᑭᐦᐊᒼ **aashuwishchaakiham** vti ◆ il/elle traverse la tourbière à pied

ᒧᔑᔓᔅᒑᑳᐤ **mushishuschaakaau** vii ◆ c'est un muskeg, une tourbière sans arbres ni buissons

ᑎᔅᑭᒥᔅᒑᒋᐱᒋᐤ **tiskimischaachipichiu** vai ◆ il/elle traverse la tourbière tout droit en déplaçant son campement d'hiver

ᒧᓵᐅᔅᒑᑭᐦᐊᒼ **musaauschaakiham** vti ◆ il/elle sort dans le muskeg, la tourbière

ᔖᑭᐏᔅᒑᑳᐤ **shaakiwischaakaau** vii ◆ c'est une tourbière étroite

ᑎᔅᑭᒥᔅᒑᑭᐦᐊᒼ **tiskimischaakiham** vti ◆ il/elle traverse la tourbière tout droit en marchant

tourbillon

ᒌᓂᒁᓂᒋᐏᓐ **chiinikwaanichiwin** vii ◆ c'est un remou, un tourbillon

ᐙᔮᒋᐏᓐ **waayaachiwin** vii ◆ la surface de l'eau a une dépression causée par un tourbillon

tourbillonnant

ᒌᓂᒁᓈᔮᒋᒋᐏᓐ **chiinikwaanaayaachichiwin** vii ◆ c'est un courant tourbillonnant

tourbillonner

ᒌᓂᒁᓈᔮᔥᑎᐦᑖᐤ **chiinikwaanaayaashtihtaau** vai+o ◆ il/elle le fait tourbillonner dans les airs

ᒌᓂᒁᓈᔮᔥᑎᓐ **chiinikwaanaayaashtin** vii ◆ ça tourbillonne, ça tournoie sous l'effet du vent ■ ᒌᐦ ᒌᓂᒁᓈᔮᔥᑎᓐ ᐊᓐ ᓂᒥᓯᓂᐦᐄᑭᓐ ᑳ ᑎᒋᔅᒋᓂᒫᓐ× ■ chiih chiinikwaanaayaashtin an nimisinihiikin kaa tichischinimaan. ■ *Le vent a fait tourbillonner mon livre dans les airs quand je l'ai fait tomber.*

ᒌᓂᒁᓂᐱᔨᐤ **chiinikwaanipiyiu** vii ◆ ça tourne, ça tournoie, ça tourbillonne

ᒌᓂᒁᓂᐱᔨᐦᑖᐤ **chiinikwaanipiyihtaau** vai ◆ il/elle le balance; le fait tourner, tournoyer, tourbillonner, virevolter

tourmenter

ᐑᓯᑳᐦᐱᓈᐤ **wiisikaahpinaau** vai ◆ il/elle souffre énormément, il/elle est tourmenté-e

tourmenter (se)

ᐃᔮᔪᐚᔨᐦᑎᒼ **iyaayuwaayihtim** vti ◆ il/elle se fait trop de souci à ce sujet, elle se tourmente

tournant

ᐧᐚᔨᔪᐱᔨᐤ waayiyupiyiu vai ◆ il/elle prend le tournant en conduisant, en marchant

ᐧᐚᑭᒧᐦᑖᐤ waakimuhtaau vai ◆ il/elle crée un sentier ou une route avec des tournants

ᐧᐚᑭᒨ waakimuu vii -u ◆ le sentier ou la route a des tournants

ᐧᐚᔨᔪᐱᔨᐤ waayiyupiyiu vii ◆ ça prend, suit le tournant

ᐧᐚᔨᐧᔮᐸᒋᒋᐧᐃᓐ waayiywaapaachichiwin vii ◆ il y a un méandre dans la rivière, un tournant dans les rapides

tourne

ᐧᐚᔨᔨᒨ waayiyimuu vii -u ◆ ça tourne (ex. route, sentier)

ᒌᓂᐧᑳᓂᐱᔨᐦᐆ chiinikwaanipiyihuu vai -u ◆ il/elle tourne, virevolte, fait des pirouettes

ᒌᔥᐧᑳᐱᔨᐤ chiishkwaapiyiu vai ◆ il/elle a le vertige, la tête lui tourne

ᐧᑳᔅᒋᔨᐧᐚᐤ kwaaschiyiwaau vii ◆ le vent tourne soudain

tourne-disque

ᑳᔨᒦᒥᑭᐦᒡ kaayimiimikihch nip ◆ un tourne-disque, un électrophone

tourner

ᒌᓂᐧᑳᓈᔮᔥᑖᐱᑖᐤ chiinikwaanaayaashtaapitaau vta ◆ il/elle le/la fait tourner dans les airs

ᒌᓂᐧᑳᓈᔮᔅᑯᐦᐊᒼ chiinikwaanaayaaskuham vti ◆ il/elle le fait tourner avec un bâton

ᒌᓂᐧᑳᓈᔮᔅᑯᐦᐧᐋᐤ chiinikwaanaayaaskuhwaau vta ◆ il/elle le/la fait tourner avec un bâton

ᒌᓂᐧᑳᓂᓈᐤ chiinikwaaninaau vta ◆ il/elle le/la tourne avec ses mains

ᒌᓂᐧᑳᓂᐱᑖᐤ chiinikwaanipitaau vta ◆ il/elle le/la fait tourner en rond

ᒌᐧᐋᓈᐤ chiiwaanaau vta ◆ il/elle le/la tourne dans une autre direction

ᐧᑳᔅᑲᐱᐦᒑᐦᐊᒼ kwaaskaapihchaaham vti ◆ il/elle le fait tourner sur un fil

ᐧᑳᔅᑲᐱᐦᒑᐦᐧᐋᐤ kwaaskaapihchaahwaau vta ◆ il/elle le fait tourner sur un fil

ᐧᑳᔅᐧᑳᐹᑭᐦᐧᐋᐤ kwaaskwaapaakihwaau vta ◆ il/elle le fait tourner (par ex. de la nourriture cuite suspendue par un fil au dessus du feu)

ᐧᐋᔅᑲᐱᔨᔥᑎᐧᐋᐤ waaskaapiyishtiwaau vta ◆ il/elle tourne en rond autour de lui/d'elle

ᐋᐦᒋᔨᐧᐋᐱᔨᐤ aahchiyiwaapiyiu vii ◆ le vent tourne

ᐋᐦᒋᔨᐧᐋᐤ aahchiyiwaau vii ◆ le vent tourne

ᒌᓂᐧᑳᓈᔮᐱᐦᒑᐦᐊᒼ chiinikwaanaayaapihchaaham vti ◆ il/elle le fait tourner suspendu à un fil

ᒌᓂᐧᑳᓈᔮᐱᐦᒑᐦᐧᐋᐤ chiinikwaanaayaapihchaahwaau vta ◆ il/elle le/la fait tourner suspendu-e à un fil

ᒌᓂᐧᑳᓈᔮᔥᑖᐱᔨᐤ chiinikwaanaayaashtaapiyiu vii ◆ une lumière (qui) tourne, par ex. celle d'un gyrophare

ᒌᓂᐧᑳᓂᐱᑎᒼ chiinikwaanipitim vti ◆ il/elle le fait tourner en rond

ᒌᓂᐧᑳᓂᔮᐱᐦᒑᐱᑖᐤ chiinikwaaniyaapihchaapitaau vta ◆ il/elle le/la fait tourner sur une ficelle

ᒌᓂᐧᑳᓂᔮᐱᐦᒑᐱᑎᒼ chiinikwaaniyaapihchaapitim vti ◆ il/elle le fait tourner sur une ficelle

ᒌᐧᐋᔅᐧᑳᔨᐤ chiiwaaskwaayiu vai ◆ il/elle tourne la tête

ᒌᐧᐋᔮᔅᑯᐦᐊᒼ chiiwaayaaskuham vti ◆ il/elle lui fait faire demi-tour (se dit d'un canot)

ᐧᑳᑎᐱᔅᐧᑳᔨᐤ kwaatipiskwaayiu vai ◆ il/elle tourne la tête de l'autre côté

ᒥᒋᐱᔨᐤ michipiyiu vai ◆ il/elle tourne mal, ça se passe mal pour lui/elle

ᓈᓂᑐᐱᔨᔥᑎᐧᐋᐤ naanitupiyishtiwaau vta redup ◆ il/elle tourne dans tous les sens à sa recherche

ᐹᔅᑖᒋᓂᒼ paastaachinim vti ◆ il/elle tourne la page

ᐲᒥᐦᐊᒼ piimiham vti ◆ il/elle le tourne, le visse

ᐲᒥᓈᐤ piiminaau vta ◆ il/elle le/la tourne, tord

ᐲᒥᓂᒼ piiminim vti ◆ il/elle le tourne, le tord

ᐧᐋᔅᑲᒨ waaskaamuu vii -u ◆ ça tourne autour, est tout autour

ᐧᐋᔪᐱᔨᐦᐆ waayupiyihuu vai -u ◆ il/elle prend tout à coup un tournant, dévie

ᒌᓂᐧᑳᓂᐱᔨᐤ chiinikwaanipiyiu vai ◆ il/elle tourne, virevolte, fait le tour

ᒌᓂᐧᑳᓂᐱᔨᐤ chiinikwaanipiyiu vii ◆ ça tourne, ça tournoie, ça tourbillonne

ᒌᓂᐧᑳᓂᑖᐹᐤ chiinikwaanitaapaau vai ◆ il/elle tourne en rond en tirant quelque chose

ᒌᓂᐧᑳᓂᐧᐋᐱᐦᐅᓲ chiinikwaaniwaapihusuu vai reflex -u ◆ il/elle se fait tourner, tournoyer, virevolter

ᒌᐧᐋᑳᐴ chiiwaakaapuu vai -uwi ◆ il/elle en fait le tour debout, tourne autour debout

ᒌᐧᐋᑳᐳᐧᐃᔥᑎᒼ chiiwaakaapuwishtim vti ◆ il/elle retourne à quelque chose qu'il/elle avait abandonné auparavant; il/elle tourne le dos à quelque chose qu'il/elle faisait

ᒌᐧᐋᑎᓂᐱᔨᐤ chiiwaatinipiyiu vii ◆ le vent tourne et devient un vent du nord

ᓂᐦᐄᐱᔨᐤ nihiipiyiu vai ◆ ça s'arrange bien, les choses tournent bien pour lui/elle

ᒌᓂᐧᑳᓂᐱᔨᐦᐋᐤ chiinikwaanipiyihaau vta ◆ il/elle le conduit en cercle, en rond; il/elle fait tourner son partenaire de danse

ᒌᓂᐧᑳᓂᐱᔨᐦᑖᐤ chiinikwaanipiyihtaau vai ◆ il/elle le balance; le fait tourner, tournoyer, tourbillonner, virevolter

tourner (se)

ᐋᐱᒦᔥᑎᐚᐤ **aapimiishtiwaau** vta ◆ il/elle se tourne vers elle/lui

tournoyer

ᒌᓂᒁᓂᑯᒋᓐ **chiinikwaanikuchin** vai ◆ il/elle tournoie dans les airs après avoir été atteint-e (comme un canard à la chasse), tombe en vrille

ᒌᓂᒁᓈᔮᔥᑎᓐ **chiinikwaanaayaashtin** vii ◆ ça tourbillonne, ça tournoie sous l'effet du vent ▪ ᒌᐦ ᒌᓂᒁᓈᔮᔥᑎᓐ ᐊᓐ ᓂᒥᓯᓂᐦᐄᑭᓐ ᑳ ᑎᒋᔅᒋᓂᒫᓐ᙮ ▪ chiih chiinikwaanaayaashtin an nimisinihiikin kaa tichischinimaan. ▪ *Le vent a fait tourbillonner mon livre dans les airs quand je l'ai fait tomber.*

ᒌᓂᒁᓂᐱᔨᐤ **chiinikwaanipiyiu** vii ◆ ça tourne, ça tournoie, ça tourbillonne

ᒌᓂᒁᓂᐚᐱᐦᐅᓲ **chiinikwaaniwaapihusuu** vai reflex -u ◆ il/elle se fait tourner, tournoyer, virevolter

ᒌᓂᒁᓂᐱᔨᐦᑖᐤ **chiinikwaanipiyihtaau** vai ◆ il/elle le balance; le fait tourner, tournoyer, tourbillonner, virevolter

tours

ᒥᒫᐦᑖᐅᐃᔨᐦᑎᐤ **mimaahtaauiyihtiu** vai ◆ il est magicien, elle est magicienne, il/elle fait des tours de magie, fait des choses extraordinaires

tous

ᒫᒨ **maamuu** p,manière ◆ tous ensemble ▪ ᒫᒨ ᒌᐦ ᐑᒋᐎᒡ ᐊᓂᔮ ᒥᐦᑐᑳᓂᔨᐤ᙮ ▪ maamuu chiih wiichiwich aniyaa mihtukaaniyiu. ▪ *Ils vécurent tous ensemble dans la même lutte d'hiver.*

ᒫᔑᑯᒻ **maashikum** p,quantité ◆ tous, toute, chaque ▪ ᒫᔑᑯᒻ ᐎᔮᐱᒥᐦᒃ ᑏᐚᐦᒡ ᓂᐹᒋᐚᒋᔮᒥᒄ᙮ ▪ maashikum wiyaapimihk tiiwaahch nipaachiwaachiyaamikw. ▪ *Chaque fois que je le vois, il me serre la main tout de suite.*

ᒫᔑᑯᒥᒌᔑᑳᐅᐦ **maashikumichiishikaauh** p,temps ◆ tous les jours

ᒥᓯᐚ **misiwaa** p,quantité ◆ tout, tous, toute ▪ ᒥᓯᐚ ᒌᐦ ᐚᐱᐦᑎᒧᒡ ᐊᓂᔮ ᒋᔖᒌᒫᓂᔨᐤ᙮ ▪ misiwaa chiih waapihtimuch aniyaa chishaachiimaaniyiu. ▪ *Ils ont tous vu le grand bateau.*

tous à la fois

ᐋᐱᑎᓐ **aapitin** p,manière ◆ tous à la fois, en une (seule) fois ▪ ᒥᒄ ᐋᐱᑎᓐ ᒌᐦ ᓈᓯᐹᐦᑎᑖᐤ ᐅᒑᒁᓂᒥᐚᐅᐦ᙮ ▪ mikw aapitin chiih naasipaahtitaau uchaakwaanimiwaauh. ▪ *Il a descendu toutes leurs affaires à la rivière en une seule fois.*

tousser

ᐅᔥᑐᑎᒻ **ushtutim** vti ◆ il/elle tousse

ᐅᔑᑯᒨ **ushikumuu** vai -u ◆ il/elle se blesse en toussant

tout

ᒋᓯᒡ **chisich** p,manière ◆ toute la famille, parents et enfants ▪ ᒋᓯᒡ ᒌᐦ ᐅᐦᐱᐦᐅᐎᒡ ᑳ ᑯᔅᐱᐦᔮᒡ᙮ ▪ chisich chiih uhpihuwich kaa kuspihyaach. ▪ *Toute la famille est allée en avion à l'intérieur des terres.*

ᐃᔅᑭᓂᒌᔑᑳᐅᐦ **iskinichiishikaauh** p,temps ◆ toute la journée ▪ ᐃᔅᑭᓂᒌᔑᑳᐅᐦ ᓂᒌᐦ ᒋᔅᒋᓲᑎᑎᐚᐤ ᓅᔑᔑᒥᔥ᙮ ▪ iskinichiishikaauh nichiih chischisiititiwaau nuushishimish. ▪ *J'ai pensé à mon petit-fils/à ma petite fille toute la journée*

ᐃᔅᑭᓂᓃᐱᓐᐦ **iskininiipinh** p,temps ◆ tout l'été ▪ ᐋᑯᑎᐦ ᐅᑎᐦ ᑳᐦ ᐃᐦᑖᑦ ᐃᔅᑭᓂᓃᐱᓐᐦ᙮ ▪ aakutih utih kaah ihtaat iskininiipinh. ▪ *Il/elle est resté-e ici tout l'été.*

ᐃᔅᑭᓂᓰᑯᓐᐦ **iskinisiikunh** p,temps ◆ tout le printemps ▪ ᐃᔅᑭᓂᓰᑯᓐᐦ ᒌᐦ ᓂᐱᐦᐋᑭᓂᐤ ᐱᔮᓯᐤ᙮ ▪ iskinisiikunh chiih nipihaakiniu piyaasiu. ▪ *La chasse à l'oie a été bonne tout le printemps.*

ᐃᔅᑭᓂᑎᒁᒋᓐᐦ **iskinitikwaachinh** p,temps ◆ tout l'automne ▪ ᐃᔅᑭᓂᑎᒁᒋᓐᐦ ᓂᒌᐦ ᐃᔅᐱᔨᓈᓐ ᐊᓂᐦᐄ ᒦᓂᔥᐦ ᑳ ᒫᐅᒋᐦᑖᔮᐦᒡ᙮ ▪ iskinitikwaachinh nichiih ispiyinaan anihii miinish-h kaa maauchihtaayaahch. ▪ *Les baies que nous avons ramassées tous ont duré tout l'automne.*

ᐃᔅᑭᓂᑎᐱᔅᑳᐅᐦ **iskinitipiskaauh** p,temps ◆ toute la nuit ▪ ᐃᔅᑭᓂᑎᐱᔅᑳᐅᐦ ᒌᐦ ᒧᔖᔮᐱᔥᑭᑯᒋᓐ ᑎᐱᔅᑳᓂᐲᓯᒻ᙮ ▪ iskinitipiskaauh chiih mushaayaapishkikuchin tipiskaanipiisim. ▪ *On voyait la lune pendant toute la nuit.*

ᐃᔅᑭᓂᑎᐏᔥᑖᐅᐦ **iskinitiwishtaauh** p,temps ◆ toute la semaine ▪ ᐃᔅᑭᓂᑐᐏᔥᑖᐅᐦ ᒌᐦ ᐹᒋ ᓂᔥᑎᐑᓈᓂᐤ᙮ ▪ iskinituwishtaauh chiih paachi nishtiwiinaaniu. ▪ *La réunion a duré toute la semaine.*

ᓈᓂᑎᒻ **naanitim** p,temps ◆ complètement, tout en une fois ▪ ᓈᔥᑎᔨᒡ ᓈᓂᑎᒻ ᒌᐦ ᒌᔑᐦᑐᑎᒻ ᐊᓂᔮ ᐅᑖᐱᑎᓰᐎᓐ᙮ ▪ naashtiyich naanitim chiih chiishihtutim aniyaa utaapitisiiwin. ▪ *Elle/il a terminé tout son travail en une fois.*

ᓈᔥᑎᔨᔥ **naashtiyish** p,manière ◆ du tout, tout, complètement, toujours ▪ ᓈᔥᑎᔨᔥ ᒌᐦ ᓅᑯᓂᔨᐤ ᐊᓂᔮ ᑳ ᐃᔑ ᐑᐦᑎᒧᐚᑭᓂᐎᑦ᙮ ❖ ᓈᔥᑎᔨᒡ ᓂᒥ ᓅᐦᒋ ᒋᔅᒑᔨᐦᑖᓐ ᑖᓐ ᒑ ᐃᐦᑎᔮᓐ ᐃᔅᑯᑎᒃ ᑳᐦ ᐑᐦᑎᒫᑭᐎᔮᓐ ᐊᓐ ᑳ ᐃᔅᐱᔨᑯᐱᓈ᙮ ▪ naashtiyish chiih nuukuniyiu aniyaa kaa ishi wiihtimuwaakiniwit. ❖ naashtiyich nimi nuuhchi chischaayihtaan taan chaa ihtiyaan iskutik kaah wiihtimaakiwiyaan an kaa ispiyikupinaa. ▪ *Tout ce qu'on t'a dit s'est réalisé.* ❖ *Je ne savais pas du tout quoi faire quand c'est arrivé.*

ᐋᐱᑎᓃᐤ **aapitiniiu** vai ◆ il/elle réussit à tout prendre en une fois

ᓂᒥ ᐃᔥᒁᐹᐚᐤ **nimi ishkwaapaawaau** vai ◆ il/elle est tout-e mouillé-e

ᐃᔅᑭᓂᐱᐳᓐᐦ **iskinipipunh** p,temps ◆ toute l'année, tout l'hiver ▪ ᐋᑯᑖᐦ ᑳᐦ ᐃᐦᑖᑦ ᓈᑖᐦ ᐅᓂᑑᐦᐆᔅᒌᐦᒡ ᐃᔅᑭᓂᐱᐳᓐᐦ᙮ ▪ aakutaah kaah ihtaat naataah unituuhuuschiihch iskinipipunh. ▪ *Il passe toute l'année sur sa ligne de trappe.*

ᒥᓯᐚ **misiwaa** p,quantité ◆ tout, tous, toute ▪ ᒥᓯᐚ ᒌᐦ ᐚᐱᐦᑎᒧᒡ ᐊᓂᔮ ᒋᔖᒌᒫᓂᔨᐤ᙮ ▪ misiwaa chiih waapihtimuch aniyaa chishaachiimaaniyiu. ▪ *Ils ont tous vu le grand bateau.*

ᒥᓯᐦᑎᐅᓯᒁᐤ **misihtiusikwaau** vii ◆ toute l'étendue d'eau est maintenant gelée

tout à coup

ᐴᑎᒥᒄ **puutimikw** p,manière ◆ tout à coup

ᒋᓯᔅᑳ chisiskaa p,manière ◆ soudain, vite, tout à coup ■ ᓂᒌᐦ ᑯᔅᑯᓯᐦᐄᒄ ᓈᔥᒡ ᒋᓯᔅᑳ ᐋᐦ ᒌᐦ ᐅᐦᒋ ᐱᔑᑯᔑᐱᐦᑖᑦ᙮ ■ nichiih kuskusihiikw naashch chisiskaa aah chiih uhchi pishikushipihtaat. ■ *J'ai eu très peur quand elle/il s'est soudain levé-e.*

ᐅᑳᔥᑖᐱᔨᐤ ukaashtaapiyiu vii ◆ ça devient noir tout à coup, ça s'assombrit soudainement

tout d'abord

ᐱᑎᒫ pitimaa p,temps ◆ tout d'abord, avant ■ ᐱᑎᒫ ᓂᑭ ᒦᒋᓱᓐ ᐄᔮᒄ ᒑ ᑎᑯᔑᓂᔮᓐ᙮ ■ pitimaa niki miichisun iiyaakw chaa tikushiniyaan. ■ *Tout d'abord je vais manger, ensuite je viendrai te voir.*

tout de suite

ᓂᔮᒋᔥᑦ niyaachisht p,manière ◆ tout de suite ■ ᓈᔥᒡ ᓂᔮᒋᔥᑦ ᐋᐦ ᒌᐦ ᒋᔅᑐᑖᑦ ᑳ ᐑᐦ ᐃᔮᐧᓈᔨᒥᑯᑦ᙮ ■ naashch niyaachisht aah chiih chistutaat kaa wiih iyaanwaayimikut. ■ *Elle/il a répondu tout de suite quand il a essayé de discuter avec elle.*

ᒌᔥᑎᐹᐱᒫᐤ chiishtipaapimaau vta ◆ il/elle le/la remarque tout de suite

ᓂᐦᐋᐱᒫᐤ nihaapimaau vta ◆ il/elle le/la remarque tout de suite

tout fait

ᒌᔖᑎᓐ chiishaatin vii ◆ c'est préfabriqué, tout fait ■ ᐋᐦ ᒌᔖᑎᐦᒡ ᒫᐦᑮ ᓂᑭ ᐅᑎᓂᒑᓐ᙮ ■ aah chiishaatihch maahkii niki utinichaan. ■ *Je vais m'acheter une tente toute faite.*

ᒌᔖᑎᓰᐤ chiishaatisiiu vai ◆ il/elle est préfabriqué-e, tout-e fait-e ■ ᒌᐦ ᒌᔖᑎᓰᐤ ᒋᓵᐱᓯᔅᒋᓵᐙᓐ ᑳ ᒥᔨᐙᔮᓐ᙮ ■ chiih chiishaatisiiu chisaapisischisaawaan kaa miyiwaayaan. ■ *Je lui ai donné un réchaud de camping tout fait.*

tout juste

ᒑᒋᔥᒋᐱᔨᐤ chaachishchipiyiu vii ◆ c'est à peine suffisant, c'est tout juste assez

tout plein

ᐙᔪᓵᐱᐦᑎᒻ waayusaapihtim vti ◆ il/elle en voit tout plein

ᐙᔪᓵᐱᒫᐤ waayusaapimaau vta ◆ il/elle en voit tout plein (animé)

ᐙᔪᑎᐦᐱᓂᑖᐤ waayutihpinitaau vta ◆ il/elle en attrape, en ramasse tout plein

toute

ᒥᓯᐙ misiwaa p,quantité ◆ tout, tous, toute ■ ᒥᓯᐙ ᒌᐦ ᐙᐱᐦᑎᒧᒡ ᐊᓂᔮ ᒋᔖᒌᒫᓂᔨᐤ᙮ ■ misiwaa chiih waapihtimuch aniyaa chishaachiimaaniyiu. ■ *Ils ont tous vu le grand bateau.*

toute façon (de)

ᒥᔑᐙᒡ mishiwaach p,manière ◆ de toute façon ■ ᑯᔖᑳ ᐋᑯᔥ ᐃᔮᐱᑖᔨᒫᑖᐤ ᑖᐹ ᒥᔑᐙᒡ ᒋᔅᒑᔨᐦᑎᒻ ᒑ ᐃᐦᑎᓈᓂᐏᔨᒡ᙮ ■ kushaakaa aakush iyaapitaayimaataau taapaa mishiwaach chischaayihtim chaa ihtinaaniwiyich. ■ *Oublions-la parce que de toute façon elle ne sait pas se qui se passe.*

toutefois

ᐙᐙᒡ waawaach p,évaluative ◆ même, toutefois, malheureusement ■ ᐙᐙᒡ ᑳ ᐏᓂᒋᔅᒋᓯᔮᐦᒡ ᒫᒌᓯᒡ ᓈᔥᒡ ᒫᒃ ᐋᐦ ᒌᐦ ᑎᐦᑳᔮᒡ᙮ ■ waawaach kaa winichischisiyaahch maachiisich naashch maak aah chiih tihkaayaach. ■ *Il faisait si froid, mais malheureusement nous avions oublié les allumettes.*

toux

ᐅᔥᑐᑎᒧᓈᐳᐃ ushtutimunaapui ni -um ◆ du sirop contre la toux

ᑳᔒᐙᑭᒥᔑᒡ kaashiiwaakimishich nip ◆ du sirop sucré pour la toux

trace

ᒥᐦᒋᔥᑭᒻ mihchishkim vti ◆ il/elle laisse de grandes traces

ᑖᐦᑖᔮᐱᓯᑯᐦᐙᐤ taahtaayaapisikuhwaau vai ◆ il/elle marche dans ses traces

ᒋᔒᐱᑎᒻ chishiipitim vti ◆ ses traces sont gelées dures

ᐃᔮᐱᔑᔥᑭᔑᐤ iyaapishishkishiu vai dim ◆ ses traces sont petites

ᒫᑖᐦᐋᐤ maataahaau vta ◆ il/elle voit les traces de gros gibier

ᒫᑖᐦᑏᐤ maataahtiiu vai ◆ il/elle trouve des traces d'orignal ou de caribou

ᒥᑎᐦᑐᔨᐤ mitihtuyiu vai ◆ il/elle suit les traces du caribou, de l'orignal

ᒥᔮᓂᒻ miyaanim vti ◆ il/elle laisse des traces récentes

ᓈᓂᑐᐏᐦᑖᐤ naanituwihtaau vai redup ◆ il/elle cherche les traces d'un animal

ᓂᑳᓂᒻ nikaanim vti ◆ il/elle a laissé des vieilles traces, ses traces sont anciennes

ᓂᒫᐦᐋᐤ nimaahaau vta ◆ il/elle voit des traces de son activité

ᓂᒫᐦᑖᐤ nimaahtaau vai ◆ il/elle laisse des traces de sa présence, de son passage

ᓂᔥᑎᐏᓂᐦᑖᐤ nishtiwinihtaau vai+o ◆ il/elle reconnaît les traces

ᓅᑯᓂᐦᑎᑯᓯᐤ nuukunihtikusiu vai ◆ ses traces sont visibles

ᐹᔥᑮᑭᒋᔑᐤ paashkiikichishiu vai ◆ ses traces sont recouvertes par le vent

ᐅᔥᑎᒫᐤ ushtimaau vai ◆ il/elle voit des traces de gros gibier

ᐙᐱᐦᑖᐤ waapihtaau vta ◆ il/elle voit ses traces

ᐑᒁᐦᐊᒻ wiikwaaham vti ◆ ses traces sont fraîches

ᐑᒁᓂᒻ wiikwaanim vti ◆ ses traces sont fraîches

ᑰᓃᔅᒋᓂᒻ kuuniischinim vti ◆ il/elle laisse des traces durant un temps neigeux

ᒥᓈᐦᑭᐦᑖᐤ minaahkihtaau vii ◆ les traces disparaissent dans la neige fondante

ᒥᔅᒁᑯᓈᔥᑭᐙᐤ miskwaakunaashkiwaau vta ◆ il/elle trouve des traces d'un ours près de sa caverne, le/la trouve sous la neige avec son pied

ᓂᒫᔥᑭᒼ nimaashkim vti ◆ il/elle laisse des traces ou des signes en marchant

ᐚᐢᑭᒫᓂᓂᒼ waaskimaaninim vti ◆ il/elle laisse des traces récentes et visibles après la tempête

ᐚᐢᑭᓂᐚᑖᐤ waaskiniwaataau vii ◆ c'est bien visible à distance (ex. sentier, traces)

ᐚᐢᑭᓄᐏᓲ waaskinuwisuu vai -u ◆ ses traces, signes d'activité sont bien visibles à distance

ᐏᓂᔥᑭᒼ winishkim vti ◆ ça fait beaucoup de traces

ᒥᔥᑭᔒ mishkishii na ◆ un ongle, une griffe, une trace de motoneige

ᐱᔨᐢᑯᑎᒫᐦᑯᓈᐱᒋᐤ piyiskutimaahkunaapichiu vai ◆ il/elle fait la trace en déplaçant son campement d'hiver

ᓵᓱᐏᐦᑯᓂᒫᑰ saasuwihkunimaakuu vai -u ◆ il y a une trace de sang sur ses vêtements, signe qu'il va tuer de la nourriture dans un futur proche

ᓂᑑᓂᒫᐦᑖᐤ nituunimaahtaau vai+o ◆ il/elle examine le piège à castor pour voir s'il y a des traces de la présence des castors autour du piège

tracé

ᒋᔥᑎᒨ chishtimuu vii -u ◆ c'est un sentier bien tracé, bien fréquenté

tracer

ᐾᐢᑯᓯᓂᐦᐊᒼ puuskusiniham vti ◆ il/elle trace une ligne en travers

ᒥᓯᓂᐦᐚᐤ misinihwaau vta ◆ il/elle écrit, trace des dessins sur lui/elle

ᐾᐢᑯᓯᓂᐦᐚᐤ puuskusinihwaau vta ◆ il/elle trace une ligne en travers, le/la divise en deux

ᑖᐱᓯᓂᐦᐚᐤ taapisinihwaau vta ◆ il/elle en trace le contour

ᑎᐚᑯᓈᔥᑭᒼ tiwaakunaashkim vti ◆ il/elle fait la trace, trace le sentier après une grosse chute de neige

ᑎᐏᐦᑯᓈᐦᐊᒼ tiwihkunaaham vti ◆ il/elle fait la trace après une grosse chute de neige

ᑎᐏᐦᑯᓈᔥᑭᒼ tiwihkunaashkim vti ◆ il/elle fait la trace, trace le sentier en marchant dans la neige

ᑖᐱᓯᓂᐦᐊᒼ taapisiniham vti ◆ il/elle le copie, en trace le contour

traces

ᐋᑎᐢᒑᐦᐋᐅᓲ aatischaahaausuu vai -u ◆ un orignal ou un caribou vient de mettre à bas et le petit a laissé des traces dans la neige (une neige tardive ou quand la neige est presque fondue)

ᐋᑎᐢᒌᐤ aatischiiu vai ◆ il/elle laisse des traces

ᐄᔑᓂᒫᐦᑖᐤ iishinimaahtaau vai ◆ il/elle laisse des traces de son activité

ᐄᑎᓂᒼ iitinim vti ◆ il/elle le tient d'une certaine façon; ses traces indiquent quand elles ont été faites

ᐏᐦᑎᐢᑭᓄᐏᓲ wihtiskinuwisuu vai -u ◆ ses traces révèlent d'où il/elle est venu

trachée

ᐅᑯᐦᑖᑭᓐ ukuhtaakin nid ◆ sa trachée

ᐅᑯᐦᑎᔥᒁᔮᐲ ukuhtishkwaayaapii nid ◆ son oesophage, sa trachée

traditionnel

ᐄᔨᔨᐅᓂᑐᐦᑯᔨᓐ iiyiyiunituhkuyin ni -im ◆ un remède traditionnel

traduire

ᐄᑤᔥᑎᒧᐚᑎᒼ iitwaashtimuwaatim vti ◆ il/elle l'interprète, le traduit

ᐄᑤᔥᑎᒫᒑᐤ iitwaashtimaachaau vai ◆ il/elle interprète, traduit, transmet un message à la radio

ᐄᑤᔥᑎᒧᐚᐤ iitwaashtimuwaau vta ◆ il/elle interprète, traduit pour lui, transmet un message à la radio

trahir

ᐏᔮᔑᐱᒋᐢᑎᓈᐤ wiyaashipichistinaau vta ◆ il/elle le/la trahit (terme biblique)

train

ᐅᑖᐹᓐ utaapaan ni ◆ un fardeau à tirer, un train

traîneau

ᑖᑎᔮᑭᓈᐢᒄ taatiyaakinaaskw na ◆ un traîneau

ᐋᓂᐢᑭᐏᐦᐱᒋᑭᓐ aaniskiwihpichikin ni ◆ une rallonge de traîneau

ᐄᔨᑖᐹᓈᐢᒄ iiyitaapaanaaskw na ◆ un toboggan

ᐅᔥᑎᒁᓂᑖᐹᓈᐢᒄ ushtikwaanitaapaanaaskw ni -um ◆ la partie courbée de l'avant d'un traîneau, d'un toboggan

ᐅᑖᐹᓈᐢᒁᐦᑎᒄ utaapaanaaskwaahtikw na ◆ du bois pour un traîneau, un toboggan

ᐅᑖᐹᓈᔮᐲ utaapaanaayaapii ni -iim ◆ un harnais pour traîneau

ᐚᔥᐱᒋᔥᑖᐹᓐ waashpichishtaapaan ni -um ◆ des attaches de traîneau

ᐑᐢᒁᑖᐹᓐ wiiskwaataapaan ni ◆ une bâche sur une charge de traîneau

ᐄᔥᑖᐱᐦᑎᐚᐤ iishtaapihtiwaau vta ◆ il/elle tire quelque chose sur un traîneau pour le donner à un autre

ᐅᑖᐹᓈᐢᑯᐦᒑᐤ utaapaanaaskuhchaau vai ◆ il/elle fabrique un traîneau

ᐚᑳᐦᒁᐤ waakaahkwaau vai ◆ il/elle est courbé-e (raquette, traîneau)

ᐲᑐᐃ piitui ni -uum ◆ une corde de trait ou une boucle avant sur un traineau ou un toboggan

ᐱᒥᑖᐢᑯᐳᑖᑭᓐᐦ pimitaaskuputaakinh ni pl ◆ les barres de traverse sur un traîneau, un toboggan

ᒑᑖᐹᐤ chaataapaau vai ◆ il/elle s'enlève la corde du traîneau, du toboggan

ᐄᔥᐹᐦᒁᐦᐋᐤ iishpaahkwaahaau vta ◆ il/elle fabrique des raquettes ou un traîneau avec l'avant bien relevé

ᑯᓯᑯᑖᐹᓈᔅᒁᐤ kusikutaapaanaaskwaau vai ◆ il/elle a une lourde charge sur son traîneau, son toboggan

ᑯᓯᑯᑖᐹᓈᐤ kusikutaapaanaau vta ◆ il/elle tire une charge lourde sur un traîneau ou en véhicule

ᐱᓯᐦᐄᑖᐹᓈᔅᒁᐤ pisihiitaapaanaaskwaau vai ◆ il/elle cherche du bois pour un toboggan ou un traîneau

ᑖᐱᒋᐱᔨᐤ taapichipiyiu vai ◆ le traîneau traverse l'eau en passant d'un bloc de glace à l'autre

ᐅᐙᔮᐹᓂᑭᐦᑎᐙᐤ uwaayaapaanikihtiwaau vta ◆ il/elle arrange la corde sur un traîneau

ᐅᑖᐦᒁᐱᒋᑭᓈᔮᐲ utaahkwaapichikinaayaapii ni ◆ une corde utilisée pour garder l'avant des raquettes ou du traîneau courbé vers le haut

ᐙᑳᐦᒁᓂᑭᓐ waakaahkwaanikin ni ◆ un bâton est attaché à la partie avant du cadre de la raquette ou du traîneau et est tiré pour en courber la forme

ᑎᔅᑭᒥᔅᑯᑖᒋᒫᐤ tiskimiskutaachimaau vta ◆ il/elle lui fait traverser directement la glace en le/la tirant sur un traîneau

ᐅᔅᒋᑖᐹᓈᔅᒁᐤ uschitaapaanaaskwaau vai ◆ il/elle a une voiture neuve, un camion neuf, un traîneau neuf

ᐅᐙᔮᐹᓂᐦᐋᐤ uwaayaapaanihaau vta ◆ il/elle arrange l'ordre des chiens de traîneau, il/elle arrange la corde d'un traîneau pour que quelqu'un d'autre le tire

ᐅᐙᔮᔅᑯᐦᐋᐤ uwaayaaskuhaau vta ◆ il/elle le/la prépare à être empaqueté sur le traîneau, il/elle prépare le poisson pour le fumer sur un bâton au-dessus du feu

traîner

ᓈᒋᔥᑖᐹᐤ naachishtaapaau vta ◆ il/elle va le/la chercher en le/la traînant

ᓈᒋᔥᑖᐱᐦᑐᐙᐤ naachishtaapihtuwaau vta ◆ il/elle va le chercher et le traîner pour lui/elle

ᒧᔥᑖᑯᓈᐦᑎᑖᐤ mushtaakunaahtitaau vai ◆ il/elle le traîne dans la neige

ᓈᓃᐴ naaniipuu vai redup -uwi ◆ il/elle reste là, traîne

ᐲᐦᑎᑖᑖᐹᐤ piihtitaataapaau vta ◆ il/elle le/la fait rentrer en le/la traînant

ᐱᓂᔥᑖᐤ pinishtaau vai ◆ il/elle laisse traîner des choses

ᐱᓂᔥᑖᐤ pinishtaau vii ◆ ça traîne par terre au rebut

ᐅᑖᐹᑎᒼ utaapaatim vti ◆ il/elle le traîne, le hale

ᐅᑖᐹᐤ utaapaau vta ◆ il/elle le/la traîne, le/la hale

ᐏᔨᐐᑖᐹᑎᒼ wiyiwiitaapaatim vti ◆ il/elle le traîne vers le dehors

ᐏᔨᐐᑖᐹᐤ wiyiwiitaapaau vai ◆ il/elle traîne l'ours hors de sa caverne, sort l'ours de sa caverne en tirant dessus

ᓂᔥᑐᑖᐹᐤ nishtutaapaau vai ◆ il/elle rapporte le castor, la loutre à la maison en le traînant

ᓈᓂᑳᑯᓈᔑᒨ naanikaakunaashimuu vai -u ◆ il/elle reste en arrière en se laissant traîner dans la neige

ᓃᔓᑖᐹᐤ niishutaapaau vai ◆ il/elle ramène deux castors, deux loutres à la maison, il/elle en traîne deux

traîner (laisser)

ᐲᐅᐦᐋᐤ piiuhaau vta ◆ il/elle le/la laisse traîner, en laisse des restes aux alentours

traire

ᐅᐦᒋᑭᐏᑐᓈᓈᐤ uhchikiwitunaanaau vai ◆ il/elle trait la vache

trait

ᐲᑐᐃ piitui ni -uum ◆ une corde de trait ou une boucle avant sur un traineau ou un toboggan

traiter

ᒥᒥᔪᐦᑭᐙᐤ mimiyuhkiwaau vta redup ◆ il/elle le/la traite bien; il/elle nettoie un animal après l'avoir tué

ᒥᓱᐏᐦᐋᐤ misuwihaau vta ◆ il/elle le/la traite de façon à ce qu'il/elle en ait assez de cette situation ce qui a pour effet qu'il/elle évite que ça se reproduise

ᒥᔪᑐᑖᒑᐤ miyututaachaau vai ◆ il/elle traite bien les gens

ᐅᑎᐙᔑᔒᒥᑐᑎᐙᐤ utiwaashishiimitutiwaau vta ◆ il/elle le/la traite comme son propre enfant

ᒥᒑᐱᒋᐦᑖᐤ michaapichihtaau vai+o ◆ il/elle le maltraite, le traite mal

tranchant

ᑳᔖᐤ kaashaau vii ◆ ça un bord tranchant

ᒌᓈᐱᑖᐤ chiinaapitaau vai ◆ il/elle a des dents pointues, tranchantes, acérées

tranche

ᐲᐦᑎᐏᔖᐤ piihtiwishwaau vta ◆ il/elle le/la coupe en fine tranches, en découpe une couche

tranchée

ᐱᓯᑖᐅᐦᑳᐤ pisitaauhkaau vii ◆ c'est une tranchée

ᐱᓵᑯᓂᑳᐤ pisaakunikaau vii ◆ il y a une tranchée dans la neige

ᐱᓯᔅᒑᑳᐤ pisischaakaau vii ◆ c'est une tranchée dans un muskeg

ᐱᓯᔅᒋᐏᑳᐤ pisischiwikaau vii ◆ c'est une tranchée dans la boue

ᐱᓯᓯᑭᒥᑳᐤ pisisikimikaau vii ◆ il y a une tranchée dans le sol

ᐱᓯᑖᐅᐦᒋᐱᐦᑖᐤ pisitaauhchipihtaau vai ◆ il/elle court le long de la tranchée

ᐱᓯᑖᐅᐦᒋᔥᑭᒼ pisitaauhchishkim vti ◆ il/elle creuse une tranchée dans la terre ou le sable
ᐱᓯᑖᐅᐦᑭᐦᐊᒼ pisitaauhkiham vti ◆ il/elle marche le long de la tranchée
ᐙᔨᔅᒋᐏᑳᐤ waayischiwikaau vii ◆ c'est une tranchée dans une zone boueuse
ᐱᓵᒥᔅᑳᐤ pisaamiskaau vii ◆ c'est une tranchée dans la roche sous l'eau
ᐱᓵᒥᔅᑭᐦᐊᒼ pisaamiskiham vti ◆ il/elle creuse un trou, une tranchée dans le sol, dans le sable

trancher

ᐹᐦᐹᔑᔑᒼ paahpaashishim vti redup ◆ il/elle le tranche
ᒋᒥᐦᐊᒼ chimiham vti ◆ il/elle le tranche, le coupe (se dit du bois)
ᐹᓂᔖᐙᐤ paanishaawaau vai ◆ il/elle tranche de la viande en spirale pour former de longues bandelettes
ᐹᓂᔑᒼ paanishim vti ◆ il/elle tranche de la viande pour la cuire ou la sécher
ᐲᐦᑎᐏᔑᒼ piihtiwishim vti ◆ il/elle en coupe, en tranche une couche
ᑯᑖᔅᒋᑭᓈᔥᐙᐤ kutaaschikinaashwaau vta ◆ il/elle l'ouvre en tranchant au niveau du bréchet
ᐹᐦᐹᔑᔥᐙᐤ paahpaashishwaau vta redup ◆ il/elle le/la tranche, le/la marque au couteau
ᐴᔥᑯᐦᐙᐤ puushkuhwaau vta ◆ il/elle le tranche, coupe à travers les vagues en canot

tranquille

ᓃᐹᑎᐱᔅᒡ niipaatipisch p,temps ◆ quand c'est tranquille la nuit
ᒋᔮᒫᐅᓰᐅ chiyaamaausiiu vai ◆ il/elle est tranquille, calme
ᒋᔮᒫᐙᔨᐦᑖᑯᓯᐤ chiyaamaawaayihtaakusiu vai ◆ il/elle est tranquille, paisible
ᑯᔥᒁᐙᑎᓰᐤ kushkwaawaatisiiu vai ◆ il/elle est calme, tranquille
ᓯᑭᒫᓯᓈᑯᓐ sikimaasinaakun vii ◆ ça a l'air calme, tranquille
ᓯᑭᒫᓯᓈᑯᓯᐤ sikimaasinaakusiu vai ◆ il/elle a l'air calme, tranquille
ᓯᑭᒫᑎᐱᐤ sikimaatipiu vai ◆ il/elle reste tranquille
ᒋᔮᒫᐤ chiyaamaau p,manière ◆ silencieux, calme, tranquille ■ ᒨᔥ ᒌᐦ ᒋᔮᒫᐙᔨᐦᑖᑯᓐ ᐊᓂᑖᐦ ᑳ ᓂᔥᑐᒑᔑᔮᐦᒡ ■ muush chiih chiyaamaawaayihtaakun anitaah kaa nishtuchaashiyaahch. ■ *C'était toujours tranquille quand on campait tous seuls.*
ᒌᐙᔮᐤ chiiwaayaau vii ◆ c'est calme et tranquille, là où on peut entendre l'écho
ᒋᔮᒫᐙᔨᐦᑖᑯᓐ chiyaamaawaayihtaakun vii ◆ c'est silencieux, calme, tranquille

tranquillement

ᒋᔮᒫᐅᔑᓐ chiyaamaaushin vai ◆ il/elle se couche, s'allonge tranquillement

transmettre

ᐄᑤᔥᑎᒫᒑᐤ iitwaashtimaachaau vai ◆ il/elle interprète, traduit, transmet un message à la radio
ᐄᑤᔥᑎᒧᐙᐤ iitwaashtimuwaau vta ◆ il/elle interprète, traduit pour lui, transmet un message à la radio

transmettre (se)

ᒥᓯᐦᑖᐱᔨᐤ misihtaapiyiu vii ◆ ça se transmet à tout le monde, ça se répand partout ■ ᔖᔥ ᒥᓯᐦᑖᐱᔨᐤ ᐊᓐ ᐋᐦᑯᓯᐎᓐ ᑳ ᐋᔨᒫᐅᐦᐄᐙᒡ ■ shaash misihtaapiyiu an aahkusiwin kaa aayimwaauhiiwaach. ■ *La maladie dont nous avons entendu parler est déjà en train de se répandre.*

transparent

ᔖᐳᓈᑯᓐ shaapunaakun vii ◆ c'est transparent
ᔖᐳᓈᑯᓯᐤ shaapunaakusiu vai ◆ il/elle est transparent-e
ᐎᑎᓯᒧᐎᓐ witisimuwin ni ◆ une partie transparente de l'intestin grêle

transpercer

ᔖᒁᐹᐙᐤ shaakwaapaawaau vai ◆ l'eau transperce ses vêtements
ᔖᐳᔑᑖᔑᓐ shaapushitaashin vai ◆ il/elle marche sur quelque chose de pointu qui lui transperce le pied
ᔖᐹᔑᐤ shaapwaashiu vai ◆ le vent le/la traverse, le vent transperce ses vêtements
ᔖᐹᔥᑯᔑᓐ shaapwaashkushin vai ◆ il/elle le/la traverse, transperce
ᑎᐦᑭᐦᑎᒼ tihkihtim vti ◆ il/elle le transperce avec une lance, le poignarde
ᑎᐦᑭᒫᐤ tihkimaau vta ◆ il/elle le poignarde, le/la transperce d'un coup de lance

transpire

ᐊᐹᒨ apwaamuu vai -u ◆ il/elle crie si fort qu'elle transpire

transpirer

ᐊᐹᐄᐤ apwaawiiu vai reflex ◆ il/elle transpire parce qu'elle travaille fort, parce qu'elle fait de l'exercice physique
ᐊᐹᐎᔨᓲ apwaawiyisuu vai reflex -u ◆ il/elle se fait transpirer à force de travailler si fort
ᐙᓯᐹᓲ waasipwaasuu vai -u ◆ il/elle brille de transpiration
ᐊᐹᐱᔨᐤ apwaapiyiu vai ◆ il/elle transpire, sue
ᐊᐹᓲ apwaasuu vai -u ◆ il/elle transpire, sue
ᐊᐹᑎᐦᒑᐤ apwaatihchaau vai ◆ il transpire des mains
ᐊᐹᐅᐎᔨᑰ apwaauwiyikuu vai -u ◆ il/elle transpire parce qu'il/elle porte un lourd fardeau sur son dos
ᐊᐹᔮᐹᐤ apwaayaapaau vai ◆ il/elle transpire parce qu'elle tire ou porte un lourd fardeau

ᐊ·ᐹᔮᔨᐦᑎᒼ *apwaayaayihtim* vti ◆ il/elle transpire suite à des efforts physiques

ᐄᔨ·ᐹᓯᑖᐤ *iiyipwaasitaau* vai ◆ il/elle transpire des pieds

transporter

ᐄᑎᐦᐅᑖᐤ *iitihutaau* vai+o ◆ il/elle le/la transporte là-bas

ᐄᑎᐦᐅᔮᐤ *iitihuyaau* vta ◆ il/elle la/le transporte là-bas, par eau ou par air

ᐃᔮᐅᒋᔥᑖᐸᐤ *iyaauchistaapaau* vii ◆ il/elle le transporte à la main, sur son dos, ou par véhicule

ᐃᔮᐅᑖᐤ *iyaautaau* vai+o ◆ il/elle le transporte d'un endroit à l'autre

ᐃᔮᐅᔮᐤ *iyaauyaau* vta ◆ il/elle le transporte

ᐱᐹᒧᐦᑎᑖᐤ *pipaamuhtitaau* vai redup ◆ il/elle va partout en letransportant

ᐱᐹᓂᔫᒫᐤ *pipaaniyumaau* vta redup ◆ il/elle va partout en le/la transportant sur son dos

ᐋᔑ·ᐃᐦᑎᑖᐤ *aashiwihtitaau* vai ◆ il/elle le transporte de l'autre côté à pied

ᓈᑎᑳᓯᑎᓂᔫᒫᐤ *naatikaasitiniyumaau* vta ◆ il/elle le/la transporte jusqu'au rivage sur son dos

ᐱᐹᑎᐦᑯᓂᒼ *pipaatihkunim* vti redup ◆ il/elle le tient en main en allant partout, il/elle le transporte

ᓈᑎᑳᐢᑯᑎᓂᔫᒫᐤ *naatikaaskutiniyumaau* vta ◆ il/elle le/la transporte jusqu'au rivage sur son dos, sur la glace

·ᐃᓂᑳᑎᐦᐊᒼ *winikaatiham* vti ◆ il/elle le transporte, le porte sur ses épaules

·ᐃᔑᑯᔑᒫᐤ *wishikushimaau* vta ◆ il/elle le/la blesse en le/la laissant tomber du véhicule sur lequel il/elle le/la transporte

ᐊᑎᒧ·ᐃᑖᐤ *atimuwitaau* vai, vai+o ◆ il/elle s'éloigne à pied avec une charge sur son dos (en s'éloignant de celui ou de celle qui parle) ▪ ᐊᑎᒧ·ᐃᑖᐤ ᐊᓂᔮ ᒦᒋᒥᔨᐤ ᑳ ᐊᔑᒥᒃ᙮ ▪ atimuwitaau aniyaa miichimiyiu kaa ashimik. ▪ *il/elle s'éloigne à pied en transportant sur son dos la charge de nourriture que je lui ai donnée.*

transversale

ᑯᐢᑯᐢᒡ *kuskusch* ni ◆ la barre transversale d'une raquette

ᑖᐱᑯᐢᒑᐤ *taapikuschaau* vai ◆ il/elle ajuste la barre transversale de la raquette

trapper

ᓈ·ᑖᐢᒋᓂᑭᓐ *naatwaaschinikin* ni ◆ un tunnel fermé à plusieurs endroits pour trapper le castor

ᓃ·ᔖᐱᔥᑭᔥᑖᐤ *niishwaapishkishtaau* vai ◆ il/elle place deux choses (minéral), trappe

ᓂᑑᔫ·ᐃᓈᐤ *nituuyuwinaau* vai ◆ il/elle trappe pour la fourrure

ᓅᑎᒥᐢ·ᑳᐤ *nuutimiskwaau* vai ◆ il/elle chasse, trappe le castor

trapu

ᐱᑎᑯᓯᐤ *pitikusiu* vai ◆ il/elle est corpulent-e, trapu-e

ᐱᑎ·ᑳᐤ *pitikwaau* vii ◆ c'est court et épais, petit et trapu

traquer

ᒥᑎᐦᑖᐤ *mitihtaau* vta ◆ il/elle le/la traque et le/la capture

travail

ᐋᐱᑎᓰ·ᐃᓐ *aapitisiiwin* ni ◆ un travail

ᐊᑐᐢᒑ·ᐃᓐ *atuschaawin* ni ◆ un travail, un service

travailler

ᐋᐱᑎᔒᔥᑎᒼ *aapitishiishtim* vti ◆ il/elle travaille pour ça

ᐋᐱᑎᔒᔥᑎ·ᐋᐤ *aapitishiishtiwaau* vta ◆ il/elle travaille pour lui ou pour elle

ᐋᐱᑎᓰᐤ *aapitisiiu* vai ◆ il/elle travaille

ᐱᒦᐦᑭᒼ *pimiihkim* vti ◆ il/elle y travaille, fait quelque chose avec

ᐱᒦᐦᑭ·ᐋᐤ *pimiihkiwaau* vta ◆ il/elle y travaille, il/elle fait quelque chose pour lui/elle

·ᐄᒑᐱᑎᓰᒫᐤ *wiichaapitisiimaau* vta ◆ il/elle travaille avec lui/elle

ᐊᐢᑖᐢᑯᐦᐊᒼ *astaaskuham* vti ◆ il/elle le maintient avec un bâton pour le travailler

ᐊᑐᐢᒑᐤ *atuschaau* vai ◆ il/elle travaille pour les autres, sert les autres

ᐊᑐᐢᑭ·ᐋᐤ *atuskiwaau* vta ◆ il/elle travaille pour lui/elle, il/elle le/la sert

ᒥ·ᔮᐱᑎᓰᐤ *miywaapitisiiu* vai ◆ il/elle travaille bien

ᒨᓂᐦᐄᔓ·ᐃᔮᓈᐤ *muunihiishuwiyaanaau* vai ◆ il/elle travaille dans une mine

ᓃᐹᔮᐱᑎᓰᐤ *niipaayaapitisiiu* vai ◆ il/elle travaille de nuit

ᓅᒋᔥᑎ·ᒫᐤ *nuuchishtimwaau* vai ◆ il/elle travaille avec des chiens

ᐴᓈᐱᑎᓰᐤ *puunaapitisiiu* vai ◆ il/elle arrête de travailler

travailleur

ᐋᐱᑎᓰᓯᐤ *aapitisiisiu* na -iim ◆ un travailleur, une travailleuse

travers

ᐲᒥᑯᔮᐤ *piimikuyaau* vta ◆ il/elle le/la suspend de travers

ᐲᒥ·ᑳᑖᐤ *piimikwaataau* vta ◆ il/elle le/la coud de travers

ᐲᒥ·ᑳᑎᒼ *piimikwaatim* vti ◆ il/elle le coud de travers

ᐱᔩᐢᑯᐳᑖᐤ *piyiskuputaau* vai+o ◆ il/elle scie à travers

ᐴᐢᑯᓯᓈᑖᐤ *puuskusinaataau* vii ◆ ça a une ligne en travers

ᔖᐳᐱᔩᐤ *shaapupiyiu* vii ◆ ça traverse, ça passe au travers

ᔖ·ᐹᔥᑖᐤ *shaapwaashtaau* vii ◆ ça brille au travers

ᔖᐧᐹᔥᑎᓐ **shaapwaashtin** vii ◆ le vent souffle au travers

ᔖᐧᐹᔥᑎᐧᐋᐤ **shaapwaashtiwaau** vii ◆ la lumière brille et traverse quelque chose

ᔖᐧᐹᔅᑯᐦᑎᓐ **shaapwaaskuhtin** vii ◆ ça passe au travers (long et rigide); c'est coincé dedans

ᔑᐦᑐᔑᓐ **shihtushin** vai ◆ il/elle est étendu-e en travers

ᔑᐦᐧᑖᑭᒧᐦᑖᐤ **shihtwaakimuhtaau** vai ◆ il/elle le suspend (étalé) en travers

ᑎᔅᑭᒫᐹᑭᒧᐦᑖᐤ **tiskimaapaakimuhtaau** vai ◆ il/elle l'installe (filiforme) en travers

ᑎᔅᑭᒫᐹᑭᔥᑖᐤ **tiskimaapaakishtaau** vai ◆ il/elle le place, le tend (filiforme) en travers

ᑎᔅᑭᒫᐹᑭᔥᑖᐤ **tiskimaapaakishtaau** vii ◆ c'est placé (filiforme) en travers

ᑎᔅᑭᒫᐱᔅᑭᒧᐦᑖᐤ **tiskimaapiskimuhtaau** vai ◆ il/elle l'installe en travers (minéral)

ᑎᔅᑭᒫᐱᔅᑭᒨ **tiskimaapiskimuu** vai -u ◆ il/elle est installé-e en travers (minéral)

ᑎᔅᑭᒫᐱᔅᑭᒨ **tiskimaapiskimuu** vii -u ◆ c'est installé (minéral) en travers

ᑎᔅᑭᒫᔅᑯᐦᐋᐤ **tiskimaaskuhaau** vta ◆ il/elle le/la place (long et rigide) en travers

ᑎᔅᑭᒫᔅᑯᐦᑎᓐ **tiskimaaskuhtin** vii ◆ c'est étendu (long et rigide, ex. un arbre en travers de la route) en travers

ᑎᔅᑭᒫᔅᑯᒧᐦᑖᐤ **tiskimaaskumuhtaau** vai ◆ il/elle l'installe (long et rigide) en travers

ᑎᔅᑭᒫᔅᑯᔥᑖᐤ **tiskimaaskushtaau** vai ◆ il/elle le place (long et rigide) directement en travers

ᑎᔅᑭᒥᔥᑖᐤ **tiskimishtaau** vai ◆ il/elle le place en travers

ᐧᐋᐧᐋᒋᐧᑳᑖᐤ **waawaachikwaataau** vta redup ◆ il/elle le/la coud tout de travers

ᐧᐋᐧᐋᒋᐧᑳᑎᒼ **waawaachikwaatim** vti redup ◆ il/elle le coud tout de travers

ᐧᐋᐧᐋᑳᐱᐦᒑᔑᒼ **waawaakaapihchaashim** vti redup ◆ il/elle le coupe (filiforme) de travers

ᔖᐳᐦᐊᒼ **shaapuham** vti ◆ il/elle le fait passer au travers en le perforant

ᔖᐳᑎᓐ **shaaputin** vii ◆ le froid passe au travers

ᔖᐳᐧᐋᓵᔮᐤ **shaapuwaasaayaau** vii ◆ la lumière arrive, brille au travers

ᔖᐧᐹᐱᐦᑎᒼ **shaapwaapihtim** vti ◆ il/elle voit à travers; il/elle en prend des rayons X

ᑎᔅᑭᒫᐹᑭᒧᐦᐋᐤ **tiskimaapaakimuhaau** vta ◆ il/elle le/la tend, le/la dresse (filiforme) en travers

ᑎᔅᑭᒫᔅᑯᔑᓐ **tiskimaaskushin** vai ◆ il/elle posé en travers tout droit (long et rigide); il/elle est couché en travers

ᑎᔅᑭᒥᔥᑖᐤ **tiskimishtaau** vii ◆ c'est placé, écrit en travers

ᐧᐋᐧᐋᑳᐱᐦᒑᐧᔖᐤ **waawaakaapihchaashwaau** vai redup ◆ il/elle coupe la babiche de travers

ᐧᐃᔥᑎᐧᐃᓂᒼ **wishtiwinim** vti ◆ il/elle le trouve de travers, mal placé ■ ᐧᐃᔥᑎᐧᐃᓂᒼ ᐊᓂᔮ ᒥᓯᓈᐱᔅᑭᐦᐄᑭᓂᔨᐤ× ■ wishtiwinim aniyaa misinaapiskihiikiniyiu. ■ *Elle/il trouve la décoration murale mal placée.*

ᔖᐧᐹᐱᐦᑖᐤ **shaapwaapihtaau** vii ◆ la fumée passe au travers

ᔖᐧᐹᐱᒫᐤ **shaapwaapimaau** vta ◆ il/elle voit à travers lui/elle; il/elle le/la radiographie

travers (à)

ᐹᔑᔥᑖᐤ **paashishtaau** vii ◆ il y a une ligne dessus, à travers

ᐱᔩᔅᑯᐹᒋᑰ **piyiskupaachikuu** vii -uwi ◆ de l'eau passe au travers

ᐱᔩᔅᑯᐳᔮᐤ **piyiskupuyaau** vta ◆ il/elle scie au travers

ᓵᐳᐧᐋᓯᒼ **saapuwaasim** vti ◆ il/elle brille à travers quelque chose

ᐳᐧᐋᐹᐧᐋᐱᔨᐤ **puwaapaawaapiyiu** vii ◆ le liquide pénètre à travers quelque chose

ᓵᐳᐧᐋᔅᒑᐤ **saapuwaaschaau** vai ◆ le soleil brille à travers quelque chose

travers (de)

ᐄᔨᐹᑯᒋᓐ **iiyipaakuchin** vai ◆ il/elle pend de travers

ᐄᔨᐹᑯᑖᐤ **iiyipaakutaau** vii ◆ ça pend de travers

ᐄᔨᐹᓯᐤ **iiyipaasiu** vai ◆ il/elle est de travers

ᐲᒥᐦᑯᑖᐤ **piimihkutaau** vta ◆ il/elle le taille de travers, tout tordu

ᐧᐃᓈᐹᐤ **winaapaau** vai ◆ il/elle le lace, le tisse de travers

ᐧᐃᓂᒧᐦᐋᐤ **winimuhaau** vta ◆ il/elle le/la met, l'enfile de travers

ᐧᐃᓂᒧᐦᑖᐤ **winimuhtaau** vai ◆ il/elle le/la met, l'enfile de travers

ᐧᐃᓂᔑᒼ **winishim** vti ◆ il/elle le coupe de travers

ᐧᐃᓂᐧᔖᐤ **winishwaau** vta ◆ il/elle le/la coupe de travers

ᐧᐃᓂᐦᑎᒼ **winihtim** vti ◆ il/elle le comprend mal, de travers

ᐧᐃᓂᐦᑎᐧᐋᐤ **winihtiwaau** vta ◆ il/elle le/la comprend mal, de travers

ᐧᐃᓂᑐᑎᒼ **winitutim** vti ◆ il/elle le fait de travers, fait du mal

travers (en)

ᐱᒥᑖᔅᑯᐦᑎᓐ **pimitaaskuhtin** vii ◆ c'est posé en travers

ᐱᒥᑎᐦᐧᐋᐤ **pimitihwaau** vai ◆ il/elle va en travers, perpendiculaire à la longueur, au côté

ᐱᒥᒋᑭᒫᐤ **pimichikimaau** vii ◆ le lac est situé en travers (est perpendiculaire à la vue ou le chemin du locuteur)

ᐱᒥᑖᔅᑯᒧᐦᑖᐤ **pimitaaskumuhtaau** vai ◆ il/elle le met en travers (long et rigide)

ᐱᒥᑖᔅᑯᓂᒼ **pimitaaskunim** vti ◆ il/elle le tient en travers (long et rigide)

ᐱᐢᑖᐱᐦᒑᔑᒧᑎᑎᐧᐋᐤ pistaapihchaashimutitiwaau vta ◆ il/elle se couche en travers de lui/elle

ᐱᒥᒋᐢᒋᓂᐧᐋᐦᔮᐤ pimichischiniwaahyaau vai ◆ il/elle (en avion) vole en travers du vent

ᐱᒥᑖᐢᑯᓈᐤ pimitaaskunaau vta ◆ il/elle le/la tient en travers (long et rigide), dans le sens de la longueur

ᐱᒥᑖᐢᑯᔑᓐ pimitaaskushin vai ◆ il/elle est couché-e en travers de quelque chose, de tout son long et horizontalement

traverse

ᐱᒥᑖᐢᑯᐳᑖᑭᓐᐦ pimitaaskuputaakinh ni pl ◆ les barres de traverse sur un traîneau, un toboggan

traverser

ᐊᔑᐧᐋᐢᑯᐦᑎᓐ aashiwaaskuhtin vii ◆ ça (long et rigide) traverse quelque chose

ᐋᔓᐧᐃᐦᑖᐤ aashuwihtaau vai ◆ il/elle traverse à pied

ᐋᔓᐧᐃᐱᔨᐤ aashuwipiyiu vai ◆ il/elle traverse en véhicule

ᐋᔓᐧᐃᐱᔨᐤ aashuwipiyiu vii ◆ ça traverse

ᐋᔓᐧᐃᔥᑭᒼ aashuwishkim vti ◆ il/elle le traverse à pied

ᑭᐢᒑᐧᐋᔥᑭᒼ kischaawaashkim vti ◆ il/elle le traverse (quelque chose en terre ferme) directement jusqu'à la prochaine étendue d'eau

ᐱᔨᐢᑯᐱᔨᐦᑖᐤ piyiskupiyihtaau vai ◆ il/elle le fait traverser

ᔖᐳᐱᔨᐤ shaapupiyiu vai ◆ il/elle le traverse

ᑎᐢᑭᒥᐦᐅᔮᐤ tiskimihuyaau vta ◆ il/elle lui fait traverser l'eau ou les airs

ᑎᐢᑭᒥᒨ tiskimimuu vii -u ◆ ça traverse (ex. sentier)

ᑎᐢᑭᒥᐱᔨᐦᐋᐤ tiskimipiyihaau vta ◆ il/elle le/la fait directement traverser en véhicule

ᑎᐢᑭᒥᐱᔨᐦᑖᐤ tiskimipiyihtaau vai ◆ il/elle le fait traverser en véhicule

ᑎᐢᑭᒥᐱᔨᐤ tiskimipiyiu vai ◆ il/elle traverse directement en véhicule

ᑎᐢᑭᒥᐱᔨᐤ tiskimipiyiu vii ◆ ça traverse tout droit

ᑎᐢᑭᒥᔥᑭᒼ tiskimishkim vti ◆ il/elle le traverse directement en marchant

ᐋᔓᐧᐃᐦᐅᓈᓐ aashuwihunaan ni ◆ l'endroit où on traverse un lac ou une rivière

ᐋᔓᐧᐃᐢᑭᓂᐤ aashuwiskiniu p,lieu ◆ en traversant la route ▪ ᐋᔓᐧᐃᐢᑭᓂᐤ ᒌᐦ ᐄᐢᐱᐦᔮᐤ ᐊᓐ ᓂᐢᒃ. ▪ aashuwiskiniu chiih iispihyaau an nisk. ▪ *L'oie s'enfuit en traversant la route.*

ᐊᔑᐧᐋᐱᐦᒑᐧᐄᐤ aashiwaapihchaawiiu vai ◆ il/elle traverse en tirant sur une corde

ᐋᔓᐧᐃᑳᒫᐱᔨᐤ aashuwikaamaapiyiu vai ◆ il/elle traverse une étendue d'eau en véhicule

ᐋᔓᐧᐃᑳᒫᐱᔨᐤ aashuwikaamaapiyiu vii ◆ ça traverse une étendue d'eau

ᐋᔓᐧᐃᑳᒫᐤ aashuwikaamaau vai ◆ il/elle traverse l'habitation pour aller s'asseoir

ᐋᔓᐧᐃᑳᓯᐱᔨᐤ aashuwikaasipiyiu vai ◆ il/elle traverse une étendue d'eau en véhicule

ᐋᔓᐧᐃᐧᑳᔥᑯᐦᑎᐤ aashuwikwaashkuhtiu vai ◆ il/elle traverse en sautant

ᐋᔓᐧᐃᐱᐦᑖᐤ aashuwipihtaau vai ◆ il/elle traverse en courant

ᐋᔓᐧᐃᔥᒑᑭᐦᐊᒼ aashuwishchaakiham vti ◆ il/elle traverse la tourbière à pied

ᐋᔓᐧᐃᔥᑎᐧᑳᐱᔨᐤ aashuwishtikwaapiyiu vai ◆ il/elle traverse la rivière

ᐋᔓᐧᐃᔥᑎᐧᑳᐱᔨᐤ aashuwishtikwaapiyiu vii ◆ ça traverse la rivière

ᐋᔓᐧᐃᐢᑰ aashuwiskuu vai -u ◆ il/elle traverse la glace à pied

ᐋᔓᐧᐃᑖᒋᒨ aashuwitaachimuu vai -u ◆ il/elle le traverse en rampant

ᓂᓅᑎᒫᐦᑖᐤ ninuutimaahtaau vai ◆ il/elle traverse la neige sans raquettes

ᐹᒥᔥᑎᐧᑳᐤ paamishtikwaau vai ◆ il/elle traverse la rivière

ᐲᒥᑳᒫᐦᑎᑖᐤ piimikaamaahtitaau vai ◆ il/elle fait traverser quelque chose en diagonale

ᐲᒥᑳᒫᐱᔨᐦᐋᐤ piimikaamaapiyihaau vta ◆ il/elle le/la traverse en diagonale en véhicule

ᐲᒥᑳᒫᐱᔨᐤ piimikaamaapiyiu vai ◆ il/elle traverse en diagonale en véhicule

ᐲᒥᑳᒫᔥᑭᒼ piimikaamaashkim vti ◆ il/elle le traverser à pied en diagonale

ᐱᔨᔥᑯᒋᐧᐃᓐ piyishkuchiwin vii ◆ l'eau brise et traverse quelque chose

ᐱᔨᐢᑯᐱᔨᐦᐋᐤ piyiskupiyihaau vta ◆ il/elle le/la fait traverser en le/la déplaçant

ᔖᐳᒋᐤ shaapuchiu vai ◆ le froid le/la traverse

ᔖᐳᐦᐧᐋᐤ shaapuhwaau vta ◆ il/elle le met, tire droit à travers lui/elle

ᔖᐳᔥᑭᒼ shaapushkim vti ◆ il/elle le traverse à pied; il/elle le réussit (ex. son test, son opération)

ᔖᐳᔮᒋᓈᐤ shaapuyaachinaau vta ◆ il/elle le/la fait traverser quelque chose d'étalé en poussant

ᔖᐳᔮᒋᓂᒼ shaapuyaachinim vti ◆ il/elle le fait traverser quelque chose d'étalé en poussant

ᔖᐧᐹᔑᐤ shaapwaashiu vai ◆ le vent le/la traverse, le vent transperce ses vêtements

ᔖᐧᐹᔥᑯᔑᓐ shaapwaashkushin vai ◆ il/elle le/la traverse, transperce

ᔖᐧᐹᔥᑯᔥᑭᒼ shaapwaashkushkim vti ◆ il/elle traverse un bosquet

ᔖᐧᐹᐢᑯᐱᔨᐦᑖᐤ shaapwaaskupiyihtaau vai ◆ il/elle le fait traverser (filiforme) quelque chose en bois

ᑎᐢᑭᒥᑳᓯᐦᑎᐦᐋᐤ tiskimikaasihtihaau vta ◆ il/elle le fait traverser directement en marchant dans l'eau

ᑎᐢᑭᒥᑳᓯᐦᑎᑖᐤ **tiskimikaasihtitaau** vai ◆ il/elle traverse tout droit en marchant dans l'eau

ᑎᐢᑭᒥᑳᓯᐤ **tiskimikaasiu** vai ◆ il/elle traverse tout droit en marchant dans l'eau

ᑎᐢᑭᒥᐱᐦᑖᐤ **tiskimipihtaau** vai ◆ il/elle traverse tout droit en courant

ᑎᐢᑭᒥᐢᒑᒋᐱᒋᐤ **tiskimischaachipichiu** vai ◆ il/elle traverse la tourbière tout droit en déplaçant son campement d'hiver

ᑎᐢᑭᒥᐢᑯᐱᒋᐤ **tiskimiskupichiu** vai ◆ il/elle traverse tout droit sur la glace en déplaçant son campement d'hiver

ᑎᐢᑭᒥᐢᑯᐱᐦᑖᐤ **tiskimiskupihtaau** vai ◆ il/elle traverse directement la glace en courant

ᑎᐢᑭᒥᐢᑯᑖᐹᐤ **tiskimiskutaapaau** vai ◆ il/elle traverse tout droit en tirant un traîneau

ᑎᐢᑭᒥᐢᑯᑖᐹᐤ **tiskimiskutaapaau** vai ◆ il/elle traverse tout droit en tirant un traîneau

ᑎᐢᑭᒥᐢᑯᑎᐦᐋᐤ **tiskimiskutihaau** vta ◆ il/elle lui fait traverser la glace à pied

ᑎᐢᑭᒥᐢᑯᑎᓂᔪᒫᐤ **tiskimiskutiniyumaau** vta ◆ il/elle traverse directement la glace en le/la portant sur son dos

ᑎᐢᑭᒥᐙᔖᐙᐤ **tiskimiwaashaawaau** vai ◆ il/elle traverse d'un bout à l'autre en marchant

ᑗᐦᑎᐣ **twaahtin** vii ◆ ça traverse la glace

ᑗᐦᑎᑖᐤ **twaahtitaau** vai ◆ il/elle lui fait traverser la glace

ᑗᔑᒫᐤ **twaashimaau** vta ◆ il/elle lui fait traverser la glace

ᑗᔑᐣ **twaashin** vai ◆ il/elle traverse la glace

ᐋᑎᑳᒼ **aatikaam** p,lieu ◆ sur l'autre rive sans moyens de traverser ■ ᐋᑎᑳᒼ ᐃᐦᑖᐏᒡ ᐊᑲ ᐃᔮᐅᒋᐦᐟ ᐆᑎᔨᐤ᙮ ■ aatikaam ihtaawich aakaa iyaauchiht uutiyiu. ■ *Elles/Ils sont coincé-es sur l'autre rive parce que nous n'avons pas de canot pour les chercher.*

ᐋᔑᐙᐱᐦᒑᐱᑖᐤ **aashiwaapihchaapitaau** vta ◆ il/elle le/la fait traverser en tirant sur une corde

ᐋᔑᐙᐱᐦᒑᐱᑎᒼ **aashiwaapihchaapitim** vti ◆ il/elle le fait traverser en tirant sur une corde

ᐋᔓᐎᑳᓯᐦᑎᐦᐋᐤ **aashuwikaasihtihaau** vta ◆ il/elle l'emmène en traversant une étendue d'eau à pied

ᐋᔓᐎᑳᓯᐦᑎᑖᐤ **aashuwikaasihtitaau** vai ◆ il/elle l'emporte en traversant une étendue d'eau à pied

ᐋᔓᐎᑳᓯᐦᐅᔮᐤ **aashuwikaasihuyaau** vta ◆ il/elle l'emmène en traversant une étendue d'eau sur l'eau ou dans les airs

ᐋᔓᐎᑳᓯᐦᔮᐤ **aashuwikaasihyaau** vai ◆ il/elle vole pour traverser une étendue d'eau

ᐋᔓᐎᑳᓯᐱᔨᐦᑖᐤ **aashuwikaasipiyihtaau** vai ◆ il/elle l'emporte en traversant une étendue d'eau en véhicule

ᐋᔓᐎᑳᓯᐤ **aashuwikaasiu** vai ◆ il/elle patauge pour traverser une étendue d'eau

ᐋᔓᐎᒁᔥᒁᐱᔨᐦᐆ **aashuwikwaashkwaapiyihuu** vai -u ◆ il/elle traverse en bondissant d'un endroit à l'autre

ᐹᒥᔥᑭᒼ **paamishkim** vti ◆ il/elle traverse le sentier, la route

ᐲᐦᒋᐢᑯᒥᑳᐤ **piihchiskumikaau** vii ◆ c'est une longue étendue d'eau à traverser

ᐲᒥᑳᒫᐢᑯᐦᑎᐦᐋᐤ **piimikaamaaskuhtihaau** vta ◆ il/elle le/la fait traverser la glace à pied en diagonale

ᐲᒥᑳᒫᐢᑰ **piimikaamaaskuu** vai -u ◆ il/elle traverse la glace en diagonale

ᓵᐚᒋᐦᑎᐣ **saapwaachihtin** vii ◆ des gouttelettes de pluie traverse la toile (ex. toile de tente)

ᔖᐳᐦᑎᐙᐦᑖᐤ **shaapuhtiwaahtaau** vai ◆ il/elle traverse, marche sans s'arrêter

ᔖᐳᔥᑭᐙᐤ **shaapushkiwaau** vta ◆ il/elle marche en traversant la foule

ᔖᐳᔥᑎᐦᐊᒼ **shaapushtiham** vti ◆ il/elle le perce, le fait traverser en cousant

ᔖᐳᔥᑎᐦᐙᐤ **shaapushtihwaau** vta ◆ il/elle le/la perce, le/la fait traverser en cousant

ᑖᐱᒋᐱᔩᐤ **taapichipiyiu** vai ◆ le traîneau traverse l'eau en passant d'un bloc de glace à l'autre

ᑎᐢᑭᒥᐦᐊᒼ **tiskimiham** vti ◆ il/elle traverse tout droit à la nage, à la pagaie

ᑎᐢᑭᒥᑳᓯᐦᔮᒥᑭᐣ **tiskimikaasihyaamikin** vii ◆ ça traverse tout droit en volant par-dessus l'eau

ᑎᐢᑭᒥᑳᓯᐦᔮᐤ **tiskimikaasihyaau** vai ◆ il/elle traverse tout droit en volant par-dessus l'eau

ᑎᐢᑭᒥᑳᓯᐱᐦᑖᐤ **tiskimikaasipihtaau** vai ◆ il/elle traverse tout droit en courant dans l'eau peu profonde

ᑎᐢᑭᒥᐹᐦᐅᓈᓂᐎᔑᐤ **tiskimipaahunaanuwishiu** vii dim ◆ c'est une petite étendue d'eau traversée pendant un portage en canot ■ ᓈᔥᒡ ᐊᐦ ᒌᐦ ᐲᐦᒑᒡ ᐊᐣ ᑭᐱᑖᑭᐣ ᐹᔩᒁᐤ ᒌᐦ ᑎᐢᑭᒥᐹᐦᐅᓈᓂᐎᔑᐤ᙮ ■ naashch aah chiih piihchaach an kipitaakin paayikwaau chiih tiskimipaahunaaniwishiu. ■ *Le portage était si long qu'on a traversé une petite étendue d'eau une fois en canot.*

ᑎᐢᑭᒥᐢᒑᑭᐦᐊᒼ **tiskimischaakiham** vti ◆ il/elle traverse la tourbière tout droit en marchant

ᑎᐢᑭᒥᐢᑯᑐᐎᑖᐤ **tiskimiskutuwitaau** vai ◆ il/elle traverse directement la glace en portant des choses sur son dos

ᑎᐢᑭᒥᐢᑰ **tiskimiskuu** vai -u ◆ il/elle traverse directement en marchant sur la glace

ᐋᔓᐎᐦᐊᒼ **aashuwiham** vti ◆ il/elle traverse une étendue d'eau à la nage ou en pagayant

ᐲᒥᑳᒫᐢᑯᐱᒋᐤ **piimikaamaaskupichiu** vai ◆ il/elle déplace son campement d'hiver en traversant la glace en diagonale

ᑎᐢᑭᒥᐦᐅᑖᐤ **tiskimihutaau** vai+o ◆ il/elle le fait traverser une étendue d'eau à la nage ou à la pagaie

ᑎᐢᑭᒥᐢᑯᐦᑎᑖᐤ **tiskimiskuhtitaau** vai ◆ il/elle traverse la glace en le/la portant sur son dos

ᑎᔅᑭᒥᔅᑯᑖᒋᒫᐤ *tiskimiskutaachimaau* vta ◆ il/elle lui fait traverser directement la glace en le/la tirant sur un traîneau

trébucher

ᐋᒋᒋᑳᑖᐱᑖᐤ *aachichikaataapitaau* vta ◆ il/elle le/la fait trébucher en lui tirant la jambe

ᐱᓱᐦᐊᒼ *pisuham* vti ◆ il/elle trébuche dessus

ᐱᓱᐦᐧᐋᐤ *pisuhwaau* vta ◆ il/elle trébuche sur lui/elle

ᐱᔂᐹᑭᐦᐊᒼ *piswaapaakiham* vti ◆ il/elle trébuche dessus (filiforme)

ᐱᔂᐹᑭᐦᐧᐋᐤ *piswaapaakihwaau* vta ◆ il/elle trébuche dessus (filiforme), s'emmêle dans le filet de pêche

treize

ᓂᔥᑐᔖᑊ *nishtushaap* p,nombre ◆ treize

tremblante

ᑯᓵᐱᐦᒋᑭᓐ *kusaapihchikin* ni ◆ une tente tremblante

ᑯᓵᐱᐦᑎᒼ *kusaapihtim* vti ◆ il/elle fait une cérémonie dans la tente tremblante

tremblement de terre

ᑯᔨᐦᑯᓐ *kuyihkun* vii ◆ c'est un tremblement de terre

trembler

ᑯᔥᑯᔥᑯᐱᔨᐤ *kushkushkupiyiu* vai ◆ il/elle tremble

ᓈᓈᒥᐱᔨᐤ *naanaamipiyiu* vai ◆ il/elle tremble

ᓂᓂᒥᐱᔨᐤ *ninimipiyiu* vai ◆ il/elle tremble

ᐙᐑᐱᐱᔨᐤ *waawiipipiyiu* vai ◆ il/elle tremble

ᐙᐑᐱᐱᔨᐤ *waawiipipiyiu* vii ◆ ça tremble

ᐙᐑᐹᐦᐱᔥᑭᓈᐱᔨᐤ *waawiipaahpishkinaapiyiu* vai ◆ sa mâchoire bouge vite de haut en bas ou de droite à gauche, sa mâchoire tremble

ᐙᐑᐱᒋᐤ *waawiipichiu* vai ◆ il/elle tremble de froid

ᒌᔅᒋᒥᔨᐧᐋᐱᔨᐤ *chiischimiyiwaapiyiu* vai ◆ il/elle se met à grelotter, à trembler, à avoir des frissons

ᔒᐦᑭᒋᔨᐧᐋᐱᔨᐤ *shiihkichiyiwaapiyiu* vai ◆ il/elle grelotte, tremble de froid

trempé

ᒋᒧᔥᑳᐹᐧᐋᐤ *chimushkaapaawaau* vai ◆ il est trempé-mouillé; elle est trempée-mouillée

ᒋᒧᔥᑳᐹᐧᐋᐤ *chimushkaapaawaau* vii ◆ c'est trempé-mouillé

ᔖᐺᐹᐧᐋᐤ *shaapwaapaawaau* vai ◆ il/elle est trempé-e mouillé-e

ᔒᓂᔥᑭᑎᐧᐋᔮᐹᐧᐋᐤ *shiinishkitiwaayaapaawaau* vai ◆ il/elle est trempe, trempé-e-mouillé-e

ᒋᒧᔅᒋᓯᐤ *chimuschisiu* vai ◆ il/elle est mouillé-e, trempé-e, détrempé-e

trempe

ᒥᔨᒧᐃᓯᑖᐤ *miyimuwisitaau* vai ◆ il/elle a les pieds mouillés, trempes

tremper

ᐊᑯᐦᒋᒫᐤ *akuhchimaau* vta ◆ il/elle le trempe (dans un liquide)

ᐊᑯᐦᑎᑖᐤ *akuhtitaau* vai ◆ il/elle le trempe (dans un liquide)

ᒋᐦᒋᔥᑖᐹᒋᓂᒼ *chihchishtaapaachinim* vti ◆ il/elle le trempe dans du liquide

ᒋᐦᒋᔅᑖᐹᒋᓈᐤ *chihchistaapaachinaau* vta ◆ il/elle le/la trempe dans un liquide

ᑯᑖᐅᓈᐤ *kutaaunaau* vta ◆ il/elle le/la trempe dedans, le/la pousse dedans ou dessous à la main

ᑯᑖᐅᓂᒼ *kutaaunim* vti ◆ il/elle le trempe dedans, le pousse dessous à la main

ᐹᐦᑯᑯᐦᑎᓐ *paahkukuhtin* vii ◆ ça sèche là (quelque chose qui a été trempé dans l'eau)

ᐅᐃᔥᑎᑯᐦᒋᒫᐤ *uwishtikuhchimaau* vta ◆ il/elle le/la trempe pour le/la ramollir

ᐅᐃᔥᑎᑯᐦᒋᓐ *uwishtikuhchin* vai ◆ il/elle est ramolli-e à force d'avoir trempé dans du liquide

ᐅᐃᔥᑎᑯᐦᑎᓐ *uwishtikuhtin* vii ◆ c'est ramolli à force de tremper dans du liquide

ᐊᑯᐦᒋᒨ *akuhchimuu* vai -u ◆ il/elle trempe sa nourriture dans la sauce, dans la graisse

ᓅᐦᑖᐳᐧᐋᐤ *nuuhtaapuwaau* vai ◆ il/elle trempe une tasse ou une cuillère dans le bouillon, en lèche l'écume ou la graisse

tremper (se)

ᓂᐲᐅᐦᐄᓲ *nipiiuhiisuu* vai reflex -u ◆ il/elle se mouille, se trempe

ᓂᐲᐅᐦᐆ *nipiiuhuu* vai reflex -u ◆ il/elle se mouille, se trempe

trente

ᓂᔥᑐᒥᑎᓂᐤ *nishtumitiniu* p,nombre ◆ trente

très

ᓈᔥᒡ *naashch* p,manière ◆ très ■ ᓈᔥᒡ ᐋᐦ ᒌᐦ ᐱᑹᔨᐦᑎᒨᒡ ᒦᓐ ᒑ ᐹᒋ ᒌᐙᑦ. ■ naashch aah chiih pikwaayihtimuch miin chaa paachi chiiwaat. ■ *J'avais très hâte qu'il rentre à nouveau à la maison.*

ᓈᔥᑖᐙᐦ *naashtaapwaah* p,manière ◆ très, tellement ■ ᓈᔥᑖᐙᐦ ᑯᔥᑖᑎᑯᓐ ᐋᐦ ᐅᐦᒋᒋᐃᐦᒡ. ■ naashtaapwaah kushtaatikun aah uhchichiwihch. ■ *C'est très dangereux au début des rapides.*

ᓄᐃᒡ *nuwich* p,manière ◆ très, beaucoup ■ ᓄᐃᒡ ᓂᒌᐦ ᒥᔦᔨᐦᑎᒧᐋᓐ ᑳ ᐙᐱᒥᒃ ᒦᓐ ᐋᐦ ᒥᔪᐱᒫᑎᓰᑦ. ■ nuwich nichiih miywaayihtimwaan kaa waapimik miin aah miyupimaatisiit. ■ *J'étais très contente de le voir à nouveau en forme.*

tresse

ᐅᓵᒋᐱᑣᓂᐤ *usaachipitwaaniu* vai ◆ il/elle a des tresses

ᐅᓵᒋᐱᑣᓂᐦᑭᐧᐋᐤ *usaachipitwaanihkiwaau* vta ◆ il/elle lui tresse les cheveux, lui fait des tresses

tresser

ᐊᐱᐦᑳᑖᐤ *apihkaataau* vta ◆ il/elle le/la tresse

ᐊᐱᐦᑳᑖᐤ *apihkaataau* vii ◆ c'est tressé

ᐊᐱᐦᑳᑎᒼ *apihkaatim* vti ◆ il/elle le tresse

ᐊᐱᐦᑳᑎᒷᐤ apihkaatimwaau vta ◆ il/elle lui tresse les cheveux

ᐅᓵᒋᐱᑗᓂᐦᑭᐧᐋᐤ usaachipitwaanihkiwaau vta ◆ il/elle lui tresse les cheveux, lui fait des tresses

ᐱᔥᑭᐦᐧᐋᐤ pishkihwaau vai ◆ il/elle fait des mailles assez grandes en tissant ses raquettes

ᐧᐋᐱᓅᑖᐧᐋᔮᐹᐤ waapinuutaawaayaapaau vai ◆ il/elle tresse ses raquettes dans le style naskapi

treuil

ᐅᒫᐦᑳᓐ umaahkaan na ◆ un treuil, une poulie

tribu

ᐧᐃᐦᑎᔅᑳᓈᓯᐤ wihtiskaanaasiu vai ◆ il/elle appartient à ce pays ou à cette tribu

tribunal

ᑎᐹᔅᑯᓂᒑᐅᑭᒥᒄ tipaaskunichaaukimikw ni ◆ le palais de justice, le tribunal

ᐧᐃᔮᔅᑯᓂᒑᐤ wiyaaskunichaau vai ◆ il/elle le juge en cour, au tribunal

tricoter

ᒥᑖᓯᐦᒑᐤ mitaasihchaau vai ◆ il/elle tricote des chaussettes

ᐧᐃᓈᐹᑭᐦᐊᒻ winaapaakiham vti ◆ il/elle fait une faute en laçant, en tissant, en tricotant ou en crochetant quelque chose

Trinité

ᓂᔥᑐᐹᔨᑰ nishtupaayikuu vai-u ◆ la Trinité, lit. 'il/elle est trois en un-e'

triompher

ᐄᔨᐧᐋᔥᑭᐧᐋᐤ iiyiwaashkiwaau vta ◆ il/elle triomphe de lui, en vient à bout

tripe de roche

ᐧᐋᐦᑯᓈᐱᔅᒄ waahkunaapiskw na-um ◆ une tripe de roche (une sorte de lichen) *Umbilicaria*

tripes

ᐅᒫᐤ umaau nid ◆ ses tripes

triste

ᐄᐹᑖᔨᒧᐦᐋᐤ iipaataayimuhaau vta ◆ il/elle le/la rend mal à l'aise, triste

ᐄᐹᑖᔨᒨ iipaataayimuu vai-u ◆ il/elle se sent mal à l'aise, triste, malheureux

trois

ᓂᔥᑐ nishtu p,nombre ◆ trois

ᓂᔥᑗᐹᒡ nishtwaapaach p,quantité ◆ il y en a trois (filiforme)

ᓂᔥᑗᐱᔅᒡ nishtwaapisch p,quantité ◆ trois choses (minéral)

ᓂᔥᑎᓐᐦ nishtinh vii pl ◆ il y a trois choses

ᓂᔥᑎᐧᐃᒡ nishtiwich vai pl ◆ il y en a trois

ᓂᔥᑗᒋᓯᐧᐃᒡ nishtwaachisiwich vai pl ◆ il y en a trois (étalé)

ᓂᔥᑗᑭᓐᐦ nishtwaakinh vii pl ◆ il y en a trois (étalé)

ᓂᔥᑗᐹᒋᓯᐧᐃᒡ nishtwaapaachisiwich vai pl ◆ il y en a trois (filiforme)

ᓂᔥᑗᐹᑭᓐᐦ nishtwaapaakinh vii pl ◆ il y en a trois (filiforme)

ᓂᔥᑗᐱᔅᒋᓯᐧᐃᒡ nishtwaapischisiwich vai pl ◆ il y en a trois (minéral)

ᓂᔥᑗᐱᔥᑭᔥᑖᐤ nishtwaapishkishtaau vai ◆ il/elle en place trois (minéral) ensemble

ᓂᔥᑗᐱᔅᑳᐤᐦ nishtwaapiskaauh vii pl ◆ il y en a trois (minéral)

ᓂᔥᑗᔅᑯᓐᐦ nishtwaaskunh vii pl ◆ il y en a trois (long et rigide)

ᓂᔥᑗᔅᑯᓯᐧᐃᒡ nishtwaaskusiwich vai pl ◆ il y en a trois (long et rigide)

ᓂᔥᑐᐦᑎᒡ nishtuhtich p,quantité ◆ trois morceaux de bois

ᓂᔥᑐᐃᔨᐤ nishtuiyiu p,quantité ◆ trois paires

ᓂᔥᑐᐧᑳᐱᓂᑭᓐ nishtukwaapinikin p,quantité ◆ trois poignées de quelque chose de granuleux ■ ᓂᔥᑐᐧᑳᐱᓂᑭᓐ ᒌᐦ ᐱᒋᔅᑎᓈᐤ ᐊᔫᒥᓐᐦ ᐊᓂᑎᐦ ᒨᔥᑭᒦᐦᒡ. ■ nishtukwaapinikin chiih pichistinaau ayuuminh anitih muushkimiihch. ■ *Elle met trois poignées de flocons d'avoine dans le bouillon.*

ᓂᔥᑐᒥᒋᐦᒋᓐ nishtumichihchin p,quantité ◆ trois pouces

ᓂᔥᑐᒥᓂᐦᐧᑳᑭᓐ nishtuminihkwaakin p,quantité ◆ trois tasses pleines

ᓂᔥᑐᒥᓯᐟ nishtumisit p,quantité ◆ trois pieds

ᓂᔥᑐᓂᔅᒡ nishtunisch p,quantité ◆ trois coudées

ᓂᔥᑐᐱᐳᓐᐦ nishtupipunh p,temps ◆ trois ans

ᓂᔥᑐᑎᐹᐹᔥᑯᒋᑭᓐ nishtutipaapaashkuchikin p,quantité ◆ trois livres

ᓂᔥᑐᔨᒡ nishtuyich p,manière ◆ trois façons

ᓂᔥᑗᒡ nishtwaach p,quantité ◆ trois choses (étalé)

ᓂᔥᑗᐤ nishtwaau p,quantité ◆ trois fois

ᓂᔥᑗᐅᒋᔖᒥᑖᐦᑐᒥᑎᓂᐤ nishtwaauchishaamitaahtumitiniu p,nombre ◆ trois mille

ᓂᔥᑐᐦᑭᒧᒡ nishtuhkimuch vti pl ◆ il y en a trois dans un canot, ils sont trois ensemble

ᓂᔥᑐᐦᑖᐤ nishtuhtaau vai ◆ il/elle le divise en trois

ᓂᔥᑐᐦᑖᐧᐃᒡ nishtuhtaawich vai pl ◆ ils/elles marchent à trois

ᓂᔥᑐᑳᑖᐧᐋᔮᐤ nishtukaataawaayaau vii ◆ ça a trois pieds

ᓂᔥᑐᐱᐳᐧᓈᓰᒥᑭᓐ nishtupipunwaasiimikin vii ◆ ça a trois ans

ᓂᔥᑐᐱᐳᐧᓈᓯᐤ nishtupipunwaasiu vai ◆ il/elle a trois ans

ᓂᔥᑐᐱᐧᐃᒡ nishtupiwich vai pl ◆ il y en a trois qui sont assis-es

ᓂᔥᑐᑖᐅᓰᐧᐃᒡ nishtutaausiiwich vai pl ◆ il y a trois familles dans un campement

ᓂᔥᑐᑎᐹᐹᔥᑯᒋᑭᓈᓯᐤ nishtutipaapaashkuchikinaasiu vai ◆ il/elle pèse trois livres

ᓂᔥᑐᑎᐹᐹᔥᑯᒋᑭᓈᔮᐤ nishtutipaapaashkuchikinaayaau vii ◆ ça pèse trois livres

ᓂᔥᑐᑎᐱᐢᒁᐤ nishtutipiskwaau vai ◆ il/elle reste dehors, absente trois nuits

ᓂᔥᑤᒋᔑᒫᐤ nishtwaachishimaau vta ◆ il/elle en met, en utilise trois couches

ᓂᔥᑤᐹᑭᔥᑖᐤ nishtwaapaakishtaau vai ◆ il/elle en place trois (filiforme)

ᓂᔥᑤᐱᐦᑳᑖᐤ nishtwaapihkaataau vta ◆ il/elle attache les trois (animé) ensemble

ᓂᔥᑤᐱᐦᑳᑖᐤᐦ nishtwaapihkaataauh vii pl ◆ il y en a trois qui sont attachés ensemble

ᓂᔥᑤᐱᐦᑳᑎᒼ nishtwaapihkaatim vti ◆ il/elle attache trois choses ensemble

ᓂᔥᑤᔥᑭᒋᐎᒡ nishtwaashkichiwich vai pl ◆ il y en a trois gelé ensemble

ᓂᔥᑐᐱᐦᑳᓐ nishtupihkaan ni ◆ une natte à trois brins

ᓂᔥᑐᑭᒥᒡ nishtukimich p,quantité ◆ trois maisons, habitations, tipis ■ ᓂᔥᑐᑭᒥᒡ ᓂᒌᐦ ᐲᐦᑎᑭᑖᓈᓐ ᐊᓐ ᒥᓯᓂᐦᐄᑭᓐ ᒑ ᒥᓯᓂᐦᐅᓱᒡ ᐊᐚᓂᒌ᙮ ■ nishtukimich nichiih piihtikitaanaan an misinihiikin chaa misinihusuch awaanichii. ■ *On a apporté notre pétition dans trois maisons pour que les gens la signent.*

ᓂᔥᑐᑭᒥᒋᓯᐎᒡ nishtukimichisiwich p,quantité ◆ il y a trois maisons, trois habitations ■ ᒌᐦ ᓂᔥᑐᑭᒥᒋᓯᐎᒡ ᐄᔨᔨᐅᒡ ᑳ ᐊᔅᒋᐳᑖᔨᒡᐦ ᐑᒋᐚᐤᐦ᙮ ■ chiih nishtukimichisiwich iiyiyiuch kaa aschiputaayichh wiichiwaauh. ■ *Trois maisons ont été inondées.*

ᓂᔥᑐᑭᒨ nishtukimuu p,quantité ◆ trois maisons, trois habitations ■ ᓂᔥᑐᑭᒨ ᓂᒌᐦ ᐄᑎᐦᐄᓂᐚᓈᓐ ᓂᐢᑭᒡ᙮ ■ nishtukimuu nichiih iitihiiniwaanaan niskich. ■ *Nous avons donné des oies aux habitants de ces trois maisons.*

ᓂᔥᑐᑎᐹᐢᑯᓂᑭᓐ nishtutipaaskunikin p,quantité ◆ trois verges, mètres

ᓂᔥᑐᑎᐱᐦᐄᑭᓐ nishtutipihiikin p,quantité ◆ trois miles, trois gallons

ᓂᔥᑤᐦᑎᒄ nishtwaahtikw p,quantité ◆ trois bâton, poteau (long et rigide)

ᓂᔥᑤᒥᐦᒁᓐ nishtwaamihkwaan p,quantité ◆ trois cuillerées

ᓂᔥᑐᐱᑖᐤ nishtupitaau vta ◆ il/elle attrape trois poissons dans son filet; il/elle en retire trois

ᓂᔥᑤᒋᓂᒼ nishtwaachinim vti ◆ il/elle en tient, en utilise trois (étalé)

ᓂᔥᑤᒋᔥᑭᐚᐤ nishtwaachishkiwaau vta ◆ il/elle en porte trois couches, trois épaisseurs

ᓂᔥᑤᐹᐎᐎᒡ nishtwaapaawiwich vai pl -aawi ◆ il y a trois frères, trois hommes

ᓂᔥᑤᐱᐢᑭᐦᐋᐤ nishtwaapiskihaau vta ◆ il/elle place les trois (minéral) ensemble

ᓂᔥᑤᐱᐦᒑᐤ nishtwaapihchaau vai ◆ il/elle rapporte à la maison trois porcs-épics, renards morts

ᓂᔥᑐᐎᑖᐤ nishtuwitaau vai ◆ il/elle porte trois castors, loutres, renards sur son dos

trois ans

ᑯᑎᑯᓂᐱᑎᒥᐢᒄ kutikunipitimiskw na -um ◆ un castor de trois ans qui entre dans sa quatrième année

ᐱᑎᒥᐢᒄ pitimiskw na -um ◆ un castor de trois ans

ᐅᐢᒋᐱᑎᒥᐢᒄ uschipitimiskw na -um ◆ un castor de trois ans au début de l'automne

ᑯᑎᑯᓂᐱᔖᒋᐦᑯᔥ kutikunipishaachihkush na -um [Whapmagoostui] ◆ une caribou femelle âgée de trois ans en automne

ᑯᑎᑯᓂᔮᐹᔒᔥ kutikuniyaapaashiish na -shiim [Chisasibi] ◆ un caribou mâle âgé de trois ans au début de l'hiver quand il a encore ses bois

ᑯᑎᑯᓂᑎᐦᑯᐎᔑᐤ kutikunitihkuwishiu vai [Whapmagoostui] ◆ c'est une caribou femelle âgée de trois ans au début de l'hiver

trois cents

ᓂᔥᑤᐅᒥᑖᐦᑐᒥᑎᓂᐤ nishtwaaumitaahtumitiniu p,nombre ◆ trois cents

tromper

ᒋᔽᒫᐤ chiywaamaau vta ◆ il/elle le/la trompe par ce qu'il/elle dit

ᐎᓂᒧᔮᐤ winimuyaau vta ◆ il/elle le trompe

ᐎᔮᔑᐦᐄᐚᐤ wiyaashihiiwaau vai ◆ il/elle trompe

ᐎᔮᔑᒫᐤ wiyaashimaau vta ◆ il/elle raconte sur lui/elle des histoires qui ne sont pas vraies, il/elle le/la trompe avec ses paroles

tromper (se)

ᐱᔥᑖᐚᔨᐦᑎᒼ pishtaawaayihtim vti ◆ il/elle le prend pour quelque chose d'autre, le confond avec quelque chose d'autre

ᐱᔥᑖᐚᔨᒫᐤ pishtaawaayimaau vta ◆ il/elle le/la prend pour quelqu'un d'autre, le/la confond avec quelqu'un d'autre

ᐎᓂᐦᐱᓲ winihpisuu vai -u ◆ il/elle fait une erreur, une faute, il/elle se trompe

tronc

ᒥᓵᐦᑎᒄ misaahtikw ni -um ◆ un tronc entier, un rondin entier

ᒥᓯᐦᑎᒄ misihtikw ni ◆ un tronc entier, un rondin entier

ᓂᔮᐅᑖᐦᑎᒄ niyaautaahtikw p,lieu ◆ à mi-chemin sur le tronc, sur l'arbre ■ ᓂᔮᐅᑖᐦᑎᒄ ᐊᓂᔮᐦ ᒥᓂᐦᐄᒄᐦ ᐋᑯᑎᐦ ᑳ ᐊᑯᓰᑦ ᐊᓐ ᐋᓂᑯᒑᔥ᙮ ■ niyaautaahtikw aniyaah minihiikwh aakutih kaa akusiit an aanikuchaash. ■ *Cet écureuil se tenait à mi-chemin sur le tronc de l'épinette blanche.*

trône

ᒋᔥᒍᒋᒫᐅᐱᐎᓐ chishchuchimaaupiwin ni ◆ un trône

ᒋᔥᒍᒋᒫᐅᑖᐦᑎᐱᐎᓐ chishchuchimaautaahtipiwin ni ◆ un trône

trop

ᐃᔮᒻᐦ iyaamh p,quantité ◆ une grande quantité, trop ■ ᓈᔥᒡ ᐃᔮᒻᐦ ᐋᐦ ᐋᐱᑎᐦᒡᐦ ᒥᐦᑦᐦ ᐋᑳ ᒥᔪᓯᑦ ᒋᓵᐱᔅᒋᓵᐙᓐ᙮ ■ naashch iyaamh aah aapitihch-h mihth aakaa miyusit chisaapischisaawaan. ■ *On utilise trop de bois à cause de ce vieux poêle.*

ᐅᓵᒻ usaam p,quantité ◆ trop

ᐙᓵᒻ waasaam p,quantité ◆ trop

ᒌᔥᐴ chiishpuu vai -u ◆ il/elle a trop mangé ■ ᓂᒥ ᐙᐙᒡ ᒌᐦ ᐋᐦᒋᓘ ᐋᔥᐱᔑ ᒌᔥᐳᑦ᙮ ■ nimi waawaach chiih aahchilu aashpishi chiishput. ■ *Il a tellement mangé qu'il ne peut plus bouger.*

trop tard

ᒹᔥᑎᔥ mwaashtish p,temps ◆ un petit peu trop tard ■ ᒹᔥᑎᔥ ᒌᐦ ᐹᒋ ᑎᑯᔑᓐ, ᔖᔥ ᒌᐦ ᒫᒌᔨᐤᐦ ᐊᓂᔮᐦ ᑳ ᐹᒋ ᓂᑎᐚᐱᒫᑦ᙮ ■ mwaashtish chiih paachi tikushin, shaash chiih maachiiyiuh aniyaah kaa paachi nitiwaapimaat. ■ *Elle/il est arrivé-e trop tard, la personne qu'elle/il voulait voir était déjà partie.*

trou

ᐙᔨᐦᐄᑭᓐ waayihiikin ni ◆ un trou

ᐹᐦᐹᑯᑎᐦᐊᒻ paahpaakutiham vti redup ◆ il/elle fait un trou dedans

ᐹᑯᒋᐱᑎᒻ paakuchipitim vti ◆ il/elle fait un trou dedans avec ses mains, avec ses pattes

ᐹᑯᑖᑭᐦᐊᒻ paakutaakiham vti ◆ il/elle fait un trou dedans (étalé) avec quelque chose

ᐹᑯᑖᑭᐦᐙᐤ paakutaakihwaau vta ◆ il/elle fait un trou dedans (étalé) avec quelque chose

ᐹᑯᑖᐱᔅᑭᐦᐊᒻ paakutaapiskiham vti ◆ il/elle perce un trou dedans (métal) avec quelque chose

ᐹᑯᑖᐱᔅᑭᐦᐙᐤ paakutaapiskihwaau vta ◆ il/elle fait un trou dedans (métal) avec quelque chose

ᐹᑯᑎᐦᐊᒻ paakutiham vti ◆ il/elle fait un trou dedans

ᐹᑯᑎᐦᐄᒑᐤ paakutihiichaau vai ◆ il/elle fait des trous avec un outil

ᐹᑯᑎᐦᐙᐤ paakutihwaau vta ◆ il/elle fait un trou dedans avec quelque chose

ᐱᑯᐦᐋᑭᓐ pikuhaakin ni ◆ un trou fait dans la glace pour y placer un filet de pêche ou une ligne de pêche ou encore pour attraper un castor

ᐅᐦᑎᐦᐄᐹᓐ uhtihiipaan ni ◆ un trou dans la glace pour boire de l'eau, un endroit pour chercher de l'eau potable

ᐅᑎᐦᒋᑭᓐᐦ utihchikinh nid pl ◆ ses nageoires, les trous de ses pieds et pattes dans la peau d'un animal

ᐅᑎᓂᐦᐄᐹᓐ utinihiipaan ni ◆ un trou dans la glace là où le filet de pêche est remonté

ᐎᑎᓂᐦᐄᐹᓐ witinihiipaan ni ◆ un trou dans la glace là où on remonte le filet de pêche pour le vérifier

ᐋᐦᒀᒋᐱᔨᐦᑖᐤ aahkwaachipiyihtaau vai ◆ il/elle a un gros trou dans ses vêtements, il/elle cause un gros problème

ᐋᐦᒀᑖᔅᑯᐦᑎᑖᐤ aahkwaataaskuhtitaau vai ◆ il/elle déchire un grand trou dedans (par exemple son manteau) sur quelque chose de long et rigide

ᐋᐦᒀᑖᔅᑯᔑᒫᐤ aahkwaataaskushimaau vta ◆ il/elle déchire un grand trou dedans sur quelque chose de long et rigide

ᐊᔑᒀᑎᑭᐦᐊᒻ ashikwaatikiham vti ◆ il/elle utilise quelque chose pour sentir ce qu'il y a dans un trou, un tunnel

ᐃᔮᐅᓈᒀᑎᑭᓐ iyaaunaakwaatikin vii ◆ c'est un tunnel, c'est un trou long et profond

ᒨᓈᐦᑭᐦᑖᐤ muunaahkihtaau vii ◆ le feu fait un trou dans quelque chose

ᐹᑯᒋᐱᑖᐤ paakuchipitaau vta ◆ il/elle creuse un trou dedans avec ses mains ou ses pattes

ᐹᑯᑖᔅᑯᐦᐊᒻ paakutaaskuham vti ◆ il/elle fait un trou dedans en le déchirant avec quelque chose (long et rigide)

ᐹᑯᑖᔅᑯᐦᐙᐤ paakutaaskuhwaau vta ◆ il/elle fait un trou dedans en le/la déchirant avec quelque chose (long et rigide)

ᐹᑯᑖᐅᑭᓈᐱᔨᐤ paakutaaukinaapiyiu vai ◆ il/elle a un trou, un déchirure à l'arrière

ᐹᑯᑖᐅᑭᓈᐱᔨᐤ paakutaaukinaapiyiu vii ◆ ça a un trou, une déchirure à l'arrière

ᐹᑯᑎᐦᑎᒻ paakutihtim vti ◆ il/elle ronge un trou à travers

ᐲᔥᑳᐱᑎᒻ piishkaapitim vti ◆ il/elle fait un plus grand trou dedans

ᐲᔥᑳᔮᐤ piishkaayaau vii ◆ c'est un grand trou

ᐲᔅᑳᓯᑯᐦᐊᒻ piiskaasikuham vti ◆ il/elle creuse un grand trou dans la glace

ᐱᑯᓈᐦᐊᒻ pikunaaham vti ◆ il/elle perce un trou dedans avec quelque chose

ᐱᑯᓈᐦᑖᐤ pikunaahtaau vai+o ◆ il/elle fait un trou dedans

ᐱᑯᓈᐦᑎᒋᓯᐤ pikunaahtichisiu vai ◆ il/elle (en bois) a un trou dedans

ᐱᑯᓈᐦᐙᐤ pikunaahwaau vta ◆ il/elle perce un trou dedans (animé) avec quelque chose

ᐱᑯᓈᑭᐦᑎᒻ pikunaakihtim vti ◆ il/elle grignote un trou dans quelque chose en bois

ᐱᑯᓈᒫᐤ pikunaamaau vta ◆ il/elle grignote un trou dedans (animé)

ᐱᑯᓈᓂᒻ pikunaanim vti ◆ il/elle creuse un trou dedans avec ses mains

ᐱᑯᓈᐱᑖᐤ pikunaapitaau vta ◆ il/elle perce un trou dedans (animé)

ᐱᑯᓈᐱᑎᒻ pikunaapitim vti ◆ il/elle perce un trou dedans

ᐱᑯᓈᐱᔨᐤ pikunaapiyiu vai ◆ il/elle se fait percer un trou dedans

ᐱᑯᓈᐱᔨᐤ pikunaapiyiu vii ◆ ça se fait percer un trou dedans

ᐱᑯᓈᓵᑳᐤ pikunaasaakaau vii ◆ il y a un trou dans le rocher

ᐱᑯᓈᔑᒼ **pikunaashim** vti ◆ il/elle découpe un trou dedans

ᐱᑯᓈᔥᑭᒼ **pikunaashkim** vti ◆ il/elle fait un trou dedans avec son pied ou son corps

ᐱᑯᓈᔥᑭ·ᐋᐤ **pikunaashkiwaau** vta ◆ il/elle fait un trou dedans (animé) avec son pied ou son corps

ᐱᑯᓈᔥᑎᐦᐊᒼ **pikunaashtiham** vti ◆ il/elle fait un trou dedans avec un instrument affûté

ᐱᑯᓈᔥᑎᐦ·ᐋᐤ **pikunaashtihwaau** vta ◆ il/elle fait un trou dedans (animé) avec un instrument affûté

ᐱᑯᓈᓯ·ᑳᐤ **pikunaasikwaau** vii ◆ il y a un trou dans la glace

ᐱᑯᓈᓯᐤ **pikunaasiu** vai ◆ il/elle creuse un trou dedans (animé)

ᐱᑯᓈᐢᑭᒥᑳᐤ **pikunaaskimikaau** vii ◆ il y a un trou dans la mousse

ᐱᑯᓈᔮᐦᑭᐦᑖᐤ **pikunaayaahkihtaau** vii ◆ le feu brûle un trou dedans

ᐱᐹᔥᑯᔥᑎᐦᒋᐹᔮᐤ **pipaashkushtihchipaayaau** vii redup ◆ il y a des trous d'eau dans le marécage

ᐱᔨᐢᑯᐦ·ᐋᐤ **piyiskuhwaau** vta ◆ il/elle perce un trou dedans avec quelque chose

ᐱᔨᐢᑯᓈᐤ **piyiskunaau** vta ◆ il/elle perce un trou dedans avec ses mains

ᐱᔨᐢᑯᓂᒼ **piyiskunim** vti ◆ il/elle perce un trou dedans avec sa main

ᔒᐹ·ᐋᔮᓯ·ᑳᐤ **shiipaawaayaasikwaau** vii ◆ il y a un trou dans la glace

·ᑖᐦᐊᒼ **twaaham** vti ◆ il/elle fait un trou dans la glace

·ᑖᐦᐊᒧ·ᐋᐤ **twaahamuwaau** vta ◆ il/elle fait un trou dans la glace pour lui/elle

·ᐋᔮᑯᓈᐦᐊᒼ **waayaakunaaham** vti ◆ il/elle fait un trou dans la neige pour ça

·ᐋᔮᑯᓈᐦ·ᐋᐤ **waayaakunaahwaau** vta ◆ il/elle fait un trou dans la neige pour lui/elle

·ᐋᔨᐦᑯᑖᐤ **waayihkutaau** vta ◆ il/elle creuse un trou dedans

ᔮᐅᓈ·ᑳᑎᑭᓐ **yaaunaakwaatikin** vii ◆ c'est un tunnel, c'est un trou long et profond

ᐋᐦᒋᑯᐱᑯᓈᔮᐤ **aahchikupikunaayaau** ni -m ◆ un trou dans la glace par lequel le phoque remonte pour respirer

ᐹᐦᑭᒥᓂᑭᓐ **paahkiminikin** ni ◆ un trou dans la glace où la surface de l'eau est dégagée pour détecter l'activité des castors

ᐱ·ᑳᐦᐄᐹᓈᓐ **pikwaahiipaanaan** ni ◆ un trou dans la glace pour la pêche au filet en hiver

ᐅᑎᐦᐄᐹᓐ **utihiipaan** ni ◆ un trou fait dans la glace pour chercher de l'eau

ᐋᐦ·ᑳᑖᐦᑭ·ᓵᐤ **aahkwaataahkiswaau** vta ◆ il/elle la brûle gravement, elle tire et perce un grand trou dedans

ᒥᑳᐃᐢᑯᐦᐊᒼ **mikaaiskuham** vti ◆ il/elle ramasse les morceaux de glace du trou dans la glace; il/elle enlève la neige de cet endroit en utilisant quelque chose

ᒨᓂᐦᒋᐢᑖᐤ **muunihchistaau** vii ◆ le feu fait un trou dans le sol

ᐹᐦᑳᐦᐊᒼ **paahkaaham** vti ◆ il/elle le perce avec quelque chose, fait un trou dans la glace

ᐹᑯᑎᒫᐤ **paakutimaau** vta ◆ il/elle le/la gèle, le/la lyophilise, ronge un trou dedans

ᐱᑯᐦᐊᒼ **pikuham** vti ◆ il/elle taille un trou dans la glace pour y placer un filet ou une ligne de pêche

ᐱᑯᐦᐄᒑᐤ **pikuhiichaau** vai ◆ il/elle taille un trou dans la glace

ᐱᑯᓈᔮᐦᑭᐦᓲ **pikunaayaahkihsuu** vai -u ◆ le feu brûle un trou dedans (animé), l'animal a un trou dans sa fourrure due au coup de fusil

ᐱᐹᑯᐦ·ᐋᐤ **pipaakuhwaau** vai redup ◆ il/elle perce des trous dans le cadre de la raquette pour y faire passer le laçage

ᐱᓵᒥᐢᑭᐦᐊᒼ **pisaamiskiham** vti ◆ il/elle creuse un trou, une tranchée dans le sol, dans le sable

ᐱᐢᐹᐱᐤ **pispaapiu** vai ◆ il/elle regarde par le trou, la fenêtre

ᐴᐦᑖᑭᒥᐱᔨᐦᑖᐤ **puuhtaakimipiyihtaau** vai ◆ il/elle le laisse tomber dans un récipient d'eau, dans un trou dans la glace

ᓯᑯᔥᑎᐦ·ᐋᐤ **sikushtihwaau** vta ◆ il/elle fore des trous rapprochés pour le laçage de soutien de la raquette

ᐲᔥᑳᔮᑯᐦᑖᐤ **piishkaayaakuhtaau** vii ◆ le feu fait fondre un grand trou dans la neige

trou central

ᐅᑎᐦᐋᐹᓐ **utihaapaan** ni ◆ le trou central dans le tissage des raquettes

trou de glace

ᐄᔨᐹᑎᒼ **iiyipaatim** vti ◆ il/elle couvre le trou dans la glace avec des branchages et de la neige pour que la glace n'épaississe pas en hiver, en été il/elle arrose le piège pour masquer l'odeur humaine

trouble

ᐲᒋᓈᑭᒥᐤ **piichinaakimiu** vii ◆ l'eau est trouble, remuée

ᐲᑳᑭᒥᐦᐊᓐ **piikaakimihan** vii ◆ l'eau est trouble

troué

ᐱᑯᓈᔮᒋᓯᐤ **pikunaayaachisiu** vai ◆ il/elle est troué-e (étalé)

ᐱᑯᓈᔮᑭᓐ **pikunaayaakin** vii ◆ c'est troué (étalé)

ᐱᑯᓈᔮᐹᒋᓯᐤ **pikunaayaapaachisiu** vai ◆ il/elle est troué-e (filiforme)

ᐱᑯᓈᔮᐹᑭᓐ **pikunaayaapaakin** vii ◆ c'est troué (filiforme)

ᐱᑯᓈᔮᐱᓯᐢᒋᓯᐤ **pikunaayaapisischisiu** vai ◆ il/elle est troué-e (minéral)

ᐱᑯᓈᔮᐱᐢᑳᐤ **pikunaayaapiskaau** vii ◆ c'est troué (minéral)

ᐱᑯᓈᔮᐢᑯᓐ **pikunaayaaskun** vii ◆ c'est troué (long et rigide)

ᐱᑯᓈᔮᔅᑯᓯᐤ pikunaayaaskusiu vai ◆ il/elle est troué-e (long et rigide)
ᐱᑯᓈᔮᐤ pikunaayaau vii ◆ c'est troué
ᐱᑯᓈᐦᑎᑳᐤ pikunaahtikaau vii ◆ c'est un morceau de bois troué
ᐱᑯᓈᔨᐙᐤ pikunaayiwaau vai ◆ il/elle (ex. castor) a la queue trouée

trouée

ᑎᐧᐃᑭᐦᐄᑭᓐ tiwikihiikin ni ◆ une trouée, une ligne défrichée dans le bois

trousse

ᐱᔥᑎᐦᑖᐙᑭᓐ pishtihtwaawaakin ni ◆ une trousse de réparation pour canot

trouver

ᒥᔅᑭᒼ miskim vti ◆ il/elle le trouve
ᒥᔅᑭᐙᐤ miskiwaau vta ◆ il/elle le/la trouve
ᑯᔨᑎᐙᔨᒫᐤ kuyitiwaayimaau vta ◆ il/elle essaie de le/la trouver mais n'y arrive pas
ᒫᑖᐦᑏᐤ maataahtiiu vai ◆ il/elle trouve des traces d'orignal ou de caribou
ᒥᔅᑭᐙᐦᐋᐤ miskiwaahaau vta ◆ il/elle le/la trouve, le/la découvre
ᒥᔅᑯᓈᐤ miskunaau vta ◆ il/elle le/la trouve en tâtonnant
ᒥᔅᑯᓂᒼ miskunim vti ◆ il/elle le trouve en tâtonnant
ᐱᔖᑯᔥᑭᒼ pishaakushkim vti ◆ il/elle passe par là sans le trouver
ᐱᔖᑯᔥᑭᐙᐤ pishaakushkiwaau vta ◆ il/elle passe par là sans le/la trouver
ᐅᐦᑳᑖᔮᔨᒫᐤ uhkaataayaayimaau vta ◆ il/elle le/la trouve embêtante
ᒥᔅᒁᑯᓈᔥᑭᐙᐤ miskwaakunaashkiwaau vta ◆ il/elle trouve des traces d'un ours près de sa caverne, le/la trouve sous la neige avec son pied
ᑖᐅᐱᔩᔥᑎᐙᐤ taaupiyishtiwaau vta ◆ il/elle tombe sur lui/elle, le/la trouve soudainement par hasard
ᐄᔥᑎᐄᓂᒼ wishtiwinim vti ◆ il/elle le trouve de travers, mal placé ▪ ᐄᔥᑎᐄᓂᒼ ᐊᓂᔮ ᒥᓯᓈᐱᔅᑭᐦᐄᑭᓂᔨᐅ. ▪ wishtiwinim aniyaa misinaapiskihiikiniyiu. ▪ *Elle/il trouve la décoration murale mal placée.*
ᒋᔑᐙᔨᒫᐤ chishiwaayimaau vta ◆ il/elle est décidé-e à le/la trouver, à le/la tuer, à le/la remettre à sa place

truite

ᐋᐅᑤᔒᔥ aautwaashiish na -siim [Chisasibi] ◆ une petite truite grise *Salvelinus sp.*
ᒥᐦᑯᒫᒄ mihkumaakw na -m ◆ une grosse truite
ᐋᐳᑎᑖᐦᒋᑭᓐ aaputitaahchikin ni ◆ le sac aérien d'une truite retourné, attaché d'un côté, gonflé, attaché de l'autre et bouilli
ᑳᐙᓈᔨᐦᑎᒥᐦᐄᐙᔑᑦ kaawaanaayihtimihiiwaashit nap -m [Whapmagoostui] ◆ une petite truite grise, un petit touladi *Salvelinus sp.*
ᑯᑭᒫᔑᔥ kukimaashish na -m ◆ une truite grise, un touladi *Salvelinus namaycush*
ᑯᑭᒫᐅᔥᑎᒁᓐ kukimaaushtikwaan ni ◆ une tête de truite grise, de touladi
ᒥᐦᑯᔥᑭᑖᐤ mihkushkitaau na -m ◆ une omble de fontaine, une truite au ventre rouge (sur le point de frayer) *Salvelinus fontinalis*
ᑖᑐᔑᑭᓐ taatushikin na -m ◆ la plus grosse des truites grises, des touladis *Salvelinus namaycush*
ᑯᑭᒫᔅᑳᐤ kukimaaskaau vii ◆ il y a beaucoup de truites par ici

truite de lac

ᐊᐧᐹᓂᔥ apwaanish na -m ◆ une grosse truite de lac *Salvelinus*

truite grise

ᑯᑭᒫᐤ kukimaau na -m ◆ une très grosse truite grise, un gros touladi *Salvelinus namaycush*

truite mouchetée

ᒫᓯᒫᑯᔅ maasimaakus na -im ◆ une truite mouchetée, une truite saumonée, une omble de fontaine *Salvelinus fontinalis*

tuberculose

ᒥᔪᐧᐃᑖᒨ miyuwitaamuu vai -u ◆ il/elle a la tuberculose

tué

ᐹᔅᒋᓯᑭᓈᐳᔥ paaschisikinaapush na -um ◆ un lièvre tué au fusil

tuer

ᐃᔮᔪᐧᐃᐦᐆ iyaayuwihuu vai -u ◆ il/elle se fait tuer
ᓂᐱᐦᐋᐤ nipihaau vta ◆ il/elle le/la tue
ᓂᐱᐦᑖᑳᒑᐤ nipihtaakaachaau vai ◆ il/elle tue avec
ᓂᐱᐦᑖᐤ nipihtaau vai+o ◆ il/elle le tue
ᓂᐱᐦᑎᒧᐙᐤ nipihtimuwaau vta ◆ il/elle le/la tue pour lui/elle, à sa place
ᓂᐱᐦᑎᐙᐤ nipihtiwaau vta ◆ il/elle le/la tue pour lui/elle
ᐋᐱᑎᓂᐦᐙᐤ aapitinihwaau vta ◆ il/elle le/la tue d'un seul coup
ᒧᔥᑎᓂᔅᑳᑖᐤ mustiniskaataau vta ◆ il/elle le/la tue de ses propres mains, les mains nues
ᓈᔥᑐᐦᐙᐤ naashtuhwaau vta ◆ il/elle l'atteint, le/la tue sur le coup en tirant au fusil
ᓈᑐᔩᐤ naatuyiu vai ◆ il/elle va tuer le caribou là ou où ils sont
ᓂᐱᐦᐋᒥᔅᒁᐤ nipihaamiskwaau vii ◆ c'est facile pour lui/elle de tuer le castor
ᓂᐱᐦᐄᒑᔥᑭᐙᐤ nipihiichaashkiwaau vta ◆ il/elle le/la tue en pressant avec son pied ou son corps
ᓂᐱᐦᐄᐙᐤ nipihiiwaau vai ◆ il/elle tue, cause la mort
ᔓᐧᐃᐦᐙᐤ shuwihwaau vta ◆ il/elle peut le/la casser, le/la tuer
ᒫᔅᑎᔅᑯᔮᐤ maastiskuyaau vai ◆ il/elle a tué tous les castors dans la hutte
ᓂᐱᐦᐋᒋᑳᔑᐙᐤ nipihaachikaashiwaau vai ◆ il/elle tue facilement du vison

ᓂᐱᐦᐋᔨᒫᐤ nipihaayimaau vta ◆ il/elle le/la tue par ses pensées, en conjurant

ᐅᔒᔒᐱᒥᐦᑭᐚᐤ ushiishiipimihkiwaau vta ◆ il/elle tue un canard et le lui donne

ᐋᐦᑯᐱᐦᐄᑰ aahkupihiikuu vta inverse -u ◆ il/elle a du mal à attraper et à tuer le porc-épic qui était entré dans un trou, dans sa tanière

ᒋᔑᐚᔨᒫᐤ chishiwaayimaau vta ◆ il/elle est décidé-e à le/la trouver, à le/la tuer, à le/la remettre à sa place

ᐄᔥᑯᐦᐚᐤ iishkuhwaau vta ◆ il/elle part sans les tuer tous, en prend mais en laisse un peu, il lui reste de l'argent

ᐃᔮᔪᐏᐦᐋᐤ iyaayuwihaau vta ◆ il/elle le/la tue, l'abîme, le/la gâte, le/la renverse

ᓵᔨᐚᔅᒑᐤ saayiwaaschaau vai ◆ il/elle tue un castor après avoir détruit les tunnels et la hutte

tuer (se)

ᐱᔅᐱᓂᑏᓲ pispinitiisuu vai reflex -u ◆ il/elle manque de se tuer

ᓂᐱᐦᐄᓲ nipihiisuu vai reflex -u ◆ il/elle se tue (accidentellement) ou se suicide

tunnel

ᐅᓵᑭᐦᐋᑖᐤ usaakihaataau ni -im ◆ un tunnel dans la hutte de castor

ᐊᔑᑿᑎᑭᐦᐊᒻ ashikwaatikiham vti ◆ il/elle utilise quelque chose pour sentir ce qu'il y a dans un trou, un tunnel

ᐃᔮᐅᓈᒁᑎᑭᓐ iyaaunaakwaatikin vii ◆ c'est un tunnel, c'est un trou long et profond

ᒥᐦᒌᐚᔮᐤ mihchiiwaayaau vii ◆ c'est un gros tunnel, c'est un tunnel large

ᔒᐹᐱᐦᑖᐤ shiipaapihtaau vai ◆ il/elle court en-dessous, dans un tunnel

ᔒᐹᓯᓈᒋᐱᔨᐤ shiipaasinaachipiyiu vai ◆ il/elle passe sous une montagne par un tunnel

ᔒᐹᔮᑯᓂᑳᐤ shiipaayaakunikaau vii ◆ il y a un tunnel dans la neige

ᔮᐅᓈᒁᑎᑭᓐ yaaunaakwaatikin vii ◆ c'est un tunnel, c'est un trou long et profond

ᔮᔮᐚᑖᐅᐦᒋᐱᑎᒻ yaayaawaataauhchipitim vti ◆ il/elle (un castor, un rat musqué) creuse un tunnel le long de la berge, du rivage

ᐅᑖᐦᑯᐲᔅᒌ utaahkupiischii ni pej ◆ un vieux terrier, un tunnel où un porc-épic a demeuré

ᐚᑦ waat ni -im ◆ un tunnel de castor, de rat musqué

ᓂᐦᑖᐅᓲᐦᒁᐦᐊᒻ nihtaausuuhkwaaham vti ◆ il/elle tape sur la glace et trouve que c'est facile de détecter les tunnels de castor au son que fait la glace

ᐱᒥᔨᐚᔮᐤ pimiyiwaayaau vii ◆ le tunnel du castor, du rat musqué est par là

ᐑᐦᒁᔮᐤ wiihkwaayaau vii ◆ c'est le fond du tunnel, un cul-de-sac

ᐋᑭᑐ aakitu na ◆ un bâton courbé utilisé pour découvrir des tunnels de castor sous la glace

ᓃᔓᒧᔖᐚᔮᐤ niishumushaawaayaau vii [Whapmagoostui] ◆ il y a deux ouvertures dans le tunnel de castor

ᓃᔓᓵᑭᐦᐋᑖᐚᔮᐤ niishusaakihaataawaayaau vii ◆ il y a deux ouvertures dans le tunnel de castor

ᓲᐦᒁᐦᐊᒻ suuhkwaaham vti ◆ il/elle vérifie avec son ciseau à glace si ça sonne creux là où il aurait des tunnels de castor sous la glace

ᐚᑎᐦᒑᐤ waatihchaau vai ◆ le castor, le rat musqué creuse un tunnel le long de la rive

ᓵᔨᐚᔅᒑᐤ saayiwaaschaau vai ◆ il/elle tue un castor après avoir détruit les tunnels et la hutte

ᔮᐦᔮᐅᑖᑎᐦᒑᐤ yaahyaautaatihchaau vai ◆ le rat musqué, le castor construit des tunnels sinueux

tuyau

ᑯᐦᒋᔥᒁᔮᐲ kuhchishkwaayaapii ni -m ◆ un tuyau de poêle

ᓃᐧᔖᐹᒋᓯᐏᒡ niishwaapaachisiwich vai pl ◆ il y en a deux (filiforme), il y a deux tuyaux de poêle

ᓅᒋᑭᐦᒑᑖᐤ nuuchikihchaataau vta ◆ il/elle nettoie le tuyau de pipe

tuyau de pipe

ᐏᔥᒌ wishchii ni -m ◆ le tuyau d'une pipe

tuyau de poêle

ᐊᑯᐦᑎᔥᒁᔮᐲ akuhtishkwaayaapii na ◆ une cheminée, un tuyau de poêle

ᐅᑯᐦᑎᔥᒁᔮᐲᒻᐦ ukuhtishkwaayaapiimh nad ◆ sa cheminée, son tuyau de poêle

type

ᐄᑖᐹᒋᓯᐤ iitaapaachisiu vai ◆ il/elle (filiforme) est d'un certain type

ᐄᑖᐹᑭᓐ iitaapaakin vii ◆ c'est (filiforme) d'un certain type

u

ultérieur

ᐊᔥᑤᓲ ashtwaasuu vai reflex -u ◆ il/elle se garde des choses pour un usage ultérieur

un

ᐹᔨᒄ paayikw p,nombre ◆ un

ᐹᔨᒁᒡ paayikwaach p,quantité ◆ une pièce (étalé) ■ ᒥᒄ ᐹᔨᒁᒡ ᒨᓱᔮᓐᐦ ᒌᐦ ᐋᐱᒋᐦᐋᐤ ᑳ ᐅᔑᐦᑖᑦ ᐊᓂᔮ ᐊᑯᐦᐱᔨᐤ᙮ ■ mikw paayikwaach muusuyaanh chiih aapichihaau kaa ushihtaat aniyaa akuhpiyiu. ■ *Elle a seulement utilisé une peau d'orignal pour faire cette veste.*

ᐹᔨᒁᑭᓐ paayikwaakin vii ◆ ça forme un seul morceau (étalé)

ᓂᐱᑖ nipitaa p,lieu ◆ d'un côté ■ ᒌᐦ ᓈᑤᔥᑭᐚᐦᑖᑯᐱᓐ ᓂᐱᑖ ᐅᑎᓵᒻᐦ᙮ ■ chiih naatwaashkiwaahtaakupin nipitaa utisaamh. ■ *Elle/il a cassé sa raquette d'un côté.*

ᐹᐦᐹᔨᒁᐤ **paahpaayikwaau** p,quantité redup ◆ un à la fois, une à la fois ■ ᒥᒄ ᐹᐦᐹᔨᒁᐤ ᒌᐦ ᐱᒋᔅᑖᔅᑯᐦᐊᒻ ᐲᔑᔕᐙᓂᔨᐤ ᐹᔨᒄ ᐎᔮᑭᓂᔨᐤ. ■ mikw paahpaayikwaau chiih pichistaaskuham piishishaawaaniyiu paayikw wiyaakiniyiu. ■ *Elle met une portion de ragoût dans chaque bol.*

ᐹᔨᑯᒌᔑᑳᐅᐦ **paayikuchiishikaauh** p,temps ◆ en un seul jour

ᐹᔨᑯᐱᐳᓐᐦ **paayikupipunh** p,temps ◆ un an ■ ᓈᔥᑎᔨᒡ ᐹᔨᑯᐱᐳᓐᐦ ᒌᐦ ᐊᔑᓂᐙᐦᑖᐤ ᐊᓂᔮ ᑳ ᓂᑎᐙᔨᐦᑎᐦᒃ. ■ naashtiyich paayikupipunh chiih ashiniwaahtaau aniyaa kaa nitiwaayihtihk. ■ *Elle a attendu toute une année pour sa commande.*

ᐹᐦᐹᔨᑯᓈᐤ **paahpaayikunaau** vta redup ◆ il/elle les porte un à la fois

ᐹᐦᐹᔨᑯᓂᒻ **paahpaayikunim** vti redup ◆ il/elle les porte un à la fois

ᐹᔨᑯᒥᓂᑳᐤ **paayikuminikaau** vii ◆ il y a une seule baie

ᐹᔨᑯᓐ **paayikun** vii ◆ il est tout seul, il n'y en a qu'un

ᐹᔨᑯᓈᐤ **paayikunaau** vai ◆ il/elle en tient un, en porte une

ᐹᔨᑯᔥᑖᐤ **paayikushtaau** vii ◆ il n'y en a qu'un qui reste, assis là.

ᐹᔨᒁᒋᓯᐤ **paayikwaachisiu** vai ◆ ça forme une seule pièce (étalé), c'est une seule peau d'animal

ᑳᐹᔨᑯᑎᓈᐙᔮᒡ **kaapaayikutinaawaayaach** nip -m ◆ un fusil à un seul canon

ᓂᑯᑐᓐ **nikutun** p,temps ◆ un de ces jours, une fois ■ ᓂᑯᑐᓐ ᐋᐦ ᒌᔑᑳᔨᒡ ᐋᑯᑎᐦ ᒑ ᐙᐱᐦᑎᐦᒃ ᐊᓂᔮ ᑳ ᐄᑖᑭᓂᐎᑦ. ■ nikutun aah chiishikaayich aakutih chaa waapihtihk aniyaa kaa iitaakiniwit. ■ *Un de ces jours, elle verra ce que les gens essayaient de lui dire.*

ᐹᔨᒁᒥᐦᒁᓐ **paayikwaamihkwaan** p,quantité ◆ une cuillerée à soupe

ᐹᔨᒁᒥᐦᒁᓂᔥ **paayikwaamihkwaanish** p,quantité ◆ une cuillerée à thé, à café

ᓂᐱᑖᑯᑖᐤ **nipitaakutaau** vii ◆ ça pend d'un côté

ᐹᐦᐹᔨᑯᒥᓂᒋᓂᔑᐤ **paahpaayikuminichinishiu** vai redup ◆ il/elle ramasse des baies une à la fois

ᐹᔨᑯᐱᐳᓌᓯᐤ **paayikupipunwaasiu** vai ◆ il/elle a un an

ᐹᔨᑯᔥᑎᐤ **paayikushtiu** p,quantité ◆ un famille de castors, une hutte de castor

ᐹᔨᑯᐦᑖᐤ **paayikuhtaau** vai ◆ il/elle n'en utilise qu'un, il/elle marche seul

un à l'autre

ᐄᒋᓈᐦᐙᐤ **iichinaahwaau** vta ◆ il/elle va en véhicule de l'un à l'autre

ᐄᒋᓈᔥᑭᒻ **iichinaashkim** vti ◆ il/elle marche de l'un à l'autre

ᐄᒋᓈᔥᑭᐙᐤ **iichinaashkiwaau** vta ◆ il/elle marche de l'un à l'autre

ᐄᔨᒋᓈᔥᑭᒻ **iiyichinaashkim** vti ◆ il/elle passe de l'un à l'autre

ᒁᔅᒑᐙᓯᐦᑖᐤ **kwaaschaawaasihtaau** vai+o ◆ il/elle portage d'une rivière à l'autre

ᒁᔅᒑᐙᐤ **kwaaschaawaau** vai ◆ il/elle marche d'une rivière à l'autre

ᒁᔅᒑᐙᐱᒋᐤ **kwaaschaawaapichiu** vai ◆ il/elle voyage jusqu'à une autre étendue d'eau en déplaçant son camp d'hiver

un an

ᐊᒋᐦᑯᔑᔥ **achihkushish** na -um ◆ un caribou âgé d'un an

ᐅᔥᒋᒨᔔᔑᔥ **ushchimuushuushish** na -im ◆ un orignal âgé d'un an

ᐅᔥᒋᑎᐦᑯᔥ **ushchitihkush** na -shiim ◆ un caribou âgé d'un an

ᐅᔥᑳᑯᔑᔥ **ushkaakushish** na -um ◆ un porc-épic âgé d'un an

ᐱᐳᓈᔥᑭᒋᐦᑯᔥ **pipunaashkichihkush** na ◆ un orignal ou un caribou âgé d'un an

ᐱᐳᓂᑎᐦᑯᔥ **pipunitihkush** na ◆ un orignal ou un caribou âgé d'un an

ᐳᓈᔥᑭᒋᐦᑯᔥ **punaashkichihkush** na -shiim ◆ un caribou d'un ou deux ans qui quitte sa mère quand elle a son prochain petit au printemps

ᐅᐱᔓᒋᐦᑯᒥᔥᐦ **upishaachihkumishh** nad ◆ sa jeune femelle caribou âgée d'un an qui ne la quitte pas quand elle a son prochain bébé au printemps

un grappin

ᐅᑖᔅᑯᐦᐄᑭᓐ **utaaskuhiikin** ni ◆ un grappin

un mois

ᐅᔖᐅᒋᐦᑯᔥ **ushaauchihkush** na -um ◆ un bébé caribou âgé d'un mois (entre mai et juin)

un sur deux

ᐃᔮᔂ **iyaaswaa** p,manière ◆ un-e sur deux ■ ᒥᒄ ᐃᔮᔂ ᓂᒌᐦ ᐊᑎ ᐅᑎᓈᓐ ᐊᓂᐦᐄ ᐙᐅᐦ. ■ mikw iyaaswaa nichiih ati utinaan anihii waauh. ■ *Je n'ai pris qu'un oeuf sur deux.*

ᐃᔮᔂᒌᔑᑳᐅᐦ **iyaaswaachiishikaauh** p,temps [Wemindji] ◆ un jour sur deux ■ ᐃᔮᔂᒌᔑᑳᐅᐦ ᓂᑎᐙᔨᐦᑖᑯᓯᐤ ᒑ ᐄᑐᐦᑖᑦ ᓂᑐᐦᑯᔨᓂᑭᒥᑯᐦᒡ. ■ iyaaswaachiishikaauh nitiwaayihtaakusiu chaa iituhtaat nituhkuyinikimikuhch. ■ *Il a demandé de passer à la clinique un jour sur deux.*

ᐃᔮᔂᐦᐊᒻ **iyaaswaaham** vti ◆ il/elle le fait à un sur deux

ᐃᔮᔂᐦᐙᐤ **iyaaswaahwaau** vta ◆ il/elle le fait à un-e sur deux

un sur l'autre

ᐃᔮᐦᑯᐃᐦᑎᐎᐦᐋᐤ **iyaahkuihtiwihaau** vta redup ◆ il/elle les empile l'un-e sur l'autre

un-e autre

ᑯᑎᒃ **kutik** pro,alternatif ◆ autre, un-e autre (animé) ■ ᒦᓐ ᑯᑎᒃ ᐊᐙᓐ ᓂᑎᐙᔨᐦᑖᑯᓯᐤ ᒑ ᐋᒁᓯᐱᑎᐦᒃ ᐅᑎᔨᐤ. ■ miin kutik awaan nitiwaayihtaakusiu chaa akwaasipitihk uutiyiu. ■ *On a besoin de quelqu'un d'autre pour tirer le canot sur la rive.*

une

ᒥᓯᐦᑎᐅᓰᐤ **misihtiusiiu** vai ◆ il/elle est d'une pièce

ᓂᐱᑖᑎᐦᒑᐤ nipitaatihchaau vai ◆ il/elle n'a qu'une seule main

ᐹᔨᑯᑖᐅᓰᐤ paayikutaausiiu vai ◆ il y a une seule famille dans cette habitation, une seule famille habite ici

une broche

ᐱᐛᓪ pilwaach na -im ◆ une broche, de l'anglais 'brooch' ou du français 'broche'

une fois

ᐹᔨᒀᐤ paayikwaau p,temps ◆ une fois ▪ ᒥᐠ ᐹᔨᒀᐤ ᓂᒋᔅᒋᓯᐙᓐ ᐋᐦ ᐐᒑᐃᐧᒃ ᐋᐦ ᒨᐃᐧᓱᑦ. ▪ mikw paayikwaau nichischisiwaan aah wiichaawik aah muwisut. ▪ *Je me souviens être allé ramasser des baies une fois avec lui.*

une personne

ᐊᐙᓐ awaan pro,indéfini ◆ quelqu'un, une personne

une sur l'autre

ᐃᔮᐦᑯᐃᐦᑎᐃᐧᔥᑖᐤ iyaahkuihtiwishtaau vai+o redup ◆ il/elle empile une chose sur l'autre

uniformément

ᑎᐦᑎᒀᐤ tihtikwaau vii ◆ c'est uniformément plat

urine

ᐏᔨᔮᒋᓯᐤ wiyiyaachisiu vai ◆ il/elle sent l'urine

ᐏᔨᔮᑭᓐ wiyiyaakin vii ◆ ça sent l'urine

uriner

ᔑᑭᐱᐤ shikipiu vai ◆ il/elle urine là où elle s'assoit

ᓯᒋᐦᑎᒻ sichihtim vti ◆ il/elle urine dessus

ᓯᒋᔥᑖᐤ sichistaau vta ◆ il/elle urine sur lui/elle

ᐴᐴᔑᐤ puupuushiu vai ◆ elle urine, fait pipi

ᔖᔒᑯᐦᑖᐤ shaashiikuhtaau vai ◆ le porc-épic mâle urine souvent pendant la saison de l'accouplement même quand il marche

ᓯᒋᔅᑏᓱ sichistiisuu vai reflex -u ◆ il/elle se fait pipi dessus

ᓯᒋᐤ sichiu vai ◆ il urine, fait pipi

ᓯᒋᐦᒀᒨ sichihkwaamuu vai -u ◆ il/elle mouille son lit, urine pendant son sommeil

Ursa Major

ᐅᒑᑭᑎᐦᐠ uchaakitihkw na ◆ la grande ourse, une formation d'étoiles Ursa Major

usage

ᒋᔥᑖᐱᒋᐦᑖᐤ chishtaapichihtaau vai+o ◆ il/elle en fait bon usage

ᒋᔥᑖᐱᒋᐦᐋᐤ chishtaapichihaau vta ◆ il/elle fait bon usage de lui/d'elle

ᒥᐧᔮᔅᒁᔮᐤ miywaaskwaayaau vii ◆ il y a beaucoup de bois pour différents usages

usé

ᐲᑯᓈᑯᐦᐋᐤ piikunaakuhaau vta ◆ il/elle lui donne l'air usé à force de le/la maltraiter ou de l'utiliser

ᐲᑯᓈᑯᐦᑖᐤ piikunaakuhtaau vai ◆ il/elle lui donne l'air usé en le maltraitant ou en l'utilisant

ᐲᑯᓈᑯᓐ piikunaakun vii ◆ ça a l'air usé

ᒋᔅᑎᒫᒋᓈᑯᓐ chistimaachinaakun vii ◆ ça semble mal fait, abîmé, usé; ça fait pitié

user

ᒋᔩᐱᓂᓰᐤ chiyipinisiiu vai ◆ il/elle use vite ses vêtements

ᒋᔩᐱᔥᑭᒻ chiyipishkim vti ◆ il/elle use vite ses vêtements

ᒫᔥᑖᔥᑯᔑᒫᐤ maashtaashkushimaau vta ◆ il/elle l'use en traversant des buissons à pied; il/elle l'use (se dit d'un vêtement)

ᒫᔥᑎᔥᑮᐧᐋᐤ maashtishkiwaau vta ◆ il/elle l'use en le/la portant (se dit d'un vêtement); il/elle n'en a plus à porter (ex. un pantalon)

ᒋᔩᐱᐦᑖᐤ chiyipihtaau vai+o ◆ il/elle use vite ses vêtements, l'utilise vite

ᒫᔥᑎᔥᑭᒻ maashtishkim vti ◆ il/elle l'use en le portant, il/elle n'a plus rien à se mettre (se dit de vêtements)

user (s')

ᒫᔅᑖᔅᑯᐦᑎᑖᐤ maastaaskuhtitaau vai ◆ il/elle s'use, s'abîme en restant accroché-e aux tiges et buissons

usine

ᐊᔥᑐᔩᐅᑭᒥᐠ ashtuyiukimikw ni ◆ une usine à canots

ustensile

ᐊᒀᐦᐄᑭᓐ akwaahiikin ni ◆ un ustensile pour servir de la nourriture qui a bouilli dans un pot

utérus

ᐊᑯᒋᐤ akuchiu vai ◆ ça gèle en s'attachant à quelque chose (se dit aussi d'un bébé pas encore né attaché à la paroi utérine)

utile

ᒋᔥᑖᐱᑎᓐ chishtaapitin vii ◆ c'est très utile

ᒥᐧᔮᐱᒋᐦᑖᐤ miywaapichihtaau vai+o ◆ il/elle le trouve utile

ᒥᐧᔮᐱᑎᓐ miywaapitin vii ◆ c'est utile

ᐋᐱᑎᓐ aapitin vii ◆ c'est utile, c'est pertinent

ᒋᔅᑖᐱᑎᓰᐤ chistaapitisiiu vai ◆ il/elle est très utile, fonctionnel/fonctionnelle

ᐃᔮᐦᐱᒋᓈᑯᓐ iyaahpichinaakun vii ◆ ça a l'air important, utile (utilisé au négatif) ▪ ᓈᔥᒡ ᐋᑳ ᐅᐦᒋ ᐃᔮᐦᐱᒋᓈᑯᐦᒡ ᑳ ᑎᑳᔥᑖᐦᑖᔮᐦᒡ. ▪ naashch aakaa uhchi iyaahpichinaakuhch kaa tikaashtaahtaayaahch. ▪ *Le film qu'on a vu n'était pas très intéressant.*

ᐃᔮᐦᐱᒋᓈᑯᓯᐤ iyaahpichinaakusiu vai ◆ il/elle a l'air important, utile (utilisé à la forme négative) ▪ ᑖᐹ ᐃᔮᐦᐱᒋᓈᑯᓯᐤ ᐊᓐ ᐋᐃᐦᑯᓈᐤ ᐋᑦ ᒌᐦ ᒥᒫᐦᑖᐅᓈᑯᐦᐄᒃ. ▪ taapaa iyaahpichinaakusiu an aaihkunaau aat chiih mimaahtaaunaakuhiik. ▪ *Le gâteau n'a pas l'air joli même si je l'ai décoré.*

ᒥᔪᓯᐤ miyusiu vai ◆ il/elle est bon/bonne, utile

ᒥᐧᔮᒋᓯᐤ miywaachisiu vai ◆ il/elle est beau/belle, utile (étalé)

ᒥᐧᔮᑭᓐ miywaakin vii ◆ c'est beau, utile (étalé)

ᒥᐧᔮᐹᒋᓯᐤ **miywaapaachisiu** vai ◆ il/elle est bon/bonne, utile (filiforme)

ᒥᐧᔮᐱᒋᐦᐋᐤ **miywaapichihaau** vta ◆ il/elle le trouve utile, efficace, obligeant

ᒥᐧᔮᐱᓯᔅᒋᓯᐤ **miywaapisischisiu** vai ◆ il est beau, elle est belle, il/elle est utile

ᒥᐧᔮᐱᔅᑳᐤ **miywaapiskaau** vii ◆ c'est beau, utile (minéral)

utilisé

ᒫᐦᒋᐱᔨᐤ **maahchipiyiu** vii ◆ c'est fini, utilisé; ça diminue

utiliser

ᐋᐱᒋᐦᑖᐤ **aapichihtaau** vai+o ◆ il/elle l'utilise

ᐄᑖᐱᑎᓐ **iitaapitin** vii ◆ c'est utilisé d'une certaine façon

ᒫᐦᒋᐱᔨᐦᐋᐤ **maahchipiyihaau** vta ◆ il/elle l'utilise complètement

ᒥᓈᐦᐅᑎᑎᒼ **minaahutitim** vti ◆ il/elle le prend pour l'utiliser lui/elle-même

ᐋᐱᒋᐦᐋᐤ **aapichihaau** vta ◆ il/elle l'utilise, l'emploie

ᒋᔨᐱᓈᐤ **chiyipinaau** vta ◆ il/elle l'utilise vite ■ ᓈᔥᒡ ᐋᐦ ᒌᐦ ᒋᔨᐱᓈᑦ ᐅᐱᐦᒁᔑᑭᓂᒼᐦ. ■ naashch aah chiih chiyipinaat upihkwaashikinimh. ■ *Elle a utilisé sa farine très vite.*

ᒋᔨᐱᓂᒼ **chiyipinim** vti ◆ il/elle l'utilise vite ■ ᐋᑳ ᓈᑭᑎᐧᐋᔨᐦᑎᐦᒃ ᓈᔥᒡ ᐋᐦ ᒋᔨᐱᓂᐦᒃ ᐊᓂᔮ ᐅᔒᐅᐦᑖᑭᓂᒼ. ■ aakaa naakitiwaayihtihk naashch aah chiyipinihk aniyaa ushiiuhtaakinim. ■ *Elle utilise très vite son sel parce qu'elle ne fait pas attention.*

ᐄᑖᐱᑎᓰᐤ **iitaapitisiiu** vai ◆ il/elle fait quelque chose, il/elle est utilisé-e dans un certain but

ᒫᐦᒋᐦᐋᐤ **maahchihaau** vta ◆ il/elle l'utilise complètement; le/la termine

ᒫᐦᒋᐦᑖᐤ **maahchihtaau** vai+o ◆ il/elle l'utilise, le finit complètement

ᒫᐦᒋᐳᐦᑯᓲ **maahchipuhkusuu** vai -u ◆ il/elle utilise toute la poudre

ᒫᔥᑖᐹᐅᔮᐤ **maashtaapaauyaau** vta ◆ il/elle l'utilise complètement pour le lavage (ex. du savon); il/elle les a tous lavés/toutes lavées

ᒫᔥᑎᐦᒋᓲ **maashtihchisuu** vai -u ◆ il/elle utilise tout son bois pour le feu

ᒥᓈᐦᐅᑎᑎᐧᐋᐤ **minaahutitiwaau** vta ◆ il/elle le/la prend pour l'utiliser lui/elle-même

ᒥᓂᐦᒁᒑᐤ **minihkwaachaau** vai ◆ il/elle l'utilise pour boire

ᐹᔨᑯᐦᑖᐧᐃᒡ **paayikuhtaawich** vti pl ◆ ils/elles l'utilisent en même temps

ᐱᒧᐦᑖᐧᐋᒑᐤ **pimuhtaawaachaau** vai ◆ il/elle l'utilise pour marcher avec

ᔔᔑᐧᐃᐦᑖᐤ **shuushiwihtaau** vai+o ◆ il/elle le rend lisse à force de l'utiliser

ᐅᐦᑎᑖᔅᐱᓂᓱᐧᐋᒑᐤ **uhtitaaspinisuwaachaau** vai [Wemindji] ◆ il/elle l'utilise comme arme

ᒋᔨᐱᐦᑖᐤ **chiyipihtaau** vai+o ◆ il/elle use vite ses vêtements, l'utilise vite

ᒫᐦᒋᓯᓈᔮᐦᑭᓲ **maahchisinaayaahkisuu** vai -u ◆ il/elle utilise toutes les balles, cartouches

ᒫᔥᑎᓈᐤ **maashtinaau** vta ◆ il/elle les prend, les donne tous/toutes; il/elle les utilise complètement

ᒥᔪᔨᐧᐋᐤ **miyuyiwaau** vii ◆ c'est pratique à utiliser, facile à utiliser

ᓂᔥᑤᒋᓂᒼ **nishtwaachinim** vti ◆ il/elle en tient, en utilise trois (étalé)

ᓯᔅᑭᐦᐅᐧᐋᒑᐤ **siskihuwaachaau** vai ◆ il/elle utilise quelque chose comme canne, comme béquille

ᐹᔨᑯᐦᑖᐤ **paayikuhtaau** vai ◆ il/elle n'en utilise qu'un, il/elle marche seul

V

va et vient

ᑳᐦᒌᐧᐋᐦᑖᐤ **kaahchiiwaahtaau** vai ◆ il/elle va et vient à pied

ᑳᐦᒌᐧᐋᐤ **kaahchiiwaau** vai ◆ il/elle va et vient

ᑖᔥᑖᐳᐦᐧᐋᐤ **taashtaapuhwaau** vai ◆ il/elle va et vient avec l'aiguille pendant le tissage

va-vite

ᐃᔮᓯᐦᒌᐤ **iyaasihchiiu** vai ◆ il/elle le fait à la hâte, à la va-vite

vache

ᒥᔅᑎᓱ **mistisu** na -um ◆ une vache *bovine sp.*

ᒥᔅᑎᓱᑭᒥᒄ **mistisukimikw** ni ◆ une étable

ᒥᔅᑎᓱᔮᓐ **mistisuyaan** na ◆ une peau de vache, du cuir de vache

ᐅᐦᒋᑭᐧᐃᑐᓈᓈᐤ **uhchikiwitunaanaau** vai ◆ il/elle trait la vache

vaciller

ᐃᔪᐧᐃᔑᐧᐋᔮᔥᑎᓐ **iyuwishiwaayaashtin** vii ◆ la flamme vacille dans le vent

ᐧᐋᐧᐋᑯᐦᑖᐤ **waawaakuhtaau** vai redup ◆ il/elle marche en vacillant

vadrouille

ᑳᓰᐦᑎᑭᐦᐄᑭᓐ **kaasiihtikihiikin** ni ◆ une vadrouille, une serpillère

vagabond

ᐱᐹᒫᑎᓰᐤ **pipaamaatisiiu** vai redup ◆ c'est un vagabond, un nomade

vague

ᑭᔥᑭᓂᒡ **kishkinich** na pl ◆ des vagues sur l'eau

ᑭᔥᑭᓂᐆ **kishkiniuu** vii -iwi ◆ il y a des vagues sur l'eau

ᒫᒥᐦᑳᐦᐊᓐ **maamihkaahan** vii ◆ il y a de grosses vagues sur l'eau

ᒥᒥᐦᑳᐦᐊᓐ **mimihkaahan** vii redup ◆ il y a de grosses vagues dans l'eau

ᐲᔖᐦᐊᔑᐤ **piishaahashiu** vii dim ◆ il y a de petites vagues sur l'eau

ᐲᔑᐧᐋᑳᐳᐧᐃᐧᐃᒡ **piishiwaakaapuwiwich** vai pl -uwi ◆ il y a de petites vagues à la surface de l'eau

ᒋᒧᐦᒋᔑᓂᒡ **chimuhchishinich** vai pl ◆ les vagues font du bruit en déferlant

ᒋᐧᓈᓈᑳᐳᐧᐃᐧᐃᒡ chinwaanaakaapuwiwich vai pl -uwi ◆ c'est une longue ligne de vagues dans les rapides

ᒋᐱᑳᐳᐧᐃᐧᐃᒡ chipikaapuwiwich vai pl -uwi ◆ les vagues du rapide traversent toute la rivière

ᐄᔑᑳᐳᐧᐃᐧᐃᒡ iishikaapuwiwich vai pl -uwi ◆ la direction des vagues

ᐄᔨᑯᓂᓰᐧᐃᒡ iiyikunisiiwich vai pl ◆ les vagues déferlent

ᑭᔅᑭᓈᐅᑳᐦᐊᓐ kiskinaaukaahan vii ◆ c'est un motif laissé par les vagues sur le sable

ᐧᑳᔥᐧᑳᔥᑳᒫᔮᒥᔥᑳᒋᒋᐧᐃᓐ kwaashkwaashkaamaayaamishkaachichiwin vii redup ◆ les vagues frappent les rivages d'un bout à l'autre

ᒥᓂᑭᐦᐅᑐᐧᐃᒡ minikihutuwich vai pl recip -u ◆ les vagues clapotent

ᒨᔖᐧᐋᐱᔨᐧᐃᒡ muushaawaapiyiwich vai pl ◆ les vagues disparaissent

ᓅᑎᒥᐱᔨᐧᐃᒡ nuutimipiyiwich vai pl ◆ les vagues sont arrondies, ne déferlent pas

ᐹᐦᑳᐱᔨᐧᐃᒡ paahkaapiyiwich vai pl ◆ les vagues sur l'eau se brisent

ᐹᐧᑖᐧᐋᔑᓂᒡ paatwaawaashinich vai pl ◆ il y a un son de vagues sur l'eau

ᐲᐧᑳᐦᐊᓐ piikwaahan vii ◆ c'est brisé par le vent et les vagues

ᐲᐧᑳᐦᐅᑰ piikwaahukuu vai -u ◆ il/elle est brisé-e par le vent et les vagues

ᓵᓯᐳᑖᐤ saasiputaau vii ◆ les vagues le lèchent

ᔖᔑᑭᑖᐳᑯᐧᐃᒡ shaashikitaapukuwich vai pl -u ◆ la direction des vagues du rapide change à cause du vent très fort

ᔖᔑᔑᓂᒡ shaashishinich vai pl ◆ les vagues lèchent sur le rivage

ᐧᐋᐱᐱᔨᐧᐃᒡ waapipiyiwich vai pl ◆ les vagues sont de couleur claire

ᐧᐋᓵᐦᐊᓐ waasaahan vii ◆ les vagues sont visibles à la surface de l'eau

ᐃᔥᐧᑳᑳᐳᐧᐃᐧᐃᒡ ishkwaakaapuwiwich vai pl -uwi ◆ les grosses vagues s'arrêtent aux rapides, c'est la fin d'une file de gens, d'arbres

ᑭᒑᒧᐦᒋᔑᓂᒡ kichaamuhchishinich vai pl ◆ les vagues lèchent le rivage

ᑭᐱᐦᑖᐦᐊᓐ kipihtaahan vii ◆ le vent, la vague frappe quelque chose

ᑯᓵᐹᔮᐦᐅᑖᐤ kusaapaayaahutaau vii ◆ c'est avalé par les vagues

ᓂᓂᑭᐦᐅᑐᐧᐃᒡ ninikihutuwich vai pl redup recip -u ◆ les vagues se rencontrent en provenant de directions opposées

ᓂᔮᔥᑎᐧᐃᑳᐳᐧᐃᐧᐃᒡ niyaashtiwikaapuwiwich vai pl -uwi ◆ il y a une ligne étroite d'arbres, de vagues dans les rapides

ᐹᐦᑳᒋᐧᐃᓐ paahkaachiwin vii ◆ l'eau fait soudain un bruit éclatant quand les vagues se brise dans le rapide

ᐹᑖᔥᑳᐧᐃᒡ paataashkaawich vai pl ◆ les vagues arrivent même sans vent, signe que le vent va bientôt se lever

ᐲᔑᔨᐧᐋᑳᐳᐧᐃᐧᐃᒡ piishiyiwaakaapuwiwich vai pl -uwi ◆ il y a de grosses vagues déferlantes dans le rapide

ᐴᔥᑯᐦᐧᐋᐤ puushkuhwaau vta ◆ il/elle le tranche, coupe à travers les vagues en canot

ᐅᐱᑐᐧᐃᑳᐳᐧᐃᐧᐃᒡ upituwikaapuwiwich vai pl -uwi ◆ il y a une interruption dans les vagues des rapides

ᐅᔖᑳᐳᐧᐃᐧᐃᒡ ushaakaapuwiwich vai pl -uwi ◆ les vagues sont très grandes dans cette zone de rapides

ᐅᐧᓵᔮᐦᐊᓐ uswaayaahan vii ◆ la force du vent fait que les vagues déferlent et l'éclaboussent

ᐧᐄᔓᐹᒋᔅᑎᓐ wiishupaachistin vii ◆ des vents toujours forts créent de grosses vagues

vague de chaleur

ᐅᐧᐃᓂᐦᑖᐤ uwinihtaau vii ◆ une vague de chaleur s'élève de la terre, de la neige, de la glace

vagues

ᐊᐧᑳᐱᔨᐧᐃᒡ akwaapiyiwich vai pl ◆ les vagues déferlent sur le rivage

ᐃᔨᔪᐧᐃᔑᓂᒡ iyiyuwishinich vai pl ◆ les vagues déferlent sur le rivage

ᒥᐧᑖᔮᐦᐊᓐ mitwaayaahan vii ◆ c'est le son des vagues qu'on entend

ᒥᐧᑖᔮᑭᒫᐦᐊᓐ mitwaayaakimaahan vii ◆ ce sont les vagues qui déferlent qu'on entend au loin

ᐧᐋᔮᑎᐧᑳᐤ waayaatikwaau vii ◆ il y a un passage dans les vagues

ᐅᐧᔖᔑᓂᒡ ushwaashinich vai pl ◆ les vagues déferlent sur la rive en giclant

vaincre

ᐱᔅᒋᔨᐧᐋᐤ pischiyiwaau vta ◆ il/elle le/la vainc

ᔖᐦᑯᑎᓈᐤ shaahkutinaau vta ◆ il/elle le vainc à la main

ᔖᐦᑯᑎᓂᒻ shaahkutinim vti ◆ il/elle le vainc à la main

ᔑᐦᑯᒋᐦᐋᐤ shihkuchihaau vta ◆ il/elle le/la vainc

ᐱᔅᒋᔮᒑᐤ pischiyaachaau vai ◆ il/elle gagne, vainc

ᔖᐦᑯᑖᔨᒫᐤ shaahkutaayimaau vta ◆ il/elle le/la vainc par la pensée

ᔑᐦᑰᑖᔨᒫᐤ shihkuutaayimaau vta ◆ il/elle le/la vainc avec sa pensée

ᑖᐹᔨᒧᑎᒻ taapaayimutim vti ◆ il/elle pense qu'elle peut le/la vaincre

ᑖᐹᔨᒧᑎᐧᐋᐤ taapaayimutiwaau vta ◆ il/elle pense qu'elle peut le/la vaincre

ᒫᑯᐦᐋᐤ maakuhaau vta ◆ il/elle l'emporte sur lui/elle, le/la vainc, le/la bat

vaincu

ᒥᔪᓈᐦᐄᑭᓐ miyunaahiikin na -u ◆ un caribou mâle, incapable d'être en rut parce qu'il a été vaincu par un mâle plus fort

vaisselle

ᒋᔥᑖᐸᐅᒋᔮᑭᓈᐤ chishtaapaauchiyaakinaau vai ◆ il/elle lave la vaisselle ■ ᒑ ᐐᐦᑎᒧᐎᑦ ᒑ ᒋᔥᑖᐸᐅᒋᔮᑭᓈᑦ ᑎᑯᔑᐦᑳ× ■ chaa wiihtimuwit chaa chishtaapaauchiyaakinaat tikushihkaa. ■ *Dis-lui de laver la vaisselle quand elle rentrera.*

ᑳᓰᓂᔮᑭᓈᐤ kaasiiniyaakinaau vai ◆ il/elle lave la vaisselle

ᓰᓂᑯᐹᑭᐦᐄᑭᓐ siinikupaakihiikin ni ◆ un linge à vaisselle, un torchon à vaisselle

valeur

ᒥᔪᐦᑤᐤ miyuhtwaau vai ◆ il/elle vit bien, a de bonnes valeurs, vit selon de bons principes

ᑯᐃᐢᑯᑖᑎᓰᐤ kuiskutaatisiiu vai ◆ il/elle vit de façon vertueuse; il/elle a une grande droiture morale

valise

ᐐᐎᑦ wiiwit nid ◆ sa valise, son sac

ᒦᐎᑦ miiwit ni ◆ une valise, un sac, un contenant

vallée

ᐲᔑᐦᑳᐹᐤ piishihkaapaau ni ◆ une vallée avec des saules et des arbres

ᐱᓵᐤ pisaau vii ◆ c'est une vallée

ᐱᓯᑎᓈᐤ pisitinaau vii ◆ c'est une vallée entre les collines

ᑎᐎᑎᓈᐤ tiwitinaau vii ◆ c'est une vallée, une dépression dans la montagne

ᐙᐃᑎᓈᐤ waaitinaau vii ◆ c'est une vallée, une dépression dans la montagne

valoir

ᑖᐱᒑᔨᐦᑖᑯᓐ taapichaayihtaakun vii ◆ ça vaut la peine, ça le mérite

ᑖᐱᒑᔨᐦᑖᑯᓯᐤ taapichaayihtaakusiu vai ◆ il/elle en vaut la peine, il/elle le mérite

vanter

ᓈᐹᐙᒋᒦᓱ naapaawaachimiisuu vai reflex -u ◆ il se vante d'être un vrai homme

vanter (se)

ᒥᒥᐦᒋᒨ mimihchimuu vai redup -u ◆ il/elle se vante

ᒥᒥᐦᑖᑯᒨ mimihtaakumuu vai redup -u ◆ il/elle se vante

ᒥᒥᐦᑖᑯᓯᐤ mimihtaakusiu vai redup ◆ il/elle s'en vante

ᓂᓈᐹᐅᒨ ninaapaaumuu vai -u ◆ il/elle parle hardiment, effrontément, il/elle se vante

vapeur

ᐲᒋᔖᐱᔨᐤ piichishaapiyiu vii ◆ ça créé de la vapeur, c'est plein de vapeur

ᐄᒋᒁᐱᐢᒋᐱᔨᐤ iichikwaapischipiyiu vai ◆ il/elle est givré-e ou de la vapeur se forme sur lui/elle (minéral)

ᐄᒋᒁᐱᐢᒋᐱᔨᐤ iichikwaapischipiyiu vii ◆ c'est givré ou de la vapeur se forme sur ça

ᐲᒋᔖᐱᔨᐤ piichishaapiyiu vai ◆ il/elle fait de la vapeur, est plein de vapeur, est embué

ᐲᒋᔖᑖᐤ piichishaataau vii ◆ il y a de la vapeur d'eau, de la buée

ᐲᒋᔖᔮᑭᒥᑖᐤ piichishaayaakimitaau vii ◆ de la vapeur s'élève de l'eau chaude

ᐴᑎᓂᐦᒑᐤ puutinihchaau vai ◆ il/elle fait du pouding cuit à la vapeur, de l'anglais 'pudding'

ᐴᑎᓐ puutin na -im ◆ du flan, du pouding à la vapeur, de l'anglais 'pudding'

vaporiser

ᐴᑖᑎᐦᐄᒑᐤ puutaatihiichaau vai ◆ il/elle souffle, pulvérise, vaporise

vaporiser (se)

ᐲᒋᔖᐎᓂᑖᒨ piichishaawinitaamuu vai -u ◆ son souffle se vaporise

varié

ᓂᓈᐦᑭᐤ ninaahkiu p,manière redup ◆ varié, différent ■ ᓂᓈᐦᑭᐤ ᐋᐦ ᐄᓯᓈᑯᓯᒡ ᓂᒫᓯᒡ ᓂᒌᐦ ᐱᑎᐦᐅᔮᓈᓐ× ■ ninaahkiu aah iisinaakusich nimaasich nichiih pitihuyaanaan. ■ *Nous avons attrapé différentes sortes de poissons dans notre filet.*

végétation

ᓯᑳᐢᒁᐤ sikaaskwaau vii ◆ c'est une zone de végétation très dense

véhicule

ᑯᓯᐢᐱᔨᐤ kusispiyiu vai ◆ il/elle remonte la colline, la pente en véhicule; elle remonte vers l'intérieur des terres en véhicule

ᐅᑎᐦᒋᐱᔨᐤ utihchipiyiu vai ◆ il/elle arrive ici en véhicule

ᒑᒋᔖᐹᐱᔨᐤ chaachishaapaapiyiu vai ◆ il/elle part tôt le matin en véhicule

veille de Noël

ᐲᐦᒋᒑᒥᑭᓐ piihchichaamikin vii ◆ c'est la veille de Noël, lit. 'ça entre'

veiller

ᓃᐹᐱᔥᑎᐙᐤ niipaapishtiwaau vta ◆ il/elle le/la veille toute la nuit

veilleuse

ᓃᐹᔮᔥᑖᓂᒫᑭᓐ niipaayaashtaanimaakin ni ◆ une veilleuse, une bougie-veilleuse, une lumière de nuit

veine

ᐅᒥᐦᒀᔮᐲ umihkwaayaapii nid ◆ sa veine

ᒥᐦᒀᔮᐲ mihkwaayaapii ni ◆ une veine, une artère

ᒋᐢᑖᒋᐎᓐ chistaachiwin vii ◆ c'est là où le courant est le plus fort, c'est la veine principale du courant

ᐹᔖᐱᐢᑳᐤ paashaapiskaau vii ◆ le rocher a de fines veines d'une autre couleur

veines

ᐅᐢᒋᐑ uschiwii na -uum ◆ les veines de sang brun sur l'estomac d'un poisson

vélo

ᑳᑎᐦᑎᐱᔥᑭᐙᑭᓂᐎᑦ kaatihtipishkiwaakiniwit nap ◆ une bicyclette, un vélo

velours

ᑳᐲᑯᓱᐧᐋᔮᑭᐦᒡ kaapiikusuwaayaakihch nip ◆ du tissu lainé, du velours épais, de la fourrure polaire (sens moderne)

ᐅᒥᐦᔪᐧᐃᑏᐦ umihyuwitiih nad ◆ le velours de ses bois (animé, caribou, orignal) au milieu de l'été

ᒌᐅᐧᐃᐦᑖᐤ chiiuwihtaau vai ◆ le caribou quitte cet endroit après avoir perdu le velours de ses cornes et part à la recherche d'une femelle

ᐅᔥᑭᐦᐆ ushkihuu vai -u ◆ il (caribou mâle adulte) perd le velours de sa ramure en septembre

vendre

ᐊᑖᒫᐤ ataamaau vta ◆ il/elle le lui vend

ᐊᑖᐧᐋᒑᐤ ataawaachaau vai ◆ il/elle en vend

ᐊᑖᐧᐋᔥᑎᒧᐧᐋᐤ ataawaashtimuwaau vta ◆ il/elle vend pour lui/elle

ᐊᑖᐧᐋᐤ ataawaau vai ◆ il/elle vend

ᐧᐋᐦᑎᒋᐦᑎᒧᐧᐋᐤ waahtichihtimuwaau vta ◆ il/elle le lui vent à bas prix, pas cher

ᐧᐋᐦᑎᒋᒫᐤ waahtichimaau vta ◆ il/elle le/la vent à bas prix, pas cher

vendredi

ᐱᐦᐧᑳᔑᑭᓂᒌᔑᑳᐤ pihkwaashikinichiishikaau vii ◆ c'est vendredi, lit. 'jour de farine'

vénérienne

ᒫᔮᑖᔅᐱᓈᐧᐃᓐ maayaataaspinaawin ni ◆ une maladie vénérienne

venir

ᓂᐦᐋᑳᒋᐱᔨᐤ nihaakaachipiyiu vii ◆ ça va, vient doucement

ᐹᐱᐦᑖᒥᑭᓐ paapihtaamikin vii ◆ ça vient, s'approche ■ ᒫᐧᑳᒡ ᐹᐱᐦᑖᒥᑭᓐ ᑳᐱᐹᒥᐦᔮᒥᑭᐦᒡ. ■ maakwaach paapihtaamikin kaapipaamihyaamikihch. ■ *L'avion vient par ici maintenant (sur le sol).*

ᐅᐦᑐᐦᑖᐤ uhtuhtaau vai ◆ il/elle vient de là-bas en marchant

ᐧᐋᔥᑎᓂᒧᐧᐋᐤ waashtinimuwaau vta ◆ il/elle lui fait signe de venir

ᑳᐦᒌᐧᐋᐦᑖᐤ kaahchiiwaahtaau vai ◆ il/elle va et vient à pied

ᑳᐦᒌᐧᐋᐤ kaahchiiwaau vai ◆ il/elle va et vient

venir à bout

ᐄᔨᐧᐋᔥᑭᐧᐋᐤ iiyiwaashkiwaau vta ◆ il/elle triomphe de lui, en vient à bout

ᐄᔨᐧᐋᔥᑭᒼ iiyiwaashkim vti ◆ il/elle réussit à le faire, surmonte des obstacles, en vient à bout

vent

ᑎᐱᓂᐧᐋᐤ tipiniwaau vii ◆ c'est protégé du vent

ᔫᑎᓐ yuutin vii ◆ il y a du vent, le vent souffle

ᔫᑎᓂᓈᑯᓐ yuutininaakun vii ◆ il semble qu'il y aura du vent

ᔫᑎᓂᐱᔨᐤ yuutinipiyiu vii ◆ le vent se lève

ᐊᑯᐦᐄᑭᓐ akuhiikin ni ◆ la partie supérieure de l'habitation ajustée selon la direction du vent

ᔫᑎᓂᔅᒄ yuutiniskw na ◆ un nuage de vent

ᑭᐱᐦᒌᔨᐧᐋᐤ kipihchiiyiwaau p,lieu ◆ au vent, du côté du vent

ᓈᒥᒧᓐ naamimun p,lieu ◆ le coté sous le vent ■ ᓈᒥᒧᓐ ᓂᒌᐦ ᐄᑎᑯᐦᑎᑖᓐ ᐆᑦ ᑳ ᓈᑎᐦᐄᐹᑦ ᓅᐦᑖᐧᐄ. ■ naamimun nichiih iitikuhtitaan uut kaa naatihiipaat nuuhtaawii. ■ *J'ai dirigé le canot du côté sous le vent pendant que mon père vérifiait le filet.*

ᐋᐦᒋᔨᐧᐋᐱᔨᐤ aahchiyiwaapiyiu vii ◆ le vent tourne

ᐋᐦᒋᔨᐧᐋᐤ aahchiyiwaau vii ◆ le vent tourne

ᐋᐱᒧᑎᓐ aapimutin vii ◆ c'est à l'abri du vent

ᐊᑳᐧᐋᑖᔑᐤ akaawaataashiu vai ◆ il/elle ne peut pas se déplacer à pied parce que le vent souffle trop fort

ᐊᐧᑳᔨᐧᐋᐤ akwaayiwaau vii ◆ c'est un vent qui souffle vers le rivage

ᐊᔖᔮᔑᐤ ashaayaashiu vai ◆ il/elle est repoussé-e en arrière par le vent

ᐊᔖᔮᔥᑎᓐ ashaayaashtin vii ◆ c'est repoussé en arrière par le vent

ᒌᓂᐧᑳᓈᔮᔑᐤ chiinikwaanaayaashiu vai ◆ il/elle virevolte emporté-e par le vent

ᒌᔥᑎᓂᐱᔨᐤ chiishtinipiyiu vii ◆ il y a soudain une forte rafale de vent

ᒌᐧᐋᑎᓐ chiiwaatin vii ◆ c'est un vent du nord

ᒋᒥᔥᑎᓐ chimishtin vii ◆ le vent tombe ■ ᑳ ᒋᒥᔥᑎᓂᔨᒡ ᐄᔮᒄ ᑲ ᐹᒋ ᐴᓯᒡ. ■ kaa chimishtiniyich iiyaakw kaa paachi puusich. ■ *Ils ne sont partis en canot que quand le vent est tombé.*

ᒋᒥᔥᑎᓂᐱᔨᐤ chimishtinipiyiu vii ◆ le vent tombe progressivement

ᒋᒧᑖᒫᔑᐤ chimutaamaashiu vai ◆ le vent lui vole son souffle

ᒋᔖᐧᐋᔮᔥᑯᔥᑎᓐ chishwaawaayaashkushtin vii ◆ le vent fait du bruit en passant dans les arbres et les buissons

ᒋᔖᐧᐋᔮᔥᑎᓐ chishwaawaayaashtin vii ◆ c'est bruyant quand le vent le traverse

ᒋᓯᓂᔨᐧᐋᐤ chisiniyiwaau vii ◆ c'est un vent froid

ᒋᓯᔅᑳᔮᐱᐦᑖᐤ chisiskaayaapihtaau vii ◆ la fumée nous indique la force du vent

ᐄᔑᔨᐧᐋᐤ iishiyiwaau vii ◆ le vent souffle dans une certaine direction

ᐃᔮᔪᐧᐋᔑᐤ iyaayuwaashiu vai ◆ il/elle est fatigué-e d'être dehors dans le vent qui souffle

ᐃᔨᔨᒥᑯᐦᒋᒫᐤ iyiyimikuhchimaau vta ◆ il/elle le/la place pour le/la faire flotter dans l'eau face au vent

ᐃᔨᔨᒥᐱᔨᐤ iyiyimipiyiu vai ◆ il/elle avance, se déplace, voyage contre le vent en véhicule

ᐃᔨᔨᒥᐱᔨᐤ iyiyimipiyiu vii ◆ ça avance, se déplace, voyage contre le vent

ᐃᔨᔨᒥᔥᑭᒼ **iyiyimishkim** vti ◆ il/elle marche face au vent

ᐃᐧᔮᔥᑎᓂᔑᐤ **iywaashtinishiu** vai ◆ le vent tombe alors qu'il/elle voyage

ᑳᔅᒋᐱᓱᐧᐋᓰᐅᐱᔨᐤ **kaaschipisuwaasiiupiyiu** vii ◆ il y a des rafales de vent soudaines

ᑭᐹᔮᐦᐅᑰ **kipaayaahukuu** vai -u ◆ il/elle est forcé-e d'accoster à cause des grands vents

ᑯᐃᔥᑯᔕᔨᑯᒫᔥᑎᓐ **kuishkushaayikumaashtin** vii ◆ le vent siffle

ᑯᑎᐹᔑᐤ **kutipaashiu** vai ◆ il/elle est renversé-e par le vent

ᑯᑎᐹᔥᑎᓐ **kutipaashtin** vii ◆ c'est renversé par le vent

ᒫᔥᑖᔥᑎᓐ **maashtaashtin** vii ◆ c'est entièrement emporté par le vent

ᒥᒫᓂᑳᐅᐹᒋᔅᑎᓐ **mimaanikaaupaachistin** vii redup ◆ il y a des signes de vent sur l'eau

ᒥᒫᓂᑯᐦᑎᓐ **mimaanikuhtin** vii redup ◆ le vent fait onduler certaines parties de l'eau

ᒥᒫᓂᔨᐙᐱᔨᐤ **mimaaniyiwaapiyiu** vii redup ◆ le vent souffle par intervalles

ᒥᒫᓂᔨᐙᐤ **mimaaniyiwaau** vii redup ◆ le vent souffle ici et là

ᒥᔑᑳᒫᐦᔮᐅᒌᔑᑳᐤ **mishikaamaahyaauchiishikaau** vii ◆ c'est une journée mouillée et venteuse en automne

ᒥᑖᐧᔥᑎᓐ **mitwaashtin** vii ◆ c'est le vent qu'on peut entendre

ᒥᑖᐧᔨᐙᐤ **mitwaayiwaau** vii ◆ c'est le bruit du vent qu'on entend

ᒧᔖᐙᑎᓐ **mushaawaatin** vii ◆ c'est une brise de terre

ᓈᒥᒧᓈᐤ **naamimunaau** vii ◆ c'est sous le vent, le côté sous le vent

ᓈᒥᒧᓂᐦᑖᐤ **naamimunihtaau** vai ◆ il/elle marche dans le sens du vent, a le vent dans le dos

ᓈᒥᒧᓂᐦᔮᐤ **naamimunihyaau** vai ◆ il/elle vole au vent

ᓈᒥᒧᓂᐱᔨᐤ **naamimunipiyiu** vii ◆ c'est emporté par le vent

ᓈᒥᒧᓂᐱᔨᐤ **naamimunipiyiu** vai ◆ il/elle va au gré du vent

ᓈᒥᒧᓂᔥᑭᒼ **naamimunishkim** vti ◆ il/elle marche avec le vent

ᓈᑎᑳᒫᔮᔥᑎᓐ **naatikaamaayaashtin** vii ◆ c'est un vent du large

ᓂᐦᐄᑎᓐ **nihiitin** vii ◆ c'est un bon vent; il y en a juste assez et il souffle dans la bonne direction

ᓃᐦᑖᔑᐤ **niihtaashiu** vai ◆ il/elle est abattu-e ou jeté-e par terre par le vent

ᓂᑳᐹᔮᐦᐋᓐ **nikaapaayaahaan** vii ◆ ça (le vent) empêche quelque chose ou quelqu'un d'avancer dans l'eau

ᓂᑳᔮᔥᑎᓐ **nikaayaashtin** vii ◆ c'est arrêté par la force du vent

ᓂᔥᑎᐙᔑᐤ **nishtiwaashiu** vai ◆ il/elle est rassemblé-e par le vent

ᓂᔥᑎᐙᔥᑎᓐ **nishtiwaashtin** vii ◆ c'est rassemblé par le vent

ᓂᐙᔮᔑᐤ **niwaayaashiu** vai ◆ il/elle est courbé-e par le vent (par ex. un arbre)

ᐹᐦᑳᐧᔑᐤ **paahkwaashiu** vai ◆ il/elle est séché-e par le vent

ᐹᐦᑳᐧᔥᑎᐦᑖᐤ **paahkwaashtihtaau** vai+o ◆ il/elle le fait sécher au vent

ᐹᐦᑳᐧᔥᑎᒫᐤ **paahkwaashtimaau** vta ◆ il/elle le/la fait sécher au vent

ᐹᐦᑳᐧᔥᑎᓐ **paahkwaashtin** vii ◆ c'est séché par le vent, le temps sec après la pluie

ᐹᐦᐹᐅᐱᐦᑳᐧᔮᔥᑎᓐ **paahpaaupihkwaayaashtin** vii redup ◆ c'est agité par le vent

ᐹᔥᑭᑖᔑᐤ **paashkitaashiu** vai ◆ il/elle est découvert-e par le vent (ex. un traîneau)

ᐹᔥᑭᑖᔥᑎᓐ **paashkitaashtin** vii ◆ c'est découvert par le vent

ᐹᔥᑖᒌᐙᑎᓐ **paashtaachiiwaatin** vii ◆ c'est un vent du nord-ouest

ᐹᔥᑖᒌᐙᑎᓂᒧᔖᐙᑎᓐ
paashtaachiiwaatinimushaawaatin vii ◆ c'est un vent du nord-est

ᐹᔅᑭᑖᔥᑎᓐ **paaskitaashtin** vii ◆ c'est découvert par le vent

ᐹᑖᔥᑎᓐ **paataashtin** vii ◆ c'est soufflé, emporté par le vent dans cette direction

ᐹᑖᐧᐙᔥᑎᓐ **paatwaawaashtin** vii ◆ le vent ou quelque chose emporté par le vent approche et on peut l'entendre

ᐲᐦᑎᑖᔮᔑᐤ **piihtitaayaashiu** vai ◆ il/elle est soufflé-e à l'intérieur par le vent

ᐲᐦᑎᑖᔮᔥᑎᓐ **piihtitaayaashtin** vii ◆ c'est soufflé à l'intérieur par le vent

ᐲᔑᔨᐙᐱᔨᐤ **piishiyiwaapiyiu** vai ◆ il y a de longs intervalles entre les rafales de vents

ᐲᔑᔨᐙᐤ **piishiyiwaau** vai ◆ il y a de longs intervalles entre les rafales de vents

ᐱᒫᐦᐊᓐ **pimaahan** vii ◆ c'est déplacé, dérivé par le vent

ᐱᒫᔥᑎᓐ **pimaashtin** vii ◆ c'est emporté par le vent

ᐱᒥᑖᔑᐤ **pimitaashiu** vai ◆ il/elle est retourné-e sur le côté par le vent (ex. nuage)

ᐱᒥᑖᔥᑎᓐ **pimitaashtin** vii ◆ c'est retourné sur le côté par le vent

ᐱᒥᔨᐙᐱᔨᐤ **pimiyiwaapiyiu** vii ◆ une rafale de vent passe au-dessus

ᐱᒥᔨᐙᐤ **pimiyiwaau** vii ◆ le vent souffle en rafale

ᐱᒫᐧᐙᔥᑎᓐ **pimwaawaashtin** vii ◆ c'est le son du vent qui passe qu'on entend

ᐱᐲᐙᔥᑎᓐ **pipiiwaashtin** vii redup ◆ c'est dispersé par le vent

ᐱᐱᓰᐅᓯᑑ **pipisiiusituu** vii redup -uwi ◆ il y a un signe de vent sur l'eau

ᐴᐦᑖᔥᑎᓐ puuhtaashtin vii ◆ le vent souffle dedans

ᐴᑐᐚᑲᔑᐤ puutuwaakaashiu vai ◆ il/elle est gonflé-e par le vent

ᐴᑐᐚᑳᔥᑎᓐ puutuwaakaashtin vii ◆ c'est gonflé par le vent (étalé)

ᓵᐦᒁᔮᔑᐤ saahkwaayaashiu vai ◆ il/elle est gonflé-e par le vent

ᔖᒁᔥᑎᓐ shaakwaashtin vii ◆ le vent souffle en dessous

ᔖᐻᔥᑎᓐ shaapwaashtin vii ◆ le vent souffle au travers

ᔖᐏᓂᐦᐊᓐ shaawinihan vii ◆ c'est un vent du Sud

ᔖᐏᓂᒧᔖᐚᑎᓐ shaawinimushaawaatin vii ◆ c'est un vent du sud-est

ᔒᐦᑭᑖᔑᐤ shiihkitaashiu vai ◆ il/elle est froid-e à cause du vent

ᑖᐅᒌᐚᑎᓐ taauchiiwaatin vii ◆ le vent souffle du Nord ■ ᓈᐦᐋᐤ ᒌᐦ ᑖᐅᒌᐚᑎᓐ ᒑᒋᔖᑉ ᑳ ᐑᔨᐑᔮᓐ᙮ ■ naahaau chiih taauchiiwaatin chaachishaap kaa wiyiwiiyaan. ■ *Quand je suis sorti ce matin, le vent soufflait du Nord.*

ᑎᐦᒋᔅᑎᓐ tihchistin vii ◆ c'est un vent froid

ᑎᐱᓂᐚᔑᒨ tipiniwaashimuu vai -u ◆ il/elle se met à l'abri du vent

ᑎᐱᓂᐚᔮᔥᑯᔑᒨ tipiniwaayaashkushimuu vai -u ◆ il/elle se met à l' abri du vent dans les arbres

ᑎᐱᔑᐚᔮᐱᐦᑖᐱᔨᐤ tipishiwaayaapihtaapiyiu vii ◆ le vent a presque éteint le feu

ᑎᐱᔑᐚᔮᔥᑎᓐ tipishiwaayaashtin vii ◆ le feu s'est presque éteint à cause du vent

ᐅᐦᑎᓐ uhtin vii ◆ le vent vient de cette direction

ᐚᐹᔥᑎᓐ waapaashtin vii ◆ le vent l'emporte

ᐑᓯᓱᔨᐚᐤ wiisisuyiwaau vii ◆ c'est un vent très fort

ᔮᐦᔮᒋᐦᑎᓐ yaahyaachihtin vii ◆ le vent commence à tomber

ᔮᔨᑳᔥᑎᓐ yaayikaashtin vii ◆ le vent le fend, le déchire (étalé)

ᔫᑎᓂᔑᐤ yuutinishiu vai ◆ le vent se lève alors qu'il/elle voyage

ᒌᓂᒁᓈᔮᔥᑎᐦᑖᑭᓐ chiinikwaanaayaashtihtaakin ni ◆ une éolienne, un moulin à vent

ᒌᐚᑎᓂᓯᐤ chiiwaatinisiu na ◆ l'esprit du vent de l'Ouest

ᐋᔥᑎᐚᔮᔑᐤ aashtiwaayaashiu vai ◆ il/elle est éteint-e par le vent

ᐋᔥᑎᐚᔮᔥᑎᓐ aashtiwaayaashtin vii ◆ c'est éteint par le vent

ᒌᓂᒁᓈᔮᔥᑎᓐ chiinikwaanaayaashtin vii ◆ ça tourbillonne, ça tournoie sous l'effet du vent ■ ᒌᐦ ᒌᓂᒁᓈᔮᔥᑎᓐ ᐊᓐ ᓂᒥᓯᓂᐦᐄᑭᓐ ᑳ ᑎᒋᔅᒋᓂᒫᓐ᙮ ■ chiih chiinikwaanaayaashtin an nimisinihiikin kaa tichischinimaan. ■ *Le vent a fait tourbillonner mon livre dans les airs quand je l'ai fait tomber.*

ᒌᐚᑎᓂᐱᔨᐤ chiiwaatinipiyiu vii ◆ le vent tourne et devient un vent du nord

ᐃᔮᔫᐚᔥᑎᓐ iyaayuwaashtin vii ◆ c'est abîmé, détruit par la force du vent

ᐃᔨᔨᒥᑯᐦᒋᓐ iyiyimikuhchin vai ◆ il/elle flotte face au vent dans l'eau

ᐃᔨᔨᒥᑯᐦᑎᓐ iyiyimikuhtin vii ◆ ça flotte dans l'eau face au vent

ᐃᔨᔨᒥᑯᐦᑎᑖᐤ iyiyimikuhtitaau vai+o ◆ il/elle le fait flotter face au vent sur l'eau

ᑭᐱᐦᑖᐦᐊᓐ kipihtaahan vii ◆ le vent, la vague frappe quelque chose

ᑭᐚᔑᐤ kiwaashiu vai ◆ il/elle tombe à la renverse sous la force du vent

ᑭᐚᔥᑎᓐ kiwaashtin vii ◆ ça se renverse sous la force du vent

ᒁᔅᒋᔨᐚᐤ kwaaschiyiwaau vii ◆ le vent tourne soudain

ᒥᔮᐚᔥᑎᓐ miyaawaashtin vii ◆ ça passe emporté par le vent

ᒨᔅᑲᐅᐦᑳᔑᐤ muuskaauhkaashiu vai ◆ il/elle est découvert-e du sable par le vent

ᓈᑎᑲᒫᔮᔑᐤ naatikaamaayaashiu vai ◆ il/elle est emporté-e par le vent vers le rivage

ᓈᑤᔮᔑᐤ naatwaayaashiu vai ◆ il/elle se casse sous la force du vent

ᓈᑤᔮᔥᑎᓐ naatwaayaashtin vii ◆ ça casse en deux à cause de la force du vent

ᓂᑳᔮᔑᐤ nikaayaashiu vai ◆ il/elle est arrêté-e par la force du vent

ᓂᓈᐦᑳᑎᑭᒨ ninaahkaatikimuu vai -u ◆ il/elle est empêché-e de voyager à cause du vent

ᓂᐱᑖᔮᔑᐤ nipitaayaashiu vai ◆ il/elle vogue d'un côté, la moitié est emportée par le vent

ᓂᔅᒁᔖᐏᓂᐦᐊᓐ niskwaashaawinihan vii ◆ il y a un vent de tempête soudain qui vient du Sud

ᐹᔅᒋᐦᑖᔮᔥᑎᓐ paaschihtaayaashtin vii ◆ c'est emporté, soufflé de côté par le vent

ᐹᔥᑲᔑᐤ paashkaashiu vai ◆ sa couverture, sa bâche est emportée par le vent

ᐹᔥᑳᔥᑎᓐ paashkaashtin vii ◆ le vent emporte la bâche

ᐹᑖᔑᐤ paataashiu vai ◆ il/elle navigue, vogue, est emporté-e par le vent dans cette direction

ᐹᑖᔥᑳᐏᒡ paataashkaawich vai pl ◆ les vagues arrivent même sans vent, signe que le vent va bientôt se lever

ᐱᐦᐳᐚᔑᐦᑖᐤ pihpuwaashihtaau vai+o redup ◆ il/elle le suspend dehors (étalé) pour que le vent emporte la poussière, les poils, les plumes, etc.

ᐱᐦᐳᐚᔥᑎᒫᐤ pihpuwaashtimaau vta redup ◆ il/elle le/la suspend dehors (étalé) pour que le vent emporte la poussière, les poils, les plumes, etc.

ᐲᒋᔖᔮᔥᑎᓐ **piichishaayaashtin** vii ◆ il y a du brouillard ou de la brume apportée par le vent

ᐲᒁᔥᑎᓐ **piikwaashtin** vii ◆ c'est brisé, tordu par la force du vent

ᐱᒥᒋᔅᒋᓂᐙᐦᔮᐤ **pimichischiniwaahyaau** vai ◆ il/elle (en avion) vole en travers du vent

ᐱᒥᒋᔅᒋᓂᐙᐱᔨᐤ **pimichischiniwaapiyiu** vai ◆ il/elle conduit avec le vent qui souffle de côté

ᐱᒥᒋᔥᒋᓂᐙᔥᑭᒼ **pimichishchiniwaashkim** vti ◆ il/elle marche avec le vent de son côté

ᐱᔅᒁᐱᔨᐤ **piskwaapiyiu** vii ◆ le brouillard tombe brusquement, le vent se lève brusquement, la neige se met brusquement à tomber

ᓵᒑᔨᐙᐤ **saachaayiwaau** vii ◆ le vent souffle autour d'une pointe

ᓵᐦᒁᔮᔥᑎᓐ **saahkwaayaashtin** vii ◆ le vent le gonfle, le distend

ᔖᐏᓃᐙᐤ **shaawiniiwaau** vii ◆ le vent souffle du Sud

ᔒᐹᔮᔥᑎᓐ **shiipaayaashtin** vii ◆ le vent souffle en dessous

ᑎᐦᒋᔨᐙᐱᔨᔑᐤ **tihchiyiwaapiyishiu** vii dim ◆ il y a un vent frais, une brise fraîche

ᑎᐦᒋᔨᐙᐱᔨᐤ **tihchiyiwaapiyiu** vii ◆ le vent est froid, glacial

ᑎᐦᒋᔨᐙᐤ **tihchiyiwaau** vii ◆ le vent est froid, glacial

ᐅᐦᐱᒫᔮᔑᐤ **uhpimaayaashiu** vai ◆ il/elle est poussé-e, renversé-e sur son côté par le souffle du vent

ᐅᐦᐱᒫᔮᔥᑎᓐ **uhpimaayaashtin** vii ◆ ça se fait renverser sur le côté par le souffle du vent ■ ᒌᐦ ᐅᐦᐱᒫᔮᔥᑎᓐ ᐊᓐ ᓂᑑᑎᓈᓐ ᑖᐱᔅᑳᒡₓ ■ chiih uhpimaayaashtin an nituutinaan taapiskaach. ■ *Notre canot s'est fait renverser sur le côté par le souffle du vent la nuit dernière.*

ᐅᔖᐙᔥᑎᓐ **ushaawaashtin** vii pl ◆ ce sont des nuages jaunes qui précèdent le vent

ᐅᔃᔮᐦᐊᓐ **uswaayaahan** vii ◆ la force du vent fait que les vagues déferlent et l'éclaboussent

ᐚᐱᓂᔨᐙᐤ **waapiniyiwaau** vii ◆ le vent souffle jusqu'au matin

ᐙᓵᔅᑯᓈᔥᑎᓐ **waasaaskunaashtin** vii ◆ le vent chasse les nuages

ᐙᐙᐹᔑᐤ **waawaapaashiu** vai redup ◆ il/elle se balance, oscille dans le vent

ᐙᐙᐹᔥᑎᓐ **waawaapaashtin** vii redup ◆ ça se balance, ça oscille dans le vent

ᐐᔓᐹᒋᔅᑎᓐ **wiishupaachistin** vii ◆ des vents toujours forts créent de grosses vagues

ᐐᓯᓱᐹᒋᐦᑎᓐ **wiisisupaachihtin** vii ◆ le vent souffle presque constamment comme on peut le voir en observant la surface de l'eau

ᔫᐦᑖᔮᔑᐤ **yuuhtaayaashiu** vai ◆ il/elle (ex. la porte) s'ouvre sous l'effet du vent

ᔫᐦᑖᔮᔥᑎᓐ **yuuhtaayaashtin** vii ◆ le rabat de la porte est ouvert par le vent

ᔫᑎᓂᐱᔨᐤ **yuutinipiyiu** vai ◆ il/elle voyage sur l'eau malgré le vent qui souffle fort

ᐋᐱᒫᔑᐤ **aapimaashiu** vai ◆ il/elle vole, souffle, vogue sous le vent

ᐋᐱᒫᔥᑎᓐ **aapimaashtin** vii ◆ ça vole, souffle, vogue sous le vent

ᑳᐅᑭᒥᐤ **kaaukimiu** vii ◆ la surface de l'eau est encore calme, mais on perçoit les signes du vent qui se lève

ᑭᔥᑳᐹᔮᔑᐤ **kishkaapaayaashiu** vai ◆ il/elle a les yeux brûlés par le vent

ᑎᒥᑳᐳᐙᔮᐦᐊᓐ **timikaapuwaayaahan** vii ◆ le niveau d'eau monte du côté sous le vent à cause des vents forts

ᒌᐙᔥᑭᒼ **chiiwaashkim** vti ◆ il/elle rentre à la maison en dépassant un certain point de repère; il/elle lui fait faire face dans l'autre direction avec son pied ou son corps; le soleil commence à se coucher; le vent suit le soleil

vente

ᐙᐦᑎᑖᐙᓂᐆ **waahtitaawaaniuu** vii,impersonnel -iwi ◆ il y a une vente

ᐙᐦᑎᑖᐙᐤ **waahtitaawaau** vai ◆ il/elle a des ventes, des prix assez bas

venteux

ᐹᔑᒁᑎᓐ **paashikwaatin** vii ◆ c'est venteux, orageux

ᐙᓵᔅᑯᓂᔨᐙᐤ **waasaaskuniyiwaau** vii ◆ c'est une journée claire et venteuse

ventilateur

ᑳᔫᑎᓂᐦᐄᒑᐱᔨᒡ **kaayuutinihiichaapiyich** nip ◆ un ventilateur, un éventail

ventre

ᒋᔑᐏᔥᑭᑖᐤ **chishiwishkitaau** vai ◆ il/elle a mal au ventre

ᑖᐱᔥᑯᔨᐤ **taapishkuyiu** vai ◆ il/elle a le ventre plein

ᐅᑖᐦᒋᒑᐤ **utaahchichaau** vai ◆ il/elle a quelque chose dans le ventre (se dit d'un poisson)

ᐅᑖᐦᑎᒼ **utaahtim** vti ◆ il/elle l'a dans son ventre (se dit d'un poisson qui a quelque chose d'inanimé dans son ventre)

ᐅᑖᒫᐤ **utaamaau** vta ◆ il/elle l'a dans son ventre (se dit d'un poisson qui a quelque chose d'animé dans son ventre)

ᐅᑎᐦᑖᒥᒧᓂᐱᑖᐤ **utihtaamimunipitaau** vta ◆ il/elle le/la tire sur son ventre

ᐅᑎᐦᑖᒥᒧᓂᐱᔨᐦᐆ **utihtaamimunipiyihuu** vai -u ◆ il/elle se roule sur son ventre

ᐅᑎᐦᑖᒥᒧᓂᔑᒫᐤ **utihtaamimunishimaau** vta ◆ il/elle le/la dépose sur son ventre

ᐅᑎᐦᑖᒥᒧᓂᔑᓐ **utihtaamimunishin** vai ◆ il/elle est couché-e sur son ventre

ᒫᒪᒋᔥᑭᑖᐤ maamaachishkitaau vai ◆ il/elle a des maux de ventre dues à la diarrhée

ᐅᔅᑳᔅᒋᑭᓈᐅᒄ uskaaschikinaaukw nid ◆ sa poitrine et son ventre (pour un caribou ou un orignal)

ventre rouge

ᒥᐦᑯᔥᑭᑖᐤ mihkushkitaau na -m ◆ une omble de fontaine, une truite au ventre rouge (sur le point de frayer) *Salvelinus fontinalis*

vents

ᐊᑳ·ᐙᑎᐦᐅᑰ akaawaatihukuu vai -u ◆ il/elle ne peut pas voyager à cause de vents trop forts

Vénus

ᐅᑖᑯᔑᐅᒋᐦᑯᐦᔥ utaakushiuchihkuhsh na ◆ l'étoile du soir

·ᐙᐱᓂᒋᐦᑯᐦᔥ waapinichihkuhsh na -im ◆ l'étoile du matin, Vénus

verdir

ᐅᓵᐅᐦᐋᐤ usaauhaau vta ◆ il/elle le/la verdit, jaunit

ᐅᓵᐅᐦᑖᐤ usaauhtaau vai ◆ il/elle le verdit, jaunit

véreux

ᒥᓂᑑᔑᐆ minituushiuu vai -iwi ◆ il/elle a des vers, est infesté-e d'insectes, est véreux/véreuse

verge

ᑎᐹᔅᑯᓂᑭᓐ tipaaskunikin ni ◆ un mètre, une verge (ancienne unité de mesure anglo-saxonne équivalente à 0,914 m) (ex. une verge de tissu)

ᓃᔓᑎᐹᔅᑯᓂᑭᓐ niishutipaaskunikin p,quantité ◆ deux verges, mètres

ᓂᔥᑐᑎᐹᔅᑯᓂᑭᓐ nishtutipaaskunikin p,quantité ◆ trois verges, mètres

verglacé

ᒥᔅᑯᒦᐆ miskumiiuu vai -iiwi ◆ il/elle est glacé-e, verglacé-e

verglas

·ᐃᔨᐱᓯ·ᑳᐤ wiyipisikwaau vii ◆ c'est du verglas

vérifier

ᓂᑐ·ᐃᒋᔅᒑᔨᒫᐤ nituwichischaayimaau vta ◆ il/elle va le/la voir, vérifier

ᑯᒋᔅᒋᓂ·ᐙᑎᒻ kuchischiniwaatim vti ◆ il/elle vérifie pour voir si c'est cuit

ᓈᒋ·ᐃᓂᐦᐄᒑᐤ naachiwinihiichaau vai ◆ il/elle va vérifier ses pièges

ᓈᑎᐦᐄᐹᐤ naatihiipaau vai ◆ il/elle vérifie le filet de pêche

ᓈᑎ·ᑳᐤ naatikwaau vai ◆ il/elle vérifie ses collets

ᓂᑎ·ᐚᐦᐋᐤ nitiwaahaau vta ◆ il/elle va le/la voir

ᓂᑎ·ᐚᐦᑖᐤ nitiwaahtaau vai+o ◆ il/elle va le voir, le vérifier

ᓂᑑᒋᔅᒑᔨᐦᑎᒻ nituuchischaayihtim vti ◆ il/elle l'examine, le vérifie

ᓂᑐ·ᐃᑎᐹᔨᒫᐤ nituwitipaayimaau vta ◆ il/elle va voir s'il/si elle va bien

ᑯᑖᑎᒧ·ᐚᐦᐊᒻ kutaatimuwaaham vti ◆ il/elle vérifie la profondeur de l'eau avec un poteau

ᓅᑎᐦᑯᒫᐤ nuutihkumaau vai ◆ il/elle vérifie s'il/elle a des poux, il/elle lui cherche les poux

·ᐃᔨ·ᐄᔥᑎ·ᐙᐤ wiyiwiishtiwaau vta ◆ il/elle sort pour aller à sa rencontre, pour voir comment il/elle va

ᔮᔨᓈᐤ yaayinaau vta ◆ il/elle le /la brosse avec les mains, il/elle vérifie le filet de pêche

ᓈᒋᑯᔅᒑᐤ naachikuschaau vai ◆ il/elle va vérifier sa ligne de pêche nocturne

ᓅᑎᐦᐄᐹᐤ nuutihiipaau vai [Whapmagoostui] ◆ il/elle prépare, répare, pose, vérifie un filet de pêche

ᓅᑎᓂᐦᐄᐹᐤ nuutinihiipaau vai ◆ il/elle prépare, répare, pose, vérifie un filet de pêche

vérité

ᑖ·ᐹᐤ taapwaau vai ◆ il/elle dit la vérité, pousse un cri

vernis à ongles

ᒥᐦᑯᑭᔖᐦᐅᓱ·ᐃᓐ mihkukishaahusuwin ni ◆ du vernis à ongle

verre

ᑳ·ᐚᔖᔮᐱᔥᑳᔑᒡ kaawaashaayaapishkaashich nip [Whapmagoostui] ◆ un verre transparent ■ ᑳ·ᐚᔖᔮᐱᔥᑳᔑᒡ ᓂᒌᐦ ᒧ·ᐃᓱ·ᐙᒑᓐ. ■ kaawaashaayaapishkaashich nichiih muwisuwaachaan. ■ *J'ai utilisé un verre pour ramasser des baies.*

ᑳ·ᐚᔖᔮᔑᒡ kaawaashaayaashich nip ◆ un verre pour boire ■ ᑳ·ᐚᔖᔮᔑᒡ ᓂᒌᐦ ᒧ·ᐃᓱ·ᐙᒑᓐ. ■ kaawaashaayaashich nichiih muwisuwaachaan. ■ *J'ai utilisé un verre quand j'ai ramassé des baies.*

ᒥᓂᐦ·ᑳᑭᓐ minihkwaakin ni ◆ un verre, une tasse

ᑭᒑᒧᒋᐹᐤ kichaamuchipaau vai ◆ il/elle vole un verre d'alcool

ᐱ·ᔮᐱᔅᑯᔮᑭᓐ piywaapiskuyaakin ni ◆ une bouteille ou un pot de verre

·ᐙᓵᓂᐦᑖᑭᓈᐱᔅᒄ waasaanihtaakinaapiskw ni -um ◆ une vitre, un verre à lampe

verrou

ᐅ·ᐹᒥᐦᑳᒋᑭᓐ upwaamihkaachikin ni ◆ un chien de verrou d'arme

·ᐙᐳᐦᐅᒋᑭᓐ waapuhuchikin ni ◆ un verrou ou chien, une languette de retenue pour garder le piège ouvert

ᒋ·ᐹᐱᔅᑭᐦᐊᒻ chipwaapiskiham vti ◆ il/elle le ferme au verrou, le verrouille

verrouiller

ᒋ·ᐹᐱᔅᑭᐦᐊᒻ chipwaapiskiham vti ◆ il/elle le ferme au verrou, le verrouille

verrue

ᒌᐦᒌᒄ chiihchiikw na -um ◆ une verrue

ᐅᒦᓂᒻ umiinim nid ◆ sa verrue, sa baie

vers

ᒥᓂᑑᔔ **minituushuu** vii -uwi ◆ il y a des vers, des insectes dedans

ᓈᑖᐤ **naataau** vta ◆ il/elle va vers lui/elle

ᐹᑖᐳᑰ **paataapukuu** vai -u ◆ il/elle flotte vers le locuteur

ᐹᑤᐙᐱᔨᐤ **paatwaawaapiyiu** vii ◆ ça fait du bruit en allant vers le locuteur

ᐱᐢᑭᑎᓯᓂᐦᐄᑭᓂᔥ **piskitisinihiikinish** ni dim ◆ un vers, une petite partie séparée de quelque chose d'écrit ou d'imprimé

ᒥᓂᑑᔑᐆ **minituushiuu** vai -iwi ◆ il/elle a des vers, est infesté-e d'insectes, est véreux/véreuse

vers ici

ᐹᒋ **paachi** préverbe ◆ vers ici, par ici

verser

ᑯᑎᐱᓂᒧᐙᐤ **kutipinimuwaau** vta ◆ il/elle le verse pour lui/elle

ᒁᑎᐱᐱᔨᐦᑖᐤ **kwaatipipiyihtaau** vai ◆ il/elle le verse (liquide) ▪ ᐊᓂᑖᐦ ᒥᒑᐳᐢᒋᐦᑯᐦᒡ ᐃᔑ ᒁᑎᐱᐱᔨᐦᑖᐤ ᐊᓂᔮ ᒨᔥᑭᒥᔨᐤ ᑳ ᐧᐹᒋᒋᐦᑎᓂᔨᒡ᙮ ▪ anitaah michaapuuschihkuhch ishi kwaatipipiyihtaau aniyaa muushkimiyiu kaa pwaachichihtiniyich. ▪ *Elle a versé la sauce immangeable dans le seau de vidanges.*

ᐱᐦᒋᑭᐎᐦᐋᐤ **pihchikiwihaau** vta ◆ il/elle en verse une petite quantité

ᐱᐦᒋᑭᐎᓈᐤ **pihchikiwinaau** vta ◆ il/elle en verse une petite quantité

ᐱᐦᒋᑭᐎᓂᒼ **pihchikiwinim** vti ◆ il/elle en verse une petite quantité

ᓰᒋᑭᐎᐦᐋᐤ **siichikiwihaau** vta ◆ il/elle le/la verse

ᐋᐱᐦᑎᐎᐱᔨᐦᑖᐤ **aapihtiwipiyihtaau** vai ◆ il/elle en verse la moitié

ᐄᔥᑯᐱᔨᐦᐋᐤ **iishkupiyihaau** vta ◆ il/elle en laisse un peu, il/elle ne verse pas tout

ᐄᔥᑯᐱᔨᐦᑖᐤ **iishkupiyihtaau** vai ◆ il/elle verse en en laissant un peu

ᑯᑎᐱᓈᐤ **kutipinaau** vta ◆ il/elle le/la verse, le/la vide en versant

ᑯᑎᐱᓂᒼ **kutipinim** vti ◆ il/elle le verse, le vide en versant

ᓵᓰᑭᐦᐄᐹᐤ **saasiikihiipaau** vai ◆ il/elle verse de l'eau d'un contenant à un autre

ᓰᒋᑭᐎᐦᑖᐤ **siichikiwihtaau** vai+o ◆ il/elle le vide en versant

ᐅᐦᒋᑭᐙᐱᐤ **uhchikiwaapiu** vai ◆ il/elle verse des larmes

ᐅᐦᒋᑭᐎᐦᐋᐤ **uhchikiwihaau** vta ◆ il/elle le/la verse, renverse d'un récipient

ᓰᒋᒁᐦᐙᐤ **siichikwaahwaau** vta ◆ il/elle verse son sang, il/elle le/la fait saigner

ᐅᐙᓈᐹᐙᐤ **uwaanaapaawaau** vai ◆ il/elle a du mal à reprendre son souffle après avoir été sous l'eau quand de l'eau lui était versé sur la tête

vert

ᒋᑭᔑᔥᑳᐦᑎᒄ **chikishishkaahtikw** ni -um ◆ du bois vert

ᒋᑭᓯᐢᑳᐢᑯᓐ **chikisiskaaskun** vii ◆ c'est un morceau de bois pour le feu pas encore sec, un bâton encore vert

ᒋᑭᓯᐢᑳᐢᑯᓯᐤ **chikisiskaaskusiu** vai ◆ il/elle (ex. un arbre) est vert-e, pas sec ou sèche

ᐱᒋᐢᑭᓈᐱᐢᑳᐤ **pichiskinaapiskaau** vii ◆ c'est bleu, vert (minéral)

ᐱᒋᐢᑭᓈᐤ **pichiskinaau** vii ◆ c'est bleu, vert

ᐱᒋᐢᑭᓂᓯᐤ **pichiskinisiu** vai ◆ il/elle est bleu-e, vert-e

ᐅᓵᐙᐱᐢᑳᐤ **usaawaapiskaau** vii ◆ c'est vert (minéral)

ᐅᓵᐙᐤ **usaawaau** vii ◆ c'est vert ou jaune

ᐅᓵᐅᓈᑯᓯᐤ **usaaunaakusiu** vai [Wemindji] ◆ ça a l'air vert, jaune, brun

ᐅᓵᐅᓯᑯᓯᐤ **usaausikusiu** vai ◆ il/elle est jaune, vert-e translucide (se dit de la glace)

ᐅᓵᐅᓯᐤ **usaausiu** vai ◆ il/elle est vert-e, jaune, brun-e

verte

ᐅᓵᐅᐢᑯᔑᐎᑳᐤ **usaauskushiwikaau** vii ◆ l'herbe est verte

vertèbre

ᐅᒋᐱᔥᑯᐦᒑᔥ **uchipishkuhchaash** na -im ◆ la vertèbre supérieure du porc-épic

ᐅᑎᐱᐢᑯᐦᒑᐤ **utipiskuhchaau** nid ◆ sa première vertèbre, son atlas

vertèbres cervicales

ᐅᒋᐱᐦᐅᓐ **uchipihun** nid ◆ ses vertèbres cervicales avec deux côtes attachées

ᐅᑯᔪᐎᒑᑭᓐᐦ **ukuyuwichaakinh** nid pl ◆ ses vertèbres cervicales

vertical

ᔑᒥᑎᑯᒋᓐ **shimitikuchin** vai ◆ il/elle est suspendu-e, pendu-e verticalement

ᑎᐱᔥᑯᑎᓈᐤ **tipishkutinaau** vta ◆ il/elle le/la place verticalement, le/la met debout avec ses mains

ᑎᐱᔥᑯᑎᓂᒼ **tipishkutinim** vti ◆ il/elle le place verticalement, le met debout avec ses mains

ᑎᐱᔥᑯᑎᐱᐤ **tipishkutipiu** vai ◆ il/elle est placé-e verticalement, mis-e debout

verticalement

ᔑᒥᒋᔥᑖᐤ **shimichishtaau** vii ◆ c'est posé verticalement

ᑎᐱᔥᑯᒋᑳᐴ **tipishkuchikaapuu** vii -uwi ◆ c'est placé tout droit, verticalement

ᑎᐱᔥᑯᒋᑳᐳᐎᐦᐋᐤ **tipishkuchikaapuwihaau** vta ◆ il/elle le/la place verticalement, le/la met debout tout droit

ᑎᐱᔥᑯᒋᑳᐳᐎᐦᑖᐤ **tipishkuchikaapuwihtaau** vai+o ◆ il/elle le place verticalement, le met debout tout droit

ᑎᐱᔥᑯᒋᔥᑖᐤ **tipishkuchishtaau** vai ◆ il/elle le place verticalement, tout droit

ᑎᐱᔥᑯᒋᔥᑖᐤ **tipishkuchishtaau** vii ◆ c'est placé verticalement, tout droit

ᑎᐱᔥᑯᑎᐦᐋᐤ tipishkutihaau vta ◆ il/elle le/la place verticalement

vertige

ᒌᔥᐧᑳᔮᐱᒥᓈᑯᐣ chiishkwaayaapiminaakun vii ◆ ça donne le vertige quand on le regarde (ex. des couleurs vives)

ᒌᔥᐧᑳᔮᐱᒨ chiishkwaayaapimuu vai -u ◆ il/elle a le vertige

ᒌᔥᐧᑳᔮᐱᐦᑎᒼ chiishkwaayaapihtim vti ◆ il/elle a le vertige, sa vision est trouble et fait que la tête lui tourne

ᒌᔥᐧᑳᐱᔩᐤ chiishkwaapiyiu vai ◆ il/elle a le vertige, la tête lui tourne

vertu

ᑯᐃᔅᑯᑖᑎᓰᐧᐃᐣ kuiskutaatisiiwin ni ◆ la droiture, la vertu

ᑯᐃᔅᑯᑖᑎᓰᐤ kuiskutaatisiiu vai ◆ il/elle vit de façon vertueuse; il/elle a une grande droiture morale

vertueux

ᑯᐃᔅᑯᑖᑎᓰᐤ kuiskutaatisiiu vai ◆ il/elle vit de façon vertueuse; il/elle a une grande droiture morale

vésicule biliaire

ᐧᐄᓯᐳᐃ wiisipui ni -m ◆ la vésicule biliaire

ᓂᒥᔥᒍᐹᑯᐦᒋᐣ nimishchupaakuhchin vai ◆ sa vésicule biliaire (celle d'un animal mort) commence à se répandre dans le corps après avoir passé trop longtemps dans l'eau

ᐊᒥᔅᑯᐧᐄᓯᐳᐃ amiskuwiisipui ni -um ◆ la vésicule biliaire du castor

ᒋᔖᔮᑯᐧᐄᓯᐳᐃ chishaayaakuwiisipui ni -uum ◆ la vésicule biliaire d'un ours

vessie

ᐧᐃᔩ wiyii nid ◆ sa vessie

ᐧᐄᐦᑯᐃ wiihkui ni -kwaam ◆ une vessie d'animal ou un oesophage d'oiseau gonflé, séché et utilisé comme récipient pour la graisse

veste

ᐧᐋᔥᑭᑦ waashkit ni ◆ un gilet, une petite veste, de l'anglais 'weskit'

vêtement

ᐧᐃᔮᐦᒋᑭᐣᐦ wiyaahchikinh ni pl ◆ un vêtement

ᒋᒋᔥᑭᒧᔮᐤ chichishkimuyaau vta ◆ il/elle le lui enfile (un vêtement)

ᒋᒋᔥᑭᐧᐋᐤ chichishkiwaau vta ◆ il/elle le/la porte (un vêtement)

ᒋᔨᐱᓂᓰᐤ chiyipinisiiu vai ◆ il/elle use vite ses vêtements

ᒋᔨᐱᔥᑭᒼ chiyipishkim vti ◆ il/elle use vite ses vêtements

ᒫᔥᑖᔥᑯᔑᒫᐤ maashtaashkushimaau vta ◆ il/elle l'use en traversant des buissons à pied; il/elle l'use (se dit d'un vêtement)

ᒦᔥᑯᒋᔥᑭᒼ miishkuchishkim vti ◆ il/elle change de vêtements, change ce qu'elle porte

ᒧᔖᔥᑭᑖᐱᑖᐤ mushaashkitaapitaau vta ◆ il/elle lui enlève tous ses vêtements

ᓂᔮᔥᑎᐧᐃᑯᐦᐆ niyaashtiwikuhuu vai -u ◆ il/elle porte une couche de vêtements

ᐹᐦᐲᐦᑎᐧᐃᑯᐦᐆ paahpiihtiwikuhuu vai redup -u ◆ il/elle porte plusieurs couches de vêtements

ᐹᓯᓈᓲ paasinaasuu vai reflex -u ◆ il/elle fait sécher ses vêtements mouillés

ᐧᐃᔮᒫᐤ wiyaamaau vta ◆ il/elle le/la porte comme vêtement

ᐊᔅᐹᐹᐧᐋᐣᐦ aspaapaawaanh ni pl ◆ un vêtement ou une chaussure imperméable

ᐅᑎᔅᐹᐹᐧᐋᐣᐦ utispaapaawaanh nid pl ◆ ses vêtements imperméables, ses chaussures

ᐋᐦᑯᐃᐦᑎᐧᐃᔥᑭᒼ aahkuihtiwishkim vti ◆ il/elle enfile une autre couche de vêtements

ᐃᔮᐦᑯᐃᐦᑎᐧᐃᑯᐦᐆ iyaahkuihtiwikuhuu vai -u ◆ il/elle porte plusieurs couches de vêtements

ᒫᔥᑎᔥᑭᒼ maashtishkim vti ◆ il/elle l'use en le portant, il/elle n'a plus rien à se mettre (se dit de vêtements)

vêtements

ᐅᑎᑭᐦᐅᐧᐃᐣᐦ utikihuwinh ni pl ◆ ses vêtements

ᐋᐱᒋᐦᑖᐧᐃᐣᐦ aapichihtaawinh ni pl ◆ des affaires, des choses utiles, des vêtements

ᔒᑯᔥᑳᒋᑭᐣᐦ shiikushkaachikinh ni pl pej ◆ des vieux vêtements

ᔒᑯᔥᑳᑭᐣᐦ shiikushkaakinh ni pl pej ◆ des vieux vêtements

ᐋᐦᒋᐦᐆ aahchihuu vai -u ◆ il/elle change de vêtements

ᐋᐦᑎᔥᑭᒧᔮᐤ aahtishkimuyaau vta ◆ il/elle le/la change de vêtements

ᒧᔖᔥᑭᑖᐱᑏᓲ mushaashkitaapitiisuu vai reflex -u ◆ il/elle enlève ses propres vêtements

ᐋᐦᑎᔥᑭᐧᐋᐤ aahtishkiwaau vta ◆ il/elle change de vêtements, il/elle le bouge avec son pied ou son corps

vêtements de mariage

ᐅᐧᐋᑎᓈᐱᒋᐦᑖᐧᐃᐣᐦ uwaatinaapichihtaawinh ni pl ◆ des vêtements de mariage

veuve

ᒋᔅᑎᒫᒋᔅᐧᑳᐤ chistimaachiskwaau na -m ◆ une pauvre femme, une femme récemment veuve

viande

ᐹᔥᑖᐅᒦᒋᒼ paashtaaumiichim ni ◆ de la viande séchée

ᐧᐃᔮᔅ wiyaas ni -im ◆ de la viande

ᒥᐦᒋᐤ mihchiu vai ◆ il/elle enlève la viande d'une peau avec un ensoupleur

ᐋᐦᒋᑯᐧᐃᔮᔅ aahchikuwiyaas ni -um ◆ de la viande de phoque

ᐊᐧᑳᐧᐋᐣ akwaawaan ni -m ◆ de la viande de castor découpée en fines lanières et mise à sécher sur l'étendoir

ᐊᒥᔅᑯᐧᐃᔮᔅ amiskuwiyaas ni ◆ de la viande de castor

ᐊᔑᐧᐋᐳᐧᐋᑭᓐ ashiwaapuwaakin ni -im ◆ un couteau utilisé pour détacher la viande des os en mangeant

ᒌᔖᐧᐋᓐ chiishaawaan ni ◆ de la viande désossée

ᒋᔖᔮᑯᒦᒋᒻ chishaayaakumiichim ni ◆ de la viande d'ours

ᑳᐦᒋᔅᑖᐤ kaahchistaau ni ◆ de la viande suspendue et séchée un peu

ᑳᐱᒋᔅᒋᐳᑖᑭᓂᐧᐃᒡ ᒦᒋᒻ kaapichischiputaakiniwich miichim ni ◆ un hachoir (à viande)

ᒨᓱᔮᔅ muusuyaas ni -im ◆ de la viande d'orignal

ᐅᔅᑳᔅᒋᑭᓐ uskaaschikin ni ◆ os et viande de la poitrine ou de l'avant d'un orignal, d'un caribou, ou d'un ours

ᐧᐋᐱᒫᑯᐧᐃᔮᔅ waapimaakuwiyaas ni ◆ de la viande de baleine

ᐊᐧᐹᐤ apwaau vai ◆ il/elle fait rôtir de la viande sur un bâton

ᒌᔖᐧᐋᐤ chiishaawaau vai ◆ il/elle détache la viande de l'os en la coupant

ᑳᐦᒋᓯᒻ kaahchisim vti ◆ il/elle fait un peu sécher la viande

ᒨᑖᔮᐦᑭᑎᑖᐤ muutaayaahkititaau vii ◆ c'est séché assez profondément (ex. de la viande)

ᐹᐦᐧᑳᐅᑳᐤ paahkwaaukaau vii ◆ c'est de la viande séchée sans aucune humidité ou graisse

ᐹᓂᔖᐧᐋᐤ paanishaawaau vai ◆ il/elle tranche de la viande en spirale pour former de longues bandelettes

ᐹᓂᔑᒻ paanishim vti ◆ il/elle tranche de la viande pour la cuire ou la sécher

ᐹᓯᓂᐧᐋᐤ paasiniwaau vai ◆ il/elle fait sécher la viande

ᔑᑯᐦᐧᐋᐅᒋᔑᓐ shikuhwaauchishin vai ◆ sa viande (se dit d'un animal mort) commence à ramollir parce qu'on l'a laissé sortie trop longtemps

ᓯᑭᐧᐹᐤ sikipwaau vai ◆ il/elle fait tourner et rôtir de la viande suspendue par une ficelle au-dessus d'un feu ouvert

ᑖᐦᒋᑭᓈᐦᑎᓐ taahchikinaahtin vii ◆ il y a de la viande sur cet os

ᐅᒑᔥᑖᔮᐲᐅ uchaashtaayaapiiuu vii -iiwi ◆ la viande est tendineuse

ᐅᒑᔥᑎᐅ uchaashtiuu vii -iwi ◆ la viande est tendineuse

ᐅᐧᐄᓈᔅᒑᐧᐋᐤ uwiinaaschaawaau vai ◆ sa viande a mauvais goût parce qu'il/elle a trop couru (se dit d'un caribou ou d'un orignal)

ᐧᐋᐱᐦᑭᓯᒻ waapihkisim vti ◆ il/elle ne cuit pas assez la viande

ᐧᐋᐱᐦᑭᐧᓵᐤ waapihkiswaau vta ◆ il/elle ne cuit pas assez la viande

ᓯᑭᐧᐹᓐ sikipwaan na ◆ de la viande rôtie sur un fil

ᑎᒥᐦᒋᐱᓯᑭᓐ timihchipisikin ni -u ◆ un paquet de viande de caribou désossée provenant de la tête, du poitrail et des côtes

ᐅᒋᔥᑎᐧᑳᐅᒄᐦ uchishtikwaaukwh nad ◆ la viande de sa cuisse avec la rotule attachée

ᐅᓃᔥᒃ uniishk na -im ◆ de la viande de castor du haut de la poitrine

ᐧᐄᓂᒑᐦᐄᑭᓐ wiinichaahiikin ni ◆ de la viande réduite en poudre et mélangée avec de la moelle d'os d'avant-bras

ᔫᐦᐄᑭᓂᒡ yuuhiikinich na pl -im ◆ viande ou chair de poisson séchée et pulvérisée

ᐋᐳᑎᐧᔖᐤ aaputishwaau vai ◆ il/elle découpe la viande de l'animal en commençant par le postérieur

ᐋᑎᒋᓈᐱᐦᐄᑭᓂᐧᐃᔥᑎᐧᑳᓂᑭᐧᐋᑭᓂᐆ aatichinaapihiikiniwishtikwaanikiwaakiniuu vai -iwi ◆ il reçoit un paquet/l'emballage de viande fait d'une tête de caribou qui a été retournée, ouverte et évidée (traditionnellement donné au jeune homme)

ᒌᐦᒌᔑᔑᒻ chiihchiishishim vti ◆ il/elle détache la viande de l'os en la coupant

ᒌᔖᐧᐋᑎᒻ chiishaawaatim vti ◆ il/elle détache la viande de l'os en la coupant

ᐧᑳᔅᑳᐦᑎᐧᐋᓂᒻ kwaaskaahtiwaanim vti ◆ il/elle retourne la viande qui sèche

ᒥᐦᒌᐤ mihchiiu vai ◆ il/elle enlève la viande d'une peau

ᒥᓂᑎᒥᔅᑭᔮᐦᐄᒑᐤ minitimiskiyaahiichaau vai ◆ il/elle enlève la viande d'une peau avec un ensoupleur

ᐹᐲᐦᑐᐧᐃᔅᒑᐤ paapiihtuwischaau vii redup ◆ la viande a des couches de gras, est marbrée de gras

ᔑᑯᐦᐧᐋᐅᑯᐦᒋᓐ shikuhwaaukuhchin vai ◆ sa viande (se dit d'un animal mort) ramollit parce qu'on l'a laissé dans l'eau trop longtemps

ᑖᔥᑯᑖᐧᐋᑯᑖᐤ taashkutaawaakutaau vai ◆ il/elle cuit de la viande sur le feu à feu ouvert

ᐧᐄᓂᐦᑎᑖᐤ wiinihtitaau vai ◆ il/elle le salit en le laissant toucher quelque chose, elle laisse la viande pourrir

ᒌᐦᒌᑯᐦᑎᒻ chiihchiikuhtim vti redup ◆ il/elle ronge un os et le nettoie de sa viande

ᐲᐦᑖᔨᑯᑎᓱ piihtaayikutisuu vai -u ◆ il/elle rentre la viande de caribou dans l'habitation

ᐱᒥᑖᐤ pimitaau vii ◆ il y a de la graisse qui flotte à la surface du bouillon de viande ou de poisson

viande d'ours

ᐅᓯᒋᔖᔮᐧᑳᐤ usichishaayaakwaau vai ◆ il/elle fait bouillir de la viande d'ours

viande de baleine
ᐅᓵᐱᒫ·ᑳᐤ *usaapimaakwaau* vai ◆ il/elle fait bouillir de la viande de baleine

viande de caribou
·ᐃᒋᑳᒋᓈᓂᐆ *wichikaachinaaniuu* vii,impersonnel -iwi ◆ on installe le camp là où toute la viande du caribou est découpée et préparée

vibrer
ᓈᓈᒥᐱᔨᐤ *naanaamipiyiu* vii ◆ ça vibre

vidanges
·ᐋᐱᓂᒑ·ᐃᓐ *waapinichaawin* ni ◆ des déchets, les vidanges

vide
ᐱᔑᔑᑯᑳᐴ *pishishikukaapuu* vii -uwi ◆ c'est vide (placé sur un axe vertical)
ᐱᔑᔑᑯᔥᑖᐤ *pishishikushtaau* vii ◆ c'est placé là et c'est vide
ᐱᔑᔑᑯᓯᐤ *pishishikusiu* vai ◆ il/elle est vide
ᐱᔑᔑ·ᑳᐤ *pishishikwaau* vii ◆ c'est vide
ᔒᑯ·ᐃᑖᐦᒋᐳ·ᐃᓐ *shiikuwitaahchipuwin* ni ◆ des boîtes de conserve vides
ᐱᑎᒧᔮᐤ *pitimuyaau* vai ◆ il/elle trouve le piège refermé mais vide
ᔒᑯᔮᑭᐱᐤ *shiikuyaakipiu* vai ◆ il/elle est vide, dégonflé-e, trop ample

vider
ᔒᑯᓈᐤ *shiikunaau* vta ◆ il/elle le/la vide
ᔒᑯᓂᒼ *shiikunim* vti ◆ il/elle le vide
ᔒᑯᐱᔨᐦᐋᐤ *shiikupiyihaau* vta ◆ il/elle le/la vide dans un autre récipient
ᔒᑯᐱᔨᐦᑖᐤ *shiikupiyihtaau* vai ◆ il/elle le vide
ᑯᐃᑯᐦᑎᑖᐤ *kuikuhtitaau* vai ◆ il/elle le laisse tomber et il se vide
ᑯᑎᐱᓈᐤ *kutipinaau* vta ◆ il/elle le/la verse, le/la vide en versant
ᑯᑎᐱᓂᒼ *kutipinim* vti ◆ il/elle le verse, le vide en versant
ᒫᐦᒋᐱᔨᐦᑖᐤ *maahchipiyihtaau* vai ◆ il/elle le renverse et le vide complètement
ᐱᔑᔑᑯᐱᔨᐦᐋᐤ *pishishikupiyihaau* vta ◆ il/elle le/la vide complètement
ᐱᔑᔑᑯᐱᔨᐦᑖᐤ *pishishikupiyihtaau* vai ◆ il/elle le vide complètement
ᓰᒋᑭ·ᐃᐦᑖᐤ *siichikiwihtaau* vai+o ◆ il/elle le vide en versant
ᔒᑯ·ᐃᒥᓈᐤ *shiikuwiminaau* vta ◆ il/elle vide les baies dans un grand récipient
·ᐋᐱᓂᒑᐤ *waapinichaau* vai ◆ il/elle vide la poubelle, jette ses déchets, jette des choses

vider (se)
ᔒᑯᐹᒋᑭᐆ *shiikupaachikiuu* vii -iwi ◆ ça se vide
ᔒᑯᐹᒋᑭᐤ *shiikupaachikiu* vai ◆ il/elle se vide, s'écoule

vie
ᐱᒫᑎᓰ·ᐃᓐ *pimaatisiiwin* ni ◆ la vie, un mode de vie
ᐋᔨᒥᐦᐋᐤ *aayimihaau* vta ◆ il/elle lui fait la vie dure
·ᑳᔅᑳᑎᓰᐤ *kwaaskaatisiiu* vai ◆ il/elle se convertit à Dieu, change sa vie
ᐱᑳᔅᒌᐦᑳᓲ *pikaaschiihkaasuu* vai reflex -u ◆ il/elle gagne sa vie, il/elle est auto-suffisant-e
ᐱᒫᒋᐦᐄ·ᐋᐤ *pimaachihiiwaau* vai ◆ il/elle sauve des vies, donne sa vie pour les autres
ᒑᔥᑎ·ᐋᐱᐦᑎᒼ *chaashtiwaapihtim* vti ◆ il/elle le voit juste à temps dans sa vie
ᒑᔥᑎ·ᐋᐱᒫᐤ *chaashtiwaapimaau* vta ◆ il/elle le/la voit juste à temps, dans sa vie

vie dure
ᐹᐲ·ᐋᑖᔨᒨ *paapiiwaataayimuu* vai -u ◆ il/elle est rendu-e mal à l'aise par les autres, on lui mène la vie dure

vieillard
ᒋᔖᔨᔨᐤ *chishaayiyiu* na -im ◆ un vieil homme, un homme adulte, un vieillard

vieille
ᒋᔖᔨᔨᐅᓈᑯᓯᐤ *chishaayiyiunaakusiu* vai ◆ il a l'air vieux, elle a l'air vieille
ᒋᔖᔨᔨ·ᐋᔨᐦᑖᑯᓯᐤ *chishaayiyiwaayihtaakusiu* vai ◆ il a l'air vieux, elle a l'air vieille
ᑰᐦᑯᒥᓈᔥ *kuuhkuminaash* na -im ◆ une vieille femme, une femme âgée, une grand-mère
ᑭ·ᐃᑑ *kiwituu* vai -uwi ◆ il est très vieux, ancien; elle est très vieille, ancienne

vieillesse
ᒋᔖᔨᔨᐅᔓ·ᐃᔮᓐ *chishaayiyiushuwiyaan* na -m ◆ la pension de vieillesse

vielle
ᒋᔖᔨᔥ·ᑳᔥ *chishaayishkwaash* na -im ◆ une vieille femme
·ᐋᔥᑭᒋᓈᑯᓯᐤ *waashkichinaakusiu* vai ◆ il a l'air vieux; elle a l'air vieille

vieux
ᒋᔖᔨᔨᐅᐄᒥᑭᓐ *chishaayiyiuiimikin* vii ◆ c'est vieux
·ᐋᔥᑭᒋᓈᑯᓐ *waashkichinaakun* vii ◆ ça a l'air vieux
ᒑ·ᑳᓂᔥᒌᔥ *chaakwaanishchiish* ni pej -im ◆ quelque chose de vieux, d'usé, une vieille chose
ᐃᐦᐄᐱᔮᐹᒄ *ihiipiyaapaakw* na ◆ un vieux filet de pêche qui n'est plus assez bon pour la pêche mais qu'on peut utiliser pour autre chose
ᐱᐦᑯᑖᔅᒌ *pihkutaaschii* ni pej ◆ un vieux foyer
ᔒᑯᔥᑳᒋᑭᓐᐦ *shiikushkaachikinh* ni pl pej ◆ des vieux vêtements
ᔒᑯᔥᑳᑭᓐᐦ *shiikushkaakinh* ni pl pej ◆ des vieux vêtements
ᒋᔖᔨᔨᐅᓈᑯᓯᐤ *chishaayiyiunaakusiu* vai ◆ il a l'air vieux, elle a l'air vieille
ᒋᔖᔨᔨ·ᐋᔨᐦᑖᑯᓯᐤ *chishaayiyiwaayihtaakusiu* vai ◆ il a l'air vieux, elle a l'air vieille
ᓂᑳᓂᒼ *nikaanim* vti ◆ il/elle a laissé des vieilles traces, ses traces sont anciennes

ᐧᐋᔥᑭᒋᓈᑯᓯᐤ waashkichinaakusiu vai ◆ il a l'air vieux; elle a l'air vieille

ᐅᔅᑯᑎᒥᔅᒌ uskutimischii ni pej ◆ un vieux barrage de castor

ᐧᐋᑎᔅᑯᔅᒌ waatiskuschii ni pej ◆ un vieux terrier, une vieille tanière

ᐧᐄᔥᑎᔅᒌ wiishtischii ni pej ◆ une vieille hutte de castor vide

ᒋᔖᔨᐦᑭᐦᑎᒼ chishaayihkihtim vti ◆ il/elle est la personne la plus âgée du camp; il est le chef parce qu'il est le plus vieux; elle est la chef parce qu'elle est la plus vieille

ᑭᐧᐃᑑ kiwituu vai -uwi ◆ il est très vieux, ancien; elle est très vieille, ancienne

vif

ᒌᐦᑳᔮᔥᑖᐱᔨᐤ chiihkaayaashtaapiyiu vii ◆ le feu brûle en émettant soudain des flammes vives, c'est un feu soudainement vif

ᓂᔮᔥᑎᐧᐃᐱᔨᐤ niyaashtiwipiyiu vai ◆ le courant n'est vif qu'au milieu de la rivière

village

ᐃᐦᑖᐧᐃᓐ ihtaawin ni ◆ une ville, un village, un territoire de chasse

ville

ᐃᐦᑖᐧᐃᓐ ihtaawin ni ◆ une ville, un village, un territoire de chasse

vin

ᔫᒥᓈᐳᐃ shuuminaapui ni -m ◆ du jus de raisin, du vin

vingt

ᓃᔥᑎᓂᐤ niishtiniu p,nombre ◆ vingt

violon

ᑳᓯᓂᐧᑳᐹᑭᐦᐄᑭᓂᐧᐃᒡ kaasinikwaapaakihiikiniwich nip ◆ un violon

viorne

ᒨᓱᒥᓈᐦᑎᒄ muusuminaahtikw ni ◆ une viorne trilobée, une boule-de-neige, une viorne comestible, le pimbina *Viburnum sp.*

virage

ᓯᔅᒋᐧᑳᐧᐋᒋᒋᐧᐃᓐ sischikwaawaachichiwin vii ◆ il y a un virage soudain dans le rapide

virer

ᒌᐧᐋᐱᔨᐤ chiiwaapiyiu vii ◆ ça fait demi-tour, ça vire de bord

virevolter

ᒌᓂᐧᑳᓈᔮᔑᐤ chiinikwaanaayaashiu vai ◆ il/elle virevolte emporté-e par le vent

ᒌᓂᐧᑳᓂᐱᔨᐦᐆ chiinikwaanipiyihuu vai -u ◆ il/elle tourne, virevolte, fait des pirouettes

ᒌᓂᐧᑳᓂᐱᔨᐤ chiinikwaanipiyiu vai ◆ il/elle tourne, virevolte, fait le tour

ᒌᓂᐧᑳᓂᐧᐋᐱᐦᐅᓲ chiinikwaaniwaapihusuu vai reflex -u ◆ il/elle se fait tourner, tournoyer, virevolter

ᒌᓂᐧᑳᓂᐱᔨᐦᑖᐤ chiinikwaanipiyihtaau vai ◆ il/elle le balance; le fait tourner, tournoyer, tourbillonner, virevolter

viril

ᓈᐹᐧᐋᒋᒦᓲ naapaawaachimiisuu vai reflex -u ◆ il se vante d'être un vrai homme

ᓈᐹᐅᓈᑯᓯᐤ naapaaunaakusiu vai ◆ il a l'air mignon, viril, a l'air d'un bon chasseur, d'un bon pourvoyeur

vis

ᐲᒥᐦᐄᑭᓐ piimihiikin ni ◆ une vis

ᐊᔅᐱᒧᒋᑭᓐ aspimuchikin ni ◆ une rondelle ou un joint pour une vis

visage

ᐅᑖᔥᑎᒥᐦᒄ utaashtimihkw nid ◆ son visage

ᒋᔥᑖᐹᐧᐄᐧᐋᑭᓂᓲᑉ chishtaapaawiiwaakinisuup na -im ◆ du savon pour le visage

ᑳᐧᐋᐱᐦᐧᑳᐦᐧᐄᓱᓈᓂᐧᐃᒡ kaawaapihkwaahwiisunaaniwich nip ◆ de la poudre pour le visage

ᐋᑯᐦᐧᑳᓃᓲ aakuhkwaaniisuu vai reflex -u ◆ il/elle se couvre le visage avec les mains

ᐊᑯᓈᐦᐧᑳᔑᒫᐤ akunaahkwaashimaau vai ◆ il/elle le/la couche le visage recouvert

ᐊᑯᓈᐦᐧᑳᔑᒦᓲ akunaahkwaashimiisuu vai reflex -u ◆ il/elle est couché-e le visage recouvert

ᐊᑯᓈᐦᐧᑳᐧᐄᐤ akunaahkwaawiiu vai ◆ il/elle recouvre son visage avec (étalé)

ᐊᐱᐦᒋᐱᔨᐤ apihchipiyiu vai ◆ il/elle bleuit dans le visage, son visage bleuit

ᒋᐧᓈᐹᒋᐦᐧᑳᐤ chinwaapaachihkwaau vai ◆ il/elle a un long visage

ᐄᔑᐦᐧᑳᔨᐤ iishihkwaayiu vai ◆ il/elle fait une certaine expression du visage

ᑳᓰᐦᐧᑳᐦᐆ kaasiihkwaahuu vai -u ◆ il/elle s'essuie le visage

ᒥᔪᑖᔥᑎᒥᐦᐧᑳᐤ miyutaashtimihkwaau vai ◆ il/elle a un beau visage

ᐹᒋᐦᐧᑳᐱᔨᐤ paachihkwaapiyiu vai ◆ son visage enfle

ᐹᒋᐦᐧᑳᐤ paachihkwaau vai ◆ son visage est enflé

ᐹᐦᑯᐦᐧᑳᐦᐅᓲ paahkuhkwaahusuu vai reflex -u ◆ il/elle se sèche le visage

ᐹᔅᒋᐦᐧᑳᓈᐤ paaschihkwaanaau vai ◆ il/elle découvre son visage

ᐹᔅᒋᐦᐧᑳᔑᒫᐤ paaschihkwaashimaau vta ◆ il/elle le couche à terre avec le visage découvert

ᐹᔅᒋᐦᐧᑳᔨᐤ paaschihkwaayiu vai ◆ il/elle se découvre le visage

ᐲᒥᐦᐧᑳᐱᔨᐤ piimihkwaapiyiu vai ◆ son visage devient tout tordu, il/elle a la paralysie de Bell

ᔖᑭᐧᐃᐦᐧᑳᐤ shaakiwihkwaau vai ◆ il/elle a un visage étroit

ᔖᑭᐧᐃᑖᔥᑎᒥᐦᐧᑳᐤ shaakiwitaashtimihkwaau vai ◆ il/elle a un visage étroit

ᔑᔓᐦᐧᑳᓃᓲ shishuhkwaaniisuu vai reflex redup -u ◆ il/elle s'en barbouille le visage

ᑖᐦᒋᐦᐧᑳᐅᒋᐤ taahchihkwaauchiu vai ◆ il/elle a froid au visage

ᐧᐋᐱᐦᐧᑳᐦᐅᓲ waapihkwaahusuu vai reflex -u ◆ il/elle se poudre le visage

ᐧᐋᐱᐦᐧᑳᐦᐧᐋᐤ waapihkwaahwaau vta ◆ il/elle poudre le visage de quelqu'un pour l'éclaircir

ᐧᐋᐱᐦᐧᑳᐦᐧᐄᓲ waapihkwaahwiisuu vai reflex -u ◆ il/elle se poudre le visage

ᐧᐋᐱᓈᐅᐱᔨᐤ waapinaaupiyiu vai ◆ son visage pâlit, se vide de son sang

ᐧᐋᐱᓈᐅᓯᐤ waapinaausiu vai ◆ il/elle a un visage pâle

ᐧᐋᔅᑖᔅᒋᐦᐧᑳᐤ waastaaschihkwaau vai ◆ il/elle a des tâches blanches sur le visage de ses cicatrices qui pèlent

ᐧᐋᐅᔮᐦᐧᑳᐤ waauyaahkwaau vai ◆ il/elle a le visage rond

ᐧᐃᔨᒋᐴ wiyichipuu vai -u ◆ il/elle a le visage tout barbouillé, sale après avoir mangé

ᐧᐃᔨᐱᐦᐧᑳᓈᐤ wiyipihkwaanaau vta ◆ il/elle lui noircit le visage avec les mains

ᔮᔨᐦᐧᑳᓈᐤ yaayihkwaanaau vta ◆ il/elle lui caresse le visage

ᐊᑯᓈᐦᐧᑳᔑᓐ akunaahkwaashin vai ◆ il/elle se couche le visage recouvert

ᓵᒋᐦᐧᑳᓈᑯᓯᐤ saachihkwaanaakusiu vai ◆ il/elle a le visage empreint de terreur, son visage exprime la peur

ᑑᒥᐦᐧᑳᓈᐤ tuumihkwaanaau vta ◆ il/elle met de la crème, de la pommade sur le visage de quelqu'un d'autre

ᐅᑖᒥᐦᐧᑳᔑᓐ utaamihkwaashin vai ◆ il/elle le tape sur la figure, le visage

ᑑᒥᐦᐧᑳᓃᓲ tuumihkwaaniisuu vai reflex -u ◆ il/elle applique de la crème, de la pommade sur son visage

viser

ᐊᑐᐦᐊᒼ atuham vti ◆ il/elle le met en joue, le vise

ᐊᑐᐦᐊᒧᐧᐋᐤ atuhamuwaau vta ◆ il/elle le met en joue, le vise pour lui/elle

ᐅᐧᐋᔨᐦᐊᒼ uwaayiham vti ◆ il/elle le vise

ᐅᐧᐋᔨᐦᐧᐋᐤ uwaayihwaau vta ◆ il/elle le vise

ᐄᑖᔅᑯᓂᒼ iitaaskunim vti ◆ il/elle le pointe, le tient, vise avec (long et rigide)

ᐅᐧᐋᔮᐱᐦᑎᒼ uwaayaapihtim vti ◆ il/elle le choisit, le vise

ᐅᐧᐋᔮᔅᑯᓂᒼ uwaayaaskunim vti ◆ il/elle pointe son arme, vise avec son arme

ᐅᐧᐋᔨᓂᒼ uwaayinim vti ◆ il/elle le prépare à la main, le vise

ᐅᐧᐋᔨᓂᒧᐧᐋᐤ uwaayinimuwaau vta ◆ il/elle le prépare pour lui/elle à la main, le/la vise

ᐧᐃᔮᔅᑯᓈᐤ wiyaaskunaau vta ◆ il/elle le/la pointe (ex. flèche), le/la vise, le/la juge au tribunal

ᔒᐅᐦᑳᐱᐦᑎᒼ shiiuhkaapihtim vti ◆ il/elle ferme un oeil pour bien viser

viseur

ᑯᔥᐧᑳᐱᐦᒋᑭᓐ kushkwaapihchikin ni ◆ un viseur de fusil

ᐊᔑᐧᑳᐱᐦᒋᑭᓐ ashikwaapihchikin ni ◆ des jumelles, un télescope, un viseur de carabine

visible

ᓅᑯᓐ nuukun vii ◆ c'est visible

ᓅᑯᓯᐤ nuukusiu vai ◆ il/elle est visible

ᐱᐳᐧᐋᔮᔅᑯᐦᑎᓐ pipuwaayaaskuhtin vii redup ◆ c'est visible à travers les arbres

ᐳᐧᐃᐧᓈᐦᑎᓐ puwinwaahtin vii ◆ c'est encore visible malgré la neige, le brouillard, la brume, etc.

ᐳᐧᐋᑯᓂᒡ puwaakunich p,lieu ◆ couvert de neige mais encore visible ■ ᓂᒌᐦ ᒋᔅᒑᔨᒫᐤ ᐊᐧᐋᓐ ᐋᐦ ᒌᐦ ᐱᒧᐦᑖᑯᐱᓈ ᐋᐦ ᓅᑯᓂᔨᒡ ᐳᐧᐋᑯᓂᒡ ᐊᓂᑎᐦ ᐋᐦ ᒌᐦ ᐱᒧᐦᑖᑦ᙮ ■ nichiih chischaayimaau awaan aah chiih pimuhtaakupinaa aah nuukuniyich puwaakunich anitih aah chiih pimuhtaat. ■ *Je sais que quelqu'un a marché là parce que je peux voir les traces malgré la chute de neige.*

ᐊᓵᑳᐱᔅᑳᐤ asaakaapiskaau vii ◆ il y a beaucoup de roches visibles dans l'eau

ᐃᔥᐧᑳᔮᐱᒥᓈᑯᓯᐤ ishkwaayaapiminaakusiu vai ◆ il/elle peut se voir sur une grande distance, à perte de vue

ᐃᔮᔅᐱᓂᑖᐤ iyaaspinitaau vta ◆ visiblement il/elle l'a blessé-e physiquement d'une certaine façon

ᒥᔨᔅᑯᑎᐧᐋᐱᒥᓈᑯᓐ miyiskutiwaapiminaakun vii ◆ ça se voit à l'oeil nu (utilisé à forme négative: microscopique)

ᓂᐦᒋᒋᓯᐤ nihchichisiu vai ◆ il/elle est visible dans ses contours

ᓅᑯᓂᐦᑎᑯᓯᐤ nuukunihtikusiu vai ◆ ses traces sont visibles

ᐲᔨᐦᑖᔮᐱᒥᓈᑯᓐ piiyihtaayaapiminaakun vii ◆ c'est bien visible au loin

ᐲᔨᐦᑖᔮᐱᒥᓈᑯᓯᐤ piiyihtaayaapiminaakusiu vai ◆ il/elle est bien visible au loin

ᐱᔨᔨᐦᑖᔥᑖᐤ piyiyihtaashtaau vii ◆ c'est placé là où c'est visible, on peut le remarquer

ᐳᐧᐃᐧᓈᔑᓐ puwinwaashin vai ◆ il/elle est à peine visible à travers la neige, le brouillard, la brume, etc.

ᓵᒋᑯᓈᐦᑎᑖᐤ saachikunaahtitaau vai ◆ il/elle le rend visible au-dessus de la neige

ᓵᒋᑯᓈᐤ saachikunaau vai ◆ il/elle est visible au-dessus de la neige

ᓵᒋᑯᓈᐤ saachikunaau vii ◆ c'est visible au-dessus de la neige

ᓵᒋᑯᓂᐦᐋᐤ saachikunihaau vta ◆ il/elle le/la rend visible par-dessus la neige

ᐅᑎᓯᓈᑯᓐ utisinaakun vii ◆ c'est visible à une certaine distance

ᐧᐋᐱᐹᒋᔅᑎᓐ waapipaachistin vii ◆ la pluie qui approche se voit à distance

ᐧᐋᓵᒋᓯᐤ waasaachisiu vai ◆ il/elle (étalé) est blanc et se voit de loin que le soleil brille dessus

ᐧᐋᓵᒋᔅᑖᐤ waasaachistaau vii ◆ c'est blanc (étalé) et se voit de loin quand le soleil brille dessus

ᐧᐋᓵᐦᐋᓐ waasaahan vii ◆ les vagues sont visibles à la surface de l'eau

ᐧᐋᓯᐹᔥᑖᐤ waasipaashtaau vii ◆ c'est visible à travers les arbres (ex. un lac, une rivière)

ᒌᐦᑳᓈᑯᐦᐋᐤ chiihkaanaakuhaau vta ◆ il/elle le/la rend bien visible, il/elle le/la met en évidence ■ ᓈᔥᒡ ᐋᐦ ᐅᐦᒋ ᒌᐦᑳᓈᑯᐦᐋᑦ ᓂᔅᐦ ᑳ ᐱᒥᐱᔨᐦᐋᑦ. ■ naashch aah uhchi chiihkaanaakuhaat niskh kaa pimipiyihaat. ■ *Il a bien mis en évidence qu'il avait tué une oie.*

ᒌᐦᑳᓈᑯᓐ chiihkaanaakun vii ◆ c'est clair, évident, très visible ■ ᓄᐧᐃᒡ ᒌᐦᑳᓈᑯᓐ ᐋᐦ ᐱᐦᒋᑯᓈᐧᐋᔨᓐ. ■ nuwich chiihkaanaakun aah pihchikunaawaayin. ■ *C'est évident d'après la couleur de ta bouche que tu as mangé de la confiture.*

ᐄᔩᐦᑖᐤ iiyihtaau vii ◆ des bouts de terre visibles quand la neige fond au printemps

ᓂᐦᒋᑳᐤ nihchikaau vii ◆ on en voit le contour, la silhouette

ᐹᔅᑳᑯᐦᑖᐤ paaskaakuhtaau vii ◆ au fur et à mesure que la neige fond ça devient visible

ᓵᒋᐱᑭᓐ saachipikin vii ◆ les feuilles commencent juste de sortir des bourgeons et elles sont à peine visibles

ᓵᐦᑖᔮᐱᓐ saahtaayaapin vii ◆ la lumière du jour est visible

ᐧᐋᓯᐹᑳᐧᐋᐤ waasipaakwaau vii ◆ le fond une étendue d'eau est visible parce que l'eau est claire et peu profonde

ᐧᐋᔅᑭᒫᓂᓂᒻ waaskimaaninim vti ◆ il/elle laisse des traces récentes et visibles après la tempête

ᐧᐋᔅᑭᓂᐧᐋᑖᐤ waaskiniwaataau vii ◆ c'est bien visible à distance (ex. sentier, traces)

ᐧᐋᔅᑭᓄᐧᐃᓲ waaskinuwisuu vai -u ◆ ses traces, signes d'activité sont bien visibles à distance

visière

ᒥᔥᑭᔒ mishkishii na ◆ une visière, une visière de casquette

ᒋᒋᑳᐧᐃᓐ chichikaawin ni -um ◆ un chapeau de cowboy, un chapeau avec une visière

vision

ᒌᔥᑳᐧᔮᐱᐦᑎᒻ chiishkwaayaapihtim vti ◆ il/elle a le vertige, sa vision est trouble et fait que la tête lui tourne

ᓅᑯᓰᔥᑎᐧᐋᐤ nuukusiishtiwaau vta ◆ il/elle lui apparaît comme dans une vision

visite

ᒧᐧᐃᒋᔑᐧᐋᐤ muwichishiwaau vai ◆ il/elle rend visite

ᒧᐧᐃᑎᐦᑖᐤ muwitihtaau vta ◆ il/elle lui rend visite

ᒧᐧᐃᐱᐤ muwipiu vai ◆ il/elle visite, rend visite

ᐲᐦᑐᑭᐧᐋᐤ piihtukiwaau vta ◆ il/elle va lui rendre visite chez lui

visiter

ᒧᐧᐃᐱᐤ muwipiu vai ◆ il/elle visite, rend visite

visiteur

ᒫᓂᑖᔅᑳᐤ maanitaaskaau vai ◆ il y a beaucoup d'étrangers, d'étrangères, de visiteurs et de visiteuses

ᒫᓂᑖᐤ maanitaau na -aam ◆ un étranger, une étrangère, un visiteur, une visiteuse

visiteuse

ᒫᓂᑖᐤ maanitaau na -aam ◆ un étranger, une étrangère, un visiteur, une visiteuse

vison

ᐊᒋᑳᔥ achikaash na -im ◆ un vison

ᐊᒋᑳᔑᔫᔮᓐ achikaashiuyaan na -im ◆ une peau de vison

ᐊᒋᑳᔑᐧᐄᑐᐃ achikaashiwiitui ni -im ◆ les glandes olfactives du vison

ᐊᒋᑳᔑᐧᐃᓂᐦᐄᑭᓐ achikaashiwinihiikin ni -im ◆ un piège à vison

ᐊᒋᑳᔑᐧᐃᓂᐦᐄᒑᐤ achikaashiwinihiichaau vai ◆ il/elle place un piège à vison

ᐱᐦᑯᓂᒋᑳᔑᐧᐋᐤ pihkunichikaashiwaau vai ◆ il/elle dépiaute un vison

ᓂᐱᐦᐋᒋᑳᔑᐧᐋᐤ nipihaachikaashiwaau vai ◆ il/elle tue facilement du vison

visser

ᐲᒫᐱᔅᑭᐦᐊᒻ piimaapiskiham vti ◆ il/elle le tord, le visse (minéral)

ᐲᒥᐦᐊᒻ piimiham vti ◆ il/elle le tourne, le visse

ᓯᑭᐦᐊᒻ sikiham vti ◆ il/elle l'attache à quelque chose, le visse dessus

ᓯᑭᐦᐧᐋᐤ sikihwaau vta ◆ il/elle l'attache à quelque chose, le visse dessus

vite

ᒋᔑᐱᔨᐤ chishipiyiu vai ◆ il/elle va vite, passe vite

ᒋᔨᐲᐤ chiyipiiu vai ◆ il/elle le fait vite

ᒋᔑᐱᔨᐤ chishipiyiu vii ◆ ça va vite, c'est rapide

ᒋᔑᔮᔑᐤ chishiyaashiu vai ◆ il/elle vogue vite, passe vite

ᒋᔨᐱᒋᐤ chiyipichiu vai ◆ il/elle grandit vite

ᒋᔨᐱᓈᐤ chiyipinaau vta ◆ il/elle l'utilise vite ■ ᓈᔥᒡ ᐋᐦ ᒌᐦ ᒋᔨᐱᓈᑦ ᐅᐱᐦᑳᔑᑭᓂᒻᐦ. ■ naashch aah chiih chiyipinaat upihkwaashikinimh. ■ *Elle a utilisé sa farine très vite.*

ᒋᔨᐱᓂᐦᑖᐅᒋᓐ chiyipinihtaauchin vii ◆ ça pousse vite

ᒋᔨᐱᓂᐦᑖᐅᒋᐤ chiyipinihtaauchiu vai ◆ il/elle grandit vite ■ ᓈᔥᒡ ᐋᐦ ᒋᔨᐱᓂᐦᑖᐅᒋᔨᒡᐦ ᐊᓂᔮᐦ ᐅᑎᐧᐋᔑᔑᒥᔥᐦ. ■ naashch aah chiipinihtaauchiyich-h aniyaah utiwaashishiimish-h. ■ *Son bébé grandit très vite.*

ᒋᔨᐱᓂᒻ chiyipinim vti ◆ il/elle l'utilise vite ■ ᐋᑳ ᓈᑭᑎᐧᐋᔨᐦᑎᐦᒃ ᓈᔥᒡ ᐋᐦ ᒋᔨᐱᓂᐦᒃ ᐊᓂᔮ ᐅᔑᐅᐦᑖᑭᓂᒻ. ■ aakaa naakitiwaayihtihk naashch aah chiyipinihk aniyaa ushiiuhtaakinim. ■ *Elle utilise très vite son sel parce qu'elle ne fait pas attention.*

ᒋᔨᐱᑎᔑᐦᐧᐋᐤ chiyipitishihwaau vta ◆ il/elle l'envoie très vite

ᑳᒋᐱᔨᐦᐋᐤ kaachipiyihaau vta ◆ il/elle le/la cache vite

ᑳᒋᐱᔨᐦᑖᐤ kaachipiyihtaau vai ◆ il/elle le cache vite

ᑭᒑᔥᑎᐱᐱᔨᐤ kichaashtipipiyiu vii ◆ c'est rapide, ça va vite

ᑭᒑᔥᑎᐱᔨᒥᑭᓐ kichaashtipiyimikin vii ◆ ça marche vite, ça se passe vite

ᑭᒑᔥᑎᐧᐹᐤ kichaashtipwaau vta ◆ il/elle parle vite

ᑭᐹᐱᐦᑖᐤ kipaapihtaau vai ◆ il/elle débarque en vitesse

ᒫᒌᐱᐦᑖᐤ maachiipihtaau vai ◆ il/elle court vite

ᐲᒋᔥᑎᐦᐊᒼ piichishtiham vti ◆ il/elle le conduit vite, le bouge plus vite que prévu

ᐧᐃᔨᐧᐄᐱᔨᐦᐆ wiyiwiipiyihuu vai -u ◆ il/elle sort à toute vitesse

ᒌᔥᑎᑊ chiishtip p,manière ◆ vite, rapide, soudain ■ ᐊᑳᐧᐄ ᓈᔥᒡ ᒌᔥᑎᑊ ᐧᐄᐦ ᒌᔑᐦᑐᑦᐦ ᐊᓐ ᑳ ᐅᔑᐦᑖᔨᓐ, ᒑ ᒥᔪᐧᐃᓈᑯᐦᒡ ᒫᒃ᙮ ■ akaawii naashch chiishtip wiih chiishihtut-h an kaa ushihtaayin, chaa miyuwinaakuhch maak. ■ *N'essaie pas de le faire trop vite, ou ça n'aura pas l'air bien.*

ᒋᓯᔅᑳ chisiskaa p,manière ◆ soudain, vite, tout à coup ■ ᓂᒌᐦ ᑯᔅᑯᓯᐦᐄᒄ ᓈᔥᒡ ᒋᓯᔅᑳ ᐋᐦ ᒌᐦ ᐅᐦᒋ ᐱᔑᑯᔑᐱᐦᑖᑦ᙮ ■ nichiih kuskusihiikw naashch chisiskaa aah chiih uhchi pishikushipihtaat. ■ *J'ai eu très peur quand elle/il s'est soudain levé-e.*

ᒋᔑᐱᐦᑖᒥᑭᓐ chishipihtaamikin vai ◆ il/elle est rapide, se répand vite

ᒋᔑᔮᔥᑎᓐ chishiyaashtin vii ◆ ça va vite (en bateau)

ᒋᓯᐧᐃᔅᑭᑖᐤ chisiwiskitaau vta ◆ il/elle le/la fâche en marchant trop vite pour lui/elle

ᒋᔨᐹᐦᑭᓲ chiyipaahkisuu vai -u ◆ il/elle brûle, cuit vite

ᒋᔨᐹᑯᐦᑖᐤ chiyipaakuhtaau vii ◆ la neige fond vite

ᒋᔨᐱᐦᑖᐤ chiyipihtaau vai+o ◆ il/elle use vite ses vêtements, l'utilise vite

ᑭᒑᔨᐱᒫᐤ kichaayipimaau vta ◆ il/elle lui dit en vitesse ce qu'il/elle fait

ᒫᒋᒋᐧᐃᓐ maachichiwin vii ◆ le niveau d'eau monte vite

ᒫᒋᒋᐧᐃᓂᐱᔨᐤ maachichiwinipiyiu vii ◆ le niveau d'eau monte vite

ᒫᒌᐱᒋᐤ maachiipichiu vai ◆ il/elle voyage vite à pied en hiver

ᓂᓂᐦᒋᐴ ninihchipuu vai redup -u ◆ il/elle mange vite pour pouvoir faire autre chose, parce qu'il/elle est distrait-e et ne peut pas s'attarder

vitesse

ᑭᒑᔨᐱᒫᐤ kichaayipimaau vta ◆ il/elle lui dit en vitesse ce qu'il/elle fait

vitre

ᐧᐋᓵᓂᐦᑖᑭᓈᐱᔅᒄ waasaanihtaakinaapiskw ni -um ◆ une vitre, un verre à lampe

vivant

ᐄᔨᔨᐤ iiyiyiu vai -iwi ◆ il/elle est en vie; il est né, elle est née; c'est un autochtone, c'est une autochtone

ᐅᑎᓵᐱᐦᑎᒼ utisaapihtim vti ◆ il/elle le voit de son vivant, d'une certaine distance

ᐅᑎᓵᐱᒫᐤ utisaapimaau vta ◆ il/elle le/la voit d'une certaine distance, le/la voit de son vivant

vive

ᒌᐦᑳᔮᔥᑖᐤ chiihkaayaashtaau vii ◆ ça produit une lumière vive

ᒨᔥᑎᓯᐧᑳᐤ muushtisikwaau vii ◆ c'est de la glace vive, qui n'est pas recouverte de neige

vivre

ᐱᒫᑎᓰᐤ pimaatisiiu vai ◆ il/elle vit, est vivant

ᐧᐄᒋᒫᐤ wiichimaau vta ◆ il/elle vit avec lui/elle

ᒥᔪᐦᐧᑖᐤ miyuhtwaau vai ◆ il/elle vit bien, a de bonnes valeurs, vit selon de bons principes

ᐧᐄᒋᐱᒫᑎᓰᒫᐤ wiichipimaatisiimaau vta ◆ ils/elles passent leur vie ensemble, il/elle passe sa vie avec lui/elle

ᐧᐄᒋᔥᑎᐧᑳᑭᐲᒫᐤ wiichishtikwaakipiimaau vta ◆ il/elle passe l'automne avec lui/elle

ᐧᐄᒋᓰᑯᓂᐦᑖᒫᐤ wiichisiikunihtaamaau vta ◆ il/elle passe le printemps avec lui/elle

ᐧᐄᒋᐤ wiichiu vai ◆ il/elle vit, habite quelque part

ᔫᔅᐹᑎᓰᐤ yuuspaatisiiu vai ◆ il/elle vit humblement

ᐱᒋᔅᑖᔨᒨ pichistaayimuu vai -u ◆ il/elle perd le goût de vivre

ᐧᐄᒋᔅᒑᒨ wiichischaamuu vai -u ◆ il/elle va vivre avec une autre famille, un autre groupe

ᑯᐃᔅᑯᑖᑎᓰᐤ kuiskutaatisiiu vai ◆ il/elle vit de façon vertueuse; il/elle a une grande droiture morale

vocal

ᒋᔖᐧᐋᐤ chishwaawaau vai ◆ il/elle émet des bruits vocaux assez forts

ᒋᔅᑑ chistuu vai -u ◆ il/elle émet un son vocal

ᒋᐱᐦᑎᐧᐋᐤ chipihtiwaau vai ◆ il/elle arrête de pleurer, de parler, d'émettre un son vocal

ᓵᒋᒫᐤ saachimaau vta ◆ il/elle l'effraie par les bruits vocaux qu'il/elle fait

voeu

ᑖᐧᐹᐧᐃᓐ taapwaawin ni ◆ un voeu, un serment

voguer

ᐄᑖᔥᑎᓐ iitaashtin vii ◆ ça vogue, ça se fait emporter par le vent par là

ᓈᒥᒧᓈᔑᐦᑖᐤ naamimunaashihtaau vai ◆ il/elle le fait voguer avec le vent

ᒋᔑᔮᔑᐤ chishiyaashiu vai ◆ il/elle vogue vite, passe vite

ᐄᑖᔑᐤ **iitaashiu** vai ◆ il/elle vogue, se fait emporter par le vent dans une certaine direction ■ ᑭᔥᑭᓂᒡ ᐋᔅᐱᔩᔨᒡ ᐋᐅᑯᓂᒡ ᑲᓂᐙᐱᒫᑭᓂᐅᐎᒡ, ᐋᐦᐊᑳ ᓈᔥᑎᔩᒡ ᐙᐱᐦᑎᐦᒃ ᐊᐙᓐ ᑖᓂᑖᐦ ᒑ ᐄᑖᔑᑦ. ■ kishkinich aaspiyiych aaukunich kaaniwaapimaakiniuwich, aahaakaa naashtiyich waapihtihk awaan taanitaah chaa iitaashit. ■ *Le mouvement des vagues (qui sont très hautes) est observé, quand quelqu'un ne peut pas voir du tout la direction dans laquelle naviguer.*

ᓈᑎᑲᒫᔮᔑᐦᑖᐤ **naatikaamaayaashihtaau** vai+o ◆ il/elle vogue vers le rivage

ᓃᔓᑎᑳᔑᐎᒡ **niishutikaashiwich** vai pl ◆ les deux voguent ensemble

ᓂᑎᐦᐋᔑᐤ **nitihaashiu** vai ◆ il/elle vogue vers l'amont, remonte le courant

ᒋᔥᑖᔑᐤ **chishtaashiu** vai ◆ il/elle part en bateau, met les voiles, vogue vers le large, prend le large

ᓂᐱᑖᔮᔑᐤ **nipitaayaashiu** vai ◆ il/elle vogue d'un côté, la moitié est emportée par le vent

ᐹᑖᔑᐤ **paataashiu** vai ◆ il/elle navigue, vogue, est emporté-e par le vent dans cette direction

ᔮᔮᐙᔥᑎᓐ **yaayaawaashtin** vii ◆ ça vogue, souffle le long du rivage

ᔮᔮᐙᔮᔑᐤ **yaayaawaayaashiu** vai ◆ il/elle vogue, souffle le long du rivage

ᐋᐱᒫᔑᐤ **aapimaashiu** vai ◆ il/elle vole, souffle, vogue sous le vent

ᐋᐱᒫᔥᑎᓐ **aapimaashtin** vii ◆ ça vole, souffle, vogue sous le vent

ᒋᔥᑖᔥᑎᐦᑖᐤ **chishtaashtihtaau** vai+o ◆ il/elle commence à partir en bateau, à mettre les voiles, à prendre le large

voici

ᒫᐅᒌ **maauchii** pro,dém ◆ les voici, voici (animé plural, souvent utilisé avec un geste de la main ou des lèvres) (voir *maau*) ■ ᒫᐅᒌ ᐊᐙᔑᔑᐦᑲᓂᔑᒡ ᑲ ᓂᑎᐙᔨᒥᑖᐤ ᒑ ᒥᔨᐙᔨᓐ. ■ maauchii awaashishihkaanishich kaa nitiwaayimitwaau chaa miyiwaayin. ■ *Voici les poupées que tu voulais donner!*

ᒫᐅᐦᐄ **maauhii** pro,dém ◆ les voici! voici (inanimé pluriel, souvent utilisé avec un geste de la main ou des lèvres) (voir *maau*) ■ ᒫᐅᐦᐄ ᐊᐱᔓᐃᐦ ᑲ ᐹᑖᔮᐦᒡ. ■ maauhii apishuih kaa paataayaahch. ■ *Voici les poteaux de tipi que nous sommes allés couper!*

ᒫᐅᔮ **maauyaa** pro,dém ◆ le/la voici, voici (inanimé, souvent utilisé avec un geste de la main ou des lèvres) (voir *maau*) ■ ᒫᐅᔮ ᐐᔨ ᑳ ᐅᑎᓂᒫᓱᑦ ᐊᑯᐦᐱᔨᐤ. ■ maauyaa wiiyi kaa utinimaasut akuhpiyiu. ■ *Voici le manteau qu'elle s'est acheté!*

ᒫᐅᔮᐦ **maauyaah** pro,dém ◆ le/la voici! (animé obviatif), les voici (inanimé pluriel) (souvent utilisé avec un geste de la main ou des lèvres) (voir *maau*) ■ ᒫᐅᔮᐦ ᐅᒥᐦᒋᐦᑯᓐᐦ ᑲ ᐅᔑᐦᑎᒧᐙᑭᓂᐎᑦ. ❖ ᒫᐅᔮᐦ ᐅᒥᓯᓂᐦᐄᑭᓐᐦ ᑲ ᐎᓂᒋᔅᒋᓯᑦ. ■ maauyaah umihchihkunh kaa ushihtimuwaakiniwit. ❖ maauyaah umisinihiikinh kaa winichischisit. ■ *Voici l'écharnoir qui a été fait pour lui!* ❖ *Voici ses livres qu'elle a oubliés!*

ᒫᐅᔮᔨᐤ **maauyaayiu** pro,dém ◆ le voici, la voici, voici (inanimé obviatif, souvent utilisé avec un geste de la main ou des lèvres) (voir *maau*) ■ ᒫᐅᔮᔨᐤ ᒫᒃ ᐅᒫᔅᑭᓂᐤ ᐅᑎᐦ ᐹᒥᒧᔨᒡ. ■ maauyaayiu maak umaaskiniu utih paamimuyich. ■ *Voici sa trace, juste ici!*

ᒫᐅᔮᔨᐅᐦ **maauyaayiuh** pro,dém ◆ les voici, voici (animé obviatif, inanimé obviatif pluriel, souvent utilisé avec un geste de la main ou des lèvres) (voir *maau*) ■ ᒫᐅᔮᔨᐅᐦ ᒫᒃ ᑳ ᐄᑖᔨᒫᑦ ᒑ ᒥᔪᓯᔨᒡᐦ ᑯᔅᒑᔨᐅᐦ. ■ maauyaayiuh maak kaa iitaayimaat chaa miyusiyichh kuschaayiuh. ■ *Voici l'appât qu'elle a cru qui marcherait bien!*

ᒫᐤ **maau** pro,dém ◆ le/la voici! voici celui-ci, voici celle-ci, voici (animé ou inanimé, accompagné d'un geste de la main ou en pointant les lèvres) (voir *maau*) ■ ᒫᐤ ᒋᔖᔮᑯᐱᒦ ᑲ ᓂᑎᐙᔨᒥᑦ ᐊᐦ ᐱᒥᐦᑲᓂᐦᒑᔨᓐ. ■ maau chishaayaakupimii kaa nitiwaayimit aah pimihkaanihchaayin. ■ *Voici la graisse d'ours pour le pemmican que tu prépares.*

ᐆ **uu** pro,dém ◆ celui-ci, celle-ci, ceci, ce, cet, cette, voici (animé ou inanimé) ■ ᐋᐅᒄ ᒫᒃ ᐆ ᓂᑎᑯᐦᑉ ᒑ ᒋᒋᔥᑭᒫᓐ ᓃᔓᑲᐳᐎᓈᓂᐎᒑ. ■ aaukw maak uu nitikuhp chaa chichishkimaan niishukaapuwinaaniwichaa. ■ *C'est cette robe que je vais porter au mariage.*

voilà

ᒫᓈ **maanaa** pro,dém ◆ le/la voilà là-bas! voilà là-bas (inanimé, accompagné d'un geste de la main ou en pointant les lèvres) ■ ᒫᓈ ᓈᑖᐦ ᑲ ᐊᔥᑖᐎᒡ ᑲ ᐅᔥᑲᒡ ᓂᐹᓂᔅᒋᐦᒄ. ■ maanaa naataah kaa ashtaawich kaa ushkaach nipaanischihkw. ■ *Voilà là-bas ma nouvelle poêle à frire!*

ᒫᓂᒌ **maanichii** pro,dém ◆ les voilà! voilà ceux-là, celles-là (animé pluriel, accompagné d'un geste de la main ou en pointant les lèvres) (voir *maan*) ■ ᒫᓂᒌ ᒫᒃ ᓃᒦᓯᐅᒡ ᑲ ᓂᑐᒫᑭᓂᐅᐎᒡ. ■ maanichii maak niimiisiuch kaa nitumaakiniuwich. ■ *Voilà les danseurs qui ont été invités.*

ᒫᓂᐦᐄ **maanihii** pro,dém ◆ les voilà! voilà ceux-là, celles-là (inanimé pluriel, accompagné d'un geste de la main ou en pointant les lèvres) (voir *maan*) ■ ᒫᓂᐦᐄ ᒥᓯᓂᐦᐄᑭᓐᐦ ᐊᐦ ᐄᔨᔨᐅᔥᑖᒡᐦ. ■ maanihii misinihiikinh aah iiyiyiushtaach-h. ■ *Ces livres-là sont écrits en cri.*

ᒫᓐ maan pro,dém ◆ le/la voilà! voilà celui-là, voilà celle-là, voilà (animé ou inanimé, accompagné d'un geste de la main ou en pointant les lèvres) (voir *maan*) ▪ ᒫᓐ ᒦᒋᐙᐦᑉ ᒑ ᐋᐱᒋᐦᑖᔨᐦᒄ ᐋᐦ ᓯᑭᑇᔨᐦᒄ. ▪ maan miichiwaahp chaa aapichihtaayihkw aah sikipwaayihkw. ▪ *On va utiliser le tipi que voilà pour faire rôtir les oies.*

ᒫᓈᒌ maanaachii pro,dém ◆ les voilà là-bas! tout là-bas il y a ceux-là, celles-là (animé pluriel, accompagné d'un geste de la main ou en pointant les lèvres) (voir *maanaah*) ▪ ᒫᓈᒌ ᓈᐹᔑᔑᒡ ᑳ ᓈᓂᑎᐙᐱᒫᑭᓂᐅᐎᒡ. ▪ maanaachii naapaashishich kaa naanitiwaapimaakiniuwich. ▪ *Les voilà là-bas ces garçons qu'on cherchait.*

ᒫᓈᐦ maanaah pro,dém ◆ le/la voilà là-bas! tout là-bas il y a celui-là, celle-là (animé, accompagné d'un geste de la main ou en pointant les lèvres) (voir *maanaah*) ▪ ᒫᓈᐦ ᐃᔥᒁᔑᔥ ᑳ ᐅᑎᓈᑭᓂᐎᑦ ᒑ ᐊᔨᒥᑦ. ▪ maanaah ishkwaashish kaa utinaakiniwit chaa ayimit. ▪ *Voilà là-bas la fille qui a été choisie pour parler.*

ᒫᓈᐦᐄ maanaahii pro,dém ◆ les voilà là-bas! tout là-bas il y a ceux-là, celles-là (inanimé pluriel, accompagné d'un geste de la main ou en pointant les lèvres) (voir *maanaa*) ▪ ᒫᓈᐦᐄ ᐆᑦᐦ ᑳ ᐅᐙᔑᐦᑖᑭᓂᐎᒡᐦ. ▪ maanaahii uuth kaa uwaashihtaakiniwichh. ▪ *Voilà là-bas les canots qui ont été réparés.*

ᒫᓂᔮ maaniyaa pro,dém ◆ le/la voilà! voilà celui-là, voilà celle-là, voilà (obviatif inanimé, accompagné d'un geste de la main ou en pointant les lèvres) (voir *maan*) ▪ ᒫᓂᔮ ᑳ ᐊᔥᑤᑦ ᒦᒋᒥᔨᐤ. ▪ maaniyaa kaa ashtwaat miichimiyiu. ▪ *Voilà de la nourriture qu'elle a préparée pour les autres.*

ᒫᓂᔮᔨᐤ maaniyaayiu pro,dém ◆ le/la voilà! voilà celui-là, voilà celle-là, voilà (obviatif inanimé, accompagné d'un geste de la main ou en pointant les lèvres) (voir *maan*)

ᓈᒌ naachii pro,dém ◆ les voilà là-bas! tout là-bas il y a ceux-là, celles-là (animé pluriel, accompagné d'un geste de la main ou en pointant les lèvres) (voir *maanaah*) ▪ ᐋᐅᑯᓂᒡ ᓈᒌ ᐊᐙᔑᔑᒡ ᑳ ᐹᑖᒡ ᐊᓂᔮᐦ ᒦᓂᔥᐦ. ▪ aaukunich naachii awaashishich kaa paataach aniyaah miinishh.

ᓈᐦᐄ naahii pro,dém ◆ les voilà là-bas! tout là-bas il y a ceux-là, celles-là (inanimé pluriel, accompagné d'un geste de la main ou en pointant les lèvres) (voir *maanaa*) ▪ ᐹᑖᐦ ᒫ ᓈᐦᐄ ᐊᒥᔅᑯᐦᑐᐃᐦ ᑳ ᒌᔑᐦᑖᑭᓂᐎᒡᐦ. ▪ paataah maa naahii amiskuhtuih kaa chiishihtaakiniwichh. ▪ *Apporte ces cadres à peaux de castor par là, ceux qui sont déjà faits!*

ᒫᓂᔮᐦ maaniyaah pro,dém ◆ le/la voilà! voilà celui-là, celle-là, cela (obviatif animé); les voilà là-bas! voilà ceux-là, celles-là (obviatif pluriel animé ou inanimé) (accompagné d'un geste de la main ou en pointant les lèvres) (voir *maan*) ▪ ᒫᓂᔮᐦ ᔖᔥ ᑳᐦ ᒌᔑᐦᐋᑦ ᐊᒁᔅᑯᐹᓐᐦ. ▪ maaniyaah shaash kaah chiishihaat akwaaskupaanh. ▪ *La voilà, la pelle qu'il a déjà fini.*

ᒫᓂᔮᔨᐅᐦ maaniyaayiuh pro,dém ◆ le/la voilà! voilà celui-là, celle-là, cela (obviatif animé); les voilà là-bas! voilà ceux-là, celles-là (obviatif pluriel animé ou inanimé) (accompagné d'un geste de la main ou en pointant les lèvres) (voir *maan*) ▪ ᒫᓂᔮᔨᐅᐦ ᐃᐦᐄᐲᐦ ᑳ ᐄᑖᔨᒫᑦ ᒑ ᑎᐦᑯᓈᑦ. ▪ maaniyaayiuh ihiipiih kaa iitaayimaat chaa tihkunaat. ▪ *Voilà là-bas le filet de pêche qu'elle/il voulait emporter.*

ᐊᓐ an pro,dém ◆ celui-là, celle-là, cela, ça, ce, cet, cette, voilà (animé ou inanimé) ▪ ᐑᐱᒡ ᒑᒋᔖᐹᔮᔨᒑ ᒑ ᒁᐱᒑᑦ ᐊᓐ ᐃᔥᒁᔑᔥ. ▪ wiipich chaachishaapaayaayichaa chaa kwaapichaat an ishkwaashish. ▪ *Cette fille-là ira chercher de l'eau très tôt le matin.*

voilà parti

ᐋᔪᐎᒁᓈ aayuwikwaanaa p,interjection ◆ le/la voilà parti ▪ ᐋᔪᐎᒁᓈ ᐊᓂᔮ ᓅᒋᒁᑖᑭᓐ ᒫᓂᐱᔨᐦᐅᑦ. ▪ aayuwikwaanaa aniyaa nuuchikwaataakin maanipiyihut. ▪ *Le voilà parti, le poisson que j'avais attrapé.*

voile

ᐄᐦᑳᔥᑎᒧᓐ iihkaashtimun ni ◆ une voile sur un bateau ou un canot

ᓃᔂᑭᐦᐊᒼ niishwaakiham vti ◆ il/elle utilise deux voiles

ᐱᐹᒫᔑᐤ pipaamaashiu vai redup ◆ il/elle navigue à la voile de-ci de-là

ᐱᐹᒫᔥᑎᒫᐤ pipaamaashtimaau vta redup ◆ il/elle navigue à la voile de-ci de-là avec lui/elle

ᐱᐹᒫᔥᑎᓐ pipaamaashtin vii redup ◆ ça navigue à la voile de-ci de-là

ᒋᔥᑖᔑᐤ chishtaashiu vai ◆ il/elle part en bateau, met les voiles, vogue vers le large, prend le large

ᐄᐦᑳᔥᑎᒨ iihkaashtimuu vai ◆ il/elle monte la voile sur le canot

ᒋᔥᑖᔥᑎᐦᑖᐤ chishtaashtihtaau vai+o ◆ il/elle commence à partir en bateau, à mettre les voiles, à prendre le large

voilier

ᐃᔮᐅᑖᔑᐦᑖᐤ iyaautaashihtaau vai+o redup ◆ il/elle fait ses livraisons en voilier

voir

ᐹᔑᐳᑖᐤ paashiputaau vta ◆ il/elle l'a vu

ᐚᐱᐦᑎᒼ waapihtim vti ◆ il/elle le voit

ᐚᐱᒫᐤ waapimaau vta ◆ il/elle le/la voit

ᐚᐱᐤ waapiu vai ◆ il/elle voit

ᓂᑎᐦᐋ nitihaa p,interjection ◆ voyons, voyons voir, montre-moi ça ▪ ᓂᑎᐦᐋ, ᓂᑭ ᐚᐱᐦᑖᓐ ᒫ ᐊᓐ ᑳ ᐅᔑᐦᑖᔨᓐ. ▪ nitihaa, niki waapihtaan maa an kaa ushihtaayin. ▪ *Voyons ce que tu as fait!*

ᐋᐧᓵᔮᐱᒫᐤ **aaswaayaapimaau** vta ◆ ça lui manque de ne pas le/la voir

ᒌᐦᑳᓂᒻ **chiihkaanim** vti ◆ il/elle le voit bien, clairement, tout de suite

ᑯᔅᑖᓯᓂᒻ **kustaasinim** vti ◆ il/elle a peur de le voir

ᑯᔅᑖᓯᓂᐙᐤ **kustaasiniwaau** vta ◆ il/elle a peur de le/la voir

ᒥᐧᒑᒋᔅᑑ **mitwaachistuu** vai -u ◆ on l'entend mais on ne le/la voit pas, il/elle est audible mais invisible

ᒥᔪᐳᑖᐤ **miyuputaau** vai+o ◆ il/elle le voit bien

ᓂᐦᐋᐱᐦᑎᒻ **nihaapihtim** vti ◆ il/elle le voit bien

ᓂᑎᐙᐦᐋᐤ **nitiwaahaau** vta ◆ il/elle va le/la voir

ᓂᑎᐙᐦᑖᐤ **nitiwaahtaau** vai+o ◆ il/elle va le voir, le vérifier

ᓂᑎᐙᐱᒫᐤ **nitiwaapimaau** vta ◆ il/elle va le/la chercher, le/la voir

ᓂᑐᐃᐙᐱᐦᑎᒻ **nituwiwaapihtim** vti ◆ il/elle va le voir

ᓂᑐᐃᐙᐱᒫᐤ **nituwiwaapimaau** vta ◆ il/elle va le/la voir

ᐹᔥᑎᐦᐙᔮᐱᒫᐤ **paashtihwaayaapimaau** vta ◆ il/elle l'a manqué, il/elle ne l'a pas vu

ᐲᒥᐳᑖᐤ **piimiputaau** vai+o ◆ il/elle l'a vu tout tordu

ᐲᒥᐳᔮᐤ **piimipuyaau** vai ◆ il/elle l'a vu tout tordu

ᐱᔮᑭᔅᒋᓂᒻ **piyaakischinim** vti ◆ il/elle le voit clairement

ᐱᔮᑭᔅᒋᓂᐙᐤ **piyaakischiniwaau** vta ◆ il/elle le/la voit clairement

ᐱᔩᔨᐦᑖᓈᑯᓐ **piyiyihtaanaakun** vii ◆ c'est possible de voir de loin

ᐱᔩᔨᐦᑖᔮᐱᐦᑎᒻ **piyiyihtaayaapihtim** vti ◆ il/elle voit le tout clairement

ᐙᐱᐦᑖᐤ **waapihtaau** vta ◆ il/elle voit ses traces

ᐙᔪᓵᐱᒫᐤ **waayusaapimaau** vta ◆ il/elle en voit tout plein (animé)

ᒑᔥᑎᐙᐱᐦᑎᒻ **chaashtiwaapihtim** vti ◆ il/elle le voit juste à temps dans sa vie

ᒑᔥᑎᐙᐱᒫᐤ **chaashtiwaapimaau** vta ◆ il/elle le/la voit juste à temps, dans sa vie

ᒌᐦᑳᓂᐙᐤ **chiihkaaniwaau** vta ◆ il/elle le/la voit bien, clairement ■ ᓈᔥᒡ ᐋᐦ ᒌᐦ ᒌᐦᑳᓂᐙᑦ ᐅᐦᑯᒻᐦ ᐊᓂᑖᐦ ᑳ ᓂᔥᑎᐄᓈᓂᐄᔨᒡ. ■ naashch aah chiih chiihkaaniwaat uhkumh anitaah kaa nishtiwiinaaniwiyich. ■ *Elle pouvait bien voir et identifier sa grand-mère à la réunion.*

ᑭᑖᐹᐱᐦᑎᒻ **kitaapaapihtim** vti ◆ il/elle en voit assez, il/elle a une vue complète (de la chose)

ᓂᐦᐋᐱᐤ **nihaapiu** vai ◆ il/elle voit bien ou clairement

ᓂᐦᑖᐅᑎᐙᐱᐤ **nihtaautiwaapiu** vai ◆ il/elle est capable de voir l'avenir ou de voir loin

ᐱᔩᔨᐦᑖᔮᐱᒫᐤ **piyiyihtaayaapimaau** vta ◆ il/elle le/la voit complètement et clairement

ᔖᐴᐹᐱᐦᑎᒻ **shaapwaapihtim** vti ◆ il/elle voit à travers; il/elle en prend des rayons X

ᐅᑎᓵᐱᐦᑎᒻ **utisaapihtim** vti ◆ il/elle le voit de son vivant, d'une certaine distance

ᐅᑎᓵᐱᒫᐤ **utisaapimaau** vta ◆ il/elle le/la voit d'une certaine distance, le/la voit de son vivant

ᐙᔑᐹᔥᑖᐤ **waashipaashtaau** vii ◆ c'est une étendue d'eau qui se voit de loin

ᔖᐴᐹᐱᒫᐤ **shaapwaapimaau** vta ◆ il/elle voit à travers lui/elle; il/elle le/la radiographie

voir (se)

ᐄᑖᔨᒦᓱᐤ **iitaayimiisuu** vai reflex -u ◆ il/elle se voit d'une certaine façon

ᒌᐦᑳᓈᑯᓯᐤ **chiihkaanaakusiu** vai ◆ il/elle se voit bien, on le/la voit bien ■ ᒌᐦᑳᓈᑯᓯᐤ ᐋᐦ ᐙᐱᓯᑦ ᐊᓂᑖᐦ ᐋᐦ ᓃᐱᓰᐄᔨᒡ ᐋᐦ ᐱᒧᐦᑖᑦ. ■ chiihkaanaakusiu aah waapisit anitaah aah niipisiiwiyich aah pimuhtaat. ■ *On la voit bien en train de marcher dans le bois parce qu'elle est habillée en blanc.*

voiture

ᐅᒑᐹᓂᔥ **uchaapaanish** ni -im ◆ une voiture

ᓃᐦᒋᒋᐙᐱᔨᐤ **niihchichiwaapiyiu** vai ◆ il/elle descend en voiture, descend

ᑖᑎᐹᐙᐱᔨᐤ **taatipaawaapiyiu** vai ◆ il/elle contourne la pointe en voiture

ᐅᔅᒋᑖᐹᓈᔅᒀᐤ **uschitaapaanaaskwaau** vai ◆ il/elle a une voiture neuve, un camion neuf, un traîneau neuf

voix

ᐊᒫᐙᒫᐤ **amaawaamaau** vta ◆ il/elle fait s'enfuir un animal, un oiseau, sans faire exprès avec sa voix

ᐄᐧᑖᐦᑳᓱᐤ **iitwaahkaasuu** vai -u [Wemindji] ◆ il/elle émet une certaine sorte de bruit avec sa voix

ᐄᐧᑖᐅᐦᐋᐤ **iitwaauhaau** vta ◆ il/elle le/la fait faire des bruits de voix

ᐄᐧᑖᐅᑎᒻ **iitwaautim** vti ◆ il/elle fait des bruits avec sa voix

ᐃᔮᔅᑯᒨ **iyaaskumuu** vai -u ◆ sa gorge, sa voix est fatiguée

ᑭᒌᐦᑳᐙᐤ **kichiihkaawaau** vai ◆ sa voix porte

ᑭᒋᔖᐙᐤ **kichishwaawaau** vai ◆ il/elle parle fort, use une voix qui porte pour parler, prêcher

ᒁᔅᑭᐙᐤ **kwaaskiwaau** vai ◆ sa voix change

ᐹᑯᒫᐤ **paakumaau** vta ◆ il/elle le réveille par ses bruits de voix

ᐹᐧᑖᑎᒻ **paatwaatim** vti ◆ il/elle fait des bruits de voix qu'on peut entendre quand il/elle approche

ᐱᒷᑎᒻ **pimwaatim** vti ◆ il/elle fait du bruit avec sa voix en passant

ᓵᔅᑯᑖᒨ **saaskutaamuu** vai -u ◆ il/elle s'éclaircit la voix

ᐊᐦᑎᑗᑎᒻ *ahtitwaatim* vti ◆ le bruit qu'il/elle émet (sa voix) provient d'une certaine direction

ᐃᔮᔪᐎᒧᐦᐋᐤ *iyaayuwimuhaau* vta ◆ il/elle le/la rend fatigué-e de trop pleurer, de trop rire, il/elle lui fatigue la voix, la gorge

ᐅᐦᑎᑗᑎᒻ *uhtitwaatim* vti ◆ le bruit qu'elle fait avec sa voix provient de là-bas

ᐙᐢᑭᒥᐦᑖᑯᓯᐤ *waaskimihtaakusiu* vai ◆ sa voix est claire, audible

vol

ᒋᒧᑎᐎᓐ *chimutiwin* ni ◆ un vol

ᐄᔑᔨᐐᐤ *iishiyiwiiu* vai ◆ il/elle persiste à faire ce qu'il/elle fait, il/elle fait des manœuvres en vol

volaille

ᐱᔮᓯᐤ *piyaasiu* na -iim ◆ une volaille assez grosse comme une dinde ou une oie

volant

ᑎᐦᑯᐦᐄᑭᓐ *tihkuhiikin* ni ◆ un gouvernail, un volant

volé

ᒫᔮᐤ *maayaau* p,interjection ◆ c'est bien fait pour lui/elle, il/elle ne l'as pas volé ■ ᒫᔮᐤ ᓈᔥᒡ ᐋᑳ ᐅᐦᒋᐦ ᒌᐦ ᐲᑯᐦᐊᒥᓐ ᐊᓐ ᐙᓵᓂᐦᑖᑭᓐ. ■ *maayaau naashch aakaa uhchih chiih piikuhamin an waasaanihtaakin.* ■ *C'est bien fait pour toi si tu n'as pas réussi à briser cette fenêtre.*

voler

ᒋᒧᑎᐤ *chimutiu* vai ◆ il/elle vole (prend des choses qui ne lui appartiennent pas)

ᐄᔅᐱᐦᔮᐤ *iispihyaau* vai ◆ il/elle vole dans une certaine direction

ᑭᒑᒧᑎᒧᐙᐤ *kichaamutimuwaau* vta ◆ il/elle le lui vole

ᑭᒑᒧᑎᐤ *kichaamutiu* vai ◆ il/elle vole (prend ce qui ne lui appartient pas)

ᐱᒥᐦᔮᒥᑭᓐ *pimihyaamikin* vii ◆ ça vole

ᐱᒥᐦᔮᐤ *pimihyaau* vai ◆ il/elle vole

ᐐᒋᐦᔮᒫᐤ *wiichihyaamaau* vta ◆ il/elle vole avec lui/elle

ᐋᐱᒥᐱᔨᐤ *aapimipiyiu* vai ◆ il/elle arrive par ici en véhicule, il/elle vole vers ici

ᐊᑎᒥᑯᑖᐤ *atimikutaau* vii ◆ ça s'éloigne en volant

ᒌᓂᒁᓂᐦᔮᐤ *chiinikwaanihyaau* vai ◆ il/elle vole en rond

ᒋᒧᑎᒧᐙᐤ *chimutimuwaau* vta ◆ il/elle le/la vole

ᐄᔥᐱᑯᑖᐤ *iishpikutaau* vii ◆ ça vole haut, c'est tout là-haut

ᐃᔨᔨᒥᑯᒋᓐ *iyiyimikuchin* vai ◆ il/elle vole, plane

ᑭᒑᒧᒋᐹᐤ *kichaamuchipaau* vai ◆ il/elle vole un verre d'alcool

ᑭᒑᒧᑎᐦᐄᐹᐤ *kichaamutihiipaau* vai ◆ il/elle vole des filets de pêche

ᑭᒑᒧᑎᒁᐤ *kichaamutikwaau* vai ◆ il/elle vole des pièges

ᒁᔥᒁᐦᐊᒻ *kwaashkwaaham* vti ◆ il/elle le frappe et le fait voler dans les airs

ᒥᔑᑳᒫᐦᔮᐤ *mishikaamaahyaau* vai ◆ il/elle vole en provenance d'une étendue d'eau vers la terre

ᒥᐢᑭᐦᑗᐤ *miskihtwaau* vai ◆ il/elle l'enlève (animé) à quelqu'un

ᓈᒥᒧᓂᐦᔮᐤ *naamimunihyaau* vai ◆ il/elle vole au vent

ᓈᓯᐹᐦᔮᐤ *naasipaahyaau* vai ◆ il/elle vole jusqu'à l'eau, la côte

ᓃᐦᑎᒋᐙᒋᐎᓐ *niihtichiwaachiwin* vii ◆ ça descend en volant

ᐹᐱᐦᔮᐤ *paapihyaau* vai ◆ il/elle arrive en volant, par avion

ᐲᐦᒋᔥᑐᐎᐦᔮᒥᑭᓐ *piihchishtuwihyaamikin* vii ◆ ça entre en volant dans l'embouchure de la rivière (ex. avion)

ᐲᐦᒋᔥᑐᐎᐦᔮᐤ *piihchishtuwihyaau* vai ◆ il/elle entre en volant dans l'embouchure de la rivière

ᐲᐦᑎᑖᐦᔮᐤ *piihtitaahyaau* vai ◆ il/elle rentre dedans en volant

ᐲᔨᐦᑖᑯᒋᓐ *piiyihtaakuchin* vai ◆ il/elle est bien visible en train de voler à part du reste de la volée

ᐱᒥᐦᐅᔮᐤ *pimihuyaau* vta ◆ il/elle l'emmène en avion, vole en l'emportant

ᐱᐹᒫᔥᑎᐦᑖᐤ *pipaamaashtihtaau* vai+o redup ◆ il/elle le fait voler (ex. le cerf-volant)

ᔖᐳᐦᑎᐙᐦᔮᒥᑭᓐ *shaapuhtiwaahyaamikin* vii ◆ ça vole sans s'arrêter; ça passe en volant

ᑖᔥᑎᒌᐤ *taashtichiiu* vai ◆ il/elle vole de plus en plus haut

ᐋᔓᐎᑳᓯᐦᔮᐤ *aashuwikaasihyaau* vai ◆ il/elle vole pour traverser une étendue d'eau

ᐄᔥᐱᑯᒋᓐ *iishpikuchin* vai ◆ il/elle vole haut, il/elle est suspendu-e tout là haut

ᐃᔥᐱᑯᒋᓐ *ishpikuchin* vai ◆ il/elle vole tout là-haut dans le ciel, il/elle est suspendu-e là haut

ᑯᐃᐢᒀᐸᑭᒧᐎᒡ *kuiskwaapaakimuwich* vai pl -u ◆ ils/elles volent en droite ligne, sont suspendu-e-s sur une ligne droite

ᓃᑳᓂᐦᔮᐤ *niikaanihyaau* vai ◆ il/elle vole en tête, en avant

ᓂᐎᑎᐦᐙᐤ *niwitihwaau* vta ◆ il/elle lui tire dessus quand il/elle bouge, passe en volant

ᐱᒥᒋᐢᒋᓂᐙᐦᔮᐤ *pimichischiniwaahyaau* vai ◆ il/elle (en avion) vole en travers du vent

ᐴᐦᒋᔥᑎᒁᐦᔮᐤ *puuhchishtikwaahyaau* vai ◆ il/elle survole la rivière, vole en suivant la rivière

ᑎᐱᐦᑎᑯᒋᓐ *tipihtikuchin* vai ◆ il/elle vole bas, est suspendu assez bas

ᑎᐢᑭᒥᑳᓯᐦᔮᒥᑭᓐ *tiskimikaasihyaamikin* vii ◆ ça traverse tout droit en volant par-dessus l'eau

ᑎᔅᑭᒥᑳᓯᐦᔮᐤ tiskimikaasihyaau vai ◆ il/elle traverse tout droit en volant par-dessus l'eau

ᐅᐦᑎᔅᑯᐎᑯᒋᓐ uhtiskuwikuchin vai ◆ il/elle est suspendu-e face au locuteur, vole directement vers la locutrice

ᐅᐦᑎᔅᑯᐎᑯᑖᐤ uhtiskuwikutaau vii ◆ c'est suspendu face au locuteur, vole directement vers la locutrice

ᐋᐱᒫᔑᐤ aapimaashiu vai ◆ il/elle vole, souffle, vogue sous le vent

ᐋᐱᒫᔥᑎᓐ aapimaashtin vii ◆ ça vole, souffle, vogue sous le vent

ᒌᐚᐦᔮᐤ chiiwaahyaau vai ◆ il/elle rentre à la maison en volant, les oies volent vers le sud

ᒥᑖᐹᐦᔮᐤ mitaapaahyaau vai ◆ il/elle s'envole vers une étendue d'eau ou de glace; il/elle arrive en avion de l'intérieur des terres

ᐱᔅᑯᑎᑯᒋᓐ piskutikuchin vai ◆ il/elle est suspendu-e en hauteur, elle porte une jupe ou une robe courte, il/elle vole haut dans le ciel

ᑖᑎᐱᐦᐊᒻ taatipiham vti ◆ il/elle pagaie, vole, nage tout autour

voleur

ᒋᒧᑎᔅᒡ chimutisch na pl -iim ◆ un voleur, une voleuse

voleuse

ᒋᒧᑎᔅᒡ chimutisch na pl -iim ◆ un voleur, une voleuse

volume

ᒋᔥᐙᐚᐱᔨᐦᑖᐤ chishwaawaapiyihtaau vai ◆ il/elle monte le volume

vomi

ᐹᑯᒧᐎᓐ paakumuwin ni ◆ du vomi

vomir

ᐹᑯᒧᔥᑳᑰ paakumushkaakuu vai-u ◆ ça le fait vomir

ᐹᑯᒧᑖᐱᔨᐦᐆ paakumutaapiyihuu vai-u ◆ il/elle vomit en bougeant

ᐹᑯᒧᑖᐱᔨᐤ paakumutaapiyiu vai ◆ il/elle vomit, à force d'avoir trop bougé

ᐹᑯᒧᑎᑎᒻ paakumutitim vti ◆ il/elle vomit dessus

ᐋᑭᑖᐱᔨᐤ aakitaapiyiu vai ◆ il/elle a des haut-le-coeur, envie de vomir

ᐹᐱᔨᐦᐋᐤ paapiyihaau vta ◆ il/elle arrive avec lui/elle en véhicule, il/elle le/la vomit

ᐹᐱᔨᐦᑖᐤ paapiyihtaau vai ◆ il/elle arrive avec en véhicule, il/elle le vomit

ᐋᑭᑖᓈᐤ aakitaanaau vta ◆ il/elle lui ui fait avoir des haut-le-coeur ou le/la fait vomir en lui enfonçant les doigts dans la gorge

ᐋᑭᑖᐱᑖᐤ aakitaapitaau vta ◆ il/elle lui fait avoir des haut-le-coeur ou le/la fait vomir en lui enfonçant les doigts dans la gorge

vorace

ᐅᑳᓯᒋᒥᐤ ukaasichimiu vai ◆ il/elle est vorace, glouton/gloutonne

voracité

ᐅᑳᓯᒋᒥᑎᑎᒻ ukaasichimititim vti ◆ il/elle dévore avec voracité

voter

ᐋᔥᑐᓈᔥᑖᐤ aashtunaashtaau vai ◆ il/elle écrit un "X", il/elle vote, il/elle le place croisé

ᑖᐅᓯᓂᐦᐙᐤ taausinihwaau vta ◆ il/elle vote pour lui/elle, choisit son nom en écrivant quelque chose

voudrait

ᒋᐱᐦ chipih préverbe ◆ devrais, devrait; voudrais, voudrait (utilisé seulement avec la deuxième ou troisième personne de verbes indépendants) ■ ᔖᔥ ᒋᐱᐦ ᑭᐎᔑᒨ ᐅᔮ ᔖᔥ ᐋᐦ ᐄᔥᐱᔑᐱᔨᔨᒡ ■ shaash chipih kiwishimuu uyaa shaash aah iishpishipiyiyich. ■ *Elle/il devrait être au lit à cette heure.*

vouloir

ᓂᑎᐙᔨᐦᑎᒻ nitiwaayihtim vti ◆ il/elle le veut

ᓂᑎᐙᔨᒫᐤ nitiwaayimaau vta ◆ il/elle le/la veut

ᓵᐦᒑ saahchaa p,manière ◆ de lui-même, d'elle même, il/elle l'a voulu ■ ᐐᔨ ᓵᐦᒑ ᒌᐦ ᐄᑖᔨᐦᑎᒻ ᒑ ᑎᑯᔑᐦᒃ ■ wiiyi saahchaa chiih iitaayihtim chaa tikushihk. ■ *Elle est venue d'elle-même.*

ᐚᐦ waah préverbe ◆ vouloir, intention, désir (forme changée de *wii*, utilisée avec les verbes au conjonctif) ■ ᐋᑯᑖᐦ ᐊᓂᑖᐦ ᐚᐦ ᐄᑐᐦᑖᑦ ᐅᑳᐐᐦ ᐋᐦ ᐃᐦᔨᑖᔨᒡᐦ ■ aakutaah anitaah waah iituhtaat ukaawiih aah ihyitaayichh. ■ *Il veut aller là où est sa mère.*

ᐐᐦ wiih préverbe ◆ vouloir, désirer, avoir l'intention (employé avec des verbes à l'indépendant, quand le sujet de vouloir et de l'action voulue est le même)

ᓂᐦᐋᔨᐦᑎᒻ nihaayihtim vti ◆ il/elle est d'accord, veut le faire

vous

ᒌᔨᐙᐤ chiiyiwaau pro,personnel emphatique 2p ◆ vous ■ ᒋᒋᔅᒑᔨᐦᑖᓈᐚᐤ ᒌᔨᐙᐤ ᐋᔥᐱᔑ ᒥᔦᐙᔨᐦᑖᑯᐦᒡ ᐋᑎ ᓰᑯᐦᒡ ■ chichischaayihtaanaawaau chiiyiwaau aashpish miywaayihtaakuhch aati siikuhch. ■ *Vous, vous savez comme c'est agréable quand le printemps arrive.*

voyage

ᐋᐅᒋᑯᑎᓲ aauchikutisuu vai-u ◆ il/elle fait plusieurs voyages pour rapporter le caribou tué au camp

ᓃᒫᐎᓂᐦᑭᐙᐤ niimaawinihkiwaau vta ◆ il/elle prépare de la nourriture pour lui/elle pour son voyage

ᓃᒫᐎᓐ niimaawin ni ◆ des provisions de bouche, de la nourriture de voyage

ᐃᔅᑭᓂᐱᐤ iskinipiu vai ◆ il/elle passe la nuit une ou deux fois durant son voyage

ᓅᑎᐱᐤ nuutipiu vai ◆ il/elle campe une ou deux nuits pendant son voyage avant d'atteindre sa destination

ᒥᑖᐹᐱᒋᐤ mitaapaapichiu vai ◆ il/elle arrive d'un voyage de l'intérieur des terres en hiver

voyager

ᐊᑳᐙᑎᐦᐅᑰ akaawaatihukuu vai -u ◆ il/elle ne peut pas voyager à cause de vents trop forts

ᐊᒁᐱᓰᐤ akwaapisiiu vai ◆ il/elle voyage avec trop de choses inutiles

ᐄᑖᐙᐦᐊᒼ iitwaawaaham vti ◆ il/elle fait du bruit avec quelque chose, avec son traîneau, ses raquettes, en voyageant en hiver

ᑯᑎᐙᐤ kutiwaau vai ◆ il/elle fait un feu, s'arrête pour manger en voyageant

ᒥᒑᑯᓂᑳᐤ michaakunikaau vii ◆ la neige est mauvaise pour voyager (dessus)

ᓃᐹᐦᐆ niipaahuu vai -u ◆ il/elle voyage en canot la nuit

ᓃᔓᑎᒋᓯᐎᒡ niishutichisiwich vai pl ◆ il y en a deux qui voyagent en canot

ᐲᐦᒌᐤ piihchiiu vai ◆ il/elle voyage en hiver en parcourant une longue distance avant d'établir son camp

ᐱᒥᐱᒋᐤ pimipichiu vai ◆ il/elle voyage en hiver

ᐱᒥᐱᔨᐤ pimipiyiu vai ◆ il/elle voyage en véhicule, roule, marche bien

ᐃᔅᐱᔨᐤ ispiyiu vai ◆ il/elle va quelque part, voyage, se déplace

ᐃᔮᔅᑯᔑᓐ iyaaskushin vai ◆ il/elle a mal partout à force de rester couché-e, à force de voyager en véhicule

ᐃᔮᔪᐎᔑᓐ iyaayuwishin vai ◆ il/elle a mal partout à force d'être couché-e, à cause de son voyage en véhicule

ᐃᔨᔮᔅᑯᓐ iyiyaaskun vii ◆ la glace n'est pas assez dure pour voyager

ᒫᒌᐱᒋᐤ maachiipichiu vai ◆ il/elle voyage vite à pied en hiver

ᒫᒧᐦᑭᒧᒡ maamuhkimuch vti pl ◆ ils/elles voyagent tous ensemble dans un véhicule; ils/elles font quelque chose ensemble

ᒥᒋᓯᒁᐤ michisikwaau vii ◆ la glace est rugueuse, mauvaise pour voyager

ᓈᒋᒥᑯᔖᐤ naachimikushaau vii ◆ il/elle voyage pour se rendre au comptoir pour Noël et Nouvel An

ᓈᒋᐱᒌᔥᑎᐙᐤ naachipichiishtiwaau vii ◆ il/elle se rend à son camp en hiver

ᓃᐹᐱᔨᐤ niipaapiyiu vai ◆ il/elle voyage tard la nuit en véhicule

ᓂᓈᐦᑳᑎᑭᒨ ninaahkaatikimuu vai -u ◆ il/elle est empêché-e de voyager à cause du vent

ᐹᔑᐦᐅᔑᐤ paashihushiu vai ◆ il/elle voyage en canot sur une petite distance

ᐹᔅᐹᔅᒋᓯᑯᐱᑎᒼ paaspaaschisikupitim vti redup ◆ il/elle fait passer son canot au-dessus de gros morceaux de glace en voyageant en eau libre au printemps

ᑖᐱᔥᑯᓂᑯᓐ taapishkunikun vii ◆ la glace est suffisamment solide pour voyager dessus

ᔫᑎᓂᐱᔨᐤ yuutinipiyiu vai ◆ il/elle voyage sur l'eau malgré le vent qui souffle fort

ᑯᓯᔅᐱᒋᐤ kusispichiu vai ◆ il/elle voyage à l'intérieur des terres en déplaçant son campement d'hiver

ᐱᐲᐦᒌᐤ pipiihchiiu vai redup ◆ il/elle parcourt une grande distance avant d'installer son campement d'hiver

ᐑᒋᐱᒌᒫᐤ wiichipichiimaau vta ◆ il/elle voyage avec elle/lui en déplaçant son campement d'hiver

voyons

ᓂᑎᐦᐋ nitihaa p,interjection ◆ voyons, voyons voir, montre-moi ça ■ ᓂᑎᐦᐋ, ᓂᑭ ᐙᐱᐦᑖᓐ ᒫ ᐊᓐ ᑳ ᐅᔑᐦᑖᔨᓐ. ■ nitihaa, niki waapihtaan maa an kaa ushihtaayin. ■ *Voyons ce que tu as fait!*

voyons voir

ᒌᔖᒡ chiishaach p,évaluative ◆ ah oui? voyons voir (expression de doute, sujette à vérification) ■ ᒌᔖᒡ ᒫ, ᓂᑭ ᐙᐱᐦᑖᓐ. ■ chiishaach maa, niki waapihtaan. ■ *Ah oui? Voyons voir.*

vrai

ᑖᐹᐦ taapwaah p,manière ◆ vraiment, c'est vrai, c'est sûr, c'est certain ■ ᑖᐹᐦ ᒨᔥ ᑎᐦᑳᔮᐤ. ❖ ᑖᐹᐦ, ᒋᐦᒋᐙ ᒋᑎᑎᓐ. ■ taapwaah muush tihkaayaau. ❖ taapwaah, chihchiwaa chititin. ■ *C'est vrai, le temps est toujours très froid.* ❖ *Oui, je dis vraiment la vérité.*

vraiment

ᒋᐦᒋᐙ chihchiwaa p,manière ◆ vraiment, en fait ■ ᒋᐦᒋᐙ ᐄᑖᔨᐦᑎᒼ ᐊᓂᔮ ᑳ ᐄᑎᒃ. ■ chihchiwaa iitaayihtim aniyaa kaa iitik. ■ *Elle/Il croit vraiment ce que je lui ai dit.*

ᑖᐹᐦ taapwaah p,manière ◆ vraiment, c'est vrai, c'est sûr, c'est certain ■ ᑖᐹᐦ ᒨᔥ ᑎᐦᑳᔮᐤ. ❖ ᑖᐹᐦ, ᒋᐦᒋᐙ ᒋᑎᑎᓐ. ■ taapwaah muush tihkaayaau. ❖ taapwaah, chihchiwaa chititin. ■ *C'est vrai, le temps est toujours très froid.* ❖ *Oui, je dis vraiment la vérité.*

vrille

ᒌᓂᒁᓂᑯᒋᓐ chiinikwaanikuchin vai ◆ il/elle tournoie dans les airs après avoir été atteint-e (comme un canard à la chasse), tombe en vrille

vue

ᐙᒧᐦᒡ waamuhch p,manière ◆ à la vue de tous, bien en vue ■ ᓈᔥᒡ ᐙᒧᐦᒡ ᐋᐦ ᒌᐦ ᒋᒥᑖᒡ ᐊᓂᔮ ᐅᒫᐦᑮᒥᐙᐤ, ᔮᔨᑖ ᐋᐦ ᐙᐱᐦᑎᒧᒋᐦᐟ. ■ naashch waamuhch aah chiih chimitaach aniyaa umaahkiimiwaau, yaayitaa aah waapihtimuchiht. ■ *Ils plantèrent leur tente bien en vue pour qu'on ne les rate pas.*

ᐋᑯᔥᑭᐙᐤ aakushkiwaau vta ◆ il/elle lui bouche la vue

ᒦᔥᑯᔑᓐ miishkushin vai ◆ il/elle est aligné-e avec un autre objet dans sa ligne de vue

ᐴᐦᑖᐱᒥᓈᑯᓐ puuhtaapiminaakun vii ◆ c'est une belle vue parce qu'il n'y a pas d'obstacles

ᓵᒋᐱᐦᑖᐤ saachipihtaau vai ◆ il/elle se met bien en vue en courant

ᐋᑭᐧᐋᐱᐢᑳᐤ aakiwaapiskaau vii ◆ la vue est bloquée par des roches

ᒌᐦᑳᐅᓈᑯᐦᑖᐤ chiihkaaunaakuhtaau vai ◆ il/elle garde son équipement de chasse bien en vue

vue (en)

ᐅᑎᓯᓈᑯᓯᐤ utisinaakusiu vai ◆ il/elle est en vue, est au loin

vulgaire

ᒥᒋᔨᒥᐦᐋᐤ michiyimihaau vta ◆ il/elle lui parle de façon vulgaire

ᒥᒥᒋᔨᒥᐦᐋᐤ mimichiyimihaau vta redup ◆ il/elle lui parle de façon vulgaire

W

Waskaganish, Québec

ᐧᐋᔥᑳᐦᐄᑭᓂᔑᔥ waashkaahiikinishish ni -im ◆ le village ou la communauté de Waskaganish, autrefois Rupert House

Waswanipi, Québec

ᐧᐋᐧᓵᓂᐲ waaswaanipii ni ◆ Waswanipi

Wemindji, Québec

ᐧᐄᒥᓂᒌ wiiminichii ni -m ◆ Wemindji

wigwam

ᐧᐄᔥᑭᒑᓂᒋᐧᐋᐦᑊ wiishkichaanichiwaahp ni -im [Whapmagoostui] ◆ un wigwam, une tipi, une habitation de forme allongée

y

y compris

ᒥᒋᒫ michimaa p,manière ◆ y compris

yeux

ᐋᑭᐧᐋᐱᓈᐤ aakiwaapinaau vta ◆ il/elle lui cache les yeux avec les mains, l'ours empêche quelqu'un de voir sa tanière (on dit que l'ours lui cache les yeux pour l'empêcher de voir)

ᒋᐧᐹᐱᓈᐤ chipwaapinaau vta ◆ il/elle lui ferme les yeux avec la main

ᒋᐢᑎᓵᐱᒫᐤ chistisaapimaau vta ◆ il/elle lève les yeux sur lui/elle

ᓅᓯᐧᐋᐱᐦᑎᒼ nuusiwaapihtim vti ◆ il/elle le suit des yeux

ᐱᐹᑳᐱᐤ pipaakaapiu vai redup ◆ il/elle a les yeux gonflés

ᐱᐹᒥᑭᐧᐋᐱᐤ pipaamikiwaapiu vai redup ◆ il/elle a les larmes aux yeux

ᐱᐱᒋᐢᑭᓈᐱᐤ pipichiskinaapiu vai redup ◆ il/elle a les yeux bleus

ᐱᓯᐧᑳᐱᐤ pisikwaapiu vai ◆ il/elle a les yeux fermés

ᑖᐢᑎᓵᐱᐦᑎᒼ taastisaapihtim vti ◆ il/elle lève les yeux dessus

ᑖᐢᑎᓵᐱᒫᐤ taastisaapimaau vta ◆ il/elle lève les yeux sur lui/elle

ᑑᐦᑳᐱᓈᐤ tuuhkaapinaau vta ◆ il/elle lui ouvre les yeux

ᑑᐦᑳᐱᐤ tuuhkaapiu vai ◆ il/elle ouvre les yeux

ᐅᐦᐹᐱᐤ uhpaapiu vai ◆ il/elle lève les yeux

ᐅᐧᐋᔥᑖᔮᐱᐤ uwaashtaayaapiu vai ◆ il/elle a de grands yeux ronds

ᐧᐄᓯᑳᐱᓲ wiisikaapisuu vai -u ◆ les yeux lui piquent à cause de la fumée

ᐧᐄᓯᑳᐱᐤ wiisikaapiu vai ◆ ses yeux lui piquent

ᐱᐦᒋᑭᐧᐃᓂᑭᓐ pihchikiwinikin ni ◆ un compte-goutte, des gouttes pour les yeux, du collyre

ᒥᒥᐦᑳᐱᐤ mimihkaapiu vai redup ◆ il/elle a de grands yeux

ᓈᓂᑎᐧᐋᐱᐦᐧᑳᒨ naanitiwaapihkwaamuu vai -u ◆ il/elle dort les yeux ouverts

ᓯᓂᐧᑳᐲᐤ sinikwaapiiu vai ◆ il/elle se frotte les yeux

ᑑᐦᑳᐱᐦᐧᑳᒨ tuuhkaapihkwaamuu vai -u [Whapmagoostui] ◆ il/elle dort les yeux ouverts

ᐅᐧᐄᓈᐱᐤ uwiinaapiu vai ◆ il/elle y a de la saleté , du mucus dans les yeux

ᐅᐧᐄᓂᔥᑭᒑᐱᐤ uwiinishkichaapiu vai ◆ il/elle a de la saleté, du mucus dans les yeux

ᐧᐄᓯᑳᐱᐦᑖᓂᐦᑖᐤ wiisikaapihtaanihtaau vai ◆ il/elle produit une fumée qui pique les yeux

ᑭᔥᑳᐹᔮᔑᐤ kishkaapaayaashiu vai ◆ il/elle a les yeux brûlés par le vent

ᐅᐧᐃᔨᐹᐱᐤ uwiyipaapiu vai ◆ il/elle a les yeux noirs, foncés

yeux bandés

ᐋᑭᐧᐋᐱᐦᐧᑳᓲ aakiwaapihkwaasuu vai -u ◆ il/elle a les yeux bandés

Z

zigzag

ᐹᐦᐲᒥᑳᒫᔮᐱᐦᒑᓂᒼ paahpiimikaamaayaapihchaanim vti redup ◆ il/elle arrange les cordes en zigzag

ᐹᐦᐲᒥᑳᒫᔮᐢᑯᐦᐅᓲ paahpiimikaamaayaaskuhusuu vai reflex redup -u ◆ il/elle se fait avancer à la perche dans le canot en remontant les rapides en zigzag

ᐧᐋᐧᐋᑳᐱᐦᒑᓈᐤ waawaakaapihchaanaau vta redup ◆ il/elle l'incurve (filiforme), le/la met en zigzag

ᐧᐋᐧᐋᑳᐱᐦᒑᓂᒼ waawaakaapihchaanim vti redup ◆ il/elle l'incurve (filiforme), le met en zigzag

ᐧᐋᐧᐋᑳᐱᐦᒑᐱᑖᐤ waawaakaapihchaapitaau vta redup ◆ il/elle le/la fait aller en zigzag (filiforme) en tirant dessus

ᐧᐋᐧᐋᑳᐱᐦᒑᐱᑎᒼ waawaakaapihchaapitim vti redup ◆ il/elle le fait aller (filiforme) en zigzag en tirant dessus

ᓯᒥᑖᐱᐦᒑᓂᑭᓐ simitaapihchaanikin ni ◆ de la babiche lacée en zigzag sur la barre transversale supérieure de la raquette

zone

ᒥᐦᒋᓯᐧᑳᐤ mihchisikwaau vii ◆ c'est une grosse zone de glace

ᒧᔔᑖᐅᐦᑳᐤ **mushuutaauhkaau** vii ◆ c'est une zone de sable

ᓃᐱᓰᔅᑳᐤ **niipisiiskaau** vii ◆ c'est une zone de saules

ᔑᐹᒦᑐᓯᔅᑳᐤ **shiipaamiitusiskaau** vii ◆ c'est une zone de peuplier sans sous-bois

ᐅᔅᒋᔅᑭᑖᐅᐦᑳᐤ **uschiskitaauhkaau** vii ◆ c'est une zone peuplée de pins

ᓵᑭᐦᐄᑭᓂᔅᑳᐤ **saakihiikiniskaau** vii ◆ c'est une zone avec beaucoup de lacs

ᔑᐹᔅᒁᔮᐤ **shiipaaskwaayaau** vii ◆ c'est une zone d'arbres sans sous-bois

ᓯᑯᔅᒋᔅᑳᐤ **sikuschiskaau** vii ◆ c'est une zone de pins dense

ᐅᓵᔮᔅᒁᔮᐤ **usaayaaskwaayaau** vii ◆ c'est une zone de grands arbres

ᐅᔅᒋᔅᑳᐤ **uschiskaau** vii ◆ c'est une zone de jeune pins

ᐅᔅᑳᐳᔑᔥᑖᐤ **uskaapushishtaau** vii ◆ c'est une zone qui a connu récemment un feu de forêt

ᐚᒋᓈᑭᓂᔅᑳᐤ **waachinaakiniskaau** vii ◆ c'est une zone de mélèzes

zostère

ᔑᑳᐹᔥᒄᐦ **shikaapaashkwh** ni pl -im ◆ de l'herbe à bernache, la zostère marine *Zostera marina*

www.ingramcontent.com/pod-product-compliance
Lightning Source LLC
Chambersburg PA
CBHW020937230426
43666CB00005B/65